Meyer/Veil/Rönnau
Handbuch zum Marktmissbrauchsrecht

Handbuch zum Marktmissbrauchsrecht

Herausgegeben von

Dr. Andreas Meyer
Rechtsanwalt in Königstein i.Ts.

Univ.-Prof. Dr. Thomas Rönnau
Bucerius Law School in Hamburg

Univ.-Prof. Dr. Rüdiger Veil
Ludwig-Maximilians-Universität München

Bearbeitet von den Herausgebern und

Annika Anschütz, London; *Dr. Hendrik Brinckmann,* Berlin; *Dr. Alexander Brüggemeier,* Hamburg; *Michaela Göttler,* Rechtsanwältin in Wilhelmsfeld; *Stefan Haupt,* Frankfurt aM; *Dipl.-Kfm. Dr. Hartmut Krause, LL. M.* Rechtsanwalt und Notar in Frankfurt aM; *Maximilian Kunzelmann,* Hamburg; *Michael Leibold,* Rechtsanwalt in Stuttgart; *Dr. Nikita Litsoukov,* Frankfurt aM; *Dr. Michael Racky,* Rechtsanwalt in Bad Soden a. T.; *Hartmut T. Renz,* Rechtsanwalt in Frankfurt aM; *Dr. Kay Rothenhöfer,* Rechtsanwalt in Frankfurt aM; *Dr. Joachim Schelm,* Rechtsanwalt in Frankfurt aM; *Martina Stegmaier,* Rechtsanwältin in Frankfurt aM; *Dr. Lars Teigelack,* Staatsanwalt in Dortmund; *Kilian Wegner,* Rechtsreferendar, Berlin; *Tilman Wink, LL. M.,* Rechtsanwalt in Frankfurt aM; *Dr. Christoph Wolf, LL. M.,* Rechtsanwalt in Frankfurt aM

1. Auflage 2018

C.H.BECK

Zitiervorschlag
Bearbeiter in Meyer/Veil/Rönnau HdB Marktmissbrauchsrecht § 1 Rn. 1

www.beck.de

ISBN 978 3 406 69435 6

Wilhelmstraße 9, 80801 München

Druck und Bindung: Kösel GmbH & Co. KG
Am Buchweg 1, 87452 Altusried-Krugzell

Satz: Druckerei C. H. Beck Nördlingen

Gedruckt auf säurefreiem, alterungsbeständigem Papier
(hergestellt aus chlorfrei gebleichtem Zellstoff)

Vorwort

Das Marktmissbrauchsrecht hat sich seit der ersten europäischen Harmonisierung vor knapp 25 Jahren rasant weiter entwickelt. Den letzten Höhepunkt bildeten die Verabschiedung der Marktmissbrauchs-Verordnung und der Richtlinie über strafrechtliche Sanktionen im Jahr 2014. Für die Praxis bedeutet dieses seit dem 3. Juli 2016 anwendbare neue Regime eine gewaltige Herausforderung. Dies liegt zunächst an der Komplexität der Materie. Mehrere europäische Regelungsebenen werden ergänzt durch nationale Vorschriften. Dazu gesellen sich Leitlinien und Q&A-Papiere der ESMA und BaFin. Orientierung in diesem Dickicht tut not. Problematisch ist zudem die schlechte Qualität der europäischen Verordnung, die sich in fehlerhaften Übersetzungen zeigt, aber auch einer fehlenden Systematik, die aus deutscher Perspektive schmerzlich vermisst wird. Schließlich hat der europäische Gesetzgeber ein Großteil der Regelungen erheblich verschärft. Die Auslegung der neuen Vorschriften wirft zahlreiche Fragen auf, die mangels einschlägiger Rechtsprechung als ungeklärt bezeichnet werden müssen. Angesichts strengerer strafrechtlicher Sanktionen und einer weitreichenden privatrechtlichen Haftung besteht großer Erläuterungsbedarf.

Vor diesem Hintergrund will dieses Buch der Praxis ein Ratgeber sein und zur wissenschaftlichen Diskussion über das Marktmissbrauchsrecht einen Beitrag leisten. Es behandelt die Insider- und Marktmanipulationsverbote, die Offenlegungspflichten für Emittenten und Geschäftsleiter und die Anforderungen an Finanzanalysen. Außerdem geht es auf die Aufgaben und Befugnisse der BaFin und ESMA ein und stellt ausführlich die strafrechtlichen Sanktionen und die privatrechtliche Haftung dar.

Unser herzlicher Dank gilt den Autorinnen und Autoren für ihre sachkundigen Beiträge – ohne sie wäre dieses Buch nicht entstanden. Die redaktionellen Aufgaben hat Herr Christian Voigt, wissenschaftlicher Mitarbeiter am Münchener Lehrstuhl, zuverlässig und mit großer Umsicht geschultert; dafür danken wir ihm sehr. Dank schulden wir auch den studentischen Mitarbeiterinnen Sophie Arndt und Jasmin Gärth sowie dem studentischen Mitarbeiter Leon Albrecht für ihre wertvolle Unterstützung.

Frankfurt/Main, München und Hamburg im Januar 2018

Andreas Meyer, Rüdiger Veil, Thomas Rönnau

Inhaltsübersicht

Inhaltsverzeichnis

Bearbeiterverzeichnis

Abschnitt	Autor
A. Grundlagen	
§ 1 Historie	Prof. Dr. Rüdiger Veil
§ 2 Rechtsquellen	Prof. Dr. Rüdiger Veil
§ 3 Gegenstand der Rechtsakte und Anwendungsbereich	Prof. Dr. Rüdiger Veil
§ 4 Begriffsbestimmungen	Prof. Dr. Rüdiger Veil
B. Insiderrecht	
§ 5 Grundlagen	Dr. Hartmut Krause
§ 6 Begriff der Insiderinformation	Dr. Hartmut Krause
§ 7 Handelsverbot [einschließlich Ausnahmen und legitimer Handlungen]	Prof. Dr. Rüdiger Veil
§ 8 Weitergabeverbot [einschließlich Marktsondierung]	Dr. Andreas Meyer
§ 9 Empfehlungs- und Verleitungsverbot	Dr. Joachim Schelm
§ 10 Veröffentlichung von Insiderinformationen	Prof. Dr. Rüdiger Veil/ Dr. Alexander Brüggemeier
§ 11 Insiderliste	Michaela Göttler
C. Verbot der Marktmanipulation	
§ 12 Grundlagen	Dr. Lars Teigelack
§ 13 Informationsgestützte Manipulation	Dr. Lars Teigelack
§ 14 Handlungsgestützte Manipulation	Annika Anschütz/ Maximilian Kunzelmann
§ 15 Benchmark-Manipulation	Dr. Hendrik Brinckmann
§ 16 Zulässige Marktpraxis	Dr. Michael Racky
D. Ausnahmen vom Marktmissbrauchsrecht	
§ 17 Ausnahmen für Rückkaufprogramme und Stabilisierungsmaßnahmen	Stefan Haupt
§ 18 Ausnahmen für Maßnahmen im Rahmen der Geldpolitik	Prof. Dr. Rüdiger Veil
E. Eigengeschäfte von Führungskräften	
§ 19 Offenlegungspflichten	Martina Stegmaier
§ 20 Handelsverbote	Martina Stegmaier
F. Anlageempfehlungen	
§ 21 Begriff und Anwendungsbereich	Dr. Kay Rothenhoefer
§ 22 Allgemeine Anforderungen	Dr. Kay Rothenhoefer
§ 23 Besondere Anforderungen	Dr. Kay Rothenhoefer

G. Verfahrens- und Organisationspflichten

§ 24	Meldungen und Liste der Finanzinstrumente	Prof. Dr. Rüdiger Veil
§ 25	Vorbeugung und Aufdeckung von Marktmissbrauch, Meldung von Verstößen einschließlich Whistleblower Protection	Hartmut T. Renz/ Michael Leibold

H. Aufsicht

§ 26	Aufgaben und Befugnisse der BaFin	Dr. Nikita Litsoukov, LL. M. (NYU)
§ 27	Aufgaben und Befugnisse der ESMA	Dr. Nikita Litsoukov, LL. M. (NYU)

I. Sanktionen

§ 28	Verfolgung als Ordnungswidrigkeiten	Prof. Dr. Thomas Rönnau/Kilian Wegner
§ 29	Strafrechtliche Sanktionen	Prof. Dr. Thomas Rönnau/Kilian Wegner
§ 30	Veröffentlichung von Entscheidungen, insbesondere Sanktionen	Prof. Dr. Thomas Rönnau/Kilian Wegner
§ 31	Privatrechtliche Haftung	Tilman Wink/ Dr. Christoph Wolf

Abkürzungsverzeichnis

aA	anderer Ansicht
aaO	am angegebenen Ort
abl.	ablehnend
ABl. EG	Amtsblatt der Europäischen Gemeinschaften
ABl. EU	Amtsblatt der Europäischen Union
Abs.	Absatz
abw.	abweichend
AcP	Archiv für die civilistische Praxis
ADHGB	Allgemeines Deutsches Handelsgesetzbuch
aE	am Ende
AEUV	Vertrag über die Arbeitsweise der Europäischen Union
aF	alte Fassung
AG	Aktiengesellschaft; Die Aktiengesellschaft
AktG	Aktiengesetz
allg.	allgemein
allgM	allgemeine Meinung
aM	andere(r) Meinung
AnfG	Gesetz betreffend die Anfechtung von Rechtshandlungen eines Schuldners außerhalb des Insolvenzverfahrens
Anh.	Anhang
Anm.	Anmerkung
AnsVG	Anlegerschutzverbesserungsgesetz
AO	Abgabenordnung
AP	Arbeitsrechtliche Praxis
ArbGG	Arbeitsgerichtsgesetz
ARUG	Gesetz zur Umsetzung der Aktionärsrechterichtlinie
Aufl.	Auflage
ausdr.	ausdrücklich
AuR	Arbeit und Recht
AZO	Arbeitszeitordnung
BAG	Bundesarbeitsgericht
BAGE	Entscheidungen des Bundesarbeitsgerichts
BAnz.	Bundesanzeiger
BausparkG	Bausparkassengesetz
BayObLG	Bayerisches Oberstes Landesgericht
BB	Der Betriebsberater
BeckRS	Beck-Rechtsprechung
Begr.	Begründung
Begr. RegE	Begründung zum Regierungsentwurf
bes.	besonders; besondere(r, s)
betr.	betrifft
BetrAVG	Gesetz zur Verbesserung der betrieblichen Altersversorgung
BetriebsräteG	Betriebsrätegesetz
BetrRG	Betriebsrentengesetz
BetrVG	Betriebsverfassungsgesetz
BeurkG	Beurkundungsgesetz
BFH	Bundesfinanzhof
BFuP	Betriebswirtschaftliche Forschung und Praxis
BGB	Bürgerliches Gesetzbuch
BGBl.	Bundesgesetzblatt
BGH	Bundesgerichtshof

BGHSt .... Entscheidungen des Bundesgerichtshofs in Strafsachen
BGHZ .... Entscheidungen des Bundesgerichtshofs in Zivilsachen
BilKoG .... Bilanzkontrollgesetz
BilMoG .... Gesetz zur Modernisierung des Bilanzrechts
BilRegG .... Bilanzrechtsreformgesetz
BiRiLiG .... Bilanzrichtliniengesetz
BKR .... Zeitschrift für Bank- und Kapitalmarktrecht
BMF .... Bundesministerium der Finanzen
BörsG .... Börsengesetz
BR .... Bundesrat
BR-Drucks. .... Bundesratsdrucksache
BSG .... Bundessozialgericht
BSGE .... Entscheidungen des Bundessozialgerichts
BT-Drucks. .... Drucksachen des Deutschen Bundestages
BT-PlPr .... Bundestags-Plenarprotokoll
BVerfG .... Bundesverfassungsgericht
BVerfGE .... Entscheidungen des Bundesverfassungsgerichts
BVerwG .... Bundesverwaltungsgericht
BVerwGE .... Entscheidungen des Bundesverwaltungsgerichts
bzgl. .... bezüglich
bzw. .... beziehungsweise

CCZ .... Corporate Compliance Zeitschrift
CRIM-MAD ...... Richtlinie über strafrechtliche Sanktionen für Insiderhandel und Marktmanipulation 2014/57/EU

DAG .... Deutsche Angestelltengewerkschaft
DB .... Der Betrieb
DBW .... Die Betriebswirtschaft
dementspr. .... dementsprechend
demgem. .... demgemäß
dens. .... denselben
DepotG .... Depotgesetz
ders. .... derselbe
dgl. .... dergleichen
DGB .... Deutscher Gewerkschaftsbund
dh .... das heißt
DiskE .... Diskussionsentwurf
dies. .... dieselbe
Diss. .... Dissertation
DNotZ .... Deutsche Notarzeitung
DR .... Deutsches Recht
DrittelbG .... Drittelbeteiligungsgesetz
DStR .... Deutsches Steuerrecht
DtZ .... Deutsch-Deutsche Rechtszeitschrift
DZWiR .... Deutsche Zeitschrift für Wirtschaftsrecht

ebd. .... ebenda
EBLR .... European Business Law Review
EBOR .... European Business Organization Law Review
ECFR .... European Company and Financial Law Review
EFG .... Entscheidungen der Finanzgerichte
EG .... Europäische Gemeinschaft(en)
EGAktG .... Einführungsgesetz zum Aktiengesetz
EGHGB .... Einführungsgesetz zum Handelsgesetzbuch
EGMR .... Europäischer Gerichtshof für Menschenrechte
einschr. .... einschränkend
EMIR .... European Market Infrastructure Regulation

entspr.	entsprechend; entspricht
ESMA	European Securities Markets Authority (Europäische Wertpapier-Marktaufsichtsbehörde)
EStG	Einkommensteuergesetz
EU	Europäische Union
eucrim	The European Criminal Law Associations' Forum
EuGH	Europäischer Gerichtshof
EuroEG	Gesetz zur Einführung des Euro
evtl.	eventuell
EWG	Europäische Wirtschaftsgemeinschaft
EWiR	Entscheidungen zum Wirtschaftsrecht
f., ff.	folgende (mehrere folgende) Seiten/Paragraphen
FamFG	Gesetz über das Verfahren in Familiensachen und in den Angelegenheiten der freiwilligen Gerichtsbarkeit
FG	Finanzgericht
FGH	Finanzgerichtshof
FimanoG	Finanzmarktnovellierungsgesetz
FinAnV	Finanzanalyseverordnung
FKVO	Fusionskontrollverordnung der EU
FMStG	Gesetz zur Umsetzung eines Maßnahmenpakets zur Stabilisierung des Finanzmarktes (Finanzmarktstabilisierungsgesetz)
Fn.	Fußnote
FS	Festschrift
GA	Goltdammer's Archiv für Strafrecht
GbR	Gesellschaft bürgerlichen Rechts
gem.	gemäß
GenG	Gesetz betreffend die Erwerbs- und Wirtschaftsgenossenschaften
Ges.	Gesetz
ges.	gesetzlich
GewStG	Gewerbesteuergesetz
GewO	Gewerbeordnung
GG	Grundgesetz
ggf.	gegebenenfalls
GmbH	Gesellschaft mit beschränkter Haftung
GmbHG	Gesetz betreffend die Gesellschaften mit beschränkter Haftung
GmbHR	GmbH-Rundschau
grds.	grundsätzlich
GWB	Gesetz gegen Wettbewerbsbeschränkungen
hA	herrschende Ansicht/Auffassung
HdB	Handbuch
HGB	Handelsgesetzbuch
hL	herrschende Lehre
hM	herrschende Meinung
HRR	Höchstrichterliche Rechtsprechung
HRRS	HöchstRichterliche Rechtsprechung im Strafrecht
Hrsg.	Herausgeber
HypBankG	Hypothekenbankgesetz
ICCLR	International Company and Commercial Law Review
idF	in der Fassung
idR	in der Regel
IdW	Institut der Wirtschaftsprüfer
iE	im Einzelnen
iErg	im Ergebnis
ieS	im engeren Sinne

iGgs.	im Gegensatz
insbes.	insbesondere
insges.	insgesamt
InsO	Insolvenzordnung
InvG	Investmentgesetz
IPR	Internationales Privatrecht
IPRax	Praxis des internationalen Privat- und Verfahrensrechts
iR	im Rahmen
iRd	im Rahmen der, des
iSd	im Sinne der, des
iSv	im Sinne von
ITS	Implementing Technical Standard
iÜ	im Übrigen
iVm	in Verbindung mit
iwS	im weiteren Sinne
iZw	im Zweifel
JbFSt	Jahrbuch der Fachanwälte für Steuerrecht
JCLS	The Journal of Corporate Law Studies
JR	Juristische Rundschau
JuS	Juristische Schulung
JZ	Juristenzeitung
KapAEG	Gesetz zur Verbesserung der Wettbewerbsfähigkeit deutscher Konzerne an Kapitalmärkten und zur Erleichterung der Aufnahme von Gesellschafterdarlehen
KapCoRiLiG	Gesetz zur Durchführung der Richtlinie des Rats der EU zur Änderung der Bilanz- und der Konzernbilanzrichtlinie
KapErhG	Gesetz über die Kapitalerhöhung aus Gesellschaftsmitteln und über die Verschmelzung von Gesellschaften mit beschränkter Haftung
KapErhStG	Kapitalerhöhungssteuergesetz
KartVO	Verordnung gegen Mißbrauch wirtschaftlicher Machtstellung von 1923
KG	Kommanditgesellschaft; Kammergericht
KGaA	Kommanditgesellschaft auf Aktien
KMU	Kleine und mittlere Unternehmen
KO	Konkursordnung
KOM	Europäische Kommission
KonTraG	Gesetz zur Kontrolle und Transparenz im Unternehmensbereich
KölnKomm AktG	Kölner Kommentar zum Aktiengesetz
KölnKomm WpHG	Kölner Kommentar zum Wertpapierhandelsgesetz
KölnKomm WpÜG	Kölner Kommentar zum Wertpapiererwerbs- und -übernahmegesetz
krit.	kritisch
KritV	Kritische Vierteljahresschrift für Gesetzgebung und Rechtswissenschaft
KStG	Körperschaftsteuergesetz
LAG	Landesarbeitsgericht
LG	Landgericht
Lit.	Literatur
LK-StGB	Leipziger Kommentar zum Strafgesetzbuch
LM	Lindenmaier/Möhring, Nachschlagewerk des Bundesgerichtshofs in Zivilsachen
LöschungsG	Gesetz über die Auflösung und Löschung von Gesellschaften und Genossenschaften
Ls.	Leitsatz
mAnm	mit Anmerkung
MaComp	Mindestanforderungen an die Compliance-Funktion

MAD	Market Abuse Directive (Marktmissbrauchs-Richtlinie)
MaKonV	Marktmanipulations-Konkretisierungsverordnung
MAR	Market Abuse Regulation (Marktmissbrauchs-Verordnung)
MaRisk	Mindestanforderungen an das Risikomanagement
maW	mit anderen Worten
mE	meines Erachtens
MiFID	Markets in Financial Instruments Directive (Richtlinie über Märkte für Finanzinstrumente)
MiFIR	Markets in Financial Instruments Regulation (Verordnung über Märkte für Finanzinstrumente)
MindestKapG	Gesetz zur Neuregelung des Mindestkapitals der GmbH
MitbestErgG	Mitbestimmungsergänzungsgesetz
MitbestGespr	Das Mitbestimmungsgespräch
mN	mit Nachweisen
MoMiG	Gesetz zur Modernisierung des GmbH-Rechts und zur Bekämpfung von Missbräuchen
MontanmitbestG	Montanmitbestimmungsgesetz
MHdB AG	Münchener Handbuch des Gesellschaftsrechts, Band 4: Aktiengesellschaft
MHdB GmbH	Münchener Handbuch des Gesellschaftsrechts, Band 3: Gesellschaft mit beschränkter Haftung
MüKoAktG	Münchener Kommentar zum AktG
MüKoBGB	Münchener Kommentar zum BGB
MüKoInsO	Münchener Kommentar zur InsO
MüKoZPO	Münchener Kommentar zur ZPO
mwN	mit weiteren Nachweisen
Nachw.	Nachweise
NaStraG	Gesetz zur Namensaktie und zur Erleichterung der Stimmrechtsausübung
NCA	National Competent Authority (nationale Aufsichtsbehörde)
nF	neue Fassung
NJW	Neue Juristische Wochenschrift
NJW-RR	NJW Rechtsprechung-Report
NStZ	Neue Zeitschrift für Strafrecht
NStZ-RR	NStZ Rechtsprechungs-Report
NZA	Neue Zeitschrift für Arbeits- und Sozialrecht
NZG	Neue Zeitschrift für Gesellschaftsrecht
NZWiSt	Neue Zeitschrift für Wirtschafts-, Steuer- und Unternehmensstrafrecht
o.	oben, oder
OHG	Offene Handelsgesellschaft
OLG	Oberlandesgericht
OWiG	Gesetz über Ordnungswidrigkeiten
öOGH	Österreichischer Oberster Gerichtshof
PublG	Publizitätsgesetz
RabelsZ	Rabels Zeitschrift für ausländisches und internationales Privatrecht
RdA	Recht der Arbeit
RefE	Referentenentwurf
RegE	Regierungsentwurf
REMIT	Regulation on wholesale Energy Market Integrity and Transparency (Verordnung über die Integrität und Transparenz des Energiegroßhandelsmarkts)
RG	Reichsgericht
RGBl.	Reichsgesetzblatt
RGZ	Entscheidungen des Reichsgerichts in Zivilsachen
RIW	Recht der Internationalen Wirtschaft
Rn.	Randnummer
ROHG	Reichsoberhandelsgericht

Rpfleger	Der Deutsche Rechtspfleger
Rspr.	Rechtsprechung
RTS	Regulatory Technical Standard
S.	Seite
s.	siehe
SFTR	Securities Financing Transactions Regulation (Verordnung über die Transparenz von Wertpapierfinanzierungsgeschäften und der Weiterverwendung)
sinngem.	sinngemäß
sog.	sogenannt
StatJahrb	Statistisches Jahrbuch der Bundesrepublik
StBerG	Steuerberatungsgesetz
StGB	Strafgesetzbuch
StückAG	Gesetz über die Zulassung von Stückaktien
str.	streitig, strittig
StraFo	Strafverteidiger-Forum
st. Rspr.	ständige Rechtsprechung
StuW	Steuer und Wirtschaft
TD	Transparency Directive (Transparenz-Richtlinie)
teilw.	teilweise
Teilz.	Teilziffer
TransPuG	Transparenz- und Publizitätsgesetz
u.	und, unter, unten
ua	unter anderem; und andere
uÄ	und Ähnliches
UBGG	Gesetz über Unternehmensbeteiligungsgesellschaften
uE	unseres Erachtens
UMAG	Gesetz zur Unternehmensintegrität und Modernisierung des Anfechtungsrechts
UmwG	Umwandlungsgesetz
UmwStG	Umwandlungssteuergesetz
uneinheitl.	uneinheitlich
unstr.	unstreitig
unzutr.	unzutreffend
UStG	Umsatzsteuergesetz
usw	und so weiter
uU	unter Umständen
UWG	Gesetz gegen den unlauteren Wettbewerb
VAG	Versicherungsaufsichtsgesetz
Var.	Variante
VereinsG	Vereinsgesetz
Verf.	Verfasser
VerglO	Vergleichsordnung
vgl.	vergleiche
VStG	Vermögenssteuergesetz
VO	Verordnung
Vorb.	Vorbemerkung(en)
VorstAG	Gesetz zur Angemessenheit der Vorstandsvergütung
VorstOG	Gesetz über die Offenlegung der Vorstandsvergütungen
VVaG	Versicherungsverein auf Gegenseitigkeit
WahlO	Wahlordnung
WGGDV	VO zur Durchführung des Wohnungsgemeinnützigkeitsgesetzes
WiB	Wirtschaftsrechtliche Beratung
WiJ	Journal der Wirtschaftsstrafrechtlichen Vereinigung e. V.
wistra	Zeitschrift für Wirtschafts- und Steuerstrafrecht
WM	Wertpapier-Mitteilungen

wN .... weitere Nachweise
WpAIV .... Wertpapierhandelanzeige- und Insiderverzeichnisverordnung
WPg .... Die Wirtschaftprüfung
WpHG .... Wertpapierhandelsgesetz
WPO .... Wirtschaftsprüferordnung
WpÜG .... Wertpapiererwerbs- und -übernahmegesetz
WRP .... Wettbewerb in Recht und Praxis
WSI .... Wirtschafts- und sozialwissenschaftliches Institut der Gewerkschaften
WuB .... Entscheidungssammlung zum Wirtschafts- und Bankrecht
WuW .... Wirtschaft und Wettbewerb

zB .... zum Beispiel
ZBB .... Zeitschrift für Bankrecht und Bankwirtschaft
ZfA .... Zeitschrift für Arbeitsrecht
ZfgK .... Zeitschrift für das gesamte Kreditwesen
ZfPW .... Zeitschrift für die gesamte Privatrechtswissenschaft
ZGR .... Zeitschrift für Unternehmens- und Gesellschaftsrecht
ZgStW .... Zeitschrift für die gesamte Staatswissenschaft
ZHR .... Zeitschrift für das gesamte Handelsrecht und Wirtschaftsrecht
Ziff. .... Ziffer(n)
ZIP .... Zeitschrift für Wirtschaftsrecht und Insolvenzpraxis
ZIS .... Zeitschrift für Internationale Strafrechtsdogmatik
ZPO .... Zivilprozessordnung
ZRP .... Zeitschrift für Rechtspolitik
ZStW .... Zeitschrift für die gesamte Strafrechtswissenschaft
zT .... zum Teil
zust. .... zustimmend
zutr. .... zutreffend
ZWH .... Zeitschrift für Wirtschaftsstrafrecht und Haftung im Unternehmen
ZZP .... Zeitschrift für zivilistische Praxis
zzt. .... zurzeit

Literaturverzeichnis

Achenbach, Hans/Ransiek, Andreas/Rönnau, Thomas (Hrsg.) Handbuch Wirtschaftsstrafrecht, 4. Auflage, 2015.

Assmann, Heinz-Dieter/Pötzsch, Thorsten/Schneider, Uwe H. (Hrsg.) Wertpapiererwerbs- und Übernahmegesetz (WpÜG), 2. Auflage, 2013.

Assmann, Heinz-Dieter/Schneider, Uwe H. (Hrsg.) Wertpapierhandelsgesetz, Kommentar, 6. Auflage, 2012, zum Teil schon 7. Auflage, 2018 (im Erscheinen).

Assmann, Heinz-Dieter/Schütze, Rolf A. (Hrsg.) Handbuch des Kapitalanlagerechts, 4. Auflage, 2015.

Baumbach, Adolf (Begr.)/Hueck, Alfred (Hrsg.) Gesetz betreffend die Gesellschaften mit beschränkter Haftung: GmbHG, 21. Auflage, 2017.

Baumbach, Adolf/Hopt, Klaus J. Handelsgesetzbuch, Kommentar, 37. Auflage 2016.

Becker, Jörg-Peter/Erb, Volker/Esser, Robert (Hrsg.) Löwe, Ewald/Rosenberg, Werner (Begr.) Die Strafprozessordnung und das Gerichtsverfassungsgesetz, Band 8, 26. Auflage, 2009.

Berrar, Carsten/Meyer, Andreas/Müller, Cordula/Schnorbus, York/Singhof, Bernd/Wolf, Christoph Frankfurter Kommentar zum WpPG und zur EU-ProspektVO, 2011.

Bohnert, Joachim/Krenberger, Benjamin/Krumm, Carsten (Begr./Hrsg.) Kommentar zum Ordnungswidrigkeitengesetz, 4. Auflage, 2016.

Boos, Karl-Heinz/Fischer, Reinfried/Schulte-Mattler, Hermann (Hrsg.) Kommentar zum Kreditwesengesetz, VO (EU) Nr. 575/2013 (CRR) und Ausführungsvorschriften, Band 1, 5. Auflage, 2016.

Böttger, Marcus (Hrsg.) Wirtschaftsstrafrecht in der Praxis, 2. Auflage, 2015.

Buck-Heeb, Petra Kapitalmarktrecht, 8. Auflage 2016.

Callies, Christian/Ruffert, Matthias (Hrsg.) EUV/AEUV, Das Verfassungsrecht der Europäischen Union mit Europäischer Grundrechtecharta – Kommentar, 5. Auflage, 2016.

Canaris, Claus-Wilhelm/Staub, Hermann (Hrsg.) Staub Handelsgesetzbuch Großkommentar Band 11: Bankvertragsrecht Teilband 2, 5. Auflage, 2017.

Eilers, Stephan/Rödding, Adalbert/Schmalenbach, Dirk (Hrsg.) Unternehmensfinanzierung, 2. Auflage 2014.

Esser, Robert/Rübenstahl, Markus/Saliger, Frank/Tsambikakis, Michael (Hrsg.) Wirtschaftsstrafrecht – Kommentar mit Steuerstrafrecht und Verfahrensrecht, 2017.

Fischer, Thomas Kommentar zum Strafgesetzbuch mit Nebengesetzen, 65. Auflage, 2018.

Fuchs, Andreas (Hrsg.) Kommentar zum WpHG, 2009.

Fuchs, Andreas (Hrsg.) Kommentar zum WpHG, 2. Auflage 2016.

Goette, Wulf/Habersack, Mathias/Kalss, Susanne (Hrsg.) Münchener Kommentar zum Aktiengesetz, Band 2, 4. Auflage, 2014.

Grabitz, Eberhard/Hilf, Meinhard/Nettesheim (Hrsg.) Das Recht der Europäischen Union: EUV/AEUV, 60. Ergänzungslieferung, Stand: Oktober 2016.

Graf, Jürgen-Peter (Hrsg.) Beck'scher Online-Kommentar OWiG, Edition 13, 2016.

Graf, Jürgen-Peter (Hrsg.) Beck'scher Online-Kommentar StPO mit RiStBV und MiStra, Edition 27, 2017.

Graf, Jürgen-Peter/Jäger, Markus/Wittig, Petra Wirtschafts- und Steuerstrafstrafrecht, 2. Auflage, 2017.

Greimer, Reinhold/Schütze, Rolf A. (Hrsg.) Internationaler Rechtsverkehr in Zivil- und Handelssachen Band 1, 52. Ergänzungslieferung 2016.

Groß, Wolfgang (Hrsg.) Kapitalmarktrecht – Kommentar zum Börsengesetz, zur Börsenzulassungs-Verordnung, zum Wertpapierprospektgesetz und zum Verkaufsprospektgesetz, 5. Auflage, 2012.

Groß, Wolfgang (Hrsg.) Kapitalmarktrecht – Kommentar zum Börsengesetz, zur Börsenzulassungs-Verordnung, zum Wertpapierprospektgesetz und zum Verkaufsprospektgesetz, 6. Auflage, 2016.

Häberle, Peter (Hrsg.), Erbs, Georg/Kohlhaas, Max (Begr.) Strafrechtliche Nebengesetze, Band IV, 216. Ergänzungslieferung, Stand: August 2017.

Habersack, Mathias/Mülbert, Peter O./Schlitt, Michael (Hrsg.) Unternehmensfinanzierung am Kapitalmarkt, 3. Auflage, 2013.

Habersack, Mathias/Mülbert, Peter O./Schlitt, Michael (Hrsg.) Handbuch der Kapitalmarktinformation, 2. Auflage, 2013.

Hannich, Rolf (Hrsg.) Karlsruher Kommentar zur Strafprozessordnung mit GVG, EGGVG und EMRK, 7. Auflage, 2013.

Hatje, Armin/Müller-Graff, Peter-Christian (Hrsg.) Enzyklopädie Europarecht, Band 6: Gebauer, Martin/Teichmann, Christoph (Hrsg.), Europäisches Privat- und Unternehmensrecht, 2016.

Hauschka, Christoph, E. (Hrsg.) Corporate Compliance: Handbuch der Haftungsvermeidung im Unternehmen, 2. Auflage, 2010.

Hauschka, Christoph, E./Moosmayer, Klaus/Lösler, Thomas (Hrsg.) Corporate Compliance: Handbuch der Haftungsvermeidung im Unternehmen, 3. Auflage, 2016.

Heidel, Thomas (Hrsg.) Aktienrecht und Kapitalmarktrecht, 4. Auflage, 2014.

Hirte, Heribert/Möllers, Thomas M. J. (Hrsg.) Kölner Kommentar zum WpHG, 1. Auflage, 2007.

Hirte, Heribert/Möllers, Thomas M. J. (Hrsg.) Kölner Kommentar zum WpHG, 2. Auflage, 2014.

Hirte, Heribert/Mülbert, Peter O./Roth, Markus (Hrsg.) Großkommentare der Praxis, Aktiengesetz, Band 4, 5. Auflage, 2015.

Hirte, Heribert/von Bülow, Christoph (Hrsg.) Kölner Kommentar zum WpÜG, 2. Auflage, 2010.

Hoffmann-Becking, Michael (Hrsg.) Münchener Handbuch des Gesellschaftsrechts, Band 4: Aktiengesellschaft, 4. Auflage 2015.

Hommelhoff, Peter/Lutter, Marcus (Hrsg.) GmbH-Gesetz, 19. Auflage, 2016.

Hopt, Klaus J./Seibt, Christoph H. Schuldverschreibungsrecht, 2017.

Hüffer, Uwe (Begr.)/Koch, Jens Aktiengesetz, 12. Auflage, 2016.

Jaeger, Wolfgang/Kokott, Juliane/Pohlmann, Petra/Schroeder, Dirk/Kulka, Michael (Hrsg.) Frankfurter Kommentar zum Kartellrecht, Lsb.-Slg., 88. Erg.-Lfg. 2017.

Jarass, Hans D. Charta der Grundrechte der EU, 3. Auflage, 2016.

Jarass, Hans/Pieroth, Bodo Grundgesetz für die Bundesrepublik Deutschland: GG, 14. Auflage, 2016.

Joecks, Wolfgang/Miebach, Klaus (Hrsg.) Münchener Kommentar zum StGB, Band 7 Nebenstrafrecht II, 2. Auflage 2015.

Just, Clemens/Voß, Thorsten/Just, Clemens/Voß, Thorsten/Ritz, Corinna/Becker, Ralf (Hrsg.), Wertpapierhandelsgesetz Kommentar, 2015.

Kalss, Susannne/Oppitz, Martin/Zollner, Johannes Kapitalmarktrecht, Band I (System), 2. Auflage, 2015.

Kindhäuser, Urs/Neumann, Ulfrid/Paeffgen, Hans-Ullrich (Hrsg.), Nomos Kommentar Strafgesetzbuch, 5. Auflage, 2017.

Kirchhof, Hans-Peter/Eidenmüller, Horst/Stürner, Rolf (Hrsg.) Münchener Kommentar zur Insolvenzordnung: InsO, Band 2, 3. Auflage, 2013.

Kleinknecht, Theodor/Müller, Hermann/Reitberger, Leonhard (Begr.) Kommentar zur Strafprozeßordnung, Loseblatt, Stand: 18.1.2018

Krüger, Wolfgang/Rauscher, Thomas (Hrsg.) Münchener Kommentar zur Zivilprozessordnung: ZPO, Band 1: §§ 1–354, 5. Auflage, 2016.

Kümpel, Siegfried/Hammen, Horst/Ekkenga, Jens (Hrsg.) Kapitalmarktrecht, Stand: Oktober 2017.

Kümpel, Siegfried/Wittig, Arne (Hrsg.) Bank- und Kapitalmarktrecht, 4. Auflage, 2011.

Lackner, Karl/Kühl, Kristian (Hrsg.) Kommentar zum Strafgesetzbuch, 28. Auflage 2014.

Langenbucher, Katja Aktien- und Kapitalmarktrecht, 3. Auflage, 2015.

Langenbucher, Katja (Hrsg.) Europarechtliches Privat- und Wirtschaftsrecht, 3. Auflage 2013

Langenbucher, Katja/Bliesener Dirk H./Spindler, Gerald Bankrechts-Kommentar, 2. Auflage 2016

Laufhütte, Heinrich Wilhelm/Rissing-van Saan, Ruth/Tiedemann, Klaus (Hrsg.) Leipziger Kommentar zum Strafgesetzbuch, Band 1, 12. Auflage, Berlin 2007; Band 2, 12. Auflage, 2006.

Leipold, Klaus/Tsambikakis, Michael/Zöller, Mark A. (Hrsg.) AnwaltKommentar StGB, 2. Auflage, 2015.

Leitner, Werner/Rosenau, Henning (Hrsg.) Wirtschafts- und Steuerstrafrecht, 2017.

Marsch-Barner, Reinhard/Schäfer, Frank A. (Hrsg.) Handbuch börsennotierte AG, 3. Auflage, 2014.

Marsch-Barner, Reinhard/Schäfer, Frank A. (Hrsg.) Handbuch börsennotierte AG, 4. Auflage, 2017.

Meyer, Jürgen (Hrsg.), Charta der Grundrechte der Europäischen Union, 4. Auflage, 2014.

Meyer-Goßner, Lutz/Schmitt, Bertram (Hrsg.) Kommentar zur Strafprozessordnung mit GVG und Nebengesetzen, 60. Auflage 2017.

Moloney, Niamh EU Securities and Financial Markets Regulation, 3. Auflage, 2014.

Momsen, Carsten/Grützner, Thomas Wirtschaftsstrafrecht – Handbuch für die Unternehmens- und Anwaltspraxis, 2013.

Müller-Gugenberger, Christian (Hrsg.) Handbuch des Wirtschaftsstraf- und -ordnungswidrigkeitenrechts, 6. Auflage, 2015.

Nestler, Nina Bank- und Kapitalmarktstrafrecht, 2017.

Oppermann, Thomas/Classen, Claus Dieter/Nettesheim, Martin Europarecht, 7. Auflage, 2016.

Park, Tido (Hrsg.) Kapitalmarktstrafrecht Handkommentar, 4. Auflage, 2017.

Raiser, Thomas/Veil, Rüdiger Recht der Kapitalgesellschaften, 6. Auflage, 2015.
Reinhard Richardi Betriebsverfassungsgesetz: BetrVG, 15. Auflage, 2016.
Rengeling, Hans-Werner/Middeke, Andreas/Gellermann, Martin (Hrsg.) Handbuch des Rechtsschutzes in der Europäischen Union, 3. Auflage, 2014.
Säcker, Franz Jürgen/Rixecker, Roland/Oetker, Hartmut/Limperg, Bettina (Hrsg.) Münchener Kommentar zum Bürgerlichen Gesetzbuch: BGB, Band 3: Schuldrecht – Besonderer Teil I §§ 433–534, Finanzierungsleasing, CISG, Band 1: Allgemeiner Teil §§ 1–240, ProstG, AGG, 7. Auflage, 2016.
Satzger, Helmut/Schluckebier, Wilhelm/Widmaier, Gunter (Hrsg.), StGB, Kommentar zum Strafgesetzbuch, 3. Auflage, 2017.
Schäfer, Frank A./Hamann, Uwe (Hrsg.) Kapitalmarktgesetze, Kommentar, 2. Auflage, Stand: April 2012.
Schimansky, Herbert/Bunte, Herman-Josef/Lwowski, Hans-Jürgen (Hrsg.) Bankrechts-Handbuch, 5. Auflage, 2017.
Schmidt, Karsten/Lutter, Marcus (eds.) Aktiengesetz – Kommentar, 3. Auflage, 2015.
Schönke, Adolf/Schröder, Horst (Hrsg.) Strafgesetzbuch, 29. Auflage, 2014.
Schröder, Christian Handbuch Kapitalmarktstrafrecht, 3. Auflage, 2015.
Schulze, Rainer/Zuleeg, Manfred/Kadelbach, Stefan (Hrsg.) Europarecht, Handbuch für die deutsche Rechtspraxis, 3. Auflage, 2015.
Schwark, Eberhard/Zimmer, Daniel (Hrsg.) Kapitalmarktrechtskommentar, 4. Auflage, 2010.
Schwarze, Jürgen (Hrsg.) EU-Kommentar, 3. Auflage, 2012.
Schwarze, Jürgen/Becker, Ulrich/Hatje, Armin/Schoo, Johann (Hrsg.) EU-Kommentar, 3. Auflage, 2012.
Senge, Lothar Karlsruher Kommentar zum OWiG, 4. Auflage, 2014.
Senge, Lothar (Hrsg.) Karlsruher Kommentar zum Gesetz über Ordnungswidrigkeiten, 4. Auflage, 2014.
Sieber, Ulrich/Satzger, Helmut/von Heintschel-Heinegg, Bernd (Hrsg.) Europäisches Strafrecht, 2. Auflage, 2014.
Spindler, Gerald/Stilz, Eberhard (Hrsg.) Kommentar zum Aktiengesetz: AktG, Band 1, 3. Auflage, 2015.
Streinz, Rudolf (Hrsg.) EUV/AEGV: Vertrag über die Europäische Union und Vertrag über die Arbeitsweise der Europäischen Union, Kommentar, 2. Auflage, 2012.
Stürner, Rolf (Hrsg.) Jauernig Bürgerliches Gesetzbuch, 16. Auflage, 2015.
Uhlenbruck/Wilhem (Hrsg.) Insolvenzordnung Kommentar, 14. Auflage, 2015.
Von der Groeben, Hans/Schwarze, Jürgen/Hatje, Armin (Hrsg.) Vertrag über die Europäische Union und Vertrag zur Gründung der Europäischen Gemeinschaft, Kommentar, 7. Auflage, 2015.
Von Heintschel-Heinegg, Bernd/Bockemühl, Jan (Hrsg.) Kommentar zur Strafprozessordnung, Lb.-Slg., Stand: 22.11.2016.
Weitnauer, Wolfgang/Boxberger, Lutz/Anders, Dietmar KAGB, 2. Auflage, 2017.
Wittig, Petra Wirtschaftsstrafrecht, 4. Auflage, 2017.
Zerey, Jean-Claude (Hrsg.) Finanzderivate, 3. Auflage, 2016.
Zöllner, Wolfgang/Noack, Ulrich (Hrsg.) Kölner Kommentar zum Aktiengesetz, Band 2, Teilband 1, 3. Auflage, 2009.

A. Grundlagen

§ 1 Historie

Übersicht

Literatur

Altenhain, Die Neuregelung der Marktpreismanipulation durch das vierte Finanzmarktförderungsgesetz, BB 2002, 1874; *Arlt*, Der strafrechtliche Anlegerschutz vor Kursmanipulation, 2004; *Assmann*, Das künftige deutsche Insiderrecht, AG 1994, 196; *Barnert*, Deliktischer Schadensersatz bei Kursmanipulation de lege lata und de lege ferenda, WM 2002, 1473; *Bremer*, Die Börsensachverständigenkommission, 1968–1975. Aufgaben und Ergebnisse, 1976; *Dreyling/Schäfer*, Insiderrecht und Ad-hoc-Publizität, 2001; *Eichelberger*, Das Verbot der Marktmanipulation (§ 20a WpHG), 2006; *Elster*, Europäisches Kapitalmarktrecht. Recht des Sekundärmarktes, 2002; *Hauck*, Europe's commitment to countering insider dealing and market manipulation on the basis of Art. 83 para. 2 TFEU, ZIS 2015, 336; *Hauschka/Harm*, Argumente zur Reformbedürftigkeit des deutschen Insiderrechts, BB 1988, 1189; *Hienzsch*, Das deutsche Insiderhandelsverbot in der Rechtswirklichkeit. Eine empirische Studie, 2006; *Hoeren*, Selbstregulierung und Insiderrecht – Die Mitteilung des Centralverbandes des Deutschen Bank- und Bankiergewerbes vom 12.10.1908, ZBB 1993, 112; *Hopt*, Europäisches und deutsches Insiderrecht, ZGR 1991, 17; *Hopt/Will*, Europäisches Insiderecht, 1973; *Moosmayer*, Straf- und bußgeldrechtliche Regelungen im Entwurf des Vierten Finanzmarktförderungsgesetzes, wistra 2002, 161; *Nußbaum*, Kommentar zum Börsengesetz für das Deutsche Reich vom 22. Juni 1896/8. Mai 1908, 1910; *Otto*, Strafrechtliche Aspekte der Anlageberatung, WM 1988, 729; *Parmentier*, Die Verhandlung eines Rechtssetzungsvorschlags der Kommission in den Arbeitsgruppen des Rates am Beispiel des EU-Marktmissbrauchsrechts, BKR 2013, 133; *Richter*, Die Leistung von Aktienanalysten aus Anlegersicht. Empirische Untersuchung für den deutschen Aktienmarkt, 2005; *Scheu*, Das Börsenstrafrecht und seine Reform, 1974; *Schmitz*, Der strafrechtliche Schutz des Kapitalmarkts in Europa, ZStW 115 (2003), 501; *Sorgenfrei*, Zum Verbot der Kurs- oder Marktpreismanipulation nach dem 4. Finanzmarktförderungsgesetz, wistra 2002, 321; *Thöle*, Die verfassungsmäßige Bestimmtheit der Strafbarkeit der Marktmanipulation nach dem Wertpapierhandelsgesetz, 2009; *Veil*, Europäische Kapitalmarktunion. Verordnungsgesetzgebung, Instrumente der europäischen Marktaufsicht und die Idee eines „Single Rulebook", ZGR 2014, 544; *Veil*, Sanktionsrisiken für Emittenten und Geschäftsleiter im Kapitalmarktrecht, ZGR 2016, 305; *Villeda*, Prävention und Repression von Insiderhandel, 2010; *Wymeersch*, Das neue europäische Finanzmarktregulierungs- und Aufsichtssystem, ZGR 2011, 443; *Ziouvas*, Das neue Kapitalmarktstrafrecht. Europäisierung und Legitimation, 2005.

I. Nationale Regelungsansätze bis zur Harmonisierung durch EG Recht

Marktmanipulationen waren in Deutschland bereits früh verboten. Der Gesetzgeber 1
hatte im Jahr 1884 in Reaktion auf zahlreiche Börsenskandale in Art. 249d) Abs. 1 Nr. 2 ADHGB den Kursbetrug strafrechtlich erfasst. Diese Vorschrift fand im Jahr 1896 Eingang in das aus wirtschaftspolitischen Gründen[1] geschaffene BörsG[2] und wurde seitdem tatbestandlich und auf der Rechtsfolgenseite (statt Gefängnisstrafe wurden 1969 Freiheitsstrafe und Geldstrafe eingeführt und die Möglichkeit des Verlusts der Ehrenrechte wurde

[1] Vgl. hierzu eingehend *Nußbaum* BörsG Einleitung Kapitel I, wonach die Entstehung des BörsG vor allem auf zwei Strömungen zurückzufahren war, zum einen das Anliegen, das sog. Börsenspiel zu unterbinden (rechtspolizeiliche Gründe), zum anderen das Bestreben, den Börsenterminhandel in Getreide und Mehl zu bekämpfen (agrarpolitische Gründe); das gesetzgeberische Eingreifen war schließlich durch Depotveruntreuungen veranlasst. Vgl. zur Entstehungsgeschichte des BörsG auch *Scheu*, Das Börsenstrafrecht und seine Reform, S. 4 ff.

[2] Aufnahme in § 75 Abs. 1 BörsG v. 22. Juni 1896.

aufgehoben) mehrere Male reformiert.[3] Auch die in § 88 BörsG aF vorgesehene Nachfolgeregelung[4] erfuhr einige Modifikationen, die zum einen der Problematik begegnen sollten, dass die Norm als zu unbestimmt angesehen wurde, und die zum anderen darauf abzielten, die Vorschrift handhabbarer zu machen, was vor allem durch Streichung der Bereicherungsabsicht erreicht werden sollte.[5] Erst im Jahr 2002 überführte der Gesetzgeber das Marktmanipulationsverbot mit dem Gesetz zur weiteren Fortentwicklung des Finanzplatzes Deutschland (Viertes Finanzmarktförderungsgesetz) in das WpHG (§§ 20a, 38, 39 WpHG). Diese Reform des „Kurs- und Marktpreismanipulationsverbots" erfolgte bereits vor Umsetzung der Marktmissbrauchs-Richtlinie (MAD 2003), weil das börsengesetzliche Marktmanipulationsverbot inhaltlich zu unbestimmt war und zu hohe tatbestandliche Voraussetzungen (aus der Tatbestandsvoraussetzung „zur Einwirkung" wurde das Erfordernis der Absicht abgeleitet)[6] aufwies. Schließlich hatte die börsengesetzliche Verbotsvorschrift einige relevante Varianten der Marktmanipulation nicht erfasst. Insgesamt gesehen war § 88 BörsG aF praktisch bedeutungslos geblieben;[7] Gerichtsentscheidungen, die zu Verurteilungen führten, waren kaum ergangen.[8] Dies dürfte auch daran gelegen haben, dass die Staatsanwaltschaften häufig nicht die nötige Expertise für die Verfolgung von Verstößen gegen das Marktmanipulationsverbot hatten;[9] es existierte keine wirksame Marktaufsicht.[10] Schließlich lehnte es die Literatur ab, die Verbotsvorschrift als ein Schutzgesetz zu qualifizieren;[11] eine Sichtweise, die schließlich auch vom BGH und BVerfG geteilt wurde.[12]

2 Die **Insiderverbote** fanden dagegen vergleichsweise spät Einzug in das deutsche Recht.[13] Obwohl es auch in Deutschland zu spektakulären Fällen von Insiderhandel kam,[14] existierten bis in die 1990-er Jahre nur verschiedene Arten der Selbstregulierung.[15] Die vom Bundesminister für Wirtschaft eingesetzte Börsensachverständigenkommission beschloss im Jahr 1970 „Empfehlungen zur Lösung der Insider-Probleme".[16] Diese mündeten

3 Vgl. *Scheu*, Das Börsenstrafrecht und seine Reform, S. 4 ff., 16 ff.; vgl. auch den Überblick bei *Eichelberger*, Das Verbot der Marktmanipulation (§ 20a WpHG), S. 153.

4 § 88 BörsG aF hatte folgenden Wortlaut:
Wer in betrügerischer Absicht auf Täuschung berechnete Mittel anwendet, um auf den Börsen- oder Marktpreis von Waren oder Wertpapieren einzuwirken, wird mit Gefängnis und zugleich mit Geldstrafe bis zu fünfzehntausend Markt bestraft. Auch kann auf Verlust der bürgerlichen Ehrenrechte erkannt werden.
Sind mildernde Umstände vorhanden, so kann ausschließlich auf die Geldstrafe erkannt werden.
Die gleiche Strafe trifft denjenigen, welcher in betrügerischer Absicht willentlich unrichtige Angaben in Prospekten (§ 38) oder in öffentlichen Kundgebungen macht, durch welche die Zeichnung oder Ankauf oder Verkauf von Wertpapieren herbeigeführt werden soll.

5 Änderungen durch das Zweite Gesetz zur Bekämpfung der Wirtschaftskriminalität (WiKG) v. 15.5.1986, BGBl. I 1986 S. 721 ff.

6 Vgl. *Scheu*, Das Börsenstrafrecht und seine Reform, S. 19 f.

7 Vgl. *Otto* WM 1988, 729 (736); *Scheu*, Das Börsenstrafrecht und seine Reform, S. 102 ff.

8 Vgl. *Arlt*, Der strafrechtliche Anlegerschutz vor Kursmanipulation, S. 22, wonach sieben Gerichtsentscheidungen bis 2002 ergangen sein sollen.

9 Mit der Überführung in das WpHG erhielt die BaFin die Zuständigkeit für die Überwachung des Verbots. → § 26 Rn. 2.

10 Vgl. *Scheu*, Das Börsenstrafrecht und seine Reform, S. 59 mit der Forderung, eine mit der Überwachung des Börsenverkehrs betraute Behörde einzurichten (Unparteilichkeit und Sachnähe).

11 Vgl. *Barnert* WM 2002, 1473 ff.; *Eichelberger*, Das Verbot der Marktmanipulation (§ 20a WpHG), S. 363 ff.; *Thöle*, Die verfassungsmäßige Bestimmtheit der Strafbarkeit der Marktmanipulation nach dem Wertpapierhandelsgesetz, S. 27 mwN.

12 Vgl. BVerfG ZIP 2002, 1986 (1988); BGH NJW 2004, 2664 (2665).

13 Näher zur Entwicklung des Insiderrechts in Europa und Deutschland *Hopt* ZGR 1991, 17 (73); zu den Anfängen der Insiderproblematik in Deutschland seit 1837 vgl. *Hopt/Will*, Europäisches Insiderecht, S. 19.

14 Fallmaterial bei *Hopt/Will*, Europäisches Insiderrecht, S. 9–37.

15 Vgl. *Hoeren* ZBB 1993, 112 ff. zu einem sehr frühen Ansatz einer Selbstregulierung in Deutschland im Jahr 1908 durch den Centralverband des Deutschen Bank- und Bankiersgewerbe.

16 Eine Arbeitsgruppe hatte „Insider-Regeln" erarbeitet, die sich in die Insiderhandels-Richtlinien, die Händler- und Beraterregeln und Verfahrensbestimmungen aufspalteten. Die Börsensachverständigenkommission verabschiedete am 13.11.1970 diese „Insider-Regeln". Näher *Bremer*, Die Börsensachverständi-

in die sog. Insiderhandels-Richtlinien (IHR), die es Vorstands- und Aufsichtsratsmitgliedern, Großaktionären und Angestellten einer AG untersagten, Geschäfte mit Aktien und Schuldverschreibungen ihrer Gesellschaft unter Ausnutzung von Insiderinformationen vorzunehmen.[17] Die Kommission begründete die Selbstregulierung (die sich auch durch die bei den Börsen eingerichteten mit der Durchsetzung der Regeln betrauten Prüfungskommissionen auszeichnete) ua damit, dass die in den USA vorhandenen Regelungen nicht einfach übernommen werden könnten, da diese ausländischem Rechtsdenken entsprächen und nicht ohne weiteres auf deutsche Verhältnisse übertragbar seien.[18] Die Selbstregulierung erwies sich aber trotz zweier Reformen in den Jahren 1976 und 1988[19] ua mangels effektiver Sanktionen als nicht erfolgreich.[20] Trotz Reformvorschlägen aus der Wissenschaft[21] bedurfte es aber europäischer Vorgaben, bis in Deutschland gesetzliche Insiderverbote eingeführt wurden, die auch strafrechtlich sanktioniert waren.

Der europäische Gesetzgeber koordinierte mit der Richtlinie 89/592/EWG vom 13.11.1989 erstmals die Vorschriften der Mitgliedstaaten betreffend Insidergeschäfte (**Insider-Richtlinie**).[22] Die Richtlinie war auf die Erwägung gestützt, dass das Vertrauen der Anleger ua auf der den Anlegern gegebenen Zusicherung beruhe, dass sie gleichgestellt seien und dass sie gegen die unrechtmäßige Verwendung einer Insiderinformation geschützt würden. Das reibungslose Funktionieren des Marktes hänge weitgehend von dem Vertrauen der Anleger ab. Da die Insidergeschäfte für bestimmte Anleger mit Vorteilen gegenüber anderen Anlegern verbunden seien, könnten sie dieses Vertrauen gefährden und somit das reibungslose Funktionieren des Marktes beeinträchtigen.[23] **3**

Die Insider-Richtlinie sah generalklauselartige Vorgaben an die Mitgliedstaaten vor und beschränkte sich auf eine Mindestharmonisierung der Regelungsmaterie (vgl. Art. 6). Sie sah in Art. 2 bis 4 Insiderverbote (Handelsverbot; Weitergabeverbot; Empfehlungsverbot) für Primärinsider (Art. 2 Abs. 1) und bestimmte Sekundärinsider (Art. 4) vor. Aus dem Verweis des Art. 7 auf die Richtlinie 79/279/EWG[24] folgte, dass die Emittenten von Insiderpapieren zur Ad-hoc-Publizität verpflichtet waren.[25] Ferner verlangte Art. 8, dass **4**

---

genkommission, S. 23 ff. und S. 104 ff. (Abdruck der Empfehlungen zur Lösung der sogenannten Insiderproblematik in der Fassung vom 13.11.1970 und der Insiderhandels-Richtlinien in der Fassung vom 14.11.1975).

[17] Die Insiderhandels-Richtlinien erlangten Gültigkeit für die Insider dadurch, dass sie zum Gegenstand des mit der Gesellschaft geschlossenen Vertrags gemacht wurden. Vgl. *Bremer*, Die Börsensachverständigenkommission, S. 28.

[18] Vgl. *Bremer*, Die Börsensachverständigenkommission, S. 24.

[19] Vgl. die letzte Fassung der Insiderhandels-Richtlinie, WM 1998, 1105.

[20] Vgl. *Hauschka/Harm* BB 1988, 1189 (1192 f.); zusammenfassend *Villeda*, Prävention und Repression im Insiderhandel, S. 47 ff.

[21] Vgl. *Arbeitskreis Gesellschaftsrecht* (bestehend aus G. Hueck, Lutter, Mertens, Rehbinder, Ulmer, Wiedemann, Zöllner), Verbot des Insiderhandelns, 1976; ferner *Hopt/Will*, Europäisches Insiderrecht, S. 149–176 mit dem Vorschlag einer europäischen Lösung; für das deutsche Recht *Scheu*, Das Börsenstrafrecht und seine Reform, S. 114 ff.

[22] Richtlinie 89/592/EWG des Rates der Europäischen Gemeinschaften zur Koordinierung der Vorschriften betreffend Insider-Geschäfte vom 13. November 1989, ABl. EG Nr. L334 v. 18.11.1989 S. 30 ff. (Insider-Richtlinie); ausführliche Analyse bei *Elster*, Europäisches Kapitalmarktrecht. Recht des Sekundärmarktes, S. 58–117.

[23] Erwägungsgründe zur Insider-Richtlinie.

[24] Richtlinie des Rates vom 5. März 1979 zur Koordinierung der Bedingungen für die Zulassung von Wertpapieren zur amtlichen Notierung an einer Wertpapierbörse (79/279/EWG), ABl. EG Nr. L66 v. 16.3.1997 S. 21 ff.

[25] Art. 17 Abs. 1 iVm Schema C Nr. 5a) RL 79/279/EWG hatte bereits die Veröffentlichung neuer erheblicher Tatsachen verlangt, die im Tätigkeitsbereich der Gesellschaft eingetreten und der breiten Öffentlichkeit nicht bekannt sind, aber wegen ihrer Auswirkung auf die Vermögens- und Finanzlage oder auf den allgemeinen Geschäftsverlauf zu einer beträchtlichen Änderung der Kurse der Aktien der Gesellschaft führen können. Der Grund für den Verweis des Art. 7 der Insider-Richtlinie auf Schema C Nr. 5a) RL 79/279/EWG war zunächst, dass der europäische Gesetzgeber erstmals die Funktion der Ad-hoc-Publizität als insiderrechtliche Präventivmaßnahme betonte. Ferner ging es ihm darum, die Veröffentlichungspflicht für alle regelmäßig stattfindenden, öffentlich zugänglichen Märkte, die staatlich reglemen-

die Mitgliedstaaten Verwaltungsstellen schaffen, die die Einhaltung der Insiderverbote überwachen.

5 Der deutsche Gesetzgeber setzte die Vorgaben der Insider-Richtlinie mit dem Gesetz über den Wertpapierhandel und zur Änderung börsenrechtlicher und wertpapierrechtlicher Vorschriften (**Zweites Finanzmarktförderungsgesetz**) vom 26. Juli 1994 (mit zweijähriger Verspätung)[26] um. Art. 1 dieses Gesetzes enthielt das Wertpapierhandelsgesetz, das am 1.1.1995 (teilweise schon am 1.8.1994) in Kraft trat.

6 Das **Wertpapierhandelsgesetz** (WpHG) war in sieben Abschnitte untergliedert. Der Abschnitt 1 bestimmte den Anwendungsbereich des WpHG und relevante Begriffe. Der Abschnitt 2 betraf die Aufgaben und Befugnisse des Bundesaufsichtsamts für Wertpapierhandel. Im Abschnitt 3 war die Insiderüberwachung geregelt. Die Straf- und Bußgeldbestimmungen waren im Abschnitt 6 enthalten. Der Abschnitt über Insiderüberwachung bestand aus neun Vorschriften, die zum einen die Insiderverbote zum Gegenstand hatten und zum anderen die zuvor in § 44a BörsG vorgesehene Pflicht zur Veröffentlichung und Mitteilung kursrelevanter Tatsachen enthielten.[27] Der deutsche Gesetzgeber ging von einem zweifachen Zweck der Ad-hoc-Publizität aus. Zum einen stellte er die Bedeutung der Pflicht zur Überwindung von Informationsasymmetrien heraus, zum anderen sah er sie (im Einklang mit den Vorstellungen des europäischen Gesetzebers) als eine wichtige Maßnahme zur Bekämpfung des Insiderhandels an; sie stehe in einem „engen Zusammenhang mit dem Insiderrecht."[28]

7 Mit dem Inkrafttreten des WpHG war das Modell der Rechtsaufsicht über die Börsen durch das Modell der Marktaufsicht über den gesamten Wertpapierhandel abgelöst.[29] Im Zentrum stand die börsliche und außerbörsliche Aufsicht über den Wertpapierhandel durch das **Bundesaufsichtsamt für Wertpapierhandel** (BAWe), die durch die Rechts- und Marktaufsicht der Bundeslänger mit einer Börse und durch die börsliche Aufsicht durch die Handelsüberwachungsstelle flankiert wurde.[30] Für die Verfolgung der Straftaten war (und ist bis heute) die Staatsanwaltschaft zuständig.[31]

II. Marktmissbrauchs-Richtlinie (2003)

8 Die **Richtlinie 2003/6/EG über Insider-Geschäfte und Marktmanipulation** (Marktmissbrauchs-Richtlinie – MAD 2003)[32] war die Reaktion des europäischen Gesetzgebers darauf, dass der Rechtsrahmen zum Schutz der Marktintegrität in den Mitgliedstaaten unvollständig war.[33] Die nationalen Rechtsvorschriften waren teilweise unterschiedlich, sodass die Marktteilnehmer oftmals über Begriffe, Begriffsbestimmungen und die Durchsetzung der Verhaltensregeln im Unklaren waren. Die MAD 2003 wollte ferner Lücken im Gemeinschaftsrecht schließen, die (auch von Terroristen im Kontext der Anschläge am 11. September 2001 in den USA) zu rechtswidrigem Handeln ausgenutzt worden waren. Dadurch war das Vertrauen der Öffentlichkeit untergraben und das reibungslose Funktionieren der Märkte beeinträchtigt worden.[34] Problematisch war vor allem, dass in einigen

tiert und überwacht sind (und nicht nur den amtlich notierten Handel), vorzusehen. Vgl. *Elster*, Europäisches Kapitalmarktrecht. Recht des Sekundärmarktes, S. 116.

26 Zu den Gründen *Assmann* AG 1994, 196.

27 Vgl. zu den Änderungen gegenüber § 44a BörsG aF *Dreyling/Schäfer*, Insiderrecht und Ad-hoc-Publizität, Rn. 313-39.

28 Vgl. Beschlussempfehlung und Bericht des Finanzausschusses, BT-Drucks. 12/7918 v. 15.6.1994 S. 96.

29 Vgl. *Assmann* in Assmann/Schneider WpHG Vor § 12 Rn. 12.

30 Vgl. *Dreyling/Schäfer*, Insiderrecht und Ad-hoc-Publizität, Rn. 194–203.

31 Aufschlussreich zu den Defiziten staatsanwaltschaftlicher Strafverfolgung im Bereich des Insiderhandels *Hienzsch*, Das deutsche Insiderhandelsverbot in der Rechtswirklichkeit, S. 125 ff.

32 Richtlinie 2003/6/EG des Europäischen Parlaments und des Rates vom 28. Januar 2003 über Insider-Geschäfte und Marktmanipulation (Marktmissbrauch), ABl. EU Nr. L96 v. 12.4.2003 S. 16 ff. (MAD 2003).

33 Ausführliche Darstellung des Entstehungsprozesses bei *Ziouvas*, Das neue Kapitalmarktstrafrecht, S. 19 ff.

34 Vgl. Erwägungsgründe 11 und 13 MAD 2003.

Mitgliedstaaten kein Verbot von Kursmanipulationen oder der Verbreitung irreführender Informationen existiert hatte.

Die MAD 2003 sah erstmals detaillierte Vorgaben an die Mitgliedstaaten über die Einführung des **Verbots** von **Marktmanipulation** vor. Ferner enthielt sie Regelungen über das **Verbot** von **Insidergeschäften**, die im Unterschied zu den generalklauselartigen Vorschriften der Insider-Richtlinie eine große Detailtiefe aufwiesen, und ersetzte die in den früheren Richtlinien 79/279/EWG und 2001/34/EG vorgesehene Pflicht zur Veröffentlichung neuer kurserheblicher Tatsachen durch eine **Ad-hoc-Publizitätspflicht** von Insiderinformationen.[35] Eine Neuerung war zudem die gemeinschaftsweite Einführung von Vorschriften über **Directors' Dealings**. Auch die Harmonisierung von Verhaltensregeln für die Erstellung und Verbreitung von **Finanzanalysen** war ein Novum in der europäischen Kapitalmarktgesetzgebung, zurückzuführen vor allem auf zahlreiche aus massiven Interessenkonflikten resultierende Skandale in Europa und den USA.[36] 9

Ein weiteres zentrales Anliegen der MAD 2003 war es, die **Aufsichts- und Ermittlungsbefugnisse** der nationalen Behörden zu harmonisieren. Die MAD 2003 sah daher detaillierte Regelungen darüber vor, mit welchen Befugnissen die Mitgliedstaaten ihre Aufsichtsbehörden auszustatten hatten. Dagegen waren die Vorgaben der MAD 2003 an die Mitgliedstaaten über Verwaltungsmaßnahmen und **Sanktionen** dürftig. Die Richtlinie beschränkte sich darauf, von den Mitgliedstaaten zu verlangen, entsprechend ihrem jeweiligen innerstaatlichen Recht dafür zu sorgen, dass bei Verstößen gegen die gem. der MAD 2003 erlassenen Vorschriften gegen die verantwortlichen Personen geeignete Verwaltungsmaßnahmen ergriffen oder in Verwaltungsverfahren zu erlassende Sanktionen verhängt werden können. Die Mitgliedstaaten hatten ferner dafür zu sorgen, dass diese Maßnahmen wirksam, verhältnismäßig und abschreckend waren.[37] Zur Einführung strafrechtlicher Vorschriften waren die Mitgliedstaaten nach der MAD 2003 nicht verpflichtet. 10

Der zentrale **Zweck** der MAD 2003 bestand darin, die **Integrität** der **Märkte** sicherzustellen und das **Vertrauen** der **Anleger** in diese Märkte zu **stärken**.[38] Sie begnügte sich freilich, wie bereits die Insider-Richtlinie aus dem Jahr 1989, mit einer Mindestharmonisierung des Marktmissbrauchsrechts. Die Mitgliedstaaten waren daher berechtigt, über die Vorgaben der MAD 2003 hinauszugehen und strengere Vorschriften vorzusehen.[39] 11

Die MAD 2003 konnte sich damit begnügen, die zentralen Verbote und Pflichten des Marktmissbrauchsrechts generalklauselartig zu regeln. Sie sah zwar auch einige Definitionen vor, etwa zum Begriff der Insiderinformation und zu den verschiedenen Arten einer Manipulation. Die konkrete Ausgestaltung der Regime erfolgte aber durch Rechtsakte der Kommission, die zur Durchführung der MAD 2003 drei Richtlinien und eine Verordnung der Europäischen Kommission erließ (sog. Level 2-Maßnahmen): 12

- **Richtlinie 2003/124/EG** der Kommission vom 22.12.2003 zur Durchführung der Richtlinie 2003/6/EG des Europäischen Parlaments und des Rates betreffend die Begriffsbestimmung und die Veröffentlichung von Insider-Informationen und die Begriffsbestimmung der Marktmanipulation.[40]
- **Richtlinie 2003/125/EG** der Kommission vom 22.12.2003 zur Durchführung der Richtlinie 2003/6/EG des Europäischen Parlaments und des Rates in Bezug auf die

[35] RL 79/279/EWG (auf die sich auch die spätere Insider-Richtlinie bezog) hatte sich auf die Veröffentlichung neuer Tatsachen beschränkt. Auch Art. 68 Abs. 1 der Richtlinie 2001/34/EG (sog. Kapitalmarktpublizitäts-Richtlinie, die RL 79/279/EWG ablöste) beschränkte sich darauf, eine börsennotierte Gesellschaft zu verpflichten, „neue erhebliche Tatsachen" zu veröffentlichen. Mit der MAD 2003 wurde die Veröffentlichungspflicht auf Insiderinformationen ausgeweitet.

[36] Vgl. hierzu etwa die Fälle *Jack Grubman*, *Henry Blodget* und *Eric Hecht*, dargestellt bei *Richter*, Die Leistung von Aktienanalysten aus Anlegersicht, S. 14 ff.

[37] Vgl. Art. 14 MAD 2003.

[38] Vgl. Erwägungsgrund 12 MAD 2003.

[39] Dies geschah auch in vielen Mitgliedstaaten. Vgl. zu den verschiedenen Regelungsansätzen und unterschiedlichen Sanktionen *Veil* in Veil, Europäisches Kapitalmarktrecht, § 12 Rn. 10–22.

[40] ABl. EU Nr. L339 v. 24.12.2003 S. 70 ff.

sachgerechte Darbietung von Anlageempfehlungen und die Offenlegung von Interessenkonflikten.[41]
- **Richtlinie 2004/72/EG** der Kommission vom 29.4.2004 zur Durchführung der Richtlinie 2003/6/EG des Europäischen Parlaments und des Rates – Zulässige Marktpraktiken, Definition von Insider-Informationen in Bezug auf Warenderivate, Erstellung von Insider-Verzeichnissen, Meldung von Eigengeschäften und Meldung verdächtiger Transaktionen.[42]
- **Verordnung** (EG) **Nr. 2273/2003** der Kommission vom 22.12.2003 zur Durchführung der Richtlinie 2003/6/EG des Europäischen Parlaments und des Rates – Ausnahmeregelungen für Rückkaufprogramme und Kursstabilisierungsmaßnahmen.[43]

13 Der deutsche Gesetzgeber setzte die MAD 2003 und die drei Level 2-Richtlinien der Kommission durch das **Gesetz zur Verbesserung des Anlegerschutzes** (Anlegerschutzverbesserungsgesetz – AnSVG) vom 28. Oktober 2004 um.[44] Das AnSVG verfolgte das Ziel, „den Kapitalmarkt und die internationale Wettbewerbsfähigkeit des Finanzplatzes Deutschland weiter zu stärken." Bereits die Begründung des Regierungsentwurfs stellte heraus, dass „das Vertrauen der Anleger in die Kapitalmärkte" eine „entscheidende Rolle" für die internationale Wettbewerbsfähigkeit der Finanzmärkte spiele. „Unternehmenskrisen und -zusammenbrüche gerade auch wegen Missmanagements [hätten] das Vertrauen der Anleger in die Integrität der Unternehmensführung und damit zugleich das Vertrauen in den Kapitalmarkt erschüttert. Nachhaltig wiederherstellen [lasse] sich dieses Vertrauen nur durch mehr Transparenz auf dem Kapitalmarkt, Selbstregulierung der Marktteilnehmer und, wo dies nötig [sei], verbesserte Kontrolle von Unternehmen, bis hin zur Übernahme persönlicher Verantwortung und angemessener Erweiterung der Haftung für geschädigte Anleger."[45]

14 Das AnSVG änderte ua Vorschriften des WpHG über die Insiderüberwachung und Marktmanipulation. Außerdem verabschiedete das BMF eine Reihe an Verordnungen, die der Konkretisierung dienten und technische Fragen klärten. Für das Marktmissbrauchsrecht sind die folgenden Verordnungen zu nennen:
- Verordnung über die Meldepflichten beim Handel mit Wertpapieren und Derivaten (Wertpapierhandel-Meldeverordnung – **WpHMV**);
- Verordnung zur Konkretisierung von Anzeige-, Mitteilungs- und Veröffentlichungspflichten sowie der Pflicht zur Führung von Insiderverzeichnissen nach dem Wertpapierhandelsgesetz (Wertpapierhandelsanzeige- und Insiderverzeichnisverordnung – **WpAIV**);
- Verordnung zur Konkretisierung des Verbotes der Marktmanipulation (Marktmanipulations-Konkretisierungsverordnung – **MaKonV**);
- Verordnung über die Analyse von Finanzinstrumenten (Finanzanalyseverordnung – **FinAnV**).

15 In der Literatur wurden die strafrechtlichen Verbote, insbesondere der Marktmanipulation, verschiedentlich wegen mangelnder Bestimmtheit als verfassungswidrig angesehen (Art. 103 Abs. 2 GG) oder aber zumindest ihre Verfassungsmäßigkeit bezweifelt.[46] Die Gerichte teilten diese Beurteilung aber nicht und attestierten dem Verbot der Marktmanipulation trotz konkretisierender Verweise auf eine bloße Verordnung des BMF (die MaKonV) die Verfassungsmäßigkeit.[47]

---

41 ABl. EU Nr. L339 v. 24.12.2003 S. 73 ff.
42 ABl. EU Nr. L162 v. 30.4.2004 S. 70 ff.
43 ABl. EU Nr. L336 v. 23.12.2003 S. 33 ff.
44 BGBl. I 2011 S. 538 ff.
45 Vgl. Begr. RegE AnSVG v. 25.4.2004, BT-Drucks. 15/3174 S. 27.
46 Vgl. *Altenhain* BB 2002, 1874 (1876); *Moosmayer* wistra 2002, 161 (169); *Schmitz* ZStW 115 (2003) 501 (528); *Sorgenfrei* wistra 2002, 321 (325); *Thöle*, Die verfassungsmäßige Bestimmtheit der Strafbarkeit der Marktmanipulation nach dem Wertpapierhandelsgesetz, S. 77 ff.
47 Vgl. BGH ZIP 2016, 1334 (Tatbestandsmerkmal „sonstige Täuschungshandlungen" iSd § 20a Abs. 1 Satz 1 Nr. 3 WpHG entspricht bei einer am Inhalt der MAD 2003 sowie der Durchführungsrichtlinie

Das auf die MAD 2003 zurückgehende Marktmissbrauchsrecht der Mitgliedsstaaten war 16 verschiedentlich Gegenstand von **Urteilen** des **EuGHs**. Die Entscheidungen zur richtlinienkonformen Auslegung nationalen Rechts sind weiterhin relevant, weil die MAR[48] auf den Judikaten des EuGH aufbaut (insbesondere die Vorschriften zum Begriff der Insiderinformation (Art. 7 MAR) und die Vorschriften über legitime Handlungen (Art. 9 MAR). Deshalb können die Entscheidungen weiterhin zur Auslegung der MAR herangezogen werden. Zu nennen sind (in zeitlicher Reihenfolge) folgende Urteile des EuGHs und des EGMR:

- EuGH, Urt. v. 23.12.2009 – Rs. C-45/08 (*Spector Photo Group*)
- EGMR, Urt. v. 6.10.2011 – 50425/06 (*Soros/Frankreich*)
- EuGH, Urt. v. 28.6.2012 – Rs. C-19/11 (*Geltl*)
- EuGH, Urt. v. 11.3.2015 – Rs. C-628/13 (*Lafonta*)

III. Marktmissbrauchs-Verordnung und Marktmissbrauchs-Richtlinie (2014)

Der frühere CESR hatte bereits 2008 in einer umfassenden Studie herausgearbeitet, dass 17 das Marktmissbrauchsrecht in den Mitgliedstaaten trotz der Harmonisierung durch die MAD 2003 und einiger konkretisierender Durchführungs-Rechtsakte sehr unterschiedlich ausgestaltet war und dass die bestehenden administrativen und strafrechtlichen Sanktionen disparat und wenig abschreckend waren.[49] Die von der Europäischen Kommission eingesetzte High Level-Group unter dem Vorsitz von *Jacques de Larosière* mahnte daher in Reaktion auf die Finanzmarktkrise eine umfassende **Reform** des **europäischen Finanzmarktrechts** an.[50] Die Europäische Kommission reagierte auf diese Empfehlung mit den am 20. Okt. 2011 veröffentlichten Vorschlägen für eine Verordnung[51] und eine Richtlinie[52] über Marktmissbrauch (MAR und CRIM-MAD). Die Kommission führte aus, dass die weltweite Wirtschafts- und Finanzkrise die Bedeutung der Marktintegrität deutlich gemacht habe. Es sei erforderlich, die Regeln auf andere Märkte auszuweiten und die Vorschriften der Mitgliedstaaten über die Aufsicht der Wertpapiermärkte und die nationalen verwaltungs- und strafrechtlichen Sanktionen strenger auszugestalten.[53]

Die Verabschiedung einer europäischen Verordnung über Insider-Geschäfte und Markt- 18 manipulation (MAR) fand in der rechtspolitischen Diskussion breite Zustimmung. Wesentlich kontroverser diskutiert wurde die unionsweite Harmonisierung der strafrechtlichen Sanktionen durch die auf Art. 82 Abs. 2 AEUV gestützte CRIM-MAD[54]. Diese Kompetenznorm stellt hohe Anforderungen auf: Erweist sich die Angleichung der strafrechtlichen Rechtsvorschriften der Mitgliedstaaten als unerlässlich für die wirksame Durch-

2003/124/EG orientierten Auslegung dem Bestimmtheitsgebot des Grundgesetzes); zuvor bereits BGHSt 59, 80, 82; BGHSt 48, 373, 383 f.

48 Verordnung (EU) Nr. 596/2014 des Europäischen Parlaments und des Rates vom 16. April 2014 über Marktmissbrauch (Marktmissbrauchsverordnung) und zur Aufhebung der Richtlinie 2003/6/EG des Europäischen Parlaments und des Rates und der Richtlinien 2003/124/EG, 2003/125/EG und 2004/72/EG der Kommission, ABl. EU Nr. L173 v. 12.6.2014 S. 1 ff. (MAR).

49 CESR, Report on Administrative Measures and Sanctions as well as Criminal Sanctions available in Member States under the Market Abuse Directive (MAD 2003), CESR/07–693, February 2008.

50 Vgl. The High-Level Group on Financial Supervision in the EU, Report v. 25.2.2009 (de Larosière-Bericht) S. 29 mit der Empfehlung, einen kohärenten Regulierungsrahmen für Europa einzuführen.

51 Europäische Kommission, Vorschlag für eine Verordnung des Europäischen Parlaments und des Rates über Insider-Geschäfte und Marktmanipulation (Marktmissbrauch) v. 20.10.2011, KOM(2011) 651 endgültig (MAR-KOM).

52 Europäische Kommission, Vorschlag für eine Richtlinie des Europäischen Parlaments und des Rates über strafrechtliche Sanktionen für Insider-Geschäfte und Marktmanipulation v. 20.10.2011, KOM(2011) 654 endgültig (CRIM-MAD-KOM).

53 Vgl. S. 2 MAR-KOM; ferner Erwägungsgründe 8 und 70 MAR.

54 Richtlinie 2014/57/EU des Europäischen Parlaments und des Rates vom 16. April 2014 über strafrechtliche Sanktionen bei Marktmanipulation (Marktmissbrauchsrichtlinie), ABl. EU Nr. L173 v. 12.6.2014 S. 179 ff. (CRIM-MAD).

führung der Politik der Union auf einem Gebiet, auf dem Harmonisierungsmaßnahmen erfolgt sind, so können durch Richtlinien Mindestvorschriften für die Festlegung von Straftaten und Strafen auf dem betreffenden Gebiet festgelegt werden. Der Einsatz des Strafrechts muss für die wirksame Durchführung der Politik der Union unerlässlich sein. Dies wurde in einigen Mitgliedstaaten,[55] insbesondere auch in Deutschland, bezüglich strafrechtlicher Sanktionen wegen Marktmissbrauchs bezweifelt.[56] Der Bundesrat erhob sogar die Subsidiaritätsrüge.[57] Der Bundestag schloss sich der Auffassung des Bundesrats an und forderte die Kommission auf, erneut die Unerlässlichkeit der im Richtlinienentwurf vorgesehenen strafrechtlichen Sanktionen zu prüfen und zu begründen.[58] Die Subsidiaritätsrüge hatte allerdings keinen Erfolg. Die Verordnung und die Richtlinie wurden am 16. April 2014 verabschiedet und am 12. Juni 2014 im Amtsblatt der EU veröffentlicht.[59]

19 Im Zentrum des neuen Marktmissbrauchsrechts steht die Verordnung (EU) Nr. 596/2014 über Marktmissbrauch (**Marktmissbrauchs-Verordnung** – MAR). Soweit sie Verordnungsvorschriften enthält, gilt sie unmittelbar in den Mitgliedstaaten (vgl. Art. 288 Abs. 2 AEUV). Die MAR ist auf Art. 114 AEUV gestützt. Sie bildet einen „einheitlichen Rahmen" und verfolgt das Ziel, „die Marktintegrität zu wahren, potentieller Aufsichtsarbitrage vorzubeugen, Rechenschaftspflicht bei Manipulationsversuchen vorzusehen und den Marktteilnehmern mehr Rechtssicherheit und unkompliziertere Vorschriften zu bieten."[60]

20 Mit dem Rechtsinstrument der Verordnung soll eine einheitliche Auslegung des Regelwerks der Union zum Marktmissbrauch erreicht werden. Das Instrument stellt zudem sicher, dass die Mitgliedstaaten keine divergierenden Vorschriften mehr vorsehen. Die MAR hat zur Folge, dass „in der gesamten Union alle natürlichen und juristischen Personen die gleichen Regeln zu befolgen haben."[61] Dies trägt zur Reduktion der Compliance-Kosten, insbesondere für grenzüberschreitend tätige Gesellschaften, sowie zur Beseitigung von Wettbewerbsverzerrungen bei.[62] Aus diesen Gründen ist grundsätzlich anzunehmen, dass die MAR eine **Vollharmonisierung** des Marktmissbrauchsrechts bezweckt (mit Ausnahme der Vorschriften über die Aufsicht in den Mitgliedstaaten und den in den Mitgliedstaaten mindestens vorzusehenden Sanktionen).[63]

21 Um das Ziel eines einheitlichen Regelwerks zu erreichen, ermächtigt die MAR die Kommission und ESMA, delegierte Rechtsakte (Art. 290 AEUV) und Durchführungsrechtsakte (Art. 291 AEUV) zu erlassen (Level 2-Rechtsakte) und weitere Maßnahmen zu ergreifen, insbesondere Leitlinien und Empfehlungen iSv Art. 16 ESMA-Verordnung[64] herauszugeben (Level 3-Maßnahmen). Die MAR und die in Umsetzung der CRIM-MAD verabschiedeten nationalen Strafvorschriften bilden zusammen mit den Level 2- und Level 3-Maßnahmen der Kommission und ESMA das „**Single Rulebook on Market Abuse**".[65] Dabei handelt es sich nicht um ein einziges Gesetzbuch, das die Materie des Marktmissbrauchs kodifikatorisch erfasst, sondern um eine Kompilation einer Fülle an Rechtsvorschriften und Auslegungsempfehlungen und -hinweisen.[66]

---

[55] → § 2 Rn. 34.
[56] Kritisch aus der Wissenschaft *Hauck* ZIS 2015, 336 ff.
[57] Vgl. BR-Drucks. 646/11 v. 18.12.2011 und Beschluss v. 26.12.2011.
[58] Vgl. BT-Drucks. 17/9770 v. 23.5.2012 S. 6.
[59] → § 2 Rn. 13.
[60] Vgl. Erwägungsgrund 4 MAR.
[61] Vgl. Erwägungsgrund 5 MAR.
[62] Vgl. Erwägungsgrund 5 MAR.
[63] → § 3 Rn. 23 ff.
[64] Verordnung (EU) Nr. 1095/2010 des Europäischen Parlaments und des Rates vom 24. November 2010 zur Errichtung einer europäischen Aufsichtsbehörde (Europäische Wertpapier- und Marktaufsichtsbehörde), zur Änderung des Beschlusses Nr. 716/209/EG und zur Aufhebung des Beschlusses 209/77/EG der Kommission, Abl. EU Nr. L331 v. 15.12.2010 S. 84 ff. (ESMA-Verordnung).
[65] Dazu bereits *Wymeersch* ZGR 2011, 443 (459).
[66] Vgl. *Veil* ZGR 2014, 544 (601 ff.)

Das zentrale Anliegen des Single Rulebook besteht darin, eine schädliche Regulierungs- und Aufsichtsarbitrage in Europa zu verhindern und Rechtssicherheit zu verwirklichen. Ein Wettbewerb der Mitgliedstaaten um das „beste Marktmissbrauchsrecht" ist wegen des größtenteils vollharmonisierenden Charakters der MAR ausgeschlossen. Der „Preis" ist eine hohe **Komplexität** der **Regelungsmaterie**. Es war von vornherein illusorisch, das in Erwägungsgrund 4 der MAR niedergelegte Ziel zu erreichen, „unkompliziertere Vorschriften" zu schaffen, weil eine einheitliche Rechtslage für 28 Mitgliedstaaten nur dadurch zu erreichen ist, dass die Pflichten und Verbote konkretisiert und für die relevanten Auslegungsfragen Standards entwickelt werden. Dies ist bereits zu einem großen Teil geschehen. Die Rechtspraxis ist mit einer Fülle an Vorschriften konfrontiert, die sowohl auf Level 1 als auch auf Level 2 eine hohe Detailtiefe aufweisen. Die vielen Verweise erhöhen die Komplexität, die sich bereits aus der beträchtlichen Anzahl an Regeln und Standards ergibt. So verweist das nationale Recht (insbesondere die Straf- und Bußgeldvorschriften) auf europäisches Recht.[67] Im europäischen Recht operieren Vorschriften über Verbote und Pflichten mit Begriffen, die teilweise unter Verweis auf andere europäische Gesetzgebungsakte (insbesondere die Richtlinie 2014/65/EU – MiFID II[68]) bestimmt werden.[69] Darüber hinaus müssen diverse Level 2-Rechtsakte herangezogen werden, weil sie die Verbote und Pflichten der MAR konkretisieren.[70] 22

Das Single Rulebook on Market Abuse gilt für alle Emittenten, deren Wertpapiere auf einem geregelten Markt (→ § 4 Rn. 18) oder in einem MTF (→ § 4 Rn. 27) oder OTF (→ § 4 Rn. 30) gehandelt werden. Es differenziert grundsätzlich nicht zwischen kleinen, mittleren und großen Emittenten. Allerdings sieht es für sog. **KMU-Wachstumsmärkte** (→ § 4 Rn. 34) einige (wenige) Erleichterungen vor. In der Zukunft sollte die europäische Gesetzgebung darum bemüht sein, diesen Weg noch konsequenter zu gehen und das Marktmissbrauchsrecht differenzierter auszugestalten. 23

---

[67] Vgl. zur Art der Verweisung (dynamisch/statisch) → § 3 Rn. 2.

[68] Richtlinie 2014/65/EU des Europäischen Parlaments und des Rates vom 15. Mai 2014 über Märkte für Finanzinstrumente sowie zur Änderung der Richtlinien 2002/92/EG und 2011/61/EU, ABl. EU Nr. L173 v. 12.6.2014 S. 349 ff. (MiFID II).

[69] → § 2 Rn. 10.

[70] Vgl. *Veil* ZGR 2016, 305 (312).

§ 2 Rechtsquellen

Übersicht

Literatur

Fabricius, Der technische Regulierungsstandard für Finanzdienstleistungen. Eine kritische Würdigung unter besonderer Berücksichtigung des Art. 290 AEUV, 2013; *Frank,* Die Rechtswirkungen der Leitlinien und Empfehlungen der Europäischen Wertpapier- und Marktaufsichtsbehörde, 2012; *Frank,* Die Level-3-Verlautbarungen der ESMA – ein sicherer Hafen für den Rechtsanwender?, ZBB 2015, 213; *Hupka,* Kapitalmarktaufsicht im Wandel – Rechtswirkungen der Empfehlungen des Committee of European Securities Regulators (CESR) im deutschen Kapitalmarktrecht, WM 2009, 1351; *Lehmann/Manger-Nestler,* Die Vorschläge zur neuen Architektur der europäischen Finanzaufsicht, EuZW 2010, 87; *Möllers,* Europäische Methoden- und Gesetzgebungslehre im Kapitalmarktrecht – Vollharmonisierung, Generalklauseln und Soft Law im Rahmen des Lamfalussy-Verfahrens als Mittel zur Etablierung von Standards, ZEuP 2008, 480; *Payne,* The Regulation of Short Selling and its Reform in Europe, 13 EBOR (2012), 413; *Spindler/Hupka,* Bindungswirkung von Standards im Kapitalmarktrecht, in: Möllers, Geltung und Faktizität von Standards, 2009, 117; *Trüg,* Ist der Leerverkauf von Wertpapieren strafbar?, NJW 2009, 3202; *Veil,* Europäische Kapitalmarktunion. Verordnungsgesetzgebung, Instrumente der europäischen Marktaufsicht und die Idee eines „Single Rule Book", ZGR 2014, 544; *Walla,* Die Europäische Wertpapier- und Marktaufsichtsbehörde (ESMA) als Akteur bei der Regulierung der Kapitalmärkte Europas – Grundlagen, erste Erfahrungen und Ausblick, BKR 2012, 265.

I. Grundlagen zur europäischen Kapitalmarktgesetzgebung

1 Die europäische Kapitalmarktgesetzgebung erfolgt im sog. ***Lamfalussy*-Verfahren**. Es handelt sich dabei um ein vierstufiges Komitologie-Verfahren, das nach *Alexandre Lamfalussy* benannt ist. Der unter seinem Vorsitz im Auftrag des Rats der Wirtschaftsminister der EU tätige Ausschuss hatte im Jahr 2000 ein neues Rechtsetzungsverfahren entwickelt, um eine schnellere Umsetzung von Regulierungsvorhaben im Bereich des Wertpapierrechts und die einheitliche Anwendung der Vorschriften durch die nationalen Aufsichtsbehörden zu gewährleisten.[1] Mit der Schaffung der ESMA zum 1.1.2011 hat das *Lamfalussy*-Verfahren teilweise eine neue Gestalt erhalten. Der ursprüngliche Ansatz, dass das Europäische Parlament und der Rat auf Initiative der Kommission Rahmenrechtsakte mit den zentralen

[1] Vgl. Schlussbericht des Ausschusses der Weisen über die Reglementierung der Europäischen Wertpapiermärkte v. 15.2.2001; näher zur Historie *Veil* in Veil, European Capital Markets Law, § 1 Rn. 16–18.

Prinzipien verabschieden (**Level 1**), ist allerdings unverändert geblieben.[2] Die Durchführungsbestimmungen zur Konkretisierung der Rahmenrichtlinien werden von der Kommission erlassen (**Level 2**). Dabei handelt es sich um delegierte Rechtsakte nach Art. 290 AEUV und Durchführungsrechtsakte nach Art. 291 AEUV. Bezüglich der delegierten Rechtsakte (Art. 290 AEUV) ist zwischen Rechtsakten zu unterscheiden, die die Kommission aufgrund einer Ermächtigung in einem Basisrechtsakt (hier: der MAR[3]) erlässt und Rechtsakten, die von der ESMA aufgrund einer Ermächtigung in einem Rahmenrechtsakt (hier: der MAR) gem. Art. 10 und 15 ESMA-Verordnung[4] entworfen und sodann der Kommission zur Annahme vorgelegt werden.[5] Sowohl die Gesetzgebungsakte auf Level 1 als auch die Rechtsakte auf Level 2 können Verordnungen und Richtlinien sein.

Sodann kommt der ESMA die Aufgabe zu, die Aufsichtspraxis in den Mitgliedstaaten der 2
EU zu koordinieren (**Level 3**). Die ESMA kann sich dazu einer Reihe an Instrumenten bedienen. Die größte rechtliche Relevanz haben Leitlinien und Empfehlungen iSv Art. 16 ESMA-Verordnung. Diese Leitlinien richten sich an die nationalen Aufsichtsbehörden und ggf. Finanzmarktteilnehmer und sollen eine kohärente Rechtsanwendung in der EU sicherstellen. Darüber hinaus kann die ESMA weitere Maßnahmen ergreifen. Das neben Leitlinien und Empfehlungen prominenteste Instrument sind sog. Questions and Answers (Q&A), mit denen die ESMA zu technischen Anwendungsfragen Stellung nimmt (→ Rn. 21 zu den rechtlichen Wirkungen).

Die **Rechtsnatur** von **Leitlinien** und **Empfehlungen** ist noch nicht höchstrichterlich geklärt. 3
Ausgangspunkt für eine Antwort muss Art. 16 ESMA-Verordnung sein, wonach die ESMA Leitlinien und Empfehlungen herausgeben kann, um innerhalb des ESFS kohärente, effiziente und wirksame Aufsichtspraktiken zu schaffen und eine gemeinsame, einheitliche und kohärente Anwendung des Unionsrechts sicherzustellen.[6] Die zuständigen Behörden (in Deutschland die BaFin) und die Finanzmarktteilnehmer unternehmen alle erforderlichen Anstrengungen, um den Leitlinien und Empfehlungen nachzukommen.[7] Bezüglich der nationalen Aufsichtsbehörden ist ein Comply-or-explain-Mechanismus vorgesehen: Eine nationale Aufsichtsbehörde hat binnen zwei Monaten nach der Herausgabe einer Leitlinie oder Empfehlung zu bestätigen, ob sie der Leitlinie oder Empfehlung nachkommt oder nachzukommen beabsichtigt. Kommt eine zuständige Behörde der Leitlinie oder Empfehlung nicht nach oder beabsichtigt sie nicht, dieser nachzukommen, teilt sie dies der ESMA unter Angabe der Gründe mit.[8] Im Falle eines Non-Comply veröffentlicht die ESMA diese Tatsache.[9] Dieses Shaming soll die verstärkte Einhaltung der Leitlinien und Empfehlungen gewährleisten.[10]

Aus diesen Vorschriften folgt zunächst, dass die Interpretation kapitalmarktrechtlicher Regelungen 4
durch die ESMA sekundärrechtlich legitimiert ist. Leitlinien können zwar, wie auch Empfehlungen iSv Art. 288 Abs. 5 AEUV, keine Rechte begründen, auf die sich Einzelne vor den nationalen Gerichten berufen können. Daraus folgt aber nicht, dass sie rechtlich wirkungslos sind. Dies hat der EuGH in der Rechtssache *Grimaldi* bezüglich Empfehlungen der Europäischen Kommission bereits anerkannt und dargelegt, dass die innerstaatlichen Gerichte verpflichtet seien, bei der Entscheidung der bei ihnen anhängigen Rechtsstreitigkeiten die Empfehlungen zu berücksichtigen, insbesondere dann,

---

2 Die Praxis spiegelt dies allerdings nicht vollends wieder. Die auf Level 1 verabschiedeten Basisrechtsakte beschränkten sich nicht auf generalklauselartige Regelungen, sondern sehen häufig detaillierte Verordnungs- oder Richtlinienvorschriften vor. Vgl. *Walla* in Veil, European Capital Markets Law, § 4 Rn. 10.

3 Verordnung (EU) Nr. 596/2014 des Europäischen Parlaments und des Rates vom 16. April 2014 über Marktmissbrauch (Marktmissbrauchsverordnung) und zur Aufhebung der Richtlinie 2003/6/EG des Europäischen Parlaments und des Rates und der Richtlinien 2003/124/EG, 2003/125/EG und 2004/72/EG der Kommission, ABl. EU Nr. L173 v. 12.6.2014 S. 1 ff. (MAR).

4 Verordnung (EU) Nr. 1095/2010 des Europäischen Parlaments und des Rates vom 24. November 2010 zur Errichtung einer Europäischen Aufsichtsbehörde (Europäische Wertpapier- und Marktaufsichtsbehörde), zur Änderung des Beschlusses Nr. 716/2009/EG und zur Aufhebung des Beschlusses 2009/77/EG der Kommission, ABl. EU Nr. L331 v. 15.12.2010 S. 84 ff. (ESMA-Verordnung).

5 Näher *Walla* in Veil, European Capital Markets Law, § 4 Rn. 12–18.

6 Vgl. Art. 16 Abs. 1 ESMA-Verordnung.

7 Art. 16 Abs. 3 UAbs. 1 ESMA-Verordnung.

8 Art. 16 Abs. 3 UAbs. 2 ESMA-Verordnung.

9 Art. 16 Abs. 3 UAbs. 3 ESMA-Verordnung.

10 Vgl. Erwägungsgrund 26 ESMA-Verordnung.

wenn diese Aufschluss über die Auslegung zu ihrer Durchführung erlassener innerstaatlicher Rechtsvorschriften geben oder wenn sie verbindliche gemeinschaftliche Vorschriften ergänzen sollen.[11] Leitlinien iSv Art. 16 Abs. 1 ESMA-Verordnung sind Handlungsinstrumente der EMSA, die abstrakt-generell auf die Anwendung kapitalmarktrechtlicher Vorschriften und die Aufsichtskultur der mitgliedstaatlichen Behörden bezogen sind.[12] Sowohl die **nationalen Aufsichtsbehörden** als auch die **Finanzmarktteilnehmer** sind jedenfalls **verpflichtet**, die **Leitlinien zu berücksichtigen**.[13] Die nationalen Aufsichtsbehörden (NCAs; in Deutschland die BaFin) sind darüber hinaus grundsätzlich gehalten, den Leitlinien zu entsprechen. Zweifelhaft ist, ob sie völlig frei in ihrer Entscheidung darüber sind, ob sie den Leitlinien entsprechen. Vorzugswürdig ist die Auslegung, dass NCAs wegen des Harmonisierungszwecks von Leitlinien und Empfehlungen nur aus berechtigten Gründen von ihnen abweichen dürfen.[14] Dies kann beispielsweise in Betracht kommen, wenn Leitlinien/Empfehlungen nicht ausreichend den Gegebenheiten nationaler Märkte Rechnung tragen. Auch ein nationales Gericht muss sich mit einer Leitlinie/Empfehlung beschäftigen. Es hat dabei den sekundärrechtlichen Konkretisierungsauftrag an die ESMA, eine gemeinsame, einheitliche und kohärente Anwendung des Unionsrechts sicherzustellen, zu berücksichtigen.[15] Beurteilt es die Rechtsfrage abweichend von den von der ESMA herausgegebenen Leitlinien, ist das nationale Gericht verpflichtet, die Angelegenheit dem EuGH vorzulegen. Für Finanzmarktteilnehmer kann sich schließlich aus Leitlinien und Empfehlungen ein **Haftungsfreiraum** ergeben, sofern sie schutzwürdiges Vertrauen in Anspruch genommen haben.[16]

5 Die Kommission kontrolliert die Umsetzung der kapitalmarktrechtlichen Regelungen in den Mitgliedstaaten (**Level 4**). Wegen einer fehlerhaften Umsetzung europäischen Rechts in nationales Recht kann die Kommission ggf. ein Vertragsverletzungsverfahren gegen einen Mitgliedstaat einleiten. Diese Kontrolle seitens der Kommission wird durch Berichtspflichten der Mitgliedstaaten gegenüber der ESMA (Art. 35 ESMA-Verordnung) erleichtert.

II. Europäische Rechtsquellen

1. Überblick

6 Das Herzstück des europäischen Marktmissbrauchsrechts bilden die **Marktmissbrauchs-Verordnung** Nr. 596/2014(MAR) vom 16. April 2014 und die **Richtlinie** 2014/57/EU vom 16. April 2014 über **strafrechtliche Sanktionen** bei **Marktmanipulation** (CRIM-MAD)[17]. Die beiden Gesetzgebungsakte (sog. Basisrechtsakte bzw. Level 1-Maßnahmen) verfolgen das Ziel, das reibungslose Funktionieren der Wertpapiermärkte und das Vertrauen der Öffentlichkeit in die Märkte zu sichern. Sie sind von der Vorstellung getragen, dass Marktmissbrauch die Integrität der Finanzmärkte verletzt und das Vertrauen der Öffentlichkeit in Wertpapiere und Derivate untergräbt.[18] Beide Gesetzgebungsakte beschränken sich im Wesentlichen darauf, einen rechtlichen Rahmen für den Handel von Finanzinstrumenten auf Kapitalmärkten zu schaffen. Dies geschieht durch das Verbot von Insider-Geschäften, der unrechtmäßigen Offenlegung von Insider-Informationen und von Marktmanipulationen sowie durch Maßnahmen zur Verhinderung von Marktmissbrauch.[19]

[11] EuGH v. 13.12.1989 – Rs. C-322/88, Slg. I-1989, 4407 Rn. 18 – *Grimaldi.*
[12] Vgl. *Veil* ZGR 2014, 544 (594).
[13] Vgl. *Frank*, Die Rechtswirkung der Leitlinien und Empfehlungen der Europäischen Wertpapier- und Marktaufsichtsbehörde, S. 121 ff.; *Frank* ZBB 2015, 213 (216); *Möllers* NZG 2010, 285 (289); *Veil* ZGR 2014, 544 (592 ff.).
[14] Vgl. *Veil* ZGR 2014, 544 (596 ff.).
[15] Vgl. *Frank*, Die Rechtswirkung der Leitlinien und Empfehlungen der Europäischen Wertpapier- und Marktaufsichtsbehörde, S. 168; *Veil* ZGR 2014, 544 (599).
[16] Vgl. *Frank* ZBB 2015, 213 (217 ff.).
[17] Richtlinie 2014/57/EU des Europäischen Parlaments und des Rates vom 16. April 2014 über strafrechtliche Sanktionen bei Marktmanipulation (Marktmissbrauchsrichtlinie), ABl. EU Nr. L173 v. 12.6.2014 S. 179 ff. (CRIM-MAD).
[18] Vgl. Erwägungsgrund 2 MAR und Erwägungsgrund 1 CRIM-MAD.
[19] Vgl. Art. 1 MAR und Art. 1 Abs. 1 CRIM-MAD.

Das europäische Marktmissbrauchsrecht wird durch eine Reihe weiterer europäischer Gesetzgebungsakte ergänzt. Zu nennen ist zunächst die **Leerverkaufsverordnung** vom 14.3.2012.[20] Dieser Basisrechtsakt (abgekürzt auch als LLVO oder SSR (als englische Abkürzung für Short Selling Regulation) bezeichnet) findet auf Finanzinstrumente, Derivate und von einem Mitgliedstaat begebene Schuldinstrumente Anwendung. Die Leerverkaufsverordnung verbietet ungedeckte Leerverkäufe von Finanzinstrumenten und sieht in Bezug auf gedeckte Leerverkäufe von Finanzinstrumenten Transparenzpflichten vor. Diese Regulierungsansätze tragen der Erfahrung Rechnung, dass Leerverkäufe und Credit Default Swaps zu einer Marktmanipulation verwendet werden können.[21] Problematisch ist insbesondere, wenn ein Investor Aktien leerverkauft und gleichzeitig negative Gerüchte bezüglich des Emittenten streut (Bear Raids). Ferner kann sich aus Leerverkäufen ein irreführendes Signal an den Kapitalmarkt ergeben (Abusive Naked Short Sellings).[22] 7

Ein weiterer zum europäischen Marktmissbrauchsrecht gehörender Gesetzgebungsakt ist die **Benchmark-Verordnung** vom 8. Juni 2016.[23] Unter Indizes sind Kennzahlen zu verstehen, die nach einer festgelegten Methodik auf Grundlage von Basiswerten ermittelt werden. Wenn diese Indizes für Finanzprodukte oder Verträge genutzt werden, werden sie als Referenzwerte (Benchmarks) bezeichnet.[24] Die Regulierung zur Sicherstellung der Genauigkeit und Integrität von Indizes geht auf den Libor-Skandal zurück. Mehrere Großbanken hatten den Libor-Referenzzinssatz durch Übermittlung unrichtiger Zinsmitteilungen manipuliert.[25] Der Gesetzgeber hat darauf reagiert, indem er zum einen in der MAR und CRIM-MAD ein aufsichtsrechtliches und strafrechtliches Verbot der Benchmark-Manipulation vorgesehen hat. Zum anderen hat er mit der Benchmark-Verordnung einen gemeinsamen Rechtsrahmen zur Sicherstellung der Genauigkeit und Integrität von Indizes eingeführt.[26] 8

Komplettiert wird das europäische Marktmissbrauchsrecht durch die **Verordnung** über die **Integrität und Transparenz des Energiegroßhandelsmarkts** (REMIT) vom 25. Okt. 2011.[27] Die REMIT gilt für den Handel mit Energiegroßhandelsprodukten.[28] Sie statuiert ebenso wie die MAR und die CRIM-MAD Insiderverbote und verbietet Marktmanipulation. Das Verbot von Insiderhandel und Marktmanipulation nach der REMIT gilt allerdings nicht für Energiegroßhandelsprodukte, die Finanzinstrumente sind. Für sie gelten die MAR und CRIM-MAD. Zur REMIT gesellt sich die **Emissionszertifikate-Verordnung** vom 12. Nov. 2010.[29] Diese Verordnung gilt für die Zuteilung durch Versteige- 9

---

[20] Verordnung (EU) Nr. 236/2012 des Europäischen Parlaments und des Rates vom 14. März 2012 über Leerverkäufe und bestimmte Aspekte von Credit Default Swaps, ABl. EU Nr. L86 v. 24.3.2012 S. 1 ff. (Leerverkaufs-Verordnung).

[21] Vgl. *Payne* 13 EBOR (2012) 413 (416 f.); *Walla* in Veil, European Capital Markets Law, § 24 Rn. 9.

[22] Vgl. *Trüg* NJW 2009, 3202 (3204).

[23] Verordnung (EU) Nr. 2016/1011 des Europäischen Parlaments und des Rates vom 8. Juni 2016 über Indizes, die bei Finanzinstrumenten und Finanzkontrakten als Referenzwert oder zur Messung der Wertentwicklung eines Investmentfonds verwendet werden und zur Änderung der Richtlinien 208/48/EG und 2014/17/EU sowie der Verordnung (EU) Nr. 596/2014, ABl. EU Nr. L171 v. 29.6.2016 S. 1 ff. (Benchmark-Verordnung).

[24] Vgl. zum Begriff Index Art. 3 Abs. 1 Nr. 1 Benchmark-Verordnung; ferner zum Begriffsverständnis der MAR → § 4 Rn. 85.

[25] Vgl. *Wundenberg* in Veil, European Capital Markets Law, § 35 Rn. 2.

[26] Details zum Libor-Skandal bei *Wheatley*, Review of LIBOR Final Report, 2012.

[27] Verordnung (EU) Nr. 1227/2011 des Europäischen Parlaments und des Rates vom 25. Oktober 2011 über die Integrität und Transparenz des Energiegroßhandelsmarkts, ABl. EU Nr. L326 v. 8.12.2011 S. 1 ff. (REMIT).

[28] Vgl. Art. 1 Abs. 2 S. 1 REMIT.

[29] Verordnung (EU) Nr. 1031/2010 der Kommission vom 12. November 2010 über den zeitlichen und administrativen Ablauf sowie sonstige Aspekte der Versteigerung von Treibhausgasemissionszertifikaten gem. der Richtlinie 2003/87/EG des Europäischen Parlaments und des Rates über ein System für den Handel mit Treibhausgasemissionszertifikaten in der Gemeinschaft, ABl. EU Nr. L302 v. 18.11.2010 S. 1 ff. (Emissionszertifikate-Verordnung).

rung von Emissionszertifikaten und sieht sowohl ein Verbot von Insider-Geschäften[30] als auch ein Verbot der Marktmanipulation[31] vor.

10 Das aus einer Richtlinie (MiFID II)[32] und einer Verordnung (MiFIR)[33] bestehende sog. **MiFID II-Regime** regelt die Marktinfrastruktur. Dazu definiert die MiFID II die verschiedenen Handelsplätze (geregelter Markt, multilaterales Handelssystem (MTF) und organisiertes Handelssystem (OTF)). Ein zentraler Regelungsansatz besteht ferner in Vorgaben zur Überwachung der Einhaltung der Regeln des geregelten Marktes, des MTF oder des OTF und anderer rechtlicher Verpflichtungen.[34] Diese Anforderungen an Markttransparenz und -integrität vervollständigen das europäische Marktmissbrauchsrecht.

2. Marktmissbrauchsrecht (MAR und CRIM-MAD)

11 Die europäischen Rechtsquellen des Marktmissbrauchsrechts bestehen aus Gesetzgebungsakten, die auf Level 1 des *Lamfalussy*-Verfahrens verabschiedet wurden, und aus Rechtsakten, die von der Kommission, aufgrund von Technical Advice oder Entwürfen zu Regulatory Technical Standards (RTS)[35] und Implementing Technical Standards (ITS)[36] der ESMA, erlassen wurden (Level 2). Es handelt sich dabei größtenteils um Verordnungsrecht, das unmittelbar anwendbar ist. Darüber hinaus hat die ESMA Leitlinien iSv Art. 16 ESMA-Verordnung herausgegeben (Level 3), die zwar nicht rechtlich verbindlich sind, allerdings aufgrund des Comply-or-explain-Mechanismus als soft law einzuordnen sind. Es besteht zumindest eine Pflicht der BaFin und der Finanzmarktteilnehmer, die Leitlinien bei der Rechtsanwendung zu berücksichtigen (→ Rn. 4).

12 Im Folgenden werden alle bislang (Stand: Februar 2018) verabschiedeten Gesetzgebungs- und sonstigen Rechtsakte aufgeführt (Level 1 und 2). Darüber hinaus werden die Maßnahmen der ESMA aufgeführt, die zu einer einheitlichen Aufsichtspraxis in der EU beitragen sollen.

a) Level 1

13 Das Europäische Parlament und der Rat der Europäischen Union haben zum Marktmissbrauchsrecht die folgenden Gesetzgebungsakte verabschiedet:

- Verordnung (EU) 596/2014 des Europäischen Parlaments und des Rates vom 16. April 2014 über Marktmissbrauch (**Marktmissbrauchsverordnung**) und zur Aufhebung der Richtlinie 2003/6/EG des Europäischen Parlaments und des Rates und der Richtlinien 2003/124/EG, 2003/125/EG und 2004/72/EG der Kommission (MAR);[37]
- Richtlinie 2014/57/EU des Europäischen Parlaments und des Rates vom 16. April 2014 über strafrechtliche Sanktionen bei Marktmanipulation (**Marktmissbrauchsrichtlinie**) (CRIM-MAD).[38]

[30] Vgl. Art. 38 bis 40 Emissionszertifikate-Verordnung.

[31] Vgl. Art. 41 Emissionszertifikate-Verordnung.

[32] Richtlinie 2014/65/EU des Europäischen Parlaments und des Rates vom 15. Mai 2014 über Märkte für Finanzinstrumente sowie zur Änderung der Richtlinien 2002/92/EG und 2011/61/EU, ABl. EU Nr. L173 v. 12.6.2014 S. 349 ff. (MiFID II).

[33] Verordnung (EU) Nr. 600/2014 des Europäischen Parlaments und des Rates vom 15. Mai 2014 über Märkte für Finanzinstrumente und zur Änderung der Verordnung (EU) Nr. 648/2012, ABl. EU Nr. L173 v. 12.6.2014 S. 84 ff. (MiFIR).

[34] Vgl. Art. 31 und 54 MiFID II.

[35] Rechtsgrundlage für RTS ist Art. 10 ESMA-Verordnung. Voraussetzung für den Erlass eines RTS ist eine Ermächtigung in einem Rahmenrechtsakt (Level 1). RTS sollen keine strategischen oder politischen Entscheidungen beinhalten. Näher *Walla* in Veil, European Capital Markets Law, § 11 Rn. 109.

[36] Rechtsgrundlage für einen ITS ist Art. 15 ESMA-Verordnung. Dabei handelt es sich um Durchführungsrechtsakte gem. Art. 291 AEUV. ITS beinhalten keine strategischen oder politischen Entscheidungen. Ihr Inhalt dient dazu, die Bedingungen für die Anwendung der Gesetzgebungsakte festzulegen (Art. 15 Abs. 1 S. 2 ESMA-Verordnung).

[37] ABl. EU Nr. L173 v. 12.6.2014 S. 1 ff.

[38] ABl. EU Nr. L173 v. 12.6.2014 S. 179 ff.

Die MAR wurde durch Verordnung (EU) 2016/1011 vom 8. Juni 2016 und Verordnung (EU) 600/2014 vom 23. Juni 2016 geändert, ferner an mehreren Stellen berichtigt (Abl. EU Nr. L 287 v. 21.10.2016, S. 320).

b) Level 2

Die Kommission hat die folgenden Durchführungsrichtlinien, Durchführungsverordnungen und delegierten Verordnungen zum Marktmissbrauchsrecht erlassen (in zeitlicher Reihenfolge): 14

- Durchführungsrichtlinie **(EU) 2015/2392** der Kommission vom 17. Dezember 2015 zur Verordnung (EU) Nr. 596/2014 des Europäischen Parlaments und des Rates hinsichtlich der Meldung tatsächlicher oder möglicher Verstöße gegen diese Verordnung;[39]
- Durchführungsverordnung **(EU) 2016/347** der Kommission vom 10. März 2016 zur Festlegung technischer Durchführungsstandards im Hinblick auf das genaue Format der Insiderlisten und für die Aktualisierung von Insiderlisten gemäß der Verordnung (EU) Nr. 596/2014 des Europäischen Parlaments und des Rates;[40]
- Durchführungsverordnung **(EU) 2016/378** der Kommission vom 11. März 2016 zur Festlegung technischer Durchführungsstandards in Bezug auf den Zeitplan, das Format und Muster für die Übermittlung der Meldungen an die zuständigen Behörden gemäß Verordnung (EU) Nr. 596/2014 des Europäischen Parlaments und des Rates;[41]
- Delegierte Verordnung **(EU) 2016/522** der Kommission vom 17. Dezember 2015 zur Ergänzung der Verordnung (EU) Nr. 596/2014 des Europäischen Parlaments und des Rates im Hinblick auf eine Ausnahme für bestimmte öffentliche Stellen und Zentralbanken von Drittstaaten, die Indikatoren für Marktmanipulation, die Schwellenwerte für die Offenlegung, die zuständige Behörde, der ein Aufschub zu melden ist, die Erlaubnis zum Handel während eines geschlossenen Zeitraums und die Arten meldepflichtiger Eigengeschäfte von Führungskräften;[42]
- Durchführungsverordnung **(EU) 2016/523** der Kommission vom 10. März 2016 zur Festlegung technischer Durchführungsstandards im Hinblick auf das Format und die Vorlage für die Meldung und öffentliche Bekanntgabe der Eigengeschäfte von Führungskräften gemäß Verordnung (EU) Nr. 596/2014 des Europäischen Parlaments und des Rates;[43]
- Delegierte Verordnung **(EU) 2016/908** der Kommission vom 26. Februar 2016 zur Ergänzung der Verordnung (EU) Nr. 596/2014 des Europäischen Parlaments und des Rates durch technische Regulierungsstandards für die Kriterien, das Verfahren und die Anforderungen für die Festlegung einer zulässigen Marktpraxis und die Anforderungen an ihre Beibehaltung, Beendigung oder Änderung der Bedingungen für ihre Zulässigkeit;[44]
- Delegierte Verordnung **(EU) 2016/909** der Kommission vom 1. März 2016 zur Ergänzung der Verordnung (EU) Nr. 596/2014 des Europäischen Parlaments und des Rates im Hinblick auf technische Regulierungsstandards für den Inhalt der Meldungen, die den zuständigen Behörden zu übermitteln sind, sowie für die Zusammenstellung, Veröffentlichung und Pflege der Liste der Meldungen; [45]
- Delegierte Verordnung **(EU) 2016/957** der Kommission vom 9. März 2016 zur Ergänzung der Verordnung (EU) Nr. 596/2014 des Europäischen Parlaments und des Rates im Hinblick auf technische Regulierungsstandards für die geeigneten Regelungen, Systeme

[39] ABl. EU Nr. L332 v. 18.12.2015 S. 126ff.
[40] ABl. EU Nr. L65 v. 11.3.2016 S. 49ff.
[41] ABl. EU Nr. L72 v. 17.3.2016 S. 1ff.
[42] ABl. EU Nr. L88 v. 5.4.2016 S. 1ff.
[43] ABl. EU Nr. L88 v. 5.4.2016 S. 19ff.
[44] ABl. EU Nr. L153 v. 10.6.2016 S. 3ff.
[45] ABl. EU Nr. L153 v. 10.6.2016 S. 13ff.

und Verfahren sowie Mitteilungsmuster zur Vorbeugung, Aufdeckung und Meldung von Missbrauchspraktiken oder verdächtigen Aufträgen oder Geschäften;[46]
- Delegierte Verordnung **(EU) 2016/958** der Kommission vom 9. März 2016 zur Ergänzung der Verordnung (EU) Nr. 596/2014 des Europäischen Parlaments und des Rates im Hinblick auf die technischen Regulierungsstandards für die technischen Modalitäten für die objektive Darstellung von Anlageempfehlungen oder anderen Informationen mit Empfehlungen oder Vorschlägen zu Anlagestrategien sowie für die Offenlegung bestimmter Interessen oder Anzeichen von Interessenkonflikten;[47]
- Durchführungsverordnung **(EU) 2016/959** der Kommission vom 17. Mai 2016 zur Festlegung technischer Durchführungsstandards für Marktsondierungen in Bezug auf die von offenlegenden Marktteilnehmern zu nutzenden Systeme und Mitteilungsmuster und das Format der Aufzeichnungen gemäß Verordnung (EU) Nr. 596/2014 des Europäischen Parlaments und des Rates;[48]
- Delegierte Verordnung **(EU) 2016/960** der Kommission vom 17. Mai 2016 zur Ergänzung der Verordnung (EU) Nr. 596/2014 des Europäischen Parlaments und des Rates durch technische Regulierungsstandards für angemessene Regelungen, Systeme und Verfahren für offenlegende Marktteilnehmer bei der Durchführung von Marktsondierungen;[49]
- Delegierte Verordnung **(EU) 2016/1052** der Kommission vom 8. März 2016 zur Ergänzung der Verordnung (EU) Nr. 596/2014 des Europäischen Parlaments und des Rates durch technische Regulierungsstandards für die auf Rückkaufprogramme und Stabilisierungsmaßnahmen anwendbaren Bedingungen;[50]
- Durchführungsverordnung **(EU) 2016/1055** der Kommission vom 29. Juni 2016 zur Festlegung technischer Durchführungsstandards hinsichtlich der technischen Mittel für die angemessene Bekanntgabe von Insiderinformationen und für den Aufschub der Bekanntgabe von Insiderinformationen gemäß Verordnung (EU) Nr. 596/2014 des Europäischen Parlaments und des Rates.[51]

c) Level 3

15 Die ESMA hat (auch in deutscher Sprache) zwei Leitlinien zur MAR herausgegeben, weil die MAR sie hierzu ermächtigt hat.
- **MAR-Leitlinien** Aufschub der Offenlegung von Insiderinformationen, **ESMA/2016/1478DE**, 20.10.2016;
- **MAR-Leitlinien** Informationen über Warenderivatemärkte oder verbundene Spot-Märkte im Hinblick auf die Definition von Insiderinformationen über Warenderivate, **ESMA/2016/1480DE**, 17.1.2017.

16 Die Leitlinien sind rechtlich nicht verbindlich, allerdings sind die BaFin und die Finanzmarktteilnehmer grundsätzlich gehalten, sie bei der Rechtsanwendung zu berücksichtigen (→ Rn. 4).

17 Der frühere CESR hatte mehrere Guidelines zur Anwendung der MAD 2003[52] (in englischer Sprache) herausgegeben:
- CESR, Level 3 – First Set Guidance and Information on the Common Operation of the Directive, CESR/04–505b.

---

[46] ABl. EU Nr. L160 v. 17.6.2016 S. 1 ff.

[47] ABl. EU Nr. L160 v. 17.6.2016 S. 15 ff.; Berichtigung der Delegierten Verordnung (EU) 2016/958, ABl. EU Nr. L110 v. 24.7.2017 S. 9.

[48] ABl. EU Nr. L160 v. 17.6.2016 S. 23 ff.

[49] ABl. EU Nr. L160 v. 17.6.2016 S. 29 ff.

[50] ABl. EU Nr. L173 v. 30.6.2016 S. 34 ff.

[51] ABl. EU Nr. L173 v. 30.6.2016 S. 47 ff.

[52] Richtlinie 2003/6/EG des Europäischen Parlaments und des Rates vom 28. Januar 2003 über Insider-Geschäfte und Marktmanipulation (Marktmissbrauch), ABl. EU Nr. L96 v. 12.4.2003 S. 16 ff. (MAD 2003).

– CESR, Level 3 – Second Set of CESR Guidance and Information on the Common Operation of the Directive to the Market, CESR/06 – 562b, July 2007;
– CESR, Level 3 – Third Set of CESR Guidance and Information on the Common Operation of the Directive to the Market, CESR/09–219, May 2009;

Die Leitlinien des CESR waren rechtlich unverbindlich; es existierte weder ein Comply-or-explain-Mechanismus noch war die Interpretation kapitalmarktrechtlicher Vorschriften durch den CESR sekundärrechtlich legitimiert. Allerdings hatten sie eine erhebliche faktische Bedeutung und wurden als ein relevantes Instrument des soft law angesehen.[53] Da sich die Leitlinien des CESR auf die Anwendung der MAD 2003 beschränkten, sind sie nicht mehr gültig. Die ESMA wird allerdings in 2018/2019 prüfen, ob sie zu den Anwendungsfragen, die in den CESR-Leitlinien beantwortet wurden und durch die neuen Rechtsakte und Leitlinien bislang noch nicht behandelt werden, Leitlinien gem. Art. 16 ESMA-Verordnung herausgeben wird. **18**

Die ESMA gibt sog. **„Q&As"** zum Marktmissbrauchsrecht heraus: **19**

– ESMA, Questions and Answers on the Market Abuse Regulation, 21.11.2017, ESMA 70–145-111.

Die Q&A werden ständig aktualisiert. Derzeit (Februar 2018) hat die ESMA zu 27 Fragen Antworten veröffentlicht.[54] Der Zweck der Q&A besteht darin, gemeinsame, einheitliche und konsistente Aufsichtspraktiken bezüglich der Anwendung der MAR und ihrer Durchführungsrechtsakte herzustellen. Das Dokument der ESMA gibt Antworten zu Fragen, die von der Öffentlichkeit (Stakeholdern) und den nationalen Aufsichtsbehörden bezüglich der Anwendung des europäischen Marktmissbrauchsrechts gestellt wurden. Die ESMA begreift den Q&A-Mechanismus als ein praktisches Konvergenz-Instrument iSv Art. 29 Abs. 2 ESMA-Verordnung. Eine formelle Konsultation hält sie nicht für erforderlich. Allerdings durchlaufen Q&A innerhalb der ESMA einen formalisierten Prozess. Da sie regelmäßig vor der Veröffentlichung durch den Rat der Aufseher beschlossen werden, ist es gerechtfertigt, ähnlich wie bezüglich der früheren CESR-Leitlinien (→ Rn. 18) anzunehmen, dass sie die (zumindest mehrheitlich beschlossene) Auffassung der Aufsichtsbehörden in der EU bezüglich der Anwendung europäischer Rechtsvorschriften wiedergeben. **20**

Die Rechtsprechung hat, soweit ersichtlich, bislang noch nicht zur Rechtsnatur von Q&A Stellung genommen. Auch in der Literatur wird sie bislang, soweit ersichtlich, nicht erörtert. Ihre Einordnung als soft law ist letztlich nicht weiterführend. Relevant ist vielmehr die Frage, ob Q&A, ebenso wie Leitlinien und Empfehlungen iSv Art. 16 ESMA-Verordnung (→ Rn. 4), eine Berücksichtigungspflicht für nationale Aufsichtsbehörden und Finanzmarktteilnehmer begründen. Für eine Antwort ist im Ausgangspunkt festzuhalten, dass Q&A nicht rechtlich verbindlich sind. Mangels einer entsprechenden sekundärrechtlichen Ausgestaltung der Handlungsform der Q&A (in Form eines comply-or-explain-Mechanismus) und mangels einer öffentlichen Konsultation zu den Rechtsanwendungsthemen ist auch eine Berücksichtigungspflicht seitens nationaler Aufsichtsbehörden und Finanzmarktteilnehmer abzulehnen. Dies schließt es aber nicht aus, dass Q&A rechtlich relevant sein können. Ähnlich wie Leitlinien und Empfehlungen können sie bei der Bestimmung des Sorgfaltsmaßstabs von Marktteilnehmern und ihrer Organe zu berücksichtigen sein und auch eine haftungsentlastende Wirkung haben (wenn ein Marktteilnehmer oder sein Organmitglied im Einklang mit einer Antwort gehandelt hat, die von der ESMA im Rahmen ihres Q&A-Mechanismus veröffentlicht wurde). **21**

---

[53] Vgl. *Möllers* ZEuP 2008, 480 (491 ff.); *Hupka* WM 2009 1351 (1358); *Walla* BKR 2012, 265 (267). Nach Ansicht des BVerwG ZIP 2011, 1313 (1316) geben die Äußerungen des CESR eine gemeinsame Rechtsauffassung der mit der Rechtsfrage befassten Behörden wieder, die eine Richtigkeitsvermutung für sich beanspruchen kann.

[54] Vgl. ESMA, Questions and Answers on the Market Abuse Regulation v. 21.11.2017, ESMA 70–145-111. Die Q&A sind auf der Internetpräsenz der ESMA (www.esma.europa.eu) abrufbar.

III. Nationale Rechtsquellen

1. WpHG

22 Der deutsche Gesetzgeber hat im WpHG vor allem die Regelungsaufträge der MAR und die Bestimmungen der CRIM-MAD umgesetzt. Die Sanktionsnormen des WpHG (Blankettatbestände) verweisen auf Vorschriften der MAR (→ § 3 Rn. 2).

23 Die Umsetzung erfolgte mit dem ersten Gesetz zur Novellierung von Finanzmarktvorschriften aufgrund europäischer Rechtsakte (1. Finanzmarktnovellierungsgesetz – 1. FiMaNoG vom 30. Juni 2016)[55]. Dieses Artikelgesetz hat ferner zahlreiche weitere Vorschriften, ua des KWG, BörsG und des Kapitalanlagesetzbuchs geändert.

24 Das zweite Gesetz zur Novellierung von Finanzmarktvorschriften aufgrund europäischer Rechtsakte (2. Finanzmarktnovellierungsgesetz – 2. FiMaNoG)[56] hat schließlich die Vorgaben der MiFID II (Richtlinie 2014/64/EU) umgesetzt und in Art. 3 die Zählung des WpHG neu geordnet.

2. Verordnungen des BMF

25 Die vom BMF zum früheren Marktmissbrauchsrecht erlassenen Verordnungen wurden, obwohl sie zur Konkretisierung der Vorschriften des WpHG über Marktmissbrauch erlassen wurden, zunächst nicht aufgehoben. Dies betrifft die Verordnung zur Konkretisierung des Verbotes der Marktmanipulation (Marktmanipulations-Konkretisierungs-Verordnung – MaKonV), ferner die Verordnung zur Konkretisierung von Anzeige-, Mitteilungs- und Veröffentlichungspflichten sowie der Pflicht zur Führung von Insiderverzeichnissen nach dem Wertpapierhandelsgesetz (Wertpapierhandels- und Insiderverzeichnis-Verordnung – WpAIV), die Verordnung die Meldepflichten beim Handel mit Wertpapieren und Derivaten (WpHMV) und Verordnung über die Analyse von Finanzinstrumenten (Finanzanalyse-Verordnung – FinAnV). Die BaFin stellte freilich klar, dass die nationalen Verordnungsvorschriften hinter der MAR sowie den ausführenden Rechtsvorschriften zur MAR zurücktreten, soweit sich in den neuen europäischen Rechtsakten und den im WpHG umgesetzten Vorschriften entsprechende oder abweichende Regelungen finden. Das BMF wollte auf diese Art und Weise vermeiden, dass Regelungslücken dadurch entstehen, dass Level 2-Rechtsakte zum Zeitpunkt, in dem die MAR erstmals anwendbar war (3. Juli 2016), noch nicht rechtswirksam verabschiedet worden waren.

26 Im Zuge des Inkrafttretens des 2. FiMaNoG hat das BMF die MaKonV aufgehoben. Auch die WpHMV wurde gegenstandslos und daher im Zuge des 2. FiMaNoG aufgehoben. Aus diesem Grund wurde auch die Finanzanalyse-Verordnung aufgehoben.

27 In Kraft ist somit im Bereich des Marktmissbrauchsrechts nur die Verordnung zur Meldung von Verstößen gegen das Verbot der Marktmanipulation (Marktmanipulations-Verstoßmeldeverordnung – **MarVerstMeldV**) vom 2. Juli 2016. Diese Verordnung dient der Umsetzung der Durchführungsrichtlinie (EU) 2015/2392 der Kommission vom 17. Dez. 2015. Ferner ist weiterhin die **WpAV** in Kraft; sie enthält in §§ 3a ff., 4 und 6 bis 9 Regelungen über die Veröffentlichung von Insiderinformationen und in §§ 10 und 11 Regelungen über die Veröffentlichung von Eigengeschäften.

3. Maßnahmen der BaFin

28 Die BaFin hatte zum Marktmissbrauchsrecht des WpHG (MAD 2003) einen **Emittentenleitfaden** herausgegeben, der ihre Verwaltungspraxis schildert (Stand: 4. Aufl.,

---

[55] BGBl. I 2016 S. 1514.

[56] BGBl. I 2017 S. 1693.

22.7.2013). Rechtsverbindlich ist er nicht. Der Leitfaden ist als eine norminterpretierende Verwaltungsvorschrift zu qualifizieren[57] und kann allenfalls eine interne Bindung der BaFin bewirken.[58] Für die Praxis ist er dennoch von herausragender Bedeutung. Der Emittentenleitfaden ist noch nicht an das neue Marktmissbrauchsrecht (MAR/CRIM-MAD) angepasst.

Die BaFin hat **FAQ** zu Insiderlisten nach Art. 18 MAR (13.1.2017) sowie FAQ zur Veröffentlichung von Insiderinformationen gem. Art. 17 MAR (20.6.2017) und zu Eigengeschäften von Führungskräften nach Art. 19 MAR (13.9.2017) veröffentlicht. Diese FAQ sind über die Internetpräsenz der BaFin abrufbar. 29

Schließlich hat die BaFin Leitlinien zur Festsetzung von Geldbußen im Bereich des Wertpapierhandelsgesetzes (WpHG) – die **WpHG-Bußgeldleitlinien II** – veröffentlicht (Stand: Februar 2017). Die BaFin legt darin dar, wie sie bei der Festsetzung von Geldbußen nach den Änderungen des Gesetzes zur Umsetzung der Transparenzrichtlinie-Änderungsrichtlinie sowie nach Inkrafttreten der Marktmissbrauchsverordnung vorgeht. Die WpHG-Bußgeldleitlinien II ergänzen die von der BaFin mit Stand November 2013 veröffentlichten WpHG-Bußgeldleitlinien. Sie gelten für Verstöße, auf die das neue Marktmissbrauchsrecht anwendbar ist. 30

IV. Auslegungsmaterialien

1. Europäische Gesetzgebungs- und Rechtsakte

Die Auslegung europäischen Rechts bestimmt sich nach den vom EuGH entwickelten Auslegungsgrundsätzen (→ § 3 Rn. 27 ff.). Im Folgenden wird dargelegt, auf welche Materialien bei der Anwendung der Auslegungsmethoden zurückgegriffen werden kann. 31

a) Level 1

Die Europäische Kommission hatte am 20.10.2011 den Vorschlag für eine Verordnung über Marktmissbrauch (MAR) und über eine Marktmissbrauchs-Richtlinie (CRIM-MAD) veröffentlicht: 32

- Europäische Kommission, Vorschlag für eine Verordnung des Europäischen Parlaments und des Rates über Insider-Geschäfte und Marktmanipulation (Marktmissbrauch), KOM (2011) 651 endgültig, 20.10.2011.
- Europäische Kommission, Vorschlag für eine Richtlinie des Europäischen Parlaments und des Rates über strafrechtliche Sanktionen für Insidergeschäfte und Marktmanipulationen, KOM(2011), 654 endgültig, 20.10.2011.

Als begleitendes Dokument zu ihren Vorschlägen einer MAR und CRIM-MAD hatte die Kommission ein Arbeitspapier veröffentlicht:

- Commission Staff Working Paper Impact Assessment, 20.10.2011, SEC(2011) 1217 final.[59]

Eine öffentliche Konsultation zu der Verordnung und der Richtlinie hatte die Europäische Kommission nicht durchgeführt. Insbesondere hat die Kommission weder ein Weißbuch noch ein Grünbuch zur Reform des Marktmissbrauchsrechts veröffentlicht. Die fehlende Einbeziehung der Öffentlichkeit in den Gesetzgebungsprozess ist misslich. Es ist nicht überzeugend, dass einerseits die Kommission auf eine öffentliche Konsultation zu einem Gesetzgebungsakt gänzlich verzichtet und andererseits die ESMA (vorbildlich, freilich nur in englischer Sprache) zu den wesentlich technischeren Rechtsakten auf Level 2 33

---

[57] BGH ZIP 2008, 639 (641).

[58] Vgl. *Rothenhöfer* in Kümpel/Wittig Rn. 3.454.

[59] Das Papier ist über die Internetpräsenz der Kommission abrufbar: http://ec.europa.eu/internal_market/securities/docs/abuse/SEC_2011_1217_en.pdf.

des Lamfalussy-Verfahrens umfangreiche Konsultationen durch Veröffentlichung von Diskussions- und Konsultationspapieren durchführt.

34 Die beiden Gesetzgebungsvorschläge wurden sowohl vom Rat als auch vom Europäischen Parlament intensiv diskutiert.

– Im Rat wurden acht verschiedene Kompromissentwürfe (sog. **Presidency Compromise**) zur MAR erarbeitet und über www.consilium.europa.eu veröffentlicht (Fassungen vom 2.5.2012, 22.5.2012, 11.6.2012, 4.7.2012, 3.9.2012, 4.10.2012, 31.10.2012, 20.11.2012). Mit der Allgemeinen Ausrichtung vom 5. Dez. 2012[60] ging der Rat in die Trilog-Verhandlungen über die MAR.

35 Das Europäische Parlament hat sich ebenfalls mit der MAR und der CRIM-MAD beschäftigt. Hinzuweisen ist insbesondere auf folgende Stellungnahmen:

– Stellungnahme des Europäischen Datenschutzbeauftragten zu den Vorschlägen der Kommission für eine Verordnung des Europäischen Parlaments und des Rates über Insider-Geschäfte und Marktmanipulation und für eine Richtlinie des Europäischen Parlaments und des Rates über strafrechtliche Sanktionen für Insider-Geschäfte und Marktmanipulation;[61]
– Stellungnahme der Europäischen Zentralbank zu i) einem Vorschlag für eine Richtlinie über Märkte für Finanzinstrumente zur Aufhebung der Richtlinie 204/39/EG des Europäischen Parlaments und des Rates, ii) einem Vorschlag für eine Verordnung über Märkte für Finanzinstrumente und zur Änderung der Verordnung (EMIR) über OTC-Derivate, zentrale Gegenparteien und Transaktionsregister, iii) einem Vorschlag für eine Richtlinie über strafrechtliche Sanktionen für Insider-Geschäfte und Marktmanipulation sowie iv) einem Vorschlag für eine Richtlinie über Insider-Geschäfte und Marktmanipulation (Marktmissbrauch);[62]
– Stellungnahme des Europäischen Wirtschafts- und Sozialausschusses zu dem Vorschlag für eine Verordnung des Europäischen Parlaments und des Rates über Insider-Geschäfte und Marktmanipulationen (Marktmissbrauch) und zu dem Vorschlag für eine Richtlinie des Europäischen Parlaments und des Rates über strafrechtliche Sanktionen für Insider-Geschäfte und Marktmanipulation, Berichterstatter: Arno Metzler;[63]
– Standpunkt des Europäischen Parlaments festgelegt am 10. Sept. 2013 im Hinblick auf den Erlass der Verordnung des Europäischen Parlaments und des Rates über Insider-Geschäfte und Marktmanipulation (Marktmissbrauch).[64]

36 Die **Kommission** hat am 25. Juli 2012 einen **geänderten Vorschlag** für eine **MAR** veröffentlicht. Dieser beschränkte sich auf die Änderung, dass auch eine Manipulation von Benchmarks verboten wird.

– Europäische Kommission, geänderter Vorschlag für eine Verordnung des Europäischen Parlaments und des Rates über Insider-Geschäfte und Marktmanipulation (Marktmissbrauch, KOM(2012)421 final, 25.7.2012)

37 Das Europäische Parlament hat in erster Lesung am 10. Sept. 2013 bezüglich des Erlasses der Verordnung über Insider-Geschäfte und Marktmanipulation einen Standpunkt festgelegt (TA/2013/342/P7).

38 Am 16. April 2014 haben das Europäische Parlament und der Rat die Marktmissbrauchs-Verordnung gebilligt (sog. Trilog-Verhandlungen). Dazu sind keine Materialien veröffentlicht worden, was bedauerlich ist, weil die Kommission, das Europäische Parlament und der Rat zu einer ganzen Reihe an Fragen unterschiedliche Auffassungen hatten. Mangels publizierter Materialien zum Trilog ist es nicht möglich, die Gründe für die Kompromisse zwischen Kommission, Europäischem Parlament und Rat über die Verordnung und Richt-

[60] Rat der Europäischen Union v. 5.12.2012, Ratsdok. 17380/12.
[61] ABl. EU Nr. C177 v. 20.6.2012 S. 1 ff.
[62] ABl. EU Nr. C161 v. 7.6.2012 S. 3 ff.
[63] ABl. EU Nr. C181 v. 21.6.2012 S. 64 ff.
[64] Der Standpunkt des Europäischen Parlaments hat folgende Dokumentennummer: TA/2013/342/P7.

linie nachzuvollziehen. Dies erschwert die Auslegung der Level 1-Gesetzgebungsakte (MAR und CRIM-MAD).

b) Level 2

Anders als bei den Level 1-Gesetzgebungsakten fanden zu den Level 2-Rechtsakten (und zu den Leitlinien und Empfehlungen) öffentliche Konsultationen durch die ESMA statt. Für die Auslegung der Level 2-Rechtsakte können die von der ESMA publizierten Konsultationspapiere und Abschlussberichte von Bedeutung sein. Sie sind zudem für die Anwendung der Level 1-Gesetzgebungsakte, insbesondere der MAR, von Interesse, weil sie Auskunft darüber geben, wie die ESMA bestimmte Vorschriften der MAR interpretiert. Die Konsultationspapiere sind alle in englischer Sprache verfasst. Auch die Konsultationen sind in ausschließlich in englischer Sprache erfolgt. 39

Im Dezember 2013 veröffentlichte die ESMA ein **Diskussionspapier** zum neuen Marktmissbrauchsrecht: 40

- ESMA, ESMA's policy orientations on possible implementing measures under the Market Abuse Regulation, ESMA/2013/1649, 14.11.2013.

Danach führte die ESMA öffentliche Konsultationen zu ihrem **Technical Advice** zu möglichen delegierten Rechtsakten der Kommission und zu ihrem Entwurf von Technischen Standards zur MAR durch: 41

- ESMA, Consultation Paper, Draft technical advice on possible delegated acts under the Market Abuse Regulation, ESMA/2014/808, 15.7.2014
- ESMA, Consultation Paper, Draft technical standards on the Market Abuse Regulation, ESMA/2014/809, 15.7.2014.

Zu beiden Konsultationen hat die ESMA schließlich einen **Final Report** veröffentlicht, der sich auch mit den Ergebnissen der Konsultation und dem Rat der SMSG auseinandersetzt: 42

- ESMA, Final Report, ESMA's technical advice on possible delegated acts concerning the Market Abuse Regulation, ESMA/2015/224, 3.2.2015
- ESMA, Final Report, Draft technical standards on the Market Abuse Regulation, ESMA/2015/1455, 28.9.2015.

c) Level 3

Die ESMA hat zu den beiden **Leitlinien** öffentliche Konsultationen durchgeführt und die SMSG konsultiert: 43

- ESMA, Consultation Paper, Draft Guidelines on the Market Abuse Regulation, ESMA/2016/162, 28.1.2016;
- ESMA, Consultation Paper, ESMA's Guidelines on Information Expected or Required to be Disclosed on Commodity Derivatives Markets or Related Spot Markets under MAR, ESMA/2016/444, 30.3.2016.

Nach der öffentlichen Konsultation hat die ESMA **Final Reports** veröffentlicht, die sich zunächst mit den in der Konsultation eingereichten Stellungnahmen beschäftigen und sodann die Leitlinien wiedergeben: 44

- Final Report, Guidelines on the Market Abuse Regulation – Market Soundings and Delay of Disclosure of Inside Information, ESMA/2016/1130, 13.7.2016;
- Final Report, Guidelines on MAR-Information Relating to Commodity Derivatives Markets or Related Spotmarkets for the Purpose of the Definition of Inside Information on Commodity Derivatives, ESMA/2016/1412, 30.9.2016.

2. Nationale Umsetzung

45 Die Umsetzung der Vorgaben der CRIM-MAD und der Regelungsaufträge der MAR erfolgten durch das 1. FiMaNoG. Das BMF hatte hierzu am 19. Okt. 2015 einen Referentenentwurf vorgelegt, der auch der Umsetzung der MiFID II diente. Nachdem sich herausstellte, dass die MiFID II nicht fristgerecht implementiert und die Anwendbarkeit des MiFID II-Regimes um ein Jahr verlängert würde, beschränkte sich der Gesetzentwurf der Bundesregierung für ein **erstes Gesetz** zur **Novellierung von Finanzmarktvorschriften aufgrund europäischer Rechtsakte** im Wesentlichen auf die Vorgaben der europäischen Gesetzgebungs- und Rechtsakte zum Marktmissbrauchsrecht.[65] Es folgten die Beschlussempfehlung und der Bericht des Finanzausschusses zu dem Gesetzentwurf[66] und sodann der Gesetzesbeschluss des Deutschen Bundestages, mit dem der Entwurf eines ersten Gesetzes zur Novellierung von Finanzmarktvorschriften aufgrund europäischer Rechtsakte angenommen wurde.[67]

46 Das BMF veröffentlichte am 30. Sept. 2016 den Referentenentwurf eines **zweiten Gesetzes** zur **Novellierung** von **Finanzmarktvorschriften** aufgrund europäischer Rechtsakte. Am 21. Dez. 2016 wurde der Gesetzentwurf der Bundesregierung vorgelegt.[68] Drei Monate später erfolgten die Beschlussempfehlung und der Bericht des Finanzausschusses.[69] Der Bundesrat befasste sich am 12. Mai 2017 abschließend mit dem Gesetzentwurf. Das 2. FiMaNoG vom 23. Juni 2017[70] trat am 3. Jan. 2018 in Kraft.

---

[65] Vgl. Gesetzentwurf der Bundesregierung, BT-Drucks. 18/7482 v. 8.2.2016 S. 1.

[66] Vgl. Deutscher Bundestag, Beschlussempfehlung und Bericht des Finanzausschusses, BT-Drucks. 18/8099 v. 13.4.2016 S. 1.

[67] Vgl. Bundesrat-Drucks. 180/16 v. 22.4.2016 S. 1.

[68] Gesetzentwurf der Bundesregierung eines 2. Finanzmarktnovellierungsgesetzes, BT-Drucks. 18/10936 v. 23.1.2017.

[69] Beschlussempfehlung und Bericht des Finanzausschusses, BT-Drucks. 18/11775 v. 29.4.2017.

[70] BGBl. I S. 1693.

§ 3 Gegenstand der Rechtsakte und Anwendungsbereiche

Übersicht

Literatur

Ahmling, Analogiebildung durch den EuGH im Europäischen Privatrecht, 2012; *Brüggemeier*, Harmonisierungskonzepte im europäischen Kapitalmarktrecht, 2018; *Bülte/Müller*, Ahndungslücken im WpHG durch das Erste Finanzmarktnovellierungsgesetz und ihre Folgen, NZG 2017, 205; *Fleischer*, Europäische Methodenlehre: Stand und Perspektiven, RabelsZ 75 (2011), 700; *Fleischer/Schmolke*, Die Reform der Transparenzrichtlinie – Mindest- oder Vollharmonisierung der kapitalmarktrechtlichen Beteiligungspublizität?, NZG 2010, 1241; *Gerner-Beuerle*, United in diversity: maximum versus minimum harmonization in EU Securities Regulation, 7 CMLJ (2012), 317; *Klöhn*, Die Regelung selektiver Informationsweitergabe gem. § 15 Abs. 1 Satz 4 u. 5 WpHG – eine Belastungsprobe, WM 2010, 1869; *Klöhn/Büttner*, Generalamnestie im Kapitalmarktrecht? Hat der Gesetzgeber des 1. Finanzmarktnovellierungsgesetzes zentrale kapitalmarktrechtliche Vorschriften einen Tag zu früh aufgehoben?, ZIP 2016, 1801; *Leenen*, Die Auslegung von Richtlinien und die richtlinienkonforme Auslegung und Fortbildung des nationalen Rechts, JURA 2012, 753; *Möllers*, Europäische Methoden- und Gesetzgebungslehre im Kapitalmarktrecht. Vollharmonisierung, Generalklauseln und soft law im Rahmen des Lamfalussy-Verfahrens als Mittel zur Etablierung von Standards, ZEuP 2008, 480; *Möllers/Herz*, Generalamnestie von Kursmanipulationen im Kapitalmarktrecht?, JZ 2017, 445; *Muhr*, Das Prinzip der Vollharmonisierung im Kapitalmarktrecht am Beispiel des Reformvorhabens zur Änderung der Transparenzrichtlinie, 2014; *Poelzig*, Insider- und Marktmanipulationsverbot im neuen Marktmissbrauchsrecht, NZG 2016, 528; *Riesenhuber*, Europäische Methodenlehre, 3. Aufl. 2015; *Rothenfußer/Jäger*, Generalamnestie im Kapitalmarktrecht durch das Erste Finanzmarktnovellierungsgesetz, NJW 2016, 2689; *Schützendübel*, Die Bezugnahme auf EU-Verordnungen in Blankettstrafgesetzen, 2012; *Veil*, Europäische Kapitalmarktunion. Verordnungsgesetzgebung, Instrumente der europäischen Marktaufsicht und die Idee eines „Single Rulebook“, ZGR 2014, 544; *Veil*, Europäisches Insiderrecht 2.0 – Konzeption und Grundsatzfragen der Reform durch MAR und CRIM-MAD, ZBB 2014, 85; *Veil*, Sanktionsrisiken für Emittenten und Geschäftsleiter im Kapitalmarktrecht, ZGR 2016, 305; *Veil/Koch*, Auf dem Weg zu einem Europäischen Kapitalmarktrecht: die Vorschläge der Kommission zur Neuregelung des Marktmissbrauchs, WM 2011, 2297.

I. Grundlagen zur Systematik des Marktmissbrauchsrechts

Das Marktmissbrauchsrecht zeichnet sich durch ein komplexes Zusammenspiel aus europäischem Verordnungsrecht (Level 1 und 2) und (europäisch vorgezeichnetem) nationalem 1

Recht aus. Die Verbindung zwischen nationalem und europäischem Recht erfolgt durch Verweisungen des nationalen (WpHG) auf das europäische Recht (MAR[1]).

2 Die öffentlich-rechtlichen **Sanktionen** sind ausschließlich im nationalen Recht (WpHG und OWiG) vorzufinden. Die §§ 119 und 120 WpHG gehen zum einen auf die Vorgaben der MAR (bezüglich verwaltungsrechtlicher Sanktionen) und zum anderen auf die Vorgaben der CRIM-MAD[2] (bezüglich strafrechtlicher Sanktionen) zurück. Sie setzen also europäisches Richtlinienrecht um. Die Verweisungsnormen sind als Blankettnormen ausgestaltet,[3] wobei sie teilweise (in Umsetzung der CRIM-MAD) weitere Voraussetzungen aufstellen, wie beispielsweise in § 119 Abs. 1 WpHG bezüglich des strafrechtlich sanktionierten Verbots der Marktmanipulation. Die Verweisung erfolgt auf Vorschriften der MAR (über Verbote und Pflichten), die als Verordnungsvorschriften unmittelbar anwendbar sind. Allgemein wird zwischen statischer und dynamischer Verweisung unterschieden.[4] Bei den Verweisungen der §§ 119 und 120 WpHG handelt es sich um **statische Verweisungen**, wenn die betreffenden Vorschriften der MAR durch ein Vollzitat der MAR in Bezug genommen werden.[5] Für bestimmte Vorschriften ist dies bereits höchstrichterlich anerkannt.[6]

3 Die im 2. Abschnitt des WpHG über die BaFin und die im 3. Abschnitt des WpHG vorgesehenen Vorschriften über die Marktmissbrauchsüberwachung setzen (auch) die Regelungsaufträge des Kapitels 4 der MAR über ESMA und zuständige Behörden (Aufgaben und Befugnisse) und des Kapitels 5 der MAR über verwaltungsrechtliche Maßnahmen um.

II. Marktmissbrauchsverordnung

1. Gegenstand und Regelungszwecke

4 Die MAR schafft einen „gemeinsamen Rechtsrahmen für Insidergeschäfte, die unrechtmäßige Offenlegung von Insiderinformationen und Marktmanipulation (Marktmissbrauch) sowie für Maßnahmen zur Verhinderung von Marktmissbrauch [...], um die Integrität der Finanzmärkte in der Union sicherzustellen und den Anlegerschutz und das Vertrauen der Anleger in diese Märkte zu stärken" (Art. 1 MAR). Diese Regelung ist in zweierlei Hinsicht von Bedeutung. Zum einen beschreibt die Vorschrift anhand einer Aufzählung der wichtigsten Materien den **Gegenstand** der MAR.[7] Dies ist vor allem deshalb wichtig, weil die Mitgliedstaaten bezüglich des Gegenstands aufgrund des (durch den Begriff des gemeinsamen Rechtsrahmens angedeuteten) vollharmonisierenden Charakters der MAR (→ Rn. 26) grundsätzlich keine Gesetzgebungsbefugnis mehr haben.[8] Da der Gegenstand der MAR in Art. 1 aber nur abstrakt umschrieben ist (genannt sind die wichtigsten Verhaltensregeln und die Maßnahmen zur Verhinderung von Marktmissbrauch), ist es erforderlich, zur Bestimmung einer etwaigen mitgliedstaatlichen Gesetzgebungskompetenz die Ver-

---

1 Verordnung (EU) Nr. 596/2014 des Europäischen Parlaments und des Rates vom 16. April 2014 über Marktmissbrauch (Marktmissbrauchsverordnung) und zur Aufhebung der Richtlinie 2003/6/EG des Europäischen Parlaments und des Rates und der Richtlinien 2003/124/EG, 2003/125/EG und 2004/72/EG der Kommission, ABl. EU Nr. L173 v. 12.6.2014 S. 1 ff. (MAR).

2 Richtlinie 2014/57/EU des Europäischen Parlaments und des Rates vom 16. April 2014 über strafrechtliche Sanktionen bei Marktmanipulation (Marktmissbrauchsrichtlinie), ABl. EU Nr. L173 v. 12.6.2014 S. 179 ff. (CRIM-MAD).

3 Vgl. BGH ZIP 2017, 173 (174) zur Verweisung der §§ 38, 39 WpHG aF (einschlägige Sanktionsvorschriften bis zum Inkrafttreten des 2. FiMaNoG).

4 Vgl. *Schützendübel*, Die Bezugnahme auf EU-Verordnungen in Blankettstrafgesetzen, S. 240 ff.

5 Vgl. BGH ZIP 2017, 173 (175); *Veil* ZGR 2016, 305 (312); *Klöhn/Büttner* ZIP 2016, 1801 (1807); *Rothenfußer/Jäger* NJW 2016, 2689 (2691). AA *Poelzig* NZG 2016, 528 (537).

6 BGH ZIP 2017, 173 (175) zu § 38 Abs. 3 Nr. WpHG (seit dem 2. FiMaNoG = § 119 Abs. 3 Nr. 1 WpHG) und § 39 Abs. 3d Nr. 2 WpHG (seit dem 2. FiMaNoG = § 120 Abs. 15 Nr. 2 WpHG).

7 Vgl. *Grundmann* in GroßkommHGB Bd. XI Bankvertragsrecht 6. Teil Rn. 270.

8 Näher *Veil* ZBB 2014, 85 (87) (insbesondere zum Verhältnis von Art. 1 MAR zu den Principles des FCA und PRA Handbook im Vereinigten Königreich).

ordnungsvorschriften (einschließlich der Regeln über den Anwendungsbereich und die Begriffsbestimmungen) heranzuziehen. Erst dann kann beurteilt werden, wie weit der „gemeinsame Rechtsrahmen" reicht.

Zum anderen bestimmt Art. 1 MAR die **Regelungszwecke**. Diese bestehen nach der schlagwortartigen Umschreibung im zweiten Satzteil darin, „die Integrität der Finanzmärkte in der Union sicherzustellen und den Anlegerschutz und das Vertrauen der Anleger in diese Märkte zu stärken". Weiteren Aufschluss geben die allgemeinen Erwägungsgründe 2 bis 7 der MAR sowie die zu einzelnen Regelungskomplexen entworfenen Erwägungsgründe[9] (insbesondere 14 und 15 zum verständigen Anleger als der Maßstabsfigur des Insiderrechts, 18 zur Rechtssicherheit im Insiderrecht (in Erwägungsgrund 4 bereits erwähnt), 23 zum Zweck des Insiderrechts, 29 zum Schutz der Market Maker, 32, 33 und 49 zum Schutz der Interessen der Emittenten, 57, 58 und 61 zum Zweck der Regelungen über Eigengeschäfte von Führungskräften). Aus den allgemeinen Erwägungsgründen folgt ua, dass die MAR darum bestrebt ist, das **reibungslose Funktionieren** der **Wertpapiermärkte** und das Vertrauen der Öffentlichkeit in die Märkte sicherzustellen – Grundvoraussetzungen für Wirtschaftswachstum und Wohlstand.[10] Das zentrale Ziel des Marktmissbrauchsrechts besteht demnach darin, die **institutionelle** und **allokative Funktionsfähigkeit** der **Kapitalmärkte** zu gewährleisten. Darüber hinaus soll die MAR zu einem reibungslosen Funktionieren des **Binnenmarkts** beitragen.[11] Deshalb hat der europäische Gesetzgeber die Handlungsform der Verordnung gewählt, denn sie ist unmittelbar in den Mitgliedstaaten anwendbar und am besten geeignet, einheitliches Recht in der EU zu schaffen. Dieses sog. *level playing field* soll schädliche Aufsichts- und Regulierungsarbitrage in der EU verhindern. Darüber hinaus hat der europäische Gesetzgeber sogar die Vorstellung, dass Verordnungsrecht die rechtliche Komplexität und damit (insbesondere für grenzüberschreitend tätige Marktteilnehmer) Compliance-Kosten reduziert.[12] Ob dies in der Praxis auch der Fall ist, muss freilich wegen der zahlreichen Regelungsebenen (europäisch und national) sowie der Normenfülle bezweifelt werden. 5

2. Anwendungsbereich

a) Handel von Finanzinstrumenten (Art. 2 Abs. 1 Unterabs. 1 MAR)

Der europäische Gesetzgeber hat den Anwendungsbereich der MAR gegenüber der früheren MAD 2003[13] erheblich erweitert. Dies ist der Einsicht geschuldet, dass auch auf anderen Märkten als den geregelten Märkten Marktmissbrauch stattfindet (tatsächlich mitunter noch häufiger, weil diese Märkte wegen der häufig geringeren Liquidität anfälliger sind für Marktmanipulation). Der deutsche Gesetzgeber hatte deshalb bereits früher vorgesehen, dass die Insiderverbote (§ 14 WpHG aF) und das Verbot der Marktmanipulation (§ 20a WpHG aF) für den (unionsrechtlich als multilaterales Handelssystem – MTF zu qualifizierenden) Freiverkehr gelten. Dies war aber nicht in allen Mitgliedstaaten für MTFs der Fall. Art. 2 Abs. 1 MAR erweitert daher unionsweit den Anwendungsbereich des Marktmissbrauchsrechts. 6

Voraussetzung für eine Anwendung der MAR ist, dass ein **Finanzinstrument** auf einem Markt gehandelt bzw. zum Handel zugelassen ist. Der Begriff des Finanzinstruments und der **Marktbezug** sind die **zentralen Elemente** des neuen **Marktmissbrauchsrechts**.[14] 7

---

9 *Grundmann* in GroßkommHGB Bd. XI Bankvertragsrecht 6. Teil Rn. 272.

10 Erwägungsgrund 2 S. 2 MAR.

11 Erwägungsgrund 4 S. 2 MAR. Dies ist ein wesentlicher Grund dafür, dass die MAR auf Art. 114 AEUV gestützt ist.

12 Erwägungsgrund 5 S. 5 MAR.

13 Richtlinie 2003/6/EG des Europäischen Parlaments und des Rates vom 28. Januar 2003 über Insider-Geschäfte und Marktmanipulation (Marktmissbrauch), ABl. EU Nr. L 96 v. 12.4.2003 S. 16 ff. (MAD 2003).

14 *Grundmann* in GroßkommHGB Bd. XI Bankvertragsrecht 6. Teil Rn. 274.

Der Begriff des Finanzinstruments wird in Art. 3 Abs. 1 Nr. 1 MAR näher bestimmt (→ § 4 Rn. 46). Es handelt sich um eine abschließende Regelung. Vermögensanlagen nach dem VermAnlG und dem KAGB sind von der Begriffsbestimmung nicht erfasst. Der Grund dafür ist, dass sie weder in börsliche noch in organisierte Handelssysteme einbezogen sind.[15] Schließlich ist der Handel von Finanzinstrumenten durch systematische Internalisierer (→ § 4 Rn. 43) nicht erfasst, weil diese keine Märkte betreiben. Wo das Geschäft, der Auftrag oder die Handlung erfolgt, ist irrelevant (vgl. Art. 2 Abs. 3 MAR; → Rn. 17), so dass auch Transaktionen außerhalb eines Marktes erfasst sind (vorausgesetzt das Geschäft betrifft ein zum Handel zugelassenes Finanzinstrument).

8 Die MAR gilt zunächst (i) für **Finanzinstrumente**, die zum **Handel** auf einem **geregelten Markt** (→ § 4 Rn. 18) **zugelassen** sind oder für die ein **Antrag** auf Zulassung zum Handel auf einem geregelten Markt **gestellt** wurde.[16] Der regulierte Markt iSd BörsG ist ein geregelter Markt iSd MAR. Das WpHG verwendet statt des Begriffs des geregelten Markts den Begriff des organisierten Markts (vgl. § 2 Abs. 11 WpHG). Die für die Einführung (vgl. § 38 BörsG) erforderliche Zulassung von Wertpapieren erfolgt durch die Wertpapierbörse (§ 23 BörsG). Bei der Zulassung von Wertpapieren zum Börsenhandel handelt es sich um eine öffentlich-rechtliche Erlaubnis, für den Handel der Wertpapiere die Börseneinrichtungen zu nutzen.[17] Ein Antrag auf Zulassung ist gestellt, wenn er dem Marktbetreiber vorliegt.[18] Die Ausweitung des Marktmissbrauchsregimes auf diesen Zeitpunkt verfolgt den Zweck, den sog. Handel beim Erscheinen – Handel von Wertpapieren von Gesellschaften, die erst zukünftig an der Börse gehandelt werden – zu erfassen.[19] Der Veräußerer von Wertpapieren verpflichtet sich dabei, diese nach der Emission zu liefern.

9 Darüber hinaus gilt die MAR (ii) für Finanzinstrumente, die in einem **multilateralen Handelssystem** (MTF) (→ § 4 Rn. 27) gehandelt werden, zum Handel in einem MTF zugelassen sind oder für die ein Antrag zum Handel in einem MTF gestellt wurde.[20] Hintergrund dieser Ausweitung des Unions-Marktmissbrauchsrechts ist, dass in der Vergangenheit Finanzinstrumente zunehmend auf MTF gehandelt wurden.[21] Dass die MAR bereits anwendbar ist, wenn ein Zulassungsantrag gestellt wurde, erklärt der europäische Gesetzgeber damit, dass bestimmte Arten von MTF ebenso wie geregelte Märkte dazu dienen, Unternehmen bei der Beschaffung von Eigenkapital zu unterstützen. Die Anwendbarkeit der MAR verbessere den Anlegerschutz, wahre die Integrität der Märkte und gewährleiste, dass Manipulation der Märkte verboten sei.[22] Der Freiverkehr iSv § 48 BörsG ist ein MTF. Das deutsche Recht sieht allerdings keine Zulassung, sondern eine Einbeziehung von Wertpapieren in den Freiverkehr vor. Die Einbeziehung von Wertpapieren erfolgt durch den Marktbetreiber.

10 Weiterhin gilt die MAR für (iii) Finanzinstrumente, die in einem **organisierten Handelssystem** (OTF) (→ § 4 Rn. 30) gehandelt werden.[23] Auch diese Ausweitung des Unions-Marktmissbrauchsrechts geht darauf zurück, dass in der Vergangenheit Finanzinstrumente ausschließlich auf anderen Arten von organisierten Handelssystem gehandelt wurden.[24]

11 Schließlich gilt die MAR (obwohl in den erfassten Konstellationen ein direkter Marktbezug nicht gegeben ist) (iv) für **Finanzinstrumente**, die weder auf einem regulierten Markt, in einem MTF oder OTF zugelassen bzw. gehandelt werden oder für die ein Antrag auf Zulassung bzw. Handel gestellt wurde, deren **Kurs** oder **Wert** jedoch von dem **Kurs**

---

[15] *Grundmann* in GroßkommHGB Bd. XI Bankvertragsrecht 6. Teil Rn. 288.
[16] Vgl. Art. 2 Abs. 1 lit. a) MAR.
[17] *Groß* Kapitalmarktrecht § 32 BörsG Rn. 5.
[18] *Hopt/Kumpan* in Schimansky/Bunte/Lwowski BankR-HdB § 107 Rn. 29.
[19] *Hopt/Kumpan* in Schimansky/Bunte/Lwowski BankR-HdB § 107 Rn. 29.
[20] Vgl. Art. 2 Abs. 1 lit. b) MAR.
[21] Erwägungsgrund 8 S. 2 MAR.
[22] Erwägungsgrund 8 S. 5–7 MAR.
[23] Vgl. Art. 2 Abs. 1 lit. c) MAR.
[24] Erwägungsgrund 8 S. 3 MAR.

oder **Wert** eines solchen (auf einem der Märkte gehandelten) Finanzinstruments abhängt oder sich darauf auswirkt.[25] Als Beispiele werden Kreditausfall-Swaps und Differenzkontrakte (→ § 4 Rn. 73) genannt.[26] Hintergrund ist, dass diese Finanzinstrumente nicht über multilaterale Systeme gehandelt werden, sondern mit dem betreffenden Emittenten direkt.[27] Art. 2 Abs. 1 lit. d) MAR will eine Umgehung verhindern[28] und ist der Erkenntnis geschuldet, dass auch mit nicht auf einem Handelsplatz gehandelten Finanzinstrumenten Marktmissbrauch betrieben werden kann.[29] Da die Vorschrift aus diesem Grund tatbestandlich weit konzipiert ist, fallen nunmehr – anders als nach altem Recht[30] – auch sog. Phantom-Stocks und Stock-Appreciation-Rights in den Anwendungsbereich der MAR.[31]

Einschlägige Fälle, in denen solche Instrumente zum Marktmissbrauch verwendet werden können, sind in Erwägungsgrund 10 MAR aufgeführt. Dazu gehören beispielsweise „Informationen in Bezug auf eine Aktie oder Schuldverschreibung, mit denen ein Derivat dieser Aktie oder Schuldverschreibung gekauft werden kann, oder ein Index, dessen Wert von dieser Aktie oder Schuldverschreibung abhängt.[32] Wenn ein Finanzinstrument als Referenzkurs genutzt wird, kann mit einem außerbörslich gehandelten Derivat von manipulierten Kursen profitiert werden oder der Kurs eines Finanzinstruments, das auf einem Handelsplatz gehandelt wird, manipuliert werden. Ein weiteres Beispiel ist die geplante Ausgabe eines neuen Pakets von Wertpapieren, die an sich nicht in den Anwendungsbereich [der MAR] fallen, wobei jedoch der Handel mit diesen Wertpapieren den Kurs oder Wert bestehender notierter Wertpapiere beeinflussen könnte, die in den Anwendungsbereich [der MAR] fallen. [Schließlich] deckt [die MAR] die Situation, dass der Kurs oder Wert eines auf einem Handelsplatz gehandelten Instruments von einem außerbörslich gehandelten Instrument abhängt. Derselbe Grundsatz [gilt] für Waren-Spot-Kontrakte […], deren Kurs auf dem eines Derivats beruht, und für den Kauf von Waren-Spot-Kontrakten mit einem Bezug zu Finanzinstrumenten.“[33] 12

b) Handlungen und Geschäfte bezüglich Versteigerungen von Treibhausgasemissionszertifikaten (Art. 2 Abs. 1 Unterabs. 2 MAR)

Der Anwendungsbereich der MAR ist bezüglich Treibhausgasemissionszertifikate weit gefasst, um etwaige Abgrenzungsfragen (liegt ein Finanzinstrument vor?) und Schutzlücken zu vermeiden.[34] So gilt die MAR auch für Handlungen und Geschäfte, darunter Gebote, bezüglich Versteigerungen von Treibhausgasemissionszertifikaten und darauf beruhenden Auktionsobjekten auf einer als geregelten Markt zugelassenen Versteigerungsplattform gem. Verordnung (EU) Nr. 1031/2010 (Emissionszertifikate-Verordnung[35], → § 2 Rn. 9), selbst wenn die versteigerten Produkte keine Finanzprodukte sind. Sämtliche Vorschriften und Verbote der MAR in Bezug auf Handelsaufträge gelten unbeschadet etwaiger besonderer Bestimmungen zu den im Rahmen einer Versteigerung abgegebenen Geboten für diese Gebote. 13

[25] Vgl. Art. 2 Abs. 1 lit. d) Hs. 1 MAR.
[26] Vgl. Art. 2 Abs. 1 lit. d) Hs. 2 MAR.
[27] Vgl. *Hopt/Kumpan* in Schimansky/Bunte/Lwowski BankR-HdB § 107 Rn. 27.
[28] *Grundmann* in GroßkommHGB Bd. XI Bankvertragsrecht 6. Teil Rn. 290.
[29] Erwägungsgrund 10 S. 1 MAR.
[30] Vgl. etwa BaFin Emittentenleitfaden S. 29; *Klöhn* in KölnKomm WpHG § 12 Rn. 21.
[31] *Schäfer* in Marsch-Barner/Schäfer, HdB börsennotierte AG, § 14 Rn. 8 und 75. AA *Hopt/Kumpan* in Schimansky/Bunte/Lwowski BankR-HdB § 107 Rn. 28 mit dem Argument, sie würden nicht gehandelt und berührten den Kapitalmarkt nicht. Vgl. auch BaFin, FAQ zu Art. 19 MAR, 8. Version Stand 13.9.2017, Antwort zu Frage 12.
[32] Vgl. Erwägungsgrund 10 S. 3 MAR.
[33] Vgl. Erwägungsgrund 10 S. 7 MAR.
[34] Vgl. *Hopt/Kumpan* in Schimansky/Bunte/Lwowski BankR-HdB § 107 Rn. 30; *Zetzsche* in Gebauer/Teichmann EnzEuR Bd. VI § 7 C Rn. 10.
[35] Verordnung (EU) Nr. 1031/2010 der Kommission vom 12. November 2010 über den zeitlichen und administrativen Ablauf sowie sonstige Aspekte der Versteigerung von Treibhausgasemissionszertifikaten gem. der Richtlinie 2003/87/EG des Europäischen Parlaments und des Rates über ein System für den Handel mit Treibhausgasemissionszertifikaten in der Gemeinschaft, ABl. EU Nr. L302 v. 18.11.2010 S. 1 ff. (Emissionszertifikate-Verordnung).

c) Waren-Spot-Kontrakte und Arten von Finanzinstrumenten mit Auswirkung auf den Kurs oder Wert eines Waren-Spot-Kontrakts (Art. 2 Abs. 2 lit. a) und b) MAR)

14 Der Anwendungsbereich der MAR erstreckt sich auch auf **Waren-Spot-Kontrakte**. So gelten die Marktmanipulationsverbote (Art. 15 iVm Art. 12 MAR) auch für Waren-Spot-Kontrakte, die keine Energiegroßhandelsprodukte sind, bei denen die Transaktion, der Auftrag oder die Handlung eine Auswirkung auf den Kurs oder den Wert eines Finanzinstruments gem. Art. 2 Abs. 2 MAR hat.[36] Weiterhin gelten die Marktmanipulationsverbote (Art. 15 iVm Art. 12 MAR) für Arten von Finanzinstrumenten, darunter Derivatkontrakte und derivative Finanzinstrumente für die Übertragung von Kreditrisiken, bei denen das Geschäft, der Auftrag, das Gebot oder das Verhalten eine Auswirkung auf den Kurs oder Wert eines Waren-Spot-Kontrakts hat oder voraussichtlich haben wird, dessen Kurs oder Wert vom Kurs oder Wert dieser Finanzinstrumente abhängen.[37]

d) Handlungen in Bezug auf Referenzwerte (Art. 2 Abs. 2 lit. c) MAR)

15 Die MAR gilt schließlich für Handlungen in Bezug auf Referenzwerte.[38] Diese Ausweitung des Marktmissbrauchsregimes erklärt sich aus dem LIBOR-Skandal, der den europäischen Gesetzgeber veranlasst hat, zum einen in der MAR und CRIM-MAD auch Handlungen in Bezug auf Referenzwerte (Benchmarks) zu erfassen und zum anderen in der Benchmark-Verordnung[39] Wohlverhaltensregeln für alle an der Erstellung von Benchmarks Beteiligten vorzusehen (→ § 2 Rn. 8). Der Begriff des Referenzwerts wird in Art. 4 Abs. 1 Nr. 29 MAR bestimmt (→ § 4 Rn. 84).

e) Erweiterter Anwendungsbereich des Art. 15 MAR (§ 25 WpHG)

16 Das deutsche Wertpapierhandelsrecht erweitert den Anwendungsbereich des Marktmanipulationsverbots (Art. 15 MAR) auf Waren iSd § 2 Abs. 5 WpHG (fungible Wirtschaftsgüter, die geliefert werden können; dazu zählen auch Metalle, Erze und Legierungen, landwirtschaftliche Produkte und Energien wie Strom), Emissionsberechtigungen iSd § 3 Nr. 3 TEHG und ausländische Zahlungsmittel iSd § 51 BörsG, die an einer inländischen Börse oder einem vergleichbaren Markt in einem anderen Mitgliedstaat der EU oder in einem anderen Vertragsstaat des EWR gehandelt werden (§ 25 WpHG).

f) Geltungsbereich (Art. 2 Abs. 3 MAR)

17 Die MAR gilt gem. Art. 2 Abs. 3 MAR für alle Geschäfte, Aufträge und Handlungen, die eines der in Art. 2 Abs. 1 und 2 MAR genannten Finanzinstrumente betreffen, unabhängig davon, ob ein solches Geschäft, ein solcher Auftrag oder eine solche Handlung auf einem Handelsplatz getätigt wurde. Daraus folgt, dass es auf den Handlungsort nicht ankommt. Die MAR erfasst nicht nur Geschäfte, Aufträge und Handlungen auf einem geregelten Markt, MTF und OTF, sondern ausweislich Art. 2 Abs. 3 MAR auch Geschäfte, Aufträge und Handlungen, die an einem anderen Ort erfolgen (face-to-face-Transaktion; Telefonhandel).[40] Der Grund für diesen weiten Geltungsbereich der MAR ist die Beobachtung,

36 Zum Begriff des Waren-Spot-Kontrakts → § 4 Rn. 82 und zum Begriff des Energiegroßhandelsprodukts → § 4 Rn. 119.

37 Zum Begriff Derivatekontrakte → § 4 Rn. 64 und zum Begriff Waren-Spot-Kontrakt → § 4 Rn. 82.

38 Vgl. Art. 2 Abs. 2 lit. c) MAR.

39 Verordnung (EU) Nr. 2016/1011 des Europäischen Parlaments und des Rates vom 8. Juni 2016 über Indizes, die bei Finanzinstrumenten und Finanzkontrakten als Referenzwert oder zur Messung der Wertentwicklung eines Investmentfonds verwendet werden und zur Änderung der Richtlinien 208/48/EG und 2014/17/EU sowie der Verordnung (EU) Nr. 596/2014, ABl. EU Nr. L171 v. 29.6.2016 S. 1 ff. (Benchmark-Verordnung).

40 *Grundmann* in GroßkommHGB Bd. XI Bankvertragsrecht 6. Teil Rn. 297; *Hopt/Kumpan* in Schimansky/Bunte/Lwowski BankR-HdB § 107 Rn. 31.

dass in der Vergangenheit Transaktionen auch außerhalb von Märkten stattgefunden haben.[41] Der europäische Gesetzgeber hat ein Bedürfnis dafür gesehen, auch insoweit Marktintegrität sicherzustellen, um ggbfls. negative Auswirkungen für das Anlegervertrauen auf den Handelsplätzen zu verhindern.[42]

g) Territoriale Geltung (Art. 2 Abs. 4 MAR)

Nach Art. 2 Abs. 4 MAR gelten „die Verbote und Anforderungen" der MAR „für Hand- **18**
lungen und Unterlassungen in der Union und in Drittländern in Bezug auf die in [Art. 2 Abs. 1 und 2 MAR] genannten Instrumente." Die territoriale Geltung beschränkt sich also nicht auf die Mitgliedstaaten der EU, sondern erstreckt sich weltweit auf Handlungen und Unterlassungen bezüglich Finanzinstrumente, die auf einem geregelten Markt, in einem MTF oder in einem OTF gehandelt werden (Art. 2 Abs. 1 lit. a)–c) MAR) bzw. der sonstigen Finanzinstrumente und Instrumente (Art. 2 Abs. 1 lit. d), Unterabs. 2 und Abs. 2 MAR). Damit hat der europäische Gesetzgeber das **Auswirkungsprinzip** umgesetzt. Entscheidend ist, ob sich eine Marktmanipulation oder ein Insiderhandel auf einen Zulassungsmarkt in der EU ausgewirkt hat.[43] Die umfassende territoriale Geltung stellt sicher, dass die MAR nicht umgangen werden kann.[44] Nicht ausgeschlossen ist, dass daneben andere kapitalmarktrechtliche Rechtsordnungen anwendbar sind. Dies wird vor allem bei Mehrfachzulassungen relevant.[45] Ob im Ausland ein entsprechendes Marktmissbrauchsverbot besteht, ist für die Anwendung des Art. 2 Abs. 4 MAR irrelevant.[46]

3. Ausgenommene Maßnahmen (Art. 6 MAR)

Der europäische Gesetzgeber war der Auffassung, dass die Mitgliedstaaten, die Mitglieder des **19**
europäischen Systems der Zentralbanken, Ministerien und andere Einrichtungen und Zweckgesellschaften eines oder mehrerer Mitgliedstaaten und die Union und bestimmte andere öffentliche Stellen bzw. in ihrem Auftrag handelnde Personen in ihrer Geld- und Wechselkurspolitik und in ihrer Politik zur Staatsschuldenverwaltung nicht eingeschränkt werden sollten, sofern sie dabei im öffentlichen Interesse und ausschließlich in Ausübung dieser Politik handeln.[47] Weiterhin sollte es möglich sein, Geschäfte abzuwickeln, Aufträge zu erteilen oder Handlungen vorzunehmen, die dazu dienen, finanzielle Mittel zu mobilisieren und die betreffenden Mitglieder finanziell zu unterstützen. Art. 6 MAR sieht daher Ausnahmen für Maßnahmen der Geldpolitik, der Staatsschuldenverwaltung und der Klimapolitik vor.

III. Harmonisierung

1. Harmonisierungsarten

Die Harmonisierung durch europäisches Recht kann sich auf eine Mindestharmonisierung **20**
beschränken oder auf eine Vollharmonisierung abzielen. Bei einer **Mindestharmonisierung** müssen die Mitgliedstaaten ihre Rechtsordnungen mindestens an den Vorgaben des europäischen Rechts ausrichten. Es ist ihnen aber nicht verwehrt, weitergehende, insbesondere strengere Regelungen vorzusehen (mitunter als *gold plating* bezeichnet).[48] Dies ermöglicht einen Systemwettbewerb zwischen den Mitgliedstaaten und verhindert eine Versteinerung der Regime.[49] Dagegen verfolgt eine **Vollharmonisierung** (mitunter auch

[41] Erwägungsgrund 8 S. 4 MAR.
[42] *Grundmann* in GroßkommHGB Bd. XI Bankvertragsrecht 6. Teil Rn. 297.
[43] *Grundmann* in GroßkommHGB Bd. XI Bankvertragsrecht 6. Teil Rn. 300.
[44] Vgl. *Zetzsche* in Gebauer/Teichmann EnzEuR Bd. VI § 7 C Rn. 44.
[45] *Grundmann* in GroßkommHGB Bd. XI Bankvertragsrecht 6. Teil Rn. 301.
[46] *Hopt/Kumpan* in Schimansky/Bunte/Lwowski BankR-HdB § 107 Rn. 32.
[47] Vgl. Erwägungsgrund 13 MAR; → § 18 Rn. 2.
[48] Vgl. *Walla* in Veil, Europäisches Kapitalmarktrecht, § 4 Rn. 29.
[49] Vgl. *Fleischer/Schmolke* NZG 2010, 1241 (1245 f.).

als Maximalharmonisierung bezeichnet) das Ziel, eine einheitliche Rechtslage in der EU (sog. *level playing field*) zu verwirklichen (Verhinderung von Regulierungsarbitrage und Senkung der Transaktionskosten, insbesondere für grenzüberschreitend tätige Marktteilnehmer).[50] Der europäische Rechtsakt regelt dann die betreffende Materie unionsweit abschließend. Bei einer Vollharmonisierung ist es den Mitgliedstaaten insbesondere verboten, abweichende oder strengere Regelungen vorzusehen.

21 Selbst bei vollharmonisierenden Rechtsakten besteht meist kein gänzlich einheitliches Regulierungsniveau in Europa. Dies liegt daran, dass den kapitalmarktrechtlichen Vorschriften häufig unterschiedliches Zivil- und Verwaltungsrecht zugrunde liegt.

22 Die kapitalmarktrechtlichen Gesetzgebungsakte sind in der Regel durch einen Mix an voll- und mindestharmonisierenden Vorschriften gekennzeichnet. Verbreitet ist etwa, dass die Verhaltensregeln vollharmonisierend und die Sanktionsnormen mindestharmonisierend ausgestaltet sind. Darüber hinaus kann selbst in einem vollharmonisierend ausgestalteten Regelungsbereich eine mitgliedstaatliche Regelungsautonomie bestehen, indem entweder für ein bestimmtes Thema explizit vorgesehen ist, dass die Mitgliedstaaten strengere Regelungen vorsehen dürfen, oder indem den Mitgliedstaaten für einen konkreten Aspekt eine Regelungsoption eingeräumt wird (beispielsweise einen anderen Schwellenwert vorzusehen).[51] Die Gründe für eine solche bloß **partielle Vollharmonisierung** sind vielfältig. Dies können beispielsweise die spezifischen Gegebenheiten nationaler Märkte (hoher Anteil institutioneller Investoren und wenige Kontrollaktionäre) sein. In Betracht kommt aber auch, dass der europäische Gesetzgeber traditionellen Rechtsvorstellungen einiger Mitgliedstaaten oder Besonderheiten nationaler Aktienrechte (dualistisches System der Unternehmensverfassung) Rechnung trägt und daher abweichende (in der Regel strengere) Vorschriften zulässt.

2. Harmonisierungsgrad der MAR

23 Die MAR enthält zum einen unmittelbar in den Mitgliedstaaten geltende Vorschriften. Diese Verordnungsvorschriften finden sich vor allem in den ersten drei Kapiteln. Zum anderen enthält die MAR richtlinienartige Regelungsaufträge an die nationalen Gesetzgeber. Bei den im vierten Kapitel über ESMA und die zuständigen Behörden vorgesehenen Vorschriften und den im fünften Kapitel über verwaltungsrechtliche Maßnahmen und Sanktionen vorgesehenen Vorschriften handelt es sich größtenteils um solche Regelungsaufträge.

24 Die **Regelungsaufträge** der MAR an die Mitgliedstaaten sind durchweg **mindestharmonisierend** ausgestaltet. So ist beispielsweise explizit geregelt, dass die Mitgliedstaaten weitere Sanktionsbefugnisse und höhere Geldbußen vorsehen dürfen.[52]

25 Auch bei einzelnen Verhaltensregeln besteht ein nationaler Gestaltungsspielraum. So ist bezüglich Eigengeschäften von Führungskräften ausdrücklich anerkannt, dass die Mitgliedstaaten strengere Regeln haben dürfen.[53]

26 Im Übrigen muss die Frage aber für jede Verordnungsvorschrift durch Auslegung beurteilt werden.[54] Dass es sich um Verordnungsrecht handelt, hat dabei lediglich indizielle Bedeutung.[55] Wichtiger ist, dass der europäische Gesetzgeber eine einheitliche Rechtslage

[50] Vgl. *Gerner-Beuerle* 7 CMLJ (2012) 317 (326 f.); *Walla* in Veil, Europäisches Kapitalmarktrecht, § 4 Rn. 29; *Muhr*, Das Prinzip der Vollharmonisierung im Kapitalmarktrecht am Beispiel des Reformvorhabens zur Änderung der Transparenzrichtlinie, S. 45.

[51] Näher *Veil* ZGR 2014, 544 (570 ff.); *Brüggemeier*, Harmonisierungskonzepte, S. 73 ff.; *Muhr*, Das Prinzip der Vollharmonisierung im Kapitalmarktrecht am Beispiel des Reformvorhabens zur Änderung der Transparenzrichtlinie, S. 70 ff.

[52] Vgl. Art. 30 Abs. 2 MAR.

[53] Vgl. etwa Art. 19 Abs. 2 MAR: „Zum Zweck der Anwendung von Absatz 1 und unbeschadet des Rechts der Mitgliedstaaten, über diesen Artikel hinausgehende Meldepflichten festzulegen".

[54] Vgl. *Veil/Koch* WM 2011, 2297 (2298); ebenso zum alten Recht *Klöhn* WM 2010, 1869 (1879); vgl. auch Commission Staff Working Paper Impact Assessment v. 20.10.2011, SEC(2011) 1217 final S. 69.

[55] Eine Verordnung kann auch eine bloße Mindestharmonisierung bewirken. Meist wird sie aber als Handlungsform für eine Rechtsvereinheitlichung gewählt. Vgl. *Walla* in Veil, Europäisches Kapitalmarktrecht, § 4 Rn. 30.

verwirklichen will,[56] um Regulierungs- und Aufsichtsarbitrage zu verhindern.[57] Die Wirksamkeit der MAD 2003 wurde nach Auffassung der Kommission durch „zahlreiche Optionen und Ermessensspielräume" untergraben.[58] Es ist daher grundsätzlich von einer **Vollharmonisierung** der **Verhaltensregeln** (Verbote und Pflichten) auszugehen, es sei denn, dass die Vorschriften explizit eine Befugnis der Mitgliedstaaten anerkennen, weitergehende Regelungen vorzusehen.

IV. Auslegung

Bezüglich der Auslegung ist zu differenzieren. Als **europäisches Recht** sind die Verordnungsvorschriften der MAR autonom nach den vom EuGH entwickelten Grundsätzen auszulegen. Das nationale Recht, also die Sanktionsnormen des WpHG und OWiG, sind zwar anhand der zum nationalen Recht entwickelten Auslegungsmethoden auszulegen. Allerdings ist zu beachten, dass die Sanktionsnormen unionsrechtlich vorgegeben sind. Soweit sie die mindestharmonisierenden Vorgaben europäischen Rechts umsetzen, sind sie richtlinienkonform (CRIM-MAD) bzw. in Einklang mit den Regelungsaufträgen (MAR) auszulegen. 27

Die vom EuGH entwickelten Auslegungsgrundsätze tragen der Eigenständigkeit des Unionsrechts Rechnung und sind dem Ziel einer einheitlichen Geltung des Unionsrechts verpflichtet. 28

Ausgangspunkt ist der **natürliche Wortsinn** der betreffenden Vorschrift, der anhand der jeweiligen Texte der Richtlinie oder der Verordnung zu ermitteln ist.[59] Auf entsprechende mitgliedstaatliche Begriffe rekurriert der EuGH nicht;[60] entscheidend ist der unionsrechtliche Bedeutungsgehalt.[61] Alle Rechtsakte – sowohl die Level 1-Gesetzgebungsakte als auch die Level 2-Rechtsakte – wurden in englischer Sprache verhandelt und dann in die weiteren Sprachen der EU-Mitgliedsstaaten übersetzt. Da die EU-Sprachen grundsätzlich gleichrangig sind, kommt der englischen Sprachfassung aber keine maßgebliche Rolle zu. Daraus folgt ferner, dass es nicht genügt, lediglich eine einzige Textfassung heranzuziehen. Es ist vielmehr eine repräsentative Anzahl mehrerer Sprachfassungen zu überprüfen.[62] 29

Die **rechtssystematische Auslegung** wertet die Struktur einer Norm und ihre Stellung im Regelungsgefüge aus, um den Bedeutungsgehalt zu entschlüsseln.[63] Sie steht in einem engen Zusammenhang mit der teleologischen Auslegung.[64] In der Rechtsprechung des EuGH (insbesondere zum Kapitalmarktrecht) spielt die systematische Auslegung bislang keine herausragende Rolle.[65] Dies dürfte auch auf den fragmentarischen Charakter europäischer Rechtsakte zurückzuführen sein.[66] Das Marktmissbrauchsrecht hat allerdings durch 30

[56] Vgl. Erwägungsgrund 3 („einheitliche Regeln" und „ein einheitliches Regelwerk"), 4 („einheitlicherer Rahmen") und 5 („einheitlichere Auslegung", Verhinderung von „infolge der Umsetzung einer Richtlinie voneinander abweichende[n] nationale Vorschriften", „die gleichen Regeln") MAR.

[57] Vgl. Erwägungsgrund 4 MAR.

[58] Vgl. Europäische Kommission, Vorschlag für eine Verordnung des Europäischen Parlaments und des Rates über Insider-Geschäfte und Marktmanipulation v. 20.10.2011, KOM(2011) 651 endgültig (MAR-KOM) S. 3.

[59] Vgl. EuGH v. 28.6.2012 – Rs. C-19/11, ECLI:EU:C:2012:397 = ZIP 2012, 1282 (1284) Rn. 30 – *Geltl*: „allgemeiner Sinn" der Begriffe „Reihe von Umständen" und „Ereignisse".

[60] Vgl. EuGH v. 22.11.1977 – Rs. 43/77, Slg. 1977 I-2175 Rn. 15 ff. – *Industrial Diamond Supplies/Luigi Riva*; EuGH v. 2.4.1998 – Rs. C-296/95, Slg. 1998 I-1605 Rn. 30 – *The Queen/Commissioners of Customs & Excise, ex parte EMU Tabac.*

[61] *Langenbucher* in Langenbucher, Europäisches Privat- und Wirtschaftsrecht, § 1 Rn. 8.

[62] *Borchardt* in Schulze/Zuleeg/Kadelbach Europarecht-HdB § 15 Rn. 36; *Pechstein/Drechsler* in Riesenhuber, Europäische Methodenlehre, § 7 Rn. 19.

[63] *Langenbucher* in Langenbucher, Europäisches Privat- und Wirtschaftsrecht, § 1 Rn. 11.

[64] Deshalb wird teilweise auch nicht zwischen systematischer und teleologischer Auslegung unterschieden, sondern von systematisch-teleologischer Auslegung gesprochen. In diesem Sinne etwa *Borchardt* in Schulze/Zuleeg/Kadelbach Europarecht-HdB § 15 Rn. 45.

[65] Vgl. allgemein zum Sekundärrecht *Fleischer* RabelsZ 75 (2011) 700 (711); *Leenen* JURA 2012, 753 (758).

[66] Vgl. dazu *Ahmling*, Analogiebildung durch den EuGH im Europäischen Privatrecht, S. 112.

die jüngsten Reformen kodifikatorische Züge erhalten. Eine rechtssystematische Auslegung kann daher in Zukunft eine größere Bedeutung erlangen.

31 Teilweise ist eine rechtssystematische Auslegung sogar explizit angeordnet. Dies ist beispielsweise bei einigen Begriffsbestimmungen des Art. 4 MAR der Fall. Diese Vorschrift verweist bezüglich bestimmter Begriffe auf die betreffende Begriffsbestimmung anderer europäischer Gesetzgebungsakte, insbesondere der Richtlinie 2014/65/EU (MiFID II).

32 Eine rechtssystematische Auslegung wird dadurch erschwert, dass weder die MAR noch die CRIM-MAD konzeptionell durchdachte wertungsstimmige Gesetzgebungsakte sind. Der Verordnungs- und Richtlinientext ist vielmehr Ergebnis intensiver Trilog-Verhandlungen zwischen der Kommission, dem Europäischen Parlament und dem Rat, in denen die Beteiligten zu diversen Kompromissen bereit sein mussten. An divergierenden Regelungsvorstellungen mangelte es nicht. Bereits die verschiedenen Kompromissfassungen des Rates (→ § 2 Rn. 34) geben beredt davon Zeugnis, wie unterschiedlich die Vorstellungen der Mitgliedstaaten waren. Als skurril mutet die Verhandlungsstrategie an, dass bestimmte „Vorschriften" in die Erwägungsgründe „ausgelagert" und schließlich dort belassen wurden, obwohl sie im MAD 2003-Regime noch in den Richtlinienbestimmungen vorgesehen waren (Beispiel: berechtigte Interessen des Emittenten an einem Aufschub der Veröffentlichung gem. Art. 17 Abs. 4 MAR sind nunmehr in Erwägungsgrund 50 vorzufinden). Angesichts der für die Öffentlichkeit nicht nachvollziehbaren Trilog-Verhandlungen ist es zudem schwierig, darüber zu urteilen, ob bestimmte Vorschriften der MAR abschließend sind, dh eine Analogie ausschließen. Die Erfassung bestimmter Sachverhalte in der MAR durch spezielle Vorschriften ging teilweise auf EuGH-Judikatur zurück, die freilich nicht den Anspruch verfolgte, die betreffenden Themen abschließend zu behandeln (beispielsweise die Regelungen zu legitimen Handlungen), teilweise auf nationalstaatliches Recht, das sich in einzelnen Mitgliedstaaten bewährt hatte (beispielsweise die französischen Regelungen zu Marktsondierungen). Angesichts dieses mitunter punktuellen Zugriffs ist eine analoge Anwendung bestimmter Vorschriften nicht per se ausgeschlossen.

33 Die **historische Auslegung** hat für das Primärrecht keine relevante Bedeutung.[67] Dies liegt ua daran, dass es schwierig ist, die Regelungsvorstellungen zu ermitteln.[68] Bei den Sekundärrechtsakten ist dies aber nicht der Fall.[69] Die den Vorschriften einer Richtlinie oder Verordnung vorangestellten Erwägungsgründe geben von den allgemeinen Regelungszielen und den mit den einzelnen Vorschriften verfolgten Zwecken Auskunft, so dass Rückschlüsse auf die Regelungsvorstellungen der am Rechtssetzungsprozess beteiligten Organe (bei Gesetzgebungsakten auf Level 1 der Kommission, des Europäisches Parlaments und des Rats und bei delegierten Rechtsakten und Durchführungsrechtsakten der Kommission) gezogen werden können.[70]

34 Erleichtert wird die historische Auslegung dadurch, dass die Europäische Kommission zur MAR und CRIM-MAD Entwürfe vorgelegt (→ § 2 Rn. 32) und sodann das Europäische Parlament (→ § 2 Rn. 35) und der Rat (→ § 2 Rn. 34) zu ihnen Stellung genommen (bzw. Änderungsvorschläge herausgearbeitet) haben.[71] Die Kommissionsentwürfe enthielten eine allgemeine Begründung und erläuterten die Vorstellungen der Kommission zu den einzelnen Vorschriften. Zudem kann das von der Kommission aus Anlass der Reform zusammen mit den Reformvorschlägen veröffentlichte Commission Staff Working Paper (→ § 2 Rn. 32) für die Auslegung grundsätzlich herangezogen werden.

---

[67] Vgl. *Oppermann/Classen/Nettesheim* Europarecht § 9 Rn. 174.

[68] Vgl. *Langenbucher* in Langenbucher, Europarechtliches Privat- und Wirtschaftsrecht, § 1 Rn. 13.

[69] Vgl. EuGH v. 27.6.2006 – Rs. C-540/03, Slg. 2006 I-5769 Rn. 38 – *Parlament/Rat*; EuGH v. 6.5.2003 – Rs. C-104/01, Slg. 2003 I-3793 – *Libertel/Benelux-Merkenbureau*; *Schwarze* in Schwarze EU-Kommentar Art. 220 EGV Rn. 28.

[70] Aus der (andere Rechtsgebiete betreffenden) Rechtsprechung vgl. EuGH v. 15.5.1997 – Rs. C-355/95 P, Slg. 1997 I-2549 – *TWD/Kommission u. Deutschland*; vgl. ferner *Borchardt* in Schulze/Zuleeg/Kadelbach Europarecht-HdB § 15 Rn. 44; speziell zum Kapitalmarktrecht *Kalss/Oppitz/Zollner* Kapitalmarktrecht Bd. I § 1 Rn. 99.

[71] In Betracht kommt auch, Regelungen in früheren Rechtsakten zu berücksichtigen. Vgl. EuGH v. 22.3.2012 – Rs. C-248/11 = NZG 2012, 590 (592) Rn. 51 – *Rares Doralin Nilas*: Ein Tatbestandsmerkmal aus einer früheren Richtlinie ist in der Begriffsdefinition der nachfolgenden Richtlinie nicht mehr enthalten.

Der frühere CESR und seit dem 1. Januar 2011 die ESMA haben zu den Level 2-Rechtsakten diverse Berichte und Studien verfasst (über die Anwendung des Marktmissbrauchsrechts und über Aufsichtspraktiken (Peer Reviews), die für die Auslegung hilfreich sein können.[72] Die ESMA hat zudem der Kommission bezüglich der zahlreichen delegierten Rechtsakte sog. **Technical Advice**[73] gegeben (→ § 2 Rn. 41). Dies geschah durchweg auf Ersuchen der Kommission. Die Berichte über den Technical Advice sind öffentlich verfügbar und können Rückschlüsse auf die Vorstellungen der Kommission beim Erlass eines delegierten Rechtsakts erlauben. Darüber hinaus hat die ESMA der Kommission bezüglich der von ihr entworfenen RTS und ITS sog. **Final Reports** übermittelt, die auch Auskunft über Regulierungsalternativen geben, eine Kosten-Nutzen-Rechnung vorsehen und sich mit den Stellungnahmen der SMSG und den Ergebnissen der öffentlichen Konsultation auseinandersetzen. Auch diese Final Reports können bei der Auslegung herangezogen werden. Schließlich kommt in Betracht, zur Auslegung auf die Konsultationspapiere der ESMA zuzugreifen (→ § 2 Rn. 40 ff.). Aus ihnen erschließt sich, wie die ESMA bestimmte Vorschriften versteht. Außerdem können sich aus ihnen die Gründe ergeben, warum die ESMA beim späteren Technical Advice oder der Vorlage des Final Reports zu einem RTS/ITS einen bestimmten Vorschlag gemacht oder einen Regelungsentwurf vorgelegt hat. **35**

Eine zentrale Rolle in der unionsrechtlichen Interpretationslehre nimmt die **teleologische Auslegung** ein. Auf kapitalmarkttheoretische Erkenntnisse (etwa zur Informationseffizienz der Märkte nach der Efficient Capital Market Hypothesis) oder empirische Erkenntnisse (etwa über Werteffekte von Kapitalmarktinformationen) hat der EuGH bislang nicht rekurriert. Stattdessen ermittelt er den Sinn und Zweck der Vorschriften einer Richtlinie oder Verordnung anhand der **Erwägungsgründe**.[74] Die Erwägungsgründe zu den früheren kapitalmarktrechtlichen Richtlinien (insbesondere der Insider-Richtlinie) fassten meist nur schlagwortartig die Regelungszecke zusammen. Dies hat sich mittlerweile etwas geändert. Die MAR beschränkt sich nicht mehr darauf, die Funktionsfähigkeit der Märkte, die Markteffizienz und den Anlegerschutz als zentrale Regelungszwecke zu bezeichnen, sondern nimmt konkreter dazu Stellung, wie beispielsweise der insiderrechtliche Schutz zu verstehen ist (durch Definition des verständigen Anlegers als Maßstabsfigur des Insiderrechts). Es ist daher möglich, Auslegungsfragen mithilfe der in den Erwägungsgründen vorgezeichneten teleologischen Argumente zu beantworten.[75] **36**

Die **Rechtssicherheit** für **Marktteilnehmer** spielt eine große Rolle bei der Ausgestaltung des Marktmissbrauchsrechts. Dies ist sicherlich auch auf verfassungsrechtliche Anforderungen einiger kontinentaleuropäischer Mitgliedstaaten bezüglich strafrechtlicher Sanktionen (Bestimmtheitsgebot) zurückzuführen. Dies schlägt sich nicht nur in der konkreten Ausgestaltung der Normen nieder, sondern ist auch bei der Auslegung zu berücksichtigen. So hat der EuGH bei der Auslegung der MAD 2003 bereits auf den Aspekt der Rechtssicherheit abgestellt.[76] Die Rechtssicherheit kann für eine enge Auslegung des Wortlauts sprechen. **37**

Der EuGH wendet bei der teleologischen Auslegung unionsrechtlicher Vorschriften den ***effet utile-Grundsatz*** an.[77] Danach ist eine Vorschrift so auszulegen, dass sie eine möglichst große praktische Wirksamkeit bzw. einen größtmöglichen Nutzen entfaltet. Dieser Grundsatz hat die Funktion eines Optimierungsgebots zur Auslegung des Vertrags und aller anderen Unionsrechtsnormen.[78] **38**

---

[72] Skeptischer bezüglich des früheren CESR *Kalss/Oppitz/Zollner* Kapitalmarktrecht Bd. I 1. Aufl. 2005 § 1 Rn. 95: mangelnde Transparenz wegen Informationsfülle; vgl. auch *Möllers* ZEuP 2008, 480.

[73] Die Papiere mit Technical Advice sind auf der Internetpräsenz der ESMA (www.esma.europa.eu) abrufbar.

[74] Vgl. zur Funktion der gemäß Art. 296 Abs. 2 AEUV von der Kommission formulierten Erwägungsgründe als Gegenstand der teleologischen Auslegung *Ahmling*, Analogiebildung durch den EuGH im Europäischen Privatrecht, S. 115; skeptisch *Leenen* JURA 2012, 753 (758).

[75] Vgl. auch *Kalss/Oppitz/Zollner* Kapitalmarktrecht Bd. I § 1 Rn. 101.

[76] EuGH v. 28.6.2012 – Rs. C-19/11, ECLI:EU:C:2012:397 = ZIP 2012, 1282 Rn. 28, 48 – *Geltl.*

[77] Vgl. EuGH v. 17.1.1980 – Rs. 792/79 R, Slg. 1980 I-119 Rn. 17 f. – *Camera Care/Kommission*; EuGH v. 6.10.1981 – Rs. 246/80, Slg. 1981 I-2311 Rn. 16 – *Broekmeulen/Huisarts Registratie Commissie*; EuGH v. 19.11.1991 – Rs. C-6/90 u. C-9/90, Slg. 1991 I-5357 Rn. 32 – *Frankovich/Italien.*

[78] *Langenbucher* in Langenbucher, Europarechtliches Privat- und Wirtschaftsrecht, § 1 Rn. 34; *Pechstein/Drechsler* in Riesenhuber, Europäische Methodenlehre, § 7 Rn. 38; *Ahmling*, Analogiebildung durch den EuGH im Europäischen Privatrecht, S. 121.

§ 4 Begriffsbestimmungen

Übersicht

Literatur:

Bingel, Rechtliche Grenzen der Kursstabilisierung nach Aktienplatzierungen, 2007; *Casper*, Der Optionsvertrag, 2005; *Clausen/Sørensen*, Reforming the Regulation of Trading Venues in the EU under the Proposed MiFID II – Levelling the Playing Field and Overcoming Market Fragmentation?, ECFR 2012, 275–306; *Geier/Schmitt*, MiFID-Reform: der neue Anwendungsbereich der MiFID II und MiFIR, WM 2013, 915–920; *Gomber/Nassauer*, Neuordnung der Finanzmärkte in Europa, ZBB 2014, 250; *Güllner*, MiFID II: Die neue Handelsplatzarchitektur in der EU, WM 2017, 938; *Haisch/Helios*, Rechtshandbuch Finanzinstrumente, 2011; *Hoops*, Das neue Regime für die systematische Internalisierung nach MiFID II: Auswirkungen auf den deutschen Zertifikatehandel, WM 2017, 329; *Lehmann*, Finanzinstrumente, 2009; *Meyer*, Anwendungsfragen der Verordnung zur Konkretisierung des Verbotes der Kurs- und Marktpreismanipulation und der Durchführungsmaßnahmen zur Marktmissbrauchsrichtlinie, AG 2004, 289; *Reiner*, Derivate Finanzinstrumente im Recht, 2002; *Veil*, KMU-Wachstumsmärkte nach MiFID II, FS Baums, 2017, 1267.

I. Allgemeines

Die MAR[1] definiert in Art. 3 „für die Zwecke dieser Verordnung" zahlreiche Begriffe. Die Begriffsbestimmungen nehmen teilweise Bezug auf Begriffsbestimmungen (wenngleich nicht alle) der Richtlinie 2014/65/EU (MiFID II)[2] und anderer europäische Rechtsakte. Teilweise werden die Begriffe aber auch autonom (für die MAR und CRIM-MAD[3]) definiert. Im Folgenden werden alle in Art. 3 MAR vorgesehenen Begriffsbestimmungen dargestellt und, soweit dies nicht in anderen Abschnitten des Buchs geschieht, erläutert. Der Fokus liegt auf den Begriffen, die für die Regeln über die Verhinderung von Marktmissbrauch beim Handel von Finanzinstrumenten relevant sind. Auf Waren-Spot-Märkte und Warenderivate wird nur überblicksartig eingegangen. Die Darstellung ist systematisch angelegt. Es werden zunächst einige grundlegende Begriffe erörtert, danach die Handelsplätze und im Anschluss die Begriffe Finanzinstrument und Waren erläutert. Schließlich wird auf verschiedene Marktteilnehmer und sonstige Begriffe eingegangen. 1

1. Natürliche und juristische Person

Die MAR sieht zahlreiche Regeln (Verbote, Pflichten, Ausnahmebestimmungen) für „eine Person" vor.[4] Ferner nehmen einige als Regelungsaufträge konzipierte Vorschriften der Kapitel 4 und 5 der MAR Bezug auf den Begriff der Person.[5] Auch bei der Bestimmung zahlreicher Begriffe verwendet die MAR den Begriff der Person.[6] Die CRIM-MAD benutzt ebenfalls den Begriff der Person.[7] Es handelt sich daher um einen zentralen Begriff des Marktmissbrauchsrechts, der den Anwendungsbereich determiniert. 2

Der Begriff der Person wird in der MAR definiert, nicht dagegen in der CRIM-MAD. Nach Art. 3 Abs. 1 Nr. 13 MAR handelt es sich bei einer Person um eine „natürliche oder 3

---

1 Verordnung (EU) Nr. 596/2014 des Europäischen Parlaments und des Rates vom 16. April 2014 über Marktmissbrauch (Marktmissbrauchsverordnung) und zur Aufhebung der Richtlinie 2003/6/EG des Europäischen Parlaments und des Rates und der Richtlinien 2003/124/EG, 2003/125/EG und 2004/72/EG der Kommission, ABl. EU Nr. L173 v. 12.6.2014 S. 1 ff. (MAR).

2 Richtlinie 2014/65/EU des Europäischen Parlaments und des Rates vom 15. Mai 2014 über Märkte für Finanzinstrumente sowie zur Änderung der Richtlinien 2002/92/EG und 2011/61/EU, ABl. EU Nr. L173 v. 12.6.2014 S. 349 ff. (MiFID II).

3 Richtlinie 2014/57/EU des Europäischen Parlaments und des Rates vom 16. April 2014 über strafrechtliche Sanktionen bei Marktmanipulation (Marktmissbrauchsrichtlinie), ABl. EU Nr. L173 v. 12.6.2014 S. 179 ff. (CRIM-MAD).

4 Vgl. Art. 6 Abs. 1 bis 4 und 7, Art. 8 Abs. 1 bis 5, Art. 9 Abs. 1 bis 5, Art. 10 Abs. 1 und 2, Art. 11 Abs. 1, 2, 4, 5, 7, 9, 10 und 11, Art. 12 Abs. 1, 2 und 4, Art. 13 Abs. 1, Art. 16 Abs. 1 bis 3 und 5, Art. 17 Abs. 8, Art. 18 Abs. 1 bis 6, Art. 19 Abs. 1, 2, 5, 6, 7, 10, 11, 12, Art. 20 Abs. 1 und 3, Art. 21 MAR, Anhang I Abschnitt A lit. b) und Abschnitt B lit. a) und b MAR.

5 Vgl. Art. 23 Abs. 2 und 4, Art. 25 Abs. 2, Art. 27 Abs. 3, Art. 28, Art. 29 Abs. 1 bis 3, Art. 30 Abs. 2, Art. 31 Abs. 1, Art. 32 Abs. 2, 4 und 5, Art. 34 Abs. 1 und 3 MAR.

6 Vgl. Art. 3 Abs. 1 Nr. 20, 21, 25, 26, 28, 32, 34 und Art. 7 Abs. 1 MAR.

7 Vgl. Art. 3 Abs. 3, 4 und 7, Art. 4 Abs. 2 und 3, Art. 5 Abs. 2, Art. 7 (natürliche Personen) und Art. 8 und 9 (juristische Personen) CRIM-MAD.

juristische Person". Als eine **natürliche Person** ist ein Mensch zu verstehen. Der Begriff der **juristischen Person** ist in der MAR nicht konkretisiert. Er ist schon deshalb auslegungsbedürftig, weil eine ganze Reihe an Vorschriften der MAR ausschließlich für juristische Personen gilt.[8] Aus Art. 3 Abs. 1 Nr. 26 lit. d) MAR könnte zu schließen sein, dass der Begriff der juristischen Person eine Personengesellschaft nicht umfasst (weil dort juristische Person und Personengesellschaft getrennt voneinander aufgeführt werden). Zwingend ist dieser Schluss aber nicht, weil die Vorschrift das Anliegen verfolgt, bezüglich der Regelungen über Eigengeschäfte von Führungskräften alle denkbaren Umgehungssachverhalte zu erfassen (und daher auch die Treuhand nennt). Der deutsche Gesetzgeber differenziert im WpHG in Umsetzung der in den Kapitel 4 und 5 enthaltenen Regelungsaufträge der MAR und der Regelungsaufträge der CRIM-MAD in Übereinstimmung mit dem OWiG[9] zwischen juristischen Personen und Personenvereinigungen.

4 Der Begriff der juristischen Person ist unionsrechtlich auszulegen. Ein gesicherter Erkenntnisstand besteht mangels Rechtsprechung des EuGH nicht.[10] So hat sich zwar im Kontext von Art. 263 und Art. 265 AEUV die Auslegung durchgesetzt, dass der unionsrechtliche Begriff der juristischen Person nicht zwingend mit dem Verständnis der Mitgliedstaaten übereinstimmt.[11] Die juristische Person erfasse „alle selbständigen Einheiten des öffentlichen und privaten Rechts, denen die Rechtsordnung, der sie unterstehen, den Status eines Rechtssubjekts verliehen hat"[12] oder die von den Gemeinschaftsorganen als eine solche Einheit anerkannt worden ist.[13] Es wird aber unterschiedlich beurteilt, ob auch Personengesellschaften dem unionsrechtlichen Begriffsverständnis unterfallen.[14] Auch zu Art. 54 Abs. 2 AEUV, wo der Begriff der juristischen Person als Auffangtatbestand der „Gesellschaften" dient, ist das Meinungsbild diffus.[15] Die Literatur tendiert dazu, zwischen Personengesellschaften und juristischen Personen zu differenzieren und setzt für die Zuordnung zum Begriff der juristischen Person Rechtspersönlichkeit oder zumindest eine „rechtlich verfestigte Struktur"[16] der Gesellschaft voraus.[17]

5 Legt man den Begriff eng aus, ist es vorstellbar, dass eine Personengesellschaft, wie etwa die OHG oder KG, nicht als juristische Person einzuordnen ist. Dann hätte der deutsche Gesetzgeber im WpHG den Anwendungsbereich der MAR/CRIM-MAD ausgeweitet, wozu er aber befugt ist, weil der Maximalharmonisierungsansatz der MAR (→ § 3 Rn. 20 ff.) sich darauf beschränkt, den Mitgliedstaaten strengere Regeln für juristische Personen zu verbieten, nicht aber die Regime auch für andere Personen für anwendbar zu erklären. Befürwortet man dagegen ein weites unionsrechtliches Verständnis des Ausdrucks

[8] Vgl. Art. 8 Abs. 5, 9 Abs. 1, 12 Abs. 4, 30 Abs. 2 lit. j), 31 Abs. 1 lit. c) und 34 MAR.

[9] Vgl. § 30 OWiG.

[10] Vgl. *Paulus* in Greimer/Schütze Internationaler Rechtsverkehr in Zivil- und Handelssachen Band I 52. Ergänzungslieferung 2016 VO (EU) Nr. 1215/2012 Art. 24 Rn. 70.

[11] *Cremer* in Callies/Ruffert AEUV 5. Aufl. 2016 Art. 263 Rn. 27; *Ehricke* in Streinz EUV/AEUV 2. Aufl. 2012 Art. 263 AEUV Rn. 42; *Dörr* in Grabitz/Hilfs/Nettesheim Das Recht der Europäischen Union 60. Ergänzungslieferung 2016 Art. 263 AEUV Rn. 22; *Schwarze* in Schwarze/Becker/Hatje/Schoo EU-Kommentar 3. Aufl. 2012 Art. 263 AEUV Rn. 15; *Gaitandes* in von der Groeben/Schwarze/Hatje Europäisches Unionsrecht 7. Aufl. 2015 Art. 263 AEUV Rn. 45.

[12] *Dörr* in Grabitz/Hilfs/Nettesheim Das Recht der Europäischen Union 60. Ergänzungslieferung 2016 Art. 263 AEUV Rn. 22.

[13] EuG v. 11.7.1996 – Rs. T-161/94, Slg. 1996 II-695 Rn. 31 mwN.

[14] Bejahend *Dörr* in Grabitz/Hilfs/Nettesheim Das Recht der Europäischen Union 60. Ergänzungslieferung 2016, Art. 263 AEUV Rn. 22; *Ehricke* in Streinz EUV/AEUV 2. Aufl. 2012 Art. 263 AEUV Rn. 42. Nach aA soll der Begriff Rechtspersönlichkeit voraussetzen; *Cremer* in Callies/Ruffert AEUV 5. Aufl. 2016 Art. 263 Rn. 27; *Schwarze* in Schwarze/Becker/Hatje/Schoo EU-Kommentar 3. Aufl. 2012 Art. 263 AEUV Rn. 15; *Gaitandes* in von der Groeben/Schwarze/Hatje Europäisches Unionsrecht 7. Aufl. 2015 Art. 263 AEUV Rn. 45.

[15] Die Norm wird zuweilen als missverständlich bezeichnet. Vgl. *Jung* in Schwarze/Becker/Hatje/Schoo EU-Kommentar 3. Aufl. 2012 Art. 54 AEUV Rn. 4; *Tiedje* in von der Groeben/Schwarze/Hatje Europäisches Unionsrecht 7. Aufl. 2015 Art. 54 AEUV Rn. 19;

[16] *Teichmann* in Gebauer/Teichmann EnzEuR Bd. VI § 6 Rn. 35 mit Hinweis auf *Forsthoff* (Fn. 17).

[17] Vgl. *Forsthoff* in Grabitz/Hilfs/Nettesheim Das Recht der Europäischen Union 60. Ergänzungslieferung 2016 Art. 54 AEUV Rn. 3.

juristische Person, hätten die Regelungen im WpHG zu Personenvereinigungen nur klarstellenden Charakter. Vorzugswürdig ist die letztere Deutung. Es wird an zahlreichen Stellen in der MAR deutlich, dass der europäische Gesetzgeber den Begriff der juristischen Person zur Abgrenzung von der natürlichen Person verwendet.[18] Dies ist beispielsweise auch in der Transparenz-Richtlinie[19] geschehen,[20] die sogar eine entsprechende Definition enthält. Nach Art. 2a sind „Bezugnahmen in dieser Richtlinie auf juristische Personen [...] so zu verstehen, dass sie eingetragene Personengesellschaften ohne Rechtspersönlichkeit und Investmentfonds einschließen." Der deutsche Gesetzgeber ist an anderer Stelle ebenfalls davon ausgegangen, dass den europäischen kapitalmarktrechtlichen Rechtsakten ein weites Verständnis der Begriff der juristischen Person zugrunde liegt.[21] Soweit die MAR den Begriff der juristischen Person verwendet, ist also davon auszugehen, dass auch eingetragene Personengesellschaften erfasst sind.

Für eine Zuordnung von Rechtsformen zu dem Terminus juristische Person (bzw. der im WpHG verwandten Termini juristische Person und Personenvereinigung) empfiehlt es sich, im Ausgangspunkt zugrunde zu legen, dass eine juristische Person eine körperschaftlich verfasste, von ihrem Mitgliederbestand grundsätzlich unabhängige Organisation mit einer eigenen, ihr von der Rechtsordnung zuerkannten Rechtspersönlichkeit ist.[22] Als **juristische Personen des Privatrechts** sind folgende deutsche Rechtsformen anzusehen: Aktiengesellschaft (AG), Europäische Aktiengesellschaft (Societas Europaea – SE), Gesellschaft mit beschränkter Haftung (GmbH), Kommanditgesellschaft auf Aktien (KGaA), rechtsfähiger Verein, rechtsfähige Stiftung, eingetragene Genossenschaft (eG) und der Versicherungsverein auf Gegenseitigkeit (VVaG). Unter den Begriff der juristischen Person sind ferner **juristische Personen des öffentlichen Rechts** zu subsumieren, wie beispielsweise öffentlich-rechtliche Körperschaften, Anstalten und Stiftungen.[23] 6

Eine **Personengesellschaft** bzw. Personenvereinigung zeichnet sich dadurch aus, dass sie mit der Fähigkeit ausgestattet ist, Rechte zu erwerben und Verbindlichkeiten einzugehen (vgl. § 14 Abs. 2 BGB). Dies sind aus dem Kreis deutscher Verbände die offene Handelsgesellschaft (OHG), Kommanditgesellschaft (KG), die Partnerschaft und, soweit sie als Außengesellschaft am Geschäftsverkehr teilnimmt, die Gesellschaft bürgerlichen Rechts (GbR). Ist die GbR eine Innengesellschaft, gilt für die einzelnen Personen das Marktmissbrauchsrecht, weil die MAR und das WpHG auch für natürliche Personen anwendbar sind. 7

Eine **Vorgesellschaft** kann (obwohl sie nicht in das Handelsregister eingetragen ist) ebenfalls als eine Personenvereinigung anzusehen sein, da sie nach der Rechtsprechung des BGH eine eigenständige Organisationsform mit Teilrechtssubjektivität ist, deren Recht sich 8

[18] Vgl. etwa Erwägungsgründe 24, 30, 31 und 35, 40 und 64 MAR sowie Art. 10 Abs. 1, 11 Abs. 5, 23 Abs. 2 lit. e) und UAbs. 2 MAR, wo jeweils von natürlichen und juristischen Personen die Rede ist.

[19] Richtlinie 2004/109/EG des Europäischen Parlaments und des Rates vom 15. Dezember 2004 zur Harmonisierung der Transparenzanforderungen in Bezug auf Informationen über Emittenten, deren Wertpapiere zum Handel auf einem geregelten Markt zugelassen sind, und zur Änderung der Richtlinie 2001/34/EG, ABl. EU Nr. L390 v. 31.12.2004 S. 38ff. in der durch Richtlinie 2013/50/EU des Europäischen Parlaments und des Rates vom 22.10.2013, ABl. EU Nr. L294 v. 6.11.2013 S. 13ff. geänderten Fassung (Transparenz-Richtlinie).

[20] Vgl. auch *Nartowska/Walla* AG 2014, 891 (899), wonach der Begriff der juristischen Person in der Transparenz-Richtlinie zur Abgrenzung von der natürlichen Person verwandt wird. Dies dürfte auch für die MAR zutreffen (vgl. etwa Erwägungsgründe 24, 30, 31 und 35, 40 und 64 MAR, wo jeweils von natürlichen und juristischen Personen die Rede ist).

[21] Vgl. Begr. RegE v. 18.11.2015 zum OGAW V-RL Umsetzungsgesetz, BT-Drs. 18/6744, S. 71: „Über den Wortlaut der deutschen Fassung des Buchstaben e des Absatzes 6 des neu gefassten Artikels 99 der Richtlinie 2009/65/EG hinaus werden von Absatz 7 Nummer 1 zusätzlich auch Personenvereinigungen erfasst, da der englische Begriff „*legal person*" weiter ist als der deutsche Begriff der juristischen Person und die Sanktionsmöglichkeiten bezüglich Verwaltungsgesellschaften und Investmentgesellschaften unabhängig von ihrer Rechtsform bestehen sollen."

[22] Vgl. *K. Schmidt* Gesellschaftsrecht § 8 II.

[23] Vgl. aber Art. 6 MAR mit zahlreichen Ausnahmen für Maßnahmen im Rahmen der Geldpolitik, der Staatsschuldenverwaltung und der Klimapolitik.

nach dem GmbHG (bzw. bei der Vor-AG nach dem Aktienrecht) und dem Gesellschaftsvertrag richtet, soweit diese nicht die Eintragung in das Handelsregister voraussetzen.[24]

9 Ob eine **ausländische Rechtsform** als juristische Person oder Personenvereinigung zu qualifizieren ist, lässt sich nur im Einzelfall anhand der Regeln des Internationalen Privatrechts bestimmen.

2. Zuständige Behörde

10 Die Mitgliedstaaten müssen eine einzige Behörde benennen, die für die Zwecke der MAR zuständig ist.[25] Die zuständige Behörde gewährleistet die Anwendung der Bestimmungen der MAR in ihrem Hoheitsgebiet, auf alle in ihrem Hoheitsgebiet ausgeführten Handlungen und auf im Inland ausgeführte Handlungen in Bezug auf Instrumente, die zum Handel an einem geregelten Markt zugelassen sind, für die eine Zulassung zum Handel auf einem solchen Markt beantragt wurde, die auf einer Versteigerungsplattform versteigert wurden oder die auf einem in ihrem Hoheitsgebiet betriebenen MTF oder OTF gehandelt werden oder für die eine Zulassung zum Handel auf einem MTF in ihrem Hoheitsgebiet beantragt wurde.[26]

11 Dementsprechend ist in Art. 3 Abs. 1 Nr. 12 MAR geregelt, dass „zuständige Behörde" eine gem. Art. 22 MAR benannte zuständige Behörde bezeichnet, sofern nicht in der MAR etwas anders bestimmt ist. Der deutsche Gesetzgeber hat die **Bundesanstalt für Finanzdienstleistungsaufsicht** (BaFin) als zuständige Behörde benannt.[27]

3. Nationale Regulierungsbehörde

12 Die MAR verwendet an mehreren Orten den Begriff der nationalen Regulierungsbehörde.[28] Damit ist eine nationale Regulierungsbehörde iSv Art. 2 Nr. 10 der Verordnung (EU) Nr. 1227/2011 über die Integrität und Transparenz des Energiegroßhandelsmarkts (REMIT) gemeint.[29]

4. ESMA

13 Die ESMA (European Securities and Markets Authority) hat nach der MAR zahlreiche Aufgaben und Befugnisse erhalten.[30] Im Wesentlichen besteht die Aufgabe der ESMA darin, Entwürfe technischer Regulierungsstandards und technischer Durchführungsstandards zu erarbeiten und der Kommission zur Annahme zu übermitteln (Art. 10–15 ESMA-Verordnung). Ferner hat die ESMA Leitlinien und Empfehlungen iSv Art. 16 ESMA-Verordnung herauszugeben und Listen zu erstellen. Es handelt sich dabei um Maßnahmen auf Stufe 3 des Lamfalussy-Verfahrens.[31] Sie sollen zu einer einheitlichen Aufsichtspraxis in der EU beitragen (Koordinationsfunktion der ESMA).

---

[24] Vgl. BGHZ 45, 338 (347); 51, 30 (32); 117, 323 (326), 169, 270 (273).
[25] Art. 22 S. 1 MAR.
[26] Art. 22 S. 3 MAR.
[27] Die ESMA hat eine Liste der zuständigen nationalen Behörden auf ihrer Website veröffentlicht; siehe https://ec.europa.eu/info/system/files/mar-2014-596-art-22-list_en. pdf.
[28] Vgl. Art. 25 Abs. 3 MAR über die Zusammenarbeit der zuständigen Behörden und der ESMA mit den nationalen Regulierungsbehörden der Mitgliedsstaaten und Art. 25 Abs. 8 MAR über die Zusammenarbeit der zuständigen Behörden mit den jeweils zuständigen Regulierungsbehörden bei begründetem Verdacht eines Verstoßes gegen das Verbot von Insidergeschäften, der unrechtmäßigen Offenlegung von Informationen oder Marktmanipulationen sowie Art. 25 Abs. 8 UAbs. 3 über die von der ESMA unterstützte Koordination der Zusammenarbeit und des Informationsaustauschs zwischen den zuständigen Behörden und Regulierungsbehörden in anderen Mitgliedsstaaten und Drittländern.
[29] Vgl. Art. 3 Abs. 1 Nr. 23 MAR.
[30] Ausführlich in § 27.
[31] → § 3 Rn. 15.

Der Begriff „ESMA" ist in Art. 3 MAR nicht definiert. Gemeint ist damit die nach Verordnung (EU) Nr. 1095/2010 vom 24. Nov. 2010 errichtete Europäische Wertpapier- und Marktaufsichtsbehörde.[32] Die ESMA ist Bestandteil des europäischen Systems der Finanzaufsicht (ESFS), dessen Hauptziel darin besteht, die angemessene Anwendung der für den Finanzsektor geltenden Vorschriften zu gewährleisten, um die Finanzstabilität zu erhalten und für Vertrauen in das Finanzsystem insgesamt und für einen ausreichenden Schutz der Kunden, die Finanzdienstleistungen in Anspruch nehmen, zu sorgen (Art. 2 ESMA-Verordnung). 14

II. Handelsplätze

Der Anwendungsbereich der Pflichten und Verbote der MAR und der in Umsetzung der CRIM-MAD im WpHG vorgesehenen Verbote bestimmt sich maßgeblich durch den Handelsplatz, auf dem das jeweilige Finanzinstrument gehandelt wird. Das alte 2003 verabschiedete europäische Marktmissbrauchsrecht hatte noch einen beschränkten Anwendungsbereich. Es verlangte lediglich die unionsweite Harmonisierung des Marktmissbrauchsrechts beim Handel von Finanzinstrumenten, die auf einem geregelten Markt zugelassen waren.[33] Dies hat sich geändert. Ausgangspunkt ist das Anliegen der MiFID II, den multilateralen Handel zu kanalisieren. Die Zusammenführung einer Vielzahl von Kundenaufträgen durch ein multilaterales System ist nur in einem geregelten Markt, einem MTF oder OTF möglich.[34] Für diese multilateralen Systeme gelten die Anforderungen der MiFID II. Darüber hinaus findet das europäische Marktmissbrauchsrecht Anwendung, denn es gilt nicht mehr nur für den Handel von in einem geregelten Markt zugelassenen Finanzinstrumenten, sondern auch für Finanzinstrumente, die in einem MTF und in einem OTF gehandelt werden.[35] Der europäische Gesetzgeber hat also den Anwendungsbereich des europäischen Marktmissbrauchsrechts erheblich ausgeweitet.[36] Damit hat er das Ziel verfolgt, jegliche Arten der organisierten Ausführung des Handels von Finanzinstrumenten zu erfassen.[37] Auch für außerhalb von Handelsplätzen (OTC) gehandelte Finanzinstrumente gilt die MAR.[38] 15

Der Begriff des Handelsplatzes bezeichnet einen geregelten Markt, ein MTF oder ein OTF.[39] Zahlreiche Vorschriften der MAR knüpfen entweder an den Begriff des Handelsplatzes oder aber ausdrücklich an den Begriff des geregelten Markts, MTF oder OTF an. 16

Die drei verschiedenen Handelsplätze haben gemein, dass der Betreiber der Plattform neutral sein muss. Es ist ihm verboten, Handel für eigene Rechnung zu betreiben.[40] Auch die Governance-Anforderungen und organisatorischen Regeln sind ähnlich.[41] Der Hauptunterschied besteht bei den Handelsregeln. Anders als bei OTF-Systemen kommen auf 17

32 Vgl. Verordnung (EU) Nr. 1095/2010 des Europäischen Parlaments und des Rates vom 24. November 2010 zur Errichtung einer europäischen Aufsichtsbehörde (Europäische Wertpapier- und Marktaufsichtsbehörde), zur Änderung des Beschlusses Nr. 716/209/EG und zur Aufhebung des Beschlusses 209/77/EG der Kommission, Abl. EU Nr. L331 v. 15.12.2010 S. 84 ff. (ESMA-Verordnung).

33 Art. 1 Abs. 1 Richtlinie 2003/6/EG des Europäischen Parlaments und des Rates vom 28. Januar 2003 über Insider-Geschäfte und Marktmanipulation (Marktmissbrauch), ABl. EU Nr. L96 v. 12.4.2003 S. 16 ff. (MAD 2003).

34 *Güllner* WM 2017, 938 (941).

35 Art. 2 Abs. 1 lit. b) und c) MAR; → § 2 Rn. 6 ff.

36 Der deutsche Gesetzgeber hatte allerdings die Insiderverbote (vgl. § 12 WpHG aF) und das Marktmanipulationsverbot (vgl. § 20a Abs. 1 S. 2 und 3 WpHG aF) auch für den Freiverkehr für anwendbar erklärt, wozu er auch befugt war, da die MAD 2003 insoweit nur eine Mindestharmonisierung bezweckte.

37 Vgl. *Clausen/Sørensen* ECFR 2012, 275 (284).

38 → Rn. 39.

39 Vgl. Art. 3 Abs. 1 Nr. 10) MAR iVm Art. 4 Abs. 1 Nr. 24 MiFID II und Art. 2 Nr. 12 CRIM-MAD iVm Art. 4 Abs. 1 Nr. 24 MiFID II.

40 Vgl. *Clausen/Sørensen* ECFR 2012, 275 (281).

41 Vgl. *Clausen/Sørensen* ECFR 2012, 275 (290).

geregelten Märkten und MTFs die Transaktionen nach nichtdiskretionären Regeln zustande. Folglich verfügt der Betreiber eines OTF bei der Auftragsausführung über einen Ermessensspielraum, zum einen wenn er darüber entscheidet, einen Auftrag über ein OTF zu platzieren oder wieder zurückzunehmen, und zum anderen wenn er darüber entscheidet, zu einem bestimmten Zeitpunkt einen bestimmten Auftrag nicht mit den im System vorhandenen Aufträgen zusammenzuführen.[42]

1. Begriff des geregelten Markts und organisierten Markts

18 Der Anwendungsbereich der MAR erstreckt sich zunächst auf den Handel mit Finanzinstrumenten, die auf einem geregelten Markt zugelassen sind oder für die ein Antrag auf Zulassung zum Handel auf einem geregelten Markt gestellt wurde.[43]

19 Für den Begriff des geregelten Marktes verweist Art. 3 Abs. 1 Nr. 6 MAR auf die MiFID II. Danach ist ein geregelter Markt „ein von einem **Marktbetreiber betriebenes** und/oder verwaltetes **multilaterales System**, das die Interessen einer **Vielzahl Dritter** am Kauf und Verkauf von **Finanzinstrumenten** innerhalb des Systems und nach seinen nichtdiskretionären Regeln in einer Weise **zusammenführt** oder das Zusammenführen fördert, die zu einem **Vertrag** in Bezug auf **Finanzinstrumente** führt, die gemäß den Regeln und/oder den Systemen des Marktes zum **Handel** zugelassen wurden, sowie eine Zulassung erhalten hat und ordnungsgemäß und gemäß Titel III dieser Richtlinie funktioniert.“[44] Diese Legaldefinition ist durch drei Anforderungen gekennzeichnet: den Begriff (i) des Marktbetreibers und (ii) des multilateralen Systems sowie (iii) das Erfordernis einer Zulassung und Aufsicht.

20 Bei dem Begriff des **Marktbetreibers** handelt es sich um „eine Person oder Personen, die das Geschäft eines geregelten Marktes verwaltet bzw. verwalten und/oder betreibt bzw. betreiben und die der geregelte Markt selbst sein kann.“[45] Die Zulassung als geregelter Markt setzt voraus, dass der Marktbetreiber den Anforderungen von Titel III der MiFID-II genügt (Art. 44 MiFID II). Der Betreiber des geregelten Marktes bedarf der Zulassung (und nicht der Markt selbst, wie bei einem MTF).[46]

21 Als „**multilaterales System**“ versteht Art. 4 Abs. 1 Nr. 19 MiFID II „ein System oder Mechanismus, der die Interessen einer Vielzahl Dritter am Kauf und Verkauf von Finanzinstrumenten innerhalb des Systems zusammenführt.“ Viel ist mit dieser Konkretisierung freilich nicht gewonnen. Insbesondere erschließt sich aus ihr nicht, was unter einem System zu verstehen ist. Dieser Begriff wird weder in der MAR noch in der MiFID II näher bestimmt. Aus Erwägungsgrund 6 der früheren MiFID I ließ sich entnehmen, dass als **System** sowohl Märkte, die aus einem Regelwerk und einer Handelsplattform bestehen als auch Märkte, die ausschließlich auf Grundlage eines Regelwerks funktionieren, zu begreifen waren. Aufgrund der wortgleichen Definition in der MiFID II steht einer Auslegung des Begriffes unter Zuhilfenahme der Erwägungsgründe der MiFID I nichts entgegen. Von Interesse ist vor allem Erwägungsgrund 6 der MIFID I über das Zusammenführen von Interessen aufgrund von nichtdiskretionären Regeln: „Die Anforderung, wonach die Interessen innerhalb des Systems und nach den nichtdiskretionären, vom Betreiber des Systems festgelegten Regeln zusammengeführt werden müssen, bedeutet, dass die Zusammenführung nach den Regeln des Systems oder mit Hilfe der Protokolle oder internen Betriebsverfahren des Systems (einschließlich der in Computersoftware enthaltenen Verfahren) erfolgt.“ Es sind somit zwei Arten der Ausführung von Kundenaufträgen möglich: (i) die

[42] Vgl. Erwägungsgrund 9 Verordnung (EU) Nr. 600/2014 des Europäischen Parlaments und des Rates vom 15. Mai 2014 über Märkte für Finanzinstrumente und zur Änderung der Verordnung (EU) Nr. 648/2012, ABl. EU Nr. L173 v. 12.6.2014 S. 84 ff. (MiFIR).
[43] Art. 2 Abs. 1 lit. a) MAR.
[44] Art. 3 Abs. 1 Nr. 6 MAR iVm Art. 4 Abs. 1 Nr. 21 MiFID II.
[45] Art. 3 Abs. 1 Nr. 5 MAR iVm Art. 4 Abs. 1 Nr. 18 MiFID II; → Rn. 95.
[46] *Grundmann* in GroßkommHGB Bd. XI Bankvertragsrecht 5. Teil Rn. 69.

Ausführung auf der Grundlage eines Regelwerks (sog. juristischer Ansatz) und (ii) innerhalb eines automatisierten bzw. elektronischen Systems (sog. technischer Ansatz). Der Begriff „**nichtdiskretionär**" bedeutet, dass die Regeln der Wertpapierfirma, die ein MTF betreibt, keinen Ermessensspielraum im Hinblick auf die möglichen Wechselwirkungen zwischen Interessen einräumen."

Beispiele für das geregelte Zusammenführen von Angebot und Nachfrage sind Auktionssysteme, klassische Server-basierte Handelsplattformen und Peer-to-peer-Systeme.[47] Unter „Interessen am Kauf oder Verkauf" sind Aufträge, Kursofferten und Interessenbekundungen zu verstehen.[48] 22

Zentrales Unterscheidungsmerkmal der geregelten zu den sonstigen Märkten (MTF, OTF) ist die **Zulassung und Überwachung** durch die zuständige Behörde. Dies ergibt sich aus dem Verweis auf Titel III der MiFID II.[49] Die Art. 44 bis 56 MiFID II stellen ua Anforderungen an das Leitungsorgan eines Marktbetreibers und an Personen mit wesentlichem Einfluss auf die Verwaltung des Marktes auf und sehen diverse organisatorische Vorgaben vor, die der geregelte Markt einzuhalten hat.[50] Die Zulassung als geregelter Markt wird nur erteilt, wenn die BaFin sich davon überzeugt hat, dass sowohl der Marktbetreiber als auch die Systeme des geregelten Marktes zumindest den Anforderungen des Titels III der MiFID II genügen.[51] Die zuständige Behörde wacht über die Einhaltung dieser Regeln und kann die Zulassung bei einem Verstoß auch wieder entziehen. 23

Die Mitgliedstaaten sind verpflichtet, eine **Liste der geregelten Märkte** zu erstellen und die Informationen der ESMA mitzuteilen. Die ESMA ist verpflichtet, ein Verzeichnis der zugelassenen Märkte zu veröffentlichen und zu aktualisieren.[52] Allerdings hat die Eintragung in die Liste für die Eigenschaft als geregelter Markt keinen konstitutiven Charakter.[53] 24

Der deutsche Gesetzgeber verwendet im WpHG durchgehend den Begriff des **organisierten Marktes** statt des geregelten Marktes. Hintergrund ist, dass es früher in Deutschland mit dem amtlichen Handel und dem geregelten Markt zwei regulierte Märkte gab. Mit dem Begriff organisierter Markt sollten Verwechslungen vermieden werden. Heute besteht diese Gefahr nicht mehr (der Begriff amtlicher Handel existiert nicht mehr). Dennoch hat der Gesetzgeber den Terminus organisierter Markt beibehalten. Die Begriffe des organisierten und des geregelten Marktes sind inhaltlich identisch.[54] Dieser wird definiert als „ein im Inland, in einem anderen Mitgliedstaat der Europäischen Union oder einem anderen Vertragsstaat des Abkommens über den Europäischen Wirtschaftsraum betriebenes oder verwaltetes, durch staatliche Stellen genehmigtes, geregeltes und überwachtes multilaterales System, das die Interessen einer Vielzahl von Personen am Kauf und Verkauf von dort zum Handel zugelassenen Finanzinstrumenten innerhalb des Systems und nach nichtdiskretionären Bestimmungen in einer Weise zusammenbringt oder das Zusam- 25

[47] *Fuchs* in Fuchs WpHG § 2 Rn. 159.
[48] *Fuchs* in Fuchs WpHG § 2 Rn. 159.
[49] Vgl. *Veil* in Veil, Europäisches Kapitalmarktrecht, § 7 Rn. 27. Auch EuGH v. 22.3.2012 – Rs. C-248/11, ECLI:EU:C:2012:166 Rn. 43 („wesentliche Voraussetzung für den Erhalt und den Fortbestand dieser Zulassung") – *Rares Doralin Nilas*.
[50] Näher *Güllner* WM 2017, 938 (942).
[51] Art. 44 Abs. 1 MiFID II. Vgl. zur MiFID I bereits EuGH v. 22.3.2012 – Rs. C-248/11, ECLI:EU:C:2012:166 – *Rares Doralin Nilas*, wonach die Fusion zweier Marktbetreiber nicht dazu führt, dass sich die Zulassung der Handelsplattform eines Marktbetreibers auch auf die Handelsplattform des anderen Marktbetreibers erstreckt.
[52] Art. 56 MiFID II. Das Verzeichnis ist abrufbar unter: http://registers.esma.europa.eu/publication/searchRegister?core=esma_registers_mifid_rma.
[53] Vgl. zu Art. 47 MiFID I EuGH v. 22.3.2012 – Rs. C-248/11, ECLI:EU:C:2012:166 Leitsatz 2 – *Rares Doralin Nilas*.
[54] *Fuchs* in Fuchs WpHG § 2 Rn. 156.

menbringen fördert, die zu einem Vertrag über den Kauf dieser Finanzinstrumente führt" (§ 2 Abs. 11 WpHG).

26 In Deutschland ist der regulierte Markt iSd §§ 32 ff. BörsG ein geregelter (bzw. organisierter) Markt, nicht dagegen der Freiverkehr iSd § 48 BörsG.[55] Folglich sind weder der als KMU-Wachstumsmarkt registrierte Scale der Frankfurter Wertpapierbörse (besonderes Segment des Freiverkehrs auf MTF-Basis) noch das Segment m:access der Münchener Börse (besonderes Segment des Freiverkehrs auf MTF-Basis) ein geregelter Markt.

2. Multilaterales Handelssystem (MTF)

27 Ein multilaterales Handelssystem (MTF) bezeichnet „ein von einer Wertpapierfirma oder einem Marktbetreiber betriebenes multilaterales System, das die Interessen einer Vielzahl Dritter am Kauf und Verkauf von Finanzinstrumenten innerhalb des Systems und nach nichtdiskretionären Regeln in einer Weise zusammenführt, die zu einem Vertrag gemäß Titel II dieser Richtlinie führt."[56] Im Gegensatz zu einem geregelten Markt unterliegt ein MTF nicht der Zulassungspflicht. Es findet nur eine Missstandsaufsicht statt, die die Einhaltung bestimmter organisatorischer Pflichten und Ausführungsstandards zum Gegenstand hat.[57]

28 Ein MTF setzt ebenso wie ein geregelter Markt (und ein OTF) ein multilaterales System (→ Rn. 22) voraus. Der Begriff des geregelten Marktes ist aber insofern weiter, als er auch ein multilaterales System umfasst, das das *Zusammenführen* der *Interessen* einer Vielzahl Dritter am Kauf und Verkauf von Finanzinstrumenten *fördert* (→ Rn. 19).

29 Der Betrieb eines MTF stellt eine **Wertpapierdienstleistung**[58] dar. Darüber hinaus handelt es sich um eine Finanzdienstleistung iSd KWG.[59] Der Betreiber bedarf daher einer Zulassung als Wertpapierfirma oder Finanzdienstleistungsinstitut durch die BaFin.

3. Organisiertes Handelssystem (OTF)

30 Der Begriff des organisierten Handelssystems (OTF) wurde erst im Zuge der jüngsten Kapitalmarktreformen eingeführt (MiFID II und MAR). Hintergrund war die Beobachtung, dass es Finanzinstrumente gibt, die weder auf einem geregelten Markt noch in einem MTF gehandelt werden, sondern in anderen Arten von organisierten Handelssystemen oder außerbörslich. Es war erklärtes Ziel des europäischen Gesetzgebers, auch insoweit Marktmissbrauch zu verhindern.[60]

31 Ein OTF wird definiert als „ein multilaterales System, bei dem es sich nicht um einen geregelten Markt oder ein MTF handelt und das die Interessen einer Vielzahl Dritter am Kauf und Verkauf von Schuldverschreibungen, strukturierten Finanzprodukten, Emissionszertifikaten oder Derivaten innerhalb des Systems in einer Weise zusammenführt, die zu einem Vertrag gemäß Titel II dieser Richtlinie führt."[61] Es setzt ein multilaterales System voraus (→ Rn. 22). Dies ist der Fall bei einer elektronischen Handelsplattform, aber auch bereits bei einer systematischen Übermittlung der Handelsabsicht eines Kunden an andere Kunden, unabhängig davon, welche technischen Mittel verwendet werden. Es muss sich aber um ein multilaterales System handeln, was voraussetzt, dass die Handelsabsicht eines

[55] *Fuchs* in Fuchs WpHG § 2 Rn. 163.
[56] Art. 3 Abs. 1 Nr. 10 MAR iVm Art. 4 Abs. 1 Nr. 22 MiFID II.
[57] Vgl. Art. 19 iVm Art. 16 und 18 MiFID II.
[58] Art. 4 Abs. 1 Nr. 2 iVm Abschnitt I Anhang A Nr. 8) MiFID II und § 2 Abs. 3 Nr. 8 WpHG.
[59] § 1 Abs. 1a S. 2 Nr. 1b) iVm § 32 KWG.
[60] Erwägungsgrund 8 MAR.
[61] Art. 3 Abs. 1 Nr. 8 MAR iVm Art. 4 Abs. 1 Nr. 23 MiFID II sowie § 2 Abs. 8 Nr. 9 WpHG.

Kunden mit derjenigen anderer Kunden interagiert (mindestens drei Marktteilnehmer). Die sehr breite Definition hat zur Folge, dass ein Großteil der bislang Over-the-Counter ausgeführten Transaktionen in den betreffenden Finanzinstrumenten nunmehr als OTF-Handel einzuordnen ist.[62]

Aus der Begriffsbestimmung folgt, dass in einem OTF keine Aktien oder andere Gesell- **32**
schaftsanteile gehandelt werden können, sondern nur Nicht-Eigenkapitalinstrumente,[63] ferner, dass Verkaufs- und Kaufinteressen diskretionär zusammengeführt werden (was nicht nur im Regelwerk festgelegt ist, sondern auch der Praxis entsprechen muss). Der Betreiber eines OTF hat daher Ermessen, wie er eine Transaktion ausführt (Art. 20 Abs. 6 MiFID II), wobei er aber bestimmte Wohlverhaltensregeln (*best execution*) beachten muss.[64] Dies bedeutet, dass der OTF-Betreiber Ermessen hat, (i) ob er die Order eines Kunden überhaupt ausführt (er nimmt eine bereits platzierte Order zurück und führt sie an einem anderen Handelsplatz aus) oder bloß teilweise ausführt (er führt die Order nur teilweise auf dem Handelsplatz aus und leitet die verbleibende Order an einen anderen Handelsplatz weiter) oder (ii) ob, wann und in welchem Umfang er zwei ausführbare Aufträge im System zusammenführt.

Der Betrieb eines OTF stellt sowohl eine Wertpapierdienstleistung iSd WpHG[65] als auch **33**
eine Finanzdienstleistung iSd KWG[66] dar.

4. KMU-Wachstumsmarkt

Die MiFID II hat den KMU-Wachstumsmarkt als eine neue Kategorie von MTF-Märkten **34**
eingeführt. Damit soll kleineren und mittleren Unternehmen (KMU) der Zugang zu Kapitalmärkten erleichtert werden.[67] Als ein KMU iSd Vorschrift sind kleine und mittlere Unternehmen anzusehen, deren durchschnittliche Marktkapitalisierung auf der Grundlage der Notierungen zum Jahresende in den letzten drei Kalenderjahren weniger als 200 Mio. Euro betrug.[68]

Der Begriff KMU-Wachstumsmarkt beschreibt ein **MTF**, das **im Einklang mit Art. 33** **35**
MiFID II registriert wurde.[69] Die Registrierung durch den Betreiber eines MTF ist freiwillig. Sie kann bei der zuständigen nationalen Behörde – in Deutschland: der BaFin – beantragt werden.[70] Voraussetzung ist, dass bei mindestens 50% der Emittenten, deren Finanzinstrumente zum Handel auf dem MTF zugelassen sind, es sich zum Zeitpunkt der Registrierung des MTF als KMU-Wachstumsmarkt und in jedem folgenden Kalenderjahr um kleine und mittlere Unternehmen handelt.[71]

Die Registrierung erfolgt, wenn der Emittent die für einen KMU-Wachstumsmarkt **36**
vorgesehenen Anforderungen einhält. Diese ergeben sich aus den Vorschriften, die die EU-Kommission und die Mitgliedstaaten entsprechend Art. 33 Abs. 3 MiFID II erlassen haben.[72]

---

[62] Vgl. *Clausen/Sørensen* ECFR 2012, 275 (285).
[63] *Gomber/Nassauer* ZBB 2014, 250 (253); *Güllner* WM 2017, 938 (943).
[64] *Clausen/Sørensen* ECFR 2012, 275 (292); vgl. auch Erwägungsgrund 9 MiFIR.
[65] Art. 4 Abs. 1 Nr. 2 iVm Abschnitt I Anhang A Nr. 9) MiFID II und § 2 Abs. 3 Nr. 9 WpHG.
[66] § 1 Abs. 1a Abs. 1a S. 2 Nr. 1c) iVm § 32 KWG.
[67] Vgl. Erwägungsgrund 132 MiFID II; näher zu diesem Regelungskonzept *Veil*, Kapitalmarktzugang für Wachstumsunternehmen, 2016.
[68] Vgl. Art. 4 Nr. 13 MiFID II.
[69] Art. 3 Abs. 1 Nr. 11 MAR iVm Art. 4 Abs. 1 Nr. 12 MiFID II.
[70] Vgl. § 76 WpHG und § 48a BörsG.
[71] Vgl. Art. 33 Abs. 3 lit. a) MiFID II und die nationale Umsetzung in § 76 Abs. 1 Nr. 1 WpHG und § 48a Abs. 1 Nr. 1 BörsG.
[72] Vgl. Art. 33 MiFID II iVm Art. 77 Delegierte Verordnung (EU) 2017/575 der Kommission vom 25.4.2016, ABl. EU Nr. L87 v. 31.3.2017 S. 1 ff. sowie § 76 Abs. 1 Nr. 1–7 WpHG.

37 In Deutschland wird voraussichtlich die Deutsche Börse das Marktsegment Scale als KMU-Wachstumsmarkt registrieren lassen. Die Voraussetzungen für die Einbeziehung in das KMU-Segment sind in den §§ 16–27 AGB der Deutsche Börse AG für den Freiverkehr an der FWB vorgesehen. Die Aufnahme in das KMU-Segment setzt ua eine bestimmte Mindestgröße des Emittenten voraus. Der Emittent muss ferner nachweisen, dass er mit einem Deutsche Börse Capital Market Partner zusammenarbeitet. Dieser Partner prüft die Eignung eines Emittenten für das Segment und betreut den Emittenten nach dem Börsengang. Darüber hinaus sind verpflichtend regelmäßige Research Reports vorgesehen.

38 Die regulatorischen Anforderungen für einen KMU-Wachstumsmarkt sind insgesamt geringer als für einen geregelten Markt, woraus sich die Attraktivität des KMU-Wachstumsmarkts ergeben soll. Der gewichtigste Unterschied besteht darin, dass Emittenten nicht verpflichtet sind, Finanzberichte nach den IFRS zu erstellen. Im Unterschied zum geregelten Markt finden auch die in Umsetzung der Transparenz-Richtlinie vorgesehenen Mitteilungspflichten über Beteiligungsveränderungen und Finanzinstrumente (§§ 33 ff. WpHG) keine Anwendung. Weiterhin gelten für Emittenten einige regulatorische Erleichterungen im Marktmissbrauchsrecht,[73] die aber keine nennenswerten Kostenvorteile bieten. Von der Pflicht zur Veröffentlichung von Insiderinformationen gem. Art. 17 Abs. 1 MAR hat der europäische Gesetzgeber keine Abstriche gemacht. Es war ihm bewusst, dass durch diese Pflicht die „Kosten für die Sichtung der [den Emittenten] vorliegenden Informationen und die Rechtsberatung zur Erforderlichkeit und zum Zeitpunkt einer Offenlegung eine Belastung" darstellen könnten.[74] Dennoch sei „eine unverzügliche Offenlegung von Insiderinformationen wesentlich, um das Vertrauen der Anleger in [die auf dem KMU-Wachstumsmarkt zugelassenen] Emittenten zu gewährleisten".[75]

5. OTC-Handel

39 Die durch die MiFID I etablierte Marktstruktur war durch einen intensiven Wettbewerb der Märkte (geregelter Markt, MTFs) gekennzeichnet. Darüber hinaus fand aus Kostengründen und um Anonymität sicherzustellen ein signifikanter Anteil des Handels (insbesondere der Derivate-Handel) außerhalb der Handelsplätze statt[76] (sog. OTC-Handel – Over the Counter) und in sog. Dark-Pools (wie beispielsweise Broker-Crossing-Systeme)[77], in denen keine Vorhandelstransparenz besteht und die Marktteilnehmer daher auch keine Kenntnis von bestehenden Aufträgen und deren Volumina haben.[78] Anliegen der Neuregelung der Marktinfrastruktur 2014 (MiFID II-Regime) und des Marktmissbrauchsrechts (MAR/CRIM-MAD) war es, diesen Handel möglichst auf (regulierte) Handelsplätze zu lenken und im Übrigen missbräuchliches Verhalten zu unterbinden.

40 Aus diesem Grund wurde ua der Begriff des organisierten Handelssystems (OTF) eingeführt und das Marktmissbrauchsrecht für jeglichen multilateralen Handel (im geregelten Markt, MTF und OTF) für anwendbar erklärt. Den bilateralen Handel hat der europäische Gesetzgeber nicht verboten, ihn aber in geregelte und beaufsichtigte Wege gelenkt. So verlangt er von Wertpapierfirmen, dass sie ihre Handelsgeschäfte mit Aktien, die zum

---

[73] Vgl. Art. 17 Abs. 9 MAR zur Veröffentlichung von Insiderinformationen → 10 Rn. 168 und Art. 18 Abs. 6 MAR zur Insiderliste → § 11 Rn. 58.
[74] Erwägungsgrund 55 MAR.
[75] Vgl. zur Kritik *Veil* in FS Baums 2017, 1267 ff.
[76] Vgl. *Gomber/Nassauer* ZBB 2014, 250 (252) (40 %, ua in nicht transparenten Handelsplätzen (Dark Pools)).
[77] Dazu *Güllner* WM 2017, 938 (940).
[78] Vgl. *Gomber/Nassauer* ZBB 2014, 250 (252); *Güllner* WM 2017, 938 (940).

Handel an einem geregelten Markt zugelassen sind oder and einem Handelsplatz gehandelt werden, grundsätzlich an einem geregelten Markt oder im Rahmen eines MTF tätigen.[79]

Darüber hinaus hat der europäische Gesetzgeber den Anwendungsbereich des europäischen Marktmissbrauchsrechts in zweierlei Hinsicht erweitert. Zum einen gilt es auch für **Transaktionen außerhalb regulierter Handelsplätze** (geregelter Markt, MTF und OTF). Dies wird in Art. 2 Abs. 3 MAR zum Ausdruck gebracht: Die MAR gilt für alle Geschäfte, Aufträge und Handlungen, die eines der in Art. 2 Abs. 1 und MAR genannten Finanzinstrumente betreffen, unabhängig davon, ob ein solches Geschäft, ein solcher Auftrag oder eine solche Handlung auf einem Handelsplatz getätigt wird. Mit dieser Regelung wird ua bestimmt, dass die MAR auch dann anwendbar ist, wenn eine Transaktion über ein an einem Markt gehandeltes Finanzinstrument außerhalb eines Marktes stattfindet.[80] Dies ist beispielsweise bei einer bilateralen Transaktion der Fall, vorausgesetzt, dass sie einen Marktbezug (zugelassenes Finanzinstrument) hat. Aus der Vorschrift folgt aber nicht, dass die MAR für jegliche OTC-Transaktion gilt.[81] **41**

Zum anderen gilt die MAR für bestimmte **Finanzinstrumente**, die nicht unter Art. 2 Abs. 1 lit. a), b) oder c) MAR fallen, deren **Kurs** oder **Wert** jedoch von dem **Kurs** oder **Wert** eines unter diesen Buchstaben genannten **Finanzinstruments abhängt** oder sich darauf auswirkt.[82] Hier liegt nur ein indirekter Marktbezug vor.[83] Hintergrund ist, dass auch mit diesen Finanzinstrumenten Marktmissbrauch betrieben werden kann.[84] Die Erwägungsgründe zur MAR nennen mehrere Beispiele, bei denen Finanzinstrumente außerhalb regulierter Handelsplätze zum Marktmissbrauch verwendet werden können. Dies ist etwa bei Informationen in Bezug auf eine Aktie oder Schuldverschreibung der Fall, mit denen ein Derivat dieser Aktie oder Schuldverschreibung gekauft werden kann, oder ein Index, dessen Wert von dieser Aktie oder Schuldverschreibung abhängt. Wenn ein Finanzinstrument als Referenzkurs genutzt wird, kann mit einem außerbörslich gehandelten Derivat von manipulierten Kursen profitiert werden oder der Kurs eines Finanzinstruments, das auf einem Handelsplatz gehandelt wird, manipuliert werden. Ein weiteres Beispiel ist die geplante Ausgabe eines neuen Pakets von Wertpapieren, die an sich nicht in den Anwendungsbereich der MAR fallen, wobei jedoch der Handel mit diesen Wertpapieren den Kurs oder Wert bestehender notierter Wertpapiere beeinflussen könnte, die in den Anwendungsbereich der MAR fallen.[85] Die MAR deckt außerdem die Situation ab, dass der Kurs oder Wert eines auf einem Handelsplatz gehandelten Instruments von einem außerbörslich gehandelten Instrument abhängt. Derselbe Grundsatz gilt für Waren-Spot-Kontrakte, deren Kurs auf dem eines Derivats beruht, und für den Kauf von Waren-Spot-Kontrakten mit einem Bezug zu Finanzinstrumenten.[86] **42**

In diesem Zusammenhang ist auf den in der MiFIR[87] und MiFID II verwendeten, für das Marktmissbrauchsrecht aber nicht relevanten Begriff **systematischer Internalisierer** hinzuweisen. Dabei handelt es sich um eine Wertpapierfirma, „die in organisierter und systematischer Weise häufig in erheblichem Umfang Handel für eigene Rechnung treibt, wenn sie Kundenaufträge außerhalb eines geregelten Marktes oder eines MTF bzw. OTF ausführt, ohne ein multilaterales System zu betreiben".[88] Sofern der OTC-Handelsumfang in einem bestimmten Finanzinstrument bezogen auf den **43**

[79] Vgl. Art. 23 MiFIR. Diese Verpflichtung gilt auch für den Eigenhandel, vgl. *Gomber/Nassauer* ZBB 2014, 250 (255).
[80] *Zetzsche* in Gebauer/Teichmann EnzEuR Bd. VI § 7 C Rn. 7.
[81] Vgl. *Grundmann* in GroßkommHGB Bd. XI Bankvertragsrecht 5. Teil Rn. 76.
[82] Vgl. Art. 2 Abs. 1 lit. d) MAR.
[83] *Zetzsche* in Gebauer/Teichmann EnzEuR Bd. VI § 7 C Rn. 9.
[84] Vgl. Erwägungsgrund 10 MAR.
[85] Vgl. Erwägungsgrund 10 S. 3–5 MAR.
[86] Vgl. Erwägungsgrund 10 S. 6 und 7 MAR.
[87] Verordnung (EU) Nr. 600/2014 des Europäischen Parlaments und des Rates vom 15. Mai 2014 über Märkte für Finanzinstrumente und zur Änderung der Verordnung (EU) Nr. 648/2012, ABl. EU Nr. L173 v. 12.6.2014 S. 84 ff. (MiFIR).
[88] Art. 4 Abs. 1 Nr. 20 MiFID II. Vgl. zu möglichen Versuchen, die Einordnung als OTF zu umgehen, ESMA, Letter to DG FISMA, 1 February 2017, ESMA70–872942901-19.

gesamten OTC-Handelsumfang der Wertpapierfirma oder auf das Gesamthandelsvolumen in der Union bezogen auf das gleiche Finanzinstrument bestimmte (in RTS der ESMA/Kommission festgelegte) Schwellenwerte überschreitet, oder wenn sich die Wertpapierfirma den Regeln über systematische Internalisierer freiwillig unterwirft, gelten für diesen Teil des OTC-Handels zusätzliche Pflichten, insbesondere Transparenzpflichten über Kursofferten.[89]

6. Spotmarkt

44 Ein Spotmarkt bezeichnet einen „Warenmarkt, an dem Waren gegen bar verkauft und bei Abwicklung des Geschäfts unverzüglich geliefert werden, und andere Märkte, die keine Finanzmärkte sind, beispielsweise Warenterminmärkte".[90] Er ist ebenso wie der Wertpapiermarkt ein Kassamarkt; es gilt eine maximale Frist für die Erfüllung von zwei Handelstagen.

45 Auch auf diesen Märkten ist Marktmanipulation und Insiderhandel möglich. Dennoch sind Spotmärkte nicht generell vom Anwendungsbereich der MAR umfasst.[91] Der europäische Gesetzgeber erkannte jedoch die Vernetzung von Spot- und den dazugehörigen Derivatemärkten und dass Insiderinformationen auf einem der Märkte auch für eine Person auf dem jeweils anderen Markt nützlich sein könnten.[92] Ebenso könnten marktmanipulative Handlungen auf Finanzmärkten Auswirkungen auf den Spotmarkt haben und umgekehrt. In diesen Fällen befand sich bislang entweder die Insiderinformation bzw. die marktmanipulative Tathandlung oder die Wirkung auf die Preisbildung außerhalb des Anwendungsbereichs der MAD 2003. Durch die MAR wurden diese Lücken geschlossen.[93]

III. Finanzinstrumente

1. Grundlagen

46 Die MAR gilt für Finanzinstrumente, die auf einem geregelten Markt zugelassen sind, die in einem multilateralen Handelssystem (MTF) oder einem organisierten Handelssystem (OTF) gehandelt werden und auch für solche Finanzinstrumente, deren Kurs oder Wert von dem Kurs oder Wert eines zum Handel zugelassenen oder in einem Handelssystem gehandelten Finanzinstruments abhängt oder sich darauf auswirkt.[94] Der Begriff des Finanzinstruments ist daher zentral für die Anwendbarkeit des Marktmissbrauchsrechts. Er wird in der MAR allerdings nicht selbst bestimmt. Stattdessen verweist Art. 3 Abs. 1 Nr. 1 MAR auf Art. 4 Abs. 1 Nr. 15 MiFID II. Diese Vorschrift verweist bezüglich des Ausdrucks des Finanzinstruments auf die im Anhang I Abschnitt C MiFID II genannten Instrumente, die wiederum teilweise in Art. 4 Abs. 1 Nr. 17, Nr. 44, Nr. 45, Nr. 46, Nr. 47, Nr. 48, Nr. 49 und Nr. 50 MiFID II bestimmt werden, teilweise durch Verweis auf die Verordnung (EU) Nr. 600/2014 (MiFIR).

47 Der Begriff des **Finanzinstruments** wird im Anhang I Abschnitt C wie folgt aufgefächert:

(1) übertragbare Wertpapiere;
(2) Geldmarktinstrumente;
(3) Anteile an Organismen für gemeinsame Anlagen;
(4) Optionen, Terminkontrakte (Futures), Swaps, außerbörsliche Zinstermingeschäfte (Forward Rate Agreements) und alle anderen Derivatkontrakte in Bezug auf Wertpapiere, Währungen, Zinssätze oder -erträge, Emissionszertifikate oder alle anderen

89 Art. 14 ff. MiFIR; näher *Hoops* WM 2017, 319 ff.
90 Art. 3 Abs. 1 Nr. 16 MAR.
91 Ein besonderer Spotmarkt ist der Markt für Energiegroßhandelsprodukte (→ Rn. 119). Auf diesem gelten aufgrund der REMIT-VO ebenfalls ein Verbot der Marktmanipulation und des Insiderhandels.
92 Erwägungsgrund 20 MAR.
93 Vgl. Art. 7 Abs. 1 lit. b) MAR; Art. 2 Abs. 2 lit. a) und b) MAR.
94 Vgl. Art. 2 Abs. 1 lit. a–d) MAR.

Derivat-Instrumente, finanzielle Indizes oder Messgrößen, die effektiv geliefert oder bar abgerechnet werden können;

(5) Optionen, Terminkontrakte (Futures), Swaps, Termingeschäfte (Forwards) und alle anderen Derivatkontrakte in Bezug auf Waren, die bar abgerechnet werden müssen oder auf Wunsch einer der Parteien bar abgerechnet werden können, ohne dass ein Ausfall oder ein anderes Beendigungsereignis vorliegt;

(6) Optionen, Terminkontrakte (Futures), Swaps und alle anderen Derivatkontrakte in Bezug auf Waren, die effektiv geliefert werden können, vorausgesetzt, sie werden an einem geregelten Markt, über ein MTF oder über ein OTF gehandelt; ausgenommen davon sind über ein OTF gehandelte Energiegroßhandelsprodukte, die effektiv geliefert werden müssen;

(7) Optionen, Terminkontrakte (Futures), Swaps, Termingeschäfte (Forwards) und alle anderen Derivatkontrakte in Bezug auf Waren, die effektiv geliefert werden können, die sonst nicht in Nr. 6 dieses Abschnitts genannt sind und nichtkommerziellen Zwecken dienen, die die Merkmale anderer derivativer Finanzinstrumente aufweisen;

(8) Derivative Instrumente für den Transfer von Kreditrisiken;

(9) finanzielle Differenzgeschäfte;

(10) Optionen, Terminkontrakte (Futures), Swaps, außerbörsliche Zinstermingeschäfte (Forward Rate Agreements) und alle anderen Derivatkontrakte in Bezug auf Klimavariablen, Frachtsätze, Inflationsraten oder andere offizielle Wirtschaftsstatistiken, die bar abgerechnet werden müssen oder auf Wunsch einer der Parteien bar abgerechnet werden können, ohne dass ein Ausfall oder ein anderes Beendigungsereignis vorliegt, sowie alle anderen Derivatkontrakte in Bezug auf Vermögenswerte, Rechte, Obligationen, Indizes und Messwerte, die sonst nicht im vorliegenden Abschnitt (C) genannt sind und die die Merkmale anderer derivativer Finanzinstrumente aufweisen, wobei unter anderem berücksichtigt wird, ob sie auf einem geregelten Markt, einem OTF oder einem MTF gehandelt werden;

(11) Emissionszertifikate, die aus Anteilen bestehen, deren Übereinstimmung mit den Anforderungen der Richtlinie 2003/87/EG (Emissionshandelssystem) anerkannt ist.

Alle aufgeführten Finanzinstrumente können hier nicht im Detail behandelt werden.[95] Es **48**
sollen im Folgenden aber die ersten vier Kategorien und die neunte Kategorie näher dargestellt werden, weil sie in der Kapitalmarktpraxis die größte Bedeutung haben.

2. Wertpapiere

Der Begriff der Wertpapiere wird zum einen in der MiFID näher konkretisiert (allgemeine **49**
Definition). Zum anderen sieht auch die MAR eine Begriffsbestimmung vor, allerdings nur für die Anwendung des Art. 5 MAR über Ausnahmen für Rückkaufprogramme und Stabilisierungsmaßnahmen.

Als „**übertragbare Wertpapiere**" sind gem. Art. 4 Abs. 1 Nr. 44 MiFID II die folgen- **50**
den (nicht abschließend erfassten[96]) Kategorien von Wertpapieren, die auf dem Kapitalmarkt gehandelt werden können, zu verstehen, mit Ausnahme von Zahlungsinstrumenten:

a) Aktien und andere, Aktien oder Anteilen an Gesellschaften, Personengesellschaften oder anderen Rechtspersönlichkeiten gleichzustellende Wertpapiere sowie Aktienzertifikate;

b) Schuldverschreibungen oder andere verbriefte Schuldtitel, einschließlich Zertifikate (Hinterlegungsscheinen) für solche Wertpapiere;

c) alle sonstigen Wertpapiere, die zum Kauf oder Verkauf solcher Wertpapiere berechtigen oder zu einer Barzahlung führen, die anhand von übertragbaren Wertpapieren, Währungen, Zinssätzen oder -erträgen, Waren oder anderen Indizes oder Messgrößen bestimmt wird.

[95] Vgl. für eine ausführliche Erläuterung die im Literaturverzeichnis aufgeführte Literatur, insbesondere *Zerey* Finanzderivate 3. Aufl. 2016.

[96] *Zetzsche* in Gebauer/Teichmann EnzEuR Bd. VI § 7 C Rn. 176.

51 Der **Wertpapierbegriff** der MiFID II stimmt mit demjenigen der MiFID I überein. Er kennzeichnet sich nach tradierter Auslegung durch drei Kriterien: die Übertragbarkeit (Fungibilität), Standardisierung und Handelbarkeit,[97] was auch im Wortlaut der Richtlinienbestimmung zum Ausdruck kommt. Die im früheren nationalen Wertpapierhandelsrecht erzielten Erkenntnisse zu diesen drei Kriterien können uneingeschränkt nutzbar gemacht werden. Es kann somit zunächst festgehalten werden, dass nur **gattungsmäßig ausgestaltete Wertpapiere** vom Wertpapierbegriff der MiFID II und damit der MAR erfasst sind.[98] Dies bedeutet, dass die Papiere standardisiert ausgestaltet sind und nicht individuell bestimmte private Rechte zum Gegenstand haben dürfen. Die **Handelbarkeit** setzt voraus, dass die Wertpapiere nach Art und Zahl bei Abschluss des Übertragungsgeschäfts bestimmt werden können.[99] Es ist nicht erforderlich, dass die Wertpapiere frei handelbar sind. Folglich können auch vinkulierte Wertpapiere (wie beispielsweise vinkulierte Aktien, nicht aber vinkulierte GmbH-Geschäftsanteile) als Wertpapiere anzusehen sein.[100] Lock-up-Vereinbarungen (im Zusammenhang mit einem öffentlichen Angebot) stehen der Handelbarkeit nicht entgegen.[101] Erforderlich ist nach der unionsrechtlichen Begriffsbestimmung allein, dass die Wertpapiere „auf dem Kapitalmarkt gehandelt werden können". Damit ist nicht nur der geregelte bzw. organisierte Markt gemeint, sondern auch multilaterale (MTF) und organisierte Handelssysteme (OTF). Eine Verbriefung ist nicht erforderlich. Daher sind auch Wertrechte als Wertpapiere anzusehen, wie etwa die grundsätzlich nichtverbrieften Anleihen der öffentlichen Hand.[102] Die **Übertragbarkeit** der Wertpapiere ergibt sich aus ihrer Handelbarkeit. Wie schon im früheren Recht hat das Kriterium der Übertragbarkeit keine eigenständige Bedeutung.[103]

52 Ausdrücklich ausgenommen vom Wertpapierbegriff sind **Zahlungsinstrumente**, wie beispielsweise Bargeld, Schecks und andere liquide Mittel, die als Zahlungsmittel verwendet werden.[104]

a) Aktien

53 Zunächst sind **Aktien** als übertragbare Wertpapiere zu verstehen (vgl. auch § 2 Abs. 1 Nr. 1 WpHG). Der Begriff erfasst Stamm- (§ 12 AktG) und Vorzugsaktien (§ 139 AktG) einer AG oder KGaA, unabhängig davon, ob sie als Nennbetrags- oder Stückaktien (vgl. § 10 AktG) ausgegeben sind. Auch vinkulierte Namensaktien (vgl. § 68 Abs. 2 AktG) sind umfasst.[105] Wertpapiere, die Aktien oder Anteilen an Gesellschaften, Personengesellschaften oder anderen Rechtspersönlichkeiten **gleichzustellende Wertpapiere** sind, sind ebenfalls als übertragbare Wertpapiere anzusehen.[106] Die Wertpapiere sind dann gleichzustellen, wenn die Möglichkeit des gutgläubigen Erwerbs besteht, weil dann die Fungibilität sichergestellt ist.[107] Wenn die Eigentumsübertragung im Wege einer Abtretung gem. §§ 413, 398 BGB erfolgt, sind die Wertpapiere nicht mit Aktien oder anderen Anteilen gleichzustellen. Folglich sind Anteile an geschlossenen Fonds nicht nach diesen Voraussetzungen als über-

---

[97] *Grundmann* in GroßkommHGB Bd. XI Bankvertragsrecht 5. Teil Rn. 84; *Zetzsche* in Gebauer/Teichmann EnzEuR Bd. VI § 7 C Rn. 176.

[98] Vgl. zum früheren Recht *Assmann* in Assmann/Schneider WpHG § 2 Rn. 7; *Kumpan* in Baumbach/Hopt HGB § 2 WpHG Rn. 2; *Versteegen* in KölnKomm WpHG § 2 Rn. 16.

[99] *Assmann* in Assmann/Schneider WpHG § 2 Rn. 8; *Versteegen* in KölnKomm WpHG, § 2 Rn. 33.

[100] *Assmann* in Assmann/Schneider WpHG § 2 Rn. 8; *Kumpan* in Schwark/Zimmer § 2 WpHG Rn. 10.

[101] *Kumpan* in Baumbach/Hopt HGB § 2 WpHG Rn. 2.

[102] *Hopt/Kumpan* in Schimansky/Bunte/Lwowski BankR-HdB § 107 Rn. 23.

[103] Vgl. zum alten Recht *Assmann* in Assmann/Schneider WpHG § 2 Rn. 10.

[104] *Grundmann* in GroßkommHGB Bd. XI Bankvertragsrecht 5. Teil Rn. 85. Vgl. zum alten Recht *Assmann* in Assmann/Schneider WpHG § 2 Rn. 12.

[105] Vgl. zu den Voraussetzungen für eine Börsennotierung § 32 Abs. 3 BörsG.

[106] Nahezu wortlautidentisch die Begriffsbestimmung in § 2 Abs. 1 Nr. 2 WpHG, wonach es darauf ankommt, dass die Anteile mit Aktien „vergleichbar" sind.

[107] Vgl. *Petow* in Heidel AktienR § 2 WpHG Rn. 5. AA *Assmann* in Assmann/Schneider WpHG § 2 Rn. 17.

tragbare Wertpapiere zu qualifizieren.[108] Dies gilt ganz allgemein für Anteile an einer deutschen Personengesellschaft (GbR, OHG, KG). Aber auch GmbH-Geschäftsanteile sind nicht frei handelbar und daher keine gleichzustellenden Wertpapiere. In Betracht kommen Anteile ausländischer Gesellschaften,[109] was in der wertpapierhandelsgesetzlichen Begriffsbestimmung ausdrücklich normiert ist.[110]

Aktienzertifikate (Hinterlegungsscheine) sind nach Art. 4 Abs. 1 Nr. 45 MiFID II 54
Wertpapiere, die auf dem Kapitalmarkt handelbar sind und ein Eigentumsrecht an Wertpapieren gebietsfremder Emittenten darstellen, wobei sie aber gleichzeitig zum Handel auf einem geregelten Markt zugelassen und unabhängig von den Wertpapieren gebietsfremder Emittenten gehandelt werden können. Beispiele sind Crest Depositary Interests (CDIs), die von Untergliederungen des britischen Clearing-Systems CREST ausgegeben werden, um den Inhabern die Teilnahme an der im Heimatstaat des Emittenten bestehenden Infrastruktur für die Verwaltung des Aktienbesitzes und den Handel in den Aktien zu ermöglichen,[111] und American Depositary Receipts (ADRs),[112] die dazu dienen, dass eine Aktie an US-amerikanischen Börsen gehandelt werden kann.[113] Als Aktienzertifikate sind ferner Zwischenscheine anzusehen, die vor der Ausgabe von Aktien ausgestellt werden (§ 8 Abs. 6 AktG). Nicht darunter zu subsumieren sind Aktienanleihen und Discountzertifikate, weil sie nur schuldrechtliche Ansprüche verbriefen, nicht aber wirtschaftlich die Stellung des Inhabers von Aktien verschaffen sollen.[114]

b) Schuldverschreibungen

Übertragbare Wertpapiere sind ferner **Schuldverschreibungen** und andere **verbriefte** 55
Schuldtitel, einschließlich Zertifikate (Hinterlegungsscheine) für solche Wertpapiere. Sie sind schuldrechtlich begründete vermögensrechtliche Forderungen, gewähren also (anders als Aktienzertifikate) keine mitgliedschaftliche Beteiligung. Voraussetzung für eine Qualifikation als Wertpapier ist, dass sie standardisiert und umlauffähig sind.

Als Beispiele für Schuldtitel nennt die wertpapierhandelsgesetzliche Begriffsbestimmung 56
Genussscheine (vgl. § 221 Abs. 3 AktG), **Inhaberschuldverschreibungen** und **Orderschuldverschreibungen** sowie Hinterlegungsscheine, die Schuldtitel vertreten[115] (zur Begebung von Inhaberschuldverschreibungen vgl. §§ 793 ff. BGB und das Schuldverschreibungsgesetz (SchVG)). Namensschuldverschreibungen (→ Rn. 59) sind keine Schuldtitel, weil sie weder zirkulationsfähig noch frei übertragbar sind.[116] Wer die Schuldverschreibungen begeben hat, ist irrelevant; auch Staatsanleihen sind Schuldverschreibungen iSd Vorschrift (Anleihen eines Industrieemittenten werden auch als Industrieobligation bezeichnet).

Die Ausgestaltung von Schuldverschreibungen (Anleihen) ist facettenreich.[117] Anleihen 57
können festverzinslich sein, müssen aber nicht zwingend verzinslich sein (**Null-Kupon-Anleihen** bzw. Zero-Bonds), sie können auch einen variablen Zinssatz haben (sog. **Floating Rate Notes**).[118] Weitere Schuldtitel sind die hybriden Instrumente, die nach § 221 AktG der Zustimmung der Hauptversammlung bedürfen, namentlich **Gewinnschuldver-**

---

[108] Vgl. *Fuchs* in Fuchs WpHG § 2 Rn. 23; *Petow* in Heidel AktienR § 2 WpHG Rn. 5; *Roth* in KölnKomm WpHG § 2 Rn. 49. AA *Assmann* in Assmann/Schneider WpHG § 2 Rn. 16 f.

[109] Vgl. *Fuchs* in Fuchs WpHG § 2 Rn. 23; *Roth* in KölnKomm WpHG § 2 Rn. 52.

[110] Vgl. § 2 Abs. 1 Nr. 2 WpHG: „in- oder ausländischen juristischen Personen, Personengesellschaften und sonstigen Unternehmen".

[111] Vgl. *Roth* in KölnKomm WpHG § 2 Rn. 53.

[112] Vgl. *Fuchs* in Fuchs WpHG § 2 Rn. 25; *Kumpan* in Baumbach/Hopt HGB § 2 WpHG Rn. 3.

[113] Vgl. *Roth* in KölnKomm WpHG § 2 Rn. 53.

[114] Vgl. *Fuchs* in Fuchs WpHG § 2 Rn. 26; zur Einordnung als Schuldtitel → Rn. 57 f.

[115] Vgl. auch § 2 Abs. 1 Nr. 3a) WpHG.

[116] Vgl. *Fuchs* in Fuchs WpHG § 2 Rn. 30, der auf die fehlende Zirkulationsfähigkeit abstellt. Teilweise wird auf die in der Regel fehlende Standardisierung abgestellt, vgl. etwa *Assmann* in Assmann/Schneider WpHG § 2 Rn. 28; *Roth* in KölnKomm WpHG § 2 Rn. 65.

[117] Ausführlich zu Anleihebedingungen *Oulds* in Hopt/Seibt Schuldverschreibungsrecht 4. Teil Kap. 3.

[118] Näher *Oulds* in Hopt/Seibt Schuldverschreibungsrecht Rn. 3.55 ff.

schreibungen, **Options**-[119] und **Wandelschuldverschreibungen** (unabhängig davon, wem das Wandlungsrecht zusteht)[120] sowie **Genussscheine**, die sich dadurch kennzeichnen, dass sie dem Inhaber Aktionärsrechte wie beispielswiese einen Anteil am Gewinn gewähren (mit Ausnahme des Stimmrechts), ggbfls. verbunden mit einer Verlustbeteiligung,[121] ferner Kombinationen, wie etwa Wandel- und Optionsgenussscheine. Wenn die Rückzahlungshöhe von bestimmten vertraglich vereinbarten Kreditereignissen abhängt, werden die Anleihen als **Credit Linked Notes** bezeichnet.[122] Auch solche Finanzinnovationen (bei denen die Schuldverschreibung mit Leistungsmerkmalen anderer Wertpapiere und/oder Derivate kombiniert wird) sind Schuldtitel, ebenso wie **Aktienanleihen**, bei denen der Emittent die Befugnis hat, statt der Rückzahlung des Anleihekapitals Aktien oder Finanzinstrumente anderer Unternehmen (also nicht seine eigenen) zu liefern,[123] sowie **Asset-Backed-Securities**,[124] die Zahlungsansprüche gegen eine Zweckgesellschaft verbriefen, wobei die Zahlungsansprüche durch Vermögenswerte (Assets) gesichert sind[125]. Schließlich sind auch die von Pfandbriefbanken ausgegebenen **Pfandbriefe** (Hypothekenpfandbriefe, Öffentliche Pfandbriefe, Schiffspfandbriefe)[126] sowie **Zins**- und **Dividendenscheine** als Schuldtitel zu qualifizieren.

58 Eine große praktische Bedeutung (jedenfalls in Deutschland) haben **Zertifikate**.[127] Diese Finanzinnovationen kennzeichnet, dass die Höhe der Verzinsung und/oder der Rückzahlung an die Entwicklung eines Basiswertes (beispielsweise Aktien, Zinsen, Währungen, Rohstoffe, Kreditereignisse etc.) geknüpft ist. Folglich haben sie einen derivativen Charakter.[128] Dennoch sind sie in der Regel kein Finanzderivat, weil sie nicht zeitlich verzögert zu erfüllen sind,[129] sondern Schuldtitel.[130] Die Ausgestaltung ist vielfältig. Folgende Typen haben sich in der Praxis herausgebildet: Index-, Basket-, Discount-, Bonus-, Bandbreiten-, Garantie- und Turbo- (bzw. Knock-out-) Zertifikate.[131]

59 **Namensschuldverschreibungen** und **Schuldscheindarlehen** sind nicht als Schuldtitel zu qualifizieren (→ Rn. 56). Dies betrifft insbesondere Kommunalobligationen, Sparbriefe, Sparkassenbriefe, Schiffs- und Hypothekenbriefe sowie Hypotheken-, Grund- und Rentenschuldbriefe. Auch die bürgerlich-rechtliche Anweisung (§ 783 BGB) ist mangels Standardisierung nicht handelbar und daher kein Schuldtitel.[132]

c) Sonstige Wertpapiere

60 Schließlich sind sonstige Wertpapiere, die zum Kauf oder Verkauf von Wertpapieren berechtigen, als übertragbare Wertpapiere zu qualifizieren.[133] Mit dieser Auffangkategorie werden insbesondere Optionsscheine erfasst, und zwar sowohl **Call Options**, die zum Kauf

[119] Vgl. zur Rechtsnatur *Casper* Optionsvertrag S. 324 ff.
[120] Vgl. zu Contingent Convertible Bonds (im Bankaufsichtsrecht (Capital Requirements Regulation – CRR) als Eigenkapital qualifiziert) *Oulds* in Hopt/Seibt Schuldverschreibungsrecht Rn. 3,73.
[121] Vgl. BGHZ 119, 305 = NJW 1993, 57 – *Klöckner*; BGHZ 120, 141 = NJW 1993, 400 – *Bremer Bankverein*; *Raiser/Veil*, Recht der Kapitalgesellschaften, § 17 Rn. 20 f.
[122] Vgl. zur Abgrenzung zu Zertifikaten *Oulds* in Hopt/Seibt Schuldverschreibungsrecht Rn. 3.61.
[123] Vgl. *Casper* Optionsvertrag S. 337 ff.; *Danz/Kieninger/Patzner* in Zerey Finanzderivate § 35 Rn. 47 (auch zur steuerlichen Behandlung).
[124] *Lehmann* Finanzinstrumente S. 125 ff.; *Hanten/Schaffelhuber* in Zerey Finanzderivate § 27 Rn. 67 ff.
[125] Da ABS den Zweck der Risikoverteilung haben, ist es zweifelhaft, sie als Schuldverschreibung zu qualifizieren, vgl. *Lehmann* Finanzinstrumente S. 129 ff.
[126] *Kumpan* in Schwark/Zimmer § 2 WpHG Rn. 24; *Roth* in KölnKomm WpHG § 2 Rn. 61. AA *Fuchs* in Fuchs WpHG § 2 Rn. 30.
[127] Vgl. *Eck* in Zerey Finanzderivate § 5 Rn. 4 f. zum Gesamtmarktvolumen und Rn. 16 zum Handel von Zertifikaten über die Euwax in Stuttgart und Scoach in Frankfurt.
[128] Vgl. *Roth* in KölnKomm WpHG § 2 Rn. 62; *Lehmann* Finanzinstrumente S. 108 ff.
[129] Vgl. BGHZ 160, 58 (62) zu Indexzertifikaten.
[130] Vgl. *Fuchs* in Fuchs WpHG § 2 Rn. 28; *Roth* in KölnKomm WpHG § 2 Rn. 62; kritisch *Lehmann* Finanzinstrumente S. 110.
[131] Vgl. *Eck* in Zerey Finanzderivate § 5 Rn. 22 ff. zu einem Discount-Zertifikat.
[132] Vgl. *Roth* in KölnKomm WpHG § 2 Rn. 57.
[133] Vgl. auch § 2 Abs. 1 Nr. 3b) WpHG.

von Wertpapieren berechtigten, als auch **Put Options**, die zum Verkauf von Wertpapieren berechtigten. Erfasst werden nach dem Wortlaut auch Optionsscheine, die einen Barausgleich vorsehen. Sind Optionsscheine verbrieft, sind sie bereits deshalb als Schuldtitel zu qualifizieren, weil sie Inhaberschuldverschreibung sind (→ Rn. 55).[134] Werden Optionsscheine zusammen mit einer Anleihe ausgegeben, handelt es sich um eine Optionsanleihe iSd § 221 AktG. Als Basiswerte eines als Schuldtitel zu qualifizierenden Optionsscheins kommen „übertragbare Wertpapiere, Währungen, Zinssätze oder -erträge, Waren oder andere Indizes oder Messgrößen" in Betracht. Die wertpapierhandelsgesetzliche Begriffsbestimmung verweist bezüglicher „näherer Bestimmungen" insoweit auf die Delegierte Verordnung (EU) 2017/565 der Kommission vom 25.4.2016.[135]

3. Geldmarktinstrumente

Der Begriff der Geldmarktinstrumente bezeichnet gem. Art. 4 Abs. 1 Nr. 17 MiFID II iVm Art. 11 VO (EU) 2017/565[136] die üblicherweise auf dem Geldmarkt gehandelten Gattungen von Instrumenten, wie **Schatzanweisungen, Einlagenzertifikate, Commercial Papers** und sonstige Instrumente mit im Wesentlichen den gleichen Merkmalen, soweit sie die folgenden Eigenschaften aufweisen: a) ihr Wert kann jederzeit bestimmt werden; b) es handelt sich nicht um Derivate; c) ihre Fälligkeit bei der Emission beträgt maximal 397 Tage. Nach der Begriffsbestimmung in Art. 4 Abs. 1 Nr. 17 MiFID II sind Zahlungsinstrumente keine Geldmarktinstrumente. **61**

Aus dem Wortlaut folgt, dass die Instrumente handelbar sein müssen.[137] Ebenso wie nach früherem Recht müssen die Instrumente „üblicherweise auf dem Geldmarkt gehandelt" werden. Folglich ist vorausgesetzt, dass ein Markt für die betreffenden Instrumente besteht.[138] Nach altem Recht waren Schatzanweisungen nicht als Geldmarktinstrumente zu verstehen, weil sie als Schuldverschreibungen iSv § 793 Abs. 1 S. 1 BGB und damit als Wertpapiere qualifiziert wurden.[139] Dies ist nunmehr anders zu beurteilen, da Art. 4 Abs. 1 Nr. 17 MiFID II Schatzanweisungen explizit als Geldmarktinstrumente begreift. **62**

4. Anteile an Organismen für gemeinsame Anlagen

Ein Organismus für gemeinsame Anlagen in Wertpapieren ist ein **Investmentfonds**, der in Übereinstimmung mit der OGAW-Richtlinie (UCITS)[140] errichtet wurde. Die OGAW-Richtlinie definiert solche Fonds als Organismen, deren ausschließlicher Zweck es ist, beim Publikum beschaffte Gelder für gemeinsame Rechnung nach dem Grundsatz der Risikostreuung in Wertpapieren und/oder anderen liquiden Finanzanlagen zu investieren, und deren Anteile auf Verlangen der Anteilsinhaber unmittelbar oder mittelbar zu Lasten des Vermögens dieser Organismen zurückgenommen oder ausgezahlt werden. Der deutsche Gesetzgeber hat die OGAW-Richtlinie mit dem Kapitalanlagegesetzbuch (KAGB) umge- **63**

[134] Vgl. BGH ZIP 1994, 1924, 1925; aA *Lehmann* Finanzinstrumente S. 98; näher zum Handel von abgetrennten Optionsscheinen *Casper* Optionsvertrag S. 359 ff.

[135] Delegierte Verordnung (EU) 2017/565 der Kommission vom 25.4.2016 zur Ergänzung der Richtlinie 2014/65/EU des Europäischen Parlaments und des Rates in Bezug auf die organisatorischen Anforderungen an Wertpapierfirmen und die Bedingungen für die Ausübung ihrer Tätigkeit sowie in Bezug auf die Definition bestimmter Begriffe für die Zwecke der genannten Richtlinie, ABl. EU Nr. L87 v. 31.3.2017, S. 1 ff.

[136] Vgl. auch § 2 Abs. 2 WpHG.

[137] → Rn. 51 zum Erfordernis der Handelbarkeit von Wertpapieren.

[138] Vgl. *Assmann* in Assmann/Schneider WpHG § 2 Rn. 36; *Kumpan* in Schwark/Zimmer § 2 WpHG Rn. 32.

[139] Vgl. *Assmann* in Assmann/Schneider WpHG § 2 Rn. 37; *Kumpan* in Schwark/Zimmer § 2 WpHG Rn. 32.

[140] Richtlinie 2009/65/EG des Europäischen Parlaments und des Rates vom 13. Juli 2009 zur Koordinierung der Rechts- und Verwaltungsvorschriften betreffend bestimmte Organismen für gemeinsame Anlagen in Wertpapieren (OGAW), ABl. EU Nr. L302 v. 17.11.2009 S. 32 ff. (OGAW-Richtlinie).

setzt. Nach § 1 KAGB ist Investmentvermögen jeder Organismus für gemeinsame Anlagen, der von einer Anzahl von Anlegern Kapital einsammelt, um es gemäß einer festgelegten Anlagestrategie zum Nutzen dieser Anleger zu investieren und der kein operativ tätiges Unternehmen außerhalb des Finanzsektors ist. Organismen für gemeinsame Anlagen in Wertpapieren (OGAW) sind Investmentvermögen, die die Anforderungen der Richtlinie 2009/65/EG (OGAW) erfüllen.[141]

5. Optionen und andere Derivatkontrakte

64 Die vierte Kategorie des Begriffs der Finanzinstrumente des Anhangs I Abschnitt C MiFID II umfasst „Optionen, Terminkontrakte (Futures), Swaps, außerbörsliche Zinstermingeschäfte (Forward Rate Agreements) und alle anderen Derivatkontrakte in Bezug auf Wertpapiere, Währungen, Zinssätze oder -erträge, Emissionszertifikate oder alle anderen Derivat-Instrumente, finanzielle Indizes oder Messgrößen, die effektiv geliefert oder bar abgerechnet werden können."

65 Bei **Derivaten** (bzw. derivativen Geschäften) handelt es sich um als Festgeschäfte oder Optionen ausgestaltete **Termingeschäfte**, deren Preis abhängig ist von einem Basiswert. Ein Termingeschäft zeichnet sich durch die zeitliche Verzögerung bei der Erfüllung und die Abhängigkeit von Preis oder Maß des Basiswertes aus. Durch das Erfordernis der zeitlichen Verzögerung der Erfüllung wird das Termingeschäft von einem Kassageschäft abgegrenzt. Ein **Kassageschäft** ist sofort oder innerhalb kurzer, durch die Börsenusancen bestimmte Fristen zu erfüllen.[142] Für die Erfüllung sieht das europäische Recht zwei Handelstage vor.[143] Das Termingeschäft kann ein Kauf oder Tausch oder anderweitig ausgestaltet sein (Unbeachtlichkeit des Vertragstyps).[144]

66 **Optionen** gewähren dem Inhaber gegenüber dem Vertragspartner (Stillhalter) das Recht, den Kauf (Call Option) oder Verkauf (Put Option) von Finanzinstrumenten in der Zukunft zu einem bereits festgelegten Preis zu verlangen (bedingtes Termingeschäft). Der Inhaber (nicht der Stillhalter) hat die Wahl, das Geschäft durchzuführen oder verfallen zu lassen. Die Gegenleistung des Optionskäufers für den Erwerb des Optionsrechts liegt in der Zahlung einer Prämie. Statt einer tatsächlichen Lieferung des Basiswerts kann auch ein Barausgleich (*cash settlement*) vereinbart werden. Eine Unterform ist die Ausgestaltung, bei der ein festgelegter Geldbetrag bei der Ausübung zu zahlen ist (*binary option* bzw. *digital option*).[145]

67 In der Praxis haben sich drei Arten einer Option herausgebildet. Bei einer ***europäischen Option*** hat der Inhaber das Recht, an einem bestimmten Verfallstag den Verkauf oder Kauf eines bestimmten Basiswerts zu einem festgelegten Preis (sog. Ausübungs- oder Basispreis bzw. *strike price*) zu verlangen. Bei einer ***amerikanischen Option*** hat der Inhaber dieses Recht bis zu einem bestimmten Verfallstag, bei einer ***Bermuda-Option*** an bestimmten Tagen bis zum Verfallstag, wobei die Ausübungsrechte jeweils verfallen, wenn sie nicht zu den betreffenden Zeitpunkten geltend gemacht werden.

68 Beim **Festgeschäft** wird die Abnahme und Lieferung der Finanzinstrumente zu einem zukünftigen Zeitpunkt fest vereinbart. Kennzeichnend ist wiederum, dass der Erfüllungszeitpunkt hinausgeschoben ist (mehr als zwei Handelstage). Statt einer tatsächlichen Erfüllung kann auch ein Barausgleich (*cash settlement*) vereinbart werden. Ein **Swap** ist ein als Tausch ausgestaltetes Festgeschäft, das sich dadurch auszeichnet, dass zwei Anlagen gegeneinander ausgetauscht werden (Austausch zukünftiger Zahlungsströme), wobei dies nicht notwendig physisch geschehen muss, sondern auch wirtschaftlich erfolgen kann (*cash settlement*).[146]

---

141 Vgl. § 1 Abs. 2 KAGB.
142 Vgl. BGHZ 103, 84 (87) zur Abgrenzung zwischen Kassageschäft und Börsentermingeschäft „nach dem vereinbarten Erfüllungszeitpunkt".
143 Vgl. Art. 7 Abs. 2 lit. a) VO (EU) 2017/565.
144 *Roth* in KölnKomm WpHG § 2 Rn. 81.
145 *Haisch/Helios*, Rechtshandbuch Finanzinstrumente, § 1 Rn. 10.
146 *Haisch/Helios*, Rechtshandbuch Finanzinstrumente, § 1 Rn. 47; *Lehmann* Finanzinstrumente S. 133 ff.

Die Begriffsbestimmung der MiFID II nennt als **Basiswerte** (sog. *underlying*) Wertpapiere, Währungen, Zinssätze oder -erträge, Emissionszertifikate oder alle anderen Derivat-Instrumente, finanzielle Indizes oder Messgrößen, die effektiv geliefert oder bar abgerechnet werden können. Der deutsche Gesetzgeber hat sich bei der Begriffsbestimmung von derivativen Geschäften an dieser Aufzählung orientiert (vgl. § 2 Abs. 3 Nr. 1 lit. a)-f) WpHG). 69

Beispiele für in der Praxis weit verbreitete **Termingeschäfte** (Optionen und andere Derivatkontrakte) mit **Bezug auf Wertpapiere** sind Aktienoptionen und Optionen auf (Aktien-)Indizes, wie beispielsweise den DAX, MDAX, STOXX und EURO-STOXX, ferner (Euro-)Bund-Futures und (Euro-)Bobl-Futures (Basiswert fiktive Bundesanleihe), die sich dadurch kennzeichnen, dass die eine Seite sich gegenüber der anderen dazu verpflichtet, die Wertpapiere in der Zukunft zu liefern bzw. abzunehmen (*financial futures*).[147] Swap-Geschäfte auf Wertpapiere sind etwa der **Total Return Swap** (Vereinbarung über Austausch der Erträge der Referenzwerte und deren Wertsteigerungen gegen Zahlung eines Zinses und Ausgleich der Wertminderungen der Referenzwerte) und der Cash Equity Swap (hier ist eine Aktie oder ein Aktienportfolio das Referenz-Aktivum).[148] Am Ende der Laufzeit erfolgt ein Differenzausgleich. Futures werden nicht verbrieft, sind in der Regel zum Ende der Laufzeit durch Differenzausgleich zu erfüllen und werden nicht an einer Wertpapier-, sondern einer Terminbörse gehandelt.[149] 70

Unter Devisen sind auf ausländische Währung lautendes Fremdwährungsguthaben einer Bank sowie auf fremde Währung lautende Schecks oder Wechsel zu verstehen.[150] **Termingeschäfte** (Optionen und andere Derivatkontrakte) mit **Bezug auf Devisen** sind somit Devisenoptionsgeschäfte, Devisenfuturegeschäfte, Währungsswaps, Devisenswap-Optionsgeschäfte und Devisenterminoptionsgeschäfte. 71

Termingeschäfte (Optionen und andere Derivatkontrakte) mit **Bezug auf Zinssätze oder andere Erträge sind** Zinsterminkontrakte, Zinsswaps, Zinsoptionen und Zinsbegrenzungsverträge (Caps, Floors, Collars, Swaps und Swaptions). Beispielsweise ist bei **Caps** eine Zinsobergrenze festgelegt: Übersteigt an einem festgelegten Tag (sog. *roll over date*) der gültige variable Geldmarktzins (wie beispielsweise der LIBOR oder EURIBOR) die Zinsobergrenze, muss der Verkäufer eines Cap gegenüber dem Käufer die Differenz zwischen dem Referenzzinssatz und der Zinsobergrenze ausgleichen.[151] Dagegen ist bei **Floors** eine Zinsuntergrenze festgelegt. Der Verkäufer hat dem Käufer die Differenz zwischen dem Referenzzinssatz und der Zinsuntergrenze zum maßgeblichen Tag auszugleichen.[152] **Collars** sind Kombinationen eines Caps und Floors und zielen auf die Vereinbarung einer Zinsbandbreite ab.[153] 72

[147] *Lehmann* Finanzinstrumente S. 100 zu Futures.
[148] *Haisch/Helios*, Rechtshandbuch Finanzinstrumente, § 1 Rn. 61 ff.
[149] *Haisch/Helios*, Rechtshandbuch Finanzinstrumente, § 1 Rn. 43. Nach *Lehmann* Finanzinstrumente S. 107 sind Futures den Wertpapieren ähnlich, passen aber nicht in die Dogmatik des Wertpapierrechts.
[150] *Fuchs* in Fuchs WpHG § 2 Rn. 51.
[151] *Haisch/Helios*, Rechtshandbuch Finanzinstrumente, § 1 Rn. 32.
[152] *Haisch/Helios*, Rechtshandbuch Finanzinstrumente, § 1 Rn. 33.
[153] *Haisch/Helios*, Rechtshandbuch Finanzinstrumente, § 1 Rn. 35.

6. Finanzielle Differenzgeschäfte

73 Finanzielle Differenzgeschäfte (auch Contracts for Difference – CFDs – genannt) sind Geschäfte, die darauf abzielen, dass der Unterschiedsbetrag zwischen dem Kauf- oder Verkaufspreis des Referenzwertes zum Zeitpunkt des Abschlusses des Kontrakts und dem Verkaufs- oder Kaufpreis zum Zeitpunkt der Beendigung des Kontrakts durch Barzahlung auszugleichen ist. Kennzeichnend ist, dass die Parteien keine effektive Erfüllung beabsichtigen.[154] Hinzu kommt, dass der Vertrag eine unbegrenzte Laufzeit hat, der Käufer eines CFD entscheidet selbst, wann er den Vertrag beendet; dadurch unterscheidet sich ein CFD von einem Fest- oder Optionsgeschäft (→ Rn. 66 ff.).[155] Deshalb erfasst die MiFID II (und damit auch die MAR) CFDs als eine eigene Kategorie von Finanzinstrumenten.

7. Wertpapiere und verbundene Instrumente (Art. 5 iVm Art. 3 Abs. 2 MAR)

74 Eine weitere Bestimmung des Begriffs Wertpapiere erfolgt in Art. 3 Abs. 2 lit a) MAR: „Für die Anwendung des Art. 5" über Ausnahmen für Rückkaufprogramme und Stabilisierungsmaßnahmen[156] bezeichnet die Begriffsbestimmung „**Wertpapiere**"

i) Aktien und andere Wertpapiere, die Aktien entsprechen;
ii) Schuldverschreibungen und sonstige verbriefte Schuldtitel oder
iii) verbriefte Schuldtitel, die in Aktien oder andere Wertpapiere, die Aktien entsprechen, umgewandelt bzw. gegen diese eingetauscht werden können.

75 Dieser Begriff des Wertpapiers ist zum einen für die in Art. 5 Abs. 1–3 MAR vorgesehene Ausnahme von Art. 14 und 15 MAR für den Handel mit eigenen Aktien im Rahmen von Rückkaufprogrammen relevant, zum anderen für die in Art. 5 Abs. 4 MAR normierte Ausnahme von Art. 14 und 15 MAR für den Handel mit Wertpapieren und verbundenen Instrumenten zur Stabilisierung des Kurses von Wertpapieren (definiert in Art. 3 Abs. 2 lit. d) MAR; → Rn. 108). Die Definition des Begriffs Wertpapiere ist in Art. 3 Abs. 2 lit. a) MAR enger als die Bestimmung des Begriffs der übertragbaren Wertpapiere in der MiFID II. Darin erschöpft sich die Bedeutung der Begriffsbestimmung. Dem Gesetzgeber ging es darum, auf diese Weise den Anwendungsbereich des Art. 5 MAR zu konkretisieren. Es sind daher nur bestimmte Wertpapiere aufgeführt. Die Begriffe Aktie (→ Rn. 53) und andere Wertpapiere, die Aktien entsprechen (→ Rn. 53) sowie Schuldverschreibung und sonstige Schuldtitel (→ Rn. 55) haben keine andere Bedeutung als bei Art. 4 Abs. 1 Nr. 44 MiFID II, auf den Art. 3 Abs. 1 Nr. 1 MAR (durch Verweis auf den Begriff des Finanzinstruments in Art. 4 Abs. 1 Nr. 15 MiFID II) verweist. Mit dem Ausdruck „verbriefte Schuldtitel, die in Aktien oder andere Wertpapiere, die Aktien entsprechen, umgewandelt bzw. gegen diese eingetauscht werden können" werden Wandel- und Optionsschuldverschreibungen (→ Rn. 57) erfasst.

76 Für die Anwendung des Art. 5 Abs. 4 MAR über Ausnahmen für Stabilisierungsmaßnahmen (definiert in Art. 3 Abs. 2 lit. d) MAR; → Rn. 108) wird auch (in Anlehnung an die frühere Begriffsbestimmung in Art. 1 Nr. 8 Verordnung (EG) Nr. 2273/2003)[157] der Begriff der **verbundenen Instrumente** bestimmt. Dies geschieht vor dem Hintergrund, dass unter einer Kursstabilisierung jeder Kauf bzw. jedes Angebot zum Kauf von Wertpapieren oder eine Transaktion mit vergleichbaren verbundenen Instrumenten zu verstehen ist, die ein Kreditinstitut oder eine Wertpapierfirma mit dem alleinigen Ziel tätigen, den Marktkurs dieser Wertpapiere für einen bestimmten Zeitraum zu stützen (→ Rn. 108).

---

[154] *Ebner/Gapp/Paulmayer* in Zerey Finanzderivate § 31 Rn. 152; *Roth* in KölnKomm WpHG, § 2 Rn. 107.
[155] *Roth* in KölnKomm WpHG § 2 Rn. 107.
[156] Konkretisierende Vorschriften enthält zudem die Verordnung (EU) 2916/1052 vom 8. März 2016, ABl. EU Nr. L173 v. 30.6.2016 S. 34 ff.
[157] Näher zur alten Rechtslage *Bingel*, Rechtliche Grenzen der Kursstabilisierung nach Aktienplatzierungen, S. 166 ff.

Folglich muss es sich bei verbundenen Instrumenten um solche handeln, die für eine Kursbeeinflussung eingesetzt werden können.[158]

Bei verbundenen Instrumenten handelt es sich um die nachstehend genannten Finanzinstrumente, selbst wenn sie nicht zum Handel auf einem Handelsplatz zugelassen sind, gehandelt werden oder für sie kein Antrag auf Zulassung zum Handel auf einem solchen Handelsplatz gestellt wurde: **77**

i) Verträge über bzw. Rechte auf Zeichnung, Kauf oder Verkauf von Wertpapieren,
ii) Finanzderivate auf Wertpapiere,
iii) bei wandel- oder austauschbaren Schuldtiteln die Wertpapiere, in die diese wandel- oder austauschbaren Titel umgewandelt bzw. gegen die sie eingetauscht werden können,
iv) Instrumente, die vom Emittenten oder Garantiegeber der Wertpapiere ausgegeben werden bzw. besichert sind und deren Marktkurs den Kurs der Wertpapiere erheblich beeinflussen könnte oder umgekehrt,
v) in Fällen, in denen die Wertpapiere Aktien entsprechen, die von diesen vertretenen Aktien bzw. die von diesen vertretenen anderen Wertpapieren, die Aktien entsprechen.

Die Begriffe sind wiederum anhand der Begriffsbestimmungen der MiFID II auszulegen (→ Rn. 46). Mit dem Ausdruck „Recht auf Zeichnung von Aktien" sind Bezugsrechte (§ 186 Abs. 1 AktG) erfasst. Dass auch der Verkauf von Wertpapieren privilegiert sein kann, entspricht der Rechtslage nach der MAD 2003.[159] **78**

IV. Waren (Commodities)

Das Verbot der Marktmanipulation (Art. 15 iVm Art. 12 MAR) gilt auch für **Waren-Spot-Kontrakte**, die keine Energiegroßhandelsprodukte sind, bei denen die Transaktion, der Auftrag oder die Handlung eine **Auswirkung** auf den **Kurs** oder den **Wert** eines **Finanzinstruments** iSv Art. 2 Abs. 1 MAR hat, oder eine solche Auswirkung wahrscheinlich oder beabsichtigt ist.[160] Ferner gilt es für Arten von Finanzinstrumenten, darunter Derivatekontrakte und derivative Finanzinstrumente für die Übertragung von Kreditrisiken, bei denen das Geschäft, der Auftrag, das Gebot oder das Verhalten eine Auswirkung auf den Kurs oder Wert eines Waren-Spot-Kontrakts hat oder voraussichtlich haben wird, dessen Kurs oder Wert vom Kurs oder Wert dieser Finanzinstrumente abhängen. Hintergrund ist, dass der Handel mit Warenderivaten zur Manipulation damit verbundener Waren-Spot-Kontrakte genutzt werden kann und Waren-Spot-Kontrakte zur Manipulation damit verbundener Finanzinstrumente genutzt werden können.[161] Der europäische Gesetzgeber hat sich freilich darauf beschränkt, den Anwendungsbereich der MAR auf Handlungen zu beschränken, die mit Finanzinstrumenten zu tun haben. Die Erweiterung des Anwendungsbereichs auf Handlungen, die lediglich den Spotmarkt berühren, hat er als nicht zweckmäßig bzw. unpraktikabel angesehen.[162] **79**

Der erweiterte Anwendungsbereich der MAR macht es notwendig, den Begriff der Waren, des Waren-Spot-Kontrakts und der Warenderivate zu bestimmen. Im Folgenden werden die einschlägigen Definitionen wiedergegeben. Hinsichtlich der Einzelheiten ist auf Spezialliteratur zu verweisen, insbesondere auf die von der ESMA herausgegebenen Leitlinien zu Informationen über Warenderivatmärkte oder verbundene Spot-Märkte.[163] **80**

---

[158] *Grundmann* in GroßkommHGB Bd. XI Bankvertragsrecht 6. Teil Rn. 325.
[159] Vgl. *Vogel* in Assmann/Schneider WpHG § 20a Rn. 276. Anders aber die Rechtslage nach der früheren KuMakV (die durch die MaKonV abgelöst wurde), vgl. *Bingel*, Rechtliche Grenzen der Kursstabilisierung nach Aktienplatzierungen, S. 167.
[160] Vgl. Art. 2 Abs. 2 lit. a) MAR.
[161] Vgl. Erwägungsgrund 20 UAbs. 2 S. 1 MAR.
[162] Vgl. Erwägungsgrund 20 UAbs. 2 S. 3 MAR.
[163] Vgl. ESMA, MAR-Leitlinien Informationen über Warenderivatmärkte oder verbundene Spotmärkte im Hinblick auf die Definition von Insiderinformationen über Warenderivate v. 17.1.2017, ESMA/2016/1480DE; vgl. ferner ESMA, Consultation Paper v. 30.3.2016, ESMA/2016/444.

1. Begriff

81 Der Begriff Ware bezeichnet gem. Art. 3 Abs. 1 Nr. 14 MAR eine Ware iSv Art. 2 Nr. 1 Verordnung (EG) Nr. 1287/2006 der Kommission. Er umfasst folglich Güter fungibler Art, die geliefert werden können. Dazu zählen auch Metalle sowie ihre Erze und Legierungen, landwirtschaftliche Produkte und Energien wie Strom.

2. Waren-Spot-Kontrakt

82 Als Waren-Spot-Kontrakt ist gem. Art. 3 Abs. 1 Nr. 15 MAR ein Kontrakt über die Lieferung einer an einem Spotmarkt gehandelten Ware zu verstehen, die bei Abwicklung des Geschäfts unverzüglich geliefert wird, sowie ein Kontrakt über die Lieferung einer Ware, die kein Finanzinstrument ist, einschließlich physisch abzuwickelnde Terminkontrakte.[164] Der Begriff des Spotmarkts ist in Art. 3 Abs. 1 Nr. 16 MAR bestimmt (→ Rn. 44).

3. Warenderivate

83 Der Begriff Warenderivate bezeichnet gem. Art. 3 Abs. 1 Nr. 24 MAR Warenderivate iSv Art. 2 Abs. 1 Nr. 30 der Verordnung (EU) Nr. 600/2040 des Europäischen Parlaments und des Rates. Als Warenderivate sind nach dieser Vorschrift Finanzinstrumente zu verstehen, die in Art. 4 Abs. 1 Nr. 44 lit. c) MiFID II in Bezug auf eine Ware oder einen Basiswert definiert sind, die im Anhang I Abschnitt C Nr. 10 MiFID II oder im Anhang I Abschnitt C Ziffern 5, 6, 7 und 10 der Richtlinie genannt werden. Letztlich wird also über den Umweg der Verordnung (EU) Nr. 600/2014 die MiFID II in Bezug genommen.

V. Referenzwerte (Benchmarks)

84 Das Verbot der Marktmanipulation (Art. 15 iVm Art. 12 MAR) gilt auch für Handlungen in Bezug auf Referenzwerte (Art. 2 Abs. 2 lit. c) MAR). Der Gesetzgeber hat die Ausweitung des Marktmissbrauchsrechts auf Referenzwerte damit begründet, dass Manipulationen das Marktvertrauen erheblich beeinträchtigen können und zu beträchtlichen Verlusten für die Anleger wie auch zu realwirtschaftlichen Verzerrungen führen würden.[165] Referenzwerte spielen auf den Finanzmärkten eine herausragende Rolle, weil sie den unterschiedlichsten Zwecken dienen, insbesondere Marktteilnehmern dazu dienen, die Preise von Finanzinstrumenten und vertraglichen Zahlungsverpflichtungen zu bestimmen.[166]

85 Der Begriff der Referenzwerte wird in Art. 3 Abs. 1 Nr. 29 MAR bestimmt. Danach bezeichnet der Begriff Referenzwert einen **Kurs, Index** oder **Wert**, der der Öffentlichkeit zugänglich gemacht oder veröffentlicht wird und **periodisch** oder regelmäßig durch die **Anwendung** einer **Formel** auf den **Wert** eines oder mehrerer **Basiswerte** oder **-preise**, einschließlich geschätzter Preise, tatsächlicher oder geschätzter Zinssätze oder sonstiger Werte, oder auf Erhebungsdaten ermittelt bzw. auf der Grundlage dieser Werte bestimmt wird und auf den bei der **Festsetzung** des für ein **Finanzinstrument** zu entrichtenden **Betrags** oder des Wertes eines Finanzinstruments **Bezug** genommen wird. Diese weite Begriffsbestimmung soll sicherstellen, dass das Verbot der Marktmanipulation „für alle veröffentlichten Referenzwerte und auch für unentgeltlich oder gegen Entgelt über das

[164] Vgl. auch § 2 Abs. 6 WpHG mit einem Verweis auf die Begriffsbestimmung der MAR.
[165] Erwägungsgrund 44 S. 2 MAR.
[166] Vgl. *Wundenberg* in Veil, European Capital Markets Law, § 35 Rn. 8 ff. mit der Unterscheidung in eine Referenz-Funktion, Investment-Funktion, Informations-Funktion und Regulierungs-Funktion.

Internet abrufbare Referenzwerte"gilt, wie beispielsweise Referenzwerte für Kreditausfall-Swaps und Indizes von Indizes.[167]

86 Bezüglich des Ausdrucks „**Index**" kann die Begriffsbestimmung der Verordnung (EU) 2016/1011 vom 8. Juni 2016 (Benchmark-Verordnung) herangezogen werden.[168] Danach bezeichnet der Ausdruck „jede Zahl, a) die veröffentlicht oder der Öffentlichkeit zugänglich gemacht wird; b) die regelmäßig, i) ganz oder teilweise, durch Anwendung einer Formel oder einer anderen Berechnungsmethode oder durch Bewertung bestimmt wird und ii) auf der Grundlage des Werts eines oder mehrerer Basisvermögenswerte oder Basispreise, einschließlich geschätzter Preise, tatsächlicher oder geschätzter Zinssätze, Quotierungen und verbindlicher Quotierungen oder sonstiger Werte oder Erhebungen erfolgt".

87 Beispiele für einen Referenzwert sind der LIBOR, EURIBOR (beides Interbanken-Referenzzinssätze), DAX 30, MDAX, SDAX, TecDAX, FTSE 100, EURO STOXX 50 (allesamt Referenzwerte für Aktienindizes), etc.

88 Die Benchmark-Verordnung enthält besondere Vorschriften über kritische Referenzwerte (definiert in Art. 3 Abs. 1 Nr. 25). Hintergrund ist die Vorstellung, dass diese Referenzwerte erhebliche Auswirkungen auf die Finanzstabilität und den Anlegerschutz haben können.[169] Auch solche Referenzwerte sind Referenzwerte iSd MAR.

VI. Marktteilnehmer

1. Wertpapierfirma

89 Die MAR sieht, insbesondere im Kapitel 5 über verwaltungsrechtliche Maßnahmen und Sanktionen, mehrere Regelungsaufträge an die Mitgliedstaaten vor, die die Überwachung und Sanktionierung von Wertpapierfirmen zum Gegenstand haben. Daher definiert Art. 3 Abs. 1 Nr. 2 MAR den Begriff der Wertpapierfirma. Diese Vorschrift verweist bezüglich des Begriffs auf Art. 4 Abs. 1 Nr. 1 MiFID II. Danach ist eine Wertpapierfirma jede juristische Person, die im Rahmen ihrer beruflichen oder gewerblichen Tätigkeit gewerbsmäßig eine oder mehrere Wertpapierdienstleistungen für Dritte erbringt und/oder eine oder mehrere Anlagetätigkeiten ausübt.

90 Der deutsche Gesetzgeber verwendet statt des Begriffs der Wertpapierfirma den Begriff des **Wertpapierdienstleistungsunternehmens** (§ 2 Abs. 10 WpHG). Dabei handelt es sich um Kreditinstitute, Finanzdienstleistungsinstitute und nach § 53 Abs. 1 S. 1 KWG tätige Unternehmen, die Wertpapierdienstleistungen allein oder zusammen mit Wertpapiernebendienstleistungen gewerbsmäßig oder in einem Umfang erbringen, der einen in kaufmännischer Weise eingerichteten Geschäftsbetrieb erfordert. Eine gewerbsmäßige Tätigkeit setzt eine selbstständige, auf die Erzielung von Gewinnen gerichtete und auf Dauer angelegte Tätigkeit voraus.[170] Alternativ genügt es, wenn die Wertpapierdienstleistungen in einem Umfang erfolgen, der einen in kaufmännischer Weise eingerichteten Gewerbebetrieb erfordert. Auf Wertpapiernebendienstleistungen kommt es insoweit nicht an.[171]

[167] Erwägungsgrund 44 S. 4 MAR.

[168] Vgl. Art. 3 Abs. 1 Nr. 1 Verordnung (EU) 2016/1011 des Europäischen Parlaments und des Rates vom 8.6.2016 über Indizes, die bei Finanzinstrumenten und Finanzkontrakten als Referenzwert oder zur Messung der Wertentwicklung eines Investmentfonds verwendet werden, und zur Änderung der Richtlinien 2008/48/EG und 2014/17/EU sowie der Verordnung (EU) Nr. 596/2014, ABl. EU Nr. L171 v. 29.6.2016 S. 1 ff. (Benchmark-Verordnung).

[169] Vgl. *Wundenberg* in Veil, European Capital Markets Law, § 36 Rn. 11.

[170] Vgl. *Baum* in KölnKomm WpHG § 2 Rn. 221.

[171] Vgl. *Baum* in KölnKomm WpHG § 2 Rn. 223. AA *Assmann* in Assmann/Schneider WpHG § 2 Rn. 150.

91 Der Begriff der **Wertpapierdienstleistung** ist in § 2 Abs. 8 WpHG bestimmt. Folgende Dienstleistungen sind erfasst: Finanzkommissionsgeschäft; Market Making und systematische Internalisierung, Eigenhandel und Hochfrequenzhandel; Abschlussvermittlung; Anlagevermittlung; Emissionsgeschäft; Platzierungsgeschäft; Finanzportfolioverwaltung; Betrieb eines MTF; Betrieb eines OTF; Abgabe von persönlichen Empfehlungen. Das alleinige Erbringen von Wertpapiernebendienstleistungen (vgl. § 2 Abs. 9 WpHG) genügt nicht für die Qualifikation als Wertpapierdienstleistungsunternehmen. Ob das Institut die für die Erbringung von Wertpapierdienstleistungen erforderliche Zulassung erhalten hat, ist für die Qualifikation als Wertpapierdienstleistungsunternehmen irrelevant.[172]

2. Kreditinstitut und Finanzinstitut

92 Der Begriff des **Kreditinstituts** wird in verschiedenen Regelungen der MAR verwendet, ua bei den Vorschriften über Empfehlungen und Vorschläge einer Anlagestrategie (Art. 3 Nr. 34 MAR), über Kursstabilisierung (Art. 3 Abs. 2 lit. d) MAR), den Aufschub der Veröffentlichung von Insiderinformationen (Art. 17 Abs. 5 MAR) und bei den Regelungsaufträgen an die Mitgliedstaaten über die Befugnisse der zuständigen Behörden (Art. 23 MAR). Art. 3 Abs. 1 Nr. 3 MAR definiert daher den Begriff des Kreditinstituts, indem diese Vorschrift auf Art. 4 Abs. 1 Nr. 1 der Verordnung (EU) Nr. 575/2013 (CRR – Capital Requirements Regulation)[173] verweist.

93 Ein Kreditinstitut ist danach ein Unternehmen, dessen Tätigkeit darin besteht, Einlagen oder andere rückzahlbare Gelder des Publikums entgegenzunehmen und Kredite für eigene Rechnung zu gewähren.

94 Der Begriff des Finanzinstituts ist ebenfalls für die Vorschrift über den Aufschub der Veröffentlichung von Insiderinformationen relevant (Art. 17 Abs. 5 MAR), ferner für die Regeln über die Befugnisse der zuständigen Behörden (Art. 23 MAR). Auch bezüglich des Begriffs des **Finanzinstituts** verweist Art. 3 Abs. 1 Nr. 4 MAR auf Art. 4 Abs. 1 Nr. 26 der CRR. Als Finanzinstitut ist dort ein Unternehmen definiert, das kein Institut ist[174] und dessen Haupttätigkeit darin besteht, Beteiligungen zu erwerben oder eines oder mehrere der im Anhang I Nr. 2–12 und 15 der CRD IV[175] aufgelisteten Geschäfte zu betreiben.[176]

3. Marktbetreiber

95 Die MAR sieht eine Reihe an Vorschriften vor, die Marktbetreiber verpflichten, Informationen den zuständigen Behörden zu übermitteln.[177] Art. 3 Abs. 1 Nr. 5 MAR verweist bezüglich des Begriffs des Marktbetreibers auf Art. 4 Abs. 1 Nr. 18 MiFID II. Nach dieser Vorschrift bezeichnet der Begriff Marktbetreiber eine Person oder Personen, die das Geschäft eines geregelten Marktes verwaltet bzw. verwalten oder betreibt bzw. betreiben und die der geregelte Markt selbst sein kann.

---

172 Vgl. *Baum* in KölnKomm WpHG § 2 Rn. 226.

173 Verordnung (EU) Nr. 575/2013 des Europäischen Parlaments und des Rates vom 26. Juni 2013 über Aufsichtsanforderungen an Kreditinstitute und Wertpapierfirmen und zur Änderung der Verordnung (EU) Nr. 646/2012, ABl. EU Nr. L176 v. 27.6.2013 S. 1 ff. (CRR).

174 Ein Institut ist gem. Art. 4 Abs. 1 Nr. 3 CRR ein Kreditinstitut oder eine Wertpapierfirma.

175 Richtlinie 2013/36/EU des Europäischen Parlaments und des Rates vom 26. Juni 2013 über den Zugang zur Tätigkeit von Kreditinstituten und die Beaufsichtigung von Kreditinstituten und Wertpapierfirmen, zur Änderung der Richtlinie 2002/97/EG und zur Aufhebung der Richtlinien 2006/48/EG und 2006/49/EG, ABl. EU Nr. L176 v. 27.6.2013 S. 338 ff. (CRD IV).

176 Diese Definition wird in Art. 4 Abs. 1 Nr. 26 CRR noch näher konkretisiert.

177 Vgl. Art. 4 Abs. 1 MAR.

4. Emittent

Die MAR sieht zahlreiche Vorschriften für Emittenten vor. Der Begriff wird in Art. 3 Abs. 1 Nr. 21 MAR bestimmt. Danach bezeichnet der Begriff Emittent eine juristische Person des privaten oder öffentlichen Rechts (→ Rn. 2), die Finanzinstrumente (→ Rn. 46) emittiert oder deren Emission vorschlägt, wobei der Emittent im Fall von Hinterlegungsscheinen, die Finanzinstrumente repräsentieren (→ Rn. 54), der Emittent des repräsentierten Finanzinstruments ist. **96**

5. Person mit Führungsaufgaben (PDMRs) und verwandte Personen

Die Transparenzvorschriften über eigene Geschäfte von Führungskräften (Art. 19 MAR) verwenden den Begriff der „Personen, die Führungsaufgaben wahrnehmen" sowie den Begriff „in enger Beziehung zu ihnen stehende Personen". Die beiden Ausdrücke werden in Art. 3 Abs. 1 Nr. 25 MAR und Art. 3 Abs. 1 Nr. 26 MAR definiert. **97**

Nach Art. 3 Abs. 1 Nr. 25 MAR meint eine „**Person**, die **Führungsaufgaben wahrnimmt**" eine Person innerhalb eines Emittenten, eines Teilnehmers am Markt für Emissionszertifikate oder eines anderen in Art. 19 Abs. 10 MAR genannten Unternehmens, a) die einem Verwaltungs-, Leitungs- oder Aufsichtsorgan dieses Unternehmens angehört (→ § 19 Rn. 15) oder b) die als höhere Führungskraft zwar keinem der unter a) genannten Organe angehört, aber regelmäßig Zugang zu Insiderinformationen mit direktem oder indirektem Bezug zu diesem Unternehmen hat und befugt ist, unternehmerische Entscheidungen über zukünftige Entwicklungen und Geschäftsperspektiven dieses Unternehmens zu treffen (→ § 19 Rn. 16). **98**

Unter Art. 3 Abs. 1 Nr. 25 lit. a) MAR sind Mitglieder des Vorstands und Aufsichtsrats einer AG sowie die persönlich haftenden Gesellschafter einer KGaA (unabhängig davon, ob sie Geschäftsführungs- und/oder Vertretungskompetenz haben)[178] zu subsumieren, bei einer SE die Mitglieder des Verwaltungsrats und die geschäftsführenden Direktoren. Handelt es sich bei dem Emittenten um eine GmbH, ist der Geschäftsführer sowie das Mitglied eines ggf. bestehenden Aufsichtsrats erfasst. Schließlich können auch sog. *top executives* (unterhalb der Geschäftsleiterebene) mitteilungspflichtig sein, wie beispielsweise ein Generalbevollmächtigter. **99**

Der Begriff „**eng verbundene Person**" bezeichnet a) den Ehepartner oder einen Partner dieser Person, der nach nationalem Recht einem Ehepartner gleichgestellt ist; b) ein unterhaltsberechtigtes Kind entsprechend dem nationalen Recht; c) einen Verwandten, der zum Zeitpunkt der Tätigung des betreffenden Geschäfts seit mindestens einem Jahr demselben Haushalt angehört; oder d) eine juristische Person, Treuhand oder Personengesellschaft, deren Führungsaufgaben durch eine Person, die Führungsaufgaben wahrnimmt, oder eine in den Buchstaben a), b) oder c) genannte Person wahrgenommen werden, oder die direkt oder indirekt von einer solchen Person kontrolliert wird, oder die zugunsten einer solchen Person gegründet wurde oder deren wirtschaftliche Interessen weitgehend denen einer solchen Person entsprechen. **100**

Sinn und Zweck der Begriffsbestimmung ist es, Umgehungen zu verhindern. Aus diesem Grund sind typische Umgehungskonstellationen erfasst (Treuhand; juristische Person; Personengesellschaft). Die Begriffsbestimmung lässt es genügen, dass eine Führungskraft oder eine eng verbundene Person in der juristischen Person oder Personengesellschaft entweder Führungsaufgaben wahrnimmt (dh im Vorstand oder in der Geschäftsführung vertreten ist) oder die juristische Person oder Personengesellschaft direkt oder indirekt kontrolliert. Für **101**

[178] AA zum alten Recht *Sethe* in Assmann/Schneider WpHG § 15a Rn. 38.

die Auslegung des Begriffs der Kontrolle kann Art. 22 Richtlinie 2013/34/EU herangezogen werden. Schließlich werden juristische Personen und Personengesellschaften erfasst, „deren wirtschaftliche Interessen weitgehend denen einer solchen Person" (einer Führungskraft oder eng verbundenen Person) „entsprechen". Anders als zum MAD 2003-Regime[179] ist also der Kreis der mitteilungspflichtigen Personen nicht abschließend festgelegt.

6. Person, die gewerbsmäßig Geschäfte vermittelt oder ausführt

102 Die MAR sieht an zwei Stellen Vorschriften für Personen vor, die gewerbsmäßig Geschäfte vermitteln oder ausführen (Art. 16 Abs. 2 und Art. 19 Abs. 7 MAR). Dieser Personenkreis wird in Art. 3 Abs. 1 Nr. 28 MAR definiert. Der Begriff bezeichnet eine Person, die gewerbsmäßig mit der Entgegennahme und Übermittlung von Aufträgen oder der Ausführung von Geschäften mit Finanzinstrumenten befasst ist.

7. Market Maker

103 Die MAR sieht für Market Maker eine legitime Ausnahme bezüglich des Verbots von Insidergeschäften vor (Art. 9 Abs. 2 lit. a) MAR). Hinsichtlich des Begriffs des Market Maker verweist Art. 3 Abs. 1 Nr. 30 auf Art. 4 Abs. 1 Nr. 7 MiFID II. Danach ist Market Maker eine Person, die an den Finanzmärkten auf kontinuierlicher Basis ihre Bereitschaft anzeigt, durch den An- und Verkauf von Finanzinstrumenten unter Einsatz des eigenen Kapitals Handel für eigene Rechnung zu von ihr gestellten Kursen zu betreiben.

8. Teilnehmer am Markt für Emissionszertifikate

104 Die MAR sieht an verschiedenen Stellen Vorschriften für Teilnehmer am Markt für Emissionszertifikate vor.[180] Der Begriff wird daher in Art. 4 Abs. 1 Nr. 20 MAR definiert. Er bezeichnet eine Person, die Geschäfte einschließlich der Erteilung von Handelsaufträgen, mit Emissionszertifikaten und anderen darauf beruhenden Auktionsobjekten oder Derivaten betreibt, und die nicht unter die Ausnahme von Art. 17 Abs. 2 UAbs. 2 MAR fällt.[181]

VII. Sonstige Begriffe

105 Die MAR definiert eine Reihe weiterer Begriffe, die in den Verboten und Pflichten sowie in den Vorschriften über die Befugnisse der zuständigen Behörden verwendet werden. Dies geschieht größtenteils durch Verweis auf andere europäische Rechtsakte.

1. Rückkaufprogramm, Stabilisierungsmaßnahme und signifikantes Zeichnungsangebot

106 Art. 5 MAR sieht Ausnahmen für Rückkaufprogramme und Stabilisierungsmaßnahmen vom Verbot von Insidergeschäften (Art. 14 MAR) und vom Verbot der Marktmanipulation (Art. 15 MAR) vor. Der Grund dafür ist, dass solche Transaktionen aus wirtschaftlichen Gründen legitim sein können.[182]

---

179 Vgl. *Sethe* in Assmann/Schneider WpHG § 15a Rn. 62 (Treuhänder und Vermögensverwalter nicht erfasst).

180 Vgl. Art. 8 Abs. 4, Art. 17 Abs. 2, 4 und 8, Art. 18 Abs. 8, Art. 19 Abs. 1, 2, 3, 5 und 6 MAR.

181 Vgl. zur Ausweitung des Anwendungsbereichs der MiFID II auf Emissionszertifikate *Geier/Schmitt* WM 2013, 915 (916).

182 Vgl. Erwägungsgrund 12 MAR.

Als **Rückkaufprogramm** ist gem. Art. 4 Abs. 1 Nr. 17 MAR der Handel mit eigenen Aktien gem. Art. 21–27 der Richtlinie 2012/30/EU (Kapitalrichtlinie)[183] zu verstehen. Diese Vorschriften regeln, unter welchen Voraussetzungen die Mitgliedstaaten den Erwerb eigener Aktien in ihren Aktienrechten vorsehen dürfen. Der deutsche Gesetzgeber hat diese Vorgaben in den §§ 71–75 AktG umgesetzt. Wie bereits nach altem Recht ist unter dem Begriff „Handel mit eigenen Aktien" nur der Rückerwerb eigener Aktien zu verstehen.[184] Der Handel in eigenen Aktien ist gem. § 71 Abs. 1 Nr. 8 S. 2 AktG als Zweck des Erwerbs eigener Aktien ausgeschlossen. **107**

Der Begriff der Stabilisierungsmaßnahme wird in Art. 4 MAR nicht bestimmt. Allerdings definiert Art. 4 Abs. 2 lit. d) MAR den Begriff der **Kursstabilisierung**. Darunter ist jeder Kauf bzw. jedes Angebot zum Kauf von Wertpapieren oder eine Transaktion mit vergleichbaren Instrumenten zu verstehen, die ein Kreditinstitut (→ Rn. 92) oder eine Wertpapierfirma (→ Rn. 89) im Rahmen eines signifikanten Zeichnungsangebots für diese Wertpapiere mit dem alleinigen Ziel tätigen, den Marktkurs dieser Wertpapiere für einen im Voraus bestimmten Zeitraum zu stützen, wenn auf diese Wertpapiere Verkaufsdruck besteht. Die weiteren notwendigen Konkretisierungen sind in Art. 5–8 der Verordnung (EU) 2016/1052 der Kommission vom 8. März 2016 niedergelegt. **108**

Diverse Maßnahmen, die häufig im Kontext einer Wertpapieremission und -zulassung erfolgen, werden nicht mit dem alleinigen Ziel getätigt, den Marktkurs dieser Wertpapiere für einen im Voraus bestimmten Zeitraum zu stützen. Dies gilt beispielsweise für die Tätigkeit als Market Maker oder Designated Sponsor und die Ausführung von Kundenaufträgen, ferner für Maßnahmen zur Förderung des Bezugsrechtshandels.[185] **109**

Der Anwendungsbereich des Safe Harbour (Art. 5 MAR) wird durch die Verordnung 2016/1052 vom 8. März 2016 begrenzt. Erwägungsgrund 2 hält fest: „Obwohl die Verordnung (EU) Nr. 596/2014 eine Stabilisierung durch verbundene Instrumente zulässt, sollte die Ausnahme für Transaktionen, die mit Rückkaufprogrammen zusammenhängen, auf den tatsächlichen Handel mit eigenen Aktien des Emittenten beschränkt sein und nicht für Transaktionen mit Finanzderivaten gelten." Art. 3 der Verordnung 2016/1052 stellt entsprechende Handelsbedingungen auf. **110**

Als **signifikantes Zeichnungsangebot** bezeichnet Art. 3 Abs. 2 lit. c) MAR eine Erst- oder Zweitplatzierung von Wertpapieren, die sich sowohl hinsichtlich des Werts der angebotenen Wertpapiere als auch hinsichtlich der Verkaufsmethoden vom üblichen Handel unterscheidet. Diese Begriffsbestimmung stimmt größtenteils mit derjenigen nach altem Recht (der im MAD 2003-Regime vorgesehenen Begriffsbestimmung in der Verordnung (EG) Nr. 2773/2003) überein,[186] setzt aber nicht mehr die öffentliche Ankündigung voraus. **111**

Folgende Vorgänge können ein signifikantes Zeichnungsangebot sein: das öffentliche Wertpapierangebot von Wertpapieren des Emittenten (Initial Public Offering)[187] sowie aus dem Besitz eines Aktionärs (Secondary Offering) und eine Privatplatzierung.[188] **112**

---

[183] Richtlinie 2012/30/EU des Europäischen Parlaments und des Rates vom 25. Oktober 2012 zur Koordinierung der Schutzbestimmungen, die in den Mitgliedstaaten den Gesellschaften im Sinne des Artikels 54 Absatz 2 des Vertrages über die Arbeitsweise der Europäischen Union im Interesse der Gesellschafter sowie Dritter für die Gründung der Aktiengesellschaft sowie für die Erhaltung und Änderung ihres Kapitals vorgeschrieben sind, um diese Bestimmungen gleichwertig zu gestalten, ABl. EU Nr. L315 v. 14.11.2012 S. 74 ff. (Kapitalrichtlinie).

[184] Vgl. zum alten Recht *Fleischer* in Fuchs WpHG § 20a Rn. 93.

[185] Vgl. *Fleischer* in Fuchs WpHG § 20a Rn. 110.

[186] Vgl. *Bingel*, Rechtliche Grenzen der Kursstabilisierung nach Aktienplatzierungen, S. 163 ff.

[187] In diesem Sinne bereits zum alten Recht *Fleischer* in Fuchs WpHG § 20a Rn. 109; *Meyer* AG 2004 289 (298); *Vogel* in Assmann/Schneider WpHG § 20a Rn. 273.

[188] In diesem Sinne bereits grundsätzlich (mit Differenzierungen) zum alten Recht *Fleischer* in Fuchs WpHG § 20a Rn. 109; *Meyer* AG 2004 289 (298); *Vogel* in Assmann/Schneider WpHG § 20a Rn. 273. AA wohl *Grundmann* in GroßkommHGB Bd. XI Bankvertragsrecht 6. Teil Rn. 325.

2. Algorithmischer Handel und Hochfrequenzhandel

113 Als Marktmanipulation gilt auch die Erteilung von Kauf- oder Verkaufsaufträgen durch algorithmische und Hochfrequenzhandelsstrategien.[189] Der Gesetzgeber hat damit dem Umstand Rechnung getragen, dass der Handel mit Finanzinstrumenten zunehmend automatisiert ist und missbräuchlichen Strategien begegnet werden sollte.[190]

114 Der Begriff des **algorithmischen Handels** wird gem. Art. 3 Abs. 1 Nr. 18 MAR durch Verweis auf Art. 4 Abs. 1 Nr. 39 MiFID II bestimmt. Danach bezeichnet der Begriff algorithmischer Handel den Handel mit einem Finanzinstrument, bei dem ein Computeralgorithmus die einzelnen Auftragsparameter automatisch bestimmt, zum Beispiel ob der Auftrag eingeleitet werden soll, Zeitpunkt, Preis bzw. Quantität des Auftrags oder wie der Auftrag nach seiner Einreichung mit eingeschränkter oder gar keiner menschlichen Beteiligung bearbeitet werden soll, unter Ausschluss von Systemen, die nur zur Weiterleitung von Aufträgen zu einem oder mehreren Handelsplätzen, zur Bearbeitung von Aufträgen ohne Bestimmung von Auftragsparametern, zur Bestätigung von Aufträgen oder zur Nachhandelsbearbeitung ausgeführter Aufträge verwendet werden. Weitere Konkretisierungen ergeben sich aus Art. 18 VO (EU) 2017/565. Daraus folgt, dass algorithmischer Handel bereits dann vorliegt, wenn zu irgendeinem Zeitpunkt des Handelsprozesses das System eine von menschlicher Intervention unabhängige Entscheidung trifft.[191] Er umfasst auch Smart Order Router (SOR), nicht jedoch Automated Order Router (AOR).[192]

115 Der Begriff des **Hochfrequenzhandels** bezeichnet nach Art. 3 Abs. 1 Nr. 33 MAR die Methode des algorithmischen Hochfrequenzhandels iSd Art. 4 Abs. 1 Nr. 40 MiFID II. Es handelt sich also um eine besondere Erscheinungsform des algorithmischen Handels. Nach der Begriffsbestimmung der MiFID II ist unter einer hochfrequenten algorithmischen Handelstechnik eine algorithmische Handelstechnik zu verstehen, die gekennzeichnet ist durch

a) eine Infrastruktur zur Minimierung von Netzwerklatenzen und anderen Verzögerungen bei der Orderübertragung (Latenzen), die mindestens eine der folgenden Vorrichtungen für die Eingabe algorithmischer Aufträge aufweist: Kollokation, Proximity Hosting oder direkter elektronischer Hochgeschwindigkeitszugang,
b) die Entscheidung des Systems über die Einleitung, das Erzeugen, das Weiterleiten oder die Ausführung eines Auftrags ohne menschliche Intervention, und
c) ein hohes untertägiges Mitteilungsaufkommen in Form von Aufträgen, Quotes oder Stornierungen.

116 Weitere Konkretisierungen ergeben sich aus Art. 19 VO (EU) 2017/565 der Kommission vom 25. April 2016 über hochfrequente algorithmische Handelstechnik. Die Vorschrift definiert ua ein hohes untertägiges Mitteilungsaufkommen in Form von Aufträgen, Quotes, Änderungen oder Stornierungen.

3. Emissionzertifikat

117 Der Begriff des Emissionszertifikats wird vom Verbot der Marktmanipulation verwendet.[193] Ferner begründet Art. 17 Abs. 2 MAR für Teilnehmer am Markt für Emissionszertifikate eine Pflicht zur Veröffentlichung von Insiderinformationen in Bezug auf ihnen gehörende Emissionszertifikate für ihre Geschäftstätigkeit. Nach Art. 17 Abs. 4 MAR kann ein solcher Teilnehmer die Offenlegung auf eigene Verantwortung aufschieben. Ferner begründet Art. 17 Abs. 8 MAR eine Offenlegungspflicht für Teilnehmer am Markt für Emissions-

[189] Vgl. Art. 12 Abs. 2 lit. c) MAR.
[190] Vgl. Erwägungsgrund 28 MAR.
[191] Vgl. hierzu auch ESMA 2014/1669 S. 338.
[192] Vgl. Erwägungsgrund 22 VO (EU) 2017/565.
[193] Vgl. Art. 12 Abs. 1 lit. a) ii), lit. c) Abs. 2, lit. a) und lit. d) sowie lit. e) MAR.

zertifikate. Eine weitere Offenlegungspflicht für solche Personen ergibt sich aus Art. 19 Abs. 1 MAR bezüglich Eigengeschäfte von Führungskräften. Diese Regelungen sind Ausdruck des erweiterten Anwendungsbereichs der MAR. Diese gilt gem. Art. 2 Abs. 1 UAbs. 2 MAR auch für Handlungen und Geschäfte, darunter Gebote, bezüglich Versteigerungen von Treibhausgasemissionszertifikaten und anderen darauf beruhenden Auktionsobjekten auf einer als geregeltem Markt zugelassenen Versteigerungsplattform.

Der Begriff des Emissionszertifikats bezeichnet gem. Art. 3 Abs. 1 Nr. 19 MAR ein Emissionszertifikat iSv Anhang I Abschnitt C Nr. 11 MiFID II. Dort ist geregelt, dass Finanzinstrumente auch Emissionszertifikate sind, die aus Anteilen bestehen, deren Übereinstimmung mit den Anforderungen der Richtlinie 2003/87/EG (Emissionshandelssystem) anerkannt ist. **118**

4. Energiegroßhandelsprodukt

Der Begriff des Energiegroßhandelsprodukts wird an verschiedenen Stellen in der MAR verwendet. Zum einen wird er relevant bei den Regelungen, die das Verbot der Marktmanipulation auch auf Waren-Spot-Kontrakte erstrecken (Art. 2 Abs. 2 lit. a) MAR iVm Art. 12 und 15 MAR). Die Verbote werden nur für Waren-Spot-Kontrakte für anwendbar erklärt, die keine Energiegroßhandelsprodukte sind. Zum anderen wird der Begriff bei den Vorschriften über die Verpflichtung zur Zusammenarbeit von Behörden relevant.[194] **119**

Als Energiegroßhandelsprodukt ist gem. Art. 3 Abs. 1 Nr. 22 MAR ein Energiegroßhandelsprodukt iSv Art. 2 Nr. 4 der Verordnung (EU) Nr. 1227/2011 über die Integrität und Transparenz des Energiegroßhandelsmarkts (REMIT) zu verstehen. Energiegroßhandelsprodukte sind danach die folgenden Verträge und Derivate unabhängig davon, wo und wie sie gehandelt werden: **120**

a) Verträge für die Versorgung mit Strom oder Erdgas, deren Lieferung in der Union erfolgt;
b) Derivate, die Strom oder Erdgas betreffen, das/der in der Union erzeugt, gehandelt oder geliefert wurde;
c) Verträge, die den Transport von Strom oder Erdgas in der Union betreffen;
d) Derivate, die den Transport von Strom oder Erdgas in der Union betreffen.

Verträge über die Lieferung und die Verteilung von Strom oder Erdgas zur Nutzung durch Endverbraucher sind keine Energiegroßhandelsprodukte. Verträge über die Lieferung und die Verteilung von Strom oder Erdgas an Endverbraucher mit einer höheren Verbrauchskapazität als 600 KWh pro Jahr gelten jedoch als Energiegroßhandelsprodukte. **121**

5. Datenverkehrsaufzeichnungen

Die zuständigen nationalen Aufsichtsbehörden müssen gem. Art. 23 MAR über bestimmte Befugnisse verfügen können. Dazu gehört auch die Befugnis, Datenverkehrsaufzeichnungen im Besitz von Wertpapierfirmen, Kreditinstituten oder Finanzinstituten anzufordern.[195] Entsprechendes gilt für bestehende Datenverkehrsaufzeichnungen im Besitz einer Telekommunikationsgesellschaft.[196] Die notwendige Begriffsbestimmung ist in Art. 3 Abs. 1 Nr. 27 MAR vorgesehen. Der Begriff bezeichnet demnach die Aufzeichnungen von Verkehrsdaten iSv Art. 2 B UAbs. 2 der Richtlinie 2002/58/EG des Europäischen Parlaments und des Rates. Mit dem Begriff der Verkehrsdaten sind nach dieser Vorschrift Daten gemeint, die zum Zwecke der Weiterleitung einer Nachricht an ein elektronisches Kommunikationsnetz oder zum Zwecke der Fakturierung dieses Vorgangs verarbeitet werden. **122**

[194] Vgl. Art. 25 Abs. 3 und Abs. 5 MAR.
[195] Vgl. Art. 23 Abs. 2 lit. g) MAR.
[196] Vgl. Art. 23 Abs. 2 lit. h) MAR.

6. Beteiligungsaufbau

123 Die in Art. 9 Abs. 4 MAR vorgesehenen Vorschriften über legitime Handlungen gelten nicht für den Beteiligungsaufbau (Art. 9 Abs. 4 UAbs. 2 MAR). Der Begriff des Beteiligungsaufbaus ist in Art. 3 Abs. 1 Nr. 31 MAR definiert. Er bezeichnet den **Erwerb** von **Anteilen** an einem **Unternehmen**, durch den **keine rechtliche** oder regulatorische **Verpflichtung** entsteht, in Bezug auf das Unternehmen ein **öffentliches Übernahmeangebot abzugeben**. Eine solche Verpflichtung kann sich im deutschen Recht aus § 35 iVm §§ 30, 29 WpÜG ergeben (Pflichtangebot beim Kontrollerwerb). Mit Anteilen sind Aktien gemeint.

7. Offenlegender Marktteilnehmer

124 Die Vorschrift über Marktsondierung (Art. 11 MAR) sieht Regelungen für den offenlegenden Marktteilnehmer vor (sog. Disclosing Market Participant – DMP). Diese Vorschriften sind für das insiderrechtliche Verbot der unrechtmäßigen Offenlegung von Insiderinformationen (Art. 10 MAR) relevant. Eine Offenlegung von Insiderinformationen, die im Verlauf einer Marktsondierung vorgenommen wird, wird so betrachtet, dass sie im Zuge der normalen Ausübung der Beschäftigung oder des Berufs oder der normalen Erfüllung der Aufgaben einer Person vorgenommen wurde, wenn der offenlegende Marktteilnehmer die Verpflichtungen gem. Art. 11 Abs. 3 und 5 MAR erfüllt (Art. 11 Abs. 4 MAR).

125 Es handelt sich bei einem offenlegenden Markteilnehmer gem. Art. 3 Abs. 1 Nr. 32 MAR um eine natürliche (→ Rn. 3) oder juristische Person (→ Rn. 4), die zu einer der Kategorien gem. Art. 11 Abs. 1 lit. a)-d) (→ § 8 Rn. 61) sowie Art. 11 Abs. 2 MAR gehört und im Zuge einer Marktsondierung Informationen offenlegt.

8. Empfehlung oder Vorschlag einer Anlagestrategie

126 Art. 20 MAR verpflichtet Personen, die Anlageempfehlungen oder andere Informationen, durch die eine Anlagestrategie empfohlen oder vorgeschlagen wird, erstellen oder verbreiten, dazu, in angemessener Weise dafür Sorge zu tragen, dass die Informationen objektiv dargestellt und ihre Interessen oder Interessenkonflikte hinsichtlich der Finanzinstrumente, auf die diese Informationen sich beziehen, offengelegt werden. Diese Wohlverhaltensregeln (§ 22) gelten nur für Empfehlungen oder Vorschläge einer Anlagestrategie. Diese Ausdrücke werden in Art. 3 Abs. 1 Nr. 34 MAR definiert.

127 „Empfehlung oder Vorschlag einer Anlagestrategie" bezeichnet

i) ein von einem unabhängigen Analysten, einer Wertpapierfirma, einem Kreditinstitut oder einer sonstigen Person, deren Haupttätigkeit in der Erstellung von Anlageempfehlungen besteht, oder einer bei den genannten Einrichtungen im Rahmen eines Arbeitsvertrags oder anderweitig tätigen natürlichen Personen erstellte **Information**, die direkt oder indirekt einen bestimmten **Anlagevorschlag** zu einem **Finanzinstrument** oder einem Emittenten darstellt;

ii) eine von anderen als den in Ziffer i genannten Personen erstellte Information, die direkt eine bestimmte Anlageentscheidung zu einem Finanzinstrument vorschlägt.

B. Insiderrecht

§ 5 Grundlagen

Übersicht

Literatur

Assmann, Das künftige deutsche Insiderrecht, AG 1994, 196; *Diekmann/ Sustmann,* Gesetz zur Verbesserung des Anlegerschutzes (Anlegerschutzverbesserungsgesetz – AnSVG), NZG 2004, 929; *Einsele,* Verhaltenspflichten im Bank- und Kapitalmarktrecht, ZHR 180 (2016), 233; *Grechenig,* Schadensersatz bei Verletzung von § 14 WpHG? – Insiderhandel bei positiver und negativer Information, ZBB 2010, 232; *Grunewald,* Neue Regeln zum Insiderhandel, ZBB 1990, 128; *Hellgardt,* Europarechtliche Vorgaben für die Kapitalmarktinformationshaftung, AG 2012, 154; *Hopt,* Europäisches und deutsches Insiderrecht, ZGR 1991, 17; *Hopt,* Ökonomische Theorie und Insiderrecht, AG 1994, 353; *Kiesewetter/Parmentier,* Verschärfung des Marktmissbrauchsrechts ein Überblick über die neue EU-Verordnung über Insidergeschäfte und Marktmanipulation, BB 2013, 2371; *Klein,* Dogmatische Stolpersteine bei der Bestimmung von Schutzgesetzen – aufgezeigt anhand des Musterbeispiels der wertpapierhandelsrechtlichen Wohlverhaltensregeln; WM 2016, 862; *Kraakmann,* The Legal Theory of Insider Trading Regulation in the United States, in Hopt/Wymeersch, European Insider Dealing, 1991, 39; *Krause,* Kapitalmarktrechtliche Compliance: neue Pflichten und drastisch verschärfte Sanktionen nach der EU-Marktmissbrauchsverordnung, CCZ 2014, 248; *Krause/ Brellochs,* Insiderrecht und Ad-hoc-Publizität bei M&A- und Kapitalmarkttransaktionen im europäischen Rechtsvergleich, AG 2013, 309; *Kuthe,* Änderungen des Kapitalmarktrechts durch das Anlegerschutzverbesserungsgesetz, ZIP 2004, 883; *Langenbucher,* Zum Begriff der Insiderinformation nach dem Entwurf für eine Marktmissbrauchsverordnung, NZG 2013, 1401; *Langenbucher,* In Brüssel nichts Neues? – Der „verständige Anleger" in der Marktmissbrauchsverordnung, AG 2016, 417; *Ott/Schäfer,* Ökonomische Auswirkungen der EG-Insider-Regulierung in Deutschland, ZBB 1991, 226; *Paefgen,* Insiderhandel im Spannungsverhältnis zwischen gemeinschaftsrechtlicher Integration und nationalstaatlicher Regulation – e pluribus unum, AG 1991, 380; *Poelzig,* Insider- und Marktmanipulationsverbot im neuen Marktmissbrauchsrecht, NZG 2016, 528; *Poelzig,* Die Neuregelung der Offenlegungsvorschriften durch die Marktmissbrauchsverordnung, NZG 2016, 761; *Seibt,* Europäische Finanzmarktregulierung zu Insiderrecht und Ad hoc-Publizität, ZHR 177 (2013) 388; *Seibt/Wollenschläger,* Revision des Marktmissbrauchsrechts durch Marktmissbrauchsverordnung und Richtlinie über strafrechtliche Sanktionen für Marktmanipulation, AG 2014, 593; *Spindler,* Kapitalmarktreform in Permanenz – Das Anlegerschutzverbesserungsgesetz, NJW 2004, 3449; *Veil,* Europäisches Insiderrecht 2.0 – Konzeption und Grundsatzfragen der Reform durch MAR und CRIM-MAD, ZBB 2014, 85.

I. Überblick

Das in der MAR[1] kodifizierte Insiderrecht schützt die Integrität des Kapitalmarkts in 1
zweierlei Art und Weise. Zum einen statuiert es die für alle Markteilnehmer geltenden Insiderverbote: das Handelsverbot, das Offenlegungsverbot und das Empfehlungsverbot. Zum anderen flankiert es die Insiderverbote durch präventive Offenlegungs- und Organisationspflichten, die ausschließlich an die Emittenten bestimmter Finanzinstrumente und

[1] Verordnung (EU) Nr. 596/2014 des Europäischen Parlaments und des Rates vom 16. April 2014 über Marktmissbrauch (Marktmissbrauchsverordnung) und zur Aufhebung der Richtlinie 2003/6/EG des Europäischen Parlaments und des Rates und der Richtlinien 2003/124/EG, 2003/125/EG und 2004/72/EG der Kommission, ABl. EU Nr. L173 v. 12.6.2014 S. 1 ff. (MAR).

deren Führungskräfte adressiert sind. Namentlich sind dies die Pflicht zur unverzüglichen Offenlegung einer Insiderinformation (Ad-hoc-Mitteilung), die Pflicht zur Führung von Insiderlisten sowie die Pflicht zur Meldung von Eigengeschäften von Führungskräften (Directors' Dealings). Sowohl die Insiderverbote als auch die flankierenden Pflichten knüpfen an den Tatbestand der Insiderinformation an und sind deswegen rechtlich und tatsächlich miteinander verknüpft.

II. Zielsetzung

2 Ausweislich der Erwägungsgründe der MAR besteht die Zielsetzung des in der MAR kodifizierten Insiderrechts im Schutz der Funktionsfähigkeit des Kapitalmarkts innerhalb der EU und des EWR.

3 Den Ausgangspunkt der gesetzgeberischen Überlegungen bilden ein „echter Binnenmarkt für Finanzdienstleistungen" (Erwägungsgrund 1), ein „integrierter, effizienter und transparenter Finanzmarkt" und das „reibungslose Funktionieren der Wertpapiermärkte" (Erwägungsgrund 2). Ein integrierter, effizienter und transparenter Finanzmarkt setze Marktintegrität voraus (Erwägungsgrund 2). Das reibungslose Funktionieren der Wertpapiermärkte und das Vertrauen der Öffentlichkeit in die Märkte seien Voraussetzungen für Wirtschaftswachstum und Wohlstand; Marktmissbrauch verletze die Integrität der Finanzmärkte und untergrabe das Vertrauen der Öffentlichkeit in Wertpapiere und Derivate (Erwägungsgrund 2). Insidergeschäfte und die unrechtmäßige Offenlegung von Insiderinformationen verhinderten „vollständige und ordnungsgemäße Markttransparenz, die eine Voraussetzung dafür ist, dass alle Wirtschaftsakteure an integrierten Finanzmärkten teilnehmen können" (Erwägungsgrund 7). Es solle ein Verbot von Insidergeschäften gelten, weil sie die „Untergrabung der Integrität der Finanzmärkte und des Vertrauens der Investoren" zur Folge hätten (Erwägungsgrund 23). Ob eine Person gegen das Verbot von Insidergeschäften verstoßen hat, „sollte im Hinblick auf den Zweck dieser Verordnung untersucht werden, der darin besteht, die Integrität des Finanzmarkts zu schützen und das Vertrauen der Investoren zu stärken, das wiederum auf der Gewissheit beruht, dass die Investoren gleichbehandelt und vor der missbräuchlichen Verwendung von Insiderinformationen geschützt werden" (Erwägungsgrund 24).[2]

4 In diesen Erwägungsgründen kommt das Dogma zum Ausdruck, dass Investoren beim Insidergeschäft keine Chancengleichheit genießen und dass Insiderhandel deswegen unfair ist (Level Playing Field Theory; Equal Access Theory).[3] Daneben rekurrieren die Erwägungsgründe auf den Grundgedanken, dass Insidergeschäfte für die Funktionsfähigkeit des Kapitalmarkt schädlich sind, weil in ihrem Vertrauen verletzte Anleger aus dem Markt ausscheiden[4], sich die niedrigere Liquidität an den Märkten in höheren „bid-ask-spreads" niederschlägt und somit die Kosten des Insiderhandels an die Investoren weitergeben werden.[5] Zu anderen in der ökonomischen und juristischen Literatur geäußerten Geltungsgründen für das Insiderrecht – die darauf abstellen, dass Insider untreu oder rechtswidrig handeln, weil sie Informationen ausnutzen, zu denen sie wegen ihrer besonderen Stellung

---

[2] So schon zur Zielsetzung der MAD 2003: EuGH v. 23.12.2009 – Rs. C-45/08, Slg. 2009 I-12073 = NZG 2010, 107 Leitsatz 1 S. 2, Rn. 37 – *Spector.*

[3] Explizit die (informationelle) Chancengleichheit als Ziel des Insiderrechts feststellend: EuGH v. 22.11.2005 – Rs. C-384/02, Slg. 2005 I-9939 = NJW 2006, 133 Rn. 23 – *Grøngaard;* EuGH v. 10.5.2007 – Rs. C-391/04, Slg. 2007 I-3741 Rn. 37 – *Georgakis;* EuGH v. 23.12.2009 – Rs. C-45/08, Slg. 2009 I-12073 = NZG 2010, 107 Rn. 49 – *Spector.* Zur Equal Access Theorie: *Hopt* ZGR 1991, 17 (25 ff.); *Assmann* AG 1994, 196 (202 f.); *Grechenig* ZBB 2010, 232 (237); *Klöhn* in KölnKomm WpHG Vor §§ 12–14 Rn. 28.

[4] Zur Theorie des Anlegerschutzes: *Klöhn* in KölnKomm WpHG Vor §§ 12–14 Rn. 28.

[5] *Paefgen* AG 1991, 380 (387); *Grechenig* ZBB 2010, 232 (235); *Hopt/Kumpan* in Schimansky/Bunte/Lwowski BankR-HdB § 107 Rn. 3.

im oder zum Unternehmen Zugang haben – positioniert sich der Gesetzgeber der MAR hingegen nicht.[6]

Demnach haben die Insidervorschriften der MAR zwei unterschiedliche Funktionen: Im Ausgangspunkt schützen sie die Integrität und das Ansehen der Kapitalmärkte (Funktionenschutz). Dieses Ziel wird verwirklicht durch den Schutz der Anleger (Individualschutz). Funktionenschutz und Individualschutz sind somit zwei Seiten derselben Medaille, da sich Maßnahmen zugunsten des einen notwendigerweise zugunsten des anderen auswirken.[7] Hiernach kann den Vorschriften der MAR der Individualrechtsschutz nicht pauschal abgesprochen werden. Vielmehr ist für jede Vorschrift einzeln zu beurteilen, ob sie ein Schutzgesetz im Sinne von § 823 Abs. 2 BGB ist und im Falle ihrer Verletzung Schadensersatzansprüche der Anleger auslöst, oder ob die Besserstellung der Anleger lediglich einen Reflex des intendierten Funktionenschutzes darstellt und eine Verletzung der Vorschrift keine Schadensersatzansprüche zur Folge hat (→ § 31 Rn. 42 ff.).[8] 5

III. Historie

Das Insiderrecht der MAR steht in einer Entwicklungslinie, die mit der Insiderrichtlinie 89/562/EWG von 1989[9] begann und mit der Marktmissbrauchs-Richtlinie 2003/6/EG von 2003[10] und den zugehörigen Durchführungsrichtlinien[11] fortgesetzt wurde. Ihre Kernelemente – der Begriff der Insiderinformation und die Insiderverbote – bestehen seit 1989. Diese Kernelemente wurden im Laufe der Jahre präzisiert, erweitert, in verschiedenen Dimensionen mit einem weiteren Anwendungsbereich versehen und mit verschiedenen Offenlegungs- und Organisationspflichten flankiert. Konzeptionelle Brüche sind nicht zu verzeichnen. Vielmehr besteht im Kernbereich des Insiderrechts ein hohes Maß an Kontinuität. Daher lässt sich die Rechtsprechung des EuGH zur Insiderrichtlinie und zur Marktmissbrauchsrichtlinie auch zur Auslegung der MAR heranziehen, soweit die gerichtlichen Postulate zu den neueren Vorschriften der MAR nicht in Widerspruch stehen.[12] 6

---

6 Zu der sog. Treupflichttheorie (Fiduciary Duty Theory) und der Aneignungs- und Veruntreuungstheorie (Misappropriation Theory) ausführlich: *Kraakmann* in Hopt/Wymeersch, European Insider Dealing, 29 (40 ff.); *Hopt* AG 1995, 353 (355 ff.) Weitere Zusammenfassungen der Theorien mit Bezug auf die Insiderrichtlinie und zum WpHG: *Hopt* ZGR 1991, 17 (27 f.); *Assmann* AG 1994, 196 (201 ff.); *Paefgen* AG 1991, 380 (387 f.); *Klöhn* in KölnKomm WpHG Vor §§ 12–14 Rn. 72 ff.

7 *Hopt/Kumpan* in Schimansky/Bunte/Lwowski BankR-HdB § 107 Rn. 4.

8 Generell zum Individualschutzcharakter kapitalmarktrechtliche Vorschriften: *Einsele* ZHR 180 (2016) 233 (233 ff.); *Klein* WM 2016, 862 (862 ff.) Zur Schutzgesetzeigenschaft des Art. 12 der MAR: *Hellgardt* AG 2012, 154 (164 f.). Zu § 12 WpHG aF: BGH v. 13.12.2011 – XI ZR 51/10 = WM 2012, 303 (310) Rn. 57; *Assmann* in Assmann/Schneider WpHG Vor § 12 Rn. 49, § 14 Rn. 7, 10; *Schwark/Kruse* in Schwark/Zimmer Vor § 12 WpHG Rn. 14, 16; *Rothenhöfer* in Kümpel/Wittig 3. Teil Rn. 3.459; *Claussen* AG 1997, 306 (397).

9 Richtlinie 89/592/EWG des Rates der Europäischen Gemeinschaften zur Koordinierung der Vorschriften betreffend Insider-Geschäfte vom 13. November 1989, ABl. EG Nr. L334 v. 18.11.1989 S. 30 ff. (Insiderrichtlinie). Vgl. dazu *Grunewald* ZBB 1990, 128; *Hopt* ZGR 1991, 17; *Ott/Schaefer* ZBB 1991, 226; *Paefgen* AG 1991, 380.

10 Richtlinie 2003/6/EG des Europäischen Parlaments und Rates vom 28.3.2003 über Insider-Geschäfte und Marktmanipulation (Marktmissbrauch), ABl. EU Nr. L96 v. 12.4.2003 S 16 ff. (MAD 2003).

11 Richtlinie 2003/124/EG der Kommission vom 22.12.2003 zur Durchführung der Richtlinie 2003/6/EG betreffend die Begriffsbestimmung und die Veröffentlichung von Insider-Informationen und die Begriffsbestimmung der Marktmanipulation, ABl. EU Nr. L339 v. 24.12.2003 S. 70 ff.; Richtlinie 2003/125/EG vom 22.12.2003 zur Durchführung der Richtlinie 2003/6/EG in Bezug auf die sachgerechte Darbietung von Anlageempfehlungen und die Offenlegung von Interessenkonflikten, ABl. EU Nr. L339 v. 24.12.2003 S. 73 ff.; Richtlinie 2004/72/EG vom 29.4.2004 zur Durchführung der Richtlinie 2003/6/EG – Zulässige Marktpraktiken, Definition von Insider-Informationen in Bezug auf Warenderivate, Erstellung von Insider-Verzeichnissen, Meldung von Eigengeschäften und Meldung verdächtiger Transaktionen [...], ABl. EU Nr. L162 v. 30.4.2004 S. 70 ff.

12 *Krause* CCZ 2014, 248.

7 Das Insiderrecht der Insiderrichtlinie 89/562/EWG[13] wurde in Deutschland in den §§ 12 bis 16b, 38 f. WpHG kodifiziert und trat mit den sonstigen Teilen des WpHG zum 1. Januar 1995 in Kraft.[14] Die Insiderrichtlinie von 1989 definierte europaweit erstmalig[15] den Begriff der Insiderinformation als „eine nicht öffentlich bekannte präzise Information, die einen oder mehrere Emittenten von Wertpapieren oder ein oder mehrere Wertpapiere betrifft und die, wenn sie öffentlich bekannt würde, geeignet wäre, den Kurs dieses Wertpapiers oder dieser Wertpapiere beträchtlich zu beeinflussen.[16]" Für Primärinsider[17] begründete sie ein Handels-, Weitergabe- und Empfehlungsverbot.[18] Die Weitergabe war ausnahmsweise dann gestattet, wenn sie in einem normalen Rahmen in Ausübung der Arbeit oder Berufes oder in Erfüllung einer Aufgabe des Primärinsiders stattfand. Sekundärinsider unterlagen dem Handels- und Weitergabeverbot nur dann, wenn sie in Kenntnis der Sache über eine Insiderinformation verfügten, die unmittelbar oder mittelbar nur von Primärinsider stammen konnte.[19]

8 Zur Insiderrichtlinie 89/562/EWG traf der EuGH zwei Entscheidungen. In der Entscheidung *Grøngaard und Bang*[20] beschäftigte er sich mit der Frage, wann die Weitergabe einer Insiderinformation im Rahmen der Ausübung normaler Aufgaben oder Tätigkeiten oder der Erfüllung berufsbedingter Aufgaben zulässig ist. Der EuGH urteilte, dass die Weitergabe einer Insiderinformation durch eine Person nur dann gerechtfertigt ist, wenn ein „enger Zusammenhang zwischen der Weitergabe und der Ausübung ihrer Arbeit oder ihres Berufes oder der Erfüllung ihrer Aufgaben besteht und diese Weitergabe für die Ausübung dieser Arbeit oder dieses Berufes oder für die Erfüllung dieser Aufgaben unerlässlich ist."[21] Dabei müsse der Grundsatz der Verhältnismäßigkeit beachtet werden.[22] Ob diese Voraussetzungen gegeben sind, richte sich nach den nationalen Vorschriften. Bei deren Auslegung sei die Ausnahme vom Weitergabeverbot eng auszulegen und der Umstand zu berücksichtigen, dass die Weitergabe das Missbrauchspotential erhöhe.[23]

9 In der Entscheidung *Georgakis*[24] ging es um die Auslegung des Begriffs der Insiderinformation im Kontext eines Ringgeschäftes, das mehrere Beteiligte zur Kursstützung vorgenommen hatten. Der EuGH urteilte, dass Entscheidung einer Gruppe, den Kurs einer Aktie durch abgesprochene Käufe und Verkäufe innerhalb der Gruppe künstlich aufzublähen, für die Mitglieder dieser Gruppe als Insiderinformationen anzusehen ist.[25] Selbst geschaffene innere Tatsachen können demnach Gegenstand einer Insiderinformation sein.[26] Allerdings befand der EuGH, dass die Ausnutzung dieser selbstgeschaffenen Insiderinformation nicht gegen das Handelsverbot verstieß.[27]

---

[13] ABl. EG L334 v. 18.11.1989 S. 30 (Insiderrichtlinie). Vgl. dazu *Grunewald* ZBB 1990, 128; *Hopt* ZGR 1991, 17; *Ott/Schaefer* ZBB 1991, 226; *Paefgen* AG 1991, 380.
[14] Ausführlich zur Historie der MAR siehe hier unter § 1.
[15] *Zetzsche* in Gebauer/Teichmann EnzEuR Bd. VI § 7 C Rn. 89.
[16] Art. 1 Nr. 1 Insiderrichtlinie.
[17] Gemäß Art. 2 Abs. 1 der Insiderrichtlinie sind dies Personen, die als Mitglieder eines Verwaltungs-, Leitungs- oder Aufsichtsorgans des Emittenten, durch ihre Beteiligung am Kapital des Emittenten oder – aufgrund ihrer Arbeit, ihres Berufs oder ihrer Aufgaben zu dieser Information Zugang haben.
[18] Art. 2 Abs. 1 und Art. 3 Insiderrichtlinie.
[19] Art. 4 Insiderrichtlinie.
[20] EuGH v. 22.11.2005 – Rs. C-384/02, Slg. 2005 I-9939 = NJW 2006, 133 – *Grøngaard*. Ausführlich zu dieser Entscheidung → § 8 Rn. 10 f.; sowie *Assmann* in Assmann/Schneider WpHG § 14 Rn. 74a; *Mennicke/Jakouvou* in Fuchs WpHG § 14 Rn. 206; *Zetzsche* in Gebauer/Teichmann EnzEuR Bd. VI § 7 C Rn. 168 ff.
[21] EuGH v. 22.11.2005 – Rs. C-384/02, Slg. 2005 I-9939 = NJW 2006, 133 Rn. 48 – *Grøngaard*.
[22] EuGH v. 22.11.2005 – Rs. C-384/02, Slg. 2005 I-9939 = NJW 2006, 133 Rn. 34 – *Grøngaard*.
[23] EuGH v. 22.11.2005 – Rs. C-384/02, Slg. 2005 I-9939 = NJW 2006, 133 Rn. 48 – *Grøngaard*.
[24] EuGH v. 10.5.2007 – Rs. C-391/04, Slg. 2007 I-3741 – *Georgakis*. Ausführlich zu dieser Entscheidung → § 6 Rn. 23; sowie *Klöhn* in KölnKomm WpHG § 13 Rn. 16; *Assmann* in Assmann/Schneider WpHG § 13 Rn. 10; *Schwark/Kruse* in Schwark/Zimmer § 13 WpHG Rn 16b.
[25] EuGH v. 10.5.2007 Rs. C-391/04, Slg. 2007 I-3741 Rn. 33 und 35 – *Georgakis*.
[26] EuGH v. 10.5.2007 Rs. C-391/04, Slg. 2007 I-3741 Rn. 35 – *Georgakis*.
[27] EuGH v. 10.5.2007 Rs. C-391/04, Slg. 2007 I-3741 Rn. 39 – *Georgakis*.

10 Die Insiderrichtlinie wurde abgelöst durch die Marktmissbrauchsrichtlinie[28] und dazugehörige Durchführungsrichtlinien[29], die am 12. April 2003 in Kraft traten Das Insiderrecht der Marktmissbrauchsrichtlinie wurde durch das Anlegerschutzverbesserungsgesetz (AnSVG)[30] vom 28. Oktober 2004 ins deutsche Recht umgesetzt. Dabei änderte sich das materielle Insiderrecht nur wenig. So wurde die Unterscheidung zwischen Primär- und Sekundärinsidern aufgegeben. Folglich galt – und gilt bis heute – das Handels-, Weitergabe- und Empfehlungsverbot für jedermann.[31] Außerdem wurde die bis dahin börsenrechtlich verankerte und nur für bestimmte Informationen aus dem Tätigkeitsbereich des Emittenten geltende Ad-hoc Publizitätspflicht in die Marktmissbrauchsrichtlinie überführt. Die Offenlegungspflicht bestand seitdem – und besteht bis heute – für sämtliche Insiderinformationen, die den Emittenten unmittelbar betreffen. Mit dem Verbot der Marktmanipulation trat ein zweiter Straftatbestrand neben die Insiderverbote. Zusätzlich wurde die Pflicht zur Führung von Insiderverzeichnissen und zur Offenlegung von Director's Dealings angeordnet.

11 Zum Insiderrecht der Marktmissbrauchsrichtlinie ergingen drei Urteile des EuGH. In der Entscheidung *Spector Photo Group*[32] ging es um das Handelsverbot – genauer gesagt um die Frage, ob bei jedem getätigten Geschäft mit Finanzinstrumenten, auf das sich die Insiderinformation bezieht, eine Nutzung von Insiderinformationen vorliegt oder ob dies die bewusste Entscheidung „in Kenntnis der Sache“ durch den Insider voraussetzt. Der EuGH urteilte, dass die Beschreibung der Insidergeschäfte in der MAD 2003 bewusst objektiv ausgestaltet worden sei, sodass der Tatbestand des Insiderhandelsverbots durch den darunter fallenden Personenkreis und die bestimmte Handlung definiert sei. Subjektive Voraussetzungen seien nicht festgelegt worden. [33] Insbesondere sei zur Erfüllung des Tatbestands nicht erforderlich, dass die Insiderinformation für das getätigte Geschäft bestimmend oder sich die handelnde Person der Insiderqualität der Information bewusst war. Vielmehr erlaube allein die Erfüllung der objektiven Tatbestandsmerkmale die widerlegliche Vermutung, dass die betreffende Person die Insiderinformation vorsätzlich genutzt habe.[34]

12 In der Entscheidung *Geltl*[35] ging es um die Auslegung des Begriffs der Insiderinformation. Hier urteilte der EuGH, dass bei einem zeitlich gestreckten Vorgang nicht nur das Endergebnis dieses Vorgangs sondern auch die Zwischenschritte auf dem Weg zum Endergebnis Insiderinformationen sein können.[36] Laut EuGH können auch künftige Zwischenschritte eine Insiderinformation sein.[37] In Bezug auf Informationen über künftige Umstände, die Insiderinformationen sind, wenn der Eintritt dieser Umstände hinreichend wahrscheinlich ist, urteilte der EuGH, dass die erforderliche Wahrscheinlichkeit nicht vom Ausmaß der Auswirkungen auf den Kurs des betroffenen Finanzinstruments abhängt (so aber der sog. probability/magnitude-Ansatz),[38] sondern dass eine umfassende Würdigung der verfügbaren Anhaltspunkte ergeben müsse, dass das Eintreten des zukünftigen Ereignisses „tatsächlich erwartet werden“ kann. Dabei sei der Nachweis einer hohen Wahrscheinlichkeit des Eintritts des Ereignisses nicht erforderlich.[39]

---

[28] Richtlinie 2003/6/EG des Europäischen Parlaments und Rates vom 28.3.2003 über Insider-Geschäfte und Marktmanipulation (Marktmissbrauch), ABl. EU Nr. L96 v. 12.4.2003 S. 16ff. (MAD 2003).
[29] RL 2003/124/EG; RL 2003/125/EG; RL 2004/72/EG.
[30] BGBl. I 2004 S. 2630ff. Dazu: *Diekmann/Sustmann* NZG 2004, 929; *Kuthe* ZIP 2004, 883; *Spindler* NJW 2004, 3449.
[31] Art. 3 MAD 2003.
[32] EuGH v. 23.12.2009 – Rs. C-45/08, Slg. 2009 I-12073 = NZG 2010, 107 Rn. 37 – *Spector.* Ausführlich zu dieser Entscheidung siehe hier unter § 7.
[33] EuGH v. 23.12.2009 – Rs. C-45/08, Slg. 2009 I-12073 = NZG 2010, 107 Rn. 32–38 – *Spector.*
[34] EuGH v. 23.12.2009 – Rs. C-45/08, Slg. 2009 I-12073 = NZG 2010, 107 Leitsatz 1, Rn. 54 – *Spector.*
[35] EuGH v. 28.6.2012 – Rs. C-19/11, ECLI:EU:C:2012:397 = NJW 2012, 2787 – *Geltl.* Ausführlich zu dieser Entscheidung siehe hier unter § 6.
[36] EuGH v. 28.6.2012 – Rs. C-19/11, ECLI:EU:C:2012:397 = NJW 2012, 2787 Leitsatz 1, Rn. 38 – *Geltl.*
[37] EuGH v. 28.6.2012 – Rs. C-19/11, ECLI:EU:C:2012:397 = NJW 2012, 2787 Leitsatz 1, Rn. 38 – *Geltl.*
[38] EuGH v. 28.6.2012 – Rs. C-19/11, ECLI:EU:C:2012:397 = NJW 2012, 2787 Rn. 50 – *Geltl.*
[39] EuGH v. 28.6.2012 – Rs. C-19/11, ECLI:EU:C:2012:397 = NJW 2012, 2787 Rn. 46 – *Geltl.*

13 Ebenfalls zum Begriff der Insiderinformation erging die Entscheidung *Lafonta*[40]. Nach diesem Urteil setzt das Tatbestandsmerkmal der präzisen Information nicht voraus, dass aus der Information eine bestimmte Kursentwicklungsrichtung mit einem hinreichenden Maß an Wahrscheinlichkeit abgeleitet werden kann.[41] Es sei ausreichend, wenn aus einer Information überhaupt der Schluss gezogen werden kann, dass es überhaupt zu einer Kursbewegung kommen wird. Demnach seien nur vage und allgemeine Informationen nicht präzise, da sie keine Schlussfolgerung über ihre mögliche Auswirkung auf den Kurs der betreffenden Finanzinstrumente zulassen.[42].

14 Trotz – zumeist wortlautgetreuer – Umsetzung der Vorgaben der MAD 2003 in die nationalen Rechtsordnungen[43] führte die Würdigung ein und desselben Sachverhalts im Lichte der insiderrechtlichen Vorschriften verschiedener Mitgliedstaaten teilweise zu erheblich voneinander abweichenden Ergebnissen.[44] Einer der Gründe hierfür lag darin, dass einige mitgliedstaatliche Gesetzgeber sog. „super-äquivalente" Bestimmungen erließen, dh Regelungen, die über die Vorgaben der MAD 2003 hinausgingen (sog. „gold plating") – etwa ein gesondertes Insiderhandelsverbot oder eine gesonderte Veröffentlichungspflicht für kursrelevante Informationen. Ein weiterer Grund bestand darin, dass die gesetzlichen Bestimmungen von den Behörden und Gerichten der Mitgliedstaaten unterschiedlich ausgelegt und angewandt wurden.

Hiernach bestand im Bereich des Insiderrechts und der Ad-hoc-Publizität – trotz Harmonisierung der einschlägigen Vorschriften durch die MAD 2003 – ein europäischer Flickenteppich.[45]

15 Zum einen wurden die zentralen Tatbestandsmerkmale der Insiderinformation, nämlich die präzise Information und die Eignung zur erheblichen Kursbeeinflussung, in den Rechtsordnungen der Mitgliedstaaten unterschiedlich interpretiert. Bei einer sich im Zeitverlauf verdichtenden Information wurde das Vorliegen einer Insiderinformation in einigen Mitgliedstaaten früher, in anderen Mitgliedstaaten später angenommen. In Italien gab es sogar beides: Für Zwecke des Insiderhandelsverbots lag eine Insiderinformation früher vor als für Zwecke der Ad-hoc-Publizitätspflicht (für den Außenstehenden blieb im Dunkeln, wie das mit der MAD 2003 vereinbar war). Zudem wurde der für die Kursrelevanz bedeutsame Begriff des „verständigen Anlegers" (reasonable investor test) in verschiedenen Mitgliedstaaten unterschiedlich interpretiert. Im Vereinigten Königreich ging man besonders weit: Hier wurde angenommen, dass ein verständiger Anleger bei seiner Anlagenentscheidung jede verfügbare Information berücksichtigen würde, selbst wenn die Information im Falle ihres öffentlichen Bekanntwerdens keine Auswirkungen auf den Börsenkurs der Aktien des Emittenten hätte[46] (konsequent zu Ende gedacht würde das bedeuten, dass jede Information eine Insiderinformation wäre – das kann nicht richtig sein). Demgegenüber herrschte in anderen Mitgliedstaaten ein engeres Verständnis. Zudem bestanden Unterschiede in der Beurteilung von Zwischenschritten im Rahmen von gestreckten Sachverhalten.[47]

16 Zum anderen knüpften die Mitgliedstaaten das Insiderhandelsverbot und die Ad-hoc Publizitätspflicht an unterschiedliche Auslösetatbestände an. Währen in Deutschland, den Niederlanden und Frankreich bei Vorliegen einer Insiderinformation gleichzeitig das Han-

---

[40] EuGH v. 11.3.2015 – Rs. C-628/13, ECLI:EU:C:2015:162 = NZG 2015, 432 Rn. 31 – *Lafonta*. Ausführlich zu dieser Entscheidung siehe hier unter → § 7 Rn. 123.

[41] EuGH v. 11.3.2015 – Rs. C-628/13, ECLI:EU:C:2015:162 = NZG 2015, 432 Rn. 34, 38 – *Lafonta*.

[42] EuGH v. 11.3.2015 – Rs. C-628/13, ECLI:EU:C:2015:162 = NZG 2015, 432 Rn. 31 – *Lafonta*.

[43] Zur Umsetzung in den Mitgliedstaaten vgl. *Veil* in Veil, Europäisches Kapitalmarktrecht, § 13 Rn. 15 ff.

[44] Zu den Unterschieden zwischen ausgewählten Mitgliedsstaaten: *Krause/Brellochs* AG 2013, 309 (36 ff.); *Seibt* ZHR 177 (2013), 388 (402 ff.)

[45] *Krause/Brellochs* Frankfurter Allgemeine Zeitung, 10.10.2012, S. 21.

[46] [2011] UKUT 49 (TCC), Upper Tribunal reference FIN/2009/0024, S. 10 – Massey – (Ziff. 32) u. S. 12 – (Ziff. 41). Dazu ausführlich *Krause/Brellochs* AG 2013, 309 (317); *Seibt* ZHR 177 (2013) 388 (403 f.); *Langenbucher* NZG 2013, 1401 (1405), *Langenbucher* AG 2016, 417 (420).

[47] *Krause/Brellochs* AG 2013, 309 (333).

delsverbot und die Ad-hoc-Publizitätspflicht ausgelöst wurden (einstufiges Modell), knüpften das Vereinigte Königreich und Italien das Insiderhandelsverbot und die Ad-hoc Publizitätspflicht an unterschiedliche Auslösetatbestände an (zweistufiges Modell). In diesen Ländern griff das Insiderhandelsverbot früher als die Ad-hoc Publizitätspflicht ein, indem ein besonderes Insiderhandelsverbot früher eingriff (so nach dem sog. „RINGA" Konzept im Vereinigten Königreich)[48] bzw. der der Begriff der Insiderinformation für Zwecke der Ad-hoc-Publizität enger ausgelegt wurde (so in Italien).[49]

Da die MAD 2003 nicht zu dem gewünschten Vereinheitlichungserfolg geführt hatte, entschied sich die Europäische Kommission zur Vereinheitlichung der Rechtsmaterie in einer in allen Mitgliedstaaten direkt anwendbaren Rechtsverordnung (und einer sie flankierenden Richtlinie zu strafrechtlichen Sanktionen).[50] Der ESMA wurde die Erarbeitung zahlreicher Ausführungsbestimmungen und Leitlinien übertragen. Heute besteht der Corpus des Marktmissbrauchsrechts aus der MAR, sieben delegierten Verordnungen, sechs Durchführungsverordnungen, der Richtlinie 2014/57/EU über strafrechtliche Sanktionen bei Marktmanipulation sowie drei ESMA-Leitlinien. Hinzu kommen verschiedene Auslegungshilfen der ESMA und der BaFin in Form häufig gestellter Fragen und Antworten (Q&A). 17

IV. Struktur des Insiderrechts

Das Insiderrecht ist in den Kapiteln 2 und 3 der MAR geregelt und bildet damit das Herzstück der MAR. Kapitel 2 enthält die Insiderverbote und die Marktmanipulationsverbote, während in Kapitel 3 die flankierenden Pflichten der Emittenten und Marktbetreiber geregelt sind.[51] 18

1. Insiderverbote

Kapitel 2 der MAR regelt zwei Gruppen von Verbotstatbeständen: die Insiderverbote (in Art. 7–11 und 14)[52] und die Marktmanipulationsverbote (in Art. 12, 13 und 15).[53] 19

Zentrale Verbotsnorm für die Insiderverbote ist Art. 14 MAR. Hier wird das Handels-, Weitergabe- und Empfehlungsverbot aufgestellt. Die Tatbestandsmerkmale dieser Verbote sind in den Art. 7, 8 und 9 MAR ausformuliert. Zunächst wird in Art. 7 MAR der Begriff der Insiderinformation mit ihren vier Tatbestandsmerkmalen definiert und um die wesentlichen Aspekte des *Geltl*-Urteils des EuGH[54] ergänzt.[55] Diese Regelungstechnik – Trennung des Begriffs der Insiderinformation von den sonstigen Tatbestandsmerkmalen der Insiderverbote – beruht darauf, dass neben den Insiderverboten auch die flankierenden Pflichten an den Begriff der Insiderinformation anknüpfen.[56] In Art. 8 MAR werden die 20

---

48 Ausführlich zum RINGA Konzept hier unter → § 6 Rn. 15; *Krause/Brellochs* AG 2013, 309 (318); *Seibt* ZHR 177 (2013) 388 (403 f.).

49 Siehe dazu ausführlich *Krause/Brellochs* AG 2013, 309 (331, 333).

50 Die Kommission nennt in ihrem Commission Staff Working Paper – Impact Assessment v. 20.10.2011, SEC(2011) 1217 final S. 28 f. u. 68 ff. mangelnde Klarheit und Rechtssicherheit als einen Grund für die Wahl der Verordnung, meint damit aber in erster Linie Unterschiede, die sich durch Wahlrechte in der Marktmissbrauchs-RL 2003 ergeben, zB Art. 6 Abs. 2 aE Zuvor hat bereits der ESME Report aus dem Jahr 2007 erhebliche Unterschiede bei der Anwendung der nationalen Marktmissbrauchsregime festgestellt, vgl. ESME Report, Market abuse EU legal framework and its implementation by Member States: a first evaluation, Brüssel, 6.7.2007.

51 Hierzu *Kiesewetter/Parmentier* BB 2013, 2371; *Krause* CCZ 2014, 248; *Seibt/Wollenschläger* AG 2014, 593; *Veil* ZBB 2014, 85; *Poelzig* NZG 2016, 528; *Poelzig* NZG 2016, 761.

52 Siehe dazu ausführlich hier unter §§ 7–9.

53 Siehe dazu ausführlich hier unter §§ 12–15.

54 Erwägungsgründe Nr. 16 und 17 MAR. EuGH v. 28.6.2012 – Rs. C-19/11, ECLI:EU:C:2012:397 = NJW 2012, 2787 – *Geltl.*

55 Siehe dazu ausführlich hier unter → § 6 Rn.14.

56 Ebenso mit weiteren Argumenten *Grundmann* in Canaris/Habersack/Schäfer GroßkommHGB Bd. XI Bankvertragsrecht 6. Teil Rn. 334.

weiteren Tatbestandsmerkmale der Insiderverbote definiert, namentlich die Handlungsformen, der erfasste Kreis von Märkten und Personen, sowie die vom Insiderverbot umfassten Finanzinstrumente. In Art. 9 MAR sind die legitimen Handlungen definiert, die als Ausnahmetatbestände vom Insiderverbot zu qualifizieren sind.[57] Dabei knüpft Art. 9 MAR an die *Spector Photo Group*-Entscheidung des EuGH an.[58] Er übernimmt die in dieser Entscheidung genannten Beispielsituationen, in denen die Vermutung der Insiderhandels widerlegt ist[59], geht aber mit der Normierung von weiteren Ausnahmetatbeständen wie auch in Umfang und Detaillierungsgrad darüber hinaus.[60] Die Weitergabe von Insiderinformationen ist in Art. 10 MAR geregelt.[61] Dieser Tatbestand ist an die *Grøngaard und Bang*-Entscheidung des EuGH angelehnt, wonach die Weitergabe von Informationen dann gerechtfertigt ist, wenn ein enger Zusammenhang zwischen der Weitergabe und der beruflichen Tätigkeit bzw. Aufgabenerfüllung besteht und die Weitergabe für die berufliche Tätigkeit oder die Aufgabenerfüllung unerlässlich ist.[62] Im Wortlaut des Art. 10 MAR findet sich allerdings nur das erste *Grøngaard und Bang*-Kriterium (enger Zusammenhang), nicht jedoch das zweite (Unerlässlichkeit). Ob die Weitergabe gleichwohl nur dann gerechtfertigt ist, wenn beide Kriterien erfüllt sind, ist streitig.[63] In Art. 11 MAR ist die Marktsondierung geregelt – eine spezielle Situation am Kapitalmarkt, die grundsätzlich erwünscht ist, in der es aber zur Weitergabe von Insiderinformation kommen kann und die der Gesetzgeber daher mit besonderen Dokumentationspflichten flankiert hat.[64]

21 Im Einzelnen verbietet Art. 14 lit. a) MAR Insidergeschäfte und den Versuch derselben. Ein Insidergeschäft liegt vor, „wenn eine Person über Insiderinformationen verfügt und unter Nutzung derselben für eigene oder fremde Rechnung direkt oder indirekt Finanzinstrumente, auf die sich die Informationen beziehen, erwirbt oder veräußert" (Art. 8 MAR). Zudem gilt als Nutzung von Insiderinformationen auch die Stornierung oder die Änderung eines Handelsauftrags in Bezug auf Insiderpapiere, wenn der Auftrag vor Erlangen der Insiderinformationen erteilt wurde. Das Verbot ist einschlägig, sofern keine legitime Handlung im Sinne des Art. 9 MAR vorliegt.

Ebenfalls verboten ist gemäß Art. 14 lit. b) die Empfehlung oder Anstiftung eines Dritten zum Insidergeschäft.[65]

22 Gemäß Art. 14 lit. c) MAR verboten ist schließlich die unrechtmäßige Offenlegung von Insiderinformationen. Unrechtmäßig ist jede nicht berufs- oder aufgabenbedingte Offenlegung (bzw. Weitergabe) von Insiderinformationen durch einen Insider an eine andere Person (Art. 10 MAR). Als Insider gelten nicht nur Primärinsider, die zB als Mitglied eines Organs, als Gesellschafter eines Emittenten oder aufgrund der Ausübung ihres Berufs in Kontakt mit Insiderinformationen gelangen (Art. 8 Abs. 4 lit. a) – c) MAR), sondern auch unbeteiligte dritte Personen, die Insiderinformationen unrechtmäßig erhalten haben und sich der Qualität der Information als Insiderinformation bewusst sein könnten (Art. 8 Abs. 4 UAbs. 2 MAR). Das Offenlegungsverbot gilt weiterhin für Empfänger einer Empfehlung oder für Angestiftete zu Insidergeschäften, sofern diese wussten oder wissen mussten, dass die Empfehlung oder Anstiftung auf Insiderinformationen beruht (Art. 10 Abs. 2 MAR). Die Offenlegung von Insiderinformationen im Rahmen von Marktsondierungen ist unter den in Art. 11 MAR niedergelegten Voraussetzungen vom Offenlegungsverbot ausgenommen.

---

[57] *Grundmann* in Canaris/Habersack/Schäfer GroßkommHGB Bd. XI Bankvertragsrecht 6. Teil C. Rn. 334.

[58] Erwägungsgrund Nr. 24 MAR.

[59] EuGH v. 23.12.2009 – Rs. C-45/08, Slg. 2009 I-12073 = NZG 2010, 107 Rn. 32–38 – *Spector.*

[60] Siehe dazu ausführlich hier unter → § 7 Rn. 47 ff.

[61] Siehe dazu ausführlich hier unter → § 8 Rn. 4 ff.

[62] EuGH v. 22.11.2005 – Rs. C-384/02, Slg. 2005 I- 9939 = NJW 2006, 133 – *Grøngaard.*

[63] Siehe dazu ausführlich hier unter → § 8 Rn. 12.

[64] Siehe dazu ausführlich hier unter → § 8 Rn. 69

[65] *Grundmann* in Canaris/Habersack/Schäfer GroßkommHGB Bd. XI Bankvertragsrecht 6. Teil C. Rn. 335 spricht von „indirekter Weitergabe von Insiderinformationen". Siehe zum Empfehlungs- und Verleitungsverbot ausführlich hier unter → § 9 Rn. 19 ff.

2. Flankierende Pflichten

Neben den Insider- und Marktmanipulationsverboten regelt Kapitel 2 der MAR Präventivmaßnahmen zur Vorbeugung von Marktmissbrauch, namentlich die Meldepflicht von Marktbetreibern bei spezifischen Verdachtsmomenten von Insidergeschäften und Marktmissbrauch (Art. 16 MAR).[66] Kapitel 3 der MAR hat weitere Präventivmaßnahmen zum Gegenstand. Art. 17 MAR statuiert die Pflicht des Emittenten zur Ad-hoc-Publizität von Insiderinformationen.[67] Die Pflicht von Emittenten und in ihrem Auftrag handelnden Personen zur Führung von Insiderlisten ist in Art. 18 MAR statuiert.[68] In Art. 19 MAR sind die Regelungen für Directors' Dealings niedergelegt. Dabei statuiert Art. 19 MAR die Pflicht einer Führungskraft Eigengeschäfte in Finanzinstrumenten des Emittenten zu melden sowie die damit korrespondierende Offenlegungspflicht durch den Emittenten.[69] Das Verbot von Eigengeschäften von Führungskräften während gewisser „geschlossener" Zeiträume (closed periods) ist schließlich in Art. 19 Abs. 11 MAR festgeschrieben.[70] 23

[66] Siehe dazu ausführlich hier unter → § 25 Rn. 10 ff.
[67] Siehe dazu ausführlich hier unter → § 10 Rn. 29 ff.
[68] Siehe dazu ausführlich hier unter § 11.
[69] Siehe dazu ausführlich hier unter → § 19 Rn. 13 ff., 106 ff.
[70] Siehe dazu ausführlich hier unter → § 20 Rn. 13 ff.

§ 6 Begriff der Insiderinformation

Übersicht

Literatur

Adolff, Unternehmensbewertung im Recht der börsennotierten Aktiengesellschaft, 2007; *Apfelbacher/Polke,* Ad-hoc-Publizität bei zukünftigen Ereignissen und gestreckten Sachverhalten – (Nichts) Neues aus Luxemburg und Brüssel?, CFL 2012, 275; *Assmann,* Das künftige deutsche Insiderrecht, AG 1994, 237; *Assmann,* Das neue deutsche Insiderrecht, ZGR 1994, 494; *Bachmann,* Kapitalmarktrechtliche Probleme bei der Zusammenführung von Unternehmen, ZHR 172 (2008), 597; *Bachmann,* Ad-hoc-Publizität nach „Geltl", DB 2012, 2206; *Berk/DeMarzo,* Corporate Finance, 3. Aufl.2014; *Bingel,* Die „Insiderinformation" in zeitlich gestreckten Sachverhalten und die Folgen der jüngsten EuGH-Rechtsprechung für M&A-Transaktionen, AG 2012, 685; *Brealy/Myers/Allen,* Principles of Corporate Finance, 12. Aufl. 2017; *Brellochs,* Zur Ad-hoc-Publizität bei gestreckten Sachverhalten, ZIP 2013, 1170; *Bürgers,* Das Anlegerschutzverbesserungsgesetz, BKR 2004, 424; *Cahn,* Das neue Insiderrecht, Der Konzern 2005, 5; *Cahn,* Grenzen des Markt- und Anlegerschutzes durch das WpHG, ZHR 162 (1998), 1; *Caspari,* Das geplante Insiderrecht in der Praxis, ZGR 1994, 530; *Casper,* Information und Vertraulichkeit im Vorfeld von Unternehmensübernahmen – Rechtspolitische Überlegungen, in: Kämmerer/Veil, Übernahme- und Kapitalmarktrecht in der Reformdiskussion, 2013, 203; *Claussen,* Neues zur kommenden Insidergesetzgebung (II), ZBB 1992, 267; *Claussen/Florian,* Der Emittentenleitfaden, AG 2005, 745; *Di Noia/Gargantini,* Issuers at Midstream: Disclosure of Multistage Events in the Current and in the Proposed EU Market Abuse Regime, 9 European Company and Financial Law Review 2012, 484; *Dickersbach,* Das neue Insiderrecht der Bundesrepublik Deutschland vor dem Hintergrund des Europäischen Gemeinschaftsrechtes, 1995; *Diekmann/Sustmann,* Gesetz zur Verbesserung des Anlegerschutzes (Anlegerschutzverbesserungsgesetz – AnSVG), NZG 2004, 929; *Ekkenga,* Die Ad hoc-Publizität im System der Marktordnungen, ZGR 1999, 165; *Fleischer,* Ad-hoc-Publizität beim einvernehmlichen vorzeitigen Ausscheiden des Vorstandsvorsitzenden, NZG 2007, 401; *Fleischer/Schmolke,* Gerüchte im Kapitalmarktrecht, AG 2007, 841; *Gänswein,* Der Grundsatz unionsrechtskonformer Auslegung nationalen Rechts, 2009; *Harbarth,* Ad-hoc-Publizität beim Unternehmenskauf, ZIP 2005, 1898; *Heider/M. Hirte,* Ad hoc-Publizität bei zeitlich gestreckten Vorgängen, GWR 2012, 429; *Hellgardt,* The Notion of Inside Information in the Market Abuse Directive: Geltl, 50 Common Market Law Review (2013), 861; *Hirte,* Ad-hoc Publizität und Krise der Gesellschaft, ZInsO 2006, 1289; *Hitzer,* Zum Begriff der Insiderinformation, NZG 2012, 860; *Hitzer,* Sinnlose Pflichtmeldungen drohen, FAZ v. 1.4.2015, 16; *Holzborn/Israel,* Das Anlegerschutzverbesserungsgesetz, WM 2004, 1948; *Hopt,* Grundsatz- und Praxisprobleme nach dem Wertpapierhandelsgesetz, ZHR 159 (1995), 135; *Hopt/Kumpan,* Insidergeschäfte und Ad-hoc-Publizität bei M&A, ZGR 2017, 765; *Ihrig,* Ad-hoc Pflichten bei gestreckten Sachverhalten, in Gesellschaftsrecht in der Diskussion 2012, 2013, 113; *Ihrig/Kranz,* Das Geltl/Daimler-Verfahren in der nächsten Runde – Keine abschließende Weichenstellung des BGH für die Ad-hoc-Publizität bei gestreckten Geschehensabläufen, AG 2013, 515; *Immenga,* Das neue Insiderrecht im Wertpapierhandelsgesetz, ZBB 1995, 197; *Kiesewetter/Parmentier,* Verschärfung des Marktmissbrauchsrechts – ein Überblick über die neue EU-Verordnung über Insidergeschäfte und Marktmanipulation, BB 2013, 2371; *Klöhn,* Kapitalmarkt, Spekulation und Behavioral Finance, 2006; *Klöhn,* Der „gestreckte Geschehensablauf" vor dem EuGH, NZG 2011, 166; *Klöhn,* Das deutsche und europäische Insiderrecht nach dem Geltl-Urteil des EuGH, ZIP 2012, 1885; *Klöhn,* Die Haftung wegen fehlerhafter Ad-hoc Publizität gem. §§ 37b, 37c nach dem IKB-Urteil des BGH, AG 2012, 345; *Klöhn,* Wertpapierhandelsrecht diesseits und jenseits des Informationsparadigmas, ZHR 177 (2013), 349; *Klöhn,* Lafonta/AMF – die neue cause célèbre des europäischen Insiderrechts, ZIP 2014, 945; *Klöhn,* Ad-hoc-Publizität und Insiderverbot nach „Lafonta", NZG 2015, 809; *Klöhn,* Ad-hoc-Publizität und Insiderverbot im neuen Marktmissbrauchsrecht, AG 2016, 423; *Klöhn,* Eine neue Insiderfalle für Finanzanalysten?, WM 2016, 1665; *Klöhn,* Wann ist eine Information öffentlich bekannt iSv Art. 7 MAR?, ZHR 180 (2016), 707; *Klöhn,* „Selbst geschaffene innere Tatsachen", Scalping und Stakebuilding im neuen Marktmissbrauchsrecht, ZIP 2016 Beilage zu Heft 22, 44; *P. Koch,* Die Ad-hoc-Publizität nach dem Kommissionsentwurf einer Marktmissbrauchsverordnung, BB 2012, 1365; *S. Koch,* Neuerungen im Insiderrecht und der Ad-hoc-Publizität, DB 2005, 267; *Kocher/Widder,* Ad-hoc Publizität in Unternehmenskrise und Insolvenz, NZI 2010, 925; *Kocher/Widder,* Anmerkung zu EuGH v. 28.6.2012 – Rs. C-19/11 (Geltl), BB 2012, 1820; *Kocher/Widder,* Die Bedeutung von Zwischenschritten bei der Definition von Insiderinformationen; BB 2012, 2837; *Krämer/Kiesewetter,* Rechtliche und praktische Aspekte einer Due Diligence aus öffentlich zugänglichen Informationsquellen einer börsennotierten Gesellschaft, BB 2012, 1679; *Krämer/Teigelack,* Marktmissbrauch im Fokus der EU-Kommission, Börsen-Zeitung 9.11.2011, 2; *Krause,* Kapitalmarktrechtliche Compliance: neue Pflichten und drastisch verschärfte Sanktionen nach der EU-Marktmissbrauchsverordnung, CCZ 2014, 248; *Krause/Brellochs,* Insiderrecht und Ad-hoc-Publizität bei M&A- und Kapitalmarkttransaktionen im europäischen Rechtsvergleich, AG 2013, 309; *Krause/Brellochs,* Insider trading and the disclosure of inside information after Geltl v Daimler – A comparative analysis of the ECJ decision in the Geltl v Daimler case with a view to the future European Market Abuse Regulation, 8 Capital Markets Law Journal (2013), 283;

Kumpan, Ad-hoc-Publizität nach der Marktmissbrauchsverordnung, DB 2016, 2039; *Kümpel,* Aktuelle Fragen der Ad hoc-Publizität, AG 1997, 66; *Langenbucher,* Zum Begriff der Insiderinformation nach dem Entwurf für eine Marktmissbrauchsverordnung, NZG 2013, 1401; *Langenbucher,* Der „vernünftige Anleger" vor dem EuGH, BKR 2012, 145; *Langenbucher,* In Brüssel nichts Neues? – Der „verständige Anleger" in der Marktmissbrauchsverordnung, AG 2016, 417; *Mennicke,* Ad-hoc-Publizität bei gestreckten Entscheidungsprozessen und die Notwendigkeit einer Befreiungsentscheidung des Emittenten, NZG 2009, 1059; *Mennicke,* Steine statt Brot – Weiterhin keine Rechtssicherheit zur Ad-hoc-Publizität bei sog. gestreckten Entscheidungsprozessen, ZBB 2013, 244; *Merkner/Sustmann,* Reform des Marktmissbrauchsrechts: Die Vorschläge der Europäischen Kommission zur Verschärfung des Insiderrechts, AG 2012, 315; *Merkner/Sustmann,* Insiderrecht und Ad-Hoc-Publizität- Das Anlegerschutzverbesserungsgesetz „in der Fassung durch den Emittentenleitfaden der BaFin", NZG 2005, 729; *Moalem/Hansen,* Insider Dealing and Parity of Information – Is ‚Georgakis' Still Valid? 19 European Business Law Review (2008), 949; *Mock,* Gestreckte Verfahrensabläufe im Europäischen Insiderhandelsrecht, ZBB 2012, 286; *Möllers,* Insiderinformation und Befreiung von der Ad-hoc-Publizität nach § 15 Abs. 3 WpHG, WM 2005, 1393; *Möllers/Seidenschwann,* Anlegerfreundliche Auslegung des Insiderrechts durch den EuGH, NJW 2012, 2762; *Pananis,* Insidertatsache und Primärinsider: eine Untersuchung zu den Zentralbegriffen des § 13 Abs. 1 WpHG, 1998; *Parmentier,* Ad-hoc-Publizität bei Börsengang und Aktienplatzierung, NZG 2007, 407; *Parmentier,* Die Verhandlung eines Rechtssetzungsvorschlags der Kommission in den Arbeitsgruppen des Rates am Beispiel des EU-Marktmissbrauchsrechts, BKR 2013, 133; *Parmentier,* Insiderinformation nach dem EuGH und vor der Vereinheitlichung, WM 2013, 970, *Peltzer,* Die neue Insiderregelung im Entwurf des Zweiten Finanzmarktförderungsgesetz, ZIP 1994, 746; *Poelzig,* Insider- und Marktmanipulationsverbot im neuen Marktmissbrauchsrecht, NZG 2016, 528; *Rattunde/Berner,* Insolvenz einer börsennotierten Aktiengesellschaft – Pflicht des Insolvenzverwalters zur Publikation von Ad-hoc-Mitteilungen nach dem Wertpapierhandelsgesetz?, WM 2003, 1313; *Rieckers,* Ermächtigung des Vorstands zu Erwerb und Einziehung eigener Aktien, ZIP 2009, 700; *Schall,* Anmerkung zum Urteil des EuGH vom 28.6.2012, Rs. C-19/11 – Insiderinformationen und Publizitätspflichten in gestreckten Entscheidungsprozessen, ZIP 2012, 1286; *Schleifer/Kliemt,* Einschränkung betriebsverfassungsrechtlicher Unterrichtungspflichten durch Insiderrecht?, DB 1995, 2214; *Uwe. H. Schneider/Burgard,* Am Trillern erkennt man die Lerche – oder: Sind Absichtserklärungen, Prognosen und Meinungen von Unternehmensvertretern Insidertatsachen iSd § 13 Abs. 1 WpHG, in Horn/Hopt/Baums (Hrsg.), Liber Amicorum Richard M. Buxbaum, 2000, 501; *Schwarze,* Die Orderlage im Skontro eines Börsenmaklers als Insidertatsache, WM 1997, 1564; Schönke/Schröder, StGB, 29. Aufl. 2014; *Seibt,* Europäische Finanzmarktregulierung zu Insiderrecht und Ad hoc-Publizität, ZHR 177 (2013), 388; *Seibt/Bremkamp,* Erwerb eigener Aktien und Ad-hoc-Publizitätspflicht, AG 2008, 469; *Seibt/ Wollenschläger,* Revision des Marktmissbrauchsrechts durch Marktmissbrauchsverordnung und Richtlinie über strafrechtliche Sanktionen für Marktmanipulation, AG 2014, 593; *Seibt/Kraack,* Anmerkung zum Urteil des EuGH vom 11.3.2015, Az. C-628/13 – Zur Insiderinformation, EWiR 2015, 237; *Seibt/Wunsch,* Investorenvereinbarungen bei öffentlichen Übernahmen, in: Der Konzern 2009, 195; *Sethe,* Kapitalmarktrechtliche Konsequenzen einer Kapitalherabsetzung, ZIP 2010, 1825; *Spindler,* Kapitalmarktreform in Permanenz – Das Anlegerschutzverbesserungsgesetz, NJW 2004, 3449; *Stemper,* Marktmissbrauch durch Ratingagenturen?, WM 2011, 1740; *Teigelack,* Insiderhandel und Marktmanipulation im Kommissionsentwurf einer Marktmissbrauchsverordnung, BB 2012, 1361; *Torck,* Information privilégiée: les étapes d'un processus s'étalant dans le temps: peuvent-elles constituer une information précise, indépendamment ou au même titre que l'événement futur auquel elles se rapportent? A propos de CJUE, 28 juin 2012, Bull. Joly Bourse Oct. 2012, 398; *van Aerssen,* Erwerb eigener Aktien und Wertpapierhandelsgesetz – Neues von der Schnittstelle Gesellschaftsrecht/Kapitalmarktrecht, WM 2000, 391; *von Bonin/Böhmer,* Der Begriff der Insiderinformation bei gestreckten Sachverhalten, EuZW 2012, 694; *Veil,* Europäisches Insiderrecht 2.0 – Konzeption und Grundsatzfragen der Reform durch MAR und CRIM-MAD, ZBB 2014, 85; *Veil,* Weitergabe von Informationen durch den Aufsichtsrat an Aktionäre und Dritte, ZHR 172 (2008), 239; *Veil,* Der Schutz des verständigen Anlegers durch Publizität und Haftung im europäischen und nationalen Kapitalmarktrecht, ZBB 2006, 162; *Veil,* Weitergabe von Informationen durch den Aufsichtsrat an Aktionäre und Dritte, ZHR 172 (2008), 239; *Veil/Koch,* Auf dem Weg zu einem Europäischen Kapitalmarktrecht: die Vorschläge der Kommission zur Neuregelung des Marktmissbrauchs, WM 2011, 2297; *Viciano-Gofferje/Cascante,* Neues aus Brüssel zum Insiderrecht – die Marktmissbrauchsverordnung, NZG 2012, 968; *von der Linden,* Das neue Marktmissbrauchsrecht im Überblick, DStR 2016, 1036; *Voß,* „Die Wendung 'von Fall zu Fall' ist die Lösung", BB 2015, 788; *Weber,* Das neue deutsche Insiderrecht, BB 1995, 157; *Willey,* Compliance Officer Bulletin 2012, 93; *Wilsing/Goslar,* Ad-hoc-Publizität bei gestreckten Sachverhalten – Die Entscheidung des EuGH vom 28.6.2012, C-19/11, „Geltl", DStR 2012, 1709; *Wilsing/Goslar,* „Daimler, die Dritte" – Insiderinformationen iS des § 13 Abs. 1 WpHG bei zeitlich gestreckten Vorgängen, DStR 2013, 1610; *Wittich,* Erfahrungen mit der Ad hoc-Publizität in Deutschland, AG 1997, 1; *Ziemons,* Neuerungen im Insiderrecht und bei der Ad-hoc-Publizität durch die Marktmissbrauchsrichtlinie und das Gesetz zur Verbesserung des Anlegerschutzes, NZG 2004, 537.

I. Grundlagen

1. Überblick

Der Begriff der Insiderinformation ist in Art. 7 MAR[1] definiert. Sämtliche insiderrechtlichen Gebote und Verbote knüpfen an diesen Begriff an (einstufiges Modell[2]): das Verbot von Insidergeschäften (Art. 8) und dessen Ausnahmen (Art. 9), das Verbot der unrechtmäßigen Offenlegung von Insiderinformationen (Art. 10, 14) und die Vorschriften zur Marktsondierung (Art. 11). Außerdem bildet der Begriff der Insiderinformation den Anknüpfungspunkt für die Verpflichtung zur Veröffentlichung von Insiderinformationen (Adhoc Publizität, Art. 17 MAR)[3] und der Verpflichtung, Insiderlisten zu führen (Art. 18 MAR). Überlegungen, der Ad-hoc Publizität eine anders konzipierte Begrifflichkeit zugrundezulegen (zweistufiges Modell), ist der europäische Gesetzgeber nicht gefolgt. 1

2. Wortlaut und Regelungsstruktur

Die Vorschrift des Art. 7 Abs. 1 lit. a) MAR definiert die „Insiderinformationen" als „nicht öffentlich bekannte präzise Informationen, die direkt oder indirekt einen oder mehrere Emittenten oder ein oder mehrere Finanzinstrumente betreffen und die, wenn sie öffentlich bekannt würden, geeignet wären, den Kurs dieser Finanzinstrumente oder den Kurs damit verbundener Finanzinstrumente erheblich zu beeinflussen." 2

Diese Definition kennzeichnet sich durch zwei abstrakt formulierte Tatbestandsmerkmale: (i) die „nicht öffentlich bekannte präzise Information" und (ii) die Geeignetheit zur erheblichen Kursbeeinflussung.

Die Vorschrift des Art. 7 Abs. 1 lit. b) und lit. c) bestimmen jeweils den Begriff der Insiderinformation in Bezug auf Warenderivate und Emissionszertifikate und sind insofern Regelbeispiele. Art. 7 Abs. 1 lit. d) bestimmt schließlich, dass für Personen, die mit der Ausführung von Aufträgen in Bezug auf Finanzinstrumente beauftragt sind, auch solche präzisen und kursrelevanten Informationen Insiderinformationen sind, die von einem Kunden mitgeteilt wurden und sich auf die noch nicht ausgeführten Aufträge des Kunden in Bezug auf Finanzinstrumente beziehen. 3

Die weiteren Absätze des Art. 7 MAR konkretisieren die Tatbestandsmerkmale der Insiderinformation. Art. 7 Abs. 2 S. 1 MAR definiert das Tatbestandsmerkmal „präzise Information". „Präzise" sind Informationen (i) über bereits gegebene (gegenwärtige oder vergangene) Umstände, (ii) über ein bereits eingetretenes Ereignis, (iii) über Umstände, bei denen man vernünftigerweise erwarten kann, dass sie in Zukunft gegeben sein werden, oder (iv) über ein Ereignis, bei dem man vernünftigerweise erwarten kann, dass es in Zukunft eintreten wird – sofern diese Information spezifisch genug ist, um einen Schluss auf die möglichen Auswirkungen diese Umstände oder Ereignisse auf die Kurse der Finanzinstrumente oder damit verbundener derivativer Finanzinstrumente zuzulassen. 4

Die Vorschriften der Art. 7 Abs. 2 S. 2 und Abs. 3 MAR regeln den Teilaspekt, dass in einem zeitlich gestreckten bzw. mehrstufigen Vorgang, der einen bestimmten Umstand oder ein bestimmtes Ereignis herbeiführen soll oder hervorbringt, sowohl dieser künftige Umstand bzw. dieses künftige Ereignis als auch Zwischenschritte, die mit der Herbeifüh- 5

[1] Verordnung (EU) Nr. 596/2014 des Europäischen Parlaments und des Rates vom 16. April 2014 über Marktmissbrauch (Marktmissbrauchsverordnung) und zur Aufhebung der Richtlinie 2003/6/EG des Europäischen Parlaments und des Rates und der Richtlinien 2003/124/EG, 2003/125/EG und 2004/72/EG der Kommission, ABl. EU Nr. L173 v. 12.6.2014 S. 1 ff. (MAR).

[2] Zur Diskussion des einstufigen Modells: *Veil/Koch* WM 2011, 2297 (2302); *Merkner/Sustmann* AG 2012, 319 f.; *Klöhn* ZIP 2012, 1885 (1895); *Krause/Brellochs* AG 2013, 309 (335 f.); *Seibt* ZHR 177 (2013) 388 (417).

[3] Art 17 MAR verlangt aber noch zusätzlich, dass die Insiderinformation den Emittenten direkt betreffen.

rung und Herbeibringung dieses künftigen Umstands oder Ereignisses verbunden sind, Insiderinformationen sein können.

6 Die Vorschrift des Art. 7 Abs. 4 UAbs. 1 MAR definiert das zweite Tatbestandsmerkmal, die „Eignung zur Kursbeeinflussung." Sie bestimmt, dass eine Information dann kurserheblich ist, wenn ein verständiger Anleger sie wahrscheinlich als Teil der Grundlage seiner Anlageentscheidung nutzen würde.

3. Normentwicklung

7 Die Definition des Begriffs der Insiderinformation in Art. 7 MAR tritt an die Stelle der Definitionen in Art. 1 Nr. 1 der Marktmissbrauchsrichtlinie 2003/6/EG (MAD 2003)[4] in Art. 1 der dazugehörigen Durchführungsrichtlinie (RL 2003/124/EG)[5]. Die darauf basierenden Regelungen des § 13 WpHG aF wurden wegen der unmittelbaren Geltung des Art. 7 MAR durch das 1. FiMaNoG[6] ersatzlos gestrichen.[7] Im Vergleich zu den Vorgängervorschriften ergeben sich folgende Unterschiede:

8 Der neue Tatbestand der Insiderinformation in Art. 7 Abs. 1 lit. a) MAR ist fast wortidentisch mit der Definition der Vorgängervorschrift des Art. 1 Nr. 1 MAD 2003. Hiernach war eine Insiderinformation eine nicht öffentlich bekannte präzise Information, die direkt oder indirekt einen oder mehrere Emittenten von Finanzinstrumenten oder ein oder mehrere Finanzinstrumente betrifft und geeignet wäre, wenn sie öffentlich bekannt würde, den Kurs dieser Finanzinstrumente oder den Kurs sich darauf beziehender derivativer Finanzinstrumente erheblich zu beeinflussen. Insofern ergibt sich im Vergleich zu dem Wortlaut des Art. 7 Abs. 1 lit. a) MAR nur die geringfügige Änderung, dass nunmehr von präzisen „Informationen" (Plural) gesprochen wird. Aus der Verwendung des Plurals lässt sich die Klarstellung ableiten, dass es bei der Prüfung der Frage, ob eine Insiderinformation vorliegt, nicht einzelne Sachverhaltselemente isoliert zu betrachten, sondern alle Informationen, die das vorherrschende Gesamtbild ausmachen, gemeinsam zu beurteilen sind.

9 Die Vorschrift des Art. 1 Nr. 1 der MAD 2003 war in § 13 WpHG aF durch das Anlegerschutzverbesserungsgesetz[8] mit geringfügigen Abweichungen vom Wortlaut des Richtlinientextes in das deutsche Recht umgesetzt worden. Nach § 13 Abs. 1 Satz 1 WpHG aF war eine Insiderinformation eine „konkrete" Information über nicht öffentlich bekannte Umstände, die sich auf einen oder mehrere Emittenten von Insiderpapieren oder auf Insiderpapiere selbst beziehen und die geeignet sind, im Falle ihres öffentlichen Bekanntwerdens den Börsen- oder Marktpreis der Insiderpapiere erheblich zu beeinflussen. Während die MAD 2003 von „präziser" Information sprach, verwendete das deutsche Recht den Begriff der „konkreten" Information. Ferner führte das deutsche Recht den Begriff der Information über „Umstände" ein, während die MAD 2003 schlicht von „Information" sprach. Dies ist auf Art 1 Abs. 1 RL 2003/124/EG zurückzuführen, die von Informationen über Umstände und Ereignisse sprach. Die Beschränkung der deutschen Umsetzungsvorschrift auf „Umstände" war jedoch nicht als Einschränkung der europarechtlichen Vorgabe gemeint. Vielmehr umfasste der Begriff des „Umstands" nach Ansicht des Gesetzgebers den Begriff des Ereignisses iSd Art. 1 RL 2003/124/EG.[9] Diese Unter-

---

[4] Richtlinie 2003/6/EG des Europäischen Parlaments und des Rates vom 28. Januar 2003 über Insider-Geschäfte und Marktmanipulation (Marktmissbrauch), ABl. EU Nr. L96 v. 12.4.2003 S. 16ff. (MAD 2003).

[5] Richtlinie 2003/124/EG der Kommission vom 22.12.2003 zur Durchführung der Richtlinie 2003/6/EG betreffend die Begriffsbestimmung und die Veröffentlichung von Insider-Informationen und die Begriffsbestimmung der Marktmanipulation, ABl. EU Nr. L339 v. 24.12.2003, S. 70ff.

[6] Erstes Gesetz zur Novellierung von Finanzmarktvorschriften auf Grund europäischer Rechtsakte (Erstes Finanzmarktnovellierungsgesetz – 1. FiMaNoG) v. 30. Juni 2016 (BGBl. I S. 1514).

[7] Begr. RegE 1. FiMaNoG, BT-Drucks. 18/7482 S. 71 f., 74.

[8] Gesetz zur Verbesserung des Anlegerschutzes v. 28.10.2004, BGBl. I 2004 S. 2630.

[9] Beschlussempfehlung und Bericht des Finanzauschusses zum RegE AnsVG, BT-Drucks. 15/3493 S. 51; *Klöhn* in KölnKomm WpHG § 13 Rn. 18.

schiede im Wortlaut spielten in der Praxis daher keine Rolle.[10] Insofern ergeben sich auch nach Inkrafttreten der MAR keine Unterschiede zur vorherigen Rechtslage.

Die Definition der Insiderinformation (Art. 7 Abs. 1 lit. a) MAR) wurde ergänzt durch **10** Sonderregelungen für Warenderivate (Art. 7 Abs. 1 lit. b) MAR), für Emissionszertifikate und darauf beruhende Auktionsobjekte (Art. 7 Abs. 1 lit. c) MAR) sowie – zur Erfassung des sog. „Frontrunning" – für Personen, die mit der Ausführung von Aufträgen in Bezug auf Finanzinstrumente beauftragt sind (Art. 7 Abs. 1 lit. d). Die Regelbeispiele in Bezug auf Warenderivate sowie in Bezug auf die Beauftragung von Personen waren bereits in Art. 1 Nr. 1 UAbs. 2 und 3 MAD 2003 enthalten und in § 13 Abs. 1 S. 4 WpHG aF umgesetzt – allerdings etwas enger gefasst, dh ohne Bezug auf Waren-Spot-Kontrakte. Lediglich das Regelbeispiel in Art. 7 Abs. 1 lit c) (Emissionszertifikate) wurde im Vergleich zu den Vorgängervorschriften Art. 1 Nr. 1 MAD 2003 und § 13 WpHG aF neu in die MAR eingefügt. Emissionszertifikate fallen nunmehr aber ohnehin unter den Begriff der Finanzinstrumente.[11]

Die Vorschrift des Art. 7 Abs. 2 S. 1 MAR konkretisiert das Tatbestandsmerkmal „präzi- **11** se Informationen" und ersetzt damit wortgleich die Vorgängervorschrift Art 1 Abs. 1 RL 2003/124/EG, ebenfalls ergänzt um Waren-Spot-Kontrakte. Nach dem Wortlaut des Art. 1 Abs. 1 RL 2003/124/EG war eine Information dann „präzise", wenn damit eine Reihe von Umständen gemeint ist, die bereits existieren oder bei denen man mit hinreichender Wahrscheinlichkeit davon ausgehen kann, dass sie in Zukunft existieren werden. Ebenfalls als Insiderinformation angesehen wird ein Ereignis, das bereits eingetreten ist oder mit hinreichender Wahrscheinlichkeit in Zukunft eintreten wird. In allen vorgenannten Alternativen muss diese Information spezifisch genug sein, dass sie einen Schluss auf die möglichen Auswirkungen dieser Reihe von Umständen oder dieses Ereignisses auf die Kurse von Finanzinstrumenten oder damit verbundener derivativer Finanzinstrumente zulässt. Im Wortlaut bestehen zumindest in der deutschen Fassung der MAR minimale Unterschiede zu Art. 1 Abs. 1 RL 2003/124/EG. Denn während Art 1 Abs. 1 der RL 2003/124/EG den Begriff „hinreichender Wahrscheinlichkeit" verwendete, spricht der deutsche Wortlaut des Art. 7 Abs. 2 S. 1 MAR nunmehr davon, dass der Eintritt von Umständen oder Ereignissen „vernünftigerweise erwartet werden kann". Es handelt sich dabei aber lediglich um eine redaktionelle Anpassung[12] der Formulierung an andere Sprachfassungen der MAR[13], ohne dass sich daraus inhaltliche Unterschiede ergeben würden.[14] Insoweit bestehen nunmehr keine Unterschiede zu den anderssprachigen Fassungen der Vorschrift.[15] Auch im Vergleich zu § 13 Abs. 1 S. 3 WpHG aF, der in konsequenter Umsetzung der RL 2003/124/EG ebenfalls von „hinreichender Wahrscheinlichkeit" des Eintritts von Umständen sprach, bedeutet die sprachlich anders gefasste Formulierung des Art. 7 Abs. 2 S. 1 MAR („vernünftigerweise erwartet werden kann") keinen inhaltlichen Unterschied. Schließlich bedeutet auch das zweite Tatbestandsmerkmal des Art. 7 Abs. 2 S. 1 MAR („spezifisch genug, um einen Schluss auf die möglichen dieser Reihe von Umständen oder dieses Ereignisses auf die Kurse der Finanzinstrumente und des damit verbundenen Auswirkungen auf den Börsenkurs zuzulassen") keine inhaltliche Veränderung der bisherigen Rechtslage. Denn dieses Tatbestandsmerkmal war bereits in Art 1

[10] *Assmann* in Assmann/Schneider WpHG § 13 Rn. 6; *Mennicke/Jakovou* in Fuchs 2009 WpHG § 13 Rn. 22; Krause/Brellochs AG 2013 309 (311).

[11] S. Anhang I Abschnitt C Nr. 4 der Richtlinie 2014/65/EU des Europäischen Parlaments und des Rates v. 15. Mai 2014 über Märkte für Finanzinstrumente sowie zur Änderung der Richtlinien 2002/92/EG und 2011/61/EU, ABl. EU Nr. L173 v. 12.6.2014 S. 349 ff. (MiFID II).

[12] *Hopt/Kumpan* in Schimansky/Bunte/Lwowski BankR-HdB § 107 Rn. 45.

[13] In der englischen Sprachfassung des Art. 7 Abs. 2 S. 1 MAR heißt es: „which may reasonably be expected". In der französischen Sprachfassung heißt es: „on peut raisonnablement penser".

[14] *Poelzig* NZG 2016, 528 (529).

[15] Zu den unterschiedlichen Sprachfassungen des Art. 1 Abs. 1 RL 2003/124/EG vgl. EuGH v. 28.6.2012 – Rs. C-19/11, ECLI:EU:C:2012:397 = NJW 2012, 2787 Rn. 42 – *Geltl*; *Klöhn* in KölnKomm WpHG § 13 Rn. 5; *Krause/Brellochs* AG 2013, 309 (311); *Langenbucher* NZG 2013, 1401 (1404).

Abs. 1 RL 2003/124/EG enthalten und wurde vom deutschen Gesetzgeber bei der Umsetzung der Vorschrift in § 13 Abs. 1 S. 3 WpHG aF nicht berücksichtigt, ohne dass dies praktische Auswirkungen gehabt hätte.[16]

12 Die Vorschrift des Art. 7 Abs. 4 UAbs. 1 MAR konkretisiert das Tatbestandsmerkmal der „Eignung zur Kursbeeinflussung". Sie ersetzt wortlautidentisch die Regelung des Art. 1 Abs. 2 RL 2003/124/EG, die das Tatbestandsmerkmal dahingehend konkretisiert, dass die Kursrelevanz einer Insiderinformation aus der Sicht eines verständigen Anlegers zu bestimmen war. Diese Vorgabe („*reasonable investor test*") war in § 13 Abs. 1 S. 2 WpHG aF umgesetzt worden. Insofern ergeben sich gegenüber der alten Rechtslage keine inhaltlichen Änderungen.

13 Soweit vorstehend referiert hat der europäische Gesetzgeber in Art. 7 MAR die bisherigen Inhalte des Art. 1 Nr. 1 MAD 2003 und der Art. 1 Durchführungsrichtlinie zur MAD 2003 (RL 2003/124/EG) ohne wesentliche Modifikationen konsolidiert.

14 Hingegen sind die Vorschriften des Art. 7 Abs. 2 S. 2 und Abs. 3 MAR ohne Vorbild in der MAD 2003, der Durchführungsrichtlinie 2003/124/EG oder § 13 WpHG aF. Diese Vorschriften – erläutert in den Erwägungsgründen Nr. 16 und 17 der MAR – kodifizieren die wesentlichen Aussagen des *Geltl*-Urteils[17] des EuGH.[18] In Anlehnung an den ersten Leitsatz des Urteils können nach Art. 7 Abs. 2 S. 2 MAR bei einem zeitlich gestreckten Vorgang, der ein bestimmtes zukünftiges Ereignis oder einen Umstand herbeiführen soll, nicht nur der voraussichtliche künftige Umstand oder das zukünftiges Ereignis selbst, sondern auch die einzelnen Zwischenschritte als präzise Information betrachtet werden, wenn diese Zwischenschritte gemäß Art. 7 Abs. 2 S. 3 MAR für sich genommen die Kriterien einer Insiderinformation erfüllen. Erwägungsgrund 17 der MAR nennt diesbezüglich Beispiele für Zwischenschritte in bestimmten zeitlich gestreckten Sachverhalten, die als Insiderinformation in Frage kommen.

15 Demgegenüber wurde der Vorschlag der Kommission[19], eine an das britische Konzept der „relevant information not generally available" (RINGA)[20] angelehnte zusätzliche Kategorie der Insiderinformation zu entwickeln, im Laufe des Gesetzgebungsverfahrens (Trilogs)[21] endgültig aufgegeben.[22] Hiernach sollten Informationen, die nicht hinreichend präzise sind,[23] aber Emittenten oder Finanzinstrumente betreffen und der Öffentlichkeit in der Regel nicht verfügbar sind und, wenn sie einem verständigen Investor verfügbar wären, von diesem als relevant bei der Entscheidung über ein Geschäft mit dem betreffenden Finanzinstrument betrachtet würden,[24] in den Anwendungsbereich der Insiderhandelsver-

---

[16] *Krause/Brellochs* AG 2013, 309 (311).

[17] EuGH v. 28.6.2012 – Rs. C-19/11, ECLI:EU:C:2012:397 = NJW 2012, 2787 – *Geltl.*

[18] Ausführlich zur Kodifizierung der Auslegungsgrundsätze zum Begriff der Insiderinformation des Geltl-Urteils: *Krause* CCZ 2014, 248 (250); *Seibt/Wollenschläger* AG 2014, 593 (597); *Veil* ZBB 2014, 85 (90); *Langenbucher* NZG 2013, 1401 (1404).

[19] Vgl. Art. 6 Abs. 1 lit. e) Vorschlag für eine Verordnung des Europäischen Parlaments und des Rates über Insider-Geschäfte und Marktmanipulation (Marktmissbrauch) v. 20.10.2011, KOM(2011) 651 endg. (MAR-KOM). Dazu *Viciano-Gofferje/Cascante* NZG 2012, 968 (970ff.).

[20] Zum RINGA-Konzept vgl. *Krause/Brellochs* AG 2013, 309 (318); *Seibt* ZHR 177 (2013) 388 (412); *Veil* ZBB 2014, 85 (89); *Klöhn* in KölnKomm WpHG § 13 Rn. 12a; *Mennicke/Jakovou* in Fuchs WpHG § 13 Rn. 18d.

[21] Zur Entwicklung des Begriffs der Insiderinformation im Gesetzgebungsverfahren der MAR ausführlich: *Parmentier* BKR 2013, 133 (135f.).

[22] *Krause* CCZ 2014, 248 (250); *Veil* ZBB 2014, 85 (89); *Seibt* ZHR 177 (2013) 388 (412ff.); *Mennicke/Jakovou* in Fuchs WpHG § 13 Rn. 18e; *Poelzig* NZG 2016, 528 (531).

[23] Vgl. Erwägungsgrund 14 MAR-KOM.

[24] Vgl. Art. 6 Abs. 1 lit. e) MAR-KOM: (…) Informationen, die einen oder mehrere Emittenten von Finanzinstrumenten oder ein oder mehrere Finanzinstrumente betreffen und der Öffentlichkeit in der Regel nicht verfügbar sind, die jedoch, wenn sie einem verständigen Investor verfügbar wären, der regelmäßig an diesem Markt und mit dem betreffenden Finanzinstrument oder einem damit Verbundenen Waren-Spot-Kontrakt handelt, von diesem als relevant bei der Entscheidung über die Bedingungen betrachtet würden, zu denen Geschäfte mit dem Finanzinstrument oder einem zugehörigen Waren-Spot-Kontrakt abgeschlossen werden sollten."

bote einbezogen werden, ohne aber gleichzeitig eine Ad-hoc-Publizitätspflicht des Emittenten auszulösen (sog. zweistufiges Modell). Nach der Vorstellung der Kommission sollten davon insbesondere kursrelevante, aber nicht ausreichend präzise Zwischenschritte eines zeitlich gestreckten Vorgangs erfasst werden.[25] Diese „Insiderinformation light“[26] hätte den Anwendungsbereich der Insiderhandelsverbote auf bereits eingetretene, aber unpräzise Umstände im Frühstadium gestreckter Entscheidungsprozesse und auf zukünftige Umstände mit noch geringer Eintrittswahrscheinlichkeit ausgedehnt.[27]

Dieser Vorschlag konnte sich nicht durchsetzen. Zum einen wurden wegen der mangelnden begrifflichen Bestimmtheit Schwierigkeiten bei der Abgrenzung der bloß „relevanten“ von der „richtigen“ – zu veröffentlichenden – Insiderinformation befürchtet.[28] Zum anderen bestand nach dem *Geltl*-Urteil des EuGH, wonach auch Zwischenschritte eines zeitlich gestreckten Vorgangs grundsätzlich Insiderinformationen sein können, und ein zukünftiger Umstand auch ohne hohe Eintrittswahrscheinlichkeit präzise sein kann, kein Bedarf mehr an einer Ausweitung des Begriffs der Insiderinformation auf relevante, aber nicht hinreichend präzise Informationen.[29] **16**

Bei der Auslegung der direkt geltenden Vorschriften der MAR werden die mitgliedstaatlichen Gerichte und Aufsichtsbehörden weiterhin auf die bisherige Rechtsprechung des EuGH zum Begriff der Insiderinformation unter der MAD 2003 und der Durchführungsrichtlinie 2003/124/EG zurückgreifen können. Die Kodifizierung der *Geltl*-Rechtsprechung[30] zu zeitlich gestreckten Vorgängen in der MAR zeigt, dass die Auslegung des EuGH auch weiterhin Geltung hat. Auch die Erwägungsgründe der MAR geben an zahlreichen Stellen Passagen der EuGH-Urteile zur MAD 2003 und zur Insiderrichtlinie wieder.[31] Dass die EuGH-Rechtsprechung zu aufgehobenen Rechtsakten für die Auslegung der ihnen nachfolgenden Rechtsakte weiterhin maßgeblich sein soll, zeigt sich ebenfalls an der *Georgakis*-Rechtsprechung[32] zur Auslegung des Begriffs der Insiderinformation in der Insiderrichtlinie von 1989.[33] Die vom EuGH angestellten Erwägungen konnten für die Auslegung des Begriffs der Insiderinformation unter der MAD 2003 nutzbar gemacht werden, weil sich der Wortlaut im Wesentlichen nicht geändert hatte.[34] **17**

Auch die bisherige Rechtsprechung der mitgliedstaatlichen Gerichte zur Auslegung der mitgliedstaatlichen Umsetzungsgesetze wird für die mitgliedstaatlichen Gerichte und Behörden bei der Anwendung und Auslegung der MAR weiterhin Geltung haben, sofern die **18**

---

[25] Vgl. Erwägungsgrund 14 MAR-KOM.

[26] Zuerst zu diesem Begriff: *Krämer/Teigelack* Börsen-Zeitung v. 9.11.2011, S. 2, 13; so auch *Veil* ZBB 2014, 85 (90); *Langenbucher* NZG 2013, 1401 (1404); kritisch zu diesem Begriff *Klöhn* in KölnKomm WpHG § 13 Rn. 12a Fn. 19.

[27] *Mennicke/Jakovou* in Fuchs WpHG § 13 Rn. 18d. Diese neue Kategorie wurde teilweise als Auffangkategorie verstanden: *Parmentier* BKR 2013, 133 (134); *Veil/Koch* WM 2011, 2297 (2302); *Koch* BB 2012, 1365 (1366).

[28] Kritisch: *Veil* ZBB 2014, 85 (89); *Krause/Brellochs* CMLJ 8 (2013), 283 (298); *Casper* in Kämmerer/Veil, Übernahme- und Kapitalmarktrecht in der Reformdiskussion, 2013, 203 (222); *Seibt* ZHR 177 (2013) 388 (417). *Kiesewetter/Parmentier* BB 2013, 2371 (2372); *Parmentier* WM 2013, 970; *Mock* ZBB 2012, 286 (290 ff.); *Klöhn* ZIP 2012, 1885 (1894); *Viciano-Gofferje/Cascante* NZG 2012, 968 (971); aA (für ein zweistufiges Insidermodell) *Veil/Koch* WM 2012, 2297 (2302) (aber die hinreichende Bestimmtheit bezweifelnd); *Koch* BB 2012, 1365 (1367); *Merkner/Sustmann* AG 2012, 315 (321); *Möllers/Seidenschwann* NJW 2012, 2762 (2765).

[29] *Klöhn* ZIP 2012, 133 (135); *Klöhn* in KölnKomm WpHG § 13 Rn. 12a; *Mennicke/Jakovou* in Fuchs WpHG § 13 Rn. 18e. Bereits vor dem EuGH Urteil unter Bezugnahme auf die Schlussanträge des Generalanwalts Mengozzi, Schlussanträge v. 21.3.2012 – Rs. C-19/11, ECLI:EU:C:2012:153 – *Geltl*; *Koch* BB 2012, 1365 (1367); *Teigelack* BB 2012, 1361 (1363).

[30] EuGH v. 28.6.2012 – Rs. C-19/11, ECLI:EU:C:2012:397 = NJW 2012, 2787 – *Geltl*.

[31] Erwägungsgründe Nr. 23 und 24 MAR, die auf EuGH v. 23.12.2009 – Rs. C.-45/08, Slg. 2009 I-12073 = NZG 2010, 107 Rn. 47 f. – *Spector* zurückgehen; Erwägungsgrund Nr. 16 MAR der auf EuGH v. 28.6.2012 – Rs. C-19/11, ECLI:EU:C:2012:397 = NJW 2012, 2787 Rn. 38 – *Geltl* zurückgeht.

[32] EuGH v. 10.5.2007 – Rs. C-391/04, Slg. 2007 I-3741 – *Georgakis*.

[33] Richtlinie 89/592/EWG des Rates vom 13. November 1989 zur Koordinierung der Vorschriften betreffend Insider-Geschäfte, ABl. EG Nr. L334/30 v. 18.11.1989 S. 30 ff. (Insiderrichtlinie).

[34] *Moalem/Hansen* 19 EBLR (2008), 949 (957 ff.); *Veil* in Veil, Europäisches Kapitalmarktrecht, § 13 Rn. 56.

bisherige Rechtsprechung nicht mit den Vorgaben der MAR kollidiert und nicht gegen Auslegungsgrundsätze des europäischen Rechts verstößt.[35] Aus der Rechtssprechungspraxis des EuGH ergibt sich, dass zur Durchsetzung einer Verordnung in den Mitgliedstaaten auch die „verordnungskonforme Auslegung" durch die Gerichte zählt.[36] Dabei müssen die Gerichte die Verordnung innerhalb der durch das Gemeinschaftsrecht gesetzten Grenzen auslegen[37] und dürfen auf die zum nationalen Recht entwickelten Auslegungsmethoden grundsätzlich nicht zurückgreifen.[38] Demnach können nur solche mitgliedstaatlichen Gerichtsentscheidungen zur Auslegung der MAD 2003-Umsetzungsgesetze, die die vorgenannten Kriterien erfüllen und die Durchführung der Verordnung nicht behindern[39], weiterhin als geltendes Recht betrachtet werden.

II. Insiderinformation

1. Überblick

19 Die Definition der Insiderinformation in Art. 7 Abs. 1 lit. a) MAR lässt sich in vier Tatbestandsmerkmale. Danach ist eine Insiderinformation (i) eine präzise Information, (ii) die nicht öffentlich bekannt ist, (iii) die direkt oder indirekt einen oder mehrere Emittenten oder Finanzinstrumente betrifft und (iv) die geeignet wäre, wenn sie öffentlich bekannt wäre, den Kurs dieser Finanzinstrumente oder den Kurs damit verbundener derivativer Finanzinstrumente erheblich zu beeinflussen.

20 Diese vier Tatbestandsmerkmale können formal voneinander getrennt betrachtet werden. Bei ihrer Auslegung kommt es aber zu Interdependenzen. So strahlt das Merkmal der Kursbeeinflussung auf die Merkmale der präzisen Information und des Bezugs auf einen Emittenten oder ein Insiderpapier aus.[40] Demnach ist eine präzise Information desto eher anzunehmen, je höher das Kursbeeinflussungspotential ist.[41]

2. Präzise Information

a) Information

21 In der MAR ist nicht definiert, was „Informationen" sind. Aus dem Wortlaut des Art. 7 Abs. 1 lit. a) und Art. 2 S. 1 MAR wird nur deutlich, dass Informationen gegenwärtige oder künftige Umstände und Ereignisse zum Gegenstand haben. Aufgrund der weiten Reichweite der Begriffe „Informationen" und „Umstände" bzw. „Ereignisse", worunter sich nahezu jeder Vorgang kognitiver Wahrnehmung fassen ließe, sind die Begriffe nicht geeignet den Tatbestand zu konkretisieren.[42]

22 Zunächst macht die Verwendung des Plurals deutlich, dass einzelne Informationsgegenstände nicht isoliert unter den Begriff der Informationen fallen, sondern dass es auf mehrere

35 Zur verordnungskonformen Auslegung ausführlich: *Gänswein*, Der Grundsatz unionsrechtskonformer Auslegung nationalen Rechts, S. 98 ff.

36 Vgl. EuGH v. 14.10.1999 – Rs. C-223/98, ECLI:EU:C:1999:500 – *Adidas*; siehe dazu ausführlich: *Gänswein*, Der Grundsatz unionsrechtskonformer Auslegung nationalen Rechts, S. 99 f.

37 EuGH v. 7.1.2004 – Rs. C-60/02, Slg. I-651 ff. Rn. 59 – *X*; unter Verweis auf EuGH v. 13.11.1990 – Rs. C-106/89, ECLI:EU:C:1990:395 Rn. 8 – *Marleasing*; EuGH v. 26.9.2000 – Rs. C-262/97, ECLI:EU:C:2000:492 Rn. 39 – *Engelbrecht*.

38 *Veil* in Veil, Europäisches Kapitalmarktrecht, § 5 Rn. 31.

39 Vgl. EuGH v. 14.10.1999 – Rs. C-223/98, ECLI:EU:C:1999:500 Rn. 25 – *Adidas*.

40 So schon zum Begriff der Insiderinformation unter dem WpHG: *Mennicke/Jakovou* in Fuchs WpHG § 13 Rn. 21.

41 *Krause/Brellochs* AG 2013, 309 (311 ff.); *Zetzsche* in Gebauer/Teichmann EnzEuR Bd. VI § 7 C Rn. 109; *Grundmann* in Canaris/Habersack/Schäfer GroßkommHGB Bd. XI Bankvertragsrecht 6. Teil Rn. 343.

42 Zu § 13 WpHG aF bzw. zu Art. 1 RL 2003/124/EG: *Klöhn* in KölnKomm WpHG § 13 Rn. 19; *Assmann* in Assmann/Schneider WpHG § 13 Rn. 6. Ausführliche Phänomenologie der Begriffe „Umstände" und „Information" bei *Klöhn* in KölnKomm WpHG § 13 Rn. 21 ff.

Informationsgegenstände in ihrer Gesamtschau ankommt. Bei dem Begriff der „Informationen" geht es daher darum, eine Informationslage in ihrer Gesamtheit zu erfassen.[43] Somit können eine Vielzahl von Informationen, die isoliert betrachtet nicht die Qualität einer Insiderinformation haben, in ihrer Gesamtheit die Voraussetzungen des Art. 7 MAR erfüllen.

Nach der hergebrachten Auslegung des Begriffs der Insiderinformation durch den 1. Strafsenat des BGH wurden vom Tatbestandsmerkmal der „Information" nur Informationen mit einem Drittbezug umfasst. Demnach konnten selbst geschaffene innere Tatstachen – wie die eigene Absicht, einem Publikum bestimmte, vorher selbst erworbene, Wertpapiere zum Kauf oder Verkauf zu empfehlen – für sich selbst keine Information sein; über eigene Absichten und Wünsche könne man sich nicht „informieren".[44] Dreieinhalb Jahre später wurde diese Rechtsprechung durch die *Georgakis*-Entscheidung des EuGH überholt. Der EuGH sah die Entscheidung einer Gruppe, den Kurs einer Aktie durch abgesprochene Käufe und Verkäufe innerhalb der Gruppe künstlich aufzublähen, auch für die Mitglieder dieser Gruppe als Insiderinformation an.[45] Selbst geschaffene innere Tatsachen konnten somit Gegenstand einer Insiderinformation sein.[46] Damit setzte sich der EuGH allerdings ohne nähere Begründung über die Schlussanträge des Generalanwalts hinweg, der die gegenteilige Ansicht vertreten und diese sinngemäß mit dem Drittbezug begründet hatte.[47] 23

Diese EuGH-Rechtsprechung dürfte unter der MAR weiterhin Geltung beanspruchen. Eine restriktive Auslegung des Begriffs der Information dahingehend, dass nur Informationen mit einem „Drittbezug" Insiderinformationen sein können, scheidet daher aus.[48] Denn die Regelung in Art. 9 Abs. 5 MAR, wonach „die bloße Tatsache, dass eine Person ihr Wissen darüber, dass sie beschlossen hat, Finanzinstrumente zu erwerben oder zu veräußern, beim Erwerb oder der Veräußerung dieser Finanzinstrumente nutzt, *an sich* noch keine Nutzung von Insiderinformationen" darstellt, bedeutet im Umkehrschluss, dass die Information über eine eigene Handelsabsicht durchaus eine Insiderinformation iSv Art. 7 MAR sein kann. Diesem Ergebnis steht Erwägungsgrund Nr. 54 MAR nicht entgegen, der davon spricht, dass „Informationen über die eigenen Handelspläne und -strategien des Markteilnehmers [...] nicht als Insiderinformationen betrachtet werden" sollten. Denn Erwägungsgrund Nr. 54 MAR mit seinem offensichtlichen Widerspruch zu Art. 9 Abs. 5 MAR ist wohl auf ein Redaktionsversehen des Gesetzgebers zurückzuführen.[49] Dafür spricht zunächst seine Stellung im Rahmen der Erwägungsgründe: Er steht nicht im Umfeld der der Erwägungsgründe zu den Insiderverboten, sondern bei den Erwägungsgründen zur Ad-hoc Publizität, obwohl er sich mit dem Insiderverbot auseinandersetzt. Ein weiteres Indiz für seine Fehlplatzierung und Redundanz ist der erste Satz dieses Erwägungsgrundes, der lediglich die offensichtliche Erkenntnis wiederholt, dass „die Nutzung und die versuchte Nutzung von Insiderinformationen (...) eindeutig verboten werden (sollte)."[50] 24

---

[43] *Kumpan* DB 2016, 2039 (2041); *Hopt/Kumpan* in Schimansky/Bunte/Lwowski BankR-HdB § 107 Rn. 43. Zu § 13 WpHG aF; *Klöhn* in KölnKomm WpHG § 13 Rn. 45 f.

[44] BGH v. 6.11.2003 – 1 StR 24/03 = NJW 2004, 302 (303).

[45] EuGH v. 10.5.2007 – Rs. C-391/04, Slg. 2007 I-3741 Rn. 33 und 35 – *Georgakis*.

[46] EuGH v. 10.5.2007 – Rs. C-391/04, Slg. 2007 I-3741 Rn. 35 – *Georgakis*; vgl. dazu auch *Klöhn* in KölnKomm WpHG § 13 Rn. 16.

[47] GA Mengozzi v. 26.10.2006 – Rs. C-391/04, ECLI:EU:C:2006:669 Rn. 58 f. – *Georgakis*. In Rn. 59 heißt es wörtlich: „Die gegenteilige Auffassung zu vertreten, würde darauf hinauslaufen, dass die Investoren der Gesellschaften, die Wertpapiere.
ausgeben, oder deren Organe daran gehindert würden, ihre Entscheidungen, die betreffenden Transaktionen vorzunehmen, durchzuführen, da diese Wirtschaftsteilnehmer grundsätzlich dem Verdacht ausgesetzt würden, dass sie eine Insider-Information ausnutzen, sobald sie diese Transaktionen vornehmen. Eine solche Auslegung würde ganz ohne Zweifel dem ordnungsgemäßen Funktionieren des Wertpapiermarktes schaden. Dies ist gewiss nicht das mit der Richtlinie 89/592 verfolgte Ziel."

[48] *Grundmann* in Canaris/Habersack/Schäfer GroßkommHGB Bd. XI Bankvertragsrecht 6. Teil Rn. 346, der darauf abstellt, dass „Informationen als wissenswerte Umstände" nicht nur äußere Umstände (mit Drittbezug), sondern auch innere Umstände abdecken.

[49] Vgl. *Klöhn* Beil. zu ZIP 2016, 44 (46).

[50] *Klöhn* Beil. zu ZIP 2016, 44 (46) mit weiteren Argumenten.

Schließlich ist der Widerspruch zwischen Art. 9 Abs. 5 MAR und Erwägungsgrund Nr. 54 MAR auch deswegen zugunsten der Vorschrift des Art. 9 Abs. 5 MAR aufzulösen, weil nach der *Spector*-Entscheidung des EuGH zu vermuten ist, dass derjenige, der beim Erwerb oder Veräußerung von Finanzinstrumenten Kenntnis einer Insiderinformation hat, diese Information genutzt hat[51], und mit der Vorschrift des Art. 9 Abs. 5 MAR für selbst geschaffene Insiderinformationen offensichtlich eine Ausnahme zu dieser Vermutung kodifiziert werden sollte.

25 Die Aufgabe der restriktiven Auslegung des Begriffs der Insiderinformation dahingehend, dass nicht nur Informationen mit Drittbezug, sondern auch selbst geschaffene innere Tatsachen Insiderinformationen sein können, dürfte allerdings kaum praktische Auswirkungen haben. Denn Personen, die wegen ihres öffentlich nicht bekannten, kursrelevanten Vorhabens Insider sind, sind nicht daran gehindert, ihr Vorhaben umzusetzen, weil Art. 9 Abs. 5 MAR bestimmt, dass der Erwerb oder die Veräußerung von Finanzinstrumenten im Wissen um dieses Vorhaben keine Nutzung einer Insiderinformation darstellen.

b) Präzise

26 Nur „präzise" Informationen sind Insiderinformationen. Zweck des Attributs „präzise" ist es, unpräzise und vage Informationen aus dem Tatbestand der Insiderinformation auszuschließen. Aus diesem Attribut lässt sich allerdings nicht herleiten, wie welchen Präzisionsgrad die Informationen haben müssen.

27 Der Begriff der präzisen Informationen wird in Art. 7 Abs. 2 S. 1 MAR konkretisiert. Demnach sind Informationen dann präzise, „wenn damit eine Reihe von Umständen gemeint ist, die bereits gegeben sind oder bei denen man vernünftigerweise erwarten kann, dass sie in Zukunft gegeben sein werden, oder ein Ereignis, das bereits eingetreten ist oder von den vernünftigerweise erwarten kann, dass es in Zukunft eintreten wird, und diese Informationen darüber hinaus spezifisch genug sind, um einen Schluss auf die mögliche Auswirkung dieser Reihe von Umständen oder dieses Ereignisses auf die Kurse der Finanzinstrumente oder des damit verbundenen derivativen Finanzinstruments [...] zuzulassen."[52]

28 Diese Konkretisierung führt zwei unterschiedliche Prüfungsstufen ein.[53] Auf der ersten Stufe ist zu prüfen, ob eine Information als solche über einen existierenden Umstand oder ein eingetretenes Ereignis oder als eine solche über zukünftig existierende Umstände oder eingetretene Ereignisse zu qualifizieren ist, wobei zukunftsbezogene Informationen eine hinreichende Eintrittswahrscheinlichkeit aufweisen müssen. Auf der zweiten Stufe ist die Kursspezifizität[54] der Information zu prüfen. Bei dieser zweiten Vorgabe zur Bestimmung der „Präzision" einer Information handelt es sich um eine Anforderung, die alle Insiderinformationen erfüllen müssen – unabhängig davon, ob ihr Gegenstand in der Vergangenheit, Gegenwart oder der Zukunft liegt.[55] Dabei geht es darum, herauszufiltern, ob die Information spezifisch genug ist, um Grundlage für eine Aussage über den zukünftigen Börsen- oder Marktpreis eines Insiderpapiers sein zu können[56]. Dieses Merkmal der Kursspezifizität zur Bestimmung einer präzisen Information ist im Ergebnis bereits Teil des Tatbestandsmerkmals der „Eignung zur spürbaren Kursbeeinflussung" und entfaltet neben diesem Erfordernis der Kursrelevanz keine eigenständige tatbestandsbegrenzende Wirkung.[57] Denn eine kursrelevante Information, die nicht auch so spezifisch wäre, dass sie

---

[51] EuGH v. 23.12.2009 – Rs. C-45/08, Slg. 2009 I-12073 = NZG 2010, 107 Rn. 62 – *Spector.*

[52] Ebenso EuGH v. 28.6.2012 – Rs. C-19/11, ECLI:EU:C:2012:397, = NJW 2012, 2787 Rn. 29 – *Geltl.*

[53] *Mennicke/Jakouvou* in Fuchs WpHG § 13 Rn. 26 zu Art. 1 Abs. 1 RL 2003/124/EG.

[54] *Klöhn* NZG 2015, 809 (810).

[55] *Klöhn* ZIP 2014, 945 (948).

[56] *Hopt/Kumpan* in Schimansky/Bunte/Lwowski BankR-HdB § 107 Rn. 43; *Mennicke/Jakouvou* in Fuchs WpHG § 13 Rn. 25; *Assmann* in Assmann/Schneider WpHG § 13 Rn. 8.

[57] *Klöhn* in KölnKomm WpHG § 13 Rn. 80; *Mennicke/Jakouvou* in Fuchs WpHG § 13 Rn. 28; *Klöhn* NZG 2015, 809 (810); aA *Assmann* in Assmann/Schneider WpHG § 13 Rn. 8, der allerdings nicht darlegt, worin eine Abgrenzung zum Tatbestandsmerkmal der Kursrelevanz zu sehen ist.

einen Schluss auf ihre Kursrelevanz zulassen würde, gibt es nicht.[58] Liegt Kursrelevanz vor, ist damit also gleichzeitig die Kursspezifizität der Information belegt. Die Vorgabe der Präzision kommt insoweit also nur als eine aus der Kursrelevanzprüfung herausgetrennte Auslesefunktion zu, mit der bestimmte, offensichtlich irrelevante Informationen ausgefiltert werden können, ohne dass eine vollständige Prüfung der Kursrelevanz erforderlich wäre.[59]

Für die Einstufung einer Information als präzise ist dagegen nicht erforderlich, dass mit einem hinreichenden Maß an Wahrscheinlichkeit aus ihr abgeleitet werden kann, in welche Richtung sich der Kurs eines Finanzinstruments bewegen wird.[60] Es genügt vielmehr, dass eine Information den Schluss zulässt, dass es überhaupt zu einer Kursbewegung kommen wird.[61] Andernfalls könnten Emittenten von Ad-hoc Meldungen absehen, weil die vom Markt zu erwartenden Reaktionen nicht vorhersehbar sind.[62] Daher schließt das Kriterium der „präzisen" Information nur vage oder allgemeine Informationen aus, die keine Schlussfolgerung über ihre möglichen Auswirkungen auf den Kurs der betreffenden Finanzinstrumente zulassen.[63] 29

aa) Gegebene Umstände und eingetretene Ereignisse. Tauglicher Gegenstand einer Insiderinformation im Sinne von Art. 7 Abs. 1 MAR sind unter anderem sämtliche existierenden Umstände oder eingetretenen Ereignisse – mithin Umstände oder Ereignisse, die einen Gegenwarts- oder Vergangenheitsbezug aufweisen.[64] 30

Hiernach können Informationen über Tatsachen Insiderinformationen sein.[65] Daneben können auch subjektive Wertungen (insbesondere Werturteile, Meinungsäußerungen, Rechtsauffassungen, Prognosen), Empfehlungen, Absichten und Gerüchte vom Tatbestand erfasst sein.[66] 31

(1) Tatsachen. Klassischer Gegenstand einer Insiderinformation sind Tatsachen. Tatsachen sind alle der äußeren Wahrnehmung zugänglichen Geschehnisse oder Zustände der Vergangenheit oder der Gegenwart, die dem Beweis zugänglich sind.[67] Neben äußeren Tatsachen umfasst der Begriff der Tatsache auch innere menschliche Vorgänge, sobald diese Vorgänge zu äußeren Erscheinungen in Beziehung treten und verifizierbar sind[68] – wie beispielsweise die geäußerte Idee oder die sich durch Handeln dokumentierende Absicht einer Unternehmensübernahme (innere Tatsache)[69]. 32

Verifizierbarkeit bedeutet, dass es möglich sein muss, die betreffenden Geschehnisse oder Zustände zu beweisen. Es kommt nicht darauf an, ob der Informant oder der Informationsempfänger im Einzelfall in der Lage ist, sie tatsächlich zu verifizieren.[70] Es geht auch nicht 33

---

[58] *Klöhn* in KölnKomm WpHG § 13 Rn. 80; *Klöhn* NZG 2015, 809 (810); *Mennicke/Jakouvou* in Fuchs WpHG § 13 Rn. 28.

[59] *Klöhn* in KölnKomm WpHG § 13 Rn. 80; *Klöhn* NZG 2015, 809 (810); *Mennicke/Jakouvou* in Fuchs WpHG § 13 Rn. 28; *Assmann* in Assmann/Schneider WpHG § 13 Rn. 8.

[60] EuGH v. 11.3.2015 – Rs. C-628/13, ECLI:EU:C:2015:162 = NZG 2015, 432 Rn. 34, 38 – *Lafonta*; *Klöhn* NZG 2015, 809 (813); *Hopt/Kumpan* in Schimansky/Bunte/Lwowski BankR-HdB § 107 Rn. 43.

[61] *Mennicke/Jakouvou* in Fuchs WpHG § 13 Rn. 25.

[62] *Hopt/Kumpan* in Schimansky/Bunte/Lwowski BankR-HdB § 107 Rn. 43.

[63] EuGH v. 11.3.2015 – Rs. C-628/13, ECLI:EU:C:2015:162 = NZG 2015, 432 Rn. 31 – *Lafonta*.

[64] *Klöhn* in KölnKomm WpHG § 13 Rn. 23, 26; *Mennicke/Jakouvou* in Fuchs WpHG § 13 Rn. 29.

[65] *Klöhn* in KölnKomm WpHG § 13 Rn. 48; *Mennicke/Jakouvou* in Fuchs WpHG § 13 Rn. 29; *Assmann* in Assmann/Schneider WpHG § 13 Rn. 11 f.

[66] *Hopt/Kumpan* in Schimansky/Bunte/Lwowski BankR-HdB § 107 Rn. 44; *Mennicke/Jakouvou* in Fuchs WpHG § 13 Rn. 25 mit Verweis auf BaFin Emittentenleitfaden 2013 S. 33.

[67] BGH JR 1977, 28 (29); *Schönke* in Schröder/Lenckner StGB § 186 Rn. 3; *Klöhn* in KölnKomm WpHG § 13 Rn. 48; *Mennicke/Jakouvou* in Fuchs WpHG § 13 Rn. 32; *Assmann* in Assmann/Schneider WpHG § 13 Rn. 12; *Schwark/Kruse* in Schwark/Zimmer § 13 WpHG Rn. 8; *Rothenhöfer* in Kümpel/Wittig 3. Teil Rn. 3.478.

[68] *Klöhn* in KölnKomm WpHG § 13 Rn. 48.

[69] BaFin Emittentenleitfaden 2013 S. 33; *Mennicke/Jakouvou* in Fuchs WpHG § 13 Rn. 31; *Klöhn* in KölnKomm WpHG § 13 Rn. 49; *Hopt/Kumpan* in Schimansky/Bunte/Lwowski BankR-HdB § 107 Rn. 44.

[70] *Mennicke/Jakouvou* in Fuchs WpHG § 13 Rn. 32; *Assmann* in Assmann/Schneider WpHG § 13 Rn. 12.

um die Verifizierbarkeit der inhaltlichen Wahrheit, sondern darum, dass die Existenz der betreffenden Geschehnisse oder Zustände dem Beweis zugänglich ist.[71]

34 Gegenstände von unrichtigen Informationen – etwa ein Unternehmensgewinn, der nicht in der angegebenen Höhe eingetreten ist – sind keine Tatsachen und somit keine Umstände oder Ereignisse iSd Art. 7 Abs. 2 MAR, da diese weder existieren noch mit hinreichender Wahrscheinlichkeit davon ausgegangen werden kann, dass sie in Zukunft existieren werden.[72] Hingegen sind auch solche Zustände Tatsachen und somit Umstände bzw. Ereignisse iSd Art. 7 Abs. 2 MAR, die sich im Nachhinein als unwahr herausstellen, aber nach Bekanntwerden vom Markt zunächst als wahre Tatsachen wahrgenommen werden. Entscheidend ist allein, ob die Information in dem Zeitpunkt, in dem sie erlangt wird, wäre sie öffentlich bekannt geworden, als zutreffende Information angesehen und geeignet gewesen wäre, den Kurs der betroffenen Finanzinstrumente erheblich zu beeinflussen.[73]

35 **(2) Werturteile, Meinungen, Einschätzungen, Rechtauffassungen.** Werturteile, Meinungen, Einschätzungen, darunter vor allem Rechtsauffassungen, dh Aussagen über das Ergebnis der Anwendung des objektiven Rechts auf Sachverhalte,[74] sind nach allgemeiner Ansicht nicht der Verifizierung zugänglich und somit grundsätzlich keine Tatsachen im herkömmlichen Sinn.[75] Werturteile resultieren aus der Vermengung von äußerer Wahrnehmung von Geschehnissen und Zuständen mit subjektiven Einstellungen, Wertungen oder Vorurteilen.[76] Bei hinreichender Präzision, etwa bei Verwendung verifizierbarer Informationen oder im Fall eines verlässlichen Kontexts, können aber auch Werturteile, Meinungen, Ansichten und Einschätzungen Gegenstand einer insiderrechtlichen relevanten Information sein.[77] Sofern solche subjektiven Werturteile, Ansichten und Meinungen einen Tatsachenkern haben, auf einem solchen beruhen oder auf einen solchen schließen lassen, können sie regelmäßig eine Insiderinformation darstellen.[78] In anderen Worten, sofern die Basis eines Werturteils eine Tatsache ist, so ist das Werturteil selbst als insiderrechtlich relevanter Umstand anzusehen. Dies ergibt sich aus dem Umkehrschluss zu Erwägungsgrund Nr. 28 S. 1 MAR, denn ist in die Bewertung auch nur ein Umstand eingeflossen, der nicht öffentlich bekannt ist, dann hat die Bewertung den Charakter eines Umstands gemäß Art. 7 Abs. 2 MAR und kann daher bei Vorliegen der weiteren Tatbestandsmerkmale eine Insiderinformation sein.[79] Ausreichend ist dabei, dass die Tatsache den Betreffenden in seiner Meinung oder Prognose bestärkt oder ihn sonst in irgendeiner Weise beeinflusst hat.[80]

36 Ebenso kann die (Tatsachen-)Grundlage des Werturteils – dh die Fakten, auf denen das Werturteil beruht – selbst Gegenstand einer Insiderinformation sein.[81]

[71] *Mennicke/Jakouvou* in Fuchs WpHG § 13 Rn. 32.

[72] *Mennicke/Jakouvou* in Fuchs WpHG § 13 Rn. 35; *Klöhn* in KölnKomm WpHG § 13 Rn. 61; *Schwark/Kruse* in Schwark/Zimmer § 13 WpHG Rn. 25.

[73] *Assmann* in Assmann/Schneider WpHG § 13 Rn. 12; *Mennicke/Jakouvou* in Fuchs WpHG § 13 Rn. 35, *Klöhn* in KölnKomm WpHG § 13 Rn. 59; aA *Hilgendorf/Kusche* in Park Kapitalmarktstrafrecht Art. 7 MAR Rn. 43.

[74] *Mennicke/Jakouvou* in Fuchs WpHG § 13 Rn. 44; *Assmann* in Assmann/Schneider WpHG § 13 Rn. 13.

[75] *Mennicke/Jakouvou* in Fuchs WpHG § 13 Rn. 44; *Assmann* in Assmann/Schneider WpHG § 13 Rn. 13; *Rothenhöfer* in Kümpel/Wittig 3. Teil Rn. 3.480; *Hopt/Kumpan* in Schimansky/Bunte/Lwowski BankR-HdB § 107 Rn. 44.

[76] *Mennicke/Jakouvou* in Fuchs WpHG § 13 Rn. 39.

[77] So auch BaFin Emittentenleitfaden 2013 S. 33, wonach überprüfbare Werturteile, Einschätzungen, Absichten als Insiderinformation zu qualifizieren sind. *Mennicke/Jakouvou* in Fuchs WpHG § 13 Rn. 39.

[78] *Assmann* in Assmann/Schneider WpHG § 13 Rn. 13; 15; *Schäfer* in Schäfer/Hamann Kapitalmarktgesetze § 13 WpHG Rn. 14; *Rothenhöfer* in Kümpel/Wittig 3. Teil Rn. 3.480; *Mennicke/Jakouvou* in Fuchs WpHG § 13 Rn. 41 f.; aA *Klöhn* in KölnKomm WpHG § 13 Rn. 71, der einen Tatsachenkern der Äußerung erst bei der Beurteilung der Kursrelevanz eine Rolle spielt.

[79] So auch noch zu Art. 13 Abs. 2 WpHG aF, der auf Erwägungsgrund 31 MAD 2003 zurückgeht: *Assmann* in Assmann/Schneider WpHG § 13 Rn. 16; *Mennicke/Jakouvou* in Fuchs WpHG § 13 Rn. 42.; *Klöhn* in KölnKomm WpHG § 13 Rn. 71; *Rothenhöfer* in Kümpel/Wittig 3. Teil Rn. 3.480.

[80] *Mennicke/Jakouvou* in Fuchs WpHG § 13 Rn. 41; *Schneider/Burgard* LA Buxbaum, 501 (508 f.).

[81] *Klöhn* in KölnKomm WpHG § 13 Rn. 72; *Assmann* in Assmann/Schneider WpHG § 13 Rn. 15.

37 Der Umstand an sich, dass eine bestimmte Person eine bestimmte Meinung vertritt, Umstände oder Ereignisse in einer bestimmten Weise bewertet oder die Meinung oder Bewertung eines anderen teilt oder nicht teilt, ist eine der Verifizierung zugängliche innere oder äußere Tatsache.[82] Die erforderliche Präzision der Information kann in diesen Fällen auf einer besonderen Wahrnehmung der Marktteilnehmer beruhen.[83] Zudem muss der Umstand spezifisch genug sein, um Grundlage für eine Aussage über den zukünftigen Verlauf des Börsen- oder Marktpreises des betreffenden Insiderpapiers sein zu können.[84] Der Grund für die Einordnung eines Werturteils als Tatsache kann dabei in der Person des Meinungsträgers liegen. Es können auch die Umstände sein, unter denen ein Werturteil kundgegeben wurde.[85] Insoweit kommen als insiderrechtlich relevante Umstände insbesondere Werturteile von Funktionsträgern in Betracht, denen der Markt aufgrund ihrer Stellung ein nicht öffentlich bekanntes Sachwissen sowie die Fähigkeit zur Durchsetzbarkeit ihrer Entschlüsse zumisst (zB die Aussage des Vorstandsvorsitzenden eines Emittenten, der sich im Analystengespräch zur Umsetzung seiner Strategie äußert).[86] Die betreffenden Umstände müssen aber stets hinreichend konkret, dh spezifisch genug sein, um die Grundlage für eine Aussage über den zukünftigen Verlauf des Börsen- oder Marktpreises des Finanzinstruments bilden zu können.[87]

38 **(3) Analysen und Bewertungen aufgrund öffentlich verfügbarer Informationen.** Von Werturteilen und Meinungen zu unterscheiden sind Bewertungen und Analysen von börsennotierten Unternehmen, etwa durch Finanzanalysten, Wirtschaftsprüfer, Ratingagenturen oder Wirtschaftsjournalisten.[88] In diese Kategorie fallen zum Beispiel die Meinung eines Finanzanalysten,[89] dass die Aktien eines Emittenten unterbewertet sind, oder das Kreditrating einer Rating-Agentur.[90] Aufgrund der Verkehrsauffassung können diese Bewertungen insiderrechtlich relevante Umstände sein, wenn sie von den Marktteilnehmern als Tatsachen behandelt werden. Typischerweise ist dies der Fall, weil sie zum einen auf Tatsachen aufbauen, und zum anderen, weil die Erstellung der Bewertung regelgeleitet vorgenommen wird und nicht bloß subjektiven Wertungsmaßstäben folgt, so dass das subjektive Element zurücktritt.[91] Dass solche Informationen für sich genommen Informationen über Umstände sind, geht aus Erwägungsgrund Nr. 28 S. 1 MAR hervor. Ebenso wie bisher § 13 Abs. 2 WpHG aF sieht auch Erwägungsgrund Nr. 28 S. 1 MAR vor, dass Analysen und Bewertungen, die auf Grund öffentlich verfügbarer Angaben erstellt wurden, nicht als Insiderinformationen angesehen werden sollten. Damit wird implizit davon ausgegangen, dass Analysen und Bewertungen präzise Informationen sein können. Denn nur, wenn dies der Fall ist, erscheint es sinnvoll zu regeln, solche Bewertungen aus dem Kreis von Insiderinformationen herauszunehmen, die ausschließlich auf der Auswertung öffentlich bekannter Tatsachen basieren.[92]

39 Wie die Vorgängervorschrift des § 13 Abs. 2 WpHG aF ermöglicht Erwägungsgrund Nr. 28 S. 1 MAR somit den Marktteilnehmern, öffentlich bekannte Informationen zu

[82] *Assmann* in Assmann/Schneider WpHG § 13 Rn. 13; *Mennicke/Jakouvou* in Fuchs WpHG § 13 Rn. 43; *Klöhn* in KölnKomm WpHG § 13 Rn. 73; *Rothenhöfer* in Kümpel/Wittig 3. Teil Rn. 3.480.
[83] *Mennicke/Jakouvou* in Fuchs WpHG § 13 Rn. 43.
[84] *Assmann* in Assmann/Schneider WpHG § 13 Rn. 13; *Mennicke/Jakouvou* in Fuchs WpHG § 13 Rn. 43.
[85] *Mennicke/Jakouvou* in Fuchs WpHG § 13 Rn. 43; *Assmann* in Assmann/Schneider WpHG § 13 Rn. 13; *Rothenhöfer* in Kümpel/Wittig 3. Teil Rn. 3.480; *Schneider/Burgard* LA Buxbaum, 501 (509).
[86] *Mennicke/Jakouvou* in Fuchs WpHG § 13 Rn. 43; *Assmann* in Assmann/Schneider WpHG § 13 Rn. 13; *Rothenhöfer* in Kümpel/Wittig 3. Teil Rn. 3.480; *Klöhn* in KölnKomm WpHG § 13 Rn. 73.
[87] *Mennicke/Jakouvou* in Fuchs WpHG § 13 Rn. 43.
[88] *Assmann* in Assmann/Schneider WpHG § 13 Rn. 16; *Mennicke/Jakouvou* in Fuchs WpHG § 13 Rn. 46.
[89] Zur Insiderproblematik bei Finanzanalysten vgl. ausführlich *Klöhn* WM 2016, 1665.
[90] Beispiele nach *Klöhn* in KölnKomm WpHG § 13 Rn. 71, zu Ratings als Insiderinformationen *Stemper* WM 2011, 1740 (1742).
[91] *Assmann* in Assmann/Schneider WpHG § 13 Rn. 16; *Mennicke/Jakouvou* in Fuchs WpHG § 13 Rn. 46.
[92] *Assmann* in Assmann/Schneider WpHG § 13 Rn. 16; *Mennicke/Jakouvou* in Fuchs WpHG § 13 Rn. 46; *Klöhn* in KölnKomm WpHG § 13 Rn. 71.

sammeln, zu aggregieren, auszuwerten und zu nutzen, ohne dass sie befürchten mussten, dem Insiderverbot zu unterliegen. Es soll damit sichergestellt werden, dass Finanzanalysten, Wirtschaftsjournalisten oder Anleger aufgrund ihrer eigenen legitimen Leistung keine Insiderinformationen schaffen und somit auch bei der Verwertung nicht gegen Insiderrecht verstoßen.[93] Damit soll der Wertschöpfungsprozess möglich bleiben, durch Aggregation und Analyse öffentlicher Informationen werthaltige, nicht öffentliche Informationen zu machen.[94]

40 Anders als bisher in § 13 Abs. 2 WpHG aF und Erwägungsgrund 31 MAD 2003 enthält aber nunmehr Erwägungsgrund Nr. 28 MAR in den Sätzen 2 und 3 eine Rückausnahme von dem Grundsatz, dass Analysen und Bewertungen nicht als Insiderinformationen gelten. Nach diesem Erwägungsgrund, der die Vorschrift seinem Inhalt oder seinem Ziel nach präzisieren kann,[95] können Informationen Insiderinformationen sein, wenn etwa die Veröffentlichung oder Verbreitung der Informationen vom Markt routinemäßig erwartet wird und diese Veröffentlichung und Verbreitung zur Preisbildung von Finanzinstrumenten beiträgt, oder die Information Ansichten eines anerkannten Marktkommentators oder einer Institution enthält, die die Preise verbundener Finanzinstrumente beeinflussen können. Um festzustellen, ob sie auf der Grundlage von diesen Insiderinformationen handeln würden, „müssen die Marktteilnehmer deshalb berücksichtigen, in welchem Umfang die Informationen nichtöffentlich sind und welche Auswirkungen auf Finanzinstrumente möglich wären, wenn sie vor der Veröffentlichung oder Verbreitung handeln würden.“

41 Die Voraussetzungen der Rückausnahme sind nicht klar definiert. Vielmehr beschränkt sich die Rückausnahme auf die Aufzählung von drei Regelbeispielen, in denen es gewährleistet erscheint, dass sich Bewertungen oder Analysen im Fall ihrer Veröffentlichung oder Verbreitung unabhängig von ihrem konkreten Inhalt auf den Kurs von Finanzinstrumente des Emittenten oder verbundene Finanzinstrumente auswirken. Dies sind: (i) Analysen und Bewertungen, deren Veröffentlichung oder Verbreitung routinemäßig vom Markt erwartet wird, (ii) Analysen und Bewertungen, die Ansichten anerkannter Marktkommentatoren enthalten, (iii) Analysen und Bewertungen, die Ansichten von Institutionen enthalten, die die Preise verbundener Finanzinstrumente beeinflussen können.[96] Der Grund dafür, dass unter diesen Voraussetzungen die Bewertung und Analyse unabhängig von ihrem konkreten Inhalt und der Methode die Kursrelevanz typischerweise naheliegt, ist zum einen die Tatsache, dass die Information am Markt routinemäßig erwartet wird und daher vermutlich bei der Preisbildung berücksichtigt wird, und zum anderen ist es die Reputation des Marktkommentators oder der Institution.[97]

42 Nach dem bloßen Wortlaut dieser Rückausnahmen erscheint es denkbar, dass jede Analyse einer „anerkannten Marktkommentators“ oder einer „Institution, die die Preise verbundener Finanzinstrumente beeinflussen (kann)“ als Insiderwissen qualifiziert werden muss, obwohl dieses Wissen ausschließlich auf der Grundlage öffentlich bekannter Informationen gewonnen wurde.[98] Strenggenommen können hinreichend erfolgreiche Wertpapierhändler und Analysten, die dann als „anerkannte Marktkommentatoren“ gelten ihre eigenen Analysen nicht mehr nutzen, ohne gegen das Insiderverbot zu verstoßen.[99] Zudem

---

93 *Mennicke/Jakouvou* in Fuchs WpHG § 13 Rn. 74; nach *Klöhn* in KölnKomm WpHG § 13 Rn. 292 f.; *Klöhn* WM 2016, 1665 (1665); *Klöhn* AG 2016, 423 (427).

94 *Grundmann* in Canaris/Habersack/Schäfer GroßkommHGB Bd. XI Bankvertragsrecht 6. Teil Rn. 341.

95 EuGH v. 19.11.1998 – Rs. C-162/97, ECLI:EU:C:1998:554, Rn. 54 – *Nilsson*; EuGH v. 25.11.1998 – Rs. C-308/97, ECLI:EU:C:1998:566, Rn. 30 – *Manfredi*; EuGH v. 24.11.2005 – Rs. C-136/04, ECLI:EU:C:2005:716, Rn. 32 – *Deutsches Milch-Kontor*. Zur normativen Bedeutung von Erwägungsgrund Nr. 28 MAR siehe *Klöhn* WM 2016, 1665 (1667 f.)

96 *Klöhn* WM 2016, 1665 (1669).

97 *Klöhn* WM 2016, 1665 (1669).

98 *Klöhn* WM 2016, 1665 (1666); *Klöhn* AG 2016, 423 (427 f.).

99 *Klöhn* WM 2016, 1665 (1666); *Klöhn* AG 2016, 423 (428); *Hopt/Kumpan* in Schimansky/Bunte/Lwowski BankR-HdB § 107 Rn. 60a.

könnte man die deutsche Fassung des Erwägungsgrundes Nr. 28 S. 3 MAR so verstehen, dass diese Marktteilnehmer, wenn sie die von ihnen analysierten Finanzinstrumente vor der Veröffentlichung ihrer Analyse kaufen oder verkaufen, darauf achten müssen, welche Auswirkungen diese Geschäfte auf den Kurs der jeweiligen Finanzinstrumente haben könnten.[100] Wie die englische Sprachfassung verdeutlicht, ist dies aber nicht gemeint. Aus ihr wird deutlich, dass es auf die Auswirkung der Veröffentlichung der Analyse oder Bewertung auf den Kurs des Finanzinstrumentes ankommt.[101]

Entgegen dem weiten Wortlaut sollen aber nur solche Bewertungen und Analysen von der Rückausnahme des Erwägungsgrundes Nr. 28 S. 3 MAR erfasst sein, die zum Zwecke der Veröffentlichung und Verbreitung erstellt werden und deren Kursrelevanz damit besonders naheliegt, unabhängig vom jeweiligen Inhalt oder der verwendeten Methode.[102] Die historische Auslegung ergibt jedoch, dass der Anwendungsbereich der Rückausnahme viel enger ist. Nach der Gesetzgebungsgeschichte sollten nur solche Analysen und Bewertungen erfasst werden, die zum Zweck der Veröffentlichung oder Verbreitung erstellt wurden. Dies ergibt sich aus dem Wortlaut des Ursprungsentwurfs des Erwägungsgrundes Nr. 28 MAR, der noch lautete: „Research and estimates developed from publicly available data, should not in themselves be regarded as inside information, unless they are intended for distribution channels or for the public."[103] Im weiteren Gesetzgebungsverfahren wurde diese Formulierung durch die Regelbeispiele ersetzt, die sich heute in Erwägungsgrund Nr. 28 S. 2 finden.[104] Mit der Formulierung der Regelbeispiele wollte der Gesetzgeber die Reichweite der Rückausnahme aber einengen, nicht ausdehnen. Ablesen lässt sich dies aus den Regelbeispielen selbst, denn Erwägungsgrund Nr. 28 S. 2 MAR spricht davon, dass der Markt die Veröffentlichung und Verbreitung von Bewertungen und Analysen routinemäßig erwartet. Außerdem werden Ansichten anerkannter Marktkommentatoren und von Institutionen, die die Preise verbundener Finanzinstrumente beeinflussen, regelmäßig veröffentlicht.[105] Schließlich wird diese Auslegung auch in Erwägungsgrund Nr. 28 S. 3 MAR deutlich, wonach Marktteilnehmer die Auswirkung der Veröffentlichung und Verbreitung des Analyse oder Bewertung berücksichtigen müssen, um festzustellen, ob sie auf Grundlage von Insiderinformationen handeln.[106] **43**

Demnach kann eine Bewertung oder Analyse eine Insiderinformation sein, wenn sie zum Zweck der Verbreitung oder Veröffentlichung erstellt wurde und dies vom Markt routinemäßig erwartet wurde, oder wenn sie von einem anerkannten Marktkommentator oder einer Institution, die die Preise von verbundenen Finanzinstrumenten beeinflussen kann, veröffentlicht oder verbreitet wurde. Veröffentlichung meint dabei das Herstellen einer breiten Öffentlichkeit, während eine Information schon dann verbreitet ist, wenn sie einer großen Anzahl von Personen (als Vorstufe zur breiten Öffentlichkeit) zugänglich gemacht wurde.[107] Hinzukommen muss allerdings eines der in Erwägungsgrund Nr. 28 S. 2 genannten Regelbeispiele. **44**

Das erste Regelbeispiel in Erwägungsgrund Nr. 28 S. 2 MAR sind Analysen und Bewertungen, deren Veröffentlichung und Verbreitung von den Marktteilnehmern routinemäßig erwartet wird. Darunter fallen klassische Fälle wie die Berichte von Ratingagentu- **45**

---

[100] *Klöhn* WM 2016, 1665 (1666); *Klöhn* AG 2016, 423 (427).

[101] *Klöhn* WM 2016, 1665 (1666); *Klöhn* AG 2016, 423 (427); *Hopt/Kumpan* in Schimansky/Bunte/Lwowski BankR-HdB § 107 Rn. 60a. Der Wortlaut des Erwägungsgrund Nr. 28 S. 3 MAR lautet in der englischen Fassung: „Market actors must therefore consider the extent to which the information is non-public and the possible effect on financial instruments traded in advance of its publication or distribution."

[102] *Klöhn* WM 2016, 1665 (1668 ff.); *Klöhn* AG 2016, 423 (427); *Hopt/Kumpan* in Schimansky/Bunte/Lwowski BankR-HdB § 107 Rn. 60a.

[103] Proposal for a Regulation of the European Parliament and of the Council on insider dealing and market manipulation (market abuse) – Presidency compromise, Ratsdok. 16416/12 v. 20.11.2012.

[104] Zur Entstehungsgeschichte des Erwägungsgrundes Nr. 28 ausführlich: *Klöhn* WM 2016, 1665 (1666).

[105] *Klöhn* WM 2016, 1665 (1669).

[106] *Klöhn* WM 2016, 1665 (1670).

[107] Zur detaillierten Herleitung vgl. *Klöhn* WM 2016, 1665 (1670).

ren, die erheblichen Einfluss auf den Kurs der Aktien und Anleihen der dem Rating unterzogenen Emittenten haben können.[108]

46 Das zweite Regelbeispiel in Erwägungsgrund Nr. 28 S. 2 MAR sind Analysen und Bewertungen, die Ansichten anerkannter Marktkommentatoren enthalten und auch deshalb zur Preisbildung beitragen. Ein Marktkommentator ist anerkannt, wenn seine Reputation eine Erwartung dahingehend begründet, dass seine Analysen und Beurteilungen zur Preisbildung von Finanzinstrumenten beitragen. Dabei kann ein Marktkommentator stets nur eine natürliche Person sein. Die Tatsache, dass ein bestimmter Kommentator in der Vergangenheit Preise beeinflusst hat, ist ein starkes Indiz für die Anerkenntnis des Kommentators im Markt, aber nicht ausreichend. Für die Anerkennung bedarf es der Übereinstimmung unter den Marktteilnehmern, dass den Bewertungen und Analysen eine fundierte Methodik zugrunde liegt.[109] Klassische Beispiele anerkannter Marktkommentatoren im Sinne des zweiten Regelbeispiels sind Finanz- und Wirtschaftsjournalisten oder anerkannte und besonders erfolgreiche Händler, die bisweilen ihr Wissen der Öffentlichkeit (zB durch Investorenrundbriefe) geteilt haben.[110]

47 Das dritte Regelbeispiel in Erwägungsgrund Nr. 28 S. 2 MAR sind Analysen und Bewertungen von Institutionen, die die Preise von Finanzinstrumente beeinflussen können. Entscheidend ist dabei, dass die Bewertungen oder Analysen regelmäßig zur Preisbildung von Finanzinstrumenten beitragen. Beispiele von derartigen Institutionen sind unter anderem Zentralbanken, die Finanzaufsicht sowie bekannte Forschungsinstitute wie etwa das ifo Institut in München oder das Kieler Weltwirtschaftsinstitut.[111]

48 Die Anwendung dieser Regelbeispiele wird daher viele Analysen und Bewertungen von Journalisten und Sell-Side Analysten ausschließen, da diese lediglich bereits bekannte Informationen zusammenfassen.[112] Sämtliche dieser Analysen und Bewertungen sind allerdings nur dann Insiderinformationen, wenn sie im konkreten Fall kursrelevant sind.[113]

49 **(4) Gerüchte.** Gerüchte sind Nachrichten, deren Wahrheitsgehalt ungewiss ist.[114] Gerüchte können verifizierbare Tatsachen zum Gegenstand haben. Von den als Insiderinformationen in Frage kommenden Tatsachen unterscheiden sich Gerüchte aber dahingehend, dass ihnen Ungewissheit bzw. Zweifel über ihren Gegenstand, dh über die tatsächliche Existenz bzw. Eintrittswahrscheinlichkeit der fraglichen inneren oder äußeren Tatsache, anhaftet.[115] Damit handelt es sich um sog. hybride Tatsacheninformationen, die einerseits verifiziert und andererseits unwahr sein können. Anders ausgedrückt sind Gerüchte unsichere bzw. vage Informationen über Tatsachen.[116]

50 Gerüchte können vergangene oder gegenwärtige Tatsachen zum Gegenstand haben, dh Tatsachen, die – die Wahrheit des Gerüchts unterstellt – bereits eingetreten sind.[117] Ebenso können Gerüchte Tatsachen zum Gegenstand haben, die in Zukunft eintreten werden oder eintreten können. Auch eine Kombination ist denkbar, in der sich ein Gerücht auf gegenwärtige und zukünftige Umstände oder Ereignisse bezieht.[118] Hat ein Gerücht in Zukunft eintretende Tatsachen zum Gegenstand, hängt der Wert des Gerüchts zum einen von der

108 *Klöhn* WM 2016, 1665 (1671).
109 *Klöhn* WM 2016, 1665 (1672).
110 *Klöhn* WM 2016, 1665 (1671).
111 *Klöhn* WM 2016, 1665 (1672).
112 *Klöhn* WM 2016, 1665 (1671); *Hopt/Kumpan* in Schimansky/Bunte/Lwowski BankR-HdB § 107 Rn. 60a.
113 Zur Kursrelevanz → Rn. 100 ff.
114 *Fleischer/Schmolke* AG 2007, 841 (842); *Klöhn* in KölnKomm WpHG § 13 Rn. 53; ähnlich Ekkenga, ZGR 1999, 165 (162).
115 *Assmann* in Assmann/Schneider WpHG § 13 Rn. 17.
116 *Klöhn* in KölnKomm WpHG § 13 Rn. 53; *Assmann* in Assmann/Schneider WpHG § 13 Rn. 17; *Mennicke/Jakouvou* in Fuchs WpHG § 13 Rn. 51; *Grundmann* in Canaris/Habersack/Schäfer GroßkommHGB Bd. XI Bankvertragsrecht 6. Teil Rn. 344.
117 *Fleischer/Schmolke* AG 2007, 841 (846); *Klöhn* KölnKomm WpHG § 13 Rn. 54.
118 Beispiele zu den Kombination bei *Klöhn* in KölnKomm WpHG § 13 Rn. 54 und bei *Assmann* in Assmann/Schneider WpHG § 13 Rn. 17.

Eintrittswahrscheinlichkeit des künftigen Umstands oder Ereignisse und zum anderen von der Verlässlichkeit der Information darüber ab.[119]

51 Es ist umstritten, ob und unter welchen Voraussetzungen Gerüchte die tatbestandlichen Anforderungen an eine „präzise Information" erfüllen:

52 Vor Geltung der MAR sprach sich ein Teil der Literatur in Deutschland pauschal gegen die Einordnung von Gerüchten als Insiderinformationen aus.[120] Zur Begründung berief man sich ua auf Voten des damaligen Ausschusses der europäischen Wertpapierregulierungsbehörden (CESR), auf die die MAD 2003-Durchführungsrichtlinie 2003/124/EG gestützt war. Diese Voten hatten Gerüchte nicht als präzise Information eingestuft.[121] Außerdem wurde angeführt, dass es Gerüchten an der Genauigkeit des Inhalts und der Zuverlässigkeit der Information fehle.[122]

53 Die Gegenansicht sah Gerüchte mit einem Tatsachenkern als Insiderinformation an, sofern das Gerücht die Eignung zur erheblichen Preisbeeinflussung hatte.[123] Dieser Ansicht folgten etwa der Hessische VGH[124] und die BaFin, wobei allerdings die BaFin die insiderrechtliche Relevanz anhand von fünf Kriterien erst auf der Ebene des Kursbeeinflussungspotentials prüfen wollte.[125]

54 Auch nach Inkrafttreten der MAR kommt es in Betracht, Gerüchte grundsätzlich als präzise Informationen über Ereignisse und Umstände gemäß Art. 7 Abs. 2 MAR einzustufen.[126] Dies ergibt sich nunmehr auch aus Art. 17 Abs. 7 UAbs. 2 MAR. Demnach kommt ein berechtigter Aufschub der Offenlegung von Insiderinformationen dann nicht mehr in Betracht, wenn Gerüchte über geheim gehaltene Informationen kursieren, die so präzise sind, dass zu vermuten ist, dass die Vertraulichkeit der Information nicht mehr gewährleistet ist.[127] Dagegen sprechen auch nicht die Ausführungen des CESR zur Vorgängerregelung in der MAD 2003. Der von CESR benutzte Begriff des Gerüchts („rumour")[128] muss als Synonym für substantiiertes Gerede („Börsentratsch"[129]), vagen Hoff-

---

[119] *Klöhn* in KölnKomm WpHG § 13 Rn. 53.

[120] Noch zum WpHG aF: *Assmann* in Assmann/Schneider WpHG § 13 Rn. 17; *Bürgers* BKR 2004, 424 (425); *Diekmann/Sustmann* NZG 2004, 929 (930); *Cahn* Der Konzern 2005, 5 (7); *Holzborn/Israel* WM 2004, 1948 (1951); *Koch* DB 2005, 267 (268); *Möllers* WM 2005, 1393 (1394).

[121] CESR's Advice on Level 2 Implementing Measures for the proposed Market Abuse Directive, CESR /02–889d, 8 Rn. 20 erster Unterpunkt: „A matter or an event is true when it is based on firm and objective evidence, which can be communicated accurately (as opposed to rumours), ie if it can be proven to have happened or to exist. If the information derives from a stage process, every fact to do with the process, as well as the totality of the process itself, is precise information and therefore could be inside information, unless it consists only of rumours." CESR, Market Abuse Directive Level 3 – second set of CESR guidance and information on the common operation of the Directive of the market, CESR /06–562 S. 4 Rn. 1.5: „The precise nature of information is to be assessed on a case-by-case basis and depends on what the information is and the surrounding context. However, the following general points can be made. CESR Members consider that in determining whether a set of circumstances exist or an event has occurred, a key issue is whether there is firm and objective evidence for this as opposed to rumours or speculation ie if it can be proved to have happened or to exist."

[122] Noch zum WpHG aF: *Merkner/Sustmann* NZG 2005, 729 (731); *Cahn* Der Konzern 2005, 5 (7).

[123] Zum WpHG aF: *Mennicke/Jakouvou* in Fuchs WpHG § 13 Rn. 50 ff.; *Klöhn* in KölnKomm WpHG § 13 Rn. 57 ff.; Klöhn, Kapitalmarkt, Spekulation und Behavioral Finance, 2006, S. 237 f.; *Schäfer* in Schäfer/Hamann Kapitalmarktgesetze § 13 WpHG Rn. 16; *Rothenhöfer* in Kümpel/Wittig 3. Teil Rn. 3.482; *Merkner/Sustmann* NZG 2005, 729 (731); *Claussen/Florian* AG 2005, 745 (749); *Fleischer/Schmolke* AG 2007, 841 (846 f.).

[124] Hess. VGH v. 16.3.1998 – 8 TZ 98/98 = AG 1998, 436 Rn. 4. Im Beschluss erkannte der VGH an, dass Gerüchte Insidertatsachen sein können, sofern diese objektiv zuverlässige Elemente und einen Tatsachenkern erhalten. In dem betreffenden Fall war Tatsachenkern eine geplante feindliche Übernahme.

[125] BaFin Emittentenleitfaden 2013 S. 33 f.

[126] *Hopt/Kumpan* in Schimansky/Bunte/Lwowski BankR-HdB § 107 Rn. 50.

[127] BaFin-Journal Juli 2016 S. 30; *Krause* CCZ 2014, 248 (255 f.); *Klöhn* AG 2016, 423 (431).

[128] CESR's Advice on Level 2 Implementing Measures for the proposed Market Abuse Directive, CESR /02–889d, 8 Rn. 20 erster Unterpunkt; CESR, Market Abuse Directive Level 3 – second set of CESR guidance and information on the common operation of the Directive of the market, CESR /06–562, 4 Rn. 1.5.

[129] *Fleischer/Schmolke* AG 2007, 841 (847) Fn. 81; *Klöhn* in KölnKomm WpHG § 13 Rn. 57.

nungen oder als Gerücht ohne hinreichende Tatsachenbasis verstanden werden.[130] Denn vielmehr stellt die CESR-Empfehlung zur MAD 2003 vom Juli 2007 bei der Beurteilung, ob eine präzise Information vorliegt, auf eine Gesamtschau der Umstände jedes Einzelfalles ab.[131]

55 Ob ein Gerücht als Insiderinformation iSd Art. 7 Abs. 1 MAR anzusehen ist, hängt entscheidend davon ab, ob es eine Tatsachenbasis besitzt, die als präzise Information eingestuft werden kann.[132] Ob ein Gerücht den tatbestandlichen Voraussetzungen des Art. 7 Abs. 2 MAR entspricht, richtet sich nach der Verlässlichkeit der Information (sowie im Fall eines zukünftigen Ereignisses nach der Eintrittswahrscheinlichkeit dieses Ereignisses).[133] Ist ein Gerücht hinreichend verlässlich, sind diese Voraussetzungen gegeben.[134] Zur Feststellung der Verlässlichkeit kann dabei auf die fünf von der BaFin aufgestellten Kriterien zur Einordnung des Gerüchts als Insiderinformation zurückgegriffen werden. Für die Verlässlichkeit eines Gerüchts kommt es demnach auf die Quelle des Gerüchts, die ihm zugrundeliegenden nachprüfbaren Fakten, die Verfassung der Märkte im Allgemeinen und des Segments des Emittenten im Besonderen, sowie die wirtschaftliche Situation des Unternehmens selbst an.[135] Es ist unerheblich, ob sich die Tatsachen, die Gegenstand des Gerüchts sind, später als wahr oder unwahr herausstellen.[136] Aussagen von Autoritäten sind damit durchaus einzubeziehen, zB die Aussage des Vorstandsvorsitzenden, die Umsätze würden steigen.[137] Damit scheiden rein subjektive Gerüchte, dh Gerüchte, die nicht durch konkrete Vorgänge unterlegt sind, aus.[138]

56 **(5) Tipps, Empfehlungen und Ratschläge.** Tipps, Empfehlungen und Ratschläge zum Erwerb oder zur Veräußerung von Finanzinstrumenten sind für sich genommen keine Umstände iSd Art 7 Abs. 2 MAR. Derartige Tipps, Empfehlungen und Ratschläge enthalten die Äußerung einer Meinung, deren Inhalt dem Beweis nicht zugänglich ist.[139] Ebenso wie bei Werturteilen oder Gerüchten können allerdings auch Tipps, Empfehlungen, Ratschläge mit Tatsachen einhergehen oder eine andere Grundlage haben, die ihrerseits eine präzise Information sein kann.[140] Auch die Information darüber, dass jemand einem Dritten einen Tipp oder eine Empfehlung gegeben hat oder zu geben beabsichtigt, kann, einen Umstand iSd Art 7 Abs. 2 MAR darstellen, wenn Gründe vorliegen, die über die mit diesem Tipp verbundene Meinungsäußerung hinausgehen.[141]

57 **bb) Zukünftige Umstände und Ereignisse.** In der Zukunft liegende Umstände oder Ereignisse können gemäß Art. 7 Abs. 2 S. 1 nur dann Gegenstand einer Insiderinformation sein, wenn vernünftigerweise erwartet werden kann, dass sie gegeben sein bzw. eintreten

[130] So auch *Fleischer/Schmolke* AG 2007, 841 (847); *Klöhn* in KölnKomm WpHG § 13 Rn. 57.

[131] CESR, Market Abuse Directive Level 3 – second set of CESR guidance and information on the common operation of the Directive of the market, CESR /06–562, 4 Rn. 1.5: „The precise nature of information is to be assessed on a case-by-case basis and depends on what the information is and the surrounding context."

[132] Zum WpHG aF: *Fleischer/Schmolke* AG 2007, 841 (846).

[133] *Grundmann* in Canaris/Habersack/Schäfer GroßkommHGB Bd. XI Bankvertragsrecht 6. Teil Rn. 344.

[134] Zum WpHG aF: *Klöhn* in KölnKomm WpHG § 13 Rn. 57.

[135] BaFin Emittentenleitfaden 2013 S. 33 f.; *Hopt/Kumpan* in Schimansky/Bunte/Lwowski BankR-HdB § 107 Rn. 50.

[136] *Rothenhöfer* in Kümpel/Wittig 3. Teil Rn. 3.482; *Hopt/Kumpan* in Schimansky/Bunte/Lwowski BankR-HdB § 107 Rn. 50.

[137] *Claussen* DB 1994, 27 (30); *Cahn* ZHR 162 (1998) 1 (12 ff.); *Grundmann* in Canaris/Habersack/Schäfer GroßkommHGB Band XI 6. Teil Rn. 344; ähnlich *Assmann* in Assmann/Schneider WpHG § 13 Rn 13 f.

[138] *Grundmann* in Canaris/Habersack/Schäfer GroßkommHGB Bd. XI Bankvertragsrecht 6. Teil Rn. 344.

[139] Noch zum WpHG aF *Klöhn* in KölnKomm WpHG § 13 Rn. 74; *Assmann* in Assmann/Schneider WpHG § 13 Rn. 14; *Mennicke/Jakouvou* in Fuchs WpHG § 13 Rn. 55.

[140] *Klöhn* in KölnKomm WpHG § 13 Rn. 74; *Assmann* in Assmann/Schneider WpHG § 13 Rn. 15; *Mennicke/Jakouvou* in Fuchs WpHG § 13 Rn. 55.

[141] *Klöhn* in KölnKomm WpHG § 13 Rn. 74; *Assmann* in Assmann/Schneider WpHG § 13 Rn. 14; *Mennicke/Jakouvou* in Fuchs WpHG § 13 Rn. 56.

werden.[142] Die Vorschrift des Art. 7 Abs. 2 S. 1 MAR ersetzt die Vorgängervorschrift des Art. 1 Abs. 1 RL 2003/124/EG und den hierauf basierenden § 13 Abs. 1 S. 3 WpHG aF. Sowohl die deutsche Sprachfassung des Art. 1 Abs. 1 RL 2003/124/EG als auch § 13 Abs. 1 S. 3 WpHG aF sahen vor, dass zukünftige Umstände dann Gegenstand eine Insiderinformation sein konnten, wenn ihr Eintritt mit „hinreichender Wahrscheinlichkeit" feststand. Wie bereits dargestellt, wurde der Begriff der „hinreichenden Wahrscheinlichkeit" mit Blick auf andere Sprachfassungen der RL 2003/124/EG und die *Geltl* -Entscheidung des EuGH ersetzt.[143]

Zukunftsbezogene Informationen sind unter anderem Pläne, Absichten, Vorhaben, Prognosen oder sonstige Erwartungen.[144] Der geplante bzw. beabsichtigte Umstand ist ein künftiger Umstand iSd Art. 7 Abs. 2 S. 1 MAR.[145] Er ist abzugrenzen von Tatsachen, die bereits existieren und der jeweiligen Planung zugrunde liegen (aktueller Verfahrensstand, Plandaten, Berechnungen etc.).[146] Weiterhin ist er abzugrenzen von der Tatsache, dass eine Person einen bestimmten Plan, eine Vorhaben oder eine Absicht gefasst hat bzw. ein bestimmter zukünftiger Umstand in Planung ist. Dies sind gegenwärtige Umstände, die ggf. Zwischenschritte auf dem Weg zu dem geplanten Endereignis darstellen.[147] **58**

Zukunftsbezogen sind somit die Endereignisse.[148] Auch noch nicht eingetretene Zwischenschritte im Rahmen von mehrstufigen Entscheidungsprozessen können zukünftige Umstände sein (dazu sogleich → Rn. 68 f.). Bereits eingetretene Zwischenschritte sind gegenwärtige Umstände. Nach der *Geltl*-Rechtsprechung des EuGH können gegenwärtige und künftige Zwischenschritte selbst als präzise Informationen eingestuft werden (dazu sogleich → Rn. 66 ff.). **59**

Ein Maßstab zur Feststellung, ob bzw. ab wann vernünftigerweise erwartet werden kann, dass in der Zukunft Umstände gegeben sein werden bzw. ein Ereignis eintreten wird, ist in der MAR nicht enthalten. Erwägungsgrund Nr. 16 S. 2 MAR führt im Zusammenhang mit Zwischenschritten aus, dass zukünftige Umstände oder ein Ereignis dann eine Insiderinformation sein können, wenn „auf der Grundlage einer Gesamtbewertung der zum relevanten Zeitpunkt vorhandenen Faktoren eine realistische Wahrscheinlichkeit besteht" dass die Umstände eintreten bzw. das Ereignis eintritt.[149] Dieser Erwägungsgrund greift das *Geltl*-Urteil des EuGH auf. Dort hat der EuGH formuliert, dass zur Feststellung, ob zukünftige Umstände oder Ereignisse eine präzise Information sind, eine umfassende Würdigung der bereits verfügbaren Anhaltspunkte erforderlich sei und dass sich daraus ergeben müsse, dass das Eintreten des zukünftigen Ereignisses „tatsächlich erwartet werden kann."[150] Zudem müsse auf die „Regeln der allgemeinen Erfahrung" zurückgegriffen werden.[151] **60**

---

[142] Dogmatisch handelt es sich um eine Ausprägung des Merkmals „präzise" (bzw. „konkret nach § 13 aF WpHG). *Hopt/Kumpan* in Schimansky/Bunte/Lwowski BankR-HdB § 107 Rn. 45 Fn. 1. Vgl. auch zu § 13 WpHG aF: *Klöhn* in KölnKomm WpHG § 13 Rn. 87; *Assmann* in Assmann/Schneider WpHG § 13 Rn. 23.

[143] Dazu → Rn. 11.

[144] *Klöhn* in KölnKomm WpHG § 13 Rn. 67, 106, 108; *Assmann* in Assmann/Schneider WpHG § 13 Rn. 24, 27; *Mennicke/Jakouvou* in Fuchs WpHG § 13 Rn. 65a; *Schwark/Kruse* in Schwark/Zimmer § 13 WpHG Rn. 10a.

[145] Noch zum WpHG aF: BGH v. 25.2.2008 – II ZB 9/07 = ZIP 2008, 639 Rn. 20 – *Daimler-Chrysler I*; *Schäfer* in Schäfer/Hamann Kapitalmarktgesetze § 13 WpHG Rn. 18; *Klöhn* in KölnKomm WpHG § 13 Rn. 67; *Mennicke/Jakouvou* in Fuchs WpHG § 13 Rn. 65a.

[146] Noch zum WpHG aF *Assmann* in Assmann/Schneider WpHG § 13 Rn. 21; *Klöhn* in KölnKomm WpHG § 13 Rn. 67, *Mennicke/Jakouvou* in Fuchs WpHG § 13 Rn. 61, 65a.

[147] Noch zum WpHG aF: BGH v. 23.4.2013 – II ZB 7/09= NZG 2013, 708 (711) Rn. 19 – *Geltl*; *Schäfer* in Schäfer/Hamann Kapitalmarktgesetze WpHG § 13 Rn. 18; *Mennicke/Jakouvou* in Fuchs WpHG § 13 Rn. 61, 65a; *Klöhn* in KölnKomm WpHG § 13 Rn. 67, aA *Assmann* in Assmann/Schneider WpHG § 13 Rn. 21.

[148] *Mennicke/Jakouvou* in Fuchs WpHG § 13 Rn. 65a; *Krause/Brellochs* AG 2013, 309 (313).

[149] *Zetzsche* in Gebauer/Teichmann EnzEuR Bd. VI § 7 C Rn. 116; *Hopt/Kumpan* in Schimansky/Bunte/Lwowski BankR-HdB § 107 Rn. 45.

[150] EuGH v. 28.6.2012 – Rs. C-19/11, ECLI:EU:C:2012:397 = NJW 2012, 2787 Rn. 49 – *Geltl*. Die englische Sprachfassung spricht insofern von „It follows that [...] Article 1(1) of Directive 2003/124 refers

61 Was genau damit gemeint ist bzw. unter welchen Voraussetzungen tatsächlich erwartet werden kann, dass das zukünftige Ereignis eintritt, hat der EuGH nicht explizit ausgesprochen.[152] Immerhin führte der EuGH noch aus, dass der Nachweis einer hohen Wahrscheinlichkeit nicht erforderlich sei[153] und dass ein Ereignis, dessen Eintritt nicht wahrscheinlich sei, keine präzise Information sein könne.[154] Im Ausschlussverfahren[155] gelangt man deshalb zu dem Ergebnis, dass der EuGH zukünftige Ereignisse offenbar nur dann als „wahrscheinlich" ansieht, wenn sie überwiegend wahrscheinlich sind, also eine Wahrscheinlichkeit größer als 50 % für den Eintritt des künftigen Ereignisses spricht. Über die Auslegung des EuGH-Urteils besteht in der Literatur allerdings keine vollständige Einigkeit.[156]

62 Die Antworten des EuGH auf die Vorlagefragen des BGH wurden in der darauf folgenden BGH-Entscheidung fast wortgleich übernommen und weiterverarbeitet.[157] In der Zukunft liegende Umstände oder Ereignisse können dann Gegenstand einer Insiderinformation sein, wenn eher mit dem Eintreten der Umstände als mit ihrem Ausbleiben zu rechnen ist, wobei auf die bisherigen Erfahrungswerte im Hinblick auf das Endereignis zurückzugreifen ist. Dies ist aus der Perspektive eines verständigen Anlegers in Kenntnis aller öffentlichen Umstände zu beurteilen.[158] Damit bestätigte der BGH die Auffassung, die eine für den Eintrittswahrscheinlichkeit des künftigen Ereignisses von größer als 50 % für erforderlich, aber auch ausreichend hält, um eine Insiderinformation anzunehmen (sog. „50 % plus x"-Formel).

63 In Bezug auf die Vorlagefragen, die die Auslegung des Begriffs der „präzisen Information" zum Gegenstand hatten, lehnte der EuGH es ab, den in der Literatur vertretenen Ansatz anzuwenden, wonach sich der Grad der Wahrscheinlichkeit in Abhängigkeit von den Auswirkungen des Endereignisses auf den Börsenkurs des Emittenten bestimmt, also der Grad der Wahrscheinlichkeit umso geringer sein kann, je stärker sich das Endereignis auf den Börsenkurs auswirkt (sog. *Probability-magnitude*-Ansatz).[159] Hiernach bildet die

---

to future circumstances or events from which it appears, on the basis of an overall assessment of the factors existing at the relevant time, that there is a realistic prospect that they will come into existence or occur." Der Ausdruck „realistic prospect" wurde in der deutschen Sprachfassung des Erwägungsgrund 16 MAR als „realistische Wahrscheinlichkeit" übersetzt.

[151] EuGH v. 28.6.2012 – Rs. C-19/11, ECLI:EU:C:2012:397 = NJW 2012, 2787 Rn. 44 – *Geltl.*

[152] *Krause/Brellochs* AG 2013, 309 (312); *Klöhn* in KölnKomm WpHG § 13 Rn. 96.

[153] EuGH v. 28.6.2012 – Rs. C-19/11, ECLI:EU:C:2012:397 = NJW 2012, 2787 Rn. 46 – *Geltl.*

[154] EuGH v. 28.6.2012 – Rs. C-19/11, ECLI:EU:C:2012:397 = NJW 2012, 2787 Rn. 48 – *Geltl.*

[155] *Klöhn* ZIP 2012, 1885 (1889); *Klöhn* in KölnKomm WpHG § 13 Rn. 98; *Krause/Brellochs* AG 2013, 309 (312).

[156] Für die MAR: *Klöhn* AG 2016, 423 (428); *Poelzig* NZG 2016, 528 (532); *Hopt/Kumpan* in Schimansky/Bunte/Lwowski BankR-HdB § 107 Rn. 45. Zur EuGH-Entscheidung: *Schall* ZIP 2012, 1286 (1287 ff.); *Klöhn* ZIP 2012, 1885 (1889); *Bachmann* DB 2012, 2206 (2209); *Kocher/Widder* BB 2012, 2837 (2838); *Hitzer* NZG 2012, 860 (862); *Wilsing/Goslar* DStR 2012, 1709 (1712); *v. Bonin/Böhmer* EuZW 2012, 694 (696); *Bingel* AG 2012, 685 (689); *Heider/M. Hirte* GWR 2012, 429 (431); *Torck, Bulletin Joly Bourse* 2012, n°10, S. 398 – Ziff. 12 ff.; *Di Noia/Gargantini* ECFR 2012, 484 (496); *Krause/Brellochs* AG 2013, 309 (312); *Ihrig* in VGR Gesellschaftsrecht in der Diskussion 2012, 113 (121 f.); kritisch (gegen überwiegende Wahrscheinlichkeit) *Mock* ZBB 2012, 286 (289 f.); *Apfelbacher/Polke* CFL 2012, 275 (277); *Möllers/Seidenschwann* NJW 2012, 2762 (2764); *Hellgardt* CMLREV 50 (2013) 861 (872 f.).

[157] BGH v. 23.4.2013 – II ZB 7/09 =NZG 2013, 708 (712 f.) Rn. 29 – *Geltl.* Dazu *Brellochs* ZIP 2013 1170; *Klöhn* in KölnKomm WpHG § 13 Rn. 99.

[158] *Fleischer* NZG 2007, 401 (405); *Hopt/Kumpan* in Schimansky/Bunte/Lwowski BankR-HdB § 107 Rn. 45.

[159] Der probability magnitude Ansatz wurde.ursprünglich vom US Court of Appeals for the Second Circuit im Fall SEC vs. Texas Gulf Sulphur Co. Basic vs. Levingston zur Bestimmung der Kursrelevanz („materiality") entwickelt. United States Court of Appeals (Second Circuit) v. 13.8.1968 – No. 296–30882, 401 F.2d, 833, 849: „Materiality will depend at any given time upon a balancing of both the indicated probability that the event will occur and the anticipated magnitude of the event in light of the totality of the company activity." Der Test wurde auch vom US Supreme Court im Fall Basic vs. Levinson herangezogen, Supreme Court v. 7.3.1988 – No. 86–279, 485 U. S. 223, 239. Zu diesem Test: *Fleischer* NZG 2007, 401 (405). *Klöhn* ZIP 2012, 1885 (1886 f.); *Mennicke/Jakouvou* in Fuchs WpHG § 13 Rn. 67; *Klöhn* in KölnKomm WpHG § 13 Rn. 91 ff.; *Assmann* in Assmann/Schneider WpHG § 13 Rn. 25b.

Eintrittswahrscheinlichkeit, die gegeben sein muss, damit die Information „präzise" ist, eine bewegliche Größe, die mit Blick auf die Auswirkungen beim Emittenten und die Tragweite des zukünftigen Ereignisses im Einzelfall zu bestimmen ist.[160] Damit könnte im Einzelfall auch eine Eintrittswahrscheinlichkeit von weniger als 50 % hinreichend sein, wenn das zukünftige Ereignis von besonderer Bedeutung ist.[161]. Entgegen dem Schlussantrag des Generalanwalts[162] stellte der EuGH jedoch klar, dass die Eintrittswahrscheinlichkeit des zukünftigen Ereignisses nicht vom Ausmaß der Auswirkungen auf den Börsenkurs abhängt.[163]

In Umsetzung des *Gelt/Daimler*-Urteils hat der Gesetzgeber in Erwägungsgrund Nr. 16 S. 3 MAR den *Probability-magnitude*-Ansatz ebenfalls abgelehnt und damit nochmals deutlich hervorgehoben, dass es für die Einstufung, ob künftige Umstände oder Ereignisse vernünftigerweise erwartet werden können, auf die konkreten Auswirkungen auf den Kurs der betreffenden Finanzinstrumente bzw. auf den Emittenten nicht ankommt.[164] **64**

Die genannten Grundsätze gelten auch entsprechend für Umstände, deren gegenwärtige Existenz unsicher ist.[165] **65**

cc) Mehrstufige Geschehensabläufe; gestreckte Sachverhalte. Die Vorschriften Art. 7 Abs. 2 S. 2 und Abs. 3 MAR kodifizieren die zweite Kernaussage des *Daimler*-Urteils.[166] Hiernach kann in einem zeitlich gestreckten Vorgang bzw. in einem mehrstufigen Geschehensverlauf, der einen gewissen Umstand oder ein bestimmtes Ereignis herbeiführen soll oder hervorbringt, nicht nur dieser endgültige Umstand oder das Endergebnis Gegenstand einer Insiderinformation über künftige Umstände sein, sondern vielmehr können auch die erreichten Zwischenschritte Gegenstand einer Insiderinformation über gegenwärtige Umstände sein, sofern sie für sich genommen bereits sämtliche Kriterien einer Insiderinformation erfüllen, dh hinreichend präzise und kursbeeinflussend sind.[167] **66**

Demnach ist bei zeitlich gestreckten (mehrstufigen) Vorgängen aus zwei verschiedenen Perspektiven zu prüfen, ob eine präzise Information vorliegt.[168] Zum einen kann eine präzise Information über *künftige* Umstände vorliegen. Dies ist der Fall, wenn das künftige Ereignis den Anforderungen des Art. 7 Abs. 2 S. 1 MAR genügt, dh sein Eintritt überwiegend wahrscheinlich ist.[169] Zum anderen kann eine präzise Information über *gegenwärtige* Umstände gegeben sein. Dies ist der Fall, wenn der erreichte Zwischenschritt bzw. **67**

[160] *Klöhn* in KölnKomm WpHG § 13 Rn. 91 f.; *Klöhn* NZG 2011, 166 (168 f.); *Fleischer* NZG 2007, 401 (405); *Harbarth* ZIP 2005, 1898 (1901).

[161] *Fleischer* NZG 2007, 401 (405).

[162] GA Mengozzi, Schlussanträge v. 21.3.2012 – Rs. C-19/11 ECLI:EU:C:2012:153 Rn. 106 – *Geltl*: „Daraus folgt, dass, sofern die Information in hohem Maße geeignet ist, die Aktienkurse zu beeinflussen, es ausreicht, dass der Eintritt des künftigen Umstands oder Ereignisses weder unmöglich noch unwahrscheinlich, wenn auch offen ist." Dazu *Langenbucher* BKR 2012, 145 (145 ff.).

[163] EuGH v. 28.6.2012 – Rs. C-19/11, ECLI:EU:C:2012:397 = NJW 2012, 2787 Rn. 50 – *Geltl*; zustimmend zB *Torck* Bulletin Joly Bourse 2012, n° 10, S. 398 – Ziff. 21; aA zuvor zB *Veil* in Veil, Europäisches Kapitalmarktrecht, 2011, S. 157; *Klöhn* NZG 2011, 166 (168 f.).

[164] *Krause* CCZ 2014, 2248 (251); *Seibt/Wollenschläger* AG 2014, 593 (597); *Poelzig* NZG 2016, 528 (531); *Zetzsche* in Gebauer/Teichmann EnzEuR Bd. VI § 7 C Rn. 116; *Hopt/Kumpan* in Schimansky/Bunte/Lwowski BankR-HdB § 107 Rn. 46.

[165] *Klöhn* in KölnKomm WpHG § 13 Rn. 102 ff.; *Hopt/Kumpan* in Schimansky/Bunte/Lwowski BankR-HdB § 107 Rn. 45.

[166] *Langenbucher* NZG 2013, 1401 (1404); Seibt/*Wollenschläger* AG 2014, 593 (596); *Veil* ZBB 2014, 85 (90); *Krause* CCZ 2014, 248 (250); *von der Linden* DStR 2016, 1036 (1037); *Poelzig* NZG 2016, 528 (532); *Klöhn* AG 2016, 423 (428); *Mennicke/Jakouvou* in Fuchs WpHG § 13 Rn. 18c; *Zetzsche* in Gebauer/Teichmann EnzEuR Bd. VI § 7 C Rn. 97 ff., 113.

[167] EuGH v. 28.6.2012 – Rs. C-19/11, ECLI:EU:C:2012:397 = NJW 2012, 2787 Leitsatz 1, Rn. 38 – *Geltl*; *Krause* CCZ 2014, 248 (251); *Poelzig* NZG 2016, 528 (532); *von der Linden* DStR 2016, 1036 (1037); *Klöhn* AG 2016, 423 (428); *Mennicke/Jakouvou* in Fuchs WpHG § 13 Rn. 18c; *Grundmann* in Canaris/Habersack/Schäfer GroßkommHGB Bd. XI Bankvertragsrecht 6. Teil Rn. 345.

[168] *von der Linden* DStR 2016, 1036 (1037); *Zetzsche* in Gebauer/Teichmann EnzEuR Bd. VI § 7 C Rn. 114 ff.

[169] *von der Linden* DStR 2016, 1036 (1037); *Mennicke/Jakouvou* in Fuchs WpHG § 13 Rn. 18c; *Zetzsche* in Gebauer/Teichmann EnzEuR Bd. VI § 7 C Rn. 116.

der nach mehreren Zwischenschritten erreichte Zwischenstand für sich selbst die erforderliche Kursspezifizität aufweist, selbst wenn er auf die Verwirklichung zukünftiger Umstände gerichtet ist.[170]

68 Sogar ein zukünftiger Zwischenschritt kann eine präzise Information sein – wenn sein Eintritt überwiegend wahrscheinlich ist. Wie es in Erwägungsgrund Nr. 16 S. 2 MAR heißt, kann ein Zwischenschritt „für sich genommen mehrere Umstände oder ein Ereignis darstellen, … bezüglich deren/dessen auf der Grundlage einer Gesamtbewertung der zum relevanten Zeitpunkt vorhandenen Faktoren eine realistische Wahrscheinlichkeit besteht, dass sie/es entsteht/eintritt." Auch dies hatte der EuGH im *Geltl*-Urteil vorgezeichnet.[171]

69 Bei der Beurteilung, ob ein Zwischenschritt eine präzise Information ist, kommt es nicht darauf an, ob der Eintritt des angestrebten Endereignisses vernünftigerweise erwartet werden kann. Die Tatbestände der Information über gegenwärtige und der Information über künftige Umstände stehen selbständig nebeneinander. Für eine „Sperrwirkung" eines noch unsicher erscheinenden Endereignisses, das der Einstufung eines Zwischenschritts als präzise Information per se entgegensteht, besteht in der MAR keine Grundlage.[172]

70 Bis zum *Geltl*-Urteil des EuGH war noch umstritten, ob einzelne Zwischenschritte eines gestreckten Vorgangs Insiderinformationen sein können oder ob bei gestreckten Vorgängen nur das Endergebnis daraufhin zu überprüfen ist, ob eine Insiderinformation vorliegt.[173] Das OLG Stuttgart[174] und ein Teil des Schrifttums[175] vertraten die Auffassung, dass gegenwärtige Umstände oder Ereignisse per se keine präzise Information sein können, solange der Eintritt des Endereignisses nicht hinreichend wahrscheinlich war. Das Endergebnis mache die Überprüfung der Zwischenschritte „überflüssig" und entfalte somit Sperrwirkung für die insiderrechtliche Beurteilung von Zwischenschritten.[176] Das OLG Frankfurt,[177] der BaFin-Emittentenleitfaden[178] die CESR-Leitlinien[179] und der überwiegende Teil der Literatur[180] hatten sich gegen diese Auffassung ausgesprochen.

Zur Begründung führte der EuGH das systematische Argument an, dass bereits Art. 3 Abs. 1 RL 2003/124/EG Beispiele für Insiderinformationen aufführte, die typischerweise Zwischenschritte eines gestreckten Vorgangs sind: Informationen über laufende Verhandlungen sowie Informationen über Entscheidungen des Geschäftsführungsorgans, die noch der Zustimmung eines anderen Organs bedürfen.[181] Zudem sah der EuGH die informationelle Gleichbehandlung von Anlegern beeinträchtigt, wenn Zwischenschritte eines zeitlich gestreckten Vorgangs nicht als veröffentlichungspflichtige Insiderinformation eingestuft werden könnten.[182] In seiner daran anschließenden Entscheidung schloss sich der BGH

---

[170] *Hopt/Kumpan* in Schimansky/Bunte/Lwowski BankR-HdB § 107 Rn. 46; *Mennicke/Jakouvou* in Fuchs WpHG § 13 Rn. 18c; *Klöhn* AG 2016, 423 (429).

[171] EuGH v. 28.6.2012 – Rs. C-19/11, ECLI:EU:C:2012:397 = NJW 2012, 2787 Rn 38 (S. 2) – *Geltl.*

[172] *Mennicke/Jakouvou* in Fuchs WpHG § 13 Rn. 18c; *Klöhn* AG 2016, 423 (429); *Poelzig* NZG 2016, 528 (532); *Zetzsche* in Gebauer/Teichmann EnzEuR Bd. VI § 7 C Rn. 115; *Hopt/Kumpan* in Schimansky/Bunte/Lwowski BankR-HdB § 107 Rn. 46; *Seibt/Wollenschläger* AG 2014, 593 (596 f.); *Veil* ZBB 2014, 85 (90).

[173] Übersicht zum Meinungsstreit bei *Mennicke/Jakouvou* in Fuchs WpHG § 13 Rn. 75; *Klöhn* in KölnKomm WpHG § 13 Rn. 110.

[174] OLG Stuttgart v. 22.4.2009 – 20 Kap 1/08 = NZG 2009, 624 (626 f.) – *Daimler-Chrysler II.*

[175] Zum WpHG aF: *Assmann* in Assmann/Schneider WpHG § 13 Rn. 28; *Schwark/Kruse* in Schwark/Zimmer § 13 WpHG Rn. 19.

[176] OLG Stuttgart v. 22.4.2009 – 20 Kap 1/08 = NZG 2009, 624 (626 f.) – *Daimler-Chrysler II.*

[177] OLG Frankfurt v. 12.2.2009 – 2 Ss-OWi 514/08 = NZG 2009, 391 (392) *Daimler-Chrysler.*

[178] BaFin Emittentenleitfaden 2013 S. 33.

[179] CESR, Market Abuse Directive Level 3 – second set of CESR guidance and information on the common operation of the Directive of the market, CESR /06–562, 4 Rn. 1.6.

[180] Zum WpHG aF: *Veil* in Veil, Europäisches Kapitalmarktrecht, § 9 Rn. 39, *Bachmann* ZHR 172 (2008) 597 (604 f.); *Fleischer* NZG 2007, 401 (404); *Harbarth* ZIP 2005, 1898 (1901); *Klöhn* NZG 2011, 166 (170 f.).; *Klöhn* ZIP 2012, 1885 (1890 f.); *Klöhn* in KölnKomm WpHG § 13 Rn. 111 f.; *Langenbucher* BKR 2012, 145 (146); *Mennicke* NZG 2009, 1059; *Mennicke/Jakouvou* in Fuchs WpHG § 13 Rn. 74 ff.

[181] EuGH v. 28.6.2012 – Rs. C-19/11, ECLI:EU:C:2012:397 = NJW 2012, 2787 Rn. 32 – *Geltl.*

[182] EuGH v. 28.6.2012 – Rs. C-19/11, ECLI:EU:C:2012:397 = NJW 2012, 2787 Rn. 32 – *Geltl.*

diesen Ausführungen an. Demnach entfaltet das noch bevorstehende Endereignis für die Prüfung der Zwischenschritte keine Sperrwirkung.[183]

Damit gilt für die Prüfung zeitlich gestreckter Vorgänge, dass die erste Teilentscheidung und jeder weitere Zwischenschritt darauf zu prüfen ist, ob eine präzise Information über gegenwärtige Umstände oder ein bereits eingetretenes Ereignis im Sinne des Art. 7 Abs. 2 S. 1 MAR vorliegt, und zwar unabhängig davon, ob der Eintritt des Endereignisses aus ex-ante Sicht vernünftigerweise erwartet werden kann bzw. überwiegend wahrscheinlich ist.[184] Beispiele für Zwischenschritte, die Insiderinformationen sein können, sind in Erwägungsgrund 17 MAR genannt: der Stand von Vertragsverhandlungen; vorläufig in Vertragsverhandlungen vereinbarte Bedingungen; die Möglichkeit der Platzierung von Finanzinstrumenten; die Umstände, unter denen Finanzinstrumente vermarktet werden; vorläufige Bedingungen für die Platzierung von Finanzinstrumenten; die Prüfung der Aufnahme eines Finanzinstruments in einen wichtigen Index oder die Streichung eines Finanzinstruments aus einem solchen Index. **71**

Entsprechendes gilt für andere Fallkonstellationen, die sowohl unter dem Gesichtspunkt der Information über gegenwärtige Umstände als auch unter dem Gesichtspunkt der Information über künftige Umstände Insiderinformationen sein können, wie etwa Informationen über Pläne, Vorhaben, Prognosen und Bewertungen.[185] Demnach kann bei einer Prognose sowohl die Tatsache, dass die Prognose aufgestellt ist, als Information über einen gegenwärtigen Umstand als auch der Gegenstand der Prognose als Information über einen künftigen Umstand eine präzise Information sein.[186] **72**

Daneben ist denkbar, dass ein Zwischenschritt bzw. ein bereits existierender Umstand nicht nur auf die Verwirklichung eines endgültigen Umstands oder eines Endergebnisses gerichtet ist, sondern eine Schlussfolgerung auf andere gegenwärtige oder zukünftige potentiell kurserhebliche Umstände zulässt, wie zB auf eine Änderung der Geschäftspolitik.[187] **73**

In der MAR ist nicht dargelegt, ob und unter welchen Voraussetzungen mögliche künftige Umstände bei der Kursrelevanzprüfung eines gegenwärtigen Zwischenschritts berücksichtigt werden dürfen oder sogar müssen. In den *Geltl*-Entscheidungen des EuGH und des BGH ist zu dieser Frage keine Stellung bezogen worden.[188] Verschiedene Stimmen in der Literatur möchten künftige Umstände nur dann berücksichtigen, wenn ihre Eintrittswahrscheinlichkeit über 50 % liegt.[189] Demgegenüber möchten andere Stimmen mögliche künftige Umstände auch dann berücksichtigen, wenn ihr Eintritt nicht überwiegend wahrscheinlich ist[190]. Eine allgemeingültige Antwort auf diese Frage dürfte sich verbieten. Ob der Zwischenschritt kursrelevant ist, ist aus der ex-ante Perspektive des verständigen Anlegers zu beurteilen. Ein verständiger Anleger wird alle ihm ex ante zur Verfügung stehenden Informationen berücksichtigen und den fraglichen Zwischenschritt in seinem jeweiligen Kontext beurteilen. Bei gestreckten Geschehensabläufen werden die Dinge in **74**

---

183 BGH v. 23.4.2013 – II ZB 7/09 = NZG 2013, 708 (710) Rn. 15 – *Geltl.*

184 Ähnlich noch zum WpHG aF: *Mennicke/Jakouvou* in Fuchs WpHG § 13 Rn. 76.

185 Zum WpHG aF: *Mennicke/Jakouvou* in Fuchs WpHG § 13 Rn. 76; *Klöhn* in KölnKomm WpHG § 13 Rn. 69 f., 114.

186 *Mennicke/Jakouvou* in Fuchs WpHG § 13 Rn. 76; *Klöhn* in KölnKomm WpHG § 13 Rn. 68 ff., 108, 114.

187 BGH v. 23.4.2013 – II ZB 7/09 = NZG 2013, 708 (711 f.) Rn. 24aE – *Geltl* mit Hinweis auf dieses Beispiel. Der BGH folgt damit Bezug auf *Klöhn* ZIP 2012, 1885 (1890). Weiterhin *Klöhn* in KölnKomm WpHG § 13 Rn. 113; *Mennicke/Jakouvou* in Fuchs WpHG § 13 Rn. 76.

188 BGH v. 23.4.2013 – II ZB 7/09 = NZG 2013, 708 (712) Rn. 25 – *Geltl.* Nur *Klöhn* in KölnKomm WpHG § 13 Rn. 117 sieht beim BGH eine inzidente Ablehnung der Sperrwirkung auf Kursrelevanzebene aufgrund eines Verweises auf eine verneinende Literaturansicht.

189 *Bachmann* DB 2012, 2206 (2209); *Ihrig* in VGR Gesellschaftsrecht in der Diskussion 2012, 113 (123); *Kocher/Widder* BB 2012, 1820 (1821); *Kocher/Widder* BB 2012, 2837 (2840); *v. Bonin/Böhmer* EuZW 2012, 694 (696).

190 *Mennicke/Jakouvou* in Fuchs WpHG § 13 Rn. 76c (dann aber mit entsprechend niedriger Gewichtung); *Klöhn* ZIP 2012, 1885 (1892) (aber gemäß der Probability-Magnitude-Formel nur relevant bei besonders hoher Kursrelevanz des Endereignisses); ebenso *Schall* ZIP 2012, 1286 (1287 f.)

aller Regel so liegen, dass die mögliche Kursrelevanz des Zwischenschritts nur und gerade aus der im Beurteilungszeitpunkt absehbaren künftigen Entwicklung abgeleitet werden kann. Soweit die künftige Entwicklung im Beurteilungszeitpunkt nicht durch bereits eingetretene Tatsachen vorgezeichnet ist, wird sich der verständige Anleger an den Erfahrungen orientieren, die er selbst oder die andere Marktteilnehmer in vergleichbaren Situationen in der Vergangenheit gesammelt haben. Hiernach wird ein verständiger Anleger eine Vorstandsentscheidung, die nur mit Zustimmung des Aufsichtsrats umgesetzt werden kann, nur dann für kursrelevant halten, wenn mit der Zustimmung des Aufsichtsrats tatsächlich zu rechnen ist.[191] Gleichermaßen wird der verständige Anleger Verhandlungen über einen Unternehmenszusammenschluss nur dann als kursrelevant ansehen, wenn mit dem Abschluss eines entsprechenden Vertrages tatsächlich gerechnet werden kann. Dies ist erst dann der Fall, wenn wenigstens die Due Diligence zur Zufriedenheit des jeweiligen Erwerbers abgeschlossen ist.[192] Die interne oder externe Beauftragung von Machbarkeitsstudien oder die Aufnahme von Sondierungsgesprächen kann demnach kaum jemals kursrelevant sein. Wenn eine Schlüsselperson im Vorstand gegenüber dem Aufsichtsratsvorsitzenden erklärt, aus dem Amt ausscheiden zu wollen, kann dies aus Sicht des verständigen Anlegers bereits kursrelevant sein, wenn – völlig unabhängig davon, zu welchen Modalitäten dieses Vorstandsmitglied ausscheidet und wie die Nachfolge im Amt aussehen wird – nach aller Erfahrung davon auszugehen ist, dass dieses Vorstandsmitglied nicht mehr lange amtieren wird.[193]

3. Nicht öffentlich bekannt

a) Definition der Öffentlichkeit

75 Gemäß Art. 7 Abs. 1 lit. a) MAR kann eine Information nur dann eine Insiderinformation sein, wenn sie nicht öffentlich bekannt ist.[194]

76 Unter der Geltung des § 13 Abs. 1 WpHG aF hielt die herrschende Meinung eine Information für „öffentlich bekannt", wenn sie unter den unmittelbaren Marktteilnehmern (institutionellen und professionellen Anlegern) verbreitet war (sog. Bereichsöffentlichkeit).[195] Dem folgte auch die Rechtsprechung.[196] Öffentlich bekannt war die Information hiernach dann, wenn eine unbestimmte Zahl von institutionellen und professionellen Markteilnehmern von ihr Kenntnis nehmen konnte,[197] und zu erwarten war, dass diese Information in den Kurs eingepreist wurde.[198] Dabei genügte die bloße Möglichkeit der Kenntnisnahme bzw. die Zugänglichkeit der Information. Eine tatsächliche Kenntnisnahme

191 *Ihrig* in VGR Gesellschaftsrecht in der Diskussion 2012, 113 (123 f.).

192 BaFin Emittentenleitfaden 2013 S. 33; *Ihrig* in VGR Gesellschaftsrecht in der Diskussion 2012, 113 (123 f.); *Kocher/Widder* BB 2012, 2837 (2840).

193 *Ihrig* in VGR Gesellschaftsrecht in der Diskussion 2012, 113 (124).

194 Noch missverständlich der Wortlaut des § 13 Abs. 1 S. 1 WpHG aF, wonach die öffentliche Bekanntheit eine Eigenschaft der Umstände ist, auf die sich die Insiderinformation bezieht. Darauf auch hinweisend: *Klöhn* in KölnKomm WpHG § 13 Rn. 117.

195 *Assmann* in Assmann/Schneider WpHG § 13 Rn. 34; *Klöhn* in KölnKomm WpHG § 13 Rn. 128, 133 ff.; *Mennicke/Jakouvou* in Fuchs WpHG § 13 Rn. 81, *Schwark/Kruse* in Schwark/Zimmer § 13 WpHG Rn. 30 ff.; *Rothenhöfer* in Kümpel/Wittig 3. Teil Rn. 3.489; *Hilgendorf/Kusche* in Park Kapitalmarktstrafrecht Art. 7 MAR Rn. 54; *Assmann* ZGR 1994, 494 (511); *Caspari* ZGR 1994, 530 (539); *Claussen/Florian* AG 2005, 745 (749); *Peltzer* ZIP 1994, 746 (749); *Fleischer/Schmolke* AG 2007, 841 (847). AA (für breite Öffentlichkeit): *Asssmann* AG 1994, 237 (252). Unklar: BaFin Emittentenleitfaden 2013 S. 33 f.

196 Inzident BGH v. 27.1.2010 – 5 StR 224/09 = NJW 2010, 882, Rn. 14, der auf den „Markt" bzw. „auf interessierte Kreise" abstellt. Ebenso: *Grundmann* in Canaris/Habersack/Schäfer GroßkommHGB Bd. XI Bankvertragsrecht 6. Teil Rn. 347.

197 *Assmann* in Assmann/Schneider WpHG § 13 Rn. 34; *Klöhn* in KölnKomm WpHG § 13 Rn. 133; *Hilgendorf/Kusche* in Park Kapitalmarktstrafrecht Art. 7 MAR Rn. 57.

198 *Klöhn* in KölnKomm WpHG § 13 Rn. 133, *Fleischer/Schmolke* AG 2007, 841 (847); die Voraussetzung nicht erwähnend: *Assmann* in Assmann/Schneider WpHG § 13 Rn. 34; *Mennicke/Jakouvou* in Fuchs WpHG § 13 Rn. 82; *Hilgendorf/Kusche* in Park Kapitalmarktstrafrecht Art. 7 MAR Rn. 57.

war ebenso wenig erforderlich[199] wie die tatsächliche Einpreisung der Information in den Kurs.[200] Für diese Ansicht sprach der ausdrücklich erklärte Wille des Gesetzgebers bei Umsetzung der Insiderrichtlinie von 1989[201], wonach die Gelegenheit zur Kenntnisnahme durch das breite Anlegerpublikum nicht erforderlich sein sollte.[202] Der deutsche Verordnungsgeber folgt diesem Konzept nach wie vor, wenn er fordert, dass ad hoc-pflichtige Insiderinformationen zuerst der Bereichsöffentlichkeit über ein bei Kreditinstituten und anderen institutionellen Marktteilnehmern verbreitetes elektronisches Informationssystem bekannt zu machen sind (§ 5 Satz 1 Nr. 1 WpAIV).[203] Nur die BaFin vertritt eine abweichende Meinung; nach ihrer Auffassung ist eine Information erst dann „öffentlich bekannt", wenn sie einem breiten Anlegerpublikum bekannt ist.[204]

In der MAR ist nicht definiert, wann eine Information öffentlich bekannt ist.[205] Daher **77** ist dies durch Auslegung zu ermitteln. Zieht man andere Sprachfassungen der MAR heran, fällt auf, dass die englische und andere Sprachfassungen zur Einstufung einer Information als Insiderinformation nicht darauf abstellen, dass sie öffentlich bekannt ist, sondern dass die Information „öffentlich gemacht wurde".[206] Der englische Ausdruck „made public" wird auch in der Vorschrift über die Ad hoc-Publizität verwendet. Gemäß Art. 17 Abs. 1 UAbs. 2 MAR müssen Emittenten sicherstellen, dass Insiderinformationen in einer Art und Weise veröffentlicht werden, die es der Öffentlichkeit ermöglicht, schnell auf sie zuzugreifen.[207] Weiterhin wird der Begriff der Öffentlichkeit in Art. 17 Abs. 4 lit. b) MAR verwendet, wonach der Aufschub der Ad hoc-Publizität nur dann gestattet ist, wenn damit keine Irreführung der Öffentlichkeit einhergeht.

Aus den Bestimmungen des Art. 17 MAR lässt sich ersehen, dass mit dem Begriff der **78** Öffentlichkeit („public") eine Kapitalmarktöffentlichkeit, dh ein breites Anlegerpublikum gemeint ist. Denn nicht nur professionelle Marktteilnehmer, sondern auch das breite Anlegerpublikum ist an Ad hoc-Meldungen interessiert.[208] Diese Ansicht, die auf die breite Kapitalmarktöffentlichkeit abstellt, wird bestätigt durch Art. 17 Abs. 1 UAbs. 2 S. 1 MAR, der auf Art. 21 Transparenzrichtlinie verweist, wo von einer Veröffentlichung „on a non-discriminatory basis" die Rede ist.[209] Weiterhin findet diese Ansicht Bestärkung in den Bestimmungen der technischen Durchführungsstandards zur Konkretisierung der Anforde-

---

[199] *Klöhn* in KölnKomm WpHG § 13 Rn. 133; *Mennicke/Jakouvou* in Fuchs WpHG § 13 Rn. 82, 91.; *Rothenhöfer* in Kümpel/Wittig 3. Teil Rn. 3.489; BaFin Emittentenleitfaden 2013 S. 33 f.

[200] *Klöhn* in KölnKomm WpHG § 13 Rn. 133. Wohl aA *Grundmann* in Canaris/Habersack/Schäfer GroßkommHGB Bd. XI Bankvertragsrecht 6. Teil Rn. 348, der davon ausgeht, dass mit Veröffentlichung an die Bereichsöffentlichkeit, die Information in den Preis eingeflossen ist und das Übervorteilungsrisiko entfällt, weil das erhebliche Kursbeeinflussungspotential entfallen ist.

[201] Richtlinie 89/592/EWG des Rates der Europäischen Gemeinschaften zur Koordinierung der Vorschriften betreffend Insider-Geschäfte vom 13. November 1989, ABl. EG Nr. L334 v. 18.11.1989 S. 30 ff. (Insiderrichtlinie).

[202] Begr. RegE 2. FMFG, BT-Drucks. 12/6679 S. 46: „Es ist daher (…) nicht erforderlich, dass das breite Anlegerpublikum ebenfalls Gelegenheit hatte, die Information zur Kenntnis zu nehmen."

[203] *Klöhn* in KölnKomm WpHG § 13 Rn. 134; *Klöhn* ZHR 180 (2016) 707 (713).

[204] BaFin Emittentenleitfaden 2013 S. 34: „Ausreichend, aber auch erforderlich ist, dass die Insiderinformation einem breiten Anlegerpublikum zeitgleich zugänglich ist. […] Jeder interessierte Marktteilnehmer hat so die Möglichkeit, von der Insiderinformation Kenntnis zu nehmen (Bereichsöffentlichkeit), so dass die informationelle Chancengleichheit nicht beeinträchtigt wird." Darauf hinweisend: *Klöhn* ZHR 180 (2016) 707 (713).

[205] *Klöhn* ZHR 180 (2016) 707 (713).

[206] Art. 7 Abs. 1 lit. a) MAR auf English: „information (…) which has not been made public"; Französisch: „une information à caractère précis qui n'a pas été rendue publique, (…)."; Italienisch: „un'informazione avente un carattere preciso, che non è stata resa pubblica. (…)." Portugiesisch: „A informação com caráter preciso, que não tenha sido tornada pública e diga respeito, (…)".

[207] In der englischen Sprachfassung heißt es: „The issuer shall ensure that the inside information is made public in a manner which enables fast access and complete, correct and timely assessment of the information by the public (…)."

[208] *Klöhn* ZHR 180 (2016) 707 (715 f.).

[209] *Klöhn* ZHR 180 (2016) 707 (716 f.); *Hopt/Kumpan* in Schimansky/Bunte/Lwowski BankR-HdB § 107 Rn. 52.

rungen an die Bekanntgabe von Insiderinformationen gemäß Art. 17 Abs. 1 MAR. Denn gemäß Art. 2 Abs. 1 lit. a) der Durchführungsverordnung 2016/1055 geben „Emittenten (...) Insiderinformationen mithilfe technischer Mittel bekannt, die gewährleisten, dass Insiderinformationen folgendermaßen verbreitet werden: nichtdiskriminierend an eine möglichst breite Öffentlichkeit; unentgeltlich; zeitgleich in der gesamten Union." Zudem bestimmt auch Erwägungsgrund Nr. 1 S. 2 dieser Durchführungsverordnung explizit: „Um auf Unionsebene einen gleichberechtigten Zugang zu Insiderinformationen seitens der Anleger zu gewährleisten, sollten die Insiderinformationen allen Kategorien von Anlegern in der Union unentgeltlich, zeitgleich und möglichst schnell offengelegt (...)." Somit verwendet die Durchführungsverordnung die Wendung „alle Kategorien von Anlegern" als Synonym für den Begriff der „breiten Öffentlichkeit".

79 Auch die Auslegung nach dem *effet utile* bestätigt, dass für die öffentliche Bekanntheit auf das breite Anlegerpublikum abzustellen ist, da andernfalls das in Erwägungsgrund Nr. 24 MAR erklärte Ziel – der Schutz der Integrität des Finanzmarktes durch Gleichbehandlung der Investoren[210] – aufgrund von Arbitragemöglichkeiten einer kleineren vorab informierten Gruppe von professionellen Anlegern vereitelt werden würde.[211]

80 Aus historischer Perspektive ist schließlich bemerkenswert, dass schon die Börsenzulassungsrichtlinie 1979 in Art. 4 Abs. 2 iVm Schema C Nr. 5 A, Schema D Nr. 4 A davon ausging, dass eine Tatsache nicht öffentlich bekannt ist, wenn sie „der breiten Öffentlichkeit" nicht bekannt ist. Diese gesetzgeberische Wertung ist weder in der Insiderrichtlinie noch in der MAD 2003 revidiert worden.[212] Da diese Begrifflichkeit auch in die Durchführungsverordnung 2016/1055 übernommen worden ist, ist keine Änderung des Konzepts erkennbar.[213]

81 Damit ist die hergebrachte Wertung des deutschen Gesetzgebers hinfällig geworden.[214] Es gilt nunmehr ein europäischer Begriff der öffentlichen Bekanntheit. Demnach ist eine Information öffentlich bekannt, wenn die breite Kapitalmarktöffentlichkeit, dh das breite Anlegerpublikum, und nicht nur eine kritische Masse professioneller Marktteilnehmer, Zugang zu der Information hat.[215] Auf die tatsächliche Kenntnisnahme des breiten Anlegerpublikums kommt es aber auch weiterhin nicht an.[216]

b) Reichweite der öffentlichen Bekanntheit der Information

82 Bei der Bestimmung der (räumlichen) Reichweite der öffentlichen Bekanntheit der Information gemäß Art. 7 Abs. 1 lit. a) MAR sind verschiedene Konstellationen zu unterscheiden.

83 Grundsätzlich kommt es für die Bekanntheit der Information auf den Zugang des breiten Anlegerpublikums zu der Information in dem Mitgliedsstaat an, in dem das Finanzinstrument zum Handel im geregelten Markt oder in einem multilateralen Handelssystem zugelassen ist. Hingegen ist nicht erforderlich, dass die Information dem breiten Anlegerpublikum in der gesamten EU zugänglich gemacht wurde.

[210] Gemäß Erwägungsgrund Nr. 24 MAR besteht „(...) der Zweck dieser Verordnung (...) darin (...) die Integrität des Finanzmarkts zu schützen und das Vertrauen der Investoren zu stärken, das wiederum auf der Gewissheit beruht, dass die Investoren gleichbehandelt (...) werden." Dieser Erwägungsgrund setzt eine Passage des Spector-Photo-Group Urteils des EuGH um. Vgl. EuGH v. 23.12.2009 – Rs. C-45/08, Slg. 2009 I-12073 = NZG 2010, 107 Rn. 47 – *Spector.*

[211] *Klöhn* ZHR 180 (2016) 707 (718 f.).

[212] Darauf hinweisend: *Klöhn* in KölnKomm WpHG § 13 Rn. 132; *Klöhn* ZHR 180 (2016) 707 (718).

[213] *Klöhn* in KölnKomm WpHG § 13 Rn. 132; *Klöhn* ZHR 180 (2016) 707 (718); *Klöhn*, Kapitalmarkt, Spekulation und Behavioral Finance, 2006, S. 170 f.

[214] *Hopt/Kumpan* in Schimansky/Bunte/Lwowski BankR-HdB § 107 Rn. 52; *Kumpan* DB 2016, 2039 (2042); *Klöhn* AG 2016, 423 (426 f.); Offengelassen aber kritisch zur Bereichsöffentlichkeit: *Grundmann* in Canaris/Habersack/Schäfer GroßkommHGB Bd. XI Bankvertragsrecht 6. Teil Rn. 348.

[215] Im Ergebnis so ebenfalls: *Klöhn* ZHR 180 (2016) 707 (713); *Klöhn* AG 2016, 423 (426 f.).

[216] *Klöhn* ZHR 180 (2016), 707 (724).

Auch für die Festlegung, wann eine Information der breiten Kapitalmarktöffentlichkeit bekannt und somit keine Insiderinformation mehr ist, muss wiederum auf die Regelung der Ad-hoc Publizitätspflicht gemäß Art. 17 Abs. 1 UAbs. 2 MAR zurückgegriffen werden, aus der – wie dargestellt – der Begriff der Öffentlichkeit in Art. 7 Abs. 1 lit. a) MAR abzuleiten ist. Zwar bestimmt Art. 2 Abs. 1 lit. a) der Durchführungsverordnung 2016/1055, dass der Emittent die Insiderinformation zeitgleich an eine möglichst breite Öffentlichkeit in der gesamten Union geben soll. Allerdings kann aus den Bestimmungen zur Sprache von Ad-hoc Mitteilungen geschlossen werden, dass nicht die Öffentlichkeit in der gesamten Union erreicht werden muss, um die Information als öffentlich bekannt anzusehen. Maßgebend ist dabei Art. 20 Abs. 1 Transparenzrichtlinie[217], der über Art. 37 MAR iVm Anhang II MAR iVm Art. 2 Abs. 1 lit. k) Transparenzrichtlinie weiterhin im Rahmen der MAR Anwendung findet (insbesondere in Bezug auf Art. 17 Abs. 1 UAbs. 2 MAR, der die Veröffentlichung von Insiderinformation regelt).[218] Gemäß Art. 20 Abs. 1 Transparenzrichtlinie können Ad-hoc Mitteilungen ausschließlich in der Sprache veröffentlicht werden, die von der Aufsichtsbehörde des Herkunftsstaates akzeptiert wird, wenn die Wertpapiere lediglich zum Handel in diesem Mitgliedstaats zugelassen sind. Der deutsche Gesetzgeber hat dies in § 3b Abs. 2 S. 1 WpAIV umgesetzt: Emittenten, deren Herkunftsland Deutschland ist und deren Finanzinstrumente leidglich zum Handel an einem geregelten Markt in Deutschland zugelassen sind, können ihre Ad-hoc Mitteilungen in deutscher Sprache veröffentlichen. Würde man im Fall einer zulässigerweise auf Deutsch abgefassten Ad-hoc Mitteilung verlangen, dass die breite Kapitalmarktöffentlichkeit in sämtlichen Mitgliedstaaten von ihr Kenntnis nehmen kann, damit sie als öffentlich bekannt gilt, entstünde für die Marktteilnehmer eine Rechtsunsicherheit, die mit der Zielsetzung der MAR kaum vereinbar wäre.[219] **84**

Ist demnach ein Finanzinstrument eines Emittenten nur zum Handel in einem geregelten Markt oder in einem multilateralen Handelssystem in einem Mitgliedsstaat zugelassen, kommt es zur Bestimmung der Öffentlichkeit der Information darauf an, ob das breite Anlegerpublikum in diesem Staat Zugang zu der Information hat. **85**

Gleiches gilt, wenn ein Emittent nur in einem Mitgliedsstaat zum Handel in einem geregelten Markt oder multilateralen Handelssystemen zugelassen ist, seine Finanzinstrumente allerdings auch in anderen Mitgliedstaaten in multilateralen Handelssystemen gehandelt werden, ohne dass der Emittent einen entsprechenden Antrag gestellt hat. Denn die Anwendung von Art. 17 MAR zur Bestimmung der Öffentlichkeit einer Information führt dazu, dass gemäß Art. 17 Abs. 1 UAbs. 3 MAR allein auf die Veröffentlichung in dem Mitgliedsstaat abzustellen ist, in dem der Emittent die Zulassung erhalten hat, da die Ad-hoc Mitteilung nur in diesem Staat veröffentlicht werden muss.[220] **86**

Etwas anderes gilt, wenn die Finanzinstrumente des Emittenten auf dessen Antrag in zwei oder mehreren Mitgliedsstaaten zum Handel zugelassen sind. Aus Art. 17 Abs. 1 UAbs. 2 MAR iVm Art. 20 Transparenzrichtlinie ergibt sich für diesen Fall, dass die Anleger in allen Mitgliedsstaaten, in denen die Finanzinstrumente zum Handel zugelassen sind, einen gleichberechtigten Zugang zu den Informationen bekommen müssen. Demnach ist bei einer Doppel- bzw. Mehrfachzulassung zur Herstellung der breiten Kapitalmarktöffentlichkeit erforderlich, dass die Anleger in allen Mitgliedstaaten, in denen die Finanzinstrumente des Emittenten zum Handel zugelassen sind, schnell auf die Informationen zugreifen können. Dabei genügt es gemäß Art. 20 Abs. 2 lit. b) Transparenzrichtlinie, wenn der Emittent die Information der breiten Kapitalmarktöffentlichkeit der Aufnahmemitglied- **87**

---

[217] Richtlinie 2004/109/EG des Europäischen Parlaments und des Rates vom 15. Dezember 2004 zur Harmonisierung der Transparenzanforderungen in Bezug auf Informationen über Emittenten, deren Wertpapiere zum Handel auf einem geregelten Markt zugelassen sind, und zur Änderung der Richtlinie 2001/34/EG, ABl. EU Nr. L390 v. 31.12.2004 S. 38 ff. in der durch Richtlinie 2013/50/EU des Europäischen Parlaments und des Rates vom 22.10.2013, ABl. EU Nr. L294 v. 6.11.2013 S. 13 ff. geänderten Fassung (Transparenzrichtlinie).

[218] *Klöhn* ZHR 180 (2016) 707 (720); *Poelzig* NZG 2016, 761 (766).

[219] *Klöhn* ZHR 180 (2016) 707 (721) mit weiteren Argumenten.

[220] *Klöhn* ZHR 180 (2016) 707 (722 f.).

staaten in einer den internationalen Finanzkreisen zugänglichen Sprache, dh Englisch, zugänglich macht, oder alternativ die Informationen in der Sprache veröffentlicht, die von der jeweils zuständigen Finanzmarktaufsichtsbehörde des Aufnahmemitgliedstaats akzeptiert wird. Hingegen ist es in diesen Fällen, wie oben erläutert, nicht erforderlich, dass die Information dem breiten Anlegerpublikum aller Mitgliedstaaten zugänglich ist.[221]

88 Bei Sachverhalten, in denen Finanzinstrumente ohne Antrag des Emittenten in mehreren Mitgliedsstaaten in multilateralen Handelssystemen gehandelt werden, kann zur Bestimmung der Öffentlichkeit der Information weder auf die Vorschriften der MAR zur Veröffentlichung von Insiderinformationen noch auf die Transparenzrichtlinie zurückgegriffen werden, weil der Emittent gemäß Art. 17 Abs. 1 UAbs. 3 MAR nicht ad hoc-pflichtig ist. In diesen Fällen können aber keine anderen Anforderungen an die öffentliche Bekanntheit von Informationen gestellt werden als in den Fällen, in denen der Emittent ad hoc-pflichtig ist. Demnach sind kursrelevante Informationen dann als öffentlich zu qualifizieren, wenn sie dem breiten Anlegerpublikum des Staates zur Verfügung stehen, in dessen Handelssystem das Geschäft stattfindet. Dies steht mit der Situation im Einklang, in der gemäß Art. 17 Abs. 1 UAbs. 3 MAR allein auf die Veröffentlichung in dem Mitgliedsstaat abzustellen ist, in dem der Emittent die Zulassung erhalten hat.[222]

c) Herstellung der Öffentlichkeit

89 Informationen, die über Medien verbreitet werden, sind öffentlich bekannt iSv Art. 7. Abs. 1 lit a) MAR, wenn sie einem breiten Anlegerpublikum zugänglich sind. Dies ist dann der Fall, wenn die Publizität den Anforderungen der Veröffentlichung von Ad hoc-Mitteilungen gemäß Art. 17 Abs. 1 UAbs. 2 MAR entspricht. Dabei muss die Vorgabe aus Art. 2 Abs. 1 lit. a) Durchführungsverordnung 2015/1055, wonach die Informationen unentgeltlich verbreitet werden sollten, einschränkend dahingehend interpretiert werden, dass für eine konkrete Information zwar kein Geld bezahlt werden muss, hingegen für das konkrete Informationsmedium durchaus ein Entgelt in marktüblicher Höhe verlangt werden kann.[223] Informationen, die in bundesweit erscheinenden Printmedien (zB Tageszeitungen) abgedruckt werden, werden mit dem jeweiligen Verkaufsbeginn öffentlich.[224] Wird eine Information in elektronischen Medien (zB Internetseite einer bundesweiten Zeitung) bereitgestellt, sind die Informationen damit öffentlich bekannt gegeben worden,[225] weil nach dem üblichen Lauf der Dinge davon ausgegangen werden kann, dass sie nun dem breiten Anlegerpublikum zur Verfügung steht.[226] Die Veröffentlichung von Informationen in Regional- und Lokalmedien genügen demgegenüber nicht dem Zugang an ein breites Anlegerpublikum.[227] Informationen, die über Fernsehsendungen bekanntgegeben werde, sind dann der breiten Kapitalmarktöffentlichkeit zugänglich, wenn sie in einem überregionalen Fernsehsender, zu dem auch private Anleger Zugang haben, ausgestrahlt worden sind.[228]

90 Hingegen genügt die Einspeisung der Information zur Verbreitung in ein öffentliches Informationsverbreitungssystem, an das ausschließlich Kreditinstitute, Versicherungen und andere institutionelle Anleger angeschlossen sind (vgl. § 5 WpAIV) nicht der öffentlichen Bekanntmachung iSv Art. 7 Abs. 1 lit. a) MAR.[229]

---

[221] *Klöhn* ZHR 180 (2016) 707 (721 f.).
[222] *Klöhn* ZHR 180 (2016) 707 (723 f.).
[223] Zu den Details: *Klöhn* ZHR 180 (2016) 707 (726).
[224] *Mennicke/Jakouvou* in Fuchs WpHG § 13 Rn. 95; *Klöhn* ZHR 180 (2016) 707 (726).
[225] *Klöhn* ZHR 180 (2016) 707 (726).
[226] Ähnlich noch zum WpHG aF: *Assmann* in Assmann/Schneider WpHG § 13 Rn. 38; *Mennicke/Jakouvou* in Fuchs WpHG § 13 Rn. 94; *Rothenhöfer* in Kümpel/Wittig 3. Teil Rn. 3.491.
[227] *Klöhn* in KölnKomm WpHG § 13 Rn. 136; *Klöhn* ZHR 180 (2016) 707 (726).
[228] Zum WpHG aF: *Mennicke/Jakouvou* in Fuchs WpHG § 13 Rn. 95 f.; *Klöhn* in KölnKomm WpHG § 13 Rn. 136.
[229] *Klöhn* ZHR 180 (2016) 707 (727). Zum WpHG aF ebenfalls: *Klöhn* in KölnKomm WpHG § 13 Rn. 136.

Ob die Aufnahme einer Information auf die Internetseite des Emittenten genügt, um die Information einem breiten Anlegerpublikum zugänglich zu machen, ist umstritten. Einer Meinung nach genügt die Veröffentlichung auf der Homepage des Emittenten nicht zur Herstellung der Öffentlichkeit, da dadurch die Information nicht aktiv verbreitet wird, sondern als „passive" Information noch erst durch die Anleger abgerufen werden muss.[230] Auch die BaFin sieht die Zugänglichkeit der Information nicht gegeben, wenn diese nur auf der Homepage eines Emittenten eingestellt wird.[231] Ebenso ist die ESMA der Auffassung, dass eine Veröffentlichung auf der Webseite des Emittenten nicht den Anforderungen von Art 17. Abs. 1 UAbs. 2 MAR erfüllt, weil die bloße Verfügbarkeit der Information keinen schnellen und möglichst gleichzeitigen Zugang aller Marktteilnehmer sicherstellt.[232] Mit demselben Argument lehnt es die ESMA ab, über soziale Medien verbreitete Informationen als öffentlich bekannt anzusehen.[233] Dem steht nicht entgegen, dass nach Art. 17 Abs. 1 UAbs. 2 S. 3 MAR Emittenten alle Insiderinformationen auf ihrer Webseite fünf Jahre lang anzeigen müssen.[234] Denn aus dieser Vorschrift ergibt sich nicht, dass die alleinige Veröffentlichung einer Insiderinformation auf der Homepage ausreichend ist, um die Öffentlichkeit herzustellen. Vielmehr ist Art. 17. Abs. 1 UAbs. 2 S. 3 MAR so zu verstehen, dass Emittenten jedenfalls neben der Veröffentlichung durch geeignete Medien die Information auch auf ihrer Homepage veröffentlichen müssen. 91

Ebenfalls nicht geeignet zur Herstellung der breiten Kapitalmarktöffentlichkeit sind Internet- und andere Foren. Sie sind keine allgemein zugänglichen Informationsmedien, weil von vornherein nur ein beschränkter Kreis von Personen die Möglichkeit zur Teilnahme hat. Denn nach der ESMA-Praxis genügt es für die öffentliche Bekanntheit iSd Art. 7 Abs. 1 lit. a) MAR nicht, dass sich theoretisch die gesamte Öffentlichkeit Zugang zu der Information verschaffen könnte.[235] Auch durch Erwähnung der Information in Analysten- oder Journalistengesprächen,[236] Pressekonferenzen,[237] Fest- und Fachvorträgen,[238] im Rahmen der die Gerichtsöffentlichkeit[239] und in der Hauptversammlung eines Emittenten[240] wird die Information nicht iSd Art. 7 Abs. 1 lit. a) MAR öffentlich bekannt. 92

230 Zum WpHG aF: *Assmann* in Assmann/Schneider WpHG § 13 Rn. 39; *Mennicke/Jakouvou* in Fuchs WpHG § 13 Rn. 95 f.; *Klöhn* in KölnKomm WpHG § 13 Rn. 136.

231 BaFin Emittentenleitfaden 2013 S. 34.

232 ESMA, Final Report – Draft technical standards on the Market Abuse Regulation v. 28.9.2015, ESMA/2015/1455 Rn. 188.

233 ESMA/2015/1455 Rn. 188. Zum Vergleich mit der Praxis der US-amerikanischen Kapitalmarktaufsichtsbehörde SEC vgl. *Klöhn* ZHR 180 (2016) 707 (727).

234 So wohl *Grundmann* in Canaris/Habersack/Schäfer GroßkommHGB Bd. XI Bankvertragsrecht 6. Teil Rn. 350 Fn. 897.

235 ESMA/2015/1455 Rn. 188. So auch *Klöhn* ZHR 180 (2016) 707 (730).

236 Zum WpHG aF: *Assmann* in Assmann/Schneider WpHG § 13 Rn. 39; *Mennicke/Jakouvou* in Fuchs WpHG § 13 Rn. 97; *Schwark/Kruse* in Schwark/Zimmer WpHG § 13 Rn 36. Einschränkend *Klöhn* in KölnKomm WpHG § 13 Rn. 138; *Klöhn* ZHR 180 (2016) 707 (730), sofern die Analystengespräche bzw. Pressekonferenzen zeitgleich von einer unbestimmten Anzahl von Personen im Internet verfolgt werden kann und die Übertragung mit dem Hinweis auf die Veröffentlichung von kursrelevanten Informationen angekündigt wurde.

237 Zum WpHG aF: BaFin Emittentenleitfaden 2013 S. 34.; *Assmann* in Assmann/Schneider WpHG § 13 Rn. 39; *Klöhn* in KölnKomm WpHG § 13 Rn. 139; *Mennicke/Jakouvou* in Fuchs WpHG § 13 Rn. 97; *Schwark/Kruse* in Schwark/Zimmer § 13 WpHG Rn 36; *Rothenhöfer* in Kümpel/Wittig 3. Teil Rn. 3.492.

238 Zum WpHG aF: *Assmann* in Assmann/Schneider WpHG § 13 Rn. 39; *Klöhn* in KölnKomm WpHG § 13 Rn. 139.

239 Zum WpHG aF: *Assmann* in Assmann/Schneider WpHG § 13 Rn. 39; *Klöhn* in KölnKomm WpHG § 13 Rn. 139.; *Mennicke/Jakouvou* in Fuchs WpHG § 13 Rn. 99; *Rothenhöfer* in Kümpel/Wittig 3. Teil Rn. 3.492; *Hopt/Kumpan* in Schimansky/Bunte/Lwowski BankR-HdB § 107 Rn. 53.

240 *Klöhn* ZHR 180 (2016) 707 (730). Zum WpHG aF: BaFin Emittentenleitfaden 2013 S. 34; *Assmann* in Assmann/Schneider WpHG § 13 Rn. 40; *Klöhn* in KölnKomm WpHG § 13 Rn. 139; *Mennicke/Jakouvou* in Fuchs WpHG § 13 Rn. 98; *Schwark/Kruse* in Schwark/Zimmer WpHG § 13 Rn. 35; *Rothenhöfer* in Kümpel/Wittig 3. Teil Rn. 3.492; *Hopt/Kumpan* in Schimansky/Bunte/Lwowski BankR-HdB § 107 Rn. 53.

4. Emittenten- oder Anlagebezug

93 Weitere Voraussetzung des Begriffs der Insiderinformation ist es, dass die präzisen, nicht öffentlich bekannten Umstände oder Ereignisse gemäß Art. 7 Abs. 1 lit. a) MAR direkt oder indirekt einen oder mehreren Emittenten von Finanzinstrumenten oder ein oder mehrere Finanzinstrumente betreffen müssen. Eine Insiderinformation ist somit auch dann gegeben, wenn ein Emittent mittelbar von einem kurserheblichen Umstand oder Ereignis betroffen ist. Dabei ist ein gradueller Übergang zwischen unmittelbarem und mittelbarem Bezug möglich.[241] Demnach ist ein unmittelbarer spezifischer Zusammenhang zwischen der Information und dem Emittenten nicht zwingend erforderlich. Vielmehr reicht es aus, dass die fraglichen Umstände oder Ereignisse eine gewisse Verbindung zu einem Emittenten oder Finanzinstrument haben und die Umstände oder Ereignisse aufgrund dieser Verbindung den Kurs des in Frage stehenden Finanzinstruments erheblich beeinflussen können.[242]

94 Angesichts der engen Verknüpfung zum Tatbestandsmerkmal der Kursrelevanz kommt dem Merkmal des Bezugs zu einem Emittenten oder einem Finanzinstrument keine selbständige Funktion zur Abgrenzung zwischen Insiderinformationen und sonstigen, insiderrechtlich irrelevanten Informationen zu.[243] Denn Umstände, deren Bezug bzw. Verbindung zum Emittenten oder zum Finanzinstrument nicht mehr nachvollziehbar ist, besitzen auch keine Kursrelevanz. Mit anderen Worten: Es gibt keine kursrelevante Information, die nicht zumindest mittelbar einen hinreichenden Bezug zu einem Emittenten bzw. einem Finanzinstrument hat.[244] Würde man dies anders sehen, müssten Informationen, die weder Emittenten noch Finanzinstrumente betreffen und trotzdem den Börsen- bzw. Marktpreis eines Insiderpapiers beeinflussen könnten – zB politische Ereignisse oder gesamtwirtschaftlich relevante statistische Informationen – vom Anwendungsbereich des Art. 7 Abs. 1 MAR ausgeschlossen werden.[245] Allerdings würde dies mangels klarer Kriterien für die Abgrenzung marktferner Informationen von emittenten- und finanzinstrumentbezogenen Informationen zu erheblicher Rechtsunsicherheit.[246] Der Wortlaut der Vorschrift spricht nicht gegen dieses Verständnis, denn Begriffsbestimmungen können auch redundante Elemente beinhalten.[247] Schließlich würde es den Zweck der MAR, die Wahrung der Integrität der Finanzmärkte durch informationelle Gleichbehandlung, konterkarieren, wenn einzelne Marktteilnehmer bestimmte nicht öffentlich bekannte, kursrelevante Informationen nutzen könnten, nur weil diese keinen hinreichenden Bezug zu Emittenten- oder zu Finanzinstrumenten haben[248] (zB der Handel von Wertpapieren, die auf Indizes Bezug nehmen, die von Entwicklungen der Gesamtwirtschaft beeinflusst werden).[249]

95 Emittentenbezogene Informationen sind solche Informationen, die interne Vorgänge der Unternehmen oder die Beziehungen der Unternehmen zu ihrer Umwelt betreffen, ohne

[241] *Hilgendorf/Kusche* in Park Kapitalmarktstrafrecht Art. 7 MAR Rn. 60.
[242] *Mennicke/Jakouvou* in Fuchs WpHG § 13 Rn. 104.
[243] Zum WpHG aF: *Assmann* in Assmann/Schneider WpHG § 13 Rn. 46; *Klöhn* in KölnKomm WpHG § 13 Rn. 121; 98; *Schwark/Kruse* in Schwark/Zimmer WpHG § 13 Rn. 42; *Schäfer* in Schäfer/Hamann Kapitalmarktgesetze WpHG § 13 Rn. 45; *Claussen/Florian* AG 2005, 745 (750 aE); Unklar: *Hilgendorf/Kusche* in Park Kapitalmarktstrafrecht Art 7 MAR Rn. 60; *Mennicke/Jakouvou* in Fuchs WpHG § 13 Rn. 107, 120. Einerseits sprechen sie von einer „klarstellenden Funktion des Merkmals", andererseits möchten sie „an der eigenständigen Prüfung des Emittenten- bzw. Insiderpapierbezugs festzuhalten, auch wenn damit wohl keine substantielle Einschränkung des Tatbestandsmerkmals der Insiderinformation verbunden ist." Dann betrachten sie es als konsequent die „Trennung der Insiderinformationen von anderen Informationen in erster Linie über andere Merkmale, namentlich die Kurserheblichkeit, zu lösen."
[244] So auch zum WpHG aF: *Klöhn* in KölnKomm WpHG § 13 Rn. 121.
[245] So auch zum WpHG aF: *Schwark/Kruse* in Schwark/Zimmer WpHG § 13 Rn. 41.
[246] So auch zum WpHG aF: *Schwark/Kruse* in Schwark/Zimmer WpHG § 13 Rn. 41; *Klöhn* in KölnKomm WpHG § 13 Rn. 123; *Mennicke/Jakouvou* in Fuchs WpHG § 13 Rn. 120.
[247] So auch zum WpHG aF: *Klöhn* in KölnKomm WpHG § 13 Rn. 122; aA *Mennicke/Jakouvou* in Fuchs WpHG § 13 Rn. 107 („eindeutiger Gesetzeswortlaut").
[248] So auch zum WpHG aF: *Klöhn* in KölnKomm WpHG § 13 Rn. 122.
[249] Beispiel bei *Schwark/Kruse* in Schwark/Zimmer WpHG § 13 Rn. 41.

sich auf Umstände zu beziehen, die nur eine bestimmte Art oder Gattung von Finanzinstrumenten berühren, die von dem besagten Unternehmen emittiert wurden.[250] Es fallen damit sämtliche für die Stellung eines Unternehmens am Markt relevanten Umstände in diese Kategorie.[251] Die Herkunft der Informationen ist dabei ohne Belang. Die Quelle der Information kann dabei sowohl innerhalb als auch außerhalb des Unternehmens liegen.[252] Deutlich emittentenbezogene Informationen sind zB Informationen, die die Vermögens-, Finanz- oder Ertragslage, den Geschäftsverlauf, Investitionen, Entdeckungen und Vertragsabschlüsse, personelle und organisatorische Maßnahmen, Kapitalmaßnahmen, den Abschluss von Unternehmensverträgen iSd §§ 291, 292 AktG oder Veränderungen in der Aktionärsstruktur betreffen (ausführlich zu einzelnen Maßnahmen → Rn. 133 ff.).[253] Auch können Informationen mehrere Emittenten zugleich betreffen, wie etwa der Abschluss eines Kooperationsvertrages.[254] Beispiele für unternehmensexterne, aber trotzdem emittentenbezogene Informationen sind die Einleitung von staatsanwaltlichen Ermittlungen, Gerichtsentscheidungen über wesentliche unternehmensinterne Vorgänge, gesetzliche Verbote mit Auswirkungen auf das Unternehmen, behördliche Untersagungen oder Genehmigungen.[255]

Bezug zu einem Finanzinstrument ist gegeben, wenn eine Information den Handel eines Finanzinstruments betrifft bzw. ein erhöhtes Maß an Spezifizität zu einem oder mehreren Finanzinstrumenten eines Emittenten oder bestimmten Arten von Finanzinstrumenten mehrerer Emittenten betreffen.[256] Beispiele hierfür wären etwa die Ausgabe junger Aktien, die Kündigung einer Anleihe, die Orderlage an der Börse, Aktienrückkaufprogramme oder die beabsichtigte Aussetzung der Kursnotiz.[257] **96**

Oftmals ist die Abgrenzung zwischen emittentenbezogenen und insiderbezogenen Informationen nicht möglich; für die Praxis ist die genaue Einordnung allerdings unerheblich.[258] So lässt sich die Änderung der Dividende[259] oder Aktionärsstruktur[260] als emittentenbezogene Information oder als finanzinstrumentbezogene Information einordnen. **97**

[250] *Assmann* in Assmann/Schneider WpHG § 13 Rn. 46; *Mennicke/Jakouvou* in Fuchs WpHG § 13 Rn. 110; *Rothenhöfer* in Kümpel/Wittig 3. Teil Rn. 3.495; *Hopt/Kumpan* in Schimansky/Bunte/Lwowski BankR-HdB § 107 Rn. 51; *Hilgendorf/Kusche* in Park Kapitalmarktstrafrecht Art. 7 MAR Rn. 61.

[251] *Mennicke/Jakouvou* in Fuchs WpHG § 13 Rn. 110.

[252] *Assmann* in Assmann/Schneider WpHG § 13 Rn. 44; *Mennicke/Jakouvou* in Fuchs WpHG § 13 Rn. 111; *Rothenhöfer* in Kümpel/Wittig 3. Teil Rn. 3.495; *Hilgendorf/Kusche* in Park Kapitalmarktstrafrecht Art. 7 MAR Rn. 61.

[253] Aufzählung der Beispiele bei *Assmann* in Assmann/Schneider WpHG § 13 Rn. 44; *Mennicke/Jakouvou* in Fuchs WpHG § 13 Rn. 111; *Rothenhöfer* in Kümpel/Wittig 3. Teil Rn. 3.495; *Hilgendorf/Kusche* in Park Kapitalmarktstrafrecht Art. 7 MAR Rn. 61; *Schwark/Kruse* in Schwark/Zimmer WpHG § 13 Rn. 38; *Hopt/Kumpan* in Schimansky/Bunte/Lwowski BankR-HdB § 107 Rn. 51. Siehe zu einzelnen Maßnahmen ausführlich unten.

[254] *Assmann* in Assmann/Schneider WpHG § 13 Rn. 44; *Mennicke/Jakouvou* in Fuchs WpHG § 13 Rn. 111.

[255] *Schwark/Kruse* in Schwark/Zimmer WpHG § 13 Rn. 38; *Mennicke/Jakouvou* in Fuchs WpHG § 13 Rn. 111; *Rothenhöfer* in Kümpel/Wittig 3. Teil Rn. 3.495; *Hopt/Kumpan* in Schimansky/Bunte/Lwowski BankR-HdB § 107 Rn. 51.

[256] *Schwark/Kruse* in Schwark/Zimmer WpHG § 13 Rn. 39; *Assmann* in Assmann/Schneider WpHG § 13 Rn. 49; *Hilgendorf/Kusche* in Park Kapitalmarktstrafrecht Art. 7 MAR Rn. 63.

[257] *Schwark/Kruse* in Schwark/Zimmer WpHG § 13 Rn. 39; *Assmann* in Assmann/Schneider WpHG § 13 Rn. 49; *Rothenhöfer* in Kümpel/Wittig 3. Teil Rn. 3.495; *Hopt/Kumpan* in Schimansky/Bunte/Lwowski BankR-HdB § 107 Rn. 51; *Mennicke/Jakouvou* in Fuchs WpHG § 13 Rn. 114 f.

[258] *Mennicke/Jakouvou* in Fuchs WpHG § 13 Rn. 109, 113; *Schwark/Kruse* in Schwark/Zimmer WpHG § 13 Rn. 39; *Rothenhöfer* in Kümpel/Wittig 3. Teil Rn. 3.496.

[259] Für die Einstufung als emittentenbezogene Information: *Schäfer* in Schäfer/Hamann Kapitalmarktgesetze WpHG § 13 Rn. 43; *Hilgendorf/Kusche* in Park Kapitalmarktstrafrecht Art. 7 MAR Rn. 63; aA (Einstufung als insiderpapierbezogene Information): *Assmann* in Assmann/Schneider WpHG § 13 Rn. 49; *Schwark/Kruse* in Schwark/Zimmer WpHG § 13 Rn. 39; *Hopt/Kumpan* in Schimansky/Bunte/Lwowski BankR-HdB § 107 Rn. 51.

[260] Für die Einstufung als emittentenbezogene Information: *Assmann* in Assmann/Schneider WpHG § 13 Rn. 48; aA (Einstufung als insiderpapierbezogene Information): *Schwark/Kruse* in Schwark/Zimmer WpHG § 13 Rn. 39.

98 Daneben können auch Marktdaten bzw. Marktinformationen eine Insiderinformation sein, sofern diese Daten zumindest einen mittelbaren Bezug zum Emittenten oder zum in Rede stehenden Finanzinstrument aufweisen.[261] Bei Marktdaten handelt es sich um Informationen über eine Vielzahl von unterschiedlichen Umständen und Ereignissen, die im Ausgangspunkt keinen spezifischen Bezug zu einem Emittenten oder Finanzinstrument haben, sondern die gesamtwirtschaftliche Situation oder die Rahmenbedingung des Marktes haben und daher die Verhältnisse von Emittenten und Finanzinstrumenten im Einzelfall lediglich mittelbar berühren.[262] Die Bandbreite der Umstände reicht von unternehmensnahen und kapitalmarktnahen Ereignissen wie Beschlüssen einer Notenbank über geldpolitische Parameter, Veränderungen von Rohstoffpreisen oder der Bekanntgabe branchen- oder konjunkturbezogener statistischer Daten bis zu unternehmens- und marktfernen Ereignissen wie Naturkatastrophen, politischen Ereignissen, Gerichtsentscheidungen etc.[263]

99 Ausdrücklich verweist Art. 7 Abs. 1 lit. d) darauf, dass es sich beim Wissen um die Orderlage um eine Insiderinformation handelt. Dies entspricht der der bisherigen Regelung in § 13 Abs. 1 S. 4 Nr. 1 WpHG aF und Art. 1 Nr. 1 UAbs. 3 MAD 2003. Demnach können Informationen auch auf Anlageentscheidungen dritter Personen bezogen sein (zu Einzelheiten → Rn. 190 ff.).

5. Eignung zur erheblichen Kursbeeinflussung

100 Gemäß Art. 7 Abs. 1 lit. e) MAR muss die Information geeignet sein, den Börsen- oder Marktpreis von Finanzinstrumenten des Emittenten, derivativen Finanzinstrumenten oder damit verbundenen Waren-Spot-Kontrakten erheblich zu beeinflussen, wenn sie öffentlich bekannt würde. Das Potential zur erheblichen Kursbeeinflussung gemäß Art. 7 Abs. 4 MAR wohnt einer Information dann inne, wenn „ein verständiger Anleger (sie) wahrscheinlich als Teil der Grundlage seiner Anlageentscheidung nutzen würde.“ Zu prüfen sind daher zwei Tatbestandsmerkmale: die Eignung zur Kursbeeinflussung und die Erheblichkeit dieser Kursbeeinflussung.

a) Eignung zur Kursbeeinflussung

101 **aa) Ex-ante Prognose.** Ob eine präzise Information geeignet ist, im Fall ihres öffentlichen Bekanntwerdens den Kurs der Finanzinstrumente erheblich zu beeinflussen, ist in objektiver ex-ante Prognose,[264] die auf den Zeitpunkt des Insiderhandels bezogen ist und die Umstände des Einzelfalls berücksichtigt, [265] aus Sicht eins verständigen Anlegers zu

[261] BaFin Emittentenleitfaden 2013 S. 34; *Assmann* in Assmann/Schneider WpHG § 13 Rn. 45; *Schwark/Kruse* in Schwark/Zimmer WpHG § 13 Rn. 40; *Mennicke/Jakouvou* in Fuchs WpHG § 13 Rn. 116; *Hopt/Kumpan* in Schimansky/Bunte/Lwowski BankR-HdB § 107 Rn. 51; *Hilgendorf/Kusche* in Park Kapitalmarktstrafrecht Art. 7 MAR Rn. 62; *Schäfer* in Schäfer/Hamann Kapitalmarktgesetze WpHG § 13 Rn. 55; *Mennicke/Jakouvou* in Fuchs WpHG § 13 Rn. 116; Grundmann in Canaris/Habersack/Schäfer GroßkommHGB Bd XI 6. Teil Rn. 352.

[262] *Assmann* in Assmann/Schneider WpHG § 13 Rn. 45; *Schwark/Kruse* in Schwark/Zimmer WpHG § 13 Rn. 40; ähnlich: *Mennicke/Jakouvou* in Fuchs WpHG § 13 Rn. 109, 113.

[263] BaFin Emittentenleitfaden 2013 S. 34; *Assmann* in Assmann/Schneider WpHG § 13 Rn. 45; *Schwark/Kruse* in Schwark/Zimmer WpHG § 13 Rn. 40; *Mennicke/Jakouvou* in Fuchs WpHG § 13 Rn. 116; *Hopt/Kumpan* in Schimansky/Bunte/Lwowski BankR-HdB § 107 Rn. 51; *Hilgendorf/Kusche* in Park Kapitalmarktstrafrecht Art. 7 MAR Rn. 62.

[264] *Grundmann* in Canaris/Habersack/Schäfer GroßkommHGB Bd. XI Bankvertragsrecht 6. Teil Rn. 353; *Hopt/Kumpan* in Schimansky/Bunte/Lwowski BankR-HdB § 107 Rn. 54. Zum WpHG aF: BGH v. 27.1.2010 – 5 StR 224/09 = NZG 2010, 349, 350 Rn. 15 – *Freenet*; *Schwark/Kruse* in Schwark/Zimmer WpHG § 13 Rn. 44; *Mennicke/Jakouvou* in Fuchs WpHG § 13 Rn. 132; *Schäfer* in Schäfer/Hamann Kapitalmarktgesetze WpHG § 13 Rn. 48; *Hilgendorf/Kusche* in Park Kapitalmarktstrafrecht Art. 7 MAR Rn. 67; *Claussen/Florian* AG 2005, 745 (750).

[265] Vgl. EuGH v. 28.6.2012 – Rs. C-19/11, ECLI:EU:C:2012:397 = NJW 2012, 2787 Leitsatz 2 („eine umfassende Würdigung der bereits verfügbaren Anhaltspunkte“) – *Geltl*; BGH v. 23.4.2013 – II ZB 7/09 = NZG 2013, 708 (712) Rn. 30 – *Geltl* („alle tatsächlichen Umstände“); *Mennicke* ZBB 2013, 244 (248); *Ihrig/Kranz* AG 2013, 515 (517); *Mennicke/Jakouvou* in Fuchs WpHG § 13 Rn. 132.

ermitteln.[266] Dies ergibt sich aus dem Wortlaut des Art. 7 Abs. 1 lit. e) MAR, wonach bereits die Eignung der Information zur Preisbeeinflussung genügt. Soweit darauf abgestellt wird, dass es sich bei der Prognose aus ex-ante Sicht um eine „objektiv nachträgliche" handelt,[267] bedeutet dies im Ergebnis nichts anderes, sondern weist nur darauf hin, dass die Ermittlung der Eignung zur Kursbeeinflussung aus ex-ante Sicht immer erst nach der Tathandlung erfolgt.[268]

Die Erforderlichkeit einer ex-ante Bewertung ergibt sich aus Erwägungsgrund Nr. 14 **102**
MAR. Gemäß Erwägungsgrund Nr. 14 S. 1 und 2 MAR stützen „verständige Investoren ihre Anlageentscheidungen auf Informationen, die ihnen vorab zur Verfügung stehen (Ex-ante-Informationen). Die Prüfung der Frage, ob ein verständiger Investor einen bestimmten Sachverhalt oder ein bestimmtes Ereignis im Rahmen seiner Investitionsentscheidung wohl berücksichtigen würde, sollte folglich anhand der Ex-ante-Informationen erfolgen."

Auch CESR hat in den Hinweisen zur Vorgängervorschrift in Art. 1 Abs. 2 RL 2003/124/EG dargelegt, dass aus ex ante Sicht zu beurteilen sei, ob eine Information wahrscheinlich erhebliche Auswirkungen auf den Börsenkurs haben werde.[269]

Demnach ist es für die Beurteilung des Kursbeeinflussungspotentials einer Information **103**
zum Tatzeitpunkt irrelevant, ob sich der Kurs tatsächlich verändert hat oder nicht, nachdem die Information öffentlich bekannt wurde.[270] Allerdings kann ein späterer Kursauschlag, der in zeitlichem Zusammenhang mit dem Bekanntwerden der Insiderinformation erfolgt, als Indiz dafür gesehen werden, dass die Umstände geeignet waren, eine entsprechende Reaktion hervorzurufen.[271] Der Kurs kann im Einzelfall sogar in die entgegengesetzte Richtung fallen und einen Verlust beim Insider hervorrufen.[272] Umgekehrt muss es aber auch möglich sein, die Tatsache, dass sich der Kurs nach dem Bekanntwerden der Information nicht wesentlich bewegt hat, als Indiz gegen das Vorliegen einer Insiderinformation zu werten.

Die Einschätzung, dass eine Ex-ante-Information kursbeeinflussend war, kann gemäß **104**
Erwägungsgrund Nr. 15 MAR[273] anhand von Ex-post-Informationen – dh Informationen, die im Nachhinein vorliegen – überprüft werden. Allerdings sollten Ex-post-Informationen nicht dazu verwendet werden, Maßnahmen gegen Personen zu treffen, „die vernünftige Schlussfolgerungen aus den ihnen vorliegenden Ex-ante-Informationen gezogen haben." Diesem Erwägungsgrund ist zu entnehmen, dass es in der praktischen Handhabung unschädlich ist, einen extrem strengen Maßstab anzulegen (und ggf. eine normale Information wie eine Insiderinformation zu behandeln), wenn sich ex post zeigt, dass der Kurs durch die Bekanntgabe der Information nicht beeinflusst wurde.[274] Wurde hingegen eine Insiderinformation in der Ex ante-Betrachtung fehlerhaft als unerheblich bewertet, kommt es auf das Bewertungsverfahren an, ob ein schuldhafter Verstoß vorliegt oder nicht.[275]

---

[266] *Klöhn* in KölnKomm WpHG § 13 Rn. 175; *Hopt/Kumpan* in Schimansky/Bunte/Lwowski BankR-HdB § 107 Rn. 54.

[267] BGH v. 23.4.2013 – II ZB 7/09 = NZG 2013, 708 (711) Rn. 22; *Assmann* in Assmann/Schneider WpHG § 13 Rn. 55; *Rothenhöfer* in Kümpel/Wittig 3. Teil Rn. 3.498.

[268] *Mennicke/Jakouvou* in Fuchs WpHG § 13 Rn. 130; *Schwark/Kruse* in Schwark/Zimmer WpHG § 13 Rn 44.

[269] CESR, Market Abuse Directive Level 3 – second set of CESR guidance and information on the common operation of the Directive of the market, CESR /06–562, 4 Rn. 1.12.

[270] *Grundmann* in Canaris/Habersack/Schäfer GroßkommHGB Bd. XI Bankvertragsrecht 6. Teil Rn. 353; Zum WpHG aF: BGH v. 27.1.2010 – 5 StR 224/09 = NZG 2010, 349 (350) Rn. 16 – *Freenet*; BaFin Emittentenleitfaden 2013 S. 33; *Assmann* in Assmann/Schneider WpHG § 13 Rn. 55; *Rothenhöfer* in Kümpel/Wittig 3. Teil Rn. 3.498; *Schwark/Kruse* in Schwark/Zimmer § 13 WpHG Rn. 44; *Mennicke/Jakouvou* in Fuchs WpHG§ 13 Rn. 131; *Hopt/Kumpan* in Schimansky/Bunte/Lwowski BankR-HdB § 107 Rn. 54.

[271] Zum WPHG aF: BGH v. 27.1.2010 – 5 StR 224/09 = NZG 2010, 349 (350) Rn. 15 – *Freenet*; BaFin Emittentenleitfaden 2013 S. 33; *Assmann* in Assmann/Schneider WpHG § 13 Rn. 55; *Schwark/Kruse* in Schwark/Zimmer WpHG § 13 Rn. 44; *Mennicke/Jakouvou* in Fuchs WpHG § 13 Rn. 131.

[272] *Hopt/Kumpan* in Schimansky/Bunte/Lwowski BankR-HdB § 107 Rn. 54, 71.

[273] Ehemals Erwägungsgrund Nr. 2 RL 2003/124/EG.

[274] *Zetzsche* in Gebauer/Teichmann EnzEuR Bd. VI § 7 C Rn. 122.

[275] *Zetzsche* in Gebauer/Teichmann EnzEuR Bd. VI § 7 C Rn. 122.

Strafrechtliche Vorwürfe lassen sich dann entkräften, wenn dem Handelnden der Nachweis gelingt, dass er die Insiderinformation trotz umfassender Information[276] und pflichtgemäß sorgfältiger Prüfung und gegebenenfalls unter Beiziehung kundigen Rechtsrats fehlerhaft nicht als solche erkannt hat. Gegebenenfalls wird es am Verschulden fehlen, das für die Verwirklichung von Straf- und Ordnungswidrigkeitstatbeständen Voraussetzung ist. Im Ergebnis unterliegt der Anwender nicht einer pauschalen Haftung für Fehleinschätzungen, sondern einer Verfahrenshaftung mit Nachweislast.[277]

105 **bb) Kriterium der Eignung zur Kursbeeinflussung: Fundamentalwertrelevanz.** Das Kriterium, nach dem ein verständiger Anleger die Kursrelevanz im Rahmen der Ex-ante-Prognose beurteilt, ist die Auswirkung der Information auf den Fundamentalwert des jeweiligen Finanzinstruments.[278] Zur erheblichen Kursbeeinflussung geeignet ist gemäß Art. 7 Abs. 4 MAR eine solche Information, die „ein verständiger Anleger wahrscheinlich als Teil der Grundlage seiner Anlageentscheidung nutzen würde." Dies sind solche Information, die der Anleger für geeignet hält, sich auf den Wert des Finanzinstruments auszuwirken.[279]

106 In der Finanzierungstheorie besteht Einigkeit, dass der Fundamentalwert[280] (*present value of cash flows*) eines Finanzinstruments – dh der Wert, auf den sich alle Markteilnehmer in Kenntnis aller öffentlich verfügbaren Informationen einigen würden – von zwei Variablen abhängt: Erstens von den zukünftigen Zahlungsströmen, die das Finanzinstrument erwarten lässt, und zweitens von dem Risiko; das mit der jeweiligen Anlage verbunden ist.[281] Der Wert des Finanzinstruments wird berechnet, indem man sämtliche Auszahlungen, die der Inhaber dieses Finanzinstrumentes erwarten darf (Dividenden, Zinszahlungen etc.), summiert und auf den aktuellen Zeitpunkt abzinst (diskontiert).[282] Der Fundamentalwert des Finanzinstruments ändert sich somit, wenn sich die Höhe der erwarteten Auszahlungen ändert oder sich das erwartete Risiko (der Abzinsungsfaktor) ändert. Eine Information über die erwarteten Auszahlungen oder über die mit dem Finanzinstrument verbundenen Risiken kann somit dann kursrelevant sein, wenn das Gesamtbild aller relevanten Informationen einschließlich der neu hinzugetretenen Information den bisherigen Erwartungen nicht mehr vollständig entspricht und bei dem verständigen Anleger zu einer Erwartungsänderung führt.[283] Das bedeutet, dass eine Information nur dann kursrelevant ist, wenn sich die Gesamtheit aller öffentlich bekannten Informationen so ändert, dass eine andere Bewertung des Finanzinstrumentes geboten ist.[284] Daraus folgt, dass eine nicht öffentlich bekannte Information dann nicht kursrelevant ist, wenn sie vom Markt schon erwartet wird und deshalb im Preis des jeweiligen Finanzinstruments reflektiert ist.[285]

---

[276] In diese Richtung auch BaFin Emittentenleitfaden 2013 S. 35 („aus Sicht eines verständigen Anlegers, der zum Zeitpunkt seines Handelns alle verfügbaren Informationen kennt").

[277] *Zetzsche* in Gebauer/Teichmann EnzEuR Bd. VI § 7 C Rn. 122.

[278] *Klöhn* in KölnKomm WpHG § 13 Rn. 179 ff.; ähnlich *Schwark/Kruse* in Schwark/Zimmer WpHG § 13 Rn. 45 f.

[279] Zum WpHG aF: *Schwark/Kruse* in Schwark/Zimmer WpHG § 13 Rn. 46.

[280] *Klöhn* WM 2014, 537 (538); *Klöhn* in KölnKomm WpHG Vor §§ 12 – 14 Rn. 72 f.; § 13 Rn. 181 spricht vom „wahren", „inneren" bzw. „eigentlichen" Wert eines Finanzinstruments.

[281] Zum Fundamentalwert eines Finanzinstruments: *Klöhn* WM 2014, 537 (538); *Klöhn* in KölnKomm WpHG § 13 Rn. 181 mit Bezug auf *Brealy/Myers/Allen*, Principles of Corporate Finance, 10. Aufl. 2011, S. 48 ff., 184 ff.; Vgl. dazu aktuell *Brealy/Myers/Allen*, Principles of Corporate Finance, 12. Aufl. 2017, S. 19 ff., 162 ff.; *Berk/DeMarzo*, Corporate Finance, S. 66 ff., 313 ff.

[282] Zur genauen Berechnung vgl.: *Brealy/Myers/Allen*, Principles of Corporate Finance, 12. Aufl. 2017, S. 256 ff.; *Berk/DeMarzo*, Corporate Finance, S. 100 ff.; *Klöhn* in KölnKomm WpHG § 13 Rn. 181 f.; *Schwark/Kruse* in Schwark/Zimmer WpHG § 13 Rn. 45 jeweils mit Verweis auf das Capital Asset Pricing Model, wonach der Diskontfaktor sich aus dem Zinssatz einer risikofreien Anlage sowie einem Risikoaufschlag für das nicht diversifizierbare (systematische) Risiko, das mit dem Halten der Aktie verbunden ist, zusammensetzt. Zum CAPM ausführlich: *Brealy/Myers/Allen*, Principles of Corporate Finance, 12. Aufl. 2017, S. 256 ff.; *Berk/DeMarzo*, Corporate Finance, S. 100 ff.

[283] *Schwark/Kruse* in Schwark/Zimmer WpHG § 13 Rn. 46, *Klöhn* WM 2014, 537 (538).

[284] *Klöhn* WM 2014, 537 (538); *Klöhn* in KölnKomm WpHG § 13 Rn. 166.

[285] Zu Markterwartungen generell vgl. BaFin Emittentenleitfaden 2013 S. 35, 56; *Seibt/Wunsch* Der Konzern 2009, 195 (210); *Krämer/Kiesewetter* BB 2012, 1679 (1684); *Klöhn* in KölnKomm WpHG § 13 Rn. 168.

Insoweit trägt das Abstellen auf die Rechtsfigur des verständigen Anlegers als Kriterium für die Prognose des Kursbeeinflussungspotentials dem Umstand Rechnung, dass die Preisbildung von Finanzinstrumenten von den Anlageentscheidungen und damit von den Erwartungen der Kapitalmarktteilnehmer an die künftigen Erträge des Emittenten abhängt. **107**

cc) Würdigung aller Umstände des Einzelfalls. Die Ex-ante-Betrachtung einer präzisen Information über eingetretene Umstände oder Ereignisse oder zukünftige Umstände oder Ereignisse in Bezug auf ihre Kursrelevanz ist anhand einer Würdigung aller im Zeitpunkt der Tathandlung vorliegenden Umstände des konkreten Einzelfalls vorzunehmen.[286] Dies erfordert, dass neben der Information und deren Auswirkungen auf den Emittenten selbst alle im Prognosezeitpunkt bekannten Marktverhältnisse zu berücksichtigen sind.[287] Erwägungsgrund 14 S. 3 MAR führt dazu aus, dass bei dieser Prognose die möglichen Auswirkungen der Information unter Berücksichtigung der gesamten Tätigkeit des Emittenten, der Verlässlichkeit der Informationsquelle und sonstiger Marktvariablen, die das entsprechende Finanzinstrument oder gegebenenfalls damit verbundene Derivate (Waren-Spot-Kontrakte oder auf Emissionsobjekten beruhende Auktionsobjekte) beeinflussen, in Betracht zu ziehen sind. CESR hat in ihren Hinweisen zur Vorgängervorschrift Art. 1 Abs. 2 RL 2003/124/EG erläutert, dass zu den Gesamtumständen im Einzelfall auch die Größe des Emittenten, jüngste Entwicklungen, das Marktsentiment in Bezug auf den Emittenten, seine Branche und die betroffenen Wertpapiere (Aktien oder Anleihen) zählen.[288] Weiterhin seien als Indikatoren zu berücksichtigen, ob die Informationsquelle verlässlich ist, welche Marktvariablen den Kurs der Wertpapiere des Emittenten beeinflussen (ua Preise, Erträge, Volatilitäten, Liquidität sowie Volumen, Nachfrage, Angebot, etc.), ob die Information vergleichbar ist mit Informationen aus der Vergangenheit, die schon einmal kursrelevant waren, ob es Analystenberichte gibt, die nahelegen, dass die Information kursrelevant sein könnte, und ob die Gesellschaft vergleichbare Ereignisse schon einmal als Insiderinformation behandelt hat.[289] **108**

dd) Maßgeblicher Wahrscheinlichkeitsgrad der Kursbeeinflussung. Von erheblicher Bedeutung im Rahmen der Ex-ante-Prognose ist zudem, welche Anforderungen an den Grad der Wahrscheinlichkeit gestellt werden, mit dem im Zeitpunkt des Handelns des vermeintlichen Insiders erwartet werden durfte, dass die Veröffentlichung der bislang unbe- **109**

[286] Ebenso EuGH v. 28.6.2012 – Rs.. C-19/11, ECLI:EU:C:2012:397 = NJW 2012, 2787 Leitsatz 2 („eine umfassende Würdigung der bereits verfügbaren Anhaltspunkte") – *Geltl*; BGH v. 23.4.2013 – II ZB 7/09 = NZG 2013, 708 (712) Rn. 30 („alle tatsächlichen Umstände") – *Geltl*; *Mennicke* ZBB 2013, 244 (248); *Ihrig/Kranz* AG 2013, 515 (517); *Mennicke/Jakouvou* in Fuchs, WpHG § 13 Rn. 132; *Rothenhöfer* in Kümpel/Wittig 3. Teil Rn. 3.499.

[287] Ähnlich BaFin Emittentenleitfaden 2013 S. 35 („Informationen über (...) die Verfassung des Gesamtmarktes"). Explizit: *Mennicke/Jakouvou* in Fuchs WpHG § 13 Rn. 132; *Assmann* in Assmann/Schneider § 13 WpHG Rn. 59; *Rothenhöfer* in Kümpel/Wittig 3. Teil Rn. 3.499.

[288] CESR, Market Abuse Directive Level 3 – second set of CESR guidance and information on the common operation of the Directive of the market, CESR /06–562, 4 Rn. 1.14. Ähnlich DTR des Handbooks der FCA, DTR 2.2.5 v. 3.7.2016: „An issuer may wish to take account of the following factors when considering whether the information in question would be likely to be used by a reasonable investor as part of the basis of his investment decisions: (1) the significance of the information in question will vary widely from issuer to issuer, depending on a variety of factors such as the issuer's size, recent developments and the market sentiment about the issuer and the sector in which it operates (...)."

[289] CESR, Market Abuse Directive Level 3 – second set of CESR guidance and information on the common operation of the Directive of the market, CESR /06–562, S. 6 Rn. 1.13. Ähnlich DTR des Handbooks der FCA, DTR 2.2.6 v. 3.7.2016: „Any assessment may need to take into consideration the anticipated impact of the information in light of the totality of the issuer's activities, the reliability of the source of the information and other market variables likely to affect the relevant financial instrument in the given circumstances. However, information which is likely to be considered relevant to a reasonable investor's decision includes information which affects: (1) the assets and liabilities of the issuer; (2) the performance, or the expectation of the performance, of the issuer's business; (3) the financial condition of the issuer; (4) the course of the issuer's business; (5) major new developments in the business of the issuer; or (6) information previously disclosed to the market"

kannten Information eine erhebliche Kursveränderung hervorrufen würde. Nach den Hinweisen von CESR sei für die Feststellung, ob eine Information wahrscheinlich erhebliche Auswirkungen auf den Börsenkurs haben wird, weder Gewissheit erforderlich, noch reiche es aus, dass die Information möglicherweise Auswirkungen auf den Börsenkurs haben könnte. Es gebe keine bestimmten Schwellen oder quantitative Kriterien, um die Erheblichkeit der Kursbeeinflussung zu bestimmen.[290] So könne zB bei Gesellschaften mit großer Marktkapitalisierung und großen Handelsvolumina auch eine kleine Kursbewegung ausreichend sein.[291] Dies entspricht der herrschenden Ansicht in der Literatur, wonach es nicht genügt, dass eine Auswirkung auf den Börsenkurs lediglich möglich oder nur zu einem geringen Grad wahrscheinlich ist oder sich nicht ausschließen lässt, dass die Information zur erheblichen Kursbeeinflussung ungeeignet ist.[292] Vielmehr wird verlangt, dass die Veröffentlichung der bisher unbekannten Information im Falle ihres öffentlichen Bekanntwerdens mit überwiegender Wahrscheinlichkeit zu erheblichen Kursänderungen führen wird.[293] Bei zukunftsbezogenen Informationen (dh Informationen über Pläne, Vorhaben, Absichten etc.) ist eine zweifache Prüfung der Wahrscheinlichkeit erforderlich: zuerst im Hinblick auf den Eintritt des zukünftigen Umstands oder Ereignisses (vgl. hierzu → Rn. 60 ff.) und sodann im Hinblick auf die Kurserheblichkeit der Information.[294]

110 **ee) Anwendbarkeit der Probability-Magnitude-Formel.** Im Rahmen der Ex-ante-Prognose ist weiterhin fraglich, ob es für die Feststellung der Kursrelevanz eines eingetretenen Zwischenschrittes auf den Grad der Wahrscheinlichkeit des Eintritts des zukünftigen Umstandes oder Ereignisses ankommen kann. Der EuGH hat hierzu obiter ausgeführt, dass der verständige Anleger „nicht nur die ‚möglichen Auswirkungen' eines Ereignisses auf den Emittenten in Betracht ziehe, sondern auch den Grad der Wahrscheinlichkeit des Eintritts des Ereignisses." Anhand solcher Erwägungen ließe „sich ermitteln, ob eine Information geeignet ist, den Kurs der Finanzinstrumente erheblich zu beeinflussen."[295] Über diese Äußerung des EuGH sind im Schrifttum mehrere Deutungen entstanden. Eine Ansicht meint, dass die Probability-Magnitude-Formel ausschließlich im Rahmen der Bestimmung der Kursrelevanz anzuwenden ist.[296] Demnach soll die Kursrelevanz eines Zwischenschritts dadurch ermittelt werden, dass die vom Endereignis erwartete Auswirkung auf den Kurs des Finanzinstruments (*magnitude*) mit der Eintrittswahrscheinlichkeit dieses Endereignisses (*probability*) miteinander multipliziert und das Ergebnis diese Multiplikation auf die Gegenwart abgezinst wird.[297] Demnach können Zwischenschritte auch dann kursrelevant sein, wenn das Endereignis nicht hinreichend wahrscheinlich ist[298] – vorausgesetzt nur, dass dem Endereignis ein ganz besonders hohes Kursbeeinflussungspotential innewohnt.[299] Die Anwendung der Probability-Magnitude-Formel bei der Bestimmung der Kursrelevanz wird damit begründet, dass ein verständiger Anleger, der sein

---

[290] So auch: *Veil*, Europäisches Kapitalmarktrecht, 2. Auflage 2014, § 13 Rn. 53.

[291] CESR, Market Abuse Directive Level 3 – second set of CESR guidance and information on the common operation of the Directive of the market, CESR /06–562 S. 6 Rn. 1.12.

[292] *Assmann* in Assmann/Schneider WpHG § 13 Rn. 60; *Mennicke/Jakouvou* in Fuchs WpHG § 13 Rn. 137.

[293] Die 50 %-ige Eintrittswahrscheinlichkeit wird vorausgesetzt von: *Mennicke/Jakouvou* in Fuchs WpHG § 13 Rn. 137; *Schwark/Kruse* in Schwark/Zimmer WpHG § 13 Rn 50; *Assmann* in Assmann/Schneider WpHG § 13 Rn. 60; *Bachmann* ZHR 172 (2008) 597 (603); *Rothenhöfer* in Kümpel/Wittig 3. Teil Rn. 3.501.

[294] *Mennicke/Jakouvou* in Fuchs WpHG § 13 Rn. 138.

[295] EuGH v. 28.6.2012 – Rs. C-19/11, ECLI:EU:C:2012:397 = NJW 2012, 2787 Rn. 55 – *Geltl*.

[296] *Grundmann* in Canaris/Habersack/Schäfer GroßkommHGB Bd. XI Bankvertragsrecht 6. Teil Rn. 353; *Klöhn* ZIP 2012, 1885 (1891), *Schall* ZIP 2012, 1286 (1288); *Bingel* AG 2012, 685 (690); *Langenbucher* NZG 2013, 1401 (1403); *Wilsing/Goslar* DStR 2013, 1610 (1611 f.); *Veil*, Europäisches Kapitalmarktrecht, 2. Auflage 2014, § 13 Rn. 54; *Klöhn* in KölnKomm WpHG § 13 Rn. 187. Offen gelassen: *Zetzsche* in Gebauer/Teichmann EnzEuR Bd. VI § 7 C Rn. 120.

[297] *Klöhn* in KölnKomm WpHG § 13 Rn. 187.

[298] *Klöhn* ZIP 2012, 1885 (1891); *Grundmann* in Canaris/Habersack/Schäfer GroßkommHGB Bd.XI 6. Teil Rn. 353.

[299] *Grundmann* in Canaris/Habersack/Schäfer GroßkommHGB Bd. XI Bankvertragsrecht 6. Teil Rn. 353.

Portfolio entsprechend diversifiziert, bei relativ geringer Eintrittswahrscheinlichkeit eines künftigen Ereignisses gleichwohl exorbitant große Gewinn- und Verlustchancen berücksichtigen wird.[300] In anderen Worten: Die strenge Anwendung der Probability-Magnitude-Formel könnte dazu führen, dass bereits ein sehr früher Zwischenschritt eines gestreckten Entscheidungsprozesses eine Insiderinformation sein kann, auch wenn der Eintritt des Endereignisses noch völlig offen oder vielleicht sogar unwahrscheinlich ist, nur weil das Endergebnis, wenn es eintritt, ganz besonders erhebliche Auswirkungen auf den Börsenkurs des Emittenten haben könnte.[301] Eine Mindestwahrscheinlichkeit des zukünftigen Ereignisses soll bei der Beurteilung der Kursrelevanz von Zwischenschritten entsprechend der Probability-Magnitude-Formel nicht gefordert werden.[302]

Nach Auffassung des BGH, der wiederum ausdrücklich auf die Feststellungen im *Geltl*-Urteil des EuGH Bezug nimmt, berücksichtigen Anleger bei ihrer Investitionsentscheidung auch den Grad der Wahrscheinlichkeit, mit dem der Eintritt künftiger Umstände zu erwarten ist. Nach dem BGH ist bei der Beurteilung der Kursrelevanz davon auszugehen, „dass ein Anleger den Grad der Wahrscheinlichkeit des Eintritts eines künftigen Ereignisses in Betracht zieht." Dies „muss auch gelten, wenn eine präzise Information über einen eingetretenen Umstand vorliegt, der auf ein künftiges Ereignis hinweist, und der Anleger insoweit den möglichen künftigen Verlauf abschätzen muss."[303] **111**

Allerdings kann weder aus den Ausführungen des EuGH noch aus den Entscheidungsgründen des BGH der Schluss gezogen werden, dass für die Beurteilung der Kursrelevanz eines Zwischenschrittes ausschließlich die Probability-Magnitude-Formel zur Anwendung kommt.[304] Denn weder der EuGH noch der BGH fordern, dass die Wahrscheinlichkeit des Eintritts eines zukünftigen Ereignisses und dessen Auswirkungen ins Verhältnis zu setzen oder gar zu multiplizieren seien und dass ein Mangel bei einem Element durch das Übergewicht eines anderen Elements kompensiert werden könne.[305] Hingegen betont der BGH, dass bei der Beurteilung der Kursrelevanz des Zwischenschrittes sämtliche Faktoren und damit auch das Endereignis und die Wahrscheinlichkeit seines Eintritts eine Rolle spielen.[306] Für diese Auslegung spricht auch weiterhin, dass weder der EuGH noch der BGH die Probability-Magnitude-Formel im Verhältnis zur Rechtsfigur des „verständigen Anlegers" erörterte.[307] Denn der verständige Anleger, der durchaus auch irrationale Reaktionen berücksichtigt, passt nicht zu der Modellwelt des vollkommenen Marktes, auf dem eine geringe Eintrittswahrscheinlichkeit eines Ereignisses mit gravierenden Auswirkungen auf den Kurs eines Finanzinstruments für einen streng rationalen Anleger so lohnend ist, dass er eine entsprechende Transaktion tätigt.[308] **112**

Im Ergebnis sind daher bei der Prüfung der Kursrelevanz eines bereits eingetretenen Zwischenschritts alle ex ante vorliegenden Umstände des Einzelfalls in einer Gesamtschau und gerade nicht ausschließlich die Auswirkungen oder die Wahrscheinlichkeit eines zukünftigen Ereignisses in den Blick zu nehmen und zu würdigen.[309] Zu berücksichtigen sind **113**

---

[300] *Grundmann* in Canaris/Habersack/Schäfer GroßkommHGB Bd. XI Bankvertragsrecht 6. Teil Rn. 353.

[301] Diese Konsequenz beschreiben *Krause/Brellochs* AG 2013, 309 (313).

[302] *Klöhn* ZIP 2012, 1885 (1891).So wohl auch *Grundmann* in Canaris/Habersack/Schäfer Großkomm HGB Bd. XI 6. Teil Rn. 353.

[303] BGH v. 23.4.2013 – II ZB 7/09 = NZG 2013, 708 (712) Rn. 25 – *Geltl.*

[304] *Krause/Brellochs* AG 2013, 309 (313 f.); *Kocher/Widder* BB 2012, 1820 (1821); *Bachmann* DB 2012, 2206 (2209 f.); *Ihrig* in VGR Gesellschaftsrecht in der Diskussion 2012, 113 (125 f.); *Ihrig/Kranz* AG 2013, 515 (517); *Brellochs* ZIP 2013, 1170 (1172); *Mennicke* ZBB 2013, 244 (248 f.); *Mennicke/Jakouvou* in Fuchs WpHG § 13 Rn. 76b ff.

[305] In Bezug auf den BGH: *Brellochs* ZIP 2013, 1170 (1172); *Mennicke* ZBB 2013, 244 (248 f.); *Mennicke/Jakouvou* in Fuchs WpHG § 13 Rn. 76d.

[306] BGH v. 23.4.2013 – II ZB 7/09 = NZG 2013, 708 (710 ff.) Rn. 16, 24 – *Geltl.*

[307] *Mennicke* ZBB 2013, 244 (248 f.); *Mennicke/Jakouvou* in Fuchs WpHG § 13 Rn. 76d.

[308] *Mennicke* ZBB 2013, 244 (249); *Bingel* AG 2012, 685 (692).

[309] *Brellochs* ZIP 2013, 1170 (1172); *Ihrig/Kranz* AG 2013, 515 (517); *Mennicke* ZBB 2013, 244 (249) spricht von der „Modellsicht" der probability magnitude Formel. Ebenso: *Mennicke/Jakouvou* in Fuchs WpHG § 13 Rn. 76e; *Ritz* in JVRB WpHG § 13 Rn. 104.

dabei auch künftige Umstände und Ereignisse, selbst wenn deren Eintritt nur möglich, aber nicht überwiegend wahrscheinlich ist. Gleichzeitig sind aber sämtliche Gegebenheiten des Einzelfalls heranzuziehen, die den gegenwärtigen Zwischenschritt als Insiderinformation qualifizieren könnten. Dabei kann die Gesamtwürdigung ergeben, dass bereits ein Zwischenschritt in einem frühen Stadium eines gestreckten Geschehensablaufs eine Insiderinformation darstellt.[310]

114 **ff) Objektiver Beurteilungsmaßstab: „Der verständige Anleger".** Für die einzelfallbezogene Ex-ante-Beurteilung, ob die fragliche Information im Falle ihres öffentlichen Bekanntwerdens geeignet ist, den Kurs eines Finanzinstruments erheblich zu beeinflussen, ist nicht die individuelle Sicht des Insiders bzw. des Handelnden maßgeblich,[311] sondern ein objektiver Beurteilungsmaßstab.[312] Als Konkretisierung dieses Maßstabs hat sich der Begriff des „verständigen Anlegers" herausgebildet,[313] der vom Gesetzgeber in Art. 7 Abs. 4 MAR verwendet wird. Was einen „verständigen" Anleger charakterisiert, ist allerdings weder explizit dem Gesetzestext der MAR noch dessen Erwägungsgründen zu entnehmen.[314]

115 Bei der generauen Bestimmung ist umstritten, welcher Grad an Professionalität und Rationalität einen verständiger Anleger charakterisiert. Nach einer Ansicht in der deutschen Literatur ist auf den „durchschnittlich verständigen" Anleger unter Einbeziehung der Gruppe der Klein- und Privatanleger abzustellen.[315] Nach anderer Ansicht ist Beurteilungsmaßstab der verständige börsenkundige, also mit den Gegebenheiten des Kapitalmarkts vertraute Anleger,[316] der zum Zeitpunkt seines Handelns alle verfügbaren Informationen kennt[317]. Nach britischer Auslegungspraxis ist im verständigen Anleger („reasonable investor") ein nutzenmaximierender Investor[318] zu verstehen, der nahezu jede Information bei seiner Anlageentscheidung berücksichtigen würde, auch wenn die Information im Falle ihres öffentlichen Bekanntwerdens keine Auswirkungen auf den Börsenkurs der Aktien des Emittenten hätte.[319] Eine weitere Ansicht versteht den verständigen Anleger als Personifizierung des effizienten Marktes im Sinne der halbstrengen Variante der Efficient Capital

---

[310] BGH v. 23.4.2013 – II ZB 7/09 = NZG 2013, 708 (712) Rn. 26 – *Geltl*; *Mennicke/Jakou*vou in Fuchs WpHG § 13 Rn. 76e; *Ritz* in JVRB WpHG § 13 Rn. 105 f.

[311] *Assmann* in Assmann/Schneider WpHG § 13 Rn. 56; *Mennicke/Jakouvou* in Fuchs WpHG § 13 Rn. 139; *Rothenhöfer* in Kümpel/Wittig 3. Teil Rn. 3.500.

[312] *Assmann* in Assmann/Schneider WpHG Rn. 56; *Mennicke/Jakouvou* in Fuchs WpHG § 13 Rn. 139; *Hopt* in Schimansky/Bunte/Lwowski BankR-HdB § 107 Rn. 27; *Rothenhöfer* in Kümpel/Wittig 3. Teil Rn. 3.498.

[313] *Grundmann* in Canaris/Habersack/Schäfer GroßkommHGB Bd. XI Bankvertragsrecht 6. Teil Rn. 355; *Assmann* in Assmann/Schneider WpHG § 13 Rn. 56; *Schwark/Kruse* in Schwark/Zimmer WpHG § 13 Rn. 46; *Mennicke/Jakouvou* in Fuchs WpHG § 13 Rn. 140; *Hopt/Kumpan* in Schimansky/Bunte/Lwowski BankR-HdB § 107 Rn. 55; *Rothenhöfer* in Kümpel/Wittig 3. Teil Rn. 3.500.

[314] *Langenbucher* NZG 2013, 1401 (1405).

[315] BaFin Jahresbericht 2004 S. 189; *Caspari* ZGR 1994, 530 (540); *Assmann* in Assmann/Schneider 1. Auflage, WpHG § 13 Rn. 65a.E; *Pananis*, Insidertatsache und Primärinsider, S. 112 ff.; *Dickersbach*, Das neue Insiderrecht, S. 390.

[316] BGH v. 13.12.2011 – XI ZR 51/10 = NZG 2012, 263 (267) Rn. 41; BaFin Emittentenleitfaden 2013 S. 35; *Assmann* in Assmann/Schneider WpHG § 13 Rn. 58; *Schwark/Kruse* in Schwark/Zimmer WpHG § 13 Rn. 47 f.; *Mennicke/Jakouvou* in Fuchs WpHG § 13 Rn. 141 f.; *Rothenhöfer* in Kümpel/Wittig 3. Teil Rn. 3.500; *Hilgendorf/Kusche* in Park Kapitalmarktstrafrecht Art. 7 MAR Rn. 68; ähnlich *Schäfer* in Schäfer/Hamann Kapitalmarktgesetze WpHG § 13 Rn. 50.

[317] BaFin Emittentenleitfaden 2013 S. 35.

[318] Vgl. hierzu Disclosure and Transparency Rules des Handbooks (DTR) der Financial Conduct Authority (FCA), DTR 2.2.5 v. 3.7.2016: „An issuer may wish to take account of the following factors when considering whether the information in question would be likely to be used by a reasonable investor as part of the basis of his investment decisions: (...) the likelihood that a reasonable investor will make investment decisions relating to the relevant financial instrument to maximise his economic self interest."

[319] [2011] UKUT 49 (TCC), Upper Tribunal reference FIN/2009/0024, S. 10 – Massey – (Ziff. 32) u. S. 12 –(Ziff. 41). Dazu ausführlich *Krause/Brellochs* AG 2013, 309 (317); *Langenbucher* AG 2016, 417 (420); *Langenbucher* NZG 2013, 1401 (1405).

Market Hypothesis.[320] Demnach beurteilt sich die Kursrelevanz von Informationen demnach, was in einem effizienten Markt Kurse bewegt.[321]

Das letztgenannte Verständnis kann aus den Vorschriften der MAR, insbesondere Art. 7 Abs. 4 MAR iVm Erwägungsgründen Nr. 14 und Nr. 15, abgeleitet werden. Nach Erwägungsgrund 14 MAR stützt ein verständiger Anleger seine Entscheidungen auf ihm ex ante zur Verfügung stehende Informationen. Erwägungsgrund Nr. 15 lässt sich die Aussage entnehmen, dass der verständige Anleger vernünftige Schlussfolgerungen aus den vorliegenden ex-ante Informationen zieht, er mithin rational agiert.[322] Kenntnis aller öffentlichen Informationen und rationale Schlussfolgerungen sind die prägenden Charakteristika, die nach der halbstrengen Variante der Effizient Capital Market Hypothesis die Preisbildung auf den Kapitalmärkten kennzeichnen.[323] Weiterhin spricht die Entstehungsgeschichte der MAR für die Charakterisierung des verständigen Anlegers als Personifizierung des effizienten Kapitalmarktes.[324] Zum einen entspricht die Definition der Kurserheblichkeit gemäß Art. 7 Abs. 4 der MAR (wie auch die frühere Definition der Kurserheblichkeit gemäß RL 2003/124/EG) fast wörtlich dem US-amerikanischen *materiality*-Standard.[325] In dessen Rahmen wird der „reasonable investor" als Personifizierung des effizienten Kapitalmarktes angesehen.[326] Zum zweiten geben auch die Ausführungen von CESR zur Vorgängervorschrift des Art. 7 Abs. 4 MAR (Art. 1 Abs. 2 RL 2003/124/EG) einen Hinweis darauf, dass ein verständiger Anleger rational denken und handeln wird.[327] Weiterhin ergibt sich die Charakterisierung des verständigen Anlegers als Personifizierung des effizienten Marktes aus den teleologischen Erwägungen der MAR. Denn das Konzept des verständigen Anlegers hat den Zweck zu ermitteln, welche Informationen eine Marktreaktion hervorrufen werden. Dabei ist nicht auf einen einzelnen typisierten Marktteilnehmer abzustellen, sondern darauf, ob so viele Marktteilnehmer handeln werden, dass eine Marktreaktion zu erwarten ist.[328] Damit ist der „verständige Anleger" letztlich ein Stellvertreter für den Markt. Wegen der Anknüpfung des Insiderhandelsverbots und der Ad-hoc-Publizität an die (nicht öffentlich bekannte) Insiderinformation kann dies aber nur der effiziente Kapitalmarkt im Sinne der (halbstrengen Variante der) Efficient Capital Market Hypothesis sein, da andernfalls Emittenten gemäß Art. 17 Abs. 1 MAR verpflichtet sein könnten, Informationen zu veröffentlichen, die nicht ihren Fundamentalwert betreffen, aber gleichwohl, zB 116

[320] *Klöhn* ZHR 177 (2013) 349 (377 f.); *Klöhn* in KölnKomm WpHG § 13 Rn. 250; *Klöhn* WM 2014, 537 (537); *Hopt/Kumpan* in Schimansky/Bunte/Lwowski BankR-HdB § 107 Rn. 54. Zur ECMH ausführlich (in deutscher Sprache): *Adolff*, Unternehmensbewertung im Recht der börsennotierten Aktiengesellschaft, S. 15 ff., 78 ff.; *Klöhn* ZHR 177 (2013) 349 (352 ff.); *Klöhn* in KölnKomm WpHG Vor §§ 12- 14 Rn. 75 ff.

[321] *Klöhn* in KölnKomm WpHG § 13 Rn. 250; *Klöhn* WM 2014, 537 (537); *Hopt/Kumpan* in Schimansky/Bunte/Lwowski BankR-HdB § 107 Rn. 55.

[322] In Bezug auf die Durchführungsrichtlinie zur MAD 2003 (RL 2003/124/EG): *Klöhn* in KölnKomm WpHG § 13 Rn. 250. Ebenfalls von einem rational handelnden Anleger ausgehend: *Veil* ZHR 172 (2008) 239 (249); *Veil* ZBB 2006, 162 (163); *Langenbucher*, Aktien- und Kapitalmarktrecht, § 15 Rn. 44 f.

[323] *Adolff*, Unternehmensbewertung im Recht der börsennotierten Aktiengesellschaft, S. 17; *Klöhn*, Kapitalmarkt, Spekulation und Behavioral Finance; 2006, S. 86 ff.; *Klöhn* in KölnKomm WpHG Vor §§ 12 – 14 Rn. 78 mwN.

[324] *Hopt/Kumpan* in Schimansky/Bunte/Lwowski BankR-HdB § 107 Rn. 55. Noch zur MAD 2003: *Klöhn* in KölnKomm WpHG § 13 Rn. 251.

[325] Dieser Standard ist vom U. S. Supreme Court im Fall. TSC Industries, Inc. V. Northway, Inc., 426 U. S. 438, 449 (1976): „An omitted fact is material if there is a substantial likelihood that a reasonable shareholder would consider it imporant in deciding how to vote." Dem folgend für den Begriff der materiality im Sinne von Rule 10b-5 Basic v. Levinson, 485 U. S. 224, 232 (1988): „We now expressly adopt the TSC Industries standard of materiality for the 10(b) and Rule 10b-5 context." Ausdrückliche Bezugnahme auf TSC Industries bei GA Mengozzi, Schlussanträge v. 21.3.2012 – Rs. C-19/11, ECLI: EU:C:2012:153 Rn. 72 Fn. 15.

[326] *Klöhn* ZHR 177 (2013) 349 (371) mwN.

[327] CESR's Advice on Level 2 Implementing Measures for the proposed Market Abuse Directive, CESR/ 02–089d, 10 Rn. 27 Fn. 1: „A reasonable investor that thinks and behaves in a rational way."

[328] Noch zum WpHG aF *Klöhn* in KölnKomm WpHG § 13 Rn. 252. Dem folgend für die MAR: *Hopt/ Kumpan* in Schimansky/Bunte/Lwowski BankR-HdB § 107 Rn. 55.

aufgrund irrationaler Reaktionen anderer Marktteilnehmer, eine Kursreaktion erwarten lassen.[329] Schließlich sprechen Praktikabilität und Rechtssicherheit, die gemäß Erwägungsgründen Nr. 4 und Nr. 18 zu den Zielen der MAR gehören, für dieses Verständnis.[330] Demnach werden irrationale Reaktionen von Marktteilnehmern bei der Beurteilung der Kursrelevanz einer Information ausgeblendet.[331] Würde man demgegenüber irrationale Reaktionen von anderen Marktteilnehmern bei der Bestimmung der Kursrelevanz einer Information berücksichtigen,[332] könnten irrelevante Informationen als kursrelevant zu qualifizieren sein und fundamentalwertbezogen Informationen nicht.[333] Dies würde die Abgrenzung von Informationen zu Insiderinformationen erschweren und zu willkürlichen Entscheidungen führen.[334] Gleichermaßen wäre es verfehlt, das Spektrum des verständigen Anlegers auf einen spekulativ handelnden Anleger zu erweitern. Auch dies würde die Konturen des Begriffs der Insiderinformation verwischen und Rechtsunsicherheit zur Folge haben, die angesichts der strafrechtlichen Sanktionierung von Insidergeschäften (Art. 14 MAR) und der drakonischen Ahndung der Verletzung der Offenlegungspflicht (Art. 17 MAR) nicht hinzunehmen ist.

117 Die Feststellung, dass es sich beim Begriff des verständigen Anlegers um ein objektiv-normatives Konzept handelt,[335] spricht somit gegen die Auffassungen, die einen Anleger anhand individueller Eigenschaften charakterisieren möchten. Gegen die britische Auslegung des „reasonable investor test" spricht, dass dadurch das Tatbestandsmerkmal der „Kurserheblichkeit" vollständig ersetzt[336] und somit seine konkretisierende und einschränkende Funktion im Rahmen des Begriffs der Insiderinformation weitgehend verlieren würde.[337]

b) Erheblichkeit der Kursbeeinflussung

118 Gegenstand der anzustellenden Ex-ante-Prognose (→ Rn. 101 ff.) ist die Frage, ob die präzise Information über Umstände und Ereignisse im Fall ihres öffentlichen Bekanntwerdens den Kurs der Insiderpapiere erheblich zu beeinflussen vermag.[338] Das Erfordernis der Erheblichkeit der Kursbeeinflussung dient dem Zweck, Bagatellfälle auszuschließen, bei denen der Kursauschlag so niedrig ist, dass die Chance, aus der Verwendung der Information Vorteile zu ziehen, gering und, wenn andere Faktoren Einfluss gewinnen, daher auch mit Verlustrisiken verbunden ist.[339]

---

[329] Noch zum WpHG aF *Klöhn* in KölnKomm WpHG § 13 Rn. 252. Dem folgend für die MAR: *Hopt/Kumpan* in Schimansky/Bunte/Lwowski BankR-HdB § 107 Rn. 55.

[330] Noch zum WpHG aF *Klöhn* in KölnKomm WpHG § 13 Rn. 254.

[331] *Klöhn* in KölnKomm WpHG § 13 Rn. 254; *Hopt/Kumpan* in Schimansky/Bunte/Lwowski BankR-HdB § 107 Rn. 55.

[332] BGH v. 13.12.2011 – XI ZR 51/10 = NZG 2012, 263 (267) Rn. 44; *Mennicke* ZBB 2013, 244 (248 f.); *Mennicke/Jakouvou* in Fuchs WpHG § 13 Rn. 142a; *Langenbucher* AG 2016, 417 (421 f.).

[333] *Klöhn* in KölnKomm WpHG § 13 Rn. 254; *Hopt/Kumpan* in Schimansky/Bunte/Lwowski BankR-HdB § 107 Rn. 55.

[334] *Hopt/Kumpan* in Schimansky/Bunte/Lwowski BankR-HdB § 107 Rn. 54; *Klöhn* AG 2012, 345 (349 f.); *Klöhn* in KölnKomm WpHG § 13 Rn. 261 f. mit einem Beispiel. Aber gleichwohl räumt Klöhn ein, dass empirische Evidenz existiert, dass professionelle Anlegervorhersehbaren irrationalen Kursauswirkungen berücksichtigt.

[335] *Klöhn* in KölnKomm WpHG § 13 Rn. 258 f.; *Hopt/Kumpan* in Schimansky/Bunte/Lwowski BankR-HdB § 107 Rn. 55.

[336] In diese Richtung argumentiert die FCA: FSA final notice to JJB Sports plc v. 25.1.2011, S. 10 f. (Ziff. 52 u. 56); in diesem Sinne wurde teilweise auch Art. 6 Abs. 3 des Entwurfs der MAR interpretiert, vgl. *Willey*, Compliance Officer Bulletin 2012, 93.

[337] *Krause/Brellochs* AG 2013, 307 (317).

[338] *Hopt/Kumpan* in Schimansky/Bunte/Lwowski BankR-HdB § 107 Rn. 54; Zum WpHG aF: *Assmann* in Assmann/Schneider WpHG § 13 Rn. 62; *Mennicke/Jakovou* in Fuchs WpHG § 13 Rn. 129.

[339] *Hopt/Kumpan* in Schimansky/Bunte/Lwowski BankR-HdB § 107 Rn. 54; *Assmann* in Assmann/Schneider WpHG § 13 Rn. 66; *Hilgendorf/Kusche* in Park Kapitalmarktstrafrecht Art. 7 MAR Rn. 70; BaFin Emittentenleitfaden 2013 S. 35 „Danach scheiden solche Fälle aus, in denen die Verwertung einer nicht öffentlich bekannten Information von vornherein keinen nennenswerten wirtschaftlichen Vorteil verspricht, und damit kein Anreiz besteht, die Information zu verwenden."

Die Eignung zur erheblichen Kursbeeinflussung ist nach Art. 7 Abs. 4 MAR gegeben, wenn ein verständiger Anleger die Information wahrscheinlich als Teil der Grundlage seiner Anlageentscheidung nutzen würde. Diese Vorschrift beurteilt die nicht öffentlich bekannte Information danach, welchem Kauf- oder Verkaufsanreiz ein Anleger ausgesetzt ist, der über die Information verfügt und rational handelt (dazu sogleich → Rn. 121 f.).[340] **119**

Dabei fällt auf, dass in Art. 7 Abs. 4 MAR von „spürbarer", in Art. 7 Abs. 1 lit. a) MAR hingegen von „erheblicher" Kursbeeinflussung die Rede ist. Dabei dürfte es sich um einen Redaktionsfehler des Gesetzgebers handeln, der schon in Art. 1 Abs. 2 RL 2003/124/EG vorhanden war und unverändert in den Wortlaut der MAR übernommen wurde. Eine inhaltliche Änderung dahingehend, dass eine Kursbeeinflussung nicht mehr erheblich, sondern lediglich „spürbar", dh deutlich schwächer, sein muss, war damit nicht intendiert, da Art. 7 Abs. 1 lit. a) MAR in Art. 7 Abs. 4 MAR lediglich zitiert wird und dieser Unterschied in anderen Sprachfassungen der MAR nicht auftaucht.[341] Gleichwohl gewährt auch dieser Begriff einen weiten Interpretationsspielraum. Während der Wortlaut der englischen Fassung „significant" dem deutschen Begriff „erheblich" nähersteht, stehen die Wortlaute der französischen und der italienischen Fassung („de façon sensible" bzw. „in modo sensibile") hingegen dem deutschen Begriff „spürbar" näher.[342] **120**

Ab welchem Niveau die Kursbeeinflussung erheblich ist, war lange Zeit umstritten. Während sich unmittelbar nach Inkrafttreten des § 13 WpHG aF[343] die Meinung herausbildete, dass in Anlehnung an die Kennzeichnungspflicht von Kursmaklern jede zum Zeitpunkt der Vornahme des Insidergeschäfts zu erwartende Kursänderung von mindestens 5 % erheblich sei,[344] wird nunmehr in der Literatur die Kurserheblichkeit einer nicht öffentlich bekannten Information unstreitig danach beurteilt, ob diese einen Kauf- oder Verkaufsanreiz auf einen über die Information verfügenden und rational handelnden Anleger ausüben kann und sich das Geschäft für den Anleger „lohnt" (subjektiver Ansatz).[345] Mit Inkrafttreten von Art. 1 Abs. 2 RL 2003/124/EG wurde dieser Ansatz vom Gesetzgeber übernommen[346] und nunmehr in der MAR weitergeführt. Auch CESR vertrat die Auffassung, dass es keine bestimmten Schwellen oder quantitative Kriterien gebe.[347] Der verständige Anleger wird demnach die Information dann berücksichtigen, wenn die erwartete Rendite abzüglich Transaktionskosten (zB Ordergebühren) die Opportunitätskosten des eingesetzten Kapitals übersteigt, dh die Rendite, die eine Anlage in Finanzinstrumente mit vergleichbarem Risiko (aber ohne Insiderinformationen) erwarten lässt.[348] Dabei hängt die erwartete Rendite davon ab, in welchem Umfang und mit welchen Finanzinstrumenten **121**

---

[340] Zum WpHG aF: *Assmann* in Assmann/Schneider WpHG § 13 Rn. 62; *Mennicke/Jakovou* in Fuchs WpHG § 13 Rn. 146; *Rothenhöfer* in Kümpel/Wittig 3. Teil Rn. 3.503.

[341] Ebenso *Langenbucher* NZG 2013, 1401 (1405).

[342] *Langenbucher* NZG 2013, 1401 (1405).

[343] § 13 WpHG in der Fassung vom 26.7.1994 (2. Finanzmarktförderungsgesetz); BGBl. I S. 1749.

[344] BT-Drucks. 12/6679 S. 47; *Assmann* AG 1994, 237 (244); *Assmann* ZGR 1994, 494 (514 f.); *Caspari* ZGR 1994, 530 (541), *Claussen* ZBB 1992, 267 (277 ff.); *Hopt* ZHR 159 (1995) 235 (154 f.); *Immenga* ZBB 1995, 197 (203); *Schleifer/Kliemt* DB 1995, 2214 (2216); *Weber* BB 1995, 157 (164).

[345] *Grundmann* in Canaris/Habersack/Schäfer GroßkommHGB Bd. XI Bankvertragsrecht 6. Teil Rn. 354; *Klöhn* in KölnKomm WpÜG § 13 Rn. 198;, *Schwark/Kruse* in Schwark/Zimmer WpHG § 13 Rn. 49; *Ritz* in JVRB WpHG § 13 Rn. 37; *Assmann* in Assmann/Schneider WpHG § 13 Rn. 64; *Rothenhöfer* in Kümpel/Wittig 3. Teil Rn. 3.478; *Hopt/Kumpan* in Schimansky/Bunte/Lwowski BankR-HdB § 107 Rn. 54; *Cahn* ZHR 162 (1998) 1 (17); *Kümpel* AG 1997, 66 (71).

[346] *Assmann* in Assmann/Schneider WpHG § 13 Rn. 65, *Hilgendorf/Kusche* in Park Kapitalmarktstrafrecht Art. 7 MAR Rn. 72; *Schwark/Kruse* in Schwark/Zimmer § 13 Rn. 46; *Claussen/Florian* AG 2005, 745 (750); *Koch* DB 2005, 267 (268); *Möllers* WM 2005, 1393 (1395); *Ziemons* NZG 2004, 537 (538). Kritisch in Bezug auf die Rechtssicherheit: *Spindler* NJW 2004, 3449 (3451); *Holzborn/Israel* WM 2004, 1948 (1951), *Hilgendorf/Kusche* in Park Kapitalmarktstrafrecht Art. 7 MAR Rn. 73.

[347] CESR, Market Abuse Directive Level 3 – second set of CESR guidance and information on the common operation of the Directive of the market, CESR /06–562 S. 6 Rn. 1.13.

[348] *Klöhn* in KölnKomm WpÜG § 13 Rn. 198; ähnlich *Mennicke/Jakovou* in Fuchs WpHG § 13 Rn. 161; *Hopt/Kumpan* in Schimansky/Bunte/Lwowski BankR-HdB § 107 Rn. 54.

der Insider unbemerkt eine Arbitrageposition aufbauen konnte.[349] Damit stuft dieser Ansatz auch Informationen als kurserheblich ein, deren öffentliches Bekanntwerden zwar nur geringe Kursauschläge nach sich zieht, dafür aber die Realisierung eines möglicherweise kleinen, jedoch sicheren Gewinns erwarten lässt,[350] sofern die erwarte Rendite die mit dem Geschäft verbundenen Kosten (ua für den Aufbau einer entsprechenden Hedge-Position) und die Opportunitätskosten deckt.[351] Generell stehen dabei die Höhe der Renditechance und die Sicherheit der Gewinnerzielung derart im Verhältnis, dass die Renditechance umso höher sein muss, je risikoreicher die Nutzung der Arbitragemöglichkeit erscheint, da dann die Opportunitätskosten des eingesetzten Kapitals ebenfalls umso höher sind.[352]

122 Auch die BaFin stellt auf den Handlungsanreiz ab, führt aber eine gemischt objektiv-subjektive Zweistufenprüfung durch: Auf der ersten Stufe wird analysiert, ob der Umstand für sich allein ex-ante nach allgemeiner Erfahrung ein erhebliches Preisbeeinflussungspotential haben kann (objektives Element).[353] Umstände der ersten Stufe können etwa ein Übernahmeangebot, eine Gewinnwarnung, eine Dividendenänderung und, wenn sie eine Signalwirkung für den Kapitalmarkt haben, Änderungen in der Zusammensetzung des Vorstands oder des Aufsichtsrats sein. Auf der zweiten Stufe wird geprüft, ob im Zeitpunkt des Handelns vorliegende oder absehbare konkrete Umstände des Einzelfalls den Handlungsanreiz erhöhen oder vermindern konnten (subjektives Element).[354]

123 Auch in der EuGH-Entscheidung *Lafonta*[355] ist auf das Erfordernis, dass von der nicht öffentlichen Information ein Handelsanreiz ausgehen muss, nicht verzichtet worden. Der EuGH führte (obiter) aus, dass eine „erteilte Information (…) nämlich von einem verständigen Anleger als Teil der Grundlage seiner Anlageentscheidung genutzt werden und daher der in Art. 1 Abs. 2 dieser Richtlinie [Durchführungsrichtlinie 2003/124/EG zur MAD 2003] aufgestellten Bedingung genügen[kann], auch wenn diese Information es nicht erlaubt, die Änderung des Kurses der betreffenden Finanzinstrumente in eine bestimmte Richtung vorherzusehen."[356] Ein Teil der Literatur entnahm dieser Aussage, dass von einer Insiderinformation kein konkreter Handelsanreiz ausgehen muss und daher auch solche Informationen kursrelevant sind, die zwar keine erhebliche positive oder negative Kursauswirkung erwarten lassen, aber zu erheblichen möglichen Kursveränderungen in jede Richtung führen können.[357] Demnach wäre das Kursbeeinflussungspotential bereits dann zu bejahen, wenn eine Information lediglich Volatilität erzeugt, von der auch uninformierte Marktteilnehmer[358] mittels Short-Long-Positionen profitieren könnten.[359] Gegen diese Interpretation der Ausführungen des EuGH spricht allerdings, dass die auf kurzfristige Kursentwicklungen ausgerichteten Anleger nicht unter die bisherige Auslegung des Begriffs des „verständigen Anlegers" zu subsumieren wären.[360] Damit würde auch das Merk-

---

[349] *Klöhn* in KölnKomm WpÜG § 13 Rn. 198.

[350] *Assmann* in Assmann/Schneider WpHG § 13 Rn. 66; *Schwark/Kruse* in Schwark/Zimmer WpHG § 13 Rn. 49; im Ergebnis: *Klöhn* in KölnKomm WpÜG § 13 Rn. 199; kritisch: *Mennicke/Jakovou* in Fuchs WpHG § 13 Rn. 164.

[351] Diese wichtige Ergänzung liefert *Klöhn* in KölnKomm WpÜG § 13 Rn. 199.

[352] *Klöhn* in KölnKomm WpÜG, § 13 Rn. 200; *Hopt/Kumpan* in Schimansky/Bunte/Lwowski BankR-HdB § 107 Rn. 54.

[353] BaFin Emittentenleitfaden 2013 S. 35. Als Beispiel der ersten Stufe werden ein Übernahmeangebot, eine Gewinnwarnung oder eine Dividendenänderung oder Personalwechsel mit Wirkung für den Kapitalmarkt (Wechsel von Vorstands- und Aufsichtsratmitglieder) genannt.

[354] BaFin Emittentenleitfaden 2013 S. 35. Als Beispiel der zweiten Stufe wird der Fall genannt, dass eine Gewinnsteigerung oder Verlust von 50% gegenüber dem Vorjahr bereits durch kontinuierliche Berichterstattung in den Aktienkurs eingepreist worden ist.

[355] EuGH v. 11.3.2015 – Rs. C-628/13, ECLI:EU:C:2015:162 = NZG 2015, 432 – *Lafonta.*

[356] EuGH v. 11.3.2015 – Rs. C-628/13, ECLI:EU:C:2015:162 = NZG 2015, 432 Rn. 34 – *Lafonta.*

[357] *Hitzer* FAZ v. 1.4.2015, S. 16; *Zetzsche* AG 2015, 381 (384 f.); *Seibt/Kraack* EWiR 2015, 237. Kritisch, aber auch in diese Richtung tendierend: *Zetzsche* in Gebauer/Teichmann EnzEuR Bd. VI § 7 C Rn. 121.

[358] *Seibt/Kraack* EWiR 2015, 237 (238). sehen in dem Urteil die Abschaffung der „dogmatischen Figur des verständigen Anlegers.

[359] *Zetzsche* in Gebauer/Teichmann, EnzEuR Bd. VI § 7 C Rn. 121.

[360] *Zetzsche* in Gebauer/Teichmann, EnzEuR Bd. VI § 7 C Rn. 121.

mal der Kurserheblichkeit an Trennschärfe verlieren, weil es nach dieser Lesart nicht mehr darauf ankommt, ob die Information in der ex-ante Prognose eines verständigen Anlegers eine andere Bewertung des Finanzinstruments rechtfertigt, sondern nur darauf, ob die Information zu verschiedenen erheblichen Kursreaktionen führen könnte.[361] Zudem würde ein solches Verständnis zu einer erheblichen Vorverlagerung der Ad-hoc-Publizitätspflichten und damit zu erhöhten Informationskosten bei Marktteilnehmern und Compliance-Kosten bei Emittenten führen.[362] Hingegen kann nach den Schlussanträgen des Generalanwalts beim EuGH, auf die im Urteil des EuGH Bezug genommen wird,[363] auch von solchen Insiderinformation ein Handlungsanreiz ausgehen, wenn nicht vorherzusehen ist, in welche Richtung sich der Kurs der betreffenden Finanzinstrumente ändert.[364] Der Generalanwalt begründet dies damit, dass es „Finanzmechanismen gibt, die es unter bestimmten Marktbedingungen einem Anleger ermöglichten, im Fall einer spürbaren Veränderung des Kurses eines Wertpapiers einen Gewinn unabhängig davon zu erzielen, in welche Richtung diese Veränderung erfolgt."[365]. Was unter diesen „Finanzmechanismen" zu verstehen ist, hat der Generalanwalt nicht weiter ausgeführt. Er dürfte wohl gemeint haben, dass Informationen über die Volatilität von Aktien genutzt werden können, um mit Optionen und anderen Finanzinstrumenten einen Gewinn zu erzielen. Deshalb sei „von Fall zu Fall zu prüfen, ob eine Information über die Möglichkeit einer spürbaren Veränderung als solcher eine Information sein könnte, die ein verständiger Anleger wahrscheinlich als Teil der Grundlage seiner Anlageentscheidungen nutzen würde, auch wenn diese Information nicht auf die Richtung dieser Veränderung hinweist."[366] Demnach können Informationen, denen sich nicht entnehmen lässt, ob der Kurs eines Finanzinstruments steigen oder fallen wird, die aber erkennen lassen, dass der Kurs des Instruments stärker oder schwächer schwanken wird als vom Markt erwartet (Volatilitätsinformationen), Insiderinformationen im Hinblick auf ein anderes Finanzinstrument sein, dessen Kurs von der Volatilität des ersten Instruments abhängt.[367]

Diese weite Auslegung des Merkmals der Kursrelevanz ist für die Praxis nicht ungefähr- **124**
lich. Ob sie im konkreten Fall erforderlich war, um die fragliche Information als Insiderinformation zu qualifizieren sei dahingestellt. Jedenfalls beim Erwerb von Aktien erscheint es kaum vorstellbar, dass eine Information einen Handlungsanreiz bieten kann, wenn sich aus ihr *nicht* ergibt, in welche Richtung sich bei ihrem Bekanntwerden der Kurs des Papiers bewegt.[368]

III. Einzelfälle

Die folgende Übersicht gibt einen Überblick über Umstände und Ereignisse, die regel- **125**
mäßig kursrelevant sind. Ein Katalog mit im Allgemeinen kurserheblichen Umständen und Ereignissen ist im Zusammenhang mit der Erörterung von veröffentlichungspflichtigen Insiderinformationen auch im Emittentenleitfaden der BaFin enthalten.[369]

---

[361] *Klöhn* NZG 2015, 809 (815); in diese Richtung auch *Zetzsche* in Gebauer/Teichmann EnzEuR Bd. VI § 7 C Rn. 121; *Voß* BB 2015, 788.

[362] *Zetzsche* in Gebauer/Teichmann EnzEuR Bd. VI § 7 C Rn. 121. *Klöhn* NZG 2015, 809 (815), *Hitzer* FAZ v. 1.4.2015, S. 16 sehen die Gefahr der Zunahme von irrelevanten Ad-hoc Veröffentlichungen.

[363] Für diese Deutung; *Klöhn* NZG 2015, 809 (815); *Voß* BB 2015, 788; so auch *Zetzsche* AG 2015, 381 (383).

[364] *Voß* BB 2015, 788.

[365] GA Wathelet, Schlussanträge v. 18.12.2014 – Rs. C-628/13, ECLI:EU:C:2014:2472 Rn. 49.

[366] GA Wathelet, Schlussanträge v. 18.12.2014 – Rs. C-628/13, ECLI:EU:C:2014:2472 Rn. 50.

[367] *Klöhn* NZG 2015, 809 (816); *Voß* BB 2015, 788 spricht von bei Finanzinstrumenten, bei denen bei unterstelltem Bekanntwerden der Information eine Richtungsänderung nicht erkennbar ist, mit denen aber gleichwohl ein Gewinn erwirtschaftet werden kann, von „Teufelsinstrumenten".

[368] *Voß* BB 2015, 788.

[369] BaFin Emittentenleitfaden 2013 S. 52 f.

1. Wertpapiererwerbs-, Übernahme- und Pflichtangebote

a) Umstände

126 Öffentliche Angebote zum Erwerb von Wertpapieren – ganz gleich ob in der Form eines Erwerbs-, Übernahme- oder Pflichtangebots – sind Umstände iSv Art. 7 Abs. 2 MAR. Da es sich bei der Vorbereitung und Durchführung dieser Transaktionen typischerweise um einen gestreckten Vorgang handelt, kommen zwei Anknüpfungspunkte für Insiderinformationen in Betracht.

127 Zum einen kann die Information über ein bevorstehendes Erwerbs-, Übernahme- oder Pflichtangebot gemäß Art. 7 Abs. 2 S. 1 MAR dann als Insiderinformation über ein künftiges Ereignis zu qualifizieren sein, wenn nach dem Maßstab des *Geltl*-Urteil des EuGH die Abgabe eines solchen Angebotes überwiegend wahrscheinlich ist.[370] Nach dem BGH soll dies dann der Fall sein, wenn mit der Abgabe eher zu rechnen ist als mit dem Ausbleiben.[371] Da erfahrungsgemäß in einem frühen Stadium der Erfolg der Übernahme von einer Vielzahl von noch unbestimmten Faktoren abhängt,[372] dürfte die Abgabe eines Übernahmeangebots in aller Regel noch nicht hinreichend wahrscheinlich sein, wenn die Organe der Bietergesellschaft die interne Entscheidung getroffen haben, Vorgespräche mit der Zielgesellschaft aufzunehmen,[373] Berater beauftragt wurden,[374] Geheimhaltungserklärungen (non disclosure agreement) zwischen Bieter- und Zielgesellschaft abgeschlossen wurden[375] oder nicht bindende Angebotsschreiben (non binding indicative offer letter) abgegeben wurden.[376] Ebenfalls wird die bloße Einwilligung der Zielgesellschaft in eine Due-Diligence Prüfung durch den Bieter, nicht ausreichend sein, um eine überwiegende Wahrscheinlichkeit der Angebotsabgabe zu bejahen, da der Bieter in der Regel die Abgabe eines Angebots erst von den Ergebnissen dieser Prüfung abhängig macht.[377] Entsprechen hingegen die Ergebnisse der Due Diligence Prüfung den Erwartungen des Bieters[378] oder wird ein Business Combination Agreement bzw. eine Investorenvereinbarung abgeschlossen, in dem sich der Wille des Bieters zur Durchführung der Übernahme manifestiert, wird in der Regel eine überwiegende Wahrscheinlichkeit der Angebotsabgabe anzunehmen sein.[379] Beim Abschluss von Vereinbarungen, die jeweils nur einer Partei für die Übernahmeverhandlungen Exklusivität einräumen, oder von Absichtserklärungen, die bereits Eckpunkte des künftigen Vertrages bzw. der Angebotsunterlage und eine Preisspanne enthalten, soll es für die Feststellung der überwiegenden Wahrscheinlichkeit des Übernahmeangebots entscheidend auf den Einigungswillen des Bieters und der Zielgesellschaft ankommen.[380] Dies erscheint nicht zutreffend. In der Praxis zeigt sich immer wieder, dass geplante M&A-Transaktionen trotz allergrößtem Einigungswillen der Parteien das Projekt-

---

[370] EuGH v. 28.6.2012 – Rs. C-19/11, ECLI:EU:C:2012:397 = NJW 2012, 2787 Rn. 49 – *Geltl*. Siehe zu den Ausführungen des EuGH zu zukünftigen Ereignissen → Rn. 61 f.

[371] BGH v. 23.4.2013 – II ZB 7/09 = NZG 2013, 708 (711) Rn. 19 – *Geltl*.

[372] BaFin Emittentenleitfaden 2013 S. 58; *Klöhn* in KölnKomm WpHG § 13 Rn. 317.

[373] BaFin Emittentenleitfaden 2013 S. 58; *Schiessl* AG 2009, 385 (390).; *Hopt/Kumpan* ZGR 2017, 765, 787.

[374] BaFin Emittentenleitfaden 2013 S. 58; *Hopt/Kumpan* ZGR 2017, 765, 787.

[375] BaFin Emittentenleitfaden 2013 S. 58.

[376] BaFin Emittentenleitfaden 2013 S. 58; *Schiessl* AG 2009, 385 (390); *Hopt/Kumpan* in Schimansky/Bunte/Lwowski BankR-HdB § 107 Rn. 48; *Hopt/Kumpan* ZGR 2017, 765, 797 in Bezug auf den Abschluss eines nicht bindenden Letter of Intent.

[377] *Bachmann* ZHR 172 (2008) 597 (606); *Bingel* AG 2012, 685 (695); *Hitzer* NZG 2012, 860 (861); *Klöhn* in KölnKomm WpHG, § 13 Rn. 317; *Hopt/Kumpan* ZGR 2017, 765, 787.

[378] BaFin Emittentenleitfaden 2013 S. 33; *Hitzer* NZG 2012, 860 (861); *Bingel* AG 2012, 685 (690); Klöhn in KölnKomm WpHG § 13 Rn. 318.

[379] *Seibt/Wunsch* Der Konzern 2009, 195 (210); Klöhn in KölnKomm WpHG, § 13 Rn. 318; *Hopt/Kumpan* in Schimansky/Bunte/Lwowski BankR-HdB § 107 Rn. 48; *Hopt/Kumpan,* ZGR 2017, 765, 797; ähnlich auch *Zetzsche* in Gebauer/Teichmann EnzEuR Bd. VI § 7 C Rn. 117, wonach eine hinreichende Wahrscheinlichkeit für den Eintritt der Fusion bzw. Übernahme eher spät gegeben ist, weil es für den Eintritt auf das Zusammenwirken mehrerer, unabhängiger Parteien ankommt.

[380] BaFin Emittentenleitfaden 2013 S. 33, 58.

stadium nicht überstehen. Zum erfolgreichen Vertragsschluss bzw. der Ankündigung eines Angebots kommt es nur dann, wenn Einigung über *alle* maßgeblichen Gesichtspunkte erzielt und *alle* Hindernisse aus dem Weg geräumt sind. Wer bereits aus der Einigung durch wesentliche Entscheidungsträger über zentrale Punkte oder bereits aus der Überwindung wesentlicher Hindernisse darauf schließen will, dass der Vertragsschluss oder die Ankündigung des Angebots überwiegend wahrscheinlich ist, ignoriert die Praxis.

Zum anderen können Informationen über die bis zur Abgabe des Angebots erreichten „Zwischenschritte" (wie zB die Kontaktaufnahme des potentiellen Bieters mit den Organen der Zielgesellschaft, die Beauftragung von Beratern, der erfolgreiche Abschluss der Due Diligence etc.) gemäß Art. 7 Abs. 2 S. 2 und Abs. 3 MAR jeweils für sich genommen Informationen über gegenwärtige oder vergangene Umstände sein. Für die Einstufung dieser Informationen als präzise kommt es nicht darauf an, ob die Abgabe des Angebots als Endereignis überwiegend wahrscheinlich ist. Demnach sind Informationen über Zwischenschritte nicht deshalb unpräzise, weil die Abgabe des Angebots noch nicht überwiegend wahrscheinlich ist. Das zukünftige Erwerbs-, Übernahme-, oder Pflichtangebot entfaltet somit keine Sperrwirkung auf Konkurrenzebene (→ Rn. 74). **128**

b) Kursrelevanz

Eine Information über ein (bevorstehendes) Erwerbs-, Übernahme- oder Pflichtangebot ist in der Regel deswegen kursrelevant, weil sie zu einer geänderten Bewertung der von der Zielgesellschaft emittierten Aktien und den damit in Zusammenhang stehenden Finanzinstrumenten führt. Denn die Information über ein Erwerbs-, Übernahme- oder Pflichtangebot, das eine Übernahmeprämie enthält, beinhaltet die Aussage, dass ein Bieter den Wert der Aktien der Zielgesellschaft höher einschätzt als der Markt und dass Aktionäre nun die Gelegenheit haben, diesen Wert durch den Verkauf der Anteile zu realisieren. **129**

Auch für die vom Bieter emittierten Aktien und den damit in Zusammenhang stehenden Finanzinstrumenten kann die Information über ein (künftiges) Erwerbs-, Übernahme- oder Pflichtangebot kursrelevant sein, da auch diese Information die Gesamtheit aller bisher verfügbaren Informationen derart ändert, dass es zu einer anderen Beurteilung des Fundamentalwertes der Aktien des Bieters kommen kann. Dabei kann sich der Wert der Aktien des Bieters verringern (beispielweise wenn die Übernahme zu einem erheblichen Teil fremdfinanziert wird) oder erhöhen (beispielsweise wegen der erwarteten Synergiegewinne). **130**

Dabei kann sich die mögliche Kursrelevanz für die Finanzinstrumente der Bieter- und Zielgesellschaft aus einer Vielzahl von Aspekten ergeben. Zunächst gibt das Übernahmevorhaben das Signal an den Markt, dass die Zielgesellschaft in den Augen des Bieters unterbewertet ist. Die Kursrelevanz kann aber auch daraus folgen, dass sich das Management der Zielgesellschaft in Kenntnis der Übernahmebereitschaft des Bieters stärker diszipliniert fühlt oder Abwehrmaßnahmen ergreift, oder daraus, dass beim Management der Bietergesellschaft Anzeichen eines Strategiewechsels zu erkennen sind.[381] Weitere Anzeichen sind denkbar.[382] **131**

Informationen über Zwischenschritte der Transaktion können ebenfalls kursrelevant sein, weil auch diese geeignet sind, dass der verständige Anleger den Wert des Finanzinstruments der Ziel- oder der Bietergesellschaft anders einschätzt als vorher. Ob und unter welchen Voraussetzungen mögliche künftige Umstände bei der Kursrelevanzprüfung eines gegenwärtigen Zwischenschritts berücksichtigt werden dürfen oder sogar müssen, ist streitig.[383] **132**

381 *Ihrig* in VGR Gesellschaftsrecht in der Diskussion 2012, 113 (124).

382 *Klöhn* in KölnKomm WpHG, § 13 Rn. 320.

383 Berücksichtigung nur dann, wenn Eintrittswahrscheinlichkeit über 50%: Bachmann, DB 2012, 2206 (2209); *Ihrig* in VGR Gesellschaftsrecht in der Diskussion 2012, 113 (123); *Kocher/Widder* BB 2012, 1820 (1821); *Kocher/Widder* BB 2012, 2837 (2840); *v. Bonin/Böhmer* EuZW 2012, 694 (696). Berücksichtigung auch dann, wenn Eintrittswahrscheinlichkeit nicht über 50%: *Mennicke/Jakouvou* in Fuchs WpHG § 13 Rn. 76c; *Klöhn* ZIP 2012, 1885 (1892); *Schall* ZIP 2012, 1286 (1287 f.)

Bei gestreckten Geschehensabläufen werden die Dinge in aller Regel so liegen, dass die mögliche Kursrelevanz des Zwischenschritts nur und gerade aus der im Beurteilungszeitpunkt absehbaren künftigen Entwicklung abgeleitet werden kann; jede Information erhält ihren Sinn aus dem Kontext, in dem sie steht. Soweit die künftige Entwicklung im Beurteilungszeitpunkt nicht durch bereits eingetretene Tatsachen vorgezeichnet ist, wird sich der verständige Anleger an den Erfahrungen orientieren, die er selbst oder die andere Marktteilnehmer in vergleichbaren Situationen in der Vergangenheit gesammelt haben (→ Rn. 74). Hiernach wird der verständige Anleger Verhandlungen über ein Business Combination Agreement oder andere Handlungen zur Vorbereitung eines nur dann als kursrelevant ansehen, wenn mit dem Abschluss eines entsprechenden Vertrages bzw. der Abgabe des Übernahmeangebots tatsächlich gerechnet werden kann. Bei einem durch Verhandlungen vorbereiteten „freundlichen" Übernahmeangebot ist dies erst dann der Fall, wenn wenigstens die Due Diligence zur Zufriedenheit des Bieters abgeschlossen ist.[384] Keinesfalls hinreichend ist die Einigung durch wesentliche Entscheidungsträger über zentrale Punkte oder die Überwindung wesentlicher Hindernisse. Wie die M&A-Praxis zeigt, kommt es zum erfolgreichen Vertragsschluss bzw. der Ankündigung eines Angebots nur dann, wenn Einigung über *alle* maßgeblichen Gesichtspunkte erzielt und *alle* Hindernisse aus dem Weg geräumt sind. Die Annahme, dass bereits nach Einigung auf der Leitungsebene über wesentliche Eckpunkte mit dem Vertragsschluss bzw. der Ankündigung des Angebots gerechnet werden kann, auch wenn die Due Diligence noch nicht zur Zufriedenheit des Bieters abgeschlossen worden ist, ist praxisfern. Ist der Bieter hingegen bereit, die Zielgesellschaft zu kontaktieren und seinen Übernahmeplan umzusetzen, ganz gleich ob sich die Zielgesellschaft auf Verhandlungen einlässt oder nicht (sog. Bear Hug), kann sich die Due Diligence des Bieters regelmäßig nur auf öffentlich zugängliche Informationen stützen. In diesem Fall wird die Kursrelevanz in aller Regel dann gegeben sein, wenn der Bieter entschieden hat, die Zielgesellschaft zu kontaktieren. Die interne oder externe Beauftragung von Machbarkeitsstudien oder die Aufnahme von Sondierungsgesprächen kann demnach kaum jemals kursrelevant sein.[385].

2. Unternehmensvertrag, Squeeze out

133 Bevorstehende abfindungspflichtige Maßnahmen nach einer Übernahme wie der Abschluss eine Beherrschungs- und Gewinnabführungsvertrages oder die Durchführung eines Squeeze-outs oder einer Verschmelzung können als ein (künftiger) Umstand gemäß Art. 7 Abs. 2 S. 1 MAR Gegenstand einer Insiderinformation sein. Ebenfalls kann jeder Zwischenschritt (zB der maßgebliche Organbeschluss[386]) auf diesem Weg gemäß Art. 7 Abs. 2 S. 2 und Abs. 3 MAR jeweils für sich genommen eine Information über gegenwärtige oder vergangene Umstände sein.[387]

134 Die Kursrelevanz ist dann gegeben, wenn die Information über die Maßnahme die Gesamtheit aller verfügbaren Informationen derart verändert, dass das Finanzinstrument aus Sicht des verständigen Anlegers anders zu bewerten ist. Dabei ist besonders zu prüfen, inwieweit die Höhe der Abfindungszahlung bereits durch Ankündigungen im Rahmen des Übernahmeangebots bekanntgegeben wurde und somit im Börsenkurs bereits reflektiert ist.[388]

---

[384] BaFin Emittentenleitfaden 2013 S. 33; *Ihrig* in VGR Gesellschaftsrecht in der Diskussion 2012, 113 (123 f.); *Kocher/Widder* BB 2012, 2837 (2840).
[385] AA *Zetzsche* in Gebauer/Teichmann EnzEuR Bd. VI § 7 C Rn. 115.
[386] BaFin Emittentenleitfaden 2013 S. 59.
[387] *Klöhn* in KölnKomm WpHG § 13 Rn. 323.
[388] *Klöhn* in KölnKomm WpHG § 13 Rn. 322.

3. Delisting, Downlisting

Der (bevorstehende) Antrag eines Emittenten auf Rückzug von der Börse (Delisting) oder Wechsel vom regulierten Markt in den Freiverkehr (Downlisting) sowie jeder Zwischenschritt bis zu diesem Ziel kann als gegenwärtiger oder zukünftiger Umstand Gegenstand einer Insiderinformation sein.[389] Der komplette Rückzug von der Börse kann kurserheblich sein, weil die Fungibilität des Finanzinstruments zu dessen wertbildenden Faktoren zählt. Demnach beeinflusst die mit dem Rückzug des Emittenten von der Börse einhergehende abnehmende Handelbarkeit unmittelbar den Fundamentalwert des verständigen Anlegers an die Aktie und den damit verbundenen Finanzinstrumenten. Auch die BaFin sieht zumindest im vollständigen Rückzug von der Börse eine Insiderinformation.[390] Beim Downlisting kann sich die Kursrelevanz daraus ergeben, dass sich bestimmte Anleger von ihrem Investment trennen könnten, etwa weil im (qualifizierten) Freiverkehr ein geringeres Transparenzniveau herrscht als im regulierten Markt oder weil sie aufgrund ihrer Anlagerichtlinien nur in Aktien investieren dürfen, die im regulierten Markt gehandelt werden. 135

Dem Delisting und dem Downlisting hat ein öffentliches Kaufangebot vorauszugehen,[391] dessen Gegenleistung gemäß mindestens dem gewichteten durchschnittlichen Börsenkurs der letzten sechs Monate vor Veröffentlichung der Angebotsunterlage entsprechen muss.[392] Daher wird man davon ausgehen dürfen, dass sich der Börsenkurs der Zielgesellschaft nach der Bekanntgabe der Delisting-Absicht in der Höhe einpendelt, in der der Markt die Gegenleistung des Kaufangebots erwartet. Nach der Ankündigung des Delisting-Angebots[393] liegt der Börsenkurs der Zielgesellschaft typicherweise in der Nähe des Preises, den der Bieter als Gegenleistung festgesetzt hat. 136

4. Änderung der Beteiligungsstruktur, Directors' Dealings

Die bevorstehende Änderung der Beteiligungsstruktur kann als Information über zukünftige Umstände genauso Gegenstand einer Insiderinformation sein wie ein Zwischenschritt auf dem Weg dorthin als Information über gegenwärtige Umstände. 137

Eine Information über die (bevorstehende) Änderung der Beteiligungsstruktur kursrelevant, wenn sie zu einer geänderten Beurteilung des Wertes der Aktien der Zielgesellschaft und den damit in Zusammenhang stehenden Finanzinstrumenten führt. Die Information über eine Änderung der Beteiligungsstruktur kann – abhängig davon, welcher Kaufpreis bezahlt wird – indirekt die Aussage enthalten, dass der Investor die Aktien für unterbewertet hält und ihnen einen anderen Wert als den bislang vorherrschenden Marktwert beimisst. Die Kursrelevanz der Information über die Änderung der Beteiligungsstruktur hängt also im Einzelfall davon ab, ob die durch die Information zum Ausdruck kommende Bewertung des Investors vom bisherigen Marktwert des Finanzinstruments abweicht und ob diese Bewertung verlässlich ist. Kriterien für die Verlässlichkeit können die Quelle der Information, der vermutete Zugang zu privilegierten Informationen, die Analysefähigkeit der handelnden Person, der nachhaltige Erfolg vergangener Investments des Erwerbers oder der konkret vorliegende Grund für den Beteiligungserwerb sein.[394] 138

Ähnliche Erwägungen gelten für den (bevorstehenden) Erwerb und die (bevorstehende) Veräußerung von Finanzinstrumenten durch eine Führungskraft des Emittenten. Auch wenn es einer Führungskraft verboten ist, Insiderinformationen zu nutzen, wird im Regelfall die Einschätzung erlaubt sein, dass die Führungskraft die künftige Wertentwicklung der Finanzinstrumente des Emittenten aufgrund ihres rechtmäßigen Zugangs zu Unter- 139

[389] *Klöhn* in KölnKomm WpHG § 13 Rn. 325.
[390] BaFin Emittentenleitfaden 2013 S. 53.
[391] § 39 Abs. 2 S. 3 BörsG.
[392] § 39 Abs. 3 S. 1 BörsG.
[393] § 10 WpÜG iVm § 39 Abs. 2 BörsG.
[394] *Klöhn* in KölnKomm WpHG § 13 Rn. 217; 325.

nehmensinterna besser einschätzen kann als außenstehende Dritte und sich diese Einschätzung an ihren Kauf- bzw. Verkaufsentscheidungen manifestiert. Anders als beim Beteiligungserwerb durch Dritte dürfte es im Fall der Directors' Dealings weniger darauf ankommen, ob die gezahlte Gegenleistung erheblich vom vorherrschenden Börsenkurs abweicht.

5. Kapitalmaßnahmen (Eigen- und Fremdkapital)

a) Umstände

140 Kapitalmaßnahmen[395] sind Umstände iSv Art. 7 Abs. 2 MAR. Da es sich bei der Vorbereitung und Durchführung von Kapitalmaßnahmen typischerweise um einen gestreckten Vorgang handelt, kommen zwei Anknüpfungspunkte für Insiderinformationen in Betracht.

141 Zum einen kann die Informationen über eine bevorstehende Kapitalerhöhung, Kapitalherabsetzung oder Fremdkapitalaufnahme gemäß Art. 7 Abs. 2 S. 1 MAR dann als Insiderinformation zu qualifizieren sein, wenn diese Finanzierungsmaßnahme nach dem Maßstab des *Geltl*-Urteils des EuGH überwiegend wahrscheinlich ist. Nach der Rechtsprechung des BGH soll dies dann der Fall sein, wenn mit der Vornahme eher zu rechnen ist als mit dem Ausbleiben. Die Schwelle zur überwiegenden Wahrscheinlichkeit dürfe regelmäßig dann noch nicht überschritten sein, wenn der Beschluss des Vorstands noch aussteht.[396] Ebenso begründet die gezielte Ansprache ausgewählter Investoren zur Eruierung der Möglichkeit einer Kapitalerhöhung (*pilot fishing, market sounding*) noch keine überwiegende Wahrscheinlichkeit der Kapitalmaßnahme, da dadurch erst eine Entscheidungsgrundlage gefunden werden soll.[397] Hingegen dürfte eine Kapitalerhöhung dann überwiegend wahrscheinlich sein, wenn der Vorstand dieser Maßnahme zugestimmt hat und wenn sich die begleitenden Investmentbanken zur Übernahme der neuen Aktien verpflichtet haben.[398]

142 Zum anderen können Informationen über die bis zur finalen Durchführung der Kapitalmaßnahme erreichten „Zwischenschritte“ (wie zB das erfolgreiche Ende des pilot fishing, die Beauftragung von Beratern und Banken) gemäß Art. 7 Abs. 2 S. 2 und Abs. 3 MAR jeweils für sich genommen Informationen über gegenwärtige oder vergangene Umstände sein. Diese Informationen sind nicht unpräzise, weil der endgültige Umstand bzw. das Endereignis, dh der Abschluss der Durchführung der Kapitalmaßnahme, noch nicht überwiegend wahrscheinlich ist.

b) Kursrelevanz

143 Kursrelevant sind Informationen über Änderungen der Kapitalstruktur dann, wenn der verständige Anleger dem zugrundeliegenden Finanzinstrument aufgrund der geänderten Informationslage einen anderen Wert beimisst als zuvor. Zum einen kann sich der Wert eines Finanzinstruments unmittelbar ändern, wenn die Kapitalmaßnahme zu Verwässerungs- oder Steuereffekten oder zu einer Senkung oder Erhöhung der Finanzierungskosten führt.[399] Die Information über eine Änderung der Kapitalstruktur soll sich auch mittelbar auf den Wert des Finanzinstruments auswirken können. Denn eine Information über eine Kapitalerhöhung soll dahingehend gedeutet werden können, dass das Management des Emittenten die Aktien vom Markt für überbewertet hält, und die Information über eine Fremdkapitalaufnahme soll dahingehend interpretiert werden können, dass das Manage-

---

[395] BaFin Emittentenleitfaden 2013 S. 53.

[396] *Pfüller* in Fuchs WpHG § 15 Rn. 230; *Sethe* ZIP 2010, 1825 (1826); *Klöhn* in KölnKomm WpHG § 13 Rn. 331.

[397] *Klöhn* in KölnKomm WpHG § 13 Rn. 333.

[398] *Parmentier* NZG 2007,407 (411 f.)

[399] *Klöhn* in KölnKomm WpHG § 13 Rn. 329 mit weiteren Beispielen. Weiterführend *Brealy/Myers/Allen*, Principles of Corporate Finance, 12. Aufl. 2017, S. 452 ff.

ment die Aktien für unterbewertet hält.[400] Diese Betrachtung erscheint allerdings eher theoretisch. In der Praxis wird eine Kapitalerhöhung regelmäßig aus unternehmensbezogenen Gründen vorgenommen, etwa zur Verbesserung der Kapitalstruktur, zur Refinanzierung von Fremdverbindlichkeiten, zur Finanzierung von Investitionen oder zur Finanzierung einer Akquisition. Die Marktbewertung ist eher für den konkreten Zeitpunkt der Maßnahme relevant.[401]

Die Information über einen Zwischenschritt kann ebenfalls kursrelevant sein – dann nämlich, wenn sie geeignet ist, dem verständigen Anleger eine andere Bewertung des Finanzinstruments nahezulegen als zuvor. Ein Faktor, der in die Beurteilung der Kursrelevanz einfließt, ist der Grad der Wahrscheinlichkeit, mit der die tatsächliche Durchführung der Kapitalmaßnahme zu erwarten ist und die von ihr ausgehenden direkten und indirekten Auswirkungen auf den Wert des Finanzinstruments tatsächlich eintreten. Ob der Eintritt der Kapitalmaßnahme auch dann zu berücksichtigen ist, wenn sie nicht überwiegend wahrscheinlich ist, ist umstritten (→ Rn. 74). Bei gestreckten Geschehensabläufen werden die Dinge in aller Regel so liegen, dass die mögliche Kursrelevanz des Zwischenschritts nur und gerade aus der im Beurteilungszeitpunkt absehbaren künftigen Entwicklung abgeleitet werden kann. Hiernach wird der verständige Anleger die Vorbereitung einer Kapitalmaßnahme in aller Regel nur dann als kursrelevant ansehen, wenn mit ihrer Durchführung tatsächlich gerechnet werden kann. **144**

Soweit der Markt bereits mit der Kapitalmaßnahme rechnet und die Information über diesen künftigen Umstand in den Kurs des Finanzinstruments eingepreist ist, wird die Informationen über die entsprechende Beschlussfassung der Organe nicht mehr kursrelevant sein.[402] **145**

6. Rückkauf eigener Aktien, Rückkauf von Anleihen

a) Umstände

Informationen über den bevorstehenden Rückerwerb eigener Aktien und Anleihen sind Informationen über künftige Umstände iSv Art. 7 Abs. 2 MAR, wenn dieser Rückerwerb vernünftigerweise erwartet werden kann, dh wenn mit dem Rückerwerb eher zu rechnen ist als mit seinem Ausbleiben. Im Fall des Rückerwerbs gemäß § 71 Nr. 8 AktG ist der Erwerb weder dann überwiegend wahrscheinlich, wenn der Vorstand und Aufsichtsrat beschließen, der Hauptversammlung die Beschlussfassung über eine entsprechende Ermächtigung vorzuschlagen,[403] noch dann, wenn die Hauptversammlung einen entsprechenden Beschluss fasst.[404] Von der Beschlussfassung der Hauptversammlung bis zur Realisierung des Rückkaufs sind noch weitere Schritte notwendig, sodass bei Beschlussfassung mit dem Rückkauf noch nicht sicher zu rechnen ist.[405] Etwas Anderes wäre denkbar, wenn sich der Emittent mit dem Aktienrückkauf die Tauschwährung für einen Unternehmenserwerb schaffen möchte und die Grundlagen für diesen Unternehmenserwerb schon geschaffen sind.[406] Ebenfalls ist die Durchführung des Rückkaufs dann überwiegend wahrscheinlich, wenn bei Beschlussfassung der Hauptversammlung absehbar ist, dass der Vorstand von der Ermächtigung Gebrauch **146**

[400] *Klöhn* in KölnKomm WpHG § 13 Rn. 329.
[401] *Meyer* in Marsch-Barner/Schäfer, HdB börsennotierte AG, § 7 Rn. 4 ff.
[402] Zu Markterwartungen generell vgl. BaFin Emittentenleitfaden 2013 S. 56; *Seibt/Wunsch* Der Konzern 2009, 195 (210). Zu Markterwartungen bei Kapitalmaßnahmen: *Klöhn* in KölnKomm WpHG § 13 Rn. 334.
[403] *Assmann* in Assmann/Schneider § 15 WpHG Rn. 86; *Pfüller* in Fuchs WpHG § 15 Rn. 238; *Seibt/Bremkamp* AG 2008, 469 (472); *Rieckers* ZIP 2009, 700 (703 f.); *Klöhn* in KölnKomm WpHG § 13 Rn. 337.
[404] *Assmann* in Assmann/Schneider WpHG § 15 Rn. 86; *Pfüller* in Fuchs WpHG § 15 Rn. 239; *Seibt/Bremkamp* AG 2008, 469 (472); *Rieckers* ZIP 2009, 700 (703 f.); *Klöhn* in KölnKomm WpHG § 13 Rn. 337.
[405] *Pfüller* in Fuchs WpHG § 15 Rn. 238.
[406] *Pfüller* in Fuchs WpHG § 15 Rn. 239.

kurzfristig machen wird.[407] Im Regelfall ist die maßgebliche Wahrscheinlichkeitsschwelle erreicht, wenn Vorstand und Aufsichtsrat beschließen, von der Ermächtigung der Hauptversammlung Gebrauch zu machen, weil damit der Rückkauf und der damit verbundene Kursanstieg unmittelbar bevorsteht.[408] Dies gilt auch dann, wenn der Vorstandsbeschluss vorliegt und die erforderliche Zustimmung des Aufsichtsrats noch aussteht,[409] es sei denn, es existieren Hinweise, dass der Aufsichtsrat seine Zustimmung verweigern wird.[410]

147 Da es sich bei der Vorbereitung und Durchführung eines Rückkaufs von Aktien oder Anleihen typischerweise um einen gestreckten Vorgang handelt, kommen als Insiderinformationen auch Informationen über Zwischenschritte in Betracht – etwa die Verabschiedung der Tagesordnung der Hauptversammlung mit dem Tagesordnungspunkt des Rückkaufs eigener Aktien durch Vorstand und Aufsichtsrat; die Veröffentlichung der Einladung zur Hauptversammlung; die Beschlussfassung der Hauptversammlung über die Rückkaufsermächtigung; der Vorstandsbeschluss über die Durchführung; der Zustimmungsbeschluss des Aufsichtsrats; die Vorbereitungsmaßnahmen des Vorstands für die Durchführung des Rückkaufs; Beginn und Abschluss der Durchführung des Rückkaufs. Gemäß Art. 7 Abs. 2 S. 2 und Abs. 3 MAR können diese Schritte jeweils für sich genommen Informationen über gegenwärtige oder vergangene Umstände sein. Diese Informationen sind nicht unpräzise, weil das angestrebte Endereignis, dh der Abschluss des Rückkaufs, zu diesem Zeitpunkt noch nicht überwiegend wahrscheinlich ist.

b) Kursrelevanz

148 Kursrelevant sind Informationen über den Rückkauf eigener Aktien oder Anleihen dann, wenn der verständige Anleger dem Finanzinstrument aufgrund der geänderten Informationslage einen anderen Wert beimisst als zuvor.[411] Der Rückkauf von Aktien oder Anleihen wirkt sich zumindest mittelbar auf den Wert der zugrundeliegenden Finanzinstrumente aus. Hierfür werden verschiedene Erklärungen angeführt: Durch den Rückkauf steige die Nachfrage nach den Aktien und damit auch ihr Kurswert; [412] durch den Rückkauf werde dem Markt signalisiert, dass keine wertsteigernden Investitionsprojekte zur Verfügung stehen, in die der freie Cashflow investiert werden könnte;[413] auch soll der Rückkauf von Aktien dahingehend gedeutet werden können, dass das Management die Anteile am Markt für unterbewertet hält.[414]

149 Die Information über das Erreichen von Zwischenschritten kann ebenfalls kursrelevant sein, weil der verständige Anleger den Wert des Finanzinstruments im Wissen über den Fortschritt des Verfahrens ggf. anders einschätzt als vorher. Die Kursrelevanz jedes einzelnen Zwischenschritts hängt auch – aber keineswegs nur – davon ab, wie wahrscheinlich die Durchführung des Rückkaufs ist. Bei der Beurteilung der Kursrelevanz des Zwischenschrittes ist der angestrebte Rückkauf auch dann zu berücksichtigen, wenn er noch nicht überwiegend wahrscheinlich ist;[415] freilich wird geringvolumiger Rückkauf, deren Eintritt nicht überwiegend wahrscheinlich ist, im Regelfall nicht kursrelevant sein.

---

[407] *Pfüller* in Fuchs WpHG § 15 Rn. 239; *Klöhn* in KölnKomm WpHG § 13 Rn. 337.

[408] BaFin Emittentenleitfaden, 2013 S. 53; *Assmann* in Assmann/Schneider § 15 WpHG Rn. 87; *Pfüller* in Fuchs WpHG § 15 Rn. 240; *Seibt/Bremkamp* AG 2008, 469 (472); *Rieckers* ZIP 2009, 700 (703 f.); *Klöhn* in KölnKomm WpHG § 13 Rn. 338.

[409] *Pfüller* in Fuchs WpHG § 15 Rn. 240; *Seibt/Bremkamp* AG 2008, 469 (472); *Rieckers* ZIP 2009, 700 (703 f.); *van Aerssen* WM 200, 391 (401 f.); *Klöhn* in KölnKomm WpHG § 13 Rn. 338; aA (Insiderinformation erst wenn Aufsichtsrat zugestimmt hat) *Assmann* in Assmann/Schneider WpHG § 15 Rn. 87 (der aber nur Ad-hoc Publizität behandelt).

[410] *Klöhn* in KölnKomm WpHG § 13 Rn. 338.

[411] *Brealy/Myers/Allen*, Principles of Corporate Finance, 12. Aufl. 2017, S. 419 ff., *Berk/DeMarzo*, Corporate Finance, S. 589 ff.

[412] *Schockenhoff/Wagner* AG 1999, 548; aA *Klöhn* in KölnKomm WpHG § 13 Rn. 335.

[413] *Klöhn* in KölnKomm WpHG § 13 Rn. 335.

[414] *Klöhn* in KölnKomm WpHG § 13 Rn. 335.

[415] *Bingel* AG 2012, 685 (691 ff.).; *Klöhn* in KölnKomm WpHG § 13 Rn. 340.

7. Veränderungen bei Organmitgliedern und Führungskräften

a) Umstände

Veränderungen in der Führungsebene eines Emittenten können Umstände iSv Art. 7 Abs. 2 MAR sein, insbesondere wenn es sich um das Ausscheiden oder Eintreten von Personen in Schlüsselpositionen handelt. Dies sind in der Regel Personen, die einen maßgeblichen Einfluss auf den Geschäftsverlauf gehabt haben bzw. von denen dies künftig zu erwarten ist. In der Regel sind dies der Vorstandsvorsitzende, im Vorstand oder Aufsichtsrat amtierende Gründungsaktionäre oder – bei Unternehmen, deren geschäftliche Entwicklung von der Innovationsfähigkeit oder Kreativität einzelner Personen unterhalb der Führungsebene abhängt – diese innovativen bzw. kreativen Personen, etwa aus den Bereichen Forschung und Entwicklung oder Design.[416] Hiernach kann der dem Aufsichtsratsvorsitzenden mitgeteilte Wunsch des Vorstandsvorsitzenden, sein Amt niederzulegen, eine präzise Information sein – jedenfalls wenn der Vorstandsvorsitzende keine Zweifel daran lässt, dass er sein Amt bis zu einem bestimmten Termin so oder so niederlegen werde. Etwas anderes kann aber gelten, wenn er sich im Gespräch mit einer einvernehmlichen Lösung abgibt, ohne sich aber konkret festzulegen.[417] Ebenfalls kann eine schwere Erkrankung eines Vorstandsmitglieds wegen der Folgen für seine Arbeitsfähigkeit eine präzise Information sein.[418] **150**

All dies gilt nicht nur für Organe der Aktiengesellschaft sondern auch für sonstige Mitarbeiter unterhalb des Vorstandes, von denen der Erfolg eines Emittenten direkt abhängt, etwa für Mitarbeiter in den Bereichen Forschung und Entwicklung sowie Design.[419] **151**

Da es sich beim Ausscheiden oder Eintreten einer Schlüsselperson häufig um einen gestreckten Vorgang[420] handelt, kommen zwei Anknüpfungspunkte für das Vorliegen einer Insiderinformation in Betracht. **152**

Zum einen kann die Informationen über den bevorstehenden Ein- oder Austritt der Schlüsselperson dann als Insiderinformation zu qualifizieren sein, wenn diese Personalveränderung nach dem Maßstab des *Geltl*-Urteils des EuGH überwiegend wahrscheinlich ist.[421] Nach der Rechtsprechung des BGH soll dies der Fall sein, wenn mit der Veränderung eher zu rechnen ist als mit deren Ausbleiben. Bei Veränderungen im Kreis der Schlüsselpersonen wird dies von den Umständen des Einzelfalls abhängen. Da Vorstandsmitglieder vom Aufsichtsrat bestellt und abberufen werden,[422] kann die hinreichende Wahrscheinlichkeit der Bestellung oder Abberufung erst angenommen werden, wenn mit der erforderlichen Beschlussfassung des Aufsichtsrats gerechnet werden kann. Dabei ist „auch zu berücksichtigen, ob es dem Aufsichtsratsvorsitzenden in der Vergangenheit regelmäßig gelang, bei sorgfältiger Vorbereitung und Leitung beabsichtigte Beschlüsse zu Personalfragen im Aufsichtsrat durchzusetzen“[423], oder ob im konkreten Fall Umstände vorliegen, die indizieren, dass dies nicht gelingt. **153**

---

416 BaFin Emittentenleitfaden 2013 S. 53, 57; *Klöhn* in KölnKomm WpHG § 13 Rn. 345; *Pfüller* in Fuchs WpHG § 15 Rn. 319.

417 *Hopt/Kumpan* in Schimansky/Bunte/Lwowski BankR-HdB § 107 Rn. 44 mit Verweis auf OLG Stuttgart v. 22.4.2009 – 20 Kap 1/08 = NZG 2009, 624 (627).

418 *Hopt/Kumpan* in Schimansky/Bunte/Lwowski BankR-HdB § 107 Rn. 44; *Fleischer* NZG 2010, 561 (566 f.).

419 BaFin Emittentenleitfaden 2013 S. 57; *Klöhn* in KölnKomm WpHG § 13 Rn. 345; *Pfüller* in Fuchs WpHG § 15 Rn. 319.

420 *Hopt/Kumpan* in Schimansky/Bunte/Lwowski BankR-HdB § 107 Rn. 47. Präzisierend aber in Rn. 44 mit Verweis auf OLG Stuttgart v. 15.2.2007 – 901 Kap 1/06 = NZG 2007, 352 (357), wonach der Beschluss der Abrufung des Aufsichtsrats aufgrund der originären Kompetenz gemäß § 84 Abs. 1 S. 1, Abs. 3, 108 AktG keinen mehrstufigen Entscheidungsprozess darstellt.

421 Art. 7 Abs. 2 S. 1 MAR.

422 § 84 AktG.

423 BGH v. 23.4.2013 – II ZB 7/09 = NZG 2013, 708 (711) Rn. 30 – *Geltl*; *Klöhn* in KölnKomm WpHG § 13 Rn. 347. So auch ausführlich *Zetzsche* in Gebauer/Teichmann EnzEuR Bd. VI § 7 C Rn. 116, wonach mit dem Eintritt des Ereignisses vernünftigerweise zu rechnen ist, wenn die Zustimmung weiterer Gremien und Beteiligter aufgrund von Vorabstimmungen als wahrscheinlich gelten muss.

Mit der Bestellung oder Abberufung eines Vorstandsmitglieds ist vernünftigerweise zu rechnen, wenn die Zustimmung weiterer Gremien und Beteiligter aufgrund von Vorabstimmungen als wahrscheinlich gelten muss.[424] Dies gilt auch, wenn sich ein Gremien typischerweise dem Votum eines anderen Gremiums anschließt, so zB wenn der Gesamtaufsichtsrat in der Regel dem Vorschlag des repräsentativ besetzten Personalausschusses folgt.[425]

154 Zum anderen können Informationen über Zwischenschritte auf dem Weg von den ersten Überlegungen bis hin zur endgültigen Personalveränderung jeweils für sich genommen präzise Informationen über gegenwärtige oder vergangene Umstände sein.[426] In Betracht kommen etwa – ohne Anspruch auf Vollständigkeit – die Beauftragung eines Personalberaters, Interviews mit Kandidaten, Sitzungen des Personalausschusses des Aufsichtsrats (mit entsprechender Befassung) oder die Beschlussfassung über die Bestellung, sowie beim Ausscheiden eines Vorstandsmitglieds[427] Vorgespräche mit dem rückzugswilligen Kandidaten, Beratungen im Aufsichtsrat oder die Verhandlung eines Aufhebungsvertrages. Diese Informationen sind nicht deshalb nicht präzise, weil die Personalveränderung noch nicht überwiegend wahrscheinlich ist.

b) Kursrelevanz

155 Die Kursrelevanz von Informationen über die personellen Veränderungen in Schlüsselpositionen ist in Rechtsprechung[428] und Literatur[429] allgemein anerkannt. Auch der Emittentenleitfaden der BaFin erkennt den Wechsel von Organmitgliedern und Führungskräften in Schlüsselpositionen als Gegenstand von ad hoc-pflichtigen Informationen an.[430]

156 Der Wert der emittierten Aktien und der mit ihnen verbundenen Finanzinstrumente hängt maßgeblich von den zukünftig erwarteten Erträgen bzw. Zahlungsströmen des Emittenten und dem mit dem Emittenten verbundenen Risiko ab, mit dem die erwarteten Erträge diskontiert werden. Sowohl die künftigen Erträge als auch die Risiken des Emittenten hängen maßgeblich von den Handlungen der Schlüsselpersonen ab. Deshalb haben Informationen über Änderungen der persönlichen Einstellung zum Amt, Erkrankungen,[431] Fehlverhalten[432] oder die Veränderung des Zuständigkeitsbereichs von Schlüsselpersonen, wenn sie erheblich sind, regelmäßig Einfluss auf den Börsenkurs.[433] Das Ausmaß dieses Einflusses hängt von einer Vielzahl von Kriterien ab, die je nach Einzelfall unterschiedliches Gewicht haben. Hierzu zählen die Fähigkeiten und Kenntnisse der Schlüsselperson, die Bedeutung der Schlüsselperson für die Ertragskraft und Innovationsfähigkeit des Emittenten oder die Bedeutung der Schlüsselperson für die Unternehmensstrategie. Informationen über bevorstehende Veränderungen der Führungsmannschaft können indirekt Hinweise auf eine neue Unternehmensstrategie. geben. Auch soll die Verpflichtung eines neuen Vorstandsvorsitzenden bedeuten können, dass der Aufsichtsrat den Emittenten für unterbewertet hält.[434] Derartige Informationen enthalten somit mittelbar Informationen über den fundamentalen Wert des Emittenten.

---

[424] *Zetzsche* in Gebauer/Teichmann EnzEuR Bd. VI § 7 C Rn. 117.

[425] *Zetzsche* in Gebauer/Teichmann EnzEuR Bd. VI § 7 C Rn. 117.

[426] *Zetzsche* in Gebauer/Teichmann EnzEuR Bd. VI § 7 C Rn. 115; *Hopt/Kumpan* in Schimansky/Bunte/Lwowski BankR-HdB § 107 Rn. 47.

[427] Siehe beispielhaft für einen Prozess der Abberufung eines Vorstandsmitglieds die Darstellung des Sachverhalts des Geltl -Beschlusses des BGH v. 23.4.2013 – II ZB 7/09= NZG 2013, 708 (709) Rn. 1 ff. – *Geltl.*

[428] Statt aller: BGH v. 23.4.2013 – II ZB 7/09 = NZG 2013, 708 (708 ff.) – *Geltl.*

[429] *Assmann* in Assmann/Schneider WpHG § 15 Rn. 89; *Schwark/Kruse* in Schwark/Zimmer WpHG § 15 Rn. 35; *Klöhn* in KölnKomm WpHG § 13 Rn. 343 mwN.

[430] BaFin Emittentenleitfaden 2013 S. 53, 57.

[431] Zu Erkrankungen von Führungskräften als Insiderinformation ausführlich *Klöhn* in KölnKomm WpHG § 13 Rn. 350 ff.

[432] Zu Fehlverhalten von Führungskräften als Insiderinformation ausführlich *Pfüller* in Fuchs WpHG § 15 Rn. 284 ff.; *Klöhn* in KölnKomm WpHG § 13 Rn. 353 ff.

[433] *Klöhn* in KölnKomm WpHG § 13 Rn. 343.

[434] *Klöhn* in KölnKomm WpHG § 13 Rn. 346.

Die Information über einen Zwischenschritt kann ebenfalls kursrelevant sein, weil auch ein Zwischenschritt geeignet sein kann, den verständigen Anleger den Wert des Finanzinstruments anders einschätzen lassen kann als vorher. Wann dies der Fall ist, wird von Unternehmen zu Unternehmen verschieden sein. In der Regel wird der verständige Anleger einen Zwischenschritt für kursrelevant halten, wenn mit der Personalwechsel tatsächlich erwartet kann.[435] Hingegen wird es bei einem Unternehmen, das maßgeblich von der Person des Vorstandsvorsitzenden geprägt ist, bereits kursrelevant sein, wenn der Aufsichtsrat einen Wechsel an der Vorstandsspitze auch nur in Erwägung zieht. **157**

Rechnet der Markt mit dem Eintreten oder Ausscheiden der fraglichen Schlüsselperson und ist die Information darüber bereits in den Kurs des Finanzinstruments eingepreist, ist davon auszugehen, dass die Information über den Vollzug des Personalwechsels oder einen Zwischenschritt auf dem Weg dorthin nicht kursrelevant ist.[436] **158**

8. Krise und Insolvenz

a) Umstände

Die Unternehmenskrise, die sich durch verschiedene formelle und materielle Krisenzeichen äußert und bis hin zur Insolvenz führen kann, ist regelmäßig ein komplexer, gestreckter Sachverhalt, der den Vorstand vor schwierige Herausforderungen und Konflikte stellt: Einerseits muss er sich zur Erfüllung seiner Sorgfaltspflichten gemäß § 93 Abs. 1 Satz 1 AktG um Gegenmaßnahmen bemühen, mit denen die Krise überwunden werden kann. Regelmäßig hat der Emittent ein vitales Interesse daran, dass seine finanziellen Schwierigkeiten vertraulich bleiben, damit Mitarbeiter nicht verunsichert werden, Banken die bestehenden Kreditlinien nicht kündigen, Lieferanten nicht zur Lieferung gegen Vorkasse übergehen und Kunden ihre Geschäftsbeziehungen nicht abbrechen. Andererseits muss der Vorstand gemäß Art. 17 Abs. 1 MAR den Kapitalmarkt über den Eintritt von Insiderinformationen informieren. Insoweit hat der Emittent starkes Interesse daran, nicht auch noch zum Adressaten drakonischer Sanktionen[437] und Schadensersatzansprüche[438] zu werden. **159**

Die Information über ein formelles Krisenzeichen wie über den Eintritt eines Verlustes in Höhe der Hälfte des Grundkapitals,[439] über den Eintritt des Insolvenzgrunds der Zahlungsunfähigkeit[440] oder der Überschuldung[441] ist im Regelfall eine Information über gegenwärtige Umstände und somit eine präzise Information iSv Art. 7 Abs. 2 MAR. Ebenso sind die Informationen über die Beschlussfassung des Vorstands über die Stellung des Insolvenzantrags, über die Stellung des Antrags auf Eigenverwaltung, über den Eröffnungsbeschluss oder über die Abweisung des Insolvenzantrags regelmäßig Informationen über gegenwärtige Umstände in diesem Sinne.[442] **160**

Schwieriger ist die Beurteilung, wenn materielle Krisenzeichen vorliegen – etwa Umsätze und Erträge einbrechen,[443] Verpflichtungen (*covenants*) unter Kreditverträgen verletzt werden,[444] Banken wesentliche Kredite kündigen,[445] Maßnahmen zur Auflösung stiller **161**

---

[435] EuGH v. 28.6.2012 – Rs. C-19/11, ECLI:EU:C:2012:397 = NJW 2012, 2787 Rn. 49 – *Geltl*.
[436] *Klöhn* in KölnKomm WpHG § 13 Rn. 346.
[437] § 39 Abs. 3d Nr. 6, Abs. 4a WpHG.
[438] § 37b WpHG.
[439] § 92 AktG.
[440] § 17 InsO.
[441] § 19 InsO.
[442] *Kocher/Widder* NZI 2010, 925 (927).
[443] *Kocher/Widder* NZI 2010, 925 (927); *Hirte* ZInsO 2006, 1289 (1292); *Weber* ZGR 2001, 422 (436); *Rattunde/Berner* WM 2003, 1313 (1314).
[444] *Kocher/Widder* NZI 2010, 925 (928).
[445] BaFin Emittentenleitfaden 2013 S. 53; *Kocher/Widder* NZI 2010, 925 (927); *Hirte* ZInsO 2006, 1289 (1292); *Weber* ZGR 2011, 422 (236); *Pfüller* in Fuchs WpHG § 15 Rn. 261.

Reserven getroffen werden,[446] Gläubiger auf Forderungen verzichten,[447] Restrukturierungsmaßnahmen beschlossen werden,[448] Kunden die Geschäftsbeziehung abbrechen,[449] ein Restrukturierungsberater mandatiert oder ein Chief Restructuring Officer bestellt wird.[450] Nicht alle dieser Umstände verschärfen die Krise, nicht alle lösen unmittelbar oder hinreichend wahrscheinlich Rechtsfolgen aus. Vielfach wird der Vorstand des Emittenten versuchen, Gegenmaßnahmen zu ergreifen, um den fraglichen Krisensachverhalt zu beseitigen oder seine Auswirkungen einzudämmen. Das Eintreten materieller Krisenzeichen wird man jedoch nicht per se aus dem Kreis der präzisen Informationen ausschließen können.[451] Dies gilt auch dann, wenn Gegenmaßnahmen möglich sind, mit denen das eingetretene Krisenzeichen (möglicherweise) wieder beseitigt werden kann.[452] Derartige Gegenmaßnahmen können allerdings dazu führen, dass der Sachverhalt, in den die präzise Information über den Krisensachverhalt eingebettet ist, in der Gesamtschau keine Kursrelevanz besitzt (→ Rn. 108), oder für den Emittenten ein berechtigtes Interesse besteht, die Veröffentlichung aufzuschieben.[453]

162 Steht ein hinreichend konkretes formelles oder materielles Krisenzeichen so wahrscheinlich bevor, dass mit seinem Eintreten eher zu rechnen ist als mit seinem Ausbleiben, wird die Information über das Bevorstehen des fraglichen Sachverhalts nach den Maßstäben des BGH[454] als Information über künftige Umstände regelmäßig als eine präzise Information zu qualifizieren sein. Ob diese Eintrittswahrscheinlichkeit gegeben ist, bestimmt sich auf der Grundlage einer objektiven ex-ante Prognose aufgrund sämtlicher Umstände, die für den Emittenten in der gegebenen Krisensituation relevant sind. Hierzu gehören selbstverständlich mögliche Gegenmaßnahmen, die den Eintritt des Krisenzeichens verhindern sollen oder in anderer Art und Weise mit dem zu beurteilenden Krisensachverhalt in unmittelbarem Zusammenhang stehen, wenn sie realistisch sind und vom Emittenten selbst hinreichend beeinflusst und kurzfristig durchgeführt werden können.[455]

163 In diesem Zusammenhang nimmt der Insolvenzgrund der drohenden Zahlungsunfähigkeit[456] eine Sonderstellung ein. Drohende Zahlungsunfähigkeit liegt vor, wenn der Schuldner „voraussichtlich" nicht in der Lage sein wird, die bestehenden Zahlungspflichten im Zeitpunkt ihrer Fälligkeit zu erfüllen.[457] Das Merkmal „voraussichtlich" ist mit dem Willen des Gesetzgebers[458] so zu verstehen, dass der Eintritt der Zahlungsunfähigkeit wahrscheinlicher sein muss als deren Vermeidung. Die Wahrscheinlichkeit muss also jedenfalls 50 Prozent überschreiten.[459] Dies ist derselbe Maßstab, mit dem der BGH eine Information über künftige Umstände als präzise Information angesehen hat.[460] Die Information über den Eintritt des Insolvenzgrunds der drohenden Zahlungsunfähigkeit als Information über

[446] *Kocher/Widder* NZI 2010, 925 (927); *Hirte* ZInsO 2006, 1289 (1292); *Weber* ZGR 2001, 422 (437 f.); *Rattunde/Berner* WM 2003, 1313 (1314).
[447] *Hirte* ZInsO 2006, 1289 (1292); *Weber* ZGR 2001, 422 (444); *Rattunde/Berner* WM 2003, 1313 (1314).
[448] BaFin Emittentenleitfaden 2013 S. 57.
[449] *Pfüller* in Fuchs WpHG § 15 Rn. 260.
[450] *Kocher/Widder* NZI 2010, 925 (927).
[451] *Kocher/Widder* NZI 2010, 925 (927).
[452] *Klöhn* in KölnKomm WpHG § 13 Rn. 359, wohl aA *Pfüller* in Fuchs WpHG § 15 Rn. 261 f. (Berücksichtigung von Gegenmaßahmen, die in unmittelbarem Zusammenhang mit dem Krisensachverhalt stehen, realistisch sind und kurzfristig durchgeführt und vom Emittenten hinreichend beeinflusst werden können).
[453] Art. 17 Abs. 4 MAR; → § 10 Rn. 94 ff.
[454] BGH v. 23.4.2013 – II ZB 7/09= NZG 2013, 708 (712 f.) Rn. 29 – *Geltl.*
[455] Insoweit zutreffend *Pfüller* in Fuchs WpHG § 15 Rn. 263; ähnlich bereits *Kümpel* AG 1997, 66 (70); *Wittich* AG 1997, 1 (2) mit Verweis auf Begr RegE WpHG, BT-Drucks. 12/6679 S. 48; aA *Klöhn* in KölnKomm WpHG § 13 Rn. 359.
[456] § 18 InsO.
[457] § 18 Abs. 2 InsO.
[458] Begr RegE InsO, BT-Drucks 12/2443 S. 115.
[459] OLG Hamm 23.9.2014 – 27 U 149/13 = ZInsO 2014, 2275 (2278); OLG München 21.3.2013 – 23 U 3344/12 = NZI 2013, 542 (544); Uhlenbruck/Mock, 14. Aufl. 2015, InsO § 18 Rn. 26.
[460] BGH v. 23.4.2013 – II ZB 7/09 = NZG 2013, 708 (712 f.) Rn. 29 – *Geltl.*

gegenwärtige Umstände fällt damit auf den gleichen Zeitpunkt wie die Information über das bevorstehende Eintreten des Insolvenzgrunds der Zahlungsunfähigkeit als Information über gegenwärtige bzw. vergangene Umstände. Gegenmaßnahmen, die mit dem Krisensachverhalt unmittelbar zusammenhängen, realistisch sind, vom Emittenten hinreichend beeinflusst und kurzfristig durchgeführt werden können, sind zu berücksichtigen.

Denkt man dies konsequent zu Ende, müsste auch das hinreichend wahrscheinliche **164** Eintreten der drohenden Zahlungsunfähigkeit als Information über künftige Umstände eine präzise Information sein können. Der Tatbestand würde zwei Prognosen erfordern: zunächst das voraussichtliche Unvermögen des Emittenten zur Erfüllung der Zahlungsverpflichtungen nach dem Maßstab des § 18 Abs. 2 InsO und sodann das hinreichend wahrscheinliche Erreichen dieses Zustands nach dem Maßstab der *Geltl*-Rechtsprechung. In der Praxis wird man diese doppelte Prognose kaum jemals rechtssicher stellen oder an konkreten Fakten festmachen können. Wenn der Vorstand an Gegenmaßnahmen arbeitet, um die Insolvenz abzuwenden, erschiene es höchst fragwürdig, eine Publizitätspflicht daran zu knüpfen, dass der Eintritt der Zahlungsunfähigkeit mit einer Wahrscheinlichkeit von nur 26 %[461] bevorsteht, zumal der Insolvenzgrund der drohenden Zahlungsunfähigkeit nur den Emittenten selbst – nicht aber seine Gläubiger – berechtigt, die Eröffnung des Insolvenzverfahrens zu beantragen.[462] Etwas anderes kann nur gelten, wenn der Vorstand des Emittenten den Eintritt der drohenden Zahlungsunfähigkeit nutzen möchte, um so früh wie möglich den Insolvenzantrag stellen. Dies wird nur in Ausnahmefällen pflichtgemäß sein, ist aber keineswegs undenkbar.[463] In derartigen Situationen geht es der Sache nach nur noch um eine Prognose, nämlich die, ob es eher wahrscheinlich als unwahrscheinlich ist, dass der Zustand, der den Vorstand zur Antragstellung berechtigt, tatsächlich erreicht wird.

b) Kurserheblichkeit

Informationen über formelle und materielle Krisenzeichen und andere Ereignisse während **165** der Unternehmenskrise sind kursrelevant, wenn der verständige Anleger dem Finanzinstrument aufgrund der geänderten Informationslage einen anderen Wert beimisst als zuvor. Dies kann in jedem Einzelfall anders zu beurteilen sein, denn je nach Größe, Eigentümer- und Finanzierungsstruktur, Finanzierungsmöglichkeiten, Industriezweig, Kundenstruktur und anderen im Einzelfall relevanten Gegebenheiten wird sich eine Krise unterschiedlich auf Emittenten auswirken.[464] Zur Prüfung der Kursrelevanz ist zunächst danach zu fragen, ob Krisenanzeichen bereits am Markt bekannt sind und die Krise demnach erwartet und dementsprechend eingepreist worden ist, oder ob die Information über den Eintritt der Krise überraschend kommt. Je besser der Markt über frühe Krisenzeichen informiert ist und die Möglichkeit einer Verschlechterung eingepreist hat, desto gewichtiger müssen spätere Krisensymptome sein, um sich erheblich auf den Kurs des Finanzinstruments auszuwirken.[465] Demnach sind der Verlust der Hälfte des Grundkapitals[466]), der Eintritt der Zahlungsunfähigkeit[467] oder der Überschuldung[468] nicht per se kursrelevant,[469] sondern nur dann, wenn der

---

[461] 0,51 x 0,51 = 0,2601.

[462] § 18 Abs. 1 InsO.

[463] Etwa wenn nach einem Debt-Equity Swap die Mehrheit des Grundkapitals von einer Vielzahl kurzfristig orientierter Finanzinvestoren gehalten wird, die unterschiedlichste Vorstellungen über den weiteren Kurs des Emittenten haben, zur Durchsetzung ihrer individuellen Ziele sinnvolle Sanierungsmaßnahmen blockieren und dem Vorstand nicht genügend Zeit lassen, sich um das operative Geschäft zu kümmern; in derartigen Fällen kann es für den Emittenten ein Akt der Befreiung sein, wenn das „Kommando" auf einen starken Insolvenzverwalter übergeht.

[464] *Klöhn* in KölnKomm WpHG § 13 Rn. 357.

[465] *Klöhn* in KölnKomm WpHG § 13 Rn. 357.

[466] § 92 Abs. 1 AktG.

[467] § 17 InsO.

[468] § 19 InsO.

[469] *Klöhn* in KölnKomm WpHG § 13 Rn. 357, aA *Kocher/Widder* NZI 2010, 925 (927); *Hirte* ZInsO 2006, 1289 (1292); BaFin Emittentenleitfaden 2013 S. 53.

durchschnittliche Anleger bisher davon ausgehen durfte, dass es dem in der Krise befindlichen Emittenten gelingen würde, den Eintritt einer weiteren Verschlechterung abzuwenden. Ob der Eintritt der drohenden Zahlungsunfähigkeit[470] kurserheblich ist, hängt ebenfalls davon ab, inwieweit der Markt auf der Grundlage der bisher verfügbaren Informationen mit dem Eintritt der Zahlungsunfähigkeit rechnet und wie wahrscheinlich es tatsächlich ist, dass die Zahlungsunfähigkeit eintritt.[471] In diesem Zusammenhang sind mögliche Gegenmaßnahmen zu berücksichtigen. Dies gilt insbesondere dann, wenn sie mit dem zu beurteilenden Krisensachverhalt in unmittelbarem Zusammenhang stehen, realistisch sind und vom Emittenten selbst hinreichend beeinflusst und kurzfristig durchgeführt werden können.[472]

166 Die Information über die Stellung des Insolvenzantrags oder des Antrags auf Eigenverwaltung[473] ist kursrelevant, wenn sie die gesamte Informationslage derart ändert, dass ein verständiger Anleger den Wert des Finanzinstruments anders einschätzt als zuvor. Hierfür kommt es maßgeblich darauf an, ob der Markt das Eintreten des Insolvenzgrunds bereits kannte oder antizipierte, denn dann dürfte dies bereits in den Kurs des Finanzinstruments eingepreist gewesen sein.[474]

167 Gleiches gilt für die Prüfung der Kursrelevanz der eingetretenen materiellen Krisenzeichen. Auch sie können zur Folge haben, dass der verständige Anleger den Wert des Finanzinstruments anders einschätzt als zuvor. Die Kursrelevanz jedes einzelnen Krisenzeichens hängt auch davon ab, wie wahrscheinlich der Eintritt der Zahlungsunfähigkeit oder der Überschuldung ist..

168 Auch nach Antragstellung und nach Eröffnung des Insolvenzverfahrens können kursrelevante Umstände und Ereignisse eintreten. Informationen können vor allem dann kursrelevant sein, wenn sie entgegen der Erwartung des Marktes auf erheblich erhöhte oder erheblich verminderte Sanierungs-[475] oder Verkaufschancen[476] hindeuten. Man wird nicht pauschal davon ausgehen können, dass die „weitere negative Geschäftsentwicklung in einem erheblichen Umfang bereits eingepreist"[477] ist.[478]

9. Verwaltungs- und Gerichtsverfahren (Urteile, Vergleiche)

169 Verwaltungs-, Gerichts- und Schiedsverfahren sind Umstände iSv Art. 7 Abs. 2 MAR. Weiterhin sind auch die den Prozessen zugrundeliegende Sachverhalte (zB Produkthaftungsansprüche, Umweltschäden, Ermittlungen wegen Korruptionsverdacht etc.) Umstände in diesem Sinne.

170 Verwaltungs-, Gerichts- und Schiedsverfahren sind idR gestreckte Vorgänge, sodass zum einen der Ausgang des Verfahrens (Urteil, Rücknahme, Vergleich) als zukünftiger Umstand als auch jeder Zwischenschritt (Klagezustellung, Eröffnung des mündlichen Verfahrens, gegnerische Schriftsätze mit neuen Fakten, Ergebnisse der Beweisaufnahme, richterliche Hinweise und Vergleichsvorschläge, instanzbeendende Entscheidungen, Einlegung von Rechtsmitteln) dahin als präzise Information in Betracht kommt.[479] Daneben können aber

---

[470] § 18 InsO.

[471] Die hM bejaht die Kurserheblichkeit im Regelfall: *Kocher/Widder* NZI 2010, 925 (927); *Weber* ZGR 2001, 422 (441 f.); *Pfüller* in Fuchs WpHG § 15 Rn. 262; aA *Hirte* ZInsO 2006, 1289 (1292) (noch zur alten Rechtslage), demnach fehlt es bei der drohenden Zahlungsunfähigkeit an einer Tatsache, vielmehr sind die drohende Zahlungsunfähigkeit begründende Einzeltatsachen taugliche Gegenstände einer Insiderinformation.

[472] *Pfüller* in Fuchs WpHG § 15 Rn. 263.

[473] § 270 InsO.

[474] *Klöhn* in KölnKomm WpHG § 13 Rn. 360.

[475] *Kocher/Widder* NZI 2010, 925 (927); *Rattunde/Berner* WM 2003, 1313 (1314); *Klöhn* in KölnKomm WpHG § 13 Rn. 362; aA *Hirte* ZInsO 2006, 1289 (1293).

[476] *Kocher/Widder* NZI 2010, 925 (927); *Klöhn* in KölnKomm WpHG § 13 Rn. 362.

[477] *Kocher/Widder* NZI 2010, 925 (931).

[478] *Klöhn* in KölnKomm WpHG § 13 Rn. 362.

[479] BaFin Emittentenleitfaden 2013 S. 53, 57; *Klöhn* in KölnKomm WpHG § 13 Rn. 346; *Pfüller* in Fuchs WpHG § 15 Rn. 283.

unabhängig vom Ausgang des Verfahrens weitere Umstände entstehen, die mit dem Verfahren in Zusammenhang stehen, zB wenn der Emittent mit Blick auf einen möglichen Verfahrensausgang Rückstellungen bildet.[480]

Auch bei Informationen über Verwaltungs-, Gerichts- und Schiedsverfahren bestimmt sich die Kurserheblichkeit der Information danach, ob der verständige Anleger den betroffenen Finanzinstrumenten aufgrund der neuen Information einen anderen Wert beimisst als zuvor. Gerade der Ausgang streitiger Verfahren kann sich auf die künftigen Zahlungsströme des Emittenten ganz erheblich auswirken.[481] Die Kursrelevanz eines Zwischenschritts ist danach zu beurteilen, ob sich der Zwischenschritt auf die Zahlungsströme und das Risiko des Emittenten spürbar auswirkt oder nicht. Dabei kann auch der erwartete Ausgang des Verfahrens zu berücksichtigen sein, selbst wenn man noch nicht sagen kann, dass er überwiegend wahrscheinlich ist. Hat der Markt jedoch einen bestimmten Verfahrensausgang erwartet und seine Erwartungen entsprechend angepasst, kann die Kursrelevanz einer Entscheidung des Gerichts unter Umständen entfallen.[482] 171

10. Überraschender Wechsel des Abschlussprüfers

Der überraschende Wechsel des Abschlussprüfers ist regelmäßig eine präzise Information iSv Art. 7 Abs. 2 MAR. Die BaFin geht davon aus, dass er „in der Regel" kursrelevant und damit eine Insiderinformation ist.[483] Folglich darf nicht unterstellt werden, dass der überraschende Wechsel des Abschlussprüfers per se kursrelevant ist. Vielmehr ist zu untersuchen, ob ein Regel- oder ein Ausnahmefall vorliegt. 172

Der Regelfall dürfte gegeben sein, wenn der Abschlussprüfer sich aus welchen Gründen auch immer nicht in der Lage sieht, ein uneingeschränktes oder überhaupt ein Testat zu erteilen und der Emittent sich dieser Konsequenz zu entziehen versucht, indem er den amtierenden Abschlussprüfer von seinen Pflichten entbindet und eine andere Prüfungsgesellschaft als Abschlussprüfer mandatiert. In derartigen Fällen wird der Kapitalmarkt nach dem Motto „wo Rauch ist, ist auch Feuer" davon ausgehen dürfen, dass die Rechnungslegung des Emittenten mit fundamentalen Mängeln behaftet ist und dies ein Indiz dafür finanzielle oder andere Schwierigkeiten des Emittenten sein könnte. 173

Es gibt jedoch auch andere Fälle. Wenn etwa Personen mit zweifelhafter Reputation eine erhebliche Beteiligung am Emittenten erwerben (und entsprechende Stimmrechtsmitteilungen veröffentlicht werden), der Abschlussprüfer den Prüfungsauftrag nicht annimmt, weil diese Personen die vom Abschlussprüfer gemäß §§ 15, 11 Abs. 5 GwG angeforderten Informationen nicht zur Verfügung stellen, und der Emittent sich deswegen dafür entscheidet, mit einer anderen Prüfungsgesellschaft zu arbeiten, der die Identifizierung dieser Personen gelingt, wird dieser Sachverhalt in der Regel nicht kursrelevant sein. Gleiches dürfte gelten, wenn ein Großaktionär nach erfolgreichem Übernahmeangebot versucht, seinen eigenen Abschlussprüfer (bzw. dessen Prüfungsgesellschaft) als Prüfer des Konzernabschlusses und, um unnötige doppelte Prüfungsarbeiten zu vermeiden, auch als Abschlussprüfer des Emittenten einzusetzen versucht. Ohne größeren zeitlichen Vorlauf dürfte dies nur gelingen, wenn der Großaktionär in der nächsten Hauptversammlung einen Gegenantrag auf Bestellung des von ihm präferierten Abschlussprüfers stellt und diesen Vorschlag sodann mit seinen Stimmen durchsetzt (wenn die Bestellung auf Antrag des Aufsichtsrats erfolgen soll, ist das in Art. 16 der Verordnung (EU) 537/2014[484] vorgeschriebene – im 174

[480] BaFin Emittentenleitfaden 2013 S. 57; *Klöhn* in KölnKomm WpHG § 13 Rn. 374; *Pfüller* in Fuchs WpHG § 15 Rn. 283. Auf. S. 53 spricht der Emittentenleitfaden der BaFin auch davon, dass erhebliche außerordentliche Aufwendungen nach Großschäden oder nach der Aufdeckung krimineller Machenschaften Insiderinformationen darstellen können.

[481] Beispiele bei *Pfüller* in Fuchs WpHG § 15 Rn. 283.

[482] *Klöhn* in KölnKomm WpHG § 13 Rn. 373.

[483] BaFin Emittentenleitfaden 2013 S. 53.

[484] Verordnung (EU) Nr. 537/2014 des Europäischen Parlaments und des Rates vom 16. April 2014 über spezifische Anforderungen an die Abschlussprüfung bei Unternehmen von öffentlichem Interesse und zur

Regelfall zeitintensive – Ausschreibungsverfahren zu durchlaufen). Derartige Sachverhalte dürften allerdings nur dann kursrelevant sein, wenn weitere Umstände hinzutreten und sich die Kursrelevanz aus dem Gesamtbild der Umstände ergibt.

11. Wesentliche Änderung der Dividende

a) Umstände

175 Eine wesentliche Änderung der Dividende ist regelmäßig ein Umstand iSv Art. 7 Abs. 2 MAR.[485] Da der Veröffentlichung des Beschlussvorschlags der Verwaltung typischerweise ein zeitlich gestreckter Überlegungs- und Entscheidungsprozess vorausgeht, kommen zwei Anknüpfungspunkte für Insiderinformationen in Betracht.

176 Zum einen kann die Information über die wesentliche Änderung der Dividende als Information über ein künftiges Ereignis eine präzise Information iSv Art. 7 Abs. 2 S. 1 MAR sein, wenn der Eintritt dieser Änderung nach dem Maßstab der *Geltl*-Rechtsprechung überwiegend wahrscheinlich ist. Nach dem BGH ist dies dann der Fall, wenn mit dem Eintritt eher zu rechnen ist als mit dem Ausbleiben.

177 Mit der Vorlage des Jahresabschlusses und des Gewinnverwendungsvorschlags des Vorstands an den Aufsichtsrat[486] ist die Änderung der Dividende in der Regel noch nicht überwiegend wahrscheinlich geworden, denn der Aufsichtsrat ist verpflichtet, den Jahresabschluss und den Gewinnverwendungsvorschlag des Vorstands eigenverantwortlich im Interesse der Gesellschaft zu prüfen.[487] Nach Abschluss dieser Prüfung kann der Aufsichtsrat dem Gewinnverwendungsvorschlag des Vorstands folgen oder hiervon nach oben oder nach unten abweichen. Wie der Aufsichtsrat entscheidet, wird sich im Regelfall nicht prognostizieren lassen. Ob der Aufsichtsrat den Gewinnverwendungsvorschlägen des Vorstands in der Vergangenheit gefolgt ist, ist unerheblich. Denn erstens hat der Aufsichtsrat immer wieder aufs Neue eigenverantwortlich zu prüfen, ob der aktuell vorgelegte Gewinnverwendungsvorschlag dem Interesse der Gesellschaft entspricht. Zweitens würde die Ableitung einer Prognose aus früherem Verhalten des Aufsichtsrats voraussetzen, dass der Emittent eine konsistente Historie wesentlicher Änderungen der Dividende vorweisen kann, in der der Aufsichtsrat in seiner aktuellen Zusammensetzung den Gewinnverwendungvorschlägen des Vorstands immer wieder gefolgt ist.

178 Beschließt der Aufsichtsrat, vom Gewinnverwendungsvorschlag des Vorstands abzuweichen, ist damit noch nicht gesagt, dass gemäß § 124 Abs. 3 S. 1 AktG bei Einberufung der Hauptversammlung zwei verschiedene Beschlussvorschläge veröffentlicht werden, denn der Vorstand kann seinen Gewinnverwendungsvorschlag ändern und sich dem Vorschlag des Aufsichtsrats anschließen. Diese Situation ist in der Praxis selten; eine ex-ante Prognose der Wahrscheinlichkeit dürfte sich verbieten.

179 Hingegen wird man in der Regel annehmen dürfen, dass eine wesentliche Änderung der Dividende überwiegend wahrscheinlich ist, wenn Vorstand und Aufsichtsrat einen gemeinsamen Gewinnverwendungsvorschlag veröffentlichen,[488] der eine Erhöhung der Dividende zum Gegenstand hat. Dies dürfte jedenfalls dann gelten, wenn sich die Mehrheit des Grundkapitals im Streubesitz befindet und man annehmen darf, dass Interesse jedes einzelnen Aktionärs an der Erhöhung der Ausschüttung zu einer entsprechenden Beschlussfassung führen wird.

180 Zum anderen kann nach der *Geltl*-Rechtsprechung jede Information über einen Zwischenschritt auf dem Weg bis hin zur Beschlussfassung der Hauptversammlung als Informa-

Aufhebung des Beschlusses 2005/909/EG der Kommission Text von Bedeutung für den EWR, ABl. EU Nr. L158 v. 27.5.2014 S. 77 ff.

[485] BaFin Emittentenleitfaden 2013 S. 53.

[486] § 170 Abs. 2 AktG.

[487] § 171 Abs. 1 AktG.

[488] § 124 Abs. 3 S. 1 AktG.

tion über ein gegenwärtiges oder vergangenes Ereignis eine präzise Information iSv Art. 7 Abs. 2 S. 1 MAR sein. Als Anknüpfungspunkte für eine Insiderinformation kommen die Beschlussfassung des Vorstands über den gemäß § 170 Abs. 2 AktG vorzulegenden Gewinnverwendungsvorschlag, die Beschlussfassung des Aufsichtsrats und gegebenenfalls eine weitere Beschlussfassung des Vorstands in Betracht. Diese Informationen sind nicht deswegen unpräzise, weil das Endereignis – die wesentliche Änderung der Dividende – noch nicht überwiegend wahrscheinlich ist.

b) Kursrelevanz

Der Wert der vom Emittenten begebenen Aktien und der an sie anknüpfenden Finanz- 181
instrumente hängt maßgeblich von den erwarteten Erträgen des Emittenten und den hieraus resultierenden Zahlungsströmen an die Anleger ab.[489] Deshalb sind Informationen über eine wesentliche Änderung der Dividende regelmäßig kursrelevant, wenn der verständige Anleger aufgrund der Information über die Änderung der Gewinnausschüttung und dem sich daraus ergebenden neuen Gesamtbild dem Finanzinstrument einen anderen Wert beimisst als zuvor. Daraus folgt, dass die Information über die wesentliche Änderung der Dividende gegebenenfalls nicht (mehr) kursrelevant ist, wenn während des laufenden Geschäftsjahres Ereignisse eingetreten sind, der Vorstand Prognosen über die Entwicklung der Ertragslage an den Markt gegeben hat oder glaubwürdige Presseberichte oder Einschätzungen von Analysten vorliegen, die die wesentliche Änderung der Dividende bereits vorwegnehmen.[490] Allerdings wird dies wohl nur in wenigen Ausnahmefällen zutreffen, zumal die Höhe des Jahresüberschusses nicht notwendigerweise Rückschlüsse darauf zulässt, ob und in welchem Umfang Vorstand und Aufsichtsrat Rücklagen bilden oder auflösen und in welcher Höhe es letztendlich zu einer Ausschüttung kommen wird.

Die Information über einen Zwischenschritt ist kursrelevant, wenn sie eine Grundlage 182
dafür bildet, dass der verständige Anleger den Wert des Finanzinstruments anders einschätzt als vorher. Die Kursrelevanz jedes einzelnen Zwischenschritts wird regelmäßig davon abhängen, für wie wahrscheinlich es der verständige Anleger halten muss, dass das Endereignis eintritt. Hiernach wird der verständige Anleger dem gemäß § 170 Abs. 2 AktG an den Aufsichtsrat übermittelten Vorschlag des Vorstands über eine erhebliche Erhöhung der Dividende wohl nur dann erheblichen Einfluss auf den Wert des Finanzinstruments beimessen, wenn man erwarten darf, dass der Aufsichtsrat diesem Vorschlag folgen wird. Letzten Endes ist dies jedoch eine Frage des Einzelfalls. Die Berücksichtigung von Umständen und Ereignissen, deren Eintritt nicht überwiegend wahrscheinlich ist, ist nicht per se ausgeschlossen.

IV. Insiderinformationen in Bezug auf Warenderivate

Die Vorschrift des Art. 7 Abs. 1 lit. b) MAR konkretisiert den Begriff der Insiderinformati- 183
on für Warenderivate und Waren-Spotmärkte und unterstellt sie einem Sonderregime.[491] Laut Erwägungsgrund Nr. 20 MAR soll damit der Tatsache begegnet werden, dass Spotmärkte und die dazugehörigen Derivatemärkte in hohem Maße vernetzt sind und Marktmissbrauch daher markt- und grenzüberschreitend erfolgen kann.[492] Nach der genannten Vorschrift ist eine Insiderinformation auch eine solche nicht öffentlich bekannte präzise Information in Bezug auf Warenderivate und direkt damit verbundene Waren-Spot-Kontrakte, die, wenn sie öffentlich bekannt würde, geeignet wäre, den Kurs dieser Finanzinstrumente erheblich zu beeinflussen. Zudem muss es sich um eine Information handeln, die nach den Rechts- und Verwaltungsvorschriften der Union oder der Mitgliedstaaten, nach den

[489] Dazu ausführlich *Brealy/Myers/Allen*, Principles of Corporate Finance, 12. Aufl. 2017, S. 419 ff.; *Berk/DeMarzo*, Corporate Finance, S. 585 ff.
[490] Vgl. BaFin Emittentenleitfaden 2013 S. 35.
[491] *Grundmann* in Canaris/Habersack/Schäfer GroßkommHGB Bd. XI Bankvertragsrecht 6. Teil Rn. 357.
[492] *Hopt/Kumpan* in Schimansky/Bunte/Lwowski BankR-HdB § 107 Rn. 57.

einschlägigen Handelsregeln, Verträgen, Praktiken oder Regeln auf dem betreffenden Warenderivate- oder Spotmarkt offengelegt werden müssen, oder deren Offenlegung nach vernünftigem Ermessen von den Marktteilnehmern erwartet werden kann. Als Beispiel für solche Rechtsvorschriften nennt Erwägungsgrund Nr. 20 MAR die die VO (EU) Nr. 1227/2011 für den Energiemarkt[493] und die Datenbank der Gemeinsamen Initiative „Daten aus dem Mineralölsektor" für Erdöl (Joint Organisations Database Initiative – JODI).[494]

184 Demnach kommt es beim Handel mit Warenderivaten oder damit verbunden Waren-Spot-Kontrakten, nicht nur nach den allgemeinen Grundsätzen darauf an, ob die Informationen hinreichend präzise, nicht öffentlich, und kursrelevant sind und einen Bezug zu den Warenderivaten oder damit verbunden Waren-Spot-Kontrakten haben. Vielmehr ist es neben diesen allgemeinen Voraussetzungen erforderlich, dass Marktteilnehmer erwarten dürfen, diese Information zu erhalten.[495] Gemäß Art. 7 Abs. 5 MAR veröffentlichte die ESMA Leitlinien für eine nicht erschöpfende indikative Liste von Informationen, deren Veröffentlichung den Marktteilnehmern nach geltendem Recht zur Verfügung gestellt werden oder von denen die Marktteilnehmer erwarten, sie zur Verfügung gestellt zu bekommen.[496] Dabei soll die ESMA die Besonderheiten der betreffenden Warenderivate- oder Spotmärkten berücksichtigen (Art. 7 Abs. 5 S. 2 MAR).

185 Die Begriffe der Ware, der Waren-Spot-Kontrakte, des Spotmarktes und des Warenderivates sind in Art. 3 Abs. 1 Nr. 14 und 15 sowie Nr. 24 MAR legaldefiniert.[497] Demnach sind Warenderivate solche Wertpapiere, die zu einer Barzahlung führen, deren Höhe wiederum von der Wertentwicklung der dem Derivat zugrundliegenden Waren abhängt. Zu Waren zählen neben landwirtschaftlichen Gütern auch Strom und (Edel-)Metalle, die physisch lieferbar sind.[498] Waren-Spot-Kontrakte sind Verträge über Waren, die bei Abwicklung des Vertrages unverzüglich physisch geliefert werden.

186 Die von der ESMA herausgegebene nicht abschließende Liste von Informationen, die den Marktteilnehmern nach den einschlägigen Vorschriften am Marktplatz zur Verfügung gestellt werden oder deren Veröffentlichung die Marktteilnehmer erwarten dürfen, zählt dafür ua folgende Beispiele auf: Wöchentliche Berichte von Wertpapierfirmen und Marktbetreibern über die an ihren Handelsplätzen gehandelten aggregierten Positionen von Warenderivaten von unterschiedlichen Personengruppen,[499] Informationen über Umfang und Bewegungen von Lagerbeständen von Waren,[500] Statistiken und Prognosen von öffentlichen Stellen wie Eurostat oder der Europäischen Zentralbank,[501] Informationen über Frachtraten,[502] zu veröffentlichende Insiderinformationen in Bezug auf die Unternehmen oder Anlagen eines Teilnehmers am Energiegroßmarkt (Elektrizität und Gas),[503] offizielle Statements von Konferenzen der ölproduzierenden Staaten.[504].

---

[493] Verordnung (EU) Nr. 1227/2011 des Europäischen Parlaments und des Rates vom 25. Oktober 2011 über die Integrität und Transparenz des Energiegroßhandelsmarkts, ABl. EU Nr. L 326 v. 8.12.2011, S. 1 ff. (REMIT).

[494] JODI Datenbank abrufbar unter: https://www.jodidata.org.

[495] ESMA, Final Report – Guidelines on MAR – information relating to commodity derivatives markets or related spot markets for the purpose of the definition of inside information on commodity derivatives v. 30.9.2016, ESMA/2016/1412 Rn. 1.

[496] ESMA, MAR Guidelines – Information relating to commodity derivatives markets or related spot markets for the purpose of the definition of inside information on commodity derivatives v. 17.1.2017, ESMA/2016/1480.

[497] Siehe diesbezüglich die Kommentierung bei § 4 Begriffsbestimmungen. Eine genaue Erläuterung enthält ebenfalls: ESMA, Consultation Paper – ESMA's guidelines on information expected or required to be disclosed on commodity derivatives markets or related spot markets under MAR v. 30.3.2016, ESMA/2016/444 Rn. 8 ff.

[498] Siehe für eine genaue, nicht abschließende, Aufzählung: ESMA/2016/444 Rn. 22 f.

[499] ESMA/2016/1480 Rn. 12.

[500] ESMA/2016/1480 Rn. 14.

[501] ESMA/2016/1480 Rn. 15.

[502] ESMA/2016/1480 Rn. 16.

[503] ESMA/2016/1480 Rn. 17.

[504] ESMA/2016/1480 Rn. 20.

Auch der Emittentenleitfaden der BaFin enthält Beispiele von Insiderinformationen in Bezug auf ausgewählte Warenderivate. Bei Derivaten auf Strom können Informationen über Kraftwerksausfälle, über die Revision von Kraftwerken, über geplante Abschaltungen wegen Wartungsarbeiten oder über Leitungskapazitäten Insiderinformationen sein. Bei Derivaten auf Schweine oder Kartoffeln kann die information über Seuchen oder Änderungen der Subventionspolitik eine Insiderinformation sein.[505] **187**

V. Insiderinformationen in Bezug auf Emissionszertifikate

Im Vergleich zur MAD 2003 und zum WpHG aF wird nunmehr in Art. 7 Abs. 1 lit. c) MAR der Begriff der Insiderinformation auch auf diejenigen Kontrakte bezogen, die bei Auktionen für Emissionszertifikate angeboten werden.[506] Nach dieser Vorschrift ist eine Insiderinformation auch eine solche nicht öffentlich bekannte präzise Information mit Bezug zu einem Emissionszertifikat oder einem darauf beruhenden Auktionsobjekt, die, wenn sie öffentlich bekannt würde, geeignet wäre, den Kurs dieser Finanzinstrumente erheblich zu beeinflussen. Ob die Information präzise, nicht öffentlich bekannt und kursrelevant ist, bestimmt sich nach den oben dargelegten allgemeinen Grundsätzen. **188**

Nach Art. 7 Abs. 4 UAbs. 2 MAR wird im Fall von Teilnehmern am Markt für Emissionszertifikate mit aggregierten Emissionen oder einer thermischen Nennleistung in Höhe oder unterhalb des gemäß Artikel 17 Abs. 2 UAbs. 2 festgelegten Schwellenwerts von den Informationen über die physischen Aktivitäten dieser Teilnehmer angenommen, dass sie keine erheblichen Auswirkungen auf die Preise der Emissionszertifikate und der auf diesen beruhenden Auktionsobjekte oder auf damit verbundene Finanzinstrumente haben. Diese Einschränkung ist ähnlich zu verstehen wie die Einschränkung in Art. 7 Abs. 1 lit. b) MAR für Warenderivate: Marktgepflogenheiten sollen auch für die Bestimmung von Insiderverboten herangezogen werden und in spezifischen Märkten als irrelevant eingestufte Werte unterhalb der maßgeblichen Erheblichkeitsschwelle sollen keine Insiderinformationen sein.[507] **189**

VI. Insiderinformationen in Bezug auf Aufträge über Geschäfte mit Finanzinstrumenten

Gemäß Art. 7 Abs. 1 lit. d) MAR bezeichnet der Begriff der Insiderinformation für Personen, die mit der Ausführung von Aufträgen in Bezug auf Finanzinstrumente beauftragt sind, auch Informationen, die von einem Kunden mitgeteilt wurden und sich auf die noch nicht ausgeführten Aufträge des Kunden zum Kauf oder Verkauf dieser Finanzinstrumente beziehen, sofern diese Informationen präzise sind, direkt oder indirekt einen oder mehrere Emittenten oder ein oder mehrere Finanzinstrumente betreffen und, wenn sie öffentlich bekannt würden, geeignet wären, den Kurs dieser Finanzinstrumente, damit verbundener Waren-Spot-Kontrakte oder zugehöriger derivativer Finanzinstrumente erheblich zu beeinflussen. **190**

Daraus folgt, dass Informationen bzw. das Wissen über Kauf- und Verkaufsaufträge von Finanzinstrumenten anderer Personen Insiderinformationen sein können.[508] Allerdings verdeutlicht diese Vorschrift auch, dass die Information über solche Aufträge nicht schon per se eine Insiderinformation ist. Vielmehr müssen die übrigen Voraussetzungen einer Insiderinformation vorliegen, nämlich dass die Information einen Emittentenbezug auf- **191**

505 BaFin Emittentenleitfaden 2013 S. 36.
506 *Grundmann* in Canaris/Habersack/Schäfer GroßkommHGB Bd. XI Bankvertragsrecht 6. Teil Rn. 358.
507 *Grundmann* in Canaris/Habersack/Schäfer GroßkommHGB Bd. XI Bankvertragsrecht 6. Teil Rn. 358.
508 *Hopt/Kumpan* in Schimansky/Bunte/Lwowski BankR-HdB § 107 Rn. 59. Noch zum WpHG aF: *Klöhn* in KölnKomm WpHG § 13 Rn. 283 ff.; *Mennicke/Jakouvou* in Fuchs WpHG § 13 Rn. 167; *Assmann* in Assmann/Schneider WpHG § 13 Rn. 70; *Rothenhöfer* in Kümpel/Wittig 3. Teil Rn. 3.508.

weist und präzise, nicht öffentlich bekannt und kursrelevant ist.[509] Der Kauf- und Verkaufsauftrag muss somit selbst geeignet sein, den Preis des auftragsgegenständlichen Finanzinstruments erheblich zu beeinflussen. Dies ist nach den oben dargelegten Grundsätzen zu ermitteln.

192 Allerdings ergeben sich Unterschiede in Bezug auf die Ermittlung der Kursrelevanz. Denn bei der Information über die Orderlage handelt es sich nicht um eine Information, die auf einem überlegenen Kenntnisstand über den Fundamentalwert des Finanzinstruments beruht, sondern um eine Information, die sich auf den besseren Kenntnisstand über die Handelsbedingungen stützt.[510] Die Information über die Orderlage ist dann kursrelevant, wenn der verständige Anleger sie bei seiner Anlageentscheidung berücksichtigen würde. Dies wird dann der Fall sein, wenn die Information ihm die Kenntnis einer Arbitragemöglichkeit verschafft, dh er aufgrund der Information die Gelegenheit bekommt, einen Gewinn zu erzielen, ohne zusätzliches Risiko einzugehen.[511] Die Kursrelevanz kann ua dann gegeben sein, wenn der Auftrag aufgrund eines ungewöhnlich hohen Volumens einen Anreiz für den Auftragnehmer darstellt, sich im Vorfeld der Auftragsausführung mit den entsprechenden Finanzinstrumenten einzudecken oder diese zu veräußern.[512] Auch kann die Kursrelevanz aus der Kenntnis der Person des Auftraggebers resultieren. Jedoch dürfte dies nur in dem außergewöhnlichen Fall gegeben sein, wenn jemand aus der Kenntnis um die Person des Auftraggebers und weiteren damit zusammenhängenden Umständen (Volumen, Zeitpunkt, Art der Transaktion, Verbindung des Dritten zum Emittenten, etc.) den Schluss ziehen darf, das dieser aufgrund einer Insiderinformation handele, und er dies zum Anlass nimmt, sich dessen Geschäft anzuschließen (mitzulaufen).[513] Schließlich kann sich die Kursrelevanz auch daraus ergeben, dass der Verkaufsauftrrag von einem Großaktionär erteilt wird und man hieraus schließen kann, dass dieser Großaktionär seine Beteiligung abbauen oder signifikant verringern will.

193 Die typischen Fälle des Art. 7 Abs. 1 lit d) MAR sind das sog. Vorlaufen (front running) von Händlern, die in Kenntnis kursrelevanter Kundenaufträge die auftragsgegenständlichen Finanzinstrumente vor der Ausführung dieser Aufträge erwerben oder veräußern, um aus der nachfolgenden Kursveränderung einen Vorteil zu ziehen.[514] Dieser Fall des Insiderhandels ist nicht etwa deswegen vom Verbot des Insiderhandels freigestellt, weil Art. 9 Abs. 5 MAR oder Erwägungsgrund Nr. 31 MAR die Durchführung eigener Entscheidungen privilegieren. Denn dieses Privileg setzt voraus, dass das Wissen um die eigene Entscheidung die einzige Insiderinformation ist, während beim Frontrunning das Wissen um die vom Kunden (dh einem Dritten) verursachte Orderlage als weitere Insiderinformation hinzukommt.[515] In Erwägungsgrund Nr. 30 MAR ist dies mit ausdrücklichem Bezug auf das Frontrunning klargestellt.[516] Von Art. 7 Abs. 1 lit d) MAR erfasst ist auch das sog. Gegenlaufen, dh das in Kenntnis einer limitierten Kundenorder erfolgende gegenläufige Kaufen oder Verkaufen des relevanten Finanzinstruments mit dem Ziel, das vom Kunden gesetzte Limit auszuschöpfen.[517]

---

[509] *Hopt/Kumpan* in Schimansky/Bunte/Lwowski BankR-HdB § 107 Rn. 59.

[510] *Schwarze* WM 1997, 1564 (1565); *Klöhn* in KölnKomm WpHG § 13 Rn. 267, 269.

[511] *Klöhn* in KölnKomm WpHG § 13 Rn. 267, 279.

[512] BaFin Emittentenleitfaden 2013 S. 36.

[513] BaFin Emittentenleitfaden 2013 S. 36; *Assmann* in Assmann/Schneider WpHG § 13 Rn. 71; *Hopt/Kumpan* in Schimansky/Bunte/Lwowski BankR-HdB § 107 Rn. 59.

[514] Erwägungsgrund Nr. 30 MAR; *Grundmann* in Canaris/Habersack/Schäfer GroßkommHGB Bd. XI Bankvertragsrecht 6. Teil Rn. 352; *Hopt/Kumpan* in Schimansky/Bunte/Lwowski BankR-HdB § 107 Rn. 59; *Mennicke/Jakouvou* in Fuchs WpHG § 13 Rn. 167; *Assmann* in Assmann/Schneider WpHG § 13 Rn. 71; *Rothenhöfer* in Kümpel/Wittig 3. Teil Rn. 3.508; *Klöhn* in KölnKomm WpHG § 13 Rn. 271, 285 mit ausführlichem Beispiel in Rn. 271.

[515] *Grundmann* in Canaris/Habersack/Schäfer GroßkommHGB Bd. XI Bankvertragsrecht 6. Teil Rn. 352.

[516] *Grundmann* in Canaris/Habersack/Schäfer GroßkommHGB Bd. XI Bankvertragsrecht 6. Teil Rn. 352 Fn. 906.

[517] *Hopt/Kumpan* in Schimansky/Bunte/Lwowski BankR-HdB § 107 Rn. 59. Zum WpHG aF: *Rothenhöfer* in Kümpel/Wittig 3. Teil Rn. 3.508. Weitere Beispiele bei *Klöhn* in KölnKomm WpHG § 13 Rn. 273 ff.

Entgegen dem Wortlaut des Art. 7 Abs. 1 lit. d) MAR erstreckt sich der personelle Anwendungsbereich dieser Vorschrift auf sämtliche Marktteilnehmer, die von einem Auftrag erfahren – nicht nur auf die Personen, die mit der Ausführung von Aufträgen von Kundenaufträgen befasst sind.[518] Diese Diskrepanz gegenüber dem Wortlaut ist unproblematisch, weil bereits die Vorgängernorm Art. 1 Nr. 1 UAbs. 3 MAD 2003 nur als Klarstellung und nicht als Eingrenzung des Begriffs der Insiderinformation zu verstehen war. Auch lässt auch aus der Gesetzgebungsgeschichte der MAR nicht entnehmen, dass der personelle Anwendungsbereich begrenzt werden sollte, denn schon im Entwurfsvorschlag der EU Kommission[519] war die Vorgängernorm aus der MAD 2003 unverändert übernommen worden. **194**

[518] *Grundmann* in Canaris/Habersack/Schäfer GroßkommHGB Bd. XI Bankvertragsrecht 6. Teil Rn. 352. So auch noch zum WpHG aF: *Assmann* in Assmann/Schneider WpHG § 13 Rn. 71; *Klöhn* in KölnKomm WpHG § 13 Rn. 282, 284; ähnlich BaFin Emittentenleitfaden 2013 S. 36 („betrifft in erster Linie Eigengeschäfte von Wertpapierdienstleistungsunternehmen"); aA (noch zum WpHG aF) *Mennicke/Jakouvou* in Fuchs WpHG § 13 Rn. 169.

[519] Europäische Kommission, Vorschlag für [eine] Verordnung des Europäischen Parlaments und des Rates über Insider-Geschäfte und Marktmanipulation (Marktmissbrauch) v. 20.10.2011, KOM(2011) 651 endgültig (MAR-KOM).

§ 7 Insiderhandelsverbot

Übersicht

Literatur

Alfes, Central Counterparty – Zentraler Kontrahent – Zentrale Gegenpartei, 2005; *Assmann*, Das künftige deutsche Insiderrecht, AG 1994, 237; *Bachmann*, Kapitalmarktrechtliche Probleme bei der Zusammenführung von Unternehmen, ZHR 172 (2008), S. 597–634; *ders.*, Das europäische Insiderhandelsverbot, 2015; *Baedorff*, Das Merkmal der Verwendung von Insiderinformationen – Die Tathandlung des § 14 Abs. 1 Nr. 1 WpHG unter besonderer Berücksichtigung der Problematik der psychischen Kausalität, 2002; *Bank*, Das Insiderhandelsverbot in M&A-Transaktionen, NZG 2012, 1337; *Beneke/Thelen*, Die Schutzgesetzqualität des Insiderhandelsverbots gem. Art. 14 Marktmissbrauchsverordnung, BKR 2017, 12; *Bingel*, Die „Insiderinformation" in zeitlich gestreckten Sachverhalten und die Folgen der jüngsten EuGH-Rechtsprechung für M&A-Transaktionen, AG 2012, 685; *Brandi/Süßmann*, Neue Insiderregeln und Ad-hoc-Publizität – Folgen für Ablauf und Gestaltung von M&A-Transaktionen, AG 2004, 642; *Bussian*, Die Verwendung von Insiderinformationen, WM 2011, 8; *Bühren*, Auswirkungen des Insiderhandelsverbots der EU-Marktmissbrauchsverordnung auf M&A-Transaktionen, NZG 2017, 1172; *Cahn*, Das neue Insiderrecht, Der Konzern 2005, 5; *Carlton/Fischel*, The Regulation of Insider Trading, Stan. L. Rev. 35 (1983), 857; *Cascante/Bingel*, Ist „Nutzung" mehr als „Kenntnis", AG 2009, 894; *dies.*, Insiderhandel – in Zukunft leichter nachweisbar? Die Auslegung des Insiderrechts durch den EuGH und die Folgen für die M&A-Praxis, NZG 2010, 161; *Casper*,

Insiderverstöße bei Aktienoptionsprogrammen, WM 1999, 363; *ders.*, Information und Vertraulichkeit im Vorfeld von Unternehmensübernahmen, in: Kämmer/Veil, Übernahme- und Kapitalmarktrecht in der Reformdiskussion, 2013, 203; *Claussen*, Das Wertpapierhandelsgesetz und die Wertpapieranalysten – ein offenes Feld, AG 1997, 306; *Diekmann/Sustmann*, Gesetz zur Verbesserung des Anlegerschutzes (Anlegerschutzverbesserungsgesetz – AnSVG), NZG 2004, 929; *Gehrmann*, Das Spector-Urteil des EuGH – Zur Beweislastumkehr beim Insiderhandel, ZBB 2010, 48; *Hansen*, Market Abuse Case Law – Where Do We Stand With MAR?; ECFR 2017, 367; *Happ*, Zum Regierungsentwurf eines Wertpapierhandelsgesetzes, JZ 1994, 240; *Hienzsch*, Das deutsche Insiderhandelsverbot in der Rechtswirklichkeit. Eine empirische Studie, 2006; *Hofschroer*, Market Making und Betreuung im Börsenaktienhandel: Eine Untersuchung am Beispiel des Designated Sponsors des „Xetra"-Systems, 2011; *Hopt/Kumpan*, Insidergeschäfte und Ad-hoc-Publizität bei M&A, ZGR 2017, 765; *Hopt/Will*, Europäisches Insiderrecht, 1973; *Hopt*, Europäisches und deutsches Insiderrecht, ZGR 1991, 17; *Immenga*, Das neue Insiderrecht im Wertpapierhandelsgesetz, ZBB 1995, 197; *Kaiser*, Die Sanktionierung von Insiderverstößen und das Problem der Kursmanipulation, WM 1997, 1557; *Kemnitz*, Due Diligence und neues Insiderrecht – Die Problematik der Due Diligence vor außerbörslichen Paketerwerben unter besonderer Berücksichtigung der Auslegungsmethoden angeglichenen Rechts, 2007; *Kiesewetter/Parmentier*, Verschärfung des Marktmissbrauchsrechts – ein Überblick über die neue EU-Verordnung über Insidergeschäfte und Marktmanipulation, BB 2013, 2371; *Klöhn*, The European Insider Trading Regulation after Spector Photo Group, ECFR 2010, 347; *ders.*, Das deutsche und europäische Insiderrecht nach dem Geltl-Urteil des EuGH, ZIP 2012, 1885; *ders.*, „Selbst geschaffene innere Tatsachen", Scalping und Stakebuilding im neuen Marktmissbrauchsrecht, ZIP 2016, Beilage zu Heft 22, 44; *ders.*, Ad-hoc-Publizität und Insiderverbot im neuen Marktmissbrauchsrecht, AG 2016, 423; *ders.*, Die Regelung legitimer Handlungen im neuen Insiderrecht (Art. 9 MAR), ZBB 2017, 261; *Koch*, Due Diligence und Beteiligungserwerb aus Sicht des Insiderrechts, 2006; *Koenig*, Das Verbot von Insiderhandel – Eine rechtsvergleichende Analyse des schweizerischen Rechts und der Regelungen der USA und der EU, 2006; *Krauel*, Insiderhandel – Eine ökonomisch-theoretische und rechtsvergleichende Untersuchung, 2000; *Krause*, Kapitalmarktrechtliche Compliance: neue Pflichten und drastisch verschärfte Sanktionen nach der EU-Marktmissbrauchsverordnung, CCZ 2014, 248; *Krause/Brellochs*, Insiderrecht und Ad-hoc-Publizität bei M&A- und Kapitalmarkttransaktionen im europäischen Rechtsvergleich, AG 2013, 309; *Lahmann*, Insiderhandel – Ökonomische Analyse eines ordnungspolitischen Dilemmas, 1994; *Langenbucher*, The „use or possession" debate revisited – Spector PhotoGroup and insider trading in Europe, CMLJ 2010, 452; *von der Linden*, Das neue Marktmissbrauchsrecht im Überblick, DStR 2016, 1036; *Mehringer*, Das allgemeine kapitalmarktrechtliche Gleichbehandlungsprinzip, 2007; *Mennicke*, Sanktionen gegen Insiderhandel – Eine rechtsvergleichende Untersuchung unter Berücksichtigung des US-amerikanischen und britischen Rechts, 1996; *Merkner/Sustmann*, Reform des Marktmissbrauchsrechts: Die Vorschläge der Europäischen Kommission zur Verschärfung des Insiderrechts, AG 2012, 315; *Mülbert/Sajnovits*, Vertrauen und Finanzmarktrecht, ZfPW 2016, 1; *Nietsch*, Die Verwendung der Insiderinformation – Eine Standortbestimmung zwischen Insiderfundamentalismus und Marktrealismus, ZHR 174 (2010), 556; *Pananis*, Insidertatsache und Primärinsider: eine Untersuchung zu den Zentralbegriffen des § 13 Abs. 1 WpHG, 1998; *Parmentier*, Die Verhandlung eines Rechtssetzungsvorschlags der Kommission in den Arbeitsgruppen des Rates am Beispiel des EU-Marktmissbrauchsrechtsrechts, BKR 2013, 133; *dies.*, Insiderinformation nach dem EuGH und vor der Vereinheitlichung, WM 2013, 970; *Poelzig*, Durchsetzung und Sanktionierung des neuen Marktmissbrauchsrechts, NZG 2016, 492; *dies.*, Insider- und Marktmanipulationsverbot im neuen Marktmissbrauchsrecht, NZG 2016, 528; *Reichert*, Die Kausalität von Insiderinformationen – Entwicklungsstufen eines „europäischen" Tatbestandsmerkmals: Von der Insiderrichtlinie (1989) zur Marktmissbrauchsverordnung (2014), FS Müller-Graff, 2015, 319; *Schneider*, Wider Insiderhandelsverbot und Informationseffizienz des Kapitalmarktes, DB 1993, 1429; *Schulz*, Das Insiderhandelsverbot nach § 14 Abs. 1 Nr. 1 WpHG im Lichte der Spector-Rechtsprechung des EuGH, ZIP 2010, 609; *Seibt/Wollenschläger*, Revision des Marktmissbrauchsrechts durch Marktmissbrauchsverordnung und Richtlinie über strafrechtliche Sanktionen für Marktmanipulation, AG 2014, 593; *Sieder*, Legitime Handlungen nach der Marktmissbrauchsverordnung (MAR), ZFR 2017, 171; *Speier*, Insiderhandel und Ad-hoc-Publizität nach Anlegerschutzverbesserungsgesetz, 2009; *Stefanski*, Eigenhandel für andere – Market Making und Internalisierung im deutschen, europäischen und US-amerikanischen Recht, 2009; *Sustmann*, Information und Vertraulichkeit im Vorfeld von Unternehmensübernahmen unter besonderer Berücksichtigung der EuGH-Entscheidung in Sachen Geltl./. Daimler AG, in Kämmer/Veil, Übernahme- und Kapitalmarktrecht in der Reformdiskussion, 2013, 230; *Teigelack*, Insiderhandel und Marktmanipulation im Kommissionsentwurf einer Marktmissbrauchsverordnung, BB 2012, 1361; *Tountopoulos*, Private Durchsetzung des Insiderrechts? Eine kritische Analyse unter besonderer Berücksichtigung des europäischen und griechischen Kapitalmarktrechts, RIW 2013, 33; *Veil*, Europäisches Insiderrecht 2.0 – Konzeption und Grundsatzfragen der Reform durch MAR und CRIM-MAD, ZBB 2014, 85; *Viciano-Gofferje/Cascante*, Untersuchung der Vorschläge der Kommission zur Reform des Insiderhandelsverbots, insbesondere im Hinblick auf für M&A-Transaktionen relevante Sachverhalte, NZG 2012, 968; *Villeda*, Prävention und Repression von Insiderhandel, 2010; *Widder*, Masterpläne, Aktienrückkaufprogramm und das Spector-Urteil des EuGH bei M&A-Transkationen, BB 2010, 515; *Ziemons*, Neuerungen im Insiderrecht und bei der Ad-hoc-Publizität durch die Marktmissbrauchsrichtlinie und das Gesetz zur Verbesserung des Anlegerschutzes, NZG 2004, 537; *Ziouvas*, Das neue Kapitalmarktstrafrecht – Europäisierung und Legitimation, 2005.

I. Grundlagen

1. Normzweck

1 Das europäische Marktmissbrauchsrecht basiert auf der Vorstellung, dass Marktmissbrauch die Integrität der Finanzmärkte verletzt und das Vertrauen der Öffentlichkeit in Wertpapiere und Derivate untergräbt.[1] Dies gilt in besonderem Maße für Insiderhandel, dem durch Verbote und Offenlegungspflichten begegnet wird. Das europäische Insiderrecht will dadurch die **informationelle Chancengleichheit** der **Anleger** sicherstellen, um deren **Vertrauen** in die **Kapitalmärkte** zu stärken und damit deren Funktionsfähigkeit sicherzustellen. Erwägungsgrund 23 bringt diesen Regelungsansatz und Normzweck wie folgt zum Ausdruck:

> *„Das wesentliche Merkmal von Insidergeschäften ist ein* ***ungerechtfertigter Vorteil****, der mittels Insiderinformationen zum* ***Nachteil Dritter*** *erzielt wird, die diese Informationen nicht kennen, und infolgedessen in der* ***Untergrabung*** *der* ***Integrität*** *der Finanzmärkte und des* ***Vertrauens*** *der* ***Investoren****. Folglich sollte das Verbot von Insidergeschäften gelten, wenn eine Person im Besitz von Insiderinformationen dadurch einen ungerechtfertigten Vorteil aus dem mit Hilfe dieser Informationen erzielten Nutzen zieht, dass er aufgrund dieser Informationen Markttransaktionen durchführt, indem er für eigene Rechnung oder für Rechnung Dritter, sei es unmittelbar oder mittelbar, Finanzinstrumente, auf die sich diese Informationen beziehen, erwirbt oder veräußert bzw. zu erwerben oder zu veräußern versucht oder einen Auftrag zum Kauf bzw. Verkauf storniert oder ändert bzw. zu stornieren oder zu ändern versucht.*

2 Das Charakteristikum des Insiderverbots (Handels- und Erwerbsverbot) besteht darin, dass der Insider über einen Informationsvorsprung verfügt (Insiderinformation) und er von diesem Vorsprung zum Nachteil einer dritten Partei profitiert.[2] Von zentraler Bedeutung für das Insiderrecht ist der Begriff der Insiderinformation.[3] Ein Insider darf andere Informationen als Insiderinformationen ausnutzen (für Organmitglieder besteht aber unter bestimmten Voraussetzungen gem. Art. 19 MAR ein Handelsverbot). Nur wenn eine Information als Insiderinformation zu qualifizieren ist, sind die strengen (strafrechtlich sanktionierten) Insiderverbote anwendbar.

3 Sowohl ökonomisch als auch juristisch ist es zweifelhaft, welchen Schaden ein Anleger erleidet, der mit einem Insider auf einem Sekundärmarkt kontrahiert.[4] Denkbar ist, den Schaden darin zu sehen, dass der Kontrahent eines Insiders übervorteilt wird, weil er die Wertpapiere nicht zum „wahren" Wert erwirbt oder veräußert. In aller Regel hätte der Anleger das Geschäft aber auch mit einem anderen Anleger geschlossen.[5] Allein bei *face-to-face*-Transaktionen mag dies einmal anders sein. Einen vermögensrechtlichen Schaden erleidet der Anleger daher nicht. Dies wirft die Frage auf, ob die Schädlichkeit von Insiderhandel anders begründet werden kann. Einen Ansatz liefert die Transaktionskostenhypothese. Sie reklamiert, dass Market Maker ihren aus Insiderhandel resultierenden Verlustrisiken durch größere An- und Verkaufsspannen zu begegnen suchen.[6] Dies führe zu höheren

---

[1] Erwägungsgrund 1 Verordnung (EU) Nr. 596/2014 des Europäischen Parlaments und des Rates vom 16. April 2014 über Marktmissbrauch (Marktmissbrauchsverordnung) und zur Aufhebung der Richtlinie 2003/6/EG des Europäischen Parlaments und des Rates und der Richtlinien 2003/124/EG, 2003/125/EG und 2004/72/EG der Kommission, ABl. EU Nr. L173 v. 12.6.2014 S. 1 ff. (MAR).

[2] EuGH v. 23.12.2009 – Rs. C-45/08, Slg. 2009, I-12073 Rn. 48 = NZG 2010, 107 – *Spector*; *Hansen* ECFR 2017, 367 (378).

[3] Vgl. auch EuGH v. 23.12.2009 – Rs. C-45/08, Slg. 2009, I-12073 Rn. 50 = NZG 2010, 107 – *Spector*: „enger Zusammenhang zwischen dem Verbot von Insider-Geschäften und dem Begriff der Insider-Information".

[4] Vgl. *Lahmann* Insiderhandel S. 31.

[5] Vgl. *Mennicke*, Sanktionen gegen Insiderhandel, S. 79.

[6] Vgl. *Lahmann* Insiderhandel S. 31.

Kosten für nicht informierte Anleger. Allein dies rechtfertigt freilich keine verwaltungs- und strafrechtlich sanktionierten Verbote.[7]

Die zentrale Begründung für ein striktes Insiderrecht ist im Ziel des **Funktionsschutzes** 4 zu sehen.[8] Insiderverbote sind erforderlich, um das für einen funktionsfähigen Markt erforderliche Anleger- und Marktvertrauen zu schützen. Zwar gib es keine empirischen Studien für die Annahme, dass Anleger aufgrund eines auf Insiderhandel zurückgehenden Vertrauensverlusts den Kapitalmarkt verlassen oder von einer Anlage abgeschreckt werden.[9] Es ist aber vielfach belegt,[10] dass professionelle (bzw. institutionelle) ebenso wie private Anleger es als unfair ansehen, wenn einzelne Anleger ihre Informationsvorsprünge ausnutzen können. Vertrauensverlust hat einen Rückgang der Investitionen zur Folge,[11] im schlimmsten Fall verlassen Anleger den Kapitalmarkt. Das durch Insiderverbote gewährleistete Anlegervertrauen[12] ist daher Voraussetzung für liquide und funktionsfähige Kapitalmärkte.[13] Eine Legalisierung des Insiderhandels – wie vor fünf Jahrzehnten von ökonomischer Seit gefordert (Incentivierung von Managern zur Vermeidung von Prinzipal-Agenten-Konflikten)[14] – steht heute nicht mehr zur Debatte.[15]

2. Normstruktur

Die MAR schafft einen „gemeinsamen Rechtsrahmen für Insidergeschäfte [und] die 5 unrechtmäßige Offenlegung von Insiderinformationen" (Art. 1 MAR). Das Verbot von Insidergeschäften und das Verbot unrechtmäßiger Offenlegung von Insiderinformationen" sind in Art. 14 MAR geregelt. Es sind „folgende Handlungen …verboten:

a) das Tätigen von Insidergeschäften und der Versuch hierzu,
b) Dritten zu empfehlen, Insidergeschäfte zu tätigen, oder Dritte anzustiften, Insidergeschäfte zu tätigen, oder
c) die unrechtmäßige Offenlegung von Insiderinformationen."

Das Herzstück des Insiderrechts ist das Verbot nach lit. a), Insidergeschäfte zu tätigen (in 6 der englischen Sprachfassung „engage or attempt to engage in insider dealing" und in der französischen. Sprachfassung „effectuer ou tenter d'effectuer des opérations d'initiés"). Der Begriff des Insidergeschäfts wird in Art. 8 Abs. 1 MAR definiert (früher § 14 Abs. 1 Nr. 1 WpHG). Es ist nach dieser Vorschrift verboten, **unter Nutzung** von **Insiderinformationen Finanzinstrumente**, auf die sich die Insiderinformationen beziehen, zu **erwerben** oder zu **veräußern** (in der englischen Sprachfassung „and uses that information by acquiring or disposing of, for its own account or for the account of a third party" und in der französischen Fassung „et en fait usage en acquérant ou en cédant, pour son propre

[7] Vgl. *Mennicke*, Sanktionen gegen Insiderhandel, S. 80 („ambivalentes Schädigungsargument", weil zusätzliche Nachfrage oder zusätzliches Angebot zu einer Verringerung der Über- oder Unterbewertung führen könne).

[8] Dazu bereits *Hopt/Will*, Europäisches Insiderrecht, S. 49 ff.; *Mennicke*, Sanktionen gegen Insiderhandel, S. 98 ff.

[9] Vgl. *Mennicke*, Sanktionen gegen Insiderhandel, S. 102.

[10] In Deutschland machten Anleger schmerzliche Erfahrungen mit dem First Quotation Board der Frankfurter Wertpapierbörse. Dieses besondere Teilsegment des Freiverkehrs wurde schließlich wegen zahlreicher Betrugs- und Manipulationsfälle Ende 2012 geschlossen (vgl. http://www.faz.net/aktuell/finanzen/aktien/spielwiese-fuer-anlagebetrueger-deutsche-boerse-schliesst-first-quotation-board-11990381.html). In Japan und Frankfurt führte Insiderhandel im Jahr 1991 zu einem massiven Umsatzrückgang an den Börsen (vgl. *Mennicke*, Sanktionen gegen Insiderhandel, S. 103).

[11] Vgl. *Hienzsch*, Das deutsche Insiderhandelsverbot in der Rechtswirklichkeit, S. 41, 184; *Mennicke*, Sanktionen gegen Insiderhandel, S. 99 ff.

[12] Dazu grundlegend zuletzt *Mülbert/Sajnovits*, ZfPW 2016, 1 (23 ff.).

[13] Vgl. *Bachmann*, Das europäische Insiderhandelsverbot, S. 20 f.; *Klöhn* ZHR 177 (2013) 349 (372 f.).

[14] Die Debatte wurde angestoßen durch *Manne*, Insider Trading and the Stock Market, 1966; ferner *Carlton/Fischel*, Stan. L. Rev. 35 (1983), 857 (861 ff.); einen positiven Einfluss auf die Steigerung der Effizienz des Kapitalmarkts bejahend *Schneider*, DB 1993, 1429 (1434 f.).

[15] Kritische Auseinandersetzung in der deutschen Literatur etwa durch *Krauel* Insiderhandel S. 31 ff.; *Mennicke*, Sanktionen gegen Insiderhandel, S. 77 ff.

compte ou pour le compte d'un tiers"). Auch die Stornierung oder Änderung eines Auftrags kann ein Insidergeschäft sein. Das Verbot gilt gem. Art. 8 Abs. 4 MAR für Primärinsider und unter bestimmten Voraussetzungen auch für Sekundärinsider. Dabei kann es sich um natürliche und juristische Personen handeln. Wenn das Insidergeschäft durch eine juristische Person begangen wird, gilt das Verbot gem. Art. 8 Abs. 5 MAR „nach Maßgabe des nationalen Rechts auch für die natürlichen Personen, die an dem Beschluss, den Erwerb, die Veräußerung, die Stornierung oder Änderung eines Auftrags für Rechnung der betreffenden juristischen Person zu tätigen, beteiligt sind oder diesen beeinflussen".[16] Im Unterschied zu den beiden anderen Verboten[17] ist bereits der **Versuch**, ein Insidergeschäft zu tätigen, verboten (vgl. Art. 14 lit. a) MAR).

7 Das Verbot, Insidergeschäfte zu tätigen, setzt voraus, dass der Täter über eine Insiderinformation verfügt. Der Ausdruck „**Insiderinformation**" ist in Art. 7 MAR bestimmt (→ § 6 Rn. 19 ff.). Dieser Begriff der „Insiderinformation" gilt nicht nur für die Insiderverbote des Art. 14 MAR, sondern auch für die Ad-hoc-Publizitätspflicht eines Emittenten gem. Art. 17 MAR (→ § 10 Rn. 42). Er ist folglich das zentrale Element des Insiderrechts (sog. einstufiges Modell statt des früheren (unter der Insiderrichtlinie geltenden) zweistufigen Modells). Insider dürfen von ihrem Informationsvorsprung profitieren, solange es sich nicht um Informationen handelt, die das Gesetz als Insiderinformationen qualifiziert.

8 Eine Ausnahme vom Verbot, Insidergeschäfte zu tätigen, sieht Art. 9 MAR vor. Die Vorschrift greift die vom EuGH im Spector-Urteil entwickelten Auslegungsgrundsätze[18] auf und regelt „**legitime Handlungen**". Ihr liegt zugrunde, dass nach europäischem Recht „zu unterstellen ist", dass eine juristische oder natürliche Person, die im Besitz von Insiderinformationen für eigene Rechnung oder für Rechnung Dritter Finanzinstrumente erwirbt oder veräußert, diese Informationen genutzt hat. Es handelt sich um eine **widerlegliche Vermutung** (→ Rn. 40); die Verteidigungsrechte der betreffenden Person bleiben unberührt. Art. 9 MAR regelt, unter welchen Voraussetzungen die Person den Nachweis erbringen kann, dass sie die Insiderinformationen bei der Abwicklung des Geschäfts nicht genutzt hat. Schließlich sieht Art. 5 MAR Ausnahmen für Rückkaufprogramme und Stabilisierungsmaßnahmen vor (§ 17).

9 Das Verbot der MAR gilt unmittelbar in den Mitgliedstaaten der EU. Die Rechtsfolgen bzw. Sanktionen sind im nationalen Recht geregelt, wobei sie größtenteils unionsrechtlich determiniert sind. Dies gilt vor allem für die **verwaltungs- und strafrechtlichen Sanktionen**, die Deutschland (ebenso wie die anderen Mitgliedstaaten) aufgrund der Vorgaben der MAR und CRIM-MAD[19] vorzusehen hat. Bezüglich der verwaltungsrechtlichen Sanktionen muss das nationale Recht den in Art. 8 MAR vorgesehenen subjektiven Anforderungen Rechnung tragen (§ 29). Soweit das deutsche Recht strafrechtliche Sanktionen vorsieht, muss es mit den Vorgaben der CRIM-MAD in Einklang stehen (§ 28).

10 Die **zivilrechtlichen Rechtsfolgen** eines Insidergeschäfts beurteilen sich ausschließlich nach nationalem Recht (→ Rn. 100 ff.). Die MAR äußert sich nicht dazu, ob ein solches Geschäft wirksam zustande kommt oder ob ein Anleger, der mit einem Insider kontrahiert, vom Vertrag zurücktreten oder Schadensersatz verlangen kann.

---

[16] Diese Vorschrift hat allenfalls klarstellende Bedeutung. Vgl. *Grundmann* in GroßkommHGB Bd. XI Bankvertragsrecht 6. Teil Rn. 378.

[17] Für diese verlangt aber Art. 6 Abs. 2 CRIM-MAD, eine Versuchsstrafbarkeit vorzusehen.

[18] EuGH v. 23.12.2009 – Rs. C-45/08, Slg. 2009 I-12073 Rn. 54 ff. = NZG 2010, 107 – *Spector*.

[19] Richtlinie 2014/57/EU des Europäischen Parlaments und des Rates vom 16. April 2014 über strafrechtliche Sanktionen bei Marktmanipulation (Marktmissbrauchsrichtlinie), ABl. EU Nr. L173 v. 12.6.2014 S. 179 ff. (CRIM-MAD).

3. Anwendungsbereich

a) Finanzinstrumente

11 Ein Insidergeschäft muss sich auf Finanzinstrumente beziehen. Der Begriff ist in der MAR nicht definiert. Vielmehr verweist Art. 3 Abs. 1 Nr. 1 MAR auf Art. 4 Abs. 1 Nr. 15 der Richtlinie 2014/65/EU (MiFID II). Diese Vorschrift verweist bezüglich des Ausdrucks des Finanzinstruments auf die im Anhang I Abschnitt C MiFID II genannten Instrumente, die wiederum teilweise in Art. 4 Abs. 1 Nr. 17, Nr. 44, Nr. 45, Nr. 46, Nr. 47, Nr. 48, Nr. 49 und Nr. 50 MiFID II bestimmt werden, teilweise durch Verweis auf die Verordnung (EU) Nr. 600/2014 (MiFIR).

12 Finanzinstrumente sind insbesondere übertragbare Wertpapiere (Aktien, Schuldverschreibungen oder andere verbriefte Schuldtitel, etc.), Geldmarktinstrumente, Anteile an Organismen für gemeinsame Anlagen, Optionen, Terminkontrakte (Futures), Swaps und Termingeschäfte. Diese Begriffe werden an anderer Stelle dieses Buchs ausführlich erläutert (→ § 4 Rn. 50 ff.).

b) Marktbezug

13 Das alte Insiderrecht des WpHG sah in § 12 aF Vorschriften über den Anwendungsbereich der Insiderverbote vor. Nach neuem Recht sind die allgemeinen Vorschriften über den Anwendungsbereich der MAR heranzuziehen. Aus Art. 2 Abs. 1 MAR folgt, dass die Insiderverbote für **Finanzinstrumente** gelten, die zum **Handel auf einem geregelten Markt** zugelassen sind oder für die ein Antrag auf Zulassung zum Handel auf einem geregelten Markt gestellt wird (→ § 3 Rn. 8 und § 4 Rn. 15, 18), ferner für Finanzinstrumente, die in einem **multilateralen Handelssystem** zugelassen sind oder für die ein Antrag auf Zulassung zum Handel in einem multilateralen Handelssystem gestellt wurde (→ § 3 Rn. 9 und § 4 Rn. 27), für Finanzinstrumente, die in einem **organisierten Handelssystem** gehandelt werden (→ § 4 Rn. 30) und schließlich für andere Finanzinstrumente, deren Kurs oder Wert von dem Kurs oder Wert eines der vorgenannten Finanzinstruments abhängt oder sich darauf auswirkt (→ § 3 Rn. 11).

14 Die Insiderverbote gelten zudem gem. Art. 2 Abs. 3 MAR für alle Geschäfte, Aufträge und Handlungen, unabhängig davon, ob ein solches Geschäft, ein solcher Auftrag oder eine solche Handlung auf einem Handelsplatz getätigt wurden. Das Erwerbs- und Veräußerungsverbot gilt daher auch für **Transaktionen außerhalb eines Marktes** (*face-to-face*-Transaktionen oder solche, die im Telefonhandel erfolgen).[20] Allerdings kann es gerechtfertigt sein, solche Geschäfte insiderrechtlich zu privilegieren, wenn beide Seiten Kenntnis von der Insiderinformation haben.[21]

c) Normadressaten

15 Das in Umsetzung der MAD 2003[22] in Deutschland geschaffene Insiderrecht stellte Primär- und Sekundärinsider weitgehend gleich (vgl. den Wortlaut des § 14 WpHG aF). Das neue MAR-/CRIM-MAD-Regime führt diesen Ansatz konsequent fort. Eine gewisse Bedeutung hat die Unterscheidung aber weiterhin, weil das europäische Recht verlangt, dass ein Sekundärinsider weiß oder wissen müsste, dass es sich um Insiderinformationen handelt. Bei den Primärinsidern kommt es darauf nicht an.

16 **aa) Primärinsider.** Das Verbot, Insidergeschäfte zu tätigen, gilt gem. Art. 8 Abs. 4 S. 1 MAR für jede Person, die über Insiderinformationen verfügt, weil sie

[20] → § 3 Rn. 17.
[21] → Rn. 45.
[22] Richtlinie 2003/6/EG des Europäischen Parlaments und des Rates vom 28. Januar 2003 über Insider-Geschäfte und Marktmanipulation (Marktmissbrauch), ABl. EU Nr. L96 v. 12.4.2003 S. 16 ff. (MAD 2003).

a) dem Verwaltungs-, Leitungs- oder Aufsichtsorgan des Emittenten oder des Teilnehmers am Markt für Emissionszertifikate angehört;
b) am Kapital des Emittenten oder des Teilnehmers am Markt für Emissionszertifikate beteiligt ist;
c) aufgrund der Ausübung einer Arbeit oder eines Berufs oder der Erfüllung von Aufgaben Zugang zu den betreffenden Informationen hat oder
d) an kriminellen Handlungen beteiligt ist.

17 Die erste Kategorie erfasst **Organmitglieder** eines Emittenten.[23] Emittenten können nicht nur juristische Personen, sondern auch Personengesellschaften sein.[24] Mit dem Verwaltungsorgan ist der Verwaltungsrat einer Europäischen Gesellschaft (SE) gemeint. In einer AG und einer SE mit dualistischem System ist der Vorstand das Leitungs- und der Aufsichtsrat das Aufsichtsorgan des Emittenten. In einer KGaA ist der persönlich haftende Gesellschafter das Leitungsorgan und der Aufsichtsrat das Aufsichtsorgan. Ein Beirat kann, je nach Ausgestaltung, ein Aufsichtsorgan sein, insbesondere in einer KGaA und einer GmbH, für die eine wesentlich größere Gestaltungsautonomie (§ 45 GmbH) gilt als für eine AG (§ 23 Abs. 5 AktG), die neben dem Aufsichtsrat allenfalls einen schuldrechtlich etablierten Beirat mit Beratungsaufgaben haben kann.[25] Sollte die Eigenschaft als Aufsichtsratsmitglied abzulehnen sein, kann das Beiratsmitglied nach lit. c) als Primärinsider zu qualifizieren sein (sog. Berufsinsider). Ein faktisches Organ[26] kann kein Primärinsider sein, weil es rechtlich kein Organmitglied ist und das strafrechtliche Analogieverbot eine Anwendung von Art. 8 Abs. 4 S. 1 MAR ausschließt.[27] Auch für zivilrechtliche Zwecke ist eine Primärinsidereigenschaft abzulehnen.[28] Das Organmitglied eines Tochterunternehmens des Emittenten kann nicht Primärinsider iSv lit. a) sein, weil die Vorschrift verlangt, dass die betreffende Person dem Verwaltungs-, Leitungs- oder Aufsichtsorgan des *Emittenten* angehört.[29] Dies war im alten Insiderrecht anders geregelt.[30]

18 Primärinsider sind ferner Personen, die am Kapital des Emittenten oder des Teilnehmers am Markt für Emissionszertifikate beteiligt sind (Kategorie der **Anteilseigner** nach lit. b). Die Vorschrift setzt voraus, dass die Person aufgrund ihres Beteiligungsbesitzes die Insiderinformation erlangt hat. Es kommt zwar nicht darauf an, in welcher Höhe die Person am Kapital beteiligt ist.[31] Ein Kleinaktionär erhält aber in der Regel keinen Zugang zu Insiderinformationen, so dass die Vorschrift nur für Großaktionäre und Familienaktionäre relevant werden dürfte. Vorstellbar ist ferner, dass bestimmte Aktionäre vor einer Kapitalerhöhung aufgrund einer Marktsondierung (Art. 11 MAR) von einer Insiderinformation erfahren. Ferner wird für möglich gehalten, dass aktivistische Aktionäre vom Vorstand Insiderinformationen erhalten,[32] was aber schwerlich mit Art. 10 MAR in Einklang stehen dürfte. Ob ein mittelbarer Beteiligungsbesitz (über Vorschaltgesellschaften) für die Qualifikation als Primärinsider ausreicht, wird kontrovers erörtert.[33] Der Wortlaut ist insoweit offen, so dass die Frage mit Rücksicht auf Sinn und Zweck der Norm zu bejahen ist. Keine Person, die

---

[23] Näher zum Begriff des Emittenten → § 4 Rn. 96 und zum Begriff der juristischen Person → § 4 Rn. 3.
[24] → § 4 Rn. 5. AA *Hopt/Kumpan* in Schimansky/Bunte/Lwowski BankR-HdB § 107 Rn. 122.
[25] Vgl. LG Köln AG 1976, 329; *Raiser/Veil*, Recht der Kapitalgesellschaften, § 16 Rn. 1.
[26] Ein faktisches Organ zeichnet sich dadurch aus, dass es rein tatsächlich (und nicht auf fehlerhafter rechtsgeschäftlicher Grundlage) Maßnahmen trifft, die an sich Angelegenheit der Geschäftsleitung sind. Vgl. etwa BGHZ 150, 61 (69 f.).
[27] Ebenso *Hopt/Kumpan* in Schimansky/Bunte/Lwowski BankR-HdB § 107 Rn. 122.
[28] AA *Hopt/Kumpan* in Schimansky/Bunte/Lwowski BankR-HdB § 107 Rn. 122.
[29] *Hopt/Kumpan* in Schimansky/Bunte/Lwowski BankR-HdB § 107 Rn. 122. AA *Grundmann* in GroßkommHGB Bd. XI Bankvertragsrecht 6. Teil Rn. 371 („über den Wortlaut der MAR hinausgehend").
[30] Vgl. § 38 Abs. 1 Nr. 2 lit. a) WpHG aF: „oder eines mit dem Emittenten verbundenen Unternehmens".
[31] *Grundmann* in GroßkommHGB Bd. XI Bankvertragsrecht 6. Teil Rn. 372; *Hopt/Kumpan* in Schimansky/Bunte/Lwowski BankR-HdB § 107 Rn. 123.
[32] *Hopt/Kumpan* in Schimansky/Bunte/Lwowski BankR-HdB § 107 Rn. 123.
[33] Bejahend für „formale Vorschalt- oder Zwischengesellschaften" *Hopt/Kumpan* in Schimansky/Bunte/Lwowski BankR-HdB § 107 Rn. 124. AA zum alten Recht *Lösler* in Habersack/Mülbert/Schlitt, HdB der Kapitalmarktinformation, § 2 Rn. 101.

am Kapital des Emittenten beteiligt ist, ist der Treugeber, unabhängig davon, welche schuldrechtlichen Rechte ihm gegenüber dem Treuhänder zustehen.

Primärinsider ist weiterhin, wer aufgrund der Ausübung einer Arbeit oder eines Berufs oder der Erfüllung von Aufgaben Zugang zu den betreffenden Informationen hat (sog. **Berufsinsider** nach lit. c). Dies können Angestellte des Emittenten, wie beispielsweise Mitarbeiter im Sekretariat und Assistenten des Vorstands sowie Führungspersonen, und unternehmensexterne Personen, wie beispielsweise Rechtsanwälte, Wirtschaftsprüfer und andere Berater, Mitarbeiter einer Aufsichtsbehörde (BaFin, Deutsche Bundesbank, EZB, ESMA, EBA; EIOPA, Bundeskartellamt, Europäische Kommission, etc.) und eines Ministeriums, Politiker (auch Abgeordnete eines Parlaments) und Journalisten, Mitarbeiter einer Bank (insbesondere Finanzanalysten) und einer Ratingagentur, Richter, aber auch Beiratsmitglieder sein. Aus der Formulierung „aufgrund der" folgt, dass die betreffende Person nicht bloß zufällig Zugang zu der Insiderinformation erlangt hat,[34] wie dies beispielsweise bei einem Taxifahrer oder einem Psychiater der Fall ist,[35] sondern die Kenntniserlangung ursächlich auf die Ausübung der Arbeit, des Berufs oder der Aufgabe zurückzuführen ist.[36] Es muss also ein innerer Zusammenhang zwischen dem Informationszugang und der besonderen Stellung bestehen.[37] Nicht gefordert ist ein „bestimmungsgemäßer Zugang", den das deutsche Recht früher verlangte (vgl. § 38 Abs. 1 Nr. 2 lit. c) WpHG aF).[38] Ob die betreffende Person in einem Vertragsverhältnis zum Emittenten steht, ist für die Qualifikation als Primärinsider nach lit. c) irrelevant.[39] 19

Schließlich ist eine Person Primärinsider, wenn sie über Insiderinformation verfügt, weil sie an **kriminellen Handlungen beteiligt** ist (lit. d). Diese Kategorie wurde bereits durch die MAD 2003 als Reaktion auf die Terroranschläge am 11. September 2001 eingeführt. Der Wortlaut erfasst zwei Konstellationen: erstens den Fall, dass eine Person einen Terroranschlag verüben will und diese Information ausnutzt, zweitens den Fall, dass eine Person durch eine kriminelle Handlung (Einbruch, Diebstahl, etc.) in den Besitz einer Insiderinformation gelangt. Aufgrund des weiten Wortlauts sind Täter und Teilnehmer erfasst. 20

bb) Sekundärinsider. Das Verbot, Insidergeschäfte zu tätigen, gilt gem. Art. 8 Abs. 4 S. 2 MAR auch für jede **Person**, die **Insiderinformationen** unter anderen Umständen als nach UAbs. 1 **besitzt und weiß oder wissen müsste**, dass es sich dabei **um Insiderinformationen handelt**. Mit dieser Kategorie werden alle Personen erfasst, die nicht Primärinsider sind (sog. Sekundärinsider). Dies können auch verbundene Unternehmen und ihre Organmitglieder sein, die nach neuer Rechtslage keine Primärinsider nach lit. a) sind (→ Rn. 17). Von wem eine Person die Insiderinformation erhalten hat (Primär- oder Sekundärinsider oder eine sonstige Person), spielt im europäischen Recht keine Rolle. Dies ergibt sich bereits aus dem Wortlaut der Norm, die nicht darauf abstellt, wie ein Sekundärinsider in den Besitz einer Insiderinformation gelangt ist. Es ist auch nach dem Normzweck des europäischen Insiderrechts, die informationelle Chancengleichheit der Anleger sicherzustellen, irrelevant, von wem die Insiderinformation stammt. Das Vertrauen der Anleger wird unabhängig davon untergraben, von wem ein Insider die Insiderinformation erlangt hat. 21

Anders als beim Primärinsider verlangt das Gesetz, dass die Person weiß oder wissen müsste, dass es sich um eine Insiderinformation handelt. Positive Kenntnis liegt vor, wenn der Person die Umstände bekannt sind, die gem. Art. 7 MAR für die Beurteilung einer Information als Insiderinformation relevant sind. Schwieriger zu beurteilen ist, ob mit 22

---

[34] *Grundmann* in GroßkommHGB Bd. XI Bankvertragsrecht 6. Teil Rn. 374. AA *Hopt/Kumpan* in Schimansky/Bunte/Lwowski BankR-HdB § 107 Rn. 126.

[35] *Grundmann* in GroßkommHGB Bd. XI Bankvertragsrecht 6. Teil Rn. 374. AA *Hopt/Kumpan* in Schimansky/Bunte/Lwowski BankR-HdB § 107 Rn. 126.

[36] *Hopt/Kumpan* in Schimansky/Bunte/Lwowski BankR-HdB § 107 Rn. 128.

[37] *Grundmann* in GroßkommHGB Bd. XI Bankvertragsrecht 6. Teil Rn. 374.

[38] *Grundmann* in GroßkommHGB Bd. XI Bankvertragsrecht 6. Teil Rn. 374.

[39] *Hopt/Kumpan* in Schimansky/Bunte/Lwowski BankR-HdB § 107 Rn. 127.

„wissen müsste" einfache Fahrlässigkeit gemeint ist oder ob weitere Anforderungen zu stellen sind. Letzteres („grobe Fahrlässigkeit") wird in der Literatur mit dem Argument vertreten, dass andernfalls die Freiheit des Wertpapierhandels zu stark eingeschränkt sei.[40] Es seien „typisierte Elemente" erforderlich, „bei denen sich die besondere Wichtigkeit auch dem außenstehenden verständigen Anleger aufdrängt."[41] Diese Auslegung ist schon deshalb abzulehnen, weil Art. 8 Abs. 4 S. 2 MAR kein zusätzliches Kriterium vorsieht. Um die praktische Wirksamkeit der Insiderverbote sicherzustellen, ist es erforderlich, die Ausdrücke „wissen müsste" im Sinne von einfacher Fahrlässigkeit zu interpretieren.[42]

II. Verbotstatbestand

23 Ein Insidergeschäft liegt nach Art. 8 Abs. 1 MAR vor, wenn „eine Person über Insiderinformationen verfügt und unter Nutzung derselben für eigene oder fremde Rechnung direkt oder indirekt Finanzinstrumente, auf die sich die Informationen beziehen, erwirbt oder veräußert." Dies ist der Grundtatbestand, der früher in § 14 Abs. 1 Nr. 1 WpHG geregelt war. Der europäische Gesetzgeber hat den Tatbestand nunmehr erweitert: „Die Nutzung von Insiderinformationen in Form der Stornierung oder Änderung eines Auftrags in Bezug auf ein Finanzinstrument, auf das sich die Informationen beziehen, gilt auch als Insidergeschäft, wenn der Auftrag vor Erlangen der Insiderinformationen erteilt wurde" (Art. 8 Abs. 1 S. 2 MAR). In Bezug auf Versteigerungen von Emissionszertifikaten oder anderen darauf beruhenden Auktionsobjekten schließt die Nutzung von Insiderinformationen auch die Übermittlung, Änderung oder Zurücknahme eines Gebots durch eine Person für eigene Rechnung oder für Rechnung eines Dritten ein" (Art. 8 Abs. 1 S. 3 MAR).

24 Der Verbotstatbestand setzt also zweierlei voraus: eine **Handlung** (Erwerb, Veräußerung, Stornierung oder Auftragsänderung) und die **Nutzung** der **Insiderinformation**. Diese Begriffe werden in der MAR nicht bestimmt und sind daher auszulegen. Es liegt nahe, auf das Begriffsverständnis und die Dogmatik des deutschen Rechts zu rekurrieren. Dies ist schon deshalb unverzichtbar, weil Vorgänge wie der Erwerb und die Veräußerung von Wertpapieren nach deutschem Privatrecht erfolgen. Für eine zutreffende Auslegung ist aber zu berücksichtigen, dass die MAR europäisches Recht ist und die Verordnungsvorschriften autonom auszulegen sind.

25 Denkbar ist, zur Lösung der Auslegungsfragen zum Erwerbs- und Veräußerungsverbot auf die Regelungen und Auslegungen zu Art. 19 MAR zu rekurrieren. So stellt sich insbesondere die Frage, ob die in Art. 10 Abs. 2 der Verordnung (EU) Nr. 2016/522[43] vorgesehenen Vorschriften über mitteilungspflichtige Vorgänge („zu meldende Geschäfte") im Wege rechtssystematischer Auslegung nutzbar gemacht werden können. Dafür könnte sprechen, dass diese Vorschriften ebenfalls den Zweck verfolgen, Marktmissbrauch zu unterbinden. Dagegen ist aber anzuführen, dass die Vorschriften über Eigengeschäfte von Führungskräften einen anderen Regelungsansatz verfolgen. Sie wollen eine umfassende Transparenz sicherstellen, um die Informationseffizienz der Märkte zu verbessern und den Behörden die Überwachung der Märkte zu erleichtern. Die betreffenden Regeln stellen daher nicht darauf ob, ob durch die betreffenden Geschäfte ein Marktmissbrauch erfolgt oder nicht. Anders verhält es sich beim Insiderverbot. Es beschränkt sich darauf, schädliche

[40] *Grundmann* in GroßkommHGB Bd. XI Bankvertragsrecht 6. Teil Rn. 376; iE ebenso *Zetzsche* in Gebauer/Teichmann EnzEuR Bd. VI § 7 C Rn. 131.

[41] *Grundmann* in GroßkommHGB Bd. XI Bankvertragsrecht 6. Teil Rn. 376.

[42] IE ebenso wohl *Hopt/Kumpan* in Schimansky/Bunte/Lwowski BankR-HdB § 107 Rn. 132.

[43] Delegierte Verordnung (EU) 2016/522 der Kommission vom 17. Dezember 2015 zur Ergänzung der Verordnung (EU) Nr. 596/2014 des Europäischen Parlaments und des Rates im Hinblick auf eine Ausnahme für bestimmte öffentliche Stellen und Zentralbanken von Drittstaaten, die Indikatoren für Marktmanipulation, die Schwellenwerte für die Offenlegung, die zuständige Behörde, der ein Aufschub zu melden ist, die Erlaubnis zum Handel während eines geschlossenen Zeitraums und die Arten meldepflichtiger Eigengeschäfte von Führungskräften, ABl. EU Nr. L88 v. 5.4.2016 S. 1 ff.

Arbitragegeschäfte zu verhindern. Auf die in Art. 19 MAR und den in den konkretisierenden Level 2-Rechtsakten vorgesehen Vorschriften ist daher für Auslegungsfragen zum Insiderverbot nicht zu rekurrieren.[44]

1. Handlungen

a) Erwerb und Veräußerung

Das Verbot setzt einen Erwerb oder eine Veräußerung von Finanzinstrumenten voraus. Die Auslegung dieser (in der MAR in zahlreichen Vorschriften verwandten)[45] Begriffe war zum alten Insiderrecht umstritten. Es wurde vertreten, dass der bloße Abschluss eines obligatorischen Rechtsgeschäfts (Kaufvertrag) nicht ausreichend sei, weil erst durch das dingliche Rechtsgeschäft das Eigentum am Wertpapier übergehen würde.[46] Dagegen wurde geltend gemacht, dass die Unterscheidung zwischen schuldrechtlichem und dinglichem Rechtsgeschäft in anderen Mitgliedstaaten nicht bekannt sei. Die Begriffe seien richtlinienkonform auszulegen, so dass bereits bei wirksamem Abschluss des schuldrechtlichen Rechtsgeschäfts ein Erwerb oder eine Veräußerung vorliegen könne (sog. **wirtschaftlicher Erwerbs- bzw. Veräußerungsbegriff**).[47] 26

Die Frage kann für das MAR-/CRIM-MAD-Regime nur in dem Sinne beantwortet werden, dass ein Erwerb oder eine Veräußerung bereits mit dem **wirksam zustande gekommenen schuldrechtlichen Rechtsgeschäft** erfolgt.[48] Es ist erklärtes Ziel des europäischen Gesetzgebers, ein einheitliches Marktmissbrauchsrecht für Europa zu schaffen. Dies würde konterkariert, wenn ein verbotenes Insidergeschäft in Deutschland erst mit dem dinglichen Rechtsgeschäft erfolgt. Die Auslegung ist auch nach Sinn und Zweck der Norm geboten, weil ein Insider bereits durch ein obligatorisches Geschäft schädliche Arbitrage betreibt. Voraussetzung ist allerdings, dass durch den obligatorischen Vertrag **eine gesicherte Erwerbs- oder Veräußerungsposition** begründet wird.[49] Andernfalls kann der Insider keinen Vorteil erlangen (Erzielung eines Gewinns oder Vermeidung eines Verlusts). Ob der Erwerber oder Veräußerer tatsächlich einen Vorteil durch das Geschäft erlangt, ist irrelevant; der Tatbestand setzt dies nicht voraus. Ist der Vertrag (noch) nicht wirksam zustande gekommen, kann ein Versuch vorliegen. 27

Der typische Fall eines Erwerbs oder einer Veräußerung ist der **Kaufvertrag**. Auch wenn der Käufer noch kein Eigentum erlangt hat, nutzt er sein Insiderwissen aus. Dies gilt auch bei Daytrading-Geschäften[50] und Geschäften mit hinausgeschobener Fälligkeit, bei denen der Insider die erworbenen Wertpapiere vor Fälligkeit seines Lieferanspruchs weiterveräußert.[51] Der Verbotstatbestand kann ferner bei Pensionsgeschäften, der Wertpapierleihe oder Leerverkäufen[52] sowie bei der Zeichnung von Wertpapieren im Rahmen einer Kapitalerhöhung oder einem IPO[53] erfüllt sein. 28

Zweifelhaft ist, ob ein Erwerb aufgrund einer **Schenkung** vom Verbot erfasst ist. Dies wird verschiedentlich für möglich gehalten, weil weder nach Wortlaut noch nach Sinn und 29

---

[44] IE ebenso *Hopt/Kumpan* in Schimansky/Bunte/Lwowski BankR-HdB § 107 Rn. 67 Fn. 8.
[45] Vgl. Art. 4 Abs. 1 Nr. 31, 8 Abs. 1, 2 und 5, 9 Abs. 1, 2, 3 und 5, Art. 11 und Art. 19 Abs. 6 MAR.
[46] *Schäfer* in Schäfer/Hamann WpHG § 14 Rn. 5; *Casper* WM 1999, 363 (364).
[47] *Assmann* in Assmann/Schneider WpHG § 14 Rn. 12 ff.; *Sethe* in Assmann/Schütze § 8 Rn. 75.
[48] *Hopt/Kumpan* in Schimansky/Bunte/Lwowski BankR-HdB § 107 Rn. 63; *F. A. Schäfer* in Marsch-Barner/Schäfer, HdB börsennotierte AG, § 14 Rn. 39; *Zetzsche* in Gebauer/Teichmann EnzEuR Bd. VI § 7 C Rn. 139 (jede „konditionierte Transaktion").
[49] *Hopt/Kumpan* in Schimansky/Bunte/Lwowski BankR-HdB § 107 Rn. 63; zum alten Recht OLG Karlsruhe NZG 2004, 377, 379.
[50] *Hopt/Kumpan* in Schimansky/Bunte/Lwowski BankR-HdB § 107 Rn. 63; zum alten Recht *Sethe* in Assmann/Schütze § 8 Rn. 76.
[51] Vgl. zum alten Recht OLG Karlsruhe NZG 2004, 377 (379).
[52] *Hopt/Kumpan* in Schimansky/Bunte/Lwowski BankR-HdB § 107 Rn. 66; zum alten Recht *Sethe* in Assmann/Schütze § 8 Rn. 76.
[53] *F. A. Schäfer* in Marsch-Barner/Schäfer, HdB börsennotierte AG, § 14 Rn. 40.

Zweck der Norm eine Entgeltlichkeit des Erwerbs oder der Veräußerung zu verlangen sei.[54] Der Tatbestand könne etwa erfüllt sein, wenn der Insider darauf hinwirke, dass ihm ein Finanzinstrument geschenkt werde.[55] Die hM lehnt diese Auslegung mit dem Argument ab, es fehle an einer Gegenleistung.[56] Nach dem Wortlaut der Verbotsnorm ist eine Gegenleistung aber nicht erforderlich. Es ist allein erforderlich, dass dem Erwerb oder der Veräußerung von Finanzinstrumenten eine entsprechende Entscheidung der Person vorausgeht, die erwirbt bzw. veräußert.[57] Sollte ein solcher Entschluss vorliegen, kann auch eine Schenkung vom Verbot erfasst sein.

30 Mit dieser Maßgabe sind auch die Fälle zu beurteilen, in denen ein **gesetzlicher Erwerb** erfolgt.[58] Wenn dem Erwerb oder der Veräußerung eines Finanzinstruments kraft Gesetzes „eine entsprechende Entscheidung der Person vorausgeht,[59] kann etwa der durch den Insider initiierte Erwerb aufgrund einer Verschmelzung oder eines Squeeze-out ein Verstoß gegen das Verbot sein,[60] der Erwerb von Todes wegen gem. § 1922 BGB dagegen nicht.[61]

31 Eine **Verpfändung** von Finanzinstrumenten ist nicht unter den Verbotstatbestand zu subsumieren. Dies wird zwar von einigen Autoren anders für den Fall beurteilt, dass die Beteiligten das Verbot umgehen wollen und die Verpfändung mit dem Bewusstsein erfolgt, dass die gesicherte Forderung nicht erfüllt werden soll (ebenso für die fingierte Sicherungsübereignung).[62] Diese Auslegung ist aber mit dem Wortlaut des Verbots nicht in Einklang zu bringen. Es beschränkt sich auf Erwerbs- und Veräußerungsvorgänge. Der Gesetzgeber hat dieses Insiderverbot anders als bei Art. 19 MAR gerade nicht auf die Verpfändung erstreckt.[63]

32 Ein Erwerber oder ein Veräußerer hat keine gesicherte Erwerbs- oder Veräußerungsposition, wenn der Vertrag unter einer aufschiebenden oder auflösenden **Bedingung** (§ 158 BGB) steht. Die hM nahm daher zum alten Insiderrecht an, dass solche Verträge nicht dem Verbot unterfallen, wenn der Eintritt oder das Ausbleiben der Bedingung vom Willen des Vertragspartners abhängt.[64] Für die Beurteilung der neuen Rechtslage ist zunächst festzuhalten, dass der Erwerb einer Option tatbestandsgemäß sein kann, weil es sich dabei um ein Finanzinstrument handelt.[65] Darüber hinaus kann aber auch der unter Nutzung einer Insiderinformation erfolgte Abschluss eines bedingten Rechtsgeschäfts als ein Erwerb oder eine Veräußerung iSd Art. 8 Abs. 1 MAR anzusehen sein, weil der Insider einen ungerechtfertigten Vorteil erzielen kann. Im Falle eines Aktienoptionsprogramms kommt es für die insiderrechtliche Beurteilung auf die getroffenen Abreden an. Erfolgt die Aktienzuteilung automatisch und erlangt der Insider danach eine Insiderinformation, nutzt er sie beim Erwerb nicht. Anders ist es zu beurteilen, wenn der Insider eine Option wahrnimmt; die Ausübung des Optionsrechts ist als Erwerb iSd Art. 8 Abs. 1 MAR zu qualifizieren und kann als Verstoß gegen das Verbot anzusehen sein.[66]

33 Ein Insidergeschäft liegt vor, wenn eine Person **für eigene** oder **fremde Rechnung direkt** oder **indirekt** Finanzinstrumente erwirbt oder veräußert. Der aus Gründen des

54 *Hopt/Kumpan* in Schimansky/Bunte/Lwowski BankR-HdB § 107 Rn. 65, freilich relativierend Rn. 67.
55 *Hopt/Kumpan* in Schimansky/Bunte/Lwowski BankR-HdB § 107 Rn. 65.
56 Vgl. zum alten Recht *Assmann* in Assmann/Schneider WpHG § 14 Rn. 18; *Schwark/Kruse* in Schwark/Zimmer § 14 Rn. 9; *Sethe* in Assmann/Schütze § 8 Rn. 76.
57 Erwägungsgrund 31 S. 1 MAR.
58 *Hopt/Kumpan* in Schimansky/Bunte/Lwowski BankR-HdB § 107 Rn. 64.
59 Erwägungsgrund 31 S. 1 MAR.
60 *Hopt/Kumpan* in Schimansky/Bunte/Lwowski BankR-HdB § 107 Rn. 64. AA *F. A. Schäfer* in Marsch-Barner/Schäfer, HdB börsennotierte AG, § 14 Rn. 40.
61 *Hopt/Kumpan* in Schimansky/Bunte/Lwowski BankR-HdB § 107 Rn. 67.
62 *Schäfer* in Marsch-Barner/Schäfer, HdB börsennotierte AG, § 14 Rn. 40; *Sethe* in Assmann/Schütze § 8 Rn. 76.
63 *Hopt/Kumpan* in Schimansky/Bunte/Lwowski BankR-HdB § 107 Rn. 67 mit Fn. 8.
64 *Assmann* in Assmann/Schneider WpHG § 14 Rn. 18; *Klöhn* in KölnKomm WpHG § 14 Rn. 102. AA *Sethe* in Assmann/Schütze § 8 Rn. 77.
65 *Hopt/Kumpan* in Schimansky/Bunte/Lwowski BankR-HdB § 107 Rn. 67.
66 *Hopt/Kumpan* in Schimansky/Bunte/Lwowski BankR-HdB § 107 Rn. 67.

Umgehungsschutzes weit gefasste Tatbestand[67] stimmt mit demjenigen des alten Rechts überein (danach war der Erwerb oder die Veräußerung „für eigene oder fremde Rechnung oder für einen anderen" verboten, vgl. § 14 Abs. 1 Nr. 1 WpHG aF). Erfasst ist also der Fall, dass der Insider selbst Vertragspartei ist und das Geschäft auf eigene Rechnung oder fremde Rechnung (etwa als Kommissionär) schließt, ferner der Fall, dass der Insider als Stellvertreter (§ 164 BGB) tätig wird. Ein Handeln in fremdem Namen und für fremde Rechnung liegt beispielsweise beim Rückerwerb eigener Aktien durch den Vorstand der Gesellschaft, beim Frontrunning zugunsten eines Kunden oder bei der Vermögensverwaltung (Grundlage: Vollmacht) vor. Verfügt eine Person über eine Konto- oder Depotvollmacht, kann sie ebenfalls gegen das Insiderverbot verstoßen. Schließlich werden auch Geschäfte eines Strohmanns erfasst.[68] Ein indirektes Geschäft liegt ferner vor, wenn der Treuhänder eines Familien-Trusts ein Wertpapiergeschäft tätigt.[69]

b) Stornierung

Aufträge, die ausgelöst wurden, bevor eine Person Insiderinformationen besaß, werden 34
nicht als Insidergeschäfte betrachtet.[70] Die Stornierung oder Änderung eines Auftrags in Bezug auf ein Finanzinstrument kann (anders als nach altem Recht)[71] gem. Art. 8 Abs. 1 S. 2 MAR ein verbotenes Insidergeschäft sein (vorausgesetzt, dass der Insider eine Insiderinformation nutzt). Die Stornierung (dh Widerruf oder Rücknahme) oder Änderung setzt voraus, dass der Auftrag noch nicht ausgeführt wurde. Die Neuregelung kann praktisch auch in Übernahmesituationen von Bedeutung sein, wenn ein potentieller Bieter eine Bank damit beauftragt, sukzessive Aktien für ihn zu erwerben und der Bieter aufgrund einer Due Diligence Kenntnis von einer Insiderinformation erlangt.[72]

c) Unterlassen

Ein Insidergeschäft iSd Art. 8 Abs. 1 MAR kann nicht durch Unterlassen eines Wertpapier- 35
geschäfts oder der Nichtausübung einer Option begangen werden, denn das Unterlassen ist nicht explizit pönalisiert.[73] Anders verhält es sich nur, wenn eine Person bereits einen Auftrag gegeben hat und diesen unter Nutzung der Insiderinformation storniert.

2. Nutzung einer Insiderinformation

Das Handelsverbot setzt voraus, dass der Insider die Insiderinformation für eigene oder 36
fremde Rechnung nutzt. Diese Voraussetzung war bereits in der MAD 2003 vorgesehen, die der deutsche Gesetzgeber mit dem Anlegerschutzverbesserungsgesetz von 2005 in deutsches Recht umsetzte. Diese Reform fand seinerzeit große Aufmerksamkeit, weil das Insiderrecht zuvor höhere Anforderungen vorgesehen hatte. Das zur Umsetzung der aus dem Jahr 1989 stammenden Insider-Richtlinie[74] geschaffene deutsche Recht hatte vorausgesetzt, dass der Insider eine Insiderinformation „ausnutzt". Diese Tatbestandsvoraussetzung enthielt ein subjektives Element, was in der Praxis zu erheblichen Beweisproblemen führte. Außerdem war es für Täter ein Leichtes, das Verbot zu umgehen, indem sie weitere Motive

[67] Vgl. *Zetzsche* in Gebauer/Teichmann EnzEuR Bd. VI § 7 C Rn. 137: „erweiterte Zurechnung".
[68] *Grundmann* in GroßkommHGB Bd. XI Bankvertragsrecht 6. Teil Rn. 381.
[69] *Zetzsche* in Gebauer/Teichmann EnzEuR Bd. VI § 7 C Rn. 137.
[70] Vgl. Erwägungsgrund 25 S. 1 MAR.
[71] Vgl. *Assmann* in Assmann/Schneider WpHG § 14 Rn. 17 mwN.
[72] *Krause* CCZ 2014, 248 (251).
[73] *Grundmann* in GroßkommHGB Bd. XI Bankvertragsrecht 6. Teil Rn. 382; *F. A. Schäfer* in Marsch-Barner/Schäfer, HdB börsennotierte AG, § 14 Rn. 40.
[74] Richtlinie 89/592/EWG des Rates der Europäischen Gemeinschaften zur Koordinierung der Vorschriften betreffend Insider-Geschäfte vom 13. November 1989, ABl. EG Nr. L334 v. 18.11.1989 S. 30 ff. (Insider-Richtlinie).

für den Erwerb oder die Veräußerung darlegten.[75] Die 2003/2005 erfolgte Reform war daher ein wichtiger Schritt hin zu einem effektiven Insiderrecht.

37 Der deutsche Gesetzgeber hatte statt des von der MAD 2003 verwandten Ausdrucks der „Nutzung" den Begriff der „Verwendung" vorgesehen. Er wollte damit deutlich machen, dass ein „subjektiv ausgerichtetes Handeln nicht mehr verlangt wird. Der Zweck des Handelns, zum Beispiel die Erlangung eines wirtschaftlichen Vorteils, findet damit nicht mehr im Tatbestand, sondern nur noch bei der Straf- bzw. Bußgeldzumessung Berücksichtigung. Ungeachtet dessen muss der Täter, um den Tatbestand zu erfüllen, die Information in sein Handeln mit einfließen lassen. Die reine Erfüllung einer Verbindlichkeit, welche in gleicher Weise auch ohne Kenntnis der Insiderinformation erfolgt wäre, reicht, wie Artikel 2 Abs. 3 der Marktmissbrauchsrichtlinie klarstellt, hierfür noch nicht aus."[76]

38 Ein Teil der Lit. nahm mit Blick auf diese Ausführungen in den Gesetzesmaterialien und mit Rücksicht auf den Wortlaut von Art. 2 Abs. 1 MAD 2003 an, dass das Tatbestandsmerkmal „Verwendung" eine Kausalität zwischen der Kenntnis von der Insiderinformation und der Transaktion voraussetzt.[77] Die Kenntnis von der Insiderinformation müsse zumindest mitursächlich für das Wertpapiergeschäft sein. Dagegen hat die BaFin mit Zustimmung eines Teils der Lit. angenommen, der Insider verwende Insiderinformationen, „wenn er in Kenntnis der Information handelt und dabei die Information in sein Handeln mit einfließen lässt."[78]

39 Für große Aufmerksamkeit sorgte sodann das *Spector*-Urteil des EuGH zur Auslegung des Begriffs „Nutzung einer Insiderinformation". Der EuGH entschied: „Die Tatsache, dass ein Primärinsider, der über eine Insiderinformation verfügt, für eigene oder fremde Rechnung direkt oder indirekt Finanzinstrumente, auf die sich die Information bezieht, erwirbt oder veräußert oder dies versucht, impliziert eine Nutzung durch die genannte Person. Ob die Vermutung widerlegt werden kann, beurteilt sich nach der Zielsetzung der [MAD 2003], die Integrität der Finanzmärkte zu schützen und das Vertrauen der Investoren zu stärken, das insbesondere auf der Gewissheit beruht, dass sie einander gleichgestellt und gegen die unrechtmäßige Verwendung einer Insiderinformation geschützt sind."[79]

40 Wie diese Auslegungsgrundsätze rechtsdogmatisch einzuordnen sind, wurde in der deutschen Literatur kontrovers erörtert.[80] Als problematisch wurde vor allem angesehen, dass das deutsche Strafrecht keine Beweislastumkehr vorsieht.[81] Darüber hinaus war unklar, ob sich der EuGH zu einem Kausalitätserfordernis bekannt hatte.[82] Dessen ungeachtet hat der europäische Gesetzgeber das Insiderrecht der MAR auf der Grundlage der Auslegungsgrundsätze des EuGHs konzipiert. Nach neuer Rechtslage ist davon auszugehen, dass sowohl beim Primär- als auch beim Sekundärinsider[83] die **Nutzung** der **Insiderinformation** bei einer Transaktion **widerleglich** zu **vermuten** ist.[84] Dies kommt auch im Erwägungsgrund 24 zum Ausdruck:

---

[75] Näher *Sethe* in Assmann/Schütze § 8 Rn. 94.

[76] Begr. RegE AnSVG v. 25.4.2004, BT-Drucks. 15/3174 S. 34.

[77] *Assmann* in Assmann/Schneider WpHG § 14 WpHG Rn. 25; *Cahn*, Der Konzern 2005, 5 (8); *Diekmann/Sustmann* NZG 2004, 929 (931).

[78] BaFin Emittentenleitfaden S. 37; ebenso *Clausen/Florian* AG 2005, 745 (751); *Ziemons* NZG 2004, 537 (539).

[79] EuGH v. 23.12.2009 – Rs. C-45/08, Slg. 2009 I-12073 Rn. 48, Rn. 62 = NZG 2010, 107 – *Spector*.

[80] Näher *Assmann* in Assmann/Schneider WpHG § 14 Rn. 26; kritisch *Schulz* ZIP 2010, 609 (610); nach *Gehrmann* ZBB 2010, 48 (49 ff.) sollte die Entscheidung keine unmittelbaren Auswirkungen auf den deutschen Insiderstraftatbestand haben; ebenso *Baedorff*, Das Merkmal der Verwendung von Insiderinformationen, S. 155 ff.

[81] *Assmann* in Assmann/Schneider WpHG § 14 Rn. 26.

[82] AA *Assmann* in Assmann/Schneider WpHG § 14 Rn. 26 (Entscheidung betreffe Vorsatzelement und nicht die Kausalität).

[83] Dabei ist zu berücksichtigen, dass Sekundärinsider gem. Art. 8 Abs. 4 UAbs. 2 MAR nur ist, wer eine Information besitzt und weiß oder wissen müsste, dass es sich bei dabei um eine Insiderinformation handelt.

[84] *Hopt/Kumpan* in Schimansky/Bunte/Lwowski BankR-HdB § 107 Rn. 69; siehe aber *Rönnau/Wegener* → § 28 Rn. 105, wonach „die MAR und CRIM-MAD mit ihren Ausführungen zur Vermutung bzw. Unterstellung des Tatbestandsmerkmals der ‚Nutzung von Insiderinformationen' lediglich einen Erfahrungssatz beschreiben, der im Rahmen der freien richterlichen Beweiswürdigung gem. § 261 StPO zu berücksichtigen ist."

Wenn eine juristische oder natürliche Person im Besitz von Insiderinformationen für eigene Rechnung oder für Rechnung Dritter, sei es unmittelbar oder mittelbar, Finanzinstrumente, auf die sich diese Informationen beziehen, erwirbt oder veräußert bzw. zu erwerben oder zu veräußern versucht, sollte unterstellt werden, dass diese Person diese Informationen genutzt hat. Diese Annahme lässt die Verteidigungsrechte unberührt. Ob eine Person gegen das Verbot von Insidergeschäften verstoßen hat oder versucht hat, Insidergeschäfte durchzuführen, sollte im Hinblick auf den Zweck dieser Verordnung untersucht werden, der darin besteht, die Integrität des Finanzmarkts zu schützen und das Vertrauen der Investoren zu stärken, das wiederum auf der Gewissheit beruht, dass die Investoren gleichbehandelt und vor der missbräuchlichen Verwendung von Insiderinformationen geschützt werden.

Die Nutzung einer Insiderinformation ist auch im Falle einer **Stornierung** widerleglich **41** zu vermuten: „Wenn [...] eine Person in den Besitz von Insiderinformationen gelangt ist, sollte angenommen werden, dass alle nachfolgenden Änderungen, die im Zusammenhang mit diesen Informationen stehen, an den vor dem Erlangen des Besitzes an diesen Information ausgelösten Aufträgen, einschließlich der Stornierung oder Änderung eines Auftrags oder des Versuchs, einen Auftrag zu stornieren oder zu ändern, Insidergeschäfte sind. Diese Vermutung kann jedoch widerlegt werden, wenn die Person den Nachweis erbringt, dass sie die Insiderinformationen bei der Abwicklung des Geschäfts nicht genutzt hat.“[85]

Für die Beurteilung der Nutzung einer Insiderinformation kommt es darauf an, zu **42** welchem **Zeitpunkt** die betreffende Person **Kenntnis** von der **Information** hatte. Im Regelfall eines Erwerbs oder einer Veräußerung ist der Zeitpunkt der Ordererteilung maßgeblich.[86] Aufträge, die ausgelöst wurden, bevor eine Person Insiderinformationen besaß, sind keine Insidergeschäfte.[87] Ebenso ist es zu beurteilen, wenn der Marktteilnehmer ohne Insiderinformation eine verbindliche Order abgibt und vor Ausführung der Order Kenntnis von der Insiderinformation erlangt[88] (sog. Dauer-Order eines Kunden).[89] Anders ist es selbstverständlich für nachfolgende Transaktionen zu beurteilen, wenn der Insider zu diesem Zeitpunkt Kenntnis von der Insiderinformation hatte.[90]

Bei **Mitarbeiterprogrammen** kommt es darauf an, wie die Wertpapiere zugeteilt **43** werden. Werden sie dem Mitarbeiter nach Ablauf des Programms „automatisch“ in sein Depot eingebucht oder die Gewinne aus dem virtuellen Optionsprogramm überwiesen, so handelt der Mitarbeiter im Moment der Gutschrift nicht entgegen Art. 14 iVm Art. 8 MAR.[91] Dies gilt auch dann, wenn er zu diesem Zeitpunkt eine Insiderinformation besitzt. Anders ist dies für den Zeitpunkt der Teilnahme an einem Aktienprogramm zu beurteilen. Wenn der Mitarbeiter im Zeitpunkt der Abgabe der Teilnahmeerklärung über eine Insiderinformation verfügt, verwendet er sie iSd Art. 8 Abs. 1 MAR.[92]

Der Zeitpunkt des Abschlusses des schuldrechtlichen Geschäfts ist ebenfalls maßgeblich, **44** wenn sich ein Marktteilnehmer ohne Kenntnis einer Insiderinformation gegenüber einem anderen zum Verkauf einer bestimmten Menge Aktien zu einem bestimmten Termin und einem festgelegten Preis verpflichtet, ohne über die Aktien zu verfügen. In diesem Fall muss der Verkäufer die Aktien erst noch erwerben. Aufgrund der bereits eingegangenen rechtlichen Verpflichtung zur Veräußerung der bestimmten Menge Aktien zu einem bestimmten Termin ist es für ihn insiderrechtlich unschädlich, wenn er nach Abschluss des

---

[85] Erwägungsgrund 25 MAR.
[86] *Hopt/Kumpan* in Schimansky/Bunte/Lwowski BankR-HdB § 107 Rn. 71; zum alten Recht BaFin Emittentenleitfaden S. 37.
[87] Erwägungsgrund 25 S. 1 MAR.
[88] Vgl. zum alten Recht BaFin Emittentenleitfaden S. 37.
[89] *Sethe* in Assmann/Schütze § 8 Rn. 97.
[90] *Hopt/Kumpan* in Schimansky/Bunte/Lwowski BankR-HdB § 107 Rn. 71.
[91] Vgl. zum alten Recht BaFin Emittentenleitfaden S. 37; zustimmend für das neue Recht *Hopt/Kumpan* in Schimansky/Bunte/Lwowski BankR-HdB § 107 Rn. 72.
[92] Vgl. zum alten Recht BaFin Emittentenleitfaden S. 37 mit der Maßgabe, dass die Information zumindest Teil seiner Motivation ist, an dem Programm teilzunehmen.

Vertrages, aber vor Erwerb der Aktien zur Erfüllung seiner Verbindlichkeit, Insiderinformationen erhält.[93]

45 Nach altem Recht sollte ein Verstoß gegen das Handelsverbot auch dann ausscheiden, wenn **Käufer** und **Verkäufer** über **denselben Wissenstand** verfügen. Als Argument wurde angeführt, dass die informationelle Chancengleichheit der Anleger nicht beeinträchtigt und eine Schädigung der Funktionsfähigkeit der Kapitalmärkte nicht zu besorgen sei. Nach Ansicht mancher Autoren sollte daher das Erwerbs- und Veräußerungsverbot teleologisch reduziert werden,[94] während andere reklamierten, der Insider würde die Information in einem solchen Fall nicht verwenden.[95] Zu dieser Auslegung hatte sich auch der EuGH – noch zur früheren Insider-Richtlinie – bekannt: Wenn „alle Vertragspartner über dieselbe Information verfügen, sind sie somit gleichgestellt, und die Information hat für sie bei der Ausführung der in der Gruppe getroffenen Entscheidung keinen Insider-Charakter mehr. In diesem Fall, wenn keiner von ihnen in der Lage ist, aus der Information einen Vorteil gegenüber den anderen zu ziehen, stellen die zwischen den Mitgliedern der Gruppe auf der Grundlage dieser Information vorgenommenen Geschäfte keine Ausnutzung einer Insider-Information" dar.[96]

46 Es ist nach neuer Rechtslage ebenfalls überzeugend, das Insiderrecht bei gleichem Kenntnisstand von Insider und Vertragspartei nicht anzuwenden.[97] Statt einer teleologischen Reduktion ist es rechtsdogmatisch vorzugswürdig, **Art. 9 Abs. 3 MAR analog** anzuwenden, weil der Gesetzgeber in dieser Vorschrift zum Ausdruck gebracht hat, unter welchen Voraussetzungen die Vermutung, ein Insider nutze die Insiderinformation, widerlegt werden kann (Fall einer fehlenden Kausalität). Dies bedeutet: Aufgrund der bloßen Tatsache, dass eine Person im Besitz von Insiderinformationen ist, wird analog Art. 9 Abs. 3 MAR nicht angenommen, dass sie diese Informationen genutzt und daher auf der Grundlage eines Erwerbs oder einer Veräußerung Insidergeschäfte getätigt hat, wenn diese Person ein Geschäft zum Erwerb oder zur Veräußerung von Finanzinstrumenten tätigt, das, in gutem Glauben und nicht zur Umgehung des Verbots von Insidergeschäften, durchgeführt wird und die andere Partei ebenfalls im Besitz der Insiderinformationen ist. Praktisch relevant kann dies vor allem bei **face-to-face-Transaktionen** werden, die etwa im Kontext einer Sanierungskapitalerhöhung oder einer Akquisitionsfinanzierung erfolgen, wenn Emissionsbanken Übernahmezusagen abgeben oder vor öffentlichen Übernahmen ein Beteiligungsaufbau erfolgt.[98]

III. Legitime Handlungen gem. Art. 9 MAR

1. Dogmatik

a) Rechtsnatur

47 Der EuGH hatte im *Spector*-Urteil „Beispiele für Situationen" aufgezeigt, in denen ein Primärinsider trotz der Vermutung eine Insiderinformation nicht nutzt.[99] Diese seinerzeit in den Erwägungsgründen 18, 29 und 30 MAD 2003 erfassten Situationen sind nunmehr als „legitime Handlungen" in Art. 9 MAR vorgesehen. Erwägungsgrund 24 MAR stellt zudem im Einklang mit dem *Spector*-Urteil[100] klar, wie ein Verstoß gegen das Verbot von

---

[93] Vgl. zum alten Recht BaFin Emittentenleitfaden S. 38; zustimmend für das neue Recht *Hopt/Kumpan* in Schimansky/Bunte/Lwowski BankR-HdB § 107 Rn. 73.

[94] *Bachmann* ZHR 172 (2008) 597 (628); *Cahn* Der Konzern 2005, 5 (10 f.); *Diekmann/Sustmann* NZG 2004, 929 (931).

[95] *Assmann* in Assmann/Schneider WpHG § 14 Rn. 28; *Brandi/Süßmann* AG 2004, 642 (645).

[96] EuGH v. 10.5.2007 – Rs. C-391/04, Slg. 2007 I-3741 Rn. 39 – *Georgakis*.

[97] *Seibt/Wollenschläger* AG 2014, 593 (598); *Sieder* ZFR 2017, 171 (178); *Bühren* NZG 2017, 1172 (1175); wohl auch *Grundmann* in GroßkommHGB Bd. XI Bankvertragsrecht 6. Teil Rn. 383.

[98] Dazu *Seibt/Wollenschläger* AG 2014, 593 (598).

[99] EuGH v. 23.12.2009 – Rs. C-45/08, Slg. 2009 I-12073 Rn. 56 = NZG 2010, 107 – *Spector*.

[100] EuGH v. 23.12.2009 – Rs. C-45/08, Slg. 2009 I-12073 Rn. 61 = NZG 2010, 107 – *Spector*.

Insidergeschäften „untersucht" werden sollte. Dies „sollte im Hinblick auf den Zweck [der MAR erfolgen], der darin besteht, die Integrität des Finanzmarkts zu schützen und das Vertrauen der Investoren zu stärken, das wiederum auf der Gewissheit beruht, dass die Investoren gleichbehandelt und vor der missbräuchlichen Verwendung von Insiderinformationen geschützt werden."

Die in Art. 9 MAR geregelten legitimen Handlungen haben eine tatbestandsausschließende Wirkung, weil unter den genannten Voraussetzungen keine Nutzung einer Insiderinformation vorliegt und damit der objektive Verbotstatbestand nicht erfüllt ist.[101] Den Insider trifft die Darlegungs- und Beweislast. **48**

b) Widerlegung der Vermutung

Der EuGH hatte sich in der *Spector*-Entscheidung darauf beschränkt, Beispiele aufzuzeigen, bei „denen allein darin, dass ein primärer Insider, der eine Insider-Information [...] besitzt, auf dem Markt ein Geschäft tätigt, keine Nutzung einer Insider-Information [...] liegen sollte." Art. 9 MAR greift diese Beispiele auf und regelt sie wesentlich detaillierter, als der EuGH sie im *Spector*-Urteil beschrieben hatte. Es handelt sich mit Ausnahme der in Art. 9 Abs. 1 MAR vorgesehenen Vorschrift um keine prinzipien-basierte Regelungen, sondern detaillierte Tatbestände. Auch wenn sie Auslegungsfragen aufwerfen, besteht ein vergleichsweise höheres Maß an Rechtssicherheit für die betreffenden Personen als nach alter Rechtslage. Verwässert wird die Rechtssicherheit freilich durch Art. 9 Abs. 6 MAR. Nach dieser Vorschrift kann es dennoch als Verstoß betrachtet werden, wenn die zuständige Behörde feststellt, dass sich hinter den betreffenden Handelsaufträgen, Geschäften oder Handlungen ein rechtswidriger Grund verbirgt. **49**

Wortlaut und Systematik lassen keine zwingenden Schlüsse darauf zu, ob es noch weitere legitime Handlungen für die Nutzung einer Insiderinformation geben kann. In der deutschen Literatur scheint Einigkeit darüber zu bestehen, dass die Vorschrift keinen abschließenden Charakter hat und ein Insider auch in anderen Fällen die Vermutung, er habe eine Insiderinformation genutzt, widerlegen kann.[102] Diese Auslegung überzeugt. Der europäische Gesetzgeber hat sich ersichtlich darauf beschränkt, die im *Spector*-Urteil dargelegten und in den Erwägungsgründen der MAD 2003 aufgeführten Konstellationen, in denen die Vermutung der Nutzung von Insiderinformationen widerlegt werden kann, zu regeln. Der EuGH hatte nicht den Anspruch verfolgt, abschließend Beispiele für Situationen, in denen ein Insider seine Verteidigungsrechte geltend machen kann, aufzuzeigen, sondern sich auf jene bezogen, die in den Erwägungsgründen der MAD 2003 genannt waren. Im Gesetzgebungsverfahren zur MAR und CRIM-MAD waren keine weiteren Beispiele legitimer Handlungen erwogen worden. Allerdings ergibt sich aus den Erwägungsgründen, dass die Annahme einer Nutzung von Insiderinformationen die Verteidigungsrechte unberührt lässt.[103] Um die Vermutung zu widerlegen, muss die Person den Nachweis erbringen, dass sie die Insiderinformationen bei der Abwicklung des Geschäfts nicht genutzt hat.[104] **50**

Ob ein Insider die Vermutung widerlegen kann, kann nicht gänzlich ohne Rücksicht auf die Wertungen beurteilt werden, die Art. 9 MAR zugrunde liegen. Dabei ist im Ausgangspunkt zu berücksichtigen, dass die Vorschriften auf unterschiedliche Erwägungen gestützt sind. Ein Insider wird privilegiert, weil ihm das Handeln anderer Personen nicht zugerechnet werden kann (Abs. 1), die Information nicht kausal für seine Transaktion ist (Abs. 2 lit. b), Abs. 3), der Schutz der Anleger durch andere Mechanismen und Rechtsgebiete (Abs. 4; Preisvorgaben des Übernahmerechts) sichergestellt ist oder die Funktionsfähigkeit **51**

[101] *Veil* ZBB 2014, 85 (91); *Poelzig* NZG 2016, 528 (532); *Klöhn* AG 2016, 423 (433); *Sieder* ZFR 2017, 171 (174).

[102] Vgl. *Veil* ZBB 2014, 85 (91); *Seibt/Wollenschläger* AG 2014, 595, (597); *Klöhn* AG 2016, 423 (433); *Poelzig* NZG 2016, 528 (533); *Bühren* NZG 2017, 1172 (1175).

[103] Erwägungsgrund 24 Satz 2 MAR.

[104] Vgl. Erwägungsgrund 25 Satz 3 MAR.

der Märkte gewährleistet werden soll und ein ausreichender Anlegerschutz besteht (Abs. 2 lit. a) und Abs. 5). Die gemeinsame Klammer der Tatbestände ist der Gedanke, dass das Vertrauen der Anleger durch das Handeln des Insiders nicht erschüttert wird, weil der Insider entweder keinen Sondervorteil erzielt oder dieser nicht als unlauter angesehen wird.[105] Mit dieser Maßgabe sind sowohl typische Konstellationen (→ Rn. 46) als auch besondere Einzelfälle (→ Rn. 87 ff.) zu beurteilen.

2. Tatbestände des Art. 9 MAR

a) Organisationsrechtliche Vorkehrungen einer juristischen Person

52 Die erste (nicht im *Spector*-Urteil beschriebene) Konstellation betrifft eine juristische Person, die im Besitz von Insiderinformationen war oder ist. Der Begriff der juristischen Person ist im europäischen Marktmissbrauchsrecht weit auszulegen; auch nicht rechtsfähige Personengesellschaften können als juristische Person anzusehen sein.[106] In der Praxis dürfte die Vorschrift vor allem bei Hedging-Geschäften von Banken eine Rolle spielen.[107] Sie ist hauptsächlich für Banken mit emittenten- und marktbezogenem Geschäft relevant. Der Informationszugang in einer M&A-Abteilung kann durch die Handelsabteilung (insbesondere beim Eigenhandel) ausgenutzt werden. Die Vorschrift kann aber auch für eine börsennotierte Gesellschaft relevant werden, wenn sie eigene Aktien über die Börse zurückerwirbt.

53 Aufgrund der „bloßen Tatsache, dass eine juristische Person im Besitz von Insiderinformationen ist oder war, wird nicht angenommen, dass sie diese Informationen genutzt und daher auf der Grundlage eines Erwerbs oder einer Veräußerung Insidergeschäfte getätigt hat, wenn diese juristische Person

> *a) zuvor angemessene und wirksame interne Regelungen und Verfahren eingeführt, umgesetzt und aufrechterhalten hat, durch die wirksam sichergestellt wird, dass weder die natürliche Person, die in ihrem Auftrag den Beschluss gefasst hat, Finanzinstrumente zu erwerben oder zu veräußern, auf die sich die Informationen beziehen, noch irgendeine andere natürliche Person, die diesen Beschluss in irgendeiner Weise beeinflusst haben könnte, im Besitz der Insiderinformationen gewesen ist, und*
> *b) die natürliche Person, die im Auftrag der juristischen Person Finanzinstrumente, auf die sich die Informationen beziehen, erworben oder veräußert hat, nicht auffordert, ihr keine Empfehlungen gegeben, sie nicht angestiftet oder anderweitig beeinflusst hat.*

54 Dieser Vorschrift liegt zugrunde, dass das Verhalten von Mitarbeitern (unter bestimmten Voraussetzungen) einer juristischen Person zugerechnet wird. Eine solche Zurechnung scheidet aus, wenn die juristische Person bestimmte organisatorische Vorkehrungen getroffen hat. Art. 9 Abs. 1 MAR betrifft daher nicht die Kausalität der Insiderinformation für ein Insidergeschäft, sondern ist eine **Zurechnungsvorschrift** von **Wissen**.[108] Rechtspolitisch ist es gerechtfertigt, der juristischen Person die Widerlegung der Nutzung zu ermöglichen, und zwar auch dann, wenn einer ihrer Mitarbeiter einen Insiderverstoß begangen hat. Marktteilnehmer würden ihr Vertrauen in die Funktionsfähigkeit der Märkte nicht verlieren, weil die juristische Person organisatorisch den Informationszugang verhindert hat. Der Sondervorteil der juristischen Person würde daher nicht als ungerechtfertigt betrachtet werden.[109] Rechtspolitisch ist die Vorschrift daher überzeugend. Allerdings ist sie sprachlich missglückt. Statt „Beschluss gefasst hat, Finanzinstrumente zu erwerben oder zu

---

[105] Näher *Bachmann*, Das europäische Insiderhandelsverbot, passim (Sondervorteilstheorie).
[106] → § 4 Rn. 3 zum Begriff der juristischen Person.
[107] *Kiesewetter/Parmentier* BB 2013, 2371 (2374).
[108] *Bachmann*, Das europäische Insiderhandelsverbot, S. 52; *Klöhn* ZBB 2017, 261 (264); *Sieder* ZFR 2017, 171 (174).
[109] *Bachmann*, Das europäische Insiderhandelsverbot, S. 52 bezeichnet den Vorteil als „unabwendbares Ereignis".

veräußern" hätte der Gesetzgeber in lit. a) „die in ihrem Auftrag Finanzinstrumente erworben oder veräußert hat" formulieren können. In lit. b) muss es statt „nicht auffordert" „nicht aufgefordert" heißen (vgl. die englische Sprachfassung: „has not encouraged, made a recommendation to, induced or otherwise influenced the natural person who, on behalf of the legal person, acquired or disposed of financial instruments to which the information relates.").

Die erste Voraussetzung verlangt, dass die **juristische Person** durch **Regeln** und **Verfahren** den Informationszugang für Personen unterbindet, die Handel mit Finanzinstrumenten betreiben oder darauf Einfluss haben. Solche Personen sollen nicht in den Besitz von Insiderinformationen gelangen. Die Ausdrücke „angemessene" und „wirksame", „Regeln" und „Verfahren" und „wirksam sichergestellt wird" sind typisch für eine prinzipienbasierte Regulierung. Sie werden größtenteils auch in § 80 WpHG über Organisationspflichten für Wertpapierdienstleistungsunternehmen verwandt,[110] so dass die zu diesem Regime erzielten Erkenntnisse nutzbar gemacht werden können.[111] Da die Begriffe „Regeln" und „Verfahren" bewusst unbestimmt sind, gibt es keine bestimmte Maßnahme, die eine juristische Person zwingend ergreifen müsste. Die juristische Person entscheidet vielmehr mit Rücksicht auf die aus ihrem Geschäftsmodell und ihrer Organisation resultierenden Risiken selbst, welche Regeln und Verfahren geeignet sind, um den Informationszugang zu unterbinden.[112] Es muss sich aber um solche handeln, durch die „wirksam sichergestellt wird", dass die natürliche Person nicht in den Besitz von Insiderinformationen gelangt. Praktisch kommen vor allem Chinese Walls,[113] sonstige (räumliche) Zutrittsbeschränkungen und Beschränkungen des Zugriffs auf Daten, Gesprächsaufzeichnungen sowie Watch Lists und Restricted Lists[114] in Betracht. 55

Die zweite Voraussetzung verlangt von der juristischen Person, **keinen Einfluss** auf die **Personen auszuüben**, die **Finanzinstrumente** für sie **erwerben**. Wenn der Händler Insiderpapiere auf (rechtlich verbindliche) Weisung oder informellen Druck der Geschäftsleitung erwerben würde, würde jedenfalls die juristische Person die Insiderinformation nutzen. Allein die organisatorischen Anforderungen nach lit. a) reichen daher nicht aus, um eine legitime Handlung anzuerkennen. Der Tatbestand ist weit gefasst („nicht anderweitig beeinflusst"), um alle möglichen Formen der Einflussnahme zu erfassen. 56

Ob die Voraussetzungen der Vorschriften erfüllt sind, muss von der Behörde oder dem Gericht *ex ante* beurteilt werden.[115] Dass in einschlägigen Fällen ein verbotener Insiderhandel stattgefunden hat, ist für die Beurteilung der Frage, ob die juristische Person angemessene und wirksame interne Regelungen und Verfahren eingeführt, umgesetzt und aufrechterhalten hat, irrelevant.[116] 57

b) Market Maker und zugelassene Gegenparteien

Eine weitere legitime Handlung ist gem. Art. 9 Abs. 2 lit. a) MAR für bestimmte Transaktionen eines Market Maker und einer zugelassenen Gegenpartei anerkannt. Diese Vorschrift geht auf die vom EuGH in *Spector* entwickelten Auslegungsgrundsätze zurück, wonach die betreffenden Personen „lediglich ihr legitimes Geschäft gemäß den für sie geltenden Regeln ausüben".[117] 58

[110] Auch § 25a KWG über organisatorische Pflichten für Kreditinstitute operiert mit entsprechenden Termini. Grundlegend zur Regulierungsstrategie *Wundenberg*, Compliance und die prinzipiengeleitete Aufsicht über Bankengruppen, 2012.

[111] *Grundmann* in GroßkommHGB Bd. XI Bankvertragsrecht 6. Teil Rn. 404 (Rückgriff auf das MiFID-Regime).

[112] *Grundmann* in GroßkommHGB Bd. XI Bankvertragsrecht 6. Teil Rn. 404.

[113] *Hopt/Kumpan* in Schimansky/Bunte/Lwowski BankR-HdB § 107 Rn. 80; näher zu diesem Verfahren *Wundenberg* in Veil, European Capital Markets Law, § 33 Rn. 68 ff.

[114] Näher zu diesen Maßnahmen *Wundenberg* in Veil, European Capital Markets Law, § 33 Rn. 79 ff.

[115] *Klöhn* ZBB 2017, 261 (265).

[116] *Klöhn* ZBB 2017, 261 (265).

[117] EuGH v. 23.12.2009 – Rs. C-45/08, Slg. 2009 I-12073 Rn. 58 = NZG 2010, 107 – *Spector*.

59 Bei einem **Market Maker** handelt es sich gem. Art. 3 Abs. 1 Nr. 30 iVm Art. 4 Abs. 1 Nr. 7 der Richtlinie 2014/65/EU (MiFID II) um eine Person, die an den Finanzmärkten auf kontinuierlicher Basis ihre Bereitschaft anzeigt, durch den An- und Verkauf von Finanzinstrumenten unter Einsatz des eigenen Kapitals Handel für eigene Rechnung zu von ihr gestellten Kursen zu betreiben. Der Begriff der **Gegenpartei** ist in der MAR nicht definiert. Personen, die als Gegenparteien fungieren dürfen (Erwägungsgrund 30), sind Personen, die zwischen die Gegenparteien der auf einem oder mehreren Märkten gehandelten Kontrakte treten und somit als Käufer für jeden Verkäufer bzw. als Verkäufer für jeden Käufer fungieren.[118] Anders gewendet: Nach einer abgeschlossenen Transaktion kaufen Gegenparteien die Wertpapiere zu den vereinbarten Konditionen vom Verkäufer und veräußern sie an den Käufer.[119] Dies verringert das Kontrahentenrisiko und ermöglicht es, zum Ende eines Handelstages die Forderungen und Verbindlichkeiten der Marktteilnehmer zu saldieren. Ferner erlaubt es Art. 9 Abs. 3 lit. b) MAR bestimmten **Personen** (wie beispielweise Kreditinstituten), die Vermutung der Nutzung zu wiederlegen, wenn sie im **Kundenauftrag handeln**. Die Vorschrift hat aber Grenzen. Der Schutz von Market Maker, Gegenparteien und Personen, die befugt sind, im Namen Dritter Aufträge auszuführen, „erstreckt sich nicht auf Tätigkeiten, die gemäß der MAR eindeutig verboten sind, so unter anderem die gemeinhin als ‚Frontrunning' bekannte Praxis (Eigengeschäfte in Kenntnis von Kundenaufträgen)."[120]

60 Nach **Art. 9 Abs. 2 lit. a) MAR** wird aufgrund der bloßen Tatsache, dass eine Person im Besitz von Insiderinformationen ist, nicht angenommen, dass sie diese Informationen genutzt und daher auf der Grundlage eines Erwerbs oder einer Veräußerung Insidergeschäfte getätigt hat, wenn diese Person

> *a) ein **Market-Maker** für die Finanzinstrumente ist, auf die sich diese Informationen beziehen, oder eine Person, die als **Gegenpartei** für die Finanzinstrumente zugelassen ist, auf die sich diese Informationen beziehen, und wenn der Erwerb oder die Veräußerung von Finanzinstrumenten, auf die sich diese Informationen beziehen, rechtmäßig im Zuge der normalen Ausübung ihrer Funktion als Market-Maker oder Gegenpartei für das betreffende Finanzinstrument erfolgt.*

61 Ein Market Maker kann schon deshalb über Insiderinformationen verfügen, weil er einen Einblick in das Orderbuch hat. Im Einzelfall ist es auch vorstellbar, dass eine bei ihm eingehende Order (weil sie sich auf ein Finanzinstrument eines Emittenten bezieht) eine Insiderinformation ist.[121] Dies gilt grundsätzlich auch für Gegenparteien.[122] Dennoch werden Market Maker und Gegenparteien privilegiert. Der zentrale Rechtsgrund für die Anerkennung einer legitimen Handlung ist darin zu sehen, dass die betreffenden Personen im Interesse der Funktionsfähigkeit der Kapitalmärkte tätig werden und (vor allem Market Maker) Liquidität sicherstellen.[123] Ein Market Maker hat die Aufgabe, Aktien eines Emittenten auf eigene Rechnung zu kaufen oder zu verkaufen, wenn das Handelsvolumen gering ist. Dadurch ermöglicht er eine kontinuierliche Preisbildung aus Angebot und Nachfrage. Rechtspolitisch ist die Ausnahme für Market Maker gerechtfertigt, weil Marktteilnehmer es nicht als unlauter ansehen, wenn ein Market Maker eine Insiderinformation unter den betreffenden Voraussetzungen nutzt.[124] Im Übrigen könnte ein Market Maker seine Aufgaben nicht sinnvoll erfüllen, wenn ihm handelsbezogene Insiderinformationen bekannt werden und er am Handel gehindert wäre. Market Maker sind verpflichtet,

---

118 Vgl. die Legaldefinition der finanziellen Gegenpartei in Art. 2 Nr. 1 Verordnung (EU) Nr. 648/2012 des Europäischen Parlaments und des Rates vom 4. Juli 2012 über OTC-Derivate, zentrale Gegenparteien und Transaktionsregister, ABl. EU Nr. L201 v. 27.7.2012 S. 1 ff. (EMIR).

119 Näher *Alfes*, Zentrale Gegenpartei, S. 60 ff.

120 Vgl. Erwägungsgrund 30 S. 2 MAR.

121 Eingehend *Hofschroer*, Market Making und Betreuung im Börsenaktienhandel, S. 256 ff. (Orderlage als Insiderinformation); vgl. ferner *Assmann* in Assmann/Schneider WpHG § 13 Rn. 49.

122 Vgl. *Alfes*, Zentrale Gegenpartei, S. 60 ff.

123 *Hopt/Kumpan* in Schimansky/Bunte/Lwowski BankR-HdB § 107 Rn. 81.

124 Vgl. *Bachmann*, Das europäische Insiderhandelsverbot, S. 52.

während der Handelszeit Quotes zu stellen.[125] Würde ein Market Maker für ein bestimmtes Finanzinstrument nicht handeln, könnte dies zu Spekulationen bei anderen Handelsteilnehmern führen.

Art. 9 Abs. 2 lit. a) MAR verlangt, dass Market Maker und Gegenparteien **rechtmäßig im Zuge der normalen Ausübung ihrer Funktion tätig** werden. Die Anforderungen für ihre Tätigkeit können sich aus dem BörsG und den Börsenordnungen ergeben. Konkrete Vorgaben zum Umgang mit Insiderinformationen sehen diese Rechtsquellen in Deutschland aber nicht vor. Insbesondere ist ein Market Maker grundsätzlich frei darin, wie er seine Quotierungen stellt.[126] Zwar erbringt er einerseits eine für die Funktionsfähigkeit der Märkte essentielle Dienstleistung. Andererseits hat er ein eigenes Gewinninteresse. Berücksichtigt er marktbezogene Insiderinformationen, so kann er sich dennoch gem. Art. 9 Abs. 2 MAR auf eine legitime Handlung berufen, vorausgesetzt, dass er nicht außergewöhnlich aktiv tätig wurde (und daher sein Gewinninteresse überwiegt). Dies muss im Einzelfall beurteilt werden, wobei vor allem das Handelsvolumen zu berücksichtigen ist.[127] Dagegen hat eine Gegenpartei keinen Gestaltungsspielräum. Folglich ist die Insiderinformation in ihrem Falle nicht kausal für die Transaktion.[128] 62

Es wird ferner gem. **Art. 9 Abs. 2 lit. b) MAR** nicht als Nutzung angesehen, wenn eine Person im Besitz von Insiderinformation 63

> *b) zur Ausführung von Aufträgen für Dritte zugelassen ist und der Erwerb oder die Veräußerung von Finanzinstrumenten, auf die sich der Auftrag bezieht, dazu dient, einen solchen Auftrag rechtmäßig im Zuge der normalen Ausübung der Beschäftigung des Berufs oder der Aufgaben dieser Person auszuführen.*

Bei diesen Personen handelt es sich vor allem um **Kreditinstitute**. Führen sie Kundenaufträge aus, verstoßen sie auch dann nicht gegen die Insiderverbote, wenn sie selbst im Besitz von Insiderinformationen sind. Die Ausführung von Kundenaufträgen ist privilegiert, weil der **Informationsvorsprung** des Kreditinstituts **nicht ursächlich** für die **Transaktion** ist (keine Kausalität der Insiderinformation). Voraussetzung ist, dass der Kunde vor der Erteilung des Auftrags entschieden hat, die Transaktion zu bestimmten Konditionen durchzuführen.[129] Die Vorschrift soll „erweiternd erst recht gelten", wenn ein Kreditinstitut weisungsgemäß eine Kundenorder ausführt, ohne seinerseits dabei über eine Insiderinformation zu verfügen, die Order aber von einem Kunden stammt, der Insiderwissen hat.[130] Dieser Auslegung ist im Ergebnis zuzustimmen. Allerdings dürfte es gar nicht darauf ankommen, ob Art. 9 Abs. 3 lit. b) MAR anwendbar ist, weil das Kreditinstitut in diesem Fall (mangels Kenntnis und fahrlässiger Unkenntnis) nicht als Sekundärinsider anzusehen ist. Weiß das Kreditinstitut, dass sein Kunde über eine Insiderinformation verfügt und führt es die Order dennoch aus, verstößt es gegen Art. 14 iVm Art. 8 Abs. 1 MAR (Handeln auf fremde Rechnung).[131] Bei interessewahrend erteilten Kundenorders scheidet eine Anwendung des Art. 9 Abs. 3 lit. b) MAR nach Sinn und Zweck der Norm aus.[132] 64

c) Erfüllung einer Verpflichtung

Die weitere nach Art. 9 Abs. 3 MAR anerkannte legitime Handlung hat ihren Rechtsgrund in der fehlenden Kausalität des Besitzes der Insiderinformation für das Wertpapier- 65

[125] Vgl. *Hofschroer*, Market Making und Betreuung im Börsenaktienhandel, S. 35.
[126] Vgl. *Stefanski*, Eigenhandel für andere, S. 241 („individuelle Geschäftsentscheidung").
[127] Vgl. *Stefanski*, Eigenhandel für andere, S. 241 f.
[128] Vgl. *Alfes*, Zentrale Gegenpartei, S. 127.
[129] *Sethe* in Assmann/Schütze § 8 Rn. 106.
[130] *Hopt/Kumpan* in Schimansky/Bunte/Lwowski BankR-HdB § 107 Rn. 83.
[131] AA *Hopt/Kumpan* in Schimansky/Bunte/Lwowski BankR-HdB § 107 Rn. 84 (Beihilfehandlung).
[132] Ebenso *Hopt/Kumpan* in Schimansky/Bunte/Lwowski BankR-HdB § 107 Rn. 85; zum alten Recht *Assmann* in Assmann/Schneider WpHG § 14 Rn. 54; *Klöhn* in KölnKomm WpHG § 14 Rn. 246.

geschäft.[133] Das Anlegervertrauen wird durch Ausführungsgeschäfte nicht enttäuscht.[134] Es war bereits nach altem Recht anerkannt, dass Geschäfte, zu denen sich jemand vor Kenntnis der Insiderinformation verpflichtet hat, vom Insiderhandelsverbot ausgenommen sind.[135] Der Vorschrift liegt wiederum zugrunde, dass bei einem Primär- und (unter bestimmten Voraussetzungen) beim Sekundärinsider die Nutzung der Insiderinformation zu vermuten ist. Sie ist zunächst in derselben Weise wie die anderen Vorschriften über legitime Handlungen formuliert und regelt sodann, unter welchen Voraussetzungen eine legitime Handlung anzuerkennen ist. In der Praxis wird die Vorschrift vor allem bei Leerverkäufen relevant. Wenn ein Leerverkäufer nach Abschluss des Kaufvertrags von einer Insiderinformation erfährt, darf er gem. Art. 9 Abs. 3 MAR die Transaktion dennoch durchführen.

66 Aufgrund der bloßen Tatsache, dass eine Person im Besitz von Insiderinformationen ist, wird nicht angenommen, dass sie diese Informationen genutzt und daher auf der Grundlage eines Erwerbs oder einer Veräußerung Insidergeschäfte getätigt hat,

> *wenn diese Person ein Geschäft zum Erwerb oder zur Veräußerung von Finanzinstrumenten tätigt, das, in gutem Glauben und nicht zur Umgehung des Verbots von Insidergeschäften, durchgeführt wird, um einer fällig gewordenen Verpflichtung nachzukommen, und wenn*
>
> *a) die betreffende Verpflichtung auf der Erteilung eines Auftrags oder dem Abschluss einer Vereinbarung aus der Zeit vor dem Erhalt der Insiderinformationen beruht oder*
>
> *b) das Geschäft der Erfüllung einer rechtlichen Verpflichtung oder Regulierungsauflage dient, die vor dem Erhalt der Insiderinformationen entstanden ist.*

67 Die erste Voraussetzung betrifft die Situation, dass der Insider einer fällig gewordenen Verpflichtung nachzukommen hat. Aus dem Wortlaut geht nicht eindeutig hervor, ob es sich dabei um eine Verpflichtung zum Erwerb oder zur Veräußerung von Finanzinstrumenten handeln muss (wie dies bei einem Leerverkauf typisch ist) oder ob auch andere (mittelbare) Verpflichtungen in Betracht kommen.[136] Vorzugswürdig ist es, die Norm eng auszulegen und mittelbare Verpflichtungen nicht zu berücksichtigen.[137]

68 Hinsichtlich der ersten Voraussetzung sind zwei Szenarien erfasst. In Betracht kommt erstens, dass die betreffende **Verpflichtung** auf der **Erteilung eines Auftrags** oder dem **Abschluss** einer **Vereinbarung** aus der Zeit **vor** dem **Erhalt** der **Insiderinformationen** beruht. Zweitens ist die Voraussetzung auch dann erfüllt, wenn das **Geschäft** der **Erfüllung** einer **rechtlichen Verpflichtung** oder Regulierungsauflage dient, die **vor** dem **Erhalt** der **Insiderinformationen** entstanden ist.

69 Als zweite Voraussetzung kommt hinzu, dass der Insider das **Geschäft** in **gutem Glauben** und **nicht zur Umgehung** des Verbots von Insidergeschäften tätigt. Sie erscheint auf den ersten Blick überflüssig, weil Art. 9 Abs. 6 MAR vorsieht, dass rechtswidrige Vorgänge nicht als legitime Handlungen anzuerkennen sind. Allerdings ist diese Vorschrift enger konzipiert und verlangt zudem, dass die zuständige Behörde feststellt, dass sich ein rechtswidriger Grund hinter der Transaktion verbirgt.

70 Die MAR schweigt dazu, wann ein Insider nicht in gutem Glauben ist. Die Frage ist daher durch Auslegung zu klären. Dazu ist im Ausgangspunkt festzuhalten, dass sich der gute Glaube auf den Grund der Transaktion bezieht. Andere Beweggründe dürfen für die Transaktion nicht ausschlaggebend sein.

d) Unternehmenszusammenschluss und -übernahme

71 **aa) Überblick.** Der EuGH hatte im *Spector*-Urteil mit Rücksicht auf den 29. Erwägungsgrund der MAD 2003 dargelegt, dass „der Zugang zu Insider-Informationen über

[133] *Klöhn* ZBB 2014, 261 (267).
[134] Vgl. *Bachmann*, Das europäische Insiderhandelsverbot, S. 52 f.
[135] Vgl. BaFin Emittentenleitfaden S. 37; *Nietsch* ZHR 174 (2010) 556 (591).
[136] Vgl. *Klöhn* ZBB 2017, 261 (268) mit dem Beispiel der Erfüllung einer Geldschuld.
[137] Ebenso *Klöhn* ZBB 2017, 261 (268); iE auch *Grundmann* in GroßkommHGB Bd. XI Bankvertragsrecht 6. Teil Rn. 411; *Zetzsche* in Gebauer/Teichmann EnzEuR Bd. VI § 7 C Rn. 154.

eine andere Gesellschaft und die Verwendung dieser Informationen bei einem öffentlichen Übernahmeangebot oder Fusionsvorschlag ‚als solche nicht als Insider-Geschäft gelten' sollten. Das Geschäft, das darin besteht, dass ein Unternehmen, das Insider-Informationen über eine anvisierte Gesellschaft erlangt hat, anschließend über deren Kapital ein öffentliches Kaufangebot zu einem Kurs abgibt, der über dem Marktkurs liegt, kann nämlich grundsätzlich nicht als ein verbotenes Insider-Geschäft betrachtet werden, da es die durch die Richtlinie geschützten Interessen nicht beeinträchtigt."[138] Diese Auslegung überzeugt, weil das Übernahmerecht von einem Bieter verlangt, allen Aktionären einen angemessenen Preis anzubieten. Er ist also verpflichtet, die Insiderinformation einzupreisen. Folglich profitieren alle Aktionäre von der Insiderinformation.[139] Nach den höchstrichterlichen Auslegungsgrundsätzen war aber nur der Fall privilegiert, dass ein Bieter vor der Abgabe eines Übernahmeangebots aufgrund einer Due Diligence in den Besitz einer Insiderinformation gelangte. Die hM in Deutschland ist darüber noch hinausgegangen und hat sich mit Rücksicht auf Erwägungsgrund 29 der MAD 2003 für eine weitreichende Bereichsausnahme für öffentliche Unternehmensübernahmen ausgesprochen.[140] Der Erwerb von Finanzinstrumenten durch den Bieter nach Abgabe eines Übernahmeangebots in Kenntnis einer Insiderinformation sollte generell insiderrechtlich privilegiert sein.

Die MAR bekennt sich ebenfalls dazu, Unternehmensübernahmen und bestimmte Zusammenschlüsse zu privilegieren (vgl. Erwägungsgrund 30 MAR, der wortlautidentisch mit Erwägungsgrund 29 der MAD 2003 ist). Der **Rechtsgrund** für die **Ausnahme** ist darin zu sehen, dass ein Schutz der **Anleger** durch ein Insiderverbot entbehrlich ist, weil deren **Vertrauen** in die **Funktionsfähigkeit** der **Märkte nicht erschüttert** wird. Das Übernahmerecht stellt durch das Erfordernis einer angemessenen Gegenleistung sicher, dass der Bieter keinen ungerechtfertigten Sondervorteil erlangt.[141] Der europäische Gesetzgeber hat den Tatbestand der legitimen Handlung allerdings enger konzipiert als die Auslegungsgrundsätze, die in der deutschen Literatur im Nachgang zum Spector-Urteil entwickelt wurden. So ist in Art. 9 Abs. 4 Unterabs. 1 MAR verfügt: 72

Für die Zwecke des Artikels 8 und 14 wird aufgrund der bloßen Tatsache, dass eine Person Insiderinformationen besitzt, nicht angenommen, dass sie diese Informationen genutzt und daher Insidergeschäfte getätigt hat, wenn sie diese Insiderinformation im Zuge der Übernahme eines Unternehmens oder eines Unternehmenszusammenschlusses auf der Grundlage eines öffentlichen Angebots erworben hat und diese Insiderinformationen ausschließlich nutzt, um den Unternehmenszusammenschluss oder die Übernahme auf der Grundlage eines öffentlichen Angebots weiterzuführen, unter der Voraussetzung, dass zum Zeitpunkt der Genehmigung des Unternehmenszusammenschlusses oder der Annahme des Angebotes durch die Anteilseigner des betreffenden Unternehmens sämtliche Insiderinformationen öffentlich gemacht worden sind oder auf andere Weise ihren Charakter als Insiderinformationen verloren haben.

Im Ausgangspunkt ist zunächst festzuhalten, dass die Vorschrift ebenfalls weit konzipiert ist, denn sie erfasst auch den Fall, dass der Bieter die Insiderinformation nach Abgabe des Angebots erlangt. Allerdings setzt sie voraus, dass bei Annahme des Angebots die Insiderinformation öffentlich publik gemacht wurde und damit in den Wertpapierpreis einfließen konnte. 73

Schließlich sieht Art. 9 Abs. 2 Unterabs. 2 MAR erstmals eine Regelung für den Beteiligungsaufbau vor. Nach dieser Vorschrift gilt 74

dieser Absatz [...] nicht für den Beteiligungsaufbau.

---

[138] EuGH v. 23.12.2009 – Rs. C-45/08, Slg. 2009 I-12073 Rn. 59 = NZG 2010, 107 – *Spector*.
[139] *Bachmann*, Das europäische Insiderhandelsverbot, S. 53.
[140] Ausführlich *Klöhn* in KölnKomm WpHG § 14 Rn. 203 f.
[141] Vgl. *Bachmann*, Das europäische Insiderhandelsverbot, S. 53.

75 **bb) Voraussetzungen.** Die Vorschrift setzt zunächst voraus, dass eine **Person „Insiderinformationen** im Zuge der Übernahme eines Unternehmens oder eines Unternehmenszusammenschlusses auf der Grundlage eines öffentlichen Angebots erworben hat". Mit „erworben" ist „**erlangt**" gemeint, wie der Blick auf die englische Sprachfassung zeigt („*obtained*"). Unter Unternehmensübernahme sind **öffentliche Unternehmensüberübernahmen** nach dem WpÜG zu verstehen. Zusammenschlüsse iSd Vorschrift dürften vor allem *scheme of arrangements* nach englischem Recht sein, die es im deutschen Unternehmensrecht nicht gibt. Die deutsche Sprachfassung könnte so zu verstehen sein, dass die Person (der Bieter) die Insiderinformation durch das öffentliche Angebot (also im Nachgang) erlangt hat. Folglich wäre es ihr verwehrt, eine vor Abgabe des Angebots durch eine Due Diligence erlangte Information zu nutzen.[142] Privilegiert wäre nur der spätere Informationszugang. Diese Auslegung wäre aber nicht sachgerecht. Wiederum ergibt sich aus der englischen Sprachfassung, dass eine solche enge Auslegung der Norm nicht intendiert ist („such person has obtained that inside information in the conduct of a public takeover or merger with a company"). Die Ausnahmevorschrift ist folglich auch dann anwendbar, wenn der Bieter eine Due Dilegence durchführt, von einer Insiderinformation erfährt und im Anschluss ein Angebot abgibt.[143] Privilegiert sind folglich Aktienerwerbe unter Nutzung einer Insiderinformation, die der Bieter vor und nach der Abgabe des Übernahmeangebots erlangt hat.[144] Es muss sich, wie bereits dargelegt, um ein Angebot iSd WpÜG handeln, das auf die Erlangung der Kontrolle (§ 29 WpÜG) gerichtet ist. Dies sind nur das freiwillige Übernahmeangebot und das Pflichtangebot (§ 35 Abs. 2 WpÜG). Ein bloßer Beteiligungserwerb, der keine Pflicht zur Abgabe eines Angebots begründet,[145] ist gem. Art. 9 Abs. 4 Unterabs. 2 MAR nicht nach Unterabs. 1 privilegiert. Ob der Investor sich auf eine legitime Handlung berufen kann, muss nach allgemeinen Grundsätzen, insbesondere der Masterplan-Theorie,[146] beurteilt werden.[147]

76 Weitere Voraussetzung ist, dass die Person die „**Insiderinformationen ausschließlich nutzt**, um den Unternehmenszusammenschluss oder die **Übernahme** auf der Grundlage eines öffentlichen Angebots **weiterzuführen**". Die deutsche Sprachfassung lädt wiederum zu Fehlinterpretationen ein. Gemeint ist, dass die Person die Insiderinformation ausschließlich für den Zweck der Fortführung des Zusammenschlusses oder öffentlichen Übernahmeangebots nutzt, wie die englische Fassung zeigt („uses that inside information solely for the purpose of proceeding with that merger or public takeover"). Daher sind sog. alongside purchases nicht erlaubt.[148]

77 Schließlich verlangt die Vorschrift, dass „zum **Zeitpunkt** der Genehmigung des Unternehmenszusammenschlusses oder der **Annahme des Angebotes** durch die Anteilseigner des betreffenden Unternehmens **sämtliche Insiderinformationen öffentlich gemacht** worden sind oder auf andere Weise ihren Charakter als Insiderinformationen verloren haben." Diese Voraussetzung gab es zum früheren Recht nicht. Insbesondere hatte der EuGH in *Spector* eine Offenlegung der Insiderinformationen nicht verlangt. Allerdings hatte die BaFin die Ansicht vertreten, dass die Abgabe eines öffentlichen Übernahmeangebots, in welchem der Bieter eine Insiderinformation verwendet, erst möglich ist, nachdem der Emittent eine entsprechende Ad-hoc- Mitteilung nach § 15 WpHG aF veröffentlicht hat.[149] Diese Auslegungspraxis hat der europäische Gesetzgeber aufgegriffen, um zu verhindern, dass der Bieter versteckte Sondervorteile erlangt.[150] Die Insiderinformationen werden öffentlich, wenn sie gem. Art. 17 MAR offengelegt werden.

[142] In diesem Sinne wohl *Grundmann* in GroßkommHGB Bd. XI Bankvertragsrecht 6. Teil Rn. 412.
[143] IE ebenso *Hopt/Kumpan* in Schimansky/Bunte/Lwowski BankR-HdB § 107 Rn. 88.
[144] Ebenso *Klöhn* ZBB 2017, 261 (269).
[145] Vgl. zum Begriff Art. 3 Abs. 1 Nr. 31 MAR.
[146] → Rn. 89.
[147] *Krause* CCZ 2014, 248 (252).
[148] *Klöhn* ZBB 2017, 261 (269).
[149] BaFin Emittentenleitfaden S. 39 (und daher eine allgemeine Bereichsausnahme ablehnend).
[150] Vgl. auch *Bachmann*, Das europäische Insiderhandelsverbot, S. 53.

e) Umsetzung eines eigenen Entschlusses

78 In den USA fällt die Umsetzung eigener Pläne zum Erwerb oder zur Veräußerung von Wertpapieren nicht unter das Insiderrecht. Dies war auch in Deutschland zum MAD 2003-Regime anerkannt.[151] Es wurde argumentiert, dass Entschlüsse, anders als Informationen, nicht verwandt, sondern in Handlungen umgesetzt würden.[152] Der EuGH hatte zudem in der *Spector*-Entscheidung mit Rücksicht auf Erwägungsgrund 30 der MAD 2003 dargelegt, warum das Insiderverbot nicht greifen sollte: „Andernfalls könnte Art. 2 Abs. 1 der Richtlinie insbesondere dazu führen, dass einer Person, die sich für die Abgabe eines öffentlichen Kaufangebots entschieden hat, die Ausführung dieser Entscheidung verboten wäre, da diese eine Insider-Information ist. Ein solches Ergebnis ginge jedoch nicht nur über das hinaus, was als zur Erreichung der Zwecke der Richtlinie angemessen und erforderlich anzusehen ist, sondern könnte durch die Verhinderung öffentlicher Kaufangebote sogar das gute Funktionieren der Finanzmärkte beeinträchtigen."[153]

79 Die MAR sucht eine Privilegierung nunmehr dadurch zu erreichen, dass die Umsetzung eines eigenen Entschlusses über den Erwerb oder die Veräußerung von Finanzinstrumenten als eine legitime Handlung angesehen wird:

> *Für die Zwecke der Art. 8 und 14 MAR stellt die bloße Tatsache, dass eine Person ihr Wissen darüber, dass sie beschlossen hat, Finanzinstrumente zu erwerben oder zu veräußern, beim Erwerb oder der Veräußerung dieser Finanzinstrumente nutzt, an sich noch keine Nutzung von Insiderinformationen dar.*

80 Der Vorschrift liegt zugrunde, dass innere Tatsachen, wie etwa der Erwerbsentschluss, eine Insiderinformation sein kann.[154] Erwägungsgrund 31 MAR erläutert in enger Anlehnung an die Erwägungsgründe der MAD 2003, warum eine insiderrechtliche Privilegierung sinnvoll ist: „Da dem Erwerb oder der Veräußerung von Finanzinstrumenten erforderlicherweise eine entsprechende Entscheidung der Person vorausgehen muss, die erwirbt bzw. veräußert, sollte die bloße Tatsache dieses Erwerbs oder dieser Veräußerung als solche nicht als Nutzung von Insiderinformationen gelten. Handlungen auf der Grundlage eigener Pläne und Handelsstrategien des Marktteilnehmers sollten nicht als Nutzung von Insiderinformationen gelten." Es ist nach Sinn und Zweck gerechtfertigt, die Norm analog anzuwenden, wenn ein Insider eine dritte Person zur Umsetzung des eigenen Handelsentschlusses einsetzt.[155]

81 Die Norm ist auf den Entschluss, eine Order zu stornieren, analog anwendbar.[156] Es wäre nicht wertungsstimmig, diesen Fall auszunehmen. Dass die Orderstornierung nicht aufgeführt ist, dürfte auf ein Redaktionsversehen zurückzuführen sein (Anpassung der Norm auf das erweiterte Handelsverbot).[157]

3. Ausnahme gem. Art. 9 Abs. 6 MAR

82 Unbeschadet der Absätze 1 bis 5 des Art. 9 MAR kann es als Verstoß gegen das Verbot von Insidergeschäften betrachtet werden, wenn die zuständige **Behörde feststellt**, dass sich hinter den betreffenden **Handelsaufträgen, Geschäften** oder **Handlungen** ein **rechtswidriger Grund** verbirgt (Art. 9 Abs. 6 MAR). Diese Vorschrift beschränkt die in den vorherigen Vorschriften des Art. 9 MAR vorgesehenen Verteidigungsrechte eines Insiders. Es ist zwar rechtspolitisch nachvollziehbar, dass der europäische Gesetzgeber eine Umgehung der Insiderverbote verhindern wollte. Es vermag aber nicht zu überzeugen, wie dieses

---

[151] Vgl. *Assmann* in Assmann/Schneider WpHG § 14 Rn. 31.
[152] Vgl. *Assmann* in Assmann/Schneider WpHG § 14 Rn. 31.
[153] EuGH v. 23.12.2009 – Rs. C-45/08, Slg. 2009 I-12073 Rn. 60 = NZG 2010, 107 – *Spector*.
[154] Vgl. bereits EuGH v. 10.5.2007 – Rs. C-391/04 Slg. 2007, I-3741 Rn. 34 f. – *Georgakis*.
[155] *Klöhn* ZBB 2017, 261 (270): Erfüllungsgehilfen des Bieters in M&A- und Stakebuilding-Transaktionen.
[156] *Klöhn* ZBB 2017, 261 (270).
[157] *Klöhn* ZBB 2017, 261 (270).

Anliegen in Art. 9 Abs. 6 MAR umgesetzt ist. Die Norm ist konzeptionell und tatbestandlich misslungen.[158] Außerdem beeinträchtigt sie die durch Art. 9 Abs. 1 bis 5 MAR verwirklichte Rechtssicherheit. Die Vorschriften über legitime Handlungen begründen daher keinen *safe harbour*.[159]

83 Ob ein Insider einen legitimen Grund geltend machen kann, hängt davon ab, ob die zuständige Behörde feststellt, dass sich hinter der Transaktion ein rechtswidriger Grund verbirgt. Mit zuständiger Behörde ist in Deutschland die BaFin gemeint.[160] Es ist schwerlich nachvollziehbar, warum (nur?) die BaFin die Befugnis haben soll, das Vorliegen eines rechtswidrigen Grundes festzustellen (und nicht ein Gericht). Dies könnte damit erklärt werden, dass Verstöße gegen das Insiderhandelsverbot durch die nationalen Aufsichtsbehörden ermittelt und, soweit verwaltungsrechtliche Sanktionen zur Debatte sehen, auch durchgesetzt werden. Dies schließt freilich nicht aus, dass sich ein Gericht mit dem Fall befasst (weil gegen eine Geldbuße Rechtsmittel eingelegt wird oder ohnehin von vornherein ein Strafgericht zuständig ist). Es ist kein Grund ersichtlich, warum ausgerechnet ein Gericht nicht befugt sein sollte, festzustellen, dass sich hinter der Transaktion ein rechtswidriger Grund verbirgt. Die Vorschrift ist daher auch (vor allem) dann anzuwenden, wenn sich ein Gericht mit einem Verstoß gegen das Insiderhandelsverbot und dem Vorliegen der Voraussetzungen einer legitimen Handlung befasst.[161]

84 Es stellt sich sodann die Frage, wie das Vorliegen eines rechtswidrigen Grundes zu beurteilen ist. Art. 9 MAR sieht keine konkretisierenden Vorgaben vor. In der Literatur wird vorgeschlagen, auf die Normzwecke abzustellen.[162] Der Verstoß gegen das Verbot von Insidergeschäften ist, wie der EuGH in *Spector* ausgeführt hat, „im Licht der Zielsetzung der Richtlinie zu prüfen, die darin besteht, die Integrität der Finanzmärkte zu schützen und das Vertrauen der Investoren zu stärken, das insbesondere auf der Gewissheit beruht, dass sie einander gleichgestellt und gegen die unrechtmäßige Verwendung einer Insider-Information geschützt sind."[163] Die MAR will daher verhindern, dass ein Insider einen ungerechtfertigten Vorteil erzielt. Für die Lösung konkreter Rechtsfragen folgt daraus, dass ein rechtswidriger Grund vorliegt, wenn der Insider mit einem Geschäft oder einer Handlung hauptsächlich das Ziel verfolgt, einen ihm nicht zustehenden Vermögensvorteil zu erzielen.[164]

85 Zweifelhaft ist schließlich, was damit gemeint ist, dass die Behörde einen rechtswidrigen Grund „feststellt" („*establishes*" in der englischen Sprachfassung). Es stellt sich vor allem die Frage, ob die BaFin eine förmliche Entscheidung, etwa in Gestalt eines Verwaltungsakts, treffen muss, oder ob es ausreicht, dass sie (in einem Gerichtsverfahren?) auf eine andere Art und Weise zu dieser Meinung gelangt. Vorzugswürdig erscheint es, keine überhöhten Anforderungen an eine „Feststellung" seitens der zuständigen Behörde zu stellen. Diese erfolgt vielmehr nach Sinn und Zweck der Norm implizit, bei der Verhängung eines Bußgeldes (durch die BaFin) oder einer Strafe (durch ein Gericht).

86 Selbst wenn die BaFin oder ein Gericht feststellt, dass sich hinter einer Transaktion oder einer Handlung ein rechtswidriger Grund verbirgt, soll die Behörde oder das Gericht ein Ermessen haben („kann es als Verstoß gegen das Verbot von Insidergeschäften betrachtet werden"). Da unter den genannten Voraussetzungen ein Verstoß feststeht, sind die Behörde oder das Gericht gebunden und müssen den Verstoß feststellen.[165]

---

[158] Pointierte Kritik durch *Klöhn* ZBB 2017, 261 (270): „fast skandalös schlechte Qualität"; kritisch bereits *Veil* ZBB 2014, 85 (92).

[159] Vgl. *Veil* ZBB 2014, 85 (92); *Sieder* ZFR 2017, 171 (175).

[160] Vgl. Art. 3 Abs. 1 Nr. 12 MAR und → § 4 Rn. 10.

[161] *Klöhn* ZBB 2017, 261 (270 f.).

[162] *Sieder* ZFR 2017, 171 (175).

[163] EuGH v. 23.12.2009 – Rs. C-45/08, Slg. 2009 I-12073 Rn. 62 = NZG 2010, 107 – *Spector*.

[164] Ebenso *Grundmann* in GroßkommHGB Bd. XI Bankvertragsrecht 6. Teil Rn. 415; vgl. auch *Klöhn* ZBB 2017, 261 (271): „wenn das Geschäft trotz Einhaltung der Voraussetzungen [...] gegen den Grundsatz des gleichberechtigten Informationszugangs verstößt, so dass [...] keine Ausnahme vom Insiderverbot geboten ist."

[165] *Klöhn* ZBB 2017, 261 (271).

4. Widerlegung der Vermutung in anderen Fällen

Die hM in Deutschland nimmt an, dass Art. 9 MAR die legitimen Handlungen nicht abschließend regelt. Diese Auslegung ist zutreffend (→ Rn. 50), weil der europäische Gesetzeber sich mit Ausnahme der Vorschriften über juristische Personen darauf beschränkt hat, die vom EuGH behandelten Konstellationen zu regeln und im Übrigen übereinstimmend mit dem *Spector*-Urteil anerkannt hat, dass ein Insider seine Verteidigungsrechte geltend machen kann. Dies bedeutet, dass ein Insider die Vermutung, er habe eine Insiderinformation genutzt, widerlegen kann. **87**

Schwierig zu beurteilen ist, ob es typische Konstellationen gibt, in denen ein Insider analog Art. 9 MAR sich auf eine legitime Handlung berufen kann. Dies ist für die in der Praxis bedeutsamen *face-to-face*-Transaktionen zu bejahen (→ Rn. 46). Auch beim sog. Handeln entgegen Insiderinformationen kann der Insider geltend machen, die Insiderinformation nicht genutzt zu haben; diese Information ist nicht kausal für sein Handeln und das Anlegervertrauen ist nicht beeinträchtigt, weil er keinen Sondervorteil erzielt.[166] Nähere Betrachtung verdienen zwei Sachverhalte, die in der Praxis eine große Rolle spielen, nämlich die Verfolgung eines sog. Masterplans (insbesondere beim Stakebuilding) und die Verwertung von Sicherheiten durch den Kreditgeber. **88**

a) Masterplan

Die sog. Masterplan-Theorie betrifft Sachverhalte, in denen ein Insider (im Besitz einer Insiderinformation) ein Wertpapiergeschäft tätigt. In der Regel dürfte er diese Information durch eine Due Diligence-Prüfung erlangt haben. Die Masterplan-Theorie besagt, dass der **Insider** die Insiderinformation nicht nutzt, wenn er bereits **zuvor** den **Entschluss** getroffen hat, das **Geschäft** zu **tätigen**.[167] Sie wurde bislang vor allem beim Stakebuilding relevant (sukzessiver Auf- oder Abbau einer Beteiligung). Rechtsdogmatisch wurde sie darauf gestützt, dass das Handelsverbot eine Kausalität zwischen der Information und der Transaktion voraussetzt und diese Kausalität bei einem bereits entschlossenen Insider zu verneinen sei.[168] **89**

> Erlangt der Investor eine negative Insiderinformation und nimmt dann vom Beteiligungserwerb Abstand, verwendet er die Information nicht; ein Verstoß gegen das Handelsverbot liegt nicht vor. Erlangt er eine positive Insiderinformation und erwirbt, wie ursprünglich geplant, Wertpapiere, verstößt er ebenfalls nicht gegen das Verbot, weil er zum Kauf bereits entschlossen war und die Insiderinformation daher nicht nutzt. Anders verhält es sich, wenn der Investor nach Erlangung der Insiderinformation die Wertpapiere zu einem anderen Preis erwirbt. Dann kann eine Nutzung der Insiderinformation zu bejahen sein. **90**

Für die Beurteilung der neuen Rechtslage ist im Ausgangspunkt zunächst festzuhalten, dass der europäische Gesetzgeber das Stakebuilding nicht gem. Art. 9 Abs. 4 Unterabs. 1 MAR privilegieren will. Dies ist unmissverständlich in Art. 9 Abs. 4 Unterabs. 1 MAR geregelt.[169] Dies schließt es aber nicht aus, auf die allgemeinen Auslegungsgrundsätze zurückzugreifen.[170] Sofern der Insider das Geschäft wie ursprünglich geplant tätigt, nutzt er die Insiderinformation nicht. Er kann analog Art. 9 Abs. 3 MAR darlegen, dass es sich um **91**

---

[166] *Bachmann*, Das europäische Insiderhandelsverbot, S. 54.
[167] *Assmann* in Assmann/Schneider WpHG § 14 Rn. 35 und 45.
[168] *Assmann* in Assmann/Schneider WpHG § 14 Rn. 45; *Cascante/Bingel* NZG 2010, 161 (163 f.); *Klöhn* in KölnKomm WpHG § 14 Rn. 196; *Schwark/Kruse* in Schwark/Zimmer § 14 WpHG Rn. 24.
[169] *Hopt/Kumpan* in Schimansky/Bunte/Lwowski BankR-HdB § 107 Rn. 98.
[170] *Veil* ZBB 2014, 85 (91); *Krause* CCZ 2014, 248 (252); *Seibt/Wollenschläger* AG 2014, 593 (598); *Poelzig* NZG 2016, 528 (533); *Sieder* ZFR 2017, 171 (177); *Bühren* NZG 2017, 1172 (1175).

eine **legitime Handlung** handelt. Der Rechtsgrund für diese Privilegierung besteht darin, dass die Insiderinformation für die Transaktion nicht kausal ist. Der Normzweck wird durch die Analogie nicht berührt, weil es aus der Perspektive der Anleger nicht unlauter erscheint, dass der Insider das Wertpapiergeschäft tätigt.

92 Weitere Voraussetzung ist analog Art. 9 Abs. 3 MAR, dass der Insider das Geschäft in gutem Glauben und nicht zur Umgehung des Verbots von Insidergeschäften tätigt. Bislang wurde dies nicht explizit gefordert. Seit der Neuregelung können legitime Handlungen nur auf der Grundlage einer Analogie zu Art. 9 MAR anerkannt werden. Dabei ist zu berücksichtigen, dass der europäische Gesetzgeber durch konkretisierende Vorgaben an die Voraussetzungen einer legitimen Handlung eine Umgehung der Insiderverbote verhindern will.

93 Die Masterplan-Theorie findet keine Anwendung, wenn der Insider von einem **Änderungsvorbehalt** Gebrauch macht (wenn vertragliche Abreden bereits getroffen wurden) oder sonstige Änderungen gegenüber den bisherigen Plänen vornimmt, beispielsweise nur noch bereit ist, einen geringeren Preis zu zahlen.[171] Ebenso ist es zu beurteilen, wenn der Insider zusätzliche (nicht vom Masterplan erfasste) Wertpapiergeschäfte tätigt, unabhängig davon, ob sie auf einem Markt oder außerhalb eines Marktes erfolgen (sog. *alongside purchases*).[172]

94 Um etwaigen Beweisschwierigkeiten in einem Straf- oder Verwaltungsprozess zu begegnen, empfiehlt es sich, den Masterplan (bzw. Gesamtplan) möglichst detailliert vorab zu dokumentieren.[173] Dabei ist zunächst darauf zu achten, dass der Investor keinen Ermessensspielraum bezüglich des Erwerbs hat. Es ist also insbesondere darzulegen, unter welchen Voraussetzungen der Investor die Wertpapiere erwerben wird. Im zweiten Schritt sollte der Investor die in Einklang mit seinem Plan erfolgte Umsetzung seines Entschlusses dokumentieren.[174]

b) Verwertung von Sicherheiten durch Kreditgeber

95 Die Verwertung von Sicherheiten durch einen Kreditgeber (in der Regel eine Bank) kann insiderrechtlich relevant werden, wenn die Sicherheit in einem Finanzinstrument besteht. Verwertet die Bank die Sicherheit, weil der Kredit notleidend geworden ist, ist zu vermuten, dass die Bank dabei die das Finanzinstrument betreffende Insiderinformation nutzt. Die BaFin hatte zur alten Rechtslage ausgeführt, dass die kreditgebende Bank in der Regel keine Insiderinformation verwende, wenn das Geschäft auch bei Kenntnis dieser Information zu denselben Bedingungen abgeschlossen worden wäre. Dies gelte auch dann, wenn die handelnden Personen Kenntnis von Insiderinformationen haben würden. Das Vertrauen der Marktteilnehmer in die Funktionsfähigkeit des Kapitalmarktes werde durch die Verwertung von Sicherheiten nicht verletzt. Anderenfalls wäre es auch für den Sicherungsgeber ein Leichtes, die Verwertung von Sicherheiten durch bewusste Weitergabe von Insiderinformationen an den Sicherungsnehmer zu verhindern.[175]

96 Nach neuer Rechtslage kann die Bank analog Art. 9 Abs. 3 und 5 MAR geltend machen, dass sie die Insiderinformation nicht genutzt hat, vorausgesetzt, dass die Bank die Sicherheit in gutem Glauben und nicht zur Umgehung des Verbots von Insidergeschäften verwertet.

c) Weitere Fälle

97 In welchen weiteren Fällen eine Widerlegung der Vermutung in Betracht kommt, kann hier nicht abschließend dargelegt werden. Die in der Literatur genannten Sachverhalte sind

---

[171] Ebenso *Hopt/Kumpan* in Schimansky/Bunte/Lwowski BankR-HdB § 107 Rn. 98 mit der Begründung, das Ändern von Aufträgen sei gem. Art. 8 Abs. 1 S. 2 MAR ein verbotenes Insidergeschäft.

[172] Vgl. zum alten Recht *Klöhn* in KölnKomm WpHG § 14 Rn. 200.

[173] Vgl. auch *Klöhn* in KölnKomm WpHG § 14 Rn. 197 (Dokumentationsobliegenheit mit großer praktischer Bedeutung).

[174] Vgl. auch BaFin Emittentenleitfaden S. 39 („umfassende und genaue Dokumentation der einzelnen Schritte von der Planfassung bis zur Durchführung der unternehmerischen Entscheidung").

[175] BaFin Emittentenleitfaden S. 38; zustimmend *Assmann* in Assmann/Schneider WpHG § 14 Rn. 30.

disparat und können letztlich nur im Einzelfall unter Berücksichtigung sämtlicher Umstände beurteilt werden.

Ein Beweis des Gegenteils soll gelingen können, wenn ein Insider ein Preisniveau akzeptiere, das den Vorwurf der Nutzung einer Insiderinformation nicht stützte, weil etwa der Insider vor einer Gewinnwarnung aus persönlichen Gründen (Finanznot) die Wertpapiere zu deutlich niedrigeren Kursen veräußert habe, als die Warnung erwarten lasse.[176] Denkbar sei dies ferner, wenn zwischen dem Insider und indirekt für ihn agierende Personen ein Informationsfluss nicht stattfinde. In Betracht komme dies bei einem Vermögensverwalter mit diskretionärem Mandat oder dem Fondsmanager eines Spezialfonds, an dem der Insider wesentlich beteiligt sei.[177] 98

IV. Sanktionen und Rechtsfolgen

1. Sanktionen

Verstöße gegen das Verbot von Insidergeschäften können als Straftat oder Ordnungswidrigkeit geahndet werden. Ferner macht die BaFin Verstöße öffentlich bekannt. Die Einzelheiten sind an anderer Stelle in diesem Buch dargestellt (→ § 28 und § 29). 99

2. Zivilrechtliche Rechtsfolgen

Ein entgegen Art. 14 iVm Art. 8 MAR geschlossenes Geschäft kommt wirksam zustande. 100
Zwar handelt es sich um eine Verbotsnorm. Es besteht aber **keine Nichtigkeit** gem. § 134 BGB,[178] weil die Nichtigkeit nach Sinn und Zweck des Handelsverbots (→ Rn. 1 ff.) nicht geboten ist. Der Normzweck – Verhinderung des Insiderhandels – wird auch bei Wirksamkeit des verbotenen Geschäfts erreicht, da die Rechtsordnung schwerwiegende strafrechtliche Sanktionen vorsieht.[179] Eine Rückabwicklung wäre zudem mit enormen praktischen Schwierigkeiten verbunden.[180] Schließlich scheidet auch eine Nichtigkeit gem. § 138 BGB aus, weil das Handeln nicht als sittenwidrig qualifiziert werden kann.[181]

Die Voraussetzungen für eine **Anfechtung** des Geschäfts (vorstellbar wohl nur bei einer 101
face-to-face-Transaktion) dürften in der Regel nicht erfüllt sein. Eine Anfechtung nach § 119 Abs. 2 BGB scheitert daran, dass eine Insiderinformation keine wesentliche Eigenschaft eines Finanzinstruments ist.[182] Theoretisch in Betracht kommt eine Anfechtung gem. § 123 BGB, wenn der Insider seinen Vertragspartner entsprechend täuscht oder zur Aufdeckung der Insiderinformation verpflichtet war.[183]

Eine andere (wegen der Beweisschwierigkeiten in der Regel eher theoretische)[184] Frage 102
ist, ob ein Anleger vom Insider **Schadensersatz** verlangen kann. Sie wurde zum alten Recht kontrovers diskutiert. Ein Teil der Lit. sprach sich dafür aus, das Verbot von Insidergeschäften als ein Schutzgesetz iSd § 823 Abs. 2 BGB zu qualifizieren. Zur Begründung wurde vor allem angeführt, dass das Insiderrecht neben dem Funktionsschutz des Kapitalmarkts auch dem Schutz der Individualinteressen der Anleger dienen würde (zwei Seiten

[176] *Zetzsche* in Gebauer/Teichmann EnzEuR Bd. VI § 7 C Rn. 143.
[177] *Zetzsche* in Gebauer/Teichmann EnzEuR Bd. VI § 7 C Rn. 144.
[178] *Assmann* in Assmann/Schneider WpHG § 14 Rn. 206 f.; *Klöhn* in KölnKomm WpHG § 14 Rn. 515.
[179] Vgl. bereits zum alten Recht *Assmann* in Assmann/Schneider WpHG § 14 Rn. 207.
[180] Vgl. bereits zum alten Recht *Assmann* in Assmann/Schneider WpHG § 14 Rn. 206; *Krauel* Insiderhandel S. 308.
[181] Vgl. *Klöhn* in KölnKomm WpHG Rn. 516.
[182] Vgl. *Klöhn* in KölnKomm WpHG Rn. 517; *Mennicke* in Fuchs WpHG § 14 Rn. 429.
[183] Vgl. *Klöhn* in KölnKomm WpHG Rn. 518; *Mennicke* in Fuchs WpHG § 14 Rn. 431.
[184] Vgl. bereits *Assmann* in Assmann/Schneider WpHG § 14 Rn. 209.

derselben Medaille).[185] Der vom Insider infolge des Informationsvorsprungs erzielte Gewinn könne andere Marktteilnehmer benachteiligen. Wenn den professionellen Marktteilnehmern oder den anderen Anlegern die Insiderinformationen unbekannt seien, bestünde die Gefahr, dass sie die Wertpapiere bei einer schlechten Information zu teuer kauften bzw. bei einer positiven Nachricht zu billig verkauften. Dagegen wurde geltend gemacht, es könne aus den Gesetzesmaterialien nicht darauf geschlossen werden, dass der Gesetzgeber mit den Vorschriften über verbotene Insidergeschäfte auch die Vermögensinteressen der Anleger schützen wollte. Die Regeln würden zwar den Zweck verfolgen, das Vertrauen der Anleger zu stärken. Dies erfolge aber in erster Linie, um die Funktionsfähigkeit der Kapitalmärkte zu gewährleisten. Den im Schrifttum reklamierten Gefahren für Anleger habe der Gesetzgeber mittlerweile durch die Ad-hoc-Publizitätshaftung Rechnung getragen. Das Verbot von Insidergeschäften sei aus diesen Gründen kein Schutzgesetz iSv § 823 Abs. 2 BGB.[186]

103 Die Ablehnung einer Schutzgesetzhaftung ist auch nach neuer Rechtslage überzeugend.[187] Weder die Kommission noch das Europäische Parlament und der Rat haben bei der Verabschiedung der MAR und CRIM-MAD die Vorstellung gehabt, dass Anleger bei einem Verstoß gegen das Verbot des Insiderhandels das Recht haben sollten, von ihrer Vertragspartei Schadensersatz zu verlangen. Dass in den Erwägungsgründen der Anlegerschutz als Regelungsziel genannt ist, kann schwerlich als ein Bekenntnis für einen vermögensrechtlichen Schutz angesehen werden. Das europäische Insiderrecht ist vielmehr von der Vorstellung getragen, dass Anlegervertrauen für den Funktionsschutz erforderlich ist (→ Rn. 4). Es ist auch nicht aus Gründen des *effet utile* geboten, einen haftungsrechtlichen Schutz durch eine Schutzgesetzhaftung anzuerkennen. Es reicht aus, dass das Insiderverbot durch straf- und verwaltungsrechtliche Sanktionen sowie durch die öffentliche Bekanntmachung durch die BaFin durchgesetzt wird. Die Rechtsprechung des EuGH zur kartellrechtlichen Durchsetzung von Verboten („*Muñoz*")[188] gebietet keine andere Beurteilung der Schutzgesetzqualität.

104 Dies schließt es freilich nicht aus, dass im Einzelfall zivilrechtliche Schadensersatzansprüche bestehen können. Am ehesten dürften solche Ansprüche bei *face-to-face*-Transaktionen in Betracht kommen, wenn ein Anleger geltend macht, dass er das Geschäft bei Kenntnis der Insiderinformation nicht getätigt hätte. Rechtsgrundlage können § 311 Abs. 3 BGB (c. i. c.), § 826 BGB oder § 823 Abs. 2 BGB iVm § 404 AktG sein.

105 Schließlich können sich aus einem Insiderverstoß weitere zivilrechtliche Rechtsfolgen ergeben, wie beispielsweise die **außerordentliche Kündigung** des Anstellungsvertrags eines Wertpapierhändlers oder Vorstandsmitglieds sowie dessen **Abberufung** durch den Aufsichtsrat gem. § 84 AktG oder durch die BaFin gem. § 36 Abs. 2 KWG.

---

[185] *Assmann* AG 1994, 237 (250); *Claussen* AG 1997, 306 (307); *Hopt* ZGR 1991, 17 (26); *Krauel* Insiderhandel S. 306.

[186] Vgl. *Caspari* ZGR 1994, 530 (532); *Happ* JZ 1994, 240 (243); *Immenga* ZBB 1995, 197 (205); *Kaiser* WM 1997, 1557 (1559 f.); *Klöhn* in KölnKomm WpHG § 14 Rn. 521; *Mennicke* in Fuchs WpHG § 14 Rn. 444; *Steinhauer*, Insiderhandelsverbot und Ad-hoc-Publizität, S. 107 f.

[187] AA *Beneke/Thelen* BKR 2017, 12 (14 ff.); wohl auch *Poelzig* NZG 2016, 492 (501).

[188] EuGH v. 17.9.2002 – Rs. C-253/00, Slg. 2002, I-7289 (7312) – *Muñoz*; vgl. auch *Veil* in Veil, European Capital Markets Law, § 12 Rn. 26 f.

§ 8 Offenlegungsverbot

Übersicht

Literatur

Cloppenburg/Kruse, Die Weitergabe von Insiderinformationen an und durch Journalisten, WM 2007,1109; *Fleischer/Bedkowski*, Aktien- und kapitalmarktrechtliche Probleme des Pilot Fishing bei Börsengängen und Kapitalerhöhungen, DB 2009, 2195; *Klöhn* Finanzjournalismus und neues Marktmissbrauchsrecht, WM 2016,

2241; *Sven H. Schneider*, Die Weitergabe von Insiderinformationen – Zum normativen Verhältnis der verschiedenen Formen der Informationswiedergabe, NZG 2005, 702; *Schroeder*, Strafrechtliche Risiken für den investigativen Journalismus? – Die Meinungs- und Pressefreiheit und das Wertpapierhandelsgesetz, NJW 2009, 465; *Singhof*, „Market Sounding" nach der Marktmissbrauchsverordnung, ZBB 2017, 193; *Tissen*, Die Investorensuche im Lichte der EU-Marktmissbrauchsverordnung, NZG 2015, 1254; *Zetzsche*, Normaler Geschäftsgang und Verschwiegenheit als Kriterien für die Weitergabe transaktionsbezogener Insiderinformationen an Arbeitnehmer, NZG 2015, 817; *Zetzsche*, Die Marktsondierung nach Art. 11 MAR, AG 2016, 810.

I. Regelungsgegenstand und -zweck

1 Art. 14 lit. c) MAR[1] verbietet die **unrechtmäßige Offenlegung von Insiderinformationen**. Der Tatbestand wird in Art. 10 Abs. 1 MAR näher konkretisiert. Damit flankiert der Gesetzgeber das Insiderhandelsverbot nach Art. 8 MAR. Grund dafür ist die mit der Verbreitung von Insiderinformationen steigende Gefahr der Durchführung von verbotenen Insidergeschäften. Je mehr Personen über Insiderinformationen verfügen, desto mehr können den dadurch erlangten Informationsvorsprung zu eigenen Gunsten bei der Durchführung eines Geschäfts in Finanzinstrumenten nutzen. Dieser Gefahr begegnet der Gesetzgeber, indem er bereits die Offenlegung von Insiderinformation grundsätzlich sanktioniert, mithin die bloße Erhöhung der Gefahr.[2] Inhaltlich entspricht das Offenlegungsverbot nach Art. 10 MAR dem bisherigen Weitergabeverbot nach Art. 3 MAD.[3] Dieses war durch § 14 Abs. 1 Nr. 2 WpHG aF in deutsches Recht umgesetzt worden. Die dazu entwickelte Rechtsprechung, Aufsichtspraxis und Literatur kann daher grds. zur Auslegung von Art. 10 MAR herangezogen werden.

2 Neben dem Grundtatbestand des Offenlegungsverbots in Art. 10 MAR findet sich in Art. 11 MAR eine **Sonderregelung zu sog. Marktsondierungen**. Darunter ist ganz allgemein die Ansprache von Investoren im Vorfeld einer Transaktion zu verstehen, um ein besseres Verständnis der Chancen der Durchführbarkeit und den dabei möglicherweise erzielbaren Konditionen zu gewinnen. Dabei macht Art. 11 MAR bestimmte Vorgaben für die Durchführung von Marktsondierungen, bei deren Einhaltung vermutet wird, dass die Offenlegung von Insiderinformationen zulässigerweise erfolgt. Die Verfahrensvorgaben des Art. 11 MAR werden durch zwei Verordnungen der Kommission konkretisiert, einem **technischen Regulierungsstandard** („VO 2016/960")[4] und einem **technischen Durchführungsstandard** („VO 2016/959")[5]. Diese wurden von der Kommission aufgrund der Ermächtigungen in Art. 11 Abs. 9 und 10 MAR auf der Grundlage von Entwürfen des ESMA erlassen.

3 Darüber hinaus hat **ESMA Leitlinien** veröffentlicht, die die Verhaltens- und Organisationspflichten derjenigen Personen konkretisiert, die Marktsondierungen erhalten.[6] Diesen

[1] Verordnung (EU) Nr. 596/2014 des Europäischen Parlaments und des Rates vom 16. April 2014 über Marktmissbrauch (Marktmissbrauchsverordnung) und zur Aufhebung der Richtlinie 2003/6/EG des Europäischen Parlaments und des Rates und der Richtlinien 2003/124/EG, 2003/125/EG und 2004/72/EG der Kommission, ABl. EU Nr. L173 v. 12.6.2014 S. 1 ff. (MAR).

[2] BaFin Emittentenleitfaden Tz. III 2.2.2. (S. 41) zum Weitergabeverbot des § 14 Abs. 1 Nr. 2 WpHG; *Assmann* in Assmann/Schneider WpHG § 14 Rn. 63; *Schwark/Kruse* in Schwark/Zimmer § 14 WpHG Rn. 39; *Klöhn* in KölnKomm WpHG § 14 Rn. 14.

[3] *Teigelack* BB 2012, 1361; *Kiesewetter/Parmentier* BB 2013, 2371 (2373); *Klöhn* in KölnKomm WpHG § 14 Rn. 268; *Poelzig* NZG 2016, 528.

[4] Delegierte Verordnung (EU) 2016/960 der Kommission vom 17.5.2016 zur Ergänzung der Verordnung (EU) Nr. 596/2014 des Europäischen Parlaments und des Rates durch technische Regulierungsstandards für angemessene Regelungen, Systeme und Verfahren für offenlegende Marktteilnehmer bei der Durchführung von Marktsondierungen, ABl. EU Nr. L160 v. 17.6.2016 S. 29 ff.

[5] Durchführungsverordnung (EU) 2016/959 der Kommission vom 17.5.2016 zur Festlegung technischer Durchführungsstandards für Marktsondierungen in Bezug auf die von offenlegenden Marktteilnehmern zu nutzenden Systeme und Mitteilungsmuster und das Format der Aufzeichnungen gemäß Verordnung (EU) Nr. 596/2014 des Europäischen Parlaments und des Rates, ABl. EU Nr. L160 v. 17.6.2016 S. 23 ff.

[6] ESMA, MAR-Leitlinien für Personen, die Marktsondierungen erhalten v. 20.10.2016, ESMA/2016/1477.

liegt die Ermächtigung in Art. 11 Abs. 11 MAR zugrunde. Danach gibt ESMA Leitlinien[7] heraus zu

(a) Faktoren, die von diesen Personen zu berücksichtigen sind, um beurteilen zu können, ob die ihnen offengelegten Informationen Insiderinformationen darstellen,
(b) Schritten, die sie unternehmen müssen, um die Verbote des Insiderhandels- und der (unberechtigten) Offenlegung von Insiderinformationen nach Art. 8 und 10 MAR einzuhalten, und
(c) von ihnen zu führende Aufzeichnungen zum Nachweis der Einhaltung der Vorgaben von Art. 8 und 10 MAR.

II. Allgemeine Regelung (Art. 10 Abs. 1 MAR)

1. Verbotstatbestand

a) Offenlegung

Art. 10 Abs. 1 UAbs. 1 MAR untersagt die unberechtigte **Offenlegung** von Insiderinformationen. In Art. 3 lit. a) MAD[8] war noch von „Weitergabe" die Rede. Der Unterschied dürfte freilich ohne Belang sein.[9] § 14 Abs. 1 Nr. 2 WpHG aF gebrauchte wiederum die Formulierung „mitteilen oder zugänglich machen". Ein Vergleich mit der englischen Sprachfassung der MAR offenbart, dass diese terminologischen Unterschiede keine materielle Änderung gegenüber dem bis Mitte 2016 geltenden alten Recht bedeuten. Denn schon die MAD verwendete in der englischen Sprachfassung den Begriff „disclosure", dessen sich nun auch Art. 10 der MAR bedient. Mithin ist nach jener Sprachfassung, die von den Gremien der europäischen Legislative verhandelt und beschlossen wurde, nicht von einer gewollten Änderung der Tathandlung gegenüber der bisherigen Rechtslage auszugehen. Die nur in der bisherigen nationalen Umsetzung verwendete Alternative „zugänglich machen" dürfte als ein Unterfall der Offenlegung weiterhin vom Verbotstatbestand erfasst sein.[10] Denn es ist nicht ersichtlich, dass der europäische Gesetzgeber an dieser Stelle eine Lockerung herbeiführen wollte. Vielmehr hat die MAR nach ihrem Erwägungsgrund 4 das Ziel, einen einheitlicheren und stärkeren Rechtsrahmen zu schaffen, um Marktintegrität zu wahren. Zudem ist der Begriff der „Offenlegung" weiter als jener der „Mitteilung", so dass der Verbotstatbestand auch ohne die ausdrückliche Hinzufügung der Tatbestandsalternative „Zugänglichmachen" sowohl durch aktives Tun als auch Unterlassen verwirklicht werden kann.[11] Einer Garantenstellung bedarf es dazu nicht; vielmehr ging die hM schon bei der Vorläuferbestimmung des § 14 Abs. 1 Nr. 2 WpHG aF von einem echten Unterlassungsdelikt aus.[12] Daher ist weiterhin sowohl die unmittelbare Weitergabe als auch das Ermöglichen der Kenntnis von einer Insiderinformation tatbestandsmäßig.[13] Als Beispiele hierfür werden genannt: die fehlende Sperrung bzw. Sicherung von Compu- 4

7 Art. 16 Verordnung (EU) Nr. 1095/2010 des Europäischen Parlaments und des Rates vom 24.11.2010 zur Errichtung einer Europäischen Aufsichtsbehörde (Europäische Wertpapier-und Marktaufsichtsbehörde), zur Änderung des Beschlusses Nr. 716/2009/EG und zur Aufhebung des Beschlusses 2009/77/EG der Kommission, ABl. EU Nr. L331 v. 15.12.2010 S. 84ff. (ESMA-VO).

8 Richtlinie 2003/6/EG des Europäischen Parlaments und des Rates vom 28. Januar 2003 über Insider-Geschäfte und Marktmanipulation (Marktmissbrauch), ABl. EU Nr. L96 v. 12.4.2003 S. 16ff. (MAD 2003).

9 Ebenso *Hopt/Kumpan* in Schimansky/Bunte/Lwowski BankR-HdB § 107 Rn. 103.

10 In diesem Sinne zum alten Recht: *Klöhn* in KölnKomm WpHG § 14 Rn. 282.

11 So zum alten Recht *Assmann* in Assmann/Schneider WpHG § 14 Rn. 66; *Mennicke* in Fuchs WpHG § 14 Rn. 186f., 191.

12 *Mennicke* in Fuchs WpHG § 14 Rn. 184; *Ritz* in JVRB WpHG § 14 Rn. 84; *Klöhn* in KölnKomm WpHG § 14 Rn. 261, 285; *Rothenhöfer* in Kümpel/Wittig Rn. 3.550.

13 Zu dieser Konkretisierung nach altem Recht BaFin Emittentenleitfaden Tz. III 2.2.2.1 (S. 41); ebenso *Hopt* in Schimansky/Bunte/Lwowski BankR-HdB 4. Aufl. 2011 § 107 Rn. 57; *Hilgendorf* in Park Kapitalmarktstrafrecht § 14 WpHG Rn. 162.

tern oder die nicht ordnungsgemäße Verwahrung von Schriftstücken an einem allgemein zugänglichen Ort.[14] Zu weit ginge es dagegen, eine rechtswidrige faktisch bestehende Zugriffsmöglichkeit für tatbestandsmäßig zu halten, etwa wenn sich nicht zugangsbefugte Dritte zu dem Büro des Insiders Zutritt verschaffen,[15] zumal wenn dieses verschlossen ist. Dementsprechend liegt in der verkehrsüblichen Versendung von Insiderinformationen (etwa von Transaktionsdokumenten) keine tatbestandsmäßige Offenlegung, wenn sich Dritte diese unbefugterweise verschaffen.

5 Schon nach altem Recht war es zur Vollendung des Tatbestandsmerkmals „Zugänglichmachen" nicht erforderlich, dass ein Dritter tatsächlich Kenntnis von der Insiderinformation erlangt;[16] die neue Formulierung „Offenlegung" macht dies noch deutlicher. Keine (vollendete) Offenlegung liegt dagegen vor, wenn der Dritte die Insiderinformation bereits kannte.[17] Dann ist nämlich die vom Verbotstatbestand sanktionierte Erweiterung des Kreises der Insider und damit die Erhöhung der Gefahr eines Insiderdelikts gerade nicht eingetreten.[18]

b) Adressatenkreis

6 Adressat der Verbotsnorm sind Personen, die über Insiderinformationen verfügen. Art. 10 Abs. 1 UAbs. 2 MAR konkretisiert diesen Personenkreis als **alle natürlichen oder juristischen Personen** in den in Art. 8 Abs. 4 MAR genannten Situationen bzw. unter den dort aufgeführten Umständen. Diese Bestimmung differenziert – wie schon im alten Recht Art. 2 Abs. 1 UAbs. 2, Art. 4 MAD 2003 – zwischen **Primär- und Sekundärinsidern**. Erstere sind diejenigen Personen, die aufgrund ihrer Organmitgliedschaft bei oder Kapitalbeteiligung an einem Emittenten (oder – neu – Teilnehmers am Markt für Emissionszertifikate), ihrer Arbeit, ihres Berufs oder der Erfüllung von Aufgaben oder ihrer Beteiligung an kriminellen Handlungen Zugang zu Informationen haben. Letztere sind darüber hinaus solche Personen, die Insiderinformationen unter anderen Umständen besitzen und wissen oder wissen müssten, dass es sich dabei um Insiderinformationen handelt. Die Unterscheidung hat freilich keine nennenswerte Bedeutung. Schon im bis zur Anwendbarkeit der MAR geltenden Recht spielte der Unterschied zwischen Primär- und Sekundärinsidern nur noch im Rahmen der Sanktionen eine Rolle. So war die unberechtigte Weitergabe von Insiderinformationen nach § 14 Abs. 1 Nr. 2 WpHG aF nur für Primärinsider eine Straftat nach § 38 Abs. 1 Nr. 2 WpHG aF. Für Sekundärinsider stellte sie gem. § 39 Abs. 2 Nr. 3 WpHG aF lediglich eine Ordnungswidrigkeit dar. Seit Umsetzung der CRIM-MAD[19] durch das 1. Finanzmarktnovellierungsgesetz (1. FimanoG) wird in § 119 Abs. 3 Nr. 3 WpHG nunmehr der vorsätzliche Verstoß gegen das Offenlegungsverbot unterschiedslos für Primär- und Sekundärinsider unter Strafe gestellt.[20]

---

[14] *Mennicke* in Fuchs WpHG § 14 Rn. 191.

[15] *Mennicke* in Fuchs WpHG § 14 Rn. 194.

[16] BaFin Emittentenleitfaden Tz. III 2.2.2.1 (S. 41); *Mennicke* in Fuchs WpHG § 14 Rn. 193; *Ritz* in JVRB WpHG § 14 Rn. 81 ff.; *Sethe* in Assmann/Schütze § 8 Rn. 122; ausführlich mit Analyse der Sprachfassungen der MAD 2003, wobei maßgeblich auf die in der MAR beibehaltenen Formulierung „disclosure" der englischen Sprachfassung abzustellen ist, *Klöhn* in KölnKomm WpHG § 14 Rn. 282; **aA** *Hilgendorf* in Park Kapitalmarktstrafrecht § 14 WpHG Rn. 163; *Assmann* in Assmann/Schneider WpHG § 14 Rn. 69; *Lösler* in Habersack/Mülbert/Schlitt, HdB der Kapitalmarktinformation, § 2 Rn. 82, *Hopt* in Schimansky/Bunte/Lwowski BankR-HdB § 107 Rn. 57, *Schwark/Kruse* in Schwark/Zimmer § 14 WpHG Rn. 42; *Rothenhöfer* in Kümpel/Wittig Rn. 3.551.

[17] *Assmann* in Assmann/Schneider WpHG § 14 Rn. 69; *Schwark/Kruse* in Schwark/Zimmer § 14 WpHG Rn. 44; *Ritz* in JVRB WpHG § 14 Rn. 85; *Klöhn* in KölnKomm WpHG § 14 Rn. 273, 277,, 284; **aA** *Mennicke* in Fuchs WpHG § 14 Rn. 195; *Hilgendorf* in Park Kapitalmarktstrafrecht § 14 WpHG Rn. 163; *Sethe* in Assmann/Schütze § 8 Rn. 124.

[18] → Rn. 1.

[19] Richtlinie 2014/57/EU des Europäischen Parlaments und des Rates vom 16. April 2014 über strafrechtliche Sanktionen bei Marktmanipulation (Marktmissbrauchsrichtlinie), ABl. EU Nr. L173 v. 12.6.2014 S. 179 ff. (CRIM-MAD).

[20] RegE 1. FimanoG BR-Drucks. 19/16 S. 72.

Empfänger der Offenlegung kann jede Person sein, also ebenso eine natürliche wie eine juristische Person,[21] so dass auch die Offenlegung etwa gegenüber dem Arbeitgeber oder eine Beteiligungs- oder die Muttergesellschaft erfasst sein kann, ohne dass eine konkrete natürliche Person als Empfänger identifiziert werden muss.[22] Ob der Empfänger die Insiderinformation überhaupt zur Kenntnis nimmt[23] oder als solche erkennt,[24] ist unerheblich. 7

2. Ausnahme für die rechtmäßige Offenlegung

Die Offenlegung von Insiderinformationen ist nur verboten, wenn sie unrechtmäßig ist. 8
Art. 10 Abs. 1 UAbs.1 MAR definiert – insoweit im Einklang mit der Vorläuferregelung in Art. 3 MAD – die Unrechtmäßigkeit in Form eines negativen Tatbestandsmerkmals,[25] indem er die rechtmäßige Offenlegung bestimmt. Diese Begriffsbestimmung war bisher in § 14 Abs. 1 Nr. 2 WpHG aF nicht enthalten; dieser war aber richtlinienkonform nach Maßgabe des Art. 3 MAD in diesem Sinne auszulegen.

a) normale Ausübung einer Beschäftigung oder eines Berufs oder normale Erfüllung von Aufgaben

Eine rechtmäßige Offenlegung liegt vor, wenn sie im Zuge der normalen Ausübung einer 9
Beschäftigung, eines Berufs oder der normalen Erfüllung von Aufgaben erfolgt. Dabei kommt es auf Beschäftigung, Beruf bzw. Aufgabe des Weitergebenden an.[26] Im Umkehrschluss ist eine Weitergabe im privaten Bereich (grds.) nicht rechtmäßig.[27] Die in der Literatur diskutierte Ausnahme zum Schutz der Grundrechte des Weitergebenden, etwa im Fall der Offenlegung einer Erkrankung gegenüber einem Arzt durch ein Vorstandsmitglied, lässt sich mit einer verfassungs- bzw. grundrechtskonformen einschränkenden Auslegung begründen, auch wenn dies mit Beschäftigung, Beruf oder Aufgabe des Weitergebenden nicht unmittelbar zu tun hat.[28]

Nach der bisherigen Rechtsprechung des EuGH ist die Ausnahme vom Verbot der 10
Offenlegung von Insiderinformationen mit Blick darauf eng auszulegen, dass jede zusätzliche Verbreitung die Gefahr vergrößern kann, dass Insiderinformationen mit einem der Insiderrichtlinie (zunächst ersetzt durch die MAD, jetzt die MAR) zuwider laufenden Ziel ausgenutzt werden. Anknüpfungspunkt ist dabei zunächst das unbestimmte Tatbestandsmerkmal der „normalen" Ausübung. Der EuGH verweist in der **Grøngaard-Entscheidung**, in der es um die Organmitgliedschaft von Arbeitnehmervertretern und die Weitergabe von Insiderinformationen an den Vorsitzenden der Arbeitnehmerorganisation ging, auf die Vorschriften, die diese Aufgaben in der betreffenden nationalen Rechtsordnung regeln.[29] Daraus ist zu folgern, dass der Zweck der Offenlegung als solcher rechtlich zulässig sein muss.[30]

Zudem muss ein **enger Zusammenhang** zwischen der Offenlegung und der Ausübung 11
der Arbeit oder des Berufs oder der Erfüllung von Aufgaben bestehen. Voraussetzung für

[21] Art. 2 Abs. 1 Nr. 13 MAR; *Ritz* in JVRB WpHG § 14 Rn. 82.
[22] *Mennicke* in Fuchs WpHG § 14 Rn. 184; ähnlich BaFin Emittentenleitfaden Tz. III 2.2.2.1 (S. 41).
[23] *Mennicke* in Fuchs WpHG § 14 Rn. 193; ebenso wohl BaFin Emittentenleitfaden Tz. III 2.2.2.1 (S. 41); aA *Assmann* in Assmann/Schneider WpHG § 14 Rn. 69.
[24] *Mennicke* in Fuchs WpHG § 14 Rn. 189; *Assmann* in Assmann/Schneider WpHG § 14 Rn. 65; *Sethe* in Assmann/Schütze § 8 Rn. 123.
[25] *Assmann* in Assmann/Schneider WpHG § 14 Rn. 72; *Schwark/Kruse* in Schwark/Zimmer § 14 WpHG Rn. 45; *Mennicke* in Fuchs WpHG § 14 Rn. 197; *Ritz* in JVRB WpHG § 14 Rn. 86; *Hilgendorf* in Park Kapitalmarktstrafrecht Kap. 3 D Rn. 164; *Sethe* in Assmann/Schütze § 8 Rn. 125.
[26] *Klöhn* in KölnKomm WpHG § 14 Rn. 299; ähnlich *Mennicke* in Fuchs WpHG § 14 Rn. 205.
[27] *Mennicke* in Fuchs WpHG § 14 Rn. 201; aA *Szesny* in Böttger Kapitalmarktstrafrecht Kapitel 6 Rn. 129 mit Blick auf den Schutz von Ehe und Familie nach Art. 6 Abs. 1 GG.
[28] Vgl. *Klöhn* in KölnKomm WpHG § 14 Rn. 305 ff.
[29] EuGH v. 22.11.2005 – Rs. C-348/02, Slg. 2005 I-9939 = NJW 2006, 133 – *Grøngaard.*
[30] *Klöhn* in KölnKomm WpHG, § 14 Rn. 298.

die rechtmäßige Weitergabe ist also, so folgert der EuGH, dass die Weitergabe für die betreffende Arbeit, den Beruf oder die Aufgabe **unerlässlich** ist.[31] Das bedeutet: der Kreis der Empfänger von zulässigerweise offengelegten Insiderinformationen muss so klein wie möglich sein.[32] Mit anderen Worten: Insiderinformationen dürfen rechtmäßig nur an die Personen weitergegeben werden, deren Kenntnis erforderlich ist, um den mit der Offenlegung verfolgten (zulässigen) Zweck erreichen zu können (sog. **Need-to-know-Prinzip**). Das heißt freilich nicht, dass der Insider bei seiner Wahl der Mittel zur sachgerechten und hinreichend sicheren Erreichung des von ihm verfolgten Zwecks Abstriche machen müsste. Vielmehr hat der Insider nach eigenem Ermessen zu entscheiden, welche Personen er glaubt einbinden zu müssen, um seine Aufgabe sachgerecht erledigen zu können.[33] Umgekehrt ist die Offenlegung nicht mehr unerlässlich, wenn zur Erreichung des mit ihr verfolgten (an sich zulässigen) Zwecks eine ebenso wirksame, aber im Hinblick auf die Erhöhung der Gefahr des Insiderhandels weniger gefährliche Vorgehensweise möglich erscheint.[34]

12 Diese restriktive Auslegung des negativen Tatbestandsmerkmals der „rechtmäßigen Offenlegung" ergibt sich zwar nicht unmittelbar aus dem Wortlaut des Offenlegungsverbots (und zwar weder nach der MAD noch nach der MAR). Es ist jedoch angesichts des weitestgehend unverändert gebliebenen Wortlauts kein Wille des Gesetzgebers zu erkennen, am Inhalt der Ausnahmen vom Offenlegungsverbot etwas zu ändern. Insbesondere kann dies nicht daraus gefolgert werden, dass – anders etwa als bei der Geltl ./. Daimler-Entscheidung[35] zu zeitlich gestreckten Vorgängen in Art. 7 Abs. 2 und 3 MAR – die in der Grøngaard-Entscheidung entwickelten besonderen Anforderungen an eine rechtmäßige Offenlegung keinen Eingang in der Wortlaut der MAR gefunden haben.[36] Vielmehr schließt der gesetzgeberische Willen, einen stärkeren Rahmen zu schaffen, um die Marktintegrität zu wahren,[37] eine Lockerung des Offenlegungsverbots aus.[38]

13 Die rechtmäßige Offenlegung von Insiderinformationen kann auch die Weitergabe an **externe Berater** einschließen, jedenfalls wenn plausible Gründe vorliegen, dass die das Einholen externen Rats rechtfertigen. Dies gilt insbesondere wenn eine sach- und zeitgerechte Behandlung eines insiderrelevanten Sachverhalts die Hinzuziehung externer Ressourcen geboten erscheinen lässt.[39] Die Gründe hierfür mögen vielfältig sein; im Schrifttum werden hierfür die besondere Fähigkeit zur unabhängigen Beurteilung, Gesichtspunkte der Vertraulichkeit oder die Vermeidung von Interessenkonflikten angeführt.[40] Weitere Gründe können etwa in der besonderen Expertise eines herangezogenen Experten oder dem Mangel an internen Ressourcen liegen. Soweit jedoch eine Offenlegung auch nach dem Ermessen des Insiders nur zweckmäßig oder gar nützlich erscheint, ohne dass es ihrer zur Zweckerreichung bedarf, dürfte der Rahmen der rechtmäßigen Weitergabe überschritten sein.[41] Dagegen kann es keinesfalls insiderrechtlich geboten sein, unternehmerische Entscheidungsprozesse und deren Vorbereitung dadurch unangemessen zu verkomplizieren oder zu verzögern, dass die für eine effizientere Erledigung erforderlichen Ressourcen nicht hinzugezogen werden.[42]

---

[31] EuGH v. 22.11.2005 – Rs. C-348/02, Slg. 2005 I-9939 = NJW 2006, 133 – *Grøngaard.*
[32] *Mennicke* in Fuchs WpHG § 14 Rn. 202.
[33] *Assmann* in Assmann/Schneider WpHG § 14 Rn. 74a; *Schwark/Kruse* in Schwark/Zimmer § 14 WpHG Rn. 47 f.; im Ansatz ähnlich *Schröder*, HdB Kapitalmarktstrafrecht, 2. Kapitel E. Rn. 289.
[34] *Meyer/Kiesewetter* WM 2009, 340; *Kiesewetter/Parmentier* BB 2013, 2371.
[35] EuGH v. 28.6.2012 – Rs. C-19/11, ECLI:EU:C:2012:397 = NJW 2012, 2787 – *Geltl.*
[36] So aber offenbar *Sethe* in Assmann/Schütze § 8 Rn. 128; *Zetzsche* NZG 2015, 827; *Tissen* NZG 2016, 528.
[37] Erwägungsgrund 4 MAR.
[38] Wie hier *Kiesewetter/Parmentier* BB 2013, 2371; *Veil* ZBB 2014, 85; *Poelzig* NZG 2016, 528; *Hopt/Kumpan* in Schimansky/Bunte/Lwowski BankR-HdB § 107 Rn. 106.
[39] *Assmann* in Assmann/Schneider WpHG § 14 Rn. 74b.
[40] Ähnlich *Mennicke* in Fuchs WpHG § 14 Rn. 202.
[41] Weiter gehend wohl *Mennicke* in Fuchs WpHG § 14 Rn. 206 ff.
[42] *Assmann* in Assmann/Schneider WpHG § 14 Rn. 79; ähnlich *Ritz* in JVRB WpHG § 14 Rn. 91.

Bei der nach diesen Vorgaben als grds. zulässig angesehen Weitergabe sind zudem **Vorkehrungen gegen eine unkontrollierte Weiterverbreitung** der Insiderinformationen zu treffen. Diese bestehen vor allem in der Belehrung des Empfängers über die insiderrechtlichen Vorschriften und dessen Verpflichtung zur Vertraulichkeit – was in der Praxis meist miteinander verbunden wird. Das ergibt sich zwar nicht unmittelbar aus Art. 10 Abs. 1 MAR, aber aus dem Zusammenspiel einer Reihe anderer Bestimmungen des Insiderrechts.[43] So müssen ein Emittent und alle für ihn handelnden Personen dafür sorgen, dass alle von ihnen auf einer Insiderliste zu erfassenden Personen[44] die für sie geltenden insiderrechtlichen Pflichten anerkennen, einschließlich der bei Verstößen geltenden Sanktionen. Diese ergeben sich im Einzelnen aus den Regelungen der MAR, der auf ihrer Grundlage bestehenden Rechtsakte und den dazu erlassenen Verwaltungsvorschriften erwachsenden Pflichten, den Sanktionen aus der CRIM-MAD und den zu deren Umsetzung und der Umsetzung der Sanktionsbestimmungen aus der MAR geltenden Rechtsvorschriften nationalen Rechts (in Deutschland §§ 119 f. WpHG). Legt ein Emittent zudem eine ihn unmittelbar betreffende Insiderinformation[45] einem Dritten gegenüber offen[46], kann er deren Veröffentlichung grds. nicht mehr unter Berufung auf die Möglichkeit zur sog. Selbstbefreiung aufschieben[47]. Eine Ausnahme gilt nur, wenn die Informationen erhaltende Person zur Verschwiegenheit verpflichtet ist. Daher erscheint der Abschluss einer Vertraulichkeitsvereinbarung jedenfalls dann geboten, wenn sich die Vertraulichkeitsverpflichtung des Empfängers nicht klar aus Rechts- oder Verwaltungsvorschriften, einer Satzung, ohnehin bestehenden vertraglichen Regelungen (etwa einem Anstellungsvertrag) oder unternehmensinternen Richtlinien ergibt.[48] 14

b) Offenlegung aufgrund gesetzlicher Verpflichtung

Ebenso rechtmäßig ist ferner die Offenlegung von Insiderinformationen aufgrund einer gesetzlichen Verpflichtung. Dies gilt insbesondere für gesetzliche Mitteilungspflichten, zuvörderst der Pflicht zur Veröffentlichung einer Ad-hoc-Mitteilung,[49] von Stimmrechtsanteilen an einer börsennotierten Gesellschaft[50] oder auch Offenlegungspflichten gegenüber Behörden oder Abschluss- und Sonderprüfern.[51] Freilich beschränkt sich die Weitergabe auf den Umfang der rechtlichen Verpflichtung. Soweit es um die Offenlegung im Rahmen eines behördlichen Genehmigungsverfahrens oder auch in eines Gerichts- oder Schiedsverfahrens geht, ist die Erfüllung von Obliegenheitspflichten gegenüber der betreffenden Behörde sowie der prozessualen Wahrheitspflicht nur insoweit Vorrang einzuräumen,[52] als nicht ein Zeugnis- oder Aussageverweigerungsrecht eingreift.[53] Das Verbot der Offenlegung von Insiderinformationen begründet für sich genommen jedoch kein Zeugnis- oder Aussageverweigerungsrecht.[54] 15

Die (freiwillige) Offenlegung zur Förderung des eigenen prozessualen oder auch vorprozessualen Vortrags in einer streitigen Auseinandersetzung, zur Abwendung eines negati- 16

[43] BaFin Emittentenleitfaden Tz. III 2.2.2.1 (S. 41) mit Verweis auf § 15 Abs. 1 S. 3 WpHG, dem der heutige Art. 17 Abs. 8 MAR entspricht.
[44] Art. 18 Abs. 1, 2 MAR, vgl. § 11.
[45] Art. 17 Abs. 1 MAR.
[46] Art. 17 Abs. 8 MAR.
[47] Art. 17 Abs. 4 oder 5 MAR.
[48] Dazu mit ähnlichem Ergebnis *Mennicke* in Fuchs WpHG § 14 Rn. 211 ff.
[49] Art. 17 MAR.
[50] §§ 33 ff. WpHG.
[51] *Mennicke* in Fuchs WpHG § 14 Rn. 224; *Schwark/Kruse* in Schwark/Zimmer § 14 WpHG Rn. 55; *Klöhn* in KölnKomm WpHG § 14 Rn. 467.
[52] Die können sich etwa aus § 138 ZPO; §§ 48, 57 ff. StPO oder §§ 27, 65 VwVfG ergeben, dazu *Mennicke* in Fuchs WpHG § 14 Rn. 229; *Klöhn* in KölnKomm WpHG § 14 Rn. 469.
[53] *Assmann* in Assmann/Schneider WpHG § 14 Rn. 178; *Schwark/Kruse* in Schwark/Zimmer § 14 WpHG Rn. 64.
[54] *Mennicke* in Fuchs WpHG § 14 Rn. 231; *Klöhn* in KölnKomm WpHG § 14 Rn. 469.

ven Ausgangs des Verfahrens oder allgemein zur Rechtsverteidigung wird grds.– auch soweit sie sich nicht schon aus der verfahrensrechtlichen Wahrheitspflicht herleiten lässt – bereits nach den allgemeinen Regeln unter dem Gesichtspunkt der Erfüllung einer (rechtlich zulässigen) Aufgabe rechtmäßig sein. Allerdings wird (auch unter dem Gesichtspunkt des von der Rechtsprechung begründeten Grundsatzes der „Unerlässlichkeit") zu Recht gefordert, dass die Offenlegung der betreffenden Insiderinformation aus der Sicht des offenlegenden Insiders objektiv entscheidungserheblich erscheint.[55]

3. Anwendungsfälle

17 Mit der **Einschränkung des generellen Offenlegungsverbots** trägt der Gesetzgeber der Unternehmenswirklichkeit Rechnung. Denn wesentliche unternehmerische Entscheidungen lassen sich nur treffen, wenn sie gründlich unter Einbindung der relevanten Abteilungen im Unternehmen und ggf. externer Parteien vorbereitet werden. Mitunter sind auch Transaktionen, sei es zur Finanzierung eines Unternehmens, sei es zum Erwerb oder der Veräußerung einer Beteiligung oder der Platzierung von Finanzinstrumenten faktisch nicht durchführbar, wenn nicht zuvor unter den potenziell Beteiligten Informationen ausgetauscht werden, die zur Entscheidungsfindung oder zur Vorbereitung der Dokumentation benötigt werden. Unternehmen, die sich als Emittenten[56] von Finanzinstrumenten[57] des Kapitalmarkts zur Finanzierung bedienen, sollen durch ihre Kapitalmarktorientierung nicht per se in ihrer unternehmerischen Handlungsfreiheit gehindert werden, solange der Schutzzweck des Verbots der unberechtigten Offenlegung von Insiderinformationen nicht beeinträchtigt wird. Gleiches gilt auch für die Inhaber von Finanzinstrumenten bei deren Erwerb, Veräußerung oder Interessenten an einem Unternehmenszusammenschluss. Richtschnur ist dabei, ob die Integrität des Kapitalmarkts und das Vertrauen der Marktteilnehmer beeinträchtigt werden kann.

18 Dies kommt in Erwägungsgrund 23 der MAR zum Ausdruck, wonach wesentliches Merkmal von Insidergeschäften ein ungerechtfertigter Vorteil ist, der durch Insiderinformationen zum Nachteil Dritter erzielt wird, die diese Informationen nicht kennen. Ist Vorsorge getroffen, dass durch die Offenlegung von Insiderinformationen kein ungerechtfertigter Vorteil zu Lasten Dritter erzielt werden kann, besteht daher kein Bedürfnis für ein Verbot. Dies gilt zum einen für sog. **Face-to-Face-Geschäfte**, bei denen die Beteiligten auf derselben Informationsgrundlage handeln,[58] ebenso wie für die Übermittlung von Insiderinformationen, um das für ein Face-to-Face-Geschäft erforderliche Informationsgleichgewicht herzustellen. Schließlich betrifft dies erst recht die Übermittlung von Insiderinformationen zu einem (legitimen) Zweck, der kein Insidergeschäft zur Folge hat.

a) Praxisbeispiele

19 Diese abstrakte Beschreibung der Regelungssystematik lässt sich anhand einiger Beispiele aus der Praxis veranschaulichen.

20 **aa) Organe und Funktionsträger.** Nichts anderes hat für die unternehmensinterne Weitergabe von Insiderinformationen an und durch **Mandatsträger** eines **Geschäftsführungs- oder Aufsichtsorgans** zu gelten, soweit diese ihren Grund in der Erfüllung der Leitungs- bzw. Überwachungsaufgaben des Organmitglieds in Bezug auf die Gesellschaft haben. Dies gilt sowohl innerhalb des betreffenden Organs aber auch für die funktionsbezogene Kommunikation zwischen Geschäftsführungs- und Aufsichtsorgan, sowie für die unternehmensinterne Berichterstattung an die jeweiligen Organe und ihre Mit-

---

[55] *Mennicke* in Fuchs WpHG § 14 Rn. 229; *Klöhn* in KölnKomm WpHG § 14 Rn. 470 ff.
[56] Art. 3 Abs. 1 Nr. 21 MAR.
[57] Art. 2 Abs. 1 MAR.
[58] → § 7 Rn. 45 f.

glieder.[59] Dabei ist den Organmitgliedern gestattet, die Informationsrechte nach dem anwendbaren Gesellschaftsrecht zu gewähren; sie haben zugleich die dort geregelten Grenzen zu beachten, die den Rahmen der „normalen Erfüllung" der Aufgaben als Organmitglied definieren.[60]

Entsprechend ist auch die unternehmensinterne Weitergabe von Insiderinformationen an Team- oder Bereichsleiter von internen **Kontrollfunktionen**, um diesen die Wahrnehmung ihrer Überwachungspflichten zu ermöglichen, grds. zulässig. Dies gilt beispielsweise gegenüber der Rechtsabteilung, Compliance, Beauftragten für den Datenschutz, die Bekämpfung von Geldwäsche oder Wirtschaftskriminalität, die Einhaltung von Wirtschaftssanktionen und deren Mitarbeiter sowie der internen Revision, ferner im Verhältnis zu durch das Unternehmen Beauftragte im Rahmen von internen Untersuchungen. 21

In diesem Zusammenhang kann auch eine Offenlegung an Hilfspersonen oder an zur Unterstützung herangezogene externe Berater erfolgen, soweit die Organmitglieder bzw. die betreffenden Funktionsträger dies für erforderlich halten, etwa aus Kapazitätsgründen, aber auch, um eine unternehmensunabhängige Einschätzung eines Experten zu erhalten. Die gesellschaftsrechtlichen Vorgaben stellen auch hier die Grenze der zulässigen Offenlegung dar. [61] 22

Für die Weitergabe an die Organe der **Arbeitnehmervertretung** gelten die vorstehenden Grundsätze grundsätzlich entsprechend. Konkret: im Rahmen der Unterrichtungspflichten des Vorstandes gegenüber etwa dem Betriebsrat, dem Sprecherausschuss oder dem Wirtschaftsausschuss sollen Mitglieder des Geschäftsführungsorgans auch Insiderinformationen rechtmäßig weitergeben können, jedoch nur soweit dies im Rahmen dieser Unterrichtungspflichten erforderlich ist.[62] Im Einzelnen ist dabei nach dem jeweiligen Umfang dieser Unterrichtungspflichten zu differenzieren. Insbesondere stehen diese in Bezug auf die Betriebsversammlung[63] und den Wirtschaftsausschuss[64] unter dem Vorbehalt, dass dadurch nicht die Betriebs- und Geschäftsgeheimnisse des Unternehmens gefährdet werden dürfen. Dazu dürften insbesondere auch Insiderinformationen gehören.[65] Bei der regelmäßigen Unterrichtung der Arbeitnehmer[66] fehlt es zwar an einem solchen Vorbehalt; da diese aber erst nach vorheriger Abstimmung mit dem Wirtschaftsausschuss, dem Betriebsrat oder einem Ausschuss des Betriebsrats erfolgt, kann die Unterrichtung der Arbeitnehmer nicht weiter gehen als die jener Gremien.[67] 23

Bei der konkreten Handhabung der Offenlegung ist zum einen nach der EuGH-Rechtsprechung danach zu differenzieren, ob das jeweilige Arbeitnehmerorgan die betreffende Information zur Erfüllung seiner Aufgaben benötigt. Zum anderen ist unter entsprechender Anwendung der Einschränkung in Bezug auf Betriebs- und Geschäftsgeheimnisse der Kreis der über Insiderwissen verfügenden Personen möglichst gering zu halten. Danach wird im Rahmen einer vertrauensvollen Zusammenarbeit mit Betriebsrat und Wirtschaftsausschuss eine vertrauliche Offenlegung regelmäßig zulässig sein.[68] Diese erscheint dagegen gegenüber der Betriebsversammlung[69] oder im Zuge der regelmäßigen Unterrichtung der 24

[59] *Assmann* in Assmann/Schneider WpHG § 14 Rn. 80; dazu ausführlich *Mennicke* in Fuchs WpHG § 14 Rn. 232 ff.

[60] *Mennicke* in Fuchs WpHG § 14 Rn. 236.

[61] *Mennicke* in Fuchs WpHG § 14 Rn. 236.

[62] *Mennicke* in Fuchs WpHG § 14 Rn. 238.

[63] § 43 Abs. 2 S. 3 2. Hs. BetrVG.

[64] § 106 Abs. 2 2. Hs. BetrVG.

[65] Vgl. insbesondere die Geheimhaltungspflichten nach Art. 17 Abs. 4 UAbs. 1 lit. c), Abs. 8 S. 2 MAR; **aA** *Fitting* BetrVG § 106 Rn. 35 für den Wirtschaftsausschuss, aber ohne nähere Begründung.

[66] § 110 Abs. 1 BetrVG.

[67] Im Ergebnis ebenso *Fitting* BetrVG § 110 Rn. 7; ausdrücklich die Unterrichtung über Insiderinformationen ausschließend *Annuß* in Richardi BetrVG § 110 Rn. 9.

[68] *Fitting* BetrVG § 106 Rn. 32, 35; dagegen ablehnend in Bezug auf den Wirtschaftsausschuss *Hilgendorf* in Park Kapitalmarktstrafrecht Kap. 3 D Rn. 172.

[69] *Assmann* in Assmann/Schneider WpHG § 14 Rn. 81.

Arbeitnehmer kritisch.[70] Mit Blick auf die Gefahr einer unkontrollierten Weiterverbreitung und die Erhöhung der Wahrscheinlichkeit von Insidergeschäften dürfte eine solche Information der Arbeitnehmer (etwa bei Strukturmaßnahmen) die vorherige Veröffentlichung einer Ad-hoc-Mitteilung erfordern, um den betreffenden Informationen ihre Qualität als Insiderinformation zu nehmen. Dies erscheint auch unter dem Gesichtspunkt geboten, dass die Betriebsversammlung ansonsten dazu führen würde, dass der Emittent die Geheimhaltung der Informationen nicht mehr sicherstellen könnte.[71] Damit wäre ein Aufschub einer Ad-Hoc-Mitteilung nicht mehr zu rechtfertigen, so dass diese ohnehin unverzüglich erfolgen müsste.[72] Erst recht darf eine weitergegebene Insiderinformation keinesfalls dazu verwendet werden, ggf. für Widerstand in der Arbeitnehmerschaft gegen bevorstehende unternehmerische Maßnahmen zu werben. Dies würde auch die Vertretungsaufgabe des betreffenden Organs überschreiten.

25 Für die Mitglieder der Arbeitnehmervertretung gilt wiederum, dass sie die Insiderinformationen, die sie zur Erfüllung ihrer Aufgabe erhalten haben, vertraulich behandeln müssen.[73] Es erscheint insoweit keine Konstellation denkbar, unter der es mit Blick auf die Zwecksetzung des Offenlegungsverbots für die Erfüllung der Aufgabe als Arbeitnehmervertreter unerlässlich erscheint, die erhaltene Insiderinformation weiterzugeben. Allenfalls könnte im Einzelfall eine Weitergabe an einen zur Verschwiegenheit verpflichteten Berater in Betracht kommen, sofern die Aufgabenerfüllung durch die Arbeitnehmervertretung entsprechenden fachlichen Rat erfordert.

26 Für die Offenlegung von Insiderinformationen zwischen **Konzernunternehmen** sind zunächst die gesellschaftsrechtlichen Vorgaben maßgeblich. Die Offenlegung muss also zum Zweck der einheitlichen Leitung des Konzerns erforderlich sein. Dies betrifft vor allem die Kommunikation vom Tochterunternehmen zur Mutter, insbesondere auch im Rahmen der Finanzberichterstattung und des konzernweiten Risikomanagements. Denkbar erscheinen aber auch umgekehrte Konstellationen, etwa wenn es um die Vorbereitung einer Umstrukturierung geht, bei der Organmitglieder oder Mitarbeiter einer Tochtergesellschaft eingebunden werden müssen.[74] Maßstab für die Zulässigkeit der Weitergabe der Insiderinformation ist nach Maßgabe der Grøngaard-Entscheidung des EuGH jeweils, ob die Insiderinformationen konkret benötigt werden, um die empfangende Stelle in die Lage zu versetzen, ihre konzerninternen Aufgaben wahrzunehmen.[75]

27 Wurde aber ein Aufsichtsratsmitglied von einem anderen Unternehmen in den Aufsichtsrat entsandt, ist er dagegen bereits nach den gesellschaftsrechtlichen Vorgaben auch gegenüber dem „entsendenden" Unternehmen zur Vertraulichkeit verpflichtet. Die „Entsendung" kann daher auch insiderrechtlich keine Offenlegung von Insiderinformationen rechtfertigen, da die Offenlegung dann gerade nicht im Rahmen der übertragenen „Aufgabe" erfolgt. Denn in deren Rahmen ist das betreffende Aufsichtsratsmitglied den Interessen derjenigen Gesellschaft verpflichtet, deren Organmitglied er in dieser Funktion ist.[76] Anderes mag nur gelten, wenn die Offenlegung durch das Interesse eben jener Gesellschaft rechtfertigt (etwa in einem konzernabhängigen Unternehmen das Konzerninteresse).[77]

28 **bb) Gestufte Entscheidungsprozesse und Transaktionen.** Besondere Bedeutung in der Unternehmenspraxis haben die Regelungen über die Offenlegung von Insiderinformationen durch die Behandlung gestufter Entscheidungsprozesse gewonnen. Für Unternehmen ist es oft von erheblicher Bedeutung, dass die ihnen zugrundeliegenden Informationen

---

[70] *Schwark/Kruse* in Schwark/Zimmer § 14 WpHG Rn. 50.
[71] *Ritz* in JVRB WpHG § 14 Rn. 82; ähnlich *Schwark/Kruse* in Schwark/Zimmer § 14 WpHG Rn. 50.
[72] Art. 17 Abs. 1, 4 UAbs. 1 lit. c) MAR.
[73] Vgl. nur die Vertraulichkeitspflichten nach § 79 BetrVG.
[74] *Assmann* in Assmann/Schneider WpHG § 14 Rn. 94; *Mennicke* in Fuchs WpHG § 14 Rn. 252.
[75] *Assmann* in Assmann/Schneider WpHG § 14 Rn. 95; *Ritz* in JVRB WpHG § 14 Rn. 97; *Schwark/Kruse* in Schwark/Zimmer § 14 WpHG Rn. 54; *Götze* Der Konzern 2016, 529.
[76] *Mennicke* in Fuchs WpHG § 14 Rn. 233, 237.
[77] → Rn. 26.

nicht vorzeitig bekannt werden. Nach der Rechtsprechung des EuGH[78] kann bereits ein Zwischenschritt eines solchen Prozesses für sich betrachtet eine Insiderinformation darstellen. Dies hat sich nunmehr auch ausdrücklich in Art. 7 Abs. 2 MAR niedergeschlagen. Danach können nicht nur bestehende Umstände oder solche künftigen Umstände oder Ereignisse eine Insiderinformation sein, bei denen man vernünftigerweise erwarten kann, dass sie in Zukunft eintreten werden. Bei einem zeitlich gestreckten Vorgang, der einen bestimmten Umstand oder ein bestimmtes Ereignis herbeiführen soll, kann dies auch auf jeden Zwischenschritt zutreffen, der mit deren Herbeiführung verbunden ist. Das gilt auch, wenn das Endereignis noch nicht hinreichend wahrscheinlich und damit für sich betrachtet noch nicht als Insiderinformation gilt.

Dies spielt bereits im laufenden Geschäftsbetrieb eine erhebliche Rolle. So können etwa Rohdaten aus dem **Rechnungswesen**, einschließlich Finanzinformationen von verbundenen Unternehmen einer Muttergesellschaft, für sich genommen bereits Insiderinformationen darstellen, bevor sie in der Konzernberichterstattung verarbeitet werden. Gleiches gilt für Zahlen aus dem internen Risikomanagementsystem oder die Unternehmensplanung. Hier besteht ein praktisches Bedürfnis der internen Weitergabe zum Zweck der Unternehmenssteuerung und der Verarbeitung zur Vorbereitung der im Rahmen der Regelberichterstattung zu veröffentlichenden Finanzberichte. Angesichts der Unschärfe der gesetzlichen Definition ist die Schwelle zum Vorliegen einer Insiderinformation oft schwer zu definieren. Die interne Weitergabe dieser Informationen zur Verarbeitung, zur Unternehmenssteuerung und für die Zwecke des Risikomanagements ist aber – eine entsprechende Verpflichtung der Mitarbeiter zur Vertraulichkeit vorausgesetzt – unter dem Gesichtspunkt des Offenlegungsverbots mit Blick auf den Regelungszweck grds. unkritisch. 29

Besondere Bedeutung haben die Vorgaben für die Offenlegung von Insiderinformation bei der Vorbereitung wesentlicher **Finanzierungsmaßnahmen** und **strategischer Unternehmensentscheidungen**. Diese können – je nach Art und Größenordnung – zunächst selbst eine Insiderinformation darstellen. Nachdem Gesagten gilt dasselbe schon für den Umstand, dass sie sich in konkreter Vorbereitung befinden. Hierbei muss ein Unternehmen jedoch in der Lage sein, die sinnvollerweise einzubindenden internen Abteilungen und die dort für die Maßnahme erforderlichen Mitarbeiter zu informieren. Beispiele hierfür sind etwa eine geplante Kapitalerhöhung, uU auch Anleiheemissionen und/oder (Groß-) Kredite,[79] ebenso die Veränderung der Unternehmensstrategie, der geplante Ausbau oder die Schließung von Betriebsstätten, Umstrukturierungen, Erwerbe und Veräußerungen von Unternehmen bzw. –beteiligungen oder Geschäftszweigen oder auch Personalmaßnahmen, sei es etwa Einstellung oder Entlassung einer größeren Zahl von Mitarbeitern oder auch Veränderungen im Management oder bei Schlüsselpersonen. All diesen Maßnahmen ist gemein, dass ihre sachgerechte Vorbereitung einen gewissen zeitlichen Vorlauf benötigt. Dies geht damit einher, dass dazu eine Reihe von Personen innerhalb des Unternehmens Kenntnis von der geplanten Maßnahme und von vorbereitenden Informationen erhalten müssen, die jeweils auch Insiderinformationen darstellen können. 30

Umstritten war bisher in diesem Zusammenhang, inwieweit ein Emittent daher verpflichtet ist, interne Vertraulichkeitsbereiche zu schaffen, die durch institutionalisierte Informationsbarrieren (sog. **Chinese Walls**) voneinander getrennt sind. Für Wertpapierdienstleistungsunternehmen ergibt sich dies aus § 80 Abs. 1 WpHG. Aus den allgemeinen Organisationspflichten zur Einrichtung von Verfahren, die die Einhaltung des WpHG sicherstellen sowie zu Maßnahmen zur Vermeidung vom Interessenkonflikten[80] ergibt sich ua die Pflicht, einen Informationsaustausch zwischen Mitarbeitern, deren Tätigkeiten einen Interessenkonflikt nach sich ziehen könnten, zu kontrollieren und ggf. zu verhindern.[81] Dazu treffen die sog. **MaComp** der BaFin detaillierte Regelungen zur Erfassung und 31

[78] EuGH v. 28.6.2012 – Rs. C-19/11, ECLI:EU:C:2012:397 = NJW 2012, 2787 – *Geltl.*
[79] → § 6 Rn. 140 ff.
[80] § 80 Abs. 1 Nr. 2 WpHG.
[81] § 13 Abs. 3 S. 2 Nr. 1 WpDVerOV.

Überwachung der Weitergabe von Compliance-relevanten Informationen, insbesondere Insiderinformationen, namentlich die Einrichtung von Vertraulichkeitsbereichen.[82]

32 Eine entsprechende ausdrückliche Organisationspflicht besteht dagegen für Emittenten, die keine Banken oder Wertpapierdienstleistungsunternehmen sind, auch unter der MAR nicht.[83] Soweit der Emittent jedoch in eigenen Finanzinstrumenten handelt, etwa im Rahmen von Aktien- oder Anleiheemissionen oder -rückkäufen (sog. Liability Management-Transaktionen)[84], ergibt sich eine entsprechende Organisationspflicht mittelbar aus der ausdrücklichen Gleichstellung juristischer Personen mit natürlichen Personen in der MAR,[85] die ihren Niederschlag auch in den Sanktionsbestimmungen der CRIM-MAD gefunden hat. Juristische Personen sind danach nicht nur selbst für Verstöße gegen die Verbotsnormen der MAR verantwortlich, darunter die unrechtmäßige Offenlegung von Insiderinformationen.[86] Sie können vielmehr auch zur Verantwortung gezogen werden, wenn mangelnde Überwachung oder Kontrolle durch ihre Führungs- oder Aufsichtspersonen einen Verstoß gegen die strafbewehrten Verbotsnormen der MAR durch ihnen unterstellten Personen ermöglicht hat (etwa durch die unrechtmäßige Offenlegung von Insiderinformationen oder durch verbotene Insidergeschäfte).[87] Dabei ist zu berücksichtigen,[88] dass bei einem Insider, der ein Geschäft mit Finanzinstrumenten tätigt, auf die sich eine ihm vorliegende Insiderinformation bezieht, widerleglich vermutet wird, dass er das Geschäft unter Nutzung der Insiderinformationen getätigt und damit gegen das Insiderhandelsverbot[89] verstoßen hat.[90]

33 Führt ein Emittent also Transaktionen in eigenen Finanzinstrumenten durch, sind der Emittent (und seine Führungspersonen) verpflichtet, die internen organisatorischen Vorkehrungen zu schaffen, um zu verhindern, dass den Personen, die diese Transaktionen durchführen, Insiderinformationen offengelegt werden. In der MAR wird die Einrichtung solcher interner Regelungen und Verfahren ausdrücklich als sog. legitime Handlung definiert. Diese entkräftet – sofern sie angemessen und wirksam sind – die vorstehend dargestellte Vermutung, wonach bei einer juristischen Person, die über Insiderinformationen verfügt, angenommen wird, dass sie diese Informationen bei Geschäften in Finanzinstrumenten des betreffenden Emittenten genutzt und daher ein Insidergeschäfte getätigt hat.[91]

34 Die Weitergabe von Insiderinformationen kann nicht nur innerhalb eines des Unternehmens, sondern auch an externe Personen zulässig sein. Dies kommt etwa in Art. 18 Abs. 1 lit. a) MAR im Zusammenhang mit den Anforderungen an das Führen einer Insiderliste zum Ausdruck. Danach sind dort alle Personen aufzunehmen sind, die für sie Aufgaben wahrnehmen und dadurch Zugang zu Insiderinformationen haben, auch wenn es sich dabei um Unternehmensexterne wie etwa Berater oder Ratingagenturen handelt. Die BaFin nennt in ihrem Emittentenleitfaden als mögliche Empfänger einer zulässigen Weitergabe von Insiderinformationen unternehmensexterne Berater wie Rechtsanwälte, Wirtschaftsprüfer, Steuerberater sowie Kredit- und Finanzdienstleistungsinstitute oder Ra-

[82] BaFin Rundschreiben 4/2010: Mindestanforderungen an die Compliance-Funktion und die weiteren Verhaltens-, Organisations- und Transparenzpflichten nach §§ 31 ff. WpHG für Wertpapierdienstleistungsunternehmen (MaComp) idF v. 8.3.2017, GZ: WA 31 – Wp 2002 -2009/0010 Tz. 6.1.; dazu *Meyer/Paetzel/Will* in KölnKomm WpHG § 33 Rn. 166 ff.

[83] So zum alten Recht mit ausführlicher Darstellung des Streitstandes *Assmann* in Assmann/Schneider WpHG § 14 Rn. 90; für eine solche entsprechende Organisationspflicht aber wohl *Hopt* in Schimansky/Bunte/Lwowski BankR-HdB 4. Aufl. 2011 § 107 Rn. 59.

[84] Dazu *Lürken/Plank* in Hopt/Seibt Schuldverschreibungsrecht Kap. 11 Rn. 11.37 ff.

[85] Art. 3 Abs. 1 Ziff. 13 sowie Erwägungsgründe 5 und 24 MAR.

[86] Art. 8 Abs. 1, Art. 4 CRIM-MAD.

[87] Art. 8 Abs. 2 CRIM-MAD, § 30 OWiG, dazu BT-Drucks. 18/7482, S. 65.

[88] EuGH v. 23.12.2009 – Rs. C-45/08, Slg. 2009 I-12073 = NZG 2010, 107 – *Spector*.

[89] Art. 8 Abs. 1 MAR.

[90] Erwägungsgründe 24 und 25 MAR, so schon zum alten Recht EuGH v. 23.12.2009 – Rs. C-45/08, Slg. 2009 I-12073 = NZG 2010, 107 Tz. 54 sowie Leitsatz 1 – *Spector*.

[91] Art. 9 Abs. 1 MAR; dazu → § 9 Rn. 49 ff., 52 ff.

tingagenturen, vorausgesetzt, dass diesen Personen die Informationen tatsächlich für die Erfüllung der ihnen übertragenen Aufgaben benötigen.[92]

Darüber hinaus kann es auch zulässig sein, im Rahmen der Vorbereitung einer Finanzierungs- oder Unternehmenstransaktion Insiderinformationen an die potenziellen anderen Parteien dieser Transaktion zu übermitteln. Dies kann beispielsweise erfolgen, um diesen eine sog. Due Diligence-Prüfung zu ermöglichen. Die BaFin beschränkt die Möglichkeit der Weitergabe von Insiderinformationen im Rahmen einer Due Diligence-Prüfung freilich auf die Absicherung einer (bereits zuvor gefassten) Erwerbsabsicht bei einem **Paket- oder Kontrollerwerb**, konkret wenn bei Durchführung des Erwerbs die gesetzlichen Meldeschwellen für den Erwerb von Stimmrechten[93] überschritten werden, dh ab 3 % der Gesamtzahl der Stimmrechte aus Aktien des Emittenten.[94] Dies lässt sich auch mit Blick auf den Regelungszweck begründen. Dient die Offenlegung von Insiderinformationen der Vorbereitung des außerbörslichen Erwerbs eines Aktienpakets, bei dem sowohl der Käufer als auch der Verkäufer den gleichen Kenntnisstand haben (sog. *face-to-face*-Geschäft), ist der Schutzzweck des Insiderrechts nicht berührt. Denn das wesentliche Merkmal von Insidergeschäften, nämlich das Erzielen eines ungerechtfertigter Vorteils zum Nachteil Dritter, denen die Insiderinformation nicht bekannt ist und somit eine Untergrabung der Integrität der Finanzmärkte und des Vertrauens der Investoren zur Folge hat, [95] ist in diesen Fällen gerade nicht gegeben. Dessen ungeachtet kann aber ein strafbares Verwenden von Insiderinformationen gegeben sein, wenn der Erwerber über seinen ursprünglichen Plan hinaus zusätzliche Wertpapiere erwirbt (und zwar im Markt, dh von Dritten, die nicht über die dem Erwerber offengelegten Insiderinformationen verfügen, sog. *alongside purchases*).[96] 35

Auch eine **Platzierung von Wertpapieren**, sei es im Rahmen einer Kapitalerhöhung, sei es bei einer Umplatzierung, kann die Weitergabe von Insiderinformationen erforderlich machen. Dabei begegnet die Ansprache einer mit der Durchführung der Platzierung zu beauftragenden Investmentbank und etwa zu beteiligender Berater nach dem Vorstehenden keinen grundsätzlichen Bedenken. Dies gilt sowohl für die Offenlegung einer geplanten Kapitalmaßnahme als solcher[97] wie für die Gestattung einer sog. Due Diligence-Prüfung durch die mit der Durchführung der Maßnahmen betrauten Investmentbanken. Letztere ist insbesondere zur Erstellung und Überprüfung eines für eine Kapitalmaßnahme zu erstellenden Wertpapierprospekts erforderlich,[98] nicht zuletzt auch mit Blick auf die Prospektverantwortung der Investmentbanken.[99] Zudem kann auch die Ansprache potenzieller Investoren zulässig sein, selbst wenn bereits die damit verbundene Mitteilung der technischen Parameter der möglichen Transaktion eine Weitergabe von Insiderinformationen bedeuten könnte.[100] Auch die Offenlegung unternehmensbezogener Insiderinformation kann in diesem Zusammenhang zulässig sein. Zu denken ist insbesondere an Eigenkapitalmaßnahmen zur Finanzierung einer Akquisition oder auch im Rahmen einer Sanierung, für deren Durchführung die vorherige vertrauliche Investorenansprache unter Mitteilung des Transaktionshintergrunds erforderlich erscheint. Dies kann beispielsweise der Fall sein, 36

92 BaFin Emittentenleitfaden Tz. III 2.2.2.1 (S. 41); *Schwark/Kruse* in Schwark/Zimmer § 14 WpHG Rn. 63.
93 §§ 33 ff. WpHG.
94 § 33Abs. 1 WpHG; BaFin Emittentenleitfaden Tz. III 2.2.2.1 (S. 41); dazu *Assmann* in Assmann/Schneider WpHG § 14 Rn. 167.
95 Erwägungsgrund 23 MAR.
96 BaFin Emittentenleitfaden III.2.2.1.4.2 (S. 38), *Assmann* in Assmann/Schneider WpHG § 14 Rn. 171; *Schwark/Kruse* in Schwark/Zimmer § 14 WpHG Rn. 58; *Ritz* in JVRB WpHG § 14 Rn. 72, 109; *Mennicke* in Fuchs WpHG § 14 Rn. 303 ff.
97 *Parmentier* NZG 2007, 407.
98 *Nägele* in Habersack/Mülbert/Schlitt, Unternehmensfinanzierung am Kapitalmarkt, § 33 Rn. 52.
99 *Seiler/Singhof* in FrankfurterKomm WpPG und EU-ProspektVO § 21 Rn. 86; *Mülbert/Steup* in Habersack/Mülbert/Schlitt, Unternehmensfinanzierung am Kapitalmarkt, § 41 Rn. 69 ff.
100 *Meyer* in Marsch-Barner/Schäfer, HdB börsennotierte AG, § 8 Rn. 58 f. mwN; ESMA, Final Report Draft technical standards on the Market Abuse Regulation v. 28.9.2015, ESMA/2015/1455 Tz. 4.2.2 Rn. 68 f.; *Teigelack* BB 2012, 1361.

wenn die Beteiligung von Großaktionären oder sog. *Cornerstone*-Investoren durch Vorab-Verpflichtung zur Abnahme eines Teils der Emission als Voraussetzung für den Transaktionserfolg angesehen wird, etwa durch Abgabe einer sog. Festbezugserklärung (Verpflichtung zur Ausübung des Bezugsrechts bei einer Bezugsrechtskapitalerhöhung).[101] Entsprechendes gilt auch für eine Verpflichtung von Banken oder außenstehenden Investoren, neue Aktien aus einer Kapitalerhöhung zu einem bestimmten Preis zu übernehmen, sollten sich diese als nicht platzierbar erweisen (sog. *Backstop*).[102] Im Vorfeld einer geplanten Unternehmensübernahme kann auch die geplante Verpflichtung von (Groß-) Aktionären einer Zielgesellschaft, ein geplantes Übernahmeangebots anzunehmen (sog. *Irrevocables*), ein legitimer Grund für deren Ansprache vor Ankündigung des Angebots sein, jedenfalls wenn nach Einschätzung des Bieters ein Angebot nur Aussicht auf Erfolg hat, wenn bereits vor Beginn der Angebotsfrist bekannt gegeben werden kann, dass wesentliche Großaktionäre dieses unterstützen.[103]

37 Eine ähnliche Interessenlage besteht bei der Offenlegung von Insiderinformationen zur **Vorbereitung eines Übernahmeangebots** oder eines Unternehmenszusammenschlusses. In diesem Zusammenhang sind verschiedene Konstellationen denkbar. Bereits die Ansprache von Organen der Zielgesellschaft im Hinblick auf ein geplantes Übernahmeangebot vor der Veröffentlichung der Entscheidung zu dessen Abgabe[104] geht zwangsläufig mit der Offenlegung einer Insiderinformation einher, nämlich in Bezug auf die konkrete Angebotsabsicht.[105] Diese Ansprache wird man aber als berechtigt ansehen können, da sie für die Organe des Bieters und die für ihn handelnden (Hilfs-)Personen im Rahmen der ihnen insoweit übertragenen Aufgabe erfolgt und es als legitim anzusehen ist, eine einvernehmliche („freundliche") Übernahmetransaktion anzustreben.[106] Das gilt nicht nur für die Übernahmeabsicht als solche, sondern auch für etwaige strategische Pläne, die der Bieter im Zusammenhang mit dem Übernahmeangebot verfolgt. Diese sind in der Regel für die Organe der Zielgesellschaft bei der Beurteilung des Angebots von maßgeblicher Bedeutung. Eine Weitergabe der (Insider-)Information über ein möglicherweise bevorstehendes Übernahmeangebot an Berater und andere Hilfspersonen, die die Organe der Zielgesellschaft in diesem Zusammenhang unterstützen, ist ebenfalls berechtigt.[107] Gleiches gilt für die Ansprache eines potenziell konkurrierenden Bieters (sog. *white knight*); dies lässt sich auch daraus ableiten, dass diese Maßnahme in § 33 Abs. 1 S. 2 Alt. 2 WpÜG ausdrücklich für zulässig erklärt wird.[108] Ebenfalls befürwortet wird eine Weitergabe an Politiker, wenn der Bieter deren Unterstützung oder zumindest frühzeitige Information im Einzelfall als für den Erfolg des Angebots erforderlich hält.[109]

38 Auch für die Zielgesellschaft stellt sich die Frage nach der Zulässigkeit der Weitergabe von Insiderinformationen, konkret wenn es darum geht, dem Bieter zur Vorbereitung des Übernahmeangebots eine sog. **Due Diligence** zu ermöglichen. Nun mag man auf den ersten Blick die Auffassung vertreten, es sei dem Bieter zuzumuten, sich aufgrund öffentlich verfügbarer Informationen ein Bild von der Zielgesellschaft zu machen, zumal aufgrund der für börsennotierte Unternehmen geltenden Regel- und Ad-hoc-Publizität alle für eine Investitionsentscheidungen wesentlichen Informationen öffentlich erhältlich sein

[101] Darauf weist ausdrücklich Erwägungsgrund 33 der MAR hin.

[102] *Meyer* in Marsch-Barner/Schäfer, HdB börsennotierte AG, § 7 Rn. 40, 40a.

[103] *Meyer/Kiesewetter* WM 2009, 340; **aA**, aber zu restriktiv *Assmann* in Assmann/Schneider WpHG § 14 Rn. 139, der pauschal unterstellt, die Ansprache von Großaktionären sei zur Sicherstellung des Erfolgs eines Angebots nicht erforderlich – vgl. jetzt Art. 13 Abs. 2 lit. b) MAR.

[104] § 10 WpÜG.

[105] *Drinkuth* in Marsch-Barner/Schäfer, HdB börsennotierte AG, § 60 Rn. 42.

[106] *Assmann* in Assmann/Schneider WpHG § 14 Rn. 148; *Mennicke* in Fuchs WpHG § 14 Rn. 322; *Klöhn* in KölnKomm WpHG § 14 Rn. 407.

[107] *Assmann* in Assmann/Schneider WpHG § 14 Rn. 149; *Ritz* in JVRB WpHG § 14 Rn. 126.

[108] *Assmann* in Assmann/Schneider WpHG § 14 Rn. 150; *Mennicke* in Fuchs WpHG § 14 Rn. 330; *Schwark/Kruse* in Schwark/Zimmer § 14 WpHG Rn. 80; *Ritz* in JVRB WpHG § 14 Rn. 127.

[109] *Mennicke* in Fuchs WpHG § 14 Rn. 328; *Ritz* in JVRB WpHG § 14 Rn. 125; *Klöhn* in KölnKomm WpHG § 14 Rn. 410.

sollten.[110] Allerdings ist es zur Vorbereitung eines sog. „freundlichen", dh im Einvernehmen mit dem Vorstand der Zielgesellschaft durchgeführten Übernahmeangebot nicht unüblich, den Bieter die Gelegenheit zu geben, in einer Due Diligence-Prüfung sich einen vertiefteren Einblick in die Verhältnisse der Zielgesellschaft zu verschaffen, zB in die Unternehmensplanung.[111] Erhält der Bieter auf diesem Wege Zugang zu vertraulichen, nicht öffentlichen Informationen, bedeutet dies nicht unbedingt, dass diese ungeachtet ihrer Bedeutung für die Unternehmenssteuerung und –strategie bereits für sich genommen Insiderinformationen darstellen. Dennoch ist aber nicht auszuschließen, dass einige dieser Informationen als Insiderinformationen angesehen werden könnten. Sofern eine solche Offenlegung von Insiderinformationen jedoch vom Vorstand der Zielgesellschaft als im Gesellschafts- bzw. Unternehmensinteresse gerechtfertigt und damit als aktienrechtlich zulässig angesehen wird,[112] stellt dies auch eine insiderrechtlich berechtigte Offenlegung dar.[113] Dies ergibt sich auch daraus, dass die MAR den Zugang zu Insiderinformationen über ein anderes Unternehmen und auch deren Nutzung bei einem öffentlichen Übernahmeangebot nicht per se als unzulässig ansieht.[114] Das gilt konsequenterweise auch für den potenziellen Bieter eines Konkurrenzangebots.[115]

Vielmehr wurde für diese Konstellation in der MAR sogar ein Tatbestand einer sog. legitimen Handlung[116] geschaffen, wonach ein verbotenes Insidergeschäft nicht vorliegt, wenn der Bieter im Vorfeld eines Übernahmeangebots Insiderinformationen erlangt hat, diese aber ausschließlich zur Durchführung der Übernahme nutzt, sofern sämtliche so erlangten Insiderinformationen öffentlich gemacht worden sind oder sonst ihren Charakter als Insiderinformationen verloren haben, wenn die Aktionäre der Zielgesellschaft das Angebot annehmen können (und somit kein dadurch begründeter Informationsvorsprung des Bieters mehr besteht).[117] Daraus ergibt sich, dass eine zu dieser Situation führende Offenlegung von Insiderinformationen durch die Zielgesellschaft an den Bieter im Rahmen einer Due Diligence-Prüfung als insiderrechtlich grds. zulässig anzusehen ist. Entsprechendes gilt auch für die Vorbereitung eines Zusammenschlusses, etwa einer Verschmelzung. 39

cc) Kapitalmarktkommunikation. Ungeachtet des grundsätzlichen Verbots der Offenlegung von Insiderinformationen hat die MAR nicht zum Ziel, allgemeine Diskussionen zwischen Wertpapierinhabern (insbesondere Gesellschaftern) und der Unternehmensführung über den Emittenten betreffende Geschäfts- und Marktentwicklungen zu verbieten. Nach Auffassung des Verordnungsgebers sind solche Beziehungen von grundlegender Bedeutung für das effiziente Funktionieren der Märkte.[118] Es bleibt freilich unklar, wie das daraus ergebende Spannungsverhältnis zum Offenlegungsverbot aufzulösen ist. Zunächst geht die Kommunikation mit Wertpapierinhabern nicht unbedingt mit der Weitergabe von Insiderinformationen einher. Vielmehr ist auch insoweit von dem Grundsatz des Informationsgleichgewichts unter den Marktteilnehmern im Allgemeinen und der Gleichbehandlung der Inhaber von Wertpapieren gleicher Gattung auszugehen. Eine privilegierte Information einzelner Wertpapierinhaber scheidet daher grds. aus. 40

Das bedeutet auch, dass sich eine Offenlegung von Insiderinformationen durch Organe des Emittenten in der **Hauptversammlung** verbietet. Denn die Teilnehmer einer Hauptversammlung haben keinen Anspruch darauf, gegenüber den Nicht-Teilnehmern besser 41

[110] *Schäfer* in Marsch-Barner/Schäfer, HdB börsennotierte AG, § 15 Rn. 4.
[111] *Drinkuth* in Marsch-Barner/Schäfer, HdB börsennotierte AG, § 60 Rn. 44.
[112] Dazu vgl. nur *Koch* in Hüffer/Koch AktG § 93 Rn. 32 mwN.
[113] *Schwark/Kruse* in Schwark/Zimmer § 14 WpHG Rn. 80.
[114] Erwägungsgrund 30 MAR.
[115] *Assmann* in Assmann/Schneider WpHG § 14 Rn. 155; ähnlich *Schwark/Kruse* in Schwark/Zimmer § 14 WpHG Rn. 80.
[116] → § 7 Rn. 47 ff.
[117] Art. 9 Abs. 4 MAR.
[118] Erwägungsgrund 19 MAR.

oder früher informiert zu werden.[119] Eine Übertragung der Hauptversammlung im Internet ändert daran nichts; diese wird weder als geeignet zur Herstellung einer Bereichsöffentlichkeit angesehen, die den Informationen ihre Insiderqualität nimmt,[120] noch stellt dies einen alternativen Kommunikationskanal für die Ad-hoc-Publizität dar. Dies gilt auch für die Beantwortung von Auskunftsbegehren eines Aktionärs.[121] Würde diese die Offenlegung einer Insiderinformation erfordern, steht dem Vorstand insoweit ein Auskunftsverweigerungsrecht zu.[122] Um diese Zwangslage zu vermeiden, drängt es sich daher auf, dass sich der Vorstand im Rahmen der Hauptversammlungsvorbereitung intern rückversichert, dass keine (noch nicht erfüllte) Pflicht zur Veröffentlichung einer Ad-hoc-Mitteilung besteht bzw. mit deren Entstehen unmittelbar zu rechnen ist, erst recht, dass sich der Emittent nicht im Stadium des Aufschubs der Veröffentlichung einer Ad-hoc-Mitteilung befindet.[123]

42 Freilich gibt es auch Situationen, in denen die Offenlegung von Insiderinformationen durch den Emittenten an Aktionäre ausnahmsweise auch außerhalb der Ad-hoc-Publizität als berechtigt angesehen werden kann. Für all diese Fälle gilt jedoch zunächst der aus der Regelung zur Ad-hoc-Publizität stammende Grundsatz, dass der Empfänger solcher Informationen zur Vertraulichkeit verpflichtet sein muss.[124] Ansonsten sind verschiedene Fallgruppen zu unterscheiden.

43 Ein allgemeiner Grundsatz, dass **Großaktionäre** (oder Inhaber eines nennenswerten Teils einer Gattung von Schuldverschreibungen) außerhalb einer konzernrechtlichen Verbindung[125] privilegiert informiert werden könnten, ist abzulehnen. Das gilt auch für institutionelle Investoren und Vertreter eines Aktionärspools.[126] Dagegen kann die Weitergabe von Insiderinformationen an Großaktionäre ausnahmsweise zulässig sein, wenn sie erforderlich erscheint, sich Gewissheit über die Akzeptanz wesentlicher strategischer Entscheidungen zu verschaffen,[127] insbesondere bei Unternehmenskäufen oder –zusammenschlüssen oder sonstiger strukturverändernder Maßnahmen, vor allem wenn diese der Zustimmung der Hauptversammlung bedürfen.[128] Denn es liegt weder im Interesse des betreffenden Emittenten, noch seiner Aktionäre oder auch des Marktes, dass in Bezug auf solche wesentlichen Entscheidungen der Vorstand gezwungen wäre, sich der Prognoseunsicherheit auszusetzen, ob die geplante Maßnahme von den maßgeblichen Aktionären gebilligt wird, zumal deren Positionierung einen prägenden Einfluss auf die Entscheidung der Streubesitzaktionäre haben dürfte.[129] Vielmehr erscheint hier die vertrauliche Vor-Abstimmung mit Großaktionären sogar sinnvoll, um unnötige Unsicherheiten zu vermeiden, die sonst ggf. zu durch spekulative Handelsaktivitäten ausgelösten Kursausschlägen führen könnten. In Anbetracht der Vorgaben der Grøngaard-Entscheidung des EuGH muss es aber

---

[119] *Mennicke* in Fuchs WpHG § 14 Rn. 280.

[120] BaFin Emittentenleitfaden Tz. III.2.1.2 (S. 34).

[121] § 131 AktG.

[122] § 131 Abs. 3 S. 1 Nr. 5 AktG; dazu *Assmann* in Assmann/Schneider WpHG § 14 Rn. 85 ff.; *Mennicke* in Fuchs WpHG § 14 Rn. 279; *Schwark/Kruse* in Schwark/Zimmer § 14 WpHG Rn. 52; *Hopt/Kumpan* in Schimansky/Bunte/Lwowski BankR-HdB § 107 Rn. 106; *Kubis* in MüKoAktG § 131 Rn. 128; auf die vorrangige Veröffentlichungspflicht nach § 15 Abs. 1 WpHG aF weist *Siems* in Spindler/Stilz AktG § 131 Rn. 50 hin; ähnlich und für den Fall der sog. Selbstbefreiung auf § 131 Abs. 3 Nr. 1 AktG abstellend *Koch* in Hüffer/Koch AktG § 131 Rn. 31.

[123] *Assmann* in Assmann/Schneider WpHG § 14 Rn. 85; *Mennicke* in Fuchs WpHG § 14 Rn. 283; ähnlich zur Wechselwirkung mit der Ad-hoc-Publizität *Sethe* in Assmann/Schütze § 8 Rn. 132.

[124] Art. 17 Abs. 10 S. 2 MAR.

[125] → Rn. 26.

[126] *Assmann* in Assmann/Schneider WpHG § 14 Rn. 92; *Schwark/Kruse* in Schwark/Zimmer § 14 WpHG Rn. 53; ausführlich *Mennicke* in Fuchs WpHG § 14 Rn. 285, 287 ff.

[127] *Assmann* in Assmann/Schneider WpHG § 14 Rn. 84; *Schwark/Kruse* in Schwark/Zimmer § 14 WpHG Rn. 51.

[128] Insbesondere Maßnahmen nach dem UmwG oder solche, die nach den von der Rspr. entwickelten sog. Holzmüller-Grundsätzen die Zustimmung der Hauptversammlung erfordern (dazu BGHZ 83, 122 = NJW 1982, 1703 – *Holzmüller*, BGHZ 159, 30 = NJW 2004, 1860 – *Gelatine*, dazu *Bungert* in MHdB GesR Bd. 4 § 35 Rn. 46 ff.

[129] *Mennicke* in Fuchs WpHG § 14 Rn. 293 ff.

aus der Sicht des Vorstands als unerlässlich erscheinen, sich der Zustimmung des(der) betreffenden Großaktionäre zu versichern, um die betreffende Maßnahme ohne Gefährdung der Interessen der Gesellschaft voranzutreiben.[130]

Die vorstehenden Grundsätze gelten auch im Vorfeld einer Gläubigerversammlung zur Restrukturierung einer Anleihe nach dem Schuldverschreibungsgesetz. **44**

Umstritten ist dagegen die Weitergabe an **Analysten** und **Rating-Agenturen**. Die Vertreter einer in der Literatur weit verbreiteten Auffassung halten die Weitergabe von Insiderinformationen an Analysten und Rating Agenturen generell für unzulässig.[131] Dagegen ist nach Auffassung der BaFin – insoweit in Anlehnung an den auch von der MAR übernommen Wortlaut des Offenlegungsverbots der MAD – die Weitergabe von Insiderinformationen an unternehmensexterne Berater, Kredit- und Finanzdienstleistungsinstitute oder Ratingagenturen rechtmäßig, wenn diese die betreffenden Informationen für die Erfüllung der ihnen übertragenen Aufgaben benötigen.[132] Hier wird man wohl mit Blick auf den Regelungszweck differenzieren müssen. Sofern der Emittent Analysten und Ratingagenturen (nur) für eigene, interne Zwecke beauftragt, etwa um eine bessere Einschätzung über die eigene Kreditwürdigkeit oder auch die Erforderlichkeit einer Ad-hoc-Mitteilung erhalten zu können, ist die Weitergabe von Insiderinformationen nicht zu beanstanden.[133] Denn der Regelungszweck, nämlich die Vermeidung einer Informationsasymmetrie unter den Kapitalmarktteilnehmern, die die Gefahr von Insidergeschäften erhöht, ist hier im Einklang mit der im Gesetz angelegten Ausnahme für die Erfüllung rechtlich zulässiger Aufgaben nicht tangiert. Ist dagegen beabsichtigt, auf der Grundlage der so überlassenen Insiderinformationen, einen Researchbericht oder ein Rating zu veröffentlichen, ist wie folgt abzugrenzen. Grundsätzlich sind Researchberichte und Ratings nur aufgrund öffentlich verfügbarer Informationen zu erstellen. Dieses Leitbild ergibt sich auch aus den Erwägungsgründen der MAR, wonach Analysen und Bewertungen, die aufgrund öffentlich verfügbarer Angaben erstellt wurden, nicht als Insiderinformationen angesehen werden und die bloße Tatsache, dass Geschäfte auf der Grundlage von Analysen und Bewertungen getätigt werden, daher nicht als Nutzung von Insiderinformationen gilt.[134] Der Durchführung von Analystenkonferenzen und -gesprächen, zu deren Durchführung Emittenten teilweise von Börsenbetreibern sogar verpflichtet werden,[135] steht dies nicht per se entgegen, sofern auch dort keine Insiderinformationen offengelegt werden. Die Verpflichtung in Börsenregularien zur Durchführung solcher Veranstaltungen und zur Bereitstellung von Informationen an Analysten ist in diesem Sinne auszulegen; ansonsten würde sie gegen höherrangiges Gesetzesrecht verstoßen.[136] Das schließt eine Erläuterung der im Rahmen der Regel- und Ad-hoc-Publizität des Emittenten bereits veröffentlichten Informationen nicht aus. Es entspricht dabei gängiger Marktpraxis, die den Analysten offengelegten erläuternden Informationen (die nicht als Insiderinformationen einzustufen sind) zeitgleich (oder zumindest zeitnah) mit der Analystenkonferenz zu veröffentlichen und so ein Informationsgleichgewicht mit alle Kapitalmarkteilnehmer herzustellen.[137] Sollte der Emittent zum Ergebnis kommen, dass zur Weitergabe an Analysten bestimmte (noch) nicht öffentlich bekannte Informationen als Insiderinformationen einzustufen sind, hat er diese vor der Weitergabe in Form einer Ad-hoc-Mitteilung zu veröffentlichen.[138] Die Weitergabe von Insiderinfor- **45**

[130] *Assmann* in Assmann/Schneider WpHG § 14 Rn. 84.
[131] *Mennicke* in Fuchs WpHG § 14 Rn. 263; *Assmann* in Assmann/Schneider WpHG § 14 Rn. 104.
[132] BaFin Emittentenleitfaden Tz. III 2.2.2.1 (S. 41).
[133] Ähnlich *Mennicke* in Fuchs WpHG § 14 Rn. 264.
[134] Erwägungsgrund 28 MAR, so schon zuvor Erwägungsgrund 31 MAD 2003 und § 13 Abs. 2 WpHG aF; dazu *Klöhn* in KölnKomm WpHG § 13 Rn. 291 ff.
[135] § 53 BörsO FWB für das sog. Prime Standard Segment im regulierten Markt, § 21 Abs. 1 lit. e) AGB Freiverkehr FWB für das neue sog. KMU-Segment „Scale".
[136] *Assmann* in Assmann/Schneider WpHG § 14 Rn. 104; *Klöhn* in KölnKomm WpHG § 14 Rn. 349, 434.
[137] *Schlitt/Schäfer/Basnage* CFL 2013, 49.
[138] Art. 17 MAR.

mationen durch Analysten wird generell als unzulässig angesehen;[139] für Rating-Agenturen dürfte Entsprechendes gelten.[140]

46 Eine gesonderte Betrachtung erfordert die Weitergabe von Insiderinformationen zur Vorbereitung eines **transaktionsbegleitenden Researchberichts** (sog. *deal related research report*), wie er typischerweise im Zusammenhang mit einem Börsengang erstellt wird. Hier findet idR mehrere Wochen vor der Durchführung des Börsengangs eine Vorstellung des Unternehmens, seines Geschäftsmodells und seiner finanziellen Verhältnisse gegenüber den Analysten der für die Begleitung des Börsengangs ausgewählten Banken statt (sog. Analystenpräsentation).[141] Da der Emittent zu diesem Zeitpunkt grds. noch nicht der Kapitalmarktpublizität unterliegt, dh insbesondere weder einen Wertpapierprospekt, noch Ad-hoc-Mitteilungen veröffentlicht hat, ist nicht auszuschließen, dass dabei offengelegte Informationen die tatbestandlichen Voraussetzungen für eine Insiderinformation nach Art. 7 MAR erfüllen. Allerdings sind die Regelungen der MAR zu diesem Zeitpunkt regelmäßig (noch) nicht anwendbar, da die im Rahmen des Börsengangs zu platzierenden Aktien noch keine Finanzinstrumente iSv Art. 2 Abs. 1 MAR darstellen, solange sie weder an einem Handelsplatz notiert sind noch ein Antrag auf Zulassung zum Handel gestellt wurde. Letzterer erfolgt regelmäßig erst deutlich nach Durchführung der Analystenpräsentation und der Verteilung von Researchberichten.[142] Hat der Emittent aber bereits an einem Handelsplatz notierte Schuldverschreibungen ausgegeben oder garantiert oder ist sein Mutterunternehmen oder anderes seiner verbundenen Unternehmen Emittent eines Finanzinstruments iSd MAR, kann der Wert der im Börsengang zu platzierenden Aktien entweder vom Kurs oder Wert jener Finanzinstrument abhängen oder (wahrscheinlicher) kann er sich auf den Kurs bzw. Wert jener Instrumente auswirken. Damit werden die Platzierungsaktien des Börsengangs zu Finanzinstrumenten iSd MAR, so dass deren Regelungen bereits vor Stellung des Zulassungsantrags anwendbar sind. Zudem können die bei Analystenpräsentation weitergegebenen Informationen oder zumindest der Umstand, dass ein Börsengang geplant ist, auch für die genannten bereits an einem Handelsplatz notierten Finanzinstrumente Insiderinformationen darstellen. In diesem Fall des Börsengangs eines Unternehmens aus einem bereits kapitalmarktorientierten Konzern ist also ebenfalls die vorstehend beschriebene Vorgehensweise zu empfehlen. Entsprechendes gilt für den Ausnahmefall der geplanten Veröffentlichung transaktionsbezogener Researchberichte bei eine Platzierung von Aktien eines bereits börsennotierten Emittenten (etwa bei sog. Quasi- oder Re-IPOs bei Emittenten mit zuvor nur geringem Streubesitz).

47 Teilweise wird daneben die **Weitergabe von Insiderinformationen durch Emittenten an Journalisten** mit dem Ziel einer sachgerechten Berichterstattung erwogen.[143] Dies sei insbesondere dann rechtlich nicht zu beanstanden, wenn dadurch der mit der Ad-hoc-Mitteilung bezweckte Informationserfolg erzielt werde, nämlich die Unterrichtung der Bereichsöffentlichkeit. Damit könnten Insiderinformationen an Medienvertreter weitergegeben werden, wenn dies zum Zweck der unverzüglichen Veröffentlichung in geeigneten Massenmedien erfolge.[144] Es erscheint jedoch fragwürdig, wieso es Emittenten erlaubt sein sollte, entgegen der gesetzlich für die Kommunikation von Insiderinformationen aus-

---

139 *Ritz* in JVRB WpHG § 14 Rn. 103; *Schwark/Kruse* in Schwark/Zimmer § 14 WpHG Rn. 62.

140 Sowohl in Bezug auf Analysten als auch Rating-Agenturen offenbar großzügiger *Klöhn* in KölnKomm WpHG § 14 Rn. 439, 442, sofern diese „öffentlich bekannte" Berichte erstellen (gemeint wohl „zu veröffentlichende") – dabei bleibt freilich offen, wie sich diese Veröffentlichung zur Pflicht zur Veröffentlichung einer ad-hoc-Mitteilung und den Voraussetzungen für deren Aufschub nach Art. 17 Abs. 1, 4 MAR verhält.

141 *Singhof/Weber* in Habersack/Mülbert/Schlitt, Unternehmensfinanzierung am Kapitalmarkt, § 4 Rn. 42; *Schäfer/Ernst* in Habersack/Mülbert/Schlitt, HdB der Kapitalmarktinformation, § 7 Rn. 19 ff.

142 Vgl. den Musterzeitplan bei *Singhof/Weber* in Habersack/Mülbert/Schlitt, Unternehmensfinanzierung am Kapitalmarkt, § 4 Rn. 108.

143 *S. H. Schneider* NZG 2005, 702.

144 So offenbar *Mennicke* in Fuchs WpHG § 14 Rn. 270; *Ritz* in JVRB WpHG § 14 Rn. 105; *Klöhn* in KölnKomm WpHG, § 14 Rn. 447 f.; *Hopt/Kumpan* in Schimansky/Bunte/Lwowski BankR-HdB § 107 Rn. 110.

schließlich vorgesehenen Ad-hoc-Publizität einen alternativen Verbreitungskanal zu eröffnen.[145] Dies gilt auch für die Verbreitung von Insiderinformationen über die eigene Internetseite oder über sog. sozialen Medien, insbesondere im Internet. Diese stellen keinen alternativen Kommunikationskanal für die Veröffentlichung von Insiderinformationen durch Emittenten dar. Daher verbietet sich jede (Vorab-)Weitergabe von Insiderinformationen an Journalisten oder generell an Medien jeglicher Form und deren Mitarbeiter.[146] Allenfalls erschiene es denkbar, zeitgleich mit oder (noch besser) unmittelbar nach einer erfolgten Ad-hoc-Mitteilung Journalisten direkt zu informieren.[147]

Für Nicht-Emittenten gilt erst recht: da Insiderinformationen nur ausnahmsweise und **48**
soweit im Rahmen einer rechtlich zulässigen Aufgabe offengelegt werden dürfen, verbietet sich eine Weitergabe an die Medien.

Eine besondere Form der Kapitalmarktkommunikation stellt die **Prospektpublizität** **49**
dar. Ein Prospekt nach den Vorgaben des WpPG muss veröffentlicht werden, bevor ein öffentliches Angebot von Wertpapieren im Inland oder deren Zulassung zum Handel an einem organisierten Markt an einer inländischen Börse erfolgen kann.[148] Der Prospekt muss alle Angaben enthalten, die notwendig sind, um den Anlegern ein zutreffendes Urteil über die wirtschaftliche Situation und die Zukunftsaussichten des Emittenten […] die angebotenen bzw. zuzulassenden Wertpapiere und die mit diesen verbundenen Rechte zu ermöglichen.[149] Für die Richtigkeit und Vollständigkeit des Prospekts sind außer dem Emittenten in der Regel auch die mit der Durchführung des Angebots bzw. des Börsenzulassungsverfahrens beauftragten Banken verantwortlich[150] und gegenüber den Erwerbern der betreffenden Wertpapieren auch unmittelbar haftbar.[151] Fördert ihre Untersuchung des Emittenten im Rahmen der Vorbereitung der Prospektveröffentlichung eine Insiderinformation über den Emittenten zutage, wird man diese im Zweifel als nach den prospektrechtlichen Kriterien für ein zutreffendes Urteil über den Emittenten wesentlich anzusehen haben, so dass sie nach den Vorgaben des Prospektrechts in den Prospekt aufzunehmen ist.[152] Hat das Kreditinstitut Insiderinformationen aus anderem Zusammenhang erlangt, die bei der Vorbereitung der Prospekterstellung zu berücksichtigen sind, wird eine interne Weitergabe dieser Informationen für zulässig gehalten, auch wenn für diese eine Durchbrechung der innerhalb des Instituts eingerichteten Vertraulichkeitsschranken zwischen unterschiedlichen Bereichen (*Chinese wall crossing*) erforderlich wird.[153]

Davon zu trennen ist die Frage, ob solche Informationen sodann durch Veröffentlichung des **50**
Prospekts nach den Regelungen des Prospektrechts offengelegt werden können, solange sie (noch) nicht durch eine Ad-hoc-Mitteilung veröffentlicht wurden und dadurch ihre Qualität als Insiderinformation verloren haben. Problematisch ist dabei insbesondere, dass die Offenlegung einer Insiderinformation in einem Wertpapierprospekt die Veröffentlichung einer Ad-hoc-Mitteilung nicht ersetzen kann, da sie deren formale Anforderungen nicht erfüllt.[154] Zudem erscheint nach hM zumindest zweifelhaft, ob nach der bloßen Veröffentlichung eines Prospektes mit Sicherheit davon ausgegangen werden kann, dass alle darin enthaltenen

---

[145] *Assmann* in Assmann/Schneider WpHG § 14 Rn. 103 f.; *Hilgendorf* in Park Kapitalmarktstrafrecht Kap. 3 D Rn. 176 f.

[146] *Assmann* in Assmann/Schneider WpHG § 14 Rn. 101, 104; *Sethe* in Assmann/Schütze § 8 Rn. 114.

[147] Ähnlich *Schwark/Kruse* in Schwark/Zimmer § 14 WpHG Rn. 60; *Szesny* in Böttger Kapitalmarktstrafrecht Kapitel 6 Rn. 133.

[148] § 3 Abs. 1, 3 WpPG, dazu *Meyer* in Habersack/Mülbert/Schlitt, Unternehmensfinanzierung am Kapitalmarkt, § 36.

[149] § 5 Abs. 1 WpPG.

[150] *Meyer* in FrankfurterKomm WpPG und EU-ProspektVO § 5 Rn. 72 ff.

[151] § 21 Abs. 1 WpPG, dazu *Seiler/Singhof* in FrankfurterKomm WpPG und EU-ProspektVO § 21 Rn. 86; *Mülbert/Steup* in Habersack/Mülbert/Schlitt, Unternehmensfinanzierung am Kapitalmarkt, § 41 Rn. 69 ff.

[152] *Meyer* in FrankfurterKomm WpPG und EU-ProspektVO § 5 Rn. 32.

[153] *Ritz* in JVRB WpHG § 14 Rn. 131; *Mennicke* in Fuchs WpHG § 14 Rn. 343.

[154] → § 10 Rn. 168 und § 14 Abs. 2 WpPG; dazu *Assmann* in Assmann/Schneider WpHG § 14 Rn. 111; *Mennicke* in Fuchs WpHG § 14 Rn. 344.

Informationen als „öffentlich bekannt" gelten können, so dass sie keine Insiderinformationen mehr darstellen. So soll es für die öffentliche Bekanntheit insbesondere nicht genügen, dass eine Information im Internet auf der Website des Emittenten eingestellt wurde.[155] Gerade dies ist eine in der Praxis häufig verwendete Form der Prospektveröffentlichung.[156] Diese Inkonsistenz der Formalien verschiedener Veröffentlichungspflichten ist fraglos misslich. In der Praxis dürfte sich empfehlen, zur Vermeidung des Vorwurfs der unberechtigten Offenlegung von Insiderinformationen bei einem der Ad-hoc-Pflicht unterliegenden Emittenten[157] in der vorbeschriebenen Konstellation auf die Veröffentlichung der betreffenden Information in einer Ad-hoc-Mitteilung zu drängen, bevor der Prospekt veröffentlicht wird. Da in aller Regel der Emittent als Prospektverantwortlicher[158] an der Prospekterstellung beteiligt ist, stellt dies im Verhältnis zu diesem typischerweise kein Problem dar.

51 Eine Ausnahme wird man dagegen wohl im Fall des Börsengangs annehmen müssen, bei dem die Ad-hoc-Pflicht erst mit Stellung des Zulassungsantrags entsteht. Diese erfolgt kurz nach Veröffentlichung des Prospekts, oft sogar gleichtägig.[159] Würde in diesem Fall die Prospektveröffentlichung zur Herstellung der Bereichsöffentlichkeit nicht genügen, müssten wesentliche Teile des Prospekts in Form einer Ad-hoc-Mitteilung veröffentlicht werden. Dies ist ebenso unpraktikabel wie unüblich. Es empfiehlt sich aber den Börsengang in einer Mitteilung anzukündigen, die einschließlich des Hinweises auf den Prospekt und dessen Veröffentlichung[160] wie eine Ad-hoc-Mitteilung bekannt gemacht wird. Damit wird insoweit Bereichsöffentlichkeit hergestellt und den im Prospekt enthaltenen Informationen eine etwaige Qualität als Insiderinformation genommen.

52 **dd) Offenlegung durch Kreditinstitute zur Vermeidung von Interessenkonflikten?** Im früheren Schrifttum war vereinzelt erwogen worden, ob Kreditinstitute zur Vermeidung von Interessenkonflikten bzw. zur interessegerechten Anlageberatung berechtigt sein könnten, (Beratungs-)Kunden Insiderinformationen offenzulegen, über die sie verfügen (etwa aus dem Bereich M&A-Beratung oder der Vorbereitung einer Wertpapieremission eines Emittenten). Diesem Ansatz ist zu widersprechen. Zum einen würde eine solche Weitergabe zu einem Informationsungleichgewicht unter den Marktteilnehmern führen. Zudem würde dadurch gerade die Gefahr begründet, dass der Beratungskunde dadurch ggf. zur Vornahme eines verbotenen Insidergeschäfts verleitet wird. Beides soll das Insiderrecht gerade vermeiden.[161] Ein etwaiger Interessenkonflikt des Kreditinstituts ist vielmehr durch geeignete organisatorische Maßnahmen aufzulösen. Kreditinstitute, die Wertpapierdienstleistungen erbringen, sind ohnehin verpflichtet, sich durch die Errichtung von Vertraulichkeitsbereichen so zu organisieren, dass Interessenkonflikte zwischen verschiedenen Tätigkeitsbereichen vermieden werden und Insiderinformationen nur denjenigen Mitarbeitern zugänglich sind, die diese unmittelbar benötigen.[162] Ist die Gefährdung von Kundeninteressen zu besorgen, etwa infolge einer gutgläubigen Empfehlung zum Erwerb eines Finanzinstruments, in Bezug auf das an anderer Stelle des betreffenden Instituts (negative) Insiderinformationen vorliegen, lassen sich die Interessen des Beratungskunden auch ohne Weitergabe von Insiderinformationen wahren, etwa dadurch dass das Institut das betreffende Finanzinstrument auf die sog. Sperrliste (*restricted list*) setzt, so dass die Kundenberater in Bezug auf den betreffenden Wert keine Empfehlungen abgegeben dürfen.[163] Die Anord-

[155] BaFin Emittentenleitfaden Tz. III 2.1.2 (S. 34).

[156] § 14 Abs. 2 S. 1 Nr. 3 WpPG.

[157] Art. 17 Abs. 1 UAbs. 3 MAR → § 7 Rn. 29 ff.

[158] *Meyer* in FrankfurterKomm WpPG und EU-ProspektVO § 5 Rn. 74 ff.

[159] *Singhof/Weber* in Habersack/Mülbert/Schlitt, Unternehmensfinanzierung am Kapitalmarkt, § 4 Rn. 108.

[160] § 15 Abs. 2 WpPG, dazu *Berrar* in FrankfurterKomm WpPG und EU-ProspektVO § 15 Rn. 17, 27.

[161] Erwägungsgründe 7, 23 MAR; ausführlich zur Thematik *Assmann* in Assmann/Schneider WpHG § 14 Rn. 106 ff.; *Mennicke* in Fuchs WpHG § 14 Rn. 331 ff.

[162] *Meyer/Paetzel/Will* in KölnKomm WpHG § 33 Rn. 174 ff.

[163] *Meyer/Paetzel/Will* in KölnKomm WpHG § 33 Rn. 182; ähnlich *Mennicke* in Fuchs WpHG § 14 Rn. 339, *Ritz* in JVRB WpHG § 14 Rn. 129.

nung einer solchen Sperre ist insiderrechtlich nicht zu beanstanden, da sie ohne Begründung erfolgt und damit auch nicht mit der Offenlegung von Insiderinformationen an andere Bereiche des Instituts einhergeht.[164]

ee) Offenlegung von Insiderinformationen durch die Medien. Einer gesonderten Beurteilung unterliegt die Anwendung des Offenlegungsverbots auf Journalisten. Hierbei ist der besondere verfassungsrechtliche Schutz der Pressefreiheit zu berücksichtigen.[165] Dies hat auch seinen unmittelbaren Niederschlag in der MAR gefunden. So sind bei der Offenlegung von Insiderinformationen in den Medien für journalistische Zwecke oder andere Ausdrucksformen bei der Anwendung des allgemeinen Offenlegungsverbots nach Art. 10 MAR die Regeln der **Pressefreiheit** und der **Freiheit der Meinungsäußerung** in anderen Medien sowie der journalistischen Berufs- und Standesregeln zu berücksichtigen.[166] Eine Grenze findet diese Privilegierung der Medien jedoch, wenn den betreffenden Medienvertretern oder mit diesen in enger Beziehung stehenden Personen ein Vorteil aus der Offenlegung der betreffenden Information erwächst, oder die Offenlegung in der Absicht erfolgt, den Markt in Bezug auf das Angebot von Finanzinstrumenten, die Nachfrage danach oder ihren Kurs irrezuführen.[167] Kurzum: wenn sich die Offenlegung nicht auf die Wahrnehmung der Presse- und Meinungsfreiheit beschränkt. Konsequenterweise findet sich auch in den Sanktionsregelungen der CRIM-MAD der Vorbehalt, dass die Sanktionierung der unberechtigten Weitergabe von Insiderinformation im Einklang mit dem notwendigen Schutz der Pressefreiheit und der freien Meinungsäußerung anzuwenden ist.[168] 53

Nicht abschließend geklärt ist, welche Konsequenzen dies in der Anwendungspraxis auf die Frage hat, wie ein Journalist mit einer ihm zugespielten oder von ihm recherchierten Insiderinformation umgehen darf. Dabei kommt es nicht darauf an, wie ein Journalist die Information erlangt hat; selbst die Verbreitung rechtswidrig (etwa infolge einer nach Art. 10 MAR rechtswidrigen Offenlegung von Insiderinformationen) erlangter Informationen fällt in den Schutzbereich der Pressefreiheit.[169] 54

Teilweise wird unter Verweis auf die Pressefreiheit eine vollumfängliche Freistellung von jeglichen Presseveröffentlichungen vom Offenlegungsverbot vertreten.[170] Andere fordern eine Veröffentlichung in dem für Ad-hoc-Mitteilungen geltenden Verfahren über ein sog. Medienbündel.[171] Dazu wird aber zu Recht darauf hingewiesen, dass die Veröffentlichung von Ad-hoc-Mitteilungen und der spezifisch dafür vorgeschriebene Kommunikationsweg dem Emittenten vorbehalten sind.[172] Maßgeblich für die rechtliche Zulässigkeit einer Offenlegung von Insiderinformationen durch einen Journalisten dürfte vielmehr sein, dass diese in einer Art und Weise erfolgt, dass eine **Bereichsöffentlichkeit** hergestellt werde.[173] Denn dadurch verliert die offengelegte Information ihre Einstufung als Insiderinformation und damit das Potenzial, die Gefahr des Insiderhandels zu begründen bzw. zu erhöhen.[174] Das bedeutet, dass die Insiderinformation einem breiten Anlegerpublikum 55

---

[164] *Assmann* in Assmann/Schneider WpHG § 14 Rn. 112; im Ergebnis ähnlich *Schwark/Kruse* in Schwark/Zimmer § 14 WpHG Rn. 89.
[165] Art. 5 Abs. 1 S. 2 GG.
[166] Art. 21 Hs. 1 MAR; mit Blick auf den ohnehin bestehenden Schutz der Pressefreiheit aufgrund höherrangigen Verfassungsrechts hat dies aber nur klarstellenden Charakter, *Klöhn* WM 2016, 2241.
[167] Art. 21 Hs. 2 lit. a) und b) MAR.
[168] Art. 4 Abs. 5 CRIM-MAD.
[169] BVerfGE 66, 116 (137).
[170] *Schröder* NJW 2009, 466, *Cloppenburg/Kruse* WM 2007, 1109; *Szesny* in Böttger Kapitalmarktstrafrecht Kapitel 6 Rn. 132; *Schröder*, HdB Kapitalmarktstrafrecht, 2. Kapitel E. Rn. 295; *Sethe* in Assmann/Schütze § 8 Rn. 117.
[171] *Wehowsky* in Erbs/Kohlhaas § 14 WpHG Rn. 9–18.
[172] *Assmann* in Assmann/Schneider WpHG § 14 Rn. 102; ähnlich *Schwark/Kruse* in Schwark/Zimmer § 14 WpHG Rn. 61.
[173] *Hopt* in Schimansky/Bunte/Lwowski BankR-HdB § 107 Rn. 59; *Sven H. Schneider* NZG 2005, 702.
[174] Ähnlich *Mennicke* in Fuchs WpHG § 14 Rn. 221.

zeitgleich zugänglich sein muss, so dass die informationelle Chancengleichheit nicht beeinträchtigt wird. Die BaFin nennt dafür beispielhaft die Veröffentlichung in einem allgemein zugänglichen, elektronischen Informationsverbreitungssystem.[175] Neben den insoweit typischerweise im Schrifttum genannten weit verbreiteten Börseninformationsdiensten wie Reuters, Bloomberg oder VWD[176] dürften hierfür auch in Anlegerkreisen verbreitete Internetseiten mit regelmäßig aktualisierten (Wirtschafts-)Nachrichten genügen, wie etwa die Internetseiten allgemein verbreiteter überregionaler Tages- und Wochenzeitungen sowie kurzfristig verfügbare Massenmedien wie Radio oder Fernsehen (einschließlich deren Internetseiten).[177] Die Veröffentlichung in Printausgaben überregionaler Zeitungen dürfte nur in Betracht kommen, wenn bis zum Verkaufsbeginn Vertraulichkeit gewahrt bleibt; denn erst dann endet die Qualität als Insiderinformation.[178] Dies erscheint faktisch schwierig, lässt sich aber durch eine Internet-Vorabveröffentlichung der Kerninformationen lösen.

56 Problematisch erscheint dagegen die bloße Veröffentlichung in einer **Regionalzeitung**, da diese zu einer Privilegierung der Anleger in deren Verbreitungsgebiet führt und damit nur einen Teil der Bereichsöffentlichkeit erreicht.[179] Allerdings gilt die Pressefreiheit für alle Presseorgane und zwar unabhängig von den jeweiligen Verbreitungsmodalitäten.[180] Sie findet jedoch ihre Schranke in den Vorschriften der allgemeinen Gesetze.[181] Als solche gelten Gesetze, die weder gegen eine bestimmte Meinung noch gegen den Prozess der freien Meinungsäußerung als solche gerichtet, sondern auf die Wahrung eines allgemeinen Rechtsguts, dessen Schutz unabhängig davon ist, ob es durch Meinungsäußerungen oder auf andere Weise gefährdet oder verletzt wird.[182] Das insiderrechtliche Offenlegungsverbot ist meinungsneutral und dient zur Wahrung der Marktintegrität im Allgemeinen und der gleichberechtigten Handlungsfreiheit der am Markt tätigen Anleger im Besonderen, mithin auch zum Schutz von deren allgemeiner Handlungsfreiheit.[183] Es stellt daher ein als Schranke der Pressefreiheit an sich geeignetes allgemeines Gesetz dar, bei dessen Anwendung das Grundrecht der Pressefreiheit und die mit dem Offenlegungsverbot verfolgten Belange gegeneinander abzuwägen sind, so dass die Einschränkung der Pressefreiheit zu deren Wahrung geeignet, erforderlich und angemessen ist.[184] Dabei sind die Möglichkeiten der Einschränkung größer, wenn sie sich auf die Form einer Berichterstattung und nicht deren Inhalt bezieht.[185] So hat das BVerfG das Grundrecht der Meinungsfreiheit durch das Verbot einer bestimmten Ausdrucksform nicht beeinträchtigt gesehen, solange eine andere, zulässige Ausdrucksform zur Verfügung steht.[186] Zu beachten ist ferner, dass die Aufforderung zu rechtswidrigem Verhalten regelmäßig nicht geschützt ist;[187] die Verleitung dazu (hier: zum Insiderhandel durch selektive Veröffentlichung) dürfte kaum anders zu behandeln sein.

175 BaFin Emittentenleitfaden Tz. III 2.1.2 (S. 34).
176 *Ritz* in JVRB WpHG § 13 Rn. 110.
177 *Mennicke* in Fuchs WpHG § 14 Rn. 273; *Mennicke/Jakovou* in Fuchs WpHG § 13 Rn. 93.
178 *Ritz* in JVRB WpHG § 13 Rn. 111; *Mennicke* in Fuchs WpHG § 14 Rn. 271.
179 *Ritz* in JVRB WpHG § 13 Rn. 110; *Mennicke* in Fuchs WpHG § 14 Rn. 271; *Sven H. Schneider* NZG 2005, 702; so auch *Klöhn* ZHR 180 (2016) 707; *Hopt/Kumpan* in Schimansky/Bunte/Lwowski BankR-HdB § 107 Rn. 104.
180 BVerfG 95, 28 (35); *Burghart* in Leibholz/Rinck/Hesselberger GG Art. 5 Rn. 201.
181 Art. 5 Abs. 2 GG.
182 BVerfGE 50, 240; BVerfGE 91, 125; BVerfGE 113, 63, BVerfGE 124, 300; grundlegend bereits BVerfGE 20, 162 (177).
183 Art. 2 Abs. 1 GG; vgl. Erwägungsgrund 7 MAR „vollständige und ordnungsgemäße Markttransparenz, die eine Voraussetzung dafür ist, dass alle Wirtschaftsakteure an integrierten Finanzmärkten teilnehmen können; zum Schutzzweck des Insiderrechts vgl. auch *Rothenhöfer* in Kümpel/Wittig Rn. 3.458; ähnlich *Klöhn* in KölnKomm WpHG Vor §§ 12–14 Rn. 38.
184 Zur Anwendung der Schranke der allgemeinen Gesetze *Jarass* in Jarass/Pieroth GG Art. 5 Rn. 55, 57; BVerfGE 42, 143; BVerfGE 59, 231 (freie Rundfunkmitarbeiter); BVerfGE 71, 206; 124, 300.
185 *Jarass* in Jarass/Pieroth GG Art. 5 Rn. 59; BVerfGE 42, 143.
186 BVerfGE 42, 143.
187 *Jarass* in Jarass/Pieroth GG Art. 5 Rn. 59; BGH NJW 1985, 1620.

57 Daher kann mit Blick auf die Wahrung der Pressefreiheit die Publikation von Insiderinformationen durch regionale Presseorgane zwar nicht per se als unrechtmäßige Offenlegung verboten sein. Es muss dabei aber die gleichzeitige Unterrichtung der Bereichsöffentlichkeit sichergestellt werden. Dies lässt sich etwa dadurch bewerkstelligen, dass zeitgleich zur Berichterstattung in einem regionalen Presseorgan in einem die Bereichsöffentlichkeit herstellenden Publikationsorgan (etwa einem in Kapitalmarktkreisen allgemein zugängliches, elektronisches Informationsverbreitungssystem)[188] ein Hinweis mit den insiderrechtlich relevanten Kerninformationen erfolgt. In diesem Zusammenhang kann auf die detailliertere Berichterstattung in dem betreffenden Regionalorgan hingewiesen werden. Es ginge umgekehrt zu weit, den durch das Insiderrecht verfolgten Schutz der allgemeinen Handlungsfreiheit der Kapitalmarktteilnehmer zugunsten einer ausschließlichen Wahl einer bestimmten Publikationsform zurückstehen zu lassen.[189] Denn nicht jedem Pressorgan wird in jedem rechtlichen Zusammenhang für jeden Inhalt der Schutz der Pressefreiheit in gleicher Weise zuteil.[190] Bei Insiderinformationen handelt es sich zudem typischerweise nicht um einen Beitrag zum geistigen Meinungskampf in einer die Öffentlichkeit wesentlich berührenden Frage, sondern um eine Äußerung im wirtschaftlichen Verkehr, der im Hinblick auf das Grundrecht der Meinungs- und Pressefreiheit geringeres Gewicht zukommt.[191]

58 Ähnlich wie bei Regionalzeitungen kann bei einer Verbreitung einer Information in sog. sozialen Netzwerke im Internet wie Facebook oder Twitter nicht davon ausgegangen werden, dass damit bereits die kapitalmarktrechtliche Bereichsöffentlichkeit hergestellt werden kann, so dass die dargestellte Sonderregelung für die Presse hierfür nicht zur Anwendung kommen kann.[192]

59 Daneben wird in der Literatur – anknüpfend an dem Tatbestandsmerkmal „unbefugt" nach dem Wortlaut des § 14 Abs. 1 Nr. 2 WpHG aF – vertreten, bei Vorliegen besonderer Umstände entstünde ein **Informationsinteresse der Öffentlichkeit**, hinter das die Belange einer geordneten Kapitalmarktkommunikation ggf. zurücktreten müssten, etwa im Fall der Aufdeckung krimineller Machenschaften wie Korruption oder illegaler Abfallbeseitigung.[193] Eine solche Einschränkung des insiderrechtlichen Offenlegungsverbots dürfte bereits mangels klarer Abgrenzungskriterien kaum praktikabel sein. Vor allem erscheint sie wegen der impliziten inhaltlichen Einschränkung der Pressefreiheit nach dem Gesagten verfassungsrechtlich bedenklich.

b) Umfang berechtigter Offenlegung

60 Sinn und Zweck des Offenlegungsverbots und die von der EuGH-Rechtsprechung gezogenen engen Grenzen für die Ausnahme einer berechtigten Offenlegung sind auch bei der Ausgestaltung einer an sich für zulässig erachteten Offenlegung zu beachten.

61 Hinsichtlich des personellen Umfangs der Offenlegung ist zu prüfen, ob es zur Erreichung des verfolgten Zwecks „**unerlässlich**" ist, die Information an dem betreffenden Empfänger offenzulegen. In der Praxis wird dies mit dem Schlagwort „Need-to-Know" Prinzip bezeichnet. Reine Zweckmäßigkeitserwägungen reichen dabei wohl nicht aus, um die Erweiterung des Personenkreises zu begründen, der Kenntnis von der Insiderinformation hat.[194] Jedoch dürfte es nicht zu beanstanden sein, so viele Personen einzubinden, wie zur Erreichung des verfolgten Zwecks sachgerechter Weise erforderlich ist. Dies gilt etwa

---

[188] → Rn. 55.
[189] Dies iE ablehnend *Klöhn* WM 2016, 2241; *Klöhn* in KölnKomm WpHG § 14 Rn. 458, der aber umgekehrt eine Publikation, die nicht zur öffentlichen Bekanntheit der Information und damit zum Verlust des Status der Insiderinformation führt, für unberechtigt hält, aaO Rn. 462.
[190] BVerfGE 34, 283.
[191] So die Differenzierung in BVerfGE 61, 11; BVerfGE 66, 116 (139).
[192] ESMA/2015/1455 Rn. 188; *Klöhn* ZHR 180 (2016) 707.
[193] *Assmann* in Assmann/Schneider WpHG § 14 Rn. 102.
[194] So aber *Szesny* in Böttger Kapitalmarktstrafrecht Kapitel 6 Rn. 129.

für die Ansprache von Großaktionären und –investoren im Vorfeld von Kapitalmaßnahmen oder einem Übernahmeangebot unter Offenlegung der geplanten Transaktion, um sich deren Unterstützung zu vergewissern. „Unerlässlich" dürfte je nach Aktionärsstruktur der Zielgesellschaft die Ansprache einer solchen **Zahl** an Großaktionären sein, ohne deren Unterstützung ein Erfolg des Übernahmeangebots nicht erwartet werden kann.[195] Denn es ist weder dem Bieter noch der Zielgesellschaft oder auch deren Aktionären zuzumuten, über Wochen einem Übernahmeangebot ausgesetzt zu sein, dessen Ausgang völlig unsicher erscheint, wenn zugleich durch vorherige Ansprache von Großaktionären eine erhebliche Steigerung der Transaktionssicherheit möglich gewesen wäre.

62 Entsprechendes gilt für den **Zeitraum**, für den die betreffenden Personen zu Insidern gemacht werden. Eine übermäßig restriktive Handhabung, die zu erhöhten Transaktionsrisiken führt, ist dagegen nicht verlangt. So mag es geboten sein, bei der Vorbereitung einer Transaktion die Kenntnis von dem Vorhaben so lang wie möglich auf das Projektteam sowie das zuständige Vorstandsmitglied zu beschränken. Die Einbindung von Entscheidungsgremien muss aber in dem Umfang und zu dem Zeitpunkt zulässig sein, dass eine sachgerechte Entscheidungsvorbereitung und –findung möglich bleibt.

63 Für den **inhaltlichen Umfang** der zulässigen Offenlegung von Insiderinformationen gelten dementsprechend die gleichen Vorgaben. Darf ein Insider anderen Personen dem Grunde nach zulässigerweise Insiderinformationen offenlegen, so ist er dazu insoweit befugt, als er annehmen durfte, dass der Empfänger die Informationen zur sachgerechten Erledigung seiner Aufgabe benötigt, in deren Rahmen er Insiderinformationen offengelegt erhält. Entsprechendes gilt auch für die Weitergabe durch einen Berater, der im Zuge eines Beratungsmandats Insiderinformationen erhalten hat, an seine Mitarbeiter.[196]

4. Rechtsfolgen von Verstößen

64 Wie für die Verstöße gegen Bestimmungen der MAR im Allgemeinen, enthält das europäische Recht auch für die unrechtmäßige Offenlegung von Insiderinformationen mehrere parallele Sanktionsmechanismen bereit. Diese sind teils in der MAR selbst, teils in einer flankierend erlassenen Richtlinie über strafrechtliche Sanktionen für Marktmissbrauch (CRIM-MAD) enthalten.

65 In der MAR selbst werden die Mitgliedstaaten dazu angehalten, ihren nach nationalem Recht zuständigen Behörden die Befugnis zu erteilen, **verwaltungsrechtliche Sanktionen** für Verstöße gegen im einzelnen aufgeführte Bestimmungen der MAR zu verhängen, darunter auch die unrechtmäßige Offenlegung von Insiderinformationen.[197] Damit stellt die Sanktionsregelung eine in die unmittelbar anwendbare MAR eingebettete Richtlinie dar, um sicherzustellen, dass die Sanktionen in dem nach nationalem Recht bestehenden Sanktionsregime systemgerecht verankert werden können.[198] Mitgliedstaaten können von der Einführung verwaltungsrechtlicher Sanktionen absehen, sofern die betreffenden Verstöße bis zum 3. Juli 2016 nach nationalem Recht bereits strafrechtlichen Sanktionen unterliegen.

66 Daneben enthält die CRIM-MAD Mindestvorschriften für **strafrechtliche Sanktionen** ua für die unrechtmäßige Offenlegung von Insiderinformationen.[199] So haben die Mitgliedstaaten sicherzustellen, dass eine unrechtmäßige Offenlegung von Insiderinformationen zumindest in schweren Fällen und bei Vorliegen von Vorsatz eine Straftat darstellt.[200] Für die Zwecke der CRIM-MAD ist eine Offenlegung von Insiderinformationen nur dann unrechtmäßig (und damit als Straftat zu sanktionieren), sofern sie nicht Rahmen der

[195] *Meyer/Kiesewetter* WM 2009, 340.
[196] *Assmann* in Assmann/Schneider WpHG § 14 Rn. 97.
[197] Art. 30 Abs. 1 lit. a) iVm Art. 14 lit. c) MAR.
[198] Zur Systematik der Sanktionsregelungen und zu den einzelnen Sanktionen vgl. § 28 ff.
[199] Art. 1 Abs. 1 CRIM-MAD.
[200] Art. 4 Abs. 1 CRIM-MAD.

normalen Ausübung der Arbeit, des Berufs, der Erfüllung der Aufgaben der offenlegenden Person erfolgt oder sie als Marktsondierung nach Art. 11 Abs. 1 bis 8 MAR gilt. Insofern nimmt die CRIM-MAD – letztlich deklaratorisch – Bezug auf die materiellrechtlichen Verbotsnormen der MAR, zu deren Sanktionierung sie dient.[201] Die Sanktion als Straftat soll zunächst für jede Person gelten, die über Insiderinformationen verfügt, weil sie dem Verwaltungs-, Leitungs- oder Aufsichtsorgan des Emittenten oder des Teilnehmers auf dem Markt für Emissionszertifikate angehört, am Kapital des Emittenten oder des Teilnehmers auf dem Markt für Emissionszertifikate beteiligt ist, aufgrund der Ausübung einer Arbeit oder eines Berufs oder der Erfüllung von Aufgaben Zugang zu den betreffenden Informationen hat oder an kriminellen Handlungen beteiligt ist (sog. **Primärinsider**). Darüber hinaus gilt sie aber auch für jede andere Person, die Insider-Informationen unter anderen Umständen erlangt hat und Kenntnis davon hat, dass es sich dabei um Insiderinformationen handelt (sog. **Sekundärinsider**).[202] Anstiftung, Beihilfe und Versuch sind ebenfalls unter Strafe zu stellen.[203] Ferner müssen **juristische Personen** für Insiderdelikte zur Verantwortung gezogen werden können, die zu ihren Gunsten von einem ihrer Organmitglieder bei der Vertretung oder der Ausübung einer Leitungs- oder Kontrollfunktion innerhalb der juristischen Person begangen, oder durch mangelnde Überwachung oder Kontrolle ermöglicht wurden.[204] Die Sanktionierung der unberechtigten Offenlegung von Insiderinformation hat zudem im Einklang mit dem notwendigen Schutz der Pressefreiheit und der freien Meinungsäußerung anzuwenden.[205]

Die vorgenannten europäischen Vorgaben wurden im Rahmen des **1. Finanzmarktnovellierungsgesetzes** durch eine Anpassung der bereits zuvor geltenden strafrechtlichen Sanktionsnorm für Insiderdelikte in deutsches Recht umgesetzt. So wird mit Freiheitsstrafe bis zu fünf Jahren oder mit Geldstrafe bestraft, wer entgegen Art. 14 lit. c MAR eine Insiderinformation unrechtmäßig offenlegt.[206] Der Versuch ist strafbar.[207] Die von der CRIM-MAD ausdrücklich angeordnete Strafbarkeit von Anstiftung und Beihilfe ergibt sich nach deutschem Recht bereits aus dem allgemeinen Teil des StGB.[208] Die Strafbarkeit setzt Vorsatz voraus;[209] leichtfertiges Handeln stellt eine Ordnungswidrigkeit dar.[210] Anders als nach altem Recht ist der Verstoß gegen das Offenlegungsverbot ein sog. **Jedermanndelikt**. Das heißt, die frühere Differenzierung zwischen sog. Primär- und Sekundärinsidern, wonach der Verstoß gegen das frühere Weitergabeverbot nur bei Ersteren eine Straftat, bei der zweiten Tätergruppe aber nur eine Ordnungswidrigkeit darstellte,[211] ist weggefallen.[212] Gegen juristische Personen kann im Einklang mit den Vorgaben der CRIM-MAD ein Bußgeld wegen Verstößen gegen das Offenlegungsverbot durch Mitglieder der Leitungs- oder Aufsichtsorgane oder sonstiger Personen mit Vertretungsberechtigung oder Leitungsfunktion verhängt werden.[213] Entsprechendes gilt im Fall der Verletzung von Aufsichtspflichten, die zu Verstößen gegen das Offenlegungsverbot geführt haben.[214] **67**

Zudem kann die BaFin einer natürlichen Person, die für einen Verstoß gegen Art. 14 MAR oder gegen eine sich auf diese Vorschriften beziehende Anordnung der BaFin verantwortlich ist, für einen Zeitraum von bis zu zwei Jahren untersagen, Geschäfte für **68**

[201] Erwägungsgründe 6, 17, 18 CRIM-MAD.
[202] Art. 4 Abs. 3 iVm Art. 3 Abs. 3 CRIM-MAD.
[203] Art. 6 Abs. 1, 2 CRIM-MAD.
[204] Art. 8 Abs. 1, 2 CRIM-MAD.
[205] Art. 4 Abs. 5 CRIM-MAD.
[206] § 119 Abs. 1, 3 Nr. 3 WpHG.
[207] § 119 Abs. 4 WpHG.
[208] §§ 26, 27 StGB.
[209] § 15 StGB, dazu *Poelzig* NZG 2016, 492.
[210] § 120 Abs. 14 WpHG.
[211] § 38 Abs. 1 Nr. 2, § 39 Abs. 2 Nr. 3 WpHG aF, dazu *Klöhn* in KölnKomm WpHG § 38 Rn. 47 ff., § 39 Rn. 28.
[212] RegE 1. FimanoG, BR-Drucks. 19/16 S. 72, dazu *Szesny* DB 2016, 1420; *Teigelack/Dolff* BB 2016, 387.
[213] § 119 Abs. 18 WpHG, § 30 Abs. 1 OWiG.
[214] § 130 Abs. 1 OWiG, dazu *Teigelack/Dolff* BB 2016, 387.

eigene Rechnung in Finanzinstrumenten und Produkten iSv Art. 2 Abs. 1 MAR zu tätigen. Bei Kreditinstituten und Finanzdienstleistungsinstituten kann die zuständige Aufsichtsbehörde[215] die Erlaubnis zum Betrieb des Bankgeschäfts oder von Finanzdienstleistungen aufheben, wenn das Institut nachhaltig gegen das Verbot von Insiderdelikten nach Art. 14 MAR oder sich auf diese Bestimmungen beziehende Anordnungen der Bundesanstalt verstoßen hat.[216]

III. Marktsondierung

1. Regelungsgegenstand und Begriff

69 Die **Ansprache von Investoren** im Vorfeld einer Platzierung von Finanzinstrumenten, um ein besseres Verständnis für das Interesse potenziell interessierter Investoren, das platzierbare Volumen und die dabei im Markt zu erzielenden Konditionen zu gewinnen, ist spätestens seit der Finanzkrise und der mit ihr einhergehenden höheren Volatilität der Kapitalmärkte gängige Praxis geworden.[217] Die Möglichkeit solche Marktsondierungen durchzuführen wird in der MAR ausdrücklich als wichtig für das ordnungsgemäße Funktionieren der Finanzmärkte anerkannt, so dass Marktsondierungen als solche nicht als Marktmissbrauch (insbesondere nicht als unrechtmäßige Offenlegung von Insiderinformationen) gelten.[218]

70 Die MAR definiert Marktsondierung als Übermittlung von Informationen vor der Ankündigung eines Geschäfts an einen oder mehrere potenzielle Anleger, um das Interesse von potenziellen Anlegern an einem möglichen Geschäft und dessen Bedingungen wie seinem Umfang und seiner preislichen Gestaltung abzuschätzen.[219] Dabei werden sowohl die geplante Veräußerung eines Finanzinstruments im Wege einer Platzierung[220] als auch die Vorbereitung des Erwerbs von Gesellschaftsanteilen im Wege eines Übernahmeangebots[221] als Anwendungsfälle erwähnt (dazu im Einzelnen sogleich).

71 Die Regelung von Marktsondierungen in der MAR unmittelbar nach dem Verbot der unrechtmäßigen Offenlegung von Insiderinformationen legt nahe, dass es sich bei der Marktsondierung um einen **Sonderfall der rechtmäßigen Offenlegung** von Insiderinformationen handelt. Dies bestätigt auch Art. 11 Abs. 4 MAR, wonach für die Zwecke des Offenlegungsverbots eine Offenlegung von Insiderinformationen im Verlauf einer Marktsondierung als im Zuge der normalen Ausübung der Beschäftigung oder des Berufs oder der normalen Erfüllung der Aufgaben einer Person vorgenommen (und damit zulässig) gilt, wenn dabei die Vorgaben von Art. 11 Abs. 3 und 5 MAR erfüllt wurden.[222]

2. Anwendungsbereich

a) Platzierung von Finanzinstrumenten

72 Der Grundfall der Marktsondierung betrifft Gespräche mit Anlegern, um die Chancen einer Platzierung von Finanzinstrumenten besser einschätzen zu können. Dies kann zum einen die erstmalige Veräußerung von Finanzinstrumenten (sowohl Eigen- als auch Fremdkapitalinstrumente) an Anleger durch deren Emittenten (**Primärplatzierung**) sein. Zum

[215] Europäische Zentralbank oder BaFin, § 1 Abs. 7 KWG.
[216] § 35 Abs. 2 Nr. 7 KWG.
[217] *Fleischer/Bedkowski* DB 2009, 2195; *Meyer* in Marsch-Barner/Schäfer, HdB börsennotierte AG, § 8 Rn. 58a; *Schäfer/Ernst* in Habersack/Mülbert/Schlitt, HdB der Kapitalmarktinformation, § 14 Rn. 10f.
[218] Erwägungsgrund 32 MAR.
[219] Art. 11 Abs. 1 MAR.
[220] Art. 11 Abs. 1 MAR.
[221] Art. 11 Abs. 2 MAR.
[222] → Rn. 9.

anderen sind auch sog. **Sekundärplatzierungen** erfasst, dh Umplatzierungen bereits ausgegebener Finanzinstrumente durch deren Inhaber.[223] Dabei muss sich das geplante Veräußerungsgeschäft in Bezug auf die angebotene Menge und/oder den Preis des betreffenden Finanzinstruments vom üblichen Handel unterscheiden sowie auf einer Verkaufsmethode beruhen, der die Vorabbewertung des potenziellen Interesses möglicher Anleger zugrunde liegt.[224] Diese Einschränkungen scheinen sich nach dem Wortlaut des Art. 11 MAR zwar nur auf Umplatzierungen zu beziehen, dürften aber mit Blick auf die Zwecksetzung von Marktsondierungen auch für Primäremissionen gelten.[225] Die geplante Platzierung muss nicht im Wege eines öffentlichen Angebotes stattfinden, sie kann auch als Privatplatzierung erfolgen.[226]

Als Beispiele führt die MAR die Emission einer Schuldverschreibung oder eine Kapital- **73** erhöhung an. Dabei kann die Marktsondierung dazu dienen, in volatilen Märkten die potenzielle Nachfrage nach den anzubietenden Finanzinstrumenten, das platzierbare Volumen, eine für Investoren attraktive Transaktionsstruktur und realistische Platzierungskonditionen besser einschätzen zu können.[227] Des Weiteren kann die Marktsondierung auch dazu dienen, von Investoren eine Zusage für deren Beteiligung an der geplanten Platzierung zu erhalten.[228] In der Praxis erfolgt dies etwa durch die Einholung sog. Festbezugserklärungen durch einen oder mehrere Großaktionäre des Emittenten oder durch sog. Backstop-Verpflichtungen außenstehender Investoren, die sich dadurch jeweils vorab verpflichten, eine bestimmten Teil der neu auszugebenden Wertpapiere abzunehmen. Diese Methoden werden häufig angewandt, um die Durchführungssicherheit von großen Kapitalerhöhungen zu steigern.[229]

Die Ansprache von Investoren, die bereits das Ziel hat, eine konkrete Platzierung durch- **74** zuführen, soll dagegen nach Auffassung der ESMA keinen Fall der Marktsondierung darstellen.[230] Wiewohl ESMA rein mit dem Wortlaut argumentiert, lässt sich diese Abgrenzung wohl auch damit begründen, dass für die Kommunikation zur Durchführung einer Platzierung der Formalien zur Marktsondierung nicht in demselben Maße bedarf, um die Marktintegrität zu wahren. Umgekehrt erscheint es zu weitgehend, die vorstehend erwähnte Ansprache von Großaktionären und außenstehenden Investoren in Bezug auf die Abgabe einer Festbezugserklärung oder einer Backstop-Verpflichtung mit dieser Begründung aus dem Anwendungsbereich der Marktsondierung auszuschließen.[231] Denn zum einen diesen diese Verpflichtungserklärungen zur Absicherung der nachfolgenden Platzierung, stellen aber nicht die „Transaktion" selbst dar. Zum anderen liefe ein solchermaßen restriktives Verständnis des Anwendungsbereichs der Bestimmungen über Marktsondierungen dem Willen des Gesetzgebers zuwider. Denn dieser hat in den Erwägungsgründen zur MAR als ein Beispiel für Marktsondierungen ausdrücklich den Fall angeführt, wenn „*ein Emittent beabsichtigt, die Begebung eines Schuldtitels oder eine zusätzliche Kapitalerhöhung anzukündigen, und sich das Unternehmen auf der Verkäuferseite an wichtige Investoren wendet und ihnen die vollständigen Geschäftsbedingungen mitteilt, um eine finanzielle Zusage für die Beteiligung an dem Geschäft zu erhalten.*"

Ebenfalls keinen Fall der Marktsondierung stellt die Ansprache von Investmentbanken **75** wegen der Begleitung einer Wertpapieremission als Emissionsbank dar. Denn dabei geht es

[223] *Stäcker/Lange/Albrecht/Kolodinski* in Habersack/Mülbert/Schlitt, Unternehmensfinanzierung am Kapitalmarkt, § 2; *Meyer* in Marsch-Barner/Schäfer, HdB börsennotierte AG, § 7 Rn. 3 ff.
[224] Art. 11 Abs. 1 lit. b) MAR.
[225] So auch Erwägungsgrund 32 Satz 2 MAR „Marktsondierungen können eine Erst- oder Zweitplatzierung relevanter Wertpapiere umfassen und unterscheiden sich vom üblichen Handel."
[226] ESMA/2015/1455 Rn. 71.
[227] Erwägungsgrund 32 MAR.
[228] Erwägungsgrund 33 MAR.
[229] *Meyer* in Marsch-Barner/Schäfer, HdB börsennotierte AG, § 7 Rn. 40 f. mwN; *Schäcker/Kunze/Wohlgefahrt* in Habersack/Mülbert/Schlitt, Unternehmensfinanzierung am Kapitalmarkt, § 3 Rn. 63.
[230] ESMA/2015/1455 Rn. 69.
[231] So aber *Singhof* ZBB 2017, 193 (197).

um deren Tätigwerden als Dienstleister für Emittenten bzw. abgebenden Inhaber von Finanzinstrumenten. In dieser Funktion handeln die Banken nicht als Investoren und halten die zu platzierenden Finanzinstrumente (bei planmäßigem Verlauf) allenfalls zu Abwicklungszwecken. Eine dabei etwa eingegange Übernahmeverpflichtung erfolgt entweder aus technischen Gründen (etwa im Wege des mittelbaren Bezugsrechts)[232] oder zur Erzielung größerer Transaktionssicherheit. Ein dauerhaftes Halten der zu platzierenden Finanzinstrumente ist dagegen gerade nicht angestrebt.[233]

76 Eine Marktsondierung kann sowohl durch den Emittenten als auch durch den Zweitanbieter eines Finanzinstruments, ferner durch einen Teilnehmer am Markt für Emissionszertifikate erfolgen.[234] Diese können sich bei der Durchführung der Marktsondierung auch eines Dritten (typischerweise einer Investmentbank) bedienen, der im ihrem Auftrag oder für ihre Rechnung handelt. [235] Personen, die Anleger im Wege der Marktsondierung im Vorfeld einer Transaktion anzusprechen, werden als „**offenlegende Marktteilnehmer**" bezeichnet.[236]

77 Im Fall des Handelns „im Auftrag oder für Rechnung" ist für die Anwendbarkeit der Regelungen zur Marktsondierung ein förmliches (schriftliches) Mandat des Geschäftsherrn der geplanten Transaktion (zB des Emittenten) nicht erforderlich. Es genügt ein mündlicher Auftrag, etwa im Rahmen einer Diskussion mit dem offenlegenden Marktteilnehmer über Möglichkeiten einer Wertpapierplatzierung oder im Rahmen einer Ausschreibung einer solchen Transaktion (unter mehreren Investmentbanken). ESMA empfiehlt insoweit, über eine solche ggf. mündliche Beauftragung Aufzeichnungen anzufertigen, auch wenn dies nicht ausdrücklich vorgeschrieben ist.[237] Dagegen fällt die Ansprache von Investoren durch einen offenlegenden Markteilnehmer auf eigene Initiative ohne vorherigen Auftrag durch den Emittenten (etc.) nicht unter Marktsondierung.[238] Marktsondierungen können auch durch mehrere offenlegende Marktteilnehmer erfolgen, von denen aber jeder für sich für die Einhaltung der dabei geltenden Verfahrensregeln verantwortlich ist.[239] Weitere Vorgaben zu Marktsondierungen durch eine Mehrzahl von Konsortialbanken wie sie im Konsultationspapier der ESMA[240] erwogen wurden, bleiben zukünftigen Leitlinien der ESMA vorbehalten.[241] Es empfiehlt sich freilich, eine koordinierte Vorgehensweise abzustimmen, auch um Irritationen im Markt und unnötige Verzögerungen im Ablauf der Marktsondierung zu vermeiden (etwa wegen Unklarheiten zur Einschätzung ob Insiderinformationen offengelegt werden).[242]

b) Übernahmeangebote, Unternehmenszusammenschlüsse

78 Ein weiterer Fall der Marktsondierung besteht in der Offenlegung von Insiderinformationen durch den Bieter zur Vorbereitung eines geplanten Übernahmeangebots oder für einen Unternehmenszusammenschluss.[243] Dabei ist mit „**Übernahmeangebot**" nach Maßgabe der Übernahmerichtlinie ein an die Inhaber der Wertpapiere einer (Ziel-) Gesellschaft gerichtetes öffentliches Pflicht- oder freiwilliges Angebot zum Erwerb eines

[232] § 186 Abs. 5 AktG.
[233] *Meyer* in Marsch-Barner/Schäfer, HdB börsennotierte AG, § 7 Rn. 40f. mwN; *Schäcker/Kunze/Wohlgefahrt* in Habersack/Mülbert/Schlitt, Unternehmensfinanzierung am Kapitalmarkt, § 3 Rn. 6ff.
[234] Art. 11 Abs. 1 lit. a), b) und c) MAR.
[235] Art. 11 Abs. 1 lit. d) MAR.
[236] Art. 3 Abs. 1 Nr. 32 MAR.
[237] ESMA/2015/1455 Rn. 66.
[238] ESMA/2015/1455 Rn. 66.
[239] ESMA/2015/1455 Rn. 71.
[240] ESMA, Consultation Paper Draft technical standards on the Market Abuse Regulation" v. 15.7.2014, ESMA/2014/809 Rn. 64, 73ff.
[241] ESMA/2015/1455 Rn. 80.
[242] IE ähnlich, jedoch offenbar eine Rechtspflicht zur einheitlichen Einschätzung des Vorliegens von Insiderinformationen annehmend *Zetzsche* AG 2016, 610.
[243] ESMA/2015/1455 Rn. 67.

Teils oder aller dieser Wertpapiere gemeint, das dem **Erwerb der Kontrolle** der Zielgesellschaft dient oder sich diesem anschließt.[244] Einfache Erwerbsangebote, die nicht auf einen Kontrollerwerb abzielen, sind also nicht erfasst.[245] Die Adressaten der Informationsweitergabe bei dieser Form der Marktsondierung sind mit „Dritte, die Anspruch auf die Anteile des Unternehmens haben" etwas kryptisch beschrieben. Unter Heranziehung der englischen Sprachfassung wird man darunter die Inhaber von Gesellschaftsanteilen an der Zielgesellschaft sowie Inhaber von Rechten zu verstehen haben, die zu deren Erwerb berechtigen (wie etwa Wandelschuldverschreibungen).[246] Eine Marktsondierung setzt hierbei zunächst voraus, dass die weitergegebenen Informationen erforderlich sind, um den angesprochenen Wertpapierinhabern zu ermöglichen, sich eine Meinung darüber zu bilden, ob sie zur Abgabe ihrer Unternehmensanteile bzw. Wertpapiere bereit sind. Zudem muss der Beschluss des Bieters zur Durchführung des Übernahmeangebots vom Vorliegen dieser Bereitschaft abhängen. In dieser Einschränkung ist die Weitergeltung der in der Praxis anhand der Vorgaben der Grøngaard-Entscheidung des EuGH entwickelten Grundsätze zu erkennen,[247] konkret, dass die Weitergabe von Insiderinformationen (ausnahmsweise) zulässig ist, sofern sie zur Erreichung eines legitimen Zwecks unerlässlich ist.

Die Alternative „**Unternehmenszusammenschluss**" ist dagegen nur rudimentär ge- 79
regelt. Man wird sie als **Auffangtatbestand** für alle sonst auf den Erwerb der Kontrolle einer Gesellschaft abzielende Transaktion verstehen können,[248] wie zB eine Verschmelzung. Anstelle der Annahme des Übernahmeangebots kommt es in dieser Fallkonstellation auf die Zustimmung der Aktionäre zu dem Zusammenschluss an (typischerweise in der Hauptversammlung der Zielgesellschaft).[249]

c) Weitere Anwendungsfälle?

Mit Blick darauf, dass der Begriff des „Geschäfts" (in der englischen Sprachfassung 80
„*transaction*") in Art. 10 Abs. 1 nicht legal definiert ist, fragt sich, ob die Regelungen über Marktsondierungen über die Fälle der Platzierung von Finanzinstrumenten, der Übernahmeangebote und Unternehmenszusammenschlüsse hinaus auf weitere Transaktionen zur Anwendung kommen kann. In der Tat sprechen die Erwägungsgründe der MAR von der Begebung eines Schuldtitels und eine Kapitalerhöhung als Beispielen,[250] so dass diese Transaktionstypen nicht als abschließende Aufzählung der Anwendungsfälle einer „Transaktion" anzusehen sind.[251] Daher ist nachfolgend zu untersuchen, für welche (weiteren) Transaktionen die Regelungen über Marktsondierungen relevant sein können.

aa) Börsengang (sog. IPO). Mit Börsengang (bzw. dessen englischem Begriffspendant 81
IPO – Initial Public Offering) bezeichnet man die Erstnotierung der Aktien einer Gesellschaft an einer Wertpapierbörse, die idR mit deren erstmaligen öffentlichen Angebot einhergeht.[252] Im Vorfeld der Platzierung von Wertpapieren bislang nicht börsennotierter Emittenten ist die Unsicherheit über die Aufnahmefähigkeit des Kapitalmarktes und die erzielbaren Konditionen oft besonders hoch. Investoren sind mitunter zurückhaltend, in ihnen

---

[244] Art. 2 Abs. 1 lit. a) Richtlinie 2004/25/EG betreffend Übernahmeangebote ABl. EU Nr. L142 v. 30.4.2004 S. 12ff., auf die Erwägungsgrund 27 MAR ausdrücklich verweist.
[245] *Poelzig* NZG 2016, 528.
[246] § 221 AktG.
[247] EuGH v. 22.11.2005 – Rs. C-348/02, Slg. 2005 I-9939 = NJW 2006, 133 – *Grøngaard*; dazu *Meyer/Kiesewetter* WM 2009, 340 sowie → Rn. 11.
[248] Erwägungsgrund 27 MAR.
[249] Etwa nach § 13 Abs. 1 UmwG.
[250] Erwägungsgrund 33 MAR.
[251] Ebenso wohl Financial Conduct Authority (United Kingdom), Consultation Paper CP17/5 Reforming the availability of information in the UK equity IPO process Rn. 4.21; im Internet abrufbar unter *https://www.fca.org.uk/publication/consultation/cp17-05.pdf*.
[252] *Meyer* in Marsch-Barner/Schäfer, HdB börsennotierte AG, § 7 Rn. 40f. mwN; *Stäcker/Lange* in Habersack/Mülbert/Schlitt, Unternehmensfinanzierung am Kapitalmarkt, § 2 Rn. 20.

unbekannte Unternehmen zu investieren. Dies gilt insbesondere, wenn es – etwa bei Technologieunternehmen – an vergleichbaren, bereits börsennotierten Gesellschaften fehlt, an deren Börsenkursen sich Investoren bei ihrer Einschätzung einer künftigen Marktbewertung orientieren können.[253] Daher ist die frühzeitige Ansprache von Investoren im Vorfeld eines Börsengangs zur ersten Abschätzung der Platzierungsaussichten weit verbreitet. Je nach Realisierungsgrad des Börsengangs wird hier von *Early Look Meetings* oder *Pilot Fishing* gesprochen bis hin zum sog. *Cornerstone* Prozess, der der konkreten Einwerbung von bindenden Erwerbsverpflichtungen dient.[254]

82 Der Wortlaut des Art. 11 erwähnt in lit. „b)" (der Fallgestaltung Zweitplatzierung) ein „Finanzinstrument" als Gegenstand des Geschäfts, zu dessen Vorbereitung eine Marktsondierung durchgeführt wird. Dies impliziert, dass die geplante Transaktion ein Geschäft in einem Finanzinstrument[255] darstellen muss. Aus der Definition des Anwendungsbereichs der MAR[256] ergibt sich, dass es dabei um solche Finanzinstrumente geht, die an einem Handelsplatz[257] gehandelt werden, zum Handel an einem geregelten Markt oder multilateralen Handelssystem zugelassen sind oder deren Zulassung beantragt wurde, ferner Finanzinstrumente, deren Kurs oder Wert von dem Kurs oder Wert eines solchen Finanzinstruments abhängt oder sich darauf auswirkt. Daraus folgt, dass zumindest ein solcher mittelbarer Bezug zu einem Handelsplatz bestehen muss, damit der Anwendungsbereich der MAR und damit auch des Art. 11 MAR eröffnet ist. Dies dürfte auch für Erstplatzierungen durch einen Emittenten gelten, da ein Emittent als eine Person definiert ist, die Finanzinstrumente emittiert oder deren Emission vorschlägt.[258]

83 Zum Zeitpunkt der im Vorfeld eines Börsengangs durchgeführten Investorenansprache werden die zu platzierenden Aktien jedoch typischerweise noch nicht an einem Handelsplatz gehandelt, noch ist in der Regel deren Zulassung schon beantragt.[259] Soweit offenbar von einzelnen nationalen Aufsichtsbehörden erwogen wird, auf die Einleitung des Prospektbilligungsverfahrens durch die erstmalige Einreichung eines für die Zulassung erforderlichen Prospektes abzustellen, ist dies bei einem (wie in Deutschland) von der Börsenzulassung getrennten Prospektbilligungsverfahren nicht vom Wortlaut der MAR gedeckt. Ist nach dem jeweils anwendbaren nationalen Recht der Zulassungsantrag mit der Einleitung des Prospektbilligungsverfahrens verbunden, bedarf es der Anknüpfung an der Prospekteinreichung ohnehin nicht. Die Ansprache potenzieller Investoren im Vorfeld eines Börsengangs ist also nicht per se von Art. 11 MAR erfasst.[260]

84 Ein mittelbarer Bezug zu einem Handelsplatz, der die Anwendung der MAR eröffnet, kann sich jedoch im Einzelfall ergeben. So hängt der Wert der im Börsengang zu platzierenden Aktien möglicherweise von dem Kurs oder Wert eines anderen an einem Handelsplatz gehandelten oder zugelassenen Finanzinstrument ab oder kann sich darauf auswirken. Möglichweise haben der Emittent oder ein mit ihm verbundenes Unternehmen bereits andere Finanzinstrumente ausgegeben, die diesen unmittelbaren Bezug zu einem Handelsplatz aufweisen. Typische Fälle sind vom Emittenten emittierte oder garantierte Schuld-

---

[253] *Fleischer/Bedkowski* DB 2009, 2195; *Schäfer/Ernst* in Habersack/Mülbert/Schlitt, HdB der Kapitalmarktinformation, § 8 Rn. 17.

[254] Dazu etwa Financial Conduct Authority (United Kingdom), Consultation Paper CP17/5 Reforming the availability of information in the UK equity IPO process Rn. 2.38, 2.41; im Internet abrufbar unter *https://www.fca.org.uk/publication/consultation/cp17-05.pdf.*

[255] Art. 3 Abs. 1 Nr. 1 MAR.

[256] Art. 2 Abs. 1 MAR.

[257] Geregelter Markt, multilaterales Handelssystem („MTF") oder organisiertes Handelssystem („OTF") iSv Art. 3 Abs. 1 Nr. 6–8 MAR iVm Art. 4 Abs. 1 Nr. 21–23, Art. 1 Abs. 1 Richtlinie 2014/65/EU des Europäischen Parlaments und des Rates vom 15. Mai 2014 über Märkte für Finanzinstrumente sowie zur Änderung der Richtlinien 2002/92/EG und 2011/61/EU, ABl. EU Nr. L173 v. 12.6.2014 S. 349 ff. (MiFID II), die jeweils gem. Art. 4 Abs. 1 Nr. 24 MiFID II einen „Handelsplatz" darstellen.

[258] Art. 3 Abs. 1 Nr. 21 MAR.

[259] Instruktiv dazu der Zeitplan eines Börsengangs bei *Singhof/Weber* in Habersack/Mülbert/Schlitt, Unternehmensfinanzierung am Kapitalmarkt, § 4 Rn. 108.

[260] *Singhof* ZBB 2017, 193, 196.

verschreibungen oder Aktien eines bereits börsennotierten Mutter- oder sonstigen Konzernunternehmens des Emittenten.[261]

bb) Emission von Schuldverschreibungen. Für die Anwendbarkeit des Art. 11 MAR auf die Ansprache von Investoren im Vorfeld einer Neuemission von Schuldverschreibungen gilt grds. das vorstehend für Börsengänge Gesagte. Das bedeutet: falls der Emittent der neuen Schuldverschreibungen schon andere Finanzinstrumente (insbesondere Schuldverschreibungen) ausgegeben oder garantiert hat, die ihrerseits in den Anwendungsbereich der MAR fallen, muss im Einzelfall geprüft werden, ob der Kurs oder Wert (dh Preis) der neuen Schuldverschreibungen von dem Kurs bzw. Wert jener anderer Finanzinstrumente abhängt oder sich darauf auswirkt. Entsprechendes gilt für solche Finanzinstrumente, die ein anderes mit dem Emittenten verbundenes Unternehmen ausgegeben oder garantiert hat, etwa die Konzernmutter oder eine Finanzierungsgesellschaft.[262] Diese Frage zu bejahen liegt bei solchen Schuldverschreibungen nahe, die mit den anderen Finanzinstrumenten derivativ verknüpft sind, wie etwa Wandel- [263] oder Umtauschanleihen,[264] die in Aktien einer börsennotierten Gattung gewandelt bzw. umgetauscht werden können. Sofern der Preis der neuen Schuldverschreibungen nicht aufgrund einer in den Anleihebedingungen angelegten derivativen Verknüpfung vom Preis anderer der MAR unterfallenden Finanzinstrumenten abhängt, sondern „nur" durch die gleichen wirtschaftlichen Faktoren (insbesondere der Bonität des Emittenten) faktisch beeinflusst wird, dürfte ein Abhängigkeitsverhältnis iSv Art. 2 Abs. 1 lit d) MAR abzulehnen sein. Auch die Alternative des Beeinflussens dürfte jedenfalls dann ausscheiden, wenn nur eine tatsächliche Korrelation der Kursentwicklung wegen der Betroffenheit von denselben nicht in den Anleihebedingungen angelegten kursbestimmenden Umständen gegeben ist. Anders mag es liegen, wenn die Emission der neuen Schuldverschreibungen als solche Auswirkungen auf den Kurs bereits existierender Finanzinstrumente iSv Art. 2 Abs. 1 lit d) MAR hat, etwa weil die neue Emission eine attraktivere Möglichkeit bietet, in das Kreditrisiko des Emittenten zu investieren (zB wegen einer höheren Verzinsung). Im Einzelnen ist dieser Themenkomplex unter den europäischen Aufsichtsbehörden wohl noch umstritten, eine Klärung durch die ESMA oder diesbezügliche Verlautbarungen stehen noch aus. 85

cc) Sonstige Fälle. Erwogen wird daneben, die Regelungen über Marktsondierungen auch auf Transaktionen anzuwenden, die zwar keine Finanzinstrumente zum Gegenstand haben, zu deren Vorbereitung aber uU Insiderinformationen weitergegeben werden. Dies mag etwa im Vorfeld der Platzierung von Schuldscheindarlehen[265] oder auch bei der Verhandlung der Konditionen eines (Konsortial-) Kredits eines Unternehmens erfolgen, das börsennotierte Finanzinstrumente ausgegeben hat. 86

Dagegen spricht, dass der Gesetzgeber ausweislich des Erwägungsgrundes 32 der MAR offenbar vom Leitbild der Wertpapierplatzierung als Anwendungsfall der Marktsondierung ausgegangen ist.[266] Danach werden Marktsondierungen als Interaktionen zwischen einem Verkäufer von Finanzinstrumenten und einem oder mehreren potenziellen Anlegern bezeichnet, die vor der Ankündigung eines Geschäfts erfolgen, um das Interesse potenzieller Anleger an einem möglichen Geschäft, seiner preislichen Gestaltung, seinem Umfang und seiner Struktur abzuschätzen. Sodann wird ausgeführt, dass Marktsondierungen eine Erst- oder Zweitplatzierung relevanter Wertpapiere umfassen kann. Entsprechend werden auch die Nutznießer einer Marktsondierung in Art. 11 Abs. 1 MAR durch eine Aufzählung der

---

[261] *Singhof* ZBB 2017, 193, 196.
[262] Dazu *R.Müller* in Kümpel/Wittig Rn. 15.393.
[263] § 221 AktG, dazu etwa *Schlitt/Hemeling* in Habersack/Mülbert/Schlitt, Unternehmensfinanzierung am Kapitalmarkt, § 12; *Groß* in Marsch-Barner/Schäfer, HdB börsennotierte AG, § 51.
[264] *Schlitt/Kammerlohr* in Habersack/Mülbert/Schlitt, Unternehmensfinanzierung am Kapitalmarkt, § 13; *Groß* in Marsch-Barner/Schäfer, HdB börsennotierte AG, § 51 Rn. 18.
[265] Dazu *Hüther* in Eilers/Rödding/Schmalenbach, Abschnitt C Rn. 225 ff.; *Mülbert/Bernauer* in Habersack/Mülbert/Schlitt, Unternehmensfinanzierung am Kapitalmarkt, § 21.
[266] *Singhof* ZBB 2017, 193 (195).

auf der Verkäuferseite der Platzierung von Finanzinstrumenten typischerweise beteiligten Parteien konkretisiert (Art. 11 Abs. 2 MAR regelt daneben den Sonderfall der Marktsondierung im Vorfeld eines Übernahmeangebots, der für die hier diskutierte Abgrenzung ohne Belang ist). Auch geht der Gesetzgeber davon aus, dass die Möglichkeit, von Insiderinformationen zu profitieren, die im Rahmen einer Marktsondierung weitergegeben wurden, nur besteht, wenn für das Finanzinstrument, das selbst Gegenstand der Marktsondierung ist, oder für damit verbundene Finanzinstrumente ein Markt besteht, an dem ggf. Insidergeschäfte getätigt werden können.[267] Indes lässt sich nicht bestreiten, dass aus materieller Sicht die Gefahr von Verstößen gegen das Insiderhandelsverbot auch besteht, wenn Insiderinformationen im Vorfeld von Transaktionen in Nicht-Finanzinstrumenten weitergegeben werden. Insbesondere die Platzierung von Darlehensforderungen in Form von Schuldscheinen unterscheidet sich kaum von Anleiheemissionen; sowohl aus Sicht des nach Finanzierungsmöglichkeiten suchenden Unternehmens als auch aus Sicht der Investoren sind diese Transaktionsformen funktional weitgehend austauschbar. Um zu dokumentieren, dass eine im Vorfeld einer solchen Transaktion etwa erfolgende Weitergabe von Insiderinformationen „rechtmäßig" erfolgte, erscheint es daher ratsam, den Vorgaben des Art. 11 MAR weitgehend zu folgen, auch wenn dessen Sonderregelungen jedenfalls bei enger Auslegung des Wortlauts nicht zur Verfügung stehen.

3. Rechtsnatur der Sonderregelung

a) Safe Harbour oder gesetzliche Vermutung

87 Umstritten ist die Rechtsnatur der Regelungen über Marktsondierungen. Anknüpfungspunkt ist zunächst einmal Art. 11 MAR selbst. Dieser beschreibt seine Wirkungsweise dergestalt, dass eine Offenlegung von Insiderinformationen im Verlauf einer Marktsondierung als im Zuge der normalen Ausübung der Beschäftigung oder des Berufs oder der normalen Erfüllung der Aufgaben der offenlegenden Marktteilnehmer vorgenommen (und damit als rechtmäßige Offenlegung iSv Art. 10 Abs. 1 MAR) gilt, wenn der offenlegende Marktteilnehmer die Verpflichtungen nach Art. 11 Abs. 3 – 5 MAR erfüllt.

88 Auf den ersten Blick erinnert Art. 11 MAR an die bereits unter der Marktmissbrauchsrichtlinie bekannten sog. Safe-Harbour[268]-Regelungen für Rückkaufprogramme und Stabilisierungsmaßnahmen.[269] Nach altem[270] wie nach neuem Recht[271] gelten die jeweiligen Verbotstatbestände nicht, wenn die Vorgaben der Safe Harbour-Regelung eingehalten werden. Nach der Systematik des deutschen Strafrechts handelt es sich dabei um einen Tatbestandsausschlussgrund.[272] Dagegen stellen die Regelungen über Marktsondierungen lediglich die **Konkretisierung eines Tatbestandsmerkmals** im Wege einer gesetzlichen Vermutung dar, um offenlegenden Marktteilnehmern größere Sicherheit zu geben, wann die durch sie vorgenommene Offenlegung von Insiderinformation als im Zuge der normalen Ausübung der Beschäftigung oder des Berufs oder der normalen Erfüllung der Aufgaben der offenlegenden Marktteilnehmer vorgenommen und damit rechtmäßig gilt.[273] Im einen wie im anderen Fall ist die Regelung nicht abschließend dergestalt, dass die vom Gesetzgeber als schützenswert und daher rechtmäßig angesehenen Aktivitäten ausschließlich nach den Verfahrensregelungen der MAR zulässigerweise durchgeführt werden könnten. Vielmehr wird von Marktteilnehmern, die bei der Durchführung einer Marktsondie-

[267] Erwägungsgrund 34 MAR.
[268] ESMA/2015/1455 Rn. 9.
[269] Art. 5 MAR, früher Art. 8 MAD sowie VO 2273/2003.
[270] Art. 8 MAD bzw. § 20a Abs. 3 WpHG aF.
[271] Art. 5 Abs. 4 MAR.
[272] Zum alten Recht: *Mock* in KölnKomm WpHG § 20a Rn. 305.
[273] ESMA/2015/1455 Annex IV – Feedback on the Consultation Paper Rn. 73; *Ritz* in JVRB WpHG § 14 Rn. 108; dagegen eine Safe Harbour-Regelung annehmend *Mennicke* in Fuchs WpHG § 14 Rn. 15; *Kiesewetter/Parmentier* BB 2013, 2371.

rung die Vorgaben des Art. 11 MAR nicht einhalten, nicht per se angenommen, dass sie Insiderinformationen unrechtmäßig offengelegt haben.[274]

89 Daran ändert auch der zur Konkretisierung der Vorgaben des Art. 11 MAR erlassene technische Regulierungsstandard (RTS) VO 2016/960 nichts, der in seinen Erwägungsgründen den Eindruck erweckt, die Rechtmäßigkeit einer Offenlegung von Insiderinformationen hänge davon ab, ob der offenlegende Marktteilnehmer alle (!) in Art. 11 MAR und in der VO 2016/960 festgelegten Anforderungen einhält[275], was auch die Führung schriftlicher Aufzeichnungen einschließt. Denn die Reichweite der formalen Anforderungen der VO 2016/960 gilt nur „in diesem Zusammenhang", also mit der im vorangehenden Satz desselben Erwägungsgrund der VO 2016/960 angesprochenen gesetzlichen Vermutung des Art. 11 Abs. 4 MAR. Freilich sollte ein offenlegender Marktteilnehmer, der bei der Ansprache von Investoren Insiderinformationen weitergibt, aber die formalen Vorgaben für Marktsondierungen nicht einhält, in der Lage sein, zu begründen, warum die durchgeführte Weitergabe nach allgemeinen Regeln als rechtmäßig angesehen werden kann.[276] Etwas anderes (nämlich im Sinne einer abschließenden Regelung der zulässigen Investorenansprache unter Weitergabe von Insiderinformationen) kann auch aus aufsichtlichen Äußerungen nicht entnommen werden.[277] Denn wenn ESMA feststellt, dass derjenige, der sich nicht an die formalen Vorgaben des Art. 11 MAR und der VO 2016/960 hält, nicht von dem besonderen Schutz der gesetzlichen Vermutung des Art. 11 Abs. 4 MAR profitieren könne,[278] ist dies eine Beschreibung der Wirkungsweise dieser Regelung, steht aber der vom Gesetzgeber ausweislich Erwägungsgrund 35 MAR klar gewollten **Nicht-Ausschließlichkeit** der Regelungen über die Marktsondierung nicht entgegen. Entsprechendes gilt für eine Äußerung der BaFin, wonach die Regelungen über die Marktsondierung keinen Safe Harbour darstellen[279] – was ebenfalls keine Aussage über einen entgegen der klaren Absicht des Gesetzgebers angeblich von der BaFin angenommenen abschließenden Charakter der Bestimmungen über die Marktsondierung darstellt.

90 Unklar erscheint ferner, ob die Vorgaben der Rechtsprechung für den **zulässigen Umfang** der Weitergabe von Insiderinformationen[280] den Anwendungsbereich der gesetzlichen Vermutung des Art. 11 Abs. 4 MAR einschränkt. Oder anders gewendet: bedeutet die Einhaltung der formalen Vorgaben des Art. 11 MAR, dass die Weitergabe von Insiderinformationen in potenziell unbegrenztem Umfang und an ein potenziell unbegrenzte Zahl an Empfängern zulässig wäre? Die beiden Tatbestände der Marktsondierung im Hinblick auf eine bevorstehende Platzierung einerseits[281] und zur Vorbereitung eines Übernahmeangebots oder Unternehmenszusammenschlusses andererseits[282] gehen mit dieser Thematik nach ihrem Wortlaut unterschiedlich um. Während die Regelung zur Marktsondierung im Vorfeld einer Platzierung keine Einschränkung der Weitergabe von Insiderinformationen auf das zur Ermittlung des Investoreninteresses Unerlässliche vorsieht, verlangt die Bestimmung zur Marktsondierung vor einem Übernahmeangebot oder Unternehmenszusammenschluss dass die (offengelegten) Informationen erforderlich sind, um den angesprochenen Anlegern zu ermöglichen, sich über ihre Bereitschaft, ihre Unternehmensanteile anzubieten, eine Meinung zu bilden. Teilweise wird dies in der Literatur als eine bewusste vom Gesetzgeber gewollte Differenzierung angesehen.[283]

[274] Erwägungsgrund 35 MAR.
[275] Erwägungsgrund 5 VO 2016/960.
[276] → Rn. 35 ff.
[277] So aber wohl *Singhof* ZBB 2017, 193 (204).
[278] ESMA/2015/1455 Rn. 74.
[279] BaFin, Informationsveranstaltung Konsultation MAR Level 2 – Maßnahmen vom 6.10.2014, Präsentation „Marktsondierungen, Insiderverzeichnisse" S. 4.
[280] → Rn. 11, 61.
[281] Art. 11 Abs. 1 MAR.
[282] Art. 11 Abs. 2 MAR.
[283] *Zetzsche* AG 2016, 610 (613 f.); *Hopt/Kumpan* in Schimansky/Bunte/Lwowski BankR-HdB § 107 Rn. 113; *Singhof* ZBB 2017, 193 (202).

91 Dies erschiene angesichts der unveränderten Zwecksetzung des Offenlegungsverbots und mit Blick auf die Intention des Gesetzgebers mit Einführung der MAR die Marktintegrität weiter zu stärken,[284] fragwürdig,[285] zumal sich auch in den Materialien oder Erwägungsgründen keine Anhaltspunkte dafür finden, dass eine derart zweckwidrige, unbegrenzte Ermöglichung der legalen Offenlegung von Insiderinformationen beabsichtigt war. Vielmehr ist die Zulässigkeit der Offenlegung von Insiderinformationen auch bei Marktsondierungen auf jene Informationen beschränkt, die aus Sicht des offenlegenden Marktteilnehmers notwendig und angemessen sind, um das Interesse potenzieller Investoren an einer möglichen Transaktion zu wecken und deren Preis, Volumen und Struktur einzuschätzen.[286] Entsprechendes dürfte mit Blick auf den gebotenen Schutz der Marktintegrität auch für den Personenkreis angesprochener Investoren gelten. Dieser ist auf die die Zahl zu begrenzen, die dem offenlegenden Marktteilnehmer erforderlich erscheint, um die mit der Marktsondierung bezweckte Beurteilung über die Platzierungschancen treffen zu können. Dabei hat der offenlegende Marktteilnehmer Ermessen, das jedoch mit Blick auf den Schutz der Marktintegrität und die mit der Zahl der eingebundenen Personen steigende Risiko von Insiderhandel auszuüben ist.

92 Die Privilegierungswirkung der Marktsondierung im Wege der gesetzlichen Vermutung einer berechtigten Offenlegung beschränkt sich freilich auf das Offenlegungsverbot. Die Durchführung der vorsondierten Transaktion unterliegt dagegen den allgemeinen Regeln, insbesondere dem Insiderhandelsverbot.[287] Auch soll Kommunikation, die nicht der Ermittlung des Interesses potenzieller Investoren an einer Platzierung oder möglicher Konditionen dient, sondern der konkreten Durchführung einer Transaktion, nicht den Sonderregeln über Marktsondierungen unterliegen.[288] Damit profitiert dieser Informationsaustausch aber auch nicht von der vorgenannten gesetzlichen Vermutung. Allerdings dürfte die bloße kurzfristige Ansprache einzelner institutionellen Investoren zur Durchführung einer Privatplatzierung (so genannter Block Trade) für sich genommen in der Regel keine verbotene Offenlegung von Insiderinformationen darstellen, auch wenn die Platzierung ein Volumen aufweist, das sie selbst zur Insiderinformation macht. Denn die Durchführung eine Privatplatzierung setzt denklogisch die vorherige Ansprache potentieller Erwerber voraus; diese Transaktionsform sollte jedoch nicht per se untersagt werden, wie deren ausdrückliche Erwähnung im Final Report der ESMA[289] zeigt. Dies gilt jedenfalls für die bloße Offenlegung der reinen Transaktionsdaten. Werden zudem weitere, insbesondere emittentenbezogene Insiderinformation mitgeteilt, kommt es darauf an, ob deren Weitergabe unerlässlich für die Durchführung der Platzierung erscheint. Letztere würde dann zwar unter Verwendung einer Insiderinformationen erfolgen; das Wesensmerkmal eines verbotenen Insidergeschäfts, nämlich das Erzielen eines ungerechtfertigter Vorteils aufgrund der Kenntnis von einer Insiderinformation, die die Gegenpartei nicht kennt,[290] ist hier aber nicht gegeben. Denn durch die vorherige Weitergabe der Information verfügen beide Parteien über denselben Kenntnisstand (sog. Face-to-face-Geschäft). Insoweit bestehe also auch gegen die Durchführung des Geschäfts keine grundsätzlichen insiderrechtlichen Bedenken.[291]

---

[284] Erwägungsgrund 4 MAR.

[285] I. E. ebenso *Zetzsche* NZG 2015, 827.

[286] ESMA/2015/1455 Annex IV – Feedback on the Consultation Paper Rn. 87; ebenso *Veil* ZBB 2014, 85; *Poelzig* NZG 2016, 528; im Ergebnis ähnlich *Tissen* NZG 2015, 1254 – trotz der von diesem Verf. abgelehnten Weitergeltung der Grundsätze der Grøngaard-Entscheidung des EuGH; ähnlich *Singhof* ZBB 2017, 193, 203; **aA** *Zetzsche* NZG 2015, 827.

[287] Art. 8 Abs. 1, 14 lit. a) MAR.

[288] ESMA/2015/1455 Rn. 70.

[289] ESMA/2015/1455 Rn. 70.

[290] Erwägungsgrund 23 MAR.

[291] *Meyer* in Marsch-Barner/Schäfer, HdB börsennotierte AG, § 8 Rn. 58; → Rn. 18 sowie → § 7 Rn. 45 f.

b) Allgemeine Verhaltensregel

93 Von einigen Aufsichtsbehörden scheint erwogen zu werden, die Regelungen über Marktsondierungen als allgemeingültige Wohlverhaltenspflichten[292] anzusehen, die generell bei Marktsondierungen zu beachten seien. Mit anderen Worten: Marktsondierungen wären demnach ausschließlich dann zulässig, wenn die Vorgaben des Art. 11 MAR sowie jener der VO 2016/960 und der VO 2016/959 eingehalten werden.

94 Der Wortlaut der deutschen Sprachfassung deutet freilich darauf hin, dass sich bei den Verfahrensbestimmungen des Art. 11 Abs. 3 und 5 lediglich um die Voraussetzungen handelt, die erfüllt werden müssen, um die Vermutung der Zulässigkeit der Weitergabe nach Art. 11 Abs. 4 MAR auszulösen. Umgekehrt scheinen die Formulierungen der englischen Sprachfassung, die durchgängig das Hilfsverb „shall" verwenden, dafür zu sprechen, dass eine grds. uneingeschränkte Verpflichtung geregelt wird. Dafür lässt sich auch anführen, dass die Aufzeichnungspflichten nach Art. 11 Abs. 5 2. UAbs. 2 MAR sowie Art. 3 Abs. 1, 2 und 4 VO 2016/960 und die Formulare für die bei diesen Aufzeichnungen zu verwendenden Protokolle nach Art. 6 VO 2016/960 sowie Art. 2 und Anhang II VO 2016/959 ausdrücklich auch für den Fall vorgesehen sind, dass keine Insiderinformationen übermittelt werden.

95 Dagegen ist jedoch einzuwenden, dass nach den Erwägungsgründen der MAR Marktteilnehmern, die bei der Durchführung einer Marktsondierung die Verfahrensbestimmungen der MAR (also insbesondere Art. 11 MAR) nicht einhalten, nicht per se unterstellt wird, sie hätten Insiderinformationen unrechtmäßig offenlegt.[293] Gegen die Annahme einer selbstständigen Verhaltenspflicht spricht auch das Sanktionsregime der MAR. Nach Art. 4 Abs. 1 CRIM-MAD ist die unrechtmäßige Offenlegung von Insiderinformationen zumindest in schweren Fällen und bei Vorsatz strafbar. Dabei sind jedoch sowohl die Offenlegung im Rahmen der normalen Ausübung der Arbeit, des Berufs oder der Erfüllung der Aufgaben der offenlegenden Person als auch die Offenlegung im Rahmen einer Marktsondierung nach Art. 11 Abs. 1 bis 8 MAR nach Art. 4 Abs. 2 CRIM-MAD ausgenommen. Der reine Verstoß gegen die Verfahrensbestimmungen nach Art. 11 MAR wird dagegen nach der CRIM-MAD nicht sanktioniert. Entsprechendes gilt auch in Bezug auf die verwaltungsrechtliche Sanktionen und Maßnahmen nach Art. 30 MAR. Dort wird die Nichteinhaltung der in Art. 11 MAR vorgesehenen Verfahrensbestimmungen nicht bei den zu sanktionierenden Verstößen aufgeführt.

96 Schließlich betont auch ESMA, dass die Verfahrensbestimmungen in Art. 11 MAR keine Überschneidung mit den Anforderungen nach der MiFID II begründen sollen (wie etwa jenen zu Dokumentations- und Aufzeichnungspflichten).[294]

4. Verfahrensvorgaben

97 Um die Vermutung der berechtigten Weitergabe iSv Art. 11 Abs. 4 MAR begründen zu können, sind durch die an einer Marktsondierung Beteiligten eine Reihe von Verfahrensregelungen zu beachten.

a) Für den offenlegenden Marktteilnehmer

98 **aa) Vorbereitung der Marktsondierung.** Offenlegende Marktteilnehmer sind verpflichtet, vorab das **Verfahren** festzulegen, nach dem sie Marktsondierungen durchführen.[295] In erster Linie dürfte dies Banken betreffen, die Emissions- und Platzierungsgeschäft betreiben.[296] Dabei ist die **Art der Informationsübermittlung** weitgehend freigestellt. In der VO 2016/960 sind ausdrücklich die mündliche (im Rahmen von persönlichen Zusammen-

[292] Art. 19 MiFID (umgesetzt in § 63 WpHG), Art. 24 MiFID II.
[293] Erwägungsgrund 35 MAR, → Rn. 88 f.
[294] ESMA/2015/1455 Abschnitt 4.2.2 Rn. 70.
[295] Art. 2 Abs. 1 UAbs. 1 VO 2016/960.
[296] • KWG, • WpHG.

künften, per Telefon oder Videotelefon) oder alternativ schriftliche Kommunikation (per Brief(!), Fax oder elektronische Mitteilung (insbesondere E-Mail) genannt.[297] Erfolgt die Kommunikation telefonisch, sind grds. Telefonanschlüsse mit Aufzeichnungsfunktion zu nutzen (sofern der offenlegende Marktteilnehmer Zugang zu solchen Anschlüssen hat, wovon angesichts der heutigen technischen Möglichkeiten auszugehen ist). Die Personen, die die Marktsondierung erhalten, müssen einer Aufzeichnung des Gesprächs vorab zustimmen.[298] Der offenlegende Marktteilnehmer hat sicherzustellen, dass die für ihn im Rahmen der Marktsondierung tätigen Hilfspersonen bei der telefonischen oder elektronischen Kommunikation im Rahmen der Marktsondierung nur Geräte verwenden, die vom offenlegenden Marktteilnehmer bereitgestellt werden.[299] Dies erleichtert den zuständigen Behörden eine etwaige Untersuchung der Kommunikation.

99 Das Verfahren hat auch vorzusehen, dass mit den Personen, die im Rahmen der Marktsondierung angesprochen werden, ein **Standardsatz** von Informationen ausgetauscht wird.[300] Dieser ist vor jeder Marktsondierung im Vorhinein zu bestimmen.[301] Die VO 2016/960 regelt insoweit die Informationsbestandteile und deren Reihenfolge abschließend.[302] Der konkrete Umfang des Standardsatzes hängt im Einzelfall davon ab, ob im Rahmen der Marktsondierung Insiderinformationen weitergegeben werden sollen.[303] Es muss daher bei der Vorbereitung einer Marktsondierung vorab festgelegt werden, welche Informationen im Einzelnen übermittelt werden sollen. In Bezug auf diese Informationen ist sodann zu prüfen, ob es sich um Insiderinformationen handelt. Das ergibt sich auch schon aus den allgemeinen Vorgaben der MAR.[304] Insiderinformationen können bereits in dem Umstand begründet liegen, dass die Planung der Transaktion selbst eine Insiderinformation darstellt.

100 Zu den einzurichtenden Verfahren gehört auch eine von jedem offenlegende Marktteilnehmer zu führende Liste aller potenziellen Anleger, die ihm mitgeteilt haben, dass sie entweder generell oder für bestimmte Arten von Geschäften keine Marktsondierungen erhalten möchten. Der offenlegende Marktteilnehmer hat konsequenterweise davon abzusehen, solche Anleger wegen einer Marktsondierung anzusprechen oder gar ihnen Informationen zum Zwecke der Marktsondierung zu übermitteln.[305] ESMA hat die Möglichkeit, dass im Rahmen von Marktsondierungen angesprochene Investoren dem offenlegenden Marktteilnehmer ihren Wunsch mitteilen können, dass sie künftig entweder generell oder in Bezug auf bestimmte Arten von potenziellen Geschäften keine Marktsondierungen erhalten möchten, ausdrücklich in ihren Leitlinien zur Marktsondierung festgehalten.[306]

101 Offenlegende Marktteilnehmer müssen schließlich die von ihnen eingeführten Regelungen und Verfahren zur Einhaltung der Vorgaben der MAR für die Durchführung von Marktsondierungen regelmäßig überprüfen und gegebenenfalls aktualisieren. In der Praxis geschieht dies beispielsweise im Rahmen einer generellen regelmäßigen Prüfung der internen Regelwerke eines Wertpapierdienstleistungsunternehmens (sog. *Policies*).[307]

102 **bb) Durchführung.** Kommt es sodann zur Durchführung der Marktsondierung, muss der offenlegende Marktteilnehmer vor Beginn der Offenlegung die angesprochenen Personen

[297] Art. 2 Abs. 1 UAbs. 2 VO 2016/960.
[298] Art. 2 Abs. 2 VO 2016/960.
[299] Art. 2 Abs. 3 VO 2016/960.
[300] Zu den Mindestinhalten des Standardsatzes → Rn. 103.
[301] Art. 3 Abs. 2 VO 2016/960.
[302] Art. 3 Abs. 1 VO 2016/960.
[303] Art. 3 Abs. 3, 4 VO 2016/960.
[304] So schon Art. 11 Abs. 3 MAR.
[305] Art. 4 Abs. 2 VO 2016/960.
[306] ESMA, MAR-Leitlinien Personen, die Marktsondierungen erhalten v. 20.10.2016 (ESMA Leitlinien Marktsondierung), ESMA/2016/1477 DE Rn. 11, allgemein zu den ESMA Leitlinien Marktsondierung → Rn. 3.
[307] Art. 1 VO 2016/960; zur entsprechenden allgemeinen Organisationspflicht § 12 Abs. 2a WpDVerOV, dazu *Meyer/Paetzel/Will* in KölnKomm WpHG § 33 Rn. 87, 118, 208 f.

über das Verfahren der Marktsondierung belehren. Diese Belehrungspflicht richtet sich zunächst nach den allgemeinen Vorgaben für den Fall der Offenlegung von Insiderinformation nach Art. 11 Abs. 5 MAR. Diese werden in der VO 2016/960 konkretisiert. Diese Konkretisierung betrifft auch den Fall, in dem nach Einschätzung des offenlegenden Marktteilnehmers keine Insiderinformationen offengelegt werden.

Gelangt der offenlegende Marktteilnehmer zu der Auffassung, dass die von ihm geplante Marktsondierung die Offenlegung von Insiderinformationen beinhalten wird, hat der **Standardsatz** von Informationen folgenden Inhalt:[308] **103**

(1) Der Empfänger muss ausdrücklich darauf hingewiesen werden, dass er für die Zwecke einer Marktsondierung angesprochen wird.[309]

(2) Wird das Gespräch mit dem Empfänger der Marktsondierung aufgezeichnet, muss dieser darauf ausdrücklich hingewiesen, um seine Zustimmung gebeten und diese auch konkret eingeholt werden.[310]

(3) Die bei dem Empfänger der Marktsondierung angesprochene Person muss befragt werden, ob sie von diesem zur Ansprechperson für Marktsondierungen bestimmt wurde. Zum Standardsatz gehört auch hier die Antwort auf diese Frage.[311]

(4) Die angesprochene Person muss darüber aufgeklärt werden, dass ihr bei Zustimmung zum Erhalt der Marktsondierung Informationen mitgeteilt werden, die der offenlegende Marktteilnehmer als Insiderinformationen ansieht.[312] Die angesprochene Person ist darauf hinzuweisen, dass sie selbst beurteilen muss, ob sie im Besitz von Insiderinformationen ist bzw. wann sie nicht mehr über Insiderinformationen verfügt.[313]

(5) Nach Möglichkeit hat der offenlegende Marktteilnehmer dem Empfänger der Marktsondierung seine Einschätzung mitzuteilen, wann übermittelte Informationen voraussichtlich ihre Eigenschaft als Insiderinformationen verlieren werden. Zudem muss er die Faktoren angeben, die zu einer Änderung dieser Einschätzung führen könnten. Ferner ist der Empfänger der Marktsondierung darüber zu informieren, wie er von Veränderungen dieser Einschätzung erfährt.[314] Dieser Hinweis konkretisiert die bereits nach der MAR selbst bestehende Pflicht des offenlegenden Marktteilnehmers, nach erfolgter Offenlegung von Insiderinformationen dem Empfänger einer Marktsondierung unverzüglich mitzuteilen, wenn diese nach seiner Einschätzung ihre Eigenschaft als Insiderinformationen verloren haben (sog. **Cleansing**).[315] Die Mitteilungspflicht des offenlegenden Marktteilnehmers in Bezug auf das sog. Cleansing hat mithin drei Komponenten, nämlich Mitteilungen über (i) den voraussichtlichen Zeitpunkt des Cleansing, (ii) Faktoren, die den Zeitpunkt des Cleansing verändern können und (iii) das eigentliche Cleansing selbst.

(6) Der Empfänger der Marktsondierung muss über seine **Pflichten im Umgang** mit den mitgeteilten **Insiderinformationen** belehrt werden.[316] Konkret ist ihm mitzuteilen, dass er diese Informationen nicht durch Erwerb oder Veräußerung von Finanzinstrumenten, auf die sich diese Informationen beziehen, verwenden darf. Er muss weiter darüber belehrt werden, dass auch die Nutzung dieser Informationen in Form der Stornierung oder Änderung eines bereits erteilten Auftrags zu einem Erwerbs- oder Veräußerungsgeschäft untersagt ist. Schließlich muss auf die Pflicht zur vertraulichen Behandlung der Informationen hingewiesen werden.[317]

---

[308] Art. 3 Abs. 3 lit. a) bis h) VO 2016/960.
[309] Art. 3 Abs. 3 lit. a) VO 2016/960.
[310] Art. 3 Abs. 3 lit. b) VO 2016/960.
[311] Art. 3 Abs. 3 lit. c) VO 2016/960.
[312] Art. 3 Abs. 3 lit. d) VO 2016/960, Art. 11 Abs. 5 lit. a) MAR.
[313] Art. 3 Abs. 3 lit. d) VO 2016/960, Art. 11 Abs. 7 MAR.
[314] Art. 3 Abs. 3 lit. e) VO 2016/960.
[315] Art. 11 Abs. 6 UAbs. 1 MAR.
[316] Art. 3 Abs. 3 lit. f) VO 2016/960.
[317] Art. 3 Abs. 3 lit. f) VO 2016/960, Art. 11 Abs. 5 lit. b) bis c) MAR.

Interessanterweise ist darüber hinaus eine konkrete Belehrung über das Offenlegungs-, Empfehlungs- und Verleitungsverbot[318] nicht vorgesehen. In der Belehrung und Verpflichtung zur Vertraulichkeit kann man diese allenfalls in Ansätzen erkennen. Dabei werden freilich das Offenlegungsverbot nur unzulänglich, das Empfehlungs- und Verleitungsverbot gar nicht angesprochen. Eine Erweiterung der Belehrung um diese Gesichtspunkte erscheint freilich sinnvoll, auch mit Blick auf die Konsistenz zur Belehrung bei der Aufnahme auf die Insiderliste.

(7) Der die Marktsondierung durchführende Marktteilnehmer hat ferner den Empfänger der Marktsondierung nach erfolgter Belehrung über die damit verbundenen Pflichten ausdrücklich um seine Zustimmung zu ersuchen, Insiderinformationen zu erhalten, und dessen Antwort zu dokumentieren.[319]

(8) Den sog. Standardsatz an Informationen schließen die eigentlichen für die Zwecke der Marktsondierung offenzulegenden Informationen ab. Dabei sind Insiderinformationen ausdrücklich als solche zu kennzeichnen.[320] Ob die Aufteilung der offengelegten Informationen in Insiderinformationen und Nicht-Insiderinformationen praktikabel ist, erscheint jedoch fraglich, zumal häufig bereits die geplante Transaktion, die den Anlass zur Marktsondierung bildet, als solche eine Insiderinformation darstellt. Daher erscheint es auch unter Wahrung des Regelungszwecks statthaft, die offengelegten Informationen, die geplante Transaktion und den Umstand der Marktsondierung selbst höchst vorsorglich insgesamt als Insiderinformation zu behandeln.

104 Ist der offenlegende Marktteilnehmer umgekehrt der Auffassung, dass die Marktsondierung nicht mit der Offenlegung von Insiderinformationen einhergehen wird, umfasst der Standardsatz von Informationen nur diejenigen Pflichtbestandteile, die von der Insiderqualität der offen gelegten Informationen unabhängig sind und im Einzelnen in der VO 2016/960 in einer eigenen Liste aufgeführt sind.[321] Konkret wird auf die Ausführungen zum Cleansing und auf die Belehrung über die Pflichten zum Umgang mit Insiderinformationen verzichtet (vorstehend (5) und (6)).[322]

105 Unabhängig davon, ob im Rahmen der Marktsondierung Insiderinformationen offengelegt werden oder nicht, muss der der offenlegende Marktteilnehmer sicherstellen, dass im Rahmen derselben Marktsondierung allen Personen, die die Marktsondierung erhalten, Informationen im gleichen Umfang mitgeteilt werden.[323]

106 **cc) Sog. Cleansing.** Kommt der offenlegende Marktteilnehme zur Erkenntnis, dass bei einer Marktsondierung offengelegte Insiderinformationen diese Eigenschaft verloren haben (etwa weil sie öffentlich bekannt wurden oder er sie für obsolet oder nicht mehr kursrelevant hält), ist er verpflichtet, die von ihm im Rahmen der Marktsondierung angesprochenen Empfänger unverzüglich davon in Kenntnis zu setzen (sog. **Cleansing**).[324] Dabei hat das Cleansing in jedem Fall zu erfolgen, auch wenn die Transaktion, die Gegenstand der Marktsondierung war, öffentlich bekannt geworden ist oder bekannt gegeben wurde.[325]

107 Zum Zwecke des Cleansing hat der offenlegende Marktteilnehmer den Empfängern der jeweiligen im Einzelnen die folgenden Angaben zu übermitteln:[326]

(1) die Identität des offenlegenden Marktteilnehmers;

(2) Angaben zum Geschäft, das Gegenstand der Marktsondierung ist;

---

[318] Art. 10 MAR.

[319] Art. 3 Abs. 3 lit. g) VO 2016/960, Art. 11 Abs. 5 lit. a) MAR.

[320] Art. 3 Abs. 3 lit. h) VO 2016/960.

[321] Art. 3 Abs. 4 VO 2016/960.

[322] Art. 3 Abs. 3 lit. e) und f) VO 2016/960.

[323] Art. 3 Abs. 2 S. 2, Abs. 5 VO 2016/960; differenzierend – freilich entgegen dem Wortlaut des RTS *Zetzsche* AG 2016, 610, der insoweit nur eine Gleichbehandlung in Bezug auf wesentliche Informationen befürwortet.

[324] Art. 11 Abs. 6 MAR.

[325] ESMA/2015/1455 Tz. 4.8 Rn. 107; *Zetzsche* AG 2016, 610.

[326] Art. 5 VO 2016/960.

(3) Datum und Uhrzeit der Marktsondierung;
(4) Information darüber, dass die offengelegten Informationen nach Einschätzung des offenlegenden Marktteilnehmers ihre Eigenschaft als Insiderinformationen verloren haben;
(5) Das Datum, an dem die Informationen Einschätzung des offenlegenden Marktteilnehmers ihre Eigenschaft als Insiderinformationen verloren haben.

Darüber hinaus sieht das nach der VO 2016/959 für das Cleansing zu verwendende Formular noch die folgenden weiteren Angaben vor: [327] **108**

(6) Identität der Person, die die Mitteilung über das Cleansing erhält;
(7) Datum und Uhrzeit der Übermittlung der Mitteilung über das Cleansing.

Die Mitteilung der vorstehenden Angaben hat schriftlich zu erfolgen.[328] **109**

In Bezug auf die konkrete Formulierung der Information über den Verlust der Eigenschaft als Insiderinformationen (letztlich die Kernaussage des Cleansing) sollte deutlich werden, dass diese Beurteilung auf der Einschätzung des offenlegenden Marktteilnehmers beruht (wie in der vorstehenden Auflistung formuliert). Dies ist so zwar nicht ausdrücklich in der VO 2016/960 vorgesehen, entspricht aber den Vorgaben der insoweit höherrangigen MAR.[329] Dies erscheint auch insofern sinnvoll, als die MAR den Empfängern der Marktsondierung ausdrücklich eine eigene unabhängige Prüfungspflicht auferlegt.[330] Daher empfiehlt sich ferner ein Hinweis auf diese eigene Prüfungspflicht des Empfängers der Marktsondierung, obwohl dies im Rahmen der Cleansing-Mitteilung – anders als bei der Belehrung vor Beginn der Offenlegung[331] – nicht ausdrücklich vorgeschrieben ist. **110**

Praktische Schwierigkeiten wirft das Cleansing freilich auf, wenn die geplante Transaktion, die Gegenstand der Marktsondierung ist, nicht durchgeführt wird. Bisweilen mag die Transaktion nämlich nur aufgeschoben sein, etwa aufgrund eines unsicheren Marktumfeldes. Hier ist im Einzelfall sorgfältig zu prüfen, ob die Information, dass eine Transaktion grundsätzlich in Erwägung gezogen wird, bereits für sich genommen eine Insiderinformation darstellt. Es mag dabei zwar in einigen Fällen am Tatbestandsmerkmal der „präzisen" Information fehlen. Dies kann aber etwa bei der grundsätzlichen Bereitschaft eines Großaktionärs, seine Beteiligung an einem Emittenten zu reduzieren oder gar abzugeben oder bei der Überlegung, eine Kapitalerhöhung durchzuführen, anders liegen. Hier ist eine sorgfältige Prüfung bereits vor Durchführung der Marktsondierung geboten, ebenso wie eine darauf aufbauende möglichst präzise Formulierung der an die Empfänger der Marktsondierung weitergegebenen Information. In diesem Zusammenhang ist auch darauf hinzuweisen, dass die vor Anwendbarwerden der MAR übliche Praxis des sog. „automatischen Cleansing" nicht mehr möglich ist. Dabei hatte man bei der Investorenansprache bereits mitgeteilt, dass der Investor davon ausgehen kann, dass die sondierte Transaktion nicht mehr stattfindet, wenn nach der Sondierung ein bestimmter Zeitpunkt verstreicht, ohne dass es zu einer erneuten Ansprache zum Zweck der konkreten Durchführung der Transaktion kommt.[332] Umgekehrt ist aber eine öffentliche Bekanntgabe des Cleansing Statements ebenso wenig vorgesehen. Dies wäre auch kontraproduktiv, da dies ggf. zu Irritationen im Markt führen könnte – und dies zu einem Zeitpunkt, zu dem sich die angedachte Transaktion erledigt hat und die diesbezügliche Information gerade keine Insiderinformation (mehr) darstellt.[333] **111**

dd) Aufzeichnungs- und Aufbewahrungspflichten. Der offenlegende Marktteilnehmer muss zunächst die Prüfung, ob es sich bei den weitergegebenen Informationen um **112**

[327] Art. 4 Abs. 2 VO 2016/959.
[328] Art. 4 Abs. 1 VO 2016/959.
[329] Vgl. den Wortlaut des Art. 11 Abs. 6 MAR.
[330] Art. 11 Abs. 7 MAR; → Rn. 116, 121.
[331] → Rn. 103.
[332] *Singhof* ZBB 2017, 193 (204).
[333] Dazu *Singhof* ZBB 2017, 193 (205).

Insiderinformationen handelt, einschließlich der Gründe für die getroffene Einschätzung, der daraus resultierenden Schlussfolgerungen und dem Ergebnis der Prüfung, schriftlich dokumentieren. Werden weitere Informationen im Verlauf der Marktsondierung offengelegt, sind die Prüfung und deren Aufzeichnung insoweit zu aktualisieren.[334] Ferner sind auch über die Durchführung der Marktsondierung Aufzeichnungen zu erstellen und aufzubewahren. Diese Aufzeichnungen müssen sämtliche Informationen enthalten, die im Rahmen der Marktsondierung übermittelt werden, ferner die Identität der Empfänger der Marktsondierung (einschließlich der juristischen und natürlichen Personen, die im Auftrag eines Empfängers handeln), den Inhalt der vorstehend beschriebenen Belehrungen sowie Datum und Uhrzeit jeder Offenlegung.

113 Diese Dokumentations- und Vorlagepflichten gelten für jede Offenlegung von Informationen im Verlauf der Marktsondierung (also auch, wenn keine Insiderinformationen offengelegt werden).[335] Der offenlegende Marktteilnehmer muss der zuständigen Behörde diese Aufzeichnungen auf deren Ersuchen zur Verfügung stellen. [336] Ein offenlegender Marktteilnehmer hat die Aufzeichnungen mindestens fünf Jahre lang aufzubewahren.[337]

114 In der VO 2016/960 sind werden die Anforderungen an die Aufzeichnungen konkretisiert. Diese müssen im Einzelnen die folgenden Punkte zu umfassen:

(1) Die von dem offenlegenden Marktteilnehmer eingerichteten Verfahren für die Durchführung von Marktsondierungen einschließlich der Verfahren zur regelmäßigen Überprüfung und Aktualisierung.[338]

(2) Den sog. Standardsatz von Informationen, der jede Marktsondierung festgelegt wird.[339]

(3) Die erforderlichen Angaben zu den Personen, die die Marktsondierung erhalten.[340] Insoweit muss der offenlegende Marktteilnehmer für jede durchgeführte Marktsondierung eine gesonderte[341] Liste (sog. **Sounding List**) mit den folgenden Angaben erstellen:

   (a) Namen aller natürlichen und juristischen Personen, gegenüber denen im Verlauf der Marktsondierung Informationen offengelegt wurden (Empfänger der Marktsondierung),

   (b) Datum und Uhrzeit jeder Informationsübermittlung im Verlauf oder nach der Marktsondierung,

   (c) die bei der Marktsondierung verwendeten Kontaktangaben der Personen, die die Marktsondierung erhalten.[342]

   In die Insiderliste des eine Marktsondierung durchführenden Emittenten müssen die Empfänger der Marktsondierung dagegen nicht aufgenommen werden, da sie keine „Aufgaben" für den Emittenten oder in dessen Auftrag oder für dessen Rechnung handelnde Personen wahrnehmen.[343] Erforderlich erscheint dies freilich auch nicht, weil dies angesichts der Sounding List nur zu Doppel-Aufzeichnungen führen würde.

   Die von dem offenlegenden Marktteilnehmer zu erstellende Liste potenziellen Anleger, die generell oder für bestimmte Arten von Geschäften keine Marktsondierungen erhalten möchten,[344] ist ebenfalls Gegenstand der Aufzeichnungspflichten, da die VO 2016/960 insoweit pauschal auf die Angaben verweist, die zu potenziellen Empfängern von

---

[334] Art. 11 Abs. 3 MAR.

[335] Zur rechtlichen Bedeutung der Pflichten nach Art. 11 MAR für den Fall, dass keine Insiderinformationen offengelegt werden → Rn. 104 f.

[336] Art. 11 Abs. 3 S. 3, Abs. 5 UAbs. 2 MAR.

[337] Art. 11 Abs. 8 MAR.

[338] Art. 6 Abs. 1 lit. a) VO 2016/960; → Rn. 98.

[339] Art. 6 Abs. 1 lit. b) VO 2016/960; → Rn. 99.

[340] Art. 6 Abs. 1 lit. c) VO 2016/960.

[341] Art. 3 Abs. 1 VO 2016/959.

[342] Art. 4 Abs. 1 VO 2016/960.

[343] Art. 18 Abs. 1 lit. a) MAR, dazu *Zetzsche* AG 2016, 610.

[344] Art. 4 Abs. 2 VO 2016/960; → Rn. 100.

Marktsondierungen vorzuhalten sind. Insoweit sieht die VO 2016/959 vor, dass ein offenlegender Marktteilnehmer eine einzigen Liste zu führen hat, in der alle potenziellen Anleger aufzuführen sind, die ihn entsprechend informiert haben.[345]

(4) Alle im Rahmen der Marktsondierung erfolgten Übermittlungen von Informationen zwischen dem offenlegenden Marktteilnehmer und den Personen, die die Marktsondierung erhalten haben.

Dazu gehören auch alle Unterlagen, die der offenlegende Marktteilnehmer den Empfängern der Marktsondierung zur Verfügung gestellt hat.[346] Im Einzelnen hat der offenlegende Marktteilnehmer bei telefonischer Übermittlung der Informationen über Anschlüsse mit Aufzeichnungsfunktion, sowie bei video- oder audioaufgezeichneter Zusammenkünfte die Aufzeichnungen dieser Telefonate bzw. Zusammenkünfte aufzubewahren. Dies setzt jeweils voraus, dass die Teilnehmer dieser Telefonate bzw. Zusammenkünfte der Aufzeichnung zugestimmt haben.[347]

Werden Informationen im Rahmen nicht aufgezeichneter Telefongespräche oder Zusammenkünfte mitgeteilt, sind diese zu schriftlich zu protokollieren und die Protokolle und etwa in diesem Zusammenhang daneben erstellte Vermerke aufzubewahren.[348] Zu Form und Inhalt dieser Protokolle und Vermerke sowie zu dem insoweit zu beachtenden Verfahren trifft die VO 2016/960 detaillierte Regelungen.[349] Der offenlegende Marktteilnehmer hat die Protokolle und Vermerke zu erstellen. Sie sind sowohl vom offenlegenden Marktteilnehmer als auch vom Empfänger der Marktsondierung zu unterzeichnen. Im Einzelnen beinhalten sie:

(a) Datum und Uhrzeit des Telefongesprächs bzw. der Zusammenkunft und Angaben zur Identität der Teilnehmer;
(b) Die Einzelheiten der Informationen, die im Rahmen der Marktsondierung ausgetauscht wurden, einschließlich der auf Grundlage sog. Standardsatzes[350] bereitgestellten oder abgefragten Informationen;
(c) alle Unterlagen und Materialien, die dem Empfänger der Marktsondierung vom offenlegenden Marktteilnehmer im Verlauf der Marktsondierung zur Verfügung gestellt wurden.

In den Anhängen der VO 2016/959 werden Muster zur Verfügung gestellt, die für diese Protokolle und Vermerke zu verwenden sind, je nach dem, ob Insiderinformationen offengelegt werden oder nicht.[351] Haben sich der offenlegende Marktteilnehmer und der Empfänger der Marktsondierung nicht binnen fünf Arbeitstagen nach der Marktsondierung auf den Inhalt der schriftlichen Protokolle oder Vermerke geeinigt, nimmt der offenlegende Marktteilnehmer sowohl eine von ihm unterzeichnete Fassung als auch eine von dem Empfänger der Marktsondierung unterzeichnete Fassung zu den Aufzeichnungen. Für den Fall, dass der Empfänger der Marktsondierung dem offenlegenden Marktteilnehmer innerhalb dieser Frist weder eine von ihm gegengezeichnete des zwischen ihnen abgestimmten Protokolls bzw. der Vermerke, noch eine unterzeichnete eigene Fassung zur Verfügung gestellt hat, bewahrt der offenlegende Marktteilnehmer nur die von ihm selbst unterzeichneten schriftlichen Fassung auf – was faktisch nahe liegt, aber ausdrücklich geregelt ist.

Erfolgte die Übermittlung der Informationen im Rahmen der Marktsondierung schriftlich, hat der offenlegende Marktteilnehmer eine Kopie des Schriftverkehrs aufzubewahren.[352]

---

[345] Art. 3 Abs. 2 VO 2016/959.
[346] Art. 6 Abs. 1 lit. d) VO 2016/960.
[347] Art. 6 Abs. 2 lit. a), c) VO 2016/960.
[348] Art. 6 Abs. 2 lit. d) VO 2016/960.
[349] Art. 6 Abs. 3 VO 2016/960.
[350] → Rn. 103.
[351] Art. 2, Anhänge I und II VO 2016/959.
[352] Art. 6 Abs. 2 lit. b) VO 2016/960.

(5) Die Informationen, die zu der Einschätzung geführt haben, dass die während der Marktsondierung übermittelten Informationen ihre Eigenschaft als Insiderinformationen verloren haben, sowie die zum Zweck des sog. Cleansing vorgenommenen Mitteilungen.[353]

115 Soweit allgemein (und nicht spezifisch für jede einzelne Marktsondierung) einzurichtende Verfahren und Aufzeichnungen Gegenstand der Aufzeichnungspflichten sind, sollte es genügen, diese Aufzeichnungen zentral oder in einer allgemein gültigen Richtlinie vorzuhalten und in dem für eine einzelnen Marktsondierung zu erstellenden Datensatz auf diese bestehenden Aufzeichnungen zu verweisen (sog. Einbeziehung durch Verweis), etwa durch einen Link auf eine im Intranet vorhandene Datenbank, die ggf. mit den zur Einhaltung geltender Vertraulichkeitsverpflichtungen gebotenen Zugriffsbeschränkungen zu versehen ist.

b) Für den die Marktsondierung erhaltenden Marktteilnehmer („Empfänger")

116 Bei den Regelungen zur Marktsondierung steht der offenlegende Marktteilnehmer im Vordergrund.[354] Dies ergibt sich aus der privilegierenden Wirkung des Art. 11 Abs. 4 MAR, die diesem zu Gute kommt. Denn die Einhaltung der nach Art. 11 Abs. 3 und 5 MAR für die Marktsondierung geltenden Vorgaben begründet die gesetzliche Vermutung, dass der offenlegende Marktteilnehmer nicht gegen das Offenlegungsverbot des Art. 10 Abs. 1 MAR verstoßen hat (→ Rn. 71). Allerdings sieht Art. 11 MAR auch Pflichten für den eine Marktsondierung erhaltenden Markteilnehmer (Empfänger der Marktsondierung) vor. So hat dieser selbst zu prüfen, ob er in Besitz von Insiderinformationen ist und wann diese Informationen ihren Charakter als Insiderinformationen verloren haben.[355] Zudem treffen ihn Mitwirkungspflichten im Rahmen der Dokumentationspflichten des offenlegenden Marktteilnehmers nach der VO 2016/960.[356] Im Übrigen gelten für Empfänger von Marktsondierungen ohnehin die sich aus den allgemeinen Regeln ergebenden Verhaltenspflichten des Insiderrechts, also das Verbot von Insidergeschäften und der unrechtmäßigen Offenlegung von Insiderinformationen.[357] Darüber hinaus sind Empfänger von Marktsondierungen gehalten, die von der ESMA aufgrund der Ermächtigung nach Art. 11 Abs. 11 MAR herausgegebenen Leitlinien „Personen, die Marktsondierungen erhalten" („**ESMA Leitlinien Marktsondierung**") zu beachten.[358] Diese sollen einen europaweit einheitlichen und kohärenten Ansatz der Aufsichtsbehörden hinsichtlich der Anforderungen an Empfänger von Marktsondierungen sicherstellen und so das Risiko der Verbreitung von Insiderinformationen mindern und die Untersuchung von Verdachtsfällen erleichtern.[359] Inhaltlich betreffen die Leitlinien nach Maßgabe der Ermächtigung vor allem die Prüfung des Vorliegens von Insiderinformationen, die für diesem Fall bestehenden Verhaltenspflichten und die für sie bei Marktsondierungen geltenden Aufzeichnungspflichten.[360] Aus dem im Schwerpunkt institutionell ausgerichteten Pflichtenkreis der Empfehlungen lässt sich schließen, dass mit dem Empfänger von Marktsondierungen grds. die konkret als potenzieller Investor in Betracht kommende Organisationseinheit gemeint ist, nicht aber deren einzelne Mitarbeiter, in Bezug auf die die organisatorischen Pflichten ohnehin leerlaufen würden.[361]

---

[353] Art. 6 Abs. 1 lit. e) VO 2016/960.
[354] → Rn. 98.
[355] Art. 11 Abs. 7 MAR.
[356] Art. 4, 6 VO 2016/960; → Rn. 114.
[357] Art. 8, 10 und 14 MAR.
[358] ESMA, MAR-Leitlinien Personen, die Marktsondierungen erhalten v. 20.10.2016 (ESMA Leitlinien Marktsondierung), ESMA/2016/1477 DE.
[359] ESMA Leitlinien Marktsondierung Rn. 5.
[360] Art. 11 Abs. 11 MAR, ESMA Leitlinien Marktsondierung Rn. 4.
[361] **AA** *Zetzsche* NZG 2015, 827.

Die BaFin hat im Rahmen des sog. „Comply or explain" –Mechanismus für Maßnahmen der ESMA auf Stufe 3 des sog. Lamfalussy-Verfahrens der ESMA mitgeteilt, diesen Leitlinien nachzukommen.[362] Die BaFin wird daher im Rahmen ihrer Verwaltungspraxis diese Leitlinien heranziehen um zu beurteilen, ob das Insiderhandelsverbot und das insiderrechtliche Offenlegungsverbot beachtet worden sind.[363] **117**

aa) Interne Verfahren. Nach den Leitlinien wird auch von Empfängern von Marktsondierungen erwartet, dass sie interne Verfahren zum Umgang mit Marktsondierungen einrichten. Diese dienen dazu, das Risiko der (unberechtigten bzw. unkontrollierten) Verbreitung von Insiderinformationen zu mindern, die bei Marktsondierungen übermittelt werden. Dabei sollen die Verfahren im Hinblick auf Umfang, Größe und Art der Geschäftstätigkeit des Empfängers von Marktsondierungen angemessen und verhältnismäßig sein.[364] **118**

Im Einzelnen müssen diese Verfahren folgende Gesichtspunkte umfassen:[365] **119**

(1) Hat der Empfänger der Marktsondierung eine Kontaktperson oder -stelle benannt, die bei an ihn gerichteten Marktsondierungen angesprochen werden sollen, muss er sicherstellen, dass diese Kontaktperson oder -stelle dem offenlegenden Marktteilnehmer mitgeteilt wird. Sinnvollerweise wird man hier wie folgt zu differenzieren haben. Wurde ein Anleger in der Vergangenheit bereits im Rahmen von Marktsondierungen angesprochen bzw. rechnet er damit, künftig bei Marktsondierungen kontaktiert zu werden, bietet es sich an, dass er seine Geschäftskontakte (typischerweise Investmentbanken), von denen er auch künftig eine solche Ansprache erwartet, in diesem Sinne informiert. Wird er von einem offenlegenden Marktteilnehmer angesprochenen, mit dem er bislang keinen Kontakt im Zusammenhang mit Marktsondierungen hatte, empfiehlt es sich, dass er bei dieser ersten Ansprache (oder zumindest unmittelbar im Nachgang) für künftige Fälle seine Kontaktperson oder –stelle gegenüber dem offenlegenden Markteilnehmer angibt.

(2) Der Empfänger der Marktsondierung hat zudem zu gewährleisten, dass die im Verlauf der Marktsondierung erhaltenen Informationen nur über zuvor festgelegte Berichtswege und strikt nach dem Prinzip der erforderlichen Kenntnisnahme intern kommuniziert werden. Diese Vorgabe folgt schon aus den allgemeinen Regeln zum Umfang der berechtigten Weitergabe im Zuge der normalen Ausübung einer Beschäftigung oder eines Berufs oder der normalen Erfüllung von Aufgabe iSv Art. 10 Abs. 1 MAR, insbesondere der Rechtsprechung des EuGH,[366] und konkretisiert diese.

(3) Empfänger von Marktsondierungen müssen ferner Person(en), Funktionen (etwa die Compliance-Abteilung) oder ein Organ festlegen, die mit der Beurteilung der Frage betraut sind, ob der Empfänger einer Marktsondierung infolge dieser Marktsondierung über Insiderinformationen verfügt.

(4) Weiterhin ist der Empfänger von Marktsondierungen verpflichtet, den Fluss von Insiderinformationen, von denen er und seine Mitarbeiter infolge der Marktsondierung Kenntnis erlangen, zu verwalten und zu überwachen, um den Anforderungen der Art. 8 und 10 der MAR nachzukommen.

(5) Schließlich haben Empfänger von Marktsondierungen sicherzustellen, dass ihre Mitarbeiter, die die bei einer Marktsondierung übermittelten Informationen erhalten und bearbeiten, ausreichend geschult werden. Diese Schulungen haben sowohl die insiderrechtlichen Handels- und Offenlegungsverbote als auch die durch den Empfänger von

[362] Art. 16 Abs. 3 Verordnung (EU) Nr. 1095/2010 vom 24.11.2010 zur Errichtung einer Europäischen Aufsichtsbehörde (Europäische Wertpapier-und Marktaufsichtsbehörde) – ESMA-VO, ABl.EU Nr. L331 v. 15.12.2010 S. 84 ff.; dazu *Veil* in FS Hommelhoff 2012, S. 1263; *Walla* BKR 2012, 265.

[363] Schreiben der BaFin zur Anwendbarkeit der ESMA-Leitlinien „Personen, die Marktsondierungen erhalten", vom 8.12.2016, GZ: WA 27-Wp 2001–2016/0056.

[364] ESMA Leitlinien Marktsondierung Rn. 5; zu weitergehenden praktischen Empfehlungen *Zetzsche* NZG 2015, 827.

[365] ESMA Leitlinien Marktsondierung Rn. 9 f.

[366] → Rn. 11.

Marktsondierungen eingerichteten internen Verfahren zu umfassen. Auch hier sollen die Gebote der Angemessenheit und Verhältnismäßigkeit gelten.[367] Ungeachtet dessen wird jedoch wohl auch ein „kleiner" Vermögensverwalter auf eine Schulung seiner Mitarbeiter zu den Grundprinzipien des Insiderrechts nicht verzichten können.

120 **bb) Mitteilung des Wunsches, keine oder nur bestimmte Marktsondierungen zu erhalten.** Investoren, die im Rahmen von Marktsondierungen angesprochen werden, können dem offenlegenden Marktteilnehmer ihren Wunsch mitteilen, dass sie eine solche Ansprache künftig generell oder in Bezug auf bestimmte Arten von potenziellen Geschäften nicht erhalten wollen.[368]

121 **cc) Eigene Einschätzung des Empfängers, ob er über Insiderinformationen verfügt.** Den Empfänger einer Marktsondierung trifft eine eigene Prüfungspflicht, ob er über Insiderinformationen verfügt und wie lange dies (noch) der Fall ist.[369] Insbesondere darf er sich nicht einfach nur auf die Einschätzung des offenlegenden Marktteilnehmers verlassen.[370] Dessen Beurteilung ist freilich zu berücksichtigen. Jedoch muss der Empfänger auch alle sonstigen Informationen in seine Analyse einbeziehen, die ihm und seinen mit der Marktsondierung befassten Person(en) zur Verfügung stehen, einschließlich Informationen, die aus anderen Quellen als dem offenlegenden Marktteilnehmer stammen.[371] Das erscheint aus der Sicht des Empfängers zwar lästig und unbefriedigend, ist aber konsequent. Denn der Empfänger mag über weitere Informationen verfügen, die für sich genommen oder zusammen mit den im Rahmen der Marktsondierung erhaltenen Informationen Insiderinformationen darstellen. Zudem soll sich der Empfänger nicht sehenden Auges auf eine ihm falsch erscheinende Angabe, es liege keine Insiderinformation mehr vor, verlassen können, wiewohl der Einschätzung des offenlegenden Marktteilnehmers faktisch eine gewisse Indizwirkung zukommen mag.[372]

122 Entsprechend wird dem Empfänger der Marktsondierung auch eine eigene Einschätzung abverlangt, wenn der offenlegende Marktteilnehmer mitteilt, die im Verlauf der Marktsondierung offengelegten Informationen seien keine Insiderinformationen mehr (sog. Cleansing).[373] Für diese gelten die gleichen Anforderungen, die vorstehend für die ursprüngliche Einschätzung dargestellt wurden.[374]

123 Bei der Anwendung dieser Vorgaben ist ferner zu berücksichtigen, dass die Regelungen über Marktsondierungen dazu dienen, einen sicheren Regelungsrahmen zu schaffen, um die Ansprache von Investoren im Vorfeld einer Transaktion unter Weitergabe von Insiderinformationen zu ermöglichen, ohne die Gefahr des Insiderhandels zu erhöhen. Hierbei ist insbesondere auf die sog. Spector Photo Group-Entscheidung des EuGH hinzuweisen.[375] Danach wird bei einem Insider, der eine Insider-Information besitzt und ein Geschäft mit Finanzinstrumenten tätigt, auf die sich diese Information bezieht, widerleglich vermutet, dass er das Geschäft unter Nutzung der Insiderinformationen getätigt und damit gegen das Insiderhandelsverbot[376] verstoßen hat.[377] Dies ist bei dem Insiderhandelsverbot nach der MAR von besonderer Bedeutung, da Verstöße gegen die MAR auch von juristischen Personen begangen werden können.[378] Freilich ermöglicht die MAR im Rahmen der

[367] ESMA Leitlinien Marktsondierung Rn. 10.
[368] ESMA Leitlinien Marktsondierung Rn. 11, → Rn. 100.
[369] Art. 11 Abs. 7 MAR.
[370] *Tissen* NZG 2015, 1254.
[371] ESMA Leitlinien Marktsondierung Rn. 12; *Zetzsche* AG 2016, 610.
[372] *Zetzsche* AG 2016, 610.
[373] → Rn. 106.
[374] ESMA Leitlinien Marktsondierung Rn. 13.
[375] EuGH v. 23.12.2009 – Rs. C-45/08, Slg. 2009 I-12073 = NZG 2010, 107 – *Spector.*
[376] Art. 8 Abs. 1 MAR.
[377] EuGH v. 23.12.2009 – Rs. C-45/08, Slg. 2009 I-12073 = NZG 2010, 107 Tz. 54 sowie Leitsatz 1 – *Spector.*
[378] Art. 3 Abs. 1 Ziff. 13 MAR; anders noch unter der MAD 2003 bzw. §§ 14, 38 WpHG aF, vgl. nur *Zimmer/Cloppenburg* in Schwark/Zimmer WpHG § 38 Rn. 20.

Bestimmung über die sog. „legitimen Handlungen", dass eine juristische Person die vorgenannte Vermutung der Nutzung bei ihr vorhandener Insiderinformationen widerlegen kann, wenn sie angemessene und wirksame interne Regelungen und Verfahren eingeführt, umgesetzt und aufrechterhalten hat. Diese müssen wirksam sicherstellen, dass weder die natürliche Person(en), die über das betreffende Geschäft in einem Finanzinstrument entscheidet(en), auf das sich die Informationen beziehen, noch eine andere natürliche Person, die diese Entscheidung beeinflusst haben könnte, über die Insiderinformationen verfügt; die über das Geschäft entscheidende natürliche Person darf zudem bei ihrer Entscheidung nicht beeinflusst worden sein.[379] Daher sehen die ESMA Leitlinien Marktsondierung vor, dass bei der Einschätzung durch den Empfänger der Marktsondierung von den bei der Marktsondierung handelnden Person(en) nicht verlangt werden kann, sich Zugang zu Informationen hinter etwaigen von dem Empfänger eingerichteten Informationsbarrieren zu verschaffen.[380]

Kommt der Empfänger der Marktsondierung zu der Einschätzung, dass er infolge einer Marktsondierung über Insiderinformationen verfügt, ist er verpflichtet, alle Emittenten und Finanzinstrumente zu ermitteln, in Bezug auf die die betreffenden Informationen Insiderinformationen darstellen (in den ESMA Leitlinien Marktsondierung als **Bewertung verbundener Finanzinstrumente** bezeichnet).[381] Dabei ist zunächst an Konzernunternehmen des Unternehmens zu denken, auf das sich die Informationen unmittelbar beziehen. So mag der geplante Börsengang eines Tochterunternehmens auch eine Insiderinformation in Bezug auf die Konzernmutter sowie die von ausgegebenen oder garantierten Finanzinstrumente sein. Daneben kann eine Insiderinformation in Bezug auf ein Unternehmen einer bestimmten Branche auch die Qualität einer Insiderinformation für ein anderes Unternehmen darstellen, das in demselben oder einem ähnlichen Bereich tätig ist.[382] 124

dd) Aufzeichnungs- und Aufbewahrungspflichten. Auch den Empfänger von Marktsondierungen können Aufzeichnungs- und Aufbewahrungspflichten treffen. Diese ergeben sich mittelbar aus den Vorgaben für den offenlegenden Marktteilnehmer aus der VO 2016/960 und werden in den ESMA Leitlinien Marktsondierungen konkretisiert. Generell sind Empfänger von Marktsondierungen nach den ESMA Leitlinien Marktsondierung verpflichtet, Aufzeichnungen in Bezug auf die Einhaltung der Leitlinien vorzuhalten, dh die in diesem Abschnitt „b)" beschriebenen Vorgaben, Im Einzelnen betrifft dies:[383] 125

(1) die internen Verfahren zum Umgang mit Marktsondierungen,[384]
(2) Mitteilungen des Wunsches, keine oder nur bestimmte Marktsondierungen zu erhalten,[385]
(3) die eigene Einschätzung des Empfängers, ob er über Insiderinformationen verfügt und die Gründe dafür, einschließlich der sog. Bewertung verbundener Instrumente,[386] sowie
(4) die Personen, die bei dem Empfänger Aufgaben wahrnehmen, die ihnen Zugang zu den im Verlauf der Marktsondierungen übermittelten Informationen vermitteln, und zwar für jede Marktsondierung in chronologischer Reihenfolge.[387]

Letzteres Erfordernis erinnert an die Insiderliste nach Art. 18 MAR,[388] ohne dass allerdings die dafür geltenden Formalien verlangt werden. Erklären lässt sich dieses Erfordernis dadurch, dass die Voraussetzungen für das Führen einer Insiderliste bei den Empfängern 126

---

[379] Art. 9 Abs. 1 MAR.
[380] ESMA Leitlinien Marktsondierung Rn. 13.
[381] ESMA Leitlinien Marktsondierung Rn. 14.
[382] *Mennicke/Jakovou* in Fuchs WpHG § 13 Rn. 111.
[383] ESMA Leitlinien Marktsondierung Rn. 16.
[384] → Rn. 118.
[385] → Rn. 120.
[386] → Rn. 121.
[387] *Zetzsche* AG 2016, 610 will dies auf die Personen beschränken, die Zugang zu für die Anlageentscheidung wesentliche Informationen erhalten haben, was aber im Wortlaut der Leitlinien keine Stütze findet.
[388] § 11.

einer Marktsondierung regelmäßig nicht vorliegen werden. Denn Empfänger von Marktsondierungen werden typischerweise nicht im Auftrag oder für Rechnung des Emittenten tätig, auf den sich etwaige Insiderinformationen beziehen.[389] Führt ein Empfänger von Marktsondierungen aber ohnehin (ggf. überobligationsmäßig) Insiderlisten bzw. vergleichbare Aufzeichnungen wie etwa die im Rahmen der Compliance-Organisation im Rahmen der Einhaltung der allgemeiner Organisationspflichten verbreitete sog. Beobachtungsliste (*watch list*)[390], dürfte einer Verwendung dieser Aufzeichnungen für die Dokumentationspflichten im Rahmen von Marktsondierungen nichts entgegenstehen, sofern die Anforderungen der ESMA Leitlinien eingehalten werden.

127 Erfolgt die Kommunikation im Rahmen der Marktsondierung im Rahmen nicht aufgezeichneter Zusammenkünfte oder Telefongespräche, muss der offenlegende Marktteilnehmer dazu schriftliche Protokolle oder Vermerke erstellen und mit den Empfängern der Marktsondierung abstimmen.[391] Die ESMA-Leitlinien machen hierzu konkrete Verfahrensvorgaben. Danach haben Empfänger von Marktsondierungen, diese Protokolle oder Vermerke entweder binnen fünf Arbeitstagen nach Empfang zu unterzeichnen (wenn sie mit deren Inhalt einverstanden sind), oder anderenfalls dem offenlegenden Marktteilnehmer eigene (ordnungsgemäß unterzeichnete) Protokolle oder Vermerke zur Verfügung zu stellen.[392]

5. Rechtsfolgen von Verstößen

128 Gegen die Nichteinhaltung der Verfahrensvorgaben für Marktsondierungen sehen weder die MAR noch die CRIM-MAD oder das WpHG unmittelbare Sanktionen vor.[393] Jedoch führt die Nichteinhaltung dieser Vorgaben durch den offenlegenden Marktteilnehmer zum Verlust der Vermutung der Rechtmäßigkeit der Offenlegung von Insiderinformationen im Rahmen der Marktsondierung. Dies bedeutet jedoch nicht, dass die Offenlegung dadurch unrechtmäßig wird; vielmehr gelten dann die allgemeinen Regeln für die Offenlegung von Insiderinformationen.[394] Liegen also die eingangs geschilderten Voraussetzungen nach allgemeinen Regeln für eine berechtigte Weitergabe von Insiderinformationen vor, dürfte die an unter formalen Mängeln leidende Marktsondierung wohl keinen Verstoß gegen das Offenlegungsverbot darstellen; dies unterliegt aber der Einzelfallprüfung der für die Marktüberwachung zuständigen Behörde.

129 Dies gilt erst recht für die Verfahrensfehler im Rahmen des Cleansing. Zudem sollte eine auch formal korrekt durchgeführte Marktsondierung, die qua gesetzlicher Vermutung[395] als berechtigte Offenlegung gilt, nicht im Nachhinein zu einer unberechtigten Offenlegung werden.[396] Auch führt ein Verfahrensverstoß des Empfängers der Marktsondierung nicht zum Verlust der vorgenannten Vermutungswirkung zu Lasten des offenlegenden Marktteilnehmers.

---

389 Art. 18 Abs. 1 MAR.
390 *Meyer/Paetzel/Will* in KölnKomm WpHG § 33 Rn. 181.
391 Art. 6 Abs. 2 lit. d) VO 2016/960; → Rn. 114.
392 ESMA Leitlinien Marktsondierung Rn. 15.
393 *Tissen* NZG 2015, 1254.
394 So ausdrücklich Erwägungsgrund 35 S. 4 MAR; *Zetzsche* AG 2016, 610.
395 Art. 11 Abs. 4 MAR.
396 *Poelzig* NZG 2016, 528.

§ 9 Empfehlungs- und Verleitungsverbot

Übersicht

Literatur

Cahn, Andreas, Das neue Insiderrecht, Der Konzern, 2005, 5; *Göhler, Johanna*, Europäische Reform des Insiderstrafrechts – Anmerkungen zur Rolle des Nicht-Insiders im Sonderdeliktsgefüge, ZIS 2016, 266. S. ferner die Angaben zu § 5, § 7, § 8

I. Regelungsgegenstand und Regelungszweck

Art. 14 lit. b) MAR statuiert das Verbot, Dritten zu empfehlen, Insidergeschäfte zu tätigen, oder Dritte dazu zu verleiten, Insidergeschäfte zu tätigen. Der so skizzierte Tatbestand wird in Art. 8 Abs. 2 MAR näher konkretisiert: Danach liegt eine Empfehlung zum Tätigen von Insidergeschäften oder die Verleitung Dritter hierzu vor, wenn eine Person über Insiderinformationen verfügt und **1**

a) auf der Grundlage dieser Informationen Dritten empfiehlt, Finanzinstrumente, auf die sich die Informationen beziehen, zu erwerben oder zu veräußern, oder sie dazu verleitet, einen solchen Erwerb oder eine solche Veräußerung vorzunehmen, oder
b) auf der Grundlage dieser Informationen Dritten empfiehlt, einen Auftrag, der ein Finanzinstrument betrifft, auf das sich die Informationen beziehen, zu stornieren oder zu ändern, oder sie dazu verleitet, eine solche Stornierung oder Änderung vorzunehmen.

Das im Zusammenspiel dieser Regelungen begründete Empfehlungs- und Verleitungsverbot ergänzt das Offenlegungsverbot.[1] Anders als das Offenlegungsverbot, das Konstellatio-

[1] *Hopt/Kumpan* in Schimansky/Bunte/Lwowski BankR-HdB § 107 Rn. 74.

nen adressiert, in denen Insider durch die Weitergabe von Insiderinformationen Dritte zu Insidern machen (den Kreis der Insider und das damit verbundene Gefährdungspotential also erweitern[2]), soll das Empfehlungs- und Verleitungsverbot verhindern, dass ein Insider – ohne selbst Finanzinstrumente, auf die sich die Insiderinformationen beziehen, zu erwerben oder zu veräußern und ohne Insiderinformationen offenzulegen – dahingehend auf Dritte einwirkt, dass diese, ohne selbst Insiderinformationen zu erhalten, zu Handlungen bewegt werden, die als Insiderdelikt zu qualifizieren wären, würde sie der Insider begehen. Das Empfehlungs- und Verleitungsverbot stellt damit eine Umgehungsschranke[3] für das Verwendungs- und das Offenlegungsverbot bzw. einen Vorfeldtatbestand[4] des Insiderrechts dar. Ebenso wie das Offenlegungsverbot schützt auch das Empfehlungs- und Verleitungsverbot den gleichberechtigten Informationszugang der Anleger.[5] Die Begründung des Gesetzentwurfs zum Zweiten Finanzmarktförderungsgesetz führte dazu aus, dass dadurch insbesondere verhindert werden sollte, dass sich ein Insider eines Dritten bedient und mit diesem kollusiv zusammenarbeitet, indem er nicht selbst unmittelbar tätig wird, sondern dem Dritten den Erwerb oder die Veräußerung von Insiderpapieren empfiehlt.[6] Die Formulierung „kollusiv" darf dabei indessen nicht dahingehend verstanden werden, dass sich der Dritte subjektiv an einem Insiderdelikt zu beteiligen sucht. Vielmehr sollen (gerade) auch Konstellationen verhindert werden, in denen der Dritte keine Kenntnis davon hat, dass die Empfehlung bzw. die verleitende Handlung auf Basis einer Insiderinformation vorgenommen wird.

II. Historische Entwicklung

1. Insiderrichtlinie

2 Bereits Art. 3 lit. b) der Insiderrichtlinie[7] begründete eine Verpflichtung der nationalen Gesetzgeber, Inhabern von Insiderinformationen zu untersagen, auf der Grundlage dieser Insiderinformationen einem Dritten zu empfehlen, Wertpapiere zu erwerben oder zu veräußern (bzw. erwerben oder veräußern zu lassen). In das deutsche WpHG wurde Art. 3 lit. b) der Insiderrichtlinie durch das Zweite Finanzmarktförderungsgesetz[8] umgesetzt.

2. Marktmissbrauchsrichtlinie

3 Entsprechend dem Ziel, Schutzlücken zu schließen, ist der Tatbestand durch Art. 3 der Marktmissbrauchsrichtlinie[9] insbesondere in zweifacher Hinsicht ergänzt worden: Zum einen wurde der sich bis dahin allein im Empfehlungsverbot erschöpfende Tatbestand um die Tatbestandsvariante des Verleitungsverbots ergänzt. Tatbestandlich im Sinne des Art. 3 lit. b) der Marktmissbrauchsrichtlinie war es danach auch, auf der Grundlage von Insiderinformationen andere Personen zu verleiten, Insiderpapieren zu erwerben oder zu veräußern (bzw. erwerben oder veräußern zu lassen). Umgesetzt wurde dies in das deutsche

---

2 → § 8 Rn. 1.

3 *Mennicke* in Fuchs WpHG § 14 Rn. 360.

4 *Klöhn* in KölnKomm WpHG § 14 Rn. 475; *Ritz* in JVRB WpHG § 14 Rn. 140; *Rothenhöfer* in Kümpel/Wittig Rn. 3.563.

5 *Klöhn* in KölnKomm WpHG § 14 Rn. 475.

6 Entwurf eines Gesetzes über den Wertpapierhandel und zur Änderung börsenrechtlicher und wertpapierrechtlicher Vorschriften (Zweites Finanzmarktförderungsgesetzes) vom 27. Januar 1994, BT-Drucksache 12/6679, S. 47 f.

7 Richtlinie 89/592/EWG des Rates der Europäischen Gemeinschaften zur Koordinierung der Vorschriften betreffend Insider-Geschäfte vom 13. November 1989, ABl. EG Nr. L334 v. 18.11.1989 S. 30 ff. (Insiderrichtlinie).

8 Gesetz über den Wertpapierhandel und zur Änderung börsenrechtlicher und wertpapierrechtlicher Vorschriften (Zweites Finanzmarktförderungsgesetz) vom 26. Juli 1994 (BGBl. I S. 1749 ff.).

9 Richtlinie 2003/6/EG des Europäischen Parlaments und des Rates vom 28. Januar 2003 über Insider-Geschäfte und Marktmanipulation (Marktmissbrauch), ABl. EU Nr. L96 v. 12.4.2003 S. 16 ff. (MAD 2003).

Recht durch das Anlegerschutzverbesserungsgesetz[10]. In der durch das Anlegerschutzverbesserungsgesetz ergänzten Fassung war es nunmehr gemäß § 14 Abs. 1 Nr. 3 WpHG aF verboten, einem anderen auf der Grundlage einer Insiderinformation den Erwerb oder die Veräußerung von Insiderpapieren zu empfehlen oder einen anderen auf sonstige Weise dazu zu verleiten.[11]

3. Neuerungen durch die MAR

Gegenüber der Marktmissbrauchsrichtlinie (und den Regelungen in § 14 Abs. 1 Nr. 3 WpHG aF) hat das Empfehlungs- und Verleitungsverbot durch die MAR nur geringe Modifikationen erfahren. Nachdem die MAR in der deutschen Fassung ursprünglich von „anstiften" statt „verleiten" gesprochen hatte, wurde dies mittlerweile korrigiert[12]; nunmehr verwendet die MAR (wie auch § 14 Abs. 1 Nr. 3 WpHG aF und Art. 3 lit. b) Marktmissbrauchsrichtlinie) wieder den Begriff „verleiten". Daneben wurde mit der Tatbestandsvariante des Art. 8 Abs. 2 lit. b) MAR entsprechend der Regelung zum Insiderhandel[13] auch die Stornierung und Änderung bestehender Aufträge in den Tatbestand aufgenommen.[14] **4**

III. Allgemeine Regelungen

Inhaltlich basiert das Empfehlungs- und Verleitungsverbot im Sinne von Art. 14 lit. b) und Art. 8 Abs. 2 MAR in wesentlichen Teilen auf dem bisherigen Empfehlungs- und Verleitungsverbot nach Art. 3b) der Marktmissbrauchsrichtlinie und § 14 Abs. 1 Nr. 3 WpHG aF. Die hierzu vorhandene Literatur kann daher grundsätzlich zur Auslegung der Art. 14 lit. b) und Art. 8 Abs. 2 MAR herangezogen werden.[15] **5**

1. Tauglicher Täter

Das Empfehlungs- und Verleitungsverbot gilt – ebenso wie das Verbot des Tätigens von Insidergeschäften[16] –für jede Person, die über Insiderinformationen verfügt, weil sie aufgrund Organmitgliedschaft, Kapitalbeteiligung oder aufgrund der Ausübung einer Arbeit oder eines Berufs oder der Erfüllung von Aufgaben Zugang zu den betreffenden Informationen hat oder an kriminellen Handlungen beteiligt ist.[17] Abgesehen von der Einbeziehung der Teilnehmer am Markt für Emissionszertifikate folgt diese Definition im Wesentlichen dem Primärinsiderbegriff gemäß Art. 2 Abs. 1 Satz 2 der Marktmissbrauchsrichtlinie. **6**

Art. 8 Abs. 4 Satz 2 MAR erstreckt den Anwendungsbereich daneben auf die Sekundärinsider; die Regelung folgt dabei der des Art. 4 der Marktmissbrauchsrichtlinie. Tauglicher Täter können damit sowohl **Primär- wie Sekundärinsider** sein.[18] **7**

[10] Gesetz zur Verbesserung des Anlegerschutzes (Anlegerschutzverbesserungsgesetz – AnSVG) vom 28. Oktober 2004 (BGBl I S. 2630 ff.).

[11] Des Weiteren wurden Ordnungswidrigkeitentatbestände für Sekundärinsider eingeführt, die gegen das Empfehlungs- und Verleitungsverbot verstießen (siehe § 39 Abs. 2 Nr. 4 WpHG aF).

[12] Berichtigung der Verordnung (EU) Nr. 596/2014 des Europäischen Parlaments und des Rates vom 16. April 2014 über Marktmissbrauch (Marktmissbrauchsverordnung) und zur Aufhebung der Richtlinie 2003/6/EG des Europäischen Parlaments und des Rates und der Richtlinien 2003/124/EG, 2003/125/EG und 2004/72/EG der Kommission, ABl. EU Nr. L348 v. 21.12.2016 S. 83.

[13] → § 7 Rn. 34.

[14] Siehe hierzu auch *Hopt/Kumpan* in Schimansky/Bunte/Lwowski BankR-HdB § 107 Rn. 74.

[15] Zum neuen Recht siehe: *Grundmann* in GroßkommHGB Bd. XI Bankvertragsrecht 6. Teil Rn. 386 ff.; *Hopt/Kumpan* in Schimansky/Bunte/Lwowski BankR-HdB § 107 Rn. 74 ff.; *Zetzsche* in Gebauer/Teichmann EnzEuR Bd. VI § 7 C Rn. 146 ff.

[16] Art. 14 lit. a) iVm Art. 8 Abs. 1 MAR.

[17] Art. 8 Abs. 4 Satz 1 MAR.

[18] Siehe auch *Grundmann* in GroßkommHGB Bd. XI Bankvertragsrecht 6. Teil Rn. 386; Primärinsider sind Personen, die aufgrund ihrer Organmitgliedschaft beim Emittenten bzw. Teilnehmers am Markt für

2. Dritter

8 Dritter im Sinne des Art. 8 Abs. 2 MAR kann **jede natürliche oder juristische Person** außer dem Empfehlenden bzw. Verleitenden selbst sein.[19] Wie bereits unter der Marktmissbrauchsrichtlinie und unter dem WpHG anerkannt, spielen Fragen der Zurechnung innerhalb juristischer Personen und betrieblicher Zusammenhänge keine Rolle.[20] In teleologischer Hinsicht ergibt sich dieses Verständnis aus dem Ziel, zu verhindern, dass Insider sich eines Dritten bedienen und – ohne eigenes Handeln – Dritte zu Transaktionen zu veranlassen, die – würde der Insider selbst handeln – als Insiderhandel zu qualifizieren wären. Sind Insider und Dritter Mitarbeiter desselben Unternehmens, wird dieses Regelungsziel nur dann lückenlos erreicht, wenn auch das Verleiten bzw. Empfehlen innerhalb betrieblicher Zusammenhänge und innerhalb desselben Unternehmens tatbestandsmäßig im Sinne des Art. 8 Abs. 2 der MAR ist. Eine Empfehlungs- oder Verleitungshandlung ist daher auch möglich, wenn der Empfehlende bzw. Verleitende im Rahmen seiner Tätigkeit für eine juristische Person handelt und der verleitete Dritte Transaktionen im Namen und für Rechnung dieser juristischen Person vornimmt. Dasselbe gilt ebenso, wenn die Handelnden verschiedenen Unternehmen innerhalb desselben Konzerns zuzurechnen sind.[21]

9 Dritter im Sinne des Empfehlungs- und Verleitungsverbots kann auch eine Personenmehrheit sein; das gilt auch dann, wenn diese aus Sicht des Insiders nicht individualisiert ist und/oder wenn der Insider keine genaue Kenntnis darüber hat, wer möglicher Empfänger der empfehlenden bzw. verleitenden Handlung ist.

3. Kein Erfordernis der Weitergabe der Insiderinformation

10 Das Empfehlungs- und Verleitungsverbot setzt nicht voraus, dass eine Insiderinformation weitergegeben wird; vielmehr ist es für das Empfehlungs- und Verleitungsverbot typisch, dass der Kreis der Insider nicht erweitert wird.[22] Indessen schließt eine Offenlegung der Insiderinformation den Tatbestand des Empfehlungs- und Verleitungsverbots auch nicht aus – und umgekehrt. Wird daher – neben der empfehlenden bzw. der verleitenden Handlung – auch die Insiderinformation weitergegeben, so ist ggf. auch der Tatbestand der Offenlegung[23] erfüllt; beide Delikte stehen dann gegebenenfalls in Tateinheit gemäß § 52 StGB.[24]

4. Ursächlichkeit der Insiderinformation

11 Ein Verstoß gegen das Empfehlungs- und Verleitungsverbot setzt zunächst voraus, dass der Empfehlende bzw. der Verleitende die Insiderinformation kennt.[25] Daneben sieht der Tatbestand des Art. 8 Abs. 2 MAR vor, dass die Empfehlung bzw. Verleitung auf „der Grundlage" einer Insiderinformation erfolgt. Tatbestandsmerkmal ist danach insofern ein Ursachenzusammenhang zwischen dem Besitz der Insiderinformation und der Empfehlung

Emissionszertifikate oder aufgrund ihrer Beteiligung an dessen Kapital, ihrer Arbeit, ihres Berufs oder der Erfüllung von Aufgaben oder ihrer Beteiligung an kriminellen Handlungen Zugang zu Informationen haben. Sekundärinsider sind darüber hinaus Personen, die Insiderinformationen unter anderen Umständen besitzen und wissen oder wissen müssten, dass es sich dabei um Insiderinformationen handelt. Zur Rechtslage nach § 14 Abs. 1 Nr. 3 WpHG aF siehe auch *Mennicke* in Fuchs WpHG § 14 Rn. 363; *Ritz* in JVRB WpHG § 14 Rn. 141; vgl. auch *Klöhn* in KölnKomm WpHG § 14 Rn. 477.

19 *Assmann* in Assmann/Schneider WpHG § 14 Rn. 121; *Mennicke* in Fuchs WpHG § 14 Rn. 364; *Ritz* in JVRB WpHG § 14 Rn. 142; *Klöhn* in KölnKomm WpHG § 14 Rn. 481: „jeder Rechtsträger".

20 *Ritz* in JVRB WpHG § 14 Rn. 142; *Mennicke* in Fuchs WpHG § 14 Rn. 365; *Rothenhöfer* in Kümpel/Wittig Rn. 3.565.

21 *Ritz* in JVRB WpHG § 14 Rn. 142; *Mennicke* in Fuchs WpHG § 14 Rn. 364 mwN.

22 *Klöhn* in KölnKomm WpHG § 14 Rn. 475.

23 Zum Offenlegungsverbot vgl. § 8.

24 *Ritz* in JVRB WpHG § 14 Rn. 145.

25 Vgl. nur etwa *Klöhn* in KölnKomm WpHG § 14 Rn. 498; *Mennicke* in Fuchs WpHG § 14 Rn. 375.

bzw. Verleitung. Dabei stellt sich die Frage, inwiefern die vom EuGH in der **Entscheidung Spector Photo Group**[26] aufgestellte Vermutungsregel zu berücksichtigen ist – insbesondere, ob aus der Kenntnis der Insiderinformation und der Empfehlung bzw. Verleitung auf einen Ursachenzusammenhang geschlossen werden kann. Neben den in Kapitel 26, Rn. 101 ff. diskutieren Fragen der Reichweite und der Natur der in der Spector Photo Group-Entscheidung postulierten Grundsätze bestehen indessen im Hinblick auf das Empfehlung- und Verleitungsverbot gegenüber der Spector Photo Group-Entscheidung zwei spezifische Besonderheiten: Zum einen lagen der Spector Photo Group-Entscheidung Kauftransaktionen zugrunde, und die maßgebliche Norm (Art. 2 Abs. 1 der Marktmissbrauchsrichtlinie) sprach davon, dass es zu untersagen war, die dort beschrieben Handlungen „unter Nutzung" einer Insiderinformation zu tätigen. Dieser sprachliche Unterschied ist deswegen bemerkenswert, weil sich die Spector Photo Group-Entscheidung im Rahmen der Auslegung des Wortlauts insbesondere auf die Formulierung „Nutzung" stützte[27]. Da Artikel Art. 8 Abs. 2 der MAR mit „auf der Grundlage" eine andere Formulierung wählt (während die MAR bei Art. 8 Abs. 1 bei der Formulierung „Nutzung" bleibt), ist die uneingeschränkte Übertragung der Grundsätze der Spector Photo Group-Entscheidung auf Empfehlungen und Verleitungshandlungen schon sprachlich jedenfalls nicht zwangsläufig. Auch Erwägungsgrund 24 der MAR, der die Grundsätze der Spector Photo Group-Entscheidung aufgreift, nimmt ebenfalls nur Erwerbs- bzw. Veräußerungsvorgänge im Sinne des Art. 8 Abs. 1 MAR in Bezug. Nur bezüglich der „Nutzung" sieht er vor, dass diese unter den dort beschriebenen Voraussetzungen „unterstellt werde".[28]

Zudem liegt der Spector Photo Group-Entscheidung die Wertung zugrunde, dass die **12**
Vornahme eines Geschäfts auf dem Markt notwendigerweise das Resultat einer Kette von Entscheidungen ist. Diese füge sich in einen komplexen Kontext ein, der es grundsätzlich erlaube auszuschließen, dass sein Urheber handeln konnte, ohne sich seines Handelns bewusst zu sein. Daher sollte die Insider-Information grundsätzlich als integraler Bestandteil ihres Entscheidungsprozesses angesehen werden.[29] Eine Übertragung dieser Wertungen auf Empfehlungs- und Verleitungshandlungen muss dabei berücksichtigen, dass Empfehlungen bzw. Verleitungshandlungen regelmäßig in einem anderen Kontext stattfinden als Erwerbs- bzw. Verkaufstransaktionen. Eine empfehlende bzw. verleitende Äußerung wird oft das Ergebnis anderer (und vielmals spontanerer) Willensbildungsprozesse sein. Insofern bestehen – jenseits des Wortlauts – auch sachlich Argumente dagegen, aus der Spector Photo Group-Entscheidung abzuleiten, hinsichtlich des Tatbestandsmerkmals „auf der Grundlage" im Sinne von Art. 1 Abs. 2 MAR bestünde eine Vermutung, dass eine Empfehlung bzw. Verleitung durch einen Insider stets auf der Grundlage der diesem vorliegenden Insiderinformationen erfolgt sein müsse. [30]

---

[26] EuGH v. 23.12.2009 – Rs. C-45/08, Slg. 2009 I-12073 = NZG 2010, 107 – *Spector*.

[27] In der Spector Photo Group-Entscheidung wird dabei hervorgehoben, dass das Parlament im Rahmen des Gesetzgebungsprozesses zur Marktmissbrauchsrichtlinie im Einklang mit der objektiven Herangehensweise an den Begriff des Insider-Geschäfts, den die Kommission befürwortete, das Verb „ausnutzen" durch das Verb „nutzen" ersetzen wollte, um in der Definition der Insider-Geschäfte kein Element der Finalität oder Vorsätzlichkeit zu belassen (Tz. 34 der Entscheidung).

[28] *Klöhn* in KölnKomm WpHG § 14 Rn. 500 weist indessen darauf hin, dass man, wenn die Kenntnis der Insiderinformation bereits die Vermutung dafür begründet, dass der Insider die Information bei Erwerb im Sinne des Art. 2 Abs. 1 der Marktmissbrauchsrichtlinie „nutzt", für das Merkmal „auf der Grundlage" keinesfalls den Nachweis voller Kausalität fordern könne.

[29] EuGH v. 23.12.2009 – Rs. C-45/08, Slg. 2009 I-12073 Tz. 36 = NZG 2010, 107 – *Spector*.

[30] *Klöhn* in KölnKomm WpHG § 14 Rn. 500 f. betont dabei unter Hinweis auf die Entscheidung Spector Photo Group, dass die Kenntnis der Insiderinformation eine Vermutung dafür begründe, dass die Empfehlung aufgrund dieser Insiderinformation erfolge; auch nach *Hopt/Kumpan* in Schimansky/Bunte/Lwowski BankR-HdB § 107 Rn. 74 begründet die Kenntnis der Insiderinformation eine widerlegliche Vermutung dafür, dass die Empfehlung auf der Grundlage der Insiderinformation abgegeben wurde. Vgl. hierzu auch *Assmann* in Assmann/Schneider WpHG § 14 Rn. 131, der betont, am Vorsatzerfordernis habe sich durch die Spector Photo Group-Entscheidung nichts geändert.

13 Umgekehrt käme es, würde man in Bezug auf das Tatbestandsmerkmal „auf der Grundlage" in jedem Fall den vollen Nachweis durch die zuständige Behörde fordern, in der Praxis regelmäßig zu Beweisschwierigkeiten. Es wäre zu besorgen, dass dies die Wirksamkeit des Empfehlungs- und Verleitungsverbots in Frage stellen könnte. Insofern erscheint es sachgereicht, hinsichtlich des Tatbestandsmerkmals „auf der Grundlage" zwar nicht von einer Vermutung, aber von einem **Erfahrungssatz** dahingehend auszugehen, dass, wenn die Kenntnis nachweislich feststeht, im Rahmen der richterlichen Beweiswürdigung die Lebenserfahrung dafür spricht, dass die Empfehlung bzw. Verleitung auf der Grundlage der Insiderinformation stattfand.[31] Dies kann indessen nur insofern gelten, solange die Empfehlung bzw. Verleitungshandlung nicht auch ohne Kenntnis der Insiderinformation plausibel wäre[32] und an dieses Plausibilitätserfordernis dürfen keine übertrieben hohen Anforderungen gestellt werden.

5. Gegenstand der Empfehlung bzw. Verleitung

14 Die Empfehlung bzw. Verleitung muss darauf gerichtet sein, Finanzinstrumente, auf die sich die Insiderinformationen beziehen, zu erwerben oder zu veräußern oder einen Auftrag, der ein Finanzinstrument betrifft, auf das sich die Insiderinformationen beziehen, zu stornieren oder zu ändern. Die Ergänzung um die Tatbestandsvariante der Empfehlung bzw. Verleitung zu einer Stornierung bzw. Änderung eines bestehenden Auftrags stellt eine Neuerung durch die MAR dar. Sie ist im Zusammenspiel mit der Erweiterung des Tatbestands des Insidergeschäfts gemäß Art. 8 Abs. 1 Satz 2 MAR um die Tatbestandsvariante der Stornierung oder Änderung eines Auftrags in Bezug auf ein Finanzinstrument, auf das sich die Insiderinformationen beziehen, zu sehen.[33]

15 Ebenso wie im Tatbestand des § 14 Abs. 1 Nr. 3 WpHG aF wird das **Unterlassen** einer der in Art. 8 Abs. 2 MAR genannten Handlungen dagegen auch weiterhin nicht als Gegenstand einer Empfehlungs- bzw. Verleitungshandlung genannt.[34] Empfiehlt der Insider auf der Basis der Insiderinformation, von einer bestimmten Transaktion abzusehen, wird hierdurch zwar das Ziel der MAR, eine informationelle Chancengleichheit herzustellen, durchbrochen, und in der Literatur zum WpHG war auf die Nichterfassung dieser Konstellationen hingewiesen worden.[35] Dass der Gesetzgeber zwar den Tatbestand um die Empfehlung zur Vornahme einer Stornierung oder Änderung eines Auftrags, nicht aber zu deren Unterlassen ergänzt hat, spricht dafür, dass dem eine bewusste Entscheidung des Gesetzgebers zugrunde lag. Im Bereich des Strafrechts kommt eine analoge Anwendung auf die Fälle des Unterlassens zudem schon aufgrund des Analogieverbots nicht in Betracht.[36] Unabhängig davon ist freilich im Einzelfall zu prüfen, ob die Empfehlung des Unterlassens eines Erwerbs auch die Empfehlung einer Veräußerung (und umgekehrt) zum

[31] So auch in Bezug auf Transaktionen im Sinne des Art. 8 Abs. 1 MAR Kapitel 26 Rn. 105.

[32] So im Ergebnis auch *Ritz* in JVRB WpHG § 14 Rn. 144 und *Mennicke* in Fuchs WpHG § 14 Rn. 375, die betonen, dass sich der in der Praxis erforderliche Ursachenzusammenhang nur schwer nachweisen lasse, wenn die abgegebene Empfehlung auch ohne die Kenntnis der Insiderinformation plausibel ist; Auch *Rothenhöfer* in Kümpel/Wittig Rn. 3.573 betont, dass die Ursächlichkeit der Insiderinformation nur schwer zu beweisen sein wird, wenn die Empfehlung auch ohne Einbeziehung der Insiderinformation plausibel ist.

[33] Zur Erweiterung des Tatbestands des Insiderhandels umfassend § 7 Rn. 23 ff.

[34] Während der Gesetzgeber mit der MAR den Tatbestand um die Variante der Stornierung oder Änderung eines Auftrags ergänzt hat, hat er darauf verzichtet, den Tatbestand um eine Empfehlung des Unterlassens zu ergänzen.

[35] *Klöhn* in KölnKomm WpHG § 14 Rn. 494; *Assmann* in Assmann/Schneider WpHG § 14 Rn. 122; *Ritz* in JVRB WpHG § 14 Rn. 148; *Sethe* in Assmann/Schütze Handbuch des Kapitalanlagerechts, § 8 Rn. 147.

[36] Zur Straffreiheit des Verleitens zum Unterlassen siehe auch *Grundmann* in GroßkommHGB Bd. XI Bankvertragsrecht 6. Teil Rn. 386; Zum Analogieverbot im Strafrecht siehe etwa *Hassemer/Kargl* in Kindhäuser/Neumann/Paeffgen, Strafgesetzbuch, § 1 Rn. 70 ff.; *Schmitz* in MüKoStGB, § 1 Rn. 67 ff.; *Schmidt-Aßmann* in Maunz/Dürig GG Art. 103 Abs. 2 Rn. 231 ff. jeweils mit umfangreichen weiteren Nachweisen.

Inhalt hat.[37] Dies ist zwar nicht grundsätzlich ausgeschlossen, bleibt aber eine Frage der Auslegung und der Bewertung im jeweiligen Einzelfall; eine pauschale Vermutung[38] verbietet sich.

6. Finalität des Empfehlungs- bzw. Verleitungshandelns

16 Vor dem Hintergrund des breiten, zur Tatbestandsbegrenzung kaum geeigneten Spektrums möglicher Arten der Beeinflussung kommt der Finalität des Verleitens bzw. Empfehlens entscheidende Bedeutung zu: Eine Verleitung oder Empfehlung liegt nur dann vor, wenn der Verleitende bzw. der Empfehlende tatsächlich auf die Willensbeeinflussung des Verleiteten abzielt. [39] Hierin liegt ke**in subjektives Tatbestandsmerkmal** (insbesondere keine Absicht im Sinne eines dolus directus ersten Grades). Vielmehr ist auf der Ebene des **objektiven Tatbestands** in Wege der Auslegung zu ermitteln, ob der Erklärungsgehalt der Empfehlungs- oder Verleitungshandlung so zu verstehen ist, dass der Insider auf den Willen des Dritten Einfluss nehmen wollte.

17 Die **Methodik und der Maßstab** der Auslegung müssen sich dabei am Regelungsziel des Empfehlungs- und Verleitungsverbots orientieren. Daher weicht der Auslegungsmaßstab von dem der Auslegung von Willenserklärungen gemäß §§ 133, 145 BGB ab. Zwar wird eine Willenserklärung, die bereits aus Sicht des Empfängers nach ihrem objektiven Erklärungsgehalt darauf abzielt, den Dritten zu einer Transaktion in Bezug auf ein Finanzinstrument, auf das sich die Insiderinformationen beziehen, zu bewegen, regelmäßig den objektiven Tatbestand der Empfehlungs- bzw. Verleitungshandlung erfüllen. Entsprechend dem Schutzzweck, ein Handeln aufgrund eines Informationsvorsprungs zu verhindern, kann indessen aber auch ein Verhalten, das allein aus der Perspektive des Empfängers (noch) keinen Empfehlungs- bzw. Verleitungswillen erkennen lässt, dennoch eine Empfehlung bzw. Verleitung darstellen, wenn die **Gesamtumstände** ergeben, dass der Insider auf den Willen des Erklärungsempfängers Einfluss nehmen wollte.[40] Indessen darf die Auslegung hier nicht zu einem uferlosen Verständnis führen, und nicht jede wertende Aussage darf und muss als Verleitung oder Empfehlung gedeutet werden. Gerade in Banken und Wertpapierdienstleistungsunternehmen werden Situationen unvermeidlich sein, in denen sich Personen, die Insider sind, wertenden Aussagen zu Emittenten nicht völlig entziehen können. Sofern plausible Zweifel daran bestehen, dass der Insider auf den Willen des Dritten Einfluss nehmen wollte, liegt keine Finalität vor Beispielsweise werden in der Praxis Fälle auftreten, in denen ein Insider in einer alltäglichen Gesprächssituation von Personen, die nicht um die Insiderstellung wissen, um seine Meinung zu dem jeweiligen Emittenten gebeten wird. In diesem Fall wird auch eine generische bzw. zurückhaltende Antwort oft eine wertende Aussage enthalten. Indessen wird man in einem solchen Fall eine Antwort, bei der anzunehmen ist, dass der Insider sie auch ohne Kenntnis der Insiderinformation gegeben hätte, regelmäßig nicht als final verleitende Handlung ansehen können.

7. Leichtfertigkeit

18 Gemäß §§ 120 Abs. 14, 119 Abs. 3 Nr. 2 WpHG, Art. 14 lit. b) und Art. 8 Abs. 2 MAR ist auch ein leichtfertiger Verstoß gegen das Empfehlungs- und Verleitungsverbot möglich und stellt eine Ordnungswidrigkeit dar. Der Umstand, dass bereits der objektive Tatbestand der Regelung erfordert, dass die Empfehlungs- bzw. Verleitungshandlung bei objektiver

[37] *Grundmann* in GroßkommHGB Bd. XI Bankvertragsrecht 6. Teil Rn. 386; *Rothenhöfer* in Kümpel/Wittig Rn. 3.571.

[38] Vgl. hierzu *Cahn*, Der Konzern, 5 (11 f.).

[39] Das Finalitätserfordernis findet sich in – sprachlich leicht unterschiedlicher Form – etwa bei *Klöhn* in KölnKomm WpHG § 14 Rn. 485 und *Mennicke* in Fuchs WpHG § 14 Rn. 366.

[40] Z. B. wenn der Insider den Empfänger bewusst eine Einsichtnahme in Kauforder ermöglicht, um ihn zu einer Transaktion zu bewegen, der Dritte aber nicht erkennt, dass das zielgerichtet geschah.

Betrachtung ein zielgerichtetes Element enthält, führt indessen dazu, dass in der Praxis für eine nicht-vorsätzliche Begehung nur ein begrenzter Anwendungsbereich besteht. Ausgeschlossen ist das freilich nicht. So mag etwa eine vom tatsächlichen Geschehen abweichende Vorstellung des Insiders dazu führen, dass der Täter nicht den entsprechenden Vorsatz hat, dennoch aber leichtfertig handelt (Bsp.: der Insider möchte Person A verleiten, tatsächlich wird aber Person B verleitet und der Insider war insofern leichtfertig).

IV. Verleitungsverbot

1. Tatbestandliches Verhalten

19 Nach dem Verleitungsverbot ist es verboten, auf der Grundlage von Insiderinformationen Dritte zu verleiten, einen Erwerb von Finanzinstrumente, auf die sich die Insiderinformationen beziehen, oder eine solche Veräußerung vorzunehmen, oder eine entsprechende Stornierung oder Änderung eines Auftrags vorzunehmen.

20 Das tatbestandliche Verhalten des Verleitens entspricht dem des Art. 3b) der Marktmissbrauchsrichtlinie bzw. des § 14 Abs. 1 Nr. 3 WpHG aF. Es umfasst er **jede Verhaltensweise**, mit der ein Insider den **Willen eines anderen** im Hinblick auf den Erwerb von Finanzinstrumente, auf die sich die Insiderinformationen beziehen, **beeinflussen will**,[41] bzw. jede Verhandlungsweise, die darauf **abzielt**, den Willen eines anderen durch **beliebige Mittel zu beeinflussen**.[42] Dieses weite Verständnis entspricht der gesetzlichen Begründung im Anlegerschutzverbesserungsgesetz. Zum Erwerb oder zur Veräußerung verleitet danach, wer den Willen des anderen durch beliebige Mittel beeinflusst.[43] Insofern ist der Tatbestand nicht auf bestimmte Arten der Beeinflussung festgelegt.

21 Ebenso wie schon im Anwendungsbereich des § 14 Abs. 1 Nr. 3 WpHG aF ist es nicht erforderlich, dass der Insider mit dem Verleiteten in (direkten) kommunikativen Kontakt tritt. Eine Verleitung kann auch dann vorliegen, wenn Situationen arrangiert würden, durch die auf die Entscheidungsfindung Einfluss genommen wird, zB wenn Orderbestätigungen zugänglich gemacht würden.[44]

2. Tatbestandlicher Erfolg

a) Tätigwerden des Dritten bzw. Hervorrufen eines Tatentschlusses

22 Nicht völlig einhellig beantwortet wurde im Geltungsbereich des § 14 Abs. 1 Nr. 3 WpHG aF die Frage, ob der Tatbestand der Verleitung im Sinne des Art. 8 Abs. 2 MAR neben der verleitenden Handlung auch zumindest das Hervorrufen eines Tatentschlusses beim Dritten oder gar die Vornahme des entsprechenden Geschäfts durch diesen voraussetzt.

23 Teilweise wird hierzu vertreten, dass auch vertreten, dass die **Geschäftsvornahme durch den Dritten** Tatbestandsmerkmal des Verleitungsverbots sein sollte.[45] Zur Begründung wird unter anderem angeführt, dass dem Empfehlungstatbestand ansonsten kein

[41] *Sethe* in Assmann/Schütze § 8 Rn. 144; *Buck-Heeb*, Kapitalmarktrecht, § 6 Rn. 268.

[42] *Hopt/Kumpan* in Schimansky/Bunte/Lwowski BankR-HdB § 107 Rn. 74; *Ritz* in JVRB WpHG § 14 Rn. 149.

[43] BT-Drucksache 15/3174, S. 43, Spalte 2; so auch der Emittentenleitfaden der BaFin unter III.2.2.2.2.

[44] Beispiel nach *Klöhn* in KölnKomm WpHG § 14 Rn. 486; Zum Zugänglichmachen als tatbestandliches Handeln im Sinne des Empfehlungsverbots siehe auch *Rothenhöfer* in Kümpel/Wittig Rn. 3.567.

[45] *Göhler* ZIS 2016, 266 (274 f.) (allerdings auf der Basis des ursprünglichen Wortlauts der MAR, der noch von „anstiften" sprach und durch die Berichtigung der Verordnung (EU) Nr. 596/2014 des Europäischen Parlaments und des Rates vom 16. April 2014 über Marktmissbrauch (Marktmissbrauchsverordnung) und zur Aufhebung der Richtlinie 2003/6/EG des Europäischen Parlaments und des Rates und der Richtlinien 2003/124/EG, 2003/125/EG und 2004/72/EG der Kommission, ABl. EU Nr. L287 S. 320, 321 f., geändert und zu „verleiten" korrigiert wurde); zu § 14 Abs. 1 Nr. 3 WpHG aF *Szesny* in Böttger Kapitalmarktstrafrecht Kapitel 6 Rn. 140.

eigenständiger Anwendungsbereich verbleibe, er ansonsten zu einem bedeutungslosen Unterfall der Anstiftungsvariante herabgestuft würde werde. Zudem sei zu berücksichtigen, dass Verleitung – anders als die Empfehlung – keine Kommunikationsbeziehung zwischen Insider und Drittem voraussetze und dass insofern die **Gefahr eines schwer eingrenzbaren Tatbestands** drohe. Dieser wäre angemessen begrenzt, würde die Geschäftsvornahme als Tatbestandsmerkmal angesehen.[46] Die Verleitung stellt nach dieser Logik insofern eine besondere Ausprägung der Anstiftung im Sinne des § 26 StGB[47] dar, deren spezielle gesetzliche Regelung daraus folgt, dass der Tatbestand des § 26 StGB mangels einer teilnahmefähigen Haupttat nicht erfüllt ist.

Andere Stimmen vertraten zumindest im Hinblick auf § 14 Abs. 1 Nr. 3 WpHG, dass es zur Tatbestandsverwirklichung zwar nicht auf den tatsächlichen erfolgten Erwerb bzw. die Veräußerung ankomme, dass die vollendete Verleitung aber einen tatbestandlichen Erfolg im Sinne des **Hervorrufens eines Kauf- bzw. Verkaufsentschlusses** des Dritten voraussetze.[48] 24

Die wohl überwiegende Ansicht zu § 14 Abs. 1 Nr. 3 WpHG aF vertrat dagegen, dass weder die Geschäftsvornahme nicht das Hervorrufen eines Tatentschlusses ein Tatbestandselement darstelle.[49] Sie erwies dabei auf die Begründung des Anlegerschutzverbesserungsgesetzes, nach der die Empfehlung einen besonderen Fall des Verleitens darstellte.[50] Da die Empfehlung (unstreitig) kein Tätigwerden des Dritten erfordert, wäre es **inkonsequent**, ein solches für den **weniger speziellen Tatbestand des Verleitens zu fordern**. In den Fällen, in denen es nicht zu einer Transaktion kommt, lässt sich zudem der Nachweis, ein Kauf- bzw. Verkaufsentschlusses sei hervorgerufen worden, nur schwer führen.[51] Ebenso wenig gebietet es der Hinweis auf den Charakter des Verleitungsverbots als Vorfeldtatbestand bzw. Umgehungsverbot des Verbots des Insidergeschäfts, zu folgern, dass der tatbestandliche Erfolg des Vorfeldtatbestands dem des Insidergeschäfts entsprechen müsse.[52] Vielmehr entspricht es gerade dem Wesen eines Vorfeldtatbestands, eine abstrakte Gefährdungssituation zu beschreiben, die in ihren tatbestandlichen Elementen von dem Delikt, in dessen Vorfeld sie angesiedelt ist, abweichen kann und muss. Der Umstand, dass der Gesetzgeber für die Empfehlung und die Verleitung denselben Rechtsfolgen- und Sanktionsrahmen vorsieht, spricht ebenfalls nicht dafür, in der einen Tatbestandsvariante einen Erfolg auf Seiten des Dritten (und somit einen größeren Erfolgsunwert), in der anderen Variante aber nicht vorzusehen.[53] 25

Schließlich gebietet auch der Wortlaut nicht, die Geschäftsvornahme oder das Hervorrufen des Tatentschlusses als Tatbestandsmerkmal anzusehen. Dies gilt insbesondere, nach- 26

---

[46] *Göhler* ZIS 2016, 266 (274 f.).

[47] Als Anstiftung gemäß § 26 StGB gilt die vorsätzliche Bestimmung eines anderen zu dessen vorsätzlich begangener rechtswidriger Tat. Kennzeichnend für die Anstiftung im strafrechtlichen Sinne ist insofern die Akzessorietät von einer rechtswidrigen Haupttat. Diese Haupttat wiederum muss alle unrechtsbegründenden Elemente aufweisen, dh sie muss unter Erfüllung aller objektiven wie subjektiven Tatbestandsmerkmale rechtswidrig und vorsätzlich verwirklicht worden sein (stellvertretend für die weit überwiegende Ansicht *Heine/Weißer* in Schönke/Schröder § 26 Rn. 28 mit weiteren Nachweisen).

[48] *Hilgendorf/Kuscher* in Park Kapitalmarktstrafrecht 5.4 Rn. 94; *Schröder* Handbuch Kapitalmarktstrafrecht-HdB Rn. 301; *Wehowsky*, in Erbs/Kohlhaas Strafrechtliche Nebengesetze § 14 WpHG Rn. 21.

[49] Explizit *Klöhn* in KölnKomm WpHG § 14 Rn. 487; *Mennicke* in Fuchs WpHG § 14 Rn. 380. *Schwark/Kruse* in Schwark/Zimmer § 14 WpHG Rn. 73 gehen auf den tatbestandlichen Erfolg nicht explizit ein, betonen aber, dass sich das Verleitungsverbot in seinen Voraussetzungen nicht vom Empfehlungsverbot unterscheidet; Nach *Ritz* in JVRB WpHG § 14 Rn. 151, *Assmann* in Assmann/Schneider WpHG § 14 Rn. 127 und *Sethe* in Assmann/Schütze § 8 Rn. 148 ist es zur Erfüllung des Tatbestands nicht erforderlich, dass der Dritte tatsächlich am Markt tätig wird; die These, dass das Hervorrufen des Tatentschlusses Tatbestandselement sein, wird nicht erhoben.

[50] BT-Drucks. 15/3174 S. 34; so auch die BaFin im Emittentenleitfaden unter III.2.2.2.2: „Da ein Verleiten auch durch eine Empfehlung erfolgen kann, ist letztere ein spezieller Unterfall des Verleitens."

[51] *Klöhn* in KölnKomm WpHG § 14 Rn. 487.

[52] In diese Richtung argumentierend *Göhler* ZIS 2016, 266 (274) (auf Basis des ursprünglichen Wortlauts, so Fn. 45).

[53] So im Ergebnis auch *Hopt/Kumpan* in Schimansky/Bunte/Lwowski BankR-HdB § 107 Rn. 74.

dem der deutsche Wortlaut dahingehend korrigiert wurde, sodass die Norm wieder von „verleiten" anstatt von „anstiften" spricht. [54] Auch die englische Fassung des Art. 8 Abs. 2 lit. a) und b) MAR, die weiterhin den Begriff „induce" verwendet („or induces that person to make such an acquisition or disposal" bzw. „or induces that person to make such a cancellation or amendment") und insofern die Anreizwirkung, nicht aber einen tatbestandlichen Erfolg betont, gebietet es nicht, in der Geschäftsvornahme ein Tatbestandsmerkmal zu sehen. In der französischen Fassung hat sich die Formulierung gegenüber der Marktmissbrauchsrichlinie zwar verändert: Art. 3 der Marktmissbrauchsrichtlinie lautete „...ou de faire acquérir ou céder par une autre personne, sur la base d'une information privilégiée, les instruments financiers auxquels se rapporte cette information." Die französische Fassung der MAR verwendet dagegen nunmehr den Begriff „inciter" („ou incite cette personne à procéder à une telle acquisition ou à une telle cession" bzw. „ou incite cette personne à procéder à une telle annulation ou à une telle modification"); ebenso wie in der englischen Fassung spricht aber auch hier die Auslegung nicht dafür, dass neben der Setzung eines Anreizes auch die Geschäftsvornahme zur Tatbestandserfüllung erforderlich sei.

b) Möglichkeit der Kenntnisnahme

27 Nicht eindeutig ist es nach dem Wortlaut indessen, ob die Tatbestandserfüllung voraussetzt, dass der Dritte die Verleitung bzw. Empfehlung zur Kenntnis genommen haben muss. Bereits im Rahmen der Auslegung des § 14 Abs. 1 Nr. 3 WpHG aF entsprach des dem überwiegenden Verständnis, dass die Verwirklichung des Tatbestands lediglich die Schaffung einer konkreten Gefährdungslage voraussetzte, die nur die konkrete Möglichkeit der Kenntnisnahme durch den Adressaten erforderte. Hierfür spricht bereits die Parallele zum Offenlegungsverbot, in dessen Rahmen ebenfalls bereits das Ermöglichen der Kenntnisnahme einer Insiderinformation tatbestandsmäßig ist.[55] Erwägungsgrund 4 der MAR der betont, dass ein stärkerer Rahmen geschaffen werden soll, um die Marktintegrität zu wahren, spricht ebenfalls dafür, den Tatbestand hier weiter zu fassen. Auch die Rechtssicherheit im Rahmen der Anwendung spricht dafür, auf die **Möglichkeit zur Kenntnisnahme** abzustellen, da die Frage, ob der Dritte tatsächlich eine ihm zugängliche Information zur Kenntnis genommen hat, oft nur schwer nachprüfbar sein wird.

28 Für die Beantwortung der Frage, wann eine Kenntnisnahme möglich ist, bietet es sich an, Orientierung bei den Kriterien zu suchen, die im Zusammenhang mit dem Zugang von Willenserklärungen im Sinne des § 130 BGB entwickelt wurden. Danach gilt eine unter Abwesenden abgegebene Willenserklärung als zugegangen, wenn sie so in den Machtbereich des Empfängers gelangt, dass er unter normalen Verhältnissen üblicherweise – nicht zufällig – die Möglichkeit hat, vom Inhalt der Erklärung Kenntnis zu nehmen.[56] Jedoch kommt in dieser Definition das Ziel zum Ausdruck, die Risikobereiche zwischen Absender und Empfänger im Hinblick auf die Rechtzeitigkeit des Zugangs (und die Gefahr eines Verlustes der verkörperten Erklärung nach Zugang) abzugrenzen. Das Empfehlungs- und Verleitungsverbot im Sinne der MAR dagegen soll Gefährdungssituationen vermeiden. Daher ist allein darauf abzustellen, ob die Erklärung in den Machtbereich des Empfängers gelangt ist, so dass die Möglichkeit der Kenntnisnahme besteht, nicht aber darauf, wann vom Empfänger die tatsächliche Kenntnisnahme erwartet werden kann.

---

[54] ABl. EU Nr. L287 S. 320, 321 f. → Fn. 45.

[55] → § 8 Rn. 4.

[56] Stellvertretend für die ganz überwiegende Meinung hierzu etwa *Einsele* in MüKoBGB § 130 Rn. 16; *Mansel* in Jauernig BGB § 130 Rn. 4; stellvertretend für die ständige Rechtsprechung des BGH nur etwa BGH NJW 2004, 1320; BGH NJW-RR 2011, 1184; BGH NJW 1983, 929 (930); 1980, 990; BGH NJW 1977, 194; BGH NJW-RR 11, 1184, 1185.

V. Empfehlungsverbot

1. Tatbestandliches Verhalten

Als Empfehlung gilt jede einseitige und rechtlich unverbindliche Erklärung, durch die der Insider den Erwerb oder die Veräußerung von Finanzinstrumenten, auf die sich die Insiderinformationen beziehen, oder die Änderung oder Stornierung eines bestehenden Auftrags als für den Adressaten vorteilhaft bezeichnet und ihm die Vornahme dieses Geschäfts anrät.[57] Ob eine Empfehlung in diesem Sinne vorliegt, ist eine **Frage der Auslegung**. Dabei besteht Einigkeit darüber, dass keine bestimmte Wortwahl erforderlich ist.[58] Andererseits kann nicht jede positive – oder negative Aussage – über einen bestimmten Emittenten eine Empfehlung darstellen. Bei der Auslegung ist hierbei – zumal die Empfehlung einen Sonderfall der Verleitung darstellt – wiederum die Finalität maßgeblich. Eine Empfehlung im Sinne des Art. 8 Abs. 2 MAR liegt danach nur dann vor, wenn die objektive Auslegung der Erklärung (einschließlich der Gesamtumstände) ergibt, dass der Adressat zu einem Handeln oder einem Unterlassen bewegt werden sollte. 29

2. Tatbestandlicher Erfolg

Hinsichtlich des tatbestandlichen Erfolgs gilt die Darstellung unter III.2.b). Entsprechend dem Charakter des Verleitungs- und Empfehlungsverbots als abstraktes Gefährdungsdelikt ist es erforderlich – aber auch ausreichend – dass zumindest die Möglichkeit der Kenntnisnahme besteht. 30

VI. Verhältnis zur mittelbaren Täterschaft und zur Teilnahme im strafrechtlichen Sinn

Die Verleitung und Empfehlung im Sinne der Art. 14 lit. b) und 8 Abs. 2 MAR sind von der Anstiftung im strafrechtlichen Sinn sowie der mittelbaren Täterschaft in Bezug auf das Tätigen von Insidergeschäften abzugrenzen. 31

1. Abgrenzung zur mittelbaren Täterschaft

In der Literatur ist teilweise vertreten worden, das Empfehlungsverbot des § 14 Abs. 1 Nr. 3 WpHG aF stelle einen besonderen Fall der mittelbaren Täterschaft dar.[59] Gegen diese Einschätzung spricht indessen, dass sich der tatbestandliche Erfolg des Insidergeschäfts gemäß Art. 14 lit. a) und 8 Abs. 1 MAR einerseits und der der Verleitung und Empfehlung im Sinne der Art. 14 lit. b) und Art. 8 MAR Abs. 2 andererseits grundlegend unterscheiden: Während der Tatbestand des Insidergeschäfts gemäß Art. 14 lit. a) und 8 Abs. 1 MAR voraussetzt, dass unter Nutzung von Insiderinformationen direkt oder indirekt Finanzinstrumente, auf die sich die Informationen beziehen, erworben oder veräußert werden (bzw. Änderungen oder Stornierungen bestehender Aufträge vorgenommen werden), tritt der tatbestandliche Erfolg der Verleitung und Empfehlung im Sinne der Art. 14 lit. b) und Art. 8 Abs. 2 MAR bereits ein, wenn der Dritte die Möglichkeit zur Kenntnisnahme hat. Der insofern bestehende Unterschied schließt freilich nicht aus, dass parallel zur Verleitung bzw. Empfehlung auch ein Insidergeschäft in mittelbarer Täterschaft begangen wird. Voraussetzung hierfür ist indessen insbesondere, dass es auch zur Vollendung des Insider- 32

[57] Unstreitig, so etwa *Hopt/Kumpan* in Schimansky/Bunte/Lwowski BankR-HdB § 107 Rn. 75; *Buck-Heeb* Kapitalmarktrecht § 6 Rn. 267; *Rothenhöfer* in Kümpel/Wittig Rn. 3.566; *Klöhn* in KölnKomm WpHG § 14 Rn. 489 mit weiteren Nachweisen.
[58] So ist es etwa nicht erforderlich, den Begriff „empfehlen" tatsächlich zu verwenden.
[59] *Buck-Heeb* Kapitalmarktrecht § 6 Rn. 268.

geschäfts kommt, dass der Verleitende bzw. Empfehlende Tatherrschaft hat und dass das konkrete Handeln durch den Tatmittler vom Vorsatz umfasst ist.

2. Abgrenzung zur Anstiftung

33 Tatbestandlich zu unterscheiden sind auch die Verleitung bzw. Empfehlung im Sinne der Art. 14 lit. b) und Art. 8 Abs. 2 MAR einerseits und die Anstiftung zum Tätigen eines Insidergeschäfts gemäß Art. 14 lit. a) und Art. 8 Abs. 1 MAR iVm § 26 StGB andererseits. Während die Verleitung bzw. Empfehlung im Sinne des Art. 8 Abs. 2 MAR bereits mit der Möglichkeit durch die Kenntnisnahme durch einen Dritten vollendet ist, setzt die Anstiftung zum Insidergeschäft im Sinne des Art. 8 Abs. 1 MAR eine vorsätzlich begangene Haupttat durch einen Insider voraus. Ersteres ist strafbar gemäß § 119 Abs. 3 Nr. 2 WpHG iVm Art. Artikel 14 lit. b und 8 Abs. 2 MAR; letzteres dagegen gemäß §§ 26 StGB, 119 Abs. 3 Nr. 1 WpHG iVm Artikel 14 lit. a) und 8 Abs. 1 MAR.

§ 10 Veröffentlichungen von Insiderinformationen

Übersicht

Literatur:

Bachmann, Ad-hoc-Publizität nach „Geltl", DB 2012, 2206; *Bartmann*, Ad-hoc-Publizität im Konzern, 2017; *Behn*, Ad-hoc-Publizität und Unternehmensverbindungen – Informationszugang des Emittenten im faktischen Konzern, 2012; *Brüggemeier*, Harmonisierungskonzepte im europäischen Kapitalmarktrecht, 2018; *Bumke*, Kapitalmarktregulierung – Eine Untersuchung über Konzeption und Dogmatik des Regulierungsverwaltungsrechts, DV 41 (2008), 227; *Cahn/Götz*, Ad-hoc-Publizität und Regelberichterstattung, AG 2007, 221; *Cichy/Behrens*, Sanierungspläne als zentrales Element zur Verhinderung künftiger Bankenkrisen, WM 2014, 438; *Fleischer/Zimmer*, Effizienzorientierung im Handels- und Wirtschaftsrecht – Einführung und Überblick, in: dies. (Hrsg.), Effizienz als Regelungsziel im Handels- und Wirtschaftsrecht, ZHR-Beiheft Nr. 74, 2008, 9; *Franke/Schulenburg* in: Umnuß (Hrsg.), Corporate Compliance Checklisten, 3. Aufl. 2017, Kapitel 3; *Gilson/Kraakman*, The Mechanisms of Market Efficiency, 70 Va. L. Rev. 549 (1984); *dies.*, The Mechanisms of Market Efficiency Twenty Years Later: The Hindsight Bias, 28 J. Corp. L. 715 (2002–2003); *Götze/Carl*, Konzernrechtliche Aspekte der Transparenzpflichten nach der EU-Marktmissbrauchsverordnung, Der Konzern 2016, 529; *Groß*, Befreiung von der Ad-hoc-Publizitätspflicht nach § 15 Abs. 3 WpHG, in: FS U. H. Schneider, 2011, 385; *Habersack*, Verschwiegenheitspflicht und Wissenszurechnung – insbesondere im Konzern und mit Blick auf die Pflicht zur Ad-hoc-Publizität, DB 2016, 1551; *Hirschman*, Exit, Voice and Loalty – Responses to Decline in Firms, Organizations, and States, 1970; *Hommelhoff*, Die Konzernleitungspflicht – zentrale Aspekte eines Konzernverfassungsrechts, 1982; *Hopt/Kumpan*, Insidergeschäfte und Ad-hoc-Publizität bei M&A – Unternehmenskäufe und Übernahmeangebote und Marktmissbrauchsverordnung (MAR), ZGR 2017, 765; *Ihrig*, Wissenszurechnung im Kapitalmarktrecht – untersucht anhand der Pflicht zur Ad-hoc-Publizität gemäß Art. 17 MAR, ZHR 181 (2017), 381; *Kalss/Hasenhauer*, Aktuelles zur Ad-hoc-Publizität bei Beteiligungs- und Unternehmenstranskationen, Der Gesellschafter 2014, 269; *Kaufhold*, Systemaufsicht – Anforderungen an die Ausgestaltung einer Aufsicht zur Abwehr systemischer Risiken – entwickelt am Beispiel der Finanzaufsicht, 2016; *Klingenbrunn*, Produktverbote zugunsten der Finanzmarktstabilität, 2018; *Klöhn*, Der Aufschub der Ad-hoc-Publizität wegen überwiegender Geheimhaltungsinteressen des Emittenten (§ 15 Abs. 3 WpHG), ZHR 178 (2014), 55; *ders.*, Ad-hoc-Publizität und Insiderverbot im neuen Marktmissbrauchsrecht, AG 2016, 423; *ders.*, Der Aufschub der Ad-hoc-Publizität zum Schutz der Finanzstabilität (Art. 17 Abs. 5 MAR), ZHR 181 (2017), 746; *ders.*, Die (Ir-)Relevanz der Wissenszurechnung im neuen Recht der Ad-hoc-Publizität und des Insiderhandelsverbots, NZG 2017, 1285; *Klöhn/Schmolke*, Der Aufschub der Ad-hoc-Publizität nach Art. 17 Abs. 4 MAR zum Schutz der Unternehmensreputation, ZGR 2016, 866; *dies.*, Unternehmensreputation (Corporate Reputation) – Ökonomische Erkenntnisse und ihre Bedeutung im Gesellschafts- und Kapitalmarktrecht, NZG 2015, 689; *Koch*, Die Ad-hoc-Publizität nach dem Kommissionsentwurf einer Marktmissbrauchsverordnung – Nicht ad-hoc-pflichtige Insiderinformationen und Aufschub der Veröffentlichung bei systemrelevanten Insiderinformationen, BB 2012, 1365; *Kocher/Widder*, Ad-hoc-Publizität in Unternehmenskrise und Insolvenz, NZI 2010, 925; *Krämer/Kiefner*, Ad-hoc-Publizität nach dem Final Report der ESMA, AG 2016, 621; *Krämer/Teigelack*, Gestaffelte Selbstbefreiungen bei gegenläufigen Insiderinformationen? – Publizitätsanforderungen beim Zusammentreffen von unterjährigen Ergebniszahlen mit Kapitalmaßnahmen, AG 2012, 20; *Krause*, Kapitalmarktrechtliche Compliance: neue Pflichten und drastisch verschärfte Sanktionen nach der EU-Marktmissbrauchsverordnung, CCZ 2014,

248; *Kumpan*, Die Europäische Kapitalmarktunion und ihr Fokus auf kleinere und mittlere Unternehmen, ZGR 2016, 2; *ders*, Ad-hoc-Publizität nach der Marktmissbrauchsverordnung – Untersuchung wesentlicher Neuerungen und deren Auswirkungen auf Emittenten, DB 2016, 2039; *Leyendecker-Langner/Kleinhenz*, Emittentenhaftung für Insiderwissen im Aufsichtsrat bei fehlender Selbstbefreiung nach § 15 Abs. 3 WpHG, AG 2015, 72; *Mader*, Der Informationsfluss im Unternehmensverbund, 2016; *Mehringer*, Das allgemeine kapitalmarktrechtliche Gleichbehandlungsprinzip, 2007; *Merkner/Sustmann*, Insiderrecht und Ad-Hoc-Publizität – Das Anlegerschutzverbesserungsgesetz „in der Fassung durch den Emittentenleitfaden der BaFin", NZG 2005, 729; *dies.*, Reform des Marktmissbrauchsrechts: Die Vorschläge der Europäischen Kommission zur Verschärfung des Insiderrechts, AG 2012, 315; *Möllers/Kernchen*, Information Overload am Kapitalmarkt – Plädoyer zur Einführung eines Kurzfinanzberichts auf empirischer, psychologischer und rechtsvergleichender Basis, ZGR 2011, 1; *Mülbert/Sajnovits*, Der Aufschub der Ad-hoc-Publizitätspflicht bei Internal Investigations, WM 2017, 2001 (Teil 1) und 2041 (Teil 2); *Paredes*, Blinded by the light: Information Overload and its Consequences for Securities Regulation, 81 Wash. U. L. Q. 417 (2003); *Poelzig*, Die Neuregelung der Offenlegungsvorschriften durch die Marktmissbrauchsverordnung, NZG 2016, 761; *Rattunde/Berner*, Insolvenz einer börsennotierten Aktiengesellschaft – Pflicht des Insolvenzverwalters zur Publikation von Ad-hoc-Miteilungen nach dem Wertpapierhandelsgesetz?, WM 2003, 1313; *Retsch*, Die Selbstbefreiung nach der Marktmissbrauchsverordnung, NZG 2016, 1201; *Rubel*, Erfüllung von WpHG-Pflichten in der Insolvenz durch Insolvenzverwalter oder Vorstand?, AG 2009, 615; *Schinasi*, Safeguarding Financial Stability – Theory and Practice, 2005; *S. H. Schneider*, Informationspflichten und Informationssytemeinrichtungspflichten im Aktienkonzern, 2006; *U. H. Schneider/Burgard*, Treupflichten im mehrstufigen Unterordnungskonzern, FS Ulmer, 2003, S. 579; *Scholz*, Ad-hoc-Publizität und Freiverkehr, NZG 2016, 1286; *Schröder*, Die Selbstbefreiung von der Ad-hoc-Publizitätspflicht nach § 15 Absatz 3 WpHG, 2011; *Schürnbrand*, Wissenszurechnung im Konzern – unter besonderer Berücksichtigung von Doppelmandaten, ZHR 181 (2017), 357; *Seibt*, Europäische Finanzmarktregulierung zu Insiderrecht und Ad-hoc-Publizität, ZHR 177 (2013), 388; *Seibt/Cziupka*, Rechtspflichten und Best Practices für Vorstands- und Aufsichtsratshandeln bei der Kapitalmarktrecht-Compliance, AG 2015, 93; *Seibt/Wollenschläger*, Revision des Marktmissbrauchsrechts durch die Marktmissbrauchsverordnung und Richtlinie über strafrechtliche Sanktionen für Marktmanipulation, AG 2014, 593; *Simon*, Die neue Ad-hoc-Publizität, Der Konzern 2005, 13; *Singhof*, Zur Weitergabe von Insiderinformationen im Unterordnungskonzern, ZGR 2001, 146; *Spindler/Speier*, Die neue Ad-hoc-Publizität im Konzern, BB 2005, 2031; *Staikouras*, Dismantling the EU insider dealing regime: the Supreme Court of Greece's muddled interpretation of „inside information', 9 Law and Financial Markets Review (2015), 210; *Steinrück*, Das Interesse des Kapitalmarkts am Aufschub der Ad-hoc-Publizität, 2018; *Veil*, Marktregulierung durch privates Recht am Beispiel des Entry Standard der Frankfurter Wertpapierbörse, in: Festschrift für Uwe H. Schneider zum 70. Geburtstag, 2011, 1313; *ders.*, Europäisches Insiderrecht 2.0 – Konzeption und Grundsatzfragen der Reform durch MAR und CRIM-MAD, ZBB 2014, 85; *ders.*, Europäische Kapitalmarktunion – Verordnungsgesetzgebung, Instrumente der europäischen Marktaufsicht und die Idee eines „Single Rulebook", ZGR 2014, 544; *Veil/Brüggemeier*, Kapitalmarktrecht zwischen öffentlich-rechtlicher und privatrechtlicher Normdurchsetzung, in: Fleischer/Kalss/Vogt (Hrsg.), Enforcement im Gesellschafts- und Kapitalmarktrecht 2015 – Fünftes Deutsch-österreichisch–schweizerisches Symposium, 2015, 277; *Veil/Koch*, Auf dem Weg zu einem Europäischen Kapitalmarktrecht: die Vorschläge der Kommission zur Neuregelung des Marktmissbrauchs, WM 2011, 2297; *Weber*, Börsennotierte Gesellschaften in der Insolvenz, ZGR 2001, 422; *Wittmann*, Informationsfluss im Konzern, 2008.

I. Grundlagen

1. Normzwecke

Die Ad-hoc-Publizität ist ein zentrales Instrument des europäischen Kapitalmarktrechts zum Schutz der Funktionsfähigkeit der Kapitalmärkte. Sie erfüllt im Kern zwei Funktionen. Einerseits soll sie das **Verbot des Insiderhandels flankieren** und verbotene Insidergeschäfte verhindern.[1] Aus diesem bereits 1989 verfolgten (→ § 1 Rn. 3) Zweck folgt die enge tatbestandliche Verknüpfung der Ad-hoc-Publizität mit den Insiderverboten durch den gemeinsamen Begriff der Insiderinformation gem. Art. 7 MAR. Die Marktteilnehmer sollen als Ausdruck des Prinzips der Chancengleichheit und der Gleichbehandlung auf dem Kapitalmarkt auf dem gleichen Informationsstand sein.[2] Dadurch soll das Vertrauen in die **1**

[1] Erwägungsgrund 49 Verordnung (EU) Nr. 596/2014 des Europäischen Parlaments und des Rates vom 16. April 2014 über Marktmissbrauch (Marktmissbrauchsverordnung) und zur Aufhebung der Richtlinie 2003/6/EG des Europäischen Parlaments und des Rates und der Richtlinien 2003/124/EG, 2003/125/EG und 2004/72/EG der Kommission, ABl. EU Nr. L173 v. 12.6.2014 S. 1 ff. (MAR).

[2] Erwägungsgrund 24 MAR. S. auch *Klöhn* in KölnKomm WpHG § 15 Rn. 4 ff.; BaFin Emittentenleitfaden 2013 S. 45; grundsätzlich *Mehringer* Gleichbehandlung.

Integrität der Märkte geschützt werden. Andererseits soll die Ad-hoc-Publizität die **Informationseffizienz** und die Allokationseffizienz der Kapitalmärkte **stärken**.[3]

2 Daneben leistet die Ad-hoc-Publizität einen Beitrag zu einer wirksamen Corporate Governance, indem die effektive Wahrnehmung der verschiedenen Einflussmöglichkeiten *exit* und *voice* durch umfassende Information erleichtert wird.[4]

2. Regelungssystematik

3 Die Regelungssystematik der Ad-hoc-Publizitätspflicht ist geprägt von einem komplexen Regelungsgeflecht unmittelbar anwendbaren europäischen Verordnungsrechts, konkretisierenden delegierten Verordnungen, Durchführungsverordnungen sowie Leitlinien und Q&As der ESMA sowie deutschen Regelungen im WpHG, der WpAV sowie dem (zZ nicht mehr aktuellen) Emittentenleitfaden und den FAQs der BaFin.

a) Europarechtliche Regelungen der Ad-hoc-Publizität

4 Die Pflicht zur Veröffentlichung von Insiderinformationen ist in Art. 17 MAR enthalten. Die Vorschrift basiert weitgehend wortlautidentisch auf Art. 6 MAD 2003[5] und Art. 2 f. RL 2003/124/EG[6]. Der Detailgrad der Regelung hat aber im Vergleich zur MAD 2003 zugenommen, weil die Kernaussagen des *Geltl*-Urteils im Wesentlichen eins-zu-eins in die Bestimmung des Begriffs der Insiderinformation (Art. 7 MAR) und damit in den Tatbestand des Art. 17 MAR integriert wurden.[7] Art. 17 MAR ist grundsätzlich vollharmonisierend ausgestaltet. Dies zeigt sich eindrucksvoll an den Erwägungsgründen 3–5, die das Ziel einheitlicher Regeln und einheitlicher Auslegung betonen.[8] Für abweichende nationale Regelungen wird deshalb grundsätzlich nur insoweit Raum sein, wie die MAR explizit Regelungsbefugnisse einräumt (Art. 17 Abs. 4 UAbs. 3 S. 2 MAR).

5 Die materiellen Regelungen der Ad-hoc-Publizität werden flankiert durch Vorgaben zu strafrechtlichen Sanktionen bei Verstößen gegen Insiderverbote durch die CRIM-MAD[9] (ebenfalls ein Level 1-Gesetzgebungsakt), welche durch das 1. FiMaNoG im WpHG umgesetzt wurde.[10]

6 Daneben sind die auf den weiteren Stufen des Lamfalussy-Verfahrens verabschiedeten Rechtsakte und getroffenen Maßnahmen von zentraler Bedeutung.[11] So wird Art. 17 MAR durch die **Durchführungsverordnung (EU) 2016/1055**[12] und die **Delegierte**

[3] → § 1 Rn. 6 und → § 5 Rn. 6 ff. *Fleischer/Zimmer* in Fleischer/Zimmer, Effizienz, 9 (14 f., 19 f.); *Gilson/Kraakman* 100 Va. L. Rev. 313–375, 318 f., 324 (2014).

[4] *Hirschman*, Exit, Voice and Loyalty; *Seibt* ZHR 177 (2013) 388 (393); *Klöhn* in KölnKomm WpHG Vor § 15 Rn. 52 ff.

[5] Richtlinie 2003/6/EG des Europäischen Parlaments und des Rates vom 28. Januar 2003 über Insider-Geschäfte und Marktmanipulation (Marktmissbrauch), ABl. EU Nr. L96 v. 12.4.2003 S. 16 ff. (MAD 2003).

[6] Richtlinie 2003/124/EG vom 22.12.2003 zur Durchführung der Richtlinie 2003/6/EG betreffend die Begriffsbestimmung und die Veröffentlichung von Insider-Informationen und die Begriffsbestimmung der Marktmanipulation, ABl. EU Nr. L339 v. 24.12.2003 S. 70 ff.

[7] EuGH v. 28.6.2012 – Rs. C-19/11, ECLI:EU:C:2012:397 = NJW 2012, 2787 – *Geltl*.

[8] *Veil* ZBB 2014, 85 (92); *Seibt/Wollenschläger* AG 2014, 693 (600). Zur grundsätzlichen Tendenz zunehmender Vollharmonisierung seit der jüngsten Finanzkrise: *Veil* ZGR 2014, 544 (549); *Brüggemeier* Harmonisierungskonzepte S. 11 f.

[9] Richtlinie 2014/57/EU des Europäischen Parlaments und des Rates vom 16. April 2014 über strafrechtliche Sanktionen bei Marktmanipulation (Marktmissbrauchsrichtlinie), ABl. EU Nr. L173 v. 12.6.2014 S. 179 ff. (CRIM-MAD).

[10] BGBl. I vom 1.7.2016, S. 1514.

[11] Grundsätzlich *Veil* ZGR 2014, 544 (579). → § 2 Rn. 14 ff.

[12] Durchführungsverordnung (EU) 2016/1055 der Kommission vom 29. Juni 2016 zur Festlegung technischer Durchführungsstandards hinsichtlich der technischen Mittel für die angemessene Bekanntgabe von Insiderinformationen und für den Aufschub der Bekanntgabe von Insiderinformationen gemäß Verordnung (EU) Nr. 596/2014 des Europäischen Parlaments und des Rates, ABl. EU Nr. L173 v. 30.6.2016 S. 47 ff. Vorbereitend: ESMA, Final Report – Draft technical standards on the Market Abuse Regulation v. 28.9.2015, ESMA/2015/1455.

VO (EU) 2016/522[13] ergänzt (Level 2-Rechtsakte). Flankiert werden diese Regelungen durch mehrere Level 3-Maßnahmen, insbesondere die **Leitlinien der ESMA**,[14] die die BaFin in ihrer Verwaltungspraxis heranzieht (nachdem sie gegenüber ESMA gem. Art. 16 ESMA-Verordnung erklärt hatte, den Leitlinien nachzukommen).[15] Ergänzend können die – rechtlich nicht verbindlichen – Q&As der ESMA berücksichtigt werden.[16]

b) Nationales Recht

§ 26 WpHG nF regelt nunmehr die Vorabmeldung über die Veröffentlichung der Insiderinformation an die BaFin. Neben dieser ist auch dem jeweiligen Handelsplatz, auf welchem die Finanzinstrumente, auf die sich die zu veröffentlichende Insiderinformation bezieht, zum Handel zugelassen oder in den Handel einbezogen sind, eine Vorabmeldung zuzuleiten. Erst nach der Veröffentlichung der Insiderinformation ist diese an das Unternehmensregister weiterzuleiten (§ 26 Abs. 1 WpHG nF). **7**

Ergänzt wird § 26 WpHG nF durch die WpAV, welche auf Grundlage von § 26 Abs. 4 WpHG nF in Kraft bleiben kann. Die Regelungen der WpAV bedürfen allerdings noch teilweise der Anpassung an die neue Rechtslage. Bis dahin sind die Bestimmungen, die nicht mit der MAR oder den Durchführungsrechtsakten vereinbar sind, nicht anwendbar. **8**

Weitere Handreichungen für die Rechtsanwendung geben auf der nationalen Ebene die (rechtlich nicht verbindlichen, weil nur die Verwaltungspraxis widerspiegelnden) FAQ der BaFin.[17] Ob die BaFin den Emittentenleitfaden (→ § 2 Rn. 28) aktualisieren wird, bleibt abzuwarten. **9**

3. Zuständige Behörde

Die für die Aufsicht über die Pflicht zur Ad-hoc-Publizität zuständige Behörde bestimmt sich nach Art. 22 MAR.[18] Nach dieser Vorschrift benennen die Mitgliedstaaten eine einzige Behörde, die für die Zwecke der MAR zuständig ist. Deutschland hat die **BaFin** als zuständige Behörde benannt. **10**

4. Verhältnis zu anderen Publizitätspflichten

Die Ad-hoc-Publizitätspflicht ergänzt eine Reihe weiterer kapitalmarktrechtlicher Publizitätspflichten, insbesondere die Regelpublizität (Finanzberichte) und anlassabhängige Offenlegungspflichten, insbesondere über Beteiligungsveränderungen und zukünftig die (bis zum 10.6.2019 in das deutsche Recht einzuführenden) Transparenzpflichten über Geschäfte mit nahestehenden Unternehmen oder Personen (Related Party Transactions). Das Verhältnis **11**

---

[13] Delegierte Verordnung (EU) 2016/522 der Kommission vom 17. Dezember 2015 zur Ergänzung der Verordnung (EU) Nr. 596/2014 des Europäischen Parlaments und des Rates im Hinblick auf eine Ausnahme für bestimmte öffentliche Stellen und Zentralbanken von Drittstaaten, die Indikatoren für Marktmanipulation, die Schwellenwerte für die Offenlegung, die zuständige Behörde, der ein Aufschub zu melden ist, die Erlaubnis zum Handel während eines geschlossenen Zeitraums und die Arten meldepflichtiger Eigengeschäfte von Führungskräften, ABl. EU L88 v. 5.4.2016 S. 1 ff.

[14] ESMA, MAR-Leitlinien – Aufschub der Offenlegung von Insiderinformationen v. 20.10.2016, ESMA/2016/1478 DE. Detailliert zu den finalen Leitlinien und mit Stellungnahme der SMSG: Final Report – Guidelines on the Market Abuse Regulation – market soundings and delay of disclosure of inside information v. 13.7.2016, ESMA/2016/1130. Vorbereitet durch ein Consultation Paper (ESMA/2016/162) und ein Discussion Paper (ESMA/2013/1649).

[15] Vgl. auch BaFin, FAQ zu Art. 17 MAR, 20.6.2017, I.2.

[16] ESMA, Questions and Answers – On the Market Abuse Regulation (MAR), ESMA70-145-111, Version 10, 14.12.2017. Die Q&As der ESMA werden regelmäßig aktualisiert. Die jeweils aktuelle Fassung ist über die Webseite der ESMA abrufbar.

[17] BaFin, Art. 17 MAR – Veröffentlichung von Insiderinformationen (FAQs), Stand 20.6.2017. Die FAQs der BaFin werden regelmäßig aktualisiert. Die jeweils aktuelle Fassung ist über die Webseite der BaFin abrufbar.

[18] Vgl. → § 24 Rn. 26.

der Publizitätspflichten untereinander wird weder durch die MAR noch durch die anderen Gesetzgebungsakte der EU und die deutschen Umsetzungsgesetze geregelt. Allein Art. 9c Abs. 9 der Richtlinie zur Änderung der Aktionärsrechte-Richtlinie[19] stellt klar, dass Art. 17 MAR durch die Transparenzpflichten über Related Party Transactions unberührt bleibt.

12 Die Ad-hoc-Publizitätspflicht findet neben der **Finanzberichtspublizität** parallele Anwendung. Mit ihrer auch marktmissbrauchsrechtlichen Ausrichtung dient die Ad-hoc-Publizität anderen Zwecken als die Pflicht zur Veröffentlichung von Jahres- und Halbjahresfinanzberichten. Sie ist anlassbezogen, nicht hingegen periodisch und soll informationelle Chancengleichheit bezüglich kursrelevanter Umstände gewährleisten. In Finanzberichten offenzulegende Umstände, die den Tatbestand der Insiderinformation erfüllen, müssen deshalb bereits ad-hoc noch vor Veröffentlichung der Regelpublizität veröffentlicht werden. Ein berechtigtes Interesse, welches den Aufschub der Ad-hoc-Publizität gem. Art. 17 Abs. 4 MAR rechtfertigen könnte,[20] wird durch eine bevorstehende Veröffentlichung im Rahmen der Regelpublizität nicht begründet.[21] Allein die vorgelagerte Veröffentlichung wird grundsätzlich keinen Einfluss auf den Fundamentalwert des Finanzinstruments haben.[22] Unter Umständen möglich ist allerdings ein Aufschub wegen notwendiger Beteiligung des Aufsichtsrates gem. § 172 AktG[23].

13 Auch die Regelungen zur **Beteiligungstransparenz** sind parallel anwendbar. Sowohl ein Beteiligungserwerb an einem Emittenten als auch ein Erwerb von auf einen Emittenten bezogenen Finanzinstrumenten können unabhängig von dem Erreichen der Schwellenwerte des § 33 WpHG nF eine Insiderinformation darstellen, die den Emittenten unmittelbar betrifft. Voraussetzung für eine Ad-hoc-Publizitätspflicht ist ferner, dass der Beteiligungserwerb geeignet ist, im Falle seines Bekanntwerdens den Kurs des Wertpapiers erheblich zu beeinflussen. Ob dies der Fall ist, muss im Einzelfall beurteilt werden. Dabei ist im Ausgangspunkt zu berücksichtigen, dass es sich beim Beteiligungserwerb um eine mittelbar fundamentalwertbezogene Information handelt.[24] Es ist anhand der Gesamtumstände zu beurteilen, ob der Investor beabsichtigt, die Geschäftspolitik des Emittenten zu beeinflussen oder Synergiepotentiale verwirklichen will. Dann kann die Information kursrelevant[25] und der Emittent deshalb verpflichtet sein, diesen Umstand ad hoc gem. Art. 17 Abs. 1 MAR zu veröffentlichen.[26]

14 Die Ad-hoc-Publizitätspflicht gilt hingegen nicht bei der **Entscheidung** zur **Abgabe** eines **Angebotes** und bei einem **Kontrollerwerb** (§ 10 Abs. 6 WpÜG, § 35 Abs. 1 S. 4 WpÜG). Stattdessen gelten die übernahmerechtlichen Publizitätspflichten (§ 10 Abs. 1 WpÜG, § 35 Abs. 1 S. 1 WpÜG). Ob diese Regelungen mit der MAR vereinbar sind, ist bislang nicht geklärt. Es kann argumentiert werden, dass der deutsche Gesetzgeber aufgrund des vollharmonisierenden Regelungscharakters des Art. 17 Abs. 1 MAR nicht befugt ist, die Vorschrift für nicht anwendbar zu erklären. Allerdings gehen die übernahmerechtlichen Publizitätspflichten auf Art. 6 Abs. 1 der Richtlinie 2004/25/EG (Übernahmerichtlinie) zurück. Nach dieser Vorschrift stellen die Mitgliedstaaten sicher, dass die Entscheidung zur Abgabe eines Angebots unverzüglich bekanntgemacht und die Aufsichtsstelle über das Angebot informiert wird. Der deutsche Gesetzgeber hat diese Vorgaben ordnungsgemäß in § 10 Abs. 1 WpÜG und § 35 Abs. 1 S. 1 WpÜG umgesetzt. Die spezielle übernahmerechtliche Publizitätspflicht der Übernahmerichtlinie verdrängt die allgemeine Ad-hoc-

---

[19] Richtlinie (EU) 2017/828 vom 17. Mai 2017 zur Änderung der Richtlinie 2007/36/EG im Hinblick auf die Förderung der langfristigen Mitwirkung der Aktionäre, ABl. EU Nr. L132 v. 20.5.2017 S. 1 ff.

[20] → Rn. 95 ff.

[21] *Pfüller* in Fuchs WpHG § 15 Rn. 217; *Klöhn* in KölnKomm WpHG § 15 Rn. 32, 268; BaFin Emittentenleitfaden 2013 S. 55.

[22] → Rn. 99. AA *Assmann* in Assmann/Schneider WpHG § 15 Rn. 35; *Cahn/Götz* AG 2007, 221 (226).

[23] Art. 17 Abs. 4 UAbs. 2 MAR → Rn. 107 ff.

[24] Vgl. *Klöhn* in KölnKomm WpHG § 15 Rn. 154.

[25] Vgl. *Klöhn* in KölnKomm WpHG § 15 Rn. 326.

[26] *Pfüller* in Fuchs WpHG § 15 Rn. 228; *Veil* in K. Schmidt/Lutter AktG Anh. § 22: Vor §§ 21 ff. WpHG Rn. 11.

Publizitätspflicht der MAR. Eine andere Frage ist, wann die Verpflichtung nach § 10 Abs. 1 und § 35 Abs. 1 WpÜG besteht. Kann sie, wenn der Bieter eine börsennotierte AG ist, bereits dann bestehen, wenn der Aufsichtsrat der Entscheidung zur Abgabe eines Angebots noch nicht zugestimmt hat? Aus dem Wortlaut des Gesetztes ergibt sich keine eindeutige Antwort. Nach § 10 Abs. 1 S. 2 WpÜG besteht die Verpflichtung „auch, wenn für die Entscheidung nach Satz 1 der Beschluss der Gesellschafterversammlung des Bieters erforderlich ist und ein solcher Beschluss noch nicht erfolgt ist." Ob dies auch für die Zustimmung des Aufsichtsrats gilt, ist nicht geregelt. Eine rechtssystematische (im Hinblick auf Art. 17 Abs. 1 MAR) und teleologische Auslegung (Informationseffizienz der Märkte und Verhinderung von Insiderhandel) sprechen dafür.[27] Die Bieterin muss dann allerdings entsprechend Art. 17 Abs. 4 MAR befugt sein, die Veröffentlichung der Entscheidung aufzuschieben.

5. Wissenszurechnung und Compliance

15 Die Ad-hoc-Publizitätspflicht trifft den Emittenten unmittelbar und ist keine Pflicht eines Organs des Emittenten.[28] Der Emittent hat die Informationen „unverzüglich" bekannt zu geben.[29] Es handelt sich um ein doppelfunktionales Merkmal. Einerseits legt es einen zeitlichen Maßstab für die Erfüllung der Publizitätspflicht fest.[30] Andererseits konkretisiert es die Relation zwischen dem Emittenten und der Information.

16 Bereits zu § 15 WpHG aF war, angeknüpft an das Merkmal der „unverzüglichen" Veröffentlichung, umstritten, ob die Pflicht zur Veröffentlichung einer Insiderinformation bereits mit deren objektiven Vorliegen eintritt[31] oder erst bei Vorliegen weiterer subjektiver Umstände bei dem Emittenten. Darüber hinaus wurde unterschiedlich beurteilt, wie das subjektive Element zu verstehen sei; die Vorschläge deckten das gesamte Spektrum von einfacher Fahrlässigkeit,[32] über grobe Fahrlässigkeit[33] bis hin zu positiver Kenntnis[34] ab.

17 Der Begriff der „**unverzüglichen**" Bekanntgabe ist **unionsautonom auszulegen**. Eine Konkretisierung ist in Anlehnung an die bisherige Sprachfassung und die Sprachfassungen anderer Mitgliedsstaaten möglich. Diese stellen noch immer auf die Möglichkeit der Bekanntgabe ab.[35] Die Möglichkeit kann nicht mit dem bloßen Vorliegen der Information gleichgesetzt werden. Die Veröffentlichung einer unbekannten Information, deren Unkenntnis nicht auf Fahrlässigkeit und insbesondere mangelnde Organisation zurückgeführt werden kann, ist nicht möglich. Daraus folgt allerdings noch nicht, dass nur tatsächliche, positive Kenntnis des Emittenten bzw. der für die Veröffentlichung zuständigen Personen die Ad-hoc-Publizitätspflicht begründet. Andernfalls wäre die wirksame Durchsetzung der europäischen Pflicht nicht sichergestellt (*effet-utile*).[36] Stellte man auf die tatsächliche, positive Kenntnis des Emittenten bzw. der für die Veröffentlichung zuständigen Personen ab, könnte eine mangelhafte Compliance-Struktur zur Folge haben, dass aufgrund fehlenden Informationszugangs eine Ad-hoc-Publizitätspflicht nicht entstehen würde. Kommt es nach dem Unionsrecht auf eine weit auszulegende Kenntnis des Emittenten an, ist diese anhand

[27] Sehr str.; wie hier *Hirte* in KölnKomm WpÜG § 10 Rn. 34. Vgl. auch Begr. RegE, BT-Drucks. 14/7034 S. 39. AA *Wackerbarth* in MüKoAktG § 10 WpÜG Rn. 36. Stattdessen an § 15 WpHG anknüpfend: *Assmann* in Assmann/Pötzsch/Schneider WpÜG § 10 Rn. 22, 79; *Pfüller* in Fuchs WpHG § 15 Rn. 243 f.

[28] *Klöhn* in KölnKomm WpHG § 15 Rn. 48.

[29] Die ursprüngliche deutsche Sprachfassung, nach welcher die Informationen „so bald wie möglich" bekanntzugeben waren, wurde zu „unverzüglich" berichtigt: ABl. EU Nr. L348 v. 21.12.2016 S. 83.

[30] → Rn. 166 f.

[31] *Schäfer* in Marsch-Barner/Schäfer, HdB börsennotierte AG, § 15 Rn. 28; *Spindler/Speier* BB 2005, 2031 (2032).

[32] *Klöhn* in KölnKomm WpHG § 15 Rn. 103, 106 ff.

[33] *Pfüller* in Fuchs WpHG § 15 Rn. 328; *Habersack* DB 2016, 1551 (1555).

[34] *Leyendecker-Langner/Kleinhenz* AG 2015, 72 (76).

[35] S. bspw. die englische („as soon as possible") und die französische („dès que possible") Sprachfassung.

[36] Art. 4 Abs. 3 UAbs. 2, 3 EUV.

des jeweils anwendbaren nationalen Gesellschaftsrechts auszufüllen.[37] Denn auch wenn die Regelungen der MAR grundsätzlich vollharmonisierend ausgestaltet sind und deshalb in weiten Teilen eine unionsautonome Auslegung erfordern, wird die Frage, wann einer juristischen Person eine Information zugerechnet wird, nicht von der MAR determiniert. Die Details müssen der gesellschaftsrechtlichen Literatur vorbehalten bleiben.[38] Im Folgenden können nur die Grundzüge entfaltet werden.

a) Wissenszurechnung

18 **aa) In der Einzelgesellschaft.** Die Wissenszurechnung beruht maßgeblich auf dem Gedanken des Verkehrsschutzes. Dem Vertragspartner einer juristischen Person sollen keine Nachteile daraus entstehen, dass er nicht mit einer natürlichen Person kontrahiert.[39] Dies bedeutet, dass es nicht allein auf das tatsächliche Wissen der handelnden Organe oder Personen mit einer vergleichbaren Position ankommt. Ebenso sollen ihm aber auch keine Vorteile daraus entstehen. Vielmehr ist anhand einer wertenden Beurteilung zu entscheiden, ob der juristischen Person, hier: dem Emittenten, das Wissen zugerechnet werden kann.[40] Dogmatischer Anknüpfungspunkt der Wissenszurechnung ist § 31 BGB analog.[41]

19 Eine Information kann dem Emittenten stets zugerechnet werden, wenn die **Person**, die Kenntnis von einer Information hat, nach der **internen Zuständigkeitsordnung** für die Angelegenheit **verantwortlich** ist.[42]

20 Darüber hinaus kann die **Zurechnung** des Wissens zu dem Emittenten auch auf einem **Organisationsmangel** beruhen. Der Emittent muss so organisiert sein, dass „Informationen, deren Relevanz für andere Personen innerhalb dieser Organisation bei den konkret Wissenden erkennbar ist, tatsächlich an jene Personen weitergegeben werden (Informationsweiterleitungspflicht als Problem der Wissenszurechnung)"[43]. Aus dieser Zurechnung auf der Grundlage von Organisationsmängeln folgen weitreichende Konsequenzen für die Compliance-Organisation des Emittenten.[44]

21 **bb) Im Konzern.** Die Wissenszurechnung im Konzern kann noch als weitgehend ungeklärt bezeichnet werden.[45] Obergerichtliche und höchstrichterliche Rechtsprechung sind spärlich gesät. Eine wertende Betrachtungsweise ist maßgeblich.[46]

---

[37] Vgl. auch EuGH v. 22.11.2005 – Rs. C-384/02, Slg. 2005 I-9939 = NJW 2006, 133 Rn. 44 ff. – *Grøngaard*. Kritisch: *Klöhn* NZG 2017, 1285 (1288 f.).

[38] *Raiser/Veil*, Recht der Kapitalgesellschaften, § 9 Rn. 23 ff.; *Fleischer* in Spindler/Stilz AktG § 78 Rn. 53 ff.; *Habersack* in Großkomm AktG § 78 Rn. 23 ff.

[39] BGHZ 132, 30 = NJW 1996, 1339.

[40] BGHZ 109, 327 = NJW 1990, 975; BGHZ 132, 30 = NJW 1996, 1339; BGHZ 135, 202 = NJW 1997, 1917.

[41] *Raiser/Veil*, Recht der Kapitalgesellschaften, § 9 Rn. 23; *Fleischer* in Spindler/Stilz AktG § 78 Rn. 53; *Habersack* in Großkomm AktG § 78 Rn. 23. § 166 BGB ist als Grundnorm eines Prinzips der Wissenszurechnung in der juristischen Person hingegen ungeeignet. Die Regelung ist einerseits zu eng, da er auf die Vertretung bei Willenserklärungen abzielt, andererseits kann die Relevanz des Wissens des Vertretenen (Abs. 2) nicht sinnvoll auf eine juristische Person übertragen werden. So aber: *Zöllner/Noack* in Baumbach/Hueck GmbHG § 35 Rn. 147; *Lutter/Hommelhoff* in Lutter/Hommelhoff GmbHG § 36 Rn. 2.

[42] *Raiser/Veil*, Recht der Kapitalgesellschaften, § 9 Rn. 24.

[43] BGHZ 132, 30 = NJW 1996, 1339.

[44] → Rn. 25 ff. Die zweite Facette der Informationsorganisationspflicht (die sog. Informationsabfragepflicht als Problem des Wissens) ist für die Ad-hoc-Publizität ohne Bedeutung. Die Informationsabfragepflicht verpflichtet eine juristische Person, sicherzustellen, dass „gegebenenfalls nach erkennbar anderswo innerhalb der Organisation vorhandenen und für den eigenen Bereich wesentlichen Informationen nachgefragt" wird (BGHZ 132, 30 = NJW 1996, 1339). Man wird allerdings wohl keine Pflicht begründen können, regelmäßig in sämtlichen Teilen des Emittenten nach der Existenz einer publizitätspflichtigen Insiderinformation nachzufragen. Dies wäre mit einem unverhältnismäßigen Aufwand verbunden, der in keinem Verhältnis zum Ertrag stünde. Ist die Informationsweiterleitungspflicht effizient organisiert, besteht dafür gleichzeitig auch kein Anlass. Ist diese nicht effizient organisiert, kann die Information dem Emittenten aufgrund dieser Organisationspflichtverletzung zugerechnet werden.

[45] S. *Spindler* ZHR 181 (2017) 311 (332 ff.); *Schürnbrand* ZHR 181 (2017) 357; *Ihrig* ZHR 181 (2017) 381 (410 ff.).

[46] *Schürnbrand* ZHR 181 (2017) 357 (360).

Nach wohl einhelliger Lehre sind allein die faktische Konzernierung und auch das Bestehen eines Beherrschungsvertrages jedenfalls außerhalb des Kapitalmarktrechts nicht ausreichend. Während im faktischen Konzern der Wissenszurechnung bereits durch das Trennungsprinzip, nach welchem die verbundenen Unternehmen weiterhin selbständige Rechtssubjekte bleiben,[47] Grenzen gezogen sind, beruft man sich im Rahmen des Vertragskonzerns vor allem auf das Fehlen einer Konzernleitungspflicht.[48] Es bestehe ausschließlich ein Konzernleitungsrecht[49] und aus diesem folge noch keine Zurechnung. Voraussetzung für eine Zurechnung sei vielmehr, dass jedenfalls eine „rechtlich abgesicherte Zugriffsmöglichkeit"[50] auf die Information bestehe.[51] Diese bestehe bspw. bei einer vertraglichen konzerninternen Informationsordnung. 22

Allerdings kann aus der Ad-hoc-Publizitätspflicht auch eine **Pflicht zur Organisation von Wissen** abgeleitet werden.[52] Diese Pflicht wird nach einem Teil der Literatur durch die Möglichkeit zur Einrichtung einer Informationsordnung begrenzt.[53] Während es in einem Vertragskonzern wegen § 308 AktG rechtlich möglich sei, den Informationszugang organisatorisch sicherzustellen,[54] sodass bei Fehlen einer Informationsordnung grundsätzlich von einem Organisationsmangel ausgegangen werden könne,[55] sei in einem faktischen Konzern größere Zurückhaltung geboten. Dort komme eine Wissenszurechnung auf der Grundlage eines Organisationsmangels nur in Betracht, wenn aufgrund bestehender gesellschaftsrechtlich vermittelter Einflussmöglichkeiten die Etablierung einer Informationsordnung möglich gewesen wäre und der herrschenden Gesellschaft nicht der Nachweis gelänge, dass die abhängige Gesellschaft sich der Etablierung verweigert habe.[56] Dieser Auslegung ist nicht zu folgen, weil das Unionsrecht eine andere Beurteilung gebietet. Die (potentiell publizitätspflichtige) Emittentin hat unmittelbar aus Art. 17 MAR einen Informationsanspruch gegen das Unternehmen, bei dem die Information angefallen ist.[57] Ohne diesen Informationsanspruch wäre der Ad-hoc-Publizität im Konzern häufig die praktische Wirksamkeit versagt[58] und eine Muttergesellschaft könnte die Ad-hoc-Publizitätspflicht umgehen, indem sie die Etablierung einer Informationsordnung mit Verweis auf die nicht bestehenden rechtlichen Einwirkungsbefugnisse auf Tochtergesellschaften unterlässt. Die Reichweite des Informationsanspruchs korrespondiert mit der Pflicht zur Veröffentlichung von im Konzern 23

47 *Fleischer* in Spindler/Stilz AktG § 78 Rn. 56b.

48 Für das Bestehen einer Konzernleitungspflicht: *Hommelhoff* Konzernleitungspflicht.

49 *Spindler* in MüKoAktG § 78 Rn. 99; *Seibt* in K. Schmidt/Lutter AktG § 78 Rn. 12; *Fleischer* in Spindler/Stilz AktG § 78 Rn. 56b.

50 *Fleischer* in Spindler/Stilz AktG § 78 Rn. 56d.

51 *Fleischer* in Spindler/Stilz AktG § 78 Rn. 56d; *Habersack* in Großkomm AktG § 78 Rn. 27; *Mertens/Cahn* in KölnKomm AktG § 76 Rn. 89. Des Weiteren erfordere eine Wissenszurechnung, dass tatsächliche Umstände hinzutreten, die aus wertender Betrachtung eine Zurechnung ermöglichen. S. im Überblick zu den verschiedenen tatsächlichen Anknüpfungspunkten: *Fleischer* in Spindler/Stilz AktG § 78 Rn. 56e.

52 *Ihrig* ZHR 181 (2017) 381 (390 f.).

53 *Ihrig* ZHR 181 (2017) 381 (411 f.). Vgl. grds. *Schürnbrand* ZHR 181 (2017) 357 (368); *Verse* AG 2015, 413 (420).

54 Vgl. *Veil* in Spindler/Stilz AktG § 291 Rn. 13a.

55 *Ihrig* ZHR 181 (2017) 381 (412).

56 *Schürnbrand* ZHR 181 (2017) 357 (368).

57 Vgl. zu § 15 WpHG, Art 6 MAD 2003: LG Stuttgart, Vorlagebeschluss v. 28.2.2017 – 22 AR 1/17 Kap Rn. 195 ff.; *Pfüller* in Fuchs WpHG § 15 Rn. 163; *S. H. Schneider*, Informationspflichten und Informationssystemeinrichtungspflichten im Aktienkonzern, S. 166 f.; *U. H. Schneider/Burgard* in FS Ulmer, 579 (597 ff.); *Singhof* ZGR 2001, 146 (164, 170). AA *Behn*, Ad-hoc-Publizität und Unternehmensverbindungen, S. 200 ff.; *Bartmann*, Ad-hoc-Publizität im Konzern, S. 313; *Hopt* in Hommelhoff/Hopt/Lutter, Konzernrecht und Kapitalmarktrecht, S. 31 (59); *Mader*, Der Informationsfluss im Unternehmensverbund, S. 323; *Wittmann*, Informationsfluss im Konzern, S. 100 ff. Vgl. auch BGHZ 192, 90 = NZG 2012, 263 Rn. 35 ff. – *IKB*, wo der BGH eine Veröffentlichungspflicht der IKB für das Subprime-Engagement von deren Zweckgesellschaften annimmt, ohne allerdings zu Fragen der Wissenszurechnung oder eines Informationsanspruchs Stellung zu nehmen.

58 Vgl. auch zur Europäischen Betriebsratsrichtlinie das EuGH v. 13.10.2004 – Rs. C-440/00, ECLI:EU:C:2004:16 Rn. 59 – *Kühne & Nagel*. So auch LG Stuttgart, Vorlagebeschluss v. 28.2.2017 – 22 AR 1/17 Kap Rn. 205 ff. AA *Behn*, Ad-hoc-Publizität und Unternehmensverbindungen, S. 207 ff.

anfallenden Insiderinformationen (→ Rn. 59 ff.). Die Muttergesellschaft kann somit entsprechend Art. 17 MAR von ihren Tochterunternehmen alle Aufklärungen und Nachweise verlangen, die zur Beurteilung einer Ad-hoc-Publizitätspflicht erforderlich sind. Es besteht folglich eine rechtliche Zugriffsmöglichkeit auf die zur Beurteilung einer Ad-hoc-Publizitätspflicht erforderlichen Information.[59] Die Muttergesellschaft ist verpflichtet, organisatorisch sicherzustellen, dass ihr die erforderlichen Informationen zur Verfügung gestellt werden. Hat sie keine Informationsordnung etabliert, stellt dies einen Organisationsmangel dar, der es rechtfertigt, der Muttergesellschaft das Wissen der Tochter zuzurechnen.

24 Nicht ausreichend für eine Wissenszurechnung ist das bloße Bestehen einer Doppelorganschaft. Für das Organmitglied bestehen sowohl in der Mutter- als auch in der Tochtergesellschaft Verschwiegenheitspflichten. Diese sind strafbewehrt (§ 404 Abs. 1 Nr. 1 AktG). Eine Zurechnung von Wissen, welches im Rahmen der Organtätigkeit in der Tochtergesellschaft erlangt wurde, ist deshalb ausgeschlossen.[60]

b) Compliance-Organisationspflichten

25 Insgesamt stellt die MAR aufgrund der gewachsenen Komplexität der Rechtsanwendung und der gleichzeitig drastisch erhöhten Bußgelder höhere Anforderungen an die Compliance-Strukturen der Kapitalmarktteilnehmer. Zwar enthält Art. 17 MAR **keine aufsichtsrechtliche Pflicht**, eine Compliance-Organisation zu etablieren, wie dies etwa für Wertpapierdienstleistungsunternehmen in § 80 WpHG nF vorgesehen ist (mit Ausnahme für den Fall, dass der Emittent die Veröffentlichung der Insiderinformation aufschiebt, Art. 17 Abs. 4 MAR → Rn. 95 ff.). Dies schließt es aber nicht aus, entsprechend Art. 17 Abs. 1 MAR den Emittenten für verpflichtet zu halten, den Informationszugang gegenüber Konzernunternehmen organisationsrechtlich sicherzustellen (→ Rn. 23). Ferner können Organisationspflichten nach allgemeinen zivilrechtlichen Grundsätzen bestehen, insbesondere für den Vorstand des Emittenten, zu dessen Pflichten es gehört, die Erfüllung der kapitalmarktrechtlichen Regeln sicherzustellen.[61]

26 Der **Vorstand** ist gem. §§ 76, 93 AktG verpflichtet, **Vorkehrungen** zu treffen, um potentiell publizitätspflichtige Informationen zu erkennen, zu bewerten und so bald wie möglich zu veröffentlichen.[62] Es empfiehlt sich, dass er Compliance-Strukturen schafft.[63] Es sollten Prozesse entwickelt werden, mit deren Hilfe die frühzeitige Identifizierung von potentiellen Insiderinformationen und deren Bewertung ermöglicht wird. Gleichzeitig sollte der Vorstand sicherstellen, dass Prozesse für die zügige Veröffentlichung und einen eventuellen Aufschub geschaffen und miteinander verknüpft werden. Auch personell müssen klare Zuständigkeiten geschaffen werden, die eine effiziente Bearbeitung und eventuelle Vorbereitung von Vorstandsentscheidungen ermöglichen. Es bietet sich insbesondere an, ein **Ad-hoc-Committee** zu schaffen, welches die Entscheidungen des zuständigen Vorstandsmitglieds vorbereitet.[64] Die Gesamtverantwortung verbleibt nach allgemeinen gesellschaftsrechtlichen Grundsätzen bei dem Vorstand. Gleichzeitig ist die absolute Vertraulichkeit der Information sicherzustellen und die insoweit ergriffenen Maßnahmen sind zu dokumentieren. Es muss eine Standard-Prozedur geben, mit welcher die Vertraulichkeit sichergestellt wird.[65]

---

[59] Vgl. auch LG Stuttgart, Vorlagebeschluss v. 28.2.2017 – 22 AR 1/17 Kap Rn. 196, wonach der „Emittent einerseits berechtigt ist, Insiderinformationen, die ihn unmittelbar betreffen, die sich aber in einem verbundenen Unternehmen ereignet haben, von diesem übermittelt zu verlangen und andererseits das verbundene Unternehmen verpflichtet ist, die Informationen ohne konkrete Aufforderung des Emittenten an diesen weiterzuleiten".

[60] BGH NZG 2016, 910.

[61] *Klöhn* in KölnKomm WpHG § 15 Rn. 58, 98; *Seibt/Cziupka* AG 2015, 93 (95 ff.); *Zimmer/Kruse* in Schwark/Zimmer § 15 WpHG Rn. 19.

[62] *Habersack* DB 2016, 1551 (1555).

[63] Die Notwendigkeit verneinend: *Kumpan* DB 2016, 2039 (2044).

[64] *Frowein* in Habersack/Mülbert/Schlitt, HdB der Kapitalmarktinformation, § 10 Rn. 75.

[65] ESMA/2015/1455 Rn. 249.

Der konkrete Ablauf der innerbetrieblichen Entscheidungen ist mitsamt den Gründen zu dokumentieren, um spätere Informationspflichten gegenüber der zuständigen Behörde erfüllen zu können. Dies betrifft auch das Ergebnis der Überprüfungen, ob die Bedingungen für einen Aufschub der Veröffentlichung weiterhin vorliegen, falls sich insoweit Änderungen ergeben. Nach Auffassung der ESMA ist eine Dokumentation hingegen nicht erforderlich, wenn sich keine Änderungen ergeben.[66] **27**

Die Notwendigkeit, Compliance-Strukturen und -Prozesse zu implementieren betrifft auch Emittenten, deren Wertpapiere im Freiverkehr gehandelt werden, jetzt aber aufgrund des erweiterten Anwendungsbereichs der MAR ebenfalls ad-hoc-publizitätspflichtig sind (→ Rn. 31 f.). **28**

II. Allgemeine Ad-hoc-Publizitätspflicht (Art. 17 Abs. 1 MAR)

1. Personeller Anwendungsbereich

a) Emittenten, die Finanzinstrumente an einem geregelten Markt zugelassen haben

Die Ad-hoc-Publizitätspflicht gilt für Emittenten, die für ihre Finanzinstrumente eine Zulassung zum Handel an einem geregelten Markt in einem Mitgliedsstaat beantragt oder erhalten haben. Die Begriffe des Finanzinstruments und des geregelten Marktes werden durch Art. 3 Abs. 1 Nr. 1 und Nr. 6 MAR unter Bezugnahme auf die MiFID II[67] konkretisiert.[68] Nach Art. 4 Abs. 1 Nr. 15 iVm Anhang I Abschnitt C MiFID II fallen insbesondere **übertragbare Wertpapiere** (**Aktien, Anleihen**), Geldmarktinstrumente, Anteile an OGAW (Fondsanteile), Derivate, CfDs und Emissionszertifikate unter den Begriff des Finanzinstruments. Ein Emittent ist eine juristische Person des privaten oder öffentlichen Rechts, die Finanzinstrumente emittiert oder deren Emission vorschlägt, wobei der Emittent im Fall von Hinterlegungsscheinen, die Finanzinstrumente repräsentieren, der Emittent des repräsentierten Finanzinstruments ist (Art. 3 Abs. 1 Nr. 21 MAR).[69] Auf Personenhandelsgesellschaften ist Art. 17 Abs. 1 MAR nicht anwendbar.[70] **29**

Werden die Finanzinstrumente eines Emittenten auf Antrag eines Handelsteilnehmers oder von Amts wegen durch die Geschäftsführung zum Handel auf einem geregelten Markt einbezogen, ohne dass sie bereits an einer anderen inländischen Börse oder einem anderen Mitgliedsstaat der EU bzw. des EWR zum Handel auf einem geregelten Markt zugelassen sind (§§ 32 Abs. 1, 33 Abs. 1 Nr. 1 lit. a), b) BörsG), ist der Emittent nicht publizitätspflichtig (insb. in Fällen des § 33 Abs. 1 Nr. 1 lit. c) BörsG).[71] **30**

b) MTF-/OTF-Emittenten

Der Anwendungsbereich der Ad-hoc-Publizität wurde durch die MAR auf den Freiverkehr ausgedehnt. Dadurch soll die Verlagerung des Handels auf nicht geregelte Märkte regulatorisch nachvollzogen werden, die Funktionsfähigkeit dieser Märkte sowie der Anlegerschutz verbessert und die Integrität der Märkte insgesamt sichergestellt werden.[72] Neben Emittenten, die für ihre Finanzinstrumente eine Zulassung zum Handel an einem geregelten Markt beantragt oder erhalten haben, sind gem. Art. 17 Abs. 1 UAbs. 3 MAR auch Emittenten **31**

---

66 ESMA/2015/1455 Rn. 245.

67 Richtlinie 2014/65/EU des Europäischen Parlaments und des Rates vom 15. Mai 2014 über Märkte für Finanzinstrumente sowie zur Änderung der Richtlinien 2002/92/EG und 2011/61/EU, ABl. EU Nr. L173 v. 12.6.2014 S. 349 ff. (MiFID II).

68 → § 4 Rn. 18 ff., 46 ff.

69 → § 4 Rn. 54.

70 *Kumpan* DB 2016, 2039.

71 Erwägungsgrund 49 S. 5 MAR.

72 Erwägungsgründe 3, 8 MAR.

zur Offenlegung von Insider-Informationen verpflichtet, die für ihre Finanzinstrumente eine Zulassung zum Handel auf einem multilateralen (MTF) oder organisierten Handelssystem (OTF) erhalten oder eine Zulassung zum Handel auf einem MTF beantragt haben. Die Bedeutung von Publizitätspflichten, die in den privaten Regelwerken der bislang nicht regulierten Handelsplätze enthalten waren,[73] wird aufgrund der Ausdehnung des Anwendungsbereichs der MAR abnehmen.

32 Die Ad-hoc-Publizität gilt nicht für Freiverkehrs-Emittenten, deren Wertpapiere ohne ihren Antrag und ohne ihre Zustimmung in den Handel auf einem MTF oder OTF einbezogen wurden.[74]

c) Zeitliche Dimension der Ad-hoc-Publizitätspflicht

33 Die Pflicht zur Ad-hoc-Publizität beginnt frühestens mit dem **Antrag auf Zulassung** zum Handel an einem geregelten Markt oder einem MTF. Die vorherige Ankündigung eines Emittenten, einen Zulassungsantrag stellen zu wollen, begründet hingegen noch nicht die Anwendbarkeit des Art. 17 MAR. Die Möglichkeit, die Veröffentlichung der Information aufzuschieben, wenn der Antrag auf Zulassung bereits gestellt wurde, die Wertpapiere aber noch nicht in den Handel einbezogen wurden, richtet sich nach den allgemeinen Grundsätzen.[75] Werden die Wertpapiere lediglich in einem OTF gehandelt, beginnt die Ad-hoc-Pflicht erst mit der Zulassung zum Handel.

34 Die Pflicht zur Ad-hoc-Publizität endet mit der **Beendigung der Zulassung**. Die Zulassung kann kraft Gesetzes erlöschen oder von der Börsengeschäftsführung zurückgenommen bzw. widerrufen (insb. auf Antrag des Emittenten im Rahmen eines Delisting) werden.[76]

35 Von der Beendigung der Zulassung zu unterscheiden ist die **Aussetzung** (vorübergehende Beendigung des Börsenhandels)[77] oder die Einstellung des Handels (auf längere Sicht wirkende Beendigung).[78] Diese betrifft den Börsenhandel und die Preisermittlung durch die Börsengeschäftsführung.[79] Eine Beendigung der Zulassung ist weder mit der Aussetzung noch mit der Einstellung automatisch verbunden. Auch wenn die Einstellung in der Verwaltungspraxis restriktiv gehandhabt wird, kann der Börsenhandel in beiden Fällen wiederaufgenommen werden. Aus diesem Grund ist der Kapitalmarkt weiter auf die Veröffentlichung von Insider-Informationen angewiesen. Die Pflicht zur Ad-hoc-Publizität besteht fort.

36 Die Eröffnung des **Insolvenzverfahrens** lässt das Bestehen der Ad-hoc-Publizitätspflicht unberührt.[80] Sie kann zunächst lediglich zur Einstellung des Handels führen. In der Regel wird allerdings auch die Einstellung des Handels erst bei Abschluss des Insolvenzverfahrens oder bei Mitteilung der Vermögenslosigkeit der Gesellschaft erfolgen.[81] Nach anderer Ansicht führen der typischerweise sehr niedrige Kurs und ein geringes Handelsvolumen zu einer Reduzierung der Pflichten.[82] Allerdings bietet die MAR weder einen Anknüpfungspunkt für eine Reduktion der Ad-hoc-Publizitätspflicht, noch ist diese aus teleologischen

---

[73] Bspw. § 19 Abs. 1 lit. c) aa) S. 1 AGB-Freiverkehr FWB. Dazu *Veil* in FS U. H. Schneider, 1313; rechtsvergleichend für die alternativen Handelsplätze im Vereinigten Königreich, in Italien, Frankreich, Schweden, Spanien und Deutschland *Veil*, Kapitalmarktzugang für Wachstumsunternehmen, 2016, S. 41 ff.

[74] Erwägungsgrund 49 S. 5 MAR. S. auch *Kumpan* DB 2016, 2039 (2040). Zur Reichweite der Ad-hoc-Publizität wenn der Emittent grds. unter den Anwendungsbereich von Art. 17 MAR fällt, aber die Finanzinstrumente ohne Zustimmung des Emittenten in den Freiverkehr einbezogen wurden: *Scholz* NZG 2016, 1286 (1288 f.).

[75] → Rn. 93 ff. Stets eine Beeinträchtigung des berechtigten Interesses des Emittenten annehmend: *Merkner/Sustmann* NZG 2005, 729 (734). AA *Klöhn* in KölnKomm WpHG § 15 Rn. 53.

[76] §§ 38 Abs. 4 S. 1, 39 BörsG.

[77] *Groß* in Groß Kapitalmarktrecht § 25 BörsG Rn. 3.

[78] *Groß* in Groß Kapitalmarktrecht § 25 BörsG Rn. 8.

[79] *Groß* in Groß Kapitalmarktrecht § 25 BörsG Rn. 2.

[80] *Weber* ZGR 2001, 422 (434 ff.); *Klöhn* in KölnKomm WpHG § 15 Rn. 55; *Pfüller* in Fuchs WpHG § 15 Rn. 265.

[81] *Groß* in Groß Kapitalmarktrecht § 25 BörsG Rn. 8.

[82] *Rattunde/Berner* WM 2003, 1313 (1314).

Gründen überzeugend. Gerade in Krisensituationen besteht für Anleger ein erhebliches Informationsinteresse. Außerdem ermöglichen niedrige Kurse sowie ein geringes Handelsvolumen das Ausnützen von Informationsvorsprüngen in besonderem Maße.[83]

d) Adressat der Ad-hoc-Publizitätspflicht

Adressat der Ad-hoc-Pflicht ist der **Emittent** selbst, nicht der Vorstand persönlich.[84] Ist der 37
Emittent Teil eines Konzerns, trifft die Ad-hoc-Pflicht lediglich den Emittenten, nicht auch andere Konzernunternehmen.[85]

Nach der Binnenverfassung der AG (vgl. §§ 76, 77 AktG) ist der **Vorstand** für die Ver- 38
öffentlichungspflicht zuständig (→ Rn. 25 ff. zu seinen organisationsrechtlichen Pflichten). Der Vorstand haftet für die ordnungsgemäße Erfüllung seiner Pflicht gegenüber der Gesellschaft gem. § 93 AktG und kann auch ordnungswidrigkeitenrechtlich (§§ 9, 130 OWiG) verantwortlich sein (→ § 29 Rn. 13). Der **Aufsichtsrat** ist nicht das Vertretungsorgan der Gesellschaft und daher nicht verpflichtet, für die ordnungsgemäße Erfüllung der Pflichten aus Art. 17 MAR Sorge zu tragen. Allerdings ist er für bestimmte Bereiche befugt, die Gesellschaft gesetzlich zu vertreten (vgl. § 111 Abs. 2 S. 2 und 3; § 112; § 246 Abs. 2 S. 2; § 249 Abs. 1 S. 1 AktG). Dennoch soll nach einem Teil der Lit. der Aufsichtsrat nicht für die Offenlegung einer Insiderinformation zuständig sein, weil er durch die Wahrnehmung seiner Aufgabe nicht eine ausschließliche Annexkompetenz und -pflicht zur Veröffentlichung von Insiderinformationen erlange.[86] Es wird offenbar für ausreichend angesehen, dass der Aufsichtsrat dem Vorstand die betreffende Information mitteilt, so dass dieser die Information gem. Art. 17 Abs. 1 MAR veröffentlicht. Diese Auslegung überzeugt auch dann, soweit der Aufsichtsrat nach dem Aktiengesetz eine alleinige ausschließliche Vertretungsbefugnis hat (vgl. etwa §§ 84, 112 AktG). Es ist unionsrechtlich nicht geboten, in diesen Fällen den Aufsichtsrat zugleich für befugt und verpflichtet anzusehen, die Insiderinformation zu veröffentlichen. Eine andere Frage ist, wer die Aufschubentscheidung nach Art. 17 Abs. 4 MAR zu treffen hat, wenn es sich um eine Angelegenheit handelt, die der Vertretungskompetenz des Aufsichtsrats unterfällt. Dies kann nur der Aufsichtsrat sein (→ Rn. 135).

Unklar ist, wer in der Insolvenz des Emittenten die Ad-hoc-Publizitätspflicht zu erfüllen 39
hat. Nach § 24 WpHG nF hat der **Insolvenzverwalter** den Vorstand bei der Erfüllung seiner Aufgaben zu unterstützen. Dies spricht indiziell dafür, dass der Vorstand weiterhin zuständig bleibt.[87] Allerdings enthält § 24 WpHG keine klare Aufgabenzuweisung. Für diese ist auf die allgemeinen Regelungen der Insolvenzordnung zurückzugreifen. Nach überwiegender Ansicht zu § 80 InsO übt der Insolvenzverwalter nur ein Amt hinsichtlich der Masse aus, ohne Organ oder Vertreter des Schuldners zu werden. Ein Teil der Literatur nimmt daher an, dass es weiterhin dem Vorstand obliegt, die Verpflichtung zu erfüllen und der Insolvenzverwalter verpflichtet ist, ihm die für das Veröffentlichungsverfahren erforderlichen Mittel zur Verfügung zu stellen.[88] Vorzugswürdig ist es, die Frage mit Rücksicht auf § 80 InsO zu beantworten: Der Insolvenzverwalter ist für die Veröffentlichung von Ad-hoc-Mitteilungen zuständig, wenn diese einen Massebezug aufweisen. Dies wird typischerweise der Fall sein.[89] Korrespondierend kann er insoweit eine Entscheidung über den

---

[83] *Pfüller* in Fuchs WpHG § 15 Rn. 266.

[84] *Assmann* in Assmann/Schneider WpHG § 15 Rn. 49; *Klöhn* in KölnKomm WpHG § 15 Rn. 52.

[85] Zu Konzernsachverhalten, die die Ad-hoc-Publizitätspflicht des Emittenten auslösen → Rn. 59 ff.

[86] *Assmann* in Assmann/Schneider WpHG § 15 Rn. 50.

[87] *Kocher/Widder* NZI 2010, 925 (930); *Rubel* AG 2009, 615 (617). Vor Einführung des § 11 WpHG grds. eine Pflicht des Vorstands zur Veröffentlichung von eingehenden Stimmrechtsmitteilungen annehmend: BVerwGE 123, 203 = NJW-RR 2005, 1207.

[88] *Assmann* in Assmann/Schneider WpHG § 15 Rn. 49; *Klöhn* in KölnKomm WpHG § 15 Rn. 55; *Zimmer/Kruse* in Schwark/Zimmer § 15 WpHG Rn. 20.

[89] *Kocher/Widder* NZI 2010, 925 (930); *Rubel* AG 2009, 615 (617); *Ott/Vuia* in MüKoInsO § 80 Rn. 112c. Aus Gründen der Rechtssicherheit für eine stets bestehende Pflicht des Insolvenzverwalters *Pfüller* in Fuchs WpHG § 15 Rn. 267 ff. Von einer fortbestehenden Pflicht des Vorstands ausgehend hingegen *Mock* in Uhlenbruck InsO § 80 Rn. 38.

Aufschub der Veröffentlichung treffen.[90] Diese Auslegung ist sachgerecht, weil in der Regel nur der Insolvenzverwalter über die notwendigen Informationen verfügt und die Entscheidung über einen Aufschub eng mit der laufenden Tätigkeit des Insolvenzverwalters der Restrukturierung verwoben sein wird.

40 Ein von der Hauptversammlung (§ 147 Abs. 2 S. 1 AktG) oder vom Gericht (§ 147 Abs. 2 S. 2 AktG) bestellter **besonderer Vertreter** ist ein Organ der Gesellschaft und gesetzlich vertretungsbefugt.[91] Für die Veröffentlichung von Insiderinformationen soll er aber selbst dann nicht zuständig sein, wenn die Insiderinformation im Zusammenhang mit seiner Tätigkeit steht.[92] Dies ist im Ergebnis zutreffend, weil die Vertretungsbefugnis sich auf den Aufgabenkreis des besonderen Vertreters beschränkt,[93] die Geltendmachung von Schadensersatzansprüchen zu prüfen und ggbfls. geltend zu machen. Eine Annexkompetenz bezüglich Art. 17 MAR ist (ebenso wie beim Aufsichtsrat) unionsrechtlich nicht geboten. Sofern der besondere Vertreter zu dem Schluss kommt, dass der Emittent über eine Insiderinformation verfügt, hat er den Vorstand entsprechend zu informieren.

e) Teilnehmer am Markt für Emissionszertifikate

41 Die Ad-hoc-Publizitätspflicht gilt auch für Teilnehmer am Markt für Emissionszertifikate. Die Kommission kann allerdings bestimmte Schwellenwerte festlegen, bei deren Unterschreiten die Ad-hoc-Publizitätspflicht nicht eingreift (Art. 17 Abs. 2 UAbs. 2, 3 MAR).

2. Ad-hoc-publizitätspflichtige Insiderinformationen

a) Begriff der Insiderinformation

42 Art. 17 Abs. 1 UAbs. 1 MAR verpflichtet Emittenten zur Veröffentlichung von Insiderinformationen, die diesen unmittelbar betreffen. Der Begriff der Insiderinformation richtet sich nach Art. 7 Abs. 1 lit. a) MAR und entspricht der früheren Regelung in Art. 1 Nr. 1 MAD 2003 und Art. 1 RL 2003/124/EG.[94] Die MAR orientiert sich auch weiterhin an dem Gleichlauf der Insiderverbote und der Ad-hoc-Publizität (einstufiges Modell).[95] Von dem Begriff der Insiderinformation erfasst werden nicht öffentlich bekannte präzise Informationen, die direkt oder indirekt einen oder mehrere Emittenten oder ein oder mehrere Finanzinstrumente betreffen und die, wenn sie öffentlich bekannt würden, geeignet wären, den Kurs dieser Finanzinstrumente oder den Kurs damit verbundener derivativer Finanzinstrumente erheblich zu beeinflussen. Grundsätzlich liegt dem europäischen Recht ein eher weiter Begriff der Insiderinformation zu Grunde.[96]

[90] *Kocher/Widder* NZI 2010, 925 (930 f.) → Rn. 93 ff.

[91] Vgl. BGH NJW 1981, 1097 (1098), wonach die Vertretungsbefugnis ein „abgespaltener Teil der umfassenden gesetzlichen Vertretungsmacht des Vorstands" ist.

[92] *Assmann* in Assmann/Schneider WpHG § 15 Rn. 50; *Klöhn* in KölnKomm WpHG § 15 Rn. 52.

[93] *Koch* in Hüffer/Koch AktG § 147 Rn. 8.

[94] § 6.

[95] → § 5 Rn. 20. In Art. 6 Abs. 1 lit. e) und Art. 12 Abs. 3 KOM(2011) 651 endgültig v. 20.10.2011 (MAR-KOM) war zunächst die Einführung eines neuen Begriffs der Insider-Information (hierzulande als Insider-Information *light* bezeichnet) unter Verzicht auf das Kriterium der Präzision der Information geplant. Die Kommission wollte dadurch erreichen, dass die Insiderverbotstatbestände früher ausgelöst werden, allerdings noch nicht die Ad-hoc-Publizitätspflicht (zweistufiges Modell). Angelehnt war das Konzept an die Regelung im Vereinigten Königreich in Sec. 118(4) FSMA (*relevant information not generally available – RINGA*). Damit sollte eine an den unterschiedlichen Zwecken von Ad-hoc-Publizität und Insiderverboten orientierte Differenzierung der sachlichen Reichweite ermöglicht werden. Diese Differenzierung wurde im Laufe der Verhandlungen allerdings wieder fallen gelassen, da die neue Insiderinformation light sich aufgrund ihrer Unbestimmtheit und potentiell zu erwartenden erheblichen Steigerungen der Compliance-Kosten erheblicher Kritik ausgesetzt sah. S. *Veil/Koch* WM 2011, 2297 (2301 f.); *Merkner/Sustmann* AG 2012, 315 (319 ff.); *Bachmann* DB 2012, 2206 (2211); *Seibt* ZHR 177 (2013) 388 (412 ff.); *Veil* ZBB 2014, 85 (89); *Seibt/Wollenschläger* AG 2014, 593 (596); § 6.

[96] Vgl. insb. EuGH v. 28.6.2012 – Rs. C-19/11, ECLI:EU:C:2012:397 = NJW 2012, 2787 – *Geltl*; EuGH v. 11.3.2015 – Rs. C-628/13, ECLI:EU:C:2015:162 = NZG 2015, 432 – *Lafonta*.

Auch **zukünftige Umstände** und **Ereignisse** können bereits vor deren endgültigem Eintreten eine ad-hoc-publizitätspflichtige Insiderinformation darstellen, wenn der zukünftige Umstand bzw. das zukünftige Ereignis schon als hinreichend präzise bewertet werden kann. Dies ist der Fall, wenn man vernünftigerweise erwarten kann, dass sie in Zukunft eintreten werden und die Information spezifisch genug ist, um einen Schluss auf die mögliche Auswirkung auf die Kurse der Finanzinstrumente oder des damit verbundenen derivativen Finanzinstruments zuzulassen (Art. 7 Abs. 2 S. 1 MAR).[97] Um zu klären, ob der zukünftige Eintritt vernünftigerweise anzunehmen ist, ist im jeweiligen Einzelfall eine umfassende Würdigung der bereits verfügbaren Anhaltspunkte vorzunehmen.[98] Eine realistische[99] bzw. überwiegende Eintrittswahrscheinlichkeit für den zukünftigen Umstand bzw. das zukünftige Ereignis ist ausreichend, eine hohe Wahrscheinlichkeit ist hingegen nicht erforderlich.[100] Die überwiegende Wahrscheinlichkeit ist losgelöst von den potentiellen Auswirkungen des Umstands/des Ereignisses zu bestimmen (kein *probability/magnitude*-Test).[101] 43

Eine Information ist auch dann präzise, wenn es ex-ante nicht möglich ist, die Richtung zu bestimmen, in welche sich der Kurs ändern wird.[102] Der EuGH begründet diese (zur MAD 2003 erfolgten aber auch für die MAR gültige) Auslegung mit dem Wortlaut der Norm und mit Sinn und Zweck des Insiderrechts, die Ausnutzung von Insiderwissen zu unterbinden. 44

Die Berücksichtigung von zukünftigen Umständen bzw. Ereignissen und Informationen, bei denen ex-ante nicht feststellbar ist, ob sie sich positiv oder negativ auf den Kurs auswirken werden, ist zweischneidig. Einerseits können marktmissbrauchsrechtliche Erwägungen die Auslegung des EuGH rechtfertigen. Man mag zwar einwenden, schädliches Insiderhandeln setze voraus, dass der Täter von einem Kursanstieg oder -abfall ausgeht. Mit bestimmten Finanzinstrumenten ist es dennoch möglich, dass der Täter von seinem Informationsvorsprung profitiert, unabhängig davon, ob sich der Kurs positiv oder negativ entwickelt. Aus der Perspektive des Insiderrechts ist die Auslegung des EuGH daher vertretbar. Andererseits wird die Ad-hoc-Publizität aufgrund der einheitlichen Anknüpfung an den Begriff der Insiderinformation erheblich ausgedehnt. Dies kann die Anzahl der veröffentlichten Insiderinformationen mit nur geringem Informationswert deutlich erhöhen. Ferner können die berechtigten Interessen der Emittenten beeinträchtigt sein. Als Korrektiv dient zumindest hinsichtlich der berechtigten Interessen des Emittenten die Möglichkeit des Aufschubs gem. Art. 17 Abs. 4 MAR.[103] 45

b) Unmittelbare Betroffenheit des Emittenten

aa) Zweck. Nicht jede Insiderinformation ist ad-hoc-publizitätspflichtig. Das Merkmal der *unmittelbaren* Betroffenheit des *Emittenten* grenzt den Kreis der zu veröffentlichenden Informationen ein. Der Zweck dieser Eingrenzung fügt sich nahtlos in den Zweck der Ad-hoc-Publizitätspflicht insgesamt ein. Die Offenlegungspflicht soll ua die Informationskosten senken und dadurch die Informations-, Bewertungs- und Allokationseffizienz steigern. 46

[97] In der deutschen Sprachfassung von Art. 1 Abs. 1 Fall 1 RL 2003/124/EG sowie in § 13 Abs. 1 S. 3 WpHG aF wurde eine „hinreichende Wahrscheinlichkeit" verlangt. Die jetzige sprachliche Änderung in der deutschen Übersetzung ist lediglich eine Anpassung an die früheren anderen Sprachfassungen, die bereits unter Geltung der MAD 2003 voraussetzten, dass das Ereignis/der Umstand vernünftigerweise zu erwarten sei.

[98] EuGH v. 28.6.2012 – Rs. C-19/11, ECLI:EU:C:2012:397 = NJW 2012, 2787 Rn. 45 – *Geltl.*

[99] Erwägungsgrund 16 S. 2 MAR.

[100] EuGH v. 28.6.2012 – Rs. C-19/11, ECLI:EU:C:2012:397 = NJW 2012, 2787 Rn. 46 – *Geltl.* Vgl. auch BGH v. 23.4.2013, NZG 2013, 708 – *Geltl.* → § 6 Rn. 109.

[101] Erwägungsgrund 16 S. 3 MAR. Vorher bereits EuGH v. 28.6.2012 – Rs. C-19/11, ECLI:EU:C:2012:397 = NJW 2012, 2787 Rn. 50 ff. – *Geltl* Im Rahmen der Prüfung, ob ein Zwischenschritt kursrelevant ist, ist der *probability/magnitude*-Test allerdings heranzuziehen, → § 6 Rn. 110.

[102] EuGH v. 11.3.2015 – Rs. C-628/13, ECLI:EU:C:2015:162 = NZG 2015, 432 Rn. 34 – *Lafonta.*

[103] → Rn. 95 ff.

Dafür sollen die Informationen durch den *cheapest cost avoider* zur Verfügung gestellt werden. Dies ist regelmäßig der Emittent, in dessen Tätigkeitsbereich die Information entsteht. Seine Kosten, die potentielle Kursrelevanz einer nicht öffentlichen Information, die sich auf ihn selbst bezieht, zu erkennen, diese zu analysieren und schließlich zu veröffentlichen, sind typischerweise deutlich geringer als für andere Marktteilnehmer. Gleichzeitig ist es für Marktteilnehmer, die auf der Suche nach Informationen über einen Emittenten sind, deutlich einfacher, diese zu finden, zu bewerten und einzupreisen, wenn die Information durch denjenigen zu veröffentlichen ist, auf den sie sich bezieht (Reduktion von Informationserwerbskosten). Schließlich sollen durch das Kriterium der unmittelbaren Betroffenheit Informationsverarbeitungskosten gesenkt werden, indem die Informationspflicht der Emittenten sachlich begrenzt wird. Sie sind nicht verpflichtet, Informationen, die sich lediglich auf von ihm emittierte Finanzinstrumente, allgemein auf Veränderungen der Konjunktur oder auf die Branche des Emittenten insgesamt beziehen, zu veröffentlichen. Wären sie dazu verpflichtet, würde die Zahl an zu analysierenden Informationen und damit korrespondierend die Informationsverarbeitungskosten signifikant steigen.[104] Außerdem sind die Emittenten hinsichtlich dieser Informationen die *cheapest cost avoider*.

47 **bb) Voraussetzungen.** Der Kreis der zu veröffentlichenden Insiderinformationen wird durch das Kriterium der *unmittelbaren* Betroffenheit eines *Emittenten* eingegrenzt.[105] Insiderinformationen, die den Emittenten lediglich mittelbar betreffen, fallen zwar unter die Insiderverbote, lösen aber nicht die Publizitätspflicht des Emittenten aus. Ebenso verhält es sich mit Insiderinformationen, die lediglich ein oder mehrere Finanzinstrumente betreffen.

48 **(1) Betroffenheit eines Emittenten.** Die Information muss den Emittenten selbst betreffen, um über die Insiderverbote hinaus eine Ad-hoc-Publizitätspflicht auszulösen. Es genügt nicht, wenn die Information lediglich Finanzinstrumente des Emittenten betrifft[106] (was für die Qualifikation als Insiderinformation und damit für die Anwendbarkeit der Insiderverbote ausreicht, vgl. Art. 7 Abs. 1 lit. a) MAR). In der Literatur wird dies zwar verschiedentlich anders gesehen.[107] Diese Auslegung wird aber nicht dem im Wortlaut zum Ausdruck kommenden Anliegen des Gesetzgebers gerecht, die Veröffentlichungspflicht zu begrenzen. Anders ist dies nur zu beurteilen, wenn die ein Finanzinstrument betreffende Information zugleich den Emittenten unmittelbar betrifft.[108]

49 **(2) Konkretisierung des Unmittelbarkeitserfordernisses.** Anders als § 15 Abs. 1 S. 3 WpHG aF enthält die MAR, ebenso wie die frühere MAD 2003, keine Konkretisierung des Kriteriums der Unmittelbarkeit. Eine unmittelbare Betroffenheit des Emittenten liegt in Anlehnung an § 15 Abs. 1 S. 3 WpHG aF insbesondere vor, wenn die Information im Tätigkeitsbereich des Emittenten selbst eintritt, also bei unternehmensinternen Ereignissen.[109] Dann ist der Emittent der *cheapest cost avoider* und der Kapitalmarkt kann eine Veröffentlichung durch den Emittenten berechtigterweise erwarten (Reduktion von Informationserwerbskosten). Ein unmittelbarer Emittentenbezug kann auch in anderen Fällen vorliegen, in denen ein verständiger Anleger die Veröffentlichung der Information durch den Emittenten berechtigterweise erwarten darf. Dies kann insbesondere bei Umständen der Fall sein, die nicht aus dem Tätigkeitsbereich des Emittenten selbst, sondern von außen

[104] *Paredes* 81 Wash. U. L. Q. (2003), 417; *Möllers/Kernchen* ZGR 2011, 1 (11 ff.).
[105] Die „unmittelbare Betroffenheit" iSv Art. 17 Abs. 1 UAbs. 1 MAR ist deckungsgleich mit der „direkten Betroffenheit" iSv Art. 7 Abs. 1 lit. a) MAR. Eine inhaltliche Differenzierung ist mit der unterschiedlichen Formulierung nicht verbunden. Dies ergibt sich aus einem Vergleich mit der englischen Sprachfassung (jeweils „*directly*") und der französischen Sprachfassung (jeweils „*directement*"). Es handelt sich um einen Übersetzungsfehler.
[106] *Koch* in Veil, Europäisches Kapitalmarktrecht, § 19 Rn. 45; *Pfüller* in Fuchs WpHG § 15 Rn. 164; *Zimmer/Kruse* in Schwark/Zimmer § 15 WpHG Rn. 34.
[107] *Klöhn* in KölnKomm WpHG § 15 Rn. 69; *Simon* Der Konzern 2005, 13 (15).
[108] *Zimmer/Kruse* in Schwark/Zimmer § 15 WpHG Rn. 34.
[109] *Grundmann* in GroßkommHGB Bd. XI Bankvertragsrecht 6. Teil Rn. 500.

stammen, bei denen aber dennoch ein hinreichend konkreter Zusammenhang zu dem Emittenten besteht, der ihn individualisiert und aus der Gruppe der vergleichbaren, am Markt notierten Emittenten heraushebt (bspw. wenn eine Bank als systemrelevant eingestuft wird)[110].

Der Emittent eines Finanzinstruments, das sich unmittelbar oder mittelbar auf ein anderes Finanzinstrument bezieht (Basiswert), ist nur verpflichtet, Insiderinformationen zu veröffentlichen, die ihn selbst unmittelbar betreffen. Insiderinformationen, die lediglich den Emittenten des Basiswerts unmittelbar betreffen, müssen ausschließlich durch den Emittenten des Basiswerts veröffentlicht werden.[111] **50**

Eine erste Handreichung für die Praxis stellen die von CESR herausgegebenen Leitlinien (die zukünftig ggbfls. durch die ESMA überarbeitet werden) dar, in denen Beispiele für unmittelbar den Emittenten betreffende Umstände und mittelbar den Emittenten betreffende Umstände genannt werden.[112] Dies bedeutet nicht, dass jeder der genannten Umstände stets eine Insiderinformation darstellt. Die weiteren, über die unmittelbare Betroffenheit hinausgehenden Tatbestandsvoraussetzungen müssen gesondert geprüft werden. Die CESR-Leitlinien stellen rechtlich lediglich unverbindliche Hinweise an die nationalen Aufsichtsbehörden dar. Sie sind nicht abschließend und entfalten lediglich eine indikative Wirkung.[113] Es bedarf stets einer Prüfung des Einzelfalls.[114] **51**

CESR-**Beispiele** für eine **unmittelbare Betroffenheit** des Emittenten:[115] operative Geschäftsentwicklung; Wechsel der Kontrolle und Änderungen von Beherrschungsverträgen; Änderungen im Vorstand oder Aufsichtsrat; Wechsel der Abschlussprüfer oder andere Informationen, die sich auf die Tätigkeit der Abschlussprüfer beziehen; Kapitalmaßnahmen, die Ausgabe von Schuldverschreibungen und Rechten zum Bezug von Wertpapieren; Entscheidungen über eine Kapitalerhöhung oder -herabsetzung; Verschmelzungen, Abspaltungen und Ausgliederungen; Erwerb oder Veräußerung von Beteiligungen, anderer bedeutender Vermögensgegenstände oder Unternehmensteile; Restrukturierungen oder Reorganisationen, die einen Effekt auf die Vermögenslage, die Verbindlichkeiten, die Finanzlage oder Gewinn und Verlust haben; Entscheidungen über Rückkaufprogramme oder Transaktionen mit anderen börsennotierten Finanzinstrumenten; Änderungen der mit den Aktien des Emittenten verbundenen Rechte; Insolvenzanträge oder die Eröffnung des Insolvenzverfahrens; Rechtsstreitigkeiten; Kündigung von Kreditlinien durch eine oder mehrere Banken; Auflösung der Gesellschaft oder Feststellung eines Aufhebungsgrundes; Veränderungen der Bewertung von Vermögensgegenständen; Insolvenz wesentlicher Schuldner; Wertverlust bei Grundstücken; Untergang nicht versicherter Güter; neue Lizenzen, Patente, eingetragene Warenzeichen; Wertänderungen von gehaltenen Finanzinstrumenten; Wertminderung von Patenten, Rechten oder immateriellen Vermögensgegenständen aufgrund von Marktinnovationen; Eingang von Erwerbsangeboten für wesentliche Vermögensgegenstände; innovative Produkte oder Prozesse; Produkthaftungs- oder Umweltschadensprozesse; Veränderungen der Gewinn- oder Verlusterwartung; erhaltene Kundenaufträge, deren Kündigung oder Änderung; Rückzug von oder Eintritt in neue Kerngeschäftsfelder; Veränderungen der Investitionspolitik des Emittenten; Da- **52**

[110] Vgl. *Cichy/Behrens* WM 2014, 438 (448).

[111] BaFin Emittentenleitfaden 2013 S. 52.

[112] CESR, Market Abuse Directive, Level 3 – second set of CESR guidance and information on the common operation of the Directive to the market, CESR/06–562b, Juli 2007, S. 6 ff.; CESR, CESR's Advice on Level 2 Implementing Measures for the proposed Market Abuse Directive, CESR/02–089d, Dezember 2002, S. 11 ff.

[113] Eine „rechtlich relevante Vermutung" verneinend hingegen: *Grundmann* in GroßkommHGB Bd. XI Bankvertragsrecht 6. Teil Rn. 502.

[114] → § 2 Rn. 18.

[115] CESR, Market Abuse Directive, Level 3 – second set of CESR guidance and information on the common operation of the Directive to the market, CESR/06–562b, Juli 2007, S. 7 f. Rn. 1.15.

tum der Dividendenzahlung, dessen Änderung, die Höhe der Dividende; Veränderungen der Dividendenpolitik.

53 CESR-**Beispiele** für eine lediglich **mittelbare Betroffenheit** des Emittenten:[116] von öffentlichen Institutionen veröffentlichte Daten und Statistiken; bevorstehende Veröffentlichung von Berichten von Rating-Agenturen;[117] bevorstehende Veröffentlichung von Studien, Empfehlungen oder Vorschlägen, die den Wert von börsennotierten Finanzinstrumenten betreffen; Entscheidungen der Zentralbank über Leitzins; Entscheidungen der Regierung hinsichtlich Steuern, Regulierung, Schuldenmanagement, etc.; Entscheidungen über die Veränderung von Richtlinien für Markt-Indizes, insbesondere im Hinblick auf ihre Zusammensetzung; Entscheidungen von geregelten und ungeregelten Märkten hinsichtlich der geltenden Marktregeln; Entscheidungen der Wettbewerbs- und Marktaufsichtsbehörden hinsichtlich börsennotierter Gesellschaften; wichtige Anordnungen von Regierungen, regionalen oder lokalen Behörden oder anderen öffentlichen Organisationen; Veränderungen des Handelsmodus (bspw. Informationen, nach denen die Finanzinstrumente eines Emittenten zukünftig in einem anderen Marktsegment gehandelt werden oder Informationen über einen Wechsel des Handelsmodells, bspw. vom fortlaufenden Handel in das Einzelauktionsmodell); Veränderungen der Bedingungen für Market Maker oder Händler. Außerdem:[118] Kauf- und Verkaufsaufträge in den Finanzinstrumenten des Emittenten.

54 Ergänzt werden diese Listen durch den (im Dezember 2017 allerdings noch veralteten, weil noch nicht an die MAR angepassten) Emittentenleitfaden der BaFin. Dieser greift die von CESR genannten Beispiele auf, nennt aber seinerseits weitere Umstände.[119] Auch diese sind nicht abschließend zu verstehen und stets ist eine Prüfung des Einzelfalls erforderlich.

55 Weitergehendes BaFin-Beispiel für eine unmittelbare Betroffenheit des Emittenten:[120] Abgabe eines Übernahmeangebots gegenüber der Zielgesellschaft; Mitteilung eines Großaktionärs über die Durchführung eines Squeeze-out-Verfahrens; beim Unternehmen eintretende Folgen einer Gerichts- oder Behördenentscheidung, zB die Bildung von Rückstellungen oder eine Prognosekorrektur aufgrund einer Entscheidung von Gerichten oder Verwaltungsbehörden.

56 Weitergehende BaFin-Beispiele (aus dem im August 2017 noch nicht überarbeiteten Emittentenleitfaden) für eine lediglich mittelbare Betroffenheit des Emittenten:[121] Informationen über allgemeine Wirtschaftsdaten, politische Ereignisse, Arbeitslosenzahlen, Naturereignisse oder zB die Ölpreisentwicklung; Information über eine für den Emittenten relevante Veränderung der Situation des Konkurrenten (zB bevor-

[116] CESR, Market Abuse Directive, Level 3 – second set of CESR guidance and information on the common operation of the Directive to the market, CESR/06–562b, Juli 2007, S. 8 f. Rn. 1.16.

[117] In der Literatur zur Rechtslage nach der MAD 2003 wird es allerdings für möglich gehalten, dass ein Rating den Emittenten unmittelbar betreffen kann. Vgl. *Assmann* in Assmann/Schneider WpHG § 15 Rn. 68 (im Anschluss an Begr. RegE AnSVG v. 25.4.2004, BT-Drucks. 15/3174 S. 35 in Bezug auf die Herabstufung). AA *Zimmer/Kruse* in Schwark/Zimmer § 15 WpHG Rn. 37.

[118] CESR, CESR's Advice on Level 2 Implementing Measures for the proposed Market Abuse Directive, CESR/02–089d, Dezember 2002, S. 14 Rn. 36.

[119] BaFin Emittentenleitfaden 2013 S. 50 ff. Vgl. auch die Übersicht in *Franke/Schulenburg* in Umnuß, Corporate Compliance Checklisten, Kapitel 3 Rn. 85 ff. jeweils mwN.

[120] BaFin Emittentenleitfaden 2013 S. 51 f.

[121] BaFin Emittentenleitfaden 2013 S. 51 f.

stehende Insolvenz eines Konkurrenten); Informationen, die nur das Finanzinstrument selbst betreffen, zB Erwerb oder Veräußerung eines größeren Aktienpaketes im Rahmen von außerbörslichen Transaktionen ohne strategische Zielsetzungen; Aktiensplits.

Umstände, die Insiderinformationen sein können, einen Emittenten allerdings zunächst **57**
nicht unmittelbar betreffen, können uU Maßnahmen im Tätigkeitsbereich des Emittenten nach sich ziehen. Diese können zu einer Veröffentlichungspflicht durch den dann unmittelbar betroffenen Emittenten führen.

Aufgrund deutlich negativer Wirtschaftsdaten muss ein Emittent seine Gewinnprog- **58**
nose anpassen. Die negativen Wirtschaftsdaten allein lösen keine Ad-hoc-Pflicht aus, die Anpassung der Gewinnprognose typischerweise hingegen schon.

cc) Unmittelbarer Emittentenbezug bei Sachverhalten im Konzern. (1) Börsen- **59**
notierte Muttergesellschaft. Die Voraussetzung des unmittelbaren Emittentenbezuges kann im Konzern schwierige Probleme aufwerfen. Grundlinie ist die rechtliche Selbstständigkeit der verbundenen Unternehmen auch im Hinblick auf die Erfüllung der Ad-hoc-Publizitätspflicht. Nur die börsennotierte Gesellschaft ist publizitätspflichtig, nicht hingegen der Konzern als Ganzes.[122]

Auch in einer Tochtergesellschaft können Umstände eintreten, die der Öffentlichkeit **60**
nicht bekannt sind und denen im Hinblick auf den Kurs der börsennotierten Muttergesellschaft Kursrelevanz zukommt.

Weitgehende Einigkeit besteht dahingehend, dass jedenfalls Umstände, die bei Tochter- **61**
gesellschaften eintreten, die gem. § 290 Abs. 1 HGB in den Konzernabschluss einzubeziehen sind, den Emittenten unmittelbar betreffen.[123] Denn zwischen diesen Unternehmen besteht eine so enge Verbindung, dass Vorgänge in der Tochtergesellschaft sich unmittelbar im Konzernabschluss wiederspiegeln und damit dem Tätigkeitsbereich des Emittenten, der sich wirtschaftlich im Konzernabschluss für eine vorangegangene Periode wiederspiegelt, zuzuordnen sind.

Welche Intensität der Beziehung zwischen Mutter- und Tochtergesellschaft darüber **62**
hinaus ausreichend ist, um eine unmittelbare Betroffenheit der Muttergesellschaft zu bejahen, ist umstritten. Teilweise wird angenommen, dass eine Zurechnung möglich sei, wenn das Ereignis in der Tochter- bzw. Beteiligungsgesellschaft den Fundamentalwert des Unternehmens so ändert, dass Kursrelevanz anzunehmen ist.[124] Allerdings wird diese Auffassung der Filterfunktion des Kriteriums der unmittelbaren Emittentenbezogenheit nicht gerecht. Umstände können Auswirkungen auf den Fundamentalwert eines Unternehmens haben, ohne dass der Emittent dadurch aus einer Gruppe vergleichbarer Emittenten herausgehoben wird. Außerdem würde ein Abstellen allein auf Änderungen des Fundamentalwertes zu einer Verschleifung der Tatbestandsmerkmale des unmittelbaren Emittentenbezuges und der Kursrelevanz führen.[125] Abweichend davon wird teilweise angenommen, dass es auf eine Einflussmöglichkeit des Emittenten dergestalt ankomme, dass es sich um verbundene Unternehmen (§ 271 Abs. 2 HGB), Gemeinschaftsunternehmen (§ 310 HGB) oder assoziierte Unternehmen (§ 311 HGB) handeln müsse.[126] Alternativ wird darauf abgestellt, dass es sich um ein abhängiges Tochterunternehmen handeln müsse (§ 17 AktG), wobei die

[122] *Klöhn* in KölnKomm WpHG § 15 Rn. 51.
[123] *Grundmann* in GroßkommHGB Bd. XI Bankvertragsrecht 6. Teil Rn. 506; *Hopt/Kumpan* ZGR 2017, 765 (824); *Pfüller* in Fuchs WpHG § 15 Rn. 207; *Klöhn* in KölnKomm WpHG § 15 Rn. 92; *Zimmer/Kruse* in Schwark/Zimmer WpHG § 15 Rn. 46.
[124] *Klöhn* in KölnKomm WpHG § 15 Rn. 94.
[125] *Habersack* DB 2016, 1551 (1556).
[126] *Zimmer/Kruse* in Schwark/Zimmer WpHG § 15 Rn. 46.

unternehmerische Leitungsmacht tatsächlich ausgeübt werden müsse.[127] Schließlich wird angenommen, dass auch bei nicht konsolidierungspflichtigen reinen Finanzbeteiligungen eintretende Insiderinformationen dem betriebswirtschaftlichen Tätigkeitsbereich der Muttergesellschaft zugeordnet werden könnten.[128]

63 Letzteres ist überzeugend, da der Tätigkeitsbereich eines Emittenten nicht durch eine rechtlich formale Begrenzung auf den Rechtsträger den Emittenten selbst begrenzt wird. Der Unternehmensgegenstand wird bei börsennotierten Gesellschaften häufig durch eine Vielzahl an miteinander verbundenen Rechtsträgern verfolgt und der Tätigkeitsbereich einer Muttergesellschaft lässt sich erst durch eine Berücksichtigung der Tätigkeiten der Beteiligungsgesellschaften bestimmen. Dennoch ist eine Abgrenzung erforderlich, damit nicht auch Kleinstbeteiligungen den Tätigkeitsbereich der Muttergesellschaft definieren. Letztlich wird man mit einer **wertenden Betrachtungsweise** und unter Berücksichtigung sowohl der absoluten Beteiligungshöhe an der Tochtergesellschaft als auch anhand der Wertrelation der Beteiligung zu den sonstigen Aktiva der Muttergesellschaft feststellen müssen, ob die **Tätigkeit der Beteiligungsgesellschaft** bereits den **Tätigkeitsbereich der Muttergesellschaft konstituiert**.

64 Führt der Umstand, der zunächst unmittelbar die Tochter betrifft, bei der Muttergesellschaft zu darüberhinausgehenden Konsequenzen, die sich ihrerseits unmittelbar auf die Muttergesellschaft beziehen, können diese jedenfalls eine durch die Muttergesellschaft zu veröffentlichende Insiderinformation darstellen, soweit auch die anderen Voraussetzungen für eine Insiderinformation vorliegen.

65 Nach den gleichen Grundsätzen können Umstände, die bei einer Enkel-Gesellschaft eintreten, die börsennotierte Obergesellschaft unmittelbar betreffen und deshalb eine Publizitätspflicht auslösen.

66 **(2) Börsennotierte Tochtergesellschaft.** Ist lediglich die Tochtergesellschaft börsennotiert, können auch Umstände, die lediglich bei der Muttergesellschaft eingetreten sind, sich unmittelbar auf die börsennotierte Gesellschaft beziehen und publizitätspflichtig sein.[129] Wiederum ist das alleinige Abstellen auf die Fundamentalwertrelevanz der Information nicht ausreichend, da die Grenzen zum Merkmal der Kurserheblichkeit aufgehoben würden.[130] Es kommt darauf an, dass sich die Umstände auch auf die Tätigkeit der Tochtergesellschaft unmittelbar auswirken[131] oder dass eine Veröffentlichung durch die Tochtergesellschaft berechtigterweise vom Markt erwartet werden kann. Dies ist beispielsweise der Fall, wenn sich die Solvenz der Muttergesellschaft erheblich verschlechtert und die Tochtergesellschaft aufgrund eines bestehenden Cash-Pools von dieser Entwicklung betroffen ist.[132]

67 **(3) Mutter- und Tochtergesellschaft börsennotiert.** Besondere Probleme ergeben sich, wenn in einem Konzern mehrere Unternehmen börsennotiert sind und deshalb jeweils der Publizitätspflicht unterliegen. Eine Veröffentlichung nur durch die Muttergesellschaft vergleichbar der Beteiligungstransparenz gem. § 37 WpHG nF ist nicht vorgesehen. Jeder der Emittenten hat eine Ad-hoc-Publizitätspflicht eigenständig zu prüfen und selbst zu erfüllen.[133] Die Mutter kann die Veröffentlichungspflicht nicht befreiend für eine Tochter- oder Enkelgesellschaft erfüllen.

[127] *Versteegen* in KölnKomm WpHG 1. Aufl. 2007 § 15 Rn. 106.

[128] *Pfüller* in Fuchs WpHG § 15 Rn. 208. Die Problematik der Wissenszurechnung ist wohl auch bei *Pfüller* als eigenständige Voraussetzung für eine Ad-hoc-Publizitätspflicht zu verstehen, nicht hingegen als Voraussetzung bereits für die unmittelbare Betroffenheit. Letztere Lesart seiner Argumentation zugrunde legend: *Klöhn* in KölnKomm WpHG § 15 Rn. 93.

[129] *Grundmann* in GroßkommHGB Bd. XI Bankvertragsrecht 6. Teil Rn. 506; *Hopt/Kumpan* ZGR 2017, 765 (824 f.).

[130] So aber *Klöhn* in KölnKomm WpHG § 15 Rn. 96.

[131] *Pfüller* in Fuchs WpHG § 15 Rn. 208; *Assmann* in Assmann/Schneider WpHG § 15 Rn. 72. AA *Kruse* in Schwark/Zimmer WpHG § 15 Rn. 48.

[132] So im Ergebnis auch *Klöhn* in KölnKomm WpHG § 15 Rn. 96.

[133] *Klöhn* in KölnKomm WpHG § 15 Rn. 51; *Habersack* DB 2016, 1551 (1555).

Umstritten ist, ob **Informationen**, die durch die **Tochter veröffentlicht** werden müssen, **auch** die **Muttergesellschaft unmittelbar betreffen** und bei dieser eine **Ad-hoc-Publizitätspflicht** auslösen. Die Gerichte in Deutschland haben zu dieser Frage noch nicht Stellung bezogen. Nach einer in der Literatur weit verbreiteten Auffassung sind beide Emittenten ad-hoc-publizitätspflichtig.[134] Der Markt müsse wissen, dass die Information für beide Gesellschaften von Bedeutung sei. Nur so könne die Information richtig eingeschätzt und bewertet werden. Darüber hinaus sei jede Ad-hoc-Meldung emittentenspezifisch zu verfassen, sodass der Inhalt nicht notwendigerweise deckungsgleich sei. Es komme allein darauf an, dass das Ereignis in der Tochtergesellschaft relevant für den Kurs der Muttergesellschaft sei. Dies könne sich neben der reinen kapitalmäßigen Beteiligung auch aus einer konzernrechtlichen Haftung der Muttergesellschaft für die Tochtergesellschaft ergeben.[135] Demgegenüber verneint ein anderer Teil der Literatur die Publizitätspflicht der Muttergesellschaft.[136] Eine solche solle nur bestehen, wenn die Muttergesellschaft Wertberichtigungen vornehmen müsse oder wenn der Emittent auf die Reaktion der Tochtergesellschaft Einfluss nehme. 68

Richtigerweise ist darauf abzustellen, ob die **Information mit Bezug auf die Muttergesellschaft** einen **eigenen Informationswert** hat, der über den rein buchhalterischen Nachvollzug der betriebswirtschaftlichen Auswirkungen auf Ebene der Tochtergesellschaft hinausgeht.[137] Eines der Kernziele der Ad-hoc-Publizität ist die Informationseffizienz der Kapitalmärkte. Kommt der Informationsveröffentlichung durch die Mutter ein eigenständiger Informationswert zu, trifft sowohl die Mutter als auch die Tochtergesellschaft eine Publizitätspflicht. Allein die bestehende Transparenz der Beteiligungsverhältnisse ist nicht ausreichend, um eine Publizitätspflicht der Mutter zu verneinen. Denn die Umstände, die bei der Tochter eine Publizitätspflicht auslösen, können bei der Mutter weitere, über die rein durch die Beteiligung vermittelte Effekte hinausgehende Wirkung haben. In diesem Fall bedarf der Kapitalmarkt einer eigenständigen Information durch die Muttergesellschaft, um die Informationen richtig bewerten zu können (Stichwort: Informationsverarbeitungskosten[138]). Bestünde die Information, die von der Muttergesellschaft veröffentlicht würde, hingegen ausschließlich in der Wiedergabe der Information, die auch von der Tochtergesellschaft veröffentlicht wird, lediglich ergänzt um die Angabe der Beteiligungsquote und der deshalb bestehenden mittelbaren Auswirkung auf den Kurs der Muttergesellschaft, bedarf es keiner erneuten Veröffentlichung der Information durch die Muttergesellschaft. Eine solche doppelte Veröffentlichungspflicht würde lediglich die durch den Kapitalmarkt zu verarbeitende Informationsmenge erhöhen, ohne einen eigenen Informationswert zu besitzen (Stichwort: Informationsverarbeitungskosten).[139] Dass das Auftreten einer Insiderinformation im Bereich der Tochtergesellschaft, die keine über die mittelbaren Effekte hinausgehenden Auswirkungen auf die Muttergesellschaft hat, nicht eine Publizitätspflicht der Muttergesellschaft begründen kann, zeigt sich bereits daran, dass die Publizitätspflicht wieder entfallen würde, sobald die Tochtergesellschaft die Information vor der Muttergesellschaft veröffentlicht. Denn dann würde aufgrund der durch die Ad-hoc-Publizität bewirkten Kenntnis der Öffentlichkeit bereits keine Insiderinformation mehr vorliegen. 69

---

[134] *Pfüller* in Fuchs WpHG § 15 Rn. 210; *Klöhn* in KölnKomm WpHG § 15 Rn. 89 ff.; *Assmann* in Assmann/Schneider WpHG § 15 Rn. 72.

[135] *Klöhn* in KölnKomm WpHG § 15 Rn. 94.

[136] *Schäfer* in Marsch-Barner/Schäfer, HdB börsennotierte AG, § 15 Rn. 26; *Versteegen* in KölnKomm WpHG 1. Aufl. 2007 § 15 Rn. 96.

[137] *Habersack* DB 2016, 1551 (1556 f.); *Versteegen* in KölnKomm WpHG 1. Aufl. 2007 § 15 Rn. 96. Vgl. auch BaFin Emittentenleitfaden 2013 S. 52.

[138] Vgl. grundlegend: *Gilson/Kraakman* 70 Va. L. Rev. 549–644 (1984); *dies.* 28 J. Corp L. 715–742 (2002–2003).

[139] *Habersack* DB 2016, 1551 (1556). S. auch *Schäfer* in Marsch-Barner/Schäfer, HdB börsennotierte AG, § 15 Rn. 26; *Versteegen* in KölnKomm WpHG 1. Aufl. 2007 § 15 Rn. 96.

70 **(4) Schwestergesellschaft des Emittenten.** Auch Umstände, die bei einer nicht selbst publizitätspflichtigen Schwestergesellschaft des Emittenten eintreten, können den Emittenten unmittelbar betreffen.[140] Dies kann einerseits der Fall sein, wenn die Umstände sich unmittelbar auch auf den Tätigkeitsbereich des Emittenten auswirken. Andererseits kann ein Umstand den Emittenten auch unmittelbar betreffen, wenn er von so herausgehobener Bedeutung für den Emittenten ist, dass der Kapitalmarkt eine Veröffentlichung erwartet.

c) Zeitlich gestreckte Sachverhalte

71 Die bis zur *Geltl*-Entscheidung[141] hoch umstrittene Fallgruppe der Insiderinformationen im Rahmen von zeitlich gestreckten Sachverhalten, hat durch Art. 7 Abs. 2 S. 2 MAR eine explizite Regelung erfahren. Der europäische Gesetzgeber hat die wesentlichen Grundsätze der *Geltl*-Entscheidung unmittelbar in den Verordnungstext integriert.[142] Zeitlich gestreckte Sachverhalte liegen vor, wenn „über mehrere Zwischenschritte ein bestimmter Umstand verwirklicht oder ein bestimmtes Ereignis herbeigeführt werden soll"[143].

72 Dem Leiturteil des EuGH lag folgender (gekürzter) Sachverhalt zu Grunde: Der Aufsichtsrat der DaimlerChrysler AG beschloss in seiner Sitzung vom 28.7.2005 gegen 9.50 Uhr, dass der damalige Vorstandsvorsitzende *Schrempp* zum 31.12.2005 aus dem Amt ausscheiden und das Vorstandmitglied *Zetsche* neuer Vorstandsvorsitzender werden solle. Wenige Minuten später versandte die *DaimlerChrysler AG* eine entsprechende Ad-hoc-Mitteilung. Ihr Aktienkurs stieg daraufhin beträchtlich. *Schrempp* hatte seine Überlegung, vorzeitig aus dem Vorstand auszusteigen, schon am 17.5.2005 mit dem Aufsichtsratsvorsitzenden erörtert und am 1.6.2005 zwei weiteren Aufsichtsratsmitgliedern mitgeteilt. Ab dem 10.7.2005 hatten der Kommunikationschef der *DaimlerChrysler AG* und die seit dem 6.7.2005 informierte Chefsekretärin an einer Pressemitteilung, einem externen Statement und einem Mitarbeiterbrief gearbeitet. Am 27.7.2005 hatte der Präsidialausschuss der *DaimlerChrysler AG* beschlossen, dem Aufsichtsrat am Folgetag eine Beschlussfassung über die Zustimmung zum vorzeitigen Ausscheiden und die Bestellung des Nachfolgers zum Jahreswechsel vorzuschlagen.

73 Im Rahmen von **zeitlich gestreckten Sachverhalten** gibt es mehrere Anknüpfungspunkte für die Ad-hoc-Publizität. Einerseits kann an das Ergebnis des zeitlich gestreckten Sachverhalts angeknüpft werden (bspw. auf die endgültige Niederlegung des Amtes durch ein Vorstandsmitglied). Solange dieses Ergebnis noch nicht eingetreten ist, handelt es sich um einen zukünftigen Umstand, dessen Veröffentlichungspflichtigkeit davon abhängt, ob der Umstand schon als hinreichend präzise bewertet werden kann.[144] Andererseits kann an jeden einzelnen Zwischenschritt auf dem Weg zur Erzielung des Endergebnisses angeknüpft werden. Hierbei handelt es sich um Umstände, die nach dem Abschluss des jeweiligen Zwischenschrittes bereits eingetreten sind. Darüber hinaus sind die einzelnen, noch nicht abgeschlossenen Zwischenschritte als zukünftige Umstände zu berücksichtigen. Wie nunmehr ausdrücklich durch Art. 7 Abs. 2 S. 2, Abs. 3 MAR geregelt, können auch Zwischenschritte eine präzise Information darstellen und zu einer Veröffentlichungspflicht führen, wenn für den einzelnen Zwischenschritt für sich genommen die weiteren Voraus-

[140] *Hopt/Kumpan* ZGR 2017, 765 (825); *Klöhn* in KölnKomm WpHG § 15 Rn. 97; *Assmann* in Assmann/Schneider WpHG § 15 Rn. 72; *Frowein* in Habersack/Mülbert/Schlitt, HdB der Kapitalmarktinformation, § 10 Rn. 27; *Spindler/Speier* BB 2005, 2031 (2033 f.); *Simon* Der Konzern 2005, 13 (16). Kritisch hingegen: *Kruse* in Schwark/Zimmer WpHG § 15 Rn. 48.
[141] EuGH v. 28.6.2012 – Rs. C-19/11, ECLI:EU:C:2012:397 – *Geltl*.
[142] *Veil* ZBB 2014, 85 (89 ff.); *Klöhn* AG 2016, 423 (426 ff.).
[143] BGH NZG 2011, 109, 1. Vorlagefrage sowie Rn. 14.
[144] → Rn. 43 sowie → § 6 Rn. 57 ff.

setzungen einer Insiderinformation vorliegen. Insbesondere die Kursrelevanz eines frühen Zwischenschrittes ist bei unsicherem Eintritt des Endergebnisses kritisch zu untersuchen.

Im Fall *Geltl* kann man bereits in der Rücktrittsabsicht *Schrempps*, jedenfalls aber in der Mitteilung an den Aufsichtsratsvorsitzenden einen Zwischenschritt sehen.[145] **74**

Weitere Beispiele für Zwischenschritte, die veröffentlichungspflichtig sein können: Zwischenergebnisse bzw. Verfahrensschritte während eines Genehmigungsverfahrens; Vorstandsentscheidungen, die zur ihrer Wirksamkeit noch der Zustimmung des Aufsichtsrates bedürfen; Verfahrensschritte im Rahmen von M&A-Transaktionen; Strukturmaßnahmen innerhalb des Unternehmens, die mit Behörden und Vertragspartner abgestimmt und verhandelt werden und deren Wirksamkeit von der Zustimmung mehrerer Organe des Emittenten (insbesondere Vorstand und Aufsichtsrat) abhängig ist (bspw. Kapitalerhöhung oder -herabsetzung, Umwandlungen, Abschluss von Unternehmensverträgen etc.).[146] **75**

Für die Praxis bedeutet dies, dass im Rahmen von zeitlich gestreckten Sachverhalten **76** jeder Zwischenschritt mit äußerster Sorgfalt auf seine Veröffentlichungspflicht zu untersuchen ist. Dabei ist allerdings auch stets die Möglichkeit eines Aufschubs der Veröffentlichung gem. Art. 17 Abs. 4 MAR zu berücksichtigen.[147]

d) Weitere Voraussetzungen einer Insiderinformation

Die Information darf nicht bereits öffentlich bekannt sein. Sie ist öffentlich bekannt, wenn **77** sie von einer unbestimmten Anzahl von Personen zur Kenntnis genommen werden kann.[148] Anders als unter Geltung von § 5 S. 1 Nr. 1 WpAIV aF ist die Bereichsöffentlichkeit der Information nicht ausreichend.[149]

Die Information muss außerdem geeignet sein, den Kurs erheblich zu beeinflussen. Dies **78** ist gem. Art. 7 Abs. 4 MAR der Fall, wenn ein verständiger Anleger sie wahrscheinlich als Teil der Grundlage seiner Anlageentscheidung nutzen würde.[150]

e) Keine Saldierung von Informationen

Eine Saldierung mehrerer Insiderinformationen findet nicht statt. Gibt es mehrere Insider- **79** informationen, die sich unmittelbar auf einen Emittenten beziehen, und deren Wirkung auf den Aktienkurs sich vermutlich neutralisiert, führt dies nicht zum Entfallen der Ad-hoc-Publizitätspflicht.[151] Die Bewertung der einzelnen Insiderinformation sowie deren Zusammentreffen sind dem Markt zu überlassen. Der Wert einer Information ist stets abhängig von der grundlegenden Informationslage, sodass eine Insiderinformation, die zunächst in ihren zu erwartenden Kursauswirkungen neutralisiert wird, eine wichtige Grundlage für die Einordnung späterer (Insider-)Informationen darstellen kann. Beide Insiderinformationen sind ad-hoc zu veröffentlichen.

---

145 Vgl. BGH v. 23.4.2013, NZG 2013, 708 – *Geltl*.
146 Weitere Beispiele bei *Ihrig* VGR Gesellschaftsrecht in der Diskussion 2012, 113 (117).
147 → Rn. 95 ff.
148 Vgl. BaFin Emittentenleitfaden 2013 S. 51.
149 → § 6 Rn. 75 ff.
150 → § 6 Rn. 100 ff. Die BaFin hat in den FAQ zu Art. 17 MAR (20.6.2017) unter III.6.b) dargelegt, in Folge des Lafonta-Urteils (→ § 6 Rn. 123) sei das Spektrum des verständigen Anlegers zumindest auch auf den spekulativ handelnden Anleger zu erweitern.
151 S. zu entsprechenden Ansätzen im Vereinigten Königreich, denen sich die FCA allerdings nicht angeschlossen hat: *Koch* in Veil, Europäisches Kapitalmarktrecht, § 19 Rn. 62 ff.

f) Praktisch relevante Fallgruppen

80 Ein vollständiger Katalog, der sämtliche relevanten Sachverhalte enthält und einer abschließenden Lösung zuführt, ist nicht möglich. Die folgenden Ausführungen greifen lediglich einige besonders praxisrelevante Konstellationen auf.[152] Es bedarf stets einer Prüfung, ob die Argumente, die im Grundsatz für eine Veröffentlichungspflicht sprechen, auch im Einzelfall zutreffend sind.

81 **aa) Kapitalmaßnahmen.** Sowohl Kapitalerhöhungen als auch Kapitalherabsetzungen stellen typischerweise Informationen dar, die einen unmittelbaren Emittentenbezug aufweisen und Auswirkungen auf den Fundamentalwert des Emittenten haben können. Sobald die Information hinreichend präzise und auch kurserheblich ist, entsteht eine Veröffentlichungspflicht.[153]

82 Für sämtliche Kapitalmaßnahmen ist ein Beschluss der Hauptversammlung notwendig (§§ 179 Abs. 1, 182 Abs. 1, 192 Abs. 1, 202 Abs. 2, 207 Abs. 1, 222 Abs. 1, 229 Abs. 1, 3, 237 Abs. 2 AktG). Sowohl Vorstand als auch Aufsichtsrat haben in der Bekanntmachung Vorschläge zur Beschlussfassung zu machen. Verdichten sich die Pläne des Vorstands, eine Kapitalmaßnahme durchzuführen, können die entsprechenden Vorstandsbeschlüsse einerseits als Zwischenschritte ad-hoc-publizitätspflichtig sein, andererseits kann die spätere Kapitalmaßnahme ad-hoc-publizitätspflichtig sein, wenn man vernünftigerweise erwarten kann, dass sie in Zukunft erfolgen wird. Auch die Aufsichtsratsbeschlüsse können einerseits selbst (als Zwischenschritte) ad-hoc-pflichtig sein und sind andererseits gleichzeitig für die Prüfung zu berücksichtigen, ob das Endereignis vernünftigerweise erwartet werden kann. Spätestens der Beschluss der Hauptversammlung stellt regelmäßig einen ad-hoc-pflichtigen Umstand dar (in der Regel ist die Information freilich vorher schon bekannt geworden, so dass keine Insiderinformation mehr vorliegen dürfte).

83 Dies gilt regelmäßig auch für den Beschluss der Hauptversammlung, welcher genehmigtes Kapital schafft.[154] Zwar bedarf es für die spätere Kapitalerhöhung noch einer Reihe weiterer Schritte (insbesondere eines Vorstandsbeschlusses über die Ausnutzung und der Zustimmung des Aufsichtsrates zu diesem Beschluss), allerdings eröffnet bereits die Schaffung genehmigten Kapitals dem Vorstand neue weitreichende Handlungsoptionen, da er für einen Zeitraum von bis zu fünf Jahren eine Kapitalerhöhung bis zur Hälfte des Grundkapitals, das zur Zeit der Ermächtigung vorhanden ist, durchführen kann. Dies schafft Raum für grundlegende strategische, kapitalintensive Entscheidungen des Vorstands und kann die Attraktivität des Emittenten als Zielgesellschaft von Unternehmensübernahmen und damit mittelbar die Aktionärsstruktur beeinflussen (Stichwort: Kapitalerhöhung als Abwehrmaßnahme).

84 Auch die spätere Ausnutzung des genehmigten Kapitals durch den Vorstandsbeschluss und den flankierenden Aufsichtsratsbeschluss, in welchen die Konditionen der Kapitalerhöhung festgelegt werden, können ad-hoc-pflichtige Umstände sein, auch wenn zu diesem Zeitpunkt die spätere Realisierung dieser Beschlüsse durch Unterzeichnung eines Übernahmevertrages noch nicht sichergestellt ist.[155]

85 **bb) Vorabveröffentlichung von Finanzinformationen und Prognoseänderungen.** Bei der Vorabveröffentlichung von Finanzinformationen und Prognoseänderungen handelt es sich um eine zentrale Fallgruppe der Ad-hoc-Publizitätspflicht. Erfährt der Emittent, dass sich in einem abgelaufenen Zeitraum wesentliche Veränderungen in seinen Finanzkennzahlen im Vergleich zu denjenigen eines vorangegangenen Zeitraums ergeben und/oder weichen diese Veränderungen von vorher veröffentlichten Prognosen erheblich ab, kann

[152] Zu weiteren Beispielen → § 6 Rn. 125 ff.

[153] BaFin Emittentenleitfaden 2013 S. 53.

[154] Eine Veröffentlichungspflicht des Hauptversammlungsbeschlusses ablehnend und erst den Ausnutzungsbeschluss des Vorstands als ad-hoc-publizitätspflichtig einordnend: *Pfüller* in Fuchs WpHG § 15 Rn. 231.

[155] So auch: *Pfüller* in Fuchs WpHG § 15 Rn. 234.

dies eine Insiderinformation darstellen. Beispielhaft sind erhebliche Abweichungen des Umsatzes oder Ergebnisses von den bisherigen Markterwartungen zu nennen, ferner außerplanmäßige Abschreibungen aufgrund außergewöhnlicher Ereignisse (Stilllegung von Betrieben, Enteignung, Katastrophen) etc.[156] Handelt es sich um unerhebliche Abweichungen von den Markterwartungen, ist insbesondere die Kursrelevanz kritisch zu hinterfragen.

Veröffentlicht der Emittent am Kapitalmarkt nicht allgemein geläufige Finanzkennzahlen, **86**
sind die ESMA Leitlinien für Alternative Leistungskennzahlen[157] und die entsprechenden Q&A[158] zu berücksichtigen. Die genutzten Kennzahlen müssen im Geschäftsverkehr üblich sein und einen Vergleich mit den vorherigen Kennzahlen ermöglichen.[159]

cc) Personelle Veränderungen. Der Fall Geltl (→ Rn. 71 f.) ist ein Musterbeispiel dafür, **87**
dass eine personelle Veränderung beim Emittenten eine ad-hoc-publizitätspflichtige Insiderinformation sein kann. Dies brachte der Emittentenleitfaden bereits zu § 15 WpHG aF zum Ausdruck und führte aus, dass Personalveränderungen insbesondere dann eine Ad-hoc-Publizitätspflicht auslösen können, „wenn es sich um die Berufung oder Abberufung von Organmitgliedern in Schlüsselpositionen handelt, dh wenn es sich um Personen handelt, bei denen eine maßgebliche Einwirkung auf den Geschäftsverlauf zu erwarten ist oder bislang bestand". Dann könne „eine solche Veränderung ein erhebliches Preisbeeinflussungspotenzial besitzen. So [könne] das überraschende Ausscheiden des Vorsitzenden oder des Sprechers des Organs oder das Ausscheiden eines Gründungsmitglieds aus einem Organ eine Signalwirkung für den Kapitalmarkt haben. Bei Unternehmen, deren Entwicklung von der Innovationsfähigkeit oder Kreativität einzelner Personen abhängt, [könnten] dies auch Personalveränderungen außerhalb der Organe in den Bereichen Forschung oder Entwicklung oder Design sein."[160]

Diese Ausführungen sind auch zur MAR gültig. Ausgangspunkt ist, dass Entscheidungen **88**
über die **Besetzung des Vorstands** (Bestellung, Abberufung und Aufhebungsvertrag) **vom Aufsichtsrat** getroffen werden (§ 84 AktG). Es ist anhand sämtlicher Umstände des Einzelfalls zu beurteilen, ob bei einem solchen gestreckten Entscheidungsprozess ein Zwischenschritt bzw. das Endereignis als Insiderinformation zu qualifizieren ist. So kann beispielsweise die Mitteilung des bisherigen Vorstandsvorsitzenden gegenüber dem Aufsichtsratsvorsitzenden über seine Absicht, vor Ablauf der Amtszeit im Einvernehmen mit dem Aufsichtsrat aus dem Amt auszuscheiden, bereits eine Insiderinformation über einen bereits eingetretenen, nicht öffentlich bekannten Umstand sein[161] und daher eine Veröffentlichungspflicht bestehen.

dd) Beteiligungserwerb. Bei einem Erwerb von Stimmrechten ist der Investor gem. **89**
§§ 33 ff. WpHG nF zur Mitteilung verpflichtet und der Emittent hat diese Information gem. § 40 WpHG nF zu veröffentlichen. Die Pflicht zur Veröffentlichung einer Insiderinformation gem. Art. 17 MAR wird durch die §§ 33 ff. WpHG nF nicht verdrängt (→ Rn. 13),[162] so dass bei Berühren einer Meldeschwelle nicht nur eine **Stimmrechtsmitteilung** durch den betreffenden Aktionär abzugeben sein kann, sondern auch eine **Ad-hoc-Publizitätspflicht** für den Emittenten (wenn diese Information ihn gem. Art. 17 Abs. 1 S. 1 MAR unmittelbar betrifft) begründet sein kann.[163] Dies folgt aus der gesetzlichen Ausgestaltung der Publizitätspflicht nach Art. 17 Abs. 1 MAR; der Tatbestand setzt

156 BaFin Emittentenleitfaden 2013 S. 58.
157 ESMA, Leitlinien – Alternative Leistungskennzahlen (APM) v. 5.10.2015, ESMA/2015/1415.
158 ESMA, Questions and Answers – ESMA Guidelines on Alternative Performance Measures (APMs) v. 12.7.2017, ESMA-32-51-370.
159 BaFin Emittentenleitfaden 2013 S. 56 f.; BaFin FAQ Art. 17 MAR, 20.6.2017, III.4.
160 BaFin Emittentenleitfaden 2013 S. 57.
161 BGH v. 23.4.2013, NZG 2013, 708 – *Geltl.*
162 Vgl. *Zimmermann* in Fuchs WpHG Vor §§ 21 bis 30 Rn. 32 ff.; *Hirte* in KölnKomm WpHG § 21 Rn. 56 f.; *Opitz* in Schäfer/Hamann WpHG § 21 Rn. 44; *U. H. Schneider* in Assmann/Schneider WpHG Vor § 21 Rn. 57.
163 *Assmann* in Assmann/Schneider WpHG § 15 Rn. 92 f.

nicht (mehr) voraus, dass der Umstand im Tätigkeitsbereich des Emittenten eingetreten ist. Es genügt, dass die Information den Emittenten unmittelbar betrifft, was beim Erwerb von Stimmrechten der Fall sein kann (→ Rn. 46 ff., 56). Eine Veröffentlichungspflicht gem. Art. 17 Abs. 1 MAR dürfte in der Praxis aber nur ausnahmsweise bestehen, denn eine Insiderinformation liegt nur dann vor, wenn nicht öffentlich bekannte Umstände geeignet sind, im Falle ihres öffentlichen Bekanntwerdens den Börsen- oder Marktpreis erheblich zu beeinflussen. Ein verständiger Anleger würde die Information über den Einstieg eines Investors in der Regel bei seiner Anlageentscheidung nur berücksichtigen, wenn der Investor strategische Interessen verfolgt.[164] In einem solchen Fall kann allerdings auch dann eine Veröffentlichungspflicht gem. Art. 17 MAR begründet sein, wenn der Investor keine der Schwellen des § 33 WpHG nF erreicht, über- oder unterschritten hat.[165]

90 **ee) Rechtsverstöße (Complianceverstöße).** Auch Rechtsverstöße innerhalb eines Unternehmens können ad-hoc-mitteilungspflichtige Informationen darstellen.[166] Prominentes Beispiel ist die Verwendung von Manipulationssoftware in VW-Dieselfahrzeugen.[167]

91 Eine Ad-hoc-Publizitätspflicht soll außerdem bei strafbarem Verhalten von Organmitgliedern im Zusammenhang mit ihrer organschaftlichen Tätigkeit begründet sein, weil diese Information den Emittenten unmittelbar betrifft. Allerdings wird diskutiert, ob der aus der Offenlegungspflicht resultierende Zwang zur öffentlichen Selbstbezichtigung als verfassungswidrig angesehen werden muss.[168]

92 **ff) M&A-Transaktionen.** M&A-Transaktionen können vielfältig strukturiert sein. Im Rahmen von öffentlichen Übernahmen kommen Publizitätspflichten sowohl der Bieter- als auch der Zielgesellschaft in Betracht. [169] Die Transaktionen sind durch eine Vielzahl an Zwischenschritten geprägt, hinsichtlich derer eine Veröffentlichungspflicht jeweils separat zu untersuchen ist. [170] Überlegungen, ein Angebot abzugeben, entsprechende unternehmensinterne Vorbereitungen inklusive der Beauftragung von Beratern und die Entscheidung, Vorgespräche mit der Zielgesellschaft aufzunehmen, dürften typischerweise noch keine Insiderinformation darstellen, sei es mangels Präzision der Information, sei es mangels Kurserheblichkeit.[171] Dies gilt typischerweise auch für nicht bindende Angebotsschreiben der Bietergesellschaft und für den Abschluss von *non disclosure agreements*. Trifft ein **Bieter** die Entscheidung zur Abgabe eines Angebots, greift die Publizitätspflicht des § 10 Abs. 1 WpÜG ein und verdrängt Art. 17 MAR, soweit der Anwendungsbereich von § 10 Abs. 6 WpÜG reicht (→ Rn. 14). Nicht von § 10 Abs. 1 WpÜG erfasste Informationen können jedoch nach Art. 17 MAR veröffentlichungspflichtig sein. [172] Auch bereits die Absicht, ein Übernahmeangebot abzugeben, kann eine Insiderinformation darstellen, wobei insbesondere nach erfolgter Due-Diligence Prüfung typischerweise auch von der Kurserheblichkeit auszugehen ist.[173]

Für eine **Zielgesellschaft** kann die Kenntnis von einer Übernahmeabsicht eine ad-hoc Publizitätspflicht auslösen.[174] Lediglich die Gewährung einer Due-Diligence-Prüfung ist hingegen typischerweise noch nicht ausreichend.[175] Auch die Absicht, außerhalb einer

---

[164] → Rn. 56: vgl. auch *Zimmermann* in Fuchs WpHG Vor §§ 21 bis 30 Rn. 33.
[165] Ähnlich *Zimmermann* in Fuchs WpHG Vor §§ 21 bis 30 Rn. 33; *Hirte* in KölnKomm WpHG § 21 Rn. 56; *U. H. Schneider* in Assmann/Schneider WpHG Vor § 21 Rn. 59.
[166] *Klöhn* ZIP 2015, 1145 (1150 ff.); *Schockenhoff* NZG 2015, 409.
[167] Vgl. hierzu LG Stuttgart v. 28.2.2017 – 22 AR 1/17 Kap Rn. 38 (Vorlagebeschluss im Verfahren gegen die Porsche Automobil Holding SE).
[168] In diesem Sinne *Assmann* in Assmann/Schneider WpHG § 15 Rn. 91. AA *Versteegen* in KölnKomm WpHG 1. Aufl. 2007 § 15 Rn. 91.
[169] *Hopt/Kumpan* ZGR 2017, 765 ff.
[170] → Rn. 71 ff.
[171] *Hopt/Kumpan* ZGR 2017, 765 (786 ff.); BaFin Emittentenleitfaden 2013 S. 58.
[172] *Pfüller* in Fuchs WpHG § 15 Rn. 243.
[173] BaFin Emittentenleitfaden 2013 S. 33.
[174] BaFin Emittentenleitfaden 2013 S. 59.
[175] *Hopt/Kumpan* ZGR 2017, 765 (802).

öffentlichen Übernahme ein größeres **Aktienpaket** zu erwerben, kann eine Insiderinformation darstellen. Vorbereitungshandlungen sind – entsprechend wie bei öffentlichen Übernahmeangeboten – typischerweise noch nicht publizitätspflichtig.[176] Im Rahmen eines **Auktionsverfahrens** liegt eine Insiderinformation typischerweise nur bei der veräußernden Gesellschaft vor, da diese am Ende der Auktion sicher einen Verhandlungspartner erhalten wird.[177] Für die Interessenten liegt hingegen wegen des ungewissen Ausgangs der Auktion grundsätzlich keine Insiderinformation vor.[178] Der Abschluss der Transaktion stellt typischerweise eine Insiderinformation dar.[179]

3. Aufschubbefugnisse

a) Überblick

aa) Zweck und regelungssystematischer Zusammenhang. Art. 17 MAR beinhaltet unmittelbar zwei Möglichkeiten, die Veröffentlichung von Insiderinformationen zeitweise aufzuschieben. Einerseits kann ein Emittent die Veröffentlichung aufschieben, wenn der Schutz seiner berechtigten Interessen dies erfordert (Art. 17 Abs. 4 UAbs. 1 MAR). Als Lehre aus der Finanzkrise ist außerdem ein Aufschub möglich, wenn dieser zur Wahrung der Stabilität des Finanzsystems erforderlich ist (Art. 17 Abs. 5 MAR). **93**

bb) Darlegungs- und Beweislast. Möchte der Emittent von den Möglichkeiten eines Aufschubs der Ad-hoc-Publizität Gebrauch machen, trifft ihn die Darlegungs- und Beweislast für diese ihm günstigen Tatsachen.[180] **94**

b) Aufschub zum Schutz berechtigter Interessen

Die Möglichkeit des Aufschubs der Veröffentlichung zum Schutz berechtigter Interessen des Emittenten ist weitgehend an die frühere Regelung in Art. 6 Abs. 2 MAD 2003 angelehnt. Sie wird auf Level 2 durch die Durchführungsverordnung (EU) 2016/1055 konkretisiert. Diese enthält technische Durchführungsstandards hinsichtlich der technischen Mittel für den Aufschub. Dennoch lassen sich ihr zumindest mittelbar auch Konkretisierungen der materiellen Voraussetzungen für einen Aufschub entnehmen (→ Rn. 130). Hilfreich für die Konkretisierung der berechtigten Interessen des Emittenten (und der Gefahr der Irreführung der Öffentlichkeit) sind die Leitlinien der ESMA über den Aufschub der Offenlegung von Insiderinformationen.[181] Die Leitlinien sind nicht abschließend und es bedarf, auch wenn der zu beurteilende Fall grundsätzlich von den Leitlinien erfasst ist, stets einer kritischen Überprüfung, ob es sich tatsächlich um berechtigte Interessen des Emittenten handelt und ob keine Eignung zur Irreführung besteht.[182] Die BaFin hat entsprechend Art. 16 Abs. 3 UAbs. 2 ESMA-VO erklärt, die MAR-Leitlinien anwenden und sie im Rahmen ihrer Verwaltungspraxis zur Konkretisierung von Art. 17 Abs. 4 MAR nutzen zu wollen.[183] Ergänzt werden diese Regelungen durch die auf Grundlage von § 26 Abs. 4 Nr. 2 WpHG nF geänderte WpAV. **95**

aa) Berechtigte Interessen des Emittenten. Der unbestimmte Rechtsbegriff der berechtigten Interessen des Emittenten stellt eine der zentralen Tatbestandsvoraussetzungen **96**

---

[176] *Hopt/Kumpan* ZGR 2017, 765 (807 ff.).
[177] *Hopt/Kumpan* ZGR 2017, 765 (809 f.).
[178] BaFin Emittentenleitfaden 2013 S. 58 f.; *Hopt/Kumpan* ZGR 2017, 765 (809 f., 820).
[179] *Assmann* in Assmann/Schneider WpHG § 13 Rn. 68; BaFin Emittentenleitfaden 2013 S. 53.
[180] Vgl. auch die Einschätzung der ESMA, dass der Emittent verpflichtet sei, die Tatsachen gegenüber der Behörde „zu erklären" bzw. „zu beweisen": ESMA/2016/1130 Rn. 60, 72, 74, 76.
[181] ESMA/2016/1478 DE und ESMA/2016/1130. Zu den Rechtswirkungen von Leitlinien und Empfehlungen der ESMA → § 2 Rn. 14. Diese bauen auf den CESR-Ausführungen auf: CESR/06-562b.
[182] Erwägungsgrund 50 MAR; ESMA/2016/1478 DE 4; ESMA/2016/1130 Rn. 52 f.
[183] https://www.bafin.de/SharedDocs/Veroeffentlichungen/DE/Anlage/161205_Aufschub_Insiderinformationen _ESMA.html;jsessionid=C680BAB4D96E88C4ABBC734EB8099359.1_cid390.

im System der Ad-hoc-Publizität dar. Es ist umstritten, ob der Begriff der berechtigten Interessen tendenziell weit oder tendenziell eng auszulegen ist. Die ESMA spricht sich in ihrem *Final Report* für ein tendenziell enges Verständnis aus. Der Aufschub der Veröffentlichung stelle die Ausnahme zur grundsätzlichen Regel der Veröffentlichung dar.[184] Aus diesem Grund wurde auch die frühere Konkretisierung durch CESR, wonach berechtigte Interessen bei „schwebenden Entwicklungen, die durch eine frühzeitige Veröffentlichung beeinträchtigt werden könnten",[185] nicht mit in die Leitlinien übernommen.[186] Diese Auslegung überzeugt nicht. Die Unklarheit über die grundsätzliche Reichweite der berechtigten Interessen ist Folge des Zieldualismus der Ad-hoc-Publizität, welche die Europäische Kommission zunächst bewogen hatte, nach dem Vorbild des Vereinigten Königreichs für die Zwecke der Insiderverbote eine Insiderinformation *light* (RINGA) in den Entwürfen zur MAR vorzusehen (mit dem Ziel, dass die Insiderverbote früher eingreifen als die Offenlegungspflicht). Die Ad-hoc-Publizität dient nach ihrer hergebrachten Konzeption den Zielen der Vermeidung von Insiderhandel einerseits (Marktmissbrauch) und der Stärkung der Informationseffizienz andererseits (Transparenz). Auf Grundlage vor allem marktmissbrauchsrechtlicher Erwägungen ist der Begriff der Insiderinformation kontinuierlich, zuletzt durch die Auslegungsgrundsätze des EuGH in der Sache Geltl, ausgeweitet worden.[187] Während dies zur effektiven Bekämpfung von Insiderhandel folgerichtig ist, bestehen aus transparenzrechtlicher Perspektive Zweifel an der stetigen Ausdehnung des Begriffs der Insiderinformation und damit der Ad-hoc-Publizitätspflicht. Sie führt zu steigenden Compliance-Kosten für den Emittenten und kann sich negativ auf die Unternehmensentwicklung auswirken, beispielsweise wenn der erfolgreiche Abschluss von Vertragsverhandlungen durch Veröffentlichung von Informationen über den Verhandlungsprozess gefährdet würde. Mit dem übergeordneten Ziel der EU, die Möglichkeiten der Unternehmensfinanzierung über den Kapitalmarkt zu stärken,[188] ist dies nur schwerlich vereinbar. Deshalb bedarf es eines Korrektivs (in Gestalt der Aufschubbefugnis). Dass mit einer Ausweitung der Publizitätspflicht auch eine Ausweitung der Befugnis, die Veröffentlichung aufzuschieben korrespondiert, zeigt sich auch an der Regelung in der MAR zu zeitlich gestreckten Sachverhalten. Einerseits wird durch Art. 7 Abs. 3 MAR klargestellt, dass auch Zwischenschritte den Tatbestand einer Insiderinformation erfüllen können, andererseits kann auch die Veröffentlichung von Zwischenschritten gem. Art. 17 Abs. 4 UAbs. 2 MAR aufgeschoben werden, wenn berechtigte Interessen des Emittenten bestehen und die weiteren Voraussetzungen für einen Aufschub vorliegen. Der Begriff der berechtigten Interessen ist entgegen der Ansicht der ESMA daher nicht eng auszulegen.[189]

97 Das deutsche Recht sah in Umsetzung der MAD 2003 eine abstrakte Definition der berechtigten Interessen vor. Nach § 6 S. 1 WpAIV aF war ein Aufschub berechtigt, wenn „die Interessen des Emittenten an der Geheimhaltung der Information die Interessen des Kapitalmarktes an einer vollständigen und zeitnahen Information überwiegen". Diese Regelung wurde in § 6 S. 1 WpAV beibehalten. Art. 17 Abs. 4 MAR sieht eine solche Abwägung konkurrierender Interessen nicht explizit vor. Ein Großteil der Literatur will daher den Aufschub allein von den Interessen des Emittenten abhängig machen.[190] Diese Auslegung überzeugt nicht. Eine normzweckorientierte Auslegung gebietet es, dass der

[184] ESMA/2016/1130 Rn. 52. Für eine enge Interpretation des Begriffs der berechtigten Interessen, allerdings noch zu § 15 WpHG: *Bachmann* DB 2012, 2206 (2210). Tendenziell ebenfalls, allerdings bei gestreckten Sachverhalten einen großzügigeren Maßstab anlegend: *Grundmann* in GroßkommHGB Bd. XI Bankvertragsrecht 6. Teil Rn. 512.

[185] CESR/06–562b: „impending developments that could be jeopardised by premature disclosure".

[186] ESMA/2016/1130 Rn. 50.

[187] → § 5 Rn. 12.

[188] Vgl. Europäische Kommission, Aktionsplan zur Schaffung einer Kapitalmarktunion vom 30.9.2015, COM(2015) 468 final.

[189] *Kumpan* DB 2016, 2039 (2043).

[190] Vgl. *Klöhn* AG 2016, 423 (430f.); *Kumpan* DB 2016, 2039 (2043); *Poelzig* NZG 2016, 761 (764); *Retsch* NZG 2016, 1201 (1202); *Soehner* BB 2017, 259 (260).

Emittent bei seiner Entscheidung über den Aufschub der Offenlegung der Information berücksichtigt, dass die Marktteilnehmer ein Interesse an der Offenlegung kursrelevanter Informationen haben.[191] Dies kann rechtsdogmatisch am Begriff der *berechtigten* Interessen festgemacht werden.[192]

Eine abstrakte Konkretisierung der berechtigten Interessen, welche sich von der Aufzählung anekdotischer Beispiele löst, bereitet erhebliche Probleme. So wie es keinen eigenen „Willen der Gesellschaft" gibt, gibt es kein eigenes „Interesse der Gesellschaft" bzw. kein eigenes „Interesse des Emittenten". Kann der Wille der Gesellschaft durch Aggregation der individuellen Willensentscheidungen der Gesellschafter im Rahmen der Beschlussfassung zumindest mittelbar und näherungsweise als Wille der Gesellschaft bestimmt werden, gibt es kein Verfahren zur Aggregation der individuellen Interessen der Gesellschafter zu „dem Interesse der Gesellschaft". Deshalb ist zur **Feststellung** der **Interessen** der Gesellschaft in typisierender Betrachtungsweise auf die Interessen **der Gesellschafter** abzustellen.[193] Dies manifestiert sich auch im 50. Erwägungsrund zur MAR, welcher auf „die Interessen der vorhandenen und potenziellen Aktionäre" abstellt, sowie in den darauf aufbauenden Leitlinien der ESMA.[194] 98

Ein berechtigtes Interesse des Emittenten besteht grundsätzlich, wenn den Gesellschaftern durch die Veröffentlichung ein Nachteil droht.[195] Dieser Nachteil manifestiert sich in zu **erwartenden negativen Auswirkungen auf den Fundamentalwert der Aktie**.[196] Allerdings ist nicht jeder Nachteil berücksichtigungsfähig. Zunächst muss der Nachteil eine gewisse Intensität erreichen. Auch wenn eine Abwägung nach dem Wortlaut von Art. 17 Abs. 4 MAR nicht erforderlich ist,[197] ist aufgrund des Zwecks der Ad-hoc-Publizität zu fordern, dass der Nachteil von solcher Intensität ist, dass das Informationsinteresse des Kapitalmarktes dahinter zurückstehen muss.[198] Denn mit jeder negativen Mitteilung geht typischerweise ein Kursverlust einher. Genauso wenig ist allein ein durch die Veröffentlichung drohender Reputationsverlust typischerweise als ein *berechtigtes* Interesse einzuordnen.[199] 99

Der Nachteil muss für den Fall der Veröffentlichung der Insiderinformation nicht feststehen, eine bloß **hinreichende Wahrscheinlichkeit** des **Nachteils** ist ausreichend.[200] Von einer hinreichenden Wahrscheinlichkeit kann bereits dann ausgegangen werden, wenn das Ereignis zwar nicht überwiegend wahrscheinlich ist, aber eine gewisse Wahrscheinlichkeit besteht und gleichzeitig ein schwerer Nachteil für den Emittenten droht (*probability/magnitude*). Denn der Schutz des Emittenten vor einer ausufernden Publizitätspflicht auf der Grundlage eines unverändert weiten Begriffes der Insiderinformation erfordert die Berücksichtigung von Ereignissen, die mit einem erheblichen negativen Erwartungswert verbunden sind, auch wenn keine überwiegende Wahrscheinlichkeit für den Nachteilseintritt 100

[191] Ein anderes Konzept verfolgt *Steinrück*, Das Interesse des Kapitalmarkts am Aufschub der Ad-hoc-Publizität, Abschnitt D. I. (im Anschluss an *Kersting*, ZBB 2011, 442, wonach ein Aufschub voraussetzt, dass die vorübergehende Geheimhaltung der Information (auch) im Interesse des Kapitalmarkts liegt.

[192] Vgl. auch *Steinrück*, Das Interesse des Kapitalmarkts am Aufschub der Ad-hoc-Publizität, Abschnitt D. I., der diese Auslegung für möglich hält.

[193] *Klöhn* ZHR 178 (2014) 55 (73 ff.); *Klöhn/Schmolke* ZGR 2016, 866 (875 f.); *Bartmann*, Ad-hoc-Publizität im Konzern, S. 343 ff.; *Mülbert/Sajnovits* WM 2017, 2001 (2004).

[194] ESMA/2016/1478 DE Rn. 8 lit. b).

[195] Zumeist wird unspezifischer auf einen Nachteil für „den Emittenten" abgestellt. S. bspw. *Pfüller* in Fuchs WpHG § 15 Rn. 352; *Assmann* in Assmann/Schneider WpHG § 15 Rn. 157; *Koch* in Veil, Europäisches Kapitalmarktrecht, § 19 Rn. 83.

[196] *Klöhn* in KölnKomm WpHG § 15 Rn. 190 ff.; *Klöhn* ZHR 178 (2014), 55 (80 f.); *Klöhn/Schmolke* ZGR 2016, 866 (875 f.).

[197] → Rn. 97.

[198] So zu Art. 6 Abs. 1 S. 1 MAD 2003: *Schröder*, Die Selbstbefreiung, S. 122 f.; *Koch* in Veil, Europäisches Kapitalmarktrecht, § 19 Rn. 84.

[199] Ausführlich zur Berücksichtigungsfähigkeit von Reputationsschäden: *Klöhn/Schmolke* NZG 2015, 689; *Klöhn/Schmolke* ZGR 2016, 866.

[200] *Pfüller* in Fuchs WpHG § 15 Rn. 445; *Klöhn* in KölnKomm WpHG § 15 Rn. 227.

gegeben ist. Das Informationsinteresse des Kapitalmarktes wird durch die weiteren Voraussetzungen für einen Aufschub der Veröffentlichung hinreichend sichergestellt.

101 Befürchtet der Emittent eine aus seiner Sicht unzutreffende Reaktion auf eine Ad-hoc-Mitteilung, kann er die Veröffentlichung nicht aus diesem Grund aufschieben. Die richtige Einschätzung einer Information und deren Reflektion im Preis ist grundsätzlich Aufgabe des Marktes, durch dessen komplexes Zusammenspiel sich erst eine zutreffende Bewertung der Information insbesondere auch unter Berücksichtigung früherer Markterwartungen ergibt.[201] Gleichzeitig bedarf es einer Veröffentlichung, um das Insiderhandelsverbot effektiv zu flankieren.

102 Die **Interessen Dritter** sind grundsätzlich unbeachtlich. Innerhalb eines Konzerns können allerdings auch die Interessen einer Tochter- bzw. Enkelgesellschaft berücksichtigt werden, wenn sich diese zu genuinen Eigeninteressen des Emittenten verdichten. Spiegelbildlich zur Publizitätspflichtigkeit einer bei einer Tochter- bzw. Enkelgesellschaft auftretenden Information, bedarf es für die Berücksichtigung als berechtigte Interessen des Emittenten einer *gewissen Relevanz für den Emittenten selbst.* Droht der Nachteil bei der Tochtergesellschaft selbst einzutreten, bei der die ad-hoc-publizitätspflichtige Insiderinformation entstanden ist, spricht vieles dafür, auch den Nachteil als in einem *hinreichenden Näheverhältnis* zu dem Emittenten selbst stehend zu beurteilen. Allerdings können auch Nachteile, die unmittelbar bei einer anderen Tochter- bzw. Enkelgesellschaft eintreten, zu Nachteilen für den Emittenten selbst führen, so dass einen Aufschub berechtigende Interessen vorliegen können.

103 Der Emittent hat keine Einschätzungsprärogative hinsichtlich des Vorliegens berechtigter Interessen. Es handelt sich um einen unbestimmten Rechtsbegriff, der vollumfänglich der gerichtlichen Prüfungskompetent unterfällt. Mangels unternehmerischer Entscheidung greift auch die *Business-Judgment-Rule* nicht ein.[202] Eine andere Frage ist, ob dem Vorstand des Emittenten ein Beurteilungsspielraum einzuräumen ist (legal judgment).[203]

104 **(1) Laufende Verhandlungen.** Eine wichtige Fallgruppe für den Aufschub der Ad-hoc-Publizität wegen berechtigter Interessen des Emittenten sind Verhandlungen, deren Ergebnis durch die unverzügliche öffentliche Bekanntgabe wahrscheinlich gefährdet würde.[204] Dies ist im deutschen Recht in § 6 S. 2 Nr. 1 WpAV vorgesehen. Die ESMA gibt für diese Fallgruppe die folgenden, nicht abschließenden Beispiele: Verhandlungen über Fusionen, Übernahmen, Aufspaltungen und Spin-offs, Erwerb oder Veräußerung wesentlicher Vermögenswerte oder Unternehmenszweige, Umstrukturierungen und Reorganisationen.

105 **(2) Gefährdung der finanziellen Überlebensfähigkeit.** Befindet sich ein Emittent in finanzieller Schieflage, könnte eine frühzeitige Veröffentlichung einer laufenden Verhandlung beispielsweise mit finanzierenden Banken, wichtigen Lieferanten etc. den Verhandlungserfolg gefährden. Dies kann die berechtigten Interessen des Emittenten bzw. der aktuellen und zukünftigen Aktionäre beeinträchtigen.[205] Die Leitlinie der ESMA lautet: „Die **finanzielle Überlebensfähigkeit** des Emittenten ist **stark und unmittelbar gefährdet** – auch wenn er noch nicht unter das geltende Insolvenzrecht fällt –, und die **unverzügliche Bekanntgabe** von Insiderinformationen würde die **Interessen** der vorhandenen und potenziellen **Aktionäre erheblich beeinträchtigen**, indem der Abschluss

---

[201] Vgl. auch EuGH v. 11.3.2015 – Rs. C-628/13, ECLI:EU:C:2015:162 = NZG 2015, 432 Rn. 36 – *Lafonta.*

[202] In Kombination mit den erheblich verschärften Sanktionen resultieren hieraus enorme Haftungsrisiken für die Vorstände von Emittenten.

[203] Bejahend *Spindler* FS Canaris 2007, 403 (405 f.); *Veil* AG 2006, 690 (692 ff.).

[204] ESMA/2016/1478 DE Rn. 8 lit. a. S. 4; ESMA/2016/1130 Rn. 55 f.; s. auch Erwägungsgrund 50 lit. a) der MAR, welcher diese Fallgruppe aus Art. 3 Abs. 1i) RL 2003/124/EG übernommen hat. Vgl. aus der Lit.: *Retsch* NZG 2016, 1201 (1202 f.). Die Verortung in den Erwägungsgründen ist nicht ohne Kritik geblieben, s.: *Veil* ZBB 2014, 85 (93).

[205] ESMA/2016/1478 DE Rn. 8 lit. b. S. 5; ESMA/2016/1130 Rn. 57 f. S. auch Erwägungsgrund 50 lit. a) der MAR, welcher diese Fallgruppe aus Art. 3 Abs. 1i) RL 2003/124/EG übernommen hat.

der Verhandlungen gefährdet würde, die eigentlich zur Gewährleistung der finanziellen Erholung des Emittenten gedacht sind".

Der Fundamentalwert des Unternehmens würde negativ beeinträchtigt, wenn die Veröffentlichung einer negativen Information weitere negative Konsequenzen wie Kreditkündigungen etc. nach sich ziehen würde (Gefahr des Domino-Effekts).[206] Nicht notwendig ist, dass bereits ein Insolvenzantrag gestellt wurde.[207] Einem Emittenten soll durch die Aufschubbefugnis die finanzielle Erholung ermöglicht werden. Die Leitlinie der ESMA weicht in mancherlei Hinsicht vom Wortlaut des Erwägungsgrunds 50 der MAR ab. Die Leitlinie setzt voraus, dass die Bekanntgabe von Insiderinformationen die Interessen der Aktionäre „erheblich beeinträchtigt", während Erwägungsgrund 50 verlangt, dass die Bekanntgabe die Interessen „erheblich gefährdet" (wobei die Leitlinie mit dem Ausdruck beeinträchtigt uE nicht strenger urteilt), zudem stellt Erwägungsgrund 50 darauf ab, dass Verhandlungen der „langfristigen finanziellen Erholung des Emittenten" dienen, während nach der Leitlinie der ESMA auch eine Verhandlung über eine kurzfristige finanzielle Erholung ausreichend sein kann, um eine Aufschubbefugnis zu begründen (eine langfristige Erholung wird nicht explizit gefordert).[208] 106

(3) Notwendigkeit der Zustimmung eines weiteren Organs. Im Rahmen mehrstufiger Entscheidungsprozesse können bereits die einzelnen Zwischenschritte veröffentlichungspflichtige Insiderinformationen darstellen.[209] Insbesondere wenn eine endgültige Maßnahme eines Leitungsorgans (Vorstand einer AG oder Komplementär einer KGaA) oder der Abschluss bestimmter Verträge noch von der Zustimmung eines weiteren Organs (Aufsichtsrat) abhängig ist, kann dies ein berechtigtes Interesse für einen Aufschub darstellen. Allerdings soll das Abwarten der weiteren notwendigen Entscheidung keinen Automatismus darstellen.[210] 107

Die konkrete Ausgestaltung der Leitlinie wurde im Konsultationsverfahren sehr kontrovers erörtert, insbesondere vor dem Hintergrund einer bislang abweichenden Handhabung in Mitgliedstaaten mit einem dualistischen Führungssystem. Die ESMA hat der Kritik Rechnung getragen und die Leitlinie wie folgt formuliert: 108

> *„Die Insiderinformationen beziehen sich auf vom Geschäftsführungsorgan eines Emittenten getroffene Entscheidungen oder abgeschlossene Verträge, die gemäß dem innerstaatlichen Recht oder den Statuten des Emittenten der Zustimmung durch ein anderes Organ des Emittenten (abgesehen von der Hauptversammlung der Aktionäre) bedürfen, um wirksam zu werden, sofern die folgenden Voraussetzungen erfüllt sind:* 109
>
> *i. die unverzügliche Offenlegung dieser Informationen vor einer endgültigen Entscheidung würde die korrekte Bewertung der Informationen durch das Publikum gefährden und*
>
> *ii. der Emittent hat dafür gesorgt, dass die endgültige Entscheidung so schnell wie möglich getroffen wird."* [211]

Die Leitlinie ist in zweierlei Hinsicht zu eng gefasst. Es ist erstens nicht ausreichend, dass sie nur **Entscheidungen** und **Verträge** erfasst, die vom Geschäftsführungsorgan getroffen werden. In der dualistisch verfassten AG (§ 112 AktG) ist der Aufsichtsrat für bestimmte Angelegenheiten das vertretungsberechtigte Organ (ohne dass man ihn als Geschäftsführungsorgan bezeichnen würde). Insiderrechtlich kann dies insbesondere bei Personalmaßnahmen betr. des Vorstands relevant werden. Ein Emittent kann dann ebenfalls ein berechtigtes Interesse an einem Aufschub haben. Für diesen Fall ist die Leitlinie entsprechend heranzuziehen. Zweitens ist nicht überzeugend, dass die Leitlinie darauf abstellt, dass die 110

---

[206] *Kocher/Widder* NZI 2010, 925 (929).
[207] ESMA/2016/1478 DE Rn. 8 lit. b. S. 5.
[208] ESMA/2016/1130 Rn. 58.
[209] → Rn. 71 ff.
[210] ESMA/2016/1130 Rn. 68. Kritisch: *Krämer/Kiefner* AG 2016, 621 (625).
[211] ESMA/2016/1478 DE Rn. 8 lit. c.; vgl. auch Erwägungsgrund 50 lit. b) der MAR, welcher diese Fallgruppe aus Art. 3 Abs. 1ii) RL 2003/124/EG übernommen hat.

Entscheidung oder der Vertrag der Zustimmung durch ein anderes Organ des Emittenten bedarf, um *wirksam* zu werden. Die Zustimmung des Aufsichtsrats gem. § 111 Abs. 4 S. 3 AktG ist kein Wirksamkeitserfordernis! Es muss nach Sinn und Zweck des Art. 17 Abs. 4 MAR möglich sein, auch in diesem Fall die Offenlegung aufzuschieben. Die Leitlinie ist daher entsprechend heranzuziehen, wenn eine **Maßnahme** nur **mit Zustimmung** des **Aufsichtsrats vorgenommen** werden **darf**.

111 Als Beispiel für die Gefahr, dass eine Information nicht korrekt bewertet werden kann, führt die ESMA an, dass das Leitungsorgan Zweifel hat, ob das weitere an der Entscheidung beteiligte Organ der Entscheidung zustimmen wird.[212] Nach dem Consultation Paper der ESMA sollte es sich hierbei um eine kumulativ zu erfüllende Voraussetzung handeln (die zudem unter bestimmten Voraussetzungen auch erfüllt sein sollte)[213]. Dies wurde im Rahmen des Konsultationsprozesses als zu restriktiv angesehen,[214] weshalb die ESMA diese Voraussetzung nicht in die Leitlinien aufgenommen hat, sondern nunmehr nur beispielhaft aufführt.[215]

112 Auch das im Konsultationspapier aufgeführte zusätzliche Erfordernis, dass die Entscheidungsautonomie des Weiteren, an der Entscheidung beteiligten Organs (Aufsichtsrat) gefährdet ist,[216] hat die ESMA nicht in die Leitlinie aufgenommen.[217] Allerdings ist diese Fallgruppe gerade von diesem Anliegen getragen.

113 Eine Gefahr der Beeinträchtigung der Entscheidungsautonomie des anderen Organs besteht vor allem, wenn eine abweichende Entscheidung möglich ist. Ist von vornherein absehbar, dass das weitere Organ der Maßnahme zustimmt, ist dessen Entscheidungsautonomie weniger beeinträchtigt, als wenn in Kenntnis einer zu erwartenden abweichenden Beurteilung eine Information veröffentlicht wird, um den Entscheidungsspielraum durch die zu erwartenden Marktreaktionen faktisch einzuengen. Für die Praxis bedeutet das, dass die Einschränkung der Entscheidungsautonomie keine notwendige Voraussetzung ist, damit die von der ESMA festgelegten Bedingungen erfüllt sind. Dennoch spielt sie in der Rechtsanwendung eine Rolle. Ein Emittent kann berechtigte Interessen an einem Aufschub haben, wenn das erste Entscheidungsorgan (Vorstand) unsicher ist, ob das weitere Entscheidungsorgan (Aufsichtsrat) zustimmt und diesem seine Entscheidungsautonomie belassen möchte.

114 Das Erfordernis einer **möglichst schnellen endgültigen Entscheidung** entspricht der bisherigen Verwaltungspraxis der BaFin.[218] In dem Consultation Paper war ursprünglich eine Frist von nur einem Tag vorgesehen.[219] Da diese insbesondere im Zusammenhang mit zeitlich gestreckten Sachverhalten aufgrund der Unmöglichkeit, das Aufsichtsorgan ggf. täglich über einen Zwischenschritt abstimmen zu lassen, als impraktikabel und insgesamt zu kurz erachtet wurde,[220] enthalten die endgültigen Leitlinien das unbestimmte Erfordernis, die endgültige Entscheidung so schnell wie möglich zu veröffentlichen.

---

[212] ESMA/2016/1130 Rn. 66. S. auch Erwägungsgrund 50 lit. b) MAR.

[213] Vgl. ESMA, Consultation Paper – Draft guidelines on the Market Abuse Regulation v. 28.1.2016, ESMA/2016/162 Rn. 78: „the decision of the body responsible for such approval is not expected to be in line with the decision of the management body, as for instance it would be where the two bodies are expression of the same shareholders represented in the management body or in cases where such body has consistently approved the management body's decision on similar issues". Nach der zur Konsultation gestellten Leitlinie der ESMA sollte ein Aufschub im Rahmen von gestreckten Entscheidungsprozessen also nur möglich sein, wenn das Leitungsorgan davon ausging, dass das weitere an der Entscheidung beteiligte Organ der Entscheidung nicht zustimmen werde.

[214] Vgl. ESMA/2016/1130 Annex III Rn. 32 ff., Annex IV Rn. 87 ff. Vgl. Zur Kritik aus deutscher Perspektive DAI, Position Paper of Deutsches Aktieninstitut in ESMA's Consultation Paper on „Draft guidelines on the Market Abuse Regulation" (ESMA/2016/162) v. 31.3.2016.

[215] ESMA/2016/1130 Rn. 64.

[216] Vgl. ESMA/2016/162 Rn. 78: „an announcement explaining that the approval of another body of the issuer is still pending would jeopardise the freedom of decision of the other body".

[217] ESMA/2016/1130 Rn. 64.

[218] BaFin Emittentenleitfaden 2013 S. 61.

[219] ESMA/2016/162 Rn. 78.

[220] ESMA/2016/1130 Annex III Rn. 34 f.

Kein berechtigtes Interesse liegt nach Auffassung der ESMA vor, wenn nach der Niederlegung des Amtes eines Vorstandsvorsitzenden noch kein Nachfolger feststeht. Ein Aufschub, bis dieser gefunden und bestellt sei, sei zum Schutz berechtigter Interessen des Emittenten nicht möglich.[221] **115**

(4) Forschung und Entwicklung. Tätigt ein Emittent Investitionen in Forschung und Entwicklung, kann eine vorzeitige Veröffentlichung der Ergebnisse dieser Bemühungen die Nutzungsmöglichkeit durch den Emittenten gefährden. Solange keine hinreichenden Patente etc. gesichert wurden, besteht die Gefahr, dass die Erkenntnisse von Konkurrenten genutzt werden. Wäre der Emittent zur Veröffentlichung bereits in einem solch frühen Stadium verpflichtet, bestünden keinerlei Innovationsanreize mehr.[222] Eine Gefährdung der Rechte des geistigen Eigentums kann deshalb ein berechtigtes Interesse an einem Aufschub darstellen.[223] Die ESMA hat dies wie folgt formuliert: **116**

> *„Der Emittent hat ein Produkt entwickelt oder eine Erfindung getätigt, und die unverzügliche Offenlegung dieser Information würde aller Wahrscheinlichkeit nach die Rechte des geistigen Eigentums des Emittenten gefährden."* **117**

(5) Entscheidung über Erwerb oder Verkauf wesentlicher Beteiligungen. Kann die Durchführung einer geplanten M&A-Transaktion durch eine frühzeitige Veröffentlichung gefährdet werden, werden die berechtigen Interessen eines Emittenten beeinträchtigt.[224] Für jeden Zwischenschritt einer M&A-Transaktion ist gesondert zu prüfen, ob dieser einen ad-hoc-publizitätspflichtigen Umstand darstellt (→ Rn. 92) und ob ggf. ein Aufschub zum Schutz berechtigter Interessen möglich ist. Die betreffenden Leitlinien der ESMA haben lediglich einen Aufschub durch die Bietergesellschaft im Blick. Ein Aufschub ist allerdings auch für eine Zielgesellschaft möglich, da die Leitlinien nicht abschließend sind.[225] Nicht erforderlich ist, dass zwischen den beteiligten Unternehmen bereits Verhandlungen geführt werden.[226] Nach dem Final Report der ESMA soll anhand dieser Fallgruppe gezeigt werden, dass bereits Schritte, die noch vor dem Beginn von Verhandlungen liegen und deren Erfolg durch eine Veröffentlichung gefährdet wird, ein berechtigtes Interesse darstellen können. Der Beginn von Verhandlungen ist kein notwendiges Kriterium für einen Aufschub.[227] Die Leitlinie der ESMA lautet wie folgt: **118**

> *„Der Emittent plant den Erwerb oder Verkauf einer wesentlichen Beteiligung an einem anderen Unternehmen, und die Offenlegung dieser Information würde aller Wahrscheinlichkeit nach die Durchführung dieses Plans gefährden."* **119**

(6) Notwendigkeit der behördlichen Genehmigung. Ist ein Geschäft (insb. M&A-Transaktionen) eines Emittenten von einer behördlichen Genehmigung abhängig und bedarf es für diese Genehmigung der Erfüllung weiterer Anforderungen, können berechtigte Interessen des Emittenten einen Aufschub rechtfertigen. Nach den Leitlinien der ESMA setzt ein Aufschub bei einem „**zuvor angekündigten Geschäft**", das der **Genehmigung** durch eine **staatliche Behörde** unterliegt, voraus, dass die unverzügliche Offenlegung weiterer Anforderungen für die Genehmigung „sich aller Wahrscheinlichkeit nach auf die Fähigkeit des Emittenten, diese Anforderungen zu erfüllen, auswirken wird und somit den Erfolg des Geschäfts letztendlich verhindern".[228] **120**

---

[221] ESMA/2016/1130 Annex IV Rn. 126.

[222] Im Schutz von Investitionsanreizen einen der Kernzwecke der Aufschubmöglichkeit wegen berechtigter Interessen identifizierend: *Klöhn* in KölnKomm WpHG § 15 Rn. 177. Vgl. aus dem US-amerikanischen Recht dazu *SEC v. Texas Gulf Sulphur Co.*, 401 F.2d 833 (2d Cir. 1968).

[223] ESMA/2016/1478 DE Rn. 8 lit. d. S. 5; ESMA/2016/1130 Rn. 70 f.

[224] ESMA/2016/1478 DE Rn. 8 lit. e. S. 5.

[225] *Hopt/Kumpan* ZGR 2017, 765 (783 f., 821).

[226] ESMA/2016/1130 Rn. 74.

[227] ESMA/2016/1130 Rn. 75.

[228] ESMA/2016/1478 DE Rn. 8 lit f. S. 5.

121 **(7) Analyse zu veröffentlichender Finanzinformationen.** Nach Auffassung der ESMA soll die Notwendigkeit einer Analyse ad-hoc zu veröffentlichender Finanzinformationen oder von Prognoseänderungen kein berechtigtes Interesse darstellen.[229]

122 **(8) Konzerninteressen.** Innerhalb eines Konzerns können Umstände, die in einer anderen Gesellschaft als dem Emittenten eintreten, auch letzteren unmittelbar betreffen und deshalb zu einer Ad-hoc-Publizitätspflicht führen.[230] Spiegelbildlich kann das Konzerninteresse in Ausnahmefällen so gewichtig werden, dass es einen Aufschub der Veröffentlichung rechtfertigen kann. Da es für die zu berücksichtigenden Interessen grundsätzlich allein auf die Interessen der veröffentlichungspflichtigen Person ankommt, müssen die Konzerninteressen so gewichtig sein, dass sie zu Interessen des publizitätspflichtigen Emittenten selbst werden.[231]

123 **bb) Keine Irreführung der Öffentlichkeit.** Ein Aufschub erfordert außerdem, dass dieser nicht dazu geeignet ist, die Öffentlichkeit irre zu führen. Eine allein bestehende Informationsasymmetrie zwischen dem Emittenten und dem Markt ist nicht ausreichend, um eine Irreführung zu begründen, da anderenfalls ein Aufschub nie möglich wäre.[232] Eine Eignung zur Irreführung liegt vor, wenn es wahrscheinlich ist, dass durch den Aufschub oder durch ein sonstiges Verhalten des Emittenten am Markt Fehlvorstellungen entstehen, die sich erheblich von der tatsächlichen Lage unterscheiden.[233] Eine Irreführung ist jedenfalls wahrscheinlich, wenn der Emittent selbst Informationen veröffentlicht, die im Widerspruch zu der aufgeschobenen Insiderinformation stehen.[234]

124 **(1) Konkretisierungen in den ESMA-Leitlinien.** Die ESMA nennt drei Beispiele für eine Eignung zur Irreführung der Öffentlichkeit. Diese Beispiele sind nicht abschließend („mindestens folgende Umstände"). Liegen ihre Voraussetzungen vor, geht die ESMA allerdings von einer in jedem Fall bestehenden Pflicht zur unverzüglichen und angemessenen Veröffentlichung aus.[235] Die Leitlinien sind daher nicht bloß indikativ.[236]

125 Die erste Leitlinie betrifft **wesentliche Unterschiede** zu **früheren Ankündigungen** des Emittenten: „Insiderinformation, deren Offenlegung der Emittent aufzuschieben beabsichtigt, unterscheiden sich wesentlich von der früheren öffentlichen Ankündigung des Emittenten hinsichtlich des Gegenstands, auf den sich die Insiderinformationen beziehen".[237]

126 Eine weitere Leitlinie betrifft das **Abweichen** von **kommunizierten Gewinn-** und **Verlusterwartungen**: Gibt ein Emittent in Form von Gewinn- oder Verlusterwartungen seine finanziellen Ziele öffentlich bekannt, und betrifft die aufzuschiebende Insiderinformation die Tatsache, dass diese finanziellen Ziele aller Wahrscheinlichkeit nach verfehlt werden, kann dies die Öffentlichkeit irreführen.[238] Die ESMA hat dies wie folgt festgehalten: „Insiderinformationen, deren Offenlegung der Emittent aufzuschieben beabsichtigt, betreffen die Tatsache, dass die finanziellen Ziele des Emittenten aller Wahrscheinlichkeit nach nicht erreicht werden, wobei diese Ziele zuvor öffentlich bekanntgegeben worden waren".

---

[229] ESMA/2016/1130 Rn. 127 S. 53 f. Kritisch: *Krämer/Kiefner* AG 2016, 621 (622).

[230] → Rn. 59 f.

[231] *Pfüller* in Fuchs WpHG § 15 Rn. 211; *Assmann* in Assmann/Schneider WpHG § 15 Rn. 157; *Spindler/Speier* BB 2005, 2033 → Rn. 102.

[232] *Pfüller* in Fuchs WpHG § 15 Rn. 478. Vgl. auch OLG Stuttgart NZG 2009, 624.

[233] Vgl. ESMA/2016/1130 Annex V Nr. 3.2.5 Rn. 80; *Klöhn* in KölnKomm WpHG § 15 Rn. 297; *Koch* in Veil, European Capital Markets Law, § 19 Rn. 87.

[234] Des Weiteren verwirklicht dieses Verhalten den Tatbestand der Marktmanipulation. So auch die Einschätzung der ESMA, weshalb dieses Beispiel nicht in die Leitlinien aufgenommen wurde. S. ESMA/2016/1130 Rn. 86.

[235] ESMA/2016/1130 Rn. 85.

[236] *Steinrück*, Das Interesse des Kapitalmarkts am Aufschub der Ad-hoc-Publizität, D. II.1.

[237] ESMA/2016/1478 DE Rn. 9 lit. a. S. 5.

[238] ESMA/2016/1478 DE Rn. 9 lit. b. S. 6.

Hat der Emittent durch Interviews, Roadshows oder durch andere von ihm organisierte oder auch nur genehmigte Kommunikation bestimmte **Erwartungen im Markt geweckt**, dürfen die aufzuschiebenden Insiderinformationen nicht im Gegensatz zu diesen Markterwartungen stehen.[239] Die Leitlinie ist wie folgt gefasst: „Insiderinformationen, deren Offenlegung der Emittent aufzuschieben beabsichtigt, stehen im Gegensatz zu den Markterwartungen, wobei diese Erwartungen auf Signalen beruhen, die der Emittent zuvor an den Markt gesendet hatte, zum Beispiel durch Interviews, Roadshows oder jede andere Art der vom Emittenten organisierten oder genehmigten Kommunikation." 127

Die Markterwartungen sind schwierig zu bestimmen. [240] Nach Auffassung der ESMA soll beispielsweise ein unter Finanzanalysten bestehender Konsens herangezogen werden.[241] 128

> Hat ein Emittent kommuniziert, er werde in naher Zukunft keine M&A Transaktionen durchführen, hat er entsprechende Erwartungen im Markt geweckt. Nähme er in dem in seiner Aussage in Bezug genommenen Zeitraum eine entsprechende Transaktion vor, wäre die Öffentlichkeit wahrscheinlich irre geführt. Ein Aufschub könnte nicht auf Art. 17 Abs. 4 MAR gestützt werden.

(2) Schlussfolgerungen. Sämtliche Beispiele der ESMA knüpfen an eine vorangegangene Kommunikation des Emittenten an. Eine *no comment policy* ist deshalb dringend anzuraten,[242] solange im Markt existierende Gerüchte nicht auf die Kommunikation des Emittenten zurückzuführen sind. Es bestehen dann allein hinsichtlich der mangelnden Irreführung der Öffentlichkeit keine Bedenken. 129

cc) Sicherstellung der Geheimhaltung. Welche Maßnahmen zur Sicherstellung der Geheimhaltung zu treffen sind, lässt sich mittelbar aus den Dokumentationspflichten, die der Emittent während des Aufschubs zu berücksichtigen hat, herleiten. Danach hat der Emittent intern und gegenüber Dritten **Informationshindernisse** zu errichten, um den Zugang zu Insiderinformationen durch andere Personen als diejenigen zu verhindern, die sie für die normale Ausübung ihrer Arbeit, ihres Berufs oder ihrer Aufgaben beim Emittenten benötigen.[243] Diese Personen sind hinsichtlich der bestehenden Pflichten bezüglich Insiderinformationen und der korrespondierenden Sanktionen entsprechend Art. 18 Abs. 2 MAR zu unterrichten.[244] Beide Pflichten sind notwendigerweise für die Rechtmäßigkeit der Aufschubentscheidung einzuhalten. Die Pflichten, die sich aus der Durchführungsverordnung ergeben, sind keine abschließende Konkretisierung des Tatbestandes von Art. 17 Abs. 4 UAbs. 1 lit. c) MAR. Die Geheimhaltung einer Insiderinformation kann kaum sichergestellt sein, wenn die Personen, an die die Insiderinformation weitergegeben wird, sich nicht über ihre Pflichten und die Sanktionen bei einem Verstoß gegen diese Pflichten bewusst sind.[245] 130

Gibt es im Markt bereits **Gerüchte**, die ausreichend präzise sind, so dass zu vermuten ist, dass die Vertraulichkeit der Information nicht mehr gewährleistet ist, muss der Emittent die Insiderinformation so schnell wie möglich veröffentlichen (Art. 17 Abs. 7 MAR). Ein Gerücht ist nach der BaFin ausreichend präzise, wenn die aus dem Gerücht ableitbare Information auf ein Informationsleck schließen lässt.[246] Diese wenig präzise Definition kann 131

[239] ESMA/2016/1478 DE Rn. 9 lit. c. S. 6.
[240] ESMA/2016/1130 Annex III Rn. 39.
[241] ESMA/2016/1130 Rn. 84.
[242] *Frowein* in Habersack/Mülbert/Schlitt, HdB der Kapitalmarktinformation, § 10 Rn. 111.
[243] Art. 4 Abs. 1 lit. c) i) VO (EU) 2016/1055.
[244] *Klöhn* in KölnKomm WpHG § 15 Rn. 297; *Retsch* NZG 2016, 1201 (1204). Zu den aus Art. 18 Abs. 2 MAR fließenden Organisationspflichten im Hinblick auf die Pflichten- und Sanktionskenntnis der informierten Personen → detailliert § 11.
[245] AA *Koch* in Veil, European Capital Markets Law, § 19 Rn. 91.
[246] BaFin FAQ Art. 17 MAR, 20.6.2017, III.3.

dahingehend konkretisiert werden, dass eine ausreichende Präzision vorliegt, wenn das Gerücht einen hohen Grad an Genauigkeit und Substanz hat.[247] Enthält das Gerücht bereits wesentliche Teile der Information, die zu veröffentlichen wäre, ist von hinreichender Präzision auszugehen.[248] Jedenfalls soll willkürliches Streuen von Informationen nicht bereits ausreichend sein, um die Präzision eines Gerüchts zu begründen.[249] Um eine möglichst zügige Informationsveröffentlichung zu gewährleisten, ist der Ursprung des Gerüchts für das Bestehen der Veröffentlichungspflicht irrelevant. Es kommt nicht darauf an, ob das Gerücht der Sphäre des Emittenten zuzurechnen ist.[250]

132 In einer Branche deutet sich eine Konsolidierungswelle an. Auch die in diesem Markt tätige K-AG ist auf der Suche nach tauglichen Übernahmekandidaten und hat insbesondere die Ü-AG ins Auge gefasst. Wird sie auf einer Pressekonferenz, ohne dass vorher eine ihr zurechenbare Kommunikation stattgefunden hat und lediglich allgemein gefragt, ob sie sich nach Übernahmekandidaten umschaue, kommt ein Aufschub nach Art. 17 Abs. 4 MAR in Betracht. Steht die Frage allerdings in Verbindung mit einer früheren gegensätzlichen Kommunikation, scheitert ein Aufschub an einer wahrscheinlichen Irreführung der Öffentlichkeit. Ist die Frage hingegen präzise auf den ins Auge gefassten Übernahmekandidaten gerichtet und kann das Gerücht deshalb als ausreichend präzise bezeichnet werden, ist zu vermuten, dass die Vertraulichkeit der Information nicht mehr gewährleistet ist, und ein Aufschub scheitert aus diesem Grund. Bestehen Gerüchte im Markt, ist eine *no comment policy* deshalb nur zulässig, wenn die Gerüchte nicht auf zurechenbarer Kommunikation des Emittenten beruhen und wenn sie nicht ausreichend präzise sind.

133 **dd) Verfahren. (1) Bewusste Entscheidung des Emittenten.** Ob eine bewusste Entscheidung des Emittenten erforderlich ist, lässt sich der MAR nicht unmittelbar entnehmen. Allerdings formuliert Art. 17 Abs. 4 MAR, dass ein Emittent die Veröffentlichung *auf eigene Verantwortung* aufschieben *kann*. Dies legt nahe, dass eine bewusste Entscheidung erforderlich ist.[251] Sowohl die BaFin als auch die ESMA gehen hinsichtlich beider Aufschubmöglichkeiten davon aus, dass eine bewusste Entscheidung erforderlich ist.[252] Gestützt wird die Auslegung durch Art. 4 Abs. 1 lit a), b) VO (EU) 2016/1055. Danach sind sowohl die Identität der über den Aufschub entscheidenden Personen als auch das Datum und die Uhrzeit der Entscheidung über den Aufschub zu dokumentieren. Die Notwendigkeit einer bewussten Entscheidung trägt mit den daran anknüpfenden Dokumentations- und Organisationspflichten dem marktmissbrauchsrechtlichen Zweck der Ad-hoc-Publizität Rechnung. Allein aus transparenzrechtlicher Perspektive wäre eine bewusste Entscheidung entbehrlich.

134 Problematisch ist die Konstellation, dass zwar die Tatbestandsvoraussetzungen für eine Veröffentlichungspflicht vorliegen, der Emittent allerdings eine Veröffentlichung ohne das Bewusstsein der Aufschubmöglichkeit nicht vornimmt.[253] Aufgrund der aufgezeigten Sys-

[247] *Retsch* NZG 2016, 1201 (1205).
[248] *Kumpan* DB 2016, 2039 (2044).
[249] BaFin FAQ Art. 17 MAR, 20.6.2017, III.3. unter Verweis auf die CESR Guidance zur MAD v. 15.9.2009, Rn. 61.
[250] ESMA, Consultation Paper – Draft technical standards on the Market Abuse Regulation v. 15.4.2017, ESMA/2014/809 Rn. 272; ESMA/2015/1455 Rn. 243; BaFin FAQ Art. 17 MAR, 20.6.2017, III.3. Vgl. *Seibt/Wollenschläger* AG 2014, 593 (600); *Klöhn* AG 2016, 423 (431).
[251] *Seibt/Wollenschläger* AG 2014, 593 (600); *Veil* ZBB 2014, 85 (93); *Krause* CCZ 2014, 248 (255); *Poelzig* NZG 2016, 762 (765).
[252] Davon scheint die BaFin auszugehen; vgl. BaFin FAQ Art. 17 MAR, 20.6.2017, III.1; ESMA/2015/1455 Rn. 239. Unter Geltung von § 15 Abs. 3 WpHG aF hatte das OLG Stuttgart im Fall *Geltl* entschieden, dass eine bewusste Entscheidung nicht erforderlich sei: OLG Stuttgart NZG 2009, 624. Offengelassen von: BGH v. 23.4.2013, NZG 2013, 708 – *Geltl*; OLG Frankfurt NZG 2009, 391.
[253] Offenlassend: *Klöhn* AG 2016, 423 (431).

tematik der MAR wird man kaum davon ausgehen können, dass in diesem Fall auch ohne bewussten Beschluss ein Dispens von der Ad-hoc-Publizitätspflicht ex-lege eintritt. Die daran anknüpfenden verwaltungsrechtlichen Sanktionen werden diesen Aspekt allerdings bei der Bemessung eines eventuellen Bußgeldes berücksichtigen können.[254]

(2) Emittenteninterne Zuständigkeit. Die Zuständigkeit für eine Entscheidung über den Aufschub einer Insiderinformation richtet sich nach gesellschaftsrechtlichen Maßstäben. Da es sich um eine Leitungsangelegenheit handelt, ist grundsätzlich der Vorstand des Emittenten zuständig (§ 76 Abs. 1 AktG). Eine Delegation der Aufgaben auf ein dem Vorstand untergeordnetes Gremium ist grundsätzlich möglich.[255] Allerdings muss berücksichtigt werden, dass die Erfüllung der Ad-hoc-Publizität zu den zentralen kapitalmarktrechtlichen Pflichten eines Emittenten zählt, deren Erfüllung mit erheblichen Sanktionen sichergestellt wird. Aus diesem Grund ist die **Beteiligung** zumindest eines **Vorstandsmitglieds** an der Aufschubentscheidung notwendig.[256] Die Entscheidung kann allerdings durch ein Ad-hoc-Gremium vorbereitet werden.[257] Soweit es sich um eine Angelegenheit handelt, für die der **Aufsichtsrat** zuständig und vertretungsbefugt ist, trifft nur er die Aufschubentscheidung[258] (für die Veröffentlichung nach Art. 17 Abs. 1 MAR ist aber der Vorstand zuständig → Rn. 38). Der Vorstand verfügt gar nicht über die erforderlichen Informationen, die für die Aufschubentscheidung erforderlich sind. Praktisch relevant wird die Annexkompetenz des Aufsichtsrats aufgrund Sachzusammenhangs vor allem bei der Bestellung und Abberufung von Vorstandsmitgliedern und der Geltendmachung von Schadensersatzansprüchen gegen diese (vgl. §§ 84, 112 AktG). 135

In der Insolvenz der Gesellschaft ist grundsätzlich der **Insolvenzverwalter** für die Entscheidung über einen Aufschub der Veröffentlichung zuständig, soweit die Insiderinformation einen Massebezug aufweist.[259] 136

(3) Dokumentationspflichten. Art. 4 Abs. 1 VO (EU) 2016/1055 enthält eine Vielzahl an Dokumentationspflichten. Diese betreffen insbesondere das Datum und die Uhrzeit des erstmaligen Vorliegens der Insiderinformation, der Entscheidung über den Aufschub und der wahrscheinlichen Bekanntgabe sowie die an den korrespondierenden Entscheidungen und der Gewährleistung der fortlaufenden Überwachung beteiligten Personen. 137

(4) Fortlaufende Überwachung der Bedingungen für den Aufschub. Der Emittent muss während der Dauer der Selbstbefreiung fortlaufend überwachen, dass die Bedingungen für den Aufschub der Veröffentlichung der Insiderinformation vorliegen. Für diese Aufgabe muss die Zuständigkeit einer Person bestimmt werden.[260] Besonderes Augenmerk ist auf die fortlaufende Geheimhaltung der Information zu legen.[261] Kann die Vertraulichkeit nicht mehr gewährleistet werden, muss die Veröffentlichung der Insiderinformation schnellstmöglich nachgeholt werden (Art. 17 Abs. 7 MAR). Wann dies der Fall ist, hängt von den konkreten Umständen im Einzelfall ab. Maßgeblich ist insbesondere die Anzahl der beteiligten Personen.[262] Fällt eine der Voraussetzungen für einen berechtigten Aufschub weg, ist die Information unverzüglich zu veröffentlichen.[263] 138

[254] → § 29 Rn. 36 ff. S. auch BaFin WpHG-Bußgeldleitlinien II.
[255] → Rn. 26. *Pfüller* in Fuchs WpHG § 15 Rn. 425; *Groß* in FS U. H. Schneider, 385 (392); *Frowein* in Habersack/Mülbert/Schlitt, HdB der Kapitalmarktinformation, § 10 Rn. 75.
[256] ESMA/2015/1455 Rn. 239; BaFin FAQ Art. 17 MAR, 20.6.2017, III.1.; zum alten Recht bereits BaFin Emittentenleitfaden 2013 S. 59. S. auch *Seibt/Wollenschläger* AG 2014, 593 (600); *Kumpan* DB 2016, 2039 (2043). Zur vorstandsinternen Geschäftsverteilung s. grds. *Spindler* in MüKoAktG § 77 Rn. 54 ff.
[257] *Pfüller* in Fuchs WpHG § 15 Rn. 425. S. auch *Kocher/Schneider* ZIP 2013, 1607 (1609 f.).
[258] *Pfüller* in Fuchs WpHG § 15 Rn. 426.
[259] → Rn. 39.
[260] Vgl. Art. 4 Abs. 1 lit b) ii) VO (EU) 2016/1055.
[261] BGH v. 23.4.2013, NZG 2013, 708 Rn. 34 – *Geltl*; *Pfüller* in Fuchs WpHG § 15 Rn. 425; *Retsch* NZG 2016, 1201 (1206); *Klöhn* in KölnKomm WpHG § 15 Rn. 310.
[262] ESMA/2015/1455 Rn. 248.
[263] ESMA/2015/1455 Rn. 242 f.

139 **(5) Veröffentlichung.** Der Emittent hat bereits während des **Aufschubs** der Veröffentlichung **Vorkehrungen** zu treffen, die die **schnellstmögliche Bekanntgabe** der Insiderinformation **sicherstellen**, wenn die Vertraulichkeit nicht mehr gewährleistet werden kann. Diese Vorkehrungen sind dokumentationspflichtig.[264] Welche Vorkehrungen dies genau sind, ist vom Einzelfall abhängig. Nach Auffassung der BaFin zu § 15 Abs. 3 S. 1 WpHG aF iVm § 7 WpAIV aF bedeutete dies, dass alle für die Erstellung der Ad-hoc-Mitteilung und alle zur Begründung der Befreiung erforderlichen Informationen so vorgehalten werden müssen, dass sowohl die Mitteilung und die Veröffentlichung der Insiderinformation als auch die Mitteilung der Befreiung unverzüglich erfolgen können. Diese Auslegung ist auch zur MAR überzeugend.

140 Emittenten sollten eine sogenannte Notfall-Ad-hoc-Mitteilung erstellen und während der Dauer der Selbstbefreiung stetig aktualisieren. Denn sobald einem Emittenten bekannt ist, dass es eine ihn unmittelbar betreffende Insiderinformation gibt, deren Veröffentlichung er nur auf Grund einer Selbstbefreiung aufschiebt, muss ihm klar sein, dass ein Risiko besteht, dass eine Veröffentlichung aufgrund des Wegfalls der Bedingungen der Selbstbefreiung erforderlich wird. Werden in diesem Bewusstsein die dem Emittenten möglichen Maßnahmen zur Ermöglichung und Sicherstellung einer zeitnahen Veröffentlichung nicht durchgeführt, kommt es zu dem Emittenten zurechenbaren Verzögerungen der Ad-hoc-Mitteilung.[265] Auch nach Ansicht der BaFin soll der Emittent zur Vorbereitung einer sofortigen Veröffentlichung wirksame Strukturen schaffen, wozu auch der Entwurf und die stetige Aktualisierung einer Ad-hoc-Mitteilung gehören.[266] Außerdem muss sichergestellt sein, dass der Text schnell freigegeben und veröffentlicht werden kann.[267]

141 **(6) Mitteilung an die zuständige Behörde.** Eine Mitteilung an die zuständige Behörde ist erst **nach der Offenlegung** der Information erforderlich.[268] Diese Mitteilung muss die Gründe darlegen, weshalb die Voraussetzungen für einen Aufschub vorlagen, und die in Art. 4 Abs. 3 VO (EU) 2016/1055 aufgeführten Informationen enthalten. Von der Regelungsoption in Art. 17 Abs. 4 UAbs. 3 S. 2 MAR, eine Übermittlung der Aufzeichnung von einer Aufforderung der zuständigen Behörde abhängig zu machen, hat Deutschland keinen Gebrauch gemacht. Allerdings enthält § 7 WpAV zusätzliche Anforderungen an die Mitteilung nach Art. 17 Abs. 4 UAbs. 3 MAR. Im Hinblick auf den vollharmonisierenden Charakter bestehen insoweit Zweifel an der Europarechtskonformität.

142 Die Mitteilung muss nicht unterschrieben sein, da das Schriftformerfordernis gem. Art. 4 Abs. 2 VO (EU) 2016/1055 nicht im Sinne des BGB zu verstehen ist. Notwendig, aber auch ausreichend ist, dass erkennbar ist, von wem die Mitteilung stammt, wer sie verantwortet[269] und dass sie speicherbar ist.[270]

143 Die zuständige Behörde bestimmt sich nach der auf Grundlage von Art. 17 Abs. 3 MAR erlassenen VO (EU) 2016/522. Nach deren Art. 6 Nr. 1 ist grundsätzlich die Behörde des Mitgliedsstaates zuständig, in dem der Emittent registriert ist, wenn die Finanzinstrumente an einem Handelsplatz in diesem Mitgliedsstaat zum Handel zugelassen sind oder mit seinem Einverständnis gehandelt werden oder für die er die Zulassung zum Handel beantrag hat. Weichen Registrierungsstaat und Mitgliedsstaat des Handelsplatzes voneinander ab, ist der Handelsplatz maßgeblich (Art. 6 Nr. 2 (EU) 2016/522). Sind Finanzinstrumente in mehr als einem Mitgliedstaat gelistet, so meldet er den zu erwartenden Aufschub der zuständigen Behörde des Handelsplatzes, der im Hinblick auf die Liquidität der relevanteste

[264] Art. 4 Abs. 1 lit. c) ii) VO (EU) 2016/1055.
[265] *Frowein* in Habersack/Mülbert/Schlitt, HdB der Kapitalmarktinformation, § 10 Rn. 121; *Retsch* NZG 2016, 1201 (1205). AA *Klöhn* in KölnKomm WpHG § 15 WpHG Rn. 310.
[266] BaFin FAQ Art. 17 MAR, 20.6.2017, IV.6.
[267] BaFin FAQ Art. 17 MAR, 20.6.2017, IV.6.
[268] Art. 17 Abs. 4 UAbs. 3 S. 1 MAR.
[269] BaFin FAQ Art. 17 MAR, 20.6.2017, IV.7.
[270] ESMA/2015/1455 Rn. 226, 228.

Markt der gem. Art. 26 Abs. 9 lit. b VO (EU) Nr. 600/2014 zu erlassenden Delegierten Verordnung der Kommission ist.

c) Finanzsystemstabilität

aa) Überblick und personeller Anwendungsbereich. Art. 17 Abs. 5 MAR enthält eine weitere Möglichkeit, die Veröffentlichung von Insiderinformationen aufzuschieben. Die Vorschrift basiert auf den europäischen Erfahrungen im Zusammenhang mit der jüngsten Finanzkrise, in welcher Ad-hoc-Mitteilungen in einigen Fällen zu drastischen Kursverlusten der betroffenen Finanzinstitute führten, einen *Bank Run* auslösten und so die Stabilität des Finanzsystems zusätzlich zu den bereits bestehenden Spannungen belasteten.[271] Er ermöglicht ausschließlich Kreditinstituten iSv Art. 4 Abs. 1 Nr. 1 CRR und Finanzinstituten iSv Art. 4 Abs. 1 Nr. 26 CRR, die Veröffentlichung von Insiderinformationen aufzuschieben, wenn das Risiko besteht, dass die finanzielle Stabilität des Finanzsystems und des Emittenten untergraben wird, der Aufschub im öffentlichen Interesse liegt, die Geheimhaltung gewährleistet werden kann und die zuständige Behörde dem Aufschub zustimmt.[272] 144

Nicht erforderlich – und darin liegt einer der wesentlichen Unterschiede zur Aufschubmöglichkeit gem. Art. 17 Abs. 4 MAR – ist hingegen, dass die Aufschiebung der Offenlegung nicht geeignet wäre, die Öffentlichkeit irre zu führen. Eine effiziente Preisbildung muss nach der Wertung des europäischen Gesetzgebers im Einzelfall hinter der Finanzsystemstabilität zurückstehen. 145

bb) Risiken für die finanzielle Stabilität des Emittenten und des Finanzsystems. 146
Erforderlich ist, dass Risiken für die finanzielle Stabilität des Emittenten *und* des Finanzsystems bestehen. Die Vorschrift ist nach Auffassung der ESMA grundsätzlich eng auszulegen.[273] Dies wird man vor allem für die Feststellung von Risiken für die Stabilität des Finanzsystems zu berücksichtigen haben, weniger hingegen für die Feststellung von Risiken für die finanzielle Stabilität des Emittenten. Bestehen erhebliche Anhaltspunkte dafür, dass durch die Veröffentlichung der Insiderinformation die finanzielle Stabilität des Finanzsystems untergraben wird, ist aber gleichzeitig das Risiko für den Emittenten nur gering (was u. E. ein allenfalls theoretisches Szenarium sein kann), kann ein Aufschub dennoch gerechtfertigt sein. Denn Art. 17 Abs. 5 MAR zeigt insbesondere dadurch, dass ein Aufschub auch bei zu befürchtender Irreführung der Öffentlichkeit möglich ist, dass das Interesse an einer effizienten Preisbildung im Hinblick auf die Wertpapiere des Emittenten hinter dem Interesse an der Stabilität des Finanzsystems zurückstehen muss. Zwar stellt Abs. 5 vordergründig auch auf die Interessen des Emittenten ab, indem spezifisch die Stabilität des Instituts als besonderes berechtigtes Interesse herausgegriffen wird, allerdings ist die differentia specifica, die eine Abkehr von der Vermeidung der Irreführung rechtfertigt, die Stabilität des Finanzsystems. Die hohe Vernetzung an den Finanzmärkten und die Interdependenz zwischen den einzelnen Kredit- und Finanzinstituten haben zur Folge, dass Risiken, die sich zunächst unmittelbar nur auf das Finanzsystem beziehen, auch das veröffentlichende Institut mittelbar selbst wieder erheblichen Risiken aussetzen. Wesentliche Voraussetzung für einen Aufschub, die im Anschluss an die ESMA eng auszulegen ist und nur unter *herausgehobenen Umständen* angenommen werden kann, ist somit das Bestehen von Risiken für die Finanzsystemstabilität. Ob dies der Fall ist, ist in enger Abstimmung mit der zuständigen Behörde festzustellen. Das **Primat** der **Finanzsystemstabilität** zeigt sich

---

[271] Vgl. bereits *Veil/Koch* WM 2011, 2297 (2303); *Koch* BB 2012, 1365 (1367 f.); ausführlich nunmehr *Klöhn* ZHR 181 (2017), 746 (753 ff.).

[272] Zu den Begriffsbestimmungen des Kredit- und Finanzinstituts gem. Art. 3 Abs. 1 Nr. 3, 4 MAR → § 4 Rn. 92.

[273] Vgl. ESMA/2015/1455 Rn. 251: „This type of delay can be resorted to only in exceptional circumstances in order to preserve the stability of the financial system and to protect the public interest." Tendenziell auch: *Grundmann* in GroßkommHGB Bd. XI Bankvertragsrecht 6. Teil Rn. 513.

auch darin, dass der Aufschub nur für den Zeitraum gewährt wird, der im öffentlichen Interesse erforderlich ist (Art. 17 Abs. 6 UAbs. 2 S. 1 MAR).

147 Problematisch ist die Konstellation, in der das endgültige Scheitern und die Notwendigkeit der Abwicklung bereits feststeht. Einerseits wird die finanzielle Stabilität des Emittenten in diesem Fall nicht durch die Offenlegung untergraben, sodass man eine Möglichkeit des Aufschubs ablehnen könnte.[274] Allerdings wird man dennoch einen Aufschub rechtfertigen können, wenn *durch* die *frühere* Offenlegung zusätzliche Risiken für die Stabilität des Finanzsystems bestehen. Nur so kann das zentrale und rechtsaktübergreifende Ziel der Finanzsystemstabilität sichergestellt werden.

148 Bestehen hingegen erhebliche Risiken für die finanzielle Stabilität des Instituts, nicht hingegen für das Finanzsystem, kann dies einen Aufschub auf Grundlage von Art. 17 Abs. 5 MAR nicht rechtfertigen. Insoweit ist allein auf Art. 17 Abs. 4 MAR abzustellen.

149 Finanzinstitute halten verbreitet eine bestimmte Anlageklasse von Wertpapieren (zB strukturierte Forderungsportfolien). Kommt es zu erheblichen Ausfällen in Bezug auf diese Wertpapiere, können bei sämtlichen investierten Finanzinstituten erhebliche Verluste anfallen, die grundsätzlich ad-hoc zu veröffentlichen sein können. Aufgrund bestehender Risiken sowohl für ihre eigene finanzielle Stabilität als auch für die Stabilität des Finanzsystems können die Institute die Veröffentlichung gem. Art. 17 Abs. 5 MAR aufschieben, auch wenn eine Irreführung der Öffentlichkeit zu erwarten ist. Bestehen bei einem Institut zwar Positionen hinsichtlich dieser Wertpapiere und würden diese aufgrund anfallender Verluste auch eine Ad-hoc-Publizitätspflicht begründen, bestünden allerdings aufgrund ausreichender Risikovorsorge nur geringe unmittelbare Risiken für das Institut, ist ein Aufschub dennoch möglich. Anderenfalls würde auch der Aufschub durch die anderen Institute konterkariert. Die Finanzsystemstabilität wäre nicht effektiv sichergestellt.

150 Risiken für die finanzielle Stabilität des Emittenten können beispielsweise bestehen, wenn die Veröffentlichung der Insiderinformation zu existenzgefährdenden Liquiditätsabflüssen führt. Schwieriger zu bestimmen sind Gefährdungen für die Stabilität des Finanzsystems. Die rechtswissenschaftliche Erschließung des Regulierungsziels „Finanzsystemstabilität" ist noch in ihren Anfängen begriffen.[275] Eine umfassende, abstrakte Definition ist deshalb kaum möglich.[276] Weitgehende Einigkeit besteht allerdings, dass es sich um ein eigenständiges Regulierungsziel handelt.[277] Auch der europäische Gesetzgeber behilft sich in anderen Regelungsbereichen mit einer Reihe an Kriterien und Faktoren, anhand derer Ereignisse, die die Finanzstabilität ernsthaft bedrohen können, bestimmt werden sollen.[278] Die Kriterien, die durch das europäische Sekundärrecht in anderen Regelungsbereichen für die Konkretisierung herangezogen werden, können auch für die Frage, ob ein Aufschub auf der Grundlage von Art. 17 Abs. 5 MAR möglich ist, herangezogen werden. Die Schwierigkeiten einer abstrakten Konkretisierung verdeutlichen die herausgehobene Bedeutung einer engen Abstimmung mit der zuständigen Behörde.

151 Aus ökonomischer Perspektive kann Finanzsystemstabilität im Anschluss an die EZB wie folgt definiert werden:

„Systemic risk can best be described as the risk that the provision of necessary financial products and services by the financial system will be impaired to a point where economic growth and welfare may be materially affected. Systemic risk can derive from three sources:

---

[274] *Zetzsche* in Gebauer/Teichmann EnzEuR Bd. VI § 7 C Rn. 185.

[275] S. aber *Kaufhold*, Systemaufsicht; *Klingenbrunn*, Produktverbote zugunsten der Finanzmarktstabilität.

[276] *Klöhn* ZHR 181 (2017), 746 (758 ff.) plädiert dafür, die Voraussetzungen der Untergrabung der Stabilität des Finanzsystems mit Rücksicht auf Art. 10 Abs. 5 SRM-VO bzw. Art. 3 Abs. 1 Nr. 10 CRD IV auszulegen (allerdings resümierend, dass diese Definitionen nicht besonders geglückt erscheinen).

[277] *Veil* ZGR 2014, 544 (547).

[278] Art. 24 Delegierte Verordnung (EU) Nr. 918/2012.

an endogenous build-up of financial imbalances, possibly associated with a booming financial cycle; large aggregate shocks hitting the economy or the financial system; or contagion effects across markets, intermediaries or infrastructures. Financial stability is a state whereby the build-up of systemic risk is prevented."[279]

Kausalität zwischen den Risiken für die finanzielle Stabilität des Emittenten und der des Finanzsystems ist nicht erforderlich. Bereits der Wortlaut von Art. 17 Abs. 5 MAR erfordert keine solche Kausalitätsbeziehung. Darüber hinaus erfordert auch der Zweck, effektive Sicherstellung der Finanzsystemstabilität, dass auch Situationen erfasst werden, in denen ein grundsätzlich offenlegungspflichtiger Umstand sich einerseits auf die finanzielle Stabilität eines Instituts auswirkt und gleichzeitig die Finanzsystemstabilität als solche gefährdet, ohne dass ein ursächlicher Zusammenhang besteht. **152**

cc) Öffentliches Interesse an Aufschub. Das öffentliche sowie das wirtschaftliche Interesse des Emittenten müssen das Informationsinteresse des Kapitalmarktes überwiegen.[280] Das Vorliegen von Risiken für die Stabilität indiziert das Bestehen und das Überwiegen eines öffentlichen Interesses an einem Aufschub der Offenlegung. Da das Finanzsystem wichtige öffentliche Aufgaben wahrnimmt, sind kaum Situationen denkbar, in denen kein öffentliches Interesse an einem Aufschub besteht bzw. dieses nicht das Informationsinteresse des Kapitalmarktes überwiegt.[281] **153**

dd) Gewährleistung der Geheimhaltung. Die Maßstäbe für eine Gewährleistung der Geheimhaltung bestimmen sich wie bei Art. 17 Abs. 4 MAR.[282] Eine inhaltliche Differenzierung ist mit der unterschiedlichen Terminologie (Abs. 4 lit. c) spricht von „sicherstellen") nicht verbunden. **154**

ee) Zustimmung der zuständigen Behörde. Der Aufschub bedarf der Zustimmung durch die zuständige Behörde (feststellender Verwaltungsakt).[283] Diese wird erteilt, wenn die weiteren Voraussetzungen für einen Aufschub vorliegen (Art. 5 Abs. 2 VO (EU) 2016/1055). Aufgrund der enormen Komplexität des Tatbestandes ist das Erfordernis der Zustimmung im Sinne der Rechtssicherheit für den Emittenten zu begrüßen. Auch wenn der Aufschub weiterhin „auf eigene Verantwortung" erfolgt, liefert die Zustimmung der zuständigen Behörde insbesondere aufgrund des ausgefeilten Verfahrens nach Art. 17 Abs. 6 MAR ein starkes Indiz für die Rechtmäßigkeit des Aufschubs. Die Kommunikation mit der Behörde sollte aufgrund der besonderen Sensibilität und der bislang noch nicht erfolgten Veröffentlichung der Insiderinformation verschlüsselt erfolgen.[284] **155**

Stimmt die Behörde einem Aufschub zu, ist mindestens wöchentlich von der Behörde zu überprüfen, ob die Voraussetzungen weiterhin vorliegen.[285] **156**

Lehnt die zuständige Behörde einen Aufschub auf der Grundlage von Abs. 5 MAR ab, muss der Emittent die Insiderinformation grundsätzlich unverzüglich[286] veröffentlichen, es sei denn, er nimmt eine Selbstbefreiung auf der Grundlage von Art. 17 Abs. 4 MAR vor (Art. 17 Abs. 6 UAbs. 3, 4 MAR). Bis zu der Entscheidung durch die Behörde kann der Emittent die Veröffentlichung allerdings in jedem Fall aufschieben, vorausgesetzt es bestehen hinreichende Anhaltspunkte für das Vorliegen der Voraussetzungen.[287] **157**

---

[279] EZB, Financial Stability Review, November 2016, S. 3. Verbreitet ist auch die Definition von *Schinasi*, Safeguarding Financial Stability, S. 82.

[280] Erwägungsgrund 52 S. 3 MAR.

[281] *Klöhn* AG 2016, 423 (432); *Kumpan* DB 2016, 2039 (2045). Für die Notwendigkeit einer Gesamtabwägung hingegen, wobei auch das Ziel der Irreführungsfreiheit zu berücksichtigen sei, und nicht von einem Vorrang des Stabilitätsziels ausgehend, sondern Vertrauen in die Kapitalmärkte entgegenstellend: *Grundmann* in GroßkommHGB Bd. XI Bankvertragsrecht 6. Teil Rn. 513.

[282] → Rn. 130 ff.

[283] Vgl. zum Beurteilungsspielraum der BaFin und auch zu Rechtsschutzfragen *Klöhn* ZHR 181 (2017), 746 (766 ff.).

[284] ESMA/2015/1455 Rn. 254.

[285] Art. 17 Abs. 6 UAbs. 2 S. 2 MAR.

[286] Zum Kriterium der Unverzüglichkeit → Rn. 166 f.

[287] Art. 5 Abs. 1 VO (EU) 2016/1055; ESMA/2015/1455 Rn. 252.

158 Die zuständige Behörde bestimmt sich nach Art. 6 VO (EU) 2016/522.[288] In Deutschland ist dies die BaFin.

159 **ff) Verfahren.** Das Verfahren des Aufschubs der Informationsveröffentlichung gem. Art. 17 Abs. 5 MAR ist detailliert in Abs. 6 geregelt. Die einzelnen Schritte sind weitgehend selbsterklärend. Hervorzuheben ist die starke Einbindung auch behördenexternen Sachverstands, die dazu dient, die enorm komplexen Tatbestandsmerkmale in der Praxis handhabbar zu machen.

d) Rechtsfolgen der Selbstbefreiung

160 Die Verpflichtung zur Veröffentlichung der Insiderinformation aus Art. 17 Abs. 1 MAR ist ausgesetzt, solange die Voraussetzungen für eine Selbstbefreiung vorliegen. Eine Höchstfrist ist nicht vorgesehen. Auf eine Pflicht zur Veröffentlichung der Information gem. Art. 17 Abs. 8 MAR wegen einer Offenlegung der Information gegenüber einem Dritten hat ein Aufschub hingegen keine Auswirkungen.

161 Während die Publizitätspflicht suspendiert ist, muss der Emittent darauf achten, keine irreführenden oder gar falschen Informationen zu veröffentlichen. Dies kann einerseits eine Marktmanipulation darstellen,[289] andererseits würden die Voraussetzungen für einen Aufschub wegfallen, da eine Irreführung der Öffentlichkeit zu befürchten wäre (→ Rn. 123 ff.).

e) Nachholung der Veröffentlichung

162 Fallen die Voraussetzungen einer Selbstbefreiung weg, muss der Emittent die Veröffentlichung unverzüglich nachholen. Dies gilt gem. Art. 17 Abs. 7 UAbs. 1 MAR explizit nur, wenn die **Vertraulichkeit** der Information **nicht mehr gewährleistet** ist. Allerdings führt das Vorliegen der Voraussetzungen der Art. 17 Abs. 4 MAR und Art. 17 Abs. 5, 6 MAR nur zu einer temporären Suspendierung der Veröffentlichungspflicht, nicht zur Möglichkeit des dauerhaften Unterlassens der Informationsveröffentlichung auch nach Wegfall der Voraussetzungen. Dies folgt aus dem Wortlaut („aufschieben") und aus dem Zweck des jeweiligen Tatbestandes. Aus diesem Grund ist die Veröffentlichung stets unverzüglich nachzuholen, sobald eine der Voraussetzungen wegfällt, sei es, dass bspw. die **Veröffentlichung nicht mehr geeignet** ist, die **berechtigten Interessen** zu **beeinträchtigen**, dass kein Risiko mehr für die Stabilität des Finanzsystems mehr besteht oder dass die Vertraulichkeit nicht mehr gewährleistet ist. Dies folgt unmittelbar aus dem systematischen Zusammenspiel der grundsätzlichen Publizitätspflicht mit den Aufschubtatbeständen und nicht erst aus Art. 17 Abs. 7 UAbs. 1 MAR. Dies manifestiert sich auch in der organisatorischen Pflicht des Emittenten, die Dokumentation der Person sicherzustellen, die für die Gewährleistung der fortlaufenden Überwachung der Bedingungen für den Aufschub zuständig ist (Art. 4 Abs. 1 lit. b) ii) VO (EU) 2016/1055). Die Bedeutung von Art. 17 Abs. 7 MAR liegt vor allen Dingen in der Klarstellung, dass eine Veröffentlichung bereits dann nachzuholen ist, wenn am Markt ausreichend präzise Gerüchte kursieren, die vermuten lassen, dass die Vertraulichkeit nicht mehr gewährleistet ist, unabhängig von der Herkunftssphäre der Gerüchte.[290] Mit Wegfall der Voraussetzungen der Aufschubtatbestände lebt die Veröffentlichungspflicht wieder auf. Die Formulierung in Abs. 7, die Öffentlichkeit sei „so schnell wie möglich" zu informieren ist gleichbedeutend mit der Formulierung in Abs. 1, die Information sei „unverzüglich" zu veröffentlichen. Weder sind Maßstäbe ersichtlich, anhand derer eine inhaltliche Differenzierung möglich wäre, noch besteht ein Grund für einen abweichenden Veröffentlichungszeitraum.

[288] → Rn. 10.
[289] → § 13 Rn. 32 ff.
[290] → Rn. 131.

In der nachzuholenden Veröffentlichung ist der aktuelle Sachstand maßgeblich.[291] Andernfalls drohte eine Irreführung des Kapitalmarktes[292] und eine effiziente Preisbildung wäre nicht gewährleistet. Insbesondere im Hinblick auf zeitlich gestreckte Sachverhalte bedeutet dies, dass nur das Endereignis zu veröffentlichen ist, nicht aber jeder Zwischenschritt, dessen Veröffentlichung aufgeschoben wurde.[293] **163**

Fallen gleichzeitig mit den Voraussetzungen für einen Aufschub der Veröffentlichung die Voraussetzungen der Publizitätspflicht weg, besteht keine Pflicht zur Veröffentlichung der inhaltlich überholten Information mehr.[294] Eine Veröffentlichung der überholten Information könnte, statt positive Wirkungen auf die Informationseffizienz des Kapitalmarktes zu haben, zu einer Fehlbewertung der Information durch die Anleger beitragen, da durch die Veröffentlichung als Ad-hoc-Information irreführende Signale gesetzt werden könnten.[295] **164**

Nach Art. 17 Abs. 4 UAbs. 3 MAR muss die zuständige Behörde unmittelbar nach der Offenlegung der Information über den Aufschub der Offenlegung und die Gründe für den Aufschub informiert werden. Diese Information der Behörde sollte in den Prozessablauf im Rahmen der Einrichtung einer Compliance-Struktur integriert werden. Die BaFin akzeptiert weiterhin die **Mitteilung** über den **Aufschub** und deren **Gründe gleichzeitig** mit der **Vorab-Mitteilung**.[296] Wird diese Möglichkeit nicht genutzt, legt die BaFin strenge Maßstäbe an den Informationszeitpunkt an. „Unmittelbar nach" sei als „unverzüglich" zu verstehen. Nur in begründeten Ausnahmefällen könne eine Mitteilung des Aufschubs erst einige Stunden nach der Veröffentlichung der Insiderinformation als rechtzeitig eingeordnet werden.[297] Daraus folgt, dass auch diese Information an die BaFin bereits nach der Entscheidung über den Aufschub vorbereitet und falls notwendig aktualisiert werden sollte. Fällt die Pflicht zur Veröffentlichung der Insiderinformation weg (→ Rn. 164), besteht auch keine Pflicht, die Behörde nachträglich über den Aufschub in Kenntnis zu setzen. Art. 17 Abs. 4 UAbs. 3 MAR knüpft eindeutig an die Offenlegung der Information an. Auch wenn eine Kontrolle der rechtmäßigen Anwendung des Aufschubtatbestandes wünschenswert scheint, um durch nachgelagerte öffentlich-rechtliche Mechanismen eine effektive Durchsetzung des Regimes der Ad-hoc-Publizität zu gewährleisten,[298] ist eine solche Pflicht mit dem Wortlaut von Art. 17 Abs. 4 UAbs. 3 MAR nicht zu vereinbaren.[299] **165**

4. Bekanntgabe

Die Bekanntgabe hat gem. Art. 17 Abs. 1 UAbs. 1 MAR „**unverzüglich**" zu erfolgen.[300] Dies beinhaltet eine angemessene Frist, neue Informationen zu erkennen und hinsichtlich ihrer Veröffentlichungspflichtigkeit zu analysieren.[301] Das bisherige Verständnis der Pflicht, die Information „unverzüglich" zu veröffentlichen, ist auf die MAR übertragbar. Dieses Verständnis wird durch die Auffassung der ESMA gestützt, wonach die MAR insoweit deckungsgleich mit der Durchführungsrichtlinie zur MAD 2003/124/EG sei.[302] **166**

---

[291] *Klöhn* in KölnKomm WpHG § 15 Rn. 325; *Pfüller* in Fuchs WpHG § 15 Rn. 495; *Assmann* in Assmann/Schneider WpHG § 15 Rn. 172. S. auch BaFin Emittentenleitfaden 2013 S. 65.

[292] *Assmann* in Assmann/Schneider WpHG § 15 Rn. 172.

[293] *Pfüller* in Fuchs WpHG § 15 Rn. 496; *Heider/Hirte* GWR 2012, 431.

[294] ESMA, Q&A on the Market Abuse Regulation (MAR), ESMA70–145-111, Version 10, 14.12.2017, Q&A 5.2; zum alten Recht bereits *Pfüller* in Fuchs WpHG § 15 Rn. 495. S. auch BaFin Emittentenleitfaden 2013 S. 59f.

[295] *Pfüller* in Fuchs WpHG § 15 Rn. 495.

[296] BaFin FAQ Art. 17 MAR, 20.6.2017, IV.4.

[297] BaFin FAQ Art. 17 MAR, 20.6.2017, IV.4.

[298] *Veil/Brüggemeier* in Fleischer/Kalss/Vogt, Enforcement im Gesellschafts- und Kapitalmarktrecht 2015, 277 (282ff.).

[299] AA zur Vorgängerregelung *Klöhn* in KölnKomm WpHG § 15 Rn. 328.

[300] Dies entspricht dem Wortlaut von Art. 6 Abs. 1 MAD 2003. Die früheren Auslegungsgrundsätze können übernommen werden. So auch: *Poelzig* NZG 2016, 761 (766).

[301] ESMA/2016/162 Rn. 64, 67. S. auch *Klöhn* AG 2016, 423 (430); *Kumpan* DB 2016, 2039 (2043).

[302] ESMA/2014/809 Rn. 221. So auch: *Klöhn* AG 2016, 423 (430); *Kumpan* DB 2016, 2039 (2042); *Zetzsche* in Gebauer/Teichmann EnzEuR Bd. VI § 7 C Rn. 178.

167 Die **Veröffentlichung** der Information darf gem. Art. 17 Abs. 1 UAbs. 2 S. 2 MAR **nicht mit** der **Vermarktung** der **Tätigkeiten** des Emittenten **verbunden** werden. Informationen, die nicht den Tatbestand einer Insiderinformation erfüllen, dürfen nicht über den Informationskanal der Ad-hoc-Publizität veröffentlicht werden. Die Ad-hoc-Publizität soll kein Instrument zur Pflege der *Investor Relations* sein. Dies soll vermeiden, dass die Informationsverarbeitungskosten aufgrund einer erheblichen Anzahl an Ad-hoc-Mitteilungen ohne eigentliche Insiderinformation signifikant steigen und so der Informationskanal der Ad-hoc-Publizität insgesamt entwertet würde. Die Ad-hoc-Mitteilung ist deshalb auf die Insiderinformation selbst zu begrenzen. Darüber hinaus ist die Mitteilung in einer neutralen Sprache zu veröffentlichen, die die Information nicht beschönigt. Dem liegt der Gedanke zugrunde, dass die Informationsverarbeitungskosten steigen und der Informationswert einer Ad-hoc-Mitteilung sinken würde, wenn der eigentliche Kern der Insiderinformation durch beschönigende und werbeähnliche Sprache verdeckt würde.

5. Verfahren der Bekanntgabe (Art. 17 Abs. 1 UAbs. 2, Abs. 9 MAR) und Inhalt der Mitteilung

168 Die technischen Mittel für die Bekanntgabe von Insiderinformationen und die Pflichten des Emittenten im Hinblick auf die Speicherung auf seiner Webseite richten sich nach Art. 2, 3 VO (EU) 2016/1055. Die Information muss über **öffentlich zugängliche Medien** verbreitet werden. Die Öffentlichkeit muss schnell auf die Information zugreifen und sie vollständig, korrekt und rechtzeitig bewerten können.[303] Eine Veröffentlichung in einer Regionalzeitung oder eine bloße Pressemitteilung[304] ist ebenso wenig ausreichend, wie die Kundgabe auf einer Presse- oder Analystenkonferenz, in der Hauptversammlung oder allein auf der Webseite des Emittenten.[305] Sind die Wertpapiere zum Handel an einem geregelten Markt zugelassen, handelt es sich um regulierte Informationen, für die Art. 21 Abs. 1 Transparenz-Richtlinie[306] und Art. 12 Durchführungsrichtlinie 2007/14/EC eingreifen. Die Informationen sind dementsprechend in einem amtlich bestellten System zu veröffentlichen.[307] Nach Auffassung der ESMA sollen die Insiderinformationen von Emittenten, deren Finanzinstrumente auf MTF/OTF gehandelt werden, vergleichbaren Standards unterliegen, damit auf vertraute Informationskanäle zurückgegriffen werden kann.[308]

169 Marktführer als Dienstleister für die Bekanntgabe der Ad-hoc-Mitteilungen in Deutschland ist die **Deutsche Gesellschaft für Ad-hoc-Publizität** (DGAP), die zur EQS Group AG gehört.

170 Die Informationen sind außerdem für fünf Jahre unentgeltlich und diskriminierungsfrei sowie leicht auffindbar und mit eindeutigen Angaben zu Datum und Uhrzeit der Bekanntgabe versehen auf der **Webseite des Emittenten** in chronologischer Reihenfolge zu speichern.[309]

171 Die **Sprache** der **Veröffentlichung** wird durch die MAR nicht vorgegeben. Lediglich für Informationen, die sich auf Wertpapiere beziehen, die an einem geregelten Markt gehandelt werden und deshalb von Art. 21 Transparenz-Richtlinie erfasst werden, ergibt sich aus Art. 20 und Art. 2 lit. k Transparenz-RL iVm § 3b WpAV, dass die Informationen

[303] Art. 2 Abs. 1 VO (EU) 2016/1055. Vgl. auch ESMA/2015/1455 Rn. 185 ff.
[304] OLG Braunschweig NJW-RR 2016, 624.
[305] ESMA/2015/1455 Rn. 188. S. auch *Kumpan* DB 2016, 2039 (2043).
[306] Richtlinie 2004/109/EG des Europäischen Parlaments und des Rates vom 15. Dezember 2004 zur Harmonisierung der Transparenzanforderungen in Bezug auf Informationen über Emittenten, deren Wertpapiere zum Handel auf einem geregelten Markt zugelassen sind, und zur Änderung der Richtlinie 2001/34/EG, ABl. EU Nr. L390 v. 31.12.2004 S. 38 ff. in der durch Richtlinie 2013/50/EU des Europäischen Parlaments und des Rates vom 22.10.2013, ABl. EU Nr. L294 v. 6.11.2013 S. 13 ff. geänderten Fassung (Transparenz-Richtlinie).
[307] Art. 17 Abs. 1 UAbs. 2 S. 3 MAR, Art. 21 Abs. 1 Transparenz-Richtlinie.
[308] ESMA/2015/1455 Rn. 186.
[309] Art. 17 Abs. 1 UAbs. 2 MAR, Art. 3 VO (EU) 2016/1055.

in einer von der zuständigen Aufsichtsbehörde akzeptierten Sprache zu veröffentlichen sind, sofern die Wertpapiere nur im Herkunftsmitgliedsstaat zum Handel zugelassen sind. Werden die Finanzinstrumente ausschließlich in Deutschland gehandelt, genügt eine Veröffentlichung in deutscher Sprache.[310] Sind die Wertpapiere zusätzlich in einem anderen Mitgliedsstaat zum Handel zugelassen, ist die Information nach Wahl des Emittenten in einer in internationalen Finanzkreisen gebräuchlichen Sprache zu veröffentlichen, die die zuständige Aufsichtsbehörde akzeptiert.[311] Ist nach diesen Maßstäben eine Veröffentlichung der Insiderinformation ausschließlich in englischer Sprache möglich, akzeptiert die BaFin auch die Information über eine erfolgte Selbstbefreiung in englischer Sprache.[312]

Inlandsemittenten iSd § 2 Abs. 14 WpHG nF und MTF-Emittenten iSd § 2 Abs. 15 WpHG nF haben die zu veröffentlichenden Informationen gem. § 26 Abs. 1 WpHG nF dem **Unternehmensregister** iSd § 8b HGB zur **Speicherung** zu übermitteln und der BaFin sowie den Geschäftsführungen der Handelsplätze, an denen die Finanzinstrumente zugelassen oder in den Handel einbezogen sind, mitzuteilen.[313] Die Pflicht der Mitteilung an die Geschäftsführungen der Handelsplätze soll diesen ermöglichen, den Handel ggf. auszusetzen. Eine Mitteilung an Handelsplätze, an denen die Finanzinstrumente nicht zugelassen oder in den Handel einbezogen sind, könnte einen Verstoß gegen das Offenlegungsverbot gem. Art. 14 lit. c) MAR darstellen.[314] Diese Mitteilungspflichten gelten nicht für OTF-Emittenten. **172**

Die Anforderungen an den **Inhalt** der **Mitteilung** ergeben sich aus Art. 2 Abs. 1 lit. b) VO (EU) 2016/1055 und § 4 WpAV.[315] Nach Art. 2 Abs. 1 lit. b) VO (EU) 2016/1055 wird aus der Übermittlung „Folgendes unmissverständlich klar: **173**

(i) die übermittelten Informationen sind Insiderinformationen;
(ii) die Identität des Emittenten oder des Teilnehmers am Markt für Emissionszertifikate: der vollständige rechtsgültige Name;
(iii) die Identität der mitteilenden Person: Vorname, Nachname, Position beim Emittenten oder Teilnehmer am Markt für Emissionszertifikate;
(iv) der Gegenstand der Insiderinformationen;
(v) Datum und Uhrzeit der Übermittlung der Medien.“

Die Anforderungen (i) und (iv) sind wenig konkret. Es muss daher nicht verwundern, dass der Umfang veröffentlichter Ad-hoc-Mitteilungen in der Praxis sehr unterschiedlich ist. Meist werden nicht mehr als fünf Zeilen veröffentlicht. Es kommt aber auch vor, dass Angaben zur Insiderinformation umfangreich sind, insbesondere wenn es sich um Quartalsfinanzzahlen handelt. Konkretisiert werden diese Vorgaben durch § 4 Abs. 1 WpAV. Insbesondere ist nach § 4 Abs. 1 S. 1 Nr. 6 WpAV die unmittelbare Betroffenheit zu erläutern. Darüberhinaus ist nach § 4 Abs. 1 S. 1 Nr. 7 WpAV zu erläutern, warum der mitgeteilte Umstand geeignet ist, im Fall des öffentlichen Bekanntwerdens den Kurs der Finanzinstrumente erheblich zu beeinflussen, soweit sich dies nicht bereits aus der Angabe der zu veröffentlichenden Information selbst ergibt. Diese Angaben sind unionsrechtlich nicht explizit vorgeschrieben, lassen sich aber aus dem Erfordernis gem. Art 17 Abs. 1 UAbs. 2 S. 1 MAR, die Information so zu veröffentlichen, dass sie vollständig, korrekt und rechtzeitig durch die Öffentlichkeit bewertet werden kann, ableiten. Diese Angaben sind zu begrüßen, da sie es den Marktteilnehmern erleichtern, den Wert der Information besser einzuschätzen. In der Regel erläutern Emittenden die Kursrelevanz gestützt auf die Ausnahme in § 4 Abs. 1 S. 1 Nr. 7 WpAV allerdings nicht. **174**

---

310 BaFin FAQ Art. 17 MAR, 20.6.2017, IV.3.
311 Art. 20 Abs. 2 Transparenz-Richtlinie.
312 BaFin FAQ Art. 17 MAR, 20.6.2017, IV.5.
313 Für die Europarechtskonformität dieser Regelung trotz Vollharmonisierung: *Grundmann* in GroßkommHGB Bd. XI Bankvertragsrecht 6. Teil Rn. 526.
314 BaFin FAQ Art. 17 MAR, 20.6.2017, II.4.
315 Das Bundesministerium der Finanzen wird durch § 26 Abs. 4 Nr. 1 WpHG nF ermächtigt, den Mindestinhalt, die Sprache, Art, den Umfang sowie die Form der Mitteilungen zu konkretisieren.

175 In der Praxis finden sich zuweilen weitere Angaben, insbesondere zum Geschäftsfeld des Emittenten. Daran ist nichts auszusetzen, es sei denn, dass die Angaben entgegen Art. 17 Abs. 1 UAbs. 2 S. 2 MAR mit der Vermarktung der Tätigkeiten des Emittenten verbunden sind. Von Bedeutung sind zudem **ergänzende Aussagen** in **zukunftsgerichteten Ad-hoc-Mitteilungen** (insbesondere bei Prognosen), die offenkundig dazu dienen, die haftungsrechtlichen Risiken des Emittenten zu begrenzen.

176 Verbreitet ist insbesondere folgender ergänzender Hinweis: „Diese Mitteilung enthält zukunftsgerichtete Aussagen, die auf Annahmen und Schätzungen des Vorstands der X-AG basieren. Obwohl wir davon ausgehen, dass die Erwartungen in diesen zukunftsgerichteten Aussagen realistisch sind, können wir nicht garantieren, dass sie sich als richtig erweisen. Die Annahmen können Risiken und Unsicherheiten enthalten, welche dazu führen können, dass die tatsächlichen Zahlen beträchtlich von den zukunftsgerichteten Aussagen abweichen. Zu den Faktoren, welche solche Abweichungen verursachen können, zählen unter anderem Veränderungen im gesamtwirtschaftlichen und im geschäftlichen Umfeld, Veränderungen bei Währungskursen und Zinssätzen, die Einführung von Produkten, die im Wettbewerb zu den eigenen Produkten stehen, Akzeptanzprobleme bei neuen Produkten oder Dienstleistungen sowie Veränderungen in der Unternehmensstrategie. Die X-AG beabsichtigt nicht, die zukunftsgerichteten Aussagen zu aktualisieren und übernimmt keine Verantwortung für eine solche Aktualisierung."

177 Diese Klauseln dürften auf die US-amerikanische Kapitalmarktpraxis und Wertpapierregulierung (insbesondere die richterrechtlich entwickelte und sodann in Sec. 27 Securities Act 1933 und Sec. 21E Securities Exchange Act 1934 teilweise gesetzlich geregelte *Bespeaks Caution*-Doktrin) zurückgehen. Welche rechtliche Bedeutung die Hinweise im europäischen bzw. deutschen Kapitalmarktrecht haben, ist bislang nicht geklärt. Festzuhalten ist zunächst, dass die haftungsrechtliche Verantwortlichkeit des Emittenten (wertpapierhandelsgesetzliche Informationshaftung und Informationsdeliktshaftung) unberührt bleibt. Die Voraussetzungen dieser Tatbestände können auch dann erfüllt sein, wenn die einer Prognose zugrundeliegenden Umstände falsch sind und die Prognose daher unvertretbar ist. Sollte sich eine Prognose aufgrund Veränderungen im gesamtwirtschaftlichen und im geschäftlichen Umfeld als unzutreffend erweisen, kann dies eine Haftung des Emittenten nicht begründen, unabhängig davon, ob Warnhinweise erfolgt sind oder nicht. Nicht ausgeschlossen ist freilich, dass die Hinweise geeignet sind, einen irreführenden Charakter von Angaben in einer Ad-hoc-Mitteilung zu entkräften.[316] Dies lässt sich freilich nur im Einzelfall beurteilen. Im Grundsatz gilt: Die in der deutschen Praxis zuweilen erfolgenden Hinweise zu in einer Ad-hoc-Mitteilung gemachten zukunftsgerichteten Aussagen sind in haftungsrechtlicher Hinsicht bedeutungslos.

178 Die Erweiterung des Anwendungsbereiches des Art. 17 Abs. 1 MAR auch auf Emittenten, deren Wertpapiere in einem MTF oder OTF gehandelt werden, kann insbesondere eine zusätzliche Belastung für kleine und mittlere Unternehmen (KMU) darstellen. Um einem der zentralen Ziele der jüngsten Reformen, einer erleichterten Unternehmensfinanzierung über den Kapitalmarkt gerade für kleine und mittlere Unternehmen, gerecht zu werden, sieht Art. 17 Abs. 9 MAR Erleichterungen für Emittenten vor, deren Finanzinstrumente an einem **KMU-Wachstumsmarkt** zugelassen bzw. einbezogen sind.[317] Danach ist es KMU-Wachstumsmarkt-Emittenten möglich, die Insiderinformationen auf der Webseite des Handelsplatzes anstatt auf der eigenen Webseite anzuzeigen, falls der Handels-

[316] *Fleischer* AG 2006, 2 (13) anerkennt aber zu Recht, dass Kennzeichnungs- und Warnpflichten geeignet sind, kognitiven Fehlvorstellungen der Kapitalanleger entgegenzuwirken.

[317] Der Begriff des KMU-Wachstumsmarktes bestimmt sich nach Art. 4 Abs. 1 Nr. 12 MiFID II iVm Art. 3 Abs. 1 Nr. 11 MAR → § 4 Rn. 34.

platz diese Möglichkeit eröffnet.[318] Dies entbindet sie nicht von der Veröffentlichung gem. Art. 17 Abs. 1 UAbs. 2 S. 1 MAR, lediglich die Pflicht zur Veröffentlichung auf der eigenen Webseite gem. Art. 17 Abs. 1 UAbs. 2 S. 3 MAR sowie die Dauer der Speicherung werden gelockert.[319] Ob dies eine signifikante Erleichterung für KMU-Wachstumsmarkt-Emittenten darstellt, ist fragwürdig.[320] Die Veröffentlichung auf der Webseite des Handelsplatzes sollte erst erfolgen, unmittelbar nachdem die Information über die notwendigen Informationskanäle verbreitet wurde.[321]

6. Nachgelagerte Informationspflichten

a) Aktualisierung von Ad-hoc-Mitteilungen

Eine Pflicht zur Aktualisierung von Ad-hoc-Mitteilungen besteht nur, wenn der neu eintretende Umstand für sich genommen den Tatbestand einer zu veröffentlichenden Insiderinformation erfüllt.[322] Eine niederschwelligere Informationspflicht, die an eine bereits bestehende Ad-hoc-Mitteilung anknüpfen würde, ist in der MAR nicht vorgesehen. Das ist überzeugend. Die Selektionskriterien der Ad-hoc-Publizitätspflicht, die im Spannungsfeld von Informationserwerbs- und Informationsverarbeitungskosten sowohl ein Übermaß als auch ein Untermaß an Informationen zu verhindern suchen, würden aufgeweicht. Dies würde zu einer deutlichen Ausweitung der Publizitätspflichten führen, die die Emittenten mit erheblichen Mehrkosten belasten würden, ohne dass ein entsprechender Mehrwert für den Markt gegenübersteht. Erfüllt der neu eingetretene Umstand hingegen die Voraussetzungen der Ad-hoc-Publizitätspflicht, richten sich sowohl die Möglichkeiten des Aufschubs als auch das Verfahren der Veröffentlichung nach den allgemeinen Grundsätzen. Der Inhalt der Mitteilung wird modifiziert durch § 4 Abs. 2 WpAV. Auch diese Angaben dienen der vollständigen, korrekten und rechtzeitigen Bewertungsmöglichkeit iSv Art. 17 Abs. 1 UAbs. 2 MAR. **179**

Eine aus Sicht des Emittenten stark fehlerhafte bzw. übertriebene Reaktion auf eine Ad-hoc-Mitteilung stellt keinen Umstand dar, der korrekturpflichtig ist.[323] Denn die richtige Einschätzung des Wertes einer Information und deren Reflektion im Preis ist grundsätzlich Aufgabe des Marktes, nicht des Emittenten.[324] **180**

b) Berichtigung von Ad-hoc-Mitteilungen

Art. 17 MAR enthält anders als § 15 Abs. 2 S. 2 WpHG aF keine explizite Pflicht zur Berichtigung unwahrer Ad-hoc-Mitteilungen. Kann bereits die Tatsache der fehlerhaften Ad-hoc-Mitteilung unter den Tatbestand der Ad-hoc-Publizitätspflicht subsumiert werden, folgt eine Pflicht zur Berichtigung bereits aus Art. 17 Abs. 1 MAR. Dies wird regelmäßig der Fall sein, wenn die Differenz zwischen der veröffentlichten fehlerhaften Information und der tatsächlichen Information kursrelevant ist. **181**

Darüber hinaus ist allerdings Art. 17 Abs. 1 UAbs. 2 S. 1 MAR zu berücksichtigen. Diese Vorschrift verpflichtet den Emittenten, sicherzustellen, dass die Insiderinformationen so veröffentlicht werden, dass ihre vollständige und korrekte Bewertung möglich ist. Dies setzt voraus, dass die veröffentlichte Information inhaltlich richtig ist. Der Zweck der Ad-hoc-Publizitätspflicht kann nur effektiv erreicht werden, wenn eine Pflicht zur Berichtigung erkannt unwahrer Ad-hoc-Mitteilungen besteht. Diese bewirkt eine Reduktion der **182**

[318] Zu Erleichterungen im Zusammenhang mit der Pflicht zur Erstellung von Insiderlisten (Art. 18 Abs. 6 MAR) → § 11 Rn. 11 und 58.
[319] ESMA/2015/1455 Rn. 178.
[320] ESMA/2015/1455 Rn. 217. *Kumpan* ZGR 2016, 2 (22).
[321] ESMA/2015/1455 Rn. 219.
[322] Vgl. auch ESMA/2015/1455 Rn. 223.
[323] *Klöhn* in KölnKomm WpHG § 15 Rn. 420. S. auch BaFin Emittentenleitfaden 2013 S. 60.
[324] EuGH v. 11.3.2015 – Rs. C-628/13, ECLI:EU:C:2015:162 = NGZ 2015, 432 Rn. 36 – *Lafonta*. → Rn. 44 f.

Informationsverifizierungskosten. Auch der systematische Zusammenhang mit der Pflicht, eine Veröffentlichung von Insiderinformationen nicht mit der Vermarktung der Tätigkeiten des Emittenten zu verbinden (Art. 17 Abs. 1 UAbs. 2 S. 2 MAR), unterstreicht das Bestreben des europäischen Gesetzgebers, durch zutreffende und auf den Kern der Information beschränkte Ad-hoc-Mitteilungen eine Reduktion der Informationskosten zu bewirken. Aus Art. 17 Abs. 1 UAbs. 2 S. 1 MAR kann iVm Art. 4 Abs. 3 UAbs. 2, 3 EUV (*effet utile*) deshalb eine Pflicht zur Berichtigung unwahrer Ad-hoc-Mitteilungen hergeleitet werden. Die Möglichkeit, die Information vollständig und korrekt zu bewerten zieht allerdings gleichzeitig eine Grenze für die Berichtigungspflicht. Diese greift nur ein, wenn die vollständige und korrekte Informationsbewertung betroffen ist, nicht hingegen bereits bei für die Informationsbewertung vollkommen irrelevanten Fehlern (bspw. Tippfehlern).[325] Das Verfahren und die Form ihrer Veröffentlichung richten sich nach den Vorgaben für die allgemeine Ad-hoc-Publizitätspflicht. Diese werden modifiziert durch § 4 Abs. 3 WpAV. Um ihren Zweck zu erfüllen, ist sie insbesondere als Berichtigungsveröffentlichung kenntlich zu machen.

III. Veröffentlichungspflicht aufgrund Weitergabe von Insiderinformationen (Art. 17 Abs. 8 MAR)

1. Überblick

183 Nach Art. 17 Abs. 8 MAR ist ein Emittent verpflichtet, Insiderinformationen, die er gegenüber einem Dritten im Rahmen der Erfüllung seiner Aufgaben offengelegt hat, vollständig und wirksam zu veröffentlichen, es sei denn, der Dritte ist zur Verschwiegenheit verpflichtet. Diese Publizitätspflicht fügt sich nahtlos in den Zweck der Ad-hoc-Publizitätspflicht nach Abs. 1 ein. Sie soll den gleichberechtigten Informationszugang aller Kapitalmarktteilnehmer („*equal access*")[326] und deren Vertrauen in die Ordnungsgemäßheit des Kapitalmarktes sicherstellen.[327]

184 Die Veröffentlichungspflicht kommt nur in Betracht, wenn der Emittent die Veröffentlichung wegen Vorliegens berechtigter Interessen gem. Art. 17 Abs. 4 MAR oder zur Wahrung der Finanzmarktstabilität gem. Art. 17 Abs. 5 MAR aufgeschoben hat oder der Anwendungsbereich von Art. 17 Abs. 1 MAR insbesondere wegen fehlenden unmittelbaren Emittentenbezuges nicht eingreift. Die Veröffentlichungspflicht korrespondiert mit der rechtmäßigen Weitergabe von Insiderinformationen gem. Art. 10 Abs. 1 MAR. Erfasst Abs. 1 ausschließlich Insiderinformationen, die den Emittenten unmittelbar betreffen, greift Abs. 8 ein, wenn ein Emittent Insiderinformationen jeglicher Art an Dritte weitergibt, die nicht zur Verschwiegenheit verpflichtet sind. Gibt der Emittent Insiderinformationen, die ihn unmittelbar betreffen, an Dritte weiter, die nicht zur Verschwiegenheit verpflichtet sind, greift Abs. 1 ebenfalls ein, ohne die Publizitätspflicht aus Abs. 8 zu verdrängen. Beide Veröffentlichungen können allerdings, soweit sie durch dieselbe Person zum selben Zeitpunkt zu erfüllen sind, miteinander verbunden werden. Die praktische Bedeutung ist insgesamt gering.

2. Personeller Anwendungsbereich

185 Der personelle Anwendungsbereich von Art. 17 Abs. 8 MAR ist nicht deckungsgleich mit dem der allgemeinen Ad-hoc-Publizitätspflicht. Neben **Emittenten** und **Teilnehmern am Markt für Emissionszertifikate** sind auch in ihrem **Auftrag** oder für ihre **Rech-**

[325] Stets von einer Pflicht zur Berichtigung auf der Grundlage einer Garantenstellung des Emittenten aus Ingerenz ausgehend: *Grundmann* in GroßkommHGB Bd. XI Bankvertragsrecht 6. Teil Rn. 523.

[326] *Klöhn* WM 2010, 1869; *Klöhn* in KölnKomm WpHG § 15 Rn. 342; *Assmann* in Assmann/Schneider WpHG § 15 Rn. 110. S. auch *Mehringer*, Das allgemeine kapitalmarktrechtliche Gleichbehandlungsprinzip.

[327] *Bumke* DV 41 (2008), 227 (232 f.).

nung handelnde Personen erfasst. Diese Begriffe sind nicht zivilrechtsakzessorisch, sondern unionsautonom zu verstehen. Der Verweis auf Art. 10 Abs. 1 MAR zeigt, dass die fremdnützige Erfüllung von Aufgaben auf Veranlassung des Emittenten insgesamt erfasst ist.[328] Nicht erforderlich ist, dass auch die Offenlegung der Information auf Veranlassung des Emittenten erfolgt.

Diese Erstreckung auf Dritte ist nicht überzeugend und fügt sich nicht in das System der kapitalmarktrechtlichen Publizitätspflichten ein. Während Kapitalmarktteilnehmer die Veröffentlichung von den Emittenten unmittelbar betreffenden Insiderinformationen durch diesen berechtigterweise erwarten können, ist eine Veröffentlichung durch Dritte wie beispielsweise Rechtsanwälte oder Steuerberater aus Sicht des Marktes ex-ante nicht erwartbar. Da auch der Emittent zur Veröffentlichung verpflichtet ist, hat die Information durch den Dritten, soweit sie frühestens parallel zur Veröffentlichung durch den Emittenten erfolgt, keinen eigenen Informationswert. Erfolgt sie hingegen bereits vor einer Veröffentlichung durch den Emittenten, ist eine lediglich selektive Informationsverarbeitung im Markt zu erwarten, die dem Ziel einer informationellen Chancengleichheit abträglich ist. 186

3. Offenlegung einer Insiderinformation gegenüber einem Dritten

a) Insiderinformation

Der Begriff der Insiderinformation richtet sich nach Art. 7 MAR.[329] Anders als Art. 17 Abs. 1 MAR sind auch Insiderinformationen ohne oder mit lediglich mittelbarem Emittentenbezug erfasst. 187

b) Dritter

Die Insiderinformation muss im Zuge der normalen Erfüllung von Aufgaben gegenüber einem Dritten offengelegt werden. Dritter ist nicht jede andere Person, so wie in Art. 10 Abs. 1 MAR,[330] sondern nur derjenige, der außerhalb der rechtlichen Organisationsstruktur des Emittenten steht.[331] Wer innerhalb der rechtlichen Organisationsstruktur des Emittenten steht, bestimmt sich – wie bei der Frage welche Personen dem Emittenten bei der Offenlegung zuzurechnen sind –[332] nach den allgemeinen gesellschaftsrechtlichen und zivilrechtlichen Maßstäben (insb. analog § 31 BGB, § 278 BGB und § 831 BGB). Eine Weitergabe der Information innerhalb des Emittenten ist deshalb zwar am Weitergabeverbot des Art. 10 Abs. 1 MAR zu messen. Sie statuiert jedoch unabhängig vom Vorliegen der weiteren Voraussetzungen jedenfalls keine Publizitätspflicht nach Art. 17 Abs. 8 MAR. Denn während Art. 10 Abs. 1 MAR verlangt, dass der *Informationsinhaber* die Information weitergibt, erfasst Art. 17 Abs. 8 MAR eine Offenlegung durch den *Emittenten*. 188

Zumindest unter Geltung der entsprechenden Regelung im WpHG (§ 15 Abs. 1 S. 4 aF) waren die Auswirkungen einer **Informationsweitergabe innerhalb eines Konzerns** umstritten. Nach einer Ansicht seien die Gesellschaften innerhalb eines Konzerns zwar rechtlich verschieden. Dennoch bestehe bei verbundenen Unternehmen ein wirtschaftlicher Interessengleichlauf, so dass man nicht von einem Dritten sprechen könne.[333] Dies 189

[328] *Assmann* in Assmann/Schneider WpHG § 15 Rn. 112; *Klöhn* in KölnKomm WpHG § 15 Rn. 365. Die jeweiligen Personen sind in die Insiderliste gem. Art. 18 MAR aufzunehmen.

[329] § 6.

[330] Sich an der äquivalenten Vorgängernorm zu Art. 10 Abs. 1 MAR (§ 14 Abs. 1 WpHG aF) orientierend: *Assmann* in Assmann/Schneider WpHG § 15 Rn. 113; *Zimmer/Kruse* in Schwark/Zimmer WpHG § 15 Rn. 84. Wie hier differenzierend: *Pfüller* in Fuchs WpHG § 15 Rn. 357; *Klöhn* in KölnKomm WpHG § 15 Rn. 372.

[331] *Pfüller* will diejenigen Personen zurechnen, die „rechtlich oder wirtschaftlich dem Emittenten zuzuordnen" sind, in Fuchs WpHG § 15 Rn. 354. Unklar ist allerdings wann eine solche Zuordnung stattfinden soll.

[332] *Klöhn* in KölnKomm WpHG § 15 Rn. 374.

[333] *Pfüller* in Fuchs WpHG § 15 Rn. 357.

kann nicht generell überzeugen.[334] Die rechtliche Selbständigkeit verbundener Unternehmen determiniert den ad-hoc-publizitätspflichtigen Rechtsträger (→ Rn. 59 ff.). Wird die Erfüllung von Aufgaben auf ein anderes Unternehmen ausgelagert, reduzieren sich im Vergleich zu einer Aufgabenerfüllung innerhalb des Unternehmens die Kontroll- und Einflussmöglichkeiten. Diese Reduktion der Kontroll- und Einflussmöglichkeiten steigert das Risiko einer Informationsdiffusion und im Ergebnis der Ausnutzung der Insiderinformationen durch die Vornahme von Kapitalmarkttransaktionen. Demgegenüber scheint der zumindest partielle wirtschaftliche Interessengleichlauf der Rechtsträger kein für die Beurteilung einer Publizitätspflicht maßgebliches Kriterium. Sollte der Informationsfluss zwischen den verbundenen Unternehmen und den konkret die Information erhaltenden Personen nicht durch eine rechtliche Absicherung der Verschwiegenheit flankiert sein, besteht kein Grund, dieses Unternehmen von der Publizitätspflicht auszunehmen, indem es nicht als Dritter eingeordnet wird. Maßgeblich ist deshalb im Rahmen einer wertenden Betrachtungsweise auf die sowohl tatsächlichen, vor allem aber auch die rechtlich abgesicherten Möglichkeiten der Kontrolle abzustellen. Diese wird bei einer eingegliederten Gesellschaft mit kontrolliertem Informationsfluss eher der Fall sein, als bei einer eher lockeren, allein auf einer Mehrheitsbeteiligung aufbauenden Verbindung. Dem entspricht es, wenn auch Aktionäre grundsätzlich als Dritte eingeordnet werden.[335]

c) Rechtmäßige Offenlegung im Rahmen der Aufgabenerfüllung

190 Offenlegung bezeichnet jede bewusste Einräumung einer Wahrnehmungsmöglichkeit. Sie erfasst sowohl die willentlich explizite Kommunikation als auch die bewusste Eröffnung der Möglichkeit der Kenntnisnahme. Erfolgt die Offenlegung im Rahmen der normalen Aufgabenerfüllung gem. Art. 10 Abs. 1 MAR, ist die Offenlegung rechtmäßig. Hinsichtlich der Details kann ebenso wie für eine Konkretisierung der Erfüllung von Aufgaben auf die Anmerkungen zum Offenlegungsverbot gem. Art. 10 Abs. 1 MAR und den Regelungen zum Market-Sounding gem. Art. 11 MAR verwiesen werden.[336]

191 Die Offenlegung erfolgt durch den Emittenten, wenn diese ihm nach den allgemeinen gesellschaftsrechtlichen und zivilrechtlichen Maßstäben zurechenbar ist (insb. analog § 31 BGB, § 278 BGB und § 831 BGB).

4. Ausschluss bei Pflicht zur Verschwiegenheit

192 Die Publizitätspflicht greift nicht ein, wenn der Dritte zur Verschwiegenheit verpflichtet ist (Art. 17 Abs. 8 S. 2 MAR). Die Vertraulichkeitspflicht kann sich aus Rechts- oder Verwaltungsvorschriften, Satzung oder Vertrag ergeben.

193 Das insiderrechtliche Verbot der Informationsoffenlegung ist nicht ausreichend, um eine Verschwiegenheitspflicht zu begründen.[337] Zwar untersagt die MAR die unrechtmäßige Offenlegung von Informationen und sichert dieses Verbot durch erhebliche Bußgeld- und Strafsanktionen ab. Allerdings wäre die Publizitätspflicht bei Anerkennung des Offenlegungsverbots als Pflicht zur Verschwiegenheit gänzlich bedeutungslos. Es verbliebe kein Anwendungsbereich, da stets Art. 10 MAR eingreifen würde. Gleichzeitig richtet sich das Verbot der Offenlegung an Jedermann und führt dem Informationsempfänger nicht spezifisch vor Augen, dass sensible Informationen Gegenstand der Verbindung zu dem Emittenten sind. Aus diesem Grund sind spezielle Vorschriften, Satzungsregelungen oder vertragliche Regelungen erforderlich, die die Vertraulichkeit sicherstellen.

---

[334] *Klöhn* in KölnKomm WpHG § 15 Rn. 375.

[335] *Pfüller* in Fuchs WpHG § 15 Rn. 358; *Klöhn* in KölnKomm WpHG § 15 Rn. 375.

[336] → § 8 Rn. 4 ff., 69 ff.

[337] Zu diesem Problem unter Geltung des WpHG: *Assmann* in Assmann/Schneider WpHG § 15 Rn. 117; *Klöhn* in KölnKomm WpHG § 15 Rn. 384.

Für Behörden sind insbesondere maßgeblich: § 30 VwVfG (bzw. die landesspezifischen Äquivalente), § 67 BBG, § 37 BeamtStG, § 11 FinDAG, § 21 WpHG nF, § 9 WpÜG, § 9 KWG, § 10 BörsG, § 84 VAG. Standesrechtlich von besonderer Bedeutung sind: § 43a BRAO, § 18 BnotO, § 58 RStDG, §§ 43, 45 DRiG, § 57 StBerG, § 43 WPO. Für Abschluss- und Sonderprüfer: § 320 HGB, § 145 AktG. **194**

Während die gesetzlichen Regelungen zur Verschwiegenheit zu den zentralen Pflichten dieser Berufsgruppen zählen, scharf sanktioniert werden (§ 203 StGB) und deshalb ein hohes Maß an auch tatsächlicher Befolgung erwarten lassen, ist eine in einem Vertrag unspezifisch enthaltene Vertraulichkeitsvereinbarung nicht ausreichend. Systematisch zeigt Art. 11 Abs. 5 MAR, dass zur Absicherung der Vertraulichkeit spezifische Regelungen erforderlich sind, die dem Informationsempfänger die besondere Sensibilität einer Insiderinformation sowie die mit einem Verstoß verbundenen Konsequenzen verdeutlichen. Eine solche insiderinformationsspezifische Vertraulichkeitsvereinbarung ist auch für den Ausschluss der Publizitätspflicht gem. Art. 17 Abs. 8 MAR zu fordern, um die Zwecke der Ad-hoc-Publizität effektiv sicherzustellen. Eine Vertragsstrafe ist im Anschluss an die bisherige Praxis zu § 15 Abs. 1 S. 4 WpHG aF ebenso wie bei Art. 11 Abs. 5 MAR nicht erforderlich.[338] **195**

5. Rechtsfolgen

Erfolgt die Offenlegung gegenüber dem Dritten absichtlich, muss die Veröffentlichung zeitgleich erfolgen. Erfolgt sie unabsichtlich, ist sie unverzüglich nachzuholen. Das Merkmal der Absicht ist unionsautonom und nicht in Anlehnung an die hergebrachte deutsche Dogmatik zu konkretisieren. Erfasst ist jegliches vorsätzliche Handeln, wobei sich der Vorsatz auf sämtliche Merkmale der Veröffentlichungspflicht beziehen muss. Grobe Fahrlässigkeit ist hingegen nicht ausreichend.[339] Denn ist sich die offenlegende Person der Offenlegung nicht bewusst, würde das Gebot, diese zeitgleich mit der Offenlegung zu veröffentlichen stets leerlaufen. Allein die unverzügliche Offenlegung ist sachgerecht. **196**

Die Veröffentlichung muss vollständig und wirksam erfolgen und richtet sich nach dem Verfahren bei Veröffentlichung gem. Art. 17 Abs. 1 MAR[340] ergänzt durch § 4 Abs. 1 S. 3 WpAV. Ein Aufschub ist nicht möglich. Unabhängig von der grundsätzlichen Anwendbarkeit der Aufschubtatbestände, ist jedenfalls die Geheimhaltung nicht mehr sichergestellt bzw. gewährleistet. **197**

338 BaFin Emittentenleitfaden 2013 S. 50.
339 So zu § 15 Abs. 1 S. 4 WpHG aF: *Klöhn* in KölnKomm WpHG § 15 WpHG Rn. 391.
340 ESMA/2015/1455 Rn. 182.

§ 11 Insiderliste

Übersicht

Literatur

Franke/Schulenburg in: Umnuß, Corporate Compliance Checklisten, 3. Auflage, 2017, Kapitel 3 B. II. Insiderlisten gemäß Art. 18 MAR; *Krause*, Kapitalmarktrechtliche Compliance: neue Pflichten und drastisch verschärfte Sanktionen nach der EU-Marktmissbrauchsverordnung, CCZ 2014, 248; *Haßler*, Insiderlisten gem. Art. 18 MMVO und ihre praktische Handhabung, DB 2016, 1920; *Poelzig*, Die Neuregelung der Offenlegungsvorschriften durch die Marktmissbrauchsverordnung, NZG 2016, 761; *Renz/Leibold*: Die neuen strafrechtlichen Sanktionsregelungen im Kapitalmarktrecht, CCZ 2016, 157; *Ritz*, ESMA Level 2 – Vorschläge zu Eigengeschäften von Führungskräften (directors' dealings) und Insiderlisten, RdF 2015, 268; *Simons*, Die Insiderliste (Art. 18 MMVO), CCZ 2016, 221; *Simons*, (Weitere) Zweifelsfragen zur Insiderliste, CCZ 2017, 182; *Söhner*, Praxis-Update Marktmissbrauchsverordnung: Neue Leitlinien und alte Probleme, BB 2017, 259; *Tissen*, Die Investorensuche im Lichte der EU-Marktmissbrauchsverordnung, NZG 2015, 1254; *Giering/Sklepek*, Insider-Compliance nach der Kapitalmarktmissbrauchsreform, CB 2016, 274.

I. Regelungsgegenstand und -zweck

1 Art. 18 MAR[1] verpflichtet Emittenten, Listen aller Personen zu erstellen, die Aufgaben für sie wahrnehmen und hierbei Zugang zu Insiderinformationen mit direktem oder indirek-

[1] Verordnung (EU) Nr. 596/2014 des Europäischen Parlaments und des Rates vom 16. April 2014 über Marktmissbrauch (Marktmissbrauchsverordnung) und zur Aufhebung der Richtlinie 2003/6/EG des

tem Bezug zum Emittenten haben („Insiderlisten"). Diese Insiderlisten sind fortlaufend zu aktualisieren und müssen der BaFin[2] auf deren Ersuchen hin zur Verfügung gestellt werden. Die Pflicht zum Führen von Insiderlisten gilt ebenso für Personen, die im Auftrag oder für Rechnung des Emittenten handeln. Art. 18 MAR wird durch eine Verordnung der Kommission zur Festlegung **technischer Durchführungsstandards** im Hinblick auf das genaue Format und die Aktualisierung von Insiderlisten (VO 2016/347)[3] ergänzt. Diese wurde von der Kommission aufgrund der Ermächtigungen in Art. 18 Abs. 9 MAR auf der Grundlage von Entwürfen der ESMA erlassen.

Mit dem Inkrafttreten der Marktmissbrauchsverordnung wurde der das alte „Insiderver- 2
zeichnis" regelnde § 15b WpHG aF vom deutschen Gesetzgeber vollständig aufgehoben. Zum 3.1.2018 entfallen auch die das alte Insiderverzeichnis betreffenden Regelungen der WpAIV[4], die bis dahin inhaltlich durch die Vorschriften des Art. 18 MAR bzw. die VO 2016/347 suspendiert werden[5]. Nicht nur in der Bezeichnung, sondern insbesondere im erweiterten Anwendungsbereich und im Hinblick auf die mit hohem administrativem Aufwand verbundenen formalen Anforderungen an die Insiderliste unterscheidet sich Art. 18 MAR wesentlich von seiner deutschen Vorgängerregelung, so dass die dazu entwickelte Aufsichtspraxis und Literatur nur teilweise zu seiner Auslegung herangezogen werden können.

Die Insiderliste dient wie alle präventiven Offenlegungs- und Organisationspflichten der 3
MAR dem Schutz der Integrität des Marktes[6]. Anhand der Insiderliste können Emittenten und von ihnen Beauftragte den Fluss von Insiderinformationen überwachen und so ihren Geheimhaltungspflichten nachkommen (Organisations- und Überwachungsfunktion)[7]. Zudem können die Insiderlisten bei der Untersuchung möglichen Marktmissbrauchs ein wichtiges Instrument für die zuständigen Behörden sein, um Personen zu identifizieren, die Zugang zu Insiderinformationen haben[8]. Ferner dient die Insiderliste dazu, den genauen Zeitpunkt des Erhalts der Insiderinformation für eine Person zu dokumentieren[9]. Auch können mithilfe der Insiderderliste Verbindungen zwischen Insidern und solchen Personen aufgespürt werden, die auffällig oder unter Verstoß gegen die Verbotstatbestände des Insiderrechts gehandelt haben (könnten)[10] („Strafverfolgungsfunktion"). Mit Blick auf die in Kapitel 5 der MAR (Art. 30 ff. MAR) vorgesehenen und von den Mitgliedsstaaten umzusetzenden verwaltungsrechtlichen Maßnahmen und Sanktionen[11] auch für Verstöße gegen die Pflichten aus Art. 18 MAR und die diesbezüglich in Art. 18 Abs. 2 UAbs. 2 MAR statuierte Aufklärungs- und Anerkenntnispflicht kommt der Insiderliste zudem eine Abschreckungsfunktion zu.

Während die dargestellten Normzwecke bereits nach altem Recht anerkannt waren[12], 4
hatte ESMA auch einen Blick auf den Umstand, dass grenzüberschreitend tätige Emittenten

---

Europäischen Parlaments und des Rates und der Richtlinien 2003/124/EG, 2003/125/EG und 2004/72/EG der Kommission, ABl. EU Nr. L173 v. 12.6.2014 S. 1 ff. (MAR).

2 Vgl. Art. 22 MAR iVm § 4 Abs. 3b WpHG.

3 Durchführungsverordnung (EU) 2016/347 der Kommission vom 10.3.2016 zur Festlegung technischer Durchführungsstandards im Hinblick auf das genaue Format der Insiderlisten und für die Aktualisierung von Insiderlisten gemäß Verordnung (EU) Nr. 596/2014 des Europäischen Parlaments und des Rates, ABl. EU Nr. L65 v. 11.3.2016 S. 49 ff.

4 Begr. RefE BMF 3. VO zur Änderung der WpAIV vom 9.5.2017.

5 *Simons* CCZ 2016, 221; RefE BMF 3. VO zur Änderung der WpAIV vom 9.5.2017: Der Anwendungsbereich der (neuen) Verordnung zur Konkretisierung von Anzeige-, Mitteilungs- und Veröffentlichungspflichten nach dem WpHG (Wertpapierhandelsanzeigenverordnung – WpAV) bezieht sich ausdrücklich nicht (mehr) auf die Insiderliste nach Art. 18 MAR.

6 Vgl. Erwägungsgrund 57 MAR.

7 Vgl. Erwägungsgrund 57 MAR.

8 Vgl. Erwägungsgrund 57 MAR und Erwägungsgrund 6 VO 2016/347.

9 Vgl. Erwägungsgrund 57 MAR.

10 *Ritz* RdF 2015, 268 (274).

11 Diese hat der deutsche Gesetzgeber in §§ 4 Abs. 3h-k, 39 Abs. 3d Nr. 12 – 16 und Abs. 4a sowie 40d WpHG umgesetzt.

12 In diesem Sinne zum alten Recht: *Heinrich* in KölnKomm WpHG § 15b Rn. 4; *Sethe* in Assmann/Schneider WpHG § 15b Rn. 3, der die „Organisations- und Überwachungsfunktion" unter den Begriff „unternehmensinterne Prävention" fasst.

oftmals mit abweichenden Vorgaben in Bezug auf die in den Insiderlisten aufzunehmenden Angaben und damit mit unnötigem Verwaltungsaufwand belastet waren. Die Vereinheitlichung dieser Vorgaben sollte bei den zur Führung einer Insiderliste Verpflichteten Verwaltungsaufwand und entsprechend Kosten reduzieren[13]. Letzteres Ziel scheint allerdings ob der Fülle der in die Insiderliste nunmehr aufzunehmenden Daten und der administrativen Detailvorgaben der VO 2016/347 ins Gegenteil verkehrt.

II. Anwendungsbereich

5 Art. 18 Abs. 1 MAR verpflichtet zwei Personenkreise: Emittenten *oder* alle in ihrem Auftrag oder für ihre Rechnung handelnden Personen. Während § 15b WpHG aF noch von einer Verzeichnisführungspflicht des Emittenten *und* der Dienstleister sprach, könnte man aus dem (auch an anderer Stelle[14]) unklaren Wortlaut des Art. 18 Abs. 1 MAR schließen, dass für die betroffenen Adressaten lediglich eine alternative Pflicht besteht und der Emittent von seiner Verpflichtung frei wird, soweit der Dienstleister eine Liste führt und umgekehrt. Ungeachtet des missverständlichen Wortlauts besteht die Verpflichtung jedoch für beide in Art. 18 Abs. 1 MAR genannte Adressaten nebeneinander[15], es handelt sich bei dem Wort *oder* wohl um ein Redaktionsversehen[16].

1. Emittenten

a) Allgemeine Regelung

6 Für den Begriff des Emittenten nehmen Art. 18 Abs. 7 und 8 MAR Bezug auf Art. 3 Abs. 1 Nr. 21 MAR. Danach ist Emittent jedes Unternehmen, das Finanzinstrumente emittiert oder deren Emission vorschlägt. Der Begriff des Finanzinstruments ergibt sich aus Art. 3 Abs. 1 Nr. 1 MAR. Die Pflicht, eine Insiderliste zu führen, besteht gemäß Art. 18 Abs. 7 MAR zunächst für **Emittenten, die eine Zulassung an einem geregelten Markt in einem EU Mitgliedsstaat beantragt oder genehmigt haben**. Zum in Art. 18 Abs. 7 MAR genannten geregelten Markt[17] zählt in Deutschland nur der regulierte Markt. Darüber hinaus sind (neu) auch bestimmte Emittenten deren Finanzinstrumente „nur" auf einem **multilateralen Handelssystem („MTF")**[18] oder (ab 3.1.2018) einem **organisierten Handelssystem („OTF")**[19] **in einem EU Mitgliedsstaat** gehandelt werden, zum Führen einer Insiderliste verpflichtet, wenn sie eine Zulassung zum Handel *erhalten* haben. Im Falle des Handels an einem MTF reicht gemäß Art. 18 Abs. 7 S. 2 MAR bereits der Zulassungsantrag aus, um die Pflicht zum Führen der Insiderliste zu begründen. Bei zum Handel an einem OTF zuzulassenden Finanzinstrumenten kommt es demgegenüber auf die Zulassungsentscheidung an: erst mit erfolgter Zulassung entsteht die Listenführungspflicht. Obwohl dies aus dem Wortlaut der deutschen Sprachfassung nicht eindeutig hervorgeht, ist es erforderlich, dass entweder die Zulassung zum Handel an einem MTF oder OTF gerade auf einen Antrag des Emittenten und nicht eines anderen Markt-

[13] Vgl. Erwägungsgrund 56 MAR; ebenso *Ritz* RdF 2015, 268 (274).

[14] Auch Erwägungsgrund 57 zur MAR, Art. 2 Abs. 1 VO 2016/347 beziehungsweise Erwägungsgrund 1 zur VO 2016/347 verwendet „*oder*", die englische Sprachfassung „*or*".

[15] BaFin FAQ zu Insiderlisten nach Art. 18 der Marktmissbrauchsverordnung (EU) Nr. 596/2014, 3. Version (Stand: 13.1.2017), Tz. II.2; *Franke/Schulenburg* in Umnuß, Corporate Compliance Checklisten, Kap. 3 B. II. 1, Rn. 39; *Simons* CCZ 2017, 182; wohl auch *Söhner* BB 2017, 259 (261).

[16] *Simons* CCZ 2017, 182; im Ergebnis: *Franke/Schulenburg* in Umnuß, Corporate Compliance Checklisten, Kap. 3 B. II. 1, Rn. 39.

[17] Vgl. Art. 3 Abs. 1 Nr. 6 MAR.

[18] Vgl. Art. 3 Abs. 1 Nr. 7 MAR iVm Art. 4 Abs. 1 Nr. 22 der Richtlinie 2014/65/EU des Europäischen Parlaments und des Rates vom 15. Mai 2014 über Märkte für Finanzinstrumente sowie zur Änderung der Richtlinien 2002/92/EG und 2011/61/EU, ABl. EU Nr. L173 v. 12.6.2014 S. 349 ff. (MiFID II).

[19] Vgl. Art. 3 Abs. 1 Nr. 8 MAR iVm Art. 4 Abs. 1 Nr. 23 MiFID II.

teilnehmers zurückgeht oder er diesen genehmigt hat[20]. Der Emittent muss also an der Notierung seiner Finanzinstrumente auf einem multilateralen Handelssystem aktiv beteiligt gewesen sein[21]. Die Einbeziehung der Finanzinstrumente in den Freiverkehr auf Antrag des (MTF)-Emittenten bzw. seine Genehmigung der Einbeziehung steht dem Antrag auf Zulassung bzw. seiner Genehmigung der Zulassung nach Auffassung der BaFin gleich[22]. Die Pflicht zum Führen einer Insiderliste trifft nunmehr auch Unternehmen, die sich bisher mit diesem Pflichtenkreis nicht befassen mussten, zB nicht-börsennotierte Aktiengesellschaften oder Unternehmen in der Rechtsform der GmbH, die zur Unternehmensfinanzierung Anleihen begeben und eine Einbeziehung der Anleihen in den Freiverkehr beantragt haben[23].

Anders als bislang müssen (ab 3.1.2018) auch **Teilnehmer am Markt für Emissionszertifikate, Versteigerungsplattformen, Versteigerer sowie die Auktionsaufsicht** gemäß Art. 18 Abs. 8 lit. a und lit. b MAR eine Insiderliste erstellen. 7

Der Anwendungsbereich des Art. 18 MAR ist im Vergleich zu früher insgesamt deutlich ausgeweitet worden.

b) Ausnahme für KMU-Emittenten

Emittenten, deren Finanzinstrumente zum Handel an einem speziell für kleinere und mittlere Unternehmen geschaffenen KMU-Wachstumsmarkt nach Art. 3 Abs. 1 Nr. 11 MAR zugelassen sind, sind gemäß Art. 18 Abs. 6 MAR unter bestimmten Voraussetzungen (zunächst) von der Pflicht zum Führen einer Insiderliste befreit. Hierdurch sollen KMU-Emittenten von administrativem Aufwand bzw. Verwaltungskosten entlastet und ihnen so der Zugang zum Kapitalmarkt erleichtert werden[24]. Voraussetzung hierfür ist gemäß Art. 18 Abs. 6 lit a und lit. b MAR, dass der KMU-Emittent alle Insider innerhalb seiner Einflusssphäre über die Pflichten und Rechtsfolgen, die sich aus dem Zugang zu Insiderinformationen ergeben, aufklärt und jederzeit in der Lage ist, der BaFin als der in Deutschland zuständigen Aufsichtsbehörde[25] auf Anfrage eine Insiderliste entsprechend der Vorlage in Anhang II zur VO 2016/347 bereit zu stellen[26]. Die entsprechenden Daten muss der KMU-Emittent für den Anforderungsfall mit nur wenigen Ausnahmen[27] vorhalten. KMU-Emittenten ist in der praktischen Umsetzung der Anforderungen daher zu empfehlen, die für das Erstellen der Insiderliste erforderlichen Detailinformationen von Anfang an in einer „Schattenliste[28]“ vorzuhalten, um später aufkommenden Zweifelsfragen zu begegnen. Denn zwischen dem Auftreten einer Insiderinformation und einer diesbezüglichen Anfrage 8

[20] BaFin FAQ zu Insiderlisten nach Art. 18 der Marktmissbrauchsverordnung (EU) Nr. 596/2014, 3. Version (Stand: 13.1.2017), Tz. II 1.; ebenso *Simons* CCZ 2016, 221; vgl. auch § 2 Abs. 15 WpHG nF zur Legaldefinition des MTF-Emittenten.

[21] BaFin FAQ zu Insiderlisten nach Art. 18 der Marktmissbrauchsverordnung (EU) Nr. 596/2014, 3. Version (Stand: 13.1.2017), Tz. II. 1; *Haßler* DB 2016, 1920.

[22] BaFin FAQ zu Insiderlisten nach Art. 18 der Marktmissbrauchsverordnung (EU) Nr. 596/2014, 3. Version (Stand: 13.1.2017), Tz. II.1 lit a bis c; nach der Legaldefinition des § 2 Abs. 7a Nr. 1 lit b und Nr. 2 lit b WpHG aF galten auch Freiverkehrsemittenten als MTF-Emittenten. Nach der Änderung des WpHG durch das 2. FiMaNoG zum 3.1.2018 stellt die Neufassung des bisherigen § 2 Abs. 7a WpHG aF durch § 2 Abs. 15 WpHG nF nicht mehr (auch) auf die Einbeziehung, sondern – wie Art. 18 Abs. 7 MAR – nur noch auf die Zulassung ab. Da die Begründung des Regierungsentwurfs hierzu schweigt, ist bis zu einer ausdrücklichen Änderung der veröffentlichten Verwaltungspraxis der BaFin weiterhin (vorsorglich) auch auf die Einbeziehung abzustellen.

[23] *Haßler* DB 2016, 1920.

[24] Vgl. Erwägungsgrund 6 und 57 MAR.

[25] Vgl. Art. 22 MAR iVm § 4 Abs. 3b WpHG.

[26] Vgl. Art. 3 VO 2016/347.

[27] Eine Erleichterung sieht die Vorlage in Anhang II zur VO 2016/347 lediglich für die Privatanschrift und die privaten Telefonnummern der in der Insiderliste zu Registrierenden vor; diese sind nur an die BaFin zu liefern, falls sie dem KMU-Emittenten zum Zeitpunkt der Anforderung zur Verfügung stehen. Darüber hinaus ist ein Geburtsdatum für die in der Insiderliste Verzeichneten nur dann anzugeben, wenn für diese keine nationale Identifikationsnummer vorhanden ist.

[28] → § 11 Rn. 28.

der BaFin kann erhebliche Zeit vergehen. So ist die Insiderliste bis zur Möglichkeit ihrer Löschung immerhin mindestens 5 Jahren lang aufzubewahren[29]. Die jederzeitige Aufstellungspflicht sowie die auch für KMU-Emittenten vorgesehenen formalen und inhaltlichen Vorgaben für die Insiderliste führen dazu, dass der ausdrücklich angestrebte Entlastungseffekt für KMU-Emittenten in der Praxis äußerst gering ausfällt[30].

2. Im Auftrag oder für Rechnung handelnde Personen

9 Neben Emittenten werden alle in ihrem Auftrag oder für ihre Rechnung Handelnden dazu verpflichtet, eine Insiderliste zu führen. Dies entspricht im Wesentlichen dem bisherigen Rechtszustand[31]. Die Begriffe „im Auftrag oder für Rechnung" sind – wie bisher – allgemeinsprachlich zu verstehen und weit auszulegen. Gemeint sind alle Personen, die die Interessen des Emittenten wahrnehmen oder in beratenden Berufen tätig sind oder die in ihrer Tätigkeit für den Emittenten anderweitig als einem Bereich angehörig anzusehen sind, der typischerweise mit Insiderinformationen in Berührung kommt (im Folgenden: „Dienstleister")[32].

10 Bindet der Dienstleister einen weiteren (Sub-)Dienstleister zum Zweck der Erfüllung seines Auftrags ein (zB wenn die vom Emittenten mit der Durchführung einer Kapitalerhöhung beauftragte Bank ihrerseits einen Anwalt einschaltet, der die Bank im Rahmen dieser Transaktion berät oder für diese ein Rechtsgutachten erstellt), so ist der eingebundene Sub-Dienstleister nicht verpflichtet, eine eigene Insiderliste zu erstellen, da er nicht vom Emittenten beauftragt wurde[33].

a) Ausnahme für Dienstleister von KMU-Emittenten

11 Art. 18 Abs. 6 MAR befreit nach seinem Wortlauts nur KMU-Emittenten, nicht jedoch die für sie tätigen Dienstleister unter den dort genannten Voraussetzungen (zunächst) von der Pflicht zum Führen einer Insiderliste. Ist jedoch schon der originär listenführungspflichtige KMU-Emittent (zunächst) befreit, muss dies erst recht für die von ihm eingeschalteten Dienstleister gelten. Die Ausnahmeregelung des Art. 18 Abs. 6 MAR ist insofern teleologisch zu erweitern und auch auf die im Auftrag oder für Rechnung des KMU-Emittenten Handelnden anzuwenden[34].

b) Ausländische Dienstleister

12 Art. 18 Abs. 1 MAR verpflichtet neben Emittenten alle in ihrem Auftrag oder für ihre Rechnung handelnden Personen, eine Insiderliste zu führen und sieht hierbei ausdrücklich keine Ausnahme für ausländische Dienstleister vor, etwa solche mit Sitz oder Gründungsstaat außerhalb der EU. Für eine Einbeziehung solcher Nicht-EU Dienstleister in den Anwendungsbereich des Art. 18 Abs. 1 MAR spricht neben dessen Wortlaut auch der marktschützende Zweck der MAR[35] sowie ihr Ziel, einen einheitlichen Binnenmarkt für Finanzdienstleistungen in der der Union zu schaffen[36]: Denn der Dienstleister ist ja gerade für einen Emittenten tätig, dessen mitgliedsstaatlichen Marktauftritt die MAR regulieren möchte[37].

[29] Art. 18 Abs. 5 MAR.
[30] Ebenso *Franke/Schulenburg* in Umnuß, Corporate Compliance Checklisten, Kap. 3 B. II. 1, Rn. 37.
[31] *Simons* CCZ 2016, 221; im Ergebnis ebenso: *Franke/Schulenburg* in Umnuß, Corporate Compliance Checklisten, Kap. 3 B. II. 1, Rn. 39.
[32] Vgl. zum alten Recht: BaFin, Emittentenleitfaden Abschnitt VII.2.2, S. 96; *Heinrich* in KölnKomm WpHG § 15b Rn. 21; *Sethe* in Assmann/Schneider WpHG § 15b Rn. 17.
[33] *Simons* CCZ 2016, 221 f.; zum alten Recht: BaFin Emittentenleitfaden, Abschnitt VII 2.2., S. 96; *Heinrich* in KölnKomm WpHG § 15b Rn. 23.
[34] Ebenso *Simons* CCZ 2016, 221 (222).
[35] Vgl. Art. 1 MAR.
[36] Vgl. Erwägungsgrund 1 MAR.
[37] *Simons* CCZ 2017, 182 (186).

Nach Art. 2 Abs. 4 MAR gelten die Anforderungen der MAR zudem ausdrücklich auch für Handlungen in *„Drittländern"*[38]. Folglich müssen auch ausländische Dienstleister eine Insiderliste gemäß § 18 Abs. 1 MAR führen[39]. Etwaigen Umsetzungsschwierigkeiten aufgrund mangelnder Kenntnis europäischer Rechtsvorschriften kann schon der Emittent dadurch begegnen, dass er die für ihn tätigen ausländischen Dienstleiste über seine Aufklärungspflicht nach Art. 18 Abs. 2 MAR hinaus (freiwillig) auch auf die eigene Listenführungspflicht hinweist[40]. In Art. 26 Abs. 1 MAR ist zudem die Möglichkeit angelegt, die sich für ausländische Dienstleister ergebenden Verpflichtungen aus Art. 18 Abs. 1 MAR auch in Drittstaaten durchzusetzen. Voraussetzung hierfür ist allerdings, dass die BaFin mit der jeweiligen Aufsichtsbehörde des Drittstaats eine entsprechende Kooperationsvereinbarung abgeschlossen hat, die neben einem wirksamen Informationsaustausch auch Regelungen zur Durchsetzung von Verpflichtungen aus der MAR vorsieht, die sich in Drittstaaten ergeben. Bisher liegen die technischen Regulierungsstandards mit einem Muster der Kooperationsvereinbarungen, die die zuständigen Behörden der Mitgliedsstaaten verwenden sollen[41], jedoch noch nicht vor.

c) Einzelfälle

Das Gesetz meint mit den „im Auftrag" oder „für Rechnung" handelnden Personen in erster Linie die vom Emittenten im Zusammenhang mit einem insiderrelevanten Projekt oder Vorgang beratend eingeschalteten Angehörigen der freien Berufe wie zB **Rechtsanwälte, Notare, Steuerberater und Wirtschaftsprüfer**[42]. Die noch nach altem Recht in § 15b Abs. 1 S. 4 WpHG aF vorgesehene Ausnahme für den in § 323 Abs. 1 HGB genannten Personenkreis hat die MAR nicht übernommen. Auch **Wirtschaftsprüfer** sind – trotz ihrer Neutralität – daher auch im Zusammenhang mit ihrer Prüftätigkeit beim Emittenten verpflichtet, eine Insiderliste zu führen[43]. **13**

Kreditinstitute unterliegen der Pflicht zum Führen einer Insiderliste lediglich, soweit sie über allgemeine Bankdienstleistungen (zB Konto- oder Depotführung, Kreditvergabe) hinausgehende Dienstleistungen im Interesse des Emittenten erbringen[44]. Dies ist typischerweise der Fall bei der Beratung des Emittenten bei einem Börsengang, bei der Durchführung einer Kapitalmaßnahme oder bei Zusammenschlüssen und Akquisitionen bzw. Übernahmen[45]. **Insolvenzverwalter** zählen ebenfalls zum Kreis der verpflichteten Dienstleister, was sich bereits aus § 17 WpHG ergibt[46]. **14**

Adressaten des Art. 18 Abs. 1 MAR sind weiterhin **Investor-Relations-Agenturen,** die den Emittenten im Hinblick auf dessen Beziehung zu Investoren beraten[47]. Für **Ratingagenturen** besteht eine Listenführungspflicht nur, wenn sie ein vom Emittenten in Auftrag gegebenes Rating erstellen, nicht jedoch, wenn sie den Emittenten auf eigene Initiative oder auf Veranlassung eines Dritten, zB einer Bank oder einer Investorengruppe, bewerten. **15**

---

[38] Art. 2 Abs. 4 MAR nimmt, unter anderem, Bezug auf Art. 2 Abs. 1 MAR und knüpft ebenso wie Art. 18 Abs. 7 MAR für Emittenten an die oben unter 1. a) dargestellten Kriterien an.

[39] So auch mit ausführlicher Begründung: *Simons* CCZ 2017, 182 (186 f.).

[40] Ebenso *Simons* CCZ 2017, 182 (187).

[41] Art. 26 Abs. 2 UAbs. 2 MAR.

[42] Vgl. zum alten Recht: BaFin, Emittentenleitfaden Abschnitt VII.2.2, S. 96; *Heinrich* in KölnKomm WpHG § 15b Rn. 21; *Sethe* in Assmann/Schneider WpHG § 15b Rn. 19.

[43] Ebenso *Simons* CCZ 2016, 221 (222); *Franke/Schulenburg* in Umnuß, Corporate Compliance Checklisten, Kap. 3 B. II. 1, Rn. 39.

[44] BaFin FAQ zu Insiderlisten nach Art. 18 der Marktmissbrauchsverordnung (EU) Nr. 596/2014, 3. Version (Stand: 13.1.2017), Tz. II.4.; zum alten Recht: *Sethe* in Assmann/Schneider WpHG § 15b Rn. 23; *Heinrich* in KölnKomm WpHG § 15b Rn. 26.

[45] BaFin FAQ zu Insiderlisten nach Art. 18 der Marktmissbrauchsverordnung (EU) Nr. 596/2014, 3. Version (Stand: 13.1.2017), Tz. II.4; zum alten Recht: *Sethe* in Assmann/Schneider WpHG § 15b Rn. 23; *Heinrich* in KölnKomm WpHG § 15b Rn. 26.

[46] Vgl. *Heinrich* in KölnKomm WpHG § 15b Rn. 27.

[47] Vgl. zum alten Recht: BaFin Emittentenleitfaden Abschnitt VII.2.3.1, S. 96.

16 Zudem müssen **Übersetzungsbüros**[48], sofern sie zB Ad hoc-Mitteilungstexte oder Pressemitteilungen übersetzen, und (Wertpapierprospekt-)**Druckereien**[49] Insiderverzeichnisse führen. Auch für **Anbieter von elektronischen Informationsverbreitungsdiensten**[50] besteht eine Pflicht zum Führen einer Insiderliste, so zB wenn Emittenten deren Systeme zur Veröffentlichung einer Ad hoc-Mitteilung nutzen[51].

17 **Organmitglieder des Emittenten** haben keine eigene Insiderliste zu führen[52]. Auch **Groß- oder Mehrheitsaktionäre des Emittenten** unterliegen keiner Pflicht zum Führen einer Insiderliste. Diese werden nicht für den Emittenten tätig, sondern verfolgen eigene Interessen[53].

18 Für **Tochter- oder Mutterunternehmen** des Emittenten ist in dreifacher Hinsicht zu differenzieren: Diese sind nicht im Auftrag oder für Rechnung des Emittenten tätig und sind mangels einer ausdrücklichen Einbeziehung der verbundenen Unternehmen in den Adressatenkreis des Art. 18 Abs. 1 MAR nicht verpflichtet, eine Insiderliste zu führen[54]. Auch bei Vorliegen einer Holdingstruktur besteht für die nicht-börsennotierte Holding keine Verpflichtung, eine Insiderliste zu führen. Dies gilt auch bei Vorliegen eines Gewinnabführungs- oder Beherrschungsvertrags zwischen dem Mutter- und dem Tochterunternehmen[55].

19 Etwas anderes gilt, sofern verbundene Unternehmen Aufgaben für den Emittenten übernehmen und aufgrund vertraglicher Vereinbarungen bestimmungsgemäß Zugang zu Insiderinformationen erhalten. In diesem Fall sind sie selbst verpflichtet, eine Insiderliste zu führen[56]. Dies dürfte etwa dann der Fall sein, wenn ein verbundenes Unternehmen für die börsennotierte Holdinggesellschaft aufgrund eines *service level agreements* tätig wird, zB das Konzernrechnungswesen durchführt und bei der Erstellung der Quartals- bzw. Jahresabschlüsse Zugang zu Insiderinformationen erhält. Hiervon zu unterscheiden ist wiederum die Fallgestaltung, dass einzelne Mitarbeiter des Mutter- oder Tochterunternehmens auch eine vertragliche Anbindung zum Emittenten aufweisen. Diese Mitarbeiter sind, sofern sie bei ihrer vertraglichen Tätigkeit für den Emittenten bestimmungsgemäß Zugang zu Insiderinformationen erhalten, in die Insiderliste des Emittenten aufzunehmen[57] (hierzu im Einzelnen → § 11 Rn. 38 f.).

20 **Behörden, Gerichte, Staatsanwaltschaften und die Polizei** handeln nicht im Auftrag oder für Rechnung des Emittenten, sondern werden hoheitlich tätig. Sie gehören daher nicht zum Kreis der Verpflichteten[58]. Auch **Lieferanten** unterliegen keiner eigener Listenführungspflicht[59].

---

[48] Vgl. zum alten Recht: BaFin Emittentenleitfaden Abschnitt VII.2.3.1, S. 96.

[49] Vgl. zum alten Recht: *Heinrich* in KölnKomm WpHG § 15b Rn 25.

[50] Vgl. zum alten Recht: BaFin Emittentenleitfaden Abschnitt VII.4.1.2, S. 99, die – wenn auch in anderem Zusammenhang – Ad hoc-Dienstleister als Beispiel nennt.

[51] Anbieter von entsprechenden Informationsverbreitungssystemen erhalten vor Veröffentlichung der Insiderinformation bestimmungsgemäß Kenntnis von der Vorabmitteilung gemäß § 26 Abs. 1 WpHG.

[52] Vgl. zum alten Recht: BaFin Emittentenleitfaden Abschnitt VII.3.3, S. 98.

[53] Vgl. zum alten Recht: *Sethe* in Assmann/Schneider WpHG § 15b Rn. 24.

[54] Vgl. zum alten Recht: BaFin Emittentenleitfaden Abschnitt VII.2.3.1, S. 97; *Heinrich* in KölnKomm WpHG § 15b Rn 28.

[55] Vgl. zum alten Recht: BaFin Emittentenleitfaden Abschnitt VII.2.3.1, S. 97; *Heinrich* in KölnKomm WpHG § 15b Rn 28; *Sethe* in Assmann/Schneider WpHG § 15b Rn. 24.

[56] Vgl. zum alten Recht: BaFin Emittentenleitfaden Abschnitt VII.2.3.1, S. 97; *Heinrich* in KölnKomm WpHG § 15b Rn 29; *Sethe* in Assmann/Schneider WpHG § 15b Rn. 24.

[57] BaFin FAQ zu Insiderlisten nach Art. 18 der Marktmissbrauchsverordnung (EU) Nr. 596/2014, 3. Version (Stand: 13.1.2017), IV.2.; *Simons* CCZ 2016, 221 (224).

[58] Vgl. zum alten Recht: BaFin Emittentenleitfaden Abschnitt VII.2.3.2; S. 97; *Sethe* in Assmann/Schneider WpHG § 15b Rn. 24.

[59] Vgl. zum alten Recht: BaFin Emittentenleitfaden Abschnitt VII.2.3.2; S. 97; *Sethe* in Assmann/Schneider WpHG § 15b Rn. 24.

III. Führung der Insiderliste

1. Verantwortliche

Verantwortlich für die Aufstellung und Aktualisierung der Insiderliste beim Emittenten ist der Vorstand[60] bzw. (beim Dienstleister) das entsprechende Leitungsorgan. Die Pflicht zur Führung der Insiderliste kann vom Verantwortlichen in zweierlei Hinsicht delegiert werden: Zum einen kann und wird der Vorstand in der Praxis die Führung der Insiderliste unternehmensintern auf hierfür spezialisierte Bereiche, typischerweise auf die Compliance- oder Rechtsabteilung, delegieren. 21

Art. 18 Abs. 2 UAbs. 2 MAR sieht zudem die Möglichkeit vor, diese administrative Aufgabe auf einen Dritten zu übertragen. Auch wenn Art. 18 Abs. 2 UAbs. 2 S. 1 MAR wörtlich nur den Emittenten anspricht, so ist die Regelung aufgrund der gleichen Interessenlage teleologisch auf den Dienstleister zu erweitern, so dass auch für ihn die Möglichkeit der Delegation auf einen Dritten im Hinblick auf die von ihm zu führende Insiderliste besteht. Auch im Fall der Delegation auf einen Dritten, so die ausdrückliche Regelung in Art. 18 Abs. 2 UAbs. 2 S. 1 MAR, verbleibt die Verantwortung für die Führung der Insiderliste bei den originär Verpflichteten. Etwaige Pflichtverletzungen des Dritten im Rahmen seines Auftrags werden den Verpflichteten zugerechnet[61]. Schon aus diesem Grund behält Art. 18 Abs. 2 UAbs. 2 S. 2 MAR dem Emittenten – und entsprechend teleologisch erweitert dem Dienstleister – das Recht vor, die Insiderliste einzusehen. Auch wenn sich am Markt bereits entsprechende Dienstleister etabliert haben[62], so dürfte sich in der Praxis der Hauptanwendungsfall im Konzern ergeben: Häufig führt nämlich ein (selbst nicht-börsennotiertes) verbundenes Unternehmen die Insiderliste für den Emittenten, etwa wenn die börsennotierte Holdinggesellschaft selbst über keine Mitarbeiter, mithin auch über keine Compliance- oder Rechtsabteilung, verfügt oder weil die (Konzern-)Compliance-Abteilung aufgrund besonderer aufsichtsrechtlicher Anforderungen bei einem der verbundenen Unternehmen angesiedelt ist[63]. 22

2. Anlass und Zeitpunkt

a) Insiderinformation mit Emittentenbezug

Die Pflicht zum Führen der Insiderliste besteht gemäß Art. 18 Abs. 1 lit. a MAR im Hinblick auf Personen, die (bestimmungsgemäß) *Zugang zu Insiderinformationen* haben. Anlass und Anknüpfungspunkt für das Entstehen der Pflicht ist danach das Vorliegen einer Insiderinformation. Der Wortlaut des Art. 18 Abs. 1 lit. a MAR stellt dabei keinen ausdrücklichen Bezug zwischen der Insiderinformation und dem Emittenten her. Hieraus könnten man schließen, dass Verpflichtete eine Insiderliste schon dann führen müssten, wenn und soweit ihnen nur irgendeine Insiderinformation vorläge. Aus Erwägungsgrund 57 der MAR ergibt sich aber ausdrücklich, dass die Listenführungspflicht nur im Hinblick auf *Insiderinformationen mit direktem oder indirektem Bezug zum Emittenten* besteht. 23

Aus diesem ausdrücklichen Hinweis in Erwägungsgrund 57 der MAR ergibt sich (indirekt) auch, dass Anknüpfungspunkt für die Listenführungspflicht allein die Qualität eines Umstands als Insiderinformation gemäß Art. 7 Abs. 1 lit a MAR ist. Danach sind Insider- 24

---

[60] Dies ergibt sich bereits aus aus §§ 76, 93 AktG; vgl. zum alten Recht: *Heinrich* in KölnKomm WpHG § 15b Rn 7, der hiervon ohne ausdrücklichen Bezug ausgeht.

[61] BaFin FAQ zu Insiderlisten nach Art. 18 der Marktmissbrauchsverordnung (EU) Nr. 596/2014, 3. Version (Stand: 13.1.2017), II.2. (2); *Simons* CCZ 2016, 221 (228).

[62] So *Simons* CCZ 2016, 221 (228).

[63] ZB wenn es sich bei dem verbundenen Unternehmen um ein Wertpapierdienstleitungsunternehmen handelt für das die besonderen Anforderungen an die Einrichtung einer Compliance Funktion Art. 22 Del. VO 2017/569 bzw. § 25a KWG gelten.

informationen ebenfalls „...*Information, die direkt oder indirekt*[64] *einen oder mehrere Emittenten betreffen*...". Auf die Frage, ob die Insiderinformation den Emittenten „unmittelbar[65]" betrifft und von diesem nach Art. 17 Abs. 1 MAR ad hoc zu veröffentlichen ist, kommt es nicht an[66]. Denn die Insiderliste dient dem Schutz der Integrität des Marktes sowie der Prävention und Aufklärung von Insiderverstößen[67]. Für diese spielt die Frage, ob die Insiderinformation (auch) ad hoc-publizitätspflichtig ist, aber keine Rolle. Es kann also vorkommen, dass eine Insiderliste auch dann zu führen ist, wenn eine Insiderinformation den Emittenten nur „mittelbar[68]" betrifft und dieser mangels unmittelbarer Betroffenheit keine Ad hoc Mitteilung vornehmen muss[69].

b) Für die Pflicht zur Aufstellung maßgeblicher Zeitpunkt

25 Da Art. 18 Abs. 1 lit. a MAR die Aufstellung der Insiderliste entsprechend seinem Wortlaut zwingend erst bei *Zugang* einer für den Verpflichteten tätigen Person *zu einer Insiderinformation* vorsieht, müssen Verpflichtete die Insiderliste erst zu einem sehr späten Zeitpunkt eines Projekts, dh erst mit dem tatsächlichen Entstehen der Insiderinformation im engeren Sinne aufstellen. Dies hat zur Folge, dass die Insiderliste im Regelfall der Ad hoc-Publizitätspflicht, bei der die Insiderinformation gemäß Art. 17 Abs. 1 MAR nach ihrem Entstehen unverzüglich zu veröffentlichen ist, nur für den sehr kurzen Zeitraum der Vorbereitung der Veröffentlichung, in aller Regel für nur wenige Stunden, zu führen ist. Auch eine solche **„Kurzzeit-Eintragung"** ist jedoch zum Schutz der Integrität der Finanzmärkte, insbesondere zur Untersuchung und Aufdeckung möglichen marktmissbräuchlichen Verhaltens[70] erforderlich[71]. Über einen längeren Zeitraum ist die Insiderliste nach dem gesetzlichen Vorgaben nur im Fall einer **Selbstbefreiung** des Emittenten nach Art. 17 Abs. 4 MAR zu führen.

c) Vorfeldeintragungen

26 Entgegen dem Wortlaut des Art. 18 Abs. 1 lit. a MAR kann die Insiderliste in der Praxis – wie schon bisher – auch bereits im Vorfeld des Entstehens einer Insiderinformation angelegt werden, also zu einem Zeitpunkt, zu dem die Information noch nicht den für den Charakter einer Insiderinformation erforderlichen Konkretisierungsgrad erreicht hat[72] („Vorfeldeintragung"). Hieraus ist nach der Verwaltungspraxis der BaFin auch weiterhin nicht zu schließen, dass der Listenführungsverpflichtete zu diesem Zeitpunkt bereits das Vorliegen einer Insiderinformation angenommen hätte[73]. Die Möglichkeit der Vorverlagerung begründet sich mit den gerade im Interesse der Emittenten verfolgten Zielen der Insiderliste: Die Überwachung des Informationsflusses und die Gewährleistung der Geheimhaltung sind in der Praxis bereits vor dem tatsächlichen Entstehen der Insiderinformation prozessual vom Emittenten sicherzustellen, hierbei stellt die Insiderliste – insbesondere

[64] In der englischen Fassung „...directly or indirectly...".
[65] In der englischen Fassung „...directly...".
[66] Ebenso: *Simons* CCZ 2017, 224; So im Ergebnis bereits nach altem Recht: *Sethe* in Assmann/Schneider WpHG § 15b Rn. 41.
[67] → § 11 Rn. 3.
[68] Zur Frage, wann eine Insiderinformation den Emittenten nur „mittelbar" betrifft → § 10 Rn. 47 ff.
[69] Ebenso: *Simons* CCZ 2017, 182 (183); So im Ergebnis bereits nach altem Recht: *Sethe* in Assmann/Schneider WpHG § 15b Rn. 41.
[70] → § 11 Rn. 3.
[71] Ebenso *Simons* CCZ 2016, 221 (224).
[72] BaFin FAQ zu Insiderlisten nach Art. 18 der Marktmissbrauchsverordnung (EU) Nr. 596/2014, 3. Version (Stand: 13.1.2017), IV.2.; ebenso im Ergebnis und mit kritischer Auseinandersetzung: *Simons* CCZ 2016, 221 (223 f.) CCZ 2017, 182 (183 f.); vgl. zum alten Recht: *Sethe* in Assmann/Schneider WpHG § 15b Rn. 28.
[73] BaFin FAQ zu Insiderlisten nach Art. 18 der Marktmissbrauchsverordnung (EU) Nr. 596/2014, 3. Version (Stand: 13.1.2017), IV.2.

die nach Art. 18 Abs. 2 UAbs. 1 MAR erforderliche Aufklärung – ein wichtiges Instrument dar[74].

27 Besonderheiten ergeben sich bei der Vorfeldeintragung im Hinblick auf das in der Insiderliste gemäß Art. 18 Abs. 2 lit. c MAR anzugebende Datum und die Uhrzeit des Zugangs einer Person zur Insiderinformation: Da gerade (noch) keine Insiderinformation im engeren Sinne gegeben ist, ist das entsprechende Feld[75] zunächst freizulassen und (später) für alle bis dahin in der Insiderliste Eingetragenen einheitlich auf das Datum bzw. die Uhrzeit abzustellen, ab der eine Insiderinformation tatsächlich vorliegt[76].

d) Schattenlisten

28 In der Praxis ist es Verpflichteten, die die Insiderliste erst ab Entstehen der Insiderinformation im engeren Sinne führen, zudem unbenommen und bei diesen weit verbreitet von Beginn eines potentiell insiderrelevanten Projekts an eine „Schattenliste" zu führen und in dieser die Art. 18 Abs. 3 MAR entsprechenden Daten der Projektbeteiligten für den Fall „bereitzuhalten", dass später tatsächlich eine Insiderinformation entsteht. Tritt dieser Fall später ein, kann der Verpflichtete die bis dahin in der Schattenliste freiwillig geführten Daten in die dann zwingend zu führende Insiderliste übertragen[77]. Einige Kommunikationsdienstleister sehen die Möglichkeit des Führens einer Schattenliste sowie die spätere Überführung der Schattenliste in eine Insiderliste bereits in den von ihnen angebotenen Systemen vor.

29 Bei der Schattenliste handelt es sich – vom Emittenten bewusst so festgelegt – nicht um eine Insiderliste, so dass für sie die formalen und inhaltlichen Vorgaben des Art. 18 MAR nicht gelten bzw. sie auch nicht an die BaFin zu übermitteln ist[78]. Lediglich aus dem Wegfall der dann ebenfalls obsoleten Aufklärung nach Art. 18 Abs. 2 UAbs. 1 MAR der in die Schattenliste Eingetragenen könnte sich ein Nachteil für den Emittenten ergeben, da diese (auch) der unternehmensinternen Prävention von Insiderverstößen dient[79]. Es bleibt dem Emittenten aber unbenommen und ist in der Praxis ohnehin üblich, die an einem potentiell insiderrelevanten Projekt beteiligten Mitarbeiter schon zu Beginn des Projekts (freiwillig) über die wesentlichen rechtlichen Folgen, die sich aus der Mitarbeit im Projekt (auch später erst) ergeben können, aufzuklären bzw. zur Insiderprävention von Anfang an entsprechende Restriktionen zu verhängen[80].

3. Art, Aufbau und Format

30 Bei der Insiderliste handelt es sich gemäß Art. 2 Abs. 3 und Abs. 4 lit. a VO 2016/347 um eine – auch intern – streng vertrauliche und in einem elektronischen Format zu führende Liste, zu der nur ein sehr eingeschränkter und eindeutig festgelegter Personenkreis Zugang haben darf. Hierzu zählen nur solche Personen, für die der Zugang aufgrund des Charakters ihrer Funktion oder Position notwendig ist[81]. Für die Mitglieder des Leitungsorgans des Emittenten ergibt sich das Recht, die (eigene) Insiderliste einzusehen, bereits aus Art. 18 Abs. 2 UAbs. 2 S. 2 MAR. Zum berechtigten Personenkreis gehören zudem (ausgewählte) Mitarbeiter der Compliance-Abteilung sowie die die Liste führenden Personen[82]. Letztere

[74] Ebenso *Simons* CCZ 2017, 182 (184).
[75] „Erlangung des Zugangs (Datum und Uhrzeit der Erlangung des Zugangs zur Insiderinformation)".
[76] BaFin FAQ zu Insiderlisten nach Art. 18 der Marktmissbrauchsverordnung (EU) Nr. 596/2014, 3. Version (Stand: 13.1.2017), IV.3.; *Simons* CCZ 2017, 182 (184).
[77] Ebenso *Simons* CCZ 2017, 182 (184).
[78] Vgl. hierzu: *Simons* CCZ 2017, 182 (184 f.).
[79] Ebenso: *Simons* CCZ 2017, 182 (185), der auf den Appell- und Warneffekt der Aufklärung abstellt.
[80] Dies erfolgt in der Praxis typischerweise durch die Compliance- oder Rechtsabteilung.
[81] Ebenso: *Simons* CCZ 2016, 221 (228); zum alten Recht: *Sethe* in Assmann/Schneider WpHG § 15b Rn. 15.
[82] Ebenso: *Simons* CCZ 2016, 221 (228); *Franke/Schulenberg* in Umnuß, Corporate Compliance Checklisten, 3. Auflage 2017; Kapitel 3 B. II., Rn. 60.

müssen hierbei aber nicht unbedingt Zugang zu Insiderinformationen erhalten. Die Listenführung kann auch rein administrativ erfolgen, dh ohne Zugang zu den darin geführten Insiderinformation selbst. Insiderinformationen werden in diesen Fällen lediglich mit dem entsprechenden Projektnamen in der Insiderliste spezifiziert. In Betracht kommt dies in der Praxis zum Schutz der Vertraulichkeit etwa bei einer Listenführung durch konzernfremde Dritte gemäß Art. 18 Abs. 2 UAbs. 2 MAR oder bei einer entsprechend großen Compliance Funktion, bei der sonst eine Vielzahl von Mitarbeitern Zugang zur Insiderinformation hätte. Zu den Berechtigten, die die Insiderliste einsehen dürfen, zählen auch Wirtschafts- und Abschlussprüfer[83], die die Liste im Rahmen ihres Prüfauftrags, etwa im Rahmen einer Prüfung nach § 89 WpHG bei einem Finanzdienstleistungsunternehmen – einsehen dürfen.

31 Nachdem der Aufbau und das Format der Insiderverzeichnisse den Verpflichteten nach altem Recht weitgehend freigestellt war, schreibt die MAR dies im Detail vor und verpflichtet Emittenten und Dienstleister zur Verwendung von Standardvorlagen[84].

32 Die Insiderliste ist gemäß Art. 2 Abs. 1 UAbs. 1 VO 2016/347 primär projekt- bzw. insiderinformationsbezogen zu führen[85], wobei für jede einzelne Insiderinformation ein separater Abschnitt anzulegen ist. Der entsprechende Abschnitt der Insiderliste muss dabei die spezifische Insiderinformation, auf die er sich bezieht, präzise ausweisen[86] und darf jeweils nur Angaben zu den Personen enthalten, die zur ausgewiesenen Insiderinformation Zugang haben, vgl. Art. 2 Abs. 1 UAbs. 2 VO 2016/347[87].

33 Die projektbezogen aufgebaute Insiderliste kann (freiwillig) um einen Abschnitt *permanenter Insider* ergänzt werden[88]. Auf den ersten Blick ähnelt das System der früheren Praxis, in der sich eine Kombination aus insiderinformations- und funktionsbezogenen Verzeichnissen bewährt hatte[89]. Erhebliche Unterschiede zum alten Recht ergeben sich aber für die Praxis in einem wesentlichen Detail der neuen Regelung: Art. 2 Abs. 2 UAbs. 1 MAR definiert permanente Insider als Personen, die *jederzeit zu allen Insiderinformationen Zugang haben*. Dieser Personenkreis ist kleiner als der des „Funktionsinsiders" nach altem Recht und erfasst nur Personen, die aufgrund des Charakters ihrer Funktion jederzeit Zugang zu allen Insiderinformationen haben[90]. In der Praxis ist der Anwendungsbereich hierfür äußerst gering[91]: Beim Emittenten kommen neben den Mitgliedern des Vorstands allenfalls noch die Mitglieder eines Ad hoc-Kommittees[92] sowie die die Insiderliste – nicht nur administrativ[93] – führenden Personen in Betracht[94].

[83] Vgl. *Franke/Schulenberg* in Umnuß, Corporate Compliance Checklisten, 3. Auflage 2017; Kapitel 3 B. II., Rn. 60, der als Beispiel Personen nennt, die aufgrund ihres Berufs einer gesetzlichen Verschwiegenheitspflicht unterliegen.

[84] Vgl. hierzu Erwägungsgrund 2 VO 2016/347.

[85] Ebenso: *Franke/Schulenberg* in Umnuß, Corporate Compliance Checklisten, 3. Auflage 2017; Kapitel 3 B. II., Rn. 42; *Ritz* RdF 2015, 268 (274).

[86] Erwägungsgrund 3 VO 2016/347.

[87] Ein Muster für diese Abschnitte der Insiderliste enthält Vorlage I des Anhangs I zur VO 2016/347.

[88] Ein Muster für diesen Abschnitt der Insiderliste enthält Vorlage 2 des Anhangs I zur VO 2016/347.

[89] *Franke/Schulenberg* in Umnuß, Corporate Compliance Checklisten, 3. Auflage 2017; Kapitel 3 B. II., Rn. 41.

[90] Erwägungsgrund 4 VO 2016/347; BaFin FAQ zu Insiderlisten nach Art. 18 der Marktmissbrauchsverordnung (EU) Nr. 596/2014, 3. Version (Stand: 13.1.2017), V.3.; anders: *Franke/Schulenberg* in Umnuß, Corporate Compliance Checklisten, 3. Auflage 2017; Kapitel 3 B. II., Rn. 42, die es ausreichen lassen wollen, wenn die Aufgabenbeschreibung des permanenten Insiders eine potentielle Befassung mit Insiderinformationen vorsieht.

[91] Ebenso: *Simons* CCZ 2016, 221 (223).

[92] Dieses setzt sich in der Praxis regelmäßig neben einem Mitglied des Vorstands aus einem Mitarbeiter des Bereichs Recht, Compliance, Investor Relations und/oder Finanzen zusammen.

[93] Das heißt ohne Zugang zu den betreffenden Insiderinformationen. Insiderinformationen werden in diesen Fällen lediglich mit dem entsprechenden Projektnamen in der Insiderliste spezifiziert. In Betracht kommt dies in der Praxis zum Schutz der Vertraulichkeit etwa bei einer Listenführung durch konzernfremde Dritte gemäß Art. 18 Abs. 2 UAbs. 2 MAR oder bei entsprechend großen Compliance-Organisationen, bei denen sonst eine Vielzahl von Mitarbeitern Zugang zur Insiderinformation hätte.

[94] Anders: *Franke/Schulenberg* in Umnuß, Corporate Compliance Checklisten, 3. Auflage 2017; Kapitel 3 B. II., Rn. 42, die den Kreis der in Betracht kommenden Personen deutlich weiter ziehen.

4. Inhalt

a) Aufzunehmende Personen

aa) Überblick. Zwei Voraussetzungen müssen gemäß Art. 18 Abs. 1 lit. a MAR kumulativ erfüllt sein, damit Personen in die Insiderliste aufzunehmen sind: Diese Personen müssen zum einen auf Basis eines Arbeitsvertrages oder anderweitig Aufgaben für den Emittenten wahrnehmen, zum anderen müssen sie dadurch Zugang zu Insiderinformationen haben. **34**

Art. 18 Abs. 1 lit. a MAR erfasst zunächst Arbeitnehmer und Personen, die anderweitig Aufgaben für den Emittenten wahrnehmen. Wie bisher sind nicht nur Personen, die in einem Arbeitsverhältnis zum Emittenten bzw. zum Dienstleister stehen, sondern auch Personen, die anderweitig oder aufgrund anderer Vertragsgestaltungen für diese tätig werden oder auch nur in einem rein faktischen Arbeitsverhältnis stehen, in der Insiderliste zu führen[95]. In der Insiderliste des Emittenten sind also seine Mitarbeiter sowie die für ihn tätigen Dienstleister, in der Insiderliste der für den Emittenten tätigen Dienstleister deren Mitarbeiter sowie ggf. von diesen eingebundene (Sub-)Dienstleister zu verzeichnen. **35**

Nach dem Wortlaut des Art. 18 Abs. 1 lit. a MAR wären auch (alle) Mitarbeiter eines Dienstleisters in die Insiderliste des Emittenten aufzunehmen. Entsprechend der bisherigen Verwaltungspraxis der BaFin, an der diese auch nach neuem Recht festhält, genügt es jedoch in Bezug auf die Dienstleister der Emittenten einen (verantwortlichen) Ansprechpartner – diesen allerdings mit allen Angaben, die Anhang I der VO 2016/347 vorschreibt – in die Insiderliste aufzunehmen[96]. Diese Einschränkung dürfte, auch wenn die BaFin dies nicht ausdrücklich erwähnt, auch in Bezug auf die Angabe (lediglich) eines Ansprechpartners des (Sub-) Dienstleisters in der Insiderliste des Dienstleisters gelten. **36**

Gemäß Art. 18 Abs. 1 lit. a MAR sind Personen dann in die Insiderliste aufzunehmen, wenn sie Aufgaben für den Emittenten wahrnehmen, durch die sie Zugang zu Insiderinformationen haben. Nach dem Wortlaut der Regelung wird der Kreis der in die Insiderliste aufzunehmenden Personen nicht mehr – wie noch nach § 15b WpHG aF – durch das Merkmal des „bestimmungsgemäßen Zugangs" beschränkt. Die Formulierung „*durch die sie Zugang zu Insiderinformationen haben*" deutet aber darauf hin, dass ein Ursachenzusammenhang zwischen der Tätigkeit für den Emittenten oder Dienstleister und dem Zugang zu Insiderinformationen bestehen muss. Danach kommt es auch weiterhin darauf an, ob die Insiderinformation auch für die jeweilige Person bestimmt ist, dh es sind nur solche Personen in die Insiderliste aufzunehmen, die aufgrund der ihnen entsprechend zugewiesenen professionellen Aufgaben Zugang zu Insiderinformationen erhalten[97]. **37**

bb) Konzernsachverhalte. Art. 18 MAR enthält keine Regelung für Konzernsachverhalte. Mitarbeiter von Mutter- und Tochterunternehmen sind nach Auffassung der BaFin dann in die Insiderliste des Emittenten aufzunehmen, wenn sie für diesen Aufgaben wahrnehmen, durch die sie Zugang zu Insiderinformationen haben, was eine vertragliche Anbindung zu dem zur Führung der Insiderliste Verpflichteten verlange[98]. Unklar ist dabei, ob die vertragliche Anbindung zwischen dem einzelnen Mitarbeiter und dem Emittenten bestehen muss – dann wäre der Anwendungsbereich in der Praxis äußerst gering – oder ob eine Vereinbarung zwischen dem Konzernunternehmen und dem Emittenten hierfür ausreicht. Für das Erfordernis einer vertraglichen Anbindung des Mitarbeiters an den Emitten- **38**

[95] *Franke/Schulenberg* in Umnuß, Corporate Compliance Checklisten, 3. Auflage 2017; Kapitel 3 B. II., Rn. 44; Vgl. zum alten Recht: BaFin Emittentenleitfaden Abschnitt VII.3.1, S. 98; *Sethe* in Assmann/Schneider WpHG § 15b Rn. 38 f. mwN; *Pfüller* in Fuchs WpHG § 15b Rn. 51 ff.

[96] BaFin FAQ zu Insiderlisten nach Art. 18 der Marktmissbrauchsverordnung (EU) Nr. 596/2014, 3. Version (Stand: 13.1.2017), II.3.

[97] BaFin FAQ zu Insiderlisten nach Art. 18 der Marktmissbrauchsverordnung (EU) Nr. 596/2014, 3. Version (Stand: 13.1.2017), V.1.; *Giering/Sklepek* CB 2016, 274 (275); *Simons* CCZ 2016, 221 (224); *Söhner* BB 2017, 259 (263).

[98] BaFin FAQ zu Insiderlisten nach Art. 18 der Marktmissbrauchsverordnung (EU) Nr. 596/2014, 3. Version (Stand: 13.1.2017), V.2.

ten wird angeführt, dass es sachgerecht sei, in der Insiderliste nur den Mitarbeiterkreis zu erfassen, den der Verpflichtete kraft seines Direktionsrechts auch „kontrollieren" kann[99]. Aber auch bei einer (nur) vertraglichen Vereinbarung zwischen Konzernunternehmen ist neben dem verbundenen Unternehmen – als Dienstleister – nach dem Wortlaut des Art. 18 Abs. 1 MAR auch der Emittent verpflichtet, alle Mitarbeiter des für ihn tätigen verbundenen Unternehmens in seine Insiderliste aufzunehmen. Dass es dem Emittenten nach der Verwaltungspraxis der BaFin hierbei erlaubt ist, lediglich einen verantwortlichen Ansprechpartner des verbundenen Unternehmens einzutragen[100], ändert an der eigentlichen Eintragungspflicht im Hinblick auf *alle* Mitarbeiter des verbundenen Unternehmen in die eigene Insiderliste des Emittenten grundsätzlich nichts. Auf ein Kontroll- oder Direktionsrecht des Emittenten kann es daher für die Frage nicht ankommen.

39 In der Praxis sollten Mitarbeiter von Konzernunternehmen vorsorglich und unabhängig von einer vertraglichen Anbindung immer in die Insiderliste des Emittenten aufgenommen werden, wenn sie bestimmungsgemäß Zugang zu Insiderinformationen bezüglich des Emittenten haben[101]. Besteht eine entsprechende vertragliche Anbindung des Konzernunternehmens zum Emittenten, sind in der Praxis zwei Vorgehensweisen möglich: Der Emittent kann die Organe und Mitarbeiter des verbundenen Unternehmens in seine eigene Insiderliste aufnehmen und diese sowohl für sich selbst sowie – mit einem diesbezüglichen ausdrücklichen Hinweis auf sein Vorgehen – als Dritter entsprechend Art. 18 Abs. 2 UAbs. 2 MAR für das verbundene Unternehmen führen bzw. durch die (Konzern-)Compliance-Abteilung führen lassen. Der Emittent kann – alternativ – in seine Insiderliste aber auch lediglich einen verantwortlichen Ansprechpartner des verbundenen Unternehmens aufnehmen und das verbundene Unternehmen seine eigene Insiderliste – als Dienstleister des Emittenten – führen.

40 **cc) Einzelfälle. Mitglieder der Organe** der Emittenten und Dienstleister haben bestimmungsgemäß Zugang zu Insiderinformationen[102], ebenso **Führungspersonen des Emittenten nach Art. 3 Abs. 1 Nr. 25 lit. b MAR**[103].

41 Auch die **Vorstandsassistenz** erhält den Zugang zu Insiderinformationen bestimmungsgemäß[104]. Für **Personen, die einem Mitglied des Aufsichtsrats zuarbeiten**, sind in der Praxis zwei Fallgestaltungen zu unterscheiden: So können einem Aufsichtsratsmitglied zuarbeitende Dritte beim Emittenten angestellt sein. Bei größeren Emittenten ist dies bei der persönlichen Assistenz bzw. den Mitarbeitern des (General-)Sekretariats des Aufsichtsrats regelmäßig der Fall. Sie werden in diesem Fall für den Emittenten tätig und haben hierbei regelmäßig bestimmungsgemäß Zugang zu Insiderinformationen. Folglich sind diese Mitarbeiter in der Insiderliste des Emittenten zu führen. Sind Dritte dagegen bei dem betreffenden Aufsichtsratsmitglied privat oder bei einem anderen Dritten angestellt (etwa einem Unternehmen, bei dem das Aufsichtsratsmitglied als Mitglied des Leitungsorgans hauptberuflich tätig ist), fehlt es an einer unmittelbaren Rechtsbeziehung zum Emittenten. Diese Hilfspersonen sind daher nicht in die Insiderliste des Emittenten aufzunehmen[105].

42 Neben den **im Einzelfall in ein bestimmtes Insiderprojekt eingebundenen Mitarbeitern** erhalten in der Praxis Mitarbeiter der folgenden Bereiche regelmäßig bestimmungsgemäß Zugang zu Insiderinformationen: **Compliance, Recht**[106], **Investor Relati-**

[99] *Simons* CCZ 2016, 221 (224).

[100] → § 11 Rn. 36.

[101] Ebenso: *Haßler* DB 2016, 1920 (1922).

[102] Vgl. zum alten Recht: BaFin, Emittentenleitfaden Abschnitt VII.3.3, S. 98; *Sethe* in Assmann/Schneider WpHG § 15b Rn. 42.

[103] Vgl. zum alten Recht: *Sethe* in Assmann/Schneider WpHG § 15b Rn. 42.

[104] Vgl. zum alten Recht: *Sethe* in Assmann/Schneider WpHG § 15b Rn. 44.

[105] Vgl. zum alten Recht: *Heinrich* in KölnKomm WpHG § 15b Rn 30; *Sethe* in Assmann/Schneider WpHG § 15b Rn. 24, 43.

[106] Anders zum alten Recht: *Sethe* in Assmann/Schneider WpHG § 15b Rn. 45, der Mitarbeiter der Rechtsabteilung nicht hierzu zählt, weil diese kaum regelmäßig Zugang zu Insiderinformationen haben dürften.

ons, Strategie, M&A, Finanzen Controlling und **Steuern** sowie **ggf. die Mitarbeiter ihrer Sekretariate**, sofern zu ihren Aufgaben die Unterstützung bei den Tätigkeiten gehört, aus denen sich der Zugang zu Insiderinformationen ergibt [107].

Auch die **Mitglieder eines ggf. eingerichteten Ad hoc-Kommittees** sowie die **Mitarbeiter, die die Insiderliste** – nicht nur rein administrativ[108] – **führen**, zählen hierzu[109]. 43

Gleiches gilt für die Mitglieder des **Betriebsrats** bzw. des **Wirtschaftsausschusses**[110]. 44

Erlangt eine Person **zufällig**, dh **bei Gelegenheit der Wahrnehmung einer Aufgabe Kenntnis** von Insiderinformationen bzw. **verschafft sie sich widerrechtlich Kenntnis** davon, muss diese Person nicht in die Insiderliste aufgenommen werden, es sei denn, dem zur Führung der Insiderliste ist die Kenntniserlangung bekanntgeworden[111]. Ebenso ist zu verfahren, wenn eine Person **aufgrund eines Versehens**, etwa weil ihr irrtümlich eine E-Mail mit insiderrelevantem Inhalt weitergeleitet wird, Zugang zu Insiderinformationen erhält. Demzufolge sind etwa IT-Mitarbeiter nur bei Einbeziehung in ein konkretes Insiderprojekt in die Insiderliste aufzunehmen, nicht jedoch schon wegen der Tatsache, dass sie aufgrund ihrer Administratorenrechte Zugang zum internen E-Mail-Verkehr oder den Datenbanken haben[112]. 45

b) Aufzunehmende Informationen

Aus Art. 18 Abs. 3 lit. a-d MAR ergibt sich der verbindliche Mindestinhalt der Insiderliste. Danach sind neben der Identität der aufgenommenen Personen, der Grund ihrer Aufnahme, der Zeitpunkt ihres Zugangs zu Insiderinformationen sowie das Datum der Erstellung der Insiderliste aufzunehmen. Art. 2 Abs. 3 VO 2016/347 erweitert und konkretisiert die Vorgaben iVm der Vorlage I in Anlage I für die nach Projekten bzw. Insiderinformationen aufgebauten Abschnitte bzw. iVm der Vorlage II in Anlage I für den Abschnitt der permanenten Insider (für den Fall, dass der Emittent eine Liste mit permanenten Insidern führt). 46

Danach zählt zur Identität des Eingetragenen – neu und über die Vorgaben des bisherigen § 14 WpAIV hinaus – dessen *vollständige* Privatadresse sowie seine privaten Telefonnummern (Festnetz- und Mobiltelefon). Zur *vollständigen* Privatadresse zählt nach Auffassung der BaFin dabei nicht nur der Erst-, sondern auch ein etwa vorhandener Zweitwohnsitz[113]. Zudem ist – ebenfalls neu – die Angabe einer *nationalen Identifikationsnummer* zur Identifizierung einer Person vorgesehen. Für „deutsche" Insider ist in das hierfür in den Vorlagen vorgesehene Feld in der Praxis keine Eintrag vorzunehmen, insbesondere ist hier nicht die Steuer-Identifikationsnummer anzugeben. Bei „ausländischen" Insider ist die nationale Identifikationsnummer anzugeben, sofern eine solche existiert[114], so etwa die *„US Social Security Number"*. 47

In die Insiderliste ist zudem das Datum und die Uhrzeit aufzunehmen, zu dem die betreffende Person Zugang zu einer Insiderinformation erhalten bzw. zudem der Zugang 48

[107] Vgl. *Franke/Schulenburg* in Umnuß, Corporate Compliance Checklisten, Kap. 3 B. II. 1, Rn. 42; zum alten Recht: *Sethe* in Assmann/Schneider WpHG § 15b Rn. 43 mwN.
[108] → § 11 Rn. 30.
[109] Diese gehören aber typischerweise schon den zuvor erwähnten Bereichen – im Fall des Ad hoc-Kommittees dem Bereich Recht, Compliance, Finanzen und/oder Investor Relations, im Fall der Insiderlistenführung dem Bereich Compliance oder Recht – an.
[110] Vgl. zum alten Recht: *Sethe* in Assmann/Schneider WpHG § 15b Rn. 43.
[111] BaFin FAQ zu Insiderlisten nach Art. 18 der Marktmissbrauchsverordnung (EU) Nr. 596/2014, 3. Version (Stand: 13.1.2017), V.1.; *Giering/Sklepek* CB 2016, 274 (275); *Simons* CCZ 2016, 221 (224); *Söhner* BB 2017, 259 (263).
[112] BaFin FAQ zu Insiderlisten nach Art. 18 der Marktmissbrauchsverordnung (EU) Nr. 596/2014, 3. Version (Stand: 13.1.2017), V.1.
[113] BaFin FAQ zu Insiderlisten nach Art. 18 der Marktmissbrauchsverordnung (EU) Nr. 596/2014, 3. Version (Stand: 13.1.2017), VI.6.
[114] BaFin FAQ zu Insiderlisten nach Art. 18 der Marktmissbrauchsverordnung (EU) Nr. 596/2014, 3. Version (Stand: 13.1.2017), VI.5.

geendet hat. Besonderheiten ergeben sich dabei im Hinblick auf die Feststellung des Zugangs zur Insiderinformation für eine Gruppe von Beteiligten. Hier sind in der Praxis zwei Vorgehensweisen denkbar: Es ist möglich, für eine Gruppe von Beteiligten, etwa die Mitglieder eines Insiderprojektteams, einheitlich auf den Zeitpunkt des Entstehens der Insiderinformation, zB auf die Entscheidung eines zuständigen Gremiums, abzustellen[115]. Dieses Vorgehen ist dann üblich, wenn der Verpflichtete zuvor eine „Schattenliste"[116] geführt hat und die Insiderliste erst mit Entstehen der Insiderinformation im engeren Sinne führt. In diesem Fall sind alle bis dahin in das Projekt Involvierten einheitlich mit dem Zeitpunkt des Entstehens der Insiderinformation in der Insiderliste zu vermerken. Ebenso ist zu verfahren, wenn der Verpflichtete sich für eine Vorfeldeintragung[117] entschieden hat: hierbei ist das entsprechende Feld zunächst freizulassen und (später) für alle bis dahin in der Insiderliste Eingetragenen einheitlich auf das Datum bzw. die Uhrzeit abzustellen, ab der eine Insiderinformation tatsächlich vorliegt. Unabhängig davon kann darüber hinaus erläutert werden, ob und wann Personen konkret Zugang bzw. Kenntnis von Insiderinformationen erhalten haben. Sofern der Emittent weiß, dass für bestimmte Mitarbeiter der konkrete Zeitpunkt erst nach dem für die Gruppe geltenden Zeitpunkt erfolgt ist, kann von vornherein dieser individualisierte Zeitpunkt gewählt werden[118]. Dies wäre beispielsweise der Fall, wenn der betreffende Mitarbeiter länger krankheits- oder urlaubsbedingt abwesend war. Bei permanenten Insidern ist nicht der Zeitpunkt ihres Zugangs zu Insiderinformationen, sondern nach dem Wortlaut der Anlage I Vorlage II der VO 2016/347 der Zeitpunkt der Aufnahme in den Abschnitt für permanente Insider maßgeblich[119].

49 Die Beendigung des Zugangs der in der Insiderliste registrierten Personen ist einheitlich dann mit Datum und Uhrzeit in der Insiderliste zu vermerken, wenn keine Insiderinformation mehr vorliegt. Dies ist der Fall, wenn die Insiderinformation veröffentlicht worden ist bzw. das die Insiderinformation verursachende Projekt sich (vorzeitig) erledigt hat. Für einzelne Mitarbeiter endet der Zugang zu Insiderinformationen mit deren Ausscheiden aus dem Unternehmen[120] oder (zunächst) bei längerer krankheits- oder urlaubsbedingter Abwesenheit[121].

50 Im Hinblick auf die in den Insiderlisten vorzunehmenden Zeitangaben besteht die Besonderheit, dass das Datums- und Uhrzeitformat jeweils nach ISO 8601[122] anzugeben ist. Die Uhrzeit muss zudem in Form der sog. „koordinierten Weltzeit" (uniform time coordinated – UTC)[123] vermerkt werden[124].

c) Erleichterungen für KMU-Emittenten

51 Für die von KMU-Emittenten nach Art. 18 Abs. 6 lit. b MAR nur nach Anforderung der BaFin zu liefernde Insiderliste ergeben sich insofern Besonderheiten, als für diese nicht die

---

[115] BaFin FAQ zu Insiderlisten nach Art. 18 der Marktmissbrauchsverordnung (EU) Nr. 596/2014, 3. Version (Stand: 13.1.2017), VI.1.

[116] → § 11 Rn. 28.

[117] → § 11 Rn. 26f.

[118] BaFin FAQ zu Insiderlisten nach Art. 18 der Marktmissbrauchsverordnung (EU) Nr. 596/2014, 3. Version (Stand: 13.1.2017), VI.1.

[119] BaFin FAQ zu Insiderlisten nach Art. 18 der Marktmissbrauchsverordnung (EU) Nr. 596/2014, 3. Version (Stand: 13.1.2017), VI.2.

[120] BaFin FAQ zu Insiderlisten nach Art. 18 der Marktmissbrauchsverordnung (EU) Nr. 596/2014, 3. Version (Stand: 13.1.2017), VI.1.

[121] BaFin FAQ zu Insiderlisten nach Art. 18 der Marktmissbrauchsverordnung (EU) Nr. 596/2014, 3. Version (Stand: 13.1.2017), IV.4.

[122] Datumsformat „*jjjj-mm-tt*", Zeitformat „*hh:mm*".

[123] Der Unterschied zu Tageszeiten ist in der verwendeten Zonenzeit zur koordinierten Weltzeit (UTC) in der Form +01:00 anzufügen. Bei einer Zeitangabe in koordinierter Weltzeit (UTC) ergibt sich die in Deutschland geltende Mitteleuropäische Zeit (MEZ), indem man eine Stunde, und die im Sommer geltende Mittereuropäische Sommerzeit (MESZ), indem man zwei Stunden addiert.

[124] BaFin FAQ zu Insiderlisten nach Art. 18 der Marktmissbrauchsverordnung (EU) Nr. 596/2014, 3. Version (Stand: 13.1.2017), VI.7. mit entsprechenden Beispielen.

Möglichkeit besteht, einen gesonderten Abschnitt für permanente Insider anzulegen. Von KMU-Emittenten ist die Insiderlister ein projekt- bzw. insiderinformationsbezogen entsprechend der Vorlage in Anhang II der VO 2016/347 zu führen. Im Hinblick auf die in die Insiderliste aufzunehmenden Daten sieht die Vorlage Erleichterungen für die Privatanschrift und die privaten Telefonnummern vor; diese sind nur an die BaFin zu liefern, falls sie dem KMU-Emittenten zum Zeitpunkt der Anforderung zur Verfügung stehen. Darüber hinaus ist ein Geburtsdatum für die in der Insiderliste Verzeichneten nur dann anzugeben, wenn für diese keine nationale Identifikationsnummer vorhanden ist.

5. Aktualisierung

Nach Art. 18 Abs. 1 1 lit. b und Abs. 4 lit. a – c MAR ist die Insiderliste unverzüglich zu **52**
aktualisieren, wenn eine neue Person Zugang oder eine bereits erfasste Person keinen Zugang mehr zu Insiderinformationen hat oder sich der Grund für die Erfassung einer Person in der Insiderliste ändert. Nach seinem Wortlaut enthält Art. 18 Abs. 4 lit. a – c MAR danach eine abschließende Aufzählung der Anlässe, die zu einer Aktualisierung der Insiderliste führen können. In der Praxis sollte die Insiderliste darüber hinaus aber auch dann aktualisiert werden, wenn sich die aufgenommenen sonstigen Daten ändern, etwa der Familienname aufgrund einer Eheschließung oder die private Telefonnummer. Die Insiderliste kann den Behörden nämlich nur dann die Durchführung von Untersuchungen bzw. die Klärung der Identität der möglicherweise an marktmissbräuchlichem Verhalten Beteiligten erleichtern[125], wenn die darin enthaltenen Daten auch aktuell sind[126].

Bei jeder Aktualisierung sind Datum und Uhrzeit der Aktualisierung anzugeben.[127] Bei **53**
der Aktualisierung ist (technisch) sicherzustellen, dass zuvor in die Insiderliste eingetragene Informationen nicht gelöscht werden bzw. vorherige Fassungen der Insiderliste weiterhin abrufbar bleiben.[128] Die am Markt verfügbaren Systeme von Kommunikationsdienstleistern sehen eine entsprechende Funktionalität hierfür vor.

Die Pflicht zur Führung bzw. Aktualisierung der Insiderliste endet (erst) dann, wenn **54**
keine Insiderinformation mehr vorliegt. Dies ist der Fall, wenn die Insiderinformation veröffentlicht worden ist bzw. sich das die Insiderinformation verursachende Projekt (vorzeitig) erledigt hat. Für einzelne Mitarbeiter endet die Aktualisierungspflicht mit deren Ausscheiden aus dem Unternehmen[129].

6. Aufbewahrung und Löschung

Art. 18 Abs. 5 MAR sieht vor, dass Verpflichtete die Insiderliste mindestens fünf Jahre nach **55**
ihrer Erstellung oder Aktualisierung so aufbewahren müssen, dass jederzeit für einen beliebigen Zeitraum in den letzten fünf Jahren ermittelt werden kann, welche Personen Zugang zu Insiderinformationen hatten. Die Frist für die Aufbewahrung des entsprechenden Datensatz beginnt mit jeder Aktualisierung neu zu laufen[130]. Die Aufbewahrung muss so erfolgen, dass jederzeit sichergestellt ist, dass nur ein festgelegter Personenkreis innerhalb des Emittenten Zugriff auf die Insiderliste hat (hierzu im Einzelnen → Rn. 30).

Anders als noch § 16 Abs. 2 S. 3 WpAIV, der nach Ablauf der Aufbewahrungsfrist eine **56**
ausdrückliche Löschung der Insiderverzeichnisse vorschrieb, besteht in Bezug auf die neue Insiderliste diesbezüglich keine ausdrückliche Regelung. Die Insiderliste ist jedoch nach

[125] Erwägungsgrund 6 zur VO 2016/347.
[126] Ebenso: *Simons* CCZ 2017, 182 (188).
[127] Art. 18 Abs. 4 MAR.
[128] Vgl. Art. 2 Abs. 4 lit. c VO 2016/347.
[129] BaFin FAQ zu Insiderlisten nach Art. 18 der Marktmissbrauchsverordnung (EU) Nr. 596/2014, 3. Version (Stand: 13.1.2017), I. V.4.
[130] *Franke/Schulenberg* in Umnuß, Corporate Compliance Checklisten, 3. Auflage 2017; Kapitel 3 B. II., Rn. 61.

Ablauf der fünfjährigen Aufbewahrungsfrist schon nach den allgemeinen datenschutzrechtlichen Regelungen gemäß § 35 Abs. 2 Nr. 1 BDSG zu löschen.

7. Übermittlung an die BaFin

57 Verpflichtete müssen die Insiderliste erst auf Ersuchen der BaFin unverzüglich per SecureMail (elektronisch gesicherte Übertragung per Email) [131] an diese übermitteln.[132] Eines konkreten Verdachts bedarf es für das Ersuchen der BaFin nicht[133].

8. Weitere Erleichterungen für KMU-Emittenten

58 Für KMU-Emittenten ergeben sich auch in Bezug auf das Verfahren der Listenführung insofern weitere Erleichterungen als die Insiderliste nicht in einem elektronischen Format geführt werden muss. Sie ist jedoch in einem Format zu führen, das die Wahrung der Vollständigkeit, Integrität und Vertraulichkeit während der Übertragung gewährleitet.[134] In der Praxis empfiehlt sich für KMU-Emittenten daher ebenfalls, die Insiderliste zunächst in einer Excel-Datei anzulegen, diese als pdf-Datei zu speichern und diese sodann ebenfalls per SecureMail an die BaFin zu übermitteln.

IV. Aufklärungs-, Anerkenntnis- und Dokumentationspflicht

59 Wie schon bisher sind Personen bei Aufnahme in die Insiderliste über die Pflichten und Rechtsfolgen, die sich aus dem Zugang zu Insiderinformationen ergeben, aufzuklären. Hinzu gekommen ist durch die MAR das Erfordernis, wonach die Betroffenen diesbezüglich eine schriftliche Bestätigung abgeben müssen. Emittenten bzw. die Liste führende Dienstleister haben alle erforderlichen Vorkehrungen zu treffen, um dafür Sorge zu tragen, dass alle auf der Insiderliste erfassten Personen ihre Pflichten schriftlich anerkennen und sich der Sanktionen bewusst sind, die bei Insidergeschäften und unrechtmäßiger Offenlegung Anwendung finden.[135] Diese Pflichten bestehen uneingeschränkt auch für KMU-Emittenten.[136]

60 Jeder Listenführungsverpflichtete hat dabei die in seiner Liste Eingetragenen aufzuklären, dh der Emittent muss etwa die in seiner Liste eingetragenen Ansprechpartner der für ihn tätigen Dienstleister aufklären, für die Aufklärung seiner eigenen Mitarbeiter ist der Dienstleister zuständig[137]. Für die Aufklärung gilt nach Auffassung der BaFin der Grundsatz „einmal belehrt, immer belehrt"[138], dh eine einmal erfolgte Aufklärung muss nicht – kann aber – bei jeder erneuten Aufnahme in die Insiderliste wiederholt werden. In der Praxis ist es wegen des Warneffekts in jedem Fall angeraten, Personen über eine erneute Aufnahme in die Insiderliste zumindest zu informieren[139] und sich hierbei zumindest auf die bereits erfolgte Aufklärung zu beziehen.

[131] BaFin FAQ zu Insiderlisten nach Art. 18 der Marktmissbrauchsverordnung (EU) Nr. 596/2014, 3. Version (Stand: 13.1.2017), VII.1.

[132] Vgl. Art. 18 Abs. 1 lit. c MAR iVm Art. 2 Abs. 5 VO 2016/347.

[133] *Franke/Schulenberg* in Umnuß, Corporate Compliance Checklisten, 3. Auflage 2017; Kapitel 3 B. II., Rn. 62; zum alten Recht: *Heinrich* in KölnKomm WpHG § 15b Rn 52; *Sethe* in Assmann/Schneider WpHG § 15b Rn. 64.

[134] Art. 3 VO 2016/347.

[135] Art. 18 Abs. 2 UAbs. 1 MAR.

[136] Art. 18 Abs. 6 lit. a MAR.

[137] BaFin FAQ zu Insiderlisten nach Art. 18 der Marktmissbrauchsverordnung (EU) Nr. 596/2014, 3. Version (Stand: 13.1.2017), III.1.

[138] BaFin FAQ zu Insiderlisten nach Art. 18 der Marktmissbrauchsverordnung (EU) Nr. 596/2014, 3. Version (Stand: 13.1.2017), III.3.

[139] Ebenso: *Söhner* BB 2017, 259 (263); *Simons* CCZ 2016, 221 (227).

61 Zur Frage, wann die Aufklärung erfolgen muss, enthält Art. 18 Abs. 2 UAbs. 1 MAR keine ausdrückliche Regelung. Aus dem gerade den Emittenten betreffenden Sinn und Zweck der Insiderliste, den Fluss von Insiderinformationen zu überwachen und die Geheimhaltung von Insiderinformationen sicherzustellen[140], folgt aber, dass dieser die Aufklärung zeitnah zu der Aufnahme einer Person in die Insiderliste vornehmen muss.[141] Dies kann auch bereits im Vorfeld des Entstehens einer Insiderinformation – etwa bei Vorfeldeintragungen[142] – erfolgen. Dafür hat der Emittent nach dem Wortlaut des Art. 18 Abs. 2 UAbs. 1 MAR *„alle erforderlichen Vorkehrungen zu treffen"*. Andernfalls liefe die Aufklärung im Regelfall der Ad hoc-Publizität, in dem der Emittent die Insiderinformation gemäß Art. 17 Abs. 1 MAR unverzüglich, dh in der Praxis innerhalb weniger Stunden nach ihrem Entstehen, veröffentlichen muss, auch ins Leere. Da Art. 18 Abs. 2 UAbs. 1 MAR für die Aufklärung keine Form vorsieht, kann diese in der Praxis in elektronischer Form, etwa per E-Mail, erfolgen[143].

62 Die BaFin hat auf ihrer Webseite jeweils einen Mustertext für die Belehrung in englischer und deutscher Sprache veröffentlicht[144], den der Verpflichtete verwenden, den er aber auch auf seine unternehmensinternen Besonderheiten hin anpassen kann; letzteres ist in der Praxis üblich. Für Emittenten besteht formal keine Pflicht, Dienstleister über deren eigene Listenführungspflicht aufzuklären[145]. Dies ist in der Praxis aber immer dann angeraten, wenn es sich um am Kapitalmarkt wenig erfahrene oder ausländische Dienstleister handelt, bei denen es aufgrund mangelnder Kenntnis der entsprechenden (europäischen) Rechtsvorschriften sonst zu Umsetzungsschwierigkeiten im Hinblick auf die eigene Listenführungspflicht kommen kann[146].

63 Entgegen dem ausdrücklichen Wortlauts des Art. 18 Abs. 2 UAbs. 1 MAR lässt es die BaFin zu, dass das – eigentlich *schriftlich* vorgesehene – Anerkenntnis der in der Insiderliste Registrierten, von den Pflichten und Sanktionen im Zusammenhang mit dem Zugang zu Insiderinformationen Kenntnis genommen zu haben, in elektronischer Form abgegeben wird, sofern bei Nutzung der elektronischen Form auch zu einem späteren Zeitpunkt diese Kenntnisnahme nachgewiesen werden kann[147]. Dies stellen die Programme der am Markt etablierten Kommunikationsdienstleister sicher.

V. Sanktionen

64 Das neue Marktmissbrauchsrecht sieht in Art. 30 ff. MAR Mindestvorgaben für Sanktionen auch für Verstöße gegen die Pflichten aus Art. 18 MAR vor, die in nationales Recht umzusetzen sind. In Deutschland erfolgte die Umsetzung im Rahmen des 1. FiMaNoG. Die Sanktionen sind dabei im Vergleich zur bisherigen Rechtslage drastisch verschärft worden.

65 Eine Ordnungswidrigkeit liegt nach § 120 Abs. 15 Nr. 12 – 16 WpHG bei einem vorsätzlichen oder leichtfertigen Verstoß gegen die einzelnen Pflichten des Art. 18 MAR vor. Entsprechende Verstöße können gemäß § 120 Abs. 18 WpHG gegenüber natürlichen Personen mit einer Geldbuße von bis zu 500.000 EUR geahndet werden. Gegenüber juristischen Personen oder Personenvereinigungen kann eine hierüber hinausgehende höhere Geldbuße von bis zu 1 Million EUR oder bis zum Dreifachen des aus dem Verstoß

[140] → § 11 Rn. 3 f.
[141] Ebenso: *Simons* CCZ 2016, 221 (227).
[142] →§ 11 Rn. 26.
[143] Ebenso: *Simons* CCZ 2016, 221 (227).
[144] BaFin FAQ zu Insiderlisten nach Art. 18 der Marktmissbrauchsverordnung (EU) Nr. 596/2014, 3. Version (Stand: 13.1.2017), III.4.
[145] Ebenso *Simons* CCZ 2017, 182 (187).
[146] Ebenso *Simons* CCZ 2017, 182 (187).
[147] BaFin FAQ zu Insiderlisten nach Art. 18 der Marktmissbrauchsverordnung (EU) Nr. 596/2014, 3. Version (Stand: 13.1.2017), III.2.

gezogenen wirtschaftlichen Vorteils verhängt werden, wobei sich der zu wählende Bußgeldrahmen im konkreten Fall nach dem höchsten der in Betracht kommenden Beträge richtet (vgl. § 120 Abs. 18 S. 2 Nr. 3 und S. 3 WpHG). Der wirtschaftliche Vorteil umfasst erzielte Gewinne und vermiedene Verluste und kann geschätzt werden (vgl. § 120 Abs. 18 S. 2 Nr. 3 S. 4 WpHG). In der Praxis spielt der Bußgeldrahmen in Bezug auf den gezogenen wirtschaftlichen Vorteil für Verstöße gegen Pflichten aus Art. 18 MAR jedoch keine Rolle.

66 Bei Verstößen gegen Art. 18 MAR hat die BaFin gemäß § 125 WpHG ihre Entscheidungen über Maßnahmen und Sanktionen unter Offenlegung der Identität des für den Verstoß Verantwortlich für fünf Jahre auf ihrer Internetseite zu veröffentlichen (sog. „Naming and Shaming"). Diese Maßnahme dient der Generalprävention[148] und kann in der Praxis zu erheblichen Reputationsschäden für Betroffene natürliche und juristische Personen führen.

67 Die BaFin kann zudem einer für den Verstoß gegen Art. 18 MAR verantwortlichen Person für bis zu zwei Jahre untersagen, Geschäfte in Finanzinstrumenten für eigene Rechnung durchzuführen (vgl. § 6 Abs. 7 WpHG). Die Regelung hat insbesondere Mitglieder der Leitungsorgane und sonst Verantwortliche von Finanzdienstleistungsunternehmen im Blick[149].

[148] Vgl. *Haßler* DB 2016, 1920 (1923) mwN.

[149] Mit dem § 6 Abs. 7 WpHG bzw. seiner Vorgängerregelung (§ 4 Abs. 3i WpHG aF) wurde die Vorgabe des Art. 30 Abs. 2 UAbs. 1 MAR durch das 1. FiMaNoG in nationales Recht umgesetzt. Art. 30 Abs. 2 UAbs. 1 MAR nennt *„Personen, die in einer Wertpapierfirma Führungsaufgaben wahrnehmen, oder andere verantwortliche natürliche Personen"*.

C. Verbot der Marktmanipulation

§ 12 Grundlagen

Übersicht

Literatur:

Akerlof, George, A., The Market for „Lemons" Quality Uncertainty and the Market Mechanism, 84 Quarterly Journal of Economics (1970), 488; *Allen, Franklin/Gale, Douglas*, Stock Price Manipulation, 5 Review of Financial Studies (1992), 503; *Bator, Jakob*, Die Marktmanipulation im Entwurf zum Finanzmarktnovellierungsgesetz – unionsrechtskonform?, BKR 2016, 1; *Bergmann, Marcus/Vogt, Magdalena*, Lücken im Kapitalmarktstrafrecht, sind seit dem 1. FiMaNoG alle Altfälle straflos?, wistra 2016, 347; *Klöhn, Lars/Büttner, Siegfried*, Generalamnestie im Kapitalmarktrecht?, ZIP 2016, 1801; *Lorenz, Manuel/Zierden, Johannes*, Kleine Ursache, große Wirkung – 1. FiMaNoG eliminiert Strafbarkeit nach WpHG, HRRS 2016, 443; *Mülbert, Peter O./Sajnovits, Alexander*, Vertrauen und Finanzmarktrecht, ZfPW 2016, 1; *Rothenfußer, Christoph/Jäger, Christian*, Generalamnestie im Kapitalmarktrecht durch das Erste Finanzmarktnovellierungsgesetz, NJW 2016, 2689; *Schmolke, Klaus Ulrich*, Das Verbot der Marktmanipulation nach dem neuen Marktmissbrauchsregime – Ziele, Kennzeichen und Problemlagen der Neuregelung in Art. 12f., 15 MAR, AG 2016, 434; *ders.*, Private Enforcement und institutionelle Balance – Verlangt das Effektivitätsgebot des Art. 4 III EUV eine Schadensersatzhaftung bei Verstoß gegen Art. 15 MAR?, NZG 2016, 721; *Teigelack, Lars*, Insiderhandel und Marktmanipulation im Kommissionsentwurf einer Marktmissbrauchsverordnung, BB 2012, 1361; *Veil, Rüdiger/Koch, Philip*, Auf dem Weg zu einem Europäischen Kapitalmarktrecht: die Vorschläge der Kommission zur Neuregelung des Marktmissbrauchs, WM 2011, 2297; *Walla, Fabian*, Die Reformen der Europäischen Kommission zum Marktmissbrauchs- und Transparenzregime – Regelungskonzeption, Aufsicht und Sanktionen, BB 2012, 1358

Die Marktmanipulation ist neben den Insidergeschäften und der unrechtmäßigen Offenlegung von Insiderinformationen die dritte Erscheinungsform des Marktmissbrauchs,[1] Rechtsprechung und Literatur behandeln sie jedoch weitaus weniger umfangreich. Dabei sind Versuche, den Kursen auf dem Weg in eine günstige Richtung nachzuhelfen „so alt wie die Märkte selbst."[2] Die Reaktionen der nationalen Gesetzgeber fielen unterschiedlich aus,[3] der europäische Gesetzgeber hat zur Vereinheitlichung der nationalen Regime zu- 1

[1] Erwägungsgrund 7 der Verordnung (EU) Nr. 596/2014 des Europäischen Parlaments und des Rates vom 16. April 2014 über Marktmissbrauch (Marktmissbrauchsverordnung) und zur Aufhebung der Richtlinie 2003/6/EG des Europäischen Parlaments und des Rates und der Richtlinien 2003/124/EG, 2003/125/EG und 2004/72/EG der Kommission, ABl. EU Nr. L173 v. 12.6.2014 S. 1 ff. (MAR).

[2] Ausführlich *Schmolke* AG 2016, 434 f.

[3] → § 1 Rn. 8.

nächst im Jahre 2003 mit der Marktmissbrauchsrichtlinie (MAD 2003)[4] und Mitte 2016 mit der MAR reagiert. Nach Art. 15 MAR sind jegliche Formen der Marktmanipulation sowie der Versuch verboten.

I. Gesetzesgeschichte, Schutzgut, Ziele der Reform

1. Gesetzesgeschichte

2 Das Verbot der Marktmanipulation ist seit dem 3.7.2016 in Art. 15 der unmittelbar in den Mitgliedstaaten geltenden MAR enthalten. Strafrechtliche Sanktionen für bestimmte Formen der Marktmanipulation etabliert die CRIM-MAD,[5] die von den Mitgliedsstaaten bis zum 3.7.2016 in nationales Recht umzusetzen war. Der deutsche Gesetzgeber hat daher unter anderem § 20a WpHG aF, der Marktmanipulationen als Nachfolgevorschrift des § 88 BörsG aF verbot, zum 2.7.2016 aufgehoben.[6] Auch die deutsche Verordnung zur Konkretisierung des Verbotes der Marktmanipulation (MaKonV)[7] ist seit dem 2. Finanzmarktnovellierungsgesetz nicht mehr anwendbar.[8] Die MAR und die CRIM-MAD gehen auf Vorschläge der Kommission vom 20.10.2011 zurück[9] und wurden am 12.6.2014 im Amtsblatt der EU veröffentlicht.[10]

2. Schutzgut

3 Schutzgüter der MAR sind – wie schon unter dem Regime der MAD 2003[11] – die **Marktintegrität** und das **Anlegervertrauen**. Denn Marktmanipulation beeinträchtigt nach den Erwägungsgründen zur MAR die Integrität oder auch das reibungslose Funktionieren der Finanzmärkte und erschüttert das „Vertrauen der Öffentlichkeit in Wertpapiere und Derivate."[12] Die Marktteilnehmer sollen darauf vertrauen dürfen, dass der Kurs oder Preis durch das freie Spiel von Angebot und Nachfrage und nicht durch Manipulation zustande gekommen ist.[13] Das Vertrauen der Marktteilnehmer in den Marktmechanismus ist unabdingbare Voraussetzung, denn ohne Vertrauen könnten die Teilnehmer den Markt verlassen und ein sogenanntes Marktversagen herbeiführen.[14] In Anbetracht der Bedeutung der Finanzmärkte für die Finanzierung von Unternehmen[15] und Staaten sowie für die Geldanlage beispielsweise zur Altersversorgung (nicht zuletzt durch Pensionskassen und

---

4 Richtlinie 2003/6/EG des Europäischen Parlaments und des Rates vom 28.2.2003 über Insider-Geschäfte und Marktmanipulation (Marktmissbrauch), ABl. EU Nr. L96 v. 12.4.2003 S. 16 ff. (MAD 2003); → Rn. 8 ff.

5 Richtlinie 2014/57/EU des Europäischen Parlaments und des Rates vom 16. April 2014 über strafrechtliche Sanktionen bei Marktmanipulation (Marktmissbrauchsrichtlinie), ABl. EU Nr. L173 v. 12.6.2014 S. 179 ff. (CRIM-MAD).

6 Art. 1 des Ersten Gesetzes zur Novellierung von Finanzmarktvorschriften auf Grund europäischer Vorschriften (1. FiMaNoG), BGBl. 2016 I 1514; zu den Problemen mit diesem Zeitpunkt unten → Rn. 25.

7 BGBl. 2013 I 1162.

8 Art. 25 Abs. 3 des Zweiten Gesetzes zur Novellierung von Finanzmarktvorschriften auf Grund europäischer Vorschriften (2. FiMaNoG), BGBl. 2017 I 1693; → § 2 Rn. 46.

9 KOM(2011) 651 endg. (MAR-KOM) und KOM(2011) 654 endg. (CRIM-MAD-KOM); dazu *Veil/Koch* WM 2011, 2297; *Walla* BB 2012, 1358; zum Komplex Marktmanipulation *Teigelack* BB 2012, 1362.

10 Ausführlich zur Gesetzesgeschichte → § 2 Rn. 11 ff. und *Ritz* in JVRB WpHG Einleitung Rn. 94 ff.; *de Schmidt* in JVRB WpHG § 20a Rn. 1 ff.

11 Erwägungsgrund 2 MAD 2003.

12 Erwägungsgrund 2 MAR.

13 Nach *Zetzsche* in Gebauer/Teichmann EnzEuR Bd. VI § 7 C. Rn. 50 ist die ökonomische Rechtfertigung des Verbots der Marktmanipulation dagegen offen, weil die Frage nach dem „richtigen" Preis und die Abgrenzung legaler von illegalen Handlungen im Einzelfall große Schwierigkeiten bereiten können.

14 *Akerlof* 84 Quarterly Journal of Economics (1970) 488; *Grundmann* in GroßkommHGB Bd. XI Bankvertragsrecht 6. Teil Rn. 258; *Mülbert/Sajnovits* ZfPW 2016 1; *Zetzsche* in Gebauer/Teichmann EnzEuR Bd. VI § 7 C. Rn. 5.

15 Explizit dazu Erwägungsrund 47 MAR.

Versicherungsunternehmen) hätte ein Versagen der Finanzmärkte verheerende Auswirkungen.

Ob das Verbot der Marktmanipulation darüber hinaus das **Vermögen einzelner Anleger** schützen soll, ist seit jeher umstritten und wurde in Deutschland zu § 20a WpHG aF intensiv diskutiert.[16] Folge einer solchen Auslegung wären die Schutzgesetzqualität des Verbots und nach deutschem Recht zivilrechtliche Ansprüche geschädigter Anleger gegen den Manipulator aus § 823 Abs. 2 BGB gewesen. Die Frage wurde in verschiedenen Mitgliedsstaaten abweichend beurteilt und ist auch unter dem Regime der MAR noch offen.[17] 4

3. Ziele der Reform

Mit der Neuregelung des Rechts der Marktmanipulation verfolgte der europäische Gesetzgeber neben dem Schutz der Marktintegrität und des Anlegervertrauens weitere Ziele. Mit einem einheitlichen Regelungsrahmen, einem *single rule book*, soll **Aufsichtsarbitrage** verhindert werden.[18] Bisher nicht erfasste Märkte, Manipulationsformen und Tatobjekte sollten durch **Ausweitung des Anwendungsbereichs** reguliert werden (ausführlich → Rn. 22; → Rn. 18 ff.). Außerdem sollten die **Sanktionen verschärft** werden, da der europäische Gesetzgeber mit der zu laschen und uneinheitlichen Umsetzung der Vorgaben aus der MAD 2003 in den einzelnen Mitgliedsstaaten nicht einverstanden war.[19] Überwiegend versteht man diese Vereinheitlichungsbestrebungen und den Wechsel von der Richtlinie zur Verordnung zu Recht als **Vollharmonisierung** des Rechts der Marktmanipulation auf Tatbestandsebene; abweichendes – auch strengeres – nationales Recht ist daher unzulässig.[20] 5

II. Normstruktur, Regelungsgehalt

Art. 15 MAR verbietet jede Form der Marktmanipulation und – im Gegensatz zur MAD 2003 – den Versuch. 6

Die Verordnung definiert sodann in Art. 12 zunächst den **Begriff der Markmanipulation** für ihre Zwecke[21] und nennt **Beispiele**, also Handlungen, die unter anderem als Marktmanipulation „gelten“.[22] Für bestimmte Begehungsformen verweist sie im nächsten Schritt auf eine Liste von **Indikatoren** verbotener Handlungsweisen im Anhang I zur MAR.[23] Diese Indikatoren sind ihrerseits in einer Delegierten Verordnung[24] näher erläutert und sollen bestimmte Begriffe der Definition konkretisieren. Ein weiterer Absatz regelt das Verhältnis zwischen juristischen und natürlichen Personen im persönlichen Anwendungsbereich[25] und 7

[16] Gegen Schutzgesetzqualität des § 20a WpHG aF namentlich BGHZ 192, 90 = NJW 2012, 1800 – *IKB*; *Haouache/Mülbert* in Habersack/Mülbert/Schlitt, HdB der Kapitalmarktinformation, § 27 Rn. 10; für Schutzgesetzqualität *Mock* in KölnKomm WpHG § 20a Rn. 473 ff. (487) jeweils mwN.

[17] Ausführlich zur privatrechtlichen Haftung § 31.

[18] Erwägungsgrund 3 MAR; → § 3 Rn. 8.

[19] Erwägungsgrund 71 MAR; → § 1 Rn. 17.

[20] → § 1 Rn. 20; → § 3 Rn. 4, 20; zusammenfassend *Schmolke* AG 2016, 434 (436 f.); für Vollharmonisierung bei der Marktmanipulation auch *Stoll* in KölnKomm WpHG § 20a Rn. 171; *Veil/Koch* WM 2011, 2297 (2298).

[21] Art. 12 Abs. 1 MAR; für die Zwecke der CRIM-MAD gelten teilweise andere Begrifflichkeiten.

[22] Art. 12 Abs. 2 MAR.

[23] Art. 12 Abs. 3 MAR.

[24] Delegierte Verordnung (EU) 2016/522 der Kommission vom 17.12.2015 zur Ergänzung der Verordnung (EU) Nr. 596/2014 des Europäischen Parlaments und des Rates im Hinblick auf eine Ausnahme für bestimmte öffentliche Stellen und Zentralbanken von Drittstaaten, die Indikatoren für Marktmanipulation, die Schwellenwerte für die Offenlegung, die zuständige Behörde, der ein Aufschub zu melden ist, die Erlaubnis zum Handel während eines geschlossenen Zeitraums und die Arten meldepflichtiger Eigengeschäfte von Führungskräften, ABl. EU Nr. L 88 v. 5.4.2016 S. 1 ff.

[25] Art. 12 Abs. 4 MAR.

der letzte Absatz ermächtigt die Kommission, delegierte Rechtsakte zur Konkretisierung der Indikatoren des Anhang I zur MAR zu erlassen.[26]

8 Die MAR lässt **drei Ausnahmen** vom Verbot der Marktmanipulation zu. Erstens ist der Handel mit eigenen Aktien im Rahmen von **Rückkaufprogrammen** unter bestimmten Voraussetzungen[27] ausgenommen. Das Verbot der Marktmanipulation gilt zweitens nicht für bestimmte Arten des Handels mit Wertpapieren oder verbundenen Instrumenten zur **Stabilisierung** des Kurses von Wertpapieren.[28] Diese beiden „safe harbors" sind jedoch nur dann eröffnet, wenn ein Rückkaufprogramm oder eine Stabilisierungsmaßnahme alle Anforderungen der MAR und der Delegierten Verordnung (EU) 2016/1052 erfüllen. Fehlt es an einer Anforderung, liegt jedoch nicht automatisch Marktmanipulation vor. Je näher sich die Maßnahme an den Vorgaben der MAR und der Delegierten Verordnung (EU) 2016/1052 hält, desto eher wird man von erlaubtem Handeln ausgehen können.[29]

9 Dritte Ausnahme vom Verbot der Marktmanipulation sind **zulässige Marktpraktiken**.[30] Dieses Privileg gilt jedoch nur für die in Art. 12 Abs. 1 lit. a) MAR genannte Handlungsweisen. Voraussetzung sind legitime Gründe für den jeweiligen Auftrag oder die sonstige Handlung sowie dass die fragliche Verhaltensweise im Einklang mit der zulässigen Marktpraxis steht.[31]

III. Flankierende Regelungen

10 Das allgemeine Verbot der Marktmanipulation flankieren Regelungen zur **Vorbeugung, Aufdeckung und Sanktionierung** von Verstößen. Anders als beim Verbot selbst haben die Mitgliedstaaten insbesondere bei der Sanktionierung trotz des Wechsels von Richtlinie zu Verordnung noch Umsetzungsspielraum.[32]

11 Die Betreiber von Handelsplätzen und bestimmte andere Personen müssen der zuständigen Behörde unter anderem Zulassungsanträge, Zulassungen, das Erlöschen von Zulassungen und den erstmaligen Handel von Finanzinstrumenten **melden**.[33] Diese Personen müssen zudem **Systeme und Verfahren** zur Vorbeugung und Aufdeckung unter anderem von Marktmanipulation schaffen und aufrecht erhalten und **verdächtige Transaktionen** an die zuständige Behörde melden (sogenanntes suspicious transaction reporting).[34] Die Delegierte Verordnung (EU) 2016/957[35] konkretisiert die Anforderungen an diese Systeme und Verdachtsmeldungen.

[26] Art. 12 Abs. 5 MAR.

[27] Art. 5 Abs. 1–3 MAR und Art. 2–4 der Delegierten Verordnung (EU) 2016/1052 der Kommission vom 8.3.2016 zur Ergänzung der Verordnung (EU) Nr. 596/2014 des europäischen Parlaments und des Rates durch technische Regulierungsstandards für die auf Rückkaufprogramme und Stabilisierungsmaßnahmen anwendbaren Bedingungen, ABl. EU Nr. L173 v. 30.6.2016 S. 34 ff.; näher § 17.

[28] Art. 5 Abs. 4 und 5 MAR und Art. 5–8 VO (EU) 2016/1052; die dort enthaltenen Begrifflichkeiten für Stabilisierungsmaßnahmen („Wertpapiere", „verbundene Instrumente", signifikantes Zeichnungsangebot" und „Kursstabilisierung") sind in Art. 3 Abs. 2 MAR definiert; näher § 17.

[29] Näher → § 17 Rn. 3 f.

[30] Art. 13 Abs. 1 MAR.

[31] Ausführlich zu zulässigen Marktpraktiken § 16.

[32] → § 3 Rn. 23 ff.

[33] Art. 4 MAR sowie Delegierte Verordnung (EU) 2016/909 der Kommission zur Ergänzung der Verordnung (EU) Nr. 596/2014 des Europäischen Parlaments und des Rates im Hinblick auf technische Regulierungsstandards für den Inhalt der Meldungen, die den zuständigen Behörden zu übermitteln sind, sowie für die Zusammenstellung, Veröffentlichung und Pflege der Liste der Meldungen, ABl. EU Nr. L153 v. 10.6.2016 S. 13 ff.

[34] Art. 16 MAR; s. auch *Moloney*, EU Securities Regulation, S. 760 f. In der deutschen Sprachfassung ist in Abs. 1 infolge eines Übersetzungsfehlers das Wort „Marktmissbrauch" an die Stelle der „Marktmanipulation" getreten.

[35] Delegierte Verordnung (EU) 2016/957 der Kommission vom 9.3.2016 zur Ergänzung der Verordnung (EU) Nr. 596/2014 des Europäischen Parlaments und des Rates im Hinblick auf technische Regulierungsstandards für die geeigneten Regelungen, Systeme und Verfahren sowie Mitteilungsmuster zur Vorbeugung, Aufdeckung und Meldung von Missbrauchspraktiken oder verdächtigen Aufträgen oder Geschäften, ABl. EU Nr. L160 v. 17.6.2016 S. 1 ff.

Neu im Vergleich zur MAD 2003 ist insbesondere die Verpflichtung der Mitgliedstaaten, Meldungen von Verstößen gegen die MAR möglich zu machen (sogenanntes **whistleblowing**).[36] Detailvorgaben hierzu an die Mitgliedsstaaten macht die Durchführungsrichtlinie 2015/2392.[37] 12

Die **Aufsichts- und Ermittlungsbefugnisse** der zuständigen Behörden[38] sind ebenfalls in der MAR geregelt und ausdrücklich als Mindestbefugnisse ausgestaltet.[39] Über die genannten Befugnisse hinaus müssen die Mitgliedstaaten die zuständige Behörde mit allen Befugnissen ausstatten, die zur Wahrnehmung der Aufgaben der Behörde erforderlich sind.[40] Die zuständigen Behörden müssen ferner im Grundsatz jede Entscheidung über eine Sanktion oder Maßnahme veröffentlichen (**naming and shaming**).[41] 13

Die Mitgliedsstaaten müssen schließlich für Verstöße gegen das Verbot der Marktmanipulation verwaltungsrechtliche **Sanktionen** und andere verwaltungsrechtliche Maßnahmen vorsehen.[42] Besonders schwere Verstöße müssen sie nach der CRIM-MAD sogar unter Strafe stellen.[43] Umstritten ist jedoch, ob die Mitgliedsstaaten darüber hinaus privatrechtliche Sanktionen einführen, ob geschädigten Anlegern also nach nationalem Recht Schadensersatzansprüche gegen Manipulatoren zustehen müssen.[44] Die MAR schweigt zu dieser Frage ebenso wie vor ihr die MAD 2003. 14

IV. Begehungsformen, Tathandlungen

Das Schrifttum[45] systematisiert die Erscheinungsformen der Marktmanipulation üblicherweise nach dem Angriffsmittel und unterteilt zwischen 15

- handelsbasierter Manipulation,[46]
- Manipulation durch sonstige Kunstgriffe oder Formen der Täuschung,[47]
- informationsbasierter Manipulation[48] und neu in der MAR
- Benchmark-Manipulation.[49]

Die Einteilung geht auf Beiträge in der ökonomischen Literatur zurück[50] und verschafft zumindest einen guten ersten Überblick. Die Neufassung des Verbots durch die MAR hat eine sinnvolle Systematisierung jedoch erheblich erschwert.[51] 16

Entgegen einer älteren Entwurfsfassung erfasst die Vorschrift zum Anwendungsbereich der MAR nicht mehr nur Handlungen (engl. „behavior"), sondern im Grundsatz auch **Unter-** 17

---

36 Art. 32 MAR; näher dazu § 25.

37 Durchführungsrichtlinie (EU) 2015/2392 der Kommission zur Verordnung (EU) Nr. 596/2014 des Europäischen Parlaments und des Rates hinsichtlich der Meldung tatsächlicher oder möglicher Verstöße gegen diese Verordnung, ABl. EU Nr. L332 v. 18.12.2015 S. 126 ff.

38 Die Mitgliedstaaten müssen nach Art. 22 MAR eine einzige zuständige Behörde benennen, in Deutschland ist dies die BaFin (vgl. § 26).

39 Art. 23 Abs. 2 MAR.

40 Art. 23 Abs. 3 MAR.

41 Art. 34 MAR; ausführlich dazu § 30.

42 Art. 30 Abs. 1 S. 1 lit. a) MAR.

43 Art. 5 der CRIM-MAD; in Deutschland waren bestimmte Form der Marktmanipulation bereits nach altem Recht strafbar (§ 38 Abs. 2 WpHG aF); ausführlich zur Sanktionierung → § 29.

44 *Schmolke* AG 2016, 434 (440) mwN, *Schmolke* NZG 2016, 721 ff.; ausführlich dazu → § 31 Rn. 3 ff.

45 Vgl. nur *Mock* in KölnKomm WpHG § 20a Rn. 7 ff.

46 Art. 12 Abs. 1 lit. a) MAR.

47 Art. 12 Abs. 1 lit. b) MAR.

48 Art. 12 Abs. 1 lit. c) MAR.

49 Art. 12 Abs. 1 lit. d) MAR. Diese „Kategorie" enthält streng genommen nicht das Angriffsmittel, sondern das Tatobjekt.

50 Grundlegend *Allen/Gale* 5 Review of Financial Studies (1992) 503; Zusammenfassung bei *Grundmann* in GroßkommHGB Bd. XI Bankvertragsrecht 6. Teil Rn. 434 ff., 444; *Mock* in KölnKomm WpHG § 20a Rn. 7 ff.; kritisch *Schmolke* AG 2016, 434 (441 f.).

51 Kritisch auch *Schmolke* AG 2016, 434 (439) und *Zetzsche* in Gebauer/Teichmann EnzEuR Bd. VI § 7 C. Rn. 62 ff.

lassungen.[52] Außerdem ist anders als nach der MAD 2003 auch der **Versuch** der Marktmanipulation verboten und es werden nicht nur die benannten, sondern auch **sonstige Handlungen** erfasst. Die Reichweite des Verbots wird dadurch erheblich ausgedehnt. Dies entspricht der Intention des europäischen Gesetzgebers, immer neuen Formen der Marktmanipulation begegnen zu können.[53] Auf Sanktionsebene kann die tatbestandliche Weite zu Konflikten mit dem deutschen straf- und ordnungswidrigkeitenrechtlichen Bestimmtheitsgebot führen.[54] Bislang jedoch haben sich solche Bedenken noch nicht durchgesetzt.

V. Anwendungsbereich

1. Sachlicher Anwendungsbereich

a) Manipulationsobjekte

18 Das Verbot der Marktmanipulation gilt zum einen in Bezug auf Finanzinstrumente[55], damit verbundene Waren-Spot-Kontrakte[56] und auf Emissionszertifikaten beruhende Auktionsobjekte[57] und zum anderen in Bezug auf Referenzwerte.[58] Bei diesen Tatobjekten muss der Effekt der Manipulationshandlung eintreten. Der deutsche Gesetzgeber hat darüber hinaus die Regelung des § 20a Abs. 4 WpHG aF beibehalten und bezieht über die europarechtlichen Vorgaben hinaus Waren, Emissionsberechtigungen und ausländische Zahlungsmittel als Tatobjekte ein.[59]

b) Märkte

19 Die MAR hat einen weiteren Anwendungsbereich als die MAD 2003 und gilt nicht nur für Finanzinstrumente, die an einem geregelten Markt[60] zugelassen sind oder für die ein Zulassungsantrag zu einem solchen Markt gestellt wurde.[61] Nunmehr sind auch Finanzinstrumente erfasst, die in einem multilateralen Handelssystem (MTF)[62] gehandelt werden, zum Handel an einem solchen System zugelassen sind oder für die ein Zulassungsantrag zu einem solchen System gestellt wurde.[63] Außerdem erfasst die Verordnung Finanzinstrumente, die in einem organisierten Handelssystem (OTF) gehandelt werden (Zulassungsantrag hier nicht ausreichend).[64]

20 Marktmanipulation ist jedoch nicht nur bei direktem Marktbezug[65] verboten. Die MAR gilt auch für Finanzinstrumente, auf die keine der vorstehenden Varianten zutrifft, deren Kurs jedoch von dem Kurs oder Wert eines der vorgenannten Finanzinstrumente abhängt

---

[52] Art. 2 Abs. 4 MAR. Daraus folgt mE nicht, dass auch das aus dem alten deutschen Recht bekannte Verschweigen bewertungserheblicher Umstände weiterhin verboten ist. Die Vorschrift regelt den Anwendungsbereich, setzt also einen gesonderten Unterlassungstatbestand voraus. Zur älteren Fassung der MAR ohne diesen Zusatz noch *Stoll* in KölnKomm WpHG § 20a Rn. 170; auch *Bator* BKR 2016, 1 (3) und *Schmolke* AG 2016, 434 (439) sehen keinen Unterlassungstatbestand. Ausführlich → § 28 Rn. 75 ff. und hier Rn. 25 ff.

[53] Erwägungsgrund 3 der MAR.

[54] *Mock* in KölnKomm WpHG § 20a Rn. 95 ff.; BGH NJW 2014, 1896 hält die Vorschrift für verfassungsgemäß; ausführlich → § 28 Rn. 10 ff.

[55] Art. 3 Abs. 1 Nr. 1 MAR verweist auf Art. 4 Abs. 1 Nr. 15 der Richtlinie 2014/65/EU (MiFID II).

[56] Art. 3 Abs. 1 Nr. 15 MAR.

[57] Art. 12 Abs. 1 lit. a)-c) MAR.

[58] Art. 12 Abs. 1 lit. d) MAR; die Definition des Referenzwerts findet sich in Art. 3 Abs. 1 Nr. 29 MAR.

[59] § 25 WpHG nF; dazu *Schmolke* AG 2016 434 (437); auf Sanktionsebene ergaben sich nach dem 1. FiMaNoG noch Abweichungen zu den europarechtlich vorgegebenen Tatobjekten, diese sind mit dem 2. FiMaNoG beseitigt (ausführlich dazu → § 28 Rn. 55 ff.).

[60] Art. 3 Abs. 1 Nr. 6 MAR verweist auf Art. 4 Abs. 1 Nr. 21 MiFID II.

[61] Art. 2 Abs. 1 lit. a) MAR.

[62] Art. 3 Abs. 1 Nr. 7 MAR verweist auf Art. 4 Abs. 1 Nr. 22 MiFID II.

[63] Art. 2 Abs. 1 lit. b) MAR.

[64] Art. 2 Abs. 1 lit. c) MAR; ausführlich zum Anwendungsbereich und den Zielen der Reform → § 3 Rn. 6 ff.

[65] Unterscheidung nach *Zetzsche* in Gebauer/Teichmann EnzEuR Bd. VI § 7 C. Rn. 7 f.

oder sich darauf auswirkt. Ausdrücklich aber nicht abschließend genannt sind in der letzten Variante Credit Default Swaps (CDS) und Contracts for Difference (CfDs).[66]

Speziell das Verbot der Marktmanipulation gilt zudem über die Grenzen eines Marktes hinaus. So sind auch Manipulationen an Waren-Spot-Kontrakten verboten, die keine Energiegroßhandelsprodukte sind, wenn die Manipulationshandlung sich auf den Kurs oder Wert eines von der MAR erfassten Finanzinstruments tatsächlich oder wahrscheinlich auswirkt oder auch nur auswirken soll.[67] Umgekehrt ist es verboten, Finanzinstrumente zu manipulieren, wenn sich dies tatsächlich oder wahrscheinlich auf den Kurs oder Wert eines Waren-Spot-Kontrakts auswirkt (nicht: auswirken soll), dessen Kurs oder Wert vom Kurs oder Wert dieser Finanzinstrumente abhängt.[68] 21

> Manipulationen auf den Spot-Märkten für Rohstoffe (zB Öl, Silber, Gold) können sich auf den Preis von Derivaten auswirken, die sich auf diese Rohstoffe beziehen. So wurde mehreren Banken vorgeworfen, die Preisfestsetzungen (Fixings) für Silber und Gold abgesprochen zu haben, um Derivatgeschäfte günstiger zu gestalten. [69]

2. Persönlicher Anwendungsbereich

Täter einer Marktmanipulation kann im Grundsatz jedermann sein; das Verbot richtet sich an natürliche ebenso wie juristische Personen. Handelt eine juristische Person, erfasst das Verbot zugleich die natürlichen Personen, die an der Umsetzung des Beschlusses oder der Tätigkeit beteiligt sind.[70] Dass juristische Personen sich nach deutschem Recht nicht strafbar machen können, wird erst auf der Sanktionsebene relevant.[71] 22

Besonders interessant für die Unternehmenspraxis ist der Einfluss einer Compliance-Organisation: So soll eine juristische Person dann keinen „Marktmissbrauch" begangen haben, wenn sie „alle geeigneten Maßnahmen" getroffen hat, um Marktmissbrauch zu verhindern und es dennoch zum Marktmissbrauch durch natürliche Personen innerhalb der juristischen Person gekommen ist.[72] *Zetzsche* plädiert dafür, diese zum Insiderrecht entwickelte Regelung auf die Marktmanipulation zu übertragen.[73] In solchen Fällen spricht jedoch auf den ersten Blick einiges dafür, dass die juristische Person eben nicht „alle geeigneten Maßnahmen" getroffen hat, um Marktmissbrauch zu verhindern. Zumindest ist genau zu ermitteln, ob der Marktmissbrauch durch die natürliche Person auf Unzulänglichkeiten der Compliance-Organisation zurückzuführen ist. Der Bundesgerichtshof hat jüngst das Vorhandensein eines Compliance-Management-Systems zu Gunsten eines Unternehmens bei der Bußgeldbemessung berücksichtigt.[74] 23

3. Räumlicher Anwendungsbereich

Das Verbot der Marktmanipulation gilt für alle Handlungen und Unterlassungen mit Bezug auf die Tatobjekte.[75] Ob die Handlungen oder Unterlassungen in der EU oder in einem 24

[66] Art. 2 Abs. 1 lit. d) MAR; dazu Erwägungsgrund 20 MAR.
[67] Art. 2 Abs. 2 lit a) MAR; in der deutschen Sprachfassung ist infolge eines Übersetzungsfehlers nur die tatsächliche Auswirkung genannt, die englische Fassung ist eindeutig („has or is likely or intended to have an effect…").
[68] Art. 2 Abs. 2 lit a) MAR.
[69] In re: London Silver Fixing Ltd Antitrust Litigation, U. S. District Court, Southern District of New York, No. 14-md-02573.
[70] Art. 12 Abs. 4 MAR.
[71] Dazu noch → § 29 Rn. 13.
[72] Erwägungsgrund 30 MAR.
[73] *Zetzsche* in Gebauer/Teichmann EnzEuR Bd. VI § 7 C. Rn. 67.
[74] BGH HRRS 2017, Nr. 685.
[75] Art. 2 Abs. 4 MAR.

Drittstaat (zB Schweiz, USA) begangen werden, ist unerheblich.[76] Mit dieser Regelung ist jedoch noch nichts über die Zuständigkeit der nationalen Strafverfolgungsbehörden gesagt.

4. Zeitlicher Anwendungsbereich

25 Die MAR ist im Jahre 2014 in Kraft getreten.[77] Die maßgeblichen Vorschriften, darunter auch das Verbot der Marktmanipulation, gelten in den Mitgliedstaaten seit dem 3.7.2016 unmittelbar.[78] Der deutsche Gesetzgeber hat das Verbot der Marktmanipulation aus § 20a WpHG a. F. jedoch bereits zum 2.7.2016 aufgehoben.[79] Diese Abweichung hat ausgehend von einem Zeitungsbeitrag von *Rothenfußer*[80] zu einer Diskussion darum geführt, ob vor dem 3.7.2016 begangenen Verstöße wegen des Prinzips des mildesten Gesetzes[81] in Deutschland noch sanktioniert werden können.[82] Die BaFin und das BMF haben sich früh gegen eine Ahndungslücke ausgesprochen.[83] Der Bundesgerichtshof hat die Frage im Sinne der BaFin und des BMF beantwortet und die Annahme einer Ahndungslücke verneint.[84] Der Gesetzgeber des WpHG hat mehrfach versucht, Klarheit zu schaffen, das letzte Wort dürfte jedoch der EuGH sprechen.[85]

VI. Empirische Bedeutung

26 Die Anzahl der Untersuchungen der BaFin in Bezug auf Marktmanipulationen steigt stetig an.[86] So begann die BaFin im Jahre 2015 insgesamt 256 neue Untersuchungen, im Jahr 2010 waren es lediglich 115.[87] Die meisten Untersuchungen enden jedoch ohne Verurteilung (16 Verurteilungen im Jahre 2015) oder rechtskräftiges Bußgeld (6 Bußgelder im Jahre 2015).[88] Dieses Missverhältnis einer wachsenden Anzahl von Untersuchungen und Verdachtsmomenten gegenüber gleichbleibend geringen Sanktions"erfolgen" ist der Schwierigkeit der Beweisführung im Marktmanipulationsrecht geschuldet.[89] Die tatsächlich verhängten Sanktionen fielen oft recht milde aus, da Freiheitsstrafen oft zur Bewährung ausgesetzt wurden[90] und die BaFin in der Vergangenheit nicht über den Bußgeldrahmen hinausging.[91] Es bleibt abzuwarten, ob und wie sich dieser Befund mit den infolge der MAR erheblich ausgedehnten Bußgeldrahmen im WpHG und die Pflicht der BaFin zur Veröffentlichung ihrer Sanktionsentscheidungen verändern wird.

---

76 Vgl. auch *Zetzsche* in Gebauer/Teichmann EnzEuR Bd. VI § 7 C. Rn. 43f.
77 Gemäß Art. 39 Abs. 1 MAR am zwanzigsten Tag nach Veröffentlichung im Amtsblatt (12.6.2014), also am 2.7.2014.
78 Art. 39 Abs. 2 MAR.
79 Art. 17 Abs. 1 des 1. FiMaNoG; dazu *Rothenfußer/Jäger* NJW 2016, 2689 (2690).
80 Börsen-Zeitung vom 7.7.2016, Seite 13.
81 §§ 2 Abs. 3 StGB; 4 Abs. 4 OWiG.
82 Gegen Ahndungslücke *Bergmann/Vogt* wistra 2016, 347 und *Klöhn/Büttner* ZIP 2016, 1801; dafür *Lorenz/Zierden* HRRS 2016 443.
83 Die BaFin hat bereits am 8.7.2016 eine Pressemitteilung veröffentlicht (abrufbar unter: www.bafin.de) und sich am 13.7.2016 in der Börsen-Zeitung, Seite 13 erneut geäußert.
84 BGH NZG 2017, 236 m. Anm. *Brand/Hotz*; ausführlich → § 28 Rn. 19ff. und → § 29 Rn. 3ff.
85 Ausführlich → § 28 Rn. 22.
86 Nachvollziehbar anhand der Jahresberichte der BaFin, insbesondere Jahresbericht 2015, S. 231; vgl. → § 28 Rn. 7ff.
87 BaFin Jahresbericht 2010 S. 201.
88 BaFin Jahresbericht 2015 S. 231.
89 BaFin Jahresbericht 2015 S. 232.
90 BaFin Jahresbericht 2015 S. 233; *Mock* in KölnKomm WpHG § 20a Rn. 73.
91 Der bisherige Bußgeldrahmen betrug nach § 39 Abs. 4 WpHG aF iVm § 17 Abs. 2 OWiG EUR 1 Mio. bei vorsätzlichen und EUR 500.000 bei leichtfertigen Verstößen.

§ 13 Informationsgestützte Manipulation

Übersicht

Literatur:

Vgl. die Literaturhinweise zu § 12 sowie *Buttlar, Julia von/Hammermaier, Steffen*, Non semper temeritas est felix: Was bedeutet Leichtfertigkeit im Kapitalmarktrecht?, ZBB 2017, 1–13; *Fleischer, Holger/Zimmer, Daniel*, Die Beiträge der Verhaltensökonomie (Behavioral Economics) zum Handels- und Wirtschaftsrecht, ZHR Beiheft Nr. 75 (2011); *Klöhn, Lars*, Kapitalmarkt, Spekulation und Behavioral Finance, Diss. 2006; *Langenbucher, Katja*, In Brüssel nichts Neues? – Der „verständige Anleger" in der Marktmissbrauchsverordnung, AG 2016, 417–422; *Renz, Hartmut T./Leibold, Michael*, Die neuen strafrechtlichen Sanktionsregelungen im Kapitalmarktrecht, CCZ 2016, 157–172; *Teigelack, Lars*, Finanzanalysen und Behavioral Finance, Diss. 2009; *ders./Dolff, Christian*, Kapitalmarktrechtliche Sanktionen nach dem Regierungsentwurf eines Ersten Finanzmarktnovellierungsgesetzes – 1. FimanoG, BB 2016, 387–393; *Veil, Rüdiger*, Der Schutz des verständigen Anlegers durch Publizität und Haftung im europäischen Kapitalmarktrecht, ZBB 2006, 162–171; *ders.*, Sanktionsrisiken für Emittenten und Geschäftsleiter im Kapitalmarktrecht, ZGR 2016, 305–328

Informationsgestützte Marktmanipulation ist definiert als die 1

> *„Verbreitung von Informationen über die Medien einschließlich des Internets oder auf anderem Wege, die falsche oder irreführende Signale hinsichtlich des Angebots oder des Kurses eines Finanzinstruments, eines damit verbundenen Waren-Spot-Kontrakts oder eines auf Emissionszertifikaten beruhenden Auktionsobjekts oder der Nachfrage danach geben oder bei denen dies*

wahrscheinlich ist oder ein anormales oder künstliches Kursniveau eines oder mehrerer Finanzinstrumente, eines damit verbundenen Waren-Spot-Kontrakts oder eines auf Emissionszertifikaten beruhenden Auktionsobjekts herbeiführen oder bei denen dies wahrscheinlich ist, einschließlich der Verbreitung von Gerüchten, wenn die Person, die diese Informationen verbreitet hat, wusste oder hätte wissen müssen, dass sie falsch oder irreführend waren."[1]

2 Der europäische Gesetzgeber hält diese Form der Marktmanipulation für besonders schädlich für die Anleger. Zum einen könne sie in kurzer Zeit erhebliche Auswirkungen auf den Kurs oder Preis bewirken, zum anderen könnten diese Auswirkungen sehr lange anhalten, bis die „korrekte" Informationslage wiederhergestellt sei.[2]

3 Informationsgestützte Marktmanipulation umfasst im Folgenden ferner das sogenannte Scalping[3], das teilweise auch der Marktmanipulation durch sonstige Täuschung zugeschlagen wird.[4] „Scalping" ist nach der MAR ein Beispiel der Marktmanipulation und definiert als die

„*Ausnutzung eines gelegentlichen oder regelmäßigen Zugangs zu den traditionellen oder elektronischen Medien durch Abgabe einer Stellungnahme zu einem Finanzinstrument, einem damit verbundenen Waren-Spot-Kontrakt oder einem auf Emissionszertifikaten beruhenden Auktionsobjekt (oder indirekt zu dessen Emittenten), wobei zuvor Positionen bei diesem Finanzinstrument, einem damit verbundenen Waren-Spot-Kontrakt oder einem auf Emissionszertifikaten beruhenden Auktionsobjekt eingegangen wurden und anschließend Nutzen aus den Auswirkungen der Stellungnahme auf den Kurs dieses Finanzinstruments, eines damit verbundenen Waren-Spot-Kontrakts oder eines auf Emissionszertifikaten beruhenden Auktionsobjekts gezogen wird, ohne dass der Öffentlichkeit gleichzeitig dieser Interessenkonflikt ordnungsgemäß und wirksam mitgeteilt wird.*"[5]

Da es beim Scalping primär um das Verschweigen bestimmter Informationen geht, wird das Scalping hier als Unterfall der informationsgestützten Manipulation behandelt.

I. Terminologie, Auslegung

1. Terminologie im deutschen Recht

4 Für die Anwendungspraxis in Deutschland bringt die direkte Geltung der MAR als europäisches Recht einige begriffliche Neuigkeiten.[6] In Deutschland begann die Bekämpfung der Marktmanipulation Ende des 19. Jahrhunderts; zentrale Norm war § 88 BörsG aF.[7] Die Vorschrift unterschied nach heutigem Verständnis nur zwischen informationsgestützter und sonstiger Marktmanipulation. Informationsgestützte Marktmanipulation beging danach, wer

„***unrichtige Angaben über Umstände macht, die für die Bewertung** der Wertpapiere, Bezugsrechte, ausländischen Zahlungsmittel, Waren, Anteile oder Derivate **erheblich sind, oder solche Umstände** entgegen bestehenden Rechtsvorschriften **verschweigt**.*"

5 § 88 BörsG aF kam jedoch wegen verschiedener Unzulänglichkeiten[8] so gut wie nie zur Anwendung. Der deutsche Gesetzgeber reformierte daher den Tatbestand und führte kurz

[1] Art. 12 Abs. 1 lit. c) MAR.
[2] Erwägungsgrund 47 MAR.
[3] Dazu → Rn. 60 ff.
[4] Die Einordnung ging zurück auf die Stellung des *Scalping* in § 4 Abs 3 Nr. 2 MaKonV aF, vgl. nur *de Schmidt* in JVRB WpHG § 20a Rn. 236; für informationsgestützte Manipulation auch *Vogel* in Assmann/Schneider WpHG vor § 20a Rn. 34, anders aber Rn. 235.
[5] Art. 12 Abs. 2 lit. d) MAR.
[6] AA *Renz/Leibold* CCZ 2016 157 (165) „fast unverändert".
[7] → § 1 Rn. 1.
[8] → § 1 Rn. 1.

vor Verabschiedung der MAD 2003 den neuen § 20a WpHG ein.[9] Die neue Norm behielt die Terminologie des BörsG bei. So war es nach § 20a WpHG aF als informationsgestützte Marktmanipulation verboten,

> *„**unrichtige Angaben über Umstände zu machen, die für die Bewertung** eines Vermögenswertes **erheblich sind, oder solche Umstände** entgegen bestehenden Rechtsvorschriften zu **verschweigen**, wenn die Angaben oder das Verschweigen geeignet sind, auf den inländischen Börsen- oder Marktpreis eines Vermögenswertes [...] einzuwirken.“*

Nach deutschem Recht kam es also weiterhin auf das Machen von unrichtigen Angaben zu bewertungserheblichen Umständen oder auf das Verschweigen bewertungserheblicher Umstände entgegen bestehender Rechtspflichten an. Diese Angaben oder das Verschweigen mussten weiterhin selbst geeignet sein, auf den Börsen- oder Marktpreis eines Tatobjekts einzuwirken.

Kurz nach Inkrafttreten des Vierten Finanzmarktförderungsgesetzes stand die parallel entwickelte MAD 2003 zur Umsetzung in deutsches Recht an. Die **Richtlinie arbeitete mit einer gänzlich anderen Terminologie** als zuvor die §§ 20a WpHG und 88 BörsG aF. Die MAD 2003 definierte informationsgestützte Marktmanipulation als die 6

> *„**Verbreitung von Informationen, die falsche oder irreführende Signale** in Bezug auf Finanzinstrumente **geben oder geben könnten**, ua durch Verbreitung von Gerüchten sowie falscher oder irreführender Nachrichten...“.*[10]

Weder das Machen von Angaben noch die bewertungserheblichen Umstände oder das Verschweigen von bewertungserheblichen Umständen entgegen bestehender Rechtsvorschriften oder die Einwirkung auf den Börsen- oder Marktpreis waren Bestandteil des Verbotes der MAD 2003. Der deutsche Gesetzgeber ließ den auf § 88 BörsG aF zurückgehenden Wortlaut des § 20a Abs. 1 S. 1 Nr. 1 WpHG aF dennoch im Wesentlichen unangetastet. Er ergänzte zwar die falschen um die irreführenden Angaben, attestierte sich im Übrigen aber Umsetzung der Vorgaben der MAD 2003.[11]

Diese Möglichkeit ist mit der unmittelbaren Geltung der MAR jedoch weggefallen. 7
Allein maßgeblich ist nunmehr die Terminologie der MAR („Verbreitung von Informationen über die Medien einschließlich des Internets oder auf anderem Wege, die falsche oder irreführende Signale ... geben oder bei denen dies wahrscheinlich ist...“), die sich sehr viel stärker an der MAD 2003 als an § 20a Abs. 1 S. 1 Nr. 1 WpHG aF orientiert.

Der deutsche Gesetzgeber hatte zwar im Referentenentwurf des 1. FiMaNoG noch 8
versucht, ein dem alten deutschen Recht ähnliches **eigenständiges deutsches Verbot** der Marktmanipulation ausgehend vom Wortlaut der MAR zu postulieren.[12] Diese Regelung ist jedoch **nicht Gesetz geworden**; das WpHG verweist auf Art. 12, 15 MAR. Die für die Praxis in Deutschland entscheidende Frage lautet nunmehr, ob die neue Terminologie die Verfolgungsschwelle im Vergleich zur alten deutschen Rechtslage absenkt, erhöht oder unberührt lässt. Diese Frage ist nur durch Auslegung der MAR zu klären. Denn infolge des Umschwungs von nationalem Recht zu direkt geltendem Europarecht stehen die zum alten § 20a WpHG gewonnenen Auslegungserkenntnisse nicht mehr uneingeschränkt zur Verfügung; systematische Argumente aus dem deutschen Recht gelten überhaupt nicht mehr.[13] Dass der deutsche Gesetzgeber seine Umsetzung der MAD 2003 in § 20a Abs. 1 S. 1 Nr. 1 WpHG aF als ausreichend ansah, hat für die Auslegung von Europarecht ebenfalls keine

[9] Art. 2 Nr. 13 des Vierten Finanzmarktförderungsgesetzes, BGBl. 2002 I 2010.
[10] Art. 1 Abs. 2 lit. c) MAD 2003.
[11] RegE AnSVG, BT-Drs. 15/3174 S. 37.
[12] § 21 WpHG Abs. 1 S. 1 Nr. 3 WpHG-E (abrufbar unter www.bundesgerichtshof.de).
[13] *Schmolke* AG 2016, 434 (439). Das gilt beispielsweise für den Rückgriff auf die „Angaben“ im Sinne des § 264a StGB, dazu *Stoll* in KölnKomm WpHG 20a Rn. 172; vgl. auch *de Schmidt* in JVRB WpHG § 20a Rn. 370.

Indizwirkung. Denn der EuGH hat sich zum alten deutschen Verständnis der informationsgestützten Marktmanipulation nicht äußern müssen.

2. Auslegung von Europarecht

9 Unabhängig von der Auslegung nationalen Rechts ist die MAR autonom nach den vom EuGH entwickelten Grundsätzen auszulegen.[14] **Ausgangspunkt** ist auch danach der **Wortlaut** der auslegungsbedürftigen Vorschrift.[15] Gegenstand der Wortlautauslegung ist nicht nur die konkret betroffene, sondern sind auch andere **Sprachfassungen** der Norm. Denn jede Sprachfassung ist für sich genommen verbindlich.[16] Neben der Wortlautauslegung ist **für den EuGH in der Regel die systematisch-teleologische** Auslegung maßgeblich.[17] Die Ziele des europäischen Gesetzgebers lassen sich meist den **Erwägungsgründen** des auslegungsbedürftigen Rechtsakts entnehmen. Im Recht des Marktmissbrauchs hat der EuGH als Regelungsziele den Schutz der Integrität der Finanzmärkte und des Vertrauens der Anleger in diese Märkte wiederholt hervorgehoben.[18] Entscheidungen des EuGH zum Verbot der Marktmanipulation sind jedoch rar. Die einzige bisher ergangene Entscheidung (IMC Securities) bezog sich auf die handelsgestützte Marktmanipulation und dort auf eine Eigenheit der niederländischen Sprachfassung der MAD 2003, so dass die Auslegungsarbeit zunächst von den Rechtsanwendern selbst ggf. im Dialog mit der ESMA[19] zu leisten sein wird.

10 Im Kapitalmarktrecht liegen neben Äußerungen des Gesetzgebers und der Gerichte in aller Regel **Verlautbarungen der zuständigen Aufsichtsbehörden** der Mitgliedstaaten vor. Für die deutsche Kapitalmarktpraxis ist im Wesentlichen der **Emittentenleitfaden der BaFin** maßgeblich. Dort schildert die BaFin ihre Verwaltungspraxis – Gerichte sind daran jedoch nicht gebunden, der Emittentenleitfaden ist nach überwiegender Auffassung eine norminterpretierende Verwaltungsvorschrift.[20] Die europäische Aufsichtsbehörde **ESMA** hat ebenfalls die Befugnis, sog. **Level 3 Guidance** zu erlassen. Die Letztentscheidung über die Auslegung von Europarecht liegt jedoch beim EuGH. Eine gesicherte Auslegungspraxis wird daher im **Dialog der nationalen Gerichte mit dem EuGH** zu entwickeln sein. In der Praxis kommt daneben der Zusammenarbeit der Kapitalmarktakteure mit der/den zuständigen nationalen Aufsichtsbehörde/n maßgebliche Bedeutung zu.

II. Verbreitung falscher oder irreführender Informationen und Gerüchte

1. Falsche oder irreführende Informationen

a) Informationen

11 Die MAR selbst erläutert nicht, was sie unter einer „Information" versteht. Eine Wortlautauslegung ist jedoch kaum ergiebig, weil keine allgemeingültige Definition des Begriffs „Information" existiert. Soweit sich die Literatur überhaupt mit dem Begriff beschäftigt hat, heißt es zu Recht, man könne ihm im Grunde „**keine Begrenzungswirkung**" entnehmen.[21]

---

[14] → § 3 Rn. 27; *Borchardt* in Schulze/Zuleeg Europarecht § 15 Rn. 31 ff.; zur MAR bereits *Veil/Koch* WM 2011, 2297 (2298).

[15] *Borchardt* in Schulze/Zuleeg Europarecht § 15 Rn. 34.

[16] EuGH v. 7.7.2011 – Rs. C-445/09, Slg. 2011 I-5917 = NJW 2011, 3214 – *IMC Securities* mwN.

[17] *Borchardt* in Schulze/Zuleeg Europarecht § 15 Rn. 45.

[18] EuGH v. 28.6.2012 – Rs. C-19/11, ECLI:EU:C:2012:397 = NJW 2012, 2787 – *Geltl*; EuGH v. 7.7.2011 – Rs. C-445/09, Slg. 2011 I-5917 = NJW 2011, 3214 – *IMC Securities*; EuGH v. 23.12.2009 – Rs. C-45/08, Slg. 2009 I-12073 = NZG 2010, 107 – *Spector;* EuGH v. 22.11.2005 – Rs. C-384/02, Slg. 2005 I-9939 = NJW 2006, 133 Rn. 44 ff. – *Grøngaard*.

[19] Zum Q&A Mechanismus der ESMA vgl. → § 2 Rn. 19 ff.

[20] → § 2 Rn. 28 ff.

[21] Zum Insiderrecht: *Klöhn* in KölnKomm WpHG § 13 Rn. 14.

Jedenfalls vom Begriff der Information erfasst sind **Tatsachenbehauptungen**. Nach deutschem Verständnis sind Tatsachen Umstände in der Vergangenheit oder Gegenwart, die dem Beweise zugänglich sind.[22] Dieses Verständnis ist auf das neue europäische Recht übertragbar.[23] „Informationen" können jedoch, wie „Angaben" nach dem alten deutschen Recht, auch **Werturteile** oder **Prognosen** sein.[24] Denn zum einen bieten weder der Wortlaut noch andere Aspekte der MAR Anhaltspunkte für Einschränkungen. Zum anderen nimmt Erwägungsgrund 28 der MAR Analysen und Bewertungen, die auf Grund öffentlich verfügbarer Angaben erstellt wurden, aus dem Begriff der Insider**informationen** aus. Wenn solche Bewertungen jedoch ausdrücklich ausgenommen werden müssen, sind sie im Umkehrschluss grundsätzlich als Informationen anzusehen. 12

Zum deutschen Recht herrschte vor Geltung der MAR die Auffassung vor, nur Werturteile oder Prognosen mit einem **Tatsachenkern** seien vom Verbot der Marktmanipulation erfasst.[25] Nach dieser restriktiven Auffassung war die Verbreitung von **Gerüchten ohne Tatsachenkern** und von **Wertungen ohne nachprüfbare Grundlage** nicht als informationsgestützte Marktmanipulation, sondern nur als sonstige Täuschungshandlung einzuordnen. Die Vertreter der einschränkenden Ansicht beriefen sich auf den rationalen Anleger, der seine Entscheidungen nicht auf Äußerungen dieser Kategorien stützen würde. 13

Nach Geltung der MAR lässt sich diese Auffassung nicht mehr halten.[26] Die Verbreitung von Gerüchten ist bereits nach dem Wortlaut ausdrücklich als informationsgestützte Marktmanipulation eingeordnet. Anhaltspunkte, dass die MAR damit nur Gerüchte mit Tatsachenkern meinen könnte, finden sich nicht. Zweck der Verordnung ist vielmehr, das Vertrauen der Anleger möglichst umfassend zu schützen. Erwägungsgrund 47 fordert daher strikt: 14

> *„Deshalb muss die Verbreitung von falschen oder irreführenden […] Gerüchten als Verstoß gegen diese Verordnung eingestuft werden."*

Zudem spricht das Verhalten der Anleger in der Praxis häufig gegen die These vom rationalen Anleger, der Gerüchten und Wertungen nur dann Glauben schenkt, wenn sie einen Tatsachenkern haben.[27]

Im Vergleich zu § 20a WpHG aF fragt sich vor allem, ob sich die Informationen – wie nach dem alten deutschen Recht – auch unter dem Regime der MAR **auf** sogenannte **bewertungserhebliche Umstände beziehen** müssen. Nach dem Wortlaut des § 20a Abs. 1 S. 1 Nr. 1 WpHG aF waren nicht sämtliche Angaben zu einem Finanzinstrument oä vom Verbot der Marktmanipulation erfasst, sondern nur Angaben zu bewertungserheblichen Umständen. Die bewertungserheblichen Umstände wurden in § 2 Abs. 1 MaKonV als Umstände definiert, die ein verständiger Anleger bei seiner Anlageentscheidung berücksichtigen würde. § 2 Abs. 2 MaKonV fasste darunter alle Insiderinformationen und § 2 Abs. 3 und 4 MaKonV konkretisierte den Begriff weiter in Richtung bedeutender Ereignisse im Geschäftsverlauf bzw. bei den Unternehmenszahlen. 15

Weder die MAR selbst noch die Vorarbeiten liefern jedoch Anhaltspunkte für eine Begrenzung des Tatbestands auf Informationen über „bewertungserhebliche Umstände" im Sinne des § 20a Abs. 1 S. 1 Nr. 1 WpHG aF. Dafür spricht auch ein systematisches Argument. Insiderinformationen sind ausdrücklich als Informationen definiert, die „geeignet wären den Kurs … erheblich zu beeinflussen."[28] Die Verordnung unterscheidet also bewusst zwischen kurserheblichen und sonstigen Informationen. 16

---

[22] *Stoll* in KölnKomm WpHG § 20a Rn. 173 mwN.

[23] So nutzte der frühere Zusammenschluss der nationalen Aufsichtsbehörden (CESR) diese Begriffsbestimmung im Zusammenhang mit dem Insiderrecht (CESR, second set of CESR guidance and information on the common operation of the Directive to the market, CESR 06/562-b, Juli 2007, Ziffer 1.5.).

[24] *Fleischer* in Fuchs WpHG § 20a Rn. 16.

[25] Für Beschränkung auf Tatsachenkern beispielsweise BaFin Emittentenleitfaden 2013 S. 92; dagegen *de Schmidt* in JVRB WpHG § 20a Rn. 72; *Fleischer* in Fuchs WpHG § 20a Rn. 17 mwN.

[26] AA *Grundmann* in GroßkommHGB Bd. XI Bankvertragsrecht 6. Teil Rn. 446.

[27] *Fleischer* in Fuchs WpHG § 20a Rn. 17.

[28] Art. 7 Abs. 1 lit a) MAR; ausführlich zur Kursrelevanz → § 6 Rn. 100.

17 Die so definierten Informationen müssen **falsch oder irreführend** sein, der Wortlaut des Art. 12 Abs. 1 lit. c) MAR könnte also genauso gut lauten „Verbreitung falscher oder irreführender Informationen…". Dies ergibt sich aus dem letzten Halbsatz der Vorschrift. Dort stellt der europäische Gesetzgeber zwar lediglich eine subjektive Anforderung auf. Eine informationsgestützte Marktmanipulation begeht danach nur, wer wusste oder hätte wissen müssen, dass die verbreiteten Informationen falsch oder irreführend waren. Das Wort „sie" im letzten Halbsatz bezieht sich jedoch nicht nur auf die kurz zuvor erwähnten Gerüchte, sondern erfasst den eingeschobenen Relativsatz „die diese Informationen verbreitet hat". Klarheit verschafft insbesondere die englische Sprachfassung, die die „Informationen" ausdrücklich in Bezug nimmt („knew or ought to have known, that **the information** was false or misleading").

b) Falsch

18 Eine **Tatsachenbehauptung** ist falsch, wenn sie **nicht der Wahrheit entspricht**, wenn also ein nicht vorhandener Umstand als vorhanden oder ein vorhandener Umstand als nicht vorhanden dargestellt wird.[29] Die MAR selbst nennt als Beispiele das „Erfinden offensichtlich falscher Informationen" oder die „wissentliche Angabe unrichtiger Informationen".[30]

> Die Aktie des Autoherstellers **Tesla** gewann im April 2016 erheblich an Wert, weil Tesla-Gründer Elon Musk über seinen Twitter-Account verbreitet hatte, das Unternehmen werde ein neues Modell herausbringen. Diese Nachricht stellte sich später als „Aprilscherz" heraus.
>
> Die **Comroad** AG veröffentlichte Ende des Jahres 2001 Umsätze von ca. EUR 94 Mio. für das Kalenderjahr 2001, obwohl es solche Umsätze nie gegeben hatte.[31]

Ob der Erklärende selbst die Information als falsch beurteilt, ist für den objektiven Tatbestand unerheblich. Maßgeblich ist, ob die Information aus Sicht des verständigen Anlegers falsch ist.[32]

19 Wann ein Werturteil oder eine Prognose falsch sind, ist dagegen schwieriger zu beurteilen. **Werturteile oder Prognosen mit Tatsachenkern** sind nach allgemeiner Auffassung zum alten deutschen Recht falsch, wenn der Tatsachenkern unwahr ist oder sie sich nicht plausibel aus dem Tatsachenkern ableiten lassen.[33] Es spricht nichts dagegen, diese Sichtweise auf das neue Verordnungsrecht zu übertragen. **Werturteile oder Prognosen ohne Tatsachenkern** sind danach falsch, wenn sie evident unvertretbar sind, wobei die genaue Beurteilung dem Einzelfall überlassen bleiben muss.

c) Irreführend

20 Irreführende Informationen können nicht falsch sein, sonst wäre diese Variante überflüssig. Es kann also nur um isoliert betrachtet richtige Informationen gehen. Solche Informationen sind (auch weiterhin) irreführend, wenn sie „zwar richtig sind, aber aufgrund ihrer Darstellung beim Empfänger […] eine falsche Vorstellung über den geschilderten Sachverhalt nahelegen."[34] Irreführend sind auch unvollständige Angaben, die einen falschen

---

[29] *Stoll* in KölnKomm WpHG § 20a Rn. 180.
[30] Erwägungsgrund 47 MAR.
[31] BGH NJW 2008, 76.
[32] Erwägungsgrund 14 MAR; vgl. auch *Veil* ZBB 2006, 162; *Ritz* in JVRB WpHG § 13 Rn. 127.
[33] *Fleischer* in Fuchs WpHG § 20a Rn. 20; *Stoll* in KölnKomm WpHG § 20a Rn. 181.
[34] Allgemeine Meinung zum alten deutschen Recht, vgl. nur RegE AnSVG, BT-Drs. 15/3174 S. 37; BaFin Emittentenleitfaden 2013 S. 90; *de Schmidt* in JVRB WpHG § 20a Rn. 82; *Stoll* in KölnKomm WpHG § 20a Rn. 182.

Gesamteindruck hervorrufen.[35] Die MAR erwähnt als Beispiel die „absichtliche Unterschlagung wesentlicher Sachverhalte".[36]

Ein Beispiel für irreführende Informationen aus der jüngeren deutschen Rechtsprechung ist das Strafverfahren gegen den ehemaligen Vorstandsvorsitzenden der **IKB** Deutsche Industriebank AG (IKB).[37] In einer Pressemitteilung zu Beginn der Finanzkrise hatte die IKB verbreitet, dass „von den in diesem Zusammenhang von Moody`s auf die Watchlist gesetzten Tranchen die IKB lediglich mit einem einstelligen Millionen – Betrag betroffen" sei. Damit sollte nach den Feststellungen des Landgerichts der unzutreffende Eindruck entstehen, dass in diesem einstelligen Millionenbetrag sowohl die bilanziellen als auch die außerbilanziellen Risiken enthalten seien. Daher sei bewusst die Rede von der „IKB" und nicht lediglich von der „IKB AG" gewesen. Nach Veröffentlichung der Pressemitteilung gewann die IKB-Aktie gegenüber dem MDAX fast 4%. Zehn Tage später veröffentlichte die IKB eine Ad-hoc-Mitteilung, dass sie mit Staatsmitteln gerettet worden sei, ihre Ergebnisprognose nicht halten könne und dass der Sprecher des Vorstands aus dem Unternehmen ausgeschieden sei. 21

Auch im aus anderen Gründen bekannt gewordenen Fall **Grande Stevens/Italien**[38] ging es um eine Pressemitteilung. Die italienische Aufsichtsbehörde CONSOB hatte von der Exor s. p.a und Giovanni Agnelli eine Pressmitteilung zum Auslaufen eines wichtigen Kreditvertrages der FIAT-Gruppe verlangt. In der Pressemitteilung hieß es sinngemäß, FIAT habe insofern keine Initiative ergriffen. Wenig später wurde eine Anschlussvereinbarung bekannt. CONSOB verhängte daraufhin verwaltungsrechtliche Sanktionen wegen irreführender Angaben in der Pressemitteilung, weil die Verhandlungen über die Anschlussvereinbarung hätten erwähnt werden müssen.

Auch Schwierigkeiten beim Informationsempfänger, bestimmte Informationen „richtig" zu verarbeiten, können zu einer Irreführung beitragen. Ein geschickter Manipulator könnte sich diese Schwierigkeiten zu Nutze machen. Damit ist auf das Feld der ***behavioral finance*** angesprochen, wo untersucht wird, ob der tatsächliche menschliche Informationsverarbeitungs- und Entscheidungsprozess sich mit der ökonomischen Modellannahme verträgt, wonach Anleger alle verfügbaren Informationen einbeziehen und korrekt verarbeiten. 22

Die einzelnen, experimentell belegten, Probleme bei der Informationsverarbeitung sind auch in der juristischen Literatur zahlreich dokumentiert.[39] Der europäische Gesetzgeber ist auf diese Befunde zwar nicht ausdrücklich eingegangen, hat sie aber auch nicht ausgeschlossen. Im Einzelfall können solche Befunde sicher helfen, Irreführungen aufzudecken. Verlässlich vorhersagen lassen sich Schwierigkeiten in der Informationsverarbeitung jedoch nicht, so dass es stets auf sämtliche Umstände des Einzelfalls ankommt. 23

2. Gerüchte

Ein Gerücht ist nach einer gängigen Definition in der deutschen Sprache „etwas, was allgemein gesagt wird, ohne das bekannt ist, ob es auch wirklich zutrifft."[40] Die Definition 24

[35] *Stoll* in KölnKomm WpHG § 20a Rn. 180; *Vogel* in Assmann/Schneider WpHG § 20a Rn. 62; teilweise wird auch vertreten, dass hier Unrichtigkeit vorliege, so etwa *Fleischer* in Fuchs WpHG § 20a Rn. 21 mwN. Jedoch ist sowohl die Verbreitung unrichtiger als auch irreführender Informationen verboten. Die Unterscheidung hat daher im Grunde keine praktische Bedeutung.

[36] Erwägungsgrund 47 MAR.

[37] BGH NJW 2012, 1800; Vorinstanz LG Düsseldorf BeckRS 2010, 22186.

[38] EGMR v. 4.3.2014 18640/10, 18647/10, 18663/10, 18668/10, 18698/10 = NJOZ 2015, 712 – *Grande Stevens.*

[39] Ausführlich *Klöhn*, Kapitalmarkt, Spekulation und Behavioral Finance; vgl. auch die Beiträge in *Fleischer/Zimmer* ZHR Beiheft Nr. 75 (2011).

[40] http://www.duden.de/rechtschreibung/Geruecht (Abruf vom 1.3.2018).

des englischen „rumor" lautet ähnlich.[41] Das Gerücht ist falsch, wenn das, was gesagt wird, nicht zutrifft, es ist irreführend, wenn das, was gesagt wird, zwar richtig ist, aber einen falschen Gesamteindruck über ein bestimmtes Geschehen hervorruft.

> Übernahmegerüchte haben erfahrungsgemäß – zumindest kurzzeitig – erhebliche Auswirkungen auf den Kurs des Zielunternehmens.

Das Beispiel falscher Übernahmegerüchte zeigt jedoch die Schwierigkeiten der Abgrenzung des Gerüchts von der falschen Tatsachenbehauptung („X könnte Y kaufen wollen" gegenüber „X will Y kaufen" oder „X will angeblich Y kaufen, habe ich gehört").

3. Verbreitung, nicht Verschweigen

25 Ebenso wie das Merkmal „Information" entfaltet die Tathandlung „Verbreitung" **keine Begrenzungswirkung**. Der Tatbestand nennt als Varianten eine „Verbreitung […] über die Medien einschließlich des Internets oder auf anderem Wege", ist also selbst bereits denkbar offen. Erwägungsgrund 48 nennt weitere Beispiele (Websites, Blogs, soziale Medien), schränkt die Tathandlung jedoch ebenfalls nicht ein. Der MAR sind keine Anhaltspunkte dafür zu entnehmen, dass eine „Verbreitung" einen bestimmten Adressatenkreis voraussetzt.[42] Erwägungsgrund 47 spricht vielmehr dafür, dass bereits die **Weitergabe** falscher oder irreführender Informationen oder Gerüchte an **einzelne Personen** den Tatbestand erfüllt.[43] Denn dort ist die Gefahr für den Markt insbesondere damit begründet, dass sich Informationen auf dem Markt von selbst sehr schnell verbreiten. Dieses „Verselbstständigen" von Informationen kann bereits nach Weitergabe an Einzelne einsetzen.

> Beispiele für das Verbreiten können SPAM-Mails oder -Faxe, Aussagen in Fernsehshows für Anleger, das Bereitstellen von Research-Reports mit falschen oder irreführenden Informationen auf Websites, aber auch Aussagen in formalerem Kontext, wie Pressekonferenzen, Hauptversammlungen, Investoren-Calls, Finanzberichten oder Prospekten, sein. Als Verbreitungskanal werden insbesondere die sozialen Medien wie Twitter, Facebook oä an Bedeutung gewinnen.

26 Die MAR sieht wie die MAD 2003 im Gegensatz zum WpHG aF allerdings **keine zweite Tathandlung** des „Verschweigens entgegen bestehender Rechtspflichten" vor. Daher ist teilweise bezweifelt worden, ob eine informationsgestützte Marktmanipulation **durch Unterlassen** unter dem Regime der MAR überhaupt noch möglich ist.[44]

27 Ohne Verschweigenstatbestand wäre beispielsweise das Unterlassen einer Veröffentlichung von Insiderinformationen zwar um seiner selbst willen (Ordnungswidrigkeit),[45] jedoch nicht mehr als Marktmanipulation (Ordnungswidrigkeit und ggf. Straftat) zu ahnden. Der Unterschied wäre auch auf Ordnungswidrigkeitenebene erheblich, da sich die Geldbußen für Marktmanipulation deutlich höher liegen können als für zu Unrecht unterbliebene Veröffentlichungen von Insiderinformationen.[46]

---

[41] „information or a story that is passed from person to person but has not been proven to be true", http://www.merriam-webster.com/dictionary/rumor (Abruf vom 1.3.2018).

[42] So auch zum alten deutschen Recht *Stoll* in KölnKomm WpHG § 20a Rn. 172.

[43] Ebenso *Grundmann* in GroßkommHGB Bd. XI Bankvertragsrecht 6. Teil Rn. 448.

[44] *Schmolke* AG 2016, 434 (439); *Stoll* in KölnKomm WpHG § 20a Rn. 170.

[45] „Ordnungswidrig handelt, wer […] vorsätzlich oder leichtfertig […] eine Insiderinformation nicht, nicht richtig, nicht in der vorgesehenen Weise oder nicht rechtzeitig bekannt gibt" (§ 120 Abs. 15 Nr. 6 WpHG).

[46] Die Marktmanipulation kann mit einer Geldbuße von bis zu 15 % des Konzernumsatzes geahndet werden, die unterlassene Veröffentlichung einer Insiderinformation dagegen „nur" mit bis zu 2,5 % des Konzernumsatzes, ausführlich dazu → § 29 Rn. 38 ff.

Die **Verordnung** verhält sich zum Unterlassen zum einen im Zusammenhang mit ihrem Anwendungsbereich. Danach gelten die Verbote der MAR für „Handlungen und Unterlassungen in der Union und in Drittländern".[47] Zum anderen beschreibt Erwägungsgrund 47 die Verbreitung falscher oder irreführender Informationen als 28

> *„Erfinden offensichtlich falscher Informationen, aber auch [...] absichtlich[e] Unterschlagung wesentlicher Sachverhalte sowie [...] wissentlich[e] Angabe unrichtiger Informationen"*

Die MAR berücksichtigt also zumindest die Möglichkeit der „Verbreitung" falscher oder irreführender Informationen durch Auslassen von Informationen. Ob damit jedoch das Verschweigen bewertungserheblicher Umstände entgegen bestehender Rechtspflichten zur Offenbarung im Sinne des WpHG aF gemeint ist, ist zu bezweifeln. Die allgemeine Erwähnung von Unterlassungen in der Vorschrift über den Anwendungsbereich der MAR ist kein Anhaltspunkt für eine selbstständige Tatbestandsvariante des „Verschweigens" bei der informationsgestützten Marktmanipulation. Denn die Regelung über den Anwendungsbereich vermag keine Unterlassungstatbestände zu begründen, sondern setzt sie voraus.[48] Für diese Auslegung spricht auch die systematische Stellung der Regelung innerhalb der MAR bei den übrigen Regelungen über den Anwendungsbereich.

Das „Unterschlagen" wesentlicher Sachverhalte im Sinne des Erwägungsgrundes 47 ist wohl als Beschreibung irreführender Informationen zu verstehen. Ein Marktteilnehmer verbreitet bestimmte Informationen und lässt dabei andere „wesentliche Sachverhalte" weg (vgl. die Beispiele oben Rn. → 21). Es ist also davon auszugehen, dass das **Verschweigen bewertungserheblicher Umstände entgegen bestehender Rechtspflichten zur Offenbarung** nach der MAR **keine Marktmanipulation mehr** darstellt.[49] 29

Der **deutsche Gesetzgeber** hat das Verschweigen bewertungserheblicher Umstände zwar zunächst im Referentenentwurf des 1. FiMaNoG als eigene Tatbestandsvariante vorgesehen.[50] Dieser Entwurf ist jedoch insoweit kein Gesetz geworden. Bereits der Regierungsentwurf des 1. FiMaNoG enthält die Variante nicht mehr und die Gesetzesbegründung liefert keine Anhaltspunkte dafür, dass der Gesetzgeber die Variante beibehalten wollte. 30

Die **Literatur** zum alten deutschen Recht liefert ebenfalls keine Anhaltspunkte dafür, dass das Verbreiten von Informationen das Verschweigen von Umständen beinhalten könnte. Das echte Unterlassungsdelikt[51] „Verschweigen bewertungserheblicher Umstände"[52] stand selbständig neben der Variante des „Machens von Angaben"[53]. Zum „Machen von Angaben" wurde zwar teilweise vertreten, frühere (unbewusst) unrichtige oder irreführende Angaben seien zu berichtigen.[54] Unterbleibe diese Berichtigung, sei das „Machen von Angaben" durch Unterlassen verwirklicht. Das Verschweigen bewertungserheblicher Umstände interpretierte jedoch niemand in das „Machen von Angaben" hinein. Auch § 13 StGB bzw. § 8 OWiG dürften hier nicht weiterhelfen, weil zwischen einem „Verbreiten" durch Unterlassen und einem „Verschweigen" keine Modalitätenäquivalenz bestehen dürfte. Denn der Erfolg der informationsgestützten Marktmanipulation im Sinne des Art. 12 31

[47] Art. 2 Abs. 4 MAR.

[48] ZB Unterlassen der Veröffentlichung von Insiderinformationen entgegen Art. 17 MAR.

[49] AA *Grundmann* in GroßkommHGB Bd. XI Bankvertragsrecht 6. Teil Rn. 445. Der dortige Verweis auf andere Rechtsordnungen (Irland, UK, Malta, anders aber die romanischen Länder) begründet für sich genommen noch kein durchgreifendes Argument für die Handhabung nach deutschem Recht; ausführlich → § 28 Rn. 75 ff. mwN.

[50] § 21 Abs. 1 Nr. 3 WpHG-E.

[51] *Sorgenfrei* in Park Kapitalmarktstrafrecht Kapitel 4 § 39 WpHG Rn. 117.

[52] § 20a Abs. 1 S. 1 Nr. 1 Var. 2 WpHG aF.

[53] § 20a Abs. 1 S. 1 Nr. 1 Var. 1 WpHG aF.

[54] *Vogel* in Assmann/Schneider WpHG § 20a Rn. 67; *Fleischer* in Fuchs WpHG § 20a Rn. 23; aA (kein Unterlassungstatbestand in § 20a Abs. 1 S. 1 Nr. 1 Var. 1 WpHG aF) *de Schmidt* in JVRB WpHG 20a Rn. 84; *Stoll* in KölnKomm WpHG § 20a Rn. 178.

Abs. 1 lit. c) MAR liegt gerade in der „Verbreitung" von Informationen und kann nicht auf beliebige Art und Weise erreicht werden.[55]

III. Falsche oder irreführende Signale hinsichtlich des Angebots, der Nachfrage oder Kurses

32 Die Verbreitung falscher oder irreführender Informationen oder Gerüchte muss falsche oder irreführende Signale hinsichtlich des Angebots oder des Kurses eines Tatobjekts oder hinsichtlich der Nachfrage nach einem Tatobjekt geben oder wahrscheinlich geben. Anhand dieses Merkmals wird in der Anwendungspraxis die Frage zu beantworten sein, ob die MAR den Tatbestand der informationsgestützten Marktmanipulation weit über das alte deutsche Verständnis hinaus ausgedehnt hat.

1) Einleitung, Terminologie

33 Diese **Terminologie der MAR weicht vom alten deutschen Verbot** der informationsgestützten Marktmanipulation **ab**. Nach altem deutschem Recht zur informationsgestützten Marktmanipulation[56] mussten die falschen oder irreführenden Angaben über bewertungserhebliche Umstände oder das Verschweigen bewertungserheblicher Umstände entgegen bestehenden Rechtsvorschriften ihrerseits geeignet sein, auf den inländischen Börsen- oder Marktpreis des Tatobjekts einzuwirken. Der Preiseinwirkungseignung kam jedoch praktisch keine Unterscheidungskraft zu, weil ohnehin nur Angaben über bewertungserhebliche Umstände erfasst waren. Bewertungserheblichkeit und Preiseinwirkungseignung liefen faktisch parallel.[57]

34 Diese Sichtweise beruhte auf der spezifisch deutschen Ausgestaltung des Tatbestandes (bewertungserhebliche Umstände) und ist unter dem Regime der MAR nicht mehr vertretbar. Die MAR enthält keine Anhaltspunkte für eine Beschränkung des Begriffs „Informationen" auf Informationen über bewertungserhebliche Umstände. Das (wahrscheinliche) Geben falscher oder irreführender Signale erlangt somit eigenständige (und entscheidende) Bedeutung neben dem im Grunde konturenlosen Begriff der Informationen.

35 Unter dem Regime der MAR ist jedoch die **europäische Terminologie auch in Deutschland allein maßgeblich**. Es geht also nicht mehr um Preiseinwirkungseignung, sondern um das Geben oder wahrscheinliche Geben falscher oder irreführender Signale für Angebot, Nachfrage oder Preis eines Tatobjekts. Die Konkretisierung dieser unbestimmten Rechtsbegriffe fällt jedoch schwer. Der europäische Gesetzgeber hilft nicht weiter, denn die Indikatoren aus Anhang I zur MAR beziehen sich nur auf handelsgestützte Manipulationen[58] und Manipulationen durch sonstige Kunstgriffe und Formen der Täuschung.[59] Jedoch kann der Rechtsanwender zumindest zum Teil auf die Kommentierungen zum alten deutschen Verbot der handelsgestützten Marktmanipulation zurückgreifen.

36 Denn eine der **MAR ähnliche Terminologie** fand sich **bereits in der MAD 2003** sowie im darauf zurückgehenden alten **deutschen Verbot der handelsgestützten Marktmanipulation**.

Nach der Definition der informationsgestützten Marktmanipulation in der **MAD 2003**[60] war zu fragen, ob die falschen oder irreführenden Informationen „falsche oder irreführende Signale in Bezug auf Finanzinstrumente geben oder geben [könnten]". Auch die handels-

---

[55] Sog. verhaltensgebundenes Delikt, vgl. auch *Stree/Bosch* in Schönke/Schröder StGB § 13 Rn. 4 und → § 28 Rn. 77.

[56] § 20a Abs. 1 S. 1 Nr. 1 WpHG aF.

[57] *De Schmidt* in JVRB WpHG § 20a Rn. 109; *Fleischer* in Fuchs WpHG § 20a Rn. 24; *Stoll* in KölnKomm WpHG § 20a Rn. 200.

[58] Art. 12 Abs. 1 lit. a) iVm Anhang I A. MAR.

[59] Art. 12 Abs. 1 lit. b) iVm Anhang I B. MAR.

[60] Art. 1 Abs. 2 lit. c) MAD 2003.

gestützte Marktmanipulation im Sinne der MAD 2003 setzte Geschäfte oder Aufträge voraus, die falsche oder irreführende Signale für das Angebot, die Nachfrage oder den Kurs geben oder geben könnten.[61] Die **handelsgestützte Marktmanipulation nach dem WpHG aF** setzte – angelehnt an die Terminologie der MAD 2003 – Geschäfte oder Aufträge voraus, die „geeignet sind, falsche oder irreführende Signale für das Angebot, die Nachfrage oder den Börsen-oder Marktpreis von Finanzinstrumenten zu geben".[62] Allein die informationsgestützte Marktmanipulation des WpHG aF verharrte in der Begriffswelt des BörsG aF (→ Rn. 5).

2) Signale für Angebot, Nachfrage oder Kurs

Ein Signal für Angebot, Nachfrage oder Kurs lag nach deutschem Verständnis zur handelsgestützten Marktmanipulation vor, wenn das Geschäft oder der Auftrag „geeignet ist, das Angebots- bzw. Nachfrageverhalten auf dem Markt bzw. den Preis zu beeinflussen." Es sollte nicht darauf ankommen, ob Angebot oder Nachfrage verstärkt oder abgeschwächt wurden, ob sie gleichblieben oder in welche Richtung sich der Kurs bewegt.[63] Auch diese Annäherung ist jedoch wenig trennscharf und man stellte zu Recht fest, im Grunde enthalte jedes Geschäft ein Signal für den Preis.[64] 37

Der gleiche Befund gilt für die Verbreitung von falschen und irreführenden Informationen. Im Grunde **enthält jede Information ein Signal** für das Angebot, die Nachfrage oder den Preis eines Tatobjekts. Geht man mit der MAD 2003[65] und der MAR davon aus, dass verständige Anleger alle verfügbaren Informationen in ihre Anlageentscheidung einbeziehen, ist diese Sichtweise sogar zwingend. Denn dann wird jede Information von den Anbietern und Nachfragern berücksichtigt. Anders als bei der handelsgestützten Marktmanipulation fehlen jedoch bei der informationsgestützten Marktmanipulation die Konkretisierungen durch den Gesetz- bzw. Verordnungsgeber. Die Rechtsanwendung wird mangels anderer Anhaltspunkte von diesem sehr weiten Verständnis ausgehen und es anhand konkreter Einzelfälle weiterentwickeln müssen. 38

3) Falsch, irreführend

Ein Signal ist – ähnlich einer Information – falsch, „wenn es nicht den wahren wirtschaftlichen Verhältnissen auf dem jeweiligen Markt in Bezug auf das jeweilige Finanzinstrument entspricht."[66] Das Signal ist irreführend, „wenn es geeignet ist, einen verständigen Anleger [über die wahren wirtschaftlichen Verhältnisse] zu täuschen."[67] Zu den wahren wirtschaftlichen Verhältnissen zählte *Vogel* aaO die marktgerechte Nachfrage, das marktgerechte Angebot, die Liquidität und den marktgerechten Preis. Auch diese Begriffe sind alles andere als trennscharf und daher von der Rechtsanwendung mit Leben zu füllen. 39

Im Gegensatz zur handelsgestützten Marktmanipulation durch zunächst unverdächtige Geschäfte liegt es bei der informationsgestützten Marktmanipulation durch falsche oder irreführende Informationen oder Gerüchte jedoch anders. Man wird bei der Verbreitung 40

[61] Art. 1 Abs. 2 lit a) 1. Spiegelstrich MAD 2003.
[62] § 20a Abs. 1 S. 1 Nr. 2 WpHG aF.
[63] BGH NJW 2014, 1399 Rn. 16; *Vogel* in Assmann/Schneider WpHG § 20a Rn. 150.
[64] *Fleischer* in Fuchs WpHG § 20a Rn. 47; *Vogel* in Assmann/Schneider WpHG § 20a Rn. 150; für die weitere Annäherung an das tatbestandliche Verhalten verwiesen die Autoren auf die Konkretisierungen zur handelsgestützten Marktmanipulation in § 3 MaKonV.
[65] Erwägungsgrund 1 der alten Richtlinie 2003/124/EG.
[66] *Vogel* in Assmann/Schneider WpHG § 20a Rn. 150, so auch *Stoll* in KölnKomm WpHG § 20a Rn. 223 und *Fleischer* in Fuchs WpHG § 20a Rn. 47.
[67] *Vogel* in Assmann/Schneider WpHG § 20a Rn. 150; *Fleischer* in Fuchs WpHG § 20a Rn. 47; *Pananis* in MüKoStGB § 38 WpHG Rn. 172; *Stoll* in KölnKomm WpHG § 20a Rn. 223 plädierte dagegen für eine Gleichsetzung von falsch und irreführend. Es gab aber mE keinen überzeugenden Grund, die beiden Begriffe nur hier, nicht aber anderswo gleichzustellen.

solcher Informationen davon ausgehen dürfen, dass sie falsche oder irreführende Signale nach sich ziehen. Es fehlt an der Notwendigkeit, aus der Masse legitimer Handlungsweisen die illegitimen auszusondern. Das Verbreiten von falschen oder irreführenden Informationen oder Gerüchten ist vielmehr grundsätzlich illegitim.

4) Geben oder wahrscheinlich geben

41 Weder die MAR noch die Vorarbeiten liefern Anhaltspunkte dazu, wann eine Information ein Signal für Angebot, Nachfrage oder Kurs gibt oder wahrscheinlich gibt. Klar ist jedoch, dass nicht sämtliche falschen oder irreführenden Informationen in den Anwendungsbereich fallen sollen, sondern nur solche, deren Verbreitung (wahrscheinlich) falsche oder irreführende Signale gibt. Anhand dieses Tatbestandsmerkmals beantwortet sich maßgeblich die Frage nach der Verfolgungsschwelle. Ist – wie nach dem alten deutschen Recht – eine Eignung zur Einwirkung auf den Börsen- oder Marktpreis erforderlich? Oder wird der Tatbestand nach unten geöffnet, können in Zukunft also wesentlich mehr falsche oder irreführende Informationen eine informationsgestützte Marktmanipulation begründen?

a) Beurteilungsmaßstab

Die Beurteilungsperspektive bleibt jedoch gleich: Denn es spricht nichts dagegen, die Frage (wie bereits nach altem deutschem Recht) anhand einer **objektiv nachträglichen Prognose** aus der Sicht eines **verständigen, mit den Marktverhältnissen vertrauten Anlegers** zu beantworten.[68]

b) Extremfälle

42 Die beiden deutlichsten Fälle seien vorangestellt: Lässt sich feststellen, dass der Täter durch die Verbreitung falscher oder irreführender Informationen **tatsächlich** auf den Preis eines Tatobjekts **eingewirkt hat**,[69] ist davon auszugehen, dass die falschen oder irreführenden Informationen falsche oder irreführende Signale für den Preis gegeben haben. Das „wahrscheinliche" Geben spielt dann keine Rolle mehr. Dieser Zusammenhang wurde bereits zum alten deutschen Recht vertreten[70] und gilt weiterhin. In solchen Fällen ist daneben von einem anormalen oder künstlichen Kursniveau auszugehen (dazu → Rn. 49 ff.). Ist eine **Information** den anderen Marktteilnehmern dagegen schon **überhaupt nicht erkennbar**, fehlt es umgekehrt an der (wahrscheinlichen) Signalgebung.[71] Gegebenenfalls wird in solchen Fällen bereits die „Verbreitung" der Information abzulehnen sein.[72]

c) Jedenfalls bei Bewertungserheblichkeit

43 Jenseits dieser beiden Extremkonstellationen bestehen zwar noch keine Erfahrungswerte und die „Leitplanken" der Bewertungserheblichkeit sind angesichts des Wortlauts der Verordnung wohl nicht mehr *per se* einschlägig. Es dürfte aber Einigkeit dahingehend zu erzielen sein, dass – auch ohne direkte Anwendbarkeit nationaler Auslegungsregeln – jedenfalls bei Vorliegen bewertungserheblicher Umstände im Sinne des WpHG aF und der MaKonV aF von einer (wahrscheinlichen) Signalgebung auszugehen ist.[73]

[68] *De Schmidt* in JVRB WpHG § 20a Rn. 116 zur informationsgestützten und Rn. 136 zur handelsgestützten Marktmanipulation; *Fleischer* in Fuchs WpHG § 20a Rn. 46; *Stoll* in KölnKomm WpHG § 20a Rn. 202, 222. Es kommt also nicht auf die subjektiven Vorstellungen des Täters an.

[69] Dies ist in Deutschland Voraussetzung für die Vollendung der Straftat nach § 119 Abs. 1 WpHG.

[70] *De Schmidt* in JVRB WpHG § 20a Rn. 134; *Stoll* in KölnKomm WpHG § 20a Rn. 222.

[71] *De Schmidt* in JVRB WpHG § 20a Rn. 137 zur handelsgestützten Marktmanipulation.

[72] Dass andere Marktteilnehmer die Information tatsächlich wahrnehmen, ist jedoch keine Tatbestandsvoraussetzung. Denn es genügt, dass die Information „wahrscheinlich" falsche oder irreführende Signale für Angebot, Nachfrage oder Kurs gibt.

[73] So auch *Grundmann* in GroßkommHGB Bd. XI Bankvertragsrecht 6. Teil Rn. 450.

d) Unterhalb der Bewertungserheblichkeit

Wie weit das Verständnis informationsgestützter Marktmanipulation „nach unten" zu öffnen sein wird, ist im Einzelfall herauszuarbeiten. Die Verordnung ist ihrem Wortlaut nach offen für eine Ausdehnung über die bewertungserheblichen Umstände des alten deutschen Verständnisses hinaus. 44

aa) Geben von Signalen. Die **Literatur zum alten deutschen Recht** der handelsgestützten Marktmanipulation definierte die Begriffe nicht einheitlich und war häufig **bestrebt, die Begriffswelten der handels- und informationsgestützten Marktmanipulation in Richtung der informationsgestützten Manipulation aneinander anzugleichen**. Dort konnte man auf die vertrauten Kategorien des Insiderrechts zurückgreifen. So wurde vertreten, die Eignung zur Signalgebung im Rahmen der handelsgestützten Marktmanipulation und die Eignung zur Preiseinwirkung im Rahmen der informationsgestützten Marktmanipulation seien einheitlich zu verstehen.[74] Dieses Verständnis wird sich jedoch nach dem Wegfall der Preiseinwirkungseignung nicht mehr halten lassen. Nach anderem Verständnis wurde ein Signal gegeben, wenn der verständige Anleger „die Order bei seiner Anlageentscheidung in jedem Fall berücksichtigt hätte."[75] Auch danach wären die „bewertungserheblichen Umstände" des alten deutschen Rechts unausgesprochen bei der handelsgestützten Marktmanipulation maßgeblich. Denn § 2 MaKonV definierte diese Umstände als „Tatsachen und Werturteile, die ein verständiger Anleger bei seiner Anlageentscheidung berücksichtigen würde." 45

Die Verordnung – wie die MAD 2003 vor ihr – vereinheitlicht die Begrifflichkeiten jedoch auf dem „Nenner" der handelsgestützten Marktmanipulation. Die MAR unterscheidet auch klar zwischen „Informationen, die geeignet wären den Kurs … zu beeinflussen" und „Informationen, die falsche oder irreführende Signale" für Angebot, Nachfrage oder Kurs geben.[76] Der terminologischen Unterscheidung zwischen Angebot, Nachfrage und Kurs hätte es nicht bedurft, wenn wie bei einer Insiderinformation lediglich Auswirkungen auf den Kurs gemeint gewesen wäre. Auch die Unterscheidung zwischen der Eignung zur Beeinflussung des Kurses und dem Geben von Signalen wäre dann überflüssig. Dieses systematische Argument spricht dafür, ein **Signal** bereits dann als **gegeben** anzusehen, wenn **nicht auszuschließen ist, dass ein verständiger Anleger die Information** bei seiner Anlageentscheidung **berücksichtigen würde**. Dieser Maßstab macht den terminologischen Unterschied zwischen dem Recht der Marktmanipulation und dem Insiderrecht im Ausgangspunkt handhabbar und trägt dem besonderen Unwerturteil des europäischen Gesetzgebers über die informationsgestützte Marktmanipulation[77] Rechnung. 46

Mit dieser Sichtweise ist eine **beachtliche Ausweitung des objektiven Tatbestands** verbunden. Wenn der verständige Anleger im Ausgangspunkt alle verfügbaren Informationen in seine Anlageentscheidung einbezieht,[78] ist diese Einbeziehung bei nur sehr wenigen Informationen ausgeschlossen. Diese Ausweitung mag kritikwürdig erscheinen, ist angesichts der Unterschiede im Wortlaut und des gesetzgeberischen Unwerturteils jedoch zunächst hinzunehmen. Erwägungsgrund 14 der MAR erlaubt eine Prüfung „der Frage, ob ein verständiger Investor einen bestimmten Sachverhalt oder ein bestimmtes Ereignis im Rahmen seiner Investitionsentscheidung wohl berücksichtigen würde." Sollten die dringend erforderlichen Konkretisierungen seitens des Gesetzgebers oder der Aufsichtsbehörden ausbleiben, wird es Rechtsprechung und Wissenschaft überlassen bleiben, anhand der normativen Figur des verständigen Anlegers herauszuarbeiten, welche Informationen ein 47

[74] *Haouache/Mülbert* in Habersack/Mülbert/Schlitt, HdB der Kapitalmarktinformation, § 27 Rn. 60.
[75] *De Schmidt* in JVRB WpHG § 20a Rn. 137.
[76] Art. 7 Abs. 1 lit. a) MAR einerseits und Art. 12 Abs. 1 lit c) MAR andererseits.
[77] Erwägungsgrund 47 MAR.
[78] Erwägungsgrund 14 MAR.

solcher Anleger von vornherein nicht berücksichtigt, und so das Schutzniveau zu konkretisieren.[79]

48 **bb) Wahrscheinlichkeit der Signalgebung.** Folgt man dem soeben beschriebenen Ansatz, verbleibt für die wahrscheinliche Signalgebung nur noch ein kleiner Anwendungsbereich. Hierunter sind dann solche falschen oder irreführenden Informationen zu verstehen, die keine Signale geben konnten, etwa weil sie überhaupt nicht veröffentlicht wurden oder die zuständige Aufsichtsbehörde sie durch „sofortige Gegenmaßnahmen" entschärft hat.[80]

5. Anormales oder künstliches Kursniveau

49 **Alternativ** statt des (wahrscheinlichen) Gebens falscher oder irreführender Signale für Angebot, Nachfrage oder Preis ist es ausreichend, dass das Verbreiten falscher oder irreführender Informationen oder Gerüchte ein „anormales oder künstliches Kursniveau" (wahrscheinlich) herbeiführt.[81] Das alte deutsche Recht kannte diese Variante nicht in Bezug auf die informationsgestützte, sondern nur in Bezug auf die handelsgestützte Marktmanipulation.[82]

50 Eine **Definition** des anormalen oder künstlichen Kursniveaus **sucht man** sowohl in der MAR als auch in der MAD 2003 **vergeblich**. Die Auslegungsschwierigkeiten beginnen bereits beim „Kursniveau" selbst. Die deutsche Sprachfassung benutzt den Begriff „Kursniveau" allein im Zusammenhang mit der Marktmanipulation und enthält sich jeden Hinweises auf etwaige Unterschiede zu den Begriffen „Kurs" oder „Preis".[83] Es ist jedoch davon auszugehen, dass der europäische Gesetzgeber mit dem „Kursniveau" den „Kurs" gemeint hat. Denn sowohl die englische als auch die französische Sprachfassung trennen bei der informationsgestützten Marktmanipulation zwischen den auch an anderen Stellen verwendeten Begriffen „Kurs" („price", „cours") und „Niveau". Die Zusammensetzung zum „Kursniveau" ist eine Eigenheit der deutschen Sprachfassung.

51 Die Literatur zum alten deutschen Recht hielt ein Kursniveau für anormal oder künstlich, das **nicht den wahren wirtschaftlichen Verhältnissen entsprach und nicht das Ergebnis unmanipulierten Marktgeschehens** sei.[84] Damit ist jedoch nur gesagt, dass ein Kurs manipuliert ist, wenn er nicht unmanipuliert ist.[85] Zum alten deutschen Recht behalf man sich mit einem Hinweis auf die Konkretisierungen in der MaKonV, um den Tatbestand handhabbar zu machen.[86] Diese Konkretisierungen betrafen jedoch – ebenso wie nunmehr Anhang I zur MAR – nur die handelsgestützte Marktmanipulation und haben für die informationsgestützte Variante keine Aussagekraft. Die Praxis wird jedoch einstweilen von dem Verständnis zum alten deutschen Recht ausgehen und sich um Konkretisierungen zur informationsgestützten Marktmanipulation bemühen müssen. Überträgt man diesen groben Maßstab auf die informationsgestützte Marktmanipulation müssen die falschen oder irreführenden Informationen also zu einem Kurs geführt haben, der ohne diese Informationen (wahrscheinlich) nicht zustande gekommen wäre. Dies nachzuweisen, fällt in der Praxis oft schwer; solche Schwierigkeiten sind jedoch nichts Neues. Der Nachweis ist bei weniger liquiden Werten tendenziell einfacher zu führen.

[79] Zum Charakter als normative Figur *Langenbucher* AG 2016, 417 (419); *Teigelack* S. 86 f.

[80] *Vogel* in Assmann/Schneider WpHG § 20a Rn. 150.

[81] Art. 12 Abs. 1 lit. c) MAR.

[82] § 20a Abs. 1 S. 1 Nr. 1, 2 WpHG aF.

[83] Vgl. zum „Preisniveau" im alten deutschen Recht *Vogel* in Assmann/Schneider WpHG § 20a Rn. 151.

[84] *De Schmidt* in JVRB WpHG § 20a Rn. 138; *Fleischer* in Fuchs WpHG § 20a Rn. 48; *Stoll* in KölnKomm WpHG § 20a Rn. 226; *Vogel* in Assmann/Schneider WpHG § 20a Rn. 151.

[85] *Stoll* in KölnKomm WpHG § 20a Rn. 226 sieht den Rechtsanwender zu Recht „nahe an der Grenze zu unauflöslichen Zirkelschlüssen".

[86] *De Schmidt* in JVRB WpHG § 20a Rn. 138 und *Fleischer* in Fuchs WpHG § 20a Rn. 49 mit Verweis auf § 3 MaKonV.

Nicht erforderlich ist nach der Rechtsprechung des EuGH zur MAD 2003, dass das anormale oder künstliche Kursniveau über einen **gewissen Zeitraum** besteht.[87] Es genügt also, dass eine einzige Notierung beeinflusst wird. Die MAR setzt auch – anders als im Insiderrecht[88] – **nicht voraus, dass eine erhebliche Beeinflussung vorliegt**. 52

Nach der MAR ist wie nach altem deutschem Recht ferner nicht erforderlich, dass das anormale oder künstliche Kursniveau überhaupt herbeigeführt wird. Es **genügt**, dass es **wahrscheinlich herbeigeführt** wird.[89] 53

6. Subjektive Voraussetzungen

Informationsgestützte Marktmanipulation setzt nach der MAR ferner voraus, dass 54

> *„die Person, die diese Informationen verbreitet hat, wusste oder hätte wissen müssen, dass sie falsch oder irreführend waren."*

Die MAR benutzt in Erwägungsgrund 47 einen abweichenden Begriff und spricht statt von „wissen müssen" davon, dass dem Täter

> *„die Unrichtigkeit oder der irreführende Charakter bekannt ist oder bekannt sein sollte."*

Weder die MAR noch ihre Vorarbeiten enthalten eine Aussage, ob mit diesen Begriffen nach deutschem Recht die einfache Fahrlässigkeit oder die Leichtfertigkeit gemeint ist. Für das Sanktionsregime nach deutschem Recht ist die einfache Fahrlässigkeit jedoch unbeachtlich. Denn strafbar ist nur die vorsätzliche Marktmanipulation,[90] ordnungswidrig nur die vorsätzliche oder leichtfertige Marktmanipulation.[91] Angesichts der Ausweitung des objektiven Tatbestandes auf einen größeren Kreis falscher oder irreführender Informationen[92] dürfte die subjektive Tatseite in Zukunft wesentlich mehr Beachtung erfahren.

7. Versuch

Eine der wesentlichen Neuerungen der MAR in Bezug auf die Marktmanipulation ist das Verbot der versuchten Marktmanipulation. Der europäische Gesetzgeber hat die Einführung der „Rechenschaftspflicht bei Manipulationsversuchen" als einen der Gründe für die Überarbeitung der MAD 2003 hervorgehoben.[93] Recht apodiktisch ist auch die Feststellung, dass die MAR „zur Ergänzung des Verbots der Marktmanipulation" ein Verbot des Versuchs enthalten sollte. Das Verbot der versuchten Marktmanipulation sei erforderlich, damit die zuständigen Behörden Manipulationsversuche ahnden könnten.[94] Empirische Vorarbeiten zur Notwendigkeit dieser Ausdehnung sind jedoch bislang nicht bekannt geworden und hat der europäische Gesetzgeber in seine Entscheidung auch nicht einbezogen. Zusammen mit der Ausweitung des objektiven Tatbestandes (→ Rn. 44 ff.) trägt das Verbot des Versuchs dazu bei, die Ahndbarkeit ganz erheblich vorzuverlagern. 55

In den Erwägungsgründen der MAR liefert der europäische Gesetzgeber ein **Beispiel** für Versuchskonstellationen. Ein Versuch könne unter anderem in Situationen vorliegen, „in denen eine Aktivität begonnen, aber nicht vollendet wird, beispielsweise aufgrund 56

---

[87] EuGH v. 7.7.2011 – Rs. C-445/09, Slg. 2011 I-5917 = NJW 2011, 3214 – *IMC Securities*; so auch OLG Stuttgart WM 2012, 1030 (1033 f.).
[88] Art. 7 Abs. 1 lit. a) MAR.
[89] Art. 12 Abs. 1 lit. c) MAR.
[90] § 119 Abs. 1 WpHG; die Strafbarkeit auch bei Leichtfertigkeit gemäß § 119 Abs. 6 WpHG bezieht sich nur auf die insiderrechtliche Vorschrift des § 119 Abs. 2 WpHG.
[91] § 120 Abs. 15 Nr. 2 WpHG (Tatobjekte der MAR) und Abs. 2 Nr. 3 WpHG (Tatobjekte des § 25 WpHG). Ausführlich zur subjektiven Tatseite *Veil* ZGR 2016, 305 ff.; *von Buttlar/Hammermaier* ZBB 2017, 1 ff.; vgl. auch → § 28 Rn. 80 ff.
[92] Dazu → Rn. 144 ff.
[93] Erwägungsgrund 4 MAR.
[94] Erwägungsgrund 41 MAR.

technischen Versagens oder eines Handelsauftrags, der nicht ausgeführt wird."[95] In Bezug auf die **informationsgestützte Marktmanipulation** sind mehrere Versuchskonstellationen denkbar. Zum einen kann die Verbreitung der falschen oder irreführenden Informationen, beispielsweise aus technischen Gründen, scheitern.

> Ein Tweet oder Facebook-Post mit falschen oder irreführenden Informationen erscheint aus technischen Gründen nicht auf der Seite des Täters. Der Täter hatte aber den Button zum Absenden oder Posten betätigt.
>
> Eine E-Mail oder ein Fax mit einem „Börsenbrief" wird aus technischen Gründen überhaupt nicht versandt.

57 Zum Anderen kann es an der Verwirklichung weiterer Tatbestandsmerkmale fehlen.

> Der Täter verbreitet zwar Informationen, diese sind entgegen der Vorstellung des Täters jedoch weder falsch noch irreführend.
>
> Der Täter verbreitet zwar falsche oder irreführende Informationen, es ist jedoch entgegen der Vorstellung des Täters nicht wahrscheinlich, dass diese falsche oder irreführende Signale geben.

58 Praxisrelevante Folgefragen ergeben sich aus dem deutschen „Umsetzungsgesetz", dem 2. FiMaNoG. Die versuchte Marktmanipulation stellt sowohl in Form einer Manipulation an **Tatobjekten der MAR** als auch in Form einer Manipulation an **Tatobjekten nach § 25 WpHG** nach dem WpHG in der Fassung des 2. FiMaNoG sowohl eine **Straftat**[96] als auch eine **Ordnungswidrigkeit**[97] dar.

59 Der Straftatbestand ist vollendet, wenn der Täter durch die Manipulation tatsächlich auf den Preis des Tatobjekts einwirkt.[98] In **Fällen fehlender Preiseinwirkung** bei Verstößen gegen die MAR gelangt man also nicht (wie nach dem alten deutschen Recht) automatisch zur Ordnungswidrigkeit. Es bleibt die Versuchsstrafbarkeit zu prüfen; handelt der Täter vorsätzlich, hat er sich bei Vorliegen aller übrigen Voraussetzungen wegen des Versuchs der Marktmanipulation strafbar gemacht. Für die – vollendete – Ordnungswidrigkeit ist daneben nach § 21 OWiG grundsätzlich kein Raum.[99]

IV. Scalping

60 Das Unrecht des oben unter → Rn. 3 definierten Scalping besteht in der Abgabe einer Stellungnahme ohne Offenbarung eines Interessenkonflikts und dem anschließenden Ausnutzen der Auswirkungen dieser Stellungnahme.[100]

> Typischer Fall sind Kaufempfehlungen. Der Empfehlende verschweigt, dass er die (meist) Aktie selbst hält und kann seine Aktien aufgrund der nach der Empfehlung einsetzenden Nachfrage teurer verkaufen.

[95] Erwägungsgrund 41 MAR.
[96] §§ 119 Abs. 4, Abs. 1; 120 Abs. 2 Nr. 3 (Tatobjekte des § 25 WpHG), Abs. 15 Nr. 2 WpHG (Tatobjekte der MAR).
[97] § 120 Abs. 2 Nr. 3 (Tatobjekte des § 25 WpHG), Abs. 15 Nr. 2 WpHG (Tatobjekte der MAR).
[98] § 119 Abs. 1 Nr. 1–4 WpHG; → § 28 Rn. 73.
[99] OLG Hamm NStZ-RR 2010, 87; *Mitsch* in KKOWiG § 21 Rn. 5; → § 29 Rn. 21 ff.
[100] Die deutsche Strafrechtsdogmatik ordnet das Scalping als Begehungs- und nicht als Unterlassungsdelikt ein, vgl. OLG München NJW 2011, 3664; ausführlich → § 28 Rn. 73 und → § 29 Rn. 28.

Selbst wenn die zugrundeliegende Empfehlung richtig ist, bewegt sie sich im Dunstkreis des Scalping, solange der Empfehlende eine Position innehat und dies nicht offenbart. Dagegen begründen „schlechte" Empfehlungen oder sonst unbrauchbare Stellungnahmen keinen Scalping-Vorwurf, solange der zugrunde liegende Interessenkonflikt offenbart wird.

Der Wortlaut der MAR ist bis auf die Erweiterung des Anwendungsbereichs auf Waren- **61**
Spot-Kontrakte und auf Emissionszertifikaten beruhenden Auktionsobjekte mit dem Wortlaut der MAD 2003 zum Scalping identisch. Der Rechtsanwender ist also wesentlich freier, auf die Erläuterungen und Entscheidungen zum bisher geltenden deutschen Recht zurückzugreifen. Im Vergleich zum alten deutschen Recht ergibt sich aber eine erhebliche Einschränkung durch das Erfordernis des „Nutzenziehens" (dazu → Rn. 83).

1. Eingehen einer Position

Scalping setzt zunächst voraus, dass Positionen in einem Finanzinstrument oder anderen **62**
Tatobjekt eingegangen wurden. Unerheblich ist, mit wie viel Vorlauf die Position aufgebaut wurde oder wie groß sie ist.[101] Es geht nur darum, dass ein Interessenkonflikt aufgrund der Position besteht. Keinen Scalping-Vorwurf begründen daher Positionen, die erst nach der Tathandlung eingegangen werden. Die MAR ist in diesem Punkt eindeutig („zuvor");[102] solche Fälle sind also über die anderen Verbotsvarianten zu erfassen.

Auch Positionen **unterhalb eines Anteils von 5 %** am Grundkapital des Emittenten **63**
sind erfasst. Dies hat der BGH zum alten deutschen Recht klargestellt.[103] Die dortigen Angeklagten hatten sich mit einer Parallele zum Recht der Finanzanalysten verteidigen wollen. Nach der alten Durchführungsrichtlinie 2003/125/EG mussten Finanzanalysten Beteiligungen am analysierten Emittenten nur dann angeben, wenn die Beteiligung höher als 5 % lag.[104] Der BGH sah jedoch zu Recht keine Anhaltspunkte, die analystenspezifische Regelung zur Begrenzung der Strafbarkeit wegen Scalpings heranzuziehen. Dieser Sichtweise ist auch nach der Europäisierung des Tatbestands beizupflichten.

Offensichtlichster Fall des Eingehens einer Position ist der **Erwerb** des Finanzinstru- **64**
ments. Der Wortlaut „Positionen" geht jedoch darüber hinaus und erfasst auch Short-Positionen, also Verkaufspositionen in dem Finanzinstrument selbst.

> Im Frühjahr 2016 kam es zu erheblich negativen Äußerungen einiger bis dato unbekannter Analysehäuser über die Aktien der Ströer SE und der Wirecard AG sowie über die Unternehmen selbst.[105] Sollten dort vor derartigen Äußerungen beispielsweise Leerverkaufspositionen bestanden haben, wäre dies offenzulegen gewesen.

Sinn und Zweck des Verbots gebieten jedoch eine noch weitere Auslegung. Der Begriff **65**
„Positionen bei diesem Finanzinstrument" oder in der englischen Sprachfassung „positions on that financial instrument" muss mit Blick auf den Schutzzweck **auch Derivate** mit Bezug auf dieses Finanzinstrument erfassen.[106] Der Anleger soll sich selbst ein Bild machen können, ob die Stellungnahme möglicherweise (auch) von wirtschaftlichen Interessen geleitet war.[107] Dieses Interesse besteht auch und oft erst Recht, wenn es um Positionen in (aus Sicht des Scalpers am besten stark gehebelten) Derivaten geht.

Der Halter der Position und der Äußerer der Stellungnahme müssen nicht notwendig **66**
identisch sein. Die MAR formuliert abstrakt („Positionen eingegangen wurden") und

[101] So zum alten deutschen Recht auch *Stoll* in KölnKomm WpHG § 20a Anh. I § 4 MaKonV Rn. 36; *de Schmidt* in JVRB WpHG § 20a Rn. 242.
[102] Vgl. zum alten deutschen Recht *Stoll* in KölnKomm WpHG § 20a Anh. I § 4 MaKonV Rn. 37.
[103] BGH NJW 2014, 1896.
[104] Diese Vorgabe war in § 5 Abs. 3 S. 1 Nr. 1, S. 2 der alten FinAnV umgesetzt.
[105] Wirtschaftswoche vom 29.4.2016.
[106] So auch *Grundmann* in GroßkommHGB Bd. XI Bankvertragsrecht 6. Teil Rn. 467.
[107] *Stoll* in KölnKomm WpHG § 20a Anh. I § 4 MaKonV Rn. 36; *de Schmidt* in JVRB WpHG § 20a Rn. 241.

schreibt **keine Personenidentität** vor. Scalping ist auch nach Auffassung des BGH ein Jedermanns-Delikt, für das die allgemeinen Kriterien von Täterschaft und Teilnahme gelten.[108] Dem ist mit Blick auf den Schutzzweck zuzustimmen. Es macht für die Anleger keinen Unterschied, ob die Empfehlung möglicherweise durch direkte wirtschaftliche Interessen des Empfehlenden beeinflusst ist oder ob die Gefahr aus indirekten wirtschaftlichen Interessen folgt.[109] Arbeitsteiliges Vorgehen kann unter Umständen sogar gefährlicher als die Tat eines Einzelnen sein – zum Beispiel, wenn sich eine prominente Stimme mit potenten Geldgebern zusammentut.

67 Die englische und französischen Sprachfassungen der MAR könnten Anlass zu einer nochmaligen Auseinandersetzung mit dieser Rechtsprechung geben. Beide Fassungen formulieren nicht so passivisch wie die deutsche, sondern gebieten die Offenlegung „while having taken positions" bzw. „après avoir pris des positions". Diese Passage könnte im Sinne einer Personenidentität verstanden werden, wenn die Worte „take" und „psendre" in Bezug auf die empfehlende Person zu setzen wären.

2. Zugang zu Medien

68 Scalping setzt weiter die Ausnutzung eines gelegentlichen oder regelmäßigen Zugangs zu den traditionellen oder elektronischen Medien voraus. Das Merkmal erfasst im Grunde jede denkbare Medienart und hat daher **keine begrenzende Funktion** mehr.[110] Vom Regelbeispiel nicht gemeint sind jedoch Äußerungen im Rahmen persönlicher Kommunikation, beispielsweise auf Fachvorträgen oder ähnlichen Veranstaltungen. Das heißt jedoch nicht, dass sie keine Marktmanipulation darstellen können, ihnen fehlt lediglich die Indizwirkung des Regelbeispiels. Solche Äußerungen dürften zwar nur in besonderen Fällen zu den vom Scalper gewünschten Kursbewegungen führen. *De Schmidt* erwähnt jedoch zu Recht Äußerungen gegenüber institutionellen Anlegern und Äußerungen zu besonders marktengen Werten.[111] In solchen Fällen können auch die Reaktionen einiger weniger Marktteilnehmer den Kurs bewegen.[112]

> Beispiele für Scalping-Fälle sind nach den Jahresberichten der BaFin neben Äußerungen in SPAM-Mails auch Börsenfachmagazine, sogenannte Börsenbriefe[113], Anrufe aus Call-Centern, Smartphone-Apps, Telefaxe und Äußerungen im TV[114].

3. Abgabe einer Stellungnahme

69 Tathandlung des Scalping ist nach der deutschen Fassung der MAR die Abgabe einer „Stellungnahme" zum Tatobjekt oder dessen Emittenten. Die frühere deutsche Tatbestandsvariante „Kundgabe eines Gerüchtes"[115] entfällt. Aus den englischen („opinion"), spanischen („opinión"), niederländischen („mening") und französischen („avis") Sprachfassungen wird klar, dass mit dem Begriff „Stellungnahme" die Abgabe einer „**Meinung**", „Ansicht" oder „Einschätzung" gemeint ist. Die Auffassung in der deutschen Literatur, die Aussage müsse nicht zwingend ein wertendes Element enthalten,[116] dürfte damit nicht mehr vertretbar sein.

---

[108] BGH NJW 2014, 1896 (1898); OLG München NJW 2011, 3664; *de Schmidt* in JVRB WpHG § 20a Rn. 246; ausführlich → § 28 Rn. 69 ff.
[109] *De Schmidt* in JVRB WpHG § 20a Rn. 245.
[110] *De Schmidt* in JVRB WpHG § 20a Rn. 238.
[111] *De Schmidt* in JVRB WpHG § 20a Rn. 240.
[112] Die Leitentscheidung des BGH zum Scalping BGHSt 48, 373 = NJW 2004, 302 betraf einen Fall von Empfehlungen an wenige institutionelle Anleger.
[113] Dazu LG Berlin (519) 3 Wi Js 1665/07 KLs (03/09) n. v.
[114] Dazu auch BGH NJW 2014, 1896.
[115] § 4 Abs. 2 Nr. 2 MaKonV.
[116] *De Schmidt* in JVRB WpHG § 20a Rn. 239; *Stoll* in KölnKomm WpHG § 20a Anh. I § 4 MaKonV Rn. 35.

Es sind also zunächst **direkte Empfehlungen** gemeint („Kaufen", „Halten", „Verkaufen" oä), aber auch **indirekte Empfehlungen** sind erfasst. Darunter sind Äußerungen zu verstehen, aus denen sich auf eine Empfehlung schließen lässt.[117] Dies können Kursziele[118] aber auch jegliche sonstigen Äußerungen sein, die hinreichend deutlich machen, wie der Äußerende die zukünftige Entwicklung einschätzt. Maßgeblich ist auch hier der Horizont des verständigen Anlegers.[119] Die BaFin hat in ihrem Rundschreiben vom 21.12.2007 zur Auslegung einzelner Begriffe im Zusammenhang mit der Finanzanalyse unter Punkt 2. einige Beispiele indirekter Empfehlungen gegeben („Outperformer", „Tipp des Tages" uam.).[120] Die Kundgabe von **Tatsachen** im Gegensatz zu Werturteilen wird aufgrund des klaren Wortlauts aller Sprachfassungen außer der deutschen nur erfasst, wenn sie eine indirekte Empfehlung darstellt. Die Abgrenzung ist anhand der konkreten Umstände des Einzelfalls zu vorzunehmen. 70

Wann eine Stellungnahme (scil.: Meinung, Einschätzung, Ansicht) **„abgegeben"** ist, regelt die MAR nicht. Zur alten deutschen Terminologie der „Kundgabe" wurde (um Bagatellfälle auszunehmen) vertreten, die Stellungnahme müsse „ein Mindestmaß an Publizität" aufweisen[121] bzw. es müsse ein „gewisses Maß an Exklusivität" im Medienzugang bestehen.[122] Für diese einschränkende Auslegung der „Abgabe" bietet die MAR jedoch keine Anhaltspunkte. Vielmehr ist eine „Stellungnahme" bereits dann abgegeben, wenn sie die **Sphäre des Äußernden verlassen hat**. Die englische Sprachfassung unterstützt diese Auslegung, da danach das „voicing", der „opinion" erforderlich ist. Dies deutet ebenfalls lediglich auf ein Verlassen der Sphäre des Äußernden hin. 71

Dies wird bei einer E-Mail oder einem Fax in aller Regel mit Versand, bei Forumsbeiträgen mit dem Posten des Beitrags geschehen. Werden Unterlagen im Internet verfügbar gemacht, liegt die Abgabe im Abschluss des Uploads. Bei Äußerungen im TV oder in einer Sendung auf Youtube oä liegt die „Abgabe" jedenfalls bei Liveübertragungen im Aussprechen der Empfehlung. Bei Aufzeichnungen wird man wohl zum gleichen Ergebnis gelangen, wenn der Äußernde die Ausstrahlung nicht mehr verhindern kann. Dagegen werden ein im Entwurfsordner gespeicherter Entwurf einer E-Mail oder die Aufzeichnung einer Äußerung, deren Ausstrahlung der Äußernde nach Belieben verhindern kann, noch keine „Abgabe" begründen. 72

Bezugspunkt der Stellungnahme kann neben dem Finanzinstrument oder sonstigen Tatobjekt auch dessen jeweiliger Emittent sein. 73

Wiederum bieten sich die Beispiele Ströer SE und Wirecard AG an. Die negativen Äußerungen waren Großteils nicht direkt auf die Aktien oder andere Finanzinstrumente bezogen, sondern betrafen Vorgänge bei den beiden Emittenten, wie Vorwürfe zu Falschmeldungen von Unternehmenszahlen, zur fehlenden Unabhängigkeit des Aufsichtsrats und Zweifel am Geschäftsmodell (Ströer) oder zu angeblichem betrügerischem Gebaren gegenüber Geschäftspartnern (Wirecard).

[117] Vgl. *de Schmidt* in JVRB WpHG § 20a Rn. 239; CESR's Advice on Level 2 Implementing Measures for the proposed Market Abuse Directive, CESR/02-89d, Dezember 2002, S. 26.

[118] Erwägungsgrund 2 der alten Richtlinie 2003/125/EG.

[119] *Teigelack* S. 165.

[120] Geschäftszeichen WA 36 – Wp-2002-2007/0006, abrufbar unter http://www.bafin.de/SharedDocs/Veroeffentlichungen/DE/Auslegungsentscheidung/WA/ae_071221_34bwphg.html, Abruf vom 1.3.2018.

[121] *Vogel* in Assmann/Schneider WpHG § 20a Rn. 234; danach sollte eine E-Mail an wenige Adressaten nicht ausreichen.

[122] *Stoll* in KölnKomm WpHG § 20a Anh. I § 4 MaKonV Rn. 34.

4. Ohne Mitteilung des Interessenkonflikts

74 Scalping setzt ferner voraus, dass der „Öffentlichkeit [nicht] gleichzeitig dieser Interessenkonflikt ordnungsgemäß und wirksam mitgeteilt wird." Die MAR belässt es bei diesen unbestimmten Rechtsbegriffen, die somit am Regelungsziel orientiert auszulegen sind (dazu → Rn. 9 f.). Regelungsziel des Scalping-Tatbestandes ist es, den **verständigen Anleger**[123] in die Lage zu versetzen, sich ein vollständiges Bild von den Beweggründen hinter der Empfehlung zu machen. Es muss also zum einen erwartet werden können, dass der verständige Anleger die Offenlegung gleichzeitig mit der Empfehlung **wahrnehmen** und ihren Inhalt **verstehen** kann.

75 Die **Wahrnehmung** kann bereits daran scheitern, dass die Informationen zu klein gedruckt sind oder an einer Stelle erscheinen, an der nicht mit ihnen zu rechnen ist. Auch eine Offenlegung in einer nicht lesbaren Schriftart kann der verständige Anleger nicht wahrnehmen.[124] Wann auch der verständige Anleger die Offenlegung nicht mehr **verstehen** kann, ist nicht leicht zu beurteilen. Hier bietet sich ein Rückgriff auf das Prospektrecht an, denn auch Prospekte sind nach § 5 Abs. 1 WpPG in „leicht analysierbarer und verständlicher Form" abzufassen. Einzelheiten sind anhand des jeweiligen Einzelfalls zu beurteilen.

76 Die MAR schreibt darüber hinaus vor, den Interessenkonflikt zumindest **gleichzeitig** mit der Empfehlung offenzulegen. Eine wie auch immer geartete **Verlinkung** zu den Angaben **verfehlt** diese Anforderungen bereits nach dem Wortlaut der Verordnung.[125] Eine Verlinkung stünde zudem der „wirksamen" Offenlegung im Wege, weil es auf den Zugang des Anlegers zum Internet ankäme, um die Offenlegung wahrzunehmen.[126] Zwar ist es Finanzanalysten teilweise erlaubt, zu den Pflichtangaben zu verlinken; daraus ist jedoch nicht zu schließen, dass dies auch für die Marktmanipulation statthaft ist. Näher liegt vielmehr der Gegenschluss, der zudem durch den eindeutigen Wortlaut gestützt wird.[127]

77 Bei **nicht schriftlichen Empfehlungen**, wie beispielsweise in einer TV-Sendung oder ähnlichen Kanälen, im Radio oder auf einer Telefonkonferenz fällt der gleichzeitige Hinweis besonders schwer. Bei Bildübertragungen kann ein Textlaufband den Anforderungen genügen. Ist nur die Stimme des Empfehlenden zu hören, lässt sich vertreten, dass der Sprecher den Hinweis auf den Interessenkonflikt unmittelbar vor der Empfehlung selbst geben muss. Verweise oder Verlinkungen sind jedoch nicht statthaft.

78 Hat jemand eine meldepflichtige **Leerverkaufsposition** ordnungsgemäß gemeldet,[128] ist dieser Umstand dennoch vor Abgabe jeder „Stellungnahme" zu wiederholen. Ansonsten käme es für die Wahrnehmung durch den Anleger darauf an, ob der Anleger die Veröffentlichung der Leerverkaufsposition wahrgenommen hat. Ferner wäre die Mitteilung des Interessenkonflikts **nicht gleichzeitig** erfolgt.

79 **Abstrakte Hinweise** auf mögliche Interessenkonflikte **verfehlen** ebenfalls die Anforderungen der MAR. Oft ist in der Praxis ein pauschaler Disclaimer zu lesen, wonach der Äußernde Positionen halten „kann" oder dies „nicht ausgeschlossen" sei. Der Wortlaut der Verordnung fordert jedoch, „diesen Interessenkonflikt" (englisch: „that conflict") offenzulegen. Damit ist der konkrete Konflikt gemeint, der sich auf die konkrete Empfehlung ausgewirkt haben kann. Der Anleger soll jede Empfehlung einzeln bewerten können und nicht lediglich einen pauschalen Abschlag von der Glaubwürdigkeit des Empfehlenden machen müssen.[129]

[123] So auch *Stoll* in KölnKomm WpHG § 20a Anh. I § 4 MaKonV Rn. 39.
[124] *De Schmidt* in JVRB WpHG § 20a Rn. 248.
[125] So auch *de Schmidt* in JVRB WpHG § 20a Rn. 249.
[126] *De Schmidt* in JVRB WpHG § 20a Rn. 249.
[127] Art. 3 Abs. 2; 4 Abs. 2; 6 Abs. 4 und 9 Abs. 2 der Delegierten Verordnung (EU) 2016/958.
[128] Die Meldepflicht für bestimmte Positionen folgt aus der „Leerverkaufsverordnung" (EU) Nr. 236/2012, ABl. EU Nr. L86 v. 24.3.2012 S. 1 ff.
[129] Zu § 20a WpHG aF BGH NJW 2014 1896 (1899); OLG München NZG 2011, 1228; *de Schmidt* in JVRB WpHG § 20a Rn. 250; *Stoll* in KölnKomm WpHG § 20a Anh. I § 4 MaKonV Rn. 39.

80 Teilweise wird mit Blick auf die Wirksamkeit der Offenlegung vertreten, dass in manchen Fällen nicht nur das „Ob", sondern auch die **Höhe der Position** offenzulegen sei.[130] Der Wortlaut der MAR bietet dafür keine Anhaltspunkte und auch der Regelungszweck dürfte keine solche Offenlegung erfordern. Dem verständigen Anleger wäre mit einer solchen zusätzlichen Offenlegung nur geholfen, wenn es eine Grenze zwischen „normalen" und „besonderen" Interessenkonflikten gäbe. Diese Grenze ließe sich nicht schematisch (Grenzwerte der Beteiligungstransparenz) ermitteln, sondern allenfalls anhand der Umstände des konkreten Einzelfalls (Marktkapitalisierung des Emittenten, Vermögensverhältnisse desjenigen, der die Position eingegangen ist, Anzahl der verfügbaren Finanzinstrumente oder anderen Tatobjekte). Angaben zu all' diesen Umständen zu verlangen, ginge jedoch über den Wortlaut der Verordnung hinaus und begründet daneben erhebliche Bedenken in Bezug auf die Bestimmtheit.[131]

81 Zum alten deutschen Recht war umstritten, ob eine etwaige **Verkaufsabsicht** ebenfalls offenzulegen ist, wenn der Empfehlende eine Long-Position hält.[132] Der BGH hat die Frage ausdrücklich offengelassen.[133] Der Wortlaut der MAR liefert keine Anhaltspunkte in diese Richtung. Der Begriff „dieser Interessenkonflikt" bezieht sich sprachlich darauf, dass „Positionen eingegangen wurden"; von den Absichten in Bezug auf diese Positionen ist dagegen keine Rede.

82 Im Ergebnis spricht mehr **gegen eine solche Offenlegungspflicht**. Die deutsche Literatur argumentierte systematisch: Bei Kaufempfehlungen sei stets miterklärt, dass die Empfehlung nicht mit eigennützigen Zwecken behaftet sei; liege der Interessenkonflikt aber genau in diesem eigennützigen Zweck (Verkaufsabsicht), dann sei der Konflikt auch in dieser Form anzugeben.[134] Dieses systematische Argument zum deutschen Recht kann nach der Europäisierung des Scalpings die Pflicht zur Angabe von Verkaufsabsichten nicht mehr begründen. Ein weiteres systematisches Argument zum alten deutschen Recht lautete, der Gesetzgeber habe bereits die nicht offengelegte Beteiligung als sonstige Täuschungshandlung eingestuft; dann müsse erst recht eine Täuschung vorliegen, wenn zu der fehlenden Offenlegung eine Verkaufsabsicht trete.[135] Zum Scalping nach der MAR wird sich dieses Argument nicht aufrechterhalten lassen. Denn die MAR nennt nicht bereits die fehlende Offenlegung als Regelbeispiel, sondern der Täter muss außerdem Nutzen aus den Auswirkungen seiner Stellungnahme ziehen, also in der Regel die Position schließen (dazu sogleich → Rn. 83). Der verständige Anleger kann sich ferner bereits bei Angabe der Position ein ausreichendes Bild vom Interessenkonflikt machen.

5. Nutzen aus den Auswirkungen der Stellungnahme auf den Kurs ziehen

83 Die MAR setzt schließlich voraus, dass der Täter Nutzen aus den Auswirkungen der Stellungnahme zieht.[136] Die MAD 2003 hatte den gleichen Wortlaut,[137] das „Nutzenziehen" fehlte jedoch in der alten deutschen MaKonV.[138] Daher wurde zum alten deutschen Recht vertreten, es sei nicht notwendig, dass der Täter die Position schließe.[139] Diese

[130] *De Schmidt* in JVRB WpHG § 20a Rn. 251; *Stoll* in KölnKomm WpHG § 20a Anh. I § 4 MaKonV Rn. 38.
[131] Zur Bestimmtheit der Tatbestände → § 28 Rn. 11 ff.
[132] Dafür *de Schmidt* in JVRB WpHG § 20a Rn. 251; *Haouache/Mülbert* in Habersack/Mülbert/Schlitt, HdB der Kapitalmarktinformation, § 27 Rn. 55; dagegen *Stoll* in KölnKomm WpHG § 20a Anh. I § 4 MaKonV Rn. 39; *Vogel* in Assmann/Schneider WpHG § 20a Rn. 234.
[133] BGH NJW 2014, 1896 (1899).
[134] *De Schmidt* in JVRB WpHG § 20a Rn. 247 mit Rückgriff auf BGH NJW 2014, 1896 (1900).
[135] *De Schmidt* in JVRB WpHG § 20a Rn. 247.
[136] Art. 12 Abs. 2 lit. d) MAR.
[137] Art. 1 Abs. 2 lit. c) dritter Spiegelstrich MAD 2003.
[138] § 4 Abs. 3 Nr. 2 MaKonV. Auch die Vorgängervorschrift des § 3 Abs. 3 Nr. 2 KuMaKV enthielt kein solches Erfordernis. Ausweislich der Begründung zur MaKonV wollte der Verordnungsgeber die Vorgaben der MAD 2003 umsetzen; die Begründung schweigt jedoch zum „Nutzen ziehen".
[139] *De Schmidt* in JVRB WpHG § 20a Rn. 243.

Ansicht dürfte nicht mehr zu halten sein. Der Wortlaut der MAR ist eindeutig. Es muss Auswirkungen auf den Kurs gegeben haben und der Täter muss diese Auswirkungen **zu seinen Gunsten** ausgenutzt haben. Die englische und die französische Sprachfassung bestätigen diesen Befund. Dort wird das Nutzen ziehen mit „profiting subsequently from the impact of the opinions voiced on the price of that instrument" und „profiter par la suite de l'impact dudit avis sur le cours de cet instrument..." umschrieben. Schließt der Täter die Position nicht, hat aber die Stellungnahme bereits abgegeben, liegt allerdings eine Versuchsstrafbarkeit nahe.

§ 14 Handels- und handlungsgestützte Manipulation

Übersicht

Literatur

Allen/Gale, Stock-Price Manipulation, 5 Rev. of Fin. Studies, 503 (1992); *Avgouleas*, The Mechanics and Regulation of Market Abuse – A Legal and Economic Analysis, Oxford 2005; *Bator*, Die Marktmanipulation im Entwurf zum Finanzmarktnovellierungsgesetz – unionsrechtskonform?, BKR 2016, 1; *Brammsen*, Marktmanipulation (§ 38 Abs. 2 WpHG) „über die Bande" – Das perfekte „Delikt"?, WM 2012, 2134; *Eichelberger*, Das Verbot der Marktmanipulation (§ 20a WpHG), Berlin 2006, *Fischel/Ross*, Should the Law Prohibit „Manipulation" in Financial Markets", 105 Harv. L. Rev., 503 (1991); *Fleischer/Bueren*, Cornering zwischen Kapitalmarkt- und Kartellrecht, ZIP 2013, 1253; *Flothen*, Marktmanipulation und Kurspflege: Eine Konkretisierung unter Berücksichtigung des § 20a WpHG und der MaKonV, Baden-Baden 2009; *Hopt/Rudolph/Baum* (Hrsg.), Börsenreform – Eine ökonomische, rechtsvergleichende und rechtspolitische Untersuchung, Stuttgart 1997; *Kasike*, Marktmissbräuchliche Strategien im Hochfrequenzhandel, WM 2014, 1933; *Klöhn*, Marktmanipulation auch bei kurzfristiger Kursbeeinflussung – das „IMC Securities"-Urteil des EuGH, NZG 2011, 934; *Köpferl/Wegner*, Marktmissbrauch durch einen Sprengstoffanschlag? – Überlegungen zu Marktmanipulation und Insiderhandel am Beispiel des Anschlags auf den Mannschaftsbus von Borussia Dortmund –, WM 2017, 1924; *Lenzen*, Unerlaubte Eingriffe in die Börsenkursbildung, Frankfurt 2000, *Lowenfels/Bromberg*, Securities Market Manipulations: An Examination and Analysis of Domination and Control, Frontrunning, and Parking, 55 Alb. L. Rev. 193, 196 (1991); *Poelzig*, Insider- und Marktmanipulationsverbot im neuen Marktmissbrauchsrecht, NZG 2016, 526; *Möllers*, Die juristische Aufarbeitung der Übernahmeschlacht VW-Porsche – ein Überblick, NZG 2014, 361; *Poller*, Neuer Sanktionsrahmen auf dem Gebiet der Marktmanipulation nach dem aktuellen europäischen Marktmissbrauchsrecht – Europarechtskonformität des 1. FiMaNoG, abrufbar unter: http:/telc.jura.uni-halle.de/de/node/23; *Schmolke*, Das Verbot der Marktmanipulation nach dem neuen Marktmissbrauchsregime – Ziele, Kennzeichen und Problemlagen der Neuregelung in Art. 12 f., 15 MAR, AG 2016, 434; *Schultheiß*, Die Neuerungen im Hochfrequenzhandel, WM 2013, 596; *Teigelack/Dolff*, Kapitalmarktrechtliche Sanktionen nach dem Regierungsentwurf eines Ersten Finanzmarktnovellierungsgesetzes – 1. FiMaNoG, BB 2016, 387; *Thel*, Regulation of Manipulation Under Section 10(b): Security Prices and the Text of the Securities Exchange Act of 1934, Colum. Bus. L. Rev. 359 (1988); *Thel*, $ 850,000 in Six Minutes – The Mechanics of Securities Manipulation, 79 Cornell L. Rev. 219 (1994); *Tountopolous*, Marking the Close nach Europäischem Kapitalmarktrecht, WM 2013, 351; *Veil/Koch*, Auf dem Weg zu einem Europäischen Kapitalmarktrecht: die Vorschläge der Kommission zur Neuregelung des Marktmissbrauchs, WM 2011, 2297; *Veil*, Sanktionsrisiken für Emittenten und Geschäftsleiter im Kapitalmarktrecht, ZGR 2016, 305; *Waschkeit*, Marktmanipulation am Kapitalmarkt: ein Beitrag zur Neuregelung des Verbots der Marktmanipulation unter Berücksichtigung amerikanischer Erfahrungen und europäischer Vorgaben, Baden-Baden 2007; *Ziouvas*, Das neue Recht gegen Kurs- und Marktmanipulation im 4. Finanzmarktförderungsgesetz, ZGR 2003, 113.

I. Überblick

1 Im Fokus dieses Kapitels stehen die Manipulationsstrategien der handels- und handlungsgestützten Marktmanipulation.[1] Diese werden in Art. 12 Abs. 1 lit. a) und b) MAR[2] geregelt. Die handelsgestützte Marktmanipulation zeichnet sich durch das Aussenden falscher Signale an den Kapitalmarkt durch tatsächliche Transaktionen aus. Häufig sind daher Marktteilnehmer betroffen, die aktiv Eigen- und Kundenhandel betreiben. Eine größere Wirkung kann in illiquiden Märkten erzielt werden, da dort schon kleinere Order Einfluss auf den Kurs nehmen können.[3] Bei der handlungsgestützten Marktmanipulation wird Einfluss auf den inneren Wert eines tauglichen Manipulationsobjekts genommen.

2 Beide Begehungsformen des Verbots der Marktmanipulation waren bisher national in § 20a WpHG aF geregelt. Durch die unmittelbar Anwendung findende Neuregelung in der MAR (Art. 288 Abs. 2 AEUV) ergeben sich etliche Änderungen. Die wesentlichen Grundpfeiler des dem deutschen Rechtsanwender bekannten Rechts zur Marktmanipulation bleiben jedoch bestehen. Zu großen Teilen ist der Wortlaut dem Rechtsanwender vertraut. Durch die Erweiterung der Tatbestände in Art. 12 Abs. 1 lit. a) und b) MAR wird allerdings das Bestreben des Verordnungsgebers zum Ausdruck gebracht, weitere Manipulationshandlungen und auch sich noch in Zukunft möglicherweise etablierende Manipulationshandlungen zu erfassen.[4]

[1] Diese Systematisierung hat ihren Ursprung in der ökonomischen Literatur, *Fleischer* in Fuchs WpHG § 20a Rn. 4.

[2] Verordnung (EU) Nr. 596/2014 des Europäischen Parlaments und des Rates vom 16. April 2014 über Marktmissbrauch (Marktmissbrauchsverordnung) und zur Aufhebung der Richtlinie 2003/6/EG des Europäischen Parlaments und des Rates und der Richtlinien 2003/124/EG, 2003/125/EG und 2004/72/EG der Kommission, ABl. EU Nr. L173 v. 12.6.2014 S. 1 ff. (MAR).

[3] BaFin Jahresbericht 2008 S. 156.

[4] Erwägungsgrund 38 MAR.

Der erweiterte Anwendungsbereich des Marktmanipulationsverbots wird im Grundlagenteil zur Marktmanipulation erläutert.[5] Strafbar sind sowohl die Vollendung des Delikts wie auch der Versuch.[6] Das Verbot kann sowohl als Einzeltäter als auch gemeinschaftlich verwirklich werden.[7] **3**

II. Auslegung und Systematik

1. Systematik

Die Tatbestände des Art. 12 Abs. 1 MAR werden in einer gestuften Regelungstechnik konkretisiert. Art. 12 Abs. 1 MAR enthält Basisdefinitionen für sämtliche Formen der Marktmanipulation. In Abs. 2 werden verbindliche Tatbestandskonkretisierungen formuliert. Teilweise wird auch von Regelbeispielen gesprochen.[8] Einigkeit besteht dahingehend, dass einer der Tatbestände in Art. 12 Abs. 1 MAR nicht erfüllt sein muss, sofern eines der Regelbeispiele in Art. 12 Abs. 2 MAR einschlägig ist.[9] Abs. 3 verweist sodann auf Anhang I MAR, der eine nicht erschöpfende Aufzählung von Indikatoren in Bezug auf Art. 12 Abs. 1 lit. a) und b) MAR enthält. In Abs. 5 wird der Kommission die Befugnis übertragen, die Indikatoren in delegierten Rechtsakten zu konkretisieren. Davon hat die Kommission mit der Delegierten Verordnung (EU) 2016/522 vom 17. Dezember 2015 Gebrauch gemacht.[10] Die dort aufgeführten Beispiele müssen nicht zwingend den Tatbestand der Marktmanipulation erfüllen.[11] Darüber hinaus können auf Level 3 weitere Maßnahmen verabschiedet werden.[12] **4**

Die Systematisierung der Tatbestände sowie der einzelnen Praktiken, welche sowohl in Art. 12 Abs. 2 MAR sowie der Delegierten Verordnung aufgeführt werden, ist noch offen. Herkömmlich wurde in Anlehnung an die ökonomische Forschung zwischen informations-, handels- und handlungsgestützten Strategien unterschieden. Diese Unterscheidung stößt bei dem gegebenen Tatbestand an ihre Grenzen. Die Schwierigkeiten ergeben sich zum einen aus dem weiten Wortlaut des Tatbestandes. Zum anderen bemüht sich der Verordnungsgeber in der Delegierten Verordnung nicht um eine Systematisierung der einzelnen Beispiele. Etliche können sowohl Art. 12 Abs. 1 lit. a) als auch b) MAR unterfallen. Für den Rechtsanwender erhöht dies die Schwierigkeit, erlaubtes von verbotenem Verhalten abzugrenzen. Erschwert wird dies zudem durch die Erstreckung des Tatbestands auf den Versuch. Der Verordnungsgeber nimmt dadurch die Überabschreckung der Kapitalmarktteilnehmer in Kauf.[13] **5**

Erforderlich ist eine Abgrenzung der Tatbestände in Art. 12 Abs. 1 lit. a)-d) MAR, da diese unterschiedliche Tatbestandsmerkmale und Ausschlussgründe vorsehen. Art. 12 Abs. 1 lit. a) gewährt die Ausschlussgründe der „legitimen Gründe" sowie der „zulässigen **6**

---

5 → § 12 Rn. 19.

6 Art. 15 MAR, so zB bei einem technischen Versagen, *Zetzsche* in Gebauer/Teichmann EnzEuR Bd. VI § 7 C Rn. 66.

7 Erwägungsgrund 39 MAR nennt als Beispiel kooperierende Makler.

8 *Poelzig* NZG 2016, 528 (536); *Renz/Leibold* CCZ 2016, 157 (167); *Zetzsche* in Gebauer/Teichmann EnzEuR Bd. VI § 7 C Rn. 62; *Grundmann* in GroßkommHGB Bd. XI Bankvertragsrecht 6. Teil Rn. 460; *Buck-Heeb* Kapitalmarktrecht Rn. 550.

9 *Stoll* in KölnKomm WpHG § 20a Rn. 211; *de Schmidt* in JVRB WpHG § 20a Rn. 383; *Diversy/Köpferl* in Graf/Jäger/Wittig § 38 WpHG Rn. 95.

10 Delegierte Verordnung (EU) 2016/522 der Kommission vom 17. Dezember 2015 zur Ergänzung der Verordnung (EU) Nr. 596/2014 des Europäischen Parlaments und des Rates im Hinblick auf eine Ausnahme für bestimmte öffentliche Stellen und Zentralbanken von Drittstaaten, die Indikatoren für Marktmanipulation, die Schwellenwerte für die Offenlegung, die zuständige Behörde, der ein Aufschub zu melden ist, die Erlaubnis zum Handel während eines geschlossenen Zeitraums und die Arten meldepflichtiger Eigengeschäfte von Führungskräften, ABl. EU Nr. L88 v. 5.4.2016 S. 1 ff.

11 Erwägungsgrund 6 Delegierte Verordnung (EU) 2016/522.

12 Für eine Übersicht über die zur MAR erlassenen Rechtsakte → § 2 Rn. 5.

13 *Schmolke* AG 2016, 434 (439).

Marktpraxis", auf welche Art. 12 Abs. 1 lit. b)-d) nicht verweisen. Art. 12 Abs. lit. c) stellt zusätzliche subjektive Anforderungen auf, was für die Spezialität dieser Vorschrift im Falle einer informationsgestützten Marktmanipulation spricht.[14] Bedeutend ist dies, da sich der Rechtsanwender eben nicht auf die in lit. a) genannten Ausnahmen berufen kann. In Frage gestellt werden kann es mit einem Blick auf die Delegierte Verordnung, welche bei der Zuordnung der Indikatoren nicht streng zwischen handels- und informationsgestützter Manipulation differenziert. Diesem Umstand muss jedoch kein großes Gewicht beigemessen werden, da eine Systematisierung auch nicht angestrebt war. Art. 12 lit. b) MAR wird als Auffangtatbestand verstanden.[15] Die Abgrenzung zu Art. 12 Abs. 1 lit. d) kann über den „Referenzwert" (statt „Finanzinstrument, eines damit verbundenen Waren-Spot-Kontrakts oder eines auf Emissionszertifikaten beruhenden Auktionsobjekts") erfolgen.[16]

2. Auslegung

7 Die MAR ist als europäische Verordnung autonom auszulegen.[17] Dies schließt jedoch nicht aus, bisherige Verlautbarungen von Aufsichtsbehörden im Lichte der neuen Rechtslage heranzuziehen. Dies gilt insbesondere für Regelungen, bei denen sich der Wortlaut nicht geändert hat. Entsprechendes gilt für die in der Literatur zum deutschen Recht entwickelten Grundsätze.

III. Art. 12 Abs. 1 lit. a) MAR

8 Gem. Art. Abs. 12 lit. a) MAR umfasst die Marktmanipulation

> *„Abschluss eines Geschäfts, Erteilung eines Handelsauftrags sowie jede andere Handlung, die*
> - ***falsche oder irreführende Signale** hinsichtlich des Angebots, der Nachfrage oder des Preises eines Finanzinstruments, eines damit verbundenen Waren-Spot-Kontrakts oder eines auf Emissionszertifikaten beruhenden Auktionsobjekts gibt oder bei der dies wahrscheinlich ist, oder*
> - *ein **anormales oder künstliches Kursniveau** eines oder mehrerer Finanzinstrumente, eines damit verbundenen Waren-Spot-Kontrakts oder eines auf Emissionszertifikaten beruhenden Auktionsobjekts sichert oder bei der dies wahrscheinlich ist;*
>
> *es sei denn, die Person, die ein Geschäft abschließt, einen Handelsauftrag erteilt oder eine andere Handlung vornimmt, weist nach, dass das Geschäft, der Auftrag oder die Handlung legitime Gründe hat und im Einklang mit der zulässigen Marktpraxis gemäß Art. 13 steht."*

9 Die Vorschrift entspricht im Wesentlichen Art. 1 Nr. 2 lit. a) MAD 2003[18], der Marktmanipulation definierte als

> *„Geschäfte oder Kauf- bzw. Verkaufsaufträge, die*
> - ***falsche oder irreführende Signale** für das Angebot von Finanzinstrumenten, die Nachfrage danach oder ihren Kurs geben oder geben könnten, oder*
> - *den Kurs eines oder mehrerer Finanzinstrumente durch eine Person oder mehrere, in Absprache handelnde Personen in der Weise beeinflussen, dass ein **anormales oder künstliches Kursniveau** erzielt wird,*

[14] *Stoll* in KölnKomm WpHG § 20a Rn. 209 und 171 zum Entwurf der MAR; *Schmolke* AG 2016, 434 (443).

[15] *Poelzig* NZG 2016, 528 (536); *Zetzsche* in Gebauer/Teichmann EnzEuR Bd. VI § 7 C Rn. 81; *Sorgenfrei/Saliger* in Park Kapitalmarktstrafrecht Teil 3 Kap. 6.1 Rn. 171.

[16] *Schmolke* AG 2016, 434 (443).

[17] *De Schmidt* in JVRB § 20a Rn. 370; *Schmolke* AG 2016, 434 (439).

[18] Richtlinie 2003/6/EG des Europäischen Parlaments und des Rates vom 28. Januar 2003 über Insider-Geschäfte und Marktmanipulation (Marktmissbrauch), ABl. EU Nr. L96 v. 12.4.2003 S. 16ff. (MAD 2003).

es sei denn, die Person, welche die Geschäfte abgeschlossen oder die Aufträge erteilt hat, weist nach, dass sie legitime Gründe dafür hatte und dass diese Geschäfte oder Aufträge nicht gegen die zulässige Marktpraxis auf dem betreffenden geregelten Markt verstoßen.“

Die Umsetzung dieser Richtlinienvorgaben erfolgte in § 20a Abs. 1 S. 1 Nr. 2 WpHG aF. Danach war es verboten, **10**

„Geschäfte vorzunehmen oder Kauf- oder Verkaufsaufträge zu erteilen, die geeignet sind, ***falsche oder irreführende Signale*** *für das Angebot, die Nachfrage oder den Börsen- oder Marktpreis von Finanzinstrumenten zu geben oder ein* ***künstliches Preisniveau*** *herbeizuführen“.*

Zu großen Teilen ist der Wortlaut identisch, so dass auf die Kommentierungen zu diesen Vorschriften zurückgegriffen werden kann. Gleichwohl gibt es Unterschiede, auf die einzugehen sein wird. Der **Anwendungsbereich** wird auf Waren-Spot Kontrakte sowie auf Auktionsobjekte, die auf Emissionszertifikaten beruhen, erweitert.[19] Die Tathandlung wird um den Wortlaut „jede andere Handlung“, dessen Auslegung nicht eindeutig beurteilt wird, ergänzt.[20] Ferner wurde bisher auf die „Eignung“ abgestellt. Dieser Wortlaut wird nun durch die „Wahrscheinlichkeit“ ersetzt. Zudem ist nicht mehr die Rede vom „Preisniveau“, sondern vom „Kursniveau“. **11**

1. Abschluss eines Geschäfts, Erteilung eines Handelsauftrages sowie jede andere Handlung

a) Abschluss eines Geschäfts

Der Begriff des **Geschäfts** wird in der MAR nicht definiert. Die Erweiterung des Wortlauts im Vergleich zur MAD 2003 um „jede andere Handlung“ legt jedoch weiterhin nahe, dass eine weite Auslegung geboten ist.[21] Folglich sind unter Geschäften sämtliche Transaktionen am Kapitalmarkt zu verstehen.[22] Es werden nicht nur Erwerb oder Veräußerung, sondern auch Sicherungsübereignungen, Sicherungszessionen, Treuhandschaften oder Verpfändungen erfasst.[23] Nicht erforderlich ist Handeln im eigenen Namen oder ein Vollrechtserwerb, da der Unrechtsgehalt der Handlung im Vordergrund des Regelungszwecks steht und somit auch Leihgeschäfte wie die sogenannte Wertpapierleihe erfasst sind.[24] **12**

Das Erfordernis eines **Abschlusses** wird durch das Zustandekommen eines Verpflichtungsgeschäfts erfüllt.[25] Nicht erforderlich ist der Vollzug, was durch den Wortlaut zum Ausdruck gebracht wird. Im Rahmen der Auslegung von § 20a Abs. 1 S. 1 WpHG aF wurde dies aufgrund des irreführenden Wortlauts „Geschäfte vorzunehmen“ teilweise in Frage gestellt.[26] Auch die zivilrechtliche Wirksamkeit ist nicht erforderlich, da auch ein unwirksames Geschäft Kursbeeinflussungs- und Manipulationspotential entfalten kann.[27] Zu denken ist hier insbesondere an Scheingeschäfte gemäß § 117 BGB. Gleiches gilt für fiktive Geschäfte, bei denen kein Wechsel des wirtschaftlichen Eigentümers stattfindet.[28] **13**

---

[19] → § 12 Rn. 18.
[20] → Rn. 16.
[21] *Grundmann* in GroßkommHGB Bd. XI Bankvertragsrecht 6. Teil Rn. 455.
[22] *Diversy/Köpferl* in Graf/Jäger/Wittig § 38 WpHG Rn. 77.
[23] *Diversy/Köpferl* in Graf/Jäger/Wittig § 38 WpHG Rn. 77; zum alten Recht vgl. *Vogel* in Assmann/Schneider WpHG § 38 Rn. 145; *Fleischer* in Fuchs WpHG § 20a Rn. 44.
[24] *Grundmann* in GroßkommHGB Bd. XI Bankvertragsrecht 6. Teil Rn. 455; *Diversy/Köpferl* in Graf/Jäger/Wittig § 38 WpHG Rn. 77; vgl. zum alten Recht *Vogel* in Assmann/Schneider WpHG § 38 Rn. 145.
[25] *Diversy/Köpferl* in Graf/Jäger/Wittig § 38 WpHG Rn. 77.
[26] *Stoll* in KölnKomm WpHG § 20a Rn. 220.
[27] Vgl. *Stoll* in KölnKomm WpHG § 20a Rn. 221.
[28] Dies ergibt sich aus einem Umkehrschluss aus Anhang I A. lit. a) MAR, wonach keine Änderung des wirtschaftlichen Eigentums ein Indikator für manipulatives Handeln ist.

14 Gemäß Art. 2 Abs. 3 MAR und Erwägungsgrund 8 MAR **kommt es nicht darauf an, ob das Geschäft auf einem Handelsplatz getätigt** wurde. Es ist mithin irrelevant, ob das Geschäft börslich oder außerbörslich abgeschlossen wurde. Ratio ist die Möglichkeit, mit bestimmten Finanzinstrumenten, die nicht auf einem Handelsplatz gehandelt werden, Marktmissbrauch betreiben zu können.[29] Dazu gehören Finanzinstrumente, deren Kurs oder Wert von Finanzinstrumenten, die auf einem Handelsplatz gehandelt werden, abhängen oder sich auf diese auswirken oder deren Handel Auswirkungen auf den Kurs oder Wert anderer Finanzinstrumente hat, die auf einem Handelsplatz gehandelt werden.

Ein Beispiel wäre der Handel mit nicht notierten Wertpapieren bei der geplanten Ausgabe eines neuen Pakets. Der Handel mit diesen Wertpapieren könnte den Kurs oder Wert bestehender notierter Wertpapiere beeinflussen, welche in den Anwendungsbereich der MAR fallen.[30] Ebenso ist daran zu denken, dass der Kurs oder Wert eines auf einem Handelsplatz gehandelten Instruments von einem außerbörslich gehandelten Instrument abhängt.[31] Beispielsweise wird der Kurs einer Staatsanleihe über außerbörslich gehandelte Credit Default Swaps oder andere Kreditderivate beeinflusst.

b) Erteilung eines Handelsauftrages

15 Der Begriff des **Handelsauftrages** wird in Erwägungsgrund 10 der Delegierten Verordnung definiert. Dieser umfasst alle Arten von Aufträgen, einschließlich Erstaufträgen, Änderungen, Aktualisierungen und Stornierungen. Irrelevant ist, ob dieser ausgeführt wurde, welche Mittel genutzt wurden, um Zugang zum Handelsplatz zu erlangen oder ein Geschäft zu schließen oder einen Handelsauftrag auszuführen. Gleiches gilt für die Aufnahme des Auftrags in das Orderbuch. Mithin ist der Begriff wie bisher nicht zivilrechtlich, sondern kapitalmarktrechtlich als „Order" zu verstehen.[32] Der Begriff umfasst beispielsweise Effektenorder, Vermittlungsaufträge an den Skontroführer im Parketthandel sowie bindende Kauf- oder Verkaufsangebote im elektronischen Handel.[33] **Erteilt** ist der Handelsauftrag mit Zugang beim Adressaten, ohne dass es auf die Einstellung in das Orderbuch ankäme.[34]

c) Jede andere Handlung

16 Unabhängig vom Vorliegen eines Geschäfts oder eines Handelsauftrags genügt auch „jede andere Handlung", um den Tatbestand zu erfüllen. Die Formulierung geht über den Wortlaut des Art. 1 Abs. 2 lit. a) MAD 2003 hinaus. Eine mögliche Interpretation könnte sich am Wortlaut orientieren und auch informations- und handlungsgestützte Manipulationen unter Art. 12 Abs. 2 lit. a) MAR fassen.[35] Dies überzeugt jedoch in einem systematischen Vergleich zu Art. 12 Abs. 1 lit. b) und c) MAR nicht. Art. 12 Abs. 1 lit. b) MAR erfasst „jegliche sonstige Tätigkeit oder Handlung" an Finanzmärkten. Mithin muss neben der Differenzierung zwischen „Abschluss eines Geschäfts", „Erteilung eines Handelsauftrags" eine weitere Differenzierung zwischen „jede andere Handlung" sowie „jegliche sonstige Tätigkeit oder Handlung" angestrebt sein. Diese ist darin zu sehen, dass vom Wortlaut „jede andere Handlung" sämtliche **handelsgestützten Manipulationsarten** erfasst sind, welche **keine Geschäftsabschlüsse** oder **Erteilungen von Handelsaufträgen** sind. Beispiele dafür sind das **Stornieren** oder **Ändern von Handelsaufträgen**.[36]

---

[29] Erwägungsgrund 10 MAR.
[30] Erwägungsgrund 10 MAR.
[31] Erwägungsgrund 10 MAR.
[32] *Diversy/Köpferl* in Graf/Jäger/Wittig § 38 WpHG Rn. 77.
[33] Vgl. *Vogel* in Assmann/Schneider WpHG § 38 Rn. 147.
[34] *Diversy/Köpferl* in Graf/Jäger/Wittig § 38 WpHG Rn. 77.
[35] *De Schmidt* in JVRB § 20a WpHG Rn. 380.
[36] Art. 12 Abs. 2 lit. c) MAR, ebenso *Sorgenfrei/Saliger* in Park Kapitalmarktstrafrecht Teil 3 Kap. 6.1 Rn. 70.

Dass die Delegierte Verordnung diese in Erwägungsgrund 10 bereits unter den Begriff des Handelsauftrags fasst, steht dem nicht zwingend entgegen.[37] Die auf Level II erlassene Delegierte Verordnung kann den Rechtsakt auf Level I nicht abschließend konkretisieren. Eine nennenswerte praktische Bedeutung kommt der Zuordnung einer manipulativen Handlung unter den Wortlaut „Erteilung eines Handelsauftrags" oder „jede andere Handlung" allerdings nicht zu. Möglichen Überschneidungen mit der in Art. 12 Abs. 1 lit. c) MAR geregelten informationsgestützten Manipulation kann mit deren Spezialität entgegnet werden.[38]

2. Falsche oder irreführende Signale hinsichtlich Angebot, Nachfrage bzw. Preises

Der Tatbestand des Art. 12 Abs. 1 lit. a) enthält 2 Varianten. Entweder müssen die in Art. 12 Abs. 2 lit. a) i) MAR genannten Handlungen **falsche oder irreführende Signale** hinsichtlich des Angebots, der Nachfrage oder des Preises eines tauglichen Manipulationsobjekts geben oder dies muss zumindest wahrscheinlich sein. Oder es muss dadurch ein **anormales oder künstliches Kursniveau** gesichert werden oder dies wahrscheinlich sein. Für die Auslegung kann überwiegend auf bereits bestehenden Kommentierungen zur handelsgestützten Marktmanipulation zurückgegriffen werden, da der Wortlaut in großen Teilen identisch ist. Obwohl die Merkmale dem Rechtsanwender an sich vertraut sind, gelang es bereits zu § 20a WpHG nicht, abstrakt zwischen legalem und manipulativem Verhalten abzugrenzen. Entsprechende Schwierigkeiten stellen sich im Rahmen der MAR. **17**

Ein **Signal** ist jedes Erklärungszeichen, dem eine Bedeutung entnommen werden kann.[39] Diesem Tatbestandsmerkmal kommt keine Einschränkungswirkung zu, da jede Handlung eine Signalwirkung entfaltet. **Falsch** ist ein Signal, wenn es nicht mit der tatsächlichen Marktsituation hinsichtlich des betreffenden Manipulationsobjekts übereinstimmt.[40] **Irreführend** ist es, wenn es bei einem verständigen Anleger eine Fehlvorstellung hervorruft.[41] Diese Definition stützt sich auf die Ausführungen der BaFin im Emittentenleitfaden.[42] Diese beziehen sich allerdings auf die informationsgestützte Marktmanipulation. Die gebotene einheitliche Auslegung des Merkmals „Irreführend" spricht jedoch dafür, die Ausführungen im Rahmen der handelsgestützten Marktmanipulation entsprechend heranzuziehen. Insgesamt kommt diesen Tatbestandsmerkmalen kaum eine Begrenzungswirkung zu, was bereits zum alten Recht heftig kritisiert wurde.[43] Zur Konkretisierung des Tatbestands sind daher die Indikatoren der Delegierten Verordnung[44] unerlässlich. **18**

[37] AA *Diversy/Köpferl* in Graf/Jäger/Wittig § 38 WpHG Rn. 77, die dieser Tatbestandsvariante keine Bedeutung zumessen. Kritisch ebenso *Schmolke* AG 2016, 434 (441).

[38] → Rn. 6; *Schmolke* AG 2016, 434 (444); *Stoll* in KölnKomm WpHG Rn. 209; *Zetzsche* in Gebauer/Teichmann EnzEuR Bd. VI § 7 C Rn. 81; *Sorgenfrei/Saliger* in Park Kapitalmarktstrafrecht Teil 3 Kap. 6.1 Rn. 70. Auch zwingt die Erwähnung des *Pumping and Dumping* in Anhang II Abschnitt 1 Nr. 4 lit. c) VO (EU) 2016/522 im Rahmen der Konkretisierung der Indikatoren zu Art. 12 Abs. 1 lit. a) MAR nicht dazu, dass eine „jede andere Handlung" auch eine informationsgestützte Manipulation sein kann.

[39] *Diversy/Köpferl* in Graf/Jäger/Wittig § 38 WpHG Rn. 60; zur Kritik an diesem Wortlaut *Fleischer* in Fuchs WpHG § 20a Rn. 47.

[40] Vgl. *Stoll* in KölnKomm WpHG § 20a Rn. 223.

[41] Vgl. *Fleischer* in Fuchs § 20a WpHG Rn. 47; aA *Diversy/Köpferl* in Graf/Jäger/Wittig § 38 WpHG Rn. 63, die die Möglichkeit einer sinnvollen Differenzierung verneinen und dem Tatbestandsmerkmal „falsch" keine eigenständige Bedeutung zumessen.

[42] BaFin Emittentenleitfaden VI.3.2.1.4.

[43] *Vogel* in Assmann/Schneider WpHG § 20a Rn. 150.

[44] → Rn. 45 ff.

3. Sicherung eines anormalen oder künstlichen Kursniveaus

a) Sicherung

19 Die informationsgestützte Marktmanipulation nach Art. 12 Abs. 1 lit. c) MAR verlangt im Gegensatz zur handelsgestützten Marktmanipulation nicht die „Sicherung", sondern die „Herbeiführung eines anormalen oder künstlichen Kursniveaus". Eine Differenzierung scheint durch den Verordnungsgeber jedoch nicht angestrebt gewesen zu sein, was sich durch einen Vergleich mit andern Sprachfassungen erschließt. Die englische Sprachfassung verwendet in beiden Fällen den Wortlaut „secure", die französische „fixer". Überzeugend ist es daher, auch für diesen Tatbestand der handelsgestützten Marktmanipulation das „**Herbeiführen**" genügen zu lassen und nicht nur auf ein bereits entstandenes anormales oder künstliches Kursniveau abzustellen.[45]

20 Der EuGH hat zu Art. 1 Nr. 2 lit. a) zweiter Gedankenstrich MAD 2003 klargestellt, dass es nicht erforderlich ist, dass der Kurs über einen gewissen Zeitraum hinaus auf einem anormalen oder künstlichen Kursniveau bleibt.[46] Das Urteil ist in der Literatur auf Zustimmung gestoßen.[47] Es spricht nichts dagegen, diese Auslegung auch für die MAR heranzuziehen. Rechtsfrage des Urteils war der Wortlaut „halten" der niederländischen Version der Verordnung. Andere Sprachfassungen enthielten keine derartige Einschränkung. Nicht geäußert hat sich der EuGH indes zur Frage, was ein anormales oder künstliches Kursniveau ist.

> Beispiel: IMC Securities entnahm den vom Markt Euronext veröffentlichten Angaben, dass ABN AMRO eine Stop-Loss-Order für 5000 Wereldhave-Aktien platziert hatte. Diese sollten bei Erreichen eines Auslösekurses bestens verkauft werden. IMC schätzte durch vorbörslich zu verschiedenen Kursen erteilte und zurückgenommene Orders, dass die Order bei € 77,75 ausgeführt würde. IMC erwarb von ABN AMRO 4350 Wereldhave-Aktien zu einem Preis von € 73, indem IMC in zwei Schritten vorging. Zunächst stellten sie eine Kauforder über 10.000 Wereldhave-Aktien zu einem Preis von € 73 ein, während der Aktienkurs leicht über € 81 notierte. Etwa zwei Minuten später platzierte IMC eine Verkaufsorder über 10.000 Aktien mit einem Limit von € 76,50. Diese Order wurde teilweise ausgeführt, was zu einem Kursabfall auf € 76,50 führte. Dadurch wurde die Verkaufsorder von ABN Amro ausgelöst, was zu einem weiteren Kursrückgang führte, so dass IMC diese zu dem in der Kauforder angegebenen Preis erwerben konnte. Der letzte Schritt vollzog sich innerhalb einer Sekunde. Heute kann das Beispiel unter Art. 12 Abs. 2 lit. b) MAR subsumiert werden.[48]

b) Anormales oder künstliches Kursniveau

21 Die MAR verhält sich nicht zum Begriff des Kursniveaus. Es liegt jedoch nahe, dass damit der Kurs gemeint ist.[49]

22 Der Wortlaut „künstlich" ist bekannt. Das Kursniveau ist **künstlich**, wenn es sich nicht mehr als das Ergebnis eines unbeeinflussten Marktprozesses darstellt.[50] Problematisch ist jedoch, dass es unklar ist, wann dieser Marktprozess von Angebot und Nachfrage unbeeinflusst ist. In der Vergangenheit hat man sich mit einem Verweis auf die Indikatoren beholfen, welche unter der MAR auch die Lösung sein müssen. *Schmolke* schlägt zur

[45] *Bator* BKR 2016, 1 (2); *Diversy/Köpferl* in Graf/Jäger/Wittig § 38 WpHG Rn. 80. Zu den europäischen Auslegungsgrundsätzen → § 3 Rn. 27–38.
[46] EuGH v. 7.7.2011 – Rs. C-445/09, Slg. 2011 I-5917 = NZG 2011, 951 – *IMC Securitites*.
[47] *Klöhn* NZG 2011, 934 ff.
[48] → Rn. 33–36.
[49] Hierzu → § 13 Rn. 50.
[50] Vgl. *Fleischer* in Fuchs WpHG § 20a Rn. 48.

Konkretisierung darüber hinaus etliche Tests vor, welche jedoch vor dem Hintergrund des bloßen Erfordernisses einer Manipulationswahrscheinlichkeit in der Rechtsanwendung nicht hilfreich sein werden.[51] Nicht bekannt ist der Wortlaut „anormal". Eine Abgrenzung dazu ist jedoch nicht erforderlich, da er ebenso wie das Merkmal „künstlich" auf einen unbeeinflussten Kurs abzielt.

4. Manipulationswahrscheinlichkeit

Der Wortlaut beider Alternativen lässt es genügen, wenn die Manipulation auch nur „wahrscheinlich" ist. § 20a WpHG aF stellte hingegen auf die „Eignung" zur Manipulation ab. Das Vorliegen einer Wahrscheinlichkeit setzt zumindest voraus, dass eine Handlung zur Manipulation geeignet ist.[52] Fraglich ist, ob dieser geänderte Wortlaut zu einer veränderten Rechtspraxis führen wird. Die BaFin äußerte sich zur Feststellung der Manipulationswahrscheinlichkeit im Rahmen der alten Rechtslage.[53] Dort stellte sie die Eignung zur Preiseinwirkung im Wege einer objektiv nachträglichen Betrachtung fest: 23

> „Dabei wird aus der Sichtweise eines verständigen Anlegers (objektive Betrachtung) gefragt, ob nach kapitalmarktbezogenen Erfahrungssätzen vor dem Hintergrund der zum Zeitpunkt der Handlung vorherrschenden Marktverhältnisse die ernstzunehmende Möglichkeit bestand, dass durch die konkrete Handlung auf die Preisbildung eingewirkt wird. Dabei spielt es keine Rolle, in welche Richtung eine Eignung zur Preiseinwirkung bestand, also ob die Angaben oder das Verschweigen dazu geeignet waren, den Preis nach oben oder nach unten zu bewegen oder zu halten. Nicht erforderlich ist, dass sich der Preis des Finanzinstruments tatsächlich verändert hat."[54]

Dem Tatbestandsmerkmal kommt ebenso wie der „Eignung" im alten Recht keine Beschränkungswirkung zu. In der deutschen Literatur wurde versucht, dem Tatbestand durch verschiedene Formeln mehr Kontur zu verleihen. Das Verhalten durfte nicht „völlig ungeeignet"[55] zur Manipulation sein oder die Eignung durfte nicht „lediglich rein theoretisch konstruiert"[56] werden können. Weitergehend ist die Forderung nach einer „überwiegenden Wahrscheinlichkeit".[57] Diese lässt sich jedoch im Wortlaut nicht verankern. Erforderlich wird letztlich eine Betrachtung der unterschiedlichen Handelsstrategien im Einzelfall sein.

5. Kein Ausschluss

Der Tatbestand gem. Art. 12 Abs. 1 lit a) MAR ist nicht erfüllt, sofern legitime Gründe vorliegen und die Handlung im Einklang mit der zulässigen Marktpraxis steht.[58] Der Wortlaut „und" zeigt, dass sowohl legitime Gründe vorliegen müssen als auch eine zulässige Marktpraxis iSd Art. 13 MAR vorliegen muss, um eine tatbestandsausschließende Wirkung zu erreichen. 24

6. Konkretisierungen

a) Verbindliche Tatbestandskonkretisierungen in Abs. 2

Der Tatbestand der Marktmanipulation ist ohne weiteres bei den in Art. 12 Abs. 2 MAR beschriebenen Handlungen durch eine Fiktion erfüllt („gelten"). Teilweise werden die Beispiele der MAD 2003 übernommen, welche jedoch nun verbindliche Tatbestandskon- 25

[51] *Schmolke* AG 2016, 434 (440).
[52] *Diversy/Köpferl* in Graf/Jäger/Wittig § 38 WpHG Rn. 64.
[53] BaFin Emittentenleitfaden VI.3.2.5.
[54] BaFin Emittentenleitfaden VI.3.2.5. Diese Ausführungen ergehen im Kontext der informationsgestützten Marktmanipulation, können jedoch für die handelsgestützte Marktmanipulation entsprechend herangezogen werden.
[55] *Vogel* in Assmann/Schneider WpHG § 20a Rn. 123.
[56] *Eichelberger*, Verbot der Marktmanipulation, S. 280.
[57] *Diversy/Köpferl* in Graf/Jäger/Wittig § 38 WpHG Rn. 64.
[58] Ausführlich dazu § 16.

kretisierungen darstellen und nicht nur den Charakter von Regelbeispielen haben.[59] Für die Fallgruppe der handelsgestützten Marktmanipulation sind Art. 12 Abs. 2 lit. a), b), c) und e) relevant. Eine Systematisierung der Tatbestandskonkretisierungen unter Art. 12 Abs. 1 lit. a) i) oder ii) MAR wird nicht angestrebt.

26 **aa) Sicherung einer marktbeherrschenden Stellung.** Die Strafbarkeit der Sicherung einer marktbeherrschenden Stellung gem. Art. 12 Abs. 2 lit. a) MAR entspricht der Regelung des bisherigen Art. 1 Nr. 2 lit. c) erster Spiegelstrich MAD 2003.[60] Die Umsetzung der Regelung erfolgte bisher in § 4 Abs. 3 Nr. 1 MaKonV aF. Danach galt als Täuschungshandlung die

> *„Sicherung einer marktbeherrschenden Stellung über das Angebot von oder die Nachfrage nach Finanzinstrumenten durch eine Person oder mehrere in Absprache handelnde Personen mit der Folge, dass unmittelbar oder mittelbar Ankaufs- oder Verkaufspreise dieser Finanzinstrumente bestimmt oder nicht marktgerechte Handelsbedingungen geschaffen werden."*

Der Wortlaut wird um die Passi „tatsächlichen oder wahrscheinlichen" Folge sowie „hierzu geeignet ist" ergänzt. Die inhaltliche Doppelung dürfte auf einem Übersetzungsfehler beruhen.[61] In der Sache wird damit die Manipulationswahrscheinlichkeit angesprochen, welche bereits im Rahmen des Grundtatbestands diskutiert wurde.[62] Praktisch kann dieses Regelbeispiel in der Emissionsphase werden:

> Beim „Handel per Erscheinen" werden außerbörslich neu emittierte Finanzinstrumente verkauft, ohne dass diese bereits geliefert werden könnten. Diese Personen müssen während der Zeichnungsphase versuchen, ihre Position einzudecken. Gelingt es anderen, in der Zeichnungsphase eine marktbeherrschende Stellung aufzubauen, können diese die Preise des betroffenen Finanzinstruments festsetzen.[63]

27 Der Verordnungsgeber erfasst dadurch die Phänomene des *Cornering* sowie des *Abusive Squeeze*.[64] Beim **Cornering** wird eine Marktenge herbeigeführt, so dass sich Dritte nur noch zu einem überhöhten Preis mit Finanzinstrumenten eindecken können.[65] Der Manipulator verschafft sich beim Derivat oder beim Basiswert die Kontrolle über die Nachfrage, so dass er eine beherrschende Stellung gewinnt, die er zur Manipulation des Kurses des Derivats oder des Basiswerts ausnutzen kann. Beim **Abusive Squeeze** werden die Kurse über Kontrolle der Nachfrageseite künstlich in die Höhe getrieben.[66]

28 Häufig werden sich beim Cornering Überschneidungen zum Kartellrecht ergeben.[67] Der Unrechtsgehalt dieser Praktiken ist in der Außerkraftsetzung der Marktmechanismen zu erblicken; die Marktbeherrschung allein habe keinen Täuschungswert.[68] Das Manipulationsverbot und das Kartellrecht sollen jedoch nebeneinander Anwendung finden.[69]

29 **(1) Marktbeherrschende Stellung.** Eine Definition für die **marktbeherrschende Stellung** findet sich weder in der MAR noch in den weiteren konkretisierenden Materialien.

[59] Dazu bereits → Rn. 4.
[60] *Stoll* in KölnKomm WpHG § 20a Rn. 211; zur systematischen Einordnung *Sorgenfrei/Saliger* in Park Kapitalmarktstrafrecht Teil 3 Kap. 6.1 Rn. 88.
[61] *Sorgenfrei/Saliger* in Park Kapitalmarktstrafrecht Teil 3 Kap. 6.1 Rn. 87 mit Fn. 398.
[62] → Rn. 23.
[63] Nach *Schröder* Kapitalmarktstrafrecht-HdB Rn. 556.
[64] Zur alten Rechtslage *Fleischer* in Fuchs WpHG 20a Rn. 65; ausführlich *Fleischer/Bueren* ZIP 2013, 1253 ff.
[65] *Schröder* Kapitalmarktstrafrecht-HdB Rn. 503.
[66] *Schröder* Kapitalmarktstrafrecht-HdB Rn. 505.
[67] *Fleischer* ZGR 2008, 185 (221), *Vogel* in Assmann/Schneider WpHG § 20a § Rn. 231; *Stoll* in KölnKomm WpHG § 20a Anh. I – § 4 MaKonV Rn. 20; *Möllers* NZG 2014, 361 (365).
[68] *Fleischer* ZGR 2008, 185 (222); *Fleischer/Bueren* ZIP 2013, 1253; *Stoll* in KölnKomm WpHG § 20 Anh. I – § 4 MakonV Rn. 20.
[69] Hierzu *Fleischer/Bueren* ZIP 2013, 1253 (1263); *Stoll* in KölnKomm WpHG § 20 Anh. I – § 4 MaKonV Rn. 23a.

Auf Grund der Historie des Wortlauts lässt sich für die Auslegung jedoch auf die Diskussion zu § Abs. 3 Nr. 1 MaKonV aF zurückgreifen. Dafür wurde die griffige Formel entwickelt, dass der „Markt an der Schwelle zum Preis- oder Bedingungsdiktat" stehen muss.[70] Kritik an dieser wurde stets wegen ihrer Unbestimmtheit geäußert. Es bleibt eine offene Frage, ab welcher Schwelle eine marktbeherrschende Stellung anzunehmen ist. Zudem war und ist unklar, inwiefern das Verhalten Dritter zu berücksichtigen ist.[71]

(2) Sicherung. Für die **Sicherung** der marktbeherrschenden Stellung soll es aufgrund der Schnelllebigkeit des Kapitalmarkts ausreichen, wenn diese für einen mehr als nur vorübergehenden Zeitraum herbeigeführt wird.[72] Ein Vergleich mit dem englischen Wortlaut („secure") erlaubt den Schluss, dass bereits der Erwerb der marktbeherrschenden Stellung erfasst sein soll.[73] Die Sicherung kann durch eine oder mehrere in Absprache handelnde Personen erfolgen. Problematisch ist, wenn die marktbeherrschende Stellung unbeabsichtigt oder auf legitime Weise erworben wurde. 30

Ein prominentes Beispiel aus jüngerer Zeit ist eine der Rechtsstreitigkeiten zwischen VW und der Porsche SE (früher Porsche AG). Es bestand der Verdacht, dass die Porsche SE den Preis der VW-Stammaktien manipulierte, als der Preis für kurze Zeit von etwa € 200 auf über € 1000 sprang. Im Vorfeld ging der Markt davon aus, dass die Porsche SE einen Mehrheitserwerb an VW anstrebte. Die Porsche SE hatte sich Kaufoptionen mit Barausgleich auf VW-Stammaktien gesichert, welche zu der Zeit jedoch nicht offengelegt werden mussten. Im Oktober 2008 meldete die Porsche SE, dass sie 31 % der Anteile durch Optionen gesichert habe. Unter Berücksichtigung auch der bereits gehaltenen Anteile sowie der Beteiligung des Landes Niedersachsen von etwas über 20 % war der frei handelbare Aktienbestand im Streubesitz auf unter 5 % reduziert. Auf diesem verengten Markt mussten sich sodann alle Marktteilnehmer eindecken, die auf fallende Kurse gewettet hatten und Aktien oder Aktienoptionen leerverkauft hatten. In der Folge sprang der Kurs der VW-Aktie von ca. € 200 auf über € 1000. Das Tatbestandsmerkmal der marktbeherrschenden Stellung kann hier mit dem Argument abgelehnt werden, dass der Preis nicht von der Porsche SE diktiert wurde, sondern diese nur zufällig in diese Rolle rutschte. Die Porsche SE hatte keinen Einfluss auf das Verhalten des Landes Niedersachsen.[74]

(3) Preisfestsetzung oder andere unlautere Handelsbedingungen. Die Sicherung der marktbeherrschenden Stellung muss die „tatsächliche oder wahrscheinliche Folge einer unmittelbaren oder mittelbaren Festsetzung des Kaufs- oder Verkaufspreises oder andere unlautere Handelsbedingungen" herbeiführen. Ersichtlich wird durch diesen Wortlaut, dass ein Ausnutzen der marktbeherrschenden Stellung nicht erforderlich ist.[75] Das Merkmal der Festsetzung entspricht dem des früheren „Bestimmens". Dafür wurde gefordert, dass die Höhe der Preise nahezu ohne Rücksicht auf die anderen Marktteilnehmer festgelegt werden kann.[76] 31

Alternativ genügt das bloße Herbeiführen anderer unlauterer Handelsbedingungen. Der Wortlaut ähnelt den „nicht marktgerechten Handelsbedingungen" aus § Abs. 3 Nr. 1 32

[70] *Stoll* in KölnKomm WpHG § 20 Anh. I – § 4 MakonV Rn. 21; *Vogel* in Assmann/Schneider WpHG § 30a Rn. 232.
[71] Eine gute Übersicht zum Meinungsstand bieten *Fleischer/Bueren* ZIP 2013, 1253 (1255 f.).
[72] *Stoll* in KölnKomm WpHG § 30a Anh. I – § 4 MaKonV Rn. 22.
[73] *Grundmann* in GroßkommHGB Bd. XI Bankvertragsrecht 6. Teil Rn. 462.
[74] Dazu *Schröder* Kapitalmarktstrafrecht-HdB Rn. 504a; *Teigelack* in Veil, European Capital Markets Law, § 15 Rn. 44; eine Übersicht über die vielen Streitigkeiten im Zusammenhang mit der Übernahme von VW durch Porsche bietet *Möllers* NZG 2014, 361 ff.
[75] Dazu *Sorgenfrei/Saliger* in Park Kapitalmarktstrafrecht Teil 3 Kap. 6.1 Rn. 89.
[76] *Vogel* in Assmann/Schneider WpHG § 20a Rn. 232b; *Stoll* in KölnKomm WpHG § 20a Anh. I – § 4 MaKonV Rn. 23.

MaKonV aF. Die Kritik an dessen weitem Wortlaut lässt sich wiederholen. Die Unbestimmtheit des Merkmals gebietet im Grundsatz eine enge Auslegung. Ferner ist das Merkmal nicht erfüllt, wenn Marktverzerrungen vom Gesetzgeber bewusst hingenommen werden – wie im Falle eines Squeeze-Outs.[77]

33 **bb) Kauf und Verkauf bei Handelsbeginn und -schluss.** Von der Marktmanipulation umfasst gem. Art. 12 Abs. 2 lit. b) MAR sind zudem der Kauf oder Verkauf von Finanzinstrumenten bei Handelsbeginn oder Handelsschluss mit der tatsächlichen oder wahrscheinlichen Folge, dass Anleger, die aufgrund der angezeigten Kurse tätig werden, irregeführt werden. Der Tatbestand ist für den deutschen Rechtsanwender bekannt aus Art. 1 Abs. 2 lit. c) Unterabs. 2 erster Spiegelstrich MAD 2003, welcher in § 3 Abs. 2 Nr. 1 MaKonV aF umgesetzt war.[78] Dort wurde jedoch jeweils nur der „Handelsschluss" hervorgehoben („marking the close").[79] Neu ist die ausdrückliche Erstreckung auch auf den „Handelsbeginn". Ähnlichkeit besteht zudem zu § 3 Abs. 1 Nr. 1 lit. e) MaKonV aF. Im Unterschied zur Rechtslage in der MaKonV wird nicht auf Referenzkurse abgestellt. Sofern ein solcher nicht auf Handelsbeginn oder -schluss fällt, muss Art. 1 Abs. 1 MAR geprüft werden. Die Abgrenzung zur Benchmark-Manipulation erfolgt über das eigenständige Manipulationsobjekt des Art. 12 Abs. 1 lit. d).[80] Ähnlichkeit besteht zum Indikator in Anhang I A lit. e) MAR.

34 Der Unrechtsgehalt dieses Beispiels ergibt sich aus dem Umstand, dass Kurse zu Handelsbeginn und -schluss beliebte Referenzkurse für andere Marktteilnehmer sind.[81] Gleichwohl sind die eigenen Motive für den Manipulator vielfältig. In Betracht kommt die Verschönerung von Bilanzansätzen sowie die Veränderung des Preises einer Unternehmensübernahme, den Kurs eines indexbasierten Investmentfondsanteils sowie die Vermeidung des Nachschusses von Sicherheiten.[82] Im Zusammenhang mit Manageroptionen ist folgendes Beispiel 1 denkbar:

Beispiel 1: Der Vorstand einer Gesellschaft tätigt zu Handelsschluss Käufe mit den Titeln seiner Gesellschaft, um den „strike price" seiner Manageroption zu erreichen.[83] Dahinter steht allein das Motiv der Beeinflussung des Schlusskurses, nicht jedoch wahres wirtschaftliches Kaufinteresse.

Beispiel 2: Ein weiteres Beispiel ist folgender Sachverhalt, welchen die BaFin bereits 2003 als Fall der Manipulation von Referenzpreisen zur Anzeige brachte:[84] Er betraf die erfolgreiche Manipulation des Kurses einer Aktie, die als Basiswert für ein anderes Produkt diente. Zwei Händler eines Kreditinstituts wurden verdächtigt, den Börsenpreis der Aktie manipuliert zu haben, weil er Basiswert eines von ihnen gleichzeitig betreuten und vertriebenen Zertifikates einer Tochtergesellschaft des Instituts war. Dieses Zertifikat war mit einer „Knock-out-Klausel" ausgestattet. Diese besagte, dass es wertlos wurde, wenn der Schlusskurs der als Basiswert dienenden Aktie (des Underlyings) während der Laufzeit einen bestimmten Wert unterschritt. Durch die Handelsaktivitäten der beiden Verdächtigen unterschritt der Preis der Aktie in einer Schlussauktion auf Xetra den Preis, der als Knockout-Schwelle festgelegt war. Dadurch wurde die Klausel ausgelöst mit der Folge, dass die ausstehenden, von Anlegern gehaltenen, Zertifikate wertlos wurden.

---

[77] *Fleischer/Büren* ZIP 2013, 1253 (1258 ff.); *Flothen*, Marktmanipulation und Kurspflege, S. 130.
[78] *Stoll* in KölnKomm WpHG § 20a Rn. 213.
[79] Zum Phänomen *Avgouleas*, S. 137; *Thel*, 79 Cornell L. Rev. 219, 257 f. (1994); *Schröder* Kapitalmarktstrafrecht-HdB Rn. 506.
[80] *Schmolke* AG 2016, 434 (443). Ausführlich → § 15 Rn. 14.
[81] *Brammsen* WM 2012, 2134 (2139); *Tountopolos*, WM 2013, 351; *Grundmann* in GroßkommHGB Bd. XI Bankvertragsrecht 6. Teil Rn. 463.
[82] *Sorgenfrei/Saliger* in Park Kapitalmarktstrafrecht Teil 3 Kap. 6.1 Rn. 92.
[83] *Sorgenfrei/Saliger* in Park Kapitalmarktstrafrecht Teil 3 Kap. 6.1 Rn. 92.
[84] BaFin Jahresbericht 2003 Teil A S. 188.

Der **zeitliche Anwendungsbereich** erfasst den Handelsbeginn als auch den Handelsschluss. Der jeweilig zu erfassende Zeitraum ist nicht definiert. Nicht sinnvoll erscheint es, absolute Kriterien aufzustellen. Vielmehr ist – wie bei der Auslegung der zeitlichen Nähe in der MaKonV – auf das Volumen des Geschäfts sowie die Liquidität des das Manipulationsobjekts betreffenden Marktes abzustellen.[85] Gleichzeitig verlangt der Wortlaut, welcher nicht auf die „Nähe" zu den Referenzzeitpunkten abstellt, eine restriktive Auslegung. **35**

Eine **Irreführung** soll gegeben sein, wenn der Eindruck wirtschaftlich begründeten Kaufs- oder Verkaufsinteresses erweckt wird, obwohl in Wirklichkeit nur der Preis beeinflusst werden soll.[86] Das ist jedenfalls der Fall, wenn der Handelnde nicht vom intrinsischen Wert des Finanzinstruments überzeugt ist.[87] Mithin ist die tatsächliche Kursbeeinflussung erforderlich, wobei es wiederum ausreicht, wenn diese nur zur Irreführung des Anlegers geeignet ist. **36**

cc) Hochfrequenzhandel. Gem. Art. 12 Abs. 2 lit. c) MAR gilt als Marktmanipulation **37**

> *„die Erteilung von Kauf- oder Verkaufsaufträgen an einen Handelsplatz, einschließlich deren Stornierung oder Änderung, mittels aller zur Verfügung stehenden Handelsmethoden, auch in elektronischer Form, beispielsweise durch algorithmische und Hochfrequenzhandelsstrategien, die eine der in Absatz 1 Buchstabe a oder b genannten Auswirkungen hat, indem sie eine von drei Begehungsformen verwirklicht:*
> - *Funktionieren des Handelssystems des Handelsplatzes tatsächlich oder wahrscheinlich stört oder verzögert,*
> - *Dritten die Ermittlung echter Kauf- oder Verkaufsaufträge im Handelssystem des Handelsplatzes tatsächlich oder wahrscheinlich erschwert, auch durch das Einstellen von Kauf- oder Verkaufsaufträgen, die zur Überfrachtung oder Beeinträchtigung des Orderbuchs führen, oder*
> - *tatsächlich oder wahrscheinlich ein falsches oder irreführendes Signal hinsichtlich des Angebots eines Finanzinstruments oder der Nachfrage danach oder seines Preises setzt, insbesondere durch das Einstellen von Kauf- oder Verkaufsaufträgen zur Auslösung oder Verstärkung eines Trends."*

Eine ähnliche Regelung fand sich bereits in § 3 Abs. 1 Nr. 4 MaKonV aF, welche bewusst an den Wortlaut des Entwurfs der MAR angelehnt war.[88] Hilfreich für die Auslegung bleiben vor diesem Hintergrund die Verlautbarungen von BaFin und ESMA.[89] Die Begriffe des algorithmischen Handels sowie des Hochfrequenzhandels sind legaldefiniert.[90] Aus dem Wortlaut „mittels aller zur Verfügung stehenden Handelsmethoden" wird deutlich, dass die Begehungsformen auch missbräuchlich sind, wenn sie mit traditionellen Handelsmethoden durchgeführt werden. Dies wird zudem in Erwägungsgrund 38 MAR bekräftigt. Überschneidungen gibt es mit etlichen Beispielen der Delegierten Verordnung (Anhang II Abschnitt 1 Nr. 4 lit. e), Nr. 5 lit. e), f), Nr. 6 lit. h). *Sorgenfrei/Saliger* schlagen als Abgrenzungskriterium die Intensität der Einwirkung durch die Verwendung algorithmischer Handelsmethoden vor.[91] **38**

Zu betonen ist, dass durch die Regelung Hochfrequenzhandel und algorithmischer Handel nicht grundsätzlich verboten werden.[92] Gleichwohl werden einige Strategien identifiziert, die die Integrität des Kapitalmarkts gefährden. So sollen durch den Tatbestand **39**

---

85 *Stoll* in KölnKomm WpHG § 20a Anh. I – § 3 MaKonV.
86 *Sorgenfrei/Saliger* in Park Kapitalmarktstrafrecht Teil 3 Kap. 6.1 Rn. 92.
87 *Grundmann* in GroßkommHGB Bd. XI Bankvertragsrecht 6. Teil Rn. 463.
88 *Stoll* in KölnKomm WpHG § 20a Anh. I – § 3 MaKonV Rn. 26.
89 ESMA/2012/122 (EN); BaFin Hinweis v. 18.12.2012, abrufbar unter: https://www.bafin.de/SharedDocs/Veroeffentlichungen/DE/Meldung/2012/meldung_121218_layering.html.
90 Art. 3 Abs. 1 Nr. 33 MAR iVm Art. 4 Abs. 1 Nr. 39 und 40 MiFID II; → § 4 Rn. 113–116.
91 *Sorgenfrei/Saliger* in Park Kapitalmarktstrafrecht Teil 3 Kap. 6.1 Rn. 97.
92 *Teigelack* in Veil, European Capital Markets Law, § 15 Rn. 46.

insbesondere die Strategien des *Quote-Stuffing*, der *Momemtum Ignition* sowie des *Layering und Spoofing* erfasst werden. Ausgangspunkt dieser Strategien ist das sog. *Spam and Cancel*. Bei diesem geben Hochfrequenzhändler Orders auf, die von vornherein nicht ausgeführt, sondern sogleich wieder storniert werden sollen.[93]

Unter **Quote-Stuffing** versteht die ESMA die Eingabe einer großen Zahl von Aufträgen und/oder Auftragsstornierungen oder -aktualisierungen, um die anderen Handelsteilnehmer zu verunsichern, deren Prozesse zu verlangsamen und die eigene Strategie zu verschleiern.

Momentum Ignition ist die Eingabe von Aufträgen oder einer Auftragsserie mit der Absicht, einen Trend auszulösen oder zu verschärfen und andere Handelsteilnehmer zu ermutigen, den Trend zu beschleunigen oder zu erweitern, um eine Gelegenheit für die Auflösung oder Eröffnung einer Position zu einem günstigen Preis zu schaffen.

Layering und Spoofing sind Handlungsweisen, bei denen mehrere Aufträge übermittelt werden, die häufig auf der einen Seite des Orderbuchs nicht sichtbar sind, mit der Absicht, ein Geschäft auf der anderen Seite des Orderbuchs auszuführen. Diese manipulativen Aufträge werden sodann nach Abschluss des Geschäfts entfernt. Eine Abgrenzung ist dahingehend möglich, dass beim Spoofing die Identität des Auftraggebers verschleiert wird.[94]

Ein Beispiel für *Quote Stuffing* ist das Einstellen von 10 Orders in das Xetra Orderbuch und anschließender Löschung nach bereits 30 Sekunden. Zwischenzeitlich hat sich der Kurs im Orderbuch geändert.

Ein Beispiel für die *Momentum Ignition* ist: Bei bestehender Longposition wird eine kleine Verkaufsorder eingestellt mit der Absicht, weiteres Kaufinteresse zu wecken. Anschließend wird eine große Folgeverkaufsorder eingestellt.

Ein Beispiel für das *Spoofing* ist die Einstellung von fünf Kaufaufträgen in das Xetra Orderbuch und die Einstellung des tatsächlich gewünschten Verkaufsauftrags. Nach Ausführung des Verkaufs würde der Kaufauftrag unmittelbar gelöscht.

40 **(1) Störung oder Verzögerung der Funktion des Handelssystems.** Für diese erste Begehungsform genügt die bloße Störung oder Verzögerung der Funktion des Handelssystems. Nicht erforderlich ist die Irreführung der anderen Marktteilnehmer.[95] Der Fokus dieser ersten Begehungsform liegt auf dem technischen einwandfreien Ablauf des Handelssystems.[96]

41 **(2) Erschwerung der Ermittlung echter Kauf- oder Verkaufsaufträge.** Die meisten Strategien sind jedenfalls auch darauf ausgerichtet, Dritten die Ermittlung echter Kauf- oder Verkaufsaufträge zu erschweren. Schwierig ist es indes, die manipulativen von den echten Kauf- oder Verkaufsaufträgen abzugrenzen. Als Maßstab für dieses Tatbestandsmerkmal kann die Verpflichtung des Handelsteilnehmers gem. § 26a BörsG gelten, ein angemessenes Order-Transaktions-Verhältnis herzustellen.[97] Als Beispiel sei folgender Fall der britischen Finanzaufsichtsbehörde FCA erwähnt:[98]

Mr. Coscia programmierte einen Algorithmus, der zunächst eine kleine Order platzierte, die zur Ausführung gelangen sollte. Unmittelbar im Anschluss platzierte der Algorithmus eine Serie großvolumiger Order zum Verkauf desselben Papieres zu einem abfallenden Limitpreis. Diese sollten jedoch nie zur Ausführung gelangen. Andere Hochfrequenzhändler interpretierten diese Orders als Signal für einen Preis-

[93] *Kasike* WM 2014, 1933 (1935).
[94] *Sorgenfrei/Saliger* in Park Kapitalmarktstrafrecht Teil 3 Kap. 6.1 Rn. 94.
[95] *Grundmann* in GroßkommHGB Bd. XI Bankvertragsrecht 6. Teil Rn. 465.
[96] *Grundmann* in GroßkommHGB Bd. XI Bankvertragsrecht 6. Teil Rn. 465; vgl. zur MaKonV *Stoll* in KölnKomm WpHG § 20a Anh. I – § 3 MaKonV Rn. 30.
[97] *Schultheiß* WM 2013, 596 (599); *Stoll* in KölnKomm WpHG § 20a Anh. I – § 3 MaKonV Rn. 31.
[98] Eine ausführliche Darstellung findet sich bei *Kasike* WM 2014, 1933 (1936).

verfall und verkauften an den Händler, dessen Algorithmus die Scheinorders sogleich stornierte. Im Anschluss wiederholte der Algorithmus das Verfahren, jedoch bei ansteigenden Limitpreisen, welche sodann ein gestiegenes Kaufinteresse suggerierten. Durch unzählige Wiederholungen dieses Vorgehens erzielte Mr. Coscia damit einen Erlös von etwa € 276.000.[99]

(3) Irreführung hinsichtlich Angebot und Nachfrage. Bei dieser Variante erscheint die Verwirklichung durch Hochfrequenzhandel weniger zwingend. Im Übrigen ist es sehr schwierig, sie von ii) abzugrenzen. Es liegt nahe, den Fall der *IMC Securities* hier einzuordnen.[100] Das Regelbeispiel der Irreführung hinsichtlich Angebot und Nachfrage wird weitergehend ergänzt. Insbesondere das Einstellen von Kauf- oder Verkaufsaufträgen zur Auslösung oder Verstärkung eines Trends soll manipulativ sein. Nahe liegt dies bei Massenaufträgen. Beispiele hierfür sind *improper matched orders*[101] oder *circular orders*[102]. 42

dd) Scalping. Art. 12 Abs. 2 lit. d) untersagt das sog. *Scalping*. Bei dieser Strategie wird ein auf eigene Rechnung gekauftes Wertpapier öffentlich empfohlen. Ziel der Strategie ist es, dieses sodann mit Gewinn zu verkaufen. Die Strategie wird im Rahmen der informationsbasierten Marktmanipulation diskutiert.[103] 43

ee) Kauf oder Verkauf von Emissionszertifikaten. Nach Art. 12 Abs. 2 lit. e) MAR ist der Kauf oder Verkauf von Emissionszertifikaten oder deren Derivaten als Marktmanipulation anzusehen, wenn dadurch der Auktionsclearingpreis auf anormaler oder künstlicher Höhe festgesetzt wird oder Bieter irregeführt werden. Die Regelung zielt darauf ab, „ein einheitliches, für den gesamten Primär- und Sekundärmarkt für Emissionszertifikate gültiges Regelwerk in Bezug auf Marktmissbrauch" darzustellen.[104] Die Verordnung (EU) Nr. 1031/2010, welche für die Versteigerung von Emissionszertifikaten zwei parallele Regelungen vorsieht, wird insofern ergänzt. 44

b) Indikatoren für manipulatives Handeln durch Aussenden falscher oder irreführender Signale und durch Herbeiführen bestimmter Kurse

Artikel 12 Abs. 3 iVm Anhang I MAR enthält ergänzend („unbeschadet") eine Aufzählung von Verhaltensweisen, die Indikatoren für das Vorliegen einer handelsgestützten Manipulation nach Art. 12 Abs. 1 lit. a) MAR darstellen. Dadurch wird der bisherige Art. 4 lit. a) der früheren Durchführungsrichtlinie 2003/124/EG ersetzt, welcher in § 3 Abs. 1 S. 1 lit. a) MaKonV aF umgesetzt war. Für die Auslegung kann daher auf die in diesem Rahmen gewonnenen Erkenntnisse zurückgegriffen werden.[105] 45

Die MAR enthält keine Anhaltspunkte, welches Gewicht dem Vorliegen eines Indikators bei der Prüfung des Manipulationstatbestands zukommen soll. Die Entsprechung mit den „Anzeichen" in der früheren Durchführungsrichtlinie spricht jedoch für eine ähnliche Herangehensweise. Letztlich dürfte das Vorliegen eines Indizes nicht mehr als ein Anhaltspunkt sein, Ermittlungen aufzunehmen. Entscheidend ist die Würdigung des Einzelfalls.[106] 46

[99] Sämtliche Dokumente zu diesem Beispiel sind in der Pressemitteilung der FCA v. 22.7.2013 verlinkt, abrufbar unter: https://www.fca.org.uk/news/press-releases/fca-fines-us-based-oil-trader-us-903k-market-manipulation.
[100] → Rn. 20; ebenso *Grundmann* GroßkommHGB Bd. XI Bankvertragsrecht 6. Teil Rn. 466.
[101] → Rn. 61.
[102] → Rn. 62.
[103] → § 12 Rn. 60–83.
[104] Erwägungsgrund 37 MAR.
[105] *De Schmidt* in JVRB WpHG § 20a Rn. 390.
[106] *De Schmidt* in JVRB WpHG § 20a Rn. 390.

47 Ernüchternd ist die Feststellung, dass die angestrebte Konkretisierung eine Handhabbarkeit in der Praxis kaum erleichtert. Zum einen ist die Liste nicht erschöpfend.[107] Zum anderen ist die Zuordnung einzelner Indikatoren zu Marktpraktiken nicht abschließend.[108] Ferner werden etliche Marktpraktiken sowohl Art. 12 Abs. 1 lit. a) als auch lit. b) MAR zugeordnet. Eine Systematisierung ist insofern nicht angestrebt und erscheint kaum möglich. Auch wird betont, dass es zu Überschneidungen der unterschiedlichen Marktpraktiken kommt.[109] Eine Zuordnung der Beispiele zu Art. 12 Abs. 1 lit. a) i) oder ii) MAR wird an dieser Stelle nicht vorgenommen. Erforderlich ist eine Abgrenzung zu Art. 12 Abs. 1 lit. b) MAR aufgrund dessen Subsidiarität. Relevant ist die Frage für den Rechtsanwender, da er sich nur im Falle des Art. 12 Abs. 1 lit. a) MAR auf die Ausschlussgründe berufen darf. Eine Antwort wird man erst geben können, wenn sich ein besseres Verständnis über die Systematik des Tatbestands herausgebildet hat.[110]

48 **aa) Bedeutender Anteil am Tagesvolumen.** Anhang I A. lit. a) MAR stellt auf den Umfang der Handelstätigkeit ab im Hinblick darauf, ob dieser einen bedeutenden Teil des Tagesvolumens eines tauglichen Manipulationsobjekts ausmacht. Dies soll vor allem dann verwerflich sein, wenn eine Tätigkeit zu einer erheblichen Veränderung des Kurses führt. Keiner der Begriffe wird in der Delegierten Verordnung definiert, aber durch Beispiele veranschaulicht. Ein Trost ist die Feststellung, dass sich der Unrechtsgehalt im Einzelfall erst aus der Ausnutzung eines manipulierten Kurses ergibt. Es ist stets eine Frage des Einzelfalls, ob das Volumen bedeutend ist oder ob die Kursbeeinflussung erheblich ist. Müßig ist daher ein Rückgriff auf früher entwickelte Definitionen, die in der Praxis kaum weiterhalfen.[111] Zu bedenken gilt, dass ein Kursbeeinflussungspotential alleine nicht verwerflich ist, sondern nur durch weitere Umstände Ursprung einer Unrechtshandlung sein kann.

49 Anhang II Abschnitt 1 Nr. 1 lit. a) Delegierte Verordnung (EU) 2016/522 stellt auf *Absprachen auf dem Anschlussmarkt eines öffentlichen Erstangebots, an dem die Abspracheparteien beteiligt sind,* ab. Hinter dieser Strategie steht die Überlegung, dass durch ein vorgetäuschtes Interesse an einem Manipulationsobjekt weitere Investoren zu einem Kauf motiviert werden. Auffällig ist ein solches Verhalten, wenn es nur von einer Person oder einer begrenzten Anzahl vorgenommen wird. Zudem ist verwerflich, wenn Transaktionen ersichtlich nur zu dem Zweck vorgenommen werden, einen Referenzpunkt in die Höhe zu treiben. Auf dieses Beispiel wird zudem in lit. b) Bezug genommen, weshalb das Innehaben bedeutender Verkaufs- oder Kaufpositionen bei dieser Strategie auch als Indiz zu werten ist.

50 Nr. 2 lit. b) beschreibt die Strategie der *Creation of a floor or a ceiling in the price pattern.* Dabei kommt es dem Täter darauf an, das Über- oder Unterschreiten eines bestimmten Kurses zu vermeiden, um nachteilige Folgen zu vermeiden. Weitere Präzisierung erhält das Beispiel durch zusätzliche Indikatoren, bei denen ein solches Vorgehen attraktiv ist.[112]

51 Nr. 3 lit. c) erwähnt *Ping-Aufträge*, welche die Erteilung kleiner Kauf- oder Verkaufsaufträge umfassen, um den Grad verdeckter Aufträge festzustellen und einzuschätzen, welche Positionen auf einer Dark Platform verbleiben. Mit dieser Strategie können Angebot und Nachfrage eines Wertpapiers und die jeweiligen Preislimits erkundet werden. Teilweise ist es sogar möglich zu ermitteln, welcher Händler eine Order aufgegeben hat.[113] Mit dem Wortlaut „Dark Platform" wird auf die hausinternen Handelsplätze von Banken Bezug genommen, die gelegentlich auch als *Dark Pools* bezeichnet werden. Diese ermöglichen eine Abwicklung von Kundenorders ohne die Inanspruchnahme öffentlicher Handelsplätze.[114]

[107] Erwägungsgrund 5 VO (EU) 2016/522.
[108] Erwägungsgrund 6 VO (EU) 2016/522.
[109] Erwägungsgrund 7 VO (EU) 2016/522.
[110] Dazu bereits → Rn. 5–6.
[111] Ähnlich *Sorgenfrei/Saliger* in Park Kapitalmarktstrafrecht Teil 3 Kap. 6.1 Rn. 101.
[112] Anhang II Abschnitt 1 Nr. 1 lit. b) i)–v) VO (EU) 2016/522.
[113] *Kasiske* WM 2014, 1933 (1937).
[114] *Kasiske* WM 2014, 1933 (1938).

Nr. 4 lit. d) stellt auf das *Phishing* ab. Darunter ist die Ausführung von Handelsaufträgen oder einer Reihe von Handelsaufträgen zu verstehen, um Aufträge anderer Teilnehmer auszuspähen. Wird die erlangte Information durch die anschließende Auslösung eines Handelsauftrags ausgenutzt, ist dies als manipulativ zu betrachten. 52

> Ziel der Phishing-Strategie kann es beispielsweise sein, sog. *Iceberg-Orders* zu identifizieren. Darunter werden große Orders verstanden, bei denen der Handelsplatz idR von einem Großinvestor angewiesen wird, diese nicht in vollem Umfang im Orderbuch auszuweisen.[115] Dies würde zu negativen Kursreaktionen führen, welche der Großinvestor zu vermeiden sucht. Wurde eine *Iceberg-Order* erkannt und in der Folge eine große Order platziert, wäre dieses Verhalten als manipulativ einzuordnen.

bb) Innehaben bedeutender Kauf- und Verkaufspositionen. Anhang I A. lit. b) MAR erfasst Personen, die bedeutende Kauf- oder Verkaufsposition eines tauglichen Manipulationsobjekts innehaben. Führt der Umfang der Handelsaufträge oder Geschäfte zu einer erheblichen Veränderung des Kurses, ist darin ein Indiz für eine Marktmanipulation zu sehen. Beim Innehaben solcher Positionen, die eine wesentliche Kursänderung bei dem zugrundeliegenden Basiswert des Finanzinstruments bewirken, geht es vorwiegend um Eigeninteresse zur Kursbeeinflussung und weniger um wirtschaftlich legitime Gründe. Zur Bestimmung „bedeutender" Positionen bietet sich eine Anlehnung an die MiFID II[116] an.[117] Auslegungsschwierigkeiten ergeben sich hier im Hinblick auf das Merkmal des „Innehabens".[118] 53

Anhang II Abschnitt 1 Nr. 2 lit. a) Delegierte Verordnung (EU) 2016/522 stellt erneut auf die unter Nr. 1 lit. a) erörterte Strategie ab. Nr. 1 lit. b) erfasst die Strategie des *Abusive Squeeze*, welche auch der tatbestandlichen Konkretisierung des Art. 12 Abs. 2 lit. a) MAR unterfallen kann.[119] Abgestellt wird auf die Ausnutzung des erheblichen Einflusses einer marktbeherrschenden Stellung auf das Angebot oder die Nachfrage mit dem Ziel einer deutlichen Verfälschung oder auch nur wahrscheinlichen Verfälschung der Preise. In diesen Zusammenhang fallen auch die Begriffe des *Cornering* sowie der *Knock-out-Kickers*.[120] 54

Nr. 2 lit. c) erwähnt die *Inter-trading Venues Manipulation*. Die Strategie umfasst die Abwicklung von Handelsgeschäften oder Erteilung von Handelsaufträgen an einem Handelsplatz oder außerhalb eines Handelsplatzes zum Zwecke der unzulässigen Positionierung eines tauglichen Manipulationsobjekts an einem anderen Handelsplatz oder außerhalb eines Handelsplatzes. Erfasst werden mithin taugliche Manipulationsobjekte, die an unterschiedlichen Märkten gehandelt werden. Nr. 1 lit. c) ii) nennt weitere Indizien, welche zur Beurteilung der Missbräuchlichkeit dieser Strategie herangezogen werden können. 55

Nr. 2 lit. d) führt sodann die *Cross-product Manipulation* ein. Dies ähnelt der soeben erwähnten *Inter-trading Venues Manipulation*. Dabei liegt der Fokus jedoch nicht auf der unzulässigen Beeinflussung desselben tauglichen Manipulationsobjekts, sondern auf der Beeinflussung des Kurses eines verbundenen Finanzinstruments. Auch für dieses Beispiel werden weitere Indikatoren genannt. 56

---

[115] *Kasiske* WM 2014, 1933 (1938).

[116] Richtlinie 2014/65/EU des Europäischen Parlaments und des Rates vom 15. Mai 2014 über Märkte für Finanzinstrumente sowie zur Änderung der Richtlinien 2002/92/EG und 2011/61/EU, ABl. EU Nr. L173 v. 12.6.2014 S. 349 ff. (MiFID II).

[117] Tabellen 1 und 2 des Anhangs II der Delegierten Verordnung bestimmen Aufträge mit großem Volumen im Vergleich zum marktüblichen Geschäftsumfang, Delegierte Verordnung (EU) 2017/587 vom 14. Juli 2016 zur Ergänzung der Verordnung (EU) Nr. 600/2014, ABl. EU Nr. L87 v. 31.3.2017 S. 387 ff.

[118] Dazu *Sorgenfrei/Saliger* in Park Kapitalmarktstrafrecht Teil 3 Kap. 6.1 Rn. 104.

[119] → Rn. 26–32.

[120] Ausführlich *Sorgenfrei/Saliger* in Park Kapitalmarktstrafrecht Teil 3 Kap. 6.1 Rn. 107.

Ein Beispiel ist der Handel einer Aktienposition auf einem Handelsplatz mit der Absicht, dadurch Einfluss auf den Preis eines Derivats zu nehmen, welches auf einem anderen Handelsplatz gehandelt wird und die Aktie als Referenzwert hat. Eine Abgrenzung zur zulässigen Ausnutzung von Preisunterscheiden von tauglichen Manipulationsobjekten auf verschiedenen Handelsplätzen wird nur auf subjektiver Ebene erfolgen können.

Ein weiteres Beispiel ist die Orderausführung, um den Preis eines gehaltenen Optionsscheins zu beeinflussen. Dies muss in der Absicht geschehen, diesen teurer zu veräußern.

57 **cc) Keine Änderung des wirtschaftlichen Eigentümers.** Anhang I A. lit. c) MAR nennt als Indikator den Umstand, ob getätigte Geschäfte zu keiner Änderung des wirtschaftlichen Eigentums eines tauglichen Manipulationsobjekts führen. Das „wirtschaftliche Eigentum" erfasst in Anlehnung an § 39 AO Treuhand und andere Sicherungskonstellationen.[121] Erfasst sind fiktive Geschäfte, die entgegen dem äußeren Anschein wirtschaftlich betrachtet keine Vermögensverschiebung bewirken. Auf den Rechtsbindungswillen kommt es nicht an. Die wirtschaftliche Identität genügt, so dass keine rechtliche Identität zwischen den Beteiligten bestehen muss.[122]

58 Herausfordernd ist die Abgrenzung zu legitimem Handeln, welche am Maßstab der Transparenz über die wirtschaftliche Identität erfolgten sollte.[123] In der Praxis gibt es etliche Fälle, die nicht von der Indizwirkung erfasst werden sollten. So trägt die Umschichtung von Finanzinstrumenten innerhalb verbundener Unternehmen aus strategischen oder steuerlichen Gründen grundsätzlich keinen Unrechtsgehalt in sich. Gleiches gilt für das sog. Inhouse Crossing bei gegenläufigen Kundenorders in einem bankeigenen elektronischen System. Auch Kompensationsgeschäfte im Präsenzhandel, die vom Skontroführer so gekennzeichnet sind („cross requests" oder „Xetra block crossing") sind nicht manipulativ.[124]

59 Anhang II Abschnitt 1 Nr. 3 lit. a) Delegierte Verordnung (EU) 2016/522 erwähnt sodann an erster Stelle *wash trades*. Synonym werden häufig auch die Begriffe *cross trades* oder *crossing* verwendet.[125] Diese Praxis beschreibt Transaktionen, bei denen kein Wechsel des wirtschaftlichen Eigentums oder des Marktrisikos stattfindet. Zusätzliche Indikatoren für Marktmanipulation in diesem Zusammenhang sollen i) die ungewöhnliche Wiederholung einer Transaktion zwischen einer oder einer kleinen Anzahl von Parteien sein, ii) keine Veränderung des Umfangs der gehandelten Position trotz der Transaktionen sowie iii) eine ungewöhnliche Konzentration von Transaktionen oder Handelsaufträgen aufseiten einer Person oder einen kleiner Anzahl an Personen. Das Beispiel erfasst auch solche Transaktionen, bei denen das wirtschaftliche Eigentum wechselt und die dahinter stehenden natürlichen oder juristischen Personen gemeinschaftlich oder in Absprache handeln. Beispielsweise wäre dies durch das Zwischenschalten einer juristischen Person möglich, welche An- und Verkäufe tätigt.[126]

Zu denken wäre an einen Aktionär, der sich von seinem Aktienpaket von 15 % einer Gesellschaft trennen möchte. Dieser könnte versuchen, durch jeweils limitierte Kauf- bzw. Verkaufsaufträge bei zwei verschiedenen Banken den Preis nach oben zu treiben. Dies würde seine Verhandlungsposition stärken.[127]

[121] *Sorgenfrei/Saliger* in Park Kap. 6.1 Rn. 109; vgl. *Waschkeit* Marktmanipulation S. 45.
[122] Vgl. zu § 3 Abs. 1 Nr. 3 MaKonV aF *Vogel* in Assmann/Schneider WpHG § 20a Rn. 162.
[123] Vgl. zu § 3 Abs. 1 Nr. 3 MaKonV aF *Fleischer* in Fuchs § 20a WpHG Rn. 53; *Vogel* in Assmann/Schneider WpHG § 20a Rn. 162, *Stoll* in KölnKomm WpHG § 20a Anh. I – § 3 MaKonV Rn. 25.
[124] Vgl. zu § 3 Abs. 1 Nr. 3 MaKonV aF *Vogel* in Assmann/Schneider WpHG § 20a Rn. 163.
[125] *Eichelberger*, Verbot der Marktmanipulation, S. 26.
[126] Vgl. *Schröder* Kapitalmarktstrafrecht-HdB Rn. 488.
[127] In Anlehnung an *Schröder* Kapitalmarktstrafrecht-HdB Rn. 524.

60 Nr. 3 lit. b) ordnet die Strategie des *Painting the Tape* als manipulativ ein. Darunter sind Verhaltensweisen zu verstehen, durch die der Eindruck lebhafter Umsätze oder Kursbewegungen an einer Anzeigetafel erweckt wird, obwohl sich der wirtschaftliche Eigentümer nicht ändert.[128] Die Praxis kann sowohl durch eine Person als auch durch eine kleine Zahl von Parteien verwirklicht werden, was durch die Bezugnahmen in Anhang II Abschnitt 1 Nr. 3 lit. b) S. 2 der Delegierten Verordnung zum Ausdruck gebracht wird. Geprägt wurde der Begriff durch die frühere Praxis von Anzeigetafeln im Börsensaal, auf der Kurse und Umsätze dargestellt wurden.[129] Diese Annahme greift auch die Konkretisierung in Anhang II Abschnitt 1 Nr. 3 lit. b) der Delegierten Verordnung auf, welche auch auf das Erscheinen auf einer öffentlichen Anzeigetafel abstellt. Dieser Wortlaut umfasst auch Tabellen, welche auf Homepages einsehbar sind. Dadurch sollen weitere Marktteilnehmer zu gleichen Geschäften animieren werden. Nicht relevant ist, durch welche Verhaltensweise der Umsatz generiert wird. In Betracht kommen insofern sowohl fiktive als auch effektive Geschäfte.[130]

Beispielhaft könnte zunächst eine limitierte Verkaufsorder eingestellt werden. Erfolgt sodann sukzessive die Erteilung mehrerer kleiner Kaufaufträge, kann der Eindruck lebhafter Handelsaktivität kreiert werden.[131]

61 Nr. 3 lit. c) nimmt auf *Improper Matched Orders* Bezug. Diese Strategie (synonym *matched orders*, *prearranged quotes* oder *prearranged trades*[132]) zeichnet sich durch das abgestimmte Verhalten ein und derselben oder verschiedener Parteien aus, welche Kauf- oder Verkaufsaufträge sehr ähnlichen Umfangs und zu ähnlichen Kursen initiieren. Durch die Formulierungen „ähnlichen Umfangs" und „ähnlichen Kursen" in Anhang II Abschnitt 1 Nr. 3 lit. c) S. 1 der Delegierten Verordnung wird deutlich, dass sich die Aufträge dem Volumen nach nicht entsprechen müssen. Durch das Hin- und Herschieben der Papiere wird eine Handelsaktivität vorgetäuscht oder der Wert beeinflusst. Aussichtsreich ist dieses Vorgehen nur in engen Märkten.[133]

Zu denken ist an einen Kreditnehmer, der seinen Kredit mit Aktien abgesichert hat. Fällt der Kurs dieser Aktie, kann er von der Bank zur Stellung weiterer Kreditsicherheiten aufgefordert werden. Um dies zu vermeiden, koordiniert er mit einem Dritten Käufe und Verkäufe so, dass der Kurs der Aktie nach oben steigt.[134] *Matched Orders* lagen auch bei folgendem Sachverhalt vor: Ein Aufsichtsratsvorsitzender hatte von November 2009 bis Februar 2010 über verschiedene Depots im In- und Ausland Aufträge in Aktien seiner Gesellschaft erteilt, die er so aufeinander abstimmte, dass sie gegeneinander ausgeführt werden konnten. Er handelte über diverse Depots, die sowohl unternehmerisch als auch personell zur Gesellschaft gehörten. Er sorgte für einen Kursanstieg, war teilweise für sämtliche Umsätze in Xetra alleinverantwortlich und bestimmte den Handel wesentlich. Der Täter wurde für sechs selbstständige Marktmanipulationen zu einer Gesamtgeldstrafe von 120 Tagessätzen verurteilt.[135]

62 Die Strategie des *Circular Trading* wird nicht als eines der indikativen Beispiele genannt. Gleichwohl ist es untersagt, durch eine Aneinanderreihung von Transaktionen, die von einer Mehrzahl von Personen zirkulär getätigt werden, bloße Handelsaktivität vorzutäuschen oder

[128] Dazu *Fischel/Ross*, 105 Harv. L. Rev. 503, 536 f. (1991).
[129] *Eichelberger*, Verbot der Marktmanipulation, S. 39.
[130] *Eichelberger*, Verbot der Marktmanipulation, S. 40.
[131] In Anlehnung an *Schröder* Kapitalmarktstrafrecht-HdB Rn. 493.
[132] *Eichelberger*, Verbot der Marktmanipulation, S. 27.
[133] *Schröder* Kapitalmarktstrafrecht-HdB Rn. 491.
[134] In Anlehnung an *Schröder* Kapitalmarktstrafrecht-HdB Rn. 523.
[135] BaFin Jahresbericht 2016 S. 180.

auch den Kurs in eine Richtung beeinflussen.[136] Eine Abgrenzung zu *matched orders* kann an der Anzahl der Parteien, welche zwei überschreitet, vorgenommen werden.[137]

> Ein Beispiel aus der Praxis der BaFin ist das der Resprop-Immobilien AG. Die BaFin stellte in einer im Zeitraum von August 2008 bis September 2009 durchgeführten Untersuchung eine Vielzahl korrespondierender gegenläufiger Kauf- und Verkaufsaufträge fest. Diese zielten darauf ab, Börsengeschäfte in dem ansonsten illiquiden Finanzinstrument an den Börsen Frankfurt und Stuttgart zu generieren und dadurch auf die Preisbildung einzuwirken. Die Kauf- und Verkaufsaufträge waren hinsichtlich Stückzahl, Orderlimitierung und Einstellungszeitpunkt so aufeinander abgestimmt, dass sie regelmäßig unmittelbar gegeneinander ausgeführt werden konnten. Dadurch gelang es den Tätern, insgesamt 335 manipulative Börsengeschäfte mit Umsätzen abzuschließen. Zur Verschleierung handelten sie sowohl über ihre eigenen Depots bei verschiedenen Banken als auch als Bevollmächtigte für diverse von ihnen geführte bzw. mit ihnen geschäftlich verbundene Firmen. Gleichzeitig bestand eine enge personelle Verflechtung der Täter mit der Vorstands-, Aufsichtsrats- und Großaktionärsebene der Resprop Immobilien AG. Die Täter wollten durch die manipulativen Transaktionen eine möglichst hohe Börsenbewertung und eine höhere Liquidität der Resprop-Aktien erzielen.[138]

63 Bei der Strategie des *Concealing Ownership* gemäß Anhang II Abschnitt 1 Nr. 3 lit. d) der Delegierten Verordnung wird der tatsächliche Halter mittels Verstoßes gegen Offenlegungspflichten verborgen. Das Finanzinstrument kann von einer weiteren Person oder mehrerer Parteien, mit denen Absprachen getroffen wurden, gehalten werden. Diese Praxis gilt nicht für Fälle, in denen es legitime Gründe dafür gibt, dass Finanzinstrumente im Namen einer anderen Partei als der wirtschaftliche Eigentümer gehalten werden.

> Beispielsweise ist es für eine Bank zulässig, Finanzinstrumente als Treuhänder zu halten, sog. *Nominee Holding*.

64 **dd) Umkehrung von Positionen innerhalb eines kurzen Zeitraumes.** Anhang I A. lit. d) MAR stellt auf den Umfang ab, in dem erteilte Handelsaufträge, abgewickelte Geschäfte oder stornierte Aufträge Umkehrungen von Positionen innerhalb eines kurzen Zeitraums beinhalten. Zudem wird darauf abgestellt, dass diese einen beträchtlichen Anteil am Tagesvolumen eines tauglichen Manipulationsobjekts ausmachen und mit einer erheblichen Veränderung dessen in Verbindung stehen könnten. Vorerst nicht eindeutig zu bestimmen ist, was vom Wortlaut „innerhalb eines kurzen Zeitraums" erfasst wird.[139] Dies hängt von der Liquidität im Markt des Manipulationsobjekts ab und ist daher im Einzelfall zu bestimmen. Im Grundsatz zulässig muss es trotz des Indikators sein, Preisschwankungen in liquiden Märkten durch wiederholte Käufe und Verkäufe auszunutzen. Dies erstreckt sich auch auf Arbitrage-Geschäfte an verschiedenen Märkten.[140]

65 Anhang II Abschnitt 1 Nr. 4 lit. a) Delegierte Verordnung (EU) 2016/522 verweist zur näheren Bestimmung des Indikators auf die Strategie des *Painting the Tape*.[141] Nr. 4 lit. b) verweist zudem auf die Strategie der *Improper Matched Orders*.[142] Nr. 4 lit. c) erwähnt sodann

[136] Vgl. *Schröder* Kapitalmarktstrafrecht-HdB Rn. 492; *Lowenfels/Bromberg*, 55 Alb. L. Rev. 293, 296 (1991).
[137] *Eichelberger*, Verbot der Marktmanipulation, S. 28.
[138] BaFin Jahresbericht 2012 S. 189.
[139] Im Ergebnis offen auch *Sorgenfrei/Saliger* in Park Kapitalmarktstrafrecht Teil 3 Kap. 6.1 Rn. 114.
[140] Zu § 3 Abs. 1 Nr. 1c MaKonV *Vogel* in Assmann/Schneider WpHG § 20a Rn. 158; *Schröder* Kapitalmarktstrafrecht-HdB Rn. 513.
[141] → Rn. 60.
[142] → Rn. 61.

erstmals die Strategie des *Pump and Dump*. Beim *Pumping and Dumping* wird von einem oder mehreren Marktteilnehmern zunächst der Wert künstlich in die Höhe getrieben, bevor die gehaltenen Positionen sodann abgestoßen werden. Zumindest bei einer einzelnen Person ist die Abgrenzung zur Tatbestandslosigkeit schwierig, sofern lediglich mehrere effektive Käufe getätigt werden.[143] Das indikative Beispiel in Anhang II Abschnitt 1 Nr. 4 lit. c) der Delegierten Verordnung stellt daher zur Eingrenzung auf die Kombination einer Kaufposition und einer konsekutiven weiteren Handlung ab. Diese kann sowohl durch weitere Ankäufe sowie auch durch die Ausstreuung irreführender positiver Informationen erfüllt werden. Letzteres stellt eine informationsgestützte Marktmanipulation dar, welche regelmäßig auch den Tatbestand des *Scalping* gemäß Art. 12 Abs. 2 lit. d) MAR erfüllt. In beiden Fällen basiert die Strategie auf der Erwartung, dass weitere Käufer angelockt werden, um die Kursbeeinflussung zu erreichen. In der Vergangenheit erfasste die BaFin auch originär informationsgestützte Markmanipulationen als *Pumping and Dumping*, wie das Hochtreiben von Aktienkursen mittels Spam-Mails und Börsenbriefen.[144] Dies dürfte sich bei dem weiten Wortlaut des Indikators nicht ändern. Nicht abzusehen ist, ob die Strategie in diesem Fall unter Art. 12 Abs. 1 lit. a), b) oder c) MAR gefasst würde.

Die umgekehrte Strategie wird sogleich von Nr. 4 lit. d) erfasst (*Trashing and Cashing*). **66**
Anhang II Abschnitt 1 Nr. 4 lit. d) der Delegierten Verordnung setzt als ersten Schritt die Einnahme einer Verkaufsposition voraus, welche wieder eingedeckt wird, sobald der Kurs gesunken ist.

Nr. 4 lit. e) nennt das *Quote Stuffing* als Indikator. Darunter fällt die Erteilung einer **67**
großen Zahl von Handelsaufträgen, Auftragsstornierungen oder -aktualisierungen. Ziel dieser Maßnahme soll es sein, Unsicherheit für andere Teilnehmer zu erzeugen, deren Prozess zu verlangsamen oder die eigene Strategie zu verschleiern. Diese Strategie lässt Überschneidungen mit Art. 12 Abs. 2 lit. c) zu, was zu Abgrenzungsschwierigkeiten führt.

Nr. 4 lit. f) nennt sodann die *Momentum Ignition*, welche auch bereits von Art. 12 Abs. 2 **68**
lit. c) erfasst werden kann.[145] Es geht dabei um die Erteilung von Handelsaufträgen mit der Absicht, einen Trend auszulösen oder zu verschärfen, um andere Teilnehmer zu ermutigen, den Trend zu verschärften. Sodann bietet sich Gelegenheit zur Eröffnung oder Schließung einer Position zu einem günstigen Preis.

ee) Gegenläufige Kursänderungen. Anhang I A. lit. e) MAR stellt auf den Umfang ab, in **69**
dem erteile Handelsaufträge oder abgewickelte Geschäfte durch ihre Häufung innerhalb eines kurzen Abschnitts des Handelstages eine Kursveränderung bewirken, auf die eine gegenläufige Preisänderung folgt. Auslegungsbedürftig ist insbesondere der Begriffe des „kurzen Abschnitts".[146] Die Unklarheit ergibt sich wohl zwingend aus dem Umstand, dass dies im Lichte einer jeden Strategie im Einzelfall zu bestimmen ist. Dass diese Strategien in der Regel von mehreren der Indikatoren erfasst werden, wird vorliegend besonders deutlich.

Anhang II Abschnitt 1 Nr. 5 lit. a), b) und c) Delegierte Verordnung (EU) 2016/522 **70**
verweisen zunächst erneut auf die Praktiken der *Creation of a floor or a ceiling in the price pattern*, die *Inter-trading venues manipulation* sowie die *Cross-product manipulation*. Sodann wird auf Praktiken abgestellt, bei denen es Überschneidungen zu Art. 12 Abs. 2 MAR gibt. Die Strategie des *Marking the Close*[147] kann auch Art. 12 Abs. 2 lit. b) MAR unterfallen. Die Strategien des *Layering und Spoofing*, des *Quote Stuffing* sowie der *Momentum Ignition* können Art. 12 Abs. 2 lit. c) unterfallen.[148]

ff) Annullierung erteilter Handelsaufträge vor Abwicklung. Anhang I A. lit. f) MAR **71**
stellt auf den Umfang ab, in dem erteilte Handelsaufträge die Darstellung der besten Geld-

[143] *Schröder* Kapitalmarktstrafrecht-HdB Rn. 497.
[144] BaFin Jahresbericht 2007 S. 173 f.
[145] → Rn. 39.
[146] Hierzu *Sorgenfrei/Saliger* in Park Kapitalmarktstrafrecht Teil 3 Kap. 6.1 Rn. 121.
[147] Anhang II Abschnitt 1 Nr. 5 lit. d) VO (EU) 2016/522.
[148] Anhang II Abschnitt 1 Nr. 5 lit. e), f), g) VO (EU) 2016/522.

oder Briefkurse eines tauglichen Manipulationsobjekts oder auch nur die verfügbare Darstellung des Orderbuchs verändern. Dazu muss die Annulierung vor die eigentliche Abwicklung treten. Nicht erfasst werden sollen davon sog. *Misstrades*, die zu einer berechtigten Rücknahme von Orders führen und keinen Einfluss in den Börsenpreis haben.[149] Dass dieser Indikator Bestandteil vieler Manipulationsstrategien ist, wird durch die nähere Bestimmung in der Delegierten Verordnung verdeutlicht, welche auf viele bereits erwähnte Praktiken abstellt, namentlich die *Creation of a floor or a ceiling in the price pattern*, die *Inter-trading venues manipulation*, die *Cross-Product manipulation*, das *Layering und Spoofing*, das *Quote Stuffing* und die *Momentum Ignition*.[150] Bei letzteren gibt es erneut Überschneidungen zu Art. 12 Abs. 2 MAR.

72 Als weitere Praktik zur näheren Bestimmung wird in Nr. 6 lit. a) zunächst die *Erteilung von Aufträgen ohne die Absicht, diese auszuführen*, bezeichnet. Entscheidend ist auch hier die Irreführung anderer Marktteilnehmer, welche über Angebot oder Nachfrage an einem tauglichen Manipulationsobjekt getäuscht werden. Zur Veranschaulichung wird auf die Eingabe von Handelsaufträgen zu einem die Nachfrage erhöhenden Preis mit dem Zweck, den Kurs eines verbundenen Finanzinstruments zu verändern, abgestellt.

> Ein Indiz für manipulatives Handeln ist die Einstellung einer Xetra Market Order in der Schlussauktion zur Analyse der Preisänderung des indikativen Auktionspreises.

73 Nr. 6 lit c) stellt sodann auf die sog. *Excessive Bid-Offer Spreads* ab. Bei dieser Strategie wird die Marktmacht eines Handelsteilnehmers ausgenutzt, um die Differenz zwischen Geld- und Briefkursen auf ein künstliches Niveau zu verschieben oder eine bestehende Differenz aufrecht zu erhalten. Indiz für das Vorliegen dieser Praxis sind die Umgehung von Vorkehrungen zum Schutz des Marktes, wie beispielsweise Höchstpreise oder Mengenbeschränkungen. Möglich ist dies etwa für Market-Maker, die in Kooperation tätig sind und durch ihre Marktmacht absichtlich die Bid-Ask-Spreads auf künstliche Preise steuern.

> Darunter fällt die Einstellung einer Xetra Order, um eine Bid-Preisänderung an der Börse Stuttgart zu bezwecken. Wird anschließend das Bid in Stuttgart bedient und die Xetra Order gelöscht, so ist das als manipulativ zu bewerten.

74 Eine weitere Praxis im Rahmen dieses Indikators ist gem. Nr. 6 lit. d) das *Advancing the bid*. Dabei wird die Verfügbarkeit eines tauglichen Manipulationsobjekts erhöht oder verringert. Ziel ist es, mit dieser veränderten Nachfrage den Preis nach oben zu treiben oder ihn zu senken. Problematisch ist die Abgrenzung zur Tatbestandslosigkeit, sofern die Manipulation nur durch effektive Geschäfte erfolgt.[151]

75 Schließlich fällt unter diesen Indikator das *Smoking*.[152] Bei dieser Strategie veröffentlicht der Täter zunächst Handelsaufträge in der Absicht, andere Marktteilnehmer, die sich herkömmlicher Handelstechniken bedienen („Slow Traders"), anzulocken. Sodann wechselt er die Handelsaufträge zu weniger großzügigen Konditionen, um aus dem Zustrom von Handelsaufträgen Gewinn zu ziehen.

76 **gg) Zeitpunkt der Berechnung von Referenzkursen.** Anhang I A. lit. f) MAR stellt auf den Umfang von Geschäften ab, die genau oder ungefähr zu dem Zeitpunkt in Auftrag gegeben oder abgewickelt werden, zu dem Referenzkurse, Abrechnungskurse oder Bewertungen berechnet werden. Führen diese Geschäfte zu Kursveränderungen, die sich auf die Kurse und Bewertungen auswirken, ist dies ein Indiz für manipulatives Handeln. Relevant

---

[149] *Sorgenfrei/Saliger* in Park Kapitalmarktstrafrecht Teil 3 Kap. 6.1 Rn. 122.
[150] Anhang II Abschnitt 1 Nr. 6 lit. b), e), f), g), h), i) VO (EU) 2016/522.
[151] Vgl. *Schröder* Kapitalmarktstrafrecht-HdB Rn. 498.
[152] Anhang II Abschnitt 1 Nr. 6 lit. j) VO (EU) 2016/522.

wird dies insbesondere am sog. „Hexensabatt“, dem vierteljährlichen Verfallstermin für Futures und Optionen. An diesem besteht ein besonderer Anreiz, den Referenzkurs zu eigenen Gunsten zu manipulieren.[153]

Verwiesen wird zunächst auf die bereits erwähnten Praktiken des *Marking the Close*, der *Absprache auf dem Anschlussmarkt*, der *Creation of a floor or a ceiling in the price pattern*, der *Inter-trading-venues manipulation* sowie der *Cross-product manipulation*.[154] Nr. 7 lit. f) stellt zudem auf Vorkehrungen zur Verfälschung der mit einem Warenvertrag verbundenen Kosten ab, so dass der Abrechnungspreis eines tauglichen Manipulationsobjekts in unnatürlicher oder künstlicher Höhe festgelegt wird. Relevant soll dies etwa im Zusammenhang mit Versicherungen oder Fracht sein. 77

IV. Art. 12 Abs. 1 lit. b) MAR

Artikel 12 Abs. 1 lit. b) MAR enthält einen weiteren Grundtatbestand der handelsgestützten Manipulation. Zudem ist hier die handlungsgestützte Markmanipulation verankert. Danach umfasst die Marktmanipulation folgende Handlungen: 78

> *„Abschluss eines Geschäfts, Erteilung eines Handelsauftrags und jegliche sonstige Tätigkeit oder Handlung an Finanzmärkten, die unter Vorspiegelung falscher Tatsachen oder unter Verwendung sonstiger Kunstgriffe oder Formen der Täuschung den Kurs eines oder mehrerer Finanzinstrumente, eines damit verbundenen Waren-Spot-Kontrakts oder eines auf Emissionszertifikaten beruhenden Auktionsobjekts beeinflusst oder hierzu geeignet ist.“*

Der Wortlaut ist aus Art. 1 Nr. 2 lit. b) MAD 2003 bekannt. Danach sind Marktmanipulation 79

> *„Geschäfte oder Kauf-bzw. Verkaufsaufträge unter Vorspiegelung falscher Tatsachen oder unter Verwendung sonstiger Kunstgriffe oder Formen der Täuschung“.*

Diese Vorgabe in der Richtlinie war bisher in § 20 Abs. 1 S. 1 Nr. 3 WpHG aF umgesetzt, wonach es verboten war, 80

> *„sonstige Täuschungshandlungen vorzunehmen, die geeignet sind, auf den inländischen Börsen- oder Marktpreis eines Finanzinstruments oder auf den Preis eines Finanzinstruments an einem organisierten Markt in einem anderen Mitgliedstaat der Europäischen Union oder in einem anderen Vertragsstaat des Abkommens über den Europäischen Wirtschaftsraum einzuwirken.“*

1. Systematik

Auffällig ist die Erweiterung des Wortlauts der MAR im Vergleich zu MAD 2003 um „jegliche sonstige Tätigkeit oder Handlung“. Darin wird zum Ausdruck gebracht, dass es sich um einen Auffangtatbestand handelt.[155] Gleichwohl erlaubt die teilweise Anknüpfung an „Geschäfte“ und „Handelsaufträge“ eine methodische Abgrenzung zur handelsgestützten Marktmanipulation. Problematischer ist die Abgrenzung zur informationsgestützten Manipulation, welche nicht eindeutig beurteilt wird.[156] Dies wird erneut durch die Einordnung des Art. 12 Abs. 2 lit. d) MAR (Scalping) deutlich, welche sowohl hier[157] als auch im Rahmen der informationsgestützten Marktmanipulation erfolgen könnte.[158] 81

[153] Zu § 3 Abs. 1 Nr. 1e) MaKonV *Vogel* in Assmann/Schneider WpHG Rn. 160.
[154] Anhang II Abschnitt 1 Nr. 7 lit. a), b), c), d) und e) VO (EU) 2016/522.
[155] *Poelzig* NZG 2016, 528 (536); *Sorgenfrei/Saliger* in Park Kapitalmarktstrafrecht Teil 3 Kap. 6.1 Rn. 171; *Zetzsche* in Gebauer/Teichmann EnzEuR § 7 C Rn. 81; *Diversy/Köpferl* in Graf/Jäger/Wittig § 38 WpHG Rn. 91.
[156] Bereits → Rn. 6.
[157] So *Sorgenfrei/Saliger* in Park Kapitalmarktstrafrecht Teil 3 Kap. 6.1 Rn. 182 ff.
[158] So → § 13 Rn. 3.

2. Abschluss eines Geschäfts, Erteilung eines Handelsauftrags und jegliche sonstige Tätigkeit oder Handlung

82 Zur Auslegung des „Abschlusses eines Geschäfts" sowie der „Erteilung eines Handelsauftrags" ergeben sich keine Unterschiede zu Art. 12 Abs. 1 lit. a) MAR. Besonderes Augenmerk ist auf die Auslegung des Wortlauts „jegliche sonstige Tätigkeit oder Handlung" zu legen. Der Tatbestand ist bewusst denkbar weit formuliert. Erfasst werden sollen damit die Fälle der handlungsgestützten Marktmanipulation. Gerne diskutierte Beispiele für handlungsgestützte Marktmanipulation sind folgende:

> Ein früherer Mitarbeiter eines Pharmakonzerns vergiftete dessen Erzeugnisse mit Rattengift, welche in dieser Form in den Verkauf gelangten. Sodann informierte er die Medien, welche darüber berichteten. In der Folge fiel der Aktienkurs, was der frühere Mitarbeiter zu seinen Gunsten ausnutzen konnte.[159] Ein moderneres Beispiel für eine Einwirkung auf den inneren Wert eines Unternehmens durch eine Einwirkung von außen wäre ein Hackerangriff.[160] Es ist festzuhalten, dass die Mitarbeiter eines Unternehmens grundsätzlich viel weitergehende Möglichkeiten haben, um den Kurs zu beeinflussen.[161] Beispielsweise sei hier zudem an die Stilllegung der Produktion zu denken. So wurden in der Vergangenheit beispielsweise Hochöfen stillgelegt, um offene Leerverkaufspositionen günstig decken zu können.[162] Aber auch bei einem Anschlag auf den Mannschaftsbus eines Fußballvereins mit dem Ziel, vom fallenden Aktienkurs zu profitieren, ist an Marktmanipulation zu denken.[163]

3. Vorspiegelung falscher Tatsachen

83 Die „Vorspiegelung falscher Tatsachen" ist dem Rechtsanwender aus der MAD 2003 bekannt, welche jedoch nicht mit diesem Wortlaut in das deutsche Recht umgesetzt war. Insofern sind nun handhabbare Definitionen für die MAR zu entwickeln. Bei dieser Alternative geht es im Kern um das Vorliegen einer Täuschungshandlung.[164] Eine Abgrenzung zu dem weiten Tatbestand der „Verwendung sonstiger Kunstgriffe oder Formen der Täuschung" ist jedoch nicht erforderlich. Die Vorspiegelung falscher Tatsachen verdeutlicht lediglich einen möglichen Anwendungsfall dieses weiten Auffangtatbestands.

4. Verwendung sonstiger Kunstgriffe oder Formen der Täuschung

84 Alternativ kann dieser Tatbestand durch die Verwendung sonstiger Kunstgriffe oder Formen der Täuschung erfüllt werden. Der Tatbestand ist sehr weit und durch die Indikatoren und Beispiele zu konkretisieren. Der Wortlaut ist so weit gefasst, um auch sich zukünftig noch entwickelnde Manipulationspraktiken erfassen zu können. Nicht erforderlich ist, dass die Handlung einen kommunikativen Erklärungswert hat.[165] Gleichwohl spricht der Wortlaut „sonstige Kunstgriffe oder Formen der Täuschung" dafür, dass die Handlung einen

[159] *Thel*, Colum. Bus. L. Rev. 1988, 359 (389 f.); *Lenzen*, Unerlaubte Eingriffe, S. 31; *Fleischer*, Gutachten F für den 64. DJT 2002, F120; *Fleischer* in Fuchs WpHG Vor § 20a Rn. 4 und 69.
[160] Vgl. *Zetzsche* in Gebauer/Teichmann EnzEuR § 7 C Rn. 81; *Sorgenfrei/Saliger* in Park Kapitalmarktstrafrecht Teil 3 Kap. 6 Rn. 172.
[161] *Lenzen*, Unerlaubte Eingriffe, S. 31 mit weiteren Beispielen.
[162] *Allen/Gale* 5 Rev. of Fin. Studies, 503, 504 (1992); *Rudolph/Röhrl* in Hopt/Rudolph/Baum S. 187 f.
[163] Dazu *Köpferl/Wegner* WM 2017, 1924 ff.
[164] *Diversy/Köpferl* in Graf/Jäger/Wittig § 38 WpHG Rn. 91.
[165] *Diversy/Köpferl* in Graf/Jäger/Wittig § 38 WpHG Rn. 91.

irgendwie gearteten Täuschungswert haben muss.[166] Dies ist bei Sabotageakten oder Anschlägen nicht der Fall, da die Marktverhältnisse nicht falsch dargestellt werden.[167]

5. Beeinflussung und Eignung

Der Wortlaut stellt auf die Beeinflussung oder die Eignung dafür ab. Mithin ist kein Erfolg erforderlich, es genügt die bloße Geeignetheit. Der Wortlaut der Eignung ist dem deutschen Rechtsanwender zwar vertraut; verwunderlich ist aber, dass der Verordnungsgeber bei diesem Tatbestandsmerkmal von dem Merkmal der „Wahrscheinlichkeit" abrückt. Diese Differenzierung zwischen den Tatbeständen gibt es nicht in der englischen Sprachfassung; abgestellt werden sollte daher auch hier auf die Wahrscheinlichkeit. Dieser kommt keine bedeutende Begrenzungswirkung zu.[168] 85

6. Indikative Beispiele

Anhang I B. MAR enthält Indikatoren zur Konkretisierung manipulativen Handelns durch Vorspiegelung falscher Tatsachen sowie durch sonstige Kunstgriffe oder Formen der Täuschung.[169] Zu berücksichtigen sind, 86

> *a) ob von bestimmten Personen erteilte Handelsaufträge oder ausgeführte Geschäfte vorab oder im Nachhinein von der Verbreitung falscher oder irreführender Informationen durch dieselben oder in enger Beziehung zu ihnen stehenden Personen begleitet wurden und*
> *b) ob Geschäfte von Personen in Auftrag gegeben bzw. ausgeführt werden, bevor oder nachdem diese Personen oder in enger Beziehung zu ihnen stehende Personen unrichtige oder verzerrte oder nachweislich von materiellen Interessen beeinflusste Anlageempfehlungen erstellt oder weitergegeben haben.*

a) Verbreitung falscher oder irreführender Informationen

Die Delegierte Verordnung zählt weitere Praktiken auf, durch welche der Indikator B (a) konkretisiert wird. Anhang II Abschnitt 2 Nr. 1 lit. a) Delegierte Verordnung (EU) 2016/522 stellt auf die Verbreitung falscher oder fehlerhafter Marktinformationen über die Medien einschließlich Internet oder mit anderen Mitteln, die zur Verschiebung des Kurses eines tauglichen Tatobjekts in einer Richtung führt bzw. wahrscheinlich führt, welche für die Position, die von der/den an der Verbreitung der Information interessierten Person(en) gehalten wird, oder eine von dieser/diesen geplante Transaktion von Vorteil ist. Deutlich wird die Nähe zur informationsgestützten Marktmanipulation. Ebenso auffällig sind die Überschneidungen zum *Scalping*, welches aufgrund dieses Indikators systematisch in Art. 12 Abs. 1 lit. b) MAR eingeordnet werden sollte. 87

Nr. 1 lit. b) beschreibt die Strategie der *Eröffnung einer Position und Schließung derselben unmittelbar nach ihrer Offenlegung*. Diese Praxis kann typischerweise bei Portfoliomanagern und anderen Großinvestoren auftreten, deren Anlageentscheidungen in der Regel von den Marktteilnehmern als relevante Indikation zukünftiger Preisdynamik bewertet werden. Das unlautere Verhalten besteht darin, die zuvor erworbene Position unmittelbar zu schließen, nachdem diese öffentlich bekannt gegeben wurde. Im Technical Advice der ESMA wurde in diesem Zusammenhang noch das Hervorheben einer längeren Haltedauer erwähnt, worauf die Aufsichtsbehörden zusätzlich abstellen könnten.[170] 88

---

166 Ausführlich dazu *Köpferl/Wegner* WM 2017, 1924 (1929).

167 Vgl. *Fleischer* in Fuchs WpHG § 20a Rn. 69; *Eichelberger*, Verbot der Marktmanipulation, S. 317 f.; *Köpferl/Wegner* WM 2017, 1924 (1929).

168 → Rn. 23.

169 Zur Bedeutung dieser Beispiele bereits → Rn. 83–84.

170 ESMA, Final Report – ESMA's technical advice on possible delegated acts concerning the Market Abuse Regulation v. 3.2.2015, ESMA/2015/224 Ziff. 3.2 lit. 13 b).

89 Sodann führt die Delegierte Verordnung erneut die Praktiken des *Pump and Dump* (Nr. 1 lit. c), hier jedoch unter Nennung zusätzlicher Indikatoren, des *Trash and Cash* (Nr. 1 lit. d) sowie der *Concealing Ownership* (Nr. 1 lit. e), auf. Bei all diesen Praktiken fällt die Abgrenzung zur informationsgestützten Marktmanipulation schwer. Deutlich wird, dass sämtliche Marktmanipulationen im Kern auf eine informationsgestützte Manipulation zurückzuführen sind.[171] Eindeutig ist die Abgrenzung für die nachfolgenden Beispiele, welche typisch für eine handlungsgestützte Marktmanipulation sind.

90 Nr. 1 lit. f) erwähnt die Bewegung oder Lagerung physischer Waren, durch die ein irreführender Eindruck in Bezug auf Angebot und Nachfrage bzw. den Kurs oder Wert einer Ware oder Leistung im Rahmen eines Finanzinstruments oder eines verbundenen Waren-Spot-Kontrakts entstehen könnte.

91 Nr. 1 lit. g) beschreibt Leerfahrten von Schiffen, durch die ein falscher oder irreführender Eindruck in Bezug auf Angebot und Nachfrage bzw. den Kurs oder Wert einer Ware oder Leistung im Rahmen eines Finanzinstruments oder eines verbundenen Waren-Spot-Kontrakts entstehen könnte.

b) Erstellung oder Weitergabe von Anlageempfehlungen

92 Schließlich wird Indikator B (b) konkretisiert. Anhang II Abschnitt 1 Nr. 2 lit. a) Delegierte Verordnung (EU) 2016/522 nimmt insofern erneut auf die Praxis des *Scalping* Bezug. Diese lässt sich auch durch die Eingabe von Handelsaufträgen oder Transaktionen bevor oder kurz nachdem der Marktteilnehmer oder Personen, die in der Öffentlichkeit als mit diesem Marktteilnehmer verbunden bekannt sind, konträre Untersuchungen anstellen bzw. deren Ergebnisse verbreiten oder Anlageempfehlungen erteilen, die öffentlich zugänglich gemacht werden, veranschaulichen. Zudem wird erneut auf die Strategien des *Pump and Dump* sowie des *Trash and Cash* abgestellt.

V. Strafbare Formen der Marktmanipulation

93 Eine Strafbarkeit kommt nicht für sämtliche Fälle der oben diskutierten handels- und handlungsgestützten Marktmanipulation in Betracht. Art. 5 Abs. 2 CRIM-MAD sieht für die Zwecke der Strafbarkeit eine eigenständige Definition der Marktmanipulation vor.[172] Diese ist wesentlich restriktiver.[173] In der Tatvariante des „Gebens falscher oder irreführender Signale" ist die Marktmanipulation ein schlichtes Tätigkeitsdelikt.[174] Bei der „Beeinflussung des Preises" wird hingegen eine tatsächliche Änderung des Kurses verlangt.[175] Auch die Tatvariante der „Vorspiegelung falscher Tatsachen oder unter Verwendung sonstiger Kunstgriffe oder Formen der Täuschung" ist ein Erfolgsdelikt, was der Wortlaut „beeinflusst" zum Ausdruck bringt.[176]

94 Als Richtlinienvorgabe war diese vom deutschen Gesetzgeber umzusetzen, was in § 119 Abs. 1 WpHG erfolgte. Dadurch wird keine Strafbarkeit für alle oben beschriebenen handels- und handlungsgestützten Marktmanipulationen statuiert.[177] Nicht relevant ist die Differenzierung zwischen Tätigkeits- und Erfolgsdelikt für das Vorliegen einer Straftat. Der deutsche Gesetzgeber stellt vorsätzliches Verhalten unter Strafe, welches tatbestandsmäßig „einwirkt".[178] Aus diesem Wortlaut ergibt sich, dass der Straftatbestand der Marktmanipula-

[171] Dazu *Grundmann* in GroßkommHGB Bd. XI Bankvertragsrecht 6. Teil.
[172] Richtlinie 2014/57/EU des Europäischen Parlaments und des Rates vom 16.4.2014 über strafrechtliche Sanktionen bei Marktmanipulation (Marktmissbrauchsrichtlinie), ABl. EU Nr. L173 v. 12.6.2014 S. 179 ff. (CRIM-MAD).
[173] Hierzu *Teigelack/Dolff* BB 2016, 387 (391).
[174] *Bator* BKR 2016, 1 (3); *Poller*, Neuer Sanktionsrahmen, S. 39.
[175] *Poller*, Neuer Sanktionsrahmen, S. 39.
[176] *Bator* BKR 2016, 1 (3); *Poller*, Neuer Sanktionsrahmen, S. 39.
[177] Ausführlich → § 28 Rn. 44.
[178] § 119 Abs. 1 WpHG.

tion ein Erfolgsdelikt ist.[179] Die Differenzierung der CRIM-MAD ist auch nicht für die Aufsichtsbehörde bei der Frage, ob ein Bußgeldtatbestand[180] erfüllt ist und andere aufsichtsrechtlichen Maßnahmen relevant, da sie in diesem Rahmen über den Verweis in § 120 Abs. 15 Nr. 2 WpHG allein Art. 12 MAR in den Blick nimmt.

VI. Subjektive Voraussetzungen

Die MAR äußert sich bei den betrachteten Manipulationsvarianten nicht zu den subjektiven Voraussetzungen; die Verbote sind objektiv konzipiert.[181] Unklar ist, welche Konsequenz es haben soll, dass dies für andere Tatbestandsvarianten erfolgt.[182] Für den deutschen Rechtsanwender entscheidend sind die Ausführungen im deutschen Sanktionsregime, welches nicht europarechtlich einheitlich geregelt ist. Danach setzt die Strafbarkeit Vorsatz voraus;[183] eine Ordnungswidrigkeit liegt bei vorsätzlichem oder leichtfertigem Handeln vor.[184] Überholt sind Gedanken zu einer subjektiven Preisbeeinflussungsabsicht, wie sie früher gefordert wurde.[185] 95

VII. Versuch

Die Strafbarkeit der Marktmanipulation erfasst auch den Versuch.[186] Dies ist eine bedeutende Neuerung zur bisherigen Rechtslage, unter der die versuchte Marktmanipulation nicht geahndet werden konnte. Erwägungsgrund 41 gibt Orientierung dahingehend, was sich der Verordnungsgeber unter einer versuchten Marktmanipulation vorstellte: 96

> *„Ein solcher Versuch kann sich unter anderem auf Situationen erstrecken, in denen die Aktivität begonnen, aber nicht vollendet wird, beispielsweise aufgrund technischen Versagens oder eines Handelsauftrags, der nicht ausgeführt wird."*

[179] *Poller,* Neuer Sanktionsrahmen, S. 39.
[180] § 120 Abs. 15 Nr. 2 WpHG.
[181] *Poelzig* NZG 2016, 528 (537); zu den Entwicklungen auf subjektiver Tatseite *Veil* ZGR 2016, 305 (309 ff.).
[182] → § 13 Rn. 54. Dazu *Schmolke,* AG 2016, 434 (443); *Stoll* in KölnKomm WpHG § 20a Rn. 248; *de Schmidt* in JVRB WpHG § 20a Rn. 381.
[183] § 119 Abs. 1 WpHG.
[184] § 120 Abs. 15 Nr. 2 WpHG und § 120 Abs. 2 Nr. 3 WpHG.
[185] *Stoll* in KölnKomm WpHG § 20a Rn. 246; *Grundmann* in GroßkommHGB Bd. XI Bankvertragsrecht 6. Teil Rn. 459.
[186] Art. 15 MAR.

§ 15 Benchmark-Manipulation[1]

Übersicht

Literatur:

Bator, Die Marktmanipulation im Entwurf zum Finanzmarktnovellierungsgesetz – unionsrechtskonform?, BKR 2016, 1; *Bausch/Wittmann*, Schadensersatzklagen vor deutschen Gerichten im Zusammenhang mit der Manipulation von Libor und Euribor, WM 2014, 494; *Buck-Heeb*, LIBOR- und EURIBOR-Manipulationen – Haftungsrechtliche Fragen, WM 2015, 157; *Fleischer/Bueren*, Die Libor-Manipulation zwischen Kapitalmarkt- und Kartellrecht, DB 2012, 2561; *Kert*, Vorschläge für neue EU-Instrumente zur (strafrechtlichen) Bekämpfung von Insiderhandel und Marktmanipulation, NZWiSt 2013, 252; *Poller*, Neuer Sanktionsrahmen auf dem Gebiet der Marktmanipulation nach dem aktuellen europäischen Marktmissbrauchsrecht – Europarechtskonformität des 1. FimanoG; abrufbar unter: http://telc.jura.uni-halle.de/de/node/23; *Renz/Leibold*, Die neuen strafrechtlichen Sanktionsregelungen im Kapitalmarktrecht, CCZ 2016, 157; *Sajnovits/Wagner*, Marktmanipulation durch Unterlassen? – Untersuchung der Rechtslage unter MAR und FiMaNoG sowie deren Konsequenzen für Alt-Taten –, WM 2017, 1189; *Schmolke*, Das Verbot der Marktmanipulation nach dem neuen Marktmissbrauchsregime – Ziele, Kennzeichen und Problemlagen der Neuregelung in Art. 12 f., 15 MAR, AG 2016, 434; *Teigelack/Dolff*, Kapitalmarktrechtliche Sanktionen nach dem Regierungsentwurf eines Ersten Finanzmarktnovellierungsgesetzes – 1. FimanoG, BB 2016, 387; *Veil*, Sanktionsrisiken für Emittenten und Geschäftsleiter im Kapitalmarktrecht, ZGR 2016, 305.

I. Definition, Regelungszweck

1 Die Marktmissbrauchsverordnung (MAR) regelt die Manipulation einer Benchmark als eine eigenständige Form der Marktmanipulation. In der deutschen Sprachfassung der MAR wird der Begriff *Benchmark* mit *Referenzwert* übersetzt[2] und die Benchmark-Manipulation definiert als

[1] Der Beitrag gibt die persönliche Meinung des Autors wieder.

[2] Der geänderte Vorschlag für eine Verordnung des Europäischen Parlaments und des Rates über Insider-Geschäfte und Marktmanipulation (Marktmissbrauch) v. 25.7.2012, 2011/0295(COD) S. 5, sah noch keine Übersetzung des Begriffs *Benchmark* in der deutschen Fassung vor.

Übermittlung falscher oder irreführender Angaben oder Bereitstellung falscher oder irreführender Ausgangsdaten bezüglich eines Referenzwerts, wenn die Person, die die Informationen übermittelt oder die Ausgangsdaten bereitgestellt hat, wusste oder hätte wissen müssen, dass sie falsch oder irreführend waren, oder sonstige Handlungen, durch die die Berechnung eines Referenzwerts manipuliert wird.[3]

Der **Zweck eines speziellen Manipulationstatbestands für Benchmarks** begründet der europäische Gesetzgeber damit, dass der Preis vieler Finanzinstrumente durch Bezugnahme auf Benchmarks festgelegt werde, so dass deren Manipulation einschließlich der Angebotssätze im Interbankengeschäft das Marktvertrauen erheblich beeinträchtigen und zu beträchtlichen Verlusten für die Anleger wie auch zu realwirtschaftlichen Verzerrungen führen kann.[4] Damit geht die MAR über die Regelungen der früheren **Richtlinie 2003/6/EG über Insider-Geschäfte und Marktmanipulation (MAD 2003)** hinaus. In der MAD 2003 war der Tatbestand der Markmanipulation noch ohne Bezüge zur Manipulation von Benchmarks formuliert.[5] 2

II. Erweiterung der Marktmanipulation auf Benchmark-Manipulationen

1. Funktion und Bedeutung von Benchmarks

Es existieren diverse Benchmarks an den Finanzmärkten,[6] die zum Teil unterschiedliche, aber sehr wichtige Funktionen erfüllen. Benchmarks haben gemeinsam, dass es sich dabei um **Kennzahlen** handelt, die nach einer **festgelegten Methodik auf der Grundlage von Basiswerten** ermittelt werden, und dass auf diese **für Finanzinstrumente oder Verträge Bezug genommen wird**.[7] Börsenindizes beispielsweise bilden ein bestimmtes Börsensegment ab. Je nach Segment können Indizes für Branchen, einen bestimmten Rohstoff oder eine bestimmte Anlagegruppe gebildet werden. Die bekanntesten Börsenindizes sind Aktienindizes (zB DAX-30, Euro Stoxx 50, Dow Jones, S&P 500). In Aktienindizes werden Aktien verschiedener Unternehmen nach bestimmten Kriterien gebündelt. Aufgrund des Indexstandes können Markttrends einfacher beobachtet werden, weshalb sie für Anleger ein **wichtiges Werkzeug bei der Informationsverarbeitung** darstellen.[8] Bei aktiv gemanagten Fonds kann über Indizes auch die **Leistung des Fonds-Managements** (*Performance*) mit der Entwicklung am Markt verglichen werden.[9] 3

Referenzzinssätze (zB LIBOR, EURIBOR) dienen Banken als Orientierungsgröße für den Zinssatz, zu dem zwischen Kreditinstituten Kredite vergeben werden.[10] Sie bilden außerdem die **Grundlage für Zinsderivate** wie außerbörslich gehandelte Zins-Swaps oder börsengehandelte Zins-Futures[11] und werden in Darlehensverträgen für variable Zins- 4

[3] Art. 12 Abs. 1 lit. d) Verordnung (EU) Nr. 596/2014 des Europäischen Parlaments und des Rates vom 16.4.2014 über Marktmissbrauch (Marktmissbrauchsverordnung) und zur Aufhebung der Richtlinie 2003/6/EG des Europäischen Parlaments und des Rates und der Richtlinien 2003/124/EG, 2003/125/EG und 2004/72/EG der Kommission, ABl. EU Nr. L173 v. 12.6.2014 S. 1 ff. (MAR).

[4] Erwägungsgrund 44 S. 1–2 MAR. S. → § 4 Rn. 84.

[5] Vgl. Art. 1 Nr. 2 Richtlinie 2003/6/EG des Europäischen Parlaments und des Rates vom 28.1.2003 über Insider-Geschäfte und Marktmanipulation (Marktmissbrauch) ABl. EU Nr. L96 v. 12.4.2003 S. 16 ff. (Marktmissbrauchs-Richtlinie – MAD 2003).

[6] Ein guter Überblick findet sich in dem Begleitdokument der Kommission zum Vorschlag für die Benchmark-Verordnung v. 18.9.2013, SWD(2013) 336 final S. 84 ff. und S. 128 ff.

[7] *Wundenberg* in Veil, European Capital Markets Law, § 35 Rn. 1.

[8] *Wundenberg* in Veil, European Capital Markets Law, § 35 Rn. 12.

[9] *Wundenberg* in Veil, European Capital Markets Law, § 35 Rn. 11.

[10] *Bausch/Wittmann* WM 2014, 494 (495); *Park* in Park Kapitalmarkstrafrecht Einl. Rn. 17.

[11] Ausführlich zur Unterscheidung zwischen OTC- und börsengehandelter Zinsderivate *Fleischer/Bueren* DB 2012, 2561 (2562).

anpassungsklauseln genutzt.[12] Eine jüngere Untersuchung kam zu dem Ergebnis, dass allein der LIBOR die Benchmark für Verträge mit einem Gesamtwert von mehr als 300 Billionen Dollar bildet.[13] Referenzzinssätze werden schließlich für regulatorische Zwecke eingesetzt. Für Zahlungsdienstleister besteht die Möglichkeit, Zinssätze ohne Benachrichtigung des Kunden zu ändern, wenn die Änderung auf einem vereinbarten Referenzzinssatz beruht.[14]

2. Manipulation der Referenzzinssätze LIBOR und EURIBOR

5 Das Bedürfnis für eine Erweiterung der Marktmanipulation auf Benchmark-Manipulationen entstand aus prominenten Fällen, bei denen die Referenzzinssätze **LIBOR (London Interbank Offered Rate)** und **EURIBOR (Euro Interbank Offered Rate)** manipuliert worden waren.

6 LIBOR und EURIBOR sind die weltweit wichtigsten Referenzzinssätze.[15] Sie geben den Durchschnittszinssatz für ungesicherte Interbankenkredite der wichtigsten internationalen (LIBOR) bzw. europäischen (EURIBOR) Banken an.[16] Sie werden arbeitstäglich für Kredite unterschiedlicher Laufzeiten festgelegt. Die Daten kommen von den jeweiligen Panel-Banken, die auf Basis tatsächlich durchgeführter Transaktionen (LIBOR in seiner heutigen Form) bzw. anhand einer fiktiven Zinsvorstellung (so weiterhin noch beim EURIBOR)[17] einem zentralen Administrator[18] ihre Zinsmeldungen übermitteln.[19]

7 Gerüchte über mögliche Manipulationen beim LIBOR gab es schon 2008.[20] Aber erst ab 2011 wurden von der Kommission und in mehreren Staaten Ermittlungsverfahren wegen möglicher Manipulationen bei LIBOR und EURIBOR eingeleitet.[21] Zwischen Bankmitarbeitern und Derivatehändlern soll es über mehrere Jahre hinweg institutsübergreifende Absprachen gegeben haben, in deren Folge Mitarbeiter von Panel-Banken fehlerhafte Werte an den Administrator übermittelt haben sollen.[22] Die auf diese Weise beeinflussten Referenzzinssätze sollen sich auf entsprechende Zinsderivate ausgewirkt haben, wodurch erhebliche Gewinne erzielt worden sein sollen.[23] Daneben sollen im Zuge der Finanzkrise fehlerhafte Meldungen von Panel-Banken abgegeben worden sein, um eine negative Berichterstattung in den Medien zu vermeiden.[24] Mehrere an den Manipulationen beteiligte Banken haben Strafzahlungen geleistet und einzelne an den Taten beteiligte Bankmitarbeiter wurden zu Haftstrafen verurteilt.[25] Gegen andere Verdächtige stehen die Verhandlungen noch aus.[26]

[12] *Bausch/Wittmann* WM 2014, 494 f.; *Berger* in MüKoBGB § 488 Rn. 178; *Park* in Park Kapitalmarktstrafrecht Einl. Rn. 17; *Wundenberg* in Veil, European Capital Markets Law, § 35 Rn. 2, 10.

[13] The Wheatley Review of LIBOR: final report, 2012, Rn. 1.11, abrufbar unter: http://www.iflr.com/pdfs/Report.pdf.

[14] § 675g Abs. 3 BGB.

[15] *Park* in Park Kapitalmarkstrafrecht Einl. Rn. 17; *Wundenberg* in Veil, European Capital Markets Law, § 35 Rn. 2.

[16] *Fleischer/Bueren* DB 2012, 2561.

[17] Eine Umstellung auf tatsächliche Transaktionsdaten wie beim LIBOR ist auch für den EURIBOR geplant, vgl. European Money Markets Institute, Position Paper Setting out the Legal Grounds for the Proposed Reforms to Euribor, März 2017, abrufbar unter: https://www.emmi-benchmarks.eu/assets/files/D0562F-2017_EMMI%20Legal%20Position%20Paper_Final_PUBLIC.pdf.

[18] Der LIBOR wird von der International Exchange Benchmark Administration Ltd., der EURIBOR vom European Money Markets Institute verwaltet.

[19] *Fleischer/Bueren* DB 2012, 2561 f.; *Park* in Park Kapitalmarkstrafrecht Einl. Rn. 18.

[20] *Bausch/Wittmann* WM 2014, 494; *Fleischer/Bueren* DB 2012, 2561 f.

[21] *Bausch/Wittmann* WM 2014, 494 (495); *Fleischer/Bueren* DB 2012, 2561; *Park* in Park Kapitalmarkstrafrecht Einl. Rn. 19.

[22] *Park* in Park Kapitalmarkstrafrecht Einl. Rn. 19.

[23] *Bausch/Wittmann* WM 2014, 494 (495 f.); *Fleischer/Bueren* DB 2012, 2561 (2562); *Wundenberg* in Veil, European Capital Markets Law, § 35 Rn. 4.

[24] *Bausch/Wittmann* WM 2014, 494 (495 f.); *Fleischer/Bueren* DB 2012, 2561 (2562); *Park* in Park Kapitalmarkstrafrecht Einl. Rn. 19; *Wundenberg* in Veil, European Capital Markets Law, § 35 Rn. 4.

[25] *Bausch/Wittmann* WM 2014, 494 f.; *Buck-Heeb* WM 2015, 157; *Fleischer/Bueren* DB 2012, 2561 f.; *Park* in Park Kapitalmarkstrafrecht Einl. Rn. 19; *Wundenberg* in Veil, European Capital Markets Law, § 35 Rn. 4.

[26] *Park* in Park Kapitalmarkstrafrecht Einl. Rn. 19.

3. Schwächen im früheren Tatbestand der Marktmanipulation

Der Tatbestand der Marktmanipulation in der MAD 2003 und entsprechend die Umsetzung in § 20a WpHG a. F. enthielten keine ausdrückliche Regelung zur Manipulation einer Benchmark. Entsprechend schwierig gestaltete sich der Versuch, § 20a WpHG a. F. auf die Manipulationsfälle von LIBOR und EURIBOR anzuwenden. Als problematisch stellte sich bereits der Anwendungsbereich heraus, denn § 20a WpHG a. F. war **nur auf börsengehandelte Finanzinstrumente anwendbar**. Damit war in den Fällen zwar die Beeinflussung von Zins-Futures, nicht aber von OTC-gehandelten Zinsderivaten (Zins-Swaps), Interbankenkrediten oder dem Referenzzinssatz selbst erfasst.[27] Zudem musste nachgewiesen werden, dass die Manipulation des Referenzzinssatzes geeignet war, **den Preis eines Finanzinstruments zu beeinflussen**. Dieser Nachweis wurde neben weiteren Rechtsfragen[28] als große Herausforderung gesehen.[29] 8

4. Reaktionen des Europäischen Gesetzgebers

Nach Bekanntwerden der Manipulationen bei LIBOR und EURIBOR veröffentlichte die Kommission **geänderte Vorschläge für die MAR und die Marktmissbrauchs-Sanktionsrichtlinie** (**CRIM-MAD**).[30] Die Änderungen sahen vor, dass innerhalb des Verbots der Marktmanipulation ein neuer Tatbestand für direkte Manipulationen von Benchmarks geschaffen werden sollte. Dadurch sollten Benchmark-Manipulationen künftig umfassend mit straf- und verwaltungsrechtlichen Sanktionen und anderen verwaltungsrechtliche Maßnahmen verfolgt werden können.[31] Der neue Tatbestand für die Manipulation einer Benchmark wurde dabei bewusst vom Merkmal der Kursbeeinflussung von Finanzinstrumenten entkoppelt, um den zuständigen Behörden Nachweisschwierigkeiten zu ersparen.[32] 9

Daneben wurde auf den Manipulationsskandal durch die **Verordnung (EU) 2016/1011 vom 8. Juni 2016 (Benchmark-Verordnung)** reagiert und eine umfassende Regulierung für Benchmarks erlassen.[33] Die Benchmark-Verordnung ergänzt die MAR und setzt einheitliche Standards für eine transparente und interessenkonfliktfreie Ermittlung, Bereitstellung und Nutzung von Benchmarks.[34] Für **Administratoren**, welche die Kontrolle über die Bereitstellung eines Referenzwertes ausüben,[35] und **Kontributoren**, welche bei der Referenzwerterstellung Eingabedaten beitragen,[36] enthält die Verordnung strikte **Anforderungen an die Governance**.[37] Die Verordnung sieht zudem eine **Zulassungspflicht** für Administratoren vor.[38] Flankierend werden die Aufsichtsmöglichkeiten verbessert und die Mitgliedstaaten verpflichtet, bei Verstößen ausreichende verwaltungsrechtliche 10

---

[27] *Fleischer/Bueren* DB 2012, 2561 (2563).
[28] *Fleischer/Bueren* DB 2012, 2561 (2563 f.).
[29] *Kert* NZWiSt 2013, 252 (256); *Stoll* in KölnKomm WpHG § 20a Rn. 168, 204.
[30] Geänderter Vorschlag MAR, 2011/0295(COD) und geänderter Vorschlag CRIM-MAD v. 25.7.2012, 2011/0297(COD).
[31] Geänderter Vorschlag MAR, 2011/0295(COD) S. 2; geänderter Vorschlag CRIM-MAD, 2011/0297 (COD) S. 2; *Teigelack* in Veil, European Capital Markets Law, § 15 Rn. 40.
[32] Geänderter Vorschlag MAR, 2011/0295(COD) S. 2; geänderter Vorschlag CRIM-MAD, 2011/0297 (COD) S. 2.
[33] *Wundenberg* in Veil, European Capital Markets Law, § 35 Rn. 6.
[34] *Renz/Leibold* CCZ 2016, 157 (166); *Wundenberg* in Veil, European Capital Markets Law, § 36 Rn. 2.
[35] Art. 3 Abs. 1 Nr. 6 Verordnung (EU) 2016/1011 des Europäischen Parlaments und des Rates vom 8.6.2016 über Indizes, die bei Finanzinstrumenten und Finanzkontrakten als Referenzwert oder zur Messung der Wertentwicklung eines Investmentfonds verwendet werden, und zur Änderung der Richtlinien 2008/48/EG und 2014/17/EU sowie der Verordnung (EU) Nr. 596/2014, ABl. EU Nr. L171 v. 29.6.2016 S. 1 ff. (Benchmark-Verordnung).
[36] Art. 3 Abs. 1 Nr. 9 Benchmark-Verordnung.
[37] Art. 4 ff., Art. 11 Benchmark-Verordnung.
[38] Art. 34 Abs. 1 Benchmark-Verordnung.

Sanktionen und Maßnahmen vorzusehen.[39] Die Benchmark-Verordnung **gilt seit dem 1. Januar 2018** unmittelbar in den Mitgliedstaaten.[40]

III. Manipulationsobjekt

1. Referenzwert

11 Als Referenzwert definiert die MAR

> einen Kurs, Index oder Wert, der der Öffentlichkeit zugänglich gemacht oder veröffentlicht wird und periodisch oder regelmäßig durch die Anwendung einer Formel auf den Wert eines oder mehrerer Basiswerte oder -preise, einschließlich geschätzter Preise, tatsächlicher oder geschätzter Zinssätze oder sonstiger Werte, oder auf Erhebungsdaten ermittelt bzw. auf der Grundlage dieser Werte bestimmt wird und auf den bei der Festsetzung des für ein Finanzinstrument zu entrichtenden Betrags oder des Wertes eines Finanzinstruments Bezug genommen wird.[41]

12 Eine **identische Definition** für den Begriff des Referenzwerts findet sich in der **Verordnung (EU) 600/2014 (MiFIR)**.[42] Es wäre daher möglich gewesen, in der MAR die Definition eines Referenzwerts durch einen entsprechenden Verweis auf die MiFIR auszugestalten, wie dies beispielsweise für den Begriff der Warenderivate geschehen ist.[43] Da wegen der Brisanz der aufgetretenen Manipulationen bei LIBOR und EURIBOR entsprechende Sanktionsbestimmungen möglichst schnell verabschiedet werden sollten, kam eine Anknüpfung an die MiFIR aber vermutlich nicht in Betracht, weil die Regelung dann erst wesentlich später mit Geltung der MiFIR zur Anwendung gekommen wäre. Für eine **Konkretisierung einzelner Merkmale bei der Definition des Referenzwerts** können die Regelungen der Benchmark-Verordnung herangezogen werden. Insbesondere findet sich dort zusätzlich die Definition für einen **Index**.[44] Die Benchmark-Verordnung arbeitet jedoch mit einem Referenzwertbegriff, [45] der weiter gefasst ist als der in der MAR, indem auch Indizes erfasst werden, die als Leistungsindikatoren für Investmentfonds (*Performance Fee*) verwendet werden.[46]

13 Referenzwerte nach der MAR setzten voraus, dass sie entweder für die **Wertentwicklung eines Finanzinstruments** oder für **Zahlungsverpflichtungen aus einem Finanzinstrument** in Bezug genommen werden. LIBOR und EURIOBOR stellen danach nur deshalb Referenzwerte iSd MAR dar, weil diese die Grundlage für Zinsderivate bilden.[47] Nicht ausreichend wäre es, wenn diese lediglich in Darlehensverträgen in Bezug genommen würden. Obwohl die MAR betont, Referenzzinssätze im Interbankenmarkt umfassend erfassen zu wollen,[48] kommt eine Benchmark-Manipulation auch bei diesen

---

[39] *Wundenberg* in Veil, European Capital Markets Law, § 36 Rn. 33 ff.

[40] Art. 59 Abs. 2 Benchmark-Verordnung. Soweit einzelne Regelungen der Verordnung umzusetzen waren, geschah dies durch Art. 2 des 2. FiMaNoG v. 23.6.2017 (BGBl. I S. 1693).

[41] Art. 3 Abs. 1 Nr. 29 MAR. S. → § 4 Rn. 85 ff.

[42] Art. 2 Abs. 1 Nr. 39 Verordnung (EU) 600/2014 des Europäischen Parlaments und des Rates vom 15.5.2014 über Märkte für Finanzinstrumente und zur Änderung der Verordnung (EU) Nr. 648/2012, ABl. EU Nr. L173 v. 12.6.2014 S. 84 ff. (MiFIR) ist in der englischen Fassung mit dem Wortlaut des Art. 3 Abs. 1 Nr. 29 MAR identisch. Die jeweiligen deutschen Sprachfassungen wurden bei der Übersetzung dagegen nicht aufeinander abgestimmt, so dass insoweit leichte sprachliche Abweichungen bei der Definition des Referenzwertbegriffs bestehen.

[43] Art. 3 Abs. 1 Nr. 24 MAR.

[44] Art. 3 Abs. 1 Nr. 1 Benchmark-Verordnung. Vgl. hierzu bereits → § 3 Rn. 15.

[45] Art. 3 Abs. 1 Nr. 3 Benchmark-Verordnung.

[46] *Wundenberg* in Veil, European Capital Markets Law, § 36 Rn. 7.

[47] *Sorgenfrei/Saliger* in Park Kapitalmarkstrafrecht Kap. 6.1 Rn. 246.

[48] Erwägungsgrund 44 S. 1 MAR, vgl. *Diversy/Köpferl* in Graf/Jäger/Wittig § 38 WpHG Rn. 41.

nicht in Betracht, wenn der Referenzzinssatz keinen Bezug zu einem Finanzinstrument[49] aufweist.

2. Abgrenzung zu den übrigen Formen der Marktmanipulation

Die Benchmark-Manipulation unterscheidet sich von den übrigen Formen der Marktmanipulation durch ein **eigenständiges Manipulationsobjekt**.[50] Während sich ansonsten die Manipulationshandlung auf Finanzinstrumente, damit verbundene Waren-Spot-Kontrakte oder auf Emissionszertifikaten beruhende Auktionsobjekte beziehen muss, ist **Gegenstand der Benchmark-Manipulation ausschließlich ein Referenzwert**.[51] Aufgrund dieses eigenständigen Charakters lässt sich die Benchmark-Manipulation von den übrigen Formen der Marktmanipulation trennscharf abgrenzen.[52] Ungeklärt ist bislang noch, ob diese Abgrenzung eine **tatbestandliche Exklusivität** der Benchmark-Manipulation zur Folge hat, so dass Manipulationshandlungen in Bezug auf Benchmarks ausschließlich diesem Tatbestand unterfallen.[53] 14

Beispiel 1

Der Täter ist Mitarbeiter eines Verbands von Online-Händlern. Er übermittelt täglich Daten an einen Index-Anbieter, der aus diesen Daten den Index *E-Commerce Germany* erstellt. Privat hat der Täter ein börsengehandeltes Zertifikat erworben, dessen Entwicklung an diesen Index gekoppelt ist. Um den Kurs des Zertifikats zu beeinflussen, sendet er dem Index-Anbieter geschönte Daten. Der Index verzeichnet daraufhin eine positive Entwicklung und der Wert des Zertifikats steigt, so dass es der Täter mit Gewinn verkaufen kann. In diesem Fall hat der Täter durch Übermittlung falscher Angaben vorsätzlich einen Referenzwert manipuliert und damit gegen Art. 12 Abs. 1 lit. d) MAR verstoßen. Seine Manipulation hat aber auch den Kurs eines Finanzinstruments beeinflusst. Damit kommt außerdem ein Verstoß gegen Art. 12 Abs. 1 lit. b) MAR in Form der sonstigen Täuschungshandlung oder gegen Art. 12 Abs. 1 lit. c) MAR durch Verbreitung falscher Informationen in mittelbarer Täterschaft in Frage. 15

Beispiel 2

Der Täter hält mehrere Aktien deutscher Biotechunternehmen und will deren Kurs steigern. Dazu veröffentlicht er auf verschiedenen Finanzportalen im Internet eine gefälschte Presseerklärung der Bundesregierung, wonach in den nächsten Jahren deutsche Biotechunternehmen mit Fördergeldern unterstützt werden sollen. Bis die Bundesregierung die Fälschung aufdecken und die Meldung dementieren kann, vergehen einige Stunden. In dieser Zeit verzeichnen die Aktien deutscher Biotechunternehmen deutliche Kurssteigerungen, die der Täter nutzt, um seine Aktien mit Gewinn zu verkaufen. In dem Zeitraum, in dem Kurse durch die gefälschte Presseerklärung manipuliert waren, wird auch der Aktienindex *Biotech-Germany* neu berechnet und 16

[49] Finanzinstrumente werden in Art. 3 Abs. 1 Nr. 1 MAR durch Verweis auf die Richtlinie 2014/65/EU des Europäischen Parlaments und des Rates vom 15. Mai 2014 über Märkte für Finanzinstrumente sowie zur Änderung der Richtlinien 2002/92/EG und 2011/61/EU, ABl. EU Nr. L173 v. 12.6.2014 S. 349 ff. (MiFID II) definiert.

[50] *Schmolke* AG 2016, 434 (442).

[51] → § 12 Rn. 18; *Schmolke* AG 2016, 434 (442).

[52] *Schmolke* AG 2016, 434 (442).

[53] In diese Richtung *Schmolke* AG 2016, 434 (443), der davon ausgeht, dass der Tatbestand der Benchmark-Manipulation aufgrund des eigenständigen Manipulationsgegenstandes *Referenzwert* keine Überschneidung mit den übrigen Tatbestandsvarianten in Art. 12 Abs. 1 lit. a) bis c) MAR aufweise.

steigt aufgrund der Kursmanipulation übermäßig stark an. In diesem Fall hat der Täter durch Verbreitung falscher Informationen gegen Art. 12 Abs. 1 lit. c) MAR verstoßen und den Kurs von Aktien manipuliert. Gleichzeitig käme auch ein Verstoß gegen Art. 12 Abs. 1 lit. d) MAR in Betracht, weil durch eine sonstige Handlung die Berechnung eines Referenzwerts manipuliert wurde.

17 Um das Verhältnis der Benchmark-Manipulation zu den übrigen Manipulationsformen zu bestimmen, kann die Regelung in Art. 2 Abs. 2 lit. c) MAR herangezogen werden.[54] Danach findet das Verbot der Marktmanipulation **uneingeschränkt** auf „**Handlungen in Bezug auf Referenzwerte**" **Anwendung**. Dies spricht dafür, dass der europäische Gesetzgeber die etablierten Tatbestände der Marktmanipulation nicht von einer Anwendung auf Benchmark-Manipulationen ausschließen wollte. Der neue Tatbestand der Benchmark-Manipulation würde damit den Schutz bei Manipulation einer Benchmark erweitert, aber **nicht abschließend regeln**. Allerdings darf die Aussagekraft der Regelung in Art. 2 Abs. 2 lit. c) MAR auch nicht überstrapaziert werden. Da Referenzwerte insbesondere keine Finanzinstrumente sind, wird über Art. 2 Abs. 2 lit. c) MAR zunächst nur sichergestellt, dass der Tatbestand der Benchmark-Manipulation vom Anwendungsbereich des Verbots der Marktmanipulation allgemein erfasst wird. Eine **tatbestandliche Wirkung** für die einzelnen in Art. 12 Abs. 1 MAR konkretisierten Formen der Marktmanipulation wäre von der Regelung, die bei den allgemeinen Vorschriften zum Anwendungsbereich der Verordnung platziert wurde, nicht gedeckt. „Handlungen in Bezug auf Referenzwerte" sind deshalb keine weitere Begehungsvariante, die beim Verbot der Marktmanipulation allgemein zu berücksichtigen wäre.

18 Aus diesem Grund kann eine Abgrenzung der Benchmark-Manipulation zu den übrigen Formen der Marktmanipulation nur auf **Ebene der einzelnen Tatbestände in Art. 12 Abs. 1 MAR** stattfinden. Da die einzelnen Formen der Marktmanipulation im Grundsatz eigenständige Erscheinungsformen der Marktmanipulation normieren, legt das insbesondere **für Auffangtatbestände eine restriktive Auslegung** nahe, wenn durch das Verhalten des Täters bereits eine spezielle Form der Marktmanipulation erfüllt wird.[55] In Fällen, in denen das Verhalten des Täters primär auf die Manipulation eines Referenzwertes ausgerichtet ist, ist regelmäßig kein Raum, die Manipulation zusätzlich als sonstige Täuschungshandlung im Sinne des Art. 12 Abs. 1 lit. b) MAR in Bezug auf ein Finanzinstrument einzuordnen.

IV. Begehungsvarianten, Tathandlungen

19 Die Benchmark-Manipulation kann begangen werden durch
- Übermittlung falscher oder irreführender Angaben,
- Bereitstellung falscher oder irreführender Ausgangsdaten oder
- sonstige Handlungen, durch die die Berechnung eines Referenzwerts manipuliert wird.

20 Die Benchmark-Manipulation wird teilweise als Unterform der informationsgestützten Manipulation angesehen.[56] Dieser Schluss ist zumindest für die ersten beiden Begehungsvarianten nicht fernliegend.[57] Da die Benchmark-Manipulation aber auch durch sonstige Handlungen begangen werden kann, ist zweifelhaft, ob sich die Benchmark-Manipulation in eine der tradierten Formen der Marktmanipulation eingruppieren lässt.[58] Aus diesem

[54] Vgl. *Schmolke* AG 2016, 434 (442).
[55] In diese Richtung für die übrigen Formen der Marktmanipulation nach Art. 12 Abs. 1 lit. a) bis c) MAR *Schmolke* AG 2016, 434 (443 f.).
[56] *Sorgenfrei/Saliger* in Park Kapitalmarktstrafrecht Kap. 6.1 Rn. 247.
[57] *Diversy/Köpferl* in Graf/Jäger/Wittig WpHG § 38 Rn. 74.
[58] So auch *Schmolke* AG 2016, 434 (442).

Grund und wegen des eigenständigen Manipulationsobjekts[59] wäre es daher besser, sich von der klassischen Begrifflichkeit zu lösen[60] und die Benchmark-Manipulation als eigenständige Form der Marktmanipulation anzusehen.[61]

1. Übermittlung von Angaben oder Bereitstellung von Ausgangsdaten

Mit den Begehungsvarianten *Übermittlung von Angaben* oder *Bereitstellung von Ausgangsdaten* 21 berücksichtigt die MAR, dass Benchmarks regelmäßig in einem zweistufigen System erstellt werden. Administratoren haben zwar die Kontrolle über die Bereitstellung einer Benchmark. Die dafür notwendigen Informationen liefern aber andere, die Kontributoren.[62] Daher setzten die beiden Begehungsvarianten der *Übermittlung* oder *Bereitstellung* einen **Informationstransfer zum Administrator** voraus und können deshalb **nicht durch den Administrator selbst** begangen werden. Typischerweise wird es der Kontributor bzw. bei ihm beschäftigte Mitarbeiter sein, die unter diese beiden Begehungsvarianten fallen. Es ist aber nicht ausgeschlossen, dass ein **Dritter**[63] sich an die Stelle des Kontributors setzt und dem Administrator manipulierte Informationen liefert.

> Der Täter blockiert für den Zeitraum, zu dem Panel-Banken dem Administrator eines Referenzzinssatzes ihre Zinsmitteilungen abgeben, die Kommunikationswege einer Panel-Bank und übermittelt selbst eine erfundene Zinsmitteilung auf dem Briefkopf der Panel-Bank. Der Mitarbeiter des Administrators kann die Meldung des Täters äußerlich nicht von der Meldung der Panel-Bank unterscheiden und berücksichtigt deshalb die manipulierte Meldung bei der Berechnung des Referenzzinssatzes.

Auf Seiten des Administrators ist es regelmäßig kaum möglich, falsche Informationen zu 22 erkennen, die aus der Sphäre des Kontributors stammen. Die Manipulation einer Benchmark ist deshalb häufig schon dann erfolgreich eingeleitet, wenn dem Administrator die falsche Information zur Verfügung gestellt wurde. Dies rechtfertigt es, dass der Tatbestand der Benchmark-Manipulation für die verbotene Tathandlung bei dem **Vorgang des Informationstransfers zum Administrator** ansetzt.

a) Funktionales Begriffsverständnis

Was die MAR unter einer *Übermittelung von Angaben* oder der *Bereitstellung von Ausgangsdaten* 23 versteht, wird nicht näher erläutert. Die Benchmark-Verordnung enthält dagegen zusätzliche Definitionen und bezeichnet als Kontributor eine natürliche oder juristische Person, die Eingabedaten beiträgt.[64] Das *Beitragen von Eingabedaten* wird weiter definiert als

> Übermittlung von nicht ohne Weiteres verfügbaren Eingabedaten an einen Administrator oder an eine andere Person zur Weiterleitung an einen Administrator, die im Zusammenhang mit der Bestimmung eines Referenzwerts erforderlich ist und zu diesem Zweck erfolgt.[65]

Es ist davon auszugehen, dass der Benchmark-Verordnung und der MAR das **gleiche** 24 **Verständnis für den Vorgang des Informationstransfers zum Administrator** zu-

[59] → Rn. 14.
[60] So auch generell für den Tatbestand der Marktmanipulation *Schmolke* AG 2016, 434 (441 f.).
[61] Vgl. → § 12 Rn. 15.
[62] → § 4 Rn. 86 zu Begriffen der Benchmark-VO.
[63] Die Marktmanipulation ist im Grundsatz Allgemeindelikt und stellt keine besonderen Anforderungen an den Täter, vgl. *Diversy/Köpferl* in Graf/Jäger/Wittig WpHG § 38 Rn. 18.
[64] Art. 9 Abs. 1 Nr. 9 Benchmark-Verordnung.
[65] Art. 9 Abs. 1 Nr. 8 Benchmark-Verordnung.

grunde liegt.[66] Für aufsichtsrechtliche Zwecke beschreibt die Benchmark-Verordnung diesen Vorgang als *Beitragen von Eingabedaten*. Da die Benchmark-Manipulation mit (strafrechtlichen) Sanktionen bewährt werden soll, ist es nachvollziehbar und zu begrüßen, dass die MAR den **Informationstransfer stärker differenziert** und dadurch präziser umschreibt als die Benchmark-Verordnung. Das *Beitragen von Eingabedaten* im Sinne der Benchmark-Verordnung entspricht daher der *Übermittelung von Angaben* bzw. *Bereitstellung von Ausgangsdaten* nach der MAR. Bei der MAR wollte der Gesetzgeber sicherstellen, dass der Vorgang des Informationstransfers in der normierten Tathandlung **lückenlos** erfasst wird. Er hat deshalb beide Systeme, die für den Informationsaustausch zwischen Kontributor und Administrator denkbar sind, differenziert erfassen wollen.[67]

25 Ist vorgesehen, dass der Kontributor dem Administrator Informationen zur Verfügung stellen muss, kann der Täter die Benchmark nur dadurch manipulieren, indem er in den Übermittlungsvorgang falsche oder irreführende Informationen einbringt. Im Unterschied dazu kann auch vorgesehen sein, dass der Administrator selbst aktiv werden und sich die benötigten Daten bei den Kontributoren beschaffen muss, zB indem die Kontributoren ihre Datensätze in einem Portal hinterlegen, aus dem sich der Administrator die Daten herunter laden muss. Für eine Manipulation der Benchmark bei diesem System muss der Täter nur dafür sorgen, dass der Administrator Zugriff auf die von ihm manipulierten Daten erhält.

26 Den beiden Begehungsvarianten der *Übermittelung von Angaben* und *Bereitstellung von Ausgangsdaten* liegt ein **funktionales Verständnis** zugrunde. Sie lassen sich dadurch voneinander abgrenzen, auf welche Weise die Information in die Sphäre des Administrators gelangt ist: Eine *Übermittlung von Angaben* liegt vor, wenn **Informationen auf Veranlassung des Täters in die Sphäre des Administrators gelangen**, während eine *Bereitstellung von Ausgangsdaten* gegeben ist, wenn der Täter lediglich die Voraussetzungen schafft, dass notwendige Daten für die Benchmark **ohne weiteres Zutun in die Sphäre des Administrators gelangen können**. Dadurch schließen sich die beiden Begehungsvarianten gegenseitig aus und können **nur alternativ** verwirklicht werden.

27 Teilweise wird vertreten, die beiden Begehungsalternativen ließen sich dadurch voneinander abgrenzen, ob die Irreführung eines Menschen oder eines EDV-System bewirkt werden soll.[68] Vor dem Hintergrund des funktionalen Verständnisses lässt sich diese Auffassung jedoch mit der Regelung nicht vereinbaren. Stattdessen kann **Adressat beim Administrator** jeweils eine natürliche Person oder ein EDV-System sein.

Beispiel 1

Der Mitarbeiter eines Administrators hat über ein Kennwort Zugriff auf eine Datenbank beim Kontributor. In einem für ihn bestimmten Ordner werden täglich neue Datensätze als Excel-Sheet eingestellt. Der zuständige Mitarbeiter des Kontributors erstellt vorsätzlich ein Excel-Sheet mit falschen Daten, das sich der Mitarbeiter des Administrators manuell herunterlädt und bei der Berechnung einer Benchmark einsetzt. In diesem Beispiel liegt eine Bereitstellung falscher Ausgangsdaten vor, obwohl nicht ein EDV-System, sondern ein Mensch Adressat der Handlung war.

---

[66] Ein Kontributor nach der Benchmark-Verordnung ist danach auch derjenige, der Eingabedaten *bereitstellt*, obwohl die Definition ausdrücklich nur die *Übermittlung* erfasst. Das bedeutet, dass dem Begriff der *Übermittlung* in der Benchmark-Verordnung ein weiteres Verständnis zugrunde liegt als dem Übermittlungsbegriff im Tatbestand der Benchmark-Manipulation nach der MAR.

[67] Der Tatbestand trägt den „Mechanismen der Referenzwertbestimmung Rechnung", *Diversy/Köpferl* in Graf/Jäger/Wittig WpHG § 38 Rn. 73.

[68] *Sorgenfrei/Saliger* in Park, Kapitalmarktstrafrecht Kap. 6.1 Rn. 247, die darin vom Betrug bzw. Computerbetrug bekannte Handlungen sehen.

Beispiel 2

Der Mitarbeiter eines Kontributors hat über ein Kennwort Zugriff auf eine Datenbank beim Administrator. In einem speziell ihm zugewiesenen Bereich, hinterlegt er von ihm verfälschte Daten, die durch ein EDV-System automatisch ausgelesen werden und in die Erstellung einer Benchmark einfließen. In diesem Beispiel liegt eine Übermittlung falscher Informationen durch den Mitarbeiter des Kontributors vor, obwohl Adressat der Handlung ausschließlich ein EDV-System war.

b) Übermittelung oder Bereitstellung

Allgemein wird unter der **Übermittlung** die Weiterleitung von Informationen an einen vom Täter bestimmten Personenkreis verstanden.[69] Eine **Bereitstellung** soll dagegen vorliegen, wenn Ausgangsdaten einem Dritten in der Weise zugänglich gemacht werden, dass dieser ohne weiteres Zutun des Täters darauf zugreifen kann.[70] Für die Zwecke der Benchmark-Manipulation können diese Definitionen vor dem Hintergrund des funktionalen Verständnisses noch weiter konkretisiert werden. **Adressat** bei der Übermittlung oder der Bereitstellung ist jeweils der Administrator. Nur dieser kontrolliert am Ende die Bereitstellung der Benchmark und der Täter will durch eine manipulierte Informationsgrundlage den Prozess *beim* Administrator beeinflussen. Aus diesem Grund kann bei den beiden Begehungsvarianten der *Übermittlung* und der *Bereitstellung* von einer **vertypten mittelbaren Täterschaft** gesprochen werden:[71] Der Täter veranlasst den Administrator, eine manipulierte Benchmark zu erstellen, indem er dessen Unwissenheit über die fehlerhafte Informationsgrundlage ausnutzt. 28

Bei der Übermittlung muss die Information **auf Veranlassung des Täters in die Sphäre des Administrators gelangen**. Dies ist zB bei Versand eines Briefes, einer E-Mail oder durch Hinterlegung in einem Portal des Administrators der Fall. Die Übermittlung kann aber auch mündlich stattfinden. 29

Der zuständige Mitarbeiter einer Panel-Bank des EURIBOR gibt telefonisch beim zuständigen Mitarbeiter des Administrators eine Einschätzung dazu ab, zu welchen Zinskonditionen seine Bank anderen Banken für einen Laufzeit von drei Monaten voraussichtlich Kredit gewähren würde.

Bei der Bereitstellung von Ausgangsdaten muss der Täter die Voraussetzungen schaffen, damit die notwendigen Daten für die Berechnung einer Benchmark **ohne weiteres Zutun in die Sphäre des Administrators gelangen können**. Dies schließt einen mündlichen Austausch mit dem Administrator aus, da eine mündliche Information gerade nicht ohne weitere Zutun des Täters zum Administrator gelangt. Eine mündliche Information verlangt einen aktiven Informationstransfer durch den Täter, indem er die Information gegenüber dem Administrator ausspricht. Daher kann bei einem **mündlichen Austausch** die Benchmark-Manipulation nur in Form der Übermittlung verwirklicht werden. 30

c) Angaben oder Ausgangsdaten

Die Übermittlung muss sich auf *Angaben*, die Breitstellung auf *Ausgangsdaten* beziehen. Das Begriffspaar konkretisiert die beiden Begehungsalternativen der *Übermittlung* oder *Bereitstellung*. Bei dem Begriff *Angaben* dürfte es sich um eine ungenaue Übersetzung handeln und damit nichts anderes gemeint sein als mit *Informationen* im Tatbestand der informations- 31

[69] *Diversy/Köpferl* in Graf/Jäger/Wittig WpHG § 38 Rn. 74.
[70] *Diversy/Köpferl* in Graf/Jäger/Wittig WpHG § 38 Rn. 74.
[71] *Sorgenfrei/Saliger* in Park Kapitalmarktstrafrecht Kap. 6.1 Rn. 247.

gestützten Marktmanipulation.[72] In der englischen Sprachfassung wird bei der Benchmark-Manipulation ebenso wie im Tatbestand des Art. 12 Abs. 1 lit. c) MAR einheitlich der Begriff *Information* verwendet.[73] Für eine Auslegung des Informationsbegriffs kann deshalb auf die Ausführungen zur informationsgestützten Marktmanipulation verwiesen werden.[74] Ebenso wie bei der informationsgestützten Marktmanipulation kommt dem Merkmal der *Information* bei der Benchmark-Manipulation keine Begrenzungswirkung zu.[75] Er umfasst **jedes mitteilbare Wissen**.[76]

32 Eine **Abgrenzung** zwischen den Begriffen *Angaben/Informationen* einerseits und *Ausgangsdaten* wird durch das funktionale Verständnis erleichtert. Da eine *Bereitstellung* keine mündlichen Informationen umfassen kann,[77] ist der Begriff der *Ausgangsdaten* enger auszulegen als der Begriff der *Angaben/Informationen* und umfasst ausschließlich solche Informationen, die ohne weiteres Zutun vom Administrator abgerufen werden können. Dies trifft ausschließlich auf **lesbare oder gespeicherte Informationen** zu. Das gleiche Verständnis liegt dem Daten-Begriff in § 263a StGB zugrunde.[78]

2. Falsch oder Irreführend

33 Die Angaben oder Ausgangsdaten müssen *falsch* oder *irreführend* sein. Terminologisch besteht auch hier eine deutliche Nähe zur informationsgestützten Marktmanipulation.[79] Es kann deshalb von einem einheitlichen Verständnis ausgegangen werden. Falsch sind demnach **alle wahrheitswidrigen Angaben**.[80] Dies setzt aber voraus, dass die Angabe für eine Bewertung als richtig oder falsch zugänglich ist. Bei der informationsgestützten Marktmanipulation wird überwiegend angenommen, dass auch **Werturteile und Prognosen** falsch sein können, wenn diese schlechterdings nicht vertretbar sind.[81] Irreführend sind dagegen Informationen, die zwar inhaltlich zutreffend sind, jedoch **beim Adressaten eine falsche Vorstellung nahe legen**.[82]

3. Sonstige Handlungen, durch die die Berechnung eines Referenzwerts manipuliert wird

34 Die dritte Begehungsvariante der *sonstigen Handlungen* stellt einen **Auffangtatbestand** dar, der nur eingreift, wenn eine Begehung in Form der *Übermittlung von Angaben* oder *Bereitstellung von Ausgangsdaten* ausscheidet. Mit dem Begriff der *sonstigen Handlungen* ist **keine Eingrenzung bei der Tathandlung** verbunden. Jede Handlung ist tatbestandsmäßig, durch die tatsächlich die Berechnung eines Referenzwertes manipuliert, das heißt ein fehlerhafter Referenzwert erzeugt wird.[83] In dieser Begehungsform ist die Benchmark-Manipulation deshalb **Erfolgsdelikt** und kann auch vom Administrator selbst bzw. einem dort tätigen Mitarbeiter begangen werden.[84]

35 Der Täter muss die **Berechnung eines Referenzwerts** manipuliert haben. Dem Berechnungsbegriff liegt ein weites Verständnis zugrunde.[85] Er erstreckt sich auf sämtliche

---

[72] Art. 12 Abs. 1 lit. c) MAR.
[73] *Diversy/Köpferl* in Graf/Jäger/Wittig WpHG § 38 Rn. 74.
[74] → § 13 Rn. 11 ff.
[75] → § 13 Rn. 11.
[76] *Diversy/Köpferl* in Graf/Jäger/Wittig WpHG § 38 Rn. 52.
[77] → Rn. 30.
[78] *Bär* in Graf/Jäger/Wittig § 263a StGB Rn 6.
[79] Art. 12 Abs. 1 lit. c) MAR.
[80] Vgl. → § 13 Rn. 18.
[81] *Diversy/Köpferl* in Graf/Jäger/Wittig WpHG § 38 Rn. 53; *Sorgenfrei/Saliger* in Park Kapitalmarktstrafrecht Kap. 6.1 Rn. 200. → Vgl. § 13 Rn. 19.
[82] *Diversy/Köpferl* in Graf/Jäger/Wittig WpHG § 38 Rn. 53.
[83] *Diversy/Köpferl* in Graf/Jäger/Wittig WpHG § 38 Rn. 75.
[84] *Sorgenfrei/Saliger* in Park Kapitalmarktstrafrecht Kap. 6.1 Rn. 247.
[85] Erwägungsgrund 44 S. 5 MAR.

Daten, die mit der Berechnung des Referenzwerts in Verbindung gebracht werden können.[86] Dies soll insbesondere getrimmte, dh unvollständige Daten einschließen und sämtliche Berechnungsmethoden erfassen, unabhängig davon, ob diese ganz oder teilweise auf Algorithmen oder Schätzungen beruhen.[87]

4. Unterlassungen

Die Marktmanipulation und damit auch die Benchmark-Manipulation können grundsätzlich durch ein Unterlassen begangen werden.[88] Dies folgt bereits daraus, dass Art. 2 Abs. 4 MAR den Anwendungsbereich der Verbote und Anforderungen der MAR **uneingeschränkt neben Handlungen auch für Unterlassungen öffnet**.[89] In der Literatur wird dagegen zum Teil vertreten, dass Art. 2 Abs. 4 MAR nur für einzelne in der MAR geregelte Offenlegungspflichten Unterlassungen erfasse, nicht dagegen bei der Marktmanipulation.[90] Dieser Ansicht steht jedoch der Wortlaut von Art. 2 Abs. 4 MAR entgegen, der für eine entsprechende Einschränkung keine Anhaltspunkte enthält.[91] **36**

Der MAR lässt sich ebenso wenig wie der CRIM-MAD entnehmen, was unter einer *Unterlassung* zu verstehen ist. Soweit die Sanktionen bei Verstößen gegen das Verbot der Benchmark-Manipulation im nationalen Recht umzusetzen waren, kann auf die entsprechenden **Konkretisierungen im nationalen Recht** zurückgegriffen werden. Kommt eine Strafbarkeit oder Ordnungswidrigkeit wegen eines Verstoßes gegen das Verbot der Benchmark-Manipulation durch Unterlassen in Betracht, müssen deshalb die Voraussetzungen des § 13 StGB bzw. des § 8 OWiG vorliegen, um ein Unterlassungsdelikt zu begründen.[92] **37**

V. Manipulationserfolg

In den beiden Begehungsvarianten der *Übermittlung von Angaben* und der *Bereitstellung von Ausgangsdaten* ist die Benchmark-Manipulation nach der MAR ein **schlichtes Tätigkeitsdelikt**. Ein Manipulationserfolg wird hier nicht vorausgesetzt.[93] Ob die Handlung den Referenzwert tatsächlich beeinflusst hat oder auch nur dazu geeignet war, den Referenzwert zu beeinflussen, ist nach der MAR nicht relevant.[94] In dieser Form führt die Benchmark-Manipulation zu einer erheblichen Vorverlagerung des verbotenen Verhaltens.[95] **38**

Bei den Zinsmitteilungen, welche die Panel-Banken für die Berechnung des LIBOR und des EURIBOR übermitteln, bleibt ein gewisser Prozentsatz der höchsten und niedrigsten Mitteilungen jeweils unberücksichtigt.[96] Auf diese Weise soll verhindert

[86] *Diversy/Köpferl* in Graf/Jäger/Wittig WpHG § 38 Rn. 75; *Renz/Leibold*, CCZ 2016, 157 (166).

[87] Vgl. Erwägungsgrund 44 S. 5 MAR. In der englischen Sprachfassung ist der Erwägungsgrund 44 S. 5 MAR verständlicher formuliert als in der deutschen Fassung: „[…] where that calculation is broadly defined to include the receipt and evaluation of all data which relates to the calculation of that benchmark and include in particular trimmed data, and including the benchmark's methodology, whether algorithmic or judgement-based in whole or in part."

[88] *Diversy/Köpferl* in Graf/Jäger/Wittig WpHG § 38 Rn. 115; *Renz/Leibold* CCZ 2016, 157 (166); *Teigelack/Dolff* BB 2016, 387 (392).

[89] → § 12 Rn. 17; *Poller* S. 42. *Diversy/Köpferl* in Graf/Jäger/Wittig WpHG § 38 Rn. 114, sehen in Art. 2 Abs. 4 MAR eine Regelung zum räumlichen Anwendungsbereich ohne materielle Kriterien, um ein Unterlassen tatbestandlich erfassen zu können. Kritisch *Sorgenfrei/Saliger* in Park Kapitalmarktstrafrecht Kap. 6.1 Rn. 333.

[90] *Bator* BKR 2016, 1 (3); *Sajnovits/Wagner* WM 2016, 1189 (1192).

[91] So auch *Diversy/Köpferl* in Graf/Jäger/Wittig WpHG § 38 Rn. 115.

[92] Vgl. *Diversy/Köpferl* in Graf/Jäger/Wittig WpHG § 38 Rn. 114; *Poller* S. 42 f.; *Renz/Leibold* CCZ 2016, 157 (166); aA *Sajnovits/Wagner* WM 2016, 1189 (1191, 1193 f.).

[93] *Poller* S. 39.

[94] *Stoll* in KölnKomm WpHG § 20a Rn. 168.

[95] *Sorgenfrei/Saliger* in Park Kapitalmarktstrafrecht Kap. 6.1 Rn. 247.

[96] *Fleischer/Bueren* DB 2012, 2561 f.; *Wundenberg* in Veil, European Capital Markets Law, § 35 Rn. 2.

werden, dass Ausreißer den Durchschnittswert beeinflussen können.[97] Manipuliert der Täter eine Zinsmitteilung, die bei der Berechnung des Referenzzinssatzes als „Ausreißer" aussortiert wird, liegt dennoch ein Verstoß vor, obwohl die manipulierte Zinsmitteilung keinen Einfluss auf die Berechnung der Benchmark hatte.

39 Der Auffangtatbestand der *sonstigen Handlungen* ist nach der MAR dagegen ein **Erfolgsdelikt**.[98] Jede Manipulation der Berechnung eines Referenzwerts ist unabhängig von der Tathandlung tatbestandsmäßig.

40 Bei der Umsetzung der CRIM-MAD hat der deutsche Gesetzgeber für den **Straftatbestand der Benchmark-Markmanipulation**[99] diese Differenzierung nicht übernommen. Die strafbare Benchmark-Manipulation ist ohne Rücksicht auf die jeweilige Begehungsform immer ein Erfolgsdelikt.[100] Deshalb ist auch die Übermittlung falscher oder irreführender Angaben oder die Bereitstellung falscher oder irreführender Ausgangsdaten nur strafbar, wenn tatsächlich auf die Berechnung eines Referenzwertes eingewirkt wurde und der Täter vorsätzlich handelte. Bei den **Bußgeldtatbeständen**[101] **und den aufsichtsrechtlichen Maßnahmen** ist die Differenzierung der MAR beim Manipulationserfolg dagegen für das deutsche Recht von Bedeutung, da die entsprechenden Tatbestände ohne zusätzliche Voraussetzungen an den Verstoß gegen das Verbot der Marktmanipulation anknüpfen. Manipuliert der Täter eine Benchmark durch eine *sonstige Handlung*, kommt eine Ordnungswidrigkeit nur bei Leichtfertigkeit in Betracht, da diese Begehungsform bereits nach der MAR ein Erfolgsdelikt darstellt und bei Vorsatz deshalb die Voraussetzungen der Strafnorm erfüllt sind. Bei den Begehungsvarianten der *Übermittlung von Angaben* bzw. *Bereitstellung von Ausgangsdaten* kann eine Ordnungswidrigkeit dagegen auch bei vorsätzlichem Verhalten vorliegen. Dies setzt aber voraus, dass der Täter es nicht geschafft hat, auf den Referenzwert einzuwirken (wenn doch, läge eine Straftat vor), und er auch keinen entsprechenden Entschluss zur Einwirkung auf einen Referenzwert hatte (wenn doch, läge ein strafbarer Versuch vor).

VI. Subjektive Voraussetzungen

41 Die CRIM-MAD schreibt allgemein vor, dass die Marktmanipulation und damit auch die Benchmark-Manipulation **zumindest bei Vorsatz eine Straftat** darstellen muss.[102] Anders verhält es sich bei der MAR. Diese formuliert nur bei einzelnen Tatbestandsmerkmalen subjektive Anforderungen. Für die Benchmark-Manipulation sieht die MAR in den Begehungsvarianten der *Übermittlung von Angaben* und der *Bereitstellung von Ausgangsdaten* vor, dass der Täter **„wusste oder hätte wissen müssen"**, dass die Angaben bzw. Ausgangsdaten falsch oder irreführend waren. Damit sind nur für die Merkmale *falsch* und *irreführend* subjektive Anforderungen ausdrücklich in der MAR enthalten. Unklar ist dabei, wie diese Anforderungen zu verstehen sind.

42 Wenn die MAR für einzelne Tatbestandsmerkmale der Benchmark-Manipulation subjektive Anforderungen formuliert, könnte darin eine Ausnahme von einem sonst geltenden Vorsatzerfordernis liegen.[103] Bei den Merkmalen *falsch* und *irreführend* wäre es dann ausreichend, wenn der Täter zu einem

[97] *Park* in Park Kapitalmarktstrafrecht Einl. Rn. 18.
[98] → Rn. 34.
[99] § 119 Abs. 1 Nr. 4 WpHG.
[100] *Diversy/Köpferl* in Graf/Jäger/Wittig WpHG § 38 Rn. 101; *Sorgenfrei/Saliger* in Park Kapitalmarktstrafrecht Kap. 6.1 Rn. 303 f.
[101] § 120 Abs. 15 Nr. 2 WpHG.
[102] Art. 5 Abs. 1, Abs. 2 lit. d) Richtlinie 2014/57/EU des Europäischen Parlaments und des Rates vom 16.4.2014 über strafrechtliche Sanktionen bei Marktmanipulation (Marktmissbrauchsrichtlinie), ABl. EU Nr. L173 v. 12.6.2014 S. 179 ff. (CRIM-MAD).
[103] *Schmolke* AG 2016, 434 (443); *Stoll* in KölnKomm WpHG § 20a Rn. 248.

bestimmten Grad fahrlässig gehandelt hat. Würde die MAR dagegen generell Fahrlässigkeit für einen Verstoß gegen die Benchmark-Manipulation ausreichen lassen, dann wären subjektive Anforderungen bei einzelnen Merkmalen nur dann erforderlich, wenn insoweit eine Einschränkung vorgenommen werden soll, einfache Fahrlässigkeit also ausnahmsweise einmal nicht ausreichen soll.

Für die Sanktionierung der in MAR und CRIM-MAD enthaltenen Ge- und Verbots- **43**
tatbestände geben die beiden europäischen Rechtsakte lediglich den Mindestrahmen vor.[104] Somit gilt bei der MAR ebenso wie bei der CRIM-MAD, dass es den Mitgliedsstaaten möglich ist, über die entsprechenden Anforderungen hinaus schärfere Sanktionen vorzusehen.[105] Als Konsequenz verlangt die MAR ebenso wie die CRIM-MAD von den Mitgliedstaaten **zwingend nur die Sanktionierung vorsätzlichen Verhaltens**.[106] Dies erklärt, weshalb die Mitgliedstaaten ihrer Pflicht zur Sanktionierung von Verstößen gegen die MAR allein durch strafrechtliche Sanktionen erfüllen können.[107] Die MAR hält die Vorgaben der CRIM-MAD, die nur bei Vorsatz eine strafrechtliche Sanktion verlangen, bzgl. der nationalen Sanktionsvorschriften für ausreichend. Soweit die MAR dagegen vereinzelt subjektive Anforderungen ausdrücklich formuliert, will der europäische Gesetzgeber damit **sicherstellen**, dass in den Mitgliedstaaten insoweit **strengere Anforderungen umgesetzt werden**.

Der Tatbestand der Benchmark-Manipulation in der CRIM-MAD enthält keine zusätz- **44**
lichen subjektiven Anforderungen. Somit muss lediglich die vorsätzliche Benchmark-Manipulation in den Mitgliedstaaten strafbar sein. Für die nach der MAR vorgeschriebenen verwaltungsrechtlichen Sanktionen und Maßnahmen bei Verstößen gegen das Verbot der Benchmark-Manipulation[108] will der europäische Gesetzgeber dagegen sicherstellen, dass hinsichtlich der Merkmale *falsch* und *irreführend* nicht nur bei vorsätzlichem Verhalten („wusste"), sondern auch dann eine Sanktion besteht, wenn der Täter **wissen musste**, dass die Angaben bzw. Ausgangsdaten falsch oder irreführend waren. Dabei ist umstritten, ob die Formulierung *wissen müssen* eine Sanktionierung bei **einfacher Fahrlässigkeit**[109] **oder bei Leichtfertigkeit** verlangt. Für eine Auslegung ist zu berücksichtigen, dass nicht auf ein feststehendes Verständnis im deutschen Recht zurückgegriffen werden kann, sondern allein eine Auslegung im europarechtlichen Kontext vorzunehmen ist.[110] Im Ergebnis spricht viel dafür, dass mit *wissen müssen* ein strengerer Maßstab zum Ausdruck gebracht werden soll als einfache Fahrlässigkeit, so dass *wissen müssen* im deutschen Recht einem leichtfertigem Verhalten durchaus entspricht.[111] Hätte der europäische Gesetzgeber einfache Fahrlässigkeit ausreichen lassen wollen, hätte er dies durch die Formulierung *wissen sollen* wesentlich besser zum Ausdruck bringen können.

Die Frage kann letztlich dahinstehen, da der deutsche Gesetzgeber die subjektiven **45**
Anforderungen im Rahmen der Umsetzung eindeutig festgelegt hat und dadurch einen ihm auch nach der MAR eingeräumten Umsetzungsspielraum in zulässiger Weise ausgenutzt hat.[112] Die Benchmark-Manipulation ist wie die Markmanipulation im Übrigen nur bei Vorsatz strafbar.[113] Insoweit wurde die CRIM-MAD ausreichend umgesetzt. Eine umfassende Bußgeldbewährung trifft den Täter dagegen bereits bei Leichtfertigkeit.[114] Die MAR hätte dies nur bzgl. der Merkmale *falsch* und *irreführend* verlangt.

---

104 *Poller* S. 12 f.
105 Vgl. Art. 1 Abs. 1 CRIM-MAD, Art. 30 Abs. 1, Abs. 3 MAR.
106 *Schmolke* AG 2016, 434 (442 f.).
107 Vgl. Art. 30 Abs. 1 UAbs. 1 MAR.
108 Vgl. Art. 30 Abs. 1 lit. a) MAR.
109 Dafür *Veil* ZGR 2016, 305 (310 f.).
110 Vgl. → § 13 Rn. 9.
111 *Stoll* in KölnKomm WpHG § 20a Rn. 248; aA *Veil* ZGR 2016, 305 (310 f.).
112 *Schmolke* AG 2016, 434 (444 f.).
113 § 119 Abs. 1 Nr. 4 WpHG. *Diversy/Köpferl* in Graf/Jäger/Wittig WpHG § 38 Rn. 111; *Sorgenfrei/Saliger* in Park Kapitalmarktstrafrecht Kap. 6.1 Rn. 313.
114 § 120 Abs. 15 Nr. 2 WpHG.

VII. Versuch

46 Nach der MAR erfasst das Verbot der Marktmanipulation auch den Versuch.[115] Dies gilt ohne Einschränkungen für die Benchmark-Manipulation. Die CRIM-MAD verlangt von den Mitgliedstaaten sogar, die versuchte Marktmanipulation und damit auch die versuchte Benchmark-Manipulation unter Strafe zu stellen.[116] Weder MAR noch CRIM-MAD enthalten detaillierte Regelungen, was im europäischen Kontext unter dem Versuch zu verstehen ist, Anhaltspunkte liefern nur die Erwägungsgründe.[117] Dies ist unproblematisch, soweit die versuchte Marktmanipulation im deutschen Recht eine Straftat oder Ordnungswidrigkeit darstellt, da hierfür der Versuch über die allgemeinen Bestimmungen[118] konkretisiert wird.

47 Bei der Benchmark-Manipulation in Form einer *sonstigen Handlung* ist der **Versuch immer eine Straftat**, weil eine Ordnungswidrigkeit insoweit nur bei Leichtfertigkeit möglich ist,[119] der Versuch jedoch immer Vorsatz verlangt.[120] Anders verhält es sich bei der *Übermittlung von Angaben* und der *Bereitstellung von Ausgangsdaten*. Hier ist der Versuch strafbar, wenn der Täter den Entschluss hatte, einen Referenzwert zu manipulieren, da die strafbare Benchmark-Manipulation als Erfolgsdelikt die Einwirkung auf einen Referenzwert verlangt.[121]

> Der Täter ist Mitarbeiter bei einer Panel-Bank des LIBOR und will den LIBOR manipulieren, indem er dem Administrator falsche Zinsdaten zuleitet. Versehentlich schickt er dem Administrator jedoch die Datei mit den korrekten Zinsdaten seiner Bank und der LIBOR wird fehlerfrei veröffentlicht.

48 Der Versuch stellt dagegen eine Ordnungswidrigkeit dar, wenn der Täter zwar den Entschluss hatte, falsche oder irreführende Angaben zu übermitteln bzw. Ausgangsdaten bereit zu stellen, ihm jedoch der Entschluss fehlte, einen Referenzwert zu beeinflussen.

> Der Täter ist Mitarbeiter bei einer Panel-Bank des LIBOR und möchte dem Administrator fehlerhafte Zinsdaten übermitteln, um einen dortigen Mitarbeiter zu verwirren und dadurch zu ärgern. Er geht jedoch davon aus, dass der Fehler rechtszeitig entdeckt und korrigiert werden kann. Als er die E-Mail mit den falschen Zinsdaten an den Administrator verschicken will, verwendet er versehentlich eine falsche E-Mail Adresse, so dass den Administrator die falschen Zinsdaten nie erreichen.

[115] Art. 15 MAR.
[116] Art. 6 Abs. 2 CRIM-MAD.
[117] Vgl. → § 13 Rn. 55 ff.
[118] § 22 StGB, § 13 Abs. 1 OWiG.
[119] → Rn. 40.
[120] *Eser/Bosch* in Schönke/Schröder StGB § 22 Rn. 22.
[121] *Diversy/Köpferl* in Graf/Jäger/Wittig WpHG § 38 Rn. 111.

§ 16 Zulässige Marktpraxis

Übersicht

Literatur

S. die Angaben zu § 5 und § 12

I. Einleitung

Mit Inkrafttreten der Marktmissbrauchsverordnung (MAR)[1] werden die gesetzlichen Bestimmungen zu zulässigen Marktpraktiken und deren Genehmigung durch die nationalen Aufsichtsbehörden einheitlich durch Art. 13 geregelt. Ergänzend hierzu enthält die Delegierte Verordnung vom 26. Februar 2016 Vorgaben für „die Kriterien, das Verfahren und die Anforderungen für die Festlegung einer zulässigen Marktpraxis und die Anforderungen an ihre Beibehaltung, Beendigung oder Änderungen der Bedingungen für ihre Zulässigkeit“[2]. 1

Nach der Regelung der früheren Marktmissbrauchsrichtlinie[3] wurde ausschließlich den jeweiligen nationalen Märkten Rechnung getragen. Danach hatte die national zuständige Behörde über konkrete Marktpraktiken mit Geltung nur für den nationalen Markt zu entscheiden. Die Marktmissbrauchsverordnung strebt nunmehr eine weitergehende europäische Vereinheitlichung an: Die jeweilige nationale Behörde informiert die ESMA (European Security Markets Authority) und die anderen zuständigen Behörden vorab über ihre Absicht, 2

[1] Verordnung (EU) Nr. 596/2014 des Europäischen Parlaments und des Rates vom 16. April 2014 über Marktmissbrauch (Marktmissbrauchsverordnung) und zur Aufhebung der Richtlinie 2003/6/EG des Europäischen Parlaments und des Rates und der Richtlinien 2003/124/EG, 2003/125/EG und 2004/72/EG der Kommission, ABl. EU Nr. L173 v. 12.6.2014 S. 1 ff. (MAR).

[2] Delegierte Verordnung (EU) 2016/908 vom 26. Februar 2016 zur Ergänzung der Verordnung (EU) Nr. 596/2014 des Europäischen Parlaments und des Rates durch technische Regulierungsstandards für die Kriterien, das Verfahren und die Anforderungen für die Festlegung einer zulässigen Marktpraxis und die Anforderungen an ihre Beibehaltung, Beendigung oder Änderung der Bedingungen für ihre Zulässigkeit, ABl. EU Nr. L153 v. 10.6.2016 S. 3 ff.

[3] Richtlinie 2003/6/EG des Europäischen Parlaments und des Rates vom 28. Januar 2003 über Insider-Geschäfte und Marktmanipulation (Marktmissbrauch), ABl. EU Nr. L96 v. 12.4.2003 S. 16 ff. (MAD 2003).

eine zulässige Marktpraxis festzulegen. Die ESMA veröffentlicht dazu eine Stellungnahme. Gleichwohl bleibt die Zuständigkeit der jeweiligen nationalen Aufsichtsbehörden für die Festlegung einer zulässigen Marktpraxis im jeweiligen Mitgliedsstaat erhalten.

3 Bis zum Inkrafttreten der Marktmissbrauchsverordnung am 2. Juli 2016 waren die Kriterien für die Beurteilung und Festlegung einer zulässigen Marktpraxis im 4. Teil der deutschen Marktmanipulations-Konkretisierungsverordnung (MaKonV) in den §§ 7 bis 10 geregelt, die die in Art. 2 der „alten" Durchführungsrichtlinie[4] festgelegten Faktoren in nationales Recht umsetzten.

4 Die Einzelheiten des neuen behördlichen Konsultationsprozesses werden in Art. 13 Abs. 2 bis 6 MAR geregelt. Damit soll das alte Konzept, wonach sogar ausdrücklich hingenommen wurde, dass eine Marktpraxis in einem Mitgliedstaat als zulässig anerkannt, in einem anderen Mitgliedstaat jedoch als unzulässig angesehen wird, weiterentwickelt werden. Insofern findet eine Fortentwicklung von der nur national-beschränkt zulässigen, zu einer möglichst europäisch-einheitlich zulässigen Marktpraxis statt.

Aufgrund der bisherigen geringen praktischen Bedeutung der Genehmigungen durch die europäischen Aufsichtsbehörden bleibt abzuwarten, ob nach dieser Neuregelung eine nennenswerte Erhöhung der Anzahl von genehmigten und vereinheitlichten zulässigen Marktpraktiken festzustellen sein wird.

II. Regelungskonzept

5 Art. 15 MAR legt fest, dass Marktmanipulation und der Versuch hierzu verboten sind. In Art. 12 Abs. 1a) MAR werden als Handlungen / Indikatoren falsche oder irrführende Signale bzw. ein anormales oder künstliches Kursniveau als Hinweis für eine Marktmanipulation definiert. Diese Merkmale sind jedoch dann nicht als Marktmanipulation zu werten, wenn die Person, die ein Geschäft abschließt, einen Handelsauftrag erteilt oder eine andere Handlung vornimmt, **legitime Gründe** hat und die Transaktion **im Einklang mit einer zulässigen Marktpraxis** nach Art. 13 MAR steht.

6 Nach Art. 3 Abs. 1 Nr. 9 MAR wird als „zulässige Marktpraxis" eine bestimmte Marktpraxis legaldefiniert, die von einer zuständigen Behörde gem. Art. 13 MAR anerkannt wurde.

Dies bedeutet jedoch nicht im Umkehrschluss, dass eine Marktpraxis nicht bereits deshalb unzulässig ist, weil sie zB vor der Aufnahme eines Ermittlungsverfahrens wegen Marktmanipulation nicht ausdrücklich anerkannt wurde (§ 20a Abs. 2 S. 3 WpHG a. F.). Wie aus Erwägungsgrund (2) VO (EU) 2016/908[5] hervorgeht, hat dieses Verständnis auch nach der Neuregelung Fortbestand:[6] „Um sicherzustellen, dass die zulässigen Marktpraktiken nicht der Innovation und einer anhaltenden dynamischen Entwicklung der Finanzmärkte entgegenstehen, sollten die zuständigen Behörden bei neuen und sich abzeichnenden Markttrends, die zu einer neuen Marktpraxis führen könnten, nicht automatisch von deren Unzulässigkeit ausgehen."

III. Legitime Gründe

7 Während in der Marktmissbrauchsverordnung klar geregelt wird, was unter einer zulässigen Marktpraxis zu verstehen und wie diese durch die nationalen Aufsichtsbehörden zusammen mit der ESMA zu genehmigen ist, bleibt unklar, wie das Merkmal der in Art. 13 MAR erwähnten legitimen Gründe definiert ist. Der Begriff wurde in der Vergangenheit weder

[4] Richtlinie 2004/72/EG der Kommission vom 29.4.2004 zur Durchführung der Richtlinie 2003/6/EG des Europäischen Parlaments und des Rates – Zulässige Marktpraktiken, Definition von Insider-Informationen in Bezug auf Warenderivate, Erstellung von Insider-Verzeichnissen, Meldung von Eigengeschäften und Meldung verdächtiger Transaktionen, ABl. EU Nr. L162 v. 30.4.2004 S. 70ff.

[5] ABl. EU Nr. L153 v. 10.6.2016 S. 3ff.

[6] *Sorgenfrei/Saliger* in Park Kapitalmarktstrafrecht Kap. 6.1 Rn. 132.

in der ersten EU-Marktmissbrauchsrichtlinie, bei deren Umsetzung im Wertpapierhandelsgesetz sowie der MaKonV, noch aktuell in der Marktmissbrauchsverordnung oder der VO (EU) 2016/908 zu zulässigen Marktpraktiken näher erläutert und bleibt daher auslegungsbedürftig. Bereits im Rahmen der nationalen Umsetzung der Marktmissbrauchsrichtlinie hatte der Bundesrat beantragt, eindeutig zu regeln, was unter „legitimen Gründen" zu verstehen ist, da entsprechend der deutschen Strafrechtsdogmatik unklar sei, ob es sich hierbei um ein objektives oder subjektives Merkmal handele. Seinerzeit erklärte die Bundesregierung, dass bereits nach dem Wortlaut lediglich auf subjektive Motive abzustellen sei, die nicht darauf gerichtet sein dürfen, den Markt oder andere Handelsteilnehmer in unzulässiger Weise zu beeinflussen. Der Irrtum über das Vorliegen eines legitimen Grundes würde einen strafbarkeits- und ordnungswidrigkeitsausschließenden Tatbestandsirrtum nach § 16 Abs. 1 StGB darstellen.[7]

Vor dem Hintergrund dieser Unklarheit wird dem Bestimmtheitsgrundsatz und der Unschuldsvermutung dadurch Rechnung zu tragen sein, indem bei einem Verhalten, das wegen Marktmanipulation strafbar ist, positiv festgestellt werden muss, dass sich dahinter ein anderer rechtswidriger Grund verbirgt.[8]

IV. Dogmatische Einordnung

Eine weitere dogmatische Unklarheit, die Art. 13 MAR aufweist, ist seine Ausformulierung, die an eine Beweislastumkehrregelung erinnert: „Das Verbot ... gilt nicht, wenn die Person ... **nachweist**, dass ...". Eine direkte Bezugnahme der ordnungswidrigkeits- und strafrechtlichen Tatbestände des Wertpapierhandelsgesetzes (WpHG) wäre daher problematisch. Jedoch findet sich in Art. 5 Abs. 2 der Marktmissbrauchs-Strafrechtsrichtlinie (CRIM-MAD) die Formulierung: „... es sei denn, die Person ... kann sich auf einen rechtmäßigen Grund stützen und die Transaktion oder der Handelsauftrag stehen im Einklang mit der zugelassenen Marktpraxis."[9] Anhand dieses Satzes lässt sich ein Tatbestandsausschluss (strafrechtliches Verbot ist negatives Tatbestandsmerkmal) herleiten.[10] Insofern handelt sich hier, genauso wie nach überwiegender Auffassung der strafrechtlichen Literatur zu § 20a Abs. 2 WpHG (alt) bei der Anerkennung einer zulässigen Marktpraxis nicht erst um einen Rechtfertigungsgrund, sondern um einen Tatbestandsausschluss, und die Nichtanerkennung ist negatives Tatbestandsmerkmal.[11] An dieser Auffassung dürfte sich auch nach der Neuverortung der Regelungen zur zulässigen Marktpraxis in der Marktmissbrauchsverordnung sowie der strafrechtlichen Normen im WpHG dogmatisch nichts geändert haben, da das Merkmal der „legitimen Gründe" auch nach Inkrafttreten der Marktmissbrauchsverordnung auslegungsbedürftig bleibt. 8

V. Rechtliche Einordnung des Anerkennungsverfahrens

Nach herrschender Meinung ist das nationale Anerkennungsverfahren in Deutschland als Verwaltungsverfahren und die Entscheidung über die Anerkennung als Verwaltungsakt in der Form einer sog. Allgemeinverfügung einzuordnen. Daraus folgt, dass neben den einschlägigen europarechtlichen Vorschriften auch das Verwaltungsverfahrensgesetz (VwVfG) 9

[7] *Sorgenfrei/Saliger* in Park Kapitalmarktstrafrecht Kap. 6.1 Rn. 163 mwN.
[8] *Sorgenfrei/Saliger* in Park Kapitalmarktstrafrecht Kap. 6.1 Rn. 164.
[9] Art. 5 Abs. 1, Abs. 2 lit. d) Richtlinie 2014/57/EU des Europäischen Parlaments und des Rates vom 16.4.2014 über strafrechtliche Sanktionen bei Marktmanipulation (Marktmissbrauchsrichtlinie), ABl. EU Nr. L 173 v. 12.6.2014, S. 179 ff. (CRIM-MAD).
[10] *Sorgenfrei/Saliger* in Park Kapitalmarktstrafrecht Kap. 6.1 Rn. 129 mwN.
[11] *Mock* in KölnKomm WpHG § 20a Rn. 257; *Schröder* Kapitalmarktstrafrecht-HdB Rn. 536; aA für Rechtfertigungsgrund: *Bisson/Kunz* BKR 2005 186 (189), *Kuthe* ZIP 2004, 883 (887); *Spindler* NJW 2004, 3449 (3453).

Anwendung findet.[12] Die auch vertretende Mindermeinung, wonach es sich bei der Anerkennung einer Marktpraxis um ein Normsetzungsverfahren und somit um eine Rechtsverordnung handelt, vermag nicht zu überzeugen.[13] Gegen diese Auffassung bestehen zurecht verfassungsrechtliche Bedenken, da nach Art. 80 GG Bundesoberbehörden nicht primäre Verordnungsgeber von Regelungen sein können, die sie dann selbst überwachen. Die Anerkennungsentscheidung der BaFin kann daher nur als Allgemeinverfügung (§ 35 Satz 2 VwVfG) verstanden werden, um den Vorgaben des Grundgesetzes zu entsprechen. Für die Delegation einer Verordnungsermächtigung an die BaFin wäre eine Rechtsverordnung erforderlich (Art. 80 Abs. 1 Satz 4 GG). Eine solche existiert allerdings nicht. Die Voraussetzungen einer personalen Allgemeinverfügung (bestimmbarer Personenkreis und Regelung eines Einzelfalles, dh einer bestimmten, objektiv zu verstehenden Übung am Markt,) sind bei der Anerkennung einer Marktpraxis als zulässig erfüllt. Es handelt sich um eine konkret-generelle Regelung, weil die Adressaten durch eine Teilnahme an einem Ereignis, nämlich der einzelnen Marktgepflogenheit, bestimmt werden.[14]

VI. Auslöser des Anerkennungsverfahrens

10 Nach § 7 Abs. 1 S. 1 MaKonV bestand eine Pflicht der BaFin über die Anerkennung einer Gepflogenheit als zulässige Marktpraxis zu entscheiden, wenn sie im Rahmen ihrer Aufsichtstätigkeit hiervon Kenntnis erhält. Dadurch wurden Art. 2 Abs. 2 und Art. 3 Abs. 1 der Durchführungsrichtlinie 2004/72/EG umgesetzt. Obwohl nach Inkrafttreten der Marktmissbrauchsverordnung und der einschlägigen Durchführungsverordnung die MaKonV keine Geltung mehr hat, darf davon ausgegangen werden, dass diese Regelung sinngemäß fortbesteht, da weder die Marktmissbrauchsverordnung noch die VO (EU) 2016/908[15] zum Genehmigungsverfahren über zulässige Marktpraktiken hierzu eine explizite Aussage treffen. Allerdings finden sich in den Erwägungsgründen der VO (EU) 2016/908 Hinweise für diese Rechtsauffassung.[16] Damit erfolgt die Einleitung eines Anerkennungsverfahrens sobald die BaFin Kenntnis von einer Gepflogenheit erlangt hat, die geeignet sein könnte, falsche oder irreführende Signale für das Angebot, die Nachfrage oder den Börsen- oder Marktpreis von Finanzinstrumenten zu geben oder ein künstliches Preisniveau herbeizuführen. Das Anerkennungsverfahren stellt somit kein Antragsverfahren dar. Marktteilnehmer können die Bafin lediglich auf das Bestehen bestimmter Gepflogenheiten hinweisen. Ein Anspruch auf Prüfung der Anerkennungsfähigkeit besteht nicht.[17]

11 Im Rahmen des Transparenzgebots bestimmt Art. 3 Abs. 2 VO (EU) 2016/908[18], dass für den Genehmigungsprozess folgende Informationen / Unterlagen von der zuständigen nationalen Marktaufsichtsbehörde zu prüfen sind:

a) **vor Ausführung einer Marktpraxis** die Absprachen oder Verträge zwischen den identifizierten Begünstigten und den Personen, die die Marktpraxis nach deren Festlegung als zulässige Marktpraxis ausführen werden, wenn solche Absprachen oder Verträge für ihre Ausführung notwendig sind;

b) **ab Beginn der Ausführung der Marktpraxis** regelmäßige Berichte an die zuständige Behörde mit detaillierten Angaben zu den getätigten Geschäften und zur Funktionsweise etwaiger Absprachen oder Verträge zwischen dem Begünstigten und den Personen, die die zulässige Marktpraxis ausführen.

---

[12] *Mock* in KölnKomm WpHG § 20a Anhang I – § 7 MaKonV Rn. 7 ff.; *Schröder* Kapitalmarktstrafrecht-HdB Rn. 530; *Vogel* in Assmann/Schneider WpHG § 20a Rn. 182.
[13] *Vogel* in Assmann/Schneider WpHG § 20a Rn. 183 mwN.
[14] *Schwark* in Schwark/Zimmer § 20a WpHG Rn. 59.
[15] ABl. EU Nr. L153 v. 10.6.2016 S. 3 ff.
[16] Siehe hierzu Erwägungsgrund 2 VO (EU) Nr. 908/2016.
[17] *Mock* in KölnKomm WpHG § 20a Anhang I – § 7 MaKonV Rn. 3 und 4.
[18] ABl. EU Nr. L153 v. 10.6.2016 S. 3 ff.

VII. Behördlicher Konsultationsprozess

Mindestens drei Monate vor der Festlegung einer zulässigen Marktpraxis muss die nationale Aufsichtsbehörde die ESMA sowie die anderen nationalen Aufsichtsbehörden über ihre Absicht informieren (Art. 13 Abs. 3 MAR). Für diese Meldung existieren genaue inhaltliche und formale Vorgaben. Der Anhang zur VO (EU) 2016/908[19] enthält hierzu ein Formblatt. 12

Neben der Beschreibung der zulässigen Marktpraxis und dem geplanten Datum der Einführung müssen auch Gründe angeführt werden, aus denen die Praxis eine Marktmanipulation darstellen könnte. Auch enthält das Formblatt eine Liste der zu berücksichtigten Kriterien sowie ein Textfeld für die jeweilige Schlussfolgerung der zuständigen Behörde und Begründung.

VIII. Beurteilungskriterien

Als relevante Kriterien werden in Art. 13 Abs. 2 MAR genannt: 13

- Grad der Transparenz für den Markt
- Grad der Gewährleistung des Funktionierens des Marktkräfte und des richtigen Zusammenspiels von Angebot und Nachfrage
- Auswirkung auf Marktliquidität und –effizienz
- Der Handelsmechanismus des betreffenden Marktes und die Möglichkeit für Marktteilnehmer, angemessen und rechtzeitig auf die durch Marktpraxis entstehende Marktsituation zu reagieren.
- Risiken für die Integrität direkt oder indirekt verbundener, geregelter oder nicht geregelter Märkte für das betreffende Finanzinstrument innerhalb der Union.
- Ergebnis der Ermittlungen der zuständigen Behörden bzw. anderer Behörden zu der entsprechenden Marktpraxis, insbesondere ob eine Verletzung der Marktmissbrauchsbestimmungen oder geltenden Verhaltensregeln festgestellt wurde, unabhängig davon, ob direkt oder indirekt auf dem betreffenden Markt oder verbundenen Märkten in der Union.
- Strukturmerkmale des betreffenden Marktes, ua, ob es sich um einen geregelten Markt handelt, welche Finanzinstrumente gehandelt werden, welche Marktteilnehmer vertreten sind und welcher Anteil am Handel auf dem betreffenden Markt auf Privatanleger entfällt.

Die VO (EU) 2016/908[20] spezifiziert die bei der Festlegung einer zulässigen Marktpraxis zu beachtenden Kriterien:

1. Markttransparenz

Art. 3 VO (EU) 2016/908[21] unterscheidet bei der **Überprüfung des Grads der Transparenz** für den Markt drei Szenarien: die Situation bevor eine Marktpraxis als zulässige Marktpraxis ausgeführt wird (a), sobald die Marktpraxis angewendet wird (b) und wenn die Marktpraxis nicht mehr als zulässige Marktpraxis ausgeführt wird (c). 14

a) **Ehe eine Marktpraxis als zulässige Marktpraxis ausgeführt wird,** ist zu überprüfen, ob die Marktpraxis gewährleistet, dass die nachfolgend aufgeführten Punkte / Informationen öffentlich bekanntgegeben werden: 15

i) Identität der künftigen Begünstigten und ausführenden Personen sowie Angabe, wer von ihnen für die Erfüllung der Transparenzanforderungen verantwortlich ist;

[19] ABl. EU Nr. L153 v. 10.6.2016 S. 3 ff.
[20] ABl. EU Nr. L153 v. 10.6.2016 S. 3 ff.
[21] ABl. EU Nr. L153 v. 10.6.2016 S. 3 ff.

ii) Angabe der Finanzinstrumente, auf die die zulässige Marktpraxis angewandt werden soll;
iii) Zeitraum, in dem die zulässige Marktpraxis ausgeführt werden soll, und die Situationen oder Bedingungen, die zu einer vorübergehende Unterbrechung, Aussetzung oder Beendigung ihrer Ausführung führen können;
iv) Angabe der Handelsplätze, auf denen die zulässige Marktpraxis ausgeführt werden soll, und gegebenenfalls Angabe der Möglichkeit, Geschäfte außerhalb eines Handelsplatzes abzuschließen;
v) gegebenenfalls Nennung der Höchstbeträge an Bargeld und der Anzahl der Finanzinstrumente, die von der zulässigen Marktpraxis erfasst werden sollen;

16 b) **Sobald die Marktpraxis als zulässige Marktpraxis angewendet wird**, sind folgende Maßnahmen vorzunehmen bzw. Informationen öffentlich bekannt zu machen:

i) regelmäßige Vorlage detaillierter Angaben zu Handelstätigkeiten im Zusammenhang mit der Ausführung der zulässigen Marktpraxis, beispielsweise Anzahl der abgeschlossenen Geschäfte, Handelsvolumen, durchschnittlicher Umfang der Geschäfte und angezeigte durchschnittliche Spreads, Preise der abgeschlossenen Geschäfte;
ii) alle Änderungen an bereits bekanntgegebenen Informationen zur zulässigen Marktpraxis, einschließlich Änderungen bei den verfügbaren Ressourcen in Form von Bargeld und Finanzinstrumenten, Änderungen hinsichtlich der Identität der die zulässigen ausführenden Personen sowie alle Änderungen bei der Allokation von Bargeld oder Finanzinstrumenten in den Konten des Begünstigten und der Personen, die die zulässige Marktpraxis ausführen.

17 c) **Wenn die Marktpraxis nicht mehr als zulässige ausgeführt wird**, ist folgendes zu veröffentlichen:

i) die Tatsache, dass die Ausführung der zulässigen Marktpraxis eingestellt wird;
ii) eine Beschreibung der Art und Weise der Ausführung der zulässigen Marktpraxis;
iii) die Gründe oder Ursachen für die Einstellung der Ausführung.

2. Gewährleistung des Funktionierens der Marktkräfte

18 Hinsichtlich des Prüfungspunktes „**Gewährleistung des Funktionierens der Marktkräfte und des Zusammenspiels von Angebot und Nachfrage**" muss durch die Aufsichtsbehörden sichergestellt werden, ob die zu genehmigende Marktpraxis die Möglichkeiten anderer Marktteilnehmer einschränkt, auf Geschäfte zu reagieren.[22]

19 Darüber hinaus regelt Art. 4 VO (EU) 2016/908 welche Kriterien zur Auswahl derjenigen Personen heranzuziehen sind, die die zu genehmigende Marktpraxis ausführen werden:

a) ob es sich um eine „beaufsichtigte Person", dh eine zugelassene Wertpapierfirma, zugelassenes Kreditinstitut oder eine finanzielle Gegenpartei handelt;
b) ob sie Mitglieder eines Handelsplatzes sind, an dem die zulässige Marktpraxis angewendet werden soll;
c) ob sie Aufzeichnungen über Aufträge und Geschäfte im Zusammenhang mit der Marktpraxis führen, die es ermöglichen, diese Praxis leicht von anderen Handelsaktivitäten zu unterscheiden, so unter anderem durch Führung gesonderter Konten für die Ausführung der zulässigen Marktpraxis, um insbesondere nachzuweisen, dass erteilte Aufträge getrennt und einzeln erfasst und Aufträge von verschiedenen Kunden nicht zusammengefasst werden;
d) ob sie spezielle interne Verfahren eingeführt haben, die Folgendes ermöglichen: i) die sofortige Identifizierung der Aktivitäten, die mit der Marktpraxis im Zusammenhang stehen; ii) die sofortige Bereitstellung der betreffenden Auftrags- und Geschäftsaufzeichnungen auf Ersuchen der zuständigen Behörde;

[22] Art. 4 VO (EU) Nr. 908/2016.

e) ob sie über die notwendigen Ressourcen verfügen, um die Einhaltung der für die zulässige Marktpraxis festgelegten Bedingungen jederzeit überwachen und gewährleisten zu können;
f) ob sie die unter Buchstabe c genannten Aufzeichnungen mindestens fünf Jahre lang aufbewahren.

3. Marktliquidität und -effizienz

Für die Beurteilung der Auswirkung der **Marktpraxis auf Marktliquidität und -effizienz** sind gemäß Art. 5 VO (EU) 2016/908[23] als Indikatoren das Handelsvolumen, die Ordertiefe (Anzahl der Aufträge im Handelsbuch), das Tempo der Durchführung der Geschäfte, der volumengewichtete Durchschnittspreis eines einzigen Handelstages, der tägliche Schlusskurs, die Geld-Brief-Spanne, Preisschwankungen und die Preisvolatilität sowie die Regelmäßigkeit von Angeboten und Geschäften zu bewerten und überprüfen. 20

4. Auswirkungen auf das ordnungsgemäße Funktionieren des Marktes

Die nationalen Marktaufsichtsbehörden berücksichtigen bei der Entscheidung darüber, ob eine zu genehmigende Marktpraxis dem Handelsmechanismus des betreffenden Marktes Rechnung trägt und sie den Marktteilnehmern erlaubt, angemessen und rechtzeitig auf die durch die Marktpraxis entstehende neue Marktsituation zu reagieren (Art. 13 Abs. 2d) MAR), nach Art. 6 VO (EU) 2016/908[24] die folgenden Aspekte: 21

a) die Möglichkeit, dass sich die Marktpraxis auf die Preisbildungsprozesse in einem Handelsplatz auswirkt;
b) inwieweit die Marktpraxis die Beurteilung von Preisen und Aufträgen im Auftragsbuch erleichtern könnte, und ob die zu tätigenden Geschäfte oder die zu erteilenden Aufträge für ihre Ausführung als zulässige Marktpraxis nicht den Handelsregeln des jeweiligen Handelsplatzes zuwiderlaufen;
c) die Modalitäten der öffentlichen Bekanntgabe der in Art. 3 VO (EU) 2016/908 genannten Informationen einschließlich der Bekanntgabe auf der Website des betreffenden Handelsplatzes und, sofern zutreffend, die Frage, ob sie gleichzeitig auf den Websites der Begünstigten veröffentlicht werden;
d) inwieweit mit der Marktpraxis eine Vorabliste von Situationen oder Bedingungen aufgestellt wird, in bzw. unter denen ihre Ausführung als zulässige Marktpraxis vorübergehend ausgesetzt oder eingeschränkt wird, ua besondere Handelsperioden oder -phasen wie Auktionsphasen, Übernahmen, Erstplatzierungen, Kapitalerhöhungen, Zweitplatzierungen.

Die zuständigen Behörden beurteilen ferner, inwieweit eine Marktpraxis es ermöglicht, dass a) mit ihrer Ausführung verbundene Aufträge während der Eröffnungs- oder Schlussauktionsphase eines Handelstages erteilt und ausgeführt werden; b) mit ihrer Ausführung verbundene Aufträge oder Geschäfte in Perioden erteilt bzw. getätigt werden, in denen Stabilisierungen und Rückkäufe stattfinden.

5. Risiken für die Integrität von verbundenen Märkten

Bei der Entscheidung darüber, ob eine zu prüfende Marktpraxis keine Risiken für die Integrität direkt oder indirekt verbundener, geregelter oder nicht geregelter Märkte darstellt, (Art. 13 Abs. 2e) MAR) ist nach Art. 7 VO (EU) 2016/908[25] zu berücksichtigen: 22

[23] ABl. EU Nr. L153 v. 10.6.2016 S. 3 ff.
[24] ABl. EU Nr. L153 v. 10.6.2016 S. 3 ff.
[25] ABl. EU Nr. L153 v. 10.6.2016 S. 3 ff.

a) ob die mit der zulässigen Marktpraxis verbundenen Geschäfte den zuständigen Behörden regelmäßig gemeldet werden;
b) ob die Ressourcen (Bargeld oder Finanzinstrumente), die der Ausführung der zulässigen zugeteilt werden, ausreichend sind und deren Zielen entsprechen;
c) die Art und Höhe der Vergütung für erbrachte Dienstleistungen im Rahmen der Ausführung einer zulässigen Marktpraxis und die Frage, ob diese Vergütung als Pauschale festgelegt wird; wenn eine variable Vergütung geplant ist, darf sie nicht zu einem Verhalten führen, das der Marktintegrität oder dem ordnungsgemäßen Funktionieren des Marktes abträglich ist, und muss der zuständigen Behörde zwecks Bewertung mitgeteilt werden;
d) ob die Arten von Personen, die die zulässige Marktpraxis ausführen werden, eine angemessene Trennung der für die Ausführung bestimmten Aktiva von den Aktiva ihrer oder ihren eigenen Aktiva gewährleisten.
e) ob die jeweiligen Pflichten der Begünstigten und der die zulässigen Marktpraxis ausführenden Personen oder gegebenenfalls die gemeinsamen Pflichten beider eindeutig festgelegt sind;
f) ob die Arten von Personen, die die zulässige Marktpraxis ausführen werden, über eine organisatorische Struktur und geeignete interne Regelungen verfügen, die gewährleisten, dass die verbundenen handelsbezogenen Entscheidungen gegenüber anderen Abteilungen innerhalb dieser Person geheim bleiben und unabhängig von Kundenaufträgen, Portfolioverwaltung oder für eigene Rechnung platzierten Aufträgen getroffen werden;
g) ob ein geeignetes Berichtsverfahren zwischen dem Begünstigten und der Person, die die zulässige Marktpraxis ausführen wird, besteht, das den Austausch von Informationen ermöglicht, die gegebenenfalls zur Erfüllung der jeweiligen gesetzlichen oder vertraglichen Verpflichtungen notwendig sind.

6. Strukturmerkmale des Marktes

23 Bei der Entscheidung darüber, ob eine Marktpraxis als zulässig festgelegt werden soll, ist gem. Art. 8 VO (EU) 2016/908[26] auch zu berücksichtigen, ob behördliche Untersuchungen in den überwachten Märkten zu Ergebnissen geführt haben, die die Festlegung einer zulässigen Marktpraxis in Frage stellen könnten (Art. 13 Abs. 2f) MAR).

24 Die Marktaufsichtsbehörden der Mitgliedsstaaten bewerten auch die Strukturmerkmale des betreffenden Marktes. Dabei sind auch die Interessen der Privatanleger zu berücksichtigen (Art. 9 VO (EU) 2016/908[27], entspricht Art. 13 Abs. 2g) MAR). Insbesondere sind folgende Gesichtspunkte in die Untersuchung einzubeziehen:

a) die potenziellen Auswirkungen der Marktpraxis auf die Interessen von Privatanlegern, wenn die Marktpraxis Finanzinstrumente betrifft, die auf Märkten gehandelt werden, in denen Privatanleger aktiv sind;

b) ob die Marktpraxis für Privatanleger die Wahrscheinlichkeit erhöht, Gegenparteien bei Finanzinstrumenten geringer Liquidität zu finden, ohne dass ihre Risikobelastung steigt.

IX. Meldeverfahren der nationalen Behörden an die ESMA

25 Die jeweilige nationale Behörde hat der ESMA und den anderen zuständigen Behörden der anderen Mitgliedstaaten zu melden, wenn sie beabsichtigt, eine bestimmte Verhaltensweise als zulässige Marktpraxis anzuerkennen.[28] Diese Meldungen haben gleichzeitig zu erfolgen; sie können per Post oder E-Mail erfolgen.[29]

[26] ABl. EU Nr. L153 v. 10.6.2016 S. 3 ff.
[27] ABl. EU Nr. L153 v. 10.6.2016 S. 3 ff.
[28] Art. 10 VO (EU) Nr. 908/2016.
[29] Zur näheren Ausgestaltung des Art. 13 Abs. 3 MAR: siehe Art. 10 VO (EU) Nr. 908/2016.

Diese Meldung muss folgenden Inhalt aufweisen:[30] 26

a) eine Erklärung der Absicht, eine zulässige Marktpraxis festzulegen, mit Angabe des erwarteten Datums der Festlegung;
b) die Angabe der meldenden zuständigen Behörde und der Kontaktangaben;
c) eine ausführliche Beschreibung der Marktpraxis mit folgenden Informationen: i) Angabe der Arten von Finanzinstrumenten und Handelsplätzen; ii) Arten von Personen, die die zulässige Marktpraxis ausführen dürfen; iii) Art der Begünstigten; iv) Angabe, ob die Marktpraxis für einen festgelegten Zeitraum durchgeführt werden kann, sowie Angabe von Situationen oder Bedingungen, die zu einer vorübergehenden Unterbrechung, Aussetzung oder Beendigung der Praxis führen können;
d) Grund, weswegen die Praxis eine Marktmanipulation darstellen könnte;
e) genaue Angaben zur durchgeführten Bewertung.

X. Aufgaben der ESMA / Konsultationsverfahren

Nach Eingang der Meldung und vor der Abgabe ihrer Stellungnahme leitet die ESMA auf 27 eigene Initiative oder auf Ersuchen einer zuständigen Behörde ein Verfahren zur Übermittlung von vorläufigen Stellungnahmen, Bedenken, Einsprüchen oder gegebenenfalls Ersuchen um Klarstellungen in Bezug auf die gemeldete Marktpraxis an die meldende zuständige Behörde ein. Die meldende zuständige Behörde kann der ESMA weitere Klarstellungen zu der gemeldeten Marktpraxis übermitteln.

Wenn im Verlauf des Verfahrens grundlegende oder wesentliche Änderungen vorgenom- 28 men werden, die sich auf die Basis oder den Inhalt der gemeldeten Marktpraxis oder die von der meldenden zuständigen Behörde durchgeführte Bewertung auswirken, wird das Verfahren der Abgabe der ESMA-Stellungnahme zu der gemeldeten Praxis eingestellt. Nach der Prüfung gibt die ESMA innerhalb von zwei Monaten gegenüber der mitteilenden Behörde eine Stellungnahme mit einer Bewertung ab, ob die zulässige Marktpraxis den Vorgaben der VO (EU) 2016/908 entspricht. Die ESMA prüft ebenfalls, ob das Vertrauen in den Finanzmarkt der EU durch die Festlegung der zulässigen Marktpraxis gefährdet würde. Diese Stellungnahme wird über die Internetseite der ESMA veröffentlicht.[31] Die Aussagen der Stellungnahme sind für die meldende Behörde **nicht bindend**.

Legt die meldende Behörde gleichwohl eine zulässige Marktpraxis fest, die der Stellung- 29 nahme der ESMA zuwiderläuft, muss sie innerhalb von 24 Stunden nach Festlegung der zulässigen Marktpraxis eine Bekanntmachung auf ihrer Homepage veröffentlichen, in der sie die Gründe ihrer Vorgehensweise umfassend darlegt und erklärt, warum die zulässige Marktpraxis keine Gefahr für das Vertrauen in den Markt darstellt.[32]

Gemäß Art. 13 Abs. 10 MAR überwacht die ESMA ferner die Anwendung der jeweilig 30 für zulässig erklärten Marktpraxis und legt der Kommission jährlich einen Bericht über deren Anwendung auf den betreffenden Märkten vor.

XI. Überprüfung einer festgelegten zulässigen Marktpraxis

Einmal als zulässige festgestellte Marktpraktiken sind regelmäßig, mindestens alle zwei Jahre 31 durch die nationalen Aufsichtsbehörden zu überprüfen anhand der oben beschriebenen Kriterien zu überprüfen.

Davon unabhängig kann das oben beschriebene Bewertungsverfahren jederzeit wieder- 32 holt werden, wenn folgende Gründe vorliegen:

[30] Art. 10 Abs. 2 VO (EU) Nr. 908/2016.
[31] Art. 13 Abs. 4 MAR.
[32] Art. 13 Abs. 5 MAR.

a) Sanktionen im Zusammenhang mit einer festgelegten zulässigen Marktpraxis verhängt werden;
b) aufgrund einer wesentlichen Änderung im Marktumfeld und eine oder mehrere Bedingungen für die Zulässigkeit einer festgelegten Praxis nicht mehr erfüllt sind;
c) eine zuständige Behörde begründeten Anlass zu der Vermutung hat, dass Begünstigte der zulässigen Marktpraxis oder durchführende Personen gegen die Marktmissbrauchsverordnung verstoßen.

33 Falls die Bewertung ergibt, dass eine festgelegte zulässige Marktpraxis nicht mehr den genannten Bedingungen der ursprünglichen Bewertungen entspricht, schlagen die zuständigen nationalen Marktaufsichtsbehörden im Rahmen des ESMA-Konsultationsverfahrens entweder eine Änderung der Bedingungen für die Zulässigkeit oder die Beendigung der zulässigen Marktpraxis vor.

34 Eine Marktpraxis, die vor der Anwendbarkeit der Marktmissbrauchsverordnung bestand und von einer zuständigen nationalen Behörde anerkannt wurde, kann unter Umständen weitergeführt werden, bis die zuständige Behörde einen auf die Marktmissbrauchsverordnung gestützten Beschluss über ihre Anerkennung gefasst hat.[33]

XII. In der EU zulässige Marktpraktiken

35 Die ESMA (früher CESR, Committee of European Securities Regulators) veröffentlicht gemäß Art. 13 Abs. 9 MAR eine Liste der von den in den Mitgliedstaaten zuständigen nationalen Aufsichtsbehörden anerkannten zulässigen Marktpraktiken. Auf ihrer Homepage www.esma.europa.eu kann man unter der Rubrik „ESMA Library" eine Gesamtaufstellung geordnet nach Datum, Anwendungsland und Inhalt / Titel mit Download-Möglichkeit der Gesamtaufstellung der anerkannten zulässigen Marktpraktiken einsehen. Bereits seit 2004 wurden gemäß der Bestimmungen der Marktmissbrauchsrichtlinie[34] die von den nationalen Aufsichtsbehörden anerkannten zulässigen Marktpraktiken durch CESR, später ESMA veröffentlicht.

36 Eine Durchsicht der auf der Homepage veröffentlichten Liste[35] ergibt, dass seit 2003 nur wenige Marktpraktiken von europäischen Aufsichtsbehörden als zulässige Marktpraxis anerkannt wurden. Der Großteil der veröffentlichten Regelungen betrifft sogenannte Liquidity Contracts. Darunter versteht man Verträge von Emittenten mit Finanzintermediären, die als Market Makers oder Designated Sponsors Liquidität herstellen und so einen regulären Handel ermöglichen.[36]

37 Eine Marktpraxis, die vor dem Inkrafttreten der Marktmissbrauchsverordnung von den zuständigen Behörden anerkannt wurde, kann weitergeführt werden, bis die zuständige Behörde einen auf die Marktmissbrauchsverordnung gestützten Beschluss über ihre Anerkennung gefasst hat, sofern die Marktpraxis der ESMA innerhalb eines vorgeschriebenen Zeitraums notifiziert wird.[37]

38 Die ersten nach dem neuen Regime von der ESMA veröffentlichten „Points for convergence in relation to MAR accepted market practices" haben ebenfalls Liquidity Contracts zum Gegenstand.[38] Fünf Marktaufsichtsbehörden hatten der ESMA die bestehenden nationalen zulässigen Marktpraktiken hinsichtlich Liquidity Contracts vorgelegt, um diese nach Inkrafttreten der Marktmissbrauchsverordnung vergleichend zu würdigen. Verschie-

[33] Vgl. Erwägungsgrund 76 MAR.
[34] Art. 3 Abs. 3 RL 2004/72/EG.
[35] https://www.esma.europa.eu/databases-library/esma-library.
[36] *Vogel* in Assmann/Schneider WpHG § 20a Rn. 204.
[37] Erwägungsgrund 76 MAR.
[38] https://www.esma.europa.eu/sites/default/files/library/esma70–145-76_opinion_on_point_of_convergence_of_liquidity_contract_amps.pdf.

dene in den Mitgliedsstaaten anerkannte Marktpraktiken zu Liquidity Contracts wurden, wie im Einzelnen unten erläutert, danach nicht weitergeführt.

Die BaFin hat bisher keine Marktpraxis offiziell als zulässig erklärt. Es ist auch nicht erkennbar, dass die BaFin ihre Praxis ändern und in nächster Zeit proaktiv tätig werden könnte. In der Vergangenheit hatte die BaFin dem CESR zwei Vorschläge übermittelt, die sie jedoch später zurückgezogen hatte.[39]. Das eine Thema betraf sog. Kompensationsgeschäfte in ausgewählten Schuldverschreibungen, das andere beinhaltete die Glättung des ersten Handelspreises von Wertpapieren an der Frankfurter Wertpapierbörse bei überzeichneten Emissionen durch den Lead Manager.[40] **39**

Zu den offiziell zulässigen Marktpraktiken im Einzelnen:

Frankreich: **40**

Eine am 10.5.2012 von der französischen Autorité des Marchés Financiers (AMF) als zulässige erklärte Marktpraxis für „Liquidity Contracts" für Bonds wurde ausweislich der Veröffentlichung auf der Homepage des ESMA mit Inkrafttreten der Marktmissbrauchsverordnung nicht „fortgesetzt".[41]

Ferner hatte die französische Autorité des Marchés Financiers (AMF) am 22.3.2005 eine spezielle Vorgehensweise im Rahmen von Aktienrückkaufprogrammen als zulässige Marktpraxis definiert, wonach diese auch zu dem Zweck des späteren Erwerbs eines anderen Unternehmens zulässig sind. Diese Marktpraxis dürfte in etwa dem Regelungsgegenstand der griechischen HCMC von 2009 entsprechen. Beide zulässigen Marktpraktiken werden nach Inkraftreten der Marktmissbrauchsverordnung nicht fortgeführt.

Niederlande: **41**

Die vom niederländischen Finanzministerium am 4.5.2011 erklärte Anerkennung von Liquidity Agreements als zulässige Marktpraxis wurde am 19.9.2017 ebenfalls außer Kraft gesetzt („terminated").[42]

Griechenland: **42**

Der von der griechischen HCMC (Hellenic Capital Markets Comission) am 2.1.2009 als zulässige Marktpraxis erklärte Rückkauf eigener Aktien zur Bezahlung des Erwerbs von Aktien eines anderen Emittenten wird unter der Marktmissbrauchsverordnung nicht fortgesetzt.

Italien: **43**

Dies gilt auch für die von der italienischen Consob am 19.3.2009 als zulässige Marktpraktiken erklärten Liquidity Enhancement Agreements sowie den Kauf eigener Aktien, um eine sogenannte Ware House Position aufzubauen.[43]

Spanien: **44**

Weitere als zulässig klassifizierte Marktpraktiken betreffen nochmals Liquidity Contracts in Spanien. Die CNMV hatte am 19.12.2007 Verträge zwischen Emittenten und Finanzintermediären, die als sogenannte Market Makers oder Designated Sponsors Liquidität herstellen, um damit einen regelmäßigen Handel zu ermöglichen, anerkannt.

Österreich: **45**

Die von der österreichischen Finanzmarktaufsicht (FMA) am 4.1.2005 als zulässige Marktpraxis erklärten „Kompensgeschäfte in Schuldverschreibungen" wird laut ESMA unter der Geltung der Marktmissbrauchsverordnung nicht fortgeführt.

---

[39] *Mock* in KölnKomm WpHG § 20a Rn. 285 und 286 mwH.
[40] *Mock* in KölnKomm WpHG § 20a Rn. 253 mwH.
[41] Abrufbar unter https://www.esma.europa.eu/databases-library/esma-library/AcceptedMarketpractices.
[42] https://www.afm.nl/nl-nl/professionals/nieuws/2017/sep/beeindigen-amp.
[43] Abrufbar unter https://www.esma.europa.eu/databases-library/esma-library/AcceptedMarketpractices.

XIII. Kritische Würdigung

46 Es fällt auf, dass unter der Marktmissbrauchsrichtlinie das Thema zulässige Marktpraxis allein schon aufgrund der geringen Anzahl der offiziell für zulässig erklärten Praktiken keine große Rolle gespielt hat. Unter der Marktmissbrauchsverordnung ist keine grundlegende Änderung dieses Befunds erkennbar. Betrachtet man die derzeit (noch) als zulässige Marktpraxis anerkannten Verhaltensweisen und vergleicht diese, ist festzustellen, dass fast alle zulässigen Praktiken sog. Liquidity Contracts betreffen, also die den Emittenten vertraglich zugesicherte Zurverfügungstellung von Liquidität durch Finanzintermediäre für den Wertpapierhandel.

47 Ob es hinsichtlich Liquidity Contracts überhaupt einer Ausnahme als zulässige Marktpraxis bedarf, wird dabei in den einzelnen Ländern entsprechend der Usancen der nationalen Rechtsanwendung unterschiedlich gesehen. Während verschiedene Marktaufsichtsbehörden hier eine Ausnahmeregelung erlassen bzw. nunmehr eine Stellungnahme der ESMA hierzu erbeten hatten, wird das Thema in Deutschland bereits auf „Tatbestandsebene" gelöst.

48 Als Beispiel lassen sich ua die deutschen Regelungen zum Market Making anführen. Den gesetzlichen Rahmen zum Market Making deckt bereits Art. 17 der sog. EU-Leerverkaufsverordnung[44] ab, die ua eine Anzeigepflicht ua des Market Makers vorsieht. Zu dem Genehmigungsprozedere und allen einzuhaltenden Vorschriften hat die BaFin ein ausführliches Merkblatt veröffentlicht.[45] Auch die Börsenordnungen beinhalten explizite Regelungen zum Market-Maker-Modell.[46]

49 In der Tätigkeit des Designated Sponsors wird ebenfalls kein Verstoß gegen das Verbot der Kurs- und Marktmanipulation gesehen, da einzelne Börsenordnungen diese Praxis als legitime Vorgehensweise vorsehen und regeln.[47] Grundsätzlich kann man zusammenfassen, dass es nach allgemeiner Rechtsauffassung in Deutschland keine Marktmanipulation darstellt, wenn der Handelnde auf Grundlage der einschlägigen (Börsen-)Regeln eine Funktion wahrnimmt, die darin besteht, die für einen geordneten Handel erforderliche Marktliquidität zu gewährleisten (Tatbestandsausschluss).[48]

50 Vor diesem Hintergrund wird klar, warum zum Thema Liquidity Contracts seitens der BaFin keine Neigung zu erkennen ist, diese in Deutschland als zulässige Marktpraxis anzuerkennen.[49] Man sieht wohl keinen praktischen Bedarf, da das Thema Marktliquidität bereits an anderer Stelle, ua in den Börsenordnungen, ausreichend geregelt ist.

51 Es bleibt abzuwarten, ob die Genehmigung von zulässigen Marktpraktiken, die nicht Liquidiy Contracts betreffen, zukünftig überhaupt eine Praxisrelevanz entfalten wird. Das Thema „zulässige Marktpraxis" ist weiterhin eher theoretischer Natur. Ob diesem durch eine gesamteuropäische Regelung in der Marktmissbrauchsverordnung neues Leben eingehaucht werden kann, wird man sehen.

[44] Verordnung (EU) Nr. 236/2012 des Europäischen Parlaments und des Rates vom 14. März 2012 über Leerverkäufe und bestimmte Aspekte von Credit Default Swaps, ABl. EU Nr. L86 v. 24.3.2012 S. 1 ff. (Leerverkaufs-Verordnung).

[45] Abrufbar unter https://www.bafin.de/SharedDocs/Veroeffentlichungen/DE/Merkblatt/WA/mb_130715_eu_market_making.html.

[46] §§ 94 und 96 Börsenordnung der Frankfurter Wertpapierbörse.

[47] § 76 f. Börsenordnung der Frankfurter Wertpapierbörse.

[48] *Stoll* in KölnKomm WpHG, § 20a Anh. I – § 3 MaKonV Rn. 16.

[49] Siehe hierzu auch *Sorgenfrei/Saliger* in Park Kapitalmarktstrafrecht Kap. 6.1 Rn. 146.

D. Ausnahmen vom Marktmissbrauchsrecht

§ 17 Ausnahmen für Rückkaufprogramme und Stabilisierungsmaßnahmen

Übersicht

Literatur

S. die Angaben zu § 5 und § 12

I. Einleitung: Allgemeines betreffend der Verbotsausnahmen für Aktienrückkaufprogramme und Stabilisierungsmaßnahmen

1. Historie, Regelungsstand, Regelungszweck

1 Ähnlich wie zuvor durch die MAD (Art. 8 Richtlinie (EG) 2003/6) iVm der **Verordnung (EG) Nr. 2273/2003**, die beide durch Art. 37 der Marktmissbrauchsverordnung (MAR)[1] mit Wirkung vom 3.7.2016 aufgehoben wurden iVm §§ 14 Abs. 2 bzw. 20a Abs. 3 WpHG aF, werden nun durch Art 5. MAR iVm der Delegierten Verordnung (EU) 2016/1052 zur Ergänzung der MAR durch technische Regulierungsstandards für die auf Rückkaufprogramme und Stabilisierungsmaßnahmen anwendbaren Bedingungen[2] für Aktienrückkaufprogramme und Stabilisierungsmaßnahmen unter bestimmten Voraussetzungen „Ausnahmen" (sogenannte „**Safe Harbors**") von den **Verboten der Marktmanipulation** (Art. 15 iVm Art. 12 MAR) **und des Insiderhandels** (Art. 14 MAR) geschaffen.

2 Ergänzt werden diese Ausnahmen von den Verbotstatbeständen durch entsprechende Ausnahmen bei der Verpflichtung der Mitgliedsstaaten strafrechtliche Sanktionen zu schaf-

[1] Verordnung (EU) Nr. 596/2014 des Europäischen Parlaments und des Rates vom 16. April 2014 über Marktmissbrauch (Marktmissbrauchsverordnung) und zur Aufhebung der Richtlinie 2003/6/EG des Europäischen Parlaments und des Rates und der Richtlinien 2003/124/EG, 2003/125/EG und 2004/72/EG der Kommission, ABl. EU Nr. L173 v. 12.6.2014 S. 1 ff. (MAR).

[2] Delegierte Verordnung (EU) 2016/1052 der Kommission vom 8. März 2016 zur Ergänzung der Verordnung (EU) Nr. 596/2014 des Europäischen Parlaments und des Rates durch technische Regulierungsstandards für die auf Rückkaufprogramme und Stabilisierungsmaßnahmen anwendbaren Bedingungen, ABl. EU Nr. L173 v. 30.6.2016 S. 34 ff.

fen, gemäß Art. 1 Abs. 3 lit. a) (für Aktienrückkaufprogramme) und lit. b) (für Stabilisierungsmaßnahmen) der Marktmissbrauchsrichtlinie (MAD).

2. Charakter und Wirkung der Verbotsausnahmen

3 Die Vorgaben des Art. 5 MAR iVm VO (EU) 2016/1052 sind nicht zwingend einzuhalten.[3] Eine **Nichteinhaltung** der Vorgaben bedeutet nämlich **nicht „per se"** automatisch einen **Verstoß** gegen Art. 14 oder Art. 15 MAR. Dies ergibt sich auch aus Erwägungsgrund 11 der MAR, wonach der Handel mit eigenen Aktien im Rahmen von Rückkaufprogrammen und Maßnahmen zur Stabilisierung des Kurses von Finanzinstrumenten, für welche die Ausnahme nach MAR nicht gelten, nicht bereits als solcher als Marktmissbrauch gewertet werden sollten. Die Orders und Transaktionen des Aktienrückkaufs bzw. der Stabilisierungsmaßnahme sind vielmehr einzeln jeweils am Maßstab der Art. 14 und 15 MAR zu prüfen.

4 Im Ergebnis kann als Grundregel festgehalten werden, dass **je näher** sich **an** den **Vorgaben** des Art. 5 MAR iVm VO (EU) 2016/1052 orientiert wird, **desto unwahrscheinlicher** ein **Verstoß gegen** die **Verbote** der Art. 14 bzw. 15 MAR wird. Ein solcher Verstoß ist jeweils im Einzelfall zu prüfen und festzustellen.

3. Persönlicher Schutzbereich der Verbotsausnahmen

5 Nach dem Wortlaut kann gemäß Art. 5 Abs. 2 MAR ein „Rückkaufprogramm" in den Genuss der vorgesehenen Ausnahme für Aktienrückkaufprogramme kommen. Gemäß Art. 5 Abs. 4 MAR kann ein „Emittent" in den Genuss der Verbotsausnahme für Stabilisierungsmaßnahmen kommen. Da sich das Insider- und das Marktmanipulationsverbot in den Art. 14 und 15 MAR an **natürliche und juristische Personen** richten, kommen beide auch „in den Genuss" der Verbotsausnahmen.

6 Begünstigte durch die Verbotsausnahmen können somit sowohl juristische als auch natürliche Personen sein. Insoweit handelnd im Rahmen des Rückkaufprogrammes oder der Stabilisierungsmaßnahme können der **Emittent bzw.** seine **Mitarbeiter** sein, aber auch ein die Transaktionen **ausführendes Wertpapierhaus** oder **Kreditinstitut bzw.** deren **Mitarbeiter** bzw. (bei Stabilisierungsprogrammen) die „zentrale Stelle" (in der englischen Fassung „central point") iSv Art. 6 Abs. 5 VO (EU) 2016/1052 bzw. deren Mitarbeiter.

4. Sachlicher Schutzbereich der Verbotsausnahmen

7 Sachlich hat der Schutzbereich der Verbotsausnahmen Grenzen. **Nicht jedes Verhalten** der beteiligten Personen ist automatisch von den Verboten der Art. 14 und 15 MAR **ausgenommen**, soweit das Aktienrückkaufprogramm oder die Stabilisierungsmaßnahme im Einklang mit den Bedingungen des Art. 5 MAR und der VO (EU) 2016/1052 erfolgt ist. Zwischen dem Handeln der Person und dem Aktienrückkaufprogramm bzw. der Stabilisierungsmaßnahme sind ein **Sachzusammenhang** und eine Zweckbindung erforderlich. Die Person muss im Rahmen des Aktienrückkaufprogrammes bzw. der Stabilisierungsmaßnahme und für dessen Zwecke gehandelt haben. Nachfolgende drei **Beispiele** sollen diese Erfordernisse verdeutlichen:

8 Platziert beispielsweise ein Mitarbeiter im Rahmen eines Aktienrückkaufprogramms oder einer Stabilisierungsmaßnahme eine Kauforder, welche die Preisgrenze der Ausnahmevorschriften (siehe unten für Aktienrückkaufprogramme und für Stabilisierungsmaßnahmen) einhält und platziert gleichzeitig über sein Privatdepot eine darauf abge-

[3] Vgl. *Tountopoulos* EWS 2012, 449–456, der bereits für die VO (EG) 2273/2003 feststellte, dass diese keinen imperativen Charakter habe und Marktteilnehmer dieser nicht „unterworfen" seien.

stimmte Verkaufsorder (verbotene Marktmanipulation in Form eines **abgestimmten Geschäfts**), so kommt er nicht in den Genuss der Ausnahmeregelung des Art. 5 MAR. Sein Verhalten auf der Verkaufsseite stand nicht im Sachzusammenhang mit dem Aktienrückkaufs- oder Stabilisierungsprogrammes und diente nicht dessen Zweck.

Ein Emittent veröffentlicht die initiale Vorabmeldung vor Beginn eines Aktienrückkaufprogrammes oder einer Stabilisierungsmaßnahme und macht in diesem Zusammenhang kursrelevante **unrichtige Angaben**, die nicht unmittelbar im Zusammenhang mit dem Aktienrückkaufprogramm bzw. der Stabilisierungsmaßnahme stehen bzw. nicht dem Zweck der Erfüllung der Vorabveröffentlichungspflicht dienen. Beispielsweise enthalten derartige Vorabmeldung manchmal am Ende eine Kurzbeschreibung der Gesellschaft, in der unrichtige Umsatzzahlen enthalten sein könnten. So ist auch diese Marktmanipulation in Form einer verbotenen unrichtigen Angabe nicht geeignet unter die Verbotsausnahme zu fallen. 9

Öffentliche Ankündigungen eines Aktienrückkaufprogrammes führen häufig zu einem deutlichen Kurssprung. Unmittelbar vor einer derartigen Ankündigung wird die Insiderinformation, dass eine derartige Veröffentlichung ansteht von einem Vorstand des betroffenen Emittenten zu Eindeckungskäufen, also verbotenen **Insidergeschäften** genutzt. Von diesen Geschäften mag nicht nur der Vorstand persönlich profitieren, sondern (ggf. mittelbar) auch der Emittent selbst. Auch hier ist mangels unmittelbaren Sachzusammenhangs bzw. mangels Zweckbindung kein Raum für die Verbotsausnahme. 10

5. Ziel und Zweck der Ausnahmeregelungen

Die Vorgaben des Art. 5 MAR sollen insbesondere zu einer **höheren Transparenz** und **umfangreichen Offenlegung** des Aktienrückkaufprogramms oder der Stabilisierungsmaßnahme führen. Dies ergibt sich auch aus Erwägungsgrund 12 der MAR, wonach der Handel mit Wertpapieren oder verbundenen Instrumenten zur Kursstabilisierung von Wertpapieren oder der Handel mit eigenen Aktien im Rahmen von Rückkaufprogrammen aus wirtschaftlichen Gründen gerechtfertigt sein können. Daher sollten Personen unter bestimmten Umständen vom Verbot des Marktmissbrauchs befreit sein, sofern die Maßnahmen hinreichend transparent durchgeführt werden, das heißt, dass relevante Informationen zu der Kursstabilisierung oder zu dem Rückkaufprogramm offengelegt werden. 11

6. Eigene Begriffsbestimmungen für Art. 5 MAR

Die MAR enthält in Art. 3 Abs. 2 MAR – neben ihren allgemeinen Begriffsbestimmungen in Art. 3 Abs. 1 MAR – **spezielle Begriffsdefinitionen** für die Anwendung der Verbotsausnahmen des Art. 5 MAR. 12

a) Begriff des Wertpapiers

Gemäß Art. 3 Abs. 2 lit. a) MAR (→ § 4 Rn. 74, 75) sind für die Anwendung der Verbotsausnahmen nachfolgende Finanzinstrumente als Wertpapier zu bezeichnen: 13
- Aktien und andere Wertpapiere, die Aktien entsprechen,
- Schuldverschreibungen und sonstige verbriefte Schuldtitel oder

- verbriefte Schuldtitel, die in Aktien oder andere Wertpapiere, die Aktien entsprechen, umgewandelt bzw. gegen diese eingetauscht werden können.

14 Die Definition löst die Definition der „relevanten Wertpapiere" nach altem Recht in Art. 2 Nr. 6 VO (EG) 2273/2003 ab, die nur solche Wertpapiere umfasste, die zum Handel auf einem geregelten Markt zugelassen sind oder für die ein Antrag auf Zulassung zum Handel auf einem solchen Markt gestellt wurde, und für die ein signifikantes Zeichnungsangebot besteht. Insofern wird der Anwendungsbereich jetzt also erweitert auch auf Wertpapiere, die gar nicht an Märkt bzw. an anderen Märkten als geregelten zugelassen sind bzw. für die kein entsprechender Antrag bzw. kein signifikantes Zeichnungsangebot besteht. Der allgemeine Katalog der Begriffsbestimmungen in Art. 3 Abs. 1 MAR enthält den Begriff Wertpapier nicht (→ § 4 Rn. 1 zum Verweis auf die Begriffsbestimmung der MiFID II und → § 4 Rn. 49 zum Begriff des Wertpapiers).

b) Begriff des verbundenen Instruments

15 Art. 3 Abs. 2 lit. b) MAR definiert, wie für die Anwendung der Verbotsausnahmen der Begriff „verbundene Instrumente" zu verstehen ist (→ § 4 Rn. 76–78). Demnach sind dies die nachfolgenden Finanzinstrumente, selbst dann (was in der Praxis wohl eher seltener der Fall sein dürfte), wenn diese Instrumente

- nicht zum Handel auf einem Handelsplatz zugelassen sind,
- sie nicht gehandelt werden, oder
- für sie kein Antrag auf Zulassung zum Handel auf einem solchen Handelsplatz gestellt wurde.

16 Im Einzelnen werden als verbundene Instrumente genannt:

- Verträge über bzw. Rechte auf Zeichnung, Kauf oder Verkauf von Wertpapieren,
- Finanzderivate auf Wertpapiere,
- bei wandel- oder austauschbaren Schuldtiteln die Wertpapiere, in die diese wandel- oder austauschbaren Titel umgewandelt bzw. gegen die sie eingetauscht werden können,
- Instrumente, die vom Emittenten oder Garantiegeber der Wertpapiere ausgegeben werden bzw. besichert sind und deren Marktkurs den Kurs der Wertpapiere erheblich beeinflussen könnte oder umgekehrt,
- in Fällen, in denen die Wertpapiere Aktien entsprechen, die von diesen vertretenen Aktien bzw. die von diesen vertretenen anderen Wertpapiere, die Aktien entsprechen;

17 Insgesamt ist der **Begriff** der verbundenen Instrumente **weit gefasst**, so dass Emittenten genau prüfen sollten, welche (weiteren) Finanzinstrumente gegebenenfalls bei der Einhaltung der Voraussetzungen für eine Verbotsausnahme mit zu berücksichtigen sind, beispielsweise bei den Meldepflichten gegenüber den Aufsichtsbehörden oder bei den laufenden Veröffentlichungspflichten.

18 Die Definition ist eine Weiterentwicklung der Definition nach altem Recht in Art. 2 Nr. 8 VO (EG) 2273/2003 mit erweitertem Anwendungsbereich (ua auch „nicht gehandelte" Finanzinstrumente). Der allgemeine Katalog der Begriffsbestimmungen in Art. 3 Abs. 1 MAR enthält den Begriff des verbundenen Instrumentes nicht. Gleichwohl wird an verschiedenen Stellen der MAR zB von verbundenen (derivativen) Finanzinstrumenten oder verbundenen Waren-Spot-Kontrakten gesprochen.

c) Begriff des signifikanten Zeichnungsangebots

19 Nach Art. 3 Abs. 2 lit. c) MAR ist ein signifikantes Zeichnungsangebot eine Erst- oder Zweitplatzierung von Wertpapieren, die sich sowohl hinsichtlich des Werts der angebotenen Wertpapiere als auch hinsichtlich der Verkaufsmethoden vom üblichen Handel unterscheidet.

20 Die Definition ist eine Weiterentwicklung der Definition nach altem Recht in Art. 2 Nr. 9 VO (EG) 2273/2003 mit erweitertem Anwendungsbereich (ua nicht mehr nur öffentlich angekündigte Platzierungen). Der allgemeine Katalog der Begriffsbestimmungen

in Art. 3 Abs. 1 MAR enthält den Begriff des signifikanten Zeichnungsangebots nicht (→ § 4 Rn. 111).

d) Begriff der Kursstabilisierung

Art. 3 Abs. 3 lit. d) MAR bezeichnet „Kursstabilisierung" als jeden Kauf bzw. jedes Angebot zum Kauf von Wertpapieren oder eine Transaktion mit vergleichbaren verbundenen Instrumenten, die ein Kreditinstitut oder eine Wertpapierfirma im Rahmen eines signifikanten Zeichnungsangebots für diese Wertpapiere mit dem alleinigen Ziel tätigen, den Marktkurs dieser Wertpapiere für einen im Voraus bestimmten Zeitraum zu stützen, wenn auf diese Wertpapiere Verkaufsdruck besteht. **21**

Die Definition ist weitestgehend deckungsgleich mit der Definition nach altem Recht in Art. 2 Nr. 7 VO (EG) 2273/2003. Unklar bleibt zwar, in welchem Verhältnis die Begriffe „Stabilisierungsmaßnahme" und „Kursstabilisierung" zueinander stehen – wesentliche praktische Probleme scheinen sich bisher daraus aber auch noch nicht ergeben zu haben. Der allgemeine Katalog der Begriffsbestimmungen in Art. 3 Abs. 1 MAR enthält den Begriff der Kursstabilisierung nicht. **22**

7. Delegierte Verordnung (EU) 2016/1052

Gemäß der entsprechenden Ermächtigung aus Art. 5 Abs. 5 MAR hat die **ESMA** zur durchgängigen Harmonisierung des Art. 5 MAR technischer Regulierungsstandards ausgearbeitet, in denen die bei den Aktienrückkaufprogrammen und Stabilisierungsmaßnahmen nach Art. 5 Abs. 1 und 4 einzuhaltenden Bedingungen präzisiert werden, darunter Handelsbedingungen, Beschränkungen der Dauer und des Volumens, Bekanntgabe- und Meldepflichten sowie Kursbedingungen. **23**

Die ESMA legte der EU-Kommission diese Entwürfe **technischer Regulierungsstandards** am 28.9.2015 vor.[4] Der EU-Kommission wurde durch Art. 5 Abs. 5 MAR die Befugnis übertragen, diese technischen Regulierungsstandards zu erlassen. Am 30.6.2016, also erst unmittelbar vor dem Geltungsbeginn der MAR auf Gemeinschaftsebene am 3.7.2016, ist die VO (EU) 2016/1052 im Amtsblatt der Europäischen Union veröffentlicht worden. **24**

II. Die Verbotsausnahmen für Aktienrückkaufprogramme

Aktienrückkaufprogramme spielen in der globalisierten Wirtschaft insbesondere aktuell eine große Rolle, da sie in Zeiten niedriger Zinsen – oder sogar „Strafzinsen" – für Emittenten eine Option sind, Kapital zu reduzieren.[5] Art. 3 Abs. 1 Nr. 17 MAR definiert „*Rückkaufprogramm*" als den Handel mit eigenen Aktien gemäß den Art. 21 bis 27 der Richtlinie 2012/30/EU des Europäischen Parlaments und des Rates.[6] Auf Level 1 findet **25**

[4] ESMA, Final Report – Draft technical standards on the Market Abuse Regulation v. 28.9.2015, ESMA/2015/1455, Annex VII – Draft regulatory technical standards for the conditions that buy-back programmes and stabilisation measures must meet, https://www.esma.europa.eu/sites/default/files/library/2015/11/2015-esma-1455_-_final_report_mar_ts.pdf.

[5] Vgl. insoweit kritisch DER SPIEGEL, 46/2016, „Welt am Wendepunkt", S. 52–63, mit dem Hinweis darauf, dass das für Rückkäufe eingesetzte Kapital nicht produktiv für Investitionen genutzt werde, sondern so nur dafür verwendet werde, dass Vermögende durch den kurstreibenden Effekt von Aktienrückkaufprogrammen profitierten.

[6] Richtlinie 2012/30/EU des Europäischen Parlaments und des Rates vom 25. Oktober 2012 zur Koordinierung der Schutzbestimmungen, die in den Mitgliedstaaten den Gesellschaften im Sinne des Art. 54 Abs. 2 des Vertrags über die Arbeitsweise der Europäischen Union im Interesse der Gesellschafter sowie Dritter für die Gründung der Aktiengesellschaft sowie für die Erhaltung und Änderung ihres Kapitals vorgeschrieben sind, um diese Bestimmungen gleichwertig zu gestalten, ABl. EU Nr. L315 v. 14.11.2012 S. 74 ff.

sich die Rahmenvorschrift für die Verbotsausnahme bezüglich Aktienrückkaufprogrammen in **Art. 5 Abs. 1 bis 3 MAR**.

26 Gemäß Art. 5 Abs. 1 MAR gelten die in den Art. 14 und 15 MAR festgeschriebenen Verbote des Insiderhandels und der Marktmanipulation nicht für den Handel mit eigenen Aktien im Rahmen von Rückkaufprogrammen, wenn die nachfolgend in Art. 5 MAR aufgeführten Voraussetzungen erfüllt sind. Daneben muss der Handel gemäß Art. 5 Abs. 1 lit. d) im Einklang mit den in Art. 5 Abs. 6 MAR genannten technischen Regulierungsstandards durchgeführt werden. Bei diesem technischen Regulierungsstandard handelt es sich um die **VO (EU) 2016/1052**. Innerhalb dieser delegierten Verordnung enthalten wiederum die Art. 2 bis 4 spezielle Regeln für Aktienrückkaufprogramme.

27 Ferner soll nach Art. 5 Abs. 1 lit. d) MAR der Handel im Einklang mit den in Art. 5 festgelegten Bedingungen sein. Der Sinn dieser bloßen Wiederholung, dass die in Art. 5 MAR genannten Voraussetzungen zu erfüllen sind erschließt sich nicht. Genauso wenig ist systematisch nachvollziehbar, warum dieser nochmalige Pauschalverweis auf Art. 5 MAR insgesamt, sowie der Verweis auf den technischen Regulierungsstandard, in Art. 5 Abs. 2 lit d) am Ende angedockt wurde, da Art. 5 Abs. 2 eigentlich eine abschließende Aufzählung der zulässigen Zwecke eines Aktienrückkaufprogrammes enthält (siehe unten „Zweckbestimmungsgrenzen").

1. Sachlicher Schutzbereich der Verbotsausnahme für Aktienrückkaufprogramme: geschütztes Finanzinstrument

28 Art. 5 Abs. 1 MAR stellt insoweit klar, dass die Ausnahme vom Insider- und Marktmanipulationsverbot **nur für** den Handel in eigenen **Aktien** gilt. Das bedeutet im Umkehrschluss, dass die Ausnahme **nicht** gilt **für** den Handel in **anderen Finanzinstrumenten**, wie zB den Handel in Derivaten, Anleihen bzw. Schuldverschreibungen.

29 Dies folgt nicht nur aus dem eindeutigen Wortlaut auf Level 1 in Art. 5 Abs. 1 MAR sondern auch aus Erwägungsgrund 2 der VO (EU) 2016/1052, wonach die MAR zwar Stabilisierungen durch verbundene Instrumente zulässt, die Ausnahme für Transaktionen, die mit Rückkaufprogrammen zusammenhängen, aber auf den tatsächlichen Handel mit eigenen Aktien des Emittenten beschränkt sein soll.

2. Ex-ante Publizität: Initiale Vorabveröffentlichungspflicht bei Aktienrückkaufprogrammen

30 Als Voraussetzung für die Erreichung des „sicheren Hafens" setzt Art. 5 Abs. 1 lit. a) MAR voraus, dass die Einzelheiten des Programms vor dem Beginn des Handels vollständig offengelegt werden müssen. Nach Art. 2 Abs. 1 VO (EU) 2016/1052 muss der Emittent, um in den Genuss der Ausnahme nach Art. 5 Abs. 1 MAR zu kommen, vor Beginn des Handels im Rahmen eines nach Art. 21 Abs. 1 der Richtlinie 2012/30/EU[7] zulässigen Rückkaufprogramms für eine angemessene Bekanntgabe bestimmter Informationen sorgen.

a) Grundvoraussetzung: Nach Art. 21 Abs. 1 RL (EU) 2012/30 zulässiges Aktienrückkaufprogramm

31 Nach Art. 2 Abs. 1 VO (EU) 2016/1052 muss das Aktienrückkaufprogramm zunächst zulässig sein nach Art. 21 Abs. 1 RL (EU) 2012/30. Das Aktienrückkaufprogramm muss

[7] Richtlinie 2012/30/EU des Europäischen Parlaments und des Rates vom 25. Oktober 2012 zur Koordinierung der Schutzbestimmungen, die in den Mitgliedstaaten den Gesellschaften im Sinne des Art. 54 Abs. 2 des Vertrages über die Arbeitsweise der Europäischen Union im Interesse der Gesellschafter sowie Dritter für die Gründung der Aktiengesellschaft sowie für die Erhaltung und Änderung ihres Kapitals vorgeschrieben sind, um diese Bestimmungen gleichwertig zu gestalten, ABl. EU Nr. L315 v. 14.11.2012 S. 74 ff.

somit nicht nur kapitalmarktrechtlichen Voraussetzungen, sondern auch bestimmten gesellschaftsrechtlichen bzw. aktienrechtlichen Anforderungen entsprechen.

b) Inhalt der initialen Vorabveröffentlichung bei Aktienrückkaufprogrammen

Laut Art. 2 Abs. 1 lit. a) VO (EU) 2016/1052 muss der **Zweck des Programms** gemäß Art. 5 Abs. 2 MAR veröffentlicht werden. Zu den Zweckbestimmungsgrenzen → Rn. 95, 96. Art. 2 Abs. 1 lit. b) VO (EU) 2016/1052 sieht vor, dass der **größtmögliche Geldbetrag**, der für das Programm zugewiesen wird, anzugeben ist. Der maximale finanzielle Aufwand ist als konkrete Summe zu beziffern. Gemäß Art. 2 Abs. 1 lit. c) VO (EU) 2016/1052 ist die **Höchstzahl der zu erwerbenden Aktien** anzugeben. Die maximale Zahl an Aktien ist ebenfalls als Stückzahl konkret zu beziffern. Schließlich sieht Art. 2 Abs. 1 lit. d) VO (EU) 2016/1052 vor, dass der **Zeitraum, für den das Programm genehmigt wurde**, zu nennen ist. Hinsichtlich der genehmigten Dauer des Aktienrückkaufprogrammes ist eine genaue Zeitspanne mit konkretem Anfangs- und Enddatum anzugeben. 32

Gemäß Art. 2 Abs. 1 UAbs. 2 VO (EU) 2016/1052 muss der Emittent gewährleisten, dass **nachfolgende Änderungen** beim Programm und bei den Informationen, die bereits entsprechend UAbs. 1 veröffentlicht wurden, angemessen bekannt gegeben werden. Hierzu gehört beispielsweise auch der Umstand, dass ein Aktienrückkaufprogramm für eine nicht unwesentliche Zeit ausgesetzt wird (zB wegen besonders volatiler Märkte). Es besteht allerdings keine Verpflichtung, börsentäglich Aktien zurück zu kaufen. Auch die dauerhafte Nichtdurchführung eines angekündigten Aktienrückkaufprogramms muss öffentlich bekannt gemacht werden. Der Beschluss des Emittenten ein Aktienrückkaufprogramm über den ursprünglich in der Initialmeldung angegebenen Zeitpunkt hinaus fortzusetzen ist ebenfalls als nachträgliche Änderung in angemessener Weise bekannt zu geben Die Aktualisierungen müssen in gleicher Art und Weise wie die vorangegangene Ankündigung des Aktienrückkaufprogrammes – „angemessen" – erfolgen. 33

c) Form der initialen Vorabveröffentlichung bei Aktienrückkaufprogrammen: angemessene Bekanntgabe

Gemäß Art. 1 lit. b) VO (EU) 2016/1052 meint „angemessene Bekanntgabe" die Veröffentlichung von Informationen in einer Art und Weise, die der Öffentlichkeit einen schnellen Zugriff darauf und eine vollständige, korrekte und rechtzeitige Bewertung dieser Informationen nach Maßgabe der Durchführungsverordnung (EU) 2016/1055[8] ermöglicht. Gegebenenfalls kann dies unter Verwendung des amtlich bestellten Systems gemäß Art. 21 der Transparenzrichtlinie (TD)[9] erfolgen. 34

aa) Schnelle Zugriffmöglichkeit, vollständige und korrekte Bewertungsmöglichkeit. Durch die Verwendung eines weitverbreiteten elektronisch betriebenen Informationssystems und eines Bündels von Medien zur europaweiten Verbreitung kann eine schnelle Zugriffmöglichkeit auf Informationen sichergestellt werden, genauso wie die vollständige und korrekte Bewertungsmöglichkeit dieser Daten. 35

bb) Veröffentlichung nach Maßgabe der VO (EU) 2016/1055. Gemäß Art. 2 Abs. 1 lit. a) VO (EU) 2016/1055 müssen Informationen folgendermaßen verbreitet werden: 36

---

[8] Durchführungsverordnung (EU) 2016/1055 der Kommission vom 29. Juni 2016 zur Festlegung technischer Durchführungsstandards hinsichtlich der technischen Mittel für die angemessene Bekanntgabe von Insiderinformationen und für den Aufschub der Bekanntgabe von Insiderinformationen gemäß Verordnung (EU) Nr. 596/2014 des Europäischen Parlaments und des Rates, ABl. EU Nr. L173 v. 30.6.2016 S. 47 ff.

[9] Richtlinie 2004/109/EG des Europäischen Parlaments und des Rates vom 15. Dezember 2004 zur Harmonisierung der Transparenzanforderungen in Bezug auf Informationen über Emittenten, deren Wertpapiere zum Handel auf einem geregelten Markt zugelassen sind, und zur Änderung der Richtlinie 2001/34/EG, ABl. EU Nr. L390 v. 31.12.2004 S. 38 ff.

– nichtdiskriminierend an eine möglichst breite Öffentlichkeit;
– unentgeltlich; und
– zeitgleich in der gesamten Union.

37 Weiterhin müssen Informationen gemäß Art. 2 Abs. 1 lit. b) VO 2016/1055/EU unmittelbar oder über einen Dritten an die Medien übermittelt werden, bei denen die Öffentlichkeit vernünftigerweise davon ausgeht, dass sie die Informationen tatsächlich verbreiten. Diese Übermittlung erfolgt mit elektronischen Hilfsmitteln, die die **Vollständigkeit, Integrität** und **Vertraulichkeit** der Informationen bei der Übertragung gewährleisten.

38 Die Emittenten bzw. Marktteilnehmer sollen ferner Sorge tragen für die Vollständigkeit, Integrität und Vertraulichkeit, indem ein eventueller **Ausfall** oder eine eventuelle **Unterbrechung** der Übermittlung der Informationen **unverzüglich behoben** wird. Im Ergebnis können also auch insoweit (nur) unter Verwendung eines weitverbreiteten elektronisch betriebenen Informationssystems und eines Bündels von Medien zur europaweiten Verbreitung die Maßgaben der VO (EU) 2016/1055 sichergestellt werden.

39 **cc) Amtlich bestelltes System nach TD.** Die angemessene Bekanntgabe kann gegebenenfalls unter Verwendung des amtlich bestellten Systems gemäß Art. 21 TD erfolgen. Art. 21 TD verpflichtete die Mitgliedsstaaten zu bestimmten Mindestnormen für die Verbreitung vorgeschriebener Informationen (Abs. 1) und für zentrale Speicherungssysteme (Abs. 2). Diese Mindestnormen wurden durch das Transparenzrichtlinie-Umsetzungsgesetzes (TUG) vom 5.1.2007 in das deutsche Recht umgesetzt. Insoweit wurden § 15 Abs. 7 und § 15a Abs. 5 WpHG geändert, was das Bundesministerium der Finanzen (BMF) wiederum zur Änderung der **Wertpapierhandelsanzeige- und Insiderverzeichnisverordnung**[10] (WpAIV) ermächtigte.

40 § 3a der WpAIV regelt die **Art der Veröffentlichung** von Informationen (ua Verbreitung in der gesamten EU), § 3b bestimmte die Sprache der Veröffentlichung (ggf. auch oder ausschließlich in Englisch), § 3c konkretisierte die **Mitteilungspflichten an** die **BaFin**. Die WpAIV bleibt in ihrer bisherigen Fassung zunächst bestehen, tritt hinter der MAR sowie den ausführenden ITS zur MAR (hier VO (EU) 2016/1055) aber zurück, soweit sich in diesen entsprechende oder abweichende Regelungen finden.[11]

41 Durch das TUG wurde ua auch § 8b HGB geändert, der vorsieht, dass auch bestimmte kapitalmarktrechtliche Veröffentlichungen in das **Unternehmensregister** eingestellt werden. Laut der Begründung zur Unternehmensregisterverordnung (URV), dient das Unternehmensregister der Umsetzung des Art. 21 TD. Der Emittent hat die Mitteilungen nach§ 8b HGB unverzüglich an das Unternehmensregister zu übermitteln. Die Übermittlung darf jedoch nicht vor der Veröffentlichung der Mitteilungen erfolgen.

42 Damit der Emittent seinen Zuleitungspflichten nach § 3a WpAIV genüge tut, besteht die Pflicht zur Nutzung eines „**Medienbündels**" für die Veröffentlichung. Ein angemessenes Medienbündel muss mindestens alle fünf in der Gesetzesbegründung genannten Medienarten enthalten, wobei pro Medienart ein Medium zu nutzen ist. Zu den vom Emittenten zu berücksichtigenden **Medienarten** zählen nach der Gesetzesbegründung:
– elektronisch betriebene Informationsverbreitungssysteme,
– Nachrichtenagenturen,
– News Provider,
– Printmedien (bspw. Börsenpflichtblätter) und
– Internetseiten für den Finanzmarkt (auch die des eigenen Unternehmens).

43 Davon muss mindestens ein Medium eine aktive europaweite Verbreitung ermöglichen können. Ferner müssen die einzelnen Medien die Information zumindest auch in dem Land

[10] BGBl. I 2007 S. 10.
[11] BaFin FAQs zu Art. 17 MAR, https://www.bafin.de/SharedDocs/Downloads/DE/FAQ/dl_faq_mar_art_17_Ad-hoc.pdf.

verbreiten können, in dem die Aktien des Emittenten börsenzugelassen sind. Die **Sprache** der Veröffentlichung richtet sich nach § 3b WpAIV. Emittenten, deren Sitz im Ausland ist oder Emittenten, für die Deutschland der Herkunftsstaat nach § 2 Abs. 6 Nr. 3 lit. a) WpHG ist oder die bei der BaFin einen Prospekt in englischer Sprache hinterlegt haben, können die Veröffentlichung ausschließlich in englischer Sprache vornehmen (§ 3b Abs. 1 WpAIV). Im Übrigen bestimmt sich die Sprache nach § 3b Abs. 2 bis Abs. 4 WpAIV.

Jeder Emittent hat gleichzeitig, dh im unmittelbaren Anschluss an die Veröffentlichung **44** diese der **BaFin mitzuteilen**. § 3c WpAIV konkretisiert diese Pflicht dahingehend, dass die Mitteilung an die BaFin die **Angabe** des **Veröffentlichungstextes** und der **Medien**, an die die Mitteilungen gesandt wurden, sowie des **Zeitpunktes** (Datum und Uhrzeit) der Versendung umfassen muss.

3. Laufende Meldepflicht gegenüber den Aufsichtsbehörden bei Aktienrückkaufprogrammen

Weiter müssen gemäß Art. 5 Abs. 1 lit. b) MAR **alle Abschlüsse** der zuständigen Behörde **45** des Handelsplatzes gemäß Abs. 3 als Teil des Rückkaufprogramms gemeldet werden. Dazu wird in Art. 5 Abs. 3 MAR weiter ausgeführt, dass der Emittent der für den Handelsplatz, auf dem seine Aktien zum Handel zugelassen wurden bzw. gehandelt werden, zuständigen Behörde des Handelsplatzes jedes mit Rückkaufprogrammen zusammenhängende Geschäft, **einschließlich** der in **Art. 25** Absätze 1 und 2 und **Art. 26** Absätze 1, 2 und 3 der Verordnung über Märkte für Finanzinstrumente (**MiFiR**[12]) genannten Informationen, melden muss.

Gemäß Art. 2 Abs. 2 S. 3 VO (EU) 2016/1052 sind „der zuständigen Behörde jedes **46** Handelsplatzes auf dem die Aktien zum Handel zugelassen sind bzw. gehandelt werden (…) alle mit dem Rückkauf zusammenhängenden Geschäfte" zu melden. D. h., dass **ggf.** auch **parallel an weitere** nationale **Aufsichtsbehörden** anderer EU-Mitgliedsstaaten Meldungen mit jeweils allen Transaktionen (in- und ausländisch) zu erfolgen haben.

Grundsätzlich besteht die Möglichkeit, Geschäfte in Zusammenhang mit Rückkaufpro- **47** grammen der zuständigen Aufsichtsbehörde auch einzeln zu melden. In der Praxis erfolgen für solche Geschäfte aber regelmäßig Sammelmeldungen. Dabei muss allerdings beachtet werden, dass keines der Geschäfte erst **nach dem siebten Handelstag** nach dessen Ausführung gemeldet wird.

a) Inhalt der Meldungspflicht gegenüber den Aufsichtsbehörden bei Aktienrückkaufprogrammen

Nach Art. 5 Abs. 3 MAR muss der zuständigen Behörde jedes mit Rückkaufprogrammen **48** zusammenhängende Geschäft, einschließlich der in Art. 25 Abs. 1 und 2 und Art. 26 Abs. 1, 2 und 3 MiFiR genannten Informationen, gemeldet werden. Inhaltlich ist bei der Meldungspflicht zu beachten, dass diese sich mit der Geltung von MiFIR ab 3.1.2018 deutlich verändern wird, so dass hier zwei unterschiedliche Regime differenziert zu betrachten sind.

aa) Rechtslage bis zum Ablauf des 2.1.2018. (1) Übergangsnorm des Art. 39 **49** **Abs. 4 MAR.** Gemäß Art. 39 Abs. 4 MAR **gelten** vor dem 3.1.2017 **Verweise auf MiFiR als Verweisungen auf** die Richtlinie über Märkte für Finanzinstrumente I (**MiFID I**[13]) und sind nach Maßgabe der **Entsprechungstabelle** in Anhang IV der Richtlinie

[12] Verordnung (EU) Nr. 600/2014 des Europäischen Parlaments und des Rates vom 15. Mai 2014 über Märkte für Finanzinstrumente und zur Änderung der Verordnung (EU) Nr. 648/2012, ABl. EU Nr. L173 v. 12.6.2014 S. 84 ff. (MiFIR).

[13] Richtlinie 2004/39/EG des Europäischen Parlaments und des Rates vom 21. April 2004 über Märkte für Finanzinstrumente, zur Änderung der Richtlinien 85/611/EWG und 93/6/EWG des Rates und der Richtlinie 2000/12/EG des Europäischen Parlaments und des Rates und zur Aufhebung der Richtlinie 93/22/EWG des Rates, ABl. EU Nr. L145 v. 30.4.2004 S. 1 ff.

über Märkte für Finanzinstrumente II (MiFiD II[14]) zu lesen, sofern diese Entsprechungstabelle Vorschriften enthält, die auf MiFiD I verweisen. Statt Art. 25 Abs. 1 MiFiR gilt demnach Art. 25 Abs. 2 MiFiD I, statt Art. 26 Abs. 1 und 2 MiFiR gilt demnach Art. 25 Abs. 3 MiFiD I und statt Art. 26 Abs. 3 MiFiR gilt Art. 25 Abs. 4 MiFiD I.

50 Art. 25 Abs. 2 MiFiR wird nicht in der Entsprechungstabelle genannt. Letztlich kann dahinstehen, inwieweit dieser Verweis bis zum 3.1.2018 rechtlich ins Leere läuft oder Art. 25 Abs. 2 MiFiR in die MAR inkorporiert wird, da faktisch für die Übergangszeit von etwa eineinhalb Jahren die Regelung nicht relevant erscheint. Sowohl die Bundesanstalt für Finanzdienstleistung (BaFin) in ihrer Vorlage für Rückkaufstransaktionsmeldungen, als auch andere europäische Aufsichtsbehörden stellten bis zum Ablauf des 2.1.2018 nicht auf die in Art. 25 Abs. 2 MiFiR geregelten Auftragsdaten von Handelsplatzbetreibern ab. Zudem stellt sich die Frage, wie Wertpapierhäuser oder Kreditinstitute faktisch an (zukünftige) Daten von Handelsplatzbetreibern gelangen sollten.

51 **(2) Informationen nach Art. 25 Abs. 2, 3 und 4 MiFiD I.** Art. 25 Abs. 2 MiFiD I verpflichtete die Mitgliedsstaaten vorzuschreiben, dass Wertpapierfirmen die **einschlägigen Daten über** die **Geschäfte** mit Finanzinstrumenten, die sie entweder für eigene Rechnung oder im Namen ihrer Kunden getätigt haben, mindestens **fünf Jahre** zur Verfügung der zuständigen Behörde halten. Im Falle von im Namen von Kunden ausgeführter Geschäfte sollen die Aufzeichnungen sämtliche Angaben zur Identität des Kunden enthalten, sowie Angaben zur Verhinderung von Geldwäsche.

52 Art. 25 Abs. 3 MiFiD I verpflichtete die Mitgliedsstaaten vorzuschreiben, dass Wertpapierfirmen, die Geschäfte mit zum Handel an einem geregelten Markt zugelassenen Finanzinstrumenten tätigen, **der zuständigen Behörde** die Einzelheiten dieser Geschäfte so schnell wie möglich und spätestens am Ende des folgenden Werktages **melden**.

53 Art. 25 Abs. 4 MiFiD I verpflichtete die Mitgliedsstaaten vorzuschreiben, dass die Meldungen insbesondere die **Bezeichnung** und die **Zahl** der erworbenen oder veräußerten **Instrumente**, Datum und Uhrzeit des Abschlusses, den Kurs und die Möglichkeit zur Feststellung der Wertpapierfirma enthalten.

54 Art. 25 Abs. 2 und 3 MiFiD I werden weiter konkretisiert durch Art. 13 der **Verordnung** (EG) Nr. 1287/2006 **zur Durchführung der MiFiD I** betreffend die Aufzeichnungspflichten für Wertpapierfirmen, die Meldung von Geschäften, die Markttransparenz, die Zulassung von Finanzinstrumenten zum Handel und bestimmte Begriffe im Sinne dieser Richtlinie[15]

55 Art. 13 Abs. 1 VO (EG) 1287/2006 verweist auf Anhang I, der die zu meldenden Inhalte eines Geschäfts aufzeigt und insgesamt **23 Meldefelder** vorsieht. Demnach wären die vollständigen Inhalte einer Transaktionsmeldung, so wie sie bis zum 2.1.2018 nach § 9 WpHG (Fassung bis 2.1.2018) zu übermitteln sind auch im Rahmen der laufenden Meldungspflicht bei Aktienrückkaufprogrammen zu übermitteln.

56 Die Bundesanstalt für Finanzdienstleistungsaufsicht führte in ihrer bis zum Ablauf des 2.1.2018 gültigen Vorlage für Rückkaufstransaktionsmeldungen allerdings nur die Informationen nach Art. 25 Abs. 4 MiFiD I zuzüglich des Handelsplatzes auf. Auch von anderen europäischen Aufsichtsbehörden ist nicht bekannt, dass sie Transaktionen in wesentlich höherer Granularität forderten. Dies scheint ein verhältnismäßiger Ansatz zu sein. Zumal mit diesen Informationen auch die entsprechenden Transaktionsmeldedaten – in Deutschland nach § 9 WpHG a. F. – identifizierbar sein sollten, die den Aufsichtsbehörden ebenfalls vorliegen.

[14] Richtlinie 2014/65/EU des Europäischen Parlaments und des Rates vom 15. Mai 2014 über Märkte für Finanzinstrumente sowie zur Änderung der Richtlinien 2002/92/EG und 2011/61/EU, ABl. EU Nr. L173 v. 12.6.2014 S. 349 ff. (MiFID II).

[15] Verordnung (EG) Nr. 1287/2006 der Kommission vom 10. August 2006 zur Durchführung der Richtlinie 2004/39/EG des Europäischen Parlaments und des Rates betreffend die Aufzeichnungspflichten für Wertpapierfirmen, die Meldung von Geschäften, die Markttransparenz, die Zulassung von Finanzinstrumenten zum Handel und bestimmte Begriffe im Sinne dieser Richtlinie, ABl. EU Nr. L241 v. 2.9.2006 S. 1 ff.

bb) Rechtslage ab dem 3.1.2018 (Geltung von MiFiR). (1) Informationen nach Art. 26 MiFiR. Informationen nach Art. 26 MiFiR sind die vollständigen Inhalte der Transaktionsmeldungen, wie sie seit Anwendung der MiFiR iVm § 22 WpHG an die BaFin zu übermitteln sind. Die Delegierte Verordnung (EU) 2017/590 der Kommission zur Ergänzung der MiFiR durch technische Regulierungsstandards für die Meldung von Geschäften an die zuständigen Behörden[16] in Anhang I, Tabelle 2 sieht nun **65 Meldefelder** pro Transaktion vor. Der Umfang der zu meldenden Geschäftsinformationen wächst also erheblich. Die Bundesanstalt für Finanzdienstleistungsaufsicht lässt derzeit einen Kanon an Mindestinformationen zu (su). Diese Fokussierung auf relevante Inhalte erscheint verhältnismäßig. 57

(2) Informationen nach Art. 25 MiFiR. Informationen nach Art. 25 MiFiR sind insbesondere die Transaktions- und **Orderdaten**, wie sie von Wertpapierfirmen (Abs. 1) und Orderdaten wie sie von Handelsplatzbetreibern (Abs. 2) seit Anwendung der MiFiR vorzuhalten sind. Die Ausdehnung der Meldepflicht auf Orderdaten stellt eine erhebliche **Ausweitung der Meldepflicht** dar. Für jede Transaktion sind sämtliche zugehörigen Auftragsdaten zu melden. Dies **beinhaltet** beispielsweise auch **Orderänderungen** und **Orderstreichungen**. 58

Hinsichtlich der einzelnen Informationen, die zu den Orderdaten nach Art. 25 MiFiR gehören, sieht die VO (EU) 2017/580 der Kommission zur Ergänzung der MiFiR durch technische Regulierungsstandards für die Aufzeichnung einschlägiger Daten über Aufträge für Finanzinstrumente[17] im Anhang in Tabelle 2 („Auftragsdaten") **51 Meldefelder** pro Order vor. Auch hier erachtet die Bundesanstalt für Finanzdienstleistungsaufsicht derzeit bestimmte Mindestinformationen (su) für ausreichend. Zu melden sind zumindest Basisinhalte aller Orders wie Datum und Uhrzeit, Gültigkeitsdauer, Segment, Limit- und Transaktionspreis, Währung, Anfangs- und Restmenge, sowie die vom Handelsplatz vergebene Transaktionsnummer. 59

Art. 25 Abs. 1 MiFiR fordert weiterhin bei Kundengeschäften noch „sämtliche" Angaben zur **Identität des Kunden** sowie die gemäß der **Richtlinie 2005/60/EG**[18] geforderten Angaben. Da hier allerdings entweder der Emittent Eigenhandel betreibt, oder aber ein Wertpapierhaus oder Finanzinstitut Kundenhandel für den Emittenten betreibt, ist eher nicht ersichtlich, dass weitergehende Angaben zu verlangen wären. 60

cc) Meldepflichtige Transaktionen, wenn Dritter die Aktienrückkäufe durchführt. Für Fälle, in denen der Emittent die Aktienrückkäufe nicht selbst durchführt, sondern sich insoweit eines Dritten bedient (Wertpapierhaus, Kreditinstitut), wird oder wurde vertreten, dass dann nicht die (eigentlichen) Rückkaufstransaktionen (des Dritten) am Handelsplatz meldepflichtig seien, sondern (nur) die entsprechenden (außerbörslichen) Überträge vom Dritten an den Emittenten. Dies gelte ebenso für die zu veröffentlichen Transkationen im Rahmen der laufenden Veröffentlichungspflicht.[19] Diese Einschätzung ist entschieden abzulehnen, da sie der Intention der Ausnahmeregelungen diametral zuwiderläuft. Sinn und Zweck des gesamten Regimes und insbesondere sowohl der Meldepflicht gegenüber der 61

[16] Delegierte Verordnung (EU) 2017/590 der Kommission vom 28. Juli 2016 zur Ergänzung der Verordnung (EU) Nr. 600/2014 des Europäischen Parlaments und des Rates durch technische Regulierungsstandards für die Meldung von Geschäften an die zuständigen Behörden, ABl. EU Nr. L87 v. 31.3.2017 S. 449 ff.

[17] Delegierte Verordnung (EU) 2017/580 der Kommission vom 24. Juni 2016 zur Ergänzung der Verordnung
(EU) Nr. 600/2014 des Europäischen Parlaments und des Rates durch technische Regulierungsstandards für die Aufzeichnung, ABl. EU Nr. L 87 v. 31.3.2017 S. 193 ff.

[18] Richtlinie 2005/60/EG des Europäischen Parlaments und des Rates vom 26. Oktober 2005 zur Verhinderung der Nutzung des Finanzsystems zum Zwecke der Geldwäsche und der Terrorismusfinanzierung, ABl. EU Nr. L309 v. 25.11.2005 S. 15 ff.

[19] Freshfields Bruckhaus Deringer LLP in Lexology, Topical Tip – The Market Abuse Regulation: Share buy-backs, 22.9.2016, http://www.lexology.com/library/detail.aspx?g=a322530a-2c7b-429f-862a-5729230647a9.

Aufsicht als auch der Veröffentlichungspflicht ist es, größtmögliche Transparenz bezüglich aller einzelnen Rückkaufaktivitäten am Markt herzustellen. Die Offenlegung interner Verbuchungen zwischen Dritten und Emittenten gewährleistet dies in keiner Weise. Die außerbörslichen Überträge erfolgen darüber hinaus typischer Weise auch nur blockweise und auch nur zu Mischkursen. Die meldepflichtigen Transaktionen, wenn ein Dritter die Aktienrückläufe durchführt, sind also die **Transaktionen**, die dieser Dritte am Markt, dh **an Börsen und Handelsplätzen**, tätigt und sind **nicht** die entsprechenden **außerbörslichen (Liefer)Geschäfte mit dem Emittenten**.

b) Form der laufenden Meldungen an die Aufsichtsbehörden bei Aktienrückkaufprogrammen

62 Der zuständigen Aufsichtsbehörde sind die Einzeltransaktionen in detaillierter Form sowie in aggregierter Weise zu übermitteln, Art. 2 Abs. 2 S. 2 VO (EU) 2016/1052.

63 **aa) Detaillierte Form der laufenden Meldungen an die Aufsichtsbehörden bei Aktienrückkaufprogrammen.** Gemäß Art. 2 Abs. 2 S. 2 VO (EU) 2016/1052 sind die Rückkauftransaktionen zum einen in detaillierter Form zu melden. Detaillierte Form meint die Übermittlung **sämtlicher Einzeltransaktionen** nach Maßgabe oben genannten Inhalts.

64 **bb) Aggregierte Form der laufenden Meldungen an die Aufsichtsbehörden bei Aktienrückkaufprogrammen. Zusätzlich** sind die Aktienrückkaufgeschäfte auch **in aggregierter Form** nach Art. 2 Abs. 2 S. 2 VO (EU) 2016/1052 zu übermitteln. Die aggregierte Form bedeutet die Bildung von Summen **pro Handelstag** und **pro Handelsplatz**. Summiert bzw. aggregiert werden sollen dabei sowohl die Stückzahlen (Nominalen) als auch die Ausführungspreise. Für die Ausführungspreise soll ein volumengewichteter Durchschnittskurs gebildet werden soll.

65 **cc) Vorlage der Bundesanstalt für Finanzdienstleistungsaufsicht für laufende Meldungen bei Aktienrückkaufprogrammen.**

66 Die BaFin stellt auf ihrer Internetseite unter https://www.bafin.de/SharedDocs/Downloads/DE/Merkblatt/WA/BUYB_ISIN_YYYY-MM-DD_YYYY-MM-DD.html zum Download eine **Excel-Datei** zur Verfügung, welche erforderliche Angaben für die laufenden Meldungen bei Aktienrückkaufprogrammen seit 3.1.2018 bezeichnet:

67 Die Excel-Vorlagedatei der BaFin für Aktienrückkauftransaktionsmeldungen beinhaltet noch eine zweite **Arbeitsmappe** mit der gleichen Vorlage in **englischer Sprache**. Es ist aber nur eine der beiden Sprachfassungen auszufüllen.

c) Praxis unterschiedlicher Mitgliedstaaten bei laufender Meldepflicht gegenüber den Aufsichtsbehörden bei Aktienrückkaufprogramme

68 In der Praxis unterschiedlicher europäischer Aufsichtsbehörden hinsichtlich der Form (zB Übermittlung) und dem Inhalt (bzw. dessen Aufbereitung) der erwarteten Detailinformationen können sich ggf. gewisse Unterschiede ergeben. **Überwiegend** sind derartige **Abweichungen** allerdings wohl nur **terminologischer Natur**. Möglich ist, dass man sich in der Zukunft zB auf ESMA-Ebene noch auf weitere Harmonisierungen verständigt.

69 **Beispielsweise** mag der Handelsplatz mal als „MIC Code“ oder mal als „Platform Code“ bezeichnet bzw. erwartet wird, zT kann das „durchführende Unternehmen“ als „investment firm“, „credit institution“, „intermediary“ oder „ISP“ bezeichnet sein. Mal könnte hierfür auch ein „intermediary code“ oder der „LEI of ISP“ erwartet werden. Auch hinsichtlich des Emittenten mag teils nur der Name des „issuers“, teils aber auch der LEI erwartet werden. Das Handelsdatum könnte als „trade date“, anderswo als „transaction date“ bezeichnet sein. Der Handelszeitpunkt mag als „trade time“, „transaction time“ oder auch „transaction hour“ gekennzeichnet werden. Die Angabe der Zeitzone könnte nach der Vorgabe „CET/CEST“ oder anderswo pauschal als „time zone“ anzugeben sein. Das

gehandelte Volumen mag „volume (shares)" oder auch „quantity puchased" bezeichnet sein. Der Preis könnte anzugeben sein mit genauer Vorgabe „0,00000" oder ohne eine solche Vorgabe. Auch eine „transaction reference number" könnte teilweise gefordert sein, ebenso wie ein „purpose of the buyback".

Auch die **Darstellungsweise** kann insoweit voneinander abweichen, als teilweise „detaillierte" und „aggregierte" Form zusammengefasst erwartet werden, während anderswo hierfür jeweils eigene Tabellen vorgesehen sein könnten. 70

d) Frist der laufenden Aufsichtsmeldungen bei Aktienrückkaufprogrammen

Gemäß Art. 2 Abs. 2 VO (EU) 2016/1052 sind die laufenden Aufsichtsmeldungen spätestens am Ende des **siebten Handelstages** nach dem Tag der Ausführung des Geschäfts abzugeben. Es muss also nicht täglich gemeldet werden[20], sondern die Transaktionen können sieben Handelstage lang gesammelt und dann gebündelt übermittelt werden. 71

e) Übermittlungsweg für Aufsichtsmeldungen bei Aktienrückkaufprogrammen

Anders als zB bei Art. 8 der Delegierten Verordnung (EU) 2016/957[21], sehen weder Art. 5 MAR noch die VO (EU) 2016/1052 bestimmte obligatorische **Übermittlungskanäle** für die laufenden Transaktionsmeldungen an die zuständigen Behörden vor. Auch der nationale Gesetzgeber hat insoweit in Deutschland keine eigene Regelung getroffen. 72

Die BaFin bietet auf ihrer Webseite im Rahmen ihres „**MVP-Portals**" die Möglichkeit, die Transaktionsmeldungen dort über das entsprechende **Fachverfahren** für Aktienrückkaufprogramme (und Stabilisierungsmaßnahmen) zu übermitteln. Das „MVP-Portal" bietet ua den Vorteil einer **gesicherten Verbindung**. Auch sind viele von der BaFin beaufsichtigte Unternehmen ohnehin schon für dieses Portal angemeldet und sind mit seiner Bedienung vertraut, da hierüber (mittels eigener Fachverfahren) beispielsweise auch Wertpapierprospekte und entsprechende Nachträge oder Netto-Leerverkaufspositionen übermittelt werden. Allerdings ist auch dann noch eine **weitere Anmeldung für** das **spezifische Fachverfahren** für Aktienrückkaufprogramme (und Stabilisierungsmaßnahmen) **erforderlich**. Hierzu ist der BaFin der entsprechende im MVP-Portal abrufbare **schriftliche Antrag per Post** zu übermitteln. 73

4. Laufende Veröffentlichungspflichten bei Aktienrückkaufprogrammen

Weiter müssen gemäß Art. 5 Abs. 1 lit. b) MAR alle Abschlüsse nicht nur der zuständigen Behörde des Handelsplatzes gemeldet, sondern anschließend auch **öffentlich** bekanntgegeben werden. Dies spezifiziert Art. 2 Abs. 2 VO (EU) 2016/1052, wonach der Emittent verfügen soll über Mechanismen, die ihm die Erfüllung der Meldepflichten gegenüber der zuständigen Behörde und die Erfassung aller mit einem Rückkaufprogramm zusammenhängenden Geschäfte ermöglichen, wozu auch die in Art. 5 Abs. 3 MAR genannten Informationen gehören. Weiter soll der Emittent der zuständigen Behörde jedes Handelsplatzes, auf dem die Aktien zum Handel zugelassen sind bzw. gehandelt werden**, spätestens am Ende des siebten Handelstags** nach dem Tag der Ausführung des Geschäfts alle mit dem Rückkaufprogramm zusammenhängenden Geschäfte in detaillierter Form sowie in aggregierter Form melden. 74

Gemäß Art. 2 Abs. 3 VO (EU) 2016/1052 soll der Emittent gewährleisten, dass die in Art. 2 Abs. 2 VO (EU) 2016/1052 genannten Informationen zu den mit Rückkaufpro- 75

[20] So aber *Grundmann* in GroßkommHGB Bd. XI Bankvertragsrecht 6. Teil 3. Abschnitt Rn. 322 („innerhalb eines Arbeitstages geschuldet").

[21] Delegierte Verordnung (EU) 2016/957 der Kommission vom 9. März 2016 zur Ergänzung der Verordnung (EU) Nr. 596/2014 des Europäischen Parlaments und des Rates im Hinblick auf technische Regulierungsstandards für die geeigneten Regelungen, Systeme und Verfahren sowie Mitteilungsmuster zur Vorbeugung, Aufdeckung und Meldung von Missbrauchspraktiken oder verdächtigen Aufträgen oder Geschäften, ABl. EU Nr. L160 v. 17.6.2016 S. 1 ff.

grammen zusammenhängenden Geschäften spätestens am Ende des siebten Handelstags nach dem Tag der Ausführung solcher Geschäfte **angemessen bekanntgegeben** werden. Darüber hinaus soll der Emittent die bekanntgegebenen Geschäfte auf seiner **Website** veröffentlichen und dafür sorgen, dass die Informationen ab dem Tag der angemessenen Bekanntgabe mindestens fünf Jahre öffentlich zugänglich bleiben.

a) Inhalt der laufenden Veröffentlichungen bei Aktienrückkaufprogrammen

76 Der Inhalt der laufenden Veröffentlichungspflicht bei Aktienrückkaufprogrammen ist grundsätzlich erstmal **identisch** mit dem Inhalt der **laufenden Meldepflicht** gegenüber den Aufsichtsbehörden. Unterschiede ergeben sich allerdings in der Darstellungsweise, siehe insoweit unten „Form für Einzeltransaktionen".

77 Die veröffentlichungspflichtigen Transaktionen, wenn ein Dritter die Aktienrückläufe durchführt, sind die Transaktionen, die dieser Dritte am Markt, dh an Börsen und Handelsplätzen, tätigt und sind nicht die entsprechenden außerbörslichen Geschäfte mit dem Emittenten (vgl. oben bei der laufenden Meldungspflicht gegenüber Aufsichtsbehörden).

b) Form der laufenden Veröffentlichungen bei Aktienrückkaufprogrammen

78 Auch die laufenden Veröffentlichungen müssen nach Art. 2 Abs. 3 S. 1 VO (EU) 2016/1052 **angemessen bekannt gegeben** werden, insoweit gilt grundsätzlich erstmal das gleiche wie oben unter „Initiale Veröffentlichungspflicht".

79 Darüber hinaus muss der Emittent zusätzlich die bekanntgegebenen Geschäfte auf seiner **Website veröffentlichen** nach Art. 2 Abs. 3 S. 2 VO (EU) 2016/1052. Daneben muss der Emittent nach Art. 2 Abs. 3 S. 2 VO (EU) 2016/1052 dafür Sorge tragen, dass die bekanntgegebenen Geschäfte auf seiner Website mindestens **fünf Jahre** ab dem Tage der angemessenen Bekanntgabe öffentlich **zugänglich** bleiben.

80 Es erscheint sinnvoll und verhältnismäßig, dass im Rahmen der Verwendung des elektronischen Informationssystems und Medienbündels nur **aggregierte Tageswerte** veröffentlicht werden müssen und für die **Einzeltransaktionen** dabei auf die **Webseite verwiesen** werden kann, wo diese Transaktionen dann abrufbar sind. Dies erfordert aber, dass der Verweis in der laufenden Veröffentlichung auf Einzeltransaktionen auf die Webseite einen funktionsfähigen, unmissverständlichen und – für mindestens fünf Jahre – unveränderlichen Link enthält, den ein Adressat problemlos für die Dauer von fünf Jahre abrufen kann. Diese Verlinkung sollte auch unmittelbar zu den für die gegenständliche Veröffentlichung relevanten Einzeltransaktionen führen, ohne dass der Adressat sich noch weiter „durchklicken" muss und auch ohne das Erfordernis, vorher noch bestimmte „Disclaimer" anklicken bzw. diesen zustimmen zu müssen.

81 Die aggregierten Tageswerte müssen im Rahmen der Verwendung des elektronischen Informationssystems und Medienbündels den og Anforderungen genügen: Die Bildung von Summen pro Handelstag und pro Handelsplatz. Summiert bzw. aggregiert werden sollen dabei sowohl die Stückzahlen (Nominalen) als auch die Ausführungspreise. Für die Ausführungspreise soll ein volumengewichteter Durchschnittskurs gebildet werden soll.

5. Handelsbedingungen bei Aktienrückkaufprogrammen

82 Um in den Genuss der Ausnahme nach Art. 5 Abs. 1 MAR zu kommen, müssen Geschäfte im Zusammenhang mit Aktienrückkaufprogrammen gemäß Art. 3 Abs. 1 VO (EU) 2016/1052 bestimmte nachfolgende Handelsbedingungen erfüllen:

a) Beschränkung des Handelsortes

83 Gemäß Art. 3 Abs. 1 lit. a) VO (EU) 2016/1052 müssen die Aktien vom Emittenten auf einem Handelsplatz gekauft, auf dem sie zum Handel zugelassen sind oder gehandelt

werden. Aufgrund dieser Regel ist es **ausgeschlossen** in den Anwendungsbereich der **Verbotsausnahme** zu gelangen, **wenn Aktien außerbörslich (OTC) erworben** werden. Ebenso ist die Anwendung der Verbotsausnahme aus Art. 5 MAR ausgeschlossen, wenn Aktien an einem Handelsplatz in einem (nicht EU/EWR) Drittstaat erworben werden, beispielsweise an einer US-amerikanischen Börse.

b) Beschränkungen in Handelsauktionen

Art. 3 Abs. 1 lit. a) VO 2016/1055/EU sieht nun mehr bestimmte Handelsbedingungen für Auktionen vor. Diese Regelungen sind insoweit neu, die VO 2273/2003/EG sah keine entsprechenden Regelungen vor. Die neuen Regeln differenzieren hierbei zwischen zwei unterschiedlichen Handelsmodellen: **84**

aa) Auktionsbeschränkungen im fortlaufenden Handel. Art. 3 Abs. 1 lit. b) VO (EU) 2016/1052 sieht vor, dass im Falle von Aktien, die auf einem Handelsplatz kontinuierlich gehandelt werden, **keine Auftragserteilung** während einer Auktionsphase erfolgen darf. Vor Beginn einer Auktionsphase erteilten Aufträge dürfen während der Auktion nicht geändert werden. **85**

bb) Auktionsbeschränkungen im ausschließlichen Auktionshandel. Art. 3 Abs. 1 lit. c) VO (EU) 2016/1052 regelt weiter, dass im Falle von Aktien, die auf einem Handelsplatz ausschließlich durch Auktionen gehandelt werden, die Aufträge vom Emittenten während der Auktion nur dann erteilt und geändert werden dürfen, sofern die anderen Marktteilnehmer ausreichend **Zeit** haben, **darauf zu reagieren**. **86**

Der Verordnungsgeber definiert nicht näher, was „ausreichend" Zeit zum Reagieren bedeutet. Verhindert werden soll, dass Orders kurz vor Ende einer Auktion eingestellt oder geändert werden, wenn praktisch kaum jemand mehr darauf reagieren kann. Letztlich wird dies auch eine **Einzelfallbewertung** erfordern. Je weniger liquide eine Aktie ist und umso weniger Handelsteilnehmer am Handel in einer Aktie beteiligt sind, umso länger wird im Zweifel der Reaktionszeitraum sein müssen, der zu gewähren ist. **87**

c) Preisgrenzen bei Aktienrückkaufprogrammen

Ferner müssen gemäß Art. 5 Abs. 1 lit. c) MAR in Bezug auf den Kurs angemessene Grenzen eingehalten werden. Die detaillierten Preisgrenzen finden sich in Art. 3 Abs. 2 der VO (EU) 2016/1052. Demnach dürfen Emittenten, um in den Genuss der Verbotsausnahme nach Art. 5 Abs. 1 MAR zu kommen, wenn sie Geschäfte im Rahmen eines Rückkaufprogramms tätigen, Aktien nicht zu einem Kurs erwerben der **88**

a) über dem Preis des letzten unabhängig getätigten Abschlusses liegt
oder – falls nachfolgender Preis höher ist –
b) über dem Preis des „derzeit" (meint zum Zeitpunkt des geplanten Kaufs) höchsten unabhängigen Angebots auf dem Handelsplatz, auf dem der Kauf stattfindet, liegt.

Diese Regelung soll auch dann gelten, wenn Aktien auf unterschiedlichen Handelsplätzen gehandelt werden. Dies bedeutet, dass der zeitlich letzte unabhängig getätigte Abschluss **handelsplatzübergreifend** zu ermitteln ist. „Unabhängig" meint insoweit, dass der Emittent (bzw. in seinem Namen tätige Institute) **nicht** an dieser Order bzw. diesem Geschäftsabschluss **beteiligt** war. **89**

d) Volumengrenzen bei Aktienrückkaufprogrammen

Auch sollen nach Art. 5 Abs. 1 lit. c) MAR hinsichtlich des Volumens angemessene Grenzen eingehalten werden. Die genauen Volumengrenzen sind in Art. 3 Abs. 3 der VO (EU) 2016/1052 kodifiziert. Um in den Genuss der Ausnahme nach Art. 5 Abs. 1 MAR zu kommen, dürfen Emittenten, wenn sie Geschäfte im Rahmen eines Rückkaufpro- **90** gramms tätigen, an einem Handelstag nicht mehr als **25 % des durchschnittlichen täglichen Aktienumsatzes** auf dem Handelsplatz, auf dem der Kauf erfolgt, erwerben.

91 Die alte Regelung des Art. 5 Abs. 3 VO (EG) 2273/2003, die unter bestimmten Voraussetzungen eine Volumengrenze von **50 % in Fällen außerordentlich niedriger Liquidität** vorsah, ist **ersatzlos gestrichen** worden. Der Verordnungsgeber war nun insbesondere der Ansicht, dass nicht zweifelsfrei genug bestimmbar sei, wann eine derartige Liquiditätslage vorliegt.

92 Für die Berechnung des durchschnittlichen Tagesumsatzes gibt es zwei mögliche Konstellationen nach Art. 3 Abs. 3 UAbs. 2 VO (EU) 2016/1052:

93 **aa) Starre Volumengrenze bei Aktienrückkaufprogrammen.** Im ersten Szenario (lit. a) veröffentlicht der Emittent vorab bei der initialen Veröffentlichung nach Art. 2 Abs. 1 VO (EU) 2016/1052, was das durchschnittliche tägliche Handelsvolumen in dem Monat, vor der Monat in dem die initiale Veröffentlichung stattfindet, war. Dann ist dieser Wert maßgeblich für das gesamte Aktienrückkaufprogramm.

94 **bb) Dynamische Volumengrenze bei Aktienrückkaufprogrammen.** Im zweiten Modell (lit. b) veröffentlicht der Emittent bei der initialen Veröffentlichung nach Art. 2 Abs. 1 VO (EU) 2016/1052 nicht, was das durchschnittliche tägliche Handelsvolumen in dem Monat, vor der Monat in dem die initiale Veröffentlichung stattfindet, war. Dann ist für jeden einzelnen Handelstag neu zu berechnen, was der Durchschnittswert für die jeweils 20 vorangegangen Börsentagen vor dem Kauftermin war. Dieser Wert ist dann jeweils maßgeblich.

6. Zweckbestimmungsgrenzen bei Aktienrückkaufprogrammen

95 Daneben muss nach Art. 5 Abs. 1 lit d) MAR der Handel im Einklang mit den in Art. 5 Abs. 2 MAR genannten Zielen. Gemäß Art. 5 Abs. 2 MAR muss ein Aktienrückkaufprogramm um in den Genuss der in Art. 5 Abs. 1 MAR vorgesehenen Ausnahme zu gelangen einen der folgenden Zwecke als seinen einzigen Zweck haben:

a) das **Kapital** eines Emittenten zu **reduzieren**,
b) die **aus** einem **Schuldtitel** entstehenden **Verpflichtungen** zu erfüllen, die in Beteiligungskapital umgewandelt werden können, oder
c) die aus einem **Belegschaftsaktienprogramm** oder anderen Formen der Zuteilung von Aktien an Mitarbeiter oder Angehörige der Verwaltungs-, Leitungs- oder Aufsichtsorgane des Emittenten oder einem verbundenen Unternehmen entstehenden Verpflichtungen zu erfüllen.

96 Es handelt sich um eine **abschließende** Liste. Andere, als die drei aufgeführten Zwecke führen dazu, dass die Ausnahme vom Verbot des Insider- und Marktmanipulationsverbot – bereits deshalb – nicht greift bzw. ein Safe Harbor nicht erreicht wird. Ein derartiger anderer – nicht begünstigter – Zweck könnte beispielsweise sein, den Rückkauf von Aktien durchzuführen, um Aktien als Akquisitionswährung zur Verfügung zu haben. Die Zweckbestimmungsgrenzen ähneln weitestgehend ihren Vorgängerbestimmungen in Art. 3 VO (EG) 2273/2003.

7. Handelsbeschränkungen bei Aktienrückkaufprogrammen

97 Art. 4 VO (EU) 2016/1052 sieht ferner bestimmte Handelsbeschränkungen vor. Gemäß Art. 4 Abs. 1 VO (EU) 2016/1052 darf der Emittent, um in den Genuss der Ausnahme nach Art. 5 Abs. 1 MAR zu kommen, während der gesamten Dauer des Rückkaufprogramms bestimmte Handlungen nicht vornehmen, die nachfolgend im Einzelnen dargestellt werden.

a) Verkaufsverbot bei Aktienrückkaufprogrammen

Nach Art. 4 Abs. 1 lit. a) VO (EU) 2016/1052 darf der Emittent während der gesamten Dauer des Aktienrückkaufprogramms **keine eigenen Aktien verkaufen**. Dies heißt, dass ausschließlich Käufe zulässig sind. Aus der Regelungssystematik sowie Sinn und Zweck der Norm ist zu folgern, dass auch eine im Auftrag des Emittenten handelnde Person bzw. handelndes Institut, während des Rückkaufprogramms keine Aktien des rückkaufenden Emittenten verkaufen darf. **98**

Nach Sinn und Zweck muss die Regelung **auch verbundene Finanzinstrumente**, wie beispielsweise Verkaufsoptionen umfassen. Ein entsprechendes Verkaufsverbot war auch in Art. 6 Abs. 1 lit. a VO (EG) 2073/2003 vorgesehen. **99**

b) Geschlossener Zeitraum („Closed Period")

Laut Art. 4 Abs. 1 lit. b) VO (EU) 2016/1052 darf der Emittent während des geschlossenen Zeitraums nach Art. 19 Abs. 11 MAR nicht handeln. Diese sogenannte „Closed Period" nennt also nicht Personen mit Führungsaufgaben (wie Art. 19 Abs. 11 MAR), sondern findet **für den Emittenten** selbst Anwendung. **100**

Auch hier ist aus Regelungssystematik sowie Sinn und Zweck der Vorschrift ist zu folgern, dass eine **im Auftrag des Emittenten handelnde** Person bzw. Institut, insbesondere auch die „zentrale Stelle" nach Art. 6 Abs. 5 VO (EU) 2016/1052 ebenfalls während des Rückkaufprogramms nicht handeln darf. **101**

Andererseits meint „nicht handeln" in Art. 4 Abs. 1 lit. b) VO (EU) 2016/1052 aber nicht den Handel insgesamt in allen Finanzinstrumenten. Betroffen ist jedenfalls der Handel in der den Rückkauf betreffenden Aktiengattung und gemäß Art. 19 Abs. 11 MAR auch der Handel mit (anderen) Anteilen oder Schuldtiteln des Emittenten oder mit Derivaten oder anderen mit diesen in Zusammenhang stehenden Finanzinstrumenten. Dies meint beispielsweise Kauf- oder Verkaufsoptionen (Puts, Calls). **102**

Gemäß Art. 19 Abs. 11 MAR beginnt der „geschlossene Zeitraum" **30 Kalendertage vor** Ankündigung eines **Zwischenberichts** oder eines **Jahresabschlussberichtes**, zu deren Veröffentlichung der Emittent verpflichtet ist und endet mit dieser Ankündigung. Die englische Sprachfassung spricht statt von „Ankündigung" von „announcement". Hieraus ist zu schließen, dass mit Ankündigung die **Veröffentlichung** gemeint ist. Eine ähnliche Regelung zu „geschlossenen Zeiträumen" war auch in Art. 6 Abs. 1 lit. b) VO (EG) 2073/2003 kodifiziert. **103**

c) Handelsverbot bei Aufschub der Veröffentlichung von Insiderinformationen

Gemäß Art. 4 Abs. 1 lit. c) VO (EU) 2016/1052 darf der Emittent nicht handeln, soweit er beschlossen hat, die Bekanntgabe einer Insiderinformation gemäß Art. 17 Abs. 4 oder 5 MAR aufzuschieben. Auch diese Beschränkung muss **auch für** eine **im Auftrag** des Emittenten **handelnde** Person bzw. für ein im Auftrag des Emittenten handelndes Institut gelten. **104**

Nach Sinn und Zweck gilt diese Regelung nicht für alle Finanzinstrumente, sondern für die vom Rückkaufprogramm betroffene Aktiengattung und auch für verbundene Instrumente, wie beispielsweise Optionen. Eine ähnliche Norm im Zusammenhang mit dem Aufschub der Veröffentlichung von Insiderinformationen fand sich in Art. 6 Abs. 1 lit. c) VO (EG) 2073/2003. **105**

d) (Rück) Ausnahmen von den Handelsbeschränkungen

Die oben beschriebenen Handelsbeschränkungen gelten unter bestimmten Voraussetzungen, die im Folgenden näher beschrieben werden, gemäß Art. 4 Abs. 2 VO (EU) 2016/1052 nicht. **106**

107 **aa) Programmiertes Aktienrückkaufprogramm.** Alle drei o. g. Handelsbeschränkungen sind zum einen gemäß Art. 4 Abs. 2 lit. a) VO (EU) 2016/1052 dann nicht anwendbar, wenn es sich um ein sogenanntes „programmiertes Rückkaufprogramm" handelt. Ein derartiges Programm liegt gemäß Art. 1 lit. a) VO (EU) 2016/1052 dann vor, wenn bei dessen Bekanntgabe Termine und Volumen der Aktien, die während der Laufzeit des Programms gehandelt werden sollen, festgelegt werden.

108 Die Definition des programmierten Rückkaufprogrammes ist eine Weiterentwicklung der Definition nach altem Recht in Art. 2 Nr. 4 VO (EG) 2273/2003 mit eingeschränktem Anwendungsbereich (nur noch für Aktien, statt vorher für Wertpapiere insgesamt). Eine Rückausnahme für alle drei o. g. Handelsbeschränkungen für programmierte Rückkaufprogramme war bereits in Art. 6 Abs. 3 lit. a) VO (EU) 2273/2003 vorgesehen.

109 **bb) Aktienrückkaufprogramm mit unabhängiger Entscheidung über Kaufzeitpunkte.** Weiter sind alle drei o. g. Handelsbeschränkungen nach Art. 4 Abs. 2 lit. b) VO (EU) 2016/1052 dann nicht anwendbar, wenn das Rückkaufprogramm unter Führung eines Wertpapierhauses oder Kreditinstituts durchgeführt wird, das seine Entscheidungen über den Zeitpunkt des Erwerbs von Aktien des Emittenten unabhängig von diesem trifft. Maßgeblich ist, dass **lediglich** die Entscheidungen über die einzelnen **Zeitpunkte** der Käufe **unabhängig erfolgen müssen**. So könnte der Emittent beispielsweise hinsichtlich der Volumina (Stückzahlen) einzelner Käufe mitentscheiden.

110 Eine ähnliche Rückausnahme bezüglich aller drei o. g. Handelsbeschränkungen für Rückkaufprogramme mit unabhängiger Entscheidung über Kaufzeitpunkte war bereits in Art. 6 Abs. 3 lit. b) VO (EU) 2273/2003 vorgesehen. Allerdings mussten nach damaliger Regelung die Entscheidungen nicht nur unabhängig, sondern zusätzlich auch „unbeeinflusst" erfolgen. Trotz der Streichung dieses Zusatzes ist keine qualitative Veränderung an der Erforderlichkeit von Unabhängigkeit (die immer auch Unbeeinflussbarkeit voraussetzt) erkennbar.

111 **cc) Informationssperren („Chinese Walls") beaufsichtigter Emittenten bezüglich des Eigenhandels.** Die o. g. Handelsbeschränkung „Verkaufsverbot" aus Art. 4 Abs. 1 lit. a) VO (EU) 2016/1052 soll gemäß Art. 4 Abs. 3 VO (EU) 2016/1052 unter bestimmten Bedingungen im Zusammenhang mit dem **Eigenhandel** keine Anwendung finden:

- Der Emittent muss ein **Wertpapierhaus** oder ein **Kreditinstitut** sein – insbesondere in Abgrenzungen zu von den Wertpapieraufsichtsbehörden unbeabsichtigten Unternehmen der „Realwirtschaft";
- Der Emittent muss für den Handel mit eigenen Aktien angemessene und wirksame, der Aufsicht der zuständigen Behörde unterliegende interne **Regelungen** und **Verfahren** eingeführt, umgesetzt und aufrechterhalten haben, um gegenüber Personen, die für Entscheidungen über den Handel mit eigenen Aktien zuständig sind, im Falle des Handels mit eigenen Aktien auf der Grundlage einer solchen Entscheidung die **unrechtmäßige Offenlegung von Insiderinformationen** durch Personen zu **verhindern**, die Zugang zu direkt oder indirekt den Emittenten betreffende Insiderinformationen haben.

112 Eine ähnliche Rückausnahme hinsichtlich der Handelsbeschränkung Verkaufsverbot war bereits in Art. 6 Abs. 2 UAbs. 1 VO (EU) 2273/2003 vorgesehen.

113 **dd) Informationssperren („Chinese Walls") beaufsichtigter Emittenten hinsichtlich des Kundenhandels.** Die o. g. Handelsbeschränkungen „Closed Periods" und „Handelsverbot bei Ad-hoc-Aufschub" gemäß Art. 4 Abs. 1 lit. b) und lit. c) VO (EU) 2016/1052 sollen gemäß Art. 4 Abs. 4 VO (EU) 2016/1052 unter bestimmten Bedingungen im Zusammenhang mit dem **Kundenhandel** keine Anwendung finden:

- Der Emittent ist ein **Wertpapierhaus** oder **Kreditinstitut**;
- Der Emittent muss für den Handel mit eigenen Aktien angemessene und wirksame, der Aufsicht der zuständigen Behörde unterliegende interne **Regelungen** und **Verfahren**

eingeführt, umgesetzt und aufrechterhalten haben, um gegenüber Personen, die für den Handel mit eigenen Aktien im Namen von Kunden zuständig sind, im Falle des Handels mit eigenen Aktien im Namen jener Kunden die **unrechtmäßige Offenlegung von Insiderinformationen** durch Personen zu **verhindern**, die Zugang zu direkt oder indirekt den Emittenten betreffende Insiderinformationen (einschließlich Erwerbsentscheidungen im Rahmen des Rückkaufprogramms) haben.

Eine ähnliche Rückausnahme hinsichtlich der Handelsbeschränkungen Closed Periods und Adhoc-Aufschub war bereits in Art. 6 Abs. 2 UAbs. 2 VO (EU) 2273/2003 vorgesehen. **114**

III. Die Verbotsausnahmen für Stabilisierungsmaßnahmen

Für die Anwendung des Art. 5 MAR ist eine Kursstabilisierung gemäß Art. 3 Abs. 2 lit. d) MAR jeder Kauf bzw. jedes Angebot zum Kauf von Wertpapieren oder eine Transaktion mit vergleichbaren verbundenen Instrumenten, die ein Kreditinstitut oder eine Wertpapierfirma mit dem alleinigen Ziel tätigt, den Marktkurs dieser Wertpapiere für einen im Voraus bestimmten Zeitraum zu stützen, wenn auf diese Wertpapiere Verkaufsdruck besteht. Auf Level 1 findet sich die Rahmenvorschriften für die Verbotsausnahme bei Stabilisierungsmaßnahmen in Art. 5 Abs. 4 und 5 MAR. Auf Level 2 finden sich die Regelungen für Stabilisierungen in der VO (EU) 2016/1052 und dort insbesondere in den Art. 5 bis 8. Nach Art. 5 Abs. 4 lit. d) MAR muss der Handel im Rahmen eines Stabilisierungsprogrammes den Bedingungen des technischen Regulierungsstandards gemäß Art. 5 Abs. 6 MAR entsprechen, dh die Vorrausetzungen der VO (EU) 2016/1052 erfüllen. **115**

1. Begriffsbestimmungen

Art. 1 VO (EU) 2016/1052 sieht bestimmte Begriffsbestimmungen im Zusammenhang mit der Verbotsausnahme für Stabilisierungsmaßnahmen vor. **116**

a) Begriff des Bieters

Nach Art. 1 lit. c) VO (EU) 2016/1052 ist der Bieter der Vorbesitzer oder der Emittent der Wertpapiere. Diese Definition des Bieters ist identisch mit derjenigen nach altem Recht in Art. 3 Nr. 10 VO (EG) 2273/2003. **117**

b) Begriff der Zuteilung

Eine Zuteilung ist nach Art. 1 lit. d) VO (EU) 2016/1052 das Verfahren oder sind die Verfahren, in dem bzw. denen festgelegt wird, wie viele relevante Wertpapiere jeder Anleger, der diese zuvor gezeichnet oder beantragt hat, erhält. Auch diese Definition der Zuteilung entspricht derjenigen nach altem Recht in Art. 3 Nr. 11 VO (EG) 2273/2003. **118**

c) Begriff der Ergänzenden Kursstabilisierungsmaßnahme

Laut Art. 1 lit. e) VO (EU) 2016/1052 bezeichnet eine „ergänzende Kursstabilisierungsmaßnahme" eine overallotment facility (so die englische Originalsprachfassung), also eine **Mehrzuteilungsoption** (irreführenderweise in der deutschen Sprachfassung mit „Überzeichnung" übersetzt) **oder** die Ausübung einer **Greenshoe-Option** durch ein Wertpapierhaus oder Kreditinstitut, die im Rahmen eines signifikanten Zeichnungsangebots von Wertpapieren ausschließlich der Vereinfachung der eigentlichen Kursstabilisierungsmaßnahme dient. **119**

Es handelt es sich hierbei um einen Übersetzungsfehler, soweit die deutsche Sprachfassung der VO (EU) 2016/1052 statt von Mehrzuteilung von Überzeichnung spricht, der **120** bereits bei der Übersetzung der VO (EG) 2273/2003 ins Deutsche erfolgte[22] und der nun fortgeführt bzw. übernommen wurde. Im Wesentlichen ist die Definition der ergänzenden Kurstabilisierungsmaßnahme deckungsgleich mit derjenigen nach altem Recht in Art. 3 Nr. 12 VO (EG) 2273/2003.

d) Begriff der overallotment facility / Mehrzuteilungsoption

121 Gemäß Art. 1 lit. f) VO (EU) 2016/1052 stellt eine overallotment facility (so die englische Originalsprachfassung), also eine **Mehrzuteilungsoption** (irreführenderweise in der deutschen Sprachfassung mit „Überzeichnung" übersetzt), eine Klausel im Emissions- bzw. Garantievertrag dar, die es erlaubt, Zeichnungs- oder Kaufangebote für Wertpapiere über die ursprünglich geplante Menge hinaus anzunehmen.

122 Es handelt es sich wiederum um einen Übersetzungsfehler, soweit die deutsche Sprachfassung der VO (EU) 2016/1052 statt von Mehrzuteilung von Überzeichnung spricht, der bereits bei der Übersetzung der VO (EG) 2273/2003 ins Deutsche erfolgte[23] und der nun fortgeführt bzw. übernommen wurde. Im Wesentlichen ist die Definition der Mehrzuteilungsoption identisch mit derjenigen nach altem Recht in Art. 3 Nr. 13 VO (EG) 2273/2003.

e) Begriff der Greenshoe Option

123 Eine sogenannte „Greenshoe[24]-Option" ist nach Art. 1 lit g) VO (EU) 2016/1052 eine **Überzeichnungsreserve**, die der Bieter einem Wertpapierhaus bzw. den Wertpapierhäusern oder einem Kreditinstitut bzw. den Kreditinstituten im Rahmen des Zeichnungsangebots zugesteht, bei der diese Häuser bzw. Institute innerhalb eines bestimmten Zeitraums nach der Emission der Wertpapiere eine bestimmte Menge dieser Wertpapiere zum Ausgabekurs erwerben können. Diese Definition der Greenshoe-Option ist so gut wie identisch mit derjenigen nach altem Recht in Art. 3 Nr. 14 VO (EG) 2273/2003.

2. Sachlicher Schutzbereich: Geschützte Finanzinstrumente

124 Nach Art. 5 Abs. 4 MAR gelten unter bestimmten im Folgenden näher dargestellten Voraussetzungen die in den Art. 14 und 15 MAR festgeschriebenen Insider– und Manipulationsverbote nicht für den Handel mit Wertpapieren oder verbundenen Instrumenten zur Stabilisierung des Kurses von Wertpapieren. Anders als die Verbotsausnahme bei Aktienrückkaufprogrammen, die ausschließlich für Aktien gilt (vgl. oben), gilt die Verbotsausnahme bei Stabilisierungsmaßnahmen **auch für** den Handel in **verbundenen Instrumente**, wie beispielsweise Optionen.

3. Allgemeine Voraussetzungen bei Stabilisierungsmaßnahmen

a) Programmbefristung

125 Nach Art. 5 Abs. 4 lit. a) MAR setzt die Verbotsausnahme zunächst voraus, dass die Dauer der Stabilisierungsmaßnahme begrenzt ist. Ein unbefristetes Stabilisierungsprogramm ist somit unzulässig. Erforderlich ist die **Begrenzung** bis zu einem **klar spezifizierten Datum**. Nach Art. 5 VO (EU) 2016/1052 gelten bestimmte Regelungen hinsichtlich des

[22] Vgl. zu der fehlerhaften Übersetzung der „overallotment facility" nach altem Recht *Meyer* AG 2004, 289 (296, Fn. 63); *Fleischer* in Fuchs WpHG § 20a Rn. 129.
[23] Vgl. zu der fehlerhaften Übersetzung der „overallotment facility" nach altem Recht *Meyer* AG 2004, 289 (296, Fn. 63); *Fleischer* in Fuchs WpHG § 20a Rn. 129.
[24] Ursprung des Begriffs ist die Green Shoe Manufacting Co., Boston, bei der ein entsprechendes Zeichnungsverfahren gewählt wurde.

Bestimmung des maßgeblichen Stabilisierungszeitraums. Demnach sind verschiedene Fallgruppen zu unterscheiden.

aa) Aktien und Wertpapiere, die Aktien entsprechen. Bei Stabilisierungsmaßnahmen mit Aktien und mit Wertpapieren, die Aktien entsprechen, differenziert Art. 5 VO (EU) 2016/1052 wiederum unterschiedliche Fallgruppen: 126

(1) Öffentlich angekündigte Erstplatzierung ohne vorherigen Handel. Laut Art. 5 Abs. 1 lit. a) VO (EU) 2016/1052 beginnt bei Aktien und Aktien entsprechenden Wertpapieren der nach Art. 5 Abs. 4 lit. a) MAR genannte begrenzte Stabilisierungszeitraum im Falle eines signifikanten Zeichnungsangebots in Form einer öffentlich angekündigten Erstplatzierung an dem Tag, an dem der **Handel** mit den Wertpapieren auf dem betreffenden Handelsplatz **aufgenommen wird**, und endet spätestens nach **30 Kalendertagen**. Diese Regelung gilt für den Fall, dass vor der Erstplatzierung in dem Mitgliedstaat noch kein Handel auf einem Handelsplatz möglich war. 127

(2) Öffentlich angekündigte Erstplatzierung mit vorherigem Handel. Anderes gilt hingegen gemäß Art. 5 Abs. 2 EU (VO) 2016/1052 für den Fall, dass die öffentlich angekündigte Erstplatzierung in einem Mitgliedstaat stattfindet, in dem das Wertpapier bereits vor Aufnahme des Handels auf einem Handelsplatz gehandelt werden darf. Dann beginnt der Stabilisierungszeitraum an dem Tag, an dem der „final price" (so die englischsprachige Originalfassung), also der **endgültige Platzierungspreis** (und nicht der „Schlusskurs", so aber irreführenderweise die deutsche Übersetzung) der Wertpapiere angemessen bekannt gegeben wird, und endet spätestens nach **30 Kalendertagen**. Auch hier handelt es sich um eine Übersetzungsungenauigkeit, die bereits bei der Übersetzung der VO (EG) 2273/2003 ins Deutsche erfolgte und nicht korrigiert, sondern weitergeführt wurde. Eine entsprechende ähnliche Regelung fand sich nämlich in Art. 8 Abs. 3 VO (EG) 2273/2003.[25] 128

Ferner muss dieser Handel dann unter **Einhaltung** der geltenden **Vorschriften des Handelsplatzes** erfolgen, auf dem die Wertpapiere zum Handel zugelassen werden sollen. Eingehalten werden müssen dabei insbesondere auch etwaige Bekanntgabe- und Meldevorschriften. 129

(3) Zweitplatzierung („Secondary Offering"). Nach Art. 5 Abs. 1 lit. b) VO (EU) 2016/1052 beginnt bei Aktien und Aktien entsprechenden Wertpapieren der nach Art. 5 Abs. 4 lit. a) MAR genannte begrenzte Stabilisierungszeitraum im Falle eines signifikanten Zeichnungsangebots in Form einer Zweitplatzierung an dem Tag, an dem der „final price" (so die englischsprachige Originalfassung), also der **endgültige Platzierungspreis** (und nicht der „Schlusskurs", so aber irreführenderweise die deutsche Übersetzung) der Wertpapiere angemessen bekannt gegeben wird, und endet spätestens **30 Kalendertage** nach dem Zuteilungsdatum. 130

bb) Schuldverschreibungen und andere verbriefte Schuldtitel. Bei Schuldverschreibungen und anderen verbrieften Schuldtiteln einschließlich verbrieften Schuldtiteln, die in Aktien oder andere Wertpapiere, die Aktien entsprechen, umgewandelt oder umgetauscht werden können, gilt Art. 5 Abs. 3 EU (VO) 2016/1052. Nach dieser Vorschrift beginnt der Stabilisierungszeitraum an dem Tag, an dem die **Konditionen** des Angebots der Wertpapiere angemessen **bekannt gegeben** wurden, und endet spätestens **30 Kalendertage** nach dem Tag, an dem der Emittent der Titel den Emissionserlös erhalten hat, oder – sollte dies früher eintreten – **spätestens 60 Kalendertage nach** der **Zuteilung** der Wertpapiere. 131

[25] Vgl. zu der missverständlichen Übersetzung des „final price" nach altem Recht ua *Meyer* AG 2004, 289 (296, Fn. 61), *Groß* GS Bosch, S. 49, 53 f., *Fleischer* in Fuchs WpHG § 20a Rn. 118.

132 **cc) Fristberechnung für den Stabilisierungszeitraum: Ereignisfrist.** Für die Fristberechnung ist **§ 187 Abs. 1** und nicht Abs. 2 **BGB anzuwenden**. Soweit für den Anfang einer Frist ein Ereignis oder ein in den Lauf eines Tages fallender Zeitpunkt maßgebend ist, so wird bei der Berechnung der Frist der Tag nicht mitgerechnet, in welchen das Ereignis oder der Zeitpunkt fällt (vgl. § 187 Abs. 1 BGB). Dies stellt den Regelfall, die sog. Ereignisfrist dar. Insoweit ist der **erste Tag** auch für Fristen **nicht mitzurechnen**, die sich aus anderen Gesetzen ergeben, selbst wenn es dort heißt „von dem Tage" oder „mit dem Tage".[26] In § 187 Abs. 2 S. 1 BGB ist dagegen als Ausnahme die sog. Beginnfrist geregelt. Soweit der Beginn eines Tages der für den Anfang einer Frist maßgebende Zeitpunkt, so wird dieser Tag bei der Berechnung der Frist mitgerechnet. Entscheidend bei der Fristberechnung von 30 (bzw. 60) Kalendertagen zur Durchführung von Stabilisierungsmaßnahmen ist, dass es sich um eine Ereignisfrist handelt, und somit der erste Handelstag nicht mitgerechnet wird.

b) Benennung der „zentralen Stelle"

133 Gemäß Art. 6 Abs. 5 VO (EU) 2016/1052 müssen der Emittent, der Bieter und alle Unternehmen, die die Stabilisierungsmaßnahme durchführen, sowie in ihrem Auftrag handelnde Personen, einen von ihnen als sogenannte *„zentrale Stelle"* ernennen, die **verantwortlich** sein soll **für**

- die **Bekanntgabepflichten** nach den Art. 6 Abs. 1 (Initiale Veröffentlichungspflicht), Abs. 2 (Laufende Veröffentlichungspflicht) und Abs. 3 (Abschließende Veröffentlichungspflicht) der VO (EU) 2016/2052; und
- die Bearbeitung von **Ersuchen** der in Art. 6 Abs. 4 VO (EU) 2016/2052 genannten zuständigen **Behörden**.

134 Nach Erwägungsgrund 9 der VO (EU) 2016/2052 sollten die Tätigkeiten der an Stabilisierungsmaßnahmen beteiligten Wertpapierhäuser und Kreditinstitute sinnvoll koordiniert sein und daher während der Durchführung der Stabilisierungsmaßnahme ein Wertpapierhaus bzw. ein Kreditinstitut als zentrale Auskunftsstelle für etwaige regulierende Eingriffe der zuständigen Behörden des betreffenden Mitgliedstaats fungieren. Diese Ernennung der zentralen Stelle schließt nicht aus, dass sich Aufsichtsbehörden im Rahmen von Ersuchen auch die anderen – nicht „auserwählten" – Beteiligten wenden. Auch werden die **anderen** Beteiligten dadurch auch **nicht von** irgendwelchen Pflichten oder **Verantwortlichkeiten befreit**. Sie sind lediglich nicht formaler (erster) Ansprechpartner. Eine ähnliche Regelung war nach altem Recht in Art. 9 Abs. 5 VO (EG) 2273/2003 vorgesehen, der noch von *„zentraler Auskunftsstelle"* sprach.

4. Ex-ante Publizität: Initiale Vorabveröffentlichungspflicht bei Stabilisierungsmaßnahmen

135 Gemäß Art. 5 Abs. 4 lit. b) MAR sind **relevante Informationen** zur Stabilisierung offenzulegen. Nach Art. 6 Abs. 1 VO (EU) 2016/1052, muss vor Beginn der Erst- oder Zweitplatzierung der Wertpapiere die gemäß Abs. 5 ernannte Person bestimmte Informationen in angemessener Weise bekannt geben.

a) Form der initialen Vorabveröffentlichung bei Stabilisierungsmaßnahmen

136 Da auch die initiale Veröffentlichung bei Stabilisierungen in **angemessener Weise** bekannt zu geben ist, kann insoweit auf die Ausführungen oben zur Form der initialen Veröffentlichung bei Aktienrückkaufprogrammen verwiesen werden → Rn. 34–44.

---

[26] Vgl. *von Feldmann* in MüKoBGB § 187 Rn. 3.

b) Inhalt der initialen Vorabveröffentlichung bei Stabilisierungsmaßnahmen

Laut Art. 6 Abs. 1 lit. a) VO (EU) 2016/1052 ist zu veröffentlichen, dass eine Kursstabilisierungsmaßnahme **nicht zwingend** erfolgen muss. Art. 6 Abs. 1 lit. a) VO (EU) 2016/1052 sieht vor ferner bekanntzugeben, dass eine Kursstabilisierungsmaßnahme **jederzeit beendet werden kann**. Nach Art. 6 Abs. 1 lit. b) VO (EU) 2016/1052b) ist zu veröffentlichen, dass Stabilisierungsmaßnahmen auf die **Stützung des Marktkurses** der Wertpapiere während des Stabilisierungszeitraums abzielen. 137

Gemäß Art. 6 Abs. 1 lit. c) VO (EU) 2016/1052b) ist zu veröffentlichen, wann der **Zeitraum**, innerhalb dessen die Stabilisierungsmaßnahme durchgeführt werden könnte, beginnt und endet. Laut Art. 6 Abs. 1 lit. d) VO (EU) 2016/1052b) ist zu veröffentlichen, welches Unternehmen für die Durchführung der Stabilisierungsmaßnahme **zuständig** ist. Sollte dies zum Zeitpunkt der Bekanntgabe noch nicht feststehen, so ist diese Information vor Beginn der Stabilisierungsmaßnahme angemessen bekannt zu geben. 138

Art. 6 Abs. 1 lit. e) VO (EU) 2016/1052 sieht ferner vor bekanntzugeben, **ob** die Möglichkeit einer **overallotment facility** (so die englische Originalsprachfassung), also einer Mehrzuteilungsoption (irreführenderweise in der deutschen Sprachfassung mit „Überzeichnung" übersetzt) oder Greenshoe-Option besteht und wie viele Wertpapiere von dieser Option maximal abgedeckt werden, in welchem Zeitraum die Greenshoe-Option ausgeübt werden kann und welche Voraussetzungen gegebenenfalls für eine Mehrzuteilung oder die Ausübung der Greenshoe- Option erfüllt sein müssen. Es handelt es sich hierbei um einen Übersetzungsfehler, soweit die deutsche Sprachfassung der VO (EU) 2016/1052 statt von Mehrzuteilung von Überzeichnung spricht, der bereits bei der Übersetzung der VO (EG) 2273/2003 ins Deutsche erfolgte[27] und der nun fortgeführt bzw. übernommen wurde. 139

Nach Art. 6 Abs. 1 lit. f) VO (EU) 2016/1052 ist zu veröffentlichen, an **welchem Ort** die Stabilisierungsmaßnahme durchgeführt werden kann, wobei gegebenenfalls auch der Name des Handelsplatzes bzw. die Namen der Handelsplätze anzugeben sind. Zwar scheint der Verordnungsgeber mit „gegebenenfalls" bzw. „where relevant" (in der englischsprachigen Originalfassung) hier einen gewissen Toleranzspielraum einzuräumen. Um Missverständnisse zu vermeiden und größtmögliche Transparenz zu gewährleisten ist es allerdings ratsam, möglichst präzise die betreffenden Handelsplätze inklusive Handelssegment vorab exakt zu bezeichnen. 140

5. Aufzeichnungspflicht bei Stabilisierungsmaßnahmen

Nach Art. 6 Abs. 4 S. 1 VO (EU) 2016/1052 müssen die Unternehmen, welche die Stabilisierungsmaßnahme durchführen, unabhängig davon, ob sie im Namen des Emittenten oder des Bieters handeln oder nicht, alle Kursstabilisierungsaufträge und -transaktionen in Wertpapieren oder in verbundenen Instrumenten entsprechend **Art. 25** Abs. 1 sowie **Art. 26** Abs. 1, 2 und 3 **MiFiR**, aufzeichnen. 141

6. Laufende Meldepflicht gegenüber den Aufsichtsbehörden bei Stabilisierungsmaßnahmen

Nach Art. 5 Abs. 4 lit. b) MAR sind **relevante Informationen** zur Stabilisierung der zuständigen Behörde des Handelsplatzes gemäß Art. 5 Abs. 5 MAR zu melden. Gemäß Art. 5 Abs. 5 MAR teilen Emittenten, Bieter oder Unternehmen, die die Stabilisierungsmaßnahme durchführen, unabhängig davon, ob sie im Namen Ersterer handeln oder nicht, der zuständigen Behörde des Handelsplatzes spätestens am Ende des **siebten Handelstags** 142

[27] Vgl. zu der fehlerhaften Übersetzung der „overallotment facility" nach altem Recht *Meyer* AG 2004, 289 (296, Fn. 63), *Fleischer* in Fuchs WpHG § 20a Rn. 129.

nach dem Tag der Ausführung dieser Maßnahmen die Einzelheiten sämtlicher Stabilisierungsmaßnahmen mit.

143 Unbeschadet davon, haben die zuständigen Behörden gemäß Art. 23 MAR das Recht selbst (ggf. auch weitere) Informationen einzuholen. Nach Art. 6 Abs. 4 S. 2 VO (EU) 2016/1052 melden die Unternehmen, welche die Stabilisierungsmaßnahme durchführen, unabhängig davon, ob sie im Namen des Emittenten oder des Bieters handeln oder nicht, **alle** durchgeführten Kursstabilisierungs**transaktionen** bei Wertpapieren und verbundenen Instrumenten den zuständigen Behörden.

a) Meldungsadressaten bei Stabilisierungsmaßnahmen

144 Die Verordnung differenziert hinsichtlich des zuständigen Meldeadressaten nochmal hinsichtlich der betroffenen Finanzinstrumente:

145 **aa) Adressaten bei unmittelbar unter die Stabilisierungsmaßnahme fallenden Wertpapieren.** Laut Art. 6 Abs. 4 S. 2 lit. a) VO (EU) 2016/1052 haben die Meldungen zu erfolgen an die zuständigen Behörde an jedem Handelsplatz, an dem die unter die Stabilisierungsmaßnahme fallenden Wertpapiere zum Handel zugelassen sind oder gehandelt werden. Dementsprechend ist es **gegebenenfalls** erforderlich, Meldungen an **verschiedene** Aufsichtsbehörden **parallel** zu melden, soweit die betroffenen Wertpapiere in mehreren Mitgliedsstaaten gelistet sind.

146 **bb) Adressaten bei verbundenen Instrumenten zur Stabilisierung.** Gemäß Art. 6 Abs. 4 S. 2 lit. b) VO (EU) 2016/1052 müssen die Meldungen übermittelt werden der zuständigen Behörde an jedem Handelsplatz, an dem Transaktionen bei verbundenen Instrumenten zur Stabilisierung von Wertpapieren durchgeführt werden. Auch insoweit ist es also **gegebenenfalls** erforderlich, Meldungen an verschiedene Aufsichtsbehörden **parallel** zu melden, soweit die betroffenen verbundenen Instrumente in mehreren Mitgliedsstaaten gelistet sind.

b) Inhalt der laufenden Meldungen an die Aufsichtsbehörden bei Stabilisierungsmaßnahmen

147 Der Inhalt der laufenden Meldepflicht gegenüber den Aufsichtsbehörden bei Stabilisierungsmaßnahmen ist grundsätzlich **angelehnt** an die **entsprechende** laufende **Meldepflicht** bei **Aktienrückkauf**programmen (→ Rn. 48–61).

148 Zwar werden die Art. 25 Abs. 1 und 2 sowie Art. 26 Abs. 1, 2 und 3 MiFiR nicht wie bei Aktienrückkaufprogrammen in Art. 5 Abs. 3 MAR bereits auf Level 1 genannt, allerdings werden zumindest Art. 25 Abs. 1 sowie Art. 26 Abs. 1, 2 und 3 MiFiR auf Level 2 in Art. 6 Abs. 4 VO (EU) 2016/1052 genannt. Theoretisch bestünde insoweit also ein Unterschied, dass bei Aktienrückkaufprogrammen auch die **Orderdaten** der Handelsplatzbetreiber nach Art. 25 Abs. 2 MiFiR genannt sind, bei Stabilisierungsmaßnahmen aber nicht. Da in der Praxis letztlich den die Stabilisierungsmaßnahmen betreibenden Unternehmen ohnehin **nur die „eigenen"** Orderdaten nach Art. 25 Abs. 1 MiFiR und nicht die Orderdaten der Handelsplatzbetreiber zur Verfügung stehen, wird es hier im Ergebnis aber wohl doch keinen Unterschied geben.

149 Unterschiede ergeben sich allerdings daraus, dass bei Stabilisierungsmaßnahmen nicht nur Transaktionen in Aktien, sondern **auch in** anderen **verbunden Instrumenten** möglich sind, die dann ebenfalls gemeldet werden müssen.

c) Form der laufenden Meldungen an die Aufsichtsbehörden bei Stabilisierungsmaßnahmen

150 Grundsätzlich unterscheidet sich die Form der laufenden Meldepflicht gegenüber den Aufsichtsbehörden nicht von der entsprechenden Pflicht bei Aktienrückkaufprogrammen

(→ Rn. 62–67). Zwar wird ausdrücklich die aggregierte Form weder von Art. 5 MAR noch von VO (EU) 2016/1052 gefordert. Allerdings könnte aus Systematik sowie Sinn und Zweck uU hergeleitet werden, dass der Verordnungsgeber keine Unterscheidung zwischen Aktienrückkaufprogrammen und Stabilisierungsmaßnahen vornehmen wollte und **auch** bei Stabilisierungsmaßnahmen **aggregierte Daten** für die Aufsicht relevante „**Einzelheiten**" sind.

151 Die **BaFin** stellt auf Ihrer Internetseite unter https://www.bafin.de/SharedDocs/Downloads/DE/Merkblatt/WA/STAB_ISIN_YYYY-MM-DD_YYYY-MM-DD.html zum **Download** ein **Excel-Sheet** zur Verfügung, welches erforderliche Angaben für die laufenden Meldungen bei Stabilisierungsmaßnahmen seit 3.1.2018 bezeichnet.

152 Die Excel-Vorlagedatei der BaFin für Stabilisierungstransaktionsmeldungen beinhaltet noch eine **zweite Arbeitsmappe** mit der gleichen Vorlage in **englischer Sprache**. Es ist aber nur eine der beiden Sprachfassung auszufüllen.

d) Praxis unterschiedlicher Mitgliedstaaten bei laufender Meldepflicht gegenüber den Aufsichtsbehörden bei Stabilisierungsmaßnahmen

153 In der Praxis unterschiedlicher europäischer Aufsichtsbehörden hinsichtlich der Form (zB Übermittlung) und dem Inhalt (bzw. dessen Aufbereitung) der erwarteten Detailinformationen können sich ggf. gewisse Unterschiede ergeben. **Überwiegend** sind derartige **Abweichungen** allerdings wohl nur **terminologischer Natur**. Möglich ist, dass man sich in der Zukunft zB auf ESMA-Ebene noch auf weitere Harmonisierungen verständigt. **Beispielsweise** mag der Handelsplatz mal als „MIC Code" oder mal als „Platform Code" bezeichnet bzw. erwartet wird, zT kann das „durchführende Unternehmen" als „investment firm", „credit institution", „intermediary" oder „ISP" bezeichnet sein. Mal könnte hierfür auch ein „intermediary code" oder der „LEI of ISP" erwartet werden. Auch hinsichtlich des Emittenten mag teils nur der Name des „issuers", teils aber auch der LEI erwartet werden. Das Handelsdatum könnte als „trade date", anderswo als „transaction date" bezeichnet sein. Der Handelszeitpunkt mag als „trade time", „transaction time" oder auch „transaction hour" gekennzeichnet werden. Die Angabe der Zeitzone könnte nach der Vorgabe „CET/CEST" oder anderswo pauschal als „time zone" anzugeben sein. Das gehandelte Volumen mag „volume (shares)" oder auch „quantity puchased" bezeichnet sein. Der Preis könnte anzugeben sein mit genauer Vorgabe „0,00000" oder ohne eine solche Vorgabe. Auch eine „transaction reference number" könnte teilweise gefordert sein.

154 Auch die **Darstellungsweise** kann insoweit voneinander abweichen, als teilweise „detaillierte" und „aggregierte" Form in einer Tabelle zusammenfasst erwartet werden, während anderswo für Stabilisierungsmaßnahmen möglicherweise keine aggregierte Form vorgesehen wird (→ Rn. 150).

e) Frist der laufenden Aufsichtsmeldungen bei Stabilisierungsmaßnahmen

155 Gemäß Art. 5 Abs. 5 MAR sind die laufenden Aufsichtsmeldungen spätestens am Ende des **siebten Handelstages** nach dem Tag der Ausführung dieser Maßnahme abzugeben. Es muss also nicht täglich gemeldet werden, sondern die Transaktionen können sieben Handelstage lang gesammelt und dann gebündelt übermittelt werden.

f) Übermittlungsweg für Aufsichtsmeldungen bei Stabilisierungsmaßnahmen

156 Anders als zB bei Art. 8 VO (EU) 2016/957[28], sehen **weder** Art. 5 **MAR noch** die **VO (EU) 2016/1052** bestimmte **obligatorische Übermittlungskanäle** für die laufenden Transaktionsmeldungen an die zuständigen Behörden vor. Auch der nationale Gesetzgeber hat insoweit in Deutschland keine eigene Regelung getroffen.

[28] ABl. EU Nr. L160 v. 12.6.2014 S. 1 ff.

157 Die BaFin bietet auf ihrer Webseite im Rahmen ihres **„MVP-Portals“** die Möglichkeit, die Transaktionsmeldungen dort über das entsprechende Fachverfahren für (Aktienrückkaufprogramme und) Stabilisierungsmaßnahmen zu übermitteln. Das „MVP-Portal“ bietet ua den Vorteil einer **gesicherten Verbindung**. Auch sind viele von der BaFin beaufsichtigte Unternehmen ohnehin schon für dieses Portal angemeldet und sind mit seiner Bedienung vertraut, da hierüber (mittels eigener Fachverfahren) beispielsweise auch Wertpapierprospekte und entsprechende Nachträge oder Netto-Leerverkaufspositionen übermittelt werden. Allerdings ist auch dann noch eine **weitere Anmeldung für das spezifische Fachverfahren** für (Aktienrückkaufprogramme und) Stabilisierungsmaßnahmen erforderlich. Hierzu ist der BaFin der entsprechende im MVP-Portal abrufbare **schriftliche Antrag per Post** zu übermitteln.

7. Laufende Veröffentlichungspflicht bei Stabilisierungsmaßnahmen

158 Gemäß Art. 5 Abs. 4 lit. b) MAR sind relevante Informationen zur Stabilisierung offenzulegen. Nach Art. 6 Abs. 2 VO (EU) 2016/1052 gewährleisten während des Stabilisierungszeitraums die gemäß Abs. 5 ernannten Personen die angemessene Bekanntgabe der Einzelheiten sämtlicher Stabilisierungsmaßnahmen spätestens am Ende des siebten Handelstags nach dem Tag der Ausführung dieser Maßnahmen.

a) Form der laufenden Veröffentlichungen bei Stabilisierungsmaßnahmen

159 **aa) Angemessene Bekanntgabe der laufenden Veröffentlichungen bei Stabilisierungsmaßnahmen.** Da auch die laufenden Veröffentlichungen während Stabilisierungsmaßnahmen gemäß Art. 6 Abs. 2 EU (VO) 2016/1052 in angemessener Weise bekannt zu geben sind, kann insoweit auf die **Ausführungen** oben zur Form der initialen Veröffentlichung bei **Aktienrückkaufprogrammen verwiesen** werden (→ Rn 34–44). Die Form der angemessenen Bekanntgabe richtet sich nach Art. 1 lit. b.) VO (EU) 2016/1052, „gegebenenfalls unter Verwendung des amtlich bestellten Systems“ gemäß Transparenzrichtlinie und meint nicht nur eine Veröffentlichung auf der Webseite. Zur Möglichkeit der Verweisung hinsichtlich Einzeltransaktionen → Rn. 160, 161.

160 **bb) Zusätzliche Veröffentlichung auf Webseite / Form für Einzeltransaktionen / Mindestzugänglichkeit.** Ausdrücklich sieht Art. 6 Abs. 2 EU (VO) 2016/1052 bei Stabilisierungsmaßnahmen – anders als Art. 2 Abs. 3 S. 2 VO (EU) 2016/1052 für Rückkaufprogramme – keine Regelung vor, dass die bekanntgegebenen Geschäfte auf der Website des Emittenten veröffentlicht werden müssen. Auch sieht Art. 6 Abs. 2 EU (VO) 2016/1052 entsprechend nicht vor, dass der Emittent dafür Sorge zu tragen hat, dass die bekanntgegebenen Geschäfte auf seiner Website mindestens fünf Jahre ab dem Tage der angemessenen Bekanntgabe öffentlich zugänglich bleiben – so wie das in Art. 2 Abs. 3 S. 2 VO (EU) 2016/1052 für Rückkaufprogramme vorgesehen ist. Der Emittent wird aber auch ohne explizite Regelung selbst ein **Interesse** daran haben, die **Webseite zu nutzen**: Denn nicht nur für Aktienrückkaufprogramme, sondern auch für Stabilisierungsmaßnahmen erscheint es sinnvoll und verhältnismäßig, dass im Rahmen der Verwendung des elektronischen Informationssystems und Medienbündels nur aggregierte Tageswerte (statt aller Einzeltransaktionen!) veröffentlicht werden müssen. Dies setzt dann aber sinnvollerweise voraus, dass stattdessen für die Einzeltransaktionen auf die Webseite verwiesen wird, wo diese Transaktionen dann abrufbar sein müssen.

161 Dies erfordert dann auch, dass der Verweis in der laufenden Veröffentlichung auf Einzeltransaktionen auf die Webseite einen **funktionsfähigen, unmissverständlichen** und **unveränderlichen Link** enthält, den ein Adressat problemlos abrufen kann. Diese Verlinkung sollte auch unmittelbar zu den für die gegenständliche Veröffentlichung relevanten Einzeltransaktionen führen, ohne dass der Adressat sich noch weiter „durchklicken“ muss und auch ohne das Erfordernis, vorher noch bestimmte „Disclaimer“

anklicken oder diesen zustimmen zu müssen. Schließlich wird konsequenterweise dann auch wie bei Aktienrückkaufproramnen eine **Mindestzugänglichkeit von 5 Jahren** zu gewährleisten zu sein.

b) Inhalt der laufenden Veröffentlichungen bei Stabilisierungsmaßnahmen

Entsprechend wie bei der Anordnung zu Veröffentlichungen bei Aktienrückkäufen, wonach „Abschlüsse der zuständigen Behörde (...) gemeldet und anschließend öffentlich bekanntgegeben werden" müssen, Art. 5 Abs. 1 lit. b.) MAR, müssen auch hier „Einzelheiten sämtlicher Stabilisierungsmaßnahmen" (Art. 6 Abs. 2 VO (EU) 2016/1052) angemessen bekannt gegeben werden. Dies meint **„einzelne" Transaktionen** und **nicht bloß aggregierte Angaben**. Da Art. 5 Abs. 4 lit. b) MAR und die VO (EU) 2016/1052 keine Abstufung zwischen dem was der zuständigen Behörde und der Öffentlichkeit mitzuteilen ist vorsieht, ist auch demgemäß hinsichtlich der öffentlichen Bekanntmachung derselbe Detailgrad (Einzeltransaktionen) einzuhalten. Hinsichtlich einer möglichen Erleichterung in der Darstellungsweise durch Verweis auf die Webseite siehe → Rn 160, 161. 162

c) Frist für laufende Veröffentlichungen bei Stabilisierungsmaßnahmen

Art. 6 Abs. 2 VO (EU) 2016/1052 erfordert fortlaufend während des Stabilisierungsprogramms einzelne Stabilisierungsmaßnahmen zu veröffentlichen. Diese Veröffentlichungen müssen nicht täglich erfolgen, sondern jede eine einzelne Transaktion muss spätestens am Ende von **sieben Handelstagen** veröffentlicht sein. So können Stabilisierungstransaktionen also sieben Handelstage lang „gesammelt" und dann blockweise veröffentlicht werden. Die Regelung ist insoweit angelehnt an die entsprechende fortlaufende Veröffentlichungspflicht von Transaktionen bei Aktienrückkaufprogrammen nach Art. 2 Abs. 3 VO (EU) 2016/1052. 163

8. Ex-post Publizität: Abschließende Veröffentlichungspflicht nach Programmende bei Stabilisierungsmaßnahmen

Art. 6 Abs. 3 VO (EU) 2016/1052 sieht vor, dass innerhalb einer Woche nach Ablauf des Stabilisierungszeitraums die nach Abs. 5 ernannte Person nachfolgende Informationen in angemessener Weise bekannt gibt. 164

a) Form der Abschlussveröffentlichung bei Stabilisierungsmaßnahmen

Da auch die abschließende Veröffentlichung bei Stabilisierungsmaßnahmen gemäß Art. 6 Abs. 3 EU (VO) 2016/1052 in **angemessener Weise** bekannt zu geben sind, kann insoweit auf die Ausführungen oben zur Form der initialen Veröffentlichung bei Aktienrückkaufprogrammen verwiesen werden. 165

b) Frist für Abschlussveröffentlichung bei Stabilisierungsmaßnahmen

Nach Art. 6 Abs. 3 VO (EU) 2016/1052 ist innerhalb **einer Woche nach Ablauf des Stabilisierungszeitraums** die Abschlussveröffentlichung zu tätigen. Maßgeblich ist das tatsächliche Ende des Stabilisierungszeitraumes und nicht der ursprünglich geplante Stabilisierungszeitraum. 166

c) Inhalt der Abschlussveröffentlichung bei Stabilisierungsmaßnahmen

Gemäß Art. 6 Abs. 3 lit. a) VO (EU) 2016/1052 ist anzugeben, ob eine Stabilisierungsmaßnahme tatsächlich **durchgeführt wurde** oder nicht. Nach Art. 6 Abs. 3 lit. b) VO (EU) 2016/1052 soll veröffentlicht werden, zu welchem Termin tatsächlich mit der Kursstabilisierung **begonnen** wurde. Art. 6 Abs. 3 lit. c) VO (EU) 2016/1052 sieht weiter vor, 167 dass bekannt gegeben werden muss, zu welchem Termin die **letzte** Kursstabilisierungsmaßnahme tatsächlich erfolgte.

168 Laut Art. 6 Abs. 3 lit. d) VO (EU) 2016/1052 ist ferner offenzulegen, innerhalb welcher **Kursspanne** die Stabilisierung tatsächlich erfolgte. Diese Angabe soll jeweils für jeden Handelstag, an dem eine Kursstabilisierungsmaßnahme tatsächlich durchgeführt wurde, erfolgen. Schließlich ist gemäß Art. 6 Abs. 3 lit. e) VO (EU) 2016/1052 noch bekanntzumachen, an **welchem Handelsplatz** bzw. welchen Handelsplätzen die Kursstabilisierungsmaßnahmen tatsächlich erfolgten. Diese Regelung greift nur dann, sofern auch tatsächlich eine Stabilisierungsmaßnahme durchgeführt wurde.

9. Kursbedingungen bei Stabilisierungsmaßnahmen

169 Art. 5 Abs. 4 lit. c) MAR regelt auf Level 1 recht allgemein gehalten, dass in Bezug auf den Kurs angemessene Grenzen einzuhalten sind. Art. 7 VO (EU) 2016/1052 konkretisiert diese Grundregel und sieht detaillierte Kursbedingungen, wie nachfolgend dargestellt, im Einzelnen vor. Hierbei sind **zwei Fallgruppen**, abhängig von der Art der Finanzinstrumente zu differenzieren.

a) Kursbedingungen für Aktien oder Aktien entsprechende Wertpapiere

170 Gemäß Art. 7 Abs. 1 VO (EU) 2016/1052 darf im Falle eines Zeichnungsangebots für Aktien oder Aktien entsprechende Wertpapiere die Kursstabilisierung der Wertpapiere **unter keinen Umständen** zu einem **höheren Kurs als** dem **Emissionskurs** erfolgen.

b) Kursbedingungen für umwandelbare oder umtauschbare verbriefte Schuldtitel

171 Art. 7 Abs. 2 VO (EU) 2016/1052 regelt, dass im Falle eines Zeichnungsangebots für verbriefte Schuldtitel, die in Aktien oder andere Wertpapiere, die Aktien entsprechen, umgewandelt oder umgetauscht werden können, die Stabilisierung dieser Schuldtitel **unter keinen Umständen** zu einem **höheren Kurs** erfolgen darf **als** dem **Marktkurs** dieser Instrumente zum **Zeitpunkt der Bekanntgabe** der endgültigen **Modalitäten** des **neuen Angebots**.

10. Besondere Bedingungen für Mehrzuteilungs- und Greenshoe-Optionen bei Stabilisierungsmaßnahmen

172 Art. 8 VO (EU) 2016/1052 sieht bestimmte Sonderbedingungen für ergänzende Kursstabilisierungsmaßnahmen vor. Auch im Art. 8 der VO (EU) 2016/1052 setzt sich der oben bereits angesprochene Übersetzungsfehler in der deutschen Sprachfassung fort: Statt mit „Überzeichnung", hätte das englische „overallotment" mit **Mehrzuteilung** übersetzt werden müssen.

173 Ergänzende Kursstabilisierungsmaßnahmen müssen nicht nur nach Maßgabe der Art. 6 und 7 VO (EU) 2016/1052 vorgenommen werden, sondern folgenden weiteren Bedingungen entsprechen. Art. 8 lit. a) VO (EU) 2016/1052 sieht vor, dass eine Mehrzuteilung von Wertpapieren nur innerhalb der **Zeichnungsfrist** erfolgen darf. Gemäß Art. 8 lit. a) VO (EU) 2016/1052 ist weiter erforderlich, dass eine Mehrzuteilung von Wertpapieren nur **zum Emissionskurs** erfolgen darf. Nach Art. 8 lit. b) VO (EU) 2016/1052 darf eine aus einer Mehrzuteilung resultierende und **nicht** durch die Greenshoe-Option **abgedeckte Position** eines Wertpapierhauses oder eines Kreditinstituts nicht **5 % des ursprünglichen Angebots** überschreiten. Bis zu 5% ist somit ein sogenannter „Naked Short", also eine nicht durch eine Greenshoe-Option abgesicherte Position, im Rahmen der VO (EU) 2016/1052 zulässig.

174 Art. 8 lit. c) VO (EU) 2016/1052 gibt vor, dass die Greenshoe-Option von den Begünstigten einer solchen Option nur **im Rahmen einer Mehrzuteilung** der Wertpapiere ausgeübt werden darf. Laut Art. 8 lit. d) VO (EU) 2016/1052 darf die **Greenshoe-Option** nicht **15 % des ursprünglichen Angebots** überschreiten. Art. 8 lit e) VO (EU) 2016/1052 ergänzt, dass der **Zeitraum**, in dem die Greenshoe-Option ausgeübt werden darf, sich mit dem Kursstabilisierungszeitraum nach Art. 5 VO (EU) 2016/1052 decken muss.

Gemäß der Bestimmung des Art. 8 lit. f) VO (EU) 2016/1052, ist die **Öffentlichkeit** **175**
unverzüglich und in allen angemessenen Einzelheiten über die Ausübung der Greenshoe-Option zu **unterrichten**. Insbesondere ist die Öffentlichkeit insoweit über den Zeitpunkt der Ausübung der Greenshoe-Option und die Zahl und Art der relevanten Wertpapiere zu informieren.

§ 18 Ausnahmen für Maßnahmen im Rahmen der Geldpolitik, der Staatsschuldenverwaltung und der Klimapolitik

Literatur

Becker, Das neue Wertpapierhandelsgesetz, 1995; *Gaillard/Pingel,* Les Operations d'Initieés dans la Communauté Économique Européenne, RTDE 1990, 329; *Hopt,* Europäisches und deutsches Insiderrecht, ZGR 1991, 17; *ders.*, Insiderwissen und Interessenkonflikte im europäischen und deutschen Bankrecht, FS Heinsius, 1991, 289; *Krauel,* Insiderhandel, 2000.

1 Die Richtlinie 2003/6/EG (MAD 2003) enthielt in Art. 7 bereits eine Ausnahme für Geschäfte, die aus geld- oder wechselkurspolitischen Gründen oder im Rahmen der Verwaltung der öffentlichen Schulden von einem Mitgliedstaat, dem Europäischen System der Zentralbanken, einer nationalen Zentralbank oder einer anderen amtlich beauftragten Stelle oder einer für deren Rechnung handelnden Einrichtung getätigt werden (seinerzeit umgesetzt im deutschen Recht in § 1 Abs. 3 WpHG a. F.). Daran knüpft Art. 6 MAR an. Diese Vorschrift ist tatbestandlich wesentlich weiter gefasst als die Vorgängernorm, da sie nicht auf einzelne Verbote beschränkt ist und nicht nur Geschäfte, sondern auch Aufträge und Handlungen privilegiert. Für die enumerativ aufgeführten Träger hoheitlicher Gewalt ist eine weitreichende Ausnahmen von der MAR vorgesehen, um bestimmte im öffentlichen Interesse liegende Maßnahmen zu erleichtern. Sie ist, ebenso wie die Vorgängernorm, rechtspolitisch zweifelhaft, weil sie den Schutzzwecken des Marktmissbrauchsregimes (insbesondere Verhinderung von Insiderhandel) eklatant zuwiderläuft.[1]

2 So will Art. 6 MAR zunächst sicherstellen, dass die Mitgliedstaaten, die Mitglieder des Europäischen Systems der Zentralbanken, Ministerien und andere Einrichtungen und Zweckgesellschaften eines oder mehrerer Mitgliedstaaten und die Union und bestimmte andere öffentliche Stellen bzw. in ihrem Auftrag handelnde Personen in ihrer **Geld- und Wechselkurspolitik** und ihrer **Politik** zur **Staatsschuldenverwaltung** nicht eingeschränkt werden, sofern sie dabei im öffentlichen Interesse und ausschließlich in Ausübung dieser Politik handeln.[2] Ferner sollen die Union, Zweckgesellschaften eines oder mehrerer Mitgliedstaaten, die Europäische Investitionsbank, die Europäische Finanzstabilisierungsfazilität, der Europäische Stabilitätsmechanismus oder von mindestens zwei Mitgliedstaaten gegründete internationale Finanzinstitute nicht darin eingeschränkt werden, Geschäfte abzuwickeln, Aufträge zu erteilen oder Handlungen vorzunehmen, die dazu dienen, finanzielle Mittel zu mobilisieren und ihre Mitglieder finanziell zu unterstützen.[3]

3 Darüber hinaus werden hoheitliche Maßnahmen privilegiert, die im Rahmen der **Klimapolitik** der Union (Art. 6 Abs. 3 MAR) oder zur Umsetzung der Gemeinsamen **Agrarpolitik** der Union oder der Gemeinsamen **Fischereipolitik** der Union erfolgen (Art. 6 Abs. 4 MAR).

4 Schließlich können **Ausnahmen** aus dem Geltungsbereich der MAR auf bestimmte öffentliche Stellen, die für die Staatsschuldenverwaltung zuständig oder daran beteiligt sind, und auf die **Zentralbanken** von **Drittstaaten** vorgesehen werden. Diese Ausnahmen bestehen nicht kraft Gesetzes, sondern müssen durch delegierten Rechtsakt der Kommission vorgesehen werden.[4] Die Kommission hat zu diesem Zweck entsprechend Art. 6 Abs. 5 MAR einen Bericht erstattet, in dem beurteilt wird, wie öffentliche Einrichtungen, die für die Staatsschuldenverwaltung zuständig oder daran beteiligt sind, und die Zentralbanken von Drittstaaten international behandelt werden, und ihn dem Europäischen Par-

[1] Kritisch bereits *Krauel* Insiderhandel S. 282.
[2] Vgl. Erwägungsgrund 13 S. 1 MAR.
[3] Vgl. Erwägungsgrund 13 S. 2 MAR.
[4] Vgl. Erwägungsgrund 13 S. 3 MAR.

lament und dem Rat vorgelegt.[5] Die Delegierte Verordnung 2016/522 vom 17.12.2015 dehnt die Ausnahme des Art. 6 MAR von den in MAR festgelegten Verpflichtungen und Verboten auf bestimmte öffentliche Stellen und Zentralbanken von Drittstaaten bei der Ausübung ihrer Geld- und Wechselkurspolitik und Politik zur Staatsschuldenverwaltung aus.[6]

Die Ausnahmen für die Geld- und Wechselkurspolitik und die Staatsschuldenverwaltung **5** sollen nicht auf Fälle erstreckt werden, in denen die Träger hoheitlicher Gewalt an Geschäften, Aufträgen oder Handlungen beteiligt sind, die nicht der Umsetzung der privilegierten politischen Strategien dienen, oder wenn Personen, die für eine dieser Stellen tätig sind, für eigene Rechnung Geschäfte tätigen, Aufträge erteilen oder Handlungen vornehmen.[7] Deshalb verfügt Art. 6 Abs. 7 MAR, dass die Ausnahmevorschrift nicht für Personen gilt, die im Rahmen eines Arbeitsvertrags oder anderweitig für die in Art. 6 MAR genannten Unternehmen tätig sind, wenn diese Personen unmittelbar oder mittelbar, für eigene Rechnung Geschäfte, Aufträge oder Handlungen tätigen.

Die Sensibilität der vertraulichen Behandlung von Insiderinformationen scheint nicht **6** allen Mitgliedern und Angestellten hoheitlicher Gewalt immer bewusst zu sein. Für Schlagzeilen sorgte 2015, dass der EZB-Direktor Benoît Cœuré vor Hedgefonds-Managern in London erklärte, die EZB würde im Mai und Juni mehr Staatsanleihen der Eurozone kaufen als bislang geplant. In der Presse wurde berichtet, Hedgefonds hätten die Information sofort ausgenutzt, bevor die EZB die Information bekanntmachte. Der Euro verlor daraufhin gegenüber dem US$ 2 Cent.[8] Wenige Zeit später wurde in der Presse berichtet, dass oberste Führungsmitglieder der EZB vor wichtigen geldpolitischen Entscheidungen Insiderinformationen über anstehende Beschlüsse an Bankangestellte und Manager aus der Finanzwirtschaft weitergegeben haben sollen.[9]

Es ist rechtspolitisch wünschenswert, dass Repräsentanten hoheitlicher Gewalt auf Kon- **7** ferenzen auftreten und Diskussionen mit Stakeholdern, insbesondere auch Vertretern der Finanzwirtschaft führen. Die Grenzen der Informationsweitergabe werden durch die Verbote der MAR und die hausinternen Richtlinien und Kodizes[10] gezogen. In den berichteten Fällen ist es aber durchaus zweifelhaft, ob die Kommunikation insiderrechtlich zulässig ist. Sollten die Voraussetzungen des Art. 6 Abs. 1 oder 2 MAR nicht erfüllt sein, stellt sich die Frage, ob die Informationen als Insiderinformationen zu qualifizieren sind die gesetzlichen Anforderungen an eine befugte Offenlegung gem. Art. 10 MAR erfüllt sind. Schließlich ist es erforderlich, dass die Marktaufsichtsbehörden auch gegenüber den Trägern hoheitlicher Gewalt die bestehenden Rechtsvorschriften durchsetzen. Es ist zumindest zweifelhaft, ob dies wirklich geschieht.

[5] Kommission, Bericht v. 16.12.2015, COM(2015) 647 final.

[6] Delegierte Verordnung (EU) 2016/522 der Kommission vom 17. Dezember 2015 zur Ergänzung der Verordnung (EU) Nr. 596/2014 des Europäischen Parlaments und des Rates im Hinblick auf eine Ausnahme für bestimmte öffentliche Stellen und Zentralbanken von Drittstaaten, die Indikatoren für Marktmanipulation, die Schwellenwerte für die Offenlegung, die zuständige Behörde, der ein Aufschub zu melden ist, die Erlaubnis zum Handel während eines geschlossenen Zeitraums und die Arten meldepflichtiger Eigengeschäfte von Führungskräften, ABl. EU Nr. L88 v. 5.4.2016 S. 1 ff.

[7] Vgl. Erwägungsgrund 13 S. 4 MAR.

[8] Vgl. http://www.sueddeutsche.de/wirtschaft/finanzmarkt-ezb-direktor-gibt-hedgefonds-exklusive-informationen-aus-versehen-1.2486736.

[9] Vgl. http://inflationsschutzbrief.de/ezb-baenker-insider-informationen-weitergegeben/.

[10] Vgl. etwa für die EZB Abschnitt 1.2 der Dienstvorschriften der EZB mit den Regeln über berufliches Verhalten und Geheimhaltung, 2004/C 92/06; ferner EZB, Leitlinie (EU) 2015/586 vom 12.3.2015.

E. Eigengeschäfte von Führungskräften

§ 19 Offenlegungspflichten

Übersicht

Literatur

Fleischer, Directors' Dealings, ZIP 2002, 1217; *Graßl,* Die neue Marktmissbrauchsverordnung der EU, DB 2015, 2066; *Helm,* Pflichten des Wertpapierdienstleistungsunternehmens in der Finanzportfolioverwaltung bei Directors' Dealings nach der Marktmissbrauchsverordnung, ZIP 2016, 2201; *Hitzer/Wasmann,* § 15a WpHG zu Art. 19 MMVO: Aus Directors' Dealings werden Managers' Transactions, DB 2016, 1483; *Kiesewetter/Parmentier*, Verschärfung des Marktmissbrauchsrechts – ein Überblick über die neue EU-Verordnung über Insidergeschäfte und Marktmanipulation, BB 2013, 2371; *Kraack,* Directors' Dealings bei Erwerbs- und Übernahmeangeboten, AG 2016, 57; *Kumpan*, Die neuen Regelungen zu Directors' Dealings in der Marktmissbrauchsverordnung, AG 2016, 446; *Seibt/Wollenschläger*, Revision des Marktmissbrauchsrechts durch Marktmissbrauchsverordnung und Richtlinie über strafrechtliche Sanktionen für Marktmanipulation, AG 2014, 593; *Stenzel*, Managementbeteiligungen und Marktmissbrauchsverordnung, DStR 2017, 883; *Stüber*, Directors' Dealings nach der Marktmissbrauchsverordnung, DStR 2016, 1221; *Von der Linden,* Das neue Marktmissbrauchsrecht im Überblick, DStR 2016, 1036.

I. Einleitung

1. Regelungsgegenstand und Rechtsgrundlagen

Art. 19 Abs. 1 MAR regelt die Pflicht von Führungskräften und in enger Beziehung zu ihnen stehenden Personen zur Meldung bestimmter Eigengeschäfte, dh Geschäfte in **1**

Finanzinstrumenten des Emittenten, bei dem die Führungskraft tätig ist (sog. „Managers' Transactions", früher „Directors' Dealings"). Die Meldepflicht besteht gegenüber dem Emittenten sowie der zuständigen Behörde (in Deutschland der Bundesanstalt für Finanzdienstleistungsaufsicht, „BaFin"). Art. 19 Abs. 3 MAR enthält weiterhin eine Verpflichtung des Emittenten zur Sicherstellung der Veröffentlichung entsprechender Meldungen über Eigengeschäfte. Die Offenlegungspflichten nach Art. 19 MAR umfassen somit Pflichten der Führungskraft bzw. der in enger Beziehung zu ihr stehenden Person selbst sowie Pflichten des jeweiligen Emittenten.

2 Zudem bestehen gemäß Art. 19 Abs. 5 MAR Aufklärungs- und Dokumentationspflichten (i) der Emittenten gegenüber der Führungskraft und (ii) der Führungskräfte gegenüber der in enger Beziehung zu ihnen stehenden Person.

3 Die Regelungen zu Melde- und Veröffentlichungspflichten in Art. 19 MAR werden durch eine Reihe von weiteren Rechtsakten ergänzt. Auf europäischer Ebene ist hier zunächst Art. 10 der Delegierten Verordnung (EU) 2016/522 („**VO 2016/522**")[1] zu nennen, der einen nicht abschließenden Katalog meldepflichtiger Geschäftsarten enthält. Zudem enthält die Durchführungsverordnung (EU) 2016/523 („**VO 2016/523**")[2] eine Vorlage, die für die Meldung und öffentliche Bekanntmachung der Geschäfte zu nutzen ist. Die Ermächtigungsgrundlagen für den Erlass dieser Rechtsakte finden sich in Art. 19 Abs. 14 und 15 MAR. Wie die MAR selbst gelten auch diese Verordnungen in den Mitgliedstaaten unmittelbar, ohne dass es einer weiteren Umsetzung bedarf.[3]

4 Weitere Offenlegungspflichten finden sich zudem in § 26 Abs. 2 WpHG[4], wonach die veröffentlichungspflichtigen Informationen zu Eigengeschäften unverzüglich, jedoch nicht vor ihrer Veröffentlichung, zur Speicherung an das Unternehmensregister gemäß § 8b HGB zu übermitteln sind und die Veröffentlichung der BaFin mitzuteilen ist.

5 Zur Auslegung der Verwaltungspraxis der Aufsichtsbehörden können zudem die **FAQ Dokumente** der ESMA[5] sowie der BaFin[6] herangezogen werden. Diese werden laufend fortgeschrieben und aktualisiert.

2. Hintergrund und Zweck

6 Der Regelung in Art. 19 MAR kommt zunächst einmal ein **präventiver Charakter** zu. Die Transparenz der Eigengeschäfte von Personen, die für einen Emittenten Führungsaufgaben wahrnehmen und gegebenenfalls in enger Beziehung zu ihnen stehenden Personen soll eine Maßnahme zur Verhütung von Marktmissbrauch und insbesondere Insidergeschäften dar-

[1] Delegierte Verordnung (EU) 2016/522 der Kommission vom 17.12.2015 zur Ergänzung der Verordnung (EU) Nr. 596/2014 des Europäischen Parlaments und des Rates im Hinblick auf eine Ausnahme für bestimmte öffentliche Stellen und Zentralbanken von Drittstaaten, die Indikatoren für Marktmanipulation, die Schwellenwerte für die Offenlegung, die zuständige Behörde, der ein Aufschub zu melden ist, die Erlaubnis zum Handel während eines geschlossenen Zeitraums und die Arten meldepflichtiger Eigengeschäfte von Führungskräften, ABl. EU Nr. L88 v. 5.4.2016, S. 1 ff.

[2] Durchführungsverordnung (EU) 2016/523 der Kommission vom 10.3.2016 zur Festlegung technischer Durchführungsstandards im Hinblick auf das Format und die Vorlage für die Meldung und öffentliche Bekanntgabe der Eigengeschäfte von Führungskräften gemäß Verordnung (EU) Nr. 596/2014 des Europäischen Parlaments und des Rates, ABl. EU Nr. L88 v. 5.4.2016 S. 19 ff.

[3] Art. 288 Abs. 2 des Vertrags über die Arbeitsweise der Europäischen Union (AEUV), ABl. EU Nr. C115 v. 9.5.2008 S. 47 ff.

[4] Im Rahmen des Ersten Gesetzes zur Novellierung von Finanzmarktvorschriften aufgrund europäischer Rechtsakte (Erstes Finanzmarktnovellierungsgesetz – 1. FiMaNoG) vom 30.6.2016, BGBl. I S. 1514 vom 1.7.2016 wurde § 15a WpHG aF aufgehoben und ein neuer § 15 Abs. 2 WpHG eingeführt. Diese Vorschrift wurde im Rahmen des Zweiten Gesetzes zur Novellierung von Finanzmarktvorschriften aufgrund europäischer Rechtsakte (Zweites Finanzmarktnovellierungsgesetz – 2. FiMaNoG) vom 23.6.2017 BGBl. I S. 1693 in § 26 Abs. 2 WpHG überführt.

[5] ESMA, Questions and Answers on the Market Abuse Regulation (MAR), ESMA70-145-111, Version 9, Stand: 21.11.2017.

[6] BaFin, FAQ zu Eigengeschäften von Führungskräften nach Art. 19 der Marktmissbrauchsverordnung (EU) Nr. 596/2014, 8. Version (Stand 13.9.2017).

stellen.[7] Dahinter steht die Überlegung, dass Führungskräfte in besonderem Maße in interne Vorgänge eingeweiht sind, die kursrelevant sein können und somit gegebenenfalls als Insiderinformation zu qualifizieren sind. Diese Zwecksetzung stellt die Führungskräfte folglich unter einen Generalverdacht, Verstöße gegen das Marktmissbrauchsverbot beziehungsweise das Verbot zum Insiderhandel zu begehen. In diesem Sinne kann auch Erwägungsgrund 59 der MAR verstanden werden, wonach Meldungen der Eigengeschäfte von Führungskräften und in enger Beziehung zu diesen stehenden Personen den zuständigen Behörden eine zusätzliche Möglichkeit zur Überwachung der Märkte bieten sollen.[8] Diese Zwecksetzung und der damit einhergehende generelle Verdacht, bei Führungskräften in besonderem Maße Verstöße gegen das Insiderrecht aufzufinden, kann kritisch gesehen werden.[9]

Weiterhin soll die Bekanntgabe von Eigengeschäften von Führungskräften und in enger 7
Beziehung zu diesen stehenden Personen auch eine wertvolle **Informationsquelle** für Anleger darstellen und die dadurch geschaffene Markttransparenz als Voraussetzung für das Vertrauen der Marktteilnehmer und insbesondere der Anteilseigner des Emittenten gelten.[10] Auch dieser Zwecksetzung liegt zunächst der Gedanke zugrunde, dass Führungskräfte einen Informationsvorsprung haben, den sie bei ihrer Anlageentscheidung nutzen können. Ihr Transaktionsverhalten lässt daher womöglich Rückschlüsse auf die gegenwärtige und zukünftige Unternehmensentwicklung zu (Indikatorwirkung).[11] Anders als bei dem oben genannten Zweck der Verhinderung von Insiderverstößen kann hier aber auch ein Informationsvorsprung gemeint sein, der unterhalb der Schwelle der Insiderinformation liegt und somit losgelöst von einem potentiellen Verstoß gegen Insiderrecht betrachtet werden kann. Die Offenlegungsvorschriften nach Art. 19 sollen demnach die Informationsasymmetrie zwischen Führungskräften eines Emittenten und den übrigen Marktteilnehmern verringern, indem sie den Wissensvorsprung der Führungskräfte zeitlich begrenzen und damit die Anlegergleichbehandlung fördern.[12] Dies entspricht dem im europäischen Insiderrecht vorherrschenden Leitbild der informationellen Chancengleichheit.[13] Danach sollen alle Anleger einen gleichberechtigten Zugang zu kursrelevanten Informationen haben.[14]

Darüber hinaus kommt dadurch aber auch zum Ausdruck, dass eine möglichst **umfas- 8
sende Transparenz** hinsichtlich jeglicher Eigengeschäfte von Führungskräften erreicht werden soll. Der Gedanke der Markttransparenz war zwar auch nach früherer Rechtslage als Zielrichtung der Offenlegungsvorschriften bei Eigengeschäften von Führungskräften anerkannt.[15] Die in der MAR zum Ausdruck kommende Zwecksetzung geht aber über die Transparenz zur Verhinderung des aktiven Nutzens eines Wissensvorsprungs hinaus. Nur so ist zu erklären, dass unter der MAR auch passive Geschäfte, wie Schenkung, Spenden oder Erbschaften in den Anwendungsbereich des Art. 19 MAR fallen. Solchen Geschäften liegt gerade keine aktive Entscheidung der Führungskraft oder eng mit ihr verbundenen Person zugrunde, weshalb die Nutzung einer (Insider-)Information ausgeschlossen ist. Diese extrem weite Transparenzpflicht und die damit verbundene Ausweitung der Meldepflichten ist kritisch zu sehen. Insbesondere besteht die Gefahr, dass die Meldung passiver Trans-

---

7 Erwägungsgrund 58 S. 1 MAR.

8 Erwägungsgrund 59 S. 1 MAR.

9 Diese Zwecksetzung kam allerdings auch schon in Erwägungsgrund 24 der bisherigen Marktmissbrauchsrichtlinie (Richtlinie 2003/6/EG des Europäischen Parlaments und des Rates vom 28.1.2003 über Insidergeschäfte und Marktmanipulation (Marktmissbrauch), ABl. EU Nr. L96 v. 12.4.2003 S. 16ff. (Marktmissbrauchsrichtlinie 2003)) zum Ausdruck. Zur bisherigen Rechtslage *Zimmer/Osterloh* in Schwark/Zimmer § 15a WpHG Rn. 9ff.; *Pfüller* in Habersack/Mülbert/Schlitt, HdB der Kapitalmarktinformation, § 23 Rn. 2, 7; *Fleischer* ZIP 2002, 1217 (1220f.).

10 Erwägungsgrund 58 S. 2 und 6 MAR.

11 *Diekgräf*, Directors' Dealings, Paradigmenwechsel im europäischen Marktmissbrauchsrecht, S. 29f. mwN.

12 *Kumpan* AG 2016, 446 (448) (mwN auch zur bisherigen Rechtslage).

13 *Assmann* in Assmann/Schneider WpHG Vor § 12 Rn. 49; *Hopt* in Schimansky/Bunte/Lwowski BankR-HdB § 107 Rn. 3.

14 *Schwark/Zimmer* in Schwark/Zimmer Vor § 12 WpHG Rn. 16.

15 *Heinrich* in KölnKomm WpHG § 15a WpHG Rn. 3; *Pfüller* in Habersack/Mülbert/Schlitt, HdB der Kapitalmarktinformation, § 23 Rn. 2, 7; *Fleischer* ZIP 2002, 1217 (1218f.).

aktionen falsche Signale im Markt setzt und damit der Schaffung von Vertrauen durch Markttransparenz gerade entgegensteht.

3. Historie

9 Die Regelung zur Offenlegung von Eigengeschäften von Führungspersonen wurde bereits 2002 durch das 4. Finanzmarktförderungsgesetz[16] in Deutschland eingeführt (§ 15a WpHG aF). Im Jahr 2004 wurde die Regelung durch das Anlegerschutzverbesserungsgesetz[17] in Umsetzung der Marktmissbrauchsrichtlinie 2003[18] sowie der entsprechenden Durchführungsrichtlinie 2004/72/EG der Kommission[19] weiter ausgebaut. Da § 15a WpHG aF bereits ähnliche, teilweise nahezu identische Regelungen enthielt, kann die zu § 15a WpHG aF entwickelte Rechtsprechung, Aufsichtspraxis und Literatur zur Auslegung der Offenlegungspflichten in Art. 19 MAR herangezogen werden.

10 Die Regelung des Art. 19 MAR erweitert jedoch den Anwendungsbereich der Offenlegungspflicht in mehrfacher Hinsicht. Bislang war die Geltung der Regelungen zu Eigengeschäften von Führungskräften nach § 15a WpHG aF auf Emittenten von Aktien beschränkt, die an einem organisierten Markt zum Handel zugelassen waren, oder in Bezug auf diese eine solche Zulassung beantragt oder öffentlich angekündigt wurde. Der allgemeinen Erweiterung des Anwendungsbereichs der MAR folgend, gelten die Bestimmungen nunmehr auch für Emittenten, deren Finanzinstrumente zum Handel auf einem multilateralen oder organisierten Handelssystem (MTF bzw. OTF) zugelassen sind oder die deren Zulassung an einem MTF beantragt haben.[20] Zudem wird die Regelung auf Teilnehmer an Märkten für Emissionszertifikate erstreckt.

11 Auch der Kreis der von der Meldepflicht erfassten Finanzinstrumente wird erweitert. Während § 15a WpHG aF die Anwendung noch auf „Aktien und sich darauf beziehende Finanzinstrument, insbesondere Derivate" beschränkte, werden unter der MAR sämtliche Finanzinstrumente, dh auch Schuldtitel und damit verbundene Derivate oder andere damit verbundene Finanzinstrumente erfasst. In Bezug auf Teilnehmer am Markt für Emissionszertifikate betrifft die Meldepflicht jedes Eigengeschäft mit Emissionszertifikaten, darauf beruhenden Auktionsobjekten oder deren damit verbundenen Derivaten von Führungskräften und der zu ihnen in enger Beziehung stehenden Personen.[21]

12 Neben der Erweiterung des Anwendungsbereichs enthält Art. 19 MAR auch Verschärfungen der Meldepflicht im Vergleich zur bisherigen Rechtslage, beispielsweise wird die Meldefrist von bisher fünf Werktagen auf drei Arbeitstage verkürzt.

II. Anwendungsbereich

1. Führungskräfte und eng verbundene Personen

13 Die Meldepflicht nach Art. 19 MAR betrifft zunächst Personen, die Führungsaufgaben wahrnehmen sowie in enger Beziehung zu ihnen stehende Personen. Diese meldepflichti-

[16] Gesetz zur weiteren Fortentwicklung des Finanzplatzes Deutschland (Viertes Finanzmarktförderungsgesetz, 4. FMFG) vom 21.6.2002, BGBl. I 2002, 2010.

[17] Gesetz zur Verbesserung des Anlegerschutzes (Anlegerschutzverbesserungsgesetz, AnSVG) vom 28.10.2004, BGBl. I 2004 S. 2630.

[18] Art. 6 Abs. 3 UAbs. 3 und Abs. 4 Richtlinie 2003/6/EG des Europäischen Parlaments und des Rates vom 28.1.2003 über Insidergeschäfte und Marktmanipulation (Marktmissbrauch), ABl. EU Nr. L96 v. 12.4.2003 S. 16 ff. (Marktmissbrauchsrichtlinie 2003).

[19] Richtlinie 2004/72/EG der Kommission vom 29. April 2004 zur Durchführung der Richtlinie 2003/6/EG des Europäischen Parlaments und des Rates – Zulässige Marktpraktiken, Definition von Insiderinformationen in Bezug auf Warenderivate, Erstellung von Insiderverzeichnissen, Meldung von Eigengeschäften und Meldung verdächtiger Transaktionen […], ABl. EG Nr. L162 v. 30.4.2004 S. 70 ff.

[20] Art. 19 Abs. 4 MAR.

[21] Art. 19 Abs. 1 UAbs. 1 lit. a) und b) MAR.

gen Personen werden in Art. 3 Abs. 1 Nr. 25 und Nr. 26 MAR legal definiert. Die Erweiterung auf „in enger Beziehung" stehende Personen soll Umgehungen verhindern und auch Personen erfassen, die am Wissensvorsprung einer Führungskraft teilhaben.[22]

a) Führungskräfte

Eine „Person, die Führungsaufgaben wahrnimmt" ist zunächst eine Person innerhalb eines Emittenten, eines Teilnehmers am Markt für Emissionszertifikate oder eines anderen in Art. 19 Abs. 10 MAR genannten Unternehmens, die einem Verwaltungs-, Leitungs- oder Aufsichtsorgan dieses Unternehmens angehört.[23] Ferner zählen dazu auch solche Personen, die als höhere Führungskräfte zwar keinem der vorgenannten Organe angehören, aber regelmäßig Zugang zu Insiderinformationen mit direktem oder indirektem Bezug zu diesem Unternehmen haben und befugt sind, unternehmerische Entscheidungen über zukünftige Entwicklungen und Geschäftsperspektiven dieses Unternehmens zu treffen.[24] 14

aa) Organmitglieder[25]. Organmitglieder lassen sich bereits anhand der formellen Position und somit anhand formaler Kriterien bestimmen. In Betracht kommen hier also in erster Linie Vorstände und Aufsichtsräte von Aktiengesellschaften oder Gesellschaften ähnlicher Rechtsform (etwa der dualistisch verfassten SE). Ebenso erfasst sind stellvertretende Vorstandsmitglieder, die wie diese vollwertige Vorstandsmitglieder sind (§ 94 AktG)[26] und fehlerhaft bestellte Organmitglieder, weil sie einen vergleichbaren Zugang zu Insiderinformationen haben.[27] Ersatzmitglieder für Aufsichtsratsmitglieder werden von der Meldepflicht allerdings nicht erfasst, solange sie nicht nachgerückt sind, weil für Ersatzmitglieder erst nach dem Ausscheiden des ursprünglichen Mitglieds die Rechte und Pflichten des Aufsichtsrats gelten und sie den für ein Organmitglied spezifischen Zugang zu Insiderinformationen erst ab ihrem eigenen Eintritt in die Organfunktion erlangen.[28] Wird bei einer SE das monistische System gewählt, bezieht sich Art. 19 MAR auf Mitglieder des Verwaltungsorgans iSd Art. 43 Abs. 1 SEVO und die geschäftsführenden Direktoren iSd. § 40 Abs. 1 S. 1 SEEG.[29] Bei einer KGaA bilden die geschäftsführungs- und vertretungsberechtigten Komplementäre das Leitungsorgan und unterfallen neben den Mitgliedern des Aufsichtsrats den Pflichten nach Art. 19 MAR.[30] Irrelevant ist dabei, ob es sich um natürliche Personen oder eine Komplementär-Gesellschaft handelt.[31] 15

bb) Sonstige höhere Führungskräfte[32]. Zur Bestimmung des Kreises derjenigen sonstigen höheren Führungskräfte, die ebenfalls der Meldepflicht für Eigengeschäfte unterliegen, kann dagegen nicht allein auf formale Kriterien abgestellt werden. Vielmehr ist in der gesetzlichen Definition dieses Personenkreises eine materielle Wertung enthalten[33], die einer weiteren Auslegung bedarf. 16

Da die Definition des Art. 3 Abs. 1 Nr. 25 lit. b) MAR im Wesentlichen jener des § 15a Abs. 2 WpHG aF entspricht, kann die dazu entwickelte Verwaltungspraxis und Literatur zur Auslegung herangezogen werden. Auch die BaFin hat in ihren FAQ zu Eigengeschäften von 17

22 *Hitzer/Wasmann* DB 2016, 1483.
23 Art. 3 Abs. 1 Nr. 25 lit. a) MAR.
24 Art. 3 Abs. 1 Nr. 25 lit. b) MAR.
25 Art. 3 Abs. 1 Nr. 25 lit. a) MAR.
26 *Pfüller* in Fuchs WpHG § 15a Rn. 55; *Zimmer/Osterloh* in Schwark/Zimmer § 15a WpHG Rn. 58.
27 *Pfüller* in Fuchs WpHG § 15a Rn. 56; *Zimmer/Osterloh* in Schwark/Zimmer § 15a WpHG Rn. 58.
28 *Pfüller* in Fuchs WpHG § 15a Rn. 55; *Zimmer/Osterloh* in Schwark/Zimmer § 15a WpHG Rn. 57.
29 Vgl. zu Handelsverboten nach Art. 19 Abs. 11 MAR *Diekgräf*, Directors' Dealings, Paradigmenwechsel im europäischen Marktmissbrauchsrecht, S. 208.
30 *Sethe* in Assmann/Schneider WpHG § 15a Rn. 38; *Pfüller* in Fuchs WpHG § 15a Rn. 58.
31 *Pfüller* in Fuchs WpHG § 15a Rn. 67; *Heinrich* in KölnKomm WpHG § 15a Rn. 40.
32 Art. 3 Abs. 1 Nr. 25 lit. b) MAR.
33 *Stüber* DStR 2016, 1221 (1222) unter Hinweis darauf, dass diese materielle Wertung ein Rekurrieren auf sonstige formale Kriterien verbiete, wie etwa das alleinige Abstellen auf eine Prokura (mwN auf *von der Linden* DStR 2016, 1036 (1039).

Führungskräften nach Art. 19 MAR[34] klargestellt, dass sich abgesehen von der Erfassung von Führungskräften bei einem Teilnehmer am Markt für Emissionszertifikate oder eines anderen in Art. 19 Abs. 10 MAR genannten Unternehmens (Versteigerungsplattformen, Versteigerer und Auktionsaufsicht), insoweit keine Änderungen im Vergleich zur bisherigen Rechtslage nach § 15a Abs. 2 WpHG aF ergeben. Zu ergänzen wäre diese Aussage wohl auch um Führungskräfte von MTF- und OTF-Emittenten, die bislang ebenfalls nicht vom Anwendungsbereich des § 15a WpHG aF erfasst waren (hierzu unter 2.).

18 Danach ist der von der Meldepflicht für Eigengeschäfte erfasste Personenkreis sonstiger höherer Führungskräfte grundsätzlich restriktiv zu bestimmen, so dass nicht jede Führungskraft unterhalb des Vorstands einer Meldepflicht unterliegt.[35] Zunächst muss die Führungskraft über einen regelmäßigen Zugang zu Insiderinformationen verfügen. Dies wird für gewöhnlich nur bei Mitgliedern der ersten Führungsebene zu bejahen sein.[36] Zudem muss die Führungsperson strategische Entscheidungen für das Gesamtunternehmen treffen können.[37] Wer diese Anforderung erfüllt und damit der Meldepflicht unterfällt, ist jeweils im Einzelfall zu bestimmen. Es kann daher nicht pauschal auf Kriterien wie Prokura (§§ 48 ff. HGB), Handlungsvollmacht (§ 54 HGB) oder die Zugehörigkeit zur Gruppe der leitenden Angestellten (§ 5 Abs. 3 S. 2 BetrVG) abgestellt werden.[38] Nicht erforderlich ist, dass die Führungskraft ihre Entscheidungen alleine treffen kann. Vielmehr genügt die Mitgliedschaft in einem entscheidungsbefugten Gremium.[39]

19 Bei einer deutschen Aktiengesellschaft werden daher nur in Ausnahmefällen einzelne Personen oder Gremien außerhalb der Organe in Betracht kommen, die mit einer solchen Befugnis ausgestattet sind. Die BaFin nennt als mögliche Beispiele einen Generalbevollmächtigten oder einen erweiterten Vorstand.[40] Weiterhin könnten auch Mitglieder eines Beirats oder der Alleingesellschafter einer GmbH als Führungskraft angesehen werden, wenn sie im konkreten Einzelfall Aufgaben wie ein Geschäftsführer oder Aufsichtsrat wahrnehmen.[41] Dabei stellt die BaFin klar, dass auch eine juristische Person als Führungskraft im Sinne des Art. 3 Abs. 1 Nr. 25 lit. b) MAR in Betracht kommt (vgl. auch unter aa) eine Komplementärgesellschaft einer KGaA).

20 **cc) Konzernverbundene Unternehmen.** Bei konzernverbundenen Unternehmen stellt sich weiterhin die Frage, ob auch eine Führungskraft der Mutter- oder Tochtergesellschaft des Emittenten als meldepflichtige Person im Sinne des Art. 19 MAR in Betracht kommt. Dies wurde von der BaFin grundsätzlich abgelehnt[42], da die Norm nur auf Personen abstellt, die bei dem Emittenten selbst Führungsaufgaben wahrnehmen (vgl. Art. 3 Abs. 1 Nr. 25 MAR: „innerhalb" eines Emittenten).[43] Emittiert beispielsweise ein Tochterunternehmen Schuldverschreibungen, die von dem Mutterunternehmen garantiert werden, sind Führungskräfte der Muttergesellschaft nicht meldepflichtig, es sei denn sie sind selbst auch Organmitglieder der emittierenden Tochtergesellschaft oder mit Führungskräften[44] der Tochtergesellschaft in enger Verbindung stehende Personen.[45]

[34] BaFin, FAQ zu Eigengeschäften von Führungskräften nach Art. 19 der Marktmissbrauchsverordnung (EU) Nr. 596/2014, 8. Version (Stand 13.9.2017), Frage Nr. II. 2.
[35] BaFin Emittentenleitfaden Tz. V 1.2.1 (S. 73).
[36] *Kumpan* AG 2016, 446 (449).
[37] BaFin Emittentenleitfaden Tz. V.1.2.1 (S. 73).
[38] *Von der Linden* DStR 2016, 1036 (1039).
[39] *Von der Linden* DStR 2016, 1036 (1039).
[40] Zur bisherigen Rechtslage vgl. auch BaFin Emittentenleitfaden Tz. V.1.2.1 (S. 74).
[41] BaFin, FAQ zu Eigengeschäften von Führungskräften nach Art. 19 der Marktmissbrauchsverordnung (EU) Nr. 596/2014, 8. Version (Stand 13.9.2017), Frage Nr. II. 3. und 4.
[42] BaFin, FAQ zu Eigengeschäften von Führungskräften nach Art. 19 der Marktmissbrauchsverordnung (EU) Nr. 596/2014, 8. Version (Stand 13.9.2017), Frage Nr. II. 5.
[43] BaFin Emittentenleitfaden Tz. V.1.2.1 (S. 74).
[44] Die BaFin stellt in ihren FAQ wörtlich auf eine enge Beziehung zu der Tochtergesellschaft ab. Richtigerweise muss die enge Beziehung zu einer Führungskraft der Tochtergesellschaft bestehen.
[45] BaFin, FAQ zu Eigengeschäften von Führungskräften nach Art. 19 der Marktmissbrauchsverordnung (EU) Nr. 596/2014, 8. Version (Stand 13.9.2017), Frage Nr. II. 5.

Diese Auffassung der BaFin ist grundsätzlich sachgerecht, da sie sich am Wortlaut der MAR orientiert und auch mit Blick auf Sinn und Zweck der Meldepflicht des Art. 19 MAR einer uferlosen Ausdehnung der Vorschrift Vorschub leistet. Zu bedenken bleibt allerdings, dass insbesondere in Holdingstrukturen, in denen wichtige strategische Entscheidungen auf Ebene der Holding und nicht auf Ebene eines konzernzugehörigen Emittenten getroffen werden, Transparenzdefizite entstehen können. Diese Strukturen können grundsätzlich auch nicht über das Konstrukt der „eng verbundenen Person" (hierzu näher unter b)) erfasst werden. Selbst wenn man ausnahmsweise die Holdinggesellschaft selbst als Alleingesellschafterin des Emittenten als Führungskraft ansehen wollte (siehe oben unter bb)), würde dies jedenfalls keine Meldepflicht für die Organmitglieder der Holdinggesellschaft auslösen. Führungskräfte einer Führungskraft sind von der Definition der eng verbundenen Person in Art. 3 Abs. 1 Nr. 26 MAR nicht erfasst. 21

Insgesamt ist festzuhalten, dass Fragen rund um das Thema Konzernverbund mit Inkrafttreten der MAR deutlich an Relevanz gewonnen haben. War nach § 15a WpHG aF der Anwendungsbereich noch auf Aktien beschränkt, unterfallen nun Führungskräfte von Emittenten jeder Art von Finanzinstrumenten und damit auch von Schuldverschreibungen der Meldepflicht für Eigengeschäfte. Diese Schuldverschreibungen werden häufig über Zweckgesellschaften (SPVs), dh über juristisch selbständige Personen emittiert. Eine Meldepflicht der Führungskräfte der hinter der Emission stehenden Gesellschaft (Muttergesellschaft des SPV) wird damit ausgeschlossen. Hier kann es somit zu Transparenzdefiziten kommen. 22

b) Eng verbundene Personen

Die Fallgruppe der „eng verbundenen Personen" bezeichnet Personen, denen aufgrund ihrer persönlichen Nähe zu einer Führungskraft ebenfalls die Pflicht zur Meldung von Eigengeschäften nach Art. 19 MAR auferlegt wird.[46] Dazu gehören zunächst der Ehepartner oder ein Partner der Führungskraft, der nach nationalem Recht einem Ehepartner gleichgestellt ist. Ferner zählen dazu nach anwendbarem nationalem Recht unterhaltsberechtigte Kinder sowie Verwandte, die zum Zeitpunkt, zu dem das betreffende Geschäft getätigt wird, seit mindestens einem Jahr demselben Haushalt wie die Führungskraft angehören. Ebenso gilt als eng verbundene Person eine juristische Person, Treuhand oder Personengesellschaft, deren Führungsaufgaben durch eine Führungskraft des Emittenten oder eine Person wahrgenommen wird, die einer der vorgenannten Fallgruppen angehört, die von einer solchen Person kontrolliert wird, die zugunsten einer solchen Person gegründet wurde oder deren wirtschaftliche Interessen weitgehend denen einer solchen Person entsprechen. 23

Der Kreis der eng verbundenen Personen ist damit – zumindest dem Wortlaut nach – grundsätzlich identisch mit der bisherigen Rechtslage nach § 15a Abs. 3 WpHG aF[47], so dass auch hier wiederum die zu § 15a WpHG aF vertretenen Auffassungen zur Auslegung herangezogen werden können. 24

aa) Natürliche Personen. Als „eng verbundene Person" gilt zunächst der **Ehepartner**. Nach deutschem Recht wird der eingetragene Lebenspartner nach Maßgabe des LPartG dem Ehepartner gleichgestellt. Bei Ehegatten und eingetragenen Lebenspartnern kommt es nicht darauf an, ob ein gemeinsamer Haushalt geführt wird. 25

Zudem unterliegen auch getrennt lebende Ehegatten oder eingetragene Lebenspartner der Meldepflicht, solange bis die Ehe geschieden oder die Lebenspartnerschaft aufgehoben ist.[48] 26

---

[46] Art. 3 Abs. 1 Nr. 26 MAR.

[47] *Stüber* DStR 2016, 1221 (1222), die auf eine „weitgehend deckungsgleichen" Personenkreis abstellt sowie *Kiesewetter/Parmentier* BB 2013, 2371 (2377), die von einem unveränderten Personenkreis ausgehen; außerdem *Seibt/Wollenschläger* AG 2014, 593 (601); *von der Linden* DStR 2016, 1036 (1039).

[48] BaFin Emittentenleitfaden Tz. V.1.2.2 (S. 74).

27 Weiterhin besteht eine Meldepflicht für **unterhaltsberechtigte Kinder**. Entscheidend ist hier, ob die Führungskraft zum Unterhalt verpflichtet ist – ob dieser tatsächlich gezahlt wird, ist nicht von Bedeutung.[49] In Deutschland richtet sich die konkrete Unterhaltsverpflichtung nach den Vorschriften des BGB (§§ 1601 ff. BGB). Nach § 1602 BGB sind insbesondere minderjährige Kinder (unter 18 Jahren) unterhaltsberechtigt. Unterhaltsberechtigt ist aber auch, wer außerstande ist, sich selbst zu unterhalten (§ 1602 Abs. 1 BGB). Somit können auch volljährige Kinder etwa bis zum Abschluss der Schulausbildung beziehungsweise der ersten Ausbildung unterhaltsberechtigt sein. Diese unterfallen der Meldepflicht des Art. 19 MAR.

28 Auch **andere Verwandte**, die zum Zeitpunkt der Tätigung des betreffenden Geschäfts seit mindestens einem Jahr demselben Haushalt wie die Führungskraft angehören, sind „eng verbundene Personen" und unterliegen damit der Meldepflicht nach Art. 19 MAR. In Deutschland sind hiervon Verwandte im Sinne von § 1589 BGB erfasst. Das Kriterium desselben Haushalts ist erfüllt, wenn eine Wohn- und Wirtschaftsgemeinschaft besteht.[50] Insofern können auch Kinder, die nicht (mehr) unterhaltsberechtigt sind, aber seit über einem Jahr im selben Haushalt leben, meldepflichtig sein.

29 **bb) Juristische Personen, Treuhand, Personengesellschaften.** Wie auch schon in der Fassung des § 15a Abs. 3 S. 2 WpHG aF ist der Wortlaut der Definition für „eng verbundene Personen" im Hinblick auf juristische Personen beziehungsweise sonstige Einrichtungen (Treuhand, Personengesellschaften) sehr weit gefasst.

Die einzelnen Voraussetzungen sind nach dem Wortlaut des Art. 3 Abs. 1 Nr. 26 lit. d) MAR alternativ aufgezählt. Danach sind drei alternativ geltende Fallgestaltungen möglich:

(i) Eine Führungskraft oder eng mit ihr verbundene Person nimmt in dem anderen Unternehmen Führungsaufgaben wahr,

(ii) Eine Führungskraft oder eng mit ihr verbundene Person kontrolliert das andere Unternehmen direkt oder indirekt,

(iii) Das andere Unternehmen wurde zugunsten einer Führungskraft oder eng mit ihr verbunden Person gegründet oder die wirtschaftlichen Interessen des anderen Unternehmens entsprechen weitgehend denen einer solchen Person.

30 Schon die unterschiedlichen Formulierungen der deutschen und englischen Sprachfassung der früheren Durchführungs-Richtlinie 2004/72/EG zur MAD 2003 hatten diesbezüglich zu Diskussionen geführt, die im Zusammenhang mit der MAR wieder auflebten. Während in der englischen Fassung des Art. 1 Abs. 2 lit. d) Durchführungs-Richtlinie 2004/72/EG zwischen allen Alternativen ein („or") eingefügt wurde, enthielt die deutsche Fassung lediglich ein „oder" vor der letzten Alternative während die vorherigen Alternativen durch Komma getrennt waren. Daraus wurde teilweise der Schluss gezogen, dass nicht alle Voraussetzungen alternativ zu betrachten sind und insbesondere das Innehaben eines Mandats in einem Organ eines anderen Emittenten („Doppelorganschaft") diesen anderen Emittenten nicht in den Kreis der meldepflichtigen Personen einbezieht. Diese Diskussion wurde neu entfacht, als durch ein Redaktionsversehen im Text des Art. 3 Abs. 1 Nr. 26 lit. d) MAR auch in der englischen Sprachfassung eine „Oder-Verknüpfung" nur mit einem „oder" am Ende der Aufzählung gewählt wurde. Inzwischen wurde dies jedoch korrigiert und die ursprünglich schon durch die Durchführungsrichtlinie 2004/72/EG gewählte Sprachfassung („oder" zwischen allen Alternativen) in der englischen Fassung wieder aufgenommen.[51] Darin wurde teilweise eine bewusste Erweiterung des Anwendungsbereichs gesehen, da durch die Berichtigung klargestellt wurde, dass es sich bei der Aufzählung in Art. 3 Abs. 1 Nr. 26 lit. d) MAR um eine alternative Aufzählung handelt. Tatsächlich handelt es sich jedoch lediglich um eine redaktionelle Anpassung. Sowohl im

[49] BaFin Emittentenleitfaden Tz. V.1.2.2 (S. 74).
[50] BaFin Emittentenleitfaden Tz. V.1.2.2 (S. 74).
[51] Berichtigung der MAR vom 21.10.2016, ABl. EU Nr. L287 v. 21.10.2016 S. 320.

englischen als auch im deutschen Sprachgebrauch ist ein „oder" am Ende einer Aufzählung ausreichend, um alle Voraussetzungen in ein alternatives Verhältnis zueinander zu setzen. Der Aussagegehalt ist daher in beiden Sprachfassungen inhaltlich identisch. Die Frage des Anwendungsbereichs ist vielmehr losgelöst von dem Wortlaut (der hier sehr weit geraten ist) im Hinblick auf Sinn und Zweck auszulegen und gegebenenfalls einzuschränken.

Die BaFin hatte bereits in ihrem Emittentenleitfaden zum früheren Recht festgestellt, **31** dass eine wörtliche Auslegung der Definition der eng verbundenen Person zu einer unverhältnismäßigen Ausweitung der Meldepflicht führen würde, die durch den Regelungszweck nicht gerechtfertigt wäre.[52] Dies gilt insbesondere für die erste Alternative, die Unternehmen in den Kreis der eng verbundenen Personen einbezieht, bei denen eine Führungskraft oder eng mit ihr verbundene Person im Sinne des Art. 3 Abs. 1 Nr. 25 MAR Führungsaufgaben wahrnimmt. Die Vorschriften (Art. 6 Abs. 1 der Durchführungsrichtlinie 2004/72/EG und § 15a Abs. 3 S. 3 WpHG aF) sollten daher im Lichte der von CESR formulierten Ziele der Meldepflicht ausgelegt und deren Anwendung auf ihren eigentlichen Sinn reduziert werden.[53] Die Einbeziehung der Unternehmen erfolgt danach unter anderem, um eine Umgehung der Meldepflichten zu erschweren. Die BaFin hatte daraus gefolgert, dass Geschäfte von Unternehmen nur dann eine Meldepflicht auslösen sollten, wenn durch diese für eine (meldepflichtige) natürliche Person eine Möglichkeit besteht, sich einen nennenswerten wirtschaftlichen Vorteil zu sichern.[54] Diese teleologische Reduktion ist auch nach der aktuellen Rechtslage möglich und erforderlich.

Eine wörtliche Auslegung würde nach wie vor zu einer unverhältnismäßigen und nicht **32** sachgerechten Ausweitung der Meldepflichten führen. So hat auch die BaFin entsprechend ihrer bisherigen Verwaltungspraxis in ihren FAQ zu Art. 19 MAR festgestellt, dass eine Meldepflicht bei einem Eigengeschäft eines Unternehmens nur dann besteht, wenn für eine Führungskraft des Emittenten (oder eine mit der Führungskraft eng verbundene Person) dadurch die Möglichkeit besteht, für sich einen signifikanten wirtschaftlichen Vorteil zu sichern. Ein solch signifikanter wirtschaftlicher Vorteil könne zB dann erzielt werden, wenn die Führungskraft oder die natürliche Person, die zur Führungskraft in enger Beziehung steht, an der Gesellschaft mit 50% oder mehr beteiligt ist oder wenn ihr 50% oder mehr der Gewinne der Gesellschaft zugerechnet werden.[55] Die BaFin verweist in ihren FAQ für nähere Einzelheiten auf das Q&A Dokument der ESMA.[56] Dieses nimmt allerdings nicht ausdrücklich Stellung zu der von der BaFin vorgenommenen Einschränkung. Es gilt daher die folgenden Fallgestaltungen näher zu betrachten.

Zunächst ist zu klären, ob der **Emittent selbst** als meldepflichtige Person im Sinne des **33** Art. 3 Abs. 1 Nr. 26 lit. d) MAR zu qualifizieren ist. Der reine Wortlaut „eine juristische Person, Treuhand oder Personengesellschaft, deren Führungsaufgaben durch eine Person, die Führungsaufgaben wahrnimmt [...] wahrgenommen werden" schließt den Emittenten grundsätzlich mit ein. Demnach müsste ein Emittent die von ihm getätigten Eigengeschäfte (zB Erwerb eigener Aktien) grundsätzlich melden. Die Einbeziehung des Emittenten als primären Auslöser der Meldepflicht wäre aber als Zirkelschluss anzusehen.[57] Zudem würden beispielsweise bei einem Aktienrückkaufprogramm, bei dem die Rückkäufe marktschonend über einen längeren Zeitraum (zB ein Jahr) erworben werden zu einem absurden Meldevolumen ohne Aussagegehalt führen. Die einzelnen Rückkauftransaktionen innerhalb eines solchen Programms erfolgen oft auf täglicher Basis. Gehörte der Emittent selbst zum Kreis der meldepflichtigen Personen, wäre (für die Dauer des Programms) das tägliche

52 BaFin Emittentenleitfaden Tz. V.1.2.3 (S. 75).
53 BaFin Emittentenleitfaden Tz. V.1.2.3 (S. 75).
54 BaFin Emittentenleitfaden Tz. V.1.2.3 (S. 75).
55 BaFin, FAQ zu Eigengeschäften von Führungskräften nach Art. 19 der Marktmissbrauchsverordnung (EU) Nr. 596/2014, 8. Version (Stand 13.9.2017), Frage Nr. II. 10; BaFin Emittentenleitfaden Tz. V.1.2.6 (S. 75).
56 ESMA, Questions and Answers on the Market Abuse Regulation (MAR), ESMA70–145-111, Version 9, Stand: 21.11.2017, Question 7.7.
57 BaFin Emittentenleitfaden Tz. V.1.2.4 (S. 75).

Entstehen einer Meldepflicht nach Art. 19 MAR die Folge. Hinzu kommt, dass die MAR für Aktienrückkaufprogramme eine Sonderregelung in Art. 5 MAR vorsieht. Dort ist ein sog. Safe Harbour definiert, innerhalb dessen ein Aktienrückkaufprogramm durchgeführt werden kann, ohne dass die beteiligten Personen Gefahr laufen, gegen die Verbote des Insiderhandels, der unrechtmäßige Offenlegung von Insiderinformationen oder der Marktmanipulation zu verstoßen. Aktienrückkaufprogramme, die nach Art. 5 MAR durchgeführt werden, sind schon nach Art. 5 Abs. 3 der zuständigen Aufsichtsbehörde zu melden. Im Ergebnis würde es daher zu einer Doppelmeldung kommen. Die BaFin hatte dementsprechend bereits in ihrem Emittentenleitfaden klargestellt, dass sämtliche eigenen Geschäfte (insbesondere Anlagebestands- und Handelsbestandstransaktionen sowie Geschäfte aufgrund von Rückkaufprogrammen) des Emittenten, der börsennotiert ist oder die Börsenzulassung beantragt hat, nicht als Eigengeschäfte von Führungspersonen mitteilungspflichtig sind.[58] Diese Auffassung vertritt die BaFin auch nach geltendem Recht. So hat sie in ihren FAQ zu Art. 19 MAR klargestellt, dass keine Notwendigkeit besteht, solche Transaktionen als Eigengeschäfte nach Art. 19 MAR mitzuteilen.[59] Die Auffassung wird auch von der ESMA unterstützt, die darauf hinweist, dass die in Art. 3 Abs. 1 Nr. 26 lit. d) MAR angesprochene Führungskraft eine Führungskraft eines „anderen Unternehmens" als des Emittenten ist, auf dessen Finanzinstrumente sich die Meldepflicht nach Art. 19 MAR bezieht.[60] Dieser Auffassung ist zuzustimmen.

34 Auch im Hinblick auf **gemeinnützige Gesellschaften** und Einrichtungen stellt sich die Frage der Anwendbarkeit der Meldepflichten nach Art. 19 MAR. Vor dem Hintergrund der teleologischen Beschränkung des Anwendungsbereichs auf solche Geschäfte, bei denen sich die meldepflichtige natürliche Person einen nennenswerten wirtschaftlichen Vorteil sichern können muss, fallen gemeinnützige Gesellschaften und Einrichtungen aus dem Anwendungsbereich heraus.[61] Diese Auffassung wurde von der BaFin in ihren FAQ zu Art. 19 MAR auch für die aktuelle Rechtslage bestätigt.[62] Auch dieser einschränkenden Auslegung der BaFin ist vor dem Hintergrund der Zielrichtung der Einbeziehung eng verbundener Personen – nämlich der Vermeidung von Umgehungsfällen – zuzustimmen.

35 Eine Einschränkung des Wortlauts ist schließlich auch im Hinblick auf sogenannte reine **„Doppelmandate"** erforderlich. Da alle Voraussetzungen für das Vorliegen einer „eng verbundenen Person" nach Art. 3 Abs. 1 Nr. 26 lit. d) MAR in einem alternativen Verhältnis zueinander stehen, ist grundsätzlich das Vorliegen einer dieser Alternativen ausreichend, um eine meldepflichtige Person zu identifizieren. Die erste Alternative („eine juristische Person, Treuhand oder Personengesellschaft, deren Führungsaufgaben durch eine Person, die Führungsaufgaben wahrnimmt […] wahrgenommen werden") würde demnach Gesellschaften einschließen, bei denen eine Führungskraft (zB Vorstand) eines Emittenten beispielsweise im Aufsichtsrat einer anderen Gesellschaft sitzt. Diese Doppelorganschaften sind nicht nur innerhalb eines Konzernverbunds weit verbreitet. Auch die Verknüpfung von zwei oder mehreren Aufsichtsratsmandaten würde entsprechende Meldepflichten für die jeweils anderen Gesellschaften auslösen. Auch hier sind wiederum Konstellationen denkbar, die zu einem extrem hohen Meldevolumen führen würden. Wenn es sich bei einem der Unternehmen beispielsweise um eine Bank handelt, würde das gesamte Handelsgeschäft für den anderen Emittenten eine Meldepflicht nach Art. 19 MAR auslösen. Dies würde zu einer Meldeflut führen, die dem Sinn und Zweck der Schaffung von Markttransparenz nicht gerecht werden, sondern im Gegenteil falsche Signale an den Markt senden

[58] BaFin Emittentenleitfaden Tz. V.1.2.4 (S. 75).

[59] BaFin, FAQ zu Eigengeschäften von Führungskräften nach Art. 19 der Marktmissbrauchsverordnung (EU) Nr. 596/2014, 8. Version (Stand 13.9.2017), Frage Nr. II. 7.

[60] ESMA, Questions and Answers on the Market Abuse Regulation (MAR), ESMA70-145-111, Version 9, Stand: 21.11.2017, Question 7.7.

[61] BaFin Emittentenleitfaden Tz. V.1.2.5 (S. 75).

[62] BaFin, FAQ zu Eigengeschäften von Führungskräften nach Art. 19 der Marktmissbrauchsverordnung (EU) Nr. 596/2014, 8. Version (Stand 13.9.2017), Frage Nr. II. 8.

würde. Auch hier bedarf es daher einer teleologischen Reduktion und einer Beschränkung auf Situationen, in denen die natürliche meldepflichtige Person einen nennenswerten wirtschaftlichen Vorteil erzielen kann. Dies dürfte bei reinen Doppelmandaten grundsätzlich nicht der Fall sein.

Die BaFin vertritt diese Auffassung nach wie vor in Ihren FAQ auch nach geltender Rechtslage.[63] Danach begründet die Wahrnehmung von Führungsaufgaben in einer anderen juristischen Person alleine keine Meldepflicht dieser juristischen Person, sofern diese juristische Person nicht darüber hinaus direkt oder indirekt von der Führungskraft des Emittenten kontrolliert wird, oder zu deren Gunsten gegründet wurde oder ihre wirtschaftliche Interessen weitgehend denen der Führungskraft entsprechen („reine Doppelmandate").[64] Die BaFin verweist hier für nähere Einzelheiten wiederum auf das Q&A Dokument der ESMA.[65] Die dortigen Ausführungen lassen sich jedoch nicht ohne weiteres mit der Auffassung der BaFin in Einklang bringen. So soll zwar auch nach Auffassung der ESMA eine reine Doppelorganschaft, unabhängig davon, ob Vorstand oder Aufsichtsrat („*executive or non-executive functions*"), nicht zu einer Meldepflicht führen. Anders soll dies jedoch sein, wenn die Führungskraft in dem anderen Unternehmen an Unternehmensentscheidungen teilnimmt oder diese beeinflusst, die Geschäfte in Finanzinstrumenten des Emittenten betreffen („*taking part or influencing the decisions of that legal entity to carry out transactions in financial instruments of the issuer*"). Solange also der Vorstand des anderen Unternehmens keine Entscheidung bezüglich der Erwerbs- oder Veräußerungsgeschäfte bezüglich der relevanten Finanzinstrumente des Emittenten trifft (und dies sollte bei größeren Gesellschaften der Regelfall sein), stimmen die Auffassungen der BaFin und der ESMA überein. Ein Auseinanderfallen der Meinungen kann sich aber gegebenenfalls bei kleineren Gesellschaften ergeben, bei denen die Führungskraft zwar keine Kontrolle ausübt oder ein Gleichlauf der wirtschaftlichen Interessen vorliegt aber eine Entscheidung auf Vorstandsebene üblich ist. In diesem Fall sollte der restriktiveren Ansicht der ESMA gefolgt werden, dh bei einer Mitwirkung des Organmitglieds der anderen Gesellschaft an einem Geschäft über Finanzinstrumente des Emittenten sollte eine entsprechende Meldung der anderen Gesellschaft erfolgen. 36

2. Erfasste Marktteilnehmer

Meldepflichtig nach Art. 19 Abs. 1 MAR sind Führungskräfte und mit ihnen eng verbundene Personen solcher Emittenten, deren Finanzinstrumente an einem **geregelten Markt** gehandelt werden beziehungsweise die für ihre Finanzinstrumente eine Zulassung zum Handel an einem geregelten Markt beantragt oder genehmigt haben (Art. 2 Abs. 1a) iVm Art. 19 Abs. 4 lit. a) MAR). Insofern ergibt sich keine Änderung zur bisherigen Rechtslage nach § 15a WpHG aF. Art. 3 Abs. 1 Nr. 6 MAR verweist auf die Definition des geregelten Marktes in Art. 4 Abs. 1 Nr. 21 MiFID II[66]. „Geregelter Markt" ist danach ein von einem Marktbetreiber betriebenes und/oder verwaltetes multilaterales System, das die Interessen einer Vielzahl Dritter am Kauf und Verkauf von Finanzinstrumenten innerhalb des Systems und nach seinen nichtdiskretionären Regeln in einer Weise zusammenführt oder das Zusammenführen fördert, die zu einem Vertrag in Bezug auf Finanzinstrumente führt, die gemäß den Regeln und/oder Systemen des Marktes zum Handel zugelassen wurden, sowie eine Zulassung erhalten hat oder ord- 37

[63] BaFin, FAQ zu Eigengeschäften von Führungskräften nach Art. 19 der Marktmissbrauchsverordnung (EU) Nr. 596/2014, 8. Version (Stand 13.9.2017), Frage Nr. II. 9.

[64] BaFin, FAQ zu Eigengeschäften von Führungskräften nach Art. 19 der Marktmissbrauchsverordnung (EU) Nr. 596/2014, 8. Version (Stand 13.9.2017), Frage Nr. II. 9.

[65] ESMA, Questions and Answers on the Market Abuse Regulation (MAR), ESMA70-145-111, Version 9, Stand: 21.11.2017, Question 7.7.

[66] Richtlinie 2014/65/EU des Europäischen Parlaments und des Rates vom 15. Mai 2014 über Märkte für Finanzinstrumente sowie zur Änderung der Richtlinien 2002/92/EG und 2011/61/EU, ABl. EU Nr. L173 v. 12.6.2016 S. 349 ff. (MiFID II).

nungsgemäß und gemäß Titel III MiFID II funktioniert. Diese Anforderungen erfüllen in Deutschland nur die regulierten Märkte an den deutschen Wertpapierbörsen im Sinne der §§ 32 ff. BörsG.[67]

38 Darüber hinaus erfasst die MAR und damit auch Art. 19 MAR Finanzinstrumente, die nur auf einem multilateralen oder organisierten Handelssystem („MTF" und „OTF") gehandelt werden beziehungsweise Emittenten, die für ihre Finanzinstrumente die Zulassung zum Handel an einem multilateralen Handelssystem erhalten oder beantragt haben sowie Emittenten, die für ihre Finanzinstrumente die Zulassung zum Handel an einem organisierten Handelssystem erhalten haben (Art. 2 Abs. 1 lit. b) und c) iVm Art. 19 Abs. 4 lit. b) MAR). Von dem Begriff der „Zulassung" ist auch die „Einbeziehung" von Wertpapieren in den Freiverkehr an deutschen Wertpapierbörsen erfasst. Nicht erfasst sind Emittenten allerdings, wenn die Finanzinstrumente ohne Zutun des Emittenten gehandelt werden.[68] Die Einbeziehung in den Handel muss also vom Emittenten selbst oder zumindest mit seiner Zustimmung veranlasst worden sein.

39 Für die Definition der Begriffe multilaterales und organisiertes Handelssystem verweist die MAR in Art. Art. 3 Abs. 1 Nr. 7 und 8 MAR wiederum auf MiFID II.

40 **Multilaterales Handelssystem (MTF)** wird dort in Art. 4 Abs. 1 Nr. 22 als ein von einer Wertpapierfirma oder einem Marktbetreiber betriebenes multilaterales System definiert, das die Interessen einer Vielzahl Dritter am Kauf oder Verkauf von Finanzinstrumenten innerhalb des Systems und nach nichtdiskretionären Regeln in einer Weise zusammenführt, die zu einem Vertrag gemäß Titel II der MiFID II führt. Beispiel für ein solches multilaterales Handelssystem in Deutschland ist der Freiverkehr.

41 **Organisiertes Handelssystem (OTF)** ist nach Art. 4 Abs. 1 Nr. 23 MiFID II ein multilaterales System, bei dem es sich nicht um einen geregelten Markt oder ein MTF handelt und das die Interessen einer Vielzahl Dritter am Kauf und Verkauf von Schuldverschreibungen, strukturierten Finanzprodukten, Emissionszertifikaten oder Derivaten innerhalb des Systems in einer Weise zusammenführt, die zu einem Vertrag gemäß Titel II der MiFID II führt. OTFs werden durch MiFID II erstmals eingeführt. Die Verweise auf OTFs in der MAR wurden somit erst mit Umsetzung der MiFID II in deutsches Recht zum 3. Januar 2018 relevant.

42 Schließlich erfasst die MAR auch Teilnehmer am Markt für Emissionszertifikate. Nach Art. 19 Abs. 1 lit. b) MAR ist in Bezug auf Teilnehmer am Markt für Emissionszertifikate jedes Eigengeschäft mit Emissionszertifikaten, darauf beruhenden Auktionsobjekten oder deren damit verbundenen Derivate zu melden. Nach Art. 19 Abs. 10 MAR sind außerdem Geschäfte von Führungskräften und eng mit ihnen verbundene Personen, bei Versteigerungsplattformen, Versteigerern und der Auktionsaufsicht, die in Auktionen gemäß der Verordnung (EU) Nr. 1031/2010[69] beteiligt sind, meldepflichtig, soweit ihre Geschäfte Emissionszertifikate, deren Derivate und darauf beruhende Auktionsprodukte umfassen.

43 Der räumliche Anwendungsbereich richtet sich nach dem kapitalmarktrechtlichen Auswirkungsprinzip, so dass alle in der EU zugelassenen Instrumente erfasst werden (unabhängig vom Sitz des Emittenten).[70]

---

[67] *Von der Linden* DStR 2016, 1036; *Graßl* DB 2015, 2066.

[68] ESMA, Final Report – Draft Technical Standards on the Market Abuse Regulation v. 28.9.2015, ESMA/2015/1455 Kap. 9 (Managers' Transactions) Rn. 298 und die Klarstellung in § 2 Abs. 15 WpHG; außerdem *von der Linden* DStR 2016, 1036 (1037); *Graßl* DB 2015, 2066 (2067); *Seibt/Wollenschläger* AG 2014, 593 (595); *Grundmann* in GroßkommHGB Bd. XI Bankvertragsrecht 6. Teil Rn. 535.

[69] Verordnung (EU) Nr. 1031/2010 der Kommission vom 12.11.2010 über den zeitlichen und administrativen Ablauf sowie sonstige Aspekte der Versteigerung von Treibhausgasemissionszertifikaten gemäß der Richtlinie 2003/87/EG des Europäischen Parlaments und des Rates über ein System für den Handel mit Treibhausgasemissionszertifikaten in der Gemeinschaft, ABl. EU Nr. L302 v. 18.11.2010 S. 239 ff. (Emissionszertifikate-Verordnung).

[70] *Grundmann* in GroßkommHGB Bd. XI Bankvertragsrecht 6. Teil Rn. 535.

3. Erfasste Finanzinstrumente

Die Meldepflicht nach Art. 19 MAR erfasst jedes Eigengeschäft der Führungskraft oder der mit ihr in enger Beziehung stehenden Person (i) in Anteilen oder Schuldtiteln des Emittenten, (ii) oder damit verbundenen Derivaten oder anderen damit verbundenen Finanzinstrumenten oder (iii) im Fall von Teilnehmern am Markt von Emissionszertifikaten, in Emissionszertifikaten, darauf beruhenden Auktionsobjekten oder deren damit verbundenen Derivaten. 44

Erfasst sind somit sämtliche Finanzinstrumente iSd Anhang I Abschnitt C MiFID II. Hierzu zählen insbesondere (i) übertragbare Wertpapiere, (ii) Geldmarktinstrumente, (iii), Anteile an Organismen für gemeinsame Anlagen, (iv), Derivate, dh Finanzinstrumente, die zum Kauf oder Verkauf von Aktien, Anteilen oder Schuldverschreibungen oder diesen gleichzustellenden Wertpapieren berechtigen oder zu einer Barzahlung führen, die anhand von entsprechenden Basiswerten bestimmt wird (v) Finanzielle Differenzgeschäfte und (vi) Emissionszertifikate, die aus Anteilen bestehen, deren Übereinstimmung mit den Anforderungen der Richtlinie 2003/87/EG (Emissionshandelssystem) anerkannt ist. 45

Anders als nach § 15a WpHG aF, der die Anwendbarkeit auf „Aktien und sich darauf beziehende Finanzinstrument, insbesondere Derivate" beschränkte, erstreckt sich der Anwendungsbereich nach Art. 19 MAR damit auch auf Schuldtitel und Emissionszertifikate. Da der Begriff „Anteil" in der MAR nicht näher definiert wird, könnten darüber hinaus auch Geschäfte mit **GmbH-Geschäftsanteilen** mitteilungspflichtige Transaktionen darstellen (sofern die GmbH als Emittent im Sinne des Art. 19 Abs. 4 MAR zu qualifizieren ist). Dies würde aber dem erforderlichen Zusammenhang zwischen Offenlegungspflichten und Insiderhandelsverbot[71], welches GmbH-Geschäftsanteile nicht erfasst, widersprechen. Es ist daher davon auszugehen, dass Art. 19 MAR bei einer GmbH nur Geschäfte mit von dieser emittierten Schuldtiteln und mit darauf bezogenen Finanzinstrumenten erfasst, nicht jedoch Geschäfte mit den Geschäftsanteilen.[72] 46

Zu den Finanzinstrumenten gehören nunmehr auch Anteile oder Aktien an einem **Organismus für gemeinsame Anlagen** („OGA"). Diesbezüglich enthält Art. 19 Abs. 1a lit. a) MAR, der nachträglich durch Art. 56 Nr. 1 der Verordnung (EU) 2016/1011 (Benchmark-Verordnung)[73] eingefügt wurde, allerdings eine Einschränkung. Geschäfte mit Anteilen oder Aktien an einem OGA sind nur dann meldepflichtig, sofern zum Zeitpunkt des Geschäfts die Risikoposition gegenüber den Anteilen oder Schuldtiteln des Emittenten 20 % der von dem OGA gehaltenen Vermögenswerte übersteigt. Der Begriff OGA ist dabei nicht dahingehend zu verstehen, dass nur Organismen für gemeinsame Anlagen *in Wertpapieren* („OGAW") erfasst werden. Vielmehr ist er gleichbedeutend mit dem allgemeinen Begriff des Investmentvermögens. Dies zeigt auch ein Vergleich mit der englischen Sprachfassung der MAR, die von *„collective investment undertakings"* spricht. 47

Die gleiche Einschränkung gilt auch für andere Finanzinstrumente die eine Risikoposition gegenüber einem Portfolio von Vermögenswerten darstellen (gemeint sind hier wohl insbesondere an einen Index gekoppelte Produkte, und Wertpapierkörbe). Geschäfte in diesen Finanzinstrumenten sind ebenfalls nur meldepflichtig, wenn die Risikoposition gegenüber den Anteilen oder Schuldtiteln des Emittenten 20 % der Vermögenswerte des Portfolios übersteigt (Art. 19 Abs. 1a lit. b) MAR). 48

---

[71] Vgl. Erwägungsgrund 58 MAR.

[72] *Diekgräf*, Directors' Dealings, Paradigmenwechsel im europäischen Marktmissbrauchsrecht, S. 118 f.

[73] Verordnung (EU) 2016/1011 des Europäischen Parlaments und des Rates vom 8.6.2016 über Indizes, die bei Finanzinstrumenten und Finanzkontrakten als Referenzwert oder zur Messung der Wertentwicklung eines Investmentfonds verwendet werden, und zur Änderung der Richtlinien 2008/48/EG und 2014/17/EU sowie der Verordnung (EU) Nr. 596/2014, ABl. EU Nr. L171 S. 1 ff. (Benchmark-Verordnung).

49 Die Einführung dieser 20%-Schwelle geht auf die ESMA und ihren Vorschlag zu möglichen delegierten Rechtsakten[74] zurück. Der Vorschlag wurde von der Kommission in der VO 2016/522 nicht angenommen, weil die Kommission eine solche Einschränkung nicht von der in Art. 19 Abs. 14 MAR geregelten Ermächtigung umfasst sah. Die Einschränkung wurde daher durch eine nachträgliche Änderung des Gesetzestextes der MAR eingefügt.

50 Weitere Voraussetzung für die Meldepflicht bei Anteilen an OGAs oder portfoliobezogenen Finanzinstrumenten ist, dass die Führungskraft oder die zu ihr in enger Beziehung stehende Person die Anlagezusammensetzung oder die Risikoposition eines solchen OGA oder eines solchen Portfolios von Vermögenswerten kennt oder kennen konnte bzw. Grund zu der Annahme hat, dass die entsprechenden Schwellen überschritten sind (Art. 19 Abs. 1a lit. c) MAR). Eine Möglichkeit zur Kenntnisnahme ist dann gegeben, wenn die Informationen über Anlagezusammensetzung und Risikoposition verfügbar sind. Insofern hat die Führungskraft bzw. die in enger Beziehung zu ihr stehende Person alle zumutbaren Anstrengungen zu unternehmen, um diese Information zu erhalten (sind in Art. 19 Abs. 1a UAbs. 5 MAR).

51 Unklar ist, auf welchen Stichtag sich diese Kenntnis beziehen muss. Grundsätzlich muss die Kenntnis wohl zum Zeitpunkt der Transaktion vorliegen. In den meisten Fällen wird die genaue Zusammensetzung der Beteiligungen aber nicht täglich veröffentlicht. In diesem Fall scheint es sinnvoll, einen praktischen Ansatz zu wählen und auf den Tag der letzten Veröffentlichung der Zusammensetzung der Beteiligungen des OGA abzustellen.[75]

52 Insgesamt dürfte mit der Einführung der 20%-Schwelle die Mehrzahl der Investmentvermögen aus dem Anwendungsbereich der Meldepflicht des Art. 19 MAR herausfallen, da ein Investmentvermögen grundsätzlich nicht 20% oder mehr des Vermögens in Finanzinstrumente eines Emittenten investiert.[76] Gleiches gilt für portfoliobezogene Produkte, wie Zertifikate. Dies ist auch zu begrüßen, da eine Meldung dieser Transaktionen dazu geführt hätte, dass falsche Signale in den Markt gegeben werden. Der Erwerb oder die Veräußerung von Investmentfondsanteilen oder portfoliobezogenen Finanzprodukten, die ihrerseits nur zu einem geringen Anteil in Finanzprodukte des Emittenten investiert sind, kann kaum Rückschlüsse auf Insiderwissen und damit die Entwicklung des Aktienkurses des Emittenten zulassen.

53 Die ESMA hatte sich in ihrem Abschlussbericht zum Technical Advice zu möglichen delegierten Rechtsakten zur MAR zudem dafür ausgesprochen, dass eine Aufstockung der Beteiligung durch den Fonds auf über 20%, die nach dem Erwerb der Fondsanteile durch die Führungskraft oder die eng mit ihr verbundene Person erfolgte, nicht zu einer Meldepflicht führen sollte. Erst bei einem späteren Verkauf sollte das Überschreiten der 20%-Schwelle zu berücksichtigen sein.[77] Dies sollte aber nur gelten, wenn die Führungskraft bzw. die eng mit ihr verbundene Person keinen Einfluss auf die Anlagepolitik des Fonds hatte, andernfalls würde eine Meldepflicht vorliegen.[78] Diese Klarstellungen der ESMA haben keinen Eingang in Art. 19 Abs. 1a MAR gefunden. Im Ergebnis sollte die Einfügung von Art. 19 Abs. 7 UAbs. 3 MAR aber diesem Verständnis entsprechen. Bei Trans-

---

[74] ESMA, Final Report – ESMA's Technical Advice on Possible Delegated Acts Concerning the Market Abuse Regulation v. 3.2.2015, ESMA/2015/224 S. 45 ff. und 55 f.

[75] So im Ergebnis auch *Helm* ZIP 2016, 2201 (2207).

[76] Zur Risikostreuung allgemein *Eckhold/Balzer* in Assmann/Schütze § 22 Rn. 7. Bei inländischen OGAW sieht § 210 Abs. 1, 2 KAGB für Schuldverschreibungen oder Geldmarktinstrumente desselben Emittenten sogar eine Grenze von 10% des Gesamtnennbetrags der in Umlauf befindlichen Schuldverschreibungen und Geldmarktinstrumente desselben Emittenten vor, entsprechend für Aktien mit und ohne Stimmrechte, der Anteil an dem Kapital, das auf die ausgegebenen Aktien ohne Stimmrechte entfällt, bzw. Anteil an den Stimmrechten desselben Emittenten 10% nicht übersteigen darf; dazu *Kayser/Holleschek* in Weitnauer/Boxberger/Anders KAGB § 210. Bei AIFs gelten großzügigere Vorgaben, vgl. §§ 214 ff. KAGB.

[77] ESMA/2015/224 S. 48 Rn. 125.

[78] ESMA/2015/224 S. 48 Rn. 127 ff.

aktionen über die Fondsanteile selbst ist auf den jeweiligen Zeitpunkt der Transaktion abzustellen und eine Meldepflicht anhand der 20%-Schwelle zum Stichtag zu beurteilen. Bei Investments des Fonds-Managers (Kapitalverwaltungsgesellschaft, „KVG"), ist zu unterscheiden, ob die KVG im eigenen Ermessen handelt oder die Führungskraft des Emittenten Einfluss auf die Zusammensetzung des Fonds nehmen kann (hierzu unten unter 4. a) (2)).

4. Erfasste Transaktionen

a) Erfasste Geschäftsarten

Die im Rahmen des Art. 19 MAR meldepflichtigen Geschäftsarten ergeben sich aus Art. 19 Abs. 7 sowie Abs. 14 MAR iVm Art. 10 Abs. 2 VO 2016/522. Die Aufzählung der meldepflichtigen Geschäftsarten ist dabei nicht abschließend[79] – wobei es sich bei der in Art. 10 Abs. 2 VO 2016/522 genannten Aufzählung um eine umfassende aber nicht erschöpfende Liste handelt.[80] Dies soll zur vollständigen Transparenz von Eigengeschäften beitragen, die von Personen, die Führungsaufgaben wahrnehmen, oder von in enger Beziehung zu diesen stehenden Personen getätigt werden und auch das Risiko verringern, dass die Meldepflicht umgangen wird.[81] Im Vergleich zur bisherigen Rechtslage wird der Kreis der meldepflichtigen Geschäftsarten erheblich ausgeweitet. 54

Geschäft im Sinne dieser Vorschriften ist grundsätzlich jedes Geschäft, das in irgendeiner Form Bezug zum Erwerb oder der Veräußerung von Finanzinstrumenten hat. Die Führungskraft oder die in enger Beziehung zu ihr stehende Person muss dabei keine aktive Rolle spielen (auch passive Geschäfte, wie die Schenkung oder Erbschaft werden erfasst). Es kommt auch nicht darauf an, ob es sich um entgeltliche oder unentgeltliche, einseitige oder zweiseitige Rechtsgeschäfte handelt.[82] Unerheblich ist auch, wo das Geschäft getätigt worden ist, dh ob es auf einem geregelten Markt, einem MTF oder OTF oder over-the-counter (also bilateral, außerhalb eines Handelsplatzes) abgeschlossen wurde.[83] Diese Frage ist nicht zu verwechseln mit den unter 2. genannten erfassten Emittenten, dh der Zulassung bzw. dem Handel der Finanzinstrumente auf einem der genannten Handelsplätze. 55

Art. 19 Abs. 7 MAR greift drei Geschäftsarten heraus und regelt deren Einbeziehung in den Anwendungsbereich der Meldepflicht explizit. Diese Geschäfte werden in der in Art. 10 Abs. 2 VO 2016/522 genannten Liste teilweise konkretisiert (zB die Leihe und die Führung der Geschäfte durch Dritte). 56

Zu den zu meldenden Geschäften zählen danach die Folgenden:

(1) *Verpfänden oder Verleihen von Finanzinstrumenten (Art. 19 Abs. 7 lit. a) MAR)*

Die **Wertpapierleihe** (Wertpapierdarlehen)[84] stellt ein meldepflichtiges Geschäft nach Art. 19 MAR dar.[85] Dies entspricht der bisherigen Rechtslage.[86] Die Rückübertragung nach beendeter Wertpapierleihe ist nicht meldepflichtig.[87] 57

Daneben gehört nach Art. 19 Abs. 7 lit. a) MAR auch das **Verpfänden** von Finanzinstrumenten durch oder im Auftrag eine Führungskraft oder einer mit dieser eng 58

---

[79] *Zetzsche* in Gebauer/Teichmann EnzEuR Bd. VI § 7 C Rn. 198.
[80] Erwägungsgrund 28 VO 2016/522.
[81] Erwägungsgrund 28 VO 2016/522.
[82] *Kumpan* AG 2016, 446 (452).
[83] ESMA/2015/224 S. 43 Rn. 104.
[84] Dazu *Oulds* in Kümpel/Wittig Rn. 14.102 ff.
[85] BaFin, FAQ zu Eigengeschäften von Führungskräften nach Art. 19 der Marktmissbrauchsverordnung (EU) Nr. 596/2014, 8. Version (Stand 13.9.2017), Frage Nr. IV. 12.
[86] BaFin Emittentenleitfaden, Tz. V.3.7.12. (S. 86); *Pfüller* in Fuchs WpHG § 15a Rn. 129b; *Sethe* in Assmann/Schneider WpHG § 15a Rn. 82; *Heinrich* in KölnKomm WpHG § 15a Rn. 56.
[87] BaFin Emittentenleitfaden, Tz. V.3.7.12. (S. 86); BaFin, FAQ zu Eigengeschäften von Führungskräften nach Art. 19 der Marktmissbrauchsverordnung (EU) Nr. 596/2014, 8. Version (Stand 13.9.2017), Frage Nr. IV. 12.

verbundenen Person zu den meldepflichtigen Eigengeschäften nach Art. 19 MAR. Dies hatte die BaFin unter der alten Rechtslage (§ 15a WpHG aF) noch anders gesehen.[88] Die Ausführungen der BaFin in ihrem Emittentenleitfaden können nunmehr aufgrund der eindeutigen Regelung des Art. 19 Abs. 7 lit. a) MAR nicht mehr aufrechterhalten werden. Die Verpfändung von Finanzinstrumenten ist daher meldepflichtig. Zur Begründung wird in Erwägungsgrund 58 der MAR angeführt, dass das Verpfänden von Anteilen im Falle einer plötzlichen und unvorhergesehenen Veräußerung (im Rahmen der Verwertung des Pfandgutes) erhebliche und potentiell destabilisierende Auswirkungen auf das Unternehmen (des Emittenten) haben könne. Ohne Offenlegung würde auf dem Markt nicht bekannt werden, dass die Wahrscheinlichkeit zum Beispiel einer wesentlichen künftigen Änderung beim Anteilsbesitz, eine Zunahme des Angebots von Anteilen am Markt oder des Verlusts von Stimmrechten in dem betroffenen Unternehmen gestiegen sei. Aus diesem Grund verlangt die MAR die Offenlegung der Verpfändung von Wertpapieren im Rahmen eines Geschäfts, in dessen Rahmen die Führungskraft die Wertpapiere als Sicherheiten verpfändet, um von einem Dritten einen Kredit zu erhalten.[89]

59 Zu beachten ist jedoch die in Art. 19 Abs. 7 UAbs. 2 MAR geregelte Einschränkung. Eine Meldepflicht besteht danach nicht, wenn die Verpfändung (nur) im Zusammenhang mit der Hinterlegung (gemeint: Verbuchung) von Finanzinstrumenten in einem Wertpapierkonto (Depot) erfolgt, sofern und solange eine derartige Verpfändung nicht dazu dient, eine bestimmte Kreditverbindlichkeit zu besichern.[90] Das sog. AGB-Pfandrecht zugunsten der Bank (Depotverpfändung im Rahmen der AGB Banken)[91] löst folglich keine Meldepflicht aus.

(2) *Drittgeschäfte (Art. 19 Abs. 7 lit. b) MAR)*

60 Von der Meldepflicht erfasst sind auch Geschäfte von Personen, die beruflich[92] Geschäfte vermitteln oder ausführen oder anderen Personen, die jeweils im Auftrag einer Führungskraft oder mit dieser in enger Beziehung stehender Person unternommen werden. Dies gilt auch, wenn dabei (durch die handelnde Person) Ermessen ausgeübt wird. Die Verpflichtung zur Meldung schließt damit auch solche Geschäfte ein, bei denen gerade nicht die Führungskraft selbst, sondern stattdessen eine andere Person im eigenen Ermessen den Anlageentschluss fasst.[93] Folglich sind insbesondere Geschäfte im Rahmen der **Vermögensverwaltung** (Finanzportfolioverwaltung nach § 2 Abs. 8 Nr. 7 WpHG) von der Meldepflicht nach Art. 19 MAR umfasst, unabhängig davon ob die Vermögensverwaltung dem sog. Vertretermodell oder dem Treuhandmodell folgt.[94] Die Meldepflicht trifft dabei die Führungskraft bzw. eng mit ihr verbundene Person und nicht den Vermögensverwalter. Für diesen bestehen mit Blick auf Art. 19 MAR aber gegebenenfalls zusätzliche Treue- und Beratungspflichten.[95] Es ist davon auszugehen, dass der Vermögensverwalter die Stellung

88 BaFin Emittentenleitfaden, Tz. V.3.7.13. (S. 86).

89 Erwägungsgrund 58 MAR.

90 Der Text wurde mit der Berichtigung ABl. EU Nr. L287 v. 21.10.2016 S. 320 (596/2014) korrigiert. Zuvor hieß es „[…] sofern und solange eine derartige Verpfändung oder andere Sicherung dazu dient, eine spezifische Kreditfazilität zu sichern." Zur Korrektur und Anpassung an die englische Version wurde ein „nicht" ergänzt.

91 Nr. 14 AGB-Banken, dazu *Merz* in Kümpel/Wittig Rn. 6.416 ff.

92 Das Wort „gewerbsmäßig" wurde durch Berichtigung, ABl. EU Nr. L348 v. 21.12.2016 S. 83 (596/2014) durch das Wort „beruflich" ersetzt.

93 Erwägungsgrund 58. S. 7 MAR.

94 Dies entspricht auch der hM zur bisherigen Rechtslage nach § 15a WpHG aF. Die BaFin führt in ihrem Emittentenleitfaden hierzu aus: „Geschäfte, die durch einen (unabhängigen) Vermögensverwalter veranlasst werden, sind auf jeden Fall dann mitteilungspflichtig, wenn Transaktionen im Rahmen einer erteilten Vollmacht getätigt werden und die potentiell mitteilungspflichtige Person Eigentümer der Finanzinstrumente wird oder war." (BaFin Emittentenleitfaden Tz. V.3.7.10, S. 86); Meinungsstand zu Geschäften mit Vermögensverwaltern in der Literatur zur bisherigen Rechtslage: *Heinrich* in KölnKomm WpHG § 15a WpHG Rn. 58.

95 Hierzu vgl. *Helm* ZIP 2016, 2201 (2202 ff.).

des Kunden nach Art. 19 MAR berücksichtigen muss, damit dem Kunden keine Nachteile aus dem Handeln des Vermögensverwalters in ihrem Namen entstehen.

61 Eine Einschränkung der Meldepflicht bei „Drittgeschäften" ist im Hinblick auf **Investmentfonds-Verwalter** (Kapitalverwaltungsgesellschaft, „KVG") zu beachten. Die ESMA hatte dies bereits in ihrem Abschlussbericht mit Stellungnahmen zu möglichen delegierten Rechtsakten zur MAR vorgesehen.[96] Durch eine mit der sog. Benchmark-Verordnung eingeführte Änderung der MAR hat die Einschränkung Eingang in den Gesetzeswortlaut gefunden.[97] Art. 19 Abs. 7 UAbs. 3 MAR regelt nunmehr, dass Geschäfte, die von Führungskräften[98] eines Investmentfonds ausgeführt werden, nicht unter die Meldepflicht des Art. 19 Abs. 1 MAR fallen, wenn die Führungskraft des Investmentfonds bei ihren Transaktionen über vollen Ermessensspielraum verfügt. Anders gewendet: es muss ausgeschlossen sein, dass die Anleger (zu denen auch Führungskräfte eines Emittenten von Finanzinstrumenten oder eng mit ihnen verbundene Personen im Sinne der MAR gehören) irgendwelche direkten oder indirekten Anweisungen oder Empfehlungen bezüglich der Zusammensetzung des Portfolios geben können. Damit fallen Geschäfte, die eine KVG für den Investmentfonds in eigenem Ermessen abschließt, nicht in den Anwendungsbereich der Meldepflicht nach Art. 19 MAR.

62 Zu beachten ist, dass sich diese Einschränkung nur auf die Investmentfonds-Verwaltung und nicht auf die sonstige Vermögensverwaltung bezieht. Wertpapiergeschäfte von KVGs, die für den Investmentfonds in eigenem Ermessen in Wertpapiere des Emittenten der Führungskraft investieren bzw. diese veräußern, lösen danach keine Meldepflicht aus. Wird aber im Wege der diskretionären Vermögensverwaltung in Finanzinstrumente des Emittenten der Führungskraft investiert, bleibt es bei einer Meldepflicht – auch wenn dem Vermögensverwalter voller Ermessensspielraum zukommt.

(3) *Geschäfte im Rahmen einer Lebensversicherung (Art. 19 Abs. 7 lit. c) MAR)*

63 Außerdem sind künftig auch Geschäfte im Sinne der Richtlinie 2009/138/EG[99] von der Meldepflicht erfasst, die im Rahmen einer **Lebensversicherung** getätigt werden, wenn die folgenden drei Voraussetzungen erfüllt sind: (i) der Versicherungsnehmer ist eine Führungskraft oder eng mit ihr verbundene Person im Sinne das Art. 19 Abs. 1 MAR; (ii) der Versicherungsnehmer trägt das Investitionsrisiko und (iii) der Versicherungsnehmer verfügt über die Befugnis und das Ermessen, Investitionsentscheidungen in Bezug auf spezifische Instrumente im Rahmen dieser Lebensversicherung zu treffen oder Geschäfte in Bezug auf bestimmte Instrumente für diese Lebensversicherung auszuführen. Anders als für andere Geschäfte, die von einem Dritten durchgeführt werden (siehe Art. 19 Abs. 7 lit. b) MAR), soll es hier also entscheidend darauf ankommen, dass der Führungskraft beziehungsweise der eng mit ihr verbundenen Person bei der Tätigung des Geschäfts selbst Ermessen zukommt (wie auch bei der Investmentfonds-Verwaltung).

64 Die Meldepflicht trifft dabei den Versicherungsnehmer und nicht das Versicherungsunternehmen. Dies wird in Art. 19 Abs. 7 UAbs. 4 MAR klargestellt, wonach bei einer Meldepflicht des Versicherungsnehmers nach Art. 19 Abs. 7 MAR dem Versicherungsunternehmen keine Verpflichtung obliegt, eine Meldung vorzunehmen.

(4) Erwerb, Veräußerung, Leerverkauf, Zeichnung oder Austausch (Art. 10 Abs. 2 lit. a) VO 2016/522)

65 Die Aufzählung in Art. 10 Abs. 2 der VO 2016/522 nennt sodann den Erwerb, die Veräußerung, Leerverkäufe, Zeichnungen und den Austausch als meldepflichtige Geschäfts-

96 ESMA/2015/224 Rn. 117 ff.

97 Art. 56 Abs. 1 Benchmark-Verordnung.

98 Der Wortlaut legt nahe, dass der Investmentfonds-Verwalter (KVG) grundsätzlich als Führungskraft des OGAs anzusehen ist. Eine Unterscheidung im Hinblick auf einzelne handelnde natürliche Personen war vom europäischen Gesetzgeber wohl nicht beabsichtigt.

99 Richtlinie 2009/138/EG des Europäischen Parlaments und des Rates vom 25.11.2009 betreffend die Ausübung der Versicherungs- und der Rückversicherungstätigkeit (Solvabilität II), ABl. EU Nr. L335 S. 1 ff.

arten. Neben Erwerb und Veräußerung ist damit – wie auch bereits nach bisheriger Rechtslage – die erfolgreiche **Zeichnung** von Aktien und sonstigen Finanzinstrumenten als Erwerbsvorgang ebenfalls von der Meldepflicht erfasst. Relevanter Zeitpunkt für die Meldung der Zeichnung ist das Datum, an dem die meldepflichtige Person Kenntnis von der Annahme ihres Zeichnungsauftrages erlangt.[100] Grundsätzlich wird zwar an das schuldrechtliche Verpflichtungsgeschäft angeknüpft und dieses erfolgt bei der Zeichnung mit der Annahme der Zeichnung durch die Gesellschaft. Von diesem Zeitpunkt hat der Zeichnende jedoch üblicherweise keine Kenntnis.

66 Austausch meint wohl **Tauschgeschäfte**, was sich aus der englischen Fassung, die von „exchange" spricht erschließen lässt.[101] Ob darunter auch der nicht verhandelbare Tausch von Aktien im Rahmen einer Verschmelzung fällt, wird nicht näher erläutert. Angesichts der unter Art. 10 Abs. 2 lit. j) der VO 2016/522 genannten automatischen und nicht automatischen Umwandlung eines Finanzinstruments in ein anderes Finanzinstrument, einschließlich des Austauschs von Wandelschuldverschreibungen in Aktien (hierzu unten unter (13)) lässt sich die bisherige Verwaltungspraxis der BaFin, die einen Aktienaustausch bei einer Verschmelzung nicht als meldepflichtiges Geschäft ansieht,[102] aber wohl nicht aufrechterhalten.

(5) *Annahme oder Ausübung einer Aktienoption, einschließlich der Führungskräften oder Arbeitnehmern im Rahmen ihres Vergütungspakets gewährten Aktienoptionen, und die Veräußerung von Anteilen, die aus der Ausübung einer Aktienoption resultieren (Art. 10 Abs. 2 lit. b) VO 2016/522)*

67 Anders als nach der bisherigen Verwaltungspraxis der BaFin unterfallen nach MAR auch Geschäfte im Rahmen von **Vergütungsprogrammen** – beispielsweise Aktienzuteilungen – der Meldepflicht und zwar unabhängig davon, ob die berechtigte Person einen Handlungsspielraum bei der Zuteilung hat oder nicht.[103] Diese Erweiterung im Vergleich zur bisherigen Rechtslage folgt aus der Ausdehnung der Zwecksetzung zu Art. 19 MAR auf eine umfassende Markttransparenz (vgl. oben unter I.2.).[104] Auf die Problematik dieser weiten Zwecksetzung wurde bereits hingewiesen.

68 Nach bisheriger Verwaltungspraxis der BaFin sollte die Ausübung von auf arbeitsrechtlicher Grundlage oder als Vergütungsbestandteil erworbener oder gewährter Optionen oder anderer Derivate sowie der ggf. damit verbundene Erwerb von Aktien nicht mitteilungsbedürftig sein.[105] Dies basierte auf einer teleologischen Reduktion des § 15a WpHG aF unter Bezugnahme auf Erwägungsgrund 26 der MAD 2003, wonach die Meldepflicht marktmissbräuchliches Verhalten verhindern sollte. Da der Aktienerwerb bzw. die Ausübung von Optionen bei solchen Vergütungsprogrammen grundsätzlich von vornherein festgelegt ist und somit nicht auf einem Entschluss der Führungskraft basiert, wurde argumentiert, dass hier kein Sachverhalt vorliege, der ein marktmissbräuchliches Verhalten begründen könnte.[106] Daraus wurde eine entsprechende teleologische Reduktion abgeleitet.

69 Diese Einschränkung lässt sich unter der aktuellen Rechtslage nicht mehr aufrechterhalten. Dies ergibt sich (i) aus der Tatsache, dass Art. 19 Abs. 12 lit. b) MAR Geschäfte im Rahmen von Belegschaftsaktien oder Arbeitnehmersparplänen vom Handelsverbot wäh-

---

[100] BaFin, FAQ zu Eigengeschäften von Führungskräften nach Art. 19 der Marktmissbrauchsverordnung (EU) Nr. 596/2014, 8. Version (Stand 13.9.2017), Frage Nr. II. 13; so auch bereits BaFin Emittentenleitfaden, V.3.7.6.

[101] *Stüber* DStR 21/2016, 1221 (1223) Fn. 27.

[102] BaFin Emittentenleitfaden Tz. V.3.7.8. (S. 85).

[103] BaFin, FAQ zu Eigengeschäften von Führungskräften nach Art. 19 der Marktmissbrauchsverordnung (EU) Nr. 596/2014, 8. Version (Stand 13.9.2017), Frage Nr. II. 12; nach bisheriger Ansicht der BaFin zu § 15a WpHG aF waren Eigengeschäfte auf arbeitsvertraglicher Grundlage und als Vergütungsbestandteil nicht meldepflichtig (vgl. BaFin Emittentenleitfaden Tz. V.3.7.1.2., (S. 84)).

[104] So auch *Hitzer/Wasmann* DB 2016, 1483 (1484).

[105] BaFin Emittentenleitfaden, Tz. V.3.7.1.2. (S. 84).

[106] BaFin Emittentenleitfaden Tz. V.2.2. und V.3.7.1.2. (S. 84); so auch *Hitzer/Wasmann* DB 2016, 1483 (1485).

rend der „Closed Periods" ausnimmt (siehe hierzu § 20 Handelsverbote) während Art. 19 Abs. 1 MAR für die Meldepflichten keine solche Ausnahme vorsieht sowie (ii) der ausdrücklichen Nennung dieser Geschäfte in Art. 10 Abs. 2 lit b) VO 2016/522. Außerdem haben ESMA und BaFin diese Auffassung in ihren FAQ Dokumenten klar zum Ausdruck gebracht.[107]

Die Meldepflicht gilt dabei nur für reale Vergütungsprogramme (physische Übertragung von Wertpapieren oder Gewährung entsprechender Optionen) aber nicht für die „Veräußerung" virtueller Aktien und die „Ausübung" virtueller Optionen, bei denen die Höhe der Barvergütung an die Wertentwicklung von Aktien oder Finanzinstrumenten gekoppelt sind (zB in der Form von **Wertsteigerungsrechten, Stock Appreciation Rights oder Phantom Stocks**). Dies folgt bereits daraus, dass diese „Produkte" nicht als Finanzinstrumente im Sinne von MiFID II zu qualifizieren sind.[108] Auch die BaFin führt hierzu aus, dass in Geld abgerechnete Instrumente, die weder handel- noch abtretbar sind und die dazu dienen, einen performanceabhängigen Vergütungsanspruch zu berechnen (bspw. sog. Phantom Stocks, Stock Appreciation Rights, Restricted Stock Units etc.) nicht der Meldepflicht unterfallen.[109] **70**

Die ESMA macht weiterhin deutlich, dass die Meldepflicht bei Vergütungsbestandteilen, die unter einer Bedingung gewährt werden, erst mit Eintritt der entsprechenden Bedingungen entsteht, dh wenn die Aktien tatsächlich ausgegeben werden.[110] Unentgeltlich gewährte Optionen sind in dem Meldeformular mit dem Wert „0" anzusetzen.[111] **71**

(6) *Eingehen oder Ausüben von Aktienswaps (Art. 10 Abs. 2 lit. c) VO 2016/522)*

Sowohl das Eingehen als auch die Ausübung von Aktienswaps wird als meldepflichtiges Geschäft von Art. 19 MAR erfasst. **72**

(7) *Geschäfte mit oder im Zusammenhang mit Derivaten, einschließlich Geschäften mit Barausgleich (Art. 10 Abs. 2 lit. d) VO 2016/522)*

Auch derivative Geschäfte werden von der Meldepflicht nach Art. 19 MAR erfasst. Dies ergibt sich bereits aus Art. 19 Abs. 1 MAR. **73**

(8) *Abschluss von Differenzkontrakten über ein Finanzinstrument des betreffenden Emittenten oder über Emissionszertifikate oder darauf beruhenden Auktionsobjekten (Art. 10 Abs. 2 lit. e) VO 2016/522)*

Die Erfassung von Differenzkontrakten über Finanzinstrumente oder Emissionszertifikate folgt ebenfalls aus Art. 19 Abs. 1 MAR in Verbindung mit Anhang I Abschnitt C MiFID II. **74**

(9) *Erwerb, Veräußerung oder Ausübung von Rechten, einschließlich von Verkaufs- und Kaufoptionen, sowie Optionsscheine (Art. 10 Abs. 2 lit. f) VO 2016/522)*

Auch Erwerb, Veräußerung und Ausübung von Rechten einschließlich Optionen wird von der Meldepflicht des Art. 19 MAR umfasst. Welche Art von Rechten gemeint ist, wird nicht näher spezifiziert (anders als im Hinblick auf Optionen, bei denen es sich um Verkaufs- und Kaufoptionen handeln muss). Gemeint sind wohl Erwerbs- und Veräußerungsrechte in Bezug auf Finanzinstrumente des Emittenten. **75**

(10) *Zeichnung einer Kapitalerhöhung oder Schuldtitelemission (Art. 10 Abs. 2 lit. g) Delegierte VO 2016/522)*

---

[107] BaFin, FAQ zu Eigengeschäften von Führungskräften nach Art. 19 der Marktmissbrauchsverordnung (EU) Nr. 596/2014, 8. Version (Stand 13.9.2017), Frage Nr. II. 12; ESMA, Questions and Answers on the Market Abuse Regulation (MAR), ESMA70–145-111, Version 8, Stand: 29.9.2017, Question 7.5.

[108] *Kumpan* AG 2016, 446 (451); zur bisherigen Rechtslage: BaFin Emittentenleitfaden III.1.3. (S. 32); *Heinrich* in KölnKomm WpHG § 15a WpHG Rn. 31; aA *Hitzer/Wasmann* DB 2016, 1483 (1485).

[109] BaFin, FAQ zu Eigengeschäften von Führungskräften nach Art. 19 der Marktmissbrauchsverordnung (EU) Nr. 596/2014, 8. Version (Stand 13.9.2017), Frage Nr. II. 12.

[110] ESMA, Questions and Answers on the Market Abuse Regulation (MAR), ESMA70–145-111, Version 9, Stand: 21.11.2017, Question 7.5.

[111] ESMA, Questions and Answers on the Market Abuse Regulation (MAR), ESMA70–145-111, Version 9, Stand: 21.11.2017, Question 7.6.

76 Weiterhin löst auch die Gewährung von **Bezugsrechten**, die im Rahmen einer Kapitalerhöhung an die Aktionäre ausgegeben werden, eine Meldepflicht nach Art. 19 MAR aus.[112] Der Erwerb und die Veräußerung von Bezugsrechten, etwa im Rahmen des Bezugsrechtshandels, unterliegt ebenfalls der Meldepflicht. Beim Bezug von Aktien durch Ausübung von Bezugsrechten ist lediglich der Erwerb der Aktien durch Ausübung der Bezugsrechte zu melden.[113] Eine gesonderte Meldung über die Ausübung des Bezugsrechts ist nicht notwendig.[114]

(11) *Geschäfte mit Derivaten und Finanzinstrumenten im Zusammenhang mit einem Schuldtitel des betreffenden Emittenten, einschließlich Kreditausfallswaps (Art. 10 Abs. 2 lit. h) VO 2016/522)*

77 Auch Derivate in Bezug auf Kreditausfallrisiken des Emittenten werden von der Meldepflicht in Art. 19 MAR erfasst. Aufgrund des Wortlauts „im Zusammenhang mit *einem* Schuldtitel des betreffenden Emittenten" könnte man einschränkend den konkreten Bezug eines Derivats auf ein bestimmtes Finanzinstrument des Emittenten fordern, so dass nicht jeder Credit Default Swap (CDS) mit Bezug auf das Kreditrisiko des Emittenten vom Anwendungsbereich des Art. 19 MAR umfasst wäre.[115] Gegen eine solche einschränkende Auslegung spricht, dass dies den Anwendungsbereich für die hier ausdrücklich genannten Credit Default Swaps extrem einschränken würde. Dies wiederum widerspräche der bezweckten weitreichenden Transparenzpflicht. Vor diesem Hintergrund ist für den „Zusammenhang" im Sinne der Regelung ausreichend, dass die CDSs Kreditausfallrisiken des Emittenten betreffen, da diese sich auch in dem Ausfallrisiko für den betreffenden Schuldtitel niederschlagen.

(12) *an Bedingungen geknüpfte Geschäfte bei Eintritt dieser Bedingungen und tatsächliche Ausführung der Geschäfte (Art. 10 Abs. 2 lit. i) VO 2016/522)*

78 Bei an **Bedingungen** geknüpfte Geschäfte entsteht die Meldepflicht erst bei Eintritt der betreffenden Bedingung, dh wenn das Geschäft tatsächlich stattfindet. Nach Erwägungsgrund 30 der VO 2016/522 soll eine doppelte Meldepflicht bei Abschluss des Vertrags und bei Eintritt der Bedingung vermieden werden, weil eine solche Meldepflicht in der Praxis verwirrend wäre, insbesondere dann, wenn die Bedingung nicht eintritt und das Geschäft nicht stattfindet.[116]

79 Ist das schuldrechtliche Geschäft an eine aufschiebende Bedingung geknüpft bestehen daher im Hinblick auf den Zeitpunkt der Meldung keine Besonderheiten. Die Meldepflicht entsteht mit Wirksamwerden des schuldrechtlichen Geschäfts, dh mit Eintritt der Bedingung. Ist allerdings das schuldrechtliche Geschäft unbedingt abgeschlossen und hängt nur der dingliche Vollzug vom Eintritt einer Bedingung ab, entsteht die Meldepflicht auch erst, wenn das Geschäft im Rahmen des dinglichen Vollzugs tatsächlich durchgeführt wird.[117] Insofern besteht hier eine Abweichung zum Grundsatz, dass die Meldepflicht mit dem schuldrechtlichen Verpflichtungsgeschäft entsteht.

80 Unter der früheren Rechtslage hatte die BaFin bei einer aufschiebenden Bedingung unterschieden, ob der Eintritt der Bedingung ausschließlich in der Hand der mitteilungspflichtigen Person lag – dann sollte die Mitteilungspflicht bereits bei Abschluss des Geschäfts entstehen – oder ob der Eintritt der Bedingung nicht oder nicht ausschließlich in der Hand der mitteilungspflichtigen Person lag und damit die Mitteilungspflicht erst bei Eintritt der

---

112 Anders nach bisheriger Rechtslage vgl. BaFin Emittentenleitfaden Tz. V.3.7.2. (S. 84).

113 BaFin, FAQ zu Eigengeschäften von Führungskräften nach Art. 19 der Marktmissbrauchsverordnung (EU) Nr. 596/2014, 8. Version (Stand 13.9.2017), Frage Nr. II. 15.

114 So auch bereits die bisherige Rechtslage vgl. BaFin Emittentenleitfaden Tz. V.3.7.2. (S. 84).

115 Zu Gestaltungsmöglichkeiten bei Credit Default Swaps vgl. *Beck* in Langenbucher/Bliesener/Spindler 23. Kapitel, insbesondere Rn. 26 ff.

116 Erwägungsgrund 30 VO 2016/522; so auch *Kraack* AG 2016, 57 (66).

117 BaFin, FAQ zu Eigengeschäften von Führungskräften nach Art. 19 der Marktmissbrauchsverordnung (EU) Nr. 596/2014, 8. Version (Stand 13.9.2017), Frage Nr. IV. 2.

Bedingung entstand.[118] Diese Unterscheidung lässt sich unter der neuen Rechtslage wohl nicht aufrechterhalten. Die Meldepflicht entsteht vielmehr immer erst bei Eintritt der Bedingung.[119] Dieses Ergebnis erscheint (wie auch die nach früherer Rechtslage getroffene Unterscheidung) mit Blick auf den vordringlichen Regelungszweck der Vorschrift, der Verhinderung der Ausnutzung eines Informationsvorsprungs zu persönlichen Zwecken, fragwürdig. Denn ein etwaiger Informationsvorsprung ist typischerweise für den Abschluss des Geschäfts, nicht aber für den Eintritt einer darin enthaltenen Bedingung relevant.

Die Möglichkeit der auflösenden Bedingung wird in Art. 10 VO 2016/522 nicht in den Blick genommen. Hierzu führt die BaFin in ihrem Emittentenleitfaden aus, dass Geschäfte, die unter einer auflösenden Bedingung abgeschlossen werden, wie bedingungslose Geschäfte zu behandeln seien. Das bedeutet: die Mitteilungspflicht entsteht mit Abschluss des Geschäfts. Tritt die auflösende Bedingung ein, so ist dies der BaFin und dem Emittenten mitzuteilen und die Veröffentlichung ist entsprechend zu korrigieren.[120] **81**

Diese Auffassung dürfte auch unter dem Regime der MAR weiterhin Anwendung finden. Dies folgt auch aus Erwägungsgrund 30 der VO 2016/522.[121] Dieser stellt darauf ab, dass die Meldepflicht bei an Bedingungen geknüpften Geschäften entsteht, wenn das fragliche Geschäft tatsächlich stattfindet. Mit „tatsächlich stattfinden" ist wohl das Wirksamwerden des Geschäfts gemeint, das bei einer auflösenden Bedingung bereits mit Vertragsschluss vorliegt. **82**

(13) *automatische und nicht automatische Umwandlung eines Finanzinstruments in ein anderes Finanzinstrument, einschließlich des Austauschs von Wandelschuldverschreibungen in Aktien (Art. 10 Abs. 2 lit. j) VO 2016/522)*

Die Erstreckung des Geltungsbereichs der Meldepflichten nach Art. 19 Abs. 1 MAR auf automatische Umwandlungen eines Finanzinstruments in ein anderes Finanzinstrument ist neben dem Erfassen von Aktienvergütungsprogrammen (oben unter (5)) sowie Schenkungs- und Erbschaftstransaktionen (unten unter (14)) ein weiteres Beispiel für die Ausweitung des Anwendungsbereichs auf Passivgeschäfte. Diese ist durch das Ziel geprägt, umfassende Markttransparenz zu schaffen. Auf die Problematik dieser Ausweitung der meldepflichtigen Geschäfte wurde bereits[122] hingewiesen. Auch hier besteht die Gefahr, dass die Meldung passiver Transaktionen falsche Signale im Markt setzt und damit der Schaffung von Vertrauen durch Markttransparenz gerade zuwiderläuft. **83**

(14) *getätigte oder erhaltene Zuwendungen und Spenden sowie entgegengenommene Erbschaften (Art. 10 Abs. 2 lit. k) VO 2016/522)*

Schenkungen und Erbschaften galten nach bisheriger Rechtslage nicht als meldepflichtige Geschäfte.[123] Mit der Aufnahme von Schenkungen, Spenden und Erbschaften in den Kreis der meldepflichtigen Geschäfte ist eine weitere wesentliche Erweiterung des Anwendungsbereichs des Art. 19 MAR im Vergleich zur früheren Rechtslage verbunden. Damit wird deutlich, dass es nicht alleine auf die Verhinderung der Ausnutzung eines Wissensvorsprungs der Führungskraft durch eine aktive und bewusste Anlageentscheidung ankommen soll sondern generell eine umfassende Markttransparenz geschaffen werden soll (vgl. hierzu oben unter I.2.). Auf die Problematik dieser Ausweitung der meldepflichtigen Geschäfte wurde bereits[124] hingewiesen. **84**

---

[118] BaFin Emittentenleitfaden Tz. V.3.7.7.2. (S. 85).
[119] *Kraack* AG 2016, 57 (66) stellt dies in Frage: Unklar sei, ob bei einer Potestativbedingung oder Verzichtsmöglichkeit nicht doch bereits der Zeitpunkt des Vertragsschlusses maßgeblich sei.
[120] BaFin Emittentenleitfaden Tz. V.3.7.7.1. (S. 85).
[121] Erwägungsgrund 30 VO 2016/522 lautet: „Bei an Bedingungen geknüpften Geschäften entsteht die Meldepflicht bei Eintritt der betreffenden Bedingung/en, dh wenn das fragliche Geschäft tatsächlich stattfindet [...].
[122] Vgl. unter → Rn. 8.
[123] BaFin Emittentenleitfaden Tz. V.2.2. (S. 76); zum Streitstand in der Literatur siehe *Sethe* in Assmann/Schneider WpHG § 15a Rn. 78 ff.
[124] Vgl. unter I.2.

85 Bei der **Schenkung** sind die folgenden Besonderheiten zu beachten: Bei Schenkungen, die nicht notariell beurkundet werden, gilt als Geschäftsabschluss der Tag, an dem die Leistung gemäß § 518 Abs. 2 BGB bewirkt wird. Verschenkt eine Führungskraft Aktien (und das Schenkungsversprechen wird nicht notariell beurkundet), ist dazu auf die Einbuchung von Aktien im Depot des Schenkungsempfängers abzustellen.[125] Dies folgt aus dem Umstand, dass der Beschenkte grundsätzlich erst mit Erhalt des Finanzinstruments von dem Geschäft erfährt und somit – sofern es sich hier ebenfalls um eine Führungskraft oder eng verbundene Person (zB minderjährige Kinder der Führungskraft) handelt – auch erst dann eine entsprechende Meldung abgeben kann. Hier ist also ausnahmsweise an die sachenrechtliche Zuordnung anzuknüpfen. Als Preis für die Schenkung ist ein Wert von „0" anzugeben.[126]

86 Bei der **Erbschaft** ist zu beachten, dass hier nicht nur die Annahme der Erbschaft sondern auch eine gegebenenfalls später erfolgende Auseinandersetzung der Erbschaft meldepflichtig ist.[127] Bei der Annahme einer Erbschaft ist das maßgebliche Datum des Geschäfts entweder dasjenige, zudem eine Erbschaft ausdrücklich angenommen wird oder das Datum, zu dem die Erbschaft nach § 1943 BGB als angenommen gilt, also mit Ablauf der Ausschlagfrist von 6 Wochen nach Kenntnis eines Erben vom Erbfall (§ 1944 BGB).[128] Als Preis für die Erbschaft ist ein Wert von „0" anzugeben.[129]

87 Eine Meldung einer eng verbundenen Person ist dann nicht erforderlich, wenn die Führungskraft mit der die meldepflichtige Person eng verbunden ist, selbst Erblasser ist. Auch die BaFin geht hier davon aus, dass von der Erbschaft Begünstigte nicht – mehr – als eng verbundene Personen anzusehen sind.[130] Die Verknüpfung endet mit dem Tod der Führungskraft.

(15) *ausgeführte Geschäfte mit an einen Index gekoppelten Produkten, Wertpapierkörben und Derivaten, sofern nach Artikel 19 der Verordnung (EU) Nr. 596/2014 eine Meldung vorgeschrieben ist (Art. 10 Abs. 2 lit. l) VO 2016/522)*

88 Im Hinblick auf an einen Index gekoppelte Produkte, Wertpapierkörbe und Derivate ist auf die in Art. 19 Abs. 1a lit b) MAR niedergelegte Einschränkung der 20%-Schwelle hinzuweisen. Geschäfte in diesen Finanzinstrumenten sind danach nur meldepflichtig, wenn die Risikoposition gegenüber den Anteilen oder Schuldtiteln des Emittenten 20% der Vermögenswerte des Portfolios übersteigt.[131]

(16) *Geschäfte, die mit Anteilen an Investitionsfonds ausgeführt werden, darunter alternative Investmentfonds (AIF) gemäß Artikel 1 der Richtlinie 2011/61/EU des Europäischen Parlaments und des Rates, sofern nach Artikel 19 der Verordnung (EU) Nr. 596/2014 eine Meldung vorgeschrieben ist (Art. 10 Abs. 2 lit. m) VO 2016/522)*

89 Auch mit Blick auf die mit Anteilen an Investmentfonds ausgeführten Geschäfte ist auf die oben dargestellt Anwendung der 20%-Schwelle hinzuweisen. Geschäfte mit Anteilen oder Aktien an einem Investmentvermögen sind nur dann meldepflichtig, sofern zum

125 BaFin, FAQ zu Eigengeschäften von Führungskräften nach Art. 19 der Marktmissbrauchsverordnung (EU) Nr. 596/2014, 8. Version (Stand 13.9.2017), Frage Nr. IV. 10.

126 BaFin, FAQ zu Eigengeschäften von Führungskräften nach Art. 19 der Marktmissbrauchsverordnung (EU) Nr. 596/2014, 8. Version (Stand 13.9.2017), Frage Nr. IV. 11; ESMA, Questions and Answers on the Market Abuse Regulation (MAR), ESMA70-145-111, Version 8, Stand: 29.9.2017, Question 7.4.

127 BaFin, FAQ zu Eigengeschäften von Führungskräften nach Art. 19 der Marktmissbrauchsverordnung (EU) Nr. 596/2014, 8. Version (Stand 13.9.2017), Frage Nr. IV. 7.

128 BaFin, FAQ zu Eigengeschäften von Führungskräften nach Art. 19 der Marktmissbrauchsverordnung (EU) Nr. 596/2014, 8. Version (Stand 13.9.2017), Frage Nr. IV. 7.

129 BaFin, FAQ zu Eigengeschäften von Führungskräften nach Art. 19 der Marktmissbrauchsverordnung (EU) Nr. 596/2014, 8. Version (Stand 13.9.2017), Frage Nr. IV. 8; ESMA, Questions and Answers on the Market Abuse Regulation (MAR), ESMA70-145-111, Version 8, Stand: 29.9.2017, Question 7.4.

130 BaFin, FAQ zu Eigengeschäften von Führungskräften nach Art. 19 der Marktmissbrauchsverordnung (EU) Nr. 596/2014, 8. Version (Stand 13.9.2017), Frage Nr. IV. 9.

131 Näher unter → Rn. 48 ff.

Zeitpunkt des Geschäfts die Risikoposition gegenüber den Anteilen oder Schuldtiteln des Emittenten 20% der von dem Investmentvermögen gehaltenen Vermögenswerte übersteigt.[132]

(17) *Geschäfte, die vom Verwalter eines AIF ausgeführt werden, in den die Person, die Führungsaufgaben wahrnimmt, oder eine eng mit ihr verbundene Person investiert hat, sofern nach Artikel 19 der Verordnung (EU) Nr. 596/2014 eine Meldung vorgeschrieben ist (Art. 10 Abs. 2 lit. n) VO 2016/522)*

Art. 10 Abs. 2 lit. n) der VO 2016/522 konkretisiert die in Art. 19 Abs. 7 lit. b) UAbs. 3 **90** MAR in Bezug genommenen Geschäfte von Investmentfonds-Verwaltern (siehe oben unter (2)). Zu beachten ist, dass die Einschränkungen in Art. 19 Abs. 1a MAR (Meldepflicht nur, wenn mindestens 20% der Anteile, in Werte des Emittenten der Führungskraft oder eng verbundenen Peron investiert sind) und Art. 19 Abs. 7 UAbs. 3 MAR (Meldepflicht nur, wenn Verwalter nicht im eigenen Ermessen handelt) von Organismen für gemeinsame Anlagen sprechen, während Art. 10 Abs. 2 lit. n) VO 2016/522 lediglich auf Spezial-Fonds (AIF) abstellt. Der Begriff Organismen für gemeinsame Anlagen ist weiter zu verstehen und erfasst sämtliche Investmentvermögen, darunter AIFs und OGWAs.[133] Eine Einschränkung der Meldepflicht auf AIFs ist damit aber nicht verbunden, da die Delegierte Verordnung den Gesetzestext der MAR selbst nicht einschränken kann. Der unterschiedlich gefasste Anwendungsbereich wird sich zudem in der Praxis kaum auswirken, da ein OGAW strengeren Anforderungen im Hinblick auf Anlagegrenzen und Diversifikation unterliegt als ein AIF und nur in extremen Ausnahmefällen 20% der Anteile in einen einzelnen Wert investieren und damit überhaupt in den Anwendungsbereich der Meldepflicht fallen kann.[134]

(18) *Geschäfte, die von einem Dritten im Rahmen eines einzelnen Portfolioverwaltungs- oder Vermögensverwaltungsmandats im Namen oder zugunsten einer Person, die Führungsaufgaben wahrnimmt, oder einer eng mit ihr verbundenen Person ausgeführt werden (Art. 10 Abs. 2 lit. o) VO 2016/522)*

Art. 10 Abs. 2 lit. o) VO 2016/522 konkretisiert die Ausführungen in Art. 19 Abs. 7 **91** lit. b) MAR (siehe oben unter (2)). Danach unterfallen auch Geschäfte, die von einem Dritten für die Führungskraft bzw. eng mit ihr verbundene Person getätigt werden der Meldepflicht, auch wenn der Dritte eigenes Ermessen ausübt. Dies umfasst insbesondere Geschäfte von Vermögensverwaltern.

(19) *Leihgeschäfte mit Anteilen oder Schuldtiteln des Emittenten oder mit Derivaten oder anderen damit verbundenen Finanzinstrumenten (Art. 10 Abs. 2 lit. p) VO 2016/522)*

Art. 10 Abs. 2 lit. p) VO 2016/522 konkretisiert Art. 19 Abs. 7 lit. a) MAR. Hierzu **92** unter (1) → Rn. 57.

b) Bagatellgrenze

Nach Art. 19 Abs. 8 MAR gilt die Meldepflicht für Eigengeschäfte von Führungskräften **93** erst ab einem Transaktionsvolumen von 5.000 EUR innerhalb eines Jahres. Durch die Einführung dieses Schwellenwerts soll ein angemessenes Gleichgewicht zwischen dem Grad der Transparenz und der Anzahl der Mitteilungen an die zuständige Behörde und die Öffentlichkeit gewährleistet werden.[135] Allerdings ist diese auch schon nach § 15a WpHG aF geltende Schwelle sehr niedrig angesetzt und daher vielfach kritisiert worden.[136] Nach Art. 19 Abs. 9 MAR kann die zuständige Behörde entscheiden, den Schwellenwert von

[132] Näher unter → Rn. 47ff.
[133] Näher unter → Rn. 47.
[134] Näher unter → Rn. 52.
[135] Erwägungsgrund 58, S. 8 MAR.
[136] *Kumpan,* AG 2016, 446 (454); *Pfüller* in Fuchs WpHG § 15a Rn. 152, 153.

5.000 EUR auf 20.000 EUR anzuheben. Die BaFin hat für Deutschland eine solche Erhöhung bislang nicht beschlossen.

94 Der Schwellenwert errechnet sich aus der Addition aller von Art. 19 Abs. 1 MAR erfassten Geschäfte ohne Netting. „Ohne Netting" meint, dass keine Verrechnung von gegenläufigen Geschäften, zB Kauf und Verkauf erfolgen darf.[137] Der Schwellenwert wird dabei für jede meldepflichtige Person getrennt festgelegt. Transaktionen einer Führungskraft und solche von mit ihr in enger Beziehung stehender Personen werden nicht zusammengerechnet.[138]

95 Die Pflicht zur Meldung tritt mit Abschluss des Geschäfts ein, das zur Überschreitung des Schwellenwertes führt. Frühere Geschäfte, die noch unterhalb des Schwellenwertes erfolgten, müssen nicht rückwirkend mitgeteilt werden.[139] Es handelt sich somit um eine „echte" Freigrenze, bei der die Meldepflicht nur überschießende Geschäfte erfasst.[140]

96 Eine besondere Schwierigkeit bei der Bezifferung des Transaktionswertes und damit auch bei der Schwellenwertberechnung stellt sich bei einer Schenkung oder Erbschaft. Maßgeblich für die Anrechnung auf den Schwellenwert ist hier der letzte veröffentlichte Preis für das betreffende Finanzinstrument entsprechend den Nachhandelstransparenzvorschriften gemäß Art. 6, 10, 20 und 21 der Verordnung (EU) 600/2015 (MiFIR) am Tag der Annahme der Schenkung oder Erbschaft.[141] Für Finanzinstrumente, die zwar an einem geregelten Markt oder MTF (zukünftig wohl auch OTF) zugelassen sind, aber nur OTC gehandelte werden, soll der letzte veröffentlichte Preis herangezogen werden, unabhängig von der Quelle.[142] Bemerkenswert ist dabei, dass diese Bewertung nur für die Anrechnung auf den Schwellenwert gelten soll, eine Bezifferung in einer nach Art. 19 (1) MAR abzugebenden Meldung bzw. Veröffentlichung soll auf „0" EUR lauten (siehe hierzu oben unter a)). Ähnlich ist bei Aktienoptionen zu verfahren, die an Mitarbeiter unentgeltlich ausgegeben werden. Für die Berechnung des Schwellenwertes ist der wirtschaftliche Wert der Option zum Zeitpunkt der Ausgabe anzusetzen, für die Mitteilung bzw. Veröffentlichung selbst soll der Wert jedoch auf „0" EUR lauten.[143]

97 Bei Geschäften in Derivaten ist zu differenzieren. Bei Derivaten, die den Inhaber zu einer Lieferung des Basiswerts berechtigen (physisches Settlement) soll auf den gezahlten bzw. erhaltenen Gesamtbetrag abgestellt werden. Dagegen kommt es bei Derivaten, die zum Barausgleich berechtigen (Cash Settlement) auf den Nominalwert der Transaktion an, multipliziert mit dem Referenzwert.[144] Das Volumen der Transaktion wird damit auf das zugrunde liegende Instrument bezogen. Dies erscheint sachgerecht, da es im Sinne der Markttransparenz und der Zweckrichtung des Art. 19 MAR nur auf das zugrunde liegende Finanzinstrument des Emittenten ankommen kann.[145]

98 Sofern das Geschäft in einer anderen Währung als EUR ausgeführt wird, ist der offizielle Umrechnungskurs am Ende eines Handelstages für die Festsetzung und Anrechnung des Geschäfts auf den Schwellenwert maßgeblich. Wenn möglich, ist auf den

---

[137] Vgl. *Graßl* DB 2015, 2066 (2070).

[138] BaFin, FAQ zu Eigengeschäften von Führungskräften nach Art. 19 der Marktmissbrauchsverordnung (EU) Nr. 596/2014, 8. Version (Stand 13.9.2017), Frage Nr. III. 1; ESMA, Questions and Answers on the Market Abuse Regulation (MAR), ESMA70-145-111, Version 8, Stand: 29.9.2017, Question 7.3.

[139] BaFin, FAQ zu Eigengeschäften von Führungskräften nach Art. 19 der Marktmissbrauchsverordnung (EU) Nr. 596/2014, 8. Version (Stand 13.9.2017), Frage Nr. III. 2.

[140] *Von der Linden* DStR 2016, 1036 (1040).

[141] BaFin, FAQ zu Eigengeschäften von Führungskräften nach Art. 19 der Marktmissbrauchsverordnung (EU) Nr. 596/2014, 8. Version (Stand 13.9.2017), Frage Nr. III. 4; ESMA, Questions and Answers on the Market Abuse Regulation (MAR), ESMA70-145-111, Version 8, Stand: 29.9.2017, Question 7.4. mit weiteren Ausführungen zum Übergangszeitraum bis zur Anwendung von MiFIR.

[142] ESMA, Questions and Answers on the Market Abuse Regulation (MAR), ESMA70-145-111, Version 9, Stand: 21.11.2017, Question 7.4.

[143] ESMA, Questions and Answers on the Market Abuse Regulation (MAR), ESMA70-145-111, Version 9, Stand: 21.11.2017, Question 7.6.

[144] ESMA/2015/224 S. 45 Rn. 111.

[145] Vgl. *Kumpan* AG 2016, 446 (455).

Referenzkurs abzustellen, der auf der Internetseite der Europäischen Zentralbank veröffentlicht wird.[146]

III. Aufklärungs- und Dokumentationspflichten

1. Emittent

Mit dem Inkrafttreten der MAR hat sich auch der Aufklärungs- und Dokumentations- **99**
aufwand für die meldepflichtigen Personen und Emittenten erhöht.

a) Belehrung der Führungskraft

Nach Art. 19 Abs. 5 UAbs. 1 S. 1 MAR haben die Emittenten ihre Führungskräfte (nicht **100**
die mit ihnen eng verbundenen Personen) von ihren Verpflichtungen im Zusammenhang mit Art. 19 MAR schriftlich in Kenntnis zu setzen. Dies beinhaltet insbesondere die Meldepflicht nach Art. 19 Abs. 1 MAR, das Handelsverbot nach Art. 19 Abs. 11 MAR sowie die Belehrungspflichten gegenüber den in enger Beziehung zur betreffenden Führungskraft stehenden Personen nach Art. 19 Abs. 5 UAbs. 2 MAR.[147] Ein Muster für solche Belehrungen ist weder in der MAR noch in begleitenden Rechtsakten enthalten. Auch die BaFin hat bislang keine Musterbelehrung zur Verfügung gestellt (anders als beispielsweise für die Belehrungspflichten nach Art. 18 Abs. 2 MAR).

Die Forderung nach einer „schriftlichen“ Belehrung dürfte wohl nicht im Sinne von **101**
Schriftform gemäß § 126 BGB zu verstehen sein.[148] Dieses Merkmal ist europarechtskonform auszulegen und an dem Zweck, die Führungskraft zu informieren und dies entsprechend zu dokumentieren, zu messen. Zur parallelen Problematik bei entsprechenden Regelungen nach Art. 18 Abs. 2 MAR hat sich die BaFin bereits geäußert. In ihren FAQ zu Insiderlisten nach Art. 18 MAR führt die BaFin aus, dass für die von einer auf der Insiderliste erfassten Person abzugebende „schriftliche Bestätigung“, die Übermittlung in elektronischer Form ausreichend ist, sofern die Nutzung der elektronischen Form den Nachweis der Kenntnisnahme auch zu einem späteren Zeitpunkt zulässt.[149] Da die BaFin somit bei einer Belehrung potentieller Insider über ihre Pflichten und mögliche Rechtsfolgen von Verstößen nach Sinn und Zweck kein Erfordernis einer eigenhändigen Unterschrift des Belehrten sieht, sollte dies auch im Hinblick auf Art. 19 Abs. 5 MAR gelten. Eine dokumentierte und abrufbare Aufbewahrung der Belehrung erscheint daher ausreichend.

b) Liste mit Führungskräften und eng verbundenen Personen

Mit der MAR wurde darüber hinaus noch eine weitere Pflicht der Emittenten eingeführt, **102**
die mit erheblichem Dokumentationsaufwand verbunden ist. Nach Art. 19 Abs. 5 UAbs. 1 S. 2 MAR haben Emittenten eine Liste mit Personen, die Führungsaufgaben wahrnehmen und Personen die zu diesen in enger Beziehung stehen, aufzustellen. Dabei soll nach Auffassung der BaFin die Angabe des Namens der Führungskraft bzw. eng mit dieser verbundenen Person genügen. Jedenfalls dann, wenn diese Angabe ausreicht, um die betreffende Person eindeutig zu identifizieren (bei Namensgleichheit von Führungskräften und eng verbundener Personen sollte ein weiteres Identifizierungsmerkmal hinzugefügt werden, zB das Geburtsdatum).[150] Die Angaben zu den eng verbundenen Personen hat der

---

[146] ESMA, Questions and Answers on the Market Abuse Regulation (MAR), ESMA70–145-111, Version 9, Stand: 21.11.2017, Question 7.1., siehe https://www.ecb.europa.eu/stats/policy_and_exchange_rates/euro_reference_exchange_rates/html/index.en.html.

[147] Vgl. → Rn. 104, 105.

[148] So auch *Stüber* DStR 2016, 1221 (1224); *Hitzer/Wasmann* DB 2016, 1483 (1486).

[149] BaFin, FAQ zu Insiderlisten nach Art. 18 der Marktmissbrauchsverordnung (EU) Nr. 596/2014 (Stand 13.1.2017), Frage III. 2.

[150] BaFin, FAQ zu Eigengeschäften von Führungskräften nach Art. 19 der Marktmissbrauchsverordnung (EU) Nr. 596/2014, 8. Version (Stand 13.9.2017), Frage Nr. V. 1.

Emittent bei der jeweiligen Führungskraft zu erfragen. Eine explizite Pflicht der Führungskraft, diese Angaben gegenüber dem Emittenten zu machen, enthält die MAR nicht. Ein Anspruch auf Auskunftserteilung dürfte sich aber aus dem Anstellungs- oder Organverhältnis zwischen Führungskraft und Emittent ergeben.[151]

103 Auch wenn Art. 19 Abs. 5 UAbs. 1 S. 2 MAR lediglich von der Erstellung der Liste spricht, dürfte damit auch eine ständige Aktualisierungspflicht verbunden sein.[152]

2. Führungskräfte

104 Schließlich haben auch Führungskräfte Belehrungspflichten gegenüber eng mit ihnen verbundenen Personen nachzukommen. Nach Art. 19 Abs. 5 UAbs. 2 MAR sind Führungskräfte verpflichtet, die eng mit ihnen verbundenen Personen schriftlich über deren Pflichten nach Art. 19 MAR in Kenntnis zu setzen und eine Kopie dieser Belehrung aufzubewahren. Hinsichtlich des Schriftformerfordernisses gilt das zu Art. 19 Abs. 5 UAbs. 1 Satz 1 Gesagte. Eine dokumentierte und abrufbare Aufbewahrung der Belehrung erscheint ausreichend.

105 Insbesondere im Hinblick auf unterhaltsberechtigte Kinder ist zu beachten, dass die Belehrungspflicht unabhängig vom Alter des Kindes und der Frage, ob das Kind überhaupt rechtsgeschäftlich tätig werden kann, eingreift.[153] Eine Belehrung ist folglich grundsätzlich schon bei der Geburt des Kindes erforderlich. Es empfiehlt sich hier einen praktischen Ansatz zu wählen. Bei minderjährigen Kindern kann die Belehrung auch gegenüber den Erziehungsberechtigten erfolgen.

IV. Inhalt, Form und Fristen

106 Die meldepflichtigen Personen melden ihre Geschäfte dem betreffenden Emittenten und zusätzlich der zuständigen Behörde (in Deutschland der BaFin) (Art. 19 Abs. 1 S. 1 MAR).[154] Der Emittent hat die gemeldeten Informationen zu veröffentlichen (Art. 19 Abs. 3 S. 1 MAR). Inhalt, Form und Frist dieser Meldungen und Veröffentlichungen werden im Folgenden näher beschrieben.

107 Daneben sieht § 26 Abs. 2 WpHG die Mitteilungen an das Unternehmensregister (§ 8b HGB) und die BaFin vor.

1. Inhalt

108 Die Angaben, die eine Meldung nach Art. 19 Abs. 1 MAR zu enthalten hat, sind in Art. 19 Abs. 6 MAR dargelegt. Das im Anhang der VO 2016/523 enthaltene Meldeformular, das sowohl für die Meldung nach Art. 19 Abs. 1 als auch die Veröffentlichung nach Art. 19 Abs. 3 MAR heranzuziehen ist, beinhaltet zudem nähere Vorgaben zum Inhalt der Meldung. Es sind insbesondere die folgenden Angaben zu machen:

(i) Name der Person; dh Vor- und Zuname bei natürlichen Personen sowie vollständiger (Firmen-)Name einschließlich der Rechtsform bei juristischen Personen.

(ii) Grund der Meldung; dh bei Führungskräften die Position des Emittenten und bei Personen, die in enger Beziehung zu Führungskräften stehen, die Angabe, dass es sich um eine solche in enger Beziehung zu einer Führungskraft stehende Person handelt sowie auch Name und Position der betreffenden Führungskraft.

(iii) Bezeichnung des betreffenden Emittenten oder Teilnehmer am Markt für Emissionszertifikate, dh vollständiger Name und Legal Entity Identifyer.

---

[151] So auch *Hitzer/Wasmann* DB 2016, 1483 (1486).

[152] So auch *Kieswetter/Parmentier* BB 2013, 2371 (2377); *Stüber* DStR 2016, 1221 (1225).

[153] *Zetzsche* in Gebauer/Teichmann EnzEuR Bd. VI § 7 C Rn. 199.

[154] So bereits die bisherige Regelung (§ 15a Abs. 1 S. 1 WpHG aF).

(iv) Beschreibung und Kennung des Finanzinstruments, zB Aktien, Schuldtitel oder Derivat oder Finanzinstrument, das mit einer Aktie oder einem Schuldtitel verbunden ist. Außerdem ist die Kennung (ISIN) des Instruments anzugeben.
(v) Art des Geschäfts bzw. der Geschäfte (dh Erwerb oder Veräußerung), einschließlich der Angabe, ob ein Zusammenhang mit der Teilnahme an Belegschaftsaktienprogrammen oder mit den in Art. 19 Abs. 7 benannten konkreten Beispielen für Geschäftsarten besteht. Hierbei kann auch auf die in Art. 10 der VO 2016/522 beschriebenen Geschäftsarten abgestellt werden.
(vi) Datum und Ort des Geschäfts bzw. der Geschäfte. Sofern es sich um einen Handelsplatz nach MiFID II handelt, ist dessen Name und Kennung anzugeben. Andernfalls ist der Geschäftsort mit „außerhalb eines Handelsplatzes" zu kennzeichnen. Das Datum ist in dem Datumformat nach ISO 8601 (Datum und Uhrzeit) anzugeben.
(vii) Kurs und Volumen des Geschäfts bzw. der Geschäfte. Bei einer Verpfändung, deren Konditionen eine Wertänderung bedingen, sollten dieser Umstand und der Wert zum Zeitpunkt der Verpfändung offengelegt werden.

Mit einer Meldung können auch mehrere Geschäfte im Rahmen einer Sammelmeldung **109** gemeldet werden, sofern dabei die Dreitagefrist eingehalten werden kann.[155] In der Meldung sind dann sämtliche Geschäfte einzeln anzugeben.[156]

Um der Öffentlichkeit ein umfassendes Bild zu vermitteln, können in der Meldung **110** jedoch nicht nur die einzelnen Geschäfte angegeben werden, sondern auch eine aggregierte Form der Darstellung gewählt werden. Dabei handelt es sich jedoch lediglich um eine zusätzliche Option; die einzelne Aufführung der Geschäfte ist immer erforderlich.[157] Aggregierte Informationen können dann aufgenommen werden, wenn die Geschäfte dasselbe Finanzinstrument oder Emissionszertifikat betreffen, derselben Art sind sowie am selben Tag und am selben Geschäftsort abgeschlossen werden. Dabei darf das Muster aber nicht dahingehend verwendet werden, dass Geschäfte unterschiedlicher Art wie etwa Kauf und Verkauf zusammengefasst bzw. miteinander verrechnet werden.[158] Für einzelne Geschäfte ist der Preis des Geschäfts und bei Aggregationen von mehreren Geschäften der gewichtete Durchschnittspreis der aggregierten Geschäfte anzugeben.

2. Form

Die VO 2016/523 enthält eine Vorlage, die sowohl für Meldungen an die zuständige **111** Behörde als auch die öffentliche Bekanntmachung gemäß Art. 19 MAR zu verwenden ist (siehe bereits unter 1.). Die Verwendung dieser Vorlage ist obligatorisch.[159] Zweck des EU-weit einheitlich zu verwendenden Musters ist die Steigerung der Effizienz bei der Veröffentlichung von Eigengeschäften von Führungskräften.[160]

Zuständige Behörde im Sinne des Art. 22 MAR ist in Deutschland die BaFin, § 6 Abs. 5 **112** WpHG. Meldungen zu Eigengeschäften sind bei der BaFin vorzunehmen, sofern der Emittent oder Teilnehmer am Markt für Emissionszertifikate in Deutschland registriert ist. Ist der Emittent nicht in einem EU-Mitgliedstaat registriert, erfolgt diese Meldung bei der BaFin, wenn Deutschland als Herkunftsmitgliedstaat im Einklang mit Art. 2 Abs. 1 lit. i) der Transparenzrichtlinie anzusehen ist.[161]

[155] ESMA/2015/1455 S. 66 Rn. 310.
[156] ESMA/2015/1455 S. 67 Rn. 314 f.
[157] BaFin, FAQ zu Eigengeschäften von Führungskräften nach Art. 19 der Marktmissbrauchsverordnung (EU) Nr. 596/2014, 8. Version (Stand 13.9.2017), Frage Nr. VIII. 2.
[158] Erwägungsgrund 2 VO 2016/523; *Stüber* DStR 2016, 1221 (1225).
[159] BaFin, FAQ zu Eigengeschäften von Führungskräften nach Art. 19 der Marktmissbrauchsverordnung (EU) Nr. 596/2014, 8. Version (Stand 13.9.2017), Frage Nr. VIII. 1.
[160] Erwägungsgrund 1 VO 2016/523; *Stüber* DStR 2016, 1221 (1225).
[161] BaFin, FAQ zu Eigengeschäften von Führungskräften nach Art. 19 der Marktmissbrauchsverordnung (EU) Nr. 596/2014, 8. Version (Stand 13.9.2017), Frage Nr. IV. 6.

113 § 26 Abs. 4 Nr. 6 WpHG ermächtigt das Bundesfinanzministerium, die Einzelheiten der Art und Weise der Übermittlung sowie der Sprache durch Rechtsverordnung zu regeln. Von dieser Ermächtigung hat das Bundesfinanzministerium Gebrauch gemacht und die Verordnung zur Konkretisierung von Anzeige-, Mitteilungs-, und Veröffentlichungspflichten nach dem Wertpapierhandelsgesetz (Wertpapierhandelsanzeigeverordnung – WpAV) erlassen.[162] § 10 der WpAV regelt beispielsweise die Verwendung der Vorlage gemäß VO 2016/523. Nähere Einzelheiten zu den Angaben in dem Meldeformular, wie beispielsweise das richtige Datumsformat sowie zur Übersendung an die BaFin sind zudem in dem FAQ Dokument der BaFin geregelt.[163] Danach haben die meldepflichtigen Personen das Meldeformular per Fax an die BaFin zu senden.[164] Eine Meldung über das MVP-Portal der BaFin ist an besondere technische Voraussetzungen geknüpft und ist daher im Regelfall nur für sog. Veröffentlichungsdienstleister (→ Rn. 115) vorgesehen.[165] Das Meldeformular muss nicht mit Datum und Unterschrift versehen sein. Die BaFin beanstandet es jedoch nicht, wenn der Meldepflichtige das Meldeformular auch mit Datum und Unterschrift versieht.[166]

114 Nach Art. 19 Abs. 2 UAbs. 2 MAR hat die Führungskraft oder die mit ihr eng verbundene Person selbst die entsprechende Mitteilung an die zuständige Behörde vorzunehmen. In der Praxis war bislang allerdings anerkannt, dass diese Meldung auch von Seiten des Emittenten (gemeinsam mit der ohnehin vom Emittenten vorzunehmenden Veröffentlichung) erfolgen kann. Die BaFin hat klargestellt, dass diese Möglichkeit auch weiterhin besteht. Die Führungskraft oder die mit ihr eng verbundene Person kann einen Dritten (Emittent, Rechtsanwalt) mit der Übermittlung der Meldung beauftragen.[167] Die BaFin führt hierzu weiter aus, dass in diesem Fall die meldepflichtige Person eine Organisations- und Überwachungspflicht trifft, das heißt, die meldepflichtige Person sicherstellen und kontrollieren muss, dass bei der Einschaltung des Dritten die Meldepflichten ordnungsgemäß erfüllt werden.

115 Die Veröffentlichung durch den Emittenten hat in der Form zu erfolgen, dass die Informationen schnell und nicht diskriminierend zugänglich sind (Art. 19 Abs. 3 S. 1 MAR). Dabei hat der Emittent auf Medien zurückzugreifen, bei denen vernünftigerweise davon ausgegangen werden kann, dass sie die Informationen tatsächlich an die Öffentlichkeit in der gesamten Europäischen Union weiterleiten (Art. 19 Abs. 3 UAbs. 3 MAR). In der Praxis beauftragen die Emittenten regelmäßig Dienstleister mit der Veröffentlichung, die die Meldung an ein europaweites Mediennetzwerk (sog. Medienbündel) verbreiten. Diese Veröffentlichungsdienstleister können ihre Veröffentlichungsbestätigung per Email an die BaFin senden.[168]

3. Fristen

116 Die Fristen für die Mitteilung an den Emittenten, die zuständige Behörde sowie die öffentliche Bekanntmachung ergeben sich aus Art. 19 Abs. 1 UAbs. 3, Abs. 2 UAbs. 2 und Abs. 3 UAbs. 1 MAR und betragen jeweils drei Geschäfts- bzw. Arbeitstage nach dem Datum des Geschäfts. Nach bisheriger Rechtslage waren hier fünf Geschäftstage vorgesehen. Die zeitnahe Veröffentlichung von Transaktionen soll sicherstellen, dass Informations-

[162] Dritte Verordnung zur Änderung der Wertpapierhandelsanzeige- und Insiderverzeichnisverordnung, BGBl. 2017 I S. 3727vom 10.11.2017.
[163] BaFin, FAQ zu Eigengeschäften von Führungskräften nach Art. 19 der Marktmissbrauchsverordnung (EU) Nr. 596/2014, 8. Version (Stand 13.9.2017), Fragen unter VIII.
[164] BaFin, FAQ zu Eigengeschäften von Führungskräften nach Art. 19 der Marktmissbrauchsverordnung (EU) Nr. 596/2014, 8. Version (Stand 13.9.2017), Frage Nr. VIII. 5.
[165] BaFin, FAQ zu Eigengeschäften von Führungskräften nach Art. 19 der Marktmissbrauchsverordnung (EU) Nr. 596/2014, 8. Version (Stand 13.9.2017), Frage Nr. VIII. 7.
[166] BaFin, FAQ zu Eigengeschäften von Führungskräften nach Art. 19 der Marktmissbrauchsverordnung (EU) Nr. 596/2014, 8. Version (Stand 13.9.2017), Frage Nr. VIII. 8.
[167] BaFin, FAQ zu Eigengeschäften von Führungskräften nach Art. 19 der Marktmissbrauchsverordnung (EU) Nr. 596/2014, 8. Version (Stand 13.9.2017), Frage Nr. IV. 5.
[168] BaFin, FAQ zu Eigengeschäften von Führungskräften nach Art. 19 der Marktmissbrauchsverordnung (EU) Nr. 596/2014, 8. Version (Stand 13.9.2017), Frage Nr. VIII. 6.

vorsprünge abgebaut werden und andere Marktteilnehmer schneller und dementsprechend besser informiert sind.[169]

117 Zunächst stellt sich die Frage, ob mit der unterschiedlichen Verwendung der Begriffe Geschäftstage (in Abs. 1 UAbs. 3 und Abs. 3 UAbs. 1) bzw. Arbeitstage (Abs. 2 UAbs. 2) eine bewusste Unterscheidung getroffen werden sollte. In der MAR selbst werden die Begriffe nicht definiert. Die BaFin führt hierzu aus, dass sowohl unter Geschäftstag als auch unter Arbeitstag alle Tage zu verstehen sind, die kein Samstag, Sonntag oder Feiertag sind. Ein für die Berechnung beachtlicher Feiertag soll danach vorliegen, wenn der fragliche Tag am Sitz des Emittenten oder an einem der Dienstsitze der BaFin (Hessen/Nordrhein-Westfalen) ein gesetzlicher Feiertag ist.[170] Die Begriffe „Geschäftstage" und „Arbeitstage" sind folglich synonym zu verwenden.

118 Weiterhin ist zu klären, welcher Anknüpfungspunkt für den Fristbeginn gelten soll, dh was unter dem Begriff „Geschäft" genau zu verstehen ist. Maßgeblicher Zeitpunkt für das Geschäft und damit der Beginn des Fristenlaufs ist grundsätzlich das schuldrechtliche Verpflichtungsgeschäft.[171] Bei interessenwahrenden Orders ist dies der Tag der Auftragserteilung an die Bank.[172] Wie oben dargestellt,[173] gelten Besonderheiten zum Beispiel im Hinblick auf die Zeichnung von Finanzinstrumenten, schuldrechtlich unbedingt aber dinglich bedingte Geschäfte[174] sowie Schenkungen und Erbschaften. Insoweit wird auf die oben dargestellten Geschäftsarten[175] verwiesen.

119 Die Tatsache, dass die genannten Fristenregelungen alle an das gleiche Ereignis (Geschäft) anknüpfen und alle dieselbe Laufzeit (drei Geschäfts-/Arbeitstage) vorsehen, kann zu Schwierigkeiten in der Praxis führen. Eine fristgerechte Meldung der meldepflichtigen Person an den Emittenten zum Ablauf ihrer Frist (Ende des dritten Geschäftstags nach Abschluss des Geschäfts) kann dazu führen, dass dem Emittenten überhaupt keine Möglichkeit bleibt, selbst fristgerecht und rechtskonform zu veröffentlichen. Den Emittenten ist daher zu empfehlen, die meldepflichtigen Personen durch interne Leitlinien zu einer früheren Abgabe der Meldung zu verpflichten (zB ein Geschäftstag nach Abschluss des Geschäfts). So bleibt dem Emittenten genug Zeit seine eigene Verpflichtung fristgerecht wahrzunehmen.

V. Sanktionen

120 Sanktionen für die Nichtbeachtung der Pflichten nach Art. 19 MAR finden sich in Art. 30 MAR. Zudem sieht die Richtlinie 2014/57/EU (CRIM-MAD)[176] vor, dass der nationale Gesetzgeber bestimmte Sanktionen bei Verstößen gegen die MAR vorsehen muss. Der deutsche Gesetzgeber hat dies im Rahmen des 1. FiMaNoG umgesetzt. Die Sanktionen sind damit im Vergleich zur bisherigen Rechtslage drastisch verschärft worden.

---

[169] *Kumpan* AG 2016, 446 (455).

[170] BaFin, FAQ zu Eigengeschäften von Führungskräften nach Art. 19 der Marktmissbrauchsverordnung (EU) Nr. 596/2014, 8. Version (Stand 13.9.2017), Frage Nr. IV. 4.

[171] BaFin, FAQ zu Eigengeschäften von Führungskräften nach Art. 19 der Marktmissbrauchsverordnung (EU) Nr. 596/2014, 8. Version (Stand 13.9.2017), Frage Nr. IV. 1; so auch *von der Linden* DStR 2016, 1036 (1040); *Stüber* DStR 2016, 1221 (1224) Fn. 35. So auch bereits nach bisheriger Rechtslage, vgl. *Sethe* in Assmann/Schneider WpHG § 15a Abs. 1 S. 1.

[172] BaFin, FAQ zu Eigengeschäften von Führungskräften nach Art. 19 der Marktmissbrauchsverordnung (EU) Nr. 596/2014, 8. Version (Stand 13.9.2017), Frage Nr. IV. 3.

[173] Vgl. unter → Rn. 54 ff.

[174] Teilweise wird daraus der Rückschluss gezogen, dass generell auf den Zeitpunkt des dinglichen Vollzugs eines Geschäfts abzustellen ist (vgl. *Stenzel* DStR 2017, 883 (887). Dem steht die Aussage der BaFin in ihren FAQ zu Eigengeschäften von Führungskräften nach Art. 19 der Marktmissbrauchsverordnung (EU) Nr. 596/2014, 8. Version (Stand 13.9.2017), Frage Nr. IV. 1 sowie die einschränkende Formulierung in Frage IV. 2. entgegen.

[175] Vgl. unter → Rn. 54 ff.

[176] Richtlinie 2014/57/EU des Europäischen Parlaments und des Rates vom 16. April 2014 über strafrechtliche Sanktionen bei Marktmanipulation (Marktmissbrauchsrichtlinie), ABl. EU Nr. L173 v. 12.6.2014 S. 179 ff. (CRIM-MAD).

121 Eine Ordnungswidrigkeit liegt nach § 120 Abs. 15 WpHG vor, wenn der Meldepflichtige eine Meldung nicht, nicht richtig, nicht vollständig, nicht in der vorgeschriebenen Weise oder nicht rechtzeitig vornimmt (Nr. 17); der Emittent die Meldung nicht, nicht richtig, nicht vollständig, nicht in der vorgeschriebenen Weise oder nicht rechtzeitig sicherstellt (Nr. 18); gegen die neu eingeführten Belehrungspflichten verstoßen wird (Nr. 19); der Emittent die erstmals vorgesehene Liste der meldepflichtigen Personen nicht, nicht richtig oder nicht vollständig erstellt (Nr. 20); oder die Person mit Führungsaufgaben die Kopien der Belehrungsschreiben nicht oder nicht mindestens fünf Jahre aufbewahrt (Nr. 21).

122 Diese Ordnungswidrigkeiten können gemäß § 120 Abs. 18 WpHG mit einer Geldbuße bis zu 500.000 EUR geahndet werden. Gegenüber juristischen Personen oder Personenvereinigungen kann eine über den Betrag von 500.000 EUR hinausgehende höhere Geldbuße verhängt werden. Sie darf gemäß § 120 Abs. 18 Nr. 3 WpHG den Betrag von 1 Million EUR nicht überschreiten. Allerdings kann die Geldbuße bis zum Dreifachen des aus dem Verstoß gezogenen wirtschaftlichen Vorteils betragen, § 120 Abs. 18 S. 3 WpHG.

123 Gemäß § 125 WpHG hat die BaFin Entscheidungen über Maßnahmen und Sanktionen wegen Verstößen nach Art. 19 Abs. 1, 2, 3, 5, 6 und 7 unverzüglich nach Unterrichtung des Betroffenen auf ihrer Internetseite bekanntzumachen. In der Bekanntmachung sind die Personen zu nennen, die für den Verstoß verantwortlich sind. Dieses Instrument des „Naming and Shaming" ist auch bereits aus anderen Bereichen des Aufsichtsrechts bekannt und soll als weitere Abschreckungsmaßnahme dienen. Gemäß § 125 Abs. 4 WpHG hat die BaFin bei nicht bestands- oder nicht rechtskräftigen Entscheidungen einen entsprechenden Hinweis hinzuzufügen und ggf. anzugeben, wenn ein Rechtsbehelf eingelegt wurde. Die Bekanntmachung hat gemäß § 125 Abs. 5 WpHG für 5 Jahre nach ihrer Bekanntmachung auf der Internetseite veröffentlicht zu sein.

§ 20 Handelsverbote

Übersicht

Literatur

Böckem/Rabenhorst, Änderung bei der Quartalsberichterstattung in Deutschland, IRZ 2016, 89; *Fleischer*, Directors' Dealings, ZIP 2002, 1217; *Helm*, Pflichten des Wertpapierdienstleistungsunternehmens in der Finanzportfolioverwaltung bei Directors' Dealings nach der Marktmissbrauchsverordnung, ZIP 2016, 2201; *Kumpan*, Die neuen Regelungen zu Directors' Dealings in der Marktmissbrauchsverordnung, AG 2016, 446; *Poelzig*, Die Neuregelung der Offenlegungsvorschriften durch die Marktmissbrauchsverordnung, NZG 2016, 761; *Seibt/Wollenschläger*, Revision des Marktmissbrauchsrechts durch Marktmissbrauchsverordnung und Richtlinie über strafrechtliche Sanktionen für Marktmanipulation, AG 2014, 593; *Stenzel*, Managementbeteiligungen und Marktmissbrauchsverordnung, DStR 2017, 883; *Stüber*, Directors' Dealings nach der Marktmissbrauchsverordnung, DStR 2016, 1221; *Veil*, Europäisches Insiderrecht 2.0 – Konzeption und Grundsatzfragen der Reform durch MAR und CRIM-MAD, ZBB 2014, 85.

I. Einleitung

1. Regelungsgegenstand und Rechtsgrundlagen

1 Personen, die Führungsaufgaben bei einem Emittenten wahrnehmen, ist es untersagt, während der letzten 30 Kalendertage vor der geplanten Veröffentlichung eines Finanzberichts des Emittenten, Geschäfte im Zusammenhang mit Finanzinstrumenten des Emittenten vorzunehmen.[1] Unter bestimmten Voraussetzungen können solche Geschäfte jedoch ausnahmsweise auch innerhalb eines Handelsverbotszeitraums durchgeführt werden.[2]

2 Nähere Einzelheiten zu diesen Ausnahmen sind ergänzend in Art. 7 bis 9 Delegierte Verordnung (EU) 2016/522 (**VO 2016/522**)[3] geregelt. Diese beruht auf der Ermächti-

[1] Art. 19 Abs. 11 MAR.
[2] Art. 19 Abs. 12 MAR.
[3] Delegierte Verordnung (EU) 2016/522 der Kommission vom 17.12.2015 zur Ergänzung der Verordnung (EU) Nr. 596/2014 des Europäischen Parlaments und des Rates im Hinblick auf eine Ausnahme für bestimmte öffentliche Stellen und Zentralbanken von Drittstaaten, die Indikatoren für Marktmanipulation, die Schwellenwerte für die Offenlegung, die zuständige Behörde, der ein Aufschub zu melden ist, die Erlaubnis zum Handel während eines geschlossenen Zeitraums und die Arten meldepflichtiger Eigengeschäfte von Führungskräften, ABl. EU Nr. L88 v. 5.4.2016 S. 1 ff.

gungsgrundlage in Art. 19 Abs. 14 MAR. Wie die MAR selbst gilt auch diese Verordnung in den Mitgliedstaaten unmittelbar, ohne dass es einer weiteren Umsetzung bedarf. Die VO 2016/522 beruht auf Empfehlungen der ESMA, die im Februar 2015 einen Abschlussbericht mit Stellungnahmen zu möglichen delegierten Rechtsakten zur MAR[4] vorgelegt hat.

3 Zur Auslegung der Verwaltungspraxis der Aufsichtsbehörden können zudem die veröffentlichten Antworten der Aufsichtsbehörden zu häufig gestellten Fragen herangezogen werden. Diese werden bei der ESMA als **Questions and Answers** bezeichnet,[5] bei der BaFin als **FAQs** (Frequently Asked Questions)[6]. Diese werden laufend fortgeschrieben und aktualisiert.

2. Hintergrund und Zweck

4 Das Handelsverbot für Führungskräfte wurde mit der MAR auf europäischer Ebene neu eingeführt. Die Marktmissbrauchsrichtlinie 2003 (MAD 2003)[7] enthielt keine solche Regelung. In Deutschland bestand auch auf nationaler Ebene bislang keine vergleichbare Vorschrift. Europaweit gesehen ist ein solches Handelsverbot jedoch nicht vollkommen neu. In Großbritannien verpflichtete beispielsweise der UK Model Code on Directors' Dealings in Securities (Anhang 1 zu LR 9 FCA Handbook aF) börsennotierte Gesellschaften, ihren Führungskräften ein entsprechendes Handelsverbot aufzuerlegen.[8] Außerdem enthielt die MAD 2003 die Empfehlung „die Begrenzung des Aktienhandels sensibler Personenkategorien auf genau definierte Zeiträume" auf freiwilliger Basis zur Vorbeugung von Marktmissbrauch anzuregen.[9]

5 Das Handelsverbot flankiert die insiderrechtlichen Verbote in Art. 14 und 15 MAR, lässt diese aber unberührt[10] (vgl. Wortlaut des Art. 19 Abs. 11 S. 1 „unbeschadet der Art. 14 und 15"). Im Hinblick auf die Zwecksetzung steht somit, wie auch schon bei den Offenlegungspflichten,[11] die **Verhütung von Marktmissbrauch und insbesondere Insidergeschäften** im Vordergrund. Zu bestimmten Zeiten wird die Gefahr von Insidergeschäften durch Führungskräfte als so hoch angesehen, dass eine bloße Pflicht zur Mitteilung bzw. Offenlegung von Geschäften durch Führungskräfte im Zusammenhang mit Finanzinstrumenten des Emittenten nicht mehr ausreichend erscheint.[12] An ihre Stelle tritt dann das Handelsverbot – Mitteilungspflicht und Handelsverbot schließen prinzipiell einander aus. Dies bedeutet jedoch nicht, dass die Offenlegungspflicht nach Art. 19 Abs. 1 MAR für die geschlossenen Zeiträume generell nicht gilt. Wird beispielsweise von einer Ausnahme nach Art. 19 Abs. 12 MAR Gebrauch gemacht, ist auch dieses Geschäft nach Art. 19 Abs. 1 MAR zu melden. Auch im Hinblick auf die Handelsverbote ist der damit einhergehende Generalverdacht gegenüber Führungskräften, Verstöße gegen das Marktmissbrauchsverbot beziehungsweise das Verbot zum Insiderhandel zu begehen, kritisch zu sehen.[13] Darüber hinaus ist das Handelsverbot nach Art. 19 Abs. 11 MAR nicht an einen konkreten Informationsstand gekoppelt sondern

[4] ESMA, Final Report – ESMA's Technical Advice on Possible Delegated Acts Concerning the Market Abuse Regulation v. 3.2.2015, ESMA/2015/224.

[5] ESMA, Questions and Answers on the Market Abuse Regulation (MAR), ESMA70–145-111, Version 9, Stand: 21.11.2017.

[6] BaFin, FAQ zu Eigengeschäften von Führungskräften nach Art. 19 der Marktmissbrauchsverordnung (EU) Nr. 596/2014, 8. Version (Stand 13.9.2017).

[7] Richtlinie 2003/6/EG des Europäischen Parlaments und des Rates vom 28. Januar 2003 über Insider-Geschäfte und Marktmanipulation (Marktmissbrauch), ABl. EU Nr. L96 v. 12.4.2003 S. 16ff. (MAD 2003).

[8] *Poelzig* NZG 2016, 761 (769).

[9] Erwägungsgrund 24 MAD 2003.

[10] *Zetzsche* in Gebauer/Teichmann EnzEuR Bd. VI § 7 C Rn. 197.

[11] → § 19 Rn.6.

[12] *Kumpan* AG 2016, 446 (456).

[13] → § 19 Rn. 6.

untersagt grundsätzlich jegliche Eigengeschäfte von Führungskräften[14] – es knüpft also unterhalb der Schwelle der Insiderinformation an. Dabei wird kritisiert, dass mit den Handelsverboten eine Verringerung der Transparenz und Informationseffizienz des Marktes unmittelbar vor wichtigen Informationsveröffentlichungen einhergeht.[15] Danach wird der Kapitalmarkt während dieser Zeiträume, in denen das Verbot greift, nicht mit Unternehmensinformationen versorgt, die unterhalb der Schwelle der Insiderinformation und damit der Ad-hoc Pflicht nach Art. 17 MAR liegen.[16] Würde ein Handelsverbot nicht bestehen, könnten Führungskräfte auch in den geschlossenen Zeiträumen Geschäfte tätigen (wenn keine Insiderinformationen vorliegen) und der Markt damit gegebenenfalls die bei Geschäften von Führungskräften angenommene Orientierung über die Unternehmensentwicklung erhalten (Indikatorwirkung)[17]. Indes ist insoweit zu berücksichtigen, dass (innerhalb und außerhalb geschlossener Zeiträume) die Motivation für ein Geschäft von Führungskräften nicht unbedingt in der Unternehmensentwicklung liegen muss.

II. Anwendungsbereich

Anders als die Meldepflicht in Art. 19 Abs. 1 MAR erfasst das Handelsverbot ausdrücklich nur die Führungskräfte selbst, nicht aber mit ihnen eng verbundene Personen im Sinne des Art. 3 Abs. 1 Nr. 26 MAR.[18] 6

Zu beachten bleibt allerdings, dass Art. 19 Abs. 11 MAR insoweit weiter gefasst ist als die Meldepflicht in Art. 19 Abs. 1 MAR, als dass das Handelsverbot auch **indirekt getätigte Eigengeschäfte**[19] und Geschäfte, die **für Dritte** getätigt werden[20] erfasst. Darunter können auch solche Transaktionen fallen, die über oder für eine eng verbundene Person ausgeführt werden. Dies wird durch die BaFin ausdrücklich bestätigt.[21] Wann dies der Fall ist, wird von der BaFin nicht näher ausgeführt. Die Formulierung in dem FAQ Dokument der BaFin „darunter können nach Umständen des Einzelfalls auch solche Transaktionen fallen, die über oder für eine eng verbundene Person ausgeführt werden" legt aber nahe, dass nur bestimmte Konstellationen ausnahmsweise hier erfasst werden sollen. Zu denken ist insbesondere an Umgehungsfälle. Im Übrigen steht der Wortlaut des Art. 19 Abs. 11 MAR, der in erster Linie die Führungskräfte als Adressaten benennt, hier einer extensiven Anwendung auf Geschäfte von eng verbundenen Personen wohl entgegen.[22] Geschäfte einer eng verbundenen Person sind daher nur dann vom Handelsverbot erfasst, wenn sie nachweislich in Stellvertretung oder im Auftrag der Führungskraft für deren Rechnung durchgeführt wurden. Geschäfte, die die Führungskraft als Stellvertreter oder für Rechnung einer eng mit ihr verbundenen Person vornimmt, unterfallen dagegen dem Handelsverbot, sofern keine Ausnahmen nach Art. 19 Abs. 12 MAR greifen. 7

Im Hinblick auf die Person des „Dritten" stellt sich die Frage, ob auch der **Emittent** selbst als „Dritter" im Sinne des Art. 19 Abs. 11 MAR angesehen werden kann. Dies würde insbesondere Beschlüsse über Kapitalerhöhungen, Rückkäufe von Aktien sowie 8

[14] *Diekgräf*, Directors' Dealings, Paradigmenwechsel im europäischen Marktmissbrauchsrecht, S. 141]; *Klöhn* in KölnKomm WpHG Vor §§ 12–14 Rn. 17.
[15] *Kumpan* AG 2016, 446 (456).
[16] *Kumpan* AG 2016, 446 (456) mit weiterem Verweis auf *Fleischer* ZIP 2002, 1217 (1228); *Veil* ZBB 2014, 85 (96).
[17] → § 19 Rn. 7.
[18] → § 19 Rn. 23 ff.
[19] Hiervon ist auszugehen, wenn Dritte, zB Vermögensverwalter, in Stellvertretung oder im Auftrag der Führungskraft auf fremde Rechnung handeln.
[20] Hiervon ist auszugehen, wenn die Führungskraft in fremdem Namen, also zB als Stellvertreter, oder auf fremde Rechnung, zB als Kommissionär, handelt.
[21] BaFin, FAQ zu Eigengeschäften von Führungskräften nach Art. 19 der Marktmissbrauchsverordnung (EU) Nr. 596/2014, 8. Version (Stand 13.9.2017), Frage Nr. VI. 1.
[22] So auch *Stüber* DStR 2016, 1221 (1226).

Begebungen von Anteilen oder Schuldverschreibungen erfassen, jedenfalls soweit der Vorstand bzw. sonstige Führungskräfte dabei für den Emittenten handeln. Die BaFin verneint dies in ihren FAQ zu Art. 19 MAR ohne Angabe von weiteren Gründen. Danach sollen Geschäfte, die eine Führungskraft als Organ oder Vertreter des Emittenten vornimmt, nicht unter das Handelsverbot nach Art. 19 Abs. 11 fallen.[23] Als Beispiel nennt die BaFin hierbei Anleiheemissionen für den Emittenten. Eine Beschränkung auf Anleiheemissionen ist damit jedoch nicht verbunden, da diese lediglich als Beispiel angeführt werden.

9 Dass der Emittent nicht „Dritter" im Sinne des Art. 19 Abs. 11 MAR sein soll, wenn der Vorstand als Organ für den Emittenten Geschäfte tätigt, lässt sich dem Wortlaut der Vorschrift jedoch nicht entnehmen. Auch nach Sinn und Zweck der Regelung lässt sich argumentieren, dass das Handelsverbot generell Marktmissbrauch und Insidergeschäften vorbeugen soll. Dabei kommt es für den Unwertgehalt der Handlung nicht darauf an, ob der Vorstand dabei sein besonderes Insiderwissen für persönliche Zwecke oder für den Emittenten nutzt. Konsequenterweise wird daher auch bei der Anwendung des Insiderhandelsverbots nicht danach differenziert. Ein solches weites Verständnis der Zwecksetzung der Vorschrift würde aber dazu führen, dass während des geschlossenen Zeitraums Eigenkapitalmaßnahmen nicht durchführbar wären, und zwar unabhängig von einem insiderrechtlich relevanten Wissensvorsprung einzelner Vorstandsmitglieder. Denn eine Kapitalerhöhung oder Emission einer Wandelschuldverschreibung einer Aktiengesellschaft erfordert – anders als (regelmäßig) die Emission einer „einfachen" Anleihe, zumindest einen Beschluss des Vorstands und des Aufsichtsrats, die durch die Satzung bzw. von der originär zuständigen Hauptversammlung dafür ermächtigt werden können.[24]

10 Vor dem Hintergrund dieser weitreichenden Einschränkung der Handlungsfähigkeit des Emittenten eines auch auf Transaktionen des Emittenten erstreckten Handelsverbots ist die Zwecksetzung des Art. 19 Abs. 11 MAR und damit dessen Anwendungsbereich eng auszulegen. Die Handelsverbote sollen danach der abstrakten Gefahr des Ausnutzens eines während bestimmter Zeiträume unterstellten Informationsvorsprungs von Führungskräften nur bei Geschäften zu *persönlichen Zwecken* vorbeugen. Eine solche Gefahr besteht bei Kapitalerhöhungen oder Aktienrückkäufen nicht, da hier schon die Interessenlage anders gelagert ist.[25] Im Ergebnis ist der BaFin daher zuzustimmen.

11 Mangels einer anderweitigen Begriffsbestimmung ist zudem davon auszugehen, dass das Handelsverbot in Art. 19 Abs. 11 MAR sich auch auf alle **Geschäftsarten** bezieht, die eine Offenlegungspflicht nach Art. 19 Abs. 1 auslösen.[26] Insofern sind die Beispiele für erfasste Geschäfte in Art. 19 Abs. 7 MAR bzw. Art. 10 Abs. 2 VO 2016/522 auch für das Handelsverbot nach Art. 19 Abs. 11 MAR jedenfalls zur Auslegung heranzuziehen. Diese Parallele führt teilweise allerdings zu absurden Ergebnissen. So sind grundsätzlich auch passive Geschäfte, wie Schenkung oder Erbschaft vom Anwendungsbereich des Handelsverbots erfasst. Diese lassen sich mangels aktiver Beteiligung der Führungskraft aber kaum für einen bestimmten Zeitraum ausschließen. Der Zweck der umfassenden Transparenz gegenüber dem Markt kann hier auch nicht als Argument für die weite Auslegung des Transaktionsbegriffs herangezogen werden. Dies zeigt, dass diese Parallele zwischen Offenlegungspflichten und Handelsverbot nur bedingt sachgerecht ist.

12 Unklar ist darüber hinaus, ob auch die Ausnahmen, die beispielsweise in Art. 19 Abs. 1a MAR für Investmentvermögen und portfoliobezogene Produkte oder MAR Art. 19 Abs. 7 Unterabs. 2 MAR für die Verpfändung zur Absicherung spezifischer Kreditfazilitäten gewährt werden, für die Handelsverbote in den geschlossenen Zeiträumen entsprechend gelten. Hierfür spricht insbesondere die gleichgerichtete Zwecksetzung (Verhin-

---

[23] BaFin, FAQ zu Eigengeschäften von Führungskräften nach Art. 19 der Marktmissbrauchsverordnung (EU) Nr. 596/2014, 8. Version (Stand 13.9.2017), Frage Nr. VII. 4.

[24] §§ 182 Abs. 1, 202, 221 Abs. 2 AktG.

[25] So auch *Stüber* DStR 2016, 1221 (1226).

[26] So auch ESMA, Questions and Answers on the Market Abuse Regulation (MAR), ESMA70–145-111, Version 9, Stand: 21.11.2017, Question 7.9.

derung der Nutzung von Insiderwissen zu persönlichen Zwecken) und die Tatsache, dass die Handelsverbote als gravierendere Einschränkung im Vergleich zu Offenlegungspflichten nicht weiter gefasst werden sollten als diese.[27] Eine Gleichbehandlung von Offenlegungspflichten und Handelsverboten im Hinblick auf die erfassten Geschäftsarten lässt sich auch dem Final Report der ESMA entnehmen.[28] Die in Art. 19 Abs. 8 MAR normierte Mindestschwelle gilt dagegen weder nach dem Wortlaut noch nach dem Regelungszweck für das Handelsverbot nach Art. 19 Abs. 11 MAR.[29]

III. Geschlossener Zeitraum

Nach Art. 19 Abs. 11 MAR dürfen Führungskräfte in einem Zeitraum von 30 Kalendertagen vor „Ankündigung" eines Zwischenberichts oder eines „Jahresabschlussberichts" keine Eigengeschäfte oder Geschäfte für Dritte durchführen, sofern der Emittent zu der Veröffentlichung des Zwischenberichts oder Jahresabschlussberichts verpflichtet war. Dieser Zeitraum wird als „geschlossener Zeitraum" oder „*closed period*" bezeichnet. **13**

1. „Ankündigung" der Finanzberichte

Zunächst ist zu klären, an welchen Zeitpunkt die 30-Tages-Frist anknüpft, dh zu welchem konkreten Zeitpunkt die Closed Period endet. **14**

Anknüpfungspunkt für den Fristenlauf ist dem Wortlaut nach die „Ankündigung" des jeweiligen Berichts. Darunter ist grundsätzlich die Veröffentlichung des Berichts zu verstehen. Dies folgt zum einen aus der englischen Sprachfassung, die auf „*announcement*" und damit auf die Veröffentlichung abstellt. Zum anderen stellt die ESMA in ihren Q&A klar, dass unter „*announcement*" die öffentliche Bekanntgabe der in dem Jahres- bzw. Zwischenbericht enthaltenen Informationen meint.[30] Die Veröffentlichung des Berichts beendet daher grundsätzlich die 30-tägigige Frist für das Handelsverbot.[31] Zu beachten ist allerdings, dass es nach Auffassung der ESMA auf die in dem jeweiligen Bericht „enthaltene Information" ankommt und nicht auf den Bericht selbst. Daher kann auch bereits ein früherer Anknüpfungspunkt in Betracht kommen; nämlich wenn die Information bereits im Rahmen einer Vorab-Veröffentlichung bekanntgegebenen wird.[32] Die ESMA führt hierzu aus, dass im Hinblick auf den Jahresabschlussbericht bereits die Veröffentlichung der vorläufigen Ergebnisse den Handelsverbotszeitraum beendet – jedenfalls, wenn diese Veröffentlichung die wesentlichen Ergebnisse des Jahresabschlussberichts beinhaltet.[33] Eine weitere Frist bis zum Tag der tatsächlichen Veröffentlichung des (geprüften) Jahresabschlussberichts läuft in diesem Fall nicht. Sollten sich in der Zwischenzeit wesentliche Änderungen im Vergleich zur (Vorab-)Veröffentlichung der Ergebnisse ergeben, löst dies ebenfalls keinen weiteren Handelsverbotszeitraum im Sinne des Art. 19 Abs. 11 MAR aus. Zu beachten ist aber, dass eine solche wesentliche Änderung im Jahresergebnis zwischen (Vorab-)Veröffentlichung und Veröffentlichung des geprüften Jahresabschlussberichts eine Insiderinformation dar-

---

[27] So im Ergebnis auch *Helm* ZIP 2016, 2201 (2207) im Hinblick auf Art. 19 Abs. 1a MAR.

[28] ESMA/2015/224 Sec. 5.3 Rn. 145.

[29] *Diekgräf*, Directors' Dealings, Paradigmenwechsel im europäischen Marktmissbrauchsrecht, S. 230.

[30] ESMA, Questions and Answers on the Market Abuse Regulation (MAR), ESMA70-145-111, Version 9, Stand: 21.11.2017 Question 7.2.

[31] ESMA, Questions and Answers on the Market Abuse Regulation (MAR), ESMA70-145-111, Version 9, Stand: 21.11.2017 Question 7.2.

[32] Auch die BaFin verweist auf die Veröffentlichung beziehungsweise die vorläufige Veröffentlichung von Berichten und dabei im Weiteren auf die Ausführungen der ESMA (BaFin, FAQ zu Eigengeschäften von Führungskräften nach Art. 19 der Marktmissbrauchsverordnung (EU) Nr. 596/2014, 8. Version (Stand 13.9.2017), Frage Nr. VI. 2).

[33] ESMA, Questions and Answers on the Market Abuse Regulation (MAR), ESMA70-145-111, Version 9, Stand: 21.11.2017 Question 7.2.

stellen kann, die gegebenenfalls eine Ad-hoc Veröffentlichungspflicht nach Art. 17 MAR auslösen kann.

15 Unklar ist, wie mit verschobenen Finanzberichten umzugehen ist. Insbesondere vorgezogene Finanzberichte, die zu einem früheren Zeitpunkt als ursprünglich avisiert veröffentlicht werden, können zu Problemen führen. Da in einem solchen Fall auch die Frist für das Handelsverbot zu einem früheren Zeitpunkt beginnt, können so unbewusste Verstöße gegen Art. 19 Abs. 11 MAR verursacht werden.[34]

2. Qualifikation als Finanzbericht

16 Weiterhin bleibt zu klären, welche Berichte ein vorhergehendes Handelsverbot auslösen. Darunter fallen zunächst die gesetzlich vorgegebenen **Jahresfinanzberichte** nach § 114 WpHG ggf. iVm § 117 WpHG und **Halbjahresfinanzberichte** nach § 115 WpHG ggf. iVm § 117 WpHG.

17 Neben den gesetzlich vorgegebenen Finanzberichten sind auch solche Berichte, zu deren Erstellung die Vorschriften des jeweiligen Handelsplatzes verpflichten, grundsätzlich geeignet, ein Handelsverbot im Sinne des Art. 19 Abs. 11 MAR auszulösen (vgl. Art. 19 Abs. 11 lit. a) MAR). Nach Rechtsauffassung der BaFin löst ein Halbjahresbericht mit den inhaltlichen Anforderungen wie sie in § 21 Abs. 1 lit. b) der Allgemeinen Geschäftsbedingungen der Deutsche Börse AG für den Freiverkehr an der Frankfurter Wertpapierbörse (Stand 21.4.2017) vorgesehen sind, ein Handelsverbot nach Art. 19 Abs. 11 MAR aus.[35]

18 Fraglich ist jedoch, ob auch die nach § 50 der Börsenordnung für die Frankfurter Wertpapierbörse (Stand 26.6.2017) („BörsO") zu erstellenden **Quartalsmitteilungen** ein Handelsverbot nach Art. 19 Abs. 11 MAR auslösen. Diese müssen von Emittenten von Aktien oder Aktien vertretenden Zertifikaten erstellt werden, die zum Teilbereich des regulierten Marktes mit weiteren Zulassungsfolgepflichten (Prime Standard) an der Frankfurter Wertpapierbörse zugelassen sind. Die BaFin sieht diese nicht als „Zwischenberichte" im Sinne des Art. 19 Abs. 11 MAR an.[36] Eine solche Quartalsmitteilung löst demnach kein Handelsverbot aus. Die BaFin macht allerdings deutlich, dass in anderen Fällen verpflichtender quartalsweiser Berichterstattung jedoch – abhängig von den inhaltlichen Anforderungen gemäß den Vorschriften eines Handelsplatzes oder gemäß nationalem Recht – eine abweichende rechtliche Bewertung nicht ausgeschlossen ist. Woran sich die rechtliche Bewertung der BaFin mit Blick auf § 50 BörsO orientiert, wird allerdings nicht deutlich, insofern verbleiben hier Auslegungsfragen. Entscheidend wird es darauf ankommen, ob die jeweiligen Anforderungen an die Quartalsmitteilung in qualitativer und quantitativer Hinsicht denen eines gesetzlich vorgeschriebenen Finanzberichts vergleichbar sind. Im Hinblick auf § 50 BörsO können die Angaben in Quartalsmitteilungen tatsächlich deutlich hinter denen der verpflichtenden Finanzberichterstattung zurückbleiben. So soll die Quartalsmitteilung einen Überblick über die Geschäftstätigkeit des Emittenten während des Mitteilungszeitraums geben und an die Informationen im Jahresfinanzbericht und Halbjahresfinanzbericht anknüpfen. Hierfür genügt jedoch eine rein beschreibende Darstellung während Finanzzahlen, insbesondere eine Bilanz oder Gewinn- und Verlustrechnung nicht notwendig sind.[37] Aufgrund dieser qualitativen Unterschiede zur Zwischenmitteilung wird auch in der wirtschaftsprüferrechtlichen Literatur vertreten, dass eine solche Quartalsmitteilung einer prüferischen Durchsicht nicht zugänglich ist, da für sie keinerlei Prüfstandards bestehen.[38]

---

[34] Ausführlich zu dieser Thematik: *Diekgräf*, Directors' Dealings, Paradigmenwechsel im europäischen Marktmissbrauchsrecht, S. 226 ff.

[35] BaFin, FAQ zu Eigengeschäften von Führungskräften nach Art. 19 der Marktmissbrauchsverordnung (EU) Nr. 596/2014, 8. Version (Stand 13.9.2017), Frage Nr. VI. 5.

[36] BaFin, FAQ zu Eigengeschäften von Führungskräften nach Art. 19 der Marktmissbrauchsverordnung (EU) Nr. 596/2014, 8. Version (Stand 13.9.2017), Frage Nr. VI. 3.

[37] Dazu *Rabenhorst* in Marsch-Barner/Schäfer, HdB börsennotierte AG, § 57 Rn. 57.28 ff.

[38] *Böckem/Rabenhorst* IRZ 2016, 89 (93).

Weiterhin schließt sich die Frage an, wie ein **Quartalsfinanzbericht** der entsprechend den Vorgaben des § 115 WpHG analog erstellt wird, zu qualifizieren ist. § 50 Abs. 6 BörsO sieht ausdrücklich die Möglichkeit vor, dass Emittenten anstelle der Erstellung einer Quartalsmitteilung einen Quartalsfinanzbericht nach den Vorgaben eines Halbjahresberichts erstellen. In diesem Fall entfällt die Pflicht zur Erstellung einer Quartalsmitteilung. Nach Auffassung der BaFin löst auch dieser Quartalsfinanzbericht kein Handelsverbot aus.[39] Als Begründung führt die BaFin an, dass § 50 Abs. 6 BörsO dem Emittenten lediglich ein Wahlrecht einräumt und somit den Emittenten nicht „verpflichtet", einen solchen Bericht zu veröffentlichen, was Voraussetzung für ein Handelsverbot nach Art. 19 Abs. 11 lit. a) MAR wäre. Die Auffassung der BaFin erscheint konsequent, da Emittenten, die sich freiwillig strengeren und weitreichenderen Veröffentlichungsvoraussetzungen unterwerfen, im Hinblick auf die MAR nicht schlechter gestellt werden können, als solche die lediglich in der Form einer Quartalsmitteilung veröffentlichen. Dies würde der Transparenz am Kapitalmarkt, die mit Art. 19 MAR gerade gefördert werden soll, zuwider laufen. 19

Ferner besteht auch kein Handelsverbot vor der Veröffentlichung von **Ad-hoc Mitteilungen** nach Art. 17 MAR. Zwar handelt es sich dabei um gesetzlich zwingende Veröffentlichungen. Es wird mit der Ad-hoc Mitteilung aber kein vollständiger Finanzbericht veröffentlicht sondern allenfalls einzelne Kennzahlen. Zudem bestehen Handelsverbote im Sinne des Art. 19 Abs. 11 MAR nur vor planbaren Veröffentlichungen und Finanzberichten. Dies folgt schon aus der Tatsache, dass die Berechnung der 30-Tage-Frist im Vorfeld der Veröffentlichung ein festes Datum voraussetzt. Der Zeitrahmen für das Handelsverbot vor einer Ad-hoc Mitteilung könnte erst zum Zeitpunkt der Ad-hoc Mitteilung festgelegt werden und würde somit rückwirkend und regelmäßig nicht vorhersehbar Verstöße gegen das Handelsverbot auslösen. Eine Anwendung des Art. 19 Abs. 11 MAR auf Ad-hoc Mitteilungen kommt daher nicht in Betracht. 20

Es bleibt festzuhalten, dass für die Frage, ob eine Finanzberichterstattung das Handelsverbot nach Art. 19 Abs. 11 MAR auslöst, im Wesentlichen auf die Frage abzustellen ist, ob die Berichterstattung für den Emittenten verpflichtend ist. Die Verpflichtung kann sich dabei aus allgemeinen Gesetzen aber auch aus Vorschriften des jeweiligen Handelsplatzes ergeben. In einem zweiten Schritt ist zu prüfen, ob die inhaltlichen Anforderungen ausreichen, um die Veröffentlichung als „Finanzbericht" zu qualifizieren. Als Anhaltspunkt können hierbei die Anforderungen an gesetzlichen Jahres- und Halbjahresberichten herangezogen werden. Eine klare Abgrenzung wird jedoch schwierig bleiben. 21

3. Vollzug von Geschäften innerhalb des geschlossenen Zeitraums

Ein vor Beginn des Handelsverbotszeitraumes unbedingt geschlossenes schuldrechtliches Geschäft kann innerhalb des Handelsverbotszeitraums vollzogen werden. Dies ergibt sich bereits aus der in § 19 dargelegten Auslegung zum Begriff des „Geschäfts", welches grundsätzlich an das schuldrechtliche Verpflichtungsgeschäft anknüpft. Die BaFin verweist zur Begründung auf Art. 9 Abs. 3 lit. a) MAR.[40] Danach ist ein Geschäft zulässig, das von einem Insider getätigt wird, wenn dieses in gutem Glauben und nicht zur Umgehung des Verbots von Insidergeschäften, durchgeführt wird, um einer fällig gewordenen Verpflichtung nachzukommen, die auf der Erteilung eines Auftrags oder dem Abschluss einer Vereinbarung aus der Zeit vor dem Erhalt der Insiderinformation beruht. 22

Fraglich ist, auf welchen Zeitpunkt bei aufschiebend bedingten Geschäften abzustellen ist. Folgt man aufgrund des Gleichlaufs der in Art. 19 normierten Pflichten der Argumentation im Rahmen der Offenlegungspflichten[41] ist auf den Eintritt der Bedingung abzustel- 23

[39] BaFin, FAQ zu Eigengeschäften von Führungskräften nach Art. 19 der Marktmissbrauchsverordnung (EU) Nr. 596/2014, 8. Version (Stand 13.9.2017), Frage Nr. VI. 4.

[40] BaFin, FAQ zu Eigengeschäften von Führungskräften nach Art. 19 der Marktmissbrauchsverordnung (EU) Nr. 596/2014, 8. Version (Stand 13.9.2017), Frage Nr. VI. 6.

[41] → § 19 Rn. 78 ff.

len. Dies könnte aber zu zufälligen Ergebnissen führen und widerspricht dem Regelungszweck der Handelsverbote.[42] Diese sollen verhindern, dass Führungskräfte die im Vorfeld der Veröffentlichung der Finanzberichte typischerweise bestehende Informationsasymmetrie ausnutzen – es müsste daher vielmehr auf die Transaktionsentscheidung ankommen.[43] Da sich diese Argumentation aber auch im Hinblick auf die Offenlegungspflichten anführen lässt[44], von der Kommission und der Aufsicht dort aber nicht aufgegriffen wurde, bleibt eine Klarstellung (gegebenenfalls im Rahmen der ESMA Q&A) abzuwarten.

IV. Ausnahmen

24 Das Handelsverbot gilt allerdings nicht absolut. Art. 19 Abs. 12 lit. a) und lit. b) MAR sehen ausdrücklich Ausnahmen vom Handelsverbot während eines geschlossenen Zeitraums vor. Diese Ausnahmen können im Einzelfall vom Emittenten gewährt werden. Das Verfahren zur Gestattung eines Geschäfts von Führungspersonen während eines geschlossenen Zeitraums und die Voraussetzungen hierfür konkretisiert die VO 2016/522.[45] Voraussetzung ist zunächst, dass die Erlaubnis vor jeglicher Handelstätigkeit beantragt und auch erteilt wird.[46] Dabei hat die Führungskraft zunächst nachzuweisen, dass das betreffende Geschäft nicht zu einem anderen Zeitpunkt als während der des geschlossenen Zeitraums ausgeführt werden kann (Art. 7 Abs. 1 lit. b VO 2016/522). Die Ausnahmen sind eng auszulegen.[47] Sie erfordern entweder, dass sie für die Führungskraft „existentiell" erscheinen (lit. a)) oder dass die Gefahr einer Nutzung von Insiderinformationen strukturell ausgeräumt erscheint (lit. b)).[48]

25 Zuständig für die Gewährung der Ausnahme ist das jeweils zuständige Organ innerhalb des Emittenten. Dh über eine Ausnahmegewährung des Vorstands einer Aktiengesellschaft entscheidet der Aufsichtsrat (§§ 84, 87 AktG). In allen anderen Fällen ist der Vorstand zuständig.[49]

26 Zu beachten bleibt, dass das Insiderhandelsverbot nach Art. 14 MAR selbstverständlich auch während der geschlossenen Zeiträume unverändert gilt und daher auch bei Vorliegen einer Ausnahme nach Art. 19 Abs. 12 MAR zu beachten bleibt.[50]

1. Außergewöhnliche Umstände

27 Nach Art. 19 Abs. 12 lit. a MAR kann eine Ausnahme erteilt werden, wenn außergewöhnliche Umstände im Einzelfall, wie beispielsweise schwerwiegende finanzielle Schwierigkeiten, den unverzüglichen Verkauf von Aktien erforderlich machen. Nähere Ausführungen hierzu enthalten Art. 7 Abs. 2 und Art. 8 VO 2016/522.

28 Voraussetzung ist zunächst, dass die Führungskraft dem Emittenten vor jeder etwaigen Handelstätigkeit während eines geschlossenen Zeitraums einen begründeten schriftlichen Antrag vorlegt, in dem das geplante Geschäft beschrieben und erläutert wird, weshalb der Verkauf von Anteilen die einzige sinnvolle Möglichkeit zur Beschaffung der erforderlichen finanziellen Mittel ist (Art. 7 Abs. 2 VO 2016/522).

29 Der Emittent hat sodann den Antrag zu prüfen und eine fallspezifische Bewertung vorzunehmen, ob die Umstände tatsächlich als außergewöhnlich angesehen werden kön-

[42] *Diekgräf*, Directors' Dealings, Paradigmenwechsel im europäischen Marktmissbrauchsrecht, S. 233.
[43] *Diekgräf*, Directors' Dealings, Paradigmenwechsel im europäischen Marktmissbrauchsrecht, S. 233 f.
[44] → § 19 Rn. 80.
[45] Art. 7 und 8 VO 2016/522.
[46] Erwägungsgrund 21 VO 2016/522.
[47] Erwägungsgrund 22 VO 2016/522.
[48] *Grundmann* in GroßkommHGB Bd. XI Bankvertragsrecht 6. Teil Rn. 538.
[49] So auch *Stüber* DStR 2017, 1221 (1227); *Seibt/Wollenschläger* AG 2014, 593 (602).
[50] ESMA, Questions and Answers on the Market Abuse Regulation (MAR), ESMA70-145-111, Version 9, Stand: 21.11.2017 Question 7.8.

nen. Voraussetzung dafür ist, dass die Umstände äußerst dringend, unvorhergesehen und zwingend sind und sie nicht von der Führungskraft verursacht werden und sich deren Kontrolle entziehen (Art. 8 Abs. 2 VO 2016/522). Nach dem Wortlaut des Art. 8 Abs. 3 VO 2016/522 hat der Emittent dabei insbesondere zu berücksichtigen, (i) ob zum Zeitpunkt des Antrags rechtlich durchsetzbare finanzielle Verpflichtungen oder rechtlich durchsetzbare finanzielle Ansprüche der Führungsperson vorliegen und (ii) ob die Führungskraft Zahlungen zu leisten hat oder sich in einer Situation befindet, die auf vor Beginn des geschlossenen Zeitraums eingetretene Umstände zurückzuführen ist und die Zahlung einer Summe an Dritte, einschließlich Steuerschulden, erforderlich macht, und sie eine finanzielle Verpflichtung oder einen finanziellen Anspruch nicht auf andere Weise als durch den unverzüglichen Verkauf von Anteilen hinreichend erfüllen kann. Diese etwas umständliche Formulierung lässt sich wohl dahingehend zusammenfassen, dass der Emittent bei seiner Prüfung zu berücksichtigen hat, (i) ob eine (rechtlich durchsetzbare) finanzielle Verbindlichkeit der Führungsperson besteht und (ii) ob die Verbindlichkeit nicht auf eine andere Art und Weise als durch den unverzüglichen Verkauf von Finanzinstrumenten des Emittenten erfüllt werden kann.

Die ESMA hat außerdem darauf hingewiesen, dass Art. 19 Abs. 12 lit. a) MAR nur von einem unverzüglichen „Verkauf" spreche. Alle anderen Arten von Transaktionen seien daher im Hinblick auf eine Ausnahme nach Art. 19 Abs. 12 lit. a) MAR ausgeschlossen.[51] Eine entsprechende Einschränkung findet sich in Art. 7 Abs. 2 und Erwägungsgrund 23 VO 2016/522 wieder. Die Einschränkung wird in der Literatur teilweise kritisiert.[52] Insbesondere sei nicht nachvollziehbar, warum nicht auch eine andere Transaktion, wie beispielsweise die Verpfändung der Wertpapiere zur Absicherung einer Kreditfazilität (als ein wesensgleiches Minus im Vergleich zum Verkauf) einer solchen Ausnahme zugänglich sein sollen.[53] Dem ist grundsätzlich zuzustimmen. Nach der hier vertretenen Auffassung würde die Verpfändung zur Absicherung einer Kreditfazilität von dem Handelsverbot aber gegebenenfalls schon gar nicht erfasst, weil die Ausnahme nach Art. 19 Abs. 7 Unterabs. 2 MAR zur Anwendung kommen würde, insbesondere bei dem Pfandrecht nach Ziff. 14 AGB Banken (sog. AGB-Pfandrecht). Zudem ist die Einschränkung wohl auch vielmehr dahingehend zu verstehen, dass nur die Veräußerung und im Gegensatz dazu gerade nicht der Erwerb von Finanzinstrumenten unter die Ausnahme nach Art. 19 Abs. 12 lit. a) MAR fallen kann. Im Vordergrund steht also, dass das ggf. zugelassene Geschäft der Beschaffung der erforderlichen Finanzmittel dienen muss. 30

2. Ausnahmen für bestimmte Geschäftsarten

Auch wenn keine der vorstehend unter 1. dargestellten außergewöhnlichen Umstände vorliegen darf ein Emittent einer Führungskraft erlauben, Eigengeschäfte oder Geschäfte für Dritte während eines Handelsverbotszeitraums vorzunehmen, sofern es sich um ein Geschäft handelt, das die in Art. 19 Abs. 12 lit. b) MAR genannten Voraussetzungen erfüllt. 31

Die Formulierung für diese Ausnahme in der deutschen Sprachfassung des Art. 19 Abs. 12 lit. b) MAR lautet „*... dass diese Geschäfte [...] durch die Merkmale des betreffenden Geschäfts für Handel bedingt sind, die im Rahmen von Belegschaftsaktien oder einem Arbeitnehmersparplan, von Pflichtaktien oder von Bezugsberechtigungen auf Aktien oder Geschäfte getätigt werden, wenn sich die nutzbringende Beteiligung an dem einschlägigen Wertpapier nicht ändert*". Der Regelungsgehalt dieser Vorschrift lässt sich ohne die Zugrundelegung der englischen Sprachfassung nur schwer nachvollziehen. Gemeint sind ausweislich des englischen Textes[54]

[51] ESMA/2015/224 S. 53 Rz. 154.
[52] *Kumpan* AG 2016, 446 (457).
[53] *Kumpan* AG 2016, 446 (457).
[54] „[...] *due to the characteristics of the trading involved for transactions made under, or related to, an employee share or saving scheme, qualification or entitlement of shares, or transactions where the beneficial interest in the relevant security does not change.*

wohl Geschäfte, (i) die den Eigenheiten von bestimmten Geschäften, insbesondere Arbeitnehmerbeteiligungsprogrammen geschuldet sind oder (ii) bei denen sich die wirtschaftliche Berechtigung nicht ändert.

32 Weitere Einzelheiten zu den in Art. 19 Abs. 12 lit b) MAR sind in Art. 9 VO 2016/522 geregelt. Die dort aufgeführten Vorgaben sind allerdings lediglich beispielhaft zu verstehen.[55]

a) Arbeitnehmerbeteiligungsprogramme

33 Obwohl dem Wortlaut nach, hinsichtlich der ersten Alternative, nur Arbeitnehmer erfasst sind, gilt die Ausnahme des Art. 19 Abs. 12 lit. b MAR) auch für Organmitglieder.[56] Anderenfalls hätte die Ausnahme in Abs. 12 lit. b) MAR einen sehr beschränkten Anwendungsbereich. Wie unter § 19 dargestellt, werden mit dem Begriff der Führungskraft insbesondere Organmitglieder erfasst. Die BaFin führt insoweit aus, dass sich die Erstreckung der Anwendbarkeit des Art. 19 Abs. 12 lit. b) MAR auf Geschäfte von Organmitgliedern aus der systematischen Stellung der Ausnahmeregelung des Abs. 12 in dem sich auf Führungskräfte beziehenden Art. 19 MAR ergibt.[57]

34 Für die Erteilung der Erlaubnis durch den Emittenten genügt es nicht, dass der Emittent das entsprechende Programm, bei dem es zu einer Zuteilung, Ausübung, Erwerb etc. innerhalb des Handelsverbotszeitraums kommen kann, so bereits zuvor beschlossen hat.[58] Vielmehr ist eine gesonderte ausdrückliche Erlaubniserteilung zur Tätigung des jeweiligen Geschäfts innerhalb eines geschlossenen Zeitraums erforderlich. Nach Auffassung der BaFin ergibt sich dies bereits aus dem Wortlaut des Art. 9 Abs. 1 VO 2016/522. Danach darf der Emittent nur „unter bestimmten Umständen" gestatten. Dieses Abstellen auf bestimmte Umstände (des Einzelfalls) spricht dagegen, in dem vorangegangenen Beschluss gleichzeitig eine „vorab erteilte" Erlaubnis zu sehen. Hinzu kommt, dass Art. 9 Abs. 1 lit. a i) VO 2016/522 die vorherige „Billigung" des Arbeitnehmerbeteiligungsprogramms und dessen Bedingungen durch den Emittenten als eine von mehreren Voraussetzungen für eine Fallgruppe einer möglichen Gestattung im Einzelfall nennt.

35 Weitere Einzelheiten zur Ausgestaltung der Arbeitnehmerbeteiligungsprogramme, die eine Ausnahme zulassen, sind in Art. 9 lit. a), b) und d) VO 2016/522 geregelt.

36 Nach Art. 9 lit. a) VO 2016/522 können Ausnahmen zugelassen werden, wenn die Führungskraft, im Rahmen eines Arbeitnehmerbeteiligungsprogramms Finanzinstrumente erhalten oder gewährt bekommen hat und dabei die folgenden Bedingungen erfüllt sind: das Arbeitnehmerbeteiligungsprogramm und dessen Bedingungen wurden zuvor vom Emittenten nach den nationalen Rechtsvorschriften gebilligt, und in den Bedingungen des Programms werden der Zeitplan für die Vergabe oder Gewährung von Finanzinstrumenten sowie der Betrag der vergebenen oder gewährten Finanzinstrumente oder die Grundlage angegeben, auf der ein solcher Betrag berechnet wird. Dabei darf keinerlei Ermessen ausgeübt werden. Zudem darf die betreffende Führungskraft hinsichtlich der Annahme der Finanzinstrumente über keinerlei Ermessensspielraum verfügen.

37 Eine weitere Möglichkeit der Ausnahme ist nach Art. 9 lit. b) VO 2016/522 gegeben, wenn in Bezug auf die Konditionen, die Periodizität, den Zeitpunkt der Vergabe und den Betrag von Finanzinstrumenten sowie die Gruppe der bezugsberechtigten Personen ein vorab geplanter und organisierter Ansatz verfolgt wird, und die Vergabe oder Gewährung

---

[55] BaFin, FAQ zu Eigengeschäften von Führungskräften nach Art. 19 der Marktmissbrauchsverordnung (EU) Nr. 596/2014, 8. Version (Stand 13.9.2017), Frage Nr. VII. 2.

[56] BaFin, FAQ zu Eigengeschäften von Führungskräften nach Art. 19 der Marktmissbrauchsverordnung (EU) Nr. 596/2014, 8. Version (Stand 13.9.2017), Frage Nr. VII. 1.

[57] BaFin, FAQ zu Eigengeschäften von Führungskräften nach Art. 19 der Marktmissbrauchsverordnung (EU) Nr. 596/2014, 8. Version (Stand 13.9.2017), Frage Nr. VII. 1.

[58] BaFin, FAQ zu Eigengeschäften von Führungskräften nach Art. 19 der Marktmissbrauchsverordnung (EU) Nr. 596/2014, 8. Version (Stand 13.9.2017), Frage Nr. VII. 3.

von Finanzinstrumenten dabei in einem vorgegebenen Rahmen stattfindet, in dem etwaige Insiderinformationen keinen Einfluss auf die Vergabe oder Gewährung haben.

Schließlich sind nach Art. 9 lit. d) VO 2016/522 Ausnahmen möglich, wenn i) die Führungskraft dem Beteiligungsprogramm vor dem geschlossenen Zeitraum beigetreten ist, es sei denn, sie konnte aufgrund des Zeitpunkts ihres Beschäftigungsbeginns nicht zu einem anderen Zeitpunkt in das Programm aufgenommen werden; ii) die Führungskraft während des geschlossenen Zeitraums keine Änderungen an den Bedingungen für ihre Teilnahme am Arbeitnehmerbeteiligungsprogramm vornimmt oder ihre Teilnahme am Programm beendet; und iii) Käufe „gut" im Einklang mit den Bestimmungen des Beteiligungsprogramms organisiert sind, und die Führungskraft die Bedingungen weder während des geschlossenen Zeitraums ändern noch eine Änderung verlangen kann; Entsprechendes gilt, wenn die Käufe im Rahmen des Programms zu einem festen Termin stattfinden sollen, der in den geschlossenen Zeitraum fällt. **38**

Es fällt auf, dass die einzelnen Ausnahmetatbestände jedenfalls in ihrer deutschen Sprachfassung etwas schwer verständlich und nicht leicht voneinander abzugrenzen sind. Einzelne Formulierungen, wie beispielsweise die Anforderung in Art. 9 lit. d) VO 2016/522, dass Käufe „gut im Einklang mit den Bestimmungen des Arbeitnehmerbeteiligungsprogramms organisiert" sind, werden der englischen Sprachfassung, die von „*clearly organized*" spricht, nicht gerecht. Letzteres lässt weniger Interpretationsspielraum zu.[59] Im Ergebnis sollte es entscheidend darauf ankommen, dass (i) die betreffenden Eigenschaften des Mitarbeiterbeteiligungsprogramms nach Inhalt, Umfang, Preis und Zeitpunkt in den Beteiligungsbedingungen im Einzelnen geregelt sind und (ii) der betreffenden Führungskraft für die Durchführung des Geschäfts kein Ermessen zusteht.[60] **39**

b) Andere Geschäftsarten mit bestimmten Merkmalen

Art. 9 VO 2016/522 nennt neben den Arbeitnehmerbeteiligungsprogrammen auch weitere Geschäftsarten, die einer Ausnahme vom Handelsverbot während eines geschlossenen Zeitraums zugänglich sind. Dies betrifft zum einen die Ausübung von Optionen und Optionsscheinen oder die Wandlung von im Rahmen von Arbeitnehmerbeteiligungsprogrammen erhaltener Wandelschuldverschreibungen (Art. 9 lit. c) VO 2016/522) und zum anderen die bereits im Wortlaut des Art. 19 Abs. 12 lit. b) MAR erwähnten „Pflichtaktien" und Bezugsberechtigungen (Art. 9 lit. f) VO 2016/522. **40**

Nach Art. 9 lit. c) VO 2016/522 ist demnach eine Ausnahme auch dann möglich, wenn die Führungskraft, **Optionen oder Optionsscheine** ausübt oder die ihr im Rahmen eines Arbeitnehmerbeteiligungsprogramms zugewiesenen Wandelschuldverschreibungen umwandelt, wenn das Laufzeitende derartiger Optionen, Optionsscheine oder Wandelschuldverschreibungen in einen geschlossenen Zeitraum fällt, und sie die Anteile verkauft, die im Anschluss an die Ausübung oder Umwandlung erworben wurden. Dabei müssen sämtliche der folgenden Bedingungen erfüllt sein: i) die Führungskraft meldet dem Emittenten ihre Entscheidung zur Ausübung oder Umwandlung mindestens vier Monate vor Ende der Laufzeit des betreffenden Instruments; ii) die Entscheidung der Führungskraft ist unwiderruflich; iii) die Führungskraft hat vom Emittenten vorab die Genehmigung für ihr Vorhaben erhalten. **41**

Nach dem Wortlaut von Art. 9 lit. c) VO 2016/522 müssen die Optionen und Optionsscheine (anders als die Wandelschuldverschreibungen) nicht im Rahmen eines Arbeitnehmerbeteiligungsprogramms erworben worden sein. **42**

Art. 9 lit. f) VO 2016/522 führt aus, dass eine Ausnahme gewährt werden kann, wenn die Führungskraft **Pflichtaktien oder Bezugsberechtigungen** des Emittenten erwirbt und die Frist für den Erwerb nach den dafür geltenden Regelungen in einen geschlossenen **43**

[59] *Kumpan* AG 2016, 446 (458).
[60] *Stenzel* DStR 2017, 883 (889).

Zeitraum fällt. Dies setzt aber voraus, dass die Führungskraft dem Emittenten Belege für die Gründe vorlegen kann, weshalb der Erwerb nicht zu einem anderen Zeitpunkt stattfindet und der Emittent mit dieser Erklärung zufrieden ist. Unter Pflichtaktien sind wohl solche Aktien zu verstehen, die ein Organmitglied (Vorstand oder Verwaltungsrat) erwerben muss, um diese Funktion ausüben zu dürfen. Das deutsche Gesellschaftsrecht kennt das Instrument der Pflichtaktien nicht. In Deutschland ist diese Ausnahmemöglichkeit daher nicht von Relevanz. Dagegen kann der Erwerb von Bezugsberechtigungen während eines geschlossenen Zeitraums etwa bei Bezugsrechtskapitalerhöhungen von Bedeutung sein. Diese wird aber regelmäßig nicht während eines geschlossenen Zeitraums durchgeführt und dürfte in der Praxis daher wohl wenig Relevanz haben. Denn in der Regel werden Emittenten darauf achten, Kapitalmaßnahmen eher kurz nach der Veröffentlichung von aktuellen Finanzberichten durchzuführen. Indes ist in Anbetracht des zeitlichen Vorlaufs für eine solche Transaktion jedoch nicht auszuschließen, dass jedenfalls das Ende der Frist für die Ausübung des Bezugsrechts („Bezugsfrist") in einen geschlossenen Zeitraum fallen könnte.[61] Auf diesen Fall bezieht sich Art. 9 lit. f) VO 2016/522 nach seinem Wortlaut aber gerade nicht. Es spricht unter Berücksichtigung der Interessenwertung dieses „Regelbeispiels" einiges dafür, nach allgemeinen Regeln sowohl für die Ausübung des Bezugsrechts als auch für die Veräußerung von Bezugsrechten im Wege der „Zwangsverwertung" durch eine deutsche Depotbank nach Nr. 15 Abs. 1 der Sonderbedingungen für Wertpapiergeschäfte die Gestattung einer Ausnahme durch den Emittenten zuzulassen. Fällt freilich nur ein Teil der Bezugsfrist in einen geschlossenen Zeitraum erscheint es jedoch zumutbar, dass die Führungskraft innerhalb angemessener Bedenkzeit vor Beginn des geschlossenen Zeitraums entscheidet.

c) Keine Änderung der wirtschaftlichen Berechtigung

44 Weiterhin darf ein Emittent einer Führungsperson Geschäfte während eines geschlossenen Zeitraums gestatten, wenn sich das wirtschaftliche Eigentum an den jeweiligen Finanzinstrumenten nicht ändert.[62] Das betroffene Geschäft darf sich dabei nur auf eine Übertragung der jeweiligen Instrumente zwischen Konten der Führungskraft beziehen und nicht mit einer Änderung des Preises der übertragenen Instrumente einhergehen.[63] Die Ausnahme greift auch nicht für die Übertragung von Finanzinstrumenten oder andere Geschäfte zwischen der Führungskraft und einer anderen Person, insbesondere einer juristischen Person, die sich vollständig im Eigentum der Führungskraft befindet.[64]

45 Art. 9 lit. e) VO 2016/522 sieht daher die Möglichkeit einer Ausnahme vor, wenn die Führungskraft, direkt oder indirekt Finanzinstrumente transferiert oder erhält, sofern die Finanzinstrumente zwischen zwei Konten der Person, die Führungsaufgaben wahrnimmt, transferiert werden und ein solcher Transfer nicht zu einer Änderung des Preises von Finanzinstrumenten führt.

V. Sanktionen

46 Sanktionen für die Nichtbeachtung der Pflichten nach Art. 19 MAR finden sich in Art. 30 MAR. Zudem sieht die Richtlinie 2014/57/EU (CRIM-MAD)[65] vor, dass der nationale Gesetzgeber bestimmte Sanktionen bei Verstößen gegen die MAR vorsehen muss. Der

[61] Zeitplan für eine Bezugsrechtskapitalerhöhung bei *Meyer* in Marsch-Barner/Schäfer, HdB börsennotierte AG, 4. Aufl. 2018 § 7 Rn. 7.94.
[62] Art. 19 Abs. 12 lit. b) Alt. 2.
[63] Erwägungsgrund 25 VO 2016/522.
[64] Erwägungsgrund 25 VO 2016/522.
[65] Richtlinie 2014/57/EU des Europäischen Parlaments und des Rates vom 16. April 2014 über strafrechtliche Sanktionen bei Marktmanipulation (Marktmissbrauchsrichtlinie), ABl. EU Nr. L173 v. 12.6.2014 S. 179 ff. (CRIM-MAD).

deutsche Gesetzgeber hat dies im Rahmen des 1. FiMaNoG[66] umgesetzt. Die Sanktionen sind dabei im Vergleich zur bisherigen Rechtslage drastisch verschärft worden.

Eine Ordnungswidrigkeit liegt nach § 120 Abs. 15 Nr. 22 WpHG vor, wenn die Füh- **47**
rungskraft ein Eigengeschäft oder ein Geschäft für Dritte entgegen dem Handelsverbot innerhalb des geschlossenen Zeitraums tätigt. Diese kann gemäß § 120 Abs. 18 WpHG mit einer Geldbuße bis zu 500.000 EUR geahndet werden. Gegenüber juristischen Personen oder Personenvereinigungen kann eine über den Betrag von 500.000 EUR hinausgehende höhere Geldbuße verhängt werden. Sie darf gemäß § 120 Abs. 18 Nr. 3 WpHG den Betrag von 1 Million EUR nicht überschreiten. Allerdings kann die Geldbuße bis zum Dreifachen des aus dem Verstoß gezogenen wirtschaftlichen Vorteils betragen, § 120 Abs. 18 S. 3 WpHG.

[66] Gesetzes zur Novellierung von Finanzmarktvorschriften aufgrund europäischer Rechtsakte (Ersten Finanzmarktnovellierungsgesetz – 1. FiMaNoG) vom 30. Juni 2016, BGBl. I, S. 1514 vom 1. Juli 2016.

F. Anlageempfehlungen

§ 21 Begriff und Anwendungsbereich

Übersicht

I. Allgemeines

1. Regelungsgegenstand

Unter welchen Voraussetzungen Anlageempfehlungen erstellt und verbreitet werden dürfen **1**
wird auf europäischer Ebene durch Art. 20 MAR[1], der durch die Delegierte Verordnung 2016/958 der Kommission vom 9. März 2016[2] sowie durch Q&As der ESMA[3] konkreti-

[1] Verordnung (EU) Nr. 596/2014 des Europäischen Parlaments und des Rates vom 16. April 2014 über Marktmissbrauch (Marktmissbrauchsverordnung) und zur Aufhebung der Richtlinie 2003/6/EG des Europäischen Parlaments und des Rates und der Richtlinien 2003/124/EG, 2003/125/EG und 2004/72/EG der Kommission, ABl. EU Nr. L173 v. 12.6.2014 S. 1 ff. (MAR).

[2] Delegierte Verordnung (EU) 2016/958 der Kommission vom 9. März 2016 zur Ergänzung der Verordnung (EU) Nr. 596/2014 des Europäischen Parlaments und des Rates im Hinblick auf die technischen Regulierungsstandards für die technischen Modalitäten für die objektive Darstellung von Anlageempfehlungen oder anderen Informationen mit Empfehlungen oder Vorschlägen zu Anlagestrategien sowie für die Offenlegung bestimmter Interessen oder Anzeichen für Interessenkonflikte, ABl. EU Nr. L160 v. 17.6.2016 S. 15 ff.

[3] ESMA, Questions and Answers on the Market Abuse Regulation – Investment recommendation and information recommending or suggesting an investment strategy, ESMA70–145-111, S. 20 ff. (Stand: 23.3.2018).

siert wurde, geregelt. Daneben werden an den in Art. 36 Abs. 1 der Delegierten Verordnung (EU) 2017/565 zur MiFID II[4] definierten Begriff der Finanzanalyse[5] weitere Vorgaben geknüpft, die in Art. 36 Abs. 2 und Art. 37 der VO (EU) 2017/565 verankert sind und in diesem Zusammenhang ebenfalls zu berücksichtigen sind.[6] Auf nationaler Ebene werden die Anforderungen an Anlageempfehlungen in § 85 WpHG nF sowie in BT 5 der MaComp[7] normiert. Der Begriff der Anlageempfehlung ist in Art. 3 Abs. 1 Nr. 35 u. 34 MAR definiert.

2. Regelungszweck

2 Ausgangspunkt der Regulierung der Anlageempfehlung ist die am Kapitalmarkt bestehende Informationsasymmetrie, die in einem Informationsdefizit des Anlegers wurzelt und aus welcher das Marktmissbrauchspotential von Anlageempfehlungen, die auf eine Breitenwirkung zugeschnitten sind[8], resultiert.[9] Die Regulierung der Anlageempfehlung zielt darauf ab, das Vertrauen der Anleger in die Sorgfalt und Neutralität derjenigen Personen, die Anlageempfehlungen erstellen und verbreiten zu stärken,[10] um die Funktionsfähigkeit des Kapitalmarktes zu schützen und zu verbessern.[11] Mithin bezweckt die Regelung primär den Schutz der Funktionsfähigkeit des Kapitalmarktes und stärkt dadurch gleichzeitig den Anlegerschutz, da der Schutz der Anleger und der Schutz der Funktionsfähigkeit des Kapitalmarktes nicht isoliert nebeneinander stehen, sondern zwei Seiten einer Medaille sind.[12]

3 Nach zutreffender Meinung ist § 34b WpHG aF nicht als Schutzgesetz iSd § 823 Abs. 2 BGB anzusehen.[13] Da weder aus dem Wortlaut des neuen § 85 WpHG noch aus der Gesetzesbegründung Anhaltspunkte dafür entnommen werden können, dass von der bestehenden Einordnung abgewichen werden soll, ist auch § 85 WpHG nicht als Schutzgesetz iSv § 823 Abs. 2 BGB zu klassifizieren.

3. Entstehungsgeschichte

4 Der unter dem durch die MAR neu eingeführten Begriff der Anlageempfehlung zusammengefasste Themenbereich wurde in der Vergangenheit unter dem Begriff der Finanzanalyse verordnet. Erster Vorläufer der heutigen Regulierung war auf deutscher Ebene eine freiwillige Selbstregulierung der Branche durch verschiedene Kodizes.[14] Diese Selbstregu-

[4] Delegierte Verordnung (EU) 2017/565 der Kommission vom 25. April 2016 zur Ergänzung der Richtlinie 2014/65/EU des Europäischen Parlaments und des Rates in Bezug auf die organisatorischen Anforderungen an Wertpapierfirmen und die Bedingungen für die Ausübung ihrer Tätigkeit sowie in Bezug auf die Definition bestimmter Begriffe für die Zwecke der genannten Richtlinie, ABl. EU Nr. L87 v. 31.3.2017 S. 1 ff.

[5] Zum Verhältnis der Begriffe Anlageempfehlung und Finanzanalyse → Rn. 6 u. → § 23 Rn. 2.

[6] Einen Kurzüberblick über die verschiedenen ausländischen Regulierungen gibt *Möllers* in KölnKomm WpHG § 34b Rn. 41 ff. (USA Rn. 41 ff.; England Rn. 44 ff.; Österreich Rn. 47 ff.; Schweiz Rn. 50); in Bezug auf die Regelungen in anderen EU-Staaten bezieht sich die Darstellung auf die Rechtslage vor Anwendbarkeit der MAR.

[7] BaFin, BT 5 MaComp (idF v. 8.3.2017).

[8] *Grundmann* in GroßkommHGB Bd. XI 6. Teil Rn. 540.

[9] *Fett* in Schwark/Zimmer § 34b WpHG Rn. 2.

[10] So bezogen auf § 34b WpHG aF: Gesetzentwurf der Bundesregierung, Entwurf eines Gesetzes zur weiteren Fortentwicklung des Finanzplatzes Deutschland (Viertes Finanzmarktförderungsgesetz), BT-Drucks. 14/8017 v. 8.1.2002 S. 1, 92; *Bruchwitz* in JVRB WpHG § 34b Rn. 9; *Fuchs* in Fuchs WpHG § 34b Rn. 2; *Koller* in Assmann/Schneider WpHG § 34b Rn. 1.

[11] *Bruchwitz* in JVRB WpHG § 34b Rn. 9; *Fuchs* in Fuchs WpHG § 34b Rn. 2; *Möllers* in KölnKomm WpHG § 34b Rn. 10.

[12] Grundlegend zur Wechselwirkung von Anleger- und Funktionsschutz: *Hopt* Kapitalanlegerschutz S. 334 ff.

[13] So die hM bezogen auf § 34b WpHG aF: *Bruchwitz* in JVRB WpHG § 34b Rn. 10; *Fuchs* in Fuchs WpHG § 34b Rn. 3; *Möllers* in KölnKomm WpHG § 34b Rn. 293 ff.

[14] Auf nationaler Ebene sind insbesondere der Kodex des Deutschen Aktieninstituts (DAI) vom Mai 2001 (http://www.dai.de/internet/dai/dai-2-0.nsf/0/EBC8083051C003F7C12574890032AD37/$FILE/D373

lierung wurde aber als nicht ausreichend bewertet, weshalb der Gesetzgeber durch das Vierte Finanzmarktförderungsgesetz[15] erstmals eine gesetzliche Regulierung in § 34b WpHG aF eingeführt hat.[16]

Auf europäischer Ebene wurden erstmals mit der am 28. Januar 2003 erlassenen Richtlinie 2003/6/EG über Insidergeschäfte und Marktpreismanipulation (MAD 2003)[17] spezielle Vorgaben für Finanzanalysen (Art. 6 Abs. 5) aufgestellt. Art. 6 Abs. 5 MAD 2003 wurde durch die DurchführungsRL 2003/125/EG vom 22. Dezember 2003[18] ergänzt und konkretisiert. Die europäischen Vorgaben wurden durch das Anlegerschutzverbesserungsgesetz vom 28. Oktober 2004 in nationales Recht transformiert, wodurch § 34b WpHG aF novelliert wurde.[19] Eine weitere Novellierung erfuhr § 34b WpHG aF durch das Finanzmarktrichtlinie-Umsetzungsgesetz[20] (FRUG), welches die RL 2004/39/EG über Märkte für Finanzinstrumente (MiFID)[21] und die dazugehörige DurchführungsRL 2006/73/EG[22] in nationales Recht implementierte. § 34b WpHG aF wurde durch die Finanzanalyseverordnung (FinAnV) vom 17. Dezember 2004[23] sowie durch zahlreiche Bekanntmachungen der BaFin ergänzt und konkretisiert.[24] 5

Die jüngste europäische Novellierung erfolgte durch die als Verordnung ausgestaltete und daher unmittelbar in den Mitgliedstaaten geltende MAR, durch welche die MAD 2003 aufgehoben und der Begriff der Finanzanalyse durch den Begriff der Anlageempfehlung ersetzt wurde.[25] Die Neufassung der Regulierung der Anlageempfehlung in Art. 20 MAR soll 6

D81CF9FE6382C125747C0053B161pdf?openelemente&cb_content_name_utf=Kodex_Endversion.pdf) und der Kodex der Deutschen Vereinigung für Finanzanalysten und Asset Management (DVFA) vom 25.2.2003, ergänzt durch die DVFA-Standesrichtlinie für Researchberichte vom Mai 2004 (http://www.dvfa.de/fileadmin/downloads/Verband/Mitgliedschaft/DVFA_Verhaltenskodex.pdf) von Bedeutung. Hierzu und zu weiteren Kodizes: *Möllers* in KölnKomm WpHG § 34b Rn. 37.

15 Gesetz zur weiteren Fortentwicklung des Finanzplatzes Deutschland (Viertes Finanzmarktförderungsgesetz) v. 21.6.2002, BGBl. I 2002 S. 2010 ff.

16 Adressaten dieser ersten deutschen gesetzlichen Regulierung waren lediglich die Wertpapierdienstleistungsunternehmen; umstritten war, welche Tatbestandsmerkmale der Begriff der Finanzanalyse umfassen musste, vgl. *Möllers* in KölnKomm WpHG § 34b Rn. 16 mwN.

17 Richtlinie 2003/6/EG des Europäischen Parlaments und des Rates vom 28. Januar 2003 über Insider-Geschäfte und Marktmanipulation (Marktmissbrauch), ABl. EU Nr. L96 v. 12.4.2003 S. 16 ff. (MAD 2003).

18 Richtlinie 2003/125/EG der Kommission vom 22.12.2003 zur Durchführung der Richtlinie 2003/6/EG des Europäischen Parlaments und des Rates in Bezug auf die sachgerechte Darbietung von Anlageempfehlungen und die Offenlegung von Interessenkonflikten, ABl. EU Nr. L339 v. 24.12.2003 S. 73 ff.

19 Gesetz zur Verbesserung des Anlegerschutzes (Anlegerschutzverbesserungsgesetz – AnSVG) v. 28.10.2004, BGBl. I 2004 S. 2650 ff.

20 Gesetz zur Umsetzung der Richtlinie über Märkte für Finanzinstrumente und der Durchführungsrichtlinie der Kommission (Finanzmarktrichtlinie-Umsetzungsgesetz) v. 16.7.2007, BGBl. I 2007 S. 1330 ff.

21 Richtlinie 2004/39/EG des Europäischen Parlaments und des Rates vom 21.4.2004 über Märkte für Finanzinstrumente, zur Änderung der Richtlinien 85/611/EWG und 93/6/EWG des Rates und der Richtlinie 2000/12/EG des Europäischen Parlaments und des Rates und zur Aufhebung der Richtlinie 93/22/EWG des Rates, ABl. EU Nr. L145 v. 30.4.2004 S. 1 ff. Die Richtlinie 2004/39/EG wurde durch die Richtlinie 2014/65/EU des Europäischen Parlaments und des Rates vom 15.5.2014 über Märkte für Finanzinstrumente sowie zur Änderung der Richtlinien 2002/92/EG und 2011/61/EU, ABl. EU Nr. L173 v. 12.6.2014 S. 349 ff. (MiFID II) neugefasst (vgl. Erwägungsgrund 1: „*Die Richtlinie 2004/39/EG des Europäischen Parlaments und des Rates wurde mehrfach wesentlich geändert. Aus Gründen der Klarheit empfiehlt es sich, im Rahmen der jetzt anstehenden Änderungen eine Neufassung dieser Richtlinie vorzunehmen.*“).

22 Richtlinie 2006/73/EG der Kommission vom 10.8.2006 zur Durchführung der Richtlinie 2004/39/EG des Europäischen Parlaments und des Rates in Bezug auf die organisatorischen Anforderungen an Wertpapierfirmen und die Bedingungen für die Ausübung ihrer Tätigkeit sowie in Bezug auf die Definitionen bestimmter Begriffe für Zwecke der genannten Richtlinie, ABl. EU Nr. L241 v. 2.9.2006 S. 26 ff.

23 BGBl. 2004 I S. 3522.

24 Bekanntmachung der BaFin zur Auslegung einzelner Begriffe des § 34b WpHG, Bundesanzeiger Nr. 70 v. 10.4.2004 S. 7239 (die durch das Inkrafttreten des AnSVG ihre Gültigkeit verloren hat); Schreiben der BaFin zur Auslegung einzelner Begriffe des § 34b WpHG v. 1.9.2005 (aufgehoben durch BaFin, BT 5 MaComp v. 21.12.2007); BaFin, BT 5 MaComp v. 21.12.2007, nunmehr geltend in der stark geänderten Fassung vom 8.3.2017.

25 So für die Umsetzung in deutsches Recht ausdrücklich Begründung zum RegE 1. FimanoG, BT-Drucks. 18/7482 S. 63.

die durch die MAD 2003 vorgenommene Regelung nicht signifikant ändern.[26] Die Vorgaben von Art. 20 MAR wurden durch die VO (EU) 2016/958, die genau wie die MAR keiner nationalen Umsetzung bedarf, sowie mittels Q&As der ESMA[27] konkretisiert. Bedauerlicherweise wurde die Änderung in der Terminologie in der MiFID II nicht nachvollzogen, sowohl diese[28] (obwohl nahezu zeitgleich zur MAR erlassen) als auch die dazu erlassene Delegierte Verordnung[29] verwenden in ihrer deutschen Sprachfassung weiterhin den Begriff der Finanzanalyse. Trotz des abweichenden Wortlauts entspricht der Begriff der Finanzanalyse iSd MiFID II dem Begriff der Anlageempfehlung iSv Art. 20 MAR (→ § 23 Rn. 2).

7 Auf deutscher Ebene wurde § 34b WpHG aF mit dem Inkrafttreten der MAR zum 3. Juli 2016 angepasst.[30] Die FinAnV, die bislang eine Konkretisierung des § 34b WpHG aF vornahm, wurde durch das 2. FiMaNoG[31] aufgehoben.[32] Ferner erfolgte durch das 2. FiMaNoG eine Neunummerierung, die dazu führte, dass die Regelung des § 34b WpHG aF in § 85 WpHG verschoben wurde. Modul BT 5 der MaComp, welches die Vorgaben zur Finanzanalyse enthielt, wurde überarbeitet und ist in der am 8.3.2017 veröffentlichen überarbeiteten Fassung ua auf die geänderten europäischen Vorgaben angepasst.[33]

II. Begriff und Anwendungsbereich

1. Rechtsgrundlagen und Regelungssystematik

8 Der **Begriff** der Anlageempfehlung ist in Art. 3 Abs. 1 Nr. 35 und Nr. 34 MAR definiert und wird auf europäischer Ebene durch die ESMA in ihren Q&As[34] konkretisiert.[35]

---

[26] ESMA, Final Report – Draft technical standards on the Market Abuse Regulation v. 28.9.2015, ESMA/2015/1455 Rn. 321.

[27] ESMA, Questions and Answers on the Market Abuse Regulation – Investment recommendation and information recommending or suggesting an investment strategy, ESMA70–145-111, S. 20 ff. (Stand: 23.3.2018).

[28] Anhang I Abschnitt B Abs. 5 MiFID II.

[29] Art. 36 VO (EU) 2017/565.

[30] Erstes Gesetz zur Novellierung von Finanzmarktvorschriften auf Grund europäischer Rechtsakte (Erstes Finanzmarktnovellierungsgesetz – 1. FiMaNoG) v. 30.6.2016, BGBl. I 2016 S. 1514 (1520).

[31] Zweites Gesetz zur Novellierung von Finanzmarktvorschriften auf Grund europäischer Rechtsakte (Zweites Finanzmarktnovellierungsgesetz – 2. FiMaNoG) v. 23.6.2017, BGBl. I 2017 S. 1693.

[32] Art. 25 Abs. 2 Zweites Finanzmarktnovellierungsgesetz (2. FiMaNoG).

[33] BaFin, BT 5 MaComp, idF 8.3.2017.

[34] ESMA, Questions and Answers on the Market Abuse Regulation – Investment recommendation and information recommending or suggesting an investment strategy, ESMA70–145-111, S. 20 ff. (Stand: 23.3.2018). Auf nationaler Ebene enthielt die MaComp (in BT 5) der BaFin bis zu ihrer Neufassung am 8.3.2017 Konkretisierungen des Begriffs der Finanzanalyse.

[35] Die Anforderungen an den Umgang mit Anlageempfehlungen werden durch Art. 20 MAR, § 85 WpHG sowie die VO (EU) 2016/958 normiert. Ausführlich zu den Anforderungen, die an den Umgang mit Anlageempfehlungen gestellt werden siehe unter § 22 und § 23. Die Differenzierung zwischen der **Anlageempfehlung ieS** und der **Anlageempfehlung iwS,** ist durch die Streichung von § 85 Abs. 1 S. 3 WpHG durch das 2. FiMaNoG – der die Anlageempfehlung iws normierte – entfallen. Bis zur Streichung des § 85 Abs. 1 S. 3 WpHG durch das 2. FiMaNoG bestand folgendes Verständnis: Die in Art. 3 Abs. 1 Nr. 35 und 34 MAR definierte Anlageempfehlung, die sich auf Emittenten und Finanzinstrumente iSv Art. 3 Abs. 1 Nr. 1 MAR bezieht, wurde als Anlageempfehlung ieS bezeichnet (etabliert hatte sich das Begriffspaar Finanzanalyse ieS und iwS, vgl. BaFin, BT 5.1 Nr. 3 MaComp (idF v. 7.8.2014, aufgehoben durch BaFin, BT 5 MaComp v. 8.3.2017); *Möllers* in KölnKomm WpHG § 34b Rn. 68 f.). In § 85 Abs. 1 S. 3 WpHG aF wurde die Anlageempfehlung iwS normiert. Dies lag vor, wenn Wertpapierdienstleistungsunternehmen, die auf eigene Verantwortung oder auf Verantwortung eines Mitglieds ihrer Unternehmensgruppe Anlageempfehlungen [oder Anlagestrategieempfehlungen] erstellten oder erstellen ließen, die unter ihren Kunden oder in der Öffentlichkeit verbreitet werden sollten oder deren Verbreitung als wahrscheinlich galt, wobei Gegenstand der Anlageempfehlung iwS.auch Finanzinstrumente nach § 3 Abs. 2b WpHG waren, die nicht unter Art. 2 Abs. 1 Nr. 1 MAR fielen. Daher unterschieden sich die Anlageempfehlung ieS und im iwS sowohl in ihrem persönlichen als auch in ihrem sachlichen Anwendungsbereich. Der persönliche Anwendungsbereich der Anlageempfehlung iwS war enger als der der Anlageempfehlung ieS und umfasste lediglich Wertpapierdienstleistungsunternehmen. Der sachliche Anwendungsbereich der Anlageempfehlung iwS war hingegen weiter, als der der Anlageempfehlung ieS.

In Art. 3 Abs. 1 Nr. 35 MAR wird die Anlageempfehlung wie folgt definiert: „*Anlageempfehlungen bezeichnet Informationen mit expliziten oder impliziten Empfehlungen oder Vorschlägen zu Anlagestrategien in Bezug auf ein oder mehrere Finanzinstrumente oder Emittenten, die für Verbreitungskanäle oder die Öffentlichkeit vorgesehen sind, einschließlich einer Beurteilung des aktuellen oder künftigen Wertes oder Kurses solcher Instrumente.*" Art. 3 Abs. 1 Nr. 34 MAR greift die in Art. 3 Abs. 1 Nr. 35 MAR verwendete Formulierung „*Empfehlungen oder Vorschläge zu Anlagestrategien*" auf und definiert diese als „*i) eine von einem unabhängigen Analysten, einer Wertpapierfirma, einem Kreditinstitut oder einer sonstigen Person, deren Haupttätigkeit in der Erstellung von Anlageempfehlungen besteht, oder einer bei den genannten Einrichtungen im Rahmen eines Arbeitsvertrags oder anderweitig tätigen natürlichen Person erstellte Information, die direkt oder indirekt einen bestimmten Anlagevorschlag zu einem Finanzinstrument oder einem Emittenten darstellt; ii) eine von anderen als in Ziffer i genannten Personen erstellte Information, die direkt eine bestimmte Anlageentscheidung zu einem Finanzinstrument vorschlägt;*". Mit dieser Vorgehensweise – den sachlichen und den persönlichen Anwendungsbereich jeweils separat zu definieren und bei der Definition des persönlichen Anwendungsbereichs an die Definition des sachlichen Anwendungsbereichs anzuknüpfen – übernimmt der europäische Gesetzgeber seine bereits im Rahmen der RL 2003/125/EG zur MAD 2003 verwendete Regelungstechnik.[36] Im Ergebnis hat die Definition der Anlageempfehlung somit einen sachlichen – in Art. 3 Abs. 1 Nr. 35 MAR normierten – und einen persönlichen – in Art. 3 Abs. 1 Nr. 34 MAR definierten – Anwendungsbereich. Daraus folgt, dass beide Regelungen (Art. 3 Abs. 1 Nr. 34 u. Nr. 35 MAR) Tatbestandsvoraussetzungen der Anlageempfehlung definieren, die nicht im Alternativverhältnis stehen, sondern unterschiedliche Tatbestandsmerkmale der Anlageempfehlung definieren, die kumulativ vorliegen müssen, damit eine Anlageempfehlung gegeben ist.[37] Missverständlich ist allerdings die in der MAR gewählte Reihung der Definitionen. Da die Definition in Art. 3 Abs. 1 Nr. 34 MAR an die Definition in Art. 3 Abs. 1 Nr. 35 MAR anknüpft, wäre – entsprechend dem Vorgehen in der RL 2003/125/EG – eine umgekehrte Reihung sinnvoll. Auch wäre es sinnvoll, dass im Rahmen der Definition des persönlichen Anwendungsbereichs lediglich auf den sachlichen Anwendungsbereich verwiesen wird. **9**

Vor dem Hintergrund der Systematik der Regelungen in Art. 3 Abs. 1 Nr. 34 und 35 MAR ist § 85 WpHG einschränkend auszulegen. § 85 WpHG stellt alternativ auf das Vorliegen einer Anlageempfehlung iSd Art. 3 Abs. 1 Nr. 35 MAR oder auf das Vorliegen einer Anlagestrategieempfehlung iSd Art. 3 Abs. 1 Nr. 34 MAR ab. Dadurch stellt der Wortlaut der deutschen Regelung – anders als die europäische – beide Definitionen in ein Alternativverhältnis und sprengt die vom europäischen Gesetzgeber gewollte kumulative Verknüpfung beider Definitionsteile. Konsequenz dieses Verständnisses wäre es, dass die in § 85 WpHG genannten Anforderungen bereits an das Vorliegen einer Anlageempfehlung iSv Art. 3 Abs. 1 Nr. 35 MAR gestellt werden und zwar unabhängig davon, wer diese Anlageempfehlung erstellt hat. Dies würde im Ergebnis zur Folge haben, das nicht lediglich die Art. 3 Abs. 1 Nr. 34 MAR genannten unabhängigen Analysten, Wertpapierfirmen, Kreditinstitute und sonstigen Personen, deren Haupttätigkeit in der Erstellung einer Anlageempfehlung besteht, sondern jede Person in den Anwendungsbereich der MAR fällt, sofern sie eine – direkte oder indirekte – Anlageempfehlung abgibt. Ein derartiges Verständnis würde aber die in Art. 3 Abs. 1 Nr. 34 MAR vorgenommene **10**

[36] So wird in Art. 1 Nr. 3 RL 2003/125/EG der Begriff der „*Empfehlung*" als „*Analyse oder sonstige* [...] *Information mit Empfehlungen oder Anregungen zu Anlagestrategien in Bezug auf ein oder mehrere Finanzinstrumente oder Emittenten von Finanzinstrumenten, einschließlich einer aktuellen oder künftigen Beurteilung des Wertes oder des Kurses solcher Instrumente*" definiert und mithin der sachliche Anwendungsbereich festgelegt. In Art. 1 Nr. 4 RL 2003/125/EG erfolgt durch die Definition der „*Analyse oder sonstige Information mit Empfehlungen oder Anregungen zu Anlagestrategien*" als „*eine von einem unabhängigen Analysten, einem Wertpapierhaus, einem Kreditinstitut* [...]" die Normierung des persönlichen Anwendungsbereichs.

[37] *Grundmann* in GroßkommHGB Bd. XI 6. Teil Rn. 540. AA *Geier/Hombach/Schütz* RdF 2017, 108 (108 f.).

Differenzierung – zwischen einerseits den unabhängigen Analysten, Wertpapierfirmen, Kreditinstituten und sonstigen Personen, deren Haupttätigkeit in der Erstellung von Anlageempfehlungen besteht und andererseits anderen Personen, die nur bei der Abgabe von direkten Anlageempfehlungen von der MAR erfasst sind – missachten und eine ausufernde Ausweitung des Anwendungsbereichs des § 85 WpHG im Vergleich zum Anwendungsbereich des § 34b WpHG aF und im Vergleich zu Art. 3 Abs. 1 Nr. 35 iVm Nr. 34 MAR zur Folge haben, wofür dem deutschen Gesetzgebungsverfahren keine Anhaltspunkte entnommen werden können. Vor diesem Hintergrund ist eine europarechtskonforme Auslegung des § 85 WpHG geboten, nach welcher die Verweisung so zu verstehen ist, dass sie im Einklang mit den europäischen Vorgaben steht und insbesondere die europäische Gesetzessystematik nicht aufbrechen will. Dies führt in der Konsequenz dazu, das der jeweils andere Definitionsteil (Art. 3 Abs. 1 Nr. 35 oder Art. 3 Abs. 1 Nr. 34 MAR), auf den nicht explizit verwiesen wird, als Teil der Gesamtdefinition einzubeziehen ist.

2. Sachlicher Anwendungsbereich

11 Der sachliche Anwendungsbereich der Anlageempfehlung wird durch Art. 3 Abs. 1 Nr. 34 MAR definiert.[38] Danach setzt eine Anlageempfehlung (a) eine Information in Bezug auf ein oder mehrere Finanzinstrumente oder Emittenten voraus, die (b) explizite oder implizite Empfehlungen oder Vorschläge zu Anlagestrategien enthält, einschließlich einer Beurteilung des aktuellen oder künftigen Wertes oder Kurses solcher Instrumente, wobei (c) die Informationen für Verbreitungskanäle oder die Öffentlichkeit vorgesehen sind. Ob aus der Anlageempfehlung ferner erkennbar sein muss, dass (d) eine inhaltliche Auseinandersetzung mit dem Finanzinstrument oder dem Emittenten erfolgt ist und ob die Anlageempfehlung weiter Informationen enthalten muss, wird unterschiedlich beurteilt.

a) Information über Finanzinstrumente oder Emittenten

12 Der Begriff **Informationen** ist weit zu verstehen[39] und umfasst Mitteilungen von inneren oder äußeren Tatsachen sowie von Kommentaren und Meinungen.[40] Die Informationen müssen sich auf (aa) Finanzinstrumente oder (bb) Emittenten beziehen und diese (cc) hinreichend konkret bezeichnen.

13 (aa) Zur Definition des Begriffs des **Finanzinstruments** verweist die MAR auf die Definition der MiFID II.[41] Danach sind Finanzinstrumente die in Anhang I Abschnitt C der MiFID II genannten Instrumente, welche insbesondere übertragbare Wertpapiere umfassen.[42] Um in den Anwendungsbereich der MAR zu fallen, müssen die Finanzinstru-

---

[38] Anders als die Regelung im Kontext der MAD 2003, in welchem die Definition der Finanzanalyse in Art. 1 Nr. 3 und 4 der RL 2003/125/EG und mithin im Rahmen der Level 2 Regulierung vorgenommen wurde, erfolgt die Definition Anlageempfehlung in der MAR auf Level 1-Ebene, um zu vermeiden, dass diese Definition in den Technical Standards erfolgen muss, ESMA/2015/1455 Rn. 324.

[39] *Fuchs* in Fuchs WpHG § 34b Rn. 21 („*Der nunmehr im Gesetz allein verwendete Begriff der Information geht jedoch über den der Analyse hinaus.*"); *Koller* in Assmann/Schneider WpHG § 34b Rn. 9.

[40] *Fuchs* in Fuchs WpHG § 34b Rn. 21; *Koller* in Assmann/Schneider WpHG § 34b Rn. 12. Einschränkend: BaFin, BT 5.2 Nrn. 2 u. 3 MaComp (idF v. 7.8.2014, aufgehoben durch BaFin, BT 5 MaComp v. 8.3.2017); *Fett* in Schwark/Zimmermann § 34b WpHG Rn. 5, nach welchen zusätzlich zumindest der Anschein der inhaltlichen Auseinandersetzung erforderlich ist dazu → Rn. 29 ff.

[41] Art. 3 Abs. 1 Nr. 1 MAR.

[42] Art. 4 Abs. 1 Nr. 15 MiFID II; gem. Anhang I Abschnitt C der MiFID II sind Finanzinstrumente: (1) übertragbare Wertpapiere, (2) Geldmarktinstrumente, (3) Anteile an Organismen für gemeinsame Anlagen; (4) Optionen, Terminkontrakte in Bezug auf Wertpapiere, Währungen, Zinssätze oder -erträge, Emissionszertifikate oder andere Derivat-Instrumente, finanzielle Indizes oder Messgrößen, die effektiv geliefert oder bar abgerechnet werden können; (5) Optionen, Terminkontrakte (Futures), Swaps, Termingeschäfte (Forwards) und alle anderen Derivatkontrakte in Bezug auf Waren, die bar abgerechnet werden können, ohne dass ein Ausfall oder ein anderes Beendigungsereignis vorliegt; (6) Optionen, Termin-

mente entweder zum Handel auf einem geregelten Markt zugelassen sein oder es muss ein Antrag auf Zulassung zum Handel auf einem geregelten Markt gestellt worden sein oder die Finanzinstrumente müssen in einem multilateralen Handelssystem gehandelt werden oder dort zum Handel zugelassen sein oder es muss ein Antrag auf Zulassung zum Handel in einem multilateralen Handelssystem gestellt worden sein oder die Finanzinstrumente müssen in einem organisierten Handelssystem gehandelt werden.[43] Finanzinstrumente, die nicht in eine dieser Kategorien fallen, sind dennoch von der MAR erfasst, soweit deren Kurs oder Wert von Finanzinstrumenten, die unter Art. 2 Abs. 1 Buchst. a), b) oder c) MAR genannt sind, abhängt oder sich darauf auswirkt.[44] Dies kann insbesondere auf Derivate zutreffen, die selbst nicht an entsprechenden Märkten gehandelt werden, sich aber auf dort notierte Werte beziehen.

Die Begriffe „*geregelter Markt*", „*multilaterales Handelssystem*"[45] und „*organisierte Handelssystem*" werden mittels Verweisung auf die entsprechenden Definitionen in der MiFID II definiert.[46] Unter den Begriff des geregelten Marktes fallen insbesondere die regulierten Märkte an den deutschen Wertpapierbörsen.[47] Da der Freiverkehr ein multilaterales Handelssystem darstellt[48] werden Finanzinstrumente, die auf ihm gehandelt werden oder auf ihm zu Handel zugelassen sind und ihre Emittenten nunmehr von der europäischen Regulierung der Anlageempfehlung ebenfalls erfasst. Insoweit stellt Art. 20 MAR eine Erweiterung der Vorgängerregelung des Art. 9 Abs. 1 MAD 2003 dar, die im Freiverkehr gehandelten Finanzinstrumente nicht mit einbezogen hatte.[49] Da § 34b Abs. 3 WpHG aF allerdings über die europäischen Vorgaben hinausgegangen war und die im Freiverkehr gehandelten Finanzinstrumente mit in den Anwendungsbereich der Finanzanalyse einbezogen hatte,[50] führt die europäische Ausweitung des Anwendungsbereichs insoweit nicht zu einer Erweiterung des Anwendungsbereichs in Deutschland. **14**

(bb) Der Begriff des **Emittenten** bezeichnet eine juristische Person des privaten oder öffentlichen Rechts, die Finanzinstrumente emittiert oder deren Emission vorschlägt, wobei im Fall von Hinterlegungsscheinen, die Finanzinstrumente repräsentieren, der Emittent des repräsentierten Finanzinstruments auch als Emittent des Hinterlegungsscheins **15**

kontrakte (Future), Swaps und alle anderen Derivatkontrakte in Bezug auf Waren, die effektiv geliefert werden können, vorausgesetzt, sie werden an einem geregelten Markt, über ein MTF oder über ein OTF gehandelt; ausgenommen davon sind über ein OTF gehandelte Energiegroßhandelsprodukte, die effektiv geliefert werden müssen; (7) Optionen, Terminkontrakte (Futures), Swaps, Termingeschäfte (Forwards) und alle andren Derivatkontrakte in Bezug auf Waren, die effektiv geliefert werden können, die sonst in Nummer 6 dieses Abschnitts genannt sind und nicht kommerziellen Zwecken dienen, die die Merkmale anderer derivativer Finanzinstrumente aufweisen; (8) Derivative Instrumente für den Transfer von Kreditrisiken; (9) Finanzielle Differenzgeschäfte; (10) Optionen, Terminkontrakte (Futures), Swaps, außerbörsliche Zinstermingeschäfte (Forward Rate Agreements) und alle anderen Derivatkontrakte in Bezug auf Klimavariablen, Frachtsätze, Inflationsraten oder andere offizielle Wirtschaftsstatistiken, die bar abgerechnet werden müssen oder auf Wunsch einer der Parteien bar abgerechnet werden können, ohne dass ein Ausfall oder ein anderes Beendigungsereignis vorliegt, sowie alle anderen Derivatkontrakte in Bezug auf Vermögensverwerte, Rechte, Obligationen, Indizes und Messwerte, die sonst nicht im vorliegenden Abschnitt C genannt sind und die die Merkmale anderer derivativer Finanzinstrumente aufweisen, wobei unter anderem berücksichtigt wird, ob sie auf einem geregelten Markt, einem OTF oder einem MTF gehandelt werden; (11) Emissionszertifikate, die aus Anteilen bestehen, deren Übereinstimmung mit den Anforderungen der Richtlinie 2003/87/EG (Emissionshandelssytem) anerkannt ist.

43 Art. 2 Abs. 1 Buchst. a) – c) MAR.

44 Art. 2 Abs. 1 Buchst. d) MAR.

45 Zum Begriff des multilateralen Handelssystem: *Seiffert* in KölnKomm WpHG § 31f Rn. 12 ff.

46 Art. 3 Abs. 1 Ziff. 6–8 MAR iVm Art. 4 Abs. 1 Nr. 21 – 23.

47 Mit Anmerkungen versehene Übersicht über die geregelten Märkte und einzelstaatlichen Rechtsvorschriften zur Umsetzung der entsprechenden Anforderungen der Richtlinie über Märkte für Finanzinstrumente (MiFID) (Richtlinie 2004/39/EG des Europäischen Parlaments und des Rates) 2010/C 348/09, ABl. EU Nr. C348 v. 21.12.2010 S. 9 ff.

48 *Seiffert* in KölnKomm WpHG § 31f Rn. 10.

49 *Möllers* in KölnKomm WpHG § 34b Rn. 73.

50 Zur Zulässigkeit der Einbeziehung des Freiverkehrs in § 34b Abs. 3 WpHG aF vor dem Hintergrund der Regelung des Art. 9 Abs. 1 MAD 2003: *Möllers* in KölnKomm WpHG § 34b Rn. 73.

gilt.[51] Um als Emittent in den Anwendungsbereich der MAR zu fallen ist es also erforderlich, dass die Finanzinstrumente ihrerseits von der MAR erfasst sind[52], also Finanzinstrumente im Sinne des Art. 3 Abs. 1 MAR sind und die Vorgaben von Art. 2 Abs. 1 MAR erfüllen.

16 (cc) Um eine Anlageempfehlung darzustellen muss sich eine Information auf ein **konkretes oder mehrere konkrete Finanzinstrumente** bzw. auf einen **konkreten oder mehrere konkrete Emittenten** beziehen.[53] Dies setzt voraus, dass das Finanzinstrument oder der Emittent auf Basis der Information entweder klar bestimmt oder mindestens bestimmbar ist. Dies kann etwa durch Nennung der ISIN oder der WKN oder der offiziellen Bezeichnung des Finanzinstruments – zB Aktien der adidas AG oder der Allianz AG – oder des Emittenten erfolgen. Schwieriger ist es hingegen zu beurteilen, ob ein konkretes Finanzinstrument oder ein konkreter Emittent, die nicht klar bestimmt sind, hinreichend bestimm*bar* bezeichnet wurde. Die Bestimmbarkeit setzt nach der ESMA zutreffend voraus, dass ein verständiger Anleger aus der gegebenen Information auf ein oder mehrere Finanzinstrumente oder Emittenten schließen kann.[54] Dabei dürfen keine überzogenen Anforderungen an die Fähigkeiten des verständigen Anlegers gestellt werden, da der Tatbestand der Anlageempfehlung sonst konturlos und mithin ausufern würde. Ob ein verständiger Anleger auf Basis der erhaltenen Informationen einen Rückschluss auf ein bestimmtes Finanzinstrument oder einen bestimmten Emittenten ziehen kann, ist auf Basis der konkreten Angaben im Einzelfall zu beurteilen.[55] Dies wird zB zu bejahen sein, wenn – ohne Nennung von WKN, ISIN oder offiziellen Titel – vom „Münchner Autobauer" oder „Wolfsburger Autobauer" gesprochen wird. Abstrakt gefasst muss also eine „inoffizielle Bezeichnung" gewählt werden, die allgemein einem bestimmten Finanzinstrument/Emittent zugeordnet wird. Besondere Abgrenzungsschwierigkeiten treten auf, wenn Empfehlungen zu Ländern/Sektoren/Branchen oder Indices gegeben werden, welche Emittenten oder Finanzinstrumente umfassen. Ob hier eine Aussage bezogen auf konkrete Finanzinstrumente oder Emittenten vorliegt wird davon abhängen, ob von der Nennung des Landes/Sektors/Indices oder der Branche auf konkrete Finanzinstrumente oder Emittenten geschlossen werden kann. Ein Rückschluss auf ein konkretes Finanzinstrument ist dabei nach Auffassung der ESMA zB dann möglich, wenn die Wertung zu einem bestimmten Sektor abgegeben wird, welcher aus einer sehr begrenzten Anzahl von Emittenten besteht.[56] Entscheidend ist somit, ob es dem verständigen Anleger ohne weiteres möglich ist, auf Basis der erteilten Information auf ein konkretes Finanzinstrument oder einen konkreten Emittenten zu schließen. Demnach ist von der Bestimmbarkeit konkreter Finanzinstrumente oder Emittenten auszugehen, wenn diese auf Basis der Information unmittelbar für den verständigen Anleger identifizierbar sind. Daher ist eine Information bezogen auf konkrete Finanzinstrumente oder Emittenten gegeben, wenn alle Titel aus einem objektiv feststehenden, öffentlich bekannten Index in Bezug genommen werden, zB: „Alle im Dax enthaltenen Werte werden steigen". Gleiches gilt, wenn lediglich auf bestimmte Werte des Index Bezug genommen wird, diese aber hinreichend konkret bestimmbar sind (zB: „Alle Banken im Dax" oder „die im DAX vertretenen Unternehmen aus dem Automobilsektor"). Das Vorliegen eines Bezugs zu einem konkreten Finanzinstrument ist zu verneinen, wenn der Information kein Finanzinstrument zugeordnet werden kann.[57] Dies ist zB bei Aussagen wie „der DAX steigt / fällt" gegeben, da der DAX selbst kein Finanzinstrument

---

[51] Art. 3 Abs. 1 Nr. 21 MAR.

[52] *Bruchwitz* in JVRB WpHG § 34b Rn. 21; *Koller* in Assmann/Schneider WpHG § 34b Rn. 8.

[53] Vgl. *Möllers* in KölnKomm WpHG § 34b Rn. 85, der dieses Kriterium auf die empfohlene Anlageentscheidung bezieht.

[54] ESMA70-145-111 Question 8.2 S. 20 f. (Stand: 23.3.2018).

[55] ESMA70-145-111 Question 8.2 S. 20 f. (Stand: 23.3.2018).

[56] ESMA70-145-111 Question 8.2 S. 20 f. (Stand: 23.3.2018).

[57] BaFin, BT 5.2 Nr. 5 MaComp (idF v. 7.8.2014, geändert im Rahmen der Neufassung v. 8.3.2017), „*Keine Finanzanalyse ist dagegen beispielsweise* [...] – *die Portfolioempfehlung, die sich auf Regionen oder Branchen bezieht und keine einzelnen Finanzinstrumente oder Emittenten anspricht* [...]".

ist und bei dieser Aussage nicht erkennbar ist, welches der im DAX enthaltenen Finanzinstrumente gemäß der Information steigen bzw. fallen wird.[58] Da Informationen aber oft nur Aussagen über die grundsätzliche Entwicklung des Sektors bzw. des Landes treffen und sich nicht auf alle Finanzinstrumente oder Emittenten des Sektors/Landes/Indices oder der Branche beziehen, ist diesem Aspekt im Rahmen der Formulierung entsprechender Informationen Rechnung zu tragen. Zur Vermeidung von Missverständnissen können in derartigen Fällen Formulierungen wie „grundsätzlich" oder „teilweise" verwendet werden, da sie verdeutlichen, dass die Aussage nicht auf alle im Sektor/Land/Index enthaltenen Werte bezogen ist und mithin keine Information bezogen auf konkrete Finanzinstrumente oder Emittenten enthält.

Wenn die Information lediglich auf eine Volkswirtschaft bzw. eine volkswirtschaftliche **17**
oder politische Entwicklung bezogen ist, kann daraus grundsätzlich nicht auf bestimmte oder bestimmbare Finanzinstrumente oder Emittenten geschlossen werden.[59] Gleiches gilt bei Informationen zu Zinsentwicklungen. Auch stellt die Bereitstellung eines Rechners, der auf Basis von Algorithmen statistische Daten auswertet keine Anlageempfehlung dar.[60]

b) Explizite oder implizite Empfehlung

Die Information muss explizite oder implizite (aa) Empfehlungen oder (bb) Vorschläge zu **18**
Anlagestrategien einschließlich einer Beurteilung des aktuellen oder künftigen Wertes oder Kurses der Finanzinstrumente oder Emittenten enthalten (Art. 3 Abs. 2 Nr. 35 u. 34 MAR).

(aa) Der Begriff der **Empfehlung** ist durch den europäischen Gesetzgeber nicht näher **19**
konkretisiert worden. Dem Wortlaut nach setzt das Vorliegen einer Empfehlung den Vorschlag einer Handlungsalternative voraus, die aus Sicht des Empfehlenden sinnvoll ist. Die BaFin hat den bereits unter § 34b WpHG aF verwendeten Begriff der Empfehlung in den MaComp konkretisiert. Obwohl die entsprechenden Konkretisierungen in den neugefassten MaComp gestrichen wurden[61], sind die Darlegungen in der Vorgängerfassung der MaComp als Erkenntnisquelle bei der Auslegung des Begriffs der Empfehlung heranzuziehen; hierfür spricht insbesondere, dass durch die Neufassung der europäischen Regelung nach der ESMA keine grundlegende Veränderung der bisherigen Definition erfolgen sollte.[62]

Explizite Empfehlungen einschließlich einer Beurteilung des aktuellen oder künfti- **20**
gen Wertes oder Kurses der Finanzinstrumente oder Emittenten liegen vor, wenn direkt eine konkrete Handlung – kaufen, verkaufen oder halten – bezogen auf Finanzinstrumente oder Emittenten vorgeschlagen wird.[63] Die Nennung eines bestimmten Kurses / Wertes ist dabei nicht erforderlich, da grundsätzlich in den Aussagen „kaufen", „verkaufen" oder „halten" mittelbar eine Aussage über den aktuellen und/oder den erwarteten künftigen Kurs/Wert enthalten ist.[64] So kann der Aussage „kaufen" grundsätzlich die Wertung entnommen werden, dass der künftige Kurs/Wert über dem aktuellen Kurs/Wert liegen wird, während in der Aussage „verkaufen" grundsätzlich die Wertung enthalten ist, dass der künftige Kurs/Wert nicht oder zumindest nicht wesentlich über dem

58 So auch BaFin, BT 5.2 Nr. 5 MaComp (idF v. 7.8.2014, aufgehoben durch MaComp Änderung v. 8.3.2017), „*Keine Finanzanalyse ist dagegen beispielsweise [...] – die Untersuchung eines Index,*".

59 ESMA70-145-111 Question 8.2 S. 20f. (Stand: 23.3.2018); BaFin, BT 5.2 Nr. 5 MaComp (idF v. 7.8.2014, geändert im Rahmen der Neufassung v. 8.3.2017).

60 BaFin, BT 5.2 Nr. 5 MaComp (idF v. 7.8.2014, geändert im Rahmen der Neufassung v. 8.3.2017).

61 In der am 8.3.2017 veröffentlichten Neufassung der MaComp wurde der BT 5, der die Konkretisierungen bezogen auf die Finanzanalyse enthielt, weitgehend gestrichen.

62 ESMA/2015/1455 Rn. 321 („*Article 20 (1) of MAR does not change significantly the approach set out in the current MAD on investment recommendations* [...]").

63 BaFin, BT 5.2 Nr. 6 MaComp (idF v. 7.8.2014, geändert im Rahmen der Neufassung v. 8.3.2017).

64 *Bruchwitz* in JVRB WpHG § 34b Rn. 25; *Fuchs* in Fuchs WpHG § 34b Rn. 23.

aktuellen Kurs/Wert liegen wird. Der Aussage „halten“ ist hingegen die grundsätzliche Wertung zu entnehmen, dass der Kurs/Wert gerade keine besondere positive oder negative Veränderung aufweisen wird. Gegen die Ableitung höherer Anforderungen aus der Vorgabe *„einschließlich einer Beurteilung des aktuellen oder künftigen Wertes oder Kurses solcher Instrumente“* sprechen die Ausführungen der ESMA im Final Report, wonach die Neuregelung durch die MAR zu keiner signifikanten Änderung der bestehenden Regelung – die keine entsprechende Vorgaben bezogen auf den aktuellen oder künftigen Wert /Kurs kannte – führen soll.[65]

21 Eine **implizite Empfehlung** setzt voraus, dass bei der Gesamtbetrachtung einer Äußerung (deutlich) zum Ausdruck kommt, dass eine bestimmte Investmententscheidung – „kaufen“, „verkaufen“ oder „halten“ – als sinnvoll erachtet wird, ohne dass diese ausdrücklich empfohlen wird.[66] Daher können implizite Empfehlungen insbesondere dann vorliegen, wenn die folgenden Worte verwendet werden: *„Das Finanzinstrument ist über- / unterbewertet“; „das Finanzinstrument verfügt über hohes Ertragspotential“; „das Finanzinstrument ist ein out-/underperformer“; „Bullische / Bärische Aktien“ sowie „unsere Besten“, „Tipp des Tages“, „Trading-Idee“ „Top-Player“*.[67] Genau wie bei der expliziten Empfehlung ist auch bei der impliziten Empfehlung keine ausdrückliche Nennung eines Kurses oder Wertes erforderlich, da in der impliziten Empfehlung mittelbar eine Aussage zum aktuellen oder künftigen Kurs/Wert enthalten ist. Umgekehrt gilt jedoch, dass die Beurteilung des aktuellen Kurses (etwa als zu hoch oder zu niedrig) oder erwarteten künftigen Kurses (wird sinken oder steigen) wegen der daraus ableitbaren Aussage über das empfohlene Anlageverhalten ebenfalls als implizite Empfehlung zu bewerten ist.[68] Wird hingegen für den Empfänger deutlich erkennbar lediglich eine Bewertung oder Beurteilung vergangener Ereignisse vorgenommenen ohne Stellung zum aktuellen oder künftigen Wert oder Kurs des Finanzinstruments oder Emittenten zu nehmen, liegt keine Anlageempfehlung vor.[69] Daher stellen Erläuterungen abgeschlossener Transaktionen, insbesondere im Rahmen der Vermögensverwaltung, keine Anlageempfehlung dar.[70] Keine Anlageempfehlungen liegen daher auch bei der Veröffentlichung eines ausschließlich auf die historische Kursentwicklung bezogenen Kurscharts sowie bei einer objektiven Produkt- oder Unternehmensbeschreibung vor.[71] Allerdings kann die Abgrenzung zwischen dem Vorliegen einer Bewertung vergangener Ereignisse und einer Prognose im Einzelfall schwierig sein. Um Missverständnisse zu vermeiden und um nicht ungewollt in den Anwendungsbereich der Anlageempfehlung zu kommen ist es sinnvoll, bei Bewertungen, die sich ausschließlich auf die Vergangenheit beziehen transparent auf diesen Umstand hinzuweisen.

22 (bb) Das Tatbestandsmerkmal **Vorschlag zu Anlagestrategien** steht im Alternativverhältnis zur – expliziten oder impliziten – Empfehlung. Da der Begriff der Empfehlung sehr weit ist und insbesondere auch einmalige Empfehlungen zu Finanzinstrumenten oder Emittenten erfasst, hat die Alternative *„Vorschläge zu Anlagestrategien“* keinen über den Anwendungsbereich der Empfehlung hinausgehenden Anwendungsbereich und ist daher in der Praxis bislang ohne eigene Bedeutung.

---

[65] ESMA/2015/1455 Rn. 321.

[66] BaFin, BT 5.2 Nr. 7 MaComp (idF v. 7.8.2014, geändert im Rahmen der Neufassung v. 8.3.2017).

[67] BaFin, BT 5.2 Nr. 8 MaComp (idF v. 7.8.2014, geändert im Rahmen der Neufassung v. 8.3.2017); *Möllers* in KölnKomm WpHG § 34b Rn. 82, der allerdings bei der Verwendung der genannten Begriffe vom Vorliegen einer indirekten Empfehlung ausgeht (*„Indirekte Empfehlungen sind..“*), während die BaFin zutreffend auf die Gesamtbetrachtung der Äußerung abstellte und mithin allein aus der Verwendung der genannten Begriffe nicht zwingend auf das Vorliegen einer indirekten Empfehlung schließt (*„Indirekte Empfehlungen können unter den genannten Voraussetzungen beispielsweise bei den folgenden Aussagen vorliegen“*).

[68] AA *Fuchs* in Fuchs WpHG § 34b Rn. 23, nach welchem *„Als (direkte) Empfehlung eines Finanzinstruments [..] die Angabe eines bestimmten Kursziels [genügt]*.

[69] BaFin, BT 5.2 Nr. 7 MaComp (idF v. 7.8.2014, geändert im Rahmen der Neufassung v. 8.3.2017); *Bruchwitz* in JVRB WpHG § 34b Rn. 23; *Möllers* in KölnKomm WpHG § 34b Rn. 86.

[70] BaFin, BT 5.2 Nr. 7 MaComp (idF v. 7.8.2014, aufgehoben im Rahmen der Neufassung v. 8.3.2017).

[71] BaFin, BT 5.2 Nr. 5 MaComp (idF v. 7.8.2014, geändert im Rahmen der Neufassung v. 8.3.2017).

c) Für die Verbreitungskanäle oder die Öffentlichkeit vorgesehen

Die Information muss für *„Verbreitungskanäle oder die Öffentlichkeit vorgesehen"* sein (Art. 3 Abs. 1 Nr. 35 MAR). Diese Anforderung hat die MAR weitgehend unverändert aus der MAD 2003 übernommen.[72] Die BaFin hatte weitere Konkretisierungen mittels der BT 5.3 der MaComp vorgenommen, welche im Rahmen der am 8.3.2017 veröffentlichen Neufassung der MaComp gestrichen wurden. Gleichwohl können die nunmehr gestrichenen Konkretisierungen in der MaComp als Auslegungshilfe herangezogen werden, da gemäß der ESMA mit der Neufassung der Regelung durch MAR keine grundlegende Änderung der bisherigen Definition erfolgen sollte.[73] 23

Bezogen auf den Begriff **Verbreitungskanäle** enthielt Art. 1 Abs. 7 RL 2003/125/EG eine Definition. Demnach ist ein Vertriebskanal *„a channel through which information is, or is likely to become publicly available. Likely to become publicly available information shall mean information to which a large number of persons have access"*. Diese Definition gilt unter der MAR-Regulierung fort.[74] Auch die BaFin definierte den Verbreitungskanal als einen Kanal, *„der die Finanzanalyse einer entsprechend großen Anzahl von Personen zugänglich macht, die einer Vermittlung an die Öffentlichkeit gleichkommt"*.[75] Entscheidend ist demnach, dass mittels der Verbreitungskanäle eine große Anzahl von Personen Zugang zu der Information erhält. Dies wird bei Auslagen in den Geschäftsräumen oder beim Abdrucken der Angaben in Zeitungen zu bejahen sein.[76] Bezogen auf neue Medien ist dies gegeben, wenn die Information mittels elektronischen Datenübermittlungs- bzw. Datenverbreitungssystemen, wie zB Emails, die an alle Kunden versendet werden, oder mittels sozialer Netzwerke verbreitet wird oder wenn sie auf der Website zugänglich gemacht wird.[77] Die ESMA lehnt einen quantitativen Ansatz, nach welchem die Qualifizierung als Vertriebskanal davon abhängt, wieviele Personen über ihn erreicht werden, ab. Insbesondere erteilte die ESMA dem an die US-amerikanische Regulierung angelehnten Vorschlag, wonach eine Versendung der Information an weniger als 15 Personen nicht als Anlageempfehlung zu klassifizieren sei,[78] eine Absage.[79] Dies kann vor dem Hintergrund, dass in dieser Konstellation keine große Anzahl von Personen Zugang zu der Information hat, hinterfragt werden. Für das weite Verständnis der ESMA kann allerdings angeführt werden, dass durch die übliche Weiterleitung von Emails schnell eine große Vielzahl von Personen Zugang zu der Information erhalten. Vor diesem Hintergrund sind insbesondere auch Emails, die lediglich an einen kleinen Adressatenkreis versendet werden, als Verbreitungskanal in diesem Sinne zu qualifizieren. 24

---

72 Der Wortlaut von Art. 3 Abs. 1 Nr. 35 MAR entspricht der Vorgabe von Art. 6 Abs. 5 MAD 2003, in welcher ausgeführt wird: „[…] *für Informationsverbreitungskanäle oder die Öffentlichkeit bestimmte Informationen* […]". Auch in den englischen Fassungen der entsprechenden Passagen der MAR und der MAD 2003 findet sich der identische Wortlaut: *„intended for distribution channels or for the public"*.

73 ESMA/2015/1455 Rn. 321 (*„Article 20 (1) of MAR does not change significantly the approach set out in the current MAD on investment recommendations*, […]").

74 Auch die ESMA greift auf die RL 2003/125/EG zurück: „[…] *In this respect, Article 1 (7) of Implementing Directive 2003/125/EC already provides the following definition of „distribution channels": „a channel through which information is, or is likely to become, publicly available. Likely to become publicly available information shall mean information to which a large number of persons have access*", ESMA/2015/1455 Rn. 338.

75 BaFin, BT 5.3 MaComp (idF v. 7.8.2014, aufgehoben im Rahmen der Neufassung v. 8.3.2017).

76 ESMA/2015/1455 Rn. 339; BaFin, BT 5.2 Nr. 7 MaComp (idF v. 7.8.2014, aufgehoben im Rahmen der Neufassung v. 8.3.2017).

77 ESMA/2015/1455 Rn. 339, 341; BaFin, BT 5.4 MaComp (idF v. 7.8.2014, aufgehoben im Rahmen der Neufassung v. 8.3.2017); *Fuchs* in Fuchs WpHG § 34b Rn. 26.

78 Nach FINRA Rule 2241 Abs. 11 lit. (B) (i) gilt eine Kommunikation, selbst wenn sie die Analyse eines einzelnen [Eigenkapital-] Finanzinstruments sowie für eine Anlageentscheidung ausreichende Informationen enthält, nicht als Anlageempfehlung (bzw. Research Report), wenn sie gegenüber weniger als 15 Personen erfolgt, vgl. http://finra.complinet.com/en/display/display.html?rbid=2403&record_id=16474&element_id=11946&highlight=2241#r16474.

79 ESMA/2015/1455 Rn. 344.

25 Unter der **Öffentlichkeit** ist eine unbegrenzte Vielzahl von Personen oder eine große Anzahl von Personen zu verstehen.[80] Die Information ist der Öffentlichkeit bekannt gegeben, wenn eine Vielzahl von Personen die Information erhalten bzw. wenn diese sie unter normalen Umständen jederzeit abrufen können.[81] Dies wird ua bei mündlichen Aussagen, die bei öffentlich zugänglichen Veranstaltungen oder bei Veranstaltungen mit einer Vielzahl von Teilnehmern getätigt werden, anzunehmen sein.[82]

26 Die Anlageempfehlung muss für Verbreitungskanäle oder die Öffentlichkeit **vorgesehen** sein. Unter *„Vorgesehen"* ist beabsichtigt bzw. bestimmt zu verstehen.[83] Mithin ist nicht erforderlich, dass die Anlageempfehlung tatsächlich über Verbreitungskanäle verbreitet wird oder tatsächlich die Öffentlichkeit erreicht. Ob die Information für Verbreitungskanäle oder die Öffentlichkeit vorgesehen ist, ist auf Basis der Absicht des Erstellers der Anlageempfehlung im Zeitpunkt ihrer Fertigung zu ermitteln.[84] Hat der Ersteller im Zeitpunkt der Fertigung der Anlageempfehlung diese nicht für Verbreitungskanäle oder die Öffentlichkeit vorgesehen, ist dieses Kriterium nicht erfüllt und mithin keine Anlageempfehlung iSd Art. 3 Abs. 1 Nr. 35 iVm Nr. 34 MAR gegeben.[85] Wird eine entsprechend qualifizierte Information entgegen ihrer Bestimmung der Öffentlichkeit bekannt, liegt gleichwohl keine Anlageempfehlung des Erstellers der Information vor. Wird später vorgesehen die Information, die ursprünglich nicht für Verbreitungskanäle oder die Öffentlichkeit vorgesehen war und die deshalb nicht als Anlageempfehlung einzuordnen war, für Verbreitungskanäle oder die Öffentlichkeit zu nutzen, stellt diese nunmehr eine Anlageempfehlung iSd Art. 3 Abs. 1 Nr. 35 iVm Nr. 34 MAR dar. Adressat der Verpflichtung von Art. 20 MAR ist die Person, die die Zweckänderung vorgenommen hat.[86]

27 Das Kriterium *„für Verbreitungskanäle oder die Öffentlichkeit vorgesehen"* ist bei der ausschließlich internen Weitergabe oder einer Weitergabe innerhalb des Konzerns **nicht erfüllt.** Ferner ist das Kriterium dann nicht erfüllt, wenn vorgesehen ist, dass die Information nur im Rahmen von persönlichen Empfehlungen, also im Rahmen einer Anlageberatung, eingesetzt wird.[87] Eine Anlageberatung liegt dann vor, wenn die Empfehlung auf Basis der individuellen Verhältnisse des Anlegers für ihn persönlich erfolgt.[88] Dies erfordert, dass in einem ersten Schritt die Kenntnisse und Erfahrungen, die finanziellen Verhältnisse und die Ziele des jeweiligen Anlegers ermittelt werden und in einem zweiten Schritt auf Basis dieser Informationen dem Anleger ein für ihn geeignetes Finanzinstrument empfohlen wird, was dann der Fall ist, wenn der Anleger auf Basis seiner Kenntnisse und Erfahrungen das konkrete Finanzinstrument verstehen kann, es seinen Zielen entspricht und die Risiken des Finanzinstruments für ihn finanziell tragbar sind.[89] Mithin bezieht die

80 BaFin, BT 5.4 Nr. 1 MaComp (idF v. 7.8.2014, aufgehoben im Rahmen der Neufassung v. 8.3.2017).

81 *Bruchwitz* in JVRB WpHG § 34b Rn. 27; *Möllers* in KölnKomm WpHG § 34b Rn. 88 mwN. in Fn. 251.

82 *Möllers* in KölnKomm WpHG § 34b Rn. 87, mit Verweis auf abweichende Regelungen im US-Recht.

83 Art. 3 Abs. 1 Nr. 35 MAR lautet in der englischen Fassung *„intended for distribution channels or for the public"* und stimmt insoweit mit der Formulierung in Art. 6 Abs. 5 der MAD 2003 überein. In deren deutscher Fassung es heißt *„für Informationsverbreitungskanäle oder die Öffentlichkeit bestimmte Informationen"*.

84 *Möllers* in KölnKomm WpHG § 34b Rn. 88; *Koller* in Assmann/Schneider WpHG § 34b Rn. 25 u. 32.

85 So auch *Möllers* in KölnKomm WpHG § 34b Rn. 88; *Koller* in Assmann/Schneider WpHG § 34b Rn. 25 u. 32.

86 So auch *Möllers* in KölnKomm WpHG § 34b Rn. 88; *Koller* in Assmann/Schneider WpHG § 34b Rn. 32.

87 ESMA/2015/1455 Rn. 340; BaFin, BT 5.3 Nr. 2 MaComp (idF v. 7.8.2014, aufgehoben im Rahmen der Neufassung v. 8.3.2017); *Möllers* in KölnKomm WpHG § 34b Rn. 89. ESMA spricht sich in diesem Kontext für ein sehr weites Verständnis der Anlageempfehlung aus, worunter insbesondere auch nicht persönlichen Empfehlungen – losgelöst von der Anzahl ihrer Adressaten – fallen. Dies erfolgt mit der Zielsetzung, das Risiko zu reduzieren, dass Anleger Anlageempfehlungen erhalten, die nicht der Regulierung unterfallen („*„ESMA considers that a too narrow definition of „investment recommendation intended for distribution channels or for the public" would entail the risk of leaving some investment recommendations provided to investors unregulated."*, ESMA/2015/1455 Rn. 340).

88 *Möllers* in KölnKomm WpHG § 34b Rn. 89; *Rothenhöfer* in Schwark/Zimmer § 31 WpHG Rn. 227.

89 Ausführlich dazu: *Rothenhöfer* in Schwark/Zimmer § 31 WpHG Rn. 229 ff.

Anlageberatung im Gegensatz zur Anlageempfehlung die persönliche Situation des Anlegers ein. Daher sind Einschätzungen zu Finanzinstrumenten oder Emittenten die innerhalb der Bank mit der Maßgabe versendet werden, diese dem Anleger im Rahmen einer Anlageberatung mitzuteilen, nicht als Anlageempfehlung zu qualifizieren. Eine Anlageberatung ist hingegen zu verneinen, wenn gegenüber bestimmten Kunden ohne Berücksichtigung und Einbeziehung von deren persönlicher Situation, Finanzinstrumente oder Emittenten mittels persönlicher Anschreiben zum Erwerb vorgeschlagen werden.[90]

d) Inhaltliche Auseinandersetzung und weitere Informationen

Teilweise wurde gefordert, dass das Vorliegen einer Finanzanalyse zusätzlich erfordert, dass aus der Finanzanalyse erkennbar ist, dass eine inhaltliche Auseinandersetzung mit dem Finanzinstrument oder Emittent erfolgt sei oder dass die Finanzanalyse zusätzliche Informationen enthalte, die über die reine Empfehlung hinausgehen. **28**

Ausgehend von dem in § 34b WpHG aF definierten Begriff der Wertpapieranalyse, der später durch den Begriff der Finanzanalyse ersetzt wurde, wurde gestützt auf den Begriff der „Analyse" eine **vertiefte Untersuchung des Finanzinstruments/Emittenten** in der Weise gefordert, dass eine spezielle Auswahl und Bewertung von relevanten Daten erfolgen müsse, um auf dieser Basis eine Begründung der vorgeschlagenen Investmententscheidung vornehmen zu können.[91] In ihrer Konsequenz würde die enge Auslegung dazu führen, dass das Vorliegen einer Wertpapieranalyse abzulehnen wäre, wenn keine intensive Auseinandersetzung mit dem Wertpapier/Emittenten durchgeführt worden wäre.[92] Um Schutzlücken zu vermeiden wurde die Vorgabe überwiegend in der Weise konkretisiert, dass ausreichend sei, dass beim Empfänger der Anlageempfehlung unter Berücksichtigung aller Umstände der **Anschein einer entsprechend Auseinandersetzung** hervorgerufen wird, wobei auf den objektiven Empfängerhorizont eines durchschnittlich, verständigen Anlegers abzustellen sei und bereits die Art der Darbietung ausreichen kann, um einen entsprechenden Anschein zu setzen.[93] Ein verständiger Anleger wird davon ausgehen, dass insbesondere ein Wertpapierdienstleistungsunternehmen nur dann Anlageempfehlungen zu Finanzinstrumenten oder Emittenten ausspricht, wenn es diese ordnungsgemäß und sorgfältig geprüft hat. Daher verliert das Kriterium der inhaltlichen Auseinandersetzung seine den Anwendungsbereich der Anlageempfehlung begrenzende Wirkung. Diesem Ergebnis ist vor dem Hintergrund des Regulierungszwecks zuzustimmen, da der Adressat einer Anlageempfehlung eines Wertpapierdienstleistungsunternehmens der gegebenen Information vertraut und vertrauen soll und zwar unabhängig davon, ob und ggfs. in welcher Form sie begründet wird. Weiter spricht auch der geänderte Wortlaut dafür, dass keine hohen Anforderungen an die inhaltliche Auseinandersetzung mit dem Finanzinstrument/Emittenten gestellt werden.[94] Denn die Anforderung eine inhaltliche Auseinandersetzung mit dem Finanzinstrument/Emittenten durchzuführen wurde bezogen auf den Wortlaut aus dem Wort *„Analyse"* abgeleitet. Da die RL 2003/125/EG im Rahmen der Definition der *„Empfehlung"* die *„Analyse"* ins Alternativverhältnis („oder") **29**

[90] BaFin, BT 5.3 Nr. 2 MaComp (idF v. 7.8.2014, aufgehoben im Rahmen der Neufassung v. 8.3.2017).

[91] Vgl. BaFin, BT 5.2 Nr. 3 MaComp (idF v. 7.8.2014, aufgehoben im Rahmen der Neufassung v. 8.3.2017), nach welcher *„Eine bloße Empfehlung, ohne dass zugleich der Eindruck einer inhaltlichen Auseinandersetzung mit dem Finanzinstrument oder dessen Emittenten vermittelt wird, genügt andererseits nicht für die Erstellung einer Finanzanalyse."*. So auch *Bruchwitz* in JVRB WpHG § 34b Rn. 23. Eine Übersicht gibt: *Fuchs* in Fuchs WpHG § 34b Rn. 20.

[92] Hierunter wurde insbesondere eine Beschäftigung mit der Finanz-, Vermögens- und Ertragslage des Emittenten sowie die Berücksichtigung der Strategie und Qualitäten des Managements und schließlich eine systematische und fundierte Untersuchung und Bewertung der erfolgsbestimmenden Faktoren des Investments in dem jeweiligen Finanzinstrument verstanden.

[93] *Bruchwitz* in JVRB WpHG § 34b Rn. 22 (nach welchem allerdings keine Empfehlung vorliegen soll, wenn ein Finanzinstrument ohne jegliche Begründung empfohlen wird (Rn. 23)); *Koller* in Assmann/Schneider WpHG § 34b Rn. 10; *Möllers* in KölnKomm WpHG § 34b Rn. 80.

[94] *Fuchs* in Fuchs WpHG § 34b Rn. 21.

zur *„sonstigen für Informationsverbreitungskanäle oder die Öffentlichkeit bestimmte explizite oder implizite Information“* (Art. 1 Nr. 3 RL 2003/125/EG) setzte, ist die *„Analyse“* keine zwingende Voraussetzung für das Vorliegen einer Anlageempfehlung. Auch kann der *„sonstigen Information“* – anders als der *„Analyse“* – nicht das Erfordernis der vertieften Auseinandersetzung entnommen werden und der Gesetzgeber hat es unterlassen, die vertiefte Auseinandersetzung als Tatbestandsmerkmal zu normieren.[95] Die nunmehr in Art. 3 Abs. 1 Nr. 35 iVm Nr. 34 MAR enthaltene Definition der Anlageempfehlung enthält nicht mehr den Begriff der *„Analyse“* wodurch der im Wortlaut der Regulierung vorhandene Anknüpfungspunkt für die enge Auslegung entfallen ist.[96]

30 Teilweise wurde bezogen auf § 34b WpHG aF mit Verweis auf den Wortlaut der Definition gefordert, dass das Vorliegen einer Anlageempfehlung voraussetzt, dass diese **neben der** bloßen **Handlungsempfehlung** zumindest **einen gewissen Kern- oder Mindestgehalt an weiteren Information** enthalten muss.[97] Begründet wird dies mit dem Wortlaut ua von § 34b WpHG aF wonach eine *„Information“* erforderlich ist, die *„eine Empfehlung […] enthält“* sowie mit dem Sinn und Zweck der Regelung, da es andernfalls – ohne eine entsprechende zusätzliche Information – an der Grundlage für ein schutzwürdiges Vertrauen fehlen würde.[98] Die Anforderungen an den zusätzlichen Informationsgehalt wurden von den Verfechtern als *„gering“* angesetzt;[99] als Beispiele für das Vorliegen entsprechender weiterer Informationen wurden die Angabe eines Kursziels oder die Angabe des aktuellen Kurses als über- oder unterbewertet angeführt, während allein die Aufnahme eines Titels in ein Musterdepot dieses Erfordernis nicht erfüllen soll.[100] Sowohl die Angabe eines Kursziels als auch in der Aussage, dass der aktuelle Kurs über- oder unterbewertet sei, stellen eine mittelbare Empfehlungen dar.[101] Der mittelbaren Empfehlung ist es immanent, dass sie Angaben enthält, aus denen auf die (mittelbar) empfohlene Handlung geschlossen werden kann. Insoweit ist es zutreffend, dass – bezogen auf die mittelbare Empfehlung – weitere Angaben vorliegen müssen. Bezogen auf ausdrückliche Empfehlungen ist die Forderung nach einem gewissen „Kern- oder Mindestgehalt an zusätzlicher Information“ hingegen abzulehnen. Hierfür sprechen insbesondere der Wortlaut der Regelung und ihre Zielsetzung. Aus dem Wortlaut von Art. 3 Abs. 1 Nr. 35 iVm Nr. 34 MAR folgt lediglich, dass die Informationen bestimmte – in Art. 3 Abs. 1 Nr. 35 MAR genannte – Tatbestandsvoraussetzungen enthalten muss. Dass eine Empfehlung nur dann vorliegt, wenn neben den in Art. 3 Abs. 1 Nr. 35 MAR genannten Tatbestandsvoraussetzungen noch weitere Information vorliegen müssen, kann dem Wortlaut zumindest nicht zwingend entnommen werden. Vielmehr ist der Wortlaut von Art. 3 Abs. 1 Nr. 35 MAR, nach welchem *„Informationen mit […]“* vorliegen müssen, in der Weise zu verstehen, dass es der Einordnung als Anlageempfehlung nicht entgegensteht, wenn die in Rede stehende Information neben den erforderlichen Tatbestandsmerkmalen weitere Daten/Informationen enthält. Auch ergibt sich das Erfordernis des Vorliegens einer weiteren Information weder zwingend aus dem Sinn und Zweck noch aus dem europäischen oder deutschen Gesetzgebungsprozess.

e) Werbung

31 Werbung, die vom Durchschnittskunden ohne weiteres als solche erkennbar ist, fällt aus dem Anwendungsbereich der Regelung heraus, da es insoweit an einem schützenswerten Vertrauen der Empfänger in die Zuverlässigkeit, Objektivität und Integrität der Anlageempfehlung

---

[95] *Fuchs* in Fuchs WpHG § 34b Rn. 20; *Schmidtke*, S. 154 f.

[96] Auch die BaFin hat im Rahmen der Neufassung der MaComp v. 8.3.2017 die bisher in BT 5.2 MaComp geforderte inhaltliche Auseinandersetzung ersatzlos gestrichen.

[97] *Fuchs* in Fuchs WpHG § 34b Rn. 24.

[98] *Fuchs* in Fuchs WpHG § 34b Rn. 24.

[99] *Fuchs* in Fuchs WpHG § 34b Rn. 24.

[100] BaFin, BT 5.2 Nr. 5 MaComp (idF v. 7.8.2014, aufgehoben im Rahmen der Neufassung v. 8.3.2017); *Fuchs* in Fuchs WpHG § 34b Rn. 24.

[101] → § 21 Rn. 21.

fehlt.[102] Insbesondere vor dem Hintergrund der Anforderungen des § 63 Abs. 6 WpHG[103], nach welchem Wertpapierdienstleistungsunternehmen zur Klarheit und Wahrheit bei der Informationsvermittlung verpflichtet sind, sollte Werbung für den Kunden als solche identifizierbar sein. Sofern die Klassifizierung als Werbung für den Durchschnittskunden nicht erkennbar ist, ist sie, unabhängig davon ob sie vom Versender als Werbung eingeordnet wurde, als Anlageempfehlung zu qualifizieren, sofern deren Tatbestandsvoraussetzungen erfüllt sind.[104] Insbesondere die Verwendung von sog. Disclaimern[105], in welchen ausgeführt wird, dass es sich bei dem vorliegenden Dokument nicht um eine Anlageempfehlung handelt, führt – sofern die Tatbestandsvoraussetzungen der Anlageempfehlung vorliegen – nicht dazu, dass die Anlageempfehlung als Werbung zu klassifizieren ist.[106] Zu den Anforderungen, die an Anlageempfehlungen gestellt werden, die eindeutig als Werbung gekennzeichnet werden → § 23 Rn. 11.

3. Persönlicher Anwendungsbereich

Der persönliche Anwendungsbereich wird durch Art. 3 Abs. 1 Nr. 34 MAR definiert. Nach 32
Art. 3 Abs. 1 Nr. 34i) MAR sind unabhängige Analysten, Wertpapierfirmen, Kreditinstitute oder sonstige Personen, deren Haupttätigkeit in der Erstellung von Anlageempfehlungen besteht sowie natürliche Personen, die bei den genannten Einrichtungen im Rahmen eines Arbeitsvertrags oder anderweitig tätig sind erfasst, sofern sie Anlageempfehlungen nach Art. 3 Abs. 1 Nr. 35 MAR erstellen. Andere Personen sind gem. Art. 3 Abs. 1 Nr. 34ii) MAR nur dann erfasst, wenn sie direkt eine bestimmte Anlageentscheidung zu einem Finanzinstrument vorschlagen. Zu den anderen Personen iSd Art. 3 Abs. 1 Nr. 34ii) MAR zählen insbesondere Sachverständige, die in Art. 1 Buchst. a) VO (EU) 2016/958 definiert werden.

a) Unabhängige Analysten, Wertpapierfirmen und Kreditinstitute

Wie bereits nach § 34b WpHG aF sind unabhängige Analysten erfasst.[107] Nicht erforderlich 33
ist es, dass die Erstellung von Anlageempfehlungen die Haupttätigkeit des unabhängigen Analysten darstellt. Vielmehr bezieht sich das zusätzliche Kriterium der Haupttätigkeit ausschließlich auf die *„sonstigen Personen“*, also die 4. Alternative von Art. 2 Abs. 1 Nr. 34i) MAR.[108] Allerdings muss die Anlageempfehlung im Rahmen der Berufs- oder Geschäftstätigkeit erstellt oder weitergegeben werden.[109] Denn der Analyst fällt deshalb in den Anwendungsbereich, weil er besonderes Vertrauen in Anspruch nimmt. Tritt er hingegen ausschließlich als Privatmann auf und nimmt nicht das besondere Vertrauen in Anspruch, welches mit der beruflichen Stellung als unabhängiger Analyst einhergeht, ist er nicht vom persönlichen Anwendungsbereich erfasst.[110]

Eine **Wertpapierfirma** ist eine Wertpapierfirma im Sinne der MiFID II.[111] **Kredit- 34
institut** ist gem. Art. 2 Abs. 1 Nr. 3 MAR ein Kreditinstitut im Sinne der CRR.[112] Genau

[102] BaFin, BT 5.5 Nr. 2 MaComp (idF v. 8.3.2017): „[…] *gelten nicht für reines Werbematerial, da es sich hierbei nicht um Anlageempfehlungen oder Anlagestrategieempfehlungen handelt.*“; *Fuchs* in Fuchs WpHG § 34b Rn. 25; *Koller* in Assmann/Schneider WpHG § 34b Rn. 14.

[103] *Rothenhöfer* in Schwark/Zimmer § 31 WpHG Rn. 99 ff.

[104] *Fuchs* in Fuchs WpHG § 34b Rn. 25.

[105] Als „Disclaimer“ werden im Allgemeinen erläuternde Hinweise, die insbesondere Klarstellungen und Haftungsausschlüsse enthalten, verstanden.

[106] *Fuchs* in Fuchs WpHG § 34b Rn. 25a; *Schmidtke*, S. 164.

[107] *Möllers* in KölnKomm WpHG § 34b Rn. 108. Einen Überblick über die verschiedenen Analysearten gibt *Möllers* in KölnKomm WpHG § 34b Rn. 51 ff.

[108] *Möllers* in KölnKomm WpHG § 34b Rn. 108.

[109] *Bruchwitz* in JVRB WpHG § 34b Rn. 13; *Koller* in Assmann/Schneider WpHG § 34b Rn. 7; *Möllers* in KölnKomm WpHG § 34b Rn. 108.

[110] *Fuchs* in Fuchs WpHG § 34b Rn. 8; *Möllers* in KölnKomm WpHG § 34b Rn. 108.

[111] Art. 2 Abs. 1 Nr. 2 MAR iVm Art. 4 Abs. 1 Nr. 1 MiFID II.

[112] Art. 4 Abs. 1 Nr. 1 der Verordnung (EU) Nr. 575/2013 des Europäischen Parlaments und des Rates vom 26. Juni 2013 über Aufsichtsanforderungen an Kreditinstitute und Wertpapierfirmen […] („CRR“), ABl. EU Nr. 176/1 vom 23.6.2013.

wie beim unabhängigen Analysten → § 21 Rn. 33 ist auch bezogen auf Wertpapierfirmen und Kreditinstitute nicht erforderlich, dass die Erstellung von Anlageempfehlungen deren Haupttätigkeit ist.

b) Personen, deren Haupttätigkeit in der Erstellung von Anlageempfehlungen besteht

35 Gem. Art. 3 Abs. 1 Nr. 34i) MAR sind ferner **sonstige Personen, deren Haupttätigkeit in der Erstellung von Anlageempfehlungen besteht** vom persönlichen Anwendungsbereich erfasst. Diese bereits unter der MAD 2003 geltende Regelung[113] stellt einen Auffangtatbestand dar.[114] Ob die Haupttätigkeit in der Erstellung von Anlageempfehlungen besteht ist auf Basis einer Gesamtschau sämtlicher Umstände des jeweiligen Einzelfalls zu ermitteln. Dies wird insbesondere dann zu bejahen sein, wenn der Großteil der Arbeitszeit und der Ressourcen für die Erstellung von Anlageempfehlungen verwendet wird und die Einheit organisatorisch auf die Erstellung von Anlageempfehlungen ausgerichtet ist.[115]

c) Angestellte und anderweitig tätige Personen

36 Gem. Art. 3 Abs. 1 Nr. 34i) MAR fallen ferner natürliche Personen, die bei unabhängigen Analysten, Wertpapierfirmen, Kreditinstituten oder sonstigen Personen, deren Haupttätigkeit in der Erstellung von Anlageempfehlungen besteht, im Rahmen eines Arbeitsvertrages oder anderweitig tätig sind, in den persönlichen Anwendungsbereich. Demnach sind insbesondere **angestellte Analysten** erfasst, sofern sie bei einem unabhängigen Analysten, einer Wertpapierfirma, einem Kreditinstitut oder einer sonstigen Person, deren Haupttätigkeit in der Erstellung von Anlageempfehlungen besteht, im Rahmen eines Arbeitsvertrags angestellt sind und Anlageempfehlungen erstellen.[116] Ist der Analyst hingegen zu einer anderen Tätigkeit als der Erstellung von Anlageempfehlungen angestellt, unterfällt er nicht dem persönlichen Anwendungsbereich der Regelung.

37 Auch die natürlichen **Personen, die nicht auf Basis eines Arbeitsvertrages**, sondern anderweitig bei einem unabhängigen Analysten, einer Wertpapierfirma, einem Kreditinstitut oder einer sonstigen Person, deren Haupttätigkeit in der Erstellung von Finanzanalysen besteht, tätig sind, können in den persönlichen Anwendungsbereich der Regelung fallen. Dies setzt voraus, dass sie erstens Anlageempfehlungen erstellen. Zweitens müssen sie mit Wissen und Wollen von der Einrichtung zur Erstellung von Anlageempfehlungen eingesetzt sein. Hierunter fallen insbesondere freie Mitarbeiter, die nicht auf Basis eines Arbeitsvertrags für die Einrichtung tätig werden.

d) Weitere Personen

38 Personen, die nicht unter Art. 3 Abs. 1 Nr. 34i) MAR fallen sind gem. Art. 3 Abs. 1 Nr. 34ii) MAR lediglich dann vom persönlichen Anwendungsbereich erfasst, wenn sie eine direkte Anlageentscheidung zu einem bestimmten Finanzinstrument vorschlagen, also eine direkte Anlageempfehlung zu einem bestimmten Finanzinstrument abgeben.[117] Diese Abstufung basiert auf der geringeren Sachkunde dieser Personen im Vergleich zur ersten

[113] Eine entsprechende Regelung enthielt Art. 1 Nr. 5 RL 2003/125/EG („[…] *eine natürliche oder juristische Person, die bei der Ausübung ihres Berufs oder im Rahmen ihrer Geschäftstätigkeit Empfehlungen erstellt oder weitergibt*“), welche durch § 1 Abs. 2 Nr. 4 FinAnV aF („*Personen oder Unternehmen, deren Haupttätigkeit in der Erstellung von Finanzanalysen besteht*“) in nationales Recht umgesetzt wurde.

[114] Vgl. Begründung zu § 1 Abs. 2 FinAnV, ZBB 2004, 422, 423; *Möllers* in KölnKomm WpHG § 34b Rn. 117.

[115] Vgl. Begründung zu § 1 Abs. 2 FinAnV, ZBB 2004, 422, 423; *Möllers* in KölnKomm WpHG § 34b Rn. 117.

[116] *Fuchs* in Fuchs WpHG § 34b Rn. 8; *Koller* in Assmann/Schneider WpHG § 34b Rn. 7; *Möllers* in KölnKomm WpHG § 34b Rn. 109.

[117] Eine entsprechende Regelung enthielt bereits § 1 Abs. 2 aE FinAnV („[…] *die direkte Empfehlungen für Anlageentscheidungen zu bestimmten Finanzinstrumenten enthalten* […]“).

Fallgruppe. Der Gesetzgeber geht offenbar davon aus, dass das Vertrauen, welches den Aussagen dieser Personen entgegengebracht wird, grundsätzlich weniger schutzwürdig ist.[118] Art. 3 Abs. 1 Nr. 34ii) MAR erfasst nur solche Personen, deren Haupttätigkeit nicht in der Erstellung von Anlageempfehlungen liegt und die mithin nicht bereits vom Auffangtatbestand des Art. 3 Abs. 1 Nr. 34i) MAR erfasst sind → § 21 Rn. 35. Demnach kann Art. 3 Abs. 1 Nr. 34ii) MAR insbesondere Journalisten und Sachverständige erfassen, deren Haupttätigkeit nicht in der Erstellung von Anlageempfehlungen liegt.

Bezogen auf **Sachverständige** nimmt Art. 1 Buchst. a) VO (EU) 2016/958 eine Kon- **39**
kretisierung vor. Danach sind Personen iSv Art. 3 Abs. 1 Nr. 34ii) MAR Sachverständige, wenn sie wiederholt Anlageentscheidungen zu Finanzinstrumenten vorschlagen und angeben Erfahrungen oder Sachkenntnis im Finanzbereich zu besitzen oder ihre Empfehlungen in einer Art und Weise erteilen, die in anderen vernünftigerweise die Erwartung weckt, dass sie Erfahrungen oder Sachkenntnis im Finanzbereich besitzen. Wann eine wiederholte Anlageempfehlung vorliegt, kann nicht abstrakt und losgelöst vom Einzelfall beantwortet werden. Vielmehr ist dies auf Basis des Einzelfalls unter Heranziehung der Häufigkeit und des Zeitintervalls, in denen die Empfehlungen erteilt werden zu beurteilen.[119] Ferner ist für eine Einordnung als Sachverständiger zu berücksichtigen, ob die früher von dieser Person abgegebenen Empfehlungen von Dritten, beispielsweise den Medien, weitergegeben wurden und die Anzahl derjenigen, die den früher geäußerten Anlageempfehlungen gefolgt sind.[120] Insbesondere eine große Anzahl von Personen, die den Anlageempfehlungen folgen sowie eine regelmäßige Weitergabe der Anlageempfehlungen durch die Medien sprechen für die Einordnung als Sachverständiger. Erfahrungen und Sachkenntnisse sind insbesondere dann zu bejahen, wenn mittels des beruflichen Werdegangs ausgedrückt wird, dass entsprechende Empfehlungen in der Vergangenheit von Berufs wegen erstellt wurden.[121] Fehlt es an einer ausdrücklichen Angabe der Erfahrungen und Kenntnisse sind alle Angaben, die im Kontext mit der Anlageempfehlung gemacht werden daraufhin zu prüfen, ob sie bei Dritten vernünftigerweise die Erwartung wecken, dass der Empfehlende über Erfahrungen und Kenntnisse im Finanzbereich verfügt. Zu den zu berücksichtigenden Informationen gehört insbesondere die Bezeichnung – also ggfs. der Name der Firma, unter welcher die Empfehlung gegeben wird – sowie die Art und Weise der Erteilung der Empfehlung sowie der Inhalt der Empfehlung.

e) Journalisten

Journalisten fallen grundsätzlich in den persönlichen Anwendungsbereich des Art. 20 **40**
MAR. Dies ist vor dem Hintergrund, dass Anlageempfehlungen in der Fach- und Wirtschaftspresse erhebliche Bedeutung haben können und somit Anlageempfehlungen von Journalisten insbesondere bezogen auf Nebenwerte erhebliches Missbrauchspotential haben, sehr sinnvoll.[122] Allerdings sind gem. Art. 21 MAR bezogen auf die Anforderungen, die Journalisten bei der Verbreitung von Anlageempfehlungen einhalten müssen, die Regeln der Pressefreiheit, der Freiheit der Meinungsäußerung in anderen Medien sowie die journalistischen Berufs- und Standesregeln zu berücksichtigen, wodurch entsprechende journalistische Beiträge weitgehend aus dem Anwendungsbereich des Art. 20 MAR herausgenommen werden. Mithin enthält Art. 21 MAR[123] den gleichen Ansatz wie § 34b Abs. 4 WpHG aF, nach welchem die Vorgaben für Finanzanalysen für Journalisten dann nicht galten, wenn diese einer mit den Regelungen von § 34b Abs. 1, 2 u. 5 WpHG aF sowie des § 34c WpHG aF vergleichbaren Selbstregulierung einschließlich wirksamer

---

[118] Vgl. Begründung zu § 1 Abs. 2 FinAnV, ZBB 2004, 422, 423.
[119] Erwägungsgrund 2 VO (EU) 2016/958.
[120] Erwägungsgrund 2 VO (EU) 2016/958.
[121] Erwägungsgrund 2 VO (EU) 2016/958.
[122] *Möllers* in KölnKomm WpHG § 34b Rn. 115.
[123] Zu Art. 21 MAR: *Grundmann* GroßkommHGB Bd. XI 6. Teil Rn. 544.

Kontrollmechanismen unterlagen.[124] Anders als § 34b Abs. 4 WpHG aF normiert Art. 21 MAR allerdings zwei Fallgruppen, in denen eine Rückausnahme erfolgt. Dies ist der Fall, wenn a) den betreffenden Personen oder mit diesen Personen in enger Beziehung[125] stehenden Personen unmittelbar oder mittelbar ein Vorteil oder Gewinn aus der Offenlegung oder Verbreitung der betreffenden Information erwächst, oder b) die Weitergabe oder Verbreitung in der Absicht erfolgt, den Markt in Bezug auf das Angebot von Finanzinstrumenten, die Nachfrage danach oder ihren Kurs irrezuführen.

4. Regulierte Tätigkeiten

41 Reguliert ist das Erstellen, Verbreiten sowie die Weitergabe von Anlageempfehlungen.

a) Erstellen

42 Unter dem **Erstellen** wird die – grundsätzlich erstmalige – Erarbeitung einer neuen Anlageempfehlung verstanden.[126] Dabei ist der Begriff des Erstellens grundsätzlich weit zu verstehen, ausreichend ist bereits, dass die Information *„aus der Fülle der vorhandenen Informationen herausgehoben und zum Gegenstand einer Mitteilung gemacht wird"*.[127] Neben der erstmaligen Erarbeitung einer neuen Anlageempfehlung ist das Erstellen einer Anlageempfehlung auch dann gegeben, wenn eine zunächst nur für den internen Gebrauch erstellte Empfehlung – die mithin noch nicht alle Tatbestandsmerkmale der Anlageempfehlung aufweist[128] – später öffentlich verbreitet wird.[129] Auch wenn von Dritten erstellte Anlageempfehlungen verwendet werden, kann – abhängig von der Art der Verwendung der Anlageempfehlung – die Erstellung einer neuen Anlageempfehlung gegeben sein. Dies ist zu bejahen, wenn sich eine Person die Anlageempfehlung eines Dritten zu eigen macht und als eigene Anlageempfehlung darstellt.[130] Sofern bereits vorhandene Anlageempfehlungen unter hinreichender Offenlegung ihres ursprünglichen Erstellers verändert werden, liegt entweder die Weitergabe einer veränderten – und ggfs. wesentlich veränderten – Anlageempfehlung[131] oder die Erstellung einer neuen Anlageempfehlung vor. Das Erstellen einer neuen Anlageempfehlung – die als sog. Sekundärempfehlung[132] auf anderen Anlageempfehlungen beruhen kann – wird dabei dann angenommen, wenn die zeitlich nachgelagert erstellte Anlageempfehlung eine erneute Beurteilung des Finanzinstruments auf Basis geänderten oder erweiterten Sachverhalts vornimmt.[133] Wird eine von einem Dritten erstellte Finanzanalyse unverändert weitergegeben liegt hingegen kein Erstellen vor.[134]

43 **Ersteller** ist diejenige natürliche Person, welche die Anlageempfehlung tatsächlich erarbeitet hat.[135] Erfasst vom Erstellerbegriff sind also die Personen, die die Anlageempfeh-

---

[124] Hierzu: *Möllers* in KölnKomm WpHG § 34b Rn. 16.

[125] Die *„eng verbundene Person"* ist in Art. 3 Abs. 1 Nr. 26 MAR definiert, dazu → § 22 Rn. 39.

[126] Begr. RegE Anlegerschutzverbesserungsgesetz – AnSVG, BT-Drucks. 15/3174 S. 38; *Koller* in Assmann/Schneider WpHG § 34b Rn. 8.

[127] *Fuchs* in Fuchs WpHG § 34b Rn. 29; *Koller* in Assmann/Schneider WpHG § 34b Rn. 27.

[128] Zu dem sachlichen Anwendungsbereich der Anlageempfehlung → § 21 Rn. 11 ff.

[129] *Fuchs* in Fuchs WpHG § 34b Rn. 29; *Koller* in Assmann/Schneider WpHG § 34b Rn. 28 u. 32, ua mit Ausführungen zur Anlageempfehlung iwS und ieS in diesem Kontext.

[130] *Fuchs* in Fuchs WpHG § 34b Rn. 29; *Koller* in Assmann/Schneider WpHG § 34b Rn. 27.

[131] Zu den Anforderungen, die an eine wesentliche Änderung der Anlageempfehlung gestellt werden: → § 21 Rn. 48.

[132] Der Begriff Sekundärempfehlung knüpft an den etablierten Begriff der Sekundäranalyse an, vgl. zu diesem Begriff: *Möllers* in KölnKomm WpHG § 34b Rn. 96.

[133] *Göres* § 634b/3 Finanzanalyseverordnung Rn. 98. Eine wesentliche Veränderung einer bestehenden Anlageempfehlung liegt hingegen dann vor, wenn auf Basis des gleichen, also unveränderten, Sachverhalts, eine neue Beurteilung zu einer anderen Empfehlung kommt, *Göres* § 634b/3 Finanzanalyseverordnung Rn. 97.

[134] *Möllers* in KölnKomm WpHG § 34b Rn. 93.

[135] Vgl. Begründung zu § 1 Abs. 2 FinAnV, ZBB 2004, 422 (426); *Fuchs* in Fuchs WpHG § 34b Rn. 39; *Möllers* in KölnKomm WpHG § 34b Rn. 160.

lung „entwickelt“ haben und somit ihre geistigen Urheber sind. Demnach ist Ersteller die Person, die über den Inhalt der Anlageempfehlung entscheidet und Einfluss auf die Anlageempfehlung nehmen kann, wobei eine entsprechende Mitentscheidung ausreichend ist.[136] Von der Mitentscheidungsmacht sind bloße Vorbereitungsarbeiten[137] sowie weisungsgebundene Tätigkeiten, bei denen die gebundene Person keinen Entscheidungsspielraum hat, abzugrenzen. Daher haben zB Personen, die lediglich unterstützende Tätigkeiten durchführen, wie zB basierend auf bestimmten Vorgaben Recherchen durchzuführen, auf deren Basis die Anlageempfehlung erstellt wird, keine Mitentscheidungsmacht und sind daher nicht als Ersteller einzuordnen.[138] Sofern das Erstellen in der Verbreitung einer nur für den internen Gebrauch bestimmten Empfehlung – die mithin noch nicht als Anlageempfehlung zu qualifizieren ist[139] – liegt, ist Ersteller die Person, die die Verbreitung veranlasst.[140] Unerheblich für die Erstellereigenschaft ist die Berufsbezeichnung[141] sowie, ob die Personen angestellte Analysten sind, die die Anlageempfehlung für ihren Arbeitgeber erstellen oder sie die Erstellung im Rahmen der eigenen – selbständigen – Geschäftstätigkeit durchführen.[142]

Von der Person, die die Anlageempfehlung tatsächlich erstellt, ist **die Person bzw. das Unternehmen** zu unterscheiden, **das für die Erstellung der Anlageempfehlung verantwortlich** ist. Sowohl die RL 2003/125/EG als auch die FinAnV aF, die die Vorgaben der DurchführungsRL in nationales Recht umsetzte, differenzierte bereits nach dem Wortlaut zwischen beiden Personengruppen.[143] Dabei wurde ein Unternehmen dann als verantwortlich für die Erstellung der Anlageempfehlung angesehen, wenn die Inhaber oder Organe eine Anlageempfehlung in ihrem Unternehmen erstellen ließen und mithin auf Basis der Arbeits- oder Geschäftsbesorgungsverträge Einfluss auf den Inhalte der Anlageempfehlung nehmen konnten.[144] Die VO (EU) 2016/958 nutzt den durch die RL 2003/125/EG und die FinAnV aF eingeführten und etablierten Begriff des *„für die Erstellung verantwortlichen Unternehmens“* nicht weiter. Inhaltlich knüpft sie gleichwohl an die bestehende Regelung an, wobei sie den unbestimmten Rechtsbegriff des *„für die Erstellung verantwortlichen Unternehmens“* durch die abstrakte Beschreibung des Sachverhalts ersetzt.[145] 44

b) Verbreiten

Nach § 85 WpHG und nach Art. 20 Abs. 1 MAR ist neben dem Erstellen auch das **Verbreiten** von Anlageempfehlungen reguliert. Da abweichend zu § 34b WpHG aF, nach welchem ein öffentliches Verbreiten erforderlich war, nach der Neufassung durch die MAR und der angepassten nationalen Regelung ein einfaches Verbreiten ausreichend ist, ist in der Neufassung eine Ausweitung des Regulierungsbereichs zu sehen. Die Ausweitung erfolgt 45

---

[136] *Bruchwitz* in JVRB WpHG § 34b Rn. 32; *Fuchs* in Fuchs WpHG § 34b Rn. 42; *Koller* in Assmann/Schneider WpHG § 34b Rn. 31.

[137] *Fuchs* in Fuchs WpHG § 34b Rn. 29; *Schmidtke*, S. 150.

[138] *Koller* in Assmann/Schneider WpHG § 34b Rn. 31 mwN.; strenger: *Baulig* in Baulig Compliance S. 221, nach dem ein maßgebliches mitbestimmen vorliegen muss.

[139] Zu dem sachlichen Anwendungsbereich der Anlageempfehlung → § 21 Rn. 11 ff.

[140] *Fuchs* in Fuchs WpHG § 34b Rn. 29; *Koller* in Assmann/Schneider WpHG § 34b Rn. 31.

[141] *Bruchwitz* in JVRB WpHG § 34b Rn. 32 („*Der Begriff des Erstellens ist weit auszulegen,*“ Rn. 31); *Koller* in Assmann/Schneider WpHG § 34b Rn. 31.

[142] *Fuchs* in Fuchs WpHG § 34b Rn. 39.

[143] Vgl. zB Art. 2 Abs. 1 RL 2003/125/EG („*Die Mitgliedstaaten gewährleisten, dass angemessene Regelungen getroffen werden um sicherzustellen, dass aus jeder Empfehlung klar und unmissverständlich die Identität der Person hervorgeht, die die Empfehlung abgegeben hat, insbesondere Name und Berufsbezeichnung der Person, die die Empfehlung erstellt hat und Name der juristischen Person, die für die Erstellung der Empfehlung verantwortlich ist.*“) oder § 4 Abs. 1 FinAnV aF („*Sind die in § 1 Abs. 2 Nr. 1 bis 5 genannten Personen oder Unternehmen für die Erstellung einer Finanzanalyse verantwortlich, so sind […]*“).

[144] *Koller* in Assmann/Schneider WpHG § 34b Rn. 33.

[145] Vgl. Art. 2 Abs. 1 Buchst. b) VO (EU) 2016/958 („*b. wenn eine an der Erstellung einer Empfehlung beteiligte natürliche oder juristische Person auf Grundlage eines Vertrags, beispielsweise eines Arbeitsvertrags, oder anderweitig für eine juristische Person handelt, den Namen dieser juristischen Person.*“).

dabei auf nationaler und nicht auf europäischer Ebene, denn während auf europäischer Ebene stets auf *Verbreiten* abgestellt wurde, sah die deutsche Regelung in der Vergangenheit ein *öffentliches Verbreiten* als erforderlich an.[146] Da Art. 20 Abs. 1 MAR an dem Erfordernis des *Verbreitens* festhält, ist es konsequent, dass der deutsche Gesetzgeber im Rahmen der Anpassung des WpHG das Erfordernis des *„öffentlichen" Verbreitens* gestrichen hat und nunmehr europarechtskonform auf ein einfaches *Verbreiten* abstellt. Unter *Verbreiten* ist demnach zu verstehen, dass die Anlageempfehlung an weitere Personen gegeben wird bzw. weiteren Personen die Anlageempfehlung zugänglich gemacht wird.[147] Da ein *„öffentliches Verbreiten"* nicht erforderlich ist, ist es nicht geboten, dass die Anlageempfehlung einem unbestimmten Personenkreis zugänglich gemacht wird.[148] Ausgehend davon, dass auf Basis der europäischen Vorgaben keine Differenzierung zwischen der *Weitergabe* und dem *Verbreiten* besteht und dass die Verbreitung insbesondere keine öffentliche Verbreitung voraussetzt, ist somit für das Vorliegen des Verbreitens unerheblich, wie vielen Personen die Anlageempfehlung zugänglich gemacht wird. Eine tatsächliche Kenntnisnahme der Anlageempfehlung durch die Person, der die Anlageempfehlung zugänglich gemacht wird, ist nicht erforderlich.[149] Vor dem Hintergrund, dass mit der Regelung der Schutz des Anlegerpublikums verfolgt wird, ist die Wahrscheinlichkeit des Erreichens der Öffentlichkeit ausreichend.[150] Einer Verbreitung steht nicht entgegen, dass die Anlageempfehlung dem Empfänger bereits aus anderen Quellen bekannt ist oder hätte bekannt sein können.[151] Unerheblich für das Vorliegen einer Verbreitung ist die Art und Weise wie die Anlageempfehlung zugänglich gemacht wird.[152] Daher sind insbesondere auch mündliche Äußerungen – zB im Rahmen von Veranstaltungen – als Verbreitung erfasst.[153] Einer Verbreitung steht nicht entgegen, dass der Adressat selbst – wie zB beim Abruf einer Email – gewisse Aktivitäten entfalten muss.[154]

c) Weitergabe

46 Voraussetzung für die Weitergabe einer Anlageempfehlung ist das Vorliegen einer Anlageempfehlung.[155] Eine **Weitergabe** von Finanzanalysen iSd § 34b WpHG aF lag dann vor, wenn die Finanzanalyse von einer anderen Person als derjenigen, die für die Erstellung der Finanzanalyse verantwortlich ist also durch Dritte, zugänglich gemacht wurde.[156] Unterschiedlich wurde beurteilt, ob die Weitergabe erfordert, dass die Finanzanalyse einem

---

[146] Bereits die MAD 2003 stellte in Art. 6 Abs. 5 auf das Erstellen und die Weitergabe als Anknüpfungspunkt für die regulierten Verpflichtungen an. Eine Beschränkung auf die öffentliche Weitergabe sah die europäische Regulierung nicht vor. Auch aus der englischen Fassung – in welcher es in Art. 6 Abs. 5 heißt „produce oder disseminate" – kann eine Beschränkung der Verbreitung auf ein öffentliches Verbreiten nicht entnommen werden.

[147] *Bruchwitz* in JVRB WpHG § 34b Rn. 27; *Koller* in Assmann/Schneider WpHG § 34b Rn. 37, die darauf abstellen, dass die Anlageempfehlung einem unbestimmten Personenkreis zugänglich gemacht wird.

[148] *Bruchwitz* in JVRB WpHG § 34b Rn. 27; *Koller* in Assmann/Schneider WpHG § 34b Rn. 37 forderten – bezogen auf § 34b WpHG aF, dass die Finanzanalyse einem unbestimmten Personenkreis zugänglich gemacht wurde.

[149] *Koller* in Assmann/Schneider WpHG § 34b Rn. 37.

[150] *Fuchs* in Fuchs WpHG § 34b Rn. 31; *Koller* in Assmann/Schneider WpHG § 34b Rn. 37.

[151] BaFin, BT 5.4 Nr. 2 MaComp (idF v. 7.8.2014, aufgehoben im Rahmen der Neufassung v. 8.3.2017).

[152] *Fuchs* in Fuchs WpHG § 34b Rn. 30; *Koller* in Assmann/Schneider WpHG § 34b Rn. 37.

[153] *Koller* in Assmann/Schneider WpHG § 34b Rn. 37.

[154] *Bruchwitz* in JVRB WpHG § 34b Rn. 27; *Koller* in Assmann/Schneider WpHG § 34b Rn. 37.

[155] *Möllers* in KölnKomm WpHG § 34b Rn. 95; *Koller* in Assmann/Schneider WpHG § 34b Rn. 107. Ist die Information aus Sicht des Erstellers nicht dazu bestimmt einem unbestimmten Personenkreis zugänglich gemacht zu werden, liegt keine Anlageempfehlung vor (zu den Anforderungen, die insoweit an das Vorliegen einer Anlageempfehlung gestellt werden: → § 21 Rn. 23 ff.), die Weitergeben wird. Sofern der Dritte, der diese Information erhält, die Information dazu bestimmt sie einem unbestimmten Personenreis zugänglich zu machen, erstellt der Dritte eine neue Anlageempfehlung (*Möllers* in KölnKomm WpHG § 34b Rn. 95 mwN.).

[156] BaFin, BT 5.4 Nr. 3 MaComp (idF v. 7.8.2014, aufgehoben im Rahmen der Neufassung v. 8.3.2017); *Fuchs* in Fuchs WpHG § 34b Rn. 31; *Koller* in Assmann/Schneider WpHG § 34b Rn. 105.

unbeschränkten Personenkreis zugänglich gemacht werden muss[157], oder ob eine Weitergabe unabhängig von der Zahl der Empfänger der Finanzanalyse anzunehmen ist[158]. Vor dem Hintergrund, dass die Neuregulierung in Art. 7 VO (EU) 2016/958 ausdrücklich Verpflichtungen des Erstellers für den Fall normiert, wenn er die von ihm erstellte Anlageempfehlung weitergibt, ist das zu § 34b WpHG aF entwickelte Verständnis der Weitergabe anzupassen. Nach der Neuregelung kann die Weitergabe sowohl durch die Person des Erstellers der Anlageempfehlung als auch durch Dritte erfolgen. Für dieses Verständnis spricht neben dem eindeutigen Wortlaut von Art. 7 VO (EU) 2016/958 auch ein Vergleich mit der englischen Fassung der Regelung. Denn anders als die deutsche Fassung, die in Art. 20 Abs. 1 MAR auf das *Verbreiten* und in Art. 7 VO (EU) 2016/958 auf die *Weitergabe* abstellt, wird in der englischen Fassung sowohl in Art. 20 Abs. 1 MAR als auch in Art. 7 VO (EU) 2016/958 auf die „*dissemination*" abgestellt, weshalb der Wortlaut der englischen Fassung gegen eine differenzierende Betrachtung der Verpflichtungen bezogen auf den Absender aus Art. 20 Abs. 1 MAR einerseits und Art. 7 VO (EU) 2016/958 andererseits spricht. Bezogen auf die an den Adressatenkreis der Weitergabe zu stellenden Anforderungen, sind grundsätzlich verschiedene Ansätze denkbar. So kann vertreten werden, dass die Weitergabe erfordert, dass die Anlageempfehlung der Öffentlichkeit zugänglich gemacht werden muss.[159] Gegen diesen Ansatz spricht, dass nach der Neufassung die Verbreitung nicht „*öffentlich*" erfolgen muss. Auch ist der Wortlaut „*Weitergabe*" so zu verstehen, dass diese unabhängig von der Anzahl der Adressaten zu bestimmen ist. Vor diesem Hintergrund ist das bereits unter § 34b WpHG aF überwiegend vertretende Verständnis, nach welchem die Weitergabe losgelöst von der Anzahl der Adressaten zu bestimmen ist[160], vorzugswürdig.

Gibt der Dritte die von einem anderen erstellte Anlageempfehlung weiter, sind vier **47** Konstellationen zu unterscheiden: 1) die Weitergabe der ursprünglichen Anlageempfehlung unter eigenem Namen, 2) die unveränderte Weitergabe der ursprünglichen Anlageempfehlung unter Nennung des Erstellers, 3) die Weitergabe von Zusammenfassungen oder Auszügen der ursprünglichen Anlageempfehlung unter Nennung des Erstellers, 4) die Weitergabe der ursprünglichen Anlageempfehlung in wesentlicher Änderung.[161] In der ersten Konstellation – der Weitergabe einer fremden Anlageempfehlung unter eigenem Namen – handelt es sich nicht um die Weitergabe einer fremden, sondern um die Erstellung einer eigenen Anlageempfehlung.[162] In den anderen drei Konstellationen, handelt es sich um die Weitergabe einer fremden Anlageempfehlung. Da an die verschiedenen Formen der Weitergabe unterschiedliche Rechtsfolgen in Form von Verpflichtungen geknüpft werden[163], ist die **Abgrenzung der unterschiedlichen Formen der Weitergabe von Bedeutung**.[164]

Unproblematisch und leicht abgrenzbar ist die Konstellation, in der der Weitergebende **48** die ursprüngliche Anlageempfehlung unter Offenlegung des Namens des Erstellers weitergibt. Die Weitergabe der unveränderten Anlageempfehlung des Erstellers ist insbesondere abzugrenzen von der Weitergabe einer Zusammenfassung der Anlageempfehlung. Das Vorliegen einer **Zusammenfassung** setzt voraus, dass die Zusammenfassung die wesentli-

[157] *Fuchs* in Fuchs WpHG § 34b Rn. 31 mit Verweis auf den Schutzzweck der Norm; *Schilder*, Verhaltenspflichten bei Finanzanalysen, S. 189; *Fett* in Schwark/Zimmer § 34b WpHG Rn. 13.

[158] BaFin, BT 5.4 Nr. 3 MaComp (idF v. 7.8.2014, aufgehoben im Rahmen der Neufassung v. 8.3.2017); *Koller* in Assmann/Schneider WpHG § 34b Rn. 38; *Möllers* in KölnKomm WpHG § 34b Rn. 95.

[159] *Fuchs* in Fuchs WpHG § 34b Rn. 31.

[160] BaFin, BT 5.4 Nr. 3 MaComp (idF v. 7.8.2014, aufgehoben im Rahmen der Neufassung v. 8.3.2017); *Koller* in Assmann/Schneider WpHG § 34b Rn. 38; *Möllers* in KölnKomm WpHG § 34b Rn. 95.

[161] Zur Abgrenzung einer wesentlichen Änderung zur Erstellung einer neuen Anlageempfehlung → § 21 Rn. 43.

[162] → § 21 Rn. 42 ff., mit der Konsequenz, dass insoweit nicht die Pflichten nach Art. 8 ff. VO (EU) 2016/958, sondern nach Art. 2 ff. VO (EU) 2016/958 zu beachten sind.

[163] Vgl. Art. 8–10 VO (EU) 2016/958, dazu § 22 u. § 23.

[164] Zur Abgrenzung zur Sekundärempfehlung → § 21 Rn. 43.

chen Tatbestandsmerkmale der Anlageempfehlung erfüllt.[165] Dieses Verständnis kann aus dem Wortsinn des Begriffs „*Zusammenfassung*" hergeleitet werden. Denn eine „*Zusammenfassung*" ist ein Extrakt des Ausgangstextes, welches aber – anders als eine neue Bewertung – das grundsätzliche Format bzw. den grundsätzlichen Charakter des Ausgangsdokuments nicht ändert.[166] Demnach muss die Zusammenfassung einer Anlageempfehlung die zentralen Tatbestandsmerkmale der Anlageempfehlung – die Information über ein Finanzinstrument oder einen Emittenten und die Empfehlung für eine bestimmte Anlageentscheidung bzw. Handlung in Bezug auf das Finanzinstrument oder den Emittenten – enthalten.[167] Abzugrenzen von der Weitergabe einer Zusammenfassung oder von Auszügen einer Anlageempfehlung ist die Weitergabe einer **wesentlich veränderten Anlageempfehlung**, wobei die Abgrenzung im Einzelfall schwierig sein kann.[168] Eine wesentliche Änderung der ursprünglichen Anlageempfehlung ist unproblematisch dann gegeben, wenn eine Änderung der Handlungsempfehlung (zB von Halten in Kaufen oder Verkaufen etc. erfolgt) oder des Zielkurses erfolgt.[169] Schwieriger sind hingegen die Konstellationen zu bewerten, in denen von Personen, die Empfehlungen verbreiten, lediglich einige Elemente der ursprünglichen Empfehlung übernommen werden, da in diesen Konstellationen sowohl die Weitergabe einer Zusammenfassung als auch die wesentliche Änderung des Inhalts der ursprünglichen Anlageempfehlung vorliegen könnte.[170] Entscheidend für die Abgrenzung ist, ob die weitergegebene Anlageempfehlung im Wesentlichen ungekürzt weitergegeben wird (dann Weitergabe einer Zusammenfassung einer Anlageempfehlung), oder ob eine mehr als nur unerhebliche Verkürzung vorgenommen wurde (dann Weitergabe einer wesentlich geänderten Anlageempfehlung).[171]

[165] *Fuchs* in Fuchs WpHG § 34b Rn. 48.
[166] *Fuchs* in Fuchs WpHG § 34b Rn. 48.
[167] So auch *Fuchs* in Fuchs WpHG § 34b Rn. 48 bezogen auf den Begriff der Finanzanalyse; nach welchem auch der Aspekt der inhaltlichen Auseinandersetzung in der Zusammenfassung enthalten sein muss; vgl. zum Erfordernis der inhaltlichen Auseinandersetzung → § 21 Rn. 30.
[168] *Fuchs* in Fuchs WpHG § 34b Rn. 48.
[169] Erwägungsgrund 9 VO (EU) 2016/958.
[170] Erwägungsgrund 9 VO (EU) 2016/958.
[171] *Fuchs* in Fuchs WpHG § 34b Rn. 48.

§ 22. Allgemeine Anforderungen

Übersicht

I. Regelungssystematik

Personen, die Anlageempfehlungen erstellen oder verbreiten, müssen in angemessener Weise dafür Sorge tragen, dass die Informationen objektiv dargestellt und ihre Interessen oder Interessenkonflikte hinsichtlich der Finanzinstrumente, auf die sich diese Informationen beziehen, offengelegt werden.[1] Auf der Grundlage des ihr in der MAR erteilten Mandats[2] hat die Kommission technische Regulierungsstandards[3] erlassen. Dort wird zwischen allgemeinen und zusätzlichen Anforderungen, die an die Erstellung und Verbreitung von Anlageempfehlungen gestellt werden, unterschieden. Eine entsprechende Systematik enthielten bereits die DurchführungsRL 2003/125/EG[4] sowie die FinAnV 1

[1] Art. 20 Abs. 1 Verordnung (EU) Nr. 596/2014 des Europäischen Parlaments und des Rates vom 16. April 2014 über Marktmissbrauch (Marktmissbrauchsverordnung) und zur Aufhebung der Richtlinie 2003/6/EG des Europäischen Parlaments und des Rates und der Richtlinien 2003/124/EG, 2003/125/EG und 2004/72/EG der Kommission, ABl. EU Nr. L173 v. 12.6.2014 S. 1 ff. (MAR).

[2] Art. 20 Abs. 3 MAR.

[3] Delegierte Verordnung (EU) 2016/958 der Kommission vom 9. März 2016 zur Ergänzung der Verordnung (EU) Nr. 596/2014 des Europäischen Parlaments und des Rates im Hinblick auf die technischen Regulierungsstandards für die technischen Modalitäten für die objektive Darstellung von Anlageempfehlungen oder anderen Informationen mit Empfehlungen oder Vorschlägen zu Anlagestrategien sowie für die Offenlegung bestimmter Interessen oder Anzeichen für Interessenkonflikte, ABl. EU Nr. L160 v. 17.6.2016 S. 15 ff.

[4] Richtlinie 2003/125/EG der Kommission vom 22.12.2003 zur Durchführung der Richtlinie 2003/6/EG des Europäischen Parlaments und des Rates in Bezug auf die sachgerechte Darbietung von Anlageempfehlungen und die Offenlegung von Interessenkonflikten, ABl. EU Nr. L339 v. 24.12.2003 S. 73 ff.

aF[5], die die Vorgaben der DurchführungsRL in nationales Recht implementierte. Allgemeine Anforderungen[6] richten sich an alle Personen, die in Art. 3 Abs. 1 Nr. 34 MAR genannt sind, sofern sie eine der regulierten Tätigkeiten[7] bezogen auf eine Anlageempfehlung[8] erbringen.

Adressaten der zusätzlichen Anforderungen[9] sind erstens unabhängige Analysten, Wertpapierfirmen, Kreditinstitute oder sonstige Personen, deren Haupttätigkeit in der Erstellung von Anlageempfehlungen bestehen sowie natürliche Personen, die zB auf Basis eines Arbeitsvertrags für unabhängige Analysten, Wertpapierfirmen oder Kreditinstitute tätig sind.[10] Bezogen auf direkte Anlageempfehlungen sind zweitens Sachverständige erfasst.[11] Voraussetzung ist ferner, dass der erfasste Personenkreis eine der regulierten Tätigkeiten[12] – Erstellung oder Weitergabe – bezogen auf eine Anlageempfehlung[13] erbringt. Mithin sind von der Vielzahl der Personen, die in den persönlichen Anwendungsbereich[14] der Regelung fallen, sowohl die allgemeinen als auch die zusätzlichen Anforderungen zu erfüllen. Lediglich die in Art. 3 Abs. 1 Nr. 34 Buchst. ii) MAR genannten Personen, müssen – sofern sie nicht Sachverständige iSd Art. 1 VO (EU) 2016/958 sind – lediglich die allgemeinen Anforderungen einhalten. Diese Differenzierung fußt auf dem Verständnis, dass Anlageempfehlungen von unabhängigen Analysten, Kreditinstituten, Wertpapierfirmen und Sachverständigen ein höheres Vertrauen vom Anlegerpublikum entgegengebracht wird, als Anlageempfehlungen, die von anderen Personen erstellt oder weitergegeben wurden.

2 Die allgemeinen Anforderungen lassen sich in Organisationspflichten (II.) und Sorgfaltspflichten (III.) sowie Pflichten bei der Erstellung (IV.) und der Weitergabe (V.) von Anlageempfehlungen unterteilen.

II. Organisationspflichten

1. Grundlagen

3 Unternehmen, die Anlageempfehlungen erstellen oder verbreiten müssen so organisiert sein, dass Interessenkonflikte[15] möglichst gering sind.[16] Diese Unternehmen sind ferner verpflichtet angemessene Kontrollverfahren zu etablieren, die geeignet sind, Verstößen gegen die Verpflichtung zur Vermeidung von Interessenkonflikten entgegenzuwirken.[17] Mithin muss die einzurichtende Organisation nicht zur Ausschaltung möglicher Interessenkonflikte führen, vielmehr macht der Wortlaut („*möglichst*“) bereits deutlich, dass die Ausschaltung von Interessenkonflikten nur begrenzt vorrangig gegenüber der Offenlegung von (nicht ausgeschalteten) Interessenkonflikten ist.[18] Konkrete Organisationspflichten können der in dieser Hinsicht unbestimmten Regulierung nicht entnommen werden.[19]

4 Adressat der Verpflichtung von § 85 Abs. 1 Satz 1 u. 2 WpHG sind **Unternehmen,** mithin nicht lediglich Wertpapierdienstleistungsunternehmen.[20] Wie bereits im AktG ist

5 BGBl. 2004 I S. 3522.
6 Allgemeine Anforderungen sind zB in Art. 3 und 5 VO (EU) 2016/958 normiert.
7 → § 21 Rn. 42 ff.
8 → § 21 Rn. 12 ff.
9 Zusätzliche Anforderungen sind zB in Art. 4 und 6 VO (EU) 2016/958 normiert.
10 Art. 3 Abs. 1 Nr. 34 Buchst. i) MAR.
11 Art. 3 Abs. 1 Nr. 34 Buchst. ii) MAR iVm Art. 1 VO (EU) 2016/958.
12 → § 21 Rn. 42 ff.
13 → § 21 Rn. 12 ff.
14 → § 21 Rn. 33 ff.
15 Art. 20 Abs. 1 MAR.
16 § 85 Abs. 1 S. 1 WpHG.
17 § 85 Abs. 1 S. 2 WpHG.
18 *Koller* in Assmann/Schneider WpHG § 34b Rn. 145; *Möllers* in KölnKomm WpHG § 34b Rn. 246.
19 So auch *Möllers* in KölnKomm WpHG § 34b Überschrift vor Rn. 246 („1. Unbestimmtheit der gesetzgeberischen Vorgaben“), bezogen auf die entsprechende Formulierung in § 34b WpHG aF.
20 *Möllers* in KölnKomm WpHG § 34b Rn. 246. Bezogen auf die organisatorischen Anforderungen bei der Erstellung von Finanzanalysen iwS. erfolgte eine Konkretisierung durch § 5a FinAnV aF, welche zwischen-

der Begriff des Unternehmens rechtsformneutral zu verstehen und erfasst insbesondere auch Personenhandelsgesellschaften und Privatpersonen.[21] Andernfalls würden insbesondere unabhängige Analysten, die Anlageempfehlungen erstellen, ggfs. nicht von der Regelung erfasst und mithin ungewollte Schutzlücken entstehen. Grundsätzlich sind der Umfang und die Ausgestaltung der Organisation nicht abstrakt festgelegt, sondern sie sind abhängig von der Unternehmensgröße, -struktur und Geschäftstätigkeit.[22] Vor diesem Hintergrund können im Rahmen einer abstrakten Betrachtung lediglich allgemeine Grundsätze sowie Leitlinien dargelegt werden, denen bei der Errichtung und Ausgestaltung der Organisation Rechnung zu tragen ist, wobei der konkrete Umfang und die konkrete Ausgestaltung abhängig von dem jeweiligen Einzelfall sind.[23]

2. Kernelemente von Organisationsstrukturen

Kernelemente einer auf Vermeidung oder Reduzierung von Interessenkonflikten ausgerichteten Organisationsstruktur sind (a) die Steuerung des Informationsflusses, (b) die Stärkung der Unabhängigkeit der Analysten sowie (c) die Erstellung angemessener Dokumentationen. 5

a) Steuerung des Informationsflusses

Die Steuerung des Informationsflusses ist ein zentraler Baustein einer modernen Compliancekultur, die durch eine Vielzahl verschiedener Maßnahmen in unterschiedlicher Intensität ausgestaltet werden kann.[24] Grundidee ist dabei, dass die Informationen so gelenkt werden, dass sie in einem bestimmten Vertraulichkeitsbereich verbleiben, wodurch eine Einflussnahme der Informationen auf Entscheidungen in anderen Unternehmensbereichen ausgeschlossen werden soll (Chinese Walls und Wall Crossing).[25] Die Chinese Walls können unterschiedlich ausgestaltet sein, wobei räumliche Trennung, separate Zugangsberechtigungen sowie Postkörbe und eine „clean-desk-Policy" gängige Mittel sind.[26] Welche Maßnahmen konkret zu ergreifen sind, ist abhängig vom jeweiligen Einzelfall, insbesondere der Größe und Komplexität des Unternehmens. Organisatorisch abgesichert und überwacht wird der Informationsfluss durch Überwachungsinstrumente wie Beobachtungslisten (watch lists) und Sperrlisten (restricted lists).[27] Ausnahmen, in denen Informationen den – durch die Chinese Wall umfassten – Vertraulichkeitsbereich im Rahmen eines formalisierten Verfahrens, welches auf die Kontrolle des bereichsüberschreitenden Informationsflusses gerichtet ist, verlassen dürfen (sog. Wall Crossing)[28], sind dann erlaubt, wenn die Informationen in 6

---

zeitlich aufgehoben wurde. Gleichwohl können dieser Regulierung bestimmte Wertungen und Grundsätze entnommen werden, welche insbesondere bezogen auf die Erstellung von Anlageempfehlungen iwS. berücksichtigt werden sollten. Ausführlich zu § 5a FinAnV aF: *Fuchs* in Fuchs WpHG § 34b Rn 53 f. mwN.

[21] *Göres* in Kümpel/Hammen/Ekkenga Kapitalmarktrecht 634b/3 Rn. 106 (bezogen auf die entsprechende Regelung in § 34b WpHG aF. Bezogen auf das AktG: *Hüffer/Koch* AktG § 15 Rn. 6 u. 10.

[22] *Fuchs* in Fuchs WpHG § 34b Rn. 55. Einen Kurzüberblick zu diesem – im Bereich Compliance verankerten Grundsatz – gibt: *Rothenhöfer* in Kümpel/Wittig Rn. 3.318.

[23] *Fuchs* in Fuchs WpHG § 34b Rn. 55.

[24] Einen Kurzüberblick über die gängigen Elemente und Methoden zur Informationssteuerung gibt: *Rothenhöfer* in Kümpel/Wittig Rn. 3.334 ff. mwN.

[25] Vgl. BaFin, Rundschreiben 4/2010 (WA) – MaComp, Gz. WA 31-Wp 2002–2009/0010 v. 7.6.2010, geändert am 8.3.2017, Mindestanforderungen an die Compliance-Funktion und die weiteren Verhaltens-, Organisations- und Transparenzpflichten nach §§ 31 ff. WpHG für Wertpapierdienstleistungsunternehmen („MaComp"), Abschnitt AT 6.2 Nr. 3 Buchst. a) und b).

[26] Zu den unterschiedlichen Maßnahmen, mit denen eine Chinese Wall aufgebaut werden kann: *Rothenhöfer* in Kümpel/Wittig Rn. 3.337 f.; BaFin, MaComp, Abschnitt AT 6.2 Nr. 3 Buchst. a) (idF v. 8.3.2017).

[27] Die „watch-list" gibt Auskunft darüber, welche Personen über Insiderwissen sowie compliance-relevante Informationen verfügen; die „restricted-list" enthält die Wertpapiere, bei denen Handlungs- oder Empfehlungsverbote bestehen (*Möllers* in KölnKomm WpHG § 34b Rn. 251; zur „watch-list" und zu „restricted-list": *Rothenhöfer* in Kümpel/Wittig Rn. 3.360 ff., 3.363 ff.

anderen Bereichen zur ordnungsgemäßen Pflichterfüllung benötigt werden („need to know Prinzip“).[29] Um eine Überprüfung der Funktionsfähigkeit der Chinese Walls zu ermöglichen und um ggfs. unwissentlich widersprüchliches Verhalten in den unterschiedlichen Vertraulichkeitsbereichen erkennen zu können, sind sog. „over-the-wall-Personen“ bzw. „-Teams“ zu etablieren. Zu weitgehend ist die Forderung, dass diese „over-the-wall-Personen“ die Anlageempfehlungen „freigeben müssen“.[30] Vielmehr ist, sofern keine Anhaltspunkte für das Gegenteil vorliegen, davon auszugehen, dass die Chinese-Wall funktionsfähig ist, weshalb eine Freigabe durch „over-the-wall-Personen“ im Einzelfall gerade nicht erforderlich ist.

7 Zwischen welchen Bereichen/Abteilungen und in welcher Art eine Steuerung des Informationsflusses geboten ist, ist ua abhängig von der Größe und Komplexität des Unternehmens, wobei die Komplexität insbesondere durch die Art der von ihm erbrachten Dienstleistungen bestimmt wird. Ausgehend von einem Wertpapierdienstleistungsunternehmen, dass eine Vielzahl von Wertpapierdienstleistungen und –nebendienstleistungen anbietet, ist der Bereich, der Anlageempfehlungen erstellt, grundsätzlich von dem Bereich „Eigenhandel“ zu trennen. Ebenfalls ist eine Trennung zum sog. „Produktmanagement“, welches darüber entscheidet welche Finanzinstrumente auf der sog. „Angebotspalette“ stehen, geboten. Andernfalls bestünde insbesondere die Gefahr, dass die die Anlageempfehlung erstellende Abteilung die Produkte, die künftig auf die Angebotspalette aufgenommen werden sollen, als sog. „Kaufposition“ einstuft.[31] Umgekehrt ist es geboten, dass das Produktmanagement die veröffentlichten Anlageempfehlungen des eigenen Hauses bei der Erstellung der Angebotspalette berücksichtigt.

8 Die Steuerung des Informationsflusses kann auch in der Weise erfolgen, dass die Interessenkonflikte, die auf Basis der unterschiedlichen Nutzungsinteressen an den Informationen bestehen, durch Zurückstellung eines der beiden Interessen beseitigt werden. Mittel hierzu sind sog. quiet- und black-out-periods.[32] Hiernach werden vor oder nach Handelstransaktionen oder bei personeller oder materieller Verbindung mit dem Wert, auf welche sich die Anlageempfehlung bezieht, für einen bestimmten Zeitraum von dem Unternehmen für das jeweilige Finanzinstrument keine Anlageempfehlungen veröffentlicht oder weitergegeben.[33] Ein entsprechendes Vorgehen, welches die ultima ratio darstellt, ist insbesondere sinnvoll, wenn Restzweifel bestehen, ob die Einrichtung von Vertraulichkeitsbereichen zur Vermeidung von Interessenkonflikte ausreicht. Dies gilt auch wenn für solche Zweifel zwar keine Anhaltspunkte bestehen, das Unternehmen aber aus Reputationsgründen den Anschein von Interessenkonflikten in der Öffentlichkeit vermeiden will, etwa bei zeitlicher Nähe zwischen der Veröffentlichung einer Anlageempfehlung und der Durchführung einer Wertpapierplatzierung.[34]

b) Stärkung der Unabhängigkeit der Ersteller

9 Ein weiteres zentrales Element zur Vermeidung von Interessenkonflikten ist die Stärkung der Unabhängig der Ersteller der Anlageempfehlungen,[35] denn nur unabhängigen Erstel-

---

[28] Zum Wall Crossing: MaComp, Abschnitt BaFin, AT 6.2. Nr. 3 Buchst. b) (idF v. 8.3.2017); *Meyer/Paetzel/Will* in KölnKomm WpHG, § 33 Rn. 177.

[29] *Möllers* in KölnKomm WpHG § 34b Rn. 251; BaFin, MaComp, Abschnitt AT 6.2. Nr. 3 Buchst. b (idF v. 8.3.2017).

[30] So *Möllers* in KölnKomm WpHG § 34b Rn. 251.

[31] Allgemein zu den voneinander zu separierenden Vertraulichkeitsbereichen *Meyer/Paetzel/Will* in KölnKomm WpHG, § 33 Rn. 175 mwN.

[32] *Möllers* in KölnKomm WpHG § 34b Rn. 252. Zu weiteren Überwachungsinstrumenten: BaFin, MaComp, Abschnitt AT 6.2. Nr. 3 Buchst. c (idF v. 8.3.2017).

[33] *Göres* in Kümpel/Hammen/Ekkenga Kapitalmarktrecht 634b/3 Rn. 76; *Möllers* in KölnKomm WpHG § 34b Rn. 252.

[34] Dazu mit Beispielen aus dem Bereich der Aktienemission und zu den US-rechtlichen Hintergründen der Marktpraxis *Meyer* in Marsch-Barner/Schäfer, HdB börsennotierte AG, § 7 Rn. 113.

[35] *Möllers* in KölnKomm WpHG § 34b Rn. 248 sieht es als das erste Gebot einer auf Vermeidung der Interessenkonflikte ausgerichteten Organisationsstruktur die Unabhängigkeit der „Analysten“ zu stärken.

lern von Anlageempfehlungen ist es möglich, sich ausschließlich vom Interesse der ordnungsgemäßen Erstellung der Anlageempfehlung leiten zu lassen. Grundsätzlich ist eine Vielzahl von Interessenkonflikten denkbar, denen Ersteller von Anlageempfehlungen ausgesetzt sein können. Dabei ist zu unterscheiden zwischen Interessenkonflikten, die aa) im Verhältnis zum Arbeitgeber oder Kunden des Arbeitgebers wurzeln und bb) Interessenkonflikten, die in der Person des Erstellers wurzeln.

aa) **Interessenkonflikten**, die **im Verhältnis zum Arbeitgeber oder Kunden des Arbeitgebers** wurzeln, ist durch verschiedene Maßnahmen entgegenzuwirken, die darauf ausgerichtet sind, die Unabhängigkeit der Personen, die Anlageempfehlungen erstellen, zu stärken.[36] Daher soll der Inhalt sowie die Veröffentlichung der Empfehlung nicht durch Personen/Abteilungen außerhalb der für die Anlageempfehlung zuständigen Abteilung beeinflusst werden können, insbesondere nicht dem Freigabeerfordernis entsprechender Personen/Abteilungen unterliegen.[37] Insbesondere ist mit der Stärkung der Unabhängigkeit der Ersteller von Anlageempfehlungen unvereinbar, dass sie Weisungen von Mandaten/Kunden unterliegen, die unmittelbar oder mittelbar Gegenstand der Anlageempfehlung sind.[38] 10

bb) **Interessenkonflikte**, die **in der Person des Erstellers** wurzeln, können insbesondere aus seiner Beziehung zum untersuchten Finanzinstrument als auch aus der Art seiner Vergütung resultieren.[39] Um Interessenkonflikte aus der Beziehung zwischen dem Ersteller der Anlageempfehlung und dem Unternehmen, welches Bezugsobjekt der Anlageempfehlung ist zu vermeiden/reduzieren sind eine Vielzahl von Maßnahmen denkbar: Sinnvoll – und weitgehend üblich – ist es, dass den Erstellern von Anlageempfehlungen die Annahme von Geschenken jedweder Art von unmittelbar und mittelbar betroffenen Unternehmen untersagt wird; entsprechendes gilt auch für das Unternehmen, welches die Anlageempfehlung erstellt.[40] Gleiches gilt für die Übernahme von Reisekosten etc. durch die untersuchten Unternehmen.[41] Weiter sind Anzeigepflichten bezogen auf Handelsaktivitäten sowie eingeschränkte oder vollständige Handelsverbote bezogen auf die untersuchten Finanzinstrumente und Unternehmen sowie deren Konkurrenten denkbar, um entsprechende Interessenkonflikte zu reduzieren oder auszuschalten.[42] Bezogen auf die Vergütung ist eine Kopplung bzw. Anknüpfung an den Geschäftserfolg der Abteilungen, deren Ergebnisse unmittelbar oder mittelbar durch die Anlageempfehlungen beeinflusst werden kann, insbesondere die Handelsabteilung zu unterlassen, da dies den latent vorhandenen Interessenkonflikt verstärken würde.[43] Eine Anknüpfung der Vergütung bzw. von Vergütungskomponenten an den Gesamterfolg des Unternehmens oder an die Treffergenauigkeit der getroffenen Anlageempfehlungen ist hingegen möglich.[44] 11

c) Dokumentationspflichten

Zentrales Element einer stabilen Organisation sind Dokumentationspflichten.[45] Demnach sind zunächst, zB mittels Richtlinien, Vorgaben für die Art und Weise der Erstellung von 12

[36] *Möllers* in KölnKomm WpHG § 34b Rn. 248; *Koller* in Assmann/Schneider WpHG § 34b Rn. 164. Zutreffend betont *Bruchwitz* in JVRB WpHG § 34b Rn. 56 den Vorrang der Vermeidung von Interessenkonflikten vor dem Gebot der Offenlegung.

[37] *Fuchs* in Fuchs WpHG § 34b Rn. 55; *Möllers* in KölnKomm WpHG § 34b Rn. 248; *Koller* in Assmann/Schneider WpHG § 34b Rn. 165 u. 167.

[38] *Möllers* in KölnKomm WpHG § 34b Rn. 248; *Koller* in Assmann/Schneider WpHG § 34b Rn. 167.

[39] *Möllers* in KölnKomm WpHG § 34b Rn. 249; *Koller* in Assmann/Schneider WpHG § 34b Rn. 166 (Vergütung).

[40] *Göres* in Kümpel/Hammen/Ekkenga Kapitalmarktrecht 634b/3 Rn. 105; *Koller* in Assmann/Schneider WpHG § 34b Rn. 150; *Möllers* in KölnKomm WpHG § 34b Rn. 252; 254.

[41] *Göres* in Kümpel/Hammen/Ekkenga Kapitalmarktrecht 634b/3 Rn. 105; *Möllers* in KölnKomm WpHG § 34b Rn. 252.

[42] *Möllers* in KölnKomm WpHG § 34b Rn. 250.

[43] *Möllers* in KölnKomm WpHG § 34b Rn. 249.

[44] *Göres* in Kümpel/Hammen/Ekkenga Kapitalmarktrecht 634b/3 Rn. 133; *Koller* in Assmann/Schneider WpHG § 34b Rn. 148 u. 160; *Möllers* in KölnKomm WpHG § 34b Rn. 249.

[45] *Möllers* in KölnKomm WpHG § 34b Rn. 253.

Anlageempfehlung zu erlassen. Im zweiten Schritt ist – ebenfalls auf Basis entsprechender Arbeitsanweisungen – zu dokumentieren, ob und ggfs. wie die einzelnen Pflichten erfüllt werden. Durch die angefertigte Dokumentation kann – sofern erfolgt – die ordnungsgemäße Pflichterfüllung belegt werden, sowohl gegenüber der Aufsicht als auch im Fall einer zivilrechtlichen Auseinandersetzung im Rahmen eines Gerichtsprozesses.[46] Inhalt und Umfang der Dokumentation können dabei nicht abstrakt festgelegt werden, sondern sind im jeweiligen Einzelfall unter Beachtung der Größe und Komplexität des Unternehmens sowie unter Beachtung des Grundsatzes der Verhältnismäßigkeit zu bestimmen.[47]

13 Da Personen, die Anlageempfehlungen erstellen auf Ersuchen der zuständigen Behörde dazu verpflichtet sind, jede von ihnen erteilte Empfehlung zu begründen,[48] ist das Unternehmen so zu organisieren, dass eine entsprechende Verpflichtung im Fall des Ersuchens erfüllt werden kann. Die Vorschrift knüpft an Art. 3 Abs. 3 RL 2003/125/EG an, die vorgab, dass die Mitgliedstaaten vorschreiben, *„dass alle relevanten Personen angemessene Sorgfalt darauf verwenden sicherzustellen, dass auf Antrag der zuständigen Behörde jede Empfehlung als vernünftig substantiiert werden kann*“. Diese europäische Vorgabe wurde durch die – inzwischen aufgehobene[49] – FinAnV umgesetzt, nach welcher der Ersteller auf Verlangen der BaFin die sachgerechte Erstellung der Finanzanalyse nachvollziehbar darlegen können musste.[50] Diese Vorgabe wurde als erfüllt angesehen, wenn der Ersteller die wesentlichen Informationsquellen sowie den Prozess der Quellenüberprüfung und der Erstellung der Anlageempfehlung, einschließlich der Daten der verantwortlichen Mitarbeiter und einen Prozess der Qualitätssicherung darlegen konnte.[51] Gleiches wird bezogen auf die Anforderungen aus Art. 3 Abs. 3 VO (EU) 2016/958 anzunehmen sein. Der Qualitätssicherungsprozess setzt vorgelagert Vorgaben (interne Richtlinien) voraus, in welchen festgelegt wird, welche Personen auf welcher Basis Anlageempfehlungen erstellen dürfen. Wichtig ist dabei, dass auf Basis einer Gesamtbetrachtung die sorgfältige Erstellung der Anlageempfehlung nachvollziehbar dargelegt wird.[52] Der Qualitätssicherungsprozess erfordert die Festlegung der Zuständigkeiten/Verantwortlichkeiten für die Kontrollen[53], die die Überprüfung der Qualität sicherstellen sollen sowie die Vorgabe der Prüfungsparameter. Der Qualitätssicherungsprozess erfordert nicht, dass eine Kontrolle jeder einzelnen Anlageempfehlung erfolgt, vielmehr sind repräsentative Stichproben ausreichend. Zu weitgehend ist es, eine stichprobenartige Kontrolle der Anlageempfehlungen vor ihrer Veröffentlichung zu fordern.[54] Dies würde erstens die zeitnahe Veröffentlichung verzögern. Zweitens würde auch durch die stichprobenartige Vorabkontrolle nicht sichergestellt sein, dass Anlageempfehlungen, die nicht den gesetzlichen Anforderungen entsprechen, nicht veröffentlicht werden. Drittens stellt auch eine nachgelagerte Kontrolle sicher, dass ggfs. vorhandene Fehler und Unzugänglichkeiten bezogen auf künftig zu erstellende Anlageempfehlungen abgestellt werden. Schließlich sollte im Rahmen der Kontrollprozesse überprüft werden, ob die Anlageempfehlungen von den zuständigen Mitarbeitern erstellt worden sind und ob diese über die hinreichende Qualifizierung verfügen.[55] Bezogen auf § 3 Abs. 3 FinAnV aF wurde eine sechsjährige Aufbewahrungsfrist als sinnvoll erachtet, welche – sofern keine abwei-

[46] *Möllers* in KölnKomm WpHG § 34b Rn. 253.
[47] *Möllers* in KölnKomm WpHG § 34b Rn. 253.
[48] Art. 3 Abs. 3 VO (EU) 2016/958.
[49] Art. 25 Abs. 2 Zweites Gesetz zur Novellierung von Finanzmarktvorschriften auf Grund europäischer Rechtsakte (Zweites Finanzmarktnovellierungsgesetz – 2. FiMaNoG) v. 23.6.2017, BGBl. I 2017 S. 1693 ff.
[50] § 3 Abs. 3 FinAnV aF.
[51] *Göres* in Kümpel/Hammen/Ekkenga Kapitalmarktrecht 634b/3 Rn. 110; *Möllers* in KölnKomm WpHG § 34b Rn. 253.
[52] *Möllers* in KölnKomm WpHG § 34b Rn. 253.
[53] *Göres* in Kümpel/Hammen/Ekkenga Kapitalmarktrecht 634b/3 Rn. 110; *Schwintek* Anlegerschutzverbesserungsgesetz S. 114.
[54] So aber *Möllers* in KölnKomm WpHG § 34b Rn. 255; weniger weitgehend: *Fuchs* in Fuchs WpHG § 34b Rn. 55 („Diese [die Kontrollabteilung] kann die Analyse vor der Veröffentlichung überprüfen und gegebenenfalls zB auf eine zusätzliche Offenlegung hinwirken“).
[55] *Möllers* in KölnKomm WpHG § 34b Rn. 255.

chenden Fristen gelten – auch künftig sinnvoll erscheint.[56] Der unterschiedliche Wortlaut von Art. 3 Abs. 3 VO (EU) 2016/958 und § 3 Abs. 3 FinAnV aF führt nicht zu einem abweichenden Verständnis bezogen auf die neue Regelung. Hierfür spricht, dass insbesondere Art. 3 Abs. 3 VO (EU) 2016/958 weitgehend Art. 3 Abs. 3 RL 2003/125/EG entspricht, welcher durch § 3 Abs. 3 FinAnV aF in nationales Recht umgesetzt wurde. Andernfalls hätte § 3 Abs. 3 FinAnV aF als nicht europarechtskonforme Umsetzung bewertet werden müssen.

3. Einrichtung angemessener Kontrollverfahren

14 Die gem. § 85 Abs. 1 S. 2 WpHG einzurichtenden angemessenen Kontrollverfahren müssen geeignet sein, Verstößen gegen die Verpflichtungen von Art. 20 Abs. 1 MAR, die durch die VO (EU) 2016/958 konkretisiert werden, entgegenzuwirken. Die Art und der Umfang der angemessenen Kontrollverfahren sind abhängig von der Unternehmensgröße, -struktur sowie der durchgeführten Geschäftstätigkeit, insbesondere den erbrachten Wertpapierdienst- und –nebendienstleistungen.[57] Bei der Einrichtung von Vertraulichkeitsbereichen ist deren Funktionsfähigkeit zu überprüfen, dh es ist insbesondere mittels der Watchlist zu prüfen, ob aufgetretene wall-crossings zulässig oder – mangels Einhaltung der Vorgaben für den bereichsüberschreitenden Informationsfluss – unzulässig waren.[58] Ferner ist mittels Stichproben zu prüfen, ob die vorgegebenen Handelsrestriktionen und Handelsverbote, die den Erstellern von Anlageempfehlungen auferlegt wurden, eingehalten wurden.[59] Zur Kontrolle der Einhaltung der Verpflichtungen nach Art. 20 Abs. 1 MAR ist es geboten zu prüfen, ob die erstellten und verbreiteten Anlageempfehlungen die rechtlichen Vorgaben erfüllen, Prüfungsmaßstab ist insoweit Art. 20 Abs. 1 MAR iVm der VO (EU) 2016/958 sowie die internen Vorgaben (Richtlinien), die bei der Erstellung von Anlageempfehlungen zu beachten sind.[60]

III. Sorgfaltspflichten

15 Während § 34b Abs. 1 S. 1 WpHG aF Personen, die Finanzanalysen erstellten, ausdrücklich zur erforderlichen **Sachkenntnis, Sorgfalt und Gewissenhaftigkeit** verpflichtete, fehlt es sowohl in § 85 WpHG als auch in Art. 20 MAR an einer entsprechenden ausdrücklichen Verpflichtung. Eine entsprechende grundlegende Verpflichtung kann allerdings aus Art. 20 Abs. 1 MAR entnommen werden, nach welcher Personen, die Anlageempfehlungen erstellen, „*in angemessener Weise dafür Sorge [tragen], dass die Informationen objektiv dargestellt und ihre Interesse oder Interessenkonflikte […] offengelegt werden*".[61] Teilweise stellen die in der VO (EU) 2016/958 vorgenommenen Konkretisierungen des Art. 20 Abs. 1 MAR auch Konkretisierungen der Verpflichtung zum sorgfältigen und gewissenhaften Handeln dar. Für Wertpapierdienstleistungsunternehmen ergibt sich die Verpflichtung zur Erbringung von Wertpapierdienstleistungen und Wertpapiernebendienstleistungen[62] mit der erforderlichen Sachkenntnis, Sorgfalt und Gewissenhaftigkeit ferner aus § 63 Abs. 1 S. 1 WpHG.[63]

---

[56] *Göres* in Kümpel/Hammen/Ekkenga Kapitalmarktrecht 634b/3 Rn. 110.

[57] *Fuchs* in Fuchs WpHG § 34b Rn. 55.

[58] *Möllers* in KölnKomm WpHG § 34b Rn. 255; zu den Anforderungen an den bereichsüberschreitenden Informationsfluss: BaFin, MaComp, Abschnitt AT 6.2. Nr. 3 Buchst. b (idF v. 8.3.2017). Ausführlich zum bereichsüberschreitenden Informationsfluss: *Meyer/Paetzel/Will* in KölnKomm WpHG § 33 Rn. 177.

[59] *Möllers* in KölnKomm WpHG § 34b Rn. 255. Ausführlich zur Mitarbeitergeschäften und deren Überwachung: *Rothenhöfer* in Kümpel/Wittig Rn. 3.399 ff.

[60] Hierzu → § 22 Rn. 13.

[61] So auch *Grundmann* in GroßkommHGB Bd. XI 6. Teil Rn. 540.

[62] Die Anlageempfehlung ist gem. § 2 Abs. 3a Nr. 5 WpHG als Wertpapiernebendienstleistung qualifiziert.

[63] Kritisch zur Anwendung der im Rahmen des § 31 Abs. 1 S. 1 WpHG aF entwickelten Grundsätze auf § 34b WpHG aF *Fuchs* in Fuchs WpHG § 34b Rn. 32.

16 Die **erforderliche Sachkenntnis** setzt voraus, dass der Ersteller von Anlageempfehlungen zur Erstellung von Anlageempfehlungen **hinreichend qualifiziert** ist. Dies ist insbesondere dann der Fall, wenn der Ersteller über eine der in den Standes- und Berufsregeln genannte Berufsausbildung oder –qualifikation verfügt.[64] Sofern diese einschlägige Berufsqualifikation nicht vorliegt, ist zu prüfen, ob die Person auf anderer Basis die erforderliche Sachkenntnis erlangt hat. Dabei ist insbesondere zu berücksichtigen, ob sie auf Basis ihrer Tätigkeit und ihrer Erfahrungen über ausreichende Kenntnisse verfügt.[65] Maßstab sind dabei die für die Erstellung von Anlageempfehlungen erforderlichen Kenntnisse sowie die Lehrinhalte, die im Rahmen der nach den Standes- und Berufsregeln einschlägigen Ausbildungen, vermittelt werden, wobei eine besondere Ausbildung nicht erforderlich ist.[66]

17 Die konkreten Anforderungen, die aus der Verpflichtung zur Sorgfalt und Gewissenhaftigkeit folgen, sind mittels eines verständigen Angehörigen der Berufsbranche zu bestimmen, der bei der Erstellung der Anlageempfehlung den normativen **Sorgfaltsmaßstab** anlegt und insbesondere die Standes- und Berufsregeln eingehalten hat.[67] Kernelement dieser Verpflichtung ist die sorgfältige und gewissenhafte Erstellung der Anlageempfehlung, die insbesondere den Grundsätzen der Wahrheit und Klarheit Rechnung tragen muss.[68] Ferner können aus der Pflicht zur erforderlichen Sorgfalt und Gewissenhaftigkeit – aber auch aus dem Grundsatz der Wahrheit und Klarheit – die im Rahmen der Erstellung von Anlageempfehlungen wesentlichen Verpflichtungen zur Offenlegung von Interessenkonflikten und zur objektiven Darstellung abgeleitet werden, die durch die VO (EU) 2016/958 konkretisiert werden.[69] Aus dem Grundsatz der Wahrheit kann insbesondere abgeleitet werden, dass die Informationen aus Sicht des Verwenders zutreffend und ordnungsgemäß recherchiert sein müssen. Dies umfasst auch, dass wichtige Informationen nicht verschwiegen werden dürfen.[70] Aus dem Gebot der Klarheit folgt insbesondere die Verpflichtung die Anlageempfehlung klar und verständlich für den Adressatenkreis zu gestalten. Nicht hinreichend klare Darstellungen sind zu vermeiden, wobei abhängig vom Adressatenkreis der Anlageempfehlung unterschiedliche Anforderungen zu beachten sind. So sind bei Anlageempfehlungen, die an Privatkunden[71] adressiert sind, finanztechnische Begriffe nicht zu verwenden oder zu erläutern, während in Anlageempfehlungen, die an professionelle Kunden[72] gerichtet sind, entsprechende Begriffe grundsätzlich ohne Erläuterung verwendet werden können. Zielsetzung der Pflicht zur klaren und eindeutigen Darstellung ist es, dass die Möglichkeit von Fehlinterpretationen der Anlageempfehlung sowie ihrer Grundlagen ausgeschlossen wird, wobei auf einen Durchschnittskunden der Adressatengruppe abzustellen ist.[73] Konkretisierungen des Gebots zur klaren und eindeutigen Darstellung erfolgen durch die VO (EU) 2016/958,[74] welche insbesondere Vorgaben zur objektiven Darstellung und Offenlegung von Interessenkonflikten enthält.

[64] *Fuchs* in Fuchs WpHG § 34b Rn. 33; *Möllers* in KölnKomm WpHG § 34b Rn. 124; *Bruchwitz* in JVRB WpHG § 34b Rn. 35.
[65] *Koller* in Assmann/Schneider WpHG § 34b Rn. 41.
[66] *Koller* in Assmann/Schneider WpHG § 34b Rn. 42; *Bruchwitz* in JVRB WpHG § 34b Rn. 35.
[67] *Fuchs* in Fuchs WpHG § 34b Rn. 34; *Grundmann* in GroßkommHGB Bd. XI 6. Teil Teil Rn. 541 (der sich dafür ausspricht den Sorgfaltsmaßstab hoch anzusetzen); *Möller* in KölnKomm WpHG § 34b Rn. 125.
[68] Ähnlich *Fuchs* in Fuchs WpHG § 34b Rn. 34, nach welchem die Anlageempfehlung wahrheitsgemäß, richtig und vollständig sein muss.
[69] Entsprechende Verpflichtungen waren in Art. 3u 5 RL 2003/125/EG enthalten, die durch §§ 3 u. 5 FinAnV aF in nationales Recht implementiert wurden.
[70] *Fuchs* in Fuchs WpHG § 34b Rn. 34; *Bruchwitz* in JVRB WpHG § 34b Rn. 36.
[71] § 67 Abs. 3 WpHG.
[72] § 67 Abs. 2 WpHG.
[73] *Eisele* in BankR-HdB, § 109 Rn. 88b; *Fuchs* in Fuchs WpHG § 34b Rn. 34.
[74] Eine entsprechende Konkretisierung erfolgte in der Vergangenheit durch die RL 2003/125/EG, welche durch die FinAnV aF in nationales Recht implementiert wurde.

Aus dem Gebot der Gewissenhaftigkeit folgt das Gebot der Unvoreingenommenheit.[75] **18**
Insbesondere sind Zusicherungen bestimmter Ergebnisse von Research-Berichten (wie etwa Kaufempfehlungen oder bestimmte Kursziele), die Verwendung erkennbar falscher Quellen oder die Verwendung von Insiderinformationen nicht zulässig.[76] Schließlich folgt aus dem Gebot der Gewissenhaftigkeit, dass die Empfehlung vertretbar sein muss[77].

IV. Pflichten bei der Erstellung von Anlageempfehlungen

Bei der Erstellung von Anlageempfehlungen haben die Pflicht zur objektiven Darstellung **19**
und die Pflicht zur Offenlegung bestimmter Angaben besondere Bedeutung. Beide Verpflichtungen werden durch die VO (EU) 2016/958 konkretisiert.

1. Pflicht zur objektiven Darstellung

Die Anforderungen an die gem. Art. 20 Abs. 1 MAR geforderte objektive Darstellung **20**
werden durch Art. 3 VO (EU) 2016/958 konkretisiert. Grundlegend kann dabei zwischen formalen Kriterien, die die Art und Weise der Darstellung betreffen und materiellen Vorgaben, die die Art und Weise der Erstellung der Anlageempfehlung betreffen, unterschieden werden.

a) Trennungsgebot

Nach dem in Art. 3 Abs. 1 Buchst. a) VO (EU) 2016/958 niedergelegten Trennungsgebot **21**
müssen **Tatsachen** deutlich **von** Auslegungen, Schätzungen, Stellungnahmen sowie anderen Arten **nicht sachbezogener Information unterschieden werden**.[78] Kern der Abgrenzung ist, dass objektiv feststehende und nachprüfbare Angaben – Tatsachen – von Werturteilen, die sich in Auslegungen, Schätzungen und Stellungnahmen finden, klar abgegrenzt werden.[79] Durch die Regelung soll verhindert werden, dass subjektive Einschätzungen als feststehende Fakten präsentiert werden.[80] Es ist weder eine bestimmte Form der Trennung noch eine Pflicht zur Kennzeichnung von Tatsachen oder Werturteilen vorgegeben. Die konkreten Anforderungen, die sich aus dem Trennungsgebot ergeben, sind vielmehr abhängig vom jeweiligen Einzelfall, insbesondere der Art und Weise des Inhalts und der Darstellung der Anlageempfehlung. Überzogene Anforderungen an das Trennungsgebot sind zu vermeiden; sie liegen insbesondere dort vor, wo mit der Trennung bzw. Kennzeichnung der Angaben als Werturteil oder Tatsache kein Nutzen für den Anleger verbunden ist, wobei auf den durchschnittlich informierten Anleger der Adressatengruppe[81] abzustellen ist. Nach der Neuregelung ist nicht mehr erforderlich, dass Werturteile Dritter von eigenen Werturteilen abgegrenzt werden.[82] Die vorgenommene Änderung ist zu begrüßen, da sie den Blick auf das Wesentliche – die Abgrenzung zwischen Tatsachen und Werturteilen – lenkt.

---

[75] *Koller* in Assmann/Schneider WpHG § 34b Rn. 43; *Bruchwitz* in JVRB WpHG § 34b Rn. 37.

[76] *Göres* Interessenkonflikte S. 138; *Koller* in Assmann/Schneider WpHG § 34b Rn. 43.

[77] *Koller* in Assmann/Schneider WpHG § 34b Rn. 43; *Schilderer* Verhaltenspflichten S. 190 ff.

[78] Eine entsprechende Vorgabe enthielt bereits Art. 3 Abs. 1 Buchst. a) RL 2003/125/EG (*„Tatsachen deutlich von Auslegungen, Schätzungen, Stellungnahmen und anderen Arten nicht sachbezogener Informationen unterschieden werden;"),* welche durch § 3 Abs. 1 FinAnV aF in nationales Recht umgesetzt wurde, wobei die deutsche Regelung über die europäischen Anforderungen hinausging.

[79] *Koller* in Assmann/Schneider WpHG § 34b Rn. 90; *Bruchwitz* in JVRB WpHG § 34b Rn. 40.

[80] *Möllers* in KölnKomm WpHG § 34b Rn. 128 (bezogen auf § 34b WpHG aF) mwN; *Schilderer*, Verhaltenspflichten, S. 195.

[81] Zur Bestimmung des Durchschnittskunden der Adressatengruppe vgl. Rn. 17.

[82] Art. 3 Abs. 1 Buchst. a) VO (EU) 2016/958 – anders noch § 3 Abs. 1 FinAnV aF.

b) Angabe und Bewertung der Informationsquellen

22 In Anlageempfehlungen müssen *„alle wesentlichen Informationsquellen klar und unmissverständlich angegeben werden“*.[83] Da Art. 3 Abs. 1 Buchst. b) VO (EU) 2016/958 alle vom Anwendungskreis der MAR erfassten Personen verpflichtet, stellt die Neufassung der Verpflichtung durch die MAR eine Verschärfung der Anforderungen dar, da nach Art. 4 Abs. 1 Buchst. a) RL 2003/125/EG sowie § 4 Abs. 2 S. 1 FinAnV aF nur bestimmten Personen[84] diese Pflicht auferlegt war; neu erfasst sind insbesondere Sachverständige[85]. Wesentlich sind die Informationsquellen, auf denen die zentralen Annahmen und Aussagen der Anlageempfehlung beruhen.[86] Hingegen ist eine Informationsquelle dann nicht wesentlich, wenn das Weglassen der aus dieser Quelle stammenden Information sich nicht in der Anlageempfehlung niederschlägt, die Anlageempfehlung also unabhängig von der Berücksichtigung dieser Information identisch ausfällt. Für die Praxis empfiehlt es sich daher im Zweifel eine Quelle als wesentlich einzustufen. Insbesondere ist die Angabe weiterer Informationsquellen sowie unwesentlicher Informationsquellen nicht untersagt, während das Weglassen einer wesentlichen Quelle einen Verstoß gegen Art. 3 Abs. 1 Buchst. b) VO (EU) 2016/958 darstellt. Unter § 4 Abs. 2 FinAnV aF, der verlangte, *„....alle wesentlichen Informationsquellen....zu benennen“* wurde es als ausreichend angesehen, wenn die Informationsquellen ihrer Gattung nach genannt wurden.[87] Diese Auslegung fußt auf dem Verständnis, dass dem Adressaten der Anlageempfehlung mitgeteilt werden soll, ob die Information aus allgemein zugänglichen Quellen stammt.[88] Grundsätzlich ist auch diese unter § 4 Abs. 2 FinAnV aF entwickelte Auslegung, mit dem Wortlaut von Art. 3 Abs. 1 Buchst. b) VO (EU) 2016/958 vereinbar.

23 Nach Art. 3 Abs. 1 Buchst. c) VO (EU) 2016/958 dürfen nur **zuverlässige Informationsquellen** verwendet werden, bei Zweifeln an der Zuverlässigkeit der Quelle ist klar darauf hinzuweisen.[89] Dies erfordert zunächst, dass die verwendeten Informationsquellen vor ihrer Verwendung auf ihre Zuverlässigkeit geprüft werden, soweit mit vertretbarem Aufwand möglich.[90] Teilweise wird vertreten, dass keine Vermutung für die Zuverlässigkeit bestimmter am Markt etablierter Informationsquellen besteht.[91] Allerdings wird bei der Bestimmung des vertretbaren Aufwands zu berücksichtigen sein, ob es sich um eine etablierte und bekanntermaßen zuverlässige oder um eine neue und unbekannte Informationsquelle handelt.[92] Sofern auf Basis der Überprüfung unter Anwendung der objektiven

---

[83] Art. 3 Abs. 1 Buchst. b) VO (EU) 2016/958; Art. 4 Abs. 1 Buchst. a) der RL 2003/125/EG enthielt eine entsprechende Regelung (*„soweit wie angemessen auf alle wesentlichen Quellen, einschließlich die relevanten Emittenten, verwiesen wird* [..]“). Die Regelung wurde durch § 4 Abs. 2 S. 1 FinAnV aF in nationales Recht umgesetzt. Jedoch betraf letztere Vorgabe anders als die Neuregelung nur die in Art. 4 Abs. 1 der RL 2003/125/EG genannten Personen, weshalb die Neufassung der Regelung in Art. 3 VO (EU) 2016/958 eine Erweiterung des Anwendungsbereiches der Regelung darstellt.

[84] Art. 4 Abs. 1 RL 2003/125/EG verpflichtete lediglich unabhängige Analysten, Wertpapierhäuser, Kreditinstitute, verbundene juristische Personen und sonstige relevante Personen, deren Haupttätigkeit in der Erstellung von Empfehlungen besteht oder natürliche Personen, die bei einer der genannten Personen angestellt oder ähnlich tätig sind.

[85] Sachverständige sind gem. Art. 3 Abs. 1 Nr. 34ii) MAR iVm Art. 1 VO (EU) 2016/958 erfasst.

[86] So auch *Koller* in Assmann/Schneider WpHG § 34b Rn. 79 (*„Wesentlich sind diejenigen Informationsquellen, die nicht weitgehend selbstverständlich und die für den Inhalt der Analyse von entscheidender Bedeutung sind.“*).

[87] *Fuchs* in Fuchs WpHG § 34b Rn. 35; *Koller* in Assmann/Schneider WpHG § 34b Rn. 79; *Möllers* in KölnKomm WpHG § 34b Rn. 132.

[88] *Koller* in Assmann/Schneider WpHG § 4b Rn. 79.

[89] Eine entsprechende Regelung enthielt Art. 3 Abs. 1 Buchst. b) RL 2003/125/EG (*„alle Quellen zuverlässig sind bzw. bei Zweifeln an der Zuverlässigkeit der Quelle klar darauf hingewiesen wird“*), welche durch § 3 Abs. 2 FinAnV aF in nationales Recht umgesetzt wurde, dazu: *Fuchs* in Fuchs WpHG § 34b Rn. 35. Die Verpflichtung nach Art. 3 Abs. 1 Buchst. c) VO (EU) 2016/958 enthält sowohl materielle als auch formelle Vorgaben.

[90] *Fuchs* in Fuchs WpHG § 34b Rn. 35. Die Beschränkung auf den *vertretbaren Aufwand* wurde in § 3 Abs. 2 S. 1 FinAnV aF ausdrücklich festgeschrieben. Nach *Koller* in Assmann/Schneider WpHG § 34b Rn. 42 ist ein *objektiv zumutbarer Aufwand* geboten.

[91] *Fuchs* in Fuchs WpHG § 34b Rn. 35.

[92] So auch *Koller* in Assmann/Schneider WpHG § 34b Rn. 42; *Möllers* in KölnKomm WpHG § 34b Rn. 146.

Sorgfalt Zweifel an der Wahrheit und mithin an der Zuverlässigkeit der Information bestehen, sind diese offenzulegen.[93] Ferner muss in dieser Konstellation die Möglichkeit einer Fehlinterpretation angemessen berücksichtigt werden.[94] Für die Praxis empfiehlt es sich, dass entsprechende Informationsquellen grundsätzlich nicht verwendet werden. Besondere Herausforderungen im Hinblick auf die Offenlegung ergeben sich dort, wo sich durch die Berücksichtigung einer als unzuverlässig eingestuften Informationsquelle andere – abweichende – Anlageempfehlungen ergeben als bei der Nichtbeachtung entsprechender Informationsquellen.

c) Klarheitsgebot

Nach Art. 3 Abs. 1 Buchst. d) VO (EU) 2016/958 müssen *„alle Prognosen, Vorhersagen und angestrebten Kursziele klar und unmissverständlich als solche gekennzeichnet werden und auf die bei der Erstellung oder Verwendung zugrunde gelegten Annahmen hingewiesen werden"*.[95] Welche **24**
konkreten Gebote aus der Verpflichtung zur klaren und unmissverständlichen Darstellung folgen, ist unter Berücksichtigung der konkreten Anlageempfehlung, ihrer Darstellung und insbesondere unter Heranziehung ihres Adressatenkreises zu ermitteln. Grundsätzlich kann festgehalten werden, dass bei Verwendung der Anlageempfehlung gegenüber Privatkunden[96] höhere Anforderungen zu beachten sind, als wenn die Anlageempfehlung ausschließlich gegenüber professionellen Kunden[97] oder geeigneten Gegenparteien[98] eingesetzt wird.[99] Dies bezieht sich zum Beispiel auf die Verwendung von Fachbegriffen, welche – sofern sie gegenüber Privatkunden verwendet werden – zu erläutern sind.[100] Gleichwohl sind auch gegenüber Privatkunden überzogene Anforderungen zu vermeiden. Insbesondere besteht keine Verpflichtung, Prognosen als solche separat zu bezeichnen, wenn sich bereits aus dem Charakter oder der Art und Weise der Darstellung der Veröffentlichung unzweifelhaft ergibt, dass es sich bei der Angabe um eine Prognose handelt. Dies wird typischerweise dann der Fall sein, wenn die Angaben klar und deutlich als zukunftsbezogene Angaben ausgewiesen sind. Vor dem Hintergrund, dass Anlageempfehlungen oft sehr umfangreich sind, ist eine klare und übersichtliche Gliederung des Dokuments von besonderer Bedeutung.[101] Ferner sind die Vorgaben von § 63 Abs. 6 WpHG, Art. 44 VO (EU) 2017/565[102] und Abschnitt BT 3 MaComp der BaFin zu beachten, welche allgemeine Vorgaben für die Informationserteilung gegenüber Anlegern enthalten.[103]

---

[93] *Koller* in Assmann/Schneider WpHG § 34b Rn. 91; *Fuchs* in Fuchs WpHG § 34b Rn. 35.

[94] *Koller* in Assmann/Schneider WpHG § 34b Rn. 42.

[95] Eine vergleichbare Vorschrift enthielt Art. 3 Abs. 1 Buchst. c) RL 2003/125/EG („*alle Prognosen, vorhersagen und angestrebten Kursziele klar als solche gekennzeichnet werden und dass auf die bei ihrer Erstellung oder Verwendung wesentlichen Annahmen hingewiesen wird*"), welche durch § 3 Abs. 1 FinAnV aF in nationales Recht umgesetzt wurde. Das Gebot der klaren Darstellung wird ferner in Erwägungsgrund 1 VO (EU) 2016/958 betont („*Harmonisierte Standards …sind für die objektive, klare und exakte Darstellung dieser Informationen…notwendig.*").

[96] § 67 Abs. 3 WpHG.

[97] § 67 Abs. 2 WpHG.

[98] § 67 Abs. 4 WpHG.

[99] *Koller* in Assmann/Schneider WpHG § 34b Rn. 86; *Fuchs* in Fuchs WpHG § 34b Rn. 36, der bezogen auf die Klarheit der Angaben allgemein betont, dass diese „vom Horizont derjenigen Adressaten" zu beurteilen ist. So auch: *Bruchwitz* in JVRB WpHG § 34b Rn. 48.

[100] *Koller* in Assmann/Schneider WpHG § 34b Rn. 87.

[101] *Eisele* in BankR-HdB, § 109 Rn. 88; *Koller* in Assmann/Schneider WpHG § 34b Rn. 87.

[102] Delegierte Verordnung (EU) 2017/565 vom 25.4.2016 zur Ergänzung der Richtlinie 2014/65/EU des Europäischen Parlaments und des Rates in Bezug auf die organisatorischen Anforderungen an Wertpapierfirmen und die Bedingungen für die Ausübung ihrer Tätigkeit sowie in Bezug auf die Definition bestimmter Begriffe für die Zwecke der genannten Richtlinie, ABl. EU Nr. L87 v. 31.3.2017 S. 1 ff.

[103] *Koller* in Assmann/Schneider WpHG § 34b Rn. 86.

d) Erstellungszeitpunkt

25 Ferner sind klar und unmissverständlich das Datum und der Zeitpunkt anzugeben, zu welchem die Anlageempfehlung abgeschlossen wurde.[104] Da Art. 3 Abs. 1 Buchst. e) VO (EU) 2016/958 alle vom Anwendungskreis der MAR erfassten Personen zu einer entsprechenden Offenlegung verpflichtet, weitet sich der Adressatenkreis der Verpflichteten im Vergleich zu der RL 2003/125/EG aus, da diese nur bestimmte Personen[105] erfasste, und stellt somit eine Verschärfung dar. Insbesondere aus dem abweichenden Wortlaut im Vergleich zu Art. 4 Abs. 1 Buchst. e) RL 2003/125/EG – nach welcher auf den Zeitpunkt der *ersten Veröffentlichung* abgestellt wurde – ergibt sich, dass Bezugspunkt nicht die Veröffentlichung, sondern die Fertigstellung der Anlageempfehlung ist. Denkbar ist hierbei sowohl auf die geistige Fertigstellung als auch auf die (druck)technische Fertigstellung der Anlageempfehlung abzustellen. Ausgehend davon, dass dem Anleger mittels dieser Angabe insbesondere klar und transparent offengelegt werden soll, bis zu welchem Zeitpunkt Informationen für die Erstellung der Anlageempfehlung berücksichtigt wurden, ist auf den Zeitpunkt der geistigen Fertigstellung abzustellen, da nur die bis zu diesem Zeitpunkt vorliegenden Informationen berücksichtigt werden. Die Änderung in Art. 3 VO (EU) 2016/958 ist im Kontext mit der Regelung von Art. 8 Abs. 1 Buchst. c) VO (EU) 2016/958 zu sehen, nach welcher Personen, die von Dritten erstellte Empfehlungen weitergeben, das Datum und den Zeitpunkt, zu dem Empfehlung erstmalig weitergegeben wird, offenzulegen haben.[106]

e) Informationserteilung mittels Verweisung

26 Nach Art. 3 Abs. 2 VO (EU) 2016/958 können die gem. Art. 3 Abs. 1 Buchst. b) oder Buchst. e) VO (EU) 2016/958 in der Anlageempfehlung zu erteilenden Angaben unter bestimmten Voraussetzungen außerhalb der Anlageempfehlung erteilt werden.[107]

27 Sofern die Offenlegung der wesentlichen Informationsquellen im Vergleich zur Länge oder Form der abgegebenen Anlageempfehlung unverhältnismäßig ist, kann statt der Angabe der wesentlichen Informationsquellen in der Anlageempfehlung selbst lediglich der Ort angeben werden, an dem die geforderten Informationen für die Empfänger kostenfrei unmittelbar und einfach zugänglich sind.[108] Die Verhältnismäßigkeit ist danach zu beurteilen, ob der Umfang der Pflichtangaben außer Verhältnis zum Umfang der Anlageempfehlung steht. Dies ist insbesondere zu bejahen, wenn die Pflichtangaben die Anlageempfehlung in den Hintergrund drängen.[109] Art. 3 Abs. 2 VO (EU) 2016/958 nennt als mögliche Beispiele für eine Unverhältnismäßigkeit der Offenlegung der erforderlichen Angaben im Vergleich zur Länge oder Form der Anlageempfehlung unter anderen nichtschriftliche Anlageempfehlungen, die beispielsweise bei Sitzungen, Informationsveranstal-

[104] Art. 3 Abs. 1 Buchst. e) VO (EU) 2016/958; eine vergleichbare Regelung, die allerdings auf den Zeitpunkt der erstmaligen Veröffentlichung abstellte – enthielt Art. 4 Abs. 1 Buchst. e) RL 2003/125/EG („*der Zeitpunkt, zu dem die Empfehlung zum ersten Mal veröffentlicht wurde, klar und unmissverständlich angegeben wird,....*"), welche durch § 4 Abs. 4 Nr. 1 FinAnV aF („*das Datum ihrer ersten Veröffentlichung,„)* in nationales Recht umgesetzt wurde.

[105] Adressat von Art. 4 Abs. 1 Buchst. e) RL 2003/125/EG und von § 4 Abs. 4 Nr. 1 FinAnV aF waren lediglich qualifizierte Unternehmen, die in Art. 4 Abs. 1 RL 2003/125/EG bzw. in § 1 Abs. 2 FinAnV aF genannt wurden.

[106] ESMA, Final Report – Draft technical standards on the Market Abuse Regulation v. 28.9.2015, ESMA/2015/1455 Rn. 347.

[107] Art. 3 Abs. 2 RL 2003/125/EG sah hingegen lediglich eine Verpflichtung der Mitgliedstaaten vor, durch angemessene Regelungen sicherzustellen, dass „*die Absatz 1 genannten Vorschriften so angepasst werden, dass sie bei nichtschriftlichen Empfehlungen verhältnismäßig sind*". § 6 Abs. 2 FinAnV aF ging über die europäische Vorgaben hinaus und erweitert den Anwendungsbereich des Verhältnismäßigkeitsgrundsatzes auch auf den Fall der schriftlichen schriftlichen Finanzanalysen.

[108] Dieses Prinzip war bereits in Art. 3 Abs. 2, Art. 4 Abs. 2, Art. 5 Abs. 4, Art. 6 Abs. 5 der RL 2003/125/EG enthalten und mittels § 6 Abs. 2 FinAnV ins nationale Recht implementiert. Dazu: *Fuchs* in Fuchs WpHG § 34b Rn. 37.

[109] *Koller* in Assmann/Schneider WpHG § 34b Rn. 94; *Fuchs* in Fuchs WpHG § 34b Rn. 37.

tungen, Audio- oder Videokonferenzen sowie in Interviews im Radio und Fernsehen oder auf Websites erteilt werden. Aus der Formulierung *„beispielweise"* folgt, dass es sich um keine abschließende Aufzählung der nichtschriftlichen Anlageempfehlungen handelt. Ferner folgt aus der Formulierung *„unter anderem"* das neben den Fällen der nichtschriftlichen Anlageempfehlung auch im Fall der schriftlichen Anlageempfehlung eine Unverhältnismäßigkeit zwischen der Anlageempfehlung und den nach Art. 3 Abs. 1 Buchst. b) und e) VO (EU) 2016/958 erforderlichen Angaben gegeben sein kann. Bei der Beurteilung der Verhältnismäßigkeit sind neben der Art des zur Verbreitung der Anlageempfehlung verwendeten Mediums insbesondere auch die Kosten, die mit einer entsprechenden Veröffentlichung verbunden sind, zu berücksichtigen.[110] An die Angabe des Ortes, an dem im Fall der Unverhältnismäßigkeit die geforderten Informationen für den Empfänger der Anlageempfehlung kostenfrei und einfach zugänglich sind, dürfen keine überzogenen Anforderungen gestellt werden. Grundsätzlich kann unter der Angabe eines Orts sowohl die Angabe eines physischen Ortes, von welchem auf Anfrage die Daten an den Anfragenden versendet werden,[111] als auch die Angabe einer Internetadresse, einer Teletextseite oder einer Fax-Abruf-Adresse verstanden werden, wo die entsprechenden Informationen einsehbar sind bzw. von wo sie aus versendet werden. Der Verweis auf den Ort, an dem die geforderten Informationen erhältlich sind, hat klar und deutlich, bei schriftlichen Empfehlungen zB drucktechnisch hervorgehoben, zu erfolgen.[112] Der Hinweis muss insbesondere die Angabe enthalten, dass die Informationen kostenfrei erhältlich sind. Bei Fernsehinterviews und Diskussionsrunden ist es sinnvoll, dass die entsprechenden Hinweistexte mittels Fließtext auf einen sog. „Newsticker", welcher sich zum Beispiel am unteren Rand des Bildschirms befindet, eingeblendet werden. Ebenfalls denkbar ist, dass – entsprechend dem Vorgehen bei Arzneimittelwerbung – unmittelbar im Nachgang zur Anlageempfehlung ein entsprechender Hinweistext eingeblendet und vorgelesen wird. Vor dem Hintergrund, dass die Angabe von Datum und Zeitpunkt des Abschlusses der Erstellung der Anlageempfehlung wesentlich kürzer dargestellt werden kann, als die Angabe der der Anlageempfehlung zu Grunde liegenden wesentlichen Informationsquellen, kann die Verhältnismäßigkeitsprüfung bezogen auf die Angaben nach Art. 3 Abs. 1 Buchst. b) VO (EU) 2016/958 einerseits und Art. 3 Abs. 1 Buchst. e) VO (EU) 2016/958 andererseits unterschiedlich ausfallen.

2. Offenlegungspflichten

a) Urheberschaft

Nach Art. 2 Abs. 1 VO (EU) 2016/958 müssen Personen, die Anlageempfehlungen oder **28**
andere Informationen, durch die eine Anlagestrategie empfohlen oder vorgeschlagen wird[113], erstellen, in allen von ihnen erstellten Empfehlungen klar und unmissverständlich ihre eigene Identität und bestimmte weitere Informationen angeben. Mithin ist Anknüpfungspunkt der Regelung in Art. 2 Abs. 1 VO (EU) 2016/958 das Erstellen[114] einer Anlageempfehlung. Gem. Art. 2 Abs. 1 S. 1 VO (EU) 2016/958 muss der Ersteller[115] in jeder von ihm erstellen Anlageempfehlung klar und unmissverständlich die eigene Identität angeben. Gem. Art. 2 Abs. 1 Buchst. a) VO (EU) 2016/958 umfasst die Angabe der Identität die Angabe des Namen und der Berufsbezeichnung.[116] Unter Berufsbezeichnung

[110] *Fuchs* in Fuchs WpHG § 34b Rn. 37; *Koller* in Assmann/Schneider WpHG § 34b Rn. 95.
[111] Nicht vereinbar mit dem Erfordernis „leicht zugänglich" ist hingegen die Angabe eines physischen Ortes, an welchem sich der Anfragende die Informationen abholen muss, *Koller* in Assmann/Schneider WpHG § 34b Rn. 97.
[112] *Fuchs* in Fuchs WpHG § 34b Rn. 37; *Koller* in Assmann/Schneider WpHG § 34b Rn. 97.
[113] Zu den Voraussetzungen, die an das Vorliegen einer Anlageempfehlung gestellt werden: → § 21 Rn. 12 ff.
[114] Zu den Anforderungen, die an das Erstellen gestellt werden: → § 21 Rn. 42.
[115] Zum Begriff des Erstellers → § 21 Rn. 43.
[116] Eine entsprechende Regelung enthielt Art. 2 Abs. 1 RL 2003/125/EG (*„..insbesondere Name und Berufsbezeichnung der Person, die die Empfehlung erstellt hat…"*), welche durch 2 Abs. 1 FinAnV aF (*„Die Namen der*

ist die spezifische Funktion, nicht die hierarchische Position zu verstehen, in deren Ausübung die Anlageempfehlung erstellt wurde.[117] Ferner muss nach Art. 2 Abs. 1 S. 1 aE VO (EU) 2016/958 die „*Identität etwaiger weiterer für die Erstellung verantwortlicher Personen angegeben*“ werden. Hierdurch sollen insbesondere die Personen erfasst werden, die entscheidenden Einfluss auf die Anlageempfehlung haben und über die Erstellung und Ausgestaltung zumindest mitbestimmen können.[118] Mit der Aufhebung der FinAnV[119] wurde auch die bislang in § 6 Abs. 1 S. 2 FinAnV aF enthaltene Vorgabe gestrichen, wonach insbesondere der Name der Ersteller und die Bezeichnung ihrer Berufe drucktechnisch hervorgehoben werden mussten. Da die VO (EU) 2016/958 keine entsprechende Verpflichtung enthält, ist die drucktechnische Hervorhebung dieser Angaben künftig nicht mehr erforderlich.

29 Missverständlich ist die in Art. 2 Abs. 1 Buchst. a) VO (EU) 2016/958 verwendete Formulierung „*beteiligten natürlichen Personen*“. Denn nach Art. 2 Abs. 1 S. 1 VO (EU) 2016/958, der den Adressatenkreis der unter Art. 2 Abs. 1 Buchst. a) und b) VO (EU) 2016/958 genannten Verpflichtungen festlegt, werden lediglich die Ersteller sowie weitere für die Erstellung verantwortliche Personen als Adressaten der Verpflichtung genannt.[120] Vor diesem Hintergrund ist die in Art. 2 Abs. 1 Buchst. a) VO (EU) 2016/958 verwendete Formulierung in der Weise zu verstehen, dass „*beteiligte natürliche Personen*“ nur solche Personen sind, die die Empfehlung erstellen oder zumindest Einfluss auf die Erstellung der Anlageempfehlung haben. Dieses Verständnis wird durch die historische Auslegung gestützt. So war nach Art. 2 Abs. 1 RL 2003/125/EG der „[…] *Name und* [die] *Berufsbezeichnung der Person, die die Empfehlung erstellt hat*“ anzugeben. Auch die nationale Umsetzung der RL 2003/125/EG verlangte nach § 2 Abs. 1 FinAnV aF, dass „*Die Namen der Ersteller, die Bezeichnung ihrer Berufe, in deren Ausübung sie die Finanzanalyse erstellen*“ angegeben werden. Anhaltspunkte dafür, dass der europäische Gesetzgeber mit der nunmehr gewählten Formulierung eine Erweiterung des Anwendungsbereichs erreichen wollte, können weder dem Prozess der Entstehungsgeschichte der MAR noch der VO (EU) 2016/958 entnommen werden.

30 Gem. Art. 2 Abs. 1 Buchst. b) VO (EU) 2016/958 ist ferner der Name der juristischen Person, für die die Anlageempfehlung erstellt wird offenzulegen und zwar unabhängig davon, ob die natürliche oder juristische Person, die an der Erstellung der Anlageempfehlung beteiligt ist, auf Grundlage eines Arbeitsvertrags oder anderweitig für die juristische Person tätig ist.[121] Die Regelung zielt darauf ab, dass die Identität des für die Erstellung verantwortlichen Unternehmens offengelegt wird.[122] Dies ist insbesondere dann gegeben, wenn die Anlageempfehlung von Personen erstellt wurde, die – zB kraft Arbeits- oder Geschäftsbesorgungsvertrag – mittel- oder unmittelbaren Weisungen der Organe oder Inhaber des Unternehmens bezogen auf die Anlageempfehlung unterliegen oder unter deren Aufsicht stehen.[123] Ob von dem Weisungsrecht oder der Aufsichtskompetenz im Einzelfall Gebrauch gemacht wurde ist dabei unerheblich.[124] Wird in einem Unternehmen eine Anlageempfehlung erstellt, ist grundsätzlich dieses Unternehmen für die Erstellung der

---

Ersteller, die Bezeichnung ihrer Berufe, in deren Ausübung sie die Finanzanalyse erstellen..“) in nationales Recht implementiert wurde.

[117] So § 2 Abs. 1 FinAnV aF; *Koller* in Assmann/Schneider WpHG § 34b Rn. 46.

[118] Zum Begriff des Erstellers → § 21 Rn. 43.

[119] Art. 25 Abs. 2 des 2. FiMaNoG, BGBl. I 2017 v. 24.6.2017 S. 1693 ff.

[120] Zum Begriff des Erstellers → § 21 Rn. 43.

[121] Nationale Vorgängerregelung des Art. 2 Abs. 1 VO (EU) 2016/958 war § 2 Abs. 1 FinAnV aF. Demnach war ua die Bezeichnung des für die Erstellung verantwortlichen Unternehmens anzugeben. § 2 Abs. 1 FinAnV aF setzte Art. 2 Abs. 1 RL 2003/125/EG in nationales Recht um. Art. 2 Abs. 1 aE RL 2003/125/EG sah vor, dass „*der Name der juristischen Person, die für die Erstellung der Empfehlung verantwortlich ist*“ angegeben werden muss.

[122] So bezogen auf § 2 Abs. 1 FinAnV aF *Fuchs* in Fuchs WpHG § 34b Rn. 39; *Koller* in Assmann/Schneider WpHG § 34b Rn. 33, 46. Zum „*für die Erstellung verantwortlichen Unternehmen*“ → § 21 Rn. 44.

[123] *Koller* in Assmann/Schneider WpHG § 34b Rn. 33.

[124] *Koller* in Assmann/Schneider WpHG § 34b Rn. 33.

Anlageempfehlung verantwortlich.[125] Diese Verantwortlichkeit ist dabei immer dann gegeben, wenn die Anlageempfehlung zur Veröffentlichung oder Weitergabe als Produkt dieses Unternehmens bestimmt ist.[126] Bei unabhängigen – selbständigen – Finanzanalysten ist das verantwortliche Unternehmen mit dem Ersteller identisch.[127] Bezogen auf lediglich für die interne Verwendung vorgesehenen Empfehlungen, die mangels Bestimmung für die Öffentlichkeit nicht als Anlageempfehlung zu qualifizieren sind, gelten die unter → § 21 Rn. 27 aufgezeigten Grundsätze.[128] Beauftragt ein Unternehmen ein anderes Unternehmen mit der Erstellung einer Anlageempfehlung, ist daher grundsätzlich das beauftragte Unternehmen als das verantwortliche Unternehmen iSd Art. 2 Abs. 1 Buchst. b) VO (EU) 2016/958 einzuordnen und zwar auch dann, wenn beide Unternehmen dem gleichen Konzern angehören.[129] Voraussetzung ist dabei, das das beauftragte Unternehmen in der Absicht handelt eine Anlageempfehlung zu erstellen. Daher besteht eine Ausnahme von diesem Grundsatz dann, wenn aus Sicht des beauftragten Unternehmens die von ihm erstellte Empfehlung nicht einem unbestimmten Personenkreis, sondern lediglich dem Auftraggeber, zugänglich gemacht werden soll, da in dieser Konstellation das beauftragte Unternehmen keine Anlageempfehlung erstellt.[130]

Besonderheiten bestehen bei sog. „**White Label**"-Anlageempfehlungen, dh bei Anlage- 31
empfehlungen, die der Beauftrage als Subunternehmer eines Auftraggebers nach dessen inhaltlichen Vorgaben erstellt. In dieser Konstellation ist der Auftraggeber die für die Erstellung der Anlageempfehlung verantwortliche Person.[131] Die Bereitstellung der Anlageempfehlung durch den Beauftragten stellt hingegen keine Weitergabe oder kein öffentliches Verbreiten dar.[132]

Wird die Anlageempfehlung nicht von einer Wertpapierfirma, einem Kreditinstitut oder 32
einer für eine Wertpapierfirma oder ein Kreditinstitut im Rahmen eines Arbeitsvertrags oder anderweitig tätige natürliche Person erstellt, muss die die Anlageempfehlung erstellende Person, sofern auf sie Selbstkontrollnormen oder Berufs- oder Standesregelungen Anwendung finden, diese in der Anlageempfehlung mittels einer Bezugnahme zu den genannten Normen oder Regelungen offenlegen.[133] Unter Bezugnahme im Sinne dieser Reglung ist ein Verweis zu verstehen.

b) Interessen und Interessenkonflikte

Art. 5 Abs. 1 VO (EU) 2016/958 regelt den Grundsatz für die Offenlegung von Interessen 33
und Interessenkonflikten. Art. 5 Abs. 2 VO (EU) 2016/958 konkretisiert diese Verpflichtungen für den Fall, dass juristische Personen für die Erstellung der Anlageempfehlungen verantwortlich sind, während Art. 5 Abs. 3 VO (EU) 2016/958 Konkretisierungen für den Fall vornimmt, dass eine natürliche Person Anlageempfehlungen erstellt. **Ziel der Offenlegung** ist es, dass der **Empfänger die Objektivität und Zuverlässigkeit der Information bewerten kann**, weshalb jeder Umstand offengelegt werden muss, bei dem damit gerechnet werden kann, dass er die Objektivität der Anlageempfehlung beeinträchtigt.[134] Unter Interessenkonflikten sind dabei insbesondere die Anreize der Ersteller sowie der für die Erstellung verantwortlichen Personen sowie bestimmter weiterer Personen zu

[125] *Fuchs* in Fuchs WpHG § 34b Rn. 39; *Koller* in Assmann/Schneider WpHG § 34b Rn. 33.
[126] *Fuchs* in Fuchs WpHG § 34b Rn. 39.
[127] Begründung der FinAnV Dezember 2004, S. 4; *Fuchs* in Fuchs WpHG § 34b Rn. 39.
[128] Einen kurzen Überblick hierzu gibt *Koller* in Assmann/Schneider WpHG § 34b Rn. 33.
[129] Begründung der FinAnV Dezember 2004 S. 4 f.; *Fett* in Schwark/Zimmer § 34b WpHG Rn. 16; *Fuchs* in Fuchs WpHG § 34b Rn. 40; *Koller* in Assmann/Schneider WpHG § 34b Rn. 34.
[130] *Koller* in Assmann/Schneider WpHG § 34b Rn. 34.
[131] *Fuchs* in Fuchs WpHG § 34b Rn. 40; *Koller* in Assmann/Schneider WpHG § 34b Rn. 35. Differenzierend *Möllers* in KölnKomm WpHG § 34b Rn. 158, der bezogen auf das alte Recht darauf abstellt, ob der Auftraggeber allein darüber entscheiden darf, ob die Anlageempfehlung veröffentlicht werden darf.
[132] Begründung FinAnV Dezember 2004 S. 5; *Fuchs* in Fuchs WpHG § 34b Rn. 40.
[133] Art. 2 Abs. 3 VO (EU) 2016/958.
[134] Erwägungsgrund 5 VO (EU) 2016/958.

verstehen, die darauf gerichtet sind, die Anlageempfehlung voreingenommen zu erstellen bzw. auf ihren Inhalt nicht ordnungsgemäß einzuwirken.[135] Dabei sind keine hohen Anforderungen an den Anreiz zu stellen.[136] Hintergrund der Regulierung ist, dass sowohl eine tatsächliche aber auch eine potentielle Abhängigkeit oder Parteilichkeit des Erstellers der Anlageempfehlung erhebliche Auswirkung auf den Inhalt und mithin den Wert der Anlageempfehlung haben kann.[137] Zeitlicher Bezugspunkt ist der gesamte Zeitraum, in dem die Anlageempfehlung erstellt wird. Aus der Verpflichtung zur Offenlegung der Interessen und Interessenkonflikte folgt im Umkehrschluss, dass keine Verpflichtung besteht, bei Vorliegen von Interessenkonflikten die Erstellung von Anlageempfehlungen zu unterlassen.[138]

34 Nach Art. 5 Abs. 1 VO (EU) 2016/958[139] sind die **Interessen und Interessenkonflikte** des Erstellers[140] sowie des für die Erstellung verantwortlichen Unternehmens[141] offenzulegen. Die Einbeziehung des für die Erstellung verantwortlichen Unternehmens ergibt sich aus der in Art. 3 Abs. 1 Nr. 13 MAR vorgenommenen Definition des Begriffes der *Person*[142] sowie aus der historischen Auslegung[143]. Weiter sind die Interessen und Interessenkonflikte der natürlichen oder juristischen Personen offenzulegen, die im Rahmen eines Vertrags, einschließlich eines Arbeitsvertrags, oder anderweitig für den Ersteller tätig sind und die an der Erstellung der Anlageempfehlung beteiligt sind. Demnach sind alle natürlichen Personen und Unternehmen, die im Rahmen eines Arbeits-, Dienst- oder Auftragsverhältnisses für das verantwortliche Unternehmen tätigt sind, erfasst, sofern sie an der Erstellung der Anlageempfehlung beteiligt sind.[144] Die Beteiligung an der Anlageempfehlung setzt dabei voraus, dass die „*Person*“ Einfluss auf die Anlageempfehlung nehmen kann.[145]

35 Die **Offenlegungspflicht** umfasst die Beziehungen und Umstände aus denen eine Beeinträchtigung der Objektivität der Anlageempfehlung folgen kann.[146] Dazu zählen insbesondere die eigenen Interessen an den Emittenten oder Finanzinstrumenten, die direkt oder indirekt Gegenstand der Anlageempfehlung sind. Ein solcher Umstand wird im Regelfall dann vorliegen, wenn die Person, die die Anlageempfehlung erstellt zugleich für den Emittenten, auf den sich die Anlageempfehlung bezieht, tätig ist – sei es auf Basis eines Arbeits- oder Beratungsvertrags oder auf einer anderen Grundlage – oder zu ihr sonstige vertragliche Beziehungen unterhält.[147] Gleiches gilt, wenn der Ersteller eine Organfunktion beim Emittenten hat.[148] Weiter liegen typischerweise dann eigene Interessen der die Anlageempfehlung erstellenden Person vor, wenn dieser unmittelbar oder mittelbar an der Wertentwicklung /-veränderung des Emittenten oder des Finanzinstruments partizipiert.[149] Dies setzt nicht zwingend voraus, dass die Person die die Anlageempfehlung abgibt, bereits in dem Finanzinstrument investiert ist. Vielmehr sind auch die Konstellationen erfasst, in denen eine indirekte Beziehung zu dem Finanzinstrument oder Emittenten, auf den sich

[135] *Bruchwitz* in JVRB WpHG § 34b Rn. 53 u. 55; *Koller* in Assmann/Schneider WpHG § 34b Rn. 47.
[136] *Koller* in Assmann/Schneider WpHG § 34b Rn. 47; *Fett* Schwark/Zimmer § 34b WpHG Rn. 24.
[137] *Bruchwitz* in JVRB WpHG § 34b Rn. 55; *Fuchs* in Fuchs WpHG § 34b Rn. 41.
[138] *Koller* in Assmann/Schneider WpHG § 34b Rn. 47.
[139] Bereits Art. 5 Abs. 1 RL 2003/125/EG enthielt eine Verpflichtung zur Offenlegung von Interessen und Interessenkonflikten, die durch § 5 Abs. 1 u. 2 FinAnV in nationales Recht implementiert wurde, dazu *Fuchs* in Fuchs WpHG § 34b Rn. 42.
[140] Zum Begriff des Erstellers → § 21 Rn. 43.
[141] Zum Begriff des für die Erstellung verantwortlichen Unternehmens: → § 21 Rn. 44.
[142] *„Person bezeichnet eine natürliche oder juristische Person“*, Art. 3 Abs. 1 Nr. 13 MAR.
[143] → § 21 Rn. 44.
[144] *Fuchs* in Fuchs WpHG § 34b Rn. 42.
[145] Begründung der FinAnV Dezember 2004 S. 9; *Fuchs* in Fuchs WpHG § 34b Rn. 42; zum *Einfluss* → § 21 Rn. 43.
[146] Art. 5 Abs. 1 VO (EU) 2016/958.
[147] *Grundmann* in GroßkommHGB Bd. XI 6. Teil Rn. 541.
[148] *Göres* in Kümpel/Hammen/Ekkenga Kapitalmarktrecht 634b/3 Rn. 75; *Koller* in Assmann/Schneider WpHG § 34b Rn. 49.
[149] Erwägungsgrund 5 VO (EU) 2016/958; *Koller* in Assmann/Schneider WpHG § 34b Rn. 50.

die Anlageempfehlung bezieht, vorliegt. Dies wird typischerweise dann der Fall sein, wenn die Person die die Anlageempfehlung erstellt, Rechte innehat, deren Wert von dem Finanzinstrument oder Emittent abhängt, auf den sich die Anlageempfehlung bezieht. Aus dem Vergleich zu Art. 6 VO (EU) 2016/958, der zusätzliche Offenlegungspflichten für besondere Personen statuiert[150], folgt, dass nicht jede Beteiligung anzugeben ist. Demnach muss ein Interessenkonflikt im Rahmen der allgemeinen Offenlegung nach Art. 5 Abs. 1 VO (EU) 2016/958 grundsätzlich dann nicht offengelegt werden, wenn die in Art. 6 VO (EU) 2016/958 genannten Schwellenwerte nicht erreicht werden. Ferner ist der Anreiz die Anlageempfehlung voreingenommen zu erstellen gegeben, wenn der Emittent Geschenke, die nicht geringfügig sind, an den Ersteller gewährt.[151] Schließlich können Anreize zur voreingenommenen Erstellung von Anlageempfehlungen aus der Art der Vergütung des Erstellers resultieren.[152]

Die **Art und Weise der Offenlegung** der Interessen und Interessenkonflikte sollte so spezifisch erfolgen, dass der Adressat der Anlageempfehlung sich auf Basis der Offenlegung eine sachkundige Meinung über Ausmaß und Art des Interesses und Interessenkonfliktes bilden kann.[153] **36**

Die Verpflichtung zur Offenlegung setzt voraus, dass bei den **Umständen damit gerechnet werden kann, dass sie die Objektivität der Empfehlung beeinträchtigen**. Eine tatsächliche Beeinträchtigung ist daher nicht erforderlich. Unerheblich für die Offenlegungspflicht ist somit, ob der Interessenkonflikt realen Einfluss auf die Anlageempfehlung hat.[154] Vielmehr ist die Offenlegungsverpflichtung bereits dann gegeben, wenn auf Basis des Anreizes lediglich die Möglichkeit eines Konfliktes besteht.[155] Fernliegende Konflikte sind nicht erfasst.[156] Dies ergibt sich aus dem Wortlaut, wonach Umstände offengelegt werden müssen, „*bei denen damit gerechnet werden kann, dass sie die Objektivität der Empfehlung beeinträchtigen*". Wann ein Konflikt bzw. ein Umstand als Anreiz für einen Interessenkonflikt fernliegend ist, ist objektiv aus der Perspektive der mit der Anlageempfehlung befassten Verkehrskreise – also der Personen, die die Anlageempfehlung erstellen oder weitergeben – zu beurteilen.[157] Wird durch organisatorische Maßnahmen wie zB Chinese Walls verhindert, dass ein Interessenkonflikt die Objektivität der Anlageempfehlung und die Unabhängigkeit ihrer Ersteller beeinträchtigt wird,[158] muss er nicht offengelegt werden.[159] **37**

Sofern die Anlageempfehlung von einer juristischen Person erstellt wird, dh ein juristisches Unternehmen für die Erstellung der Anlageempfehlung verantwortlich ist[160], umfasst die Offenlegungspflicht auch die Offenlegung von Interessen und Interessenkonflikte von Mitgliedern der Gruppe dieser juristischen Person.[161] Dabei ist unter Gruppe ein Mutterunternehmen und seine sämtlichen Tochterunternehmen zu verstehen.[162] Offenzulegen **38**

[150] Zu den Anforderungen, die Art. 6 VO (EU) 2016/958 stellt → § 23.

[151] *Göres* Interessenkonflikte S. 199; *Koller* in Assmann/Schneider WpHG § 34b Rn. 49.

[152] *Koller* in Assmann/Schneider WpHG § 34b Rn. 49. Für Personen gem. Art. 3 Abs. 1 Nr. 34ii) MAR sowie für Sachverständige ist in diesem Kontext die Sonderregelung in Art. 6 Abs. 2 Buchst. b) VO (EU) 2016/958 zu berücksichtigen → § 23 Rn. 38.

[153] Erwägungsgrund 6 VO (EU) 2016/958.

[154] *Fuchs* in Fuchs WpHG § 3b Rn. 41.

[155] *Fuchs* in Fuchs WpHG § 34b Rn. 41; *Koller* Assmann/Schneider § 34b Rn. 47 ff.; *Möllers* KölnKomm WpHG § 34b Rn. 155 f.

[156] *Koller* in Assmann/Schneider WpHG § 34b Rn. 49, 51 („Es reicht grundsätzlich aus, dass die Anreize zur Manipulation nicht fernliegen.").

[157] Begr. FinAnV Dezember 2004, S. 9; *Koller* in Assmann/Schneider WpHG § 34b Rn. 53.

[158] Dazu → § 22. Rn. 6.

[159] *Koller* in Assmann/Schneider WpHG § 34b Rn. 54; so wohl auch *Bruchwitz* in JVRB WpHG § 34b Rn. 53 („*Darüber hinaus sind [...] Umstände und Beziehungen offenzulegen, die [...] Interessenkonflikte begründen können*").

[160] Zum Begriff „für die Erstellung von Anlageempfehlungen verantwortlichen Unternehmen" → § 21 Rn. 44.

[161] Art. 5 Abs. 2 VO (EU) 2016/958; eine entsprechende Regelung war schon in Art. 5 Abs. 2 RL 2003/125/EG enthalten, welche durch § 5 Abs. 2 FinAnV aF in nationales Recht implementiert wurde.

[162] Art. 1 Buchst. b) VO (EU) 2016/958 iVm Art. 2 Abs. 11 RL 2013/34/EU.

sind die Interessen und Interessenkonflikte der Personen, die in der Gruppe tätig sind, sofern sie an der Erstellung der Anlageempfehlung beteiligt waren.[163] Die Offenlegungspflicht umfasst die Interessen und Interessenkonflikte, die auf den Informationen beruhen, die diesen Personen bekannt sind oder hätten bekannt sein können. Informationen, die der Person hätten bekannt sein können, sind dabei insbesondere die Informationen, die für die Person zugänglich sind oder bei denen damit gerechnet werden kann, dass sie für die betreffende Person zugänglich sind.[164] Diese Regelung stellt eine sachgerechte Einschränkung der Offenlegungspflicht dar und beschränkt die Pflicht zur Offenlegung von Interessen und Interessenkonflikten auf solche, die zumindest potenziell die Anlageempfehlung beeinflussen können.[165] Nach Art. 5 Abs. 2 Buchst. b) VO (EU) 2016/958 sind ferner die Interessen und Interessenkonflikte der Personen anzugeben, die zwar nicht an der Erstellung der Empfehlung beteiligt waren, jedoch vor der Weitergabe der Anlageempfehlung Zugang zu der Empfehlung hatten oder hätten haben können. Diese Regelung knüpft somit an die in einem Unternehmen eingerichteten Vertraulichkeitsbereiche an[166] und ist als deren Korrelat zu sehen. Je enger die Vertraulichkeitsbereiche gezogen werden und je funktionsfähiger sie sind, desto geringer ist die Zahl der Personen, die an der Erstellung der Anlageempfehlung beteiligt waren und die Zugang zu ihr hatten und desto geringer ist die Anzahl der Personen, deren Interessenkonflikte im Rahmen der Offenlegung berücksichtigt werden müssen.

39 Sofern der Ersteller der Anlageempfehlung eine natürliche Person ist, muss sie gem. Art. 5 Abs. 3 VO (EU) 2016/958 nicht nur ihre eigenen Interessen und Interessenkonflikte offenlegen, die die Objektivität der Anlageempfehlung beeinträchtigen können, sondern auch die Interessen und Interessenkonflikte der mit ihr *eng verbundenen Personen.*[167] Diese Regelung ist im Vergleich zur RL 2003/125/EG neu und stellt eine Erweiterung der Offenlegungspflichten dar. *Eng verbundene Personen* sind erstens Ehepartner oder andere Partner der Person, die nach nationalem Recht einem Ehepartner gleichgestellt sind.[168] Zweitens gelten als eng verbundene Personen unterhaltsberechtigte Kinder entsprechend den nationalen Regelungen.[169] Da die Regelung bezogen auf beide Alternativen in das nationale Recht verweist, führt dies dazu, dass der Umfang der Offenlegungspflicht von Land zu Land variieren kann. Relevant ist dabei die Rechtsordnung, die an dem Ort gilt, an dem die regulierte Tätigkeit – Erstellung oder Verbreitung – durchgeführt wird. Ferner sind als *eng verbundene Personen* Verwandte erfasst, *die zum Zeitpunkt der Tätigung des betreffenden Geschäfts seit mindestens einem Jahr demselben Haushalt angehören.*[170] Die Formulierung „*zum Zeitpunkt der Tätigung des betreffenden Geschäfts*" fußt darauf, dass die Regelung im Lichte der Regelung der Insidergeschäfte entstanden ist, konkret der Offenlegung der Eigengeschäfte von Führungskräften.[171] Daher ist sie im Kontext der Verpflichtung zur Offenlegung von Interessen und Interessenkonflikten, die bei Anlageempfehlungen auftreten können, missverständlich.[172] Der Regulierung ist der Grundgedanke zu entnehmen, dass Verwandte nicht per se, sondern nur dann als *eng verbundene Personen* zu qualifizieren sind, wenn sie seit mindestens einem Jahr demselben Haushalt angehören. Demnach sind die Interessen und Interessenkonflikte von Verwandten dann offenzulegen, wenn sie im

---

[163] Art. 5 Abs. 2 Buchst. a) VO (EU) 2016/958.

[164] Auf „*zugänglich*" oder „*damit gerechnet werden kann, dass sie zugänglich sind*" stellt Art. 5 Abs. 2 Buchst. a) RL 2003/125/EG sowie § 5 Abs. 2 Nr. 1 FinAnV aF ab.

[165] Eine entsprechende Regelung gab es bereits in Art. 5 Abs. 2 RL 2003/125/EG, welche durch § 5 Abs. 2 FinAnV ins nationale Recht implementiert wurde.

[166] *Eisele* in BankRHdB, § 109 Rn. 90 f.; *Fuchs* in Fuchs WpHG § 34b Rn. 42; *Koller* in Assmann/Schneider WpHG § 34b Rn. 53 f.; *Möllers* in KölnKomm WpHG § 34b Rn. 183.

[167] Art. 3 Abs. 1 Nr. 26 MAR.

[168] Art. 3 Abs. 1 Nr. 26 Buchst. a) MAR.

[169] Art. 3 Abs. 1 Nr. 26 Buchst. b) MAR.

[170] Art. 3 Abs. 1 Nr. 26 Buchst. c) MAR.

[171] Art. 19 MAR → § 19 Rn. 1 ff.

[172] Zur Auslegung des Begriffs im Kontext des Insiderrechts: → § 19 Rn. 23 ff.

Zeitpunkt der regulierten Tätigkeit – der Erstellung oder Verbreitung – seit mindestens einem Jahr demselben Haushalt angehören, wie die Person, die die regulierte Tätigkeit durchführt. Schließlich können auch juristische Personen, Treuhand- oder Personengesellschaften unter bestimmten Voraussetzungen als eng verbundene Personen anzusehen sein.[173] Typischer Anwendungsfall wird dabei die Konstellation sein, dass eine der eng verbundenen natürlichen Personen bei der betreffenden juristischen Person Führungsaufgaben wahrnimmt.[174] Der Begriff der Person, die Führungsaufgaben wahrnimmt umfasst insbesondere die Personen, die einem Verwaltungs-, Leitungs- oder Aufsichtsorgan des Unternehmens angehören.[175]

V. Pflichten bei der Weitergabe

Anlageempfehlungen können unverändert, verändert oder in zusammengefasster Form weitergegeben werden.[176] Die Pflichten, die bei der Weitergabe von Anlageempfehlungen bestehen, können unterteilt werden in die Pflicht zur objektiven Darstellung und die Pflicht zur Offenlegung bestimmter Umstände, wobei eine trennscharfe Abgrenzung der einzelnen Pflichten nicht möglich ist.[177] Der Regulierung liegt die Wertung zugrunde, dass die Art und Weise, in der die Anlageempfehlungen weitergegeben werden, für den Empfänger der Anlageempfehlung eine wichtige Rolle bei deren Bewertung spielen kann.[178] Grundsätzlich kann die weitergebende Person darauf vertrauen, dass die für die Erstellung verantwortliche Person ihre bei der Erstellung der Anlageempfehlung bestehenden Pflichten ordnungsgemäß erfüllt hat, weshalb die weitergebende Person nicht zur Überprüfung der Anlageempfehlung verpflichtet ist.[179] Etwas anderes gilt bei evidenten Fehlern und bezogen auf das evidente Fehlen der notwendigen Angaben.[180] **40**

1. Pflicht zur objektiven Darstellung

Bei jeder Weitergabe einer Anlageempfehlung muss **angegeben werden, wann die Empfehlung erstmalig weitergeben wurde**. Freilich wird die Person, die eine Empfehlung weitergibt, im Regelfall nur wissen können, wann sie selbst die Anlageempfehlung weitergegeben hat. Daher ist sinnvollerweise Bezugspunkt dieser Verpflichtung die erstmalige Weitergabe durch die betreffende weitergebende Person. Hierdurch soll der Empfänger der Anlageempfehlung einschätzen können, wann die Anlageempfehlung verbreitet wurde. Dadurch wird ihm insbesondere ermöglicht, zu beurteilen, ob und ggfs. wie der Kurs des Finanzinstruments oder des Emittenten auf die Weitergabe der Anlageempfehlung reagiert hat. Weitergehende Vorgaben gibt es für die Fälle, in denen Zusammenfassungen oder Auszüge von Anlageempfehlungen weitergeben werden (a) sowie für den Fall, dass die Anlageempfehlungen wesentlich verändert weitergegeben werden (b). **41**

[173] Art. 3 Abs. 1 Nr. 26 Buchst. d MAR, zur Auslegung des Begriffs im Kontext des Insiderrechts: → § 19 Rn. 29 ff.

[174] Art. 3 Abs. 1 Nr. 26 Buchst. a)-c) MAR; Art. 3 Abs. 1 Nr. 26 Buchst. d) MAR.

[175] Art. 3 Abs. 1 Nr. 25 MAR.

[176] Erwägungsgrund 8 VO (EU) 2016/958. Zur Abgrenzung der unterschiedlichen Formen der Weitergabe → § 21 Rn. 47 ff.

[177] Art. 8, 9 und 10 VO (EU) 2016/958; zuvor waren die Pflichten, die in Bezug auf Weitergabe von Finanzanalysen gestellt wurden, in den Art. 7–9 RL 2003/125/EG geregelt, die durch § 7 FinAnV aF in deutsches Recht umgesetzt wurden.

[178] Erwägungsgrund 8 VO (EU) 2016/958.

[179] *Koller* in Assmann/Schneider WpHG § 34b Rn. 111, einschränkend auf die Konstellation, in der das Unternehmen, welches für die Erstellung der Finanzanalyse verantwortlich ist, durch die BaFin beaufsichtigt wird. Zur Konstellation, dass die Finanzanalyse außerhalb des EWR erstellt wurde: *Koller* in Assmann/Schneider WpHG § 34b Rn. 112.

[180] So auch *Koller* in Assmann/Schneider WpHG, § 34b Rn. 110, der allerdings bezogen auf die Weitergabe einer unveränderten Finanzanalyse fordert, zu prüfen, ob die Analyse aus einer zuverlässigen Quelle stammt, sie nicht evident fehlerhaft ist und ob sie die notwendigen Angaben enthält.

a) Weitergabe von Zusammenfassungen von Anlageempfehlungen

42 Sofern eine Anlageempfehlung in zusammengefasster Form oder in Auszügen[181] weitergegeben wird, muss der Auszug oder die Zusammenfassung klar und nicht irreführend sein.[182] Zur Konkretisierung des Gebots der klaren und nicht irreführenden Darstellung sind die unter → 22 Rn. 19 ff. dargestellten Konkretisierungen heranzuziehen. Bei der Weitergabe von Zusammenfassungen oder Auszügen kann eine mangelnde Klarheit und ggfs. sogar eine Irreführung insbesondere aus dem Weglassen bzw. aus der Komprimierung von Angaben folgen. Dies ist insbesondere dann gegeben, wenn das Weglassen oder die Komprimierung von Angaben dazu führt, dass der Empfänger der Zusammenfassung Grundlagen und/oder Bewertungen der ursprünglichen Anlageempfehlung missverstehen kann.[183] Daher sollten die zentralen Aspekte, die die Anlageempfehlung tragen, in der Zusammenfassung zumindest in einer Art und Weise angesprochen werden, dass sie aus sich heraus verständlich sind. Überzogene Anforderungen dürfen gleichwohl nicht gestellt werden. Aus der Natur der Zusammenfassung ergibt sich denklogisch, dass sie nicht alle Aspekte der ursprünglichen Anlageempfehlung enthalten kann.

43 Eine Zusammenfassung oder ein Auszug der Anlageempfehlung sind als solche zu kennzeichnen.[184] Diese Erweiterung des Pflichtenkatalogs wurde im Zuge der Neuregelung des Rechts der Anlageempfehlungen durch die MAR neu eingeführt. Eine entsprechende Verpflichtung ist sinnvoll. Grundsätzlich ausreichend ist dabei, wenn diese Kennzeichnung in den Erläuterungstexten erfolgt. Denkbar, aber nicht erforderlich, ist auch den Hinweis auf die Zusammenfassung abhängig vom Umfang der Zusammenfassung unterschiedlich prominent auszugestalten. Teilweise wird vertreten, dass der Hinweis auf die Verkürzung die ggfs. irreführende Darstellung beseitigen kann.[185] Dem ist grundsätzlich zuzustimmen. Ob dies der Fall ist, ist unter den Umständen des jeweiligen Einzelfalls zu bewerten, wobei insbesondere der Umfang der Verkürzung und die Art und Weise des Hinweises zu beachten sind. Da die einer Zusammenfassung innewohnende Kürzung denkbarer Anknüpfungspunkt für eine zivilrechtliche Haftung sein kann, ist es sinnvoll, dass der Hinweis auf die Kürzung hinreichend deutlich und prominent erfolgt und ggfs. in Fettdruck hervorgehoben wird.

44 Ferner muss die Zusammenfassung oder der Auszug der ursprünglichen Anlageempfehlung ***„einen unmissverständlichen Verweis auf die ursprüngliche“*** **Anlageempfehlung** enthalten.[186] Dieser Verpflichtung – die ebenfalls als Ausprägung des Irreführungsverbots zu bewerten ist[187] – kann im Rahmen der Erläuterung erfolgen. Der Verweis sollte dabei den Ersteller klar benennen. Ferner hat die Zusammenfassung oder der Auszug die zum Ersteller erforderlichen Angaben unmittelbar zu enthalten oder auf den Ort hinzuweisen, an dem die Informationen für den Empfänger der Zusammenfassung oder des Auszugs kostenfrei zugänglich sind.[188] Anders als in Art. 4 Abs. 2 VO (EU) 2016/958 steht die Verweisungsmöglichkeit in Art. 9 Abs. 2 VO (EU) 2016/958 nicht unter dem Vorbehalt, dass die Darstellung der Angaben in der Anlageempfehlung selbst unverhältnismäßig ist.

---

[181] Zu den Anforderungen, die an das Vorliegen einer Weitergabe einer Zusammenfassung oder von Auszügen einer Anlageempfehlung gestellt werden → § 21 Rn. 46.

[182] Art. 9 Abs. 1 Buchst. a) VO (EU) 2016/958. Eine entsprechende Vorschrift war in Art. 8 RL 2003/125/EG enthalten („[...] *dass es sich um eine klare und nicht irreführende Zusammenfassung handelt [...]*“), die allerdings – europarechtlich fragwürdig – nicht ausdrücklich durch die FinAnV in deutsches Recht umgesetzt wurde.

[183] *Fuchs* in Fuchs WpHG § 34b Rn. 49; *Göres* Interessenkonflikte S. 230; *Koller* in Assmann/Schneider WpHG § 34b Rn. 132.).

[184] Art. 9 Abs. 1 Buchst. b) VO (EU) 2016/958.

[185] *Fuchs* in Fuchs WpHG § 34b Rn. 49; *Göres* Interessenkonflikte S. 230.

[186] Art. 9 Abs. 1 Buchst. c) VO (EU) 2016/958; eine entsprechende Vorgabe enthielt Art. 8 RL 2003/125/EG („[...] *in der auf das Ausgangsdokument [...] verwiesen wird [...]*“), die allerdings – europarechtlich fragwürdig – zumindest nicht ausdrücklich mittels der FinAnVaF in nationales Recht implementiert wurde.

[187] *Fuchs* in Fuchs WpHG § 34b Rn. 50.

[188] Art. 9 Abs. 2 und Art. 2 bis 6 VO (EU) 2016/958→ § 22 IV. u. § 23.

b) Weitergabe wesentlich veränderter Anlageempfehlungen

Werden wesentlich veränderte Anlageempfehlungen[189] weitergegeben, sind neben den allgemeinen Anforderungen[190] weiter die Vorgaben von Art. 10 VO (EU) 2016/958 zu beachten. Danach muss die wesentlich veränderte Anlageempfehlung einen eindeutigen Hinweis auf die im Einzelnen vorgenommenen Änderungen enthalten.[191] Dies erfordert in dem Fall, in dem die wesentliche Änderung in einer abweichenden Anlageempfehlung besteht, dass ein Hinweis darauf erfolgt, dass die Empfehlung der ursprünglichen Anlageempfehlung geändert wurde. Nicht erforderlich ist eine Angabe der ursprünglichen Anlageempfehlung. Eine derartige Verpflichtung kann dem Wortlaut nicht entnommen worden; ferner ist der Empfänger bereits hinreichend dadurch geschützt, dass ihm mitgeteilt wird, dass eine Änderung der Anlageempfehlung erfolgt ist. Welche Anforderungen an den „*eindeutigen Hinweis auf die im Einzelnen vorgenommenen Änderungen*" zu stellen sind, ist insbesondere dann schwierig zu bestimmen, wenn die wesentliche Änderung in einer Kürzung der ursprünglichen Anlageempfehlung besteht, die über eine Zusammenfassung hinausgeht.[192] Unangemessen ist es, wenn in diesen Konstellationen ein detaillierter Hinweis auf die im Einzelnen vorgenommenen Kürzungen gefordert wird. Vielmehr sind die Anforderungen bereits dann als erfüllt zu bewerten, wenn dargelegt wird, dass eine wesentliche Kürzung durchgeführt wurde und bezogen auf welche Abschnitte oder Aspekte der Anlageempfehlung dies erfolgt ist. Bezogen auf nicht wesentliche Änderungen ist hingegen kein entsprechender Hinweis erforderlich. 45

Personen, die eine von einem Dritten erstellte Anlageempfehlung wesentlich verändert weitergeben, müssen ihre Identität angeben sowie die Bedingungen einhalten, die an die objektive Darstellung von Anlageempfehlungen und die Offenlegung von Interessen und Interessenkonflikte gestellt werden.[193] Die Rechtsfolge der Neuregelung[194] knüpft somit an die Vorgängerregelung[195] an. Allerdings erweitert die Neuregelung den Anwendungsbereich der Regelung auf alle Typen der wesentlich geänderten Anlageempfehlung, während sowohl nach der europäischen Vorgängerregelung[196] als auch ihrer nationalen Umsetzung[197] der Anwendungsbereich auf die wesentlichen Änderungen beschränkt war, die in einer gegensätzlichen Anlageempfehlung bestanden. 46

Die objektive Darstellung der wesentlich veränderten Anlageempfehlung erfordert ferner einen Hinweis auf den Ort, an dem die Informationen in Bezug auf den Ersteller der ursprünglichen Anlageempfehlung für die Empfänger der wesentlich geänderten Anlageempfehlung kostenfrei zugänglich sind.[198] Diese Regelung knüpft an die Vorgängerregelung[199] an, bleibt hinter dieser aber zurück. Denn anders als zuvor ist nach dem Wortlaut der neuen Regelung ein Hinweis auf die ursprüngliche Anlageempfehlung nicht erforderlich. Hierfür spricht auch die Regelungssystematik, da Art. 9 Abs. 1 VO (EU) 2016/958 für den Fall der Weitergabe einer Zusammenfassung ausdrücklich einen Verweis auf die ursprüngliche Anlageempfehlung fordert. Gleichwohl ist ein Hinweis auf die ursprüngliche 47

[189] Zu den Anforderungen, die an das Vorliegen einer wesentlich veränderten Anlageempfehlung gestellt werden: → § 21 Rn. 46.
[190] Art. 8 VO (EU) 2016/958.
[191] Art. 10 Abs. 1 VO (EU) 2016/958; eine entsprechende Regelung enthielt Art. 8 RL 2003/125/EG („[…] *einen eindeutigen Hinweis auf die im Einzelnen vorgenommenen Änderungen enthalten* […]"), die durch § 7 Abs. 2 S. 1 FinAnV aF („[…] *hat die Änderungen genau zu kennzeichnen* […]") in nationales Recht implementiert wurde.
[192] Hierzu → § 21 Rn. 46.
[193] Art. 10 Abs. 2 S. 2 VO (EU) 2016/958, nach welchem die Vorgaben der Art. 2 bis 5 VO (EU) 2016/958 im Hinblick auf die wesentliche Änderung eingehalten werden müssen.
[194] Art. 10 Abs. 2 S. 1 VO (EU) 2016/958.
[195] Art. 8 RL 2003/125/EG.
[196] Art. 8 RL 2003/125/EG.
[197] § 7 Abs. 2 FinAnV aF.
[198] Art. 10 Abs. 2 2. HS, Art. 10 Abs. 2 bis 6 VO (EU) 2016/958.
[199] Art. 8 RL 2003/125/EG, umgesetzt in deutsches Recht in § 7 Abs. 3 FinAnV aF.

Anlageempfehlung aus dem Blickwinkel des Schutzes der Empfänger der Anlageempfehlung sinnvoll.

2. Offenlegungspflichten

a) Identitätsangabe

48 Personen, die von Dritten erstellte Anlageempfehlungen weitergeben, müssen die Identität klar und unmissverständlich angeben.[200] Die in Art. 8 Abs. 1 Buchst. a) VO (EU) 2016/958 gewählte Formulierung *„deren Identität"* lässt offen, ob damit die Identität der Ersteller oder die Identität der weitergebenden Person gemeint ist. Aus Erwägungsgrund Nr. 8 VO (EU) 2016/958 folgt allerdings, dass die Identität der weitergebenden Person gemeint ist.[201] Weiter spricht für dieses Verständnis, dass die Identitätsangabe des Erstellers bereits gem. Art. 2 Abs. 1 VO (EU) 2016/958 angegeben werden muss. Schließlich spricht für dieses Verständnis Art. 7 RL 2003/125/EG, wonach sofern eine Empfehlung *„durch eine relevante Person [...] weitergegeben wird [...] die Identität dieser relevanten Person klar [...] angegeben wird"*. Demnach ist die Identität der Personen anzugeben, die über die Weitergabe entscheiden.[202] Da gem. Art. 3 Abs. 1 Nr. 13 MAR der Begriff der *„Person"* als juristische und natürliche Person definiert wird, bezieht sich diese Verpflichtung sowohl auf die natürliche Person, die über die Weitergabe entscheidet als auch auf die juristische Person, die für die Weitergabe verantwortlich ist.[203]

b) Interessen und Interessenkonflikte

49 Sofern Anlageempfehlungen weitergegeben werden, muss der Weitergebende alle Beziehungen und Umstände angeben, bei denen damit gerechnet werden kann, dass sie die objektive Darstellung der Empfehlung beeinträchtigen, einschließlich etwaiger Interessen und Interessenkonflikte im Hinblick auf alle Finanzinstrumente oder Emittenten, die direkt oder indirekt Gegenstand der Anlageempfehlung sind.[204] Die Regelung knüpft an Art. 9 Buchst. b) RL 2003/125/EG sowie § 7 Abs. 1 FinAnV[205] aF an, der die europäische Vorgabe in deutsches Recht umgesetzt hatte. Die Neuregelung erweitert die bisher bestehenden Verpflichtungen in zweifacher Hinsicht und stellt daher eine Verschärfung dar.[206] Erstens erweitert sie den Anwendungsbereich, da sie ihn nicht mehr wie zuvor auf Kreditinstitute, Finanzdienstleistungsinstitute, nach § 53 Abs. 1 S. 1 KWG tätige Unternehmen oder Zweigniederlassungen im Sinne des § 53b KWG beschränkt. Mithin sind von der Offenlegungsverpflichtung gem. Art. 8 Abs. 1 Buchst b. VO (EU) 2016/958 insbesondere auch die in Art. 3 Abs. 1 Nr. 34ii) MAR genannten Personen[207] erfasst.

50 Zweitens enthält Art. 8 Abs. 1 Buchst. b) VO (EU) 2016/958 die in Art. 9 Buchst. b) RL 2003/125/EG und § 7 Abs. 1 Nr. 1 FinAnV aF normierte Einschränkung, nach welcher die Offenlegung der Interessenkonflikte unterbleiben konnte, wenn die Finanzanalyse bereits von dem für die Erstellung verantwortlichen Unternehmen veröffentlicht wurde, nicht mehr. Demnach besteht die Offenlegungsverpflichtung bezogen auf alle Beziehungen und Umstände, bei denen damit gerechnet werden kann, dass sie die objektive Darstellung beeinträchtigen können, auch wenn die Anlageempfehlung zuvor veröffentlicht wurde. Zum Inhalt und Umfang der Offenlegungsverpflichtung → § 22 Rn. 33 ff. Zu

[200] Art. 8 Abs. 1 Buchst. a) VO (EU) 2016/958.
[201] Erwägungsgrund 8 VO (EU) 2016/958 lautet: „[...] *Insbesondere kann es für Anleger bei ihren Anlageentscheidungen von Bedeutung sein, die Identität der die Empfehlung weitergebenden Person [...] zu kennen.*").
[202] *Koller* in Assmann/Schneider WpHG § 34b Rn. 113; *Bruchwitz* in JVRB WpHG § 34b Rn. 51.
[203] *Koller* in Assmann/Schneider WpHG § 34b Rn. 113. Zum *„für die Erstellung verantwortlichen Unternehmen"* → § 21 Rn. 44.
[204] Art. 8 Abs. 1 Buchst. b) VO (EU) 2016/958.
[205] Dazu: *Fuchs* in Fuchs WpHG § 34b Rn. 46.
[206] Art. 8 Abs. 1 Buchst. b) VO (EU) 2016/958.
[207] Zu den Personen, die von Art. 3 Abs. 1 Nr. 34ii) MAR erfasst sind → § 21 Rn. 33 ff.

beachten ist dabei, dass die Offenlegungsverpflichtung nach Art. 8 Abs. 1 Buchst. b) VO (EU) 2016/958 nicht ausdrücklich die Offenlegung der Interessen und Interessenkonflikte von Personen erfordert, die im Rahmen eines Vertrags oder anderweitig für die weitergebende Person tätig sind und an der Weitergabe beteiligt waren. Daher sprechen sowohl der Wortlaut als auch die Systematik der Regelung dafür, dass sich der Umfang der Offenlegungsverpflichtung von Art. 5 Abs. 1 VO (EU) 2016/958 und Art. 8 Abs. 1 Buchst. b) VO (EU) 2016/958 unterscheiden. Demnach sind gem. Art. 5 Abs. 1 VO (EU) 2016/958 auch die Interessen von bestimmten Personen, die an der Erstellung der Anlageempfehlung beteiligt sind, offenzulegen, während die Interessen von bestimmten Personen, die an der Weitergabe beteiligt sind, nicht offenzulegen sind. Daher sind bezogen auf die Weitergabe von Anlageempfehlungen die Interessen und Interessenkonflikte bezogen auf die Finanzinstrumente oder Emittenten lediglich von den Personen, die über die Weitergabe der Anlageempfehlung entscheiden können, offenzulegen.

§ 23. Besondere Anforderungen

Übersicht

I. Regelungssystematik

1 Die in Art. 3 Abs. 1 Nr. 34i) MAR genannten Personen[1] und Sachverständige iSd Art. 3 Abs. 1 Nr. 34ii) MAR[2] haben bei der Erstellung von Anlageempfehlungen neben den allgemeinen Anforderungen[3] zusätzliche Vorgaben zu beachten. Diese bestehen in weiteren Anforderungen an die objektive Darstellung von Anlageempfehlungen[4] und die Offenlegung von Interessen und Interessenkonflikten[5]. Der Gesetzgeber greift bei der verwendeten Regelungssystematik – allgemeine Anforderungen für alle vom Anwendungsbereich erfassten Personen und weitergehende Anforderungen für bestimmte zusätzliche Gruppen – auf die bereits im alten Recht[6] verwendete und erprobte Regelungs-

[1] Dazu → § 21 Rn. 33 ff.
[2] Dazu → § 21 Rn. 39 f.
[3] Dazu → § 21 Rn. 39.
[4] Die zusätzlichen Anforderungen an die objektive Darstellung sind in Art. 4 Delegierte Verordnung (EU) 2016/958 der Kommission vom 9. März 2016 zur Ergänzung der Verordnung (EU) Nr. 596/2014 des Europäischen Parlaments und des Rates im Hinblick auf die technischen Regulierungsstandards für die technischen Modalitäten für die objektive Darstellung von Anlageempfehlungen oder anderen Informationen mit Empfehlungen oder Vorschlägen zu Anlagestrategien sowie für die Offenlegung bestimmter Interessen oder Anzeichen für Interessenkonflikte, ABl. EU Nr. L160 v. 17.6.2016 S. 15 ff. normiert → § 23 Rn. 12 ff.
[5] Die zusätzlichen Anforderungen an die Offenlegung sind in Art. 6 sowie in Art. 8 Abs. 2 VO (EU) 2016/958 normiert → § 23 Rn. 26 ff. u. 43 ff.
[6] Allgemeine Anforderungen an die sachgerechte Darbietung von Finanzanalysen wurden in Art. 3 DurchführungsRL 2003/125/EG der Kommission vom 22.12.2003 normiert, während in Art. 4 RL 2003/125/

systematik zurück.[7] Ferner bestehen gem. Art. 37 VO (EU) 2017/565[8] zusätzliche organisatorische Anforderungen für Wertpapierfirmen, die Finanzanalysen iSd Art. 36 VO (EU) 2017/565 erstellen oder von Dritten erstellte Finanzanalysen weitergeben. Zu beachten ist ferner, dass die Erstellung von Anlageempfehlungen eine Wertpapiernebendienstleistung gem. § 2 Abs. 9 Nr. 5 WpHG darstellt. Deshalb haben Wertpapierdienstleistungsunternehmen, die Anlageempfehlungen erstellen, insoweit auch die allgemeinen Verhaltenspflichten des § 63 WpHG zu beachten.[9]

II. Organisationspflichten

Unternehmen die Anlageempfehlungen erstellen, müssen gem. § 85 Abs. 1 S. 1 WpHG nF so organisiert sein, dass Interessenkonflikte iSd Art. 20 Abs. 1 MAR möglichst gering sind. Ferner müssen sie gem. § 85 Abs. 1 S. 2 WpHG über angemessene Kontrollverfahren verfügen, die geeignet sind, Verstößen gegen die Verpflichtungen nach Art. 20 Abs. 1 MAR entgegenzuwirken. Insoweit sind die in → § 22 Rn. 5 ff. u. 14 f. dargelegten Anforderungen zu beachten. Ferner müssen Wertpapierfirmen, die Finanzanalysen iSd Art. 36 VO (EU) 2017/565 erstellen, die organisatorischen Anforderungen nach Art. 37 VO (EU) 2017/565 einhalten.[10] Finanzanalysen nach Art. 36 VO (EU) 2017/565 sind „*Analysen oder andere Informationen, in denen für ein oder mehrere Finanzinstrumente oder die Emittenten von Finanzinstrumenten explizit oder implizit eine Anlagestrategie vorgeschlagen wird, einschließlich aller für Informationsverbreitungskanäle oder die Öffentlichkeit bestimmter Stellungnahmen zum aktuellen oder künftigen Wert oder Preis der Instrumente, sofern*“ die Informationen als Finanzanalyse oder ähnlich beschrieben oder als objektiv oder unabhängig dargestellt werden (Art. 36 Abs. 1 Buchst. a) VO (EU) 2017/565) und bei der Ausgabe an die Kunden keine Anlageberatung[11] gegeben ist. Eine Finanzanalyse liegt also nicht vor im Fall einer Empfehlung unter Berücksichtigung der individuellen Umstände des Anlegers (Art. 36 Abs. 2 Buchst. b) VO (EU) 2017/565). Demnach sind Finanzanalysen iSd Art. 36 VO (EU) 2017/565 Anlageempfehlungen iSd MAR, da – sofern sie die Vorgaben der VO (EU) 2016/958 einhalten – auch ihnen immanent ist, dass sie ihrem äußeren Erscheinungsbild nach den Anschein einer objektiven und unabhängigen Erläuterung der Empfehlung enthalten.[12] Eine Ausnahme besteht sofern sich die Finanzanalyse nach MiFID II auf Finanzinstrumente bezieht, die weder selbst noch die mit ihnen verbundenen Finanzinstrumente an Handelsplätzen gehandelt werden oder zum Handel zugelassen sind. Da die MAR nur auf Finanzinstrumente 2

EG weitere Anforderungen an die sachgerechte Darbietung von Finanzanalysen für den Fall festgelegt wurden, dass die Finanzanalyse von einem unabhängigen Analysten, einem Wertpapierhaus, einem Kreditinstitut oder einer anderen in Art. 4 Abs. 1 RL 2003/125/EG genannten Person erstellt wurde. Die gleiche Systematik wurde bei der in Art. 5 und 6 RL 2003/125/EG normierten Verpflichtung zur Offenlegung von Interessen und Interessenkonflikten gewählt. Eine entsprechende Systematik lag der FinAnV aF zu Grunde. So enthielt § 3 FinAnV aF allgemeine Anforderungen an die sachgerechte Erstellung und Darbietung von Finanzanalysen, die in § 4 FinAnV aF für die in § 1 Abs. 2 Nr. 1 bis 5 FinAnV aF genannten Personen um weitere Vorgaben erweitert wurden. Bezogen auf die Offenlegung von Interessen und Interessenkonflikten sah § 5 FinAnV aF eine vergleichbare Differenzierung vor.

7 Zur Regelungssystematik → § 22 Rn. 1.

8 Delegierte Verordnung (EU) 2017/565 vom 25.4.2016 zur Ergänzung der Richtlinie 2014/65/EU des Europäischen Parlaments und des Rates in Bezug auf die organisatorischen Anforderungen an Wertpapierfirmen und die Bedingungen für die Ausübung ihrer Tätigkeit sowie in Bezug auf die Definition bestimmter Begriffe für die Zwecke der genannten Richtlinie, ABl. EU Nr. L87 v. 31.3.2017 S. 1 ff.

9 Vgl. BaFin, BT 5.1. Nr. 3 MaComp idF v. 7.8.2014 (aufgehoben durch BaFin, BT 5 MaComp v. 8.3.2017).

10 Die in Art. 36 f. VO (EU) 2017/565 enthaltenen Regelungen entsprechen weitgehend – mit einigen Ergänzungen – den in § 31 Abs. 2 S. 4 und § 33b WpHG aF sowie in § 5a FinAnV aF enthaltenen Regulierungen.

11 Der Begriff der Anlageberatung ist in § 2 Abs. 3 Nr. 9 WpHG definiert. Dazu: *Kumpan* in Schwark/Zimmer § 2 WpHG Rn. 93 ff.

12 Vgl. *Geier/Hombach/Schütt* RdF 2017, 108 (109).

und verbundene Finanzinstrumente Anwendung findet, die – vereinfacht ausgedrückt – an Handelsplätzen gehandelt werden oder dort zugelassen sind, während die MIFID II diese Einschränkung bezogen auf Finanzinstrumente nicht kennt,[13] unterfallen entsprechende Finanzanalysen nur der MiFID II, nicht aber der MAR.

3 Nach **Art. 37 Abs. 1 VO (EU) 2017/565** müssen Wertpapierfirmen, die Finanzanalysen erstellen oder erstellen lassen, die im Anschluss unter den Kunden der Wertpapierfirma oder in der Öffentlichkeit verbreitet werden sollen, oder aller Wahrscheinlichkeit nach verbreitet werden, sicherstellen, dass „*in Bezug auf die an der Erstellung dieser Analysen beteiligten Finanzanalysten sowie in Bezug auf andere relevante Personen, deren Aufgaben oder Geschäftsinteressen mit den Interessen der Personen, an die die Finanzanalysen weitergegeben werden, kollidieren könnten, alle in Art. 34 Abs. 3 VO (EU) 2017/565 genannten Maßnahmen getroffen werden*". Nach Art. 34 Abs. 3 VO (EU) 2017/565 müssen die gem. Art. 34 Abs. 2 Buchst. b) VO (EU) 2017/565 zur Verhinderung oder Bewältigung von Interessenkonflikten festgelegten Maßnahmen und Verfahren, so ausgestaltet werden, „*dass die relevanten Personen, die mit den Tätigkeiten befasst sind, bei den Interessenkonflikte bestehen, diese Tätigkeiten mit dem Grad an Unabhängigkeit ausführen, der der Größe und dem Betätigungsfeld der Wertpapierfirma und der Gruppe, der* [die Wertpapierfirma] *angehört, sowie der Höhe des Risikos, dass die Interessen der Kunden geschädigt werden, angemessen ist*".[14] Demnach ist die konkrete Ausgestaltung der organisatorischen Maßnahmen abhängig vom Einzelfall. Dabei sind insbesondere die in Art. 34 Abs. 3 S. 2 VO (EU) 2017/565 aufgelisteten Maßnahmen und Verfahren – soweit sie zur Gewährleistung der geforderten Unabhängigkeit erforderlich sind – zu beachten. Nach Art. 34 Abs. 3 Buchst. a) VO (EU) 2017/565 hat die Wertpapierfirma wirksame Verfahren zu treffen, die auf Verhinderung oder Kontrolle des Informationsaustausches zwischen Mitarbeitern, die Anlageempfehlungen erstellen und anderen Mitarbeitern gerichtet sind, sofern der Informationsaustausch die Interessen eines oder mehrere Kunden beeinträchtigen könnte.[15] Weiter müssen die organisatorischen Maßnahmen gem. Art. 34 Abs. 3 Buchst. c) VO (EU) 2017/565 auf „*die Beseitigung jeder direkten Verbindung zwischen der Vergütung relevanter Personen, die sich hauptsächlich mit einer Tätigkeit beschäftigen, und der Vergütung oder den Einnahmen anderer relevanter Personen, die sich hauptsächlich mit einer anderen Tätigkeit beschäftigen, wenn bei diesen Tätigkeiten ein Interessenkonflikt entstehen könnte*" ausgerichtet sein.[16] Demnach darf die Vergütung von den Mitarbeitern, die Finanzanalysen erstellen, insbesondere nicht abhängig von der Vergütung von Vertriebsmitarbeitern sein, die die Finanzanalysen im Rahmen ihrer Vertriebstätigkeit unmittelbar oder mittelbar einsetzen. Ferner müssen nach Art. 34 Abs. 3 Buchst. d) VO (EU) 2017/565 Maßnahmen ergriffen werden, „*die jeden ungebührlichen Einfluss auf die Art und Weise, in der eine relevante Person Wertpapier- oder –nebendienstleistungen erbringt [..] verhindern oder einschränken*".[17] Unter

[13] *Geier/Hombach/Schütt* RdF 2017, 108 (109).

[14] Eine entsprechende Regelung hatte bereits § 5a Abs. 1 FinAnV aF enthalten („*Wertpapierdienstleistungsunternehmen* […] *müssen sicherstellen, dass ihre Mitarbeiter, die an der Erstellung der Finanzanalyse beteiligt sind oder deren bestimmungsgemäße Aufgaben oder wirtschaftlichen Interessen mit den Interessen der voraussichtlichen Empfänger der Finanzanalyse in Konflikt treten können, ihrer Tätigkeit mit einem Grad an Unabhängigkeit nachkommen, der der Höhe des Risikos für eine Beeinträchtigung von Interessen der Empfehlungsempfänger sowie der Größe und dem Gegenstand des Wertpapierdienstleistungsunternehmens und seiner Unternehmensgruppe angemessen ist*".).

[15] Eine vergleichbare Regelung enthielt § 5a Abs. 1 S. 2 Nr. 1 FinAnV aF („*Hierzu müssen Wertpapierdienstleistungsunternehmen die erforderlichen Vorkehrungen treffen für 1. die wirksame Verhinderung oder Kontrolle eines Informationsaustausches zwischen Mitarbeitern [die Finanzanalysen erstellen] und anderen Mitarbeitern, deren Tätigkeiten eines Interessenkonflikt nach sich ziehen könnten, sofern der Informationsaustausch die Interessen von Empfängern der Finanzanalyse beeinträchtigten könnte.*).

[16] Eine vergleichbare Regelung enthielt § 5a Abs. 1 S. 2 Nr. 2 FinAnV aF (*Hierzu müssen Wertpapierdienstleistungsunternehmen die erforderlichen Vorkehrungen treffen für 2. die Unabhängigkeit der Vergütung von Mitarbeitern [die Finanzanalysen erstellen] von der Vergütung anderer Mitarbeiter oder den von diesen erwirtschaften Unternehmenserlösen oder Prämien, sofern die Verknüpfung einen Interessenkonflikt auslösen könnte.*".

[17] Eine vergleichbare Regelung enthielt § 5a Abs. 1 S. 2 Nr. 3 FinAnV aF („*Hierzu müssen Wertpapierdienstleistungsunternehmen die erforderlichen Vorkehrungen treffen für 3. die Verhinderung einer unsachgemäßen Einflussnahme anderer Personen auf die Tätigkeit der Mitarbeiter [die Finanzanalysen erstellen]*".

ungebührlicher Einflussnahme ist eine unsachgemäße Einflussnahme zu verstehen, dies ergibt sich aus § 5a Abs. 1 Nr. 3 FinAnV aF, der ausdrücklich auf eine „*unsachgemäße Einflussnahme*" abstellte. Diesem Aspekt ist insbesondere beim organisatorischen Aufbau und der Ausgestaltung von Weisungs- und Berichtslinien Rechnung zu tragen. Schließlich müssen Maßnahmen gem. Art. 34 Abs. 3 Buchst. e) VO (EU) 2017/565 ergriffen werden, „*die die gleichzeitige oder unmittelbar nachfolgende Einbeziehung einer relevanten Person in verschiedene Wertpapier- oder –nebendienstleistungen bzw. Anlagetätigkeiten verhindern oder kontrollieren, wenn diese Einbeziehung ein ordnungsgemäßes Konfliktmanagement beeinträchtigten könnte*". Demnach ist insbesondere organisatorisch sicherzustellen, dass Mitarbeiter nicht gleichzeitig Finanzanalysen erstellen und bezogen auf diese Titel Anlageberatung erbringen.

Ferner müssen Wertpapierfirmen gem. **Art. 37 Abs. 2 Buchst. a) VO (EU) 2017/565** 4
gewährleisten, dass Eigengeschäfte von Mitarbeitern, die den Inhalt und Zeitplan einer Finanzanalyse kennen, beschränkt werden, damit diese daraus keinen Vorteil gegenüber anderen Marktteilnehmern erlangen. Ist die Finanzanalyse weder veröffentlicht, noch Kunden zugänglich oder auf Basis öffentlich verfügbarer Informationen ohne weiteres ableitbar, dürfen diese Mitarbeiter weder auf eigene Rechnung noch auf Rechnung Dritter Geschäfte mit den Finanzinstrumenten tätigen, auf die sich die Finanzanalyse bezieht. Dieses Handelsverbot hat zu bestehen bis die Empfänger der Finanzanalyse ausreichend Gelegenheit für eine Reaktion auf die Anlageempfehlung hatten.[18] Die Beschränkung umfasst dabei insbesondere auch Geschäfte für Rechnung des Wertpapierdienstleistungsunternehmens sowie Finanzinstrumente, die mit den Finanzinstrumenten, auf die sich die Finanzanalyse bezieht, verbunden sind.[19] Unter letzterer Art von Finanzinstrumenten sind insbesondere Derivate zu verstehen, die das analysierte Finanzinstrument als Basiswert haben. Nicht erfasst von dieser Restriktion sind nach Art. 37 Abs. 2 Buchst. a) VO (EU) 2017/565 hingegen die Geschäfte, die die Mitarbeiter in ihrer Eigenschaft als Market Maker[20] nach Treu und Glauben und im üblichen Rahmen oder in Ausführung eines nicht selbst initiierten Kundenauftrags durchführen.

Weiter haben die Wertpapierfirmen nach **Art. 37 Abs. 2 Buchst. b) VO (EU) 2017/** 5
565 zu gewährleisten, dass Finanzanalysten und alle anderen an der Erstellung der Anlageempfehlung beteiligten Personen grds. keine Eigengeschäfte in den analysierten Finanzinstrumenten entgegen den aktuellen Empfehlungen tätigen.[21] Die Restriktion umfasst auch Finanzinstrumente, die mit den Finanzinstrumenten, auf die sich die Anlageempfehlung bezieht, verbunden sind.[22] Diese Beschränkung gilt unabhängig davon, ob die Adressaten der Anlageempfehlung ausreichend Zeit hatten auf diese zu reagieren.[23] Solche Geschäfte entgegen der Empfehlung sind nur in Ausnahmefällen mit vorheriger Zustimmung der Rechtsabteilung oder der Compliance-Funktion möglich. Durch diese Genehmigungspflicht soll verhindert werden, dass die in die Erstellung der Finanzanalyse involvierte Person ihr hierdurch erlangtes Sonderwissen für Gegengeschäfte nutzt und insbesondere, dass eine Finanzanalyse primär mit dem Ziel erstellt wird, den Kurs eines Finanzinstruments in eine bestimmte Richtung zu lenken um anschließend durch Gegen-

[18] Eine vergleichbare Regelung hatte § 33b Abs. 5 Nr. 1 WpHG aF enthalten, dazu: *Zimmermann* in Fuchs WpHG § 33b Rn. 47.

[19] Unter ein „*damit verbundenes Finanzinstrument*" ist gem. Art. 37 Abs. 2 S. 2 VO (EU) 2017/565 „*jedes Finanzinstrument, dessen Preis stark durch Preisbewegungen bei einem anderen Finanzinstrument, das Gegenstand der Finanzanalyse ist, beeinflusst wird*" zu verstehen, wobei „*diese Bedeutung [..] ein Derivat dieses anderen Finanzinstruments ein [schließt]*".

[20] Art. 3 Abs. 1 Nr. 30 MAR, zur Definition und zu den legitimen Handlungen des Market Makers gem. Art. 9 Abs. 2a MAR → § 7 Rn. 58 ff.

[21] Eine vergleichbare Regelung hatte § 33b Abs. 5 Nr. 2 WpHG aF enthalten, dazu: *Zimmermann* in Fuchs WpHG § 33b Rn. 48.

[22] Unter ein „*damit verbundenes Finanzinstrument*" ist gem. Art. 37 Abs. 2 S. 2 VO (EU) 2017/565 „*jedes Finanzinstrument, dessen Preis stark durch Preisbewegungen bei einem anderen Finanzinstrument, das Gegenstand der Finanzanalyse ist, beeinflusst wird*" zu verstehen, wobei „*diese Bedeutung [..] ein Derivat dieses anderen Finanzinstruments ein [schließt]*".

[23] Art. 37 Abs. 2 Buchst. a) VO (EU) 2017/565, vgl. → § 23 Rn. 4.

geschäfte von dieser Kursentwicklung profitieren zu können. Im Rahmen der Prüfung durch die Rechtsabteilung oder die Compliance-Funktion wird daher insbesondere zu berücksichtigen sein, welche Rolle die Person im Rahmen der Erstellung der Finanzanalyse hatte, seit wann sie die Finanzinstrumente, die Gegenstand der Transaktion sein sollen, hält und ob der Gesamtbestand oder lediglich ein Teilbestand Gegenstand der Transaktion sein soll. Gegen eine Genehmigung spricht insbesondere, wenn der Mitarbeiter eine führende Rolle bei der Erstellung der Finanzanalyse hatte, die Finanzinstrumente unmittelbar im zeitlichen Zusammenhang davor erworben worden sind und nun der Gesamtbestand veräußert werden soll.

6 Die Organisation muss nach Art. 37 Abs. 2 Buchst. c) VO (EU) 2017/565 ferner „*eine* ***physische Trennung*** *zwischen den an der Erstellung von Finanzanalysen beteiligten Finanzanalysten und anderen relevanten Personen, deren Aufgaben und Geschäftsinteressen mit den Interessen der Personen, an die die Finanzanalysen weitergegeben werden sollen, kollidieren können*“ gewährleisten. Demnach ist insbesondere eine physische Trennung zwischen dem Eigenhandel und dem Bereich, der die Finanzanalysen erstellt, geboten. Unter physischer Trennung ist insbesondere die räumliche Trennung zu verstehen. Eine wirksame Ausgestaltung der räumlichen Trennung geht mit Zugangsbeschränkungen bzw. der Vergabe von Zugangsberechtigungen einher. Das Gebot der physischen Trennung wandelt sich in ein Gebot zur Entwicklung und Umsetzung geeigneter alternativer Informationsschranken, wenn die physische Trennung „*angesichts der Größe und Organisation der Firma sowie der Art, des Umfangs und der Komplexität ihrer Tätigkeit nicht angebracht ist*“.[24] Demnach ist insbesondere bei sehr kleinen Wertpapierfirmen unter bestimmten Voraussetzungen eine physische Trennung der Bereiche nicht erforderlich.

7 Auch muss die Organisation nach Art. 37 Abs. 2 Buchst. d) VO (EU) 2017/565 Vorkehrungen umfassen, die gewährleisten, dass die Wertpapierfirma, die Finanzanalysten oder andere an der Erstellung von Finanzanalysen beteiligte relevante Personen **keine Anreize** von Personen **annehmen**, die ein wesentliches Interesse am Gegenstand der Finanzanalyse haben.[25] „*Anreize*“ sind weit zu verstehen und umfassen alle einer Person in Aussicht gestellten möglichen oder tatsächlichen Vorteile (Incentivierungen), die dazu geeignet sind Personen zu beeinflussen. Erfasst sind insbesondere auch die Übernahme von Übernachtungs- und Bewirtungskosten, sofern sie nicht Ausnahemsweise unter der Geringfügigkeitsschwelle bleiben. Zur Sicherstellung dieser Anforderung ist es insbesondere erforderlich, mittels interner Vorgaben ausdrückliche Regelungen zum Umgang mit Einladungen, Geschenken etc. zu erlassen.

8 Elementare Voraussetzung für die Unabhängigkeit der Ersteller von Finanzanalysen und mithin für die objektive und unvoreingenommene Erstellung von Finanzanalysen ist, dass die Ersteller von Finanzanalysen **Emittenten keine für sie günstigen Finanzanalysen versprechen** dürfen. Diese Selbstverständlichkeit ist gem. Art. 37 Abs. 2 Buchst. e)VO (EU) 2017/565 durch organisatorische Vorkehrungen zu gewährleisten.[26] Die Umsetzung dieser Vorgabe erfordert insbesondere, dass entsprechende Verbote mittels Richtlinien oder unmittelbar im Arbeitsvertrag verankert werden.

9 Schließlich müssen die Vorkehrungen gem. Art. 37 Abs. 2 Buchst. f) VO (EU) 2017/565 gewährleisten, dass es vor der Weitergabe von Finanzanalysen dem Emittenten und relevanten Personen nicht gestattet ist, den Entwurf der Finanzanalyse – sofern er eine Empfehlung oder einen Zielpreis enthält – auf die Korrektheit zu prüfen. Ausnahmen gelten einerseits

---

[24] Art. 37 Abs. 2 Buchst. c) aE VO (EU) 2017/565.

[25] Eine vergleichbare Regelung hatte § 5a Abs. 2 Nr. 2 FinAnV aF enthalten („*Die Wertpapierdienstleistungsunternehmen müssen [..] mit organisatorischen Vorkehrungen gewährleisten, dass 2. sie selbst und ihre Mitarbeiter, die an der Erstellung der Finanzanalyse [..] beteiligt sind, keine Zuwendungen im Sinne des § 31d Abs. 2 des WpHG von Personen annehmen, die ein wesentliches Interesse am Inhalt der Finanzanalyse haben.*“).

[26] Eine vergleichbare Regelung hatte § 5a Abs. 2 Nr. 3 FinAnV aF enthalten („*Die Wertpapierdienstleistungsunternehmen müssen [..] mit organisatorischen Vorkehrungen gewährleisten, dass 3. Emittenten keine für sie günstige Empfehlung versprochen wird.*“).

für „Finanzanalysten und sonstigen Personen" sowie für die Prüfung zur Kontrolle der Einhaltung rechtlicher Verpflichtungen der Wertpapierfirma. Demnach dürfen Emittenten, die Gegenstand der Finanzanalyse sind, weder die Empfehlung selbst noch den Zielpreis, wohl aber die Einhaltung der rechtlichen Vorgaben durch die Wertpapierfirma überprüfen. Was damit genau gemeint ist, bleibt freilich unklar, ebenso, warum der Emittent die für die Wertpapierfirma geltenden rechtlichen Vorgaben prüfen soll. Erfasst sein dürfte wohl der sog. Factual Accuracy Check, der im Rahmen der Vorbereitung von Finanzanalysen bei Börsengängen üblich ist. Dabei prüft der Emittent, ob die Darstellung seiner Verhältnisse faktisch richtig ist. Dazu benötigt er aber weder die Empfehlung selbst noch den Zielpreis. Zweck der Vorschrift ist, dass der Kreis der Personen, die Kenntnis von der Empfehlung oder dem Zielpreis haben, so klein wie möglich gehalten wird. Dies ist insbesondere bei der Bestimmung des Kreises der *„sonstigen Personen"* zu berücksichtigen. Daher wird der Kreis der *„sonstigen Personen"* grundsätzlich eng zu verstehen sein. Regelmäßig werden ihm die Kontrollfunktionen angehören – insbesondere Rechts- und Compliance-Abteilungen. Diese kontrollieren, ob die Finanzanalyse den rechtlichen Vorgaben entspricht. Zur Umsetzung dieser Anforderung ist es geboten, mittels in internen Richtlinien dokumentierten Prozessabläufen zu definieren, wie der Umgang mit Entwürfen von Finanzanalysen zu erfolgen hat.

Grundsätzlich gelten die Vorschriften des Art. 37 Abs. 1 und Abs. 2 VO (EU) 2017/565 **10** – die ua umfassen zu gewährleisten, dass bestimmte Geschäfte nicht durchgeführt werden, besondere Freigabeverfahren für bestimmte Mitarbeitergeschäfte bestehen, Vertraulichkeitsbereiche eingerichtet werden, Annahme von Anreizen verboten werden, die unvoreingenommene Erstellung von Finanzanalysen abgesichert wird[27] – auch in der Konstellation, in der Wertpapierfirmen, die von anderen Personen erstellten Finanzanalysen an die Öffentlichkeit oder an ihre Kunden weitergeben. Ausnahmen von diesem Grundsatz bezogen auf die Anwendbarkeit der Anforderungen von Art. 37 Abs. 1 VO (EU) 2017/565[28] bestehen, wenn der Dritte, der die Anlageempfehlung erstellt hat, nicht zur selben Unternehmensgruppe gehört (Art. 37Abs. 3 Buchst. a) VO (EU) 2017/565).[29] Weiter greift der Grundsatz nicht, wenn die Wertpapierfirma, die erhaltene Finanzanalyse nicht wesentlich ändert (Art. 37 Abs. 3 Buchst. b) VO (EU) 2017/565)[30] oder die erhaltene Finanzanalyse nicht als von ihr erstellt darstellt (Art. 37 Abs. 3 Buchst. c) VO (EU) 2017/565)[31]. Schließlich greift der Grundsatz nicht, wenn sich die Wertpapierfirma vergewissert, dass für den Ersteller der Anlageempfehlung Bestimmungen gelten, die den Anforderungen der VO (EU) 2017/565 gleichwertig sind (Art. 37 Abs. 3 Buchst. d) VO (EU) 2017/565)[32]. Aus dem Vergleich zur FinAnV aF folgt, dass die in Art. 37 Abs. 3 VO (EU) 2017/565 genannten Voraussetzungen nicht im Alternativverhältnis stehen, sondern kumulativ vorliegen müssen.

Die **organisatorischen Anforderungen nach Art. 37 VO (EU) 2017/565,** die ua **11** umfassen zu gewährleisten, dass bestimmte Geschäfte nicht durchgeführt werden, besondere Freigabeverfahren für bestimmte Mitarbeitergeschäfte bestehen, Vertraulichkeitsbereiche eingerichtet werden, Annahme von Anreizen verboten werden, die unvoreingenommene Erstellung von Finanzanalysen abgesichert wird,[33] **müssen gem. Art. 36 Abs. 2 VO**

---

27 → § 23 Rn. 2 ff.

28 → § 23 Rn. 3.

29 Eine vergleichbare Regelung enthielt § 5a Abs. 3 Nr. 1 FinAnV aF, („*..es sei denn, 1. der Dritte, der die Analyse erstellt hat, gehört nicht zur selben Unternehmensgruppe.*

30 Eine vergleichbare Regelung enthielt § 5a Abs. 3 Nr. 2 Buchst. a) FinAnV aF („*..ändert die in der Finanzanalyse enthaltenen Empfehlungen nicht wesentlich ab*") wobei die Bedingungen von § 33b Abs. 6 Nr. 1 und Nr. 2 WpHG aF kumulativ vorliegen mussten („*und*").

31 Eine vergleichbare Regelung enthielt § 5a Abs. 3 Nr. 2 Buchst. b) FinAnV aF („*..stellt die Finanzanalyse nicht als von ihm erstellt dar* „) wobei die Bedingungen von § 33b Abs. 6 Nr. 1 und Nr. 2 WpHG aF kumulativ vorliegen mussten („*und*").

32 Eine vergleichbare Regelung enthielt § 5a Abs. 3 Nr. 2 Buchst. c) WpHG aF („*..vergewissert sich, dass für den Ersteller der Finanzanalyse Bestimmungen gelten, die den Anforderungen der Absätze 1 und 2 [von § 5a FinAnV aF] gleichwertig sind, oder dieser Grundsätze im Sinne dieser Anforderungen festgelegt hat*".

33 → § 23 Rn. 2 ff.

(EU) 2017/565 nicht eingehalten werden, sofern die Finanzanalyse eindeutig als Werbemitteilung gekennzeichnet ist und mit einem Hinweistext versehen ist, *„dass sie nicht im Einklang mit Rechtsvorschriften zur Förderung der Unabhängigkeit von Finanzanalysen erstellt wurde und auch keinem Verbot des Handels im Anschluss an die Verbreitung von Finanzanalysen unterliegt"*.[34] Vor dem Hintergrund, dass es sich bei der Regelung um eine Ausnahmevorschrift handelt, sind hohe Anforderungen an die Tatbestandsvoraussetzungen zu stellen. Dies bedeutet insbesondere, dass die Kennzeichnung als Werbung hinreichend klar und offenkundig sein muss. Sinnvoll ist, dass dieser Hinweis klar und deutlich auf der ersten Seite der Veröffentlichung platziert wird. Ist dies der Fall ist, reicht es aus, dass der geforderte Hinweistext – der erläutert, dass das Dokument nicht im Einklang mit den Anforderungen an die Erstellung von Finanzanalysen erstellt wurde – erst am Ende des Dokuments erfolgt. Dies gilt auch bei mehrseitigen Dokumenten. Denn durch den klaren und eindeutigen Hinweis auf den Werbecharakter der Information, ist die Basis für ein schutzwürdiges Vertrauen in die unabhängige, objektive und neutrale Erstellung der Information entzogen. Die Vorschrift wird durch BT 5.5 MaComp konkretisiert.[35] Danach gilt die Regelung nicht für reines Werbematerial, dh dieses bedarf weder einer besonderen Kennzeichnung noch des besonderen Hinweises.[36] *Reines Werbematerial* ist daher von Finanzanalysen abzugrenzen. Da der Empfängerhorizont ausschlaggebend für die Einordnung als Werbung oder Finanzanalyse ist, ist eine trennscharfe Abgrenzung schwer möglich. Daher ist es sinnvoll, dass auch die vom Wertpapierdienstleistungsunternehmen als Werbung eingeordneten Informationen klar als Werbung gekennzeichnet werden, sofern sie aus der Sicht des Adressaten als Anlageempfehlung verstanden werden können. Zu beachten ist ferner, dass die Kennzeichnung als Werbung und der Hinweis gem. Art. 36 Abs. 2 VO (EU) 2017/565 lediglich bei der Nichteinhaltung der Organisationsvorschriften nach Art. 37 VO (EU) 2017/565 helfen. Hingegen führt die Kennzeichnung als Werbung sowie der Hinweis nach Art. 37 VO (EU) 2017/565 nicht dazu, dass die Anforderungen an die Darstellung und die Offenlegung, die in der VO (EU) 2016/958 niedergelegt sind, entfallen. Dies stellt die BaFin in den MaComp in Abschnitt BT 5.5. ausdrücklich klar.[37] Daher sind Werbemitteilungen, die als Anlageempfehlung iSd MAR verstanden werden können, zu vermeiden, sofern nicht die in der VO (EU) 2016/958 niedergelegten Anforderungen eingehalten werden können oder sollen.

III. Pflichten bei der Erstellung von Anlageempfehlungen

1. Pflicht zur objektiven Darstellung

12 Die zusätzlichen Anforderungen, die von Personen nach Art. 3 Abs. 1 Nr. 34i) MAR – unabhängige Analysten, Wertpapierfirmen, Kreditinstitute oder sonstige Personen, deren Haupttätigkeit in der Erstellung von Anlageempfehlungen besteht sowie bestimmte Personen, die bei den genannten Einrichtungen tätig sind[38] – und Sachverständigen[39] im

[34] Eine vergleichbare Regelung hatte § 31 Abs. 2 Nr. 2 WpHG aF enthalten, nach welchem die organisatorischen Anforderungen nach § 31 Abs. 2 Nr. 1 WpHG nicht eingehalten werden mussten, sofern die Finanzanalyse eindeutig als Werbemitteilung gekennzeichnet war und mit dem Hinweise versehen war *„dass sie nicht allen gesetzlichen Anforderungen zur Gewährleistung der Unvoreingenommenheit von Anlageempfehlungen [..] genügen und dass sie einem Verbot des Handels vor der Veröffentlichung von Anlageempfehlungen [..] nicht unterliegen"*.

[35] Anders als die Vielzahl der von der BaFin in der MaComp vorgenommenen Konkretisierungen zur Finanzanalyse, die im Rahmen der am 8.3.2017 veröffentlichten Neufassung der MaComp gestrichen wurden, wurde BT 5.5 MaComp im Rahmen der Neufassung – bis auf die Anpassung an die neue Terminologie – unverändert gelassen.

[36] BaFin, BT 5.5. Nr. 2 MaComp (idF v. 8.3.2017).

[37] *„[...] Außer den genannten Organisationsvorschriften finden im Übrigen jedoch, soweit einschlägig, alle Vorschriften zur sachgerechten Erstellung und Darbietung sowie Offenlegung von Interessenkonflikten Anwendung"*, BaFin, BT 5.5. Nr. 1 MaComp (idF v. 8.3.2017).

[38] → § 21 Rn. 33 ff.

[39] → § 21 Rn. 40.

Rahmen der objektiven Darstellung von Anlageempfehlungen zu beachten sind, sind in Art. 4 VO (EU) 2016/958 normiert und umfassen verschiedene Aspekte.

a) Hinweis auf Offenlegung gegenüber dem Emittenten und anschließende Änderung

Nach Art. 4 Nr. 1 Buchst. a) VO (EU) 2016/958 muss in der Anlageempfehlung dargelegt **13** werden, wenn die Empfehlung gegenüber dem Emittenten, auf den sie sich bezieht, offengelegt und anschließend geändert wurde.[40] Die Offenlegung gegenüber dem Emittenten muss vor der Weitergabe oder Veröffentlichung der Anlageempfehlung erfolgen.[41] Soweit die Anlageempfehlung bereits veröffentlicht oder weitergegeben wurde, führt die zeitlich nachgelagerte Offenlegung gegenüber dem Emittenten, auf den sich die Anlageempfehlung bezieht sowie die nachträgliche Änderung der Empfehlung nicht zu einer Hinweispflicht gem. Art. 4 Nr. 1 Buchst. a) VO (EU) 2016/958. Dies ist konsequent, da der Anschein für die Beeinträchtigung der Objektivität einer Anlageempfehlung insbesondere dann gegeben ist, wenn diese vor ihrer Veröffentlichung an ihren Bezugspunkt gegeben und anschließend geändert wird. Wird hingegen eine Anlageempfehlung zunächst veröffentlicht und anschließend – nach Weitergabe an ihren Bezugspunkt – geändert, ist der Adressat der Anlageempfehlung nicht in der gleichen Weise schutzwürdig, da zunächst eine unbeeinflusste Anlageempfehlung vorlag. Ferner ist es in dieser Konstellation unwahrscheinlicher, dass der Ersteller der Anlageempfehlung diese auf *„Wunsch"* des Emittenten, auf den sich die Anlageempfehlung bezieht, ändert. Denn er hat seine ursprüngliche Meinung bereits veröffentlicht, so dass eine Änderung der Anlageempfehlung transparent wird. Die Offenlegung der Anlageempfehlung gegenüber dem Emittenten, auf den sie sich bezieht, ist für sich genommen nicht offenlegungspflichtig. Unerheblich für die Offenlegung ist im Übrigen, ob die Änderung der Anlageempfehlung kausal auf die Vorlage beim Emittenten zurückgeht.[42] Ausreichend ist vielmehr allein die Tatsache, dass die Anlageempfehlung geändert wurde, nachdem sie dem Emittenten vorgelegt wurde. Die Regelung ist zu begrüßen. Ein Kausalitätserfordernis zwischen der Vorlage beim Emittenten und der Änderung der Anlageempfehlung würde zu Nachweisproblemen führen. Dadurch entstünde die Gefahr, dass Fälle der Einflussnahme mangels Nachweis der Kausalität nicht offenlegungspflichtig wären und im Ergebnis somit die Objektivität der Anlageempfehlung eingeschränkt würde. Durch die Offenlegung soll die Möglichkeit einer möglichen Einflussnahme des Emittenten, die im Widerspruch zum Gebot der objektiven Darstellung steht, transparent dargestellt werden. Keine Anwendung findet die Regelung, wenn die Änderung lediglich redaktionell ist.[43] Der Ausschluss von redaktionellen Änderungen – worunter zB die Anpassung des Layouts an bestehende Vorgaben oder die Beseitigung von Rechtschreibfehlern fällt – stellt eine Ausnahme von dem Grundsatz dar, nach welchem Änderungen offenzulegen sind. Daher ist die Ausnahme eng auszulegen. In Zweifelfällen sollte eine Offenlegung gem. Art. 3 Abs. 1 Buchst. a) VO (EU) 2016/958 vorgenommen werden. Anzugebende Änderungen sind insbesondere Änderungen, die sich auf das Bewertungsmodell, die der Anlageempfehlung zugrunde liegenden Daten, die Anlageempfehlung selbst oder das Kursziel beziehen.[44]

---

[40] Die Verpflichtung nach Art. 4 Abs. 1 Buchst. a) VO (EU) 2016/958 entspricht der bisherigen Regelung des Art. 4 Abs. 1 Buchst. a) 2. HS RL 2003/125/EG, welche durch § 4 Abs. 2 FinAnV aF (*„Es ist anzugeben, ob die Finanzanalysen vor deren Weitergabe oder Veröffentlichung dem Emittenten zugänglich gemacht und danach geändert wurden."*) in nationales Recht umgesetzt wurde.

[41] Vgl. § 4 Abs. 2 S. 2 FinAnV aF (*„Es ist anzugeben, ob die Finanzanalysen vor deren Weitergabe oder Veröffentlichung dem Emittenten zugänglich gemacht und danach geändert wurden."*).

[42] *Koller* in Assmann/Schneider WpHG § 34b Rn. 80; *Möllers* in KölnKomm WpHG § 34b Rn. 132.

[43] Begr. zu § 4 FinAnV ZBB 2004, 422 (425); *Möllers* in KölnKomm WpHG § 34b Rn. 132.

[44] *Göres* in Kümpel/Hammen/Ekkenga Kapitalmarktrecht 634b/3 Rn. 65; *Möllers* in KölnKomm WpHG § 34b Rn. 132.

b) Zusammenfassung der Bewertungsgrundlagen

14 Eine Anlageempfehlung muss eine **Zusammenfassung** aller **Bewertungsgrundlagen oder Methoden zur Bewertung** eines Finanzinstruments, dessen Emittenten oder zur Festsetzung eines angestrebten Kursziels enthalten.[45] Eine entsprechende Anforderung bestand bereits vor Anwendbarkeit der MAR.[46] Allerdings erweitert die Neuregelung die Anforderungen, in dem nunmehr auch die der Bewertung zugrunde gelegten Annahmen angegeben werden müssen. Die Offenlegung der Bewertung und der Methoden liefert sachdienliche Informationen, die den Adressaten der Empfehlung ein besseres Verständnis und eine bessere Beurteilung der Anlageempfehlung erlauben.[47] Der Umfang bzw. die Tiefe der Darstellung ist so zu wählen, dass ein verständiger Anleger[48] als Adressat der Anlageempfehlung bei gebotener Aufmerksamkeit und Anstrengung die Aussagekraft grundsätzlich einschätzen kann.[49] Nicht erforderlich ist es, dass dem Adressaten der Anlageempfehlung mittels der Zusammenfassung die Bewertungsgrundlagen und Methoden im Detail vermittelt werden.[50] Ausreichend ist vielmehr, dass dem Adressaten auf Basis der Offenlegung erkennbar ist, ob es sich um Primär- oder Sekundärresearch handelt und ob die Anlageempfehlung auf einer Chart- oder Fundamentalanalyse oder einer Mischform beruht.[51] Die Angaben der Methoden der Bewertung und den ihr zugrunde gelegten Annahmen umfassen wohl auch die Offenlegung der analysierten Emittenten und Finanzinstrumente. Dabei ist eine Aufzählung nicht erforderlich. Vielmehr genügt eine Beschreibung. Denkbar sind insbesondere sowohl Positiv- als auch Negativlisten, dh eine Aufzählung oder Beschreibung der analysierten Finanzinstrumente/Emittenten und eine Aufzählung oder Beschreibung der nicht analysierten Finanzinstrumente/Emittenten, die nicht Gegenstand des Universums der analysierten Finanzinstrumente sind. Die Offenlegung muss auch eine Angabe des Zeithorizonts umfassen, auf den bei der Erstellung der Anlageempfehlung abgestellt wurde.[52]

15 Ferner ist es nunmehr auch erforderlich, dass alle **Änderungen in der Bewertung**, den Bewertungsmethoden und den zugrundgelegten Annahmen in der Anlageempfehlung zusammengefasst angegeben werden.[53] Unerheblich ist dabei, ob die Änderung der Bewertungsmethoden oder der Annahmen zu einer Änderung des Kursziels oder der Einschätzung führt.[54] Hierdurch sollen Empfänger von Anlageempfehlungen erkennen können, ob Ersteller von Anlageempfehlungen die angenommenen Bewertungen und Methoden durchgehend anwenden.[55] Grundsätzlich sollten Empfehlungen, die von ein und derselben Person erstellt werden und Unternehmen betreffen, die derselben Branche oder demselben Land zuzuordnen sind, möglichst einige gleichbleibende gemeinsame Faktoren aufweisen.[56]

16 Neu ist die Differenzierung zwischen geschützten und nicht geschützten Bewertungsmodellen.[57] Unter Bewertungsmodellen in diesem Zusammenhang sind insbesondere quali-

[45] Art. 4 Abs. 1 Buchst. b) VO (EU) 2016/958.
[46] Gem. Art. 4 Abs. 1 Buchst. b) RL 2003/125/EG mussten *„alle Bewertungsgrundlagen oder Methoden zur Bewertung eines Finanzinstruments oder des Emittenten eines Finanzinstruments oder zur Festsetzung eines angestrebten Kursziels für ein Finanzinstrument ausreichend zusammengefasst werden"*. In 4 Abs. 3 S. 1 FinAnV aF hieß es: *„Finanzanalysen müssen eine ausreichende Zusammenfassung der bei ihrer Erstellung genutzten Bewertungsgrundlagen oder -methoden enthalten."*
[47] Erwägungsgrund 4 VO (EU) 2016/958.
[48] *Möllers* in KölnKomm WpHG § 34b Rn. 132.
[49] *Koller* in Assmann/Schneider WpHG § 34b Rn. 86; *Möllers* in KölnKomm WpHG § 34b Rn. 136.
[50] *Koller* in Assmann/Schneider WpHG § 34b Rn. 81.
[51] *Koller* in Assmann/Schneider WpHG § 34b Rn. 81.
[52] Vgl. Art. 4 Abs. 1 Buchst. b) VO (EU) 2016/958.
[53] Art. 4 Abs. 1 Buchst. b) VO (EU) 2016/958.
[54] ESMA, Final Report – Draft technical standards on the Market Abuse Regulation v. 28.9.2015, ESMA/2015/1455 Rn. 360.
[55] Erwägungsgrund 4 VO (EU) 2016/958.
[56] Erwägungsgrund 4 VO (EU) 2016/958; ESMA/2015/1455 Rn. 362.
[57] Art. 4 Abs. 1 Buchst. c) und d) VO (EU) 2016/958.

tative als auch quantitative Analysen zu verstehen.[58] Verwendet der Ersteller der Anlageempfehlung **keine geschützten Modelle**, muss er neben der erforderlichen Zusammenfassung der Methoden[59] nunmehr in der Anlageempfehlung selbst auch einen Ort angeben, an dem ausführliche Informationen zur Bewertung, den Bewertungsgrundlagen und den ihnen zugrunde gelegten Annahmen unmittelbar und leicht zugänglich sind.[60] Verwendet der Ersteller der Empfehlung hingegen **eigene, geschützte Modelle**, so hat er ein gesteigertes Interesse an der Geheimhaltung dieses Modells. Daher ist es nach Ansicht der ESMA nicht erforderlich, dass ein geschütztes Modell öffentlich gemacht werden muss.[61] Allerdings ist in diesem Fall erforderlich, dass in der Anlageempfehlung der Ort angegeben wird, an dem grundlegende Informationen zu den benutzten geschützten Modellen unmittelbar und leicht zugänglich sind.[62] Aus dem Umkehrschluss zu Art. 4 Abs. 2 VO (EU) 2016/958, in welchem ausgeführt wird, dass „[...] *die geforderten Informationen für den Empfänger der Empfehlung kostenfrei und einfach zugänglich sind*" folgt, dass die Informationen nach Art. 4 Abs. 1 Buchst. c) und d) VO (EU) 2016/958 nicht kostenfrei zur Verfügung gestellt werden müssen. Vor dem Hintergrund, dass die Bereitstellung der Angaben nach Art. 4 Abs. 1 Buchst. c) und d) VO (EU) 2016/958 mit erheblichem Aufwand verbunden ist, ist es auch sachgerecht, dass der Abruf dieser Angaben bepreist werden kann. Allerdings darf die Bepreisung nicht in der Weise genutzt werden, dass sog. Abwehrkonditionen gestellt werden, da dies dazu führen würde, dass die Informationen nicht mehr *„leicht zugänglich"* sind. Insbesondere ist aber eine Bepreisung, die zur Kostendeckung führt, mit dem Wortlaut der Regulierung vereinbar.

c) Erläuterung und Empfindlichkeitsanalyse

Der Ersteller einer Anlageempfehlung ist verpflichtet, die Bedeutung jeder erstellten Emp- **17**
fehlung, so beispielsweise der Empfehlung *„Erwerb"*, *„Veräußerung"* oder *„Halten"*, und den zeitliche Rahmen der Anlage, auf die sich die Empfehlung bezieht, hinreichend zu erläutern.[63] Dabei ist vor Risiken angemessen zu warnen, einschließlich der Offenlegung der Ergebnisse einer durchzuführenden Empfindlichkeitsanalyse der zugrunde gelegten Annahmen.[64] Zielsetzung der Regelung ist es, dass der Empfänger der Anlageempfehlung die Bewertung verstehen und Risiken angemessen einschätzen kann.[65] Daher sind Erläuterungen dort geboten, wo der Empfänger die Ausführungen in der Empfehlung bei isolierter Betrachtung, dh ohne entsprechende Erläuterung, nicht oder missverstehen kann. Insbesondere sind Bedingungen oder Befristungen, unter denen die Anlageempfehlung erfolgt, transparent darzustellen. Soweit Art. 4 Abs. 1 Buchst. e) VO (EU) 2016/958 darauf abstellt *„vor etwaigen Risiken angemessen zu warnen"* greift die Vorschrift den Wortlaut der europäischen Vorgängerregelung weitgehend unverändert auf *(„[...] vor etwaigen Risiken angemessen gewarnt wird")*.[66] Damit ist er weiter als der Wortlaut der bisherigen Regelung im deutschen Recht, nach welcher die *„Anlagerisiken"* zu erläutern waren.[67] Teilweise wird gefordert, dass unter den *Anlagerisiken* auch die Schwächen der jeweiligen Methoden, Indikatoren und Kennzahlen zu berücksichtigen sind.[68] Die Anforderung darf aber nicht überzogen werden. So ist es insbesondere nicht erforderlich, dass in Bezug auf wissenschaftlich anerkannte und akzeptierte Methoden dargelegt wird, welche Kritik es an diesen

---

58 ESMA/2015/1455 Rn. 361. Zu den verschiedenen Bewertungsmodellen → § 23 Rn. 15.
59 Art. 4 Abs. 1 Buchst. b) VO (EU) 2016/958.
60 Art. 4 Abs. 1 Buchst. c) VO (EU) 2016/958.
61 ESMA/2015/1455 Rn. 361.
62 Art. 4 Abs. 1 Buchst. d) VO (EU) 2016/958.
63 Art. 4 Abs. 1 Buchst. e) VO (EU) 2016/958.
64 Die Vorschrift entspricht – mit geringfügigen sprachlichen Änderungen – der Regulierung in Art. 4 Abs. 1 Buchst. c) der RL 2003/125/EG, welche durch § 4 Abs. 3 S. 2 FinAnV aF in nationales Recht implementiert wurde.
65 *Möllers* in KölnKomm WpHG § 34b Rn. 136.
66 Art. 4 Abs. 1 Buchst. e) RL 2003/125/EG.
67 § 4 Abs. 3 S. 2 FinAnV aF.
68 *Möllers* in KölnKomm WpHG § 34b Rn. 136.

Ansätzen gibt. Weiter wird gefordert, dass die Risiken zu benennen sind, die sich aus dem der Analyse zugrunde liegenden Tatsachenmaterial ergeben.[69] Bezogen auf die wirtschaftlichen Risiken, die mit dem Emittenten oder dem Finanzinstrument verbunden sind, dürfen aus Art. 4 Abs. 1e) VO (EU) 2016/958 keine überzogenen Offenlegungspflichten abgeleitet werden. Dies ergibt sich bereits aus dem Wortlaut, nach welchem lediglich eine angemessene Warnung zu erfolgen hat. Insbesondere folgt aus der Pflicht, angemessen vor Risiken zu warnen, grundsätzlich nicht die Verpflichtung über alle mit der Anlage potentiell verbundenen Risiken aufzuklären. Eine entsprechend umfangreiche Offenlegung der Risiken stünde im Regelfall im Missverhältnis zum Umfang der Anlageempfehlung. Da die Finanzanalyse als Prognose typischerweise auf einer Vielzahl von Annahmen beruht, deren Eintreffen oder Ausbleiben Einfluss darauf hat, ob die Prognose zutreffend sein wird, darf die Anforderung an die Empfindlichkeitsanalyse keinesfalls überspannt werden. Vielmehr sind hier lediglich Angaben zu den zentralen Annahmen der Finanzanalyse geboten, von deren Eintreten die in der Finanzanalyse getroffene Einschätzung maßgeblich abhängt. Sofern die Finanzanalyse aber auf der Annahme von einer großen Vielzahl von Faktoren beruht – zB Zinsentwicklung, Sektorenentwicklung, weltpolitische Entwicklung etc. – ist eine Aussage zu diesen Annahmen und deren Auswirkung auf das Ergebnis der Anlageempfehlung nur dann sinnvoll, wenn die Annahme sich von den allgemeinen Erwartungen bezogen auf diesen Faktor erheblich unterscheidet und unter Berücksichtigung der marktüblichen Annahmen die Empfehlung ein abweichendes Ergebnis aufweisen würde.

d) Vorgesehene Häufigkeit der Aktualisierung und Kursdaten

18 Wie schon bisher[70] ist auch nach Art. 4 Abs. 1 Buchst. f) VO (EU) 2016/958 erforderlich, dass die Anlageempfehlung einen Hinweis auf die vorgesehene Häufigkeit der Aktualisierung enthält.[71] Als Bezugspunkt ist die angestrebte Veröffentlichung der Anlageempfehlung zu wählen und nicht der Zeitpunkt ihrer Erstellung. Der Hinweis kann grundsätzlich unterschiedlich ausgestaltet werden. Sowohl die Angabe eines fixen Zeitpunktes, zu dem die Veröffentlichung der Aktualisierung erfolgen soll als auch die Angabe eines Zeitintervalls, in welchem eine aktualisierte Anlageempfehlung verbreitet werden soll, sind denkbar. Sofern die Aktualisierungshäufigkeit mittels Zeitintervalls angegeben wird, ist vor dem Hintergrund der Zielsetzung der Regelung – dem Empfänger darüber zu informieren, wann er mit einer Aktualisierung rechnen kann – das Zeitintervall möglichst konkret zu bestimmen. Dabei sollte ein angemessener Ausgleich zwischen dem Informationsinteresse des Adressaten und den wirtschaftlichen Belangen des Erstellers erfolgen. So sollte es ausreichen, die Aktualisierung für einen bestimmten Monat zu avisieren. Ein Hinweis darauf, dass keine Aktualisierung vorgesehen ist, ist nach dem Wortlaut der Regelung hingegen nicht erforderlich und auch aus dem Blickwinkel des Schutzes der Empfänger der Anlageempfehlung nicht geboten. Denn der Empfänger einer Anlageempfehlung erhält auf Basis des Hinweises auf den vorgesehenen Aktualisierungsrythmus Kenntnis davon, dass die jeweilige Anlageempfehlung innerhalb des angegebenen Zeitpunktes oder zu dem angegebenen Zeitpunkt aktualisiert veröffentlicht werden soll. Fehlt ein entsprechender Hinweis, fehlt es grundsätzlich an einem berechtigen Vertrauen in die künftige Veröffentlichung einer aktualisierten Fassung. In der Praxis wird gleichwohl vielfach im Rahmen von Anlageempfehlungen darauf hingewiesen, dass diese jederzeit eingestellt werden können. Derartige Hinweise können insbesondere dann sinnvoll sein, wenn durch die Aufmachung – zB durch Nummerierung der Anlageempfehlungen – der Eindruck vermittelt wird, dass diese regelmäßig erstellt werden.

---

[69] *Möllers* in KölnKomm WpHG § 34b Rn. 136 mit entsprechenden Beispielen in Rn. 137 f.

[70] Art. 4 Abs. 1 Buchst. d) RL 2003/125/EG, § 4 Abs. 4 Nr. 3 FinAnV aF.

[71] Art. 4 Abs. 1 Buchst. d) RL 2003/125/EG führte aus: „*Bezug genommen wird auf die gegebenenfalls vorgesehene Häufigkeit einer Aktualisierung der Empfehlung* [...]", während in § 4 Abs. 4 Nr. 3 FinAnV aF formuliert wurde: „[..] *zeitlichen Bedingungen vorgesehener Aktualisierungen*".

Anders als zuvor[72] ist es nach Art. 4 Abs. 1 Buchst. f) VO (EU) 2016/958 nicht mehr erforderlich auf die Änderung der ursprünglich vorgesehenen Häufigkeit der Aktualisierung hinzuweisen. Diese Änderung ist zu begrüßen, da der Hinweis auf die vorgesehene Aktualisierung den Empfänger erstens hinreichend schützt und zweitens durch die Streichung der Umfang des Hinweistextes gekürzt wird, wodurch sich seine Verständlichkeit erhöht. 19

Ferner müssen weiterhin auch das **Datum** und der **Zeitpunkt der in der Anlageempfehlung genannten Kurse** angegeben werden.[73], Allerdings sah Art. 4 Abs. 1 Buchst. e) RL 2003/125/EG ferner vor, dass auch der Zeitpunkt, in welchem die Empfehlung erstmals veröffentlicht wurde, anzugeben ist.[74] Diese Verpflichtung ist im Rahmen der Neuregelung der Anlageempfehlung als allgemeine Verpflichtung zur objektiven Darstellung von Anlageempfehlungen eingeordnet worden, weshalb sie nunmehr in Art. 3 Absatz 1 Buchst. e) VO (EU) 2016/958 geregelt ist → § 22 Rn. 25. 20

e) Änderung zur früheren Empfehlungen

Der Ersteller muss zudem einen Hinweis auf Änderungen und den Zeitpunkt der früheren Empfehlung in die Anlageempfehlung aufnehmen, wenn für **dasselbe Finanzinstrument oder denselben Emittenten in den zwölf Monaten vor der Veröffentlichung dieser Anlageempfehlung eine unterschiedliche Anlageempfehlung erstellt** wurde.[75] Zwei Anlageempfehlungen unterscheiden sich dann, wenn zwei auf denselben Emittenten oder dasselbe Finanzinstrument bezogene Anlageempfehlungen voneinander abweichen. Dies ist der Fall, wenn die Anlageempfehlungen unterschiedliche Handlungsempfehlungen oder unterschiedliche Kursziele enthalten. Da keine Geringfügigkeitsschwelle vorgesehen ist, ist es für das Bestehen der Hinweispflicht unerheblich, in welchem Umfang die Anlageempfehlung von früheren Anlageempfehlungen abweicht. Keine Hinweispflicht wird hingegen ausgelöst, wenn die Anlageempfehlungen lediglich unterschiedliche Begründungen enthalten, diese sich aber weder in der Handlungsempfehlung noch im Kursziel der Anlageempfehlung auswirken. Anders als bisher[76] ist nach der Neuregelung nicht lediglich auf die vorausgegangene Empfehlung, sondern auch auf den Umstand hinzuweisen, dass sich die Empfehlungen unterscheiden. An den Hinweis sind erhöhte Anforderungen zu stellen.[77] Dies ergibt sich bereits aus dem Wortlaut von Art. 4 Abs. 1 Buchst. h) VO (EU) 2016/958 nach welchem „*ein klarer und unmissverständlicher Hinweis auf die Änderung(en)*" geboten ist. Hierdurch soll dem Empfänger deutlich vor Augen geführt werden, dass sich die Einschätzung zu dem Finanzinstrument oder dem Emittenten geändert hat. Weiter ergeben sich die erhöhten Anforderungen aus dem Vergleich zwischen Art. 4 Abs. 1 Buchst h) und g) VO (EU) 2016/958. Denn während in Buchst. g) lediglich ein „*Hinweis*" gefordert wird, muss der Hinweis gem. Buchst. h) „*klar und unmissverständlich*" sein. Welche Anforderungen an den „*klaren und* 21

[72] Art. 4 Abs. 1 Buchst. d) RL 2003/125/EG und § 4 Abs. 4 Nr. 3 FinAnV aF.

[73] Art. 4 Abs. 1 Buchst. g) VO (EU) 2016/958, so schon früher nach Art. 4 Abs. 1 Buchst. e) RL 2003/125/EG („*der Zeitpunkt, zu dem die Empfehlung zum ersten Mal veröffentlicht wurde, klar und unmissverständlich angegeben wird, sowie das jeweilige Datum und der Zeitpunkt der genannten Kurse von Finanzinstrumenten*"), umgesetzt in deutsches Recht durch § 4 Abs. 4 Nr. 1 und 2 FinAnV aF („*1. Das Datum ihrer ersten Veröffentlichung, 2. Datum und Uhrzeit der darin angegebenen Preise von Finanzinstrumenten*").

[74] Diese Vorschrift wurde durch § 4 Abs. 4 Nr. 1 FinAnV aF in nationales Recht umgesetzt.

[75] Art. 4 Abs. 1 Buchst. h) VO (EU) 2016/958.

[76] In Art. 4 Abs. 1 Buchst. f) RL 2003/125/EG hieß es: „*wenn sich die Empfehlung von derjenigen, die in den zwölf Monaten unmittelbar vor ihrer Veröffentlichung für dasselbe Finanzinstrument oder denselben Emittenten erstellt wurde, unterscheidet, auf den Zeitpunkt der früheren Empfehlung klar und unmissverständlich hingewiesen wird*". Die deutschrechtliche Umsetzungsbestimmung § 4 Abs. 4 Nr. 4 FinAnV aF lautete: „*ein Hinweis auf den Zeitpunkt eigener Finanzanalysen aus den der Veröffentlichung vorausgegangenen zwölf Monaten, die sich auf dieselben Finanzinstrumente oder Emittenten beziehen und eine abweichende Empfehlung für eine bestimmte Anlageentscheidung enthalten.*".

[77] Bereits Art. 4 Abs. 1 Buchst. f) RL 2003/125/EG sah vor, dass „*auf den Zeitpunkt der früheren Empfehlung klar und unmissverständlich hingewiesen wird.*" Diese Vorgabe wurde im Rahmen der Umsetzung durch § 4 Abs. 4 Nr. 4 FinAnV aF allerdings nicht exakt übernommen, da dort lediglich ein entsprechender „*Hinweis*" erforderlich ist.

unmissverständlichen" Hinweis zu stellen sind, ist abhängig von der konkreten Anlageempfehlung, insbesondere ihrer Länge, ihrer Aufbereitung und ihrer Ausgestaltung. Grundsätzlich gelten für den klaren und unmissverständlichen Hinweis sehr hohe Anforderungen im Hinblick auf die Verständlichkeit. Nicht zwingend erforderlich ist, dass er mittels Fettdruck oder anderer drucktechnischer Gestaltungsmöglichkeiten hervorgehoben wird. Gleichwohl kann eine entsprechende Gestaltung sinnvoll sein. Der klare und unmissverständliche Hinweis muss auch („*und*") den Zeitpunkt der früheren Anlageempfehlung umfassen.

f) Liste aller Empfehlungen der letzten 12 Monate

22 Neu eingeführt wurde die Verpflichtung, der Anlageempfehlung eine **Liste aller Empfehlungen, die in den letzten zwölf Monaten vor der aktuellen Empfehlung verbreitet wurden, beizufügen.**[78] Verbreitet ist dabei weit zu verstehen und umfasst insbesondere auch die Weitergabe iSd Art. 7 VO (EU) 2016/958. Für dieses Verständnis spricht insbesondere die englische Fassung der VO (EU) 2016/958. Denn dort wird erstens in Art. 4 Abs. 1 Buchst. i) VO (EU) 2016/958 ausgeführt „*list of all their recommendations [...] that were disseminated during* [...]". Zweitens ist Art. 7 VO (EU) 2016/958 – der in der deutschen Fassung mit „*Weitergabe von Empfehlungen durch den Ersteller*" überschrieben ist – in der englischen Fassung mit „*Dissemination of recommendations* [...]" überschrieben. Die Liste muss ferner zu jeder Anlageempfehlung Basisinformationen[79] enthalten, im Einzelnen: den Tag der Verbreitung der Anlageempfehlung, die Identität des Erstellers, das Kursziel und den relevanten Marktpreis zum Zeitpunkt der Weitergabe der Empfehlung sowie die Ausrichtung der Empfehlung und die Gültigkeitsdauer des Kursziels. Sie wird dadurch in der Praxis sehr umfangreich und insbesondere für Privatkunden schwer überschaubar sein. Insbesondere vor dem Hintergrund der Regelung in Art. 4 Abs. 1 Buchst. h) VO (EU) 2016/958, nach welcher in der Anlageempfehlung angegeben werden muss, wenn sich die aktuelle Anlageempfehlung von einer in den vorausgegangenen letzten zwölf Monaten vor Veröffentlichung erstellten Anlageempfehlung unterscheidet[80], ist die Regelung von Art. 4 Abs. 1 Buchst. i) VO (EU) 2016/958 als zu weitgehend zu bewerten.

g) Informationserteilung mittels Verweisung

23 Die in Art. 4 Abs. 1 VO (EU) 2016/958 vorgegebenen Hinweise sind grundsätzlich in der Anlageempfehlung selbst zu erteilen. Dies folgt aus dem Umkehrschluss von **Art. 4 Abs. 2 VO (EU) 2016/958** der **erlaubt**, dass **bestimmte der gem. Art. 4 Abs. 1 VO (EU) 2016/958 zu erteilende Angaben unter bestimmten Voraussetzungen außerhalb der Anlageempfehlung erteilt werden dürfen**.

24 Voraussetzung für die Erteilung der Information außerhalb der Anlageempfehlung ist gem. Art. 4 Abs. 2 VO (EU) 2016/958, dass „*die Offenlegung der geforderten Information im Vergleich zur Länge oder Form der abgegebenen Empfehlung unverhältnismäßig*" ist, wobei der Verordnungsgeber ausdrücklich auf den Fall der nichtschriftlichen Anlageempfehlung Bezug nimmt und beispielhaft bestimmte Konstellationen der nichtschriftlichen Anlageempfehlung nennt. Im Fall der Unverhältnismäßigkeit der Angaben ist in der Anlageempfehlung selbst stattdessen dort lediglich der Ort anzugeben, „*an dem die geforderten Informationen für die Empfänger der Empfehlung kostenfrei unmittelbar und einfach zugänglich sind*". Mithin weist Art. 4 Abs. 2 VO (EU) 2016/958 – abgesehen von der unterschiedlichen Bezugnahme – den identischen Wortlaut wie Art. 3 Abs. 2 VO (EU) 2016/958 auf, weshalb bezogen auf die Tatbestandsvoraussetzungen und die Rechtsfolgen von Art. 4 Abs. 2 VO (EU) 2016/958 auf die Ausführungen zu Art. 3 Abs. 2 VO (EU) 2016/958 verwiesen werden kann → § 22 Rn. 26 f.

---

78 Art. 4 Abs. 1 Buchst. i) VO (EU) 2016/958.
79 Vgl. ESMA/2015/1455 Rn. 364 („*This list should contain the basic information for each recommendation* [...]").
80 → § 23 Rn. 21.

Nach dem deutschen Wortlaut von Art. 4 Abs. 2 VO (EU) 2016/958 kann bezogen auf die in Art. 4 Abs. 1 Buchst. b), e) und l) VO (EU) 2016/958 genannten Hinweispflichten unter den genannten Voraussetzungen des Art. 4 Abs. 2 VO (EU) 2016/958 an den Ort verwiesen werden, an dem die geforderten Informationen für den Empfänger der Empfehlung kostenfrei unmittelbar und einfach zugänglich sind. Die englische Fassung von Art. 4 Abs. 2 VO (EU) 2016/958 nennt hingegen Art. 4 Abs. 1 Buchst. b), e) und i) VO (EU) 2016/958 und erfasst somit die Empfehlungsliste, welche in Art. 4 Abs. 1 Buchst. i) genannt wird. Da Art. 4 Abs. 1 VO (EU) 2016/958 lediglich die Buchstaben a) bis i) umfasst, handelt es sich bei der deutschen Fassung offensichtlich um einen Übersetzungsfehler, weshalb das „l" der deutschen Fassung als „i" zu lesen ist. Demnach ist die Regelung des Art. 4 Abs. 1 Buchst. i) VO (EU) 2016/958 von Art. 4 Abs. 2 VO (EU) 2016/958 erfasst und mithin kann der Abdruck dieser Liste im Rahmen der Anlageempfehlung unterbleiben, wenn der Abdruck der Liste im Verhältnis zur Anlageempfehlung unverhältnismäßig[81] ist und in der Empfehlung auf einen Ort verwiesen wird, an dem die geforderten Informationen für den Empfänger der Anlageempfehlung kostenfrei unmittelbar und einfach zugänglich sind. Ob der Abdruck der Liste unverhältnismäßig ist, ist auf Basis des jeweiligen Einzelfalls zu beurteilen. Insbesondere ist bei der Beurteilung der Verhältnismäßigkeit der Umfang der Anlageempfehlung im Verhältnis zum Umfang der Liste zu berücksichtigen. Übersteigt der Umfang der Liste den Umfang der Anlageempfehlung stellt dies ein starkes Indiz für das Vorliegen der Unverhältnismäßigkeit dar. 25

2. Offenlegungspflichten

a) Angabe der Aufsichtsbehörde

Sofern es sich bei der die Anlageempfehlung erstellenden Person um eine Wertpapierfirma, ein Kreditinstitut oder für eine Wertpapierfirma oder ein Kreditinstitut im Rahmen eines Arbeitsvertrags oder anderweitig tätige[82] natürliche Person handelt, ist neben der Angabe der Identität des Erstellers nach Art. 2 Abs. 1 VO (EU) 2016/958 auch die Identität der zuständigen Aufsichtsbehörde nach Art. 2 Abs. 2 VO (EU) 2016/958 offenzulegen.[83] Art. 3 Abs. 1 Nr. 12 MAR definiert den Begriff „*zuständige Behörde*" als „*eine gemäß Art. 22 MAR benannte zuständige Behörde, sofern nicht in dieser Verordnung etwas anderes bestimmt ist*". Nach Art. 22 MAR haben die Mitgliedstaaten eine einzige Behörde als zuständige Behörde für die Überwachung der Einhaltung der MAR zu benennen und darüber die Kommission, die ESMA und die in den anderen Mitgliedstaaten zuständigen Behörden zu informieren. Im Rahmen der Offenlegung ist es insbesondere erforderlich, dass nicht lediglich der Name der Aufsichtsbehörde angegeben wird, sondern im Kontext der Angabe erläutert wird, dass die angegebene Aufsichtsbehörde für die Aufsicht über den Ersteller der Anlageempfehlung zuständig ist. Ferner muss die Angabe der Aufsichtsbehörde ihren komplett ausgeschriebenen Namen sowie die Adresse der Behörde enthalten. 26

b) Angabe einer Nettoverkaufs- oder -kaufposition

Um die Objektivität und die Verlässlichkeit von Anlageempfehlungen sicherzustellen, ist es geboten, dass die Interessen und Interessenkonflikte die bezogen auf den Emittenten oder die Finanzinstrumente bestehen, auf die sich die Anlageempfehlung bezieht, offengelegt wer- 27

[81] Zu den Anforderungen an die Unverhältnismäßigkeit → § 22 Rn. 27.

[82] → § 21 Rn. 33 ff.

[83] Die Regelung entspricht Art. 2 Abs. 2 der RL 2003/125/EG („*Handelt es sich bei der relevanten Person um ein Wertpapierhaus oder ein Kreditinstitut, schreiben die Mitgliedstaaten vor, dass die Identität der jeweils zuständigen Behörde offen gelegt wird.*"), die durch § 2 Abs. 2 S. 1 FinAnV aF („*Für die Erstellung oder die Weitergabe von Finanzanalysen verantwortliche Kreditinstitute, Finanzdienstleistungsinstitute,[..] müssen neben den erforderlichen Angaben nach [..] die Bezeichnung der öffentlichen Stelle angeben, deren Aufsicht sie unterliegen.*") in nationales Recht implementiert wurde.

den.[84] Nach Art. 6 Abs. 1 Buchst. a) VO (EU) 2016/958 müssen Ersteller von Anlageempfehlungen[85] angeben, wenn sie im Besitz einer **Nettoverkaufs- oder -kaufposition sind, die die Schwelle von 0,5 % des gesamten emittierten Aktienkapitals des Emittenten überschreitet**. Die neue Regelung stellt im Vergleich zur Vorgängerregelung des Art. 6 Abs. 1 Buchst. a) RL 2003/125/EG[86] eine doppelte Verschärfung dar. Nach früherem Recht musste lediglich angegeben werden, wenn der Ersteller Anteile von über 5 % des gesamten emittierten Aktienkapitals an dem Emittenten hielt. Dabei war den europäischen Mitgliedstaaten die Möglichkeit eingeräumt worden, niedrigere Schwellen als 5 % einzuführen,[87] wovon auch teilweise Gebrauch gemacht wurde. Durch die Neuregulierung soll nunmehr ein einheitlicher angemessener Schwellenwert für die Offenlegung eingeführt werden.[88] Die neue einheitliche Regulierung soll nun auch sog. Nettokaufs- und Verkaufspositionen erfassen, die sich aus dem Halten von strukturierten Finanzprodukten oder Derivaten ergeben, die auf die jeweiligen Finanzinstrumente bezogen sind, die die Empfehlung betrifft.[89] Hierunter fallen insbesondere Contracts for Difference (CFD), Swaps und Derivate auf Indizes oder Körbe von Finanzinstrumenten.[90] Die Ausweitung der Offenlegungspflichten auf diese Positionen ist sinnvoll, da es für das Vorliegen eines Interessenkonfliktes unerheblich ist, ob der Ersteller der Empfehlung unmittelbar am Aktienkapital des Unternehmens beteiligt ist oder ob er eine finanzielle Position innehat, deren Wert vom Kurs der Aktie des Unternehmens abhängt, auf welches sich die Anlageempfehlung bezieht. Die zweite wesentliche Verschärfung im Vergleich zur alten Regelung besteht darin, dass die Schwelle von 5 % auf 0,5 % herabgesetzt wurde. Ausschlaggebend für diese Herabsetzung war die Wertung, dass die 5 %-Schwelle zu hoch war, um Interessenkonflikte angemessen offenzulegen.[91] Die mit der Herabsetzung der Schwelle verbundene Erhöhung des administrativen Aufwands für die Finanzindustrie hat ESMA zwar gesehen, sich aber gleichwohl für die Einführung der reduzierten Schwelle ausgesprochen, da die Vorteile der neuen Schwelle nach ESMA die mit ihrer Einführung verbundenen Belastungen übersteigen.[92] Die Berechnung der Position hat dabei nach Art. 3 VO (EU) 236/2012/EU (Leerverkaufsverordnung – Leerverkaufs-VO)[93] und den Kapiteln III. und IV. VO (EU) 918/2012[94] zu erfolgen. Durch die Anwendung der bereits bestehenden Berechnungsmethoden auch für die Ermittlung der Offenlegungspflicht soll nach ESMA der administrative Aufwand, der mit der neuen Offenlegung verbunden ist, möglichst gering gehalten werden.[95] In diesem Kontext ist hervorzuheben, dass unter der Leerverkaufs-VO insbesondere auch das Handelsbuch für die Ermittlung der Nettoposition

---

[84] ESMA/2015/1455 Rn. 373.

[85] Dass die in Art. 6 Abs. 1 VO (EU) 2016/958 normierten Verpflichtungen sich an Ersteller von Anlageempfehlungen richten, ergibt sich aus Art. 6 Abs. 1 VO (EU) 2016/958 am Anfang, der an die Regelung von Art. 5 VO (EU) 2016/958 („*zusätzlich zu den in Art. 5 verlangten Angaben* […]") anknüpft, welche sich an die Ersteller von Anlageempfehlungen richtet („*Personen, die Empfehlungen erstellen* […]").

[86] Die europäische Vorgabe wurde durch § 5 Abs. 3 S. 1 Nr. 1 iVm S. 2 u. 3 FinAnV aF in nationales Recht umgesetzt, wonach „*wesentliche*" Beteiligungen anzugeben waren und eine Beteiligung dann als „*wesentlich*" galt, wenn sie mehr als 5 % des Grundkapitals der Aktiengesellschaft betrug. Zulässig war auch die konkrete Offenlegung der Beteiligung, sofern sie über 0,5 % des Grundkapitals der Aktiengesellschaft lag.

[87] Art. 6 Abs. 1 Buchst. a) RL 2003/125/EG.

[88] ESMA/2015/1455 Rn. 374.

[89] ESMA/2015/1455 Rn. 375.

[90] ESMA/2015/1455 Rn. 375.

[91] ESMA/2015/1455 Rn. 376.

[92] ESMA/2015/1455 Rn. 376.

[93] Verordnung (EU) Nr. 236/2012 des Europäischen Parlaments und des Rates vom 14. März 2012 über Leerverkäufe und bestimmte Aspekte von Credit Default Swaps, ABl. EU Nr. L86 v. 24.3.2012 S. 1 ff. (Leerverkaufs-VO).

[94] Delegierte Verordnung (EU) Nr. 918/2012 der Kommission vom 5. Juli 2012 zur Ergänzung der Verordnung (EU) Nr. 236/2012 des Europäischen Parlaments und des Rates über Leerverkäufe und bestimmte Aspekte von Credit Default Swaps im Hinblick auf Begriffsbestimmungen, die Berechnung von Netto-Leerverkaufspositionen, gedeckte Credit Default Swaps auf öffentliche Schuldtitel, Meldeschwellen, Liquiditätsschwellen für die vorübergehende Aufhebung von Beschränkungen, signifikante Wertminderungen bei Finanzinstrumenten und ungünstige Ereignisse, ABl. EU Nr. L274 v. 9.10.2012 S. 1 ff.

[95] ESMA/2015/1455 Rn. 378.

einbezogen werden muss.[96] Offengelegt werden muss auch, ob es sich bei der Nettoposition um eine Kauf- oder Verkaufsposition handelt. Nicht erforderlich ist, dass die genaue Höhe der Nettoposition angegeben wird, ausreichend ist vielmehr die Aussage, dass eine Nettoverkaufs- oder Kaufposition von über 0,5 % des gesamten emittierten Grundkapitals der Aktiengesellschaft besteht.[97] Dieses Verständnis soll dazu dienen, den für die Finanzindustrie mit der Offenlegung verbundenen Aufwand möglichst gering zu halten. Ferner soll es das Risiko reduzieren, dass präzise Informationen über Beteiligungen nur an bestimmte Kunden – ohne gleichzeitige Unterrichtung der Öffentlichkeit – verbreitet werden.[98] Da allein aus der Offenlegung, dass eine Nettoverkauf- oder verkaufsposition von über 0,5 % besteht, nicht der Grad des Interessenkonflikts deutlich wird, kann die Regelung kritisiert werden. Vor dem Hintergrund, dass Informationen über Beteiligungen bzw. Handelspositionen und insbesondere über deren Größe sensible und typischerweise preissensitive Informationen darstellen, ist die neue Regelung aber als sinnvoll zu bewerten, da sie einen angemessenen Ausgleich zwischen dem Offenlegungsinteresse des Empfängers der Anlageempfehlung und dem Geheimhaltungsinteresse des Erstellers bezogen auf präzise Informationen über die Positionshöhe schafft.

Nach ESMA sind Positionen aber auch dann offenzulegen, wenn sie **unter der angegeben Schwelle von 0,5 %** liegen, sofern sie wahrscheinlich zu Interessenkonflikten führen, wobei die Offenlegungsverpflichtung dann aus der generellen Verpflichtung zur Offenlegung von Interessenkonflikten folge.[99] Diese Aussage von ESMA ist in der Weise zu verstehen, dass eine Offenlegung von einer Position von unter 0,5 % grundsätzlich nicht erforderlich ist, sondern nur in Ausnahmefällen und zwar dann, wenn aus der Position von unter 0,5 % ausnahmsweise ein Interessenkonflikt resultiert, welcher über den Umstand der Beteiligung als solcher hinausgeht. Das heißt, es müssen jeweils besondere Umstände des Einzelfalls vorliegen, die dazu führen, dass obwohl die 0,5 % Schwelle nicht erreicht wurde, ein Interessenkonflikt vorliegt, der über dem üblichen Interessenkonflikt liegt, der aus einer entsprechenden Beteiligung resultiert. Ein anderes Verständnis würde die in Art. 6 Abs. 1 Buchst. a) VO (EU) 2016/958 getroffene Wertung ignorieren. 28

Interessenkonflikte können ferner dadurch entstehen, dass der Emittent der Gegenstand der Anlageempfehlung ist, eine **Beteiligung an dem Unternehmen** hält, **welches die Anlageempfehlung erstellt**. Daher muss angegeben werden, wenn der Emittent, auf den sich die Anlageempfehlung bezieht, über 5 % des emittierten Aktienkapitals der Person hält, die die Anlageempfehlung erstellt.[100] 29

Der Wortlaut der Regelung von Art. 6 Abs. 1 Buchst. a) RL 2003/125/EG war weiter als der Wortlaut von Art. 6 Abs. 1 Bucht. a) und b) VO (EU) 2016/958, da nach der DurchführungsRL 2003/125/EG auch Beteiligungen an **verbundenen juristischen Personen** erfasst wurden. Aus der Entstehungsgeschichte, insbesondere aus dem Technical Advice der ESMA, kann aber nicht entnommen werden, dass die Regelung insoweit eingeschränkt werden soll. Interessenkonflikte können schließlich auch dann vorliegen, wenn die Beteiligung an verbundenen juristischen Personen besteht. Daher sprechen gute Argumente dafür, dass diese Beteiligungen auch künftig offenzulegen sind. Die Rechtsgrundlage für die Offenlegungspflicht folgt entweder aus dem allgemeinen Gebot zur Offenlegung von Interessenkonflikten nach Art. 5 Abs. 1 VO (EU) 2016/958 oder aus dem Sinn und Zweck der Offenlegungspflicht von Art. 6 Abs. 1 Buchst. a) und b) VO (EU) 2016/958. Gegen eine 30

[96] ESMA/2015/1455 Rn. 378.
[97] ESMA/2015/1455 Rn. 379.
[98] ESMA/2015/1455 Rn. 379.
[99] ESMA/2015/1455 Rn. 377.
[100] Art. 6 Abs. 1 Buchst. b) VO (EU) 2016/958; dazu ESMA/2015/1455 Rn. 380; eine entsprechende Regelung enthielt Art. 6 Abs. 1 Buchst. a) RL 2003/125/EG („*wenn Anteile von über 5 % des gesamten emittierten Aktienkapitals an der relevanten Person oder einer verbundenen juristischen Person von dem Emittenten gehalten werden*"), welche durch § 5 Abs. 3 S. 1 Nr. 1 iVm S. 2 u. 3 FinAnV aF („*wesentliche Beteiligungen zwischen Personen oder Unternehmen im Sinne des Abs. 1 S. 2 Nr. 1 bis 3 und den Emittenten, die selbst oder deren Finanzinstrumente Gegenstand der Finanzanalyse sind, bestehen*") in deutsches Recht umgesetzt wurde.

entsprechende Verpflichtung kann der Wortlaut von Art. 6 Abs. 1 Buchst. a) und b) VO (EU) 2016/958 und der Vergleich zur Art. 6 Abs. 1 Buchst. c) VO (EU) 2016/958 angeführt werden, in welchem auf die Zugehörigkeit zur Gruppe abgestellt wird.

c) Weitere besondere Interessen

31 Für den Fall, in dem der Ersteller oder eine andere Person, die zu derselben Gruppe gehört, für den Emittenten **bestimmte Dienstleistungen** erbringt – Market Making, Emission von Finanzinstrumenten, Investmentbanking oder den Abschluss einer Vereinbarung über die Erstellung von Anlageempfehlungen – sind **besondere Offenlegungspflichten** vorgesehen.[101]

32 Unverändert im Rahmen der Neuregulierung ist die Pflicht zur Angabe der Tatsache geblieben, dass der Ersteller oder ein Gruppenangehöriger ein **Market Maker oder Liquiditätsspender** in den Finanzinstrumenten des Emittenten ist.[102] Unter Market Maker oder Liquiditätsspender werden diejenigen verstanden, die laufend An- und Verkaufskurse für die entsprechenden Finanzinstrumente stellen und zu diesen Kursen entsprechende Geschäfte abwickeln.[103] Ausreichend ist dabei, dass der Ersteller oder der Gruppenangehörige Market Maker oder Liquiditätsspender für irgendein vom Emittenten emittiertes Finanzinstrument ist, unabhängig davon, ob die konkrete Anlageempfehlung sich auf ein anderes Finanzinstrument des Emittenten bezieht. Die Offenlegungspflicht besteht, da der Ersteller der Anlageempfehlung auf Basis seiner Aktivität gegenüber dem Emittenten eine besondere Beziehung zum Emittenten und daher ein gesteigertes (wirtschaftliches) Interesse an der Marktgängigkeit der vom Emittenten emittierten Finanzinstrumente hat.

33 Ebenfalls unverändert geblieben ist die Verpflichtung des Erstellers offenzulegen, wenn er oder ein Gruppenangehöriger in den vorangegangenen zwölf Monaten vor der Erstellung der Anlageempfehlung bei der **öffentlichen Emission**[104] **von Finanzinstrumenten des**

---

[101] Art. 6 Abs. 1 Buchst. c) VO (EU) 2016/958; die Vorschrift entspricht weitgehend der Art. 6 Abs. 1 Buchst. c) – f) RL 2003/125/EG („c) *gegebenenfalls eine Stellungnahme dazu, ob die relevante Person oder eine mit ihr verbundene juristische Person eine Market Maker oder Liquiditätsspender in den Finanzinstrumenten des Emittenten ist; d) gegebenenfalls eine Aussage darüber, ob die relevante Person oder eine mit ihr verbundene juristische Person in den vorangegangenen zwölf Monaten bei der öffentlichen Emission von Finanzinstrumenten des Emittenten federführend oder mitführend war; e) gegebenenfalls eine Stellungnahme zu der Frage, ob die relevante Person oder eine mit ihr verbundene juristische Person mit dem Emittenten eine sonstige Vereinbarung über die Erbringung von Investment-Banking-Dienstleistungen getroffen hat, vorausgesetzt, dies hat nicht die Offenlegung vertraulicher Geschäftsinformationen zur Folge und die Vereinbarung war in den vorangegangenen zwölf Monaten in Kraft oder im gleichen Zeitraum erfolgte eine Entschädigung auf ihrer Grundalge; f) gegebenenfalls eine Aussage dazu, ob die relevante Person oder eine mit ihr verbundene juristische Person mit dem Emittenten eine Vereinbarung über die Erstellung von Anlageempfehlungen getroffen hat*"), die durch § 5 Abs. 3 Nr. 2 Buchst. a)-d) FinAnV aF („[..] *wenn 2. die Personen oder Unternehmen im Sinne des Abs. 1 S. 2 Nr. 1 bis 3a) Finanzinstrumente, die selbst oder deren Emittenten Gegenstand der Finanzanalyse sind, an einem Markt durch das Einstellen von Kauf- oder Verkaufsaufträgen betreuen; b) innerhalb der vorangegangenen zwölf Monate an der Führung eines Konsortiums für eine Emission im Wege eines öffentlichen Angebots von solchen Finanzinstrumenten beteiligt waren, die selbst oder deren Emittenten Gegenstand der Finanzanalyse sind, c) innerhalb der vorangegangenen zwölf Monate gegenüber Emittenten, die selbst oder deren Finanzinstrumente Gegenstand der Finanzanalyse sind, an eine Vereinbarung von Dienstleistungen im Zusammenhang mit Investmentbanking-Geschäften gebunden waren oder in diesem Zeitraum aus einer solchen Vereinbarung eine Leistung oder ein Leistungsversprechen erhielten, soweit von der Offenlegung dieser Informationen keine vertraulichen Geschäftsinformationen betroffen sind, d) mit Emittenten, die selbst oder deren Finanzinstrumente Gegenstand der Finanzanalyse sind, eine Vereinbarung zu der Erstellung von Finanzanalysen getroffen haben [..]*") in nationales Recht umgesetzt wurde.

[102] Art. 6 Abs. 1 Buchst. c), i), VO (EU) 2016/958; eine entsprechende Regelung enthielt Art. 6 Abs. 1 Buchst. c) RL 2003/125/EG, die durch § 5 Abs. 3 Nr. 2 Buchst. a) FinAnV aF in nationales Recht implementiert wurde (zum Text der jeweiligen Regelung siehe Fußnote 82).

[103] Art. 3 Abs. 1 Nr. 30 MAR, der bezogen auf den „Market-Maker" auf den Market Maker iSv Art. 4 Abs. 1 Nr. 7 Richtlinie 2014/65/EU (MiFID II) verweist. Danach ist Market-Maker „*eine Person, die an den Finanzmärkten auf kontinuierlicher Basis ihre Bereitschaft anzeigt, durch den An- und Verkauf von Finanzinstrumenten unter Einsatz des eigenen Kapitals Handel für eigene Rechnung zu von ihr gestellten Kursen zu betreiben*".

[104] Zur Abgrenzung *R. Müller* in Kümpel/Wittig Rn. 15.97.

Emittenten federführend oder mitführend tätig war.[105] Eine federführend oder mitführende Tätigkeit ist bei der Stellung als Konsortialführer gegeben, wobei nicht erforderlich ist, dass eine alleinige Konsortialführerschaft besteht.[106] Nicht erfasst ist das federführende Mitwirken an Privatplatzierungen. Dies ergibt sich bereits aus dem Wortlaut, der auf die öffentliche Emission abstellt. Unerheblich ist ferner, bei welchen konkreten Finanzinstrumenten des Emittenten der Ersteller an der öffentlichen Emission beteiligt war. Dies ist weder für die Auslösung der Offenlegungspflicht relevant, noch muss im Rahmen der Offenlegung angegeben werden, bezogen auf welches konkrete Finanzinstrument des Emittenten der Ersteller der Anlageempfehlung an der öffentlichen Emission federführend oder mitführend beteiligt war. Ursache der Offenlegungsverpflichtung ist, dass auf Basis des Tätigwerdens des Erstellers für den Emittenten im Rahmen der öffentlichen Emission ein gesteigertes Interesse des Erstellers am Emittenten besteht, weshalb eine erhöhte Gefahr dafür besteht, dass Anlageempfehlungen nicht unvoreingenommen abgegeben werden.

Offenzulegen in der Anlageempfehlung ist – unter bestimmten Voraussetzungen – gem. **34**
Art. 6 Abs. 1 Buchst. c) (iii) VO (EU) 2016/958 ferner, wenn der Ersteller der Anlageempfehlung oder ein Gruppenangehöriger mit dem Emittenten eine Vereinbarung über die Erbringung von **Investmentbankingdienstleistungen**[107] geschlossen hat.[108] Die Offenlegungspflicht steht nach dem Wortlaut unter dem Vorbehalt, dass durch die Offenlegung keine vertraulichen Geschäftsinformationen offengelegt werden. Vor dem Hintergrund der Zielsetzung der Regelung, ist der Vorbehalt eng auszulegen, da andernfalls potentielle Offenlegungsverpflichtungen mit dem Verweis auf die damit verbundene Offenlegung von vertraulichen Geschäftsinformationen unterbleiben könnten. Unzulässig ist eine vermeintliche Vertraulichkeit herzuführen, um die Offenlegungspflicht zu umgehen. Wenn allerdings mit der Offenlegung die Veröffentlichung von Insiderinformationen verbunden wäre, greift der Vorbehalt. Freilich ist zu berücksichtigen, dass sich die Offenlegung auf den bloßen Verweis auf eine Geschäftsbeziehung beschränken kann, deren Einzelheiten aber nicht konkretisiert werden müssen. Voraussetzung für die Offenlegungspflicht ist, dass die Vereinbarung in den letzten zwölf Monaten vor Erstellung der Anlageempfehlung in Kraft war oder sich in diesem Zeitraum auf Basis der Vereinbarung eine Verpflichtung zur Zahlung oder zum Erhalt einer Entschädigung ergeben hat. Die neue europäische Regulierung geht über die bisher getroffene Regelung[109] hinaus, da diese lediglich auf die *„im gleichen Zeitraum erfolgte [..] Entschädigung“* abstellte. Die neue Regelung ist insbesondere weiter als die bisherige deutsche Regelung, die in § 5 Abs. 3 Nr. 2 Buchst. c) FinAnV aF für die Offenlegungsverpflichtung an den Erhalt einer Leistung oder eines Leistungsversprechens anknüpfte. Die neue europäische Regelung ist aber insoweit an die Regulierung in der FinAnV aF angelehnt, da sie es ebenfalls als ausreichend ansieht, wenn die Verpflichtung – und nicht die aus der Verpflichtung resultierende Zahlung – innerhalb des relevanten Zeitraums entstanden sein muss. Allerdings geht die neue europäische Regelung noch weiter, da sie nicht lediglich die Zahlung, sondern auch den Erhalt einer Entschädigung erfasst. Diese Neufassung hat zur Konsequenz, dass der Anwendungsbereich der Offenlegungspflicht auf den umgekehrten Fall erweitert wird, nämlich auf die Konstellation, in welcher der Emittent für den Ersteller der Anlageempfehlung Investmentbankingdienstleistungen erbringt. Dies ergibt sich besonders deutlich aus dem englischen Wortlaut der Regulierung.[110] Zielsetzung der Offenle-

---

105 Art. 6 Abs. 1 Buchst. c) (ii) VO (EU) 2016/958. Eine entsprechende Regelung enthielt Art. 6 Abs. 1 Buchst. d) RL 2003/125/EG, die durch § 5 Abs. 3 Nr. 2b) FinAnV aF in nationales Recht implementiert wurde (zum Text der jeweiligen Regelung siehe Fußnote 82).

106 Zu Emissionskonsortien allgemein *R. Müller* in Kümpel/Wittig Rn. 15.114 ff.

107 Erfasst sind die in Anhang I Abschnitt A und B der MiFID II benannten Wertpapierdienstleistungen.

108 Eine entsprechende, aber weniger weitreichende Regelung enthielt Art. 6 Abs. 1 Buch. e) RL 2003/125/EG, die – leicht von den europäischen Vorgaben abweichend – durch § 5 Abs. 3 Nr. 2 Buchst. c) FinAnV aF in nationales Recht umgesetzt wurde (zum Text der jeweiligen Regelung siehe Fußnote 82).

109 Art. 6 Abs. 1 Buchst. e) RL 2003/125/EG.

110 Vgl. Art. 6 Abs. 1 Buchst. c) (iii) VO (EU) 2016/958 der englischen Fassung („[…] *the obligation to pay or receive compensation*“).

gungsverpflichtung ist es, dass der Empfänger der Anlageempfehlung erkennen können soll, wenn der Ersteller der Anlageempfehlung auf Basis weiterer Verpflichtungen, die er gegenüber dem Emittenten eingegangen ist, Anreize hat, seine Verpflichtung zur unabhängigen und objektiven Erstellung von Anlageempfehlungen zu vernachlässigen. Die Erfassung der Fälle, in denen umgekehrt der Emittent für den Ersteller der Anlageempfehlung Investmentbankingdienstleistungen erbringt, ist konsequent. Denn auch in diesem Fall hat der Ersteller der Anlageempfehlung ein gesteigertes – über die Erstellung der objektiven Anlageempfehlung hinausgehendes – Interesse an einer guten Geschäftsbeziehung zum Emittenten, aus welchem (zumindest theoretisch) die Gefahr resultiert, dass die Anlageempfehlung nicht objektiv und unvoreingenommen erstellt wird.

35 Der Ersteller muss ferner in der Anlageempfehlung offenlegen, wenn zwischen ihm und dem Emittent eine **Vereinbarung über die Erstellung von Anlageempfehlungen getroffen wurde**.[111] Grund für diese Offenlegungsverpflichtung ist die Tatsache, dass der Ersteller der Anlageempfehlung auf Basis der mit dem Emittenten getroffenen Vereinbarung (wirtschaftliche) Interessen hat, die geeignet sind, die Objektivität und Unabhängigkeit der Anlageempfehlung zu beeinträchtigen.

d) Beschreibung interner Regelungen zu Verhinderung von Interessenkonflikten

36 Sofern die Anlageempfehlung durch eine Wertpapierfirma, ein Kreditinstitut oder eine juristische oder natürliche Person, die für eine Wertpapierfirma oder ein Kreditinstitut tätig ist, erstellt werden, müssen weitere Informationen offengelegt werden.[112] So sind Angaben zum Umgang mit Interessenkonflikten, die Abhängigkeit der Vergütung der Personen, die Anlageempfehlungen erstellen von bestimmten Faktoren, sowie bestimmte Details, sofern Personen, die an der Erstellung der Anlageempfehlung beteiligt waren, Anteile vom Emittenten vor ihrer öffentlichen Emission erhalten oder erwerben – offenzulegen.[113]

37 Konkret muss die eine Anlageempfehlung erstellende Wertpapierfirma bzw. das erstellende Kreditinstitut in der Anlageempfehlung die **tatsächlichen organisatorischen Maßnahmen, die zur Verhinderung oder Vermeidung von Interessenkonflikten** ergriffen wurden, beschreiben, insbesondere die in diesem Kontext errichteten Informationsschranken.[114] Anders als in Art. 6 Abs. 2 RL 2003/125/EG – nach welcher die Information „*generell offen gelegt*" werden musste – und nach § 5 Abs. 4 Nr. 1 FinAnV aF – nach welcher die Information „*in allgemeiner Weise anzugeben*" war – enthält die Neuregelung keine nähere Beschreibung darüber, in welcher Art und Weise die Offenlegung erfolgen soll. Aus dem geänderten Wortlaut, der nicht mehr die generelle Offenlegung vorsieht, könnte gefolgert werden, dass die Neuregelung eine detaillierte Beschreibung im Vergleich zur Altregelung fordert. Diese Auslegung steht aber nicht im Einklang mit den Verlautbarungen der ESMA im Rahmen der Entstehungsgesichte.[115] Auch aus dem Sinn und Zweck der Regelung folgt keine abweichende Auslegung. Denn dieser zielt darauf ab, dass dem potentiellen Empfänger von Anlageempfehlungen verdeutlicht wird, welche Interessenkonflikte bestehen und welche Maßnahmen zur Vermeidung bzw.

---

[111] Art. 6 Abs. 1 Buchst. c) (iv) VO (EU) 2016/958. Die Regelung wurde unverändert von Art. 6 Abs. 1 Buchst. f) RL 2003/125/EG übernommen, welche durch § 5 Abs. 3 S. 1 Nr. 2 Buchst. d) FinAnV aF in nationales Recht implementiert wurde (zum Text der jeweiligen Regelung siehe Fußnote 82).

[112] Nach Art. 6 Abs. 2 VO (EU) 2016/958.

[113] Anders als von der ESMA vorgeschlagen, wurde diese Verpflichtung nicht auf Sachverständige iSd Art. 1 Buchst. a) VO (EU) 2016/958 ausgeweitet, vgl. ESMA/2015/1455 Rn. 371.

[114] Art. 6 Abs. 2 Buchst. a) VO (EU) 2016/958. Die Regelung entspricht weitgehend Art. 6 Abs. 2 RL 2003/125/EG, die mittels § 5 Abs. 4 Nr. 1 FinAnV aF in nationales Recht implementiert wurde. Zur den organisatorischen Anforderungen auch → § 22 Rn. 3 ff.

[115] So führte ESMA bezogen auf die Offenlegungspflicht nunmehr in Art. 6 Abs. 2 Buchst. a) VO (EU) 2016/958 geregelte Offenlegungspflicht aus: „*[..]in general terms, the effective organisational and administrative arragements [..]*" ohne die Art und Weise der Offenlegung zu kritisieren oder ändern zu wollen, vgl. ESMA/2015/1455 Rn. 369 ff.

Reduzierung dieser Interessenkonflikte ergriffen wurden. Um dem Adressaten der Anlageempfehlung dieses Wissen zu vermitteln ist es nicht erforderlich, dass ihm jede Detailregelung zur Reduzierung und Vermeidung von Interessenkonflikten offengelegt wird. Vielmehr genügt es, wenn ihm generell vermittelt wird, welche Maßnahmen zur Vermeidung und Reduzierung der bestehenden Interessenkonflikte ergriffen wurden und insbesondere welche Informationsschranken bestehen. Wichtig ist dabei, dass nur organisatorische Maßnahmen beschrieben werden, die tatsächlich bestehen. Sofern geplante organisatorische Maßnahmen beschrieben werden, ist darzulegen, ab wann sie umgesetzt werden. Die Beschreibung ist so auszugestalten, dass sie für den durchschnittlichen Empfänger der Anlageempfehlung hinreichend verständlich ist. Bezogen auf die Beschreibung von Informationsschranken folgt daraus insbesondere, dass die Abteilungen, zwischen den entsprechende Informationsschranken bestehen, nicht lediglich mittels einer internen Abkürzung zu bezeichnen sind, sondern so beschrieben werden müssen, dass der Adressat erkennen kann, welche Tätigkeiten in den jeweiligen Abteilungen ausgeführt werden.

Art. 6 Abs. 2 Buchst. b) VO (EU) 2016/958 verpflichtet die Wertpapierfirmen oder Kreditinstitute, die Anlageempfehlungen erstellen dazu, im Rahmen der Anlageempfehlung eine Stellungnahme darüber abzugeben, ob die **Vergütung von den natürlichen oder juristischen Personen, die** für Wertpapierfirmen oder Kreditinstitute im Rahmen eines Arbeitsvertrags oder anderweitig **an der Erstellung der Anlageempfehlung beteiligt**[116] **waren**, unmittelbar an Geschäfte bei Wertpapierdienstleistungen gem. Anhang I Abschnitt A und B der RL 2014/65/EU (MiFID II) oder anderweitige Geschäfte, die von ihr selbst oder einem Gruppenangehörigen vorgenommen werden, gebunden ist oder an Handelsgebühren gebunden ist, die das Kreditinstitut oder die Wertpapierfirma oder ein Gruppenangehöriger vereinnahmt. Die Neuregelung geht deutlich über die bisherigen Vorschriften[117] hinaus. Erstens wird nunmehr nicht lediglich die Offenlegung für den Fall gefordert, dass eine entsprechende Vergütung erfolgt, sondern eine Stellungnahme darüber, ob eine entsprechende Vergütung gewährt wird. Demnach ist es künftig erforderlich, dass auch in dem Fall, in dem eine entsprechende Vergütung nicht gewährt wird, im Rahmen der Stellungnahmen eine Negativerklärung abgegeben wird. Zweitens wurden die Anzahl der Faktoren, von denen die Vergütung der Personen, die an der Erstellung der Anlageempfehlung beteiligt sind und mit denen eine Auseinandersetzung im Rahmen der Stellungnahme erfolgen muss, erweitert. Während nach altem Recht[118] lediglich offenzulegen war, wenn die Abhängigkeit von Investmentbanking-Geschäften des eigenen oder des verbundenen Unternehmens bestanden hat, sind nunmehr auch die unmittelbare Bindung der Vergütung an *„anderweitige Geschäfte"* oder an Handelsgebühren des eigenen oder eines verbundenen Unternehmens zu betrachten und im Rahmen der abzugebenden Stellungnahme zu reflektieren. Die Pflicht zur Stellungnahme darüber, ob eine unmittelbare Bindung der Vergütung der Personen, die an der Erstellung der Anlageempfehlung beteiligt waren, an Handelsgebühren des eigenen oder des verbundenen Unternehmens bestehen, ist zu begrüßen. Denn durch die Bindung der Vergütung an die erzielten Handelsgebühren, könnte bei den an der Erstellung der Anlageempfehlung beteiligten Person ein Anreiz zur Erstellung von Anlageempfehlungen gefördert werden, welche nicht im Einklang mit dem Interesse an einer objektiven und unabhängigen Anlageempfehlung steht. Soweit eine Stellungnahme für die Bindung der Vergütung an *„anderweitige Geschäfte"* verlangt wird, ist 38

[116] Zu den Anforderungen, die an die Beteiligung an die Erstellung einer Anlageempfehlung zu stellen sind: → § 21 Rn. 43.

[117] Bereits in Art. 6 Abs. 3 RL 2003/125/EG hieß es: „[...] ob die Vergütung dieser Personen an Investmentbanking-Geschäfte des Wertpapierhauses oder des Kreditinstitutes oder verbundener juristischer Personen gebunden ist" und in § 5 Abs. 4 Nr. 2 FinAnV aF wurde ausgeführt: *„zu offenbaren, wenn die Vergütung der Personen oder Unternehmen [die Anlageempfehlungen erstellen] von Investmentbanking-Geschäften des eigenen oder mit diesem verbundenen Unternehmen abhängt [..]"*.

[118] Art. 6 Abs. 3 RL 2003/125/EG, § 5 Abs. 4 Nr. 2 FinAnV aF.

die Regelung aufgrund ihrer mangelnden Klarheit zu kritisieren. In der englischen Fassung heißt es *„other type of transactions"*. Demnach muss im Rahmen der Stellungnahme eine Aussage darüber getroffen werden, ob die Vergütung bzw. deren Höhe unmittelbar von anderen Transaktionen abhängt, die das Kreditinstitut bzw. die Wertpapierfirma oder die verbundenen Unternehmen durchführen. Im Rahmen der Stellungnahme ist dabei nicht lediglich eine Aussage bezogen auf die Gesamtvergütung vorzunehmen. Vielmehr ist – sofern gegeben – auch auszuführen, ob Teile der Vergütung einer entsprechenden Bindung unterliegen. Sofern die Vergütungshöhe bzw. Teile der Vergütung vom Gesamtergebnis der Wertpapierfirma oder des Kreditinstituts abhängen bzw. durch sie bedingt sind, ist dazu im Rahmen der Anlageempfehlung vor dem Hintergrund der Regelung des Art. 6 Abs. 2 Buchst. b) VO (EU) 2016/958 allerdings keine Stellungnahme erforderlich, da in diesem Fall keine unmittelbare Abhängigkeit zu den in der Regulierung genannten Größen gegeben ist. Vielmehr fließen diese lediglich in das Gesamtergebnis des Unternehmens ein.

39 **Haben die natürlichen Personen, die** im Rahmen eines Arbeitsvertrags oder anderweitig für eine Wertpapierfirma oder Kreditinstitut tätig sind und **an der Erstellung von Anlageempfehlungen beteiligt waren, Anteile des Emittenten,** auf den sich die Empfehlung direkt oder indirekt bezieht, **vor ihrer öffentlichen Emission erhalten oder erworben**, muss die Wertpapierfirma bzw. das Kreditinstitut im Rahmen der Anlageempfehlung eine Information zum Erwerbspreis und zum Datum des Erwerbs der Anteile geben.[119] In diesem Fall sind das Datum des Erwerbs und der Erwerbspreis anzugeben. Als Datum des Erwerbs gilt dabei nicht das Datum, an dem die Verbuchung durchgeführt, sondern das Datum, an dem die schuldrechtliche Vereinbarung getroffen wurde. Nach dem Wortlaut nicht erfasst ist die Konstellation, in welcher die an der Erstellung der Anlageempfehlung beteiligten Personen vor der öffentlichen Emission Schuldverschreibungen des Emittenten erhalten oder erwerben. Diese Auslegung wird durch einen Vergleich mit der englischen Fassung, in welcher der Begriff *„Anteile"* mit dem Begriff *„shares"* übersetzt wird, gestützt.

e) Anteil der Empfehlungen zum Kaufen-, Halten- und Verkaufen

40 Wertpapierfirmen, Kreditinstitute und natürliche oder juristische Personen, die für eine Wertpapierfirma oder ein Kreditinstitut auf Basis eines Vertrags oder anderweitig eine Anlageempfehlung erstellen, müssen vierteljährlich den jeweiligen **Anteil aller in den letzten zwölf Monaten erstellten Empfehlungen, die auf „Erwerb", „Halten", „Veräußern"** lauten, offenlegen.[120] Ebenso anzugeben ist der jeweilige **Anteil der den genannten Kategorien entsprechenden Emittenten, für die sie in den vergangenen zwölf Monaten Wertpapierdienstleistungen** gem. Anhang I Abschnitt A und B der MiFID II **erbracht hat.**[121] Die Neuregelung führt zu einer Ausweitung der Offenlegungspflichten. Die zuvor bestehende Einschränkung, dass nur wesentliche Investmentbanking-

[119] Art. 6 Abs. 2 Buchst. c) VO (EU) 2016/958. Eine entsprechende Regelung enthielt Art. 6 Abs. 3 S. 2 RL 2003/125/EG (*„Sofern die natürlichen Personen die Anteile an dem Emittenten vor ihrer öffentlichen Emission erhalten oder erwerben, sind außerdem der Erwerbspreis und das Datum des Erwerbs offen zu legen"*), welche durch § 5 Abs. 4 Nr. 2 FinAnV aF (*„[..] zu welchen Zeitpunkten und Preisen dieser [Personen die Anlageempfehlungen erstellen] Anteile des Emittenten, der selbst oder dessen Finanzinstrumente Gegenstand der Finanzanalyse sind, vor deren Emission erhalten oder erwerben"*) in nationales Recht implementiert wurde.

[120] Art. 6 Abs. 3 VO (EU) 2016/958.

[121] Eine weitgehend entsprechende Regelung enthielt bereits Art. 6 Abs. 4 RL 2003/125/EG (*„Die Mitgliedstaaten schreiben vor, dass Wertpapierhäuser und Kreditinstitute vierteljährlich den Anteil aller Empfehlungen offen legen, die auf „Erwerb", „Halten", „Veräußern" oder ähnlich lauten, sowie den Anteil der Emittenten, die den genannten Kategorien entsprechen, für die das Wertpapierhaus oder Kreditinstitut in den vorangegangenen zwölf Monaten wesentliche Investment-Banking-Dienstleistungen erbracht hat."*), die durch § 5 Abs. 4 Nr. 3 FinAnV aF (*„vierteljährlich eine Übersicht über die in ihren Finanzanalyen enthaltenen Empfehlungen zu veröffentlichen, in der die Anteile der auf „Kaufen", „Halten", „Verkaufen" oder vergleichbare Anlageentscheidungen gerichteten Empfehlungen den Anteilen der von diesen Kategorien jeweils betroffenen Emittenten gegenüberstellen, für die sie in den vergangenen zwölf Monaten wesentliche Investmentbanking-Dienstleistungen erbracht haben"*) in nationales Recht implementiert wurde.

dienstleistungen relevant sind,[122] wurde im Rahmen der Neuregelung gestrichen. Nunmehr müssen zunächst alle in den letzten zwölf Monaten erstellten Anlageempfehlungen in die Kategorien „Kaufen", „Halten" und „Verkaufen" eingeteilt und der Anteil der jeweiligen Kategorie an der Gesamtzahl der erteilten Anlageempfehlungen ermittelt werden. Unerheblich ist dabei, ob die Kategorien mit abweichenden Begriffen belegt wurden. Dies ergibt sich bereits aus dem Wortlaut der Regelung („*oder ähnlich*"). Im nächsten Schritt ist für jede der drei Kategorien zu ermitteln, wie hoch der Anteil der in den jeweiligen Kategorien enthaltenen Emittenten war, für die die Wertpapierfirma oder das Kreditinstitut in den letzten zwölf Monaten vor der Erstellung der vorliegenden Anlageempfehlung eine Investmentbanking-Dienstleistung erbracht hat. Durch die Offenlegung dieser Zahlen soll dem Empfänger der Anlageempfehlung erstens aufgezeigt werden, ob der Ersteller der Anlageempfehlungen nur einseitige Empfehlungen ausspricht oder ob seine Empfehlungen das gesamte Spektrum der möglichen Anlageempfehlungen abdecken und wie sie sich auf dieses Spektrum verteilen. Zweitens soll dem Anleger durch die Angabe der zweiten Zahl – des Anteils der den genannten Kategorien entsprechenden Emittenten, für die in den letzten zwölf Monaten Investmentbanking-Dienstleistungen erbracht wurden – offengelegt werden, ob der Ersteller der Anlageempfehlung die Emittenten bevorzugt behandelt, die zu seinen Investmentbanking-Kunden zählen. Die Verpflichtung zur Angabe dieser Prozentzahlen suggeriert allerdings eine mathematische Genauigkeit und Verlässlichkeit, die diese Zahlen so nicht liefern können. Denn erstens fehlt es bereits an einer bestimmten prozentualen Aufteilung, die als sinnvoll oder erstrebenswert einzuordnen ist. Denn es ist zu beachten, dass die prozentuale Aufteilung stark davon abhängt, auf welche Märkte bzw. Emittenten und Finanzinstrumente die Anlageempfehlungen bezogen sind und ob die Anlageempfehlungen in Zeiten fallender oder steigender Märkte erteilt werden. Die Angabe der zweiten Zahl – des Anteils der den genannten Kategorien entsprechenden Emittenten, für die in den letzten zwölf Monaten Investmentdienstleistungen erbracht wurden – ist ebenfalls zu kritisieren. Denn durch die gem. Art. 6 Abs. 1 Buchst. c) VO (EU) 2016/958 geforderte Offenlegung wird dem Empfänger der Anlageempfehlung der Interessenkonflikt des Erstellers, der gleichzeitig Investmentbanking Dienstleistungen für das Unternehmen erbringt, auf welches sich die Anlageempfehlung bezieht, hinreichend klar dargelegt. Durch die monokausale Verknüpfung wird nunmehr die zusätzliche Information gegeben, ob Emittenten für die Investmentbanking-Dienstleistungen erbracht wurden, über- oder unterproportional in bestimmten Empfehlungskategorien vorhanden sind, wobei unbeachtet bleibt, dass hierfür verschiedene Ursachen in Betracht kommen.

f) Informationserteilung mittels Verweisung

Die nach Art. 6 Abs. 1 und 2 VO (EU) 2016/958 vorzunehmenden Offenlegungspflichten sind grundsätzlich in der Anlageempfehlung selbst zu erteilen. Dies folgt aus dem Umkehrschluss von **Art. 6 Abs. 4 VO (EU) 2016/958** der **erlaubt**, dass **die gem. Art. 4 Abs. 1 und 2 VO (EU) 2016/958 zu erteilende Angaben unter bestimmten Voraussetzungen außerhalb der Anlageempfehlung erteilt werden dürfen**. 41

Voraussetzung für die Erteilung der Information außerhalb der Anlageempfehlung ist, dass „*die Offenlegung der in den Absätzen 1 und 2 genannten Information im Vergleich zur Länge oder Form der abgegebenen Empfehlung unverhältnismäßig*" ist.[123] Dabei bezieht sich die Regelung ausdrücklich auf den Fall der nichtschriftlichen Anlageempfehlung. In diesem Fall ist in der Anlageempfehlung selbst lediglich der Ort anzugeben ist, „*an dem die geforderten Informationen für die Empfänger der Empfehlung kostenfrei unmittelbar und einfach zugänglich sind*". Mithin weist Art. 6 Abs. 4 VO (EU) 2016/958 – abgesehen von der unterschiedlichen Bezugnahme – den identischen Wortlaut wie Art. 3 Abs. 2 VO (EU) 2016/958 auf, weshalb bezogen auf die Tatbestandsvoraussetzungen und die Rechtsfolgen von Art. 6 42

[122] Art. 6 Abs. 4 RL 2003/125/EG, § 5 Abs. 4 Nr. 3 FinAnV aF.
[123] Art. 6 Abs. 4 VO (EU) 2016/958.

Abs. 4 VO (EU) 2016/958 auf die Ausführungen zu Art. 3 Abs. 2 VO (EU) 2016/958 verwiesen werden kann → § 22 Rn. 26 f.

IV. Pflichten bei der Weitergabe

43 Neben den allgemeinen – in Art. 8 Abs. 1 VO (EU) 2016/958[124] normierten – Vorgaben, bestehen bei der Weitergabe[125] von Dritten erstellten Anlageempfehlungen zusätzliche Anforderungen, sofern die Weitergabe durch *„eine Wertpapierfirma, ein Kreditinstitut oder eine für eine Wertpapierfirma oder ein Kreditinstitut im Rahmen eines Vertrags, einschließlich eines Arbeitsvertrags oder anderweitig tätige natürliche oder juristische Person“* erfolgt.[126]

1. Angabe der zuständigen Behörde

44 Die weitergebende Wertpapierfirma oder das weitergebende Kreditinstitut hat *„die Identität der jeweils zuständigen Behörde“* anzugeben.[127] Da der Wortlaut der Regelung des Art. 8 Abs. 2 Buchst. a) VO (EU) 2016/958 dem Wortlaut von Art. 2 Abs. 2 VO (EU) 2016/958 entspricht, nach welchem *„der Ersteller, sofern es sich bei ihm um eine Wertpapierfirma, eine Kreditinstitut oder [....] die Identität der jeweils zuständigen Behörde offen[zu]legen [hat]“* sind die zum Ersteller vorgenommen Ausführungen bezogen auf die Angabe der Identität der jeweils zuständigen Behörde für den Weitergebenden entsprechend anzuwenden → § 23 Rn. 26.

2. Angabe der Interessenkonflikte

45 Sofern es sich bei der die Anlageempfehlung weitergebenden Person um eine Wertpapierfirma, ein Kreditinstitut oder um eine für eine Wertpapierfirma oder ein Kreditinstitut tätige Person handelt, müssen, wenn sie von Dritten erstellte Anlageempfehlungen weitergeben, auch *„ihre eigenen Interessen oder Anzeichen von Interessenkonflikten nach Art. 5 und Art. 6 Abs. 1 u. 2 VO (EU) 2016/958* [*übermitteln*], *sofern* [...] [*sie*] *nicht als Weitergabekanal von innerhalb derselben Gruppe erstellten Empfehlungen handelt, ohne ein Ermessen in Bezug auf Auswahl der weiterzugebenden Empfehlung auszuüben“*.[128] Die Neuregelung geht über ihre – europäische und nationale – Vorgängerregelung hinaus. Erstens sind die Voraussetzungen, an die die Offenlegungsverpflichtung geknüpft ist, gesenkt worden. Denn während zuvor die Offenlegungsverpflichtung bereits dann nicht bestand, wenn der *„Ersteller der Empfehlung diese [...] durch einen Informationsverbreitungskanal weitergegeben“* hat, besteht die Offenle-

---

[124] → § 22 Rn. 41.

[125] Zum Begriff der Weitergabe → § 21 Rn. 46 ff.

[126] Art. 8 Abs. 2 VO (EU) 2016/958. Auch Art. 9 RL 2003/125/EG enthielt bereits zusätzliche Vorgaben für den Fall, dass *„ein Wertpapierhaus, ein Kreditinstitut oder eine von diesen im Rahmen eines Arbeitsvertrags o. Ä. beschäftigte Person [..], die Empfehlungen Dritter weitergibt“*.

[127] Art. 8 Abs. 2 Buchst. a) VO (EU) 2016/958. Art. 9 Buchst. a) RL 2003/125/EG enthielt eine entsprechende Vorschrift (*„Die Bezeichnung der für das Wertpapierhaus oder das Kreditinstitut zuständigen Behörde wird klar und unmissverständlich angegeben“*), die durch § 2 Abs. 2 S. 1 FinAnV aF (*„Für die Erstellung oder die Weitergabe von Finanzanalysen verantwortliche Kreditinstitute, Finanzdienstleistungsinstitute, nach § 53 Abs. 1 S. 1 KWG tätige Unternehmen [...] müssen [..] die Bezeichnung der öffentlichen Stelle angeben, deren Aufsicht sie unterliegen“*) in nationales Recht implementiert wurde.

[128] Art. 8 Abs. 2 Buchst. b) VO (EU) 2016/958. Eine vergleichbare – weniger weitreichende – Regelung enthielt bereits Art. 9 Buchst. b) RL 2003/125/EG (*„Für den Fall, dass die relevante Person ein Wertpapierhaus [..] ist, die Empfehlungen weitergibt, schreiben die Mitgliedstaaten zusätzlich [...] vor: [...] b) hat der Ersteller der Empfehlung diese nicht bereits durch einen Informationsverbreitungskanal weitergegeben, so gelten die in Art. 6 für den Ersteller vorgesehenen Vorschriften auch für denjenigen, die die Empfehlung weitergeben;„)*m die durch § 7 Abs. 1 S. 1 Nr. 1 FinAnV aF (*„Kreditinstitute, Finanzdienstleistungsinstitute [...], die für die Weitergabe von Finanzanalysen Dritter verantwortlich sind, [...] müssen zusätzlich [...] 1. Die sie betreffenden Informationen im Sinne des § 5 Abs. 3 und 4 [FinAnV aF] angeben, es sei denn, die Finanzanalyse ist bereits vom für die Erstellung verantwortlichen Unternehmen veröffentlicht worden;„*) in nationales Recht implementiert wurde.

gung nunmehr lediglich dann nicht, wenn „*die betreffende Person [..] als Weitergabekanal innerhalb derselben Gruppe*[129] *[…] handelt, ohne ein Ermessen in Bezug auf die Auswahl der weiterzugebenden Empfehlung […]*" zu haben. Demnach besteht die Offenlegungspflicht insbesondere dann, wenn Empfehlungen, die von nicht Gruppenangehörigen erstellt wurden, weitergegeben werden. Zweitens hat sich der Umfang der Offenlegungsverpflichtungen im Vergleich zur europäischen und nationalen Vorgängerregelung erheblich erweitert.[130]

V. Statistik

Nach der in Art. 20 Abs. 2 MAR enthaltenen Sonderregelung für öffentliche Stellen, müssen diese, sofern sie Statistiken oder Prognosen verbreiten, welche die Finanzmärkte erheblich beeinflussen könnten, dies auf objektive und transparente Weise tun. 46

Öffentliche Stellen sind alle Stellen, die hoheitliche Aufgaben wahrnehmen. Ebenfalls erfasst sind „Beliehene" soweit sie Statistiken und Prognosen in ihrer Funktion als Beliehener verbreiten. Eine Verbreitung liegt dann vor, wenn die Statistik oder die Prognose an eine dritte Person weitergegeben wird. Da keine öffentliche Verbreitung erforderlich ist, liegt eine Verbreitung unabhängig von der Anzahl der Empfänger der Information vor.[131] 47

Als **Statistik** ist insbesondere die Aufbereitung historischer Daten zu verstehen, während **Prognosen** den – ungewissen – Eintritt künftiger Ereignisse zum Gegenstand haben. Der Bezugspunkt der Statistiken und Prognosen ist nicht unmittelbar geregelt, weshalb er grundsätzlich weit zu verstehen ist. Erforderlich ist allerdings, dass die Prognosen sich erheblich auf die Finanzmärkte auswirken können. Auf Basis des Wortlauts kann vertreten werden, dass die erhebliche Beeinflussung einzelner Finanzinstrumente nicht ausreichend ist, sondern dass vielmehr erforderlich ist, dass der Finanzmarkt als solcher erheblich beeinflusst werden muss. Gegen dieses Verständnis kann angeführt werden, dass der Begriff des Finanzmarktes nicht hinreichend bestimmt ist. Weiter kann aus dem Blickwinkel Marktschutzes argumentiert werden, dass dieser es erfordert, dass bereits bei der Möglichkeit der Beeinflussung eines einzelnen Finanzinstruments, die in Art. 20 Abs. 2 MAR genannten Vorgaben einzuhalten sind. Der unbestimmte Rechtsbegriff der erheblichen Beeinflussung bedarf einer Konkretisierung. Sinnvoll ist dabei auf die im Rahmen des Insiderrechts entwickelten Konkretisierungen zurückzugreifen → § 6 Rn. 100 ff. 48

Sofern die von den öffentlichen Stellen verbreiteten Statistiken und Prognosen, Finanzmärkte erheblich beeinflussen könnten, muss die Verbreitung durch die öffentlichen Stellen in **objektiver und transparenter Weise** (Art. 20 Abs. 2 VO (EU) 2016/958) erfolgen. Welche Anforderungen an die Verbreitung in objektiver und transparenter Weise zu stellen sind, ist abhängig von dem konkreten Einzelfall, insbesondere dem Inhalt der Statistik oder Prognose, ihrer Aufmachung, der Bedeutung der Behörde die sie verbreitet, dem Zeitpunkt ihrer Verbreitung. Grundsätzlich wird eine objektive und transparente Darstellung erfordern, dass die Wertung der Art. 1 ff. VO (EU) 2016/958 berücksichtigt wird, dh dass zB der Ersteller, das Datum der Erstellung und der Verbreitung sowie Angaben zu Quellen etc. in der Darstellung enthalten sein sollten. 49

[129] Der Begriff der „*Gruppe*" ist in Art. 1 Buchst. VO (EU) 2016/958 definiert als „*Gruppe im Sinne des Art. 2 Abs. 11 der RL 2013/34/EU des Europäischen Parlaments und des Rates*".

[130] → § 22 Rn. 33 ff. u. → § 23 Rn. 28 ff.

[131] Vgl. → § 21 Rn. 25.

G. Verfahrens- und Organisationspflichten

§ 24 Meldungen und Liste der Finanzinstrumente

I. Überblick

Die Betreiber eines geregelten Marktes, eines MTF oder eines OTF sind gem. Art. 4 Abs. 1 UAbs. 1 MAR[1] verpflichtet, ihrer zuständigen Behörde unverzüglich jedes Finanzinstrument mitzuteilen, für das ein Antrag auf Zulassung zum Handel auf ihrem Handelsplatz gestellt wird, zum Handel zugelassen wird oder erstmalig gehandelt worden ist. Sie sind ferner gem. Art. 4 Abs. 1 UAbs. 2 MAR zur Information verpflichtet, wenn ein Finanzinstrument nicht mehr gehandelt wird oder seine Zulassung zum Handel erlischt. Diese **zweistufigen Meldepflichten** sollen für Transparenz sorgen[2] und den Aufsichtsbehörden die Marktüberwachung erleichtern.[3] Die zuständigen Behörden sind sodann verpflichtet, die Meldungen des Handelsplatzes an die ESMA weiterzuleiten (Art. 4 Abs. 2 S. 1 MAR). Die ESMA veröffentlicht die Meldungen sofort nach Erhalt in Form einer Liste auf ihrer Website und aktualisiert sie unverzüglich bei Eingang einer Meldung (Art. 4 Abs. 2 S. 2 und 3 MAR). 1

Eine **komplementäre Meldepflicht** besteht nach **Art. 26 MiFIR**.[4] Diese Vorschrift verpflichtet Wertpapierfirmen, die Geschäfte mit Finanzinstrumenten tätigen, der zuständigen Behörde die vollständigen und zutreffenden Einzelheiten dieser Geschäfte mitzuteilen. Der Zweck der Meldepflicht besteht darin, die nationalen Aufsichtsbehörden in die Lage zu versetzen, potenzielle Fälle eines Marktmissbrauchs aufzudecken und zu untersuchen sowie das faire und ordnungsgemäße Funktionieren der Märkte und die Tätigkeiten von Wertpapierfirmen zu überwachen.[5] Flankiert wird die Meldepflicht durch die Pflicht des Betreibers eines Handelsplatzes, der für ihn zuständigen Behörde die einschlägigen Referenzdaten für die einzelnen Finanzinstrumente übermitteln (Art. 27 MiFIR). 2

Das neue Melderegime der MAR und MiFIR setzt für Europa die Forderungen des G20-Gipfels in Washington um, die **Transparenz der Finanzmärkte zu stärken**, insbesondere die Transparenz komplexer Finanzprodukte zu verbessern.[6] 3

Art. 4 MAR beschränkt sich darauf, die wesentlichen Aspekte der Melde- und Veröffentlichungspflichten zu regeln. Die konkretisierenden Anforderungen ergeben sich aus den folgenden Level 2-Verordnungen: 4

– Delegierte Verordnung **(EU) 2016/909** der Kommission vom 1. März 2016 zur Ergänzung der Verordnung (EU) Nr. 596/2014 des Europäischen Parlaments und des Rates im Hinblick auf technische Regulierungsstandards für den Inhalt der Meldungen, die den zuständigen Behörden zu übermitteln sind, sowie für die Zusammenstellung, Veröffentlichung und Pflege der Liste der Meldungen;[7]

---

[1] Verordnung (EU) Nr. 596/2014 des Europäischen Parlaments und des Rates vom 16. April 2014 über Marktmissbrauch (Marktmissbrauchsverordnung) und zur Aufhebung der Richtlinie 2003/6/EG des Europäischen Parlaments und des Rates und der Richtlinien 2003/124/EG, 2003/125/EG und 2004/72/EG der Kommission, ABl. EU Nr. L173 v. 12.6.2014 S. 1 ff. (MAR).

[2] Vgl. Erwägungsgrund 9 MAR.

[3] Vgl. Erwägungsgrund 2 VO (EU) 2016/378; vgl. auch *Zetzsche* in Gebauer/Teichmann EnzEuR Bd. VI § 7 C Rn. 31; *Grundmann* in GroßkommHGB Bd. XI Bankvertragsrecht 6. Teil Rn. 316.

[4] Verordnung (EU) Nr. 600/2014 des Europäischen Parlaments und des Rates vom 15. Mai 2014 über Märkte für Finanzinstrumente und zur Änderung der Verordnung (EU) Nr. 648/2012, ABl. EU Nr. L173 v. 12.6.2014 S. 84 ff. (MiFIR).

[5] Vgl. Erwägungsgrund 32 MiFIR.

[6] G 20, Declaration, Summit of Financial Markets and the World Economy, 15.11.2008, No. 9.

[7] ABl. EU Nr. L153 v. 10.6.2016 S. 13 ff.

– Durchführungsverordnung **(EU) 2016/378** der Kommission vom 11. März 2016 zur Festlegung technischer Durchführungsstandards in Bezug auf den Zeitplan, das Format und Muster für die Übermittlung der Meldungen an die zuständigen Behörden gemäß Verordnung (EU) Nr. 596/2014 des Europäischen Parlaments und des Rates.[8]

Die Verordnungen sollen kohärente Meldepflichten gewährleisten und den Verwaltungsaufwand verringern. Sie sind an die konkretisierenden Anforderungen für die Meldepflichten nach Art. 27 Abs. 3 UAbs. 3 MiFIR angeglichen.

II. Inhalt der Meldungen

5 Ein **Handelsplatz** hat der zuständigen Behörde an jedem Handelstag **bis spätestens 21.00 MEZ** mithilfe automatisierter Prozesse **alle Finanzinstrumente zu melden**, die auf diesem Handelsplatz vor 18.00 Uhr MEZ an dem betreffenden Tag erstmals Gegenstand eines Antrags auf Zulassung zum Handel waren oder zum Handel zugelassen oder gehandelt wurden bzw. deren Handel eingestellt wurde oder deren Zulassung zum Handel auf diesem Handelsplatz erloschen ist (Art. 1 Abs. 1 VO (EU) 2016/378).

6 Die Meldungen müssen die in Art. 4 Abs. 1 UAbs. 3 MAR genannten Angaben enthalten: Bezeichnungen und Kennung der betreffenden Finanzinstrumente sowie Datum und Uhrzeit des Antrags auf Zulassung zum Handel, Datum und Uhrzeit der Zulassung zum Handel sowie Datum und Uhrzeit des ersten Handelsabschlusses. Weitere Anforderungen ergeben sich aus der VO (EU) 2016/909 und der VO (EU) 2016/378. Beide Verordnungen machen Vorgaben dazu, welchen Inhalt die folgenden Felder aufzuweisen haben: allgemeinen Felder; Felder mit Bezug auf den Emittenten; Felder mit Bezug auf den Handelsplatz; Felder mit Bezug auf den Nennwert; Felder mit Bezug auf Schuldverschreibungen und sonstige verbriefte Schuldtitel; Felder mit Bezug auf Derivate und verbriefte Derivate; Felder mit Bezug auf Warenderivate und Derivate von Emissionszertifikaten; Felder zu Zinsderivaten; Felder zu Fremdwährungsderivaten.

7 Art. 1 VO (EU) 2016/909 bestimmt, dass die Meldungen zu den Finanzinstrumenten gem. Art. 4 Abs. 1 MAR alle in Tabelle 2 des Anhangs aufgeführten Inhalte aufweisen müssen. Tabelle 2 fächert die jeweiligen Felder auf (beispielsweise die „allgemeinen Felder" in „Kennung des Instruments", „vollständige Bezeichnung des Instruments", „Klassifizierung des Instruments" und „Warenderivatefaktor") und spezifiziert den jeweils „zu meldenden Inhalt". Dagegen regelt der Anhang der VO (EU) 2016/378 detailliert zu den jeweiligen Feldern „Normen und Format für die Übermittlung der Meldungen an die zuständigen Behörden".

8 Die für einen Handelsplatz zuständigen Behörden sind verpflichtet, die eingegangen Meldungen mittels automatisierter Verfahren zu überprüfen (Art. 2 Abs. 1 VO (EU) 2016/909) und die Handelsplatzbetreiber entsprechend zu informieren, wenn Angaben unvollständig sind (Art. 2 Abs. 2 VO (EU) 2016/909).

III. Inhalt der Liste

9 Die nationalen Behörden (in Deutschland die BaFin) haben der ESMA die ihr übermittelten Meldungen bis spätestens 23.59 MEZ mithilfe automatisierter Verfahren und über sichere elektronische Kommunikationskanäle zwischen ihnen und der ESMA zu übermitteln (Art. 1 Abs. 3 VO (EU) 2016/378 und Art. 1 Abs. 3 VO (EU) 2016/909). Die ESMA überprüft und beurteilt mithilfe automatisierter Verfahren, ob die eingegangen Meldungen vollständig und genau sind (Art. 2 Abs. 4 VO (EU) 2016/909) und setzt die zuständigen Behörden ggbfls. über eine Nichteinhaltung in Kenntnis (Art. 2 Abs. 5 VO (EU) 2016/909). Schließlich veröffentlicht die ESMA die ihr von der nationalen Behörde

[8] ABl. EU Nr. L72 v. 17.3.2016 S. 1 ff.

übermittelten Meldungen „sofort nach Erhalt in Form einer Liste auf ihrer Website" (Art. 4 Abs. 2 S. 1 MAR) und aktualisiert sie „unverzüglich bei Eingang einer Meldung von einer zuständigen Behörde des Handelsplatzes (Art. 4 Abs. 2 S. 2 MAR). Die Veröffentlichung der Liste erfolgt wiederum mithilfe automatisierter Verfahren (Art. 2 Abs. 6 VO (EU) 2016/909). Dies soll den effizienten Gebrauch und Austausch der Daten ermöglichen.[9]

Die Liste enthält gem. Art. 4 Abs. 3 MAR die folgenden Informationen: 10

a) die **Bezeichnungen** und **Kennung der Finanzinstrumente**, für die die Zulassung zum Handel auf geregelten Märkten, multilateralen und organisierten Handelssystemen beantragt wurde, die dort zum Handel zugelassen wurden oder dort erstmalig gehandelt wurden;
b) **Datum** und **Uhrzeit** der Beantragung der **Zulassung** zum Handel, der Erteilung der Zulassung und des erstmaligen Handels;
c) ausführliche **Informationen zu** den **Handelsplätzen**, auf denen die Zulassung zum Handel für die Finanzinstrumente beantragt wurde, auf denen sie zum Handel zugelassen wurden oder auf denen sie erstmalig gehandelt wurden, und
d) **Datum** und **Uhrzeit**, zu dem/der der **Handel** mit dem **Finanzinstrument eingestellt** wird bzw. zu dem/der seine Zulassung zum Handel erlischt.

Die ESMA hat die europäischen Anforderungen an das Melderegime durch die „**Financial Instrument Reference Database** (**FIRDS**)" umgesetzt.[10] 11

[9] Erwägungsgrund 3 VO (EU) 2016/909.
[10] Vgl. ESMA, Reporting Instructions. FRIDS Reference Data System, 12 June 2017, ESMA/2016/1522.

§ 25 Vorbeugung und Aufdeckung von Marktmissbrauch, Meldung von Verstößen einschließlich Whistleblower Protection[1]

Übersicht

I. Vorbeugung und Aufdeckung von Marktmissbrauch[2]

1. Einleitung

1 Die Marktmissbrauchsverordnung (MAR)[3] ersetzt seit dem 3. Juli 2016 als unmittelbar geltendes EU-Recht die bisherige Marktmissbrauchsrichtlinie (MAD 2003).[4] Auf nationaler Ebene verbleiben im Wertpapierhandelsgesetz (WpHG) faktisch nur noch die Strafvorschriften gegen das Verbot von Insidergeschäften, § 119 Abs. 3 und 4 WpHG nF, sowie gegen das Verbot der Marktmanipulation, § 119 Abs. 1 WpHG nF.[5] Die MAR per se wird

[1] Renz/Leibold, RA Hartmut T. Renz verantwortet als Group Chief Compliance Officer (CCO) und Leiter des Bereichs Compliance global und konzernweit die Compliance Funktion der Landesbank Baden-Württemberg (LBBW), Stuttgart. RA Michael Leibold ist Senior Referent in der Abteilung Regulatorik und Corporate Compliance bei der LBBW, Stuttgart.

[2] Dieser Beitrag weist einen Bearbeitungsstand vom 31.10.2017 auf. Die bis zu diesem Zeitpunkt veröffentlichten Dokumente haben hierin Berücksichtigung gefunden.

[3] Verordnung (EU) Nr. 596/2014 des Europäischen Parlaments und des Rates vom 16. April 2014 über Marktmissbrauch (Marktmissbrauchsverordnung) und zur Aufhebung der Richtlinie 2003/6/EG des Europäischen Parlaments und des Rates und der Richtlinien 2003/124/EG, 2003/125/EG und 2004/72/EG der Kommission, ABl. EU Nr. L173 v. 12.6.2014 S. 1 ff. (MAR).

[4] Richtlinie 2003/6/EG des Europäischen Parlaments und des Rates vom 28. Januar 2003 über Insider-Geschäfte und Marktmanipulation (Marktmissbrauch), ABl. EU Nr. L96 v. 12.4.2003 S. 16 ff. (MAD 2003).

[5] WpHG aF (WpHG alte Fassung)/WpHG nF (WpHG neue Fassung): Das geänderte WpHG (nF) trat gemäß Art. 26 des 2. FiMaNoG (Zweites Finanzmarktnovellierungsgesetz) zu unterschiedlichen Zeitpunkten in Kraft: So traten einige Teile am Tag nach der Verkündung des 2. FiMaNoG (25.6.2017) in Kraft, andere Teile hingegen erst am 1. Januar 2018 bzw. 3. Januar 2018, BGBl. 2017 I S. 1693 v. 23.6.2017.

durch eine Durchführungsrichtlinie[6] und durch verschiedene RTS[7] konkretisiert, die auf Basis von Empfehlungen der europäischen Wertpapieraufsichtsbehörde ESMA von der Europäischen Kommission erlassen wurden.[8] Durch die Marktmissbrauchsverordnung werden jetzt alle Finanzinstrumente erfasst, die an einem von der neuen Richtlinie über Märkte für Finanzinstrumente (MiFID II)[9] regulierten Handelsplätze gehandelt werden. Dagegen waren nach der Altregelung das Verbot von Insidergeschäften, § 14 WpHG aF, und das Verbot der Marktmanipulation, § 20a WpHG aF, auf die Finanzinstrumente beschränkt, die an einer inländischen Börse oder an einem organisierten Markt eines EWR-Staates zum Handel zugelassen oder in den regulierten Markt oder den Freiverkehr einbezogen waren. Daneben bringt das neue Marktmissbrauchsrecht gänzlich neue gesetzliche Vorgaben mit sich, so beispielsweise die Versuchsstrafbarkeit der Marktmanipulation, Art. 15 MAR, und verschärft darüber hinaus bereits bestehende Verpflichtungen. Daher müssen ab sofort Wertpapierdienstleistungsunternehmen gemäß Art. 16 Abs. 2 MAR umfangreiche, spezifische organisatorische Vorkehrungen zur Aufdeckung und Anzeige eines Marktmissbrauchs (Marktmanipulation und Insiderhandel) ergreifen und beachten. Relevant ist hierbei vor allem die durch die Delegierte Verordnung der Kommission Nr. 2016/957 vom 9. März 2016 („VO 2016/957") vorgesehene Verpflichtung zur Implementierung eines automatisierten Überwachungssystems.[10] Zudem werden die Meldepflichten dahingehend erweitert, dass eine nachträgliche Meldung stets gemäß Art. 6 Abs. 2 S. 1 der VO 2016/957 erforderlich ist, wenn Folgeereignisse oder spätere Informationen den Verdacht eines Marktmissbrauchs begründen. Darüber hinaus sieht die MAR in Art. 32 Abs. 1 MAR sog. Whistleblower-Regelungen vor, welche eine Aufsichtsbehörde zur Einführung wirksamer Mechanismen zur Meldung von Verstößen verpflichtet. Zentral ist hierbei vor allem die Schaffung eines datenschutzrechtlich abgesicherten Kommunikationskanals, über den tatsächliche oder potenzielle Verstöße gegen aufsichtsrechtliche Bestimmungen gemeldet werden können.

2. Organisatorische Vorkehrungen gegen Marktmissbrauch

a) Anwendungsbereich/Regelungsinhalt des Art. 16 Abs. 2 MAR

Nach Art. 16 Abs. 2 MAR müssen Personen, die gewerbsmäßig Geschäfte über Finanz- 2
instrumente vermitteln oder ausführen, wirksame Regelungen, Systeme und Verfahren, mithin spezifische organisatorische Vorkehrungen, zur Aufdeckung und Meldung von Marktmissbrauch schaffen und aufrechterhalten.[11] Eine Person, die gewerbsmäßig Geschäfte vermittelt oder ausführt, wird iSv Art. 3 Abs. 1 lfd. Nr. 28 MAR als eine Person legal definiert, die gewerbsmäßig mit der Entgegennahme und Übermittlung von Aufträgen oder der Ausführung von Geschäften mit Finanzinstrumenten befasst ist.[12] Das Tatbestands-

[6] Durchführungsrichtlinie (EU) 2015/2392 der Kommission vom 17. Dezember 2015 zur Verordnung (EU) Nr. 596/2014 des Europäischen Parlaments und des Rates hinsichtlich der Meldungen tatsächlicher und möglicher Verstöße, ABl. EU Nr. L332 v. 18.12.2015 S. 126 ff.

[7] Regulatory Technical Standards; verabschiedet als delegierte Verordnungen bzw. Durchführungsverordnungen.

[8] ESMA, Final Report I – ESMA´s technical advice on possible delegated acts concerning the Market Abuse Regulation (MAR) v. 3. Februar 2015 und Final Report II – ESMA´s draft technical standards on the Market Abuse Regulation v. 28. September 2015, ESMA/2015/224 dated 3rd of February 2015, ESMA/2015/1464 dated 28th of September 2015.

[9] Richtlinie 2014/65/EU des Europäischen Parlaments und des Rates vom 15. Mai 2014 über Märkte für Finanzinstrumente sowie zur Änderung der Richtlinien 2002/92/EG und 2011/61/EU, ABl. EU Nr. L173 v. 12.6.2014 S. 349 ff. (MiFID II).

[10] Delegierte Verordnung (EU) 2016/957 vom 9. März 2016 zur Ergänzung der Verordnung (EU) Nr. 596/2014 des Europäischen Parlaments und des Rates im Hinblick auf technische Regulierungsstandards für die geeigneten Regelungen, Systeme und Verfahren sowie Mitteilungsmuster zur Vorbeugung, Aufdeckung und Meldung von Missbrauchspraktiken oder verdächtigen Aufträgen und Geschäften, ABl EU Nr. L160 v. 17.6.2016 S. 1 ff.

[11] Erwägungsgrund 46 der MAR.

[12] Art. 3 Abs. 1 lfd. Nr. 28 MAR.

merkmal „Ausführen von Geschäften" erinnert dabei an die Definition der Wertpapierdienstleistung iSd Anhang I, Abschnitt A, lfd. Nr. 2 der MiFID II. Ein Wertpapierdienstleistungsunternehmen wird demnach bei der „Auftragsausführung" für einen Kunden grundsätzlich eine eigene Verpflichtung zur Auftragsausführung zugrunde legen, so etwa beim Handeln als Kommissionär oder beim Abschluss eines Festpreisgeschäfts. Dagegen ist das Tatbestandsmerkmal „Vermitteln von Geschäften" der Definition der Anlagevermittlung iSv § 1 Abs. 1a lfd. Nr. 1 KWG, also der Vermittlung von Geschäften über die Anschaffung und die Veräußerung von Finanzinstrumenten, entlehnt. Diese im Sinne der Anlagevermittlung beinhaltet jede finale, auf den Abschluss von Geschäften über die Anschaffung und Veräußerung von Finanzinstrumenten gerichtete, Tätigkeit. Entscheidend dabei ist, dass Aufträge Dritter übermittelt werden, dh es reicht aus wenn vorliegend ein Kunde den Auftrag unterschreibt und der Vermittler diesen entgegennimmt und an denjenigen weiterleitet, der mit dem Kunden ein solches Geschäft abschließen will.[13, 14] Die Verpflichtung des Art. 16 Abs. 2 MAR umfasst auch Eigengeschäfte der Wertpapierdienstleistungsunternehmen,[15] also sog. Depot-A-Geschäfte, da auf europäischer Ebene nicht auf den Dienstleistungscharakter als Differenzierungskriterium im Zuge der Erbringung der Wertpapierdienstleistung, wie beispielsweise bei der Orderausführung, abgestellt wird.[16] In der Vergangenheit wurde gegen eine Anzeigepflicht eines Wertpapierdienstleistungsunternehmens gemäß Art. 10 Abs. 1 WpHG aF bei der Feststellung von Tatsachen, die den Verdacht eines Verstoßes gegen §§ 14, 20a WpHG aF begründeten, bei Eigengeschäften von Wertpapierdienstleistungsunternehmen der verfassungsrechtlich verankerte „nemo-tenetur"-Grundsatz eingewandt. Diese Argumentation hinkt, da der „nemo-tenetur"-Grundsatz nur für natürliche Personen gilt, jedoch auf Unternehmen keine Anwendung findet.[17]

b) Verpflichtete/Adressaten des Art. 16 Abs. 2 MAR

3 Ein Wertpapierdienstleistungsunternehmen, das im Rahmen eines Kommissionsgeschäfts die Kundenorder über das eingerichtete Kundendepot abwickelt, ist als ausführendes Institut iSv Art. 16 Abs. 1 und 2 MAR anzusehen, völlig unabhängig davon, ob es die Order selbst am Handelsplatz platziert oder unter Nutzung einer technischen Plattform ausführt, etwa über eine Wertpapierservicegesellschaft ausführt. Auch im Falle eines Festpreisgeschäfts gilt das Wertpapierdienstleistungsunternehmen bereits mit Kaufvertragsabschluss als ausführendes Institut iSd Art. 16 Abs. 2 MAR. Es unterliegt damit der Pflicht des Art. 16 Abs. 2 MAR und muss sich also mit den organisatorischen Pflichten aus Art. 16 Abs. 2 MAR auseinandersetzen. Fraglich ist, je nach Ausführungsalternative, ob das Wertpapierdienstleistungsunternehmen eine eigenständige Organisations- und Meldepflicht trifft. Das Wertpapierdienstleistungsunternehmen wird letztendlich unabhängig davon, ob es sich eines weiteren Unternehmens in der Orderausführungskette bedient, den Verpflichtungen des Art. 16 Abs. 2 Alt. 2 MAR[18] unterliegen. Denn beide Unternehmen, dh sowohl das Wertpapierdienstleistungsunternehmen selbst als auch die in die Transaktion eingebundene Wertpapierservicegesellschaft treffen – unabhängig voneinander – die Pflichten des Art. 16 Abs. 2 MAR. Folglich muss jedes der an der Transaktion beteiligte

---

[13] *Schäfer* in BFS-KWG-CRR-VO § 1 Rn. 134 ff.

[14] Vgl. dazu die Legaldefinition der Anlagevermittlung nach § 2 Abs. 8, lfd. Nr. 4 WpHG nF, wonach die Anlagevermittlung die Vermittlung von Geschäften über die Anschaffung und die Veräußerung von Finanzinstrumenten umfasst.

[15] „Wertpapierdienstleistungsunternehmen" werden nach § 2 Abs. 10 WpHG nF legal definiert als Kreditinstitute, Finanzdienstleistungsinstitute sowie nach § 53 Abs. 1 S. 1 KWG tätige Unternehmen, die Wertpapierdienstleistungen allein oder zusammen mit Wertpapiernebendienstleistungen gewerbsmäßig oder in einem Umfang erbringen, der einen in kaufmännischer Weise eingerichteten Geschäftsbetrieb erfordert.

[16] Vgl. Begründung zum FRUG, BT-Drucks. 16/4028, S. 56 ff.; demnach gilt bei § 2 Abs. 8 S. 5 WpHG nF das Differenzierungskriterium „Dienstleistungscharakter" nach wie vor.

[17] *Vogel* in Assmann/Schneider WpHG § 10 Rn. 17 ff. mit Verweis auf die BVerfGE 95, 220 ff.

[18] Art. 16 Abs. 2 Alt. 2: „Ausführung von Geschäften".

Unternehmen eigene organisatorische Vorkehrungen auf der Basis seiner eigenen Risikoeinschätzung treffen und in eigener Verantwortung auf der Grundlage des eigenständig ermittelten Sachverhalts über eine Meldung an die zuständige Aufsichtsbehörde entscheiden.[19]

c) Automatisiertes Überwachungssystem

Die Verpflichtung aus Art. 16 Abs. 2 MAR wird durch VO 2016/957 konkretisiert. Im Einzelnen schließen die danach zu schaffenden und aufrechtzuerhaltenden wirksamen Regelungen, Systeme und Verfahren zur Aufdeckung und Meldung von verdächtigen Aufträgen und Geschäften folgende konkrete Maßnahmen ein: 4
- Art. 3 Abs. 3 VO 2016/957: Implementierung eines automatisierten Überwachungssystems, das Insiderhandel, Marktmanipulation oder den Versuch hierzu, zu erkennen vermag. Die eingesetzte Software sollte automatisch Orderbuchdaten lesen, abbilden und analysieren können.
- Art. 4 VO 2016/957: Intervallmäßige Schulung der involvierten Mitarbeiter
- Art. 5 Abs. 1 VO 2016/957: Implementierung einer organisatorischen Einrichtung zur Auswertung der Ergebnisse des Überwachungsprozesses inklusive der Entscheidung über die Erforderlichkeit einer Meldung an die zuständige Aufsichtsbehörde

d) Auswirkung des Proportionalitätsgrundsatzes

Nach Art. 3 Abs. 3 S. 1 VO 2016/957 hat die Einrichtung eines automatisierten Überwachungssystems bei einem Wertpapierdienstleistungsunternehmen dem Proportionalitätsgrundsatz Rechnung zu tragen. Die Anforderungen an das System müssen also in einem angemessenen Verhältnis zu Umfang, Art und Größe der Geschäftstätigkeit des Instituts stehen.[20] Im Einzelnen richtet sich dies ua nach den folgenden Kriterien: 5
- Anzahl der Aufträge/Geschäfte, die zu überwachen sind,
- Häufigkeit/Größe der Aufträge/Geschäfte,
- Umfang, Komplexität und Art des eigenen Geschäftsmodells.

Jedes Wertpapierdienstleistungsunternehmen muss auf der Basis dieser Kategorien eine eigene Risikoeinschätzung vornehmen, um abzuschätzen welche Missbrauchspraktiken im Rahmen seiner Geschäftstätigkeit auftreten können. Deshalb muss es festlegen, ob es überhaupt eines automatisierten Überwachungssystems zur Erkennung von Marktmissbrauchspraktiken bedarf und wie dieses System beschaffen sein muss, um solche Praktiken effektiv aufdecken zu können. Die zuständigen Aufsichtsbehörden tendieren dazu, dass grundsätzlich jedes Wertpapierdienstleistungsunternehmen zumindest beim Depot-B[21]-Geschäft ein automatisiertes Überwachungssystem benötigt. Denn dadurch soll regelmäßig ein breiter Zugang zu den Kapitalmärkten vermitteln werden, um die Anzahl der Kunden auszubauen oder zumindest stabil zu halten. Beim Depot-A-Geschäft[22] kann dies anders aussehen. Sollte sich das Wertpapierdienstleistungsunternehmen dafür entscheiden, die Depot-A-Geschäfte ohne automatisiertes System zu überwachen, muss es dennoch der generellen aufsichtsrechtlichen Vorgabe der Überwachung auch dieser Geschäfte nachkommen und ihre insoweit eingerichtete Überwachungstätigkeit prüfungstechnisch nachvollziehbar begründen können. Dabei muss sie darlegen, warum das konkret von ihr genutzte 6

[19] Erwägungsgrund 46 der MAR.

[20] ESMA, Final Report II, Tz. 150 ff.: „In considering whether an automated system is necessary and if so its level of automation, entities should take into account the number of transactions and orders that need to be monitored; the type of financials instruments traded; the frequency and volume of orders and transactions; and the size, complexity and/or nature of their business".

[21] Depot B (Fremd-, Ander- oder Treuhanddepot) enthält die Wertpapiere aus Kommissionsgeschäften. Der Bestand befindet sich im Eigentum des Hinterlegers (des Kunden der Bank).

[22] Depot A (Eigendepot) enthält die Wertpapiere aus dem Eigenhandel der Bank und haftet für alle Verbindlichkeiten des Zwischenverwahrers (der Bank) gegenüber dem Drittverwahrer.

Überwachungssystem dem Proportionalitätsgrundsatz entsprechend ausreichend ist, um relevante Marktmissbrauchspraktiken zu erkennen. Inwieweit die Institute auch die Aufdeckung verbotenen Insiderhandels oder des Versuchs hierzu in die automatisierte, systematische Überwachung gemäß Art. 16 Abs. 2 S. 2 MAR miteinbeziehen müssen, ist umstritten. Die Institute verweisen in diesem Kontext gegenüber der zuständigen Aufsicht gerne auf ihre bisherigen organisatorischen Vorkehrungen bzw. Verfahren zum Umgang mit Compliance-relevanten Informationen inklusive der Insiderinformationen beispielsweise Überwachung von Mitarbeitergeschäften, Führen von Watch-/Restricted List,[23] Einrichtung von Vertraulichkeitsbereichen sowohl in räumlicher als auch virtueller Hinsicht, interne Meldesysteme etc. So kann z. Bsp. im Rahmen der Geschäftsverbindung mit einem börsennotierten Unternehmenskunden dieser in die Überwachungsliste aufgenommen werden. Nach Veröffentlichung einer Ad-hoc-Mitteilung dieses Kunden, kann sodann eine in engen zeitlichen Zusammenhang stehende Überprüfung der Mitarbeiterkonten/-depots der involvierten Mitarbeiter mit besonderer Compliance-Relevanz vorgesehen werden.

e) Automatisierte Lösungsansätze

7 Die Wertpapierdienstleistungsunternehmen oder deren mandatierte Wertpapierservicegesellschaften präferieren im Hinblick auf die Aufdeckung und Meldung von Verdachtsfällen von (versuchter) Marktmanipulation systematische Unterstützung durch IT-Module, die eine systematische Analyse beinhalten. Anknüpfungspunkte der systematischen Analyse sind dabei vor allem offene, geänderte und gestrichene Kundenorders, börsengehandelte Derivate vom Vortag, einzelne Marktdaten etc., die eine systematische Analyse prüfungspflichtiger Tatbestandsmerkmale der MAR auslösen. Im Anschluss an die systematische Analyse werden verdächtige Sachverhalte ermittelt. Die systematische Analyse nutzt dabei einschlägige Szenarien-Betrachtungen, um damit marktmissbräuchliche Praktiken zu identifizieren, wie z. Bsp. Wash Trades, Wash Sales, Marking the Close, Pumping and Dumping, Pre-arranged-Trades, Ping Orders, Layering etc.[24][25] Wenn ein Wertpapierdienstleistungsunternehmen sich bei einer automatisierten Überwachungssystematik einer Wertpapierservicegesellschaft bedient, bedarf es dazu einer individuellen Schnittstellenvereinbarung insbes. im Hinblick auf die o. g. Depot-A-Geschäfte. Wird infolge der systematischen Analyse ein Geschäft oder eine Order als verdächtig erkannt, wird systemseitig eine entsprechende Warnmeldung (Alert) generiert. Auf dieser Grundlage muss das Institut selbst einschätzen, ob es sich dabei um einen Fall der Marktmanipulation handelt oder lediglich um eine technische Auffälligkeit. Das Wertpapierdienstleistungsunternehmen entscheidet in eigener Verantwortung – auch im Falle der Nutzung eines automatisierten Überwachungssystems einer mandatierten Wertpapierservicegesellschaft – ob es eine Meldung an die zuständige Aufsichtsbehörde veranlasst, da nicht jeder automatisch generierte „Alert" eine Meldepflicht begründet.[26] Meldungen verdächtiger Geschäfte oder Orders sollten der zuständigen Aufsichtsbehörde unverzüglich übermittelt werden, dh die Institute sind dazu gehalten, einen Report arbeitstägig auszuwerten, um verdächtige Geschäfte/Aufträge sobald als möglich zu prüfen.[27] Das hinterlegte Überwachungssystem berücksichtigt bei seiner Analyse alle Orders, Kunden- und Depotarten, Handelsplätze sowie alle Finanzinstrumente und unterzieht diese einer täglichen Prüfung gegen die anhand der o. g. Szenarien-Betrachtung entwickelten Typologien. Falls es bei der Prüfung zu einem Treffer kommt (Alert) muss das betroffene Institut entweder unverzüglich schriftlich von der mandatierten Wertpapierservicegesellschaft z. Bsp. per E-Mail informiert werden, falls das automatische Über-

[23] „Watch-/Restricted List": sind Instrumente des Interessenkonfliktmanagements und dienen zur Steuerung des Handelns eines Wertpapierdienstleistungsunternehmen.

[24] Vgl. *Fleischer* in Fuchs WpHG § 20a WpHG aF Rn. 53 ff.

[25] *Renz/Leibold* CCZ 2016 157 ff., zu den Begriffen der einzelnen Fälle von Marktmanipulation → § 14 Rn. 59 ff.

[26] Erwägungsgrund 9 der VO 2016/957.

[27] Erwägungsgrund 10 der VO 2016/957.

wachungssystem ausgelagert wurde, jedenfalls muss das betroffene Institut unmittelbar selbst darüber entscheiden, ob es einen meldepflichtigen Sachverhalt eines (versuchten) Marktmissbrauchs hat und inwieweit es eine etwaige Verdachtsmeldung an die zuständige Aufsichtsbehörde zu übermitteln hat. Ferner muss das Institut die erforderlichen Dokumentationen bzw. Archivierungen vornehmen.

3. Zusätzliche organisatorische Maßnahmen gegen Marktmissbrauch

Neben den spezifischen Maßnahmen zur Vorbeugung und Aufdeckung von Marktmissbrauch gemäß Art. 16 Abs. 2 MAR hat das betreffende Institut nach wie vor die allgemeinen Organisationspflichten gem. § 80 WpHG nF zu beachten.[28] So ist das Institut z. Bsp. verpflichtet, angemessene Vorkehrungen zu treffen, um Interessenkonflikte bei der Erbringung der Wertpapierdienstleistungen und -nebendienstleistungen zu erkennen und möglichst zu vermeiden, § 80 Abs. 1 lfd. Nr. 2 WpHG nF, sowie Vorkehrungen zu treffen, um die Kontinuität und Regelmäßigkeit bei der Erbringung der Wertpapierdienstleistungen und –nebendienstleistungen zu gewährleisten, § 80 Abs. 1 lfd. Nr. 1 WpHG nF. 8

Zudem muss ein Institut über eine ordnungsgemäße Geschäftsorganisation verfügen, die die Einhaltung der vom Institut zu beachtenden gesetzlichen Bestimmungen gewährleistet.[29] Diese schließt ein angemessenes und wirksames Risikomanagement ein, zu dem ua eine Compliance-Funktion gehört.[30] Diese hat die Aufgabe, den Risiken, die sich aus der Nichteinhaltung rechtlicher Regelungen und Vorgaben ergeben können, entgegenzuwirken. Dabei muss die Compliance-Funktion insbesondere auf die Implementierung wirksamer Verfahren zur Einhaltung der wesentlichen rechtlichen Regelungen und Vorgaben und entsprechender Kontrollen hinwirken.[31] 9

II. Meldung von Verstößen

1. Pflicht zur Verdachtsmeldung

Ein Wertpapierdienstleistungsunternehmen muss gem. Art. 16 Abs. 2 S. 2 MAR der zuständigen Aufsichtsbehörde unverzüglich melden, wenn es den begründeten Verdacht hat, dass ein Geschäft/Auftrag einen Insiderhandel oder eine Marktmanipulation oder einen Versuch hierzu darstellt. Nach Art. 16 Abs. 2 S. 2 iVm Art. 2 Abs. 2 lit. c) VO 2016/957 ist es unerheblich, ob die Erteilung der Aufträge bzw. die Ausführung der Geschäfte auf einem Handelsplatz oder anderweitig erfolgt sind, da ein Verdacht nicht allein davon abhängt, ob das Finanzinstrument überhaupt an einem Ausführungsplatz gehandelt wurde. Wenn bei einer Orderausführung mehrere Verpflichtete iSv Art. 16 Abs. 2 MAR beteiligt sind, dann unterliegt gemäß Art. 5 Abs. 2 VO 2016/957 jeder einer eigenen Meldepflicht. Insoweit gleichen die Vorgaben zur Meldepflicht der alten Rechtslage nach § 10 WpHG aF, allerdings mit den Unterschieden bzgl. des Kreises der meldepflichtigen Geschäfte sowie der Formalien. Nach dem Wortlaut des § 23 Abs. 1 WpHG nF scheint auf den ersten Blick hin die Anzeige von Verdachtsfällen auf Leerverkäufe beschränkt zu sein. Diese allein am Wortlaut des § 23 Abs. 1 WpHG nF orientierte Auslegung greift jedoch zu kurz, da Art. 16 Abs. 1 und 2 MAR ausdrücklich eine Pflicht zur Meldung von Geschäften und Aufträgen, die potenziell gegen das Verbot des Insiderhandels und der Marktmanipulation oder den Versuch hierzu verstoßen, beinhaltet. Vor diesem Hintergrund gilt auch die Haftungsprivilegierung des § 23 Abs. 3 WpHG nF, wonach bei unbegründeten Anzeigen 10

[28] Vgl. die ehemalige Vorgabe des § 33 WpHG aF diese wurde durch das 2. FiMaNoG neu gefasst; jetzt § 80 WpHG nF.

[29] § 80 Abs. 1 Satz 1 WpHG, § 25a Abs. 1 Satz 1 KWG.

[30] § 25a Abs. 1 Satz 3 Nr. 3c KWG.

[31] BaFin, Rundschreiben 09/2017 (BA) – Mindestanforderungen an das Risikomanagement – MaRisk, Gz. BA 54-FR 2210-2017/0002 v. 27.10.2017, Abschnitt AT 4.4.2. sowie BaFin, MaComp. Abschnitt 2.1.

eine Haftung nur für Vorsatz und grobe Fahrlässigkeit in Betracht kommt, nur eingeschränkt für den Fall des § 23 Abs. 1 WpHG nF.

2. Erweiterung der Meldepflicht

11 Im Gegensatz zur Altregelung des § 10 Abs. 1 WpHG aF sind nunmehr auch bereits vergangene Vorgänge zu melden. Der Wortlaut der Altregelung des § 10 Abs. 1 WpHG aF legte nahe, dass die Feststellung der Tatsachen, die den Verdacht begründen, dass mit einem Geschäft gegen §§ 14, 20a WpHG aF oder die Artt. 12, 13 oder 14 der Verordnung (EU) Nr. 236/2012 (sog. Leerverkaufsverordnung) verstoßen wird,[32] mit dem Geschäft selbst in einem engen zeitlichen Zusammenhang stehen.[33] Gemäß Art. 6 Abs. 2 S. 1 VO 2016/957 ist nunmehr eine nachträgliche Meldung stets erforderlich, wenn Folgeereignisse oder spätere Informationen den Verdacht eines Marktmissbrauchs begründen. Das betroffene Wertpapierdienstleistungsunternehmen muss aber in diesen Fällen im Rahmen der Verdachtsmeldung die Gründe für die Verzögerung der Meldung darlegen. Wie weit die nachträgliche Meldepflicht auch für Sachverhalte aus der Vergangenheit besteht, bleibt aktuell offen. Eine Möglichkeit der Einschränkung der nachträglichen Meldepflicht wäre das Abstellen auf den Kenntnisstand der Compliance-Funktion, wenn es beispielsweise in der jüngeren Vergangenheit bei vergleichbaren Sachverhalten bei Geschäften mit Finanzinstrumenten Auffälligkeiten gegeben hat. Daraus ergeben sich infolge des erweiterten sachlichen Anwendungsbereichs des Art. 16 Abs. 1 und 2 MAR auf OTC-Geschäfte oder MTF-Geschäfte, unter Berücksichtigung der Versuchsstrafbarkeit, bei gleichzeitiger Beachtung der möglichen Bedeutung von Änderungsmeldungen, Stornierungen etc. gestiegene Anforderungen an die implementierten Meldesysteme.

3. Prüfpflichten nach der Neuregelung

12 Auch unter der Neuregelung des Art. 16 Abs. 1 und 2 MAR müssen die Wertpapierdienstleistungsunternehmen eigenständig bewerten, ob bei Ihnen konkrete tatsächliche Anhaltspunkte dafür vorliegen, dass ein Auftrag oder Geschäft gegen das Verbot von Insidergeschäften oder das Verbot der Marktmanipulation einschließlich des Versuchs hierzu verstößt. Dabei können die betroffenen Wertpapierdienstleistungsunternehmen ihre eigenständige Bewertung nur auf der Grundlage von bekannten Tatsachen vornehmen, dh sie können dabei mitnichten bloße Spekulationen oder Vermutungen heranziehen.[34] Wie schon bei der Altregelung des § 10 Abs. 1 WpHG aF sollte allein die Compliance-Funktion mit der Entscheidung über eine Verdachtsmeldung betraut werden. Sie hat innerhalb des betroffenen Wertpapierdienstleistungsunternehmen bereichsübergreifenden Zugang zu den involvierten Vertraulichkeitsbereichen und kann somit eine Bewertung auf einer gesicherten Grundlage vornehmen. Kommt das betroffene Wertpapierdienstleistungsunternehmen infolge seiner eigenständigen Bewertung zu einem Marktmissbrauchsverdacht, so muss es den Auftrag oder das Geschäft, wie auch schon bei der Altregelung des § 10 Abs. 1 S. 1 WpHG aF, unverzüglich melden. Unverzüglich iSv Art. 16 Abs. 2 MAR iVm Art. 6 Abs. 1 VO 2016/957 bedeutet wie auch nach der alten Rechtslage des § 10 Abs. 1 WpHG aF, dass ohne schuldhaftes Zögern nach dem Bekanntwerden von Tatsachen, die einen Verdacht begründen, eine Verdachtsmeldung erforderlich ist. Maßgeblicher Zeitpunkt für die Verdachtsmeldung ist der Zeitpunkt der Kenntnis von Tatsachen, die einen Verdacht begründen, durch die für die Verdachtsmeldung zuständige Organisationseinheit des betroffenen Wertpapierdienstleistungsunternehmen, also der Compliance-Funktion. Dabei spielt

[32] Verordnung (EU) Nr. 236/2012 des Europäischen Parlaments und des Rates vom 14. März 2012 über Leerverkäufe und bestimmte Aspekte von Credit Default Swaps, ABl. EU Nr. L86 v. 24.3.2012 S. 1 ff. (Leerverkaufsverordnung).

[33] *Heinrich* in KölnKomm WpHG § 10 WpHG Rn. 37 ff.

[34] Erwägungsgrund 10 S. 2 der VO 2016/957.

es keine Rolle, ob der Auftrag oder das Geschäft ausgeführt wurde oder nicht, da nach Art. 16 Abs. 1 MAR bereits der Versuch einer Marktmanipulation strafbar ist.[35] Nach Art. 5 Abs. 4 VO 2016/957 bleibt es, wie schon in der Altregelung dabei, dass der Kunde nicht über die Verdachtsmeldung informiert wird. Auch zieht die Verdachtsmeldung nach der Neuregelung kein Ausführungsverbot nach sich.

4. Form der Verdachtsmeldung nach der Neuregelung

Die Verdachtsmeldung ist elektronisch unter Verwendung des auf der BaFin-Homepage hinterlegten Musters zu übermitteln. Die BaFin hat dafür eigens einen speziellen elektronischen Kommunikationsweg im Rahmen des MVP-Portals eingerichtet. Dem „Informationsblatt zum MVP-Fachverfahren zur Übermittlung von Verdachtsmeldungen nach Art. 16 Abs. 1 und 2 MAR" der BaFin sind weitere technische Details zur Registrierung und zum Verfahren selbst zu entnehmen.[36] Telefonische Verdachtsmeldungen müssen nochmals elektronisch unter Beachtung der Formatvorgaben nachgeholt werden. Falls das betroffene Wertpapierdienstleistungsunternehmen im Rahmen seiner eigenständigen Bewertung des Sachverhalts zum Schluss gelangt, dass keine Verdachtsmeldung iSv Art. 16 Abs. 1 und 2 MAR abzugeben ist, so ist diese Entscheidung unter Angabe der Gründe zu dokumentieren.[37] **13**

5. Auslagerung

Wenn ein Wertpapierdienstleistungsunternehmen über kein eigenes automatisiertes Überwachungssystem verfügt, sondern die technische Überwachung einem Wertpapierservicegesellschaft übertragen hat, kann der Tatbestand einer Auslagerung iSv § 25b Abs. 1 KWG iVm § 80 Abs. 6 WpHG nF erfüllt sein. Auslagerung wird im Rundschreiben der BaFin 10/2012 (BA) – Mindestanforderungen an das Risikomanagement (MaRisk) in AT 9 Tz. 1 wie folgt definiert: **14**

> *„Eine Auslagerung liegt vor, wenn ein anderes Unternehmen mit der Wahrnehmung solcher Aktivitäten und Prozesse im Zusammenhang mit der Durchführung von Bankgeschäften, Finanzdienstleistungen oder sonstigen institutstypischen Dienstleistungen beauftragt wird, die ansonsten vom Institut selbst erbracht würden."*

Das Wertpapierdienstleistungsunternehmen erbringt mit der Orderannahme und Weiterleitung eine Wertpapierdienstleistung und –nebendienstleistung, unabhängig davon, ob es sich dabei um Eigenhandel iSv 1 Abs. 1a S. 2 Nr. 4 KWG oder um ein Eigengeschäft iSv § 1 Abs. 1 S. 3 KWG handelt. Auch die Organisations- und Kontrollpflichten nach Art. 16 Abs. 1 und 2 MAR zur Vorbeugung und Aufdeckung von Marktmissbrauch stehen in direktem Zusammenhang mit der Erbringung von Wertpapierdienstleistungen und –nebendienstleistungen.[38]

Nach MaRisk AT 9 Tz. 2 muss das betroffene Institut auf der Grundlage einer eigenen Risikoanalyse eigenverantwortlich festlegen, welche Auslagerungen von Aktivitäten und Prozessen unter Risikogesichtspunkten als wesentliche Auslagerungen zu qualifizieren sind. Dabei sind die nachfolgenden Kriterien im Rahmen der Risikoanalyse zu berücksichtigen: **15**

- Kosten der Auslagerung
- Kapazitäten und technische Leistungsfähigkeit, Kompatibilität der IT-Systeme
- Vorkehrungen, die zu einer Risikominderung der Auslagerungsmaßnahme beitragen
- Qualität der Dienstleistung eines potentiellen Kandidaten

[35] ESMA, Final Report II, Tz. 138 ff.
[36] Vgl. www.bafin.de.
[37] ESMA, Final Report II, Tz. 170 ff.
[38] *Meyer/Paetzel/Will* in KölnKomm WpHG § 33 WpHG Rn. 220 ff.

- Wirtschaftlicher und gesellschaftsrechtlicher, regulatorischer Status eines potentiellen Kandidaten
- Konsequenzen bei Schlechtleistung oder Nichtleistung des potentiellen Kandidaten
- Komplexität des Auslagerungsgegenstandes
- Auswirkung der Auslagerung auf das auslagernde Institut

Vorliegend dürfte wohl das betroffene Wertpapierdienstleistungsunternehmen im Rahmen seiner eigenverantwortlichen Risikoanalyse regelmäßig zu einer Bejahung einer wesentlichen Auslagerung in Anbetracht der Komplexität, des Aufwandes und der mit der Einrichtung eines automatisierten Sicherungssystems verbundenen weitreichenden Konsequenzen kommen.

16 Bei jeder Auslagerung muss zunächst zwischen auslagerndem Unternehmen (Wertpapierdienstleistungsunternehmen) und aufnehmendem Unternehmen (Wertpapierservicegesellschaft) eine Auslagerungsvereinbarung geschlossen werden. Nach Art 3 Abs. 7 VO 2016/957 verbleibt die vollständige Verantwortung für die Erfüllung der Pflichten aus Art 16 MAR beim auslagernden Unternehmen. Gemäß Art. 3 Abs. 7 – letzter Unterabsatz VO 2016/957 zeichnet sich die Auslagerungsvereinbarung durch eine vollständige Beschreibung des Rechte und Pflichtenkatalogs einschließlich der Aufgabenzuweisungen und Verantwortlichkeiten sowie der Beendigungsmöglichkeiten aus. Darüber hinaus gibt Art. 3 Abs. 7 lit. a) VO 2016/957 vor, dass das auslagernde Wertpapierdienstleistungsunternehmen sich seine Fachkenntnisse und Resourcen bewahrt, um das aufnehmende Unternehmen zu überwachen und die Qualität seiner Dienstleistungen bewerten zu können. Dies umfasst auch ein Risikomanagement, das die Risiken im Zusammenhang mit der Auslagerung beurteilen kann. Daher muss das auslagernde Wertpapierdienstleistungsunternehmen einen unmittelbaren Zugang zu allen relevanten Informationen hinsichtlich der Datenanalyse und der systemisch erzeugten Warnmeldungen haben, Art. 3 Abs. 7 lit. b) VO 2016/957. Die Meldepflicht sowie die damit einhergehende Bewertung von Warnmeldungen sind grundsätzlich – nach dem Willen des europäischen Gesetzgebers – nicht Gegenstand der Auslagerung, dh sie sind nicht übertragungsfähig.[39] Der Gesetzgeber will damit zum Ausdruck bringen, dass sich ein Wertpapierdienstleistungsunternehmen nicht vollends von seinen Compliance-Pflichten lösen kann und eine Auslagerung nur dann noch im Einklang mit Art. 16 Abs. 1 und 2 MAR iVm Art. 3 Abs. 6 und 7 VO 2016/957 steht, wenn die Entscheidungsbefugnis über eine Verdachtsmeldung beim auslagernden Wertpapierdienstleistungsunternehmen verbleibt.

6. Schulung

17 Gemäß Art. 4 Abs. 1 S. 2 VO 2016/957 muss ein Wertpapierdienstleistungsunternehmen seine Mitarbeiter unter Beachtung des Proportionalitätsgrundsatzes regelmäßig zu den Vorgaben der MAR schulen. Von den Schulungsmaßnahmen sind die nachfolgenden Mitarbeiter des Wertpapierdienstleistungsunternehmens betroffen:

- Mitarbeiter, die mit der Annahme und Weiterleitung von Aufträgen betraut sind
- Mitarbeiter, die in die Vorbeugung von Insidergeschäften oder Marktmanipulationen oder des Versuchs hierzu einbezogen sind, sich mit der Überwachung, Aufdeckung und Identifikation von verdächtigen Aufträgen und Geschäften beschäftigen, Art. 4 Abs. 2 VO 2016/957

Diese Pflichten zur Schulung eines Wertpapierdienstleistungsunternehmens hinsichtlich seiner Mitarbeiter ist keine regulatorische Neuregelung. Eine Verpflichtung zur Schulung, Unterrichtung und Ausbildung der Mitarbeiter bestand für die Wertpapierdienstleistungsunternehmen auch schon in der Altregelung des § 33 Abs. 1 S. 2 Nr. 1 WpHG aF iVm § 12 Abs. 3 Nr. 2 WpDVerOV aF. Die Schulungsinhalte hinsichtlich der mit dem Inkraft-

[39] Erwägungsgrund 4 S. 4 der VO 2016/957: „Die Meldepflicht sowie die Pflicht zur Einhaltung dieser Verordnung und des Artikels 16 der Verordnung (EU) Nr. 596/2014 sollten bei der übertragenden Person verbleiben".

treten der MAR verbundenen Änderungen sind unverzüglich bei gleichzeitiger Beachtung des Proportionalitätsgrundsatzes zu aktualisieren.[40, 41]

7. Aufbewahrung

Gemäß Art. 3 Abs. 8 VO 2016/957 sind sowohl die Analyse zu verdächtigen Aufträgen als auch die Gründe für die Abgabe oder Nichtabgabe einer Verdachtsmeldung für einen Zeitraum von fünf Jahren aufzubewahren und der zuständigen Aufsichtsbehörde auf Anfrage vorzulegen. 18

III. Whistleblower Protection

1. Rechtsgrundlage

Die MAR sieht mit der Regelung in Art. 32 Abs. 1 MAR die verpflichtende Einführung wirksamer Mechanismen zur Meldung tatsächlicher oder potenzieller Verstöße gegen die Verordnung vor (sog. Whistleblower-Regelungen).[42] Die BaFin hat dieser Vorgabe zum 2. Juli 2016 mit der Einrichtung einer zentralen Stelle zur Entgegennahme und Nachverfolgung von Hinweisen auf Verstöße gegen das Aufsichtsrecht entsprochen.[43] Die Befugnis zur Einrichtung einer Hinweisgeberstelle bezieht die BaFin aus dem mit dem 1. FiMaNoG eingeführten § 4d Finanzdienstleistungsaufsichtsgesetz (FinDAG). Mit dem § 4d FinDAG setzt der deutsche Gesetzgeber die europäischen, aufsichtsrechtlichen Vorgaben nicht nur des Art. 32 MAR, sondern auch des Art. 71 der Eigenkapitalrichtlinie[44], des Art. 28 PRIIPS-Verordnung[45], und Art. 99d der OGAW-V-Richtlinie[46] sowie der MiFID II[47] in deutsches Recht um.[48] So hat die zuständige Aufsichtsbehörde gemäß § 4d Abs. 1 FinDAG ausdrücklich ein System zur Annahme von Meldungen über potenzielle und tatsächliche Verstöße gegen Aufsichtsrecht zu implementieren. Dabei sind Verstöße bzw. vermeintliche Verstöße gegen das Aufsichtsrecht dem Wortlaut des § 4d Abs. 1 FinDAG nach weit auszulegen und umfassen somit alle potenziellen und tatsächlichen Verstöße gegen Gesetze, Rechtsverordnungen und Allgemeinverfügungen, sowie sonstige Vorschriften, Verordnungen und Richtlinien der Europäischen Union, die zum Aufgabenspektrum der BaFin zählen und für deren Einhaltung sie durch die von ihr beaufsichtigten Unternehmen einzustehen hat bzw. deren Verstöße dagegen sie ahnden 19

[40] Die Verordnung (EU) Nr. 596/2014 des Europäischen Parlaments und des Rates vom 16. April 2014 ist am 2. Juli 2014 in Kraft getreten.

[41] Vgl. ESMA, Final Report II, Tz. 161 ff.

[42] *Sorgenfrei/Saliger* in Park Kapitalmarktstrafrecht §§ 38 Abs. 1 und Abs. 4, 39 Abs. 2 Nr. 3 WpHG iVm Art. 15,12 MAR, Rn. 369 ff.

[43] Hinweisgeberstelle@bafin.de.

[44] Richtlinie 2013/36/EU des Europäischen Parlaments und des Rates vom 26.6.2013 über den Zugang zur Tätigkeit von Kreditinstituten und die Beaufsichtigung von Kreditinstituten und Wertpapierfirmen, zur Änderung der Richtlinie 2002/87/EG und zur Aufhebung der Richtlinien 2006/48/EG und 2006/49/EG, ABl. EU Nr. L176 v. 27.6.2013 S. 338 ff. (Capital Requirements Directive – CRD IV).

[45] Verordnung (EU) Nr. 1286/2014 des europäischen Parlaments und des Rates vom 26.11.2014 über Basisinformationsblätter für verpackte Anlageprodukte für Kleinanleger und Versicherungsprodukte (Packaged Retail and Insurance-based Investment Products – PRIIPs), ABl. EU Nr. L352 v. 9.12.2014 S. 1 ff. (PRIIPS-Verordnung).

[46] Richtlinie 2014/91/EU des Europäischen Parlaments und Rats vom 23.7.2014 zur Änderung der Richtlinie 2009/65/EG zur Koordinierung der Rechts- und Verwaltungsvorschriften betreffend bestimmte Organismen für gemeinsame Anlagen in Wertpapieren (OGAW) im Hinblick auf die Aufgaben der Verwahrstelle, die Vergütungspolitik und Sanktionen, ABl. EU Nr. L257 v. 28.8.2014 S. 186 ff. (OGAW V-Richtlinie).

[47] Richtlinie 2014/65/EU (MiFID II): zum 3. Januar 2018 soll die Richtlinie 2004/39/EG (MiFID I) durch die Richtlinie 2014/65/EU (MiFID II) ersetzt werden.

[48] *Sorgenfrei/Saliger* in Park Kapitalmarktstrafrecht §§ 38 Abs. 1 und Abs. 4, 39 Abs. 2 Nr. 3 WpHG iVm Art. 15,12 MAR, Rn. 369 ff.

muss.[49] Auf der Grundlage der Verordnungsermächtigung des § 4d Abs. 9 FinDAG hat das Bundesministerium für Finanzen (BMF) am 2. Juli 2016 zeitgleich auch die Verordnung zur Meldung von Verstößen gegen das Verbot der Marktmanipulation (MarVerstMeldV) erlassen. Um detailliertere Angaben zum Verfahren der Meldung – wie z. Bsp. die Einrichtung von speziellen Kommunikationskanälen zum Schutz von bestimmten Personengruppen und personenbezogenen Daten – zu erhalten,[50] wurde die zur Konkretisierung auf der Grundlage des Art. 32 Abs. 5 MAR erlassene EU-Durchführungsrichtlinie 2015/2392,[51] in der Bundesrepublik Deutschland mit der MarVerstMeldV umgesetzt.

2. Schutz der Hinweisgeber

20 Die Meldung von Verstößen dient dazu, die zuständigen Aufsichtsbehörden bei ihrer Überwachungsaufgabe zu unterstützen. Sie werden durch die Informationen in vielen Fällen erst dazu in die Lage versetzt, um leichter Marktmissbrauch aufzudecken und Sanktionen verhängen zu können.[52] Jedoch werden daneben oft auch Maßnahmen erforderlich, um gleichzeitig den Schutz und die Einhaltung der Rechte des Informanten und des Verdächtigen sicherzustellen. Diese aufsichtsrechtlichen Anforderungen an den Umgang mit der Meldung von Verdachtsfällen wurden bereits mit der zentralen Vorschrift des § 4d FinDAG umgesetzt. Sie gipfeln in der Einrichtung einer sogen. Hinweisgeberstelle (siehe oben, unter Ziff. 1) durch die BaFin. Der eigentliche Kerngegenstand der Regelung ist aber vor allem der Schutz des Informanten/Hinweisgebers gemäß § 4d Abs. 1 S. 2 FinDAG.[53] Dem Hinweisgeber („Whistleblower") sollen schließlich aus der Meldung bei der BaFin keine Nachteile erwachsen, unabhängig davon, ob seine Identität offengelegt wird oder nicht. Umgekehrt sollen die von der BaFin beaufsichtigten Unternehmen nicht durch vorsätzliche oder grob fahrlässige Vorträge von Informanten geschädigt werden. Informationen zu Aufsichtsverstößen stammen oft aus einem geheimen oder geschützten Zusammenhang. Daher sind organisatorische Maßnahmen zum Schutz des Hinweisgebers wichtig (sog. „Whistleblower Protection").[54] So hat die BaFin beispielsweise seit Jahresbeginn 2017 ein elektronisches Meldesystem eingerichtet, das es der BaFin ermöglicht Rückfragen über einen „geschützten Postkasten" zu stellen. Dabei ist es technisch ausgeschlossen, dass die über das zertifizierte System gemeldeten Hinweise zurückverfolgt werden können. Dieses System soll die absolute Anonymität des Hinweisgebers während des gesamten Dialogs sichern, sofern er es wünscht.[55] Allerdings gilt die Ausnahme des § 4d Abs. 3 S. 3 FinDAG, der die Weitergabe von personenbezogenen Daten im Zusammenhang mit weiteren Ermittlungen oder nachfolgenden Verwaltungs- oder Gerichtsverfahren aufgrund gesetzlicher oder gerichtlicher Anordnung zulässt. Der in Art. 32 Abs. 2 lit. b) MAR postulierte Schutz für abhängig beschäftigte Hinweisgeber, die aufsichtsrechtliche Verstöße melden oder denen Verstöße zur Last gelegt werden, ist branchenübergreifend einmalig. Erst durch die gesetzliche Regelung des „Whistleblowings" wurde die Weitergabe von unternehmensinternen Informationen zur Aufdeckung von Verstößen gegen das Aufsichtsrecht in Deutschland ermöglicht. Das Recht, tatsächliche oder potenzielle Verstöße gegen Aufsichtsrecht aufzudecken, darf vertraglich auch nicht durch die beaufsichtigten Unternehmen eingeschränkt werden, dh entgegenstehende Vertragsklauseln beispielsweise von Arbeitsverträgen sind unwirksam, § 4d Abs. 7 FinDAG.

[49] *Al-Souliman* CB 2017, 75 ff.
[50] *Renz/Rohde-Liebenau* BB 2014, 692 ff.
[51] Durchführungsrichtlinie (EU) 2015/2392 der Kommission vom 17. Dezember 2015 zur Verordnung (EU) Nr. 596/2014 des Europäischen Parlaments und des Rates hinsichtlich der Meldung tatsächlicher und möglicher Verstöße gegen diese Verordnung, ABl. EU Nr. L332 v. 18.12.2015 S. 126 ff.
[52] Erwägungsgrund 74 der MAR.
[53] *Al-Souliman*, BaFin Journal Juli 2017, S. 27 ff.
[54] *Al-Souliman*, BaFin Journal Juli 2017, S. 27 ff.
[55] *Deppmeyer*, BaFin Journal Januar 2017, S. 24 ff.

Neben der Gefahr einer arbeitsrechtlichen Kündigung drohte zuvor einem Hinweisgeber ggf. auch das Risiko nach § 17 des Gesetzes gegen den unlauteren Wettbewerb (UWG) bestraft zu werden. Nach § 17 UWG wird der Verrat von Geschäfts- und Betriebsgeheimnissen durch abhängig beschäftigte Personen unter Strafe gestellt. Allerdings wurde bisher auf eine Einführung von finanziellen Anreizen für Whistleblower iSv Art. 32 Abs. 4 MAR ganz bewusst vor dem Hintergrund unerwünschten Denunziantentums verzichtet.[56]

3. Bedeutung der Hinweisgeberstelle der BaFin als Erkenntnisquelle

Eine wichtige Erkenntnisquelle, um Verstöße gegen Aufsichtsrecht zu erkennen, können Hinweise von Personen sein, die über besonderes Wissen zu Unternehmensinterna verfügen, weil sie dort angestellt sind oder in einem sonstigen Vertrags- oder Vertrauensverhältnis zum beaufsichtigten Unternehmen stehen (sog. „Whistleblower"). Hinweisgeber können sich postalisch, telefonisch und per E-Mail an die BaFin wenden, um Verstöße gegen aufsichtsrechtliche Vorgaben zu melden. Die Einrichtung der Hinweisgeberstelle dient der Aufdeckung und Nachverfolgung von Fehlverhalten einzelner Personen oder Wertpapierdienstleistungen, um neue Erkenntnisquellen für aufsichtsrechtliche Verstöße zu erlangen.[57] **21**

Eine zentrale Aufgabe der eingerichteten Hinweisgeberstelle ist vor allem die Kommunikation mit den Whistleblowern. Der Kommunikationsauftrag umfasst dabei nicht nur die eingehenden Hinweise, sondern auch die Folgekommunikation. Damit wird seitens der zuständigen Aufsichtsbehörde Hinweisgebern ein Kommunikationskanal angeboten, um über tatsächliche oder potenzielle Verstöße gegen aufsichtsrechtliche Bestimmungen zu informieren. Dies entspricht der aufsichtsrechtlichen Vorgabe des Art. 32 Abs. 1 MAR wonach die zuständigen Aufsichtsbehörden der Mitgliedsstaaten wirksame Mechanismen schaffen müssen, um die Meldung tatsächlicher oder möglicher Verstöße gegen diese Verordnung zu ermöglichen. Der Begriff Meldung von „Verstößen gegen diese Verordnung" legt bereits nach dem Wortlaut nahe, dass es sich hierbei vor allem um Informationen zur Aufdeckung von Insidergeschäften und Marktmanipulationen bzw. den Versuch hierzu, sowie Unterstützung bei der Verhängung von Sanktionen handelt.[58] Die Hinweisgeberstelle prüft eingehende Hinweise zunächst auf Relevanz für die Fachaufsicht, dh ob die Hinweise überhaupt die von der zuständigen Aufsichtsbehörde beaufsichtigten Unternehmen betreffen und ob der geschilderte Sachverhalt zutrifft. Relevante Hinweise leitet die Hinweisgeberstelle ggf. anonymisiert oder pseudonymisiert an die jeweils zuständige Fachaufsicht weiter. Diese prüft dann den Sachverhalt in sachlicher und rechtlicher Hinsicht, um abschließend ggf. Maßnahmen einzuleiten. Dabei stehen die Hinweisgeberstelle und die zuständige Fachaufsicht im ständigen gegenseitigen Austausch. Innerhalb der Hinweisgeberstelle übernehmen datenschutzrechtlich sensibilisierte Beschäftigte die Kommunikation mit den Hinweisgebern. **22**

[56] *Poelzig* NZG 2016, 492 ff.
[57] *Schmitz*, BaFin Journal Juli 2016, S. 33 ff.
[58] Erwägungsgrund 74 der MAR.

H. Aufsicht

§ 26 Aufgaben und Befugnisse der BaFin

Übersicht

Literatur

von Buttlar, Sanktionen: Erstes Finanzmarktnovellierungsgesetz – Die neuen Vorschriften im Wertpapierhandelsgesetz, BaFinJournal 6/2016, 18; *Fama,* Efficient Capital Markets: A Review of Theory and Empirical Work, The Journal of Finance, Vol. 25 No. 2, 383; *Klöhn/Schmolke,* Der Aufschub der Ad-hoc-Publizität nach Art. 17 Abs. 4 MAR zum Schutz der Unternehmensreputation, ZGR 2016, 866; *Litsoukov,* BaFin und SEC – Aufsichtspraxis im internationalen Vergleich, BaFinJournal 10/2015, 37; *Merkner/Sustmann,* Insiderrecht und Ad-Hoc-Publizität – Das Anlegerschutzverbesserungsgesetz „in der Fassung durch den Emittentenleitfaden der Bafin", NZG 2005, 729; *Nikoleyczik,* Der neue Emittentenleitfaden der BaFin, GWR 2009, 264; *Poelzig,* Durchsetzung und Sanktionierung des neuen Marktmissbrauchsrechts, NZG 2016, 492; *dies.,* Die Neuregelung der Offenlegungsvorschriften durch die Marktmissbrauchverordnung, NZG 2016, 761.

I. Einführung

1 Die Aufgaben und Befugnisse der Bundesanstalt für Finanzdienstleistungsaufsicht (BaFin) sind einem stetigen Wandel unterworfen. Die Umsetzung der Vorgaben der Marktmissbrauchsverordnung (MAR)[1] und Marktmissbrauchs-Sanktionsrichtlinie (CRIM-MAD)[2] haben zu einer Erweiterung der Befugnisse der BaFin im WpHG[3] geführt. Die BaFin kann nunmehr beispielsweise unter bestimmten Voraussetzungen selbst Wohnräume natürlicher Personen durchsuchen und verfügt unter bestimmten Voraussetzungen über Zugang zu den Telefonaufzeichnungen und Verbindungsdaten der Telekommunikationsbetreiber und der von ihr beaufsichtigten Unternehmen.[4] Durch das Zweite Finanzmarktnovellierungsgesetz (2. FiMaNoG)[5] ist der Befugniskatalog der BaFin darüber hinaus auf Grund der Zweiten Finanzmarktrichtlinie (MiFID II)[6], der Wertpapierfinanzierungsgeschäfte-Verordnung (SFTR)[7] und der Benchmark-Verordnung (Benchmark-VO)[8] erweitert worden. Das 2. FiMaNoG modifiziert zudem einige der durch das Erste Finanzmarktnovellierungsgesetz (1. FiMaNoG)[9] eingefügten Vorschriften. Die Umsetzung der vorgenannten europäischen Vorgaben führt dazu,

---

[1] Verordnung (EU) Nr. 596/2014 des Europäischen Parlaments und des Rates vom 16. April 2014 über Marktmissbrauch (Marktmissbrauchsverordnung) und zur Aufhebung der Richtlinie 2003/6/EG des Europäischen Parlaments und des Rates und der Richtlinien 2003/124/EG, 2003/125/EG und 2004/72/EG der Kommission, ABl. EU Nr. L173 v. 12.6.2014 S. 1 ff. (MAR).

[2] Richtlinie 2014/57/EU des Europäischen Parlaments und des Rates vom 16. April 2014 über strafrechtliche Sanktionen bei Marktmanipulation (Marktmissbrauchsrichtlinie), ABl. EU Nr. L173 v. 12.6.2014 S. 179 ff. (CRIM-MAD).

[3] Soweit nicht anders angegeben, beziehen sich die Paragraphenverweise dieses Kapitels auf das WpHG in der ab dem 3.1.2018 geltenden Fassung (siehe Art. 3 des 2. FiMaNoG).

[4] Siehe § 6 Abs. 12 sowie § 7 WpHG.

[5] Zweites Gesetz zur Novellierung von Finanzmarktvorschriften auf Grund europäischer Rechtsakte (Zweites Finanzmarktnovellierungsgesetz – 2. FiMaNoG) v. 23. Juni 2017, BGBl. I 2017 S. 1693.

[6] Richtlinie 2014/65/EU des Europäischen Parlaments und des Rates vom 15. Mai 2014 über Märkte für Finanzinstrumente sowie zur Änderung der Richtlinien 2002/92/EG und 2011/61/EU, ABl. EU Nr. L173 v. 12.6.2014 S. 349 ff. (MiFID II).

[7] Verordnung (EU) 2015/2365 des Europäischen Parlaments und des Rates vom 25. November 2015 über die Transparenz von Wertpapierfinanzierungsgeschäften und der Weiterverwendung sowie zur Änderung der Verordnung (EU) Nr. 648/2012, ABl. EU Nr. L337 v. 23.12.2015 S. 1 ff. (SFTR).

[8] Verordnung (EU) 2016/1011 des Europäischen Parlaments und des Rates vom 8. Juni 2016 über Indizes, die bei Finanzinstrumenten und Finanzkontrakten als Referenzwert oder zur Messung der Wertentwicklung eines Investmentfonds verwendet werden, und zur Änderung der Richtlinien 2008/48/EG und 2014/17/EU sowie der Verordnung (EU) Nr. 596/2014, ABl. EU Nr. L171 v. 29.6.2016 S. 1 ff. (Benchmark-VO).

[9] Erstes Gesetz zur Novellierung von Finanzmarktvorschriften auf Grund europäischer Rechtsakte (Erstes Finanzmarktnovellierungsgesetz – 1. FiMaNoG) v. 30. Juni 2016, BGBl. I 2016 S. 1514.

dass das System der kapitalmarktrechtlichen Befugnisnormen zunehmend in Anlehnung an gemeinsame europäische Vorgaben verstanden und angewandt werden muss. Die Aufgaben und Zuständigkeiten der BaFin sind dabei mehr und mehr von den Befugnissen der Europäischen Wertpapier- und Marktaufsichtsbehörde (ESMA) abzugrenzen.[10]

II. Funktionen

1. Allgemeine Finanzmarktaufsicht

Seit ihrer Entstehung am 1.5.2002 auf Basis des Gesetzes über die integrierte Finanzaufsicht[11] verkörpert die BaFin das Konzept einer **Universalaufsicht** kontinentaleuropäischer Prägung, das den föderalen Besonderheiten der Bundesrepublik Deutschland Rechnung trägt. Die BaFin ist in ihrem Aufgaben- und Zuständigkeitsbereich jedoch nicht mit der U. S.-amerikanischen *Securities and Exchange Commission* (SEC) vergleichbar. Sie ist im Gegensatz zur SEC insbesondere nicht als Börsenaufsichtsbehörde tätig und beaufsichtigt, anders als diese, auch Banken und Versicherungsunternehmen.[12] Die Aufsicht über Börsen fällt in Deutschland in die Zuständigkeit der Börsenaufsichtsbehörden der Länder.[13] Zur Verwirklichung des übergeordneten Ziels der Wahrung der Integrität der Finanzmärkte arbeiten die Börsenaufsichtsbehörden und die BaFin indes eng zusammen.[14] Die BaFin war auf Basis ihres Organisationsplans bislang in fünf Geschäftsbereiche aufgegliedert[15]: Bankenaufsicht, Innere Verwaltung und Recht, Präsident, Versicherungs- und Pensionsfondsaufsicht und Wertpapieraufsicht/Asset-Management, die jeweils von einem Exekutivdirektor bzw. dem Präsidenten der BaFin eigenständig geführt werden. Thematisch setzen sich die Aufgaben der BaFin dabei aus drei übergeordneten Säulen zusammen: Banken-, Versicherungs-/Pensionsfonds- und Wertpapieraufsicht. Im Jahr 2018 ist als vierte Säule und eigenständiger Geschäftsbereich die Bankenabwicklung hinzugekommen, dh die auf die BaFin übergehenden Aufgaben der Bundesanstalt für Finanzmarktstabilisierung (FMSA) als Abwicklungsbehörde im Sinne des SAG.[16] 2

2. Markt- und Unternehmensaufsicht

Von entscheidender Bedeutung für die Aufgaben der BaFin ist, in welchem Bereich der Aufsicht sie tätig wird. Sie beaufsichtigt einerseits das Verhalten der Marktteilnehmer auf den Finanzmärkten (sog. Marktaufsicht). Die Aufsicht erstreckt sich dabei auf alle Formen des Handels und Geschäfte mit Finanzinstrumenten, die an einem organisierten Markt, an multilateralen oder organisierten Handelssystemen oder außerbörslich gehandelt werden.[17] Ab dem 3. Januar 2018 umfasst der Begriff des Finanzinstruments auch Emissionszertifikate[18], so dass die BaFin fortan zunehmend Bereiche der Energiewirtschaft beaufsichtigen wird. Als Aufsichtsbehörde der Wertpapierdienstleistungsunternehmen beaufsichtigt die BaFin andererseits insbesondere multilaterale und nach Inkrafttreten der MiFID II organisierte Handelssysteme (sog. Unternehmensaufsicht). Hinzu kommt die Aufsicht über systematische Internalisierer.[19] Auch nach Inkrafttreten der MiFID II bleibt die BaFin weiterhin 3

[10] Zu ESMA im Einzelnen siehe § 27.
[11] BGBl. 2002 I S. 1310.
[12] *Litsoukov* BaFin Journal 10/2015 S. 38.
[13] Siehe hierzu noch → Rn. 10.
[14] § 8 BörsG.
[15] Siehe https://www.bafin.de/SharedDocs/Downloads/DE/Liste/dl_organigramm.pdf;jsessionid=C69EB0D3B7FF39AEC77BCD75FB991F87.1_cid372?__blob=publicationFile&v=12.
[16] Siehe Entwurf eines Gesetzes zur Neuordnung der Aufgaben der Bundesanstalt für Finanzmarktstabilisierung (FMSA-Neuordnungsgesetz – FMSANeuOG), BT-Drucks. 18/9530.
[17] Siehe § 1 Abs. 2 WpHG.
[18] Siehe Anhang I C (11) MiFID II.
[19] § 2 Abs. 8 S. 1 Nr. 2 Buchst. b) und S. 3 bis 5 WpHG.

für die Unternehmensaufsicht über alle sonstigen Wertpapierdienstleistungsunternehmen (§ 2 Abs. 10 WpHG) zuständig.

III. Grundlagen der Aufsichtstätigkeit

1. Tätigwerden im öffentlichen Interesse

4 Wie sich aus § 4 Abs. 4 FinDAG ergibt, ist Grundlage der BaFin-Aufsichtstätigkeit, dass sie ihre Aufgaben ausschließlich im öffentlichen Interesse wahrnimmt. Somit haften BaFin oder Staat zB nicht für Schäden, die Anlegern aus verlustbringenden Anlagen in Wertpapiere oder Finanzinstrumente entstehen.[20] Aus diesem Grund kommen etwaige Staatshaftungsansprüche in der Konstellation eines fehlerhaften Aufsichtshandelns grundsätzlich nicht in Betracht. Etwaigen Ansichten, eine fehlerhafte Kapitalmarktaufsicht könne den Anleger in subjektiv-öffentlichen Rechten betreffen, ist mit der zutreffenden hM[21] eine Absage zu erteilen.[22]

2. Instrumente der Aufsichtstätigkeit

a) Allgemeinverfügungen, Rundschreiben, Merkblätter und Hinweise

5 Die BaFin wird auf der Grundlage verschiedener rechtlicher Instrumente tätig. Soweit sie im Einzelfall, dh konkret-individuell, handelt, bedient sie sich in der Regel des Verwaltungsakts oder erlässt an eine Vielzahl von Adressaten **Allgemeinverfügungen**[23]. Daneben konkretisiert die BaFin die gesetzlichen Aufsichtsanforderungen durch abstrakt-generelle Regelungen, zB im Wege von Rechtsverordnungen.[24] Ferner erlässt sie Rundschreiben und sonstige Auslegungshinweise, die insbesondere in Form von Merkblättern, Hinweisschreiben, Antworten auf häufig gestellte Fragen (FAQs) oder sonstigen Erläuterungen ergehen können, die auf der BaFin-Internetseite[25] veröffentlicht werden. Obgleich in der Kapitalmarktpraxis zum Teil zu beobachten ist, dass Marktteilnehmer die Verlautbarungen der BaFin für fast gesetzesgleich halten, ist dem im Allgemeinen entgegenzuhalten, dass die Auslegungshinweise in ihrer Rechtsqualität hinter der von Gesetzen und Verordnungen zurückbleiben. Bei den Rundschreiben folgt eine faktische Bindung der festgelegten Verwaltungspraxis aus Art. 3 GG. Demgegenüber sind Hinweise der Aufsicht nicht in jedem Einzelfall als „bindend", sondern als Auslegungshilfe bzw. Verfahrenserleichterung zu verstehen. Ein Abweichen von den darin enthaltenen Grundsätzen ist daher nicht ausgeschlossen. Freilich kann insbesondere Rundschreiben der BaFin unter Umständen auch Haftungsqualität zukommen, soweit sie als Sorgfaltspflicht-konkretisierend einzuordnen sind. Diese Entwicklung lässt sich zum Teil im Bereich der Geschäftsleiterhaftung anhand der Mindestanforderungen an das Risikomanagement (MaRisk)[26] beobachten.[27]

---

[20] *Zetzsche* in Schwark/Zimmer WpHG § 4 Rn. 11.

[21] BGH NJW 2005, 742 (744); *Giesberts* in KölnKomm WpHG § 4 Rn. 93 ff.; siehe im Übrigen auch die Beschlussempfehlung des Finanzausschusses zum Zweiten Finanzmarktförderungsgesetz, BT-Drucks. 12/7918 S. 100: „Der Schutz des einzelnen Anlegers ist … bloßer Rechtsreflex." (noch zum inhaltsgleichen § 4 Abs. 2 WpHG aF).

[22] AA *Zetzsche* in Schwark/Zimmer WpHG § 4 Rn. 12.

[23] Beispielhaft sind die Allgemeinverfügungen der BaFin zum Verbot ungedeckter Leerverkäufe im Jahr 2010.

[24] Siehe die BaFin-BefugnisVO.

[25] www.bafin.de.

[26] Rundschreiben 09/2017 (BA) – Mindestanforderungen an das Risikomanagement, abrufbar unter: https://www.bafin.de/SharedDocs/Veroeffentlichungen/DE/Rundschreiben/2017/rs_1709_marisk_ba.html.

[27] Siehe auch *Schäfer/Zeller* BB 2009, 1706 ff.; *Dengler* WM 2014, 2032 ff.

b) Emittentenleitfaden

Eine besondere Bedeutung für die Praxis kommt dem **Emittentenleitfaden**[28] zu. Dieser ist jedoch weder als Rundschreiben an die Kapitalmarktteilnehmer noch als Allgemeinverfügung zu verstehen und hat somit keine unmittelbare Bindungswirkung.[29] Vielmehr handelt es sich hierbei um eine offizielle norminterpretierende Auslegungshilfe der BaFin zur Bedeutung der und dem Umgang mit Pflichten von Emittenten und weiteren im Kapitalmarktbereich tätigen Personen.[30] Die letzte umfassende Aktualisierung des Emittentenleitfadens liegt einige Jahre zurück. Dies beruht auch auf der regen regulatorischen Aktivität des europäischen und nationalen Gesetzgebers. Ob bei Beachtung der Auslegungshinweise des Emittentenleitfadens eine Haftung wegen der Verletzung der im Leitfaden genannten Rechtsnormen ausscheidet[31], ist sehr zweifelhaft. Der Emittentenleitfaden ist eine von vielen Auslegungsquellen im Aufsichtsrecht und stellt keine juristische Kommentierung dar[32], weshalb ein Haftungsausschluss aufgrund eines entsprechenden Rechtsirrtums in aller Regel nicht in Betracht kommen dürfte. 6

3. Verfahren und Rechtsschutz

Das auf die BaFin anwendbare Verwaltungsverfahren richtet sich nach dem VwVfG des Bundes. Vorgaben zur Vollstreckung behandelt das VwVG. Weitere Regelungen enthalten das FinDAG sowie die Spezialgesetze, auf deren Grundlage die BaFin ihre Aufsichtstätigkeit wahrnimmt. So enthält beispielsweise § 17 Abs. 2 FinDAG eine Sonderregelung für die öffentliche Bekanntgabe von Allgemeinverfügungen. Die Bekanntgabe erfolgt danach elektronisch auf der Internetseite der BaFin (§ 17 Abs. 2 S. 2 FinDAG). Zudem enthält § 17 Abs. 2 S. 5 FinDAG besondere Vorschriften, die es der BaFin erlauben, die Zeitpunkte der Bekanntmachung und Bekanntgabe ihrer Verfügungen zusammen zu legen. Dies kommt vor allem in Betracht, wenn eine Allgemeinverfügung zum Zweck der Beseitigung oder Verhinderung von Nachteilen für die Stabilität oder Funktionsfähigkeit der Finanzmärkte ergeht (§ 17 Abs. 2 S. 5 Nr. 1 FinDAG). Das WpHG sowie die anderen Kapitalmarktgesetze sind regelmäßig sofort vollziehbar, so dass Widerspruch und Anfechtungsklage gegen Anordnungen der BaFin in der Regel keine aufschiebende Wirkung zukommt.[33] Da gemäß § 1 Abs. 3 S. 1 FinDAG Frankfurt für Klagen gegen die BaFin als Sitz der Behörde gilt, ist das Verwaltungsgericht Frankfurt im Verwaltungsrechtsweg in Verfahren gegen die BaFin sachlich und örtlich zuständig.[34] 7

4. Verschwiegenheitspflicht

Besondere Bedeutung kommt den Verschwiegenheitspflichten der BaFin-Mitarbeiter angesichts der häufig vorhandenen Kursrelevanz der für sie einsehbaren Informationen von Emittenten zu. Bei der BaFin beschäftigte und beauftragte Personen dürfen im Rahmen ihrer Tätigkeit bekannt gewordene Tatsachen, deren Geheimhaltung im Interesse eines beaufsichtigten Unternehmens, Marktteilnehmers oder Dritten liegt, einschließlich Betriebs- und Geschäftsgeheimnisse sowie personenbezogene Daten, nicht unbefugt offenbaren oder verwenden (§ 21 Abs. 1 S. 1 WpHG). Vertrauliche Tatsachen dürfen allerdings beispielsweise an Strafverfolgungsbehörden, Gerichte und andere Aufsichtsbehörden wei- 8

[28] BaFin Emittentenleitfaden 2013 abrufbar unter: http://www.bafin.de/SharedDocs/Downloads/DE/Leitfaden/WA/dl_emittentenleitfaden_2013.pdf?__blob=publicationFile&v=5.

[29] *Nikoleyczik* GWR 2009, 264.

[30] *Merkner/Sustmann* NZG 2005, 729, 730. Siehe auch BGH ZIP 2008, 639, 641 („norminterpretierende Verwaltungsvorschrift“).

[31] *Nikoleyczik* GWR 2009, 264 mN.

[32] BaFin Emittentenleitfaden 2013 S. 27.

[33] Siehe § 13 WpHG.

[34] *Zetzsche* in Schwark/Zimmer WpHG § 4 Rn. 70.

tergegeben werden, soweit diese Stellen die Informationen zur Erfüllung ihrer Aufgaben benötigen (§ 21 Abs. 1 S. 3 WpHG). Besonderheiten gelten nach § 21 Abs. 2 WpHG im Umgang mit Finanzbehörden. Insofern dürfen vertrauliche Tatsachen durch die BaFin grundsätzlich nur weitergegeben werden, wenn die Finanzbehörde die Kenntnisse für die Durchführung eines Verfahrens wegen einer Steuerstraftat sowie eines damit zusammenhängenden Besteuerungsverfahrens benötigt (§ 21 Abs. 2 S. 1 WpHG). Wie andere öffentliche Stellen ist auch die BaFin an weitergehende datenschutzrechtliche Vorgaben gebunden.[35]

IV. Zusammenarbeit

9 Obwohl die BaFin in der öffentlichen Wahrnehmung oftmals als Allfinanzaufsicht gilt[36], ist ihr Beitrag im Bereich der Wahrung und Herstellung der Integrität an den Kapitalmärkten eine Gemeinschaftsaufgabe. Neben der Zusammenarbeit mit den Börsenaufsichtsbehörden ist im Bereich der Marktaufsicht die Zusammenarbeit mit den Handelsüberwachungsstellen der Börsen sowie mit den Staatsanwaltschaften von entscheidender Bedeutung. Ferner hat der Bereich der europäischen und internationalen Zusammenarbeit erheblich an Bedeutung gewonnen.

1. Zusammenarbeit mit Börsenaufsichtsbehörden

10 Der Zuständigkeitsbereich der Börsenaufsichtsbehörden beinhaltet die Aufsicht über die Börse nach den Vorschriften des BörsG, insbesondere die Beaufsichtigung des Börsenrats, der Börsengeschäftsführung, des Sanktionsausschusses und der Handelsüberwachungsstelle sowie des Freiverkehrs (§ 3 Abs. 1 S. 1 BörsG). Folglich beaufsichtigen die Börsenaufsichtsbehörden die Einhaltung der börsenrechtlichen Vorschriften und Anordnungen, die ordnungsgemäße Durchführung des Börsenhandels und die ordnungsgemäße Börsengeschäftsabwicklung (§ 3 Abs. 1 S. 2 BörsG). Die BaFin übt demgegenüber die Aufsicht nach den Vorschriften des WpHG aus.[37] Börsenaufsichtsbehörden und BaFin arbeiten gemäß § 8 Abs. 1 BörsG eng zusammen und tauschen im Rahmen der geltenden Verschwiegenheitspflichten untereinander die Informationen aus, die für die Wahrnehmung ihrer Aufgaben sachdienlich sind. Insbesondere unterrichten die Börsenaufsichtsbehörden die BaFin unverzüglich über von ihnen angeordnete Handelsaussetzungen oder -einstellungen und über das Erlöschen sowie die Aufhebung von Erlaubnissen nach dem BörsG (§ 8 Abs. 2 BörsG).

2. Zusammenarbeit mit Handelsüberwachungsstellen

11 Stellt die Handelsüberwachungsstelle einer Börse Tatsachen fest, deren Kenntnis für die Erfüllung der Aufgaben der BaFin erforderlich sind, hat sie die BaFin unverzüglich zu unterrichten (§ 7 Abs. 5 S. 4 BörsG). Dies gilt insbesondere dann, wenn die Handelsüberwachungsstelle Umstände feststellt, deren Kenntnis für die Verfolgung von Verstößen gegen das Verbot von Insidergeschäften oder das Verbot der Marktmanipulation erforderlich ist (§ 7 Abs. 5 S. 5 BörsG). Für die Meldungen der Handelsüberwachungsstellen besteht ein entsprechend Art. 16 MAR europaweit vereinheitlichtes Standardformular, das elektronisch einzureichen ist.[38] Die BaFin ist in der Regel auf die Zulieferung von Informationen der

[35] Siehe auch § 6 Abs. 16 WpHG in der Fassung des 2. FiMaNoG. Im Übrigen gilt für sie das BDSG bzw. ab 2018 die Europäische Datenschutz-Grundverordnung, Verordnung (EU) 2016/679.

[36] *Fuchs* in Fuchs WpHG Einl. Rn. 9 f.

[37] § 6 Abs. 2 S. 1 WpHG.

[38] Siehe Art. 8 und Anhang der Delegierten Verordnung (EU) 2016/957 der Kommission vom 9. März 2016 zur Ergänzung der Verordnung (EU) Nr. 596/2014 des Europäischen Parlaments und des Rates im Hinblick auf technische Regulierungsstandards für die geeigneten Regelungen, Systeme und Verfahren sowie Mitteilungsmuster zur Vorbeugung, Aufdeckung und Meldung von Missbrauchspraktiken oder verdächtigen Aufträgen oder Geschäften, ABl. EU Nr. L160 v. 17.6.2016 S. 1 ff.

Handelsüberwachungsstellen bei der Aufklärung von Kapitalmarktverstößen angewiesen, da sie selbst keinen direkten Zugang zu den IT-Systemen der Börsen hat. Umgekehrt hat die BaFin den Handelsüberwachungsstellen Beobachtungen und Feststellungen mitzuteilen, die für ihre Aufgabenerfüllung erforderlich sind (§ 17 Abs. 2 WpHG).[39]

3. Zusammenarbeit mit Staatsanwaltschaften

Die Zusammenarbeit der BaFin mit den Staatsanwaltschaften beginnt regelmäßig damit, **12** dass entweder Tatsachen, die einen ausreichenden Anfangsverdacht für eine Straftat begründen können, von der BaFin an die zuständige Staatsanwaltschaft übermittelt werden oder eine zuständige Staatsanwaltschaft in einem Ermittlungsverfahren ein Auskunftersuchen an die BaFin richtet (§ 161 Abs. 1 S. 1 StPO). Die Staatsanwaltschaft ist nicht an die Einschätzung der BaFin zum Vorliegen eines Anfangsverdachts gebunden.[40] Sie entscheidet in eigener Zuständigkeit über die strafprozessual erforderlichen Ermittlungsmaßnahmen, insbesondere Durchsuchungen (§ 11 S. 3 WpHG). Parallelbefugnisse der BaFin gemäß § 6 Abs. 2 bis 13 WpHG bleiben davon unberührt, soweit eine Gefährdung des Untersuchungszwecks von Ermittlungen der Strafverfolgungsbehörden oder Strafgerichten nicht zu besorgen ist (§ 11 S. 4 WpHG). Besonders deutlich wird die Aufgabenaufteilung zwischen der BaFin und den Staatsanwaltschaften bei der Marktmanipulation. Dort ist die leichtfertige Marktmanipulation bußgeldbewehrt[41] und somit von der BaFin in eigener Zuständigkeit zu verfolgen, während die vorsätzliche Marktmanipulation einen Straftatbestand[42] darstellt, dessen Verfolgung in die Zuständigkeit der Strafverfolgungsbehörden fällt. Sobald allerdings ein einheitlicher Tatkomplex der Marktmanipulation eine Vorsatztat enthält, ist die Staatsanwaltschaft für die Ermittlungen zuständig. Die BaFin wird in das Ermittlungsverfahren regelmäßig eingebunden.

4. Europäische und internationale Zusammenarbeit

Die BaFin arbeitet zudem eng mit europäischen und internationalen Einrichtungen zu- **13** sammen. Dies betrifft zum einen **ESMA**, in deren Entscheidungen die BaFin im Rat der Aufseher sowie in zahlreichen Fachausschüssen (*Standing Committees*) eingebunden ist.[43] Gemäß § 19 Abs. 1 WpHG sowie nach Art. 35 Abs. 1 ESMA-VO[44] ist die BaFin verpflichtet, ESMA auf Verlangen alle für die Erfüllung ihrer Aufgaben erforderlichen Informationen unverzüglich zur Verfügung zu stellen. Bedeutsam ist die Rolle der BaFin auch im Rahmen von europäischen **Aufsichtskollegien**.[45]

Darüber hinaus ist die BaFin Mitglied der **International Organization of Securities** **14** **Commissions (IOSCO)**.[46] In ihren Gremien erarbeitet sie gemeinsam mit den Aufsichtsbehörden der IOSCO-Mitglieder gemeinsame Standards der internationalen Finanzmarktregulierung und Behördenzusammenarbeit. Derzeit bestehen auf dieser Basis internationale Zusammenarbeitsvereinbarungen (*Memoranda of Understanding*, MoU) der BaFin mit verschiedenen Aufsichtsbehörden aus Drittstaaten, so zB auch mit der U. S.-amerikanischen

---

39 Diese Pflicht besteht auch gegenüber den Börsenaufsichtsbehörden.

40 *Zetzsche* in Schwark/Zimmer § 4 Rn. 75.

41 § 120 Abs. 15 Nr. 2 WpHG.

42 § 119 Abs. 1 WpHG.

43 Zu den Aufgaben der ESMA → § 27 Rn. 3.

44 Verordnung (EU) Nr. 1095/2010 des Europäischen Parlaments und des Rates vom 24. November 2010 zur Errichtung einer Europäischen Aufsichtsbehörde (Europäische Wertpapier- und Marktaufsichtsbehörde), zur Änderung des Beschlusses Nr. 716/2009/EG und zur Aufhebung des Beschlusses 2009/77/EG der Kommission, ABl. EU Nr. L331 v. 15.12.2010 S. 84 ff. (ESMA-VO).

45 So zB auf Basis der Delegierten Verordnung (EU) Nr. 876/2013 der Kommission vom 28. Mai 2013 zur Ergänzung der Verordnung (EU) Nr. 648/2012 des Europäischen Parlaments und des Rates im Hinblick auf technische Regulierungsstandards bezüglich Kollegien für zentrale Gegenparteien, ABl. EU Nr. L244 v. 13.9.2013 S. 19 ff.

46 http://www.iosco.org/about/?subsection=membership&memid=1.

SEC. Eine Liste der im Bereich der Wertpapieraufsicht abgeschlossenen MoU ist auf der BaFin-Internetseite verfügbar.[47] Die MoU ermöglichen eine wirksame Aufsicht über die Emittenten und anderen Kapitalmarktteilnehmer, die an ausländischen Kapitalmärkten aktiv sind, und enthalten ua Regeln zur gegenseitigen Amtshilfe und zum Informationsaustausch.[48]

15 Die Zusammenarbeit mit den zuständigen Stellen der Europäischen Union, mit den Mitgliedstaaten der Europäischen Union und den Vertragsstaaten des Abkommens über den Europäischen Wirtschaftsraum ist darüber hinaus gesetzlich geregelt. Der BaFin obliegt die Zusammenarbeit mit diesen Stellen (§ 18 Abs. 1 S. 1 WpHG), soweit sie für die Überwachung von Wertpapierdienstleistungsunternehmen, Finanzinstrumenten und Märkten, an denen Finanzinstrumente oder Waren gehandelt werden, zuständig sind. Die BaFin kann dabei im Rahmen ihrer Zusammenarbeit zum Zwecke der Überwachung der Verbote und Gebote der vorgenannten europäischen Staaten, soweit sie den Vorschriften des WpHG oder des BörsG und der Finanzmarktverordnung (MiFIR)[49] entsprechen, von allen ihr nach dem WpHG zustehenden Befugnissen Gebrauch machen. Ihr Vorgehen muss jedoch geeignet und erforderlich sein, um dem Ersuchen der Stellen nach § 18 Abs. 1 S. 1 WpHG nachzukommen (§ 18 Abs. 1 S. 2 WpHG).[50] Die Übermittlung von Informationen erfolgt zur Erfüllung der Überwachungsaufgaben der ausländischen Stelle, was dazu führt, dass die Informationen in zusammenhängenden ausländischen Verwaltungs- und Gerichtsverfahren, einschließlich ausländischer Strafverfahren[51], verwendet werden können (§ 18 Abs. 2 S. 2 WpHG). Die Untersagung oder Aussetzung des Handels in Finanzinstrumenten an einem inländischen Finanzmarkt kann die BaFin allerdings nur anordnen, sofern die Interessen der Anleger oder der ordnungsgemäße Handel an dem betreffenden Markt nicht erheblich gefährdet werden (§ 18 Abs. 1 S. 3 WpHG). Bestehen Anhaltspunkte für einen Verstoß gegen Verbote oder Gebote des WpHG oder nach entsprechenden ausländischen Vorschriften der vorgenannten europäischen Staaten, teilt die BaFin dies ESMA und den betreffenden Staaten gemäß § 18 Abs. 8 S. 1 WpHG mit. Sollten die getroffenen Maßnahmen der zuständigen ausländischen Stellen unzureichend sein oder liegen weitere Verstöße vor, unterrichtet die BaFin die zuständigen Stellen und trifft anschließend alle zum Schutz der Anleger erforderlichen Maßnahmen, worüber sie der Europäischen Kommission und ESMA berichtet (§ 18 Abs. 8 S. 2 WpHG). Weitergehend bestehen bestimmte Mitteilungspflichten der BaFin an ausländische Stellen, insbesondere für den Fall, dass die BaFin oder die Börsenaufsichtsbehörden Anordnungen zur Aussetzung, Untersagung oder Einstellung des Handels getroffen haben (§ 18 Abs. 8 S. 4 Nr. 1 WpHG).[52]

V. BaFin-Befugnisse im Einzelnen

1. Generalnorm zur Abwendung von Missständen

16 Der BaFin obliegt zuvorderst die Aufgabe, Missständen entgegenzuwirken (§ 6 Abs. 1 S. 2 WpHG). Ihr Aufgabenbereich erstreckt sich gemäß § 6 Abs. 1 S. 2 WpHG zwar explizit nur

[47] Siehe https://www.bafin.de/DE/Internationales/BilateraleZusammenarbeit/MoU/gemeinsamestandpunkte_mou_artikel.html.

[48] Maßgeblich ist in der Regel das IOSCO Multilateral Memorandum of Understanding Concerning Consultation and Cooperation and the Exchange of Information (MMoU). Eine Liste der Staaten, die das IOSCO MMoU ratifiziert haben, findet sich unter: http://www.iosco.org/about/?subSection=mmou&subSection1=signatories.

[49] Verordnung (EU) Nr. 600/2014 des Europäischen Parlaments und des Rates vom 15. Mai 2014 über Märkte für Finanzinstrumente und zur Änderung der Verordnung (EU) Nr. 648/2012, ABl. EU Nr. L173 v. 12.6.2014 S. 84 ff. (MiFIR).

[50] Im Rahmen der internationalen Zusammenarbeit ist die BaFin für alle Bereiche zuständig, für die im Inland die Börsenaufsichtsbehörden zuständig wären, siehe *Seyfried* in Kümpel/Wittig Rn. 3.72.

[51] Zu der Problematik einer doppelfunktionalen Amts- und gleichzeitigen Rechtshilfe in Strafsachen siehe *Vogel* in Assmann/Schneider WpHG § 7 Rn. 35 ff.

[52] Siehe zu den entsprechenden Befugnissen der BaFin noch → Rn. 31.

auf die Beseitigung von Hindernissen für den Handel mit Finanzinstrumenten oder die Erbringung von Wertpapierdienstleistungen sowie die Abwendung von Nachteilen für die Finanzmärkte. Diese Aufgabenbeschreibung ist aber richtigerweise nicht wörtlich, sondern funktional zu verstehen. Vergleichbar einer Polizeibehörde[53], die sich bei ihrer Aufgabenwahrnehmung auf die polizeiliche Generalklausel stützen kann, ist die BaFin unter Wahrung des Grundsatzes der Verhältnismäßigkeit im Bereich ihrer Aufgaben auf Basis von § 6 Abs. 1 WpHG dazu berufen, sämtlichen Missständen – ganz gleich welcher Art – entgegenzuwirken, die auf den Finanzmärkten auftreten.[54] Diese Generalnorm ermächtigt sie auch beispielsweise über die in §§ 6 ff. WpHG und anderen Gesetzen genannten Ermächtigungsgrundlagen hinausgehende Maßnahmen zu treffen, wie insbesondere anhand der Allgemeinverfügungen zum Verbot ungedeckter Leerverkäufe im Jahr 2010 schon deutlich geworden ist.[55] Die Generalnorm des § 6 Abs. 1 WpHG tritt zurück, soweit der BaFin vom Gesetz Spezialbefugnisse eingeräumt werden.[56] So kann die BaFin Geschäftsräume beaufsichtigter Unternehmen erst bei Vorliegen der besonderen Voraussetzungen des § 6 Abs. 11 S. 1 WpHG betreten.[57]

Nicht abschließend geklärt ist, inwieweit ein Verstoß gegen Bekanntmachungen der 17
BaFin einen Missstand darstellt. Zum Teil wird im Falle eines Verstoßes gegen Verlautbarungen und Bekanntmachungen ohne einen zugleich vorliegenden Gesetzesverstoß kein Missstand gesehen.[58] Diese Frage ist jedoch differenziert zu beurteilen. Geht es um Verstöße gegen die Vorgaben einer Allgemeinverfügung der BaFin, die zur Abwendung von Nachteilen für die Finanzmärkte ergangen ist, wird in der Regel ein Missstand vorliegen. Gleichfalls stellt ein Verstoß gegen die normkonkretisierenden Auslegungshinweise der BaFin in der Regel einen Missstand dar.[59]

Neben der Generalnorm des § 6 Abs. 1 S. 2 WpHG verfügt die BaFin über eine weitere 18
allgemeine Ermächtigungsgrundlage: Aufgrund der im 2. FiMaNoG vorgenommenen Neufassung des § 6 Abs. 2 S. 1 WpHG überwacht die BaFin die Einhaltung der Verbote und Gebote des WpHG, der darauf basierenden Rechtsverordnungen, der in § 1 Abs. 1 Nummer 8 WpHG aufgeführten europäischen Verordnungen und der darauf basierenden europäischen Rechtsakte und kann gemäß § 6 Abs. 2 S. 2 WpHG Anordnungen treffen, die zur Durchsetzung dieser Vorgaben geeignet und erforderlich sind. Die Ermächtigungsgrundlagen nach Abs. 1 und 2 ergänzen und überschneiden sich. Anordnungen der BaFin, die nicht auf Basis einer Spezialermächtigung ergehen, können in der Regel daher sowohl auf Abs. 1 S. 3 als auch Abs. 2 S. 2 gestützt werden.[60] Richtigerweise ist nach Abs. 1 zudem ein Vorgehen der BaFin gegen alle sonstigen Handlungen möglich, die keinen Verstoß gegen eine in Abs. 2 explizit genannte Ge- oder Verbotsnorm begründen.[61] Zur Umsetzung der MiFID II wurde in § 6 Abs. 2 S. 5 WpHG die weitergehende Befugnis der BaFin ergänzt, den Vertrieb oder Verkauf von Finanzinstrumenten oder strukturierten Einlagen[62] auch dann auszusetzen, wenn ein Wertpapierdienstleistungsunternehmen kein wirksames Produktfreigabeverfahren gemäß § 80 Abs. 9 WpHG entwickelt hat oder anwendet oder in anderer Weise gegen die Vorgaben des § 80 Abs. 1 Satz 2 Nr. 2 WpHG oder die Regeln des Produktfreigabeverfahrens gemäß § 80 Abs. 9 bis 11 WpHG verstoßen hat.[63]

---

[53] Der Missstandsbegriff entspricht dem Gefahrenbegriff des allgemeinen Polizeirechts, siehe *Zetzsche* in Schwark/Zimmer § 4 Rn. 20.
[54] Verstöße gegen WpHG-Vorschriften sowie dazugehörige Rechtsverordnungen sind stets als ein Missstand einzuordnen, siehe *Zetzsche* in Schwark/Zimmer § 4 Rn. 21.
[55] Siehe zB die Allgemeinverfügung zum Verbot ungedeckter Leerverkäufe in bestimmten Aktien vom 18.5.2010.
[56] *Zetzsche* in Schwark/Zimmer § 4 Rn. 32.
[57] *Zetzsche* in Schwark/Zimmer § 4 Rn. 65.
[58] *Schlette/Bouchon* in Fuchs WpHG § 4 Rn. 21.
[59] Siehe auch *Klepsch* in Just/Voß/Ritz/Becker WpHG § 4 Rn. 7.
[60] *Zetzsche* in Schwark/Zimmer § 4 Rn. 31.
[61] *Klepsch* in Just/Voß/Ritz/Becker WpHG § 4 Rn. 7 mN.
[62] Zum Begriff siehe § 2 Abs. 19 WpHG.
[63] Dies dient der Umsetzung des Art. 69 Abs. 2 lit. t) MiFID II, siehe RegE 2. FiMaNoG, BT-Drucks. 18/10936 S. 225. Zur Produktintervention siehe noch → Rn. 32 f.

2. Untersuchungsbefugnisse

a) Auskünfte, Unterlagen und sonstige Daten

19 Entscheidend für die Arbeit der BaFin ist ihre Befugnis, zur Erfüllung ihrer Aufgaben von jedermann Auskünfte, Unterlagen sowie sonstige Daten anfordern und Personen laden und vernehmen zu können (§ 6 Abs. 3 S. 1 WpHG). Davon erfasst sind grundsätzlich sämtliche Unterlagen, Daten und Tatsachen, die im Besitz der betreffenden Person stehen bzw. über die sie Kenntnis hat. Angesichts der für die BaFin geltenden Verschwiegenheitspflichten[64] spielt es grundsätzlich keine Rolle, ob die Tatsachen, Unterlagen bzw. Daten vertraulich sind oder Betriebs- oder Geschäftsgeheimnisse zum Gegenstand haben. Schwieriger ist indes die Konstellation zu behandeln, in der die entsprechenden Tatsachen bzw. Daten und Dokumente auch Grundlage eines strafrechtlichen Ermittlungsverfahrens sein können. Dieser Umstand allein ist jedoch noch kein die Vorlage- bzw. Auskunftspflicht ausschließender Grund. Vielmehr hat eine natürliche Person entsprechend den Vorschriften der StPO in solchen Fällen das Recht, die Auskunft zu verweigern (§ 6 Abs. 15 WpHG). Ein Unternehmen kann sich auf diese nur natürlichen Personen zustehenden Aussageverweigerungsrechte hingegen nicht berufen.[65]

20 Das Erteilen von Auskünften und die Vorlage von Unterlagen setzten bis zum 3. Januar 2018 noch voraus, dass (1) Anhaltspunkte für die Verletzung eines Verbots oder Gebots des WpHG, der MAR oder PRIIPS-Verordnung (PRIIPS-VO)[66] vorliegen oder (2) die Auskünfte bzw. Unterlagen zur Prüfung erforderlich sind, ob die Voraussetzungen für eine Produktintervention nach § 4b WpHG[67] gegeben sind.[68] Der insoweit relevante Maßstab des Verdachts ist allerdings nicht deckungsgleich mit den *„zureichende[n] tatsächliche[n] Anhaltspunkte[n]"* im Sinne des § 152 Abs. 2 StPO. Vielmehr genügen Tatsachen, auf deren Basis die ernstzunehmende Möglichkeit besteht, dass ein Verstoß gegen eine einschlägige Ge- oder Verbotsnorm begangen wurde oder bevorsteht.[69] Erhöhte Umsatzzahlen im Vorfeld der Veröffentlichung einer Insiderinformation konnten bislang zB entsprechende Anhaltspunkte begründen.[70] Ab dem 3. Januar 2018 entfällt die Voraussetzung, dass Anhaltspunkte für eine Verletzung einer einschlägigen Ge- oder Verbotsnorm vorliegen müssen.[71] Es genügt, dass die eingeholten Auskünfte, Unterlagen oder sonstigen Daten zur Überwachung der Einhaltung der Ge- oder Verbote der von § 6 Abs. 3 S. 1 WpHG erfassten Rechtsakte erforderlich sind. Dies beruht darauf, dass bei Untersuchungen zum Verbot des Insiderhandels oder der Marktmanipulation oftmals nur Marktauffälligkeiten gegeben sind, die die BaFin aufklären muss, ohne dass Anhaltspunkte für konkrete Verstöße vorliegen.[72] Letztlich ist jedoch stets das Verhältnismäßigkeitsprinzip zu beachten. Zum Verhältnis zwischen dem Einholen von Auskünften und der Anforderung von Unterlagen gilt zudem Folgendes: Die BaFin kann zwar zunächst eine Auskunft einholen, bevor sie Unterlagen verlangt.[73] Zwischen dem Einholen von Auskünften und der Anforderung von Unterlagen besteht allerdings kein Stufenverhältnis in dem Sinne, dass stets zuerst Auskünfte einzuholen sind, bevor Unterlagen bzw. sonstige Daten verlangt werden können.[74]

---

[64] → Rn. 8.
[65] *Zetzsche* in Schwark/Zimmer § 4 Rn. 82.
[66] Verordnung (EU) Nr. 1286/2014 des Europäischen Parlaments und des Rates vom 26. November 2014 über Basisinformationsblätter für verpackte Anlageprodukte für Kleinanleger und Versicherungsanlageprodukte (PRIIP), ABl. EU Nr. L352 v. 9.12.2014 S. 1 ff. (PRIIPS-VO).
[67] In der bis zum 2.1.2018 geltenden Fassung.
[68] Siehe § 4 Abs. 3 S. 1 WpHG in der bis zum 2.1.2018 geltenden Fassung.
[69] *Giesberts* in KölnKomm WpHG § 4 Rn. 111, 112.
[70] *Giesberts* in KölnKomm WpHG § 4 Rn. 112.
[71] § 6 Abs. 3 S. 1 WpHG in der ab 3.1.2018 geltenden Fassung. Zudem zählen zu den von § 6 Abs. 3 S. 1 WpHG erfassten Rechtsakten fortan auch die MiFIR, SFTR und die Benchmark-VO.
[72] Siehe Beschlussempfehlung des Finanzausschusses zum 2. FiMaNoG, BT-Drucks. 18/11775 S. 647.
[73] *Giesberts* in KölnKomm WpHG § 4 Rn. 120.
[74] *Döhmel* in Assmann/Schneider WpHG § 4 Rn. 31.

Durch das 2. FiMaNoG wurde darüber hinaus der Kreis der **vorzulegenden Angaben** näher konkretisiert. Insbesondere kann die BaFin gemäß § 6 Abs. 3 S. 2 WpHG neben Angaben zu (1) Veränderungen im Bestand in Finanzinstrumenten, (2) der Identität weiterer Personen, insbesondere des Auftraggebers und der aus Geschäften berechtigten oder verpflichteten Personen, nunmehr auch Angaben zu (3) Volumen und Zweck einer mittels eines Warenderivats eingegangenen Position oder offenen Forderung sowie (4) allen Vermögenswerten oder Verbindlichkeiten an dem einschlägigen Basismarkt verlangen. Die neuen Voraussetzungen (3) und (4) dienen der Umsetzung des Art. 69 Abs. 2 lit. j) MiFID II.[75] Zu den vorzulegenden Unterlagen können grundsätzlich auch Verkehrsdaten im Sinne von § 3 Nr. 30 TKG gehören.[76] § 7 WpHG ist allerdings eine vorrangige Sonderregelung im Hinblick auf die Vorlage solcher Daten durch Telekommunikationsbetreiber und die von der BaFin beaufsichtigten Unternehmen. Das Vorlageverlangen gegenüber anderen, nicht beaufsichtigten, Unternehmen oder Marktteilnehmern in Bezug auf Verkehrsdaten ist hingegen auf die allgemeine Befugnisnorm des § 6 Abs. 3 S. 1 WpHG zu stützen.[77] 21

Eine besondere Ermächtigungsgrundlage enthält Art. 18 Abs. 1 lit. c) MAR für die **Anforderung von Insiderlisten**.[78] Diese Ermächtigungsgrundlage ist unmittelbar anwendbar, so dass die Anforderung einer Insiderliste direkt auf Grundlage der MAR erfolgen kann. Ein Rückgriff auf die allgemeine Befugnisnorm des § 6 Abs. 3 S. 1 WpHG ist nicht erforderlich.[79] 22

b) Betreten von Wohn- und Geschäftsräumen

Bis zum Inkrafttreten des 1. FiMaNoG mussten auskunftspflichtige Personen das Betreten von Geschäftsräumen durch Mitarbeiter der BaFin sowie beauftragte Personen *nur* während der üblichen Arbeitszeit dulden (§ 4 Abs. 4 S. 1 WpHG aF). Einschränkungen bestanden, soweit sich die Geschäftsräume in einer Wohnung befinden (§ 4 Abs. 4 S. 2 WpHG aF). Nunmehr dürfen Bedienstete der BaFin Wohn- und Geschäftsräume durchsuchen, soweit dies zur Verfolgung von Verstößen gegen das Verbot des Insiderhandels oder der Marktmanipulation (Art. 14 bzw. 15 MAR) erforderlich ist (§ 6 Abs. 12 S. 1 WpHG). Im Rahmen einer Durchsuchung von Wohn- und Geschäftsräumen nach § 6 Abs. 12 darf die BaFin fortan auch Gegenstände sicherstellen und beschlagnahmen (§ 6 Abs. 12 S. 2 WpHG). Für die Beschlagnahme besteht, außer bei Gefahr im Verzug, ein Richtervorbehalt (§ 6 Abs. 12 S. 5 WpHG). Ein spezieller Richtervorbehalt für das Betreten nach § 6 Abs. 11 WpHG gilt hingegen nicht. Dies mag daran liegen, dass das Betreten seitens der BaFin nicht mit einer Durchsuchung zu vergleichen ist. Eine solche erfolgt vielmehr weiterhin auf Grund der einschlägigen Befugnisse der StPO und nur dann, wenn ein entsprechender Verdachtsgrad besteht. § 6 Abs. 12 WpHG beruht auf der Umsetzung europarechtlicher Vorgaben[80] und tritt deshalb neben die weiterhin national geregelte Befugnis des § 6 Abs. 11 WpHG, die in ihrer Reichweite hinter § 6 Abs. 12 zurückbleibt. Im Bereich der Verfolgung von Verstößen gegen das Insiderhandelsverbot und das Verbot der Marktmanipulation ist § 6 Abs. 12 WpHG eine vorrangige Sonderregelung. Stehen indes noch andere Verstöße im Raum, ist das Betreten von Geschäftsräumen, soweit erforderlich, auf § 6 Abs. 11 S. 1 WpHG zu stützen. Unterlagen, die im Rahmen des Betretens aufgefunden werden, kann die BaFin außerhalb des Anwendungsbereichs von § 6 Abs. 12 WpHG auch auf Basis von § 6 Abs. 3 S. 1 WpHG von den auskunftspflichtigen Personen herausverlangen. Einer gesonderten Beschlagnahmevorschrift mit Richtervorbehalt bedarf es insoweit nicht. 23

[75] RegE 2. FiMaNoG, BT-Drucks. 18/10936 S. 225.
[76] *Giesberts* in KölnKomm WpHG § 4 Rn. 121.
[77] Siehe zum bisherigen Recht *Giesberts* in KölnKomm WpHG § 4 Rn. 121.
[78] Zum Inhalt siehe Verordnung (EU) 2016/347.
[79] Anhaltspunkte im Sinne des § 4 Abs. 3 S. 1 WpHG in der bis zum 2.1.2018 geltenden Fassung müssen dafür nicht vorliegen.
[80] Art. 23 Abs. 2 lit. e) MAR.

c) Herausgabe von Verkehrsdaten und Telefonaufzeichnungen

24 Mit der Umsetzung der MAR-Vorgaben im deutschen Recht hat die BaFin die Befugnis erhalten, von einem Telekommunikationsbetreiber Verkehrsdaten im Sinne des § 96 TKG herauszuverlangen, sofern Anhaltspunkte für einen Verstoß gegen das Insiderhandelsverbot, das Verbot der Marktmanipulation oder sonstige Kapitalmarktvorschriften bestehen (§ 7 Abs. 1 S. 1 WpHG).[81] Einschlägige Vorschriften der StPO gelten gemäß § 7 Abs. 1 S. 2 WpHG entsprechend. Damit wird klargestellt, dass der BaFin keine weitergehenden Eingriffsbefugnisse zustehen sollen als der Staatsanwaltschaft.[82] Des Weiteren kann die BaFin gemäß § 7 Abs. 2 WpHG von Wertpapierdienstleistungsunternehmen, CRR-Kreditinstituten und Finanzinstituten im Sinne der Banken-Kapitalverordnung (CRR)[83] die Herausgabe der Aufzeichnungen von Telefongesprächen, elektronischen Mitteilungen oder Verkehrsdaten im Sinne des § 96 Abs. 1 TKG verlangen, soweit dies auf Grund von Anhaltspunkten für die Überwachung des Insiderhandelsverbots und des Verbots der Marktmanipulation erforderlich ist. Erfasst sind allerdings nur solche Telefonaufzeichnungen, die legal, dh mit Einverständnis des Betroffenen, erstellt worden sind.[84] Anders als die Befugnis nach § 7 Abs. 1 WpHG betrifft § 7 Abs. 2 nicht allein die repressive Verfolgung von Rechtsverstößen, sondern auch die präventive Überwachung von kapitalmarktrechtlichen Pflichten. An Anhaltspunkte im Sinne des § 7 Abs. 2 sind keine überhöhten Anforderungen zu stellen. Es genügt, dass die BaFin aus dem Markt oder von betroffenen Anlegern allgemein gehaltene Hinweise erhält, dass ein Verstoß gegen das Insiderhandelsverbot oder das Verbot der Marktmanipulation möglich ist. Demgegenüber ist im Bereich des § 7 Abs. 1 WpHG in Parallele zum Strafprozessrecht[85] zu verlangen, dass jedenfalls Tatsachen den Verdacht eines Verstoßes entsprechender Schwere begründen, dh beispielsweise gegen Art. 14 oder 15 MAR.

3. Sanktionen

a) Zwangsgelder

25 Verwaltungsakte der BaFin, einschließlich solcher, die im Rahmen der Ausübung ihrer Ermittlungsbefugnisse gegenüber Marktteilnehmern ergehen, enthalten regelmäßig eine Zwangsgeldandrohung für den Fall der Zuwiderhandlung. Das Zwangsgeld beträgt gemäß § 17 Abs. 1 S. 4 FinDAG in der Regel bis zu EUR 250.000, soweit nicht Spezialgesetze ein höheres Zwangsgeld vorsehen.[86] Das Zwangsgeld und andere Zwangsmittel kann die BaFin auch gegenüber juristischen Personen des öffentlichen Rechts verhängen bzw. anwenden (§ 17 Abs. 1 S. 3 FinDAG). Damit ist klargestellt, dass auch Anstalten des öffentlichen Rechts Gegenstand von Zwangsmitteln sein können.

b) Bußgelder

26 Anordnungen der BaFin sind neben dem erwähnten Zwangsgeld für den Fall der Zuwiderhandlung zudem durch einen eigenständigen Bußgeldtatbestand abgesichert (§ 120 Abs. 12 Nr. 1 Buchst. a) WpHG). Das Bußgeld dürfte jedoch mit EUR 50.000 pro Verstoß (§ 120 Abs. 24 WpHG) in der Regel hinter den Folgen eines Zwangsgelds zurückbleiben. Ungeachtet dieser relativ geringen Bußgeldhöhe hat sich die Höhe der Bußgelder zB im Bereich von besonders schwerwiegenden Verstößen gegen die MAR

[81] Siehe zur Abgrenzung dieser Befugnis zu § 6 Abs. 3 WpHG → Rn. 21.
[82] RegE 1. FiMaNoG, BT-Drucks. 18/7482 S. 58.
[83] Verordnung (EU) Nr. 575/2013 des Europäischen Parlaments und des Rates vom 26. Juni 2013 über Aufsichtsanforderungen an Kreditinstitute und Wertpapierfirmen und zur Änderung der Verordnung (EU) Nr. 648/2012, ABl. EU Nr. L176 v. 27.6.2013 S. 1 ff. (CRR).
[84] RegE 1. FiMaNoG, BT-Drucks. 18/7482 S. 59.
[85] Siehe § 100g Abs. 1 StPO.
[86] Siehe zB § 46 S. 3 WpÜG, wonach das Zwangsgeld bis zu EUR 500.000 betragen kann.

auf Beträge von bis zu EUR 15 Mio. für einen Verstoß erhöht.[87] Besondere Bedeutung kommt in der Praxis den Bußgeldleitlinien der BaFin zu.[88] Neben Zwangs- und Bußgeldern stehen der BaFin darüber hinaus weitere wirksame Instrumente zur Verfügung, um bei beaufsichtigten Unternehmen und Marktteilnehmern Rechtstreue herzustellen.[89] Eine genaue Darstellung der Sanktionsbefugnisse ist allerdings einem anderen Kapitel vorbehalten.[90]

c) Untersagung des Handels an Handelsplätzen

Auf Grund des 2. FiMaNoG kann die BaFin im Falle eines Verstoßes eines Wertpapierdienstleistungsunternehmens gegen Vorschriften der Abschnitte 9 bis 11 des WpHG, Vorschriften der MiFIR oder eine hierauf bezogene vollziehbare Anordnung der BaFin, dem Wertpapierdienstleistungsunternehmen den Handel an einem Handelsplatz für eine Dauer von bis zu drei Monaten untersagen (§ 6 Abs. 10 WpHG). Letzteres beruht auf der Umsetzung der Vorgaben des Art. 70 Abs. 6 lit. e) MiFID II. 27

4. Bekanntmachung von Aufsichtsmaßnahmen

a) Veröffentlichung von Warnungen – „Naming & Shaming"

Im Falle eines Verstoßes gegen die MAR und die weiteren in § 6 Abs. 6 WpHG genannten Vorschriften kann die BaFin eine Warnung auf ihrer Internetseite unter Benennung der Person, die den Verstoß begangen hat, und der Art des Verstoßes veröffentlichen (§ 6 Abs. 9 S. 1 WpHG). Der damit zusammenhängende Ansatz des sog. *Naming & Shaming* entstammt dem anglo-amerikanischen Rechtsraum: In den Vereinigten Staaten ist eine Benennung der Personen verbreitet, gegen die die SEC Ermittlungen führt und die im Verdacht stehen, einen Kapitalmarktverstoß begangen zu haben.[91] Die Bekanntmachung nach § 6 Abs. 9 WpHG muss sich im Falle von natürlichen Personen an den datenschutzrechtlichen Anforderungen und am Verhältnismäßigkeitsgrundsatz messen lassen. Zudem ist sicherzustellen, dass laufende Ermittlungen oder die Stabilität der Finanzmärkte nicht gefährdet werden. Aus diesem Grund ist in § 6 Abs. 9 S. 2 WpHG die entsprechende Anwendung von § 125 Abs. 3 WpHG vorgesehen, wonach eine Veröffentlichung unter bestimmten Voraussetzungen unterbleiben darf. Die BaFin kann gemäß § 125 Abs. 3 S. 1 Nr. 2 WpHG zunächst eine Bekanntmachung ohne Benennung der Identität des Verursachers vornehmen. Die Identität ist jedoch nachträglich zu benennen, soweit die Gründe nicht mehr bestehen, die dazu geführt haben, dass die Benennung unterblieb (§ 125 Abs. 3 S. 2 WpHG).[92] 28

b) Veröffentlichungen an Stelle der Meldepflichtigen

Ist ein Mitteilungspflichtiger einer Veröffentlichungspflicht nach dem WpHG nicht, nicht richtig, nicht vollständig oder nicht wie vorgeschrieben nachgekommen, kann die BaFin die gebotene Veröffentlichung auf Kosten des Mitteilungspflichtigen selbst vornehmen (§ 6 Abs. 14 WpHG). Dieses „Selbstvornahmerecht" der BaFin sichert die kapitalmarktrecht- 29

---

[87] Siehe zur neuen Systematik *von Buttlar* BaFinJournal 7/2016 S. 18 ff.

[88] Siehe hierzu insbesondere die Bußgeldleitlinien II, abrufbar unter: https://www.bafin.de/SharedDocs/Downloads/DE/Leitfaden/WA/dl_bussgeldleitlinien_2016.html.

[89] *Litsoukov* BaFinJournal 10/2015 37 ff. Die Rolle der BaFin wird im Sanktionsbereich voraussichtlich auch nach Anwendung der neuen Sanktionsbefugnisse nicht mit der SEC vergleichbar sein, was ua daran liegt, dass millionenschwere Settlements nach U. S.-amerikanischer Prägung ohne Schuldeingeständnis im deutschen Ordnungswidrigkeitenrecht nicht zulässig sind.

[90] → § 29 Rn. 1 ff.

[91] *Litsoukov* BaFinJournal 10/2015 S. 37 (39); zu den spezialpräventiven Aspekten des *Naming & Shaming* siehe auch *Poelzig* NZG 2016, 492 (500).

[92] Wegen der Bekanntmachung von Sanktionen gemäß § 125 WpHG wird auf die entsprechenden Ausführungen in → § 30 Rn. 1 ff. verwiesen.

lichen Veröffentlichungspflichten der Emittenten und anderen Marktteilnehmer im öffentlichen Interesse ab. Dies beruht darauf, dass der Kapitalmarkt im Einklang mit den Prinzipien der *Efficient Market Hypothesis*[93] alle Informationen erhalten muss, die er benötigt, um transparent und für alle Beteiligten effizient zu funktionieren. Die BaFin hat den Veröffentlichungspflichtigen gemäß § 28 VwVfG jedoch vor der Vornahme ihrer Veröffentlichung grundsätzlich anzuhören[94], es sei denn, ein Abwarten ist im öffentlichen Interesse nicht zumutbar.

5. Befugnisse zur Sicherung des Finanzsystems

30 Im Benehmen mit der Deutschen Bundesbank kann die BaFin Anordnungen treffen, die geeignet und erforderlich sind, um Missstände, die Nachteile für die Stabilität der Finanzmärkte bewirken oder das Vertrauen in die Funktionsfähigkeit der Finanzmärkte erschüttern können, zu beseitigen oder zu verhindern (§ 14 Abs. 1 S. 1 WpHG). Die Vorschrift wurde durch das Gesetz zur Vorbeugung gegen missbräuchliche Wertpapier- und Derivategeschäfte aus dem Jahr 2010[95] eingefügt und seitdem durch den Gesetzgeber mehrfach geändert.[96] Sie bildet eine spezialgesetzliche Grundlage für Anordnungen wie das allgemeine Leerverkaufsverbot für Aktien[97], das noch auf der Grundlage von § 4 Abs. 1 und 2 WpHG aF ergangen war. Erfasst sind Maßnahmen zur Untersagung oder zur Aussetzung des Handels mit Finanzinstrumenten (§ 14 Abs. 1 S. 2 Nr. 1 und 2 WpHG) sowie Anordnungen zur Schließung von Finanzmärkten mit Ausnahme von Börsen (§ 14 Abs. 1 S. 2 Nr. 3 WpHG).[98] Das 2. FiMaNoG stellt in § 14 Abs. 1 S. 3 zudem klar, dass die BaFin Anordnungen gemäß Abs. 1 S. 2 Nr. 1 und 2 auch gegenüber einem öffentlich-rechtlichen Rechtsträger oder einer Börse erlassen kann. Weitere Meldepflichten durch Personen, die Geschäfte in Finanzinstrumenten tätigen, kann die BaFin ebenfalls anordnen (§ 14 Abs. 2 S. 1 WpHG) und die an sie mitgeteilten Informationen auf der BaFin-Internetseite veröffentlichen (§ 14 Abs. 2 S. 2 WpHG). Die zur Sicherung des Finanzsystems ergriffenen Maßnahmen sind jedoch unter Beachtung des Verhältnismäßigkeitsgrundsatzes zu treffen und auf höchstens 12 Monate zu befristen (§ 14 Abs. 4 S. 1 WpHG). Eine Verlängerung über diesen Zeitraum hinaus um bis zu 12 weitere Monate ist jedoch zulässig (§ 14 Abs. 4 S. 2 WpHG). Nach erfolgter Verlängerung hat das Bundesministerium der Finanzen dem Bundestag einen entsprechenden Bericht vorzulegen (§ 14 Abs. 4 S. 3 WpHG). Bislang kommen praktische Fälle, in denen die BaFin von ihren Befugnissen zur Sicherung des Finanzsystems Gebrauch gemacht hat, allerdings noch vergleichsweise selten vor.[99]

31 Die Befugnisse auf Grundlage des § 14 WpHG sind von den **Befugnissen gemäß § 6 Abs. 2 S. 4 WpHG** abzugrenzen. Danach kann die BaFin den **Handel mit einzelnen oder mehreren Finanzinstrumenten vorübergehend untersagen** oder die **Aussetzung des Handels** in einzelnen oder mehreren Finanzinstrumenten an Märkten, an denen Finanzinstrumente gehandelt werden, anordnen, soweit dies zur Durchsetzung der Verbote und Gebote des WpHG oder zur Beseitigung von Missständen im Sinne von § 6 Abs. 1 WpHG geboten ist. Die Maßnahmen gemäß § 6 Abs. 2 S. 4 WpHG müssen nicht explizit befristet werden. Gleichwohl dürfen Anordnungen auf Basis von § 6 Abs. 2 S. 4 WpHG

---

93 Siehe *Fama* The Journal of Finance Vol. 25 No. 2, 383 ff.
94 *Zetzsche* in Schwark/Zimmer § 4 Rn. 66.
95 BGBl. 2010 I S. 945.
96 Durch das Gesetz zur Ausführung der Verordnung (EU) Nr. 236/2012 des Europäischen Parlaments und des Rates vom 14. März 2012 über Leerverkäufe und bestimmte Aspekte von Credit Default Swaps (EU-Leerverkaufs-Ausführungsgesetz) v. 6. November 2012, BGBl. I S. 2286 und durch das 1. FiMaNoG.
97 Allgemeinverfügung zum Verbot ungedeckter Leerverkäufe in bestimmten Aktien vom 18. Mai 2010.
98 Zur Bekanntgabe von Allgemeinverfügungen zur Sicherung des Finanzsystems siehe schon → Rn. 7.
99 Siehe beispielsweise die Allgemeinverfügung zu Nettingvereinbarungen im Anwendungsbereich des deutschen Insolvenzrechts, GZ: ED WA-Wp 1000–2016/0001 vom 9.6.2016, abrufbar unter: https://www.bafin.de/SharedDocs/Veroeffentlichungen/DE/Aufsichtsrecht/Verfuegung/vf_160609_allgvfg_nettingvereinbarungen.html.

nur „vorübergehend" ergehen. Entscheidend ist der Unterschied zum Anwendungsbereich von § 14 WpHG: Während Anordnungen nach § 14 WpHG nur zur Beseitigung von Missständen für das Finanzsystem bzw. die Finanzmärkte ergehen dürfen, kommen Maßnahmen gemäß § 6 Abs. 2 S. 4 WpHG bereits zur Durchsetzung der Verbote und Gebote des WpHG und der weiteren in § 6 Abs. 2 WpHG genannten Vorschriften in Betracht, ohne dass gleichzeitig eine Gefährdung des Finanzsystems vorzuliegen braucht. Eine Untersagung bzw. Aussetzung des Handels gemäß § 6 Abs. 2 S. 4 WpHG kommt unter Umständen bereits dann in Betracht, wenn eine Börse Handelsbedingungen anwenden würde, die institutionelle Investoren gegenüber Privatanlegern unangemessen bevorzugen.[100] § 6 Abs. 2 S. 4 HS. 2 WpHG stellt in diesem Zusammenhang klar, dass die Anordnungen nach S. 4 auch gegenüber einem öffentlich-rechtlichen Rechtsträger oder gegenüber einer Börse ergehen dürfen.

6. Produktintervention

Eine relativ junge Befugnis der BaFin zur Förderung des Verbraucherschutzes[101] stellt die 32
sogenannte Produktintervention dar. Die BaFin konnte bisher die Vermarktung, den Vertrieb oder Verkauf eines Finanzinstruments oder einer strukturierten Einlage[102] oder eine bestimmte Finanztätigkeit oder Finanzpraxis verbieten oder beschränken.[103] Dieses Verbot betrifft jegliche Finanzinstrumente, also insbesondere solche, die von ausländischen Emittenten begeben und im Inland vertrieben werden. Mit der Befugnis zur Produktintervention gemäß § 4b WpHG[104] nahm der deutsche Gesetzgeber bereits im Kleinanlegerschutzgesetz (KlAnlSchG)[105] entsprechende Befugnisse der MiFIR auf europäischer Ebene vorweg, die ab dem 3. Januar 2018 gelten.[106] Auf Basis der MiFIR steht die Befugnis zur Produktintervention auf europäischer Ebene auch ESMA und der Europäischen Bankenaufsichtsbehörde (EBA) zu.[107] ESMA ist danach für EU-übergreifende Produktverbote von Finanzinstrumenten und EBA für entsprechende Verbote von strukturierten Einlagen zuständig, während die Zuständigkeit für rein nationale Produktverbote bei der BaFin verbleibt. Die genauen Abwägungskriterien für die Produktverbote sind in der Delegierten Verordnung zur MiFIR[108] geregelt.[109] Die national geregelte Befugnis für Produktverbote bleibt nach Inkrafttreten des 2. FiMaNoG gemäß § 15 WpHG auf rein nationale Fälle beschränkt, insbesondere im Hinblick auf Vermögensanlagen nach dem VermAnlG. Die BaFin hat bereits erwogen, von der Verhängung der Produktverbote Gebrauch zu machen. Insbesondere betrifft dies sogenannte Bonitätsanleihen, dh Kreditderivate in Form von *Credit Linked Notes*, die für Privatanleger ua aufgrund ihrer Produktkomplexität und irreführenden Bezeichnung als Investition ungeeignet sind.[110] Auf der Basis eines Maßnahmenpakets der deutschen Bankenverbände[111] hat die BaFin das ange-

---

100 *Döhmel* in Assmann/Schneider § 4 Rn. 27.

101 Der kollektive Verbraucherschutz ist seit dem Kleinanlegerschutzgesetz zusätzlich eines der Aufsichtsziele der BaFin, siehe § 4 Abs. 1a S. 1 FinDAG.

102 § 4b Abs. 1 Nr. 1 WpHG in der bis zum 2.1.2018 geltenden Fassung.

103 § 4b Abs. 1 Nr. 2 WpHG in der bis zum 2.1.2018 geltenden Fassung.

104 In der bis zum 2.1.2018 geltenden Fassung.

105 Kleinanlegerschutzgesetz v. 3. Juli 2015, BGBl. I S. 1114.

106 Art. 42 MiFIR.

107 Art. 40 und 41 MiFIR.

108 Delegierte Verordnung (EU) 2017/567 der Kommission vom 18.5.2016 zur Ergänzung der Verordnung (EU) Nr. 600/2014 des Europäischen Parlaments und des Rates im Hinblick auf Begriffsbestimmungen, Transparenz, Portfoliokomprimierung und Aufsichtsmaßnahmen zur Produktintervention und zu den Positionen, ABl. EU Nr. L87 v. 31.3.2017 S. 90 ff.

109 Art. 19 bis 21 VO (EU) 2017/567.

110 Anhörung zur Allgemeinverfügung bezüglich sog. „Bonitätsanleihen", GZ: VBS 7-Wp 5427-2016/0019, abrufbar unter: https://www.bafin.de/SharedDocs/Veroeffentlichungen/DE/Aufsichtsrecht/Verfuegung/vf_160728_allgvfg_bonitaetsanleihen.html.

111 Grundsätze für die Emission von „bonitätsabhängigen Schuldverschreibungen" zum Vertrieb an Privatkunden in Deutschland, abrufbar unter: https://die-dk.de/media/files/Grundsaetze_bonitaetsabhaengige_Schuldverschreibungen.pdf.

kündigte Verbot jedoch zurückgestellt.[112] Im Fokus stehen ferner sog. *Contracts for Difference* (CFDs), die aufgrund ihrer Hebelwirkung mit einem erheblichen Verlustrisiko verbunden sind.[113]

33 Das zu verbietende Produkt oder die betreffende Finanzpraxis müssen **Nachteile für das Funktionieren der Finanzmärkte** befürchten lassen.[114] Zudem muss das Produktverbot erforderlich und verhältnismäßig sein.[115] Das Verbot kann bereits *vor* Beginn der Vermarktung oder des Vertriebs des Finanzinstruments verhängt werden.[116] Die Verhängung eines Produktverbots setzt eine umfassende und im Einzelfall komplizierte Abwägung des Interesses des Vertriebsunternehmens am Vertrieb des Finanzprodukts gegen das Schutzbedürfnis der Anleger voraus. Im Rahmen der Abwägung ist beispielsweise das Maß der Nachteile für die Finanzmärkte und der Eignung des betreffenden Finanzprodukts für die Anleger zu berücksichtigen.[117] Hinsichtlich der Abwägungskriterien hat der Gesetzgeber klargestellt, dass die zur MiFIR erlassenen Durchführungsrechtsakte der Europäischen Union im Wege der Auslegung zur Anwendung der nationalen Produktinterventionsregelung beitragen können.[118]

7. Prüfung beaufsichtigter Unternehmen

34 Im Rahmen des § 89 WpHG ist die BaFin zur Prüfung der Meldepflichten und Verhaltensregeln der von ihr beaufsichtigten Unternehmen berufen. Die Prüfung von Unternehmen betrifft zwar primär den Bereich der Unternehmensaufsicht. Im Rahmen der Prüfung werden aber zB auch Meldepflichten und Verhaltensregeln geprüft, die auf die MAR zurückgehen (siehe § 89 Abs. 1 S. 1 WpHG). Dies betrifft namentlich die Vorkehrungen der Wertpapierdienstleistungsunternehmen zur Aufdeckung von Marktmissbrauch (Art. 16 MAR) sowie den Umgang mit Anlageempfehlungen und Anlagestrategieempfehlungen (Art. 20 MAR). Eine inhaltliche Änderung im Hinblick auf die Prüfungsvorgaben war mit der Umsetzung der MAR insofern nicht verbunden.[119]

8. Maßnahmen gegenüber Geschäftsleitern und Mitarbeitern

a) Abberufungsverlangen und Tätigkeitsverbote

35 Verstößt ein Geschäftsleiter eines Kredit- oder Finanzdienstleistungsinstituts vorsätzlich oder leichtfertig gegen Bestimmungen der MAR, kann die BaFin die Abberufung dieses Geschäftsleiters verlangen und ihm die Tätigkeit als Geschäftsleiter untersagen (§ 36 Abs. 2 KWG).[120] Das Abberufungsverlangen oder seine Androhung ist gerade gegenüber beaufsichtigten Marktteilnehmern ein wirksames Mittel, Rechtstreue wiederherzustellen. Auch im Bereich der Marktaufsicht muss die BaFin folglich nicht nur auf ihre Sanktionsbefugnisse mittels Verhängung von Bußgeldern zurückgreifen, sondern kann gezielt natürliche Personen von der weiteren Tätigkeit an den Finanzmärkten ausschließen. Das Abberufungsverlangen muss angesichts der Schwere des Verstoßes gegen die MAR jedoch verhältnismäßig sein. Mildere Mittel als die Abberufung bestehen in der Missbilligung oder der Verwarnung des betreffenden Geschäftsleiters.[121] Voraussetzung für eine Abberufung ist daher richtigerweise, dass der Geschäftsleiter trotz Verwarnung oder Missbilligung des

---

112 *BaFin* Pressemitteilung vom 16.12.2016, abrufbar unter: https://www.bafin.de/SharedDocs/Veroeffentlichungen/DE/Pressemitteilung/2016/pm_161216_bonitaetsanleihen_branche.html.
113 Siehe Anhörung zur Allgemeinverfügung bezüglich sog. „CFDs", GZ: VBS 7-Wp 5427-2016/0017, abrufbar unter: https://www.bafin.de/SharedDocs/Downloads/DE/Aufsichtsrecht/dl_161208_anhoerung_allgvfg_cfd.pdf?__blob=publicationFile&v=1.
114 § 4b Abs. 2 Nr. 1 Buchst. a) WpHG in der bis zum 2.1.2018 geltenden Fassung.
115 § 4b Abs. 2 Nr. 2 und 3 WpHG in der bis zum 2.1.2018 geltenden Fassung.
116 § 4b Abs. 3 S. 1 WpHG in der bis zum 2.1.2018 geltenden Fassung.
117 Siehe Art. 21 Abs. 2 VO (EU) 2017/567.
118 RegE KlAnlSchG, BT-Drucks. 18/3994 S. 53.
119 RegE 1. FiMaNoG, BT-Drucks. 18/7482 S. 63.
120 Dies setzt Art. 30 Abs. 2 UAbs. 1 lit. e) MAR um, siehe RegE 1. FiMaNoG, BT-Drucks. 18/7482 S. 71.
121 *Fischer/Müller* in Boos/Fischer/Schulte-Mattler KWG CRR-VO § 36 KWG Rn. 6.

Verhaltens seine Verstöße gegen die ihm obliegenden Pflichten fortsetzt. Ein Abberufungsverlangen der BaFin stellt bei Geschäftsleitern beaufsichtigter Unternehmen zugleich einen Abberufungsgrund aus dem gesellschaftsrechtlichen Organverhältnis dar.[122] Ergänzend kann die BaFin dem Geschäftsleiter die Tätigkeit bei einem anderen beaufsichtigten Unternehmen untersagen, was neben dem Abberufungsverlangen angeordnet werden kann.[123]

b) Berufsverbote

Ähnlich dem Berufsverbot für Geschäftsleiter besteht bei Verstößen gegen die MAR und weitere Vorschriften in § 6 Abs. 6 WpHG die Möglichkeit, einem bei einem beaufsichtigten Unternehmen Beschäftigten für die Dauer von zwei Jahren die Ausübung seiner Berufstätigkeit zu untersagen (§ 6 Abs. 8 WpHG). Die Möglichkeit zur Verhängung des Berufsverbots trägt dem Umstand Rechnung, dass längst nicht mehr nur die Geschäftsleiter von beaufsichtigten Unternehmen für die ökonomisch bedeutenden Entscheidungen des beaufsichtigten Unternehmens verantwortlich sind. Vielmehr werden bedeutende Trading Desks der betreffenden Kapitalmarktakteure in der Regel von anderen sog. *Risk Takern* gesteuert. Die große Verantwortung dieser Personen im Umgang mit den Risiken der beaufsichtigten Unternehmen kann im Falle eines Verstoßes gegen die betreffenden Vorgaben die Verhängung eines entsprechenden Berufsverbots auch unterhalb der Geschäftsleiterebene rechtfertigen. **36**

c) Untersagung von Geschäften für eigene Rechnung

Zugleich kann die BaFin natürlichen Personen, die bestimmte Verstöße gegen Vorschriften der MAR begangen haben, für einen Zeitraum von bis zu zwei Jahren untersagen, Geschäfte für eigene Rechnung in den von Art. 2 Abs. 1 MAR umfassten Finanzinstrumenten zu tätigen (§ 6 Abs. 7 WpHG). Diese Befugnis ist primär auf Eigenhändler an den Handelsplätzen bezogen. Gegenüber einem Berufsverbot nach § 6 Abs. 8 WpHG ist sie vorzugswürdig, sofern der entsprechende Verstoß eine der in § 6 Abs. 7 WpHG genannten Vorschriften betrifft und die Bedenken gegen eine weitere Tätigkeit des betreffenden Händlers von ihm abgeschlossene Geschäfte für eigene Rechnung betreffen. **37**

9. Besonders geregelte Befugnisse

a) Aufgaben und Befugnisse auf Grund der Marktmissbrauchsverordnung

(1) Entgegennahme von Meldungen der Handelsplatzbetreiber. Im Bereich der MAR nimmt die BaFin die Meldungen regulierter Märkte und der Betreiber multilateraler oder organisierter Handelssysteme gemäß Art. 4 Abs. 1 MAR entgegen. Danach melden diese der BaFin unverzüglich jedes Finanzinstrument, für das ein Antrag auf Zulassung zum Handel auf ihrem Handelsplatz gestellt wird, zum Handel zugelassen wird oder erstmalig gehandelt worden ist. Zugleich informieren sie die BaFin auch, wenn ein Finanzinstrument nicht mehr gehandelt wird oder seine Zulassung zum Handel erlischt. Genauere Angaben sind in dem Formular der BaFin für Meldungen nach Art. 4 MAR vorgesehen.[124] Die BaFin leitet die vorgenannten Meldungen an die ESMA weiter, woraufhin ESMA diese veröffentlicht (Art. 4 Abs. 2 MAR).[125] **38**

Ferner kann die BaFin von Börsen und Betreibern von Märkten, an denen Finanzinstrumente gehandelt werden, die Herausgabe der Daten im Sinne von Art. 4 MAR in standardisierter und elektronischer Form verlangen (§ 8 Abs. 1 WpHG). Die Daten können dabei auch ohne besonderen Anlass verlangt werden. Darüber hinaus trifft Wertpapier- **39**

[122] *Fischer/Müller* in Boos/Fischer/Schulte-Mattler KWG CRR-VO § 36 KWG Rn. 74.
[123] *Fischer/Müller* in Boos/Fischer/Schulte-Mattler KWG CRR-VO § 36 KWG Rn. 5.
[124] Siehe https://www.bafin.de/DE/DieBaFin/Service/MVPportal/LFI/lfi_artikel.html.
[125] Siehe hierzu auch → § 27 Rn. 29.

dienstleistungsunternehmen im Rahmen von Art. 26 MiFIR die Pflicht, die Einzelheiten der von ihnen getätigten Geschäfte an die BaFin zu melden. Auf Basis dieser Informationen kann die BaFin, wie schon aufgrund von § 9 WpHG aF, Preis- und Umsatzbewegungen, die durch Insiderinformationen hervorgerufen wurden, analysieren, um etwaige Anhaltspunkte für Verstöße gegen das Insiderrecht oder andere Verstöße feststellen zu können.[126]

40 **(2) Festlegen einer zulässigen Marktpraxis.** Die BaFin ist im Rahmen von Art. 13 Abs. 2 MAR dazu berechtigt, eine **zulässige Marktpraxis** festzulegen, bei deren Vorliegen ein Verstoß gegen das Verbot der Marktmanipulation nach Art. 15 MAR ausgeschlossen ist. Dabei ist zu berücksichtigen (1) ob die Marktpraxis einen erheblichen Grad an Markttransparenz gewährt, (2) ob durch sie das Funktionieren der Marktkräfte und das richtige Zusammenspiel von Angebot und Nachfrage in hohem Grade gewährleistet werden, (3) die Marktpraxis sich positiv auf Marktliquidität und -effizienz auswirkt, (4) sie dem Handelsmechanismus des betreffenden Marktes Rechnung trägt und den Marktteilnehmern erlaubt, angemessen und rechtzeitig auf die Marktpraxis zu reagieren, (5) ob sie keine Risiken für die Integrität von Märkten für Finanzinstrumente in der Europäischen Union schafft, (6) das Ergebnis der Ermittlungen der zuständigen Behörden zu der entsprechenden Marktpraxis sowie (7) die Strukturmerkmale des betreffenden Marktes, dh ob es sich um einen regulierten Markt handelt und welche Finanzinstrumente gehandelt werden, welche Marktteilnehmer vertreten sind und inwieweit ein Anteil des Handels auf Privatanleger entfällt.[127] Die BaFin hat insoweit mindestens drei Monate vor Einführung der zulässigen Marktpraxis ESMA und die anderen zuständigen Behörden über ihre Absicht zu informieren, eine zulässige Marktpraxis einzuführen und Einzelheiten ihrer Bewertung vorzulegen (Art. 13 Abs. 3 MAR). Hierbei kann die BaFin von Stellungnahmen der ESMA zur Bewertung der zulässigen Marktpraxis abweichen, wenn sie innerhalb von 24 Stunden nach Festlegung der zulässigen Marktpraxis eine Bekanntmachung auf ihrer Internetseite veröffentlicht, in der sie die Gründe für ihr Vorgehen vollständig darlegt und darauf eingeht, warum die zulässige Marktpraxis keine Gefahr für das Vertrauen in den Markt darstellt (Art. 13 Abs. 4 MAR).[128]

41 **(3) Aufschub der Ad Hoc-Publizität.** Im Bereich der Ad Hoc-Publizität ist die BaFin nach Inkrafttreten der MAR weiterhin für Selbstbefreiungen der Emittenten von der Ad Hoc-Pflicht zuständig. Das Prozedere ist in einem delegierten Rechtsakt der Europäischen Kommission aufgrund von Art. 17 Abs. 2 in Verbindung mit Art. 35 MAR festgelegt.[129] Hat ein Emittent die Offenlegung gemäß Art. 17 Abs. 4 MAR[130] aufgeschoben, muss er die BaFin unmittelbar im Anschluss an die Offenlegung über den Aufschub informieren und schriftlich erläutern, inwieweit die in Art. 17 Abs. 4 MAR genannten Voraussetzungen erfüllt waren.[131] Die BaFin hat ESMA in diesem Zusammenhang bereits mitgeteilt, dass sie den ESMA-Leitlinien zur Offenlegung von Insiderinformationen[132] nachkommen

[126] *Seyfried* in Kümpel/Wittig Rn. 3.48.

[127] Näheres ergibt sich aus der Delegierten Verordnung (EU) 2016/908 der Kommission vom 26. Februar 2016 zur Ergänzung der Verordnung (EU) Nr. 596/2014 des Europäischen Parlaments und des Rates durch technische Regulierungsstandards für die Kriterien, das Verfahren und die Anforderungen für die Festlegung einer zulässigen Marktpraxis und die Anforderungen an ihre Beibehaltung, Beendigung oder Änderung der Bedingungen für ihre Zulässigkeit, ABl. EU Nr. L153 v. 10.6.2016 S. 3 ff.

[128] Zur Rolle ESMAs im Zusammenhang mit der Festlegung einer zulässigen Marktpraxis siehe → § 27 Rn. 30.

[129] Grundsätzlich ist danach die Aufsichtsbehörde des Herkunftsmitgliedstaats zuständig, wenn der Emittent im Herkunftsmitgliedstaat Dividendenwerte zum Handel zugelassen hat, siehe *Poelzig* NZG 2016, 761 (766).

[130] Siehe im Einzelnen *Klöhn/Schmolke* ZGR 2016 866 ff.

[131] Insbesondere zum Aufschubgrund der berechtigten Interessen siehe *Poelzig* NZG 2016, 761 (764).

[132] ESMA, MAR-Leitlinien – Aufschub der Offenlegung von Insiderinformationen v. 20.10.2016, ESMA/2016/1478, abrufbar unter: https://www.esma.europa.eu/sites/default/files/library/esma-2016-1478_de.pdf.

wird.[133] Eine neue Art der Selbstbefreiung von der Ad Hoc-Pflicht folgt zudem aus Art. 17 Abs. 5 MAR insbesondere für den Fall, dass der Aufschub der Offenlegung zur Wahrung der Stabilität des Finanzsystems erfolgt und es sich bei dem Emittenten um ein Kreditinstitut oder ein Finanzinstitut handelt. Gemäß Art. 17 Abs. 6 MAR hat der Emittent die BaFin von seiner Absicht in Kenntnis zu setzen, die Offenlegung der Insiderinformation aufzuschieben und Nachweise vorzulegen, dass die Voraussetzungen des Art. 17 Abs. 5 lit. a) bis c) MAR vorliegen. Anschließend muss die BaFin sicherstellen, dass der Aufschub der Offenlegung nur für den im öffentlichen Interesse erforderlichen Zeitraum gewährt wird und mindestens in wöchentlichem Abstand bewerten, ob die Voraussetzungen des Art. 17 Abs. 5 lit. a) bis c) MAR weiterhin vorliegen (Art. 17 Abs. 6 UAbs. 2 MAR).

(4) Auskünfte und Meldungen an Spotmärkten. Marktteilnehmer an Spotmärkten 42
müssen der BaFin ebenfalls Auskünfte erteilen und Geschäfte in Warenderivaten melden, soweit dies aufgrund von Anhaltspunkten für die Einhaltung der Art. 14 und 15 MAR erforderlich ist (§ 8 Abs. 2 S. 1 WpHG). Mit „Spotmarkt“ ist gemäß Art. 3 Abs. 1 Nr. 16 MAR ein Warenmarkt gemeint, an dem Waren gegen Barzahlung verkauft und bei Abwicklung des Geschäfts unverzüglich geliefert werden, sowie andere Märkte wie beispielsweise Warenterminmärkte, die nicht Finanzmärkte sind. Es handelt sich bei der Befugnis gemäß § 8 Abs. 2 WpHG somit um eine Befugnis außerhalb der ansonsten auf Finanzmärkte zugeschnittenen Befugnisse der BaFin. Der BaFin ist insoweit gemäß § 8 Abs. 2 S. 2 WpHG direkter Zugang zu den entsprechenden Handelssystemen der Händler in Warenderivaten zu gewähren.

b) Befugnisse auf Grund der Leerverkaufsverordnung

Ein weiterer Bereich, in dem der BaFin besondere Befugnisse zustehen, ist die Leer- 43
verkaufsüberwachung. Auf Leerverkäufe im Sinne der Leerverkaufsverordnung (Leerverkaufs-VO)[134] finden grundsätzlich die BaFin-Befugnisse des WpHG mit vereinzelten Ausnahmen entsprechende Anwendung (siehe § 53 Abs. 1 S. 3 WpHG), soweit die Leerverkaufs-VO die Befugnisse nicht abweichend regelt. Natürliche und juristische Personen haben Netto-Leerverkaufspositionen in Aktien und bestimmten öffentlichen Schuldtiteln sowie *Credit Default Swaps* an die BaFin zu melden (Art. 5 und 7 Leerverkaufs-VO). Die BaFin kann anordnen, dass Leerverkaufspositionen in weiteren Konstellationen an sie gemeldet und anschließend veröffentlicht werden müssen (Art. 18 Leerverkaufs-VO). Gemäß Art. 20 Abs. 2 Leerverkaufs-VO kann sie einem Marktteilnehmer auch im Einzelfall verbieten, einen Leerverkauf zu tätigen. Dies gilt dann, wenn ungünstige Ereignisse oder Entwicklungen eingetreten sind, die eine ernstzunehmende Gefahr für die Finanzstabilität oder das Marktvertrauen darstellen, die Maßnahme erforderlich ist und die Effizienz der Finanzmärkte nicht unverhältnismäßig beeinträchtigt (Art. 20 Abs. 1 Leerverkaufs-VO). Ähnliche Voraussetzungen gelten für die Befugnis der BaFin in Bezug auf die Beschränkung von Transaktionen in *Credit Default Swaps* auf öffentliche Schuldtitel (Art. 21 Leerverkaufs-VO).Vor dem Erlass einer Maßnahme gemäß Art. 18 bis 21 Leerverkaufs-VO muss die BaFin jedoch ESMA von der geplanten Maßnahme in Kenntnis setzen.[135]

Zudem kann die BaFin Anordnungen im Hinblick auf Leerverkäufe in Finanzinstru- 44
menten im Falle eines **signifikanten Kursverfalls** an einem multilateralen oder organisierten Handelssystem[136] treffen. Kommt sie als Behörde des Herkunftsmitgliedstaats zu dem

[133] Siehe BaFinJournal 12/2016 S. 6.
[134] Verordnung (EU) Nr. 236/2012 des Europäischen Parlaments und des Rates vom 14. März 2012 über Leerverkäufe und bestimmte Aspekte von Credit Default Swaps, ABl. EU Nr. L86 v. 24.3.2012 S. 1 ff. (Leerverkaufs-VO).
[135] *Weick-Ludewig* in Fuchs WpHG § 30h Rn. 129.
[136] Für Kursverfälle an einem regulierten Markt oder dem Freiverkehr einer Börse sind gemäß § 15 Abs. 5a BörsG demgegenüber die Geschäftsführungen der Börsen zuständig, siehe *Weick-Ludewig* in Fuchs WpHG § 30h Rn. 136.

Ergebnis, dass der Kurs eines Finanzinstruments an dem betreffenden Handelsplatz innerhalb eines einzigen Handelstages im Vergleich zur Schlussnotierung am Vortag signifikant gefallen ist, und ist ein ungeordneter Kursverfall des Finanzinstruments zu befürchten, kann sie Leerverkäufe in Aktien und Schuldinstrumenten durch natürliche oder juristische Personen an diesem Handelsplatz verbieten oder beschränken (Art. 23 Abs. 1 Leerverkaufs-VO). Die Anordnung gilt höchstens bis zum Ende des auf den Handelstag des Kursverfalls folgenden Handelstags. Ist trotz der Anordnung ein weiterer signifikanter Kursverfall von – im Falle von liquiden Aktien – mindestens 5 % zu beobachten, kann die BaFin die Maßnahme um zwei weitere Tage verlängern (Art. 23 Abs. 2 Leerverkaufs-VO). Die BaFin kann dabei insbesondere für Market Making-Tätigkeiten und Primärmarkt-Aktivitäten Ausnahmen festlegen (Art. 23 Abs. 3 Leerverkaufs-VO).

45 Maßnahmen der BaFin auf Grund der Leerverkaufs-VO sind auf der BaFin-Internetseite zu veröffentlichen (Art. 25 Abs. 1 Leerverkaufs-VO). Die Maßnahmen treten nach der Veröffentlichung der Bekanntmachung in Kraft und gelten nur für solche Leerverkaufstransaktionen, die nach dem Inkrafttreten des bekannt gegebenen Leerverkaufsverbots abgeschlossen werden (Art. 25 Abs. 3 Leerverkaufs-VO).

c) Befugnisse in Prospekt- und Übernahmerecht

46 Weitere Befugnisse der BaFin zum Zweck der Wahrung der Marktintegrität und des Anlegerschutzes bestehen im Prospekt- und Übernahmerecht.

47 **(1) Wertpapierprospektgesetz.** Von erheblicher Bedeutung für die betreffenden Marktteilnehmer ist im Prospektrecht die Pflicht der BaFin, ein öffentliches Angebot zu **untersagen**, wenn (1) pflichtwidrig kein Prospekt veröffentlicht worden ist, (2) der Prospekt vor Billigung veröffentlicht wird, (3) der veröffentlichte Prospekt oder das Registrierungsformular nicht mehr gültig sind, (4) die Billigung des Prospekts nicht durch eine Bescheinigung der Billigung (im Sinne von § 18 Abs. 1 WpPG) nachgewiesen worden ist oder (5) der Prospekt nicht in deutscher oder, soweit von der BaFin zugelassen, englischer Sprache erstellt wurde (siehe im Einzelnen § 26 Abs. 4 S. 1 WpPG). Die Pflicht zur Untersagung des öffentlichen Angebots wird ergänzt durch die in § 26 Abs. 4 S. 2 WpPG geregelte Befugnis, das Angebot für eine Dauer von höchstens zehn Tagen auszusetzen. Bestehen Anhaltspunkte dafür, für eine wesentliche inhaltliche Unrichtigkeit oder wesentliche Unvollständigkeit des Prospekts und führt dies zu einer Übervorteilung des Publikums (§ 26 Abs. 8 S. 1 WpPG), kann die BaFin vom Anbieter verlangen, das Angebot bis zur Klärung des Sachverhalts auszusetzen (§ 26 Abs. 8 S. 2 WpPG). Steht die Unrichtigkeit des Prospekts hingegen fest, kann die BaFin die Prospektbilligung widerrufen und das Angebot untersagen (§ 26 Abs. 8 S. 3 WpPG). Die BaFin kann unanfechtbare Maßnahmen, die sie wegen Verstößen gegen das WpPG getroffen hat, einschließlich der Untersagung eines öffentlichen Angebots, öffentlich bekannt machen, soweit dies zur Beseitigung oder Verhinderung von Missständen geboten ist.[137] Kommt ein Emittent, Anbieter oder Zulassungsantragsteller einer sofort vollziehbaren Anordnung der BaFin nicht nach und bestehen Anhaltspunkte für Verstöße gegen die Vorschriften des WpPG, kann die BaFin diesen Umstand darüber hinaus unter den Voraussetzungen des § 26 Abs. 2a WpPG auf ihrer Internetseite öffentlich bekannt machen, es sei denn von der Bekanntmachung ist gemäß § 26 Abs. 2b WpPG aufgrund übergeordneter Belange abzusehen.

48 Bedeutsam sind in diesem Zusammenhang auch die prospektrechtlichen **Untersuchungsbefugnisse** der BaFin. Sie kann gemäß § 26 Abs. 2 S. 1 WpPG Auskünfte, Unterlagen sowie die Überlassung von Kopien vom Emittenten, Anbieter oder Zulassungsantragsteller verlangen. Diese Auskunftspflicht wird ergänzt durch eine entsprechende Aus-

[137] Siehe zB Untersagung des öffentlichen Angebots der CTG Case Tec Group, abrufbar unter: https://www.bafin.de/SharedDocs/Veroeffentlichungen/DE/Verbrauchermitteilung/weitere/2016/vm_160719_untersagung_CTGCaseTecGroup_genussscheine.html.

kunfts- und Vorlagepflicht der Mitglieder des Geschäftsleitungs- und Aufsichtsorgans sowie von Abschlussprüfern des Emittenten, des Zulassungsantragstellers sowie Anbieters und von den mit der Platzierung des öffentlichen Angebots betrauten oder für die Beantragung der Zulassung zum Handel beauftragten Institute (§ 26 Abs. 3 WpPG).

Weiterhin kann die BaFin sämtliche **Werbung**, die sich auf ein öffentliches Angebot bezieht, für höchstens zehn aufeinander folgende Werktage aussetzen, wenn Anhaltspunkte für einen Verstoß gegen die Vorgaben des § 15 Abs. 2 bis 5 WpPG vorliegen (§ 15 Abs. 6 S. 1 WpPG). Eine auf ein öffentliches Angebot bezogene Werbung kann die BaFin zudem gänzlich untersagen, wenn die Werbung geeignet ist, über den Umfang der Prüfung durch die BaFin im Rahmen von § 13 oder § 16 WpPG irrezuführen (§ 15 Abs. 6 S. 2 WpPG). Die Prospektprüfung der BaFin ist eine formelle Vollständigkeitsprüfung, keine inhaltliche Prüfung aller im Prospekt enthaltenen Informationen (§ 13 Abs. 1 S. 2 WpPG). In der Werbung auftretenden Aussagen, dass der Prospekt im Interesse des Anlegers „BaFin-geprüft" sei, muss daher zum Schutz der Anleger entgegengetreten werden.[138] 49

(2) Vermögensanlagengesetz. Entsprechend dem WpPG für Wertpapiere verfügt die BaFin bei Vermögensanlagen nach dem VermAnlG über mit dem WpPG vergleichbare Untersagungs- und Ermittlungsbefugnisse (siehe §§ 18 und 19 VermAnlG). Hingegen sind die Befugnisse zur Untersagung von irreführender Werbung im Bereich des grauen Kapitalmarkts etwas ausdifferenzierter als im WpPG (vgl. § 16 VermAnlG). Ferner untersagt die BaFin nach dem VermAnlG die Veröffentlichung eines Verkaufsprospekts auch dann, wenn Anhaltspunkte dafür bestehen, dass der Anbieter kein Vermögensanlagen-Informationsblatt veröffentlicht hat (§ 17 Abs. 2 VermAnlG). Hat der Anbieter kein Vermögensanlagen-Informationsblatt erstellt, ist zugleich das gesamte öffentliche Angebot zu untersagen (§ 18 Abs. 1 Nr. 7 VermAnlG). 50

(3) Wertpapiererwerbs- und Übernahmegesetz. Im Bereich der öffentlichen Übernahme- und Pflichtangebote nach dem WpÜG stehen der BaFin zuvorderst die Untersagungsbefugnisse nach § 15 WpÜG zu. Danach untersagt die BaFin das Angebot, wenn (1) die Angebotsunterlage unvollständig ist, (2) die Angaben der Angebotsunterlage offensichtlich gegen das WpÜG oder dazugehörige Rechtsverordnungen verstoßen, (3) die Angebotsunterlage vom Bieter nicht rechtzeitig an die BaFin übermittelt wurde oder (4) der Bieter die Angebotsunterlage nicht rechtzeitig veröffentlicht hat (§ 15 Abs. 1 WpÜG). Zudem kann das Angebot untersagt werden, wenn es nicht in der vorgeschriebenen Form veröffentlicht worden ist (§ 15 Abs. 2 WpÜG). Ist das Angebot untersagt worden, so sind auf der Grundlage der Angebotsunterlage vorgenommene Rechtsgeschäfte nichtig (§ 15 Abs. 3 S. 1 WpPG). Zudem ist ein neues Angebot vor Ablauf eines Jahres unzulässig, sofern die Untersagung auf § 15 Abs. 1 oder 2 WpÜG beruht (§ 26 Abs. 1 S. 1 WpÜG). Die BaFin kann die Sperrfrist gemäß § 26 Abs. 2 WpÜG auf schriftlichen Antrag des Bieters hin für kraftlos erklären, wenn die Zielgesellschaft der Befreiung zugestimmt hat. Im Bereich des WpÜG stehen der BaFin ähnliche Ermittlungsbefugnisse wie im WpHG und WpPG zu (siehe § 40 WpÜG). Zugleich besteht gemäß § 44 WpÜG die Möglichkeit, Verfügungen der BaFin auf Kosten der Adressaten im Bundesanzeiger zu veröffentlichen.[139] 51

d) Befugnisse auf Grund der Benchmark-Verordnung

Als national zuständige Behörde für die Überwachung der Integrität von Referenzwerten im Sinne der Benchmark-VO darf die BaFin insbesondere Maßnahmen zur korrekten 52

[138] Die inhaltliche Richtigkeit ist nicht Gegenstand der Prospektprüfung, sondern es handelt sich um eine Vollständigkeitsprüfung einschließlich der Kohärenz und Verständlichkeit des Prospekts, siehe *Seyfried* in Kümpel/Wittig Rn. 3.68.

[139] Im Übrigen erfolgt regelmäßig eine Veröffentlichung auf der Internetseite der BaFin, siehe zB Veröffentlichung der Untersagung des am 20. September 2015 angekündigten Umtauschangebots der Deutsche Wohnen AG an die Aktionäre der LEG Immobilien AG, abrufbar unter: https://www.bafin.de/SharedDocs/Downloads/DE/Angebotsunterlage/Deutsche%20Wohnen.pdf?__blob=publicationFile&v=1.

Information der Öffentlichkeit über die Bereitstellung eines Referenzwerts ergreifen, von Kontributoren an Spotmärkten, soweit erforderlich, Auskünfte und die Meldung von Geschäften verlangen, die Zulassung oder Registrierung eines Administrators von Referenzwerten entziehen[140] oder aussetzen oder einer Person, die gegen einschlägige Vorschriften der Benchmark-VO oder eine vollziehbare Anordnung vorsätzlich oder grob fahrlässig verstoßen hat, die Wahrnehmung von Führungsaufgaben bei einem Administrator oder beaufsichtigten Kontributor untersagen (§ 10 Abs. 2 Nr. 1, 2 und 3 Buchst. c) und d) WpHG[141]).

10. Whistleblowing und Anzeige von Verdachtsfällen

a) Allgemeine Whistleblowing-Vorschrift

53 Mit dem 1. FiMaNoG wurde die BaFin verpflichtet, ein System zur Annahme von Meldungen über potentielle oder tatsächliche Verstöße gegen Gesetze, Rechtsverordnungen, Allgemeinverfügungen und sonstige Vorschriften sowie Verordnungen und Richtlinien der Europäischen Union einzurichten, deren Einhaltung von der BaFin überwacht wird(§ 4d Abs. 1 S. 1 FinDAG). Diese Vorgabe wurde zur einheitlichen Umsetzung insbesondere der Vierten Bankenrichtlinie (CRD IV)[142], MAR, PRIIPS-VO und OGAW V-Richtlinie[143] erlassen.[144] Über die bei ihr eingegangenen Meldungen der Whistleblower berichtet die BaFin in abgekürzter und zusammengefasster Form in ihrem Jahresbericht (§ 4d Abs. 4 S. 1 FinDAG). Zugleich wurde klargestellt, dass Mitarbeiter von beaufsichtigten Personen oder Unternehmen wegen einer Meldung nach § 4d Abs. 1 FinDAG weder nach arbeitsrechtlichen noch strafrechtlichen Vorschriften verantwortlich gemacht und auch nicht zum Ersatz von Schäden herangezogen werden dürfen, es sei denn, die Meldung ist vorsätzlich oder grob fahrlässig unwahr abgegeben worden (§ 4d Abs. 6 FinDAG). Mit dieser Klarstellung sollen Informanten zur Unterrichtung der BaFin über mögliche Verstöße, insbesondere gegen die MAR, befähigt und vor etwaigen nachteiligen Konsequenzen seitens ihrer Arbeitgeber geschützt werden.[145] Die Identität des Meldenden und die Identität von Personen, die Gegenstand der Meldung sind, dürfen ohne Zustimmung der Betroffenen nicht veröffentlicht werden (siehe § 4d Abs. 3 FinDAG). Die Meldungen selbst können auch anonym abgegeben werden (§ 4d Abs. 1 S. 2 FinDAG). Ein in Art. 32 Abs. 4 MAR optional vorgesehenes finanzielles Anreizsystem für Whistleblower, das mit dem Vorbild der U. S.-amerikanischen SEC gemäß Sec. 21F des U. S. Securities Exchange Act 1934 vergleichbar wäre, wurde aufgrund von Kritik an entsprechenden finanziellen Belohnungsanreizen nicht im FinDAG verankert.[146]

54 Die BaFin hat entsprechend den Vorgaben des § 4d FinDAG ein Hinweisgebersystem eingerichtet. Hinweisgeber können ihre Meldungen schriftlich in Papierform, auf elektronischem Wege, telefonisch sowie auf Grund von mündlichen Mitteilungen gegenüber

[140] Zu der entsprechenden Befugnis der ESMA im Verhältnis zu Administratoren aus Drittstaaten siehe → § 27 Rn. 35.

[141] Bis 2.1.2018: § 4 Abs. 4c Nr. 1, 2 und 3 Buchst. c) und d) WpHG.

[142] Richtlinie 2013/36/EU des Europäischen Parlaments und des Rates vom 26. Juni 2013 über den Zugang zur Tätigkeit von Kreditinstituten und die Beaufsichtigung von Kreditinstituten und Wertpapierfirmen, zur Änderung der Richtlinie 2002/87/EG und zur Aufhebung der Richtlinien 2006/48/EG und 2006/49/EG, ABl. EU Nr. L176 v. 27.6.2013 S. 338 ff. (CRD IV).

[143] Richtlinie 2014/91/EU des Europäischen Parlaments und des Rates vom 23. Juli 2014 zur Änderung der Richtlinie 2009/65/EG zur Koordinierung der Rechts- und Verwaltungsvorschriften betreffend bestimmte Organismen für gemeinsame Anlagen in Wertpapieren (OGAW) im Hinblick auf die Aufgaben der Verwahrstelle, die Vergütungspolitik und Sanktionen, ABl. EU Nr. L257 v. 28.8.2014 S. 186 ff. (OGAW V- Richtlinie).

[144] RegE 1. FiMaNoG, BT-Drucks. 18/7482 S. 76.

[145] Erwägungsgrund 74 MAR.

[146] Siehe dazu im Einzelnen *Poelzig* NZG 2016, 492 (494 f.).

Beschäftigten der BaFin-Hinweisgeberstelle abgeben.[147] Ungeachtet des in diesem Rahmen erfolgenden Schutzes von personenbezogenen Daten der Meldenden darf die BaFin solche allerdings im Rahmen ihrer Ermittlungs- und Verwaltungs- oder Gerichtsverfahren im Rahmen des rechtlich Zulässigen weitergeben (§ 4d Abs. 3 S. 3 FinDAG).[148]

b) Anzeige von Verdachtsfällen nach der Marktmissbrauchsverordnung

Das Format der Anzeige von Verdachtsfällen im Anwendungsbereich der MAR richtet sich **55** nach Art. 16 MAR. Danach haben Betreiber von Märkten und Wertpapierfirmen Aufträge und Geschäfte, die Insidergeschäfte, Marktmanipulation, einschließlich ihres Versuchs, unverzüglich an die zuständige Behörde des Handelsplatzes zu melden. Der Inhalt der Meldung ist im Anhang der Delegierten Verordnung (EU) 2016/957 konkretisiert.[149] Die BaFin kann auf Basis der ihr vorgelegten Informationen zB unter Rückgriff auf § 6 Abs. 2 WpHG Anordnungen treffen, die zur Durchsetzung des Insiderhandelsverbots oder des Verbots der Marktmanipulation erforderlich sind.[150]

c) Anzeige von Verdachtsfällen nach der Leerverkaufsverordnung

Werden Tatsachen festgestellt, die den Verdacht begründen, dass mit einem Geschäft in **56** Finanzinstrumenten gegen Art. 12, 13 oder 14 Leerverkaufs-VO verstoßen worden ist, haben Wertpapierdienstleistungsunternehmen, Kreditinstitute, Kapitalverwaltungsgesellschaften und Betreiber von außerbörslichen Märkten, an denen Finanzinstrumente gehandelt werden, diese unverzüglich der BaFin mitzuteilen (§ 10 Abs. 1 S. 1 WpHG). Hintergrund ist, dass die von der Leerverkaufs-VO grundsätzlich verbotenen ungedeckten Leerverkäufe in der Regel außerbörslich abgeschlossen werden könnten. Daher sind Marktteilnehmer dazu berufen, der BaFin entsprechende Tatsachen mitzuteilen. Der Meldende darf wegen seiner Anzeige nicht persönlich verantwortlich gemacht werden, es sei denn, die Anzeige ist vorsätzlich oder grob fahrlässig unwahr erstattet worden (§ 10 Abs. 1 WpHG).

---

[147] Siehe https://www.bafin.de/SharedDocs/Veroeffentlichungen/DE/Pressemitteilung/2016/pm_160701-_hinweisgeberstelle.html.

[148] Siehe auch https://www.bafin.de/DE/Aufsicht/Hinweisgeberstelle/hinweisgeberstelle_node.html.

[149] Delegierte Verordnung (EU) 2016/957 der Kommission vom 9.3.2016 zur Ergänzung der Verordnung (EU) Nr. 596/2014 des Europäischen Parlaments und des Rates im Hinblick auf technische Regulierungsstandards für die geeigneten Regelungen, Systeme und Verfahren sowie Mitteilungsmuster zur Vorbeugung, Aufdeckung und Meldung von Missbrauchspraktiken oder verdächtigen Aufträgen oder Geschäften, ABl. EU Nr. L160 v. 17.6.2016 S. 1 ff.

[150] *Seyfried* in Kümpel/Wittig Rn. 3.62.

§ 27 Aufgaben und Befugnisse der ESMA

Übersicht

Literatur:

Deipenbrock, Kritische Anmerkungen zur Umsetzung des Regulierungs- und Aufsichtsrahmens für den europäischen Ratingsektor seit seiner Einführung Ende 2009, WM 2016, 2277; *Greene/Beller/Rosen/Silverman/Braverman/Sperber/Grabar,* U. S. Regulation of the International Securities and Derivatives Markets, 11th Ed., 2014; *Hitzer/Hauser,* ESMA – Ein Statusbericht, BKR 2015, 52; *Hoffmann/Detzen,* ESMA – Praktische Implikationen und kritische Würdigung der neuen Europäischen Wertpapier- und Marktaufsichtsbehörde, DB 2011, 1261; *Rötting/Lang,* Das Lamfalussy-Verfahren im Umfeld der Neuordnung der europäischen Finanzaufsichtsstrukturen, EuZW 2012, 8; *Walla,* § 11 Capital Markets Supervision in Europe, in: Veil, European Capital Markets Law, Second Edition 2017, S. 133.

I. Einführung

1 Die Europäische Wertpapier- und Marktaufsichtsbehörde (ESMA) wurde im Jahr 2010 auf Grundlage der ESMA-Verordnung (ESMA-VO)[1] als Reaktion auf die globale Finanzkrise 2008[2] und als Nachfolgerin eines der bisherigen europäischen Level 3-Ausschüsse, nämlich

[1] Verordnung (EU) Nr. 1095/2010 des Europäischen Parlaments und des Rates vom 24. November 2010 zur Errichtung einer Europäischen Aufsichtsbehörde (Europäische Wertpapier- und Marktaufsichtsbehörde), zur Änderung des Beschlusses Nr. 716/2009/EG und zur Aufhebung des Beschlusses 2009/77/EG der Kommission, ABl. EU Nr. L331 v. 15.12.2010 S. 84 ff. (ESMA-VO).

[2] Erwägungsgrund 1 ESMA-VO.

des *Committee of European Securities Regulators* (CESR), errichtet.[3] Übergeordnetes Ziel der ESMA ist es gemäß Art. 1 Abs. 5 S. 1 ESMA-VO, das öffentliche Interesse zu schützen, indem sie für die Wirtschaft der Europäischen Union, ihre Bürger und Unternehmen zur kurz-, mittel- und langfristigen Stabilität und Effektivität des Finanzsystems beiträgt. Insbesondere dient ESMA (1) der soliden, wirksamen und kohärenten Regulierung und Überwachung, (2) der Gewährleistung der Integrität, Transparenz, Effizienz und der ordnungsgemäßen Funktionsweise der Finanzmärkte, (3) der internationalen Aufsichtskoordination, (4) der Verhinderung von Aufsichtsarbitrage, (5) der angemessenen Regulierung von Anlagerisiken und (6) der Verbesserung des Verbraucherschutzes (Art. 1 Abs. 5 S. 2 ESMA-VO).

Wie sich aus der ESMA-VO ergibt, ist ESMA Teil des **Europäischen Systems der Finanzaufsicht (ESFS)**. Dieses besteht aus dem Europäischen Ausschuss für Systemrisiken (ESRB), der Europäischen Bankenaufsichtsbehörde (EBA), der Europäischen Aufsichtsbehörde für das Versicherungswesen und die betriebliche Altersversorgung (EIOPA), dem Gemeinsamen Ausschuss der Europäischen Aufsichtsbehörden sowie den nationalen Aufsichtsbehörden (siehe Art. 2 Abs. 2 ESMA-VO). Im Rahmen des Gemeinsamen Ausschusses der europäischen Aufsichtsbehörden arbeitet ESMA eng mit der EBA und der EIOPA insbesondere im Hinblick auf Sektor übergreifende Regulierung zusammen (Art. 2 Abs. 3 ESMA-VO), vor allem soweit dies die Regulierung von Finanzkonglomeraten, die Rechnungslegungsstandards, Anlageprodukte für Kleinanleger oder die Bekämpfung von Geldwäsche betrifft (Art. 54 Abs. 2 ESMA-VO). 2

II. Aufgabenbereiche

Zu den Aufgaben der ESMA zählen gemäß Art. 8 Abs. 1 ESMA-VO: 3

- die Festlegung von gemeinsamen Regulierungs- und Aufsichtsstandards,
- die Schaffung einer gemeinsamen Aufsichtskultur[4],
- die Vereinfachung der Delegation von Aufgaben und Zuständigkeiten zwischen den nationalen Aufsichtsbehörden[5],
- die Zusammenarbeit mit dem ESRB[6],
- die Organisation von *Peer Reviews* der nationalen Aufsichtsbehörden[7],
- die Überwachung und Bewertung von Marktentwicklungen[8],
- die wirtschaftliche Analyse von Märkten,
- die Förderung des Anlegerschutzes,
- die Stärkung der Funktionsweise der Aufsichtskollegien[9], die Überwachung, Bewertung und Messung von Systemrisiken[10], die Unterstützung der Entwicklung und Koordination von Sanierungs- und Abwicklungsplänen[11] und die Entwicklung von Verfahren für die Abwicklung insolvenzbedrohter Finanzmarktteilnehmer[12],
- die Erfüllung sonstiger Aufgaben auf Grund der ESMA-VO oder anderen Gesetzgebungsakten der Europäischen Union,
- die Veröffentlichung von Informationen über ihren Tätigkeitsbereich und
- die Übernahme etwaiger noch laufender Aufgaben des CESR.

[3] *Greene* ua, U. S. Regulation of the International Securities and Derivatives Markets, 11th Ed. 2014, § 8.01, S. 14.
[4] Siehe dazu Art. 19 und 29 ESMA-VO.
[5] Siehe dazu Art. 28 ESMA-VO.
[6] Siehe Art. 36 ESMA-VO.
[7] Siehe Art. 30 ESMA-VO.
[8] Siehe Art. 32 ESMA-VO.
[9] Siehe dazu Art. 21 ESMA-VO.
[10] Siehe Art. 23 und 24 ESMA-VO.
[11] Siehe Art. 25 ESMA-VO.
[12] Siehe Art. 27 ESMA-VO.

4 Zu erwähnen ist darüber hinaus der Aufgabenbereich der Stärkung des Europäischen Systems der nationalen Anlegerentschädigungssysteme.[13] Im Übrigen werden die Aufgaben der ESMA jeweils vom Anwendungsbereich der jeweils einschlägigen europäischen Kapitalmarktrechtsakte bestimmt, die in Art. 1 Abs. 2 ESMA-VO genannt sind.[14]

III. Doppelnatur der Aufsichtstätigkeit

5 Die Rolle der ESMA ist geprägt durch eine Doppelnatur ihrer Aufgaben. Einerseits ist sie im Rahmen der Ausarbeitung von Level 2-Rechtsakten der Europäischen Union am europäischen Gesetzgebungsverfahren beteiligt und somit zum Teil rechtsetzend tätig und erlässt normkonkretisierend Level 3-Leitlinien und Empfehlungen. Andererseits ist sie im Rahmen der Vorgaben des Unionsrechts eine Behörde mit Eingriffsbefugnissen.

1. Mitwirken an europäischer Rechtsetzung

6 Im Bereich des Mitwirkens an europäischer Rechtsetzung ist zwischen der Vorbereitung von Level 2-Rechtsakten und dem Erlass von Level 3-Leitlinien und Empfehlungen zu unterscheiden.

a) Level 2-Rechtsakte

7 EU-Verordnungen oder -Richtlinien (die EU-Basisrechtsakte) enthalten jeweils Ermächtigungen für Level 2-Rechtsakte, die die Europäische Kommission in einem festgelegten Verfahren erlässt.[15] Zu den Level 2-Rechtsakten zählen ua die sogenannten technischen Regulierungsstandards (RTS)[16] und die technischen Durchführungsstandards (ITS)[17], deren Ausarbeitung in den Zuständigkeitsbereich der ESMA fällt.[18] Vor dem Erlass eines RTS oder ITS führt ESMA in der Regel öffentliche Konsultationen durch, in denen sie etwaige Kosten- und Nutzenauswirkungen analysiert (Art. 10 Abs. 1 UAbs. 3 und Art. 15 Abs. 1 UAbs. 2 ESMA-VO). Im Anschluss an die jeweilige Konsultation legt ESMA der Europäischen Kommission ihren Entwurf des jeweiligen Level 2-Rechtsakts zur Billigung vor (Art. 10 Abs. 1 UAbs. 5, Art. 15 Abs. 1 UAbs. 4 ESMA-VO). EU-Parlament und -Rat können dabei gegen einen entworfenen RTS Einspruch grundsätzlich innerhalb einer Frist von drei Monaten nach Übermittlung durch die Europäische Kommission einlegen (Art. 13 Abs. 1 UAbs. 1 ESMA-VO). Die Frist beträgt ausnahmsweise einen Monat, soweit es sich bei dem von der Kommission übermittelten RTS um den von ESMA erstellten und übermittelten Entwurf handelt (Art. 13 Abs. 1 UAbs. 2 ESMA-VO). Eine Ablehnung von ITS durch EU-Rat oder -Parlament ist in der ESMA-VO hingegen nicht vorgesehen. Allgemein gilt, dass die Kommission die ESMA-Entwürfe erst nach vorheriger Kontaktaufnahme mit der ESMA abändern darf.[19]

---

[13] Art. 26 ESMA-VO.

[14] Siehe im Einzelnen auch → Rn. 28 ff.

[15] Rechtsgrundlagen sind ua Art. 290 oder 291 AEUV, siehe im Einzelnen *Rötting/Lang* EuZW 2012, 8. Zum traditionellen sog. Lamfalussy-Verfahren im Einzelnen auch → § 2 Rn. 1 ff.

[16] Technische Regulierungsstandards sind delegierte Rechtsakte im Sinne von Art. 290 AEUV, siehe auch *Rötting/Lang* EuZW 2012, 8 (10).

[17] Technische Durchführungsstandards sind Durchführungsakte nach Art. 291 AEUV, siehe *Rötting/Lang* EuZW 2012, 8 (10).

[18] Neben den RTS und den ITS, die von ESMA vorbereitet werden, erlässt die Europäische Kommission eigenständig entworfene weitere Level 2-Rechtsakte, zu denen ESMA die Kommission im Vorfeld aber regelmäßig im Wege eines *ESMA Technical Advice* berät, siehe *Deipenbrock* WM 2016, 2277 (2282). Die inhaltliche Abgrenzung zwischen RTS und ITS ist vergleichsweise unscharf, siehe *Deipenbrock* ebenda 2281.

[19] *Hirte/Heinrich* in KölnKomm WpHG Einl. Rn. 92g.

b) Level 3-Leitlinien und Empfehlungen

Zudem erlässt ESMA Level 3-Leitlinien und Empfehlungen, um innerhalb der EU gemeinsame Aufsichtspraktiken festzulegen, die eine einheitliche Umsetzung des Unionsrechts gewährleisten sollen (Art. 16 Abs. 1 ESMA-VO). Innerhalb der ESMA erfolgt die Vorbereitung der betreffenden Level 3-Maßnahmen durch Fachausschüsse, die mit Vertretern der nationalen Aufsichtsbehörden besetzt sind. Die endgültige Entscheidung über eine Level 3-Maßnahme wird jedoch im Rat der Aufseher getroffen. Dem Erlass einer Level 3-Leitlinie oder Empfehlung gehen in der Regel öffentliche Konsultationen voraus, an denen interessierte Verbände bzw. Marktteilnehmer mitwirken können (Art. 16 Abs. 2 ESMA-VO). Im Hinblick auf die Leitlinien und Empfehlungen gilt aus Sicht der nationalen Aufsichtsbehörden der „*comply or explain*"-Grundsatz.[20] Innerhalb von zwei Monaten nach Veröffentlichung einer Leitlinie oder Empfehlung hat jede nationale Aufsichtsbehörde zu bestätigen, ob sie der veröffentlichten Leitlinie bzw. Empfehlung nachzukommen beabsichtigt. Hat sie nicht vor, der Leitlinie oder Empfehlung zu folgen, muss sie diese Absicht ESMA unter Angabe von Gründen mitteilen (Art. 16 Abs. 3 UAbs. 2 ESMA-VO). ESMA veröffentlicht dies anschließend, ggf. auch unter Angabe der Gründe (Art. 16 Abs. 3 UAbs. 3 ESMA-VO). Ferner informiert ESMA das Europäische Parlament, den Rat und die Europäische Kommission über von ihr herausgegebenen Leitlinien und Empfehlungen sowie darüber, welche nationalen Aufsichtsbehörden ihren Leitlinien und Empfehlungen nicht nachgekommen sind (Art. 16 Abs. 4 ESMA-VO). Einspruchsrechte des Europäischen Parlaments und des Rates gegen die Leitlinien oder Empfehlungen bestehen indes nicht. 8

c) Kritik

In der Öffentlichkeit wurde teilweise kritisiert[21], dass die Börsenaufsichtsbehörden der deutschen Bundesländer in den ESMA-Fachausschüssen und im Rat der Aufseher der ESMA nicht mitwirken können, obwohl vor allem im Bereich der Zweiten Finanzmarktrichtlinie (MiFID II)[22] und der Finanzmarktverordnung (MiFIR)[23] der Erlass solcher Level 2-Rechtsakte vorgesehen ist, die auch auf Börsen anwendbar sind. Im Rat der Aufseher der ESMA steht der Aufsichtsbehörde eines EU-Mitgliedstaats indes jeweils nur ein Sitz zu, so dass eine direkte Mitwirkung aller Börsenaufsichtsbehörden auf ESMA-Ebene nicht möglich ist. Allerdings werden die Börsenaufsichtsbehörden der Länder regelmäßig auch in die Arbeit der BaFin auf europäischer Ebene einbezogen.[24] Grundlegende Zweifel an der demokratischen Legitimation des Rats der Aufseher sind nicht gerechtfertigt, da seine Zusammensetzung von der ESMA-VO vorgegeben ist (Art. 40 ESMA-VO), die ihrerseits vom Europäischen Parlament und dem Rat der Europäischen Union beschlossen wurde.[25] Nicht von der Hand zu weisen ist allerdings die schon des Öfteren geäußerte Kritik an der teils unübersichtlichen Formulierungstechnik der Level 2-Rechtsakte.[26] 9

[20] *Hitzer/Hauser* BKR 2015, 52 (55).

[21] Siehe DAS INVESTMENT „ESMA will gute Absichten der MiFID ins Gegenteil verkehren", 18.5.2015, abrufbar unter: http://www.dasinvestment.com/boerse-stuttgart-chef-kritisiert-mifid-ii-esma-will-gute-absichten-der-mifid-ins-gegenteil-verkehren/.

[22] Richtlinie 2014/65/EU des Europäischen Parlaments und des Rates vom 15. Mai 2014 über Märkte für Finanzinstrumente sowie zur Änderung der Richtlinien 2002/92/EG und 2011/61/EU, ABl. EU Nr. L173 v. 12.6.2014 S. 349 ff. (MiFID II).

[23] Verordnung (EU) Nr. 600/2014 des Europäischen Parlaments und des Rates vom 15. Mai 2014 über Märkte für Finanzinstrumente und zur Änderung der Verordnung (EU) Nr. 648/2012, ABl. EU Nr. L173 v. 12.6.2014 S. 84 ff. (MiFIR).

[24] So berichtet die BaFin dem mit Vertretern der Bundesländer besetzten Wertpapierrat mindestens einmal jährlich über die internationale Zusammenarbeit, siehe § 16 Abs. 2 S. 4 WpHG in der ab dem 3.1.2018 geltenden Fassung.

[25] Siehe zu den einzelnen Argumenten *Rötting/Lang* EuZW 2012, 8 (13).

[26] *Deipenbrock* WM 2016, 2277 (2283): Diese zeichne sich durch verbreitete Nutzung der Passivform, Substantivierungen, Neologismen, Abkürzungen und insbesondere umständliche Nebensatzstrukturen aus.

2. Europäische Eingriffsverwaltung

10 Zu der erwähnten Doppelrolle der ESMA gehört auch, dass sie als europäische Aufsichtsbehörde Befugnisse im Bereich der Eingriffsverwaltung wahrnimmt. Dabei sind jeweils Befugnisse der ESMA auf Grund der ESMA-VO[27] (insbesondere Art. 17 bis 19 ESMA-VO) und auf Grund anderer europäischer Rechtsakte[28] zu unterscheiden.

3. Perspektiven

11 Derzeit ist die Rolle der ESMA innerhalb des Systems der europäischen Finanzinfrastruktur nicht abschließend geklärt. Es ist offen, ob ESMA in Zukunft weitere Befugnisse im Bereich der Kapitalmarktaufsicht im Interesse einer konsistenten europäischen Aufsichtspraxis und harmonisierten Anwendung des Unionsrechts zukommen sollen.[29] Zur Zeit wird eine Aufwertung der Rolle der ESMA zu einer Art „europäischen SEC" auf politischer Ebene heiß diskutiert, ebenso wie eine Zusammenlegung von EBA und EIOPA.[30] Ob eine Transformation der ESMA zu einer europäischen SEC gelingen wird, hängt nicht zuletzt davon ab, ob die Europäische Kommission die Harmonisierung des kapitalmarktrechtlichen Straf- und Ordnungswidrigkeitenrechts sowie eines einheitlichen europäischen Insolvenzrechts[31] weiter vorantreibt. Die Europäische Kommission hat eine öffentliche Konsultation zu der möglichen Neuordnung der europäischen Aufsichtsstruktur eingeleitet. Diskutiert wird darin ua eine Ausdehnung der unmittelbaren Aufsichtsbefugnisse der ESMA auf Datenbereitstellungsdienste[32] und zentrale Gegenparteien.[33] In der Folge leitete die Kommission die Initiative des sog. ESA Review ein.[34]

IV. Organisation

12 Zentrales Gremium der ESMA ist der Rat der Aufseher, der ua aus Vertretern der nationalen Aufsichtsbehörden sowie der Europäischen Kommission, des ESRB und von EBA und EIOPA zusammengesetzt ist. Stimmberechtigt sind nur die Vertreter der nationalen Aufsichtsbehörden (Art. 40 Abs. 1 ESMA-VO). Jedes Mitglied verfügt über eine Stimme (Art. 44 Abs. 1 UAbs. 1 S. 2 ESMA-VO). Beschlüsse des Rats werden grundsätzlich mit einfacher Mehrheit gefasst, es sei denn eine qualifizierte Mehrheit ist nach Art. 44 Abs. 1 UAbs. 2 bis 4 ESMA-VO vorgesehen.

13 Der Rat der Aufseher setzt entsprechend Art. 41 Abs. 1 ESMA-VO regelmäßig interne Fachausschüsse (*Standing Committees*) und sonstige Arbeitsgruppen (*Working Groups* bzw. *Task Forces*) ein.[35] Diese sind für unterschiedliche Bereiche der europäischen Finanzmarktregulierung zuständig und ihrerseits mit Vertretern der nationalen Aufsichtsbehörden be-

[27] → Rn. 16 ff.

[28] → Rn. 28 ff.

[29] Die Europäische Kommission ist dazu aufgerufen, in dreijährigem Abstand jeweils zu evaluieren, ob eine Zusammenlegung von ESMA, EBA und EIOPA zu einer EU-weit einheitlichen Regulierungsbehörde erfolgen soll und ob die Befugnisse der europäischen Aufsichtsbehörden ausgeweitet werden sollen, siehe *Greene* ua, U.S. Regulation of the International Securities and Derivatives Markets, 11th Ed. 2014, § 8.01, S. 12.

[30] Börsen-Zeitung vom 17.2.2017: „EU ventiliert neue Aufsichtsstruktur für Europa".

[31] Börsen-Zeitung vom 17.2.2017: „EU ventiliert neue Aufsichtsstruktur für Europa".

[32] Zur Definition siehe § 2 Abs. 40 WpHG.

[33] Siehe Europäische Kommission, Public Consultation on the Operations of the European Supervisory Authorities, abrufbar unter: https://ec.europa.eu/info/sites/info/files/2017-esas-operations-consultation-document_en.pdf. Die Konsultation ist Teil des in Fn. 29 erwähnten regelmäßigen Evaluationsprozesses der europäischen Aufsichtsbehörden. Siehe dazu auch die gemeinsame Stellungnahme der EBA, ESMA und EIOPA vom 21.3.2017, abrufbar unter: https://www.esma.europa.eu/press-news/esma-news/esas-welcome-european-commission%E2%80%99s-public-consultation-their-operation.

[34] Siehe https://ec.europa.eu/info/law/better-regulation/initiatives/com-2017-536_en.

[35] Siehe https://www.esma.europa.eu/about-esma/working-methods/standing-committees.

setzt. Die Fachausschüsse bereiten die Beschlussvorlagen für die Sitzungen des Rats der Aufseher vor. Von hoher Bedeutung für die Aufgaben der ESMA ist ua das *Supervisory Convergence Standing Committee*, das die Konvergenz der Praxis der nationalen Aufsichtsbehörden analysiert und dem Rat der Aufseher über den Stand der Aufsichtskonvergenz in der Europäischen Union berichtet.[36] Der Rat der Aufseher wird von einem Vorsitzenden geleitet (Art. 48 Abs. 1 ESMA-VO). Weitere Organe der ESMA sind der Exekutivdirektor (Art. 51 ESMA-VO) und der Verwaltungsrat (Art. 45 ESMA-VO).

Relevant für die Arbeit der ESMA ist darüber hinaus die **Interessengruppe Wertpapiere und Wertpapiermärkte**, die die ESMA ua bei dem Erlass von Level 2-Rechtsakten und Level 3-Leitlinien und Empfehlungen berät und aus 30 Interessenvertretern zusammengesetzt ist, dh Finanzmarktteilnehmern, Beschäftigtenvertretern, Verbrauchern und Kunden von Finanzdienstleistungen, unabhängigen Wissenschaftlern sowie Vertretern von kleinen und mittleren Unternehmen (Art. 37 Abs. 2 ESMA-VO). Die Interessengruppe ist auf jeweils zweieinhalb Jahre gewählt (Art. 37 Abs. 3 und 4 ESMA-VO). 14

V. Verschwiegenheit

Mitglieder des Rats der Aufseher, des Verwaltungsrats, der Exekutivdirektor und die Mitarbeiter der ESMA unterliegen den Anforderungen des Berufsgeheimnisses gemäß Art. 339 AEUV (Art. 70 Abs. 1 UAbs. 1 ESMA-VO). Vertrauliche Informationen dürfen von ihnen an Dritte nicht weitergegeben werden, es sei denn die Weitergabe erfolgt in zusammengefasster oder aggregierter Form, so dass einzelne Marktteilnehmer nicht bestimmbar sind (Art. 70 Abs. 1 UAbs. 2 ESMA-VO). Ein Informationsaustausch ESMAs mit den nationalen Aufsichtsbehörden ist möglich, vorausgesetzt die ausgetauschten Informationen unterliegen ihrerseits den Bedingungen des Berufsgeheimnisses nach Art. 70 Abs. 1 und 2 ESMA-VO (siehe Art. 70 Abs. 3 ESMA-VO). Auf begründeten Antrag einer nationalen Aufsichtsbehörde hin ist es ESMA gestattet, sämtliche Informationen an die nationale Aufsichtsbehörde zu übermitteln, damit diese ihre Aufgaben erfüllen kann (Art. 35 Abs. 3 ESMA-VO). Letzteres steht im Einklang mit den Vorgaben des Berufsgeheimnisses von Art. 70 ESMA-VO. 15

VI. Eingriffsbefugnisse im Einzelnen

1. Informationsrechte

In erster Linie verfügt ESMA über umfassende Informationsrechte gegenüber den nationalen Aufsichtsbehörden (Art. 35 ESMA-VO). Auf Verlangen haben die nationalen Aufsichtsbehörden ESMA alle Informationen zur Verfügung zu stellen, die sie zur Wahrnehmung ihrer Aufgaben benötigt (Art. 35 Abs. 1 ESMA-VO). Die Informationen sind bei Bedarf in regelmäßigen Abständen vorzulegen (Art. 35 Abs. 2 ESMA-VO). Stehen den nationalen Aufsichtsbehörden die gewünschten Informationen nicht zur Verfügung oder werden nicht rechtzeitig an ESMA übermittelt, kann diese ein begründetes Auskunftersuchen an das betreffende Finanzministerium des jeweiligen Mitgliedstaats, die jeweilige nationale Zentralbank oder das statistische Amt des betreffenden Mitgliedstaates richten (Art. 35 Abs. 5 ESMA-VO). Unter bestimmten Voraussetzungen darf ESMA auch ein direktes Auskunftverlangen an die betreffenden Finanzmarktteilnehmer gemäß Art. 35 Abs. 6 UAbs. 1 ESMA-VO adressieren, in welchem sie eine Begründung für die Notwendigkeit der eingeholten Informationen angeben muss. Die zuständigen Behörden sind von den Maßnahmen ESMAs nach Art. 35 Abs. 5 und Abs. 6 UAbs. 1 ESMA-VO jeweils zu unterrichten und 16

[36] Siehe zB ESMA, Supervisory Convergence Work Programme 2017, abrufbar unter: https://www.esma.europa.eu/sites/default/files/library/esma42–397158525-448_supervisory_convergence_work_programme_2017_0.pdf.

müssen ESMA auf Verlangen bei der Einholung der Informationen unterstützen (Art. 35 Abs. 6 UAbs. 2 und 3 ESMA-VO). Eingeholte vertrauliche Informationen muss ESMA ihrerseits vertraulich behandeln (Art. 35 Abs. 7 ESMA-VO). Wie insbesondere aus Art. 35 Abs. 6 ESMA-VO hervorgeht, ist der direkte Zugriff ESMAs auf Informationen der Finanzmarktteilnehmer nur subsidiär anwendbar und unterliegt Verhältnismäßigkeitsschranken. Finanzmarktteilnehmer, die mit einem direkten Auskunftersuchen der ESMA konfrontiert sind, sollten daher stets – ggf. unter Einbeziehung ihrer nationalen Aufsichtsbehörde – prüfen, ob die betreffende Auskunft auch im Einzelfall verhältnismäßig ist.

2. Untersuchungen und Empfehlungen

17 Steht eine Verletzung von Unionsrecht im Sinne von Art. 1 Abs. 2 ESMA-VO im Raum, die darauf beruht, dass die zuständige nationale Aufsichtsbehörde die Einhaltung des Unionsrechts durch einen Finanzmarktteilnehmer nicht sicherstellt, kann ESMA auf Ersuchen einer anderen nationalen Aufsichtsbehörde, des Europäischen Parlaments oder Rates, der Kommission oder der Interessengruppe Wertpapiere und Wertpapiermärkte sowie von Amts wegen eine Untersuchung durchführen (Art. 17 Abs. 2 UAbs. 1 ESMA-VO).[37] Die betreffende nationale Aufsichtsbehörde ist von der Untersuchung zu unterrichten. Anschließend muss sie ESMA alle Informationen übermitteln, die ESMA für ihre Untersuchung benötigt (Art. 17 Abs. 2 UAbs. 2 ESMA-VO).

18 In Folge ihrer Untersuchung kann ESMA eine Empfehlung[38] an die nationale Aufsichtsbehörde aussprechen, in der sie Abhilfemaßnahmen zur Einhaltung des Unionsrechts anordnet, was spätestens zwei Monate nach Beginn ihrer Untersuchung erfolgen muss (Art. 17 Abs. 3 UAbs. 1 ESMA-VO). Die nationale Aufsichtsbehörde muss innerhalb von zehn Arbeitstagen nach Eingang der ESMA-Empfehlung ESMA über die in Folge der ESMA-Empfehlung eingeleiteten oder beabsichtigten Schritte unterrichten (Art. 17 Abs. 3 UAbs. 2 ESMA-VO). Besteht der Zustand der Nichteinhaltung des Unionsrechts innerhalb eines Monats nach Eingang der ESMA-Empfehlung weiterhin fort, kann die Europäische Kommission nach Unterrichtung durch ESMA oder von Amts wegen eine offizielle Stellungnahme abgeben, in der sie die nationale Aufsichtsbehörde auffordert, die erforderlichen Abhilfemaßnahmen zu treffen (Art. 17 Abs. 4 UAbs. 1 ESMA-VO). Die offizielle Stellungnahme der Kommission ist spätestens drei Monate nach Abgabe der ESMA-Empfehlung abzugeben, sofern die Kommission die Frist nicht um einen Monat verlängert (Art. 17 Abs. 4 UAbs. 2 ESMA-VO). Nach Eingang der offiziellen Stellungnahme muss die nationale Aufsichtsbehörde ESMA und die Kommission innerhalb von zehn Arbeitstagen erneut informieren, welche Maßnahmen sie getroffen hat oder zu treffen beabsichtigt, um der Aufforderung in der Stellungnahme nachzukommen.

19 Für den Fall, dass (1) das verletzte Unionsrecht nach Art. 1 Abs. 2 ESMA-VO unmittelbar anwendbar ist, (2) die zuständige Behörde der Stellungnahme der Kommission nicht innerhalb der darin gesetzten Frist nachkommt und (3) die Beachtung des Unionsrechts erforderlich ist, um neutrale Wettbewerbsbedingungen aufrecht zu erhalten oder wiederherzustellen oder das ordnungsgemäße Funktionieren und die Integrität des Finanzsystems zu gewährleisten (Art. 17 Abs. 6 ESMA-VO), kann ESMA einen direkt an einzelne Finanzmarktteilnehmer gerichteten Beschluss erlassen, der die Vornahme von Maßnahmen anordnet, damit die betreffenden Finanzmarktteilnehmer ihren unionsrechtlichen Pflichten nachkommen.

---

[37] Diese Befugnis ist als Ergänzung etwaiger Vertragsverletzungsverfahren vor dem EuGH im Kapitalmarktbereich zu verstehen, die für die schnelllebige Branche der Finanzdienstleistungen aber in der Regel zu langwierig sind, siehe *Hoffmann/Detzen* DB 2011, 1261 (1262).

[38] Die in einer Level 3-Empfehlung enthaltene Best Practice-Vorgabe kann bereits selbst Grundlage von Beschlüssen und Abhilfemaßnahmen gemäß Art. 17 ESMA-VO sein, siehe *Rötting/Lang* EuZW 2012, 8 (10) mN.

3. Maßnahmen im Krisenfall

Die ESMA-VO sieht zudem unmittelbare Eingriffsbefugnisse der ESMA im Krisenfall vor. In einer Krise, dh einer Situation, in der ungünstige Entwicklungen das ordnungsgemäße Funktionieren und die Integrität von Finanzmärkten oder die Stabilität des Finanzsystems in der Union ernsthaft gefährden könnten, stehen ESMA weitere Handlungsoptionen nach Maßgabe von Art. 18 ESMA-VO zur Verfügung. 20

Die ESMA-Befugnisse umfassen auch die Koordination der Maßnahmen der nationalen Aufsichtsbehörden (Art. 18 Abs. 1 UAbs. 1 ESMA-VO). Die nationalen Aufsichtsbehörden müssen ESMA zu diesem Zweck über die für sie relevanten Entwicklungen auf dem Laufenden halten (Art. 18 Abs. 1 UAbs. 2 ESMA-VO). Die Frage, ob eine Krise besteht, wird allerdings nicht von ESMA, sondern vom Rat der Europäischen Union in Abstimmung mit der Kommission, dem ESRB und ggf. den anderen europäischen Aufsichtsbehörden auf Ersuchen der ESMA festgestellt (Art. 18 Abs. 2 UAbs. 1 ESMA-VO). 21

Liegt nach Meinung des Rates der Europäischen Union eine Krise im vorgenannten Sinne vor, und ist ein koordiniertes Vorgehen der nationalen Aufsichtsbehörden erforderlich, kann ESMA mittels eines Beschlusses im Einzelfall anordnen, dass die nationalen Aufsichtsbehörden erforderliche Abhilfemaßnahmen zur Einhaltung des Unionsrechts ergreifen (Art. 18 Abs. 3 ESMA-VO).[39] 22

Kommt eine nationale Aufsichtsbehörde dem Beschluss der ESMA gemäß Art. 18 Abs. 3 ESMA-VO nicht fristgerecht nach und sind die europäischen Vorgaben im Sinne des Art. 1 Abs. 2 ESMA-VO unmittelbar anwendbar, kann ESMA einen unmittelbar an die Finanzmarktteilnehmer gerichteten Beschluss im Einzelfall erlassen (Art. 18 Abs. 4 S. 1 ESMA-VO).[40] Dies gilt jedoch nur, wenn die nationale Aufsichtsbehörde das betreffende Unionsrecht nicht oder unter eindeutiger Verletzung des betreffenden Unionsrechts angewandt hat und besondere Dringlichkeit zum Einschreiten durch die ESMA besteht (Art. 18 Abs. 4 S. 2 ESMA-VO). Die gemäß Art. 18 Abs. 3 und 4 ESMA-VO erlassenen Beschlüsse muss ESMA allerdings in regelmäßigen Abständen im Hinblick auf das Vorliegen ihrer Voraussetzungen überprüfen und ggf. aufheben, sofern die Voraussetzungen für den betreffenden Beschluss nicht mehr vorliegen (Art. 39 Abs. 4 ESMA-VO). 23

4. Beilegung von Meinungsverschiedenheiten

Vor dem Hintergrund des Ziels, eine gemeinsame Aufsichtskultur zu schaffen[41], ist ESMA darüber hinaus für die Beilegung von Meinungsverschiedenheiten zwischen den nationalen Aufsichtsbehörden zuständig (Art. 19 ESMA-VO). Auf Ersuchen einer nationalen Aufsichtsbehörde hilft ESMA dabei, eine Einigung zwischen den betreffenden nationalen Aufsichtsbehörden zu erreichen (Art. 19 Abs. 1 UAbs. 1 ESMA-VO). ESMA kann aber auch von Amts wegen tätig werden, wenn unter Zugrundelegung objektiver Kriterien eine Meinungsverschiedenheit zwischen Aufsichtsbehörden verschiedener Mitgliedstaaten festgestellt worden ist, die sich auf eine Vorschrift des Unionsrechts im Sinne von Art. 1 Abs. 2 ESMA-VO bezieht (Art. 19 Abs. 1 UAbs. 2 ESMA-VO). Den nationalen Aufsichtsbehörden setzt ESMA in den vorgenannten Fällen eine angemessene Frist, die Meinungsverschiedenheit beizulegen (Art. 19 Abs. 2 ESMA-VO). Erzielen diese innerhalb der gesetzten Frist keine Einigung, kann ESMA einen Beschluss nach Maßgabe von Art. 19 Abs. 3 ESMA-VO erlassen, in dem sie die nationalen Aufsichtsbehörden dazu verpflichtet, die zur Einhaltung des Unionsrechts und Beilegung der Meinungsverschiedenheit erforderlichen Maßnahmen zu treffen. Kommt eine nationale Aufsichtsbehörde daraufhin ESMAs Be- 24

[39] Wurde hingegen keine Krise festgestellt, ist ihre Tätigkeit auf die Unterstützung und Koordination der nationalen Aufsichtsbehörden beschränkt, siehe *Hoffmann/Detzen* DB 2011, 1261 (1262).

[40] Diese Befugnis kann in bestimmten Fällen auch die Anordnung der Einstellung sämtlicher Tätigkeiten bestimmter Finanzmarktteilnehmer umfassen, siehe *Hoffmann/Detzen* DB 2011, 1261 (1262).

[41] → Rn. 3.

schluss nicht nach und ist die betreffende Vorschrift des Unionsrechts unmittelbar anwendbar, kann ESMA einen Beschluss im Einzelfall an von der Meinungsverschiedenheit betroffene Finanzmarktteilnehmer richten und anordnen, dass sie das Unionsrecht in dem von ESMA geforderten Sinne einhalten (Art. 19 Abs. 4 ESMA-VO).[42]

5. Verfahren

25 Das Verfahren eines von ESMA erlassenen Beschlusses im Einzelfall richtet sich nach Art. 39 ESMA-VO. Vor Erlass des Beschlusses ist dem Adressaten ESMAs Absicht, den Beschluss zu erlassen, mitzuteilen und eine angemessene Frist zu setzen, innerhalb derer der Adressat zu der Angelegenheit Stellung nehmen kann (Art. 39 Abs. 1 ESMA-VO). Der Beschluss ist zu begründen (Art. 39 Abs. 2 ESMA-VO) und die Adressaten sind über ihre einschlägigen Rechtsbehelfe zu belehren (Art. 39 Abs. 3 ESMA-VO). Die Beschlüsse gemäß Art. 17 bis 19 ESMA-VO muss ESMA grundsätzlich unter Nennung des betroffenen Finanzmarktteilnehmers und ihres wesentlichen Inhalts veröffentlichen, es sei denn eine Veröffentlichung steht im Widerspruch zu dem Interesse des Finanzmarktteilnehmers am Schutz seiner Geschäftsgeheimnisse oder könnte das ordnungsgemäße Funktionieren und die Integrität von Finanzmärkten oder Stabilität des Finanzsystems in der Union ernsthaft gefährden (Art. 39 Abs. 5 ESMA-VO).[43] ESMA-Beschlüsse im Einzelfall sind in der Praxis bislang allerdings vergleichsweise selten.[44]

6. Rechtsbehelfe

26 Gegen die Beschlüsse gemäß Art. 17 bis 19 ESMA-VO können natürliche oder juristische Personen, die unmittelbar und individuell in ihren Rechten betroffen sind, Beschwerde bei ESMA einlegen (Art. 60 Abs. 1 ESMA-VO). Die Beschwerde ist innerhalb von zwei Monaten nach Bekanntgabe des Beschlusses schriftlich einzulegen (Art. 60 Abs. 2 UAbs. 1 ESMA-VO). Sie hat keine aufschiebende Wirkung. Der Beschwerdeausschuss der ESMA kann jedoch den Vollzug des angefochtenen Beschlusses aussetzen, wenn die Umstände die Aussetzung erfordern (Art. 60 Abs. 3 UAbs. 2 ESMA-VO). Der Beschwerdeausschuss bestätigt entweder ESMAs Ausgangsbeschluss oder verweist die Angelegenheit an den Rat der Aufseher zurück. Der Rat der Aufseher ist dann an den Beschluss des Beschwerdeausschusses gebunden und muss den Ausgangsbeschluss der ESMA entsprechend abändern (Art. 60 Abs. 5 ESMA-VO). Beschlüsse des Beschwerdeausschusses muss ESMA veröffentlichen (Art. 60 Abs. 7 ESMA-VO). Gegen die Beschlüsse des Beschwerdeausschusses können betroffene Finanzmarktteilnehmer Klage vor dem EuGH erheben (Art. 61 Abs. 1 ESMA-VO).[45]

7. Haftung

27 ESMA haftet für im Rahmen ihrer Amtstätigkeit verursachte Schäden auf Schadensersatz nach Maßgabe der Rechtsgrundsätze, die die Rechtsordnungen der Mitgliedstaaten für entsprechende Staatshaftungsansprüche vorsehen (Art. 69 Abs. 1 S. 1 ESMA-VO). In Deutschland richtet sich die Amtshaftung somit in der Regel nach § 839 BGB. Für Rechtsstreitigkeiten ist indes der EuGH zuständig (Art. 69 Abs. 1 S. 2 ESMA-VO).

[42] Das CESR hatte demgegenüber noch ausschließlich die Rolle eines Schlichters zwischen den nationalen Aufsichtsbehörden inne, siehe *Hoffmann/Detzen* DB 2011, 1261 (1262).

[43] Siehe auch *Greene* ua, U. S. Regulation of the International Securities and Derivatives Markets, 11th Ed. 2014, § 8.01, S. 16.

[44] So hat ESMA von den Befugnissen nach Art. 17 ESMA-VO jedenfalls in den ersten Jahren ihres Bestehens keinen Gebrauch gemacht, siehe *Walla* in Veil, European Capital Markets Law, § 11 Rn. 80.

[45] Siehe zu der Frage, ob das Gericht erster Instanz zuständig ist und zum Meinungsstand *Hitzer/Hauser* BKR 2015, 52 Fn. 77.

8. Besonders geregelte Befugnisse

28 Abschließend sollen wichtige besonders geregelte Befugnisse der ESMA, die in unmittelbar anwendbaren EU-Verordnungen geregelt sind, dargestellt werden:

a) Marktmissbrauchsverordnung

29 Im Bereich der Marktmissbrauchsverordnung (MAR)[46] veröffentlicht ESMA beispielsweise die bei ihr eingegangenen Meldungen der zuständigen Aufsichtsbehörden gemäß Art. 4 Abs. 1 MAR in Form einer Liste mit an sie gemeldeten Finanzinstrumenten auf ihrer Website und aktualisiert diese fortlaufend (Art. 4 Abs. 2 MAR). Die erstellte **Liste mit Finanzinstrumenten** enthält die Informationen gemäß Art. 4 Abs. 3 MAR.

30 Ferner ist ESMA gemäß Art. 13 Abs. 4 MAR dazu berufen, zu bewerten, ob die von den nationalen Aufsichtsbehörden nach Art. 13 MAR festgelegte **zulässige Marktpraxis** mit Art. 13 Abs. 2 MAR und den einschlägigen technischen Regulierungsstandards vereinbar ist. ESMA prüft dabei insbesondere, ob das Vertrauen in den Finanzmarkt der Europäischen Union durch Festlegung der zulässigen Marktpraxis gefährdet würde. ESMA gibt hierzu innerhalb von zwei Monaten nach Mitteilung durch die zuständige Aufsichtsbehörde gemäß Art. 13 Abs. 3 MAR eine Stellungnahme ab und veröffentlicht diese auf der ESMA-Internetseite.

31 Schließlich stellen die nationalen Aufsichtsbehörden ESMA jährlich Informationen zu den nach Art. 30, 31 und 32 MAR verhängten **Sanktionen und Maßnahmen** zur Verfügung, welche ESMA in ihrem Jahresbericht veröffentlicht (Art. 33 Abs. 1 MAR). Diese Verpflichtung der nationalen Aufsichtsbehörden dient dazu, in der EU einheitliche Aufsichtspraktiken für die Verhängung verwaltungsrechtlicher Sanktionen auf Basis der MAR festzulegen. ESMA vermerkt die verwaltungsrechtlichen und strafrechtlichen Sanktionen oder anderen verwaltungsrechtliche Maßnahmen der nationalen Aufsichtsbehörden gegen ein Wertpapierdienstleistungsunternehmen zudem in dem jeweiligen Register für Wertpapierdienstleistungsunternehmen, das in Umsetzung von Art. 5 Abs. 3 MiFID II erstellt wurde (Art. 33 Abs. 4 MAR).

b) Leerverkaufsverordnung

32 Darüber hinaus nimmt ESMA im Hinblick auf etwaige Beschränkungen von Leerverkäufen durch nationale Aufsichtsbehörden nach der Leerverkaufsverordnung (Leerverkaufs-VO)[47] eine unterstützende und koordinierenden Funktion ein (Art. 27 Leerverkaufs-VO). Nachdem ESMA über Maßnahmen der nationalen Aufsichtsbehörden gemäß Art. 18 bis 21 Leerverkaufs-VO unterrichtet worden ist, muss sie innerhalb von 24 Stunden eine Stellungnahme dazu abgeben, ob sie die betreffende Maßnahme für notwendig hält, um die vorliegende Ausnahmesituation zu bewältigen (Art. 27 Abs. 2 ESMA-VO).[48]

33 In Ausnahmesituationen hat ESMA darüber hinaus selbst die Möglichkeit, Leerverkäufe zu beschränken oder zu verbieten oder diese von bestimmten Bedingungen abhängig zu machen (Art. 28 Abs. 1 Buchst. b) Leerverkaufs-VO).[49] Zudem kann sie natürliche oder

---

[46] Verordnung (EU) Nr. 596/2014 des Europäischen Parlaments und des Rates vom 16. April 2014 über Marktmissbrauch (Marktmissbrauchsverordnung) und zur Aufhebung der Richtlinie 2003/6/EG des Europäischen Parlaments und des Rates und der Richtlinien 2003/124/EG, 2003/125/EG und 2004/72/EG der Kommission, ABl. EU Nr. L173 v. 12.6.2014 S. 1 ff. (MAR).

[47] Verordnung (EU) Nr. 236/2012 des Europäischen Parlaments und des Rates vom 14. März 2012 über Leerverkäufe und bestimmte Aspekte von Credit Default Swaps, ABl. EU Nr. L86 v. 24.3.2012 S. 1 ff. (Leerverkaufs-VO).

[48] Die Stellungnahme ESMAs ist auf ihrer Internetseite zu veröffentlichen.

[49] Diese Befugnis wurde vom EuGH als mit dem Unionsrecht vereinbar angesehen, siehe EuGH v. 22.1.2014 – Rs. C-270/12, ECLI:EU:C:2014:18 – *Vereinigtes Königreich Großbritannien und Nordirland/Europäisches Parlament und Rat der Europäischen Union.*

juristische Personen auffordern, Leerverkaufspositionen in bestimmten Finanzinstrumenten an die zuständigen Behörden zu melden oder diese offenzulegen (Art. 28 Abs. 1 Buchst. a) Leerverkaufs-VO). Voraussetzung ist insbesondere, dass bislang keine nationale Aufsichtsbehörde Maßnahmen ergriffen hat, um der von den Leerverkäufen ausgehenden Gefahr zu begegnen (Art. 28 Abs. 2 Buchst. b) Leerverkaufs-VO). ESMA hat vor Erlass einer Maßnahme gemäß Art. 28 Leerverkaufs-VO den ESRB und gegebenenfalls andere zuständige Behörden zu konsultieren (Art. 28 Abs. 4 Leerverkaufs-VO) und muss die betreffenden nationalen Aufsichtsbehörden über die von ihr geplante Maßnahme informieren (Art. 28 Abs. 5 Leerverkaufs-VO). Letzteres hat grundsätzlich 24 Stunden vor dem geplanten Inkrafttreten der Maßnahme zu erfolgen (Art. 28 Abs. 6 Leerverkaufs-VO). Zudem kann ESMA eigene Untersuchungen von Zweifelsfragen oder Praktiken im Zusammenhang mit Leerverkäufen oder dem Einsatz von *Credit Default Swaps* durchführen, um festzustellen, ob die betreffende Zweifelsfrage oder Praxis eine potentielle Gefahr für die Finanzstabilität oder das Marktvertrauen in der EU darstellt (Art. 31 Leerverkaufs-VO).

34 Die Befugnisse auf Grund der Leerverkaufs-VO stehen in Zusammenhang mit den Vorgaben des Art. 9 Abs. 5 ESMA-VO. Gemäß Art. 9 Abs. 5 UAbs. 1 ESMA-VO kann ESMA Finanztätigkeiten, die das ordnungsgemäße Funktionieren und die Integrität der Finanzmärkte oder Stabilität der Finanzmärkte in der Union als Ganzes oder in Teilen gefährden, vorübergehend verbieten oder beschränken. Voraussetzung ist, dass das Unionsrecht im Sinne des Art. 1 Abs. 2 ESMA-VO eine entsprechende Befugnis vorsieht, wie dies im Bereich der Leerverkaufs-VO der Fall ist, oder ein Krisenfall nach Art. 18 der ESMA-VO[50] vorliegt. Ein entsprechender Beschluss ESMAs ist gemäß Art. 9 Abs. 5 UAbs. 2 ESMA-VO in angemessenen Abständen, mindestens aber alle drei Monate zu überprüfen. Wird er nach drei Monaten nicht verlängert, so tritt er automatisch außer Kraft. Des Weiteren ist der Beschluss zu überprüfen, wenn ein Mitgliedstaat darum ersucht (Art. 9 Abs. 5 UAbs. 3 ESMA-VO).[51]

c) Benchmark-Verordnung

35 Nach den Regeln der Benchmark-Verordnung (Benchmark-VO)[52] ist ESMA für die Erstellung und Führung eines öffentlichen Registers zuständig, das die Identität der zugelassenen und registrierten Administratoren von Referenzwerten sowie der zuständigen Aufsichtsbehörden, einschließlich Administratoren und Aufsichtsbehörden aus Drittstaaten enthält, sowie der Referenzwerte, die aus Drittstaaten übernommen wurden (Art. 36 Abs. 1 Benchmark-VO). Darüber hinaus soll ESMA Kooperationsvereinbarungen mit den Aufsichtsbehörden aus Drittstaaten abschließen, deren Rechtsrahmen als mit den Regelungen der Benchmark-VO gleichwertig anerkannt wurde (Art. 30 Abs. 4 Benchmark-VO). In diesem Zusammenhang kann ESMA den in der EU tätigen Administratoren von Referenzwerten aus Drittstaaten durch Streichung des jeweiligen Administrators aus dem Register nach Art. 36 der Benchmark-VO auch unter bestimmten Voraussetzungen die Registrierung entziehen (Art. 31 Benchmark-VO).

d) Finanzmarktverordnung

36 Auf Grundlage der MiFIR überwacht ESMA den Markt für solche Finanzinstrumente, die in der Europäischen Union vermarktet, vertrieben oder verkauft werden (Art. 39 Abs. 1

[50] Hierzu → Rn. 20.
[51] Für diesen Fall ist die qualifizierte Mehrheit nach Art. 44 Abs. 1 UAbs. 2 ESMA-VO zu beachten.
[52] Verordnung (EU) 2016/1011 des Europäischen Parlaments und des Rates vom 8. Juni 2016 über Indizes, die bei Finanzinstrumenten und Finanzkontrakten als Referenzwert oder zur Messung der Wertentwicklung eines Investmentfonds verwendet werden, und zur Änderung der Richtlinien 2008/48/EG und 2014/17/EU sowie der Verordnung (EU) Nr. 596/2014, ABl. EU Nr. L171 v. 29.6.2016 S. 1 ff. (Benchmark-VO).

MiFIR). Wie an anderer Stelle erwähnt[53], fällt es in die Zuständigkeit ESMAs, ein europaweit geltendes Produktverbot im Hinblick auf Finanzinstrumente oder hinsichtlich einer europaweiten Finanzpraxis zu erlassen. Die entsprechende Ermächtigungsgrundlage richtet sich nach Art. 19 der Delegierten Verordnung zur MiFIR[54], wobei die anzuwendenden Kriterien mit den Kriterien für Produktverbote der nationalen Aufsichtsbehörden im Allgemeinen vergleichbar sind.

e) Europäische Marktinfrastrukturverordnung

Im Bereich der Europäischen Marktinfrastrukturverordnung (EMIR)[55] ist ESMA für die Führung des öffentlichen Registers zuständig, in dem die clearingpflichtigen Kategorien von OTC-Derivaten verzeichnet sind. Das Register wird auf der ESMA-Internetseite eingerichtet (Art. 6 EMIR).[56] Ferner gehört ESMA dem gemäß Art. 18 EMIR eingerichteten Aufsichtskollegium zur Beaufsichtigung von zentralen Gegenparteien an (Art. 18 Abs. 2 Buchst. a) EMIR). Ein Transaktionsregister im Sinne der EMIR muss sich für die Zwecke von Art. 9 EMIR bei ESMA registrieren lassen (Art. 55 Abs. 1 ESMA-VO). ESMA stehen gemäß Art. 61 bis 63 EMIR umfangreiche **Untersuchungs- und Prüfungsbefugnisse** in Bezug auf die Transaktionsregister und mit diesen verbundene Dritte zu. Sie kann zB einen besonderen Untersuchungsbeauftragten zur Prüfung festgestellter Unregelmäßigkeiten ernennen (Art. 64 Abs. 1 EMIR). Darüber hinaus kann sie eigenständig Geldbußen (Art. 65 EMIR) und Zwangsgelder (Art. 66 EMIR) verhängen. Liegen die entsprechenden Voraussetzungen vor, kann ESMA auch die Registrierung eines Transaktionsregisters widerrufen (Art. 71 EMIR). Ungeachtet der Möglichkeit, Aufgaben der ESMA im Rahmen der Aufsicht über Transaktionsregister an die nationalen Aufsichtsbehörden zu delegieren (Art. 74 EMIR), zeigt das Beispiel der Aufsicht über Transaktionsregister besonders deutlich, dass ESMAs Rolle im Bereich der europäischen Finanzmarktarchitektur längst nicht mehr nur auf eine indirekte Aufsicht über die nationalen Aufsichtsbehörden ausgerichtet ist. 37

f) Wertpapierfinanzierungsgeschäfte-Verordnung

Ähnlich wie im Rahmen der EMIR besteht auf Grund der Wertpapierfinanzierungsgeschäfte-Verordnung (SFTR)[57] bei ESMA eine Registrierungspflicht für Transaktionsregister im Sinne der SFTR (Art. 5 Abs. 1 SFTR). Das Verfahren ist grundsätzlich mit dem Registrierungsverfahren der EMIR vergleichbar. ESMA ist insoweit ebenfalls für den Widerruf der Registrierung des Transaktionsregisters zuständig (Art. 10 SFTR). Die vorstehend erwähnten Befugnisse[58] gemäß Art. 61 bis 68, 73 und 74 EMIR stehen ESMA konsequenterweise entsprechend im Rahmen der SFTR zu. 38

[53] → § 26 Rn. 32.

[54] Delegierte Verordnung (EU) 2017/567 der Kommission vom 18.5.2016 zur Ergänzung der Verordnung (EU) Nr. 600/2014 des Europäischen Parlaments und des Rates im Hinblick auf Begriffsbestimmungen, Transparenz, Portfoliokomprimierung und Aufsichtsmaßnahmen zur Produktintervention und zu den Positionen ABl. EU Nr. L87 v. 31.3.2017 S. 90 ff.

[55] Verordnung (EU) Nr. 648/2012 des Europäischen Parlaments und des Rates vom 4. Juli 2012 über OTC-Derivate, zentrale Gegenparteien und Transaktionsregister, ABl. EU Nr. L201 v. 27.7.2012 S. 1 ff. (EMIR).

[56] Siehe darüber hinaus die Veröffentlichungen nach Art. 88 EMIR.

[57] Verordnung (EU) 2015/2365 des Europäischen Parlaments und des Rates vom 25. November 2015 über die Transparenz von Wertpapierfinanzierungsgeschäften und der Weiterverwendung sowie zur Änderung der Verordnung (EU) Nr. 648/2012, ABl. EU Nr. L337 v. 23.12.2015 S. 1 ff. (SFTR).

[58] → Rn. 36.

g) Rating-Verordnung

39 Im Bereich der Rating-Verordnung (RatingVO)[59] obliegt ESMA die Entgegennahme von Anträgen einer Ratingagentur auf Registrierung in der EU (Art. 15 RatingVO). Auf Basis einer gemeinsam entworfenen Empfehlung der zuständigen Behörden der Ratingagentur gibt ESMA ihrerseits eine Empfehlung für eine Entscheidung der jeweils zuständigen nationalen Aufsichtsbehörde des Herkunftsmitgliedstaats der Ratingagentur an die Mitglieder des für die Ratingagentur zuständigen Kollegiums ab (Art. 16 Abs. 6 RatingVO).

h) Zentralverwahrer-Verordnung

40 Nach den Regelungen der Zentralverwahrer-Verordnung (CSD-VO)[60] führt ESMA ein Verzeichnis über die in der EU zugelassenen Zentralverwahrer (Art. 21 Abs. 3 und 58 Abs. 2 CSD-VO). Darüber hinaus sammelt ESMA Informationen über die von den nationalen Aufsichtsbehörden verhängten Sanktionen und Maßnahmen gemäß der CSD-VO und veröffentlicht diese (Art. 61 Abs. 6 CSD-VO).

[59] Verordnung (EG) Nr. 1060/2009 des Europäischen Parlaments und des Rates vom 16. September 2009 über Ratingagenturen, ABl. EU Nr. L302 v. 17.11.2009 S. 1 ff. (Rating-VO), zuletzt geändert durch Verordnung (EU) Nr. 462/2013 des Europäischen Parlaments und des Rates vom 21. Mai 2013, ABl. EU Nr. L146 v. 31.5.2013 S. 1 ff.

[60] Verordnung (EU) Nr. 909/2014 des Europäischen Parlaments und des Rates vom 23. Juli 2014 zur Verbesserung der Wertpapierlieferungen und -abrechnungen in der Europäischen Union und über Zentralverwahrer sowie zur Änderung der Richtlinien 98/26/EG und 2014/65/EU und der Verordnung (EU) Nr. 236/2010, ABl. EU Nr. L257 v. 28.8.2014 S. 1 ff. (CSD-VO).

I. Sanktionen

Spezialschrifttum (Auswahl):

Achenbach, Neue Sanktionen im Finanzmarktrecht – alte und neue Zweifelsfragen, wistra 2018, 13; *ders.*, Die 8. GWB-Novelle und das Wirtschaftsstrafrecht, wistra 2013, 369; *Altenhain*, Die Neuregelung der Marktpreismanipulation durch das Vierte Finanzmarktförderungsgesetz, BB 2002, 1874; *Bator*, Die Marktmanipulation im Entwurf zum Finanzmarktnovellierungsgesetz – unionsrechtskonform?, BKR 2016, 1; *Bauer*, Verfall – Bemessung nach dem Bruttoprinzip; Vorrang des Verletzten: Anmerkung zu BGH, Beschluss vom 29.6.2010 – 1 StR 245/09, NStZ 2011, 396; *Beckemper*, Das Rechtsgut „Vertrauen in die Funktionsfähigkeit der Märkte", ZIS 2011, 318; *Becker/Canzler*, Die WpHG-Bußgeldleitlinien der BaFin – Eine Übersicht unter Berücksichtigung erster praktischer Erfahrungen, NZG 2014, 1090; *Begemeier*, Zur Reichweite der unionsrechtskonformen Auslegung im deutschen Straf- und Strafverfahrensrecht am Beispiel der „Spector Photo Group"-Entscheidung des EuGH – Zugleich Anmerkung zu EuGH C-45/08 (Spector) HRRS 2010 Nr. 2, HRRS 2013, 179; *Bergmann/Vogt*, Anmerkung zu BGH, Beschl. v. 10.1.2017 – 5 StR 532/16, NZWiSt 2017, 149; *dies.*, Lücken im Kapitalmarktstrafrecht – Sind seit dem 1. FiMaNoG alle Altfälle straflos?, wistra 2016, 347; *Bittmann*, Vom Annex zur Säule: Vermögensabschöpfung als 3. Spur des Strafrechts, NZWiSt 2016, 131; *ders.*, Stellungnahme der Wirtschaftsstrafrechtlichen Vereinigung e. V. zum Referentenentwurf „Reform der strafrechtlichen Vermögensabschöpfung", WiJ 2016, 175; *Böse*, Marktmanipulation durch Unterlassen – ein Auslaufmodell?, wistra 2018, 22; *Brand/Hotz*, Anmerkung zu BGH, Beschl. v. 10.1.2017 – 5 StR 532/16, NZG 2017, 238; *Brand/Hotz*, „Vom Beruf unserer Zeit für Gesetzgebung" – Einige Bemerkungen zur vermeintlichen Ahndungslücke im neuen Kapitalmarktstrafrecht, ZIP 2017, 1450; *Brammsen*, Marktmanipulation (§ 38 Abs. 2 WpHG) „über die Bande" – Das perfekte „Delikt", WM 2012, 2134; *Brocker*, Wer zu spät kommt, den bestraft die BaFin – die neuen WpHG-Bußgeldleitlinien, BB 2014, 655; *Burger*, Untreue (§ 266 StGB) durch das Auslösen von Sanktionen zu Lasten von Unternehmen, Herbolzheim 2007; *Bussian*, Die Verwendung von Insiderinformationen, WM 2011, 8; *Bülte/Müller*, Ahndungslücken im WpHG durch das Erste Finanzmarktnovellierungsgesetz und ihre Folgen, NZG 2017, 205; *Bülte*, Blankette und normative Tatbestandsmerkmale: Zur Bedeutung von Verweisungen in Strafgesetzen, JuS 2015, 769; *ders.*, Möglichkeiten und Grenzen beweiserleichternder Tatbestandsfassungen im Strafrecht, JZ 2014, 603; *Cascante/Biengel*, Insiderhandel – in Zukunft leichter nachweisbar? – Die Auslegung des Insiderrechts durch den EuGH und Folgen für die M&A-Praxis, NZG 2010, 161; *Cerizza*, The New Market Abuse Directive, eucrim 2014, 85; *Daimagüler*, Der Verletzte im Strafverfahren – Handbuch für die Praxis, München 2016; *Dannecker*, Anforderungen des nationalen Strafverfassungsrechts an die Inbezugnahme EU-rechtlicher Verhaltensnormen und an Rückverweisungsklauseln in nationalen Rechtsverordnungen – Begrenzung des nationalen Grundrechtsschutzes durch den unionsrechtlichen „effet utile"?, ZIS 2016, 723; *de Sousa Mendes*, Die Finanzmarktaufsicht und der Transfer von Informationen aus dem Verwaltungsverfahren in das Strafverfahren, GA 2016, 381; *Dessecker*, Gewinnabschöpfung im Strafrecht und in der Strafrechtspraxis, Freiburg i. Br. 1992; *Dinges/Voß*, Anmerkung zu BGH, Beschl. v. 25.2.2016 – 3 StR 142/15, EWiR 2017, 73; *Dinter/David*, Das Recht hat man zu kennen – Zum Vorsatz bei bußgeldbewehrten Verstößen im Kapitalmarktrecht, ZIP 2017, 893; *Drathjer*, Die Abschöpfung rechtswidrig erlangter Vorteile im Ordnungswidrigkeitenrecht, Köln 1997; *Eggers*, Keine Strafbarkeitslücke bei Marktmanipulation und Insiderhandel, WiJ 2017, 49; *ders./Gehrmann/Szesny*, Stellungnahme des Arbeitskreises Kapitalmarktstrafrecht der Wirtschaftsstrafrechtlichen Vereinigung (WisteV) zum Entwurf eines Ersten Gesetzes zur Novellierung von Finanzmarktvorschriften auf Grund europäischer Rechtsakte – 1. FiMaNoG, WiJ 2016, 123; *Eichelberger*, Das Verbot der Marktmanipulation (§ 20a WpHG), Berlin 2006; *Enderle*, Blankettstrafgesetze – Verfassungs- und strafrechtliche Probleme von Wirtschaftsstraftatbeständen, Frankfurt aM 2010; *Feigen*, Strafjustiz durch die BaFin?, in: Festschrift 25 Jahre Arbeitsgemeinschaft Strafrecht des Deutschen Anwaltsvereins, Baden-Baden 2009, S. 466; *Fleischer*, Erweiterte Außenhaftung der Organmitglieder im Europäischen Gesellschafts- und Kapitalmarktrecht – Insolvenzverschleppung, fehlerhafte Kapitalmarktinformation, Tätigkeitsverbote, ZGR 2004, 437; *Flick/Lorenz*, Kenntnis von Insiderinformationen impliziert ihre Verwendung bei Wertpapiergeschäften – Anmerkungen zum Urteil des EuGH vom 23.12.2009, C-45/08 (Spector Photo Group), RIW 2010, 381; *Forst*, Anmerkung zur Entscheidung des EuGH vom 23.12.2009 (Az. C-45/08, ZIP 2010, 78) – Zum Insiderhandelsverbot, EWiR 2010, 129; *Franzheim*, Die Gewinnabschöpfung wegen Verstoßes gegen arbeitsrechtliche Vorschriften, in: Festschrift für Dieter Gaul zum 70. Geburtstag, 1992, S. 135; *Fuchs/Dühn*, Deliktische Schadensersatzhaftung für falsche Ad-hoc-Mitteilungen, BKR 2002, 1063; *Gaede*, Anmerkung zu BGH, Beschl. v. 10.1.2017 – 5 StR 532/16, wistra 2017,163; *ders.*, Gebotene Sorgfalt bei der europäisierten Strafgesetzgebung – unvermeidliche Ahndungslücke im WpHG?, wistra 2017, 41; *ders.*, Zeitgesetze im Wirtschaftsstrafrecht und rückwirkend geschlossene Ahndungslücken, wistra 2011, 365; *ders.*, Verfassungswidrigkeit der gewerbsmäßigen bzw. bandenmäßigen Steuerhinterziehung (§ 370a AO), HRRS 2004, 318; *Gaßmann*, Abschöpfung illegitimer Tatvorteile und Ansprüche geschädigter Aktionäre, wistra 2004, 41; *Gehrmann*, Anmerkungen zum strafbewehrten Verbot der handelsgestützten Marktmanipulation, WM 2016, 542; *ders.*, Das Spector-Urteil des EuGH – Zur Beweislastumkehr beim Insiderhandel, ZBB 2010, 48; *ders.*, Zur Verfallsanordnung beim Insiderhandel, wistra 2010, 346; *Giering*, Das neue Kapitalmarktmissbrauchsrecht für Emittenten, CZZ 2016, 214; *Göhler*, Europäische Reform des Insiderstrafrechts – Anmerkungen zur Rolle des Nicht-Insiders im Sonderdeliktsgefüge, ZIS 2016, 266; *Greeve*, Das neue Recht der strafrechtlichen Vermögensabschöpfung, ZWH 2017, 277; *Gröblinghoff*, Die Verpflichtung des deutschen Strafgesetzgebers zum Schutz der Interessen der Europäischen Gemeinschaft, Heidelberg 1996; *Harms/Heine*, EG-Verordnung und Blankettgesetz – Zum Verhältnis von Gemeinschaftsrecht und nationalem Strafrecht, in: Festschrift für Knut Amelung zum 70. Geburtstag, Berlin 2009, S. 393; *Hecker*, Europäisches Strafrecht, 5. Aufl., Heidelberg 2015; *Hellmann/Beckemper*, Wirtschaftsstrafrecht, 4. Aufl., Stuttgart 2013; *Hienzsch*, Das Scheitern der Staatsanwaltschaften bei der Verfolgung von Börsenkriminalität – eine empirische Problemanalyse mit Lösungsvorschlägen am Beispiel des Insiderhandelsverbots, HRRS 2006, 144; *Himmelreich*, Insiderstrafverfolgung durch die Bundesanstalt für Finanzdienstleistungsaufsicht, Baden-Baden 2013; *Hippeli*, Keine Ahndungslücke beim Inkrafttreten des 1. Finanzmarktnovellierungsgesetzes, jurisPR-HaGesR 2/2017 Anm. 5; *Hohn*, Die Bestimmung des erlangten Etwas iSd § 73 StGB durch den BGH – Zur Funktion und Leistungsfähigkeit des Bruttoprinzips, wistra 2003, 321; *Hohnel (Hrsg.)*, Kapitalmarktstrafrecht, München 2013; *Hüls*, Zur Reform des Rechts der Vermögensabschöpfung im Strafrecht, ZWH 2017, 242; *Jahn/Brodowski*, Knapp daneben ist auch vorbei. Die zeitliche Geltung von Strafvorschriften und das Meistbegünstigungsprinzip des § 2 Abs. 3 StGB im europäisierten Kapitalmarktstrafrecht, in: Festschrift für Ulfrid Neumann, Heidelberg 2017, S. 883; *Jüngel*, Shame Sanctions – Wiedergeburt der Schandstrafe? Generalpräventive Publizität und materieller Strafbegriff, Köln 2011; *Karpen*, Die Verweisung als Mittel der Gesetzgebungstechnik, Berlin 1968; *Klöhn/Büttner*, Generalamnestie im Kapitalmarktrecht?, ZIP 2016, 1801; *Klöhn*, Die Spector-Vermutung und deren Widerlegung im neuen Insiderrecht, WM 2017, 2085; *ders.*, Ad-hoc-Publizität und Insiderverbot im neuen Marktmissbrauchsrecht, AG 2016, 423; *ders.*, Insiderhandel vor deutschen Strafgerichten – Implikationen des freenet-Beschlusses des BGH, DB 2010, 769; *Koppmann*, Anmerkung zum Urteil des OLG Stuttgart vom 4.10.2011 (2 Ss 65/11, ZWH 2012, 24): Zur Frage der Marktmanipulation durch abgestimmte Kauf- und Verkaufsangebote, ZWH 2012, 27; *Köhler*, Die Form der strafrechtlichen Vermögensabschöpfung – Überblick und Normverständnis für die Rechtspraxis (Teil 1/2,), NStZ 2017, 497 und 665 (Teil 2/2 gem. mit *Burkhard*); *Köllner/Mück*, Reform der strafrechtlichen Vermögensabschöpfung, NZI 2017, 593; *Köpferl*, Die Referenzierung nicht geltenden Unionsrechts in Blanketttatbeständen exemplifiziert anhand der jüngsten Änderung der §§ 38, 39 WpHG – Zugleich Besprechung des Beschlusses des Bundesgerichtshofs vom 10.1.2017 – 5 StR 532/16, ZIS 2017, 201; *Krause*, Kapitalmarktrechtliche Compliance: neue Pflichten und drastisch verschärfte Sanktionen nach der EU-Marktmissbrauchsverordnung CCZ 2014, 248; *Kubiciel*, Shame Sanctions – Ehrenstrafen im Lichte der Straftheorie, ZStW 118 (2006), 44; *Kudlich*, Doch keine Generalamnestie im Kapitalmarktstrafrecht, ZBB 2017, 72; *ders.*, MADness Takes its Toll – Ein Zeitsprung im Europäischen Strafrecht?, AG 2016, 459; *ders.*, Anmerkung zur Entscheidung des BGH, Urteil vom 27.22.2013; 3 StR 5/13 – zur Frage der Strafverurteilung mit Verfallsanordnung wegen Börsen- bzw. Marktmanipulation, JZ 2014, 746; *ders.*, Zur Frage des erforderlichen Preiseinwirkungserfolgs bei handelsgestützten Marktpreismanipulationen, wistra 2011, 361; *ders./Noltensmeier*, Die Anordnung des Verfalls (§§ 73 ff. StGB) bei verbotenem Insiderhandel nach § 38 iVm § 14 WpHG, wistra 2007, 121; *Leibold/Renz*, Die neuen strafrechtlichen Sanktionsregelungen im Kapitalmarktrecht, CCZ 2016, 167; *Lienert*, Bestimmtheit und Fehleranfälligkeit von Blankettverweisungen auf europäisches Recht im Marktmissbrauchsrecht, HRRS 2017, 265; *Lorenz/Zierden*, Kleine Ursache, große Wirkung – 1. FiMaNoG eliminiert Strafbarkeit nach WpHG, HRRS 2016, 443; *Lücker*, Der Straftatbestand des Missbrauchs von Insiderinformationen nach dem Wertpapierhandelsgesetz (WpHG), Köln 1998; *Mader*, Anmerkung zu BGH, Beschl. v. 27.1.2010 – 5 StR 224/09, NJ 2010, 257; *Mansdörfer*, Das Prinzip Ne bis in Idem im Europäischen Strafrecht, Berlin 2004; *Meißner*, Die Reform der strafrechtlichen Vermögensabschöpfung – ein Ehrgeizprojekt oder: Höher, schneller, weiter… das neue Abschöpfungsrecht aus Sicht des Strafverteidigers, KriPoZ 2017, 237; *Mitsch*, Strafrecht, Besonderer Teil 2, 3. Aufl., Berlin 2015; *Momsen/Laudien*, Der Tatbestand der Marktmanipulation zwischen Porsche-Verfahren und 1. Finanzmarktnovellierungsgesetz (1. FiMaNoG) – Zugleich zur Frage der Rückwirkungen des Strafverfahrens auf die noch anhängigen zivilrechtlichen Streitigkeiten, ZIS 2016, 646; *Möllers/Herz*, Generalamnestie von Kursmanipulationen im Kapitalmarktrecht? Sanktionslücken durch das Redaktionsversehen des Gesetzgebers und der untaugliche Rettungsversuch des BGH, JZ 2017, 445; *Nartowska/Knierbein*, Ausgewählte Aspekte des „Naming and Shaming" nach § 40c WpHG, NZG 2016, 256; *Nietsch*, Die Verwendung der Insiderinformation: Eine Standortbestimmung zwischen Insiderfundamentalismus und Marktrealismus, ZHR 174 (2010), 556; *Ordner*, Das „erlangte Etwas" iSd § 73 Abs. 1 Satz 1 Alt. 2 StGB bei Kapitalmarktstraftaten, ZWH 2017, 3; *ders.*, Wider die Informalisierung des Verfalls – Zugleich ein Beitrag zur Konturierung des materiellen und strafprozessualen Verfallsrechts, Frankfurt aM 2017; *ders.*, Anmerkung zu einem Beschluss des OLG Stuttgart vom 3.9.2015 (4 Ws 283/15) – Zur Frage des Verfalls bei Erwerb von Insiderpapieren, NZWiSt 2016, 110; *Pananis*, Anmerkung zu BGH, Beschluss vom 10.1.2017 – 5 StR 532/16, NStZ 2017, 236; *ders.*, Anmerkung zum Beschluss des OLG Stuttgart vom 3.9.2015 (4 Ws 283/15) – Zum Wertersatzverfall des durch den Erwerb von Insiderpapieren erzielten Sondervorteils, ZWH 2015, 406; *Pauka/Link/Armenat*, Eine vergebene Chance – Die strafrechtlichen Neuregelungen durch das 2. FiMaNoG, WM 2017, 2092; *Pelz*, Verbotener Erwerb von Insiderpapieren: Anordnung des Wertersatzverfalls hinsichtlich des erzielten Sondervorteils, jurisPr-Compl 1/2016 Anm. 2; *Pfaeltzer*, Naming and Shaming in Financial Market Regulations: A Violation of the Presumption of Innocence?, Utrecht Law Review 2014, 134; *Poelzig*, Insider- und Marktmanipulationsverbot im neuen Marktmissbrauchsrecht, NZG 2016, 528; *dies.*, Durchsetzung und Sanktionierung des neuen Marktmissbrauchsrechts,

NZG 2016, 492; *Poller*, Der Verbrechenstatbestand der Marktmanipulation in § 119 Abs. 5 WpHG n. F. – erhöhtes Strafbarkeitsrisiko für Kapitalmarktteilnehmer durch die gerechtfertigte Aufwertung bestimmter Begehungsformen zum Verbrechen, NZWiSt 2017, 430; *Popp*, Das Rätsel des § 38 Abs. 5 WpHG – Transnationales Regelungsbedürfnis und Gesetzgebungstechnik im Nebenstrafrecht, wistra 2011, 169; *Raabe*, Der Bestimmtheitsgrundsatz bei Blankettstrafgesetzen am Beispiel der unzulässigen Marktmanipulation, Berlin 2007; *Ransiek*, Insiderstrafrecht und Unschuldsvermutung – Anmerkung zu EuGH v. 23.12.2009 – Rs C-45/08, wistra 2011, 1; *Reh*, Praxisprobleme im Umgang mit dem neuen Recht der Vermögensabschöpfung aus staatsanwaltschaftlicher Sicht, NZWiSt 2018, 20; *Reimer*, Adverse Publizität. Der Pranger im Verwaltungsrecht, JöR 58 (2010), 275; *Reitemeier*, Die Reform der strafrechtlichen Vermögensabschöpfung, ZJJ 2017, 354; *Renz/Leibold*, Die neuen strafrechtlichen Sanktionsregelungen im Kapitalmarktrecht, CCZ 2016, 157; *Richter*, Straftat der Marktmanipulation durch Unterlassen – Das „Verschweigen bewertungsrelevanter Umstände" (§ 20a Abs. 1 Nr. 1 Alt. 2 WpHG a. F.) nach dem 1. FiMaNoG vom 30.6.2016, WM 2017, 1636; *Rolshoven/Renz/Hense*, Zur Nutzung von Insiderinformationen – Anmerkung zur Entscheidung des EuGH vom 23.12.2009, C 45/08, BKR 2010, 74; *Rossi*, Blankettstrafnormen als besondere Herausforderung an die Gesetzgebung – Amnestie als Folge des zu frühen Inkrafttretens des 1. FiMaNoG, ZIP 2016, 2437; *Rothenfußer*, Ahndungslücke durch das 1. FiMaNoG – BGH scheitert beim Rettungsversuch am Europarecht – Kommentar zu BGH 10.1.2017 – 5 StR 532/16, AG 2017, 149; *ders.*, Anmerkung zu BGH, Beschl. 10.1.2017 – 5 StR 532/16, NJW 2017, 969; *ders./Jäger*, Generalamnestie im Kapitalmarktrecht durch das Erste Finanzmarktnovellierungsgesetz, NJW 2016, 2689; *Rotsch (Hrsg.)*, Criminal Compliance, Baden-Baden 2010; *Rönnau/Begemeier*, Grund und Grenzen der Bruttoeinziehung – Zur Gestaltung der Bruttoabschöpfung anlässlich der Reform der strafrechtlichen Vermögensabschöpfung, GA 2017, 1; *Rönnau*, Vermögensabschöpfung in der Praxis, 1. Aufl., München 2003, 2. Aufl., München 2015; *ders./Wegner*, Grund und Grenzen der Einwirkung des europäischen Rechts auf das nationale Strafrecht – ein Überblick unter Einbeziehung aktueller Entwicklungen, GA 2013, 561; *Sajnovits/Wagner*, Marktmanipulation durch Unterlassen? – Untersuchung der Rechtslage unter MAR und FiMaNoG sowie deren Konsequenz für Alt-Taten, WM 2017, 1189; *Saliger*, Grundfragen der Vermögensabschöpfung, ZStW 129 (2017) (2018) [im Erscheinen]; *ders.*, Straflosigkeit unterlassener Ad-hoc-Veröffentlichungen nach dem 1. FiMaNoG – Teil 1 –, WM 2017, 2329; *ders.*, Straflosigkeit unterlassener Ad-hoc-Veröffentlichungen nach dem 1. FiMaNoG – Teil 2 –, WM 2017, 2365; *Satzger*, Internationales und Europäisches Strafrecht, 7. Aufl., Baden-Baden 2016; *ders./Landheld*, Europarechtliche Verweisungen in Blankettstrafgesetzen und ihre Vereinbarkeit mit dem Bestimmtheitsgebot – Anmerkung zu BGH 5 StR 543/10 – 17. März 2011 (LG Hamburg) = HRRS 2011 Nr. 572, HRRS 2011, 460; *ders.*, Europäisierung des Strafrechts, Köln 2001; *Schilling/Corsten/Hübner*, Das Gesetz zur Reform der strafrechtlichen Vermögensabschöpfung, StraFo 2017, 305; *Schork/Groß (Hrsg.)*, Bankstrafrecht, München 2013; *Schorn/Utz*, Reform des Rechts der strafrechtlichen Vermögensabschöpfung, Compliance-Berater 2017, 255; *Schönhöft*, Die Strafbarkeit der Marktmanipulation gemäß § 20a WpHG, Frankfurt aM 2006; *Schröder*, Die Europäisierung des Strafrechts nach Art. 83 Abs. 2 AEUV am Beispiel des Marktmissbrauchsrechts: Anmerkungen zu einem Fehlstart, HRRS 2013, 253; *Schmieszek/Langner*, Der Pranger: Instrument moderner Finanz- und Wirtschaftsregulierung?, WM 2014, 1893; *Schmitz*, Der strafrechtliche Schutz des Kapitalmarkts in Europa, ZStW 115 (2003), 501; *Schmolke*, Das Verbot der Marktmanipulation nach dem neuen Marktmissbrauchsregime – Ziele, Kennzeichen und Problemlagen der Neuregelung in Art. 12 f., 15 MAR, AG 2016, 434; *Schneider*, Der transnationale Geltungsbereich des deutschen Verbandsstrafrechts – de lege lata und de lege ferenda, ZIS 2013, 488; *Schömann*, Die Strafbarkeit der Marktmanipulation gemäß § 38 Abs. 2 WpHG – Unter besonderer Berücksichtigung des Phänomens des Scalping, Frankfurt aM 2010; *Schönwälder*, Grund und Grenzen einer strafrechtlichen Regulierung der Marktmanipulation – Analyse unter besonderer Würdigung der Börsen- oder Marktpreiseinwirkung, Berlin 2011; *Schützendübel*, Die Bezugnahme auf EU-Verordnungen in Blankettstrafgesetzen, Baden-Baden 2012; *Schulz*, Das Insiderhandelsverbot nach § 14 Abs. 1 Nr. 1 WpHG im Lichte der Spector-Rechtsprechung des EuGH – Zugleich Besprechung EuGH v 23-12-2009 – Rs C-45/08, ZIP 2010, 78 – Spector Photo Group, ZIP 2010, 609; *Schuster*, Das Verhältnis von Strafnormen und Bezugsnormen aus anderen Rechtsgebieten: Eine Untersuchung zum Allgemeinen Teil im Wirtschafts- und Steuerstrafrecht, Berlin 2012; *Seibt/Wollenschläger*, Revision des Marktmissbrauchsrechts durch Marktmissbrauchsverordnung und Richtlinie über strafrechtliche Sanktionen für Marktmanipulation, AG 2014, 593; *Söhner*, Praxis-Update Marktmissbrauchsverordnung: Neue Leitlinien und alte Probleme, BB 2017, 259; *Staffler*, Parallele Verfahren in idem factum als zulässige Doppelverfolgung?, ÖJZ 2017, 64; *Stalberg*, Zum Anwendungsbereich des Art. 50 der Charta der Grundrechte der Europäischen Union (ne bis in idem), Frankfurt aM 2013; *Stoffers*, Anmerkung zu BGH, Beschluss vom 27.1.2010 – 5 StR 224/09 (LG Hamburg), NZG 2010, 352; *Sturm*, Meistbegünstigte Meistbegünstigung – Gesetzgeberische Reaktionsmöglichkeiten auf versehentliche Generalamnestien und ihre grundrechtlichen Grenzen, NStZ 2017, 553; *Streinz/Ohler*, § 20a WpHG in rechtsstaatlicher Perspektive – europa- und verfassungsrechtliche Anforderungen an das Verbot von Kurs- und Marktpreismanipulationen, WM 2004, 1309; *Szesny*, Doch keine Strafbarkeitslücke im Marktmissbrauchsrecht? – Anmerkung zum BGH-Beschluss vom 10.1.2017 – 5 StR 532/16, BB 2017, 515; *ders.*, Marktmanipulation als Verbrechen – Zum neuen Verbrechenstatbestand des § 38 Abs. 5 WpHG, WiJ 2016, 215; *ders.*, Das Sanktionsregime im neuen Marktmissbrauchsrecht, DB 2016, 1420; *Teigelack/Dolff*, Kapitalmarktrechtliche Sanktionen nach dem Regierungsentwurf eines Ersten Finanzmarktnovellierungsgesetzes – 1. FiMaNoG, BB 2016, 387; *Thöle*, Die verfassungsmäßige Bestimmtheit der Strafbarkeit der Marktmanipulation nach dem Wertpapierhandelsgesetz, Berlin 2009; *Tripmaker*, Der subjektive Tatbestand des Kursbetrugs – Zugleich ein Vergleich mit der Neuregelung des Verbots der Kurs- und Marktpreismanipulation im Vierten Finanzmarktförderungsgesetz, wistra 2002, 288; *Trüg*, Die Reform der strafrechtlichen Vermögensabschöpfung, NJW 2017, 1913; *ders.*, Gebotene Bestimmtheit und Taterfolg der strafbaren Marktmanipulation, NZG 2016, 820; *ders.*, Betrugsrisiko bei der Verwendung von Insiderinformationen, NZG 2014, 809; *ders.*, Neue Konturen der Rechtsprechung zur strafbaren Marktmanipulation, NJW 2014, 1346; *ders.*, Konzeption und Struktur des Insiderstrafrechts, Tübingen 2014; *Uwer/Rademacher*, Das verfassungsrechtliche Rückwirkungsverbot bei der Bekanntmachung bankaufsichtlicher Maßnahmen nach § 60b KWG, BKR 2015, 145; *Veil*, Sanktionsrisiken für Emittenten und Geschäftsleiter im Kapitalmarktrecht, ZGR 2016, 305; *ders.*, Beteiligungstransparenz im Kapitalmarktrecht, ZHR 177 (2013), 427; *Villeda*, Prävention und Repression von Insiderhandel, Frankfurt aM 2010; *von Buttlar/Hammermaier*, Non semper temeritas est felix: Was bedeutet Leichtfertigkeit im Kapitalmarktrecht?, ZBB 2017, 1; *von Buttlar*, Die Stärkung der Aufsichts- und Sanktionsbefugnisse im EU-Kapitalmarktrecht: Ein neues „field of dreams" für Regulierer?, BB 2014, 451; *Walla*, Die Reformen der Europäischen Kommission zum Marktmissbrauchs- und Transparenzregime – Regelungskonzeption, Aufsicht und Sanktionen, BB 2012, 1358; *Waßmer*, Strafbare Marktmanipulation durch Matched Orders im Freiverkehr – Anmerkung zum Urteil des 3. Strafsenates des BGH vom 27.1.2013 (3 StR 5/13), HRRS 2014, 336; *Weber*, Die Entwicklung des Kapitalmarktrechts in 2016/2017, NJW 2017, 991; *Wegner*, Nationales Strafverfahrensrecht unter dem Effektivitätsdruck des Unionsrechts? – Gedanken zu den Folgen der „Taricco"-Entscheidung des Europäischen Gerichtshofs, in: Broemel, Roland / Krell, Paul / Muthorst, Olaf / Prütting, Jens (Hrsg.), Prozessrecht in nationaler, europäischer und globaler Perspektive, Tübingen 2017, S. 139; *ders.*, Entscheidungen zur Verfahrenserledigung im Strafverfahren und ihre transnationale Rechtskraftwirkung gem. Art. 54 SDÜ, Art. 50 GRC – Anmerkung zum Urteil des Europäischen Gerichtshofs vom 29. Juni 2016 (EuGH C-486/14 – Kossowski) = HRRS 2016 Nr. 628, HRRS 2016, 396; *Welzel*, Zur Abgrenzung des Tatbestandsirrtums vom Verbotsirrtum, MDR 1952, 584; *Wessing/Janssen*, Anmerkung zum Beschluss des BGH vom 10.1.2017, Az. 5 StR 532/16 – Zur Frage einer Ahndungslücke bei Insiderhandel und Marktmanipulation, EWiR 2017, 165; *Woodtli*, Marktpreismanipulation durch abgesprochene Geschäfte: Einwirkung auf den Börsenpreis und Verfall, NZWiSt 2012, 51; *Zeder*, Die neuen Strafbestimmungen gegen Marktmissbrauch: Europäische Vorgaben (MAR und MAD) und ihre Umsetzung im österreichischen Börsegesetz, NZWiSt 2017, 41; *Ziouvas*, Das neue Kapitalmarktstrafrecht – Europäisierung und Legimitation, Köln 2006; *ders.*, Das neue Recht gegen Kurs- und Marktpreismanipulation im 4. Finanzmarktförderungsgesetz, ZGR 2003, 113.

§ 28 Straftaten

Übersicht

I. Grundlagen und tatbestandsübergreifende Fragen des Allgemeinen Teils

1. Übersicht

1 Einige besonders schwere Verstöße gegen das Marktmissbrauchsrecht hat der Gesetzgeber in **§ 119 WpHG nF** (Stand: 2. FiMaNoG, insofern gültig ab dem 3.1.2018) unter Strafe gestellt. Die Vorschrift enthält mit

- der strafbaren Marktmanipulation in § 119 Abs. 1 WpHG nF,
- den strafbaren Insiderverstößen im Zusammenhang mit der Versteigerung von Emissionszertifikaten in § 119 Abs. 2 WpHG nF und
- den allgemeinen Insidertatbeständen in § 119 Abs. 3 WpHG nF

formell betrachtet drei Deliktsgruppen, die gemeinsam das **sog. Marktmissbrauchsstrafrecht** bilden.[1] Die Straftatbestände in Abs. 2 und Abs. 3 ähneln sich strukturell jedoch sehr und können deshalb unter dem Begriff der Insiderdelikte zusammengefasst werden.[2]

2 Die ab dem 3.1.2018 geltende Fassung des § 119 WpHG nF ist das Ergebnis eines **mehrstufigen Reformprozesses**, in dessen Rahmen das Marktmissbrauchsstrafrecht grundlegend umgestaltet wurde:

Bis zum 3.1.2018 waren die jetzt in § 119 WpHG nF enthaltenen Delikte in **§ 38 WpHG aF** geregelt. Diese Vorschrift wurde wiederum jüngst durch das **1. FiMaNoG** mWv 2.7.2016[3] umfassend verändert, um dadurch die Richtlinie 2014/57/EU über strafrechtliche Sanktionen bei Marktmanipulationen (**CRIM-MAD**)[4] in nationales Recht umsetzten und tatbestandliche Anpassungen an die VO (EU) 569/2014 über Marktmissbrauch (**MAR**)[5] vorzunehmen.[6] Im Umgang mit Rechtsprechung und Literatur aus der Zeit vor dieser mehrstufigen Gesetzesreform sei deshalb ein Rückgriff auf die nachstehende Tabelle empfohlen, die die erfolgten Änderungen überblicksartig darstellt:

Regelungsgegenstand	**Bis zum 2.7.2016 geregelt in**	**Vom 2.7.2016 bis zum 3.1.2018 geregelt in**
Strafbare Insiderverstöße	§ 38 Abs. 1 WpHG	§ 38 Abs. 3 WpHG
Verbotene Marktmanipulation	§ 38 Abs. 2 WpHG	§ 38 Abs. 1 WpHG

[1] *Diversy/Köpferl* in Graf/Jäger/Wittig Vor §§ 38, 39 Rn. 1; *Hohn* in Momsen/Grützner Kap. 6 Abschn. B Rn. 2; *Momsen/Laudien* ZIS 2016, 646.

[2] Vgl. *Diversy/Köpferl* in Graf/Jäger/Wittig § 38 WpHG Rn. 209.

[3] Erstes Gesetz zur Novellierung von Finanzmarktvorschriften auf Grund europäischer Rechtsakte (Erstes Finanzmarktnovellierungsgesetz – 1. FiMaNoG) v. 30. Juni 2016 (BGBl. I S. 1514).

[4] Richtlinie 2014/57/EU des Europäischen Parlaments und des Rates vom 16. April 2014 über strafrechtliche Sanktionen bei Marktmanipulationen (Marktmissbrauchsrichtlinie), ABl. EU Nr. L 173 v. 12.6.2014 S. 179 ff. (CRIM-MAD).

[5] Verordnung (EU) Nr. 596/2014 des Europäischen Parlaments und des Rates vom 16. April 2014 über Marktmissbrauch (Marktmissbrauchsverordnung) und zur Aufhebung der Richtlinie 2003/6/EG des Europäischen Parlaments und des Rates und der Richtlinien 2003/124/EG, 2003/125/EG und 2004/72/EG der Kommission, ABl. EU Nr. L 173 v. 12.6.2014 S. 1 ff. (MAR). Zu der Verordnung sind im Jahr 2016 **zwei Korrigenda** (ABl. EU Nr. L 287 v. 21.10.2016 S. 320 ff. und ABl. EU Nr. L 348 v. 21.12.2016 S. 83 ff.) veröffentlicht worden.

[6] Für nähere Hinweise zur weiter zurückliegenden Gesetzeshistorie von § 38 WpHG aF s. *Altenhain* in KölnKomm WpHG § 38 Rn. 7 ff., *Panamis* in MüKoStGB § 38 WpHG Rn. 14 ff., *Waßmer* in Fuchs WpHG § 38 Rn. 2 f., *Vogel/Spoerr* in Assmann/Schneider WpHG Vor § 119 Rn. 9 ff. u. *Diversy/Köpferl* in Graf/Jäger/Wittig § 38 WpHG Rn. 3 ff. – jew. mwN.

Regelungsgegenstand	Bis zum 2.7.2016 geregelt in	Vom 2.7.2016 bis zum 3.1.2018 geregelt in
Strafbare Insiderverstöße im Zusammenhang mit Auktionen von Treibhausgasemissionszertifikaten	§ 38 Abs. 2a WpHG	§ 38 Abs. 2 WpHG (der Abs. 2a wurde dafür gestrichen)
Anordnung der Versuchsstrafbarkeit	§ 38 Abs. 3 WpHG (nur der Versuch von Insiderdelikten nach § 38 Abs. 1 WpHG sowie der Versuch von Insiderdelikten bei Auktionen von Treibhausgasemissions-zertifikaten waren strafbar)	§ 38 Abs. 4 WpHG (neben den zuvor bereits erfassten Fällen sind jetzt auch bestimmte Fälle des Versuchs der Marktmanipulation nach § 38 Abs. 1 Nr. 2 WpHG strafbar)
Anordnung der Strafbarkeit leichtfertigen Verhaltens	§ 38 Abs. 4 WpHG (Anordnung der Strafbarkeit leichtfertigen Verhaltens in Fällen des verbotenen Insiderhandels nach § 38 Abs. 1 Nr. 1 WpHG sowie in Fällen des § 38 Abs. 2a Nr. 1 WpHG)	§ 38 Abs. 6 WpHG (Anordnung der Strafbarkeit leichtfertigen Verhaltens jetzt nur noch im Zusammenhang mit bestimmten Fällen des verbotenen Insiderhandels bei Auktionen von Treibhausgasemissionszertifikaten gem. § 38 Abs. 2 Nr. 1 WpHG)
Einbeziehung ausländischer Verbote	§ 38 Abs. 5 WpHG	nicht mehr vorhanden
Qualifikationstatbestand	nicht vorhanden	§ 38 Abs. 5 WpHG

Als **wichtigste inhaltliche Änderungen**, die speziell das 1. FiMaNoG bewirkt hat, lassen sich damit in der Gesamtschau die folgenden Aspekte identifizieren: 3

- deutliche Ausweitung der Versuchsstrafbarkeit durch Einbeziehung von Fällen der Marktmanipulation nach § 38 Abs. 1 Nr. 2 WpHG aF;
- ersatzlose Streichung der Tatbestandsvariante der Marktmanipulation nach § 38 Abs. 3 WpHG aF iVm § 20a Abs. 1 S. 1 Nr. 1 Var. 2 WpHG aF („Verschweigen bewertungserheblicher Umstände") als echtem Unterlassungstatbestand[7];
- leichtfertige Verstöße gegen das insiderrechtliche Handelsverbot sind – abgesehen vom Spezialfall des § 38 Abs. 2 Nr. 1 WpHG aF – nicht mehr strafbar, sondern stellen lediglich eine Ordnungswidrigkeit dar;
- Ausdehnung der Strafbarkeit für Verstöße gegen das insiderrechtliche Weitergabe- und Empfehlungsverbot auf Sekundärinsider und
- Ergänzung des Straftatbestands des Insiderhandels um Orderänderungen und Orderstornierungen als Tathandlung.[8]

Nach den Modifikationen durch das 1. FiMaNoG hat das **2. FiMaNoG** vom 23.6.2017[9] wenig später erneut eine zweistufige Veränderung des Marktmissbrauchsstrafrechts herbeigeführt. Zunächst wurde der § 38 WpHG aF mWv 25.6.2017 geringfügigen redaktionellen Änderungen unterzogen, die auf ein Korrigendum der Marktmissbrauchsverordnung 4

[7] Näher zur Marktmanipulation durch Unterlassen → Rn. 75 ff.

[8] Diese Verschärfung der Rechtslage beruht hier allerdings nicht auf einer Modifizierung des Straftatbestands des Insiderhandels in § 119 Abs. 3 Nr. 1 nF selbst, sondern auf einer Änderung des vorgelagerten Marktmissbrauchsrechts, auch → Rn. 131.

[9] BGBl. I S. 1693.

durch den Rat der Europäischen Union[10] sowie auf die Änderungs-VO 2016/1033[11] zurückgingen.[12] Im gleichen Atemzug hat der Gesetzgeber eine Neunummerierung des gesamten WpHG angeordnet, durch die die ursprünglich in § 38 WpHG aF enthaltenen Straftatbestände **mWv 3.1.2018** in den § 119 WpHG nF verschoben wurden und dabei auch geringfügige inhaltliche Veränderungen erfahren haben. Dies sei durch die folgende Übersichtstabelle veranschaulicht:

Regelungsgegenstand	**Vom 2.7.2016 bis zum 3.1.2018 geregelt in**	**Ab dem 3.1.2018 geregelt in**
Strafbare Insiderverstöße	§ 38 Abs. 3 WpHG	§ 119 Abs. 3 WpHG
Verbotene Marktmanipulation	§ 38 Abs. 1 WpHG	§ 119 Abs. 1 WpHG
Strafbare Insiderverstöße im Zusammenhang mit Auktionen von Treibhausgasemissionszertifikaten	§ 38 Abs. 2 WpHG	§ 119 Abs. 2 WpHG
Anordnung der Versuchsstrafbarkeit	§ 38 Abs. 4 WpHG	§ 119 Abs. 4 WpHG (anders als bisher sind jetzt auch Marktmanipulationen bei Waren iSv § 2 Abs. 5 WpHG nF und ausländischen Zahlungsmitteln iSv § 51 BörsG von der Versuchsstrafbarkeit erfasst)
Anordnung der Strafbarkeit leichtfertigen Verhaltens	§ 38 Abs. 6 WpHG	§ 119 Abs. 7 WpHG
Qualifikationstatbestand	§ 38 Abs. 5 WpHG	§ 119 Abs. 5 WpHG (anders als bisher sind jetzt auch Marktmanipulationen bei Waren iSv § 2 Abs. 5 WpHG nF und ausländischen Zahlungsmitteln iSv § 51 BörsG vom Qualifikationstatbestand erfasst)
Regelung für minder schwere Fälle des Qualifikationstatbestands	nicht vorhanden	§ 119 Abs. 6 WpHG (ab dem 3.1.2018)

[10] Berichtigung der Verordnung (EU) Nr. 596/2014 des Europäischen Parlaments und des Rates vom 16. April 2014 über Marktmissbrauch (Marktmissbrauchsverordnung) und zur Aufhebung der Richtlinie 2003/6/EG des Europäischen Parlaments und des Rates und der Richtlinien 2003/124/EG, 2003/125/EG und 2004/72/EG der Kommission, ABl. EU Nr. L 287 v. 21.10.2016 S. 320 ff.

[11] Vgl. Art. 2 der Verordnung (EU) 2016/1033 des Europäischen Parlamentes und des Rates vom 23. Juni 2016 zur Änderung der Verordnung (EU) Nr. 600/2014 über Märkte für Finanzinstrumente, der Verordnung (EU) Nr. 596/2014 über Marktmissbrauch und der Verordnung (EU) Nr. 909/2014 zur Verbesserung der Wertpapierlieferungen und -abrechnungen in der Europäischen Union und über Zentralverwahrer, ABl. EU Nr. L 175 v. 30.6.2016 S. 1 ff., 6.

[12] Konkret wurde nach der Angabe „(ABl. L 173 vom 12.6.2014, S. 1" in § 38 Abs. 3 WpHG aF die Klammer gestrichen und ein Semikolon sowie die Wörter „ABl. L 287 vom 21.10.2016, S. 320), die zuletzt durch die Verordnung (EU) 2016/1033 (ABl. L 175 vom 30.6.2016, S. 1) geändert worden ist" eingefügt. Darüber hinaus hat man in § 38 Abs. 3 Nr. 2 WpHG aF das Wort „anstiftet" durch den Begriff „verleitet" ersetzt.

Die durch das 2. FiMaNoG bewirkten **inhaltlichen Änderungen** der Straftatbestände nach § 119 WpHG nF lassen sich damit wie folgt zusammenfassen: 5

- Erweiterung der Versuchsstrafbarkeit gem. § 119 Abs. 4 WpHG nF auf alle Fälle der Marktmanipulation und
- Erweiterung des Qualifikationstatbestands gem. § 119 Abs. 5 WpHG nF auf sämtliche Fälle der Marktmanipulation.

Da es bei der Abfassung des 2. FiMaNoG zu redaktionellen Fehlern gekommen ist, hat der Gesetzgeber durch **Art. 12 des Gesetzes zur Umsetzung der Zweiten Zahlungsrichtlinie** vom 17.7.2017[13] noch einmal geringfügige Änderungen am 2. FiMaNoG vorgenommen, die am 13.1.2018 in Kraft getreten sind.[14]

Bei § 119 WpHG nF handelt es sich um eine Vorschrift des sog. **Nebenstrafrechts**, auf das gem. Art. 1 Abs. 1 EGStGB die Vorschriften des Allgemeinen Teils des Strafgesetzbuches anwendbar sind, wenn gesetzlich nichts anderes geregelt ist.[15] 6

2. Rechtsempirische Einordnung[16]

Wie den folgenden Übersichtstabellen[17] entnommen werden kann, haben die Straftatbestände nach § 119 WpHG nF in der Strafverfolgungspraxis bisher **keine große Bedeutung** erlangt, obschon die BaFin zuletzt von einer kontinuierlich steigenden Zahl an Untersuchungsverfahren berichtet.[18] 7

Tabelle 1: Abgeschlossene Verfahren wegen Marktmanipulation (§ 119 Abs. 1 WpHG nF)

Entscheidungen der Staatsanwaltschaft					
Zeitraum	**Einstellungen nach § 170 Abs. 2 StPO**	**Einstellungen nach § 153 StPO**	**Einstellungen nach §§ 154, 154a StPO**	**Einstellungen nach § 154f StPO**	**Einstellungen nach § 153a StPO**
2010	43				16
2011	56				13
2012	74				19
2013	56	27	12	6	21
2014	77	29	14	22	52
2015	97	29	16	37	49
2016	166	49	28	17	50

[13] BGBl. I S. 2492.

[14] Dazu näher → Rn. 22.

[15] Statt aller *Vogel/Spoerr* in Assmann/Schneider WpHG Vor § 119 Rn. 158.

[16] Vertiefend *Waßmer* in Fuchs WpHG Vor §§ 38–40b Rn. 47 ff.

[17] Das verwendete Zahlenwerk ist den Jahresberichten der BaFin entnommen, die online unter http://t1p.de/6uy6 abgerufen werden können.

[18] BaFin Jahresbericht 2015 S. 231 (Marktmanipulation) u. S. 235 (Insiderdelikte); Jahresbericht 2016 S. 177 (Marktmanipulation) u. 180 (Insiderdelikte – hier wird ein leichter Rückgang der Untersuchungen vermerkt).

Rechtskräftige gerichtliche Entscheidungen					
Zeitraum	Einstellungen nach § 153a StPO	Verurteilungen im Strafbefehlsverfahren	Verurteilungen nach Hauptverhandlung	Freisprüche	Entscheidungen im Bußgeldverfahren (mit Einstellungen)
2010	0	6	1	1	6
2011	0	8	3	0	10
2012	0	10	14	2	8
2013	1	4	4	0	5
2014	2	3	3	1	7
2015	1	10	6	1	10
2016	6	13	10	3	3

Tabelle 2: Abgeschlossene Insiderverfahren[19]

Entscheidungen der Staatsanwaltschaft				
Zeitraum	Einstellungen nach § 153a StPO	Sonstige Einstellungen		
2010	26	32		
2011	4	24		
2012	10	34		
2013	5	12		
2014	5	39		
2015	8	31		
2016	14	75		
Rechtskräftige gerichtliche Entscheidungen				
Zeitraum	**Einstellungsentscheidungen**	**Verurteilungen im Strafbefehlsverfahren**	**Verurteilungen nach Hauptverhandlung**	**Freisprüche**
2010	0	2	9	0
2011	0	1	1	1
2012	2	2	3	0
2013	0	8	9	2
2014	1	1	0	0
2015	1	1	0	0
2016	3	1	0	0

[19] Ob die genannten Zahlen sich nur auf Verfahren wegen der allgemeinen Insider-Delikte gem. § 119 Abs. 3 WpHG nF beziehen oder ob auch Verfahren wegen Taten nach § 119 Abs. 2 WpHG nF eingerechnet sind, lässt sich den Jahresberichten der BaFin nicht entnehmen.

Als Ursache für die niedrige Verfolgungsintensität im Bereich des Marktmissbrauchsstrafrechts werden neben strukturellen Defiziten auf Seiten der Staatsanwaltschaft[20] insbesondere auch erhebliche Schwierigkeiten beim Nachweis der Delikte gem. § 119 WpHG nF (bzw. ihrer Vorläufernormen) genannt.[21] Bei der Marktmanipulation (§ 119 Abs. 1 WpHG nF) wirft hier insbesondere das Tatbestandsmerkmal der kausal herbeigeführten Preiseinwirkung Probleme auf, weil der Beschuldigte sich angesichts der Multikausalität des Geschehens auf den Kapitalmarktmärkten oftmals mit dem Argument verteidigen kann, dass eine bestimmte Kursveränderung auch ohne sein Zutun eingetreten wäre.[22] In Bezug auf den Tatbestand des Insiderhandels (§ 119 Abs. 2 Nr. 1, Abs. 3 Nr. 1 WpHG nF) liegt die Schwierigkeit hauptsächlich darin, dem Beschuldigten nachzuweisen, dass er im Zeitpunkt des mutmaßlichen Insidergeschäfts Kenntnis von hinreichend verdichteten Informationen hatte, die als Insiderinformationen qualifiziert werden können. Über die Größe des Dunkelfelds auf dem Gebiet des Marktmissbrauchsstrafrechts liegen keine belastbaren Erkenntnisse vor.[23] 8

3. Rechtsgut

Die hM geht – in verschiedenen sprachlichen Nuancierungen – davon aus, dass den Tatbeständen in § 119 Abs. 1-3 WpHG nF das **Vertrauen in die bzw. die Funktionsfähigkeit des organisierten Kapitalmarktes** als einheitliches, **überindividuelles** Rechtsgut zugrunde liegt.[24] Andere identifizieren als Schutzgut des § 119 Abs. 1, Abs. 3 WpHG nF dagegen das Vermögen der Marktteilnehmer und damit ein **Individualrechtsgut**.[25] Wieder andere nennen **gemischte Komplexrechtsgüter**.[26] Die Unterscheidung 9

20 Mit einer empirischen Problemanalyse *Hienzsch* HRRS 2006, 144 ff.

21 Eingehend *Waßmer* in Fuchs WpHG § 38 Rn. 59 mwN.

22 Dazu eingehend → Rn. 65 ff.

23 *Diversy/Köpferl* in Graf/Jäger/Wittig Vor §§ 38, 39 WpHG Rn. 30; *Trüg* in Leitner/Rosenau § 38 WpHG Rn. 20; *Waßmer* in Fuchs WpHG Vor §§ 38–40b Rn. 47.

24 **Für § 119 Abs. 1-3 WpHG nF insgesamt**: *Diversy/Köpferl* in Graf/Jäger/Wittig § 38 Rn. 5 ff. („Marktintegrität" bzw. „Regelhaftigkeit der Referenzwertbestimmung", soweit Taten nach Art. 12 Abs. 1 lit. d) MAR betroffen sind; leicht abweichend für § 119 Abs. 2 WpHG nF: „Integrität des EU-Emissionshandelssystems); *Hohn* in Momsen/Grützner Kap. 6 Abschn. B Rn. 4 („informationelle Chancengleichheit auf dem Kapitalmarkt"); *Vogel/Spoerr* in Assmann/Schneider WpHG § 119 Rn. 5 („Schutz der Chancengleichheit der Marktteilnehmer", „Vertrauen in die Integrität der Märkte", „Funktionsfähigkeit der Märkte"); **für § 119 Abs. 1 WpHG nF:** *Renz/Leipold* CCZ 2016, 157 (165) („Funktionsfähigkeit des Kapitalmarkts und das Funktionieren seiner Einrichtungen, sowie die Zuverlässigkeit und Wahrheit der Preisbildung an Börsen und Märkten"); *Chr. Schröder* Kapitalmarktstrafrecht-HdB Rn. 372 („Zuverlässigkeit und Wahrheit der Preisbildung an den Börsen"); *Sorgenfrei/Saliger* in Park Kapitalmarktstrafrecht Teil 2 Kap. 6.1. Rn. 22 f. („Funktionsschutz der Leistungsfähigkeit der kapitalmarktbezogenen Einrichtungen und Ablaufmechanismen"); *Szesny* in Böttger Wirtschaftsstrafrecht Kap. 6 Rn. 41 („Zuverlässigkeit und Wahrheit der Preisbildung an Börsen und Märkten im Interesse ihrer Funktionsfähigkeit"); *Schumann* in Müller-Gugenberger § 68 Rn. 34b („Zuverlässigkeit und Wahrheit bei der Preisbildung an Börsen und Märkten"); *Waßmer* in Fuchs WpHG § 38 Rn. 6 („Wahrheit und Zuverlässigkeit der Preisbildung"); **für § 119 Abs. 2 WpHG nF:** *Waßmer* in Fuchs WpHG § 38 Rn. 7 („Funktionsfähigkeit von Auktionen im EU-Emissionshandelssystem"); **für § 119 Abs. 3 WpHG nF:** *Hilgendorf/Kusche* in Park Kapitalmarktstrafrecht Teil 2 Kapitalmarktstrafrecht Teil 2 Kap. 5 Rn. 16 („Schutz des Anlegervertrauens in die Integrität des Marktes" und „Funktionieren des Wertpapiermarktes"); *Pananis* in MüKoStGB § 38 WpHG Rn. 4 ff. („Funktionsfähigkeit des organisierten Kapitalmarkts"); *Chr. Schröder* Kapitalmarktstrafrecht-HdB Rn. 109 („Funktionsfähigkeit des Kapitalmarkts und das hierauf gerichtete Vertrauen der Marktteilnehmer"); *Waßmer* in Fuchs WpHG § 38 Rn. 5 („Funktionsfähigkeit der organisierten Kapitalmärkte und das damit untrennbar verbundene Vertrauen der Anleger"); generell kritisch zur Heranziehung eines Systemvertrauens als strafrechtliches Rechtsgut *Beckemper* ZIS 2011, 381 ff.

25 Für eine Einstufung der Tatbestände nach § 119 Abs. 1-3 WpHG nF als abstrakte Vermögensgefährdungsdelikte ua *Altenhain* in KölnKomm WpHG § 38 Rn. 3 ff. (§ 119 Abs. 2 WpHG soll dabei das Vermögen des die Emissionszertifikate versteigernden Staates schützen, Rn. 6); *Fuchs/Dühn* BKR 2002, 1063 (1065); *Hellmann/Beckemper* Wirtschaftsstrafrecht Rn. 30; *Streinz/Ohler* WM 2004, 1309 (1316); *Tripmaker* wistra 2002, 288 (291) – jew. mwN.

26 So etwa *Vogel* in Assmann/Schneider WpHG (6. Aufl.) § 38 Rn. 18 in Bezug auf § 119 Abs. 1 WpHG nF („komplexes Rechtsgut", das „individuelle Aspekte, nämlich Anleger- und Anlegervermögensschutz, sowie überindividuelle, nämlich den Schutz der Wahrheit und Zuverlässigkeit der Preisbildung an Börsen

zwischen überindividuellem Rechtsgut und Individualrechtsgut ist dabei nicht nur für die Anwendbarkeit der Vorschriften über die Rechtsstellung des Verletzten im Strafverfahren[27] oder das Bestehen einer Möglichkeit zur rechtfertigenden (oder tatbestandsausschließenden) Einwilligung von praktischer Bedeutung, sondern entscheidet zB auch (nach hM negativ) über die Frage, ob § 119 WpHG nF als **Schutzgesetz iSv § 823 Abs. 2 BGB** einzustufen ist.[28]

4. Blankettstruktur und Gesetzlichkeitsprinzip

10 Der § 119 WpHG nF ist als sog. **Blankettgesetz** bzw. – im Fall von § 119 Abs. 1 WpHG nF – **Teilblankettgesetz** ausgestaltet, das das strafrechtlich verbotene Handeln nicht bzw. nur teilweise selbst beschreibt, sondern dafür auf außerstrafrechtliche Regelungen des WpHG, der Marktmissbrauchsverordnung und der Emissionszertifikate-VO[29] verweist. Alle genannten Rechtsakte enthalten zudem eine große Zahl von Binnenverweisen, die zumeist nicht eindeutig gekennzeichnet sind, sondern über sog. Verweisungsbegriffe erfolgen.[30] Die Voraussetzungen des jeweiligen Straftatbestandes ergeben sich vor diesem Hintergrund erst durch das **Zusammenlesen von Sanktionsnorm und (zumeist mehreren) Ausfüllungsnorm(en)**.[31]

11 Problematisch ist die skizzierte Blankettgesetzgebungstechnik insbesondere in Bezug auf den **strafrechtlichen Bestimmtheitsgrundsatz** gem. Art. 103 Abs. 2 GG (auch iVm Art. 104 Abs. 1 GG),[32] Art. 7 Abs. 1 S. 1 EMRK[33] und § 1 StGB. Hierzu ist zunächst festzuhalten, dass die Vorgaben des Bestimmtheitsgebots (insbesondere das Analogieverbot!) bei Blankettgesetzen sowohl für die Sanktionsnorm als auch für das vorgelagerte blankettausfüllende Recht Wirkung entfalten.[34] Das gilt selbst dann, wenn es sich bei den in Bezug genommenen außerstrafrechtlichen Vorschriften materiell um Unionsrecht handelt.[35] Darüber hinaus ist zu beachten, dass dem Bestimmtheitsgrundsatz nur dann Genüge getan ist, wenn der Strafgesetzgeber die Voraussetzungen der Strafbarkeit im Gesetz so **konkret beschreibt**, dass sich Anwendungsbereich und Tragweite des jeweiligen Straftatbestandes aus dem Gesetzeswortlaut ergeben oder durch Auslegung zu

---

und Märkten im Interesse ihrer Funktionsfähigkeit, umfasst"); ähnlich *Trüg* in Leitner/Rosenau § 38 Rn. 31: „Überindividuelles Systemvertrauen in die Funktionsfähigkeit des organisierten Kapitalmarkts" neben „interpersonalem Vertrauen in das rechtmäßige Verhalten der weiteren Marktteilnehmer" (für § 119 Abs. 1–3 WpHG nF insgesamt).

27 → Rn. 177 ff.

28 **Generell** eine Einstufung von § 119 WpHG nF als Schutzgesetz iSv § 823 Abs. 2 BGB verneinend: *Hohn* in Momsen/Grützner Kap. 6 Abschn. B Rn. 3 aE; *Teigelack/Dolff* BB 2016, 387 (393); **speziell zu § 119 Abs. 1 WpHG nF:** BGHZ 192, 90 = NZG 2012, 263 (265) – *IKB*; OLG Stuttgart BeckRS 2013, 13426; LG Berlin wistra 2005, 277 (278 f.); LG Braunschweig BeckRS 2012, 19871; *Schumann* in Müller-Gugenberger § 68 Rn. 34b; *Sorgenfrei/Saliger* in Park Kapitalmarktstrafrecht Teil 2 Kap. 6.1. Rn. 22; *Waßmer* in Fuchs WpHG § 38 Rn. 7; **speziell zu § 119 Abs. 2 WpHG nF:** *Waßmer* in Fuchs WpHG § 38 Rn. 7; **speziell zu § 119 Abs. 3 WpHG nF:** *Waßmer* in Fuchs WpHG § 38 Rn. 5 aE; **für die Gegenauffassung**, die die Tatbestände nach § 119 WpHG nF als Schutzgesetze iSv § 823 Abs. 2 BGB einstuft, s. nur *Altenhain* in KölnKomm WpHG § 38 Rn. 3 aE mwN.

29 Verordnung (EU) Nr. 1031/2010 der Kommission vom 12. November 2010 über den zeitlichen und administrativen Ablauf sowie sonstige Aspekte der Versteigerung von Treibhausgasemissionszertifikaten gemäß der Richtlinie 2003/87/EG des Europäischen Parlaments und des Rates über ein System für den Handel mit Treibhausgasemissionszertifikaten in der Gemeinschaft, ABl. EU Nr. L 302 v. 18.11.2010 S. 1 ff. (Emissionszertifikate-Verordnung).

30 Zum Terminus des Verweisungsbegriffs s. *Chr. Schröder* Kapitalmarktstrafrecht-HdB Rn. 235; allgemein zur Blankettstrafgesetzgebung *Schützendübel* Blankettstrafgesetze S. 59 ff. mwN.

31 Zu diesen Begrifflichkeiten s. grundlegend *Welzel* MDR 1952, 584 (586).

32 Näher zu den verfassungsrechtlichen Grenzen der Bezugnahme von Blankettstraftatbeständen auf andere Rechtsgebiete, das Unionsrecht oder das ausländische Recht *Schuster*, Das Verhältnis von Strafnormen und Bezugsnormen, S. 258 ff.

33 *Streinz/Ohler* WM 2004, 1309 ff.; *Schmitz* ZStW 115 (2003) 501 (528).

34 S. nur BVerfG NJW 2016, 3648 (3650 f.); NJW 2011, 3778 (3779); NJW 2010, 3209 (3210 f.).

35 St. Rspr. seit BVerfGE 25, 269 (285); s. *Gaede* in AnwK-StGB § 1 Rn. 18 mwN.

ermitteln sind.[36] Die angedrohte Strafe muss für den Normadressaten in einem Maße **vorhersehbar** sein, das es ihm erlaubt, sein Verhalten am Gesetz auszurichten.[37] Während die Rechtsprechung bisher davon ausgegangen war, dass § 38 WpHG aF den Anforderungen des Bestimmtheitsgebots noch gerecht wird,[38] wurde dies in der Literatur angesichts der komplexen, mehrfach gestuften Blankettstruktur der Norm mit ihren zahlreichen vagen Rechtsbegriffen immer wieder **heftig bezweifelt**.[39]

Die skizzierte verfassungsrechtliche Kritik an den Tatbeständen des Marktmissbrauchs- 12
strafrechts dürfte auch **nach den Reformen durch das 1. und 2. FiMaNoG** nicht verstummen, da sich die Bestimmtheitsprobleme durch die erfolgten Änderungen sogar noch verschärft, jedenfalls nicht verbessert haben.[40] Insbesondere die bisher vor dem Hintergrund des Parlamentsvorbehalts bzw. der Wesenlichkeitsgarantie kritisierte Kompetenz des Bundesministeriums der Finanzen, das Verbot der Marktmanipulation im Wege der Rechtsverordnung gem. § 20a Abs. 5 WpHG aF zu konkretisieren, die das Ministerium bis zum 1. FiMaNoG durch die „Verordnung zur Konkretisierung des Verbotes der Marktmanipulation" **(MaKonV)** ausgeübt und damit **beachtliche Konkretisierungsmacht** auf die BaFin übertragen hat,[41] besteht nach neuer Rechtslage zwar nicht mehr. Sie wurde aber durch eine ähnliche Konkretisierungskompetenz der EU-Kommission (und nachgelagert der ESMA als Wertpapier- und Marktaufsichtsbehörde) ua in Art. 12 Abs. 5 MAR ersetzt.[42]

Kritisch beurteilt wird auch, dass der Gesetzgeber bei der Neufassung von § 119 WpHG 13
nF (zuvor § 38 WpHG aF) durch das 1. FiMaNoG sog. **dynamische Blankettverweisungen** eingesetzt hat, die als verfassungsrechtlich besonders problematisch gelten.[43] Ob § 119 WpHG nF tatsächlich dynamische Verweisungen enthält, ist allerdings umstritten: Während dies in der Literatur zT für § 119 Abs. 1 WpHG nF iVm § 120 Abs. 2 Nr. 3, Abs. 15 Nr. 2 WpHG nF angenommen wird,[44] ist der 5. BGH-Strafsenat in einer ersten Entscheidung, die sich mit der Rechtslage nach dem 1. FiMaNoG befasst, davon aus-

[36] S. jüngst BVerfG NJW 2016, 3648 (3649 ff.) mwN.

[37] BVerfGE 126, 170 (195) = NJW 2010, 3209; BGH NJW 2005, 374 (376); *Gaede* HRRS 2004, 318 (319).

[38] BGH NZG 2016, 751 (752) (in Bezug auf §§ 38 Abs. 2, 39 Abs. 1 Nr. 2, 20a Abs. 1 S. 1 Nr. 3 WpHG aF); BGHSt 59, 105 (108 f.) (in Bezug auf §§ 38 Abs. 2, 39 Abs. 1 Nr. 2, 20a Abs. 1 S. 1 Nr. 3 WpHG aF iVm § 4 Abs. 3 Nr. 2 MaKonV); BGHSt 59, 80 (84 f.) (in Bezug auf § 38 Abs. 2 WpHG aF ingesamt); BGH wistra 2011, 467, 468 (in Bezug auf §§ 38 Abs. 2, 39 Abs. 2 Nr. 11, 20a Abs. 1 S. 1 Nr. 1 WpHG aF); BGHSt 48, 373 (383 f.) (in Bezug auf §§ 38 Abs. 1 Nr. 4, 39 Abs. 1 Nr. 2, 20a Abs. 1 S. 1 Nr. 1 WpHG aF).

[39] Eine Übersicht zur geäußerten Kritik liefert *Waßmer* in Fuchs WpHG Vor §§ 38–40b Rn. 36 ff. mwN; monographisch *Thöle*, Die verfassungsmäßige Bestimmtheit der Marktmanipulation, 2009.

[40] Mit ersten kritischen Stellungnahmen diesbezüglich *Diversy/Köpferl* in Graf/Jäger/Wittig § 38 WpHG Rn. 9 ff.; *Hilgendorf/Kusche* in Park Kapitalmarktstrafrecht Teil 2 Kap. 5.1. Rn. 35 (zu § 119 Abs. 3 WpHG nF); *Schmolke* AG 2016, 434 (438); *Sorgenfrei/Saliger* in Park Kapitalmarktstrafrecht Teil 2 Kap. 6.1. Rn. 24 ff.; *Szesny* DB 2016, 1420 (1422); *Theile* in Esser/Rübenstahl/Saliger/Tsambikakis Vor §§ 38, 39 WpHG Rn. 7; *Trüg* in Leitner/Rosenau § 38 Rn. 35.

[41] Mit Kritik daran etwa *Altenhain* in KölnKomm WpHG § 38 Rn. 23 ff., *Hohn* in Momsen/Grützner Kap. 6 Abschn. B Rn. 6, *Sorgenfrei/Saliger* in Park Kapitalmarktstrafrecht Teil 2 Kap. 6.1. Rn. 29, *Szesny* in Böttger Wirtschaftsstrafrecht Kap. 6 Rn. 167, *Trüg* in Leitner/Rosenau § 38 Rn. 35 u. *Waßmer* HRRS 2014, 336 f.

[42] Näher → Rn. 52 f.; kritisch zu diesem Modell „gubernativer Rechtssetzung" (mit dieser zutreffenden Etikettierung *Sorgenfrei/Saliger* in Park Kapitalmarktstrafrecht Teil 2 Kap. 6.1. Rn. 29) auf Unionsebene schon *Chr. Schröder* Kapitalmarktstrafrecht-HdB Rn. 714e („verkappte Strafgesetzgebung durch Exekutivorgane") und *Chr. Schröder* HRRS 2013, 253 (259) („Dann würde aber gerade nicht mehr die nach Art. 83 Abs. 2 AEUV erlassene Richtlinie das Strafbare beschreiben, sondern letztlich ein Rechtsakt der EU-Kommission"); mit ähnlicher Kritik *Pauka/Link/Armenat* WM 2017, 2092 (293 f.).

[43] S. jüngst BVerfG NJW 2016, 3648 (3650 u. 3652) – *Rindfleischetikettierungsgesetz* (m. Anm. *Hecker*): dynamische Verweisungen sind verfassungsrechtlich zwar nicht schlechthin ausgeschlossen, müssen jedoch besonders streng geprüft werden; noch enger *Satzger/Langheid* HRRS 2011, 460 (463 ff.), die dynamische Verweisungen im strafrechtlichen Bereich mit guten Gründen für verfassungswidrig halten.

[44] *Köpferl* ZIS 2017, 201 (208 f.); *Diversy/Köpferl* in Graf/Jäger/Wittig Vor §§ 38, 39 WpHG Rn. 8; *Poelzig* NZG 2016, 528 (537); *Sorgenfrei/Saliger* in Park Kapitalmarktstrafrecht Teil 2 Kap. 6.1. Rn. 24.

gegangen, dass § 119 WpHG nF **ausschließlich statische Verweise** enthält.[45] Auch aus diesem Grund kommt der Senat zu der Einschätzung, dass die Verweise in den §§ 38 Abs. 3 Nr. 1, 39 Abs. 3d Nr. 2 WpHG aF (Fassung bis zum 3.1.2018) auf Art. 14 und Art. 15 MAR den Anforderungen des Bestimmtheitsgebots insgesamt genügen. Vor dem Hintergrund dieser Ausführungen sei die Prognose gewagt, dass verfassungsrechtlichen Zweifeln an den Tatbeständen nach § 119 WpHG nF in der Praxis auch zukünftig kein Erfolg beschieden sein wird.[46]

5. Unionsrechtliche Aspekte

14 Wegen der Blankettstruktur von § 119 WpHG nF werden die in Bezug genommenen Verbotsnormen der Marktmissbrauchsverordnung (§ 119 Abs. 1, Abs. 3 WpHG nF) bzw. der Emissionszertifikate-VO (§ 119 Abs. 2 WpHG nF) **formell** Teil der deutschen Rechtsordnung.[47] Es entspricht jedoch der hM, dass Ausfüllungsnormen, die auf diese Weise in das nationale Recht inkorporiert werden, auf Grund ihres *materiellen* Unionsrechtscharakters gleichwohl nach **unionsrechtlichen Auslegungsgrundsätzen** auszulegen sind.[48] Daraus folgt insbesondere, dass bei der Auslegung der entsprechenden Verordnungsvorschriften nicht nur der deutsche, sondern der Wortlaut aller 24 Arbeits- und Amtssprachen der Europäischen Union zugrunde zu legen ist.[49] Bei der Norminterpretation zu beachten ist ferner der *effet-utile*-Grundsatz, der es gebietet, nach Möglichkeit derjenigen Auslegung den Vorzug zu geben, die den Zielen der jeweiligen Verordnung sowie den Zielen des vorgelagerten Unionsprimärrechts am ehesten gerecht wird.[50]

15 Zu berücksichtigen ist auch, dass sich aus Art. 7 CRIM-MAD eine Verpflichtung der EU-Mitgliedstaaten ergibt, das Verbot der Marktmanipulation sowie die Insiderverbote mit **wirksamen, verhältnismäßigen und abschreckenden strafrechtliche Sanktionen** zu bewehren und dabei zT auch konkrete Mindestanforderungen an den maximalen Strafrahmen eines Delikts gestellt werden (vgl. Art. 7 Abs. 2, Abs. 3 CRIM-MAD). Durch diese **sog. Mindesttrias**[51] wirksamer, verhältnismäßiger und abschreckender Strafen wird nicht nur die Auslegung des materiellen Rechts, sondern das gesamte, mit Taten nach § 119 WpHG nF im Zusammenhang stehende Strafverfahren einem **unionsrechtlichen Effektivitätsgebot** unterworfen.[52]

16 Die Vorschriften der MAR nehmen als Teil des unmittelbar anwendbaren Unionssekundärrechts am **Anwendungsvorrang des Unionsrechts** teil und verdrängen folglich entgegenstehendes nationales Recht.[53] Die Pönalisierungsvorgaben der CRIM-MAD sind dagegen nicht unmittelbar anwendbar, sondern entfalten lediglich eine Umsetzungsver-

---

[45] BGH BeckRS 2017, 100305 Rn. 16; ebenso LG Frankfurt, Beschl. 31.10.2016 – 5/12 KLs 9/15, 5/12 KLs – 7521 Js 2211504/14 (9/16) – juris Rn. 30; zust. *Söhner* BB 2017, 259 (265).

[46] Diese Einschätzung stützt zB auch die Entscheidung LG Frankfurt, Beschl. v. 31.10.2016 – 5/12 KLs 9/15, 5/12 KLs – 7521 Js 2211504/14 (9/16) – juris Rn. 29 (kein Verstoß gegen das Bestimmtheitsgebot bei den §§ 38 Abs. 1 Nr. 2, 39 Abs. 3d Nr. 2 WpHG aF).

[47] Zu dieser sog. Inkorporationstheorie vgl. *Satzger*, Die Europäisierung des Strafrechts, S. 219; *Enderle*, Blankettstrafgesetze – Verfassungs- und strafrechtliche Probleme von Wirtschaftsstraftatbeständen, S. 123; *Bülte* JuS 2015, 769 (770); *Diversy/Köpferl* in Graf/Jäger/Wittig Vor §§ 38, 39 WpHG Rn. 7, 26 ff.; ausführlich zu unionsrechtsakzessorischen Blankettstrafgesetzen *Schützendübel* Blankettstrafgesetze, *passim*.

[48] *Pars pro toto Satzger* in Sieber/Satzger/v. Heintschel-Heinegg § 9 Rn. 23 mwN.

[49] EuGH EuZW 2013, 596 (597); EuZW 2012, 635 (637); monographisch zu den sich hieraus ergebenden Problemen bei der Auslegung des materiellen Strafrechts *Landheld*, Vielsprachige Normenverbindlichkeit im Europäischen Strafrecht, 2016.

[50] S. nur *Satzger* IEStR § 9 Rn. 63 ff. mwN.

[51] Begriff nach *Gröblinghoff*, Verpflichtung des deutschen Strafgesetzgebers, S. 13; s. auch *Hecker* EuStR § 7 Rn. 26 und *Dannecker* ZIS 2016, 723.

[52] Näher dazu *Wegner* in Broemel/Krell/Muthorst/Prütting (Hrsg.), Prozessrecht in nationaler, europäischer und globaler Perspektive, S. 139 ff.

[53] Zu den Voraussetzungen, Wirkungen und Grenzen des Anwendungsvorrangs des Unionsrechts im strafrechtlichen Kontext s. einführend *Hecker* EuStR § 9 Rn. 1 ff. u. ferner *Rönnau/Wegner* GA 2013, 561 (567 ff. u. 578 f.).

pflichtung des deutschen Gesetzgebers. Soweit die Straftatbestände in § 119 WpHG nF der Umsetzung der CRIM-MAD dienen (und nicht wie zB im Fall von § 119 Abs. 5 WpHG nF eine überschießende Regelung darstellen[54]), sind sie **richtlinienkonform auszulegen**.[55] Zu beachten ist ferner, dass der Regelungsgehalt von MAR und CRIM-MAD auseinanderfallen kann, dh nicht jede marktmissbrauchsrechtliche Vorschrift in der MAR muss auch zwingend Wirkung für den strafrechtlichen Bereich entfalten. So sehen zB Art. 12 Abs. 1 lit. c) MAR, Art. 12 Abs. 1 lit. d) MAR sowie Art. 8 Abs. 3 MAR für Teilaspekte des Verbots der Marktmanipulation und des Insiderhandels Fahrlässigkeitskomponenten vor, während die betroffenen Verhaltensweisen ausweislich von Art. 5 Abs. 1 CRIM-MAD bzw. Art. 3 Abs. 7 CRIM-MAD nur bei vorsätzlicher Begehung pönalisiert werden müssen.[56]

Ein Strafverfahren nach § 119 WpHG nF stellt eine **„Durchführung des Rechts der Union“** iSv Art. 51 Abs. 1 S. 1 GRC dar und unterliegt damit vollständig dem Schutz durch die EU-Grundrechtecharta.[57] **17**

Die Harmonisierung des Marktmissbrauchsstrafrechts durch die CRIM-MAD beruht – als erster Unionsrechtsakt überhaupt – auf der Ermächtigungsgrundlage des **Art. 83 Abs. 2 AEUV**. Ob die Voraussetzungen dieser Vorschrift, die insbesondere erfordert, dass eine unionsweite Strafrechtsangleichung „unerlässlich“ für die wirksame Durchführung der Politik der Union auf einem harmonisierten Gebiet sein muss, erfüllt sind, wurde im Vorfeld der Einführung der CRIM-MAD mit beachtlichen Argumenten bezweifelt.[58] **18**

6. Zeitlicher Anwendungsbereich / Behandlung von Altfällen

Gem. § 2 Abs. 1 StGB kann eine Bestrafung nach § 119 WpHG nF nur auf Grundlage der Fassung der Vorschrift erfolgen, die **zur Zeit der Tat** galt. Nach § 8 StGB ist eine Tat zu der Zeit begangen, zu der der Täter oder der Teilnehmer gehandelt hat oder im Falle des Unterlassens hätte handeln müssen. Wann der Erfolg eintritt, ist nicht maßgebend. Wird die Strafdrohung **während der Begehung der Tat** geändert, so ist das Gesetz anzuwenden, das bei Beendigung der Tat gilt (§ 2 Abs. 2 StGB). **19**

Eine Ausnahme vom Grundsatz des Tatzeitrechts enthält § 2 Abs. 3 StGB. Das dort geregelte ***lex-mitior*-Prinzip** besagt, dass der Täter nach der milderen Gesetzesfassung zu bestrafen ist, wenn ein Strafgesetz nach Tatbeendigung, aber vor der letztinstanzlichen Entscheidung über die Straftat abgemildert wird.[59] Nach In-Kraft-Treten des 1. FiMaNoG zum 2.7.2016 ist eine intensive Diskussion darüber ausgebrochen, welche Auswirkungen der *lex-mitior*-Grundsatz auf die Bestrafung von Taten hat, die vor dem In-Kraft-Treten dieser Reform am 2.7.2016 begangen wurden. Den Stein des Anstoßes hat dabei ein Beitrag von *Rothenfußer* gegeben, in dem dieser – jedenfalls insofern zu Recht – darauf hinwies, dass die Tatbestände in § 38 WpHG aF bereits zum 2.7.2016 durch eine Neufas- **20**

---

54 → Rn. 85.

55 Näher zur richtlinienkonformen Auslegung im Bereich des materiellen Strafrechts *Rönnau/Wegner* GA 2013, 561 (562 ff. u. 579 ff.).

56 → Rn. 81 aE bzw. Rn. 113 aE.

57 *Pars pro toto* zu den Voraussetzungen des Art. 51 Abs. 1 S. 1 GRC s. *Borowsky* in Meyer GRC Art. 51 Rn. 16 ff. mwN; konkret für eine Anwendbarkeit der GRC auf Straf- und Sanktionsverfahren nach den §§ 119, 120 WpHG nF *Gaede* wistra 2017, 41 (46 f.), *Brand/Hotz* ZIP 2017, 1450 (1454) u. *Möllers/Herz* JZ 2017, 445 (449 f.).

58 *Diversy/Köpferl* in Graf/Jäger/Wittig Vor §§ 38, 39 Rn. 14 f.; *Chr. Schröder* HRRS 2013, 253 ff.; *Trüg* in Leitner/Rosenau § 38 WpHG Rn. 24; *ders.*, Insiderstrafrecht S. 62 ff.; *Walla* BB 2012, 1358 (1360 f.); *Nestler*, Bank- und Kapitalmarktstrafrecht, Rn. 606 f. mwN; zu einer entsprechenden Subsidiaritätsrüge des Bundesrats auf Grundlage von Art. 12 lit. b) EUV s. BR-Drucks. 646/11 (B), Nr. 3; vgl. auch BT-PlPr. 17/181 S. 21504 (A); ein Vorliegen der Voraussetzungen des Art. 83 Abs. 2 AUEV bejahend dagegen *Waßmer* in Fuchs WpHG Vor §§ 38-40b Rn. 20; eher in diese Richtung auch *Cerizza* eucrim 2014, 85 (87) u. *Kudlich* AG 2016, 459 (461).

59 Instruktiv zum auch als Günstigkeitsprinzip bezeichneten *lex-mitior*-Grundsatz *Gaede* wistra 2011, 365 f. mwN u. *Sturm* NStZ 2017, 553 (554 ff.).

sung (§ 38 WpHG idF des 1. FiMaNoG) ersetzt wurden, während die durch die Neufassung in Bezug genommene Marktmissbrauchsverordnung erst seit dem 3.7.2016 gilt. Durch diese zeitliche Diskrepanz seien die (zT durch § 39 WpHG idF des 1. FiMaNoG vermittelten) Verweisungen auf die Marktmissbrauchsverordnung in § 38 Abs. 1, Abs. 3 WpHG idF des 1. FiMaNoG am 2.7.2016 für einen Tag „ins Leere" gelaufen, was zu einer Straflosigkeit von Verstößen gegen das Verbot der Marktmanipulation sowie das insiderrechtliche Handels-, Empfehlungs- und Offenlegungsverbot geführt habe. Auf Grund des *lex-mitior*-Prinzips müsse daher Straffreiheit für alle Marktmissbrauchsstraftaten eintreten, die vor dem 2.7.2016 begangen und noch nicht letztinstanzlich abgeurteilt wurden. Im Ergebnis habe der Gesetzgeber damit versehentlich eine **„Generalamnestie"** für Marktmissbrauchsstraftaten herbeigeführt.[60] Die **BaFin** hat die von *Rothenfußer* geäußerte Rechtsauffassung in einer Pressemitteilung vom 8.7.2016 zurückgewiesen und dabei den Standpunkt vertreten, dass eine Strafbarkeitslücke in Bezug auf § 38 WpHG idF des 1. FiMaNoG am 2.7.2016 nicht bestanden habe.[61] Die zahlreichen nachfolgenden, nicht selten im Zusammenhang mit Gutachtenaufträgen verfassten Stellungnahmen in der **Literatur** sind leicht überwiegend den Ausführungen *Rothenfußers* gefolgt.[62] Der **5. BGH-Strafsenat** hat sich mit Beschluss v. 10.1.2017 – ebenso wie zuvor bereits das LG Frankfurt/M.[63] – dagegen der Auffassung der BaFin angeschlossen und eine Strafbarkeitslücke am 2.7.2016 verneint.[64]

21 Auf Basis der Prämisse des 5. BGH-Strafsenats, dass sowohl § 38 Abs. 1 WpHG aF (vermittelt über § 39 Abs. 2 Nr. 3, Abs. 3c, Abs. 3d Nr. 2 WpHG idF des 1. FiMaNoG)[65] als auch § 38 Abs. 2 und Abs. 3 WpHG idF des 1. FiMaNoG[66] statische Verweisungen auf die MAR enthalten,[67] ist dessen Auffassung **gut vertretbar**. Dies lässt sich im Kern mit der herrschenden **Inkorporationstheorie** begründen, die besagt, dass ein Normtext, der im Rahmen eines Blanketttatbestands statisch in Bezug genommen wird, schon dadurch

---

60 *Rothenfußer* Börsenzeitung Nr. 128 v. 7.7.2016, S. 13; mit ergänzter Begründung *Rothenfußer/Jäger* NJW 2016, 2689 ff.; vgl. auch *Rothenfußer* AG 2017, 149 ff.

61 Die Pressemitteilung ist online unter http://t1p.de/pge2 abrufbar.

62 **Für** die Annahme einer Strafbarkeitslücke am 2.7.2016 *Bülte/Müller* NZG 2017, 205 ff.; *Gaede* wistra 2017, 41 (43 ff.); *Gaede* wistra 2017, 163 f.; *Jahn/Brodowski* FS Neumann, S. 883 ff.; *Lorenz/Zierden* wistra 2016, 448 ff.; *Möllers/Herz* JZ 2017, 445 ff.; *Szesny* BB 2017, 515 ff.; *Trüg* in Leitner/Rosenau § 38 WpHG Rn. 4; *Rossi* ZIP 2016, 2437 ff.; *Rossi* NJW 2017, 969 f.; in der Tendenz auch *Eggers* WiJ 2017, 49 ff., *Pananis* NStZ 2017, 236 ff., *Weber* NJW 2017, 991 (992 f.) und *Wessing/Janssen* EWiR 2017, 165 f.; **dagegen** *Hippeli* jurisPR-HaGesR 2/2017 Anm. 5; *Klöhn/Büttner* ZIP 2016, 1801 ff.; *Lienert* HRRS 2017, 265 ff.; *Sorgenfrei/Saliger* in Park Kapitalmarktstrafrecht Teil 2 Kap. 6.1. Rn. 331; *Söhner* BB 2017, 259 (265); **differenzierend** *Bergmann/Vogt* wistra 2016, 347 ff., *Bergmann/Vogt* NZWiSt 149 ff.: Zwar sei eine Bezugnahme der am 2.7.2016 noch suspendierten, aber gleichwohl rechtlich existenten kapitalmarktrechtlichen Verhaltensnormen in der MAR möglich gewesen; jedoch scheitere eine Strafbarkeit mancher Verhaltensweisen (zB nach den §§ 38 Abs. 1 Nr. 2, 39 Abs. 3d Nr. 2 WpHG aF) am Bestimmtheitsgebot. Insofern habe am 2.7.2017 zumindest eine teilweise Strafbarkeitslücke bestanden. Nach der Art des Verweisungstyps (zum diesbezüglichen Streit um den Charakter der Verweisungen in § 119 WpHG nF → Rn. 13) differenziert *Köpferl* (ZIS 2017, 201 ff.): Nur in jenen Fällen, in denen die Verordnung statisch in Bezug genommen wird, läge auch am 2.7.2016 ein vollwirksamer Sanktionstatbestand vor, da hier das nationale Recht nicht von der Geltung des Unionsrechts abhänge (das betrifft nach Ansicht *Köpferls* den § 38 Abs. 3 WpHG aF); hingegen nehme der nationale Straftatbestand bei dynamischen Verweisungen zwangsweise an der Anwendbarkeit des Unionsrechts teil (dies betrifft laut *Köpferl* die §§ 38 Abs. 1, 39 Abs. 2 Nr. 3, Abs. 3c, Abs. 3d WpHG aF – bezüglich dieser Vorschriften sei es am 2.7.2016 zu einer Sanktionslücke gekommen). *Brand/Hotz* (NZG 2017, 238 [239]; ZIP 2017, 1450 [1453 ff.]) schlagen vor, das 1. FiMaNoG entsprechend der eigentlichen gesetzgeberischen Intention dahingehend auszulegen, statt dem 2.7.2016 den 3.7.2016 als Datum des In-Kraft-Tretens des Gesetzes zu lesen.

63 LG Frankfurt/M., Beschl. v. 31.10.2016 – 5/12 KLs 9/15, 5/12 KLs – 7521 Js 2211504/14 (9/16) – juris Rn. 6 ff.

64 BGH NZG 2017, 236 ff.

65 Diese Normenkette entspricht ab dem 3.1.2018 der Normenkette § 119 Abs. 1 WpHG nF iVm § 120 Abs. 2 Nr. 3, Abs. 15 Nr. 2 WpHG nF.

66 Ab dem 3.1.2018: § 119 Abs. 2 u. Abs. 3 WpHG nF.

67 Zur umstrittenen Frage, welche Art von Verweisungen in § 119 Abs. 1-3 WpHG nF enthalten sind, → Rn. 13.

unmittelbar an der normativen Geltung der Blankettnorm teilnimmt.[68] Ob es sich bei dem referenzierten Normtext dabei um noch oder schon geltendes Recht handelt, ist gleichgültig, solange der inkorporierte Normtext ordnungsgemäß verkündet wurde und damit für den Normanwender auffindbar ist.[69] Diese Grundsätze gelten auch für die Inbezugnahme von Unionsrecht, das – gleichgültig, ob es nur in Kraft getreten oder auch anwendbar ist[70] – durch den bloßen Verweisungsbefehl des deutschen Gesetzgebers Teil der deutschen Rechtsordnung wird.[71] Dementsprechend spricht einiges dafür, dass der Gesetzgeber durch die (nach hiesiger Ansicht: statische) Verweisung auf das Verbot der Marktmanipulation bzw. auf die Insiderdelikte der MAR in § 38 Abs. 1 WpHG idF des 1. FiMaNoG (vermittelt über § 39 Abs. 2 Nr. 3, Abs. 3c, Abs. 3d Nr. 2 WpHG idF des 1. FiMaNoG) bzw. in § 38 Abs. 3 WpHG idF des 1. FiMaNoG schon am 2.7.2016 wirksame und vollständige[72] Straftatbestände geschaffen hat – auch wenn dies unabsichtlich geschehen sein mag.[73] Soweit in der Literatur zT behauptet wird, eine solche „verfrühte" Inbezugnahme einer nicht anwendbaren EU-Verordnung durch den nationalen Gesetzgeber verletze die unionsrechtliche Kompetenzordnung,[74] ist dem mit dem Argument entgegenzutreten, dass der deutsche Gesetzgeber nicht nur befugt, sondern auf Grundlage der Richtlinie 2003/6/EG (MAD 2003)[75] sogar *verpflichtet* war, bereits vor dem 3.7.2016 lückenlos (wenn auch nicht zwingend *straf*rechtliche) Sanktionsregeln zum Marktmissbrauchsrecht zu schaffen.[76]

Der **Gesetzgeber** hat auf die skizzierte Debatte um eine mögliche Straffreiheit von Marktmissbrauchsstraftaten, die vor In-Kraft-Treten des 1. FiMaNoG begangen wurden, im Rahmen des 2. FiMaNoG reagiert und versucht, das *lex-mitior*-Prinzip für Straftaten nach § 38 WpHG aF in der bis zum Ablauf des 1.7.2016 geltenden Fassung durch die Einführung von § 137 Abs. 1 WpHG nF **rückwirkend abzubedingen**. Bemerkenswert ist die auf Grund handwerklicher Fehler des Gesetzgebers schon jetzt äußerst bewegte Gesetzgebungsgeschichte dieser Norm: Ursprünglich wurde § 137 Abs. 1 WpHG nF durch das 2. FiMaNoG mWv 25.6.2017 als § 52 Abs. 1 WpHG nF eingefügt. Ebenfalls durch das 2. FiMaNoG wurde dieser neu geschaffene § 52 Abs. 1 WpHG nF zum 3.1.2018 in § 136 Abs. 1 WpHG nF verschoben.[77] Im Zuge dieser Verschiebung **22**

---

68 Zur Inkorporationstheorie vgl. *Satzger*, Europäisierung des Strafrechts, S. 219; *Enderle* Blankettstrafgesetze S. 123; *Debus*, Verweisungen in deutschen Rechtsnormen, S. 83 ff.; *Bülte*, JuS 2015, 769 (770); *Karpen*, Die Verweisung als Mittel der Gesetzgebungstechnik, S. 32; *Köpferl* ZIS 2017, 201 (207 f.).

69 Ausführlich *Köpferl* ZIS 2017, 201 (207) mwN.; vgl. auch *Sorgenfrei/Saliger* in Park Kapitalmarktstrafrecht Teil 2 Kap. 6.1. Rn. 331.

70 Näher zur Unterscheidung zwischen dem Inkrafttreten und der Anwendbarkeit von Unionsrecht *Köpferl* ZIS 2017, 201 (204 f.) mwN.

71 Näher *Köpferl* ZIS 2017, 201 (207 f.) mwN.

72 Zum Aspekt der Vollständigkeit s. *Köpferl* ZIS 2017, 201 (210) und dagegen *Bergmann/Vogt* wistra 2016, 347 (349), *Bergmann/Vogt* NZWiSt 2017, 149 (150), *Eggers* WiJ 2017, 49 (50) sowie *Pananis* NStZ 2017, 236 (237).

73 Für die Gegenauffassung s. etwa *Gaede* (wistra 2017, 41 [43 ff.] u. wistra 2017, 163), der argumentiert, ein derartiger konkludenter Normanwendungsbefehl genüge im vorliegenden Einzelfall dem Gesetzlichkeitsprinzip iSv Art. 103 Abs. 2 GG nicht; sehr ähnlich begründen zB auch *Möllers/Herz* (JZ 2017, 445 [447] ff.) ihre Position; vgl. ferner *Bülte/Müller* NZG 2017, 205 (208 ff.) und *Brand/Hotz* ZIP 2017, 1450 (1452 f.).

74 *Bülte/Müller* NZG 2017, 205 (210); *Rothenfußer* AG 2017, 149 (150 f.); *Rossi* ZIP 2016, 2437 (2442).

75 Richtlinie 2003/6/EG des Europäischen Parlaments und des Rates vom 28. Januar 2003 über Insider-Geschäfte und Marktmanipulation (Marktmissbrauch), ABl. EU Nr. L96 v. 12.4.2003 S. 16 ff. (MAD 2003).

76 Mit überzeugender Begründung *Köpferl* ZIS 2017, 201 (211 ff.); a**A** *Gaede* wistra 2017, 163 (164), der diese Position für „schlicht falsch" hält; den in der Literatur zT behaupteten Mangel an Kompetenz des deutschen Gesetzgebers für eine vorzeitige Anwendung der MAR weist *Gaede* (wistra 2017, 41 [43]) – wie die hiesigen *Verf.* – jedoch zurück; für einen entsprechenden Spielraum des deutschen Gesetzgebers auch *Bergmann/Vogt* NZWiSt 2017, 149, *Hippeli* jurisPR-HaGesR 2/2017 Anm. 5, *Jahn/Brodowski* FS Neumann, S. 883 (894), *Möllers/Herz* JZ 2017, 445 (447) sowie *Szesny* BB 2017, 515 (518).

77 Wörtlich heißt es in Art. 3 Nr. 146 des Zweiten Gesetzes zur Novellierung von Finanzmarktvorschriften auf Grund europäischer Rechtsakte (Zweites Finanzmarktnovellierungsgesetz – 2. FiMaNoG) v. 23. Juni 2017 (BGBl. I S. 1774), dass „der bisherige § 51" WpHG in „§ 136" WpHG umgewandelt wird. Dabei handelt es sich ausweislich der weiter vorgesehenen Änderungen an der Vorschrift, die nur in Bezug auf

wurden die Verweise auf „§ 38" und „§ 39" in § 136 WpHG nF durch Verweise auf „§ 119" und „§ 120" ersetzt. Damit nahm § 136 Abs. 1 WpHG nF ab dem 3.1.2018 Bezug auf „Straftaten nach § 119 in der bis zum Ablauf des 1. Juli 2016 geltenden Fassung" und ordnete an, dass diese Straftaten „abweichend von § 2 Absatz 3 des Strafgesetzbuches nach den zum Zeitpunkt der Tat geltenden Bestimmungen geahndet" werden. Weil § 119 WpHG als Strafnorm vor dem Ablauf des 1.7.2016 jedoch noch gar nicht existierte, ging die Regelung – wie *Bergmann* und *Vogt* aufgezeigt haben – **ins Leere**.[78] Auf diesen Umstand hat der Gesetzgeber erneut reagiert und das 2. FiMaNoG durch **Art. 12 des Gesetzes zur Umsetzung der Zweiten Zahlungsrichtlinie** vom 17.7.2017[79] nochmals rückwirkend korrigiert: Ab dem 13.1.2018 wird § 136 WpHG nF (Fassung mit Gültigkeit vom 3.1.2018 bis einschließlich des 12.1.2018) zu § 137 WpHG nF und die zwischenzeitlich in Kraft getretene Änderung des Normtexts wieder rückgängig gemacht, so dass § 137 Abs. 1 WpHG nF ab dem 13.1.2018 nunmehr wie vom Gesetzgeber ursprünglich intendiert anordnet, dass „Straftaten nach § 38 in der bis zum Ablauf des 1. Juli 2016 geltenden Fassung [...] abweichend von § 2 Absatz 3 des Strafgesetzbuches nach den zum Zeitpunkt der Tat geltenden Bestimmungen geahndet" werden.

Von den skizzierten handwerklichen Fehlern abgesehen ist das Vorgehen des Gesetzgebers, eine Ahndungslücke durch eine rückwirkende Abbedingung des *lex-mitior*-Prinzips zu „reparieren", bereits in früheren Fallkonstellationen ähnlicher Art erprobt worden[80] und hat dabei Billigung durch das BVerfG gefunden, das dem *lex-mitior*-Prinzip **keinen spezifischen verfassungsrechtlichen Schutz** zuspricht.[81] Zu beachten ist jedoch, dass das *lex-mitior*-Prinzip seit dem 1.12.2009 auch rechtsverbindlich in **Art. 49 Abs. 1 S. 3 GRC** (und in Art. 7 Abs. 1 EMRK![82]) niedergelegt ist und Strafverfahren nach § 38 WpHG aF (bzw. § 119 WpHG nF) in den Anwendungsbereich der Charta gem. Art. 51 Abs. 1 GRC fallen.[83] Zwar ist ausweislich der Schrankenregelung in Art. 52 Abs. 1 GRC auch Art. 49 Abs. 1 S. 3 GRC gesetzlichen Einschränkungen zugänglich, solange diese den Grundsatz der Verhältnismäßigkeit und den Wesensgehalt des *lex-mitior*-Prinzips wahren. Die Prüfung, ob eine mitgliedstaatliche Einschränkung von Art. 49 Abs. 1 S. 3 GRC die zuletzt genannten Schranken-Schranken wahrt und damit unionsrechtskonform ist, obliegt allerdings allein dem EuGH. Ob dieser sich allerdings der Auffassung des BVerfG anschließen würde, wonach der deutsche Gesetzgeber über den *lex-mitior*-Schutz weitgehend *beliebig* disponieren kann, muss stark bezweifelt werden.[84] Die Frage, ob § 137 Abs. 1 WpHG nF (bzw. bis 3.1.2018: § 52 Abs. 1 WpHG nF bzw. zwischen dem 3.1.2018 und dem 13.1.2018: § 136 Abs. 1 WpHG nF) mit Art. 49 Abs. 1 S. 3 GRC vereinbar ist, kann (auf erstinstanzlicher Ebene, vgl. Art. 267 Abs. 2 AEUV) bzw. muss (letztinstanzlich, s. Art. 267 Abs. 3 AEUV)

---

den bis zum 3.1.2018 geltenden § 52 WpHG aF Sinn ergeben, offenbar um ein Redaktionsversehen: Gemeint war „§ 52" statt „§ 51"!

[78] *Bergmann/Vogt* NZWiSt 2017, 149 (152).

[79] BGBl. I S. 2492.

[80] *Gaede* wistra 2011, 365 (367); *Brand/Hotz* ZIP 2017, 1450 (1456).

[81] BVerfG NJW 2008, 3769 f.; vgl. auch schon BVerfGE 81, 132 (135 ff.). Diese Position wird in der Literatur zu Recht kritisiert, s. – *pars pro toto* – *Dannecker* in LK StGB § 2 Rn. 4, 12 u. *Gaede* in AnwK StGB § 2 Rn. 3 f. – jew. mwN; zur verfassungsrechtlichen Bewertung von § 136 WpHG nF (Fassung mit Gültigkeit vom 3.1.2018 bis einschließlich des 12.1.2018) bzw. § 137 WpHG nF (Fassung mit Gültigkeit ab dem 13.1.2018) s. *Brand/Hotz* ZIP 2017, 1450 (1456 ff.).

[82] *Sturm* NStZ 2017, 553 (561 ff.).

[83] → Rn. 17.

[84] Dazu überzeugend *Gaede* wistra 2011, 365 (367 ff.) sowie jüngst erneut *Gaede* wistra 2017, 41 (47 ff.) u. *Gaede*, wistra 2017, 163 (164); ähnlich *Pananis* NStZ 2017, 236 (238); sympathisierend *Bergmann/Vogt* wistra 2016, 347 (352); gegen eine gesetzgeberische Heilungsmöglichkeit in der konkreten Konstellation auch *Szesny* BB 2017, 515 (518); vgl. ferner *Sajnovits/Wagner* WM 2017, 1189 (1198); **aA** RegE 2. FiMaNoG, BT-Drucks. 18/10936 S. 263; *Möllers/Herz* JZ 2017, 445 (450) u. in der Tendenz auch *Harms/Heine* FS Amelung, S. 393 (401 f.) sowie *Schützendübel*, Bezugnahme auf EU-Verordnungen in Blankettatbeständen, S. 114.

daher dem EuGH zur **Vorabentscheidung** vorgelegt werden, wenn sie aus Sicht des betroffenen Gerichts entscheidungserheblich sein sollte.[85]

7. Räumlicher Anwendungsbereich

Der räumliche Anwendungsbereich der Straftatbestände nach § 119 WpHG nF ist im Rahmen einer **zweistufigen Prüfung**[86] zu ermitteln: 23

- Erstens müssen die vorgelagerten Verhaltensnormen der MAR und der Emissionszertifikate-VO[87], auf die § 119 WpHG nF im Wege der Blanketttechnik verweist, das betroffene Verhalten räumlich erfassen – die akzessorisch ausgestalteten Straftatbestände gem. § 119 WpHG nF können logischerweise keinen weiter gefassten Anwendungsbereich als die jeweils in Bezug genommene Verhaltensnorm haben.
- Selbst wenn ein Normverstoß aber in den räumlichen Anwendungsbereich der genannten kapitalmarktrechtlichen Vorschriften fällt, ist damit noch nicht gesagt, dass auch die nachgelagerte deutsche Strafvorschrift auf diesen Rechtsverstoß Anwendung findet – dies ist vielmehr in einem gesonderten zweiten Prüfungsschritt durch Subsumtion unter die §§ 3 ff. StGB zu untersuchen.

a) Stufe 1: Räumlicher Anwendungsbereich der unionsrechtlichen Verhaltensnormen

Der räumliche Anwendungsbereich der **Marktmissbrauchsverordnung** unterliegt gem. Art. 2 Abs. 4 MAR dem sog. **Marktortprinzip**.[88] Demnach kommt es für eine Anwendbarkeit der in der Verordnung enthaltenen Ge- und Verbote nicht darauf an, wo eine Handlung vorgenommen wurde bzw. – im Fall des Unterlassen – hätte vorgenommen werden müssen, sondern ausschließlich darauf, wo das jeweilige Tatobjekt (zB ein Finanzinstrument) gehandelt wird.[89] Beim Straftatbestand der Marktmanipulation gem. § 119 Abs. 1 WpHG nF gilt das gleiche Prinzip auch für Tatobjekte, die zwar nicht in der MAR genannt sind, aber über § 25 WpHG nF in den Tatbestand des § 119 Abs. 1 Var. 1 WpHG nF inkorporiert werden.[90] 24

Die Verhaltensvorschriften der **Emissionszertifikate-VO**[91], auf die § 119 Abs. 2 WpHG nF verweist, gelten in den EU-/EWR-Staaten, in denen die von der Verordnung geregelten Primärauktionen von Emissionszertifikaten durchgeführt werden.[92] 25

b) Stufe 2: Anwendbarkeit des deutschen Strafrechts

Den Geltungsanspruch des deutschen Strafrechts hat der Gesetzgeber in erster Linie durch das **Strafanwendungsrecht** gem. den §§ 3 ff. StGB und – ergänzend – durch die Schaffung spezieller Tatbestandsmerkmale (wie zB das Merkmal des „Vorenthaltens eines Kindes im Ausland" in § 235 Abs. 2 Nr. 2 StGB)[93] zum Ausdruck gebracht. Die zentrale Vorschrift des Strafanwendungsrechts stellt § 3 StGB dar, der das **sog. Territorialitätsprinzip** 26

[85] *Gaede* wistra 2017, 41 (49 f.); *Gaede* wistra 2017, 163 (164); vgl. auch *Sajnovits/Wagner* WM 2017, 1189 (1199).
[86] Im Grundsatz unbestritten, s. nur *Altenhain* in KölnKomm WpHG § 38 Rn. 121 f., *Diversy/Köpferl* in Graf/Jäger/Wittig § 38 WpHG Rn. 224, *Hohn* in Momsen/Grützner Kap. 6 Abschn. B Rn. 10, *Sorgenfrei/Saliger* in Park Kapitalmarktstrafrecht Teil 2 Kap. 6.1. Rn. 310 u. *Waßmer* in Fuchs WpHG § 38 Rn. 169.
[87] ABl. EU Nr. L 302 v. 18.11.2010 S. 1 ff.
[88] *Diversy/Köpferl* in Graf/Jäger/Wittig § 38 Rn. 225; *Poelzig* NZG 2016, 528 (530 f.); *Sorgenfrei/Saliger* in Park Kapitalmarktstrafrecht Teil 2 Kap. 6.1. Rn. 310.
[89] *Zetsche* in Gebauer/Teichmann Enz EuR Bd. VI § 7 Rn. 43.
[90] *Diversy/Köpferl* in Graf/Jäger/Wittig § 38 Rn. 225.
[91] ABl. EU Nr. L 302 v. 18.11.2010 S. 1 ff.
[92] *Diversy/Köpferl* in Graf/Jäger/Wittig § 38 Rn. 225; *Waßmer* in Fuchs WpHG § 38 Rn. 165.
[93] Näher *Jeßberger*, Transnationaler Geltungsbereich, S. 109 ff. mwN.

enthält. Demnach ist das deutsche Strafrecht insbesondere dann anwendbar, wenn eine Tat im Inland begangen wurde. Eine solche Inlandstat liegt nach Maßgabe von § 9 Abs. 1 StGB vor, wenn entweder die tatbestandsmäßige Handlung bzw. das tatbestandmäßige Unterlassen oder der tatbestandsmäßige Erfolg eines Straftatbestandes im Inland verwirklicht wurde bzw. eingetreten ist **(Ubiquitätsprinzip)**.[94] Auf Taten, die nach dieser Definition **im Ausland** begangen wurden, ist das deutsche Strafrecht dagegen nur anwendbar, wenn einer der Ausnahmetatbestände in den §§ 5–7 StGB eingreift.

27 Nach richtiger Auffassung gelten die genannten Grundsätze auch für den Straftatbestand der **Marktmanipulation** nach § 119 Abs. 1 WpHG nF, der folglich nur unter den Voraussetzungen der §§ 3 ff. StGB Anwendung finden kann.[95] Dies ist insbesondere dann der Fall, wenn der **Taterfolg** der Marktmanipulation **im Inland** eintritt, dh wenn eine Einwirkung auf einen inländischen Markt- oder Börsenpreis oder auf die Berechnung eines Referenzwertes im Inland erfolgt. Wo die Manipulationshandlung vorgenommen wird, ist dabei unerheblich. Bei einem **Taterfolg im Ausland** – also wenn auf einen Markt- oder Börsenpreis bzw. auf die Berechnung eines Referenzwertes in einem anderen EU/EWR-Staat eingewirkt wird – kommt es gem. § 9 Abs. 1 StGB darauf an, ob der Täter im Inland gehandelt hat. Fehlt es sowohl an einem inländischen Erfolgsort als auch an einem inländischen Handlungsort, so kann § 119 Abs. 1 WpHG nF gleichwohl anwendbar sein, wenn der Täter zur Zeit der Tat **deutscher Staatsbürger** war oder es nach der Tat geworden ist und die Tat auch nach dem ausländischen Recht am Tatort mit Strafe bedroht (§ 7 Abs. 2 Nr. 1 StGB). Liegt eine durch einen Ausländer begangene Auslandstat vor, kann theoretisch § 7 Abs. 2 Nr. 2 StGB einschlägig sein. Ist der Täter **Amtsträger**, müssen auf die Nrn. 12 und 13 des § 5 SGB in den Blick genommen werden.

28 Abzulehnen ist die vereinzelt in der Literatur vertretende Auffassung, wonach der Tatbestand des § 119 Abs. 1 WpHG nF **unabhängig vom Vorliegen der §§ 3 ff. StGB** anwendbar sein soll, wenn ein Taterfolg im Inland oder im EU-/EWR-Ausland vorliegt.[96] Zwar ist es zutreffend, dass § 119 Abs. 1 WpHG nF ausdrücklich auch Preiseinwirkungen bzw. Einwirkungen auf die Berechnung von Referenzwerten im Ausland umfasst; ein genereller Dispens von der Anwendung der §§ 3 ff. StGB lässt sich daraus – auch unter Berücksichtigung von Art. 10 CRIM MAD – aber nicht ablesen und hätte zudem – wie das folgende Beispiel zeigt – völkerrechtswidrige Konsequenzen.

> Der U. S.-amerikanische Staatsbürger A wirkt in vorsätzlicher Weise durch „Scalping" von seinem Arbeitsplatz in New York auf den Marktpreis eines in Frankreich gehandelten Finanzinstruments ein.

Auf Grundlage der skizzierten Literaturauffassung könnte A nach § 119 Abs. 1 WpHG nF bestraft werden, weil er einen Manipulationserfolg in einem EU-Mitgliedstaat herbeigeführt hat. Da die Fallkonstellation – grob gesagt – keinen Bezug zur deutschen Rechtsordnung iSe „genuine link" aufweist, würde dieses Ergebnis aber gegen das im Grundsatz der souveränen Gleichheit der Staaten (vgl. Art. 2 Nr. 1 UN-Charta) wurzelnde **völkerrechtliche Einmischungsverbot** verstoßen.[97] Schon aus diesem Grund ist eine Heranziehung der §§ 3 ff. StGB bei der Anwendung von § 119 WpHG nF auf Auslandstaten zwingend notwendig.

---

[94] Instruktiv *Jeßberger*, Transnationaler Geltungsbereich, S. 231 f. In Bezug auf Teilnehmer nach §§ 26, 27 StGB ist bei der Tatortbestimmung der § 9 Abs. 2 StGB zu beachten!

[95] *Diversy/Köpferl* in Graf/Jäger/Wittig § 38 Rn. 225; *Szesny* in Böttger Wirtschaftsstrafrecht Kap. 6 Rn. 142; für die Gegenauffassung → Rn. 28.

[96] S. etwa *Waßmer* in Fuchs WpHG § 38 Rn. 175.

[97] Einführend *Jeßberger*, Transnationaler Geltungsbereich, S. 191 ff. mwN. Insbesondere gibt es *de lege lata* kein „europäisches" Territorialitätsprinzip, das einen strafrechtlichen Geltungsanspruch Deutschlands in dem skizzierten Fallbeispiel legitimieren würde, s. auch dazu nur *Jeßberger*, Transnationaler Geltungsbereich, S. 239 mwN.

Bei den **Insiderdelikten** nach § 119 Abs. 2, Abs. 3 WpHG nF handelt es sich nach hier vertretener Auffassung um abstrakt-konkrete Gefährdungsdelikte bzw. um Eignungsdelikte,[98] auf die das deutsche Strafrecht gem. § 3 StGB iVm § 9 Abs. 1 StGB jedenfalls dann anwendbar ist, wenn der Täter im Inland gehandelt hat oder im Falle eines Unterlassens hätte handeln müssen. Darüber hinaus hat der 1. BGH-Strafsenat in einer Entscheidung aus dem Jahr 2000 (BGHSt 46, 212) die Auffassung vertreten, dass es bei **abstrakt-konkreten Gefährdungsdelikten** möglich sein soll, deutsches Strafrecht auch dann zur Anwendung zu bringen, wenn es zwar an einem inländischen Handlungsort fehlt, die Tat jedoch „ihre Gefährlichkeit im Hinblick auf das im Tatbestand umschriebene Rechtsgut" im Inland „entfalten kann".[99] Ob dieser – in der Literatur zu Recht als Überdehnung des Geltungsanspruchs deutschen Strafrechts kritisierte[100] – Ansatz zukünftig von der Rechtsprechung auch auf den Bereich des Insiderstrafrechts übertragen wird, lässt sich nicht vorhersehen.[101] Unklar ist zudem, wie die genannte Entscheidung BGHSt 46, 212 sich zu einem im Jahr 2014 ergangenen Beschluss des 3. BGH-Strafsenats verhält, der sich mit dem räumlichen Anwendungsbereich von § 86a Abs. 1 Nr. 1 StGB befasst.[102] Ausdrücklich enthält das zuletzt genannte Judikat des 3. BGH-Strafsenats lediglich die Aussage, dass ein **rein abstraktes Gefährdungsdelikt** keinen „Erfolgsort" im Inland begründen kann;[103] die Begründung des Senats für diese Aussage lässt sich aber durchaus auch als ein Abrücken von der Entscheidung BGHSt 46, 212 interpretieren.[104] 29

Da nach hM durch keinen der Tatbestände in § 119 WpHG nF Individualrechtsgüter geschützt werden,[105] kann das **passive Personalitätsprinzip** gem. § 7 Abs. 1 StGB im Bereich des Marktmissbrauchsstrafrechts nicht zur Anwendung kommen.[106] 30

8. Verjährung

Die Verfolgung von Straftaten gem. § 119 Abs. 1-3 WpHG nF verjährt im Fall eines vorsätzlichen Handelns nach **fünf Jahren** (§ 78 Abs. 3 Nr. 4 StGB), leichtfertige Verstöße gegen § 119 Abs. 2 Nr. 1 WpHG nF iVm § 119 Abs. 7 WpHG nF nach **drei Jahren** (§ 78 Abs. 3 Nr. 5 StGB) und Straftaten nach § 119 Abs. 5 WpHG nF nach **zehn Jahren** (§ 78 Abs. 3 Nr. 3 StGB). Gem. § 78a S. 1 StGB beginnt die Verjährungsfrist jeweils mit Beendigung der Tat. Tritt ein zum Tatbestand gehörender Erfolg erst später ein, so beginnt die Verjährung mit diesem Zeitpunkt (§ 78a S. 2 StGB). Daraus ergibt sich, dass die Verjährung in Fällen der **Marktmanipulation nach § 119 Abs. 1 WpHG nF** mit dem Eintritt einer Preiseinwirkung als Taterfolg beginnt, ohne dass es darauf ankommt, ob das künstliche Preisniveau danach noch für einen längeren Zeitraum bestehen bleibt.[107] Bei den **Insiderdelikten gem. § 119 Abs. 2, Abs. 3 WpHG nF** beginnt die Verjährung dagegen bereits mit dem Abschluss der Tathandlung (Erwerb, Veräußerung, Weitergabe, Empfehlung oder Verleitung).[108] 31

---

[98] → Rn. 91.
[99] BGHSt 46, 212 (221) – „Auschwitz-Lüge im Internet".
[100] Zusammenfassend *Fischer* StGB § 9 Rn. 8a mwN.
[101] Dagegen: *Altenhain* in KölnKomm WpHG § 38 Rn. 141 m. Fn. 357.
[102] BGH NStZ 2015, 81.
[103] BGH NStZ 2015, 81 (82); BGHSt 46, 212 (221) hatte diese Frage noch offen gelassen.
[104] Vgl. die Einordnungen von *Becker* NStZ 2015, 83 f. u. *Ambos* in MüKoStGB § 9 Rn. 32.
[105] → Rn. 9.
[106] Ganz hM, s. nur *Sorgenfrei/Saliger* in Park Kapitalmarktstrafrecht Teil 2 Kap. 6.1. Rn. 311 aE u. *Vogel/Spoerr* in Assmann/Schneider WpHG § 119 Rn. 43 aE – jew. mwN; iE zustimmend auch *Altenhain* in KölnKomm WpHG § 38 Rn. 143, der zwar von einem individualschützenden Charakter der Tatbestände in § 119 Abs. 1-3 WpHG nF ausgeht, eine Anwendbarkeit von § 7 Abs. 1 StGB aber gleichwohl verneint, weil es sich bei § 119 Abs. 1-3 WpHG nF jeweils um abstrakte Vermögensgefährdungsdelikte handele, bei denen es an einem bestimmbaren Opfer fehle.
[107] BGH NJW 2014, 1896 (1900); *Altenhain* in KölnKomm WpHG § 38 Rn. 157; *Waßmer* in Fuchs WpHG § 38 Rn. 243.
[108] *Waßmer* in Fuchs WpHG § 38 Rn. 243.

32 Für den Fall, dass ein Verstoß gegen § 119 WpHG nF durch die **Veröffentlichung oder Verbreitung von Pressedruckwerken** begangen wird (sog. Presseinhaltsdelikt[109]), enthalten die meisten Landespressegesetze spezielle Verjährungsvorschriften, die im Regelfall eine Verjährungsfrist von einem Jahr bei Verbrechen und sechs Monaten bei Vergehen vorsehen.[110] Die genannten speziellen Verjährungsvorschriften gehen der allgemeinen Regelung in § 78 Abs. 3 StGB (iVm § 78a S. 1 StGB) vor, wenn im jeweiligen Pressegesetz nichts anderes geregelt ist.[111] Sie gelten nicht für Veröffentlichungen, die ausschließlich (nicht-journalistischen) **gewerblichen Zwecken** (zB Prospekte iSv § 264a StGB) dienen[112] oder die gesetzlich vorgeschrieben sind.[113]

33 Der verfassungsrechtliche Gleichbehandlungsgrundsatz gem. Art. 3 Abs. 1 GG gebietet es uE, die genannten presserechtlichen Verjährungsvorschriften über ihren Wortlaut hinaus auf **alle redaktionellen Inhalte** (also zB auch Radio- und Fernsehsendungen sowie Online-Medien) zu erstrecken, die vom Schutzbereich des Art. 5 Abs. 1 S. 2 GG erfasst sind.[114] Ausdrücklich ist das bisher für Hörfunk, Fernsehen und (Tele-)Mediendienste nur in § 66 Abs. 1 S. 1 LMedienG SL sowie in § 37 Abs. 1 S. 1 LMedienG RL und für Hörfunk und Fernsehen in § 24 Abs. 1 LPresseG RL, § 23 Abs. 1 S. 1 LPresseG BE, § 17 LPresseG BB, § 56 Abs. 2 Nr. 1 LMedienG NI und Art. 38 S. 1 LMedienG BY geregelt.

34 Ein Presse-, Rundfunk- oder Medieninhaltsdelikt kann auch vorliegen, wenn die strafbare Handlung – zB im Rahmen eines Interviews oder eines Gastbeitrags – von einer **Privatperson** begangen wird, die nicht der Presse, dem Rundfunk oder dem betroffenen Medienorgan angehört.[115] Etwas anders gilt nur dann, wenn die jeweilige Äußerung sich nicht primär an die Konsumenten des betroffenen Mediums richtet. Demnach wäre also zB eine öffentliche Äußerung **im Rahmen einer Pressekonferenz**, über die später auch in der Zeitung berichtet wird, nicht als Presseinhaltsdelikts zu betrachten und folglich der allgemeinen Verjährungsregelung in § 78 Abs. 3 StGB unterworfen. Äußerungen im Rahmen einer **Fernseh-Talk-Show** sind dagegen als Rundfunkinhaltsdelikt einzustufen.[116]

35 Abzulehnen ist die vom 1. BGH Strafsenat geäußerte (und in der Literatur erstaunlicherweise bisher nicht diskutierte) Position, dass die in Rn. 33 genannten landesrechtlichen Spezialvorschriften zur Verjährung von Presse-, Rundfunk- oder Medieninhaltsdelikten **in Fällen der Marktmanipulation** generell nicht eingreifen würden, weil der Taterfolg der Einwirkung auf einen Börsen- oder Marktpreis nicht unmittelbar durch die Veröffentlichung in dem jeweiligen Medium eintrete, sondern erst durch eine spätere Reaktion des Marktes bewirkt werde.[117] Es liegt in der Natur der Sache von Presse-, Rundfunk- oder

[109] Zum Begriff s. *pars pro toto* BGHSt 44, 209 (215).

[110] § 16 Abs. 1 LPresseG BB; § 22 Abs. 1 S. 1 LPresse BE; § 24 Abs. 1 S. 1 LPresseG BW; § 24 Abs. 1 S. 1 LPresseG HB; § 23 Abs. 1 S. 1 LPresseG HH; § 22 Abs. 1 S. 1 LPresseG MV; § 24 Abs. 1 S. 1 LPresseG NI; § 25 Abs. 1 S. 1 LPresseG NRW; § 22 Abs. 1 S. 1 LPresseG RP; § 17 Abs. 1 S. 1 LPresseG SH; § 66 Abs. 1 S. 1 LMedienG SL; § 15 Abs. 1 S. 1 LPresseG ST; § 14 Abs. 2 LPresseG TH; **abweichende Verjährungsfristen** enthalten Art. 14 Abs. 1 S. 1 LPresseG BY und § 13 Abs. 1 S. 1 LPresseG HE (Verjährungseintritt jeweils nach sechs Monaten bei Verbrechen *und* Vergehen); einen **Ausnahmefall** bildet ferner das Landespressegesetz von Sachsen, das für Straftaten, die mittels eines Druckwerks begangen werden, in den §§ 12 Abs. 1, 14 Abs. 1 S. 2 LPresseG SN ausdrücklich auf die allgemeine Verjährungsregelung in § 78 StGB verweist. Die spezielle Verjährungsvorschrift in § 14 Abs. 1 LPresseG SN gilt also nur für das Pressedelikt in § 12 Abs. 2 LPresseG SN.

[111] S. Art. 14 Abs. 1 S. 2 Nr. 3 Var. 2 LPresseG BY, der Taten nach § 38 WpHG aF ausdrücklich vom Anwendungsbereich der speziellen Verjährungsregelung in Art. 14 Abs. 1 S. 1 LPresseG BY ausschließt (der Ausschluss erfasst allerdings nicht § 119 WpHG nF – nach In-Kraft-Treten des 2. FiMaNoG ist insofern also eine Anpassung von Art. 14 Abs. 1 S. 2 Nr. 3 Var. 2 LPresseG BY nötig!); für die besondere Rechtslage in Sachsen s. schon die vorherige Fn.

[112] BGHSt 40, 385 (388); vgl. auch *Altenhain* in KölnKomm WpHG § 38 Rn. 158.

[113] *Vogel/Spoerr* in Assmann/Schneider WpHG § 119 Rn. 180; *Waßmer* in Fuchs WpHG § 38 Rn. 241.

[114] Anders BayObLG NStZ 2004, 702: Einstellung von Texten in eine Internet-Website steht der Verbreitung von Druckwerken iSv Art. 14 Abs. 1 S. 1 LPresseG BY nicht gleich.

[115] Enger aber *Vogel* in Assmann/Schneider WpHG (6. Aufl.) § 38 Rn. 87 aE.

[116] BGHSt 44, 209 (215 ff.); *Fischer* StGB § 78 Rn. 8.

[117] BGHSt 59, 105 (106).

Medieninhaltsdelikten, dass bei ihnen stets nur die Tathandlung durch das Medium begangen werden kann, während der Taterfolg immer erst durch eine Reaktion des Publikums auf die jeweilige Veröffentlichung eintritt. In der Konsequenz würde die Argumentation des BGH, wonach ein Presse-, Rundfunk- oder Medieninhaltsdelikt nur dann vorliegt, wenn alle Merkmale eines Straftatbestands unmittelbar durch die Veröffentlichung erfüllt werden, deshalb dazu führen, dass Erfolgsdelikte generell kein Presse-, Rundfunk- oder Medieninhaltsdelikt darstellen können. Dafür ergeben sich jedoch keinerlei Anhaltspunkte aus den einschlägigen Landespressegesetzen.[118]

Eine **Verjährungsunterbrechung** wird durch die in § 78c Abs. 1 StGB genannten Verfahrenshandlungen (zB erste Vernehmung des Beschuldigten, die Bekanntgabe, dass gegen ihn das Ermittlungsverfahren eingeleitet ist, oder die Anordnung dieser Vernehmung oder Bekanntgabe, § 78c Abs. 1 Nr. 1 StGB) bewirkt. Das **Ruhen der Verjährung** richtet sich nach § 78b StGB. **36**

Eine Regelung über die **absolute Verjährung**, die auch durch Unterbrechungen der Verjährungsfrist nicht hinausgeschoben werden kann, findet sich in § 78c Abs. 3 S. 2 StGB. Demnach beträgt die absolute Verjährungsfrist bei Straftaten gem. § 119 Abs. 1-3 WpHG nF im Fall eines vorsätzlichen Handelns **zehn Jahre**, im Fall eines leichtfertigen Verstoßes gegen § 119 Abs. 2 Nr. 1 WpHG nF iVm § 119 Abs. 7 WpHG nF **sechs Jahre** und bei Straftaten nach § 119 Abs. 5 WpHG nF **zwanzig Jahre** (§ 78c Abs. 3 S. 2 Var. 1 StGB). Für Presse-, Rundfunk- oder Medieninhaltsdelikte[119] ordnet § 78c Abs. 3 S. 2 Var. 1 StGB eine absolute Verjährungsfrist von **drei Jahren** an. **37**

9. Konkurrenzen

In Fällen der **Marktmanipulation gem. § 119 Abs. 1 WpHG nF** ist Tateinheit (§ 52 StGB) denkbar mit Delikten nach **38**
- § 119 Abs. 2, Abs. 3 WpHG (Insiderverstöße);[120]
- § 263 StGB (Betrug);[121]
- § 263a StGB (Computerbetrug);
- § 264a StGB (Kapitalanlagebetrug);[122]
- § 16 UWG (Strafbare Werbung);[123]
- § 331 HGB, §§ 399, 400 AktG[124], § 82 GmbHG, § 313 UmwG (unrichtige Darstellung bzw. falsche Angaben);[125]
- § 49 BörsG (Verleitung zu Börsenspekulationsgeschäften).[126]

---

118 Für Bayern lässt sich für die Erfassung von Erfolgsdelikten durch die presserechtliche Sonderverjährung ein Gegenschluss aus Art. 14 Abs. 1 S. 2 Nr. 3 Var. 2 LPresseG BY anführen, da diese Norm mit § 38 WpHG aF ein Erfolgsdelikt ausdrücklich vom Anwendungsbereich der presserechtlichen Sonderverjährungsregelung ausschließt („exceptio probat regulam in casibus non exceptis").

119 → Rn. 32 ff.

120 Näher *Vogel/Spoerr* in Assmann/Schneider WpHG § 119 Rn. 215; s. ferner *Altenhain* in KölnKomm WpHG § 38 Rn. 164; *Trüg* in Leitner/Rosenau § 38 WpHG Rn. 199; *Wehowsky* in Erbs/Kohlhaas Strafrechtliche Nebengesetze Bd. IV § 38 Rn. 36; für konkrete Fallbeispiele s. OLG München, Beschl. v. 4.7.2011 – 2 Ws 568/11 H – juris sowie → Rn. 160 u. Rn. 161; zu Unrecht **aA** *Pananis* in MüKoStGB § 38 WpHG Rn. 258 u. *Ziouvas* ZGR 2003, 113 (130): Zwischen dem Tatbestand der Marktmanipulation und den Insiderdelikten bestehe stets Exklusivität.

121 Ausführlich zur Erfassung der Marktmanipulation durch § 263 StGB *Chr. Schröder* Kapitalmarktstrafrecht-HdB Rn. 621 ff.; vgl. auch *Altenhain* in KölnKomm WpHG § 38 Rn. 166.

122 *Altenhain* in KölnKomm WpHG § 38 Rn. 166; *Vogel/Spoerr* in Assmann/Schneider WpHG § 119 Rn. 215.

123 *Chr. Schröder* Kapitalmarktstrafrecht-HdB Rn. 620; *Vogel/Spoerr* in Assmann/Schneider WpHG § 119 Rn. 215.

124 Dazu im kapitalmarktstrafrechtlichen Kontext eingehend *Chr. Schröder* Kapitalmarktstrafrecht-HdB Rn. 675 ff.

125 *Vogel/Spoerr* in Assmann/Schneider WpHG § 119 Rn. 215.

126 Auch hierzu findet sich eine ausführliche Darstellung bei *Chr. Schröder* Kapitalmarktstrafrecht-HdB Rn. 770 ff.

39 Bei Verstößen gegen die **insiderstrafrechtlichen Handelsverbote** in § 119 Abs. 2 Nr. 1, Abs. 3 Nr. 1 WpHG nF kann Tateinheit vorliegen insbesondere mit

- §§ 263, 13 StGB (Betrug durch Unterlassen), wenn den Täter in Bezug auf die Verwendung von Insiderinformationen eine Aufklärungspflicht trifft und sich ein Vermögensschaden nachweisen lässt;[127]
- § 264a StGB (Kapitalanlagebetrug);[128]
- § 266 StGB (Untreue), sofern der Täter eine qualifizierte Vermögensbetreuungspflicht gegenüber dem Geschädigten innehat und durch das Insidergeschäft ein Vermögensnachteil entstanden ist.[129]

40 **Tateinheit** soll ferner zwischen einem gem. § 119 Abs. 2 Nr. 2 lit b) WpHG nF bzw. § 119 Abs. 3 Nr. 2 WpHG nF strafbaren Verstoß gegen die **insiderrechtlichen Empfehlungs- und Verleitungsverbote** und einer **Anstiftung zum strafbaren Insiderhandel** gem. § 119 Abs. 2 Nr. 1 WpHG nF bzw. § 119 Abs. 3 Nr. 1 WpHG nF iVm § 26 StGB bestehen, wenn die Empfehlung oder Verleitung Erfolg hatte.[130]

41 Nach § 119 Abs. 2 Nr. 2 lit. a) WpHG nF bzw. § 119 Abs. 3 Nr. 3 WpHG nF strafbare Verstöße gegen das **insiderrechtliche Offenlegungsverbot** können in Tateinheit mit Straftatbeständen verwirklicht werden, die die Verletzung von Geheimhaltungspflichten sanktionieren (zB §§ 203, 204 StGB, § 404 AktG, § 333 HGB, § 151 GenG, § 85 GmbHG, § 315 UmwG, § 17 UWG, § 19 PublG).[131]

II. Einzelne Tatbestände des § 119 WpHG nF im Überblick

42 Der § 119 WpHG nF enthält mit der strafbaren Marktmanipulation in **§ 119 Abs. 1 WpHG nF**,[132] den strafbaren Insiderverstößen im Zusammenhang mit der Versteigerung von Emissionszertifikaten in **§ 119 Abs. 2 WpHG nF**[133] und den allgemeinen Insidertatbeständen in **§ 119 Abs. 3 WpHG nF**[134] formell betrachtet drei Deliktsgruppen. Die Straftatbestände in Abs. 2 und Abs. 3 ähneln sich strukturell jedoch sehr und können deshalb oftmals unter dem Begriff der Insiderdelikte zusammengefasst werden.

1. Strafbare Marktmanipulation (§ 119 Abs. 1 WpHG nF)

a) Regelungsgegenstand

43 Der § 119 Abs. 1 WpHG nF sanktioniert Verstöße gegen das **Verbot der Marktmanipulation** iSv Art. 15 MAR iVm Art. 12 MAR (zT iVm § 25 WpHG nF). Die Beschreibung der Tathandlung erfolgt im Rahmen einer gestuften Blanketttechnik, die sich durch folgendes Schema veranschaulichen lässt:

§ 119 Abs. 1 Var. 1 WpHG nF	verweist auf Tathandlungen nach	§ 120 Abs. 2 Nr. 3 WpHG nF	verweist auf Tathandlungen nach	§ 25 WpHG nF iVm Art. 15 MAR in entsprechender Anwendung

127 *Diversy/Köpferl* in Graf/Jäger/Wittig § 38 WpHG Rn. 252; *Vogel* in Assmann/Schneider WpHG (6. Aufl.) Vor § 38 Rn. 29; *Waßmer* in Fuchs WpHG § 38 Rn. 211; näher zum Betrugsrisiko für Kapitalmarktakteure bei der Verwendung von Insiderinformationen *Trüg* NZG 2014, 809 ff.

128 *Hilgendorf/Kusche* in Park Kapitalmarktstrafrecht Teil 2 Kap. 5.5 Rn. 98.

129 *Diversy/Köpferl* in Graf/Jäger/Wittig § 38 WpHG Rn. 252; *Vogel* in Assmann/Schneider WpHG (6. Aufl.) Vor § 38 Rn. 29.

130 *Waßmer* in Fuchs WpHG § 38 Rn. 212.

131 *Altenhain* in KölnKomm WpHG § 38 Rn. 165; *Diversy/Köpferl* in Graf/Jäger/Wittig § 38 WpHG Rn. 252; *Vogel* in Assmann/Schneider WpHG (6. Aufl.) Vor § 38 Rn. 29; *Waßmer* in Fuchs WpHG § 38 Rn. 212.

132 → Rn. 43 ff.

133 → Rn. 92 ff.

134 → Rn. 99 ff.

§ 119 Abs. 1 Var. 2 WpHG nF	verweist auf Tathandlungen nach	§ 120 Abs. 15 Nr. 2 WpHG nF	verweist auf Tathandlungen nach	Art. 15 MAR

Mit der Referenzierung des Art. 15 MAR ist die Verweisungskette jedoch noch nicht beendet. Vielmehr enthält die Norm mit dem Merkmal der „Marktmanipulation" einen Verweisungsbegriff, der erst durch Art. 12 MAR und Art. 13 MAR näher ausgefüllt wird. Ferner sind auch die Regelungen über den Anwendungsbereich der MAR in Art. 2 MAR sowie die Begriffsdefinitionen in Art. 3 MAR bei der Auslegung von Art. 15 MAR zu berücksichtigen

Von den Ordnungswidrigkeiten gem. § 120 Abs. 2 Nr. 3 und Abs. 15 Nr. 2 WpHG nF, **44** auf die im Normtext von § 119 Abs. 1 WpHG nF verwiesen wird, unterscheidet sich der Straftatbestand der Marktmanipulation in zwei wesentlichen Punkten:

- *Erstens* erfasst der Straftatbestand nur **vorsätzliches Verhalten**, während im Bereich der Ordnungswidrigkeiten auch schon Leichtfertigkeit sanktioniert wird.[135]
- *Zweitens* handelt es sich bei der Marktmanipulation gem. § 119 Abs. 1 WpHG nF vom Deliktstypus her um ein **Erfolgsdelikt**,[136] das nur erfüllt ist, wenn die manipulative Handlung des Täters zu einer Preiseinwirkung führt; die in § 120 Abs. 2 Nr. 3 und Abs. 15 Nr. 2 WpHG nF verankerten Vorschriften stellen dagegen **Eignungsdelikte** dar.

b) Objektiver Tatbestand

Allen Tatbestandsvarianten von § 119 Abs. 1 WpHG nF ist gemeinsam, dass jeweils eine **45** bestimmte (informations-, handels- oder handlungsgestützte) **Manipulationshandlung** in Bezug auf ein bestimmtes **Manipulationsobjekt** vorliegen muss, die kausal und objektiv zurechenbar einen **Manipulationserfolg** herbeiführt. Diese Grundstruktur lässt sich mit folgender Übersicht veranschaulichen:

Tatbestandsvariante	**Manipulationshandlung**	**Manipulationsobjekt**	**Manipulationserfolg**
§ 119 Abs. 1 Var. 1 WpHG nF	informations-, handels- und handlungsgestützt	– Waren iSd § 2 Abs. 5 WpHG nF – ausländische Zahlungsmittel iSd § 51 BörsG	Einwirkung auf einen Börsen- oder Marktpreis oder auf die Berechnung eines Referenzwertes iSv § 119 Abs. 1 Nr. 1-4 WpHG nF
§ 119 Abs. 1 Var. 2 WpHG nF	informations-, handels- und handlungsgestützt	– Finanzinstrumente – mit einem Finanzinstrument verbundene Waren-Spot-Kontrakte – auf Emissionszertifikat beruhende Auktionsobjekte – Referenzwerte	

[135] → Rn. 80 ff. u. → § 29 Rn. 17 ff.

[136] BGH NZG 2016, 751 (752); *Diversy/Köpferl* in Graf/Jäger/Wittig § 38 Rn. 8; *Kudlich* wistra 2011, 361 (362); *Sorgenfrei/Saliger* in Park Kapitalmarktstrafrecht Teil 2 Kap. 6.1. Rn. 303; *Szesny* in Böttger Wirtschaftsstrafrecht Kap. 6 Rn. 168; *Wittig* WiStra § 30 Rn. 9; **umstritten** ist, ob *rechtsgutsbezogen* von einem abstrakten Gefährdungsdelikt (so etwa *Altenhain* in KölnKomm WpHG § 38 Rn. 104, *Pananis* in MüKoStGB § 38 WpHG Rn. 10 u. *Trüg* in Leitner/Rosenau § 38 Rn. 33) oder von einem Verletzungs(erfolgs)delikt gesprochen werden kann (dafür zB *Theile* in Esser/Rübenstahl/Saliger/Tsambikakis § 38 WpHG Rn. 5 u. *Vogel/Spoerr* in Assmann/Schneider WpHG § 119 Rn. 6).

46 **aa) Manipulationshandlungen.** In Bezug auf die Tathandlung ist auch nach neuer Rechtslage weiterhin zwischen **informations-, handels- und handlungsgestützten Manipulationen** zu unterscheiden.[137] Im Folgenden wird nur die Grundstruktur dieser Manipulationstypen im strafrechtlichen Kontext aufgezeigt. Für Einzelheiten in Bezug auf die dabei verwendeten Rechtsbegriffe sei auf die gesonderte Kommentierung des vorgelagerten materiellen Kapitalmarktrechts verwiesen.[138]

47 **(1) Informationsgestützte Manipulationen.** Die sowohl von § 119 Abs. 1 Var. 1 WpHG nF als auch von § 119 Abs. 1 Var. 2 WpHG nF erfassten **informationsgestützten Manipulationshandlungen** ergeben sich (über die Verweisungen in § 120 Abs. 2 Nr. 3 und Abs. 15 Nr. 2 WpHG nF auf Art. 15 MAR) aus Art. 12 Abs. 1 lit. c) und lit. d) MAR. Erfasst sind dort

- gem. Art. 12 Abs. 1 lit. c) MAR die Verbreitung von Informationen,
  - die – tatsächlich oder wahrscheinlich – falsche oder irreführende Signale hinsichtlich des Angebots oder des Kurses eines Manipulationsobjekts oder der Nachfrage danach geben oder
  - die – tatsächlich oder wahrscheinlich – ein anormales oder künstliches Kursniveau eines oder mehrerer Manipulationsobjekte herbeiführen;
- gem. Art. 12 Abs. 1 lit. d) MAR
  - die Übermittlung falscher oder irreführender Angaben oder die Bereitstellung falscher oder irreführender Ausgangsdaten bezüglich eines Manipulationsobjekts
  - oder sonstige Handlungen, durch die die Berechnung eines Manipulationsobjekts manipuliert wird.

48 Sowohl im Fall von Art. 12 Abs. 1 lit. c) MAR als auch im Fall von Art. 12 Abs. 1 lit. d) MAR fällt die Verbreitung von Informationen oder Gerüchten bzw. die Übermittlung falscher oder irreführender Angaben bzw. die Bereitstellung falscher oder irreführender Ausgangsdaten aber nur dann unter das Verbot der Marktmanipulation, wenn die Person, die Informationen verbreitet oder übermittelt oder Ausgangsdaten bereitgestellt hat, **wusste oder hätte wissen müssen**, dass sie (die Informationen) falsch oder irreführend waren. Aus dieser Formulierung im Tatbestand von Art. 12 Abs. 1 lit. c) und lit. d) MAR ergeben sich zwei strafrechtsspezifische Probleme:

- *Erstens* fällt auf, dass die Adjektive „falsch" und „irreführend" in Art. 12 Abs. 1 lit. c) und lit. d) sich bei der jeweils ersten Nennung auf das Wort „Signale", bei der zweiten Nennung aber auf das Wort „Informationen" beziehen. Der daraus entstehenden Unklarheit, die auch in anderen Sprachfassungen der MAR auftritt, muss vor dem Hintergrund des strafrechtlichen Bestimmtheitsgrundsatzes[139] mit einer restriktiven Auslegung des Tatbestands begegnet werden, die verlangt, dass sowohl die verbreiteten Informationen als auch die Signale, die sie geben, objektiv irreführend oder falsch sind.[140]
- *Zweitens* führt die Formulierung eines Fahrlässigkeitsmoments („hätte wissen müssen") in Art. 12 Abs. 1 lit. c) und lit. d) MAR – jedenfalls *prima facie* – zu Friktionen mit dem Vorsatzerfordernis in § 119 Abs. 1 WpHG nF.[141]

49 Für **Journalisten**, die Informationen offenlegen oder verbreiten bzw. Empfehlungen abgeben oder verbreiten, ist die Sonderregelung des Art. 21 MAR zu beachten. Dabei handelt es sich um eine Öffnungsklausel, die es den Mitgliedstaaten erlaubt, ihre jeweiligen nationalen Vorschriften über die Pressefreiheit und die Freiheit der Meinungsäußerung in anderen Medien sowie die journalistischen Berufs- und Standesregeln bei der Anwendung der MAR zu berücksichtigen. Aus deutscher Perspektive bedeutet das insbesondere, dass

[137] Vgl. nur *Poelzig* NZG 2016, 528 (535 f.); zur Typologie näher *Eichelberger* Marktmanipulation S. 16 ff.; auch *Sorgenfrei/Saliger* in Park Kapitalmarktstrafrecht Teil 2 Kap. 6.1. Rn. 38 mwN.

[138] → Abschnitt C.

[139] → Rn. 11.

[140] Näher *Diversy/Köpferl* in Graf/Jäger/Wittig § 38 Rn. 49.

[141] → Rn. 81.

journalistische Berichterstattung, die geeignet ist, auf einen Börsen- oder Marktpreis einzuwirken, im Einzelfall **über Art. 5 Abs. 1 S. 2 GG iVm § 193 StGB** gerechtfertigt sein kann.[142] Darüber hinaus sind Art. 11 GRC und Art. 10 EMRK zu beachten.

(2) Handels- und handlungsgestützte Manipulationen. Sowohl § 119 Abs. 1 Var. 1 WpHG nF als auch § 119 Abs. 1 Var. 2 WpHG nF verweisen ferner (über § 120 Abs. 2 Nr. 3 und Abs. 15 Nr. 2 WpHG nF iVm Art. 15 MAR) auf den Art. 12 Abs. 1 lit. a) und lit. b) MAR und die darin geregelten **handels- und handlungsgestützten Manipulationen**. Davon erfasst sind 50

- gem. Art. 12 Abs. 1 lit. a) MAR der Abschluss eines Geschäfts, die Erteilung eines Handelsauftrags sowie jede andere Handlung,[143]
  - der bzw. die – tatsächlich oder wahrscheinlich – falsche oder irreführende Signale hinsichtlich des Angebots, des Preises oder des Kurses eines Manipulationsobjekts oder der Nachfrage danach gibt oder
  - der bzw. die – tatsächlich oder wahrscheinlich – ein anormales oder künstliches Kursniveau eines oder mehrerer Manipulationsobjekte herbeiführt;
- gem. Art. 12 Abs. 1 lit. b) MAR der Abschluss eines Geschäfts, die Erteilung eines Handelsauftrags und jegliche sonstige Tätigkeit oder Handlung, der bzw. die unter Vorspiegelung falscher Tatsachen oder unter Verwendung sonstiger Kunstgriffe oder Formen der Täuschung den Kurs eines oder mehrerer Finanzinstrumente, eines damit verbundenen Waren-Spot-Kontrakts oder eines auf Emissionszertifikaten beruhenden Auktionsobjekts beeinflusst oder hierzu geeignet ist.

Das Verbot nach Art. 12 Abs. 1 lit. a) MAR greift nicht, wenn die Person, die ein Geschäft abschließt, einen Handelsauftrag erteilt oder eine andere Handlung vornimmt, nachweist, dass das Geschäft, der Auftrag oder die Handlung legitime Gründe hat und im Einklang mit der **zulässigen Marktpraxis** gemäß Art. 13 MAR steht.[144] Vor dem Hintergrund der auch im Unionsrecht verankerten Unschuldsvermutung[145] kann Art. 13 Abs. 1 MAR trotz seiner missverständlichen Formulierung nicht dahingehend interpretiert werden, dass es sich hierbei um eine Vermutungsregel zu Lasten des Beschuldigten handelt. Vielmehr ist Art. 13 Abs. 1 MAR als **negatives Tatbestandsmerkmal** im Sinnes eines Tatbestandsausschlussgrundes einzustufen (der für die Unrechtsverwirklichung fehlen muss), dessen Vorliegen bzw. Nicht-Vorliegen von Amts wegen zu prüfen ist.[146] 51

(3) Weitere Konkretisierung und Ausnahmen. Weitere Konkretisierung erfährt das Verbot der Marktmanipulation durch **Art. 12 Abs. 2 MAR**, der – nicht abschließend – Handlungen aufzählt, die als Marktmanipulation gelten. Ferner findet sich im **Anhang I der MAR** (s. die Verweisung in Art. 12 Abs. 3 MAR) eine – ebenfalls nicht erschöpfende – Auflistung von Indikatoren in Bezug auf die Tatbestände von Art. 12 Abs. 1 lit. a) und lit. b) MAR. Diese Indikatoren werden ihrerseits durch den **Anhang I der Delegierten Verordnung (EU) 2016/522**[147] präzisiert, die auf Grundlage der Artt. 6 Abs. 5, 12 Abs. 5, 52

[142] Vgl. *Chr. Schröder* Kapitalmarktstrafrecht-HdB Rn. 295, 604; für eine dogmatische Einstufung von Art. 21 MAR als Tatbestandsausschlussgrund dagegen *Sorgenfrei/Saliger* in Park Kapitalmarktstrafrecht Teil 2 Kap. 6.1. Rn. 238.

[143] Die Tatbestandsvariante der „jeden anderen Handlung" ist unter dem Gesichtspunkt des strafrechtlichen Bestimmtheitsgebots äußerst kritisch zu sehen und im Hinblick auf den Auffangtatbestand in Art. 12 Abs. 1 lit. b) MAR zudem überflüssig, s. dazu näher *Diversy/Köpferl* in Graf/Jäger/Wittig § 38 Rn. 78.

[144] → § 16.

[145] → Rn. 105.

[146] Mit überzeugender Herleitung *Sorgenfrei/Saliger* in Park Kapitalmarktstrafrecht Teil 2 Kap. 6.1. Rn. 129; weitere Nachweise bei *Nestler*, Bank- und Kapitalmarktstrafrecht, Rn. 680 m. Fn. 134.

[147] Delegierte Verordnung (EU) 2016/522 der Kommission vom 17. Dezember 2015 zur Ergänzung der Verordnung (EU) Nr. 596/2014 des Europäischen Parlaments und des Rates im Hinblick auf eine Ausnahme für bestimmte öffentliche Stellen und Zentralbanken von Drittstaaten, die Indikatoren für Marktmanipulation, die Schwellenwerte für die Offenlegung, die zuständige Behörde, der ein Aufschub zu melden ist, die Erlaubnis zum Handel während eines geschlossenen Zeitraums und die Arten melde-

17 Abs. 2 und Abs. 3, 19 Abs. 13 und 14 MAR als sog. „Level 2"-Maßnahme erlassen wurde.[148] Ergänzend sieht Art. 13 Abs. 7 MAR eine Kompetenz der EU-Kommission vor, in Abstimmung mit der ESMA sog. **technische Regulierungsstandards** zu erlassen, die die Kriterien, das Verfahren und die Anforderungen für die Festlegung einer zulässigen Marktpraxis iSv Art. 13 MAR[149] sowie für die Anforderungen an ihre Beibehaltung oder Beendigung regeln und auch bestimmen, unter welchen Voraussetzungen die Bedingungen für die Zulässigkeit einer Marktpraxis geändert werden können.[150] Durch den Erlass der **Delegierten Verordnung (EU) 2016/908** hat die EU-Kommission von dieser Ermächtigungsgrundlage mittlerweile Gebrauch gemacht.[151] Auf „Level 3" werden die genannten „Level 2"-Maßnahmen schließlich durch Leitlinien und Empfehlungen der ESMA ergänzt.[152]

53 Gem. Art. 5 Abs. 1 MAR gelten die Verbote nach Art. 14 MAR und Art. 15 MAR nicht für den Handel mit eigenen Aktien im Rahmen von **Rückkaufprogrammen** und nach Art. 5 Abs. 4 MAR nicht für den Handel mit Wertpapieren oder verbundenen Instrumenten im Rahmen von **Maßnahmen zur Stabilisierung** des Kurses von Wertpapieren. Auch diese Ausnahmen finden in Gestalt der Delegierten Verordnung (EU) 2016/1052[153] als „Level 2"-Maßnahme auf Grundlage von Art. 5 Abs. 6 UAbs. 3 MAR eine Konkretisierung. Weitere Sondervorschriften für Maßnahmen im Rahmen der **Geld- und Wechselkurspolitik,** der **Staatsschuldenverwaltung,** der **Klimapolitik** und der **Agrar- und Fischereipolitik** sind in Art. 6 MAR geregelt.

54 **bb) Manipulationsobjekte.** Das Verbot der Marktmanipulation gem. Art. 12 Abs. 1 MAR gilt für Handlungen in Bezug auf Finanzinstrumente, mit einem Finanzinstrument verbundene Waren-Spot-Kontrakte, Auktionsobjekte, die auf Emissionszertifikaten beruhen (Art. 12 Abs. 1 lit. a)-c) MAR), sowie Referenzwerte (Art. 12 Abs. 1 lit. d) MAR).

55 In der bis zum 3.1.2018 geltenden Fassung von § 12 WpHG aF (Stand: 1. FiMaNoG) hatte der Gesetzgeber **drei weitere Manipulationsobjekte** bestimmt, die den Objekten nach Art. 12 Abs. 1 MAR gleichgestellt werden. Es handelte sich dabei um

- Waren iSd § 2 Abs. 2c WpHG aF (§ 12 Nr. 1 WpHG aF),
- Emissionsberechtigungen iSd § 3 Nr. 3 TEHG (§ 12 Nr. 2 WpHG aF) und
- ausländische Zahlungsmitteln iSd § 41 BörsG (§ 12 Nr. 3 WpHG aF).

Diese Manipulationsobjekte waren – gemeinsam mit den Tatobjekten nach Art. 12 Abs. 1 MAR – durch den Straftatbestand des § 38 Abs. 1 Nr. 1 WpHG aF (Stand: 1. FiMaNoG) erfasst. Der **einzige Unterschied** zwischen § 38 Abs. 1 Nr. 1 WpHG aF und § 38 Abs. 1 Nr. 2 WpHG aF bestand folglich darin, dass § 38 Abs. 1 Nr. 1 WpHG aF auch Tatobjekte nach § 12 WpHG aF erfasste.

56 Durch das **2. FiMaNoG** ist § 12 WpHG aF zum 3.1.2018 in § 25 WpHG nF verschoben worden. Im Zuge dieser Änderung wurde § 12 Nr. 2 WpHG aF (Erfassung von Emissionsberechtigungen iSd § 3 Nr. 3 TEHG) gestrichen. Hintergrund dieser Streichung ist, dass Emissionszertifikate aufgrund der Umsetzung der MiFID II ab dem 3.1.2018 gem. § 2

---

pflichtiger Eigengeschäfte von Führungskräften, ABl. EU Nr. L 88 v. 5.4.2016 S. 1 ff., in Kraft getreten am 3.7.2016.

[148] Näher *Sorgenfrei/Saliger* in Park Kapitalmarktstrafrecht Teil 2 Kap. 6.1. Rn. 85.

[149] Dazu bereits → Rn. 51.

[150] *Schmolke* AG 2016, 434 (438).

[151] Delegierte Verordnung (EU) 2016/908 der Kommission vom 26. Februar 2016 zur Ergänzung der Verordnung (EU) Nr. 596/2014 des Europäischen Parlaments und des Rates durch technische Regulierungsstandards für die Kriterien, das Verfahren und die Anforderungen für die Festlegung einer zulässigen Marktpraxis und die Anforderungen an ihre Beibehaltung, Beendigung oder Änderung der Bedingungen für ihre Zulässigkeit, ABl. EU Nr. L 153 v. 10.6.2016 S. 3 ff.

[152] Eine Übersicht der aktuell gültigen bzw. noch in Bearbeitung befindlichen „Level 3"-Maßnahmen der ESMA liefern *Ihrig/Stüber* online unter http://t1p.de/6imy.

[153] Delegierte Verordnung (EU) 2016/1052 der Kommission vom 8. März 2016 zur Ergänzung der Verordnung (EU) Nr. 596/2014 des Europäischen Parlaments und des Rates durch technische Regulierungsstandards für die auf Rückkaufprogramme und Stabilisierungsmaßnahmen anwendbaren Bedingungen, ABl. EU Nr. L 173 v. 30.6.2016 S. 34 ff.

Abs. 4 Nr. 5 WpHG nF als „Finanzinstrumente" gelten und der Gesetzgeber daher die Vorstellung hatte, sie würden auch ohne den Verweis in § 25 WpHG nF (entspricht § 12 WpHG aF) unter den Tatbestand des § 119 Abs. 1 WpHG nF fallen, weil der (über § 120 Abs. 2 Nr. 3 und Abs. 15 Nr. 2 WpHG nF iVm Art. 15 MAR in Bezug genommene) Art. 12 Abs. 1 MAR „Finanzinstrumente" ohnehin als Manipulationsobjekte erfasst. Das ist jedoch allenfalls die halbe Wahrheit und zeigt, dass der Gesetzgeber das absurd komplizierte Zusammenspiel von WpHG und MAR nach neuem Recht selbst nicht mehr überschaut:

– Der Straftatbestand § 119 Abs. 1 WpHG nF enthält – wenn die gesamte Verweisungskette § 119 Abs. 1 WpHG nF iVm § 120 Abs. 2 Nr. 3 und Abs. 15 Nr. 2 WpHG nF iVm Art. 15 MAR iVm Art. 12 Abs. 1 MAR in den Blick genommen wird – insgesamt **zwei verschiedene Begriffe** (!) des „Finanzinstruments": *Zunächst* wird das „Finanzinstrument" bei der Umschreibung des Taterfolgs in § 119 Abs. 1 Nr. 1 und Nr. 2 WpHG nF genannt. *Zudem* findet es sich als Manipulationsobjekt in Art. 12 Abs. 1 lit. a), lit. b) und lit. c) MAR wieder.
– Die Definition des Begriffs „Finanzinstrument" in § 2 Abs. 4 Nr. 5 WpHG nF gilt jedoch nur für „dieses Gesetz", dh für das WpHG und damit für das Merkmal „Finanzinstrument" in § 119 Abs. 1 Nr. 1 und Nr. 2 WpHG nF. Für die Definition des „Finanzinstruments" in Art. 12 Abs. 1 lit. a), lit. b) und lit. c) MAR ist dagegen die Definition in Art. 3 Abs. 1 Nr. 1 MAR einschlägig.
– Folglich ist es nicht ausreichend, dass der deutsche Gesetzgeber Emissionszertifikate durch § 2 Abs. 4 Nr. 5 WpHG nF dem Begriff des „Finanzinstruments" zuschlägt, wenn der Unionsgesetzgeber in Bezug auf Art. 3 Abs. 1 Nr. 1 MAR nicht dasselbe getan hat. Dies ist jedoch ab dem 3.1.2017 (vgl. Art. 39 Abs. 4 UAbs. 1 MAR) der Fall, weil Art. 3 Abs. 1 Nr. 1 MAR den Begriff des Finanzinstruments ab diesem Zeitpunkt an Art. 4 Abs. 1 Nr. 15 MiFID II knüpft, der ausweislich von Anhang I Teil C Ziff. 11 MiFID II auch Emissionszertifikate erfasst.
– Zusätzlich erklärt Art. 2 Abs. 1 S. 2 MAR ohnehin schon jetzt sämtliche Vorschriften der MAR (also auch Art. 15 MAR) bezüglich Versteigerungen von Treibhausgasemissionszertifikaten und anderen darauf beruhenden Auktionsobjekten auf einer als geregelten Markt zugelassenen Versteigerungsplattform gemäß der Emissionszertifikate-VO[154] für anwendbar, selbst wenn die versteigerten Produkte keine Finanzinstrumente sind.

Für die Rechtslage **ab dem 3.1.2018** lässt sich damit festhalten: § 119 Abs. 1 Var. 1 WpHG nF unterscheidet sich von § 119 Abs. 1 Var. 2 WpHG nF allein dadurch, dass § 119 Abs. 1 Var. 1 WpHG nF über § 25 WpHG nF Waren iSd § 2 Abs. 5 WpHG nF und ausländische Zahlungsmittel iSd § 51 BörsG als Manipulationsobjekte erfasst, die von § 119 Abs. 1 Var. 2 WpHG nF nicht erfasst werden. § 119 Abs. 1 Var. 2 WpHG nF bezieht sich dagegen – vermittelt über § 120 Abs. 15 Nr. 2 WpHG nF und Art. 15 MAR – auf die in Art. 12 Abs. 1 MAR genannten Manipulationsobjekte. 57

cc) Manipulationserfolg. Der Straftatbestand der Marktmanipulation gem. § 119 Abs. 1 WpHG nF setzt in allen Tatbestandsvarianten voraus, dass die jeweilige Manipulationshandlung in **kausaler und objektiv zurechenbarer Weise** zu einer tatsächlichen Einwirkung 58

– auf den Börsen- oder (Markt-)Preis eines der in § 119 Abs. 1 Nr. 1, Nr. 2 oder Nr. 3 WpHG nF bezeichneten Manipulationsobjekte oder
– auf die Berechnung eines Referenzwerts iSv § 119 Abs. 1 Nr. 4 WpHG nF

führt.[155] Es handelt sich bei dieser Preis- bzw. Berechnungseinwirkung um ein objektives Tatbestandsmerkmal und **nicht** um eine bloße objektive Bedingung der Strafbarkeit.[156]

[154] ABl. EU Nr. L 302 v. 18.11.2010 S. 1 ff.
[155] Einführend *Chr. Schröder* Kapitalmarktstrafrecht-HdB Rn. 563 ff.; aus der Rspr. s. BGH NZG 2016, 751 (753); BGHSt 59, 80 (87 f.) = NJW 2014, 1399; OLG Stuttgart NJW 2011, 3667 (3669).
[156] *Vogel* in Assmann/Schneider WpHG (6. Aufl.) § 38 Rn. 49; näher zum Deliktstypus von § 119 Abs. 1 WpHG → Rn. 44 m. Fn. 137.

59 Soweit *Bator* behauptet, der deutsche Gesetzgeber habe mit der Einfügung des Erfolgskriteriums in § 119 Abs. 1 WpHG nF seine Umsetzungsverpflichtung gem. Art. 5 Abs. 2 lit. a) i) CRIM-MAD verletzt, weil die dort beschriebene informationsgestützte Marktmanipulation als Tätigkeitsdelikt (genauer wäre uE: Eignungsdelikt) ausgestaltet sei,[157] ist dem zu entgegen, dass die Art. 5 CRIM-MAD entspringende Pönalisierungsverpflichtung sich ausweislich von Art. 5 Abs. 1 CRIM-MAD ausschließlich auf „schwere Fälle" der Marktmanipulation bezieht. Der deutsche Gesetzgeber hat insofern entschieden, dass ein „schwerer Fall" der Marktmanipulation nur vorliegt, wenn ein Manipulationserfolg eingetreten ist,[158] und bewegt sich damit innerhalb des von Art. 5 Abs. 1 CRIM-MAD vorgegebenen Umsetzungsspielraums.[159]

60 **(1) Begriff des Börsen- oder Marktpreises bzw. Referenzwertes.** Der Begriff des **Börsenpreises** bestimmt sich nach der Definition in § 24 BörsG.[160] Gem. § 24 Abs. 1 S. 1 BörsG zählen dazu alle Preise für Finanzinstrumente, die während der Börsenzeit an einer Börse im Präsenzhandel oder im elektronischen Handel oder die an einer Warenbörse ermittelt werden.[161] Ausweislich von § 24 Abs. 1 S. 2 BörsG gilt dies auch für einen Preis, der im Freiverkehr an einer Wertpapierbörse festgestellt wird. Für eine Strafbarkeit gem. § 119 Abs. 1 WpHG nF unerheblich ist die Frage, ob der Börsenpreis **manipulationsfrei** zustande gekommen ist, dh auch vollständig oder teilweise manipulierte Börsenpreise werden vom Tatbestand geschützt.[162] **Keine** Börsenpreise sind reine Geld-, Brief- oder Taxkurse ohne Börsenumsatz.[163]

61 **Marktpreise** sind die Durchschnittspreise, die auf einem Markt, der nicht den rechtlichen Status einer Börse hat, durch einen Vergleich der innerhalb eines bestimmten Zeitraums an dem Markt geschlossenen Geschäfte ermittelt wird.[164]

62 Den Begriff des **Referenzwerts** definiert Art. 3 Abs. 1 Nr. 29 MAR als „einen Kurs, Index oder Wert, der der Öffentlichkeit zugänglich gemacht oder veröffentlicht wird und periodisch oder regelmäßig durch Anwendung einer Formel auf den Wert eines oder mehrerer Basiswerte oder -preise, einschließlich geschätzter Preise, tatsächlicher oder geschätzter Zinssätze oder sonstiger Werte, oder auf Erhebungsdaten ermittelt bzw. auf der Grundlage dieser Werte bestimmt wird und auf den bei der Festsetzung des für ein Finanzinstrument zu entrichtenden Betrags oder des Wertes eines Finanzinstruments Bezug genommen wird." Bekannte Beispiele für solche Referenzwerte sind der „LIBOR" und der „EURIBOR".[165]

63 **(2) Einwirkungserfolg.** Auf einen Preis oder Referenzwert wird eingewirkt, wenn dieser künstlich erhöht, abgesenkt oder auch nur stabilisiert wird.[166] Jedenfalls im Bereich der handelsgestützten Marktmanipulation ist es **nicht** ausreichend, wenn durch die Manipulati-

---

157 *Bator* BKR 2016, 1 (2 f.).

158 Vgl. *Kudlich* AG 2016, 459 (462).

159 IE auch von einer unionsrechtskonformen Umsetzung ausgehend *Sorgenfrei/Saliger* in Park Kapitalmarktstrafrecht Teil 2 Kap. 6.1. Rn. 45, *Eggers/Gehrmann/Szesny* WiJ 2016, 123 (125) u. *Theile* in Esser/Rübenstahl/Saliger/Tsambikakis § 38 WpHG Rn. 5.

160 AllgA, s. nur BGH NJW 2014, 1399 (1401) mwN.

161 Vgl. *Kumpan* in Baumbach/Hopt § 24 BörsG Rn. 1 oder *Beck* in Schwark/Zimmer § 24 BörsG Rn. 8.

162 Zu diesem sog. „formellen" Börsenpreisbegriff s. BGHSt 59, 80 (89 f.) u. ferner *Trüg* in Leitner/Rosenau § 38 Rn. 91 sowie *Waßmer* HRRS 2014, 336 (337).

163 BGHSt 59, 80 (88); BGH NJW-RR 1990 (1459) (mwN zu § 29 BörsG aF); *Kumpan* in Baumbach/Hopt § 24 BörsG Rn. 1.

164 *Altenhain* in KölnKomm WpHG § 38 Rn. 109.

165 Näher dazu *Sorgenfrei/Saliger* in Park Kapitalmarktstrafrecht Teil 2 Kap. 6.1. Rn. 246.

166 BGH NZG 2016, 751 (753); BGHSt 59, 80 (87 f.); OLG Stuttgart NJW 2011, 3667 (3669); zu Recht kritisch zum Merkmal eines „künstlichen" Kursniveaus *Sorgenfrei/Saliger* in Park Kapitalmarktstrafrecht Teil 2 Kap. 6.1. Rn. 79, die darauf hinweisen, dass eine Unterscheidung zwischen „normalen" bzw. „natürlichen" und „anormalen" bzw. „künstlichen" Börsen- oder Marktkursen weder kapitalmarkttheoretisch noch wirtschaftswissenschaftlich möglich ist.

onshandlung erstmals ein Preis entsteht.[167] Unschädlich soll es nach Ansicht des BGH aber sein, wenn es sich bei dem Manipulationsobjekt um ein illiquides bzw. inaktives Wertpapier oder Finanzinstrument mit gleichsam einem „veralteten Preis" handelt.[168] Das Erfordernis einer **erheblichen** Preis- oder Referenzwerteinwirkung kennt das Gesetz grundsätzlich nicht.[169] Weiterhin muss keine Einwirkung auf **Schlusskurse** vorliegen; vielmehr genügt ein Einwirkungserfolg in Bezug auf *intra-day*-Kurse.[170]

Im Zusammenhang mit der **handelsgestützten Marktmanipulation** hat *Kudlich* – in Reaktion auf eine gegenteilige Entscheidung des OLG Stuttgart aus dem Jahr 2011[171] – die strafbarkeitseinschränkende Auffassung vertreten, dass eine unmittelbar durch die Ordererteilung des Täters verursachte Preisveränderung nicht als tatbestandsmäßiger Erfolg der Marktmanipulation angesehen werden dürfe; vielmehr könne erst dann von einem Taterfolg ausgegangen werden, wenn **weitere Marktteilnehmer** auf Grundlage des manipulativ herbeigeführten Kursniveaus **Drittgeschäfte** tätigen.[172] Kernargument für diese Position ist dabei, dass ohne das Erfordernis eines Drittgeschäfts Tathandlung und Taterfolg bei der Marktmanipulation in eins zusammenfielen und damit der Unterschied zwischen einer nur ahndbaren Marktmanipulation (als Eignungsdelikt) und der strafbaren Marktmanipulation (die ein Erfolgsdelikt darstellt) nivelliert würde.[173] Dem lässt sich jedoch entgegenhalten, dass die Tathandlung bei der handelsgestützten Marktmanipulation in der Erteilung (oder Änderung oder Stornierung) einer Order liegt, während der Taterfolg sich – von der Tathandlung unterscheidbar – erst in der darauf folgenden Preisfeststellung durch das Handelssystem bzw. durch den Skontroführer oder – im außerbörslichen Handel – in der Durchführung des Geschäfts manifestiert – ein **Automatismus zwischen Manipulationshandlung und Einwirkungserfolg** existiert nicht.[174] *Hohn* stützt die von *Kudlich* formulierte Position vor diesem Hintergrund mit einer abweichenden Argumentation, die auf einem systematischen Vergleich mit der informationsgestützten Marktmanipulation beruht. Er merkt insofern zu Recht an, dass diese Tatbestandsvariante der Marktmanipulation zur Erfolgsverwirklichung denklogisch voraussetzt, dass Dritte auf Grundlage manipulativer Informationen Geschäfte tätigen, weil die manipulative Verbreitung von Informationen allein sich schlechterdings nicht unmittelbar in einer Preiseinwirkung niederschlagen kann. Die handelsgestützte Marktmanipulation sei durch eine vergleichbare Unrechtsstruk- **64**

167 BGHSt 59, 80 (88 f.); *Schumann* in Müller-Gugenberger § 68 Rn. 33; *Szesny* in Böttger Wirtschaftsstrafrecht Kap. 6 Rn. 171; *Waßmer* HRRS 2014, 336 (337); vgl. aber zur **informationsgestützten Marktmanipulation** *Chr. Schröder* Kapitalmarktstrafrecht-HdB Rn. 563 m. Fn. 973.

168 BGHSt 59, 80 (89); zust. Diversy/Köpferl in Graf/Jäger/Wittig § 38 WpHG Rn. 102; **aA** *Trüg* (NJW 2014, 1346 [1348]; *Trüg* NZG 2016, 820 [822]; *Trüg* in Leitner/Rosenau § 38 WpHG Rn. 92), der die Auffassung vertritt, dass eine Manipulationshandlung nach zuvor eingetretener Illiquidität wie die straflose Schaffung eines neuen Börsenpreises wirke. Dabei sei von eingetretener Illiquidität auszugehen, wenn das betreffende Finanzinstrument an den Finanzmärkten nicht mehr gehandelt wird und nicht lediglich von vorübergehenden Stockungen im Handel auszugehen sei. Von einem tatbestandsmäßigen Einwirkungserfolg könne erst dann ausgegangen werden, wenn Dritte auf Grundlage der manipulierten Transaktion Folgegeschäfte tätigen (vgl. zu diesem Aspekt auch die in → Rn. 64 behandelte Debatte).

169 OLG Stuttgart NJW 2011, 3667 (3669); *Altenhain* in KölnKomm WpHG § 38 Rn. 112; *Gehrmann* WM 2016, 542 (545); *Woodtli* NZWiSt 2012, 51 (55); s. aber zB *Chr. Schröder* Kapitalmarktstrafrecht-HdB Rn. 586 ff., *Szesny* in Böttger Wirtschaftsstrafrecht Kap. 6 Rn. 172 für Einschränkungen in Bagatellfällen.

170 BGHSt 59, 80 (90 f.); OLG Stuttgart NJW 2011, 3667 (3669); *Diversy/Köpferl* in Graf/Jäger/Wittig § 38 WpHG Rn. 102; *Nestler*, Bank- und Kapitalmarktstrafrecht, Rn. 703.

171 OLG Stuttgart NJW 2011, 3667.

172 *Kudlich* wistra 2011, 361 ff.; iE zust. *Hohn* in Momsen/Grützner Kap. 6 Abschn. B Rn. 74; in manchen Fallkonstellationen der handelsgestützten Marktmanipulation fordert auch *Chr. Schröder* (in Achenbach/Ransiek/Rönnau Abschn. 10 Kap. 2 Rn. 85) das Vorliegen von Drittgeschäften, um einen Taterfolg annehmen zu können.

173 *Kudlich* wistra 2011, 363 f.

174 *Altenhain* in KölnKomm WpHG § 38 Rn. 111; *Diversy/Köpferl* in Graf/Jäger/Wittig § 38 WpHG Rn. 103; *Gehrmann* WM 2016, 542 (546); *Hohn* in Momsen/Grützner Kap. 6 Abschn. B Rn. 74; *Waßmer* HRRS 2014, 335 (338); *Woodtli* NZWiSt 2012, 51 (53 ff.); vgl. auch OLG Stuttgart NJW 2011, 3667 (3670).

tur gekennzeichnet, die es erfordere, dass sich das manipulative Verhalten in einer Marktreaktion niederschlage – anderenfalls fehle es dem im Tatbestand der handelsgestützten Marktmanipulation beschriebenen (ohnehin schwach ausgeprägten) Handlungsunrecht schlichtweg an hinreichender **Strafwürdigkeit**.[175] Ob sich dieser gewichtige Einwand durch einen bloßen Verweis auf das äußerst diffuse Rechtsgut der Marktmanipulation zurückweisen lässt, muss – jedenfalls *de lege ferenda*[176] – bezweifelt werden.[177] Für die geltende Rechtslage ist festzuhalten, dass der **BGH** die von *Kudlich* (und iE auch *Hohn*) vorgeschlagene restriktive Handhabung des Erfolgsmerkmals bei der Marktmanipulation im Einklang mit der herrschenden Auffassung in der Literatur[178] ausdrücklich abgelehnt hat.[179] Nicht zwingend ist dabei allerdings der vom BGH (deshalb wohl auch nur mit „vgl.") angeführte Verweis auf die Leitentscheidung des EuGH in der Sache **„IMC Securities BV v. Stichting Autoriteit Financiële Markten"**[180]. Denn zwar hat der EuGH in diesem – noch zu Art. 1 Nr. 2 lit. a) Var. 2 MAD 2003 ergangenen – Urteil entschieden, dass für die Feststellung einer manipulativen Kursbeeinflussung bereits eine einzige Kursfeststellung genüge, ohne dass Folgegeschäfte von Bedeutung wären.[181] Zudem kann diese Entscheidung ohne weiteres von der MAD 2003 auf das Verbot der Marktmanipulation in der MAR übertragen werden. Inwieweit das Verbot der Marktmanipulation jedoch auch **strafrechtlich** zu bewehren ist, stand nach alter Rechtslage mangels unionsrechtlicher Rahmenregelung im Ermessen des nationalen Gesetzgebers, der entsprechend frei war, den Einwirkungserfolg als strafbarkeitseinschränkendes Tatbestandsmerkmal einzuführen und nach Belieben auszugestalten. Auch nach neuer Rechtslage bezieht sich die Pönalisierungsverpflichtung des deutschen Gesetzgebers ausweislich von Art. 5 Abs. 1 CRIM-MAD ausschließlich auf „schwere Fälle" der Marktmanipulation, so dass es prinzipiell zulässig bleibt, den Straftatbestand des § 119 Abs. 1 WpHG nF über das Merkmal des Taterfolgs enger zu fassen als den kapitalmarktrechtlichen Verbotstatbestand der Marktmanipulation in der MAR.[182]

65 **(3) Kausalität.** Eine Bestrafung aus dem vollendeten Delikt der Marktmanipulation setzt voraus, dass die festgestellte Manipulationshandlung **zumindest mitursächlich** für den fraglichen Preis eines Manipulationsobjekts bzw. für den Stand eines Referenzwertes gewesen ist.[183] Der Nachweis eines solchen Ursachenzusammenhangs stellt sich vor dem

[175] *Hohn* in Momsen/Grützner Kap. 6 Abschn. B Rn. 74.

[176] Vgl. *Gehrmann* AG 2016, 542 (546) m. Fn. 48: Rechtspolitisch sei zu bezweifeln, ob Marktmanipulationen, die zu einem einmaligen „Ausbruch" des Kurses führen, tatsächlich eine Gefährlichkeit aufweisen, die eine strafrechtliche Reaktion verlangen.

[177] So aber *Diversy/Köpferl* in Graf/Jäger/Wittig § 38 WpHG Rn. 104: Die ordnungsgemäße Preisbildung durch ein unbeeinflusstes Spiel von Angebot und Nachfrage sei bereits durch die erste aufgrund des manipulativen Handels des Täters erfolgte Preisfeststellung beeinträchtigt; ganz ähnlich auch *Woodtli* NZWiSt 2012, 51 (54 f.): Die Wahrheit der Börsenpreisfindung werde nicht erst dadurch verletzt, dass sich Anleger durch Preisfeststellungen haben beeinflussen lassen, sondern bereits dann, wenn Börsenpreise nicht ordnungsgemäß, nämlich auf aufgrund eines freien Spiels von Angebot und Nachfrage, zustande kommen.

[178] *Altenhain* in KölnKomm WpHG § 38 Rn. 111; *Diversy/Köpferl* in Graf/Jäger/Wittig § 38 WpHG Rn. 103; *Gehrmann* WM 2016, 542 (546); *Waßmer* HRRS 2014, 335 (338); *Wittig* WiStra § 30 Rn. 44; *Woodtli* NZWiSt 2012, 51 (53 ff.).

[179] BGHSt 59, 80 (91).

[180] EuGH v. 7.7.2011 – Rs. C-445/09, Slg. 2011 I-5917 = NZG 2011, 951 – *IMC Securities*.

[181] Wörtlich lautet der Tenor der Entscheidung: „Art. 1 Nr. 2 Buchst. a zweiter Gedankenstrich der Richtlinie 2003/6/EG des Europäischen Parlaments und des Rates vom 28. Januar 2003 über Insider-Geschäfte und Marktmanipulation (Marktmissbrauch) ist in dem Sinne auszulegen, dass es für die Annahme, dass der Kurs eines oder mehrerer Finanzinstrumente in der Weise beeinflusst wurde, dass ein anormales oder künstliches Kursniveau erzielt wurde, nicht erforderlich ist, dass dieser Kurs über einen gewissen Zeitraum hinaus auf einem anormalen oder künstlichen Kursniveau bleibt."

[182] → Rn. 59.

[183] BGH NZG 2016, 751 (753) (m. insoweit krit. Bespr. *Dinges/Voß* EWiR 2017, 73 [74]); BGHSt 59, 80 (87 f.); *Diversy/Köpferl* in Graf/Jäger/Wittig § 38 WpHG Rn. 105; *Trüg* NZG 2016, 820 (822); *Chr. Schröder* Kapitalmarktstrafrecht-HdB Rn. 564; eingehend zu den Möglichkeiten des Kausalitätsnachweises für verschiedene Fallgruppen *Eichelberger* Marktmanipulation S. 323 ff.

Hintergrund der **Multikausalität** des Geschehens auf den Kapitalmärkten jedoch als schwierig dar.[184] Die Rechtsprechung begegnet diesen Schwierigkeiten mit einer pragmatischen **Indizienlösung**. Paradigmatisch lässt sich insofern eine Leitentscheidung des 1. BGH-Strafsenats aus dem Jahr 2003 anführen, nach der „keine überspannten Anforderungen" an die Feststellung des Kausalverhältnisses zwischen Manipulationshandlung und Manipulationserfolg gestellt werden dürfen.[185] Vielmehr sei eine Gesamtbewertung aller Indiztatsachen vorzunehmen, wobei als Kriterien insbesondere auf einen Vergleich des Kursverlaufs vor und nach der Manipulationshandlung, eine Analyse der Preis- und Umsatzentwicklung am betroffenen Börsentag, eine Analyse des Volumens der betroffenen Order sowie auf eine Untersuchung des Zeitabstands zwischen dem Manipulationsverhalten und der Preiseinwirkung zurückgegriffen werden könne; je zeitnäher ein Markt auf eine Manipulation reagiere, desto näher läge die Feststellung der Kausalität.[186] Eine Befragung von Marktteilnehmern sei hingegen regelmäßig nicht veranlasst.[187]

Wie *Schröder* – unter Zustimmung von *Vogel*[188] sowie von *Sorgenfrei* und *Saliger*[189] – 66
aufgezeigt hat, führt die skizzierte Herangehensweise des BGH allerdings nur in Fällen weiter, in denen es deutliche Kursveränderungen gegeben hat.[190] Marktmanipulationen können jedoch auch „stumm", dh ohne Preissprünge oder Preiseinbrüche verlaufen.[191] Schwierigkeiten bereiten außerdem Fälle, in denen eine auffällige Kurs- oder Umsatzentwicklung vorliegt, dafür jedoch auch nicht-manipulative Ursachen in Betracht kommen.[192] In derartigen Konstellationen muss die tatrichterliche Feststellung des Ursachenzusammenhangs zwischen Manipulationshandlung und Kursentwicklung anhand einer komplexeren Methodik festgestellt werden, als sie den bisher vom BGH entschiedenen (vergleichsweise eindeutigen) Fällen zugrunde lag.[193] Dabei wird das Tatgericht sich im Regelfall auf entsprechende **Sachverständigengutachten** stützen müssen.[194]

Gelingt der Kausalitätsnachweis nicht, kann eine Strafbarkeit wegen des Versuchs der 67
Marktmanipulation gem. § 119 Abs. 1, Abs. 4 WpHG nF gegeben sein.

(4) Objektive Zurechnung. Der eingetretene Einwirkungserfolg muss dem Täter 68
schließlich auch objektiv zugerechnet werden können. Daran fehlt es beispielsweise, wenn die Marktteilnehmer die vom Täter vorgenommene Manipulation durchschaut haben und trotzdem – im Sinne eines **freiverantwortlichen Dazwischentretens** – auf den manipulierten Trend setzen.[195] Dagegen ist objektive Zurechenbarkeit etwa dann gegeben, wenn eine an sich geringfügige Preismanipulation auf Grund zahlreicher **stop-loss-orders** im

[184] Dazu näher *Altenhain* in KölnKomm WpHG § 38 Rn. 115 f.; *Diversy/Köpferl* in Graf/Jäger/Wittig § 38 WpHG Rn. 105 ff.; *Kudlich* AG 2016, 459 (461); *Sorgenfrei/Saliger* in Park Kapitalmarktstrafrecht Teil 2 Kap. 6.1. Rn. 307 f.; *Szesny* in Böttger Wirtschaftsstrafrecht Kap. 6 Rn. 170; angesichts der Nachweisschwierigkeiten *de lege ferenda* für die Schaffung eines Eignungsgefährdungsdelikts (statt eines Erfolgsdelikts) *Schönwälder* Marktmanipulation S. 378 f. u. 386 f.

[185] BGHSt 48, 373 (384); 59, 105 (117); bestätigt und weiterentwickelt ua durch BGH NZG 2016, 751 (753); zust. auch LG München I wistra 2003, 437 (438).

[186] BGHSt 48, 373 (384); ergänzend *Hohn* in Momsen/Grützner Kap. 6 Abschn. B Rn. 73.

[187] BGHSt 48, 373 (384); 59, 105 (107); BGH NZG 2016, 751 (753); OLG Stuttgart NJW 2011, 3667 (3670).

[188] *Vogel* in Assmann/Schneider WpHG (6. Aufl.) § 38 Rn. 56.

[189] *Sorgenfrei/Saliger* in Park Kapitalmarktstrafrecht Teil 2 Kap. 6.1. Rn. 307.

[190] Kritisch zur skizzierten Rechtsprechungslinie des BGH auch *Altenhain* in KölnKomm WpHG § 38 Rn. 118.

[191] *Chr. Schröder* Kapitalmarktstrafrecht-HdB Rn. 565; ebenso *Hohn* in Momsen/Grützner Kap. 6 Abschn. B Rn. 69.

[192] Mit einem Beispiel *Chr. Schröder* Kapitalmarktstrafrecht-HdB Rn. 566 f.

[193] Dazu ausführlich *Chr. Schröder* Kapitalmarktstrafrecht-HdB Rn. 568 ff.

[194] *Diversy/Köpferl* in Graf/Jäger/Wittig § 38 WpHG Rn. 108; *Gehrmann* WM 2016, 542 (546); zum Vorgehen bei sich widersprechenden Sachverständigengutachten s. *Vogel* in Assmann/Schneider WpHG (6. Aufl.) § 38 Rn. 55.

[195] *Altenhain* in KölnKomm WpHG § 38 Rn. 119; *Vogel* in Assmann/Schneider WpHG (6. Aufl.) § 38 Rn. 52 mit Fn. 144; **aA** *Diversy/Köpferl* in Graf/Jäger/Wittig § 38 WpHG Rn. 109.

Orderbuch einen starken Kursverfall auslösen und der Täter es gerade hierauf angelegt hat.[196]

69 **dd) Täterschaft und Teilnahme.** Die Marktmanipulation gem. § 119 Abs. 1 WpHG nF ist ein **Allgemein- bzw. Jedermannsdelikt**, für das die allgemeinen Regeln zu Täterschaft und Teilnahme gelten.[197]

70 Eine Begehung in **Mittäterschaft** gem. § 25 Abs. 2 StGB kommt insbesondere bei sog. „Matched Orders", sog. „Circular Trading" oder einer zwischen mehreren Personen abgesprochenen Einwirkung auf Referenzpreise in Betracht.[198] Sprechen sich mehrere Personen darüber ab, unrichtige oder irreführende Angaben zu streuen, kann ebenfalls Mittäterschaft vorliegen, sodass dem einzelnen Täter nicht nachgewiesen werden muss, dass sein Tatbeitrag kausal und objektiv zurechenbar zu einem Einwirkungserfolg geführt hat, da ihm die übrigen Tatbeiträge der anderen Mittäter zugerechnet werden.[199]

71 **Mittelbare Täterschaft** gem. § 25 Abs. 1 Var. 2 StGB ist denkbar, wenn Informationsmultiplikatoren wie Journalisten oder Rating-Agenturen gezielt mit falschen Informationen versorgt werden und diese dann gutgläubig verbreiten.[200]

72 Während sich in Bezug auf die Anstiftung (§ 26 StGB) keine Besonderheiten ergeben, stellt sich in Bezug auf die **Beihilfe zur Marktmanipulation** gem. § 27 StGB das Problem, inwiefern Mitarbeiter von Banken, Brokern sowie Presse- und Publikationsdiensten sich durch **sog. berufsneutrale Handlungen** der Beihilfe zur Marktmanipulation schuldig machen können.[201] Im Ausgangspunkt ist hier die Position des BGH heranzuziehen, der für eine Gehilfenhaftung im Bereich des berufstypischen Verhaltens höhere Anforderungen an die subjektive Tatseite stellt: Zielt die Aktion des Haupttäters ausschließlich darauf ab, eine strafbare Handlung zu begehen, und weiß dies der Hilfeleistende, so ist sein Tatbeitrag in jedem Fall als strafbare Beihilfehandlung zu werten. Hält der Hilfeleistende es dagegen für möglich (iS eines *dolus eventualis*), dass sein Tun zur Begehung der Straftat genutzt wird, ist eine strafbare Beihilfe nur dann anzunehmen, wenn das von ihm erkannte Risiko strafbaren Verhaltens des von ihm Unterstützten derart hoch war, dass er sich mit seiner Hilfeleistung „die Förderung eines erkennbar tatgeneigten Täters angelegen sein ließ".[202]

73 **ee) Vollendung, Versuch, Rücktritt.** Eine Tat nach § 119 Abs. 1 WpHG nF ist mit dem Eintritt der Preiseinwirkung als Taterfolg **vollendet**. Dass der Preis nach der Einwirkung möglicherweise noch länger unter dem Einfluss der Manipulationshandlung steht, ist für den Zeitpunkt der Vollendung irrelevant.[203]

74 Der **Versuch der Marktmanipulation** ist gem. den § 119 Abs. 1, Abs. 4 WpHG nF nach den allgemeinen Regeln über den strafbaren Versuch gem. den §§ 22, 23 StGB strafbar. Auch in Bezug auf den strafbefreienden **Rücktritt vom Versuch** (§ 24 StGB) gelten die allgemeinen Regeln.

75 **ff) Strafbarkeit durch Unterlassen.** Nach ganz herrschender Auffassung enthalten die §§ 119 Abs. 1, 120 Abs. 2 Nr. 3, Abs. 15 Nr. 2 WpHG nF iVm Art. 15 MAR sowie Art. 12 MAR (zT iVm § 25 WpHG nF) – anders als der bis zum 2.7.2016 geltende Straftatbestand der Marktmanipulation gem. § 38 Abs. 3 WpHG aF iVm § 20a Abs. 1 S. 1

[196] *Vogel* in Assmann/Schneider WpHG (6. Aufl.) § 38 Rn. 52 mit Fn. 145.

[197] OLG München NJW 2011, 3664 (3666); BGHSt 59, 105 (110 f.); BGH NZG 2016, 751 (752); *Diversy/Köpferl* in Graf/Jäger/Wittig § 38 WpHG Rn. 18.

[198] *Sorgenfrei/Saliger* in Park Kapitalmarktstrafrecht Teil 2 Kap. 6.1. Rn. 332; *Chr. Schröder* Kapitalmarktstrafrecht-HdB Rn. 607.

[199] BGH NZG 2016, 751 (752 f.) m. vielen w. Nachw.; *Chr. Schröder* Kapitalmarktstrafrecht-HdB Rn. 607a.

[200] *Sorgenfrei/Saliger* in Park Kapitalmarktstrafrecht Teil 2 Kap. 6.1. Rn. 332; *Chr. Schröder* Kapitalmarktstrafrecht-HdB Rn. 609.

[201] Dazu näher *Altenhain* in KölnKomm WpHG § 38 Rn. 154 u. *Chr. Schröder* Kapitalmarktstrafrecht-HdB Rn. 612 ff.

[202] BGHSt 46, 107 (112); für abweichende Ansätze in der Literatur s. die Übersicht bei *Joecks* in MüKoStGB § 27 Rn. 66 ff. mwN.

[203] BGHSt 59, 105 (119); *Altenhain* in KölnKomm WpHG § 38 Rn. 157 – jew. mwN.

Nr. 1 Var. 2 WpHG aF („Verschweigen bewertungserheblicher Umstände") – keinen **echten Unterlassungstatbestand** mehr.[204] Dem ist jedenfalls in Ansehung der **deutschen Sprachfassung** von Art. 12 Abs. 1 MAR zuzustimmen, da die Begriffe, die dort für die Beschreibung der Tathandlung verwendet werden („Abschluss eines Geschäfts", „Erteilung eines Handelsauftrags", „jede andere Handlung", „sonstige Tätigkeit oder Handlung", „Vorspiegelung falscher Tatsachen", „Verwendung sonstiger Kunstgriffe oder Formen der Täuschung", „Verbreitung von Informationen", „Übermittlung falscher oder irreführender Angaben"), eine Subsumtion von Unterlassen ausschließen.[205] An diesem Ergebnis ändert insbesondere auch Art. 4 Abs. 2 MAR nichts, da mit dieser Norm lediglich der räumliche Anwendungsbereich von „Handlungen und Unterlassungen" iSd MAR festgelegt wird, ohne dabei aber zu regeln, *welche* Normen der MAR Unterlassungsunrecht erfassen.[206]

Umstritten ist jedoch, ob und inwieweit eine **unechte Unterlassungsstrafbarkeit** durch die Anwendung von § 13 StGB begründet werden kann. Während der Gesetzgeber des 1. FiMaNoG im Einklang mit der überwiegenden Auffassung in der Literatur der Ansicht war, dass ein Unterlassen unter den Voraussetzungen des § 13 StGB auch nach neuem Recht den Tatbestand der Marktmanipulation erfüllen kann,[207] wird eine Anwendbarkeit des § 13 StGB von einigen Stimmen in der Literatur abgelehnt, etwa weil es an der erforderlichen Modalitätenäquivalenz fehle[208] oder eine Bestrafung aus dem unechten Unterlassungsdelikt zudem dem vollharmonisierenden Charakter der MAR zuwiderlaufe.[209] Richtigerweise ist zu differenzieren: **76**

Bei der **informationsgestützten Marktmanipulation** iSv Art. 12 Abs. 1 lit. c) MAR kommt eine Anwendung von § 13 StGB wegen des Erfordernisses der Modalitätenäquivalenz in der Tat dann nicht in Betracht, wenn das Verhalten des Täters sich in einem bloßen Unterlassen einer rechtlich gebotenen Offenlegung (zB nach Art. 17 MAR oder nach Art. 19 MAR) erschöpft, da in diesem Fall zwar eine pflichtwidrige „Nicht-Veröffentlichung", nicht aber – im Sinne der Modalitätenäquivalenz – ein „Veröffentlichen durch Unterlassen" vorliegt.[210] Anders liegt der Fall jedoch bei der **handlungsgestützten Marktmanipulation** iSv Art. 12 Abs. 1 lit. b) Var. 3 MAR: Hier ist die Umschreibung der Tathandlungen („sonstige Tätigkeit oder Handlung an Finanzmärkten, die unter Vorspiegelung falscher Tatsachen oder unter Verwendung sonstiger Kunstgriffe oder Formen der Täuschung den Kurs […] beeinflusst") so offen formuliert, dass ihr Unterlassen denselben sozialen Sinngehalt aufweist wie ihre aktive Begehung. Eine Begehung von Art. 12 Abs. 1 lit. b) Var. 3 MAR durch Unterlassen ist also möglich, wenn sich aus dem vorgelagerten Kapitalmarktrecht eine Pflicht zum Tätigwerden im Dienste der informationellen Chancengleichheit auf dem Kapitalmarkt iSv § 13 StGB ergibt.[211] Als besonders **77**

---

[204] *Diversy/Köpferl* in Graf/Jäger/Wittig § 38 WpHG Rn. 114; *Saliger* WM 2017, 2329 (2330 ff.); *Sajnovits/Wagner* WM 2017, 1189 (1190 ff.); *Trüg* in Leitner/Rosenau § 38 Rn. 34; *Richter* WM 2017, 1636 (1637).

[205] *Diversy/Köpferl* in Graf/Jäger/Wittig § 38 WpHG Rn. 114; *Saliger* WM 2017, 2329 (2331); *Sajnovits/Wagner* WM 2017, 1189 (1190 ff.); *Trüg* in Leitner/Rosenau § 38 Rn. 34. Andere Sprachfassungen lassen allerdings eine abweichende Interpretation zu, vgl. hierzu nur die Andeutung von *Sajnovits/Wagner* WM 2017, 1189 (1192) m. Fn. 30.

[206] Treffend *Sajnovits/Wagner* WM 2017, 1189 (1192); iE auch *Sorgenfrei/Saliger* in Park Kapitalmarktstrafrecht Teil 2 Kap. 6.1. Rn. 333 und ausführlich *Saliger* WM 2017, 2329 (2332 f.).

[207] BT-Drs. 18/7482 S. 64 („Im Einklang mit Artikel 2 Absatz 4 der Verordnung (EU) Nr. 596/2014 und entsprechend § 13 des Strafgesetzbuches kann – wie schon bisher – ein Unterlassen den Tatbestand der Marktmanipulation erfüllen."); ebenso *Diversy/Köpferl* in Graf/Jäger/Wittig § 38 WpHG Rn. 114 ff.; *Kudlich* AG 2016, 459 (461); *Renz/Leibold* CCZ 2016, 157 (166); *Richter* WM 2017, 1636 (1638 f.).

[208] *Sajnovits/Wagner* WM 2017, 1189 (1194 f.); *Saliger* WM 2017, 2329 (2334 f.); *Sorgenfrei/Saliger* in Park Kapitalmarktstrafrecht Teil 2 Kap. 6.1. Rn. 333; *Eggers* WiJ 2017, 49 (52).

[209] So erstmals *Bator* BKR 2016, 1 (4); vertiefend *Sajnovits/Wagner* WM 2017, 1189 (1195 f.); iE auch *Sorgenfrei/Saliger* in Park Kapitalmarktstrafrecht Teil 2 Kap. 6.1. Rn. 333 und ausführlich *Saliger* WM 2017, 2329 (2333 f.).

[210] *Diversy/Köpferl* in Graf/Jäger/Wittig § 38 Rn. 117; *Sajnovits/Wagner* WM 2017, 1189 (1994 f.); *Teigelack* → § 13 Rn. 31; aA *Böse* wistra 2018, 22 (25 f.).

[211] *Diversy/Köpferl* in Graf/Jäger/Wittig § 38 Rn. 119; *Richter* WM 2017, 1636 (1638 f.).

praxisrelevante Beispiele können an dieser Stelle das **Unterlassen einer Ad-hoc-Mitteilung** entgegen Art. 17 MAR oder das Unterlassen einer **Meldung von „Directors Dealings"** iSv Art. 19 MAR genannt werden.

78 Gegen die hier vertretene Erfassung von Ad-hoc-Publizitätsverstößen und Verstößen gegen die Pflicht zur Meldung von „Directors Dealings" durch den Tatbestand der Marktmanipulation iVm § 13 StGB lässt sich auch nicht der **vollharmonisierende Charakter der MAR** ins Feld führen. Zwar merken *Sajnovits* und *Wagner*[212] – so wie in Ansätzen zuvor bereits *Bator*[213] – zu Recht an, dass die MAR es dem deutschen Gesetzgeber verbietet, über die in der MAR geregelten Vorschriften hinaus *neue* kapitalmarktrechtliche Verhaltensnormen im Anwendungsbereich der Verordnung zu schaffen. Das in einer Bestrafung eines Ad-hoc-Publizitätsverstoßes auf Basis von § 13 StGB notwendig enthaltene Gebot der Ad-hoc-Publizität ist allerdings keineswegs „neu", sondern in Art. 17 MAR bereits enthalten und durch § 13 StGB lediglich gesondert strafrechtlich flankiert.[214] Das gleiche gilt für die Pflicht zur Meldung von „Directors Dealings", die – unabhängig von einer strafrechtlichen Flankierung durch § 13 StGB iVm § 119 Abs. 1 WpHG – schon in Art. 19 MAR geregelt ist. Eine solche Pönalisierung von bereits unionskapitalmarktrechtlich geregelten Verhaltensanforderungen ist unionsrechtlich zulässig, da die Vorgaben der CRIM-MAD zu der Frage, welche kapitalmarktrechtlichen Verhaltensnormen von den Mitgliedstaaten wie zu pönalisieren sind, unbestritten nur *Mindest*vorgaben enthalten, die von den Mitgliedstaaten überschritten werden können.[215] Ebenfalls nicht stichhaltig ist das von *Sajnovits* und *Wagner* angeführte Argument, der Gesetzgeber habe die Anwendbarkeit von § 13 StGB auf den Tatbestand der Marktmanipulation *a priori* ausgeschlossen, indem in § 119 Abs. 1 WpHG nF über § 120 Abs. 2 Nr. 3, Abs. 15 Nr. 2 WpHG nF eine Verweisung auf Art. 15 MAR eingefügt wurde, der *per definitionem* nur Fälle der aktiven Marktbeeinflussung erfasse.[216] Denn zwar ist es zutreffend, dass Art. 15 MAR – und damit auch der gesamte Blanketttatbestand nach §§ 119 Abs. 1, 120 Abs. 2 Nr. 3, Abs. 15 Nr. 2 WpHG nF iVm Art. 15 MAR – lediglich aktives Tun erfasst. Das schließt eine Anwendbarkeit von § 13 StGB nach allgemeinen Regeln jedoch ebenso wenig aus wie bei anderen aktivisch formulierten Tatbeständen (zB § 212 StGB).[217]

79 Bei betriebsbezogenen Marktmanipulationstaten im Unternehmen kommt eine Unterlassungsstrafbarkeit von Leitungspersonen auf Grundlage der **sog. Geschäftsherrenhaftung** in Betracht.[218] Für die Leitungsorgane von Banken, Brokern und sonstigen im Wertpapierhandel tätigen Unternehmens ist die im Zusammenhang mit der Geschäftsherrenhaftung von der hM angenommene **allgemeine betriebsbezogene Pflicht**, Straftaten aus dem eigenen Unternehmen heraus nach Möglichkeit zu verhindern, in § 80 Abs. 1 WpHG nF sogar ausdrücklich gesetzlich geregelt.

c) Subjektiver Tatbestand

80 Die Marktmanipulation gem. § 119 Abs. 1 WpHG nF ist in allen Tatbestandsvarianten ein **Vorsatzdelikt**, so dass in Bezug auf alle Umstände, die den Blanketttatbestand und die jeweilige Ausfüllungsnorm verwirklichen, mindestens *dolus eventualis* vorliegen muss.[219] Ein

---

212 *Sajnovits/Wagner* WM 2017, 1189 (1195 f.).

213 *Bator* BKR 2016, 1 (4).

214 Für Verstöße gegen die Pflicht zur Meldung von „Directors Dealings" gilt das gleiche; hier sei auf Art. 19 MAR verwiesen.

215 Mit ähnlicher Argumentation *Böse* wistra 2018, 22 (23 f.).

216 *Sajnovits/Wagner* WM 2017, 1189 (1194).

217 In diesem Sinne auch *Böse* wistra 2018, 22 (25).

218 Leitentscheidungen BGHSt 57, 42 u. BGHSt 54, 44; für eine nähere Einführung vgl. die Übersichten bei *Wohlers/Gaede* in NK StGB § 13 Rn. 53 u. *Fischer* StGB § 13 Rn. 67 ff. – jew. mwN.

219 *Diversy/Köpferl* in Graf/Jäger/Wittig § 38 WpHG Rn. 111 f.; besonders ausführlich *Chr. Schröder* Kapitalmarktstrafrecht-HdB Rn. 590 ff.

darüber hinaus gehendes subjektives Element – etwa in Form einer **Manipulationsabsicht** – ist nicht erforderlich.[220]

Für die Prüfung des subjektiven Tatbestands von § 119 WpHG nF **irrelevant**[221] sind die Formulierungen in Art. 12 Abs. 1 lit. c) und lit. d) MAR, wonach die Verbreitung von Informationen oder Gerüchten bzw. die Übermittlung falscher oder irreführender Angaben bzw. die Bereitstellung falscher oder irreführender Ausgangsdaten unter das Verbot der Marktmanipulation fällt, wenn die Person, die Informationen verbreitet oder übermittelt oder Ausgangsdaten bereitgestellt hat, **wusste oder hätte wissen müssen**, dass sie (die Informationen) falsch oder irreführend waren.[222] Denn wenn man die Sanktions- und Ausfüllungsnorm in der Verweisungskette nach § 119 Abs. 1 WpHG nF iVm § 120 Abs. 2 Nr. 3 und Abs. 15 Nr. 2 WpHG nF iVm Art. 15 MAR iVm Art. 12 Abs. 1 lit. c) und lit. d) MAR zusammenliest, wird deutlich, dass das dem Allgemeinen Teil des deutschen Strafrechts zu entnehmende Vorsatzerfordernis die Fahrlässigkeitskomponente in Art. 12 Abs. 1 lit. c) und lit. d) MAR verdrängt. Es ist denklogisch nicht möglich, etwas für möglich zu halten und billigend in Kauf zu nehmen, das man selbst nicht weiß, sondern nur wissen müsste. Folglich ist die Fahrlässigkeitskomponente gem. Art. 12 Abs. 1 lit. c) und lit. d) MAR im strafrechtlichen Bereich zu ignorieren. Dies lässt sich insbesondere auch mit den Pönalisierungsvorgaben der CRIM-MAD vereinbaren, da die Mitgliedstaaten ausweislich von **Art. 5 Abs. 1 CRIM-MAD** lediglich dann Kriminalstrafen für Fälle der Marktmanipulation vorsehen müssen, wenn Vorsatz vorliegt. 81

Im Falle eines **„scalpings"** kann es als Indiz für das Vorliegen von Eventualvorsatz gewertet werden, wenn die Empfehlung einer Wertpapieranlage und ihr gewinnbringender Verkauf in einem engen zeitlichen Zusammenhang stehen.[223] Bei objektiv nachweisbaren **„Wash Sales"**, **„Matched Orders"** oder **„Circular Trading"** wird sich im Einzelfall aus einer Gesamtschau des Handels auf den Vorsatz schließen lassen.[224] Schwierig ist der Vorsatznachweis dagegen in Fällen, in denen Kauf- oder Verkaufsorder vorliegen, die geeignet sind, falsche oder irreführende Signale zu geben oder ein künstliches Preisniveau herbeizuführen, es dabei jedoch gar **nicht zur Ausführung** dieser Orders kommt.[225] 82

Scheitert der Vorsatznachweis, kann eine Ordnungswidrigkeit nach § 120 Abs. 2 Nr. 3 WpHG nF oder nach § 120 Abs. 15 Nr. 2 WpHG nF vorliegen, die jeweils auch **leichtfertiges Handeln** erfassen. 83

d) Rechtfertigung und Schuld

Für § 119 Abs. 1 WpHG nF gelten die allgemeinen Regeln über Rechtfertigungs- und Entschuldigungs- bzw. Schuldausschließungsgründe, denen allerdings keine große praktische Bedeutung zukommen dürfte.[226] Im Zusammenhang mit journalistischer Bericht- 84

---

[220] BGHSt 59, 80 (91); OLG Stuttgart NJW 2011, 3667 (3669): *Altenhain* in KölnKomm WpHG § 38 Rn. 120; *Diversy/Köpferl* in Graf/Jäger/Wittig § 38 WpHG Rn. 111; *Schumann* in Müller-Gugenberger § 68 Rn. 34b; *Waßmer* HRRS 2014, 336 (338 ff.) – jew. mwN; **aA** *Gehrmann* in Schork/Groß § 5 Rn. 593; *Pananis* in MüKoStGB § 38 WpHG Rn. 243 (jew. ebenfalls mwN): Bei der handelsgestützten Marktmanipulation sei ein zielgerichtetes Handeln – dh *dolus directus 1. Grades* – in Bezug auf die Einwirkung auf den Börsen- oder Marktpreis erforderlich.

[221] So im Ergebnis auch *Diversy/Köpferl* in Graf/Jäger/Wittig § 38 WpHG Rn. 111, *Theile* in Esser/Rübenstahl/Saliger/Tsambikakis § 38 WpHG Rn. 11 u. *Nestler*, Bank- und Kapitalmarktstrafrecht, Rn. 694, 696.

[222] Zur Bedeutung dieser Formulierung aus genuin kapitalmarktrechtlicher Sicht *Schmolke* AG 2016, 434 (442 f.).

[223] BGHSt 48, 373 (381); *Diversy/Köpferl* in Graf/Jäger/Wittig § 38 WpHG Rn. 112.

[224] *Chr. Schröder* Kapitalmarktstrafrecht-HdB Rn. 599; näher zu Vorsatzindizien bei der handelsgestützten Marktmanipulation auch *Gehrmann* WM 2016, 542 (545).

[225] S. dazu *Chr. Schröder* Kapitalmarktstrafrecht-HdB Rn. 599 mit dem Hinweis, dass es prinzipiell zulässig ist, lebhaft zu handeln, limitierte Order auch mehrfach zu ändern und im Zuge des Tradings auch wiederholt die Seite zu wechseln.

[226] *Altenhain* in KölnKomm WpHG § 38 Rn. 156; *Vogel* in Assmann/Schneider WpHG (6. Aufl.) Vor § 38 Rn. 23.

erstattung kann Art. 5 Abs. 1 S. 2 GG iVm § 193 StGB als Rechtfertigungsgrund eine Rolle spielen.[227]

e) Qualifikation nach § 119 Abs. 5 WpHG nF

85 Der Qualifikationstatbestand der **schweren Marktmanipulation**[228] gem. § 119 Abs. 5 WpHG nF wurde – ohne dass insofern eine unionsrechtliche Umsetzungsverpflichtung bestand[229] – durch das 1. FiMaNoG mWv 2.7.2016 neu in das Gesetz eingefügt[230] und durch das 2. FiMaNoG mWv 3.1.2018 geringfügig erweitert.[231] Nach dieser Vorschrift werden Marktmanipulationen iSv § 119 Abs. 1 WpHG nF (Grundtatbestand) aus einem erhöhten Strafrahmen (= Freiheitsstrafe von einem Jahr bis zu zehn Jahren) bestraft, wenn der Täter

- gewerbsmäßig oder als Mitglied einer Bande, die sich zur fortgesetzten Begehung solcher Taten verbunden hat (§ 119 Abs. 5 Nr. 1 WpHG nF), oder
- in Ausübung seiner Tätigkeit für eine inländische Finanzaufsichtsbehörde, ein Wertpapierdienstleistungsunternehmen, eine Börse oder einen Betreiber eines Handelsplatzes (§ 119 Abs. 5 Nr. 2 WpHG nF)

gehandelt hat.

86 Der Begriff der **gewerbs- und bandenmäßigen Begehungsweise** nach § 119 Abs. 5 Nr. 1 WpHG nF entspricht jeweils den gleichlautenden Regelbeispielen in § 263 Abs. 3 S. 2 Nr. 1 StGB.[232] **Gewerbsmäßig** handelt demnach, wer die Tat in der Absicht begeht, sich aus wiederholter Begehung eine fortlaufende Einnahmequelle von nicht unerheblicher Dauer und einigem Umfang zu verschaffen.[233] Die Gewerbsmäßigkeit setzt dabei zumindest mittelbar eigennütziges Handeln voraus und ist deshalb zum Beispiel nicht erfüllt, wenn ein Bankangestellter Manipulationshandlungen rein fremdnützig zu Gunsten seines Arbeitgebers begeht, ohne durch Boni oder eine Unternehmensbeteiligung indirekt von den Taten zu profitieren.[234] Für eine **bandenmäßige Begehung** müssen sich mindestens drei Personen zur fortgesetzten Begehung einer Mehrzahl von selbstständigen, im Einzelnen noch ungewissen Taten nach § 119 Abs. 1 WpHG nF zusammengeschlossen haben.[235]

87 Der Qualifikationstatbestand nach § 119 Abs. 5 Nr. 2 WpHG nF erfasst als (unechtes) **Sonderdelikt für „Kapitalmarktprofis"**[236] Marktmanipulationen, die in Ausübung einer Tätigkeit für eine inländische Finanzaufsichtsbehörde, ein Wertpapierdienstleistungsunternehmen, eine Börse oder einen Betreiber eines Handelsplatzes verübt werden. Inländische **Finanzaufsichtsbehörde** in diesem Sinn ist die BaFin.[237] Der Begriff des **Wertpapier-**

---

[227] Näher zur Rechtfertigung durch Grundrechte *Rönnau* in LK StGB Vor § 32 Rn. 138 f.

[228] Zur Einstufung des § 119 Abs. 5 WpHG als Qualifikationstatbestand (und nicht als Strafzumessungsregel) s. *Szesny* WiJ 2016, 215 u. *Diversy/Köpferl* in Graf/Jäger/Wittig § 38 WpHG Rn. 120 mwN.

[229] Kritisch dazu *Szesny* WiJ 2016, 215, *Szesny* DB 2016, 1420 (1423), *Sorgenfrei/Saliger* in Park Kapitalmarktstrafrecht Teil 2 Kap. 6.1. Rn. 309; *Pauka/Link/Armenat* WM 2017, 2092 ff. u. *Trüg* in Leitner/Rosenau § 38 Rn. 181; vgl. auch *Eggers/Gehrmann/Szesny* WiJ 2016, 123 (125 ff.) sowie *Gehrmann* WM 2016, 542 (548): „Welcher Furor die Verfasser des Referentenentwurfs hier getrieben hat, ist nicht ersichtlich"; unter Verweis auf den legislativen Gestaltungsspielraum verteidigend *Poller* NZWiSt 2017, 430 ff.

[230] Zu den Beweggründen des Gesetzgebers, den § 119 Abs. 5 WpHG nF (in der ursprünglichen Fassung nach dem 1. FiMaNoG: § 38 Abs. 5 WpHG aF) einzuführen, s. BT-Drucks. 18/7482, S. 64 f.

[231] Bis zum 3.1.2018 bezog sich der Qualifikationstatbestand des § 38 Abs. 5 WpHG aF nur auf den Grundtatbestand der Marktmanipulation gem. § 38 Abs. 1 Nr. 2 WpHG aF. Damit fehlte eine Anknüpfung an Marktmanipulationen, die sich auf Manipulationsobjekte gem. § 12 WpHG aF (Waren, Emissionsberechtigungen und ausländische Zahlungsmittel) bezogen und dabei nur von § 38 Abs. 1 Nr. 1 WpHG aF erfasst waren.

[232] BT-Drucks. 18/7482 S. 64 aE.

[233] Statt vieler *Hefendehl* in MüKoStGB § 263 Rn. 841 mwN.

[234] Vgl. nur *Perron* in Schönke/Schröder § 263 Rn. 188a mwN.

[235] Näher zum Bandenbegriff speziell im kapitalmarktstrafrechtlichen Kontext *Szesny* WiJ 2016, 215 (216).

[236] *Szesny* WiJ 2016, 215 (217).

[237] *Diversy/Köpferl* in Graf/Jäger/Wittig § 38 WpHG Rn. 123.

dienstleistungsunternehmens entspricht der Legaldefinition in § 2 Abs. 10 WpHG nF.[238] **Börsen** sind gem. § 2 Abs. 1 BörsG teilrechtsfähige Anstalten des öffentlichen Rechts, die nach Maßgabe des BörsG multilaterale Handelssysteme regeln und überwachen. Der Begriff des **Handelsplatzes** richtet sich schließlich nach den zum 3.1.2018 in das Gesetz eingefügten Definitionen gem. § 2 Abs. 5-7 BörsG nF. Schließlich setzt § 119 Abs. 5 Nr. 2 WpHG nF voraus, dass der Täter „in Ausübung" seiner beruflichen Tätigkeit handelt. Zwischen dem tatbestandsmäßigen Verhalten und dem beruflichen Pflichten- und Aufgabenkreis muss also ein **funktionaler Zusammenhang** bestehen. Dies ist nicht der Fall, wenn der Täter nur bei Gelegenheit der Ausübung seiner beruflichen Tätigkeit handelt und die ihm von Berufs wegen zugänglichen besonderen Einwirkungsmöglichkeiten nicht zur Tatausführung nutzt.[239]

Die schwere Marktmanipulation gem. § 119 Abs. 1, Abs. 5 WpHG nF stellt ein **Verbrechen** iSv § 12 Abs. 1 StGB dar.[240] Neben der sich daraus ergebenden, wegen § 119 Abs. 4 WpHG nF aber ohnehin für alle Fälle der Marktmanipulation angeordneten Versuchsstrafbarkeit sowie der Strafbarkeit der versuchten Anstiftung (§ 30 StGB) hat dies vor allem strafprozessuale Konsequenzen. So ist zum Beispiel die Anordnung von **Untersuchungshaft** mit Blick auf die hohe Strafandrohung von § 119 Abs. 5 WpHG nF eher möglich als beim Grunddelikt. Auch die Vorschriften über die Einstellung des Strafverfahrens aus Gründen der Opportunität gem. den **§§ 153, 153a StPO** sowie über die Verfahrenserledigung im **Strafbefehlsverfahren** gem. den §§ 407 ff. StPO sind bei Verbrechen **nicht anwendbar**. Zu beachten ist ferner die Regelung des § 52 Abs. 2 S. 2 Var. 1 StPO, der das **Zeugnisverweigerungsrecht von Journalisten** bei Ermittlungen wegen eines Verbrechens ausschließt.[241] 88

Durch das 2. FiMaNoG wurde in § 119 Abs. 6 WpHG nF (vom 25.6.2017 bis zum 3.1.2018: § 38 Abs. 6 WpHG aF) eine Regelung für **minder schwere Fälle** des Qualifikationstatbestands nach § 119 Abs. 5 WpHG nF eingeführt, die mit einer Freiheitsstrafe von sechs Monaten bis zu fünf Jahren einen im Vergleich zu § 119 Abs. 5 WpHG nF herabgesenkten Strafrahmen vorsieht. 89

2. Strafbare Insiderdelikte (§ 119 Abs. 2, Abs. 3 WpHG nF)

Durch § 119 Abs. 2, Abs. 3 WpHG nF werden Verstöße gegen die Insidertatbestände der Emissionszertifikate-VO[242] (Abs. 2) oder der Marktmissbrauchsverordnung (Abs. 3) erfasst. Die Delikte unterliegen dabei – wie auch der Tatbestand der verbotenen Marktmanipulation gem. § 119 Abs. 1 WpHG nF – einer Blankettstruktur, die sich schematisch wie folgt darstellen lässt: 90

§ 119 Abs. 2 Nr. 1 WpHG nF	verweist auf Tathandlungen nach	Art. 38 Abs. 1 UAbs. 1 (auch iVm Art. 38 Abs. 2 oder Art. 40) Emissionszertifikate-VO
§ 119 Abs. 2 Nr. 2 WpHG nF	verweist auf Tathandlungen nach	Art. 39 lit. a) und lit. b) (iVm Art. 38 Abs. 1 UAbs. 2, auch iVm Abs. 2) Emissionszertifikate-VO
§ 119 Abs. 3 Nr. 1 WpHG nF	verweist auf Tathandlungen nach	Art. 14 lit. a) MAR (Tätigen von Insidergeschäften und der Versuch hierzu)

[238] Näher *Szesny* WiJ 2016, 215 (217 ff.) mwN.
[239] *Diversy/Köpferl* in Graf/Jäger/Wittig § 38 WpHG Rn. 124.
[240] *Szesny* WiJ 2016, 215; *Diversy/Köpferl* in Graf/Jäger/Wittig § 38 WpHG Rn. 120 aE.
[241] S. zum ganzen *Szesny* WiJ 2016, 215.
[242] ABl. EU Nr. L 302 v. 18.11.2010 S. 1 ff.

§ 119 Abs. 3 Nr. 2 WpHG nF	verweist auf Tathandlungen nach	Art. 14 lit. b) MAR (Empfehlung an Dritte bzw. Verleitung Dritter, Insidergeschäfte zu tätigen)
§ 119 Abs. 3 Nr. 3 WpHG nF	verweist auf Tathandlungen nach	Art. 14 lit. c) MAR (unrechtmäßige Offenlegung von Insiderinformationen)

91 Bei den Straftatbeständen nach § 119 Abs. 2 und Abs. 3 WpHG nF handelt es sich nach ganz hM um **Tätigkeitsdelikte**, deren Unrechtstatbestand allein durch das im Gesetz umschriebene Verhalten erfüllt wird.[243] Im Hinblick auf das geschützte Rechtsgut wird üblicherweise von einer Einstufung der Tatbestände als **abstrakte Gefährdungsdelikte** ausgegangen.[244] Noch präziser wäre es allerdings, von **abstrakt-konkreten Gefährdungsdelikten bzw. Eignungsdelikten** zu sprechen. Diese Untergruppe der abstrakten Gefährdungsdelikte ist dadurch gekennzeichnet, dass der Gesetzgeber bei ihnen zwar eine Auswahl der Handlungen trifft, die als für das geschützte Rechtsgut gefährlich in Betracht kommen, die Frage, ob eine solche Handlung auch *im Einzelfall* zu einer Rechtsgutsgefährdung geeignet ist, jedoch der tatrichterlichen Feststellung überlässt.[245] Ganz in diesem Sinne macht die Definition der Insiderinformation in Art. 37 lit. a) Emissionszertifikate-VO bzw. in Art. 7 Abs. 1 MAR deutlich, dass eine Nutzung oder Weitergabe von nicht öffentlich bekannten Informationen nur dann verboten ist, wenn diese Informationen *geeignet* sind, im jeweiligen Kontext einen Preis oder Kurs zu beeinflussen. Beim Zusammenlesen der Blanketttatbestände in § 119 Abs. 2 und Abs. 3 WpHG nF mit den vorgelagerten kapitalmarktrechtlichen Ausfüllungsnormen ergibt sich damit eine Tatbestandsstruktur, die bei typischen abstrakt-konkreten Gefährdungsdelikten wie § 130 StGB[246] auftritt. Praktische Auswirkungen hat diese Kategorisierung insbesondere für den räumlichen Anwendungsbereich der Absätze 2 und 3 des § 119 WpHG nF.[247]

a) Insidertatbestände nach § 119 Abs. 2 WpHG nF

92 Um Treibhausgasemissionen innerhalb der Europäischen Union zu reduzieren, haben das Europäische Parlament und der Rat der Europäischen Union im Jahr 2005 mit dem **European Union Emissions Trading System** einen grenzüberschreitenden Emissionsrechtehandel eingeführt, der die Berechtigung zum Ausstoß von Treibhausgasen vom Erwerb sog. Treibhausemissionszertifikate abhängig macht.[248] Während für ein bestimmtes Kontingent dieser Zertifikate eine kostenlose Zuteilung erfolgt, wird ein wachsender Anteil der Berechtigungen im Rahmen eines durch die **Emissionszertifikate-VO**[249] geregelten Versteigerungsverfahrens von den EU-Mitgliedstaaten veräußert.[250] Der § 119 Abs. 2 WpHG nF stellt bestimmte Verstöße gegen diese Verordnung unter Strafe. Die Vorschrift erfasst damit nur Rechtsverletzungen auf dem **Primärmarkt**, während der nachgelagerte

[243] *Hilgendorf/Kusche* in Park Kapitalmarktstrafrecht Teil 2 Kap. 5.5. Rn. 8; *Diversy/Köpferl* in Graf/Jäger/Wittig § 38 WpHG Rn. 125; *Theile* in Esser/Rübenstahl/Saliger/Tsambikakis § 38 WpHG Rn. 96; *Trüg* in Leitner/Rosenau § 38 Rn. 33; *Vogel/Spoerr* in Assmann/Schneider WpHG § 119 Rn. 6; näher zur Deliktsnatur *Villeda* Insiderhandel S. 145 ff.

[244] *Altenhain* in KölnKomm WpHG § 38 Rn. 30; *Hilgendorf/Kusche* in Park Kapitalmarktstrafrecht Teil 2 Kap. 5.5. Rn. 8; *Pananis* in MüKoStGB § 38 WpHG Rn. 9; *Vogel* in Assmann/Schneider WpHG (6. Aufl.) Vor § 38 Rn. 19; *Waßmer* in Fuchs WpHG § 38 Rn. 9; präzisierend *Trüg* in Leitner/Rosenau § 38 Rn. 33: im Kontext abstrakter Gefährdungsdelikte stehendes Kumulationsdelikt; **ganz anders** *Hohn* in Momsen/Grützner Kap. 6 Abschn. B Rn. 7: Verletzungsdelikte.

[245] Instruktiv BGH NJW 1999, 2129 mwN.

[246] S. zur Einstufung von § 130 StGB als abstrakt-konkretes Gefährdungsdelikt nur *Rackow* in BeckOK StGB § 130 Rn. 8 mwN.

[247] → Rn. 29.

[248] Näher dazu *Vogel/Spoerr* in Assmann/Schneider WpHG § 119 Rn. 139 ff.

[249] ABl. EU Nr. L 302 v. 18.11.2010 S. 1 ff.

[250] Instruktiv *Vogel/Spoerr* in Assmann/Schneider WpHG § 119 Rn. 139 ff.

Handel mit Emissionszertifikaten zwischen privaten Akteuren auf dem Sekundärmarkt nicht erfasst ist.[251]

Der § 119 Abs. 2 WpHG nF enthält mit § 119 Abs. 2 Nr. 1 WpHG nF, § 119 Abs. 2 Nr. 2 lit. a) WpHG nF und § 119 Abs. 2 Nr. 2 lit. b) WpHG nF **drei Tatbestandsvarianten**, die strukturell den Insider-Delikten nach § 119 Abs. 3 WpHG nF ähneln.[252] Alle Varianten können unter den allgemeinen Voraussetzungen auch durch **Unterlassen** begangen werden.[253] In sämtlichen Fällen des § 119 Abs. 2 WpHG ist durch § 119 Abs. 4 WpHG außerdem eine **Versuchsstrafbarkeit** angeordnet.[254] 93

Schwer nachvollziehbar ist, warum der Gesetzgeber die Vorschrift des § 119 Abs. 2 WpHG nF (bzw. die Vorgängervorschrift § 38 Abs. 2 WpHG nF) im Rahmen des 1. FiMaNoG oder des 2. FiMaNoG nicht abgeschafft hat. Denn seit dem Geltungsbeginn der Marktmissbrauchsverordnung am 3.7.2016 sind das insiderrechtliche Handels-, Empfehlungs- und Verleitungs- sowie das Offenlegungsverbot der Marktmissbrauchsverordnung gem. **Art. 2 Abs. 1 S. 2 MAR** auch auf Insiderverstöße im Zusammenhang mit der Versteigerung von Treibhausgasemissionszertifikaten nach der Emissionszertifikate-VO anwendbar. Folglich werden alle Straftaten nach § 119 Abs. 2 WpHG nF ohnehin auch durch § 119 Abs. 3 WpHG nF erfasst. Dem § 119 Abs. 2 WpHG nF kommt damit – abgesehen von der nur für § 119 Abs. 2 Nr. 1 WpHG nF geltenden Strafbarkeit für leichtfertiges Handeln gem. § 119 Abs. 7 WpHG nF – gegenüber § 119 Abs. 3 WpHG nF **(fast)**[255] **kein eigenständiger Anwendungsbereich** zu. Die Vorschrift wird hier deshalb (und wegen ihrer – wenn überhaupt – sehr geringen praktischen Bedeutung) nur im Überblick behandelt. 94

aa) Strafbarkeit gem. § 119 Abs. 2 Nr. 1 WpHG nF. § 119 Abs. 2 Nr. 1 WpHG nF bestraft Verstöße gegen das **insiderrechtliche Handelsverbot** in Art. 38 Abs. 1 UAbs. 1 (auch iVm Art. 38 Abs. 2 oder Art. 40) Emissionszertifikate-VO. Nach dieser Vorschrift ist es untersagt, im Rahmen einer Versteigerung von Treibshausgasemissionszertifikaten ein Gebot unter Nutzung von Insiderinformationen einzustellen, zu ändern oder zurückzuziehen. Ebenso wie die **Parallelnorm in § 119 Abs. 3 Nr. 1 WpHG nF**[256] erfasst der § 119 Abs. 2 Nr. 1 WpHG nF sowohl Primär- als auch Sekundärinsider.[257] 95

bb) Strafbarkeit gem. § 119 Abs. 2 Nr. 2 WpHG nF. In § 119 Abs. 2 Nr. 2 WpHG nF sind mit § 119 Abs. 2 Nr. 2 lit. a) WpHG nF und § 119 Abs. 2 Nr. 2 lit. b) WpHG nF zwei Tatbestände enthalten, die sehr den Delikten nach § 119 Abs. 3 Nr. 2 WpHG nF (Verstoß gegen das insiderrechtliche Empfehlungs- und Verleitungsverbot) und § 119 Abs. 3 Nr. 3 WpHG nF (Verstoß gegen das insiderrechtliche Offenlegungsverbot) ähneln. Dabei entspricht der § 119 Abs. 2 Nr. 2 lit. a) WpHG nF dem § 119 Abs. 3 Nr. 3 WpHG nF und der § 119 Abs. 2 Nr. 2 lit. b) WpHG nF dem § 119 Abs. 3 Nr. 2 WpHG nF. 96

Ein **wichtiger Unterschied** zwischen den Tatbeständen nach § 119 Abs. 2 Nr. 2 WpHG nF einerseits und den Delikten nach § 119 Abs. 3 Nr. 2 sowie Nr. 3 WpHG nF andererseits liegt allerdings darin, dass § 119 Abs. 2 Nr. 2 WpHG nF nur für **Primärinsider** iSv Art. 38 Abs. 1 UAbs. 2 gilt,[258] die 97

– auf Grund ihrer Mitgliedschaft in einem Verwaltungs-, Leitungs- oder Aufsichtsorgan der Auktionsplattform, des Auktionators oder der Auktionsaufsicht oder

[251] *Altenhain* in KölnKomm WpHG § 38 Rn. 86; *Waßmer* in Fuchs WpHG § 38 Rn. 9.
[252] *Diversy/Köpferl* in Graf/Jäger/Wittig § 38 WpHG Rn. 209.
[253] *Diversy/Köpferl* in Graf/Jäger/Wittig § 38 WpHG Rn. 220.
[254] Für Details zur Versuchsstrafbarkeit nach § 119 Abs. 2 u. Abs. 4 WpHG nF gelten die Überlegungen zu § 119 Abs. 3 u. Abs. 4 WpHG nF entsprechend → Rn. 123 ff.
[255] Vgl. *Vogel/Spoerr* in Assmann/Schneider § 119 Rn. 138.
[256] → Rn. 100 ff.
[257] *Vogel/Spoerr* in Assmann/Schneider WpHG § 119 Rn. 105.
[258] *Diversy/Köpferl* in Graf/Jäger/Wittig § 38 WpHG Rn. 217; *Vogel/Spoerr* in Assmann/Schneider WpHG § 119 Rn. 151 mwN.

- auf Grund ihrer Beteiligung am Kapital der Auktionsplattform, des Auktionators oder der Auktionsaufsicht oder
- dadurch, dass sie im Rahmen ihrer Arbeit, ihres Berufs oder ihrer Aufgaben Zugang zu der betreffenden Information haben, oder
- auf Grund von kriminellen Tätigkeiten

über Insider-Informationen verfügen.[259] Dagegen sind bei § 119 Abs. 3 Nr. 2 und Nr. 3 WpHG nF jetzt auch **Sekundärinsider** vom Tatbestand erfasst.[260]

98 **cc) Subjektiver Tatbestand der Delikte gem. § 119 Abs. 2 WpHG nF.** Eine Strafbarkeit nach § 119 Abs. 2 WpHG nF setzt grundsätzlich *dolus eventualis* voraus.[261] Bei Verstößen gegen das Handelsverbot nach § 119 Abs. 2 Nr. 1 WpHG nF lässt § 119 Abs. 7 WpHG nF aber ausnahmsweise auch **leichtfertiges Handeln** genügen, das allerdings – anders als vorsätzliches Handeln – maximal mit Freiheitsstrafe bis zu einem Jahr (statt bis zu fünf Jahren) oder mit Geldstrafe bestraft werden kann. Bei der Leichtfertigkeit handelt es sich um einem gesteigerten Grad der Fahrlässigkeit, der in etwa der groben Fahrlässigkeit im Zivilrecht entspricht.[262] Leichtfertig iSv § 119 Abs. 7 WpHG nF handelt demnach, wer die im Zusammenhang mit der Versteigerung von Treibhausgasemissionszertifikaten gebotene Sorgfalt in ungewöhnlich hohem Maße verletzt und damit außer Acht lässt, dass sich die Tatbestandsverwirklichung geradezu aufdrängt.[263]

b) Insidertatbestände nach § 119 Abs. 3 WpHG nF

99 Während der Gesetzgeber mit § 119 Abs. 2 WpHG nF spezielle Insider-Verstöße im Kontext der Versteigerung von Emissionszertifikaten im Blick hatte, findet sich das „eigentliche“, auf alle Finanzinstrumente bezogene Insiderstrafrecht in § 119 Abs. 3 WpHG nF. Als zentraler Straftatbestand ist dabei der **§ 119 Abs. 3 Nr. 1 WpHG nF** anzusehen, der das Tätigen von Insider-Geschäften entgegen dem Handelsverbot in Art. 14 lit. a) iVm Art. 8 Abs. 1 MAR unter Strafe stellt. Flankiert wird dieses Delikt durch den Tatbestand des **§ 119 Abs. 3 Nr. 2 WpHG nF**, wonach sich strafbar macht, wer entgegen dem in Art. 14 lit. b) MAR iVm Art. 8 Abs. 2 MAR enthaltenen Empfehlungs- und Verleitungsverbot einem Dritten empfiehlt oder einen Dritten dazu verleitet, ein Insidergeschäft zu tätigen. In **§ 119 Abs. 3 Nr. 3 WpHG nF** ist schließlich die unrechtmäßige Offenlegung von Insiderinformationen unter Verletzung des Offenlegungsverbots gem. Art. 14 lit. c) MAR iVm Art. 10 MAR unter Strafe gestellt.

100 **aa) Objektiver Tatbestand der Insiderdelikte gem. § 119 Abs. 3 Nr. 1-3 WpHG nF. (1) Objektiver Tatbestand des § 119 Abs. 3 Nr. 1 WpHG nF (Strafbarer Verstoß gegen das Handelsverbot).** Nach § 119 Abs. 3 Nr. 1 WpHG nF macht sich strafbar, wer über eine Insiderinformation verfügt und unter Nutzung dieser Insiderinformation für eigene oder fremde Rechnung direkt oder indirekt ein Finanzinstrument, auf welches sich die Information bezieht, erwirbt oder veräußert. Der Straftatbestand knüpft insofern unmittelbar an das **Handelsverbot aus Art. 14 lit. a) iVm Art. 8 Abs. 1 MAR** an, das – einschließlich seiner Ausnahmen – in → § 7 dieses Handbuchs ausführlich behandelt wird. Für Einzelheiten zum Begriff der Insiderinformation iSv Art. 7 MAR sei ferner auf den → § 6 dieses Handbuchs verwiesen.

101 Ein strafrechtsspezifisches Problem bei der Anwendung von § 119 Abs. 3 Nr. 1 WpHG nF iVm Art. 14 lit. a) und Art. 8 Abs. 1 MAR ergibt sich in Bezug auf das Tatbestands-

[259] Sehr ausführlich zu den einzelnen Voraussetzungen der Primärinsidereigenschaft vgl. *Vogel* in Assmann/Schneider WpHG (6. Aufl.) § 38 Rn. 9 ff. mwN.
[260] → Rn. 119.
[261] Näher zu den Besonderheiten der Vorsatzfeststellung bei Insiderdelikten → Rn. 110 ff.
[262] Vgl. RGSt 71, 174 (176); BGHSt 14, 240 (255); 33, 66 (67).
[263] *Von Buttlar* ZBB 2017, 1 ff.; *Waßmer* in Fuchs § 38 WpHG Rn. 72.

merkmal der **Nutzung von Insiderinformationen**.[264] Eine Insiderinformation wird genutzt, wenn der Täter sie in seine Handlungsentscheidung einfließen lässt und sie dadurch zumindest **mitursächlich** für die Vornahme eines Geschäfts wird; die bloße Kenntnis einer Insiderinformation bei Vornahme des Geschäfts genügt dagegen nicht.[265] Der **strafprozessuale Nachweis** einer entsprechenden inneren psychischen Kausalitätsbeziehung zwischen der Kenntnis einer Information und einem informationsbeeinflussten Handeln gestaltet sich jedoch naturgemäß schwer. Dieses Problem wurde auch schon in Bezug auf das **alte EU-Marktmissbrauchsrecht** (MAD 2003) diskutiert, wo der Begriff der „Nutzung von Insiderinformationen" in Art. 2 Abs. 1 MAD 2003 verwendet wurde. In diesem Zusammenhang hatte der EuGH in seiner berühmten Entscheidung zur Rechtssache **„Spector Photo Group"** die Auffassung vertreten, dass die nachweisliche Kenntnis einer Insiderinformation bei der Durchführung eines Geschäfts, das von der Information betroffen ist, die – widerlegliche – Vermutung begründet, dieses Wissen habe Einfluss auf die Durchführung des Geschäfts gehabt.[266] In der Literatur wurde dies vielfach als eine Art Beweislastumkehr verstanden, die mit der **Unschuldsvermutung** nicht vereinbar sei.[267] Eine andere, näherliegendere Deutung der genannten (äußerst kryptisch formulierten) Urteilspassage lautet, dass der EuGH lediglich auf einen empirischen Erfahrungssatz[268] hingewiesen hat, den die Fachgerichte im Rahmen der freien richterlichen Beweiswürdigung zu berücksichtigen hätten.[269] Davon abgesehen ist es auch zweifelhaft, ob der EuGH der in einem aufsichtsrechtlichen Kontext ergangenen „Spector"-Entscheidung Bedeutung für das Strafverfahren hat zumessen wollen.[270]

Das skizzierte Problem um den Nachweis des Tatbestandsmerkmals der „Nutzung von Insiderinformationen" stellt sich auch nach **neuer Rechtslage**: In der Genese der Marktmissbrauchsverordnung hat der Unionsgesetzgeber sich deutlich von der „Spector"-Entscheidung des EuGH inspirieren lassen. So heißt es etwa im Erwägungsgrund Nr. 24 der MAR, dass eine Nutzung von Informationen iSd insiderrechtlichen Handelsverbots „unterstellt" werden „sollte", „wenn eine juristische oder natürliche Person im Besitz von Insiderinformationen für eigene Rechnung oder für Rechnung Dritter, sei es unmittelbar oder mittelbar, Finanzinstrumente, auf die sich diese Informationen beziehen, erwirbt oder veräußert bzw. zu erwerben oder zu veräußern versucht." Auch aus Art. 9 MAR, der Fälle regelt, in denen aufgrund der bloßen Tatsache, dass eine Person im Besitz von Insiderinformationen ist oder war, ausnahmsweise *nicht* angenommen werden soll, dass sie diese Informationen genutzt und daher auf der Grundlage eines Erwerbs oder einer Veräußerung Insidergeschäfte getätigt hat, lässt sich der Gegenschluss ziehen, dass eine solche Vermutung **102**

264 Zu diesem Tatbestandsmerkmal instruktiv *Altenhain* in KölnKomm WpHG § 38 Rn. 38 ff., der es mit guten Gründen im subjektiven Tatbestand verortet; vgl. zur Einordnung in das Tatbestandssystem auch *Trüg* in Leitner/Rosenau § 38 Rn. 138 (objektives Merkmal mit subjektiver Ausprägung) u. *Klöhn* WM 2017, 2085 (2088) (wie hier: objektives Merkmal).

265 *Diversy/Köpferl* in Graf/Jäger/Wittig § 38 WpHG Rn. 165; *Szesny* in Böttger Wirtschaftsstrafrecht Kap. 6 Rn. 101; *Waßmer* in Fuchs WpHG § 38 Rn. 21.

266 EuGH v. 23.12.2009 – Rs. C-45/08, Slg. 2009 I-12073 = NZG 2010, 107 – *Spector Photo Group*; s. näher *Begemeier* HRRS 2013, 179 (184); *Bussian* WM 2011, 8 (9); *Cascante/Biengel* NZG 2010, 161 (162); *Flick/Lorenz* RIW 2010, 381 (382); *Gehrmann* ZBB 2010, 48 (50); *Ransiek* wistra 2011, 1 ff.

267 *Gehrmann* ZBB 2010, 48 (51); *Opitz* BKR 2010, 71 (73 f.); *Schulz* ZIP 2010, 609 (611); *Szesny* in Böttger Wirtschaftsstrafrecht Kap. 6 Rn. 103.

268 Konkret: „Wer Insider-Informationen hat, wird sich von diesen regelmäßig auch bei der Ausführung von Geschäften beeinflussen lassen."

269 *Altenhain* in KölnKomm WpHG § 38 Rn. 40; *Begemeier* HRRS 2013, 179 (186); *Bussian* WM 2011, 8 (9); *Cascante/Bingel* NZG 2010, 161 (163); *Vogel* in Assmann/Schneider WpHG (6. Aufl.) § 38 Rn. 3; vgl. auch die Einordnungen von *Hohn* in Momsen/Grützner Kap. 6 Abschn. B Rn. 37, *Chr. Schröder* Kapitalmarktstrafrecht-HdB Rn. 198c ff., *Ransiek* wistra 2010, 1 (3 f.) u. *Wittig* WiStra § 30 Rn. 78, die allesamt *nicht* davon ausgehen, die „Spector"-Entscheidung des EuGH verstoße gegen die Unschuldsvermutung.

270 In diesem Sinne *Rönnau/Wegner* GA 2013, 561 (580); *Forst* EWiR 2010, 129 (130); *Nietsch* ZHR 174 (2010), 556 (578); *Rolshoven/Renz/Hense* BKR 2010, 74 (76 f.); *Chr. Schröder* Kapitalmarktstrafrecht-HdB Rn. 198g.

im Regelfall getroffen werden kann.[271] Schließlich macht Art. 3 Abs. 8 CRIM-MAD deutlich, dass die Vermutung auch **im strafprozessualen Bereich** gelten soll.[272] Dies wirft erstens die Frage auf, ob die skizzierte Vermutungsregel gegen den Grundsatz *in dubio pro reo* verstößt, und – bejahendenfalls – zweitens, wie mit einem solchen Verstoß bei der Anwendung von § 119 Abs. 3 Nr. 1 WpHG nF umzugehen wäre. Drittens ist zu überlegen, ob sich die gesamte Problematik nicht durch eine primärrechtskonforme Auslegung der MAR sowie der CRIM-MAD auflösen lässt.

103 In Bezug auf die erstgenannte Frage ist zunächst daran zu erinnern, dass es sich bei dem Grundsatz *in dubio pro reo* um eine **prozessuale Entscheidungsregel** handelt, nach der ein Angeklagter vom Vorwurf einer Straftat freigesprochen werden muss, wenn das Gericht sich nach abschließender Würdigung aller Beweismittel keine zweifelsfreie Überzeugung darüber bilden konnte, dass die tatsächlichen Voraussetzungen des jeweiligen Strafdelikts vorliegen.[273] Im Rahmen seiner legislativen Einschätzungsprärogative steht es dem Gesetzgeber jedoch frei, den Gegenstand der Beweiserhebung und -würdigung, auf den sich *in dubio pro reo* bezieht, durch eine **Modifikation des materiellen Unrechtstatbestands** zu verändern, soweit die dadurch entstehende Strafvorschrift gleichwohl nur strafwürdiges Verhalten erfasst und damit den Vorgaben des verfassungsrechtlichen Verhältnismäßigkeitsgrundsatzes entspricht.[274] Dementsprechend verstieß es beispielsweise nicht gegen den Zweifelsgrundsatz, dass der Gesetzgeber durch die Einführung von § 264 StGB (unter anderem) das Tatbestandsmerkmal des Vermögensschadens als Taterfolg iSv § 263 StGB für Fälle des Subventionsbetrugs schlichtweg gestrichen hat (was letztlich wie eine unwiderlegliche Vermutung dieses Tatbestandsmerkmals wirkt), um so Nachweisschwierigkeiten bei der Schadensfeststellung in Fällen des Subventionsbetrugs Herr zu werden.[275] Der Tatbestand des § 264 Abs. 1 StGB ist gleichzeitig auch nicht wegen eines Verstoßes gegen das Übermaßverbot verfassungswidrig, weil die im Tatbestand umschriebenen Täuschungs- und Manipulationshandlungen schon für sich genommen eine hinreichende Gefahr für das Allgemeininteresse an einer effektiven staatlichen Wirtschaftsförderung bzw. für das Staatsvermögen[276] darstellen und somit eine Pönalisierung rechtfertigen. Ob sich diese Überlegung auch auf § 119 Abs. 3 Nr. 1 WpHG nF iVm dem Verbot des Insiderhandels nach Art. 14 lit. a) und Art. 8 Abs. 1 MAR übertragen lässt, ist allerdings zweifelhaft, weil es nicht strafwürdig ist, wenn ein Insider ein Geschäft *ohne Nutzung* einer Insiderinformation tätigt, und dem Tatbestandsmerkmal der „Nutzung" einer Insiderinformation folglich **unmittelbare Unrechtsrelevanz** zukommt.[277] Wenn es dem Gesetzgeber aber vor dem Hintergrund des Verhältnismäßigkeitsgebots nicht erlaubt wäre, den Tatbestand des verbotenen Insiderhandels ohne das Tatbestandsmerkmal der „Nutzung" zu erlassen, dann kann auch eine materiell-rechtliche Vermutung dieses Merkmals verfassungsrechtlich nicht zulässig sein.

104 Nachdem damit festgestellt ist, dass es jedenfalls nach den Maßstäben des deutschen Verfassungsrechts nicht zulässig wäre, das unrechtsrelevante Tatbestandsmerkmal der „Nutzung" von Insiderinformationen einer gesetzlichen Vermutungsregel zu unterwerfen, stellt sich in einem zweiten Schritt die Frage, ob nicht gleichwohl eine **unionsrechtliche Pflicht zur Implementation** einer solchen Vermutungsregel besteht. Dies ist jedoch zu

[271] *Klöhn* AG 2016, 423 (433); *Diversy/Köpferl* in Graf/Jäger/Wittig § 38 WpHG Rn. 172.
[272] *Diversy/Köpferl* in Graf/Jäger/Wittig § 38 WpHG Rn. 172; *Poelzig* NZG 2016, 528 (532); *Klöhn* WM 2017, 2085 (2088).
[273] Instruktiv *Bülte* JZ 2014, 603 mwN.
[274] Äußerst prägnant *Bülte* JZ 2014, 603 (612).
[275] *Wohlers/Mühlbauer* in MüKoStGB § 264 Rn. 3 mwN.
[276] Zum Streit um das Rechtsgut von § 264 StGB s. nur *Momsen/Laudien* in BeckOK StGB § 264 Rn. 4 mwN.
[277] Vgl. zum Kriterium der Unrechtsrelevanz bei der verfassungsrechtlichen Bewertung von materiell-rechtlichen Beweiserleichterungen im Strafrecht *Bülte* JZ 2014, 603 (608 u. 612); zur unrechtsbezogenen Bedeutung des Merkmals der „Nutzung" von Insiderinformationen für den Tatbestand des Insiderhandels s. *Chr. Schröder* Kapitalmarktstrafrecht-HdB Rn. 198e.

verneinen: Zwar ist die skizzierte Vermutungsregel Regelungsgegenstand der Marktmissbrauchsverordnung, die als unmittelbar anwendbares Unionssekundärrecht am sog. **Anwendungsvorrang des Unionsrechts** teilnimmt und entgegenstehendes nationales Verfassungsrecht grundsätzlich[278] zu neutralisieren vermag.[279] Die Verpflichtung des deutschen Gesetzgebers, das Verbot des Insiderhandels (incl. der problematisierten Vermutungsregel) auch strafrechtlich zu flankieren, ergibt sich aber erst aus den Pönalisierungsvorgaben der CRIM-MAD, die als Richtlinie jedoch grundsätzlich[280] nicht am Anwendungsvorrang des Unionsrechts teilnimmt und lediglich eine **Pflicht zur richtlinienkonformen Auslegung** auslöst.[281] In Ansehung einer Vermutungsregel bei der Feststellung des Tatbestandsmerkmals „Nutzung von Insiderinformationen" kämen insofern verschiedene Vorschriften des Strafprozessordnung als Ansatzpunkte für eine richtlinienkonforme Auslegung in Betracht.[282] Weil eine echte materielle Vermutungsregel in Bezug auf ein unmittelbar unrechtsrelevantes Tatbestandsmerkmal allerdings mit dem Verfassungsrecht nicht vereinbart werden kann,[283] würde das Institut der richtlinienkonformen Auslegung hier an seine Grenzen stoßen: Eine Pflicht zur richtlinienkonformen Auslegung *contra legem* besteht nicht.[284]

Zu bedenken ist schließlich, dass auch das Unionsrecht sowohl den Grundsatz *in dubio pro* **105**
reo (Art. 48 Abs. 1 GRC sowie Art. 6 Abs. 2 EMRK) als auch den Verhältnismäßigkeitsgrundsatz (Art. 49 Abs. 3 GRC und Art. 5 Abs. 3 S. 2 EUV) kennt und es deshalb bei **primärrechtskonformer Auslegung**[285] der MAR sowie der CRIM-MAD zweifelhaft erscheint, ob diesen Rechtsakten tatsächlich die Vorgabe einer echten Beweislastumkehr in Bezug auf das Tatbestandsmerkmal der „Nutzung von Insiderinformationen" entnommen werden kann.[286] Deshalb ist es uE vorzugswürdig, im Fahrwasser der in der Literatur verbreiteten Lesart des „Spector"-Urteils[287] anzunehmen, dass auch MAR und CRIM-MAD mit ihren Ausführungen zur Vermutung bzw. Unterstellung des Tatbestandsmerkmals der „Nutzung von Insiderinformationen" lediglich einen Erfahrungssatz beschreiben, der im Rahmen der freien richterlichen Beweiswürdigung gem. § 261 StPO zu berücksichtigen ist.[288] Demnach ist es im Regelfall – insbesondere außerhalb der in Art. 9 MAR (nicht abschließend genannten) Ausnahmekonstellationen[289] – zulässig, wenn das Tatgericht

[278] Zur verfassungsrechtlichen Begrenzung des Anwendungsvorrangs von Unionsrecht s. die Übersicht bei *Hecker* EuStR § 9 Rn. 1 ff. u. *Rönnau/Wegner* GA 2013, 561 (578 f.) – jew. mwN.

[279] Ausführlich zur Rechtswirkung von EU-Verordnungen im strafrechtlichen Kontext *Rönnau/Wegner* GA 2013, 561 (568 f.) mwN.

[280] Ausnahmsweise können Richtlinien unmittelbare Anwendung finden, wenn sie nicht rechtzeitig umgesetzt werden – dies gilt im Strafrecht allerdings nur zu Gunsten des Täters, s. näher *Rönnau/Wegner* GA 2013, 561 (566 f.) mwN.

[281] Einführend zum Institut der richtlinienkonformen Auslegung im Strafrecht *Hecker* EuStR § 10 Rn. 1 ff.

[282] *Begemeier* (HRRS 2013, 179 [185]) nennt mit überzeugender Begründung die §§ 136 Abs. 2 S. 2, 155 Abs. 2, 243 Abs. 5 S. 1, 244 Abs. 2, 261 StPO.

[283] → Rn. 103.

[284] *Rönnau/Wegner* GA 2013, 561 (579 f.); *Begemeier* HRRS 2013, 179 (180 ff.).

[285] Instruktiv zur Methode der primärrechtskonformen Auslegung von Unionssekundärrecht *Gärditz* in Rengeling/Middeke/Gellermann § 34 Rn. 58 ff.

[286] Dabei soll nicht verkannt werden, dass der EGMR, auf dessen Rechtsprechung sich der EuGH auch im „Spector"-Urteil beruft (ECLI:EU:C:2009:806 = NZG 2010, 107 Rn. 39 ff.), strafrechtliche Vermutungsregeln zu Lasten des Beschuldigten im Kontext von Art. 6 Abs. 2 EMRK nicht grundsätzlich für unzulässig hält, wenn die Verteidigungsrechte des Beschuldigten im konkreten Strafverfahren gewahrt bleiben und der Prozess in einer Gesamtschau als fair zu bewerten ist, vgl. EGMR v. 5.6.2001 (4. Sektion) – Nr. 41087/98, § 40 ff. – *Phillips v. United Kingdom*; Urt. v. 7.10.1988 – 10519/83, § 28 ff. – *Salabiaku v. France*. Allerdings betrifft das hier angeführte Argument, wonach eine gesetzliche Beweiserleichterung für ein unmittelbar unrechtsrelevantes Tatbestandsmerkmal zur Unverhältnismäßigkeit der betroffenen Strafnorm führt (Rn. 103), nicht die Fairness des Strafverfahrens iSv Art. 6 Abs. 2 EMRK, sondern die materielle Legitimität der Strafnorm an sich.

[287] → Rn. 101.

[288] Für diese Herangehensweise beim neuen Recht s. auch *Diversy/Köpferl* in Graf/Jäger/Wittig § 38 WpHG Rn. 172 u. *Klöhn* WM 2017, 2085 (2091); zum alten Recht vgl. *Begemeier* HRRS 2013, 179, 185 (186).

[289] Dazu näher *Klöhn* WM 2017, 2085 (2088 ff.).

von dem Umstand, dass ein Insider in Kenntnis einer Insiderinformation ein informationsbezogenes Geschäft tätigt, darauf schließt, dass die Information bei dem Geschäft auch genutzt wurde. Dies entbindet das Gericht jedoch nicht von der Pflicht, Hinweise zu ermitteln und zu berücksichtigen, die gegen eine solche Nutzung sprechen (wie zB den Umstand, dass der Beschuldigte bei seinem Geschäft zu seinen Ungunsten in „die falsche Richtung" gehandelt hat, dh etwa eine Aktie verkauft, obwohl die Insiderinformationen einen zu erwartenden Kursanstieg nahelegt[290]). Nach hier vorgeschlagener Auslegung sollte das Merkmal der „Nutzung von Insiderinformationen" im Rahmen § 119 Abs. 3 Nr. 1 WpHG nF iVm Art. 14 lit. a) und Art. 8 Abs. 1 MAR also nach den gleichen Grundsätzen behandelt werden, die der BGH im Rahmen seiner **„Indizienlösung"** bei der Feststellung der voluntativen Komponente des *dolus eventualis* bei Tötungsdelikten anlegt.[291] Der Besitz von Insiderinformationen im Zeitpunkt des Tätigens eines Geschäfts hätte dann – um im Bild zu bleiben – außerhalb von Situationen iSv Art. 9 MAR für die Feststellung des „Nutzungs"-Merkmals im Rahmen von § 119 Abs. 3 Nr. 1 WpHG nF eine prinzipiell vergleichbare (wenn auch kontextbezogen schwächere!) Indizwirkung wie der Tritt mit einem schwer beschuhten Fuß gegen den Kopf eines anderen Menschen für die Annahme von „dolus eventualis" bei Tötungsdelikten.

106 **(2) Objektiver Tatbestand des § 119 Abs. 3 Nr. 2 WpHG nF (Strafbarer Verstoß gegen das Empfehlungs- und Verleitungsverbot).** Nach § 119 Abs. 3 Nr. 2 WpHG nF macht sich strafbar, wer einem Dritten empfiehlt, ein Insidergeschäft zu tätigen, oder einen Dritten dazu verleitet. Die Strafvorschrift knüpft dabei unmittelbar an das insiderrechtliche **Empfehlungs- und Verleitungsgebot** gem. Art. 14 lit. b) MAR iVm Art. 8 Abs. 2, Abs. 3 MAR an, das in → § 9 dieses Handbuchs ausführlich behandelt wird.

107 In der vom 3.7.2016 bis zum 25.6.2017 geltenden Fassung von § 38 Abs. 3 Nr. 2 WpHG aF (als ansonsten inhaltsgleicher Vorläufervorschrift von § 119 Abs. 3 Nr. 2 WpHG nF) war statt von „verleiten" sprachlich missverständlich[292] noch von **„anstiften"** die Rede. Nach einem entsprechenden Korrigendum der Marktmissbrauchsverordnung[293] v. 21.10.2016 (Tag der Veröffentlichung im ABl.) wurde diese Formulierung jedoch durch das 2. FiMaNoG geändert.

108 Besonders wichtig für das Verständnis von § 119 Abs. 3 Nr. 2 Var. 1 WpHG nF ist die Erkenntnis, dass ein „Empfehlen" im Sinne dieser Tatbestandsvariante **nicht** voraussetzt, dass der Adressat die Empfehlung tatsächlich befolgt und ein Insidergeschäft tätigt.[294] Dagegen ist für die Erfüllung der Tatbestandsvariante des „Verleitens" gem. § 119 Abs. 3 Nr. 2 Alt. 2 WpHG nF zu fordern, dass der Täter zumindest einen entsprechenden Tatentschluss bei einem Dritten hervorruft.[295]

108a Das Empfehlungs- und Verleitungsverbot **gem. Art. 8 Abs. 2 MAR** erfasst das Empfehlen eines Insidergeschäfts bzw. das Verleiten zu einem Insidergeschäft „auf Grundlage" einer Insiderinformation, dh die Kenntnis der Insiderinformation muss zumindest mitursächlich für die Empfehlung bzw. die Verleitung sein. Für den strafprozessunalen Nachweis einer entsprechenden inneren psychischen Kausalitätsbeziehung zwischen der Kenntnis einer Insiderinformation und einem informationsbeeinflussten Handeln gelten die

[290] Vgl. *Chr. Schröder* Kapitalmarktstrafrecht-HdB Rn. 198e.

[291] S. aus jüngerer Zeit etwa BGH NStZ 2013, 581, BGH NStZ-RR 2013, 75 (76 f.) u. BGH NStZ-RR 2013, 89 (90); vgl. auch die diesbezügliche Kontroverse zwischen *Puppe* (ZIS 2010, 66 ff.; NStZ 2014, 183 ff.) und *Fischer* (ZIS 2014, 97 ff.) um die sog. „Hemmschwellentheorie".

[292] *Göhler* ZIS 2016, 266 (272); *Diversy/Köpferl* in Graf/Jäger/Wittig § 38 WpHG Rn. 187 f.

[293] ABl. EU Nr. L 287 v. 21.10.2016 S. 320 (321 f.).

[294] *Diversy/Köpferl* in Graf/Jäger/Wittig § 38 WpHG Rn. 186; *Göhler* ZIS 2016, 266 (270); *Szesny* in Böttger Wirtschaftsstrafrecht Kap. 6 Rn. 139.

[295] Zum diesbezüglichen Streitstand s. die Übersichten bei *Hilgendorf/Kuscher* in Park Kapitalmarktstrafrecht Teil 2 Kap. 5 Rn. 5.4. Rn. 94 u. *Waßmer* in Fuchs WpHG § 38 Rn. 57 mwN auch zur **aA** (etwa von *Hohn* in Momsen/Grützner Kap. 6 Abschn. B Rn. 42 oder *Göhler* ZIS 2016, 266 [273 ff.]); noch enger als hier zB *Szesny* in Böttger Wirtschaftsstrafrecht Kap. 6 Rn. 140, der fordert, dass der Verleitete tatsächlich eine Order aufgibt.

„Spector"-Regeln[296] entsprechend.[297] Für die im Rahmen von **Art. 8 Abs. 3 MAR** zu beantwortende Frage, ob ein Geschäft „auf Grundlage" einer Empfehlung oder Verleitung getätigt wurde, kann die „Spector"-Vermutung hingegen nicht herangezogen werden.[298]

(3) Objektiver Tatbestand des § 119 Abs. 3 Nr. 3 WpHG nF (Strafbarer Verstoß gegen das Offenlegungsverbot). Mit § 119 Abs. 3 Nr. 3 WpHG nF wird das in Art. 14 lit. c) MAR iVm Art. 10 MAR enthaltene insiderrechtliche Offenlegungsverbot strafrechtlich flankiert, das es Insidern verbietet, Insiderinformationen unbefugt gegenüber Dritten offenzulegen. Für Inhalt und Reichweite des Offenlegungsverbots sei dabei auf → § 8 dieses Handbuchs verwiesen. Eine aus strafrechtlicher Sicht zu beachtende Besonderheit liegt darin, dass eine Straftat nach § 119 Abs. 3 Nr. 3 WpHG nF schon dann **vollendet** ist, wenn der Täter alles Nötige getan hat, damit ein anderer von der Information Kenntnis nehmen kann, dh eine tatsächliche Kenntnisnahme ist nicht erforderlich.[299] 109

bb) Subjektiver Tatbestand der Insiderdelikte gem. § 119 Abs. 3 Nr. 1-3 WpHG nF. Bei den Insiderstraftaten nach § 119 Abs. 3 WpHG nF handelt es sich um Vorsatzdelikte, die mindestens ein Handeln mit *dolus eventualis* voraussetzen.[300] Besondere Schwierigkeiten bereitet insofern der Vorsatz bezüglich des **Tatbestandsmerkmals der Insiderinformation**. Im Ausgangspunkt muss der Täter es insofern zumindest für möglich halten und billigend in Kauf nehmen, dass die betroffene Information nicht öffentlich bekannt ist und ihr zudem eine Eignung zur erheblichen Kursbeeinflussung zukommt.[301] Bei Informationen, die sich auf zukünftige Umstände beziehen, muss der Täter es zudem für möglich halten und billigend in Kauf nehmen, dass der Umstand – aus einer Perspektive *ex ante* betrachtet – mit hinreichender Wahrscheinlichkeit eintreten wird.[302] Dabei stellen sowohl das Merkmal der „Eignung zur Kursbeeinflussung" als auch die Voraussetzung der „hinreichenden Eintrittswahrscheinlichkeit" **normative Elemente** dar, deren soziale Bedeutung der Täter – falls es sich nicht um eine Fachperson handelt – im Rahmen einer „Parallelwertung" in der Laiensphäre erfassen muss.[303] 110

Für **Irrtumsfälle** gilt das Umgekehrte: Wenn der Täter – irrigerweise – sicher ist oder jedenfalls aus legitimen Gründen darauf vertraut, dass eine Information öffentlich bekannt ist, ein zukünftiger Zustand wahrscheinlich gar nicht eintritt oder die ihm bekannte Information zumindest keine erhebliche Kursrelevanz hat, liegt ein **Tatumstandsirrtum** gem. § 16 Abs. 1 S. 1 StGB vor, der zu einem Tatbestandsausschluss führt.[304] Kennt der Täter hingegen alle Umstände, auf die sich die Einstufung einer Information als Insiderinformation stützt, bewertet sie aber fälschlicherweise trotzdem nicht als Insiderinformation, so liegt nach allgemeinen Regeln ein bloßer **Subsumtionsirrtum** vor, der zur Anwendung von § 17 StGB führt.[305] In diesem Fall kann eine Strafbarkeit auf der Ebene der Schuld nur entfallen, wenn der Irrtum unvermeidbar war (§ 17 Abs. 1 S. 1 StGB).[306] 111

---

[296] → Rn. 101 ff.
[297] *Klöhn* WM 2017, 2085 (2091).
[298] *Klöhn* WM 2017, 2085 (2092).
[299] *Waßmer* in Fuchs WpHG § 38 Rn. 49 mwN.
[300] *Chr. Schröder* Kapitalmarktstrafrecht-HdB Rn. 233.
[301] Vgl. *Chr. Schröder* Kapitalmarktstrafrecht-HdB Rn. 236 f. u. *Vogel* in Assmann/Schneider WpHG (6. Aufl.) § 38 Rn. 83.
[302] Vgl. zu den besonderen Voraussetzungen des Begriffs der Insiderinformation bei zukünftig eintretenden Umständen *Schumann* in Müller-Gugenberger § 68 Rn. 50 mwN.
[303] *Altenhain* in KölnKomm WpHG § 38 Rn. 149; *Hohn* in Momsen/Grützner Kap. 6 Abschn. B Rn. 20; *Chr. Schröder* Kapitalmarktstrafrecht-HdB Rn. 237.
[304] *Altenhain* in KölnKomm WpHG § 38 Rn. 150; *Diversy/Köpferl* in Graf/Jäger/Wittig § 38 WpHG Rn. 181; *Szesny* in Böttger Wirtschaftsstrafrecht Kap. 6 Rn. 145.
[305] *Diversy/Köpferl* in Graf/Jäger/Wittig § 38 Rn. 180.
[306] Näher zum Erfordernis der Unvermeidbarkeit gem. § 17 Abs. 1 S. 1 StGB im kapitalmarktrechtlichen Kontext *Altenhain* in KölnKomm WpHG § 38 Rn. 148 u. *Vogel/Spoerr* in Assmann/Schneider WpHG § 119 Rn. 177.

Ansonsten kommt nur eine Strafmilderung in Betracht (§§ 17 Abs. 1 S. 2, 49 Abs. 1 StGB).

112 Schwer in das System der deutschen Strafrechtsdogmatik zu integrieren sind die Regelungen in **Art. 8 Abs. 3 MAR, Art. 8 Abs. 4 S. 2 MAR und Art. 10 Abs. 2 MAR**:

- Art. 8 Abs. 3 MAR regelt den Fall, dass eine Person, die Adressat einer Empfehlung oder Verleitung iSv § 119 Abs. 3 Nr. 2 WpHG nF wird, der Empfehlung bzw. Verleitung tatsächlich folgt und ein Insidergeschäft tätigt. Nach Art. 8 Abs. 3 MAR soll ein solches Geschäft nur dann als Verstoß gegen das Insiderhandelsverbot gelten, wenn die betroffene Person „weiß oder wissen sollte", dass die Empfehlung bzw. Verleitung „auf Insiderinformationen beruht".
- Art. 8 Abs. 4 S. 2 MAR besagt, dass ein Sekundärinsider nur dann gegen das Insiderhandelsverbot verstoßen kann, wenn er/sie „weiß oder wissen müsste", dass es sich bei der Information um eine Insiderinformation handelt.
- Die Regelung in Art. 10 Abs. 2 MAR ähnelt Art. 8 Abs. 3 MAR: In dieser Vorschrift geht es darum, dass einer Person empfohlen bzw. sie dazu verleitet wird, gegen das insiderrechtliche Offenlegungsverbot zu verstoßen. Folgt die Person dieser Empfehlung oder Verleitung und legt Insiderinformationen in unrechtmäßiger Weise offen, so gilt das gem. Art. 10 Abs. 2 MAR nur dann als eigener Verstoß gegen das Offenlegungsverbot, wenn die Person „weiß oder wissen sollte", dass die Empfehlung bzw. Verleitung „auf Insiderinformationen beruht".

Alle drei Regelungen lassen sich ihrem Wortlaut nach so verstehen, dass sie sowohl die **rechtliche korrekte Einstufung** einer Insiderinformation als Insiderinformation als auch die Frage betreffen, ob die jeweils genannte Person die **Tatumstände** kennt oder kennen muss, die eine Insiderinformation bzw. das Beruhen einer Empfehlung oder Verleitung auf einer Insiderinformation ausmachen. Insofern ist zu differenzieren:

113 Soweit Art. 8 Abs. 3 MAR, Art. 8 Abs. 4 S. 2 MAR und Art. 10 Abs. 2 MAR sich auf ein **Kennen oder Kennen-Müssen** von Tatumständen beziehen, sind sie im Ergebnis für die Anwendung von § 119 Abs. 3 WpHG nF **bedeutungslos**: Nach deutschem Strafrecht führt ein Verstoß gegen das insiderrechtliche Handelsverbot gem. § 119 Abs. 3 Nr. 1 WpHG nF oder gegen das insiderrechtliche Offenlegungsverbot gem. § 119 Abs. 3 Nr. 3 WpHG nF nur dann zu einer Strafbarkeit, wenn *Vorsatz* vorliegt. Im Gegensatz dazu lässt Art. 14 lit. a) MAR iVm Art. 8 Abs. 2-4 MAR, der von § 119 Abs. 3 Nr. 1 WpHG nF als Ausfüllungsnorm referenziert wird, in Bezug auf die Tatumstände, die eine Information als Insiderinformation erscheinen lassen, bereits *Fahrlässigkeit* genügen. Dasselbe gilt für die Normenkette § 119 Abs. 3 Nr. 3 WpHG iVm Art. 14 lit. c) MAR iVm Art. 10 Abs. 1 und Abs. 2 MAR. Liest man in beiden Fällen jedoch Sanktionsnorm und Ausfüllungsnorm zusammen,[307] wird deutlich, dass sich das dem Allgemeinen Teil des deutschen Strafrechts zu entnehmende Vorsatzerfordernis dabei gegenüber der Fahrlässigkeitskomponente aus dem vorgelagerten Unionsrecht durchsetzt. Denn es ist denklogisch ausgeschlossen, etwas für möglich zu halten und billigend in Kauf zu nehmen, das man selbst nicht weiß, sondern nur wissen sollte. Anders gesagt: Art. 8 Abs. 3 MAR, Art. 8 Abs. 4 S. 2 MAR u. Art. 10 Abs. 2 MAR sind bei der Prüfung von § 119 Abs. 3 Nr. 1 WpHG nF bzw. § 119 Abs. 3 Nr. 3 WpHG nF **zu ignorieren**.[308] Darin liegt **kein Verstoß** gegen die aus der CRIM-MAD erwachsende Pönalisierungsverpflichtung, weil Art. 3 Abs. 7 CRIM-MAD die Fallkonstellation aus Art. 8 Abs. 3 MAR ausdrücklich aufgreift und dabei klarstellt, dass die Person, die eine Empfehlung iSv Art. 8 Abs. 3 MAR nutzt oder einer Verleitung folgt, „Kenntnis" (also: Vorsatz) davon haben muss, dass die Empfehlung bzw. Verleitung auf

[307] „Mit Freiheitsstrafe bis zu fünf Jahren oder mit Geldstrafe wird bestraft, wer vorsätzlich ein Insidergeschäft unter Nutzung einer Insiderinformation tätigt, nachdem ihm ein Insider dies empfohlen bzw. ihn dazu verleitet hat, wenn er weiß oder wissen sollte, dass die Empfehlung oder Verleitung auf einer Insiderinformation beruhte."

[308] Im Ergebnis für Art. 8 Abs. 3 MAR ebenso *Theile* in Esser/Rübenstahl/Saliger/Tsambikakis § 38 WpHG Rn. 122.

Insiderinformationen beruht. Eine entsprechende Regelung für das insiderrechtliche Offenlegungsverbot und die von Art. 10 Abs. 2 MAR adressierte Konstellation findet sich in Art. 4 Abs. 4 CRIM-MAD.

Soweit Art. 8 Abs. 3 MAR, Art. 8 Abs. 4 S. 2 MAR und Art. 10 Abs. 2 MAR die **korrekte rechtliche Einstufung** einer Information als Insiderinformation anspricht, deren Fehlen nach deutschem Verständnis als **Subsumtionsirrtum** iSv § 17 StGB behandelt wird, kann damit auf unterschiedliche Weise umgegangen werden: Erstens lassen sich die genannten Normen insoweit als eine unionsrechtliche Spezialregelung des Verbotsirrtums im Zusammenhang mit dem Insiderhandelsverbot verstehen. Alternativ könnte darauf abgestellt werden, dass es sich bei § 119 Abs. 3 Nr. 1 WpHG nF iVm Art. 14 lit. a) MAR und Art. 8 MAR bzw. bei § 119 Abs. 3 Nr. 3 WpHG nF iVm Art. 14 lit. c) MAR iVm Art. 10 Abs. 1 und Abs. 2 MAR jeweils um einen einheitlichen Blanketttatbestand handelt, der das Erfordernis der (potentiell) korrekten rechtlichen Einstufung einer Insiderinformation durch einen Sekundärinsider als Tatbestandsmerkmal enthält. Das hätte zur Folge, dass ein unvermeidbarer Subsumtionsirrtum bei Sekundärinsidern unmittelbar zu einem Tatbestandsausschluss (und nicht nur wie im Falle des § 17 Abs. 1 S. 1 StGB zu einem Schuldausschluss) führen würde. Der Unionsgesetzgeber hat sich erkennbar keine Gedanken darüber gemacht, wie Art. 8 Abs. 3 MAR, Art. 8 Abs. 4 S. 2 MAR und Art. 10 Abs. 2 MAR in das deutsche Verbrechenssystem einzuordnen ist, weshalb die Marktmissbrauchsverordnung auch keine Anhaltspunkte dazu enthält, welche der beiden skizzierten Interpretationsmöglichkeiten vorzugswürdig ist. Ohnehin spricht der im Subsidiaritätsgrundsatz wurzelnde strafrechtliche Schonungsgrundsatz[309] dafür, dass eine derartige Detailfrage der autonomen Klärung *innerhalb* der verschiedenen mitgliedstaatlichen Rechtsordnungen vorbehalten bleibt. Vor diesem Hintergrund plädieren wir dafür, die (potentiell) korrekte rechtliche Einstufung einer Information als Insiderinformation als Tatbestandsmerkmal des § 119 Abs. 3 Nr. 1-3 WpHG nF zu betrachten. **Praktische Bedeutung** hat dies ausschließlich für die Anwendung der §§ 26, 27 StGB, weil es nach dieser Betrachtungsweise im Falle eines unvermeidbaren Subsumtionsirrtums an einer rechtswidrigen Haupttat fehlen würde. Die Nrn. 2 und 3 des § 119 Abs. 3 WpHG nF erfassen jedoch die meisten der im Kontext der Insiderdelikte praktisch relevanten Teilnahmehandlungen ohnehin als selbstständige Straftatbestände, so dass dadurch faktisch keine Strafbarkeitslücken entstehen. Gegen eine Einstufung von Art. 8 Abs. 3 MAR, Art. 8 Abs. 4 S. 2 MAR und Art. 10 Abs. 2 MAR als Spezialregelungen zu § 17 StGB spricht zudem, dass nicht klar ist, ob die Vorschriften andere Voraussetzungen an die Vermeidbarkeit eines Subsumtionsirrtums stellen als § 17 StGB, und deshalb auch offen bleiben muss, ob sie den § 17 StGB im Wege des Anwendungsvorrangs verdrängen würden.[310] In jedem Fall würde § 17 StGB aber – soweit er auch Subsumtionsirrtümer von Sekundärinsidern erfasst – eine verbotene Parallelregelung von unmittelbar anwendbarem Unionsrecht darstellen,[311] so dass der Gesetzgeber theoretisch in § 17 StGB klarstellen müsste, dass Fälle von Art. 8 Abs. 3 MAR, Art. 8 Abs. 4 S. 2 MAR und Art. 10 Abs. 2 MAR nicht von der Norm erfasst sind. Dagegen bestehen jedoch offenkundige ästhetisch-systematische Bedenken.

Der Frage, ob der jeweilige Beschuldigte in einem **Insiderverzeichnis** aufgeführt und im Rahmen von Aufklärungsprogrammen insiderrechtlich sensibilisiert wurde, kommt sowohl bei der Anwendung von § 16 StGB (dort als Beweiszeichen) als auch bei der **114**

309 S. dazu BVerfGE 123, 267 (359 f. u. 406 ff.) – „Lissabon" sowie (statt vieler) eingehend *Satzger*, Europäisierung des Strafrechts, S. 166 ff. mwN.

310 Einführend zur Rechtsfigur des Anwendungsvorrangs des Unionsrechts im strafrechtlichen Kontext *Rönnau/Wegner* GA 2013, 561 (567 ff. u. 578 f.).

311 Zum sog. Wiederholungsverbot von EU-Verordnungen im nationalen Recht s. die Leitentscheidung des EuGH v. 7.2.1973 – Rs. C-39/72, Slg. 1973, 102 = ECLI:EU:C:1973:13 Rn. 17 – *Schlachtprämien*; für Ausnahmen vgl. aber EuGH v. 28.3.1985 – Rs. C-272/83, ECLI:EU:C:1985:147 Ls. 2 und Rn. 27 – *Landwirtschaftliche Erzeugergemeinschaften*.

Subsumtion unter § 17 StGB (dort bei der Beurteilung der „Vermeidbarkeit“ des Rechtsirrtums) erhebliche praktische Bedeutung zu.[312]

115 Bei Verstößen gegen das **Empfehlungs- und Verleitungsverbot** gem. § 119 Abs. 3 Nr. 2 WpHG nF wird zT über das allgemeine Vorsatzerfordernis hinaus eine **Absicht**, den Willen eines anderen zu beeinflussen, als zusätzliches subjektiv-finales Element verlangt.[313]

116 Im Rahmen des strafbaren **Offenlegungsverbots** gem. § 119 Abs. 3 Nr. 3 WpHG nF ist die „Unbefugtheit“ der Informationsweitergabe als normatives Tatbestandsmerkmal einzustufen,[314] auf das sich der Vorsatz des Täters beziehen muss. Glaubt der Täter, die Offenlegung erfolge rechtmäßig, liegt ein Tatumstandsirrtum gem. § 16 StGB vor.[315]

117 Die bis zum 2.7.2016 gem. § 38 Abs. 4 WpHG aF geltende Strafbarkeit für **leichtfertige Verstöße** gegen das Insiderhandelsverbot wurde durch das 1. FiMaNoG abgeschafft. Bei Insidergeschäften im Zusammenhang mit der Versteigerung von Treibhausgasemissionszertifikaten ist allerdings § 119 Abs. 2 Nr. 1 WpHG nF zu beachten, der ausweislich von § 119 Abs. 7 WpHG nF auch leichtfertig begangen werden kann.[316]

118 **cc) Täterschaft und Teilnahme.** Die Beteiligung an den Insiderdelikten des § 119 Abs. 3 WpHG nF in Form von Täterschaft und Teilnahme richtet sich nach den allgemeinen Vorschriften gem. den §§ 25 ff. StGB.

119 Da die Strafbarkeit für Verstöße gegen das Empfehlungs- und Verleitungsverbot (§ 119 Abs. 3 Nr. 2 WpHG nF) bzw. das Offenlegungsverbot (§ 119 Abs. 3 Nr. 3 WpHG nF) durch das 1. FiMaNoG auf Sekundärinsider ausgedehnt wurde, können nach neuer Rechtslage auch Sekundärinsider wegen einer **mittäterschaftlichen Begehung** (§ 25 Abs. 2 StGB) von Taten nach § 119 Abs. 3 Nr. 2 und Nr. 3 WpHG nF belangt werden, wenn die Deliktsverwirklichung einem bewussten und gewollten Zusammenwirken auf Grund eines Plans zur gemeinsamen Tatausführung entspricht.[317]

120 Eine **mittelbare Täterschaft** (§ 25 Abs. 1 Var. 2 StGB) kommt insbesondere in Fällen der sog. Irrtumsherrschaft in Betracht, in denen der Täter sich zur Deliktsverwirklichung eines gutgläubigen Werkzeugs bedient.[318] Auch eine mittelbare Täterschaft kraft Organisationsherrschaft ist denkbar, zB wenn eine Bank oder ein Broker-Unternehmen ein auf Insiderhandel zielendes System errichtet, dessen Organisationsstrukturen die Insider-Verstöße einzelner Mitarbeiter maßgeblich prägt und beeinflusst.[319]

121 Im Zusammenhang mit einer möglichen Strafbarkeit von Bankmitarbeitern oder Bediensteten von Broker-Unternehmen wegen **Beihilfe zu Insiderdelikten** (§ 27 StGB) ist vor allem das Problem der Beihilfe durch berufstypische Handlungen in den Blick zu nehmen.[320] Im Ausgangspunkt ist hier die Position des BGH heranzuziehen, der für eine Gehilfenstrafbarkeit im Bereich des berufstypischen Verhaltens höhere Anforderungen an die subjektive Tatseite stellt.[321] Darüber hinaus sind die berufsspezifischen Umstände der

---

[312] S. dazu *Chr. Schröder* Kapitalmarktstrafrecht-HdB Rn. 238; einschränkend *Szesny* in Böttger Wirtschaftsstrafrecht Kap. 6 Rn. 112 (keine Berücksichtigung insiderrechtlicher Sensibilisierung bei der Vorsatzfeststellung).

[313] *Diversy/Köpferl* in Graf/Jäger/Wittig § 38 WpHG Rn. 192; *Szesny* in Böttger Wirtschaftsstrafrecht Kap. 6 Rn. 139; *Waßmer* in Fuchs WpHG § 38 Rn. 56 f.; zweifelnd *Chr. Schröder* Kapitalmarktstrafrecht-HdB Rn. 300.

[314] Ganz hM, s. nur *Waßmer* in Fuchs WpHG § 38 Rn. 50 und *Szesny* in Böttger Wirtschaftsstrafrecht Kap. 6 Rn. 126 – jew. mwN; differenzierend *Vogel* in Assmann/Schneider WpHG (6. Aufl.) § 38 Rn. 41; wie hier jetzt *Vogel/Spoerr* in Assmann/Schneider § 119 Rn. 120.

[315] *Diversy/Köpferl* in Graf/Jäger/Wittig § 38 WpHG Rn. 207.

[316] → Rn. 98.

[317] Vgl. zu den Besonderheiten der alten Rechtslage *Chr. Schröder* Kapitalmarktstrafrecht-HdB Rn. 338 ff.

[318] Für ein Beispiel s. *Chr. Schröder* Kapitalmarktstrafrecht-HdB Rn. 341.

[319] *Chr. Schröder* Kapitalmarktstrafrecht-HdB Rn. 342.

[320] Instruktiv dazu im kapitalmarktstrafrechtlichen Kontext *Altenhain* in KölnKomm WpHG § 38 Rn. 154.

[321] BGHSt 46, 107 (112): Zielt das Handeln des Haupttäters ausschließlich darauf ab, eine strafbare Handlung zu begehen, und weiß dies der Hilfeleistende, so ist sein Tatbeitrag in jedem Fall als strafbare Beihilfehandlung zu werden. Hält der Hilfeleistende es dagegen für möglich (iS eines *dolus eventualis*), dass sein Tun zur Begehung der Straftat genutzt wird, ist eine strafbare Beihilfe nur dann anzunehmen, wenn das von ihm

Haupttat sowie die Wertungen des einschlägigen Kapitalmarktrechts zu berücksichtigen.[322] Kapitalmarktrechtliche Verhaltensregeln dürften dabei allerdings nicht mit der Eingriffsschwelle des Strafrechts vermengt werden. So genügt zB ein Verstoß gegen die **Pflicht zur Anzeige von Verdachtsfällen** gem. § 23 Abs. 1 WpHG nF für sich genommen nicht, um eine Beihilfestrafbarkeit zu begründen.[323]

Bei der Qualifizierung einer Person als Insider handelt es sich nach hM nicht um ein **besonderes persönliches Merkmal** gem. § 28 Abs. 1 StGB.[324] 122

dd) Versuch des Insiderdelikts und Rücktritt vom Versuch. (1) Voraussetzungen der Versuchsstrafbarkeit bei Insiderdelikten. Ausweislich von § 119 Abs. 4 WpHG nF ist der Versuch eines Insiderdelikts in allen Tatbestandsvarianten des § 119 Abs. 3 WpHG nF strafbar.[325] Die weiteren Voraussetzungen der Versuchsstrafbarkeit richten sich dabei nach § 22 StGB. Demnach darf die Tat nicht vollendet sein und der Täter muss einen Tatentschluss aufweisen sowie zur Ausführung dieses Tatentschlusses unmittelbar angesetzt haben. 123

Im Fall eines Verstoßes gegen das Insiderhandelsverbot gem. § 119 Abs. 3 Nr. 1 WpHG nF ist die Tat insbesondere noch **nicht vollendet**, wenn eine Insiderinformation durch eine Ad-hoc-Mitteilung „überholt" wird, bevor eine Order platziert oder ausgeführt werden kann.[326] Als weitere Beispiele für bloß versuchte Insidergeschäfte können die Aussetzung des Kurses vor Orderausführung,[327] Fehler bei der Erteilung einer Order[328] sowie ein (teilweises) Scheitern der Orderausführung bei geringer Marktliquidität[329] oder wegen eines bankseitigen Orderstopps auf Grund eines Insiderverdachts[330] genannt werden. An einer Tatvollendung fehlt es außerdem, wenn die betroffene Information unwahr ist.[331] Bei Straftaten nach § 119 Abs. 3 Nr. 2 WpHG nF (Empfehlungs- und Verleitungsverbot) fehlt es mitunter an einer Vollendung, wenn der Dritte die Empfehlung nicht erhält (§ 119 Abs. 3 Nr. 2 Var. 1 WpHG nF)[332] oder bei dem Dritten kein Tatentschluss hervorgerufen wird (§ 119 Abs. 3 Nr. 2 Var. 2 WpHG nF).[333] Im Fall des § 119 Abs. 3 Nr. 3 WpHG nF (Offenlegungsverbot) kann eine Bestrafung aus dem vollendeten Delikt daran scheitert, dass die offenzulegende Information ihren Adressaten nicht erreichen kann.[334] 124

Der **Tatentschluss des Täters** muss sich im Zeitpunkt des unmittelbaren Ansetzens (!) auf das Vorliegen aller Umstände beziehen, die den objektiven Tatbestand des jeweiligen 125

---

erkannte Risiko strafbaren Verhaltens des von ihm Unterstützten derart hoch war, dass er sich mit seiner Hilfeleistung „die Förderung eines erkennbar tatgeneigten Täter angelegen sein ließ"; für abweichende Ansätze in der Literatur s. die Übersicht bei *Joecks* in MüKoStGB § 27 Rn. 66 ff. mwN.

[322] Näher *Chr. Schröder* Kapitalmarktstrafrecht-HdB Rn. 351.

[323] *Chr. Schröder* Kapitalmarktstrafrecht-HdB Rn. 352; *Wehowsky* in Erbs/Kohlhaas Strafrechtliche Nebengesetze Bd. IV § 38 WpHG Rn. 27.

[324] S. für die hM nur Vogel in Assmann/Schneider WpHG (6. Aufl.) § 38 Rn. 76 mwN; stellvertretend für die Gegenauffassung *Hilgendorf/Kusche* in Park Kapitalmarktstrafrecht Teil 2 Kap. 5.5. Rn. 69 u. *Trüg* in Leitner/Rosenau § 38 Rn. 198.

[325] Sehr kritisch zu dieser gesetzgeberischen Entscheidung *Vogel* in Assmann/Schneider WpHG (6. Aufl.) § 38 Rn. 42; vgl. auch *Theile* in Esser/Rübenstahl/Saliger/Tsambikakis § 38 WpHG Rn. 149, der zu Recht darauf hinweist, dass es sich bei der Anordnung der Versuchsstrafbarkeit in Bezug auf das insiderrechtliche Offenlegungsverbot um eine überschießende Umsetzung der CRIM-MAD handelt.

[326] Vgl. *Chr. Schröder* Kapitalmarktstrafrecht-HdB Rn. 308, 313, 316 u. *Szesny* in Böttger Wirtschaftsstrafrecht Kap. 6 Rn. 146.

[327] *Chr. Schröder* Kapitalmarktstrafrecht-HdB Rn. 316.

[328] *Chr. Schröder* Kapitalmarktstrafrecht-HdB Rn. 317.

[329] *Chr. Schröder* Kapitalmarktstrafrecht-HdB Rn. 318 f.

[330] *Szesny* in Böttger Wirtschaftsstrafrecht Kap. 6 Rn. 144.

[331] Mit ausführlicher Begründung *Hilgendorf/Kusche* in Park Kapitalmarktstrafrecht Teil 2 Kap. 5.5. Rn. 88 ff.

[332] *Vogel/Spoerr* in Assmann/Schneider WpHG § 119 Rn. 115.

[333] *Chr. Schröder* Kapitalmarktstrafrecht-HdB Rn. 335 f.; *Waßmer* in Fuchs WpHG § 38 Rn. 63. In diesem (letzteren) Fall wird allerdings regelmäßig eine strafbare Empfehlung und damit ohnehin eine vollendete Tat nach § 119 Abs. 3 Nr. 2 Var. 1 WpHG nF vorliegen → Rn. 108.

[334] *Chr. Schröder* Kapitalmarktstrafrecht-HdB Rn. 333. Die Vollendung setzt eine Möglichkeit zur Kenntnisnahme, nicht aber die tatsächliche Kenntnisnahme voraus → Rn. 109.

Insiderdelikts erfüllen.[335] Wenn die Ausführung einer Order von einer bestimmten Bedingung abhängig gemacht wird (zB bei Limit Orders), hindert dass die Annahme eines endgültigen, vorbehaltlosen Tatentschlusses nicht; es ist bei diesen Order-Typen jedoch sorgfältig zu prüfen, ob der subjektive Tatbestand tatsächlich vollständig vorliegt.[336]

126 Nach der herrschenden Kombinationstheorie setzt der Täter iSv § 22 StGB **unmittelbar zur Tatausführung an**, wenn er subjektiv die Schwelle zum „Jetzt geht's los" überschreitet und objektiv mit der tatbestandsmäßigen Handlung beginnt, so dass sein Tun ohne wesentliche Zwischenakte in die Tatbestandserfüllung mündet.[337] Im Falle von § 119 Abs. 3 Nr. 1 WpHG nF (Handelsverbot) genügt dazu die Aufgabe einer Order.[338] In den Fällen des § 119 Abs. 3 Nr. 2 WpHG nF (Empfehlungs- und Verleitungsverbot) und des § 119 Abs. 3 Nr. 3 WpHG nF (Offenlegungsverbot) genügt es, wenn das jeweilige Kommunikationsmittel (zB Email), durch das die Empfehlung, Verleitung oder Weitergabe erfolgen soll, abgesendet wird.[339] Straflos bleiben jedoch reine Vorbereitungshandlungen wie zB die Eröffnung eines Wertpapierdepots bei einem Online-Broker.[340]

127 Strafbar ist schließlich auch der **untaugliche Versuch**, bei dem das vom Täter geplante Verhalten aus tatsächlichen oder rechtlichen Gründen nicht zur Tatvollendung führen kann.[341] In diesem Zusammenhang ist die gem. § 23 Abs. 3 StGB bestehende Möglichkeit zu beachten, dass das Gericht von Strafe absieht oder die Strafe nach seinem Ermessen gem. § 49 Abs. 2 StGB mildert, wenn der Täter aus **grobem Unverstand** verkannt hat, dass der Versuch überhaupt nicht zur Vollendung führen konnte. Als praktisch relevanten Beispielfall für einen solchen grob unverständigen Versuch kann die Situation genannt werden, in der ein Laie eine eindeutig nicht erheblich kursrelevante Information fälschlicherweise als Insiderinformation einstuft und auf dieser Grundlage eine der von § 119 Abs. 3 WpHG nF erfassten Handlungen vornimmt.[342]

128 **(2) Voraussetzungen des Rücktritts vom Versuch eines Insiderdelikts.** Gem. § 24 StGB kann der Täter strafbefreiend vom Versuch einer Straftat zurücktreten. Unter welchen Voraussetzungen der **persönliche Strafaufhebungsgrund**[343] des Rücktritts eingreift, hängt dabei davon ab, ob der Täter allein oder mit anderen gehandelt hat und ob es sich um einen **beendeten oder unbeendeten** Versuch handelt. Ferner darf der Versuch **nicht fehlgeschlagen** sein[344] und muss **freiwillig**, dh auf Grundlage einer autonomen Entscheidung, erfolgen.[345]

129 Bei einem **Alleintäter** richten sich die Rücktrittsvoraussetzungen nach § 24 Abs. 1 StGB, der insofern zwei Grundkonstellationen unterscheidet:

- Wenn der Täter im Zeitpunkt des Rücktritts nach seiner Vorstellung noch nicht alles getan hat, was bei rechtlich korrekter Wertung zur Erfüllung des Tatbestands nötig wäre (**unbeendeter Versuch**), genügt es gem. § 24 Abs. 1 S. 1 Var. 1 StGB für einen strafbefreienden Rücktritt, dass der Täter es unterlässt, seinen Tatentschluss vollständig umzusetzen.
- Liegt dagegen ein sog. **beendeter Versuch** vor, bei dem der Täter seinen Tatentschluss bereits vollständig realisiert zu haben glaubt, fordert § 24 Abs. 1 S. 1 Var. 2 StGB dem

[335] Statt vieler *Eser/Bosch* in Schönke/Schröder StGB § 22 Rn. 12 ff. mwN.
[336] Ausführlich *Chr. Schröder* Kapitalmarktstrafrecht-HdB Rn. 308 f. u. Rn. 314 f. mwN; zust. *Waßmer* in Fuchs WpHG § 38 Rn. 64.
[337] BGHSt 26, 201 (203); 28, 162 (163); 36, 249 (250); BGH NStZ 2014, 633; *Beckemper/Cornelius* in BeckOK StGB § 22 Rn. 32 ff. mwN.
[338] *Altenhain* in KölnKomm WpHG § 38 Rn. 79; *Waßmer* in Fuchs WpHG § 38 Rn. 65.
[339] *Altenhain* in KölnKomm WpHG § 38 Rn. 79; *Waßmer* in Fuchs WpHG § 38 Rn. 65.
[340] *Chr. Schröder* Kapitalmarktstrafrecht-HdB Rn. 311.
[341] Für Beispiele im Kontext des Insiderrechts s. *Chr. Schröder* Kapitalmarktstrafrecht-HdB Rn. 320 ff.; vgl. auch *Altenhain* in KölnKomm WpHG § 38 Rn. 79.
[342] *Chr. Schröder* Kapitalmarktstrafrecht-HdB Rn. 324; *Waßmer* in Fuchs WpHG § 38 Rn. 66.
[343] Ganz hM, s. nur BGHSt 7, 296 (299) u. *Beckemper/Cornelius* in BeckOK StGB § 24 Rn. 3 mwN.
[344] Näher *Eser/Bosch* in Schönke/Schröder StGB § 24 Rn. 7 ff. mwN.
[345] Instruktiv *Hoffmann-Holland* in MüKoStGB § 24 Rn. 102 ff.

Täter ab, die Vollendung des Tatplans aktiv (und erfolgreich) zu verhindern. Bei Verstößen gegen das Insiderhandelsverbot gem. § 119 Abs. 3 Nr. 1 WpHG nF liegt zum Beispiel ein beendeter Versuch vor, sobald eine Order unter Nutzung einer Insiderinformation aufgegeben wurde. Ein Rücktritt kommt hier nur noch in Betracht, wenn der Täter die Order vor Ausführung (!) erfolgreich storniert.[346] Einen Sonderfall des (versuchten) Rücktritts regelt § 24 Abs. 1 S. 2 StGB: Der Täter nimmt hier eine auf Erfolgsverhinderung gerichtete Handlung vor; auch ist der tatbestandsmäßige Erfolg nicht eingetreten. Allerdings ist der Täter für den Nicht-Eintritt des Erfolges mit seiner Rücktrittshandlung nicht kausal geworden. § 24 Abs. 1 S. 2 StGB honoriert in diesem Fall das Täterverhalten dennoch mit Straflosigkeit, wenn dieser sich ernsthaft und freiwillig um die Verhinderung des Erfolgseintritts bemüht.

Ein Rücktritt des Täters vom Versuchs ist nach hM ausgeschlossen, wenn der Versuch **fehlgeschlagen** ist. Eine solche Situation liegt vor, wenn der Täter erkennt oder auch nur meint, dass er mit den ihm zur Verfügung stehenden Mitteln nicht mehr zum Ziel kommen kann.[347]

Bei **mehreren Beteiligten** werden die Rücktrittsvoraussetzungen durch § 24 Abs. 2 StGB geregelt. Nach der Grundregel des § 24 Abs. 2 S. 1 StGB erlangt ein Beteiligter dabei nur Straffreiheit, wenn er die Vollendung der Tat freiwillig verhindert. Wird die Tat ohne Zutun des Beteiligten nicht vollendet oder unabhängig von seinem früheren Tatbeitrag begangen, genügt es jedoch für einen strafbefreienden Rücktritt, wenn der Beteiligte sich freiwillig und ernsthaft bemüht hat, die Tatvollendung zu verhindern (§ 24 Abs. 2 S. 2 StGB). **130**

ee) Unterlassen. Der Begriff des Insidergeschäfts gem. § 119 Abs. 3 Nr. 1 WpHG nF iVm Art. 14 lit. a) und Art. 8 Abs. 1 MAR erfasst den **Erwerb und die Veräußerung** eines Finanzinstruments sowie die **Stornierung oder Änderung** einer bereits bestehenden Order, nicht aber das Unterlassen einer noch nicht in Auftrag gegebenen Transaktion.[348] Die Einbeziehung von Order-Änderungen und Order-Stornierungen stellt im Vergleich zur Rechtslage vor dem 1. FiMaNoG eine Verschärfung dar, weil diese Verhaltensweisen bisher nicht vom Verbot des Insiderhandels erfasst waren.[349] **131**

Eine Strafbarkeit wegen § 119 Abs. 3 WpHG nF iVm § 13 StGB kommt insbesondere unter dem Gesichtspunkt der sog. **Geschäftsherrenhaftung** in Betracht, wenn die Leitungsorgane einer Bank, eines Brokers oder eines sonstigen im Wertpapierhandel tätigen Unternehmens ihre in § 80 Abs. 1 WpHG nF statuierte betriebsbezogene Pflicht verletzten, Verstöße gegen das WpHG aus dem eigenen Unternehmen heraus zu verhindern.[350] **132**

ff) Rechtfertigung und Schuld. Für Taten nach § 119 Abs. 3 WpHG nF gelten die allgemeinen Rechtfertigungs- und Entschuldigungs- sowie Schuldausschließungsgründe; diese sind praktisch jedoch kaum relevant.[351] In Einzelfällen kann allerdings zB eine Rechtfertigung gem. § 34 StGB in Betracht kommen, wenn mit dem Verstoß gegen das Insider- **133**

---

346 *Altenhain* in KölnKomm WpHG § 38 Rn. 80; *Chr. Schröder* Kapitalmarktstrafrecht-HdB Rn. 327; *Waßmer* in Fuchs WpHG § 38 Rn. 67.

347 Näher zum fehlgeschlagenen Versuch *Eser/Bosch* in Schönke/Schröder StGB § 24 Rn. 7 ff. Ein Beispiel aus dem Marktmissbrauchsstrafrecht findet sich bei *Chr. Schröder* Kapitalmarktstrafrecht-HdB Rn. 329.

348 *Diversy/Köpferl* in Graf/Jäger/Wittig § 38 WpHG Rn. 181.

349 Die alte Rechtslage zu Recht kritisierend *Chr. Schröder* Kapitalmarktstrafrecht-HdB Rn. 357 f. u. *Giering* CCZ 2016, 214 (215); s. dagegen *Hohn* in Momsen/Grützner Kap. 6 Abschn. B Rn. 36, der die Neuregelung für einen „strafrechtlichen Sündenfall" hält, weil dadurch in der Sache eine strafbewehrte Garantieverpflichtung des einzelnen Marktteilnehmers zugunsten der Kapitalintegrität eingeführt werde, obwohl eine Garantenstellung von Nichtamtsträgern bei einem Universalrechtsgut dem deutschen Strafrecht eigentlich fremd sei.

350 Näher *Chr. Schröder* Kapitalmarktstrafrecht-HdB Rn. 354 ff.; vgl. dagegen aber *Altenhain* in KölnKomm WpHG § 38 Rn. 34.

351 *Altenhain* in KölnKomm WpHG § 38 Rn. 156.

recht eine Gefahrenabwehr seitens des Emittenten einhergeht (zB bei Produkthaftungsfällen bzw. in Fällen der Warnung vor weiterer Verabreichung von Medikamenten durch Pharmaunternehmen).[352]

III. Rechtsfolgen der Tat

1. Strafandrohung und Strafzumessung

134 Sowohl der Straftatbestand der Marktmanipulation nach § 119 Abs. 1 WpHG nF als auch die in § 119 Abs. 2 und Abs. 3 WpHG nF enthaltenen Insiderdelikte werden bei vorsätzlicher Begehung mit Freiheitsstrafe bis zu fünf Jahren oder mit Geldstrafe bestraft. In Fällen eines **leichtfertigen Verstoßes** gegen den § 119 Abs. 2 Nr. 1 WpHG nF iVm § 119 Abs. 7 WpHG nF gilt ein niedriger Strafrahmen von bis zu einem Jahr Freiheitsstrafe oder Geldstrafe. Der **Qualifikationstatbestand** der schweren Marktmanipulation nach § 119 Abs. 5 WpHG nF sieht eine Freiheitsstrafe von mindestens einem Jahr bis zu zehn Jahren vor; die Verhängung einer Geldstrafe ist nicht möglich. **Minder schwere Fälle iSv § 119 Abs. 5 WpHG nF** sind ausweislich von § 119 Abs. 6 WpHG nF mit Freiheitsstrafe von sechs Monaten bis zu fünf Jahren bewehrt.

135 Die **Geldstrafe** reicht gem. § 40 Abs. 1 S. 2 StGB von fünf bis zu 360 Tagessätzen, bei Bildung einer Gesamtstrafe können nach Maßgabe von § 54 Abs. 2 S. 2 StGB bis zu 720 Tagessätze verhängt werden. Die Höhe eines Tagessatzes bestimmt das Gericht unter Berücksichtigung der persönlichen und wirtschaftlichen Verhältnisse des Täters. Dabei geht es in der Regel von dem Nettoeinkommen aus, das der Täter durchschnittlich an einem Tag hat oder haben könnte. Ein Tagessatz wird auf mindestens 1 EUR und höchstens 30.000 EUR festgesetzt (§ 40 Abs. 2 StGB). Soweit ein Tatbestand sowohl die Verhängung von Freiheitsstrafe als auch von Geldstrafe vorsieht, können gem. § 41 StGB beide Strafen **gemeinsam verhängt** werden, wenn der Täter sich durch die Tat bereichert oder zu bereichern versucht hat.

136 **Strafmilderungen** nach Maßgabe von § 49 Abs. 1 StGB können sich bei versuchten Taten (§ 119 Abs. 4 WpHG nF) aus § 23 Abs. 2 und Abs. 3 StGB ergeben. Die Strafe eines **Gehilfen** ist gem. § 27 Abs. 2 S. 2 StGB obligatorisch zu mildern. **Anstifter** werden dagegen ausweislich von § 26 StGB gleich dem Täter bestraft. Bei Beteiligungen sind immer die Regelungen zur Lockerung der Akzessorietät gem. § 28 StGB im Blick zu behalten.

137 Ansonsten richtet sich die **Strafzumessung** nach § 46 StGB, wobei im Kontext des Marktmissbrauchsstrafrechts insbesondere die folgenden Aspekte zu berücksichtigen sind:
- der erzielte bzw. (bei versuchten Taten) zu erzielende Tatgewinn;[353]
- der Umfang des finanziellen und organisatorischen Aufwands für die Durchführung der Tat; ein dadurch indiziertes hohes Maß an krimineller Energie kann selbst bei Taten, die keinen Gewinn abgeworfen haben, zu Strafen im mittleren Bereich des Strafrahmens führen;[354]
- der Umfang der verursachten Schädigung des Kapitalmarkts bzw. einzelner Anleger oder des EU-Emissionszertifikatshandelssystems;[355]
- bei Insiderdelikten die Eigenschaft als Primär- oder Sekundärinsider, da der Handlungsunwert eines Sekundärinsiderverstoßes gegenüber einem Verstoß durch einen Primärinsider in der Regel als niedriger einzustufen ist;[356]

[352] *Chr. Schröder* Kapitalmarktstrafrecht-HdB Rn. 354, 359 ff. unter Bezugnahme auf den „Lipobay"-Fall der Bayer AG.
[353] *Diversy/Köpferl* in Graf/Jäger/Wittig § 38 WpHG Rn. 245.
[354] BGH NJW 2011, 3664 (3667).
[355] *Vogel/Spoerr* in Assmann/Schneider WpHG § 119 Rn. 181.
[356] *Pananis* in MüKoStGB § 38 WpHG Rn. 253.

- die Inanspruchnahme von besonderem öffentlichen Vertrauen (zB als Vorstandsmitglied einer angesehenen Organisation zum Schutz von Anlegern) als strafschärfender Umstand;[357]
- das Nachtatverhalten (Bemühen um Schadenswiedergutmachung, Geständnis, Schuldeinsicht, Reue);
- die Verfahrensdauer.[358]

2. Vermögensabschöpfung

Kapitalmarktdelikte wie Insidergeschäfte und Marktmanipulationen werden in aller Regel aus Profitstreben begangen. Damit gerät bei Verwirklichung entsprechender Straftaten nach dem WpHG als weitere Rechtsfolge die **staatliche Vermögensabschöpfung** in den Blick. Deren Ziel besteht bekanntlich darin, dem Täter (auch Teilnehmer) „die Früchte seiner Tat" zu entziehen („crime must not pay"), um ihm auf diese Weise einen starken Tatanreiz zu nehmen.[359] Das dafür einschlägige materiell-rechtliche Instrumentarium, das in den letzten 10-15 Jahren zunehmend auch im Bereich des Marktmissbrauchsstrafrechts eingesetzt wurde, fand sich schon seit 1975 in den §§ 73 ff. StGB; die flankierenden Sicherstellungsnormen (mit ihren vielfältigen Bezügen zum Zivilprozess- und Zwangsvollstreckungsrecht) enthielten die §§ 111b ff. StPO. Der Rechtskosmos der Vermögensabschöpfung ist derzeit im Umbruch. Zu bewältigen ist eine grundlegende („große") Reform,[360] deren Initiatoren es sich zum Ziel gesetzt haben, das – trotz kleinerer Korrekturen in der Vergangenheit[361] – nach wie vor als (zu) komplex und anwenderunfreundlich eingestufte Verfallsrecht „zu vereinfachen und nicht vertretbare Abschöpfungslücken zu schließen".[362] Umzusetzen war weiter die Richtlinie 2014/42/EU.[363] Seit dem 1.7.2017 gilt schon das neue Recht.[364] Nach dem Willen des Reformgesetzgebers sollen die Neuregelungen auch auf vor deren Inkrafttreten verwirklichte „Alttaten" und für am 1.7.2017 bereits laufende (Straf-)Verfahren Anwendung finden (vgl. Art. 316h S. 1 EGStGB nF), um ein „jahrelanges Nebeneinander von altem und neuem Recht" zu verhindern.[365] Gemäß Art. 316h S. 2 EGStGB nF gilt das aber nur, wenn bis zu diesem Zeitpunkt noch keine erstinstanzliche „Entscheidung über die Anordnung des Verfalls oder des Verfalls von Wertersatz ergangen ist". In Rechtsmittelverfahren, die sich im Wirtschaftsstrafrecht nicht selten über Jahre hinziehen, ist also weiterhin das alte Vermögensabschöpfungsrecht anzuwenden.[366] Aus diesem Grund und zu Zwecken der Orientierung soll im Weiteren zunächst die für die Marktmissbrauchsdelikte ausgearbeitete bisherige Dogmatik skizziert werden. Es folgen 138

[357] BGH NJW 2011, 3664 (3667); *Diversy/Köpferl* in Graf/Jäger/Wittig § 38 WpHG Rn. 245.

[358] Instruktiv zu den strafzumessungsbezogenen Folgen einer überlangen Verfahrensdauer *Eschelbach* in SSW StGB § 46 Rn. 171 ff.

[359] *Rönnau* Vermögensabschöpfung Rn. 2 mwN zu den Zielen der Vermögensabschöpfung in Fn. 4.

[360] Zusammen mit den vielfältigen Veränderungen im Marktmissbrauchs(straf)recht sind daher gleich zwei große Reformen dogmatisch zu verarbeiten. Das wird in einer längeren Eingewöhnungsphase zu beträchtlichen Irritationen führen.

[361] Dazu *Rönnau* Vermögensabschöpfung Rn. 2 mwN.

[362] Vgl. den Regierungsentwurf eines Gesetzes zur Reform der strafrechtlichen Vermögensabschöpfung v. 5.9.2016 (im Folgenden: RegE), BT-Drucks. 18/9525 S. 2 sowie Beschlussempfehlung und Bericht des Ausschusses für Recht und Verbraucherschutz v. 22.3.2017 (im Folgenden: Beschlussempfehlung), BT-Drucks. 18/11640 S. 1.

[363] Richtlinie 2014/42/EU des Europäischen Parlaments und des Rates über die Sicherstellung und Einziehung von Tatwerkzeugen und Erträgen aus Straftaten in der Europäischen Union v. 3.4.2014, ABl. EU Nr. L 127 v. 29.4.2014 S. 39 ff. (korrigiert in ABl. EU Nr. L 138 v. 13.5.2014 S. 114).

[364] Gesetz zur Reform der strafrechtlichen Vermögensabschöpfung v. 13.4.2017 (BGBl. I S. 872 ff.).

[365] BT-Drucks. 18/11640 S. 84.

[366] Der Reformgesetzgeber schließt das Meistbegünstigungsprinzip gem. § 2 Abs. 5 iVm Abs. 3 StGB aF in der Gesetzesbegründung *expressis verbis* aus und sieht sich zur partiellen Nichtanwendung des in Art. 103 Abs. 2 GG bzw. Art. 20 GG verankerten Rückwirkungsverbots berechtigt, weil „die Vermögensabschöpfung keinen Strafcharakter besitzt" und „ein etwaiges Vertrauen in den Fortbestand einer strafrechtswidrig geschaffenen Vermögenslage nicht schutzwürdig ist" (BT-Drucks. 18/11640 S. 84).

Ausführungen zu den Konturen des neuen Einziehungsrechts[367] im Bereich des Wertpapierhandelsstrafrechts, soweit sie absehbar sind. Keinesfalls kann das schon bisher und weiterhin einigermaßen schwierige und anspruchsvolle Vermögensabschöpfungsrecht hier auch nur in den wesentlichen Grundzügen ausgebreitet werden. Zu behandeln sind allein für das Marktmissbrauchsstrafrecht spezifische Fragestellungen (insbesondere die Sperrwirkung von Opferansprüchen sowie die Bestimmung des erlangten Etwas).

a) Zur alten Rechtslage

139 **aa) Allgemeines.** Nach bisherigem Recht – das in diesem Punkt durch die Reform zum 1.7.2017 nicht verändert wurde – erfolgte die strafrechtliche Vermögensabschöpfung[368] vornehmlich im sog. **subjektiven Verfahren**, das gegen natürliche Personen geführt wurde und an denen Dritte (insbesondere Unternehmen) bei Empfang von tatverstricktem Vermögen zu beteiligen waren (vgl. § 73 Abs. 3 StGB aF, § 442 iVm den §§ 431 ff. StPO aF).[369] Lagen die Voraussetzungen der §§ 73 ff. StGB aF vor, *musste* das Gericht – in den Grenzen der Härtevorschrift gem. § 73c StGB aF – im Strafurteil (oder Strafbefehl, § 407 Abs. 2 Nr. 1 StPO aF) den Verfall des „für" oder „aus" der Tat erlangten Etwas (nebst gezogenen Nutzungen oder erhaltenen Surrogaten) anordnen (§§ 73 Abs. 1 S. 1, Abs. 2, 73e Abs. 1 StGB aF). Soweit es – wie regelmäßig – nicht möglich war, das ursprünglich Erlangte einzuziehen, unterlag ein dessen Wert entsprechender Geldbetrag dem Wertersatzverfall (§ 73a StGB aF). Der Umfang des erlangten Etwas ist seit 1992 nach dem **Bruttoprinzip** zu bestimmen. Das heißt: Abzuschöpfen sind nicht mehr nur die Tatgewinne,[370] sondern alle Vermögenswerte, die einem Tatbeteiligten/Drittbegünstigten unmittelbar aus der Tatbestandsverwirklichung in irgendeiner Phase des Tatablaufs zufließen[371] (ohne Abzug von Gegenleistungen und Aufwendungen, die der Tatbeteiligte/Dritte zur Tatbegehung erbracht bzw. gemacht hat). Ein wesentliches Problem des bis zum 1.7.2017 geltenden Rechts bestand allerdings darin, zu identifizieren, was genau „aus der Tat" erlangt wurde. Der hierzu geführte heftige Streit[372] hatte dabei – wie noch zu zeigen sein wird – auch für das Marktmissbrauchsstrafrecht Bedeutung. Der Umfang des Erlangten und dessen Wert sowie die Höhe der Opferansprüche konnten geschätzt werden (§ 73b StGB aF). Wichtig für eine effektive Vermögensabschöpfung war (und wird es auch in Zukunft sein) das Sicherstellungsrecht, auf dessen Grundlage bereits im Ermittlungsverfahren bemakelte Gegenstände oder (im Falle des Wertersatzverfalles) auch legales Vermögen beschlagnahmt oder in Form des dinglichen Arrests festgesetzt werden können (§§ 111b ff. StPO aF).[373] Nach altem Recht konnte im Wege der sog. **Zurückgewinnungshilfe** nach denselben strafprozessualen Regeln zudem Vermögen für das Tatopfer gesichert werden, sofern eine Verfallsanordnung wegen § 73 Abs. 1 S. 2 StGB aF ausgeschlossen war (§ 111b Abs. 5 StPO aF). Dieser **Verfallssperre** – verbreitet „Totengräber des Verfalls" genannt – kam auch im kapitalmarktstrafrechtlichen Kontext Bedeutung zu; ihr Eingreifen entschied grundsätzlich darüber, ob das gesicherte Vermögen an den Staat (genauer: den Landesjustizfiskus) fiel oder – bei Entfaltung bestimmter Opferaktivitäten zur Durchsetzung seines Anspruchs[374] – an den Tatgeschädigten

[367] Begrifflich wird im neuen Vermögensabschöpfungsrecht nicht mehr von „Verfall", sondern von „Einziehung" (der Taterträge usw) gesprochen – auch, um international anschlussfähig zu sein („confiscation"), s. BT-Drucks. 18/9525 S. 2.

[368] Zur Vermögensabschöpfung im Bereich der Ordnungswidrigkeiten später in → § 29 Rn. 53.

[369] Näher *Rönnau* Vermögensabschöpfung Rn. 356 ff.; zum objektiven, nicht gegen eine bestimmte Person gerichteten Verfahren s. *ders.* aaO, Rn. 412 ff.

[370] Auf Basis des Wortlauts der bis zum Jahr 1992 geltenden Fassung von § 73 Abs. 1 S. 1 StGB aF („Vermögensvorteil") konnte nur nach dem *Nettoprinzip* abgeschöpft werden; zur Umstellung s. *Rönnau* Vermögensabschöpfung Rn. 52 mwN.

[371] S. nur BGH NStZ 2017, 151 (152) mwN.

[372] Details dazu bei *Rönnau* Vermögensabschöpfung Rn 37 ff. mwN.

[373] Ausführlich zur Sicherstellung im staatlichen Interesse *Rönnau* Vermögensabschöpfung Rn. 152 ff.

[374] Dazu *Rönnau* Vermögensabschöpfung Rn. 258 ff.

zurückfloss.[375] Gem. § 73 Abs. 1 S. 2 StGB aF konnte der Verfall nicht angeordnet werden, „soweit dem Verletzten aus der Tat ein Anspruch erwachsen ist, dessen Erfüllung dem Täter oder Teilnehmer den Wert des aus der Tat Erlangten entziehen würde". Maßgeblich war dabei allein das rechtliche Bestehen des Anspruchs, nicht jedoch, ob der Verletzte schon ermittelt war oder er den Anspruch tatsächlich geltend gemacht hatte.[376] Im Falle des Verzichts auf den Anspruch oder seiner Verjährung sollte aber die Anordnung des Verfalls wieder möglich sein.[377] Um zu verhindern, dass bei inaktiven Verletzten gesichertes Vermögen wieder an den (ggf. sogar rechtskräftig verurteilten!) Täter zurückgeschoben werden musste, hatte der Gesetzgeber zum 1.1.2007 den **staatlichen Auffangrechtserwerb** eingeführt, der allerdings mit einem recht komplizierten Verfahren verknüpft war (vgl. dazu § 111i Abs. 2–8 StPO aF).[378]

bb) Verfall im Bereich des Marktmissbrauchsstrafrechts. Vor diesem Regelungshintergrund hatte sich nach altem Recht für den Verfall bei Marktmissbrauchsstraftaten folgende Dogmatik herausgebildet: **140**

(1) Insiderdelikte. Bei strafbaren Insidergeschäften **gem. § 38 Abs. 1 Nr. 1 WpHG aF**[379] konnte nach lange vorherrschender Ansicht *immer* zugunsten des Staates abgeschöpft werden. Für eine Anwendung der Ausschlussklausel gem. **§ 73 Abs. 1 S. 2 StGB aF** sah man keinen Raum, da das Verbot von Insidergeschäften unmittelbar nur die Funktionsfähigkeit der organisierten Kapitalmärkte schütze und daher geschädigte Anleger nicht Verletzte der Tat seien.[380] Von dieser allein auf die Qualität des Rechtsguts (Allgemein- oder Individualrechtsgut) abstellenden Meinung hat sich der BGH (5. Strafsenat) in einem Beschluss v. 27.1.2010 gelöst.[381] Mit Blick auf den Schutzzweck des § 73 Abs. 1 S. 2 StGB aF (insbesondere Erhaltung der Erfüllungsfähigkeit des Täters und Vermeidung seiner Doppelinanspruchnahme) betonte der Senat, dass es bei einem Verhalten, das tateinheitlich als Insidergeschäft und (informationsgestützte) Marktmanipulation strafbar war, für einen Verfallsausschluss nicht maßgeblich sei, „ob sich aus einer Verletzung eines Strafgesetzes der Ersatzanspruch eines Dritten ergibt", sondern vielmehr, „dass sich der Ersatzanspruch aus dem historischen Sachverhalt herleitet, der auch der Verwirklichung der Strafnorm zu Grunde liegt". Dementsprechend war stets sorgfältig zu prüfen, ob gegen den Insider zivilrechtliche Ansprüche – etwa (wie im genannten BGH-Fall) aus vorsätzlicher sittenwidriger Schädigung gem. § 826 BGB oder wegen unterlassener unverzüglicher bzw. unwahrer Veröffentlichung von Insiderinformationen (damals nach den §§ 37b, 37c WpHG aF) – bestehen.[382] Wenn solche Forderungen bestanden, kam eine Verfallsanordnung nicht in Betracht. **141**

[375] Zur Exklusivität von Verfall und Zurückgewinnungshilfe *Rönnau* Vermögensabschöpfung Rn. 220.

[376] *Fischer* StGB (64. Aufl.) § 73 Rn. 18 m. vielen Rspr.-Nachw.

[377] Zum Ganzen *Rönnau* Vermögensabschöpfung Rn. 232 mwN.

[378] Näher zur Aufrechterhaltung der Sicherstellungsmaßnahmen gem. § 111i StPO aF bzw. zum staatlichen Auffangrechtserwerb *Rönnau* Vermögensabschöpfung Rn. 286 ff.

[379] Zur Verschiebung des Straftatbestands des Insidergeschäfts aus § 38 Abs. 1 Nr. 1 WpHG aF (Rechtslage vor dem 1. FiMaNoG) in den – weitgehend inhaltsgleichen – § 119 Abs. 3 Nr. 1 WpHG nF s. näher → Rn. 2 ff.

[380] LG München I wistra 2003, 277 (280); LG Augsburg NStZ 2005, 109 (111); LG Berlin wistra 2005, 277 (278); *Lücker*, Missbrauch von Insiderinformationen, S. 151 f.; w. Nachw. bei *Vogel* in Assmann/Schneider WpHG (6. Aufl.) § 38 Rn. 94 m. Fn. 228 und *Waßmer* in Fuchs WpHG § 38 Rn. 224; zur entsprechenden hM außerhalb der Kapitalmarktdelikte s. die (Rspr.-)Belege bei *Rönnau* Vermögensabschöpfung Rn. 232 m. Fn. 588. Konsequent für einen Verfallsausschluss, da § 38 WpHG aF als Vermögensgefährdungsdelikt einstufend, *Altenhain* in KölnKomm WpHG § 38 Rn. 162.

[381] BGH NStZ 2010, 326 (zuvor derselbe Senat hinsichtlich von Bestechungsdelikten schon in wistra 2001, 295 [297]); bestätigend (in einem umweltstrafrechtlichen Fall) BGHSt 58, 152 (154).

[382] Gleichsinnig *Vogel* in Assmann/Schneider WpHG (6. Aufl.) § 38 Rn. 91; *Waßmer* in Fuchs WpHG § 38 Rn. 224; *Theile* in Esser/Rübenstahl/Saliger/Tsambikakis § 38 WpHG aF Rn. 89. Weiterhin gegen das Eingreifen der Verfallssperre (da Allgemeinrechtsgut tangiert) *Pananis* in MüKoStGB § 38 WpHG Rn. 254; *Szesny* in Böttger Wirtschaftsstrafrecht Kap. 6 Rn. 348.

142 Auch bei der Bestimmung des **aus der Tat erlangten Etwas** iSd §§ 73 Abs. 1 S. 1, 73a S. 1 StGB aF hatte sich bei Insiderverstößen ein Bewertungswandel vollzogen. Nach ehemals hM empfing der Täter aus dem Insidergeschäft unmittelbar entweder Insiderpapiere (beim Erwerb) oder Gelder (bei der Veräußerung), die nach dem Bruttoprinzip in vollem Umfang (also ohne Abzug des für den Erwerb eingesetzten Kaufpreises bzw. des Wertes der veräußerten Insiderpapiere) abzuschöpfen waren.[383] Etwaige Aufwendungen oder ein zwischenzeitlich eingetretener Wertverfall der erworbenen Insiderpapiere war(en) allenfalls im Rahmen der Härteklausel gem. § 73c StGB aF zu berücksichtigen.[384] Teile der Literatur meinten dagegen (zu Recht), das vom Insider erlangte Etwas beschränke sich auf den „insiderspezifischen Sondervorteil", also auf die Wertdifferenz, die sich daraus ergibt, dass der Insider im Vergleich zu uninformierten Marktteilnehmern noch zum hohen Börsenkurs verkaufen oder zum billigen Kurs kaufen konnte.[385] Dieser Auffassung hat sich der 5. Strafsenat des BGH mit Beschluss vom 27.1.2010 in der Sache angeschlossen. Unter Rückgriff auf eine von ihm bereits 2002 getroffene Differenzierung zwischen (logisch) vorrangig zu bestimmendem Verfallsgegenstand (*Worin* besteht der erlangte Vorteil?) und nachrangig unter Berücksichtigung des Bruttoprinzips festzulegendem Verfallsumfang (*Höhe* des Erlangten?)[386] führte er folgenden Gedanken aus:[387] Strafrechtlich sei nicht das Insidergeschäft „an sich" verboten, sondern nur die „Art und Weise" bemakelt, in der das Geschäft ausgeführt wurde. Dementsprechend müsse allein der auf den Insiderverstoß – konkret: dem Ausnutzen einer Insidertatsache bei **Verkauf** von Aktien durch Vorstandsmitglieder einer börsennotierten Aktiengesellschaft – entfallende Sondervorteil herausgegeben werden, also die Verschonung von dem Wertverlust, den uninformierte Marktteilnehmer in Folge verspäteter Veröffentlichungen der aktienkursrelevanten (negativen) Tatsachen erleiden.[388] Denn unmittelbar aus der Tat erlangt sei nur, „was den Unwertgehalt der Tat ausmacht", oder – mit anderen Worten – „was letztlich strafbewehrt ist".[389]

143 Anders als die Kritiker dieser Rechtsprechung meinen, liegt in der Bestimmung des Verfallsbetrages anhand des Sondervorteils kein systemwidriger Rückgriff auf die Rechtsfigur des rechtmäßigen Alternativverhaltens und auch keine Rückkehr zum Nettoprinzip (durch die Hintertür).[390] Vielmehr ist der Zugriff nur auf den Sondervorteil Ausdruck einer

---

383 S. LG Augsburg NStZ 2005, 109 (111); zur Literatur vgl. nur *Altenhain* in KölnKomm WpHG § 38 Rn. 160 und *Trüg* NZG 2016, 459 (460) mit Fn. 14 – jeweils mwN.

384 LG Augsburg NStZ 2005, 109 (111).

385 *Hohn* wistra 2003, 321 (323); *Rönnau* Vermögensabschöpfung (1. Aufl.) Rn. 195 (unter Berücksichtigung rechtmäßiger hypothetischer Kausalverläufe); *Kudlich/Noltensmeier* wistra 2007, 121 (123); *Waßmer* in Fuchs WpHG (1. Aufl.) § 38 Rn. 83; auch LG Bonn BeckRS 2009, 25769 (nur Gewinn, da sonst Zusatzstrafe).

386 BGHSt 47, 260 (268 ff.); zur bestätigenden Folgerechtsprechung s. *Fischer* StGB (64. Aufl.) § 73 Rn. 8d ff.

387 BGH NJW 2010, 882 (884); zust. BGH NJW 2014, 1399 (1403) und BGH ZWH 2015, 303 (306); ebenso OLG Stuttgart NZWiSt 2016, 107 (109); zust. auch *Gehrmann* wistra 2010, 346; *Gehrmann* in Schork/Groß Rn. 544; *Stoffers* NZG 2010, 352; *Bauer* NStZ 2011, 396 (397); *Mader* NJ 2010, 257 (258); *Wehowsky* in Erbs/Kohlhaas Strafrechtliche Nebengesetze Bd. IV § 38 WpHG Rn. 35; im Grundsatz zust. *Klöhn* DB 2010, 769 (772 ff.) (mit Präzisierungen zur Sondervorteilsberechnung); ablehnend *Vogel* JZ 2010, 370 (372).

388 Dabei kann nach Auffassung des BGH (→ Rn. 141) die Bemessung des Sondervorteils nicht allein auf der Grundlage eines Tages erfolgen. Erforderlich sei vielmehr eine „über den konkreten Handelstag hinausgehende längerfristigere Betrachtung der Kursentwicklung". Feststellungen dieser Art bedürfen in der Praxis regelmäßig sachverständiger Begutachtung. Bei vertretbarem Einsatz verschiedener Berechnungsmethoden ist *in dubio pro reo* zu entscheiden (vgl. *Waßmer* in Fuchs WpHG § 38 Rn. 221).

389 Ausführlich zu diesem Grundansatz, der zur Bestimmung des erlangten Etwas den *Gedanken der Unrechtsspiegelung* aufgreift und dabei sorgfältig den Schutzzweck der Strafnorm herausarbeitet, *Rönnau* Vermögensabschöpfung Rn. 36 ff. mit allen Rechtsprechungs- und Literaturnachweisen. Ebenso (auch) für den Bereich der Insiderdelikte *Chr. Schröder* Kapitalmarktstrafrecht-HdB Rn. 365b; *Pananis* in MüKoStGB § 38 WpHG Rn. 235; *Szesny* in Böttger Wirtschaftsstrafrecht Kap. 6 Rn. 349; *Trüg* NZG 2016, 459 (460); *Theile* in Esser/Rübenstahl/Saliger/Tsambikakis § 38 WpHG aF Rn. 90; radikal (aber nicht überzeugend) *Ordner* NZWiSt 2016, 110 (111) und *Ordner* ZWH 2017, 3 (4 f.): „nichts erlangt"!

390 So aber *Vogel* JZ 2010, 370 (372); *Vogel* in Assmann/Schneider WpHG (6. Aufl.) § 38 Rn. 94; *Altenhain* in KölnKomm WpHG § 38 Rn. 160; ablehnend auch *Eser* in Schönke/Schröder § 73 Rn. 17; *Schumann*

am Verbotszweck orientierten (Wortlaut-)Auslegung.[391] Wer dabei den Verlust an (General-)Prävention moniert, gibt indirekt zu, dem Verfall (jedenfalls hinsichtlich des Bruttoanteils) Strafcharakter zuzumessen, obwohl er nach Ansicht der Anhänger einer einschränkungslosen Bruttoabschöpfung ein „quasi-kondiktionelles Ausgleichsinstrument" sein soll, mit dem allein vermögensordnende Ziele verfolgt werden.[392] – Später hat das OLG Stuttgart in einem Beschluss v. 3.9.2015 die vom BGH für die Veräußerung von Insiderpapieren entwickelte Abschöpfungsrechtsprechung auch auf deren **Erwerb** übertragen. Der verfallsrelevante Vermögenszufluss liege beim „an sich" zulässigen Erwerb von Wertpapieren ebenfalls nur im Sondervorteil, nicht jedoch im gesamten Wert der erworbenen Papiere. Maßgebend für die Bestimmung des Vorteils sei dabei die Differenz zwischen Anschaffungs- und Veräußerungspreis, wobei Aufwendungen für Erwerb und Veräußerung (insbesondere Spesen und Kosten) unberücksichtigt zu bleiben haben.[393]

Bei Insidertaten (von Primär-Insidern) gem. **§ 38 Abs. 1 Nr. 2 StGB aF**[394] (Mitteilungs- bzw. Verleitungsvariante) fehlte es nach altem Recht zumeist an einem unmittelbar „aus der Tat" erlangten Vorteil; möglich war es aber, die „für" die Mitteilung oder Empfehlung erhaltene Gegenleistung (vor allem Belohnungen) abzuschöpfen.[395] Da die Verfallssperre gem. § 73 Abs. 1 S. 2 StGB aF nur bei Vermögen Anwendung fand, das „aus der Tat" stammte, fiel in diesen Fällen das Erlangte an den Staat. **144**

(2) Marktmanipulationen. Zur Abschätzung der Reichweite des Verfalls im Bereich der **Marktmanipulationen** gem. § 38 Abs. 2 WpHG aF[396] war zu differenzieren. Denn der Gesetzgeber hatte drei Angriffsarten untersagt und diese Verbote – europäischen Vorgaben folgend – mit Sanktionsandrohungen flankiert.[397] Mit Blick auf die Verfallssperre lässt sich aber bereits an dieser Stelle für alle Tatvarianten sagen: Die Anwendung des **§ 73 Abs. 1 S. 2 StGB aF** war nach jüngerer BGH-Rechtsprechung vor der Reform nicht schon deshalb (pauschal) ausgeschlossen, weil die Marktmanipulationsverbote nach ganz hM im Kern überindividuelle Interessen schützen.[398] Wie auch beim Insiderstrafrecht musste vielmehr sorgfältig analysiert werden, ob auf dem manipulierten Markt aktive Anleger schadenbringende Geschäfte getätigt hatten, aus denen zivilrechtliche Ansprüche (vor allem **145**

in Müller-Gugenberger § 68 Rn. 88f. Generell skeptisch zum Bemakelungszusammenhang als maßgeblichem Kriterium für oder gegen eine Bruttoabschöpfung *Ordner* NZWiSt 2016, 110 (111 mwN in Fn. 12); *Ordner* Informalisierung S. 128ff. (zu Friktionen der Zurechnungslösung); ebenso *Burghart* in Satzger/Schluckebier/Widmaier § 73 Rn. 12f.

[391] S. die Argumentation vom OLG Stuttgart NZWiSt 2016, 107 (108ff.).

[392] Näher zur (zum alten Recht verbreiteten) *Schutzzwecklösung*, die sich gegenüber der *weiten Kausalitätsthese* des 1. BGH-Strafsenats und seinen Anhängern (zuletzt *Ordner* Informalisierung S. 154ff. [allerdings mit subjektiver Einschränkung]) positioniert, *Rönnau* Vermögensabschöpfung Rn. 42ff. mit erschöpfenden Nachweisen.

[393] OLG Stuttgart NZWiSt 2016, 107 (108ff.); zust. *Panams* ZWH 2015, 406 (407) und *Trüg* NZG 2016, 459. Kritisch *Pelz* (jurisPr-Compl 1/2016 Anm. 2) mit dem zutreffenden Hinweis darauf, dass es eine Kurswertdifferenz nur gebe, wenn auch ein Verkauf stattgefunden habe, dieser aber für die Tatbestandsverwirklichung nicht vorausgesetzt werde, und die Gewissheit beim Erwerb unter Verwendung der Insidertatsache, später einen Veräußerungsgewinn erzielen zu können, nicht exakt berechenbar sei; ablehnend *Ordner* ZWH 2017, 3 (5) und *Ordner* NZWiSt 2016, 110 (111) („nichts erlangt") unter Hinweis auf den Charakter des Insidergeschäfts als abstraktes Gefährdungsdelikt, das keine Schädigung und einen damit einhergehenden Vorteil voraussetze. Zu entgegen ist: Deliktstypen sagen nichts darüber aus, ob tatsächlich etwas erlangt wird!

[394] Der § 38 Abs. 1 Nr. 2 StGB aF (Rechtslage vor dem 1. FiMaNoG) entspricht nach neuer Rechtslage dem § 119 Abs. 3 Nr. 2 WpHG nF, s. näher → Rn. 2ff.

[395] So *Waßmer* in Fuchs WpHG § 38 Rn. 225; zust. *Vogel* in Assmann/Schneider WpHG (6. Aufl.) § 38 Rn. 94 m. Fn. 227; *Altenhain* in KölnKomm WpHG § 38 Rn. 161; *Diversy/Köpferl* in Graf/Jäger/Wittig § 38 WpHG Rn. 247.

[396] Zur Verschiebung des Straftatbestands der Marktmanipulation aus § 38 Abs. 2 WpHG aF (Rechtslage vor dem 1. FiMaNoG) in den – weitgehend inhaltsgleichen – § 119 Abs. 1 WpHG nF s. näher → Rn. 2ff.

[397] *Gehrmann* WM 2016, 542 mwN.

[398] So aber das LG Berlin, das in zwei Entscheidungen in § 20a WpHG aF keine Norm gesehen hat, die den Schutz von Anlegern bezweckt (wistra 2005, 277 [278f.]; BeckRS 2008, 10186).

gem. § 826 BGB) erwuchsen; war das – wie häufiger – der Fall, schied eine Verfallsanordnung aus.[399]

146 Bei **informationsgestützten Marktmanipulationen** durch unrichtige, irreführende oder verschwiegene Angaben gem. § 38 Abs. 2 WpHG iVm § 39 Abs. 2 Nr. 11 WpHG iVm § 20a Abs. 1 S. 1 Nr. 1 WpHG (jew. aF)[400] hatte der Täter nach einer im Schrifttum stark vertretenen Ansicht jedenfalls unmittelbar aus der Tat nichts erlangt; das spätere Ausnutzen des zuvor manipulierten Börsen- oder Marktpreises stelle keine Marktmanipulation dar und könne daher auch keine Verfallsanordnung auslösen.[401] Dem ist zu entgegnen, dass auch der manipulierte Börsen- oder Marktpreis bzw. die in ihm enthaltene Gewinnchance, jedenfalls wenn diese(r) zu einem realen Wertzuwachs gehaltener Aktien führte, grundsätzlich als erlangtes „Etwas" taugt und der dafür anzusetzende Geldbetrag bei Ausnutzung der Position über den Wertersatzverfall abgeschöpft werden konnte.[402] Zudem sprach nach altem Recht viel dafür, in Konsequenz der vom 5. und 3. BGH-Strafsenat ausgearbeiteten Dogmatik allein den manipulationsspezifischen Sondervorteil („Per-Saldo-Gewinn") einzuziehen[403] – und nicht einem strikten Bruttoprinzip zu folgen, wonach vom Manipulator für das Geschäft gemachte Aufwendungen unberücksichtigt bleiben. Für verfallen erklärt werden konnte zudem das Entgelt, das ein Journalist dafür bekam, dass er in einem Artikel unrichtige Angaben machte.[404]

147 **Handelsgestützte Marktmanipulationen** gem. § 38 Abs. 2 WpHG iVm § 39 Abs. 1 S. 1 Nr. 1 WpHG iVm § 20a Abs. 1 S. 1 Nr. 2 WpHG (jew. aF),[405] die sich in sog. „effektiven Geschäften"[406] vollziehen, führten bis zur Reform des Vermögensabschöp-

[399] So zutreffend *Vogel* in Assmann/Schneider WpHG (6. Aufl.) § 38 Rn. 95; *Waßmer* in Fuchs WpHG § 38 Rn. 226–228; auch *Altenhain* in KölnKomm WpHG § 38 Rn. 162; *Diversy/Köpferl* in Graf/Jäger/Wittig § 38 WpHG Rn. 248; *Pananis* in MüKoStGB § 38 WpHG Rn. 255; *Theile* in Esser/Rübenstahl/Saliger/Tsambikakis § 38 WpHG aF Rn. 215; *Schönhöft* Marktmanipulation S. 181 ff. Eine Analyse zum Schutznormcharakter kapitalmarktrelevanter Vorschriften liefert *Gaßmann* wistra 2004, 41 ff. Aus der Rechtsprechung für die Situation informationsgestützter Marktmanipulationen (iSv § 20a Abs. 1 S. 1 Nr. 1 WpHG aF) BGH NStZ 2010, 326; das Eingreifen der Verfallssperre in einem Fall handelsgestützter Marktmanipulation (iSv § 20a Abs. 1 S. 1 Nr. 2 WpHG aF) offenlassend BGHSt 59, 80 (92); für einen Scalping-Fall (= handlungsgestützte Marktmanipulation iSv § 20a Abs. 1 S. 1 Nr. 3 WpHG aF) damit (*obiter dictum*) sympathisierend BGH NZG 2016, 751 (754); einen Anspruch gem. § 826 BGB im Kontext eines Akteneinsichtsgesuchs ablehnend LG Berlin BeckRS 2011, 09403.

[400] Nach neuer Rechtslage (2. FiMaNoG) ist die informationsgestützte Marktmanipulation in § 119 Abs. 1 Var. 1, Var. 2 WpHG nF iVm § 120 Abs. 2 Nr. 3, Abs. 15 Nr. 2 WpHG nF iVm Art. 12 Abs. 1 lit. c) MAR geregelt, näher zur Normentwicklung → Rn. 2 ff.

[401] *Eichelberger* Marktmanipulation S. 347 f.; *Szesny* in Böttger Wirtschaftsstrafrecht Kap 6. Rn. 350; *Pananis* in MüKoStGB § 38 WpHG Rn. 255; *Rübenstahl/Tsambikakis* in Volk § 23 Rn. 119; *Theile* in Esser/Rübenstahl/Saliger/Tsambikakis § 38 WpHG aF Rn. 215; differenzierend *Schönhöft* Marktmanipulation S. 180 f.; *Sorgenfrei/Saliger* in Park Kapitalmarktstrafrecht Teil 2 Kap. 6.1. Rn. 351 mit (zT fehlgehenden) Nachweisen.

[402] Dazu *Vogel* in Assmann/Schneider WpHG (6. Aufl.) § 38 Rn. 95 (unter Hinweis auf BGHSt 52, 227 [242 Rn. 76], wo der 1. Strafsenat für eine Vermögensmehrung hat ausreichen lassen, dass zwischen Tat und Zufluss ein finaler „Bereicherungszusammenhang" besteht); zust. *Waßmer* in Fuchs WpHG § 38 Rn. 226; *Altenhain* in KölnKomm WpHG § 38 Rn. 161; *Schömann* Marktmanipulation S. 169; *Trüg* NJW 2014, 1346 (1348); *Weimann* in Hohnel 14. Teil Rn. 18. IdS dann auch – *obiter* – BGH NZG 2016, 751 (754 Rn. 32 f. mwN), der bei „informationsgestützten Manipulationen" in einem „Scalping-Fall" als erlangt die Wertsteigerung der Aktien bzw. den Kursgewinn ansieht). Nach *Brammsen* (WM 2012, 2134 [2142 f.]) ist bei jeder Marktmanipulation „über die Bande" wegen notwendiger Abschreckung voll abzuschöpfen.

[403] *Trüg* NJW 2014, 1346 (1348); letztlich auch BGH NZG 2016, 751 (754) (mwN), wonach nur die Wertsteigerung bzw. der Kursgewinn abgeschöpft werden soll; offengelassen von *Vogel* in Assmann/Schneider WpHG (6. Aufl.) § 38 Rn. 95.

[404] *Pananis* in MüKoStGB § 38 WpHG Rn. 255; *Altenhain* in KölnKomm WpHG § 38 Rn. 161; *Waßmer* in Fuchs § 38 WpHG Rn. 226.

[405] Nach neuer Rechtslage (2. FiMaNoG) ist die handelsgestützte Marktmanipulation in § 119 Abs. 1 Var. 1, Var. 2 WpHG nF iVm § 120 Abs. 2 Nr. 3, Abs. 15 Nr. 2 WpHG nF iVm Art. 12 Abs. 1 lit. a) u. lit. b) MAR geregelt; näher zur Normentwicklung → Rn. 2 ff.

[406] Effektive Geschäfte sind Transaktionen zwischen verschiedenen Personen, die sich darauf verständigen, korrespondierende gegenläufige Order mit gleichen Volumina und Preisen abzugeben, um dadurch letztlich Kursbewegungen auszulösen (*Pananis* in MüKoStGB § 38 WpHG Rn. 256).

fungsrechts nach hM dazu, dass als „aus" der Tat erlangt der gesamte Verkaufserlös (und wohl auch der gesamte Aktienwert[407]) angesehen wurde. Der BGH stützte die Vollabschöpfung (des Verkaufserlöses) in einem Fall der „Improper Matched Orders" bzw. „Prearranged Trades" darauf, dass „strafrechtlich bemakelt (hier) nicht nur die Art und Weise der Ausführung des Geschäfts, sondern dieses selbst (sei), weil es den manipulierten Börsenkurs und damit den tatbestandlichen Erfolg herbeiführt". Vorgenannte (Straf-)Normen wollen – so das Gericht – Geschäfte, bei denen „die Vertragspartner kollusiv zusammenwirken, (...) zum Schutz vor Preismanipulationen von Wertpapierkursen gerade als solche verhindern".[408] Dieser Lösungsansatz konnte allerdings massive Unbilligkeiten in Situationen erzeugen, in denen typischerweise Finanzinstrumente und korrespondierende Geldbeträge mehrfach hin und her gebucht wurden (etwa bei „Wash Sales",[409] „Matched Orders" oder „Circular Trading").[410] Denn ein striktes Abstellen auf jeden Einzelakt (Gutschrift, Wertpapiereingang), der vermögensmäßig jeweils als erlangtes Etwas zu erfassen wäre, ergäbe schnell unverhältnismäßig hohe Verfallsbeträge. Mit *Chr. Schröder* war daher stattdessen eine Gesamteinschätzung der Tat zu favorisieren, nach der berücksichtigt wird, dass der Täter „bei wirtschaftlicher Betrachtung letztlich immer wieder nur denselben Betrag (etwa die bei einem ‚Wash Sale' aufgewandten 100.000 EUR, *Anm. d. Verf.*) zzgl. etwaiger Kursgewinne erlangt. Jedes ‚Drehen' mit den einhergehenden Gutschriften und Buchungen gehört als Teilakt zur Tat", sodass in diesen Fällen nur „das ‚eingesetzte Kapital zzgl. etwaiger Gewinne" (und nicht die vermögensmäßige Aufaddierung sämtlicher Teilakte) abzuschöpfen war.[411] Zu einer Begrenzung des Verfallsbetrages auf den „einfachen Wert der Wertpapiere" entschloss sich auch das OLG Stuttgart in einem Fall, in dem der Täter den Tatbestand der Marktmanipulation durch alsbald aufeinander folgende Verkaufs- und Rückkaufsgeschäfte verwirklicht hatte (was bei extensiver Sicht zu einer Verdopplung des Vermögensgegenstandes geführt hätte).[412] Kritiker der Vollabschöpfung hielten der Rechtsprechung überzeugend entgegen, eine – den zu entziehenden Betrag einschränkende – Unrechtsspiegelung lasse sich auch bei dieser Tatvariante durchführen mit dem Ergebnis, dass ein Pflichtwidrigkeitszusammenhang allein zum manipulativen Teil des Geschäfts bestehe, nicht aber zum davon abzugrenzenden „realistischen" Preis (als „legalen" Sockel des Verkaufspreises).[413] – Bei nur fiktiven Transaktionen, die die Vermögenslage des Täters unberührt lassen, schied dagegen ein Vermögensverfall aus.[414]

Schließlich entsprach es hM, dass bei Marktmanipulationen durch Transaktionen, die sonstige Täuschungshandlungen beinhalteten (§ 38 Abs. 2 iVm § 39 Abs. 1 Nr. 2 iVm § 20a Abs. 1 S. 1 Nr. 3 WpHG [jew. aF] – sog. **handlungsgestützte Marktmanipula-** **148**

---

[407] So OLG Stuttgart NJW 2011, 3667 (3670); *Woodtli* NZWiSt 2012, 51 (55); *Weimann* in Hohnel 14. Teil Rn. 13.

[408] BGHSt 59, 80 (92 f.); ebenso *Trüg* NJW 2014, 1346 (1348); *Gehrmann* in Schork/Groß Rn. 597; *Gehrmann* WM 2016, 542 (547); *Waßmer* in Fuchs, WpHG § 38 Rn. 227; *Waßmer* HRRS 2014, 336 (341); *Weimann* in Hohnel, 14. Teil Rn. 13; *Schumann* in Müller-Gugenberger § 68 Rn. 36a; zuvor schon OLG Stuttgart NJW 2011, 3667 (3670) m. Anm. *Koppmann* ZWH 2012, 27 und Bespr. *Woodtli* NZWiSt 2012, 51 (55).

[409] Nach Ansicht vieler fehlt es bei „Wash Sales", bei denen Käufer und Verkäufer wirtschaftlich identisch sind, anders als bei „Matched Orders" schon grundsätzlich am erlangten Etwas, s. *Waßmer* in Fuchs WpHG § 38 Rn. 227; *Woodtli* NZWiSt 2012, 51 (55 m. Fn. 48); *Weimann* in Hohnel, 14. Teil, Rn. 13; auch *Panani*s in MüKoStGB § 38 WpHG Rn. 256.

[410] Richtig gesehen von *Chr. Schröder* Kapitalmarktstrafrecht-HdB Rn. 616d.

[411] *Chr. Schröder* Kapitalmarktstrafrecht-HdB Rn. 616d.

[412] OLG Stuttgart BeckRS 2014, 16560 (Rn. 12 ff.); zust. *Sorgenfrei/Saliger* in Park Kapitalmarktstrafrecht Teil 2 Kap. 6.1. Rn. 351. Die Höhe des (Wertersatz-)Verfallsbetrages richtet sich nach Ansicht des Gerichts „regelmäßig nach dem Wert des Verfallsgegenstandes zum Zeitpunkt der Entstehung des Wertersatzanspruchs (2. LS); krit. zur Einschränkung des OLG *Gehrmann* WM 2016, 542 (547): Tatsächlich hat Täter aus den beiden Transaktionen die Wertpapiere nicht erlangt, da er schon vorher Inhaber war.

[413] So *Kudlich* JZ 2014, 746 (748); *Rönnau* Vermögensabschöpfung Rn. 41 aE; *Sorgenfrei/Saliger* in Park Kapitalmarktstrafrecht Teil 2 Kap. 6.1. Rn. 351; *Ordner* ZWH 2017, 3 (6).

[414] *Pananis* in MüKoStGB § 38 WpHG Rn. 256; *Vogel* in Assmann/Schneider WpHG (6. Aufl.) § 38 Rn. 95 mwN.

tionen),[415] der Täter etwas erlangt, wenn tatsächlich (und nicht nur fiktiv) Geschäfte durchgeführt wurden.[416] Im Streit um die richtige Bestimmung des einzuziehenden Vermögenswertes hielt der 3. BGH-Strafsenat bei dieser Tatvariante anders als in Fällen der Marktmanipulation durch abgesprochene Verträge *obiter dictum* an seiner Linie fest, die er in der Entscheidung über nicht genehmigte, aber zu genehmigende Waffenexporte (BGHSt 57, 79 [83 ff.]) gezogen hatte. Dementsprechend stellte der Senat in einem klassischen Fall des Scalpings[417] für den Unwert der Tat und den spiegelbildlichen Vermögensvorteil darauf ab, dass jedenfalls die Wertsteigerung der Aktien (bzw. der Kursgewinn) – im Gegensatz zu dem zumeist durch außertatbestandliche Verkäufe erzielten (Brutto-)Erlös – als unmittelbar aus der Tat erlangter Vermögenszuwachs anzusetzen ist.[418]

b) Zur neuen Rechtslage

149 Durch das seit dem 1.7.2017 geltende neue Vermögensabschöpfungsrecht ist dieser Bereich zum Teil wesentlich umgestaltet worden. Im Folgenden sollen nur die im hier interessierenden Kontext wesentlichen Änderungen kurz skizziert werden.[419]

150 **aa) Einige Eckpunkte der Reform.** Begrifflich wird im neuen Recht der Ausdruck „Verfall" überall durch den Terminus „Einziehung" (von Taterträgen usw) ersetzt. Damit soll der umfassende Reformansatz unterstrichen und das deutsche Recht an die Begrifflichkeiten im Recht der Europäischen Union („confiscation") angepasst werden. Weiterhin haben die Reformer den aus dem Zivilprozessrecht entlehnten Begriff „dinglicher Arrest" durch den Begriff „Vermögensarrest" ersetzt.[420]

151 Kernstück der Reform ist die grundlegende **Neuregelung der Opferentschädigung**,[421] in deren Zuge § 73 Abs. 1 S. 2 StGB aF gestrichen wurde. Damit kann jetzt der Tatertrag oder ein dessen Wert entsprechender Geldbetrag auch dann abgeschöpft werden, wenn Schadensersatzansprüche von Tatgeschädigten im Raum stehen. Die Ansprüche der Verletzten werden künftig grundsätzlich außerhalb des Strafverfahrens befriedigt. Entweder erfolgt die Entschädigung im Strafvollstreckungsverfahren (§ 459h StPO nF) oder im Insolvenzverfahren (§ 111i StPO nF). Eine Ausnahme gilt nach wie vor für bewegliche Sachen (in aller Regel Diebesgut). Sie sollen den Verletzten nach § 111n Abs. 2 StPO nF möglichst zeitnah zurückgegeben werden. Die Streichung des § 73 Abs. 1 S. 2 StGB aF hat zur Folge, dass die Vermögensabschöpfung nunmehr auch bei Vermögensdelikten mit individuellen Tatgeschädigten zulässig ist. Dennoch kann selbstverständlich nur das durch

[415] Nach neuer Rechtslage (2. FiMaNoG) ist die handlungsgestützte Marktmanipulation in § 119 Abs. 1 Var. 1, Var. 2 WpHG nF iVm § 120 Abs. 2 Nr. 3, Abs. 15 Nr. 2 WpHG nF iVm Art. 12 Abs. 1 lit. b) MAR geregelt; näher zur Normentwicklung → Rn. 2 ff.

[416] S. nur *Vogel* in Assmann/Schneider WpHG (6. Aufl.) § 38 Rn. 95; *Altenhain* in KölnKomm WpHG § 38 Rn. 161; *Waßmer* in Fuchs WpHG § 38 Rn. 228; abw. *Pananis* in MüKoStGB § 38 WpHG Rn. 255: „unmittelbar aus der Tat ist in der Regel nichts erlangt"; ebenso *Sorgenfrei/Saliger* in Park Kapitalmarktstrafrecht Teil 2 Kap. 6.1. Rn. 351; *Szesny* in Böttger Wirtschaftsstrafrecht Kap. 6 Rn. 350.

[417] Zum Begriff BGHSt 48, 373 (376 ff.) und jetzt Art. 12 Abs. 2 lit d) MAR.

[418] BGH NZG 2016, 751 (754); zust. LG Frankfurt/M., Beschl. v. 31.10.2016 – 5/12 KLs 9/16 – juris, Rn. 31 ff.; ebenso *Gehrmann* in Schork/Groß Rn. 597; für Bruttoerlösabschöpfung (in einem Scalping-Fall) dagegen LG Berlin, Urt. v. 14.4.2011 – (519) 3 Wi Js 1665/07 KLs (03/09) – juris, Rn. 124 ff. sowie OLG Frankfurt aM, Beschl. v. 12.1.2017 – 3 Ws 901/16 – juris Rn. 7 ff. = NStZ-RR 2017, 144. Einen Verfall in diesen Situationen überhaupt ablehnend *Ordner* (ZWH 2017, 3 [6 f.]), da die erhaltene Veräußerungschance bilanziell nicht werthaltig sei.

[419] Eine lehrreiche Einführung zum neuen Vermögensabschöpfungsrecht bieten *Köhler* NStZ 2017, 497 ff. (1. Teil) und *Köhler/Burkhard* NStZ 2017, 665 ff. (2. Teil); auch *Korte* wistra 2018, 1 ff.; knapper *Trüg* NJW 2017, 1913 ff.; *Hüls* ZWH 2017, 242 ff.; *Schilling/Carsten/Hübner* StraFo 2017, 305 ff.; *Greeve* ZWH 2017, 277 ff.; *Meißner* KriPoZ 2017, 237 ff.; *Köllner/Mück* NZI 2017, 593 ff.; *Reh* NJWiSt 2018, 20 ff. (In Praxisprobleme aus staatsanwaltschaftlicher Sicht), Grundfragen diskutiert *Saliger* ZStW 129 (2017) – im Erscheinen. *Schorn/Utz* Compliance-Berater 2017, 255 ff.; *Reitemeier* ZJJ 2017, 354 ff.

[420] Vgl. RegE, BT-Drucks. 18/9525 S. 2, 48 f.

[421] Ausführlich dazu RegE, BT-Drucks. 18/9525 S. 1 f., 46, 49 ff., 78 ff.; Ergänzungen durch Beschlussempfehlung, BT-Drucks. 18/11640 S. 79 ff.

die (Vermögens-)Straftat rechtswidrig Erlangte oder ein Geldbetrag, der dem Wert des ursprünglich Erlangten entspricht, eingezogen werden. Mehr (etwa Schmerzensgeld) kann der Verletzte der Tat auch von staatlicher Seite als Entschädigung nicht erhalten.

Die Reformer haben sich auch dem dringenden praktischen Problem angenommen, das durch die Straftat **„erlangte Etwas"** zu bestimmen.[422] Aus dem Zusammenspiel von § 73 Abs. 1 StGB nF und § 73d Abs. 1 StGB nF ergibt sich für die Festlegung des Erlangten auf Basis des Bruttoprinzips in einem **zweistufigen Verfahren** Folgendes: Auf der ersten Stufe (§ 73 Abs. 1 StGB nF) werden auf der Grundlage einer rein gegenständlichen Betrachtungsweise zunächst alle Vermögenswerte erfasst, die einem Tatbeteiligten oder Drittbegünstigten aus der Verwirklichung des Tatbestandes in irgendeiner Phase des Tatablaufs zugeflossen sind, ohne dass es auf eine „unmittelbare" Kausalbeziehung zwischen Tat und Bereicherung ankommt. Auf einer zweiten Stufe sind bei der Konkretisierung des Bruttoprinzips normative Gesichtspunkte zu berücksichtigen (§ 73d Abs. 1 StGB nF). Im Kern müssen danach Aufwendungen des Tatbeteiligten/Drittbegünstigten grundsätzlich abgezogen werden, sofern sie nicht vorsätzlich zur Vorbereitung oder Begehung der Tat investiert wurden. Leistungen zur Erfüllung einer Verbindlichkeit gegenüber dem Verletzten der Tat sollen aber – auch wenn sie vorsätzlich zur Vorbereitung oder Begehung der Tat investiert wurden – stets abgezogen werden können (Rückausnahme). § 73d Abs. 1 StGB nF konkretisiert nach Ansicht der Reformer den (restriktiv zu verstehenden) Rechtsgedanken der bereicherungsrechtlichen Vorschrift des § 817 S. 2 BGB für die strafrechtliche Vermögensabschöpfung: „Was in ein verbotenes Geschäft investiert worden ist, muss unwiederbringlich verloren sein" (BGHSt 52, 227–257 Rn. 101). 152

Zu weiteren Änderungen (insbesondere im Bereich der vorläufigen Sicherstellung [§§ 111b ff. StPO aF], der Härteklausel [§ 73c StGB aF], der Drittempfängereinziehung [§ 73 Abs. 3 StGB aF] und der Schließung von Ahndungslücken durch Ausdehnung der erweiterten Einziehung [§ 73d StGB aF] sowie der selbständigen Einziehung [§ 76a StGB aF] im Wege der Neuregelung der Vermögensabschöpfung bei Vermögen unklarer Herkunft) s. RegE (BT-Drucks. 18/9525) in der Ergänzung durch die Beschlussempfehlung (BT-Drucks. 18/11640) und die zu → Rn. 149 zitierte Literatur. 153

bb) Folgen der Neuregelungen für den Bereich des Marktmissbrauchsstrafrechts – erste Einschätzung. (1) Streichung der Verfallssperre gem. § 73 Abs. 1 S. 2 StGB aF. Im Rahmen der jüngsten grundlegenden Reform der Vermögensabschöpfung wurde § 73 Abs. 1 S. 2 StGB aF aufgehoben. Damit stehen ab dem 1.7.2017 Schadensersatzansprüche von Tatgeschädigten der staatlichen Einziehung des Tatertrages (bzw. dessen Wertes) nicht mehr entgegen. Das bisher existierende Regelungskonzept der Rückgewinnungshilfe ist vielmehr vom **Modell der Opferentschädigung**, die entweder im Strafvollstreckungs- oder im Insolvenzverfahren erfolgt, abgelöst worden. Allein bewegliche Sachen (zumeist Diebesgut) sollen unabhängig davon möglichst zeitnah zurückgegeben werden.[423] Die bisherigen Streitigkeiten über die Reichweite der Verfallssperre, wie sie auch im Bereich des Kapitalmarktstrafrechts auftraten (so → Rn. 139), sind damit obsolet. Allerdings deuten sich schon neue Unsicherheiten über die Auslegung des Verletztenbegriffs an.[424] 154

(2) Zur Bestimmung des erlangten Etwas. Vor der Anwendung des neuen Vermögensabschöpfungsrecht auf das neue Marktmissbrauchs(straf)recht muss man sich noch einmal die zentralen Grundregeln der Abschöpfung vor Augen führen: Nachdem auf einer ersten 155

---

[422] Näher RegE, BT-Drucks. 18/9525 S. 46 f., 61 f., 67 ff.; Ergänzungen durch Beschlussempfehlung, BT-Drucks. 18/11640 S. 78 ff.

[423] Vgl. RegE, BT-Drucks. 18/9525 S. 49, 61.

[424] So orientiert sich der Verletztenbegriff nach dem RegE, BT-Drucks. 18/9525 S. 50 am „geltenden Recht", während in der Beschlussempfehlung, BT-Drucks. 18/11640 S. 90 zu lesen ist: „Der dem (gesamten) Reformkonzept zugrundeliegende Verletztenbegriff des § 73d Absatz 1 Satz 2 letzter Halbsatz StGB-E ist nicht identisch mit dem Verletztenbegriff des § 73 Absatz 1 Satz 2 StGB im geltenden Recht (…). Die zu § 73 Abs. 1 Satz 2 StGB ergangene obergerichtliche Rechtsprechung kann somit nicht auf den Verletztenbegriff des neuen Rechts übertragen werden."

Stufe zunächst im Rahmen eines überaus weit verstandenen „Kausalitätsansatzes" alle „durch" oder „für" die rechtswidrige Tat erlangten Vermögenswerte erfasst werden (§ 73 Abs. 1 StGB nF), sind auf der zweiten Stufe unter normativen Gesichtspunkten Einschränkungen zu machen (§ 73d Abs. 1 StGB nF). Danach ist brutto (dh der gesamte Taterlös) abzuschöpfen, wenn der Tatbeteiligte/Drittbegünstigte Vermögen vorsätzlich für die Vorbereitung oder Begehung der Tat investiert hat (vgl. § 73d Abs. 1 S. 2 Hs. 1 StGB nF); ansonsten sind unter Rückgriff auf eine Nettobetrachtung Gegenleistungen und Aufwendungen abzuziehen.[425] Wichtig für das Verständnis ist dabei, dass der Tatbegriff in § 73d Abs. 1 StGB nF **tatbestandlich-formal bzw. deliktsbezogen** und nicht in einem weiteren Sinne auf das wirtschaftliche Gesamtprojekt des Täters bzw. Teilnehmers (etwa: unter Verwendung von Aktien durch kriminelle Aktivitäten irgendwie gute Geschäfte machen) interpretiert werden muss.[426] Erfasst ist dabei nach dem gesetzgeberischen Grundansatz die Phase der Vorbereitung der Tat bis hin zu deren materieller Beendigung. Nur so lassen sich die im RegE angeführten zahlreichen Beispiele, die das zuvor im Text abstrakt Ausgeführte veranschaulichen sollen, in einem stimmigen Konzept vereinen.[427] Um zur Illustration ein zentrales Beispiel aus der Gesetzesbegründung aufzugreifen: Der Täter veräußert von ihm zuvor legal erworbenes Ackerland weiter, nachdem er dessen Umwandlung in Bauland durch Bestechung eines Amtsträgers erreicht hat. Hier sind die Kosten für den Erwerb des vormaligen Ackerlandes vom späteren Veräußerungserlös abzuziehen, da der Täter das Geld für den Erwerb des Landes nicht für die Begehung oder Vorbereitung der Straftat der Bestechung aufgewendet hat, sondern zum Zwecke des Weiterverkaufs. Daran ändert sich auch dann nichts, wenn der Täter schon beim Erwerb des Ackerlandes einen Korruptionsplan hatte.[428]

156 **(a) …im Bereich der Insiderdelikte.** Vor diesem Hintergrund sind nun zunächst die Insiderdelikte auf ihre Abschöpfungsrelevanz zu untersuchen. Das geltende Insiderstrafrecht enthält mit § 119 Abs. 2 WpHG nF und § 119 Abs. 3 WpHG nF zwei Gruppen von Delikten: Während § 119 Abs. 2 WpHG nF als Spezialregelung nur Insiderverstöße im Zusammenhang mit EU-Treibhausgas-Emissionszertifikaten erfasst, enthält § 119 Abs. 3 WpHG nF weiter gefasste Tatbestände, die sich auf alle Typen von Finanzinstrumenten erstrecken und dabei auch EU-Treibhausgas-Emissionszertifikate iSv § 119 Abs. 2 WpHG nF einbeziehen. Weil § 119 Abs. 2 WpHG nF folglich gegenüber § 119 Abs. 3 WpHG (von leichtfertig begangenen Taten abgesehen) keinen eigenständigen Anwendungsbereich aufweist,[429] konzentrieren sich die Ausführungen im Folgenden auf die Delikte nach § 119 Abs. 3 WpHG nF Hingewiesen sei hier aber darauf, dass § 73d Abs. 1 StGB nF es nicht mehr erlaubt, bei Fahrlässigkeitstaten und damit auch bei **leichtfertig begangenen Straf-**

[425] Krit. zum gewählten Modell *Burghart* in Satzger/Schluckebier/Widmaier § 73 Rn. 13; vgl. auch *Bittmann* NZWiSt 2016, 131 (133) und *Bittmann* WiJ 2016, 175 (176 ff.) – jew. mit verschiedenen Korrekturwünschen; Stellungnahme DAV 30/2016 v. Juni 2016 S. 9 ff. (die Festschreibung der „Schutzzwecklösung" fordernd) – alle zum RefE 3/2016; weitgehend zust. dagegen *Gericke*, Stellungnahme (v. 20.11.2016) zum RegE 7/2016, S. 1, 3 ff. (online abrufbar unter http://t1p.de/7o80).

[426] S. auch *Köhler* NStZ 2017, 497 (506): „§ 73d Abs. 1 S. 2 StGB begrenzt das Abzugsverbot auf das, was, für die Begehung …, oder … Vorbereitung, der (Erwerbs-)Tat im materiellen Sinn aufgewendet oder eingesetzt wird." Zudem: Der Deliktsbezug wird hier ersichtlich nicht iSe „Unrechtsspiegelung" aufgefasst (dazu Rn. 142), so dass die die Abschöpfung bisher einschränkenden Kriterien wie ein (restriktiv verstandener) „Bemakelungszusammenhang" oder ein „legaler Sockel" zukünftig keine Rolle mehr spielen sollen.

[427] RegE, BT-Drucks. 18/9525 S. 67 ff.; auch *Köhler* NStZ 2017, 497 (505). Der Tatbegriff entspricht damit (wohl) § 11 Abs. 1 Nr. 5 StGB, wonach eine rechtswidrige Tat eine solche ist, die den „Tatbestand" eines Strafgesetzes verwirklicht.

[428] Die Frage der Brutto- oder Nettoabschöpfung davon abhängig zu machen, ob der Tatbeteiligte von Anfang an vorhatte, das erworbene Ackerland nach korruptionsbedingter Umwandlung weiterzuveräußern (dann Bruttoerlöseinziehung) oder nicht (dann Abzug von Aufwendungen bzw. Gegenleistungen möglich), wäre mit großen Nachweisproblemen verbunden. Dem haben die Verfasser des Gesetzes mit einer deliktsbezogenen Betrachtung vorgebeugt.

[429] → Rn. 94.

taten wie § 119 Abs. 2 Nr. 1 (iVm § 119 Abs. 7 WpHG nF) rechtswidrig erlangtes Vermögen nach dem Bruttoprinzip abzuschöpfen; vielmehr sind in diesen Fällen zukünftig Aufwendungen in Abzug zu bringen.[430]

Nach **§ 119 Abs. 3 Nr. 1 WpHG nF** (iVm Art. 14 lit. a) MAR) macht sich strafbar, wer über eine Insiderinformation verfügt und unter Nutzung dieser Insiderinformation für eigene oder fremde Rechnung direkt oder indirekt ein Finanzinstrument, auf welches sich die Information bezieht, erwirbt oder veräußert.[431] Die nach alter Rechtslage für die abschöpfungsrechtliche Behandlung dieser Fälle in der jüngeren obergerichtlichen Rechtsprechung vorherrschende Ansicht, einzuziehen sei nur der konkret auf den Insiderverstoß entfallende Sondervorteil,[432] wird sich nach § 73d Abs. 1 S. 2 Hs. 1 StGB nF (iVm der Gesetzesbegründung) nicht mehr aufrechterhalten lassen. Denn die Gesetzesverfasser plädieren – in Übereinstimmung mit Wortlaut und ratio der Neuregelung – für eine volle Abschöpfung des (Brutto-)Erlöses in Situationen, in denen „Aktien zweckgerichtet für ein verbotenes Insidergeschäft angeschafft oder eingesetzt werden".[433] Ausreichender Deliktsbezug des Vermögenseinsatzes (zu diesem Kriterium s. → Rn. 155) ist hier gegeben. An der Sachgerechtigkeit dieses Ergebnisses sind bei der Verwendung legalen Vermögens unter Schutzzweckgesichtspunkten dennoch große Zweifel anzumelden. Gerade eine restriktive Auslegung des § 817 S. 2 BGB, der als Vorbild für die Neuregelung diente, gebietet eine solche harte Haltung nicht.[434] 157

Wie schon bisher bei Verstößen gegen das Empfehlungs- und Verleitungsverbot wird auch bei einer Strafbarkeit gem. **§ 119 Abs. 3 Nr. 2 WpHG nF** (iVm Art. 14 lit. b) MAR sowie Art. 8 Abs. 2, Abs. 3 MAR) die Einziehung der „für" die Tat empfangenen Belohnungen im Vordergrund stehen. Wenn Vermögen für die Begehung der konkreten Tat oder für ihre Vorbereitung aufgewendet oder eingesetzt worden ist, muss brutto abgeschöpft werden, da das Abzugsverbot gem. § 73d Abs. 1 S. 2 Hs. 1 StGB nF greift. Gleiches gilt auch für einen Verstoß gegen **§ 119 Abs. 3 Nr. 3 WpHG nF** (iVm Art. 14 lit. c) MAR sowie Art. 10 MAR), der die unrechtmäßige Offenlegung von Insiderinformationen pönalisiert. 158

(b) ...im Bereich der Marktmanipulation. Die im bisherigen Marktmanipulations(straf)recht vorzufindende Ausdifferenzierung der Tathandlungen in informations-, handels- und handlungsgestützte Manipulationsformen gibt es grundsätzlich auch im neuen Marktmissbrauchsrecht. Im Unterschied zum Ordnungswidrigkeitenrecht erfordert das Strafrecht neben der auf ein bestimmtes Manipulationsobjekt bezogenen Tathandlung zusätzlich einen kausal und objektiv zurechenbar herbeigeführten Manipulationserfolg (in Form der Einwirkung auf einen Börsen- oder Marktpreis oder die Berechnung eines Referenzwerts).[435] 159

Fragt man zunächst, was bei **informationsgestützten Marktmanipulationen** gem. § 119 Abs. 1 Var. 1 oder Var. 2 WpHG nF (iVm § 120 Abs. 2 Nr. 3 und Abs. 15 Nr. 2 WpHG nF iVm Art. 15 MAR iVm Art. 12 Abs. 1 lit. c) und lit. d) MAR) vom Tatbeteiligten oder Drittbegünstigten erlangt wurde (Prototyp: Täter [und Aktieninhaber] sendet hinsichtlich seiner Aktien falsche oder irreführende Signale aus, um die Wertpapiere nach gestiegenem Börsenkurs gewinnbringend zu verkaufen), kommt in Anlehnung an die vor der Reform stark vertretene Ansicht[436] bei gebotener weiter Interpretation des § 73 Abs. 1 160

---

430 RegE, BT-Drucks. 18/9525 S. 69. Zur bloßen Nettoabschöpfung bei Fahrlässigkeitstaten anhand von Beispielen *Köhler* NStZ 2017, 497 (508); *Korte* wistra 2018, 1 (4).

431 Dazu → Rn. 100 ff.

432 → Rn. 143.

433 RegE, BT-Drucks. 18/9525 S. 68; auch Beschlussempfehlung, BT-Drucks. 18/11640 S. 90; unterstützend *Köhler* NStZ 2017, 497 (507); *Korte* wistra 2018 1(4); wohl auch *Trüg* NJW 2017, 1913 (1915).

434 Ausführliche Kritik bei *Rönnau/Begemeier* GA 2017, 1 (11 ff.) weiterhin für Einschränkungen auch *Vogel/Spoerr* in Assmann/Schneider WpGH § 119 Rn. 196 (bei „legitim erworbenen Aktien dürfte Erwerbsaufwand abzugsfähig sein"); zudem *Hüls* ZWH 2017, 242 (245): „...drohen Unbillikeiten"; auch *Meißner* KriPoZ 2017, 237 (241); *Schorn/Utz* Compliance-Berater 2017, 255 (258).

435 Näher → Rn. 58.

436 → Rn. 146.

StGB nF jedenfalls der Wertzuwachs der Aktien bzw. der Kursgewinn in den Blick. Allerdings ist nicht der spätere Veräußerungserlös brutto abzuschöpfen. Denn der (ggf. legale) Erwerb bzw. die Aktieninhaberschaft diente nicht der Vorbereitung oder Begehung der Straftat (also dem Aussenden falscher oder irreführender Signale usw). Zwar wird die Straftat begangen, um später aus dem festgesetzten Börsenkurs im Wege des Aktienverkaufs Nutzen zu ziehen; dieser lose Bezug zum Tätervermögen rechtfertigt aber nach § 73d Abs. 1 S. 2 Hs. 1 StGB nF keine Abschöpfung nach dem Bruttoprinzip. Vielmehr können Aufwendungen, die der Täter in Form von Erwerbskosten, Gebühren usw hatte, abgezogen werden.[437] Anders wäre es nur, wenn sich der Verkauf selbst als eigene Straftat (etwa als Insidergeschäft) [438] darstellen würde, die ihrerseits ggf. eine Vollabschöpfung ermöglicht. Dazu ein Beispiel:

> A ist Vorstandsvorsitzender bei der börsennotierten X-AG und hält zahlreiche Aktien des Unternehmens, die er bereits vor Jahren – damals noch in anderer Position – legal gekauft hatte. Auf Grund interner Berichte weiß A, dass es um die Geschäfte der X-AG schlecht steht und das Unternehmen vor kurzem besonders wichtige Großkunden verloren hat, was sich existenzbedrohlich auswirken könnte. Um den Aktienkurs der Gesellschaft gleichwohl zu steigern, verkündet A in einer Pressekonferenz wahrheitswidrig, dass die X-AG die Entwicklung eines neuen profitversprechenden Produkts erfolgreich abgeschlossen habe. Der Aktienkurs der X-AG steigt daraufhin um 5%. Weil A vermutet, dass die Wahrheit über die geschäftliche Lage der X-AG bald an die Öffentlichkeit kommen wird, nutzt er den Zeitpunkt und verkauft seine Aktien gewinnbringend.

Im Beispielsfall ist die wahrheitswidrige Äußerung des A auf der Pressekonferenz zunächst als eine informationsgestützte Marktmanipulation einzustufen, die die Grundlage für die gewinnbringende Veräußerung seiner Aktien darstellt. Damit kommt gem. § 73 Abs. 1 Var. 1 StGB nF zwar grundsätzlich der gesamte Verkaufserlös als Abschöpfungsgegenstand in Betracht („Stufe 1"); jedoch ist der ursprüngliche Kaufpreis der Aktien gem. § 73d Abs. 1 S. 1 StGB nF davon in Abzug zu bringen („Stufe 2"), weil A die legal erworbenen Aktien nicht „für die Begehung der Tat" (= Verbreitung von falschen Informationen) eingesetzt hat. Etwas anderes ergibt sich erst, wenn darauf abgestellt wird, dass der Verkauf der Aktien im Beispielsfall sich gleichzeitig als strafbares Insidergeschäft darstellt, das A unter dem Eindruck seiner Kenntnis der wahren Lage der X-AG getätigt hat. Für diese nach § 119 Abs. 3 Nr. 1 WpHG nF strafbare Tat hat A seine Aktien eingesetzt, so dass ein Abzug des ursprünglichen Kaufpreises gem. § 73d Abs. 1 S. 2 Hs. 1 StGB nF ausscheidet. Im Ergebnis muss der Verkaufspreis im Beispielsfall also in voller Höhe (= brutto) abgeschöpft werden.[439]

161 **Handelsgestützte Marktmanipulationen** gem. § 119 Abs. 1 Var. 1 oder Var. 2 WpHG nF (iVm § 120 Abs. 2 Nr. 3 und Abs. 15 Nr. 2 WpHG nF iVm Art. 15 MAR iVm Art. 12 Abs. 1 lit. a) MAR) sind dagegen anders zu behandeln. So werden etwa bei unter den Handelspartnern abgesprochenen Kauf- und Verkaufsgeschäften (zB „Improper Matched Orders") die Wertpapiere bewusst als Tatmittel eingesetzt, um den Börsen- oder Marktpreis im Sinne der Akteure zu beeinflussen. Hier wird das Bruttoprinzip, so wie es die Gesetzesverfasser verstehen, in seinem Kern berührt mit der Folge einer Vollabschöpfung des durch

[437] Zustimmend *Vogel/Spoerr* in Assmann/Schneider WpHG § 119 Rn. 199f.

[438] Für ein Beispiel einer solchen Situation, in der ein Insidergeschäft mit einer Marktmanipulation verknüpft ist, s. OLG München, Beschl. v. 4.7.2011 – 2 Ws 568/11 H – juris.

[439] Obwohl die Marktmanipulation und das Insiderdelikt im Beispielsfall durch unterschiedliche Handlungen verwirklicht werden, ist zwischen beiden Taten richtigerweise Tateinheit anzunehmen, vgl. OLG München, Beschl. v. 4.7.2011 – 2 Ws 568/11 H – juris Rn. 2. Daraus folgt auch, dass der von A erzielte Erlös insgesamt nur einmal abzuschöpfen ist und nicht etwa einmal netto in Ansehung der Marktmanipulation und zusätzlich noch einmal brutto mit Blick auf das Insidergeschäft.

die Straftat rechtswidrig erlangten Vermögens.[440] Aber auch bei dieser Lösung, die der Begründung im Regierungsentwurf entspricht, sollte zur Vermeidung exzessiv hoher Einziehungsbeträge eine wirtschaftliche Gesamt- und keine Einzelaktbetrachtung vorgenommen werden.[441] Wortlaut und ratio des § 73d Abs. 1 StGB nF lassen das zu.

Bei der **handlungsgestützten Marktmanipulation** gem. § 119 Abs. 1 Var. 1 und Var. 2 WpHG nF (iVm § 120 Abs. 2 Nr. 3 und Abs. 15 Nr. 2 WpHG nF iVm Art. 15 MAR iVm Art. 12 Abs. 1 lit. b) MAR), wenn sie etwa klassisch in Form des (absichtlichen) Scalpings auftritt, ist bei der Bestimmung des erlangten Etwas dann wieder normativ einzuschränken und nur der Nettobetrag abzuschöpfen. Denn hier setzt der Scalper (zB ein „Börsenguru") die eigenen Aktien nicht vorsätzlich für die Vorbereitung oder Begehung der konkreten Straftat (Tathandlung: Empfehlung des Erwerbs dieser Wertpapiere ohne offenzulegen, dass er sie zuvor selbst gekauft hat) ein, sondern nutzt nur die Auswirkungen seiner Empfehlung/Stellungnahme auf den Kurs dieses Finanzinstruments aus, indem er die Wertpapiere mit Gewinn veräußert. Der Verkauf selbst ist dem deliktischen Verhalten nachgelagert. Eine Bruttoabschöpfung kommt deshalb bei der handlungsgestützten Marktmanipulation nur dann in Betracht, wenn der Verkauf der Wertpapiere für sich genommen einen anderen, von der Marktmanipulation unabhängigen Straftatbestand (zB ein Insiderdelikt) erfüllt, der eine Vollabschöpfung ermöglicht. Auch für diese Sonderkonstellation ein Beispiel:[442] **162**

> A ist Finanzjournalist und Inhaber von Aktien der zunächst nicht börsennotierten „N"-AG, die er für 100.000 EUR erworben hat. Im Zuge der Börseneinführung der „N"-AG kommentiert A die Aktie in der Öffentlichkeit gezielt positiv, ohne seinen Interessenkonflikt dabei offenzulegen. Durch ein vertrauliches Gespräch mit dem Vorstandsvorsitzenden der „N"-AG weiß A jedoch, dass die tatsächliche wirtschaftliche Lage des Unternehmens viel schlechter ist, als in der Öffentlichkeit angenommen wird. Kurz nach der Börseneinführung verkauft A seine Anteile daher auf einen Schlag und erzielt dabei einen Verkaufserlös von 1.000.000 EUR.

Im Beispielsfall stellt die Empfehlung der Aktie der „N"-AG durch A, bei der A seinen Interessenkonflikt nicht offenlegt, zunächst eine handlungsgestützte Marktmanipulation (sog. „Scalping") dar, die die Grundlage für die gewinnbringende Veräußerung der Aktien des A bildet. Damit kommt gem. § 73 Abs. 1 Var. 1 StGB nF grundsätzlich der gesamte Verkaufserlös iHv 1.000.000 EUR als Abschöpfungsgegenstand in Betracht („Stufe 1"); jedoch ist der ursprüngliche Kaufpreis der Aktien iHv 100.000 EUR gem. § 73d Abs. 1 S. 1 StGB nF davon in Abzug zu bringen („Stufe 2"), weil A die legal erworbenen Aktien nicht „für die Begehung der Tat" (= positive Kommentierung der Aktie der „N"-AG) eingesetzt hat. Etwas anderes ergibt sich erst, wenn darauf abgestellt wird, dass der Verkauf der Aktien im Beispielsfall sich gleichzeitig als strafbares Insidergeschäfts darstellt, das A unter dem Eindruck seiner Kenntnis der wahren Lage der „N"-AG getätigt hat. Für diese nach § 119 Abs. 3 Nr. 1 WpHG nF strafbare Tat hat A seine Aktien eingesetzt, so dass ein Abzug des ursprünglichen Kaufpreises gem. § 73d Abs. 1 S. 2 Hs. 1 StGB nF ausscheidet. Letztlich muss der Verkaufspreis im Beispielsfall also in voller Höhe von 1.000.000 EUR (= brutto) abgeschöpft werden.[443]

[440] Vgl. RegE, BT-Drucks. 18/9525 S. 68; auch Beschlussempfehlung, BT-Drucks. 18/11640 S. 90 (missverständlich dort allerdings der Hinweis auf die Notwendigkeit einer Vollabschöpfung in den Fällen des Insiderhandels und der Marktmanipulation); ebenso *Korte* wistra 2018, 1 (4); anders *Vogel/Spoerr* in Assmann/Schneider WpHG § 119 Rn. 200; bei allen Formen der Marktmanipulation ist Eigenaufwand gegenzurechnen.

[441] Dazu bereits näher → Rn. 147.

[442] Nach OLG München, Beschl. v. 4.7.2011 – 2 Ws 568/11 H – juris.

[443] Obwohl die Marktmanipulation und das Insiderdelikt im Beispielsfall durch unterschiedliche Handlungen verwirklicht werden, besteht zwischen beiden Taten richtigerweise Tateinheit, vgl. OLG München, Beschl. v. 4.7.2011 – 2 Ws 568/11 H – juris Rn. 2. Schon daraus folgt, dass der von A erzielte Erlös

3. Sonstige straf- oder verwaltungsrechtliche Folgen der Tat

163 Bei Straftaten nach § 119 WpHG nF kann als Maßregel der Sicherung und Besserung ein **Berufsverbot** gem. den §§ 70 ff. StGB verhängt werden, wenn Wiederholungsgefahr besteht und der Grundsatz der Verhältnismäßigkeit gewahrt wird. In der Praxis hat dieses Instrument allerdings keine große Bedeutung erlangt.[444]

164 Ein Verstoß gegen die Tatbestände in § 119 WpHG nF kann ferner zur Folge haben, dass die BaFin **aufsichtsrechtlich** gegen den Täter bzw. gegen ein mit ihm assoziiertes Unternehmen vorgeht. Konkret stehen ihr dafür die folgenden Befugnisse zu:

- Verlangen der Abberufung eines Geschäftsleiters und Tätigkeitsuntersagung nach § 36 Abs. 2 KWG[445]
- Erlass einer Untersagungsverfügung nach § 6 Abs. 6 WpHG nF
- Verhängung eines bis zu zweijährigen Verbots, Geschäfte für eigene Rechnungen mit den in Art. 2 Abs. 1 MAR genannten Finanzinstrumenten und Produkten zu tätigen (§ 6 Abs. 7 WpHG nF)[446]
- Verbot der Ausübung der Berufstätigkeit für einen Zeitraum von bis zu zwei Jahren (§ 6 Abs. 8 S. 1 WpHG nF)[447]
- Verbot der Wahrnehmung von Führungsaufgaben für einen Zeitraum von bis zu zwei Jahren (§ 6 Abs. 8 S. 2 WpHG nF)
- Untersagung der Teilnahme am Handel für einen Zeitraum von bis zu drei Monaten (§ 6 Abs. 10 WpHG nF)

165 Neben den Strafen- und Sanktionen durch die BaFin und die Strafjustiz können Verstöße gegen das Marktmissbrauchsrecht außerdem zu Sanktionen durch die **Sanktionsausschüsse der Börsen** (§ 22 BörsG) führen. Praktisch relevant ist außerdem der Widerruf der Zulassung zum Skontroführer im Börsenhandel oder die vorläufige Maßnahme des Ruhens dieser Zulassung auf Dauer von bis zu 6 Monaten durch die **Geschäftsführung einer Wertpapierbörse** (§ 27 Abs. 2, Abs. 3 BörsG). Denkbar ist auch ein Entzug bzw. Ruhenlassen der Börsenzulassung gem. § 18 Abs. 8, Abs. 9 BörsG.

166 Zählt der Täter zu dem in § 30 Abs. 1 OWiG näher umschriebenen Führungspersonal einer juristischen Person oder eines Personenverbands, kann der Normverstoß dazu führen, dass gegen diese juristische Person bzw. den Personenverband eine **Verbandsgeldbuße** verhängt wird.[448] Selbst wenn der Täter aber niedriger in der Hierarchie des jeweiligen Verbands steht, kann eine Verbandsgeldbuße ggf. vermittelt über § 130 OWiG als Anknüpfungstat verhängt werden, wenn der Normverstoß auf einer **Aufsichtspflichtverletzung** der Verbandsleitung beruht.

167 Aus **dienstrechtlicher Sicht** kann ein Vorstandsmitglied, das wegen vorsätzlicher Marktmanipulation zu einer längeren Freiheitsstrafe verurteilt wurde, **fristlos gekündigt** werden.[449] Für die Begehung von vorsätzlichen Insiderdelikten dürfte insofern nichts anderes gelten.[450]

IV. Rolle der BaFin im Strafverfahren

168 Strafverfahren zur Aufklärung von Straftaten nach § 119 WpHG nF werden im Regelfall durch Untersuchungen angestoßen, die die BaFin anlässlich ihrer Marktaufsichtstätigkeit

insgesamt nur einmal abzuschöpfen ist und nicht etwa einmal netto in Ansehung der Marktmanipulation und zusätzlich einmal brutto mit Blick auf das Insidergeschäft.

[444] *Sorgenfrei/Saliger* in Park Kapitalmarktstrafrecht Teil 2 Kap. 6.1. Rn. 353; *Vogel/Spoerr* in Assmann/Schneider WpHG § 119 Rn. 201.

[445] → § 26 Rn. 35.

[446] → § 26 Rn. 37.

[447] → § 26 Rn. 36.

[448] → § 27 Rn. 38 ff.

[449] LG Düsseldorf BeckRS 2013, 11599.

[450] *Waßmer* in Fuchs WpHG § 38 Rn. 239.

durchführt. Sobald die BaFin in diesem Rahmen Tatsachen ermittelt, die den Anfangsverdacht einer Straftat gem. § 119 WpHG nF begründen, ist sie gem. § 11 S. 1 WpHG nF verpflichtet, dies der zuständigen Staatsanwaltschaft **unverzüglich anzuzeigen**. In der Praxis führt die BaFin in dieser Situation allerdings häufig zunächst ein eigenes „Vorermittlungsverfahren" durch, um den Sachverhalt der Staatsanwaltschaft möglichst „anklagereif" übergeben zu können.[451] Dabei kann sich die BaFin eines beachtlichen **quasi-strafprozessualen Ermittlungsinstrumentariums**[452] bedienen, das durch das 1. und 2. FiMaNoG nochmals erweitert wurde und mittlerweile die folgenden Eingriffsbefugnisse umfasst:

- das Recht, von jedermann Auskünfte, die Vorlage von Unterlagen oder sonstigen Daten und die Überlassung von Kopien zu verlangen und Personen zu laden und zu vernehmen (§ 6 Abs. 3 S. 1 WpHG nF; vgl. auch § 6 Abs. 4 WpHG nF);
- das Recht zur Betretung und Durchsuchung von Grundstücken und Geschäftsräumen gem. § 6 Abs. 11, Abs. 12 WpHG nF;
- das Recht, die richterliche Beschlagnahme von Vermögenswerten zu beantragen, soweit das zur Durchsetzung bestimmter Ver- und Gebote notwendig ist (§ 6 Abs. 13 WpHG nF);
- das Recht, von Telekommunikationsbetreibern die Herausgabe von Kommunikationsdaten zu verlangen (§ 7 WpHG nF).

Nähere Hinweise zu den Voraussetzungen und Grenzen dieser Untersuchungsbefugnisse finden sich in → § 26 Rn. 19 ff. dieses Handbuchs.

Die skizzierte „Aufrüstung" der BaFin durch ein **„Parallelstrafprozesssonderrecht"**[453] führt ohne Not zu einer Vermischung von genuin aufsichtsrechtlich-präventiven Kompetenzen mit strafprozessualen Eingriffsbefugnissen und ist aus mehreren Gründen zu kritisieren:[454] *Erstens* lässt sich dem Gesetz nicht entnehmen, in welchem Verhältnis die in §§ 6 Abs. 3, Abs. 11-13, 7 WpHG nF genannten Ermittlungsbefugnisse zu den korrespondierenden Instrumenten der StPO stehen.[455] *Zweitens* fehlt eine klare Abgrenzung der Zuständigkeiten von Staatsanwaltschaft und BaFin im Strafverfahren. Denn eigentlich obliegt es nach der Anzeige eines marktmissbrauchsbezogenen Tatverdachts der BaFin an die Staatsanwaltschaft gem. § 11 S. 3 WpHG nF allein der Staatsanwaltschaft, über die Durchführung weiterer Ermittlungsmaßnahmen und ggf. die Erhebung einer Anklage zu entscheiden. Ein echtes **Evokationsrecht** der Staatsanwaltschaft fehlt jedoch:[456] Ausweislich von § 11 S. 3 WpHG nF bleiben sowohl die aufsichtsrechtlichen als auch die quasistrafprozessualen Eingriffsbefugnisse der BaFin gem. den §§ 6 Abs. 2-13, 7-9, 10 Abs. 2 WpHG nF auch **während des Strafverfahrens bestehen**, soweit dies für die Vornahme von Verwaltungsmaßnahmen oder zur Erfüllung von Ersuchen ausländischer Stellen nach § 18 Abs. 1 S. 1, Abs. 2, Abs. 10 WpHG nF erforderlich ist und soweit eine Gefährdung des Untersuchungszwecks von Ermittlungen der Strafverfolgungsbehörden oder der für Strafsachen zuständigen Gerichte nicht zu besorgen ist. Die damit vom Gesetzgeber beabsichtigte Zuständigkeitsabgrenzung anhand der Unterscheidung zwischen präventiven Sachverhaltsermittlungen als Aufgabe der BaFin einerseits und repressiven Nachforschun- 169

[451] Näher zu dieser Praxis *Himmelreich* (Insiderstrafverfolgung S. 105 f., 116 f., 125 u. *passim*), der unter Rückgriff auf Literaturstimmen von einem „Verfolgungsverbund" zwischen BaFin und Staatsanwaltschaft spricht; sehr kritisch *Feigen* (FS 25 Jahre AG Strafrecht DAV, S. 466 ff.), der moniert, die BaFin entwickle sich „mehr und mehr zu einer Sonderstaatsanwaltschaft mit überschießendem Strafverfolgungsinteresse" (S. 466); rechtsvergleichend zum Transfer von Informationen aus den Finanzmarktaufsichtsverwaltungsverfahren in das Strafverfahren *de Sonsan Mendes* SA 2016, 380 ff.

[452] *Eggers/Gehrmann/Szesny* WiJ 2016, 123 (128) sprechen zu Recht von „eindeutig strafprozessualen Kompetenzen".

[453] So treffend *Eggers/Gehrmann/Szesny* WiJ 2016, 123 (129).

[454] Ausführlich zur Aufhellung der Grauzone zwischen Wirtschaftsaufsicht und Strafverfolgung *Himmelreich* Insiderstrafverfolgung S. 125 ff.; zur rechtlichen Bewertung der Strafverfolgung durch die BaFin aaO S. 153 ff.

[455] *Eggers/Gehrmann/Szesny* WiJ 2016, 123 (129 f.).

[456] Dies zu Recht fordernd *Eggers/Gehrmann/Szesny* WiJ 2016, 123 (129).

gen andererseits ist nicht geeignet, um in der Verfahrenspraxis für klare Zuständigkeitsbereiche zu sorgen. Denn wenn die BaFin beispielsweise der Auffassung ist, die Staatsanwaltschaft habe eine bestimmte Ermittlungsmaßnahme zu Unrecht nicht oder jedenfalls nicht mit hinreichender Gründlichkeit durchgeführt, wäre es ihr ein leichtes, diese Maßnahme unter dem Deckmantel der Gefahrenabwehr kurzerhand selbst durchzuführen und mit den erlangten Informationen der Staatsanwaltschaft „auf die Sprünge" zu helfen.[457] *Drittens* ist es äußerst problematisch, dass der BaFin neben ihren Ermittlungsbefugnissen ein umfassendes aufsichts- und auch zwangs- bzw. bußgeldrechtliches Instrumentarium zur Verfügung steht, um die Mitwirkung des Beschuldigten an der Sachverhaltsaufklärung zu erzwingen.[458] Zentrale strafprozessuale Schutzprinzipien – insbesondere die Selbstbelastungsfreiheit – drohen so (trotz der Regelung in § 6 Abs. 15 WpHG nF) ausgehöhlt zu werden.[459]

170 Von ihren auch nach Beginn des Strafverfahrens weiterhin bestehenden Ermittlungsbefugnissen abgesehen hat die BaFin schon auf Grund ihres kapitalmarktbezogenen Sachverstands und der frühen Befassung mit den jeweiligen Fällen auch nach Einschaltung der Staatsanwaltschaft **faktisch erheblichen Einfluss** auf den weiteren Verlauf des Strafverfahrens. Verstärkt wird diese Tendenz durch die umfangreichen **Beteiligungs- und Informationsrechte**, die der BaFin gem. § 122 WpHG nF zustehen.[460] So ist die Staatsanwaltschaft nach § 122 Abs. 1 S. 1 WpHG nF verpflichtet, die BaFin frühzeitig zu unterrichten, wenn sie ein Strafverfahren einleitet, das (auch) Taten nach § 119 WpHG nF betrifft. Erwägt die Staatsanwaltschaft, das Verfahren einzustellen, ist die BaFin gem. § 122 Abs. 1 S. 4 WpHG nF vorher anzuhören. Im Falle der **Erhebung der öffentlichen Klage** sind der BaFin gem. § 122 Abs. 1 S. 3, Abs. 4 S. 1 Hs. 1 WpHG nF die Anklageschrift (oder eine an ihre Stelle tretende Antragsschrift), der Antrag auf Erlass eines Strafbefehls oder die das Verfahren abschließende Entscheidung mit Begründung zu übermitteln. Soweit ein Rechtsmittel gegen die das Verfahren abschließende Entscheidung eingelegt worden ist, ist die Entscheidung unter Hinweis auf das eingelegte Rechtsmittel zu übermitteln (§ 122 Abs. 4 S. 1 Hs. 2 WpHG nF). Die Informationsrechte der BaFin nach § 122 Abs. 4 S. 1 WpHG nF beziehen sich dabei nicht nur auf Strafverfahren wegen § 119 WpHG nF, sondern auch auf **sonstige Strafverfahren gegen Inhaber oder Geschäftsleiter von Wertpapierdienstleistungsunternehmen** oder deren gesetzliche Vertreter oder persönlich haftende Gesellschafter wegen Straftaten zum Nachteil von Kunden oder im Zusammenhang mit dem Betrieb des Wertpapierdienstleistungsunternehmens (zB nach den §§ 263, 264a, 266, 283 ff. StGB, § 40 BörsG, § 15a InsO, §§ 34–37 DepotG). Wird nach erfolgreicher Anklageerhebung das **Hauptverfahren eröffnet**, muss das zuständige Strafgericht gem. § 122 Abs. 2 WpHG nF der BaFin den Termin der Hauptverhandlung sowie die Entscheidung, mit der das Verfahren abgeschlossen wird (§ 122 Abs. 4 S. 1 Nr. 3 WpHG nF), mitteilen. Für **jedes Stadium des Strafverfahrens** gilt gem. § 122 Abs. 5 WpHG nF, dass das jeweils zuständige Gericht bzw. die zuständige Strafverfolgungs- oder die Strafvollstreckungsbehörde der BaFin Tatsachen mitteilen soll (intendiertes Ermessen, dh eine abweichende Entscheidung ist in Ausnahmefällen möglich[461]), die auf Missstände in dem Geschäftsbetrieb eines Wertpapierdienstleistungsunternehmens hindeuten, und deren Kenntnis aus der Sicht der übermittelnden Stelle für Maßnahmen der BaFin nach dem WpHG erforderlich sind, soweit nicht für die übermittelnde Stelle erkennbar ist, dass schutzwürdige Interessen des Betroffenen überwiegen. Dabei ist zu berücksichtigen, wie

---

[457] Zu entsprechenden, schon auf Grundlage des alten Rechts bestehenden Tendenzen der BaFin, Strafverfolgung unter dem Deckmantel der aufsichtsrechtlichen Tätigkeit durchzuführen, s. *Feigen* FS 25 Jahre AG Strafrecht DAV, S. 466 (474 u. 477).

[458] Zur Kompetenz der BaFin, im Fall einer Zuwiderhandlung gegen Anordnungen der BaFin, die im Rahmen der Ausübung ihrer Ermittlungsbefugnisse ergehen, Zwangs- und Bußgelder zu verhängen → § 26 Rn. 25 f.

[459] *Eggers/Gehrmann/Szesny* WiJ 2016, 123 (129); näher *Himmelreich* Insiderstrafverfolgung S. 190 ff.

[460] Näher zur Beteiligung der BaFin am Strafverfahren *Himmelreich* Insiderstrafverfolgung S. 107 ff.

[461] *Diversy/Köpferl* in Graf/Jäger/Wittig § 38 Rn. 262.

gesichert die zu übermittelnden Erkenntnisse sind. Zusätzlich kommt der BaFin gem. § 122 Abs. 3 WpHG nF in allen Verfahrensstadien ein Recht auf **Akteneinsicht** zu, sofern nicht schutzwürdige Interessen des Betroffenen entgegenstehen oder der Untersuchungserfolg der Ermittlungen gefährdet wird.

Wenn die Beteiligungs- und Informationsrechte der BaFin gem. § 122 WpHG nF nicht **171**
oder nur in unzureichendem Maße beachtet werden, stehen ihr hiergegen außer einer Gegenvorstellung oder einer Dienstaufsichtsbeschwerde **keine förmlichen Rechtsmittel** zu.[462] Insbesondere ist die BaFin in Bezug auf Straftaten nach § 119 WpHG nF nicht iSv § 172 Abs. 1 S. 1 StPO „verletzt" und kann deshalb gegen eine staatsanwaltschaftliche Einstellungsentscheidung keine Beschwerde erheben.[463] Der Beschuldigte und – im gerichtlichen Verfahren – die Staatsanwaltschaft können Verstöße gegen § 122 WpHG nF unter dem Aspekt der Aufklärungspflicht (§ 244 Abs. 2 StPO) rügen, wenn dargelegt werden kann, dass bei hinreichender Beteiligung der BaFin eine weitere Sachaufklärung zu erwarten gewesen wäre.[464]

Erheblichen Einfluss auf das Ermittlungsverfahren kann die BaFin außerdem durch die in **172**
§ 122 Abs. 1 S. 2 WpHG nF geregelte Möglichkeit der Staatsanwaltschaft nehmen, fachkundige Angehörige der BaFin als **Sachverständige iSd §§ 72 ff. StPO** heranzuziehen. Jedenfalls wenn die in Betracht kommende Fachperson jedoch schon an einer umfangreichen quasi-strafprozessualen Vorermittlung der BaFin in derselben Sache beteiligt war, steht einer Heranziehung als Sachverständiger die Besorgnis der Befangenheit entgegen (§ 24 Abs. 2 StPO), so dass dann allenfalls eine Vernehmung als sachverständiger Zeuge erfolgen darf.[465]

Überaus unklar geregelt ist die der BaFin gem. § 6 Abs. 13 WpHG nF (zuvor: § 4 **173**
Abs. 4b WpHG aF) eingeräumte Kompetenz, die richterliche **„Beschlagnahme von Vermögenswerten"** beantragen zu können, soweit dies zur Durchsetzung der Verbote und Gebote der in § 13 Abs. 6 Nr. 3,4 und Nr. 6 WpHG nF und der MAR geboten ist. Die Vorschrift dient der Umsetzung von Art. 23 Abs. 2 lit. i) MAR und von Art. 69 Abs. 1, Abs. 2 lit. e) MiFiD II, wonach die jeweils zuständige nationale Kapitalmarktaufsichtsbehörde die Möglichkeit haben muss, „das Einfrieren oder die Beschlagnahme von Vermögenswerten oder beides zu beantragen". Viel mehr als das Umgießen des umgangssprachlichen Begriffs „Einfrieren" in eine Befugnis der BaFin, Vermögenwerte beschlagnahmen (= vorläufig sichern) zu können, hat der Reformgesetzgeber aber nicht geleistet.[466] So bleibt offen, in welchem Verhältnis die Vermögensbeschlagnahmekompetenz zu dem sehr ausdifferenzierten **Sicherstellungsinstrumentarium nach den §§ 111b ff. StPO nF** steht.[467] Weil Letzteres schon zum Einsatz kommt, wenn nur ein Anfangsverdacht iSv § 152 Abs. 2 StPO dahingehend besteht, dass eine Straftat (bzw. Ordnungswidrigkeit, vgl. § 46 Abs. 1 OWiG) begangen worden und aus dieser rechtswidrigen Tat Vermögen zugeflossen ist, spricht einiges dafür, dass § 6 Abs. 13 WpHG nF als vorgelagerter gefahrenrechtlicher Eingriffstatbestand zu qualifizieren ist, will man überflüssige Überschneidungen vermeiden.[468] Eine solche Zuordnung von § 6 Abs. 13 WpHG nF zum Gefahrenabwehrrecht wirft allerdings weitere Fragen auf: Wovon soll die Gefahr ausgehen – vom Vermögen

---

[462] *Diversy/Köpferl* in Graf/Jäger/Wittig § 38 Rn. 263.

[463] Zur fehlenden Verletzteneigenschaft von Behörden, die von Amts wegen mit der Wahrung von überindividuellen Interessen befasst sind, s. nur *Moldenhauer* in KK StPO § 172 Rn. 30 mwN.

[464] *Diversy/Köpferl* in Graf/Jäger/Wittig § 38 Rn. 263.

[465] So überzeugend *Feigen* FS 25 Jahre AG Strafrecht DAV, S. 466 (471 ff.); zust. *Himmelreich* Insiderstrafverfolgung S. 112, 114.

[466] Vgl. BT-Drucks. 18/7482 S. 59.

[467] IdS auch *Eggers/Gehrmann/Szesny* WiJ 2016, 123 (130); *Theile* in Esser/Rübenstahl/Saliger/Tsambikakis § 38 WpHG Rn. 90.

[468] Die Einräumung einer *strafprozessualen* Beschwerdemöglichkeit (vgl. § 6 Abs. 13 S. 4 WpHG [nF] iVm den §§ 306 ff., 311 StPO) spricht nicht dagegen, konzentrierte der Gesetzgeber die Überprüfung von Entscheidungen zur Vermögensabschöpfung in den letzten Reformakten doch beim *Strafrichter* (auch wenn es um zivilprozessrechtliche Maßnahmen geht).

selbst und/oder von der Person, die über es verfügt? Unklar bleibt auch, unter welchen konkreten Voraussetzungen Vermögen wie lange beschlagnahmt werden darf und was damit schließlich passiert. Hier muss noch viel an Konkretisierungsleistung erbracht werden, um aus der Beschlagnahmebefugnis des § 6 Abs. 13 WpHG nF ein rechtsstaatlich unbedenkliches Instrument zu machen. Davon abgesehen ist vor dem Hintergrund einer in der Praxis engen Zusammenarbeit von BaFin und Staatsanwaltschaft und der damit (bei Straftatverdacht) typischerweise einhergehenden Anwendung der §§ 111b ff. StPO nF zu erwarten, dass die behördliche Vermögensbeschlagnahme in der täglichen Arbeit ohnehin kaum genutzt werden wird.

V. Sonstige strafprozessuale Aspekte

174 Bei Delikten gem. § 119 WpHG nF handelt es sich um Wirtschaftsstraftaten iSv § 74c Abs. 1 Nr. 2 GVG, deren Verfolgung regelmäßig in den Zuständigkeitsbereich der durch die Länder eingerichteten **Schwerpunktstaatsanwaltschaften** für Wirtschaftskriminalität bzw. Wirtschaftsstrafsachen fällt. Weil Taten nach § 119 WpHG nF **Offizialdelikte** darstellen, ist die Staatsanwaltschaft auf Basis des Legalitätsgrundsatzes zur Strafverfolgung von Amts wegen verpflichtet, sofern ausreichende tatsächliche Anhaltspunkte für eine Straftat vorliegen (§ 152 Abs. 2 StPO).

175 Die gerichtliche Zuständigkeit für Taten nach § 119 WpHG nF liegt im **ersten Rechtszug** gem. § 24 GVG im (theoretischen) Grundsatz beim AG, wo – bei einer Straferwartung von bis zu zwei Jahren Freiheitsstrafe – grundsätzlich der Strafrichter (als Einzelrichter) und sonst (bis zu einem Strafrahmen von vier Jahren Freiheitsstrafe) das Schöffengericht funktionell zuständig ist (§§ 24, 25 Nr. 2, 28 GVG). In der Praxis ist eine Anklage von kapitalmarktstrafrechtlichen Sachverhalten bei der **Wirtschaftsstrafkammer am LG** üblich, weil es sich auf Grund der rechtlichen und tatsächlichen Komplexität der Materie regelmäßig um Fälle von besonderem Umfang und/oder besonderer Bedeutung gem. den §§ 24 Abs. 1 Nr. 3, 74 Abs. 1 GVG handelt.[469]

176 Im **zweiten Rechtszug** kann ein Urteil des Strafrichters beim AG im Wege der Berufung vor dem LG angegriffen werden. Dort verhandelt eine allgemeine kleine Strafkammer oder – wenn vorhanden – eine kleine Wirtschaftsstrafkammer über die Berufung (§ 74 Abs. 3 GVG). Für ein erstinstanzliches Urteil durch das Schöffengericht am Amtsgericht ist in der Berufungsinstanz die Wirtschaftsstrafkammer zuständig (§ 74c Abs. 1 Nr. 2 GVG). Für den in der Praxis vorzufindenden Regelfall, dass der Instanzenzug am LG beginnt, ist keine Berufung, sondern nur die Revision beim BGH möglich.

177 Bisher nicht geklärt ist, ob Straftaten gem. § 119 WpHG nF zur **Nebenklage** gem. den §§ 395 ff. StPO berechtigen. Zwar ist der § 119 WpHG nF nicht im Katalog des § 395 Abs. 1 StPO enthalten. Denkbar wäre aber, dass ein Anschluss als Nebenkläger ausnahmsweise auf Grundlage der Öffnungsklausel des § 395 Abs. 3 StPO erfolgen kann, wenn dies im Einzelfall aus besonderen Gründen zur Wahrnehmung der Interessen des Verletzten geboten erscheint.[470] Dagegen spricht jedoch, dass „Verletzter" iSd § 395 Abs. 1-3 StPO nur sein kann, wer durch die Tat unmittelbar in einem Individualrechtsgut verletzt wurde.[471] Sowohl dem Verbot der Marktmanipulation gem. § 119 Abs. 1 WpHG nF als auch den Insiderdelikten gem. § 119 Abs. 2 und Abs. 3 WpHG nF liegt jedoch nach hM lediglich ein Allgemeinrechtsgut zugrunde.[472]

---

[469] *Waßmer* in Fuchs WpHG § 38 Rn. 252.
[470] Instruktiv zu den Anschlussvoraussetzungen gem. § 395 Abs. 3 StPO *Daimagüler*, Der Verletzte im Strafverfahren, Rn. 218 ff. mwN.
[471] *Daimagüler*, Der Verletzte im Strafverfahren, Rn. 206; *Stöckel* in KMR § 395 Rn. 3; *Velten* in SK StPO § 395 Rn. 10.
[472] → Rn. 9.

Aus demselben Grund ist für Taten nach § 119 WpHG nF auch das **Klageerzwingungsverfahren** (§ 172 StPO) unzulässig: Um Popularklagen zu vermeiden, kann – wie bei der Nebenklage – im Rahmen von § 172 StPO nur als „Verletzter" anerkannt werden, wer unmittelbar durch die Tat in einem Individualrechtsgut beeinträchtigt wurde.[473] Diese Voraussetzung muss auf Grundlage der hM, die den Marktmissbrauchsdelikten einen individualrechtsschützenden Gehalt abspricht,[474] in Bezug auf § 119 WpHG nF verneint werden. 178

Dagegen liegt dem **Adhäsionsverfahren** (§§ 403–406c StPO) anerkanntermaßen ein – im Vergleich zum Nebenklage- und zum Klageerzwingungsverfahren – weiter gefasster Verletztenbegriff zugrunde, der auch lediglich *mittelbar* durch eine Straftat mutmaßlich Geschädigten das Recht einräumt, ihre vermögensrechtlichen Ansprüche gegen den Beschuldigten (schon) im Strafverfahren durchzusetzen.[475] Soweit ein Verstoß gegen § 119 WpHG nF zB einen Schadenersatzanspruch gem. § 826 BGB[476] begründet, kann dieser also – theoretisch – im Rahmen des Adhäsionsverfahrens geltend gemacht werden.[477] In der Praxis wird das Gericht allerdings oftmals von dem ihm durch § 406 Abs. 1 S. 4 StPO eingeräumten Ermessen Gebrauch machen, wegen mangelnder Eignung des Anspruchs zur Erledigung im Strafverfahren von einer Entscheidung über den Adhäsionsantrag abzusehen.[478] 179

Äußerst umstritten ist, ob Personen, die durch ein Marktmissbrauchsdelikt gem. § 119 WpHG nF finanziell geschädigt wurden, zur **Akteneinsicht** gem. § 406e StPO befugt sind. Wie schon bei der Frage nach der Anwendbarkeit der §§ 395 ff. StPO (Nebenklage), des § 172 StPO (Klageerzwingungsverfahren) oder der §§ 403 ff. StPO (Adhäsionsverfahren) auf Taten nach § 119 WpHG nF kommt es auch in diesem Kontext im Wesentlichen auf die Definition des Begriffs des „Verletzten" iSv § 406e StPO an. Teilweise wird insofern vertreten, dass dem § 406e StPO derselbe Verletztenbegriff wie in den §§ 395 ff. StPO oder in § 172 StPO zugrunde liege und eine Anwendbarkeit von § 406e StPO in der Konsequenz mit einem Verweis auf den überindividuellen Charakter des § 119 WpHG nF abzulehnen sei.[479] Dabei wird jedoch verkannt, dass der primäre Zweck der Akteneinsicht nach § 406e StPO darin besteht, dem Geschädigten die Durchsetzung seiner zivilrechtlichen Ansprüche gegen den Beschuldigten zu erleichtern.[480] Hier ist der enge Zusammenhang von § 406e StPO zu den §§ 403 ff. StPO zu beachten, denen ein weit gefasster Verletztenbegriff zugrunde liegt.[481] Es wäre widersinnig, dem Verletzten einerseits zu gestatten, Schadenersatzansprüche mittels eines Adhäsionsantrags frühzeitig im Strafverfahren geltend zu machen, ihm aber andererseits zu verwehren, im Vorfeld durch eine Akteneinsicht zu überprüfen, ob solche Schadenersatzansprüche überhaupt bestehen, bzw. eine Schadenersatzforderung zu substantiieren.[482] Die gesetzgeberische Entscheidung für das Adhäsionsverfahren macht deutlich, dass es dem mutmaßlich Geschädigten im Regelfall nicht zuzumuten ist, mit der Geltendmachung seiner Schadenersatzansprüche bis zum Ende des Strafverfahrens ab- 180

[473] *Daimagüler*, Der Verletzte im Strafverfahren, Rn. 599 mwN.
[474] → Rn. 9.
[475] Näher *Daimagüler*, Der Verletzte im Strafverfahren, Rn. 684 ff.
[476] Ein Anspruch gem. § 823 Abs. 2 BGB besteht dagegen mangels Schutzgesetzcharakters von § 119 Abs. 1–3 WpHG nF nicht, → Rn. 9.
[477] *Waßmer* in Fuchs WpHG § 38 Rn. 238.
[478] Vgl. zu den Risiken, die mit der Durchführung eines solchen Adhäsionsverfahrens verknüpft sind, instruktiv *Daimagüler*, Der Verletzte im Strafverfahren, Rn. 674 ff.
[479] OLG Koblenz StV 1988, 332; LG Stralsund, Beschl. v. 10.1.2005 – 22 Qs 475/04 – juris; LG Mühlhausen wistra 2006, 76; *Meyer-Goßner* in Meyer-Goßner/Schmitt Vor §§ 406d ff. Rn. 2 (weiter aber *Schmitt* in Meyer-Goßner/Schmitt § 406e Rn. 1).
[480] Zu dieser *ratio* von § 406e StPO s. LG Berlin, Beschl. v. 20.5.2008 – 514 AR 1/07 – juris Rn. 21 f. sowie LG Mannheim, Beschl. v. 24.11.2006 – 7 O 128/06 – juris – jew. mwN.
[481] AllgA, s. nur *Daimagüler*, Der Verletzte im Strafverfahren, Rn. 684 ff. mwN.
[482] Mit diesem Argument auch BVerfG, Beschl. v. 4.12.2008 – 2 BVR 1043/08 – juris Rn. 22 u. LG Berlin, Beschl. v. 20.5.2008 – 514 AR 1/07 – juris Rn. 22.

zuwarten.[483] Nach richtiger Auffassung genügt ein mutmaßlicher vermögensrechtlicher Anspruch (zB nach § 826 BGB) gegen den Beschuldigten daher, um eine „Verletzteneigenschaft" gem. § 406e StPO zu begründen.[484]

[483] LG Berlin, Beschl. v. 20.5.2008 – 514 AR 1/07 – juris Rn. 21.

[484] Zu Recht dafür LG Berlin, Beschl. v. 20.5.2008 – 514 AR 1/07 – juris; *Hilger* in L/R § 406e Rn. 2; *Weiner* in BeckOK StPO § 406e Rn. 1; *Zabeck* in KK StPO § 406e Rn. 2; iE wie hier wohl auch *Schmitt* in Meyer-Goßner/Schmitt § 406e Rn. 1 (allerdings mit falscher Einordnung der zitierten Rechtsprechung; gegenteilig zudem *Meyer-Goßner* in Meyer-Goßner/Schmitt Vor §§ 406d ff. Rn. 2); **aA** OLG Stuttgart, Beschl. v. 28.6.2013 – 1 Ws 121/13 – juris Rn. 10 ff.; bestätigt durch OLG Stuttgart, Beschl. v. 16.5.2014 – 1 Ws 74/14 – juris); s. ferner LG Berlin, Beschl. v. 15.2.2010 – 3 Wi Js 1665/07 KLs 03/09 – juris. Das BVerfG hält beide Positionen für verfassungsrechtlich zulässig, s. BVerfG, Beschl. v. 4.12.2008 – 2 BvR 1043/08 – juris Rn. 22 ff. und BVerfG WM 2016, 96 einerseits und BVerfG, Beschl. v. 9.12.2015 – BvR 2449/14 – juris andererseits.

§ 29 Verfolgung als Ordnungswidrigkeit

Übersicht

I. Grundlagen und Überblick

Die Bußgeldtatbestände des WpHG sind hauptsächlich in § 120 WpHG nF enthalten, der durch die Bußgeldvorschriften in den §§ 127 Abs. 12, 130 Abs. 2 WpHG nF ergänzt wird. Wie die Straftatbestände nach § 119 WpHG nF wurde auch das Bußgeldregime des WpHG jüngst einem **mehrstufigen Reformprozess** unterzogen.[1] Am Anfang stand dabei eine umfangreiche Umgestaltung des § 120 WpHG nF (damals: § 39 WpHG aF) durch das 1. FiMaNoG mWv 2.7.2016, die insbesondere einen deutlichen Anstieg der vorgesehenen Bußgeldrahmen mit sich brachte.[2] Nach weiteren Änderungen und Ergänzungen durch das 2. FiMaNoG ist allein der § 120 WpHG nF ab dem 3.1.2018 auf **ca. 395 Bußgeldtatbestände** (die häufig noch mehrere Tatbestandsvarianten enthalten) angewachsen, die – zusammen mit den §§ 127 Abs. 12, 130 Abs. 2 WpHG nF – beinahe das gesamte Spektrum der Ge- und Verbote des WpHG sowie des vorgelagerten Unionsrechts flankieren. Eine detaillierte Kommentierung dieser Vorschrift kann hier aus Platzgründen nicht erfolgen und muss den einschlägigen Spezialkommentaren vorbehalten bleiben. Stattdessen wird sich die Darstellung auf einige empirische Beobachtungen,[3] tatbestandsübergreifende 1

---

[1] Zur Gesetzgebungsgeschichte von § 120 WpHG nF in der Zeit vor dem 1. FiMaNoG s. *Altenhain* in KölnKomm WpHG § 38 Rn. 3 ff. u. *Waßmer* in Fuchs WpHG § 39 Rn. 4 ff.

[2] Kritisch dazu etwa *Krause* CCZ 2014, 248 (249) u. *Seibt/Wollenschläger* AG 2014, 593 (603).

[3] → Rn. 3 ff.

Fragen des Allgemeinen Teils[4] der Bußgeldhöhe und -bemessung[5] sowie des Bußgeldverfahrens[6] beschränken.

2 Gem. § 2 OWiG sind die **allgemeinen Vorschriften des OWiG** nach den §§ 1-34 OWiG auf Bußgeldvorschriften des WpHG anwendbar.[7] Das Bußgeldverfahren richtet sich nach den §§ 35 ff. OWiG.[8]

II. Rechtsempirische Einordnung

3 Wie auch die Straftatbestände nach § 119 WpHG nF[9] haben die Bußgeldtatbestände in § 120 WpHG nF (bzw. die Vorläufervorschriften) bisher **keine große praktische Bedeutung** erlangt.[10] Wie sich der folgenden Übersichtstabelle entnehmen lässt, die – wie auch alle weiteren Angaben – auf den online abrufbaren Jahresberichten der BaFin beruht, ist jedoch eine kontinuierliche Steigerung der abgeschlossenen Bußgeldverfahren zu beobachten:

Jahr	**Abgeschlossene Verfahren**	**Mit Geldbuße abgeschlossene Verfahren**	**Anteil der mit Geldbuße abgeschlossenen Verfahren**
2008	81	22	27 %
2009	185	42	23 %
2010	273	132	48 %
2011	342	81	24 %
2012[11]	530	255	48 % (bereinigt 35 %)
2013	411	146	36 %
2014	452	178	39 %
2015	517	187	36 %

4 Das **Gros der mit Geldbuße abgeschlossenen Verfahren** betraf zwischen den Jahren 2008 und 2015 Verstöße gegen Mitteilungs- und Veröffentlichungspflichten (49 %), den Bereich der Finanzberichterstattung (12 %) und Informationspflichten (7 %). Verstöße gegen das Verbot der Marktmanipulation waren dagegen nur Gegenstand von 5 % der abgeschlossenen Bußgeldverfahren.

5 Wenn ein Verfahren nicht mit einer Geldbuße abgeschlossen wurde, kam es in **52 % der Fälle** zu einer **Opportunitätseinstellung** im Rahmen eines **Settlement** und in 10 % der Fälle zu einer Einstellung aus tatsächlichen oder rechtlichen Gründen. Nur in 1 % der laufenden Sanktionsverfahren der BaFin wurde das Verfahren aus dem Grund eingestellt, dass die Untersuchung den Verdacht einer Straftat zutage gefördert hatte.

6 In 17 % der zwischen dem 1.7.2012 und dem 30.6.2015 mit einem Bußgeld abgeschlossenen Verfahren wurde **Einspruch** gegen die Bußgeldentscheidung eingelegt. Dies führte in 47 % der Fälle zur Aufrechterhaltung des Bescheids und damit zu einer Abgabe

[4] → Rn. 9 ff.
[5] → Rn. 36 ff.
[6] → Rn. 54.
[7] *Diversy/Köpferl* in Graf/Jäger/Wittig § 39 WpHG Rn. 1.
[8] → Rn. 54.
[9] → § 28 Rn. 7 ff.
[10] *Altenhain* in KölnKomm WpHG § 38 Rn. 5.
[11] Eine Rückfrage bei der BaFin hat ergeben, dass der Ausschlag bei den Zahlen für das Jahr 2012 auf dem Abschluss eines einzelnen, besonders umfangreichen Verfahrenskomplexes beruhte, der eine Vielzahl von Verfahrensabschlüssen in die Statistik einbrachte. Ohne diese Besonderheit hätten die Zahlen der Jahre 2012 zwischen denen der Jahre 2011 und 2013 gelegen.

des Verfahrens an das Gericht. 12% der Einspruchsführer hatten mit ihrem Einspruch Erfolg und konnten eine Verfahrenseinstellung erreichen; in 20% der Fälle hatte der Einspruch zumindest einen Teilerfolg und es wurde ein modifizierter Bußgeldbescheid erlassen. 8% der Einsprüche wurden verworfen (zB wegen Ablaufs der Einspruchsfrist), in 13% der Fälle kam es zu einer Rücknahme des Einspruchs.

Im Zeitraum vom 1.7.2012 bis zum 30.6.2015 wurden 85% aller Bußgeldverfahren der BaFin in einem **selbstständigen Verfahren gem. § 30 Abs. 4 OWiG** gegen juristische Personen oder Personenvereinigungen geführt, nur 15% der Verfahren richteten sich gegen natürliche Personen. 7

Die Höhe der bisher von der BaFin verhängten Bußgelder nimmt sich **vergleichsweise bescheiden** aus; das dürfte sich angesichts der drastischen Erhöhung der Bußgeldandrohungen durch das 1. und 2. FiMaNoG zukünftig aber vermutlich ändern. So wurden bis zum Jahr 2009 Bußgelder von insgesamt nie mehr als 1.000.000 EUR pro Jahr festgesetzt. In den Jahren 2010 und 2011 bewegte sich die Summe der jährlich festgesetzten Geldbußen im Bereich zwischen 1.000.000 EUR und 2.000.000 EUR. Im Jahr 2012 wurde erstmals die Schwelle von 3.000.000 EUR überschritten. Nachdem sich in den Jahren 2013 und 2014 keine erheblichen Steigerungen ergeben haben, erfolgte im Jahr 2015 ein deutlicher Sprung auf eine Jahresgesamtbußgeldhöhe von 7.000.000 EUR. Die **höchste bisher** (also nach altem Recht) **verhängte Gesamtgeldbuße gegen eine juristische Person bzw. einen Personenverband** betrug 3.250.000 EUR und wurde wegen eines Verstoßes gegen die Stimmrechtsmitteilungspflichten gem. den §§ 33ff. WpHG nF verhängt. In den anderen Rechtsbereichen erreichen die nach altem Recht verhängten Höchstbußgelder selten mehr als eine niedrige sechsstellige (Ad-hoc-Publizität, Marktmanipulation, Finanzberichterstattung, Ungedeckte Leerverkäufe, WpÜG) oder sogar nur fünfstellige Summe. 8

III. Fragen des Allgemeinen Teils

1. Blankettcharakter und Einfluss des Unionsrechts

Ebenso wie die Straftatbestände nach § 119 WpHG nF weisen auch die Bußgeldtatbestände des § 120 WpHG nF eine Blankettstruktur auf[12] und sind ähnlichen verfassungsrechtlichen Einwänden in Bezug auf ihre hinreichende Bestimmtheit ausgesetzt.[13] Umstritten ist in diesem Zusammenhang insbesondere, inwieweit § 120 WpHG nF eine Vielzahl von verfassungsrechtlich problematischen **dynamischen**[14] oder – wie wohl der BGH annimmt[15] – ausschließlich verfassungsrechtlich eher unbedenkliche **statische Verweisungen** auf das vorgelagerte EU-Kapitalmarktrecht enthält. 9

Eine Besonderheit stellte der ursprünglich im Regierungsentwurf zum 2. FiMaNoG vorgesehene Tatbestand in **§ 120 Abs. 2 Nr. 16 WpHG nF** dar, der inländische Verstöße gegen delegierte Rechtsakte der Europäischen Union, die die Vorschriften der Rating-VO[16] ergänzen, für den Fall erfasste, dass eine auf Grundlage von § 120 Abs. 28 WpHG nF erlassene Rechtsverordnung des Bundesministeriums der Finanzen dies festlegt. Nach dem jüngst zum „Rindfleischetikettierungsgesetz" ergangenen Beschluss des BVerfG verstößt eine solche **Blankettsanktionsvorschrift mit Rückverweisungsklausel** gegen Art. 103 Abs. 2 iVm Art. 104 Abs. 1 S. 1 GG sowie gegen Art. 80 Abs. 2 S. 2 GG, weil der Kern des ahndbaren Unrechts nicht durch ein Parlamentsgesetz bestimmt wird, und ist damit 10

12 Jüngst BGH NZG 2017, 236f.; weitere Nachweise bei *Dinter/David* ZIP 2017, 893 (895 m. Fn. 25).
13 → § 28 Rn. 11ff.; s. auch *Theile* in Esser/Rübenstahl/Saliger/Tsambikakis § 39 WpHG Rn. 2.
14 *Diversy/Köpferl* in Graf/Jäger/Wittig § 39 Rn. 8; *Köpferl* ZIS 2017, 201 (208ff.).
15 BGH NZG 2016, 236 (237); ebenso LG Frankfurt/M., Beschl. v. 31.10.2016 – 5/12 KLs 9/15, 5/12 KLs – 7521 Js 2211504/14 (9/16) – juris Rn. 6.
16 Verordnung (EG) Nr. 1060/2009 des Europäischen Parlaments und des Rates vom 16. September 2009 über Ratingagenturen, ABl. EU Nr. L 302 v. 17.11.2009 S. 1ff. (Rating-VO).

verfassungswidrig.[17] Zumindest bedenklich sind vor diesem Hintergrund auch die zahlreichen Blanketttatbestände in § 120 WpHG nF, die nicht ausschließlich auf Verhaltensnormen in Gesetzen, sondern auch auf Rechtsverordnungen verweisen (vgl. zB § 120 Abs. 2 Nr. 2 lit. c), d), e), f), i), k), l), m) WpHG nF – „auch in Verbindung mit einer Rechtsverordnung").[18]

11 Soweit Bußgeldtatbestände nach § 120 WpHG nF auf **unionsrechtliche Verhaltensnormen** verweisen oder auf Grund einer **unionsrechtlichen Sanktionierungspflicht** des Gesetzgebers erlassen wurden, gelten dieselben Grundsätze wie im strafrechtlichen Bereich.[19]

2. Beteiligung und Handeln für einen anderen

12 Anders als das Strafrecht kennt das Ordnungswidrigkeitenrecht keine Unterscheidung zwischen Täterschaft und Teilnahme, sondern geht vom sog. **Einheitstäterprinzip** aus.[20] Beteiligen sich mehrere Personen an einer Ordnungswidrigkeit, so handelt gem. § 14 Abs. 1 S. 1 OWiG jeder von ihnen ordnungswidrig. Dabei kommt es gem. § 14 Abs. 1 S. 2 OWiG nicht darauf an, ob der Beteiligte selbst die ggf. für die Ahndbarkeit erforderlichen besonderen persönlichen Merkmale gem. § 9 Abs. 1 OWiG aufweist, wenn diese zumindest bei einem anderen Beteiligten vorliegen.[21] Die Regel des § 14 Abs. 1 S. 2 OWiG gilt jedoch nur für eine vorsätzliche, nicht aber für eine fahrlässige oder leichtfertige Beteiligung.

13 In vielen Bußgeldtatbeständen des § 120 WpHG nF sind Verhaltenspflichten enthalten, die nach dem Gesetzeswortlaut nur bestimmte juristische Personen bzw. Personenvereinigungen treffen (zB Kreditinstitute, Emittenten, Wertpapierdienstleistungsunternehmen). Im Ausgangspunkt können natürliche Personen, die für solche juristischen Personen bzw. Personenvereinigungen tätig werden, selbst aber nicht die im jeweiligen Bußgeldtatbestand geforderte Eigenschaft aufweisen bzw. nicht von der jeweiligen bußgeldbewehrten Handlungspflicht adressiert werden, diesen Bußgeldtatbestand nicht erfüllen. Die dadurch drohende Ahndungslücke wird jedoch durch § 9 OWiG geschlossen, der – parallel zu § 14 StGB im strafrechtlichen Bereich – eine **Überwälzung von persönlichen Merkmalen bzw. Sonderpflichten** auf Vertreter bzw. Beauftrage des im jeweiligen Bußgeldtatbestand angesprochenen Täterkreises ermöglicht.

> Die A-AG steht als Inlandsemittentin gem. § 120 Abs. 1 Nr. 3 WpHG nF iVm § 26 Abs. 1 WpHG nF bußgeldbewehrt in der Pflicht, Insiderinformationen vor ihrer Veröffentlichung gem. Art. 17 Abs. 1, Abs. 7 oder Abs. 8 MAR der BaFin und den Geschäftsführungen der Handelsplätze, an denen ihre Finanzinstrumente zum Handel zugelassen oder in den Handel einbezogen sind, mitzuteilen sowie unverzüglich nach ihrer Veröffentlichung dem Unternehmensregister im Sinne des § 8b HGB zur Speicherung zu übermitteln. Die Mitglieder des Vorstands der A-AG sind selbst keine Inlandsemittenten, so dass sie schon deshalb nicht von § 120 Abs. 1 Nr. 3 WpHG nF iVm § 26 Abs. 1 WpHG nF erfasst werden. Gem. § 9 Abs. 1 Nr. 1 OWiG kann der Status der A-AG als „Inlandsemittentin" jedoch auf den vertretungsberechtigten Vorstand übergewälzt werden.

[17] BVerfG NJW 2016, 3648 ff. – *Rindfleischetikettierungsgesetz* (m. Anm. *Hecker*); s. dazu auch schon *Dannecker* ZIS 2016, 723 ff.
[18] *Diversy/Köpferl* in Graf/Jäger/Wittig Vor §§ 38, 39 Rn. 9.
[19] → § 28 Rn. 14 ff.
[20] Allgemeine Auffassung, s. nur *Coen* in BeckOK OWiG § 14 Rn. 1.
[21] *Rengier* in KK OWiG § 14 Rn. 37 ff.

Ausweislich von § 9 Abs. 3 OWiG sind § 9 Abs. 1 und Abs. 2 OWiG auch im Fall eines rechtsunwirksamen, aber faktisch bestehenden Vertretungs- oder Auftragsverhältnisses anwendbar. Im Rahmen der **Lehre vom faktischen Organ** können sie außerdem auf Personen angewendet werden, bei denen eine wirksame Bestellung überhaupt nicht in Aussicht genommen worden ist, die aber gleichwohl im Einverständnis mit dem vertretenen Verband neben oder anstelle von bestellten Organen faktisch eine organgleiche Position eingenommen haben.[22] **14**

Nicht notwendig ist ein Rückgriff auf § 9 OWiG, wenn das Gesetz Personen, die für einen anderen handeln, bereits konkret als Normadressaten nennt. **15**

3. Verantwortlichkeit für Unterlassen

Zahlreiche Bußgeldtatbestände in § 120 WpHG nF knüpfen unmittelbar an eine unzureichende Erfüllung von kapitalmarktrechtlichen Handlungspflichten an (zB § 120 Abs. 1 Nr. 2, Nr. 3, Nr. 4 WpHG nF) und stellen damit **echte Unterlassungsdelikte** dar. In allen anderen Fällen ist zu prüfen, ob aus einem Bußgeldtatbestand, der aktives Tun sanktioniert, unter den Voraussetzungen von § 8 OWiG – dem bußgeldrechtlichen Pendant zu § 13 StGB – ein unechtes Unterlassungsdelikt gebildet werden kann.[23] Wie im strafrechtlichen Bereich ist hier insbesondere eine Ahndung im Wege der sog. **Geschäftsherrenhaftung** möglich.[24] Darüber hinaus können Aufsichtspflichtverletzungen der Leitungsebene eines Unternehmens gem. § 130 OWiG (ggf. iVm § 9 OWiG) auch als eigenständige Ordnungswidrigkeit verfolgt werden.[25] **16**

4. Subjektiver Tatbestand

Die Tatbestände nach den §§ 120 Abs. 1-16, 127 Abs. 12, 130 Abs. 2 WpHG nF können zT nur vorsätzlich (§ 120 Abs. 1 WpHG nF), vorsätzlich oder leichtfertig (§ 120 Abs. 2-11, 14-16 WpHG nF, § 127 Abs. 12 WpHG nF und § 130 Abs. 2 WpHG nF) sowie vorsätzlich oder fahrlässig (§ 120 Abs. 12-13 WpHG nF) begangen werden. Die Begriffe des Vorsatzes, der Fahrlässigkeit und der Leichtfertigkeit entsprechen den Definitionen im strafrechtlichen Bereich und auch Irrtümer sind nach den dort beschriebenen Grundsätzen zu behandeln.[26] Eine Besonderheit ergibt sich jedoch für den Bereich **der echten Unterlassungsdelikte**, die im strafrechtlichen Bereich nach neuem Recht nicht mehr existieren. Hier stellt sich die Frage, ob es für einen vorsätzlichen Verstoß gegen die jeweilige Handlungspflicht genügt, wenn der Täter die pflichtauslösenden Umstände kennt, oder ob er auch das Bestehen der Handlungspflicht als solcher erkannt haben muss.[27] **17**

5. Versuch

Gem. **§ 13 Abs. 2 OWiG** kann der Versuch einer Ordnungswidrigkeit nur geahndet werden, wenn das Gesetz dies ausdrücklich bestimmt. Eine entsprechende Regelung war dem WpHG **bisher unbekannt**, so dass nur vollendete Kapitalmarktordnungswidrigkeiten **18**

---

[22] Näher zur faktischen Organschaft und ihren Voraussetzungen *Rogall* in KK OWiG § 9 Rn. 46 ff. u. *Tiedemann/Rönnau* in Scholz § 84 GmbHG Rn. 17 ff. – jew. mwN.

[23] Zum dazu im Strafrecht geführten Streit → § 28 Rn. 75 ff.

[24] Instruktiv zur Geschäftsherrenhaftung im OWi-Bereich *Rengier* in KK OWiG § 8 Rn. 47 ff. mwN.

[25] Einführend *Altenhain* in KölnKomm WpHG § 38 Rn. 34 u. *Vogel* in Assmann/Schneider WpHG (6. Aufl.) § 39 Rn. 62.

[26] → § 28 Rn. 80 ff. (subjektiver Tatbestand der strafbaren Marktmanipulation), Rn. 98 (subjektiver Tatbestand der Delikte nach § 119 Abs. 2 WpHG nF), Rn. 110 (subjektiver Tatbestand der Insiderdelikte gem. § 119 Abs. 3 WpHG nF). Ausführlich zum Vorsatz bei bußgeldbewehrten Verstößen im Kapitalmarktrecht *Dinter/David* ZIP 2017, 893 ff. (mit iE weiter Vorsatzzurechnung); speziell zur Bedeutung der Leichtfertigkeit im kapitalmarktrechtlichen Kontext *von Buttlar/Hammermaier* ZBB 2017, 1 ff.

[27] Eine Problemübersicht liefert *Rengier* in KK OWiG § 11 Rn. 33 mwN; s. auch *Altenhain* in KölnKomm WpHG § 39 Rn. 6.

geahndet werden konnten. Im Zuge des 1. FiMaNoG hat sich dies jedoch geändert, da seit dem 2.7.2016 mehrere Bußgeldtatbestände auf Art. 14 lit. a) MAR (§ 120 Abs. 14 WpHG nF) bzw. Art. 15 MAR (§ 120 Abs. 2 Nr. 3, Abs. 15 Nr. 2 WpHG nF) verweisen, die ihrerseits jeweils den Versuch des verbotenen Insiderhandels bzw. den Versuch der Marktmanipulation erfassen. Durch den Verweis auf diese unionsrechtlichen Verbotsnormen hat der Gesetzgeber sie in das deutsche Recht inkorporiert[28] und damit eine ausdrückliche Regelung iSv § 13 Abs. 2 OWiG geschaffen. In der Konsequenz sind der Versuch des Insiderhandels (gem. § 120 Abs. 14 WpHG nF) und der Versuch der Marktmanipulation (gem. § 120 Abs. 2 Nr. 3, Abs. 15 Nr. 2 WpHG nF) **nach neuer Rechtslage ahndbar**.[29]

19 Die Voraussetzungen der Versuchsahndbarkeit im Ordnungswidrigkeitenrecht sowie des Rücktritts vom Versuch sind in § 13 OWiG geregelt und entsprechen den Grundsätzen, die für den Versuch im strafrechtlichen Bereich gelten.[30]

6. Rechtfertigung und Verantwortlichkeit

20 Für die §§ 120 Abs. 1-16, 127 Abs. 12, 130 Abs. 2 WpHG nF gelten die allgemeinen Rechtfertigungsgründe nach den §§ 15, 16 OWiG. Nicht vorwerfbar handelt, wer einem unvermeidbaren Verbotsirrtum unterliegt (§ 11 Abs. 2 OWiG) oder die konstitutiven Verantwortlichkeitsvoraussetzungen gem. § 12 OWiG nicht aufweist. Darüber hinaus können trotz fehlender gesetzlicher Regelung auch Entschuldigungsgründe wie zB § 35 StGB analog vorgetragen werden.[31] In Bezug auf die Reichweite dieser Rechtfertigungs- und Schuldausschließungsgründe gelten jedoch die gleichen Einschränkungen wie im strafrechtlichen Bereich.[32]

7. Zusammentreffen von Straftat und Ordnungswidrigkeit – Doppelbestrafungsverbot

21 Gem. § 21 Abs. 1 S. 1 OWiG wird **nur das Strafgesetz** angewendet, wenn eine Handlung gleichzeitig (dh tateinheitlich)[33] einen Straftatbestand und den Tatbestand einer Ordnungswidrigkeit erfüllt.[34] Wenn es in dem betreffenden Strafverfahren dann jedoch nicht zur Verhängung einer Strafe kommt, lebt die Ordnungswidrigkeit gem. **§ 21 Abs. 2 OWiG** wieder auf und kann geahndet werden. Das gilt insbesondere dann, wenn hinsichtlich der Straftat ein Verfolgungshindernis besteht (zB nach Art. 54 SDÜ),[35] die Straftat (bezüglich spezifisch strafrechtlicher Tatbestandsmerkmale) nicht nachweisbar ist[36] oder von der Strafverfolgung aus Opportunitätsgründen (§§ 153, 153b, 154 StPO) abgesehen wird.[37] **Nicht anwendbar** ist § 21 Abs. 2 OWiG jedoch

- im Falle eines rechtskräftigen Freispruchs; in diesem Fall erstreckt sich die Rechtskraftwirkung des Strafurteils gem. § 84 Abs. 1 OWiG auch auf die tateinheitlich begangene Ordnungswidrigkeit,[38]

[28] → § 28 Rn. 14.
[29] Dies scheint *Theile* (in Esser/Rübenstahl/Saliger/Tsambikakis § 39 WpHG Rn. 13) zu übersehen.
[30] Zum strafbaren Versuch der Marktmanipulation → § 28 Rn. 74; zur Versuchsstrafbarkeit bei Insiderdelikten → § 28 Rn. 93 (bei Taten nach § 119 Abs. 2 WpHG nF) u. → § 28 Rn. 123 ff. (bei Delikten gem. § 119 Abs. 3 WpHG nF).
[31] *Diversy/Köpferl* in Graf/Jäger/Wittig § 39 WpHG Rn. 123; *Waßmer* in Fuchs WpHG § 39 Rn. 334.
[32] → § 28 Rn. 84, 133.
[33] Statt aller *Mitsch* in KK OWiG § 21 Rn. 2 mwN.
[34] Für Beispiele s. *Waßmer* in Fuchs WpHG § 39 Rn. 345.
[35] *Bohnert/Krenberger/Krumm* OWiG § 21 Rn. 19; *Sackreuther* in BeckOK OWiG § 21 Rn. 18, 19; *Waßmer* in Fuchs WpHG § 39 Rn. 346.
[36] *Bohnert/Krenberger/Krumm* OWiG § 21 Rn. 20; *Mitsch* in KK OWiG § 21 Rn. 24; *Sackreuther* in BeckOK OWiG § 21 Rn. 18, 19; *Waßmer* in Fuchs WpHG § 39 Rn. 346.
[37] *Bohnert/Krenberger/Krumm* OWiG § 21 Rn. 21; *Mitsch* in KK OWiG § 21 Rn. 27 ff.; *Sackreuther* in BeckOK OWiG § 21 Rn. 18, 19; *Waßmer* in Fuchs WpHG § 39 Rn. 346.
[38] *Mitsch* in KK OWiG § 21 Rn. 21.

– im Falle einer Entscheidung nach § 153a StPO,[39]
– im Falle eines Strafbefehls,[40]
– im Falle der Anwendung von § 59 StGB und § 60 StGB[41] oder
– im Falle einer Aussetzung der Strafe zur Bewährung.[42]

Der **Verfahrensablauf in Fällen des § 21 Abs. 2 OWiG** richtet sich danach, in welchem Verfahrensstadium sich herausstellt, dass es nicht zur Verhängung einer Strafe kommen wird, gleichwohl aber eine ahndbare Ordnungswidrigkeit vorliegt: 22

– Sofern dies bereits im staatsanwaltschaftlichen Ermittlungsverfahren geschieht, gibt die Staatsanwaltschaft das Verfahren gem. § 43 Abs. 1 OWiG an die BaFin ab.
– Treten die Voraussetzungen des § 21 Abs. 2 OWiG im Zwischenverfahren ein, eröffnet das Strafgericht gem. § 82 Abs. 2 OWiG gleichwohl das Verfahren, führt dieses jedoch als Ordnungswidrigkeiten-Verfahren weiter.
– Wird § 21 Abs. 2 OWiG dagegen erst im Hauptverfahren erfüllt, verurteilt das Strafgericht gem. § 82 Abs. 1 OWiG nach strafprozessualen Regeln wegen der Ordnungswidrigkeit.

Wird – **umgekehrt zur Konstellation nach § 21 Abs. 2 OWiG** – zunächst ein Bußgeld verhängt und stellt sich die Tat erst später auf Grund zusätzlicher Beweise oder einer veränderten rechtlichen Bewertung als Straftat heraus, gilt Folgendes: Gem. § 84 Abs. 1 OWiG steht ein rechtskräftiger behördlicher Bußgeldbescheid einer Ahndung derselben Tat als Ordnungswidrigkeit entgegen, **eine strafrechtliche Verfolgung** bleibt jedoch möglich.[43] Im Falle einer strafrechtlichen Verurteilung wird der Bußgeldbescheid allerdings nach § 86 Abs. 1 S. 1 OWiG später wieder aufgehoben. Anders als ein behördlicher Bußgeldbescheid entfaltet ein **rechtskräftiges Gerichtsurteil** über die Ordnungswidrigkeit gem. § 84 Abs. 2 OWiG auch eine Sperrwirkung gegenüber der Verfolgung der abgeurteilten Handlung als Straftat. 23

Fraglich ist, ob der Umstand, dass ein rechtskräftiger Bußgeldbescheid nach deutschem Recht lediglich die Verfolgung derselben Tat als Ordnungswidrigkeit, nicht aber als Straftat sperrt,[44] im Kontext von § 120 WpHG nF mit dem **unionsrechtlichen *ne-bis-in-dem*-Prinzip gem. Art. 50 GRC**[45] in seiner innerstaatlichen Dimension vereinbart werden kann. Denn während Art. 103 Abs. 3 GG nach hM in Deutschland nur auf Kriminalstrafrecht ieS anwendbar ist,[46] kann Art. 50 GRC auch bei strafähnlichen Sanktionen bzw. Strafrecht iwS eingreifen. Zur Bestimmung des sachlichen Anwendungsbereichs von Art. 50 GRC legt der EuGH hier der Sache nach die sog. „Engel"-Kriterien[47] des EGMR zugrunde,[48] die dieser ursprünglich im Kontext von Art. 6 EMRK entwickelt und später – unter anderem – auf das innerstaatliche Doppelverfolgungsverbot nach Art. 4 des (durch Deutschland nicht ratifizierten!) 7. Zusatzprotokolls zur EMRK angewendet hat.[49] In der 24

[39] *Bohnert/Krenberger/Krumm* OWiG § 21 Rn. 21; *Mitsch* in KK OWiG § 21 Rn. 32; *Sackreuther* in BeckOK OWiG § 21 Rn. 18, 19; *Waßmer* in Fuchs WpHG § 39 Rn. 346.
[40] *Mitsch* in KK OWiG § 21 Rn. 20.
[41] *Sackreuther* in BeckOK OWiG § 21 Rn. 19 (zu § 59 StGB); widersprüchlich *Mitsch* KK OWiG § 21 Rn. 20 (Verwarnung mit Strafvorbehalt schließt Ahndung als Ordnungswidrigkeit aus) u. Rn. 25 (bei Verwarnung mit Strafvorbehalt und Absehen von Strafe ist Verurteilung wegen Ordnungswidrigkeit möglich).
[42] *Bohnert/Krenberger/Krumm* OWiG § 21 Rn. 21; *Mitsch* in KK OWiG § 21 Rn. 20.
[43] Allgemeine Auffassung, s. nur *Lutz* in KK OWiG § 84 Rn. 3.
[44] → Rn. 23.
[45] Zur Anwendbarkeit der GRC im Kontext von Straf- und Sanktionsverfahren nach den §§ 119, 120 WpHG nF → § 28 Rn. 17.
[46] Statt vieler *Schmidt-Aßmann* in Maunz/Dürig Art. 103 GG Rn. 286 ff.
[47] Leitentscheidung EGMR v. 8.6.1976 – 5100/71 – *Engel v. Netherlands*.
[48] EuGH v. 5.6.2012 – Rs. C-489/10, ECLI:EU:C:2012:319 Rn. 37 – *Bonda* (ausdrückliche Referenzierung der „Engel"- und der „Zolotoukhine"-Entscheidung des EGMR); EuGH v. 26.2.2013 – Rs. C-617/10, ECLI:EU:C:2013:105 Rn. 35 – *Fransson* (Bezugnahme auf die genannte Passage der „Bonda"-Entscheidung).
[49] Instruktiv zur „Engel"-Rechtsprechung des EGMR *Grabenwarter/Pabel* in EMRK/GG-Konkordanzkommentar Kap. 14 Rn. 21 ff.

berühmten „Fransson"-Entscheidung aus dem Jahr 2013 hatte der EuGH noch offengelassen, ob verwaltungsrechtliche Steuerstrafzuschläge vor diesem Hintergrund die Wirkung von Art. 50 GRC auslösen.[50] Bei hohen Geldbußen gem. § 120 WpHG nF, die sich von Geldstrafen nur noch dem Namen nach unterschieden, liegt eine Subsumtion unter Art. 50 GRC jedoch sehr nahe.[51] Bejaht man ein Eingreifen von Art. 50 GRC, folgt daraus für das deutsche Marktmissbrauchsrecht im Ergebnis, dass es vor dem Hintergrund von Art. 50 GRC **unzulässig** ist (Verfahrenshindernis![52]), wenn die Staatsanwaltschaft im Einklang mit § 84 Abs. 1 OWiG ein Strafverfahren eröffnet, obwohl gegen den Beschuldigten in derselben Sache bereits ein Bußgeld durch die BaFin rechtskräftig verhängt wurde.[53] Dagegen lässt sich insbesondere auch nicht das Argument ins Feld führen, dass der Bußgeldbescheid in solchen Fällen gem. § 86 Abs. 1 S. 1 OWiG aufgehoben und eine doppelte Sanktion wegen derselben Sache somit gleichsam „nachträglich" vermieden werde. Denn bei Art. 50 GRC handelt es sich nach ganz hM nicht nur um ein Mehrsanktions-, sondern auch um ein Mehrfach*verfolgungs*verbot, dessen Schutzbereich bereits betroffen ist, wenn eine Person wegen derselben Tat mehreren Sanktionsverfahren ausgesetzt wird.[54] Gerade dies ist bei einem vorgelagerten, rechtskräftig abgeschlossenen Bußgeldverfahren durch die BaFin und einem späteren Strafverfahren aber der Fall.

25 Schwer zu prognostizieren ist, inwieweit der EuGH sich bei der Auslegung von Art. 50 GRC im marktmissbrauchsrechtlichen Kontext zukünftig von der jüngeren Rechtsprechung des EGMR zu Art. 4 des 7. ZP zur EMRK beeinflussen lassen wird. Das Urteil des EGMR in der Sache **„Grande Stevens vs. Italy"** vom 4.3.2014,[55] in der es um Bußgelder in Millionenhöhe ging, die die italienische Kapitalmarktaufsichtsbehörde CONSOB gegen Manager des Autoherstellers FIAT wegen des Verdachts des Insiderhandels verhängt hatte, deutete insofern zunächst auf eine Konvergenz der Judikaturen beider Gerichte hin: Nachdem der EuGH in „Bonda" und „Fransson" die „Engel"-Rechtsprechung des EGMR aufgegriffen hatte,[56] entschied die zuständige Kammer des EGMR in „Grande Stevens" nun ihrerseits unter (die Entscheidung allerdings nicht tragendem) Hinweis auf das „Fransson"-Urteil,[57] dass die italienische Staatsanwaltschaft gegen das innerstaatliche Doppelverfolgungsverbot gem. Art. 4 des 7. ZP zur EMRK verstoßen habe, indem sie die genannten FIAT-Manager nach rechtskräftigem Abschluss des Bußgeldverfahrens erneut kriminalstrafrechtlich verfolgt hatte. Dieses Ergebnis entsprach der bisherigen Rechtsprechungslinie des EGMR, der in der Vergangenheit auch schon deutlich mildere finanzielle Sanktionen als Strafen iSv Art. 4 des 7. ZP zur EMRK eingestuft hatte.[58] Schon kurze Zeit

---

[50] EuGH v. 26.2.2013 – Rs. C-617/10, ECLI:EU:C:2013:105 Rn. 36 – *Fransson*.

[51] So auch *Zeder* NZWiSt 2017, 41 (45); vgl. ferner *Poelzig* NZG 2016, 492 (500 f.).

[52] *Eser* in Meyer GRC Art. 50 Rn. 10.

[53] **AA** *Stalberg* (Zum Anwendungsbereich des Art. 50 der GrCh der EU, S. 141 ff.), der der Auffassung ist, dass die Erwägungen, mit denen die eingeschränkte Sperrwirkung des § 84 Abs. 1 OWiG begründet wird, auch eine entsprechend eingeschränkte Auslegung von Art. 50 GRC erfordern.

[54] *Jarass* Art. 50 GRC Rn. 8.

[55] EGMR v. 4.3.2014 (2. Sektion) – 18640/10 – *Grande Stevens vs. Italy*.

[56] EuGH v. 5.6.2012 – Rs. C-489/10, ECLI:EU:C:2012:319 Rn. 37 – *Bonda* (ausdrückliche Referenzierung der „Engel"- und der „Zolotoukhine"-Entscheidung des EGMR); EuGH v. 26.2.2013 – Rs. C-617/10, ECLI:EU:C:2013:105 Rn. 35 – *Fransson* (Bezugnahme auf die genannte Passage der „Bonda"-Entscheidung).

[57] EGMR v. 4.3.2014 (2. Sektion) – 18640/10, § 229.

[58] Von den zahlreichen zu dieser Frage ergangenen Entscheidungen sollen hier aus jüngerer Zeit nur die folgenden Judikate genannt werden: EGMR v. 14.1.2014 (4. Sektion) – 32042/11 – *Muslija v. Bosnia and Herzegovina* (Geldbuße iHv umgerechnet ca. 77 EUR wegen eines Verstoßes gegen die öffentliche Ordnung, wobei das maßgebliche bosnisch-herzegowinische Gesetz es allerdings auch zugelassen hätte, gegen den Betroffenen eine Freiheitsentziehung von bis zu 60 Tagen anzuordnen); Urt. v. 18.10.2011 (1. Sektion) – 53785/09 – *Tomasović v. Croatia* (Geldbuße iHv umgerechnet ca. 206 EUR wegen Drogenbesitzes; das einschlägige kroatische Gesetz hätte die Verhängung einer Geldbuße von bis zu umgerechnet ca. 2700 EUR erlaubt, sah jedoch nicht die Möglichkeit vor, eine Freiheitsentziehung anzuordnen); Urt. v. 16.6.2009 (4. Sektion) – 13079/03 – *Ruotsalainen v. Finland* (Geldbuße iHv umgerechnet ca. 121 EUR für einen steuerrechtlichen Verstoß als Erstsanktion und Steueraufschlag iHv umgerechnet ca. 10.000 EUR als Zweitsanktion; das einschlägige finnische Gesetz sah jeweils nicht die Möglichkeit vor,

nach der „Grande Stevens"-Entscheidung leitete eine Kammer der Vierten Sektion des EGMR dann jedoch mit vier Entscheidungen am 20.5.2014 ergangenen Urteilen eine **abrupte Rechtsprechungswende** ein.[59] Die genannten Urteile betrafen sehr ähnlich gelagerte Fälle, in denen die Beschwerdeführer – allesamt Finnen – jeweils der Steuerhinterziehung bezichtigt wurden, woraufhin die zuständigen finnischen Steuerbehörden nicht nur die Nachzahlung der betroffenen Steuern forderten, sondern zusätzlich auch hohe Steuerzuschläge festsetzten. Nachdem die Festsetzung dieser Steuerzuschläge rechtskräftig wurde, verfolgte man die Betroffenen dann in derselben Sache erneut in Kriminalstrafverfahren. Die Kammer des EGMR näherte sich dieser Konstellation zunächst im Fahrwasser ihrer bisherigen Rechtsprechung und subsumierte die finnischen Steuerzuschläge anhand der „Engel"-Kriterien unter den Sanktionsbegriff des Art. 4 des 7. ZP zur EMRK.[60] Im weiteren Verlauf der Entscheidungsbegründungen entwickelt die Kammer dann allerdings den Gedanken, dass eine erneute Bestrafung in derselben Sache nach Rechtskraft der Erstsanktion ausnahmsweise mit Art. 4 des 7. ZP zu vereinbaren sei, wenn zwischen den Strafen eine **hinreichende sachliche und zeitliche Verbindung** („sufficiently close connection in substance and in time") bestünde, was in den vorliegenden Fällen allerdings nicht zutreffe.[61] Diese Formulierung wurde daraufhin in zahlreichen weiteren Entscheidungen der 4. Sektion des EGMR aufgegriffen,[62] die schließlich in eine zusammenfassende Große-Kammer-Entscheidung v. 15.11.2016 in der Sache **„A and B v. Norway"** mündeten.[63] In diesem Urteil distanziert sich die Große Kammer – ganz entgegen der nur zwei Jahre zuvor in „Grande Stevenson" zum Ausdruck kommenden Stoßrichtung – von der Linie des EuGH in „Fransson" und stützt ihre Argumentation im Gegenteil sogar auf die Stellungnahme des Generalanwalts *Villalón*, dessen rechtlichen Ausführungen der EuGH in „Fransson" gerade nicht gefolgt war.[64] Der Versuch des Gerichts, das Kriterium der „sufficiently close connection in substance and in time" in den Entscheidungsgründen zu „A and B v. Norway" näher zu konkretisieren, scheitert allerdings – wie der Richter *Pinto de Albuquerque* in einem spektakulären Sondervotum deutlich macht[65] – auf ganzer Linie. Denn: Wann dieses völlig konturenlose und von der 4. Sektion

eine Freiheitsentziehung anzuordnen); Urt. v. 23.11.2006 (Große Kammer) – 73053/01 – *Jussila v. Finland* (Steueraufschlag iHv 10% der hinterzogenen Steuersumme als „strafrechtliche Anklage" iSv Art. 6 Abs. 1 EMRK, wobei das einschlägige finnische Steuergesetz einen Aufschlag von bis zu 20% gestattet hätte); Urt. 23.7.2002 (1. Sektion) – 36985/97 – *Västberga Taxi Aktiebolag and Vulic v. Sweden* (Steueraufschlag iHv 20% bis 40% der hinterzogenen Steuersumme als „strafrechtliche Anklage" iSv Art. 6 Abs. 1 EMRK).

59 Es handelt sich um die Entscheidungen mit Aktenzeichen 11828/11 – *Nykänen v. Finland*, 35232/11 – *Pirttimäki v. Finland*, 758/11 – *Häkkä v. Finland* u. 37394/11 – *Glantz v. Finland*.

60 Stellvertretend für alle der in Fn. 59 genannten Entscheidungen sei insofern nur auf EGMR v. 20.5.2014 (4. Sektion) – 11828/11, §§ 38 ff. – *Nykänen v. Finland* verwiesen.

61 Erneut *pars pro toto* EGMR v. 20.5.2014 (4. Sektion) – 11828/11, §§ 50 ff. – *Nykänen v. Finland*. Der Gedanke, dass eine Mehrfachsanktion nicht gegen *ne bis in idem* verstößt, wenn zwischen den Sanktionen eine hinreichende sachliche und zeitliche Verbindung besteht, findet sich der Sache nach auch schon in den Entscheidungen EGMR v. 30.5.2000 (2. Sektion) – 31982/96 – *R. T. vs. Switzerland* und EGMR v. 13.12.2005 (2. Sektion) – 73661/01 – *Nilsson v. Sweden*, wurde in weiteren Entscheidungen des EGMR zu Art. 4 des 7. ZP zur EMRK aber nicht mehr aufgegriffen. Gleichwohl tut die Kammer der 4. Sektion in den in Fn. 59 genannten Entscheidungen so, als handele es sich dabei um ständige Rechtsprechung des EGMR.

62 Vgl. etwa EGMR v. 27.1.2015 (4. Sektion) – 17039/13, § 53 – *Rinas v. Finland*, Urt. v. 10.2.015 (4. Sektion) – 53753/12, § 44 – *Kiiveri v. Finland*, Urt. v. 10.2.2015 (4. Sektion) – 53197/13, § 48 – *Österlund v. Finland* sowie Urt. v. 17.2.2015 – 41604/11, § 42 – *Boman v. Finland*. Bemerkenswert ist, dass die **1. Sektion des EGMR** das Kriterium der „sufficiently close connection in substance and in time" auch nach den Impulsen durch die 4. Sektion zunächst nicht aufgriff und weiter im Fahrwasser von „Grande Stevenson" entschied, s. etwa EGMR v. 30.4.2015 (1. Sektion) – 3453/12 ua – *Kapetanios and others vs. Greece* sowie EGMR v. 9.6.2016 – 66602/09 u. 71879/12 – *Sismanidis and Sitaridis v. Greece*; vgl. jetzt aber EGMR v. 18.6.2017 (1. Sektion) – 22007/11, § 49 ff. – *Jóhannesson and Others v. Iceland*.

63 EGMR v. 15.11.2016 (Große Kammer) – 24130/11 und 29758/11 m. zu Recht ablehnendem, sehr lesenswerten Sondervotum von *Pinto de Albuquerque*.

64 Vgl. EGMR v. 15.11.2016 (Große Kammer) – 24130/11 und 29758/11, § 118.

65 S. insbesondere §§ 47 ff. des Sondervotums.

des EGMR selbst widersprüchlich verwendete Kriterium es zukünftig ausnahmsweise erlaubt, trotz Anwendbarkeit von Art. 4 des 7. ZP zur EMRK in derselben Sache mehrere Sanktionen iSd „Engel"-Kriterien zu verhängen, ist nach dem Judikat weitgehend der Willkür der Einzelstaaten überlassen.[66] Es ist daher zu hoffen, dass der EuGH sich in den anhängigen Vorabentscheidungsverfahren **„Menci" (C-524/15, „Garsson ua" (C-537/16) und „Di Puma" (C-596/16, C-597/16)** von dem durch den ESMR eingeschlagenen Weg distanzieren wird.

8. Konkurrenzen

26 Erfüllt eine Handlung mehrere Bußgeldtatbestände, so ist das Konkurrenzverhältnis nach den gleichen Regeln zu bestimmen wie im strafrechtlichen Bereich.[67] Ebenso wie die §§ 52, 53 StGB unterscheidet das OWiG in §§ 19, 20 OWiG dabei zwischen Tateinheit und Tatmehrheit.[68]

9. Zeitlicher Anwendungsbereich

27 Für den zeitlichen Anwendungsbereich der Bußgeldtatbestände des WpHG gelten im Prinzip dieselben Regeln wie für das Marktmissbrauchsstrafrecht:[69] Gem. § 3 OWiG kann eine Handlung nur dann als Ordnungswidrigkeit geahndet werden, wenn der entsprechende Bußgeldtatbestand bereits gesetzlich geregelt war, bevor die Handlung begangen wurde. Der Zeitpunkt der Tat richtet sich dabei nach § 6 OWiG. Demnach ist eine Handlung zu der Zeit begangen, zu welcher der Täter tätig wurde oder im Falle eines Unterlassens hätte tätig werden müssen, ohne dass es dabei auf den Zeitpunkt des Erfolgseintritts ankommt. Wenn die Sanktionsandrohung während der Begehung der Tat geändert wird, ist die Gesetzesfassung anwendbar, die bei Beendigung der Tat galt (§ 4 Abs. 2 OWiG).

28 Ausweislich von § 4 Abs. 3 OWiG ist ferner auch der ***lex-mitior*-Grundsatz** im Ordnungswidrigkeitenrecht anwendbar. Für den Fall, dass ein Bußgeldtatbestand, der bei Beendigung der Tat galt, vor der rechtskräftigen Sanktionsentscheidung geändert wird, ist demnach stets das mildeste Gesetz anzuwenden. Deshalb führt die **zeitliche Divergenz** zwischen dem In-Kraft-Treten des 1. FiMaNoG am 2.7.2016 und der Anwendbarkeit der Marktmissbrauchsverordnung am 3.7.2016 zu der gleichen Problematik, die auch für den Bereich des Marktmissbrauchsstrafrechts diskutiert wird.[70] Weiterer Diskussionsbedarf besteht insofern außerdem in Bezug auf die bußgeldrechtliche Flankierung der PRIIP-VO[71] (referenziert in § 120 Abs. 16 WpHG nF) sowie die (zum 17.9.2014 außer Kraft gesetzte) Leerverkaufs-VO[72] (referenziert in § 120 Abs. 6, Abs. 13 WpHG nF).[73]

10. Räumlicher Anwendungsbereich

29 Der räumliche Anwendungsbereich der §§ 120 Abs. 1-16, 127 Abs. 12, 130 Abs. 2 WpHG nF ist – ebenso wie im Zusammenhang mit den Straftatbeständen des § 119

[66] Insofern kritisch auch *Staffler* ÖJZ 2017, 64 ff.
[67] → § 28 Rn. 38 ff.
[68] Näher *Altenhain* in KölnKomm WpHG § 39 Rn. 99 ff.
[69] → § 28 Rn. 19 ff.
[70] → § 28 Rn. 20 ff.
[71] Verordnung (EU) Nr. 1286/2014 des Europäischen Parlaments und des Rates vom 26. November 2014 über Basisinformationsblätter für verpackte Anlageprodukte für Kleinanleger und Versicherungsanlageprodukte (PRIIP), ABl. EU Nr. L 352 v. 9.12.2014 S. 1 ff. (Korrigendum in ABl. EU Nr. L 358 v. 13.12.2014 S. 50).
[72] Verordnung (EU) Nr. 236/2012 des Europäischen Parlaments und des Rates vom 14.3.2012 über Leerverkäufe und bestimmte Aspekte von Credit Default Swaps, ABl. EU Nr. L 86 v. 24.3.2012 S. 1 (Leerverkaufs-VO).
[73] Ausführlich dazu *Köpferl* ZIS 2017, 201 ff.

WpHG nF – im Rahmen einer **zweistufigen Prüfung** zu ermitteln.[74] Dabei steht auf *erster Stufe* die Frage nach dem räumlichen Anwendungsbereich der unionsrechtlichen Verhaltensvorschrift, die vom jeweiligen nachgelagerten deutschen Bußgeldtatbestand in Bezug genommen wird und dessen räumlichen Anwendungsbereich denklogisch begrenzt.[75] Danach ist auf *zweiter Stufe* zu prüfen, für welche Sachverhalte die deutschen Bußgeldtatbestände selbst räumlich Geltung beanspruchen. Die insofern zentrale Vorschrift stellt der § 5 OWiG dar. Nach dieser Norm können Ordnungswidrigkeiten grundsätzlich nur geahndet werden, wenn sie im Inland bzw. auf einem Schiff oder Luftfahrzeug unter deutscher Flagge begangen worden sind. Der Tatort bestimmt sich dabei nach Maßgabe von § 7 OWiG. Demnach ist eine Handlung an dem Ort begangen, an dem der Täter gehandelt hat oder im Fall eines Unterlassens hätte handeln müssen oder an dem der zum Tatbestand gehörende Erfolg eingetreten ist oder nach der Vorstellung des Täters hätte eintreten sollen (§ 7 Abs. 1 OWiG). Die Handlung eines Beteiligten ist auch an dem Ort begangen, an dem der Tatbestand des Gesetzes, das die Ahndung mit einer Geldbuße zulässt, verwirklicht worden ist oder nach der Vorstellung des Beteiligten hätte verwirklicht werden sollen (§ 7 Abs. 2 OWiG).

Das OWiG sieht keine den §§ 5–7 StGB entsprechenden Regeln zur Erfassung von **Auslandstaten** vor. Da es sich bei vielen Tatbeständen des § 120 WpHG nF (zB § 120 Abs. 2 Nr. 3 WpHG nF oder § 120 Abs. 15 Nr. 2 WpHG nF) jedoch um **abstrakt-konkrete Gefährdungsdelikte** handelt,[76] stellt sich die Frage, ob die vom BGH im Zusammenhang mit den §§ 3, 9 StGB entwickelte Rechtsprechung, wonach abstrakt-konkrete Gefährdungsdelikte einen inländischen „Erfolgsort" begründen, wenn sich die Gefährlichkeit der Tathandlung „im Hinblick auf das im Tatbestand umschriebene Rechtsgut" im Inland „entfalten kann",[77] auch auf die §§ 5, 7 OWiG zu übertragen ist.[78] Bejahendenfalls könnte zB eine im Ausland begangene erfolglose Marktmanipulation gem. § 120 Abs. 2 Nr. 3 WpHG nF ungeachtet der Staatsangehörigkeit des Zuwiderhandelnden als ahndbare Inlandstat qualifiziert werden, wenn die Manipulationshandlung geeignet war, auf einen inländischen Börsen- oder Marktpreis bzw. die Berechnung eines Referenzwerts einzuwirken.[79] Soweit ein Tatbestand nach § 120 WpHG nF dagegen ein **rein abstraktes Gefährdungsdelikt** darstellt, spricht die (ebenfalls zu § 9 StGB ergangene) Entscheidung BGH, Beschl. v. 19.8.2014 – 3 StR 88/14 dagegen, dass einem im Ausland begangenen Normverstoß ein inländischer „Erfolgsort" zugeschrieben werden kann.[80] **30**

Ob die skizzierte Beschränkung des räumlichen Anwendungsbereichs des OWiG auf das Territorialitäts- und das Flaggenprinzip auch für die Verhängung einer **Verbandsgeldbuße** gem. § 30 OWiG gilt, ist umstritten, richtigerweise aber zu bejahen.[81] Unklar ist, welche Bedeutung in diesem Zusammenhang der **Sonderregelung in § 120 Abs. 25 S. 3** **31**

[74] *Altenhain* in KölnKomm WpHG § 39 Rn. 76; *Waßmer* in Fuchs WpHG § 39 Rn. 318.

[75] Vgl. *Altenhain* in KölnKomm WpHG § 38 Rn. 122 und bereits → § 28 Rn. 23.

[76] Zur Definition des abstrakt-konkreten Gefährdungsdelikts → § 28 Rn. 91.

[77] → § 28 Rn. 29.

[78] Zu Recht ablehnend *Altenhain* in KölnKomm WpHG § 39 Rn. 76 u. *Rogall* in KK OWiG § 7 Rn. 15; dafür aber *Valerius* in BeckOK OWiG § 7 Rn. 12 ff. und (speziell im Kontext von § 120 WpHG nF bzw. dessen Vorläufervorschrift) *Vogel* in Assmann/Schneider WpHG (6. Aufl.) § 39 Rn. 52 – jew. mwN.

[79] *Vogel* in Assmann/Schneider WpHG (6. Aufl.) § 39 Rn. 52.

[80] Vgl. BGH NStZ 2015, 81; s. für die Gegenansicht aber auch *Valerius* in BeckOK OWiG § 7 Rn. 12 ff. mwN.

[81] *Jeßberger*, Transnationaler Geltungsbereich, S. 249; *Schneider* ZIS 2013, 488 ff.; **anders** *Rogall* in KK OWiG § 39 Rn. 33, 88 und *Meyberg* in BeckOK OWiG § 30 Rn. 28, die an das Bezugsdelikt anknüpfen, das die natürliche Person begangen hat, deren Verhalten dem Verband nach § 30 Abs. 1 OWiG zugerechnet wird. Wenn es sich bei der Bezugstat um eine Ordnungswidrigkeit handelt, soll sich der Geltungsbereich von § 30 OWiG also nach § 5 OWiG richten. Stellt die Bezugstat dagegen eine Straftat dar, so komme es darauf an, ob für diese Straftat der Geltungsbereich des deutschen Strafrechts gem. den §§ 3 ff. StGB eröffnet ist. Diese Auffassung führt jedoch zu völkerrechtswidrigen Ergebnissen (vgl. eingehend *Schneider* ZIS 2013, 488 [490 f.]).

WpHG nF (§ 39 Abs. 6a S. 3 WpHG aF) zukommen soll, wonach § 30 OWiG auch für ausländische juristische Personen oder Personenvereinigungen gilt, die über eine Zweigniederlassung in Deutschland verfügen oder im Wege des grenzüberschreitenden Dienstleistungsverkehrs im Inland tätig sind.[82] Sie könnte einerseits als Klarstellung dahingehend verstanden werden, dass eine Verbandsgeldbuße auch gegenüber bestimmten ausländischen Verbänden verhängt werden kann, wenn ein Verbandsangehöriger iSv § 30 Abs. 1 OWiG eine Anknüpfungstat begeht, die gem. § 5 OWiG in den räumlichen Anwendungsbereich des Kapitalmarktordnungswidrigkeitensrechts fällt. Dies wäre jedoch wenig sinnvoll, weil die hM ohnehin davon ausgeht, dass § 30 OWiG – eine Anknüpfungstat im Inland vorausgesetzt – auch auf ausländische Verbände anwendbar ist.[83] Eine alternative Interpretation von § 120 Abs. 25 S. 3 WpHG nF ginge dahin, dass gemäß dieser Vorschrift **weltweit** alle Normverstöße iSv § 120 WpHG nF mit einer Verbandsgeldbuße nach § 30 OWiG sanktioniert werden können, die die Leitungspersonen (iSv § 30 Abs. 1 OWiG) eines Verbands begehen, der über eine Zweigniederlassung in Deutschland verfügt oder im Wege des grenzüberschreitenden Dienstleistungsverkehrs im Inland tätig ist. Dazu ein Beispiel:

> B arbeitet als Wirtschaftsprüfer in der französischen Wirtschaftsberatungsgesellschaft A-SARL, die ihren Sitz in Frankreich hat, zuweilen jedoch auch grenzüberschreitende Beratungsdienstleistungen in Deutschland erbringt. Während der Bearbeitung eines Beratungsmandats für ein französisches Unternehmen begeht B in Paris einen leichtfertigen Verstoß gegen das insiderrechtliche Offenlegungsverbot gem. Art. 14 lit. c) MAR, der in keinem Zusammenhang zu einem Beratungsmandat für ein deutsches Unternehmen steht.

In dem genannten Beispiel würde die Verhängung einer Verbandsgeldbuße gegen die A-SARL durch deutsche Behörden mangels einer hinreichenden Verknüpfung zwischen der Tat des B und der deutschen Rechtsordnung jedoch erhebliche Friktionen mit dem im Grundsatz der souveränen Gleichheit der Staaten (vgl. Art. 2 Nr. 1 UN-Charta) wurzelnden **völkerrechtlichen Einmischungsverbot**[84] erzeugen. Denn zwar vermag es die Anknüpfung an das Bestehen einer inländischen Zweigniederlassung bei sehr großzügiger Übertragung des aktiven Personalitätsprinzips auf das Verbandssanktionsrecht *vielleicht* noch zu legitimieren, § 30 OWiG auf alle betriebsbezogenen Normverletzungen zu erstrecken, die das Führungspersonal des Verbands (iSv § 30 Abs. 1 OWiG) weltweit (und ohne jeden sonstigen Bezug zu Deutschland) begeht; dass aber die *bloße Erbringung von Dienstleistungen* in Deutschland diese Konsequenz nach sich ziehen soll, wäre mit dem Völkerrecht nicht in Einklang zu bringen.[85] Das damit skizzierte Problem kann hier aus Platzgründen nicht weiter vertieft werden. Als Orientierungspunkt für die Praxis ist jedoch festzuhalten, dass eine Anwendung von § 30 OWiG iVm § 120 Abs. 25 S. 3 WpHG nF völkerrechtlich angreifbar ist, wenn die Anknüpfungstat weder in Deutschland begangen worden ist noch durch eine Aufsichtsmaßnahme im Inland hätte verhindert werden können und der sanktionierte Verband weder seinen Sitz in Deutschland hat noch hier gegründet worden ist.

---

[82] Die Gesetzesbegründung schweigt zum Zweck dieser Vorschrift, s. RegE 1. FiMaNoG, BT-Drucks. 18/7482 S. 66.

[83] *Rogall* in KK OWiG § 30 Rn. 33; *Schneider* ZIS 2013, 488; ebenso *Meyberg* in BeckOK OWiG § 30 Rn. 28 und *Gürtler* in Göhler/Gürtler/Seitz OWiG § 30 Rn. 1, die zusätzlich fordern, dass der betroffene ausländische Verband seiner Struktur nach mit einer juristischen Person, einem nicht rechtsfähigen Verein oder einer rechtsfähigen Personengesellschaft deutschen Rechts vergleichbar sein muss.

[84] Einführend *Jeßberger*, Transnationaler Geltungsbereich, S. 191 ff. mwN.

[85] Vgl. zur parallelen Problematik im Zusammenhang mit der Anwendbarkeit von Sec. 7 UK Bribery Act *Rotsch/Wagner*, Criminal Compliance, § 32 Rn. 39 ff.

11. Verjährung

Da alle Bußgeldtatbestände des WpHG nF eine Bußgeldobergrenze von mindestens 50.000 EUR vorsehen, verjährt die Verfolgung dieser Ordnungswidrigkeiten nach § 31 Abs. 2 Nr. 1 OWiG in **drei Jahren**. Das gilt selbst dann, wenn der maximale Bußgeldbetrag bei fahrlässigen Taten gem. § 17 Abs. 2 OWiG (auf in jedem Fall mindestens 25.000 EUR) halbiert wird.[86] Die **spezielle Verjährungsregel** in § 120 Abs. 26 WpHG nF, wonach die Verfolgung von Ordnungswidrigkeiten, die in § 120 Abs. 17-22 WpHG nF genannt werden, in drei Jahren verjährt, hat deshalb keinen eigenständigen Anwendungsbereich. 32

Die für Straftaten nach § 119 WpHG nF geltenden **speziellen Verjährungsvorschriften** der Presse-, Rundfunk- und Mediengesetze der Länder[87] sind auf Ordnungswidrigkeiten gem. § 120 WpHG nF analog anzuwenden, wenn es sich dabei um Presse-, Rundfunk- oder Medieninhaltsdelikte handelt.[88] Weil § 120 WpHG nF keine Erfolgsdelikte enthält, spielt die in BGHSt 59, 105 vertretene Auffassung, Erfolgsdelikte könnten keine Presse-, Rundfunk- oder Medieninhaltsdelikte darstellen, im OWi-Bereich keine Rolle.[89] 33

Die Verfolgungsverjährung **beginnt** gem. § 31 Abs. 3 S. 1 OWiG mit der Beendigung der Tathandlung. Tritt ein zum Tatbestand gehörender Erfolg erst später ein, beginnt die Verjährung ausweislich des § 31 Abs. 3 S. 2 OWiG erst mit dem Erfolgseintritt. Bei **Verstößen gegen Handlungspflichten** (zB Mitteilungs- oder Veröffentlichungspflichten) beginnt die Verjährung erst mit dem Wegfall der Handlungspflicht.[90] Regelungen für das Ruhen und die Unterbrechung der Verfolgungsverjährung finden sich in §§ 32, 33 OWiG. 34

Die **Vollstreckungsverjährung** ist für Ordnungswidrigkeiten in § 34 OWiG geregelt und beträgt bei rechtskräftig festgesetzten Geldbußen von bis zu 1.000 EUR drei Jahre und bei verhängten Geldbußen von mehr als 1.000 EUR fünf Jahre. 35

IV. Bußgeldrahmen

1. Bußgeldrahmen für natürliche Personen

Gem. § 120 Abs. 24 aE WpHG nF beträgt das nach dem WpHG gegenüber natürlichen Personen[91] zu verhängende Bußgeld im Regelfall bis zu 50.000 EUR. Davon abweichend sind in § 120 Abs. 17-22, 24 WpHG nF sowie in den §§ 127 Abs. 12, 130 Abs. 2 WpHG nF Sondervorschriften enthalten, die einen zT deutlich erhöhten Bußgeldrahmen vorsehen. Für Näheres sei auf die folgende Übersichtstabelle verwiesen, die die genannten Sondervorschriften in der Reihenfolge auflistet, in der sie auch im Gesetz erscheinen: 36

Bußgeldtatbestand	**Maximale Bußgeldhöhe**
§ 120 Abs. 1 Nr. 2, 3 WpHG nF	200.000 EUR (§ 120 Abs. 24 Var. 2 WpHG nF)
§ 120 Abs. 1 Nr. 4 WpHG nF	100.000 EUR (§ 120 Abs. 24 Var. 3 WpHG nF)
§ 120 Abs. 2 Nr. 1 WpHG nF	200.000 EUR (§ 120 Abs. 24 Var. 2 WpHG nF)
§ 120 Abs. 2 Nr. 2 lit. a), b), k)-n) WpHG nF	200.000 EUR (§ 120 Abs. 24 Var. 2 WpHG nF)

[86] Zur Modifikation des Bußgeldrahmens durch § 17 Abs. 2 OWiG → Rn. 43 ff.; zur Beachtlichkeit von § 17 Abs. 2 OWiG im Rahmen von § 31 Abs. 2 OWiG s. nur *Graf* in BeckOK OWiG § 31 Rn. 17 mwN.
[87] → § 28 Rn. 32.
[88] BGHSt 28, 53, 56; *Graf* in BeckOK OWiG § 31 Rn. 21.
[89] → § 28 Rn. 35.
[90] Näher *Altenhain* in KölnKomm WpHG § 39 Rn. 86.
[91] Für den zT erhöhten Bußgeldrahmen bei Verbänden → Rn. 38 ff.

Bußgeldtatbestand	**Maximale Bußgeldhöhe**
§ 120 Abs. 2 Nr. 2 lit. d) und lit. e) WpHG nF	2.000.000 EUR (§ 120 Abs. 17 S. 1 WpHG nF)
§ 120 Abs. 2 Nr. 2 lit. f)-h) WpHG nF	500.000 EUR (§ 120 Abs. 24 Var. 1 WpHG nF)
§ 120 Abs. 2 Nr. 2a WpHG nF	100.000 EUR (§ 120 Abs. 24 Var. 3 WpHG nF)
§ 120 Abs. 2 Nr. 2b WpHG nF	500.000 EUR (§ 120 Abs. 24 Var. 1 WpHG nF)
§ 120 Abs. 2 Nr. 3 WpHG nF	1.000.000 EUR (§ 120 Abs. 18 S. 1 Var. 2 WpHG nF)
§ 120 Abs. 2 Nr. 4 lit. a), lit. b), lit. e)-g) WpHG nF	2.000.000 EUR (§ 120 Abs. 17 S. 1 WpHG nF)
§ 120 Abs. 2 Nr. 4 lit. c) WpHG nF	500.000 EUR (§ 120 Abs. 24 Var. 1 WpHG nF)
§ 120 Abs. 2 Nr. 6–8, 11- 13 WpHG nF	100.000 EUR (§ 120 Abs. 24 Var. 3 WpHG nF)
§ 120 Abs. 2 Nr. 10 WpHG nF	500.000 EUR (§ 120 Abs. 24 Var. 1 WpHG nF)
§ 120 Abs. 2 Nr. 15 WpHG nF	500.000 EUR (§ 120 Abs. 24 Var. 1 WpHG nF)
§ 120 Abs. 2 Nr. 16 WpHG nF	200.000 EUR (§ 120 Abs. 24 Var. 2 WpHG nF)
§ 120 Abs. 4 Nr. 6 WpHG nF	200.000 EUR (§ 120 Abs. 24 Var. 2 WpHG nF)
§ 120 Abs. 6 Nr. 1, 2 WpHG nF	200.000 EUR (§ 120 Abs. 24 Var. 2 WpHG nF)
§ 120 Abs. 6 Nr. 3-5 WpHG nF	500.000 EUR (§ 120 Abs. 24 Var. 1 WpHG nF)
§ 120 Abs. 7 Nr. 1, 3, 4 WpHG nF	200.000 EUR (§ 120 Abs. 24 Var. 2 WpHG nF)
§ 120 Abs. 7 Nr. 2, 6, 7 WpHG nF	100.000 EUR (§ 120 Abs. 24 Var. 3 WpHG nF)
§ 120 Abs. 7 Nr. 5, 8, 9 WpHG nF	500.000 EUR (§ 120 Abs. 24 Var. 1 WpHG nF)
§ 120 Abs. 8 WpHG nF	5.000.000 EUR (§ 120 Abs. 20 S. 1 Alt. 1 WpHG nF)
§ 120 Abs. 9 WpHG nF	5.000.000 EUR (§ 120 Abs. 20 S. 1 Alt. 2 WpHG nF)
§ 120 Abs. 10 WpHG nF	5.000.000 EUR (§ 120 Abs. 21 S. 1 WpHG nF)
§ 120 Abs. 11 S. 1 Nr. 1-27, 29, 30, 32-74 WpHG nF	500.000 EUR (§ 120 Abs. 22 S. 1 Alt. 1 WpHG nF)
§ 120 Abs. 11 S. 1 Nr. 28, 31, 75 WpHG nF	100.000 EUR (§ 120 Abs. 22 S. 1 Alt. 2 WpHG nF)
§ 120 Abs. 12 Nr. 1 lit. b) WpHG nF	200.000 EUR (§ 120 Abs. 24 Var. 2 WpHG nF)
§ 120 Abs. 12 Nr. 1 lit. c) WpHG nF	100.000 EUR (§ 120 Abs. 24 Var. 3 WpHG nF)
§ 120 Abs. 12 Nr. 5 WpHG nF	2.000.000 EUR (§ 120 Abs. 17 S. 1 WpHG nF)
§ 120 Abs. 14 WpHG nF	5.000.000 EUR (§ 120 Abs. 18 S. 1 Var. 1 WpHG nF)
§ 120 Abs. 15 Nr. 1 WpHG nF	500.000 EUR (§ 120 Abs. 18 S. 1 Var. 3 WpHG nF)

Bußgeldtatbestand	**Maximale Bußgeldhöhe**
§ 120 Abs. 15 Nr. 2 WpHG nF	5.000.000 EUR (§ 120 Abs. 18 S. 1 Var. 1 WpHG nF)
§ 120 Abs. 15 Nr. 3-11 WpHG nF	1.000.000 EUR (§ 120 Abs. 18 S. 1 Var. 2 WpHG nF)
§ 120 Abs. 15 Nr. 12-23 WpHG nF	500.000 EUR (§ 120 Abs. 18 S. 1 Var. 3 WpHG nF)
§ 120 Abs. 16 WpHG nF	700.000 EUR (§ 120 Abs. 19 S. 1 WpHG nF)
§ 127 Abs. 12 WpHG nF	200.000 EUR (§ 127 Abs. 13 WpHG nF)
§ 130 Abs. 2 WpHG nF	200.000 EUR (§ 130 Abs. 3 WpHG nF)

Die **Bußgeldmindesthöhe** beträgt gem. § 17 Abs. 1 OWiG fünf EUR. 37

2. Bußgeldrahmen für Verbände

Seit der Reform des § 120 WpHG nF (vormals § 39 WpHG aF) durch das Umsetzungsgesetz zur Transparenzrichtlinie-Änderungsrichtlinie[92] (insofern mWv 26.11.2015) sowie das 1. FiMaNoG (insofern mWv 2.7.2016) ist für **Verbandsgeldbußen** gegenüber juristischen Personen und Personenvereinigungen gem. § 30 OWiG mittlerweile ein zT **deutlich erhöhter Bußgeldrahmen** vorgesehen. Damit sind jetzt auch im Bereich des Marktmissbrauchsrechts Verbandsgeldbußen im sechs- bis achtstelligen Bereich möglich, wie sie bisher nur aus dem Kartellbußgeldrecht im Zusammenhang mit der dort einschlägigen Parallelvorschrift § 81 Abs. 4 S. 2 GWB bekannt waren. Weil § 120 Abs. 17 S. 2 Nr. 2, Abs. 18 S. 2 Nr. 1-2, Abs. 19 S. 2 Hs. 2, Abs. 20 S. 2, Abs. 21 S. 2 Hs. 2 Nr. 1-2, Abs. 22 S. 2 Nr. 1–2 WpHG nF ebenso wie § 81 Abs. 4 S. 2 GWB **umsatzbezogene Bußgeldobergrenzen enthält,**[93] können die dagegen in der Diskussion über § 81 Abs. 4 S. 2 GWB 2005 erhobenen verfassungsrechtlichen Einwände[94] auch gegen § 120 Abs. 17 S. 2 Nr. 2, Abs. 18 S. 2 Nr. 1-2, Abs. 19 S. 2 Hs. 2, Abs. 20 S. 2, Abs. 21 S. 2 Hs. 2 Nr. 1-2, Abs. 22 S. 2 Nr. 1-2 WpHG nF vorgebracht werden.[95] In seiner „Grauzementkartell"-Entscheidung hat der BGH[96] eine Vereinbarkeit von § 81 Abs. 4 S. 2 GWB 2005 mit Art. 103 Abs. 2 GG jedoch bejaht, soweit der auf Grundlage des (Konzern)-Gesamtumsatzes ermittelte Bußgeldhöchstbetrag als Obergrenze des Bußgeldrahmens und nicht als Kappungsgrenze verstanden wird.[97] Eine andere Deutung liegt bei § 120 Abs. 17 S. 2 Nr. 2, Abs. 18 S. 2 Nr. 1-2, Abs. 19 S. 2 Hs. 2, Abs. 20 S. 2, Abs. 21 S. 2 Hs. 2 Nr. 1-2, Abs. 22 S. 2 Nr. 1-2 WpHG nF nicht nahe.[98] 38

Nach der Grundregel in § 30 Abs. 2 OWiG beträgt eine Verbandsgeldbuße gem. § 30 OWiG 39

- im Falle einer vorsätzlichen Straftat als Anknüpfungstat bis zu 10.000.000 EUR (§ 30 Abs. 2 S. 1 Nr. 1 OWiG)

---

[92] BGBl. I 2015 S. 2029.
[93] Dies rechtspolitisch verteidigend *Veil* ZGR 2016, 305 (314 f.); kritisch dagegen *Poelzig* NZG 2016, 492 (497 f.).
[94] S. dazu *Achenbach* in FK GWB § 81 Rn. 523 ff. u. *Böse* in Graf/Jäger/Wittig § 81 GWB Rn. 73 ff. – jew. mwN.
[95] Vgl. dazu *Achenbach* wistra 2018, 13 (14 ff.).
[96] BGHSt 58, 158.
[97] Für eine Interpretation als Kappungsgrenze aber *Achenbach* wistra 2013, 369 (370), der die Position des BGH für nicht mit dem gesetzgeberischen Willen vereinbar hält und zudem auf Friktionen mit der Rechtsprechungslinie des EuGH verweist. Davon abgesehen vertritt *Achenbach* – zusammen mit anderen – die Auffassung, dass die umsatzbezogene Fixierung auch einer Bußgeldobergrenze nicht mit dem Bestimmtheitsgrundsatz vereinbar ist, s. zuletzt *Achenbach* wistra 2018, 13 (16) mwN.
[98] *Diversy/Köpferl* in Graf/Jäger/Wittig § 39 Rn. 106; *Veil* ZGR 2016, 305 (316 f.).

- im Falle einer fahrlässigen Straftat als Anknüpfungstat bis zu 5.000.000 EUR (§ 30 Abs. 2 S. 1 Nr. 2 OWiG)
- im Falle einer Ordnungswidrigkeit als Anknüpfungstat maximal die Geldsumme, die für die Ordnungswidrigkeit im Höchstmaß als Buße angedroht ist (§ 30 Abs. 2 S. 2 OWiG).

Wie sich aus der folgenden Übersichtstabelle ergibt, werden die Grundregeln zur Bußgeldhöhe in § 30 Abs. 2 OWiG bei manchen Bußgeldtatbeständen durch § 120 Abs. 17 S. 2, Abs. 18 S. 2, Abs. 19 S. 2, Abs. 20 S. 2, Abs. 21 S. 2 Hs. 2, Abs. 22 S. 2 WpHG nF **modifiziert**. Bei Normverstößen, die nicht von diesen Vorschriften erfasst sind, richtet sich der Bußgeldrahmen der Verbandsgeldbuße weiterhin nach § 30 Abs. 2 OWiG.

Bußgeldtatbestand	**Maximale Verbandsgeldbuße** (maßgeblich ist der jeweils höhere der angegebenen Beträge)
§ 120 Abs. 2 Nr. 2 lit. d), e) WpHG nF	10.000.000 EUR oder 5 % des Gesamtumsatzes, den die juristische Person oder Personenvereinigung im der Behördenentscheidung vorangegangenen Geschäftsjahr erzielt hat (§ 120 Abs. 17 S. 2 WpHG nF)
§ 120 Abs. 2 Nr. 4 lit. a), b), e)-g) WpHG nF	10.000.000 EUR oder 5 % des Gesamtumsatzes, den die juristische Person oder Personenvereinigung im der Behördenentscheidung vorangegangenen Geschäftsjahr erzielt hat (§ 120 Abs. 17 S. 2 WpHG nF)
§ 120 Abs. 8, Abs. 9 WpHG nF	10 % des Gesamtumsatzes, den die juristische Person oder Personenvereinigung im der Behördenentscheidung vorangegangenen Geschäftsjahr erzielt hat (§ 120 Abs. 20 S. 2 WpHG nF)
§ 120 Abs. 10 S. 1 Nr. 1-2 WpHG nF	5.000.000 EUR oder 10 % des Gesamtumsatzes, den die juristische Person oder Personenvereinigung im der Behördenentscheidung vorangegangenen Geschäftsjahr erzielt hat (§ 120 Abs. 21 S. 2 Hs. 2 Nr. 1 WpHG nF)
§ 120 Abs. 10 S. 1 Nr. 3-4 WpHG nF	15.000.000 EUR oder 10 % des Gesamtumsatzes, den die juristische Person oder Personenvereinigung im der Behördenentscheidung vorangegangenen Geschäftsjahr erzielt hat (§ 120 Abs. 21 S. 2 Hs. 2 Nr. 2 WpHG nF)
§ 120 Abs. 11 S. 1 Nr. 27, 29, 30, 32-74 WpHG nF	1.000.000 EUR oder 10 % des Gesamtumsatzes, den die juristische Person oder Personenvereinigung im der Behördenentscheidung vorangegangenen Geschäftsjahr erzielt hat (§ 120 Abs. 22 S. 2 Nr. 1 WpHG nF; dieser Bußgeldrahmen gilt gem. § 120 Abs. 22 S. 5 entsprechend für sonstige Vereinigungen, jedoch mit der Maßgabe, dass der maßgebliche Gesamtumsatz 10 % des aggregierten Umsatzes der Anteilseigner beträgt, wenn es sich bei der sonstigen Vereinigung um ein Mutterunternehmen oder ein Tochterunternehmen handelt)
§ 120 Abs. 11 S. 1 Nr. 28, 31, 75 WpHG nF	250.000 EUR oder 2 % des Gesamtumsatzes, den die juristische Person oder Personenvereinigung im der Behördenentscheidung vorangegangenen Geschäftsjahr erzielt hat (§ 120 Abs. 22 S. 2 Nr. 2 WpHG nF; dieser Bußgeldrahmen gilt gem. § 120 Abs. 22 S. 5 entsprechend für sonstige Vereinigungen, jedoch mit der Maßgabe, dass der maßgebliche Gesamtumsatz 10 % des aggregierten Umsatzes der Anteilseigner beträgt, wenn es sich bei der sonstigen Vereinigung um ein Mutterunternehmen oder ein Tochterunternehmen handelt)

Bußgeldtatbestand	**Maximale Verbandsgeldbuße** (maßgeblich ist der jeweils höhere der angegebenen Beträge)
§ 120 Abs. 12 Nr. 5 WpHG nF	10.000.000 EUR oder 5 % des Gesamtumsatzes, den die juristische Person oder Personenvereinigung im der Behördenentscheidung vorangegangenen Geschäftsjahr erzielt hat (§ 120 Abs. 17 S. 2 WpHG nF)
§ 120 Abs. 14 WpHG nF	15.000.000 EUR oder 15 % des Gesamtumsatzes, den die juristische Person oder Personenvereinigung im der Behördenentscheidung vorangegangenen Geschäftsjahr erzielt hat (§ 120 Abs. 18 S. 2 Hs. 2 Nr. 1 WpHG nF)
§ 120 Abs. 15 Nr. 1, 12-23 WpHG nF	1.000.000 EUR (§ 120 Abs. 18 S. 2 Hs. 2 Nr. 3 S. 1 WpHG nF)
§ 120 Abs. 15 Nr. 2 WpHG nF	15.000.000 EUR oder 15 % des Gesamtumsatzes, den die juristische Person oder Personenvereinigung im der Behördenentscheidung vorangegangenen Geschäftsjahr erzielt hat (§ 120 Abs. 18 S. 2 Hs. 2 Nr. 1 WpHG nF)
§ 120 Abs. 15 Nr. 3-11 WpHG nF	2.500.000 EUR oder 2 % des Gesamtumsatzes, den die juristische Person oder Personenvereinigung im der Behördenentscheidung vorangegangenen Geschäftsjahr erzielt hat (§ 120 Abs. 18 S. 2 Hs. 2 Nr. 2 WpHG nF)
§ 120 Abs. 16 WpHG nF	5.000.000 EUR oder 3 % des Gesamtumsatzes, den die juristische Person oder Personenvereinigung im der Behördenentscheidung vorangegangenen Geschäftsjahr erzielt hat (§ 120 Abs. 19 S. 2 WpHG nF)

Der Begriff des **Gesamtumsatzes** iSv § 120 Abs. 17 S. 2 Nr. 2, Abs. 18 S. 2 Nr. 1-2, Abs. 19 S. 2, Abs. 20 S. 2, Abs. 21 S. 2, Abs. 22 S. 2 WpHG nF ist in § 120 Abs. 23 S. 1 WpHG nF legal definiert. Es handelt sich dabei 40

- im Falle von Kreditinstituten, Zahlungsinstituten und Finanzdienstleistungsinstituten im Sinne des § 340 HGB um den sich aus dem auf das Institut anwendbaren nationalen Recht im Einklang mit Artikel 27 Nummer 1, 3, 4, 6 und 7 oder Artikel 28 Nummer B1, B2, B3, B4 und B7 der Richtlinie 86/635/EWG des Rates vom 8. Dezember 1986 über den Jahresabschluss und den konsolidierten Abschluss von Banken und anderen Finanzinstituten (ABl. Nr. L 372 vom 31.12.1986 S. 1) ergebenden Gesamtbetrag, abzüglich der Umsatzsteuer und sonstiger direkt auf diese Erträge erhobener Steuern (Nr. 1),
- im Falle von Versicherungsunternehmen um den sich aus dem auf das Versicherungsunternehmen anwendbaren nationalen Recht im Einklang mit Artikel 63 der Richtlinie 91/674/EWG des Rates vom 19. Dezember 1991 über den Jahresabschluss und den konsolidierten Abschluss von Versicherungsunternehmen (ABl. Nr. L 374 vom 31.12.1991 S. 7) ergebenden Gesamtbetrag, abzüglich der Umsatzsteuer und sonstiger direkt auf diese Erträge erhobener Steuern (Nr. 2),
- im Übrigen um den Betrag der Nettoumsatzerlöse nach Maßgabe des auf das Unternehmen anwendbaren nationalen Rechts im Einklang mit Artikel 2 Nummer 5 der Richtlinie 2013/34/EU (Nr. 3).

Regeln für die **Berechnung des Gesamtumsatzes im Konzern** finden sich in § 120 Abs. 23 S. 2 WpHG nF. Die Vorschrift regelt, dass bei juristischen Personen oder Personenvereinigungen, die als Mutter- oder Tochtergesellschaft auftreten, anstelle des Gesamt- 41 umsatzes der juristischen Person oder Personenvereinigung der jeweilige Gesamtbetrag (iSv § 120 Abs. 23 S. 1 WpHG nF) in dem Konzernabschluss des Mutterunternehmens maßgeblich ist, der für den größten Kreis von Unternehmen aufgestellt wird.[99] Wird der Konzernabschluss für den größten Kreis von Unternehmen nicht nach den in § 120 Abs. 23 S. 1 WpHG nF genannten Vorschriften aufgestellt, ist der Gesamtumsatz nach Maßgabe der den in § 120 Abs. 23 S. 1 Nr. 1-3 WpHG nF vergleichbaren Posten des Konzernabschlusses zu ermitteln. Ist ein Jahresabschluss oder Konzernabschluss für das maßgebliche Geschäftsjahr nicht verfügbar, ist der Jahres- oder Konzernabschluss für das unmittelbar vorausgehende Geschäftsjahr maßgeblich; ist auch dieser nicht verfügbar, kann der Gesamtumsatz geschätzt werden (§ 120 Abs. 23 S. 4 Hs. 2 WpHG nF).

42 Zu betonen ist, dass der in den vorherigen Randnummern skizzierte erhöhte Bußgeldrahmen gegenüber Verbänden **vom Eingreifen aller Tatbestandsvoraussetzungen des § 30 OWiG** abhängt:[100] *Erstens* muss die handelnde natürliche Person zu dem in § 30 Abs. 1 OWiG genannten Personenkreis zählen. *Zweitens* muss durch eine Straftat oder Ordnungswidrigkeit der natürlichen Person entweder eine Pflicht, die den Verband trifft, verletzt worden sein oder die Tat muss auf eine Bereicherung des Verbands abgezielt haben. An einem solchen Bereicherungselement fehlt es bei **rein eigennützigen Taten** der handelnden natürlichen Person, wie sie insbesondere im Bereich der Insiderverstöße regelmäßig vorliegen werden.[101] **Nicht anwendbar** sind die § 120 Abs. 17 S. 2, Abs. 18 S. 2, Abs. 19 S. 2, Abs. 20 S. 2, Abs. 21 S. 2 Hs. 2, Abs. 22 S. 2 WpHG nF, wenn die in diesen Vorschriften genannten Normverstöße durch natürliche Personen begangen werden, die nicht zu dem Personenkreis nach § 30 Abs. 1 OWiG zählen, und eine Anwendbarkeit von § 30 OWiG daher **erst über § 130 OWiG** hergestellt werden kann. Denn bei § 130 OWiG handelt es sich um einen eigenständigen Bußgeldtatbestand der Aufsichtspflichtverletzung, auf den sich die § 120 Abs. 17 S. 2, Abs. 18 S. 2, Abs. 19 S. 2, Abs. 20 S. 2, Abs. 21 S. 2 Hs. 2, Abs. 22 S. 2 WpHG nF nach dem insofern eindeutigen Gesetzeswortlaut nicht beziehen.

42a Unzutreffend ist die von *Achenbach* aufgestellte Behauptung, dass die Sonderregelungen über die Höhe und Bemessung von Verbandsgeldbußen in § 120 Abs. 17–22 WpHG nF **nicht anwendbar** seien, wenn es sich bei der **Anknüpfungstat** um eine **Marktmissbrauchsstraftat iSv § 119 WpHG nF** handelt.[102] Denn zwar trifft es zu, dass in § 120 Abs. 17–22 WpHG nF dem Wortlaut nach nur besondere Rechtsfolgen für die in § 120 WpHG nF enthaltenen Ordnungswidrigkeiten geregelt sind. Allerdings liegt in jeder Marktmissbrauchsstraftat iSv § 119 WpHG nF stets gleichzeitig auch eine Ordnungswidrigkeit nach § 120 WpHG nF (zB erfüllt jede strafbare Marktmanipulation gem. § 119 Abs. 1 WpHG nF auch den Tatbestand des § 120 Abs. 2 Nr. 3 oder Abs. 15 Nr. 2 WpHG nF), so dass die modifizierten Bußgeldrahmen aus § 120 Abs. 17–22 WpHG nF auch (erst recht!) bei Vorliegen einer solchen Straftat greifen. Daran ändert insbesondere die Konkurrenzvorschrift des **§ 21 Abs. 1 S. 1 OWiG** nichts, die für den Fall eines tateinheitlichen Zusammentreffens von Straftat und Ordnungswidrigkeit die formelle Subsidiarität[103] der Ordnungswidrigkeit vorsieht, denn: Subsidiarität bedeutet nach **allgemeiner Konkurrenzlehre**, dass ein Tatbestand nicht angewendet wird, wenn ein anderer, vorrangiger Tatbestand eingreift. Das schließt es jedoch nicht aus, dass der subsidiäre Tatbestand als Anwendungsvoraussetzung anderer Rechtsvorschriften herangezogen werden kann. So kann beispielsweise eine durch den Tatbestand des Diebstahls im Wege der formellen Subsidiarität verdrängte Unterschlagung „vorsätzlich begangene rechtswidrige Tat" iSv von § 27 StGB sein, wenn der Gehilfe objektiv Beihilfe zum Diebstahl geleistet hat, sich sein

[99] Dazu sehr kritisch *Achenbach* wistra 2018, 13 (17 f.).
[100] *Diversy/Köpferl* in Graf/Jäger/Wittig § 39 Rn. 106 mwN.
[101] S. dazu nur *Vogel* in Assmann/Schneider WpHG (6. Aufl.) § 39 Rn. 78.
[102] *Achenbach* wistra 2018, 13 (21).
[103] Zur allgemein vertretenen Einstufung des § 21 Abs. 1 S. 1 OWiG als Fall der formellen Subsidiarität s. nur *Sackreuther* in BeckOK OWiG, § 21 Rn. 1.

Vorsatz aber lediglich auf eine Haupttat richtete, die den Tatbestand der Unterschlagung erfüllt.[104] In gleicher Weise ist eine Tat nach § 120 Abs. 15 Nr. 2 WpHG nF auch dann „Ordnungswidrigkeit" iSv § 120 Abs. 18 S. 1 (damit auch iSv S. 2 Hs. 2 Nr. 1) WpHG nF, wenn sie gem. § 21 Abs. 1 S. 1 OWiG von § 119 Abs. 1 WpHG nF verdrängt wird. Ein anderes Ergebnis wäre auch mit dem **Zweck von § 21 Abs. 1 OWiG** nicht vereinbar, der darin besteht, zu verhindern, dass ein Täter wegen derselben Tat doppelt mit einer Buße nach dem OWiG und einer Strafe nach dem StGB *be*lastet wird,[105] nicht aber darin, einen Verband auf Grund des zufälligen Umstands zu *ent*lasten, dass die Anknüpfungstat eines Verbandsangehörigen sowohl als Ordnungswidrigkeit als auch als Straftat zu qualifizieren ist.[106]

3. Modifikation des Bußgeldrahmens durch § 17 Abs. 2 OWiG

Nach der allgemeinen bußgeldrechtlichen Vorschrift des § 17 Abs. 2 OWiG kann maximal die Hälfte des gesetzlich vorgesehenen Bußgeldhöchstbetrags verhängt werden, wenn der zu sanktionierende Normverstoß fahrlässig erfolgt ist und das Gesetz für vorsätzliches und fahrlässiges Verhalten keine gesonderten Bußgeldhöchstbeträge ausweist. Im kapitalmarktsanktionsrechtlichen Kontext wird § 17 Abs. 2 OWiG durch § 120 Abs. 25 S. 1 WpHG nF (mit Rückausnahmen in § 120 Abs. 25 S. 2 WpHG nF) jedoch **teilweise abbedungen** und gilt demnach für die folgenden Normverstöße **nicht**: 43

- § 120 Abs. 2 Nr. 2 lit. d), e) WpHG nF
- § 120 Abs. 2 Nr. 4 lit. b), e)-g) WpHG nF
- § 120 Abs. 8 WpHG nF (außer Nr. 43, 44, 134-137!)
- § 120 Abs. 9 WpHG nF
- § 120 Abs. 10 S. 1 Nr. 1-2 WpHG nF
- § 120 Abs. 10 S. 1 Nr. 3-4 WpHG nF
- § 120 Abs. 11 S. 1 Nr. 27, 29, 30, 32-74 WpHG nF
- § 120 Abs. 11 S. 1 Nr. 28, 31, 75 WpHG nF
- § 120 Abs. 12 Nr. 5 WpHG nF
- § 120 Abs. 14 WpHG nF
- § 120 Abs. 15 Nr. 12-23 WpHG nF
- § 120 Abs. 15 Nr. 2 WpHG nF
- § 120 Abs. 15 Nr. 3-11 WpHG nF
- § 120 Abs. 16 WpHG nF

Davon abgesehen gilt § 17 Abs. 2 OWiG für alle Bußgeldtatbestände nach § 120 Abs. 2-16 WpHG nF, die nicht in der vorherigen Randnummer verzeichnet sind, sowie für die Bußgeldtatbestände in § 127 Abs. 12 WpHG nF und in § 130 Abs. 2 WpHG nF. Insofern ist zu beachten, dass die von § 120 Abs. 2-11, 14-16 WpHG nF, § 127 Abs. 12 WpHG nF und § 130 Abs. 2 WpHG nF geforderte **Leichtfertigkeit** als Unterfall der Fahrlässigkeit iSv § 17 Abs. 2 OWiG gilt.[107] Nicht anwendbar ist § 17 Abs. 2 OWiG auf § 120 Abs. 1 WpHG nF, da auf Grundlage dieser Vorschrift nur vorsätzliches Handeln ahndbar ist (vgl. § 10 OWiG). 44

Im Zusammenhang mit **Verbandsgeldbußen** ist § 17 Abs. 2 OWiG nicht anwendbar, wenn die Anknüpfungstat eine Straftat darstellt, weil § 30 Abs. 2 Nr. 1-2 OWiG insofern gesonderte Bußgeldhöchstbeträge für vorsätzliches und fahrlässiges Verhalten ausweist. Das gilt jedoch nicht für Normverstöße, bei denen sich der Bußgeldrahmen nicht nach § 30 Abs. 2 OWiG, sondern nach den Sondervorschriften in § 120 Abs. 17 S. 2, Abs. 18 S. 2, Abs. 19 S. 2, Abs. 20 S. 2, Abs. 21 S. 2 Hs. 2, Abs. 22 S. 2 WpHG nF richtet, und die 45

[104] Für einen Beispielsfall s. *Mitsch*, BT II, S. 190.
[105] *Burger*, Auslösen von Sanktionen zu Lasten von Unternehmen, S. 199 f. mwN.
[106] Treffend *Burger*, Auslösen von Sanktionen zu Lasten von Unternehmen, S. 200.
[107] Vgl. nur *Mitsch* in KK OWiG § 17 Rn. 26 u. *Sackreuther* in BeckOK OWiG § 17 Rn. 18 – jew. mwN.

Anwendbarkeit von § 17 Abs. 2 OWiG gleichwohl nicht durch § 120 Abs. 25 S. 1 WpHG nF (iVm § 120 Abs. 25 S. 2 WpHG nF) ausgeschlossen ist. Mit anderen Worten ist § 17 Abs. 2 OWiG **stets anwendbar** bei Verbandsgeldbußen für Verstöße gegen

- § 120 Abs. 2 Nr. 4 lit. a) WpHG nF,
- § 120 Abs. 8 Nr. 43-44, 134-137 WpHG nF und
- § 120 Abs. 15 Nr. 1 WpHG nF.

4. Modifikation des Bußgeldrahmens durch § 17 Abs. 4 S. 2 OWiG, § 120 Abs. 17 S. 3, Abs. 18 S. 3, Abs. 19 S. 3, Abs. 20 S. 3, Abs. 21 S. 3, Abs. 22 S. 3 WpHG nF

46 Gem. § 17 Abs. 4 S. 2 OWiG kann das gesetzliche Höchstmaß der Geldbuße überschritten werden, wenn es ansonsten nicht ausreichen würde, um dem Bußgeldadressaten den wirtschaftlichen Vorteil zu entziehen, den er aus der Tat gezogen hat. Durch das 1. FiMaNoG wurden dem § 39 WpHG aF (jetzt § 120 WpHG nF) zum 2.7.2016 außerdem mehrere Tatbestände hinzugefügt, die es der BaFin erlauben, die Bußgeldhöhe auf ein Mehrfaches des aus dem Verstoß gezogenen wirtschaftlichen Vorteils festzusetzen:[108]

- In Fällen des § 120 Abs. 2 Nr. 2 lit. d)-e), Nr. 4 lit. a)-b), e)-g), Abs. 12 Nr. 5 WpHG nF kann die Ordnungswidrigkeit mit einer Geldbuße **bis zum Zweifachen** des aus dem Verstoß gezogenen wirtschaftlichen Vorteils geahndet werden (§ 120 Abs. 17 S. 3 WpHG nF).
- Das gleiche gilt ausweislich von § 120 Abs. 19 S. 3 WpHG nF bei Verstößen gegen § 120 Abs. 16 WpHG nF und nach Maßgabe von § 120 Abs. 20 S. 3 WpHG nF für Verstöße gegen § 120 Abs. 8, Abs. 9 WpHG nF
- § 120 Abs. 18 S. 3 WpHG nF erlaubt es in Fällen des § 120 Abs. 2 Nr. 3, 14, Abs. 15 WpHG nF darüber hinaus sogar, die Ordnungswidrigkeit mit einer Geldbuße **bis zum Dreifachen** des aus dem Verstoß gezogenen wirtschaftlichen Vorteils zu ahnden. Eine entsprechende Regel enthält § 120 Abs. 21 S. 3 WpHG nF für Verstöße gegen § 120 Abs. 10 WpHG nF und § 120 Abs. 22 S. 3 für Verstöße gegen § 120 Abs. 11 WpHG nF.

47 Unter dem Begriff des **wirtschaftlichen Vorteils** im Sinne der genannten Vorschriften ist zunächst Geld erfasst, aber auch sonstige geldwerte Vorteile wie zB die Verbesserung der Marktposition, sichere Gewinnaussichten oder die Ersparnis von Kosten.[109] Die Berechnung des Vorteils folgt dabei dem **sog. Netto-Prinzip**, dh der Täter kann Kosten und Aufwendungen in Abzug bringen, wenn sie ohne die Ordnungswidrigkeit nicht angefallen wären.[110] In den Fällen des § 120 Abs. 17 S. 3, Abs. 18 S. 3, Abs. 19 S. 3, Abs. 20 S. 3, Abs. 21 S. 3, Abs. 22 S. 3 WpHG nF erlaubt es das Gesetz ausdrücklich, den wirtschaftlichen Vorteil zu **schätzen** (§ 120 Abs. 17 S. 4, Abs. 18 S. 4, Abs. 19 S. 4, Abs. 20 S. 4, Abs. 21 S. 4, Abs. 22 S. 4 WpHG nF).

V. Bußgeldbemessung

48 Grundlage für die auf dem Rechtsfolgenermessen der BaFin (vgl. § 47 Abs. 1 S. 1 OWiG sowie § 120 Abs. 17-22, 24 WpHG nF) beruhende Zumessung der Geldbuße sind gem. § 17 Abs. 3 S. 1 OWiG die Bedeutung der Ordnungswidrigkeit und der Vorwurf, der den Täter trifft. Nach § 17 Abs. 3 S. 2 OWiG können außerdem die wirtschaftlichen Verhält-

[108] Kritisch *Achenbach* wistra 2018, 13 (18 f.).

[109] *Altenhain* in KölnKomm WpHG § 39 Rn. 93; vgl. aber auch *Mitsch* in KK OWiG § 17 Rn. 120 zu der Frage, ob daneben mittelbare Vorteile wie zB Gewinne aus ordnungswidrigen Eigengeschäften oder ersparte Prüferentgelte bei ordnungswidrig unterlassener Prüferbestellung erfasst werden.

[110] Instruktiv *Mitsch* in KK OWiG § 17 Rn. 119 mwN.

nisse des Täters berücksichtigt werden, wenn es sich nicht um eine geringfügige Tat handelt. Für die Bemessung der Geldbuße ist ferner bedeutsam, inwieweit der betroffene Verband ein **effizientes Compliancesystem** installiert hat, um seiner Pflicht, Rechtsverletzungen aus der Sphäre des Unternehmens zu verhindern, zu genügen.[111] Gem. § 17 Abs. 4 S. 1 OWiG soll die Geldbuße den wirtschaftlichen Vorteil, den der Täter aus der Ordnungswidrigkeit gezogen hat, übersteigen.[112]

Um eine gleichmäßige Anwendung des WpHG-Bußgeldregimes zu gewährleisten, hat **49**
die BaFin am 29.11.2013 erstmals konkretisierende **Bußgeldleitlinien** („WpHG-Bußgeldleitlinien I") veröffentlicht, die dazu dienen sollten, Transparenz und damit die Nachvollziehbarkeit der Bußgeldentscheidungen der Wertpapieraufsicht sowie Rechtssicherheit und Gleichbehandlung sicherzustellen.[113] Die Leitlinien bezogen sich dabei allerdings nur auf bestimmte, häufig und regelmäßig auftretende Ordnungswidrigkeiten (Verstöße gegen die §§ 15 Abs. 1 S. 1, 21 Abs. 1 S. 1, 25 Abs. 1 S. 1, 25a Abs. 1 S. 1, 26 Abs. 1 S. 1, 37v Abs. 1, 37w Abs. 1, 37x Abs. 1 WpHG aF) und regelten beispielsweise den Bereich der Marktmanipulation oder der Insiderdelikte nicht. An dieser Beschränkung des Anwendungsbereichs der Leitlinien hat sich auch im Zuge einer Überarbeitung und daraus resultierenden Neuveröffentlichung als **WpHG-Bußgeldleitlinien II**[114] am 23.2.2017 nicht viel geändert: Auch in der reformierten Fassung betreffen die Bußgeldleitlinien nur Verstöße gegen Vorschriften aus den Bereichen der Ad-hoc-Publizität, der Pflicht zur Stimmrechtsmitteilung und der Finanzberichterstattung! Konkret erfasst sind Regelverletzungen gemäß

- Art. 17 Abs. 1 UAbs. 1, UAbs. 2 S. 1 MAR – ahndbar nach § 120 Abs. 15 Nr. 7 WpHG nF, Bußgeldrahmen nach § 120 Abs. 18 S. 1 Var. 2, S. 2 Hs. 2 Nr. 2 WpHG nF
- § 33 Abs. 1 S. 1 WpHG nF (bis zum 2. FiMaNoG: § 21 Abs. 1 S. 1 WpHG aF) – ahndbar nach § 120 Abs. 2 Nr. 2 lit. d) WpHG nF, Bußgeldrahmen nach § 120 Abs. 17 WpHG nF
- § 38 Abs. 1 S. 1 WpHG nF (bis zum 2. FiMaNoG: § 25 Abs. 1 S. 1 WpHG aF) – ahndbar nach § 120 Abs. 2 Nr. 2 lit. e) WpHG nF, Bußgeldrahmen nach § 120 Abs. 17 WpHG nF
- § 39 Abs. 1 S. 1 WpHG nF (bis zum 2. FiMaNoG: § 25a Abs. 1 S. 1 WpHG aF) – ahndbar nach § 120 Abs. 2 Nr. 2 lit. e) WpHG nF, Bußgeldrahmen nach § 120 Abs. 17 WpHG nF
- § 40 Abs. 1 S. 1 WpHG nF (bis zum 2. FiMaNoG: § 26 Abs. 1 S. 1 WpHG aF) – ahndbar nach § 120 Abs. 2 Nr. 4 lit. a), Nr. 10 WpHG nF, Bußgeldrahmen nach § 120 Abs. 17 WpHG nF (bei Verstößen gegen § 120 Abs. 2 Nr. 4 lit. a) WpHG nF) bzw. § 120 Abs. 24 Var. 1 WpHG nF (bei Verstößen gegen § 120 Abs. 2 Nr. 10 WpHG nF)
- § 41 Abs. 1 S. 1 WpHG nF (bis zum 2. FiMaNoG: § 26a Abs. 1 S. 1 WpHG aF) – ahndbar nach § 120 Abs. 2 Nr. 4 lit. a) WpHG nF, Bußgeldrahmen nach § 120 Abs. 17 WpHG nF
- § 114 Abs. 1 S. 1 WpHG nF (bis zum 2. FiMaNoG: § 37v Abs. 1 S. 1 WpHG aF) – ahndbar nach § 120 Abs. 12 Nr. 5 WpHG nF, Bußgeldrahmen nach § 120 Abs. 17 WpHG nF
- § 114 Abs. 1 S. 2 WpHG nF (bis zum 2. FiMaNoG: § 37v Abs. 1 S. 2 WpHG aF) – ahndbar nach § 120 Abs. 2 Nr. 4 lit. e) WpHG nF, Bußgeldrahmen nach § 120 Abs. 17 WpHG nF
- § 114 Abs. 1 S. 3 WpHG nF (bis zum 2. FiMaNoG: § 37v Abs. 1 S. 3 WpHG aF) – ahndbar nach § 120 Abs. 2 Nr. 2 lit. k), Nr. 10 WpHG nF, Bußgeldrahmen nach § 120 Abs. 24 Var. 1 WpHG nF (bei Verstößen gegen § 120 Abs. 2 Nr. 10 WpHG nF) bzw.

---

111 BGH BeckRS 2017, 114578.
112 → Rn. 46 f.
113 Die WpHG-Bußgeldleitlinien I sind online unter http://t1p.de/skie abrufbar; einführend s. *Becker/Canzler* NZG 2016, 1090 ff. u. *Brocker* BB 2014, 655 ff.
114 Die WpHG-Bußgeldleitlinien II können online unter http://t1p.de/jmv6 abgerufen werden.

§ 120 Abs. 24 Var. 2 WpHG nF (bei Verstößen gegen § 120 Abs. 2 Nr. 2 lit. k) WpHG nF)
- § 114 Abs. 1 S. 4 WpHG nF (bis zum 2. FiMaNoG: § 37v Abs. 1 S. 4 WpHG aF) – ahndbar nach § 120 Abs. 2 Nr. 15 WpHG nF, Bußgeldrahmen nach § 120 Abs. 24 Var. 1 WpHG nF
- § 115 Abs. 1 S. 1 WpHG nF (bis zum 2. FiMaNoG: § 37w Abs. 1 S. 1 WpHG aF) – ahndbar nach § 120 Abs. 12 Nr. 5 WpHG nF, Bußgeldrahmen nach § 120 Abs. 17 WpHG nF
- § 115 Abs. 1 S. 2 WpHG nF (bis zum 2. FiMaNoG: § 37w Abs. 1 S. 2 WpHG aF) – ahndbar nach § 120 Abs. 2 Nr. 4 lit. f) WpHG nF, Bußgeldrahmen nach § 120 Abs. 17 WpHG nF
- § 115 Abs. 1 S. 3 WpHG nF (bis zum 2. FiMaNoG: § 37w Abs. 1 S. 3 WpHG aF) – ahndbar nach § 120 Abs. 2 Nr. 2 lit. l), Nr. 10 WpHG nF, Bußgeldrahmen nach § 120 Abs. 24 Var. 1 WpHG nF (bei Verstößen gegen § 120 Abs. 2 Nr. 10 WpHG nF) bzw. § 120 Abs. 24 Var. 2 WpHG nF (bei Verstößen gegen § 120 Abs. 2 Nr. 2 lit. l) WpHG nF)
- § 115 Abs. 1 S. 4 WpHG nF (bis zum 2. FiMaNoG: § 37w Abs. 1 S. 4 WpHG aF) – ahndbar nach § 120 Abs. 2 Nr. 15 WpHG nF, Bußgeldrahmen nach § 120 Abs. 24 Var. 1 WpHG nF

Bei Ordnungswidrigkeiten, die nicht von den Bußgeldleitlinien erfasst sind, richtet sich die Bußgeldbemessung nach den allgemeinen Grundsätzen.[115]

50 Anders als die WpHG-Bußgeldleitlinien I erfassen die neuen WpHG-Bußgeldleitlinien II nicht nur Regelfälle mit Tatumständen, die bei Verstößen typischerweise auftreten, sondern auch **außergewöhnliche Sachverhalte**, die sich durch einen erhöhten Unrechtsgehalt auszeichnen und aus Sicht der BaFin eine besondere Abschreckung rechtfertigen.[116] Wie die BaFin gleichwohl anerkennt, können die Bußgeldleitlinien dabei allerdings nicht mehr als eine allgemeine Methode für die Bußgeldbemessung darlegen, die eine einzelfallbezogene Betrachtung nicht zu ersetzen vermag und angesichts der besonderen Umstände eines Einzelfalls auch ein Abweichen von dieser Methode oder den festgelegten Grundsätzen rechtfertigt.[117]

51 Der **Allgemeine Teil der WpHG-Bußgeldleitlinien-II** schreibt für die Bußgeldbemessung ein **zweistufiges Vorgehen** vor: Auf **Stufe 1** ist dabei zunächst der **einschlägige Bußgeldrahmen** zu ermitteln. Die dafür einschlägigen Regelungen sehen teilweise unterschiedliche Bußgeldhöchstbeträge für natürliche Personen und für Verbände vor.[118] Dabei stehen bei natürlichen Personen jeweils zwei alternative Möglichkeiten (gesetzlich geregelter fixer Höchstbetrag oder erlösbezogener Höchstbetrag) und bei Verbänden drei Wahlmöglichkeiten (gesetzlich geregelter fixer Höchstbetrag oder erlösbezogener Höchstbetrag oder umsatzbezogener Höchstbetrag) zur Ermittlung des Bußgeldhöchstbetrags zur Verfügung, von denen der jeweils höchste Betrag zur Anwendung kommt. Nach Ermittlung des im Einzelfall maßgeblichen Bußgeldrahmens wird dann auf **Stufe 2** die konkrete Bußgeldzumessung vorgenommen. Diesen Vorgang teilt die BaFin wiederum in drei Unterschritte auf: Im **ersten Schritt** wird ein Bußgeldgrundbetrag ermittelt, dessen Höhe (sowohl bei natürlichen als auch bei juristischen Personen und Personenverbänden) erstens von der Größe des Emittenten und zweitens von der Schwere des Normverstoßes abhängt. Zur Gewichtung der Größe eines Emittenten wird dieser auf Basis seiner Marktkapitalisierung (im Tatzeitpunkt) einer von sechs Emittentengruppen A-F zugeordnet. Gleichzeitig wird die Schwere des Normverstoßes in fünf Kategorien („leicht", „mittel", „schwer", „sehr schwer" und „außerordentlich schwer") eingeteilt, wobei Vergleichsgrundlage hierfür

---

[115] → Rn. 48.
[116] WpHG-Bußgeldleitlinien II S. 4.
[117] WpHG-Bußgeldleitlinien II S. 4.
[118] → Rn. 36 ff.

nicht das Spektrum der routinemäßig auftretenden Regelfälle, sondern das Spektrum aller denkbaren Fälle sein soll. Der **Besondere Teil der WpHG-Bußgeldleitlinien-II** enthält hierfür in Bezug auf alle erfassten Normverstöße eine Auflistung spezifischer Tatumstände, die bei der Einstufung der Schwere des Tatvorwurfs zu berücksichtigen sind. Dem Besonderen Teil der WpHG-Bußgeldleitlinien-II sind außerdem Tabellen zu entnehmen, aus denen sich durch eine Kombination der ermittelten Emittentengruppe und der Einstufung der Schwere des Normverstoßes für jeden Verstoß ein Bußgeldgrundbetrag ablesen lässt. Der so ermittelte Grundbetrag wird dann in einem **zweiten Schritt** mit Hilfe von weiteren tat- und vor allem täterbezogenen Zumessungskriterien an die konkrete Schuld des Betroffenen angepasst. Als mildernde Anpassungskriterien sind hier etwa eine nur fahrlässige oder leichtfertige Begehungsweise, ein Geständnis, eine Mitwirkung an der Sachverhaltsaufklärung, Besserungsversprechen bzw. -maßnahmen oder eine lange Verfahrensdauer zu berücksichtigen. Sanktionsverschärfend sollen etwa der Umstand, dass eine Wiederholungstat vorliegt, oder der Umstand, dass der Täter sich uneinsichtig zeigt, berücksichtigt werden. Im **dritten Schritt** kann schließlich die Höhe der Geldbuße auf Grundlage der (ggf. auch geschätzten) wirtschaftlichen Verhältnisse der betroffenen natürlichen Person bzw. des betroffenen Verbands angepasst werden. Unter Umständen wird mit Blick auf § 18 OWiG gestattet, die festgesetzte Geldbuße in bestimmten Teilbeträgen oder zeitversetzt zu zahlen.

Mangels Gesetzescharakters haben die Bußgeldleitlinien der BaFin keine Bindungswirkung für das **gerichtliche Bußgeldverfahren**.[119] 52

VI. Vermögensabschöpfung im Bereich der Ordnungswidrigkeiten

Das Ordnungswidrigkeitenrecht enthielt seit dem Inkrafttreten des 2. WiKG 1986[120] in § 29a OWiG eine eigene Verfallsregelung, die inhaltlich-strukturell an das strafrechtliche Verfallsrecht angelehnt war.[121] Im Zuge der („großen") Reform des Vermögensabschöpfungsrechts zum 1.7.2017 wurde auch diese Vorschrift neu gefasst, um sie den Veränderungen in den reformierten strafrechtlichen Parallelvorschriften (§§ 73 ff. StGB nF) anzupassen.[122] In der **Funktion** der Einziehung (des Wertes) von Taterträgen (ehemals des Verfalls) besteht allerdings zwischen dem Strafrecht und dem Ordnungswidrigkeitenrecht ein gravierender Unterschied: Während im Strafrecht die Aufgabe der Entgelt- und Taterlösabschöpfung vornehmlich dem Rechtsinstitut der Einziehung nach den §§ 73 ff. StGB nF zugewiesen ist,[123] wird hierfür im Ordnungswidrigkeitenrecht vorrangig die **Geldbuße als Standardsanktion** eingesetzt, die insofern eine doppelte Funktion aufweist: Neben dem Unrechts- und Schuldausgleich (§ 17 Abs. 3 OWiG) dient sie auch der Abschöpfung von illegal erworbenen Vermögenswerten.[124] Zum Ausdruck kommt dies insbesondere in § 17 Abs. 4 OWiG, der bestimmt, dass die Geldbuße den wirtschaftlichen Vorteil, den der Täter 53

---

[119] *Diversy/Köpferl* in Graf/Jäger/Wittig § 39 WpHG Rn. 116 unter Verweis auf die Entscheidung BGH NJW 2013, 1972 (1974), die sich auf die Bußgeldleitlinien des Bundeskartellamts bezieht.

[120] BGBl. I S. 721.

[121] Vgl. *Drathjer*, Die Abschöpfung rechtswidrig erlangter Vorteile im Ordnungswidrigkeitenrecht, S. 32 mwN aus der Gesetzesbegründung. Auch für den Verfall (nach neuer Rechtslage: „Einziehung") im Bußgeldrecht gilt das Bruttoprinzip, vgl. dazu OLG Stuttgart GewArch 2012, 408 f.

[122] Vgl. Beschlussempfehlung, BT-Drucks. 18/11640 S. 91; zur ursprünglichen Fassung des Normtextes s. RegE, BT-Drucks. 18/9525 S. 41, 105. Abweichungen zur Vermögenseinziehung bei Straftaten bestehen in folgenden Punkten: Eine Vermögensabschöpfung bei Ordnungswidrigkeiten ist nur zulässig, wenn keine Geldbuße verhängt wird. Möglich ist nur die Wertersatzeinziehung. Ihre Anordnung steht im Ermessen der Bußgeldbehörde. Ohne Entsprechung ist § 73d Abs. 1 S. 2 letzter HS StGB (so *Köhler* NStZ 2017, 497 [511 f.] m. Anwendungsbeispielen; auch *Korte* wistra 2018 1 [4 f.]).

[123] Andere Sanktionen wie die (kumulative) Geldstrafe (§§ 40, 41 StGB) können zur Ergänzung nur in bestimmten Fällen und nur in begrenztem Umfang herangezogen werden. Näher zu anderen Rechtsfolgen der Straftat bzw. Ordnungswidrigkeit mit vermögensrechtlichem Einschlag *Rönnau* Vermögensabschöpfung (1. Aufl.) Rn. 52 ff.

[124] So etwa *Dessecker*, Gewinnabschöpfung im Strafrecht und in der Strafrechtspraxis, S. 52.

aus der Ordnungswidrigkeit gezogen hat, übersteigen soll und zu diesem Zweck auch das für Fälle ohne Gewinnentstehung vorgeschriebene gesetzliche Höchstmaß überschreiten kann. Zudem erlaubt § 30 OWiG (alter wie neuer Fassung) auf gleichem Wege wie bei der Sanktionierung einer natürlichen Person (§§ 30 Abs. 3 iVm 17 Abs. 4 OWiG) die Verhängung einer Geldbuße gegen juristische Personen und Personenvereinigungen (sog. Verbandsgeldbuße). Folglich besteht die Geldbuße als „einheitliche kombinierte Sanktion“[125] aus einem Bußgeld-/Ahndungsanteil (§ 17 Abs. 3 OWiG) und einem Abschöpfungsanteil (§ 17 Abs. 4 OWiG). Die Einziehung gem. § 29a OWiG nF trägt damit – wie sich auch deutlich aus dem Wortlaut der §§ 29a Abs. 1, 30 Abs. 5 OWiG (jew. nF) ergibt – nur **subsidiären Charakter**. Sie schließt die Lücken, die entstehen, wenn keine Geldbuße verhängt und keine strafrechtliche Einziehung (von Taterträgen) angeordnet wird.[126] Der Anwendungsbereich der Einziehung erstreckt sich (nach § 29a Abs. 1 OWiG nF) damit einmal auf Fälle, in denen der Täter zwar rechtswidrig, aber nicht (nachweisbar) vorwerfbar gehandelt hat,[127] weiter (nach dem neugefassten § 29a Abs. 2 OWiG) auf Situationen, in denen von Dritten erlangte Vermögenswerte weder über § 73b StGB nF noch gem. § 130 OWiG iVm § 30 OWiG nF abgeschöpft werden können und umfasst in § 29a Abs. 5 OWiG nF (selbständiges Einziehungsverfahren) schließlich Konstellationen, in denen wegen einer Einstellung nach dem Opportunitätsprinzip oder wegen tatsächlicher bzw. rechtlicher Verfolgungshindernisse die Festsetzung einer Geldbuße (im subjektiven Verfahren) unterbleibt, gleichwohl aber ein Bedürfnis nach Vermögensabschöpfung besteht.[128]

VII. Verfahren und Zuständigkeit

54 Gem. § 26 Abs. 1 Nr. 1 OWiG iVm § 121 WpHG nF ist die BaFin für die Verfolgung von Ordnungswidrigkeiten nach dem WpHG zuständig. Wenn eine Ordnungswidrigkeit in Tateinheit mit einer Straftat begangen wird, ist die Staatsanwaltschaft ausweislich von § 40 OWiG auch für die Verfolgung der Ordnungswidrigkeit zuständig. Die Details des Ordnungswidrigkeitenverfahrens sind in den §§ 35 ff. OWiG geregelt.

[125] *Mitsch* in KK-OWiG, § 17 Rn. 10.

[126] Statt vieler (zum alten Recht) *Mitsch* in KK-OWiG, § 29a Rn. 4 f.

[127] Für eine Vermögensabschöpfung mittels Geldbuße wäre ein vorwerfbares Verhalten erforderlich.

[128] *Franzheim* FS Gaul, S. 135 (136 f.); *Dessecker* Gewinnabschöpfung S. 57.

§ 30 Bekanntmachung von Maßnahmen, insbesondere Sanktionen

Übersicht

I. Grundlagen

Durch die Einführung des § 40d WpHG aF und des § 4 Abs. 3k WpHG aF im Rahmen 1
des 1. FiMaNoG[1] sowie des § 40c WpHG aF, der im Zuge der Umsetzung der Trans-

[1] Erstes Gesetz zur Novellierung von Finanzmarktvorschriften auf Grund europäischer Rechtsakte (Erstes Finanzmarktnovellierungsgesetz – 1. FiMaNoG) vom 30. Juni 2016 (BGBl. I S. 1514).

parenzrichtlinie II[2] geschaffen wurde,[3] hat der Gesetzgeber die nach § 40b WpHG aF bereits seit dem 30.10.2014[4] bestehende Möglichkeit, Verstöße gegen Ver- oder Gebote des WpHG im Internet öffentlich bekannt zu machen, zuletzt deutlich ausgeweitet. Derartige Maßnahmen werden im anglo-amerikanischen Rechtsraum unter dem Stichwort **„naming & shaming"**[5] bereits seit langer Zeit eingesetzt[6] und halten – zumeist auf Grund von unionsrechtlichen Vorgaben[7] – vermehrt auch Einzug in die deutsche Rechtsordnung.[8]

2 Im Zuge des **2. FiMaNoG** wurden die §§ 40b-40d WpHG aF mWv 3.1.2018 in die §§ 123–125 WpHG nF verschoben und dabei auch inhaltlich verändert.[9] Der Veröffentlichungstatbestand nach § 4 Abs. 3k WpHG aF wurde zunächst mWv 1.1.2018 durch § 4 Abs. 4c Nr. 3 lit. b) WpHG aF erweitert und daraufhin – zum 3.1.2018 – ohne weitere inhaltliche Änderungen in § 6 Abs. 9 WpHG nF verankert. Darüber hinaus wurde § 126 WpHG nF mWv 3.1.2018 als neuer Veröffentlichungstatbestand in das Gesetz eingefügt.

1. Kritik am Einsatz von „naming & shaming"-Maßnahmen

3 In der Literatur wird die skizzierte Entwicklung hin zu einem verstärkten Rückgriff auf „naming & shaming" **überwiegend kritisch** betrachtet.[10] Häufig wird insofern eine Parallele zur mittelalterlichen bzw. frühneuzeitlichen Pranger- und Ehrenstrafe gezogen,[11] deren Neuauflage in einer aufgeklärten Strafrechtsordnung keinen Platz habe. Eine kritische Haltung gegenüber diesem Sanktionsinstrument wird auch hier eingenommen. Die Bedenken lassen sich dabei – in der hier gebotenen Kürze – an drei Kernaspekten festmachen: *Erstens* ist eine Sanktion, durch die die soziale Statusminderung des Täters als Mittel der Bestrafung beabsichtigt wird, mit den Grundwertungen des zumindest auch auf dem Gedanken der Resozialisierung fußenden deutschen Strafrechtswesens unvereinbar.[12] *Zweitens* zeichnen sich freiheitliche Gesellschaftsordnungen insbesondere durch den Umstand aus, dass Strafen dort in regelgeleiteter Weise durch die dafür vorgesehenen Institutionen vollzogen werden.[13] Gerade dieses Strafmonopols begibt sich die Rechtsgemeinschaft aber, wenn sie die Erregung der Öffentlichkeit im Zuge der gezielten „kollektiven

---

[2] RL 2013/50/EU v. 22.10.2013 (ABl. L 294 S. 13).

[3] Der § 40c WpHG aF wurde mWv 26.11.2015 durch das Gesetz zur Umsetzung der Transparenzrichtlinie-Änderungsrichtlinie vom 20. November 2015 (BGBl. I S. 2029) eingeführt.

[4] Gesetz zur Verbesserung des Anlegerschutzes (Anlegerschutzverbesserungsgesetz – AnSVG) vom 28. Oktober 2004 (BGBl. I S. 2630).

[5] Zum Begriff des „naming & shaming" s. *Waßmer* in Fuchs WpHG § 40b Rn. 3 u. *Nartowska/Knierbein* NZG 2016, 256.

[6] Ausführlich zur Rolle von „shaming sanctions" in den USA *Jüngel*, Shame sanctions, S. 77 ff. u. *Kubiciel* ZStW 118 (2006), 44 (46) ff.; zur Bedeutung dieses Instruments im britischen Kapitalmarktrecht s. *Nartowska/Knierbein* NZG 2016, 256 (257); eine Übersicht zum Einsatz von „naming & shaming" im Unionsrecht sowie im Recht einiger anderer Staaten liefert *Altenhain* in KölnKomm WpHG § 40b Rn. 4 ff.; für die Niederlande s. *Pfaeltzer* Utrecht Law Review 2014, 134 ff.

[7] So zB Art. 14 Abs. 4 MAD 2003, Art. 36 Abs. 2 EU-Rating-VO, Art. 12 Abs. 2 S. 1, 88 Abs. 2 EMIR, Art. 28b Abs. 1 lit. a), 29 Abs. 1 TransparenzRL oder Art. 34 MAR.

[8] Vgl. etwa § 60b KWG, § 62 GWB, § 40 LFGB, § 44 WpÜG, § 18 Abs. 4 TEHG, §§ 26b, 26c VermAnlG, § 49 RStV oder § 24 Abs. 6 JMStV; vorgesehen auch in § 4 VerbStrG-E NRW 9/2013; ausführlich zur Entwicklung im deutschen Rechtsraum *Jüngel*, Shame sanctions, S. 104 ff. u. *Reimer* JöR 58 (2010), 275 (276 ff.).

[9] Näher → Rn. 7 ff.

[10] Hervorzuheben sind insofern die Ausarbeitungen von *Jüngel*, Shame sanctions, *passim.*, *Kubiciel* ZStW 118 (2006), 44 ff., *Reimer* JöR 58 (2010), 275 ff. u. *Schmieszek/Langner* WM 2014, 1893 ff.

[11] S. etwa *Schmieszek/Langner* WM 2014, 1893, *Reimer* JöR 58 (2010), 275 f. u. *Jüngel*, Shame sanctions, S. 103; noch schärfer *Fleischer* ZGR 2004, 437 (477) („moderne Form staatlich gesponsorter Lynchjustiz"); vgl. ferner die Nachweise bei *Altenhain* in KölnKomm WpHG § 40b Rn. 8; **dagegen** *Vogel* in Assmann/Schneider WpHG (6. Aufl.) § 40b Rn. 4 (Bezugnahme auf die mittelalterliche Prangerstrafe sei eine „Verzeichnung").

[12] *Jüngel*, Shame sanctions, S. 221 (231).

[13] Prägnant *Kubiciel* ZStW 118 (2006), 44 (73).

Emotionalisierung"[14] eines Normverstoßes durch „naming & shaming" instrumentalisiert, um dem Täter so ein Strafübel zuzufügen.[15] *Drittens* ist nur schwer abzuschätzen, welches Maß an öffentlicher Aufmerksamkeit und welche Art der Reaktion die Bekanntmachung eines Normverstoßes im Einzelfall nach sich ziehen wird. Auf diese Weise wird der Grundsatz einer tatangemessenen und der Schwere nach *ex ante* bestimmbaren Sanktionierung verletzt,[16] wobei in der Tendenz – jedenfalls beim „naming & shaming" gegenüber natürlichen Personen – eher eine übermäßige als eine zu geringe Sanktionswirkung zu erwarten ist.[17]

2. Grundrechtsperspektive

Nicht von Hand zu weisen ist jedenfalls, dass eine öffentliche Bekanntmachung von Normverstößen im Internet für die betroffene Einzelperson oder das betroffene Unternehmen gravierende soziale und/oder wirtschaftliche Einbußen zur Folge haben kann. Aus **verfassungsrechtlicher Perspektive** sind damit Eingriffe in das Recht auf informationelle Selbstbestimmung gem. Art. 2 Abs. 1 iVm Art. 1 Abs. 1 GG (natürliche Personen) bzw. Art. 2 Abs. 1 GG iVm Art. 19 Abs. 3 GG (juristische Person oder Personenvereinigung) verbunden.[18] Daneben ist auch die Berufsfreiheit gem. Art. 12 GG und die Eigentumsgarantie nach Art. 14 GG (jeweils iVm Art. 19 Abs. 3 GG bei juristischen Personen und Personenvereinigungen) berührt.[19] **4**

Die im WpHG enthaltenen Vorschriften zur öffentlichen Bekanntmachung von Entscheidungen über Maßnahmen und Sanktionen beruhen auf unionsrechtlichen Regelungsvorgaben.[20] Ihre Anwendung stellt deshalb eine „Durchführung des Rechts der Union" iSv Art. 51 Abs. 1 S. 1 GRC dar, so dass die **EU-Grundrechte** Anwendung finden.[21] Durch „naming & shaming"-Maßnahmen berührt sein dürften insofern Art. 7 GRC (Recht auf Privatleben), Art 8 GRC (Datenschutzgrundrecht) sowie Art. 16 GRC (Unternehmerische Freiheit).[22] **5**

3. Rechtsnatur

Die skizzierte Eingriffsintensität, die einer Veröffentlichung auf Grundlage der §§ 6 Abs. 9, 123–126 WpHG nF zukommen kann, wirft die Frage nach der **Rechtsnatur** solcher Maßnahmen auf. Im Kern geht es hier darum, „naming & shaming"-Vorschriften entweder dem überwiegend präventiv ausgerichteten Gefahrenabwehr- bzw. Polizeirecht oder dem stärker repressiv orientierten Straf- und Sanktionsrecht zuzuordnen.[23] Diese Differenzierung ist dabei keinesfalls rein akademischer Natur, sondern entscheidet – mit erheblichen praktischen Auswirkungen – zum Beispiel darüber, ob sich „naming & shaming"-Vorschriften an den straf- und sanktionsrechtsspezifischen Schranken staatlicher Hoheitsaus- **6**

[14] *Jüngel*, Shame sanctions, S. 231.

[15] Für eine treffende Fixierung dieses Systembruchs s. wiederum *Kubiciel* ZStW 118 (2006), 44 (73): „Der Delinquent wird zur Duldung der Strafvollstreckung durch eine Personengruppe verpflichtet, die nicht Inhaber des Strafanspruchs ist und der gegenüber er folglich auch nicht zur Duldung der Strafvollstreckung verpflichtet ist."; eher relativierend *Jüngel*, Shame sanctions, S. 223.

[16] *Schmieszek/Langner* WM 2014, 1893 (1897); *Jüngel*, Shame sanctions, S. 224 ff.; vgl. auch *Kubiciel* (ZStW 118 [2006], 44 [71 f.]), der im Zusammenhang mit Ehrenstrafen von einer gezielten „Verwässerung" der „Förmlichkeit des Strafens als Kennzeichen staatlicher Rechtsdurchsetzung" (71) und einer „verschwimmenden Berechenbarkeit der Übelszufügung" (72) spricht.

[17] Vgl. zu diesem Aspekt *Fleischer* ZGR 2004, 437 (477) mwN.

[18] Ausführlich *Jüngel*, Shame sanctions, S. 192 ff. mwN.

[19] *Jüngel*, Shame sanctions, S. 201 ff.; *Schmieszek/Langner* WM 2014, 1893 (1897) – jew. mwN.

[20] → Rn. 8, 14, 15, 17, 19, 27, 35, 36, 39.

[21] Zu dieser Form der normativen Durchführung von Unionsrecht s. nur *Borowsky* in Meyer GRC Art. 51 Rn. 27 mwN.

[22] Näher *Schmieszek/Langner* WM 2014, 1893 (1895) mwN.

[23] Für einen Problemaufriss s. zB *Veil* ZHR 177 (2013), 427 (444 f.) mwN.

übung (zB Unschuldsvermutung, Rückwirkungsverbot[24] oder *ne-bis-in-idem*-Grundsatz[25]) messen lassen müssen. Gleichzeitig kann die Einstufung einer Bekanntmachungsvorschrift als gefahrenabwehr- bzw. polizeirechtlich aber auch erhebliches Restriktionspotential haben, weil die Anwendung einer solchen Vorschrift sich dann auf das zur Abwehr einer konkret bestehenden Gefahr Geeignete und Erforderliche zu beschränken hat.[26] In welche Kategorie „naming & shaming"-Maßnahmen vor diesem Hintergrund einzuordnen sind, wird für die verschiedenen Publizitätstatbestände gem. den §§ 6 Abs. 9, 123–126 WpHG nF unterschiedlich beurteilt.[27] Als übergeordnete Leitlinie soll hier die These *Jüngels* unterstützt werden, wonach eine Vorschrift nur dann dem Gefahrenabwehr- bzw. Polizeirecht zugeordnet werden kann, wenn sie unmittelbar an eine **konkrete oder abstrakte Gefahrenlage** anknüpft und primär (!) die Beseitigung dieser Gefahr bezweckt. Demgegenüber ist die gezielte Verfolgung von **general- oder spezialpräventiven, allgemein verhaltenssteuernden** (Haupt-)Zwecken dem Strafrecht iwS vorbehalten.[28] Dies wird im Folgenden anhand mehrerer Beispiele konkretisiert.[29]

II. Übersicht zu den einzelnen Bekanntmachungstatbeständen gem. den §§ 123–126 WpHG nF

7 Die §§ 123–126 WpHG nF enthalten insgesamt acht Tatbestände, auf deren Grundlage die öffentliche Bekanntmachung einer Maßnahme der BaFin in Frage kommt. Diese Vorschriften unterscheiden sich in Bezug auf

- ihre Rechtsnatur,
- ihre Tatbestandsvoraussetzungen,
- das der BaFin eingeräumte Ermessen über die Veröffentlichung einer Maßnahme sowie
- die Art der zu veröffentlichenden Inhalte.

Alle Bekanntmachungen haben auf der Internetseite der BaFin zu erfolgen.[30]

1. Bekanntmachung nach § 123 Abs. 1 S. 1 WpHG nF (Auffangtatbestand)

8 Der § 123 Abs. 1 S. 1 WpHG nF wurde (zunächst als § 40b Abs. 1 S. 1 WpHG aF) mWv 30.10.2004 durch das Anlegerschutzverbesserungsgesetz[31] eingeführt und diente dabei der Umsetzung von Art. 14 Abs. 4 MAD 2003.[32] Es handelt sich bei der – praktisch weitgehend bedeutungslosen[33] – Vorschrift um einen **Auffangtatbestand**, der eine öffentliche Bekanntmachung von Maßnahmen erlaubt, wenn keiner der spezielleren Tatbestände gem. den §§ 123 Abs. 1 S. 2, Abs. 3, Abs. 4, 124 Abs. 1, 125 Abs. 1, Abs. 6, 126 Abs. 1

[24] → Rn. 43.
[25] → Rn. 44 ff.
[26] S. zu diesem Gedanken allgemein *Jüngel*, Shame sanctions, S. 190. Für konkrete Anschauungsbeispiele → Rn. 9, 16, 20, 29.
[27] Zu § 123 Abs. 1 S. 1 WpHG nF → Rn. 9; zu § 123 Abs. 1 S. 2 WpHG nF → Rn. 14; zu § 123 Abs. 3 WpHG nF → Rn. 16; zu § 123 Abs. 4 WpHG nF → Rn. 18; zu § 124 Abs. 1 S. 1 WpHG nF → Rn. 20; zu § 125 Abs. 1 S. 1, Abs. 6 WpHG nF → Rn. 29 (gilt für § 126 WpHG nF entsprechend); zu § 6 Abs. 9 WpHG nF → Rn. 40.
[28] Ausführlich hergeleitet von *Jüngel*, Shame sanctions, S. 146 ff. mwN insbesondere zur einschlägigen Rechtsprechung des BVerfG; ganz ähnlich *Uwer/Rademacher* BKR 2015, 145 (147 f.).
[29] → Rn. 9, 14, 16, 20, 29, 40.
[30] Statt aller *Vogel* in Assmann/Schneider WpHG (6. Aufl.) § 40b Rn. 6. Das entsprechende Bekanntmachungsportal der BaFin ist zur Zeit unter http://t1p.de/homx zu erreichen.
[31] Gesetz zur Verbesserung des Anlegerschutzes (Anlegerschutzverbesserungsgesetz – AnSVG) v. 28. Oktober 2004 (BGBl. I S. 2630); näher zur Gesetzgebungsgeschichte *Altenhain* in KölnKomm WpHG § 40b Rn. 3.
[32] Richtlinie 2003/6/EG des Europäischen Parlaments und des Rates vom 28. Januar 2003 über Insider-Geschäfte und Marktmanipulation (Marktmissbrauch), ABl. EU Nr. L96 v. 12.4.2003 S. 16 ff. (MAD 2003).
[33] *Nartowska/Knierbein* NZG 2016, 256; vgl. BT-Drucks. 17/14757 S. 3.

WpHG nF einschlägig ist. Ausweislich seines Wortlauts („kann") räumt der § 123 Abs. 1 S. 1 WpHG nF der BaFin **Entschließungsermessen** bei der Entscheidung darüber ein, ob eine Maßnahme veröffentlicht werden soll.[34]

a) Rechtsnatur

Bekanntmachungen auf Grundlage von § 123 Abs. 1 S. 1 WpHG nF werden nach hM dem **überwiegend präventiv ausgerichteten Gefahrenabwehrrecht** zugeordnet.[35] Diese Einordnung erscheint angesichts der Tatbestandsstruktur der Vorschrift, die unmittelbar an die Beseitigung oder Verhinderung von Missständen (also „Gefahren") anknüpft, gut vertretbar.[36] Sie zwingt indes zu einer **restriktiven Auslegung** der Norm, deren Anwendung streng auf das zur Gefahrenabwehr geeignete und erforderliche Maß zu beschränken ist.[37] Dies ist zum Beispiel der Fall, wenn die Bekanntmachung dem Ausgleich einer Informationsasymmetrie (etwa durch Veröffentlichung einer zuvor unterlassenen Ad-hoc-Mitteilung oder durch öffentliche Richtigstellung von Fehlinformationen) oder der Beseitigung eines empirisch feststellbaren Vertrauensverlusts von Marktteilnehmern in die Integrität des Kapitalmarkts dient. Eine Bekanntmachung, die lediglich eine allgemeine Verhaltenssteuerung anderer Marktteilnehmer iSv negativer General- bzw. Spezialprävention bezweckt, wäre dagegen **unzulässig**.[38] Eine weitere Konsequenz der Zuordnung von § 123 Abs. 1 S. 1 WpHG nF zum Gefahrenabwehrrecht liegt darin, dass die Bekanntmachung **unverzüglich gelöscht** werden muss, sobald der avisierte Missstand behoben ist.[39] Ferner ist sorgfältig zu prüfen, ob eine Bekanntmachung ihren präventiven Zweck nicht auch schon durch eine **anonymisierte Veröffentlichung** erreichen kann. Dies wird immer dann der Fall sein, wenn die Bekanntmachung dem Ziel dient, andere Marktteilnehmer darüber zu informieren, dass ein bestimmtes Verhalten regelwidrig ist und von der BaFin effektiv verfolgt wird.[40] Schließlich wird die **Nennung einer natürlichen Person**, die an einem Normverstoß beteiligt ist, für die Erreichung einer präventiven Zielsetzung selten erforderlich sein, weil die Nennung des Anstellungsverbands insofern regelmäßig ein gleich geeignetes, milderes Mittel darstellt. **9**

b) Art der bekanntzumachenden Maßnahmen

Bekannt gemacht werden können – wenn die §§ 123-126 WpHG nF insofern keine speziellere Regelung enthalten – alle aufsichtsrechtlichen Maßnahmen, zu denen die BaFin nach § 6 WpHG nF befugt ist, und Bußgeldbescheide der BaFin, die auf Grundlage der §§ 119, 120 WpHG nF ergehen.[41] Maßnahmen anderer Behörden oder Gerichte darf die BaFin dagegen nicht veröffentlichen.[42] Ausweislich seines Wortlauts erlaubt § 123 Abs. 1 **10**

[34] *Altenhain* in KölnKomm WpHG § 40b Rn. 16; *Zimmer/Cloppenburg* in Schwark/Zimmer § 40b WpHG Rn. 4.

[35] *Altenhain* in KölnKomm WpHG § 40b Rn. 8 f.; *Jüngel*, Shame sanctions, S. 206 ff.; *Vogel* in Assmann/Schneider WpHG (6. Aufl.) § 40b Rn. 4; *Waßmer* in Fuchs WpHG § 40b Rn. 4; *Uwer/Rademacher* BKR 2015, 145 (147).

[36] Treffend *Jüngel*, Shame sanctions, S. 206.

[37] *Jüngel*, Shame sanctions, S. 207 ff.; vgl. mit etwas anderem Restriktionsansatz auch *Altenhain* in KölnKomm WpHG § 40b Rn. 10; wiederum anders *Zimmer/Cloppenburg* in Schwark/Zimmer § 40b WpHG Rn. 3.

[38] → Rn. 6.

[39] Zur Löschung von Bekanntmachungen s. auch → Rn. 40a f.

[40] BT-Drucks. 17/14757 S. 3; *Altenhain* in KölnKomm WpHG § 40b Rn. 14; *Waßmer* in Fuchs WpHG § 40b Rn. 20.

[41] *Vogel* in Assmann/Schneider WpHG (6. Aufl.) § 40b Rn. 5; *Waßmer* in Fuchs WpHG § 40b Rn. 10; *Zimmer/Cloppenburg* in Schwark/Zimmer § 40b WpHG Rn. 2.

[42] *Altenhain* in KölnKomm WpHG § 40b Rn. 11; *Vogel* in Assmann/Schneider WpHG (6. Aufl.) § 40b Rn. 5; *Waßmer* in Fuchs WpHG § 40b Rn. 10; *Zimmer/Cloppenburg* in Schwark/Zimmer § 40b WpHG Rn. 2.

S. 1 WpHG nF ferner nur die Bekanntmachung von unanfechtbaren, dh **formell bestandskräftigen** Maßnahmen.[43]

c) Voraussetzungen der Bekanntmachung

11 Die öffentliche Bekanntmachung nach § 123 Abs. 1 S. 1 WpHG nF darf nur erfolgen, wenn sie geeignet und erforderlich ist, um Missstände zu beseitigen oder zu verhindern, welche die ordnungsgemäße Durchführung des Handels mit Finanzinstrumenten oder von Wertpapierdienstleistungen oder Wertpapiernebendienstleistungen beeinträchtigen oder erhebliche Nachteile für den Finanzmarkt bewirken können. Wann ein **Missstand** in diesem Sinne vorliegt, wird unterschiedlich beurteilt: Z. T. wird darunter bereits jeder einzelne Verstoß gegen ein Gebot oder Verbot des WpHG gefasst,[44] während andere mehrere, im Markt verbreitete Verstöße fordern, die zu nicht unerheblichen Nachteilen für die Märkte führen können.[45] Ob eine öffentliche Bekanntmachung **geeignet und erforderlich** ist, um einen Missstand zu beseitigen oder zu verhindern, bedarf einer sorgfältigen Prüfung, die dem überwiegend präventiven Charakter von § 123 Abs. 1 S. 1 WpHG nF gerecht werden muss.[46]

12 Eine Bekanntmachung nach § 123 Abs. 1 S. 1 WpHG nF hat zu unterbleiben, wenn die Veröffentlichung die **Finanzmärkte erheblich gefährden** oder zu einem **unverhältnismäßigen Schaden** bei den Beteiligten führen würde. Erhebliche Gefährdungen der Finanzmärkte können beispielsweise vorliegen, wenn zu befürchten ist, dass die avisierte Veröffentlichung durch die BaFin Panikreaktionen an den Märkten auslösen könnte.[47] Bei der Beurteilung der Frage, ob eine Bekanntmachung bei den Beteiligten zu einem unverhältnismäßigen Schaden führen würde, ist nach der Konzeption des Gesetzgebers eine Güterabwägung „insbesondere im Hinblick auf das Grundrecht natürlicher Personen auf informationelle Selbstbestimmung" vorzunehmen,[48] dh eine namentliche Nennung von natürlichen Personen hat im Zweifel selbst dann zu unterbleiben, wenn sie zur Verhinderung oder Beseitigung eines Missstands geeignet und erforderlich ist.[49]

d) Inhalt der Bekanntmachung

13 Der Inhalt der Bekanntmachung hat sich auf das zur Beseitigung oder Verhinderung des identifizierten Missstandes geeignete, erforderliche und verhältnismäßige Maß zu beschränken. Dazu wird meistens eine Beschreibung der aufgetretenen Normverstöße nötig sein. Eine Benennung der beteiligten natürlichen oder juristischen Personen bzw. Personenverbände wird dagegen regelmäßig unterbleiben müssen.[50]

2. Bekanntmachung nach § 123 Abs. 1 S. 2 WpHG nF (Veröffentlichung von Anordnungen, die den Handel mit bestimmten Finanzinstrumenten aussetzen oder untersagen)

14 Nach Maßgabe von § 123 Abs. 1 S. 2 WpHG nF ist die BaFin – ohne dass ihr diesbezüglich ein Ermessen zusteht – verpflichtet, Anordnungen über die Aussetzung oder die

[43] Vgl. dazu statt vieler *Waßmer* in Fuchs WpHG § 40b Rn. 11.
[44] *Altenhain* in KölnKomm WpHG § 40b Rn. 11; *Jüngel*, Shame sanctions, S. 207 (mit Verweis auf § 2 Abs. 2 BörsG); *Zimmer/Cloppenburg* in Schwark/Zimmer § 40b WpHG Rn. 2.
[45] *Vogel* in Assmann/Schneider WpHG (6. Aufl.) § 40b Rn. 6; wiederum etwas abweichend *Waßmer* in Fuchs WpHG § 40b Rn. 13: „Sachverhalt, der die ordnungsgemäße Durchführung des Handels mit Finanzinstrumenten oder von Wertpapierdienstleistungen oder -nebendienstleistungen beeinträchtigt oder erhebliche Nachteile für den Finanzmarkt bewirken kann."
[46] Ausführlicher → Rn. 9.
[47] *Vogel* in Assmann/Schneider WpHG (6. Aufl.) § 40b Rn. 7; *Zimmer/Cloppenburg* in Schwark/Zimmer § 40b WpHG Rn. 3.
[48] BT-Drucks. 14/3173 S. 41.
[49] Allgemein für eine restriktive Handhabung des § 40b Abs. 1 S. 1 WpHG auch *Altenhain* in KölnKomm WpHG § 40b und *Waßmer* in Fuchs WpHG § 40b Rn. 15.
[50] → Rn. 9.

Untersagung des Handels mit einzelnen oder mehreren Finanzinstrumenten auf Grundlage von § 6 Abs. 2 S. 4 WpHG nF unverzüglich zu veröffentlichen.[51] Die Vorschrift dient der Umsetzung von Art. 41 Abs. 2 S. 1 MiFID I und wurde (ursprünglich als § 40b Abs. 1 S. 2 WpHG aF) mWv 1.11.2007 in das Gesetz eingeführt.[52] Zweck dieser rein **präventiv-aufsichtsrechtlichen** Norm ist es, die Öffentlichkeit darüber zu informieren, dass der Handel mit bestimmten Finanzinstrumenten ausgesetzt oder untersagt wird. Eine Benennung von Normverstößen durch konkrete Personen oder Unternehmen ist dafür nicht nötig, dh es handelt es sich bei § 123 Abs. 1 S. 2 WpHG nF genau genommen **nicht** um eine „naming & shaming"-Vorschrift.

3. Bekanntmachung nach § 123 Abs. 3 WpHG nF (Verstöße gegen die EU-Rating-VO)

Der § 123 Abs. 3 WpHG nF wurde (ursprünglich als § 40b Abs. 3 WpHG aF) mWv 15
13.12.2011[53] zur Umsetzung von Art. 36 Abs. 2 Rating-VO[54] in das Gesetz eingeführt und **verpflichtet** die BaFin dazu, unanfechtbare Maßnahmen,[55] die sie wegen Verstößen gegen Art. 4 Abs. 1 Rating-VO getroffen hat, unverzüglich auf ihrer Internetseite öffentlich bekannt zu machen. Art. 4 Abs. 1 Rating-VO zwingt bestimmte Kreditinstitute, Wertpapierfirmen und Versicherungsunternehmen dazu, für aufsichtsrechtliche Zwecke nur Ratings von Ratingagenturen zu verwenden, die ihren Sitz in der Gemeinschaft haben und gemäß dieser Verordnung registriert sind. Wie bei § 123 Abs. 1 S. 1 WpHG nF hat die Veröffentlichung zu unterbleiben, wenn diese die **Finanzmärkte erheblich gefährdet** oder zu einem **unverhältnismäßigen Schaden** bei den Beteiligten führen würde.[56]

Über die Zwecksetzung, die der Gesetzgeber mit der Einführung von § 123 Abs. 3 16
WpHG nF verfolgt hat, lassen sich weder den Erwägungsgründen der Rating-VO noch den Materialien zum deutschen Umsetzungsgesetz Hinweise entnehmen. Soweit in der Literatur davon ausgegangen wird, die Vorschrift verfolge in erster Linie das Ziel, Marktteilnehmer vor einer Interaktion mit Unternehmen zu schützen, die auf Drittstaaten-Ratings potentiell minderer Qualität zurückgreifen,[57] erscheint dies vertretbar. Die damit einhergehende Zuordnung von § 123 Abs. 3 WpHG nF zum **Gefahrenabwehrrecht**[58] erzwingt in der Konsequenz allerdings eine **restriktive Auslegung** der Vorschrift: Denn *erstens* hat eine Veröffentlichung von Daten, die sich auf die beteiligten natürlichen Personen beziehen, stets zu unterbleiben, weil sie nicht erforderlich ist, um Marktteilnehmer davor zu warnen, dass das Unternehmen auf Drittstaaten-Ratings zurückgreift.[59] *Zweitens* ist die Veröffentlichung zu löschen, wenn und sobald das betroffene Unternehmen der BaFin glaubhaft darlegen kann, dass zukünftig kein Verstoß gegen den Art. 4 Abs. 1 Rating-VO mehr zu besorgen ist.

---

51 Die früher bestehende Problematik, dass § 40b Abs. 1 S. 2 WpHG seinem Wortlaut nach *alle* Anordnungen (und nicht nur Handelsausschlüsse und -aussetzungen) gem. § 4 Abs. 2 WpHG erfasste (*pars pro toto Zimmer/Cloppenburg* in Schwark/Zimmer § 40b WpHG Rn. 6f. mwN), hat sich nach einer gesetzgeberischen Korrektur durch Gesetz v. 4.12.2011 (BGBl. I S. 2427) mWv 1.1.2012 erledigt.

52 Gesetz zur Umsetzung der Richtlinie über Märkte für Finanzinstrumente und der Durchführungsrichtlinie der Kommission (Finanzmarktrichtlinie-Umsetzungsgesetz) v. 16. Juli 2007 (BGBl. I S. 1330).

53 Gesetz zur Novellierung des Finanzanlagenvermittler- und Vermögensanlagenrechts v. 6. Dezember 2011 (BGBl. I S. 2481).

54 Verordnung (EG) Nr. 1060/2009 des Europäischen Parlaments und des Rates vom 16. September 2009 über Ratingagenturen, ABl. EU Nr. L 302 v. 17.11.2009 S. 1 ff. (Rating-VO).

55 Die Vorschrift umfasst damit im Prinzip dasselbe Spektrum von Maßnahmen wie § 123 Abs. 1 S. 1 WpHG nF → Rn. 10.

56 → Rn. 12.

57 So *Waßmer* in Fuchs WpHG § 40b Rn. 5.

58 Vgl. → Rn. 6.

59 Vgl. (im Kontext von § 40b Abs. 1 S. 1 WpHG) BT-Drucks. 17/14757 S. 3 u. *Altenhain* in KölnKomm WpHG § 40b Rn. 14.

4. Bekanntmachung nach § 123 Abs. 4 WpHG nF (Verstöße gegen die EMIR)

17 Auf Grundlage des mWv 16.2.2013[60] zur Umsetzung von Art. 12 Abs. 2 S. 1, 88 Abs. 2 EMIR[61] (ursprünglich als § 40b Abs. 4 WpHG aF) eingeführten § 123 Abs. 4 S. 1 WpHG nF ist die BaFin verpflichtet **(kein Ermessen!)**, jede unanfechtbar gewordene Bußgeldentscheidung nach § 120 Abs. 7 WpHG nF unverzüglich auf ihrer Internetseite öffentlich bekannt zu machen. Wie im Rahmen von § 123 Abs. 1 S. 1 WpHG nF hat die Bekanntmachung zu unterbleiben, wenn sie die Finanzmärkte erheblich gefährden oder zu einem unverhältnismäßigen Schaden bei den Beteiligten führen würde.[62] Gem. § 123 Abs. 4 S. 2 WpHG nF darf die Bekanntmachung keine personenbezogenen Daten enthalten. Der Begriff der **„personenbezogenen Daten"** ist Art. 2 lit. a) EU-Datenschutzrichtlinie[63] entlehnt[64] und bezieht sich ausschließlich auf natürliche Personen, dh die betroffene juristische Person oder der betroffene Personenverband darf nach § 123 Abs. 4 S. 1 WpHG nF öffentlich genannt werden.

18 Bezüglich der **Rechtsnatur** von § 123 Abs. 4 WpHG nF gelten die zu § 123 Abs. 3 WpHG nF gemachten Ausführungen entsprechend.[65]

5. Bekanntmachung nach § 124 Abs. 1 WpHG nF (Verstöße gegen Transparenzpflichten)

19 Nach Maßgabe von § 124 Abs. 1 WpHG nF, der (ursprünglich als § 40c Abs. 1 WpHG aF) mWv 26.11.2015[66] zur Umsetzung von Art. 28b Abs. 1 lit. a), 29 Abs. 1 TransparenzRL[67] in das Gesetz eingeführt wurde, hat die BaFin Entscheidungen über Maßnahmen und Sanktionen, die wegen Verstößen gegen die §§ 33–52, 114–118 WpHG nF ergriffen bzw. verhängt oder der BaFin gem. § 335 Abs. 1d HGB durch das Bundesamt für Justiz mitgeteilt werden, unverzüglich öffentlich bekannt zu machen. Die Vorschrift räumt der Behörde insofern **kein Ermessen** ein.

a) Rechtsnatur

20 Nach der Intention des Unionsgesetzgebers – der deutsche Umsetzungsgesetzgeber schweigt hierzu – müssen die Mitgliedstaaten für Verstöße gegen die Transparenzrichtlinie „naming & shaming"-Vorschriften vorsehen, „um zu gewährleisten, dass Entscheidungen über die Verhängung einer Verwaltungsmaßnahme oder einer verwaltungsrechtlichen Sanktion auf breite Kreise abschreckend wirken".[68] Ferner sei die öffentliche Bekanntmachung von Entscheidungen ein wichtiges Instrument zur Unterrichtung der Marktteilnehmer darüber, welches Verhalten als Verstoß gegen die TransparenzRL angesehen wird, „sowie zur Förderung eines einwandfreien Verhaltens zwischen den Marktteilnehmern auf breiter

---

[60] Ausführungsgesetz zur Verordnung (EU) Nr. 648/2012 über OTC-Derivate, zentrale Gegenparteien und Transaktionsregister (EMIR-Ausführungsgesetz) v. 13. Februar 2013 (BGBl. I S. 174).

[61] Verordnung (EU) Nr. 648/2012 des Europäischen Parlaments und des Rates über OTC-Derivate, zentrale Gegenparteien und Transaktionsregister vom 4. Juli 2012, ABl. EU Nr. L 201 v. 27.7.2012 S. 1 ff. (EMIR).

[62] → Rn. 12.

[63] RL 95/46/EG vom 24. Oktober 1995, ABl. EG Nr. L 281 v. 23.11.1995 S. 31 ff.

[64] Art. 12 Abs. 2 S. 3 EMIR.

[65] → Rn. 16.

[66] Gesetz zur Umsetzung der Transparenzrichtlinie-Änderungsrichtlinie v. 20. November 2015 (BGBl. I S. 2029).

[67] Richtlinie 2004/109/EG des Europäischen Parlaments und des Rates vom 15. Dezember 2004 zur Harmonisierung der Transparenzanforderungen in Bezug auf Informationen über Emittenten, deren Wertpapiere zum Handel auf einem geregelten Markt zugelassen sind, und zur Änderung der Richtlinie 2001/34/EG, ABl. EU Nr. L 390 v. 31.12.2004 S. 38 ff. (TransparenzRL) in der durch Richtlinie 2013/50/EU des Europäischen Parlaments und des Rates vom 22. Oktober 2013, ABl. EU Nr. L 294 v. 6.11.2013 S. 13 ff. (TransparenzRL-ÄnderungsRL) geänderten Fassung.

[68] Erwägungsgrund 17 RL 2013/50/EU (TransparenzRL-ÄnderungsRL).

Basis".[69] Diese Zwecksetzung ist – insbesondere was die intendierte Abschreckung sowie das gewünschte „einwandfreie Verhalten" anbelangt – mehrdeutig: Sie ließe sich etwa dahingehend interpretieren, dass der Unionsgesetzgeber hofft, eine Veröffentlichung iSv Art. 28b Abs. 1 lit. a), 29 Abs. 1 TransparenzRL werde die Marktteilnehmer deshalb zu regelkonformem Verhalten animieren, weil die Veröffentlichung deutlich macht, dass das publizierte Verhalten von der Marktaufsicht nicht geduldet wird. Wenn § 124 Abs. 1 WpHG nF eine solche „Prävention durch Repression"[70] zum Ziel hätte, ließe sich die Vorschrift durchaus noch dem Gefahrenabwehr- bzw. Polizeirecht zuordnen. In diesem Fall müsste die Bekanntmachung allerdings in jedem Fall **anonymisiert** erfolgen, weil eine Nennung der beteiligten natürlichen Personen bzw. juristischen Personen oder Personenvereinigungen schlichtweg **nicht erforderlich** ist, um gegenüber dem Markt anzuzeigen, dass eine bestimmte Verhaltensweise erstens verboten ist und zweites auch tatsächlich von der BaFin bekämpft wird.[71] Wie ein Blick auf § 124 Abs. 3 WpHG nF zeigt, der die Anonymisierung der Bekanntmachung nur zum Ausnahme- und nicht zum Regelfall macht (und auch das nur in Bezug auf natürliche Personen), ist die Vorschrift auf eine derart restriktive Auslegung aber erkennbar nicht angelegt.[72] Ein solches Vorgehen entspricht auch nicht der Praxis der BaFin, die in ihren bisherigen Veröffentlichungen auf Grundlage von § 124 Abs. 1 WpHG nF stets zumindest den Namen der beteiligten juristischen Person bzw. Personengesellschaft genannt hat, der ein Verstoß gegen die §§ 33–52, 114–118 WpHG nF zugeschrieben wird. Bei dieser Handhabung wird man den primären Zweck von § 124 Abs. 1 WpHG nF darin sehen müssen, Marktteilnehmer durch den Einsatz von „naming & shaming" als **Sanktionsübel an sich** abzuschrecken und auf diese Weise allgemeine Verhaltenssteuerung in Form negativer Generalprävention zu betreiben. Nach dem hier vertretenen Ansatz[73] sind Veröffentlichungen nach § 124 Abs. 1 WpHG nF deshalb als überwiegend repressive, **im weiteren Sinne strafrechtliche Maßnahmen** einzustufen.[74]

b) Art der bekanntzumachenden Entscheidungen

§ 124 Abs. 1 S. 1 WpHG nF erfasst sämtliche Maßnahmen und Sanktionen, über deren Verhängung die BaFin selbst entscheiden kann,[75] sowie Bußgelder, die das Bundesamt für Justiz auf Grundlage von § 335 Abs. 1 HGB verhängt und gem. § 335 Abs. 1d HGB an die BaFin gemeldet hat. Als praxisrelevante Beispiele für Maßnahmen und Sanktionen, die die BaFin in eigener Zuständigkeit wegen Verstößen gegen die §§ 33–52, 114–118 WpHG nF verhängt, können Anordnungen der Erfüllung von Finanzberichterstattungspflichten gem. den §§ 114 ff. WpHG nF sowie die Androhung (§ 17 Abs. 1 FinDAG iVm den §§ 11 Abs. 1, 13 VwVG) und Festsetzung von Zwangsgeldern (§ 17 Abs. 1 FinDAG iVm den §§ 11 Abs. 1, 14 VwVG) in Bezug auf diese Berichterstattungspflichten genannt werden. **21**

Anders als im Rahmen von § 123 WpHG nF erlaubt § 124 WpHG nF auch die Bekanntmachung von Maßnahmen oder Sanktionen, die **nicht bestands- bzw. rechtskräftig** sind. Solche Bekanntmachungen können uU gegen die Unschuldsvermutung nach Art. 6 Abs. 2 EMRK und Art. 48 GRC verstoßen.[76] **22**

---

69 Erwägungsgrund 17 RL 2013/50/EU (TransparenzRL-ÄnderungsRL).

70 Zum Begriff *Jüngel*, Shame sanctions, S. 207 f.

71 BT-Drucks. 17/14757 S. 3; *Altenhain* in KölnKomm WpHG § 40b Rn. 14 (jeweils im Kontext von § 40b Abs. 1 S. 1 WpHG); *Schmieszek/Langner* WM 2014, 1893 (1899); vgl. ferner *Nartowska/Knierbein* NZG 2016, 256 (260).

72 Vgl. zu diesem Argument auch *Nartowska/Knierbein* NZG 2016, 256 (260).

73 → Rn. 6.

74 So iE auch *Nartowska/Knierbein* NZG 2016, 256 (259 f.); für dieselbe Qualifizierung des strukturell dem § 40c WpHG sehr ähnlichen § 60b KWG s. *Uwer/Rademacher* BKR 2015, 145 (147 f.); *Veil* ZGR 2016, 305 (319); **aA** (zu dem § 124 WpHG nF entsprechenden § 40c WpHG aF) *von Butlar* BB 2014, 451 (457).

75 Vgl. → Rn. 10.

76 Dazu ausführlich *Pfaeltzer* Utrecht Law Review 2014, 134 ff.; vgl. ferner *Schmieszek/Langner* WM 2014, 1893 (1897) (im Kontext von § 40 Abs. 1a Nr. 2 LFGB).

c) Inhalt der Bekanntmachung

23 Der Inhalt der nach § 124 Abs. 1 WpHG nF vorzunehmenden Entscheidung richtet sich maßgeblich nach § 124 Abs. 2 WpHG nF. Demzufolge benennt die BaFin in ihrer Bekanntmachung

- die Vorschrift, gegen die verstoßen wurde, und
- die für den Verstoß verantwortliche natürliche oder juristische Person oder Personenvereinigung.

24 Für den Verstoß verantwortlich iSv § 124 Abs. 2 S. 1 WpHG nF ist ausschließlich die Person, gegen die sich die bekanntzumachende Maßnahme oder Sanktion **unmittelbar richtet**.[77] Wenn sich eine Maßnahme oder Sanktion also zB an eine juristische Person oder eine Personenvereinigung richtet, sind die Namen der handelnden natürlichen Personen nicht zu veröffentlichen. Etwas anderes gilt jedoch, wenn gegen diese natürlichen Personen eigenständige Maßnahmen getroffen oder Sanktionen erlassen wurden.[78]

25 Bei nicht **bestands- oder nicht rechtskräftigen** Entscheidungen ist die BaFin verpflichtet, der Bekanntmachung einen Hinweis hinzuzufügen, dass die Entscheidung noch nicht bestandskräftig oder nicht rechtskräftig ist. Wenn ein Rechtsbefehl gegen eine Maßnahme oder Sanktion eingelegt wird, hat die BaFin unverzüglich eine entsprechende Aktualisierung der Bekanntmachung vorzunehmen (§ 124 Abs. 2 S. 2 WpHG nF). Dasselbe gilt gem. § 124 Abs. 2 S. 3 WpHG nF für das Ergebnis des Rechtsbehelfsverfahrens.

d) Ausnahme von der Bekanntmachungspflicht

26 Als **Ausnahme** von der nach § 124 Abs. 1 S. 1 WpHG nF bestehenden Veröffentlichungspflicht muss die BaFin gem. § 124 Abs. 3 WpHG nF auf eine Nennung von personenbezogenen Daten verzichten oder die Bekanntmachung einer Entscheidung aufschieben, wenn die Bekanntmachung der personenbezogenen Daten unverhältnismäßig wäre (Nr. 1), die Bekanntmachung die Stabilität des Finanzsystems ernsthaft gefährden würde (Nr. 2), die Bekanntmachung eine laufende Ermittlung ernsthaft gefährden würde (Nr. 3) oder die Bekanntmachung den Beteiligten einen unverhältnismäßigen Schaden zufügen würde (Nr. 4). Diese unbestimmten Rechtsbegriffe entsprechen in ihrem Bedeutungsgehalt den korrespondieren Merkmalen aus § 123 Abs. 1 S. 1 WpHG nF.[79] Der Begriff der **„personenbezogenen Daten"** ist Art. 2 lit. a) EU-Datenschutzrichtlinie[80] entlehnt[81] und bezieht sich ausschließlich auf natürliche Personen, dh Bekanntmachungen, die sich auf juristische Personen oder Personenverbände betreffen, sind von der Ausnahmeregel des § 124 Abs. 3 WpHG nF nicht erfasst. Damit verkennt der Gesetzgeber, dass sich auch juristische Personen und Personenverbände auf das Grundrecht der informationellen Selbstbestimmung sowie die in Art. 12 GG und Art. 14 GG garantierten Rechte berufen können. Der § 124 Abs. 3 WpHG nF ist deshalb im Wege der **verfassungskonformen Auslegung** so zu verstehen, dass eine Anonymisierung auch gegenüber juristische Personen und Personenverbänden geboten ist, wenn eine namentliche Bekanntmachung unverhältnismäßig wäre oder dem betroffenen Verband unverhältnismäßigen Schaden zufügen würde. Bei drohenden Gefahren für die Stabilität des Finanzsystems oder für laufende Ermittlungen ist eine entsprechend weite Auslegung von § 124 Abs. 3 WpHG nF zumindest zweckmäßig und auch zulässig. Ein Blick auf den parallel zu § 124 Abs. 3 WpHG nF gelagerten § 125 Abs. 3 WpHG nF, der eine Ausnahme von der nach § 125 Abs. 1 S. 1 WpHG nF bestehenden Bekanntmachungspflicht ausdrücklich auch auf juristische Personen bzw. Personenverbände erstreckt, zeigt schließlich, dass es sich bei der Auslassung

[77] BT-Drucks. 18/5010 S. 54; *Nartowska/Knierbein* NZG 2016, 256 (258).
[78] BT-Drucks. 18/5010 S. 54.
[79] → Rn. 12.
[80] RL 95/46/EG vom 24. Oktober 1995, ABl. EG Nr. L 281 v. 23.11.1995 S. 31 ff.
[81] Art. 28b Abs. 2 RL 2013/50/EU (TransparenzRL-ÄnderungsRL).

von juristischen Personen bzw. Personenverbänden im Rahmen von § 124 Abs. 3 WpHG nF denn auch eher um ein Redaktionsversehen handelt.

6. Bekanntmachung nach § 125 Abs. 1 WpHG nF (Verstöße gegen die MAR)

Der § 125 Abs. 1 WpHG nF wurde (ursprünglich als § 40d Abs. 1 WpHG aF) mWv 2.7.2016 durch das 1. FiMaNoG[82] eingeführt und diente der Umsetzung von Art. 34 MAR. Durch die im Rahmen des 2. FiMaNoG mWv 1.1.2018 vorgenommene Ergänzung von § 125 Abs. 1 S. 1 WpHG nF (zu diesem Zeitpunkt noch § 40d Abs. 1 S. 1 WpHG aF) um die Anknüpfungstatbestände der Art. 4, 15 VO (EU) 2015/2365 (SFTR)[83] hat der Gesetzgeber außerdem Art. 26 SFTR umgesetzt. 27

Die Vorschrift verpflichtet die BaFin, Entscheidungen über Maßnahmen und Sanktionen, die wegen Verstößen gegen 28

- Art. 14 MAR (Insiderrechtliches Handels-, Empfehlungs- und Offenlegungsverbot),
- Art. 15 MAR (Verbot der Marktmanipulation),
- Art. 16 Abs. 1 und 2 MAR (Vorbeugung und Aufdeckung von Marktmissbrauch),
- Art. 17 Abs. 1, 2, 4, 5 und 8 MAR (Veröffentlichung von Insiderinformationen),
- Art. 18 Abs. 1 bis 6 MAR (Insiderlisten),
- Art. 19 Abs. 1, 2, 3, 5, 6, 7 und 11 MAR (Eigengeschäfte von Führungskräften),
- Art. 20 Abs. 1 MAR (Anlageempfehlungen und Statistik),
- Art. 4 SFTR (Meldepflicht und Sicherheitsvorkehrungen für Wertpapierfinanzierungsgeschäfte) und
- Art. 15 SFTR (Transparenzregelungen bei Weiterverwendung von als Sicherheit erhaltenen Finanzinstrumenten)

erlassen wurden, öffentlich bekannt zu machen.

a) Rechtsnatur

Der § 125 WpHG nF ist ebenso strukturiert wie § 124 WpHG nF, so dass davon auszugehen ist, dass die BaFin diese Vorschrift vorwiegend ebenfalls primär zu Zwecken der negativen General- bzw. Spezialprävention nutzen wird. Sie ist deshalb wie § 124 WpHG nF dem **Strafrecht iwS** zuzuordnen. Eine Einstufung von § 125 WpHG nF als Norm des Gefahrenabwehrrechts ist ebenfalls denkbar, wenn darauf abgestellt wird, dass die Vorschrift zB dem Ausgleich von Informationsdefiziten auf dem Markt, der Warnung der Marktteilnehmer vor geschäftlichen Kontakten mit dem Zuwiderhandelnden oder der Information der Marktteilnehmer darüber dient, welche Verhaltensweisen von der BaFin als rechtswidrig eingestuft werden. Dann müsste die Anwendung der Vorschrift allerdings **restriktiv**, dh am Ziel der Gefahrenabwehr ausgerichtet werden. Das bedeutet etwa, dass eine Bekanntmachung **unverzüglich gelöscht** werden muss, sobald der avisierte Missstand behoben ist, weil der Zuwiderhandelnde zB Compliance-Maßnahmen ergriffen hat, die einer weiteren Gefährdung anderer Marktteilnehmer entgegenwirken.[84] Ferner wird eine Bekanntmachung gem. § 125 WpHG nF die genannten präventiven Zwecke regelmäßig auch schon durch eine **anonymisierte Veröffentlichung** erreichen können. Dies wird insbesondere dann der Fall sein, wenn die Bekanntmachung dem Ziel dient, andere Marktteilnehmer darüber zu informieren, dass ein bestimmtes Verhalten regelwidrig ist und von der BaFin effektiv verfolgt wird. Schließlich wird die **Nennung einer natürlichen Person**, die an einem Normverstoß beteiligt ist, für die Erreichung einer präventiven 29

---

[82] Vgl. BT-Drucks. 17/7453 S. 74.

[83] Verordnung (EU) 2015/2365 des Europäischen Parlaments und des Rates vom 25. November 2015 über die Transparenz von Wertpapierfinanzierungsgeschäften und der Weiterverwendung sowie zur Änderung der Verordnung (EU) Nr. 648/2012, ABl. EU Nr. L 337 v. 23.12.2015 S. 1 ff. (SFTR).

[84] Dazu – und zum Folgenden – schon → Rn. 9.

Zielsetzung selten erforderlich sein, weil die Nennung des Anstellungsverbands insofern regelmäßig ein gleich geeignetes, milderes Mittel darstellt.

b) Art der bekanntzumachenden Entscheidungen

30 Das Spektrum der nach § 125 Abs. 1 S. 1 WpHG nF bekanntzumachenden Entscheidungen entspricht den nach § 124 Abs. 1 S. 1 WpHG nF erforderlichen Veröffentlichungen.[85]

c) Inhalt der Bekanntmachung

31 Der Inhalt der nach § 125 Abs. 1 S. 1 WpHG nF vorzunehmenden Entscheidung richtet sich maßgeblich nach § 125 Abs. 2 WpHG nF. Demzufolge benennt die BaFin in ihrer Bekanntmachung

- die Vorschrift, gegen die verstoßen wurde, und
- die für den Verstoß verantwortliche natürliche oder juristische Person oder Personenvereinigung.

32 Für den Verstoß verantwortlich iSv § 125 Abs. 2 S. 1 WpHG nF ist ausschließlich die Person, gegen die sich die bekanntzumachende Maßnahme oder Sanktion **unmittelbar richtet**.[86] Wenn sich eine Maßnahme oder Sanktion also zB an eine juristische Person oder eine Personenvereinigung richtet, sind die Namen der handelnden natürlichen Personen nicht zu veröffentlichen. Etwas anderes gilt jedoch, wenn gegen diese natürlichen Personen eigenständige Maßnahmen getroffen oder Sanktionen erlassen wurden[87]

33 Bei nicht **bestands- oder nicht rechtskräftigen** Entscheidungen ist die BaFin verpflichtet, der Bekanntmachung einen Hinweis hinzuzufügen, dass die Entscheidung noch nicht bestandskräftig oder nicht rechtskräftig ist. Wenn ein Rechtshelf gegen eine Maßnahme oder Sanktion eingelegt wird, hat die BaFin unverzüglich eine entsprechende Aktualisierung der Bekanntmachung vorzunehmen (§ 125 Abs. 4 S. 1 WpHG nF). Dasselbe gilt gem. § 125 Abs. 4 S. 2 WpHG nF für das Ergebnis des Rechtsbehelfsverfahrens.

d) Ausnahmen von der Bekanntmachungspflicht

34 Gem. § 125 Abs. 3 S. 1 WpHG nF muss die BaFin eine Bekanntmachung nach § 125 Abs. 1 S. 1 WpHG nF aufschieben (Nr. 1), anonymisieren (Nr. 2) oder ganz von der Bekanntmachung absehen (Nr. 3), wenn die Bekanntmachung der Identität einer von der Entscheidung betroffenen juristischen Person oder der personenbezogenen Daten einer natürlichen Person unverhältnismäßig wäre oder die Bekanntmachung laufende Ermittlungen oder die Stabilität der Finanzmärkte gefährden würde. Die in § 125 Abs. 3 S. 1 WpHG nF enthaltenen unbestimmten Rechtsbegriffe entsprechen in ihrem Bedeutungsgehalt den korrespondieren Merkmalen aus § 125 Abs. 1 S. 1 WpHG nF.[88]

7. Bekanntmachung nach § 125 Abs. 6 WpHG nF (Verstöße gegen die Benchmark-VO)

35 Die Regelung des § 125 Abs. 6 WpHG nF wurde (ursprünglich als § 40d Abs. 6 WpHG aF) mWv 1.1.2018 durch das 2. FiMaNoG eingeführt und – durch das gleiche Gesetz – mWv 3.1.2018 redaktionell an die Neunummerierung des WpHG angepasst. Die Vorschrift dient der Umsetzung von Art. 45 der Benchmark-Verordnung[89] und

[85] → Rn. 21 f.

[86] Vgl. – zum insofern wortgleichen § 40c Abs. 2 WpHG aF (entspricht § 124 Abs. 2 WpHG nF) – BT-Drucks. 18/5010 S. 54; *Nartowska/Knierbein* NZG 2016, 256 (258).

[87] BT-Drucks. 18/5010 S. 54.

[88] → Rn. 12.

[89] Verordnung (EU) 2016/1011 des Europäischen Parlaments und des Rates vom 8. Juni 2016 über Indizes, die bei Finanzinstrumenten und Finanzkontrakten als Referenzwert oder zur Messung der Wertentwicklung

verpflichtet die BaFin, Entscheidungen über Maßnahmen und Sanktionen, die wegen Verstößen gegen

- Art. 4-16 Benchmark-VO,
- Art. 21 Benchmark-VO,
- Art. 23-29 Benchmark-VO,
- Art. 34 Benchmark-VO oder
- eine vollziehbare Anordnung der BaFin im Zusammenhang mit einer Untersuchung betreffend die Pflichten der Benchmark-VO gem. § 4 Abs. 3 S. 4, Abs. 3d, 3h, 3j, 4, 4a, 4b, 4c S. 3 Nr. 1-2 WpHG nF

erlassen wurden, öffentlich bekannt zu machen. Die weiteren Bekanntmachungsvoraussetzungen sowie die Art und Weise der Bekanntmachung entsprechen den Vorgaben zu § 125 Abs. 1 WpHG nF,[90] allerdings mit dem Unterschied, dass die Aufhebung einer Entscheidung im Rahmen von § 125 Abs. 6 WpHG nF auch dann veröffentlicht wird, wenn die Aufhebung ohne die vorherige Einlegung eines Rechtsbehelfs erfolgt ist.

8. Bekanntmachung nach § 126 Abs. 1 S. 1 WpHG nF (Verstöße gegen die Abschnitte 9-11 des WpHG nF und gegen die MiFIR)

Der Veröffentlichungstatbestand des § 126 Abs. 1 S. 1 WpHG nF wurde mWv 3.1.2018 **36**
durch das 2. FiMaNoG in das Gesetz eingeführt und dient der Umsetzung von Art. 71 MiFID II.[91] Erfasst sind Entscheidungen der BaFin über Maßnahmen und Sanktionen, die erlassen wurden wegen

- Verstößen gegen die Abschnitte 9 bis 11 des WpHG nF,
- Verstößen gegen Rechtsverordnungen, die zur Durchführung der Vorschriften in Abschnitte 9 bis 11 des WpHG nF erlassen wurden, oder
- Verstößen gegen die in Titel II bis VI enthaltenen Ge- und Verbote der MiFIR.[92]

Nicht veröffentlicht werden ausweislich von § 126 Abs. 1 S. 2 WpHG nF jedoch **37**

- Entscheidungen über Maßnahmen und Sanktionen, die wegen Verstößen gegen die §§ 64 Abs. 6, 86, 87, 89, 94 WpHG nF verhängt wurden,
- Entscheidungen, mit denen Maßnahmen mit Ermittlungscharakter verhängt wurden, oder
- Entscheidungen, die gem. § 50a BörsG von den Börsenaufsichtsbehörden bekannt zu machen sind.

Für alles Weitere kann auf die Ausführungen zu § 125 Abs. 1 WpHG nF verwiesen **38**
werden, die für § 126 Abs. 1 S. 1 WpHG nF entsprechend gelten.[93]

III. Warnung gem. § 6 Abs. 9 WpHG nF

Gem. § 6 Abs. 9 WpHG nF, der (ursprünglich als § 4 Abs. 3k S. 1 WpHG aF) mWv **39**
2.7.2016[94] zur Umsetzung von Art. 30 Abs. 2 UAbs. 1 lit. c) MAR in das Gesetz einge-

eines Investmentfonds verwendet werden, und zur Änderung der Richtlinien 2008/48/EG und 2014/17/EU sowie der Verordnung (EU) Nr. 596/2014, ABl. EU Nr. L 171 v. 29.6.2016 S. 1 ff. (Benchmark-VO).

90 → Rn. 30 ff.

91 Richtlinie 2014/65/EU des Europäischen Parlaments und des Rates vom 15. Mai 2014 über Märkte für Finanzinstrumente sowie zur Änderung der Richtlinien 2002/92/EG und 2011/61/EU, ABl. EU Nr. L 173 v. 12.6.2014 S. 349 ff. (MiFID II).

92 Verordnung (EU) Nr. 600/2014 des Europäischen Parlaments und des Rates vom 15. Mai 2014 über Märkte für Finanzinstrumente und zur Änderung der Verordnung (EU) Nr. 648/2012, ABl. EU Nr. L 173 v. 12.6.2014 S. 84 ff. (MiFIR).

93 → Rn. 27 ff.

94 Erstes Gesetz zur Novellierung von Finanzmarktvorschriften auf Grund europäischer Rechtsakte (Erstes Finanzmarktnovellierungsgesetz – 1. FiMaNoG) v. 30. Juni 2016 (BGBl. I S. 1514).

führt wurde, kann – es handelt sich um eine **Ermessensvorschrift** – die BaFin bei einem Verstoß gegen eine der in § 6 Abs. 9 WpHG nF genannten Vorschriften (§ 6 Abs. 6 S. 1 Nr. 1-5 WpHG nF) oder eine vollziehbare Anordnung der BaFin, die sich auf diese Vorschriften bezieht, auf ihrer Internetseite eine Warnung unter Nennung der natürlichen oder juristischen Person oder der Personenvereinigung, die den Verstoß begangen hat, sowie der Art des Verstoßes veröffentlichen. Gem. § 6 Abs. 9 S. 2 WpHG nF gilt der § 125 Abs. 3, Abs. 5 WpHG nF für Warnungen nach § 6 Abs. 9 S. 2 WpHG nF entsprechend.

40 Laut der Intention des Gesetzgebers dient eine Warnung nach § 6 Abs. 9 S. 2 WpHG nF weniger der Warnung vor der Person, die den Verstoß begangen hat; „vielmehr soll eine (ver)warnende Wirkung der Veröffentlichung gegenüber dem Verstoßenden selbst eintreten und ihn sowie übrige Markteilnehmer für die Zukunft zu normgemäßem Verhalten anhalten."[95] Damit wird in Bezug auf § 6 Abs. 9 S. 2 WpHG nF eine – auch bei den Publizitätstatbeständen gem. §§ 123-126 WpHG nF zT nur mühsam konstruierbare – überwiegend präventive ausgerichtete Zwecksetzung der Norm nicht einmal behauptet, sondern der primäre Fokus auf Spezial- und negative Generalprävention unumwunden zugestanden. Dementsprechend handelt es sich bei Warnungen gem. § 6 Abs. 9 S. 2 WpHG nF nach der hier gewählten Betrachtungsweise[96] eindeutig um eine Vorschrift **überwiegend repressiver Natur**, die dem **Strafrecht iwS** zugeordnet werden muss.[97]

IV. Veröffentlichungsdauer / Löschung

41 Nach § 125 Abs. 5 WpHG nF sind Bekanntmachungen auf Grundlage von § 125 Abs. 1 WpHG nF (und damit auch Bekanntmachungen auf Grundlage von § 125 Abs. 6 WpHG nF) **fünf Jahre** nach ihrer Bekanntmachung zu löschen. Auch der § 6 Abs. 9 WpHG nF verweist auf diese Vorschrift. In Bezug auf die anderen Bekanntmachungstatbestände enthielt das Gesetz bis zum 3.1.2018 allerdings keine vergleichbare Begrenzung der Veröffentlichungsdauer. Das war problematisch, weil Eingriffe in das Recht auf informationelle Selbstbestimmung nach ständiger Rspr. des BVerfG einer **hinreichend bestimmten gesetzlichen Ermächtigung** bedürfen, die Anlass, Zweck und Grenzen des Eingriffs bereichsspezifisch und präzise festlegt.[98] Dazu gehört es im Kontext von eingriffsintensiven Vorschriften zur Information der Öffentlichkeit auch, dass der Gesetzgeber die zeitliche Wirkung dieser Veröffentlichung durch die Aufnahme einer Löschungsfrist in das Gesetz einschränkt.[99] Dass diese Vorgaben auch für den Bereich von „naming & shaming"-Maßnahmen praktische Bedeutung haben, zeigt ein Blick auf die (den §§ 123-126 WpHG nF konstruktiv sehr ähnliche) Bekanntmachungsvorschrift gem. § 40 Abs. 1a LFGB, die von mehreren Obergerichten als **verfassungswidrig** eingestuft wurde, weil es ihr ebenfalls an einer gesetzlichen Regelung der Veröffentlichungsdauer bzw. Datenlöschung fehlt.[100] Der Gesetzgeber hat diese Problematik erkannt und mit den **§§ 123 Abs. 5, 124 Abs. 4, 126 Abs. 5 WpHG nF** im Rahmen des 2. FiMaNoG mWv 3.1.2018 Löschungsvorschriften nach dem Vorbild von § 125 Abs. 5 WpHG nF eingeführt.

[95] BT-Drucks. 18/7482 S. 59.

[96] → Rn. 6.

[97] So jetzt wörtlich auch BT-Drucks. 18/10936 S. 215 u. 226.

[98] BVerfGE 128, 1 (46 ff.); 120, 378 (407 ff.).

[99] BVerfGE 128, 1 (55 f.); Nds. OVG NVwZ 2013, 831 (832); BayVGH, Beschl. v. 18.3.2013 – 9 C 12.2755 – juris Rn. 22; OVG NRW NVwZ-RR 2013, 627; VGH BW NVwZ 2013, 1022 (1024 f.); Hess. VGH, Beschl. v. 23.4.2014 – 8 B 28/13 – juris Rn. 7; *Schmieszek/Langner* WM 2014, 1893 (1900).

[100] Nds. OVG NVwZ 2013, 831 (832); OVG NRW NVwZ-RR 2013, 627; vgl. auch VGH BW NVwZ 2013, 1022 (1024 f.) („Zweifel" an der Verfassungsmäßigkeit), BayVGH, Beschl. v. 18.3.2013 – 9 C 12.2755 – juris Rn. 22 („erhebliche Bedenken) u. Hess. VGH, Beschl. v. 23.4.2014 – 8 B 28/13 – juris Rn. 7 („Bedenken").

Bei überwiegend präventiv ausgerichteten Publizitätstatbeständen ist eine Löschung der Veröffentlichung **bereits vor Ablauf der Löschfristen** nach den §§ 123 Abs. 5, 124 Abs. 4, 125 Abs. 5, 126 Abs. 5 WpHG nF geboten, sobald die Bekanntmachung nicht mehr zur Gefahrenabwehr erforderlich ist. 42

V. Rechtsschutz

Bekanntmachungen der BaFin nach den §§ 6 Abs. 9, 123-126 WpHG nF sind – ebenso wie sonstige amtliche Veröffentlichungen von Normverstößen im Internet[101] – **Verwaltungsrealakte**, gegen die gem. § 40 VwGO der Verwaltungsrechtsweg eröffnet ist.[102] Als statthafte Klageart gegen eine rechtswidrige Bekanntmachung ist auf die **allgemeine Leistungsklage** in Gestalt der Unterlassungsklage zurückzugreifen.[103] Der materielle Unterlassungsanspruch ergibt sich dabei aus dem allgemeinen öffentlich-rechtlichen Unterlassungsanspruch analog §§ 1004, 906 BGB in Verbindung mit der Abwehrfunktion der im konkreten Einzelfall beeinträchtigen Grundrechte.[104] Im **einstweiligen Rechtsschutz** ist – bei bereits erfolgter Veröffentlichung – der § 123 Abs. 1 S. 2 VwGO oder – wenn die Veröffentlichung noch bevorsteht – der § 123 Abs. 1 S. 1 VwGO anwendbar.[105] 43

VI. Behandlung von Altfällen

Da die §§ 6 Abs. 9, 123-126 WpHG nF erst in jüngerer Zeit in das Gesetz eingeführt wurden, stellt sich die Frage, ob die BaFin auch Normverstöße öffentlich machen darf, die vor In-Kraft-Treten des jeweiligen Publizitätstatbestands begangen wurden. Die Antwort hängt davon ab, welche Rechtsnatur die jeweilige Bekanntmachungsvorschrift aufweist: Bei Normen, die – wie § 124 Abs. 1 S. 1 WpHG nF,[106] § 125 Abs. 1 S. 1, Abs. 6 WpHG nF[107] oder § 6 Abs. 9 WpHG nF[108] – zum Strafrecht iwS gehören, verbietet der **Art. 103 Abs. 2 GG** eine rückwirkende Anwendung des jeweiligen Publizitätstatbestands.[109] Alternativ kommt auch eine Anwendung des Rückwirkungsverbots aus **§ 4 Abs. 1, Abs. 5 OWiG** in Betracht.[110] In jedem Fall – also auch soweit eine Publizitätsvorschrift dem überwiegend präventiv ausgerichteten Gefahrenabwehrrecht zugeordnet wird – wäre eine rückwirkende Anwendung der jeweiligen Vorschrift am **Grundsatz des Vertrauensschutzes** auf Grundlage von **Art. 20 Abs. 3 GG** zu messen.[111] 44

---

[101] S. etwa BayVGH, Beschl. v. 18.3.2013 – 9 C 12.2755 – juris Rn. 14 (in Bezug auf § 40 Abs. 1a LFGB); vgl. auch BVerfGE 82, 76 (78) (Warnungen der Bundesregierung).

[102] *Zimmer/Cloppenburg* in Schwark/Zimmer § 40b WpHG Rn. 5.; **aA** (von *Waßmer* [in Fuchs WpHG § 40b Rn. 7] zu Unrecht als „wohl hM" eingestuft) *Altenhain* in KölnKomm WpHG § 40b Rn. 17, der jedenfalls die Ermessensentscheidung über eine öffentliche Bekanntmachung auf Grundlage von § 40b Abs. 1 S. 1 WpHG als Verwaltungsakt iSv § 35 S. 1 VwVfG einstuft, dabei allerdings die in Fn. 101 aufgeführte Rechtsprechungspraxis nicht berücksichtigt; **offen gelassen** bei *Vogel* in Assmann/Schneider WpHG (6. Aufl.) § 40b Rn. 9, der empfiehlt, sicherheitshalber stets Widerspruch zu erheben.

[103] *Seibt/Wollenschläger* AG 2014, 593 (605); *Schmieszek/Langner* WM 2014, 1893 (1900); vgl. ferner *Uwer/Rademacher* BKR 2015, 145 (149) (im Kontext von § 60b KWG); **aA** *Altenhain* in KölnKomm WpHG § 40b Rn. 17 („Anfechtungsklage"); s. dazu schon Fn. 102.

[104] *Schmieszek/Langner* WM 2014, 1893 (1900); vgl. auch BayVGH BeckRS 2012, 45847 (im Kontext von Veröffentlichungen nach Art. 6 Abs. 2 BayPfleWoqG).

[105] Vgl. BayVGH, Beschl. v. 18.3.2013 – 9 C 12.2755 – juris Rn. 14 (in Bezug auf § 40 Abs. 1a LFGB).

[106] → Rn. 20.

[107] → Rn. 29.

[108] → Rn. 40.

[109] So – für den § 40c WpHG aF – *Nartowska/Knierbein* NZG 2016, 256 (260); s. ferner *Uwer/Rademacher* BKR 2015, 145 (146 ff.) (zu § 60b KWG).

[110] *Nartowska/Knierbein* NZG 2016, 256 (260).

[111] Dazu ausführlich *Uwer/Rademacher* BKR 2015, 145 (148 ff.); s. ferner *Nartowska/Knierbein* NZG 2016, 256 (260).

VII. Materielle Rechtskraftwirkung

1. Innerstaatliche materielle Rechtskraftwirkung

45 Zu klären ist schließlich, ob und inwieweit Sachentscheidungen auf Basis von „naming & shaming"-Vorschriften – jedenfalls soweit ihnen nach hier vertretener Auffassung ein überwiegend repressiver, iwS strafrechtlicher Charakter zukommt – in materielle Rechtskraft erwachsen können. Eine einfachgesetzliche Regelung findet sich dazu nicht. Auch ein Rückgriff auf den in **Art. 103 Abs. 3 GG** verankerten „ne bis in idem"-Grundsatz ist verwehrt, weil diese Vorschrift nach hM nur auf (Kriminal-)Strafrecht ieS anwendbar ist.[112]

46 Denkbar wäre allerdings eine Anwendung des **Art. 50 GRC**, der – unter anderem – ebenfalls eine innerstaatliche *ne-bis-in-idem*-Garantie enthält.[113] Dafür müsste es sich bei der Anwendung von „naming & shaming"-Vorschriften um ein „Strafverfahren" bzw. eine „strafrechtliche Verfolgung" iSv Art. 50 GRC handeln. Zur Auslegung dieser Begriffe greift der EuGH der Sache nach auf die sog. **„Engel"-Kriterien**[114] zurück,[115] die ursprünglich der EGMR im Kontext von Art. 6 EMRK entwickelt und später – unter anderem – auf das innerstaatliche Doppelverfolgungsverbot nach Art. 4 des 7. Zusatzprotokolls zur EMRK angewendet hat.[116] Ob ein staatliches „naming & shaming" als Reaktion auf einen Normverstoß die „Engel"-Kriterien erfüllt, ist – in Ermangelung einschlägiger Entscheidungen von EGMR oder EuGH[117] – ebenso unwägbar wie die Differenzierung zwischen Gefahrenabwehrrecht und Strafrecht iwS im Rahmen der deutschen Rechtsordnung.[118] Zu beachten ist jedenfalls, dass der EuGH den zuständigen mitgliedstaatlichen Verfolgungsbehörden und Gerichten einen erheblichen Beurteilungsspielraum bei der Frage einräumt, ob eine staatliche Maßnahme dem Strafbegriff des Art. 50 GRC unterfällt.[119]

47 Selbst wenn aber weder der Art. 103 Abs. 3 GG noch der Art. 50 GRC (in seiner innerstaatlichen Dimension) auf die §§ 6 Abs. 9, 123-126 WpHG nF anwendbar sein sollten, gebieten es gleichwohl der **Verhältnismäßigkeitsgrundsatz** sowie der Gedanke der **materiellen Gerechtigkeit**, das Problem der Doppelsanktionierung im Zusammenhang mit „naming & shaming"-Maßnahmen verfassungsrechtlich zu adressieren.[120] Eine denkbare (Minimal-)Lösung, die hier auf Grund der gebotenen Konzentration nur skizziert werden kann, läge dabei in einer **analogen Anwendung des § 56 Abs. 4 OWiG** auf „naming & shaming"-Maßnahmen, denen ein iwS strafrechtlicher Charakter zugesprochen wird. Öffentlich bekanntgemachte Normverstöße könnten dann nur noch unter den tatsächlichen oder rechtlichen Gesichtspunkten verfolgt werden, die nicht in der Veröffentlichung enthalten sind; zudem bliebe eine Verfolgung als Straftat möglich.[121]

2. Transnationale materielle Rechtskraftwirkung

48 Von der bisher diskutierten Frage, ob „naming & shaming"-Maßnahmen eine innerstaatliche materielle Rechtskraftwirkung nach sich ziehen, getrennt zu erörtern ist die Frage, ob

---

[112] Statt vieler *Schmitz-Aßmann* in Maunz/Dürig Art. 103 GG Rn. 286 ff. mwN.
[113] Zur Anwendbarkeit der GRC bei Bekanntmachungen nach den §§ 6 Abs. 9, 123-126 WpHG nF → Rn. 5.
[114] Leitentscheidung EGMR v. 8.6.1976 – 5100/71 – *Engel v. Netherlands.*
[115] EuGH v. 5.6.2012 – Rs. C-489/10, ECLI:EU:C:2012:319 Rn. 37 – *Bonda*; EuGH v. 26.2.2013 – Rs. C-617/10, ECLI:EU:C:2013:105 Rn. 35 – *Fransson.*
[116] Instruktiv zur „Engel"-Rechtsprechung des EGMR *Grabenwarter/Pabel* in EMRK/GG-Konkordanzkommentar Kap. 14 Rn. 21 ff.
[117] Vgl. aber *Pfaeltzer* Utrecht Law Review 2014, 134 (141 ff.).
[118] S. zu diesem Problem bereits → Rn. 6.
[119] EuGH v. 26.2.2013 – Rs. C-617/10, ECLI:EU:C:2013:105 Rn. 32–37 – *Fransson.*
[120] Eingehend *Schmitz-Aßmann* in Maunz/Dürig Art. 103 GG Rn. 275 mwN.
[121] Für Details vgl. *Straßer* in BeckOK OWiG § 56 Rn. 87 ff.

und inwieweit solchen Bekanntmachungen eine **transnationale Rechtskraftwirkung** iSv Art. 54 SDÜ (der im Lichte der horizontal-transnationalen Dimension von Art. 50 GRC auszulegen ist)[122] zukommt. Dazu ein

> **Beispiel:** Die international tätige X-AG wird von der französischen Kapitalmarktaufsichtsbehörde Autorité des Marchés Financiers (AMF) für einen Normverstoß öffentlich verwarnt. Von weiteren Sanktionen sieht die Behörde auf Grund der mangelnden Schwere des Verstoßes ab. Einige Monate später will die BaFin für denselben Sachverhalt eine Geldbuße gegen die X-AG verhängen.

Ausgangspunkt der rechtlichen Bewertung ist auch hier die bereits im Zusammenhang mit der innerstaatlichen materiellen Rechtskraftwirkung von „naming & shaming"-Maßnahmen[123] erörterte Frage, ob diese sich unter den Sanktionsbegriff des Art. 54 SDÜ iVm Art. 50 GRC fassen lassen. Bei der Beschäftigung mit dieser Frage wird deutlich, dass die in Art. 54 SDÜ iVm Art. 50 GRC enthaltene *ne-bis-in-idem*-Regelung mit ihrem binären Ansatz (absolute Verfolgungssperre oder keine Verfolgungssperre) für sich genommen zu grob ist, um alle Facetten des Problems grenzüberschreitender Mehrfachverfolgungen sachgerecht lösen zu können. So kann es einerseits zu unbefriedigenden Ergebnissen kommen, wenn „naming & shaming"-Maßnahmen pauschal unter Art. 54 SDÜ iVm Art. 50 GRC gefasst werden, weil dann zB eine vorschnelle Routineveröffentlichung eines Mitgliedstaats möglicherweise dazu führen kann, dass schwere Kapitalmarktvergehen in einem anderen Mitgliedstaat nicht mehr verfolgt werden können. Andererseits wäre es vor dem Hintergrund des auch auf Ebene des Unionsrechts geltenden Verhältnismäßigkeitsgrundsatzes (Art. 49 Abs. 3 GRC und Art. 5 Abs. 3 S. 2 EUV) falsch, die pönalisierende Wirkung von „naming & shaming"-Veröffentlichungen überhaupt nicht unter dem Gesichtspunkt der transnationalen Mehrfachverfolgung zu berücksichtigen. Für eine differenzierende Lösung nach dem Vorbild von § 56 Abs. 4 OWiG[124] fehlt es zudem an unionsweit anknüpfungsfähigen Differenzierungskategorien wie etwa der Unterscheidung zwischen Straftat und Ordnungswidrigkeit im deutschen Rechtssystem. *De lege ferenda* ist insofern der Unionsgesetzgeber gefordert, differenzierte Vorschriften zur Vermeidung von grenzüberschreitender Doppelverfolgung zu schaffen, die auch „naming & shaming"-Maßnahmen miteinbeziehen. *De lege lata* verbleibt nur die Möglichkeit, Art. 54 SDÜ iVm Art. 50 GRC entweder nicht anzuwenden oder aber anzuwenden, dabei jedoch teleologisch zu reduzieren und die Sperrwirkung bei Sanktionen, die im Nachgang von „naming & shaming"-Maßnahmen wegen derselben Tat verhängt werden sollen, auf eher geringfügige Sanktionen zu beschränken

Neben der Auseinandersetzung mit dem Problem, ob „naming & shaming"-Maßnahmen **49**
generell vom Sanktionsbegriff des Art. 54 SDÜ iVm Art. 50 GRC erfasst werden, ist außerdem die damit eng verknüpfte Frage zu stellen, ob es sich bei solchen Maßnahmen um **„rechtskräftige Aburteilungen"** im Sinne der genannten Vorschriften handelt. Ausweislich der dazu einschlägigen EuGH-Rechtsprechung ist dies der Fall, wenn eine „naming & shaming"-Maßnahme nach dem Recht des Erstverfolgerstaats *erstens* dazu führt, dass das Strafverfahren gegen den Beschuldigten nach dem Recht des Erstverfolgerstaats nicht ohne Beibringung von neuen Beweisen wiederaufgenommen werden kann, und sie *zweitens* auf einer Prüfung in der Sache beruht. Auf eine Beteiligung des Gerichts bei der Entscheidungsfindung kommt es dagegen nicht an.[125] Gerade die Prüfung des erstgenann-

[122] Zum Verhältnis von Art. 54 SDÜ zu Art. 50 GRC s. grundlegend EuGH v. 27.5.2014 – Rs. C-129/14 PPU, ECLI:EU:C:2014:586 – *Spasic*.

[123] → Rn. 44 ff.

[124] → Rn. 46.

[125] Ausführlich zum Begriff der „rechtskräftigen Aburteilung" iSv Art. 54 SDÜ iVm Art. 50 GRC *Wegner* HRRS 2016, 396 ff.

ten Kriteriums dürfte bei „naming & shaming"-Maßnahmen jedoch Schwierigkeiten bereiten, weil die nationalen Gesetzgeber die Frage einer Sperrwirkung von „naming & shaming"-Maßnahmen zumeist nicht ausdrücklich geregelt haben. Möglicherweise ergibt sich die innerstaatliche Sperrwirkung der „naming & shaming"-Maßnahme in solchen Fällen dann erst aus dem nationalen Verfassungsrecht[126] oder aus einer Anwendung der innerstaatlichen Dimension von Art. 50 GRC, der dann – komplizierter und in hier nicht zu vertiefender Weise – eine seiner eigenen Anwendungsvoraussetzungen im transnational-horizontalen Bereich durch seinen Geltungsgehalt in der innerstaatlichen Dimension selbst schaffen würde.

[126] Für Deutschland → Rn. 46.

§ 31 Privatrechtliche Haftung

Übersicht

Literatur

Abram, Ansprüche von Anlegern wegen Verstoßes gegen Publizitätspflichten oder den Deutschen Corporate Governance Kodex? NZG 2003, 307; *Asmus/Moini,* „Dieselgate" – aktuelle Verjährungsfragen zu §§ 37b und § 37c WpHG, WM 2016, 1626; *Bachmann,* Anmerkung zu BGHZ 192, 90, JZ 2012, 578; *Beneke/Thelen,* Die

Schutzgesetzqualität des Insiderhandelsverbots gem. Art. 14 Marktmissbrauchsverordnung, BKR 2017, 12; *Bernuth/Wagner*, Die Haftung für fehlerhafte Kapitalmarktinformationen: Zur IKB-Entscheidung des BGH, WM 2012, 831; *Buck-Heeb*, Die Haftung von Mitgliedern des Leitungsorgans bei unklarer Rechtslage, BB 2013, 2247; *dies.* Wissenszurechnung, Informationsorganisation und Ad-hoc-Mitteilungspflicht bei Kenntnis eines Aufsichtsratsmitglieds, AG 2015, 801; *dies.* Neuere Rechtsprechung zur Haftung wegen fehlerhafter oder fehlender Kapitalmarktinformation, NZG 2016, 1125; dies. LIBOR- und EURIBOR-Manipulationen – Haftungsrechtliche Fragen, WM 2015, 157; *Casper*, Persönliche Außenhaftung der Organe bei fehlerhafter Information des Kapitalmarkts?, BKR 2005, 83; *Dinter/David*, Das Recht hat man zu kennen – Zum Vorsatz bei bußgeldbewehrten Verstößen im Kapitalmarktrecht, ZIP 2017, 893; *Dühn*, Schadensersatzhaftung börsennotierter Aktiengesellschaften für fehlerhafte Kapitalmarktinformationen, Frankfurt 2003; *Druckenbrodt*, Die Streichung der Sonderverjährungsvorschriften im WpHG – wirklich ein Schutz von Kleinanlegern? NJW 2015, 3749; *Einsele*, Verhaltenspflichten im Bank- und Kapitalmarktrecht, ZHR 180 (2016), 233; *Engelhardt*, Vertragsabschlussschaden oder Differenzschaden bei der Haftung des Emittenten für fehlerhafte Kapitalmarktinformationen, BKR 2006, 443; *Fleischer*, Das Vierte Finanzmarktförderungsgesetz, NJW 2002, 2977; *ders.*, Der Inhalt des Schadensersatzanspruchs wegen unwahrer oder unterlassener unverzüglicher Ad-hoc-Mitteilungen, BB 2002, 1869; *Fuchs/Dühn*, Deliktische Schadensersatzhaftung für falsche Ad-hoc-Mitteilungen, BKR 2002, 1063; *Graewe/Freiherr von Harder*, Enthaftung der Leitungsorgane durch Einholung von Rechtsrat bei unklarer Rechtslage, BB 2017, 707; *Grechenig*, Schadensersatz bei Verletzung von § 14 WpHG? – Insiderhandel bei positiver und negativer Information, ZBB 2010, 232; *Habbe/Gieseler*, Beweiserleichterungen bei (angeblich) fehlerhaften Ad-hoc-Mitteilungen – NZG 2016, 454; *Hannich*, Quo vadis, Kapitalmarktinformationshaftung? Folgt aufgrund des IKB-Urteils nun doch die Implementierung des KapInHaG, WM 2013, 449; *Ihrig*, Wissenszurechnung im Kapitalmarktrecht – untersucht anhand der Pflicht zur Ad-hoc Publizität gemäß Art. 17 MAR, ZHR 181 (2017), 381; *Hellgardt*, Europarechtliche Vorgaben für die Kapitalmarktinformationshaftung, AG 2016, 154; *Hellgardt*, Praxis- und Grundsatzprobleme der BGH-Rechtsprechung zur Kapitalmarktinformationshaftung, DB 2012, 673; *Hutter/Stürwald*, EM.TV und die Haftung für fehlerhafte Ad-hoc-Mitteilungen, NJW 2005, 2428; *Hopt*, Die Haftung für Kapitalmarktinformationen, WM 2013; *Klöhn*, Die Haftung wegen fehlerhafter Ad-hoc-Publizität gem. §§ 37b, 37c WpHG nach IKB-Urteil des BGH; *Klöhn*, Marktbetrug (Fraud on the Market), ZHR 178 (2014), 671; *Klöhn*, Kollateralschaden und Haftung wegen fehlerhafter Ad-hoc-Publizität, ZIP 2015, 53; *Langenbucher*, In Brüssel nichts Neues? – Der „verständige Anleger" in der Marktmissbrauchsverordnung, AG 2016, 417; *Maier-Reimer/Webering*, Ad-hoc-Publiziät und Schadensersatzhaftung, WM 2002, 1857; *Maume*, Staatliche Rechtsdurchsetzung im deutschen Kapitalmarktrecht: eine kritische Bestandsaufnahme, ZHR 180 (2016), 358; *Möller*, Die Neuregelung des Verbots der Kurs- und Marktpreismanipulation im Vierten Finanzmarktförderungsgesetz, WM 2002, 309; *Möllers*, Das europäische Kapitalmarktrecht im Umbruch, ZBB 2003, 390; *Möllers/Leisch*, Offene Fragen zum Anwendungsbereich der §§ 37b und 37c WpHG, NZG 2002, 112; *Möllers/Weichert*, Anmerkung zu OLG Stuttgart v. 15.2.2005 – 901 Kap 1/07, EWiR 2007, 285; *Nietsch*, Schadensersatzhaftung wegen Verstoßes gegen Ad-hoc-Publizitätspflichten nach dem Anlegerschutzverbesserungsgesetz, BB 2005, 785; *Piekenbrock*, Die Übergangsregelung bei Aufhebung der Sonderverjährung im WpHG 2015, NJW 2016, 1350; *Poelzig*, Private enforcement im deutschen und europäischen Kapitalmarktrecht, ZGR 2015, 801; *Rau*, Private Enforcement bei Referenzwertmanipulationen vor dem Hintergrund des neuen Marktmissbrauchsregime, BKR 2017, 57; *Reuter*, Wissenszurechnung im Unternehmen, ZIP 2017, 310; *Rieckers*, Haftung des Vorstands für fehlerhafte Ad-hoc-Meldungen de lege lata und de lege ferenda, BB 2002, 1213; *Rössner/Bolkart*, Schadensersatz bei Verstoßes gegen Ad-hoc-Publizitätspflichten nach dem 4. Finanzmarktförderungsgesetz, ZIP 2002, 1471; *Roth*, Erstes Gesetz zur Novellierung von Finanzmarktvorschriften auf Grund europäischer Rechtsakte, GWR 2016, 291; *Sajnovits*, Ad-hoc-Publizität und Wissenszurechnung; WM 2016, 765; *Schäfer*, Effektivere Vorstandshaftung für Fehlinformation des Kapitalmarkts?, NZG 2005, 985; *Schäfer/Weber/Wolf*, Berechnung und Pauschalierung des Kursdifferenzschadens bei fehlerhafter Kapitalmarktinformation, ZIP 2008, 197; *Schall*, Insiderinformation und zivilrechtliche Aufklärungspflicht – Das Leitbild des Individualvertrags als neue Perspektive, JZ 2010, 392; *Schmolke*, Haftung für fehlerhafte Sekundärmarktinformation, ZBB 2012, 165; *Schmolke*, Private Enforcement und institutionelle Balance, NZG 2016, 721; *Schürnbrand*, Wissenszurechnung im Konzern – Unter besonderer Berücksichtigung von Doppelmandaten, ZHR 181 (2017), 357; *Seibt/Wollenschläger*, Revision des Marktmissbrauchsrechts, AG 2016, 593; *Spindler*, Haftung für fehlerhafte und unterlassene Kapitalmarktinformationen, NZG 2012, 575; *ders.*, Persönliche Haftung der Organmitglieder für Falschinformationen des Kapitalmarktes, WM 2004, 2089; *ders.* Wissenszurechnung in der GmbH, in der AG und im Konzern, ZHR 181 (2017), 311; *Steinauer*, Insiderhandelsverbot und Ad-hoc Publizität – Eine rechtsvergleichende Analyse zivilrechtlicher Haftungsansprüche von Anlegern in den USA und Deutschland, 1999; *Teigelack/Dolff*, Kapitalmarktrechtliche Sanktionen nach dem Regierungsentwurf eines Ersten Finanzmarktnovellierungsgesetzes – 1. FimanoG; BB 2016, 387; *Tilp/Weiss*, Verjährung von Schadensersatzansprüchen wegen der Verletzung von Ad-hoc-Pflichten, WM 2016, 914; *Veil*, Die Ad-hoc-Publizitätshaftung im System kapitalmarktrechtlicher Informationshaftung, ZHR 167 (2003), 365; *ders.* Die Haftung des Emittenten für fehlerhafte Information des Kapitalmarkts nach dem geplanten KapInHaG, BKR 2005, 91; *von Katte/Berisha*, Die Verjährungsänderung im Rahmen des § 37b WpHG und deren Implikation auf Geschädigte im VW-Abgasskandal, BKR 2016, 409; *Wagner*, Schadensberechnung im Kapitalmarktrecht, ZGR 2008, 495; *ders.* Sinn und Unsinn der Unternehmensstrafe – Mehr Prävention durch Kriminalisierung? ZGR 2016, 112; *Weller*, Wissenszurechnung in internationalen Unternehmensstrafverfahren, ZGR 2016, 384; *Christian Wolf/Lange*, Wie neu ist das neue Kapitalanleger-Musterverfahrensgesetz?, NJW 2012, 3751; *Wundenberg*, Perspektiven der privaten Rechtsdurchsetzung im europäischen Kapitalmarktrecht, ZGR 2015, 124.

I. Einleitung

1. Grundlagen der privatrechtlichen Haftung

Bezüglich des Sanktionsregimes für Verstöße gegen das europäische Marktmissbrauchsrecht (also für unrechtmäßige Handlungen an den Finanzmärkten, insbesondere Insidergeschäfte oder die unrechtmäßige Offenlegung von Insiderinformationen und Marktmanipulation)[1] macht die MAR[2] verbindliche Vorgaben zum einen dergestalt, dass die zuständigen nationalen Behörden in den verschiedenen Mitgliedsstaaten über die Befugnis verfügen müssen, verwaltungsrechtliche Sanktionen für Verstöße zu verhängen.[3] Daneben enthält die CRIM-MAD[4] Mindestvorschriften für strafrechtliche Sanktionen bei Insider-Geschäften, unrechtmäßiger Offenlegung von Insiderinformationen und Marktmanipulation[5] und enthält Vorgaben im Hinblick auf die strafrechtliche Rechtsfolgenseite für solche Verstöße.[6] 1

Im Gegensatz zu der europäischen Prospektrichtlinie[7] und Transparenzrichtlinie[8] enthält das europäische Marktmissbrauchsrecht hingegen weiterhin keine Regelungen für die privatrechtliche Haftung.[9] Dies mag angesichts der Prominenz einiger Fälle aus der Praxis[10] zwar überraschen, lässt sich zumindest zum Teil aber mit der im Vergleich zur Prospekt- und Transparenzrichtlinie anderen Zielrichtung der MAR erklären. Bei der MAR steht nicht die Kapitalmarktpublizität als vorrangiger Regelungsinhalt im Vordergrund,[11] sondern die Aufrechterhaltung der Marktintegrität, das reibungslose Funktionieren der Wertpapiermärkte und das Vertrauen der Öffentlichkeit in die Märkte.[12] Ob das Fehlen einer ausdrücklichen Regelung zum privatrechtlichen Haftungsregime in Zukunft 2

---

1 Vgl. Erwägungsgrund 7 MAR.

2 Verordnung (EU) Nr. 596/2014 des Europäischen Parlaments und des Rates vom 16. April 2014 über Marktmissbrauch (Marktmissbrauchsverordnung) und zur Aufhebung der Richtlinie 2003/6/EG des Europäischen Parlaments und des Rates und der Richtlinien 2003/124/EG, 2003/125/EG und 2004/72/EG der Kommission, ABl. EU Nr. L173 v. 12.6.2014 S. 1 ff. (MAR).

3 Art. 30 Abs. 2 in Verbindung mit Art. 30 Abs. 1 MAR.

4 Richtlinie 2014/57/EU des Europäischen Parlaments und des Rates vom 16. April 2014 über strafrechtliche Sanktionen bei Marktmanipulation (Marktmissbrauchsrichtlinie), ABl. EU Nr. L173 v. 12.6.2014 S. 179 ff. (CRIM-MAD).

5 Art. 1 Abs. 1 CRIM-MAD.

6 Art. 7 – 9 CRIM-MAD.

7 Vgl. Art. 6 Abs. 1 der Richtlinie 2003/71/EG des Europäischen Parlaments und des Rates vom 4. November 2003 betreffend den Prospekt, der beim öffentlichen Angebot von Wertpapieren oder bei deren Zulassung zum Handel zu veröffentlichen ist, und zur Änderung der Richtlinie 2001/34/EG, ABl. EU Nr. L 345 v. 31.12.2003 S. 64 ff. (Prospektrichtlinie), nach dem die Mitgliedstaaten sicher stellen sollen, „*dass je nach Fall zumindest der Emittent oder dessen Verwaltungs-, Management- bzw. Aufsichtsstellen, der Anbieter, die Person, die die Zulassung zum Handel an einem geregelten Markt beantragt, oder der Garantiegeber für die in einem Prospekt enthaltenen Angaben haftet.*“

8 Richtlinie 2004/109/EG des Europäischen Parlaments und des Rates vom 15. Dezember 2004 zur Harmonisierung der Transparenzanforderungen in Bezug auf Informationen über Emittenten, deren Wertpapiere zum Handel auf einem geregelten Markt zugelassen sind, und zur Änderung der Richtlinie 2001/34/EG, ABl. EU Nr. L390 v. 31.12.2004 S. 38 ff. in der durch Richtlinie 2013/50/EU des Europäischen Parlaments und des Rates vom 22.10.2013, ABl. EU Nr. L294 v. 6.11.2013 S. 13 ff. geänderten Fassung (Transparenzrichtlinie). Vgl. Art. 7 Transparenzrichtlinie, nach dem die Mitgliedsstaaten sicher stellen sollen, „*dass die Verantwortung für die in den Artikeln 4, 5, 6 und 16 vorgeschriebene Zusammenstellung und Veröffentlichung der Informationen zumindest beim Emittenten oder dessen Verwaltungs-, Leitungs- oder Aufsichtsorgan liegt und dass ihre Rechts- und Verwaltungsvorschriften über die Haftung auf die Emittenten, die in diesem Artikel genannten Organe oder die beim Emittenten verantwortlichen Personen anwendbar sind.*“

9 *Teigelack/Dolff* BB 2016, 393; *Hellgardt* AG 2012, 163.

10 Man denke zum Beispiel an den Fall Schrempp im Hinblick auf sein Ausscheiden als Vorstandsvorsitzender der DaimlerChrysler AG; vgl. dazu EuGH v. 28.6.2012 – Rs. C-19/11, ECLI:EU:C:2012:397 = NZG 2012, 784 – *Geltl.*

11 So auch *Hellgardt* AG 2012, 154 und 156.

12 Vgl. Erwägungsgrund 2 MAR.

ggf. zukünftigen Diskussionsbedarf oder sogar gesetzgeberischen Nachholbedarf auslösen wird,[13] bleibt abzuwarten. Einigen Stimmen in der Literatur zufolge soll die grundsätzliche Kompetenz der EU zur Einführung einer (Rahmen-)Regelung für die zivilrechtliche Haftung im Bereich des Marktmissbrauchsrechts gegeben sein, da ja auch die Art. 6 der Prospektrichtlinie und Art. 7, 28 der Transparenzrichtlinie das grundsätzliche Erfordernis einer zivilrechtlichen Haftung auf nationaler Ebene vorschreiben.[14] Zudem ist ja auch die zivilrechtliche Prospekthaftung in der Europäischen Union weiterhin nicht vereinheitlicht, so dass sich die privatrechtliche Haftung für Marktmissbräuche insofern entsprechend verhält.

3 Damit bleibt es auch nach Inkrafttreten der MAR im Ausgangspunkt bei der bislang bestehenden Rechtslage, nach der privatrechtliche (Schadensersatz-)Ansprüche vor allem aus §§ 97, 98 WpHG (bei unterlassener Veröffentlichung von Insiderinformationen oder der Veröffentlichung von unwahren Insiderinformationen) und aus § 826 BGB geltend gemacht werden können.[15] Ansprüchen aus § 823 Abs. 2 BGB in Verbindung mit der Verletzung eines Schutzgesetzes war vor Inkrafttreten der MAR und dem Ersten Finanzmarktnovellierungsgesetz zur Umsetzung der CRIM-MAD hingegen regelmäßig entgegengehalten worden, dass die entsprechenden Vorschriften aus dem Wertpapierhandelsgesetz nach Rechtsprechung des BGH keine Schutzgesetze sind und daher zivilrechtliche Schadensersatzansprüche ausscheiden.[16] Die Frage, ob dies auch nach Inkrafttreten der MAR weiterhin gilt ist einer der zentralen Fragen in diesem Bereich und unten näher zu untersuchen.[17] Die Grundsätze der bürgerlichen Prospekthaftung (oder gar der speziellen Prospekthaftung nach den jeweils einschlägigen Vorschriften) spielen in diesem Bereich keine Rolle, auch nicht im Zusammenhang mit der Veröffentlichung unwahrer Insiderinformationen, da solche Veröffentlichungen prinzipiell nicht den bürgerlich-rechtlichen Prospektbegriff erfüllen.[18]

2. Aufgaben der privatrechtlichen Haftung im Bereich des Marktmissbrauchsrechts

4 Im Bereich der kapitalmarktrechtlichen Haftung ist grundsätzlich zwischen Primär- und Sekundärmarkt zu unterscheiden. Das Marktmissbrauchsrecht ist dabei ausschließlich im Bereich des Sekundärmarkts relevant, also im Zusammenhang mit dem Handel oder Verhaltenspflichten bezüglich von Wertpapieren, die bereits öffentlich platziert oder an einem Markt gehandelt werden bzw. deren Platzierung bzw. Einführung zum Handel unmittelbar bevorsteht. Mit Primärmarkt werden im Gegensatz dazu Sachverhalte im Zusammenhang mit der (erstmaligen) Platzierung oder der Einführung zum Börsenhandel von Wertpapieren bezeichnet.[19]

5 Die privatrechtliche Haftung im Bereich des Marktmissbrauchsrechts übernimmt im Wesentlichen drei Funktionen: die Kompensations- oder Ausgleichsfunktion, den Vertrauensschutz sowie die Präventions- oder Abschreckungsfunktion.[20] Die Kompensations- oder Ausgleichsfunktion soll gewährleisten, dass der von dem Anleger erlittene Schaden

[13] So *Roth* GWR 2016, 292.

[14] *Bruchwitz* in JVRB WpHG §§ 37b, 37c Rn. 3; *Möllers/Leisch* in KölnKomm WpHG §§ 37b, 37c WpHG.

[15] Vgl. zu den möglichen Anspruchsgrundlagen → Rn. 10.

[16] Zur Rechtslage hinsichtlich der entsprechenden Vorschriften aus dem Wertpapierhandelsgesetz vgl. zB BGHZ 192, 90 ff. = NZG 2012, 263 ff. zu § 20a WpHG – Marktmanipulation.

[17] Die Schutzgesetzeigenschaft der einschlägigen Vorschrift der MAR wird jeweils im Zusammenhang mit einer Haftung aus § 823 Abs. 2 BGB unten näher ausgeführt.

[18] *Fuchs* in Fuchs WpHG Vor §§ 37b, 37c Rn. 27 mwN.

[19] Zu den Begriffen vgl. *Maier-Reimer/Seulen* in Habersack/Mülbert/Schlitt, HdB der Kapitalmarktinformation, § 30 Rn. 4 ff.

[20] *Maier-Reimer/Seulen* in Habersack/Mülbert/Schlitt, HdB der Kapitalmarktinformation, § 30 Rn. 1; *Sethe* in Assmann/Schneider WpHG §§ 37b, 37c Rn. 4; zu den allgemeinen Funktionen des Schadensersatzrechts vgl. zum Beispiel *Wagner* in MüKoBGB Vorbemerkungen zu § 823 ff. BGB Rn. 43 ff.

ausgeglichen wird, offensichtlich die unmittelbare Aufgabe des Haftungsrechts.[21] Damit ist allerdings noch keine Aussage getroffen, unter welchen Voraussetzungen und in welchem Umfang die Kompensation tatsächlich zu erfolgen hat.[22] Der Vertrauensschutz und die Präventionsfunktion treten im deutschen Recht hinter die Kompensations- und Ausgleichsfunktion zurück. Sie stellen zwar „erwünschte Nebenprodukte" des schadensersatzrechtlichen Ausgleichs dar. Bei Fehlen eines ersatzfähigen Schadens können sie aber nicht selbständig Schadensersatzansprüche begründen.[23]

3. Außenhaftung und Innenhaftung

Im Mittelpunkt dieses Abschnitts steht die Haftung des Emittenten bzw. von dessen Organmitgliedern gegenüber den Teilnehmern des Kapitalmarkts (sog. Außenhaftung). Soweit der Emittent für eine Verletzung kapitalmarktrechtlicher Vorschriften in Anspruch genommen wird, bestehen jedoch regelmäßig Regressansprüche des Emittenten gegenüber dem Organmitglied, das für die Verletzung verantwortlich ist (sog. Innenhaftung). Ist der Emittent eine Aktiengesellschaft, so kann sich ein solcher Anspruch insbesondere aus § 93 Abs. 2 S. 1 AktG gegenüber den Vorstandsmitgliedern ergeben.[24] 6

Zu beachten ist, dass sich ein Vorstand bei der Verletzung kapitalmarktrechtlicher Vorschriften grundsätzlich nicht auf den sog. „sicheren Hafen der Business Judgement Rule" (§ 93 Abs. 1 S. 2 AktG) berufen kann. Die kapitalmarktrechtlichen Vorschriften (beispielsweise die Pflicht gemäß Art. 17 MAR, Insiderinformationen unverzüglich zu veröffentlichen) räumen dem Vorstand einer Aktiengesellschaft nämlich keinen Ermessensspielraum ein. Ob und wann eine Insiderinformation veröffentlicht werden muss, ist allein rechtliche Auslegungsfrage. Folglich ist eine Verletzung von Art. 17 MAR regelmäßig auch eine Pflichtverletzung im Sinne des § 93 Abs. 1 AktG, da sich der Vorstand bei seiner Amtsführung stets gesetzestreu zu verhalten hat (Legalitätspflicht).[25] Eine unternehmerische Entscheidung im Sinne der Business Judgment Rule kann sich allerdings dann ergeben, wenn die Frage, ob eine bestimmte Information eine nach Art. 17 MAR zu veröffentlichende Insiderinformation darstellt, rechtlichen Zweifeln unterliegt und der Vorstand – in den meisten Fällen idealerweise nach Einholung externen Rechtsrats – eine Abwägung zwischen verschiedenen Handlungsalternativen angesichts der rechtlichen Unsicherheit treffen muss.[26] 7

Die Geltendmachung von Ansprüchen der Gesellschaft gegenüber dem Vorstand weist § 112 AktG dem Aufsichtsrat zu. Aktionäre haben hingegen nach §§ 147, 148 und 117 AktG nur begrenzte Möglichkeiten, Schadensersatzansprüche direkt gegenüber Vorstandsmitgliedern geltend zu machen. Dieses System war in der Praxis wenig effektiv, da der Aufsichtsrat in der Regel[27] nur als *ultima ratio* zur Durchsetzung von Ansprüchen gegenüber dem Vorstand gegriffen hat. Dies mag auch daran liegen, dass sich in diesem Zusammenhang dann zudem regelmäßig die Frage stellen wird, ob der Aufsichtsrat selbst seinen 8

[21] *Maier-Reimer/Seulen* in Habersack/Mülbert/Schlitt, HdB der Kapitalmarktinformation, § 30 Rn. 1.
[22] *Wagner* in MüKoBGB Vorbemerkungen zu § 823 ff. BGB Rn. 43.
[23] *Wagner* in MüKoBGB Vorbemerkungen zu § 823 ff. BGB Rn. 45.
[24] Dazu *Arnold* in Marsch-Barner/Schäfer, HdB börsennotierte AG § 22.
[25] *Möllers/Leisch* in KölnKomm WpHG §§ 37b, 37c Rn. 513; allgemein zur Legalitätspflicht *Fleischer* in Spindler/Stilz AktG § 93 Rn. 14 ff.
[26] *Fleischer* in Spindler/Stilz AktG § 93 Rn. 30; vgl. auch *Graewe/Freiherr von Harder* BB 2017, 707; *Buck-Heeb* BB 2013, 2247.
[27] Anders aber zum Beispiel in dem Fall Kirch/Deutsche Bank, in dem der Aufsichtsrat der Deutsche Bank Aktiengesellschaft den ehemaligen Vorstandsvorsitzenden Dr. Rolf-E. Breuer in Regress genommen hatte; vgl. Einladung zur Jahreshauptversammlung der Deutsche Bank Aktiengesellschaft 2016, Tagesordnungspunkt 10, abrufbar unter https://agm.db.com/de/docs/HV2016_Tagesordnung_de_2016-03-31.pdf (Abruf vom 12. April 2017) oder in dem Fall Siemens, in dem Vergleichsvereinbarungen mit gleich mehreren ehemaligen Vorstandsmitgliedern abgeschlossen worden sind; vgl. Einladung zur Hauptversammlung der Siemens AG 2010, abrufbar unter https://www.siemens.com/investor/pool/de/investor_relations/events/hauptversammlung/2010/einladung_hv2010_d.pdf (Abruf vom 17. Juli 2017).

Überwachungspflichten ordnungsgemäß nachgekommen ist.[28] Was die Haftung bei unterlassenen oder fehlerhaften Veröffentlichungen von Insiderinformationen anbetrifft, enthalten § 37b Abs. 5 WpHG und § 37c Abs. 5 WpHG jeweils eine Sonderregelung, wonach den Organmitgliedern eine Haftung im Innenverhältnis nicht schon im Voraus erlassen werden kann. Nach Entstehung des Regressanspruchs ist ein Erlass unter den Voraussetzungen des § 93 Abs. 4 S. 3 AktG allerdings möglich.

9 Vor diesem Hintergrund ist in der Vergangenheit gerade für den Bereich der Kapitalmarkthaftung immer wieder eine persönliche Haftung für Organmitglieder diskutiert worden. So hat zB der 64. Deutsche Juristentag die Einführung einer persönlichen Haftung der Vorstandsmitglieder gegenüber Dritten im Bereich der Emittentenhaftung vorgeschlagen.[29] Dieser Vorschlag ist später auch in einen Entwurf eines Kapitalmarktinformationshaftungsgesetzes aufgenommen worden,[30] welcher anschließend aber nicht in geltendes Recht umgesetzt worden ist.[31] Zuletzt wurden das aktienrechtliche Haftungssystem und die persönliche Haftung von Organmitglieder durch das Gesetz zur Unternehmensintegrität und Modernisierung des Anfechtungsrechts (UMAG) vom 22. September 2005[32] und das Gesetz zur Modernisierung des GmbH-Rechts und zur Bekämpfung von Missbräuchen (MoMiG) vom 23. Oktober 2010[33] weiter verschärft, allerdings ohne eine grundsätzliche Abkehr von der Innenhaftung der Organmitglieder nur gegenüber der Gesellschaft. Daher bleibt es dabei, dass eine persönliche Außenhaftung von Organmitgliedern im Zusammenhang mit einer fehlerhaften Kapitalmarktinformation im Bereich der MAR grundsätzlich nur über § 826 BGB eintreten kann.[34]

4. Überblick über mögliche Anspruchsgrundlagen

10 Wie bereits erwähnt können sich privatrechtliche (Schadensersatz-)Ansprüche im Bereich des Marktmissbrauchsrechts vor allem aus §§ 97, 98 WpHG (bei unterlassener Veröffentlichung von Insiderinformationen oder der Veröffentlichung von unwahren Insiderinformationen) und aus § 826 BGB ergeben. Daneben kommen grundsätzlich Ansprüche aus § 823 Abs. 2 BGB in Verbindung mit den jeweiligen Vorschriften der MAR oder anderen Gesetzen in Betracht, deren Schutzgesetzeigenschaft vorausgesetzt.[35]

II. Privatrechtliche Haftung im Zusammenhang mit der Veröffentlichung von Insiderinformationen

1. Mögliche Anspruchsgrundlagen

11 Eine privatrechtliche Haftung für unterlassene oder unwahre Veröffentlichungen von Insiderinformationen kann sich vor allem aus §§ 97, 98 WpHG ergeben. Hierbei handelt es sich um zwei spezialgesetzlich geregelte eigenständige Anspruchsgrundlagen. Wie § 97 Abs. 4 und § 98 Abs. 4 WpHG schon ausdrücklich normieren, sind diese Regelungen jedoch nicht abschließend.[36] Daher ist neben §§ 97, 98 WpHG im Zusammenhang mit der Haftung wegen unterlassener Veröffentlichung von Insiderinformationen oder der Veröffentlichung

---

[28] *Spindler* in MüKoAktG § 93 Rn. 2.

[29] Vgl. den Beschluss des 64. Deutschen Juristentages zur persönlichen Haftung der Organe, abrufbar unter http://www.djt.de/fileadmin/downloads/64/beschluesse.pdf (Abruf vom 12. April 2017).

[30] Abgedruckt in NZG 2004, 1042 ff.

[31] Vgl. zum Entwurf auch *Spindler* WM 2004, 2089; *Casper* BKR 2005, 83; *Schäfer* NZG 2005, 985; *Veil* BKR 2005, 91.

[32] BGBl. I 2005 S. 2802.

[33] BGBl. I 2010 S. 2026.

[34] Vgl. dazu die Nachweise bei *Sethe* in Assmann/Schneider WpHG §§ 37b, 37c Rn. 8.

[35] Siehe zum Verhältnis zwischen den Vorschriften der §§ 37b, 37c WpHG und anderen Anspruchsgrundlagen → Rn. 19 ff.

[36] *Möllers/Leisch* in KölnKomm WpHG §§ 37b, 37c Rn. 412.

von unwahren Insiderinformationen immer auch an die allgemeinen deliktsrechtlichen Anspruchsgrundlagen, insbesondere § 823 Abs. 2 BGB[37] und § 826 BGB[38] zu denken.

Adressat der Haftung aus §§ 97, 98 WpHG ist stets der Emittent des betreffenden Finanzinstruments. Organmitglieder, etwa Vorstandsmitglieder einer Aktiengesellschaft, haften nicht nach §§ 97, 98 WpHG.[39] Eine analoge Anwendung der §§ 97, 98 WpHG auf Dritte ist nicht möglich, da der Gesetzgeber (anders als etwa bei § 21 Abs. 1 WpPG oder § 12 WpÜG) bewusst davon abgesehen hat, Dritte in die Haftung einzubeziehen.[40] Allenfalls besteht ein Regressanspruch der Gesellschaft gegen das Organmitglied,[41] auf den Gläubiger der Aktiengesellschaft gegebenenfalls per Pfändungs- und Überweisungsbeschluss gemäß §§ 829, 835 ZPO zugreifen können. **12**

§ 823 Abs. 2 BGB und § 826 BGB setzen jeweils ein Tun oder Unterlassen einer natürlichen Person voraus. Eine unmittelbare Haftung des Emittenten aus Delikt scheidet daher aus. Unter den Voraussetzungen des § 31 BGB kann das Verhalten bzw. Verschulden der Organmitglieder jedoch der Gesellschaft zugerechnet werden. Auf diese Weise kann auch der Emittent für Schutzgesetzverletzungen oder vorsätzliche sittenwidrige Schädigungen haftbar gemacht werden.[42] **13**

2. Haftung aus §§ 97, 98 WpHG

a) Regelungsgegenstand und Schutzzweck

Die Regelungen der §§ 37b, 37c WpHG aF haben historisch ihren Ursprung in den Entwicklungen des Neuen Marktes in den Jahren 2000/2001. Damals wurde deutlich, dass das deutsche Recht im Zusammenhang mit fehlerhaften Ad-hoc Mitteilungen nach § 15 WpHG aF (Ad-hoc Mitteilungen nach altem Recht entsprechen nach heutigem Recht der Veröffentlichung von Insiderinformationen nach Art. 17 MAR) eine empfindliche Regelungslücke aufwies. § 15 Abs. 6 WpHG aF schloss Schadensersatzansprüche gegen den Emittenten wegen einer Verletzung der Pflicht zur Veröffentlichung von Ad-hoc Mitteilungen ausdrücklich aus.[43] Daher blieben viele Schadensersatzklagen von Anlegern wegen fehlerhafter Ad-hoc Mitteilungen erfolglos.[44] Als Reaktion darauf erließ der deutsche Gesetzgeber das Gesetz zur weiteren Fortentwicklung des Finanzplatzes Deutschlands (Viertes Finanzmarktförderungsgesetz) vom 21. Juni 2002, welches erstmals die Vorschriften der §§ 37b und 37c WpHG aF in das Wertpapierhandelsgesetz einfügte.[45] Zuletzt angepasst wurden die Vorschriften der §§ 37b, 37c WpHG aF durch das Zweite Finanzmarktnovellierungsgesetz mit Wirkung zum 3. Januar 2018, in dem die ursprünglichen §§ 37b, 37c WpHG in geänderter Fassung in die §§ 97, 98 WpHG überführt wurden.[46] **14**

Die §§ 97, 98 WpHG regeln die privatrechtliche Haftung für die verspätete bzw. unterlassene Veröffentlichung sowie die Veröffentlichung unwahrer Insiderinformationen. Es handelt sich bei §§ 97, 98 WpHG um jeweils eigenständige Anspruchsgrundlagen, wobei beide Normen strukturell vergleichbar aufgebaut sind. § 97 WpHG regelt die Haftung im Falle der unterlassenen unverzüglichen Veröffentlichung einer Insiderinformation, während § 98 WpHG die Veröffentlichung unwahrer Insiderinformationen erfasst.[47] **15**

---

37 → Rn. 42 ff.
38 → Rn. 57 ff.
39 *Sethe* in Assmann/Schneider WpHG §§ 37b, 37c Rn. 35 mwN.
40 Ausführlich dazu *Sethe* in Assmann/Schneider WpHG §§ 37b, 37c Rn. 38.
41 Siehe zur Außen- und Innenhaftung unter → Rn. 6 ff.
42 Vgl. zum Ganzen zum Beispiel *Wagner* in MüKoBGB § 823 BGB Rn. 95 ff.
43 *Maier-Reimer/Seulen* in Habersack/Mülbert/Schlitt, HdB der Kapitalmarktinformation, § 30 Rn. 54.
44 *Sethe* in Assmann/Schneider WpHG §§ 37b, 37c Rn. 5; *Fuchs* in Fuchs WpHG Vor §§ 37b, 37c Rn. 13; *Bruchwitz* in JVRB WpHG §§ 37b, 37c Rn. 4 f.; *Möllers/Leisch* in KölnKomm WpHG §§ 37b, 37c Rn. 24 und 59 ff. (ausführlich zur BGH Rechtsprechung vor Inkrafttreten der §§ 37b, 37c WpHG).
45 Vgl. BGBl. I 2002 S. 2010.
46 Vgl. Rn. 10.
47 *Fuchs* in Fuchs WpHG Vor §§ 37b, 37c Rn. 12.

16 Beide Tatbestände sehen jeweils zwei Haftungskonstellationen vor: Haftungsbegründend ist entweder der Umstand, dass der Anleger das Finanzinstrument aufgrund der verspäteten, unterlassenen oder unwahren Ad-hoc-Mitteilung „zu teuer gekauft" oder dass er es „zu billig verkauft" hat.[48] Beide Konstellationen haben gemeinsam, dass ein Kauf oder Verkauf stattgefunden haben muss (Transaktionserfordernis).[49] Nicht erfasst sind also Fälle, in denen sich der Anleger vor dem Hintergrund einer für den Emittenten positiven veröffentlichten Insiderinformation entschließt, das Finanzinstrument zu halten und sich diese Information im Nachhinein als unwahr herausstellt. Gleichfalls nicht erfasst ist der Fall, dass der Anleger von einem Erwerb Abstand nimmt, weil die Veröffentlichung einer für den Emittenten positiven Insiderinformation unterblieben ist. Welche Tatbestandsvarianten in der Praxis die größere Bedeutung erlangen werden, lässt sich nicht mit letzter Sicherheit sagen.[50] Während die prominenten Fälle *Infomatec,*[51] *EM.TV,*[52] *Comroad*[53], *Mobilcom*[54] und *IKB Deutsche Industriebank AG*[55] von einem Kursverfall der Aktie aufgrund negativer Entwicklungen innerhalb der Gesellschaft geprägt waren, machten Anleger im „Schulfall" Schrempp/Daimler[56] geltend, dass sie die Aktien zu billig verkauft hatten, da die Daimler-Aktie nach Bekanntgabe des Ausscheidens von Herrn Schrempp deutlich angestiegen war.

17 Wie aus der Entstehungsgeschichte der Vorschriften ersichtlich, ist der Schutzzweck der §§ 97, 98 WpHG darin zu sehen, das vor Inkrafttreten der Vorschriften bestehende privatrechtliche Sanktionsdefizit für fehlerhafte oder unterlassene Veröffentlichungen von Insiderinformationen zu beseitigen.[57] Dadurch ist der Schutzzweck der §§ 97, 98 WpHG auch unmittelbar mit dem Schutzzweck von Art. 17 MAR verbunden. Dieser ist nach Erwägungsgrund 49 der MAR insbesondere darin zu sehen, dass die öffentliche Bekanntgabe von Insiderinformationen durch Emittenten von wesentlicher Bedeutung ist, um Insidergeschäften und der Irreführung von Anlegern vorzubeugen. Daneben kann auf die Ausführungen zu den allgemeinen Aufgaben der privatrechtlichen Haftung im Bereich des Marktmissbrauchsrechts verwiesen werden.[58] In diesem Zusammenhang wird in der Literatur auch darauf hingewiesen, dass durch die unmittelbare Haftung der Emittenten für fehlerhafte oder unterlassene Veröffentlichungen von Insiderinformationen die (general-)präventive Bedeutung der Normen ebenfalls eine wichtige Bedeutung hat.[59]

18 Der Wortlaut der Vorschriften der §§ 37b, 37c WpHG aF wurde im Zusammenhang mit dem Inkrafttreten der MAR (und der damit verbundenen Ersetzung des § 15 WpHG als Anknüpfungspunkt für die Verpflichtung zur Veröffentlichung von Insiderinformationen durch Art. 17 MAR) zunächst nur redaktionell (im Fall des § 37c WpHG aF)[60] bzw. überhaupt nicht (im Fall des § 37b WpHG aF) angepasst. Dies führte im Fall des § 37b

---

[48] *Fuchs* in Fuchs WpHG Vor §§ 37b, 37c Rn. 22; *Bruchwitz* in JVRB WpHG §§ 37b, 37c Rn. 9; *Möllers/Leisch* NZG 2002, 113.

[49] *Sethe* in Assmann/Schneider WpHG §§ 37b, 37c Rn. 13; *Fuchs* in Fuchs WpHG Vor §§ 37b, 37c Rn. 23.

[50] AA *Fuchs* in Fuchs WpHG Vor §§ 37b, 37c Rn. 24, der davon ausgeht, dass allein die Konstellation des „zu teuer gekauft" praktische Bedeutung erlangen wird.

[51] Vgl. insbesondere das Urteil des BGH zu Infomatec in der Sache II ZR 402/02, BGH NJW 2004, 2971.

[52] BGH NZG 2005, 672.

[53] Zu Comroad gab es insgesamt acht Entscheidungen des BGH: BGH NZG 2007, 345 – *ComROAD I*; NZG 2007, 346 – *ComROAD II*; NZG 2007, 269 – *ComROAD III*; NZG 2007, 708 – *ComROAD IV*; NZG 2007, 711 – *ComROAD V*; NZG 2008, 382 – *ComROAD VI*; NZG 2008, 385 – *ComROAD VII*; NZG 2008, 386 – *ComROAD VIII*.

[54] BGH NZG 2004, 376.

[55] BGHZ 192, 90 = NZG 2012, 263 – *IKB*.

[56] EuGH v. 28.6.2012 – Rs. C-19/11, ECLI:EU:C:2012:397 = NZG 2012, 784 – *Geltl*.

[57] *Möllers/Leisch* in KölnKomm WpHG §§ 37b, 37c Rn. 4.

[58] Vgl. unter→ Rn. 4 ff.

[59] *Möllers/Leisch* in KölnKomm WpHG §§ 37b, 37c Rn. 4; *Zimmer/Grotheer* in Schwark/Zimmer §§ 37b, 37c WpHG Rn. 3.

[60] Zur Änderung von § 37c WpHG vgl. das Erste Gesetz zur Novellierung von Finanzmarktvorschriften auf Grund europäischer Rechtsakte (Erstes Finanzmarktnovellierungsgesetz – 1. FiMaNoG) vom 30. Juni 2016, BGBl. I 2016 S. 1514.

WpHG zum Beispiel dazu, dass die Wortlaute von § 37b WpHG aF und Art. 17 Abs. 1 MAR bezüglich des gebotenen Zeitpunkts der Veröffentlichung der Insiderinformation auseinanderfielen. Während § 37b WpHG aF weiterhin von der „unverzüglichen" Veröffentlichung einer Insiderinformation sprach, schrieb Art. 17 Abs. 1 MAR vor, Insiderinformationen „so bald als möglich" bekannt zu geben. Die Legaldefinition des Begriffs „unverzüglich" aus § 121 BGB sollte im Rahmen des § 37b WpHG aF daher keine Anwendung finden.[61] Die Abweichung spielte in der Praxis aber keine wesentliche Rolle, da das Tatbestandsmerkmal „unverzüglich" in § 37b WpHG aF keine eigenständige Bedeutung hatte. War eine Mitteilung im Rahmen des Art. 17 Abs. 1 MAR „so bald als möglich" und damit rechtzeitig veröffentlicht worden, musste eine Haftung nach § 37b WpHG aF wegen „nicht unverzüglicher" Veröffentlichung ebenfalls ausscheiden.[62] Mit der Angleichung des Wortlauts durch die Berichtigung der MAR im Dezember 2016 wurde diese Divergenz beseitigt.[63]

Darüber hinaus hatte es der Gesetzgeber versäumt, im Zusammenhang mit dem Inkrafttreten der MAR weitere redaktionelle Ergänzungen am Wortlaut der §§ 37b, 37c WpHG aF vorzunehmen. So war dem Wortlaut nicht zu entnehmen, dass die Vorschriften auch Anwendung auf Finanzinstrumente finden, deren Zulassung zum Handel erst beantragt wurde (vgl. Art. 17 Abs. 1 UAbs. 3 MAR),[64] ebenso wenig, dass die Verpflichtung zur Veröffentlichung von Insiderinformationen seit Inkrafttreten der MAR auch auf Emittenten Anwendung findet, deren Wertpapiere auf Veranlassung der Emittenten zum Handel in den Freiverkehr einbezogen sind (und nicht nur auf Emittenten, deren Wertpapiere zum Handel an einem organisierten Markt zum Handel zugelassen sind, Art. 17 Abs. 1 UAbs. 3 MAR), sog. MTF-Emittenten.[65] **19**

Nach der überwiegenden Auffassung in der Literatur handelte es sich bei diesen Widersprüchen wohl um redaktionelle Versehen, die im Wege der Auslegung entsprechend berücksichtigt werden mussten, um einen Gleichlauf der Vorschriften der Art. 17 MAR und §§ 37b, 37c WpHG aF zu gewährleisten.[66] Allerdings scheinen aus unserer Sicht erhebliche Zweifel angebracht, ob man durch Auslegung ohne weiteres über alle Abweichungen angesichts des Wortlauts der Vorschrift hinwegkommen konnte. So sprachen zum Beispiel §§ 37b, 37c WpHG aF eindeutig von der „Zulassung" der Wertpapiere zum Handel, wohingegen bei einer Aufnahme von Wertpapieren in den Handel im Freiverkehr keine Zulassung der Wertpapiere zum Handel, sondern lediglich eine „Einbeziehung" in den Handel erfolgt. Mit letzter Sicherheit klargestellt wurde dies erst mit Anpassung der Vorschriften der §§ 37b, 37c WpHG aF durch das Zweite Finanzmarktnovellierungsgesetzes mit Wirkung zum 3. Januar 2018, in dem diese Punkte in den neuen §§ 97, 98 WpHG (die die Vorschriften der §§ 37b, 37c WpHG ersetzen) klargestellt werden.[67] **20**

b) Dogmatische Einordnung

Die dogmatische Einordnung der Haftung aus §§ 97, 98 WpHG ist umstritten. Überwiegend wird vertreten, es handele sich um eine besondere Deliktshaftung[68], während **21**

[61] *Bruchwitz* in JVRB WpHG §§ 37b, 37c Rn. 33; *Möllers/Leisch* in KölnKomm WpHG §§ 37b, 37c Rn. 90.
[62] *Buck-Heeb* NZG 2016, 1132.
[63] Vgl. Berichtigung der Verordnung (EU) Nr. 596/2014 des Europäischen Parlaments und des Rates vom 16. April 2014 über Marktmissbrauch (Marktmissbrauchsverordnung) und zur Aufhebung der Richtlinie 2003/6/EG des Europäischen Parlaments und des Rates und der Richtlinien 2003/124/EG vom 21. Dezember 2016, ABl. EU Nr. L348 v. 31.12.2016 S. 83, 85.
[64] *Bruchwitz* in JVRB WpHG §§ 37b, 37c Rn. 8.
[65] Vgl. die Definition in § 2 Abs. 7a) WpHG.
[66] So auch *Sethe* in Assmann/Schneider WpHG §§ 37b, 37c Rn. 34 bezüglich der unterbliebenen Anpassung auf den Begriff des „Inlandsemittenten"; zum Gleichlauf zwischen § 15 WpHG und §§ 37b, 37c WpHG siehe auch BT-Drucks. 14/8017 S. 93.
[67] Vgl. BGBl. I 2017 S. 1750 f.
[68] *Sethe* in Assmann/Schneider WpHG §§ 37b, 37c Rn. 23; *Fuchs* in Fuchs WpHG §§ 37b, 37c Rn. 5 jeweils mit weiteren ausführlichen Nachweisen.

andere von einer gesetzlichen Vertrauenshaftung ausgehen.[69] Relevanz kann der Streit vor allem dann erhalten, wenn es um die Frage geht, ob die Vorschriften der § 830 BGB und § 31 BGB über die Zurechnung der Handlungen Dritter anwendbar sind, was nur bei einer deliktsrechtlichen Haftung der Fall wäre. Allerdings ist die Bedeutung der Anwendbarkeit der §§ 830 BGB, 31 BGB im Rahmen der §§ 97, 98 WpHG begrenzt. Eine unmittelbare Haftung des Vorstands oder anderer Mitarbeiter aus diesen Vorschriften scheidet aus, da der Gesetzgeber bewusst davon abgesehen hat, Dritte in die Haftung mit einzubeziehen.[70] Eine (Mit-)Haftung nach den §§ 830, 31 BGB wäre daher ohnehin nur hinsichtlich solcher Personen möglich, die außerhalb des Unternehmens stehen.[71]

22 Richtigerweise ist die Haftung aus §§ 97, 98 WpHG wohl als Deliktshaftung einzuordnen. Hierfür spricht vor allem, dass der Gesetzgeber §§ 37b, 37c WpHG aF vor dem Hintergrund geschaffen hat, dass § 15 WpHG aF kein Schutzgesetz im Sinne des § 823 Abs. 2 BGB ist (vgl. § 15 Abs. 6 S. 1 WpHG aF).[72] Es sollte daher eine deliktsrechtliche Schutzlücke geschlossen werden. Auch die systematische Stellung des § 32b ZPO in unmittelbarer Nähe zu dem Gerichtsstand der unerlaubten Handlung (§ 32 ZPO) zeigt, dass der Gesetzgeber vom deliktsrechtlichen Charakter der §§ 37b, 37c WpHG aF ausging.[73]

c) Verhältnis zu anderen Vorschriften

23 § 97 Abs. 4 WpHG bzw. § 98 Abs. 4 WpHG stellen ausdrücklich klar, dass Ansprüche, die nach den Vorschriften des bürgerlichen Rechts auf Grund von Verträgen oder vorsätzlichen unerlaubten Handlungen erhoben werden können, unberührt bleiben. Damit bleibt insbesondere eine Haftung der Gesellschaft bzw. von Organmitgliedern nach den deliktsrechtlichen Vorschriften der §§ 826, 823 Abs. 2 BGB möglich.[74]

24 Mit der Haftung für fehlerhafte Börsenzulassungs- oder Wertpapierprospekte nach den §§ 21, 22 WpPG bestehen inhaltlich keine Überschneidungspunkte, zum einen weil der deutschrechtliche Prospektbegriff in den §§ 21, 22 WpPG nur Börsenzulassungsprospekte bzw. Prospekt für das öffentliche Angebot von Wertpapieren umfasst, nicht aber Mitteilungen nach Art. 17 MAR.[75] Zum anderen greift die Haftung aus §§ 97, 98 WpHG ausschließlich bei Mitteilungen nach Art. 17 MAR, aber findet mangels planwidriger Regelungslücke nicht auf sonstige kapitalmarktbezogene Veröffentlichungen analog Anwendung.[76] Auch eine Haftung nach der allgemeinen bürgerlich-rechtlichen Prospekthaftung kommt nicht in Betracht, weil Mitteilungen nach Art. 17 MAR keine vertriebsbezogene Unterlagen und daher keine Prospekte im Sinn der bürgerlich-rechtlichen Prospekthaftung sind.[77] Bei verschiedenen Tatbestandsmerkmalen kann es jedoch angesichts der ähnlichen Schutzzwecke im Einzelfall sinnvoll sein, sich bei der Auslegung an der jeweils anderen Vorschrift zu orientieren.[78]

25 Im Zusammenhang mit der Einführung der §§ 37b, 37c WpHG aF wurde insbesondere auch diskutiert, ob die Bestimmungen einen Verstoß gegen den Grundsatz der Kapitalerhaltung aus § 57 AktG darstellen.[79] Der BGH hat dies verneint, insbesondere mit dem Argument, dass das Verbot der Einlagenrückgewähr hier formal nicht betroffen sei, da die Aktionäre der Aktiengesellschaft hier in ihrer Eigenschaft als Anleger und daher gläubiger-

[69] *Zimmer/Grotheer* in Schwark/Zimmer §§ 37b, 37c WpHG Rn. 9 mwN; *Veil* BKR 2005, 92.
[70] Siehe dazu schon unter II. → Rn. 2.
[71] *Möllers/Leisch* in KölnKomm WpHG §§ 37b, 37c Rn. 90 ff.; *Buck-Heeb* Kapitalmarktrecht Rn. 432.
[72] *Buck-Heeb* Kapitalmarktrecht Rn. 430.
[73] *Sethe* in Assmann/Schneider WpHG §§ 37b, 37c Rn. 23.
[74] *Möllers/Leisch* in KölnKomm WpHG §§ 37b, 37c Rn. 34.
[75] *Groß* Kapitalmarktrecht § 21 WpPG, Rn. 25 mwN.
[76] *Fuchs* in Fuchs WpHG §§ 37b, 37c Rn. 21 mwN; *Bernuth/Wagner* WM 2012, 832.
[77] *Maier-Reimer/Seulen* in Habersack/Mülbert/Schlitt, HdB der Kapitalmarktinformation, § 30 Rn. 158.
[78] *Möllers/Leisch* in KölnKomm WpHG §§ 37b, 37c Rn. 36.
[79] Siehe dazu ausführlich zum Beispiel bei *Fuchs* in Fuchs WpHG §§ 37b, 37c Rn. 17 ff.

ähnlich gegenüberträten.[80] Auch einen Verstoß gegen die Bestimmungen des § 71 AktG über den Rückkauf eigener Aktien verneint der BGH.[81]

d) Tatbestandsvoraussetzungen

Sowohl § 97 WpHG als auch § 98 WpHG knüpfen an die Veröffentlichung von Insiderinformationen im Sinne von Art. 7 MAR (§ 13 WpHG aF) an. Wann Insiderinformationen veröffentlicht werden müssen, richtet sich (allein) nach Art. 17 MAR. Bezüglich der Verpflichtung des Emittenten zur Veröffentlichung von Insiderinformationen wird der Haftungstatbestand der §§ 97, 98 WpHG daher von Art. 7, 17 MAR bestimmt, sodass diesbezüglich auf die Ausführungen im Abschnitt zum Insiderrecht verwiesen werden kann.[82] **26**

§ 97 WpHG setzt voraus, dass der Emittent eines Finanzinstruments eine Insiderinformation entweder verspätet oder überhaupt nicht veröffentlicht hat. Nach § 97 Abs. 1 Nr. 1 WpHG haftet der Emittent, wenn der Anleger das Finanzinstrument nach unterlassener Mitteilung nach Art. 17 Abs. 1 MAR (zu teuer) erwirbt und bei Bekanntwerden der Insiderinformation noch Inhaber ist (und der Kurs fällt). § 97 Abs. 1 Nr. 2 WpHG erfasst hingegen den Fall, dass der Anleger das Finanzinstrument vor dem Entstehen der Insiderinformation erwirbt und es nach der unterlassenen Ad-hoc-Mitteilung (zu billig) verkauft.[83] Praktisch bedeutsam ist wahrscheinlich vor allem der Fall, dass eine für den Emittenten negative Meldung zurückgehalten wird, schließlich hat der Emittent im Falle positiver Ereignisse ein starkes Eigeninteresse an der Veröffentlichung.[84] Angesichts des engen Zeitfensters für die unverzügliche Veröffentlichung der Mitteilung kann es aber auch zu einem tatbestandsmäßigen Unterlassen insbesondere dann kommen, wenn die Mitteilung zum Beispiel aufgrund organisatorischer Mängel zu spät erfolgt.[85] **27**

Dem Tatbestand der Unterlassung unterfällt nicht nur das völlige Unterlassen der Veröffentlichung einer Insiderinformation, sondern auch das „teilweise Unterlassen", allerdings nur dann, wenn die nicht veröffentlichen Informationen für sich genommen ebenfalls publizitätspflichtig sind.[86] Ebenso haftungsbegründend kann sein, wenn der Emittent eine erforderliche Berichtigung einer früheren Veröffentlichung unterlässt oder verspätet veröffentlicht.[87] Durch das ersatzlose Entfallen von § 15 Abs. 2 S. 2 WpHG aF, nach dem unwahre Informationen, die als Ad-Hoc Mitteilung veröffentlicht wurden, unverzüglich in einer Korrekturmitteilung zu berichtigen waren, auch wenn die Voraussetzungen für eine erneute Ad-hoc Mitteilung (zum Beispiel aufgrund fehlender Kursrelevanz) nicht vorliegen, kann dies aber wohl nur dann gelten, wenn die zu berichtigende Information selbst eine Insiderinformation nach Art. 7, 17 MAR darstellt.[88] Schließlich kann auch die Nichterfüllung der formalen Anforderungen der WpAIV an die Veröffentlichung von Insiderinformationen zu einer Erfüllung des Unterlassungstatbestands führen, so zum Beispiel, wenn die Veröffentlichung entgegen der Vorschriften der WpAIV nur auf der Homepage des Emittenten veröffentlicht wird, weil dann die Veröffentlichung dem Markt (teilweise) faktisch vorenthalten wird.[89] **28**

Hat der Emittent berechtigterweise die Veröffentlichung der Insiderinformation nach Art. 17 Abs. 4 MAR aufgeschoben, ist § 97 WpHG nach einhelliger Auffassung nicht anwendbar. Dies ergibt sich zwar nicht unmittelbar aus dem Wortlaut der Vorschrift, aber **29**

[80] BGH NJW 2005, 2452; BGH NZG 2007, 345; BGH NZG 2007, 270.
[81] BGH NZG 2005, 672; NZG 2007, 269.
[82] Abschnitt B.
[83] Siehe näher dazu schon unter B. II. 1 → Rn. 6.
[84] *Fuchs* in Fuchs WpHG §§ 37b, 37c Rn. 9.
[85] *Fuchs* in Fuchs WpHG §§ 37b, 37c Rn. 9.
[86] *Sethe* in Assmann/Schneider WpHG §§ 37b, 37c Rn. 69.
[87] *Fuchs* in Fuchs WpHG §§ 37b, 37c Rn. 11; *Sethe* in Assmann/Schneider WpHG §§ 37b, 37c Rn. 50.
[88] Anders noch nach altem Recht, vgl. zB *Sethe* in Assmann/Schneider WpHG §§ 37b, 37c Rn. 50.
[89] *Sethe* in Assmann/Schneider WpHG §§ 37b, 37c Rn. 52.

aus dem erforderlichen Gleichlauf der Auslegung der Vorschriften von Art. 17 MAR und § 97 WpHG.[90]

30 § 98 WpHG hat hingegen die Haftung für eine Veröffentlichung unwahrer Insiderinformationen zum Gegenstand. Einschlägig sind vor allem Fälle, in denen der Anleger die Finanzinstrumente nach der Veröffentlichung einer unwahren (positiven) Insiderinformation (zu teuer) erwirbt und beim Bekanntwerden der Unrichtigkeit noch Inhaber ist, § 98 Abs. 1 Nr. 1 WpHG. Demgegenüber behandelt § 98 Abs. 1 Nr. 2 WpHG den wahrscheinlich selteneren Fall, dass das Finanzinstrument vor Veröffentlichung einer unwahren (negativen) Insiderinformation erworben wurde und vor Bekanntwerden der Unrichtigkeit (zu billig) veräußert wurde. Eine unwahre Information ist dann gegeben, wenn sie entweder inhaltlich unrichtig oder unvollständig ist.[91] Unvollständig ist eine Veröffentlichung dann, wenn sie nicht alle Informationen enthält, die erforderlich sind, damit die Anleger sich ein zutreffendes Bild über die veröffentlichungspflichtige Insiderinformation machen können.[92]

31 Ein Anspruch aus §§ 97, 98 WpHG ist ausgeschlossen, wenn der Anleger den Erwerb oder die Veräußerung der Finanzinstrumente vorgenommen hat, obwohl er im Fall des § 97 WpHG die Insiderinformation bzw. im Fall des § 98 WpHG deren Unrichtigkeit kannte (vgl. jeweils Abs. 3). Der Zweck dieses Haftungsausschlusses liegt auf der Hand: Wenn der Anleger die Insiderinformation oder deren Unrichtigkeit kannte, ist er nicht schutzbedürftig.[93] Nach Ansicht des Gesetzgebers handelt es sich hierbei um einen speziellen Fall des Mitverschuldens des Anlegers im Sinne des § 254 BGB.[94] Ebenso gut kann bei vorhandener Kenntnis schon die Kausalität zwischen unterlassener bzw. unwahrer Insiderinformation und der Kauf- oder Verkaufsentscheidung verneint werden.[95] Erforderlich ist positive Kenntnis; selbst grob fahrlässige Unkenntnis ist unschädlich.[96]

32 Eine analoge Anwendung von §§ 97, 98 WpHG auf andere Veröffentlichungsarten wie zum Beispiel Pressemitteilungen kommt nach einhelliger Auffassung nicht in Betracht.[97]

e) Schaden

33 Im Zusammenhang mit der Regelung der Prospekthaftung für Wertpapierprospekte (vgl. § 21 WpPG) bzw. für Vermögensanlagen (vgl. § 20 VermAnlG) hat der Gesetzgeber ausdrücklich bestimmt, welche Art von Schadensersatz der geschädigte Anleger für den Fall eines unrichtigen oder unvollständigen Prospekts verlangen kann. Eine solche Regelung enthalten die §§ 97, 98 WpHG nicht. Daher ist es umstritten, ob der Anleger bei Vorliegen der Tatbestandsvoraussetzungen der §§ 97, 98 WpHG die Rückgängigmachung des vorgenommenen Wertpapiergeschäfts oder nur den Ersatz des sog. Kursdifferenzschadens geltend machen kann. Generell kommt der Ermittlung des Schadens in der Praxis eine erhebliche Bedeutung zu.[98]

34 Dabei lassen sich zunächst zwei entgegengesetzte Auffassungen unterscheiden. Eine Auffassung will dem geschädigten Anleger nur den Kursdifferenzschaden gewähren, also denjenigen Schaden, der dem Anleger durch die fehlerhafte Preisbildung am Markt entstanden ist. Somit kann der Anleger als Schaden die Differenz zwischen dem von ihm

[90] *Fuchs* in Fuchs WpHG §§ 37b, 37c Rn. 24; *Sethe* in Assmann/Schneider WpHG §§ 37b, 37c Rn. 64; *Möllers/Leisch* in KölnKomm WpHG §§ 37b, 37c Rn. 116; *Mülbert/Steup* in Habersack/Mülbert/Schlitt, Unternehmensfinanzierung am Kapitalmarkt, § 41 Rn. 186.

[91] *Fuchs* in Fuchs WpHG §§ 37b, 37c Rn. 24; *Sethe* in Assmann/Schneider WpHG §§ 37b, 37c Rn. 68.

[92] *Fuchs* in Fuchs WpHG §§ 37b, 37c Rn. 24; *Sethe* in Assmann/Schneider WpHG §§ 37b, 37c Rn. 68.

[93] *Buck-Heeb* Kapitalmarktrecht Rn. 332.

[94] BR-Drucks. 936/01 (neu).

[95] *Sethe* in Assmann/Schneider WpHG §§ 37b, 37c Rn. 111.

[96] *Sethe* in Assmann/Schneider WpHG §§ 37b, 37c Rn. 111; *Möllers/Leisch* in KölnKomm WpHG §§ 37b, 37c Rn. 259.

[97] *Bruchwitz* in JVRB WpHG §§ 37b, 37c Rn. 49; *Möllers/Leisch* in KölnKomm WpHG §§ 37b, 37c Rn. 125.

[98] *Bruchwitz* in JVRB WpHG §§ 37b, 37c Rn. 78.

tatsächlichen gezahlten Kaufpreis (oder erhaltenen Verkaufspreis) und demjenigen Preis verlangen, der bestanden hätte, hätte der Emittent die Insiderinformation rechtzeitig bzw. inhaltlich zutreffend veröffentlicht.[99] Die entgegengesetzte Auffassung geht hingegen davon aus, dass ähnlich wie im Rahmen der Prospekthaftungsvorschriften der Anleger das getätigte Wertpapiergeschäft im Rahmen der Naturalrestitution sozusagen (wenn auch gegen eine andere Partei) „rückgängig machen" kann, da der Schaden letztlich in der Einwirkung auf die Willensfreiheit des Anlegers bestehe. Damit ist der Anleger nach dieser Auffassung so zu stellen, als hätte er das Wertpapiergeschäft nicht getätigt.[100] Eine dritte Ansicht, der sich letztlich auch der BGH angeschlossen hat, räumt dem Anleger ein Wahlrecht zwischen dem Kursdifferenzschaden und dem Vertragsabschlussschaden ein, nach einer Literaturmeinung aber nur dann, wenn zwischen dem Anleger und dem Emittenten ein besonderes Näheverhältnis besteht.[101]

Die Auffassung, die lediglich den Kursdifferenzschaden als ersatzfähigen Schaden sieht, **35** argumentiert dabei zum einen mit der Gesetzesbegründung, aus der sich herleiten ließe, dass der ersatzfähige Schaden auf den Kursdifferenzschaden beschränkt sei.[102] Zum anderen ergebe sich die Beschränkung auf den Kursdifferenzschaden auch aus dem Sinn und Zweck der §§ 97, 98 WpHG. Diese würden insbesondere im Vergleich zu den Vorschriften über die Prospekthaftung und culpa in contrahendo nicht die vertragliche Abschlussfreiheit schützen. Vielmehr verfolgten Wertpapierkäufer das Ziel einer Kapitalanlage, die durch den Ersatz des Kursdifferenzschadens hinreichend geschützt sei.[103] Die Rückgängigmachung des Wertpapierkaufs oder -verkaufs lässt sich nach dieser Auffassung nur über deliktsrechtliche Schadensersatzansprüche erreichen.[104]

Der BGH hat in der IKB-Entscheidung[105] aber grundsätzlich entschieden, dass auch der **36** Vertragsabschlussschaden von den Vorschriften der §§ 97, 98 WpHG mitumfasst ist. Als eines der Hauptargumente wird darauf verwiesen, dass die Gewährung von Schadensersatz sich nach den §§ 249 ff. BGB richteten, die grundsätzlich von dem Gedanken der Totalreparation ausgingen; zudem würde sich aus den zugrundeliegenden Normen der §§ 15, 37b, 37c WpHG aF keine zwingenden Gründen herleiten lassen, von diesem Grundsatz abzuweichen.[106] Aus Sicht des BGH sind die zugrundeliegenden Gesetzesmaterialien zu dieser Frage zudem „bestenfalls ambivalent"[107], so dass auch hierauf eine Beschränkung auf den Kursdifferenzschaden nicht gestützt werden könne. Im Übrigen lägen der Sinn und Zweck der Vorschriften insbesondere im Schutz der individuellen Anleger und deren Anlageentscheidungen, so dass es folgerichtig sei, auf fehlerhaften Mitteilungen beruhende Anlageentscheidungen auch nach den §§ 37b, 37c WpHG aF rückgängig machen zu können.

Auf Basis dieser Erwägungen folgert der BGH, dass der Anleger ein Wahlrecht zwischen **37** der Rückabwicklung seines Wertpapiergeschäfts und dem Ausgleich des Kursdifferenzschadens hat. Allerdings sind die Beweisanforderungen an den klagenden Anleger unterschiedlich. Wählt der Anleger die Rückabwicklung des Wertpapiergeschäfts, muss er nachweisen, dass die unterlassene oder unrichtige Mitteilung des Emittenten kausal für seine Anlageentscheidung war. Entscheidet sich der Anleger hingegen für die Geltendmachung

[99] Vgl. so zum Beispiel *Fuchs* in Fuchs WpHG §§ 37b, 37c Rn. 38; *Sethe* in Assmann/Schneider WpHG §§ 37b, 37c Rn. 90; jeweils mit weiteren Nachweisen.

[100] Vgl. zB *Möllers/Leisch* in KölnKomm WpHG §§ 37b, 37c Rn. 269 ff.; *Ehricke* in Hopt/Voigt, Prospekt- und Kapitalmarktinformationshaftung, S. 292 ff.; *Abram* NZG 2003, 311 f.; *Rieckers* BB 2002, 1216 f.; *Rössner/Bolkart* ZIP 2002, 1475; *Bachmann* JZ 2012, 581.

[101] *Fleischer* BB 2002, 1872 f.

[102] *Sethe* in Assmann/Schneider WpHG §§ 37b, 37c Rn. 86 mwN und Verweis auf BR-Drucks. 936/01 S. 261, welche die folgende Aussage enthält: „*Der Anleger ist auch hier so zu stellen, als ob der Emittent seine Pflichten ordnungsgemäß erfüllt hätte.*"

[103] *Sethe* in Assmann/Schneider WpHG §§ 37b, 37c Rn. 87;

[104] *Bruchwitz* in JVRB WpHG §§ 37b, 37c Rn. 72.

[105] BGHZ 192, 90 = NZG 2012, 263 – *IKB*.

[106] BGHZ 192, 90 = NZG 2012, 263 (268) – *IKB*.

[107] BGHZ 192, 90 = NZG 2012, 263 (268) – *IKB*.

des Differenzschadens, muss er (lediglich) beweisen, dass bei rechtzeitiger oder richtiger Mitteilung der Kurs zum Zeitpunkt seines Kaufs bzw. Verkaufs höher bzw. niedriger gewesen wäre, als er tatsächlich war.[108] Der BGH erleichtert die Voraussetzungen zugunsten der geschädigten Anleger dergestalt, dass, sollte der Kausalitätsnachweis zwischen (unterbliebener) Mitteilung und Kaufentschluss nicht gelingen, jedenfalls der Kursdifferenzschaden ersatzfähig ist, wenn der entsprechende Nachweis wie oben beschrieben geführt werden kann.[109]

38 Der Geschädigte muss sich Vorteile wie zum Beispiel Dividenden, Steuervorteile oder Zinszahlungen auf den Schaden anrechnen lassen.[110] Eine Kürzung des Anspruchs des Anlegers aufgrund einer weitergehenden Schadensminderungspflicht oder Mitverschuldens nach § 254 BGB kommt hingegen grundsätzlich nicht in Betracht.[111]

f) Kausalität

39 Die Voraussetzungen an die Kausalität hängen davon ab, ob der Anleger den Vertragsabschlussschaden oder den Kursdifferenzschaden geltend macht.[112] Macht der Anleger den Vertragsabschlussschaden geltend, muss er im Rahmen des § 98 WpHG den Inhalt der veröffentlichen unrichtigen Mitteilung zur Kenntnis genommen haben und die entsprechende Information muss seine Anlageentscheidung (mit) bestimmt haben. Im Rahmen des § 97 WpHG müsste der Anleger von einem Erwerb oder Verkauf des Finanzinstruments bei rechtzeitiger Veröffentlichung der Insiderinformation abgesehen haben.[113]

40 Macht der Anleger hingegen den Kursdifferenzschaden geltend, muss die nicht veröffentlichte Information lediglich geeignet sein, den Börsenkurs des Finanzinstruments zu beeinflussen bzw. die unwahre veröffentliche Information den Börsenkurs tatsächlich beeinflusst haben.[114] Nicht erforderlich ist hier wie bei Geltendmachung des Vertragsabschlussschadens nach überwiegender Auffassung in der Literatur, dass der Anleger den Inhalt der veröffentlichen unrichtigen Mitteilung zur Kenntnis genommen hat und die entsprechende Information seine Anlageentscheidung (mit) bestimmt hat bzw. dass der Anleger von einem Erwerb oder Verkauf des Finanzinstruments bei rechtzeitiger Veröffentlichung der Insiderinformation abgesehen hätte.[115] Der Wortlaut des § 98 WpHG, nach dem der Emittent den Schaden zu ersetzen hat, der „dadurch entsteht, dass der Dritte auf die Richtigkeit der Insiderinformation vertraut", soll dem nicht entgegenstehen, da diese Formulierung nur klarstellen solle, dass der Anleger auf die Effizienz des Kapitalmarkts und eine ordnungsgemäße Preisbildung vertraut hat.[116] Unserer Ansicht nach bestehen angesichts des eindeutigen Wortlauts des § 98 WpHG erhebliche Zweifel an dieser Auslegung, so dass wohl auch in Fällen, in denen nur der Kursdifferenzschaden geltend gemacht wird, die unrichtige oder unterlassene Information die Anlageentscheidung mit beeinflusst haben muss.[117]

g) Verschulden

41 Sowohl § 97 Abs. 2 WpHG als auch § 98 Abs. 2 WpHG setzen Vorsatz oder grobe Fahrlässigkeit voraus. Dieses Verschulden wird grundsätzlich vermutet, denn die Bestimmungen

[108] BGHZ 192, 90 = NZG 2012, 263 (269) – *IKB*; *Bruchwitz* in JVRB WpHG §§ 37b, 37c Rn. 76.
[109] BGHZ 192, 90 = NZG 2012, 263 (268) – *IKB*.
[110] *Bruchwitz* in JVRB WpHG §§ 37b, 37c Rn. 77.
[111] *Fuchs* in Fuchs WpHG §§ 37b, 37c Rn. 43; *Bruchwitz* in JVRB WpHG §§ 37b, 37c Rn. 79.
[112] Siehe dazu unter → Rn. 23 ff.
[113] *Möllers/Leisch* in KölnKomm WpHG §§ 37b, 37c Rn. 360 ff.
[114] *Bruchwitz* in JVRB WpHG §§ 37b, 37c Rn. 66; *Sethe* in Assmann/Schneider WpHG §§ 37b, 37c Rn. 97.
[115] *Bruchwitz* in JVRB WpHG §§ 37b, 37c Rn. 66; *Sethe* in Assmann/Schneider WpHG §§ 37b, 37c Rn. 97; aA *Fuchs* in Fuchs WpHG §§ 37b, 37c Rn. 32.
[116] *Bruchwitz* in JVRB WpHG §§ 37b, 37c Rn. 66; *Sethe* in Assmann/Schneider WpHG §§ 37b, 37c Rn. 98.
[117] *Fuchs* in Fuchs WpHG §§ 37b, 37c Rn. 32; *Mülbert/Steup* in Habersack/Mülbert/Schlitt, Unternehmensfinanzierung am Kapitalmarkt, § 41 Rn. 224.

der §§ 97 Abs. 2, 98 Abs. 2 WpHG normieren ausdrücklich, dass der Emittent als Anspruchsgegner den fehlenden Vorsatz bzw. die fehlende grobe Fahrlässigkeit zu seiner Entlastung nachweisen muss.[118] Grund für die Einschränkung der Haftung auf mindestens grobe Fahrlässigkeit ist, dass es – insbesondere unter dem häufig vorhandenen Zeitdruck – oft schwierig zu beurteilen ist, ob eine bestimmte Information die vergleichsweise unbestimmt gefassten Tatbestandsvoraussetzungen des Art. 7 MAR für die Definition der Insiderinformation erfüllt und damit grundsätzlich veröffentlichungspflichtig ist. Ein strengerer Verschuldensmaßstab würde daher zu einem unberechenbaren Haftungsrisiko führen.[119] Außerdem wird auf diese Weise ein Gleichlauf mit der bußgeldrechtlichen Haftung hergestellt, die ebenfalls nur im Fall von Vorsatz oder Leichtfertigkeit greift, § 120 Abs. 15 WpHG.[120]

Bezugspunkt des Verschuldens ist im Fall des § 97 WpHG die Unterlassung der Veröffentlichung und im Fall des § 98 WpHG die Unrichtigkeit der Insiderinformation. Inhaltlich sind die Begriffe Vorsatz und grobe Fahrlässigkeit nicht anders als im bürgerlichen Recht auszufüllen. Vorsätzlich handelt demnach, wer einen rechtswidrigen Erfolg mit Wissen und Willen verwirklicht.[121] Grobe Fahrlässigkeit ist eine gesteigerte Form der Fahrlässigkeit. Sie liegt vor, wenn die erforderliche Sorgfalt nach den gesamten Umständen in ungewöhnlich großem Masse verletzt worden ist und dabei dasjenige unbeachtet geblieben ist, was im gegebenen Falle jedem hätte einleuchten müssen.[122] Der Maßstab für die Beurteilung des Vorsatzes und der groben Fahrlässigkeit soll das am Markt objektiv übliche Verhalten sein.[123] **42**

Der Emittent eines Finanzinstruments ist in aller Regel eine juristische Person und somit weder handlungs- noch verschuldensfähig. Das Verschulden der Organe, insbesondere derer, die für die Veröffentlichung von Ad-hoc-Mitteilungen verantwortlich sind, kann dem Emittenten aber nach § 31 BGB zugerechnet werden.[124] Eine Zurechnung gemäß § 278 BGB scheidet hingegen aus. Diese setzt nämlich voraus, dass die handelnde Person für den Emittenten als Erfüllungsgehilfe „in Erfüllung seiner Verbindlichkeit" handelt. Zwar mag zwischen Emittent und Anleger im Einzelfall eine schuldrechtliche Beziehung bestehen; die Pflicht zur Veröffentlichung von Insiderinformationen besteht jedoch gegenüber allen Anlegern in deren Eigenschaft als Teilnehmer des Kapitalmarkts. Dies gilt insbesondere dann, wenn man die Haftung aus §§ 97, 98 WpHG, wie hier, als deliktsrechtliche Haftung begreift.[125] **43**

h) Darlegungs- und Beweislast

Grundsätzlich liegt die Darlegungs- und Beweislast für das Vorliegen der Anspruchsvoraussetzungen der §§ 97, 98 WpHG beim Anspruchsteller, also dem Anleger.[126] Im Rahmen des § 97 WpHG muss der Anleger daher grundsätzlich das Entstehen der Insiderinformation sowie den Zeitpunkt der erforderlichen Veröffentlichung durch den Emittenten beweisen. Bei einem Anspruch aus § 98 WpHG muss der Anleger beweisen, dass der Emittent eine unwahre Information veröffentlicht hat.[127] Da diese Informationen aus der Sphäre des Emittenten stammen und der Anleger es entsprechend schwer hat, diese Informationen zu beweisen, soll dem Emittenten jedenfalls die sekundäre Behauptungslast für diese Informa- **44**

[118] *Bruchwitz* in JVRB WpHG §§ 37b, 37c Rn. 58.
[119] *Sethe* in Assmann/Schneider WpHG §§ 37b, 37c Rn. 101; *Fuchs* in Fuchs WpHG §§ 37b, 37c Rn. 43.
[120] *Fuchs* in Fuchs WpHG §§ 37b, 37c Rn. 45; *Zimmer/Grotheer* in Schwark/Zimmer § 37c WpHG Rn. 7 ff.
[121] Vgl. nur BGH NJW 1965, 962 (963).
[122] BGH NJW 1953, 1139.
[123] *Bruchwitz* in JVRB WpHG §§ 37b, 37c Rn. 54.
[124] *Möllers/Leisch* in KölnKomm WpHG §§ 37b, 37c Rn. 167.
[125] *Möllers/Leisch* in KölnKomm WpHG §§ 37b, 37c Rn. 169; aA *Bruchwitz* in JVRB WpHG §§ 37b, 37c Rn. 56, der § 278 BGB wohl grundsätzlich für anwendbar hält.
[126] *Bruchwitz* in JVRB WpHG §§ 37b, 37c Rn. 17; *Habbe/Gieseler* NZG 2016, 454 f.
[127] *Bruchwitz* in JVRB WpHG §§ 37b, 37c Rn. 17 f.

tionen obliegen.[128] Ein Anleger wird daher mindestens Indizien liefern müssen, die eine Verspätung oder Unwahrheit der mitgeteilten Informationen plausibel erscheinen lassen. Dazu wird der Anleger Umstände vortragen müssen, die für eine Verspätung bzw. eine Unwahrheit sprechen und über ein pauschales Behaupten hinausgehen.[129]

45 Im Bereich der haftungsbegründenden Kausalität, also der Frage, ob die nicht veröffentlichte Information geeignet ist, den Börsenkurs des Finanzinstruments zu beeinflussen bzw. die unwahre veröffentliche Information den Börsenkurs tatsächlich beeinflusst hat (im Fall der Geltendmachung eines Kursdifferenzschadens) oder der Anleger den Inhalt der veröffentlichen unrichtigen Mitteilung zur Kenntnis genommen hat und die entsprechende Information seine Anlageentscheidung (mit) bestimmt hat (im Rahmen des § 98 WpHG) bzw. der Anleger von einem Erwerb oder Verkauf des Finanzinstruments bei rechtzeitiger Veröffentlichung der Insiderinformation abgesehen hätte (im Rahmen des § 97 WpHG, jeweils bei Geltendmachung des Vertragsabschlussschadens) gelten nach der Rechtsprechung des BGH hingegen keine Beweiserleichterungen.[130]

46 Für das Verschulden des Emittenten gilt die ausdrückliche Beweislastumkehr nach den §§ 97 Abs. 2, 98 Abs. 2 WpHG.[131] Daneben hat der Emittent gegebenenfalls auch das Vorliegen der Haftungsausschlussgründe der §§ 97 Abs. 3, 98 Abs. 3 WpHG, also die Kenntnis des Anlegers von der Insiderinformation bzw. von der Unrichtigkeit der Insiderinformation, zu beweisen.[132]

i) Verjährung

47 Nach Aufhebung der Verjährungsvorschriften von §§ 37b Abs. 4, 37c Abs. 4 WpHG aF durch das Kleinanlegerschutzgesetz vom 3. Juli 2015[133] verjähren Ansprüche aus den §§ 97, 98 WpHG nun nach den allgemeinen Vorschriften des BGB, also in der regelmäßigen Verjährungsfrist des § 195 BGB von drei Jahren. Alle Ansprüche, die am Tag des Inkrafttretens der Neuregelung (10. Juli 2015) bestanden haben und noch nicht verjährt waren, verjähren dementsprechend grundsätzlich nach den allgemeinen Bestimmungen des BGB.[134] Dies führt insbesondere dazu, dass ohne Rücksicht auf die Kenntnis des Geschädigten Verjährung gem. § 199 Abs. 3 S. 1 Nr. 1 BGB erst zehn Jahre nach Entstehung des Anspruchs eintritt; zudem beginnt die Verjährung bei der kenntnisabhängigen Verjährung erst am Schluss des Jahres der Anspruchsentstehung. Nach den §§ 37b Abs. 4, 37c Abs. 4 WpHG aF galt hingegen, dass Ansprüche in einem Jahr seit Kenntniserlangung durch den Anleger, spätestens aber in drei Jahren verjährten. Allerdings ist unklar, welche Regeln für die Überleitung der Verjährung gelten, da sich in der Beschlussempfehlung des Finanzausschusses nur der Hinweis findet, es würde das „allgemeine Übergangsrecht für Verjährungsänderungen" gelten, welches allerdings nach Außerkrafttreten von Art. 169 EGBGB nicht mehr existiert.[135]

48 Die Frage des anwendbaren Übergangsrechts wird derzeit insbesondere auch vor dem Hintergrund des VW-Abgasskandals und der möglichen Verjährung von Ansprüchen der Anleger diskutiert.[136] Dabei geht es darum, ob für Altfälle die (kürzeren) Fristen der §§ 37b Abs. 4, 37c Abs. 4 WpHG aF oder die (längeren) Fristen der §§ 195, 199 BGB gelten. In der Literatur ergibt sich im Moment dazu noch kein einheitliches Bild. Zum einen wird

---

128 *Bruchwitz* in JVRB WpHG §§ 37b, 37c Rn. 18; *Möllers/Leisch* in KölnKomm WpHG §§ 37b, 37c Rn. 149; *Sethe* in Assmann/Schneider WpHG §§ 37b, 37c Rn. 79.
129 *Habbe/Gieseler* NZG 2016, 456.
130 BGHZ 192, 90 = NZG 2012, 263 ff. – *IKB*.
131 Siehe dazu schon unter → Rn. 31.
132 Siehe dazu unter → Rn. 21.
133 BGBl I 2015 S. 1114.
134 *Fuchs* in Fuchs WpHG §§ 37b, 37c Rn. 51a; zu den Übergangsvorschriften siehe → Rn. 37 ff.
135 Vgl. *von Katte/Berisha* BKR 2016, 411 mwN.
136 Vgl. *Asmus/Moini* WM 2016, 1626; *Druckenbrodt* NJW 2015, 3749; *von Katte/Berisha* BKR 2016, 409; *Piekenbrock* NJW 2016, 1350; *Tilp/Weiss* WM 2016, 914.

vertreten, dass nach den „allgemeinen Grundsätzen des Übergangsrechts für Verjährungen",[137] nach dem Rechtsgedanken des Art. 169 EGBGB[138] bzw. durch Auslegung von Art. 3 Nr. 9 und 10 des Kleinanlegerschutzgesetzes[139] das neue Recht (also §§ 195, 199 BGB) auf Altfälle anzuwenden sei, soweit diese Ansprüche nach altem Recht entstanden, aber noch nicht verjährt sind. Andere vertreten, dass für Altfälle im Wege einer Analogie zu Art. 229 § 6 Abs. 3 EGBGB bzw. einer Gesamtanalogie zu den kapitalmarktrechtlichen Überleitungsvorschriften zum intertemporalen Verjährungsrecht (§§ 43 WpHG aF, 148 InvG, 32 Abs. 2 S. 1 VermAnlG, 37 Nr. 2 S. 1 WpPG) weiterhin die kurze Verjährung der §§ 37b Abs. 4, 37c Abs. 4 WpHG aF gilt.[140] Aus Anlegersicht ist aus Vorsichtsgründen daher anzuraten, die notwendigen Schritte einzuleiten, um einer Verjährung nach den §§ 37b Abs. 4, 37c Abs. 4 WpHG aF entgegenzutreten; die Unternehmen müssen sich hingegen für einen längeren Zeitraum noch auf entsprechende Klagen einstellen.[141]

Im Ergebnis sprechen unseres Erachtens die besseren Argumente für eine längere Verjährungsfrist, nämlich nach den allgemeinen Vorschriften des BGB, sofern zum Zeitpunkt des Inkrafttretens des Kleinanlegerschutzgesetzes am 10. Juli 2015 nicht für die jeweiligen Ansprüche die Verjährung nach altem Recht eingetreten war. **49**

Im Zusammenhang mit der Verjährung von Ansprüchen insbesondere von Bedeutung ist auch die intensiv diskutierte Thematik der Wissenszurechnung im Konzern, da in den Fällen des § 97 WpHG (unterlassene Veröffentlichung einer Insiderinformation) die pflichtwidrige Unterlassung der Veröffentlichung und die damit verbundene Wissenszurechnung von Mitarbeitern im Konzern Anknüpfungspunkt für das Entstehen von Ansprüchen aus § 97 WpHG ist.[142] Von der Frage der Wissenszurechnung streng zu unterscheiden ist die Frage des Verschuldens nach § 97 Abs. WpHG, der (mindestens) grobe Fahrlässigkeit voraussetzt.[143] Kern der Diskussion ist dabei der Umfang der Informationsorganisationspflichten und deren Umsetzung im Konzern bzw. die Zurechnung von etwaigen Verstößen gegen Informationsweiterleitungspflichten durch Mitarbeiter nach §§ 31, 278, 831 BGB. **50**

j) Anspruchskonkurrenzen

§ 97 Abs. 4 und § 98 Abs. 4 WpHG halten ausdrücklich fest, dass weitergehende Ansprüche, die nach Vorschriften des bürgerlichen Rechts auf Grund von Verträgen oder vorsätzlichen unerlaubten Handlungen erhoben werden können, unberührt bleiben. Vertragliche Ansprüche spielen in der Regel keine Rolle; ebenso wenig wie Ansprüche aus culpa in contrahendo wegen fehlender rechtsgeschäftlicher Kontakte oder eines sonstigen Näheverhältnisses.[144] Da § 823 Abs. 1 BGB das Vermögen als Rechtsgut nicht schützt, kommen daher vor allem sonstige deliktische Ansprüche aus § 826 BGB und § 823 Abs. 2 BGB in Verbindung mit einem einschlägigen Schutzgesetz in Betracht. **51**

3. Haftung aus § 823 Abs. 2 BGB

a) § 823 Abs. 2 BGB in Verbindung mit Art. 17 MAR

Vor Inkrafttreten der MAR war in § 15 Abs. 6 S. 1 WpHG aF eindeutig geregelt, dass Schadensersatzansprüche wegen Verstoßes gegen die Bestimmungen des § 15 WpHG aF **52**

[137] *Druckenbrodt* NJW 2015, 3751.
[138] *von Katte/Berisha* BKR 2016, 413.
[139] *Asmus/Mioni* WM 2016, 1631.
[140] *Tilp/Weiss* WM 2016, 919.
[141] *von Katte/Berisha* BKR 2016, 413.
[142] Vgl. dazu zum Beispiel *Spindler* ZHR 161 (2017) 311; *Schürnbrand* ZHR 161 (2017) 357; *Ihrig* ZHR 161 (2017) 381; *Buck-Heeb* AG 2015, 801; *Weller* ZGR 2016, 384 (400); *Wagner* ZGR 2016, 112 (124); *Reuter* ZIP 2017, 310; *Dinter/David* ZIP 2017, 893.
[143] *Sajnovits* WM 2016, 766.
[144] *Bruchwitz* in JVRB WpHG §§ 37b, 37c Rn. 86.

im Zusammenhang mit der Veröffentlichung von Insiderinformationen nur unter den Voraussetzungen der §§ 37b, 37c WpHG aF geltend gemacht werden konnten. In der Begründung des Regierungsentwurfs zum Vierten Finanzmarktförderungsgesetzes wurde dies ausdrücklich damit begründet, dass es sich bei § 15 WpHG aF nicht um ein Schutzgesetz im Sinne des § 823 Abs. 2 BGB handelt, da Schutzgut des § 15 WpHG aF allein die Funktionsfähigkeit des Kapitalmarkts sei.[145]

53 Nach Inkrafttreten der MAR stellt sich die Frage, ob sich an dieser Einschätzung etwas geändert hat. Der deutsche Gesetzgeber hatte im Zusammenhang mit dem Inkrafttreten der MAR den Wortlaut der Vorschriften der §§ 37b, 37c WpHG aF zunächst nur redaktionell (im Fall des § 37c WpHGaF)[146] bzw. überhaupt nicht (im Fall des § 37b WpHG aF) angepasst. Auch aus der Begründung des Regierungsentwurfs zum Ersten Finanzmarknovellierungsgesetzes zur Anpassung des § 37c WpHG aF lässt sich nicht entnehmen, dass der deutsche Gesetzgeber davon ausgeht, dass mit Inkrafttreten des Art. 17 MAR eine Änderung des Schutzguts der Verpflichtung zur Veröffentlichung von Insiderinformationen einhergeht.[147]

54 Eine Neubewertung der Rechtsnatur der Verpflichtung zur Veröffentlichung von Insiderinformationen müsste daher primär aus der Auslegung der entsprechenden Bestimmungen der MAR gewonnen werden. Nach der Rechtsprechung des BGH liegt ein Schutzgesetz nach § 823 Abs. 2 BGB dann vor, wenn die entsprechende Vorschrift „zumindest auch dazu dienen soll, den Einzelnen oder einzelne Personenkreise gegen die Verletzung eines bestimmten Rechtsgutes zu schützen".[148]

55 Vergleicht man die Formulierungen in der Markmissbrauchsrichtlinie (MAD 2003)[149] und der MAR zur Schutzrichtung der Verpflichtung zur Veröffentlichung von Insiderinformationen dann fällt auf, dass die MAR den Schutz der Anleger zumindest graduell stärker betont als noch die MAD 2003. So spricht Erwägungsgrund 24 MAD 2003 davon, dass durch die „*unverzügliche und angemessene öffentliche Bekanntgabe von Informationen die Integrität des Marktes gefördert*" wird, und die „*selektive Weitergabe von Informationen durch Emittenten dazu führen kann, dass das Vertrauen der Anleger in die Integrität der Finanzmärkte schwindet*". Erwägungsgrund 2 MAD 2003 führt allgemeiner aus, dass „*Marktmissbrauch die Integrität der Finanzmärkte verletzt und das Vertrauen der Öffentlichkeit in Wertpapiere und Derivate untergräbt*". Diese Formulierungen suggerieren, dass für den europäischen Gesetzgeber bei der MAD 2003 der Schutz der Marktintegrität und das allgemeine Vertrauen der Anleger in diese Marktintegrität im Vordergrund standen.[150] Im Gegensatz dazu formuliert die MAR in Erwägungsgrund 49, dass die Veröffentlichung von Insiderinformationen „*von wesentlicher Bedeutung ist, um Insidergeschäften und der Irreführung von Anlegern vorzubeugen*". Im Gegensatz zum allgemeinen „Vertrauen" der Anleger in die Marktintegrität sieht die MAR also den Schutzzweck von Art. 17 MAR auch in der Vermeidung einer konkreten „Irreführung" der Anleger. Dies wird auch dadurch unterstrichen, dass in Art. 1 der MAR die Stärkung des Anlegerschutzes ausdrücklich als Ziel genannt wird.[151]

56 Neben den geänderten Formulierungen in der MAR wird für die Einordnung von Art. 17 MAR als individualschützend zudem vorgebracht, dass es hier letztlich nicht auf die vom BGH entwickelte (engere) Definition des Schutzgesetzes ankäme, sondern auf die unionsrechtlichen Vorgaben zur zivilrechtlichen Sanktionierung von Verordnungen. Da-

---

145 BT-Drucks. 14/8017 S. 87.

146 Zur Änderung von § 37c WpHG vgl. das Erste Gesetz zur Novellierung von Finanzmarktvorschriften auf Grund europäischer Rechtsakte (Erstes Finanzmarktnovellierungsgesetz – 1. FiMaNoG) vom 30. Juni 2016, BGBl. I 2016 S. 1514.

147 Vgl. BT-Drucks. 18/7482 S. 63.

148 Vgl. zum Beispiel BGH NZG 2010, 1071 ff.

149 Richtlinie 2003/6/EG des Europäischen Parlaments und des Rates vom 28. Januar 2003 über Insider-Geschäfte und Marktmanipulation (Marktmissbrauch), ABl. EU Nr. L96 v. 12.4.2003 S. 16 ff. (MAD 2003).

150 Siehe auch die identische Formulierung in Erwägungsgrund 12 MAD 2003.

151 So auch *Poelzig* NZG 2016, 501 mit weiterem Verweis auf Erwägungsgrund 47 S. 4 MAR.

nach reiche es nach den Vorgaben des Munoz-Urteil des EuGH aus, dass die volle Wirksamkeit der Verordnungsregelung dadurch gewährleistet wird, dass ein solcher privatrechtlicher Anspruch die Durchsetzung der Regelungen der Verordnung verstärkt; dies soll jedenfalls im Bereich des unmittelbar geltenden Unionsrechts Anwendung finden.[152] Danach reiche zur Aktivlegitimation aus, dass der Anleger von dem Rechtsverstoß lediglich „betroffen" sei.[153] Aus diesen Erwägungen heraus ergäbe sich der drittschützende Charakter von Art. 17 MAR im Sinne von § 823 Abs. 2 BGB. Daneben werden für den drittschützenden Charakter des europäischen Marktmissbrauchsregimes allgemein der unionsrechtliche Effektivitätsgrundsatz und der Grundsatz der funktionalen Subjektivierung angeführt.[154]

Gegen eine Einordnung der Vorschriften der MAR, einschließlich der Regelungen des Art. 17 MAR, als Schutzgesetz spricht vor allem, dass es der europäische Gesetzgeber, obwohl wohl grundsätzlich in seine Kompetenz fallend,[155] anders als im Bereich des Prospektrechts (Art. 6 der Prospektrichtlinie) und den europäischen Transparenzanforderungen (Art. 7, 28 der Transparenzrichtlinie) in der MAR unterlassen hat, das grundsätzliche Erfordernis einer zivilrechtlichen Haftung auf nationaler Ebene vorzuschreiben. Angesichts der expliziten Verschärfung der Sanktionen für Verstöße gegen das europäische Marktmissbrauchsrecht im verwaltungs- und strafrechtlichen Bereich spricht einiges dafür, das Schweigen des europäischen Gesetzgebers im Bereich der privatrechtlichen Haftung so zu verstehen, dass er die Ausgestaltung der zivilrechtlichen Haftung weiterhin allein den nationalen Gesetzgebern überlassen will.[156] **57**

Für das deutsche Recht hat diese grundsätzliche Frage im Bereich der Veröffentlichung von Insiderinformationen nach Art. 17 MAR wegen der Existenz der Vorschriften der §§ 97, 98 WpHG aber nur eingeschränkte Bedeutung, da das deutsche Recht eine privatrechtliche Haftung für die unterlassene oder unwahre Veröffentlichung von Insiderinformationen nach Art. 17 MAR ja schon vorsieht. Geht man mit der herrschenden (und der hier vertretenen) Meinung davon aus, dass es sich bei den §§ 97, 98 WpHG um deliktsrechtliche Haftungstatbestände handelt,[157] stellt sich im Anschluss daher (lediglich) die Frage nach dem Verhältnis zwischen den Haftungstatbeständen der §§ 37b, 37c WpHG und einer allgemeinen deliktsrechtlichen Haftung aus § 823 Abs. 2 BGB. Aus unionsrechtlicher Sicht spricht jedenfalls nichts dagegen, mögliche Haftungsansprüche spezialgesetzlich (und nicht im allgemeinen Deliktsrecht) zu verankern, da es primär Sache der einzelnen Mitgliedsstaaten ist, wie die unionsrechtlichen Vorgaben unter Berücksichtigung des Effektivitäts- und Äquivalenzgebots ins nationale Recht umzusetzen sind.[158] **58**

In anderen Bereichen ist jedenfalls anerkannt, dass sonderdeliktsrechtliche Vorschriften die Bestimmungen des allgemeinen Deliktsrechts aus dem BGB in ihrem Anwendungsbereich verdrängen und diese entsprechend nur ergänzend zur Anwendung kommen.[159] Ein Anwendungsbereich für eine Haftung aus § 823 Abs. 2 BGB in Verbindung mit Art. 17 MAR verbliebe dann nur, wo die Regelungen der §§ 97, 98 WpHG hinter den europarechtlichen Vorgaben zurückbleiben. Damit stellt sich letztlich die Frage, welche Anforderungen die MAR – bejaht man diese im Grundsatz – an die Ausgestaltung der privatrechtlichen Haftung für Verstöße gegen Art. 17 MAR stellt. Denn der Umstand, dass es grundsätzlich geboten ist, eine deliktische Haftung für Verstöße gegen Art. 17 MAR **59**

[152] Vgl. im Einzelnen *Hellgardt* AG 2012, 165 mwN.
[153] *Hellgardt* AG 2012, 165.
[154] Vgl. für das Verbot der Marktmanipulation *Poelzig* ZGR 2015, 801 ff.; für das Insiderhandelsverbot *Beneke/Thelen* BKR 2017, 12 ff.; vgl. auch *Seibt/Wollenschläger* AG 2014, 607.
[155] *Bruchwitz* in JVRB WpHG §§ 37b, 37c Rn. 3.
[156] *Schmolke* NZG 2016, 723.
[157] Siehe dazu unter II. → Rn. 11 f.
[158] *Seibt/Wollenschläger* AG 2014, 607.
[159] Vgl. zum Wettbewerbsrecht zum Beispiel *Ahrens* in Harte-Bavendamm/Henning-Bodewig UWG Einleitung G. Rn. 123.

einzuführen, sagt noch nichts darüber aus, wie diese Haftung im Einzelnen auszugestalten ist.[160]

60 Letztlich ist daher zu klären, ob die Regelungen der §§ 97, 98 WpHG im Lichte der MAR europarechtskonform sind. Soweit ersichtlich, ist diese Fragestellung in Literatur und Rechtsprechung bislang nur vereinzelt erörtert worden.[161] In diesem Zusammenhang stellen sich insbesondere die Fragen, ob die Begrenzung der Haftung auf grobe Fahrlässigkeit und Vorsatz europarechtlich bedenklich ist, der Schadensbegriff zwingend auch ein Recht des Anlegers auf Rückabwicklung einräumen muss und es im Bereich der haftungsbegründenden Kausalität zugunsten der Anleger erhebliche Beweiserleichterungen geben muss.[162] Vor diesem Hintergrund scheint es insbesondere fraglich, ob die Rechtsprechung des BGH zu (fehlenden) Beweiserleichterungen im Bereich der haftungsbegründenden Kausalität den europarechtlichen Vorgaben entspricht.[163] Die derzeit geltende Rechtslage zur Beschränkung der Haftung auf grobe Fahrlässigkeit und Vorsatz, wie sie im Wortlaut von §§ 97, 98 WpHG zum Ausdruck kommt, und das in der Rechtsprechung des BGH verankerte Wahlrecht zwischen der Geltendmachung des Kursdifferenzschadens und des Vertragsaufhebungsschadens[164] sind hingegen wahrscheinlich unproblematisch.[165]

b) § 823 Abs. 2 BGB in Verbindung mit Art. 15 MAR (Marktmanipulation)

61 Im Gegensatz zur Situation bei Verstößen gegen Art. 17 MAR enthält das deutsche Recht bislang keine Regelung zur privatrechtlichen Haftung im Fall der Verletzung des Verbots der Marktmanipulation aus Art. 15 MAR. Bislang wurde der drittschützende Charakter des Verbots der Marktmanipulation aus §§ 88 BörsG aF, 20a WpHG aF überwiegend abgelehnt.[166] Im Zusammenhang mit dem Inkrafttreten der MAR ist die Auffassung im Vordringen begriffen, die eine Haftung aus § 823 Abs. 2 BGB in Verbindung mit Art. 15 MAR mit ähnlichen Argumenten wie oben dargelegt grundsätzlich befürwortet.[167]

62 Erkennt man den drittschützenden Charakter von Art. 15 MAR grundsätzlich an, kommt im Zusammenhang mit der Veröffentlichung von Insiderinformationen insbesondere eine Verletzung von Art. 15 in Verbindung mit Art. 12 Abs. 1c) MAR in Betracht (sog. informationsgestützte Marktmanipulation), nach dem „*die Verbreitung von Informationen über die Medien einschließlich des Internets oder auf anderem Wege, die falsche oder irreführende Signale hinsichtlich des Angebots oder des Kurses eines Finanzinstruments oder der Nachfrage danach geben oder bei denen dies wahrscheinlich ist oder ein anormales oder künstliches Kursniveau eines oder mehrerer Finanzinstrumente, herbeiführen oder bei denen dies wahrscheinlich ist, einschließlich der Verbreitung von Gerüchten, wenn die Person, die diese Informationen verbreitet hat, wusste oder hätte wissen müssen, dass sie falsch oder irreführend waren*“ als verbotene Marktmanipulation gilt.

63 Informationsgestützte Manipulationen nach Art. 12 Abs. 1 Buchst. c) MAR setzen jeweils voraus, dass die betreffende Person die Unrichtigkeit oder den irreführenden Charakter der Information kannte oder hätte kennen müssen Dem Verbot der Marktmanipulation wohnt daher nicht bereits begrifflich ein Vorsatzelement inne, sondern lässt Fahrlässigkeit ausreichen.[168]

---

[160] *Hellgardt* AG 2012, 165.

[161] Vgl. *Hellgardt* AG 2012, 166.

[162] *Hellgardt* AG 2012, 166.

[163] *Roth* GWR 2016, 291.

[164] Zum IKB-Urteil siehe schon unter II. → Rn. 26.

[165] *Hellgardt* AG 2012, 166.

[166] BGHZ 192, 90 = NZG 2012, 263 – *IKB*; *Fleischer* in Fuchs WpHG § 20a Rn. 154; *Vogel* in Assmann/Schneider WpHG § 20a WpHG Rn. 31; *Schwark* in Schwark/Zimmer § 20a WpHG Rn. 7; aA zB *Mock* in KölnKomm WpHG § 20a WpHG Rn. 432.

[167] *Poelzig* ZGR 2015, 801; *Poelzig* NZG 2016, 501; für das Insiderhandelsverbot *Beneke/Thelen* BKR 2017, 12 ff.; vgl. auch *Seibt/Wollenschläger* AG 2014, 607; zur genaueren Begründung → Rn. 53; ablehnend zB *Schmolke* NZG 2016, 728.

[168] *Poelzig* NZG 2016, 536; siehe im Einzelnen unter D.

c) § 823 Abs. 2 BGB in Verbindung mit § 400 Abs. 1 Nr. 1 AktG

Teilweise wird diskutiert, ob sich bei unterlassenen oder unwahren Ad-hoc-Mitteilungen ein Anspruch aus der Verletzung von § 400 Abs. 1 Nr. 1 AktG ergeben kann. Nach § 400 Abs. 1 Nr. AktG wird bestraft, „*wer als Mitglied des Vorstands oder des Aufsichtsrats oder als Abwickler die Verhältnisse der Gesellschaft einschließlich ihrer Beziehungen zu verbundenen Unternehmen in Darstellungen oder Übersichten über den Vermögensstand, in Vorträgen oder Auskünften in der Hauptversammlung unrichtig wiedergibt oder verschleiert*". § 400 AktG ist zwar unstrittig Schutzgesetz[169], inhaltlich jedoch in aller Regel nicht einschlägig. Voraussetzung ist nämlich, dass Darstellungen oder Übersichten über den Vermögensstand unrichtig wiedergegeben oder verschleiert werden. Gemeint sind damit aber nur Darstellungen oder Übersichten, die den Eindruck der Vollständigkeit vermitteln, was bei anlassbezogenen Veröffentlichungen von Insiderinformationen gerade nicht der Fall ist.[170] **64**

d) § 823 Abs. 2 BGB in Verbindung mit § 264a StGB

Die Strafbarkeit wegen Kapitalanlagebetrugs nach § 264a StGB knüpft an Fehlinformationen bei dem Vertrieb von Wertpapieren, Bezugsrechten oder Unternehmensbeteiligungen an. Ähnlich wie § 400 AktG müssen diese Fehlinformationen in „Prospekten, Darstellungen oder Übersichten" erfolgen. Hiervon muss also wiederum ein Eindruck der Vollständigkeit ausgehen. Daran fehlt es bei anlassbezogenen Veröffentlichungen von Insiderinformationen.[171] **65**

e) § 823 Abs. 2 BGB in Verbindung mit § 263 StGB

Denkbar ist grundsätzlich auch eine Verletzung von § 263 StGB als Schutzgesetz. Letztlich scheitert der Anspruch aber in der Regel an der von § 263 StGB vorausgesetzten Stoffgleichheit.[172] Der Anleger erleidet einen Schaden, da er Wertpapiere von einem Dritten zu teuer erwirbt oder zu billig veräußert. Ein etwaiger Kursgewinn oder Veräußerungsgewinn desjenigen, der eine fehlerhafte Kapitalmarktinformation verbreitet, ist hierzu gerade nicht spiegelbildlich.[173] **66**

4. Haftung aus § 826 BGB

Obwohl eine Haftung für unterlassene oder unwahre Veröffentlichungen von Insiderinformationen in §§ 97, 98 WpHG spezialgesetzlich kodifiziert ist, kommt § 826 BGB nach wie vor eine eigenständige Bedeutung zu. Einerseits ist der Tatbestand zwar enger, da er eine sittenwidrige Schädigung voraussetzt, die zudem vorsätzlich begangen werden muss, ohne dass diesbezüglich eine Beweislastumkehr stattfindet oder andere Beweiserleichterungen greifen.[174] Andererseits ist der Anwendungsbereich aber auch weiter, da § 826 BGB nicht nur auf die unterlassene oder unwahre Veröffentlichungen von Insiderinformationen im Sinne des Art. 17 MAR, sondern grundsätzlich auf alle Arten der Kapitalmarktinformationen anwendbar ist.[175] **67**

Die Schädigung kann zunächst durch ein aktives Tun herbeigeführt werden, also insbesondere durch die Veröffentlichung von unwahren Insiderinformationen. Richtigerweise kann auch das Unterlassen einer gebotenen Veröffentlichung von Insiderinformationen **68**

[169] Vgl. nur *Bruchwitz* in JVRB WpHG §§ 37b, 37c Rn. 101.
[170] BGH NJW 2004, 1723; *Bruchwitz* in JVRB WpHG §§ 37b, 37c Rn. 101.
[171] *Möllers/Leisch* in KölnKomm WpHG §§ 37b, 37c Rn. 505.
[172] *Fuchs* in Fuchs, WpHG §§ 37b, 37c Rn. 66 mit Verweis auf BGH WM 1988, 262; *Möllers/Leisch* in KölnKomm WpHG §§ 37b, 37c Rn. 509.
[173] *Fuchs* in Fuchs, WpHG §§ 37b, 37c Rn. 66; *Möllers/Leisch* in KölnKomm WpHG §§ 37b, 37c Rn. 509.
[174] Dazu → Rn. 21.
[175] *Fuchs* in Fuchs WpHG Vor §§ 37b, 37c Rn. 30 mwN.

eine Schädigung im Sinne des § 826 BGB sein.[176] Daneben muss das Tun oder Unterlassen „sittenwidrig" sein. Nach ständiger Rechtsprechung ist ein Verhalten sittenwidrig, wenn es gegen das „Anstandsgefühl aller billig und gerecht Denkenden" verstößt.[177] Diese Leerformel gilt es auszufüllen. Berücksichtigt werden müssen dabei insbesondere das verfolgte Ziel, die eingesetzten Mittel, die zu Tage tretende Gesinnung und die eingetretenen Folgen.[178]

69 Die wissentliche Verbreitung von falschen Informationen ist jedenfalls dann als sittenwidrig anzusehen, wenn sie in eigennütziger Absicht erfolgt.[179] Erfolgt die Falsch- oder Nichtinformation nicht aus eigennützigen Interessen, kann die Fehlinformation nach der Rechtsprechung des BGH dennoch sittenwidrig sein, wenn sie sich im Rahmen einer Gesamtbetrachtung als solche herausstellt.[180] Nach der Rechtsprechung des BGH in Sachen *Infomatec,*[181] *EM.TV,*[182] *Comroad*[183] und *Mobilcom*[184] liegt Sittenwidrigkeit jedenfalls dann vor, wenn eine direkt vorsätzliche unlautere Beeinflussung des Sekundärmarktpublikums durch eine grob unrichtige Veröffentlichung von Insiderinformationen gegeben ist.[185]

70 § 826 BGB setzt Vorsatz, insbesondere auch Vorsatz bezüglich des eingetretenen Schadens voraus. Ausreichend ist *dolus eventualis.*[186] Der Täter muss also den Eintritt des Schadens billigend in Kauf nehmen. Hinsichtlich des Kausalverlaufs, des Schadensumfangs und der geschädigten Personen muss der Täter hingegen keine detaillierte Vorstellung haben.[187] Ebenfalls nicht erforderlich ist, dass der Täter weiß, dass sein Tun oder Unterlassen als sittenwidrig zu bewerten ist; erforderlich ist nur die Kenntnis der Umstände, die die Sittenwidrigkeit begründen.[188] Schwierigkeiten bereitet in der Praxis vor allem der Beweis des Vorsatzes, da eine mit § 97 Abs. 2 WpHG und § 98 Abs. 2 WpHG vergleichbare Beweislastumkehr bei § 826 BGB nicht stattfindet, insbesondere bei unterlassenen Ad-hoc Mitteilungen.[189]

71 Wie im Rahmen der §§ 97, 98 WpHG hat der BGH im Rahmen des § 826 BGB entschieden, dass der geschädigte Anleger das Wahlrecht zwischen der Geltendmachung des Kursdifferenzschadens und des Vertragsabschlussschadens hat.[190]

72 Bei der haftungsbegründenden Kausalität kommt es auf die Kausalität zwischen der fehlerhaften Veröffentlichung der Insiderinformation und der Anlageentscheidung des Anlegers an.[191] Dies gilt im Rahmen des § 826 BGB richtigerweise auch in den Fällen, in denen der Anleger nicht den Vertragsabschlussschaden, sondern den Kursdifferenzschaden geltend macht.[192] Beweiserleichterungen werden dem Anleger in diesem Bereich vom BGH ebenfalls nicht gewährt.[193]

73 Auch im Rahmen des § 826 BGB sind Handlungen bzw. Unterlassungen sowie ein Verschulden der Organmitglieder dem Emittenten nach § 31 BGB zuzurechnen. Dies führt im Gegensatz zu der Haftung nach §§ 97, 98 WpHG jedoch nicht dazu, dass allein der

---

[176] *Möllers/Leisch* in KölnKomm WpHG §§ 37b, 37c Rn. 436.
[177] RGZ 48, 114.
[178] *Sethe* in Assmann/Schneider WpHG §§ 37b, 37c Rn. 143; *Möllers/Leisch* in KölnKomm WpHG §§ 37b, 37c Rn. 436.
[179] BGH NJW 2004, 2973; *Fuchs* in Fuchs WpHG Vor §§ 37b, 37c Rn. 34 mwN.
[180] BGH NJW 2012, 1803.
[181] Siehe die Nachweise in Fußnote 50.
[182] Siehe die Nachweise in Fußnote 51.
[183] Siehe die Nachweise in Fußnote 52.
[184] Siehe die Nachweise in Fußnote 53.
[185] BGH NZG 2004, 909.
[186] *Sethe* in Assmann/Schneider WpHG §§ 37b, 37c Rn. 142.
[187] BGH NJW 2004, 2973; *Sethe* in Assmann/Schneider WpHG §§ 37b, 37c Rn. 142; *Möllers/Leisch* in KölnKomm WpHG §§ 37b, 37c Rn. 457.
[188] *Fuchs* in Fuchs WpHG Vor §§ 37b, 37c Rn. 40; *Möllers/Leisch* in KölnKomm WpHG §§ 37b, 37c Rn. 458.
[189] Vgl. zu den Details *Möllers/Leisch* in KölnKomm WpHG §§ 37b, 37c Rn. 457 ff.
[190] BGH NZG 2005, 672; dazu im Einzelnen unter II. → Rn. 23 ff.
[191] BGH NZG 2007, 345.
[192] Siehe dazu schon unter B. II. → Rn. 30 zu §§ 37b, 37c WpHG.
[193] BGH NZG 2007, 345; *Bruchwitz* in JVRB WpHG §§ 37b, 37c Rn. 108.

Emittent haftet. Organmitglieder können im Rahmen des § 826 BGB bei Vorliegen der Tatbestandsvoraussetzungen auch persönlich in Haftung genommen werden; die Haftung des Emittenten besteht gesamtschuldnerisch neben der persönlichen Haftung der Organmitglieder.[194]

III. Privatrechtliche Haftung im Zusammenhang mit Insiderhandel

1. Einführung

Weder das Wertpapierhandelsgesetz noch die MAR enthalten eine ausdrückliche Regelung zur privatrechtlichen Haftung für Verstöße gegen das Insiderhandelsverbot.[195] Entscheidend für eine entsprechende Haftung gegenüber Dritten ist daher insbesondere, ob den Regelungen über das Insiderhandelsverbot in Art. 14 MAR Schutzgesetzqualität im Sinne des § 823 Abs. 2 BGB zukommt. Nach der bislang weit überwiegenden Auffassung vor Inkrafttreten der MAR wurde dies verneint.[196] **74**

Wie im Bereich der Veröffentlichung von Insiderinformationen nach Art. 17 MAR[197] stellt sich aber die Frage, ob sich nach Inkrafttreten der MAR an dieser Einschätzung etwas geändert hat. Dabei ist zu beachten, dass das Insiderhandelsverbot nach Art. 14 MAR die folgenden drei unterschiedlichen Tatbestände aufweist: **75**

- das Tätigen von Insidergeschäften und der Versuch hierzu nach Art. 14a), 8 Abs. 1 MAR;
- Dritten zu empfehlen, Insidergeschäfte zu tätigen, oder Dritte anzustiften, Insidergeschäfte zu tätigen nach Art. 14b), 8 Abs. 2 MAR, oder
- die unrechtmäßige Offenlegung von Insiderinformationen nach Art. 14c), 10, MAR.[198]

2. § 823 Abs. 2 BGB in Verbindung mit Art. 14 MAR

Wie oben bereits festgestellt, betonen die allgemeinen Formulierungen in den Erwägungsgründen der MAR und in Art. 1 MAR, verglichen mit den entsprechenden Formulierungen in der MAD 2003, den Schutz der Anleger graduell stärker.[199] Daneben sprechen die weiteren, oben unter III. Rn. 45 ff. aufgeführten Argumente ebenfalls für einen drittschützenden Charakter von Art. 14 MAR (insbesondere der weitere unionsrechtliche Begriff des Drittschutzes, der unionsrechtliche Effektivitätsgrundsatz und der Grundsatz der funktionalen Subjektivierung). Gegen eine Einordnung von Art. 14 MAR als drittschützende Normen sprechen hingegen die bereits bei Art. 17 MAR dargestellten Gründe.[200] **76**

Vergleicht man die Formulierung in Erwägungsgrund 23 der MAR zu Insider-Geschäften mit der entsprechenden Formulierung im Erwägungsgrund 12 der MAD 2003 fällt auf, dass der individuelle Schutz der Anleger in der MAR stärker hervorgehoben wird. Formulierte die MAD 2003 noch, dass „*Vorschriften zur Bekämpfung von Insider-Geschäften (…) dasselbe Ziel [haben] wie Vorschriften zur Bekämpfung von Marktmanipulation, nämlich die Integrität der Finanzmärkte der Gemeinschaft sicherzustellen und das Vertrauen der Anleger in diese Märkte zu stärken*“ stellt Erwägungsgrund 23 deutlicher auch auf die schützenswerten Individualinteressen einzelner Anleger ab: „*Das wesentliche Merkmal von Insidergeschäften ist ein ungerechtfertigter Vorteil, der mittels Insiderinformationen zum Nachteil Dritter erzielt wird, die* **77**

[194] BGH NJW 2005, 2450; *Arnold* in MüKoBGB, § 31 Rn. 45.
[195] Zum Fehlen einer ausdrücklichen Regelung zur privatrechtlichen Haftung in der MAR siehe schon unter I. → Rn. 1 ff.
[196] Vgl. *Sethe* in Assmann/Schütze, Handbuch des Kapitalanlagerechts, § 8 Rn. 162 mwN.
[197] Siehe dazu unter III. → Rn. 42 ff.
[198] Zu den einzelnen Tatbeständen des Insiderhandelsverbotes vgl. Abschnitt B § 7-9.
[199] Siehe im Einzelnen *Beneke/Thelen* BKR 2017, 12 und unter III. → Rn. 45.
[200] Siehe schon unter III. → Rn. 47.

diese Informationen nicht kennen, und infolgedessen in der Untergrabung der Integrität der Finanzmärkte und des Vertrauens der Investoren."

78 Vor diesem Hintergrund nehmen die Stimmen in der Literatur zu, die den grundsätzlich drittschützenden Charakter von Art. 14 MAR befürworten.[201] Eine grundsätzliche Anerkennung als drittschützende Norm im Sinne des § 823 Abs. 2 BGB führte dabei im Zusammenhang mit einer möglichen Haftung allerdings zu einer Reihe von Folgefragen, auf die im Folgenden kurz eingegangen werden soll.

79 Eine entscheidende Frage ist, wer bei einem Verstoß gegen die Vorschriften des Art. 14 MAR überhaupt anspruchsberechtigt sein kann. Legt man einen engen Kausalitätsbegriff zugrunde, könnten dies nur solche Anleger sein, die unmittelbar mit dem Insider ein Geschäft abgeschlossen haben.[202] Entsprechende Nachweisprobleme sollten trotz anonymen Börsenhandels aufgrund moderner Orderroutingsysteme grundsätzlich zwar lösbar sein.[203] Diesem Konzept wird aber entgegengehalten, dass die meisten Vertragspartner wohl auch ohne den Insider die Finanzinstrumente erworben hätten und es daher bereits an der haftungsbegründenden Kausalität fehle.[204] Denn das haftungsbegründende Ereignis ist dann nicht der Insiderhandel an sich, sondern die fehlende Veröffentlichung der Insiderinformation.[205]

80 Andere hingegen wollen darüber hinaus noch nach der Art der Anleger unterscheiden; so sollen nur sog. Informationshändler (im Gegensatz insbesondere zu Utilitätshändlern) aus einer Verletzung von Art. 14 MAR anspruchsberechtigt sein.[206] Unter Informationshändlern werden dabei Marktteilnehmer verstanden, die den Markt permanent nach neuen Informationen überprüfen, die eine (kurzzeitige) Abweichung des gegenwärtigen Marktpreises vom wahren Wert des Wertpapiers, dem sog. Fundamentalwert, zeigen und ihren Gewinn über die Abweichung des gegenwärtigen Marktpreises vom Fundamentalwert des Wertpapiers (sog. Arbitragemöglichkeit) generieren.[207] Utilitätshändler hingegen machen ihre Anlageentscheidung grundsätzlich nicht von neuen Informationen abhängig, sondern verfolgen eine andere Handelsstrategie.[208] Eine weitere Auffassung sieht jeden Anleger als anspruchsberechtigt, sobald ein Anleger sich eine positive Information zunutze macht und die Anleger über den Handel um den ihnen an sich zustehenden Gewinn erleichtert.[209] Wiederum andere Stimmen legen in Anlehnung an das US-amerikanische Recht nahe, solchen Anlegern einen Schadensersatzanspruch zu gewähren, die zeitgleich mit dem Insider am Markt gehandelt haben.[210]

81 *Beneke/Thelen* halten angesichts der vielen unterschiedlichen Erklärungsansätze in der Literatur daher zutreffend fest, dass sich „*problemlos weitere Konzepte entwickeln [lassen], je nachdem, wen man als das maßgebliche Opfer des Insiderhandels ansieht und welche Wertungen man hinter dem Verbot des Insiderhandels zu erkennen glaubt*".[211] Höchstrichterliche Entscheidungen in diesem Bereich fehlen bislang hingegen völlig. Für die Praxis lässt sich daher festhalten, dass es auch bei einer Anerkennung des grundsätzlich drittschützenden Charakters von Art. 14 MAR für Anleger mit einer großen Unsicherheit verbunden sein würde, etwaige Schadensersatzansprüche gegen Insider auf § 823 Abs. 2 BGB zu stützen. Dies gilt umso mehr für eine Verletzung der Tatbestandsalternativen aus Art. 14b), 8 Abs. 2 MAR (Emp-

[201] *Beneke/Thelen* BKR 2017, S. 12; für Art. 17 MAR vgl. die Nachweise unter III. → Rn. 46; für Art. 15 MAR vgl. die Nachweise unter II. → Rn. 4; aus der älteren Literatur vgl. zB *Schall* JZ 2010, 392; *Grechenig* ZBB 2010, 232.
[202] *Grechenig* ZBB 2010, 232 (239).
[203] *Beneke/Thelen* BKR 2017, 12 (17); *Sethe* in Assmann/Schütze § 8 Rn. 162.
[204] *Köhn* in KölnKomm WpHG Vor §§ 12–14 Rn. 30 mwN.
[205] *Köhn* in KölnKomm WpHG Vor §§ 12–14 Rn. 30.
[206] Eingehend *Beneke/Thelen* BKR 2017, 12 (16 ff.); *Köhn* in KölnKomm WpHG Vor §§ 12–14 Rn. 32; 110 ff.
[207] *Beneke/Thelen* BKR 2017, 12 (15, 16).
[208] *Beneke/Thelen* BKR 2017, 12 (16).
[209] *Grechenig* ZBB 2010, 232 (233).
[210] *Steinauer*, Insiderhandelsverbot und Ad-hoc Publizität, S. 166.
[211] *Beneke/Thelen* BKR 2017, 12 (16).

fehlung an Dritte zur Tätigung von Insidergeschäften) und Art. 14c), 10 MAR (unrechtmäßige Offenlegung von Insiderinformationen), deren Schutzgesetzeigenschaft – soweit ersichtlich – bislang überhaupt nicht näher untersucht worden ist. Jedenfalls im Bereich der unrechtmäßigen Offenlegung von Insiderinformationen haben wir erhebliche Zweifel, ob dies im Normalfall zu individuellen Ansprüchen führen kann. Zu klären wäre darüber hinaus, ob Anleger grundsätzlich nur den Kursdifferenzschaden geltend machen könnten oder einen darüber hinaus gehenden Vertragsabschlussschaden.[212]

3. § 826 BGB

An den Tatbestandsvoraussetzungen des § 826 BGB im Bereich der Marktmanipulation hat **82**
sich durch das Inkrafttreten der MAR nichts geändert.[213] Für die Voraussetzungen einer Haftung nach § 826 BGB kann daher grundsätzlich auf die oben bei Art. 17 MAR enthaltene Darstellung verwiesen werden.[214] Besondere Schwierigkeiten dürfte auch hier die Darlegung der haftungsbegründenden Kausalität bereiten.[215]

IV. Privatrechtliche Haftung im Zusammenhang mit Marktmanipulation

1. Einführung

Während das Insiderrecht einen recht genau umrissenen Anwendungsbereich hat, kommt **83**
dem Verbot der Marktmanipulation in Art. 15 MAR die allgemeine Aufgabe zu, die „Zuverlässigkeit und Wahrheit der Preisbildung an Börsen und anderen überwachten Märkten“ möglichst umfassend zu gewährleisten.[216] Im Bereich der Marktmanipulation kann grob unterschieden werden zwischen informationsgestützter, handelsgestützter und handlungsgestützter Marktmanipulation (siehe dazu auch die verschiedenen Tatbestandsalternativen des Art. 12 MAR).[217] Bezüglich Umfang und Inhalt des Marktmanipulationsverbots kann auf die detaillierten Ausführungen in Abschnitt C verwiesen werden.

An einer ausdrücklichen Haftungsregelung für Verstöße gegen das Verbot der Markt- **84**
manipulation fehlt es im deutschen Recht; daran hat auch das Zweite Finanzmarktnovellierungsgesetz[218] nichts geändert. Ausgangspunkt für Überlegungen zur privatrechtlichen Haftung im Bereich der Marktmanipulation nach Art. 12 f., 15 MAR ist daher das IKB-Urteil des BGH. Dort hat der BGH ausdrücklich entschieden, dass seiner Ansicht nach im Einklang mit der bislang herrschenden Meinung im Schrifttum die Vorgängervorschrift zu den Art. 12, 13 und 15 MAR, § 20a WpHG, kein Schutzgesetz im Sinne des § 823 Abs. 2 BGB ist.[219] Wie im Bereich der Veröffentlichung von Insiderinformationen nach Art. 17 MAR[220] stellt sich daher die Frage, ob sich nach Inkrafttreten der MAR an dieser Einschätzung etwas geändert hat.

2. § 823 Abs. 2 BGB in Verbindung mit Art. 15 MAR

Grundsätzlich gilt, dass die Formulierungen in den Erwägungsgründen der MAR und in **85**
Art. 1 MAR, verglichen mit den entsprechenden Formulierungen in der MAD 2003, zumindest den Schutz der Anleger graduell stärker betonen.[221] Daneben sprechen auch hier

---

[212] Siehe zur Paralleldiskussion bei §§ 97, 98 WpHG unter II. 1 → Rn. 23 ff.
[213] *Rau* BKR 2017, 61.
[214] Siehe unter IV. → Rn. 57 ff.
[215] *Rau* BKR 2017, 61; *Buck-Heeb* WM 2015, 165.
[216] *Fuchs* in Fuchs WpHG Vor § 20a Rn. 3.
[217] *Rau* BKR 2017, 59; *Seibt/Wollenschläger* AG 2014, 593; *Poelzig* NZG 2016, 528.
[218] Vgl. BGBl. I 2017 S. 1693.
[219] BGHZ 192, 90 = NZG 2012, 263 – *IKB*.
[220] Siehe dazu unter III. → Rn. 2 ff.
[221] Siehe dazu schon unter III. → Rn. 45.

die weiteren, unter B. III. → Rn. 45 ff. aufgeführten Argumente für einen drittschützenden Charakter von Art. 12, 15 MAR (insbesondere der weitere unionsrechtliche Begriff des Drittschutzes, der unionsrechtliche Effektivitätsgrundsatz und der Grundsatz der funktionalen Subjektivierung). Gegen eine Einordnung von Art. 12, 15 MAR als drittschützende Normen sprechen dagegen die bereits bei Art. 17 MAR dargestellten Gründe.[222]

86 Wirft man einen Blick auf die Erwägungsgründe der MAR zu den verschiedenen Tatbeständen der Marktmanipulation, fällt auf, dass der Anlegerschutz unterschiedlich deutlich in den Erwägungsgründen hervorgehoben wird. So wird der Schaden für die Anleger in den Erwägungsgründen (44) (Marktmanipulation durch Manipulation von Referenzwerten, Art. 12 Abs. 1d) MAR, „*Manipulation von Referenzwerten kann (...) zu beträchtlichen Verlusten für die Anleger (...) führen*“) und (47) (Verbreitung falscher oder irreführender Informationen, Art. 12 Abs. 1c) MAR, „*Diese Form der Marktmanipulation schadet den Anlegern in besonderer Weise...*“) besonders hervorgehoben. Dies bietet jedenfalls ein starkes Indiz, dass diese Tatbestände gegenüber den sonstigen handels- und handlungsgestützten Tatbeständen der Marktmanipulation besonders dem Anlegerschutz dienen sollen.[223]

87 Bejaht man den drittschützenden Charakter von Art. 12, 15 MAR im Hinblick auf informationsgestützte Tatbestände der Marktmanipulation, stellt sich im Bereich der Veröffentlichung von Insiderinformationen nach Art. 17 MAR in Verbindung mit §§ 97, 98 WpHG noch die Frage nach dem Verhältnis einer Haftung aus den §§ 97, 98 WpHG zu einer Haftung aus § 823 Abs. 2 BGB in Verbindung mit Art. 12, 15 MAR. Wie oben bei §§ 97, 98 WpHG dargelegt, spricht einiges dafür, die §§ 97, 98 WpHG als spezialdeliktsrechtliche Haftungstatbestände für den Bereich der unrichtigen oder unterlassenen Veröffentlichung von Insiderinformationen zu verstehen, die für diesen Bereich die allgemeine deliktsrechtliche Haftung aus § 823 Abs. 2 BGB verdrängen.[224] Dies bedeutet auch, dass jedenfalls für den Bereich der Veröffentlichung von Insiderinformationen nach Art. 17 MAR Organmitglieder nicht über nach § 823 Abs. 2 BGB in Verbindung mit Art. 12, 15 MAR persönlich haftbar gemacht werden können, da eine solche Haftung nach den Spezialregelungen der §§ 97, 98 WpHG explizit ausgeschlossen ist.[225] Eine persönliche Haftung von Organmitgliedern aus § 823 Abs. 2 BGB in Verbindung mit Art. 12, 15 MAR für einfache Pressemitteilungen, die im Zusammenhang mit unwahren Insiderinformationen veröffentlicht worden sind, dürfte daher ebenfalls ausscheiden.[226]

88 Aktivlegitimiert wäre hingegen jeder Anleger, der durch den Verstoß gegen Art. 12, 15 MAR einen Schaden erlitten hat. Nimmt man Drittschutz auch für den Bereich der handelsgestützten und handlungsgestützten Marktmanipulation an, stellt sich – wie im Bereich des Insiderhandels nach Art. 14a), 8 Abs. 1 MAR auch – die Frage nach dem anspruchsberechtigten Personenkreis bzw. der haftungsbegründenden Kausalität.[227] Zudem wäre zu entscheiden, ob der Anleger auch den Vertragsabschlussschaden oder lediglich den Kursdifferenzschaden geltend machen kann. Bei Verstößen gegen informationsgestützte Tatbestände bietet es sich an, auf die Erwägungen zu §§ 97, 98 WpHG zurückzugreifen, in dessen Rahmen nach der Rechtsprechung des BGH der Anleger ein Wahlrecht hat, ob er den Vertragsabschlussschaden oder den Kursdifferenzschaden geltend macht.[228] Auch im Hinblick auf die haftungsbegründende Kausalität kann auf die zu §§ 97, 98 WpHG entwickelten Grundsätze zurückgegriffen werden.[229]

89 Entgegen der bisher zu § 20a WpHG vertretenen Auffassung wohnt dem Verbot der Marktmanipulation nicht bereits begrifflich ein Vorsatzelement inne, da das Verschulden

[222] Siehe schon unter III. → Rn. 47.
[223] *Rau* BKR 2017, 61; *Poelzig* ZGR 2015, 816.
[224] Siehe unter III. → Rn. 8; *Poelzig* ZGR 2015, 829.
[225] Siehe dazu unter II. → Rn. 11.
[226] Weitergehend *Poelzig* ZGR 2015, 830, die insgesamt in diesem Bereich eine persönliche Außenhaftung der Organmitglieder in diesem Bereich für nicht erforderlich erachtet.
[227] Vgl. dazu unter III. → Rn. 6.
[228] *Poelzig* ZGR 2015, 833 und unter II. → Rn. 23 ff.
[229] Siehe dazu unter II. 1 → Rn. 29 f.

wie beim Insiderhandelsverbot erst bei der Frage nach straf-, verwaltungs- oder zivilrechtlichen Sanktionen relevant wird.[230] Im Bereich der informationsgestützten Marktmanipulation wäre allerdings zu überlegen, ob die Wertung der §§ 97, 98 WpHG, in deren Rahmen die Haftung auf Vorsatz und grobe Fahrlässigkeit beschränkt ist, auch im Rahmen einer Haftung nach § 823 Abs. 2 BGB in Verbindung mit Art. 12, 15 MAR zu berücksichtigen ist. Da es sich bei den informationsgestützten Tatbeständen um die zentralen Tatbestände handelt, wäre zudem zu überlegen, ob diese Wertung nicht auch auf die anderen Konstellationen übertragen werden sollte.

Im Hinblick auf die Verjährung gelten die allgemeinen Verjährungsvorschriften der 90
§§ 195, 199 BGB; ein Konflikt mit der inzwischen aufgehobenen Sonderverjährung nach §§ 37b, c Abs. 4 WpHG aF könnte daher allenfalls im Rahmen von Altfällen auftreten.[231]

3. § 826 BGB

An den Tatbestandsvoraussetzungen des § 826 BGB im Bereich der Marktmanipulation hat 91
sich durch das Inkrafttreten der MAR nichts geändert.[232] Für die Voraussetzungen einer Haftung nach § 826 BGB kann grundsätzlich auf die oben bei Art. 17 MAR enthaltene Darstellung verwiesen werden.[233] Besondere Schwierigkeiten dürfte im Bereich der Marktmanipulation häufig die Darlegung der haftungsbegründenden Kausalität bereiten, also der Ursachenzusammenhang zwischen schädigender Handlung und Anlageentscheidung des Anlegers.[234]

V. Privatrechtliche Haftung im Zusammenhang mit Director's Dealings

1. Einführung

Die Pflicht von Personen mit Führungsaufgaben, eigene Geschäfte mit Aktien des Emitten- 92
ten („Director's Dealings") zu veröffentlichen, ist seit dem Wirksamwerden der MAR in Art. 19 geregelt, der an die Stelle des § 15a WpHG aF getreten ist. Für § 15a WpHG wurde ganz überwiegend vertreten, dass es sich bei der Vorschrift nicht um ein Schutzgesetz im Sinne des § 823 Abs. 2 BGB handelt und entsprechende deliktische Schadensersatzansprüche (außerhalb des Anwendungsbereichs von § 826 BGB) daher ausscheiden.[235] Fraglich ist auch hier, ob sich an dieser Einschätzung durch das Inkrafttreten der MAR etwas geändert hat.

2. § 823 Abs. 2 BGB in Verbindung mit Art. 19 MAR

Wie bereits oben ausgeführt, gilt grundsätzlich, dass die Formulierungen in Art. 1 MAR, 93
verglichen mit den entsprechenden Formulierungen in der MAD 2003, zumindest den Schutz der Anleger graduell stärker betonen.[236] Auch in Erwägungsgrund 58 der MAR wird dies erneut aufgenommen, wenn festgestellt wird, dass „*die Bekanntgabe dieser Geschäfte zumindest auf individueller Basis auch eine höchst wertvolle Informationsquelle für Anleger darstellen [kann]*". Allerdings ist festzuhalten, dass die MAD 2003 in Erwägungsgrund 26 eine identische Formulierung enthielt, so dass aus der Fassung von Erwägungsgrund 58 der

---

[230] *Poelzig* NZG 2016, 536; *Poelzig* ZGR 2015, 835.
[231] Zur Frage der Geltung der Verjährungsvorschriften II. → Rn. 37 ff.
[232] *Rau* BKR 2017, 61.
[233] Siehe unter II. → Rn. 57 ff.
[234] *Rau* BKR 2017, 61; *Buck-Heeb* WM 2015, 165.
[235] *Sethe* in Assmann/Schneider WpHG § 15a WpHG Rn. 140; *Heinrich* in KölnKomm WpHG § 15a Rn. 84, jeweils mwN.
[236] Siehe dazu schon unter III. → Rn. 45.

MAR nicht ohne Weiteres neue Argumente für die Schutzgesetzqualität von Art. 19 MAR hergeleitet werden können.

94 Für die Einordnung als Schutzgesetz können allerdings die unter III. → Rn. 2 ff. aufgeführten Argumente für einen drittschützenden Charakter von Art. 19 MAR angeführt werden (insbesondere der weitere unionsrechtliche Begriff des Drittschutzes, der unionsrechtliche Effektivitätsgrundsatz und der Grundsatz der funktionalen Subjektivierung).[237] Daneben kann argumentiert werden, dass Art. 19 MAR eine mit der Pflicht zur Veröffentlichung von Insiderinformationen nach Art. 17 MAR vergleichbare Rolle zukommt. Hintergrund der Regelung in Art. 19 MAR ist, dass Führungspersonen des Emittenten – auch wenn sie nicht notwendig über Insiderinformationen im Sinne des Art. 7 MAR verfügen – einen Wissensvorsprung gegenüber dem allgemeinen Anlegerpublikum haben, der dem Markt offengelegt werden soll.

95 Ob diese Parallelen allerdings ausreichen, um eine persönliche Haftung der Organmitglieder nach § 823 Abs. 2 BGB zu begründen, erscheint eher zweifelhaft, insbesondere vor dem Hintergrund, dass unter den §§ 97, 98 WpHG eine persönliche Haftung von Organmitgliedern gerade ausgeschlossen ist. Eine Haftung des Emittenten gegenüber Anlegern für die Veröffentlichung fehlerhafter Meldungen muss auch ausscheiden, da den veröffentlichungspflichtigen Emittenten keine rechtliche Verpflichtung trifft, die inhaltliche Richtigkeit der Mitteilung zu überprüfen.[238]

3. § 826 BGB

96 § 826 BGB ist mit seinen engen Tatbestandsvoraussetzungen auch auf Verletzungen von Art. 19 MAR anwendbar.[239] Eine Haftung wegen vorsätzlicher sittenwidriger Schädigung kann insbesondere dann in Betracht kommen, wenn die Führungsperson ein Eigengeschäft (insbesondere aus eigennützigen Motiven) entgegen Art. 19 MAR nicht veröffentlicht und ein Anleger daraufhin Wertpapiere entweder zu teuer erwirbt oder zu billig veräußert. Für die einzelnen Voraussetzungen einer Haftung nach § 826 BGB kann grundsätzlich auf die oben bei Art. 17 MAR enthaltene Darstellung verwiesen werden.[240]

VI. Durchsetzung privatrechtlicher Ansprüche und Kapitalanleger-Musterverfahrensgesetz

1. Einführung

97 Das Kapitalanleger-Musterverfahrensgesetz (KapMuG) vom 16.8.2005[241] war ursprünglich bis zum 31.10.2012 befristet und wurde – als bis zum 1.11.2020 erneut befristetes Gesetz – in geänderter Fassung durch das Gesetz zur Reform des Kapitalanleger-Musterverfahrensgesetzes und zur Änderung anderer Vorschriften vom 19.10.2012[242] neu gefasst.[243]

98 Als Hauptmerkmal des KapMuG wird angeführt, dass Schäden infolge von Marktmissbrauch häufig als sogenannte „Streuschäden" bzw. „Massenschäden" auftreten, bei denen zwar ein hoher Gesamtschaden entsteht, die Verfolgung der Einzelschäden – ua wegen aufwendiger Beweisaufnahmen – wirtschaftlich aber nicht sinnvoll ist.[244] Dieser Problematik soll mit dem KapMuG begegnet werden, indem erstmals in Deutschland ein rechtlicher

[237] Siehe schon unter III. → Rn. 47.
[238] *Heinrich* in KölnKomm WpHG § 15a, Rn. 74a und 75.
[239] Zu § 15a WpHG vgl. *Sethe* in Assmann/Schneider WpHG § 15a, Rn. 141 mwN.
[240] Siehe unter II. → Rn. 57 ff.
[241] BGBl I 2005 S. 2437.
[242] BGBl I 2012 S. 2182.
[243] Vgl. zu den Neuerungen zum Beispiel *Christian Wolf/Lange* NJW 2012, 3751; eine ausführliche Bestandsaufnahme enthält *Maume* ZHR 180 (2016) 358.
[244] *Gottwald* in MüKoZPO, § 325a Rn. 3; *Schmitz* in Habersack/Mülbert/Schlitt, HdB der Kapitalmarktinformation, § 33, Rn. 2; BT-Drucks. 15/5091 S. 16.

Rahmen für ein kollektives Musterverfahren zur einheitlichen Feststellung streitiger Tat- und/oder Rechtsfragen eingeführt wurde.[245] Das KapMuG gibt daher den Beteiligten eines erstinstanzlichen Rechtsstreits ein Instrument an die Hand, um in einem prozessualen Zwischenverfahren die bindende Feststellung des Vorliegens oder Nichtvorliegens anspruchsbegründender oder anspruchsausschließender Voraussetzungen oder die Klärung von Rechtsfragen zu erreichen.[246]

2. Anwendungsbereich

Der Anwendungsbereich des KapMuG ist nach § 1 Abs. 1 KapMuG auf Klagen auf Schadenersatzzahlungen **99**

- wegen falscher, irreführender oder unterlassener öffentlicher Kapitalmarktinformationen;
- wegen Verwendung solcher Kapitalmarktinformationen oder wegen Unterlassung der gebotenen Aufklärung über die Fehlerhaftigkeit einer solchen Information; oder
- auf Erfüllung aus einem Vertrag, der auf einem Angebot nach dem Wertpapiererwerbs- und Übernahmegesetz beruht

begrenzt. Der Begriff „öffentliche Kapitalmarktinformationen" wird in § 1 Abs. 2 KapMuG näher definiert; aus dem Bereich des Marktmissbrauchsrechts ist insbesondere § 1 Abs. 2 S. 2 Nr. 2 KapMuG relevant, der Schadensersatzklagen im Zusammenhang mit der Veröffentlichung von Insiderinformationen nach Art. 17 MAR dem KapMuG unterwirft. Aus welcher Anspruchsgrundlage sich der Anspruch im Zusammenhang mit der (unterlassenen) Veröffentlichung von Insiderinformationen ergibt (etwa §§ 97, 98 WpHG oder § 826 BGB) ist hingegen nicht relevant.[247]

Schadensersatzklagen für Verletzungen sonstiger Vorschriften der MAR wie zum Beispiel die Verletzung des Insiderhandelsverbots oder des Verbots der Marktmanipulation fallen nach § 1 Abs. 2 KapMuG hingegen nur dann unter den Anwendungsbereich des KapMuG, wenn sie zugleich im Sinne der Generalklausel des § 1 Abs. 2 S. 1 KapMuG mit der Veröffentlichung von „*Informationen über Tatsachen, Umstände, Kennzahlen und sonstige Unternehmensdaten, die für eine Vielzahl von Kapitalanlegern bestimmt sind und einen Emittenten von Wertpapieren oder einen Anbieter von sonstigen Vermögensanlagen betreffen*" im Zusammenhang stehen. Dies kann jedenfalls bei Tatbeständen der informationsgestützten Marktmanipulation einschlägig sein (zB Ansprüche im Zusammenhang wegen fehlerhafter freiwilliger Kapitalmarktinformation)[248]; bei einer Verletzung von Art. 19 MAR[249] ist dies hingegen äußerst zweifelhaft, da unklar ist, ob es sich bei der Meldung von Geschäften von Führungskräften um „Unternehmensdaten" handelt. **100**

3. Überblick über den Verfahrensablauf

Das Musterverfahren nach dem KapMuG ist nicht mit einer US-amerikanischen Sammelklage („*class action*") vergleichbar. Trotz Musterverfahrens muss nämlich jeder Kläger weiterhin einen Individualprozess führen.[250] Es werden lediglich einzelne Tatsachen- und Rechtsfragen in das Musterverfahren verlagert und dort entschieden. Eine weitere Unterscheidung zur US-amerikanischen *class action* ist, dass die Entscheidung im Musterverfahren gemäß § 22 Abs. 1 KapMuG nur für die am Musterverfahren Beteiligten bindend ist; in den USA erfolgt hingegen eine automatische Rechtskrafterstreckung auf eine lediglich nach abstrakten Kriterien definierte Gruppe von Klägern, die am Verfahren selbst nicht **101**

[245] *Gottwald* in MüKoZPO, § 325a Rn. 4.
[246] Vgl. § 2 Abs. 1 KapMuG.
[247] *Fuchs* in Fuchs WpHG Vor §§ 37b, 37c Rn. 84.
[248] *Fuchs* in Fuchs WpHG Vor §§ 37b, 37c Rn. 84.
[249] Siehe dazu unter E.
[250] *Fuchs* in Fuchs WpHG Vor §§ 37b, 37c Rn. 82.

beteiligt sind.[251] Vom Grundsatz her ist das Musterverfahren dem Verfahren nach § 93a VwGO nachgebildet.[252]

102 Das Verfahren selbst ist in zwei Verfahrensabschnitte eingeteilt und wird durch einen Musterverfahrensantrag nach § 2 KapMuG eingeleitet, über dessen Zulässigkeit das zuständige Prozessgericht entscheidet (§ 3 Abs. 1 KapMuG). Durch Vorlagebeschluss wird das Verfahren sodann dem Oberlandesgericht zur Entscheidung vorgelegt (§ 6 Abs. 1 KapMuG). Wichtigste Voraussetzung hierfür ist, dass innerhalb von sechs Monaten nach Bekanntgabe des ersten Musterverfahrensantrags mindestens neun (dh insgesamt zehn) weitere gleichgerichtete Musterverfahrensanträge hinzugekommen sind (§ 6 Abs. 1 S. 1 KapMuG). Nachdem das Oberlandesgericht die Tatsachen- und Rechtsfragen des Musterverfahrens entschieden hat, wird der (zwischenzeitlich gemäß § 5 KapMuG unterbrochene) erstinstanzliche (Individual-)Prozess unter Zugrundelegung der vom Oberlandesgericht festgestellten Ergebnisse fortgesetzt.

4. Feststellungswirkungen des Musterentscheids nach § 22 KapMuG

103 Die Prozessgerichte sind nach § 22 Abs. 1 KapMuG bei ihrer Entscheidung an den Musterentscheid gebunden. Diese Bindungswirkung entfaltet dieselbe Wirkung wie die innerprozessuale Bindungswirkung der Entscheidung von Rechtsmittelgerichten (§§ 563 Abs. 2, 577 Abs. 4 S. 4 ZPO).[253] Nach § 22 Abs. 2 KapMUG entfaltet der Beschluss über den Musterentscheid zudem Rechtskraftwirkung, soweit über Feststellungsziele des Musterverfahrens entschieden ist; er beendet allerdings formal nur ein Zwischenverfahren, da nach der Rechtskraft des Musterentscheids das erstinstanzliche Verfahren vor dem Prozessgericht ja weitergeführt wird.[254] Nach § 22 Abs. 1 S. 2, Abs. 3 KapMuG wirkt der Musterentscheid zudem für und gegen alle Beigeladenen, was der Interventionswirkung nach § 68 ZPO nachgebildet ist.[255]

[251] *Schmitz* in Habersack/Mülbert/Schlitt, HdB der Kapitalmarktinformation, § 33 Rn. 27.
[252] *Gottwald* in MüKoZPO § 325a Rn. 6.
[253] *Gottwald* in MüKoZPO § 325a Rn. 7.
[254] *Gottwald* in MüKoZPO § 325a Rn. 8.
[255] *Gottwald* in MüKoZPO § 325a Rn. 13.

Stichwortverzeichnis

Die fetten Ziffern verweisen auf die Paragraphen, die mageren auf die Randnummern.